М. Зубков • В. Мюллер

ENGLISH-UKRAINIAN UKRAINIAN-ENGLISH MODERN DICTIONARY

СУЧАСНИЙ СЛОВНИК
АНГЛО-УКРАЇНСЬКИЙ
УКРАЇНСЬКО-АНГЛІЙСЬКИЙ

ВИДАННЯ ТРЕТЄ, ВИПРАВЛЕНЕ ТА ДОПОВНЕНЕ

100 000 СЛІВ
ТА СЛОВОСПОЛУЧЕНЬ
•
СЛОВНИК
ГЕОГРАФІЧНИХ НАЗВ
•
ТРАНСКРИПЦІЯ
СВІТОВОГО СТАНДАРТУ

**РЕКОМЕНДОВАНО МІНІСТЕРСТВОМ
ОСВІТИ І НАУКИ УКРАЇНИ**

УДК 811.111:811.161.2(038)
С 91

РЕКОМЕНДОВАНО МІНІСТЕРСТВОМ ОСВІТИ І НАУКИ УКРАЇНИ

(Лист Інституту інноваційних технологій і змісту освіти
Міністерства освіти і науки України № 14/18.2-1632)

Рецензенти:

Є. В. Бондаренко, канд. філол. наук, доц. кафедри англійської філології
Харківського національного університету ім. В. Н. Каразіна;
Л. А. Райгородецька, учитель англійської мови ЗНЗ № 132 м. Харкова

**УВАГА! ЕЛЕМЕНТИ СТРУКТУРИ СЛОВНИКА
(ПОШУКОВА СИСТЕМА «ЛЕГКИЙ ПОШУК — EASY SEARCH» ™)
ЗАХИЩЕНО ПАТЕНТОМ УКРАЇНИ**
(зміст патенту: нанесення абетки на кожну друковану сторінку,
а також виділення в абетці активної літери)

ЗУБКОВ МИКОЛА ГРИГОРОВИЧ
МЮЛЛЕР ВОЛОДИМИР КАРЛОВИЧ

**СУЧАСНИЙ
АНГЛО-УКРАЇНСЬКИЙ
УКРАЇНСЬКО-АНГЛІЙСЬКИЙ
СЛОВНИК**

Редактор А. Бахмет
Коректори Т. Вакуленко, Н. Полякова
Макетування С. Бирюков

Видавничий дім «ШКОЛА»:
61036, м. Харків, вул. Морозова, 13 б
Адреса для кореспонденції:
61103, м. Харків, а/с 535
З питань оптових поставок звертатися:
тел. (067) 766-00-77, (095) 766-00-77,
sales@schoolbook.com.ua
Редакція: schoolbook.publish@gmail.com

ІНТЕРНЕТ-МАГАЗИН
ВИДАВНИЧА ЦІНА
БЕЗКОШТОВНА ДОСТАВКА
www.schoolbook.com.ua

Формат 60х90/16. Ум. друк. арк. 46,0.
Папір друкарський. Друк офсетний.
Гарнітура Myriad Pro

ШКОЛА
ВИДАВНИЧИЙ ДІМ

UNISOFT

Свідоцтво про внесення до державного
реєстру суб'єкта видавничої справи
Сер. ДК № 5502 від 28.08.2017 р.

Надруковано у ПП «Юнісофт»
61036, м. Харків, вул. Морозова, 13 б
www.unisoft.ua
Свідоцтво ДК № 5747 від 06.11.2017 р.

С 91 **Сучасний** англо-український та українсько-англійський словник / укл.: Зубков М., Мюллер В. — Вид. 3-тє, випр. та доп. — Харків : ВД «ШКОЛА», 2021. — 752 с.
ISBN 978-966-429-527-4
ISBN 978-966-429-130-6 (з диском)

Пропонований сучасний англо-український та українсько-англійський словник містить близько 100 000 загальновживаних слів та словосполучень.
Лексика та транскрипція подані відповідно до сучасних норм. Словник може бути використаний для читання текстів різного рівня складності за будь-якою тематикою, за винятком вузькоспеціалізованих.
Для широкого кола користувачів.

УДК 811.111:811.161.2(038)

© ВД «ШКОЛА», 2021
© М. Г. Зубков, укладання, 2003
© В. В. Федієнко, розділ «Фонетика (короткі відомості)», 2003

ISBN 978-966-429-527-4
ISBN 978-966-429-130-6 (з диском)

ВІД РЕДАКЦІЇ

Словник налічує близько 100 000 загальновживаних слів та словосполучень класичної англійської мови. До Словника не ввійшли діалектизми, архаїзми й вузьковживана лексика.

Основу Словника складають загальні назви та окремі біблійні, міфологічні, історичні й астрономічні власні назви.

Перекладну частину видання укладено за останньою редакцією чинного правопису (К., 2003) та результатами новітніх мовознавчих досліджень.

Правопис слів із літерою Ґ вреґульовано відповідно до рекомендацій словника проф. О. Пономарева (К., 1997) та тлумачного словника за редакцією проф. В. Калашника (Х., 2002).

Написання географічних назв відповідає загальноприйнятим нормам офіційних форм топонімів (Атлас світу.— К.: Картографія, 2002).

Правопис іншомовних запозичень базується не тільки на змістовому понятті, а й на етимології конкретного слова мови-джерела. Цей підхід дозволив уникнути подвійного (зазвичай через російську мову) калькування, особливо в термінології.

В окремих випадках словникова стаття має розгорнутий тлумачний характер.

Додатками до основної частини є географічні власні назви, найуживаніші англійські, американські й латинські скорочення, список найважливіших слів, що змінюються не за загальними правилами, перелік найуживаніших службових слів.

Словник розрахований на широке коло користувачів.

ПРО ПОБУДОВУ СЛОВНИКА

Реєстрові слова (вокабули) подано за англійською абеткою в англо-українській (1-ій) частині та відповідно за українською — в українсько-англійській (2-ій) напівтовстим шрифтом. Кожна вокабула з усім належним до неї текстовим матеріалом є окремою словниковою статтею.

В окремих випадках словникова стаття має розлогий, тлумачний характер, що виходить за межі білінґвічного видання:

колективізація *іст.* collectivization *(creation of collective farms in the late 1920's and 1930's)*
нарзан Narzan *(kind of mineral water)*.

Вокабули можуть мати варіанти написання й вимови закінчень, а позначати одне поняття:

aberrance, -cy [æˈberəns, -sɪ] *n* відхилення від правильного шляху
blusterous, -ry [ˈblʌst(ə)rəs, -rɪ] *а* 1) бурхливий, буйний 2) гамірливий, хвастливий 3) задерикуватий
сільниця, сільничка saltcellar
табурет, табуретка stool
русий, русявий light brown.

Можливий варіант подання вокабули, яка має в іншій мові декілька тотожних або синонімічних відповідників:

банальний commonplace; hackneyed, trite
бурлака lone man, vagabond, tramp.

Омографи (різні за значенням слова, що пишуться однаково, але вимовляються по-різному) подано з наголосом:

а́тлас *геогр.* atlas
атла́с *текст.* satin
сім'я́ 1. *бот.* seed; **2.** *біол.* semen
сім'я́ *див.* **родина**.

Іншомовні запозичення, які зберегли своє написання, а іноді й вимову (про що свідчать відповідні діакритичні знаки), мають належні посилання на мову-джерело:

basso [´bæsəʊ] *n im.* (*pl* -os [-əʊz]) *муз.* бас (*голос*)
beefburger [´biːfˌbɜːgə] *n нім.* гамбурґер
tête-a-tête [ˌte(ɪ)tə´te(ɪ)t] *фр.* **1.** *n* 1) розмова віч-на-віч, тет-а-тет 2) невелика канапа на двох **2.** *a* конфіденційний
автомашина (*легкова*) (motor)car; (*вантажна*) lorry, truck *амер.*
гопак hopak (*Ukrainian folk dance*).

Римські цифри (напівтовстим шрифтом) в окремих статтях позначають:

1. Слова, однакові написанням і звучанням, але різні значенням, що належать зазвичай до однієї частини мови:

boil I [bɔɪl] **1.** *n* 1) кипіння, точка кипіння 2) *перен.* хвилювання; шаленість **2.** *v* 1) кип'ятити(ся), варити(ся) 2) кипіти; вирувати 3) сердитися, гніватися; ~ed *a* варений, кип'ячений
boil II [bɔɪl] *n мед.* фурункул, нарив
банка I 1. (*скляна*) jar; (*бляшана*) tin, can *амер.*; **2.** *мед.* cupping-glass
банка II *мор.* (*мілина*) (sand-) bank, shoal.

2. Слова, однакові написанням, але різні звучанням і значенням, що належать зазвичай до однієї частини мови:

grave I [greɪv] **1.** *n* 1) могила 2) *перен.* смерть, загибель 3) надгробний камінь...
grave II [grɑːv] *n фон.* глухий наголос

3. Слова, однакові написанням і звучанням, але різні значенням, що належать до різних частин мови:

cocker I [´kɒkə] *v* 1) пестити, балувати (*дітей*) 2) підтримувати, допомагати
cocker II [´kɒkə] *n зоол.* кокер-спанієль
га I *част., розм.* eh?
га II *скор. див.* **гектар**.

Арабські цифри в одній статті позначають:
1. Напівтовсті з крапкою —

а) слова, однакові написанням і вимовою, що належать зазвичай до різних частин мови:

after [´ɑːftə] **1.** *a* задній **2.** *prep* 1) за, позаду 2) після, за, через… **3.** *cj* після того як;

б) слова, однакові написанням, але різні вимовою, наголосом, які належать до різних частин мови:

affix 1. *n* [´æfɪks] 1) додаток 2) *грам.* афікс **2.** *v* [ə´fɪks] 1) прикріплювати (to, on, upon — *до чого-н.*) 2) додавати 3) ставити (*підпис*);

в) у 2-ій частині слова, різні написанням і вимовою, що належать зазвичай до однієї частини мови:

патрон I 1. *війс.* cartridge; **2.** *тех.* chuck; **3.** *ел.* lamp-socket.

2. Світлі цифри з дужкою у 1-ій частині — окремі значення реєстрового слова як близького, так і протилежного значення:

before [bɪ´fɔː] **1.** *adv* 1) раніше, колись 2) уперед 3) попереду **2.** *prep* 1) перед 2) попереду 3) до 4) швидше… ніж 5) перед лицем, у присутності 6) вище; більше **3.** *cj* перш ніж; до того як; поки не.

Великою літерою в дужках подано власну назву, якщо вокабула є загальною назвою:

god [gɒd] *n* 1) бог, божество 2) (G.) Усевишній, Бог

Маленькою літерою в дужках подано загальну назву, якщо вокабула є власною назвою:

Chimera [k(a)ɪ´mɪ(ə)rə] *n* 1) *міф.* Химера; потвора, чудовисько 2) (c.) химера, фантазія…

Якщо змінювану частину слова подано з дефісом, це свідчить про варіантність написання (вимови) наведеного слова (словосполучення) як зі зміною значення для дієслівних форм, так і без змін — для інших частин мови:

bed-clothes [ˈbedkləʊðz, -kləʊz] *n pl* постільна білизна
bereave [bɪˈriːv] *v* (-ved [-d], bereft) позбавляти, віднімати (of)
trefoil [ˈtrefɔɪl, ˈtriː-] *n бот.* трилисник, конюшина.

Наведений вище підхід ужито і для подання більшості форм множини іменників [*див. також Додаток 3*]:
child [tʃaɪld] *n* (*pl* -ren) 1) дитина; дитя; маля 2) дитина; хлопчик; дівчинка 3) нащадок...
beef [biːf] *n* (*pl* beeves, *амер.* beefs [biːfs]) 1) яловичина, м'ясо 2) бик...
помідор *n* tomato (*мн.* -toes).

У дужках подано:
а) варіантність (без зміни значення) написання та вимови (наголосу) як вокабули або перекладу, так і транскрипції:
biblic(al) [ˈbɪblɪk(əl)] *a* біблійний
camp [kæmp] **1.** *n* 1) табір, стан 2) стоянка; бів(у)ак, місце привалу...
bias(s)ed [ˈbaɪəst] *a* небезсторонній, упереджений, тенденційний
dispute [(ˈ)dɪˈspjuːt] **1.** *n* 1) диспут, дискусія, полеміка 2) суперечка, розбіжності; спір
lurid [ˈl(j)ʊ(ə)rɪd] *a* 1) вогненний; палаючий 2) грозовий; буремний...
анархічний anarchic(al)
автомобільний motor(-car) *attr.*; automobile *attr., амер.*
передруковувати, передрукувати (re)print; *(на машинці)* (re)type
на(в)перебій: говорити ~ interrupt one another alternately;

б) форми дієслова минулого часу (дійсного способу загального виду дійсного стану) та дієприкметника (минулого часу) [*див. Додаток 3*]:
begin [bɪˈgɪn] *v* (began; begun) починати(ся);

в) прикметник і прислівник порівняльного та найвищого ступенів [*див. Додаток 3*]:
bad [bæd] **1.** *n* 1) невдача... **2.** *a* (worse; worst) 1) поганий, гидкий 2) непідхожий...
well II [wel] **1.** *n.* добро; **2.** *a* (better; best) *predic.* 1) добрий, гарний 2) здоровий; **3.** *adv* (better; best) 1) добре 2) ґрунтовно 3) цілком 4) дуже

г) уточнення конкретних перекладних значень, узгодження:
benign [bɪˈnaɪn] *a* 1) добрий, милостивий 2) лагідний 3) м'який, сприятливий (*про клімат*) 4) родючий, плодоносний (*про ґрунт*) 5) *мед.* доброякісний (*про пухлину*)
поміж between; *(серед)* among
гра 1. *(дія)* play; **2.** *(вид гри, тж спорт.)* game; **Олімпійські ігри** Olympic games; **3.** *(на сцені)* acting, performance; **4.** *(на муз. інструменті)* playing; <> **~ слів** play on words, word-play
асамблея assembly; **Генеральна Асамблея (Організації Об'єднаних Націй)** General Assembly (of the United Nations)
асигнувати (на) allocate (for)
асимілювати(ся) assimilate.

Якщо іменники, дієслова тощо зумовлюються різницею в керуванні, то останнє подано курсивом або прямим шрифтом після перекладу цих значень:
absence [ˈæbsəns] *n* 1) відсутність 2) брак, відсутність (of — *чого-н.*) 3): **~ of mind** неуважність
ambitious [æmˈbɪʃəs] *a* 1) честолюбний 2) що прагне (*чого-н., до чого-н.*); що домагається (*чого-н.*) 3) претензійний
argue [ˈɑːgjuː] *v* 1) сперечатися (with, against — *з ким-н.*; about — *про що-н.*); ... 3) переконувати (into); доводити (кому-н. помилковість його переконання) (out of)...
доглядати, доглянути *(за ким-н.)* keep an eye (on); *(піклуватися про кого-н.)* look (after), take care (of).

Спільнокореневі слова, якщо вони слідують за абеткою, об'єднуються в єдиному гнізді.

У першій частині:
незмінювана частина заголовного слова гнізда, що повторюється в усіх похідних, відокремлюється від решти слова двома паралельними лініями (||), а в інших словах того самого гнізда замінюється знаком «тильда» (~).

demonstrat||e [´demənstreɪt] *v* 1) виявляти (*почуття й под.*) 2) показувати 3) ілюструвати... 5) брати участь у демонстрації; **~ion** *n* 1) вияв (*симпатії та под.*) 2) маніфестація 3) демонстрація, показ; **~or** *n* 1) демонстрант; учасник демонстрації 2) демонстратор, лаборант; асистент професора.

Заголовне слово гнізда, яке цілком повторюється в похідних словосполученнях, скорочено позначається першою літерою з крапкою.

dog [dɒg] **1.** *n* 1) собака, пес...; 2) самець (*лисиці й под.*) (*тж* ~-fox) **2.** *v* 1) ходити слідом (назирці), вистежувати (*тж* ~ smb.'s footsteps) 2) переслідувати (*кого-н.*), не давати спокою 3) цькувати собаками; **d.-ape** *n* зоол. бабуїн; **d.-bee** *n* ент. трутень; **~ged** *a* упертий, завзятий, наполегливий; **~gish** *a* 1) собачий 2) різкий; грубий; **d.-skin** *n* лайка (*шкіра*); **d.-sleep** *n* чуткий (сторожкий) сон; **~wood** *n* бот. дерен, кизил.

У другій частині:
знак ~ («вужик» або «тильда») заступає повторюване слово, якщо воно не змінює своєї форми або його незмінювану частину:

газетний newspaper *attr.*; ~ **кіоск** newsstand
газований aerated; **~на вода** aerated water, soda-water, carbonated water.

Після знака <> наведено окремі поняття, сталі словосполучення тощо:

by [baɪ] ... **2.** *adv* 1) близько...; <> **by and by** незабаром
coign [kɔɪn] *n* архіт. ріг (*будинку*); <> **of vantage** вигідна позиція
зіниця pupil (apple) of the eye; <> **берегти як ~цю ока** guard like the apple of one's eye
ім'я 1. name; (*на відміну від прізвища*) first name; given name *амер.*; <> **від імені кого-н.** on behalf of smb...

Після знака □ наведено сполучення дієслова із прийменником або прислівником (останні виділено напівтовстим шрифтом):

mous||e 1. *n* [maʊs] (*pl* mice) зоол. миша **2.** *v* [maʊz] 1) ловити мишей 2) вистежувати (*тж* ~ around, ~ about, ~ along); □ **m. out** *амер.* рознюхати, дізнатися...

Знак =, що стоїть перед цифрою або словом, позначає точну відповідність виміру ваги, довжини, поняття тощо, а знак ≅ у тій самій позиції — приблизність поданих даних:

byte [baɪt] *n обч.* байт (*од. інформації* = 8 бітам)
butt I [bʌt] *n* 1) велика бочка 2) бочка (*як міра місткості* ≅ 490,96 л)
ампер *ел.* amp (= *ampere*)
в'янути, зав'янути fade, wither; <> **вуха в'януть (від)** ≅ it makes one sick to hear
пенсія pension; ~ **через інвалідність** ≅ invalidity benefit; **вийти на ~сію** retire.

Вокабули з позиційним чергуванням без зміни значення слова у 2-ій частині подано поряд:

впрягати *і* **упрягати, впрягти** *і* **упрягти** harness
ітися (*після голосного* **йтися**) *розм.*: **ідеться про те, що** the point is that; **не про це йдеться** that's not what we are talking about.

Поряд також подано й варіанти написання, а посилання до найуживанішої або літературної форми — скороченням *див.* (дивіться):

булькотати *і* **булькотіти** *див.* **булькати**
окрім *розм. див.* **крім 1**
рубанок *див.* **гембель.**

ЛЕКСИКОГРАФІЧНІ ДЖЕРЕЛА

Англо-русский словарь/ Сост. В. Мюллер.— М., 1946.
Англо-русский словарь-справочник пользователя ПК.— М., 2002.
Англо-русский экономический словарь.— М., 2002.
Англо-український словник: У 2-х т. / Укл. М. Балла. — К., 1996.
Англо-українсько-російський словник усталених виразів.— К., 1992.
Большой англо-русский политехнический словарь: В 2-х т.— М., 1991.
Великий англо-український словник /Укл. М. Зубков. — Х., 2003.
Великий тлумачний словник сучасної української мови. — К., 2001.
Великий зведений орфографічний словник СУМ. — К., 2003.
Вирган І., Пилинська М. Російсько-український словник сталих виразів.—Х., 2002.
Вовк А. Англо-український словник вибраної лексики.— Нью-Йорк — Львів, 1998.
Войналович О., Моргунюк В. Російсько-український словник наукової і технічної мови.— К., 1997.
Ганіткевич М., Зелізний А. Російсько-український словник з хемії та хемічної технології.— Л., 1993.
Зубков М. Новий російсько-український словник.— Х., 2003.
Етимологічний словник української мови: У 7-ми т.— К., 1982—2003.— Т. 1—4.
Караванський С. Пошук українського слова.— К., 2001.
Караванський С. Російсько-український словник складної лексики. — 6-те вид.— К., 1998.
Литвинов В. Латино-український словник.— К., 1998.
Медведєва А. та ін. Англо-українсько-російський словник усталених виразів.— К., 1992.
Наконечна Г. Українська науково-технічна термінологія.— Л., 1999.
Новий англо-український, українсько-англійський словник / За ред. Ю. Жлуктенка.— К., 1998.
Новый большой англо-русский словарь: В 3-х т. / Под. ред. Ю. Апресян и Э. Медниковой.— М., 2002.
Перхач В., Кінаш Б. Російсько-український науково-технічний словник.— Л.,1997.
Пономарів О. Фонеми Г та Ґ. Словник і коментар.— К., 1997.
Проблеми української термінології// Вісник Нац. ун-ту «Львівська політехніка» № 336.— Л., 1998.
Проблеми української термінології// Вісник Нац. ун-ту «Львівська політехніка» № 453.— Л., 2002.
Пустовіт Л., Скопенко О. та ін. Словник іншомовних слів.— К., 2000.
Російсько-український словник наукової термінології: У 3-х т.— К., 1994—1998.
Російсько-український словник /За ред. В. Жаворонка.— К., 2003.
Русско-английский, англо-русский словарь (COLLINS). — М., 2002.
Словник синонімів української мови: У 2-х т. / Укл.: А. Бурячок, Г. Гнатюк та ін.— К., 2000.
Словник української мови: В 11-ти т.— К., 1970—1980.
Універсальний словник-енциклопедія (УСЕ).— К., 2002.
Фразеологічний словник української мови: У 2-х т.— К., 1993.
Andrusyshen C. Ukrainian-English Dictionary. — Toronto, 1985.
Oxford Advanced Learner's Cambridge International Dictionary of English.— Oxford, 2000.
Dictionary of Current English.— New York, 2001.
Wells J. Longman Pronunciation Dictionary.—Harlow, 2000.

АНГЛІЙСЬКА АБЕТКА

ДРУКОВАНІ ЛІТЕРИ	РУКОПИСНІ ЛІТЕРИ	НАЗВА ЛІТЕР	ДРУКОВАНІ ЛІТЕРИ	РУКОПИСНІ ЛІТЕРИ	НАЗВА ЛІТЕР
Aa	*Aa*	[eı]	Nn	*Nn*	[en]
Bb	*Bb*	[biː]	Oo	*Oo*	[əʊ]
Cc	*Cc*	[siː]	Pp	*Pp*	[piː]
Dd	*Dd*	[diː]	Qq	*Qq*	[kjuː]
Ee	*Ee*	[iː]	Rr	*Rr*	[ɑː]
Ff	*Ff*	[ef]	Ss	*Ss*	[es]
Gg	*Gg*	[dʒiː]	Tt	*Tt*	[tiː]
Hh	*Hh*	[eıtʃ]	Uu	*Uu*	[juː]
Ii	*Ii*	[aı]	Vv	*Vv*	[viː]
Jj	*Jj*	[dʒeı]	Ww	*Ww*	[ˈdʌblju:]
Kk	*Kk*	[keı]	Xx	*Xx*	[eks]
Ll	*Ll*	[el]	Yy	*Yy*	[waı]
Mm	*Mm*	[em]	Zz	*Zz*	[zed]

ФОНЕТИКА (КОРОТКІ ВІДОМОСТІ)

І. ГОЛОСНІ

Приблизна відповідність голосних звуків англійської мови до голосних звуків української мови.

МОНОФТОНГИ

ı — короткий звук, відповідний до українського звука «і»

iː — довгий звук, подібний до «і». Кінчик язика біля нижніх зубів, губи розтягнуто сильніше

e — звук, подібний до «е»

æ — відкрите «е», рот розтулено дещо більше, губи розтягнуто

ʌ — короткий звук, подібний до «а», майже завжди наголошений

ɑː — довгий відкритий звук «а»

ɒ — короткий звук, подібний до «о», губи відкрито дещо більше (у іншому варіанті транскрипції «ɔ»)

ɔː — довгий звук «о»

ʊ — короткий звук «у» (у іншому варіанті транскрипції «u»)

uː — довгий звук «у», губи округлено дещо більше

ɜː — подовжений голосний звук, подібний у вимові до сполучення «ьо», наближеного до «е» (у іншому варіанті транскрипції «əː»)

ə — ненаголошений голосний звук, щось між «а», «е» та «о»

ДИФТОНГИ

[aʊ], [əʊ], [ɔı], [aı], [eı], [ıə], [eə], [ʊə] — див. табл. 1, 2, 5

ТРИФТОНГИ

[aʊə], [jʊə], [aıə], [eıə] — див. табл. 1, 5

Таблиця 1

Варіанти читання літер, які позначають голосні звуки

a	e	i	o	u	y
[eɪ] make	[ɪ] begin	[aɪ] fine	[əʊ] note	[juː] student	[aɪ] my
[æ] flat	[iː] he	[ɪ] ink	[ɒ] not	[ʌ] cut	[ɪ] fully
[ɑː] ask	[e] pen	[iː] machine	[ɔː] for	[ʊ] put	[j] yes
[ɒ] what	[ɜː] her	[ɜː] bird	[uː] do	[jʊə] during	
[ɔː] tall	[ɪə] here	[aɪə] fire	[ʌ] son		
[ə] about	[ɑː] clerk				

Таблиця 2

Варіанти читання наголошених сполучень голосних

Сполучення	Звук, який це сполучення позначає	Приклади
ai ay ey	[eɪ]	rain day they
ea ee ie ei	[iː]	read meet chief receive
oi oy	[ɔɪ]	point boy
oo ou	[uː]	foot soup
ou	[aʊ]	out
oa	[əʊ]	boat
au	[ɔː]	sauce
ou oo	[ʌ]	country blood

II. ПРИГОЛОСНІ

Приблизна відповідність приголосних звуків англійської мови до приголосних звуків української мови.

p — звук, схожий на український **«п»**, вимовляється дещо з придихом
b — звук, подібний до **«б»**
m — звук, подібний до **«м»**
w — м'який звук, дещо схожий на **«в»**, губи округлено та випнуто вперед
f — звук, подібний до **«ф»**
v — звук, подібний до **«в»**
θ — звук, притаманний англійській мові, вимовляється подібно до **«с»**, але кінчик язика ледь затиснуто між зубами
ð — також притаманний англійській мові звук, вимовляється подібно до **«з»**, але кінчик язика ледь затиснуто між зубами
s — звук, подібний до **«с»**
z — звук, подібний до **«з»**

t — звук, подібний до «т», але кінчик язика притиснуто до піднебіння біля верхніх зубів, вимовляється дещо з придихом
d — звук, дещо подібний до «д», положення язика, як при вимові «t»
n — звук, дещо схожий на «н», положення язика, як при вимові «t»
l — звук, подібний до «л», положення язика, як при вимові «t»
r — звук, між «р» та твердим «ж», вимовляється без вібрації
ʃ — звук, дещо м'який за «ш»
ʒ — звук, м'який за «ж»
tʃ — звук, дещо м'який за «ч»
k — звук, подібний до «к», вимовляється дещо з придихом
g — твердий звук, подібний до «ґ»
ŋ — звук, подібний до «н», але до піднебіння притиснута не передня, а задня частина боків язика
h — звук, який дещо нагадує «х», утворюється при видиху
j — звук, подібний до «й»

Таблиця 3

Подвійні варіанти вимови деяких приголосних

Літера	Позиція	Вимова	Приклади
c	1. Перед **e, i, y** 2. Перед **a, o, u**, усіма приголосними та наприкінці слів	[s] [k]	cent, pencil, icy cap, come, cup, black
g	1. Перед **e, i, y** 2. Перед **a, o, u**, усіма приголосними та наприкінці слів	[dʒ] [g]	page, gin, gypsy good, green, big
s	1. На початку слова, перед глухими приголосними та наприкінці слова після глухих 2. Між голосними, наприкінці слів і після дзвінких приголосних	[s] [z]	sit, student, lists please, ties, pens
x	1. Перед приголосними та наприкінці слів 2. Перед наголошеною голосною	[ks] [gz]	text, six example

Таблиця 4

Читання сполучень приголосних літер

Літера	Позиція	Вимова	Приклади
sh	Будь-яка	[ʃ]	she
ch	Будь-яка	[tʃ]	chess
tch	Після коротких голосних	[tʃ]	match
ck	Після коротких голосних	[k]	black
th	1. На початку повнозначних слів і наприкінці слова 2. На початку займенників, службових слів і між голосними	[θ] [ð]	thick, myth this, bathe
wh	1. На початку слова перед усіма голосними, крім **o** 2. Перед літерою **o**	[w] [h]	what who

Літера	Позиція	Вимова	Приклади
ng	Наприкінці слова	[ŋ]	long
nk	Будь-яка	[ŋk]	thank
wr	На початку слова перед голосними	[r]	write

Таблиця 5

Варіанти читання сполучень і поєднань голосних із приголосними

Сполучення чи поєднання	Звук (звуки)	Приклади	Сполучення чи поєднання	Звук (звуки)	Приклади
qu	[kw]	question	ear	[ɑː]	heart
war	[wɔː]	warm	ar		car
wor	[wɜː]	work	igh	[aɪ]	high
wa	[wɒ]	want	ing	[ɪŋ]	lifting
ew	[juː]	new	ig + n	[aɪ]	sign
ow	[aʊ]	town	i + ld		mild
ow	[əʊ]	flow	i + nd		kind
oor	[ʊə]	moor	a + lf	[ɑː]	half
our		tour	a + lm		palm
our	[aʊə]	our	a + nt		plant
air	[eə]	chair	a + sk		ask
are		care	a + sp		grasp
ere		where	a + ss		grass
ere	[ɪə]	here	a + st		past
ear		ear	o + ll	[əʊ]	roll
eer		engineer	o + ld		bold
eigh	[eɪ]	eight	al + k	[ɔː]	chalk
ir	[ɜː]	shirt	or	[ɔː]	short
er		her	oor		door
ur		burn	augh		taught
ear		learn	ough		brought
al + ...	[ɔːl]	also	aw		draw

Pronunciation symbols (символи фонетичної транскрипції)

[p] = **p**en [ɪ] = b**i**t [b] = **b**ad [iː] = t**ee**th [m] = **m**an
[e] = l**e**t [w] = **w**ay [æ] = **a**dd [f] = **f**ew [ʌ] = c**u**p
[v] = **v**iew [ɒ] = d**o**g [θ] = **th**row [ɔː] = f**or**m [ð] = **th**ough
[ʊ] = p**u**t [s] = **s**ee [uː] = d**o** [z] = **z**oo [ɑː] = **ar**t
[t] = **t**ap [ɜː] = sk**ir**t [d] = **d**o [ə] = w**ea**ther [n] = **n**ot
[aʊ] = n**ow** [l] = **l**et [eʊ] = h**o**me [r] = **r**ain [ɔɪ] = enj**oy**
[ʃ] = **sh**op [aɪ] = fl**y** [ʒ] = mea**s**ure [eɪ] = m**a**ke [tʃ] = **ch**eese
[ɪə] = n**ear** [k] = **c**at [eə] = c**are** [g] = **g**et [ʊə] = p**oor**
[ŋ] = ri**ng** [aʊə] = **our** [h] = **h**ot [jʊə] = d**ur**ing [j] = **y**et
[aɪə] = f**ire** [eɪə] = pl**ayer**

УМОВНІ СКОРОЧЕННЯ

АНГЛІЙСЬКІ

a — adjective — прикметник
adv — adverb — прислівник
attr. — attributive — атрибутивне вживання (як означення)
cj — conjunction — сполучник
conj. — (pronoun) conjunctive — сполучний (займенник)
comp — comparative degree — вищий ступінь порівняння
demonstr. — demonstrative (pronoun) — вказівний (займенник)
emph. — emphatic (pronoun) — підсилювальний (займенник)
etc. — et cetera — тощо
imp. — imperative — наказовий (спосіб)
impers. — impersonal — безособовий
indef. — indefinite (pronoun) — неозначений (займенник)
inf. — infinitive — інфінітив, неозначена форма дієслова
int — interjection — вигук
inter. — interrogative (pronoun) — питальний (займенник)
n — noun — іменник
num. card. — numeral cardinal — кількісний числівник
num. ord. — numeral ordinal — порядковий числівник
part — particle — частка

pass. — passive — пасивний стан
past — форма минулого часу
perf. — perfect — перфект
pers. — personal (pronoun) — особовий (займенник)
pl — plural — множина
poss. — possessive (pronoun) — присвійний (займенник)
p. p. — past participle — дієприкметник минулого часу
pr — person — особа
predic. — predicative — предикативне вживання
pref — prefix — префікс
prep — preposition — прийменник
pres. — форма теперішнього часу
pres. p. — present participle — дієприкметник теперішнього часу
pres. perf. — present perfect — теперішній доконаний час
pron — pronoun — займенник
refl. — reflexive — зворотний (займенник)
rel. — relative (pronoun) — відносний (займенник)
sing — singular — однина
smb. — somebody — хто-небудь
smth. — something — що-небудь
superl. — superlative — найвищий ступінь
v — verb — дієслово

УКРАЇНСЬКІ

ав. — авіація
австрал. — австралійського походження, уживається в Австралії
авто — автомобільна справа
амер. — американізм, американського походження
анат. — анатомія
антроп. — антропологія
араб. — арабська мова
арт. — артилерія
археол. — археологія
архіт. — архітектура
астр. — астрономія

бакт. — бактеріологія
банк. — банківський термін
безос. — безособовий
бібл. — біблеїзм, біблійний вислів
біол. — біологія
біохім. — біохімія
бірж. — біржовий термін
бот. — ботаніка
буд. — будівельна справа
букв. — буквально
бухг. — бухгалтерія
в. — відмінок
вет. — ветеринарія

відносн. — відносний
війс. — військова справа
вірш. — віршування
вказів. — вказівний
воєн. — воєнний термін
геогр. — географія
геод. — геодезія
геол. — геологія
геом. — геометрія
геральд. — геральдика
гідр. — гідротехніка
гірн. — гірнича справа
грам. — граматика, граматичний
грец. — грецька мова
груб. — грубий вислів
д. — дюйм
Д. в. — давальний відмінок
див. — дивіться
дит. — дитячий вираз
дип. — дипломатія
дієсл. — дієслово
д.-грец. (іст.) — давньогрецький
д.-євр. — давньоєврейський
док. — доконаний вид
дор. — дорожня справа
д.-рим. (іст.) — давньоримський
друк. — друкарська справа
евф. — евфемізм
ек. — економіка
ел. — електротехніка
елн — електроніка
ент. — ентомологія
етн. — етнографія
єгипт. — єгипетський
жарт. — жартівливий вираз
ж. р. — жіночий рід
жив. — живопис
зазв. — зазвичай
займ. — займенник
зал. — залізнична справа
зап. — заперечний
збір. — збірне
зв. — зв'язок
звуконасл. — звуконаслідування
зменш. — зменшена форма
знач. — значення
знев. — зневажливо
зоол. — зоологія
ім. — іменник
інф. — інфінітив
і под. — і подібне

ірон. — іронічний вислів
ісп. — іспанська мова
іст. — історія
іт. — італійська мова
іхт. — іхтіологія
канц. — канцеляризм
карт. — картярський термін
кит. — китайська мова
кіб. — кібернетика
кіно — кінематографія
книжн. — книжний стиль
ком. — комерційний термін
косм. — космонавтика
кул. — кулінарія
ласк. — ласкаве слово
лат. — латинська мова
лінгв. — лінгвістика
літ. — література, літературознавство
лог. — логіка
м. — місто
мат. — математика
мед. — медицина
мет. — металургія
метео — метеорологія
мех. — механіка
мисл. — мисливство
мист. — мистецтво
мін. — мінералогія
міф. — міфологія
мн. — множина
мор. — морський термін
муз. — музика
-н. — небудь
найвищ. ст. — найвищий ступінь
наказ. сп. — наказовий спосіб
напр. — наприклад
невідм. — невідмінюване слово
незм. — незмінювана форма
нім. — німецька мова
недок. — недоконаний вид
неол. — неологізм
неправ. — неправильно
несхв. — несхвально
обч. — обчислювальна техніка
о-в(и) — острів (острови)
од. — одиниця
одн. — однина
оз. — озеро
опт. — оптика
Ор. в. — орудний відмінок
орн. — орнітологія

ос. — особа
особ. — особливо
офіц. — офіційний
палеонт. — палеонтологія
парл. — парламентський вислів
п.-ек. — політична економія
пер. — переважно
перен. — у переносному значенні
пест. — пестлива форма
пит. — питальний
підн. — піднесено
п-ів — півострів
підсил. — підсилення
поет. — поетичне слово, поетичний вислів
полігр. — поліграфія
політ. — політичний термін
польськ. — польська мова
пор. — порівняй
порівн. ст. — порівняльний ступінь
пошир. — у поширеному, неточному значенні
прийм. — прийменник
прикм. — прикметник
присл. — прислівник
прос. — просодія
прот. — протилежне значення
психол. — психологія
р. — 1) річка 2) рік
радіо — радіотехніка
Р. в. — родовий відмінок
реакт. — реактивна техніка
редук. — редукований звук
реч. — речення
рел. — релігія
рим. міф. — римська міфологія
рит. — риторичний
розм. — розмовне слово, розмовний вираз
рос. — російська мова
санскр. — санскрит
с.-г. — сільське господарство
скл. — складний
скор. — скорочення, скорочено
сл. — слово
спец. — спеціальний термін

спорт. — спортивний термін
ст. — ступінь
стат. — статистика
стил. — стилістика
страх. — страхувальний термін
студ. — студентський вислів
та ін. — та інше
театр. — театральний термін
текст. — текстильна справа
тел. — телебачення
тепер. — теперішній час
тех. — техніка
тж — також
тк — тільки
тлг — телеграфія
тлф — телефонія
топ. — топографія
торг. — торгівля
тур. — турецька мова
угор. — угорська мова
ужив. — уживається
укр. — українська мова
ф. — форма
фарм. — фармакологія
фіз. — фізика
фізіол. — фізіологія
філос. — філософія
фін. — фінансовий термін
фольк. — фольклор
фон. — фонетика
фото — фотографія
фр. — французька мова
хім. — хімія
хір. — хірургія
церк. — церковний
ч. — час
част. — частка
числ. — числівник
ч. р. — чоловічий рід
шах. — шахи
шкіл. — шкільний вираз
шотл. — уживано в Шотландії
юр. — юридичний термін
яп. — японська мова

ENGLISH–UKRAINIAN DICTIONARY

●

АНГЛО-УКРАЇНСЬКИЙ СЛОВНИК

АНГЛІЙСЬКА АБЕТКА			
ДРУКОВАНИЙ ШРИФТ	РУКОПИСНИЙ ШРИФТ	ДРУКОВАНИЙ ШРИФТ	РУКОПИСНИЙ ШРИФТ
A a	*A a*	N n	*N n*
B b	*B b*	O o	*O o*
C c	*C c*	P p	*P p*
D d	*D d*	Q q	*Q q*
E e	*E e*	R r	*R r*
F f	*F f*	S s	*S s*
G g	*G g*	T t	*T t*
H h	*H h*	U u	*U u*
I i	*I i*	V v	*V v*
J j	*J j*	W w	*W w*
K k	*K k*	X x	*X x*
L l	*L l*	Y y	*Y y*
M m	*M m*	Z z	*Z z*

A

a [eɪ (повна ф.); ə (редук. ф.)] *неозначений артикль перед словами, що починаються з приголосного звука*

ab- [æb-, əb-] *pref із зап. знач.* не-, а-; *напр.:* **abnormal** ненормальний, анормальний

aback [əˈbæk] : **taken ~** приголомшений, захоплений зненацька

abandon [əˈbændən] **1.** *n* невимушеність; нестриманість **2.** *v* 1) залишати 2) відмовлятися від; **~ed 1.** *р. р. від* **abandon 2 2.** *a* 1) залишений; занедбаний 2) розпусний, розбещений 3) нестриманий, нестримний; **~ment** *n* 1) залишення 2) занедбаність 3) самотність 4) невимушеність

abase [əˈbeɪs] *v* 1) зневажати 2) понижувати (*у чині й под.*)

abash [əˈbæʃ] *v (зазв. pass.)* знічувати, конфузити; збентежувати; **~ment** *n* збентеження; ніяковість; сором

abate [əˈbeɪt] *v* 1) ослабляти (*енергію*) 2) стримувати 3) знижувати, скорочувати 4) ущухати (*про бурю й под.*) 5) притупляти (*гостре*) 6) *юр.* скасовувати, анулювати, припиняти; **~ment** *n* 1) ослаблення; зменшення; скорочення 2) зниження (*ціни й под.*) 3) *юр.* скасування, анулювання, припинення

abbacy [ˈæbəsɪ] *n* абатство

abbess [ˈæbes] *n* ігуменя; абатиса

abbot [ˈæbət] *n* ігумен; абат

abbreviat||e [əˈbriːvɪeɪt] *v* скорочувати (*текст і под.*); **~ion** *n* абревіатура, скорочення

ABC [ˈeɪbiːˈsiː] *n* 1) алфавіт, абетка 2) основа, початок; **ABC of chemistry** основи хімії

abdicate [ˈæbdɪkeɪt] *v* відмовлятися (*від чого-н.*); зрікатися

abduct [æbˈdʌkt] *v* захоплювати силоміць

aberrance, -cy [æˈberəns, -sɪ] *n* відхилення від правильного шляху

aberration [ˌæbəˈreɪʃ(ə)n] *n* 1) омана 2) запаморочення

abet [əˈbet] *v* 1) підбурювати, спонукати 2) заохочувати; **~tor** *n* 1) підбурювач 2) спільник, співучасник

abeyance [əˈbeɪəns] *n* 1) стан невпевності 2) тимчасова бездіяльність

abhor [əbˈ(h)ɔː] *v* ненавидіти; відчувати відразу; **~rence** *n* 1) огида, відраза 2) те, що викликає огиду (відразу); **~rent** *a* 1) огидний, відразливий; мерзенний 2) несумісний (to — з чим-н.)

abid||e [əˈbaɪd] *v* (abode) 1) зносити, терпіти 2) дотримуватися; виконувати 3) чекати, очікувати; **~ance** *n* 1) дотримання (*чого-н.*); підпорядкування (*чому-н.*) 2) перебування; **~ing 1.** *pres. p. від* **abide 2.** *a* постійний; міцний

ability [əˈbɪlɪtɪ] *n* 1) здатність; уміння 2) здібність 3) спритність 4) *pl* талант, хист

abject [ˈæb   ] *a* 1) жалюгідний, огидний 2) принижений; **~tion** *n* 1) приниження 2) принизливість

abjur||e [əbˈdʒʊə] *v* 1) зрікатися (*чого-н.*) 2) відмовлятися (*від чого-н.*); **~ation** *n* 1) зречення 2) відмова (*від чого-н.*)

ablation [əˈbleɪʃ(ə)n] *n мед.* видалення; ампутація

ablative [ˈæblətɪv] *n грам.* орудний відмінок

able [ˈeɪb(ə)l] *a* 1) умілий; спроможний, здатний 2) здібний, талановитий 3) *юр.* компетентний; **a.-bodied** *a* міцний, здоровий

ablutions [əˈbluːʃ(ə)nz] *n* 1) (*зазв. pl*) обливання 2) промивання, очищання

abnegate [ˈæbnɪgeɪt] *v книжн.* 1) відмовляти собі (*у чому-н.*) 2) відмовлятися (*від чого-н.*); зрікатися (*чого-н.*) 3) заперечувати, відкидати

abnormal [æbˈnɔːm(ə)l] *a* ненормальний, анормальний, аномальний, неправильний; **~ity** *n* аномалія, неправильність

abode [əˈbəʊd] 1) житло, місцезнаходження 2) *past i p. p. від* **abide**

abolish [əˈbɒlɪʃ] *v* відміняти, скасовувати; знищувати; усувати; **~ment** *n* відміна, скасування; знищення; усунення

A-bomb [ˈeɪbɒm] атомна бомба

abomin||able [əˈbɒmɪnəb(ə)l] *a* огидний, мерзенний; **a. snowman** *n* снігова людина; **~ate** *v* відчувати огиду; ненавидіти

aboriginal [ˌæbəˈrɪdʒɪn(ə)l] **1.** *n* тубілець, абориген **2.** *a* 1) одвічний; тубільний 2) місцевий (*про флору, фауну*)

abort [əˈbɔːt] *v* 1) передчасно народжувати 2) зазнати невдачі; **~ed 1.** *р. р. від* **abort 2.** *a* 1) недоношений 2) *біол.* недорозвинений; **~ion** *n* 1) аборт, викидень 2) невдача

abound [əˈbaʊnd] *v* 1) бути багатим (*на що-н.*) 2) рясніти, кишити (*чим-н.*)

about [əˈbaʊt] **1.** *adv* 1) приблизно, близько, майже 2) неподалік, поблизу, недалеко; **he is somewhere a.** він десь тут 3) навколо, зокола; усюди, повсюди 4) у зворотному напрямі **2.** *prep* 1) про; щодо; **I'll see a. it** я потурбуюся про це 2) *у часовому знач. вказує на приблизність під*; **a. nightfall** під вечір 3) *у просторовому знач. вказує на*: а) *розташування або рух навколо чого-н.* довкола, поблизу; б) *перебування біля чого-н.* біля, поблизу; в) *місце здійснення дії* по; **to walk a. the room** ходити по кімнаті 4): **to have smth. a. one** мати що-н. у себе (із собою)

above [əˈbʌv] **1.** *a* зазначений вище (раніше) **2.** *adv* 1) угорі; вище 2) нагору 3) раніше **3.** *prep* 1) над 2) більш як 3) раніше, до; **a.-board** *a predic.* чесний, відвертий; **a.-ground** *a* 1) живий 2) наземний; **a.-mentioned** *a* вищезгаданий

abrade [əˈbreɪd] *v* 1) стирати; зношувати 2) здирати (*шкіру*)

abreast [əˈbrest] *adv* поруч, пліч-о-пліч

abridge [əˈbrɪdʒ] *v* 1) скорочувати (*рукопис і под.*) 2) обмежувати, урізувати (*права*) 3) позбавляти (of — *чого-н.*)

abroad [əˈbrɔːd] *adv* за кордоном, за кордон

abrupt [əˈbrʌpt] *a* 1) раптовий, несподіваний 2) різкий, грубий, гострий 3) нерівний (*про стиль*) 4) уривчастий, крутий, стрімкий; **~ion** [-ˈrʌpʃ(ə)n] *n* 1) відрив, відторгнення 2) розрив, роз'єднання

abscond [əbˈskɒnd] *v* 1) зникати, ховатися, переховуватися 3) тікати; уникати (*суду*)

absence [ˈæbsəns] *n* 1) відсутність 2) брак, відсутність (of — *чого-н.*) 3): **~ of mind** неуважність

absent [ˈæbsənt] **1.** *a* відсутній **2.** *v* [æbˈsent] **a. oneself from** віддалятися, ухилятися; **~eeism** [-ˈtiːzm] *n* прогул; **~ia** *n лат.*: **in a.** за відсутності; заочно; **~minded** [-ˈmaɪndɪd] *a* неуважний

absol||ute [ˈæbsəluːt] *a* 1) повний; безумовний 2) абсолютний 3) бездомішковий 4) максимальний; **~utely** [ˈæbsəluˑtlɪ] *adv* 1) цілком, цілковито; безумовно 2) самостійно, незалежно; **transitive verb used a.** *перехідне дієсл. без прямого додатка* 3) безперечно 4) *розм.* так, звичайно, цілком, саме так; **~uteness** [ˈæbsəluˑtnɪs] *n* 1) безумовність 2) необмеженість; **~ution** [ˌæbsəˈluːʃ(ə)n] *n* 1) виправдання 2) *церк.* прощення; **~ve** [əbˈzɒlv] *v* 1) виправдовувати (from — *що-н.*) 2) прощати

absorb [əbˈsɔːb] *v* 1) усотувати, усмоктувати, убирати; поглинати, абсорбувати 2) захоплювати, приваджувати 3) *тех.* амортизувати (*удари й под.*)

absorptive [əbˈsɔːptɪv] *a* убирний, абсорбційний, усмоктувальний; поглинальний

abstain [əbˈsteɪn] *v* утримуватися, стримуватися (from — від *чого-н.*); **~er** *n* непитущий

abstemious [æbˈstiːmɪəs] *a* 1) стриманий 2) ощадливий

abstergent [əbˈstɜːdʒ(ə)nt] **1.** *n* мийний засіб **2.** *a* мийний

abstract 1. *n* [ˈæbstrækt] 1) абстракція 2) конспект; резюме **2.** *v* [æbˈstrækt] 1) віднімати 2) відвертати 3) абстрагувати(ся) 4) резюмувати; підсумовувати

absurd [əbˈsɜːd] *a* безглуздий, нісенітний; сміховинний, дурний; **~ity** *n* безглуздість, сміховинність; дурниця

abundan||ce [əˈbʌndəns] *n* 1) сила-силенна; багатство 2) безліч; **~t** *a* рясний, багатий (*на що-н.*)

abus||e 1. *n* [əˈbjuːs] 1) зловживання 2) образа; лайка 3) погане ставлення 4) неправильне вживання **2.** *v* [əˈbjuːz] 1) зловживати 2) ображати; лаяти 3) погано ставитися 4) жорстоко поводитися (з ким-н.); **~ive** [-sɪv] *a* образливий, лайливий

abut [əˈbʌt] *v* прилягати (до *чого-н.*); межувати (on, upon — з *чим-н.*)

abyss [əˈbɪs] *n* 1) прірва, урвище; безодня, вир 2) первісний хаос

acacia [əˈkeɪʃə] *n бот.* акація

acade||mic [ˌækəˈdemɪk] **1.** *n* учений **2.** *a* 1) академічний; навчальний 2) теоретичний 3) канонічний, традиційний; **~mician** [-ˈmɪʃ(ə)n] *n* академік; **~my** [əˈkædəmɪ] *n* 1) школа, училище 2) академія 3) вищий навчальний заклад

accede [ækˈsiːd] *v* 1) вступати (*на посаду й под.*; to) 2) погоджуватися 3) приставати (*на чию-н. пропозицію*)

accelerate [əkˈseləreɪt] *v* прискорювати(ся), розганяти(ся)

accent 1. *n* [ˈæks(ə)nt] 1) вимова; акцент 2) наголос 3) знак наголосу 4) характерна риса (ознака) 5) *pl* оздоблення **2.** *v* [əkˈsent] 1) акцентувати, підкреслювати 2) ставити наголос; **~uate** [əkˈsentjʊeɪt] *v* 1) акцентувати, підкреслювати 2) наголошувати

accept [əkˈsept] *v* 1) приймати 2) припускати; визнавати, погоджуватися 3) ставитися прихильно; **~ability** [əkˌseptəˈbɪlɪtɪ] *n* прийнятність; **~able** [əkˈseptəb(ə)l] *a* 1) прийнятний, підхожий 2) приємний, бажаний, жаданий; **~ance** [əkˈseptəns] *n* 1) прийняття 2) схвалення; **~ed** [əkˈseptɪd] **1.** *р. р. від* **accept 2.** *a* загальноприйнятий, визнаний, поширений; **~er** *n* 1) той, хто приймає; приймальник 2) *ком.* акцептант

access [ˈækses] **1.** *n* 1) прохід; підхід 2) доступ 3) напад (*хвороби*) 4) *обч.* вибірка (з *пам'яті*); доступ (*до бази даних*). **2.** *v обч.* звертатися (до *бази даних*); **~ary** [əkˈses(ə)rɪ] *n юр.* співучасник, співвинуватець; **~ibility** [əkˌsesəˈbɪlɪtɪ] *n* приступність, доступність; **~ible** [əkˊsesəb(ə)l] *a* 1) досяжний; приступний 2) що піддається; піддатливий; **~ion** [əkˊseʃ(ə)n] *n* 1) вступ (*на посаду й под.*) 2) приріст; додавання 3) доступ 4) напад (*хвороби*)

accessori‖al [ˌæksəˊsɔːriəl] *a* 1) допоміжний, додатковий 2) *юр.* причетний (*до чого-н.*); **~es** [ækˊsesərɪz] *n pl* приналежності

accid‖ence [ˊæksɪd(ə)ns] *n грам.* морфологія; **~ent** [ˊæksɪd(ə)nt] *n* 1) випадок; несподіванка 2) нещасний випадок; катастрофа; аварія 3) *лог.* побічна обставина; **~ental** [ˌæksɪˊdentl] *a* 1) випадковий, несподіваний 2) другорядний 3) несуттєвий; **~ent-prone** [ˊæksɪd(ə)nt͵prəʊn] *a* якому не щастить, нещасливий

acclaim [əˊkleɪm] *v* 1) вітати 2) проголошувати

acclamation [ˌækləˊmeɪʃ(ə)n] *n* 1) бурхливе схвалення 2) (*зазв. pl*) вітальні вигуки

acclivity [əˊklɪvɪtɪ] *n* похилий узвіз (підйом), схил

acclivous [əˊklaɪvəs] *a* похилий; що підвищується похило (уступами)

accolade [ˊækəleɪd] *n* 1) схвалення, хвала 2) схвальний відгук

accommod‖ate [əˊkɒmədeɪt] *v* 1) давати прихисток 2) пристосовувати 3) позичати (кому-н.) 4) примиряти; узгоджувати; **~ating** [əˊkɒmədeɪtɪŋ] **1.** *pres. p. від* **accomodate 2.** *a* 1) послужливий, лагідний 2) поступливий, люб'язний, зговірливий 3) який пристосовується 4) що вміщує; **a hall ~ating 100 people** зала на 100 осіб; **~ation** [əˌkɒməˊdeɪʃ(ə)n] *n* 1) житло 2) притулок, пристановище; сховище 3) послуга 4) пристосування 5) узгодження 6) позика

accompan‖ist [əˊkʌmp(ə)nɪst] *n* акомпаніатор; **~y** *v* 1) супроводити 2) *муз.* акомпанувати

accomplice [əˊkʌmplɪs] *n юр.* спільник, співучасник (*злочину*)

accomplish [əˊkʌmplɪʃ] *v* 1) виконувати 2) завершувати, досягати 3) робити досконалим, удосконалювати; **~ment** *n* 1) виконання, завершення 2) досягнення 3) *pl* досконалість; освіченість; чесноти

accord [əˊkɔːd] **1.** *n* 1) згода 2) гармонія 3) неофіційна угода 4) *муз.* акорд **2.** *v* 1) узгоджувати(ся); гармоніювати 2) давати, надавати; **~ance** *n* 1) згода, злагода; відповідність 2) надання; **~ant** *a* 1) злагоджений 2) відповідний

accost [əˊkɒst] *v* 1) звертатися (*до кого-н.*) 2) чіплятися (*до кого-н.*)

accouchement [əˊkuːʃmɑːŋ, əˊkuːʃmənt] *n фр.* 1) пологи 2) *перен.* звільнення від тягаря

accoucheuse [əˌkuːˊʃɜːz] *n фр.* акушерка

account [əˊkaʊnt] **1.** *n* 1) думка, оцінка 2) рахунок; розрахунок 3) звіт; звітна доповідь 4) причина, підстава 5) значення, важливість 6) вигода **2.** *v* 1) уважати; розглядати як 2) звітувати (for — *про що-н.*); відповідати (for — *за що-н.*) 3) пояснювати (for — *що-н.*); **~able** *a* 1) відповідальний (to — *перед ким-н.*; for — *за що-н.*) 2) пояснимий, з'ясовний; **~ant** *n* 1) бухгалтер 2) *юр.* відповідач; **~ing 1.** *pres. p. від* **account 2 2.** *n* 1) бухгалтерська справа 2) облік; звітність; розрахунок

accoutre [əˊkuːtə] *v* одягати, споряджати; екіпірувати

accredit [əˊkredɪt] *v* 1) приписувати (to, with) 2) уповноважувати, доручати 3) довіряти; **~ed 1.** *p. p. від* **accredit 2.** *a* 1) акредитований 2) загальноприйнятий

accretion [əˊkriːʃ(ə)n] *n* 1) розростання; приріст 2) нарощування

accrue [əˊkruː] *v* 1) збільшуватися 2) випадати, діставатися 3) виникати, походити

accumul‖ate [əˊkjuːmjʊleɪt] *v* 1) нагромаджувати, накопичувати; акумулювати 2) скупчувати(ся) 3) складати; **~ator** *n* 1) *ел.* акумулятор 2) *обч.* суматор накопичування 3) здирник

accura‖cy [ˊækʊərəsɪ] *n* точність, правильність; **~te** *a* 1) точний, правильний; ретельний 2) *військ.* влучний

accursed [əˊkɜːsɪd] *a* 1) проклятий 2) огидний, осоружний

accus‖ation [ˌækjʊˊzeɪʃ(ə)n] *n* 1) звинувачення, обвинувачення 2) *юр.* обвинувальний акт; **~ative** [əˊkjuːzətɪv] *грам.* **1.** *n* акузатив, знахідний відмінок **2.** *a* знахідний; **~atorial** [-ˊtɔːrɪəl] *a юр.* обвинувальний; **~atory** [əˌkjuːzətərɪ] *a* викривальний; **~e** *v* звинувачувати; **~ed** *n юр.* обвинувачений, підсудний; **~er** *n юр.* обвинувач

accustom [əˊkʌstəm] *v* привчати

acerbic [əˊsɜːbɪk] *a* 1) кислий, терпкий 2) різкий, неприємний (*про людину, критику*)

acetous [ˊæsɪtəs] *a* оцтовий; кислий

ache [eɪk] **1.** *n* біль **2.** *v* 1) боліти 2) прагнути, жагуче бажати; **~less** *a* безболісний

achieve [əˊtʃiːv] *v* 1) досягати, домагатися 2) успішно виконувати; **~ment** *n* 1) досягнення, успіх 2) виконання 3) подвиг

acid [ˊæsɪd] **1.** *n* кислота **2.** *a* 1) кислий 2) уїдливий, ущипливий; **a. drop** [ˌæsɪdˊdrɒp] *n* льодяник, монпансьє; **~ulate** [əˊsɪdjʊleɪt] *v* підкислювати, додавати кислоти

acknowledge [əkˊnɒlɪdʒ] *v* 1) усвідомлювати; визнавати, припускати 2) підтверджувати 3) бути вдячним (*за що-н.*); винагороджувати; **~ment** [əkˊnɒlɪdʒmənt] *n* 1) визнання

2) підтвердження; розписка 3) подяка 4) *юр.* офіційна заява

aclinic [ə´klınık] *a* поземний, горизонтальний, без схилу

acme [´ækmı] *n* 1) найвища точка (*чого-н.*) 2) *мед.* криза (*хвороби*)

acne [´æknı] *n мед.* прищ, вугор

acorn [´eıkɔ:n] *n* жолудь

acoustic [ə´ku:stık] *a* 1) акустичний, звуковий 2) *анат.* слуховий; **~s** [ə´ku:stıks] *n pl* (*ужив. як sing*) акустика

acquaint [ə´kweınt] *v* 1) знайомити 2) повідомляти, сповіщати; **~ance** *n* 1) знайомство 2) знайомий; знайома

acquiesce [,ækwı´es] *v* мовчки (неохоче) погоджуватися (in — на що-н., з чим-н.); **~nce** *n* поступка, згода; поступливість; **~nt** *a* поступливий; покірний

acquire [ə´kwaıə] *v* набувати, здобувати 2) досягати; опановувати; **~ment** [ə´kwaıəmənt] *n* 1) *pl* навички 2) опанування

acquisition [,ækwı´zıʃən] *n* набуття, засвоєння (*як процес*) **~ of knowledge** набуття знань

acquit [ə´kwıt] *v* 1) виправдовувати (of, on — у чому-н.) 2) платити, розплачуватися; **~tal** *n* 1) *юр.* виправдання 2) звільнення 3) виконання (*обов'язків і под.*)

acre [´eıkə] *n* 1) акр 2) *pl* землі, володіння

acrid [´ækrıd] *a* 1) гострий, їдкий (*на смак і под.*) 2) дратівливий 3) ущипливий, уїдливий; **~ity** *n* 1) гострота, їдкість (*страв, напоїв*) 2) різкість (*про характер*) 3) ущипливість, уїдливість

acrimonious [,ækrı´məʊnıəs] *a* 1) жовчний (*про характер*) 2) дошкульний; ущипливий 3) гострий, їдкий (*про страви, напої*)

across [ə´krɒs] **1.** *adv* 1) на той бік; на тому боці; **to put ~** перевозити (*човном, поромом*) 2) упоперек; завширшки 3) навхрест; **with arms a.** схрестивши руки **2.** *prep* крізь, через

act [ækt] **1.** *n* 1) справа, учинок 2) акт, дія, процес 3) гра, удавання 4) закон, постанова, рішення **2.** *v* 1) діяти, чинити 2) працювати 3) впливати (*про ліки*) (on, upon) 4) удавати, прикидатися

action [´ækʃ(ə)n] *n* 1) дія; учинок 2) *pl* поведінка 3) вплив 4) діяльність 5) бій 6) *юр.* позов

activ||ate [´æktıveıt] *v* 1) активізувати 2) робити радіоактивним; **~e** *a* 1) активний; діяльний, енергійний, жвавий **2.** *v* 1) діючий 3) дійсний, справжній 4) радіоактивний 5) *грам.* дійсний (*про стан*); **~ism** *n* активність

actor [´æktə] *n* 1) актор 2) дійова особа; діяч

actress [´æktrıs] *n* актриса

actual [´æktʃʊəl] *a* 1) дійсний; справжній 2) поточний, сучасний; **~ity** *n* 1) дійсність,

реальність 2) *pl* справжні умови (обставини, факти); **~ize** *v* 1) здійснювати, реалізовувати 2) змальовувати реалістично

actuate [´æktʃʊeıt] *v* 1) приводити в рух (в дію) 2) спонукати

acuity [ə´kju:ətı] *n* 1) дотеп 2) гострий характер (*хвороби*)

acumen [ə´kju:men] *n* проникливість, гострота (*розуму*)

acute [ə´kju:t] *a* 1) різкий, сильний 2) кмітливий 3) гострий 4) пронизливий, високий (*про звук*)

ad [æd] *скороч. від* **advertisement**

adage [´ædıdʒ] *n* прислів'я, приказка, вислів

adamantine [,ædə´mæntaın] *a* 1) адамантовий; дуже твердий 2) непохитний, незламний

adapt [ə´dæpt] *v* 1) пристосовувати 2) адаптувати 3) переробляти

add [æd] *v* 1) додавати, приєднувати; надавати 2) *мат.* додавати

adder I [´ædə] *n* зоол. 1) гадюка 2) *амер.* вуж

adder II [´ædə] *n* лічильна машина, суматор

addict 1. *n* [´ædıkt] наркоман (*тж* drug **a.**) **2.** *v* [ə´dıkt] захоплюватися (чим-н.); віддаватися (чому-н.) **~ion** *n* 1) схильність (до чого-н.) 2) наркоманія; **~ive** *a* що призводить до звикання (*про ліки*)

addition [ə´dıʃ(ə)n] *n* додавання, збільшення; **~al** *a* додатковий

additive [´ædıtıv] *n* додаток

addle [´ædl] **1.** *a* 1) пустий, плутаний; шалений, навіжений 2) зіпсований **2.** *v* 1) псуватися 2) плутати(ся); заплутувати(ся)

add-on [,æd´ɒn] *n обч.* розширення, периферійний пристрій, що не входить до стандартного комплекту обчислювальної системи

address [ə´dres] **1.** *n* 1) адреса (*тж обч.*) 2) звернення; виступ; промова 3) манера (*розмовляти*) 4) майстерність; вправність 5) *pl* залицяння **2.** *v* 1) адресувати, надсилати 2) звертатися (to — до кого-н.)

adduc||e [ə´dju:s] *v* подавати, наводити (*як доказ*); цитувати; **~tion** [ə´dʌkʃ(ə)n] *n* наведення (*фактів, доказів*)

adept [´ædept] *n* знавець, експерт

adequacy [´ædıkwəsı] *n* 1) відповідність 2) компетентність

adhere [əd´hıə] *v* 1) прилипати, приставати 2) дотримуватися (to — чого-н.); **~nt 1.** *n* прихильник; наслідувач **2.** *a* 1) прихильний 2) клейкий 3) що щільно прилягає

adhes||ion [əd´hi:ʒ(ə)n] *n* 1) прилипання; склеювання 2) вірність, відданість (*принципам і под.*) 3) згода, підтримка 4) *тех.* зчеплення; **~ive** [əd´hi:sıv] *a* 1) липкий, клейкий 2) *перен.* настирливий

adhibit [æd´hɪbɪt] v 1) прикладати 2) приймати (ліки)
adieu [ə´djuː] 1. n (pl тж -ux [-z]) прощання 2. int прощавай(те)
adiposity [ˌædɪ´pɒsɪtɪ] n ожиріння, гладкість, огрядність
adit [´ædɪt] n вхід, прохід
adjacen‖**cy** [ə´dʒeɪs(ə)nsɪ] n сусідство; суміжність; **~t** a прилеглий, суміжний, сусідній (to)
adjective [´ædʒɪktɪv] n грам. прикметник
adjoin [ə´dʒɔɪn] v 1) прилягати, межувати 2) з'єднувати; **~ing** 1. pres. p. від **adjoin** 2. a прилеглий, суміжний, сусідній
adjourn [ə´dʒɜːn] v 1) відстрочувати, відкладати 2) оголошувати перерву 3) розходитися; **~ment** n 1) відстрочка, відкладання (зборів і под.) 2) перерва (у засіданні й под.)
adjudge [ə´dʒʌdʒ] v 1) ухвалювати вирок 2) присуджувати (премію та под.; to)
adjudicator [ə´dʒuːdɪkeɪtə] n 1) член журі 2) екзаменатор 3) арбітр 4) pl журі
adjunct [´ædʒʌŋkt] n 1) додаток; доповнення 2) помічник; ад'юнкт 3) грам. означення
adjur‖**ation** [ˌædʒʊ´reɪʃ(ə)n] n 1) благання 2) клятва 3) юр. приведення до присяги; **~e** [ə´dʒʊə] v 1) благати 2) юр. приводити до присяги
adjust [ə´dʒʌst] v 1) упорядковувати 2) пристосовувати 3) улагоджувати 4) регулювати
adjuvant [´ædʒʊvənt] 1. n помічник; допоміжний засіб 2. a допоміжний, корисний
admeasure [æd´meʒə] v відміряти; установлювати межі
administ‖**er** [əd´mɪnɪstə] v 1) управляти, керувати; вести (справи) 3) чинити (правосуддя) 3) справляти (обряди) 4) допомагати, подавати допомогу 5) давати (ліки); **~ration** [-´reɪʃ(ə)n] n 1) управління (справами) 2) адміністрація 3) міністерство 4) уряд 5) надання допомоги 6) чинення (правосуддя) 7) призначення (застосування, приймання) (ліків)
admir‖**able** [´ædm(ə)rəb(ə)l] a чудовий, надзвичайний, чарівний; **~ation** n 1) захват 2) предмет захоплення; **~e** v милуватися; захоплюватися; **~er** n 1) обожнювач; залицяльник 2) аматор
admissible [əd´mɪsəb(ə)l] a припустимий, прийнятний
admission [əd´mɪʃ(ə)n] n 1) визнання (правильним, дійсним) 2) доступ 3) вхідна плата; вхід 4) припущення
admit [əd´mɪt] v 1) припускати; визнавати 2) допускати 3) впускати 4) дозволяти (of) 5) уміщати (про приміщення) 6) поступатися, погоджуватися; **~tance** n 1) доступ, вхід 2) дозвіл на вхід

admix [əd´mɪks] v домішувати(ся); змішувати(ся); **~ture** n 1) домішка 2) змішування
admoni‖**sh** [əd´mɒnɪʃ] v 1) робити зауваження; оголошувати догану 2) переконувати, радити 3) напучувати, застерігати (of, against — від чого-н.) 4) нагадувати; повідомляти; **~tion** [ˌædmə´nɪʃ(ə)n] n 1) застереження; попередження 2) умовляння 3) зауваження, вказівка 4) настанова, напучення
ado [ə´duː] n 1) метушня; галас 2) клопіт; труднощі, утруднення
adolescen‖**ce** [ˌædəʊ´les(ə)ns] n юність, юнацтво, юнь; **~t** 1. n юнак; дівчина; підліток 2. a юний; юнацький; підлітковий
adopt [ə´dɒpt] v 1) усиновляти; удочеряти 2) приймати 3) засвоювати 4) лінгв. запозичувати (слова з іншої мови); **~ee** n усиновлений, приймак; приймачка; **~ion** n 1) усиновлення 2) засвоєння 3) лінгв. запозичення (з іншої мови)
adorable [ə´dɔːrəb(ə)l] a 1) обожнюваний 2) розм. чарівний, чудовий
adorn [ə´dɔːn] v 1) прикрашати 2) бути прикрасою; **~ment** [ə´dɔːnmənt] n прикраса
adrift [ə´drɪft] adv за течією
adroit [ə´drɔɪt] a спритний, моторний, винахідливий; **~ness** [ə´drɔɪtnɪs] n спритність, моторність; винахідливість
adulat‖**ion** [ˌædjʊ´leɪʃ(ə)n] n плазування; підлещування, лестощі; **~ory** [´ædjʊleɪt(ə)rɪ] a улесливий, підлесливий, догідливий
adult [´ædʌlt] 1. n 1) доросла людина 2) біол. доросла особина 2. a дорослий, зрілий
adulter‖**ant** [ə´dʌltərənt] n домішка; **~ate** v фальсифікувати; підмішувати; **~ation** n фальсифікація, підроблення; підмішування; **~er** n невірний чоловік; зрадливець; **~ess** n невірна дружина; зрадливиця
adumbration [ˌædʌm´breɪʃ(ə)n] n 1) начерк, ескіз 2) ознака 3) затемнення, тінь
advance [əd´vɑːns] n 1) просування вперед 2) успіх; поліпшення; прогрес 3) позика 4) підвищення, зростання (цін і под.) 5) просування (по службі) 6) випередження
advantage [əd´vɑːntɪdʒ] 1. n 1) перевага (of, over — над чим-н.) 2) вигода 2. v сприяти, допомагати; **~ous** [-´teɪdʒəs] a сприятливий; вигідний
advent [´ædvent] n 1) прихід, прибуття 2) (A.) рел. пришестя 3) церк. різдвяний піст
adventur‖**e** [əd´ventʃə] 1. n 1) пригода 2) ризик; авантюра 3) випадок 2. v 1) ризикувати 2) наважуватися (in, into, on, upon — на що-н.); **~er** n 1) пройдисвіт 2) авантюрист; **~ous** a 1) відчайдушний 2) небезпечний, ризикований 3) підприємливий
adverb [´ædvɜːb] n грам. прислівник

advers||e [´ædvɜːs] *a* 1) ворожий 2) шкідливий 3) протилежний; **~ary** [´ædvəs(ə)гɪ] *n* супротивник, ворог; суперник; **~ative** *a лінгв.* що виражає протилежне поняття; **~ity** *n* 1) халепа, лихо, нещастя 2) несприятливі обставини

advertence, -cy [əd´vɜːt(ə)ns, -sɪ] *n* уважне ставлення, чуйність

advertis||e [´ædvətaɪz] *v* оповіщати; рекламувати; **~er** *n* 1) рекламодавець 2) газета з оголошеннями; **~ing** *n* рекламування, реклама (*процес*); **~ment** реклама (*текст*)

advice [əd´vaɪs] *n* 1) порада 2) консультація 3) (*зазв. pl*) інформація 4) судження 5) *ком.* авізо (*тж letter of ~*) 6) вирок

advise [əd´vaɪz] *v* 1) радити 2) консультувати 3) сповіщати; **~d** *р. р. від* **advise**; **~r** *n* радник; консультант

advocacy [´ædvəkəsɪ] *n* 1) *юр.* оборона, захист 2) адвокатура 3) пропаґанда

aerial [´eərɪəl] **1.** *n* антена **2.** *a* 1) повітряний, ефірний, легкий; авіаційний 2) нереальний, ефемерний 3) надземний

aero||batics [,eərə´bætɪks] *n pl* (ужив. як *sing*) вищий пілотаж; **~dyne** [´eərə(ʊ)daɪn] *n* літальний апарат; **~space** [´eərə(ʊ)speɪs] **1.** *n* 1) космічний простір 2) космонавтика **2.** *a* аерокосмічний

aesthetics [iːs´θetɪks] *n pl* (ужив. як *sing*) естетика

affab||ility [,æfə´bɪlɪtɪ] *n* привітність; чемність, ґречність; **~le** [´æfəb(ə)l] *a* привітний; увічливий, чемний, ґречний

affair [ə´feə] *n* 1) справа 2) *pl* заняття 3) любовний зв'язок 4) *розм.* пригода, історія

affect 1. *n* [ə´fekt] *психол.* афект **2.** *v* [ə´fekt] 1) чинити; впливати (*на що-н.*) 2) уражати (*про хворобу*) 3) вадити, шкодити, зачіпати 4) хвилювати, зворушувати 5) призначати 6) потребувати (*певних умов*) 7) удавати, прикидатися 8) надавати перевагу 9) набирати форми (вигляду); **~ion** [,æfek´teɪʃ(ə)n] *n* 1) (*часто pl*) прихильність, уподобання; кохання (towards, for — *до кого-н.*) 2) хвороба, захворювання; ураження (*органа*) 3) *pl* властивість, якість; **~ionate** [ə´fekʃ(ə)nɪt] *a* 1) люблячий; ніжний, ласкавий 2) пристрасний 3) приязний 4) старанний, ретельний; **~ive** [ə´fektɪv] *a* емоційний

affiance [ə´faɪəns] *v* обручати

affidavit [,æfɪ´deɪvɪt] *n* письмове показання під присягою

affilia||te [ə´fɪlɪeɪt] *v* 1) приєднуватися (with — *до чого-н.*) 2) налогоджувати зв'язки **~ted societies** філіали

affin||ed [ə´faɪnd] *a* 1) схожий; споріднений 2) пов'язаний зобов'язаннями; **~ity** [ə´fɪnɪtɪ] *n* 1) спорідненість, схожість 2) родова схожість (with, between) 3) *збір.* родичі 4) взаємна прихильність; привабливість, потяг

affirm [ə´fɜːm] *v* 1) стверджувати 2) робити заяву; **~ative** *a* 1) ствердний 2) *мат.* позитивний

affix 1. *n* [´æfɪks] 1) додаток 2) *грам.* афікс **2.** *v* [ə´fɪks] 1) прикріплювати (to, on, upon — *до чого-н.*) 2) додавати 3) ставити (*підпис*)

afflatus [ə´fleɪtəs] *n* 1) натхнення, осяяння 2) одкровення

afflict [ə´flɪkt] *v* 1) засмучувати; тривожити 2) уражати (*про хворобу*); **~ion** *n* 1) печаль 2) горе; лихо 3) хвороба

affluence [´æflʊəns] *n* 1) достаток 2) багатство 3) наплив, приплив

afford [ə´fɔːd] *v* 1) мати змогу 2) давати, надавати 3) робити

afforest [æ´fɒrɪst] *v* засаджувати лісом; **~ation** *n* залісення, лісонасадження

affranchise [ə´fræntʃaɪz] *v* відпускати на волю

affray [ə´freɪ] *n* скандал, бійка

affront [ə´frʌnt] **1.** *n* 1) (привселюдна) образа 2) сутичка **2.** *v* 1) ображати 2) кидати виклик

afire [ə´faɪə] **1.** *a predic.* охоплений полум'ям **2.** *adv* у вогні

afloat [ə´fləʊt] *a predic., adv* 1) на плаву, на морі 2) у розпалі (*діяльності*) 3) в обігу, в ужитку

afoot [ə´fʊt] *a predic.* 1) у русі, у дії 2) пішки

aforecited [ə´fɔːˌsaɪtɪd] *a* вищенаведений, вищезазначений

aforethought [ə´fɔːθɔːt] *a predic.* навмисний, умисний

afraid [ə´freɪd] *a predic.* зляканий, наляканий

afresh [ə´freʃ] *adv* знову, заново

African [´æfrɪkən] **1.** *a* африканський **2.** *n* африканець

after [´ɑːftə] **1.** *a* задній **2.** *prep* 1) за, позаду 2) після, за, через, опісля 3) за, з, згідно з; **a. the same pattern** за тим самим зразком 4) про, за; **to look a. smb.** піклуватися про кого-н. 5) незважаючи на, попри, усупереч **3.** *cj* після того як; **a.-effect** *n* 1) наслідок 2) результат; **~glow** *n* 1) вечірня зоря 2) приємний спогад; **~life** *n* 1) потойбічне життя 2) роки зрілості; **~light** *n* прозріння; **~math** *n* наслідки; **~noon** *n* час після полудня; пообідній час; **good ~noon!** добридень!; до побачення!; **~thought** *n* запізніле пояснення; **~wards** *adv* згодом; **~word** *n* епілог; **~world** *n* 1) потойбічний світ 2) майбутні (прийдешні) покоління

again [ə´geɪn] *adv* 1) знову 2) з іншого боку 3) крім того, до того ж

against [ə´ge(ɪ)nst] *prep* 1) проти, навпроти 2) об, по, на, з (до 3) поряд, біля 4) на, з 5) проти, усупереч 6) на, про; **~ a rainy day** про чорний день

age [eɪdʒ] **1.** *n* 1) вік 2) покоління 3) повноліття 4) старість **2.** *v* 1) старіти 2) витримувати (*у часі*); **~less** *a* 1) нестаріючий 2) вічний, споконвічний; **a.-old** *a* одвічний; дуже давній; старий, старезний

agency [ˈeɪdʒ(ə)nsɪ] *n* 1) агенція, агентство 2) орган (*заклад, організація*) 3) дія, діяльність 4) засіб; сприяння 5) сила, чинник

agenda [əˈdʒendə] *n pl* 1) порядок денний 2) послідовність операцій в ЕОМ

agent [ˈeɪdʒ(ə)nt] *n* 1) агент, представник 2) діяч 3) *pl* агентура

aggrand‖ize [əˈɡrændaɪz] *v* 1) збільшувати, посилювати 2) звеличувати, вихваляти; **~isement** [-dɪzmənt] *n* 1) збільшення, підвищення 2) звеличування, вихваляння

aggravat‖e [ˈæɡrəveɪt] *v* обтяжувати, збільшувати, погіршувати; загострювати; **~ion** *n* 1) погіршення; загострення; посилення 2) обтяжлива обставина

aggregat‖e [ˈæɡrɪɡeɪt] *n* 1) сукупність, ціле 2) *тех.* агрегат; **~ion** *n* 1) складання 2) агрегат 3) скупчення; маса

aggress‖ion [əˈɡreʃ(ə)n] *n* 1) напад, агресія 2) *психол.* агресивність; зухвала поведінка; **~ive** *a* 1) агресивний 2) активний 3) наполегливий; настирливий 4) задирливий, зухвалий; **~or** *n* 1) агресор, нападник 2) призвідник

aggrieve [əˈɡriːv] *v* (*зазв. pass.*) 1) ображати, засмучувати 2) *юр.* завдавати шкоди

aghast [əˈɡɑːst] *a predic.* охоплений страхом, приголомшений

agil‖e [ˈædʒaɪl] *a* спритний, моторний, жвавий; **~ity** [əˈdʒɪlɪtɪ] *n* спритність, моторність, жвавість

agit‖ate [ˈædʒɪteɪt] *v* 1) збуджувати 2) агітувати (for, against) 3) палко обговорювати 4) підбурювати 5) трясти; збовтувати; **~ated** *1. p.p. від* **agitate 2.** *a* схвильований; **~ation** *n* 1) хвилювання 2) агітація 3) публічне обговорення 4) перемішування; **~ator** *n* агітатор

aglow [əˈɡləʊ] *a predic.* 1) палаючий 2) збуджений

agnail [ˈæɡneɪl] *n* задирка

agnate [ˈæɡneɪt] **1.** *n* родич по батькові **2.** *a* 1) рідний по батькові 2) близький, споріднений

ago [əˈɡəʊ] *adv* тому; **not long a.** недавно; **years a.** багато років тому

agonistic [ˌæɡəˈnɪstɪk] *a* 1) полемічний 2) войовничий 3) атлетичний

agon‖ise [ˈæɡənaɪz] *v* 1) агонізувати 2) мучити 3) докладати відчайдушних зусиль; **~ising 1.** *pres. p. від* **agonise 2.** *a* нестерпний,

~y [ˈæɡənɪ] *n* 1) агонія 2) мука 3) відчайдушна боротьба 4) раптовий вияв (*почуттів*)

agree [əˈɡriː] *v* 1) згоджуватися 2) домовлятися 3) відповідати (чому-н.), гармоніювати (with — з чим-н.) 4) збігатися в поглядах 5) упорядковувати 6) *грам.* узгоджуватися; **~able** *a* 1) приємний 2) відповідний, підхожий 3) згодний (*зробити що-н.*; to) 4) прийнятний 5) зручний; **~ment** *n* 1) домовленість 2) договір, угода 3) *грам.* узгодження

agricultur‖e [ˈæɡrɪkʌltʃə] *n* сільське господарство; агрономія; **~ist** *n* 1) агроном 2) землероб, хлібороб, рільник

aground [əˈɡraʊnd] *a predic.* у скруті; без коштів

ague [ˈeɪɡjuː] *n* 1) малярія, пропасниця 2) напад пропасниці

ahead [əˈhed] *adv* уперед, попереду

aid [eɪd] **1.** *n* 1) допомога 2) помічник 3) *pl* допоміжні засоби **2.** *v* допомагати; сприяти

aiguille [ˈeɪɡwiːl] *n* гірський шпиль, шпиляста вершина

ail [eɪl] *v* 1) тривожити, завдавати болю (страждання) 2) засмучувати, мати неприємності; **~ing 1.** *pres. p. від* **ail 2.** *a* хворий, нездоровий

aim [eɪm] **1.** *n* 1) мета, намір; задум; прагнення 2) ціль 3) прицілювання **2.** *v* 1) домагатися; ставити за мету 2) цілити(ся); націлювати(ся) 3) кидати, шпурляти 4) мати намір; **~ing 1.** *pres. p. від* **aim 2 2.** *n* наведення **3.** *a* влучний; **~less** *a* безцільний

air [eə] **1.** *n* 1) повітря; атмосфера 2) вираз обличчя 3) пісня; мелодія 4) вітерець 5) *pl* величання; манірність **2.** *v* 1) сушити 2) провітрювати 3) оприлюднювати; **~craft** *n* 1) літак 2) *зб.* літаки; авіація; **a.-driven** *a* пневматичний; **~fare** *n* вартість авіаквитка; **~field** *n* летовище, аеродром; **~freighter** *n* вантажний літак; **a. hostess** *n* стюардеса; **~ing 1.** *pres. p. від* **air 2 2.** *n* 1) провітрювання, просушування 2) демонстрування 3) прогулянка; **~less** *a* 1) душний 2) безвітряний 3) безповітряний; **~line** *n* авіалінія; **~liner** *n* рейсовий літак; **~man** *n* 1) льотчик 2) авіатехнік; авіаінженер; **a. rifle** *n* духова рушниця, пневматична ґвинтівка; **~ship** *n* дирижабль; **~space** *n* повітряний простір; **~strip** *n* злітно-посадкова смуга; польове летовище; **~tight** *a* герметичний; **~y** *a* 1) повний повітря; вітряний 2) легковажний 3) веселий 4) легкий; ґраційний

aisle [aɪl] *n* 1) прохід між рядами, місцями 2) боковий вівтар (*храму*)

akin [əˈkɪn] *a predic.* 1) родинний; рідний 2) схожий, близький, споріднений

alacrity [əˈlækrɪtɪ] *n* 1) жвавість 2) готовність, ретельність

alar [´eɪlə] *a* 1) крилатий 2) крилоподібний
alarm [ə´lɑːm] **1.** *n* 1) сигнал тривоги 2) сум'яття, страх **2.** *v* 1) здіймати тривогу 2) стривожити; стурбувати 3) сполохати 4) підніматн (*на боротьбу*); **a. clock** *n* будильник; **~ist** *n* панікер
alas [ə´læs] *int* на жаль!
albescent [æl´bes(ə)nt] *a* білястий
album [´ælbəm] *n* альбом
alchem||ist [´ælkɪmɪst] *n* алхімік; **~y** *n* алхімія
alcohol [´ælkəhɒl] *n* 1) алкоголь, спирт 2) спиртні напої; **~ism** *n* алкоголізм
alder [´ɔːldə] *n бот.* вільха
ale [eɪl] *n* ель, пиво
aleatory [´eɪlɪət(ə)rɪ] *a* випадковий
alert [ə´lɜːt] **1.** *n* тривога; сигнал тривоги **2.** *a* 1) пильний 2) жвавий **3.** *v* 1) привести до стану готовності 2) попереджувати про небезпеку
algae [´ældʒɪ] *n pl* морські хвилі
algebraic(al) [,ældʒɪ´breɪɪk(əl)] *a* алгебричний
algid [´ældʒɪd] *a* холодний
alias [´eɪlɪəs] *n* прізвисько, кличка
alibi [´ælɪbaɪ] **1.** *n юр.* алібі **2.** *v юр.* подавати алібі
alien [´eɪlɪən] **1.** *n* чужинець **2.** *a* 1) сторонній, невластивий (to) 2) чужоземний, чужий; **~ation** *n* 1) віддалення; збайдужіння 2) *юр.* відчуження (*майна*) 3) *мед.* божевілля (*зазв.* mental ~); **~ism** *n* психіатрія; **~ist** *n* психіатр
alight I [ə´laɪt] *v* 1) висаджуватися (out of, from — із, з; at — у) 2) спускатися, сідати (*про птахів і под.*; on, upon) 3) *ав.* приземлятися
alight II [ə´laɪt] *a predic.* 1) засвічений 2) освітлений 3) сяючий
align [ə´laɪn] *v* 1) шикувати в лінію 2) рівнятися; шикуватися
alike [ə´laɪk] *a predic.* однаковий
aliment [´ælɪmənt] **1.** *n* 1) їжа; харчування 2) матеріальна й моральна підтримка **2.** *v* 1) утримувати (*кого-н.*) 2) платити аліменти; **~ation** *n* 1) харчування, годування 2) утримування (*кого-н.*)
alimony [´ælɪmənɪ] *n* 1) аліменти 2) прожиток, харчування
aliquant [´ælɪkwənt] *а мат.* некратний
aliquot [´ælɪkwət] *а мат.* кратний
alive [ə´laɪv] *a predic.* 1) живий 2) існуючий 3) діючий; чинний 4) енергійний 5) чуйний 6) що кишить; заповнений
alka||li [´ælkəlaɪ] *n* (-s, -ez [-z]) *хім.* луг; **~line** лужний
all [ɔːl] **1.** *n* 1) усе; усі 2) ціле 3) усе майно **2.** *a* 1) весь, уся, усе, усі 2) усякий, можливий; будь-який; **a.-important** *n* надзвичайно важливий; **a.-in-a. 1.** *n* усе (*для кого-н.*);

предмет кохання **2.** *а* дуже важливий, вирішальний; **a.-night** *a* нічний; **a.-powerful** *а* усемогутній; **a.-purpose** *а* універсальний; **a. right 1.** *a predic. розм.* 1) у порядку 2) підхожий 3) порядний 4) чудовий **2.** *int* добре!, гаразд!, згода!; **a.-round** *а* 1) усебічний; багатосторонній; різнобічний, різносторонній 2) круговий 3) *спорт.* абсолютний; **a.-round champion** абсолютний чемпіон; **a.-time** *а* небувалий
allay [ə´leɪ] *v* 1) зменшувати 2) заспокоювати, гамувати (*біль*)
alleg||e [ə´ledʒ] *v* 1) твердити, голослівно заявляти 2) посилатися (*на що-н.*) 3) цитувати; приписувати; **~ation** [,ælɪ´geɪʃ(ə)n] *n* 1) голослівне твердження 2) заява (*особ. перед судом*)
allegiance [ə´liːdʒ(ə)ns] *n* вірність, відданість, лояльність
allegorise [´ælɪg(ə)raɪz] *v* зображати, висловлюватися (тлумачити) алегорично
allergy [´ælədʒɪ] *n мед.* алергія
alleviat||e [ə´liːvɪeɪt] *v* 1) полегшувати (*біль*) 2) зменшувати (*провину*); **~ion** *n* полегшення (*болю, страждання*)
alley [´ælɪ] *n* 1) вузька вулиця 2) алея 3) прохід між рядами
alliance [ə´laɪəns] *n* 1) союз; альянс 2) шлюбний союз 3) об'єднання, федерація 4) споріднення, спільність
allied [ə´laɪd] **1.** *р. р. від* **ally 2.** *a* 1) союзний 2) споріднений
alloc||ate [´æləkeɪt] *v* 1) розміщувати 2) призначати (to) 3) установлювати місце; **~ation** *n* 1) розміщування 2) локалізація
allocution [,ælə´kjuːʃ(ə)n] *n* промова, звернення
allot [ə´lɒt] *v* розподіляти; **~ment** [ə´lɒtmənt] *n* 1) частка 2) розподіл 3) *перен.* доля, талан
allow [ə´laʊ] *v* 1) дозволяти 2) виплачувати 3) зважати, ураховувати 4) робити поправку (for — на що-н.) 5) припускати 6) вихваляти; хвалити; схвалювати; **~able** *a* 1) прийнятний 2) законний; **~ance 1.** *n* 1) кишенькові гроші 2) норма видачі 3) знижка 4) припущення 5) *pl військ.* постачання 6) дозвіл 7) *спорт.* перевага **2.** *v* 1) обмежувати утримання 2) призначати утримання (порцію *та под.*) 3) видавати в обмеженій кількості
alloy 1. *n* [´ælɔɪ] 1) стоп (*металів*) 2) домішка 3) проба (*дорогоцінного металу*) **2.** *v* [ə´lɔɪ] 1) стоплювати (*метали*) 2) підмішувати, домішувати 3) *перен.* псувати, затьмарювати (*радість і под.*)
allude [ə´luːd] *v* 1) згадувати; посилатися (to — на кого-н., що-н.) 2) натякати; мати на увазі (to — що-н.)

allur||e [əˈl(j)ʊə] **1.** *n* чарівність, привабливість **2.** *v* 1) спокушати 2) заманювати, привертати; **~ing** *a* 1) привабливий 2) спокусливий, принадний

allusion [əˈluːʒ(ə)n] *n* 1) згадування; посилання 2) натяк; зазначення 3) каламбур

ally 1. *n* [ˈælaɪ] 1) союзник 2) помічник **2.** *v* [əˈlaɪ] об'єднуватися

almanac [ˈɔːlmənæk] *n* альманах

almighty [ɔːlˈmaɪtɪ] **1.** *n* усемогутній; **A. God, the A.** (Усемогутній) Бог **2.** *a* усемогутній

almond [ˈɑːmənd] *n бот.* мигдаль; мигдальний горіх

almost [ˈɔːlmoʊst] *adv* майже

alms [ɑːmz] *n (pl без змін)* 1) пожертвування 2) благодійність; **a.-deed** *n* милосердя; **~man** *n* 1) жебрак, який живе за рахунок благодійності 2) благодійник

alone [əˈləʊn] *a predic.* 1) один, самітний 2) без сторонньої допомоги 3) відмінний від інших *(про думку, погляди;* in)

along [əˈlɒŋ] 1) *adv.* уперед *prep.* уздовж

aloof|| [əˈluːf] *a* 1) який цурається 2) відчужений; байдужий 3) гордовитий; **~ness** *n* відчуженість; байдужість

aloud [əˈlaʊd] *adv.* 1) голосно 2) сильно

alp [ælp] *n* гірська вершина

alpha [ˈælfə] *n* альфа (*1-ша літера грец. абетки*)

alphabetic [ˌælfəˈbetɪk] *a* абетковий

already [ɔːlˈredɪ] *adv.* вже

also [ˈɔːlsəʊ] *adv.* теж, також, до того ж

altar [ˈɔːltə] *n церк.* вівтар

alter [ˈɔːltə] *v* змінювати(ся); **~able** *a* змінюваний; **~ation** *n* 1) зміна; переміна; переробка, перебудова 2) *тех.* деформація

alterc||ate [ˈɔːltəkeɪt] *v* сперечатися, сваритися; **~ation** [-ˈkeɪʃ(ə)n] *n* сперечання; коротка сварка, лайка

altern||ate 1. *n* [ɔːlˈtɜːnɪt] 1) чергування 2) варіант 3) *амер.* заступник; замісник **2.** *a* 1) перемінний, змінний 2) запасний 3) взаємний, обопільний **3.** *v* [ˈɔːltəneɪt] чергувати(ся); **~ation** *n* 1) зміна 2) черговість; **~ative** [-ˈtɜːnətɪv] **1.** *n* вибір **2.** *a* 1) альтернативний 2) змінний

although [ɔːlˈðəʊ] *cj* хоча, коли б навіть; незважаючи на те, що

altitude [ˈæltɪtjuːd] *n* 1) висота 2) *перен.* високе становище

altruism [ˈæltruɪz(ə)m] *n* альтруїзм

always [ˈɔːlweɪz] *adv* завжди

amalgamate [əˈmælgəmeɪt] *v* 1) з'єднувати(ся) із ртуттю, амальгамувати 2) об'єднувати(ся); зливати(ся)

amass [əˈmæs] *v* 1) збирати; накопичувати, скупчувати 2) збиратися, скупчуватися

amateur [ˈæmət(ʃ)ə, ˈæmətɜː] *n* 1) аматор 2) дилетант; **~ism** *n* дилетантизм

amatory [ˈæmətərɪ] *a* 1) любовний, еротичний 2) люблячий

amaze [əˈmeɪz] *v* дивувати, уражати; **~ment** *n* здивування, подив

Amazon [ˈæməz(ə)n] *n грец. міф.* амазонка

ambassador [æmˈbæsədə] *n* 1) посол 2) вісник 3) посередник; **~ial** *a* посольський

amber [ˈæmbə] *n* 1) бурштин (янтар) 2) колір бурштину (янтарю), жовтий колір

ambidext(e)rous [ˌæmbɪˈdekstrəs] *a* 1) який володіє однаково вільно обома руками 2) дворушний

ambience [ˈæmbɪəns] *n* оточення

ambiguity [ˌæmbɪˈgjuːɪtɪ] *n* 1) двозначність 2) непевність

ambiguous [æmˈbɪɡjʊəs] *a* 1) двозначний, неясний 2) сумнівний; непевний, незрозумілий; невизначений

ambit [ˈæmbɪt] *n* 1) межі 2) сфера 3) оточення, місцевість, окіл; **~ion** *n* 1) честолюбство; амбіція 2) прагнення; мета; об'єкт бажань; мрія; **~ious** *a* 1) честолюбний 2) що прагне *(чого-н., до чого-н.);* що домагається *(чого-н.)* 3) претензійний

ambivalent [æmˈbɪvələnt] *a* суперечливий *(про почуття й под.)*

amble [ˈæmb(ə)l] **1.** *n* 1) легка хода 2) інохідь **2.** *v* 1) іти неквапливо 2) бігти інохіддю; **~r** *n* інохідець

ambul||ance [ˈæmbjʊləns] *n* 1) швидка допомога 2) польовий шпиталь; **~atory 1.** *n* 1) внутрішня галерея 2) амбулаторний хворий **2.** *a* 1) пристосований для прогулянок 2) нестаціонарний, пересувний 3) тимчасовий, непостійний

ambush [ˈæmbʊʃ] **1.** *n* засідка **2.** *v* сидіти в засідці

ameliorat||e [əˈmiːlɪəreɪt] *v* поліпшувати(ся); підвищувати якість; **~ion** *n* 1) поліпшення 2) меліорація

amenab||ility [əˌmiːnəˈbɪlɪtɪ] *n* 1) підсудність 2) слухняність 3) схильність *(до захворювань);* **~le** [əˈmiːnəbl] *a* 1) підсудний 2) слухняний

amendment [əˈmendmənt] *n* 1) поліпшення 2) поправка *(до резолюції)* 3) полегшення

amends [əˈmendz] *n pl (ужив. як sing)* винагорода

amenity [əˈmiːnɪtɪ, əˈmenɪtɪ] *n* 1) приємність; м'якість 2) люб'язність, чемність

American [əˈmerɪkən] **1.** *n* американець; американка **2.** *a* американський

amiab||ility [ˌeɪmɪəˈbɪlɪtɪ] *n* 1) приязність; люб'язність 2) привітність 3) привабливість; **~le** [ˈeɪmɪəbl] *a* 1) дружній; доброзичливий; люб'язний 2) привітний 3) чарівний, привабливий

amid [əˈmɪd] *prep* серед, посеред; поміж, між, межи

amiss [əˈmɪs] **1.** *a predic.* 1) поганий; неправильний 2) недоречний, невчасний **2.** *adv* 1) погано; неправильно; недоладно 2) недоречно, невчасно

amity [ˈæmɪtɪ] *n* дружні стосунки, згода (*між державами*)

amnesia [æmˈniːzɪə] *n мед.* утрата (ослаблення) пам'яті; амнезія

amnesty [ˈæmnəstɪ] **1.** *n* амністія **2.** *v* амністувати

among [əˈmʌŋ] *prep* 1) серед, посеред; поміж, між, межи 2) разом, спільно

amoral [eɪˈmɒrəl, æˈmɒrəl] *a* аморальний, неморальний

amorous [ˈæm(ə)rəs] *a* 1) закоханий (of — у кого-н.) 2) любовний, амурний

amorphous [əˈmɔːfəs] *a* 1) аморфний, безформний 2) хаотичний, безладний

amount [əˈmaʊnt] **1.** *n* 1) кількість 2) підсумок 3) значущість, важливість **2.** *v* 1) складати (*суму*) 2) бути рівним (рівнозначним)

amour [əˈmʊə, əˈmɔː] *n* 1) любов, кохання 2) любовна інтриґа

Amphibia [æmˈfɪbɪə] *n pl зоол.* амфібії, земноводні

amphitheatre [ˈæmfɪˌθɪətə] *n* амфітеатр

amphora [ˈæmfərə] *n (pl* -rae [-riː]) амфора

amplification [ˌæmplɪfɪˈkeɪʃ(ə)n] *n* 1) збільшення 2) розвиток 3) *грам.* додаток 4) перебільшення

amplify [ˈæmplɪfaɪ] *v* 1) збільшувати 2) розвивати (*думку й под.*) 3) перебільшувати

amputation [ˌæmpjʊˈteɪʃ(ə)n] *n мед.* ампутація

amus||e [əˈmjuːz] *v* 1) забавляти 2) відволікати; **~ement** *n* 1) *зазв. pl* розваги, веселощі; забава, утіха 2) задоволення 3) відволікання уваги; **~ing** *a* кумедний; потішний

an [æn (*повна ф.*)] ən, n (*редук. ф.*)] неозначений артикль перед словами, що починаються з голосного звука

analgesic [ˌæn(ə)lˈdʒiːsɪk, -ˈdʒesɪk] **1.** *n* анальгетик, знеболювальний засіб **2.** *a* болетамівний, знеболювальний

analog||ous [əˈnæləgəs] *a* аналогічний; схожий, подібний; **strikingly ~ous** дуже схожий; **~ue** *n* 1) аналог 2) моделювальний пристрій; **~y** *n* 1) аналогія, схожість, подібність 2) *мат.* рівність відношень

analy||se [ˈænəlaɪz] *v* 1) аналізувати 2) досліджувати 3) *хім.* розкладати 4) *грам.* розбирати (*речення*); **~sis** [əˈnæləsɪs] *n (pl* -ses) 1) аналіз; дослідження 2) *хім.* розкладання 3) *грам.* розбір; **~st** [ˈænəlɪst] *n* аналітик; **~tic** [ˌænəˈlɪtɪk] *a* аналітичний

anamnesis [ˌænəmˈniːsɪs] *n* 1) пригадування; згадка, спомин 2) *мед.* анамнез

anaplasty [ˈænəplæstɪ] *n мед.* пластична хірургія

anarchist [ˈænəkɪst] *n* анархіст

anarchy [ˈænəkɪ] *n* анархія

anatom||ist [əˈnætəmɪst] *n* 1) анатом 2) дослідник, аналітик 3) препаратор, прозектор; **~ise** *v* 1) *перен.* аналізувати 2) анатомувати

ancest||or [ˈænsestə] *n* 1) предок 2) *юр.* попередній власник; **~ral** [ænˈsestrəl] *a* спадковий; **~ry** [ˈænsestrɪ] *n* 1) рід; родовід 2) збір. предки

anchor [ˈæŋkə] *n* якір

anchorman [ˈæŋkəmən] *n радіо, тел.* ведучий програми

ancient [ˈeɪnʃ(ə)nt] **1.** *n* патріарх **2.** *a* 1) давній; старовинний 2) античний 3) старезний

ancillary [ænˈsɪlərɪ] *a* 1) допоміжний, підлеглий 2) додатковий 3) догідливий, раболіпний

and [ænd (*повна ф.*); ənd, ən, nd, n (*скор. ф.*)] *cj* 1) з'єднувальний сполучник і, й, та (у знач. і) 2) *протиставний сполучник* а, але

anecdote [ˈænɪkdəʊt] *n* 1) розповідь; епізод 2) анекдот

anfractuous [ænˈfræktjʊəs] *a* 1) звивистий 2) заплутаний

angel [ˈeɪndʒ(ə)l] *n* янгол; **~ic** [-ˈdʒelɪk] *a* янгольський

anger [ˈæŋgə] **1.** *n* гнів, лють; роздратування **2.** *v* сердити, дратувати

angle I [ˈæŋg(ə)l] **1.** *n* 1) кут 2) точка зору 3) бік (*справи й под.*) 4) косинець **2.** *v* 1) рухатися під кутом 2) навмисно перекручувати (*розповідь і под.*)

angle II [ˈæŋg(ə)l] **1.** *n* 1) вудіння 2) рибальські снасті **2.** *v* вудити рибу; *перен.* закидати гачок; **~r** *n* рибалка

angry [ˈæŋgrɪ] *a* 1) сердитий; розлючений 2) зловісний, грізний

anguine [ˈæŋgwɪn] *a* змієподібний

anguish [ˈæŋgwɪʃ] **1.** *n* мука, біль **2.** *v* страждати

angular [ˈæŋgjʊlə] *a* 1) кутовий 2) худий 3) сварливий 4) незграбний, неправильний 5) манірний

anil [ˈænɪl] *n* індиґо

anility [æˈnɪlɪtɪ] *n* 1) старість 2) старече слабоумство

animadver||sion [ˌænɪmædˈvɜːʃ(ə)n] *n* осуд; критика; **~t** *v* критикувати, осуджувати, гудити, ганити (on, upon)

animal [ˈænɪm(ə)l] **1.** *n* 1) тварина; звір 2) ссавець **2.** *a* 1) тваринний 2) тваринницький

animate 1. *a* [ˈænɪmɪt] жвавий; натхненний **2.** *v* [ˈænɪmeɪt] оживляти; запалювати

anim||ated [ˈænɪmeɪtɪd] *a* 1) жвавий, пожвавлений 2) натхненний; **~ation** *n* захоплення; жвавість

animosity [ˌænɪˈmɒsɪtɪ] *n* ворожнеча, ворожість, злоба

animus [ˈænɪməs] *n* 1) упередженість 2) *юр.* намір, мотив, замір

ankle [ˈæŋkl] *n анат.* кісточка

annals [ˈæn(ə)lz] *n pl* 1) анали, літописи 2) історичні хроніки

annex 1. *n* [ˈæneks] 1) прибудова, флігель 2) додаток, доповнення (*до документа*) **2.** *v* [əˈneks] 1) приєднувати 2) додавати 3) анексувати, захоплювати

annihil‖ate [əˈnaɪəleɪt] *v* 1) знищувати 2) скасовувати; **~ation** *n* 1) знищення 2) скасування

anniversary [ˌænɪˈvɜːs(ə)rɪ] **1.** *n* 1) річниця 2) ювілей **2.** *a* 1) щорічний; річний 2) ювілейний

announce [əˈnaʊns] *v* 1) оголошувати 2) заявляти 3) публікувати; **~ment** *n* оголошення, повідомлення; **~r** *n* 1) ведучий (*концерту й под.*) 2) *радіо, тел.* диктор

annoy [əˈnɔɪ] *v* 1) досаждати; турбувати 2) дратувати; **~ance** *n* 1) прикрість 2) набридання, надокучання, приставання; **~ed** *a* роздратований, невдоволений; **~ing** [əˈnɔɪɪŋ] *a* дратівний; прикрий; набридливий; докучливий

annual [ˈænjʊəl] **1.** *n* 1) щорічник (*книга*) 2) однолітня рослина **2.** *a* щорічний; річний; **~ly** *adv* щороку

annul [əˈnʌl] *v* анулювати, відміняти, скасовувати; знищувати; **~ment** *n* анулювання, відміна, скасування

annunciation [əˌnʌnsɪˈeɪʃ(ə)n] *n* 1) (А.) *церк.* Благовіщення 2) сповіщення, оголошення

anodyne [ˈænodaɪn] **1.** *a* болетамівний **2.** *n* знеболювальний засіб

anomie, anomy [ˈænɒmɪ] *n* 1) порушення закону 2) аномія

anorganic [ˌænɔːˈgænɪk] *a* неорганічний

another [əˈnʌðə] *a* 1) другий, інший 2) подібний; схожий 3) відмінний 4) новий

answer [ˈɑːnsə] **1.** *n* 1) відповідь 2) вирішення, розв'язання 3) заперечення **2.** *v* 1) відповідати 2) реагувати 3) задовольняти 4) ручатися 5) виконувати 6) заперечувати (*що-н.*) 7) мати успіх 8) слугувати; **~able** *a* 1) відповідальний 2) відповідний

ant [ænt] *n зоол.* мурашка; **a.-bear** *n зоол.* мурахоїд; **~-hill** *n* мурашник

antagonism [ænˈtægənɪz(ə)m] *n* 1) антагонізм, ворожнеча 2) опір, протидія (to, against — *чому-н.*)

antecedent [ˌæntɪˈsiːd(ə)nt] *n* 1) попереднє 2) *pl* минуле

antechamber [ˈæntɪˌtʃeɪmbə] *n* передпокій, вестибюль

antediluvian [ˌæntɪdɪˈluːvɪən] **1.** *n* стара людина **2.** *a* старомодний

antenna [ænˈtenə] *n* (*pl.* -nae [-ˈtenɪː]) 1) щупальце, вусик 2) радіоантена

antenuptial [ˌæntɪˈnʌpʃ(ə)l] *a* дошлюбний

anterior [ænˈtɪ(ə)rɪə] *a* 1) *анат.* передній 2) попередній; **~ity** [-ˈɒrɪtɪ] *n* першість; передування

anthem [ˈænθ(ə)m] *n* гімн

anthology [ænˈθɒlədʒɪ] *n* антологія

anthropophagi [ˌænθrəˈpɒfəgaɪ] *n pl* канібали, людожери, антропофаги; **~y** [-dʒɪ] *n* людожерство

anticip‖ate [ænˈtɪsɪpeɪt] *v* 1) робити (*що-н.*) достроково; випереджати 2) запобігати, відвертати 3) очікувати, передбачати 4) сподіватися 5) наближати, прискорювати; **~ation** *n* очікування *та ін.* (*див.* **anticipate**); **~atory** *a* 1) попередній 2) достроковий

anticlimax [ˌæntɪˈklaɪmæks] *n* спад напруження; занепад

antidotal [ˌæntɪˈdəʊtl] *a* протиотрутний

antinomy [ænˈtɪnəmɪ] *n* 1) суперечність, антиномія 2) парадокс

antipath‖etic(al) [ˌæntɪpəˈθetɪk(əl)] *a* антипатичний, огидний, бридкий; **~y** [ænˈtɪpəθɪ] *n* відраза

antipyretic [ˌæntɪpaɪ(ə)ˈretɪk] *a* жарознижувальний

antiquated [ˈæntɪkweɪtɪd] *a* 1) застарілий 2) старомодний 3) старий, старезний (*про людей*)

antiqu‖e [ænˈtiːk] **1.** *n* антикварна річ **2.** *a* давній; антикварний; **~ity** *n* 1) старовина 2) класична давнина 3) (*зазв. pl*) старожитності

anvil [ˈænvɪl] *n* ковадло

anxiety [æŋˈzaɪətɪ] *n* 1) хвилювання, тривога 2) турбота

anxious [ˈæŋkʃəs] *a* 1) занепокоєний 2) тривожний 3) що прагне (*до чого-н.*)

any [ˈenɪ] *pron indef.* 1) який-небудь, будь-який, скільки-небудь (*як питання*) 2) усякий, будь-який (*як ствердження*) 3) жодний, ніякий (*як заперечення*); **~body** *pron indef.* 1) хто-небудь, хтось (*як питання*) 2) усякий (*як ствердження*) 3) ніхто (*як заперечення*); **~one** *pron indef.* 1) хто-небудь, хтось (*як питання*) 2) усякий, кожний (*як ствердження*) 3) ніхто (*як заперечення*); **~thing** *pron indef.* 1) що-небудь, будь-що, щось (*як питання*) 2) ніщо (*як заперечення*) 3) що завгодно, усе

apart [əˈpɑːt] *adv* 1) убік, осторонь 2) порізно 3) крім, незалежно від

apartment [əˈpɑːtmənt] *n* 1) *pl* мебльовані кімнати 2) кімната; житло, приміщення

apath‖etic [ˌæpəˈθetɪk] *a* байдужий, апатичний; **~y** [ˈæpəθɪ] *n* апатія, байдужість; млявість

ape [eɪp] **1.** *n* 1) (людиноподібна) мавпа 2) мавпа, кривляка **2.** *v* мавпувати; передражнювати; **a.-man** [ˈeɪpˌmæn] *n* 1) мавпоподібна людина 2) примат

aperient [əˈpɪərɪənt] *мед.* **1.** *n* проносне **2.** *a* проносний

aperture [ˈæpətʃə] *n* отвір; шпара; щілина

apex [ˈeɪpeks] *n* (*pl тж* apices) 1) верхівка, вершина, верх; найвища точка 2) *астр.* зеніт 3) *буд.* гребінь

aphrodisiac [ˌæfrəˈdɪzɪæk] **1.** *n* засіб, що посилює статеве почуття **2.** *a* 1) хтивий 2) збудливий

apiar‖ist [ˈeɪpɪərɪst] *n* бджоляр; **~y** *n* пасіка

apical [ˈeɪpɪk(ə)l, ˈæpɪk(ə)l] *a* верхівковий, апікальний

apish [ˈeɪpɪʃ] *a* мавпячий

apolog‖etic [əˌpɒləˈdʒetɪk] *a* 1) вибачливий 2) примирливий; **~ise** *v* вибачатися, перепрошувати; **~y** *n* 1) вибачення, пробачення 2) захист

apopl‖ectic(al) [ˌæpəˈplektɪk(əl)] *a* апоплексичний; **~exy** [ˈæpəpleksɪ] *n мед.* параліч

apostasy [əˈpɒstəsɪ] *n* 1) віровідступництво 2) ренегатство

apostolic(al) [ˌæpəˈstɒlɪk(əl)] *a* 1) апостольський 2) папський

apostrophe [əˈpɒstrəfɪ] *n лінгв.* апостроф (знак «'»)

appal [əˈpɔːl] *v* жахати, лякати; **~ling** *a* приголомшливий

apparatus [ˌæpəˈreɪtəs] *n* (*pl тж без змін*) 1) прилад; апарат 2) апаратура; механізм 3) гімнастичний снаряд 4) апарат (*державний*)

apparent [əˈpærənt] *a* 1) видимий 2) явний; наочний 3) гаданий, позірний 4) справжній, істинний

apparition [ˌæpəˈrɪʃ(ə)n] *n* 1) поява; явище 2) видіння; привид

appeal [əˈpiːl] **1.** *n* 1) заклик 2) відозва 3) прохання 4) привабливість 5) потяг (*до чого-н.*) **2.** *v* 1) закликати 2) прохати 3) приваблювати; подобатися; **~ing** *a* 1) благаючий 2) привабливий 3) чарівний

appear [əˈpɪə] *v* 1) показуватися та виявлятися 3) являтися 4) свідчити 5) справляти враження 6) виступати (*публічно*) 6) видаватися (*друком*)

appeas‖able [əˈpiːzəb(ə)l] *a* поступливий, згідливий; лагідний; **~e** *v* 1) заспокоювати 2) тамувати 3) полегшувати 4) потурати, догоджати

appell‖ant [əˈpelənt] *n юр.* апелянт; скаржник; **~ate** [əˈpelɪt] *a юр.* апеляційний; **~ative** *n*

1) ім'я, назва 2) *грам.* іменник; **~ee** *n юр.* відповідач за апеляцією

append [əˈpend] *v* 1) прикріпляти 2) додавати (*до чого-н.*); **~age** *n* додаток; доважок

appertain [ˌæpəˈteɪn] *v* 1) стосуватися (to — *чого-н.*) 2) увіходити до складу (*чого-н.*)

appetence, -cy [ˈæpɪt(ə)ns, -sɪ] *n* 1) бажання (of, for, after) 2) потяг (*особ. статевий*; for)

appeti‖te [ˈæpɪtaɪt] *n* 1) апетит 2) бажання; схильність; **~zing** *a* 1) апетитний 2) привабливий

applau‖d [əˈplɔːd] *v* 1) оплескувати 2) захоплюватися; вітати; **~se** *n* 1) оплески; овація 2) захоплення

apple [ˈæp(ə)l] *n* 1) яблуко 2) *бот.* яблуня

appliance [əˈplaɪəns] *n* пристрій, прилад

applic‖able [ˈæplɪkəb(ə)l] *a* придатний; відповідний, підхожий (to — до *чого-н.*); **~ant** *n* 1) претендент, кандидат 2) прохач; **~ation** *n* 1) заява 2) прикладання (*пластиру й под.*) 3) уживання (*ліків*) 4) старанність, ретельність, уважність, ревність (*тж* **~ation** to work)

apply [əˈplaɪ] *v* 1) звертатися 2) стосуватися, належати 3) використовувати 4) докладати

appoint [əˈpɔɪnt] *v* 1) затверджувати (*на посаді*) 2) домовлятися, призначати (*побачення й под.*) 3) пропонувати 4) опоряджувати; устатковувати; **~ed** *a* 1) призначений, зумовлений 2) обладнаний; **~ment** *n* 1) зустріч 2) призначення (*на посаду*) 3) посада 4) обладнання 5) *pl* умеблювання, меблі

apportion [əˈpɔːʃ(ə)n] *v* 1) розподіляти 2) призначати

apposite [ˈæpəzɪt] *a* доречний

apprais‖al [əˈpreɪz(ə)l] *n* оцінка; **~e** [əˈpreɪz] *v* оцінювати

appreci‖able [əˈpriːʃəb(ə)l] *a* 1) помітний; значний 2) оцінюваний; **~ate** *v* 1) розуміти цінність 2) оцінювати (належно) 3) ураховувати, зважати 4) розрізняти 5) підвищувати ціну 6) підвищуватися в ціні 7) визначати ціну; **~ation** *n* 1) висока оцінка 2) розуміння 3) вдячність (*за що-н.*) 4) позитивна рецензія; **~ative** *a* 1) який уміє цінувати 2) вдячний

apprehen‖d [ˌæprɪˈhend] *v* 1) розуміти 2) затримувати 3) передбачати, очікувати; **~sible** *a* 1) зрозумілий 2) помітний; **~sion** *n* 1) (*часто pl*) побоювання 2) розуміння 3) арешт 4) думка; **~sive** *a* 1) тямущий 2) сповнений страху

apprentice [əˈprentɪs] *n* 1) учень 2) новачок; початківець

apprise [əˈpraɪz] *v* повідомляти

approach [əˈprəʊtʃ] **1.** *n* наближення, настання **2.** *v* 1) наближатися, наставати 2) дорівнювати 3) звертатися (*із пропозицією та под.*);

починати переговори (перемовини) 4) намагатися вплинути (*на кого-н.*); **~able** *a* 1) що охоче йде назустріч (*пропозиціям і под.*) 2) досяжний

approbation [ˌæprəˈbeɪʃ(ə)n] *n* 1) схвалення; затвердження 2) апробація 3) санкція, згода

appropri‖ate 1. *a* [əˈprəʊprɪət] 1) відповідний, підхожий 2) властивий, притаманний (to) 3) присвоєний, належний 4) корисливий, егоїстичний **2.** *v* [əˈprəʊ- prɪeɪt] 1) красти, привласнювати 2) призначати, асигнувати 3) пристосовувати; **~ation** *n* 1) привласнення 2) призначення, виділення, асигнування

approv‖al [əˈpruːv(ə)l] *n* 1) схвалення 2) затвердження, згода; **~e** *v* 1) схвалювати (of) 2) затверджувати 3) перевіряти 4) *юр.* засудити

approxim‖ate 1. *a* [əˈprɒksɪmɪt] 1) приблизний 2) близький (to — до) **2.** *v* [əˈprɒksɪmeɪt] 1) наближатися; майже збігатися (відповідати) 2) наближати, зближувати; **~ation** *n* 1) наближення, приблизне значення 2) приблизна сума (кількість) 3) зближення 4) *мат.* апроксимація

appurtenan‖ce [əˈpɜːtɪnəns] *n* (*зазв. pl*) 1) аксесуари 2) належність (*до кого-н., чого-н.*) 3) придаток; **~t** *a* 1) належний 2) доречний

apricot [ˈeɪprɪkɒt] *n* 1) абрикоса 2) *бот.* абрикосове дерево

April [ˈeɪprəl] *n* 1) квітень (*місяць*) 2) *attr.* квітневий

apron [ˈeɪprən] *n* 1) фартух 2) запона 3) *театр.* авансцена

apt [æpt] *a* 1) підхожий 2) схильний 3) здібний 4) *predic.* імовірний 5) виразний, емоційний; **~itude** *n* 1) здібність; кмітливість 2) придатність; доречність; відповідність 3) схильність (for — до *чого-н.*)

Aquarius [əˈkweərɪəs] *n астр.* Водолій (*сузір'я і знак зодіаку*)

aquatic [əˈkwætɪk] *a* 1) водяний 2) водний

aqueous [ˈækwɪəs, ˈeɪkwɪəs] *a* водний; водянистий

aquiline [ˈækwɪlaɪn] *a* орлиний

Arab [ˈærəb] **1.** *n* 1) араб; арабка 2) арабський кінь **2.** *a* арабський

arable [ˈærəb(ə)l] **1.** *n* рілля, оранка **2.** *a* орний; оброблюваний

arachnid [əˈræknɪd] *n* ент. павукоподібна комаха

arbit‖er [ˈɑːbɪtə] *n* 1) *юр.* арбітр 2) володар 3) верховний суддя; **~ral** арбітражний, третейський; **~rament** [ɑːˈbɪtrəmənt] *n* 1) *юр.* арбітраж 2) необмежена верховна влада; **~rary** 1) довільний 2) вередливий 3) владний

arbor‖aceous [ˌɑːbəˈreɪʃəs] *a* деревоподібний; деревний; **~eous** [ɑːˈbɔːrɪəs] *a* 1) лісистий 2) деревоподібний 3) деревний

arbour [ˈɑːbə] *n* альтанка

arc [ɑːk] **1.** *n мат.* дуга; **2.** *v* утворювати дугу

arcadian [ɑːˈkeɪdɪən] *a* 1) аркадський; ідилічний 2) сільський

arcan‖e [ɑːˈkeɪn] *a* таємний, прихований, містичний; **~um** *n* (*pl* -na) *зазв. pl* таємниця

arch [ɑːtʃ] *n* арка

arch- [ɑːtʃ-] *pref* архі-: а) головний, старший; **archbishop** архієпископ; б) найбільший; страшенний; запеклий

archaeolog‖ist [ˌɑːkɪˈɒlədʒɪst] *n* археолог; **~y** *n* археологія

archaic [ɑːˈkeɪɪk] *a* архаїчний, застарілий

archenemy [ˌɑːtʃˈenəmɪ] *n* 1) запеклий ворог 2) (*часто* A.) диявол, сатана

archer [ˈɑːtʃə] *n* 1) стрілець із лука, лучник 2) (the A.) *астр.* Стрілець (*сузір'я і знак зодіаку*)

archetype [ˈɑːkɪtaɪp] *n* оригінал, зразок; прототип; модель

archipelago [ˌɑːkɪˈpeləgəʊ] *n* (*pl* -os, -oes [-əʊz]) архіпелаг; група островів

architect [ˈɑːkɪtekt] *n* 1) архітектор, будівничий 2) творець; **~onics** *n pl* (*ужив. як sing*) 1) архітектура 2) архітектоніка; **~ural** *a* архітектурний; **~ure** *n* 1) архітектура 2) архітектурний стиль 3) будова, структура

archiv‖e [ˈɑːkaɪv] *n* архів; **~ist** [ˈɑːkɪvɪst] *n* архіваріус

archly [ˈɑːtʃlɪ] *adv* 1) лукаво, пустотливо 2) підступно, хитро

archness [ˈɑːtʃnɪs] *n* 1) пустотливе лукавство; насмішкуватість 2) підступність, хитрість

arctic [ˈɑːktɪk] **1.** *n* (the A.) Арктика **2.** *a* 1) арктичний, полярний, північний 2) холодний, льодяний, крижаний; (the) **A. Circle** *n* Північне полярне коло; **a. fox** *n зоол.* песець

arcuate(d) [ˈɑːkjʊ(e)ɪt(ɪd)] *a* дугоподібний

ard‖ent [ˈɑːd(ə)nt] *a* 1) гарячий, палкий, пристрасний, запопадливий, ревний 2) палаючий; **~our** *n* пристрасть, запал, завзяття, палкість 2) жар, спека; **~uous** [ˈɑːdjʊəs] *a* 1) важкий, напружений; тяжкий 2) крутий, важкодоступний 3) енергійний; ревний, старанний

are I [ɑː] *n* ар (*площа землі*)

are II [ɑː (*повна ф.*); ə, ər *перед голосними* (*редук. ф.*)] *мн. теперішнього часу дієсл.* to be

area [ˈeə(ə)rɪə] *n* 1) площа, простір, ділянка 2) *мат.* площа 3) район; зона; край; область 4) розмах, масштаб 5) сфера, галузь, царина

arena [əˈriːnə] *n* 1) арена 2) місце подій; поле діяльності; **~ceous** [-ˈneɪʃəs] *a* 1) піщанистий; піщаний; що містить пісок 2) що росте на піску

argil [´ɑːdʒɪl] *n* гончарна (біла) глина; **~laceous** *a* глинистий; що містить глину

argot [´ɑːgəʊ] *n фр.* арґо, жарґон

argu‖able [´ɑːgjʊəb(ə)l] *a* 1) спірний, сумнівний 2) доказовий; **~e** *v* 1) сперечатися (with, against — з ким-н.; about — про що-н.); арґументувати 2) обговорювати 3) переконувати (into); доводити (кому-н. помилковість його переконання) (out of) 4) свідчити, бути доказом 5) *юр.* визнавати винним, обвинувачувати; **~ment** *n* 1) дискусія, спірка 2) доказ, арґумент (for — на користь чого-н.; against — проти чого-н.) 3) арґументація 4) короткий (стислий) зміст (книги)

aria [´ɑːrɪə] *n муз.* арія

arid [´ærɪd] *a* 1) сухий, посушливий; безводний 2) безплідний, неродючий (про ґрунт) 3) сухий, нудний, нецікавий

Aries [´e(ə)riːz] *n астр.* Овен (сузір'я і знак зодіаку)

aright [ə´raɪt] *adv* правильно

aril [´ærɪl] *n бот.* лушпайка; лузга; шкірка (насіння)

arise [ə´raɪz] *v* (arose; arisen) 1) виникати, з'являтися, поставати 2) відбуватися, бути наслідком (from, out of — чого-н.) 3) *поет.* сходити (про сонце) 4) воскресати 5) лунати (про звук)

arisen [ə´rɪz(ə)n] *p. p. від* **arise**

aristocrat [´ærɪstəkræt] *n* аристократ; аристократка; **~ic(al)** *a* аристократичний

arithmetic [ə´rɪθmətɪk] *n* арифметика; лічба; **~al** *a* арифметичний

ark [ɑːk] *n* 1) ящик, ковчег 2) корабель; *амер.* баржа

arm I [ɑːm] *n* 1) рука (від кисті до плеча) 2) передня лапа (тварини) 3) рукав 4) ручка, бильце (крісла) 5) (велика) гілка 6) сила, влада; **~chair** [´ɑːmˈtʃeə] **1.** *n* крісло (з бильцями) **2.** *a* кабінетний; **~rest** *n* підлокітник

arm II [ɑːm] **1.** *n* 1) (*зазв. pl*) зброя 2) *зазв. pl* військова професія 3) рід військ 4) *pl* війна, воєнні дії 5) *pl* герб (*зазв.* coat of -s) **2.** *v* 1) озброювати(ся) (тж перен.) 2) заряджати; **~ament** *n* 1) (*зазв. pl*) зброя; боєприпаси 2) озброєння 3) (*зазв. pl*) збройні сили; **~ed** *a* озброєний, укріплений

Armenian [ɑː´miːnjən] **1.** *a* вірменський **2.** *n* 1) вірмен 2) вірменська мова

armful [´ɑːmfʊl] *n* 1) оберемок 2) велика кількість

armistice [´ɑːmɪstɪs] *n* припинення військових дій; перемир'я

armor‖ial [ɑː´mɔːrɪəl] *a* геральдичний, гербовий; **~y** *n* [´ɑːməri] геральдика

armour [´ɑːmə] **1.** *n* 1) озброєння; обладунок; панцер 2) панцер (корабля й под.) 3) *збір.* панцерникові війська 4) скафандр (водолаза) **2.** *v* покривати панцером; **a.-clad 1.** *n* панцерник **2.** *a* панцерний, панцерований; **~ed** *a* панцерований; **~er** *n* 1) власник збройового заводу 2) зброяр; **~y** *n* склад зброї, арсенал

armpit [´ɑːm͵pɪt] *n анат.* пахва, пахвова ямка

army [´ɑːmi] *n* 1) армія 2) безліч; маса 3) товариство, організація

aroma [ə´rəʊmə] *n* 1) аромат, приємний запах, пахощі 2) відтінок 3) особливість; присмак; **~tic** *a* ароматичний; запашний, пахучий, духмяний

arose [ə´rəʊz] *past від* **arise**

around [ə´raʊnd] 1) *adv* усюди 2) *prep.* навкруги

arouse [ə´raʊz] *v* 1) пробуджувати; викликати, збуджувати (почуття, енергію) 2) будити 3) прокидатися, пробуджуватися 4) дратувати, роздратовувати

arraign [ə´reɪn] *v* 1) *юр.* притягати до суду; обвинувачувати 2) чіплятися, присікуватися

arrange [ə´reɪndʒ] *v* 1) упорядковувати, приводити до ладу 2) розташовувати (у певному порядку) 3) улаштовувати(ся) 4) умовлятися, домовлятися 5) уживати заходів, підготовляти (for) 6) улагоджувати (суперечку), доходити згоди 7) пристосовувати; переробляти; **~ment** *n* приведення у порядок, класифікація

arrant [´ærənt] *a* справжній; дійсний; страшенний, чистісінький

arras [´ærəs] *n pl* гобелени (шпалери), заткані фіґурами

array [ə´reɪ] **1.** *n* 1) лава, бойовий порядок (*тж* battle ~) 2) військо 3) маса, безліч, сила-силенна 4) *обч.* матриця; таблиця **2.** *v* шикувати в бойовий порядок

arrearage [ə´rɪərɪdʒ] *n* 1) заборгованість, відставання 2) *pl* борги 3) запас

arrest [ə´rest] *n* 1) затримання, арешт 2) накладання арешту (на майно) 3) затримка, зупинка; відстрочення, припинення 4) *юр.* рішення суду **2.** *v* 1) заарештовувати, затримувати 2) накладати арешт (на майно) 3) зупиняти; затримувати (ріст) 4) приковувати (увагу й под.) 5) *тех.* припиняти дію; вимикати (прилад, машину); гальмувати

arriv‖al [ə´raɪv(ə)l] *n* 1) прибуття 2) новоприбулий 3) прийняття, досягнення (угоди й под.); **~e** [ə´raɪv] *v* 1) прибувати, приїжджати; приходити (at, in, upon) 2) досягати (at) 3) досягти успіху 4) наставати (про час, подію) 5) відбуватися, траплятися (про події)

arroga‖nce [ˈærəgəns] *n* 1) зарозумілість, пихатість, пиха, гордовитість 2) самовпевненість; **~te** *v* 1) зарозуміло (зухвало) вимагати 2) привласнювати 3) безпідставно приписувати (to — що-н. кому-н.)

arrow [ˈærəʊ] *n* 1) стріла 2) стрілка (*на схемах і под.*); **~-head** *n* наконечник, вістря стріли; **~y** *a* 1) стрілоподібний, стрільчастий 2) гострий; уїдливий, ущипливий

arsenal [ˈɑːs(ə)n(ə)l] *n* 1) арсенал; цейхгауз 2) *перен*. зброя; засоби

arsenic [ˈɑːs(ə)nɪk] *n хім.* Арсен

arson [ˈɑːs(ə)n] *n юр.* підпал

art [ɑːt] *n* 1) мистецтво 2) майстерність, вправність 3) *pl* (the ~s) гуманітарні науки 4) творчість, уміння; знання 5) (*зазв. pl*) хитрощі, підступність

artefact [ˈɑːtɪfækt] *n* предмет матеріальної культури

artery [ˈɑːtərɪ] *n* 1) *анат.* артерія 2) магістраль, головний шлях

artesian [ɑːˈtiːzɪən] *a* артезіанський

artful [ˈɑːtf(ə)l] *a* 1) (з)умілий; хитрий 2) вправний, меткий; **~ness** *n* 1) спритність; хитрість 2) вправність, меткість, умілість

article [ˈɑːtɪk(ə)l] *n* 1) предмет, виріб, річ 2) стаття (*у друкованому виданні*) 3) стаття; пункт, параграф 4) *грам.* артикль, член

articular [ɑːˈtɪkjʊlə] *а анат.* суглобовий

artific‖e [ˈɑːtɪfɪs] *n* 1) винахід, вигадка 2) майстерна витівка; хитрість 3) спритність, уміння; **~er** [ɑːˈtɪfɪsə] *n* 1) винахідник 2) ремісник 3) слюсар, механік; **~ial** *a* 1) штучний, синтетичний 2) удаваний, напускний; неприродний; **~iality** *n* 1) штучність, неприродність 2) що-небудь штучне, неприродне

artisan [ˌɑːtɪˈzæn] *n* ремісник, майстровий

artist [ˈɑːtɪst] *n* 1) художник; митець 2) артист, актор 3) майстер своєї справи; **~ic** *a* 1) артистичний 2) художній; мистецький

as [æz (*повна ф.*); əz, z (*скор. ф.*)] **1.** *pron rel.* 1) який, котрий 2) як, що **2.** *cj* 1) тоді, коли; у той час як (*тж* just as) 2) оскільки, тому що; через те що; бо 3) хоч; як би не

ascend [əˈsend] *v* 1) підніматися, сходити 2) просуватися (*по службі*) 3) походити; вести родовід (*від кого-н.*); **~ancy** *n* влада, панування, домінуючий вплив (over); **~ant 1.** *n* вплив, влада, перевага, переважання **2.** *а* 1) висхідний 2) панівний, переважний

ascension [əˈsenʃ(ə)n] *n* 1) сходження, підйом 2) (the) **A.-day** *рел.* Вознесіння

ascent [əˈsent] *n* 1) сходження, підйом 2) підвищення, просування (*по службі*) 3) набуття (*популярності й под.*) 3) стрімкість, узвіз

ascertain [ˌæsəˈteɪn] *v* установлювати, з'ясовувати; переконуватися, пересвідчуватися (~**ment** *n* з'ясування, установлення; засвідчення

ascetic [əˈsetɪk] **1.** *n* 1) аскет 2) самітник, пустельник **2.** *a* 1) аскетичний 2) стриманий 3) відлюдний; **~ism** *n* аскетизм

ascribe [əˈskraɪb] *v* приписувати (to — кому-н.)

asexual [eɪˈsekʃʊəl, eɪˈseksjʊəl] *a* 1) асексуальний, безстатевий 2) *біол.* нестатевий, вегетативний

ash I [æʃ] **1.** *n* 1) (*зазв. pl*) зола, попіл *pl* прах, останки **2.** *v* посипати попелом

ash II [æʃ] *n бот.* ясен

ashamed [əˈʃeɪmd] *a predic.* присоромлений

ashbin [ˈæʃˌbɪn] *n* ящик, урна для сміття

ashtray [ˈæʃtreɪ] *n* попільничка

ashy [ˈæʃɪ] *a* 1) попільний, з попелу 2) блідий 3) покритий попелом

Asian [ˈeɪʃ(ə)n, ˈeɪʒ(ə)n] **1.** *n* азіат; азіатка **2.** *a* азійський

asinine [ˈæsɪnaɪn] *a* 1) дурний, упертий 2) ослячий

ask [ɑːsk] *v* 1) питати, запитувати 2) довідуватися (*про кого-н., що-н.*) 3) питати, хотіти бачити (for) 4) (по)просити 5) запрошувати 6) правити; **he ~ed a high price** він править високу ціну; **~ing** *n* звернення із запитанням; запитання

asleep [əˈsliːp] *a predic.* 1) сплячий 2) тупий, млявий 3) онімілий, затерплий (*про руку, ногу*) 4) *евф.* що заснув навіки

asp I [æsp] *n* осика

asp II [æsp] *n* гадюка

asparagus [əsˈpærəgəs] *n* спаржа

aspect [ˈæspekt] *n* 1) аспект, сторона, бік; точка зору 2) (зовнішній) вигляд, вираз (*очей, обличчя*) 3) сторона 4) *pl* перспективи 5) *грам.* вид 6) ракурс

asperity [æˈsperɪtɪ, əˈsperɪtɪ] *n* 1) різкість, брутальність (*тону*); жорстокість (*характеру*) 2) (*зазв. pl*) труднощі, злигодні 3) суворість (*клімату*) 4) шерехатість, нерівність

aspers‖e [əˈspɜːs] *v* ганьбити, паплюжити, зводити наклеп; **~ion** *n* ганьблення, паплюження, наклеп

asphalt [ˈæsfælt] **1.** *n* 1) бітум 2) асфальт **2.** *v* асфальтувати

asphyxiant [æsˈfɪksɪənt] **1.** *n* задушлива отруйна речовина **2.** *a* отруйний

aspir‖ant [əˈspaɪ(ə)rənt] **1.** *n* 1) кандидат, претендент (to, for, after — на що-н.) 2) честолюбець **2.** *a* 1) який прагне (домагається) (*чого-н.*) 2) честолюбний; **~ation** *n* прагнення; сильне бажання (*досягти чого-н.*); **~e** *v* прагнути, домагатися (to, after, at — *чого-н.*; *тж з inf.*)

ass [æs] *n зоол.* осел, віслюк

assail [əˈseɪl] v 1) нападати, атакувати; чинити насильство; наступати 2) різко критикувати 3) із запалом братися (*за роботу й под.*); **~able** *a* відкритий для нападу, незахищений, уразливий; **~ant** *n* супротивник, нападаюча сторона

assassin [əˈsæsɪn] *n* убивця; **~ation** *n* убивство з політичних мотивів

assault [əˈsɔːlt] **1.** *n* 1) напад, атака; штурм, приступ 2) нападки; різкий виступ (*проти*) **2.** *v* 1) атакувати 2) нападати; накидатися (*з погрозами й под.*) 3) *юр.* погрожувати фізичним насильством; **~er** *n* 1) кривдник; нападник 2) *юр.* особа, яка погрожує фізичним насильством

assembl‖age [əˈsemblɪdʒ] *n* 1) збір, збирання 2) зібрання, скупчення; група 3) колекція; **~e** *v* 1) збирати(ся) 2) скликати; **~y** *n* 1) асамблея 2) (A.) законодавчі збори

assent [əˈsent] **1.** *n* 1) згода 2) дозвіл, санкція **2.** *v* 1) згоджуватися (to — на *що-н., з чим-н.*) 2) поступатися 3) дозволяти, санкціонувати; **~ation** *n* догідливість

assert [əˈsɜːt] *v* 1) стверджувати; заявляти 2) доводити; відстоювати, захищати; **~ion** *n* 1) твердження 2) обстоювання 3) домагання 4) *юр.* заява (*про права й под.*) 5) *лог.* судження; **~ive** *a* 1) надмірно настирливий, самовпевнений 2) стверджувальний, стверджний, позитивний

assidu‖ity [ˌæsɪˈdjuːɪtɪ] *n* 1) запопадливість, ретельність, старанність 2) *pl* залицяння; **~ous** *a* запопадливий, ретельний, старанний; невтомний

assign [əˈsaɪn] **1.** *n юр.* правонаступник **2.** *v* 1) призначати; асигнувати 2) доручати 3) призначати на посаду 4) призначати, визначати (*термін, межі*) 5) приписувати; **~ation** [ˌæsɪɡˈneɪʃ(ə)n] *n* 1) домовлена зустріч; таємне (любовне) побачення 2) призначення; **~ee** *n* 1) уповноважений; представник; агент 2) *юр.* правонаступник; **~ment** *n* 1) завдання 2) призначення 3) асигнування 4) розподіл 5) *юр.* передача майна (прав) 6) відрядження

assist [əˈsɪst] *v* 1) допомагати, сприяти 2) брати участь (in — у *чому-н.*) 3) бути присутнім; **~ance** *n* допомога, сприяння; **~ant** *n* 1) помічник; асистент 2) допоміжний засіб 3) *юр.* заступник судді

associ‖ate [əˈsəʊʃɪɪt, əˈsəʊsɪɪt] **1.** *n* 1) товариш, колега; партнер 2) союзник 3) *юр.* співучасник, спільник **2.** *a* об'єднаний; пов'язаний; приєднаний **3.** *v* [əˈsəʊʃɪeɪt, əˈsəʊsɪeɪt] 1) пов'язувати, асоціювати 2) спілкуватися (with — з *ким-н.*); **~ation** *n* 1) товариство, асоціація, спілка 2) з'єднання, об'єднання 3) спілкування, дружба 4) асоціація, зв'язок (*ідей*); **~ative** *a* 1) асоціативний 2) товариський

assonance [ˈæsənəns] *n* співзвучність

assort [əˈsɔːt] *v* 1) сортувати, добирати; групувати; класифікувати 2) гармоніювати, підходити, відповідати; **~ed** *a* 1) відсортований 2) підхожий 3) класифікований; згрупований; **~ment** *n* асортимент

assuage [əˈsweɪdʒ] *v* 1) заспокоювати (*гнів і под.*); угамовувати (*голод і под.*) 2) пом'якшувати (*горе*)

assum‖e [əˈsjuːm] *v* 1) припускати, допускати 2) удавати; симулювати 3) брати на себе; привласнювати 4) уживати (*заходів*) 5) набувати, набирати (*форми*) 6) бути самовпевненим (зарозумілим); **~ed** *a* 1) вигаданий, несправжній 2) удаваний 3) допустимий, припустимий; гаданий; **~ing** *a* самовпевнений, пихатий, гордовитий, зарозумілий

assumption [əˈsʌmpʃ(ə)n] *n* 1) припущення 2) привласнення, захоплення 3) вступ (*на посаду*) 4) удавання 5) самовпевненість; пихатість, гордовитість, зарозумілість

assur‖ance [əˈʃʊ(ə)rəns] *n* 1) упевненість, переконання 2) запевнення, ґарантія 3) страхування 4) самовпевненість; нахабство; **~e** *v* 1) запевняти (*кого-н.*); переконувати, заспокоювати 2) ґарантувати, забезпечувати 3) страхувати; **~ed** *a* 1) упевнений 2) ґарантований, забезпечений 3) застрахований 4) нахабний, зухвалий; **~er** *n* страхувальник

asteroid [ˈæstərɔɪd] *n* 1) *астр.* астероїд; мала планета 2) *зоол.* морська зірка

asthma [ˈæsmə] *n мед.* астма, ядуха; **~tic** [æsˈmætɪk] **1.** *n* астматик **2.** *a* астматичний

astir [əˈstɜː] *a predic.* 1) рухливий 2) на ногах 3) збуджений, схвильований

astonish [əˈstɒnɪʃ] *v* дивувати, вражати; **~ing** *a* дивовижний, вражаючий; **~ment** *n* здивування, подив, зачудування

astral [ˈæstrəl] *a* зоряний, астральний

astro‖logy [əˈstrɒlədʒɪ] *n* астрологія; **~naut** *n* астронавт, космонавт; **~nomer** *n* астроном; **~nomic(al)** *a* астрономічний

astute [əˈstjuːt] *a* 1) хитрий 2) проникливий; тямущий, кмітливий

asylum [əˈsaɪləm] *n* 1) притулок, сховище 2) психіатрична лікарня

asymmetry [æˈsɪmɪtrɪ] *n* асиметрія, асиметричність, порушення симетрії

at [æt (*повна ф.*); ət (*скор. ф.*)] *prep* 1) у просторовому знач. вказує на: а) позначення місця в (у), на, біля, при; б) рух у певному напрямку в (у), до, на; в) досягнення місця призначення в (у), на, до 2) у часовому знач. вказує на: а) *момент або період часу* о (об), в (у), на;

at night уночі; 6) вік в (у) 3) *указує на дію, заняття за*; **at work** а) за роботою; 6) у дії 4) *указує на стан, положення в* (у), на; **at war** у стані війни 5) *указує на характер, спосіб дії в* (у), з, на; *передається тж Ор. в.*; **at a run** бігом 6) *указує на джерело із*, з, в (у) 7) *указує причину* при, за, на; *передається тж Ор. в.*; **at smb.'s request** на чиє-н. прохання 8) *ужив. в словосполученнях, що містять вказівку на кількість, міру, ціну* при, на, за, з, в (у), за 9) *указує на сферу прояву здібностей* до; **good at languages** здібний до мов
ate [et, eɪt] *past від* **eat**
athe‖ism [ˈeɪθɪz(ə)m] *n* атеїзм; **~ist** [ˈeɪθɪɪst] *n* атеїст
athlet‖e [ˈæθliːt] *n* 1) спортсмен 2) атлет; **~ic** *а* атлетичний
atlas [ˈætləs] *n* 1) географічний атлас 2) *анат.* атлант (*перший шийний хребець*) 3) *архіт.* атлант
atmosphere [ˈætməsfɪə] *n* 1) атмосфера 2) навколишнє середовище, обстановка, атмосфера
atomic [əˈtɒmɪk] *a* атомний
atomizer [ˈætəmaɪzə] *n* пульверизатор
atone [əˈtəʊn] *v* 1) загладжувати, спокутувати (*провину*; *зазв.* ~ for) 2) відшкодовувати; **~ment** *n* 1) спокутування, спокута (*провини*) 2) відшкодування, компенсація
atremble [əˈtremb(ə)l] *a* тремтячий
attach [əˈtætʃ] *v* 1) прикріплювати, прикладати; скріпляти, зв'язувати 2) привертати, прихиляти до себе 3) приписувати, надавати 4) бути властивим (притаманним) 5) *юр.* набирати чинності 6) *юр.* затримувати, заарештовувати; **~ed** *a* 1) прикріплений; доданий 2) прихильний (*до кого-н.*); відданий (*кому-н.*) 3) приписаний 4) описаний (*про майно*) 5) *юр.* заарештований; **~ment** *n* 1) прикріплення, приєднання 2) *тех.* пристосування, приладдя 3) прихильність, відданість, вірність 4) набирання чинності 5) *юр.* накладення арешту
attack [əˈtæk] **1.** *n* 1) атака; напад 2) *юр.* нападки 3) напад хвороби 4) *спорт.* нападник **2.** *v* 1) атакувати, нападати 2) критикувати; піддавати критиці 3) уражати (*про хворобу*) 4) руйнувати 5) розпочинати; заходитися; енергійно братися (*за що-н.*); **~able** *a* 1) уразливий 2) спірний
attain [əˈteɪn] *v* 1) досягати, домагатися, добиватися 2) діставатися 3) досягнути, дістатися; **~able** *a* досяжний; **~ment** *n* 1) *pl* навички, знання 2) досягнення; надбання
attempt [əˈtempt] **1.** *n* 1) спроба; намагання 2) замах **2.** *v* 1) намагатися, пробувати; заходитися 2) робити замах (*на життя*) 3) спокушати

attend [əˈtend] *v* 1) відвідувати (*лекції та под.*); бути присутнім (at — на, при) 2) супроводжувати 3) доглядати (*хворого*) 4) прислуговувати, обслуговувати (on, upon — *кого-н.*) 5) приділяти увагу 6) піклуватися, дбати (to — *про кого-н.*, *що-н.*); **~ant 1.** *n* 1) особа, яка супроводить; супутник 2) особа, яка обслуговує; слуга 3) *pl* обслуговуючий персонал; слуги **2.** *a* 1) супровідний, супутній 2) присутній 3) обслуговуючий (upon)
attention [əˈtenʃ(ə)n] *n* 1) увага; уважність 2) піклування, турбота 3) *pl* догляд, догладання (*хворого*) 4) обслуговування
attentive [əˈtentɪv] *a* 1) уважний, пильний 2) дбайливий 3) увічливий, люб'язний, чемний
attenu‖ate 1. *a* [əˈtenjʊɪt] 1) схудлий, худий, виснажений; стрункий 2) розріджений **2.** *v* [əˈtenjʊeɪt] 1) схуднути 2) ослабляти; пом'якшувати 3) розчиняти; розріджувати, розводити; **~ation** *n* 1) виснаження; знесилення 2) розрідження, розведення 3) зменшення
attest [əˈtest] *v* 1) *юр.* засвідчувати; підтверджувати 2) давати свідчення, свідчити 3) приводити до присяги; **~ed** *a* перевірений, клеймований; **~or** *n* *юр.* свідок
attic [ˈætɪk] *n* мансарда; горище; **~ism** *n* вишуканий стиль
attire [əˈtaɪə] **1.** *n* убрання, плаття **2.** *v* наряджати
attitud‖e [ˈætɪtjuːd] *n* 1) позиція; ставлення (*до чого-н.*) 2) поза; постава, статура; **~inize** [ˌætɪˈtjuːdɪnaɪz] *v* ставати в (театральну) позу; позувати
attorney [əˈtɜːnɪ] *n* *юр.* повірений; адвокат; юрист; прокурор
attract [əˈtrækt] *v* 1) привабляти, притягувати 2) полонити, чарувати; **~able** *a* 1) принадний, привабливий 2) притягуваний; **~ion** *n* 1) притягання (*тж фіз.*); тяжіння 2) привабливість, принадність 3) *pl* принада, приваба 4) атракціон; **~ive** *a* привабливий, вабливий, принадний
attrib‖ute 1. *n* [ˈætrɪbjuːt] 1) властивість; характерна риса 2) символ, атрибут **2.** *v* [əˈtrɪbjuːt] 1) приписувати (to — *що-н. кому-н.*, *чому-н.*); зараховувати (*до кого-н.*, *чого-н.*) 2) передавати (*права й под.*); поступатися (*чим-н.*); **~ution** *n* 1) приписування; зараховування (to — *до кого-н.*, *чого-н.*) 2) влада, компетенція; спроможність
attrition [əˈtrɪʃ(ə)n] *n* 1) тертя, стирання 2) потертість; спрацьовування 3) виснаження, знесилення
attune [əˈtjuːn] *v* 1) робити співзвучним (гармонійним) 2) настроювати (*муз. інструмент і под.*) 3) *перен.* погоджувати
atypical [eɪˈtɪpɪk(ə)l] *a* нетиповий

aubergine [ˈəʊbədʒi:n] *n бот.* баклажан

auction [ˈɔ:kʃ(ə)n] **1.** *n* аукціон, торги **2.** *v* продавати з аукціону (*часто* ~ off)

audaci‖ous [ɔ:ˈdeɪʃəs] *a* 1) сміливий, завзятий; відчайдушний 2) нахабний, зухвалий; **~ty** *n* 1) сміливість, завзятість 2) безрозсудність, нерозсудливість 3) нахабство, зухвалість

audib‖ility [ˌɔ:dɪˈbɪlɪtɪ] *n* чутність, виразність; **~le** [ˈɔ:dɪb(ə)l] *a* чутний, виразний

audience [ˈɔ:dɪəns] *n* 1) публіка, глядачі, аудиторія 2) радіослухачі, телеглядачі 3) аудієнція (of, with — *у кого-н.*) 4) *юр.* слухання справи (*у суді*)

audit‖ion [ɔ:ˈdɪʃ(ə)n] **1.** *n* 1) проба (*актора*) 2) слухання, вислуховування 3) слух **2.** *v* прослуховувати; **~or** *n* 1) ревізор, контролер 2) *юр.* аудитор; **~orial** *a* ревізійний, контрольний; **~ory** [ˈɔ:dɪtərɪ] *n* аудиторія

augment‖ation [ˌɔ:gmenˈteɪʃ(ə)n] *n* 1) збільшення, приріст 2) додавання 3) *мед.* підвищення (*температури*); **~ative** *a* збільшувальний

augury [ˈɔ:gjʊrɪ] *n* 1) передвістя; ознака, прикмета 2) ворожіння, пророкування, провіщення 3) передчуття

August [ˈɔ:gəst] *n* серпень

august [ɔ:ˈgʌst] *a* 1) величний, сповнений гідності 2) найясніший

auk [ɔ:k] *n орн.* ґаґарка

aunt [ɑ:nt] *n* тітка

aura [ˈɔ:rə] *n* 1) аура, містична атмосфера 2) легкий подув 3) атмосфера (*чого-н.*)

aural [ˈɔ:rəl] *a* 1) вушний 2) слуховий 3) акустичний

aureate [ˈɔ:rɪɪt] *a* 1) золотистий (*про колір*) 2) золочений

aureola [ɔ:ˈrɪələ] *n* 1) *астр.* ореол; світле сяйво 2) слава, шана

Auriga [ɔ:ˈraɪgə] *n астр.* Візничий (*сузір'я*)

aurochs [ˈɔ:rɒks] *n зоол.* зубр

aurora borealis [əˈrɔ:rəˌbɒrɪˈeɪlɪs] *n* північне полярне сяйво

auspic‖e [ˈɔ:spɪs] *n* 1) *pl* заступництво, сприяння 2) добра ознака 3) передбачення, провіщання; **~ious** *a* сприятливий

auster‖e [ɔ:ˈstɪə] *a* 1) суворий, аскетичний 2) простий, точний 3) чистий; простий (*про стиль*) 4) терпкий; гіркий (*на смак*); **~ity** *n* 1) суворість, аскетизм 2) простота; відсутність розкоші 3) терпкість

austral [ˈɔ:str(ə)l] *a* південний

Australian [ɔ:sˈtreɪljən] **1.** *a* австралійський **2.** *n* австралієць

Austrian [ˈɔ:strɪən] **1.** *a* австрійський **2.** *n* австрієць

autarchy [ˈɔ:təkɪ] *n* 1) автократія, самодержавство 2) деспотизм

authentic [ɔ:ˈθentɪk] *a* 1) справжній, автентичний 2) вірогідний, достовірний, правильний 3) *юр.* дійсний; що має законну силу; **~ate** *v* 1) установлювати справжність (автентичність); з'ясовувати (*авторство*) 2) засвідчувати, скріпляти (*печаткою та под.*); **~ity** *n* правдивість, достовірність, вірогідність, автентичність

author [ˈɔ:θə] *n* автор, творець; **~itarian** [ɔ:ˌθɒrɪˈtɛərɪən] **1.** *n* прихильник авторитарної влади **2.** *a* авторитарний; **~itative** [ɔ:ˈθɒrɪtətɪv] *a* 1) авторитетний, впливовий; надійний 2) владний; **~ity** *n* 1) влада 2) (*зазв. pl* the authorities) владні структури 3) повноваження (for; *тж з inf.*) 4) авторитет, вплив, значення 5) авторитетний фахівець 6) авторитетне джерело (*книга, документ*) 7) доказ; підстава; **~ization** *n* 1) уповноваження, санкціонування 2) санкція, дозвіл; **~ise** *v* 1) санкціонувати, дозволяти 2) уповноважувати; доручати 3) виправдовувати; пояснювати 4) *юр.* леґалізувати; **~ship** *n* 1) авторство 2) письменництво 3) початок, джерело, походження

autobiogra‖phic [ˌɔ:təbaɪəˈgræfɪk] *a* автобіографічний; **~phy** *n* автобіографія

autochthon [ɔ:ˈtɒkθən] *n* (*pl тж* -nes [-ni:z]) абориґен, корінний мешканець

autocra‖cy [ɔ:ˈtɒkrəsɪ] *n* самодержавство, автократія; **~t** [ˈɔ:təkræt] *n* 1) самодержець, автократ; диктатор 2) владна людина, деспот; **~tic(al)** *a* 1) самодержавний, диктаторський 2) владний, деспотичний

autonomy [ɔ:ˈtɒnəmɪ] *n* 1) автономія, самоврядування 2) право на самоврядування 3) автономна держава (область)

autopsy [ˈɔ:tɒpsɪ] **1.** *n* розтин трупа, автопсія **2.** *v* розтинати труп

autosuggestion [ˌɔ:təʊsəˈdʒestʃ(ə)n] *n* самонавіяння, самогіпноз

autumn [ˈɔ:təm] *n* 1) осінь 2) старіння 3) *attr.* осінній

auxiliary [ɔ:gˈzɪlɪərɪ] **1.** *n* 1) помічник 2) *pl* чужоземне наймане (союзне) військо **2.** *a* 1) допоміжний 2) додатковий; запасний

avail [əˈveɪl] *n* користь, вигода; **~ability** *n* 1) придатність, корисність 2) наявність; **~able** *a* 1) придатний, корисний 2) доступний, наявний 3) дійсний; чинний

avalanche [ˈævəlɑ:nʃ] *n* 1) лавина, сніговий обвал 2) лавина, маса; потік (*листів і под.*)

avaric‖e [ˈæv(ə)rɪs] *n* 1) жадібність, жадоба 2) корисливість; **~ious** 1) пожадливий, жадібний, зажерливий 2) корисливий

avast [əˈvɑ:st] *int мор.* стій!, стоп!

avenger [əˈvendʒə] *n* месник

avenue [ˈævənju:] *n* 1) дорога, алея 2) про-

спект, авеню (у США) 3) перен. шлях, засіб, спосіб
aver [ə´vɜː] v 1) твердити, стверджувати 2) юр. доводити; **~ment** n 1) ствердження; підтвердження факту (обставини) 2) юр. доказ
average [´ævərɪdʒ] 1. n середнє число 2. a середній
avers||**e** [ə´vɜːs] a несхильний, неприхильний; що відчуває відразу (to — до чого-н.); **~ion** n 1) відраза, антипатія (to) 2) нехіть 3) предмет відрази (антипатії)
avert [ə´vɜːt] v 1) відводити (погляд і под.) (from — від чого-н.) 2) відволікати (думки) 3) відвертати, запобігати, уникати (небезпеки й под.)
avi||**ation** [ˌeɪvɪ´eɪʃ(ə)n] n 1) авіація 2) attr. авіаційний; **~ator** [´eɪvɪeɪtə] n льотчик
avoid [ə´vɔɪd] v 1) уникати, триматися осторонь 2) ухилятися 3) юр. відміняти, скасовувати, анулювати 4) спорожняти, звільняти; **~ance** n 1) уникнення, ухилення 2) юр. відміна, скасування, анулювання
avow [ə´vaʊ] v 1) визнавати; відверто заявляти 2) refl. зізнаватися 3) юр. підтверджувати (визнавати) факт; **~al** n відверте визнання; **~ed** a загальновизнаний
avulsion [ə´vʌlʃ(ə)n] n 1) відрив, розрив, насильне роз'єднання 2) юр. авульсія
await [ə´weɪt] v 1) чекати, очікувати, дожидати 2) передбачатися
awake [ə´weɪk] 1. v (awoke; awoke, awoken; awaked) 1) будити; перен. тж пробуджувати (цікавість, свідомість) 2) прокидатися 2. a predic. 1) що не спить 2) пильний, обачний 3) що ясно усвідомлює
award [ə´wɔːd] 1. n 1) присуджена нагорода (кара) 2) юр. арбітражне рішення; ухвала (суду й под.) 3) присудження (нагороди, премії) 2. v 1) присуджувати (що-н.) 2) нагороджувати (чим-н.) 3) юр. ухвалювати рішення

aware [ə´weə] a predic. обізнаний; знаючий, поінформований
awash [ə´wɒʃ] a predic. 1) урівень із поверхнею води 2) змитий водою 3) що гойдається на хвилях
away [ə´weɪ] adv означає: 1) віддаленість від даного місця далеко, віддалік і под. 2) рух, віддалення далеко, геть 3) зменшення, зруйнування: **to pass ~** припинитися; померти 4) безперервність дії: **he worked ~** він продовжував працювати; **a. match** n матч (гра) на чужому полі
awful [´ɔːful] a 1) жахливий 2) той, що викликає страх або благоговіння; **~ly** adv 1) жахливо 2) дуже, вкрай
awe [ɔː] 1. n (побожний) страх, трепет, благоговіння 2. v уселяти страх, викликати благоговіння; **~stricken** a пройнятий благоговінням, охоплений святобливим страхом
awkward [´ɔːkwəd] a 1) незручний; скрутний; ніяковий 2) невправний, незграбний, незугарний (про людей, рухи й под.)
awl [ɔːl] n шило
awning [´ɔːnɪŋ] n навіс, тент
awoke [ə´wəʊk] past від **awake**
awry [ə´raɪ] a predic. 1) кривий, викривлений 2) спотворений 3) неправильний, недобрий
ax(e) [æks] 1. n 1) сокира; колун 2) (the ~) страта, відтинання голови 2. v працювати сокирою
axial [´æksɪəl] a осьовий
axilla [æk´sɪlə] n (pl -lae) анат. пахва
axiomatic(al) [ˌæksɪə´mætɪk(əl)] a очевидний, що не потребує доказів
axis [´æksɪs] n (pl axes) вісь
azoic [e´zəʊɪk] a безжиттєвий, млявий
azure [´æʒə] 1. a блакитний 2. n 1) лазур 2) небо

B

babble [ˈbæb(ə)l] **1.** *n* 1) белькотання 2) бурмотіння 3) базікання, балаканина 4) дзюркотіння, дзюрчання **2.** *v* 1) белькотати 2) бурмотіти 3) базікати 4) дзюркотіти

babel [ˈbeɪb(ə)l] *n* 1) (B.) бібл. Вавилон; вавилонська вежа (*тж* the tower of B.) 2) гамір, гармидер; змішання мов; стовпотворіння, плутанина

baboon [bəˈbuːn] *n* зоол. бабуїн, павіан

baby [ˈbeɪbɪ] **1.** *n* 1) дитина, немовля; малюк 2) дитинча (*особ. тварин*) 3) малюк, найменший (*у родині*) **2.** *a* 1) дитячий, малечий 2) інфантильний 3) невеликий, малий; **~hood** *n* 1) дитинство 2) дитячість 3) *збір.* малюки; **~ish** *a* 1) дитячий, малечий 2) простий, доступний дитині 3) нерозумний; наївний

bachelor I [ˈbætʃ(ə)lə] *n* парубок

bachelor II [ˈbætʃ(ə)lə] *n* бакалавр

bachelorhood [ˈbætʃ(ə)ləhʊd] *n* парубоцьке життя

back [bæk] **1.** *n* 1) спина 2) спинка (*стільця й под.*) 3) задній (зворотний) бік; спід, виворіт 4) корінець (*книги*) 5) *спорт.* захисник 6) гребінь (*хвилі й под.*). **2.** *a* 1) задній, віддалений 2) старий 3) прострочений (*платіж*) 4) відсталий 5) зворотний **3.** *v* 1) підтримувати; субсидувати 2) закладатися; ставити (*на коня й под.*) 3) рухати(ся) у зворотному напрямку; відступати; іти заднім ходом 4) слугувати спинкою 5) слугувати тлом 6) слугувати підкладкою

back∥bite *v* (backbit; backbitten) лихословити за спиною, зводити наклеп на відсутнього; **~bone** *n* 1) спинний хребет 2) головна опора; основа; суть 3) твердість характеру, сила волі 4) корінець (*книги*) 5) *перен.* **~breaking** *a* виснажливий, непідсильний; **b. door 1.** *n* 1) запасний вихід 2) потайні двері 3) закулісні інтриги **2.** *a* таємний, закулісний; **~down** *n* відступ; капітуляція; **~ground** *n* 1) задній план; тло 2) витоки; походження; біографічні дані 3) передумова; дані; пояснення 4) музичний супровід; **~log** *n* 1) накопичена невиконана робота; заборгованість 2) резерв, запас; **~pack** *n* рюкзак, ранець; **b. pay** *n* 1) затримка зарплати 2) плата за відпрацьований час; **b. settlement** *n* віддалене селище; **~slide** *v* відступати, відходити (*від віри*); **~stage** *a* 1) що відбувається за кулісами (*за лаштунками*) 2) *перен.* закулісний, за-

лаштунковий, таємний; кулуарний; **~stairs** *n pl* 1) чорний (задній) вхід 2) *перен.* закулісні інтриги; **~stop** *n* 1) підтримка, сприяння, допомога 2) заслін; стінка; *перен. тж* оборона; **~stroke** *n* 1) удар у відповідь 2) *спорт.* плавання на спині; **~track** *v* 1) відходити 2) відступатися, відмовлятися, зрікатися 3) повертатися; **~ward** *a* 1) зворотний (*рух*) 2) відсталий 3) зашкарублий 4) запізнілий 5) повільно (неохоче) працюючий 6) боязливий, сором'язливий; **~water** *n* 1) заводь; загачена вода 2) *перен.* тиха заводь; болото 3) приплив; **~woods** *n pl* лісова глушина; **~yard** *n* 1) двір (садок) за будинком 2) присадибна ділянка

bacon [ˈbeɪkən] *n* копчена свиняча грудинка, бекон

bad [bæd] **1.** *n* 1) невдача, нещастя 2) загибель; руйнування 3) збиток **2.** *a* (worse; worst) 1) поганий, гидкий 2) непідходжий; шкідливий 3) зіпсований, недоброякісний 4) аморальний, розбещений, розпусний 5) нещирий, нечесний 6) неприємний, огидний 7) сильний (*біль, холод і под.*); грубий (*про помилку*) 8) *юр.* фальшивий, підроблений, недійсний; **~ly** *adv* 1) погано, помилково 2) дуже; **~ness** *n* 1) непридатність 2) шкідливість 3) зіпсованість 4) розбещеність, аморальність

bade [beɪd] *past від* **bid 2**

badge [bædʒ] *n* 1) значок; кокарда 2) символ; ознака; знак

baffl∥e [ˈbæf(ə)l] **1.** *n* 1) невдача, розчарування 2) перешкода, перепона **2.** *v* 1) спантеличувати 2) заганяти в глухий кут 3) руйнувати, розладнувати (*розрахунки, плани*), перешкоджати, заважати 4) марно боротися 5) вводити в оману; **~ing** *a* 1) важкий, скрутний 2) несприятливий 3) незбагненний, загадковий

bag [bæɡ] *n* 1) мішок, лантух; сумка 2) портфель, ранець, валіза 3) ягдташ; здобич (*мисливця*) 4) вим'я 5) дипломатична пошта **2.** *v* 1) класти в мішок 2) убивати (*дичину*) 3) збивати (*літаки*)

bagatelle [ˌbæɡəˈtel] *n* 1) дрібниця; дрібничка 2) багатель (*більярд*)

baggage [ˈbæɡɪdʒ] *n* багаж

bagpipes [ˈbæɡpaɪps] *n pl муз.* волинка

bah [bɑː] *int* ич!, ач!; казна-що (*вираження зневаги*)

bail [beɪl] **1.** *n* 1) *юр.* застава, поручительство

2) поручитель 3) відро, ківш 4) дужка (*відра й под.*); скоба; петля **2.** *v* 1) брати на поруки (*кого-н.*; *часто* ~ out) 2) ставати поручителем 3) надавати товари у кредит 4) обмежувати, зв'язувати; **~sman** *n юр.* поручитель

bait [beɪt] **1.** *n* 1) принада; наживка 2) спокуса, спокушання 3) відпочинок, привал 4) цькування собаками **2.** *v* 1) насаджувати наживку на гачок 2) принаджувати, заманювати, спокушати 3) робити привал (*відпочинок*) 4) цькувати собаками

bake [beɪk] *v* 1) пекти(ся) 2) сушити на сонці 3) запікатися, тужавіти 4) засмагати на сонці; **~house** *n* пекарня; **~r** *n* пекар, булочник

balance [ˈbæləns] **1.** *n* 1) терези, рівновага 2) противага 3) маятник; балансир 4) *ком.* баланс, сальдо 5) (В.) Терези (*сузір'я і знак зодіаку*) **2.** *v* 1) балансувати; урівноважувати 2) зважувати, обмірковувати; зіставляти (with, against) 3) вагатися (between) 4) *ком.* підсумовувати; підбивати баланс; **~r** *n* еквілібрист, балансер, акробат

balcony [ˈbælkənɪ] *n* балкон

bald [bɔːld] *a* 1) лисий; голомозий 2) оголений; позбавлений рослинності (*пір'я*, *хутра*) 3) неприкритий (*про недоліки*) 4) неприкрашений, простий 5) убогий, злиденний; безбарвний

balderdash [ˈbɔːldədæʃ] *n* дурниця, нісенітниця

bale [beɪl] **1.** *n* пачка (*товару*); пака, тюк; в'язка, вузол **2.** *v* укладати в паки, зв'язувати у вузли

baleen [bəˈliːn] *n* китовий вус

balefire [ˈbeɪlˌfaɪə] *n* 1) сигнальний вогонь 2) багаття

baleful [ˈbeɪlf(ə)l] *a* 1) похмурий; зловісний 2) злісний, злий; погибельний

ball I [bɔːl] *n* 1) куля 2) м'яч 3) кулька, грудка, клубок 4) куля (*рушниці*); *іст.* ядро 5) удар (*м'ячем*) 6) бейсбол 7) подушечка пальця **2.** *v* 1) збирати(ся) у клубок; звивати(ся) 2) *перен.* плутати; заплутувати

ball II [bɔːl] *n* бал, танцювальний вечір

balladeer [ˌbæləˈdɪə] *n* виконавець, автор балад

ballast [ˈbæləst] *n* баласт

ballet [ˈbæleɪ] *n* балет; **b. dancer** *n* танцівник; танцівниця

ballistics [bəˈlɪstɪks] *n pl* (*ужив. як sing*) балістика

balloon [bəˈluːn] **1.** *n* повітряна куля; некерований аеростат **2.** *v* 1) роздуватися 2) надимати 3) підніматися повітряною кулею; **~ist** *a* аеронавт, повітроплавець; **b. tire** *n* балон (*шина*)

ballot [ˈbælət] **1.** *n* 1) кулька для балотування 2) балотування **2.** *v* балотувати; **b. box** *n*

1) виборча урна 2) таємне голосування; **b. paper** *n* виборчий бюлетень

balm [bɑːm] *n* 1) бальзам, болетамівний засіб 2) *перен.* утіха, насолода; **b.-cricket** *n ент.* цикада; **~y** *a* 1) ароматний, духмяний 2) м'який, приємний (*про повітря*); ніжний (*вітрець*) 3) бальзамічний; бальзамовий 4) цілющий; заспокійливий (*про клімат і под.*)

balsam [ˈbɔːls(ə)m] *n* бальзам

ban [bæn] **1.** *n* 1) заборона 2) оголошення поза законом 3) *церк.* анафема 4) осуд, осудження, негативне ставлення **2.** *v* накладати заборону; забороняти

banal [bəˈnɑːl, bəˈnæl] *a* 1) банальний; заяложений 2) обов'язковий для всіх; **~ity** *n* банальність

band I [bænd] *n* 1) тасьма, стрічка; обід; пасок 2) зв'язка, в'язанка

band II [bænd] **1.** *n* 1) загін, група людей 2) банда 3) оркестр 4) джаз-оркестр 5) загін солдат 6) зграя **2.** *v* об'єднувати(ся); збиратися (*часто* ~ together)

bandage [ˈbændɪdʒ] **1.** *n* 1) бинт; пов'язка, перев'язний матеріал 2) бандаж 3) пов'язка (*на очі*) **2.** *v* перев'язувати, бинтувати, накладати пов'язку

bandit [ˈbændɪt] *n* (*pl тж* -tti [ˈ-dɪtɪ(ː)]) розбійник, бандит; злочинець

bandog [ˈbændɒɡ] *n* 1) цепний пес 2) англійський дог; шукач

bandy [ˈbændɪ] **1.** *n* хокей із м'ячем, бенді **2.** *v* 1) поширювати (*чутку*); обговорювати 2) сперечатися, суперничати 3) перекидатися, обмінюватися (*м'ячем*, *словами й под.*) 4) об'єднувати(ся)

baneful [ˈbeɪnf(ə)l] *a* 1) шкідливий; згубний 2) отруйний

bang I [bæŋ] **1.** *n* удар; звук пострілу (*вибуху й под.*) **2.** *v* 1) ударити(ся); стукнути(ся) 2) хряпнути (*дверима*) 3) із шумом зачинитися (*про двері*; *часто* ~ to) 4) грюкнути, бабахнути

bang II [bæŋ] **1.** *n* чубок **2.** *v* підстригати волосся чубком

bang III [bæŋ] *n* висушене листя та стебла індійської коноплі; гашиш

banian [ˈbænɪən] *n* 1) маклер; секретар 2) широка, вільна сорочка; халат; **b.-tree** *n бот.* індійська смоква, фігове дерево, інжир

banish [ˈbænɪʃ] *v* 1) виганяти, висилати 2) проганяти 3) відганяти (*думки*); позбуватися, звільнятися; **~ment** *n* 1) вигнання, висилання 2) заслання

bank I [bæŋk]. *n* 1) вал, насип 2) берег (*річки*) 3) обмілина, риф, банка 4) нанос **2.** *v* 1) споруджувати насип 2) згрібати (*докупи*); оточувати валом 3) загачувати 4) утворювати наноси (*снігу*; *часто* ~ up)

bank II [bæŋk] **1.** *n* 1) банк 2) фонд, загальний запас **2.** *v* 1) класти (*гроші*) в банк; тримати (*гроші*) у банку 2) бути банкіром; **~-book** *n фін.* банківська книжка, особовий рахунок; **~er** 1) банкір 2) *pl* банкірський дім, банк 3) службовець банку; **~ing** *n* банківська справа; **b. note** *n* банкнот; **b. rate** *n фін.* облікова ставка банку; **~roll 1.** *n* грошові кошти, фінансові ресурси **2.** *v* субсидувати, фінансувати; **~rupt 1.** *n* банкрут **2.** *a* 1) збанкрутілий, неплатоспроможний 2) позбавлений (of, in — *чого-н.*) **3.** *v* довести до банкрутства

bank III [bæŋk] *n* 1) набір, комплект, серія 2) верстак

banner [ˈbænə] **1.** *n* 1) знамено; прапор, стяг; *перен. тж* символ 2) заголовок (на всю шпальту) **2.** *a* (най)кращий; зразковий; головний; **b.-bearer** *n* прапороносець; **~ette** *n* прапорець

banquet [ˈbæŋkwɪt] **1.** *n* бенкет; учта **2.** *v* 1) давати бенкет (*на честь кого-н.*) 2) бенкетувати

banquette [ˌbæŋˈket] *n* 1) насип; земляний вал 2) пішохідна доріжка, хідник

bantamweight [ˈbæntəmweɪt] *n спорт.* 1) найлегша вага 2) спортсмен найлегшої ваги

banter [ˈbæntə] **1.** *n* 1) добродушні жарти 2) жартівлива розмова; кепкування **2.** *v* 1) насміхатися, дражнитися 2) вести жартівливу розмову

bapti‖ze [bæpˈtaɪz] *v церк.* 1) хрестити 2) давати ім'я, називати 3) хреститися; **~sm** [ˈbæptɪz(ə)m] *n* хрещення; **~sm of blood** мучеництво

bar I [bɑː] **1.** *n* 1) брусок, шматок, смуга; стрижень 2) смуга (*світла, фарби*) 3) *спорт.* планка 4) пряжка на орденській стрічці 5) перепона, перешкода 6) застава 7) засув, клямка 8) *pl* ґратка 9) *муз.* такт **2.** *v* 1) замикати на засув 2) закривати, перегороджувати 3) чинити перепони, заважати 4) усувати, відстороняти; забороняти, виключати 5) анулювати, відміняти, скасовувати **3.** *prep* за винятком, крім

bar II [bɑː] *n* 1) прилавок, стійка 2) бар, буфет; невеликий ресторан

bar III [bɑː] *n юр.* 1) (the ~, the B.) адвокатура 2) суд; судження, думка

barb [bɑːb] **1.** *n* 1) зубець; щербина, зазублина, зазублень (*стріли й под.*) 2) шпилька, колючість, ущипливе зауваження **2.** *v* 1) насаджувати шипи (гачки), оснащувати колючками 2) уколоти 2) *перен.* образити, уразити, зачепити

barbar‖ian [bɑːˈbe(ə)rɪən] *n* 1) (B.) варвар 2) неук, невіглас; дикун; **~ic** *a* 1) дикий, варварський; первісний 2) грубий, неотесаний; некультурний; **~ity** *n* 1) варварство; жорстокість; нелюдяність 2) грубість (*стилю, смаку*), несмак 3) *лінгв.* варваризм

barbecue [ˈbɑːbɪkjuː] **1.** *n* барбекю, цілком засмажена туша **2.** *v* смажити м'ясо (шматочками) на рожні; смажити (*тушу*) цілком

barbell [ˈbɑːbel] *n pl спорт.* штанга

barber [ˈbɑːbə] *n* перукар, цирульник; **~shop** *n* перукарня

barberry [ˈbɑːb(ə)rɪ] *n бот.* барбарис

bare [beə] **1.** *a* 1) голий, оголений 2) порожній; бідний; позбавлений (of — *чого-н.*) 3) непрокрашений, простий 4) мізерний, убогий 5) непідтверджений, голослівний 6) мінімальний, незначний, найменший **2.** *v* 1) оголяти 2) відкривати, розкривати 3) спустошувати 4) позбавляти (*чого-н.*); **~back** *a* неосідланий; **~faced** *a* 1) явний, неприхований; непокритий; відкритий, прямий 2) безсоромний, зухвалий; **~foot(ed)** *a* босий, босоногий; **b.-handed** *a* голіруч; без зброї; **~ness** *n* 1) неприхованість, оголеність 2) бідність, убогість

bargain [ˈbɑːgɪn] **1.** *n* 1) (торговельна) угода; домовленість 2) (а ~) вигідна покупка; задешево куплена річ **2.** *v* 1) торгуватися; домовлятися; вести перемови 2) укладати угоду; **~ee** *n юр.* покупець землі; **b.-sale** *n* розпродаж

barge [bɑːdʒ] *n* баржа; шаланда

bark I [bɑːk] **1.** *n* 1) кора (*дерева*) **2.** *v* здирати кору

bark II [bɑːk] **1.** *n* 1) гавкіт 2) звук пострілу **2.** *v* гавкати

barker [ˈbɑːkə] *n* 1) крикун, грубіян 2) аукціоніст 3) закликальник

barley [ˈbɑːlɪ] *n бот.* ячмінь

barmaid [ˈbɑːmeɪd] *n* буфетниця

barmy [ˈbɑːmɪ] *a* пінявий, пінистий; бродильний

barn [bɑːn] *n* комора; (сінний) сарай; стодола

baroque [bəˈrɒk, bəˈrəʊk] **1.** *n* (the ~) бароко **2.** *a* 1) бароковий 2) вигадливий, химерний, чуднацький

barrack [ˈbærək] **1.** *n* 1) *pl* (*ужив. як sing*) казарма 2) барак **2.** *v* розміщувати в казармах (бараках)

barrator [ˈbærətə] *n* 1) сутяга, кляузник 2) хабарник

barrel [ˈbærəl] **1.** *n* 1) бочка, барило 2) ствол, дуло (*зброї*) **2.** *v* 1) розливати в бочки 2) зберігати на складі; **b.-organ** *n* катеринка, шарманка

barren [ˈbærən] **1.** *n* (*зазв. pl*) безплідна земля, пустище **2.** *a* 1) неродючий; виснажений (*про ґрунт*) 2) пустий, беззмістовний; бідний 3) нудний; байдужий

barret [ˈbærət] *n* берет
barricade [ˈbærɪkeɪd, ˌbærɪˈkeɪd] **1.** *n* 1) барикада 2) *перен.* перепона, перешкода **2.** *v* барикадувати(ся), будувати барикади
barrier [ˈbærɪə] **1.** *n* 1) бар'єр; застава; шлагбаум 2) перепона, перешкода, завада **2.** *v* обгороджувати, перегороджувати; перешкоджати (*зазв.* ~ off, ~ in)
barring [ˈbɑːrɪŋ] *prep* за винятком, крім
barrister [ˈbærɪstə] *n* адвокат
barrow I [ˈbærəʊ] *n археол.* 1) пагорбок, пригірок 2) курган, (могильний) пагорб, могила
barrow II [ˈbærəʊ] *n* 1) тачка; ручний візок 2) ноші
barrow boy [ˈbærəʊbɔɪ] *n* вуличний торговець
barter [ˈbɑːtə] **1.** *n* бартер, товарообмін, мінова торгівля **2.** *v* міняти, обмінювати
base I [beɪs] **1.** *n* 1) основа, підстава; базис, засада 2) база, опорний пункт 3) підошва (*гори*) 4) *архіт.* п'єдестал, цоколь; фундамент, підмурівок 5) *хім.* основа 6) *грам.* корінь **2.** *v* 1) базувати, ґрунтувати 2) закладати підвалини 3) розміщувати (*війська*); **~less** *a* необґрунтований, безпідставний, пустий; **b.-line** *n* базисна лінія, підвалина; основа; **~ment** *n* 1) підвал; підвальне приміщення 2) підмурок, фундамент
base II [beɪs] *a* 1) низький; ниций; підлий 2) неблагородний, простий, окисний (*метал*); **~born** *a* 1) низького походження 2) незаконнонароджений 3) підлий, ниций
bashful [ˈbæʃf(ə)l] *a* сором'язливий, сором'язкий; боязкий; скромний
basic [ˈbeɪsɪk] *a* 1) основний, головний; найістотніший 2) елементарний; початковий; спрощений
basin [ˈbeɪs(ə)n] *n* 1) таз, чашка, миска 2) басейн, резервуар; водоймище 3) маленька бухта
basis [ˈbeɪsɪs] *n* (*pl* -ses) 1) підстава, базис; основа 2) основний компонент, основа
bask [bɑːsk] *v* 1) грітися (*на сонці й под.*; in) 2) насолоджуватися (*спокоєм і под.*)
basket [ˈbɑːskɪt] *n* кошик; **~ball** *n спорт.* 1) баскетбол 2) баскетбольний м'яч; **~ry** *n* 1) плетення кошиків 2) плетені вироби
Basque [bæsk, bɑːsk] **1.** *n* 1) баск 2) баскська мова **2.** *a* баскський
bas-relief [bɑːrɪˈliːf, bæs-] *n* барельєф
bass I [bæs] *n іхт.* морський окунь
bass II [beɪs] *n муз.* 1) бас 2) контрабас
basso [ˈbæsəʊ] *n іт.* (*pl* -os [-əʊz]) *муз.* бас (*голос*)
bassoon [bəˈsuːn] *n муз.* фаґот
bastard [ˈbɑːstəd, ˈbæs-] **1.** *n* 1) позашлюбна дитина 2) *бот.* гібрид **2.** *a* 1) позашлюбний, незаконнонароджений 2) підроблений, удаваний 3) гіршого ґатунку; неправильної форми 4) підроблений, фальшивий, удаваний; **~ise** *v* доводити незаконнонародженість дитини; **~y** *n* народження дитини поза шлюбом
baste [beɪst] *v* 1) поливати страву (*жиром під час смаження*) 2) зшивати на живу нитку 3) бити, лупцювати 4) *перен.* критикувати, шпетити
bastille [bæsˈtiːl] *n* 1) фортеця, форт 2) в'язниця, тюрма
bat I [bæt] *n зоол.* кажан
bat II [bæt] **1.** *n* битка (*у крикеті й бейсболі*); гілка **2.** *v* бити палкою (биткою)
batch [bætʃ] **1.** *n* 1) партія, група, серія 2) пачка, кучка 3) дозування, порція **2.** *v* 1) дозувати 2) *обч.* групувати програми, пакувати
bate [beɪt] *v* (*скор. від.* abate) 1) збавляти, зменшувати 2) слабнути 3) притупляти
bath [bɑːθ] (*pl* -s [bɑːðz, bɑːθs]) **1.** *n* 1) ванна 2) купання (*у ванні*) 3) (*зазв. pl*) лазня **2.** *v* мити(ся), купати(ся); **~e** [beɪð] 1) *n* купання **2.** *v* 1) купати(ся); занурювати(ся) 2) мити, обмивати (*тіло*); промивати (*очі*) 3) *геогр.* омивати 4) заливати (*про світло*); **~er** *n* купальник, купальниця; **~house** *n* 1) лазня 2) купальня, роздягальня (*на пляжі*)
baton [ˈbætɒn] *n* 1) диригентська паличка 2) *спорт.* естафетна паличка 3) жезл 4) поліцейський кийок **2.** *v* 1) бити кийком 2) дубасити, лупцювати
batten [ˈbætn] *v* 1) розкошувати за чужі кошти 2) жити в розкошах і неробстві 3) відгодовуватися, гладшати, жиріти
batter I [ˈbætə] **1.** *n* 1) рідке тісто; бовтанка з м'ята глина; липка грязь **2.** *v* 1) сильно бити, гамселити; лупцювати (*тж* ~ about, ~ down) 2) суворо критикувати; **~ed** *a* 1) побитий, розбитий 2) зношений, пошарпаний 3) м'ятий
batter II [ˈbætə] **1.** *n архіт.* уступ, схил (*стіни*); скіс; укіс **2.** *v* відхилятися
battle [ˈbætl] **1.** *n* 1) битва, бойовище, бій 2) боротьба **2.** *v* битися, боротися (for — за кого-н., що-н.; with, against — з ким-н., чим-н.); **b. cry** *n* 1) бойовий клич 2) гасло, лозунг; **~dore** *n* ракетка (*для гри в бадмінтон*); **~r** 1) боєць 2) витривалий боксер; **b.-seasoned** *a* загартований у боях; бувалий
battue [bæˈt(j)uː] *n фр.* 1) облава (*на полюванні*) 2) розшук, пошуки 3) різанина, бійня
bauble [ˈbɔːb(ə)l] *n* 1) іграшка, дрібничка, абищиця 2) дрібниця, пусте
baud [bɔːd] *n обч.* бод
ba(u)lk [bɔː(l)k] **1.** *n* 1) перешкода, перепона, затримка **2.** *v* 1) опинатися; пручатися 2) пе-

решкоджати, затримувати 3) не виправдати (*надій*) 4) утратити (*нагоду*) 5) пропускати, обходити; ігнорувати 6) ухилятися (*від виконання обов'язку*) 7) відмовлятися (*від їжі й под.*); **~y** *a* упертий (*про тварину*)

bawd‖ry [ˈbɔːdrɪ] *n* 1) непристойність, паскудство 2) лихослів'я, лайка; **~y** *a* непристойний, паскудний; брудний

bawl [bɔːl] **1.** *n* крик; лемент **2.** *v* кричати, волати, лементувати, репетувати

bay I [beɪ] *n* затока, бухта, губа

bay II [beɪ] *n* 1) ніша 2) відсік, приміщення 3) стійло 4) залізнична платформа 5) судовий шпиталь

bay III [beɪ] *n* **1.** 1) гавкіт 2) безпорадне становище **2.** 1) гавкати 2) переслідувати, цькувати; заганяти (*звіра*)

bay IV [beɪ] **1.** *n* гнідий кінь **2.** *a* гнідий

bay V [beɪ] *n* 1) *бот.* лаврове дерево 2) *pl* лаври, лавровий вінок

bay VI [beɪ] **1.** *n* загата **2.** *v* загачувати

bayonet [ˈbeɪənɪt, -net] **1.** *n* багнет **2.** *v* колоти багнетом

be [biː] *v* (*sing* was, *pl* were; been) 1) бути, існувати 2) перебувати, бути присутнім 3) траплятися, відбуватися 4) коштувати 5) дієслово-зв'язка бути; **I am cold** мені холодно

beach [biːtʃ] **1.** *n* 1) пляж, узмор'я 2) обмілина **2.** *v* 1) посадити на мілину (*судно*) 2) витягувати на берег

bead [biːd] **1.** *n* 1) намистина; кулька 2) *pl* буси, бісер 3) *pl* церк. чотки 4) крапля (*поту й под.*) **2.** *v* 1) прикрашати (оздоблювати) намистом; вишивати бісером 2) утворювати краплі (бульбашки); **~ed** *a* 1) прикрашений намистом (*про намисто*) 3) що має форму намистини (*краплі*)

beadledom [ˈbiːdldəm] *n* 1) формалізм 2) канцелярщина; бюрократизм

bead-roll [ˈbiːdrəʊl] *n* список, перелік

beagle [ˈbiːgl] **1.** *n* гончак (*собака*) **2.** *v* полювати з гончаками

beaked [ˈbiːkt] *a* 1) дзьобатий 2) гачкуватий, зігнутий

beaker [ˈbiːkə] *n* 1) лабораторна склянка; мензурка 2) склянка для вина; фужер

beam [biːm] **1.** *n* 1) балка; брус, поперечка, бантина, щабель; обніжок 2) промінь, пучок променів 3) сяйво; сяючий вигляд **2.** *v* 1) сяяти, світити 2) осявати 3) сяяти; радісно посміхатися

bean [biːn] *n бот.* біб; квасоля

bean feast [ˈbiːnfiːst] *n* вечірка, гулянка

bear I [beə] *n* 1) ведмідь, ведмедиця 2) груба, невихована людина 3) *астр.* **Great (Little, Lesser) B.** Великий (Малий) Віз; **~ish** *a* 1) ведмежий; грубий 2) песимістичний

bear II [beə] *v* (bore; borne, born) 1) носити; нести; переносити; перевозити 2) (*p. p.* born) народжувати; приносити плоди 3) витримувати; нести тягар (навантаження); підтримувати 4) терпіти, зносити 5) мати, нести на собі 6) плекати, мати (*почуття й под.*) 7) простягатися 8) прямувати, повертати 9) спиратися (on); **~able** 1) стерпний, терпимий 2) допустимий, припустимий; **~er** *n* 1) носій 2) санітар 3) подавач (*листа*); пред'явник (*чека*); **~ing 1.** *n* 1) поведінка; манера триматися 2) статура 3) ставлення; аспект, сторона, бік 4) значення 5) терпіння, витримка 6) носіння 7) народження **2.** *a* 1) який народжує (*породжує*) 2) плодоносний 3) терплячий

beard [bɪəd] *n* 1) борода 2) рослинність на обличчі; **~less** *a* безбородий; *перен.* юнацький; недосвідчений

beast [biːst] *n* 1) звір, тварина; **~liness** *n* 1) свинство; неподобство 2) звірство

beat [biːt] **1.** *n* 1) такт; відбивання такту 2) ритм, розмір 3) удар; бій (*барабана*); пульсація (*серця*) 4) коливання (*маятника*) 5) дозір, обхід; район (*обходу*) **2.** *v* (beat; beat, beaten) 1) бити, калатати 2) вибивати (*дріб на барабані*) 3) відбивати (*котлету*) 4) відбивати (*такт*) 5) товкти (*у порошок; тж* ~ small) 6) пульсувати (*про серце*) 7) розбиватися (*як хвилі*) 8) сікти (*про дощ*); **~en** [ˈbiːtn] **1.** *p. p. від* **beat 2 2.** *a* 1) битий, побитий 2) переможений, розбитий 3) утомлений, змучений 4) кований, карбований 5) торований 6) заяложений, банальний; **~er** *n* 1) той, хто б'є 2) довбешка; товкачик; калатало; **~ing** [ˈbiːtɪŋ] *n* 1) биття; шмагання 2) поразка 3) пульсація (*серця*) 4) вимахування (*крильми*) 5) коливання (*маятника*)

beati‖fic(al) [ˌbiːəˈtɪfɪk(əl)] *a* блаженний; що дає блаженство; **~tude** [ˌbi(ː)ˈætɪtjuːd] *n* 1) розкіш, раювання, насолода 2) благословення

beau [bəʊ] *n* (*pl* -ux [bəʊz]) 1) кавалер; залицяльник 2) чепурун, ферт; **~-ideal** ідеал; **~-monde** бомонд

beaut‖ician [bjuːˈtɪʃ(ə)n] *n* косметолог; косметичка; **~iful** *a* 1) красивий, прекрасний 2) чудовий, прегарний; **~ify** *v* прикрашати, робити красивим; **~y** [ˈbjuːtɪ] *n* 1) краса, привабливість 2) принада (*часто ірон.*) 3) *pl* привабливі риси; прикраса, оздоба; **~y spot** *n* 1) мушка (*на обличчі*) 2) родимка 3) мальовнича місцевість

beaver [ˈbiːvə] **1.** *n* 1) *зоол.* бобер 2) боброве хутро 3) трудівник, клопотун **2.** *v* працювати не покладаючи рук (*завж.* ~ away)

became [bɪˈkeɪm] *past від* **become**

because [bɪˈkɒz] *cj* тому що; через те що; бо; оскільки

beck [bek] *n* струмок, ручай
beckon [ˈbekən] *v* кивати, підтакувати
becloud [bɪˈklaʊd] *v* затьмарювати, затуманювати (*зір і под.*); затягувати (*хмарами*)
become [bɪˈkʌm] *v* (became; become) 1) уживається як дієслово-зв'язка робитися, ставати 2) личити, пасувати 3) годитися, відповідати 4) траплятися (of)
becoming [bɪˈkʌmɪŋ] 1. *pres. p. від* **become** 2. *a* 1) відповідний, належний 2) що личить (пасує) (*про одяг*) 3) привабливий
bed [bed] 1. *n* 1) постіль, ліжко 2) нічліг 3) клумба; грядка 4) дно (*моря й под.*) 2. *v* 1) класти в ліжко 2) лягати в ліжко 3) саджати (висаджувати) у ґрунт (*зазв.* ~ out) 4) настилати; **b.-clothes** *n pl* постільна білизна; **~ding** *n* 1) постільні речі 2) основа; фундамент 3) *с.-г.* підготовка ґрунту до сівби
bedaub [bɪˈdɔːb] *v* 1) забруднити, замазати 2) обвішати прикрасами
bedeck [bɪˈdek] *v* прикрашати, оздоблювати
bedevil [bɪˈdev(ə)l] *v* 1) терзати, мучити 2) плутати, збивати з пантелику 3) заворожити, наврочити
bedew [bɪˈdjuː] *v* укривати росою, зрошувати; обббризкувати
bedraggle [bɪˈdræɡl] *v* забризкати гряззю; забруднити (*сукню*)
bedrid(den) [ˈbed‚rɪdn] *a* 1) прикутий до ліжка хворобою 2) безсилий; кволий; виснажений
bedroom [ˈbedruːm] *n* спальня
bedtime [ˈbedtaɪm] *n* час лягати спати
bed-wetting [ˈbed‚wetɪŋ] *n мед.* нічне нетримання сечі
bee [biː] *n ент.* бджола; **~hive** *n* 1) вулик 2) метушня, шарпанина; **~keeper** *n* бджоляр, пасічник; **b.-line** *n* 1) найкоротша відстань між двома точками 2) пряма (повітряна) лінія
beech [biːtʃ] *n бот.* бук, букове дерево; **~en** *a* буковий
beef [biːf] *n* (*pl* beeves, *амер.* beefs [biːfs]) 1) яловичина, м'ясо 2) бик (корова) (*відгодовані для забиття*); м'ясна худоба; **~burger** *n нім.* гамбургер; **~steak** *n* біфштекс; **b.-tea** *n* міцний бульйон; **~y** *a* 1) дужий; міцний; мускулистий 2) м'ясистий; жирний, огрядний
been [biːn] (повна ф.); bɪn (скор. ф.)] *p. p. від* **be**
beep [biːp] 1. *n* телеметричний сигнал 2. *v* гудіти, сигналити
beer [bɪə] *n* пиво; **~house** *n* пивниця; **~y** [ˈbɪ(ə)rɪ] *a* 1) пивний 2) напідпитку
bees-wax [ˈbiːzwæks] 1. *n* (бджолиний) віск 2. *v* натирати воском
beet [biːt] *n бот.* буряк
beetle I [ˈbiːtl] *n* 1) *ент.* жук 2) сліпота 3) кувалда, довбня

beetle II [ˈbiːtl] 1. *a* звислий, навислий 2. *v* виступати; звисати, нависати
beetle-browed [‚biːtlˈbraʊd] *a* 1) з навислими бровами 2) похмурий; насуплений
beetroot [ˈbiːtruːt] *n* (цукрові) буряки
befall [bɪˈfɔːl] (befell; befallen) [bɪˈfel], [bɪˈfɔːlən] *v* траплятися, відбуватися
befog [bɪˈfɒɡ] *v* 1) затуманювати 2) заплутувати, ускладнювати; **~ged** *a* 1) затуманений 2) здивований
befool [bɪˈfuːl] *v* 1) обдурювати, ошукувати 2) уважати дурнем 3) висміювати
before [bɪˈfɔː] 1. *adv* 1) раніше, колись 2) уперед 3) попереду 2. *prep* 1) перед 2) попереду 3) до 4) швидше... ніж 5) перед лицем, у присутності 6) вище; більше 3. *cj* перш ніж; до того як; поки не; **~hand** *adv* заздалегідь
befriend [bɪˈfrend] *v* ставитися по-дружньому; сприяти, допомагати
beg [beɡ] *v* 1) просити, благати (of — кого-н.; for — про що-н.) 2) жебрати, старцювати 3) служити (*про собаку*)
began [bɪˈɡæn] *past від* **begin**
beggar [ˈbeɡə] 1. *n* 1) жебрак, старець 2) бідняк, незаможний 2. *v* доводити до злиднів, розоряти; **~ly** *a* 1) жебрацький 2) бідний, убогий; жалюгідний; мізерний 3) ниций, підлий; **~y** *n* 1) злидні, нужда; убозтво 2) *збір.* жебраки, старці 3) жебрацтво, старцювання
begin [bɪˈɡɪn] *v* (began; begun) починати(ся); **~ner** *n* 1) той, хто починає 2) новачок; початківець; **~ning** 1. *pres. p. від* **begin** 2. *n* 1) початок 2) джерело; походження 3) *pl* витоки, початкова стадія
begone [bɪˈɡɒn] *int* забирайся!, геть!
begrudge [bɪˈɡrʌdʒ] *v* 1) обурюватися; ображатися; виявляти невдоволення 2) заздрити 3) шкодувати (*грошей*); скупитися, скнарити
beguile [bɪˈɡaɪl] *v* 1) забавляти, розважати 2) відволікати увагу; скрашувати 3) шахраювати
begun [bɪˈɡʌn] *p. p. від* **begin**
behav||e [bɪˈheɪv] *v* 1) чинити, поводитися 2) працювати безперебійно (чітко) (*про машину*); **~iour** *n* 1) поведінка, манери; учинки 2) гарна поведінка; вихованість 3) поводження; ставлення (to, towards — до кого-н., чого-н.)
behead [bɪˈhed] *v* відтинати голову, знеголовлювати; **~ing** 1. *pres. p. від* **behead** 2. *n* відтинання голови, знеголовлювання
behind [bɪˈhaɪnd] 1) *adv* позаду 2) *prep* нижчий за якістю
behindhand [bɪˈhaɪndhænd] *a predic.* 1) що заборгував; у боргу 2) відсталий; запізнілий
behold [bɪˈhəʊld] 1. *v* (beheld) [bɪˈheld] 1) ба-

чити, помічати 2) дивитися, споглядати **2.** *int* дивись!, ось!
beholden [bɪˈhəʊldn] *a predic.* зобов'язаний, вдячний (to — кому-н., for — за що-н.)
behoof [bɪˈhuːf] *n* користь, вигода, інтерес
behove [bɪˈhəʊv] *v* (*безособове*) належить, слід, потрібно
being [ˌbiːˈɪŋ] *n* 1) буття, існування, життя 2) (жива) істота 3) сутність, суть (*людини*) 4) перебування
belabour [bɪˈleɪbə] *v* бити, лупцювати, дубасити
belated [bɪˈleɪtɪd] *a* 1) запізнілий, пізній 2) захоплений нічню (темрявою) (*у дорозі*)
belch [beltʃ] **1.** *n* 1) відрижка 2) стовп (*вогню, диму*) **2.** *v* 1) ригати, блювати 2) вивергати (лаву); викидати
beleaguer [bɪˈliːɡə] *v* 1) облягати; оточувати 2) дошкуляти
belfry [ˈbelfrɪ] *n* 1) дзвіниця 2) вежа
Belgian [ˈbeldʒən] **1.** *a* бельгійський **2.** *n* бельгієць
belie [bɪˈlaɪ] *v* 1) давати неправильне уявлення (*про що-н.*) 2) спростовувати; суперечити 3) не справджувати (*надій*)
belief [bɪˈliːf] *n* 1) віра; довіра (in) 2) переконання 3) думка, погляд
believe [bɪˈliːv] *v* 1) вірити 2) довіряти 3) надавати великого значення 4) думати, уважати
belittle [bɪˈlɪtl] *v* 1) применшувати, принижувати 2) зменшувати
bell [bel] *n* 1) дзвін, дзвіночок 2) дзвоник, балабончик 3) бульбашка (*мильна й под.*) 4) розтруб, розширення; **~boy** *n* коридорний, посильний (*у готелі*); **b.-ringer** *n* дзвонар; **b. tent** *n* круглий намет
belle [bel] *n* красуня
belles-lettres [ˌbelˈletr] *n pl* художня література, белетристика
belli‖cose [ˈbelɪkəʊs] *a* 1) забіякуватий 2) войовничий; агресивний; **~gerency** *n* стан війни; **~gerent 1.** *n юр.* воююча сторона **2.** *a* 1) що перебуває у стані війни 2) войовничий; агресивний
bellow [ˈbeləʊ] **1.** *n* 1) мукання, ревіння (*тварин*) 2) рев, зойк; волання; лемент **2.** *v* 1) мукати, ревіти (*про тварин*) 2) репетувати, волати 3) бушувати, ревти (*про вітер і под.*)
belly [ˈbelɪ] **1.** *n* 1) живіт, черево 2) шлунок **2.** *v* надимати(ся) (*зазв.* ~ out); **~ful** *n* 1) ситість 2) пересичення
belong [bɪˈlɒŋ] *v* 1) належати (to) 2) мати відношення; стосуватися (*чого-н.*); бути пов'язаним (to, with, among — з ким-н., чим-н.) 3) бути родом із; походити; **~ings** *n pl* 1) приладдя; речі, пожитки 2) частини, деталі 3) прибудови, служби

beloved [bɪˈlʌvɪd] **1.** *n* коханий, любий (*про людину*); кохана, люба **2.** *a* любий, улюблений
below [bɪˈləʊ] *adv* під, нижче, вниз
belt [belt] **1.** *n* 1) пояс, ремінь; портупея 2) пояс, зона, смуга; район 3) вузька протока **2.** *v* 1) підперізувати; оперізувати 2) шмагати ременем
bemoan [bɪˈməʊn] *v* оплакувати
bemuse [bɪˈmjuːz] *v* ошелешувати; приголомшувати, уражати
bench [bentʃ] **1.** *n* 1) лава 2) верстак; верстат 3) суд; *збір.* судді; місце судді 4) місце (*у парламенті*) **2.** *v* 1) ставити лави 2) сидіти на лаві 3) *спорт.* усувати гравця з поля
bend [bend] **1.** *n* 1) вигин дороги; лука річки 2) згин, вигин **2.** *v* (bent) 1) згинати(ся); гнути(ся), вигинати(ся) 2) спрямовувати (*погляд, увагу й под.*) 3) корити(ся) 4) в'язати, прив'язувати (*трос, вітрила*) 5) підкоряти, підпорядковувати 6) докладати (*зусиль і под.*)
bended [ˈbendɪd] *a* зігнутий
benediction [ˌbenɪˈdɪkʃ(ə)n] *n* благословення
benefact‖ion [ˌbenɪˈfækʃ(ə)n] *n* 1) пожертва 2) добродійність, милість; **~or** 1) жертводавець 2) благодійник, доброчинець, добродійник
benefic‖e [ˈbenɪfɪs] *n* бенефіція, парафія; **~ent** [bɪˈnefɪsənt] *a* 1) милосердний; добрий 2) доброчинний; добродійний; корисний; **~ial** [-ˈfɪʃəl] *a* вигідний, корисний
benefit [ˈbenɪfɪt] **1.** *n* 1) вигода; користь; прибуток 2) пенсія; грошова допомога 3) *театр.* бенефіс (*тж* performance) **2.** *v* 1) допомагати, приносити користь 2) мати користь, зиск
benevolen‖ce [bɪˈnev(ə)ləns] *n* 1) доброзичливість 2) щедрість, доброчинність; **~t** *a* 1) доброзичливий, прихильний 2) щедрий, великодушний 3) добродійний, благодійний, доброчинний
benign [bɪˈnaɪn] *a* 1) добрий, милостивий 2) лагідний 3) м'який, сприятливий (*про клімат*) 4) родючий, плодоносний (*про ґрунт*) 5) доброякісний (*про пухлину*); **~ity** [bɪˈnɪɡnɪtɪ] *n* доброта
bent I [bent] **1.** *n* 1) схильність, нахил; прагнення, потяг 2) натяг (*пружини*) 3) *перен.* напружений стан (*душевний*) 4) згин, вигин; викривлення **2.** *a* 1) зігнутий, кривий 2) нахилений 3) що має твердий намір (on — зробити що-н.)
bent II [bent] *past і р. р. від* **bend 2**
benumb [bɪˈnʌm] *v* 1) приводити до заціпеніння; робити нечутливим 2) притупляти (*почуття*); паралізувати (*енергію*) 3) затерпнути; **~ed** *a* 1) заклятий від холоду, задубілий 2) притуплений (*про почуття*); заціпенілий

benzine ['benzi:n] 1. *n* бензин 2. *v* чистити бензином
beque||ath [bɪ'kwi:ð, -'kwi:θ] *v* 1) заповідати (*нерухоме майно*) 2) передавати нащадкам; **~st** [bɪ'kwest] *n* 1) заповідання нерухомого майна 2) спадщина; посмертний дар
berate [bɪ'reɪt] *v* сварити, лаяти, шпетити
bereave [bɪ'ri:v] *v* (bereft [bɪ'reft]) позбавляти, віднімати (of); **~ment** *n* тяжка втрата
beret ['bereɪ, ,be'reɪ] *n* берет
berg [bɜ:g] *n* айсберґ
berry ['berɪ] 1. *n* 1) ягода 2) м'ясистий плід 3) зерно 4) ікринка 2. *v* збирати ягоди
berth [bɜ:θ] 1. *n* 1) койка (*на пароплаві*); спальне місце, полиця (*у вагоні й под.*) 2) каюта (*на пароплаві*) 3) посада 4) мор. причал 2. *v* 1) ставити на якір (*судно*) 2) надавати спальне місце
beseech [bɪ'si:tʃ] *v* (besought) просити, благати, упрошувати; **~ing** *a* благальний (*погляд, тон*)
beset [bɪ'set] *v* (beset) 1) оточувати; облягати; обсідати, обступати (*тж перен.*) 2) перепиняти, перегороджувати
beside [bɪ'saɪd] *prep* 1) поряд із; біля, коло 2) порівняно з; **~s** крім того
besiege [bɪ'si:dʒ] *v* 1) воєн. облягати; оточувати 2) закидати (*запитаннями й под.*) 3) напосідати (*із проханнями й под.*)
besmear [bɪ'smɪə] *v* 1) бруднити; засмальцьовувати 2) ганити, паплюжити
besmirch [bɪ'smɜ:tʃ] *v* 1) забруднювати 2) чорнити, паплюжити; плямувати
besom ['bi:z(ə)m] *n* мітла, віник
besot [bɪ'sɒt] *v* 1) п'янити (*про вино*) 2) дурманити, обдурювати; **~ted** *a* 1) засліплений (*пристрастю й под.*) 2) знетямлений
besought [bɪ'sɔ:t] *past і p. p. від* **beseech**
bespeak [bɪ'spi:k] *v* (bespoke; bespoke, bespoken) 1) замовляти завчасно; заручатися (*чим-н.*) 2) виготовляти на замовлення (*одяг і под.*) 3) виявляти, показувати
bespectacled [bɪ'spektək(ə)ld] *a* що носить окуляри, в окулярах
bespoke [bɪ'spəʊk] *n* одяг, зшитий на замовлення
besprinkle [bɪ'sprɪŋk(ə)l] *v* кропити, оббризкувати; посипати
best [best] 1. *n* що-н. найкраще, вищий ступінь (*чого-н.*) 2. *a* (*найвищ. ст. від* **good**) 1) кращий 2) більший 3) *підсилює знач.* суттєвого: **~ liar** неприторенний брехун; **b. man** *n* боярин, дружко, дружба
bestial ['bestɪ(ə)l] *a* 1) тваринний; дикий 2) нестриманий 3) безсоромний; хтивий; розпусний; **~ity** *n* свинство *та ін.*
bestir [bɪ'stɜ:] *v* розворушитися; енергійно взятися

bestow [bɪ'stəʊ] *v* 1) давати, дарувати, нагороджувати (on, upon) 2) присвячувати, витрачати (*час й под.*)
bestrew [bɪ'stru:] *v* (-wed [-d], -wed, -wn) 1) покривати товстим шаром, устеляти 2) обсипати; розкидати
bestride [bɪ'straɪd] *v* (bestrode [bɪ'strəʊd]; bestrid [bɪ'strɪd], bestridden [bɪ'strɪdn]) 1) сідати (сідати) верхи 2) стояти, розставивши ноги 3) переступати 4) захищати
best-seller [,best'selə] *n* 1) популярна книга; бестселер 2) автор бестселера
bet [bet] 1. *n* 1) заклад, парі 2) ставка (*у закладі*) 2. *v* (bet, betted ['betɪd]) закладатися, заставлятися
beta ['bi:tə] *n* бета (*2-га літера грец. абетки*)
betake [bɪ'teɪk] *v* (betook; betaken [bɪ'teɪkən]) *refl.* удаватися, звертатися (to — до кого-н., чого-н.)
beta rays ['bi:təreɪz] *n pl фіз.* бета-промені, бета-випромінювання
bethink [bɪ'θɪŋk] *v* (bethought) *refl.* згадати, подумати (of); задумати (to)
bethought [bɪ'θɔ:t] *past і p. p. від* **bethink**
betoken [bɪ'təʊkən] *v* 1) означати, бути ознакою 2) передвіщати; провіщати
betook [bɪ'tʊk] *past від* **betake**
betray [bɪ'treɪ] *v* 1) зраджувати, ставати зрадником 2) обдурювати, заблюкувати 3) видавати 4) не справджувати (*надій, довіри*); схибити; **~al** *n* зрадництво, зрада; запроданство; **~er** *n* зрадник, запроданець
betroth [bɪ'trəʊð, -'trəʊθ] *v* заручити, засватати; **~al** *n* заручини, сватання; **~ed** *a* заручений, засватаний; заручена, засватана
better ['betə] 1. *n*: **one's ~s** а) вищі особи; б) більш компетентні (поінформовані) люди 2. *a* (*порівн. ст. від* **good 2**) 1) кращий; вищий 2) більший 3) *predic.* який почуває себе краще; <> **the ~ part** більшість 3. *v* 1) поліпшувати(ся); виправляти(ся); удосконалювати(ся) 2) перевершувати, перевищувати; **~ment** *n* 1) поліпшення; удосконалення 2) *юр.* збільшення багатства
betting ['betɪŋ] 1. *pres. р. від* **bet 2** 2. *n* заклад, застава, парі
between [bɪ'twi:n] *prep* між
beverage ['bevərɪdʒ] *n* напій
bevy ['bevɪ] *n* 1) зграя (*птахів і под.*) 2) товариство, збори, зібрання 3) комплект, набір
bewail [bɪ'weɪl] *v* 1) оплакувати, журитися; уболівати 2) жалкувати
beware [bɪ'weə] *v* берегтися, стерегтися, остерігатися (of — *чого-н.*)
bewilder [bɪ'wɪldə] *v* 1) бентежити, дивувати; спантеличувати 2) заганяти в безвихідь; заплутувати; **~ment** *n* 1) збентеження;

зніяковіння; здивування 2) плутанина, безладдя

bewitch [bɪˊwɪtʃ] v 1) зачаровувати, чарувати, заворожувати 2) полонити, обворожити; захоплювати; **~ing** a чарівний, чарівливий; **~ment** n 1) чари, чарівництво 2) зачарування, чарівність

beyond [bɪˊjɒnd] **1.** adv удалині; на відстані **2.** prep 1) за; по той бік 2) пізніше; після 3) за; понад, вище; **~ belief** неймовірно

bi- [baɪ-] pref дво(х)-; напр.: **bicameral** двопалатний; **~annual** a дворічний; що відбувається двічі на рік; **~centenary 1.** n двохсотріччя **2.** a двохсотрічний

bias [ˊbaɪəs] **1.** n 1) упередженість (against — проти кого-н.); небезсторонність (in favour of, towards — на користь кого-н.); пристрасть 2) стат. тенденційність, необ'єктивність 3) ухил, схил, похилість 4) скісна лінія на тканині **2.** v схиляти; справляти вплив (зазв. поганий); налаштовувати; **~(s)ed** a небезсторонній, упереджений, тенденційний

bib I [bɪb] n дитячий нагрудник
bib II [bɪb] v пити, тягти
bibb [bɪb] n 1) засув, замок; затичка, чіп, грант; **~er** [ˊbɪbə] n п'яниця, п'яничка, пияк
bibelot [ˊbɪb(ə)ləʊ] n фр. 1) брелок, дрібничка 2) міні-книга
biblic(al) [ˊbɪblɪk(əl)] a біблійний
bibulous [ˊbɪbjʊləs] a 1) що усмоктує (вологу) 2) який піячить; п'яний
bice [baɪs] n блідо-сіра фарба, блідо-сірий колір
bicentenary [baɪsenˊtiːnərɪ] **1.** a двохсотлітній **2.** n двохсотліття
bicker [ˊbɪkə] n **1.** 1) суперечка; сварка 2) сутичка, бійка 3) дзюрчання 4) блимання, мигтіння (вогню) **2.** v 1) сперечатися, сваритися 2) битися 3) дзюркотіти (про воду) 4) дріботіти (про дощ) 5) блимати, миготіти (про полум'я)
bicycl‖e [ˊbaɪsɪk(ə)l] **1.** n велосипед **2.** v їздити велосипедом; **~ing** n їзда велосипедом; **~ist** n велосипедист
bid [bɪd] **1.** n 1) пропонування ціни (на аукціоні); заявка (на торгах) 2) пропонована ціна 3) продаж із торгів 4) пропозиція **2.** v (bad(e), bid, bad; bidden; bid) 1) пропонувати ціну (на аукціоні; for) 2) брати участь (у торгах) 3) добиватися, домагатися (чого-н.) 4) оголошувати, заявляти 5) запрошувати (гостей); **~dable** a 1) слухняний 2) сильний (про карти)
biennial [baɪˊenjəl] a дворічний
bifid [ˊbaɪfɪd] a роздвоєний; розщеплений навпіл
bifurcat‖e [baɪˊfɜːkɪt] a роздвоєний **2.** v [ˊbaɪfəkeɪt] роздвоювати(ся), розгалужувати(ся); **~ion** [ˌbaɪfɜːˊkeɪʃ(ə)n] n роздвоєння, розгалуження

big [bɪɡ] a 1) великий 2) високий 3) широкий 4) гучний, сильний 5) важливий, значний 6) повний; сповнений 7) дорослий 8) часто ірон. благородний, великодушний 9) вагітна (тж ~ with child)
bigamous [ˊbɪɡəməs] a що має двох дружин (чоловіків) одночасно, двошлюбний
big-headed [ˌbɪɡˊhedɪd] a бундючний, пихатий, гордовитий, самозакоханий
bighearted [ˌbɪɡˊhɑːtɪd] a 1) добрий; щедрий; великодушний 2) натхненний, сповнений ентузіазму
bigness [ˊbɪɡnɪs] n 1) величина, висота; широчінь; височінь 2) бундючність, пихатість 3) велич
bigot [ˊbɪɡət] n сліпий прихильник; бузувір; фанатик; **~ed** a 1) фанатичний 2) нетерпимий; непримиренний; **~ry** n сліпа прихильність (до чого-н.); фанатизм
bijou [ˊbiːʒuː] фр. **1.** n (pl -x [ˊbiːʒuːz]) дрібничка, прикраса; коштовність **2.** a маленький і гарний; мініатюрний; майстерний; **~terie** n фр. 1) коштовності; дрібнички 2) підроблені коштовності, біжутерія
bilateral [baɪˊlæt(ə)rəl] a двосторонній; білатеральний
bilberry [ˊbɪlb(ə)rɪ] n бот. чорниці
bilbo [ˊbɪlbəʊ] n (bilboes) pl ножні кайдани
bile [baɪl] n 1) жовч 2) дражливість; жовчність
bilge [bɪldʒ] **1.** n днище (судна) **2.** v пробити днище (судна)
bilingual [baɪˊlɪŋwəl] a 1) двомовний 2) який володіє двома мовами; білінгвістичний
bilk [bɪlk] v 1) обдурювати, обманювати 2) ухилятися від сплати (боргу й под.) 3) уникати, вислизати; **~er** n злодій, крутій, пройдисвіт; шахрай
bill I [bɪl] **1.** n 1) дзьоб 2) вузький мис 3) козирок (кашкета) **2.** v 1) упадати (коло кого-н.), пеститися (особ. to ~ and coo)
bill II [bɪl] **1.** n 1) законопроект, білль 2) рахунок 3) вексель, тратта 4) список; інвентар; посвідчення 5) програма (концерту й под.) 6) афіша; реклама 7) юр. позов 8) документ із печаткою 9) скарга, прохання **2.** v 1) оголошувати в афішах 2) розклеювати афіші 3) виписувати накладну (to, for) 4) міститися в законопроекті 5) обвинувачувати 6) подавати скаргу; **~board** n 1) амер. рекламний щит 2) тел. анонс; **~poster** n 1) розклеювач афіш 2) афіша, плакат
billet I [ˊbɪlɪt] **1.** n 1) приміщення для постою 2) посада 3) перепустка **2.** v війс. розквартировувати, розміщувати (війська)

billet II [ˈbɪlɪt] *n* поліно, колода; плашка, товста палиця
billet-doux [ˌbɪleɪˈduː] *n* (*pl* billets-doux [ˌbɪleɪˈduːz]) любовний лист
billiard [ˈbɪljəd] *a* більярдний; **b. ball** *n* більярдна куля; **~s** *n pl* більярд
billingsgate [ˈbɪlɪŋzgeɪt] *n* брутальна лайка
billion [ˈbɪljən] *n* 1) *англ.* більйон 2) (*у США, Франції*) мільярд; **~aire** *n* мільярдер
billon [ˈbɪlən] *n* білон, низькопробне золото (срібло)
billow [ˈbɪləʊ] *n* 1) велика хвиля, вал 2) лавина
bin [bɪn] *n* 1) комора, кіш; бункер 2) ящик, скриня 3) резервуар 4) відро для сміття **2.** *v* зберігати в коморах (кошах *і под.*)
binary [ˈbaɪnərɪ] *a* подвійний, здвоєний; бінарний
bind [baɪnd] *v* (bound) 1) в'язати; зв'язувати 2) затримувати, обмежувати 3) обшивати, обв'язувати (*краї*) 4) затискувати 5) прив'язувати 6) оправляти, переплітати (*книгу*) 7) зобов'язувати 8) тужавити (*про сніг і под.*) 9) скріпляти 10) *мед.* закріпити шлунок; спричиняти запор
binoculars [b(a)ɪˈnɒkjʊləz] *n pl* бінокль
biograph‖er [baɪˈɒgrəfə] *n* біограф; **~ic(al)** *a* життєписний, біографічний; **~y** *n* життєпис, біографія
biolog‖ist [baɪˈɒlədʒɪst] *n* біолог; **~y** *n* біологія
bipartite [baɪˈpɑːtaɪt] *a* 1) двосторонній (*договір і под.*) 2) що має дві частини
biped [ˈbaɪped] *n* двонога (тварина); **~al** *a* двоногий
biplane [ˈbaɪpleɪn] *n ав.* біплан
birch [bɜːtʃ] **1.** *n* 1) *бот.* береза 2) різка **2.** *v* бити різкою; **~en** *a* березовий; зроблений із берези
bird [bɜːd] *n* птах; пташка; **b.-cage** *n* клітка (*для птахів*); **~er** *n* птахолов; **b. of passage** *n* перелітний птах; **b. of prey** *n* хижий птах; **b.'s-eye view** *n* 1) вид із пташиного польоту 2) загальна перспектива; **b.'s-nest** *n* пташине гніздо
birth [bɜːθ] *n* 1) пологи 2) народження 3) початок, джерело; походження; **~day** *n* день народження; **~mark** *n* родимка, родима пляма; **b.-pill** *n* протизаплідна пігулка (*тж the pill*); **~place** *n* місце народження, батьківщина
biscuit [ˈbɪskɪt] *n* 1) сухе печиво, крекер; **ship's ~** сухар 2) бісквітна (неглазурована) порцеляна 3) світло-брунатний колір
bisect [baɪˈsekt] *v* ділити навпіл
bisection [baɪˈsekʃ(ə)n] *n* ділення навпіл
bisexual [baɪˈsekʃʊəl] *a біол.* двостатевий

bishop [ˈbɪʃəp] *n* 1) єпископ 2) *шах.* слон
bison [ˈbaɪs(ə)n] *n зоол.* бізон, зубр американський
bisque [bɪsk] *n* фора (*у грі*)
bissextile [bɪˈsekstaɪl] **1.** *n* високосний рік **2.** *a* високосний
bit I [bɪt] *n* 1) шматок; частка 2) невелика кількість 3) дрібна монета
bit II [bɪt] *past i p. p. від* **bite 2**
bit III [bɪt] *n обч.* біт; двійкова одиниця інформації
bitch [bɪtʃ] *n* 1) сука 2) самиця тварини
bit‖e [baɪt] **1.** *n* 1) укус 2) рана (слід) від укусу 3) шматок (*їжі*) 4) сніданок, легка закуска 5) гострий біль 6) клювання (*про рибу*) 7) шпилька, ущипливість **2.** *v* (bit; bit, bitten) 1) кусати(ся); жалити 2) клювати (*про рибу*) 3) колоти, рубати (*шаблею*) 4) завдавати болю 5) пекти (*про перець і под.*) 6) говорити уїдливо, шпигати (*словами*) 7) щипати, кусати (*про мороз*); **~er** *n* той, що кусається 8) кусюча тварина; **~ing** *a* 1) гострий, їдкий 2) уїдливий, ущипливий, різкий 3) уразливий, пронизливий
bitten [bɪtn] *p. p. від* **bite 2**
bitter [ˈbɪtə] **1.** *a* 1) гіркий 2) гіркий, болісний, нестерпний 3) різкий (*вираз*); їдкий (*докір*) 4) різкий, сильний (*вітер*) 5) лютий, злий; запеклий **2.** *adv* 1) гірко 2) різко, жорстоко 3) *ужив. для підсилення прикм.* дуже, страшенно **3.** *v* 1) робити гірким 2) гірчити
bitter-ender [ˌbɪtə(r)ˈendə] *n* 1) *розм.* безкомпромісна (принципова) людина 2) уперта людина; твердолобий
bitty [ˈbɪtɪ] *a несх.* 1) маленький 2) розрізнений; різномастий 3) незв'язний; неорганічний (*про художній образ і под.*)
bitum‖en [ˈbɪtjəmɪn] *n* бітум; асфальт; **~inous** [bɪˈtjuːmɪnəs] *a* бітумний
bivouac [ˈbɪvʊæk]. **1.** *n* бів(у)ак; місце розташування **2.** *v* розміщатися, стояти бів(у)аком
bizarre [bɪˈzɑː(r)] *a* 1) чудний, дивний, химерний 2) ексцентричний
blabber [ˈblæbə] **1.** *n* 1) базікання, балаканина 2) базіка, пліткар **2.** *v* 1) базікати, теревенити 2) виказувати (*секрет і под.*)
black [blæk] **1.** *n* 1) чорний колір, чорнота 2) чорна фарба 3) чорношкірий 4) чорна пляма 5) сукня чорного кольору; жалобна сукня **2.** *a* 1) чорний 2) темний 3) темношкірий; смуглявий 4) похмурий; безнадійний 5) сердитий, злий 6) дурний 7) зловісний 8) страшенний, запеклий **3.** *v* 1) фарбувати в чорний колір 2) ваксувати; чистити ваксою; **~berry** *n бот.* ожина; **~board** *n* класна дошка; **b.-currant** *n бот.* смородина; **b. earth** *n* чорнозем; **~guard 1.** *n* падлюка, негідник,

мерзотник 2. *а* мерзотний 3. *v* 1) лаятися, лихословити 2) підло поводитися; **~guardism** *n* 1) підла поведінка 2) лихослів'я; лайка; **~jack** *n* 1) глечик для пива 2) піратський прапор; **~leg** *n* 1) штрейкбрехер 2) шулер, крутій; **b.-list** 1. *n* чорний список 2. *v* вносити до чорного списку; **~mail** 1. *n* шантаж; здирництво, вимагання 2. *v* шантажувати; вимагати гроші; **~mailer** *n* шантажист; здирник; вимагач; **~ness** *n* 1) чорнота 2) темрява 3) похмурість; **~smith** *n* коваль; **b. spot** *n* небезпечне місце на дорозі

blade [bleɪd] *n* 1) лезо 2) клинок 3) лопать (*весла, ґвинта*) 4) фехтувальник 5) довгий, вузький листок; бадилина 6) крило (*вентилятора, семафора*)

blague [blɑːg] *n фр.* 1) дурниці, базікання 2) хвастощі, замилювання очей

blain [bleɪn] *n мед.* нарив, чиряк

blame [bleɪm] 1. *n* 1) догана; докір 2) відповідальність; провина 2. *v* 1) звинувачувати; уважати винним 2) ганити, гудити; **~ess** *a* бездоганний

blanch [blɑːntʃ] *v* 1) білити, відбілювати 2) полотніти, бліднути (*від страху й под.*)

bland [blænd] *a* 1) увічливий, ласкавий, лагідний 2) улесливий 3) м'який (*тж про клімат*) 4) слабкий, заспокійливий (*про ліки*); **~ish** *v* 1) задобрювати, благати, умовляти 2) лестити; **~ly** *adv* увічливо, ласкаво, м'яко

blank [blæŋk] 1. *n* 1) пусте (вільне) місце (*у книзі й под.*) 2) бланк 3) прогалина, пропуск; пробіл 4) порожнеча (*душевна*); спустошеність 5) тире (*замість пропущеного слова*) 2. *a* 1) чистий, несписаний (*про папір*), незаповнений (*про бланк і под.*) 2) незабудований (*про місце*) 3) беззмістовний 4) здивований, зніяковілий; збентежений, спантеличений 5) абсолютний, повний, цілковитий 6) суцільний; **~ wall** глуха стіна *v* 1) закривати, прикривати, загороджувати 2) спантеличувати, заганяти в безвихідь (*у глухий кут*); **~ly** *adv* 1) байдуже; невиразно 2) безпорадно 3) прямо, рішуче 4) надзвичайно; вельми, цілком; украй

blanket [ˈblæŋkɪt] 1. *n* вовняна ковдра 2. *v* 1) покривати ковдрою 2) зам'яти (*скандал, питання*)

blare [bleə] 1. *n* 1) звук сурми 2) рев, ревіння; різкий, неприємний звук (*радіо та под.*) 3) яскраве світло; сліпучий блиск 2. *v* 1) сурмити 2) волати, галасувати, репетувати (*про радіо та под.*) 3) яскраво світитися; засліплювати очі 4) ревіти, ревти

blarney [ˈblɑːnɪ] 1. *n* лестощі 2. *v* лестити

blaspheme [blæsˈfiːm] *v* 1) паплюжити, ганьбити 2) блюзнити

blast [blɑːst] 1. *n* 1) сильний порив вітру 2) струмінь повітря 3) вибух 4) звук (*духового інструмента*) 5) вибухова хвиля 6) шкідник, хвороба (*рослин*) 2. *v* 1) підривати; висаджувати в повітря 2) шкодити, псувати (*рослини й под.*) 3) руйнувати (*плани, надії*) 4) знищувати; дискредитувати 5) лаяти, проклинати 6) грати на сурмі 7) оголошувати, проголошувати; **~ing** 1. *n* 1) псування, загибель 2) підривні роботи 2. *а* 1) згубний 2) вибуховий, підривний; **b.-off** *n* зліт (*ракети*); старт (*космічного корабля*)

blatan‖**cy** [ˈbleɪt(ə)nsɪ] *n* 1) галасливість, крикливість 2) очевидність 3) зухвалість; **~t** *a* 1) жахливий, кричущий 2) вульгарний 3) очевидний, явний

blaze I [bleɪz] 1. *n* 1) полум'я, яскравий вогонь 2) яскраве світло 3) спалах (*пристрастій под.*) 4) пожежа 5) блиск, сяяння; пишнота 2. *v* 1) горіти (палати) яскравим полум'ям; палахкотіти 2) сяяти, виблискувати 3) кипіти, шаленіти

blaze II [bleɪz] 1. *n* зарубка (*на дереві*) 2. *v* робити зарубки (*на чому-н.*)

blaze III [bleɪz] *v* розголошувати (*часто* ~ abroad)

blazer [ˈbleɪzə] *n* блейзер, клубний піджак

blazon [ˈbleɪz(ə)n] *n* 1) герб; емблема 2) прославляння; проголошення 2) виставляння напоказ; **~ry** *n* 1) геральдика 2) розкішність, блиск; артистичний показ

bleak I [bliːk] *a* 1) відкритий, незахищений від вітру 2) холодний; суворий (*про клімат*) 3) позбавлений рослинності 4) смутний; похмурий (*про вираз обличчя*) 5) безбарвний, блідий

bleak II [bliːk] *n іхт.* верховодка

blear‖**y** [ˈblɪ(ə)rɪ] *a* 1) затуманений (*зір, особ. від утоми*) 2) неясний, невиразний; **b.-eyed** *a* 1) із затуманеними очима 2) непроникливий, недалекоглядний 3) тупуватий

bleat [bliːt] 1. *n* бекання; мукання (*про тварин*) 2. *v* 1) бекати; мукати 2) говорити дурниці; базікати 3) нити, скиглити, жалітися

bleb [bleb] *n* 1) пухир 2) бульбашка повітря (*у воді, склі*)

bleed [bliːd] *v* (bled) 1) кровоточити; стікати кров'ю 2) пускати кров 3) вимагати гроші 4) піддаватися шантажу 5) проливати кров 6) продувати, спускати (*воду*); спорожнювати 7) линяти (*про матерію*); **~ing** 1. *n* 1) кровотеча 2) кровопускання 2. *а* 1) що обливається (стікає) кров'ю 2) знекровлений, знесилений 3) сповнений жалощів (співчуття)

bled [bled] *past і p. p. від* **bleed**

blemish [ˈblemɪʃ] 1. *n* 1) недолік, вада, хиба 2) пляма, шрам *і под.* 3) ганьба, неслава 2. *v* 1) псувати, шкодити 2) плямувати; ганьбити

blench I [blentʃ] v 1) ухилятися; відступати (перед чим-н.) 2) закривати (очі на що-н.)
blench II [blentʃ] v білити, відбілювати
blend [blend] **1.** n 1) суміш 2) перехід одного кольору (відтінку) в інший **2.** v (blended, blent) 1) змішуватися; виготовляти суміш 2) поєднуватися, гармоніювати 3) стиратися (про відмінності); **~er** n змішувач, міксер
bless [bles] v (blessed [-st], blest) 1) благословляти 2) славословити 3) робити щасливим, ощасливлювати 4) евф. проклинати; **~ed** a [ˈblesɪd] 1) щасливий, блаженний 2) евф. проклятий; **~ing** n 1) благословення 2) добро, доброчинність 3) блаженство, щастя 4) молитва
blether [ˈbleðə] **1.** n базікання, верзіння **2.** v молоти дурниці, патякати; торохтіти
blew [bluː] past від **blow 2**
blind [blaɪnd] **1.** n 1) (the ~) pl збір. сліпі 2) штора; жалюзі (тж Venetian ~); віконниця 3) привід, відмовка; виверт 4) опт. діафрагма, бленда **2.** a 1) сліпий 2) неясний, незрозумілий 3) який діє наосліп (нерозважливо) 4) неперевірений, необґрунтований знаннями (фактами) 5) глухий, суцільний (мур і под.) **3.** v 1) засліплювати; сліпити 2) затемнювати, затьмарювати 3) опт. діафрагмувати; **b. alley 1.** n 1) глухий кут 2) перен. безвихідь **2.** a 1) безперспективний 2) безвихідний; **~ers** n pl шори; **~fold** a 1) із зав'язаними очима 2) який діє наосліп; нерозсудливий; **~ly** adv 1) сліпо, нерозсудливо 2) машинально; **~ness** n 1) сліпота 2) засліплення; нерозважливість, нерозсудливість
blink [blɪŋk] **1.** n 1) мерехтіння, миготіння 2) мить; **in a ~** миттєво, в одну мить 3) швидкий погляд **2.** v 1) моргати 2) щулитися 3) мерехтіти, миготіти 4) дивитися, поглядати 5) закривати очі (at — на що-н.) 6) ігнорувати, уникати;
bliss [blɪs] n блаженство, щастя; **~ful** a блаженний, щасливий
blister [ˈblɪstə] n **1.** пухир **2.** мед. витяжний пластир
blizzard [ˈblɪzəd] n снігова буря, буран; хуртовина, заметіль, віхола
bloat I [bləʊt] v 1) роздуватися, пухнути (зазв. ~ out) 2) надувати, роздувати; **~ed** a 1) жирний, обрезклий 2) роздутий, надмірний 3) пихатий, бундючний; гордовитий
bloat II [bləʊt] v коптити (рибу); **~ed** a копчений; **~er** n копчена риба
bloc [blɒk] n блок, об'єднання
block [blɒk] **1.** n 1) колода 2) (кам'яна) брила; блок (для будови) 3) квартал (міста); житловий масив 4) міський майдан 5) перешкода; запір (вуличного руху) 6) обструкція (у пар-

ламенті) 7) блокнот 8) мед. блокада 9) група однорідних предметів **2.** v 1) перепиняти; затримувати; блокувати (зазв. ~ up) 2) перешкоджати, створювати перешкоди; **~ade** [-ˈkeɪd] **1.** n блокада **2.** v 1) блокувати 2) заважати, перешкоджати; **~age** n 1) загородження; перешкода 2) блокування; **~ed** a фін. заморожений; блокований; **b.-letter** [ˈblɒkˌletə] n 1) велика друкована буква 2) гротесковий шрифт
blond(e) [blɒnd] **1.** n блондин, -ка **2.** a білявий, світлий
blood [blʌd] n 1) кров 2) убивство, кровопролиття 3) темперамент, пристрасність; стан, настрій 4) рід, походження 5) високе походження; родовитість 6) сік (плодів, рослин) **2.** v 1) пускати кров 2) привчати (кого-н. до чого-н.); **b.-bath** n різанина, бійня; масове вбивство; **b.-brother** n 1) рідний брат 2) побратим; **b.-curdling** a жахливий; страхітливий; **b. feud** n родова ворожнеча; кровна помста; **b.-group** n мед. група крові; **-line** n 1) рід, родовід 2) родина (тварин і рослин); **b.-poisoning** n сепсис, зараження крові; **b.-pressure** n кров'яний тиск; **~shot** [ˈblʌdʃɒt] a налитий кров'ю, запалений (про очі); **b.-test** [ˈblʌdtest] n 1) аналіз крові, дослідження крові 2) визначення групи крові; **~y-minded** a 1) жорстокий; кровожерний 2) спотворений
bloom [bluːm] **1.** n 1) цвіт, цвітіння 2) квітка 3) розквіт 4) рум'янець **2.** v квітнути; розквітати; **~ing** a квітучий
blossom [ˈblɒsəm] **1.** n 1) цвіт, цвітіння 2) розквіт **2.** v 1) квітнути; розпускатися; розквітати 2) досягати успіхів (зазв. ~ forth, ~ out)
blot [blɒt] **1.** n 1) пляма 2) (чорнильна) пляма, ляпка; виправлення 3) пляма (на репутації); ганьба, безчестя 4) уразливе, слабке місце **2.** v 1) забризкувати чорнилом, бруднити 2) забруднитися 3) промокати (вимочкою) 4) плямувати; безчестити
blotch [blɒtʃ] n прищ, вугор
blow [bləʊ] **1.** n удар **2.** v (blew, blown) дути, віяти
blowup [ˈbləʊʌp] n вибух
blowy [ˈbləʊɪ] a вітряний (про погоду)
blowzy [ˈblaʊzɪ] a 1) товстий і червонощокий 2) розкуйовджений, неохайний
blubber [ˈblʌbə] n 1) ворвань 2) зоол. медуза 3) плач, ревіння
blue [bluː] **1.** n 1) синій колір 2) синя (блакитна) фарба, синька 3) синій одяг (строй) 4) (the ~) море; океан 5) (the ~) небо **2.** a 1) блакитний; лазуровий; синій 2) зляканий; засмучений, пригнічений 3) вірний, постійний 4) консервативний; що стосується партії торі **3.** v фар-

бувати в синій колір; підсинювати (*білизну*); **b.-berry** *n бот.* чорниці; брусниці; лохина; **b.-fish** *n іхт.* блакитна риба; **~print** *v* робити копію, планувати **b.-ribbon** [ˌbluːˈrɪbən] *n* 1) відзнака 2) орденська стрічка

blues [bluːz] *n муз.* блюз

bluff I [blʌf] **1.** *n* урвисько, стрімчак, бескид **2.** *a* 1) прямовисний, стрімкий, крутий (*берег*); урвистий 2) різкий, прямий; грубувато-добродушний; **~y** *a* 1) різкий, прямий; грубувато-добродушний 2) прямовисний, крутий; крутосхилий

bluff II [blʌf] **1.** *n* 1) обман, блеф 2) обманщик **2.** *v* 1) обманювати 2) *карт.* блефувати

blunder [ˈblʌndə] **1.** *n* 1) груба помилка; похибка 2) прорахунок 3) збентеження **2.** *v* 1) грубо помилятися 2) погано справлятися (*з чим-н.*); зіпсувати 3) рухатися навпомацки; іти наосліп; спотикатися (about, along, against, into); **~ing** *a* 1) несприятний, незугарний 2) помилковий

blunt [blʌnt] **1.** *a* 1) тупий 2) нетямущий, тупуватий 3) грубуватий; різкий, прямий **2.** *v* притупляти(ся), затупляти(ся)

blurb [blɜːb] *n* видавниче рекламне оголошення; реклама

blurt [blɜːt] *v* бовкнути, прохопитися (*зазв.* ~ out)

blush [blʌʃ] **1.** *n* 1) рум'янець сорому, ніяковості 2) рожевий відтінок **2.** *v* червоніти, зашарітися, запашіти (*від ніяковіння, сорому*); **~ful** *a* 1) сором'язливий; соромливий 2) рум'яний, червоний 3) рожевий

bluster [ˈblʌstə] **1.** *n* 1) шум, марні (пусті) погрози, хвальбуватість 2) ревіння бурі **2.** *v* 1) шуміти, нахвалятися, погрожувати (at) 2) бушувати; ревіти (*про бурю*) 3) хвастати, хвалитися; **~er** *n* 1) задерикувата людина; шибеник 2) хвалько, базікало; **~ous, ~y** *a* 1) бурхливий, буйний 2) гамірливий, хвастливий 3) задерикуватий

boa [ˈbəʊə] *n зоол.* удав, пітон 2) боа, горжетка

boar [bɔː] *n зоол.* хряк

board I [bɔːd] **1.** *n* 1) дошка 2) харчування, їжа, харчі 3) полиця 4) *pl* кін. сцена 5) борт (*судна*) **2.** *v* 1) настилати підлогу; обшивати дошками 2) харчуватися (with — у *кого-н.*) 3) надавати харчування (повний пансіон) 4) сісти на корабель; **~ing house** *n* пансіон; мебльовані кімнати з харчуванням; **~ing school** *n* 1) пансіон, закритий навчальний заклад 2) школа-інтернат

board II [bɔːd] *n* правління; рада; колегія; департамент; міністерство

boast [bəʊst] **1.** *n* 1) хвастощі; похвальба 2) предмет гордощів **2.** *v* 1) (of, about) хвалитися, хвастати 2) пишатися; **~ful** *a* хвастливий, хвастовитий

boat [bəʊt] **1.** *n* 1) човен; шлюпка 2) корабель; судно 3) підводний човен **2.** *v* 1) кататися на човні 2) перевозити в човні; **~er** *n* 1) човняр на каналі 2) весляр 3) канотьє; **~ing** *n* човнярський спорт; веслування; **~man** *n* човняр; **b. race** *n спорт.* змагання з веслування; **b.-tailed** *a* обтічної форми, обтічний

bob [bɒb] **1.** *n* 1) коротка стрижка (*у жінок*) 2) маятник; балансир 3) хвіст (*паперового змія*) 4) поплавець 5) приспів, рефрен 6) завиток (*волосся*); кучер 7) кулястий предмет, помпон (*на шапочці*) 8) різкий рух, поштовх 9) присідання, кніксен **2.** *v* 1) хитатися, гойдатися 2) підскакувати, підстрибувати (*тж* ~ up and down) 3) танцювати 4) стукати(ся) 5) незграбно присідати 6) коротко стригтися (*про жінку*); **~bery** *n* шум, гамір, галас

bode [bəʊd] *v* 1) передвіщати; обіцяти 2) передчувати 3) передбачати; **~ful** *a* грізний, зловісний; що провіщає нещастя

bodice [ˈbɒdɪs] *n* корсаж; ліф (*сукні*)

bodily [ˈbɒdɪlɪ] **1.** *a* тілесний, фізичний **2.** *adv* особисто, власною персоною

bodkin [ˈbɒdkɪn] *n* 1) шило 2) довга шпилька для волосся

body [ˈbɒdɪ] **1.** *n* 1) тіло 2) тулуб 3) труп 4) основна частина (*чого-н.*) 5) предмет 6) корпус (*корабля*) 7) кістяк 8) *ав.* фюзеляж (*літака*) 9) стовбур (*дерева*) 10) консистенція (*рідини й под.*) 11) група людей 12) юридична особа 13) корпорація; організація 14) велика кількість (*чого-н.*); маса, сила **2.** *v* 1) надавати форми 2) утілювати, зображувати; типізувати; **b.-guard** *n* 1) особиста охорона; ескорт 2) особистий охоронець

bog [bɒɡ] **1.** *n* болото, трясовина **2.** *v:* **to be** (*або* to get) **~ged down** загрузнути; **b.-berry** [ˈbɒɡˌb(ə)rɪ] *n бот.* журавлина; **~gy** *a* 1) болотистий 2) пухкий, ніздрюватий

bogus [ˈbəʊɡəs] *a* підроблений, фіктивний, фальшивий

bogy [ˈbəʊɡɪ] *n* 1) домовик, привид; примара 2) опудало, жупел

Bohemian [bəʊˈhiːmɪən] **1.** *n* 1) богемець 2) циган 3) (b.) представник богеми **2.** *a* 1) богемський 2) циганський 3) (b.) богемний

boil I [bɔɪl] **1.** *n* 1) кипіння, точка кипіння 2) перен. хвилювання; шаленість **2.** *v* 1) кип'ятити(ся), варити(ся) 2) кипіти; вирувати 3) сердитися, гніватися; **~ed** *a* варений, кип'ячений

boil II [bɔɪl] *n мед.* фурункул, нарив

boisterous [ˈbɔɪst(ə)rəs] *a* 1) галасливий, гамірливий; гучний; бурхливий 2) шалений, несамовитий, нестямний

bold [bəʊld] *a* 1) сміливий, відважний 2) нахабний, зухвалий 3) самопевнений 4) чіткий, виразний; рельєфний 5) сильний, потужний 6) крутий, стрімкий (*про берег*); **b.-faced** *a* нахабний, безсоромний, зухвалий; **~ly** *adv* 1) сміливо 2) нахабно 3) самопевнено 4) чітко, виразно 5) круто, стрімко

bole [bəʊl] *n* 1) стовбур; штамб; пень 2) тіло циліндричної форми

bolide [ˈbəʊl(a)ɪd] *n астр.* болід

bolster [ˈbəʊlstə] **1.** *n* 1) валик (*під подушку*) 2) вага 3) буфер **2.** *v* 1) підтримувати; зміцнювати, посилювати (*тж* ~ up) 2) сприяти 3) підбурювати

bolt [bəʊlt] **1.** *n* 1) засув; засувка; шворінь; язик (*замка*) 2) удар грому 3) блискавка 4) утеча **2.** *v* 1) зачиняти на засув 2) летіти стрілою, тікати; утікати 3) понести (*про коней*) **3.** *adv* ~ **upright** прямо; як стріла; **~er** *n* 1) норовистий кінь 2) утікач 3) *амер.* перебіжчик, ренегат, відступник 4) сито, решето

bolus [ˈbəʊləs] *n* 1) кулька 2) велика пігулка

bomb [bɒm] **1.** *n* 1) бомба; міна (*мінометна*), ручна ґраната 2) балон (*для скрапленого газу й под.*) 3) контейнер для радіоактивних матеріалів **2.** *v* 1) бомбувати 2) (*зазв. амер.*) провалитися (*про виставу й под.*) 3) закидати ручними ґранатами 4) рухатися (йти) дуже швидко; **b.-shell** *n* 1) неймовірна новина; несподівана неприємність 2) бомба 3) ґраната

bombast [ˈbɒmbæst] *n* пихатість, бундючність

bona fide [ˌbəʊnəˈfaɪdɪ] **1.** *a* 1) добросовісний; чесний 2) справжній **2.** *adv* добросовісно

bonanza [bəˈ(ʊ)nænzə] **1.** *n* 1) процвітання; (раптова) удача 2) прибуткове підприємство 3) велика крамниця 4) добрий урожай **2.** *a* процвітаючий

bonbon [ˈbɒnbɒn] *n* цукерка

bond [bɒnd] **1.** *n* 1) зв'язок, узи 2) *pl* кайдани; *перен.* ув'язнення 3) *pl фін.* облігації, бони 4) стримуюча сила 5) боргове зобов'язання 6) застава 7) кріпак **2.** *v* 1) зв'язувати 2) заставляти майно 3) підписувати боргове зобов'язання 4) *фін.* випускати облігації (бони); **~age** *n* 1) рабство; кріпацтво 2) залежність, кабала

bone [bəʊn] *n* 1) кістка 2) *pl* кістяк 3) *pl* (гральні) кості; гра в кості 4) *pl* кастаньєти 5) *pl* останки, прах 6) *pl* задоволення; **~less** *a* 1) безкостий 2) *перен.* безхребетний, безхарактерний; **~setter** *n* костоправ

bonfire [ˈbɒnˌfaɪə] *n* багаття

bonhomie [ˈbɒnəmɪ] *n фр.* дружелюбність, амікошонство

bonnet [ˈbɒnɪt] **1.** *n* 1) жіночий капелюшок (*без крисів*); капор 2) дитячий чепчик 3) чоловіча шотландська шапочка, берет **2.** *v* 1) надівати капелюх 2) насунути (*кому-н.*) капелюх на очі 3) гасити (*вогонь*)

bonny [ˈbɒnɪ] *a* гарний, вродливий (*про дівчину*)

bonus [ˈbəʊnəs] *n* бонус, премія

bony [ˈbəʊnɪ] *a* 1) кістковий; кістяний 2) костистий, кістлявий, кощавий 3) сухорлявий, худорлявий 6) телефонна книга **2.** *v* 1) замовляти заздалегідь, брати квиток (*на потяг і под.*) 2) уписувати до книги, реєструвати 3) домовлятися; **~binder** *n* палітурник; **~case** *n* книжкова шафа (полиця); етажерка; **~ed** *a* 1) зареєстрований 2) замовлений 3) установлений, регулярний 4) обвинувачуваний у правопорушенні; **~ing-office** *n* 1) квиткова каса 2) контора (*готелю*); **~ish** *a* 1) учений 2) книжний 3) відірваний від життя 4) педантичний 5) літературний; **b.-keeper** *n* бухгалтер; **b.-keeping** бухгалтерія; **~let** *n* брошура, буклет; **b.-mark(er)** *n* закладка (*у книзі*); **b.-plate** *n* екслібрис; **~seller** *n* продавець книг; **secondhand ~seller** букініст; **~selling** *n* книжкова торгівля

boo [buː] *int* ху!, у-у!, тьху! (*вигуки несхвалення й под.*)

boob [buːb] *n* прикра помилка; **~y trap** *n* пастка

book [bʊk] **1.** *n* 1) книга 2) (the B.) Біблія 3) том, книга, частина, розділ 4) лібрето; сценарій 5) збірник

boom [buːm] **1.** *n* 1) бум, різкий підйом (пожвавлення) ділової активності 2) галас, гучна реклама; ажіотаж 3) гул; гуркіт 4) дзижчання, гудіння **2.** *v* 1) робити шум, сенсацію; ставати відомим 2) швидко зростати (*про ціну й под.*) 3) рекламувати, створювати галас (*навколо людини й под.*) 4) гудіти; гуркотіти; гриміти 5) дзижчати, гудіти

boomerang [ˈbuːməræŋ] *n* бумеранґ

boon I [buːn] *n* 1) добро, добродійність; дар 2) перевага, зручність 3) благання, прохання

boon II [buːn] *a* 1) доброзичливий, приємний, веселий 2) щедрий (*про природу*) 3) добродійний 4) сприятливий (*про клімат і под.*)

boorish [ˈbʊ(ə)rɪʃ] *a* невихований, грубий, брутальний

boot [buːt] **1.** *n* 1) черевик; **high** (*або* riding) ~ чобіт 2) *pl спорт.* бутси 3) відділення для багажу 4) *бот.* оболонка (*качана кукурудзи*) **2.** *v* 1) узувати черевики 2) ударити чоботом (ногою) 3) допомагати, бути вигідним; **~less** *a* марний, даремний; марне зусилля; **~y** *n* 1) трофеї 2) награбоване добро, здобич

boracic acid [bəˈræsɪkˈæsɪd] *n хім.* борна кислота

border [´bɔ:də] **1.** *n* 1) кордон 2) межа 3) облямівка, бордюр 4) *архіт.* фриз **2.** *v* 1) межувати (on, upon — з *чим-н.*) 2) обшивати, облямовувати; **~land** *n* 1) прикордонна область (смуга, зона) 2) проміжна галузь (*у науці*)

bore I [bɔ:]. *n* 1) висвердлений отвір, дірка 2) нудне заняття 3) нудна людина 4) нудьга, нудота **2.** *v* 1) свердлити; розточувати 2) бурити 3) протискуватися 4) набридати, надокучати; **~dom** *n* нудьга, нудота

bore II [bɔ:] *past від* **bear II**

born [bɔ:n] *a* природжений; *v. див.* **bear II**

borough [´bʌrə] *n* містечко; селище міського типу

borrow [´bɒrəʊ] *v* 1) позичати, брати на певний час (of, from— *у кого-н.*) 2) брати в борг; **~ing** *n* 1) позичання (*у кого-н.*) 2) лінгв. запозичення

bosh [bɒʃ] *int* нісенітниця!, дурниця!

bosky [´bɒski] *a* 1) зарослий лісом (чагарником) 2) тінявий, тінистий

bossy [´bɒsi] *a* 1) опуклий 2) гулястий

bosun [´bəʊs(ə)n] *n* боцман

botany [´bɒtəni] *n* ботаніка

botcher [´bɒtʃə] *n* поганий працівник

botfly [´bɒtflai] *n* ент. ґедзь

both [bəʊθ] **1.** *pron indef.* обидва, обидві; і той і інший **2.** *adv, cj*: **~ ... and...** не тільки.., а (але) й; як..., так і; і...і

bother [´bɒðə] **1.** *n* 1) хвилювання, клопіт; джерело занепокоєння 2) набридла людина **2.** *v* 1) набридати, надокучати; турбувати(ся) 2) хвилювати(ся), непокоїти(ся) (about) 3) метушитися; клопотати; **~some** *a* 1) набридливий, надокучливий 2) неспокійний; турботний

bottle [´bɒtl] **1.** *n* 1) пляшка, бутель, сулія 2) флакон; каламар 3) ріжок (*для годування немовлят*) **2.** *v* 1) зберігати у пляшках 2) розливати у пляшки (*тж* off); **b.-neck 1.** *n* 1) вузький прохід 2) запір (*на дорозі*) **2.** *v* 1) утруднювати 2) створювати запір; **b.-screw** *n* штопор

bottom [´bɒtəm] **1.** *n* 1) дно, днище 2) низ, нижня частина; кінець 3) суть, основа; підвалина, фундамент; засада 4) підводна частина корабля 5) моряк. 6) сидіння (*стільця*) 7) мор. судно 8) (*зазв. pl*) низина, долина (*річки*) 9) осад, гуща **2.** *a* 1) нижній; найнижчий; останній 2) основний **3.** *v* 1) прилаштовувати дно 2) торкатися дна; вимірювати глибину 3) дошукуватися причини, дійти суті; вникати, розуміти (*зазв. pass.*) 4) будувати, засновувати (on, upon — на)

bough [baʊ] *n* 1) сук 2) шибениця

bought [bɔ:t] *past і p. p. від* **buy**

boulevard [´bu:l(ə)vɑ:(d)] *n* 1) бульвар 2) *амер.* проспект

bounc||e [baʊns] **1.** *n* 1) стрибок; відскік 2) пружність 3) глухий, раптовий удар **2.** *v* 1) підстрибувати; відскакувати 2) хвалитися 3) умовити, примусити (*зробити що-н.*) **3.** *adv* раптом; раптово, несподівано; **~ing** *a* 1) дужий, високий; великий 2) незграбний, вайлуватий 3) хвалькуватий, хвастовитий; **~y** *a* 1) життєрадісний; енергійний, жвавий 2) пружний 3) муз. синкопований 4) завзятий, запальний

bound I [baʊnd] **1.** *n* 1) границя, межа 2) (*зазв. pl*) обмеження **2.** *v* 1) обмежувати 2) стримувати 3) межувати; бути кордоном (*див.* **bind**); **~ary** *n* 1) кордон, межа 2) *attr.* прикордонний; **~less** *a* безмежний, безкінечний, безкраїй

bound II [baʊnd] **1.** *n* 1) стрибок, скік 2) відскік (*м'яча*) **2.** *v* 1) стрибати, скакати; швидко бігти 2) відскакувати (*про м'яч і под.*)

bounty [´baʊnti] *n* 1) щедрість 2) щедрий подарунок 3) заохочувальна урядова премія

bouquet [´bukeɪ] *n* букет

bourgeois [´bʊəʒwɑ:] **1.** *n* 1) буржуа 2) *іст.* містянин **2.** *a* буржуазний

bout [baʊt] *n* 1) раз, черга; круг; що-н., виконане за один раз (за один прийом); кругообіг 2) запій 3) припадок, напад (*хвороби*) 4) *спорт.* сутичка; зустріч

bovine [´bəʊvaɪn] *a* 1) бичачий; коров'ячий 2) тупий, дурний 3) незграбний, млявий

bow I [baʊ] **1.** *n* уклін **2.** *v* 1) кланятися 2) кивати (хитати) головою 3) гнути(ся), згинати(ся) (*часто* ~ down) 4) підкорятися 5) схилятися; **b.-backed** *a* згорблений, сутулий

bow II [bəʊ] *n* 1) бант 2) лук (*зброя*); самостріл 3) дуга 4) смичок 5) веселка, райдуга; **~man** *n* стрілець (*з лука*), лучник; **~string** *n* тятива

bowdlerise [´baʊdləraɪz] *v* вилучати небажані місця (*із книги й под.*)

bowel [´baʊəl] *n* 1) мед. кишка 2) *pl* мед. кишківник; травний тракт 3) *pl* внутрішня частина (*чого-н.*)

bower [´baʊə] *n* 1) альтанка 2) дача, котедж

bowl I [bəʊl] *n* 1) миска; таз 2) кубок, чаша 3) чашка 4) чан, резервуар 5) унітаз 6) ваза (*для квітів*)

bowl II [bəʊl] **1.** *n* 1) куля 2) *pl* гра в кулі **2.** *v* 1) котити (*кулю, обруч*) 2) грати в кулі 3) котитися 4) *спорт.* подавати м'яч (*у крикеті*); кидати м'яч (*у бейсболі*)

box I [bɒks] **1.** *n* 1) коробка, ящик, скриня 2) різдвяний подарунок (*у коробці*) 3) *театр.* ложа 4) стійло **2.** *v* 1) класти в ящик (коробку, скриньку) 2) подавати (*документ*) до суду

3) ставити у стійло (*коня й под.*); **~room** *n* комора

box II [bɒks] **1.** *n* 1) удар 2) бокс **2.** *v* 1) боксувати 2) бити кулаком; **~er** *n* 1) *спорт.* боксер 2) *зоол.* боксер (*порода собак*)

boy [bɔɪ] *n* 1) хлопчик 2) хлопець; юнак 3) син 4) *мор.* юнга; **~hood** *n* 1) отроцтво 2) збір. хлопчики; **~ish** *a* 1) отрочний; пов'язаний із дитинством 2) жвавий 3) недосвідчений, непрактичний; **b. scout** *n* бойскаут

boycott [ˈbɔɪkɒt] **1.** *n* бойкот **2.** *v* бойкотувати

brace [breɪs] **1.** *n* 1) зв'язок; скоба, скріпа; підпора; розпірка 2) *pl* підтяжки **2.** *v* 1) зв'язувати, зміцнювати, підпирати, підкріпляти; обхоплювати 2) зміцнювати (*нерви*) 3) напружувати (*сили, волю й под.*); **~let** *n* браслет

bradawl [ˈbrædɔːl] *n* шило

brag [bræg] **1.** *n* хвастощі 2) хвалько **2.** *v* хвастати, хвалитися, хизуватися, чванитися; **~gart** [-gət] *a* хвастливий, хвастовитий

braid [breɪd] **1.** *n* 1) шнурок; тасьма; ґалун 2) коса (*волосся*) **2.** *v* 1) плести 2) обшивати тасьмою (*шнурком*) 3) заплітати, зав'язувати стрічкою (*волосся*)

braille [breɪl] *n* 1) шрифт Брайля (*для сліпих*) 2) система читання й писання для сліпих

brain [breɪn] **1.** *n* 1) головний мозок 2) *pl розм.* розум, глузд **2.** *v* розбити (розтрощити) голову; **b.-fag** *n* нервове виснаження, перевтомлення; **~less** *a* дурний, безмозкий; **b.-sick** *a* причинний, божевільний; **~y** *a* розумний, здібний; дотепний

braise [breɪz] **1.** *n* тушковане м'ясо **2.** *v* тушкувати (*м'ясо*)

brake [breɪk] **1.** *n* гальмо (*тж перен.*) **2.** *v* гальмувати

bramble [ˈbræmbl] *n* ожина

bran [bræn] *n* висівки, грис

branch [brɑːntʃ] **1.** *n* 1) гілка (*дерева*) 2) рукав (*річки*) 3) відріг (*гірський*) 4) відгалуження (*дороги*); рукав (*залізниці*) 5) лінія (*кревності*) 6) філія, відділення, відділок 7) галузь **2.** *v* 1) гілкуватися 2) розгалужуватися; розширятися; відходити (*зазв.* ~ out, ~ off, ~ forth); **~y** *a* 1) гіллястий 2) розгалужений

brand [brænd] **1.** *n* 1) ґатунок, сорт, якість 2) випалене тавро 3) головня; головешка 4) тавро ганьби **2.** *v* 1) випалювати тавро 2) таврувати, ганьбити 3) закарбуватися в пам'яті, залишати незабутнє враження; **~ish** *v* (погрозливо) махати, розмахувати (*мечем і под.*); **~ling** *n зоол.* дощовий черв'як; **b.-new** *a* абсолютно новий, новісінький

brandy [ˈbrændɪ] *n* коньяк, бренді

brash I [bræʃ] **1.** *n* 1) купа уламків 2) висип на шкірі **2.** *a* 1) поривчастий, рвучкий 2) нахабний, зухвалий 3) крихкий, ламкий

brash II [bræʃ] *n* 1) печія, згага 2) легкий напад нудоти 3) раптова злива

brass band [ˈbrɑːsˈbænd] *n* духовий оркестр

brassy [ˈbrɑːsɪ] *a* 1) латунний; мідний (*колір*) 2) металічний, металевий (*про звук*)

brav||ado [brəˈvɑːdəʊ] *n* (*pl* -oes, -os [-əʊz]) хвастощі, бравада, удавана хоробрість; **~e** [breɪv] **1.** *n* хоробрий, хоробра людина **2.** *a* 1) хоробрий, сміливий 2) чудовий, прекрасний 3) нарядний, ошатно вдягнений; **~ery** *n* 1) хоробрість, сміливість; мужність 2) пишнота; показна розкіш; **~o** [ˈbrɑːˈvəʊ] *int* браво!; **~ura** *n муз.* 1) бравурність 2) бравурна п'єса, бравурний пасаж

brawl [brɔːl] **1.** *n* 1) галаслива сварка; вуличний скандал 2) дзюрчання **2.** *v* 1) сваритися, галасувати, скандалити 2) дзюрчати, дзюркотіти (*про струмок*); **~er** *n* бешкетник; крикун

brawn [brɔːn] *n* 1) м'язи; мускульна сила 2) драглі 3) засолена (консервована) свинина; **~y** *a* 1) сильний, дужий; мускулястий 2) затверділий, затужавілий

bray [breɪ] **1.** *n* 1) крик віслюка 2) неприємний різкий звук **2.** *v* 1) кричати (*про віслюка*) 2) пронизливо кричати; лементувати, репетувати 3) говорити дурниці 4) товкти

brazen [ˈbreɪzn] **1.** *a* 1) мідний; бронзовий 2) безсоромний, зухвалий 3) пронизливий, різкий (*про звук і под.*); **v: to ~ it out** нахабно поводитися; викручуватися; **b.-faced** *a* нахабний, безсоромний, зухвалий

brazier I [ˈbreɪzɪə] *n* мідник

brazier II [ˈbreɪzɪə] *n* жарівня, деко

breach [briːtʃ] **1.** *n* 1) пролом, отвір; вилом 2) розрив (*стосунків*); незгода, сварка 3) порушення (*закону й под.*) 4) інтервал **2.** *v* 1) пробивати пролом, проломлювати 2) порушувати (*закон і под.*) 3) вистрибувати з води (*про кита й под.*)

bread [bred] *n* хліб; **b.-stuffs** *n pl* 1) зерно; борошно 2) хлібні вироби; **~winner** *n* 1) годувальник (*сім'ї*) 2) заняття, ремесло

breadth [bredθ] *n* 1) ширина 2) широчінь, широта (*кругозору й под.*) 3) нестриманість, вільність 4) *мист.* художнє узагальнення; **~ways** *adv* завширшки

break [breɪk] **1.** *n* 1) прорив 2) отвір; тріщина; пролом 3) перерва, пауза 4) помилка (на слові); похибка 5) розрив (*стосунків*) **2.** *v* (broke; broken) 1) ламати(ся), розбивати(ся); руйнувати(ся); рвати(ся), розривати(ся) 2) переривати (*сон і под.*) 3) порушувати (*обіцянку й под.*) 4) ослабнути 5) зламати (*опір і под.*) 6) побити (*рекорд*) 7) розривати (*стосунки*; with ~ з *ким-н.*) 8) позбавляти(ся), відучувати (of— від *звички й под.*) 9) повідомляти (*відомості й под.*) 10) дресирувати, навчати;

~fast [´brekfəst] **1.** *n* сніданок **2.** *v* 1) снідати 2) подавати сніданок; годувати сніданком; **b.-through** *n* велике досягнення, відкриття, крок уперед у якій-н. галузі; **b.-up** *n* 1) розвал; руїна; розпад 2) припинення (*занять у школі*) 3) розпуск парламенту; **~water** [´breɪkˌwɔːtə] *n* хвилелом, хвилеріз; мол

bream [briːm] *n* іхт. лящ

breast [brest] *n* 1) груди 2) грудна залоза; перса 3) совість, душа; **b.-stroke** [´breststrəʊk] *n* спорт. брас (*стиль плавання*)

breath [breθ] *n* 1) дихання; подих 2) життя 3) подув, повівання; пахощі 4) мить, момент; **~e** [´briːð] *v* 1) дихати, дихнути, перевести дух 2) жити, існувати 3) дати перепочити 4) приємно пахнути 5) дути злегка (*про вітер*); **~less** *a* 1) захеканий; задиханий 2) що затамував дихання 3) мертвий, неживий 4) безвітряний; нерухомий (*про повітря й под.*); **b.-taking** *a* захопливий, разючий, приголомшливий

bred [bred] **1.** *past i p. p. від* **breed 2** 2. *a*: **~ in the bone** уроджений

breech [´briːtʃ] *n* сідниця; зад

breeches [´briːtʃɪz] *n pl* бриджі

breed [briːd] **1.** *n* 1) порода, плем'я 2) потомство, покоління 3) сорт, рід, категорія **2.** *v* (bred) 1) розводити (*тварин*); вигодовувати 2) висиджувати (*пташенят*) 3) виховувати, навчати 4) розмножуватися; **~er** 1) той, хто розводить тварин 2) плідник (*про тварину*) 3) причина 4) джерело 5) ініціатор; **~ing** *n* 1) розведення (*тварин*) 2) розмноження 3) вихованість; уміння поводитися

breez||e [briːz] *n* 1) легкий вітерець, бриз 2) мор. вітер; **~y** *a* 1) свіжий, прохолодний (*про погоду*) 2) жвавий, веселий, безтурботний

brevity [´brevɪtɪ] *n* 1) недовговічність 2) стислість, небагатослівність

brew [bruː] **1.** *n* 1) варіння (*пива й под.*) 2) напій **2.** *v* 1) варити (*пиво й под.*) 2) готувати (*пунш*) 3) заварювати (*чай*) 4) задумувати, затівати 5) насуватися (*про грозу й под.*); **~ er** *n* бровар; **~ery** *n* броварня; **~ing** *n* 1) броварство 2) готування

brib||able [´braɪbəb(ə)l] *a* підкупний, продажний; **~e 1.** *n* хабар, підкуп **2.** *v* підкуповувати; давати хабар; **~er** *n* той, хто дає хабар; **~etaker** *n* хабарник

brick [brɪk] **1.** *n* 1) цегла 2) брусок (*мила й под.*) 3) славний хлопець, молодець **2.** *a* цегляний, цегельний; **~layer** *n* муляр

bridal [´braɪdl] **1.** *n* весільний бенкет, весілля **2.** *a* весільний

bride [braɪd] *n* наречена; молода; **~groom** *n* наречений; молодий; **~smaid** [´braɪdzmeɪd] *n* подруга, дружка (*нареченої*); **~sman** *n* боярин, дружко (*нареченого*)

bridge I [brɪdʒ] **1.** *n* 1) міст; місток, перетинка 2) перенісся **2.** *v* 1) з'єднувати мостом; наводити (будувати) міст 2) перекривати 3) долати перешкоди; виходити зі скрутного становища

bridge II [brɪdʒ] *n* бридж (*гра*)

bridle [´braɪdl] **1.** *n* 1) вуздечка, повід 2) *перен.* шори 3) перешкода **2.** *v* 1) загнуздувати 2) приборкувати, стримувати 3) обурюватися; висловлювати обурення

brief [briːf] **1.** *n* введення, резюме; підсумок **2.** *a* 1) короткий, недовгий 2) стислий; лаконічний 3) різкий, грубий (*про манери*) **3.** *v* 1) резюмувати, коротко викладати 2) докладно інформувати; **b.-case** *n* портфель

brier [´braɪə] *n бот.* шипшина; **~y** *a* колючий

brigade [brɪ´geɪd] **1.** *n* бригада; команда, загін **2.** *v* 1) формувати бригаду 2) розподіляти по групах

brigand [´brɪgənd] *n* розбійник, бандит; **~age** *n* розбій, бандитизм

bright [braɪt] **1.** *a* 1) яскравий; блискучий; світлий 2) ясний, чистий (*звук*) 3) світлий, прозорий (*про рідину*) 4) полірований 5) блискучий; розкішний 6) здібний, кмітливий, тямущий 7) жвавий, моторний 8) веселий, сповнений оптимізму **2.** *adv* яскраво; блискуче; **~en** *v* 1) прояснити(ся) 2) прикрашати 3) поліпшувати(ся) (*про перспективи й под.*)

brilliant [´brɪlɪənt] **1.** *n* діамант, брильянт **2.** *a* 1) блискучий; яскравий 2) видатний, визначний

brim [brɪm] **1.** *n* 1) край (*посудини*) 2) криси (*капелюха*) 3) поверхня води 4) берег (*річки й под.*) **2.** *v* наповнювати(ся) по вінця; **~ful** *a* повний по вінця, наповнений ущерть

brindled [´brɪndld] *a* строкатий, плямистий, смугастий

bring [brɪŋ] *v* (brought) 1) приносити 2) доправляти, доставляти; привозити 3) приводити 4) спричинювати, призводити 5) давати прибуток 6) супроводити 7) подавати (*доказ*) 8) переконувати 9) порушувати (*справу*)

brink [brɪŋk] *n* 1) край (*прірви*) 2) берег (*зазв.* стрімкий, крутий) 3) межа

briny [´braɪnɪ] *a* (дуже) солоний

brisk [brɪsk] **1.** *a* 1) жвавий; моторний, проворний 2) уривчастий, відривний (*про тон і под.*) 3) свіжий (*про вітер*) 4) шипучий (*про напій*) **2.** *v* пожвавлювати(ся) (*зазв.* ~ up)

bristle [´brɪsl] **1.** *n* щетина **2.** *v* 1) настовбурчуватися 2) наїжуватися, ставати диба 3) розсердитися; розлютитися 4) рясніти; бути багатим (with — на *що-н.*)

British [´brɪtɪʃ] **1.** *a* британський **2.** *n* британець

brittle [brɪtl] *a* тендітний, ламкий

broach [brəʊtʃ] **1.** *n* 1) рожен 2) шпиль церкви (*тж* ~ spire) **2.** *v* 1) робити прокол (отвір) 2) відкрити, починати (*бочку вина*); відкорковувати (*пляшку*) 3) оголосити; почати обговорення (*питання*)

broad [brɔːd] *a* 1) широкий 2) великий; просторий 3) широкий, вільний 4) загальний, у загальних рисах 5) головний, основний 6) виразний, очевидний, явний 7) грубий, непристойний; **~cast** *n* 1) радіомовлення; **TV ~** телебачення 2) радіопередача; радіопрограма; **~caster** *n* диктор; **~sword** *n* палаш; **~ways** *adv* ушир, уширшки, упоперек

brocade [brəˈkeɪd] *n* парча

brochure [ˈbrəʊʃ(ʊ)ə] *n* брошура

brock [brɒk] *n* зоол. борсук

broil [brɔɪl] **1.** *n* 1) жар 2) смажене м'ясо 3) запал, завзяття 4) свара, лайка; бійка **2.** *v* 1) смажити(ся) на відкритому вогні 2) сваритися; зчиняти бійку (лайку) 3) бурхливо переживати; **~er** *n* бройлер, м'ясне курча

broke [brəʊk] *past від* **break 2**

broken [ˈbrəʊk(ə)n] *p. p. від* **break 2**

broker [ˈbrəʊkə] *n* 1) маклер, комісіонер; посередник 2) брокер

brolly [ˈbrɒlɪ] *n* *ав.* парашут

bromine [ˈbrəʊmiː(ː)n] *n* *хім.* бром

bronchi [ˈbrɒŋkaɪ] *n pl анат.* бронхи; **~al** [-kɪəl] *a* бронхіальний; **~tis** [-ˈkaɪtɪs] *n мед.* бронхіт

brooch [brəʊtʃ] *n* брошка

brood [bruːd] *n* 1) рід, покоління; виводок 2) зграя; натовп; купа

broody [ˈbruːdɪ] *n* квочка

brook I [brʊk] *n* струмок

brook II [brʊk] *v* терпіти, виносити (*зазв. у негативному значенні*)

broom [bruːm] **1.** *n* 1) мітла, віник 2) *бот.* рокитник **2.** *v* мести, підмітати

broth [brɒθ] *n* суп, юшка

brother [ˈbrʌðə] *n* брат; **~hood** *n* 1) братство 2) братські (дружні) стосунки; **b.-in-law** 1) зять 2) шурин, дівер, шваґер 3) свояк 4) дівер; **~ly 1.** *a* братній, братерський **2.** *adv* по-братньому, по-братерському

brought [brɔːt] *p. p. від* **bring**

browbeat [ˈbraʊbiːt] *v* 1) залякувати, лякати 2) поводитися пихато

brown [braʊn] **1.** *n* брунатний колір **2.** *a* 1) брунатний; бурий 2) смаглявий; засмаглий 3) карий (*про очі*) 4) жвавий, моторний, спритний **3.** *v* 1) робити(ся) темним, брунатним 2) засмагати 3) підсмажувати, підрум'янювати; **~edoff** *a* невдоволений, роздратований

brownie [ˈbraʊnɪ] *n* 1) домовик 2) шоколадне тістечко з горіхами

browse [braʊz] **1.** *n* 1) молодий паросток, пагін 2) общипування молодих паростків **2.** *v* 1) об'їдати листя (молоді паростки) (on) 2) пастися (on) 3) читати; переглядати; розглядати (*товари й под.*)

bruise [bruːz] **1.** *n* синець, садно; забите (*місце*) **2.** *v* 1) набити синці; забивати(ся) 2) мчати стрімголов 3) битися навкулачки

brumal [ˈbruːməl] *a* зимовий

brumous [ˈbruːməs] *a* імлистий, туманний

brunette [bruːˈnet] *n* брюнетка

brunt [brʌnt] *n* 1) атака 2) криза

brush [brʌʃ] **1.** *n* 1) щітка 2) пензель 3) чищення щіткою 4) сутичка, зіткнення 5) легкий дотик 6) пухнастий хвіст (*особ.* лисячий) **2.** *v* 1) чистити щіткою 2) причісувати (*волосся*) 3) легко торкатися, зачіпати 4) обсаджувати чагарником; **b.-off** *n* різка відмова; неприйняття (*залицяння й под.*); **~up** *n* повторення, відновлення в пам'яті; **~wood** *n* 1) зарості, чагар 2) хмиз, вітролом

brusque [bruː(ː)sk] **1.** *a* грубий, різкий; безцеремонний **2.** *v* поводитися грубо, безцеремонно (з ким-н.)

brut‖al [ˈbruːtl] *a* 1) жорстокий, звірячий 2) безжалісний; гіркий (*про істину*); **~ality** *n* 1) грубість 2) жорстокість, звірство; **~e 1.** *n* 1) жорстока людина 2) тварина, тварюка 3) *pl* тваринні інстинкти **2.** *a* 1) нерозумний, безглуздий 2) жорстокий 3) грубий; звірячий; хтивий

bubble [ˈbʌbl] **1.** *n* 1) пузир, булька, бульбашка повітря (газу) (*у рідині*) 2) дута справа 3) булькання, булькотіння 4) хвилювання **2.** *v* 1) пузиритися; кипіти 2) бити струменем (*тж* ~ over, ~ up)

buccaneer [ˌbʌkəˈpɪə] **1.** *n* пірат **2.** *v* займатися морським розбоєм

buck [bʌk] **1.** *n* самець (*про тварину*) **2.** *v* ставати дибки; брикатися (*про коня*)

bucket [ˈbʌkɪt] **1.** *n* 1) відро; цебер 2) ківш (*землечерпалки й под.*); ґрейфер **2.** *v* 1) черпати 2) гнати коня щодуху; поспішати; мчати

buckram [ˈbʌkrəm] *n* 1) церата, клейонка 2) пихатість, бундючність, манірність, неприродність

buckshee [ˌbʌkˈʃiː] *a* вільний; безплатний

buckwheat [ˈbʌkwiːt] *n* гречка

bud [bʌd] **1.** *n* 1) брунька 2) бутон **2.** *v* давати бруньки; розпукуватися; пускати паростки

Buddhism [ˈbʊdɪz(ə)m] *n* буддизм

buddhistic [bʊˈdɪstɪk] *a* буддійський

budge [bʌdʒ] *v* (*у зап. реч.*) 1) ворушитися 2) передумати

budget [ˈbʌdʒɪt] **1.** *n* 1) бюджет; кошторис 2) запас **2.** *v* 1) передбачати в бюджеті, асигнувати (for) 2) планувати, накреслювати; **~ary** *a* бюджетний

buffalo [´bʌfələʊ] n (pl -oes [-əʊz]) буйвіл; бізон

buffet [´bʌfit] 1. n 1) удар (рукою; тж перен.) 2) буфет (для посуду) 2. v 1) завдавати ударів 2) боротися 3) протискуватися, проштовхуватися

buffoon [bə´fu:n] 1. n блазень, фігляр, буфон 2. a блазенський 3. v блазнювати, фіглярувати; **~ery** n блазенство, буфонада, фіглярство

bug [bʌg] n 1) ент. клоп 2) ент. комаха; жук 3) божевільна (причинна, недоумкувата) людина 4) ентузіаст 5) інфекційне захворювання

bugaboo [´bʌgəbu:] n опудало, страхопуд

bugler [´bju:glə] n сурмач

build [bɪld] 1. n 1) будова тіла, статура 2) конструкція; форма; стиль 2. v (built) 1) будувати, споруджувати 2) створювати 3) вити (гніздо) 4) засновувати 5) ґрунтуватися; покладати(ся) (on, upon — на що-н.); **~er** n 1) будівельник 2) підрядник 3) тесля; муляр; **~ing** n 1) будівля, будова; споруда 2) pl надвірні будівлі, служби 3) будівництво, спорудження

built [bɪlt] past i p. p. від **build** 2

bulb [bʌlb] n 1) цибулина 2) предмет, що має форму груші

Bulgarian [bʌl´gɛərɪən] 1. a болгарський 2. n 1) болгарин 2) болгарська мова

bulk [bʌlk] 1. n 1) величина, маса, об'єм; місткість 2) великі розміри; велика кількість 3) (зазв. the ~) більша частина (чого-н.) 4) тех. корпус (будівлі й под.) 5) прилавок, кіоск 6) вантаж (судна) 2. v 1) здаватися великим, важливим 2) визначати вагу 3) сипати, звалювати в купу; нагромаджувати; **~y** a 1) великий, об'ємний 2) громіздкий, незграбний

bull [bʊl] 1. n 1) зоол. бик; буйвіл 2) (B.) астр. Телець (сузір'я і знак зодіаку) 3) бірж. маклер, який грає на підвищення 2. a 1) бичачий 2) бірж. підвищуваний; що грає на підвищення; **~dog** n 1) зоол. бульдог (порода собак) 2) наполеглива, уперта людина

bullet [´bʊlɪt] n куля; **~proof** a куленепробивний

bulletin [´bʊlətɪn] 1. n бюлетень, періодичне видання (наукового товариства й под.) 2. v випускати бюлетень

bull||fight [´bʊlfaɪt] n бій биків; **~finch** n 1) орн. снігур 2) густий і високий живопліт із ровом

bullion [´bʊlɪən] n зливок золота (срібла)

bullock [´bʊlək] n віл

bully I [´bʊlɪ] 1. n 1) задирака, забіяка 2) причепа; хвалько 3) хуліган 4) сутенер 2. v 1) задирати, чіплятися 2) залякувати, страхати 3) мучити; грубо поводитися

bully II [´bʊlɪ] n м'ясні консерви (тж ~ beef)

bulwark [´bʊlwək] n 1) вал; бастіон 2) твердиня; захист 3) мол, хвилелом

bumble [´bʌmbl] v 1) затинатися, заїкатися 2) плутати; створювати плутанину 3) працювати невміло; псувати; **~bee** n ент. джміль

bump [´bʌmp] 1. n 1) зіткнення; глухий удар 2) пухлина; ґуля 3) вигин, опуклість 2. v 1) ударяти(ся) 2) штовхати, підштовхувати 3. adv раптом, раптово

bumptious [´bʌmpʃəs] a самовпевнений; пихатий, нахабний

bun [bʌn] n 1) здобна булочка з родзинками 2) жмут, вузол (волосся)

bunch [´bʌntʃ] 1. n 1) в'язка, пучок, пачка (чого-н. однорідного) 2) амер. череда, стадо 2. v 1) утворювати пучки (грона) 2) збивати(ся) в купу; **~y** a 1) опуклий 2) горбатий 3) що росте пучками (гронами)

bundle [´bʌndl] 1. n 1) пакет; згорток 2) жмут, пучок 3) клунок, торба 4) велика пачка грошей 2. v 1) зв'язувати у клунок (часто ~ up); збирати речі (перед від'їздом) 2) відсилати, спроваджувати (зазв. ~ away, ~ off, ~ out) 3) швидко піти, забратися (зазв. ~ out, ~ off)

bung [bʌŋ] 1. n затичка, чіп, утулок 2. v 1) затикати, закупорювати (зазв. ~ up) 2) підбити (око в бійці) 3) жбурляти (каміння й под.)

bungalow [´bʌŋgələʊ] n одноповерхова дача, дім із верандою, бунґало

bungle [´bʌŋgl] 1. n 1) помилка; плутанина 2) погана робота 2. v 1) працювати невміло, псувати роботу; зіпсувати справу 2) помилятися; заплутатися (у суперечці)

bunk I [bʌŋk] 1. n 1) ліжко, койка 2. v амер. 1) спати на ліжку 2) лягати спати 3) спати в наметах

bunk II [bʌŋk] 1. n утеча 2. v утекти, дременути, накивати п'ятами

bunt [bʌnt] 1. n удар (головою та под.); штурхан, стусан 2. v ударяти; штовхати; колоти (рогами)

bunting [´bʌntɪŋ] n 1) матерія для прапорів 2) збір. прапори

buoy [bɔɪ] 1. n 1) буй, бакен, буйок 2) рятувальний круг 2. v 1) ставити бакени 2) підтримувати на поверхні (зазв. ~ up) 3) піднімати на поверхню

burbot [´bɜ:bət] n іхт. минь

burden I [´bɜ:dn] 1. n 1) ноша, вага; вантаж 2) тягар 3) мор. вантажопідйомність 2. v 1) навантажувати 2) обтяжувати 3) обвинувачувати; **~some** a 1) тяжкий, обтяжливий 2) дратівний, дражливий; набридливий

burden II [´bɜ:dn] n 1) приспів, рефрен 2) тема; основна думка, суть

bureau [´bjʊərəʊ] n (pl -eaux, -eaus [-əʊz]) 1) бюро 2) відділ, управління, комітет 3) бюро, конторка, письмовий стіл; **~crat** n бюрократ; **~cratic** a бюрократичний
burg [bɜːɡ] n (середньовічне) місто, середньовічна фортеця
burglar [´bɜːɡlə] n злодій-зломщик, нічний грабіжник; **~ious** a злодійський, грабіжницький
burial [´berɪəl] n 1) похорон 2) поховання; **b.-place** n місце поховання; **b.-service** n заупокійна служба, панахида
burly [´bɜːlɪ] a 1) дебелий, міцний 2) великий і сильний, дужий 3) грубий; безцеремонний
burn [bɜːn] 1. n 1) опік; обпечене місце 2) клеймо, тавро 2. v (burnt, burned) 1) пекти, спалювати; випалювати (цеглу) 2) висушувати 3) засмагати (на сонці) 4) пригоряти (про їжу) 5) згоряти, горіти, палати (тж перен.); **~t** a палений, горілий, спалений
burnish [´bɜːnɪʃ] 1. n 1) полірування 2) блиск 2. v 1) чистити, полірувати; воронувати (крицю) 2) блищати
burrow [´bʌrəʊ] 1. n 1) нора, хід 2) червоточина 2. v 1) рити нору (хід) 2) ховатися (жити) в норі 3) перен. переховуватися, ховатися 4) копирсатися, ритися (у книжках і под.; часто ~ into)
bursar [´bɜːsə] n 1) скарбник (у коледжі й под.) 2) стипендіат
burst [bɜːst] 1. n 1) вибух 2) спалах 3) порив 4) розрив (снаряда); кулеметна черга 2. v (burst) 1) розривати(ся), вибухати (про снаряд, котел); проривати(ся) (про дамбу, нарив) 2) висаджувати в повітря; розривати 3) вдиратися 4) раптом спалахнути; вибухнути 5) бути переповненим 6) переповнювати 7) зазнати краху 8) розоритися 9) раптово з'явитися 10) несподівано зламатися; тріснути
bury [´berɪ] v 1) ховати, хоронити 2) заривати, закопувати 3) приховувати; закривати 4) (зазв. pass.) занурюватися, заглиблюватися
bus [bʌs] 1. n автобус; омнібус 2. v їхати автобусом (омнібусом); **~man** n водій автобуса
bush [bʊʃ] n 1) кущ; збір. чагарник 2) таверна 3) густе волосся; **~y** a 1) густий, кошлатий (про бороду й под.) 2) пухнастий (про хвіст тварини) 3) зарослий чагарником
busily [´bɪzɪlɪ] adv 1) діловито 2) енергійно 3) настирливо, нав'язливо; з надмірною цікавістю
business [´bɪznəs] n 1) діло, постійне заняття; бізнес 2) професія 3) обов'язок; право 4) торговельне підприємство, фірма 5) бізнес; комерційна діяльність 6) (вигідна) угода; **~like** a 1) діловий, практичний 2) точний,

зібраний; старанний, акуратний, ретельний; **~man** n 1) ділова людина, комерсант 2) ділок, бізнесмен; **b. manager** n управлінець; комерційний директор, завідувач комерційної частини
buskin [´bʌskɪn] n 1) котурн 2) трагедійність; трагедія
bust [bʌst] n 1) бюст, погруддя (скульптура) 2) груди (жіночі)
bustard [´bʌstəd] n орн. дрохва
bustle [´bʌsl] 1. n метушня 2. v 1) метушитися (тж ~ about) 2) поспішати 3) підганяти, квапити 4) битися; сваритися
busyness [´bɪzɪnɪs] n зайнятість, діловитість
but [bʌt (повна ф.); bət (скор. ф.)] 1. n заперечення 2. adv 1) тільки, лише 2) зовні, назовні 3. prep крім, за винятком 4. cj. 1) але, а, проте, однак 2) крім, за винятком 3) якби не; коли б не
butcher [´bʊtʃə] 1. n 1) м'ясник 2) убивця, кат 2. v 1) забивати (різати) (худобу) 2) безжалісно вбивати; учиняти жорстоку різанину 3) зіпсувати (твір); **~ly** a жорстокий, кровожерливий; варварський; **~y** 1) бійня, різанина (скотобійня)
butler [´bʌtlə] n дворецький
butt I [bʌt] n 1) велика бочка 2) бочка (як міра місткості ≅ 490,96 л)
butt II [bʌt] n 1) предмет насміху 2) стрільбищний вал 3) pl стрільбище, полігон 4) ціль, мішень, мета
butt III [bʌt] n 1) товстий кінець (чого-н.) 2) торець, прикорень (дерева) 3) приклад (рушниці; тж the ~ of the rifle)
butt IV [bʌt] 1. n 1) удар (головою) 2) притик; притул, стик 3) петля, навіс (дверей) 2. v 1) ударяти головою 2) наштовхуватися (against, into — на) 3) видаватися, стирчати
butter [´bʌtə] 1. n 1) масло 2) амер. повидло 2. v 1) намазувати маслом 2) грубо лестити, улещувати (часто ~ up); **~fly** n 1) ент. метелик 2) красива, легковажна жінка 3) спорт. батерфляй; **~y 1.** n комора (для зберігання провізії) 2. a 1) масляний; масний 2) намазаний маслом
butting [´bʌtɪŋ] n межа, межування
button [´bʌtn] 1. n 1) ґудзик 2) кнопка 3) брунька, пуп'янок 4) бутон 2. v 1) застібати(ся) 2) пришивати ґудзики; **~hole 1.** n петля 2. v 1) обкидати петлі 2) затримувати (кого-н.) для довгої та нудної розмови
butty [´bʌtɪ] n товариш, компаньйон
buy [baɪ] v (bought) 1) купувати; придбавати 2) підкуповувати, давати хабара
buzz [bʌz] 1. n 1) дзижчання 2) гудіння; гомін (голосів) 3) метушня 2. v 1) дзижчати 2) гудіти 3) телефонувати; **~er** n гудок; сирена

by [baɪ] **1.** *prep* 1) *у просторовому знач. вказує на:* а) *близькість* біля, при, коло; уздовж; **a house by the river** дім біля річки; б) *проходження повз предмет або крізь певне місце* повз, крізь; **we went by the house** ми пройшли повз будинок 2) *у часовому знач. вказує на наближення до певного моменту, терміну й под.* до, на; **by then** до того часу 3) *указує на засіб пересування; передається Ор. в.*: **by plane** літаком 4) *указує на причину, джерело* через, шляхом, від, з; **to know by experience** знати з досвіду 5) *указує на міри ваги, довжини й под.* в (у), на, по; *передається тж Ор. в.*: **by the yard** у ярдах, ярдами 6) *указує на характер дії*: **by chance** випадково 7) *указує на відповідність, узгодженість* за; згідно з: **by agreement** згідно з договором 8) *указує на співвідношення між порівнюваними величинами* на; **older by two years** старше на два роки; **by the way** (*або* by the by) до речі, між іншим **2.** *adv* 1) близько, поряд 2) повз; **she passed by** вона пройшла повз; **<> by and by** незабаром; **~-election** *n* додаткові вибори; **~-gone 1.** *n pl* минуле, пережите; колишні образи **2.** *a* минулий, пережитий; колишній; **~name** *n* прізвисько, кличка; **~pass 1.** *n* 1) обхід 2) обвідний канал 3) обхідний шлях **2.** *v* 1) обходити 2) іти обхідним шляхом 3) нехтувати; не брати до уваги 4) виляти, хитрувати 5) оточувати; **~stander** *n* свідок; спостерігач; очевидець; **~street** *n* 1) глуха (віддалена) вуличка 2) провулок, завулок; **~way** *n* 1) відлюдна дорога; путівець 2) найкоротший шлях 3) малодосліджена галузь (*науки й под.*); **~word** *n* 1) улюблене, часто вживане слівце 2) прислів'я, приказка; **~-work** *n* 1) побічна праця 2) позаурочна робота

byre [ˈbaɪə] *n* корівник

byte [baɪt] *n обч.* байт (*од. інформації = 8 бітам*)

C

cab [kæb] (*скор. від* cabriolet) *n* 1) таксі 2) найманий екіпаж, кеб, кабріолет 3) (*скор. від* cabin) будка (*машиніста*); кабіна водія (*автомобіля*) 4) кузов; **c.-stand** *n* стоянка таксі

cabal [kəˊbæl] **1.** *n* 1) інтриґа; політичний маневр; таємна змова 2) група змовників; купка інтриґанів **2.** *v* 1) інтригувати 2) змовлятися; вступати у змову

cabbage [ˊkæbɪdʒ] **1.** *n* 1) *бот.* капуста 2) кравець **2.** *v* 1) закручуватися головкою (*про капусту*) 2) завиватися 3) красти; привласнювати

caball∥a [kəˊbɑːlə, ˊkæbələ] *n* 1) *рел.* кабала 2) кабалістика, містика; **~istic** *a* кабалістичний; таємничий, містичний

cabin [ˊkæbɪn] **1.** *n* 1) хатина, хижа, халупа 2) будиночок, котедж 3) кабіна, будка 4) каюта, салон 5) печера **2.** *v* 1) утримуватися в тісному приміщенні 2) жити в хижі 3) тулитися; **c. boy** *n мор.* юнга; **~ed** *a* стиснений

cabinet [ˊkæbɪnət] *n* 1) шафа з висувними шухлядами; засклена шафка, гірка 2) корпус (*телевізора й под.*) 3) скринька, шкатулка 4) футляр, ящик 5) корпус (*приладу*)

cable [ˊkeɪbl] **1.** *n* 1) кодола, линва 2) якірний ланцюг 3) кабель 4) телеграма; каблограма **2.** *v* 1) телеграфувати (*по підводному кабелю*) 2) прив'язувати линвою

cabman [ˊkæbmən] *n* 1) водій таксі 2) візник

caboose [kəˊbuːs] *n мор.* камбуз

cacao [kəˊkɑːʊ] *n бот.* какаове дерево 2) какао (*біб, напій*)

cachalot [ˊkæʃəlɒt] *n зоол.* кашалот

cache [kæʃ] **1.** *n* 1) схованка 2) таємний склад зброї 3) запас провіанту, залишений для інших експедицій **2.** *v* ховати провіант у певному місці для інших

cachectic [kæˊkektɪk] *а мед.* хворобливий, виснажений

cackle [ˊkækl] **1.** *n* 1) кудкудакання, ґелґотання 2) реґіт; гигикання 3) базікання **2.** *v* 1) кудкудакати, ґелґотати 2) гигикати 3) базікати

cactus [ˊkæktəs] *n бот.* (*pl мж* -ti) кактус

cad [kæd] *n* невихована, груба людина; хам; негідник

cadastr∥al [kəˊdæstrəl] *a юр.* кадастровий; **~e** *n юр.* кадастр, поземельні книги

caddish [ˊkædɪʃ] *a* грубий, вульґарний; хамський; підлий

caddy [ˊkædɪ] *n* чайниця

cadence [ˊkeɪd(ə)ns] *n* 1) модуляція; зниження голосу 2) *муз.* каденція; каданс 3) вірш. рима; ритм; метр 4) ущухання (*бурі й под.*) 5) гармонія (*кольорів*)

cadet [kəˊdet] *n* 1) молодший син 2) кадет; *амер.* курсант військового училища

cadge [kædʒ] *v* 1) жебрати; жити чужим коштом 2) випрошувати, вимолювати

Caesar [ˊsiːzə] *n іст.* Цезар 2) самодержець; кесар; **~ean, ~ian** [ˌsiːˊzɪərɪən] *a* самодержавний, автократичний, кесарів

cafe [ˊkæfeɪ] *n* кав'ярня

cage [keɪdʒ] **1.** *n* 1) клітка 2) кабіна ліфта **2.** *v* саджати у клітку

Cain [keɪn] *n* 1) *бібл.* Каїн 2) братовбивця, зрадник

cajole [kəˊdʒəʊl] *v* 1) лестити, улещувати; виманювати 2) обдурювати; **~ment** *n* 1) лестощі; улещування 2) виманювання

cake [keɪk] **1.** *n* торт, кекс, корж **2.** *v* твердіти

calamit∥ous [kəˊlæmɪtəs] *a* 1) згубний; шкідливий 2) тяжкий, нещасливий; **~y** *n* лихо, нещастя; катастрофа

calcul∥able [ˊkælkjʊləb(ə)l] *a* 1) що піддається обчисленню; вимірний 2) передбачуваний 3) надійний; **~ate** *v* 1) обчислювати; калькулювати; підраховувати 2) розраховувати (on — на); **~ated** *a* 1) обчислений 2) розрахований; придатний (for — для чого-н.) 3) навмисний, умисний; **~ating** *a* 1) лічильний, обчислювальний 2) обачливий; розважливий; **~ation** *n* підрахунок, обчислення, розрахунок; **~ator** *n* 1) обчислювач, калькулятор 2) обчислювальний прилад; лічильник

calefactory [ˌkælɪˊfækt(ə)rɪ] *a спец.* нагрівальний, зігрівальний

calendar [ˊkælɪndə] **1.** *n* 1) календар, літочислення 2) опис; реєстр; перелік 3) індекс 4) *церк.* святці **2.** *v* 1) реєструвати; інвентаризувати 2) укладати порядок денний

calender [ˊkælɪndə] *n* дервіш

calf I [kɑːf] *n* (*pl* calves) 1) теля 2) маля (*оленя, кита й под.*)

calf II [kɑːf] *n* (*pl* calves) литка (*ноги*)

calibre [ˊkælɪbə] *n* 1) калібр; діаметр 2) широта мислення; моральні якості; значущість (*людини*)

caliph [ˊkælɪf, ˊkeɪlɪf] *n іст.* халіф, каліф; **~ate** *n іст.* халіфат, каліфат

call [kɔːl] **1.** *n* 1) заклик 2) крик (*тварини, птаха*)

3) *мисл.* вабик, ловецький пищик 4) візит, відвідини 5) виклик (*до суду й под.*) 6) телефонний виклик (дзвінок) 7) потреба, необхідність 8) вимога; попит 9) заклик, сигнал 10) перелік 11) покликання, потяг **2.** *v* 1) гукати, кликати; окликати 2) викликати; скликати 3) заходити, навідувати 4) називати; давати ім'я 5) уважати; гадати 6) приваблювати, принаджувати (*птахів*); **c.-down** *n* догана, докір; нагінка; **~er** [ˈkɔːlə] *n* гість; відвідувач

calligraphy [kəˈlɪgrəfɪ] *n* 1) каліграфія; краснопис 2) почерк

calling [ˈkɔːlɪŋ] *n* 2) професія; заняття 2) покликання

callisthenics [ˌkælɪsˈθenɪks] *n pl* гімнастика, ритмічна гімнастика; фізична підготовка

call‖osity [kəˈlɒsɪtɪ] *n* затвердіння (*на шкірі*), мозоля; **~ous** *a* 1) безсердечний, черствий, нечуйний 2) згрубілий, мозолястий

calm [kɑːm] **1.** *n* 1) тиша; спокій 2) затишшя 3) спокійність, незворушливість (*людини*) **2.** *a* 1) тихий; безвітряний (*про погоду й под.*) 2) тихий; спокійний (*про людину*) 3) незворушний **3.** *v* 1) заспокоювати 2) утихомирювати; **~ative** [ˈkælmətɪv] *мед.* **1.** *n* заспокійливий засіб **2.** *a* заспокійливий; **~ness** *n* 1) тиша, спокій 2) незворушність, холоднокровність

calori‖c [kəˈlɒrɪk] **1.** *n* теплота **2.** *a* тепловий; калорійний; **~e** *n* калорія

column‖iate [kəˈlʌmnɪeɪt] *v* зводити наклеп; обмовляти; ганьбити; **~iator** *n* наклепник; **~iatory** *a* наклепницький; **~y** [ˈkæləmnɪ] *n* 1) наклеп, наклепницьке твердження 2) *юр.* неправдиве звинувачення, наклеп

Calvary [ˈkælvərɪ] *n* 1) *бібл.* Голгот(ф)а 2) (*с.*) зображення розп'яття

camaraderie [ˌkæməˈrɑːdərɪ] *n* дух товариськості; товариство

came [keɪm] *past від* **come**

camel [ˈkæm(ə)l] *n* верблюд; **Arabian c.** одногорбий верблюд; **Bactrian c.** двогорбий верблюд

camellia [kəˈmiːlɪə] *n бот.* камелія

cameo [ˈkæmɪəʊ] *n* (*pl* -os [-əʊz]) камея

camera [ˈkæm(ə)rə] *n* 1) фотоапарат 2) кінокамера

camomile [ˈkæməmaɪl] *n бот.* ромашка

camouflage [ˈkæməflɑːʒ] **1.** *n* 1) маскування, камуфляж 2) хитрощі; окозамилювання **2.** *v* 1) маскувати(ся), застосовувати маскування 2) приховувати (*справжні наміри й под.*); удаватися до хитрощів

camp [kæmp] **1.** *n* 1) табір, стан 2) стоянка, бів(у)ак, місце привалу, ночівля просто неба 3) сторона, табір **2.** *v* 1) розташовуватися табором 2) жити (*де-н.*) тимчасово (*без зруч-*

ностей); **~er** *n* 1) відпочивальник, екскурсант, турист 2) будиночок на колесах

campaign [kæmˈpeɪn] **1.** *n* 1) *війс.* кампанія, похід; операція 2) кампанія, боротьба **2.** *v* 1) проводити кампанію 2) брати участь у поході

campus [ˈkæmpəs] *n* територія коледжу, університету

can I [kæn] (*повна ф.*); kən, kn (*скор. ф.*)] *v* (could) *модальне недостатнє дієсл.* 1) могти, бути у змозі, мати можливість; уміти 2) могти, мати право 3) *виражає сумнів і под.*: **~ it be true?** невже?

can II [kæn] **1.** *n* 1) бідон 2) бляшана банка (коробка) 3) кухоль, жбан **2.** *v* 1) консервувати (*м'ясо й под.*) 2) розливати в бідони; **~ned** *a* консервований (*про продукти*); **~ning** *n* консервування

Canadian [kəˈneɪdjən] **1.** *a* канадський **2.** *n* канадець

canal [kəˈnæl] *n* канал; **~lock** *n* шлюз

canard [kæˈnɑːd] *n* брехлива чутка; сенсаційна вигадка

cancel [ˈkænsəl] **1.** *n* 1) відміна, анулювання, скасовування 2) закреслювання, викреслювання 3) погашення (*марки*) 4) *муз.* бекар **2.** *v* 1) відміняти, анулювати, скасовувати 2) закреслювати, викреслювати 3) погашати (*марки*) 4) *мат.* скорочувати (*дріб і под.*) 5) *юр.* відкликати 6) зводити нанівець; **~lated** *a* ґратчастий, сітчастий

cancer [ˈkænsə] *n* 1) *мед.* рак 2) лихо, біда, болячка 3) (С.) Рак (*сузір'я і знак зодіаку*)

candid [ˈkændɪd] *a* 1) щирий, прямий; щиросерд(н)ий 2) безсторонній, неупереджений

candid‖acy [ˈkændɪdəsɪ] *n* кандидатура; **~ate** *n* кандидат

candle [ˈkændl] *n* свічка; **~stick** *n* 1) свічник 2) канделябр; **~wick** *n* ґніт

candour [ˈkændə] *n* 1) щирість, прямота 2) безсторонність, неупередженість

candy [ˈkændɪ] **1.** *n* 1) льодяник **2.** *v* 1) варити в цукрі 2) зацукровувати(ся)

cane [keɪn] **1.** *n* 1) очерет 2) лоза 3) ціпок; палиця; кийок 4) цукрова тростина **2.** *v* 1) бити палицею (ціпком) 2) оплітати очеретом; плести з лози

canine [ˈkeɪnaɪn, ˈkænaɪn] **1.** *n* 1) *анат.* ікло (*тж* ~ tooth) 2) *жарт.* собака, пес **2.** *a* 1) собачий 2) *зоол.* що належить до родини собачих

canker [ˈkæŋkə] *n* виразка

cannibal [ˈkænɪb(ə)l] **1.** *n* 1) людожер, канібал 2) людиноненависник 3) тварина, яка пожирає представників свого виду **2.** *a* людожерський, канібальський; **~ism** *n* 1) людожерство, канібалізм 2) жорстокість

cannon [ˈkænən] **1.** *n* 1) гармата 2) артилерія 3) карамболь (*у більярді*) **2.** *v* 1) обстрілювати з гармат 2) зіткнутися, наштовхнутися (into, against, with); **c.-shot** *n* 1) гарматний постріл (ладунок) 2) дальність гарматного пострілу

cannot [ˈkænɒt, ˈkænət] *зап. ф. дієсл.* **can I** *у теперішньому часі*

canny [ˈkænɪ] *a* 1) навчений досвідом 2) практичний 3) спокійний, некваплий 4) ощадливий, економний 5) розсудливий, обережний, обачливий 6) хитрий, підступний

canoe [kəˈnuː] **1.** *n* каное; човник; байдарка **2.** *v* пливти в каное (на човнику, на байдарці)

canon [ˈkænən] *n* 1) правило; критерій 2) *церк.* канон; канонік (*священик*); **~ical.** *n pl* церковне убрання **2.** *a* 1) канонічний 2) обов'язковий; ортодоксальний

canorous [kəˈnɔːrəs] *a* мелодійний; співучий

cant I [kænt] **1.** *n* 1) косяк 2) скошений (зрізаний) край 3) нахил; відхилення від прямої 4) штовхан, стусан **2.** *v* 1) скошувати 2) нахиляти 3) перекидати(ся); перевертати(ся) 4) ставити під кутом

cant II [kænt] *n* 1) жаргон; арґо, таємна мова 2) плаксивий тон (*жебрака*) 3) лицемірство, святенництво

cantankerous [kænˈtæŋk(ə)rəs] *a* лайливий, причепливий; нелагідний

canticle [ˈkæntɪk(ə)l] *n* 1) *церк.* гімн, кант 2) (Canticles) *pl бібл.* Пісня Пісень

canton [ˈkæntən] *n* кантон, округа (*у Швейцарії, Франції*)

canvas [ˈkænvəs] *n* 1) полотно, парусина; брезент 2) *збір.* вітрила 3) *збір.* картини, живопис

canyon [ˈkænjən] *n* каньйон, глибока ущелина

caoutchouc [ˈkaʊtʃuːk] *n* каучук

cap [kæp] **1.** *n* 1) кепка; кашкет; картуз; шапка 2) берет; чіпець, очіпок; ковпак 3) шапка (*гриба*) 4) чохол; футляр 5) верхівка, покришка 6) келих, чарка **2.** *v* 1) надівати шапку; покривати голову 2) покривати, крити 3) завершувати, довершувати 4) перевершити; узяти гору

capab||le [ˈkeɪpəbl] *a* 1) здібний, обдарований 2) розумний, знаючий 3) який піддається (*чому-н.*); що припускає (*що-н.*) 4) здатний (of — на *що-н.*); **~ility** *n* 1) здатність 2) здібність, обдарованість 3) *pl* (невикористані, потенційні) можливості

capaci||ous [kəˈpeɪʃəs] *a* 1) просторий, місткий 2) широкий; **~ty** *n* 1) місткість 2) ємність; об'єм 3) здібність, здатність (for — до *чогo-н.*) 4) компетенція 5) можливість 6) посада; становище 7) *юр.* правоздатність

cap-a-pie [ˌkæpəˈpiː] *a* з голови до ніг

caparison [kəˈpærɪs(ə)n] **1.** *n* 1) попона, чепрак 2) убрання, одяг **2.** *v* 1) покривати попоною (чепраком) 2) наряджати, прикрашати, убирати

cape [keɪp] *n* 1) плащ, накидка (*з каптуром*) 2) пелерина 3) мис

caper [ˈkeɪpə] **1.** *n* 1) стрибок 2) витівка **2.** *v* 1) стрибати 2) пустувати

capillary [kəˈpɪlən] **1.** *n* капіляр **2.** *a* волосяний, капілярний

capital I [ˈkæpɪtl] *n* 1) капітал; багатство; майно 2) вигода, перевага; **~ism** *n* капіталізм; **~istic** *a* капіталістичний

capital II [ˈkæpɪtl] **1.** *n* 1) столиця; головне місто (*штату*) 2) велика буква 3) *архіт.* капітель **2.** *a* 1) столичний, головний (*про місто*) 2) основний; найважливіший 3) *юр.* тяжкий; що карається смертю; **~ize** *v* 1) друкувати (писати) великими літерами 2) починати з великої літери

capitally [ˈkæpɪtlɪ] *adv* 1) серйозно, надзвичайно важливо; ґрунтовно 2) *юр.* зі смертним вироком

capitul||ate [kəˈpɪtjʊleɪt] *v* капітулювати, здаватися; **~ation** *n* 1) капітуляція 2) перелік

capric||le [kəˈpriːs] *n* 1) примха, химера 2) мінливість, несталість; **~ious** *a* 1) капризний; примхливий 2) мінливий, непостійний

Capricorn [ˈkæprɪkɔːn] *n астр.* Козеріг (*сузір'я і знак зодіаку*)

caprine [ˈkæpr(a)ɪn] *a* цапиний, козлиний

capsize [kæpˈsaɪz] *v* перекидати(ся)

captain [ˈkæptɪn] **1.** *n* 1) *військ.* капітан 2) командир, офіцер 3) начальник, керівник 4) *спорт.* капітан команди **2.** *v* 1) керувати, вести 2) очолювати (*команду й под.*) 3) бути капітаном корабля (спортивної команди)

caption [ˈkæpʃ(ə)n] *n* 1) заголовок (*статті*) 2) кіно титр, напис на екрані 3) *амер.* підпис (*під ілюстрацією*) 4) *юр.* арешт

captious [ˈkæpʃəs] *a* 1) причепливий; каверзний 2) облудний; двозначний

captiv||e [ˈkæptɪv] **1.** *n* полонений, бранець **2.** *a* 1) полонений, узятий у полон 2) позбавлений волі, поневолений 3) зачарований, захоплений; **~ate** *v* полонити, чарувати, приваблювати; **~ating** *a* чарівний, чарівливий, привабливий, принадний; **~ity** *n* 1) полон 2) поневолення, рабство; неволя

capture [ˈkæptʃə] **1.** *n* 1) полонення 2) спіймання, захоплення (*злочинця*) 3) *військ.* здобич, трофей **2.** *v* 1) захоплювати силою; полонити (*тж перен.*) 2) схоплювати подібність (*у малярстві*) 3) захопити, привернути (*увагу*)

Capuchin [ˈkæpjuː(t)ʃɪn, ˈkæpjʊ(t)ʃɪn] *n* 1) капуцин (*чернець*) 2) *зоол.* капуцин (*мавпа*)

car [kɑː] *n* 1) автомобіль, машина 2) ваґон

3) візок; віз 4) ґондола дирижабля 5) кабіна ліфта

carafe [kəˊrɑːf, kəˊræf] *n* карафа, графин

caravan [ˊkærəvæn] *n* 1) караван 2) низка, валка 3) фурґон

caraway [ˊkærəweɪ] *n бот*. кмин

carbine [ˊkɑːbaɪn] *n* карабін

carbon [ˊkɑːbən] *a хім*. вуглець; **~ic** *a хім*. вугільний, вуглецевий; **c. monoxide** *n хім*. чадний газ, окис вуглецю; **c. paper** *n* 1) копіювальний папір 2) копія

carcass [ˊkɑːkəs] *n* 1) туша (*тварини*) 2) тіло, тулуб 3) каркас, кістяк; корпус (*корабля*) 4) руїни, уламки

card [kɑːd] *n* 1) картка; листівка, поштівка 2) квиток (*членський*) 3) карта (*гральна*) 4) *pl* карти; гра в карти 5) *амер*. анонс 6) програма (*перегонів і под*.); **c. index** *n* картотека; **~board** *n* картон

cardinal [ˊkɑːdɪn(ə)l] 1. *n* 1) *церк*. кардинал 2) яскраво-червоний колір 3) *грам*. кількісний числівник 4) *орн*. кардинал. *a* 1) головний, основний, кардинальний 2) яскраво-червоний 3) *грам*. кількісний

care [keə] 1. *n* 1) турбота; піклування, догляд 2) уважність, ретельність, обережність 3) *тж pl* хвилювання, тривога 2. *v* 1) піклуватися, дбати (for, of, about — про *кого-н., що-н*.) 2) цікавитися (*чим-н*.) 3) хвилюватися, тривожитися 4) мати бажання, бажати, хотіти (to); **~ful** *a* 1) дбайливий, турботливий 2) обережний 3) точний, акуратний, охайний 4) старанний, ретельний; уважний; **~less** *a* 1) недбалий; неуважний 2) безтурботний, легковажний 3) природний

caress [kəˊres] 1. *n* пестощі, ласка 2. *v* пестити, голубити; **c.-worn** *a* змучений турботами; знесилений

career [kəˊrɪə] 1. *n* 1) кар'єра; успіх 2) професія, заняття 3) швидкий біг; кар'єр 2. *v* 1) швидко рухатися, мчати 2) гнати (*коней і под*.); **~ist** *n* кар'єрист

cargo [ˊkɑːɡəʊ] *n* (*pl* -oes [-əʊz]) вантаж

caricatur||e [ˊkærɪkəˊtjʊə] 1. *n* 1) карикатура; шарж 2) висміювання, пародіювання, пародія 2. *v* 1) зображувати в карикатурному вигляді 2) висміювати, пародіювати 3) невдало наслідувати (*кого-н*.); **~ist** *n* 1) карикатурист 2) сатирик, пародист

cariosity [ˌkærɪˊɒsɪtɪ] *n мед*. каріозний процес

carnage [ˊkɑːnɪdʒ] *n* різанина, кривава бійня

carnal [ˊkɑːnl] *a* 1) тілесний, фізичний 2) плотський, хтивий; **c. knowledge** *юр*. статеві стосунки; **~ity** *n* 1) хтивість, похіть 2) відсутність духовних інтересів 3) статеві стосунки

carnation [kɑːˊneɪʃ(ə)n] *n* червона гвоздика

carnival [ˊkɑːnɪv(ə)l] 1) *церк*. Масниця 2) карнавал

carol [ˊkær(ə)l] 1. *n* 1) весела пісня 2) гімн (*заз. різдвяний*), хорал; колядка 2. *v* 1) співати веселу пісню 2) оспівувати; славити

carp I [kɑːp] *n іхт*. короп; сазан

carp II [kɑːp] *v* 1) чіплятися, присікуватися; недоброзичливо критикувати 2) бурчати; **~ing** *a* злий; недоброзичливий; уїдливий, причепливий

carpal [ˊkɑːp(ə)l] *a анат*. кистьовий, зап'ястковий

carpenter [ˊkɑːpɪntə] 1. *n* тесля 2. *v* теслювати, теслярувати

carper [ˊkɑːpə] *n* 1) причепа 2) буркотун, буркун

carpet [ˊkɑːpɪt] 1. *n* 1) килим 2) *буд*. покриття (*дороги*) 3) покривало, скатертина 2. *v* 1) устилати (укривати) килимами 2) викликати для догани

carpus [ˊkɑːpəs] *n* (*pl* -pi) *анат*. зап'ясток

carri||age [ˊkærɪdʒ] *n* 1) екіпаж; карета 2) *зал*. пасажирський вагон 3) вагонетка 4) каретка (*верстата й под*.) 5) шасі; рама 6) лафет (*гармати*) 7) перевезення, транспортування, доправляння 8) статура; постава (*голови*); **~ageable** *a* зручний, проїжджий (*про дорогу*); **~er** *n* 1) носій 2) візник; перевізник 3) транспортна агенція 4) посильний, кур'єр 5) *амер*. поштар 6) *мор*. авіаносець; **~er rocket** *n* ракета-носій

carrion [ˊkærɪən] 1. *n* 1) падло, стерво; мертвечина 2) *знев*. мерзота, паскуда 2. *a* 1) гнилий, гниючий 2) огидний

carrot [ˊkærət] *n* 1) *бот*. морква 2) принада, стимул 3) *pl* руде волосся

carry [ˊkærɪ] 1. *n* 1) перенесення; перевезення 2) далекобійність (*гармати*). 2. *v* 1) везти, перевозити 2) нести, переносити 3) мати при собі 4) доводити 5) тягти за собою 6) приносити (*прибуток і под*.) 7) *refl*. триматися; поводитися 8) видавати (*часописи й под*.) 9) передавати (*по радіо та под*.) 10) торгувати, продавати 11) домогтися 12) бути вагітною 13) продовжувати, подовжувати 14) уміщувати, містити

cartilag||e [ˊkɑːtɪlɪdʒ] *n* хрящ; **~inous** [ˌkɑːtɪˊlædʒ(ə)nəs] *a* хрящовий; **~inous fish** *збір*. біла риба

cartomancy [ˊkɑːtəmænsɪ] *n* ворожіння на картах

carton [ˊkɑːtn] *n* 1) (велика) текстурна коробка 2) тонка текстура 3) «яблучко», білий кружок у центрі мішені 4) блок (*цигарок*)

cartoon [kɑːˊtuːn] 1. *n* 1) карикатура (*пер. політ*.) 2) мультиплікація (*тж* animated ~) 2. *v*

малювати карикатури (шаржі); **~ist** *n* 1) карикатурист 2) кіно художник-мультиплікатор
cartridge [ˈkɑːtrɪdʒ] *n* 1) війс. набій, патрон; заряд 2) котушка з фотоплівками 3) картридж
cartulary [ˈkɑːtjʊl(ə)rɪ] *n* журнал для запису, реєстр
carve [kɑːv] *v* 1) вирізати *(по дереву, кості)*; висікати *(з каменю)* 2) різати; **~ing** *n* різьблена робота
carvel [ˈkɑːv(ə)l] *n іст.* каравела
cascade [kæsˈkeɪd] 1. *n* каскад, водоспад 2. *v* спадати каскадом
case I [keɪs] *n* 1) випадок; обставина; положення (справ) 2) *мед.* захворювання, випадок; історія хвороби 3) *мед.* пацієнт 4) факти, аргументи, міркування 5) *грам.* відмінок
case II [keɪs] 1. *n* 1) коробка, скринька; ящик; контейнер 2) сумка; валіза 3) футляр, чохол 4) корпус *(годинника)* 2. *v* 1) класти (пакувати) в ящик 2) обшивати, покривати; **~ing** *n* 1) обшиття; оббивка 2) оправа, футляр; покришка
caseous [ˈkeɪsɪəs] *a* сирний
casern(e) [kəˈzɜːn] *n (зазв. pl)* казарма; барак
cash [kæʃ] 1. *n* 1) готівка; гроші 2) готівковий розрахунок 3) *(pl без змін)* каш *(монета в Китаї та Індії)* 2. *v* отримувати (платити) гроші за чеком; **~card** *n* пластикова картка; **~ier** 1. *n* касир 2. *v* розжалувати, звільняти зі служби
cashmere [kæʃˈmɪə] *n* 1) кашемір 2) кашемірова шаль
casino [kəˈsiːnəʊ] *n (pl -os [-əʊz])* казино
cask [kɑːsk] *n* 1) барило, бочка 2) контейнер; **~et** 1. *n* 1) скринька 2) оболонка 3) *амер.* труна, домовина 4) контейнер *(для радіоактивних матеріалів)* 2. *v* 1) ховати у скриньку 2) класти у труну
casserole [ˈkæs(ə)rəʊl] *n* 1) каструля 2) запіканка
cassette [kəˈset] *n* 1) скринька 2) касета
cassock [ˈkæsək] *n* 1) ряса, сутана 2) *знев.* священик, піп
cast [kɑːst] 1. *n* 1) кидок 2) кидання; закидання *(сітки й под.)* 3) склад *(характеру й под.)*; тип 4) відтінок 5) поворот, відхилення 6) взірець, зразок 7) вираз *(обличчя)* 8) ризик, ставка, шанс 2. *v* (cast) 1) кидати, жбурляти 2) утрачати *(зуби)*; міняти *(роги)*; скидати *(шкіру)* 3) підраховувати, підсумовувати *(зазв. ~ up)* 4) *театр., кіно* розподіляти *(ролі)* 5) робити припущення; провіщати
castaway [ˈkɑːstəˌweɪ] *n* 1) що зазнав корабельної аварії 2) парія; знедолений; вигнанець 3) нечестивець 2. *a* 1) викинутий *(на чужий берег)* 2) знедолений; неприкаяний 3) нечестивий

caste [kɑːst] *n* каста
cast iron [ˈkɑːst ˈaɪən] *n* чавун; **c.-iron** *a* 1) чавунний 2) непохитний, незламний; твердий
castle [ˈkɑːsl] 1. *n* 1) замок; палац 2) фортеця; сховище 3) *шах.* тура 2. *v* шах. рокірувати(ся); **c.-builder** *n* фантазер, мрійник
casual [ˈkæʒʊəl] 1. *n* 1) тимчасовий робітник 2) випадковий відвідувач (клієнт, покупець *і под.*) 3) бродяга *а* 1) ненависний, несподіваний 2) випадковий, нерегулярний 3) недбалий, несерйозний 4) *мед.* потерпілий від нещасного випадку; **~ize** *v* переводити на тимчасову роботу; **~ty** *n* 1) людина, яка постраждала від нещасного випадку 2) нещасний випадок; аварія 3) *pl воєн.* пошкоджена техніка 4) *pl* утрати *(на війні)* 5) *воєн.* поранений; убитий 6) смерть унаслідок нещасного випадку
cat [kæt] *n зоол.* 1) кіт; кішка 2) тварина родини котячих
cataract [ˈkætəˌrækt] *n* 1) великий водоспад 2) сильна злива 3) потік *(сліз і под.)* 4) *мед.* катаракта
catastroph||e [kəˈtæstrəfɪ] *n* 1) катастрофа; лихо; нещастя 2) загибель; трагічний кінець 3) розв'язка *(у драмі)* 4) переворот; **~ic** *a* катастрофічний
catcall [ˈkætkɔːl] 1. *n* 1) свист, освистування 2) свисток 2. *v* освистувати
catch [kætʃ] 1. *n* 1) спіймання; захоплення 2) вилов; здобич 3) хитрість; пастка; підступ 4) призупинення *(дихання й под.)* 5) клямка; засув 2. *v* (caught) 1) ловити; спіймати 2) застати 3) захворіти; заразитися 4) устигнути, наздогнати 5) зрозуміти 6) зачепити(ся) 7) ударити; улучити 8) привертати *(увагу)* 9) затримати 10) запалюватися 11) переривати 12) укриватися кригою *(тж ~ over)*; **~all** *a* 1) всеосяжний, всеохоплюючий 2) неоднорідний; **~ing** *a* 1) заразливий 2) причепливий 3) привабливий 4) нестійкий *(про погоду)* 5) *тех.* захоплювальний, зупиняльний 6) несталий, нестійкий *(про погоду)*
categor||ical [ˌkætəˈɡɒrɪkl] *a* 1) *філос.* категоріальний 2) безумовний, категоричний 3) рішучий; ясний, недвозначний; **~ize** *v* розподіляти за категоріями; класифікувати; **~y** *n* категорія; розряд; клас
catena [kəˈtiːnə] *n (pl -nae, -nas [-nəz])* ланцюг, зв'язок; низка; **~rian** *a* ланцюговий; **~te** [ˈkætɪneɪt] *v* зчіплювати; зв'язувати; утворювати ланцюг
cater [ˈkeɪtə] *v* постачати *(провізію)*; **c.-cousin** *n* 1) віддалений родич 2) найщиріший друг; **~er** *n* 1) постачальник провізії 2) власник ресторації (готелю *й под.*)

caterpillar [ˈkætəˌpɪlə] *n* 1) *ент.* гусінь 2) *перен.* кровопивця; паразит
caterwaul [ˈkætəwɔːl] *v* нявкати
catgut [ˈkætgʌt] *n* 1) кетгут, кишкова струна 2) *муз.* скрипка; *pl* струнні інструменти
cathar‖sis [kəˈθɑːsɪs] *n* 1) *філос., психол.* катарсис 2) *мед.* очищення шлунка; лікування проносним; **~tic 1.** *n* проносний засіб **2.** *a* 1) *мед.* проносний 2) очищувальний
cathedral [kəˈθiːdrəl] **1.** *n церк.* кафедральний собор **2.** *a церк.* соборний; кафедральний
Catholic [ˈkæθəlɪk] **1.** *n церк.* католик **2.** *a* 1) *церк.* католицький (*зазв.* Roman C.) 2) вселенський; соборний 3) ортодоксальний; **~ism** *n церк.* католицтво, католицизм
catholic [ˈkæθəlɪk] *a* 1) усесвітній; світовий 2) широкий, усеосяжний 3) вільнодумний; ліберальний; **~ity** *n* 1) широта; різносторонність (*інтересів і под.*); усеосяжний характер (*почуттів і под.*) 2) загальність; універсальність 3) лібералізм; вільнодумство; **~ize** *v церк.* 1) навертати до католицтва 2) ставати католиком 3) надавати загального характеру; робити всеосяжним
cattle [kætl] *n* велика худоба
catty [ˈkætɪ] *a* 1) злісний, уїдливий 2) хитрий, підступний
Caucasian [kɔːˈkeɪzɪən] **1.** *a* кавказький **2.** *n* кавказець
caudate [ˈkɔːdeɪt] *a зоол.* хвостатий, із хвостом
caught [kɔːt] *past i p. p. від* **catch 2**
cauliflower [ˈkɒlɪˌflaʊə] *n бот.* цвітна капуста
cause [kɔːz] **1.** *n* 1) причина 2) підстава; привід (for) 3) справа **2.** *v* 1) бути причиною; спричиняти, завдавати, викликати 2) примушувати, змушувати; спонукати; **~less** *a* безпричинний; необґрунтований; безпідставний; **~r** *n* винуватець
causeway [ˈkɔːzweɪ] **1.** *n* 1) дамба; гатка 2) бруківка 3) хідник, тротуар **2.** *v* 1) будувати греблю (дамбу) 2) брукувати
caution [ˈkɔːʃ(ə)n] **1.** *n* 1) обережність; обачність 2) застереження, попередження, ~! бережіться! **2.** *v* застерігати, попереджати (against); **~ary** *a* застережний, попереджувальний (*про знак і под.*)
cautious [ˈkɔːʃəs] *a* обережний, обачний; передбачливий
cavalcade [ˌkæv(ə)lˈkeɪd] *n* 1) кавалькада, група вершників 2) процесія; церемоніальний марш 3) низка, перебіг (*подій*)
cavalry [ˈkæv(ə)lrɪ] *n* кавалерія, кіннота; **~man** *n* кавалерист
cave [keɪv] *n* 1) печера 2) порожнина, западина 3) *політ.* фракція; **~man** *n* троглодит, печерна людина (*тж перен.*)

caviar(e) [ˈkævɪɑː] *n кул.* ікра (*їжа*)
cavil [ˈkævl] **1.** *n* 1) зачіпка 2) причепливість, уїдливість 3) крутійство **2.** *v* 1) чіплятися, присікуватися, вишукувати недоліки 2) висувати безпідставні заперечення; займатися крутійством
caviller [ˈkævɪlə] *n* 1) причеплива людина, причепа 2) крутій
cavity [ˈkævɪtɪ] *n* порожнина, западина
caw [kɔː] *v* каркати
cay [keɪ, kiː] *n* 1) кораловий риф 2) піщана обмілина
cease [siːs] **1.** *n* зупинка; припинення **2.** *v* 1) переставати, припиняти(ся) 2) (при)зупиняти (*що-н.*); **~less** *a* безперервний, невпинний
cecity [ˈsiːsɪtɪ] *n мед.* сліпота (*тж перен.*)
cedar [ˈsiːdə] *n бот.* кедр
cede [siːd] *v* 1) здавати, віддавати, уступати (*територію*) 2) поступатися (*у спірці*); визнавати (*чию-н.*) правоту
ceiling [ˈsiːlɪŋ] *n* 1) стеля 2) перекриття 3) *ав.* гранична висота 4) *ек.* максимальна ціна; максимальний випуск продукції *та под.*
celebr‖ate [ˈselɪbreɪt] *v* 1) (від)святкувати; урочисто відзначати 2) прославляти, оспівувати 3) правити церковну службу; **~ant** *n* священик; **~ated** *a* знаменитий; прославлений; **~ation** *n* 1) святкування; урочистості 2) прославляння; оспівування 3) церковна служба; **~ity** *n* 1) *ірон.* видатна людина; знаменитість 2) популярність, слава, славнозвісність
celery [ˈselərɪ] *n бот.* селера
celestial [sɪˈlestɪəl] **1.** *n міф.* небожитель **2.** *a* 1) неземний, божественний 2) небесний; астрономічний
celiba‖cy [ˈselɪbəsɪ] *n* 1) *церк.* целібат, обітниця безшлюбності 2) безшлюбність; **~tarian** [-ˈte(ə)rɪən] *a* безшлюбний; **~te 1.** *n* 1) людина, яка дала обітницю безшлюбності 2) *церк.* целібат **2.** *v церк.* примушувати до безшлюбності
cell [sel] *n* 1) камера у в'язниці 2) келія 3) *політ.* осередок 4) *іст.* невеликий монастир 5) *біол.* клітина **2.** *v* 1) поміщати до клітки 2) перебувати в клітці 3) сидіти за ґратами (*у в'язниці*)
cellar [ˈselə] **1.** *n* 1) підвал; льох, погріб 2) винний погріб **2.** *v* зберігати в підвалі
cement [sɪˈment] **1.** *n* 1) цемент 2) будь-яка речовина, що скріплює як цемент 3) зв'язок, союз **2.** *v* 1) скріплювати цементом; цементувати 2) установлювати міцні зв'язки 3) з'єднувати; склеювати
cemetery [ˈsemɪtrɪ] *n* цвинтар, кладовище
cenotaph [ˈsenətɑːf] *n* 1) кенотаф; пам'ятник не на місці поховання 2) пам'ятник невідомому солдатові

censer [ˈsensə] *n* кадило
censor [ˈsensə] **1.** *n* 1) цензор 2) цензура 3) наглядач (*в англ. коледжах*) 4) критикан; охоронець моралі **2.** *v* піддавати цензурі; переглядати; **~ious** *a* суворий; схильний осуджувати; причепливий
censure [ˈsenʃə] **1.** *n* осудження, осуд **2.** *v* гудити, ганити, осуджувати
census [ˈsensəs] *n* перепис
cent [sent] *n* цент (*0,01 долара, євро й под.*)
centaur [ˈsentɔː] *n* 1) міф. кентавр 2) (С.) сузір'я Кентавра
centigrade [ˈsentɪɡreɪd] *a* стоградусний
centime [ˈsɒntiːm] *n* сантим (*0,01 франка*)
centimetre [ˈsentɪˌmiːtə] *n* сантиметр
centipede [ˈsentɪpiːd] *n* зоол. стонога
centner [ˈsentnə] *n* центнер (= *50 кг; в Англії* = *100 фунтам* (*45,36 кг*); **metric** (*або* double) **c.** метричний центнер (= *100 кг* (*220,46 англ. фунта*))
central [ˈsentrəl] *a* 1) розташований у центрі 2) центральний; головний; найважливіший; провідний; **c. idea** основна ідея; **~ization** *n* централізація; зосередження; **~ise** *v* централізувати; зосереджувати
centre [ˈsentə] **1.** *n* центр; осердя; середина (*чого-н.*) **2.** *v* містити(ся) в центрі; концентрувати(ся); зосереджувати(ся) (in, on, at, round, about)
centri||**c(al)** [ˈsentrɪk(əl)] *a* центральний; **~fugal** [-ˈtrɪfjʊɡəl] *a фіз.* відцентровий; **~petal** [-ˈtrɪpɪtl] *a фіз.* доцентровий; **~st** *n політ.* центрист
centuple [ˈsentjʊp(ə)l] **1.** *a* сторазовий **2.** *v* збільшувати у 100 разів; множити на 100
century [ˈsentʃərɪ] *n* 1) сторіччя; вік 2) *іст.* центурія
ceramist [sɪˈræmɪst, ˈserəmɪst] *n* керамік, гончар
cereal [ˈsɪ(ə)rɪəl] **1.** *n* (*зазв. pl*) хлібний злак **2.** *a* хлібний, зерновий
cerebration [ˌserɪˈbreɪʃ(ə)n] *n спец.* розумова діяльність, робота мозку 2) *ірон.* мізкування, обмірковування
ceremon||**ial** [ˌserɪˈməʊnɪəl] **1.** *n* 1) церемоніал 2) обряд, ритуал **2.** *a* 1) формальний; протокольний; офіційний 2) урочистий, парадний 3) обрядовий, ритуальний; **~ious** *a* церемонний, манірний, пихатий; **~y** [ˈserɪmənɪ] *n* 1) церемонія; урочистість 2) церемоніал; етикет; формальність 3) обряд, ритуал
certain [ˈsɜːtn] *a* 1) упевнений, переконаний 2) певний, незмінний, постійний 3) один, якийсь, деякий 4) надійний, вірний, безречний; **~ty** *n* 1) безперечний (достеменний) факт 2) упевненість, певність; **~ly** *adv* звичайно, звісно

certificat||**e 1.** *n* [səˈtɪfɪkət] 1) письмове посвідчення; свідоцтво; сертифікат 2) паспорт (*обладнання*) **2.** *v* [səˈtɪfɪkeɪt] 1) видавати посвідчення (атестат) 2) посвідчувати, засвідчувати 3) *юр.* письмово підтверджувати (*яке-н.*) право; **~ed** *a* дипломований; атестований; **~ion** *n* 1) посвідчення, свідоцтво 2) видавання посвідчення (свідоцтва) 3) засвідчення (*документа*)
certitude [ˈsɜːtɪtjuːd] *n* упевненість; безумовність; неминучість
cessation [seˈseɪʃ(ə)n] *n* 1) припинення 2) зупинка; перерва
cession [ˈseʃ(ə)n] *n* поступка, передавання (*прав*)
cesspool [ˈsespuːl] *n* 1) вигрібна яма 2) стічний колодязь 3) відстійник
chafe [tʃeɪf] **1.** *n* 1) садно; подразнення 2) роздратування; **in a ~** у стані роздратування **2.** *v* 1) терти, розтирати; втирати; зігрівати розтиранням 2) натирати 3) тертися (*об що-н.*) (*про тварин*) 4) дратуватися, гарячкувати, нервувати
chaffer [ˈtʃæfə] **1.** *n* 1) суперечка через ціну; торгування 2) торгівля; купівля і продаж **2.** *v* 1) сперечатися, сваритися 2) торгуватися, виторговувати 3) базікати, патякати
chagrin [ˈʃæɡrɪn] **1.** *n* прикрість, гіркота; засмучення; розчарування **2.** *v* (*часто pass*) засмучувати, печалити; завдавати прикрості
chain [tʃeɪn] **1.** *n* 1) ланцюг 2) гірський хребет; пасмо 3) *pl* кайдани, пута 4) послідовність, зв'язок; низка; перебіг (*подій*) 5) система, мережа 6) *обч.* послідовність операцій **2.** *v* 1) скріпляти ланцюгом 2) сковувати; тримати в кайданах 3) узяти на ланцюг (*двері*) 4) перекрити (*вуличний рух*)
chair [tʃeə] **1.** *n* 1) стілець; крісло 2) кафедра 3) професура, посада професора 4) головування; місце головуючого 5) *амер.* голова (*зборів*) 6) суддівство; посада судді **2.** *v* 1) саджати (*кого-н.*) 2) обирати головою 3) очолювати, бути (ставати) на чолі 4) головувати; **~man** *n* голова (*зборів і под.*)
chalk [tʃɔːk] **1.** *n* 1) крейда 2) кредит, борг 3) рахунок (*у грі*) **2.** *v* 1) писати (натирати) крейдою 2) робити білим (блідим); **~y** *a* 1) крейдяний; вапняний 2) блідий; білий як крейда
challenge [ˈtʃælɪndʒ] **1.** *n* 1) виклик (*на змагання й под.*) 2) сумнів 3) складне завдання, проблема 4) *юр.* відвід, відхилення (*присяжних*) **2.** *v* 1) викликати (to — на що-н.) 2) заперечувати; піддавати сумніву 3) окликати; вимагати пароль (перепустку) 4) претендувати (*на що-н.*) 5) *юр.* відхиляти; давати відвід присяжним
chamber [ˈtʃeɪmbə] **1.** *n* 1) зала; палата; конфе-

ренц-зала 2) приймальня 3) *юр. pl* контора адвоката; кабінет судді 4) палата (*парламенту*) 5) *мед.* палата 6) *pl* мебльована квартира **2.** *а муз.* камерний **3.** *v* саджати в камеру; **~maid** *n* покоївка в готелі

champagne [ˌʃæmˈpeɪn] *n* шампанське

champion [ˈtʃæmpɪən] **1.** *n* 1) чемпіон, переможець 2) призер 3) поборник, захисник, борець **2.** *v* захищати; боротися (*за що-н.*); відстоювати (*що-н.*); **~ship** *n* 1) *спорт.* чемпіонат, першість, 2) звання чемпіона 3) поборництво, захист (of — *кого-н., чого-н.*)

chance [tʃɑːns] **1.** *n* 1) випадок; випадковість 2) ризик; **games of c.** азартні ігри 3) доля; удача, щастя 4) можливість; слушний випадок, нагода 5) імовірність; шанс **2.** *а* випадковий **3.** *v* 1) траплятися, випадково статися 2) ризикувати, зважуватися 3) випадково натрапити (on, upon — на *кого-н., що-н.*); виявити, знайти; **~ful** *а* 1) випадковий 2) ризикований, небезпечний

chancel [ˈtʃɑːns(ə)l] *n церк.* вівтар

chancellery [ˈtʃɑːns(ə)ləri] *n* 1) канцлерство 2) канцелярія (*посольства й под.*)

chandelier [ˌʃændɪˈlɪə] *n* люстра

change [tʃeɪndʒ] **1.** *n* 1) переміна; зміна 2) решта; дрібні гроші 3) різноманітність 4) переміна (*білизни*) 5) розмін (*грошей*) 6) пересадка (*на транспорті*) **2.** *v* 1) обмінювати(ся) 2) міняти(ся), змінювати(ся), перероблятися 3) обмінювати 4) розмінювати, міняти (*гроші*) 5) переодягатися 6) робити пересадку (*на транспорті*) 7) скисати, прокисати; псуватися; **~able** *а* 1) непостійний, мінливий 2) що піддається змінам; **~less** *а* 1) незмінний, сталий 2) незмінюваний

channel [ˈtʃænl] **1.** *n* 1) протока 2) канал; фарватер 3) шлях, джерело; засіб; канал (*зв'язку*) 4) канава; стік **2.** *v* 1) проводити канал; рити канаву 2) пускати по каналу

chant [tʃɑːnt] *n* пісня; **~er** *n* 1) хорист, співак 2) регент церковного хору; **~icleer** *n орн.* шантеклер (*півень*); **~ry** *n церк.* каплиця

chao∥s [ˈkeɪɒs] *n* хаос, безладдя; **~tic** [-ˈɒtɪk] *а* хаотичний

chap I [tʃæp] **1.** *n* 1) щілина, тріщина 2) *мед.* садно **2.** *v* 1) утворювати тріщину 2) тріскатися, репатися (*про шкіру*) 3) подрібнювати

chap II [tʃæp] *n* (*зазв. pl*) щелепа (*пер. у тварин*) 2) паща з щока

chap∥el [ˈtʃæp(ə)l] *n* 1) каплиця; (невелика) церква; молитовня 2) богослужіння, відправа в каплиці 3) співоча капела 4) *іст.* церковне начиння; **~lain** [-lɪn] *n* 1) *церк.* капелан 2) священик

chapter [ˈtʃæptə] **1.** *n* 1) розділ (*книги*) 2) філія, відділення 3) тема, предмет; сюжет 4) серія,

низка, послідовність **2.** *v* розбивати книгу на розділи

character [ˈkærɪktə] **1.** *n* 1) характер, вдача 2) репутація 3) *літ.* образ 4) постать, особистість 5) літера; ієрогліф; цифра 6) абетка; письмо, графіка 7) характеристика, письмова рекомендація 8) характерна особливість 9) якість, властивість, ознака; природа 10) офіційний стан; статус, ранг, звання **2.** *v* 1) надписувати 2) закарбовувати 3) зображати 4) характеризувати; **~istic 1.** *n* 1) характерна риса; особливість, властивість 2) *мат.* характеристика (*логарифма й под.*) 3) *pl військ.* бойові властивості **2.** *а* характерний, типовий (of); **~ise** *v* 1) характеризувати; зображати, змальовувати 2) відрізняти; бути характерною ознакою; **~less** *а* 1) слабкий, безхарактерний 2) невиразний, блідий; шаблонний 3) що не має рекомендації (характеристики)

charade [ʃəˈrɑːd] *n* шарада

charge [tʃɑːdʒ] **1.** *n* 1) ціна, плата (*за послуги*) 2) *pl* витрати; **free of c.** безплатно 3) боргове зобов'язання 4) податок, збір 5) обвинувачення 6) обов'язки, відповідальність 7) догляд, опіка; піклування 8) вихованець 9) *церк.* паства 10) *воєн.* напад, атака 11) заряд 12) навантаження, завантаження; тягар 13) наказ, доручення, вимога 14) пальна суміш **2.** *v* 1) призначати ціну; правити 2) записувати в борг 3) *юр.* обвинувачувати 4) доручати; покладати відповідальність 5) наказувати, вимагати 6) *воєн.* нападати, атакувати 7) заряджати (*зброю та под.*) 8) навантажувати, завантажувати 9) обтяжувати (*пам'ять*)

charisma [kəˈrɪzmə] *n* (*pl* -mata, -mas [-məz]) 1) *рел.* Божий дар 2) харизма, чарівність; уміння (*керувати й под.*) 3) геніальність; **~tic** *а* харизматичний

charit∥able [ˈtʃærɪtəbl] *а* 1) доброчинний; філантропічний 2) милосердний; поблажливий; доброзичливий 3) щедрий; чуйний; **~y** *n* 1) доброчинність; філантропія 2) милосердя; чуйність; співчуття 3) поблажливість; доброзичливість 4) милостиня 5) пристановище; **~y-school** *n* 1) притулок 2) доброчинна школа (*для бідних*)

charlatan [ˈʃɑːlət(ə)n] *n* 1) шахрай; ошуканець 2) знахар; знахарка

Charles's Wain [ˈtʃɑːlzɪzˈweɪn] *n* Великий Віз (*сузір'я*)

Charleston [ˈtʃɑːlst(ə)n] *n* чарльстон (*танець*)

charlotte [ˈʃɑːlət] *n кул.* шарлотка

charm [tʃɑːm] **1.** *n* 1) привабливість, принадність, чарівність 2) (*зазв. pl*) чари (*жіночі*) 3) заклинання; магічна формула 4) талісман, амулет 5) брелок **2.** *v* 1) чарувати; полонити 2) заворожувати; замовляти (*від хвороби*) 3) заспокоювати (*біль*) 4) приручати (*заклинати*) (*змію*); **~ing** *a* чарівний, чудовий

charter I [ˈtʃɑːtə] **1.** *n* 1) хартія 2) статут 3) право **2.** *v* надати привілеї

charter II [ˈtʃɑːtə] *v* зафрахтувати судно

chary [ˈtʃe(ə)rɪ] *a* 1) обережний, обачний 2) соромливий, сором'язливий 3) стриманий, скупий (*на слова й под.*; of) 4) ощадливий

chas||e [tʃeɪz] **1.** *n* 1) переслідування, гонитва 2) територія для полювання 3) полювання 4) мисливці 5) дичина **2.** *v* 1) полювати 2) гнатися; переслідувати 3) виганяти, проганяти 4) розпорошувати, розвіювати (*сумніви й под.*) 5) *тех.* випробовувати (*машину*); **~ing** *n* 1) переслідування, гонитва, погоня 2) різьбярство 3) ґравіювання

chasm [ˈkæz(ə)m] *n* 1) глибока розколина (щелина) 2) провалля, безодня, прірва

chast||e [tʃeɪst] *a* 1) цнотливий, незайманий, невинний 2) стриманий, скромний; чистий; **~en** [tʃeɪsn] *v* 1) стримувати, дисциплінувати; приборкувати, угамовувати 2) карати 3) очищати (*мову*); виправляти, поліпшувати (*стиль*); **~isement** *n* 1) дисциплінарне стягнення; покарання, кара 2) биття, шмагання; **~ity** [tʃ] *n* 1) цнотливість, незайманість; невинність 2) стриманість, скромність 3) доброчесність; чистота

chasuble [ˈtʃæzjʊbl] *n церк.* риза

chat [tʃæt] **1.** *n* дружня розмова, бесіда; базікання **2.** *v* невимушено розмовляти; балакати; **~ter** [tʃ] *n* 1) базікання, балаканина 2) щебетання; скрекотання; джерґотання 3) дзюрчання 4) деренчання 5) стукіт, клацання **2.** *v* 1) теревенити, базікати 2) розбазікувати, розбовкувати (*таємницю*) 3) щебетати; стрекотіти (*про сороку*) 4) дзюрчати 5) деренчати 6) стукати, клацати (*зубами*); **~terbox** *n* базіка, балакун, торохтій

chattel [ˈtʃætl] *n* (*зазв. pl*) *юр.* рухоме майно (*тж* **~s personal**)

chauffeur [ˈʃəʊfə, ʃəʊˈfɜː] *n* шофер

chauvin||ism [ˈʃəʊvɪnɪz(ə)m] *n* шовінізм; **~ist** *n* шовініст

cheap [tʃiːp] *a* 1) дешевий; недорогий 2) знецінений (*про валюту*) 3) нічого не вартий 4) поганий; ниций, підлий

cheat [tʃiːt] **1.** *n* 1) шахрайство; обман 2) шахрай; пройдисвіт; ошуканець; крутій **2.** *v* 1) шахраювати; обдурювати 2) уникати (*чого-н.*)

check [tʃek] **1.** *n* 1) контроль, перевірка 2) перешкода; зупинка; затримка 3) *амер.* шах 4) *амер.* рахунок (*у ресторані*) 5) ярлик; баґажна квитанція 6) корінець (*квитка й под.*) **2.** *v* 1) перевіряти, контролювати 2) зупиняти; стримувати; перешкоджати 3) *шах.* оголошувати шах; **~mate 1.** *n* 1) *шах.* шах і мат (*ужив. тж як int*) 2) повна поразка, розгром **2.** *v* 1) *шах.* оголосити мат 2) завдати повної поразки; паралізувати супротивника 3) зруйнувати плани; **c.-out** *n* 1) контроль, випробування 2) контрольно-пропускний пункт; **c.-room** *n* 1) ґардероб, роздягальня 2) камера схову; **c.-taker** *n* 1) *театр.* білетер 2) *зал.* кондуктор, провідник; **~up** *n* огляд, перевірка; ревізія

cheek [tʃiːk] *n анат.* щока; **~bone** *n* вилиця

cheeky [ˈtʃiːkɪ] *a* нахабний, зухвалий

cheep [tʃiːp] **1.** *n* писк **2.** *v* пищати; **~er** *n* 1) пташеня 2) пискун (*про дитину*); малюк 3) молода куріпка

cheer [tʃɪə] **1.** *n* 1) схвальний (вітальний) вигук; **~s!** ура! 2) *pl* оплески, схвальні вигуки 3) настрій 4) веселощі; пожвавлення **2.** *v* 1) вітати гучними вигуками й оплесками 2) підбадьорювати; надихати й заохочувати схвальними вигуками 3) оплескувати; **~less** *a* безрадісний, похмурий, понурий; сумний; **~y** 1) бадьорий, пожвавлений 2) веселий, радісний; підбадьорливий 3) запанібратський

chees||e [tʃiːz] *n кул.* сир; **c.-cloth** *n* марля; **c.-paring 1.** *n* 1) скоринка сиру (*відрізана*) 2) *перен.* скнарість; дріб'язковість 3) *pl* відходи, покидьки **2.** *a* скупий; дріб'язковий; **~y** *a* сирний

cheetah [ˈtʃiːtə] *n зоол.* ґепард

chef [ʃef] *n* шеф-кухар, головний кухар

chem||ical [ˈkemɪk(ə)l] **1.** *n pl* хімікалії; хімічні препарати **2.** *a* хімічний; **~ist** *n* 1) хімік 2) аптекар; фармацевт; **~istry** *n* хімія

cheque [tʃek] **1.** *n фін.* банківський чек **2.** *v*: **to c. out** отримувати за чеком; **c.-book** *n* чекова книжка

chequer [ˈtʃekə] **1.** *n* 1) *pl амер.* шашки (*гра*) 2) (*зазв. pl*) картата тканина **2.** *v* 1) графити у клітинку 2) розміщати в шаховому порядку 3) урізноманітнювати; **~ed** *a* 1) картатий; строкатий 2) шаховий, розташований у шаховому порядку 3) різноманітний; мінливий

cherish [ˈtʃerɪʃ] *v* 1) турботливо вирощувати (*рослини*) 2) ніжно любити (*дітей*) 3) плекати (*надію та под.*) 4) зберігати (*у пам'яті*) 5) високо цінувати, дорожити

cherry [ˈtʃerɪ] **1.** *n* 1) *бот.* вишня; вишневе дерево 2) вишня (*плід*) 3) вишневий колір (*тж* **~ red**) **2.** *a* 1) вишневий 2) вишневого кольору, темно-червоний; **c.-tree** *n* вишневе дерево

cherub [ˈtʃerəb] *n* (*pl тж* -im) *рел.* херувим

chess I [tʃes] *n спорт.* шахи; **c.-board** *n спорт.*

шахівниця; **c.-man** *n спорт.* шахова фігура; **c.-player** *n спорт.* шахіст
chess II [tʃes] *n* віконна рама
chest [tʃest] *n* 1) ящик; скриня 2) *анат.* грудна клітка, груди 3) скарбниця; фонд
chestnut [ˈtʃesnʌt] **1.** *n* 1) *бот.* каштан, каштанове дерево (*тж* Spanish *або* Sweet ~) 2) каштан (*плід*) 3) каштановий колір **2.** *a* 1) штановий 2) каштанового кольору 3) гнідий (*про коня*)
chest-voice [ˈtʃestvɔɪs] *n* грудний (низький) голос
chevalier [ˌʃevəˈlɪə] *n іст.* рицар 2) кавалер ордена 3) (ґалантний) кавалер 4) *іст.* шевальє (*дворянин у Франції*)
chew [tʃuː] **1.** *n* 1) жуйка 2) тютюн для жування 3) жування **2.** *v* 1) жувати, розжовувати 2) обмірковувати, розмірковувати (*часто* ~ on, ~ upon)
chicane [ʃɪˈkeɪn] **1.** *n* 1) причіпка 2) махінації 3) крутійство 4) софістика **2.** *v* 1) чіплятися, присікуватися 2) займатися крутійством
chicken [ˈtʃɪkɪn] *n* 1) курча, пташеня; *амер. тж* курка, півень 2) *кул.* курка; **c.-hearted** *a* боягузливий, легкодухий; **c.-liver** *n* боягуз
chief [tʃiːf] **1.** *n* 1) голова, керівник; лідер; начальник; завідувач, директор 2) вождь, ватажок; володар **2.** *a* 1) головний, керівний; старший 2) основний, найважливіший, головний; **~ly** *adv* найбільше, особливо; переважно; перш за все; здебільшого; **~tain** *n* [-tən] вождь, ватажок (*племені*)
chignon [ˈʃiːnjɒn] *n* шиньйон
chilblain [ˈtʃɪlbleɪn] *n* 1) обмороження 2) обморожене місце
child [tʃaɪld] *n* (*pl* -ren) 1) дитина; дитя; маля 2) дитина, хлопчик; дівчинка 3) нащадок 4) породження; витвір; **c.-bearing** *n* дітородіння, пологи; **~hood** *n* дитинство; **~ish** *a* 1) дитячий 2) дитинний, несерйозний; інфантильний; незрілий; легковажний; **~less** *a* бездітний; **~like** *a* простий, невинний, чистий; щирий, по-дитячому безпосередній; **~'s play** *n* легке завдання, дріб'язкова справа
chiliad [ˈkɪlɪæd] *n* 1) тисяча 2) тисячоріччя
chill [tʃɪl] **1.** *n* 1) холод; охолодження 2) застуда 3) прохолодність; холодність (*у стосунках*) 4) розчарування, зневіра **2.** *a* 1) (неприємно) холодний, студений 2) прохолодний; непривітний 3) байдужий; нечулий **3.** *v* 1) охолоджувати; студити 2) охолоджуватися, холодіти, холонути 3) розчаровувати; засмучувати 4) відчувати остуду; **~y** *a* 1) зимний, холодний, прохолодний (*про погоду*) 2) мерзлякуватий 3) сухий, холодний, напружений; бундючний; манірний
chime [tʃaɪm] **1.** *n* 1) дзвони 2) *pl* дзвін **2.** *v*

1) дзвонити (*про дзвони*) 2) пробити (*про годинник*)
Chimera [k(a)ɪˈmɪ(ə)rə] *n* 1) *міф.* Химера; потвора, чудовисько 2) (с.) химера, фантазія, нездійсненна мрія
chimney [ˈtʃɪmnɪ] *n* 1) труба (*витяжна*); димар 2) лампове скло 3) жерло вулкана, кратер
chimpanzee [ˌtʃɪmpænˈziː] *n зоол.* шимпанзе
chin [tʃɪn] *n* підборіддя
china [ˈtʃaɪnə] **1.** *n* порцеляна, порцелянові вироби **2.** *a* порцеляновий
chine I [tʃaɪn] *n* 1) спинний хребет тварини 2) філей 3) гірське пасмо
chine II [tʃaɪn] *n* ущелина
Chinese [ˈtʃaɪˈniːz] **1.** *a* китайський **2.** *n* 1) китаєць 2) китайська мова
chink I [tʃɪŋk] **1.** *n* 1) дзенькання; бряжчання 2) тріскотіння, цокотіння (*коників*) 3) напад судомного кашлю (конвульсивного сміху) **2.** *v* 1) дзвеніти, бряжчати, дзенькати 2) замазувати щілини 3) *амер.* розтріскуватися 4) судомно кашляти; конвульсивно сміятися
chink II [tʃɪŋk] *n* щілина, тріщина, розколина, свердловина
chip [tʃɪp] **1.** *n* 1) тріска, скалка 2) уламок (*каменя*); скалка (*скла*); відбитий шматок (*посуду*) 3) щербина; зазубина 4) *pl амер.* чипси, смажена хрустка картопля 5) фішка, марка (*в іграх*) 6) нічого не варта річ 7) *pl* скалля (щебінь), жорства **2.** *v* 1) стругати, обтісувати 2) відколювати(ся), відламувати(ся) 3) відбивати край (*посуду й под.*) 4) спотикатися
chiromancy [ˈkaɪ(ə)rəmænsɪ] *n* хіромантія, ворожіння по руці
chiropody [kɪˈrɒpədɪ] *n* педикюр
chirp [tʃɜːp] *n* цвірінчання; щебет, щебетання; крик (*птахів*)
chirrup [ˈtʃɪrəp] **1.** *n* щебет, щебетання; цвірінькання; скрекотання **2.** *v* щебетати; цвірінчати; скрекотати
chit I [tʃɪt] *n* 1) дитинка; крихітка 2) розписка
chit II [tʃɪt] **1.** *n* паросток **2.** *v* пускати паростки, проростати
chit-chat [ˈtʃɪttʃæt] *n* 1) балаканина, базікання 2) пересуди, поговір
chiton [ˈkaɪt(ə)n, ˈkaɪtɒn] *n іст.* хітон (*одяг стародавніх греків*)
chivalr‖ous [ˈʃɪv(ə)lrəs] *a* 1) рицарський 2) шляхетний, великодушний; **~y** *n* рицарство
chock [tʃɒk] **1.** *n* 1) клин 2) підставка; підпора **2.** *v* підпирати (*тж* ~ off); підкладати підпору
chocolate [ˈtʃɒklət] *n* 1) шоколад 2) *pl* шоколадні цукерки 3) шоколадний колір **2.** *a* 1) шоколадний 2) шоколадного кольору
choice [tʃɔɪs] **1.** *n* 1) вибір; відбір, добір 2) вибір, асортимент 3) альтернатива; можливість

вибору 4) вибране 5) обранець; обраниця 2. *a* 1) добірний, найкращий 2) вишуканий, витончений 3) розбірливий, вибагливий, примхливий; **~ly** *adv* обережно, вибагливо, ретельно, старанно
choir [ˊkwaɪə] 1. *n* 1) церковний хор 2) хоровий ансамбль 2. *v* співати хором
choke-full [ˏtʃəʊkˊfʊl] *a* ущерть напханий, переповнений
cholera [ˊkɒlərə] *n мед.* холера; **~ic** *a мед.* холерний
choose [tʃuːz] *v* (chose; chosen) 1) вибирати, добирати 2) обирати 3) вирішувати, зважуватися, уважати за необхідне; надавати перевагу (*часто* ~ rather); **~er** *n* той, хто вибирає
chop I [tʃɒp] *n* (*зазв. pl*) щелепа
chop II [tʃɒp] 1. *n* 1) удар (*сокирою*) 2) відбивна котлета 3) тріщина, щілина 4) сорт 5) печатка, штамп 6) перерва; коливання 7) обмін 8) легке хвилювання, брижі (*на морі*) 2. *v* 1) рубати (*сокирою та под.*) 2) нарізувати; шаткувати 3) переривати, обривати 4) сперечатися 5) обмінювати, міняти 6) змінюватися (*про вітер*) 7) вагатися; **~py** *a* 1) мінливий, поривчастий (*про вітер*) 2) неспокійний (*про море*) 3) потріскений, порепаний
choral(e) [kɔˊrɑːl] *n муз.* хорал
chord I [kɔːd] *n* 1) *поет.* струна (*тж перен.*) 2) *анат.* зв'язка 3) *мат.* хорда
chord II [kɔːd] *n* 1) *муз.* акорд 2) гармонія; гармонійне сполучення (*барв*)
choreographer [ˏkɒrɪˊɒgrəfə] *n* балетмейстер, хореограф
chorus [ˊkɔːrəs] *n* хор; **in ~.** хором
chose [tʃəʊz] *past від* **choose**
chosen [ˊtʃəʊz(ə)n] *p. p. від* **choose**
chrestomathy [kreˊstɒməθɪ] *n* хрестоматія, збірник текстів
chrism [ˊkrɪz(ə)m] *n церк.* 1) єлей, миро 2) миропомазання 3) конфірмація
Christ [kraɪst] *n* Христос; месія; **~en** [krɪsn] *v* 1) хрестити 2) давати ім'я під час хрещення 3) давати ім'я (прізвисько); **~endom** [ˊkrɪsndəm] *n* 1) християнський світ 2) збір. християни; **~ening** *n церк.* хрещення; хрестини; **~ianity** *n* християнство, християнська віра; **~mas** *n* Різдво (Христове) (*скор. тж* Xmas); **Father ~mas** Святий Миколай; **~mas tree** *n* різдвяна ялинка
chromatic [krəʊˊmætɪk] *a* 1) *спец.* хроматичний; кольоровий 2) *муз.* хроматичний
chron‖ic [ˊkrɒnɪk] 1. *n* хронік. *a* 1) хронічний; затяжний; задавнений (*про хворобу*) 2) невиправний 3) постійний; звичний; **c. doubts** вічні сумніви; **~icle 1.** *n* 1) хроніка (*історична*); літопис 2) літописець 2. *v* 1) заносити (*до щоденника й под.*) 2) відзначати (*у пресі*)

вести хроніку; **~icler** *n* 1) хронікер 2) літописець; **~ology** *n* 1) хронологія 2) хронологічна таблиця
chuckle-head [ˊtʃʌklhed] *n* бовдур, йолоп, безвь, телепень
church [tʃɜːtʃ] *n* церква; храм; **c.-goer** *n* людина, яка регулярно відвідує церкву; побожна людина; **~man** *n* 1) духовна особа, церковник 2) віруючий; **c. service** *n* церковна відправа, богослужіння
churl [tʃɜːl] *n* 1) груба, погано вихована людина 2) скнара 3) мужлай, селюк
cicatri‖ce [ˊsɪkətrɪ(ː)s] *n мед.* шрам, рубець; **~ze** *v мед.* 1) загоювати 2) гоїтися, рубцюватися 3) покривати(ся) рубцями (шрамами)
Cicero [ˊsɪsərəʊ] *n* Цицерон; красномовний оратор (промовець)
cicerone [ˏsɪsəˊrəʊnɪ, ˏtʃɪtʃəˊrəʊnɪ] *n* (*pl* -ni) провідник, гід, чичероне
cigarette [ˏsɪgəˊret] *n* сигарета; цигарка; **c.-lighter** *n* запальничка
cinchona [sɪŋˊkəʊnə] *n* 1) *бот.* хінне дерево 2) *фарм.* хінна кора; хінін
cineaste [ˊsɪnɪæst] *n* 1) кінематографіст 2) знавець і шанувальник кіно
cine-film [ˊsɪnɪfɪlm] *n* кіноплівка
cinema [ˊsɪnəmə] *n* 1) кіно, кінематографія, кінематограф (*тж* the ~) 2) кінотеатр 3) кінофільм; **c.-goer** *n* кіноглядач
cinnamon [ˊsɪnəmən] *n* кориця
cipher [ˊsaɪfə] **1.** *n* 1) шифр, код, тайнопис; **in ~** зашифрований 2) *мат.* нуль 3) нуль; нікчема, нікчемність 4) монограма, вензель 5) арабська цифра 2. *v* 1) шифрувати, зашифровувати 2) вираховувати, підраховувати, обчисляти (*часто* ~ out)
circa [ˊsɜːkə] *prep лат.* приблизно, близько (*скор.* с.)
circle [ˊsɜːkl] **1.** *n* 1) коло, круг; кільце 2) *театр.* ярус 3) округа 4) група, коло (*людей*) 5) гурток 6) сфера, галузь 7) кругообіг; цикл 8) *астр.* орбіта **2.** *v* 1) рухатися по колу; обертатися; кружляти 2) оточувати 3) циркулювати; **~t** *n* 1) кружок, кружальце 2) вінчик, вінець; діадема 3) кайма, обручка 4) браслет
circular [ˊsɜːkjʊlə] **1.** *n* 1) циркуляр 2) реклама; проспект **2.** *a* 1) круглий 2) круговий, кільцевий 3) кільцевий 4) дуговий 5) кружний, обхідний 6) циркулярний
circumambiency [ˏsɜːkəmˊæmbɪənsɪ] *n* 1) оточення 2) навколишнє середовище
circumgyration [ˏsɜːkəmˏdʒaɪ(ə)ˊreɪʃ(ə)n] *n* обертання (навколо своєї осі); кружляння
circumnavigate [ˏsɜːkəmˊnævɪgeɪt] *v* здійснювати кругосвітню подорож
circumscription [ˏsɜːkəmˊskrɪpʃ(ə)n] *n* 1) окреслення, межа 2) *спец.* периферія

3) обмеження (*прав і под.*) 4) район; округа 5) оточення, середовище

circumsolar [ˌsɜːkəmˈsəʊlə] *а астр.* що обертається навколо Сонця; близький до Сонця

circumspect [ˈsɜːkəmspekt] *а* 1) обережний, обачний 2) обміркований, продуманий

circumstan‖ce [ˈsɜːkəmstæns, ˈsɜːkəmstəns] *n* 1) обставина; випадок; факт; нагода 2) *pl* обставини, умови 3) *pl* матеріальне становище 4) подробиця, деталь 5) церемонія; **~ced** *а* поставлений у певні умови; **~tial** 1. *n pl* деталі; подробиця 2. *а* 1) докладний, детальний; ґрунтовний 2) випадковий

circumvent [ˌsɜːkəmˈvent] *v* 1) обдурити, ошукати 2) підвести, спровокувати; заманити в пастку 3) розладнувати, руйнувати (*плани*); **~ion** *n* обман, хитрість, виверт

circus [ˈsɜːkəs] *n* 1) цирк 2) арена; манеж 3) циркова вистава

cistern [ˈsɪstən] *n* 1) цистерна, бак; резервуар 2) водойма, водоймище

citadel [ˈsɪtəd(ə)l] *n* 1) фортеця, цитадель 2) твердиня; захист; захисток

citation [saɪˈteɪʃ(ə)n] *n* 1) цитування; посилання (*на автора й под.*), згадка; цитата 2) перелік 3) *юр.* виклик до суду

cite [saɪt] *v* 1) посилатися; цитувати, 2) цитувати 3) перелічувати, згадувати 4) *юр.* викликати до суду

citizen [ˈsɪtɪz(ə)n] *n* 1) громадянин; громадянка 2) містянин, містянка; **~ry** *n* цивільне населення, громадяни; **~ship** *n* 1) громадянство 2) громадянськість; права й обов'язки громадянина

citric [ˈsɪtrɪk] *а* лимонний

city [ˈsɪtɪ] *n* 1) (велике) місто 2): (the C.) Сіті; діловий центр Лондона (Нью-Йорка)

civil [ˈsɪv(ə)l] *а* 1) громадянський; **c. rights** права громадян 2) цивільний, невійськовий 3) *юр.* цивільний (*не кримінальний*) 4) календарний (*про місяць, рік*) 5) увічливий, коректний 6) цивілізований; **~ian** *n* 1) цивільний; цивільна особа 2) *pl* цивільне населення 3) *юр.* фахівець із цивільного права; **~ity** *n* 1) увічливість, коректність, чемність, люб'язність 2) вихованість, освіченість; **~ization** *n* 1) цивілізація, цивілізованість 2) культура, цивілізація 3) цивілізований світ; **~ise** *v* 1) цивілізувати(ся) 2) виховати; навчити поводитися; **~ised** *а* 1) цивілізований 2) вихований, культурний; **~ly** *adv* чемно, коректно, ґречно, люб'язно

claim [kleɪm] 1. *n* 1) вимога; претензія 2) твердження, заява 3) позов 4) рекламація 2. *v* 1) претендувати (*на що-н.*) 2) вимагати 3) *амер.* стверджувати, заявляти; **~ant** *n* пред'явник прав; претендент; позивач

clairvoyan‖ce [kleəˈvɔɪəns] *n* 1) ясновидіння 2) проникливість; здатність передбачати події; **~t.** *n* ясновидець, провидець 2. *а* далекоглядний, прозорливий; передбачливий

clamber [ˈklæmbə] 1. *n* видирання (*угору*); важкий підйом 2. *v* видиратися, чіплятися (*за що-н.*)

clammy [ˈklæmɪ] *а* 1) клейкий, липкий; в'язкий 2) холодний і вологий (*про погоду*)

clamour [ˈklæmə] 1. *n* 1) шум, галас 2) гучні вимоги) обурення, ремствування, нарікання 4) стукіт (*коліс*); гуркіт (*машини*) 2. *v* 1) кричати, галасувати, шуміти 2) голосно вимагати; протестувати 3) примусити замовкнути; заглушити; **~ous** *а* 1) гучний, крикливий; галасливий 2) настійний, наполегливий 3) невідкладний; терміновий

clandestine [klænˈdestɪn] *а* таємний, прихований; нелегальний

clang [klæŋ] 1. *n* 1) брязкіт, дзенькіт, різкий металевий звук 2) зойк; пронизливий звук 3) крик (*птахів*) 4) курликання (*журавлів*) 5) галас 2. *v* 1) брязкотіти, дзенькотіти, дзвеніти 2) пронизливо кричати; верещати 3) курликати (*про журавлів*)

clank [klæŋk] 1. *n* дзенькіт, брязкіт; брязкання 2. *v* гриміти (*ланцюгом*); бряжчати; дзвеніти, дзенькати

clap [klæp] 1. *n* 1) ляскіт; ляскання 2) удар (*грому*) 3) *pl* оплески 4) несподіванка 2. *v* 1) ляскати, плескати; оплескувати 2) грюкати (*дверима*)

claret [ˈklærət] *n* 1) бордо (*вино*) 2) червоне вино, кларет 3) колір бордо; темно-червоний колір

clarinet [ˌklærɪˈnet] *n муз.* кларнет; **~ist** *n* кларнетист

clarion [ˈklærɪən] 1. *n* 1) гучний, чистий звук 2) заклик, поклик 2. *а* гучний, чистий (*про звук*)

clarity [ˈklærɪtɪ] *n* 1) чистота, прозорість 2) ясність

clash [klæʃ] 1. *n* 1) брязкіт (*зброї*); брязкання, дзенькіт 2) гул (*дзвонів*) 3) сутичка; зіткнення; конфлікт 4) розбіжність, суперечність 2. *v* 1) стикатися, стукатися 2) суперечити одне одному; розходитися (*у поглядах*) 3) збігатися (*у часі*) 4) заважати одне одному 5) дисгармоніювати

clasp [klɑːsp] 1. *n* 1) пряжка, застібка 2) потиск, стискання; обійми 3) *тех.* затискач 2. *v* 1) застібати (*на пряжку*) 2) стискувати, обіймати 3) обвиватися (*про рослину*)

class [klɑːs] 1. *n* 1) клас; розряд; група; категорія 2) сорт, ґатунок; якість 3) відмінність 4) курс (*навчання*) 5) *амер.* випуск (*студентів і под.*) 2. *а* 1) класовий 2) класифікаційний 3) навчальний; класний 3. *v* 1) класифікувати, сортувати 2) розподіляти відзнаки; **c.-fellow** *n* однокласник, шкільний товариш; **~room** *n* клас, класна кімната; аудиторія

classic [ˈklæsɪk] **1.** *n* 1) класик 2) фахівець з античної філології 3) класичний твір 4) *pl* класичні мови; класична (антична) література **2.** *a* 1) класичний, античний 2) зразковий, взірцевий 3) історичний; **~ize** *v* наслідувати класичний стиль

classi‖fication [ˌklæsɪfɪˈkeɪʃ(ə)n] *n* 1) класифікація; розподіл 2) визначення категорій (розрядів *і под.*); **~fy** *v* 1) класифікувати 2) розподіляти за сортами; сортувати

classless [ˈklɑːslɪs] *a* безкласовий

clause [klɔːz] *n* 1) стаття, пункт (*у договорі*) 2) *грам.* речення (*як частина складного речення*)

clavicle [ˈklævɪkl] *n анат.* ключиця

clavier [ˈklæviə] *n* 1) *муз.* клавіатура 2) клавір

claw [klɔː] **1.** *n* 1) пазур 2) лапа **2.** *v* 1) дряпати 2) загрібати (*гроші*)

clay [kleɪ] **1.** *n* 1) глина, глинозем 2) мул, твань; багно 3) людське тіло, плоть **2.** *v* обмазувати глиною; **~ey** [ˈkleɪɪ] *a* глинистий

clean [kliːn] **1.** *n* чищення, прибирання **2.** *a* 1) чистий; охайний 2) чистий, без домішок 3) незаплямований, непорочний 4) гладкий, рівний 5) спритний 6) доброчесний 7) зрозумілий, ясний; безсумнівний 8) повний, цілий, увесь 9) логічний; світлий (*про розум*) **3.** *v* 1) чистити, очищати 2) протирати 3) промивати (*золото*) **4.** *adv* повністю, цілком, зовсім; **~er** *n* 1) прибиральник, чистильник 2) засіб для чищення; **c.-fingered** *a* чесний, непідкупний; **~ing** *n* чищення, прибирання; очищення; **c.-limbed** *a* пропорційний, ставний, стрункий (*про фігуру*); **~liness** *n* чистота; чепурність; охайність; **~ly 1.** *a* охайний **2.** *adv* чисто; цнотливо; доброчесно

clear [klɪə] **1.** *a* 1) чистий 2) ясний, світлий 3) прозорий 4) ясно чутний, чіткий 5) зрозумілий, ясний 6) ясний (*про розум*) 7) чистий (*про вагу й под.*) 8) вільний 9) цілий, повний **2.** *v* 1) висвітлювати, проливати світло; роз'яснювати 2) звільняти, очищати 3) евакуювати 4) виправдовувати; розсіювати (*підозри й под.*) 5) отримувати чистий прибуток 6) сплачувати мито 7) проходити повз, минати 8) з'ясовуватися **3.** *adv* 1) зрозуміло; **to see one's way ~** не мати ускладнень 2) зовсім, цілком; **~ headed** *a* розсудливий, із ясним розумом; **~ing** *n* 1) прояснення, очищення 2) *ком.* розпродаж за зниженими цінами; **~ly** *adv* зрозуміло; очевидно; безсумнівно; безперечно; звісно (*у відповіді*); **c.-sighted** *a* проникливий, далекоглядний, прозорливий; **~way** *n мор.* фарватер

clef [klef] *n муз.* ключ

cleft [kleft] *n* тріщина, розколина

cleg [kleɡ] *n ент.* ґедзь

clemen‖cy [ˈklemənsɪ] *n* 1) милосердя; поблажливість 2) м'якість, помірність (*клімату*); **~t** *a* 1) милосердний, милостивий 2) м'який, помірний (*про клімат*)

clench [klentʃ] **1.** *n* 1) стискання (*кулаків*) 2) зціплювання (*зубів*) 3) скоба; затискач 4) переконливий аргумент **2.** *v* 1) стискувати (*кулаки*) 2) зціплювати (*зуби*) 3) захоплювати, затискати 4) стверджувати, остаточно вирішувати 5) прибивати, заклепувати (*молотком*) 6) зміцнювати (*нерви*)

clergy [ˈklɜːdʒɪ] *n* духівництво, клір; **~man** *n* священик

clerk [klɑːk] **1.** *n* 1) клерк, діловод; конторський службовець 2) чиновник; секретар **2.** *v амер.* служити, бути чиновником

clever [ˈklevə] *a* 1) розумний 2) спритний; умілий, вправний 3) здібний, талановитий; обдарований; **~ness** *n* 1) обдарованість; здібність 2) спритність 3) вправність, уміння, умілість

cliche [ˈkliːʃeɪ] *n* штамп; заяложена фраза

click [klɪk] **1.** *n* клацання **2.** *v* клацати

client [ˈklaɪənt] *n* 1) клієнт 2) постійний покупець, замовник

cliff [klɪf] *n* 1) прямовисна скеля; стрімчак, бескид 2) круте урвище

climacteric [klaɪˈmæktərɪk, ˌklaɪmækˈterɪk] **1.** *n* 1) *фізіол.* клімактерій, критичний вік 2) критичний період **2.** *a* 1) *фізіол.* клімактеричний 2) критичний, небезпечний

climat‖e [ˈklaɪmɪt] *n* 1) клімат *перен.* атмосфера; настрій; **~ic** *a* кліматичний

climax [ˈklaɪmæks] **1.** *n* 1) найвища точка, кульмінаційний пункт 2) наростання **2.** *v* дійти (довести) до кульмінації

climb [klaɪm] **1.** *n* 1) підйом, сходження 2) *ав.* набирання висоти **2.** *v* 1) підніматися, видиратися 2) витися, кучерявитися (*про рослини*) 3) робити кар'єру 4) *ав.* набирати висоту; **c.-down** *n* 1) спуск 2) поступка (*у суперечці*) 3) приниження

cling [klɪŋ] *v* (clung) (*часто* ~ to) 1) чіплятися; прилипати 2) лишатися вірним (*поглядам, друзям*); **~y** [-ŋɪ]*a* липкий, чіпкий

clinic [ˈklɪnɪk] *n* 1) клініка, лікарня 2) амбулаторія, медпункт; **~al** *а мед.* клінічний; **~al record** історія хвороби

clink [klɪŋk] **1.** *n* 1) дзвін, дзенькіт (*скла*) 2) сильний різкий удар **2.** *v* 1) дзвеніти; звучати 2) дзенькати, брязкати

cloak [kləʊk] **1.** *n* 1) плащ; мантія *перен.* покрив 3) привід; маска, машкара, личина **2.** *v* 1) покривати плащем; одягати плащ 2) приховувати, прикривати, маскувати; **c.-room** n ґардероб, роздягальня

clock [klɒk] n годинник (стінний і под.); **like a c.** пунктуально; **c.-face** n циферблат; **~wise** за годинниковою стрілкою **c.-work** 1. n годинниковий механізм 2. a 1) точний 2) заводний

clod [klɒd] 1. n 1) грудка, брила 2) згусток (зсідок) крові 3) прах, мертве тіло 4) шия (м'ясної туші) 5) телепень, бовдур, йолоп 2. v 1) злежуватися грудками 2) зсідатися, згортатися (про кров); **~dish** a 1) дурний 2) флегматичний; незграбний

cloist‖**erer** [ˈklɔɪstərə] n чернець; **~ral** a 1) монастирський; чернечий 2) засланий у монастир 3) усамітнений; **~ress** n черниця

clop [klɒp] n стукіт (копит)

close I [kləʊs] 1. a 1) зачинений, закритий 2) відлюдний, самітний, самотній 3) близький, інтимний 4) близький (час і місце) 5) щільний, компактний 6) густий (ліс) 7) майже рівний (шанс) 8) точний 9) уважний; ретельний; докладний 10) усамітнений, прихований; таємний 11) скупий 2. adv близько; **c.-fisted** a скупий

close II [kləʊz] 1. n 1) кінець; завершення 2) закриття 2. v 1) закривати(ся) 2) закінчувати; завершувати 3) підходити близько; зближуватися 4) домовлятися (with); **~ly** adv l) близько 2) тісно; щільно 3) уважно, ретельно; докладно; пильно; **~ly-knit** a згуртований; **~ness** n 1) близькість, наближеність 2) щільність 3) задуха, задушливість 4) скнарість 5) самотність, самота; відлюдність; **c.-out** n розпродаж

closet [ˈklɒzɪt] n 1)прикомірок 2) кабінет 3) вбиральня

cloth [klɒθ] n 1) тканина; сукно; полотнина 2) полотно 3) скатерка, скатертина; **~es** n pl 1) одяг, одежа, убрання 2) (постільна) білизна 3) пелюшки

cloud [klaʊd] n 1) хмара 2) клуби (диму й под.) 3) безліч, сила, сила-силенна 4) пелена 2. v 1) хмаритися, укривати(ся) хмарами 2) затьмарювати(ся) 3) заплямовувати (репутацію); **~burst** n злива; **c.-castle** n повітряні замки, мрії, фантазії; **~land** n 1) казкова країна, світ мрій 2) безплідні ідеї; туманні міркування; **~less** a безхмарний, ясний; **~let** n хмарина, хмаринка

clown [klaʊn] 1. n 1) клоун 2) блазень 3) неотесаний селюк 2. v: **to c.** блазнювати; **~ery** n клоунада; блазенство

cloy [klɔɪ] v пересичувати

club I [klʌb] 1. n 1) кийок; ціпок; палиця 2) спорт. ключка; битка 3) приклад (рушниці) 2. v бити палицею (кийком і под.)

club II [klʌb] n pl карт. трефи

club III [klʌb] 1. n 1) клуб 2. v 1) збиратися разом 2) улаштовувати складчину (together, with); **~bable** a товариський; компанійський; **~man** n член клубу

clue [kluː] n 1) ключ (до розгадки чого-н.) 2) юр. доказ 3) нитка (розповіді й под.); хід думок

clump [klʌmp] 1. n 1) брила, грудка 2) колода 3) звук важких кроків 2. v 1) збирати у групу 2) важко ступати (заст. ~ up, down, along)

clumsy [ˈklʌmzɪ] a 1) незграбний, неправильний, неповороткий 2) грубий, неоковирний 3) нетактовний

clung [klʌŋ] past і p. p. від **cling**

cluster [ˈklʌstə] 1. n 1) пучок, жмуток; ґроно 2) група, купа 3) рій (бджіл) 4) скупчення 2. v 1) рости пучками (ґронами) 2) збиратися групами; товпитися, юрмитися 3) бути тісно пов'язаним

clutch [klʌtʃ] 1. n 1) pl кігті; лапи 2) стиск, затиск, хватка 3) перен. лещата 4) гніздо з яйцями 5) виводок (курчат і под.) 2. v 1) схоплювати, затискувати 2) ухопитися 3) висиджувати (курчат)

clutter [ˈklʌtə] 1. n 1) метушня 2) безладдя, хаос 3) шум, гамір 2. v 1) зчиняти метушню, метушитися 2) призводити до безладу, захаращувати речами (часто ~ up) 3) створювати перешкоди, заважати 4) учиняти галас, шуміти

coach I [kəʊtʃ] 1. n 1) автобус 2) карета, екіпаж 2. v їхати (перевозити) каретою; **~man** n кучер

coach II [kəʊtʃ] 1. n 1) репетитор 2) тренер; інструктор 2. v готувати до іспиту (до змагань)

coal [kəʊl] n (кам'яне) вугілля; **c.-mine** n вугільна шахта, копальня

coalition [ˌkəʊəˈlɪʃ(ə)n] n коаліція; спілка, союз (тимчасовий); **~ist** [ˌkəʊəˈlɪʃ(ə)nɪst] n учасник коаліції

coarse [kɔːs] a 1) грубий (про їжу, одяг і под.); **c. thread** цупкі нитки 2) грубий; **c. sand** зернистий пісок 3) низького ґатунку 4) грубий, нечемний, непоштивий 5) непристойний, вульгарний; **~n** v 1) робити грубим 2) грубішати

coast [kəʊst] 1. n морський берег, узбережжя 2. v плавати вздовж узбережжя; **~al** n судно берегової охорони 2. a береговий, прибережний

coat [kəʊt] 1. n 1) піджак; мундир; френч; кітель 2) верхній одяг, пальто 3) хутро; шерсть, вовна; шкура (тварини) 4) анат. оболонка 5) шар, покрив 2. v 1) покривати шаром (фарби й под.) 2) ґрунтувати, обличковувати; **~ing** n 1) шар (фарби й под.) 2) покриття, ґрунтування

coax [kəʊks] **1.** *n* 1) підлесник 2) підслива розмова **2.** *v* 1) упрошувати, умовляти; задобрювати 2) домагатися лестощами (умовлянням) (into, out of); **~ing 1.** *pres. p. від* **coax 2 2.** *n* задобрювання, умовляння

cobble [ˈkɒb(ə)l] **1.** *n* 1) кругляк; камінь бруківки 2) грубе шиття 3) погано виконана робота **2.** *v* 1) брукувати 2) грубо лагодити (латати) (*взуття*) 3) робити абияк

cobby [ˈkɒbɪ] *a* 1) низькорослий, кремезний 2) свавільний, упертий

cobweb [ˈkɒbweb] *n* 1) павутиння 2) легка прозора тканина 3) *pl* хитросплетення, тонкощі 4) *перен.* тенета, пастка; <> **c. morning** туманний ранок; **~by** *a* 1) затягнений павутинням; схожий на павутину 2) занедбаний, старий, пліснявий

cock I [kɒk] **1.** *n* стіг **2.** *v* складати в стоги (*сіно*)

cock II [kɒk] **1.** *n* 1) півень 2) самець (*птаха*) 3) флюґер 4) курок 5) виразний жест **2.** *v* 1) піднімати 2) зводити (*курок*); **c.-a-hoop** *a* 1) *predic.* радісний, веселий 2) самовдоволений; хвалькуватий; зарозумілий; **~crow** *n* 1) спів півнів 2) світанок; уранішня зоря

cockade [kɒˈkeɪd] *n* кокарда

cockatoo [ˌkɒkəˈtuː] *n* орн. какаду

cocker I [ˈkɒkə] *v* 1) пестити, балувати (*дітей*) 2) підтримувати, допомагати

cocker II [ˈkɒkə] *n* зоол. кокер-спанієль

cockerel [ˈkɒk(ə)rəl] *n* 1) півник 2) *перен.* забіяка, задирака

cockiness [ˈkɒkɪnɪs] *n* самовпевненість; зухвалість

cock-loft [ˈkɒklɒft] *n* 1) мансарда 2) горище

cockroach [ˈkɒkrəʊtʃ] *n* ент. тарган

cocktail [ˈkɒkteɪl] *n* коктейль

coco [ˈkəʊkəʊ] *n бот.* кокосова пальма

cocoa [ˈkəʊkəʊ] *n* какао (*порошок і напій*)

coco-nut [ˈkəʊkənʌt] *n бот.* кокос

cocoon [kəˈkuːn] *n* кокон

cod [kɒd] *n іхт.* (*pl без змін*) тріска

coddle [ˈkɒdl] *v* обварювати окропом; варити на слабкому вогні

cod∥e [kəʊd] **1.** *n* 1) код; шифр; система сигналів 2) *юр.* кодекс, звід законів **2.** *v* 1) кодифікувати 2) шифрувати, кодувати; **~ex** *n* (*pl* -dices) 1) стародавній рукопис; збірник стародавніх рукописів 2) кодекс; **~ify** *v* 1) кодифікувати 2) систематизувати (*знаки й под.*); класифікувати 3) шифрувати

cod-liver oil [ˌkɒdlɪvə(r)ˈɔɪl] *n* риб'ячий жир

co-education [ˌkəʊedjʊˈkeɪʃ(ə)n] *n* спільне навчання осіб різної статі

coefficient [ˌkəʊɪˈfɪʃ(ə)nt] *n* коефіцієнт

coenobite [ˈsiːnəbaɪt] *n* церк. чернець

coerc∥e [kəʊˈɜːs] *v* 1) стримувати 2) примушувати зробити (*що-н.*); **~ion** *n* 1) стримування (*силою*); приборкання 2) примус, присилування; насильство

coeval [kəʊˈiːv(ə)l] **1.** *n* 1) одноліток 2) сучасник **2.** *a* 1) одного віку 2) сучасний (with)

co-exist [ˌkəʊɪɡˈzɪst] *v* (with, together with) співіснувати

coexistence [ˌkəʊɪɡˈzɪst(ə)ns] *n* співіснування

coffee [ˈkɒfɪ] *n* кава; **c.-house** *n* кав'ярня; **c.-pot** *n* кавник

coffin [ˈkɒfɪn] **1.** *n* труна **2.** *v* класти у труну

cogent [ˈkəʊdʒ(ə)nt] *a* переконливий; незаперечний; обґрунтований

cogit∥able [ˈkɒdʒɪtəb(ə)l] *a* доступний розумінню; **~ate** *v* 1) обдумувати, обмірковувати; розмірковувати 2) придумувати; задумувати; **~ation** *n* 1) обдумування, міркування 2) *pl* думки, плани

cognac [ˈkɒnjæk] *n* коньяк

cogni∥tion [kɒɡˈnɪʃ(ə)n] *n* 1) знання; пізнання 2) пізнавальна здатність; **~tive** [ˈkɒɡnɪtɪv] *a* пізнавальний; **~sable** [ˈkɒɡˈniː-] *a* 1) пізнаваний *2) юр.* підсудний; **~sance** *n* 1) знання 2) компетенція 3) юрисдикція, підсудність 4) відмітний знак; значок 5) емблема, герб; **~sant** *a* знаючий; обізнаний (of — у чому-н.); **~se** *v* 1) помічати, знати *2) філос.* пізнавати

cognomen [kɒɡˈnəʊmən] *n* 1) прізвище 2) прізвисько

cognoscente [ˌkɒnjəʊˈʃentɪ] *n im.* (*pl* -ti) 1) знавець 2) мистецтвознавець

cohabit [kəʊˈhæbɪt] *v* жити разом (*у шлюбі чи поза шлюбом*); **~ant** *n* співмешканець

coheren∥ce, -cy [kəʊˈhɪə(ə)rəns, -sɪ] *n* 1) зв'язок, зчеплення 2) зв'язність, послідовність (*доказів, аргументів*) 3) узгодженість; **~t** *a* 1) зрозумілий, ясний 2) чіткий; розбірливий 3) послідовний, зв'язний 4) зв'язаний, зчеплений

cohort [ˈkəʊhɔːt] *n* 1) *д.-рим.* когорта 2) (*зазв. pl*) загін, військо 3) група людей 4) *амер.* послідовник, прихильник

coiffure [kwɑːˈf(j)ʊə] *n фр.* зачіска

coign [kɔɪn] *n архіт.* ріг (*будинку*); <> **~ of vantage** вигідна позиція

coil [kɔɪl] **1.** *n* 1) мотузка, складена витками в коло 2) виток, кільце (*чого-н.*) **2.** *v* скручуватися кільцем (спіраллю) (*часто* ~ up); згортатися

coin [kɔɪn] **1.** *n* 1) монета 2) штемпель **false ~** фальшива монета **2.** *v* 1) карбувати (*монету*) 2) вибивати (*медаль*) 3) штампувати; **~er** *n* 1) карбувальник (*монет*) 2) фальшивомонетник 3) вигадник

coincide [ˌkəʊɪnˈsaɪd] *v* 1) збігатися 2) відповідати; бути однаковим 3) дорівнювати збігатися; **~nce** [kəʊˈɪnsɪdəns] *n* 1) збіг 2) випадковий збіг обставин; **~nt** *a* 1) збіжний 2) відповідний; **~ntal** [-ˈdentl] *a* 1) випадковий 2) відповідний

coitus [ˈkɔɪtəs, ˈkəʊɪtəs] *n фізіол.* коїтус, парування, статевий акт

cold [kəʊld] **1.** *n* 1) холод, холоднеча 2) застуда; нежить **2.** *a* 1) холодний 2) байдуж(н)ий 3) непривітний, сухий 4) застарілий, нецікавий 5) спокійний, урівноважений 6) мертвий 7) фригідний 8) слабкий (*про запах*); **c.-hearted** *a* безсердечний, черствий, байдужий; **c.-livered** *a* безпристрасний, незворушний; **~ness** *n* 1) холод 2) холодність, непривітність; байдужість; **c. storage** *n* холодильник

cole [kəʊl] *n бот.* капуста

coleopterous [ˌkɒlɪˈɒptərəs] *a ент.* твердокрилий

colic [ˈkɒlɪk] *n* кольки, різкий біль

collaborat‖e [kəˈlæbəreɪt] *v* 1) співпрацювати 2) співробітничати з ворогом; **~ionist** *n* колабораціоніст; **~or** [kəˈlæbəreɪtə] *n* 1) співробітник 2) колабораціоніст

collaps‖e [kəˈlæps] **1.** *n* 1) обвал, руйнація; руйнування 2) аварія; загибель; падіння; крах 3) занепад сил, знемога, знесилення 4) *мед.* колапс 5) занепад духу 6) банкрутство **2.** *v* 1) руйнуватися, обвалюватися, завалюватися 2) зазнавати краху (*у планах і под.*) 3) дуже ослабнути; знесилюватися, виснажуватися 4) занепадати духом 5) збанкрутувати; **~ible** *a* 1) розбірний; складаний 2) відкидний

collar [ˈkɒlə] **1.** *n* 1) комір; комірець 2) намисто 3) нашийник 4) хомут **2.** *v* 1) схопити за комір; узяти за барки 2) надіти хомут (*тж перен.*); **~bone** *n анат.* ключиця

collateral [kəˈlæt(ə)rəl] **1.** *n* 1) *ком.* додаткове забезпечення 2) родич **2.** *a* 1) побічний, другорядний, допоміжний 2) непрямий 3) паралельний; рівнобіжний

collation [kəˈleɪʃ(ə)n] *n* 1) звіряння, порівнювання (*тексту*) 2) закуска, легкий сніданок; легка вечеря

colleague [ˈkɒliːg] *n* співробітник, колеґа

collect *v* [kəˈlekt] 1) збирати(ся) 2) колекціонувати 3) *ком.* інкасувати 4) заходити (*за ким-н., чим-н.*) 5) опановувати себе; зосереджуватися; збиратися з думками 6) підсумовувати, робити висновки; **~ed** *a* 1) зібраний 2) зосереджений 3) байдужий, холоднокровний; спокійний, стриманий; **~ion** *n* 1) колекція 2) зібрання; збірник 3) збирання, стягнення (*податків і под.*) 4) скупчення, зібраюсь 5) грошовий збір; *ком.* інкасо 6) *pl* іспити

collectiv‖e [kəˈlektɪv] **1.** *n* 1) колектив 2) *грам.* збірний іменник **2.** *a* 1) колективний; спільний; сукупний 2) збірний; **~ity** *n* 1) спільність 2) колектив, колективна організація 3) колективізм

collector [kəˈlektə] *n* 1) колекціонер, збирач 2) укладач збірника 3) контролер 4) збирач (*податків і под.*)

colleg‖e [ˈkɒlɪdʒ] *n* 1) університетський коледж (*у Великій Британії*) 2) приватна середня школа 3) спеціальний вищий навчальний заклад 4) корпорація; колеґія 5) *амер.* університет (*у США*); **~ian** [kɒlɪˈdʒɪən] *n* студент (випускник) коледжу; **~iate** *a* 1) університетський, академічний 2) колеґіальний

collide [kəˈlaɪd] *v* 1) стикатися, наштовхуватися; зіткнутися 2) суперечити; вступати в конфлікт

collie [ˈkɒlɪ] *n зоол.* колі, шотландська вівчарка

colligate [ˈkɒlɪgeɪt] *v* пов'язувати, узагальнювати (*факти*)

collision [kəˈlɪʒ(ə)n] *n* 1) зіткнення 2) колізія, суперечність (*інтересів*)

collocate [ˈkɒləkeɪt] *v* розташовувати, розставляти

collocutor [kəʊˈlɒkjʊtə] *n* співрозмовник

colloquial [kəˈləʊkwɪəl] *a лінґв.* розмовний; нелітературний (*про стиль, мову й под.*)

colloquy [ˈkɒləkwɪ] **1.** *n* 1) розмова, співбесіда 2) літературний твір у формі діалогу **2.** *v* говорити, обмінюватися репліками

collude [kəˈluːd] *v* таємно змовлятися (*проти кого-н.*); діяти у змові

collusion [kəˈluːʒ(ə)n] *n* змова, таємна угода

cologne [kəˈləʊn] *n* одеколон (*тж* ~ water)

colon [ˈkəʊlən] *n грам.* двокрапка

colonel [ˈkɜːn(ə)l] *n військ.* полковник

colon‖ial [kəˈləʊnɪəl] **1.** *n* мешканець колонії **2.** *a* колоніальний; **~ialism** *n* колоніалізм; колоніальний режим; **~y** *n* 1) колонія; установа спеціального призначення 2) колонія, поселення 3) *біол.* сім'я (*бджіл і под.*)

coloss‖al [kəˈlɒs(ə)l] *a* колосальний, ґрандіозний, величезний; **~us** *n* (*pl* -lossi) 1) колос 2) гігант

colour [ˈkʌlə] **1.** *n* 1) колір; відтінок; тон 2) фарба; барвна речовина, піґмент 3) колір обличчя; рум'янець 4) колорит 5) *муз.* відтінок, тембр 6) привід **2.** *v* 1) фарбувати 2) прикрашати 3) набувати забарвлення, забарвлюватися 4) червоніти (*про обличчя, плід*; *часто* ~ up) 5) накладати відбиток; **c. blindness** *n мед.* дальтонізм, нездатність розрізняти кольори; **~ful** *a* барвистий, яскравий; **~ing** *n* 1) забарвлення, барви 2) почуття кольору (*у маляра*) 3) колір 4) барвна речовина (*тж* ~ matter) 5) колорит; **~less** *a* безбарвний, блідий (*тж перен.*)

column [ˈkɒləm] *n* 1) *архіт.* колона 2) стовп(чик) 3) стовпець (*напр., цифр*); графа, колонка 4) відділ, розділ, шпальта

coma [ˈkəʊmə] *n мед.* кома, стан непритомності; **~tose** *a мед.* коматозний

comb [koʊm] **1.** *n* 1) гребінь **2.** *v* чесати, розчісувати (*волосся*)

combat [ˈkɒmbæt] **1.** *n* бій **2.** *v* змагатися, боротися (against — проти чого-н.; for — за що-н.); **~ant 1.** *n* 1) боєць; учасник бою 2) воююча сторона 3) поборник **2.** *a* 1) бойовий, лавовий 2) войовничий; **~ive** *a* 1) бойовий; войовничий 2) забіякуватий; агресивний

combin||ation [ˌkɒmbɪˈneɪʃ(ə)n] *n* 1) сполучення; комбінація; поєднання 2) союз, об'єднання (*синдикат, трест і под.*) 3) кліка, ватага, банда 4) *хім.* сполука; **~e 1.** *n* [ˈkɒmbaɪn] 1) об'єднання 2) картель, синдикат, комбінат **2.** *v* [kəmˈbaɪn] 1) об'єднувати(ся) 2) комбінувати, сполучати(ся); змішувати(ся) 3) збирати комбайном

combust [kəmˈbʌst] *v* 1) спалахувати, розгорятися 2) горіти, запалюватися; **~ible 1.** *n pl* пальне; паливо **2.** *a* горючий, займистий; **~ion** *n* 1) горіння, згоряння 2) запалювання, займання 3) *хім.* окиснення

come [kʌm] *v* (came; come) 1) приходити, підходити 2) іти, їхати 3) прибувати; приїжджати 4) траплятися, відбуватися 5) робитися, ставати 6) доходити, сягати; дорівнювати 7) випадати (*на чию-н. долю*); **c.-between** *n* посередник; посередниця; **c.-down** *n* 1) погіршення, деградація 2) розчарування 3) приниження 4) падіння; спуск; **c.-off** *n* завершення

comed||ian [kəˈmiːdɪən] *n* 1) автор комедії, комедіограф 2) комік, комедійний актор; **~y** *n* 1) комедія 2) комічний випадок 3) удавання, прикидання

comely [ˈkʌmlɪ] *a* 1) миловидий; гарнісінький 2) пристойний; належний, добрий (*про поведінку*)

comer [ˈkʌmə] *n* захожий; відвідувач

comfort [ˈkʌmfət] **1.** *n* 1) схвалення, підтримка 2) заспокоєння, відпочинок, спокій 3) комфорт, затишок 4) *pl* вигоди **2.** *v* утішати; заспокоювати; **~able** *a* 1) зручний, комфортабельний; затишний 2) спокійний; задоволений; **~ing** *a* утішливий; **~less** *a* 1) сумний, безутішний 2) незручний, незатишний; некомфортабельний

comic [ˈkɒmɪk] *a* 1) комедійний 2) комічний, гумористичний; смішний; **~ strip** комікс

coming [ˈkʌmɪŋ] **1.** *n* приїзд, прихід; прибуття **2.** *a* 1) майбутній; очікуваний 2) багатообіцяльний; який подає надії; **c.-in** *n* 1) початок 2) *pl* прибуток, дохід 3) *ком.* увезення (*товарів*)

comity [ˈkɒmɪtɪ] *n* увічливість, ґречність

comma [ˈkɒmə] *n грам.* кома; **inverted ~s** лапки

command [kəˈmɑːnd] **1.** *n* 1) команда, наказ 2) влада, контроль 3) панування, влада 4) розпорядження 5) замовлення 6) командування **2.** *v* 1) наказувати 2) командувати 3) контролювати, стримувати (*почуття й под.*) 4) мати 5) уселяти, викликати (*повагу й под.*) 6) панувати 7) підніматися 8) коштувати; приносити, давати; **~ant** [-ˈdænt] *n* 1) командир; начальник (*особ. війс. училища*) 2) комендант; **~er** *n* командир; начальник; командувач; **~er-in-chief** *n* *військ.* головнокомандувач; **~ing** *a* 1) командуючий 2) панівний, домінуючий 3) значний; переконливий; **~ment** *n* 1) наказ 2) заповідь

commemorat||e [kəˈmeməreɪt] *v* 1) відзначати (*подію*); святкувати (*річницю*) 2) ушановувати пам'ять, ознаменовувати 3) виносити подяку; **~ive** [kəˈmemərətɪv] *a* пам'ятний, меморіальний

commence [kəˈmens] *v* починати(ся)

commend [kəˈmend] *v* 1) хвалити; рекомендувати 2) привабдювати, привертати; **~ation** *n* 1) похвала 2) рекомендація

commensurate [kəˈmenʃ(ə)rɪt] *a* відповідний, сумірний

comment [ˈkɒment] **1.** *n* 1) зауваження, відгук 2) примітка, коментар, тлумачення 3) збір. балачки, судження **2.** *v* 1) робити (критичні) зауваження 2) висловлювати думку (on — про) 3) коментувати; тлумачити 4) давати негативну характеристику; **~ary** *n* 1) коментар 2) *кіно* дикторський текст 3) *pl* мемуари, нотатки, хроніка; **~ator** *n* коментатор, тлумач

commerc||e [ˈkɒmɜːs] *n* 1) (гуртова) торгівля, комерція 2) спілкування; **~ial** *a* 1) торговельний, комерційний 2) прибутковий, вигідний; рентабельний 3) промислового значення 4) серійний

commiserat||e [kəˈmɪzəreɪt] *v* співчувати, виявляти співчуття (with); **~ion** *n* співчуття

commission [kəˈmɪʃ(ə)n] **1.** *n* 1) доручення, повноваження 2) комісія, комітет 3) доручення; замовлення 4) комісійна винагорода, комісійні **2.** *v* 1) уповноважувати; доручати 2) замовляти (*особ. маляреві*) 3) призначати на посаду 4) готувати до плавання (*корабель*); **~ed** *a* наділений повноваженнями; що отримав доручення; **~er** *n* 1) спеціально уповноважений, комісар; представник 2) член комісії

commit [kəˈmɪt] *v* 1) доручати, довіряти 2) передавати 3) учиняти (*злочини й под.*); **~ment** *n* 1) зобов'язання 2) вручення, передача

3) передача законопроекту до комісії (до парламенту) 4) арешт; узяття під варту 5) ордер на арешт 6) скоєння (*злочину й под.*)
committee [kə´mɪtɪ] *n* 1) комітет, комісія 2) *юр.* опікун, піклувальник
commodi‖ous [kə´məʊdɪəs] *a* просторий; **~ty** *n* 1) предмет широкого вжитку 2) (*часто pl*) товар
common [´kɒmən] **1.** *n* 1) земля громади; вигін 2) право на спільне користування землею 3) необгороджена необроблена земля **2.** *a* 1) загальний, спільний 2) простий, звичайний, пересічний 3) поширений, загальновідомий; загальноприйнятий 4) общинний; публічний; громадський 5) простий, грубий (*про одяг*) 6) вульгарний, банальний 7) *грам.* загальний; **~ly** *adv* 1) звичайно, зазвичай 2) дешево, погано, посередньо; **~place 1.** *n* 1) заяложений вислів, банальність 2) що-н. звичайне (звичне); звичайна річ **2.** *a* банальний, утертий, заяложений **3.** *v* 1) повторювати заяложені вислови 2) занотовувати; **~place book** *n* зошит для нотаток
commonwealth [´kɒmənwelθ] *n* 1) держава, країна 2) народ, населення країни 3) республіка; союз 4) співдружність (*націй*); федерація
commotion [kə´məʊʃ(ə)n] *n* 1) хвилювання (*моря*) 2) сум'яття; потрясіння (*нервове й под.*) 3) розгардіяш, метушня
commun‖e 1. *n* [´kɒmju:n] 1) громада, община 2) комуна **2.** *v* [kə´mju:n] 1) спілкуватися, розмовляти (with — з ким-н.) 2) *церк.* причащатися; **~icate** [kə´mju:nɪkeɪt] *v* 1) повідомляти (*кого-н.*) 2) передавати (to) 3) зв'язуватися (with); зноситися (by) 4) з'єднуватися, бути суміжним (*про кімнати й под.*); **~icating** *a* суміжний; **~ication** *n* 1) передавання, повідомлення (*новин і под.*) 2) повідомлення, інформація 3) комунікація; зв'язок; засіб сполучення (*залізниця, телефон і под.*) 4) спілкування, засіб спілкування 5) *pl* зв'язки, контакти 6) *pl* комунікації; **~icative** *a* 1) товариський, говіркий; комунікабельний 2) що стосується засобів масової інформації 3) комунікативний; комунікаційний
communion [kə´mju:nɪən] *n* 1) спільність 2) спілкування; зв'язок, стосунки 3) спільність віросповідання; група людей однакового віросповідання 4) (С.) *церк.* причастя
commun‖ism [´kɒmjʊnɪz(ə)m] *n* комунізм; **~ist 1.** *n* комуніст **2.** *a* комуністичний
community [kə´mju:nɪtɪ] *n* 1) громада, община 2) місцевість, населений пункт, округа; мікрорайон, мешканці мікрорайону 3) співдружність, об'єднання, співтовариство
commute [kə´mju:t] *v* 1) замінювати (into, for — на що-н.) 2) *юр.* пом'якшувати покарання

compact I [´kɒmpækt] *n* 1) угода, договір 2) пудрениця
compact II [kəm´pækt] **1.** *a* 1) компактний; суцільний 2) стислий (*про стиль і под.*) **2.** *v* 1) з'єднувати, згуртовувати 2) стискувати, ущільнювати; спресовувати; **~ed** *a* компактний; щільно упакований
companion [kəm´pænɪən] **1.** *n* 1) товариш 2) супутник; попутник, випадковий сусіда 3) компаньйон, компаньйонка 4) співрозмовник 5) парна річ 6) посібник, довідник **2.** *v* 1) супроводжувати 2) *книжн.* бути компаньйоном (супутником); **~able** *a* товариський, привітний; **~ship** *n* дружнє спілкування, товариські стосунки, товаришування
company [´kʌmpənɪ] *n* 1) товариство; компанія 2) ком. компанія, об'єднання (*торговельне й под.*) 3) трупа, ансамбль артистів 4) екіпаж (*судна*) 5) *війс.* сотня
compar‖e [kəm´peə] *v* 1) порівнювати; зіставляти, проводити паралель 2) уподібнювати; ставити нарівні 3) дорівнюватися; витримувати порівняння; **~ative 1.** *n грам.* порівняльний ступінь **2.** *a* 1) порівняльний 2) відносний
compartment [kəm´pɑ:tmənt] *n* відділення; купе
compass [´kʌmpəs] **1.** *n* 1) компас (*тж* mariner's ~) 2) (*часто pl*) циркуль 3) кордон; межа, межі 4) окружність; коло 5) обсяг, охоплення 6) *муз.* діапазон **2.** *a* 1) *спец.* компасний 2) напівкруглий **3.** *v* 1) обходити навколо, оточувати 2) *книжн.* розуміти, схоплювати 3) задумувати (*що-н. погане*)
compassion [kəm´pæʃ(ə)n] **1.** *n* жалість, співчуття **2.** *v* ставитися зі співчуттям; жаліти; **~ate 1.** *a* 1) жалісливий; співчутливий 2) добродійний **2.** *v* ставитися із співчуттям; співчувати; жаліти
compati‖bility [kəm‚pætə´bɪlɪtɪ] *n* 1) сумісність 2) сполучність; сполучуваність; **~ble** *a* 1) сумісний (with) 2) схожий
compatriot [kəm´pætrɪət] *n* співвітчизник
compel [kəm´pel] *v* 1) змушувати, примушувати 2) добитися, домогтися (*чого-н.*) 3) підкорити, примусити підкоритися; **~ling** *a* 1) нездоланний, непереборний 2) чарівний, привабливий
compendious [kəm´pendɪəs] *a* стислий, короткий
compensat‖e [´kɒmpənseɪt] *v* 1) відшкодовувати (*збитки*); компенсувати (for — що-н.) 2) винагороджувати 3) зрівноважувати; **~ion** *n* 1) відшкодування, компенсація 2) винагорода 3) зрівноважування
compet‖e [kəm´pi:t] *v* 1) змагатися; брати участь у змаганні 2) конкурувати (with — з

ким-н.); **~ence** [ˈkɒmpɪtəns] *n* 1) спроможність; уміння, вправність 2) статок, добре матеріальне становище 3) *юр.* компетентність, правоздатність; **~ent** *a* 1) компетентний, знаючий 2) належний; достатній; що відповідає вимогам 3) спроможний; досвідчений; **~ition** *n* 1) змагання; конкурс 2) конкуренція, суперництво 3) конкурс; конкурсний іспит; **~itioner** *n* 1) суперник, конкурент 2) учасник змагання (конкурсу *й под.*); **~itor** *n* 1) суперник, конкурент 2) учасник змагання (конкурсу *й под.*).

complacent [kəmˈpleɪs(ə)nt] *a* 1) самовдоволений 2) послужливий, шанобливий, люб'язний

complain [kəmˈpleɪn] *v* 1) висловлювати невдоволення (of — чим-н.) 2) жалітися (of — на що-н.) 3) подавати скаргу, скаржитися (to — кому-н.; of — на що-н.); **~t** *n* 1) скарга, ремствування 2) невдоволення 3) *юр.* позов; порушення карної справи 4) *ком.* рекламація 5) хвороба, недуга

complaisant [kəmˈpleɪz(ə)nt] *a* послужливий, шанобливий, ґречний, увічливий, люб'язний

complet‖**e** [kəmˈpliːt] 1. *a* 1) повний, закінчений, завершений 2) цілковитий, абсолютний 3) досконалий, вправний 2. *v* 1) закінчувати, завершувати 2) зробити досконалим 3) укомплектовувати; **~ely** *adv* цілковито, повністю, сповна, цілком; **~ive** *a* завершальний

complex [ˈkɒmpleks] 1. *n* комплекс; сукупність 2. *a* 1) складний, комплексний, складовий 2) складний, важкий, заплутаний 3) *мат.* комплексний 4) *грам.* складний; **~ity** *n* 1) складність; заплутаність 2) заплутана справа; **~ion** *n* 1) колір обличчя 2) вид, аспект

compliant [kəmˈplaɪənt] *a* 1) піддатливий, поступливий 2) догідливий

complicat‖**e** [ˈkɒmplɪkeɪt] *v* 1) ускладнювати; заплутувати 2) ускладнюватися; **~ed** *a* 1) заплутаний; складний; важкий для розуміння 2) ускладнений (чим-н.); **~ion** *n* 1) ускладнення 2) складність; заплутаність

compliment 1. *n* [ˈkɒmplɪmənt] 1) комплімент, похвала 2) люб'язність 3) *pl* поздоровлення; привіт, уклін 2. *v* [ˈkɒmplɪment] 1) говорити компліменти; лестити 2) поздоровляти 3) подарувати (with — що-н.)

comply [kəmˈplaɪ] *v* 1) виконувати (*прохання й под.*; with) 2) підкорятися (чому-н.) 3) поступатися; погоджуватися

component [kəmˈpəʊnənt] 1. *n* 1) компонент, інгредієнт; складова частина; деталь 2) *pl* деталі 2. *a* складовий; що входить до складу

compos‖**e** [kəmˈpəʊz] *v* 1) складати, створювати, писати (*твори, музику й под.*) 2) улагоджувати (*сварку й под.*) 3) заспокоювати 4) (*зазв. pass.*) складатися (з чого-н.); **~ed** *a* спокійний, стриманий; **~er** *n* композитор

composit‖**e** [ˈkɒmpəzɪt] 1. *n* суміш, сполука; що-н. складене 2. *a* складений; складний; **~ion** *n* 1) складання; побудова 2) утворення, створення 3) *лінгв.* творення складних слів 4) структура, склад 5) з'єднання, суміш, сплав 6) *хім.* склад; складові частини 7) літературний (музичний, образотворчий) твір 8) композиція, компонування

composure [kəmˈpəʊʒə] *n* спокій; холоднокровність; самовладання

compound [ˈkɒmpaʊnd] 1. *n* 1) *фіз., хім.* суміш; склад, сполука 2) *лінгв.* складне (складене) слово 2. *a* *спец.* складений; складний 3. *v* [kəmˈpaʊnd] 1) змішувати, сполучати; складати 2) ускладнювати, збільшувати 3) улагоджувати; примиряти 4) *юр.* доходити компромісної угоди

comprehen‖**d** [ˌkɒmprɪˈhend] *v* 1) зрозуміти, збагнути, осягнути розумом 2) охоплювати, містити в собі; **~sion** *n* 1) розуміння; тямущість 2) охоплення, включення

compress 1. *n мед.* [ˈkɒmpres] компрес; м'яка пов'язка 2. *v* [kəmˈpres] стискувати; здавлювати; **~ed** *a* стиснутий; **~ion** *n* 1) стискання; здавлювання 2) згущування, ущільнення

comprise [kəmˈpraɪz] *v* 1) включати, містити в собі; становити 2) містити, уміщати; складатися (з чого-н.) 3) уходити до складу

compromise [ˈkɒmprəmaɪz] 1. *n* компроміс; угода сторін 2. *v* 1) піти на компроміс 2) компрометувати 3) піддавати ризикові (небезпеці) 4) ставити під загрозу

compuls‖**ion** [kəmˈpʌlʃ(ə)n] *n* 1) примус, примушування, присилування 2) *психол.* нав'язливий потяг; манія; **~ive** *a* 1) примусовий 2) *психол.* непереборний; нав'язливий; маніакальний; **~ory** *a* обов'язковий

compunction [kəmˈpʌŋkʃ(ə)n] *n* 1) докори сумління; каяття 2) жаль, жалкування 3) каяття, розкаяння

comput‖**e** [kəmˈpjuːt] *v* рахувати, підраховувати; обчисляти; **~ation** *n* 1) обчислення, числення 2) підрахунок; розрахунок 3) кошторис 4) обчислювальна техніка; **~er** *n* комп'ютер

comrade [ˈkɒmr(e)ɪd] *n* товариш, друг; компаньйон; **~ly** *a* товариський; дружній

conceal [kənˈsiːl] *v* 1) ховати, приховувати 2) притаювати, утаювати, замовчувати 3) маскувати; **~ment** *n* 1) приховування; переховування 2) затаювання, утаювання 3) таємна схованка 4) *військ.* укриття 5) маскування

conceit [kənˈsiːt] *n* 1) зарозумілість; пихатість, бундючність 2) химерний образ; витончене

порівняння; ~ed a зарозумілий; пихатий, бундючний
conceiv||e [kənˈsiːv] v 1) відчути, уявити собі 2) фізіол. зачати, завагітніти 3) осягти, зрозуміти; збагнути 4) задумувати 5) уважати, гадати; **~ing** n зачаття; зародження
concentr||ate [ˈkɔnsentreɪt] v 1) зосереджувати 2) зосереджуватися, концентруватися 3) хім. випарювати, згущати; **~ation** n концентрація
concept [ˈkɔnsept] n поняття, ідея; загальне уявлення; концепція; **~ion** n 1) розуміння 2) концепція, поняття 3) задум 4) фізіол. зачаття; запліднення; **~ual** a 1) умоглядний 2) схематичний 3) мист. абстрактний 4) понятійний
concern [kənˈsɜːn] n 1) турбота, занепокоєння; тривога 2) причетність, відношення, стосунок 3) зацікавленість, інтерес 4) участь 5) значення, важливість 6) підприємство, фірма, концерн 7) pl справи 2. v 1) стосуватися, мати відношення 2) refl. займатися, цікавитися (with, in, about — чим-н.) 3) піклуватися, тривожитися; **~ed** a 1) зайнятий (чим-н.); пов'язаний (з чим-н.) 2) що має відношення (до чого-н.) 3) зацікавлений 4) стурбований, занепокоєний; **~ing** prep щодо, стосовно, відносно
concert 1. n [ˈkɔnsət] 1) концерт 2) згода, домовленість **2.** v [kənˈsɜːt] змовлятися, домовлятися; уживати спільних заходів; **~ed** a узгоджений, погоджений
concess||ion [kənˈseʃ(ə)n] n 1) поступка 2) концесія; **~ive** a 1) поступливий, примирливий 2) грам. допустовий
conciliat||e [kənˈsɪlɪeɪt] v 1) заспокоювати, замиряти 2) привернути до себе; завойовувати довіру (любов і под.) 3) примиряти; погоджувати; **~or** n 1) миротворець 2) політ. примиренець; **~ory** a примирливий
concise [kənˈsaɪs] a 1) стислий; короткий; небагатослівний 2) чіткий; виразний (про стиль)
conclave [ˈkɔnkleɪv] n 1) таємна нарада 2) церк. конклав
conclude [kənˈkluːd] v 1) закінчувати(ся) 2) дійти висновку 3) укладати (угоду) 4) вирішувати
conclus||ion [kənˈkluːʒ(ə)n] n 1) закінчення; завершення 2) підсумок, результат 3) укладання (договору й под.) 4) умовивід, висновок; **~ive** a 1) остаточний, вирішальний 2) заключний, кінцевий 3) переконливий
concomitance [kənˈkɔmɪt(ə)ns] n супроводження
concord [ˈkɔŋkɔːd] 1. n 1) згода 2) угода; договір, конвенція 2) узгодження (тж грам.)

4) муз. гармонія, співзвучність **2.** v [kənˈkɔːd] домовлятися, змовлятися; **~ance** n згода, відповідність, узгодженість, гармонія; **in ~ with smth.** відповідно до (чого-н.)
concourse [ˈkɔŋkɔːs] n 1) наплив народу, юрба 2) скупчення (народу, речей і под.) 3) амер. вестибюль, зала
concrete [ˈkɔŋkriːt] **1.** n 1) бетон; **reinforced c.** залізобетон 2) що-н. конкретне, реальне **2.** a 1) бетонний 2) конкретний **3.** v 1) бетонувати 2) тужавіти(ся); твердіти 3) конкретизувати
concur [kənˈkɜː] v 1) збігатися (про події та под.) 2) погоджуватися; поділяти думку 3) діяти спільно, сприяти одне одному; **~rence** [kənˈkʌrəns] n 1) збіг (думок і под.) 2) взаємність; узгодженість (дій та под.) 3) змагання
concussion [kənˈkʌʃ(ə)n] n 1) контузія 2) струс; поштовх 3) юр. прислуговування (до чого-н.)
condemn [kənˈdem] v 1) осуджувати, ганити 2) засуджувати, підписувати вирок 3) бракувати; визнавати непридатним 4) конфіскувати (судно й под.); накладати арешт (на що-н.) 5) наглухо забивати (двері, вікна); **~ation** n 1) осудження, засудження 2) конфіскація (чого-н.); **~ed** a 1) засуджений, присуджений 2) забракований, визнаний непридатним
condens||e [kənˈdens] v 1) згущати(ся); конденсувати(ся) 2) стисло виражати (думку й под.); **~ed** a 1) конденсований; ущільнений; згущений 2) стислий, короткий
condign [kənˈdaɪn] a заслужений (про покарання)
condition [kənˈdɪʃ(ə)n] n **1.** n 1) умова, застереження 2) стан, становище 3) pl обставини; умови 4) суспільне становище **2.** v 1) обумовлювати, визначати 2) поліпшувати стан 3) кондиціювати (повітря); **~al** a 1) умовний, обумовлений 2) грам. умовний; **~al mood** умовний спосіб; **~ed** a 1) обумовлений, зумовлений 2) кондиційний, стандартний 3) кондиційований (про повітря); **~er** n 1) кондиціонер (повітря й под.) 2) відновлювач (для волосся); **~ing** n 1) заходи щодо поліпшення фізичного стану 2) кондиціювання
condole [kənˈdəʊl] v співчувати; виявляти співчуття; **~nce** n (зазв. pl) співчуття
condon||e [kənˈdəʊn] v миритися, дивитися крізь пальці; **~ation** n толерантність
conduc||e [kənˈdjuːs] v сприяти (чому-н.); бути корисним (для чого-н.); **~ive** a сприятливий, корисний
conduct 1. n [ˈkɔndʌkt, -dəkt] 1) поведінка; поступування 2) керівництво, ведення **2.** v [kənˈdʌkt] 1) вести 2) супроводжувати; ес-

кортувати 3) керувати 4) дириґувати; **~or** *n* 1) дириґент 2) кондуктор (*транспорту*) 3) керівник 4) *фіз.* провідник

conduit [ˈkɒndɪt, ˈkɒndjʊɪt] *n* 1) трубовід; водовід (*підземний*); акведук (*надземний*) 2) підземний (потаємний) хід

cone [kəʊn] **1.** *n* 1) *мат.* конус 2) горловина, сопло 3) *бот.* шишка 4) що-н. у формі конуса **2.** *v* надавати конусоподібної форми

confabulate [kənˈfæbjʊleɪt] *v* 1) розмовляти, бесідувати 2) радитися 3) *психол.* фантазувати, вигадувати

confection [kənˈfekʃ(ə)n] *n* 1) солодощі, ласощі 2) виготовлення солодощів 3) конфекціон; предмет жіночого одягу; **~er** *n* кондитер

confeder‖acy [kənˈfed(ə)rəsɪ] *n* 1) конфедерація; ліга; союз держав 2) (злочинна) змова; **~ate** [kənˈfedərət] **1.** *n* 1) член конфедерації, союзник 2) *юр.* спільник, співучасник (*злочину*) **2.** *a* конфедеративний; федеративний; союзний **3.** *v* [kənˈfedəreɪt] об'єднувати(ся) в союз, складати федерацію

confer [kənˈfɜː] *v* 1) дарувати; присвоювати (*звання*); присуджувати (*учений ступінь*) 2) обговорювати, радитися, вести переговори (перемови) (together, with); **~ence** [ˈkɒnfərəns] *n* 1) конференція; нарада; з'їзд 2) обмін думками, нарада, консультація 3) нагородження (*медаллю й под.*); присудження (*ученого ступеня й под.*) 4) *амер.* асоціація (*університетів і под.*)

confess [kənˈfes] *v* 1) визнавати (*помилку*) 2) зізнаватися 3) *церк.* сповідати(ся); **~edly** *adv* за власним (загальним) визнанням; **~ion** *n* 1) визнання, усвідомлення (*своєї провини*) 2) *церк.* сповідь 3) символ віри 4) віросповідання; **~ional** *n* *церк.* сповідальня; **~or** *n* духівник; сповідник

confide [kənˈfaɪd] *v* 1) довіряти (in — *кому-н.*); покладатися (in — на *кого-н.*) 2) довіряти; доручати (to) 3) повіряти, повідомляти по секрету (to) 4) признаватися; **~nce** [ˈkɒnfɪdəns] *n* 1) довіра 2) конфіденційне повідомлення 3) упевненість 4) самовпевненість 5) *юр.* опіка; **~nt** *a* 1) упевнений (of — у *чому-н.*) 2) самовпевнений 3) довірливий; **~ntial** *a* 1) конфіденційний, секретний 2) якому довіряють 3) довірчий 4) що довіряє; довірливий; **~ntially** *adv* по секрету, конфіденційно

confine [kənˈfaɪn] *v* 1) обмежувати 2) ув'язнювати 3) замкнути, тримати замкнутим 4) *refl.* дотримуватися (*чого-н.*); **~d** *a* 1) обмежений 2) тісний; вузький 3) ув'язнений; що відбуває покарання 4) яка народжує 5) *мед.* що хворіє на запор; **~ment** *n* 1) обмеження (*свободи й под.*) 2) ув'язнення 3) самота; **~s** *n pl* межа; рубіж

confirm [kənˈfɜːm] *v* 1) підтверджувати 2) підкріпляти, підтримувати 3) ратифікувати, затверджувати 4) оформляти (*угоду й под.*); **~ed** *a* 1) хронічний 2) закоренілий, затятий; переконаний

confiscat‖e [ˈkɒnfɪskeɪt] *v* конфіскувати, реквізувати; **~ion** *n* конфіскація, реквізиція

conflagration [ˌkɒnfləˈgreɪʃ(ə)n] *n* велика пожежа, згарище

conflict 1. *n* [ˈkɒnflɪkt] 1) конфлікт, сутичка, боротьба 2) суперечність **2.** *v* [kənˈflɪkt] 1) суперечити (with — *чому-н.*) 2) конфліктувати; **~ing** *a* суперечливий

confluence [ˈkɒnflʊəns] *n* 1) злиття (*річок*); перетинання (*доріг*); місце злиття 2) скупчення народу, натовп

conform‖able [kənˈfɔːməb(ə)l] *a* 1) відповідний 2) подібний 3) покірний, слухняний; **~ation** *n* 1) будова, форма, структура, устрій 2) формування 3) пристосування, приведення у відповідність (to) 4) підкорення 5) екстер'єр; **~ity** *n* 1) відповідність; узгодженість 2) подібність 3) *церк.* конформізм, ортодоксальність 4) підкорення, підпорядкування

confound [kənˈfaʊnd] *v* 1) бентежити, збивати з пантелику; заганяти в глухий кут 2) змішувати, сплутувати 3) руйнувати, розладнувати 4) проклинати

confront [kənˈfrʌnt] *v* 1) стояти навпроти 2) протистояти, дивитися в обличчя (*смерті й под.*) 3) зіткнутися віч-на-віч (with) 4) *юр.* робити очну ставку (with) 5) зіставляти, звіряти, порівнювати; **~ation** *n* 1) *політ.* конфронтація, протиборство 2) *юр.* очна ставка 3) порівняння, зіставлення

confusion [kənˈfjuːʒ(ə)n] *n* 1) плутанина, безладдя 2) сум'яття, збентеженість 3) заворушення

confut‖e [kənˈfjuːt] *v* спростовувати; доводити помилковість; **~ation** *n* спростування

congeal [kənˈdʒiːl] *v* 1) морозити, заморожувати 2) замерзати, застигати 3) скипати(ся); згортатися, сідатися

congenerous [kənˈdʒen(ə)rəs] *a* однорідний; споріднений

congeries [kɒnˈdʒɪ(ə)riːz] *n* (*pl без змін*) маса; купа; скупчення

congest [kənˈdʒest] *v* 1) перевантажувати, переповнювати 2) скупчувати(ся), збирати(ся), нагромаджувати(ся); **~ed** *a* 1) перенаселений (*район і под*); перевантажений 2) застійний

congratulat‖e [kənˈgrætʃʊleɪt] *v* поздоровляти, вітати (on, upon — з *чим-н.*); **~ion** *n* (*зазв. pl*) поздоровлення, вітання

congregat‖e [ˈkɒŋgrɪgeɪt] *v* 1) збирати, складати 2) збиратися, скупчуватися, сходитися;

~ion n 1) збори, сходка 2) церк. парафіяни, паства 3) церк. конґреґація, релігійне братство

congress [ˈkɒŋgres] n 1) конґрес; з'їзд 2) спілкування; зустрічі, знайомства й под.

conjectur‖e [kənˈdʒekt(ə] **1.** n 1) здогадка, припущення 2) лінґв. кон'єктура **2.** v припускати, гадати; висловлювати здогадки; **~al** a імовірний, гаданий

conjoin [kənˈdʒɔɪn] v з'єднувати(ся); поєднувати(ся), сполучати(ся)

conjugal [ˈkɒndʒʊg(ə)l] a подружній; шлюбний; **~ity** [ˌkɒndʒʊˈgælɪtɪ] n шлюб, подружнє життя

conjugation [ˌkɒndʒʊˈgeɪʃ(ə)n] n 1) з'єднання 2) грам. дієвідміна; відмінювання 3) біол. кон'юґація

conjunct [kənˈdʒʌŋkt] a з'єднаний; зв'язаний; об'єднаний; **~ion** n 1) з'єднання, сполучення, зв'язок; **in ~ion** разом (спільно) 2) грам. сполучник 3) схрещення доріг, перехрестя; **~ure** n збіг обставин; кон'юнктура

conjur‖e [ˈkʌndʒə] v 1) чаклувати 2) викликати (заклинати) духів 3) показувати фокуси; **~ation** n 1) заклинання, благання 2) чаклунство, чарівництво 3) фокуси; **~er, ~or** n 1) чарівник, чаклун 2) фокусник

connatural [kəˈnætʃ(ə)rəl] a 1) уроджений, природжений, природний 2) однорідний, однаковий, споріднений

connect [kəˈnekt] v 1) з'єднувати(ся); зв'язувати(ся); поєднувати(ся) 2) мати (установлювати) родинні зв'язки 3) асоціювати 4) узгоджуватися 5) улучати в ціль (про удар); **~ed** a 1) зв'язаний (with — з) 2) який має родинні зв'язки; споріднений; **~ion** n 1) зв'язок; з'єднання; сполучення 2) (зазв. pl) зв'язки, знайомства 3) спорідненість 4) (часто pl) родич, рідня 5) статевий зв'язок; **~ive 1.** n грам. сполучне слово **2.** a з'єднувальний; сполучний

conniv‖e [kəˈnaɪv] v потурати (чому-н.); дивитися крізь пальці (на що-н.); **~ance** n 1) потурання; попуск 2) мовчазна згода

conquer [ˈkɒŋkə] v 1) завойовувати, підкоряти, підпорядковувати; придушувати 2) перемагати; переборювати 3) долати; пересилювати; **~or** n 1) завойовник; переможець 2) спорт. вирішальна партія (гра)

conquest [ˈkɒŋkwest] n 1) завоювання, підкорення; перемога 2) завойована територія; захоплене майно й под. 3) жінка (чоловік), чию прихильність удалося завоювати

consanguineous [ˌkɒnsæŋˈgwɪnɪəs] a єдинокровний, родинний, близький

conscien‖ce [ˈkɒnʃ(ə)ns] n 1) совість, сумління 2) свідомість; **~enless** a безсовісний; **~tious** [ˌkɒnʃɪˈeɪnʃəs] a добросовісний; свідомий, чесний

consciousness [ˈkɒnʃəsnɪs] n 1) свідомість 2) усвідомлення, розуміння 3) самосвідомість

conscription [kənˈskrɪpʃ(ə)n] n 1) військова повинність 2) призов на військову службу (до війська)

consecuti‖on [ˌkɒnsɪˈkjuːʃ(ə)n] n 1) (логічна) послідовність 2) перебіг (подій і под.); **~ve** [ˌkɒnˈsekjutɪv] a 1) наступний 2) послідовний 3) грам. наслідковий

consensus [kənˈsensəs] n 1) погодженість; згода, одностайність 2) консенсус, узгоджена думка

consent [kənˈsent] **1.** n 1) згода 2) дозвіл **2.** v 1) погоджуватися, давати згоду; поступатися 2) дозволяти, давати дозвіл; **~ient** [-ʃənt] a 1) книжн. одностайний 2) узгоджений

consequen‖ce [ˈkɒnsɪkwəns] n 1) наслідок 2) висновок 3) значення, важливість 4) впливовість, впливове становище; **~tly** adv отже, тому, у результаті

conser‖vancy [kənˈsɜːv(ə)nsɪ] n 1) охорона природи 2) комітет з охорони природи; **~vation** n 1) охорона природи 2) зберігання 3) консервування (плодів і под.) 4) заповідник; **~vatism** n консерватизм; **~vative 1.** n 1) консерватор, реакціонер 2) член консервативної партії **2.** a 1) консервативний, реакційний 2) охоронний; **~vatoire** [kənˈsɜːvətwɑː] n фр. консерваторія; **~vator** [ˈkɒnsəveɪtə] n 1) хоронитель (музею та под.) 2) охоронець; опікун; **~vatory** n оранжерея, теплиця; **~ve** v 1) зберігати 2) консервувати

consider [kənˈsɪdə] v 1) розглядати, обговорювати 2) брати до уваги, ураховувати; зважати на 3) думати, уважати 4) рахуватися (з ким-н.); виявляти повагу (до кого-н.); **~able** a 1) значний; важливий 2) великий; **~ate** a 1) уважний до інших, дбайливий; делікатний, тактовний 2) навмисний, обдуманий; серйозний; **~ation** n 1) розгляд, обговорення 2) увага, послужливість; люб'язність 3) міркування 4) відшкодування, компенсація; **~ing** prep з огляду на; зважаючи на; беручи до уваги; ураховуючи

consign [kənˈsaɪn] v 1) передавати; доручати 2) призначати 3) ком. відправляти на консиґнацію (товари) 4) спец. депонувати; **~ment** n ком. 1) вантаж; партія товарів 2) відправлення товарів 3) консиґнація 4) накладна, коносамент; **~or** n ком. вантажовідправник; консиґнант; комітент

consist [kənˈsɪst] v 1) складатися (of — з чого-н.) 2) полягати (in — у чому-н.) 3) збігатися,

узгоджуватися (with — з чим-н.); **~ent** *a* 1) сумісний, узгоджуваний (with — з чим-н.) 2) послідовний, стійкий 3) установчий 4) твердий, щільний
consol‖**ation** [ˌkɒnsəˈleɪʃ(ə)n] *n* утіха, розрада; **~atory** [-ˈsɒl-] *a* утішний, утішливий; **~e** *v* утішати
consolidat‖**e** [kənˈsɒlɪdeɪt] *v* 1) зміцнювати; укріпляти 2) об'єднувати 3) війс. закріпляти(ся) на місцевості 4) фін. консолідувати (про позику) 5) твердіти, ущільнюватися; **~ed** *a* 1) консолідований 2) об'єднаний; зведений 3) затверділий, ущільнений; **~ion** *n* 1) об'єднання, консолідація 2) зміцнення, укріплення 3) затвердіння, ущільнення
consonan‖**ce** [ˈkɒnsənəns] *n* 1) згода, узгодженість, гармонія 2) співзвуччя 3) муз. консонанс; **~t** 1. *n* 1) фон. приголосний звук 2) літера на позначення приголосного звука 2. *a* 1) згодний (to — з чим-н.); сумісний (with — з чим-н.) 2) співзвучний; гармонійний
consort 1. *n* [ˈkɒnsɔːt] чоловік; дружина; подружжя 2. *v* [kənˈsɔːt] 1) спілкуватися 2) гармоніювати (з чим-н.), відповідати (чому-н.); **~ium** *n* фін. 1) консорціум 2) асоціація, союз
conspicuous [kənˈspɪkjʊəs] *a* 1) значний, помітний 2) видатний, визначний; показний
conspir‖**acy** [kənˈspɪrəsɪ] *n* 1) змова; таємна змова 2) конспірація 3) таємна підпільна організація; **~ator** *n* 1) змовник 2) конспіратор; **~atorial** *a* 1) змовницький 2) законспірований; **~e** *v* 1) учиняти змову, таємно задумувати; змовлятися (against — проти кого-н.) 2) діяти спільно, об'єднувати зусилля
constab‖**le** [ˈkʌnstəb(ə)l] *n* констебль; поліс-мен; **~ulary** 1. *n* поліційні сили, поліція 2. *a* поліційний
constan‖**cy** [ˈkɒnstənsɪ] *n* 1) постійність, сталість, незмінність 2) вірність; твердість; **~t** 1. *n* фіз., мат. стала величина, константа 2. *a* 1) постійний, безперервний 2) незмінний, сталий 3) твердий; вірний (про ідею та под.)
constellation [ˌkɒnstəˈleɪʃ(ə)n] *n* астр. сузір'я 2) плеяда
constitu‖**ency** [kənˈstɪtʃʊənsɪ] *n* 1) збір. виборці 2) виборчий округ; **~ent** 1. *n* 1) виборець 2) складова частина, елемент 3) лінгв. складова 2. *a* 1) який має право голосу 2) установчий, законодавчий 3) складовий
constitu‖**tion** [ˌkɒnstɪˈtjuːʃ(ə)n] *n* 1) конституція, основний закон 2) будова тіла, конституція 3) склад; **~tional** *a* 1) конституційний 2) мед. органічний; конституційний 3) корисний для організму; **~tor** [ˈkɒn-] *n* засновник, фундатор

constrain [kənˈstreɪn] *v* 1) примушувати, змушувати 2) стримувати, обмежувати; утруднювати 3) ув'язнювати; **~ed** *a* 1) вимушений, змушений 2) напружений; збентежений (про тон) 3) скутий, неприродний (про рух); **~t** *n* 1) примус, примушування; силування 2) вимушеність; утрудненість 3) напруженість; незручність; скутість; ніяковість 4) ув'язнення
constrict [kənˈstrɪkt] *v* 1) стягувати, стискувати, скорочувати 2) обмежувати; пригноблювати
construct [kənˈstrʌkt] *v* 1) будувати, зводити (будівлю); споруджувати, конструювати 2) створювати; творити; придумувати 3) грам. складати (речення); **~ion** *n* 1) будівництво, будування; конструювання 2) конструкція; споруда, будівля, будова; будинок 3) тлумачення 4) грам. конструкція (речення й под.) 5) мат. побудова; складання (рівнянь); **~ive** *a* 1) конструктивний; будівельний 2) творчий 3) конструктивний (про критику) 4) гаданий, передбачуваний; **~or** *n* 1) конструктор 2) будівельник
construe [kənˈstruː] *v* 1) пояснювати, витлумачувати 2) грам. керувати; вимагати (прийменника й под.) 3) перекладати дослівно 4) робити синтаксичний аналіз речення
consul [ˈkɒns(ə)l] *n* консул; **~ar** *a* консульський; **~ate** *n* 1) консульство 2) консульське звання
consult [kənˈsʌlt] *v* 1) радитися, консультуватися (з ким-н.) 2) довідуватися 3) брати до уваги; зважати 4) працювати консультантом; **~ant** *n* консультант; **~ation** *n* 1) консультація 2) нарада 3) консиліум (лікарів); **~ing** *a* 1) консультуючий 2) консультаційний
consume [kənˈsjuːm] *v* 1) споживати; витрачати 2) з'їдати; поглинати 3) знищувати, винищувати (вогнем) 4) тринькати, марнувати (гроші, час) 5) чахнути, марніти (часто ~ away); **~r** *n* 1) споживач 2) клієнт; замовник; покупець; абонент; передплатник
consummat‖**e** 1. *a* [kənˈsʌmɪt] досконалий, довершений, вивершений 2. *v* [ˈkɒnsəmeɪt] 1) доводити до кінця; завершувати 2) удосконалювати; **~ion** *n* 1) завершення (роботи) 2) остаточне оформлення 3) досягнення, здійснення (мети) 4) кінець
consumption [kənˈsʌmpʃ(ə)n] *n* 1) споживання; витрачання 2) ек. сфера споживання 3) сухоти, туберкульоз легенів 4) змарніння (від хвороби)
contact [ˈkɒntækt] 1. *n* 1) дотик; контакт 2) зв'язок 3) знайомий 4) *pl* амер. стосунки, знайомства, зв'язки 5) торкання 2. *v* 1) бути в контакті, стикатися (with — з чим-н.) 2) контактувати 3) установлювати зв'язок; зв'язуватися

contagi||on [kənˈteɪdʒ(ə)n] *n* 1) поширення інфекції 2) інфекція 3) інфекційне захворювання 4) шкідливий вплив 5) моральний розклад; **~ous** *a* 1) заразний, пошесний, інфекційний, контагіозний 2) заразливий (*сміх і под.*)

contain [kənˈteɪn] *v* 1) містити в собі, уміщати 2) стримувати (*почуття*) 3) *refl.* стримуватися 4) *мат.* ділитися без остачі

contaminate [kənˈtæmɪneɪt] *v* 1) забруднювати, псувати 2) заражати 3) погано впливати 4) опоганювати; спотворювати

contemplate [ˈkɒntəmpleɪt] *v* 1) споглядати, пильно розглядати 2) збиратися, мати намір 3) обмірковувати, міркувати 4) очікувати, розраховувати

contemplation [ˌkɒntəmˈpleɪ(ə)n] *n* 1) споглядання 2) намір 3) розгляд, вивчення 4) міркування, роздуми 5) очікування, чекання

contempora||neity [kənˌtemp(ə)rəˈniːɪtɪ] *n* 1) одночасність, збіг (*у часі*) 2) сучасність; **~neous** *a* 1) одночасний 2) сучасний; **~ry** **1.** *n* 1) сучасник 2) одноліток, перевесник **2.** *a* 1) одночасний 2) сучасний

contempt [kənˈtempt] *n* 1) презирство 2) *юр.* зневага (for — до) 3) невиконання розпорядження суду; **~uous** *a* презирливий; зневажливий

contend [kənˈtend] *v* 1) боротися, битися (for, against, with — за що-н.) 2) суперничати, змагатися (with — з ким-н.; for — у чому-н.) 3) сперечатися 4) наполягати, доводити, заявляти; **~er** *n* 1) суперник 2) претендент; кандидат

content [ˈkɒntent] *n* 1) часто *pl* зміст (*книжки*) 2) обсяг 2) частка, склад (*речовини*) 4) суть, сутність 5) об'єм; місткість

contention [kənˈtenʃ(ə)n] *n* 1) боротьба, суперечка, сварка; розбрат 2) змагання 3) предмет суперечки 4) точка зору, твердження, заява

contest 1. *n* [ˈkɒntest] 1) спір, суперечка 2) суперництво 3) змагання; конкурс **2.** *v* [kənˈtest] 1) оспорювати, спростовувати 2) сперечатися, боротися (*за що-н.*) 3) відстоювати, домагатися 4) змагатися; суперничати 5) *юр.* викликати (*кого-н.*) як свідка; **~ant** *n* 1) конкурент, суперник, супротивник 2) учасник змагання

context [ˈkɒntekst] *n* 1) контекст 2) ситуація, зв'язок, тло; оточення; **~ual** *a* контекстуальний; пов'язаний із контекстом

continen||t I [ˈkɒntɪnənt] *a* 1) стриманий 2) помірний 3) цнотливий; **~ce** *n* 1) стриманість, помірність 2) стримування (*від чого-н.*)

continent II [ˈkɒntɪnənt] *n* материк, континент; **~al 1.** *n* (С.) житель європейського континенту; чужоземець, небританець **2.** *a* 1) континентальний 2) (С.) чужоземний, небританський

contingen||cy [kənˈtɪndʒ(ə)nsɪ] *n* 1) імовірність, можливість 2) випадковість, випадок; непередбачена обставина; **~t 1.** *n* 1) *військ.* контингент, особовий склад 2) пропорційна кількість, частка 3) випадок, випадковість **2.** *a* 1) імовірний, можливий 2) залежний від обставин 3) випадковий, непередбачений 4) *юр.* умовний

continu||al [kənˈtɪnjʊəl] *a* постійний, безупинний; **~ance** *n* 1) тривалість; тривалий період; довгочасність 2) продовження 3) *юр.* відстрочення розгляду судової справи; **~ant** *n* *фон.* фрикативний приголосний звук; **~ation** *n* 1) продовження 2) поновлення, відновлення 3) додавання, додаток; **~ous** *a* 1) безперервний; постійної дії; тривалий, безупинний 2) суцільний

contort [kənˈtɔːt] *v* 1) викривляти 2) спотворювати, перекручувати; **~ion** *n* 1) викривлення 2) спотворення, перекручення 3) звивання 4) *мед.* вивих

contour [ˈkɒntʊə] **1.** *n* 1) контур, обрис; абрис 2) склад, характер (*чого-н.*) **2.** *v* 1) наносити контур 2) викреслювати в горизонталях

contra- [ˈkɒntrə-] *у скл. сл. означає* проти-; *напр.*

contradistinction протилежність; протиставлення

contrabandist [ˈkɒntrəbændɪst] *n* контрабандист

contracep||tion [ˌkɒntrəˈsepʃ(ə)n] *n* *мед.* застосування протизаплідних засобів; **~tive** *мед.* **1.** *n* протизаплідний засіб **2.** *a* протизаплідний, контрацептивний

contract 1. *n* [ˈkɒntrækt] 1) контракт, договір; угода 2) шлюбний контракт 3) заручини **2.** *v* [kənˈtrækt] 1) стискувати(ся); скорочувати(ся) 2) укладати договір (угоду, контракт); брати на себе зобов'язання 3) призвичаюватися 4) підхоплювати (*хворобу й под.*) 5) брати шлюб 6) потоваришувати; познайомитися 7) заборгувати 8) супити; морщити; **~ed** *a* 1) обумовлений договором, договірний 2) заручений 3) зморщений; насуплений 4) вузький, обмежений (*про підхід і под.*) 5) *грам.* скорочений, стягнений; **~ion** *n* 1) стискання; звуження; ущільнення; зменшення 2) *грам.* скорочення, стягнена форма 3) укладання шлюбного контракту

contradict [ˌkɒntrəˈdɪkt] *v* 1) суперечити 2) заперечувати 3) спростовувати; **~ion** *n* 1) суперечність 2) невідповідність, розбіжність 3) спростування, заперечення

contrariety [ˌkɒntrəˈraɪətɪ] *n* 1) протидія; перешкода 2) несумісність, протилежність 3) су-

перечність, суперечливість 4) розбіжність, розходження 5) несприятливість
contrast 1. *n* [´kɒntrɑːst] 1) протилежність; контраст; відмінність 2) протиставлення; зіставлення **2.** *v* [kən´trɑːst] 1) протиставляти; зіставляти 2) контрастувати 3) суперечити, розходитися (*у думках*)
contraven‖e [ˌkɒntrə´viːn] *v* 1) порушувати, переступати (*закон і под.*) 2) суперечити; іти наперекір (*чому-н.*) 3) заперечувати, оспорювати; **~tion** *n* 1) порушення (*закону, правил*) 2) конфлікт; незгода 3) суперечність
contribution [ˌkɒntrɪ´bjuːʃ(ə)n] *n* 1) сприяння 2) внесок 3) пожертвування, пожертва (*грошова й под.*) 4) стаття (*для газети й под.*) 5) співробітництво 6) податок 7) контрибуція
contriv‖ance [kən´traɪv(ə)ns] *n* 1) вигадка; винахід 2) план, задум (*особ. зрадницький*) 3) *тех.* винахід; пристрій; пристосування; **~e** *v* 1) вигадувати, винаходити 2) затівати, задумувати 3) прихитрятися, примудрятися; **~er** *n* винахідник, вигадник
control [kən´trəʊl] **1.** *n* 1) нагляд; контроль, перевірка 2) управління; керування, керівництво; влада 3) стриманість, самовладання 4) регулювання **2.** *v* 1) управляти, розпоряджатися 2) керувати; панувати 3) регулювати; контролювати; перевіряти 4) стримувати (*почуття й под.*) 5) обумовлювати; нормувати (*споживання*); **~ler** *n* контролер; ревізор; інспектор
controver‖sial [ˌkɒntrə´vɜːʃ(ə)l] *a* 1) спірний, дискусійний 2) що любить полеміку; полемічний; **~sy** [´kɒn-] *n* 1) суперечка, спірка 2) дискусія, полеміка 3) сварка, спір; **~t** *v* 1) сперечатися, полемізувати 2) заперечувати, оспорювати
contumacy [´kɒntjʊməsɪ] *n* 1) непокора, непокірність 2) завзятість; упертість 3) *юр.* нез'явлення до суду; непокора постанові суду
contumel‖ious [ˌkɒntjʊ´miːlɪəs] *a* образливий; нахабний, зухвалий; **~y** [´kɒn-] *n* 1) образа; грубість 2) безчестя; ганьба 3) зухвалість, нахабство; зарозумілість
contusion [kən´tjuːʒ(ə)n] *n* *мед.* контузія; забите місце
conundrum [kə´nʌndrəm] *n* загадка; головоломка
conurbation [ˌkɒnɜː´beɪʃ(ə)n] *n* велике місто з передмістями
convalesce [ˌkɒnvə´les] *v* видужувати; **~nce** *n* видужування; видужання
convene [kən´viːn] *v* 1) скликати (*збори*) 2) збирати(ся) 3) викликати (*до суду*)
convenience [kən´viːnɪəns] *n* 1) зручність 2) *pl* комфорт; вигоди 3) вигода, перевага 4) користь 4) убиральня

convent [´kɒnv(ə)nt] *n* монастир; **~ion** *n* 1) збори, з'їзд 2) договір, угода, конвенція 3) *іст.* конвент 4) звичай; умовність; **~ional** *a* 1) звичайний, узвичаєний 2) пристойний, світський; обумовлений; домовлений 3) умовний 4) традиційний; шаблонний; звичайний; загальноприйнятий; **~ual 1.** *n* чернець; черниця **2.** *a* монастирський
convers‖able [kən´vɜːsəb(ə)l] *a* 1) товариський; балакучий, говіркий 2) компанійський, привітний; цікавий як співрозмовник 3) підхожий для розмови (*про тему*); **~ant** *a* 1) добре знайомий 2) обізнаний; досвідчений, знаючий; поінформований; **~ation** *n* 1) розмова, бесіда 2) *pl* переговори; **~ational** *a* 1) розмовний 2) говіркий, балакучий; **~ationalist** *n* 1) майстер поговорити, балакун 2) цікавий співрозмовник
converse 1. *n* [´kɒnvɜːs] 1) розмова, бесіда 2) спілкування 3) що-н. зворотне, протилежне **2.** *v* [kən´vɜːs] 1) розмовляти 2) спілкуватися, підтримувати стосунки (*з ким-н.*); **~ly** *adv* навпаки; протилежно
convert 1. *n* [´kɒnvɜːt] 1) *рел.* новонавернений 2) який перейшов із однієї партії до іншої **2.** *v* [kən´vɜːt] 1) перетворювати (*на що-н.*); переробляти 2) навертати (*до іншої віри й под.*) 3) *фін.* конвертувати 4) *юр.* привласнювати
convex [kɒn´veks, ´kɒn-] *a* опуклий; **~ity** *n* опуклість
convey [kən´veɪ] *v* 1) перевозити, переправляти; транспортувати 2) повідомляти (*відомості*) 3) висловлювати (*ідею та под.*) 4) передавати (*запах, звук і под.*); **~ance** *n* 1) перевезення, транспортування 2) повідомлення 3) транспортні засоби 4) найманий екіпаж 5) *юр.* передавання прав (*майна*)
convict 1. *n* [´kɒnvɪkt] засуджений, в'язень, каторжник **2.** *v* [kən´vɪkt] *юр.* визнавати винним; ухвалювати вирок; засуджувати
convinc‖e [kən´vɪns] *v* переконувати, запевняти; **~ed** *a* переконаний, упевнений (of — у чому-н.); **~ing** *a* переконливий
convivial [kən´vɪvɪəl] *a* 1) веселий; товариський, компанійський 2) святковий; **~ity** [-´ælɪtɪ] *n* веселість; святковий настрій
convoluted [´kɒnvəluːtɪd] *a* скручений спіраллю; звивистий
convoy [´kɒnvɔɪ] **1.** *n* 1) *мор.* конвой 2) супровід; охорона **2.** *v* 1) супроводжувати 2) *військ.* конвоювати
convuls‖ion [kən´vʌlʃ(ə)n] *n* 1) судоми, конвульсії, спазми 2) потрясіння; заворушення (*тж громадське*) 3) *геол.* катаклізм; земна катастрофа; **~ive** *a* судомний, конвульсивний
coo [kuː] **1.** *n* туркотіння, воркотіння **2.** *v* 1) тур-

котіти, воркотіти 2) говорити воркітливим голосом

cook [kʊk] **1.** *n* 1) кухар; кухарка; куховар; куховарка 2) *мор.* кок **2.** *v* 1) куховарити, готувати страву 2) смажити(ся); варити(ся); пекти(ся) 3) засмагати на сонці 4) працювати кухарем 5) підробляти, фабрикувати; **~ery** *n* кулінарія; куховарство; **c.-table** *n* кухонний стіл; **~ware** *n* кухонний посуд

cool [kuːl] **1.** *n* 1) прохолода 2) холодність, непривітність **2.** *a* 1) холоднуватий, прохолодний, свіжий 2) спокійний, незворушний; холоднокровний 3) байдуж(н)ий; сухий, неласкавий, непривітний 4) зухвалий, нахабний **3.** *v* охолоджувати(ся); **~ness** *n* 1) прохолода, свіжість 2) відчуття прохолоди 3) холоднокровність; спокій 4) холодок (*у тоні й под.*)

coomb [kuːm] *n* балка, яр; вузький діл, ущелина; улоговина, видолинок

cooper [ˈkuːpə] **1.** *n* 1) бондар 2) деґустатор (*вина*) 3) спиртний напій **2.** *v* 1) бондарювати 2) розливати в бочки **3.** *v* зберігати в бочках

cooperat‖e [kəʊˈɒpəreɪt] *v* 1) співробітничати 2) сприяти; допомагати 3) кооперуватися; об'єднуватися 4) взаємодіяти (with, in, for); **~ion** *n* 1) співробітництво; спільні дії (зусилля) 2) кооперація 3) взаємодія; **~ive 1.** *n* кооператив; кооперативне товариство; кооперативна крамниця **2.** *a* 1) спільний, об'єднаний; що бере участь у спільній роботі 2) кооперативний

coordinat‖e 1. [kəʊˈɔːdɪnət] 1) *мат. pl* координати; система координат 2) рівний, рівня **2.** *a* [kəʊˈɔːdənət] 1) одного розряду, того ж самого ступеня 2) одного рангу; непідлеглий 3) узгоджений, координований 4) *грам.* сурядний (*про речення*) 5) *мат.* координатний **3.** *v* [kəʊˈɔːdɪneɪt] 1) координувати 2) визначати правильне співвідношення 3) діяти узгоджено; координуватися; **~ion** *n* 1) координування, координація; узгодження 2) *грам.* сурядність

cope [koʊp] *v* боротися, справлятися (*with*)

copper [ˈkɒpə] **1.** *n* 1) мідь 2) мідна (бронзова) монета 3) мідний казан 4) лют(ів)ник **2.** *a* 1) мідний 2) мідно-червоний (*про колір*) **3.** *v* покривати міддю

copy [ˈkɒpɪ] **1.** *n* 1) копія 2) репродукція 3) примірник 4) матеріал для статті (книги) 5) рукопис 6) зразок **2.** *v* 1) знімати копію; копіювати; відтворювати 2) списувати; переписувати 3) наслідувати, брати за взірець; **~right 1.** *n* авторське право **2.** *v* забезпечувати авторське право

coquet [kəʊˈket] *v* кокетувати (*з ким-н.*); **~ry** [ˈkɒkɪtrɪ] *n* кокетування

coral [ˈkɒrəl] **1.** *n* 1) корал 2) кораловий колір **2.** *a* 1) кораловий 2) коралового кольору

cord [kɔːd] **1.** *n* 1) мотузка, шворка 2) *анат.* зв'язка **2.** *v* зв'язувати мотузкою; **~ed** *a* перев'язаний мотузкою

cordial [ˈkɔːdɪəl] **1.** *n* (стимулюючий) серцевий засіб; міцний (стимулюючий) напій **2.** *a* 1) сердечний; щирий; привітний, теплий (*про прийом*) 2) сильний, глибокий 3) міцний; **~ity** [-ˈælɪtɪ] *n* сердечність, привітність, щирість, задушевність

core [kɔː] *n* 1) серцевина; осердя; ядро 2) суть, сутність

cork [kɔːk] **1.** *n* 1) пробка 2) поплавець **2.** *v* затикати пробкою, закупорювати

corkscrew [ˈkɔːkskruː] **1.** *n* штопор **2.** *a* спіральний, ґвинтоподібний **3.** *v* 1) рухатися (мов) по спіралі 2) протискуватися, просуватися

corky [ˈkɔːkɪ] *a* 1) корковий 2) пружний, еластичний 3) легковажний, фривольний

corn I [kɔːn] *n* 1) *збір.* зерно, хліб, *особ.* пшениця 2) *амер. збір.* кукурудза, маїс; **c.-field** *n* поле, лан, нива; **c.-floor** *n* стодола; тік; **~y** *a* 1) хлібний, зерновий 2) хліборобний

corn II [kɔːn] *n* мозоля (*зазв. на нозі*); **~y** *a* мозолястий

corned [kɔːnd] *a* солений

corner [ˈkɔːnə] **1.** *n* 1) кут, куток 2) ріг (*вулиці, будинку*) 3) незручне становище; ускладнення 4) закуток, закапелок 5) частина, район 6) поворот **2.** *v* 1) загнати в безвихідь (у глухий кут); приперти до стіни 2) повернути за ріг

corollary [kəˈrɒl(ə)rɪ] *n* 1) *лог.* висновок, підсумок 2) природний наслідок, результат

coron‖a [kəˈrəʊnə] *n* 1) *астр.* сонячна корона 2) *анат.* коронка зуба; **~al 1.** *n* корона, вінець **2.** *a астр.* корональний; **~ate** *v* коронувати; **~ation** *n* 1) коронація, коронування 2) (успішне) завершення

corporal I [ˈkɔːp(ə)rəl] *a* тілесний, плотський

corporal II [ˈkɔːp(ə)rəl] *n війс.* капрал

corporat‖e [ˈkɔːp(ə)rɪt] *a* корпоративний; спільний; **~ion** *n* 1) корпорація, товариство, корпорація 2) *амер.* акціонерне товариство 3) *юр.* юридична особа 4) муніципалітет

corpse [kɔːps] *n* труп

corpus [ˈkɔːpəs] *n* (*pl* -pora) *лат.* 1) тулуб, тіло (*людини або тварини*) 2) звід (*законів*), кодекс; зібрання 3) основний капітал; **c. delicti** [diˈlɪktaɪ] *n лат. юр.* 1) склад злочину 2) речові докази

corpuscle [ˈkɔːpʌsl] *n* 1) часточка, тільце; корпускула 2) *фіз.* атом; електрон

correct [kəˈrekt] **1.** *a* 1) правильний, точний; коректний 2) коректний, гречний, вихований 3) належний, підхожий (*про поведінку, одяг*) **2.** *v* 1) виправляти, виправляти, коригувати 2) нейтралізувати, усувати (шкід-

ливий вплив і под.) 3) зауважувати; карати 4) регулювати 5) правити (коректуру); **~ion** n 1) виправлення, правка 2) поправка, корекція 3) зауваження, догана 4) покарання; **~ive 1.** n 1) коректив; поправка, часткове виправлення 2) мед. кориґуючий засіб **2.** a 1) виправний 2) мед. кориґуючий; **~ly** adv 1) правильно 2) коректно, увічливо
correlation [ˌkɒrəˈleɪʃ(ə)n] n 1) взаємозв'язок, співвідношення 2) фіз., мат. кореляція
correspond [ˌkɒrɪˈspɒnd] v 1) відповідати (with, to — чому-н.); узгоджуватися 2) являти собою, бути аналогічним (to — чому-н.) 3) листуватися; **~ence** n 1) відповідність 2) співвідношення; аналогія 3) кореспонденція, листування; листи; **~ent** n 1) кореспондент; особа, з якою листуються 2) службовець, який займається листуванням
corridor [ˈkɒrɪdɔː] n коридор
corroborate [kəˈrɒbəreɪt] v 1) підтверджувати; підкріплювати (теорію та под.) 2) підтримувати
corro‖de [kəˈrəʊd] v 1) роз'їдати, витравляти 2) іржавіти; **~sion** n 1) корозія; іржавіння 2) окиснення; витравлювання; **~sive 1.** n їдка (роз'їдаюча) речовина **2.** a 1) їдкий, роз'їдаючий; корозійний 2) згубний, руйнівний
corrupt [kəˈrʌpt] **1.** a 1) зіпсований; розбещений 2) продажний, корумпований 3) зіпсований, нечистий (про повітря й под.) 4) перекручений, недостовірний (текст і под.) **2.** v 1) псувати(ся); розбещувати(ся) 2) підкуповувати, давати хабара 3) псувати, гноїти 4) гнити, загнивати; розкладатися 5) перекручувати (текст і под.) 6) юр. позбавляти громадянських прав; **~ibility** n 1) продажність, підкупність 2) схильність до псування; **~ion** n 1) продажність, корупція 2) розбещеність, розклад (моральний) 3) перекручення (тексту й под.) 4) псування; гниття
cortex [ˈkɔːteks] n (pl -tices) 1) анат. кора головного мозку 2) бот. кора
coruscate [ˈkɒrəskeɪt] v сяяти, блищати, виблискувати
corvette [kɔːˈvet] n мор. корвет; сторожовий корабель
coryphaeus [ˌkɒrɪˈfiːəs] n грец. (pl -phaei) корифей
cose [kəʊz] v зручно влаштуватися
cosher [ˈkɒʃə] v пестити, балувати
cosine [ˈkəʊsaɪn] n мат. косинус
cosmetic [kɒzˈmetɪk] **1.** n косметика; косметичний засіб **2.** a косметичний
cosmic [ˈkɒzmɪk] a 1) космічний 2) величезний, усеосяжний
cosmopolitan [ˌkɒzməˈpɒlɪt(ə)n] **1.** n космополіт **2.** a космополітичний

cosmos [ˈkɒzmɒs] n 1) космос, усесвіт 2) упорядкована система, гармонія
cost [kɒst] **1.** n 1) ціна, вартість (тж перен.) 2) pl видатки, витрати 3) pl судові витрати **2.** v (cost) 1) коштувати 2) ком. призначати ціну, оцінювати (товар); **~ly** a 1) дорогий, цінний; коштовний 2) пишний, розкішний
cosy [ˈkəʊzɪ] a затишний, зручний
cot [kɒt] n 1) загін, хлів 2) дитяче ліжечко
cotangent [kəʊˈtændʒ(ə)nt] n мат. котанґенс
cotton [ˈkɒtn] **1.** n 1) бот. бавовник 2) бавовна 3) бавовняна тканина 4) вата 5) ворсистість **2.** a бавовняний; **c. wool** n 1) бавовна-сирець 2) вата
cottony [ˈkɒt(ə)nɪ] a 1) бавовняний 2) пухнастий, м'який
couch [kaʊtʃ] **1.** n 1) кушетка; тахта, канапа 2) лігвище, барліг; нора 3) жив. ґрунт, попередній шар (фарби й под.) **2.** v 1) викладати, висловлювати, формулювати (in) 2) (тк р.р.) укласти 3) лежати, причаїтися (про тварин)
cough [kɒf] **1.** n мед. кашель **2.** v кашляти; **~ out** відхаркувати
could [kʊd] v модальне дієсл. past від **can I**
coulisse [kuːˈliːs] n 1) театр. куліса, лаштунки 2) ком. неофіційна фондова біржа
council [ˈkaʊns(ə)l] n 1) рада; 2) нарада, консиліум 3) церковний собор 4) бібл. синедріон; **~lor** [ˈkaʊnsɪlə] n 1) член (міської) ради 2) радник
counsel [ˈkaʊns(ə)l] **1.** n 1) порада 2) обговорення, нарада 3) юр. (pl без змін) адвокат; юрисконсульт 4) намір; план; рішення **2.** v давати пораду, радити; рекомендувати
count I [kaʊnt] **1.** n 1) рахунок, підрахунок 2) підсумок 3) увага 4) юр. пункт звинувачувального акта, достатній для порушення справи **2.** v 1) рахувати, підраховувати, перелічувати 2) брати до уваги, ураховувати 3) уважати, гадати 4) мати значення 5) розраховувати (на що-н., кого-н.) 6) юр. викладати справу; **~able** a зчислюваний; який можна підрахувати
count II [kaʊnt] n ґраф
countenance [ˈkaʊntɪnəns] **1.** n 1) вираз обличчя 2) обличчя 3) спокій, самовладання 4) співчутливий погляд; вияв співчуття 5) моральна підтримка, заохочення; схвалення **2.** v 1) схвалювати, санкціонувати, дозволяти 2) морально підтримувати, заохочувати; ставитися співчутливо
counter I [ˈkaʊntə] n 1) прилавок (у крамниці й под.); стійка (у барі й под.) 2) каса (у банку й под.)
counter II [ˈkaʊntə] n 1) фішка, марка (в іграх) 2) шашка (у грі)

counter III [ˈkaʊntə] **1.** n 1) відбиття удару; зустрічний удар (у боксі) 2) що-н. зворотне (протилежне) **2.** a протилежний; зворотний; зустрічний **3.** v 1) протистояти; опиратися, протидіяти 2) спорт. завдавати зустрічного удару **4.** adv назад; проти; у зворотному напрямі; усупереч

counter- [ˌkaʊntə] pref проти-, контр-; **~act** v 1) протидіяти, перешкоджати 2) нейтралізувати; **~action** n 1) протидія 2) нейтралізація 3) юр. зустрічний позов; **~attack 1.** n контратака, контрнаступ **2.** v контратакувати; **~check** n протидія; перешкода; **~plot** n (контр)змова

counterfeit [ˈkaʊntəfɪt] **1.** n 1) підробка, фальшивка 2) самозванець; підставна особа **2.** a 1) підроблений, несправжній; фальшивий, фальсифікований 2) удаваний, облудний **3.** v 1) підробляти, фальсифікувати 2) мавпувати; бути схожим 3) удавати, прикидатися; обманювати

counterfoil [ˈkaʊntəfɔɪl] n корінець (чека, квитанції та под.)

counterman [ˈkaʊntəmən] n продавець

counterpart [ˈkaʊntəpɑːt] n 1) двійник 2) точна копія (про людину або річ) 3) аналог, еквівалент 4) юр. дублікат

countervail [ˌkaʊntəˈveɪl] v 1) компенсувати; урівноважувати 2) протидіяти

countess [ˈkaʊntɪs] n графиня

country [ˈkʌntrɪ] n 1) країна 2) село (не місто) 3) сільська місцевість 4) периферія, провінція 4) батьківщина, вітчизна (тж old ~) 5) місцевість; територія 6) галузь, сфера (знань і под.) 7) мешканці країни, населення 8) виборці 9) юр. присяжні засідателі; **c.-folk** n pl сільські мешканці, селяни

county [ˈkaʊntɪ] n 1) графство (адміністративна од. у Великій Британії); округ (у США) 2) маєток графа 3) мешканці графства (округу)

couple [ˈkʌpl] **1.** n 1) два, пара 2) мисл. пара гончаків **2.** v 1) з'єднувати 2) зв'язувати, асоціювати 3) одружитися, побратися 4) спаровувати(ся)

courage [ˈkʌrɪdʒ] n хоробрість, сміливість, відвага, мужність; **~ous** [kʌˈreɪdʒəs] a хоробрий, сміливий, відважний, мужній

courier [ˈkʊrɪə] n 1) агент 2) кур'єр, посильний

course [kɔːs] **1.** n 1) курс, напрям 2) хід; течія 3) порядок; черга, поступовість 4) лінія поведінки 5) курс (навчання й под.) 6) страва 7): **c. of exchange** валютний курс 8) скакове коло **2.** v 1) бігти, мчати 2) гнатися за дичиною (про гончаків); полювати з гончаками 3) переслідувати 4) прокладати курс

court [kɔːt] **1.** n 1) суд; амер. тж суддя, судді 2) майданчик для ігор 3) двір (короля й под.)

4) залицяння **2.** v 1) залицятися, упадати 2) шукати уваги (популярності) 3) домагатися (лестощами й под.), напрошуватися 4) спокушати, приваблювати (into, to, from) 5) викликати, накликати (на себе)

court‖eous [ˈkɜːtɪəs] a чемний, ґречний, увічливий, люб'язний; **~esy** n ґречність, увічливість; правила ввічливості, етикет; **~liness** [ˈkɔː-] n 1) увічливість, поштивість; вишуканість (манер) 2) підлесливість; **~ly** a 1) чемний; увічливий 2) підлесливий, догідливий

courtier [ˈkɔːtɪə] n 1) дворський 2) улеслива людина; підлесник

cousin [ˈkʌzn] n двоюрідний брат, -на сестра; **second c.** троюрідний брат, -на сестра

covenant [ˈkʌv(ə)nənt] **1.** n 1) угода, домовленість 2) юр. договір; окрема стаття договору (угоди) 3) бібл. заповіт **2.** v 1) укладати угоду (договір) 2) узяти на себе зобов'язання за угодою (договором); **~ed** a пов'язаний угодою (договором)

cover [ˈkʌvə] **1.** n 1) (по)кришка; обгортка, чохол; покривало; футляр 2) обкладинка, палітурка 3) конверт 4) сховище, укриття; притулок 5) спорт. захист 6) ширма; привід; відмовка, личина, машкара 7) ком. гарантійний фонд 8) страхування **2.** v 1) (по)крити; покривати; накривати; прикривати; перекривати 2) укривати, огороджувати 3) приховувати 4) охоплювати, містити в собі; належати (до чого-н.) 5) долати, проходити (яку-н. відстань) 6) давати матеріал (для преси) 7) дозволяти, передбачати; **~age** 1) охоплення 2) репортаж, висвітлення подій (у пресі, по радіо та под.), інформація, повідомлення 3) зона дії 4) зона спостереження 5) фін. золоте покриття; **~ed** a 1) (за)критий, укритий 2) захищений, прикритий 3) у капелюсі, у головному уборі; **~ing** n 1) покришка, чохол; покривало, ковдра, оболонка 2) обшивка; облицювання 3) настил, покриття 4) завантаження **3.** a супровідний; **~ture** n укриття, захисток

covet [ˈkʌvɪt] v бажати, жадати; домагатися

covetous [ˈkʌvɪtəs] a 1) заздрісний 2) жадібний; зажерливий, скупий

cow [kaʊ] **1.** n (pl noem. тж kine) 1) зоол. корова 2) самиця слона (кита, моржа й под.) 3) розм. дурна, надокучлива людина **2.** v 1) залякувати, теризувати 2) утихомирювати, приборкувати; **c.-boy** n 1) пастух, чередник 2) амер. ковбой

coward [ˈkaʊəd] **1.** n боягуз **2.** a 1) боягузливий, боязкий, полохливий; легкодухий 2) боязкий, боязливий; **~ice** n 1) боягузство 2) легкодухість; боязкість; **~ly** a 1) боязкий, боягузливий 2) легкодухий

cower [´kaʊə] v щулитися, зіщулюватися (*від страху, холоду*)
coy [kɔɪ] a 1) сором'язливий, скромний 2) манірний
coyote [´kɔɪəʊt, kɔɪ´əʊtɪ] n зоол. степовий вовк, койот
crab [kræb] 1. n 1) зоол. краб 2) (С.) астр. Рак (*сузір'я і знак зодіаку*) 3) дика яблуня 4) буркотун; дратлива людина 5) невдача, перешкода 2. v 1) дряпати кігтями, битися (*про хижих птахів*) 2) жалітися, скаржитися, нити, скімлити 3) знаходити недоліки; причепливо критикувати 4) озлоблювати, дратувати (*кого-н.*) 5) псувати; **~by** a дратливий
crack [kræk] 1. n 1) тріск 2) ляскання (*батога*) 3) удар; запотиличник 4) тріщина, щілина, розколина 2. v 1) давати тріщину, тріскатися, розколювати(ся) 2) тріщати, шуміти; ляскати (*батогом*) 3) здуріти, збожеволіти; **~ed** a 1) тріснутий 2) підірваний (*про репутацію та под.*) 3) дурний, ненормальний; що з'їхав із глузду
cradl||e [´kreɪdl] 1. n 1) колиска 2) початок; витоки; джерело 3) важіль (*телефону*) 2. v 1) гойдати в колисці; заколисувати 2) виховувати з дитинства; **~ing** n колихання в колисці
craft [krɑːft] n 1) спритність, уміння, майстерність; вправність 2) ремесло 3) судно; збір. судна 4) хитрість, обман; **~iness** n хитрість, лукавство; підступність; **~sman** n 1) умілий майстер, художник 2) майстер, ремісник; **~smanship** n майстерність; **~y** a хитрий, лукавий, підступний
crag [kræg] n скеля, стрімчак; **~gy** a 1) скелястий 2) крутий, стрімкий; **~sman** n спорт. альпініст
cram [kræm] 1. v 1) набивати 2) натаскувати (*до іспитів*) 2. n 1) тиснява, штовханина 2) зубріння 3) знев. неправда
cramp [kræmp] 1. n 1) судома, спазм 2) перешкода, обмеження 2. v 1) спричиняти судому (спазми) 2) утруднювати (*рух*) 3) заважати (*розвиткові*); звужувати; **~ed** a 1) зсудомлений 2) стиснений; обмежений (*у просторі*) 3) нерозбірливий (*про почерк*) 4) обмежений (*у розумових здібностях*)
cranberry [´krænb(ə)rɪ] n бот. журавлина
crane [kreɪn] 1. n зоол. журавель 2. v витягувати шию, щоб краще роздивитися
crani||al [´kreɪnjəl] a анат. черепний; **~um** n (pl -nia) анат. череп
crank [kræŋk] n дивак; людина з примхами 2) маніяк 3) химера; примха, забаганка
cranny [´krænɪ] n щілина, тріщина
crap [kræp] n 1) креп (*тканина*) 2) жалоба; **~ed** a 1) одягнутий у жалобу 2) убраний крепом; **~y** a креповий

crapulence [´kræpjʊləns] n 1) похмілля 2) пиятика
crash [kræʃ] 1. n 1) гуркіт; тріск 2) сильний удар під час падіння (зіткнення) 3) аварія, поломка, катастрофа 4) крах, банкрутство 2. v 1) падати (обвалюватися) з гуркотом (тріском); гуркотіти 2) розбити, зруйнувати; спричинити аварію 3) зазнати аварії, розбитися під час падіння 4) зазнати краху; розоритися 3. adv з гуркотом (тріском)
crass [kræs] a 1) повний, цілковитий 2) (несосвітенно) дурний 3) грубий, цупкий
cravat [krə´væt] n 1) краватка 2) шарф
crav||e [kreɪv] v 1) жагуче бажати, жадати 2) просити, благати 3) потребувати; **~ing** n 1) жагуче бажання, прагнення (for) 2) палке благання
craven [´kreɪv(ə)n] 1. n боягуз, легкодуха людина 2. a легкодухий; боязкий, боягузливий
craw [krɔː] n воло (*птаха*)
crawl [krɔːl] 1. n 1) повзання 2) повільний рух 3) плазування, підлабузництво 4) спорт. кроль (*стиль плавання; тж* ~ stroke) 2. v 1) повзати 2) підповзати, підкрадатися 3) плазувати, підлабузнюватися 4) кишіти (*про комах; with*); **~er** n 1) підлесник, підлабузник 2) повзуча рослина 3) зоол. плазун 4) pl повзунки (*одяг для дітей*)
crayfish [´kreɪfɪʃ] n зоол. 1) річковий рак 2) лангуст(а)
crayon [´kreɪən] 1. n 1) кольоровий олівець; кольорова крейда; пастель 2) малюнок кольоровим олівцем (кольоровою крейдою, пастеллю) 2. v малювати кольоровим олівцем і под.
craz||e [kreɪz] 1. n 1) манія; предмет божевілля 2) мода, загальне захоплення 2. v (*зазв. p. p.*) 1) зводити з розуму 2) божеволіти; **~y** a 1) божевільний, збожеволілий 2) безглуздий, недоумкуватий 3) хиткий, старезний
creak [kriːk] 1. n скрип 2. v скрипіти
cream [kriːm] 1. n 1) вершки; крем 2) піна 3) (*зазв.* the ~) що-н. добірне, найкраще 4) крем (*косметичний*) 5) кремовий колір 6) торт із кремом 2. v 1) збирати вершки (*тж перен.*) відстоюватися 3) пінитися 4) кул. змішувати; збивати; **~ery** n 1) олійниця; сироварня 2) молочарня; **~y** a 1) вершковий 2) кремовий 3) густий, м'який
creas||e [kriːs] 1. n 1) складка 2) згин 2. v 1) робити складки 2) м'ятися, бгатися; **~y** a 1) зім'ятий, зібганий, пожмаканий 2) що лежить складками
creat||e [krɪ´eɪt] v 1) творити, створювати 2) викликати (*почуття*); справляти (*вплив і под.*); **~ion** n 1) творення; творіння 2) світобудова 3) твір (*науки, мистецтва й под.*) 4) утілен-

ня, відтворення (*сценічне й под.*); **~ive** *a* творчий; **~or** *n* 1) творець; автор 2) (the C.) Бог, Творець; **~ure** [´kriːtʃə] *n* 1) творення, творіння 2) жива істота; людина 3) тварина 4) ставленик

cred‖ence [´kriːd(ə)ns] *n* 1) віра, довіра 2) *церк.* жертовник (*у вівтарі*; *тж* ~ table); **~ent** *a* довірливий; **~ibility** *n* імовірність, правдоподібність; **~ible** [´kre-] *a* правдоподібний, імовірний; гідний довіри

cred‖it [´kredɪt] **1.** *n* 1) хвала; честь 2) (добра) репутація; надійність; добре ім'я 3) довіра; віра 4) вплив; значення; повага, пошана 5) *фін.* кредит; борг **2.** *v* 1) довіряти; вірити 2) приписувати (*кому-н. що-н.*) 3) *фін.* кредитувати; **~o** *n лат.* (*pl* -os) 1) переконання, кредо 2) (C.) *церк.* символ віри; **~ulity** [-juːlɪtɪ] *n* легковірність, довірливість; **~ulous** *a* легковірний, довірливий

creek [kriːk] *n* бухта, затока; гирло ріки

creep [kriːp] **1.** *v* 1) (crept [krəpt]) плазувати, стелитися 2) підкрадатися 3) здригатися (*від страху*) **2.** *n pl* мурашки, здригання

cremat‖ion [krɪ´meɪʃ(ə)n] *n* кремація; **~orium** *n* крематорій

crenellated [´krenəleɪtɪd] *a* зубчастий

Creole [´kriːəʊl] *n* креол; креолка

crescent [´kresnt] **1.** *n* 1) півмісяць; серп місяця 2) перша (остання) чверть Місяця (Венери й под.) **2.** *a* у формі півмісяця, серпастий

cresset [´kresɪt] *n* смолоскип, світоч

crestfallen [´krest͵fɔːl(ə)n] *a* занепалий духом, смутний; пригнічений

crew [kruː] *n* 1) екіпаж, команда 2) бригада 3) компанія

crib I [krɪb] **1.** *n* 1) дитяче ліжечко 2) ясла (*для худоби*) **2.** *v* замикати у тісному помешканні

crib II [krɪb] **1.** *n* шпаргалка **2.** *v* списувати

cricket I [´krɪkɪt] *n ент.* цвіркун

cricket II [´krɪkɪt] *спорт.* **1.** *n* крикет **2.** *v* грати в крикет

crim‖e [kraɪm] *n* 1) злочин; злодіяння 2) злочинність; **~inal** [´krɪmɪnl] **1.** *n* злочинець **2.** *a* злочинний; кримінальний, карний; **~inality** *n* злочинність, винуватість; **~inate** *v* 1) обвинувачувати у злочині; інкримінувати 2) ухвалювати обвинувальний вирок 3) засуджувати, гудити; **~ination** *n* 1) обвинувачення в злочині 2) осуд, гостре осудження; **~inative** *a* обвинувальний, викривальний

crimson [´krɪmz(ə)n] **1.** *n* 1) малиновий колір; кармазин; темно-червоний колір 2) густий рум'янець **2.** *a* темно-червоний, кармазиновий; малиновий **3.** *v* 1) забарвлювати(ся) в малиновий (кармазиновий) колір 2) червоніти, рум'яніти

cring‖e [krɪndʒ] *v* 1) плазувати, холопствувати

2) виявляти догідливий страх; зіщулюватися (*від страху*); **~ing** *n* догідливість, підлесливість

cripple [´krɪp(ə)l] **1.** *n* каліка, інвалід **2.** *v* 1) калічити; позбавляти працездатності 2) робити непридатним; псувати; завдавати шкоди 3) шкутильгати, кульгати

crippling [´krɪplɪŋ] **1.** *pres. p. від* **cripple 2 2.** *n тех.* деформація

crises [´kraɪsiːz] *pl від* **crisis**

crisis [´kraɪsɪs] *n* (*pl* -ses) 1) криза 2) критичний (рішучий) момент; перелом 3) *мед.* криза, криз

crisp [krɪsp] **1.** *a* 1) ламкий 2) хрусткий 3) живлющий (*про повітря*) 4) живий (*про стиль*) 5) кучерявий (*про волосся*) **2.** *v* 1) завиватися 2) хрумтіти

criteria [kraɪ´tɪ(ə)rɪə] *pl від* **criterion**

criterion [kraɪ´tɪ(ə)rɪən] *n* (*pl* -ria) 1) критерій, мірило 2) ознака; умова 3) *обч.* ключ, ключове слово

criti‖c [´krɪtɪk] *n* критик; **~cal** *a* 1) критичний 2) переломний, вирішальний 3) ризикований, небезпечний; критичний 4) важливий, цінний 5) вибагливий, розбірливий 6) *амер.* дефіцитний; украй необхідний; **~cism** *n* 1) критика 2) літературно-художня критика 3) критичний розбір, критична стаття 4) *філос.* критицизм, критична філософія; кантіанство; **~cise** *v* 1) осуджувати 2) критикувати; **~que** [-´tiːk] *n* 1) рецензія; критична стаття 2) критика

croak [krəʊk] **1.** *n* 1) каркання 2) кумкання 3) хрип 4) бурчання (*у животі*) **2.** *v* 1) каркати 2) кумкати 3) хрипіти 4) гарчати, бурчати 5) накликати біду

crockery [´krɒk(ə)rɪ] *n* посуд (*глиняний, фаянсовий*)

crocodile [´krɒkədaɪl] *n* 1) *зоол.* крокодил 2) крокодиляча шкіра

croft [krɒft] *n* присадибна ділянка

crony [´krəʊnɪ] *n* щирий друг

crook [krʊk] **1.** *n* 1) ґирлиґа (*чабанська палиця*) 2) гак 3) поворот, вигин (*річки, дороги*) 4) обманщик, шахрай, пройдисвіт 5) *церк.* патериця **2.** *v* 1) згинати(ся); вигинати(ся); карлючити(ся); горбити(ся) 2) виловлювати (ловити) гачком; **c.-back(ed)** *a* горбатий; **~ed** *a* [´krʊkɪd] 1) зігнутий, кривий 2) викривлений; згорблений 3) непрямий, нечесний

crooner [´kruːnə] *n* естрадний співак, шансоньє

crop [krɒp] **1.** *n* 1) урожай 2) жнива; посів 2) безліч; маса **2.** *v* 1) підстригати, обрізати; зрізувати (*квіти*) 2) щипати, об'їдати (*траву й под.*) 3) збирати (давати) врожай

cross [krɒs] **1.** *n* 1) хрест 2) (the C.) християнство 3) розп'яття 4) хресне знамення 5) хрестик 6) страждання, випробовування **2.** *a* 1) поперечний; пересічений; перехресний 2) протилежний; несприятливий **3.** *v* 1) перетинати(ся); схрещувати(ся); переходити (*вулицю й под.*); переправлятися 2) схрещувати (*руки й под.*) 3) перекреслювати 4) (пере)хреститися 5) розминутися, розійтися 6) протидіяти, суперечити; перешкоджати; **c.-bred** *a* змішаний, гібридний, схрещений; **c.-cut** *n* 1) найкоротший шлях 2) поперечний розріз 3) па (*у танцях*) **2.** *a* поперечний; **c.-examination** *n* юр. перехресний допит; **c.-eyed** *a* косий, косоокий; **~ly** *adv* роздратовано, сердито, сварливо; **~ness** *n* роздратованість; сварливість; **~road** *n* 1) перехресна дорога 2) *pl* перехрестя, роздоріжжя; **c.-wind** *n* зустрічний вітер; **~wise** *adv* 1) хрестоподібно; хрест-навхрест 2) упоперек 3) неправильно, помилково; **~word** *n* кросворд (*тж* ~ puzzle)

crotch [krɒtʃ] *n* 1) розвилка; розгалуження 2) вила; гак 3) *анат.* промежина

crotchet [ˈkrɒtʃɪt] *n* 1) фантазія, дивацтво; примха 2) гачок 3) *муз.* четвертна нота

crow I [krəʊ] *n орн.* ґава, ворона

crow II [krəʊ] **1.** *n* 1) спів півня 2) аґукання (*немовляти*) **2.** *v* (crowed; crew; crowed) 1) співати (*про півня*) 2) аґукати (*про немовля*)

crowd [kraʊd] **1.** *n* 1) натовп 2) *розм.* компанія, група людей 3) (the ~) простий люд, народ 4) штовханина; товчія 5) сила-силенна, маса, безліч (*чого-н.*) **2.** *v* 1) збиратися юрбою; юрбитися, юрмитися; тиснутися 2) скупчувати, нагромаджувати, накопичувати 3) тіснити, напирати, витискувати 4) *амер. розм.* тиснути, натискати; **~ed** *a* 1) переповнений, наповнений ущерть 2) стиснений, здавлений 3) повний, наповнений

cruci||al [ˈkruːʃ(ə)l] *a* 1) вирішальний (*момент*), ключовий 2) критичний (*період*) 3) *мед.* хрестоподібний; **~an** *n іхт.* карась; **~fix** *n* розп'яття (*хрест*); **~fy** *v* 1) розпинати 2) стримувати (*бажання*) 3) мучити; переслідувати 4) піддавати нищівній критиці

crude [kruːd] *a* 1) сирий, необроблений; неочищений 2) грубий, неввічливий 3) нероблений, непродуманий 4) приблизний, попередній 5) голий (*про факти*) 6) непереварений (*про їжу*)

cruel [ˈkruːəl] *a* 1) жорстокий; безжальний, немилосердний; бездушний 2) болісний; нестерпний, жахливий; **~ty** *n* 1) жорстокість, бездушність 2) жорстокий учинок 3) суворість

cruise [kruːz] **1.** *n* 1) круїз, морська подорож 2) *мор.* крейсування **2.** *v* 1) подорожувати

для задоволення 2) здійснювати рейси (*суходолом і повітрям*)

crumb [krʌm] **1.** *n* 1) (*зазв. pl*) крихта (*особ. хліба*) 2) м'якуш (*хліба*) 3) частка (*чого-н.*) **2.** *v* 1) обсипати крихітками; обкачувати в сухарях 2) кришити

crumple [ˈkrʌmpl] *v* 1) м'яти(ся); брати(ся); зморщуватися 2) зім'яти, роздавити, зломити (*опір*) 3) згинати, закручувати 4) звалитися, рухнути 5) занепадати духом

crunch [krʌntʃ] **1.** *n* хрускіт; скрип; тріск **2.** *v* 1) гризти; хрумтіти 2) рипіти (*під ногами*); тріщати

crusader [kruːˈseɪdə] *n іст.* хрестоносець

crush [krʌʃ] **1.** *n* 1) роздавлювання, роздрібнення; вичавлювання 2) тиснява; штовханина, товкотнеча 3) прийом (*гостей*) 4) фруктовий сік 5) *військ.* загін **2.** *v* 1) роздавити 2) дробити, товкти 3) вичавлювати, чавити (*виноград*) 4) знищувати, подавляти 5) утискувати, упихати; **~ing** *a* нищівний, знищувальний

crust [krʌst] **1.** *n* 1) скоринка (*хліба*) 2) твердий верхній шар, кірка; наст 3) *мед.* струп 4) *геол.* земна кора 5) панцер (*раконоподібних*) 6) осад (*у вині*) **2.** *v* 1) покриватися(ся) кіркою 2) давати осад (*про вино*); **~ed** *a* 1) покритий кіркою 2) давній; укорінений; **~iness** *n* сварливість; дратівливість

crutch [krʌtʃ] *n* милиця

crux [krʌks] *n* (*pl* -xes) 1) утруднення, важке питання; загадка 2) (С.) *астр.* Південний Хрест (*сузір'я*)

cry [kraɪ] **1.** *n* 1) крик; лемент; галас; репетування 2) волання; благання 3) плач 4) гасло, лозунг 5) поговір; поголоска 6) громадська думка 7) собачий гавкіт, виття вовка *й под.* **2.** *v* 1) кричати; лементувати; репетувати; галасувати 2) вигукувати, протестувати 3) волати; благати 4) плакати 5) оприлюднювати; оголошувати 6) видавати звуки (*про тварин*)

cryptic [ˈkrɪptɪk] *a* 1) загадковий, таємничий; таємний 2) *біол., мед.* прихований, латентний 3) *біол.* захисний

cryptogram [ˈkrɪptəgræm] *n* криптограма, тайнопис; шифроване повідомлення

crystal [ˈkrɪstl] **1.** *n* 1) кристал 2) кришталь 3) кришталевий посуд **2.** *a* 1) кристалічний 2) кришталевий 3) чистий, прозорий, кристальний

cubbish [ˈkʌbɪʃ] *a* 1) незграбний 2) погано вихований

cucumber [ˈkjuːkʌmbə] *n бот.* огірок

cud [kʌd] *n* жуйка

cue I [kjuː] *n* 1) *театр.* репліка 2) натяк 3) *тел., радіо* сигнал

cue II [kjuː] *n* кий

cuff I [kʌf] *n* 1) манжета 2) вилога з краю рукавички 3) наручник 4) *pl* наручники

cuff II [kʌf] **1.** *n* удар рукою; ляпас; потиличник **2.** *v* ударяти рукою; лупцювати
cul-de-sac [ˈkuldəsæk] *n фр.* тупик
culinary [ˈkʌlɪn(ə)rɪ] *a* 1) кулінарний; кухонний 2) придатний для варіння *(про овочі)*
culmination [ˌkʌlmɪˈneɪʃ(ə)n] *n* 1) найвища точка; кульмінаційний пункт 2) *астр.* кульмінація; зеніт
culpability [ˌkʌlpəˈbɪlɪtɪ] *n юр.* винуватість
culprit [ˈkʌlprɪt] *n* 1) *юр.* обвинувачуваний; підсудний 2) злочинець; винний; винуватець
cult [kʌlt] *n* 1) культ, поклоніння 2) релігійні обряди; віросповідання 3) обожнювання, культ
cultur||e [ˈkʌltʃə] *n* 1) культура 2) розведення *(риби й под.)* 3) сільськогосподарська культура 4) *біол.* культура бактерій; **~ed** *a* 1) культурний, розвинений; освічений 2) культивований
culver [ˈkʌlvə] *n орн.* дикий голуб
cumb||er [ˈkʌmbə] *v* утруднювати, обтяжувати; **~ersome**, **~rous** *a* 1) скрутний 2) громіздкий
cumin [ˈkʌmɪn] *n бот.* кмин
cumulation [ˌkjuːmjʊˈleɪʃ(ə)n] *n* накопичення; скупчення; кумуляція
cumulus [ˈkjuːmjʊləs] *n (pl -li)* 1) *метео* купчасті хмари 2) велика кількість; скупчення; безліч
cuneiform [ˈkjuːnɪfɔːm] **1.** *n лінгв.* клинопис **2.** *a* клиноподібний
cunning [ˈkʌnɪŋ] *n* 1) хитрість, підступність 2) спритність
cup [kʌp] *n* 1) чаш(к)а; кубок 2) *бот.* чашечка *(квітки)* 3) вино 4) *спорт.* кубок 5) *мед.* банка
curacy [ˈkjʊ(ə)rəsɪ] *n церк.* 1) сан священика 2) парафія
curare [kjʊˈrɑːrɪ] *n* кураре *(отрута)*
curat||ive [ˈkjʊ(ə)rətɪv] **1.** *n* цілющий засіб, ліки **2.** *a* 1) лікувальний, цілющий 2) виправний; **~or** *n* 1) хоронитель *(музею та под.)* 2) куратор, член правління *(університету)* 3) менеджер, завідувач; керівник
curb [kɜːb] **1.** *n* вузда **2.** *v* приборкувати
curd [kɜːd] *n* сир; **~le** *v* згортатися
cure [kjʊə] **1.** *n* 1) лікування 2) вилікування 3) ліки; (лікарський) засіб 4) курс лікування 5) *церк.* парафія **2.** *v* 1) виліковувати(ся), зцілити(ся) 2) заготовляти, запасати 3) консервувати; солити; сушити; **c.-all** *n* панацея, ліки від усіх хвороб, засіб від усіх бід; **~less** *a* невиліковний
curie [ˈkjʊ(ə)rɪ] *n фіз.* кюрі
curio||sity [ˌkjʊ(ə)rɪˈɒsɪtɪ] *n* 1) люб'язність 2) цікавість, допитливість 3) дивність, дивацтво 4) (а ~) дивовижа, рідкість 5) антикварна річ; **~us** [ˈkjʊ(ə)rɪəs] *a* 1) допитливий, ціка-

вий 2) зацікавлений 3) дивний, курйозний 4) старанний, майстерний 5) витончений, вишуканий
curler [ˈkɜːlə] *n* бігуді
curly [ˈkɜːlɪ] *a* 1) кудрявий *(про волосся)* 2) хвилястий *(про лінії)*
curmudgeonly [kɜːˈmʌdʒ(ə)nlɪ] *a* 1) грубий 2) скупий, скнарий
curren||cy [ˈkʌrənsɪ] *n* 1) валюта, гроші 2) грошовий обіг 3) уживаність, поширеність 4) тривалість, термін дії *(чого-н.)*; **~t 1.** *n* 1) струмінь; потік 2) перебіг; хід 3) *ел.* струм **2.** *a* 1) поточний, теперішній; сучасний 2) уживаний, розповсюджений; що циркулює; що перебуває в обігу
curriculum [kəˈrɪkjʊləm] *(pl* curricula) *n* курс навчання, навчальний план, програма
currish [ˈkɜːrɪʃ] *a* 1) невихований; грубий; сварливий, буркітливий 2) легкодухий
curs||e [kɜːs] **1.** *n* 1) прокляття 2) лайка 3) лихо 4) відлучення від церкви **2.** *v* 1) проклинати 2) лаятися 3) блюзнити, хулити Бога 4) відлучати від церкви 5) *(зазв. pass.)* мучити, завдавати страждання; **~ed** *a* 1) проклятий, клятий, окаянний 2) злісний; недоброзичливий; мерзенний; жахливий
cursor [ˈkɜːsə] *n* 1) *тех.* стрілка, покажчик 2) *обч.* курсор; **~y** *a* побіжний, поверховий; курсорний
curt [kɜːt] *a* 1) короткий, уривчастий, стислий *(про стиль)* 2) уривчасто-грубий *(про відповідь)*; **~ail** [kɜːˈteɪl] *v* скорочувати, укорочувати, урізувати, зменшувати; **~ailment** *n* скорочення, урізування
curtain [ˈkɜːtn] **1.** *n* 1) фіранка, завіска 2) завіса **2.** *v* завішувати
curtsy = curtsey [ˈkɜːtsɪ] **1.** *n* реверанс, присідання **2.** *v* присідати, робити реверанс
curv||e [kɜːv] **1.** *n* 1) крива *(лінія, поверхня)*; дуга 2) вигин, поворот *(ріки й под.)* 3) згин, зігнутість 4) *спорт.* віраж 5) лекало 6) *pl* круглі дужки **2.** *v* гнути(ся); вигинати(ся); згинати(ся)
cushion [ˈkʊʃən] *n* (диванна) подушка
cuspid [ˈkʌspɪd] *n анат.* ікло; **~ate(d)** *a* гострий, шпилястий, шпичастий
custod||ian [kʌˈstəʊdɪən] *n* 1) хоронитель *(музею та под.)* 2) сторож 3) опікун; **~y** *n* 1) опіка, опікування, піклування 2) охорона, зберігання 3) арешт, ув'язнення
custom [ˈkʌstəm] **1.** *n* 1) звичай; звичка 2) *юр.* звичаєве право 3) *збір.* клієнтура; покупці 4) *pl* мито, митний збір 5) *pl* митне управління **2.** *a* 1) виготовлений (зроблений) на замовлення 2) митний; **~ary** *a* 1) звичайний, звичний 2) *юр.* оснований на звичаєвому праві; **~er** *n* 1) замовник, покупець; клієнт

2) постійний відвідувач, завсідник; **c.-house** *n* митниця

cut [kʌt] **1.** *n* 1) різання, розрізування 2) розріз, поріз; рана, зарубка 3) зниження; зменшення (*цін, кількості*) 4) вирізка, витяг (*тж із книги, статті*) 5) різке зауваження 6) припинення (*знайомства*) 7) кіно фільмування, монтаж **2.** *a* 1) відрізаний, порізаний, зрізаний 2) шліфований 3) знижений, зменшений 4) покроєний **3.** *v* (cut) 1) краяти; відрізати 2) стригти, підстригати 3) косити, жнивувати; збирати врожай 4) ображати 5) знижувати; зменшувати (*ціни й под.*) 6) скорочувати (*статтю й под.*) 7) перетинатися (*про лінії та под.*) 8) скорочувати шлях, іти навпростець 9) переривати знайомство (*з ким-н.*) 10) кіно фільмувати, монтувати 11) різатися (*про зуби*); **~ter** *n* 1) закрійник; закрійниця 2) різьбяр (*по дереву, каменю*) 3) вибійник 4) кіно монтажер 5) *мор.* катер; тендер (*одноглова вітрильна яхта*) 6) різальний інструмент (верстат); різець; **~throat** *n* 1) головоріз, убивця 2) *розм.* небезпечна бритва; **~ting 1.** *n* 1) різання; рубка; тесання; фрезерування 2) вирізка (*із часопису й под.*) 3) *с.-г.* черешок, живець 4) вирізана фігура 5) *pl* обрізки, тирса 6) зниження, зменшення **2.** *a* 1) колючий, різкий; ущипливий (*про зауваження*) 2) пронизливий (*про вітер*) 3) різальний, ріжучий; **~ting-room** *n* кіно монтажна

cute [kju:t] *a* 1) розумний, дотепний 2) *амер.* милий
cybernet‖ic [ˌsaɪbəˈnetɪk] *a* кібернетичний
cycl‖e [ˈsaɪkl] **1.** *n* 1) цикл; коло; період 2) (*скор. від* bicycle) велосипед 3) *тех.* (круговий) процес, такт, оберт; послідовність (*операції*) 4) циклічність **2.** *v* 1) їздити на велосипеді 2) проходити цикл розвитку 3) повторюватися циклічно 4) робити оберти; рухатися по колу; **~e-car** *n* малолітражний автомобіль з мотоциклетним двигуном; **~ic(al)** *a* циклічний; **~ing** *n* велоспорт; **~ist** *n* 1) велосипедист 2) мотоцикліст; **~otron** *n* *фіз.* циклотрон
cygnet [ˈsɪgnɪt] *n* *орн.* молодий лебідь
cylind‖er [ˈsɪlɪndə] *n* 1) *геом.* циліндр 2) *тех.* циліндр; барабан 3) барабан револьвера; **~rical** *a* циліндричний
cymbals [ˈsɪmb(ə)lz] *n pl* *муз.* тарілки
Cymric [ˈkɪmrɪk] *a* кімрський; уельський, валлійський
cyn‖ic [ˈsɪnɪk] *n* цинік; **~ical** *a* цинічний; **~icism** *n* цинізм; **~osure** [ˈsɪnəzjʊə] *n* 1) (С.) *астр.* Малий Віз (*сузір'я*); Полярна Зоря 2) центр уваги 3) дороговказна зірка
cypress [ˈsaɪprɪs] *n* *бот.* кипарис
Cyrillic [sɪˈrɪlɪk] **1.** *n* кирилиця **2.** *a*: **~ alphabet** кирилиця
Czech [tʃek] **1.** *a* чеський **2.** *n* 1) чех 2) чеська мова

D

dab [dæb] *n* 1) дотик 2) мазок; пляма (*фарби*) 3) легкий удар 4) крапелька (*чого-н.*); **~ble** *v* 1) займатися поверхово, по-аматорськи (in, at, with — *чим-н.*) 2) хлюпати(ся); борсатися (*у воді, багні*) 3) обприскувати, зрошувати, зволожувати 4) утручатися (*у що-н.*); **~bler** *n знев.* аматор, дилетант

Dachshund [ˈdækʃʊnd] *n нім. зоол.* такса (*порода собак*)

dactyloǁgram [dækˈtɪləgræm] *n* відбиток пальця; **~logy** *n* дактилологія

dagger [ˈdægə] 1. *n* кинджал 2. *v* заколювати кинджалом

daily [ˈdeɪlɪ] *a* 1) щоденний, повсякденний 2) *спец.* добовий

daintǁiness [ˈdeɪntɪnɪs] *n* 1) витонченість, граційність, елегантність 2) вишуканість 3) розбірливість, вибагливість; **~y 1.** *n зазв. pl* ласощі, делікатеси 2. *a* 1) витончений, граційний 2) вишуканий, елегантний 3) ласий; смачний; ніжний 4) розбірливий, вередливий, вибагливий

dairy [ˈdɛərɪ] *n* 1) молочна; **~-farming** *n* молочне тваринництво; **~ing** *n* молочне хазяйство; **~maid** *n* 1) доярка 2) молочарка

dais [ˈdeɪɪs] *n* 1) поміст, узвишшя; платформа 2) кафедра

daisy [ˈdeɪzɪ] *n бот.* маргаритка

dally [ˈdælɪ] *v* 1) займатися дрібницями; розважатися; пустувати 2) кокетувати, фліртувати

dam I [dæm] **1.** *n* 1) гребля, загата; мол 2) загачена вода 3) *pl* шашки (*гра*) 4) шашка (*фігура у грі*) **2.** *v* 1) перегороджувати греблею; загачувати річку (*часто* ~ up) 2) затримувати, стримувати

dam II [dæm] *n* матка (*про тварин*)

damage [ˈdæmɪdʒ] **1.** *n* 1) шкода; пошкодження; збиток; утрата 2) *pl юр.* збитки; компенсація за збитки **2.** *v* 1) пошкоджувати, псувати; завдавати шкоди (збитків) 2) ганьбити, дискредитувати, чорнити, плямувати 3) ушкодити, підбити, забити

damn [dæm] **1.** *n розм.* прокляття, проклін; лайка **2.** *v* 1) *розм.* проклинати 2) осуджувати; ганити, ганьбити, критикувати 3) губити, бути причиною провалу 4) лаятися; **~able** [ˈdæmnəbl] *a* жахливий, огидний; **~ation** *n* 1) прокляття 2) осуд, сувора критика; **~atory** *a* 1) осудливий 2) що викликає осуд; згубний 3) *юр.* що тягне за собою засудження (*про свідчення*); **~ed** *a* засуджений, проклятий; **~ification** *n юр.* заподіяння шкоди (збитків); **~ify** *v* 1) *юр.* завдавати шкоди 2) ображати; **~ing** *a юр.* що призводить до засудження

damp [dæmp] **1.** *n* 1) вогкість, вологість; випари 2) зневіра, пригнічений стан духу **2.** *a* вологий, вогкий **3.** *v* 1) змочувати, зволожувати 2) бентежити, пригнічувати (*про думки й под.*)

dance [dɑːns] **1.** *n* 1) танець, танок 2) тур (*танцю*) 3) бал 4) танцювальна музика **2.** *v* 1) танцювати 2) стрибати, скакати 3) кружляти (*про листя*) 4) колихати (*дитину*); **~r** танцюрист, танцюристка; танцівник; балерина

dandelion [ˈdændɪlaɪən] *n бот.* кульбаба

dandle [ˈdændl] *v* 1) гойдати, колисати (*дитину*) 2) пестити

dandruff [ˈdændrʌf] *n* лупа

dangerǁous [ˈdeɪndʒərəs] *a* 1) загрозливий 2) ризикований; **d.-signal** *n* сигнал небезпеки

dangle [ˈdæŋgl] *v* 1) гойдатися; висіти 2) погойдувати 3) вабити, спокушати, дражнити 4) тинятися, вештатися; **~r** *n* 1) ледар, нероба 2) залицяльник

Danish [ˈdeɪnɪʃ] *a* датський

darǁe [dɛə] **1.** *n* 1) виклик 2) підбурювання, підбивання **2.** *v* (dared [-d], durst; dared; *3 ос. одн. теперішнього часу* dares *i* dare) 1) модальне дієсл. сміти, наважуватися 2) ризикувати 3) підбурювати, підбивати; **~edevil 1.** *n* сміливець; паливода, шибайголова **2.** *a* відважний, безрозсудний, необачний; **~ing 1.** *n* 1) сміливість; відвага; безстрашність 2) дерзання **2.** *a* 1) сміливий, відважний, безстрашний 2) завзятий, запопадний

dark [dɑːk] **1.** *n* 1) темрява, пітьма 2) неуцтво 3) незнання, необізнаність 4) *жив.* тінь 5) таємність, секретність **2.** *a* 1) темний 2) смуглявий; темноволосий 3) похмурий, понурий 4) безнадійний, печальний 5) лихий, чорний нечистий, сумнівний 5) таємний, секретний, незрозумілий; **~en** *v* 1) затемнювати, робити темним 2) темніти; ставати темним 3) затьмарювати 4) вечоріти 5) забруднювати; **~ness** *n* темнота, темрява *та ін.* (*див.* **dark** 1)

darling [ˈdɑːlɪŋ] *a* любий, милий

dart [dɑːt] **1.** *n* 1) гостра металева зброя; дротик, стріла 2) стрімкий рух; ривок 3) жало

4) виточка, шов 5) pl (ужив. як sing) дартс, дротики (гра) 2. v 1) помчати стрімголов; кинутися 2) кидати, метати (стріли; тж перен.); **~ing** а стрімкий

dartre [ˈdɑːtə] n мед. лишай; висип

dash [dæʃ] 1. n 1) стрімкий рух; ривок; порив 2) сильний удар, поштовх 3) спорт. забіг; заїзд; спурт 4) енергія, рішучість, наполегливість 5) грам. риска; тире 6) плескіт, сплеск 7) мазок; штрих 8) домішка (чого-н.); дрібка 2. v 1) кинутися, ринутися; мчати, линути 2) кидати, жбурляти 3) спорт. зробити ривок 4) бити(ся), розбивати(ся) 5) бризкати, плескати 6) розбавляти, змішувати; підмішувати 7) пригнічувати, приборкувати, бентежити 8) руйнувати, знищувати

dastardly [ˈdæstədlɪ] а 1) боягузливий, боязкий 2) негідницький, підлий, підступний

data [ˈdeɪtə] n pl 1) дані; факти 2) інформація; **d. bank, d. base** n обч. інформаційна база; банк, база даних; **d. capture** n обч. збирання даних; **d. processing** n обч. обробка даних

dat||e I [deɪt] 1. n 1) дата, число, день (місяця) 2) термін, строк, період; час, пора; доба, епоха 3) вік 4) pl часописи 2. v 1) датувати, зазначати дату й місце 2) зараховувати до певного часу 3) брати початок (від певного часу) 4) обчислювати, рахувати 5) вийти з ужитку; застаріти; **~ed** а 1) датований 2) що вийшов з ужитку; застарілий; **~eless** а 1) недатований 2) нескінченний; вічний, споконвічний, одвічний; незапам'ятний; **~ive 1.** n грам. давальний відмінок **2.** а грам. давальний; **~um** n (pl data) дана величина, вихідний факт

date II [deɪt] n 1) фінік 2) бот. фінікова пальма

dauber [ˈdɔːbə] n 1) поганий маляр (художник), мазій 2) квач (для обмазування)

daughter [ˈdɔːtə] n 1) дочка 2) породження; нащадок 3) фіз., хім. продукт (чого-н.); **d.-in-law** n дружина сина, невістка

daunt [dɔːnt] v залякувати, страхати

daw [dɔː] n орн. галка

dawdl||e [ˈdɔːdl] v тинятися, вештатися; байдикувати; **~er** n 1) ледар, ледащо, нероба 2) копун

dawn [dɔːn] 1. n 1) світанок, ранкова зоря 2) початок, джерело, витоки 2. v 1) світати, розвиднятися 2) починатися; з'являтися; пробуджуватися (про талант і под.) 3) уперше з'явитися, пробиватися (про вуса) 4) ставати зрозумілим; спадати на думку (on, upon)

day [deɪ] n 1) день; доба 2) денний час 3) робочий день 4) (часто pl) період, відрізок часу; доба, епоха 5) (the ~) сьогодення 6) пора, час (світанку, занепаду і под.) 7) визначний (знаменний) день 8) перемога; **d.-and-night** а цілодобовий; **d.-bed** n кушетка; **d.-book** n 1) щоденник 2) бухг. журнал; **~break** n світанок; **d.-dream 1.** n мрії; фантазії **2.** v мріяти; фантазувати; **d.-dreamer** n мрійник; фантазер; **~light** n 1) денне світло; сонячне світло, природне освітлення 2) світанок, світання, день 3) перен. відкритість, гласність 4) просвіт, отвір; **d.-time** n день; денний час; **d.-to-d.** а повсякденний

daze [deɪz] 1. n здивування, заціпеніння 2. v дивувати; вражати, приголомшувати

de- [ˌdiː-, dɪ-, də-] pref 1) указує на: а) відокремлення, позбавлення: **degas** дегазувати; б) погану якість, нестачу чого-н.: **degenerate** вироджуватися 2) надає слову протилежного знач.: **demerit** недолік; **demobilise** демобілізувати

deacon [ˈdiːk(ə)n] n 1) священик 2) диякон

dead [ded] 1. n 1) (the ~) pl збір. мертві, померлі, небіжчики 2) глуха пора 2. а 1) мертвий, померлий 2) занімілий; що втратив чутливість 3) неживий, млявий; байдужий (to — до чого-н.) 4) що вийшов з ужитку; нечинний, недійсний (закон, звичай) 5) одноманітний; нецікавий 6) нерухомий, заціпенілий 7) що вийшов із гри 8) повний, цілковитий 9) сухий, зів'ялий; неродючий **3.** adv 1) повністю, цілковито, украй 2) точно, рівно, прямо; **~en** v 1) убивати, умертвляти 2) позбутися життєвої енергії; ставати нечутливим (до чого-н.) 3) заглушувати, послабляти; **d.-end 1.** n глухий кут, перен. безвихідь **2.** а безвихідний, безперспективний; **~ly 1.** а 1) смертельний; смертоносний 2) невблаганний, нещадний, убивчий 3) смертний 4) жахливий, надзвичайний **2.** adv 1) смертельно 2) надзвичайно, страшенно; до смерті; **d. set 1.** n рішучість **2.** а predic. повний рішучості

deaf [def] а глухий, глухуватий; **~en** v 1) оглушати; робити глухим 2) глушити, заглушати 3) робити звуконепроникним; **~ening 1.** n звукоізолювальний матеріал **2.** а 1) оглушливий 2) заглушливий; що заглушає; **d.-mute** n глухонімий; **~ness** n глухота

deal [diːl] 1. n 1) угода 2) поводження, ставлення 2. v (dealt) 1) уживати заходів (до чого-н.); боротися (з чим-н.) 2) спілкуватися, мати справу (з ким-н.) 3) вести справу, розглядати питання, обговорювати (with — що-н.) 4) роздавати, розподіляти 5) завдавати (удару); **~er** n 1) торговець; перекупник 2) біржовик, біржовий маклер 3) ділер, торговельний агент; **~ing** n 1) розподіл 2) заподіяння (ударів) 3) pl ділові відносини 4) торговельні справи (угоди) 5) поведінка; учинки

dean I [diːn] n 1) церк. настоятель собору; старший священик 2) декан 3) старшина дипломатичного корпусу, дуаєн 4) голова компанії (об'єднання, групи й под.)

dean II [di:n] n балка; глибока й вузька долина

dear [dɪə] **1.** n коханий, милий, любий; кохана, мила, люба **2.** a 1) дорогий, милий, любий 2) *увічлива форма звертання*: **D. Sir** милостивий государю, шановний пане 3) славний, чарівний 4) заповітний, таємний 5) дорогий, коштовний **3.** adv 1) дорого (*тж перен.*) 2) ніжно, палко

dearth [dɜ:θ] n 1) нестача продуктів; голод 2) нестача, недолік; брак, відсутність

death [deθ] n 1) смерть 2) відмирання, омертвіння 3) кінець, загибель; **~less** a безсмертний; **~ly 1.** a смертельний, фатальний; подібний до смерті **2.** adv смертельно; **d. penalty** n страта; **d.-struggle** n агонія

debacle [d(e)ɪˈbɑ:kl] n *фр*. 1) розгром, катастрофа 2) повалення, падіння (*уряду*) 3) скресання ріки; льодохід

debar [dɪˈbɑ:] v забороняти; відмовляти; позбавляти права

debark [dɪˈbɑ:k] v висаджувати(ся); вивантажувати(ся)

debase [dɪˈbeɪs] v 1) знижувати якість, псувати 2) принижувати гідність

debat||able [dɪˈbeɪtəbl] a 1) суперечливий, спірний, дискусійний 2) заперечуваний; **~e 1.** n 1) дискусія, дебати 2) спір, полеміка **2.** v 1) обговорювати, дебатувати; сперечатися 2) обмірковувати; зважувати 3) боротися

debauch [dɪˈbɔ:tʃ] **1.** n 1) пияцтво, бешкет; дебош, оргія 2) розгул, розпуста **2.** v 1) зводити, розбещувати; зваблювати (*жінку*) 2) псувати, спотворювати (*смак, судження*); **~ee** [-i:] n розпусник; **~ery** n 1) пияцтво, обжерливість, нестриманість 2) розпуста, розбещеність 3) *pl* бешкети, гульня

debility [dɪˈbɪlɪtɪ] n 1) слабість, безсилля 2) хворобливість

debit [ˈdebɪt] *бухг*. **1.** n дебет **2.** v 1) дебетувати, заносити в дебет 2) стягати з поточного рахунка

debonair [ˌdebəˈneə] a 1) добродушний, безтурботний, життєрадісний 2) чемний, люб'язний 3) елегантний; вишуканий

debt [det] n 1) борг, боргове зобов'язання 2) (моральний) обов'язок; **~or** n 1) боржник, дебітор 2) *бухг*. дебет, прибуток

debut [ˈdeɪbju:] n дебют; **~ant** [ˌdeɪbju(:)tɑ:n] n дебютант

deca- [ˈdekə-] *pref* дека-, десяти-; **~de** n 1) десятиріччя 2) група з десяти, десяток 3) декада, десять днів

decadence, -cy [ˈdekəd(ə)ns, -sɪ] n 1) спад, погіршення 2) *мист*. декадентство, занепадництво, декаданс

decagon [ˈdekəgən] n *мат*. десятикутник

decapitate [dɪˈkæpɪteɪt] v знеголовлювати, відрубати голову

decapitation [dɪˌkæpɪˈteɪʃ(ə)n] n знеголовлення

decay [dɪˈkeɪ] **1.** n 1) гниття, розкладання 2) ослаблення, занепад; розпад 3) псування, руйнування 4) розлад (*здоров'я*) **2.** v 1) гнити, розкладатися; псуватися 2) погіршуватися; слабшати, згасати 3) занепадати; розпадатися (*про державу й под.*) 4) опускатися (*про людину*)

decease [dɪˈsi:s] **1.** n *юр*. смерть, кінець **2.** v 1) померти, сконати 2) припинятися; **~d** a книжн. покійний

deceit [dɪˈsi:t] n 1) обман; облуда 2) хитрощі; викрут; шахрайська витівка 3) облудність; брехливість; **~ful** a 1) брехливий; зрадницький; облудний 2) оманний

deceive [dɪˈsi:v] v обманювати; **~r** n ошуканець

December [dɪˈsembə] n грудень

decen||cy [ˈdi:s(ə)nsɪ] n 1) пристойність, добропристойність 2) увічливість; люб'язність; порядність; **~t** a 1) пристойний, порядний 2) скромний; стриманий 3) неабиякий, чималий

decentralize [di:ˈsentrəlaɪz] v децентралізувати

deception [dɪˈsepʃ(ə)n] n 1) обман, шахрайство; неправда; хитрість 2) ілюзія; обман зору 3) шахрайський трюк, викрут; хитрощі

deci- [desɪ-] *pref у скл. сл.* деци-

decibel [ˈdesɪbel] n *фіз*. децибел

decid||e [dɪˈsaɪd] v 1) зважувати(ся); приймати рішення 2) змусити прийняти рішення; **~ed** a 1) визначений, вирішений; явний, безсумнівний 2) рішучий, твердий

decimal [ˈdesɪm(ə)l] **1.** n десятковий дріб **2.** a десятковий

decipher [dɪˈsaɪfə] v 1) розшифровувати 2) розплутувати, розбирати (*почерк і под.*)

decis||ion [dɪˈsɪʒ(ə)n] n 1) рішення 2) *юр*. визначення, вирок 3) рішучість, твердість; **~ive** a 1) рішучий 2) остаточний; переконливий (*факт*) 3) явний, безсумнівний, очевидний

deck [dek] **1.** n палуба **2.** v прикрашати, опоряджати (*що-н.*; *часто* ~ out)

decla||im [dɪˈkleɪm] v 1) виголошувати з пафосом (*промову*); ораторствувати 2) декламувати, читати 3) засуджувати, виступати проти; **~mation** n 1) декламація; художнє читання 2) урочиста промова 3) ораторське мистецтво; **~matory** a 1) декламаційний 2) ораторський 3) пишномовний, помпезний

declar||ation [ˌdekləˈreɪʃ(ə)n] n 1) заява, декларація 2) оголошення, заява; проголошення 3) митна декларація 4) освідчення в коханні 5) *юр.* позов; **~e** *v* 1) оголошувати, проголошувати, оприлюднювати 2) визнавати (*що-н.*) 3) висловлюватися (for — за; against — проти) 4) *юр.* подавати позов, позиватися; **~ed** *a* 1) оголошений, заявлений, проголошений 2) явний, визнаний

declassify [diːˈklæsɪfaɪ] *v* розсекречувати (*документи й под.*)

declin‖**e** [dɪˈklaɪn] **1.** *n* 1) падіння, занепад, спад 2) погіршення (*здоров'я*) 3) кінець, захід 4) зниження (*ціни*) 5) виснажлива хвороба **2.** *v* 1) занепадати; погіршуватися 2) відкидати, відхиляти, відмовляти 3) нахиляти, схиляти 4) хилитися, нахилятися, заходити (*про сонце*) 5) *грам.* відмінювати 6) добігати кінця 7) зменшуватися; спадати; **~able** *a грам.* відмінюваний

decode [diːˈkəʊd] *v* розшифровувати; розкодовувати; **~r** *n* шифрувальник

decompos‖**e** [ˌdiːkəmˈpəʊz] *v* 1) розпадатися, розкладатися, гнити 2) розкладати на складові частини 3) розбирати, аналізувати; **~ite** [ˌdiːˈkɒmpəzɪt] *a* складовий

decontaminate [diːkənˈtæmɪneɪt] *v* знезаражувати, дегазувати

decorat‖**e** [ˈdekəreɪt] *v* 1) прикрашати, прибирати, декорувати 2) опоряджати, обладнувати (*дім і под.*) 3) нагороджувати; **~ed** *a* 1) прикрашений, декорований 2) нагороджений; **~ion** *n* 1) прикраса; оздоблення; декорування 2) орден, нагорода; **~ive** *a* декоративний

decor‖**ous** [ˈdek(ə)rəs] *a* пристойний; порядний; статечний; **~um** [dɪˈkɔːrəm] *n* 1) зовнішня пристойність, декорум; вихованість 2) етикет

decoy 1. *n* [dɪˈkɔɪ, ˈdiːkɔɪ] 1) принада; вабик 2) пастка **2.** *v* [dɪˈkɔɪ] 1) приманювати, заманювати в пастку 2) зваблювати, спокушати, обманювати

decrease 1. *n* [ˈdiːkriːs] зменшення, убування, зниження; зменшення; спад **2.** *v* [ˌdiːˈkriːs] зменшувати(ся), убувати, спадати

decre‖**e** [dɪˈkriː] **1.** *n* 1) указ, декрет, наказ; закон **2.** *v* 1) постанова, рішення, ухвала **2.** *v* 1) видавати декрет, декретувати 2) віддавати розпорядження 3) *юр.* ухвалювати судове рішення; **~tive** *a* декретний

decry [dɪˈkraɪ] *v* принижувати, применшувати значення (*чого-н.*); знецінювати (*гроші*)

dedicat‖**e** [ˈdedɪkeɪt] *v* 1) присвячувати, надписувати (*книгу й под.*) 2) освячувати; **~ed** *a* 1) відданий (*ідеї та под.*) 2) переконаний (*про прихильника чого-н.*); **~ion** *n* 1) присвячення 2) присвята, напис (*у книзі*) 3) відданість, самовідданість 4) захоплення

deduc‖**e** [dɪˈdjuːs] *v* 1) виводити (*формулу й под.*) 2) простежити, з'ясувати 3) підсумовувати; **~tion** [dɪˈdʌkʃ(ə)n] *n* 1) відрахування; утримання 2) знижка, поступка 3) висновок, умовивід 4) *лог.* дедукція; **~tive** *a лог.* дедуктивний

deed [diːd] **1.** *n* 1) дія, учинок, справа 2) дійсність, факт 3) подвиг, діяння 4) *юр.* документ **2.** *v амер.* передавати відповідно до документа

deem [diːm] *v* уважати, гадати, думати

deep [diːp] **1.** *n* 1) (the ~) *поет.* море, океан 2) глибоке місце 3) безодня, прірва 4) незбагненна, вічна таїна **2.** *a* 1) глибокий, заглиблений; глибинний 2) низький (*про звук*) 3) насичений, густий (*про колір*) 4) інтенсивний; глибокий 5) занурений (*у що-н.*); захоплений (*чим-н.*); зайнятий (*чим-н.*) 6) повний, досконалий, абсолютний 7) сильний, міцний 8) серйозний, фундаментальний, ґрунтовний 9) складний, незбагненний, таємничий 10) підсвідомий; **~en** *v* 1) поглиблювати(ся) 2) посилювати(ся) 3) збільшувати(ся) 4) робити темнішим; згущати (*про колір*) 5) знижуватися (*про звук, голос*)

deer [dɪə] *n* олень (*pl. без змін*)

defacement [dɪˈfeɪsmənt] *n* 1) псування, спотворення; перекручення 2) стирання 3) потворність

defam‖**ation** [ˌdefəˈmeɪʃ(ə)n] *n* наклеп, обмова; дифамація; **~e** *v* паплюжити, зводити наклепи, ганьбити

defatted [diːˈfætɪd] *a* знежирений

default [dɪˈfɔːlt] **1.** *n* 1) невиконання зобов'язань; неплатіж; відмова від сплати боргу 2) недодержання (*правил*); недбалість; недогляд 3) *юр.* нез'явлення до суду 4) бездіяльність, пасивність 5) відсутність; брак (*чого-н.*) **2.** *v* 1) не виконувати своїх зобов'язань; порушувати (*обіцянку, угоду*); припинити платіж 2) *юр.* ухвалювати заочне рішення

defeat [dɪˈfiːt] **1.** *n* 1) поразка; розгром 2) розлад (*планів*); крах (*надій*) 3) *юр.* анулювання, скасування, відміна **2.** *v* 1) завдавати поразки 2) розладнувати (*плани*); руйнувати (*надії та под.*) 3) *юр.* провалювати (*законопроект*) 3) *юр.* скасовувати, відміняти

defect 1. *n* [ˈdiːfekt] 1) вада, дефект, ґандж 2) нестача, брак **2.** *v* [dɪˈfekt] 1) зрадити, дезертирувати 2) порушувати свій обов'язок, відступитися; **~ive** *a* 1) недосконалий; недостатній; неповний 2) несправний, пошкоджений; дефектний 3) дефективний, розумово відсталий 4) *грам.* недостатній

defen‖**ce** [dɪˈfens] *n* 1) оборона 2) захист 3) виправдання, захист; **~celess** *a* 1) беззахисний 2) незахищений, відкритий; уразливий; **~d**

v 1) обороняти(ся), захищати(ся) 2) обстоювати, підтримувати (*думку й под.*) 3) *юр.* захищати на суді; бути захисником; **~dant** *n юр.* 1) відповідач 2) підсудний, обвинувачений; **~der** *n* оборонець, захисник; **~sive 1.** *n* оборона, захист; оборонна позиція **2.** *a* 1) оборонний 2) захисний

defer I [dɪˈfɜː] *v* 1) відкладати, відстрочувати 2) затримувати; **~red** *a* 1) уповільнений 2) відстрочений, відкладений

defer II [dɪˈfɜː] *v* 1) рахуватися з чиєюсь думкою; зважати (*на що-н.*), покладатися (*на кого-н.*) 2) поступатися, діяти за бажанням іншого; **~ence** [ˈdefərəns] *n* повага, шанобливе ставлення

deficien‖cy [dɪˈfɪʃ(ə)nsɪ] *n* 1) відсутність (*чого-н.*), нестача, дефіцит 2) неповноцінність, недосконалість; **~t** *a* 1) недостатній; відсутній 2) неповноцінний, недосконалий; позбавлений (in — *чого-н.*)

defile [dɪˈfaɪl] *v* 1) забруднювати, бруднити 2) опоганювати, плямувати 3) розбещувати; спокушати

defin‖e [dɪˈfaɪn] *v* 1) визначати 2) давати характеристику 3) позначати (*межі*) 4) виділяти, робити рельєфним

definit‖e [ˈdefɪnɪt] *a* 1) визначений, певний, ясний 2) *грам.* означений; **~ion** *n* 1) визначення, дефініція; тлумачення 2) ясність, чіткість, певність; **~ive** [dɪˈfɪnɪtɪv] *a* 1) остаточний; вирішальний; безумовний 2) повний, точний 3) відмітний, характерний; істотний 4) *грам.* означальний

deflate [ˌdiːˈfleɪt] *v* 1) збити пиху, похитнути впевненість 2) *фін.* скорочувати емісію 3) знижувати ціни 4) спростовувати (*чутки*)

deflect [dɪˈflekt] *v* 1) відхиляти 2) відхилятися; **~ion** відхилення

deflower [ˌdiːˈflaʊə] *v* 1) зґвалтувати 2) псувати 3) обривати квіти

deform [dɪˈfɔːm] *v* спотворювати, псувати, перекручувати

defraud [dɪˈfrɔːd] *v* 1) обманювати 2) обманом відбирати (*що-н.*); виманювати, видурювати

defray [dɪˈfreɪ] *v* оплачувати; **~al** *n ком.* оплата, платіж

defreeze [ˌdiːˈfriːz] *v* розморожувати

deft [deft] *a* спритний, вправний; моторний

defunct [dɪˈfʌŋ(k)t] **1.** *n юр.* покійник, небіжчик **2.** *a книж.* 1) мертвий, покійний 2) неіснуючий, зниклий, вимерлий

defy [dɪˈfaɪ] *v* 1) кидати виклик, викликати 2) ігнорувати, нехтувати, зневажати 3) не піддаватися, бути складним

degenerate 1. *n* [dɪˈdʒen(ə)rɪt] деґенерат **2.** *a* 1) деґенеративний, звироднілий 2) погірше-

ний 3) зіпсований, розбещений **3.** *v* [dɪˈdʒenəreɪt] 1) вироджуватися 2) погіршуватися, ставати гіршим

degrade [dɪˈɡreɪd] *v* 1) понижувати (*у чині й под.*), позбавити звання 2) принижувати 3) погіршуватися; деґрадувати 4) знижувати (*ціну*), зменшувати (*масштаби й под.*); **~d** *a* 1) розжалуваний 2) принижений 3) знижений (*про ціну*) 4) погіршений, деґрадований

degrease [diːˈɡriːs] *v* знежирювати

degree [dɪˈɡriː] *n* 1) ступінь; міра 2) ступінь споріднення 3) рівень 4) ґрадус 5) звання, учений ступінь 6) ранґ, соціальний стан, звання 7) *спорт.* розряд 8) *юр.* тяжкість (*злочину*) 9) *мат.* степінь 10) *грам.* ступінь

degression [dɪˈɡreʃ(ə)n] *n* зменшення; спад

deif‖y [ˈdiːɪfaɪ] *v* обожнювати, боготворити; **~ication** [-fɪˈkeɪʃ(ə)n] *n* обожнювання

deity [ˈdiːɪtɪ] *n* 1) божество 2) Творець, Бог

deject [dɪˈdʒekt] *v* пригнічувати, гнітити, придушувати; **~ion** *n* 1) пригнічений настрій, зневіра 2) *фізіол.* випорожнення, дефекація

delay [dɪˈleɪ] **1.** *n* 1) затримка; припинення 2) відкладання, відстрочення 3) уповільнення; зволікання 4) простій **2.** *v* 1) затримувати; припиняти 2) відкладати, відстрочувати 3) мешкати, баритися

delega‖cy [ˈdelɪɡəsɪ] *n* 1) делеґування 2) делеґація 3) повноваження делеґата; **~te** [ˈdelɪɡət] **1.** *n* делеґат; представник **2.** *v* [ˈdelɪɡeɪt] 1) делеґувати; уповноважувати; передавати повноваження 2) доручати; **~tion** *n* 1) делеґація, депутація 2) делеґування 3) доручення, наказ

delet‖e [dɪˈliːt] *v* 1) викреслювати, стирати, витирати 2) *спец.* видаляти, знищувати; **~ion** *n* 1) викреслювання, витирання 2) викреслене, стерте, витерте; викреслення

deleterious [ˌdelɪˈtɪərɪəs] *a* шкідливий, згубний; отруйний

deliberat‖e 1. *a* [dɪˈlɪb(ə)rɪt] 1) умисний, навмисний 2) обдуманий, зважений 3) обережний, обачний 4) неквапливий, повільний **2.** *v* [dɪˈlɪbəreɪt] 1) обмірковувати, зважувати 2) радитися 3) радитися; обговорювати; **~ive** [dɪˈlɪbərətɪv] 1) дорадчий 2) схильний до роздумів 3) споглядальний

delic‖ate [ˈdelɪkɪt] *a* 1) витончений, вишуканий, тонкий 2) майстерний (*про роботу*), мистецький, витончений, тонкий 3) ніжний; м'який (*про колір й под.*) 4) тендітний, хворобливий; слабкий (*про здоров'я*) 5) дражливий, скрутний (*про становище*) 6) чутливий, точний (*прилад*) 7) делікатний, ґречний 8) тонкий, гострий (*слух*) 9) смачний, легкий (*про їжу*) 10) гарний, приємний; **~ious** [dɪˈlɪʃəs] *a* 1) дуже смачний, приємний 2) чудовий

delight [dɪˈlaɪt] **1.** *n* 1) захват, захоплення 2) задоволення, насолода 3) джерело насолоди **2.** *v* 1) захоплювати(ся) 2) давати насолоду 3) насолоджуватися; **~ful** *a* чудовий, чарівний

delinquen‖cy [dɪˈlɪŋkwənsɪ] *n* 1) провинність; недогляд 2) злочинність, правопорушення

delinquent [dɪˈlɪŋkwənt] **1.** *n* правопорушник, злочинець **2.** *a* 1) винний, винуватий 2) який не виконує своїх обов'язків

delirium [dɪˈlɪ(ə)rɪəm] *n* 1) марення; маячня 2) нестяма; несамовитість, непритомність 3) нісенітниці, маячні ідеї

delitescence [ˌdelɪˈtesns] *n мед.* 1) прихований (латентний) стан; інкубаційний період 2) раптове зникнення ознак хвороби

deliver [dɪˈlɪvə] *v* 1) доставляти, розносити (*листи й под.*) 2) передавати; офіційно вручати 3) звільняти, позбавляти (from — *чого-н.*) 4) (*зазв. pass.*) народжувати 5) приймати (*немовля*) 6) виголошувати 7) здавати (*фортецю*); поступатися 8) завдавати (*удару й под.*) 9) забезпечувати успіх; **~ance** *n* 1) звільнення; рятування 2) офіційна заява; повідомлення 3) *юр.* вердикт; вирок; розпорядження певного органу; **~y note** *n ком.* накладна

dell [del] *n* лісиста долина, лощина

Delphian [ˈdelfɪən] *a* 1) дельфійський 2) незрозумілий, загадковий; двозначний

delta [ˈdeltə] *n* 1) дельта (*ріки*) 2) дельта (*4-та літера грец. абетки*)

deluge [ˈdeljuːdʒ] **1.** *n* 1) потоп, повінь 2) злива (*тж ~ of rain*) 3) потік (*слів*); злива (*запитань*) **2.** *v* 1) затоплювати, наводняти (*тж перен.*) 2) засипати, закидати

delus‖ion [dɪˈluːʒ(ə)n] *n* 1) помилка, ілюзія 2) обман 3) *мед.* галюцинація; марення, обман почуттів; **~ive, ~ory** *a* 1) оманний 2) ілюзорний, нереальний

demagog‖ue [ˈdeməgɒg] *n* демагог; **~y** *n* демагогія

demand [dɪˈmɑːnd] **1.** *n* 1) вимога, наполегливе прохання 2) *ек.* попит 3) потреба, необхідність; запит **2.** *v* 1) вимагати 2) питати, запитувати, ставити запитання 3) потребувати 4) *юр.* викликати до суду; **~ant** *n юр.* позивач

demarcation [ˌdiːmɑːˈkeɪʃ(ə)n] *n* 1) демаркація; установлення кордонів 2) розмежування

demean [dɪˈmiːn] *v* 1) поводитися 2) принижувати(ся)

demeanour [dɪˈmiːnə] *n* поведінка

demerit [diːˈmerɪt] *n* 1) хиба, дефект, погана риса 2) догана

demesne [dɪˈmeɪn] *n спец.* 1) володіння (*нерухомістю*) 2) прибудинкова ділянка 3) підвладна територія 4) власність, нерухоме майно 5) сфера діяльності

demi- [ˈdemɪ-] *pref* 1) позначає половину, частину чого-н. пів-, напів-, частково 2) указує на недостатню якість, невеликий розмір і под.

demigod [ˈdemɪgɒd] *n* 1) напівбог 2) *розм.* кумир, божество

demilitarise [diːˈmɪlɪtəraɪz] *v* демілітаризувати

demobili‖zation [ˌdiːˌməʊbɪl(ə)ɪˈzeɪʃ(ə)n] *n* демобілізація; **~se** *v* демобілізувати

democra‖cy [dɪˈmɒkrəsɪ] *n* 1) демократія 2) демократизм 3) демократична держава 4) *збір.* пересічні люди; **~t** *n* демократ; **~tic** [ˌdeməˈkrætɪk] *a* демократичний

demograph‖ic [ˌdeməˈgræfɪk] *a* демографічний; **~y** *n* демографія

demolish [dɪˈmɒlɪʃ] *v* 1) руйнувати, знищувати; зносити (*будинок*) 2) розбивати, спростовувати (*теорію, доказ*)

demon [ˈdiːmən] *n* 1) демон, диявол, сатана 2) дух, добрий геній 3) джерело натхнення 4) енергія, запал, наполегливість; **~iac(al)** *a* 1) біснуватий 2) демонічний

demonetize [diːˈmʌnɪtaɪz] *v* 1) знецінювати 2) вилучати з обігу (*монету*)

demonstrat‖e [ˈdemənstreɪt] *v* 1) виявляти (*почуття й под.*) 2) показувати 3) ілюструвати 4) доводити; бути доказом 5) брати участь у демонстрації; **~ion** *n* 1) вияв (*симпатії та под.*) 2) маніфестація 3) демонстрація, показ 4) ілюстрування, наочний показ 5) доказ, аргументація; **~or** *n* 1) демонстрант; учасник демонстрації 2) демонстратор, лаборант; асистент професора

demoralise [dɪˈmɒrəlaɪz] *v* 1) деморалізувати; розбещувати 2) підривати дисципліну, дезорганізовувати

Demos [ˈdiːmɒs] *n д.-грец.* демос, народ

demount [dɪˈmaʊnt] *v* розбирати, демонтувати; **~able** *a* розбірний, знімний

demulcent [dɪˈmʌlsənt] *мед.* **1.** *n* заспокійливий засіб **2.** *a* пом'якшувальний, болетамівний, заспокійливий

demur [dɪˈmɜː] **1.** *n* 1) заперечення, протест 2) сумнів, вагання **2.** *v* 1) заперечувати, протестувати 2) вагатися, сумніватися 3) *юр.* заявляти процесуальне відхилення

demure [dɪˈmjʊə] *a* 1) скромний, стриманий; серйозний 2) удавано сором'язливий (скромний)

den [den] *n* 1) лігвище, барліг, нора; печера 2) клітка для диких звірів 3) кубло 4) схованка 5) комірчина

denial [dɪˈnaɪ(ə)l] *n* 1) заперечення 2) відмова, незгода 3) спростування, відхилення 4) зречення 5) самозречення, самообмеження

denominat‖e [dɪˈnɒmɪneɪt] *v* 1) називати

2) позначати, виражати; **~ion** *n* 1) віросповідання 2) цінність, вартість 3) назва, ім'я 4) позначення, називання 5) найменування 6) клас, тип, категорія 7) віросповідання; **~or** *n мат.* знаменник

denotation [ˌdiːnə(ʊ)ˈteɪʃ(ə)n] *n* 1) позначення 2) знак; зазначення, назва 3) (точне) значення; сенс 4) *лог.* обсяг поняття

denounce [dɪˈnaʊns] *v* 1) обвинувачувати; викривати 2) *юр.* доносити, інформувати 3) денонсувати, розривати (*угоду*) 4) провіщати, пророкувати (*погане*) 5) виражати погрозу (*про погляд і под.*)

dens‖e [dens] *a* 1) густий, щільний 2) тупий, дурний; **~ity** *n* 1) щільність 2) дурість

dent [dent] **1.** *n* вибій, западина, ум'ятина; слід **2.** *v* удавлювати(ся), лишати слід (вибій)

dent‖al [ˈdentl] *a* 1) зубний 2) стоматологічний; **~ifrice** [ˈdentɪfrɪs] *n* зубний порошок; зубна паста; **~ist** *n* дантист; **~ure** *n* зубний протез

denude [dɪˈnjuːd] *v* 1) оголяти 2) позбавляти (*чого-н.*)

denunciation [dɪˌnʌnsɪˈeɪʃ(ə)n] *n* 1) викриття, обвинувачення; осуд 2) денонсування, розірвання (*договору*) 3) попередження 4) *юр.* донос

deny [dɪˈnaɪ] *v* 1) відхиляти; спростовувати 2) не допускати; перешкоджати 3) відмовлятися 4) зрікатися, відступатися

depart [dɪˈpɑːt] *v* 1) іти; їхати; відходити, від'їжджати 2) залишати, кидати 3) відмовлятися, ухилятися, відступати (from — від *чого-н.*) 4) змінювати (*наміри*) 5) умирати; відійти; **~ed** *a* 1) минулий, колишній 2) покійний, померлий; **~ment** *n* 1) відомство; департамент, управління, служба 2) *амер.* міністерство 3) галузь (*науки, знання*) 4) факультет, кафедра 5) відділ 6) влада 7) цех, магазин, відділок 8) округ; департамент 9) військовик; **~mentalism** [dɪpɑːtˈmentəlɪzm] *n* 1) додержання відомчих інтересів 2) бюрократизм; **~ment store** *n* універмаг; **~ure** *n* 1) від'їзд; відхід; відливання; вирушання 2) відправлення, відбуття 3) вихідний момент, відправна точка; нова лінія поведінки; новація 4) відступ, відхилення

depend [dɪˈpend] *v* 1) залежати; обумовлюватися 2) бути на утриманні (*кого-н.*) 3) покладатися, розраховувати; **~ability** *n* надійність; **~able** *a* надійний; **~ant** *n* 1) утриманець 2) службовець; підлеглий 3) *іст.* васал; **~ence** *n* 1) залежність (upon); підлеглий стан; зумовленість 2) несамостійність, підлеглість 3) довіра 4) *юр.* очікування рішення (*у суді й под.*)

depict [dɪˈpɪkt] *v* 1) малювати, зображати 2) описувати, змальовувати

depilation [ˌdepɪˈleɪʃ(ə)n] *n* депіляція
depletive [dɪˈpliːtɪv] *мед.* **1.** *n* проносний засіб **2.** *a* 1) кровопускальний 2) проносний
deplorable [dɪˈplɔːrəbl] *a* 1) кепський 2) прикрий, сумний; гідний співчуття
depopulate [ˌdiːˈpɒpjʊleɪt] *v* 1) винищувати (знищувати) населення 2) скорочуватися (*про населення*) 3) рідшати (*про дерева й под.*)
deport [dɪˈpɔːt] *v* 1) висилати; депортувати 2) затримувати (*злочинця*) 3) *refl.* поводитися; **~ation** *n* депортація; заслання, вигнання; **~ment** *n* 1) манери; поведінка 2) постава, статура
deposit [dɪˈpɒzɪt] **1.** *n* 1) депозит; вклад (*у банку*) 2) внесок (*грошовий*) 3) завдаток, застава 4) вкладання, внесення; здавання на зберігання, депонування **2.** *v* 1) класти в банк; здавати на зберігання 2) відкладатися, осідати 3) відкладати, наносити, намивати 4) депонувати 5) вносити завдаток; робити внесок 6) *орн.* відкладати яйця; **~or** *n* вкладник; депозитор; депонент; **~ory** *n* 1) склад, сховище 2) *перен.* скарбниця
depot [ˈdepəʊ] *n* 1) склад, сховище 2) автобусний парк 3) [ˈdiːpəʊ] *амер.* залізнична станція 4) автовокзал
deprav‖ation [ˌdɪprəˈveɪʃ(ə)n] *n* 1) розбещеність; зіпсованість 2) розбещення; погіршення, псування 3) патологічна зміна, розкладення; розпад 4) спотворення, перекручення; **~e** *v* 1) розбещувати, псувати; спокушати 2) погіршувати, спотворювати, перекручувати; **~ed** *a* зіпсований; розбещений; порочний; **~ity** [dɪˈprævɪtɪ] *n* 1) порочність; розбещеність 2) аморальний учинок 3) *церк.* гріховність
deprecate [ˈdeprɪkeɪt] *v* різко осуджувати; енергійно заперечувати, протестувати
depreciation [dɪˌpriːʃɪˈeɪʃ(ə)n] *n* 1) амортизація, зношування 2) знецінювання; знецінення, зниження вартості 3) приниження, применшення; зневага
depression [dɪˈpreʃ(ə)n] *n* 1) депресія; занепад; пригнічений настрій (стан); зневіра 2) *ек.* депресія, застій; криза 3) зниження, падіння (*тиску й под.*) 4) улоговина, лощина, западина, заглиблення 5) опускання; зниження рівня, осідання
depth [depθ] *n* 1) глибочінь 2) *pl* глибоке місце, западина; безодня 3) глибина, фундаментальність (*думки*) 4) повнота, інтенсивність (*кольору*) 5) ширина, товщина 6) середина 7) *лог.* зміст поняття; **~less** *a* 1) бездонний 2) мілкий, поверхневий
depurat‖e [ˈdepjʊreɪt] *v* очищати(ся); **~ion** *n* очищення

deput||ation [,depju(:)´teɪʃ(ə)n] *n* 1) делегація, депутація 2) делегування; **~e** *v* 1) делеґувати, передавати повноваження 2) доручати вести справи; **~ise** *v* 1) представляти, бути представником 2) заміщувати; **~y** [´depjʊtɪ] *n* 1) замісник; заступник; помічник 2) депутат, делегат; представник

derailment [dɪ´reɪlmənt] *n* аварія

deri||de [dɪ´raɪd] *v* насміхатися; глумитися (*з кого-н., чого-н.*); **~sive** *a* 1) глузливий, насмішкуватий, іронічний 2) сміховинний, жалюгідний

deriv||ation [,derɪ´veɪʃ(ə)n] *n* 1) одержання, (з)добування; утворення 2) походження; джерело; початок; **~e** *v* 1) одержувати, отримувати, (з)добувати 2) походити; брати початок 3) установлювати (простежувати) походження 4) випливати, бути наслідком 5) успадковувати 6) відводити

dermatology [,dɜːmə´tɒlədʒɪ] *n* дерматологія

derogate [´derəgeɪt] *v* 1) применшувати (*чесноти*); порочити, принижувати 2) принижуватися, утрачати свою гідність

descend [dɪ´send] *v* 1) спускатися, сходити (*униз*) 2) знижуватися (*про літак*) 3) опускатися, понижатися (*про місцевість*) 4) відбуватися 5) передаватися у спадок; успадковувати 6) накидатися, нападати (upon); **~ant** *n* нащадок

descent [dɪ´sent] *n* 1) спуск; зниження (*літака*) 2) схил 3) походження 4) ослаблення, зменшення, спад (*температури*) 5) походження; родовід; джерело 6) покоління, коліно 7) юр. успадкування 8) падіння (*моральне*), приниження 9) раптовий напад; десант

descri||be [dɪ´skraɪb] *v* 1) описувати, зображати; характеризувати(ся) 2) геом. накреслити, побудувати (*фігуру*) 3) описувати; накреслювати; **~ptive** *a* описовий; образотворчий; наочний

desecrate [´desɪkreɪt] *v* зневажати; опоганювати; паплюжити

desert I [´dezət] 1. *n* 1) пустеля 2) безлюдне пустельне місце 3) нудна тема (робота) 2. *a* 1) пустельний, безлюдний, ненаселений 2) голий, неродючий 3) що мешкає в пустелі 3. *v* [dɪ´zɜːt] покидати, лишати; кидати (*когон.*), тікати (*від кого-н.*); **~er** *n* дезертир; перебіжчик, перекинчик

desert II [dɪ´zɜːt] *n* 1) зазв. *pl* чеснота, заслуга, достоїнство 2) те, на що людина заслуговує; нагорода; покарання

deserve [dɪ´zɜːv] *v* заслуговувати (*на що-н.*); **~ed** *a* заслужений; **~ing** *a* гідний

design [dɪ´zaɪn] 1. *n* 1) проект; план; креслення, ескіз 2) обч. проектування, конструювання 3) малюнок; візерунок 4) модель 5) намір 6) дизайн; зовнішній вигляд, виконання 2. *v* 1) складати план, проектувати; конструювати 2) малювати, зображувати; робити ескізи (*костюмів і под.*) 3) призначати 4) виконувати 5) задумувати, мати намір 6) проектувати; **~ation** *n* 1) позначення, називання; визначення 2) ім'я; назва; знак 3) призначення на посаду 4) призначення, мета; **~ed** *a* 1) спланований 2) призначений, пристосований, придатний 3) навмисний, умисний; **~er** [dɪ´zaɪnə] *n* 1) конструктор; проектувальник 2) кресляр 3) рисувальник; **~ing** 1. *n* 1) проектування, конструювання 2) планування 3) інтриґанство 2. *a* 1) хитрий, підступний 2) що проектує

desir||able [dɪ´zaɪ(ə)rəbl] *a* 1) бажаний 2) жаданий; спокусливий 3) підхожий, приємний 4) мат. шуканий; **~e** 1. *n* 1) (палке) бажання (for) 2) прохання; побажання 3) пристрасть, прагнення 4) предмет бажання; мрія 2. *v* 1) бажати; хотіти 2) просити, вимагати

desk [desk] *n* 1) робочий (письмовий) стіл 2) конторка 3) парта 4) відділ 5) тех. пульт управління

desman [´desmən] *n* зоол. хохуля

despair [dɪs´peə] 1. *n* 1) розпач, відчай; безвихідь 2) джерело страждань 2. *v* впадати в розпач, утрачати надію (of), зневірятися

desperа||do [,despə´rɑːdəʊ] *n* (*pl* -oes [-əʊz]) *ісп.* відчайдух; шибайголова; шибеник; **~tion** *n* 1) нерозсудливість, безумство 2) розпач, відчай

desp||icable [´despɪkəbl] *a* огидний, підлий; **~ise** *v* нехтувати, зневажати

despite [dɪs´paɪt] 1. *n* гнів, злість 2. *prep* **d. of** всупереч, не дивлячись на

despond [dɪs´pɒnd] *v* занепадати духом; утрачати надію; **~ent** *a* сумний, похмурий, пригнічений

despot [´despɒt] *n* деспот, тиран; **~ic** *a* деспотичний

dessert [dɪ´zɜːt] *n* кул. десерт

destin||ation [,destɪ´neɪʃ(ə)n] *n* 1) місце призначення; мета (*походу й под.*) 2) призначення, приреченість, доля; **~e** [´destɪn] *v* 1) призначати; визначати 2) направляти, спрямовувати; **~ed** [´destɪnd] 1. *p. p. від* **destine** 2. *a* призначений, визначений; **~y** *n* 1) доля, талан 2) неминучість

destr||oy [dɪs´trɔɪ] *v* 1) руйнувати 2) знищувати, винищувати 3) убивати 4) робити марним, зводити до нуля 5) губити, підривати; **~uctive** [-´trʌktɪv] 1. *n* 1) руйнівна сила 2) руйнівник 3) засіб руйнування 2. *a* 1) руйнівний 2) нищівний, знищувальний 3) згубний, шкідливий

detail [´diːteɪl] 1. *n* 1) подробиця; деталь 2) *pl* деталі (*будинку або машини*); частини, елементи 3) докладність, чіткість **2.** *v* докладно розповідати; деталізувати; **~ed** *a* докладний, детальний, ґрунтовний

detain [dı´teın] *v* 1) затримувати; заарештовувати 2) змушувати чекати 3) сповільнювати; заважати (*рухові й под.*) 4) затримувати (*платню й под.*) 5) *юр.* незаконно привласнювати

detect [dı´tekt] *v* 1) відкривати, знаходити, виявляти, викривати 2) розслідувати (*злочин*) 3) помічати, виявляти; **~ion** *n* 1) виявлення, викриття 2) розслідування; **~ive** **1.** *n* 1) сищик; детектив 2) детективний роман **2.** *a* 1) розшукний 2) детективний; **~or** *n* 1) *радіо* детектор 2) прилад для виявлення 3) чутливий елемент, пристрій стеження

detention [dı´tenʃ(ə)n] *n* 1) затримання 2) арешт

deterior||ate [dı´tıərəreıt] *v* 1) погіршувати(ся); псувати(ся) 2) руйнуватися 3) вироджуватися, занепадати; **~ation** *n* 1) погіршення 2) псування 3) нівечення, ушкодження; спрацювання; **~ative** *a* руйнівний; що погіршує

determin||e [dı´tɜ:mın] *v* 1) визначати, установлювати 2) вирішувати, розв'язувати 3) обумовлювати, детермінувати 4) спонукувати, змушувати 5) приймати рішення, зважуватися; робити вибір 6) *юр.* закінчуватися, завершуватися (*про термін дії*) 7) *лог.* обмежувати (*поняття*); **~ant** **1.** *n* 1) вирішальний (визначальний) фактор 2) *мат.* детермінант, визначник **2.** *a* визначальний; вирішальний; **~ate** [dı´tɜ:mınıt] *a* 1) ясний, визначений, певний 2) вирішений, остаточний, останній 3) рішучий; **~ation** *n* 1) рішучість 2) вимірювання 3) аналіз 4) *юр.* постанова (*суду*) 5) тенденція, прагнення 6) *мед.* приплив (*крові й под.*)

deterrent [dı´ter(ə)nt] **1.** *n* засіб залякування (стримування). **2.** *a* відлякуючий; стримуючий

detest [dı´test] *v* ненавидіти, відчувати відразу; **~able** *a* огидний; мерзенний

detinue [´detınju:] *n* юр. незаконне володіння чужим (рухомим) майном

detonat||e [´detəneıt] *v* 1) детонувати, вибухати 2) підривати, висаджувати в повітря; **~ing** *a* детонувальний; вибуховий; **~ion** *n* 1) детонація, вибух 2) гуркіт під час вибуху

detour [´di:tʊə] *n* манівець, обхід; об'їзд

detract [dı´trækt] *v* 1) віднімати; зменшувати 2) принижувати; применшувати (*що-н.*) 3) відволікати (*увагу й под.*); **~ion** *n* 1) применшення, приниження 2) наклеп; лихослів'я; **~or** *n* наклепник

detriment [´detrımənt] *n* утрата, шкода; **~al** *a* шкідливий, згубний

devalu||e [.dı:´væljuː] *v* 1) знецінювати 2) *фін.* проводити девальвацію; **~ation** *n* 1) знецінення 2) *фін.* девальвація

devastat||e [´devəsteıt] *v* 1) спустошувати, розоряти 2) придушувати, пригнічувати; **~ing** *a* 1) спустошливий, руйнівний 2) неймовірний, надзвичайний 3) разючий; **~ion** *n* спустошення, руйнування

develop [dı´veləp] *v* 1) розвивати(ся), удосконалювати(ся) 2) конструювати, розробляти 3) виявляти(ся) 4) викладати (*мотиви й под.*) 5) з'ясовувати(ся), виявляти(ся); **~ment** *n* 1) розвиток; розширення 2) *біол.* еволюція 3) виклад; розкриття 4) обставина; подія; факт

deviat||e [´di:vıeıt] *v* 1) відхилятися, ухилятися 2) відхилятися, відступати 3) порушувати; **~ion** *n* 1) відхилення 2) *політ.* ухил 3) порушення

device [dı´vaıs] *n* 1) пристрій; пристосування; механізм 2) спосіб, засіб 3) девіз, емблема 4) малюнок; композиція 5) план; схема; проект 6) винахідливість 7) винахід; творіння 8) витівка; підступний замір

devil [´devl] *n* 1) (*зазв.* the D.) диявол, сатана 2) дідько, куций 3) спокусник; підступна людина; **~ry** *n* 1) жорстокість, підступність 2) витівки, штуки; капості 3) чорна магія; чортовиння

devious [´di:vjəs] *a* 1) хитрий, нещирий 2) обхідний, кружний; звивистий 3) віддалений, усамітнений

devise [dı´vaız] **1.** *n* юр. заповіт, духівниця **2.** *v* 1) придумувати; винаходити; розробляти (*план*) 2) *юр.* заповідати (*нерухомість*); **~er** *n* винахідник

devoid [dı´vɔıd] *a* позбавлений; вільний (of — від *чого-н.*)

devol||ve [dı´vɒlv] *v* 1) передавати (*владу й под.*) 2) переходити до іншої особи 3) переходити в спадщину; **~ution** *n* 1) передавання (*влади й под.*) 2) перехід у спадщину (*майна й под.*) 3) *біол.* виродження, регрес

devot||e [dı´vəʊt] *v* 1) присвячувати, приділяти 2) віддаватися цілком (*чому-н.*); **~ed** *a* 1) відданий, вірний; ніжний 2) присвячений 3) що захоплюється (*чим-н.*); **~ion** *n* 1) відданість, вірність 2) щира прихильність, любов 3) присвята, посвячення 4) захоплення 5) побожність, благочестя 6) *pl* релігійні обряди; молитви; **~ional** *a* релігійний, набожний, благочестивий

devour [dı´vaʊə] *v* 1) поглинати; їсти жадібно 2) руйнувати, знищувати, винищувати

dew [dju:] *n* роса; **~berry** *n бот.* ожина

dew-fall [´dju:fɔ:l] *n* 1) випадання роси 2) вечір

dexterity [deks´terıtı] *n* 1) кмітливість, тямущість 2) моторність; спритність; вправність

diabetic [ˌdaɪəˈbetɪk] 1. *n* діабетик 2. *a* діабетичний
diabolic(al) [ˌdaɪəˈbɒlɪk(əl)] *a* 1) диявольський 2) злий, жорстокий
diadem [ˈdaɪədem] 1. *n* 1) діадема, вінець; корона 2) вінок на голові 2. *v* коронувати
diagnos||e [ˈdaɪəgnəʊz] *v* 1) *мед.* діагностувати 2) розпізнавати; з'ясовувати, констатувати; **~is** *n* (*pl* -ses) 1) *мед.* діагноз 2) глибоке розуміння; точне визначення, оцінка; **~tic** 1. *n* симптом (*хвороби*) 2. *a* діагностичний; **~tician** [daɪəɡnɒsˈtɪʃ(ə)n] *n* діагност; **~tics** *n pl* (ужив. як sing) діагностика
diagram [ˈdaɪəɡræm] 1. *n* 1) діаграма; графік 2) схема; креслення 2. *v* 1) складати схему 2) зображувати графічно
dial [ˈdaɪəl] 1. *n* 1) циферблат 2) *тлф* диск набору 3) сонячний годинник 2. *v* 1) робити поділки 2) вимірювати 3) телефонувати 4) настроювати (*приймач*)
dialect [ˈdaɪəlekt] *n лінгв.* 1) діалект, говірка 2) мова 3) професійний жаргон; спеціальна мова; **~ical** *a філос.* діалектичний; **~ics** *n pl* (ужив. як sing) діалектика
dialogue [ˈdaɪəlɒɡ] *n* розмова, діалог
diameter [daɪˈæmɪtə] *n* діаметр
diamond [ˈdaɪəmənd] 1. *n* 1) алмаз; брильянт, діамант 2) *мат.* ромб 2. *a* 1) алмазний; брильянтовий, діамантовий 2) алмазовмісний 3) ромбоподібний
diapason [ˌdaɪəˈpeɪsn] *n* 1) діапазон 2) основний регістр органа 3) камертон
diaphanous [daɪˈæfənəs] *a* прозорий
diaphoretic [daɪəfə(ʊ)ˈretɪk] 1. *n* потогінний засіб 2. *a* потогінний
diaphragm [ˈdaɪəfræm] *n* 1) *анат.* діафрагма 2) перегородка 3) *тех.* мембрана
diarchy [ˈdaɪɑːkɪ] *n* двовладдя
diarrhoea [ˌdaɪəˈrɪə] *n мед.* пронос
diary [ˈdaɪərɪ] *n* 1) щоденник 2) програма
dicker [ˈdɪkə] 1. *n* 1) дрібна угода; обмін 2) *ком.* дюжина; десяток 2. *v* обмінюватися; торгувати вроздріб
dictat||e 1. *n* [ˈdɪkteɪt] 1) (*часто pl*) розпорядження, веління 2) *політ.* диктат 2. *v* [dɪkˈteɪt] наказувати; диктувати; **~ion** *n* 1) диктування 2) диктант 3) розпорядження; повеління 4) диктат; **~or** *n* диктатор; **~orial** *a* 1) диктаторський 2) владний, наказовий; безапеляційний; **~orship** *n* диктатура
diction [ˈdɪkʃ(ə)n] *n* 1) дикція 2) стиль, манера висловлюватися
dictionary [ˈdɪkʃ(ə)n(ə)rɪ] *n* 1) словник 2) довідник з термінології певної галузі
did [dɪd] *past від* **do**
die [daɪ] *v* 1) померти 2) пропадати, зникати 3) затихнути, заглухнути 4) затихати (*про вітер*) 5) випаровуватися 6) збайдужіти
diet I [ˈdaɪət] 1. *n* 1) їжа, харчування, харч 2) запропонований режим 2. *v* 1) тримати на дієті 2) визначати режим харчування; **~ary** *n* дієта; **~etic** [ˌdaɪəˈtetɪk] *a* дієтичний
diet II [ˈdaɪət] *n* 1) парламент (*неанглійський*) 2) з'їзд, конгрес; конференція
diffe||r [ˈdɪfə] *v* 1) розрізнятися; відрізнятися (*часто* ~ from) 2) розходитися в думках (from, with) 3) сперечатися, сваритися; **~rence 1.** *n* 1) різниця; розходження 2) відмінність; несхожість; відміна 3) *мат.* різниця 4) розбіжність у думках; суперечка **2.** *v* 1) розрізняти, відрізняти; бути відмітною ознакою 2) *мат.* обчислювати різницю; **~rent** *a* 1) інший, не такий; несхожий; особливий; відмінний 2) різний, різноманітний, неоднаковий; **~rentiate** [ˌdɪfəˈrenʃieɪt] *v* 1) розрізняти(ся), відрізняти(ся); розмежовувати 2) видозмінювати(ся) 3) *мат.* диференціювати 4) розходитися; відособлюватися
difficult [ˈdɪfɪk(ə)lt] *a* 1) важкий; тяжкий 2) скрутний, неприємний 3) вимогливий, незлагідний; вибагливий; **~y** *n* 1) труднощі 2) перешкода, ускладнення
diffident [ˈdɪfɪd(ə)nt] *a* невпевнений у собі; сором'язливий, боязкий
diffus||e 1. *a* [dɪˈfjuːs] 1) розсіяний (*про світло й под.*) 2) розметаний, розкиданий 3) балакучий, говіркий **2.** *v* [dɪˈfjuːz] 1) розсіювати (*тепло й под.*) 2) поширювати, розповсюджувати 3) розпорошувати; розкидати 4) розтрачувати, витрачати; **~ion** *n* 1) поширення, розповсюдження 2) багатослів'я; розпливчастість
dig [dɪɡ] 1. *n* 1) штовхан, стусан 2) шпилька; глузування 2. *v* (dug, dug) 1) копати, рити; викопувати 2) розшукувати, докопуватися; **~ger** *n* 1) грабар, копач; екскаватор; землерийна машина 3) гірник; вуглекоп, рудокоп 4) золотошукач 5) *зоол.* ховрах; **~ging** *n* 1) копання, риття; грабарство 2) *pl* копальня, рудник 3) видобування
digest 1. *n* [ˈdaɪdʒest] 1) збірник (*матеріалів*); довідник 2) стислий виклад; резюме **2.** *v* [d(a)ɪˈdʒest] 1) перетравлювати(ся) (*про їжу*) 2) засвоювати, сприймати 3) класифікувати, систематизувати 4) терпіти, зносити
digit [ˈdɪdʒɪt] *n* 1) *мат.* однозначне число (*від 0 до 9*) 2) *зоол.* палець; **~al** *a* 1) пальцьовий 2) пальцеподібний 3) цифровий
dignity [ˈdɪɡnɪtɪ] *n* 1) гідність; почуття власної гідності 2) велич, величність 3) звання, титул 4) *збір.* особа високого звання; знать
digress [d(a)ɪˈɡres] *v* відступати; відволікатися, відхилятися

dike [daɪk] **1.** *n* 1) дамба; гребля; гатка 2) стічна канава, стік; рів; траншея 3) земляна (кам'яна) огорожа 4) *перен.* перешкода; завада **2.** *v* 1) захищати дамбою; перегороджувати греблю 2) будувати греблю

dilapidat‖e [dɪˈlæpɪdeɪt] *v* 1) приходити (призводити) до занепаду, занепадати; руйнувати(ся) 2) ламати(ся), псувати(ся); розвалюватися 3) розтрачувати, розтринькувати; **~ed** *a* 1) напівзруйнований, напіврозвалений; старий 2) розтрачений 3) неохайно одягнений; розпатланий

dilate [daɪˈleɪt] *v* 1) розширювати(ся), збільшувати(ся) 2) поширюватися

dilatory [ˈdɪlət(ə)rɪ] *a* 1) повільний, неквапливий 2) запізнілий

dilemma [d(a)ɪˈlemə] *n* 1) дилема; необхідність вибору 2) скрутне становище, безвихідь

dilettant‖e [ˌdɪlɪˈtæntɪ] **1.** *n* (*pl* -ti) дилетант, аматор **2.** *a* дилетантський, аматорський; **~ism** *n* дилетантство, дилетантизм

diligence I [ˈdɪlɪʒɑːns, ˈdɪlɪdʒ(ə)ns] *n* фр. дилижанс

diligen‖ce II [ˈdɪlɪdʒ(ə)ns] *n* 1) старанність, дбайливість, ретельність 2) юр. уважне ставлення; **~t** *a* 1) старанний, дбайливий, ретельний 2) невтомний; копіткий

dill [dɪl] *n* бот. кріп

dilly-dally [ˈdɪlɪdælɪ] *v* розм. не зважатися

dilute [ˌdaɪˈl(j)uːt] **1.** *a* 1) розбавлений, розріджений 2) ослаблений, слабкий; знекровлений 3) блідий, линялий (*про колір*) **2.** *v* 1) розріджувати, розводити; розчиняти 2) знекровлювати, вихолощувати (*теорію та под.*)

dim [dɪm] **1.** *a* 1) тьмяний; слабкий (*про світло*) 2) матовий, мутний 3) неясний, потьмянілий 4) слабкий (*про зір і под.*) **2.** *v* 1) тьмяніти; робити(ся) тьмяним, затуманювати(ся); ставати невиразним 2) затінювати

dimension [d(a)ɪˈmenʃ(ə)n] **1.** *n* 1) *мат.* вимір 2) *pl* розміри, величина; обсяг; протяжність 3) розмах; важливість **2.** *v* 1) проставляти розміри 2) дотримуватися потрібних розмірів; **~al** *a* 1) що має виміри; просторовий 2) розмірний; що стосується величини

dimin‖ish [dɪˈmɪnɪʃ] *v* 1) зменшувати(ся), скорочувати(ся) 2) ослабляти 3) *амер.* принижувати (*гідність*); **~ished** *a* 1) зменшений 2) звужений 3) принижений; **~utive 1.** *n* 1) *грам.* зменшувальне слово 2) невеличка річ, штучка 3) миршавий чоловічок **2.** *a* 1) маленький, мініатюрний, крихітний 2) *грам.* зменшувальний; димінутивний

dimmish [ˈdɪmɪʃ] *a* тьмяний, темнуватий, неясний

dim-out [ˈdɪmaʊt] *n* часткове затемнення, світломаскування

dimple [ˈdɪmpl] **1.** *n* 1) ямочка (*на щоці, підборідді*) 2) брижі (*на воді*) 3) западина, заглиблення (*у землі*) **2.** *v* покриватися брижами

din [dɪn] **1.** *n* шум; гуркіт **2.** *v* 1) настирливо повторювати, утовкмачувати 2) шуміти, галасувати; чинити гамір

din‖e [daɪn] *v* 1) обідати 2) частувати обідом; запрошувати на обід; давати обід; **~ette** [daɪˈnet] *n* невелика їдальня; обідній куточок; **~ing car** *n* вагон-ресторан; **~ing room** *n* їдальня (*у квартирі*); **~ner-time** *n* обідній час

ding [dɪŋ] **1.** *n* дзвоніння дзвону, дзвін **2.** *v* 1) дзенькати (*про метал і под.*) 2) настирливо повторювати, утовкмачувати

dingle [ˈdɪŋgl] *n* глибокий (лісистий) виярок

dingy [ˈdɪndʒɪ] *a* 1) темний, брудний (*від пилу*) 2) закоптілий 2) тьмяний, вицвілий 3) погано одягнений, обшарпаний 4) сумнівний (*про репутацію*)

dinner [ˈdɪnə] *n* обід; **have d.** *v* обідати

dioces‖e [ˈdaɪəsɪs] *n* 1) *церк.* єпархія 2) *іст.* провінція; **~an** [daɪˈɒsɪsən] *церк.* **1.** *n* єпископ **2.** *a* єпархіальний

dip [dɪp] **1.** *n* 1) занурення (*у рідину*) 2) рідина 3) занурення, купання 4) приспущений прапор 5) схил, укіс 6) западина, поглиблення 7) соус, підлива **2.** *v* (dipped, dipt) 1) занурювати(ся); заглиблювати(ся); поринати 2) опускати(ся), опускати(ся) 3) падати (*про ціни*) 4) побіжно (неуважно) переглядати (into) 5) черпати (*тж* ~ out) 6) нахиляти (*голову вітаючись*) 7) опускати (*вітрила*); салютувати (*прапором*); **d.-needle** *n* магнетна стрілка; **~per** *n* 1) ківш; черпак 2) *орн.* рінник; **~ping** *n* 1) занурення, умочання; пірнання 2) опускання, зниження

diploma [dɪˈpləʊmə] *n* 1) диплом; свідчення 2) офіційний (історичний) документ; **~ed** [-əd] *a* дипломований

diploma‖cy [dɪˈpləʊməsɪ] *n* 1) дипломатія 2) дипломатичність, такт; **~t** [ˈdɪpləmæt] *n* дипломат; **~tic** [ˌdɪpləˈmætɪk] *a* 1) дипломатичний 2) тактовний; увічливий 3) текстуальний, буквальний, точний

dipsomania [ˌdɪpsə(ʊ)ˈmeɪnɪə] *n мед.* алкоголізм; **~c** *n* алкоголік

dire [ˈdaɪə] *a* 1) жахливий, страшний, зловісний 2) повний, крайній

direct [d(a)ɪˈrekt] **1.** *a* 1) прямий 2) відвертий; ясний; правдивий 3) прямий, безпосередній, особистий 4) повний, абсолютний 5) *грам.* прямий **2.** *v* 1) керувати; управляти 2) наказувати 3) адресувати 4) указувати дорогу 5) націлювати(ся) 6) призначати; направляти 7) пророкувати, спонукати 8) *театр.* ставити (*спектакль*) 9) диригувати; **~ion** *n* 1) керівництво, керування, управління 2) (часто pl) вказівка; розпорядження 3) pl директиви 4) напрям 5) адреса (на листі й под.) 6) галузь 7) дирекція; правління 8) театр. постановка (спектаклю); режисура; **~ional** a спрямований, спрямованої дії; **~ion sign** n дорожній знак, дороговказ; **~ive 1.** n директива, вказівка, настанова **2.** a 1) що вказує напрям; вказівний 2) директивний; **~or** n 1) директор; керівник, начальник 2) член правління 3) (кіно) режисер, режисер-постановник; продюсер 4) церк. духівник 5) диригент; **~orship** n директорство; керівництво; **~ory 1.** n 1) довідник, покажчик; посібник 2) адресна книга **2.** a директивний

dirge [dɜːdʒ] n 1) панахида 2) похоронний спів

dirigible [ˈdɪrɪdʒəbl] n дирижабль

dirk [dɜːk] **1.** n кинджал **2.** v заколювати кинджалом

dirt [dɜːt] n 1) бруд, сміття; багно 2) земля; ґрунт 3) брудна лайка; непристойність 4) непорядність; гидота; **~iness** n 1) бруд; неохайність 2) низькість, підлість, гидота, підлота; **~y 1.** a 1) брудний, нечистий 2) ниций, підлий; нечесний, гидкий 3) непристойний, вульгарний 4) непогожий, сльотавий; бурхливий **2.** v забруднювати(ся), бруднити(ся)

dis- [dɪs-] pref. 1) надає слову негативного знач. не-, дез-; **disobedient** неслухняний; **to disorganise** дезорганізовувати 2) указує на позбавлення чого-н.: **to disinherit** позбавляти спадщини 3) указує на поділ, відділення, розкладання на складові частини: **to dismiss** розпускати

disab||le [dɪsˈeɪbl] v 1) робити непридатним; виводити з ладу; калічити 2) юр. робити неправоздатним 3) спец., обч. блокувати; відключати; вимикати; **~ility** n 1) нездатність, безсилля, неспроможність 2) перешкода, завада 3) непрацездатність, інвалідність 4) юр. недієздатність, неправоздатність; обмеження в правах 5) неплатоспроможність; **~led** a покалічений; пошкоджений

disabuse [ˌdɪsəˈbjuːz] v виводити з омани; звільняти від ілюзій

disaccord [ˌdɪsəˈkɔːd] **1.** n 1) незгода, незлагода; розбіжність (у поглядах і под.) 2) невідповідність **2.** v 1) розходитися (у поглядах); не погоджуватися 2) не відповідати

disadvantage [ˌdɪsədˈvɑːntɪdʒ] n 1) невигідне становище, несприятливі умови 2) недолік 3) шкода, збиток 4) незручність, перешкода, завада 5) шах. утрата; **~d** a 1) позбавлений сприятливих умов 2) обділений, ображений

disaffection [ˌdɪsəˈfekʃ(ə)n] n ворожість; недружелюбність

disaffirm [ˌdɪsəˈfɜːm] v 1) юр. анулювати, скасовувати 2) заперечувати

disagree [ˌdɪsəˈɡriː] v 1) розходитися в думках; не погоджуватися 2) сперечатися, сваритися 3) не збігатися, не відповідати 4) бути протипоказаним (шкідливим); **~able 1.** n (зазв. pl) неприємності, прикрощі **2.** a 1) неприємний, огидний, гидкий 2) дратівливий, сварливий; **~ment** n 1) відмінність, різниця, розходження, невідповідність 2) розбіжність у думках, незгода; полеміка 3) розлад, чвари, сварка

disallowance [ˌdɪsəˈlaʊəns] n 1) відмова; відхилення; відкидання 2) заборона

disannul [ˌdɪsəˈnʌl] v скасовувати, анулювати, цілком знищувати

disappear [ˌdɪsəˈpɪə] v 1) зникати; ховатися 2) пропадати, щезати, губитися

disappoint [ˌdɪsəˈpɔɪnt] v 1) розчаровувати, не справджувати надій 2) руйнувати, розладнувати (плани й под.); **~ed** a 1) розчарований, засмучений 2) ошуканий; нездійснений; **~ing** a невтішний; що розчаровує; сумний; **~ment** n 1) причина розчарування, неприємність, прикрість 2) розчарування, несправджена надія

disapprov||al [ˌdɪsəˈpruːv(ə)l] n 1) несхвалення; несприятлива думка 2) осуд; **~e** v 1) не схвалювати; осуджувати; ставитися несхвально 2) відкидати, відхиляти 3) спростовувати

disarm [dɪsˈɑːm] v 1) роззброювати(ся) 2) обеззброювати; умиротворяти, приборкувати; **~ament** n роззброєння; **~ing** a щирий, відвертий (про усмішку)

disarrangement [ˌdɪsəˈreɪndʒmənt] n безладдя, розлад, дезорганізація

disarray [ˌdɪsəˈreɪ] n 1) безладдя; сум'яття, збентеження 2) недбалий одяг

disaster [dɪˈzɑːstə] n нещастя, лихо, біда; катастрофа

disavow [ˌdɪsəˈvaʊ] v 1) заперечувати; знімати із себе відповідальність 2) дипл. дезавуювати; **~al** n 1) заперечення; зречення 2) дипл. дезавуювання

disband [dɪsˈbænd] v 1) розходитися, розбігатися, розсіюватися 2) розпускати 3) розчиняти

disbelie||f [ˌdɪsbɪˈliːf] n невіра; недовіра; **~ve** v не вірити; не довіряти (in — кому-н., чому-н.); бути скептиком

disburse [dɪsˈbɜːs] v 1) витрачати 2) платити; розплачуватися; сплачувати; **~ment** n юр. 1) виплата 2) видатки, витрати

disc [dɪsk] n 1) диск; круг 2) грамплатівка 3) обч. магнітний диск (зовнішньої пам'яті ЕОМ)

discard 1. n [ˈdɪskɑːd] 1) що-н. непотрібне, негідне 2) брак **2.** v [dɪsˈkɑːd] 1) відкидати, викидати (*як непотріб*) 2) відмовлятися (*від дружби й под.*) 3) звільняти

discern [dɪˈsɜːn] *v* 1) розрізняти; розпізнавати; розуміти, бачити 2) відрізняти; убачати різницю; **~ible** *a* видимий, помітний; **~ing** *a* 1) що вміє розрізняти 2) проникливий; гострий; **~ment** *n* 1) уміння розрізняти (розпізнавати), проникливість; інтуїція 2) розпізнання

discharge 1. *n* [ˈdɪstʃɑːdʒ] 1) звільнення 2) реабілітація; виправдання (*підсудного*) 3) рекомендація (*що видається звільненому*) 4) постріл; залп 5) витікання; спускання, стікання; зливання 6) виділення (*гною та под.*) 7) сплата (*боргу*) 8) виконання (*зобов'язань*) **2.** *v* [dɪsˈtʃɑːdʒ] 1) відпускати 2) звільняти від зобов'язань; реабілітувати; відновлювати у правах (*банкрута*) 3) *війс.* демобілізувати 4) виписувати (*з лікарні*) 5) стріляти 6) випускати; спускати, зливати, виливати 7) нести свої води (*про ріку*) 8) виконувати (*обов'язки*) 9) сплачувати, погашати (*борги*) 10) висловлювати, виказувати 11) *юр.* скасовувати

disciple [dɪˈsaɪpl] *n* 1) учень, послідовник 2) *церк.* апостол 3) християнин

discipline [ˈdɪsɪplɪn] **1.** *n* 1) дисципліна, порядок 2) дисциплінованість 3) навчання, тренування 4) предмет (*галузь знання*) 5) покарання 6) *церк.* покута; єпитимія **2.** *v* 1) карати, шмагати; піддавати дисциплінарному стягненню 2) дисциплінувати 3) навчати, тренувати 4) *війс.* вишколювати 5) *церк.* накладати єпитимію

disclaim [dɪsˈkleɪm] *v* 1) заперечувати; не визнавати; відкидати, відхиляти 2) *юр.* відмовлятися (*від прав на що-н.*), зрікатися; **~er** *n* 1) зречення, відмовлення 2) заперечення; відхилення 3) відмова

disclos||e [dɪsˈkləʊz] *v* 1) виявляти; викривати 2) розкривати, відкривати, показувати; **~ure** [-ʒə] *n* відкриття, виявлення; викриття; розкриття

discolour [dɪsˈkʌlə] *v* 1) змінювати колір (забарвлення); знебарвлювати(ся) 2) бруднити(ся)

discomfit [dɪsˈkʌmfɪt] *v* 1) розладнувати, руйнувати, зривати (*плани й под.*) 2) викликати замішання, бентежити 3) завдавати поразки, громити

discomfort [dɪsˈkʌmfət] **1.** *n* 1) незручність, ніяковість; скрутне становище; дискомфорт 2) утруднення, занепокоєння 3) *мед.* нездужання 4) смуток, печаль **2.** *v* 1) завдавати незручностей; турбувати 2) тривожити, бентежити

discomposure [ˌdɪskəmˈpəʊʒə] *n* занепокоєння; хвилювання; стурбованість, збентеження

disconcert [ˌdɪskənˈsɜːt] *v* 1) бентежити; спричиняти замішання 2) розладнувати (*плани й под.*); **~ed** *a* 1) зніяковілий; збентежений 2) засмучений, прикро вражений

disconformity [ˌdɪskənˈfɔːmɪtɪ] *n* невідповідність, незгідність

disconnect [ˌdɪskəˈnekt] *v* 1) роз'єднувати, відокремлювати, розчіплювати (with, from) 2) *ел., тех.* відключати, вимикати; **~ed** *a* 1) незв'язаний, ізольований, окремий 2) плутаний, незв'язний, нескладний, уривчастий

disconsolate [dɪsˈkɒns(ə)lɪt] *a* 1) невтішний; нещасний 2) сумний, скорботний; похмурий

discontent [ˌdɪskənˈtent] **1.** *n* невдоволення; прикрість **2.** *a* невдоволений **3.** *v* спричиняти невдоволення

discontinuance [ˌdɪskənˈtɪnjʊəns] *n* припинення, перерва

discontinue [ˈdɪskənˈtɪnjuː] *v* переривати(ся), припиняти(ся)

discontinuity [ˈdɪs‚kɒntɪˈnjuːɪtɪ] *n* 1) розрив безперервності (послідовності, закономірності); дискретність 2) перерва, розрив 3) *мат.* переривність функції

discord 1. *n* [ˈdɪskɔːd] 1) розбіжність, розлад; розбрат 2) шум 3) *муз.* дисонанс **2.** *v* [dɪsˈkɔːd] 1) розходитися в поглядах (в думках), не погоджуватися (with, from) 2) дисгармоніювати 3) *муз.* дисонувати

discount 1. *n* [ˈdɪskaʊnt] 1) знижка 2) *фін.* дисконт, облік векселів, відсоток знижки, ставка обліку **2.** *v* [dɪsˈkaʊnt] 1) знецінювати; зменшувати, знижувати, спускати 2) ігнорувати 3) ставитися скептично, не довіряти 4) псувати, затьмарювати; зводити нанівець 5) *фін.* дисконтувати, обчислювати векселі

discourage [dɪsˈkʌrɪdʒ] *v* 1) бентежити, засмучувати 2) розхолоджувати; знеохочувати, відбивати бажання 3) відмовляти, відраджувати (from) 4) перешкоджати, заважати

discourse [dɪsˈkɔːs] **1.** *n* промова, міркування **2.** *v* розмовляти, міркувати

discourteous [dɪsˈkɜːtjəs] *a* невихований, нечемний, непоштивий, неґречний; грубий

discover [dɪsˈkʌvə] *v* 1) довідуватися, виявляти, розкривати 2) робити відкриття, відкривати; **~y** *n* 1) розкриття, виявлення 2) відкриття 3) розгортання (*сюжету*) 4) *юр.* подання (*судові*) документів

discovert [dɪsˈkʌvət] *a юр.* незаміжня; удова

discredit [dɪsˈkredɪt] **1.** *n* 1) дискредитація, компрометація; ганьба 2) недовіра; сумнів 3) *фін.* позбавлення комерційного кредиту **2.** *v* 1) дискредитувати, компрометувати; ганьбити 2) не довіряти; піддавати сумніву 3) позбавляти довіри; підривати довіру;

~able *a* дискредитуючий, компрометуючий; ганебний
discreet [dɪsˈkriːt] *a* 1) обережний, обачний, розсудливий 2) стриманий, тактовний; скромний
discrepancy [dɪsˈkrep(ə)nsɪ] *n* 1) розходження, невідповідність 2) розбіжність, суперечливість; незгода
discretion [dɪsˈkreʃ(ə)n] *n* 1) розсудливість, розважливість; обережність; обачність 2) свобода дій; право вільно вибирати (вирішувати); повноваження
discriminat‖e 1. *a* [dɪsˈkrɪmɪnɪt] 1) відособлений, відокремлений; відмінний (*від чого-н.*) 2) здатний розрізняти (розпізнавати) **2.** *v* [dɪsˈkrɪmɪneɪt] 1) уміти розрізняти (розпізнавати) 2) дискримінувати 3) відрізняти, виділяти 4) виявляти упередженість, бути небезстороннім 5) тонко розбиратися; **~ing** *a* 1) відмітний; особливий, специфічний 2) що вміє розрізняти; гострий 3) дискримінаційний 4) диференційний, диференційований; **~ion** *n* 1) дискримінація, обмеження в правах; різноманітний підхід, неоднакове ставлення 2) здатність розрізняти; проникливість; розбірливість 3) розрізнення; з'ясування відмінності 4) упередженість, небезсторонність
discuss [dɪsˈkʌs] *v* обговорювати, дискутувати; **~ion** [-kʌʃ(ə)n] *n* 1) обговорення 2) дебати, дискусія 3) переговори, перемови
disdain [dɪsˈdeɪn] **1.** *n* 1) презирство, зневага; нехтування 2) пиха, гордовитість, зарозумілість **2.** *v* 1) зневажати; ставитися з презирством; нехтувати 2) дивитися зверхньо; **~ful** *a* 1) презирливий, зневажливий 2) пихатий, гордовитий, зарозумілий
disease [dɪˈziːz] *n* 1) хвороба, захворювання 2) *тех.* несправність (*машини*); **~d** *a* 1) хворий; який занедужав 2) хворобливий 3) порушений, розладнаний
disembogue [ˌdɪsɪmˈbəʊg] *v* упадати, уливатися (*про річку*)
disenchant [ˌdɪsɪnˈtʃɑːnt] *v* розчаровувати
disengag‖e [ˌdɪsɪnˈgeɪdʒ] *v* звільняти(ся), визволяти(ся); виплутувати(ся); вивільняти(ся); **~ed** *a* 1) вільний, незайнятий 2) незв'язаний, незалежний; **~ement** *n* 1) звільнення, виплутування 2) свобода (*дій та под.*) 3) невимушеність
disestablish [ˌdɪsɪsˈtæblɪʃ] *v* скасовувати, відміняти (*установлене*)
disfavour [dɪsˈfeɪvə] **1.** *n* 1) немилість, опала 2) несхвалення; осудження, осуд; неприязнь **2.** *v* позбавляти прихильності; не схвалювати
disfigure [dɪsˈfɪgə] *v* 1) спотворювати, нівечити 2) псувати; **~ment** *n* 1) спотворення, перекручення 2) потворність 3) фізична вада

disfranchise [ˌdɪsˈfræntʃaɪz] *v* позбавляти виборчого права, голосу
disgrace [dɪsˈgreɪs] **1.** *n* 1) ганьба, безчестя 2) ганебний учинок **2.** *v* 1) ганьбити, безчестити; плямувати 2) *війс.* розжалувати 3) позбавляти прихильності (ласки); **~ful** *a* ганебний, негідний
disguise [dɪsˈgaɪz] **1.** *n* 1) маскування; зміна зовнішнього вигляду; перевдягання 2) обман, лицемірство 3) облуда зовнішність, маска, машкара **2.** *v* 1) перевдягати; маскувати, змінювати зовнішність 2) зображувати неправдиво, перекручувати
disgust [dɪsˈgʌst] **1.** *n* 1) відраза, огида 2) роздратування, невдоволення; сварка **2.** *v* викликати відразу (огиду); бути гидким; **~ful** *a* огидний, противний
dish [dɪʃ] **1.** *n* 1) таріль; тарілка, миска, чашка 2) їжа, страва 3) *pl* (брудний) посуд 4) улоговина, западина; котлован **2.** *v* 1) класти на таріль; подавати на стіл 2) зруйнувати (*надії та под.*) 3) вигинати; надавати ввігнутої форми
disharmon‖y [ˈdɪsˈhɑːmənɪ] *n* 1) дисгармонія, відсутність гармонії 2) немилозвучність, дисонанс 3) невідповідність; розбіжність; **~ious** *a* 1) дисгармонійний 2) невідповідний; немилозвучний; **~ize** *v* 1) дисгармоніювати; дисонувати 2) вносити розбіжність
dish-gravy [ˈdɪʃˌgreɪvɪ] *n* підлива
dishonest [dɪsˈɒnɪst] *a* 1) нечесний, непорядний; шахрайський 2) несумлінний, недбалий; **~y** *n* 1) нечесність, непорядність 2) обман, шахрайство
dishonour [dɪsˈɒnə] **1.** *n* 1) безчестя, ганьба 2) ганебна пляма, сором 3) образа, приниження гідності 4) *фін.* відмова в акцепті (*векселя або чека*) **2.** *v* 1) безчестити, плямувати, ганьбити 2) ображати, принижувати гідність 3) *фін.* відмовляти в акцепті (платежі); **~able** *a* 1) безчесний, ганебний 2) негідницький, підлий, ниций, огидний, мерзенний
dish-water [ˈdɪʃˌwɔːtə] *n* помиї
disillusion [ˌdɪsɪˈluːʒ(ə)n] **1.** *n* утрата ілюзій; розчарування **2.** *v* відкривати правду; розчаровувати
disinfect [ˌdɪsɪnˈfekt] *v* дезінфікувати; **~ant 1.** *n* дезінфекційний засіб **2.** *a* дезінфекційний; **~ion** *n* дезінфекція, знезараження
disingenuous [ˌdɪsɪnˈdʒenjʊəs] *a* *книжн.* нещирий, хитрий; лицемірний, вивертки
disinherit [ˌdɪsɪnˈherɪt] *v* позбавляти спадщини
disintegrate [dɪsˈɪntɪgreɪt] *v* 1) розпадатися 2) розкладатися 3) дезінтегрувати; подрібнювати
disinter [ˌdɪsɪnˈtɜː] *v* ексгумувати, викопувати з могили; відривати, відкопувати

disinterest [dɪsˈɪntrəst] n 1) безпристрасність 2) байдужість; **~ed** a 1) безкорисливий, незацікавлений, неупереджений 2) байдужий

disinvestment [ˌdɪsɪnˈvestmənt] n скорочення (вилучення) капіталовкладень

disject [dɪsˈdʒekt] v розкидати; розсіювати

disjoin [dɪsˈdʒɔɪn] v 1) роз'єднувати(ся), розчленовувати(ся) 2) розпадатися

disjoint [dɪsˈdʒɔɪnt] v 1) роз'єднувати; розбирати на частини 2) розділяти, подрібнювати 3) вивернути, вивихнути; **~ed** a 1) роз'єднаний, розчленований 2) незв'язний, нескладний (про мову)

dislike [dɪsˈlaɪk] 1. n нелюбов, неприязнь, неприхильність, антипатія (for, of, to — до кого-н.) 2. v не любити, відчувати неприязнь, бути не до вподоби

dislocat||e [ˈdɪslǝkeɪt] v 1) мед. вивихнути 2) порушувати; розладнувати (плани й под.); вносити безладдя 3) зрушувати, переміщати; **~ion** n 1) мед. вивих 2) непогодженість; плутанина; порушення; безлад

dislodge [dɪsˈlɒdʒ] v 1) усувати; витісняти 2) зрушувати, зміщати 3) виганяти (звіра з барлогу)

disloyal [dɪsˈlɔɪəl] a 1) нелояльний 2) віроломний, зрадницький; **~ty** n 1) нелояльність 2) невірність, віроломство, зрада

dismal [ˈdɪzm(ə)l] 1. n (the ~s) pl пригнічений настрій; сумні обставини 2. a 1) похмурий, смутний, засмучений, пригнічений 2) сумний; тужливий 3) гнітючий; зловісний

dismantl||e [dɪsˈmæntl] v 1) розбирати (машину); демонтувати 2) роззброювати (фортецю) 3) роздягати; скидати (одяг); **~ing** n демонтаж, розбирання

dismay [dɪsˈmeɪ] 1. n 1) розгубленість, тривога; страх, переляк 2) збентеження, смуток 2. v 1) бентежити; засмучувати 2) жахати, лякати

dismiss [dɪsˈmɪs] v 1) відпускати, розпускати 2) розходитися 3) звільняти, увільняти 4) гнати, проганяти 5) відкидати, відмовлятися 6) відбуватися 7) звільняти 8) юр. припиняти (справу)

dismount [ˈdɪsˈmaʊnt] v 1) спішуватися, злізати 2) скидати; вибивати (із сідла) 3) знімати (з п'єдесталу); виймати (з оправи)

disobedien||ce [ˌdɪsəˈbiːdɪəns] n непокора, неслухняність, непослух; **~t** a 1) непокірливий, неслухняний 2) упертий; що не піддається впливові

disobey [ˌdɪsəˈbeɪ] v 1) не коритися, не підкорятися, не слухатися 2) порушувати (закон і под.)

disoblige [ˌdɪsəˈblaɪdʒ] v 1) поводитися нелюб'язно; не зважати (на що-н.) 2) досаджати,

ображати 3) не рахуватися з (чиїм-н.) бажанням; спричиняти незручності, турбувати

disorder [dɪsˈɔːdə] 1. n 1) безлад; плутанина 2) (часто pl) масові заворушення 3) мед. розлад, хвороба 4) запаморочення, божевілля 2. v (зазв. р. р.) 1) призводити до безладдя; розладнувати; переплутувати 2) псувати (здоров'я) 3) бентежити, турбувати; **~ly** 1. n безладна, неохайна (розбещена) людина 2. a 1) безладний; неорганізований 2) неакуратний, неохайний 3) юр. протизаконний 4) непристойний; розбещений 5) недисциплінований 6) розладнаний, розстроєний 3. adv безладно, неорганізовано 2) шумно, буйно

disorganiz||ation [dɪsˌɔːɡən(a)ɪˈzeɪʃ(ə)n] n дезорганізація, розлад; безладдя; **~e** [dɪsˈɔːɡənaɪz] v дезорганізувати; вносити безладдя, розладнувати

disorientate [dɪsˈɔːrɪənteɪt] v дезорієнтувати; спантеличувати, уводити в оману

disown [dɪsˈəʊn] v не визнавати, заперечувати, зрікатися

disparag||e [dɪsˈpærɪdʒ] v 1) висловлювати сумнів 2) ставитися із зневагою; третирувати; принижувати 3) паплюжити, ганьбити; **~ement** n 1) зневага; недооцінка, приниження 2) паплюження, ганьблення; огуда 3) зневажливе ставлення; приниження гідності; **~ing** a принизливий; зневажливий

disparity [dɪˈspærɪtɪ] n нерівність; невідповідність; нерозмірність

dispassionate [dɪsˈpæʃ(ə)nɪt] a 1) безсторонній, неупереджений 2) безпристрасний, холоднокровний; спокійний

dispatch [dɪˈspætʃ] 1. n 1) відправлення, відсилання (пошти) 2) страта; убивство 3) кореспонденція 4) швидкість, швидке виконання (роботи) 2. v 1) надсилати; відсилати, відправляти за призначенням 2) швидко виконати, упоратися (з роботою) 3) розправлятися, розраховуватися, убивати; страчувати 4) квапитися, поспішати; **~er** n 1) відправник 2) експедитор 3) диспетчер

dispens||e [dɪˈspens] v 1) роздавати, розподіляти 2) чинити (правосуддя) 3) виготовляти (ліки); приписувати (ліки) 4) увільняти (from — від зобов'язання); **~able** a 1) необов'язковий; неістотний 2) допустимий, простимий (за церковним правом)

disperse [dɪˈspɜːs] v 1) розганяти, розсіювати(ся) 2) зникати 3) розходитися 4) розкидати, розсипати 5) розповсюджувати, поширювати (чутки й под.)

displace [dɪsˈpleɪs] v 1) переміщувати, переставляти (на інше місце) 2) звільняти, усувати 3) витискувати, заміщати

display [dɪˈspleɪ] **1.** *n* 1) показ, демонстрація 2) виставка 3) прояв (*сміливості й под.*) 4) експонат 5) виставляння напоказ; хвастощі 6) обч. дисплей; екран дисплея; монітор 7) індикація, відображення (*інформації*) **2.** *v* 1) показувати, демонструвати 2) виставляти напоказ, хвастати 3) виявляти 4) вивішувати, розгортати (*прапор*) 5) обч. відтворювати на (відео)дисплеї

displeas‖e [dɪsˈpliːz] *v* 1) не подобатися; бути неприємним, бути не до смаку 2) сердити, дратувати; **~ing** *a* неприємний, дратівний; що викликає невдоволення; прикрий, огидний; **~ure** [dɪsˈpleʒə] *n* невдоволення; прикрість

disport [dɪsˈpɔːt] *v* (*зазв. refl.*) веселитися, бавитися; гратися

dispos‖e [dɪˈspəʊz] *v* 1) схиляти (*кого-н. до чого-н.*) 2) розташовувати, розміщувати 3) давати розпорядження; наказувати 4) закінчувати, завершувати, вивершувати; **~able** *a* 1) одноразового вживання (*про пляшку й под.*) 2) вільний, доступний; що може бути використаний; **~al** *n* 1) передавання, вручення 2) розташування, розміщення 3) управління, контроль 4) усунення, звільнення (*від чого-н.*); видалення; **~ition** *n* 1) настрій; тенденція, схильність 2) характер, вдача 3) розташування, розміщення (*у певному порядку*) 4) розпорядження; контроль 5) юр. розпорядження, постанова

dispossess [ˌdɪspəˈzes] *v* 1) виселяти 2) юр. позбавляти власності (права володіння; of)

disprove [dɪsˈpruːv] *v* спростовувати; доводити помилковість

disput‖e [dɪˈspjuːt] **1.** *n* 1) диспут, дискусія, полеміка 2) суперечка, розбіжності; спір **2.** *v* 1) сперечатися, дискутувати 2) обговорювати 3) сваритися 4) опиратися; перешкоджати; відстоювати; **~able** *a* спірний, неясний; сумнівний; недоведений

disqualif‖y [dɪsˈkwɒlɪfaɪ] *v* 1) дискваліфікувати (*тж спорт.*), позбавляти права 2) робити (визнавати) непридатним (нездатним) 3) юр. позбавляти прав; **~ication** *n* 1) дискваліфікація (*тж спорт.*); позбавлення права (*на що-н.*) 2) непридатність (for — до *чого-н.*) 3) юр. неправоздатність 4) вада, порок; перешкода

disquiet [dɪsˈkwaɪət] **1.** *n* занепокоєння, хвилювання, неспокій; погані передчуття **2.** *a* неспокійний, тривожний; сповнений поганих передчуттів **3.** *v* непокоїти, турбувати, тривожити; позбавляти спокою; **~ude** *n* стурбованість, неспокій, занепокоєння

disquisition [ˌdɪskwɪˈzɪʃ(ə)n] *n* 1) детальне обговорення 2) дослідження 3) юр. ретельне розслідування

disregard [ˌdɪsrɪˈɡɑːd] **1.** *n* 1) байдужість, неувага; ігнорування (of, for) 2) зневага, нехтування **2.** *v* 1) не звертати уваги, не надавати значення; ігнорувати 2) зневажати

disrepute [ˌdɪsrɪˈpjuːt] *n* сумнівна репутація

disrespect [ˌdɪsrɪˈspekt] **1.** *n* неповага, нешанобливість; непоштивість, грубість **2.** *v* ставитися непоштиво; **~ful** *a* нешанобливий, неввічливий, нечемний; зухвалий

disrupt [dɪsˈrʌpt] *v* 1) розривати, руйнувати; зривати **2.** *перен.* підривати; **~ion** *n* 1) руїни, руйнування 2) розрив; розкол; відрив, відокремлення

dissatisfy [ˌdɪsˈsætɪsfaɪ] *v* (*зазв. pass.*) не вдовольняти; викликати невдоволення

dissect [dɪˈsekt] *v* 1) розрізати, розсікати 2) розбирати, аналізувати; розглядати критично

dissemble [dɪˈsemb(ə)l] *v* 1) удавати, лицемірити, прикидатися 2) приховувати, маскувати

dissension [dɪˈsenʃ(ə)n] *n* 1) розбіжність; незгода 2) чвари, розбрат, ворожнеча

dissenter [dɪˈsentə] *n* (*зазв. D.*) церк. сектант, дисидент

dissertation [ˌdɪsəˈteɪʃ(ə)n] *n* дисертація, трактат

disservice [ˈdɪsˈsɜːvɪs] *n* погана послуга; збиток, шкода; утрата

dissever [dɪsˈsevə] *v* 1) відокремлювати(ся) 2) ділити на частини

dissident [ˈdɪsɪd(ə)nt] **1.** *n* дисидент, інакодумець **2.** *a* дисидентський

dissimilar [dɪˈsɪmɪlə] *a* несхожий, відмінний (to); різний, різнорідний; **~ity** [ˌdɪsɪmɪˈlærətɪ] *n* несхожість, відмінність; різниця, розходження, розбіжність

dissimulat‖e [dɪˈsɪmjʊleɪt] *v* 1) приховувати (*почуття й под.*) 2) симулювати; удавати, лицемірити; **~ion** *n книжн.* 1) приховування, утаювання 2) симуляція; удаваність, обман, лицемірство; **~or** *n* облудник, лицемір, симулянт

dissociation [dɪˌsəʊsɪˈeɪʃ(ə)n] *n* 1) роз'єднання, відділення, відокремлення 2) роз'єднаність, розмежування 3) психол. роздвоєння особистості

dissol‖ution [ˌdɪsəˈluːʃ(ə)n] *n* 1) розчинення; розкладання (*на складові*) 2) танення, розтавання 3) розірвання (*шлюбу*); скасування 4) розпуск, закриття, ліквідація 5) розпад (*держави*) 6) смерть; зникнення 7) ком. ліквідація; **~vent** [dɪˈsɒlvənt] хім. **1.** *n* розчинник **2.** *a* що розчиняє; розчинювальний

dissuade [dɪˈsweɪd] *v* 1) відмовляти, відраджувати (from); переконувати в протилежному 2) не радити

distan‖ce [ˈdɪst(ə)ns] **1.** *n* 1) віддаленість;

дальність; віддаль 2) відстань; дистанція 3) стриманість (*у стосунках*) 4) перспектива (*у малярстві*) 5) проміжок, відрізок (*часу*) **2.** *v* 1) віддаляти; розміщати (тримати) на певній відстані 2) лишати далеко позаду, далеко випереджати; **~t** *a* 1) дальній; далекий; віддалений 2) далекий, давній, минулий 3) стриманий 4) слабкий, невловимий 5) чужий, невластивий

distaste [dɪsˈteɪst] **1.** *n* неприязнь, огида, відраза, ворожість (for) **2.** *v* 1) уселяти неприязнь (огиду); бути гидким 2) мати відразу; відчувати ворожість; **~ful** *a* неприємний (*особ. на смак*; to), нудотний; огидний, образливий

distemper [dɪsˈtempə] **1.** *n* розлад (*душевний*), нездоров'я **2.** *v* засмучувати

distich [ˈdɪstɪk] *n* вірш. двовірш, дистих

distinct [dɪˈstɪŋ(k)t] *a* 1) окремий; особливий, індивідуальний 2) різний, відмінний (*від інших*) 3) чіткий, ясний, виразний 4) визначений; **~ion** *n* 1) розпізнавання; розмежування 2) відмінна риса, оригінальність, індивідуальність 3) розходження, відмінність; різниця 4) пошана, честь, почесть, шаноба 5) високі якості; популярність 6) відзнака; **~ive** *a* 1) відмінний, характерний, особливий 2) лінгв. розпізнавальний

distinguish [dɪsˈtɪŋgwɪʃ] *v* 1) бачити відмінність, розрізняти, розпізнавати 2) бути відмінною ознакою, характеризувати 3) відокремлювати; розділяти, відособлювати 4) виділяти, робити помітним

distort [dɪsˈtɔːt] *v* 1) перекручувати; викривляти; перекошувати 2) спотворювати (*факти й под.*), пересмикувати; **~ion** *n* 1) перекручування; викривлення; перекошування 2) спотворювання (*фактів і под.*), пересмикування; **~ionist** *n* 1) карикатурист 2) акробат 3) перекручувач

distract [dɪsˈtrækt] *v* 1) відволікати, розпорошувати (*увагу у под.*; from) 2) спантеличувати; бентежити; **~ed** *a* знавіснілий, шалений; **~ion** *n* 1) відволікання уваги 2) те, що відволікає увагу 3) розвага 4) неуважність 5) зніяковілість, розгубленість; сум'яття 6) сильне збудження; безумство

distraught [dɪsˈtrɔːt] *a* 1) збентежений, бентежний 2) який утратив розум; збожеволілий

distress [dɪsˈtres] **1.** *n* 1) лихо, страждання 2) нещастя; біда; бідування 3) нужденність; злидні 4) нездужання; стомлення; виснаження **2.** *v* 1) завдавати страждання (горя, болю) 2) доводити до злиднів; **~ed** *a* 1) що бідує, злигоднів 2) який зазнав аварії

distribut||e [dɪsˈtrɪbjuː(ː)t] *v* 1) розподіляти, роздавати, розносити (among, to) 2) по-

ширювати, розповсюджувати 3) розділяти, класифікувати; **~ing** *a* розподільчий; **~or** [dɪˈstrɪbjʊtə(r)] *n* агент із продажу

district [ˈdɪstrɪkt] *n* 1) район; округ; дільниця 2) область, місцевість

distrust [dɪsˈtrʌst] **1.** *n* недовіра, сумнів; підозра **2.** *v* не довіряти, сумніватися (*у кому-н.*); підозрювати; **~ful** *a* недовірливий; підозрілий, повний сумнівів

disturb [dɪsˈtɜːb] *v* 1) турбувати; порушувати (*спочинок і под.*) 2) псувати, призводити до безладдя 3) розладнувати (*плани*) 4) хвилювати, тривожити, непокоїти; **~ance** *n* 1) порушення (*тиші й под.*) 2) (*тж pl*) хвилювання, неспокій; заворушення, безладдя 3) тривога, занепокоєння 4) несправність, ушкодження; **~er** *n* 1) порушник (*прав і под.*) 2) перешкода

disuni||on [dɪsˈjuːnjən] *n* 1) поділ, роз'єднання, відокремлення 2) розбіжність, розлад, незгода; **~te** *v* розділяти; роз'єднувати(ся) відокремлювати(ся); **~ty** *n* відсутність єдності; розлад; роз'єднаність

disuse [ˌdɪsˈjuːz] **1.** *v* переставати користуватися **2.** *n* невживання

disutility [ˌdɪsjuː(ː)ˈtɪlɪtɪ] *n* 1) згубність, шкідливість 2) незручність; некорисність

ditch [dɪtʃ] **1.** *n* 1) канава, рів; кювет 2) канал; арик 3) траншея; виїм, котлован **2.** *v* 1) обкопувати (*ровом і под.*) 2) чистити канаву (*рів і под.*)

dithyramb [ˈdɪθɪræm(b)] *n* дифірамб; хвала

diurnal [daɪˈɜːnl] *a* 1) денний; виконуваний за день 2) щоденний 3) *астр.* добовий

divan [dɪˈvæn] *n* 1) канапа, софа, тахта 2) кімната для курців, де подають каву 3) тютюнова лавка

divarication [daɪˌværɪˈkeɪʃ(ə)n] *n* 1) розгалуження; поділ навпіл, роздвоєння 2) розходження 3) роздоріжжя 4) розбіжність у думках

div||e [daɪv] **1.** *n* 1) пірнання; поринання; стрибок у воду 2) *мор.* занурення 3) *ав.* пікірування 4) раптовий рух; стрибок; ривок; кидок 5) підземний тунель **2.** *v* 1) пірнати; стрибати (кидатися) у воду 2) *ав.* пікірувати 3) *мор.* занурюватися 4) поринати, заглиблюватися 5) кидатися вниз 6) раптово зникати, щезати; **~er** *n* 1) стрибун у воду, нирець 2) водолаз 3) *орн.* ґаґара, нирець; **~ing** 1) пірнання; *спорт.* стрибки у воду 2) *мор.* занурення 3) *ав.* пікірування; **~ing dress** *n* скафандр, водолазний костюм

diverge [daɪˈvɜːdʒ] *v* 1) розходитися 2) відхилятися; ухилятися 3) відходити від норми (стандарту) 4) відрізнятися, не збігатися (*про думки*); **~nce, ~ncy** 1) розходження, розбіжність 2) відхилення (*від норми й под.*)

diver∥se [daɪ'vɜːs] *a* 1) інший, відмінний (*від чого-н.*) 2) різноманітний, різний; **~sified** *a* різнобічний; багатогалузевий; **~sify** *v* різноманітити, варіювати; **~sion** *n* 1) відхилення, відхід 2) відвернення, відволікання (*уваги*) 3) розвага, забава; **~sity** *n* 1) розмаїтість; різноманіття; різнорідність 2) відмінність, несхожість; розходження; своєрідність 3) різновид; **~t** [-'vɜːt] *v* 1) відводити; відхиляти 2) відвертати, відволікати (*увагу*) 3) забавляти, розважати, звеселяти; **~ting** *a* розважальний, забавний, цікавий

divi∥de [dɪ'vaɪd] **1.** *n* 1) межа, лінія поділу 2) вододіл. **2.** *v* 1) ділити(ся); розділяти(ся) 2) розподіляти (among, between); ділитися (with) 3) відділяти(ся); роз'єднувати(ся) 4) градуювати 5) поділяти; дробити 6) класифікувати, підрозділяти 7) викликати розходження (*у думках*); виявляти незгоду 8) голосувати; **~ded** *a* 1) розділений, відділений; складений 2) градуйований; **~dend** ['dɪvɪdend] *n* 1) *фін.* дивіденд 2) *мат.* ділене 3) частина, частка 4) користь, вигода; **~der** *n* 1) той, хто (те, що) ділить 2) ширма 3) *pl* циркуль; **~dual** [dɪ'vɪdjʊəl] *a* 1) окремий 2) розподілений 3) розділений; **~sion** [dɪ'vɪʒn] *n* 1) розподіл 2) поділ; розділення 3) *мат.* ділення 4) розбіжність у поглядах; незгода 5) *парл.* голосування 6) частина, розділ, категорія 7) перегородка; межа; бар'єр 8) класифікація, розподіл; **~sion sign** *n мат.* 1) знак ділення 2) діагональна риска, знак дробу; **~sor** *n мат.* дільник

divin∥e [dɪ'vaɪn] **1.** *n* богослов, духовна особа **2.** *a* 1) божественний; божий 2) даний Богом 3) пророчий 4) святий, священний **3.** *v* 1) пророкувати, віщувати 2) передбачати; здогадуватися; передчувати; **~ation** [,dɪvɪ'neɪʃn] *n* 1) ворожіння, ворожба 2) пророкування; віщування 3) вдалий прогноз; **~ize** ['dɪvɪnaɪz] *v* обожнювати; **~ity** *n* 1) божественність 2) божество; небесне створіння 3) (the D.) Бог 4) богослов'я, теологія

divorce [dɪ'vɔːs] **1.** *n* 1) розлучення, розірвання шлюбу 2) відділення, роз'єднання, розрив **2.** *v* 1) розлучатися, розривати шлюб 2) відокремлювати, розривати, роз'єднувати; **~e** *n* [dɪ,vɔː'siː] розлучений чоловік/жінка

divulg∥e [d(a)ɪ'vʌldʒ] *v* розголошувати (*таємницю*); оприлюднювати; **~ation** *n* розголошення (*таємниці*); оприлюднення

do [duː (*повна ф.*); du, də, d (*скор. ф.*)] *v* (did; done) 1) робити, виконувати; здійснювати 2) улаштовувати, готувати 3) завдавати 4) діяти, чинити; поводитися 5) підходити, годитися; бути достатнім 6) прибирати, упорядковувати 7) процвітати, почувати себе добре 8) пройти, проїхати (*певну відстань*) 9) виконувати (*роль*); діяти як (*хто-н.*) 10) ставити (*спектакль*) 11) готувати, смажити, тушкувати 12) продавати, постачати

docil∥le ['dəʊsaɪl] *a* слухняний, покірний; **~ity** [dəʊ'sɪləti] *n* слухняність, покірність

dock I [dɒk] *n бот.* щавель

dock II [dɒk] **1.** *n* 1) док 2) судноремонтний завод; верф 3) *амер.* пристань; причал 4) *юр.* лава підсудних **2.** *v* 1) ставити судно в док; увіходити в док (*про судно*) 2) стикуватися; **~er** *n* докер, портовий робітник

docket ['dɒkɪt] **1.** *n* 1) ярлик, етикетка 2) квитанція про сплату мита 3) список, перелік 4) витяг із судового рішення **2.** *v* 1) супроводити документ витягом із коротким викладом його змісту 2) маркувати, наклеювати етикетки

doctor ['dɒktə] *n* 1) лікар, доктор 2) доктор (*учений ступінь*) 3) наставник, учитель 4) *тех.* допоміжний пристрій; **~ate** ['dɒktərɪt] *n* ступінь доктора (*наук*) *v* присуджувати ступінь доктора (*наук*)

doctrine ['dɒktrɪn] *n* 1) доктрина, теорія, учення 2) догма, віра

document 1. *n* ['dɒkjəmənt] документ, свідчення **2.** *v* документувати; **~ary** [,dɒkjʊ'mentərɪ] **1.** *n* документальний фільм **2.** *a* 1) документальний 2) документально доведений

dog [dɒg] **1.** *n* 1) собака, пес; Greater (Lesser) Dog сузір'я Великий (Малий) Пес 2) самець (*лисиці й под.*) (*тж* ~-fox) **2.** *v* 1) ходити слідом (назирці), вистежувати (*тж* ~ smb.'s footsteps) 2) переслідувати (*кого-н.*), не давати спокою 3) цькувати собаками; **d.-ape** *n зоол.* бабуїн; **d.-bee** *n ент.* трутень; **~ged** ['dɒgɪd] *a* упертий, завзятий, наполегливий; **~gish** *a* 1) собачий 2) різкий; грубий; **d.-skin** *n* лайка (*шкіра*); **d.-sleep** *n* чуткий (сторожкий) сон; **~wood** *n бот.* дерен, кизил

dogma ['dɒgmə] *n* (*pl тж* -ata) 1) догма 2) *церк.* догмат 3) переконання, тверда думка; **~tic** [dɒg'mætɪk] *a* 1) диктаторський; що не припускає заперечень 2) категоричний, безапеляційний 3) догматичний; доктринерський 4) зарозумілий, пихатий, бундючний, гордовитий, зверхній

doing ['duːɪŋ] *n* 1) (*часто pl*) дії, поводження, учинки 2) *pl* події 3) *pl* метушня, галас

doit [dɔɪt] *n* дрібниця; маленька сума

doldrums ['dɒldrəmz] *n pl* поганий настрій; депресія

dole [dəʊl] **1.** *n* допомога, допомога з безробіття **2. d. out** *v* видавати убогу допомогу

doleful ['dəʊlf(ə)l] *a* скорботний, сумний; меланхолійний; страдницький

doll [dɒl] *n* лялька; **~ish** *a* ляльковий, схожий на ляльку

dollar [ˈdɒlə] n долар
dollop [ˈdɒləp] n великий шматок, чимала порція
dolphin [ˈdɒlfɪn] n зоол. дельфін; дельфін-білобочка; **~arium** n дельфінарій
domain [dəˈmeɪn] n 1) володіння; маєток; територія 2) галузь
dome [dəʊm] 1. n баня; склепіння 2. v увінчувати банею; **~d** a 1) банеподібний 2) прикрашений банею
domestic [dəˈmestɪk] a 1. n 1) слуга; наймичка, хатня робітниця 2) pl товари вітчизняного виробництва 3) постільна білизна 2. a 1) домашній; родинний 2) внутрішній 3) місцевий; вітчизняний 4) побутовий 5) свійський, ручний (про тварину) 6) що любить родинний (домашній) затишок; **~ate** v 1) прищеплювати любов до домівки 2) приручати, одомашнювати (тварин); культивувати (рослини); акліматизовувати 3) цивілізувати 4) навчати господарювати 5) освоювати 6) переймати (звичаї та под.); **~ation** n 1) любов до рідної домівки 2) приручення, одомашнення (тварин) 3) акліматизація, культивування (рослин); **~ity** n 1) домашнє (родинне життя) 2) (the -cities) pl домашні (родинні, господарські) справи 3) хазяйновитість
domin‖ate [ˈdɒmɪneɪt] v 1) панувати; владарювати 2) мати вплив (на кого-н.) 3) домінувати, переважати 4) стримувати, придушувати, угамовувати 5) цілком поглинати, заволодівати 6) здійматися, височіти; **~ance** n 1) панування; вплив 2) переважання, перевага; **~ation** n 1) панування, влада 2) переважання; **~ion** n 1) іст. домініон 2) владарювання, влада 3) суверенітет 4) (часто pl) володіння, землі (короля); маєток, вотчина (феодала) 5) юр. майно; право володіння
don [dɒn] n 1) ватажок, лідер; проводир 2) (D.) дон (титул)
done [dʌn] p. p. від **do**
donat‖e [dəˈ(ʊ)neɪt] v дарувати, офірувати; **~ion** n 1) дарунок, грошова пожертва 2) юр. документ про дарування, дарча
donkey [ˈdɒŋkɪ] n осел
donnish [ˈdɒnɪʃ] a 1) педантичний; академічний 2) пихатий, бундючний; манірний
donor [ˈdəʊnə] n 1) юр. жертводавець 2) мед. донор
doom [duːm] 1. n 1) доля, фатум 2) фатальний кінець, загибель; смерть 3) рел. страшний суд 2. v 1) засуджувати, прирікати, визначати 2) юр. ухвалювати обвинувальний вирок; **~ed** a приречений; засуджений; **~sday** n 1) рел. судний день 2) світкінець 3) юр. день суду
door [dɔː] n 1) двері; дверцята 2) дім, квартира; приміщення 3) шлях, дорога 4) вхід; **~keeper** n швейцар; сторож; **d.-money** n плата за вхід; **d.-step** n поріг
dope [dəʊp] 1. n 1) густа змащувальна речовина, паста 2) лак; аеролак 3) допінґ 2. v 1) лакувати 2) розбавляти; підмішувати; фальсифікувати 3) давати наркотики; одурманювати
Doric [ˈdɒrɪk] 1. n місцевий діалект 2. a 1) іст. дорійський, доричний 2) провінційний (про вимову); місцевий (про діалект)
dormancy [ˈdɔːmənsɪ] n 1) дрімота 2) стан бездіяльності 3) біол. сплячка (тварин) 4) біол. стан спокою (про насіння, рослини)
dormitory [ˈdɔːmɪtrɪ] n 1) загальна спальня 2) амер. студентський гуртожиток
dos‖age [ˈdəʊsɪdʒ] n 1) дозування 2) доза; **~e** 1. n 1) доза 2) порція, частка 2. v 1) дозувати 2) лікувати великими дозами ліків 3) приймати ліки
dossier [ˈdɒsɪeɪ] n фр. юр. досьє; справа
dot I [dɒt] 1. n 1) крапка (тж в азбуці Морзе); точка 2) цяточка 3) малятко; крихітна істота 2. v 1) ставити крапку 2) позначати пунктиром; **d.-and-dash** a що складається із крапок і тире; **d.-and-dash code** азбука Морзе; **~ted line** n 1) пунктирна лінія, пунктир 2) лінія відриву
dot II [dɒt] n юр. посаг
dote [dəʊt] v 1) кохати до нестями (on, upon) 2) вижити з розуму
double [ˈdʌbl] 1. n 1) подвійна кількість 2) двійник 3) дублікат, дублет 4) прототип, прообраз 5) театр. дублер 6) pl спорт. парні ігри 7) вигин (річки) 8) хитрість 2. a 1) подвійний, здвоєний 2) парний 3) удвічі більший, подвоєний, посилений 4) двоїстий 5) лукавий; двозначний 3. v 1) подвоювати(ся); збільшувати(ся) вдвічі 2) бути вдвічі більше 3) складати вдвічі 4) кіно дублювати 5) заміщати 6) стискувати (кулак) 7) повторювати 8) заплутувати слід 9) хитрувати, обманювати; **d. bass** n муз. контрабас; **d.-dealer** n ошуканець; дворушник; **d.-dealing** 1. n обман 2. a лицемірний; лукавий, дворушництво 2. a лицемірний; лукавий, дворушницький; **d.-edged** a що допускає подвійне тлумачення (доказ і под.); **d. entendre** n фр. двозначність; **d.-hearted** a двоєдушний, нещирий, лицемірний; **d.-meaning** a облудний, оманливий, що вводить в оману; **d.-minded** a 1) нерішучий; що вагається 2) двоєдушний, фальшивий; **d.-quick** a дуже швидкий; прискорений (крок); **d. standard** n подвійна мораль; різний підхід; **~t** n 1) дублікат, копія, парна річ; пара 2) pl близнюки 3) фальшивий брильянт (камінь) 4) лінґв. дублет

doubt [daʊt] **1.** *n* сумнів; нерішучість, вагання; неясність **2.** *v* 1) сумніватися; бути невпевненим (*у чому-н.*), вагатися 2) не довіряти, підозрювати

douceur [duːˈsɜː] *n фр.* 1) чайові 2) хабар

douche [duːʃ] **1.** *n* 1) душ; обливання 2) промивання; спринцювання 3) шприц; спринцівка **2.** *v* 1) приймати душ; обливати(ся) водою 2) промивати; спринцювати

dough [dəʊ] *n* 1) тісто 2) паста, густа маса; **~y** *a* 1) тістоподібний; пухкий; погано пропечений 2) блідий (*про обличчя*); одутлий, нездоровий 3) тупий, придуркуватий (*про людину*)

dour [ˈdʊə, ˈdaʊə] *a* 1) суворий, непохитний 2) похмурий, понурий

douse [daʊs] *v* 1) занурювати(ся) у воду 2) гасити 3) зупиняти, припиняти, кидати

dove [dʌv] *n* голуб; **~cot(e)** *n* голубник

dowdyish [ˈdaʊdɪʃ] *a* немодний, неелеґантний; нечепурний

down I [daʊn] *n* (перший) пух, пушок; **~y** *a* 1) пухнастий, м'який як пух 2) пуховий

down II [daʊn] *n* (*зазв. pl*) пагорб, безліса височина 2) піщана дюна; **~y** *a* горбкуватий

down III [daʊn] **1.** *n* 1) (*зазв. pl*) спуск, падіння 2) невдача, крах **2.** *a* 1) спрямований донизу; низхідний, спадний 2) бездіяльний; нездоровий, прикутий до ліжка **3.** *prep* 1) униз, донизу 2) унизу 3) ззаду, позаду 4) уздовж; **~beat** *a* похмурий, песимістичний; **~cast** *a* 1) опущений униз; потуплений (*про погляд*) 2) пригнічений, засмучений 3) низхідний, спрямований униз; **~fall** *n* 1) падіння; загибель; розорення 2) повалення 3) злива; сильний снігопад, опади 4) безодня, прірва; **~grade 1.** *n* 1) ухил 2) занепад **2.** *v* 1) знижувати (*на посаді*) 2) розвінчувати; **~hill 1.** *n* схил **2.** *a* 1) спадистий, похилий; низхідний, спадний 2) що погіршується; **~pour** *n* злива; **~right** *a* 1) прямий; відвертий, чесний, щирий 2) явний; очевидний 3) страшенний; **~stairs** *n* нижній, розташований у нижньому поверсі; **~stream** *adv* вниз за течією; **~town** *n амер.* ділова частина міста; центр міста

dowry [ˈdaʊ(ə)rɪ] *n* 1) посаг 2) природний талант, дар, хист

doxy [ˈdɒksɪ] *n* 1) доктрина, теорія 2) вірування, переконання

dozen [ˈdʌz(ə)n] *n* дюжина

dozy [ˈdəʊzɪ] *a* сонний, дрімотний

drab I [dræb] **1.** *n* 1) тьмяно-брунатний колір 2) сірість, одноманітність, монотонність **2.** *a* нудотний, безбарвний, одноманітний

drab II [dræb] *n* 1) неохайна жінка, нечепура 2) повія

draft [drɑːft] **1.** *n* 1) креслення, план, малюнок 2) проект, ескіз, начерк, нарис; чернетка (*документа й под.*) 3) чек; тратта; одержання за чеком 4) відбір (*особ. солдатів*) для спеціальної мети; загін; підкріплення 5) *амер. військ.* набір, призов **2.** *v* 1) робити креслення (ескіз); накреслити 2) укладати план (законопроект) 3) накидати чернетку 4) проводити відбір 5) *амер. військ.* набирати, вербувати; **~ee** [drɑːfˈtiː] *n амер.* призовник; **~er** *n* робочий (запряжений) кінь; **~ing** *n* 1) укладання (*документа*) 2) редакція, формулювання 3) креслення

drag [dræg] **1.** *n* 1) повільний рух 2) гальмування, затримка руху 3) тягар, клопіт 4) *розм.* тиск, вплив **2.** *v* 1) (із зусиллям) тягти(ся), волочити(ся) 2) тягтися, затягуватися; іти повільно (*про час і под.*) 3) відставати, плентатися позаду

dragoman [ˈdrægə(ʊ)mən] *n* драґоман, перекладач

dragon [ˈdrægən] *n* 1) дракон 2) диявол, демон, сатана 3) (D.) *астр.* Дракон (*сузір'я*); **d.-fly** *n ент.* бабка

drainage [ˈdreɪnɪdʒ] *n* 1) дренаж; осушування 2) стік 3) каналізація

drake [dreɪk] *n орн.* качур, селезень

drama [ˈdrɑːmə] *n* 1) драма (*п'єса*) 2) (*зазв.* the ~) драматургія; **~tic** [drəˈmætɪk] *a* 1) драматичний; драматургічний 2) мелодраматичний, театральний; акторський; удаваний 3) хвилюючий, вражаючий, яскравий, ефектний 4) разючий; що впадає в вічі; **~tist** [ˈdræmətɪst] *n* драматург

drank [dræŋk] *past від* **drink 2**

drastic [ˈdræstɪk] *a* 1) *мед.* сильнодіючий (*про ліки*) 2) рішучий, крутий; радикальний, корінний

draught [drɑːft] *n* 1) протяг 2) тяга, тягове зусилля 3) націджування; відціджування 4) ковток 5) усмоктування 6) частка, певна кількість, порція; доза рідких ліків 7) потік (*води*) 8) *pl* шашки (*гра*); **~y** [-ɪ] *a* 1) розташований на протязі 2) що продувається наскрізь

draw [drɔː] **1.** *n* 1) тяга 2) витягування; виходлювання 3) принада (*для глядачів*); окраса програми 4) жеребкування; лотерея 5) жереб; виграш 6) молодий пагін 7) *спорт.* нічия 8) басейн (*річки*) 9) затягування (*сиґаретою*) **2.** *v* (drew; drawn) 1) тягти, волочити; натягувати 2) надівати (*шапку; тж* ~ on) 3) засмикувати; розсовувати 4) утягувати, убирати 5) привертати (*увагу*) 6) витягувати, висмикувати; виривати 7) одержувати 8) діставати (*інформацію*) 9) креслити, малювати; проводити лінію (риску) 10) *спорт.* зводити внічию 11) наближатися, підходити 12) підводити (*висновок*) 13) схиляти (*до розмови й под.*)

14) вичерпувати (*воду*) 15) настоюватися (*про чай*) 16) тягти (кидати) жереб 17) укладати (*документ*); **~back** *n* 1) перешкода, перепона, завада 2) хиба, вада, дефект 3) поступка (*у ціні*); **~er** *n* 1) буфетник; офіціант 2) кресляр, рисувальник 3) укладач документа 4) *фін.* трасант; **~ers** [drɔːz] *n pl* труси, кальсони; **~ing room** *n* вітальня

drawn [drɔːn] *p. p.* від **draw 2**

dray [dreɪ] *n* підвода, віз, хура

dread [dred] **1.** *n* 1) страх, острах, жах; побоювання 2) страховище; опудало 3) людина, яка викликає (благоговійний) страх **2.** *v* 1) страшитися, боятися, жахатися, здригатися від страху 2) відчувати благоговійний страх; **~ful 1.** *n* сенсаційний детективний роман; роман жахів **2.** *a* 1) жахливий, страшний; грізний 2) надзвичайний, неймовірний, страшенний

dream [driːm] **1.** *n* 1) сон, сновидіння 2) мрія 3) видіння; марево 4) блаженство; краса; насолода **2.** *v* (-mt [dremt] , -med [-d]) 1) бачити сон, бачити уві сні 2) мріяти, марити, уявляти (of) 3) думати; мати намір; **~er** *n* мрійник, фантазер, відірвана (далека) від життя людина; **~y** *a* 1) мрійливий, замріяний; несьогосвітній 2) неясний; примарний; туманний 3) заколисливий, заспокійливий

dreamt [dremt] *past і p. p.* від **dream 2**

dreary [ˈdrɪərɪ] *a* 1) похмурий, тужливий; безрадісний 2) монотонний, одноманітний 3) сумний; меланхолійний

dreg [dreg] *n* 1) *pl* осад; відходи 2) *pl* покидьки, потолоч 3) невеликий залишок, крихітка

dress [dres] **1.** *n* 1) сукня; одяг 2) зовнішній покрив; убрання, шати; наряд 3) оперення **2.** *v* 1) одягати(ся); наряджати(ся) 2) перев'язувати, бинтувати (*рану*) 3) причісувати; робити зачіску 4) готувати (*їжу*); **d. circle** *n театр.* бельетаж; **d. coat** *n* 1) фрак 2) *військ.* парадний мундир; **~er** *n* 1) декоратор 2) *театр.* костюмер 3) *мед.* асистент; хірургічна сестра 4) кухонна шафа для посуду; **~ing** *n* 1) одягання 2) прикрашання, оздоблення 3) очищення; шліфування 4) присмака; соус, гарнір; **~ing gown** *n* халат, пеньюар; **~ing-room** *n* 1) гардероб; роздягальня 2) туалетна кімната; убиральня; **d.-maker** *n* кравчиня, швачка; **d. rehearsal** *n* генеральна репетиція

drew [druː] *past* від **draw 2**

drift [drɪft] **1.** *n* 1) повільна течія; повільне пересування 2) напрям (*розвитку*), тенденція 3) намір, мета; спрямованість 4) злива; хуртовина 5) замет, кучугура (*снігу*); купа (*листя й под.*) 6) пасивність; бездіяльність 7) *мор.* дрейф **2.** *v* 1) відносити(ся) (*вітром, течією*); дрейфувати 2) бути пасивним, плисти за течією 3) скупчуватися (*про сніг і под.*) 4) наносити, заносити (*снігом і под.*); **~age** [ˈdrɪftɪdʒ] *n* знесення, дрейф

drill I [drɪl] **1.** *n* 1) муштрування; вишкіл 2) (фізична) вправа, тренування 3) *розм.* тренер **2.** *v* 1) навчати; муштрувати 2) проходити лавове навчання 3) тренувати(ся); виконувати вправи; **d.-hall** *n* манеж

drill II [drɪl] *n зоол.* мандрил

drink [drɪŋk] **1.** *n* 1) питво; напій 2) спиртний напій (*тж* ardent ~, strong ~) 3) ковток; склянка (*води й под.*) 4) пияцтво 5) стан сп'яніння 6) запій **2.** *v* (drank; drunk) 1) пити 2) пиячити 3) підпоювати 4) пропивати (*тж* ~ away) 5) зазнати (*горя й под.*) 6) убирати (*вологу*) 7) вдихати (*повітря*) 8) виголошувати тост; **~able 1.** *n pl* напої **2.** *a* питний; **~ing-song** *n* застільна пісня; **~ing water** *n* питна вода

drip [drɪp] **1.** *n* 1) крапання 2) капіж 3) звук падаючих крапель **2.** *v* 1) крапати, стікати 2) виливати, розливати; **~ping-pan** *n* сковорода; лист; деко

driv||e [draɪv] **1.** *n* 1) катання, їзда (*в екіпажі й под.*) 2) велика енергія, наполегливість 3) спонукання, стимул, внутрішній імпульс 4) тенденція, напрям 5) дорога; під'їзна алея (*до будинку*) 6) *спорт.* драйв, удар 7) переслідування 8) поспіх (*у роботі*) **2.** *v* (drove; driven) 1) гнати, проганяти (*зазв.* away, back, out) 2) змушувати; доводити; призводити 3) везти, підвозити 4) їхати швидко, мчати 5) правити (*кіньми*) 6) проводити, прокладати (*дорогу й под.*) 7) вести (*справу й под.*) 8) надавати руху (*дії*) (*машини й под.*) 9) *спорт.* здійснювати удар, відбивати драйвом 10) гнати; переслідувати (*звіра*); **~en** *p. p.* від **drive 2**; **~er** *n* 1) шофер; водій 2) машиніст 3) вагоновод 4) візник 5) погонич худоби; гуртівник 6) *обч.* драйвер 7) *тех.* двигун, рушій; **~eway** *n* дорога, проїзд; під'їзна алея; **~ing** 1) катання; їзда 2) водіння (*автомобіля*) 3) *мор.* дрейф **3.** *a* 1) рушійний 2) сильний; несамовитий; **~ing force** *n* рушійна сила; **~ing licence** *n* права водія

driveller [ˈdrɪvlə] *n* 1) слинько 2) ідіот; йолоп

drizzle [ˈdrɪzl] **1.** *n* мряка, мжичка **2.** *v* мрячити

drollery [ˈdrəʊlərɪ] *n* 1) жарти, витівки, пустощі; блазенство; штукарство 2) смішна історія (*витівка й под.*) 3) гумор

dromedary [ˈdrʌmɪd(ə)rɪ] *n зоол.* дромадер (*одногорбий верблюд*)

drone [drəʊn] **1.** *n* 1) *ент.* трутень 2) дармоїд, захребетник 3) дзижчання, гудіння **2.** *v* 1) дзижчати; гудіти 2) монотонно говорити (читати, співати) 3) байдикувати, ледарювати 4) розтрачувати, марнотратити

droop [druːp] **1.** *n* 1) зниження, спад; нахил 2) сутулість, сутулуватість 3) занепад духу (сил) **2.** *v* 1) звисати, схиляти(ся) 2) похнюпити (*голову*); потупити (*очі, погляд*) 3) в'янути; слабнути 4) журитися, занепадати духом 5) знемагати

drop [drɒp] **1.** *n* 1) крапля 2) ковток (*спиртного*) 3) різке зниження, крутий спуск 4) висота; глибина падіння (занурення) 5) сережка, підвіска 6) драже; льодяник 7) *pl мед.* краплі 8) крапелька, дрібка, крихітка **2.** *v* 1) крапати; проступати краплями 2) лити, проливати (*сльози й под.*) 3) губити, випускати з рук 4) падати; спадати 5) поцілити (*ударом, кулею*) 6) помирати 7) облишати, кидати (*звичку, заняття*) 8) припиняти (*розмову*) 9) висаджувати (*кого-н.*), підвозити до (*чого-н.*); підкинути 10) зронити (*слово*) 11) відправляти (*лист*) 12) падати; знижатися (*про ціну*) 13) пропускати, опускати 14) скидати (*з літака*); ~**let** *n* крапелька; ~**sy** *n* водянка

drought [draʊt] *n* 1) посуха, засуха 2) посушливість, сухість (*клімату*) 3) спрага; ~**y** *a* 1) посушливий 2) сухий, пересохлий 3) спраглий

drove I [drəʊv] *past від* **drive 2**

drove II [drəʊv] *n* 1) юрба, натовп; ватага 2) гурт, стадо, череда, табун 3) зграя; косяк

drown [draʊn] *v* 1) тонути, потопати 2) топити(ся) 3) занурювати 4) затоплювати, заливати 5) заглушувати (*звук, сум і под.*)

drows‖e [draʊz] **1.** *n* 1) дрімота, напівсон 2) сонливість **2.** *v* 1) дрімати, бути сонним 2) бути бездіяльним 3) присипляти, усипляти 4) справляти снодійну дію; навівати сон 5) мріяти, поринати у мрії; ~**y** *a* 1) сонний 2) дрімаючий; снодійний; заколисливий 3) млявий; заціпенілий

drudgery [ˈdrʌdʒərɪ] *n* тяжка, нудна робота

drug [drʌg] **1.** *n* 1) ліки, медикамент; засіб, зілля 2) наркотик **2.** *v* 1) підмішувати наркотики (отруту) 2) давати наркотики 3) бути наркоманом 4) присипляти (*почуття*); ~**gist** *n* 1) аптекар 2) *амер. мед.* фармацевт

drum [drʌm] **1.** *n* 1) барабан 2) барабанний бій 3) *анат.* барабанна перетинка **2.** *v* 1) бити в барабан 2) стукати, тупати 3) удовбувати, утовкмачувати 4) калатати, битися (*про серце*) 5) гудіти, дзижчати

drunk [drʌŋk] **1.** *p. p. від* **drink 2 2.** *a predic.* 1) п'яний 2) сп'янілий (*від успіхів і под.*; with) 3) нестійкий; ~**ard** [ˈdrʌŋkəd] *n* п'яниця

dry [draɪ] **1.** *a* 1) посуха 2) суходіл **2.** *a* 1) сухий 2) посушливий 3) сухий, несолодкий (*про вино*) 4) нудний, нецікавий 5) стриманий, байдужий; суворий 6) неупереджений, безсторонній 7) антиалкогольний 8) сипкий,

твердий (*про продукт*) **3.** *v* 1) сушити(ся), висушувати 2) сохнути, висихати 3) витирати насухо; ~**asdust** [ˈdraɪəzdʌst] *n* суха, нудна, педантична людина; ~**ish** *a* сухуватий; **d. measure** *n* міра сипких тіл; **d. nurse 1.** *n* нянька **2.** *v* няньчити

dual [ˈdjuː(ə)l] **1.** *n грам.* 1) двоїна 2) слово у двоїні **2.** *a* двоїстий; подвійний; із двох частин; ~**ism** *n філос.* 1) дуалізм 2) подвійність; ~**ize** *v* роздвоювати; **d.-purpose** *a спец.* подвійного призначення

dub I [dʌb] *v* 1) ударяти 2) обрубувати 3) підрізати

dub II [dʌb] *v* 1) висвячувати в рицарі 2) охрестити, дати прізвисько

dubiety [djuːˈbaɪətɪ] *n книжн.* 1) сумнів, вагання 2) що-н. сумнівне

ducal [ˈdjuːk(ə)l] *a* герцогський

duchess [ˈdʌtʃɪs] *n* герцогиня

duck [dʌk] *n* 1) *орн.* качка 2) качине м'ясо, качатина 3) нульовий рахунок (*гри*) 4) банкрут 5) пірнання, занурення; **d.-bill** *n зоол.* качкодзьоб

duct [dʌkt] *n* 1) трубочка, капіляр 2) *анат.* протока (*залози*), канал 3) *радіо* хвилевід

ductile [ˈdʌktaɪl] *a* 1) в'язкий, тягучий; ковкий (*метал*) 2) еластичний, гнучкий, пластичний 3) піддатливий, слухняний (*про людину*)

dudgeon [ˈdʌdʒ(ə)n] *n* образа, обурення

due [djuː] **1.** *n* 1) належне; те, що належить 2) *pl* збори, податки, мита 3) *pl* членські внески **2.** *a* 1) *predic.* належний, зобов'язаний (*за угодою та под.*) 2) належний, відповідний 3) зумовлений, обумовлений 4) що підлягає виплаті 5) *predic.* очікуваний; що має бути 6): ~ **to** (*ужив. як prep*) завдяки

duel [ˈdjuːəl] **1.** *n* 1) двобій, дуель, поєдинок; герць 2) змагання, боротьба **2.** *v* битися на дуелі; ~**list** *n* учасник двобою, дуелянт

duet(t) [djuː(ː)ˈet] *n муз.* двоспів, дует

dug I [dʌg] *past і p. p. від* **dig 2**

dug II [dʌg] *n* 1) сосок (*тварини*) 2) вим'я

duke [djuːk] *n* 1) герцог; Grand D. великий князь; ~**dom** n 1) герцогство 2) титул герцога

dulcimer [ˈdʌlsɪmə] *n муз.* цимбали

dull [dʌl] **1.** *a* 1) тупий 2) лінивий, повільний 3) нудний 4) тьмяний, похмурий **2.** *v* 1) притупляти 2) робитися нудним; ~**ard** *n* тупиця

dumb [dʌm] *a* 1) німий 2) безсловесний; мовчазний, неговіркий 3) беззвучний, нечутний, тихий, приглушений; ~**found** *v* ошелешувати, приголомшувати; ~**ness** *n* 1) німота 2) мовчання; безмовність; тиша

dummy [ˈdʌmɪ] **1.** *n* 1) лялька, опудало; манекен; модель 2) макет 3) штучна (фальшива) річ 4) маріонетка, знаряддя в чужих руках 5) *спорт.* фінт, обманний рух **2.** *a* 1) підроблений; фіктивний, несправжній 2) німий 3) навчальний, модельний 4) тимчасовий

dump [dʌmp] **1.** *n* 1) сміттник, купа мотлоху 2) звалище 3) перевалочний пункт **2.** *v* 1) скидати, звалювати (*сміття*) 2) *ек.* насичувати ринок дешевими товарами; улаштовувати демпінг 3) драже 4) кремезна людина; **~ing** *n* 1) вивалювання; вивантажування 2) розвантажування 3) *ек.* демпінг

dune [dju:n] *n* дюна

dungeon [ˈdʌndʒən] *n* підземна в'язниця; буцегарня

duple [ˈdju:pl] *a мат.* подвійний

duplex [ˈdju:pleks] *a* 1) подвійний, спарений 2) двобічний, двосторонній

duplicat‖e 1. *n* [ˈdju:plɪkɪt] 1) дублікат; копія 2) *pl* запасні частини 3) заставна квитанція **2.** *a* [ˈdju:plɪkət] 1) точно відтворений; аналогічний; ідентичний; скопійований 2) подвійний; спарений; двійчастий 3) запасний **3.** *v* [ˈdju:plɪkeɪt] 1) подвоювати 2) знімати копію; дублювати; відтворювати; **~or** *n тех.* копіювальний апарат

dur‖ability [ˌdju(ə)rəˈbɪlɪtɪ] *n* 1) витривалість; живучість 2) тривалість терміну служби; довговічність; **~able** *a* 1) міцний, надійний 2) тривалий, довгочасний 3) *ек.* тривалого користування; **~ess(e)** [dju(ə)ˈres] *n* 1) позбавлення волі; ув'язнення 2) *юр.* примус, примушування

during [ˈdjʊərɪŋ] *prep* протягом, упродовж; під час

durst [də:st] *past від* **dare 2**

dusk [dʌsk] *n* присмерк; сутінки

dust [dʌst] **1.** *n* 1) пил, порох 2) *бот.* пилок 3) *поет.* прах; тлін 4) пучка, щіпка 5) хмара, клуби пилу 6) *перен.* шум, галас, метушня **2.** *v* 1) витирати (вибивати) пил; обмітати; витрушувати 2) запилити, запорошити; **~ing** *n* 1) витирання (вибивання, змітання) пилу 2) присипання, обсипання; **d. jacket** *n* суперобкладинка; **~man** *n* сміттяр; **d.-proof** *a*

пилонепроникний; **~y** *n* 1) курний, пильний, порошний; запилений, запорошений 2) пилоподібний; дрібний; роздрібнений 3) сухий, нецікавий

Dutch [dʌtʃ] **1.** *a* голландський **2.** *n* 1) голландська мова; **~man** *n* голландець

duty [ˈdju:tɪ] *n* 1) обов'язок 2) мито; податок 3) службові обов'язки; чергування, вартування 4) військова повинність 5) повага, пошана; **d.-bound** *a* зобов'язаний; **d.-free** *a* що не підлягає обкладенню митом

dwarf [dwɔ:f] **1.** *n* 1) карлик 2) карликова тварина (рослина) 3) *міф.* гном, пігмей **2.** *a* карликовий, малий на зріст **3.** *v* 1) заважати ростові 2) затримуватися в розвитку 3) підкреслювати незначність (*чого-н.*) за контрастом; затьмарювати; **~ish** *a* 1) карликовий, малорослий 2) недорозвинений, дефективний

dwell [dwel] *v* (dwelt) жити, мешкати, знаходитися (*in, at, on*); **~er** *n* мешканець, пожилець, житель; **~ing place** *n* місце проживання

dwindle [ˈdwɪndl] *v* 1) зменшувати(ся), скорочувати(ся); виснажуватися (*тж ~ away*) 2) утрачати значення; погіршуватися, занепадати; вироджуватися

dye [daɪ] **1.** *n* 1) фарба; барвник 2) колір, барва 3) забарвлення **2.** *v* фарбувати, забарвлювати

dynam‖ic(al) [daɪˈnæmɪk(əl)] *a* 1) активний, діючий, енергійний 2) динамічний 3) *фізіол.* функціональний; **~ite** [ˈdaɪnəmaɪt] **1.** *n* динаміт **2.** *v* висаджувати в повітря динамітом; **~iter** [ˈdaɪnəmaɪtə] 1) терорист 2) заколотник

dynast [ˈdɪnəst] *n* 1) наслідний правитель 2) представник (засновник) династії; **~ic** [dɪˈnæstɪk] *a* династичний; **~y** *n* династія

dysentery [ˈdɪs(ə)nt(ə)rɪ] *n мед.* дизентерія

dyspepsia [dɪsˈpepsɪə] *n мед.* розлад травлення, диспепсія

dyspnoea [dɪspˈni:ə] *n мед.* задишка, утруднене дихання

dziggetai [ˈ(d)zɪgɪtaɪ] *n зоол.* джиґетай, кулан

E

each [iːtʃ] **1.** *a* кожний, усякий **2.** *pron* кожний, усякий, будь-який

eager [ˈiːgə] *a* 1) повний бажання 2) нетерплячий, палкий, гарячий (*про бажання й под.*) 3) енергійний; напружений; завзятий; **~ness** *n* запал, завзяття

eagle [ˈiːg(ə)l] *n* 1) орн. орел 2) монета із зображенням орла 3) (E.) астр. Орел (*сузір'я*); **e.-owl** *n* орн. пугач

ear I [ɪə] *n* 1) вухо 2) слух 3) вушко, дужка, ручка 4) шпара; отвір; **~drop** *n* 1) сережка-підвіска 2) бот. садова фуксія; **~drum** *n* анат. барабанна перетинка; **~ache** [-reɪk] *n* біль у вусі; **~lap** *n* 1) мочка (*вуха*) 2) вухо (*шапки й под.*); **~less** *a* 1) безвухий 2) позбавлений музичного слуху 3) без ручки (*кухоль і под.*); **~ring** *n* сережка; **~splitting** *a* оглушливий

ear II [ɪə] *n* 1) колос 2) амер. качан (*кукурудзи*) **2.** *v* 1) колоситися 2) давати качани

earl [ɜːl] *n* граф

early [ˈɜːlɪ] *a* 1) передчасний, достроковий, ранній 2) завчасний; своєчасний 3) близький, якнайшвидший 4) ранній, далекий, початковий 5) старовинний, давній

earn I [ɜːn] *v* 1) заробляти 2) приносити прибуток (*про капітал*), бути рентабельним 3) заслуговувати; **~er** *n* особа, яка заробляє гроші; працівник ек. джерело доходу; **~ings** *n pl* 1) зароблені гроші, заробіток 2) ек. дохід, прибуток; надходження

earn II [ɜːn] *v* вити (*про вовка*)

earnest I [ˈɜːnɪst] **1.** *n* 1) серйозність, важливість 2) запорука **2.** *a* 1) серйозний; важливий, неабиякий 2) щирий; переконаний 3) гарячий, палкий, ревний

earnest II [ˈɜːnɪst] *n* завдаток; застава

earth [ɜːθ] **1.** *n* 1) (E.) Земля (*планета*) 2) земля, ґрунт 3) суходіл 4) рел. земний світ 5) прах 6) ел. заземлення 7) нора 8) земляний; ґрунтовий **2.** *v* 1) заривати, закопувати; укривати землею 2) зариватися в нору; **~bound** *a* 1) земний, життєвий; із земними прагненнями; **~en** *a* 1) земляний 2) глиняний 3) землистий, матеріальний; **~enware 1.** *n* 1) гончарні вироби 2) кераміка 3) фаянс **2.** *a* глиняний; **~ly** *a* 1) земний 2) прозаїчний; **~nut** *n* бот. 1) земляний горіх, арахіс 2) земляний мигдаль, чуфа; **~quake** [ˈɜːθkweɪk] *n* 1) землетрус 2) катастрофа; **~y** *a* 1) земний 2) землистий 3) земний, життєвий 3) простацький, грубий 4) перен. смертний

ease [iːz] **1.** *n* 1) невимушеність, вільність, безпосередність 2) легкість, простота 3) спокій; дозвілля, полегшення 4) припинення, полегшення (*болю й под.*) **2.** *v* 1) полегшувати (*біль і под.*) 2) заспокоювати; пом'якшувати 3) послабляти, звільняти (*від чого-н.*) 4) слабшати (*про вітер*) 5) обережно встановлювати (in, into) 6) зменшуватися, знижуватися (*про ціни*)

easel [ˈiːz(ə)l] *n* мольберт

east [iːst] *n* 1) схід 2) мор. ост 3) (E.) Схід; **Near (Far) East** Близький (Далекий) Схід 4) східний вітер (*тж* ~ wind) **2.** *a* 1) східний 2) мор. остовий 3) спрямований на схід; **~bound** *a* що прямує на схід (*про потяг*)

Easter [ˈiːstə] *n* церк. 1) Великдень 2) attr. великодній

easy [ˈiːzɪ] *a* 1) легкий, нескладний, неважкий 2) невимушений, природний, спокійний 3) зручний; приємний; затишний 4) багатий, забезпечений, заможний 5) безпосередній, вільний 6) поблажливий; стерпний 7) занадто поступливий, лагідний 8) некваліфікований 9) положистий (*схил*) 10) ек. що не має попиту (*про товар*) 11) в'ялий, застійний 12) несталий (*про ціну*); **e.-chair** *n* м'яке крісло; **e.-going** *a* безтурботний, веселий; добродушний

eat [iːt] *v* (ate; eaten) 1) їсти; поїдати, поглинати 2) роз'їдати, руйнувати 3) мати смак 4) поглинати (*ресурси й под.*); **~able 1.** *n* (*зазв. pl*) їстівне, їжа, харчі **2.** *a* їстівний; **~ing house** *n* дешевий ресторан, їдальня

eaten [ˈiːt(ə)n] *p. p. від* eat

eave [iːv] *n* (*зазв. pl*) карниз

eavesdrop [ˈiːvzdrɒp] *v* підслуховувати (on)

ebb [eb] **1.** *n* 1) (морський) відплив 2) зміна на гірше, погіршення; занепад, регрес 3) зниження **2.** *v* 1) убувати, спадати (*про воду*) 2) слабшати, згасати (*часто* ~ away)

ebullition [ˌebəˈlɪʃ(ə)n] *n* 1) спалах (*гніву й под.*) 2) кипіння

eccentric [ɪkˈsentrɪk] **1.** *n* ексцентрична людина; оригінал, дивак **2.** *a* ексцентричний; дивний

ecclesiastic [ɪˌkliːzɪˈæstɪk] *n* священнослужитель; **~al** *a* духовний; церковний

echelon [ˈeʃəlɒn] **1.** *n* 1) ешелон, ступінчасте розташування 2) щабель (*суспільної драбини*); становище (*в організації та под.*) **2.** *v* 1) військ. ешелонувати 2) розташовувати уступами

echo [ˈekəʊ] **1.** *n* (*pl* -oes [-əʊz]) 1) луна; відбиття 2) відгомін; відлуння 3) відгук, імітація 4) наслідувач, епігон **2.** *v* 1) відлюнюватися (*про звук*) 2) повторювати; наслідувати; **~ic** *а* звуконаслідувальний

éclat [eɪˈklɑː] *n фр.* 1) відомість, популярність; блиск, слава 2) (шумний) успіх

eclectic [ɪˈklektɪk] **1.** *n* еклектик **2.** *а* еклектичний

eclipse [ɪˈklɪps] **1.** *n* 1) *астр.* затемнення 2) потемніння, потьмарення 3) *перен.* затьмарення 4) утрата блиску, занепад **2.** *v* 1) *астр.* затемняти 2) затьмарювати; заступати 3) занепадати; утрачати блиск; слабнути (*про могутність*)

econom||ic [ˌiːkəˈnɒmɪk] *а* 1) економічний; господарський, народногосподарський 2) рентабельний; економічно вигідний (доцільний) 3) практичний, прикладний; **~ical** *а* 1) економний, ощадливий 2) економічний; **~ics** *n pl* (*ужив. як sing*) економіка, народне господарство; **~ist** *n* 1) економіст 2) ощадливий господар; ощадлива людина; **~ise** *v* 1) економити, заощаджувати 2) вести господарство, хазяйнувати

eddy [ˈedɪ] **1.** *n* 1) вир, коловорот 2) вихор; порив (*вітру*) 3) хмара, клуби (*диму, пилу*) 4) *перен.* буря, порив (*пристрастей*) **2.** *v* 1) крутитися у вирі 2) клубочитися, завихритися

Eden [ˈiːdn] *n* Едем; рай

edg||e [edʒ] **1.** *n* 1) край (*чого-н.*), крайка 2) грань 3) вістря, лезо 4) гострість 5) кряж, хребет, гребінь (*гори*) 6) бордюр 7) критичний момент 8) ущипливість, різкість **2.** *v* 1) поступово наближатися; просуватися 2) обмережувати, облямовувати 3) обрізувати краї; згладжувати кути 4) точити; загострювати; **e. stone** *n* 1) жорно 2) *дор.* бордюрний камінь; **e. tool** *n* гострий, різальний інструмент; **~ing** *n* 1) край, бордюр 2) облямівка 3) кантування; **~y** *а* 1) роздратований; дратівливий, дражливий 2) гострий, загострений; різальний 3) уривчастий, різкий

edible [ˈedɪb(ə)l] **1.** *n pl* їстівне, їжа **2.** *а* їстівний

edict [ˈiːdɪkt] *n* 1) едикт, указ 2) (непорушний) закон

edif||y [ˈedɪfaɪ] *v* повчати, наставляти; зміцнювати (*у вірі*); **~ication** *n* повчання, настанова, напучення

edifice [ˈedɪfɪs] *n* 1) велична будівля (споруда) 2) струнка система (*поглядів*); доктрина

edit [ˈedɪt] *v* 1) редаґувати 2) бути редактором 3) монтувати (*фільм*) 4) свавільно переробляти; **~ion** *n* 1) видання 2) наклад (*газети й под.*) 3) випуск 4) копія, варіант, версія; **~or** *n* 1) редактор 2) завідувач відділу; **~orial 1.** *n* редакційна стаття **2.** *а* редакторський, редакційний; **~or-in-chief** головний редактор

educat||e [ˈedjʊkeɪt] *v* 1) виховувати; давати освіту 2) тренувати, привчати; **~ed** *а* 1) освічений; вихований; розвинений 2) вишколений, тренований, дресирований; **~ion** *n* 1) освіта; просвітництво, навчання 2) виховання, розвиток (*характеру, здібностей*) 3) культура, освіченість 4) вишколи, навчання, дресирування (*тварин*); **~ional** *а* 1) освітній; виховний 2) навчальний 3) педагогічний 4) просвітній; **~ionalist** *n* 1) педагог; діяч у галузі освіти 2) теоретик педагогіки; **~ive** [ˈedju(ː)kətɪv] *а* 1) виховний 2) освітній, просвітній; **~or** [ˈedju(ː)keɪtə] *n* вихователь, педагог, учитель

educe [ɪˈdjuːs] *v* 1) виявляти (*приховані здібності*); розвивати 2) підсумовувати

eel [iːl] *n ixm.* вугор

eerie, eery [ˈɪ(ə)rɪ] *а* 1) моторошний; надприродний 2) боязкий

efface [ɪˈfeɪs] *v* 1) стирати, згладжувати 2) викреслювати (*з пам'яті*)

effect [ɪˈfekt] **1.** *n* 1) наслідок, результат 2) дія, вплив 3) здійснення, виконання 4) ефект, враження 5) дія, сила 6) мета, намір 7) зміст **2.** *v* 1) робити, чинити 2) здійснювати, виконувати 3) укладати, оформляти; **~ive 1.** *n* 1) *війс.* боєць 2) *pl* кількісний (бойовий) склад (армії) **2.** *а* 1) дійсний, ефективний, результативний 2) ефектний; вражаючий 3) що має обіг (*про гроші*) 4) чинний (*про закон і под.*); **~less** *а* безрезультатний, неефективний; **~ual** [ɪˈfektjʊəl] *а* 1) ефективний, дієвий, що досягає мети; дійовий; доцільний 2) *юр.* чинний; що має (законну) силу

effeminate [ɪˈfemɪnɪt] **1.** *n* 1) жінкуватий чоловік; слабка, розпещена людина 2) гомосексуаліст **2.** *а* 1) розпещений, жінкоподібний 2) слабкий, який звикнув до розкошів; надмірно чутливий

efferent [ˈefərənt] *а фізіол.* 1) виносний (*про кровоносні судини*), відцентровий 2) еферентний

effervescent [ˌefəˈves(ə)nt] *а* 1) шипучий (*про напій*) 2) кипучий, іскристий

effete [ɪˈfiːt] *а* 1) виснажений, розслаблений, кволий; нездатний до дії; слабкий 2) занепалий 3) знижений 4) занепадницький 5) безплідний; неродючий

efficac||ious [ˌefɪˈkeɪʃəs] *а* 1) дієвий, ефективний; продуктивний 2) чинний; **~y** [ˈefɪkəsɪ] *n* ефективність, сила; дієвість

efficien||cy [ɪˈfɪʃ(ə)nsɪ] *n* 1) дієвість, ефективність 2) продуктивність, рентабельність 3) уміння; спритність; підготовленість; опе-

ративність 4) рентабельність, економічна ефективність; **~t** *a* 1) активний, ефективний 2) умілий, підготовлений, кваліфікований (*про людину*) 3) доцільний, раціональний 4) *тех.* продуктивний
effigy [ˊefidʒi] *n* зображення; портрет
effloresce [ˏefloːˊres] *v* квітнути, розквітати; **~nce** *n* початок цвітіння; розквіт
efflu‖ent [ˊefluənt] **1.** *n* 1) стік, стічні води, промисловий стік 2) ріка; потік, що витікає з іншої ріки (озера); витік **2.** *a* 1) стічний 2) що витікає (*з чого-н.*); **~vium** *n* (*pl тж* -via) випар; міазми
effort [ˊefət] *n* зусилля, спроба; напруження; **~less** *a* що не потребує зусиль; легкий
effrontery [iˊfrʌnt(ə)ri] *n* нахабність, безсоромність, зухвалість
effulgent [eˊfʌldʒənt] *a* променистий
effus‖e 1. *a* [iˊfjuːs] 1) що ллється (виливається) 2) невтримний, нестримний **2.** *v* [iˊfjuːz] 1) виливати, проливати 2) вивергати (*газ і под.*) 3) поширювати (*про ідеї та под.*); **~ion** *n* 1) пролиття 2) виверження (*лави*) 3) *фіз.* ефузія, витікання (*газу*) 4) *мед.* виділення, випіт; **~ive** *a* 1) експансивний; нестримний 2) що переливається через вінця
eft [eft] *n зоол.* тритон
egg [eg] **1.** *n* 1) яйце 2) зародок 3) *біол.* яйцеклітина **2.** *v* 1) мазати яєчним жовтком 2) збирати пташині яйця; **to e. on** нацьковувати, підбурювати; **~plant** *n* **1.** баклажан **2.** *a* яйцеподібний, у формі яйця, овальний
eglantine [ˊegləntain] *n* шипшина
ego [ˊegəʊ] *n філос.* я (сам); еґо; суб'єкт думки; **~ism** *n* еґоїзм; **~ist** *n* еґоїст; **~istic(al)** *a* еґоїстичний; **~tism** *n* еґотизм; самозакоханість
egress [ˊiːgres] *n* 1) вихід 2) право виходу
egret [ˊiːgret] *n орн.* біла чапля
Egyptian [iˊdʒipʃn] **1.** *a* єгипетський **2.** *a* єгиптянин, -нка
eh [ei] *int* виражає питання, подив, надію на згоду співрозмовника
eidolon [aiˊdəʊlɒn] *n* 1) привид, фантом 2) кумир, ідеал
eigh‖t [eit] **1.** *n* 1) (цифра) вісім 2) вісімка **2.** *num. card.* вісім; **~teen** *num. card.* вісімнадцять; **~teenth** *num. ord.* вісімнадцятий; **~th** [eitθ] *num. ord.* восьмий; **~tieth** **1.** *n* вісімдесята частина **2.** *num. ord.* вісімдесятий; **~ty** *n* вісімдесят (*штук*) **2.** *num. card.* вісімдесят
eirenicon [aiˊriːnikɒn] *n* миролюбна пропозиція
either [ˊaiðə] **1.** *a* 1) будь-який (із двох), один із двох; той або інший 2) обидва; кожний, будь-який **2.** *pron* будь-який **3.** *adv* також, теж (*у зап. реч.*)
ejaculat‖e [iˊdʒækjʊleit] *v* 1) вигукувати 2) *фі-*

зіол. еякулювати; **~ion** *n* 1) вигук 2) *фізіол.* еякуляція
eject [iˊdʒekt] *v* 1) виганяти 2) вивергати, викидати; випускати 3) виганяти, звільняти 4) катапультувати 5) виселяти; **~ion** *n* 1) викид 2) виверження (*лави й под.*) 3) вивержена маса (лава) 4) звільнення 5) *юр.* виселення
elaborat‖e 1. *a* [iˊlæb(ə)rət] 1) старанно розроблений; продуманий; підготовлений 2) складний 3) удосконалений **2.** *v* [iˊlæbəreit] 1) розробляти в деталях 2) виробляти; розвивати, доповнювати (*пропозицію*); **~ion** *n* 1) старанна розробка; розвиток; уточнення; удосконалення 2) складність
eland [ˊiːlənd] *n зоол.* канна
elapse [iˊlæps] *v* плинути, минати, летіти (*про час*)
elat‖e [iˊleit] *v* піднімати настрій, підбадьорювати; уселяти гордість; **~ed** *a* у піднесеному настрої; **~ion** *n* душевне піднесення; захват, бурхлива радість; ентузіазм
elbow [ˊelbəʊ] **1.** *n* 1) лікоть 2) підлокітник (*крісла*) 3) *pl кул.* ріжки **2.** *v* 1) штовхати ліктем 2) проштовхуватися (*у юрбі*); **~room** *n* 1) простір (*для руху*) 2) свобода
elde‖r [ˊeldə] **1.** *n* 1) старший із двох *pl* літні люди, старші 3) старійшина 4) старець **2.** *a* старший (*у родині*); **~rly** *a* похилого віку, літній, ушанований; **~st** найстарший (*у родині*)
elect [iˊlekt] **1.** *a* обраний, найкращий **2.** *v* 1) обирати; вибирати (*голосуванням*) 2) приймати рішення, вирішувати; **~ion** *n* 1) вибори 2) вибір; відбір; обрання 3) *рел.* призначення; **~ioneer** *v* агітувати за кандидата; **~ioneering** *n* передвиборча кампанія; **~ive** *a* 1) виборний 2) виборчий, що стосується виборів 3) *амер.* факультативний, необов'язковий; **~or** *n* виборець; **~oral** [iˊlektərəl] *a* виборчий
electri‖c [iˊlektrik] *a* 1) електричний 2) наелектризований; збуджений; **~cal** *a* 1) електричний 2) дивовижний, разючий
electron [iˊlektrɒn] *n фіз.* електрон; **~ic** [ilekˊtrɒnik] *a фіз.* електронний
elegan‖ce, -cy [ˊeligəns, -si] *n* 1) елеґантність, вишуканість 2) витонченість; **~t** *a* 1) елеґантний; вишуканий 2) витончений
eleg‖y [ˊelədʒi] *n* елегія; **~iac** [ˏeliˊdʒaiək] *a* 1) елегійний 2) мрійно-журливий
element [ˊelimənt] *n* 1) елемент; складова частина 2) невелика кількість, частка 3) верства, прошарок (*суспільства*) 4) стихія 5) *pl* основи, початки (*науки й под.*) 6) *pl церк.* святі дари; причастя; **~al** *a* 1) стихійний; природний 2) сильний, нестримний, нездоланний 3) простий, не складовий 4) основний; спо-

конвічний, фундаментальний 5) основний, початковий; найпростіший 6) *хім.* елементарний (*про склад*); **~ary** *a* 1) елементарний, простий 2) найпростіший, первинний
elephant [ˈelɪfənt] *n зоол.* слон; **~ine** [ˌelɪˈfæntaɪn] *a* 1) слоновий 2) слоноподібний; незграбний, важкий
elevat‖e [ˈelɪveɪt] *v* 1) підвищувати (*на посаді й под.*) 2) піднімати; підносити; розвивати 3) ушляхетнювати, поліпшувати 4) збуджувати, піднімати настрій; **~ed** *a* 1) високий, піднятий 2) надземний 3) піднесений, шляхетний; величний; **~ing** *a* 1) високий, піднесений, піднятий 2) надземний 3) підйомний 4) збуджений; у піднесеному настрої; **~ion** *n* 1) підняття; підвищення; піднесення 2) висота (*над рівнем моря*) 3) висотна позначка 4) узвишшя, пагорок 5) велич; піднесеність
eleven [ɪˈlev(ə)n] *num. card.* одинадцять; **~th** *num. ord.* одинадцятий
elf [elf] *n* (*pl* elves) 1) *міф.* ельф; фея 2) малюк, крихітка 3) карлик 4) пустун, шибеник
elicit [ɪˈlɪsɪt] *v* 1) витягати; виявляти; установлювати (*істину*) 2) робити висновок 3) домогтися; допитатися
eligible [ˈelɪdʒəbl] *a* 1) підхожий, прийнятний, бажаний 2) що може (має право) бути обраним
eliminat‖e [ɪˈlɪmɪneɪt] *v* 1) усувати; виключати 2) знищувати, ліквідувати 3) ігнорувати, не брати до уваги; не зважати 4) *фізіол.* очищати; видаляти (*з організму*) 5) *мат.* виключати (*невідоме*); **~ion** *n* 1) усування; виключення; викидання 2) ліквідація, знищення 3) *фізіол.* очищення; видалення (*з організму*) 4) *мат.* виключення (*невідомого*)
elixir [ɪˈlɪksə] *n* 1) філософський камінь (*алхіміків*) 2) еліксир, чудодійний напій; панацея
elk [elk] *n зоол.* лось
ellipse [ɪˈlɪps] *n* 1) *мат.* еліпс; овал 2) предмет овальної форми
elocution [ˌeləˈkjuːʃ(ə)n] *n* 1) красномовність 2) дикція 3) промова
elongat‖e [ˈiːlɔŋɡeɪt] **1.** *a* видовжений, подовжений **2.** *v* 1) розтягувати(ся); подовжувати(ся) 2) подовжувати (*термін*); **~ion** *n* 1) витягування, подовження 2) продовження (*терміну*)
elope [ɪˈləʊp] *v* утекти (*з коханим*); піти від чоловіка (*до кохання*) 2) сховатися, зникнути; таємно втекти (from); **~ment** *n* 1) утеча (*з коханим*) 2) залишення чоловіка 3) таємна втеча
eloquen‖ce [ˈeləkwəns] *n* 1) ораторське мистецтво 2) риторика; **~t** *a* 1) красномовний 2) яскравий, виразний
else [els] **1.** *adv* 1) (*з pron indef. i pron inter.*) ще, крім; **what ~?** що ще?; **who ~?** хто ще?;

2) (*зазв. після* or) інакше; а то; або ж; а якщо ні, то **2.** *pron indef.* інший
elucidat‖e [ɪˈluːsɪdeɪt] *v* пояснювати, роз'ясняти, висвітлювати; **~ion** *n* роз'яснення, пояснення; з'ясування; тлумачення (*тексту*)
elude [ɪˈluːd] *v* 1) уникати, ухилитися; вислизати 2) не спадати на думку
emaciat‖e [ɪˈmeɪʃɪeɪt, ɪˈmeɪsɪeɪt] *v* 1) виснажувати, знесилювати 2) марніти, чахнути (*про людину*); **~ed** *a* 1) виснажений, зморений 2) *перен.* слабкий, убогий; **~ion** *n* 1) виснаження, знесилення 2) схуднення, змарніння
emanate [ˈemənɪt] *v* 1) відбуватися (from) 2) виходити; витікати; випромінюватися
emancipate [ɪˈmænsɪpeɪt] *v* 1) звільняти; визволяти 2) емансипувати (*жінок*) 3) *юр.* оголошувати повнолітнім
emasculat‖e 1. *a* [ɪˈmæskjʊlɪt] 1) вихолощений 2) кастрований, холощений 3) розпещений 4) безсилий, безвладний, позбавлений волі (*енергії, мужності*) **2.** *v* [ɪˈmæskjʊleɪt] 1) знесилювати 2) розпещувати 3) каструвати, холостити 4) вихолощувати (*ідею та под.*) **~ion** [ɪˌmæskjʊˈleɪʃ(ə)n] *n* 1) кастрація, холощення 2) вихолощування (*особ. літературних творів*) 3) безсилля, імпотенція
embalm [ɪmˈbɑːm] *v* 1) бальзамувати (*труп*) 2) *перен.* зберігати від забуття 3) наповнювати пахощами
embank [ɪmˈbæŋk] *v* 1) захищати насипом, обносити валом; загачувати греблею 2) мурувати кам'яну набережну; **~ment** *n* 1) дамба, насип, гатка 2) набережна (*кам'яна*) 3) огорожа, огородження насипом (дамбою, валом)
embargo [ɪmˈbɑːɡəʊ] **1.** *n* (*pl* -oes [-əʊz]) 1) ембарго; заборона 2) перешкода **2.** *v* 1) накладати ембарго 2) конфісковувати
embark [ɪmˈbɑːk] *v* 1) вантажити(ся), сідати на корабель 2) починати (*справу*); **~ation** *n* 1) посадка (вантаження) (*на судно*) 2) вантаж
embarrass [ɪmˈbærəs] *v* 1) непокоїти, бентежити; збивати з пантелику 2) утруднювати, завдавати клопоту; перешкоджати, заважати 3) мати фінансові труднощі, заплутуватися в боргах; **~ed** 1) збентежений; розгублений 2) утиснений 3) який заплутався в боргах; **~ing** *a* бентежний, утруднений, скрутний; обтяжливий; **~ment** *n* 1) збентеження, зніяковілість 2) нерішучість, вагання 3) утруднення; перешкода 4) заплутаність (*боргами*)
embassy [ˈembəsɪ] *n* 1) посольство 2) дипломатичне доручення, місія 3) депутація, посланці
embed [ɪmˈbed] *v* 1) уставляти, урізувати,

вправляти; затуляти; закладати 2) закопувати; закріпляти (*у ґрунті*) 3) класти, укладати (*шпали й под.*) 4) закарбовуватися; запам'ятовуватися
embellish [ɪmˈbelɪʃ] *v* 1) прикрашати, прибріхувати 2) робити гарним
embezzle [ɪmˈbez(ə)l] *v* привласнювати, розтрачувати (*чужі гроші*)
embitter [ɪmˈbɪtə] *v* 1) озлобляти; наповнювати гіркотою; псувати, отруювати (*існування*) 2) ятрити; ускладнювати (*горе й под.*) 3) роздратовувати 4) обтяжувати, загострювати (*ворожнечу й под.*)
emblazon [ɪmˈbleɪz(ə)n] *v* 1) прикрашати гербом 2) звеличувати, прославляти (*подвиги й под.*)
emblem [ˈembləm] *n* емблема; **~atic(al)** *a* символічний; емблематичний; **~atize** [emˈblemətaɪz] *v* 1) символізувати 2) зображувати символічно
embod‖**y** [ɪmˈbɒdɪ] *v* 1) здійснювати, реалізовувати (*ідею*) 2) утілювати в життя; зображувати, уособлювати 3) містити в собі 4) об'єднувати; включати 5) об'єднуватися; зливатися; **~ied** *a* 1) утілений, уособлений 2) війс. сформований
embolden [ɪmˈbəʊld(ə)n] *v* 1) підбадьорювати 2) заохочувати
embrace [ɪmˈbreɪs] **1.** *n* обійми **2.** *v* 1) обнімати(ся) 2) використовувати, скористатися (*нагодою*) 3) сприймати 4) обирати (*фах*) 5) включати; охоплювати 6) оточувати 7) підкоритися
embrangle [ɪmˈbræŋɡl] *v* 1) заплутувати, ускладнювати 2) бентежити, спантеличувати
embrocation [ˌembrəˈkeɪʃ(ə)n] *n* 1) розтирання 2) рідка мазь, примочка 3) припарка
embroidery [ɪmˈbrɔɪd(ə)rɪ] *n* 1) вишивання 2) вишитий виріб 3) прикраса 4) прикраси, прикрашання
embroil [ɪmˈbrɔɪl] *v* 1) уплутувати, утягувати (*у неприємності й под.*) 2) сварити 3) заплутувати (*справи й под.*) 4) збуджувати, хвилювати; **~ment** *n* 1) плутанина 2) розбрат, чвари 3) утягування у сварку (*скандал і под.*)
embrown [ɪmˈbraʊn] *v* засмагати
embryo [ˈembrɪəʊ] *n* (*pl* -os [-əʊz]) 1) біол. ембріон, зародок 2) *attr.* зародковий; ембріональний
emend [iˈmend] *v* виправляти; усувати помилки
emerald [ˈem(ə)rəld] **1.** *n* мін. смарагд 2) смарагдовий колір **2.** *a* смарагдовий
emer‖**ge** [iˈmɜːdʒ] *v* 1) з'являтися, показуватися; виходити (*звідки-н.*) 2) з'ясовуватися, виявлятися 3) *перен.* вийти, піднятися, вибра-

тися 4) поставати, виникати (*про питання й под.*); **~gence** *n* 1) вихід, поява; виникнення 2) вияв, прояв; **~gency** *n* 1) непередбачений випадок; надзвичайна подія 2) надзвичайний стан (*у країні*) 3) критичне становище; аварійна ситуація
emersion [ɪˈmɜːʃ(ə)n] *n* спливання, випливання
emigra‖**te** [ˈemɪɡreɪt] *v* 1) переселятися, переїжджати 2) емігрувати 3) переселяти, переміщувати (*населення*); **~nt 1.** *n* 1) емігрант 2) переселенець **2.** *a* 1) емігруючий що переселяється 3) перелітний (*про птахів*); **~tion** *n* 1) переселення, переїзд 2) еміграція 3) збір. емігранти, еміграція
eminen‖**t** [ˈemɪnənt] *a* 1) видатний, визначний, знаменитий 2) чудовий, прекрасний 3) піднесений, високий 4) *церк.* преосвященний; **~ce** *n* 1) високе становище 2) висота, височина; підвищення 3) *церк.* (Е.) високопреосвященство (*титул кардинала*)
emir [eˈmɪə] *n* емір; **~ate** *n* емірат
emissary [ˈemɪs(ə)rɪ] *n* 1) емісар, агент 2) шпигун, розвідник
emi‖**t** [iˈmɪt] *v* 1) виділяти (*тепло й под.*); випромінювати; поширювати (*запах*) 2) викидати, вивергати (*дим, лаву*) 3) видавати (*закон і под.*); публікувати 4) випускати (*гроші й под.*); **~ssion** *n* 1) виділення (*тепла й под.*); випромінювання; поширення (*запаху й под.*) 2) видання, опублікування 3) *фін.* емісія
emollient [iˈmɒlɪənt] **1.** *n* (*зазв. pl*) *фарм.* пом'якшувальний засіб **2.** *a* пом'якшувальний
emolument [iˈmɒljʊmənt] *n* 1) винагорода; платня, прибуток 2) вигода, користь
emoti‖**onality** [ɪˌməʊʃəˈnælɪtɪ] *n* емоційність; **~ve** [iˈməʊtɪv] *a* 1) емоційний 2) хвилюючий; збудливий; що викликає емоції
empathy [ˈempəθɪ] *n* психол. співчуття; співпереживання
emperor [ˈemp(ə)rə] *n* імператор
empha‖**sis** [ˈemfəsɪs] *n* (*pl* -ses) 1) особлива увага (*до чого-н.*) 2) *лінгв.* наголос, акцент, виділення 3) яскравість; різкість; виразність (*жестів і под.*); **~sise** [ˈemfəsaɪz] *v* 1) надавати особливого значення; підкреслювати; акцентувати 2) наголошувати 3) *лінгв.* ставити логічний наголос 4) надавати виразності; **~tic** *a* 1) виразний; підкреслений 2) наполегливий; рішучий, категоричний
Empire [ˈempaɪə] *n* стиль ампір
empire [ˈempaɪə] **1.** *n* 1) імперія 2) верховна влада; панування 3) *перен.* царство 4) суверенна держава **2.** *a* імперський
emplane [ɪmˈpleɪn] *v* спец. сідати (вантажитися) на літак
employ [ɪmˈplɔɪ] **1.** *n* служба; робота за наймом

2. *v* 1) давати роботу; наймати; користуватися послугами 2) уживати, використовувати 3) займатися (чим-н.) 4) забирати (чий-н. час і под.); **~able** *a* працездатний; **~ee** [ɪmˈplɔɪiː] *n* робітник; працівник; службовець; який працює за наймом; **~er** *n* 1) наймач, роботодавець 2) хазяїн, господар; **~ment** *n* 1) служба; робота (за наймом) 2) заняття; професія, фах 3) застосування, використання, уживання 4) зайнятість 5) наймання (робітників) 6) посада

emporium [emˈpɔːrɪəm] *n* (*pl* -ums, -ia) 1) торговельний центр; ринок 2) *книж.* великий магазин, універмаг

empower [ɪmˈpaʊə] *v* 1) уповноважувати; довіряти 2) давати можливість (право)

empress [ˈemprɪs] *n* 1) імператриця 2) *перен.* повелителька

empt‖y [ˈemptɪ] **1.** *n* (*зазв. pl*) 1) порожня тара 2) *зал.* порожняк (*про вагони й под.*) **2.** *a* 1) пустий; незаповнений, порожній 2) порожній, беззмістовний 3) легковажний **3.** *v* 1) спорожняти, звільняти, осушувати 2) виливати; висипати 3) викачувати, випускати 4) переливати, пересипати (into) 5) пустіти, порожніти 6) впадати; **~iness** *n* 1) порожнеча 2) беззмістовність 3) марність; **e.-handed** *a* з пустими руками; **e.-headed** *a* пустоголовий; легковажний

emul‖ate [ˈemjʊleɪt] *v* 1) змагатися, прагнути перевершити 2) суперничати 3) наслідувати; **~ation** *n* 1) змагання 2) суперництво 3) наслідування; **~ous** [ˈemjʊles] *a* 1) що змагається; суперницький 2) який прагне (жадає) 3) наслідувальний

emulsion [ɪˈmʌlʃ(ə)n] *n* емульсія

en- [en-, ɪn-] *pref* (em- *перед* b, p, m) слугує для утворення дієсл. і надає їм знач. а) уміщення всередину чого-н.: **to encage** садовити у клітку; б) надання певного стану: **to enslave** поневолювати

enable [ɪˈneɪb(ə)l] *v* 1) надавати змогу (можливість, право) (що-н. зробити) 2) робити можливим, полегшувати

enact [ɪˈnækt] *v* 1) наказувати; ухвалювати; надавати чинності (законові) 2) ставити на сцені; грати роль 3) (*зазв. pass.*) відбуватися 4) офіційно заявляти; **~ing** *a* вступний, установчий; **~ment** *n* 1) прийняття закону; набування законом чинності 2) закон, указ, законодавчий акт; декрет; постанова 3) положення, умова, стаття (*закону*)

enamel [ɪˈnæm(ə)l] *n* 1) емаль; фініфть 2) глазур, полива 3) виріб з емалі (фініфті) 4) лак для нігтів 5) емаль (*на зубах*)

enamour [ɪˈnæmə] *v* (*зазв. pass.*) 1) викликати кохання; зачаровувати 2) дивувати

encaenia [enˈsiːnɪə] *n* святкування річниці (заснування чого-н.)

encamp [ɪnˈkæmp] *v* (розташовуватися) табором; **~ment** *n* 1) табір 2) улаштування табору

encase [ɪnˈkeɪs] *v* 1) упаковувати, класти (у ящик) 2) покривати, обличковувати 3) уставляти, обрамляти; **~ment** *n* 1) обличковування 2) футляр; покришка 3) упакування

enchain [ɪnˈtʃeɪn] *v* 1) садовити на ланцюг; заковувати 2) приковувати (увагу)

enchant [ɪnˈtʃɑːnt] *v* 1) чарувати, очаровувати; викликати захоплення 2) заворожувати 3) наділяти чарівною силою; **~er** *n* чародій, чарівник, чаклун; **~ment** *n* 1) зачарування; чарівність 2) чаклунство, магія, чари

enchase [ɪnˈtʃeɪs] *v* 1) оправляти, вставляти в оправу 2) інкрустувати; ґравіювати

enchiridion [ˌenkaɪəˈrɪdɪən] *n книж.* (*pl* -s [-z]) довідник

encipher [enˈsaɪfə] *v* зашифровувати; писати шифром; кодувати (*цифрами*)

encircle [ɪnˈsɜːkl] *v* 1) оточувати, оперізувати 2) обертатися (навколо); **~ment** *n* оточення

enclasp [ɪnˈklɑːsp] *v* обхоплювати, обіймати

enclave [ˈenkleɪv] *n* 1) анклав; територія, оточена чужими володіннями 2) замкнута група, вузьке коло

encompass [ɪnˈkʌmpəs] *v* 1) оточувати (*тж перен.*) 2) містити (у собі); торкатися (*проблеми й под.*) 3) обертатися (*навколо чого-н.*)

encore [ɒŋˈkɔː] *int* біс!

encounter [ɪnˈkaʊntə] **1.** *n* 1) (несподівана) зустріч 2) сутичка; зіткнення 3) дуель; змагання 4) *спорт.* зустріч **2.** *v* 1) (несподівано) зустріти(ся) 2) стикатися; мати сутичку 3) наштовхуватися (*на труднощі й под.*) 4) *спорт.* провести зустріч (бій)

encourag‖e [ɪnˈkʌrɪdʒ] *v* 1) підбадьорювати; уселяти мужність (надію); надихати 2) заохочувати, підтримувати 3) потурати; підбурювати; **~ing** *a* 1) підбадьорливий; що подає надію 2) заохочувальний

encroach [ɪnˈkrəʊtʃ] *v* 1) вдиратися (on, upon) 2) захоплювати; загарбувати 3) робити замах, зазіхати (on, upon) 4) виходити за межі (*розумного*) 5) утручатися (*у справи*); **~ment** *n* 1) вторгнення 2) захоплення; загарбання 3) замах 4) вихід за межі

encrust [ɪnˈkrʌst] *v* 1) покриватися кіркою 2) робити інкрустацію

encumb‖er [ɪnˈkʌmbə] *v* 1) обтяжувати 2) заважати, утруднювати, перешкоджати; ставати на заваді 3) захаращувати, завалювати; **~rance** *n* 1) тягар; клопіт 2) перешкода, завада; утруднення 3) *юр.* заставна (*на майно*) борг; зобов'язання 4) особа, яка перебуває на утриманні (*дитина*); утриманець 5) обтяження

encyclop(a)ed||ia [ɪnˌsaɪkləˈpiːdɪə] *n* енциклопедія; **~ic** *a* енциклопедичний; усеосяжний; **~ist** *n* енциклопедист

end [end] **1.** *n* 1) кінець; закінчення; межа 2) край; кордон 3) кінець, смерть 4) результат, наслідок 5) мета, намір 6) залишок, уламок; обривок 7) частина, відділ **2.** *v* 1) кінчати; закінчувати 2) припиняти 3) закінчуватися 4) померти; **~ing** *n* 1) кінець, завершення 2) заключна частина (*твору*) 3) *грам.* закінчення, флексія **3.** *a* кінцевий, заключний; **~game** *n* 1) *шах.* ендшпіль 2) завершальний етап; **~less** *a* 1) безкінечний, нескінченний, безмежний 2) рулонний (*про папір*) 3) незліченний, багаторазовий; **e. product** *n* 1) готовий виріб 2) *фіз., хім.* кінцевий продукт 3) результат, кінцевий висновок

endanger [ɪnˈdeɪndʒə] *v* наражати на небезпеку; загрожувати

endear [ɪnˈdɪə] *v* змусити покохати; викликати любов; **~ment** *n* пестощі, ласка; ніжність

endeavour [ɪnˈdevə] **1.** *n* спроба; старання; намагання, прагнення; зусилля **2.** *v* 1) докладати зусиль, старатися; намагатися 2) прагнути; домагатися

endorse [ɪnˈdɔːs] *v* 1) *фін.* індосувати 2) підтверджувати (*правильність*), схвалювати; підтримувати 3) підписуватися; **~ment** *n* 1) підтвердження; схвалення; підтримка 2) *фін.* індосамент, передавальний напис

endowment [ɪnˈdaʊmənt] *n* 1) дарування, заповіт 2) внесок, дарунок, пожертва 3) (*зазв. pl*) обдарування, талант

endue [ɪnˈdjuː] *v* (*зазв. pass.*) обдаровувати; наділяти (*повноваженнями, якостями*; with)

endur||e [ɪnˈdjʊə] *v* 1) зносити, витримувати випробування часом 2) терпіти 3) толерантно ставитися 4) виживати, не гинути, стійко триматися 5) дозволяти, припускати 6) тривати; продовжуватися; **~ing** *a* 1) міцний, стійкий 2) сталий, витривалий 3) живучий, безсмертний; **~able** *a* стерпний, прийнятний; **~ance** *n* 1) витривалість, стійкість; терплячість, довготерпіння 2) зносостійкість 3) міцність, довговічність

enema [ˈenɪmə] *n мед.* клізма

enemy [ˈenəmɪ] **1.** *n* 1) ворог; супротивник; опонент 2) (the E.) диявол, сатана 3) *жарт.* час **2.** *a* 1) ворожий; суперницький 2) недружелюбний

energ||y [ˈenədʒɪ] *n* 1) енергія; сила; міць 2) *pl* зусилля, активність, діяльність; **~etic** *a* 1) енергійний, сильний 2) сильнодіючий

enervat||e **1.** *a* [eˈnɜːvɪt] 1) слабкий, розслаблений 2) безвільний **2.** *v* [ˈenəveɪt] 1) знесилювати, розслабляти, підривати сили 2) позбавляти волі (мужності); морально розкладати; **~ion** *n* 1) слабість, розслабленість 2) *мед.* розслаблення

enfeeble [ɪnˈfiːbl] *v* послабляти; позбавляти сил, знесилювати

enfold [ɪnˈfəʊld] *v* 1) загортати, закутувати (in, with) 2) *перен.* охоплювати 3) обіймати, охоплювати 4) утворювати складки

enforce [ɪnˈfɔːs] *v* 1) забезпечувати виконання (додержання) 2) надавати сили 3) справляти вплив, примушувати, змушувати 4) нав'язувати 5) підсилювати; підкріплювати; **~ment** *n* 1) тиск, примус; силування 2) *юр.* виконання 3) *юр.* примусове стягнення

enfranchise [ɪnˈfræntʃaɪz] *v* 1) надавати політичні (*пер.* виборчі) права 2) приймати у громадянство, натуралізувати 3) уводити в ужиток; надавати права громадянства; **~ment** [ɪnˈfræntʃɪzmənt] *n* 1) звільнення 2) надання громадянських (політичних, виборчих) прав

engag||e [ɪnˈgeɪdʒ] *v* 1) наймати 2) займатися (in, on, with — чим-н.) 3) привертати (*увагу*) 4) зобов'язувати(ся) 5) (*зазв. pass.*) заручитися 6) запросити, ангажувати 7) обіцяти; ґарантувати 8) замовляти заздалегідь (*кімнату, місце*) 9) брати участь; **~ed** *a* 1) заручений 2) зайнятий 3) замовлений заздалегідь 4) зацікавлений; захоплений (чим-н.); **~ement** *n* 1) справа, заняття 2) (прийняте) запрошення (призначена) зустріч; побачення; домовленість (*про зустріч*) 3) заручини 4) зобов'язання; обіцянка 5) ангажемент; контракт (*на виступи й под.*) 6) *юр.* угода 7) *воєн.* бій, сутичка; **~ing** *a* принадний; чарівливий; приємний

engender [ɪnˈdʒendə] *v* 1) породжувати, викликати; збуджувати 2) народжуватися, виникати

engine [ˈendʒɪn] *n* 1) машина, двигун; рушій 2) локомотив, паротяг 3) знаряддя, механізм; засіб; **~er** [ˌendʒɪˈnɪə] **1.** *n* 1) інженер; конструктор 2) (інженер-)механік **2.** *v* 1) створювати, споруджувати; проектувати 2) працювати інженером; **~ering 1.** *n* 1) техніка; технологія 2) машинобудування **2.** *a* 1) прикладний (*про науку*) 2) технічний; технологічний 3) машинобудівний; **~ry** *n збір.* машини; механічне обладнання; техніка

engird [ɪnˈgɜːd] *v* (-ded [-ɪd], engirt) оперізувати

English [ˈɪŋglɪʃ] **1.** *n* 1) англійська мова 2) (the ~) *pl збір.* англійці **2.** *a* англійський

engraft [ɪnˈgrɑːft] *v* 1) *бот.* робити щеплення (upon, into) 2) прищеплювати, упроваджувати (in)

engrain [ınˈgreın] v упроваджувати, прищеплювати (звички й под.)

engrav||e [ınˈgreıv] v 1) ґравіювати; карбувати; різьбити (по дереву, металу) 2) фіксувати, відбивати, закарбовувати; **~er** n ґравер, різьбяр; **~ing** n 1) ґравюра; естамп; відбиток із гравюри 2) ґравіювання 3) вирізаний (вирізьблений) напис; вирізане (вирізьблене) зображення

engross [ınˈgrəʊs] v 1) оволодівати (увагою та под.); поглинати, забирати (час і под.) 2) (pass.) бути захопленим (чим-н.), заглибитися (у що-н.) 3) писати крупним почерком; переписувати начисто 4) скуповувати, зосереджувати у своїх руках (товар); монополізувати; **~ing** a усепоглинаючий; захоплюючий, захопливий

engulf [ınˈgʌlf] v 1) завалювати, засипати 2) поглинати, затягати (про вир і под.)

enhance [ınˈhɑːns] v 1) збільшувати, підсилювати, ускладнювати 2) підвищувати (ціну й под.)

enigma [ıˈnıgmə] n загадка; **~tic(al)** [ˌenıgˈmætık(əl)] a загадковий; таємничий

enjoin [ınˈdʒɔın] v 1) приписувати (on, upon); наказувати; зобов'язувати 2) юр. забороняти

enjoy [ınˈdʒɔı] v 1) (тж refl.) діставати задоволення; насолоджуватися (чим-н.) 2) користуватися (правами й под.) 3) мати, володіти; **~able** a приємний, що дає насолоду; **~ment** n 1) насолода, задоволення, радість, приємність 2) володіння, користування, використання

enlace [ınˈleıs] v 1) обплітати, обвивати 2) оточувати; охоплювати

enlarge [ınˈlɑːdʒ] v 1) збільшувати(ся) 2) розширяти(ся); **~d** a збільшений, розширений

enlighten [ınˈlaıtn] v 1) просвіщати; освічувати 2) повідомляти; **~ed** a 1) освічений обізнаний, поінформований; **~ment** n 1) просвіта; освіта; освіченість 2) (додаткові) відомості 3) обізнаність, поінформованість

enlist [ınˈlıst] v 1) вербувати (набирати) на військову службу 2) вступати (у члени) 3) зараховувати (до організації) 4) заручатися підтримкою; залучити на свій бік; завербувати

enliven [ınˈlaıv(ə)n] v 1) пожвавлювати 2) підбадьорювати, веселити, надихати 3) робити цікавішим (веселішим), урізноманітнювати

enmesh [ınˈmeʃ] v обплутувати, заплутувати

enmity [ˈenmətı] n 1) ворожнеча 2) ворожість; неприязнь; злість; недоброзичливість

ennoble [ıˈnəʊbl] v 1) ушляхетнювати 2) надавати дворянського титулу

ennui [ɒnˈwiː] n фр. нудьга; туга; апатія

enorm||ity [ıˈnɔːmıtı] n 1) мерзенність, жахливість 2) жахлива помилка, жахливий злочин; **~ous** a 1) величезний, неймовірний, ґрандіозний 2) жахливий, страхітливий, дикий; **~ousness** n величезність, величезні розміри

enough [ıˈnʌf] 1. n достатня кількість 2. a достатній

enrage [ınˈreıdʒ] v дратувати, роздратовувати, розлютовувати

enrapture [ınˈræptʃə] v 1) захоплювати; викликати захоплення 2) доводити до екстазу (захвату); надихати

enrich [ınˈrıtʃ] v 1) збагачувати, робити багатим 2) розширювати, підвищувати, поповнювати (знання) 3) прикрашати, оздоблювати 4) вітамінізувати

enrol(l) [ınˈrəʊl] v 1) вступати у члени (якої-н. організації) 2) вносити до списку; реєструвати 3) війс. зараховувати до армії 4) вступати на військову службу 5) згортати; обгортати; **~ment** n 1) реєстрація 2) акт реєстрації, запис (у книзі актів і под.) 3) прийняття (до організації та под.)

enroot [ınˈruːt] v (зазв. р. р.) 1) укорінювати 2) перен. упроваджувати

ensconce [ınˈskɒns] v (зазв. refl. або pass.) 1) укривати(ся) 2) улаштовувати(ся) зручно (затишно) 3) війс. засісти

ensemble [ɑːnˈsɑːmbl, ɒnˈsɒmbl] n 1) ансамбль (тж tout ~), єдине ціле 2) загальне враження 3) узгодженість 4) костюм, туалет; ансамбль 5) ґарнітур (меблів) 6) група (виконавців) 7) муз. ансамбль 8) мат. множина

enshrine [ınˈʃraın] v зберігати, плекати (спогади й под.)

ensign [ˈensaın] n 1) стяг; прапор; вимпел 2) прапороносець 3) значок, емблема, кокарда 4) символ

enslave [ınˈsleıv] v поневолювати, підкоряти; **~ment** v 1) поневолення, підкорення 2) рабство 3) рабська покірність; **~r** n 1) поневолювач, підкорювач 2) покорителька; спокусниця

ensnare [ınˈsneə] v спіймати в пастку

ensu||e [ınˈsjuː] v відбуватися в результаті; випливати; виходити; **~ing** a 1) наступний, майбутній 2) що випливає (виникає, настає)

ensure [ınˈʃʊə] v 1) забезпечувати, ґарантувати 2) страхувати 3) ручатися 4) запевняти

entail [ınˈteıl] v 1) тягти за собою (що-н.); викликати, спричиняти 2) юр. обмежувати права

entangle [ınˈtæŋgl] v 1) заплутувати (тж перен.) 2) уплутувати, утягувати; залучати 3) ускладнювати, заплутувати 4) спіймати в пастку; **~ment** n 1) заплутаність 2) скрутне становище; труднощі; складність (становища) 3) залучення, утягування

enter [´entə] **1.** *n* 1) театр. вихід (*на сцену*) 2) вхід **2.** *v* 1) увіходити; проникати 2) устромляти, утикати 3) уписувати, уносити; занотовувати; записувати, реєструвати 4) вступати, входити; ставати членом 5) зробити письмову заяву 6) *юр.* починати процес; заявляти (*письмово*) 7) починати
enteric [en´terɪk] *a анат.* черевний, кишковий
enterpris‖**e** [´entəpraɪz] *n* 1) сміливий захід 2) підприємливість, сміливість; (сміливa) ініціатива 3) справа (*особ.* ризикована) 4) підприємництво; **~ing** *a* заповзятливий, підприємливий; ініціативний, енергійний
entertain [ˌentə´teɪn] *v* 1) приймати, пригощати (*гостей*); виявляти гостинність 2) розважати, тішити, веселити 3) брати до уваги, ураховувати 4) мати (*надію*); плекати (*мрію*) 5) підтримувати (*розмову*) 6) відволікати; заманювати 7) тримати на службі; наймати; **~ing** *a* 1) цікавий 2) забавний, розважальний; **~ment** *n* 1) видовище, вистава 2) прийом (*гостей*); вечірка, бенкет 3) естрадний концерт 4) розвага, забава, утіха 5) гостинність 6) пригощання 7) наймання 8) підтримка, утримання (*кого-н.*) 9) прийняття (*пропозиції та под.*)
enthral(l) [ɪn´θrɔ:l] *v* 1) чарувати, зачаровувати, захоплювати, полонити 2) поневолювати; **~ing** *a* захоплюючий, захопливий
enthusi‖**asm** [ɪn´θju:zɪˌæzm] *n* 1) ентузіазм; натхнення 2) (бурхливе) захоплення 3) екстаз; нестяма; **~ast** *n* 1) ентузіаст 2) безтямний фанатик; **~astic(al)** *a* 1) сповнений ентузіазму; захоплений 2) фанатичний; безтямний
entic‖**e** [ɪn´taɪs] *v* 1) спокушати, зваблювати, захоплювати 2) заманювати; переманювати; **~ement** *n* 1) заманювання; спокушання, зваблення 2) принада, спокуса; зваба 3) зачарування; спокусливість; **~ing** *a* звабливий, привабливий; спокусливий
entire [ɪn´taɪə] *a* 1) повний, цілий, весь 2) суцільний, одним шматком; незайманий; непочатий 3) безперервний 4) чистий, без домішок; однорідний 5) чесний; морально чистий; непорочний 6) вірний, відданий 7) відвертий, щирий; **~ty** [ɪn´taɪətɪ] *n* 1) повнота, цілісність 2) загальна сума 3) *юр.* спільне володіння нерухомим майном
entitle [ɪn´taɪtl] *v* 1) давати право (to — на що-н.); **to be ~d to smth.** мати право на що-н. 2) давати заголовок 3) уповноважувати 4) присвоювати титул (звання) 5) титулувати, величати 6) приписувати (*кому-н. що-н.*)
entity [´entɪtɪ] *n* 1) об'єктивне (реальне) існування, реальність 2) істота, організм 3) річ, об'єкт; те, що реально (об'єктивно) існує 4) *філос.* буття 5) сутність, суть

entomb [ɪn´tu:m] *v* 1) ховати (*померлого*) 2) бути гробницею 3) укривати; ховати, приховувати від людей; **~ment** *n* 1) поховання, похорон 2) могила, гробниця
entomology [ˌentə´mɒlədʒɪ] *n* ентомологія
entrails [´entreɪlz] *n pl* 1) *анат.* нутрощі 2) надра (*землі*)
entrain [ɪn´treɪn] *v* 1) вантажити(ся) в потяг 2) сідати в потяг
entran‖**ce I** [´entrəns] *n* 1) вхід, вхідні двері; в'їзд 2) право входу 3) вступ (*на посаду й под.*) 4) плата за вхід 5) настання; початок; **~t** *n* 1) гість, відвідувач 2) приїжджий 3) учасник (*змагання й под.*)
entranc‖**e II** [ɪn´trɑ:ns] *v* 1) доводити до трансу 2) заворожити, зачарувати; захопити; **~ing** *a* чарівний, чарівливий
entrap [ɪn´træp] *v* 1) спіймати в пастку 2) заманити в пастку, обдурити
entreat [ɪn´tri:t] *v* благати, просити; **~y** *n* благання, наполегливе прохання
entrench [ɪn´trentʃ] *v* 1) *військ.* обкопуватися, закріплятися 2) обстоювати свої погляди, захищати свою позицію 3) зазіхати (*на чужі права й под.*; upon)
entrust [ɪn´trʌst] *v* 1) довіряти, доручати 2) покладати (обов'язки); надавати право (на що-н.)
entry [´entrɪ] *n* 1) вхід, в'їзд; **no e.!** вхід (в'їзд) заборонено! 2) вступ (*до організації та под.*); входження 3) вихід актора на сцену 4) урочистий вихід 5) право на вхід (в'їзд) 6) вхід; вхідні двері; прохід 7) вестибюль; передпокій, хол 8) гирло ріки 9) занесення (*до списку*) 10) стаття 11) заявка на участь 12) список учасників 13) *амер.* початок; настання 14) митна декларація
entwine [ɪn´twaɪn] *v* 1) плести 2) сплітати(ся); переплітати(ся)
enumerat‖**e** [ɪ´nju:məreɪt] *v* 1) перелічувати 2) точно підраховувати; лічити 3) проводити перепис; переписувати (*населення й под.*); **~ion** *n* 1) перелік 2) облік, підрахунок; перепис (*населення*); **~or** *n* обліковець
enunciat‖**e** [ɪ´nʌnsɪeɪt] *v* 1) чітко, виразно вимовляти 2) формулювати, викладати 3) оголошувати; виголошувати; **~ion** *n* 1) гарна вимова; дикція 2) формулювання, виклад 3) сповіщення; оголошення
envelop‖**e** [´envələʊp] *n* 1) конверт 2) обгортка; обкладинка 3) *мат.* обвідна лінія; **~ment** [en´veləpmənt] *n* обгортання, закутування, оповивання
envenom [ɪn´venəm] *v* отруювати
environ [ɪn´vaɪ(ə)rən] *v* оточувати; **~ment** *n* 1) оточення 2) довкілля; **~s** *n pl* 1) околиці 2) навколишнє середовище, довкілля

envisage [ɪnˈvɪzɪʤ] v 1) дивитися в обличчя (небезпечності) 2) розглядати (питання) 3) припускати

envoy [ˈenvɔɪ] n 1) посланник; посланець, емісар 2) аґент, представник; уповноважений

env||y [ˈenvɪ] 1. n 1) заздрість 2) об'єкт (предмет) заздрощів 2. v заздрити; **~iable** [ˈenvɪəbl] a завидний; спокусливий; **~ious** a 1) заздрісний 2) недоброзичливий, злісний

eparchy [ˈepɑːkɪ] n церк. єпархія

ephemer||a [ɪˈfemərə] n (pl тж -ae) 1) ент. одноденка 2) pl що-небудь швидкоплинне (ефемерне); **~al** [ɪˈfemərəl] a 1) скороминущий; недовговічний 2) біол. одноденний

epic [ˈepɪk] 1. n епічна поема; епопея 2. a 1) епічний 2) героїчний 3) леґендарний

epicene [ˈepɪsiːn] a грам. спільного роду

epicentre [ˈepɪˌsentə] n епіцентр (землетрусу)

epidemic [ˌepɪˈdemɪk] 1. n 1) епідемія 2) поголовне захоплення 2. a 1) мед. епідемічний 2) перен. поголовний

epidermis [ˌepɪˈdɜːmɪs] n анат., бот. епідерма, епідерміс; шкірка

epigram [ˈepɪgræm] n 1) епіграма 2) дотепний вислів 3) сентенція

epigraph [ˈepɪgrɑːf] n епіграф

epilep||sy [ˈepɪlepsɪ] n мед. епілепсія, падуча (чорна) хвороба; **~tic** 1. n епілептик 2. a епілептичний

epilogue [ˈepɪlɒg] n епілог

Epiphany [ɪˈpɪfənɪ] n 1) церк. Водохреще, Водохрестя, Йордан (свято) 2) (e.) прозріння

episod||e [ˈepɪsəʊd] n епізод; **~ic(al)** a 1) епізодичний 2) випадковий

epistolary [ɪˈpɪstəl(ə)rɪ] a епістолярний

epitaph [ˈepɪtɑːf] n епітафія

epithet [ˈepɪθet] n 1) епітет 2) назва; термін

epitom||e [ɪˈpɪtəmɪ] n 1) конспект, короткий виклад 2) резюме; компендіум 3) зображення в мініатюрі 4) перен. утілення, уособлення; **~ise** v 1) конспектувати; скорочувати 2) резюмувати, підсумовувати

epoch [ˈiːpɒk] n 1) епоха; доба; ера 2) переломний момент; **~al** [ˈepɒkl] a епохальний; **e.-making** a значний, епохальний; світовий

epopee [ˈepɒpiː] n епопея

equab||ility [ˌekwəˈbɪlɪtɪ] n 1) рівномірність 2) рівність, однаковість 3) урівноваженість; **~le** [ˈekwəbl] a 1) рівномірний; рівний 2) одноманітний 3) урівноважений, спокійний

equal [ˈiːkwəl] 1. n рівний; рівня 2. a 1) рівний, однаковий 2) рівноправний 3) здатний (to — до чого-н.). 4) спокійний, урівноважений 5) справедливий 3. v 1) дорівнювати 2) бути таким самим 3) прирівнювати 4) зрівнятися 5) вирівнювати 6) відплачувати; компенсувати; **~ity** [ɪˈkwɒlɪtɪ] n 1) рівність; рівноправність 2) одноманітність 3) справедливість, безсторонність 4) мат. рівняння; **~ization** n 1) зрівнювання, зрівняння 2) стабілізація; вирівнювання; корекція 3) фон. повна асиміляція (звуків) 4) допомога (компенсація) багатодітнім; **~ize** v 1) робити рівним; зрівнювати 2) урівноважувати 3) робити однаковим, вирівнювати

equanimity [ˌiːkwəˈnɪmɪtɪ, ˌekwə] n 1) спокій, самовладання 2) холоднокровність, незворушність

equat||e [ɪˈkweɪt] v 1) прирівнювати; уважати рівним 2) бути рівним (еквівалентним) (чому-н.) 3) відповідати 4) мат. дорівнювати; записувати у вигляді рівняння; **~ion** n 1) вирівнювання, зрівняння; урівноваження 2) урівноваженість; узгодженість 3) прирівнювання 4) мат. рівняння 5) хім. формула реакції; **~or** n екватор

equestrian [ɪˈkwestrɪən] 1. n 1) верхівець, вершник 2) цирковий наїзник 2. a кінний; верховий

equestrienne [ɪˌkwestrɪˈen] n 1) вершниця 2) циркова наїзниця

equiangular [ˌiːkwɪˈæŋgjʊlə, ˌekwɪ] a геом. рівнокутний

equilateral [ˌiːkwɪˈlæt(ə)rəl] a геом. рівнобічний, рівносторонній

equilibr||ate [ˌiːkwɪˈlaɪbreɪt] v 1) урівноважувати(ся) 2) бути противагою; **~ation** n 1) урівноважування 2) рівновага; збереження рівноваги; **~ist** [ˌiːˈkwɪlɪbrɪst] n еквілібрист; **~ium** [ˌiːkwɪˈlɪbrɪəm] n (pl тж -bria) 1) рівновага 2) перен. самовладання

equinox [ˈiːkwɪnɒks] n рівнодення

equip [ɪˈkwɪp] v устатковувати; екіпірувати; обладнувати; **~age** [ˈekwɪpɪʤ] n 1) спорядження, оснащення 2) екіпаж, карета; **~ment** n 1) устаткування; обладнання (дія) 2) устаткування, обладнання; приладдя

equipoise [ˈekwɪpɔɪz] 1. n 1) рівновага; рівність сил (ваги) 2) противага 2. v урівноважувати, підтримувати рівновагу

equitation [ˌekwɪˈteɪʃ(ə)n] n спорт. верхова їзда

equit||y [ˈekwɪtɪ] n 1) справедливість; неупередженість, безсторонність 2) юр. право справедливості; **~able** a справедливий; неупереджений, безсторонній

equivalent [ɪˈkwɪv(ə)lənt] 1. n еквівалент; рівноцінний замінник 2. a рівноцінний; рівнозначний; рівносильний; еквівалентний

equivo||cal [ɪˈkwɪvək(ə)l] a 1) двозначний; нечіткий 2) невизначений, сумнівний 3) підозрілий; **~cate** v 1) говорити двозначно 2) ухилятися; уникати; **~ke, ~que** n 1) двозначність 2) туманний натяк

era [ˊɪ(ə)rə] *n* 1) ера; доба; епоха 2) геологічна ера

eradiat∥e [ɪˊreɪdɪeɪt] *v* випромінювати, сяяти; **~ion** *n* випромінювання; сяяння

eradicat∥e [ɪˊrædɪkeɪt] *v* 1) виривати з коренем 2) *перен.* викорінювати, знищувати; **~ion** *n перен.* викорінювання, знищення

eras∥e [ɪˊreɪz] *v* 1) стирати, підчищати (*гумкою, ножем*) 2) стирати, викреслювати (*з пам'яті*) 3) викреслювати; **~er** *n* гумка; **~ure** [ɪˊreɪʒə] *n* 1) зіскоблювання, підчищання 2) знищення

erect [ɪˊrekt] **1.** *a* 1) прямий; прямовисний, вертикальний 2) піднятий 3) настовбурчений; наїжачений **2.** *v* 1) споруджувати; установлювати; зводити 2) випрямляти; піднімати 3) засновувати, викреслювати (*з*) монтувати, установлювати; **~ion** *n* 1) спорудження, побудова 2) випрямлення 3) будівля, споруда 4) *фізіол.* ерекція

ergo [ˊɜːɡəʊ] *adv лат.* отже

erogenous [ɪˊrɒdʒənəs] *a* 1) еро(то)генний 2) еротичний

Eros [ˊɪ(ə)rɒs, ˊerɒs] *n грец. міф.* Ерос, Ерот, бог кохання

erosion [ɪˊrəʊʒ(ə)n] *n* 1) ерозія, роз'їдання; руйнування; розмивання 2) вивітрювання

erotic [ɪˊrɒtɪk] **1.** *n* 1) любовний вірш 2) еротика 3) еротоман **2.** *a* 1) еротичний, почуттєвий 2) любовний

err [ɜː] *v* 1) помилятися, хибити 2) грішити 3) блукати; збиватися зі шляху

errand [ˊerənd] *n* 1) доручення, завдання 2) відрядження

err∥ant [ˊerənt] *a* 1) блукаючий (*про думки й под.*) 2) заблудний; грішний 3) кочовий (*про плем'я*) 4) що порушує норми поведінки; **~atic** [ɪˊrætɪk] *a* 1) дивний, ексцентричний, незібраний; нестійкий, хиткий 2) неуважний, розпорошений 3) дивний, чудний; безладний; **~atum** [eˊrɑːtəm] *n* (*pl* -ta) *лат.* помилка, недогляд; **~ing** [ˊɜːrɪŋ] *a* 1) заблудний, грішний 2) блукаючий; **~oneous** [ɪˊrəʊnɪəs] *a* помилковий, неправильний, хибний; **~or** [ˊerə] *n* 1) помилка, омана, хибна думка; **to make an ~or** схибити 2) похибка, огріх 3) гріх, провина

ersatz [ˊeəzæts] *n* ерзац, сурогат, замінник

erudit∥e [ˊerʊdaɪt] **1.** *n* ерудит **2.** *a* ерудований; **~ion** [ˌerʊˊdɪʃn] *n* ерудиція, ученість; начитаність

erupt [ɪˊrʌpt] *v* 1) прориватися, уриватися, удиратися 2) вивергати(ся) (*про лаву, попіл і под.*) 3) прорізуватися (*про зуби*); **~ion** *n* 1) виверження (*вулкана*) 2) *перен.* вибух (*сміху, гніву*) 3) *мед.* висип; висипання 4) спалах (*епідемії та под.*)

escalat∥e [ˊeskəleɪt] *v* 1) загострювати (*конфлікт і под.*) 2) загострюватися (*про конфлікт і под.*) 3) рости, збільшуватися 4) збільшувати, підвищувати (*ціни й под.*) 5) підніматися (*ескалатором*); **~ion** *n* 1) ескалація 2) розширення; загострення (*конфлікту й под.*) 3) підвищення (*особ. цін*) 4) змінна шкала; **~or** *n* 1) ескалатор 2) змінна шкала

escap∥e [ɪsˊkeɪp] **1.** *n* 1) утеча 2) *перен.* відхід від дійсності 3) звільнення; визволення 4) витікання, виділення (*крові й под.*) 5) *юр.* в'язень, який утік із в'язниці. **2.** *v* 1) утекти (*із в'язниці*) 2) витікати; випаровуватися 3) уникнути (*небезпеки*); позбутися 4) випадати (*з пам'яті й под.*) 5) вириватися (*про стогін і под.*); **~ade** [ˌeskəˊpeɪd] *n* 1) ескапада 2) утеча (*із в'язниці*); **~ee** [ɪˌskeɪˊpiː] *n* 1) біженець 2) утікач

eschew [ɪsˊtʃuː] *v книжн.* уникати, цуратися, остерігатися (*кого-н., чого-н.*); утримуватися, відмовлятися (*від чого-н.*)

escort [ˊeskɔːt] **1.** *n* охорона, конвой **2.** *v* конвоювати, ескортувати

escribe [əˊskraɪb] *v мат.* описувати коло

esoteric [ˌesəˊterɪk, ˌiːsə-] *a* 1) таємничий, прихований 2) неясний, складний; езотеричний

especial [ɪˊspeʃ(ə)l] *a* 1) особливий; спеціальний 2) винятковий, головний, особливо важливий 3) окремий, конкретний

espial [ɪˊspaɪəl] *n* таємне спостереження, вистежування

espionage [ˌespɪəˊnɑːʒ] *n* шпигунство

espous∥e [ɪˊspaʊz] *v* 1) одружуватися 2) підтримувати (*ідею та под.*) 3) віддаватися (*якій-н. справі*); **~al** *n* 1) участь, підтримка (*ідеї та под.*) 2) *часто pl* заручини 3) *часто pl* весілля

esquire [ɪsˊkwaɪə] *n* 1) есквайр 2) (E.) пан (*звертання; пишеться в адресі після прізвища адресата*); **John Smith, Esq.** п. Джону Сміту 3) *іст.* сквайр, зброєносець рицаря

essay [ˊeseɪ] *n* 1) *літ.* нарис, етюд, есей 2) спроба 3) дослід

essen∥ce [ˊes(ə)ns] *n* 1) сутність, суть; **of the ~** істотно *філос.* істотність; субстанція 3) квінтесенція; вершина (*чого-н.*) 4) екстракт, есенція 5) істота, створіння 6) парфуми; аромат; **~tial 1.** *n* 1) *pl* речі першої потреби 2) сутність; невід'ємна частина; основне **2.** *a* 1) необхідний, дуже важливий, цінний 2) істотний; що складає суть; **~tiality** [ɪsənʃɪˊælɪtɪ] *n* сутність; істотність

establish [ɪˊstæblɪʃ] *v* 1) засновувати; створювати, організовувати 2) установлювати, улаштовувати 3) прийматися (*про рослину*); укорінюватися 4) призначати (*на посаду*) 5) видавати (*закон*); запроваджувати 6) постановляти 7) утверджувати, зміцнювати 8) з'ясовувати, визначати 9) *юр.* доводити; обґрунтовувати; **~ed** *a* 1) (офіційно) запроваджений 2) визначений, доведений 3) усталений; укріплений; 4) визнаний, авторитетний; **~ment** *n* 1) заснування, створення; запровадження, уведення 2) установа, заклад; відомство, організація 3) штат (*службовців*) 4) улаштованість; постійний дохід 5) закон, правило, постанова 6) кодекс законів 7) (the E.) панівна (офіційна, державна) церква 8) панівна верхівка, правлячі кола 9) господарство; родина, домівка

estate [ɪˈsteɪt] *n* 1) маєток, маєтність; земельне володіння 2) майданчик житлової (промислової) забудови з майно 4) становище 5) статус, звання, становище в суспільстві

esteem [ɪˈstiːm] **1.** *n* 1) повага, шанування 2) думка, оцінка **2.** *v* 1) поважати, шанувати; високо цінувати 2) оцінювати

estim‖able [ˈestɪməbl] *a* 1) гідний поваги; шанований, поважаний 2) *амер.* що піддається оцінці (обліку) 3) цінний; що має цінність; **~ate 1.** *n* [ˈestɪmɪt] 1) оцінка 2) кошторис; калькуляція **2.** *v* [ˈestɪmeɪt] 1) оцінювати, визначати вартість 2) укладати кошторис 3) підраховувати приблизно; прикидати 4) визначати ціну; **~ation** *n* 1) розрахунок, підрахунок, обчислення 2) оцінка, судження, думка, міркування 3) повага, пошана; **~ator** *n* оцінювач

Estonian [esˈtoʊnɪən] **1.** *a* естонський **2.** *n* 1) естонець 2) естонська мова

estoppel [ɪˈstɒp(ə)l] *n юр.* процесуальний відвід; позбавлення права заперечення

estrange [ɪˈstreɪndʒ] *v* 1) віддаляти, відсторонювати, відчужувати 2) *pass.* проживати нарізно, розлучитися (*про подружжя*); **~ment** *n* 1) відчуженість, відстороненість; охолодження (*у стосунках*) 2) віддалення; розрив

estreat [ɪˈstriːt] *v юр.* направляти документи для стягнення штрафу (недоїмки *й под.*)

estuary [ˈestʃʊ(ə)rɪ] *n* естуарій, дельта; гирло ріки

etcetera [etˈset(ə)rə] *adv лат.* і так далі; і таке інше; тощо; **~s** *n pl* усяка всячина; несуттєві доповнення

etch [etʃ] *v* 1) ґравіювати; робити ґравюру (офорт) 2) *перен.* залишати незабутній слід; **~ing** *n* 1) ґравюра, офорт 2) ґравіювання

etern‖al [ɪˈtɜːn(ə)l] *a* 1) вічний; споконвічний 2) незмінний, твердий, непорушний, непохитний; **~alize** *v* 1) увічнювати 2) обезсмертити; прославити у віках; **~ity** *n* 1) вічність 2) *рел.* безсмертя

ether [ˈiːθə] *n хім.* ефір

ethi‖c(al) [ˈeθɪk(əl)] *a* моральний, етичний;

~cs *n pl* (ужив. як *sing*) 1) етика 2) мораль, етичність 3) норми поведінки; коректність

ethmoid [ˈeθmɔɪd] *a анат.* ґратчастий; **e. bone** ґратчаста кістка

ethn‖ic(al) [ˈeθnɪk(əl)] *a* 1) етнічний 2) національний 3) *рел.* ідолопоклонницький; **~ographic(al)** *a* етнографічний; **~ography** *n* етнографія; **~ologic(al)** *a* етнологічний; **~ology** *n* етнологія

etiolate [ˈiːtɪəleɪt] *v* 1) робити блідим 2) бліднути від браку світла 3) *перен.* хиріти, чахнути

etiquette [ˈetɪket] *n* 1) етикет; церемоніал 2) правила поведінки 3) коректність, гарні манери 4) (професійна) етика

etude [eɪˈtjuːd] *n муз.* етюд

etymologic(al) [ˌetɪməˈlɒdʒɪk(əl)] *а лінгв.* етимологічний

etymologize [ˌetɪˈmɒlədʒaɪz] *v* вивчати етимологію; визначати етимологію слова

etymology [etɪˈmɒlədʒɪ] *n лінгв.* етимологія

eucalyptus [ˌjuːkəˈlɪptəs] *n* (*pl* -ses [-sɪz], -ti) *бот.* евкаліпт

Eucharist [ˈjuːkərɪst] *n церк.* 1) євхаристія, святе причастя 2) святі дари

eulog‖y [ˈjuːlədʒɪ] *n* 1) хвалебна промова 2) надгробне слово 3) панегірик, вихваляння; **~istic(al)** *a* хвалебний, панегіричний; **~ize** *v* хвалити, звеличувати, вихваляти

euphemism [ˈjuːfɪmɪzm] *n* евфемізм

euphon‖y [ˈjuːfənɪ] *n* 1) милозвучність 2) *спец.* евфонія; **~ic(al)** *a* 1) милозвучний 2) *спец.* евфонічний; **~ize** *v* робити милозвучним

European [ˌjʊərəˈpiːən] **1.** *n* європеєць **2.** *a* європейський

euthanasia [ˌjuːθəˈneɪzɪə] *n* 1) умертвіння безнадійно хворих 2) легка безболісна смерть

evacuat‖e [ɪˈvækjʊeɪt] *v* 1) евакуювати(ся), вивозити 2) випорожняти 3) *мед.* очищати (*шлунок і под.*) 4) *мед.* видаляти, відсмоктувати, відкачувати 5) скасовувати, визнавати недійсним; **~ion** *n* 1) евакуація 2) *мед.* очищення (*шлунка*) 3) *фізіол.* випорожнення 4) *війс.* виведення (*військ*) 5) скасування, визнання недійсним

evade [ɪˈveɪd] *v* 1) вислизати; тікати 2) ухилятися (*від чого-н.*) 3) обходити, порушувати (*закон*) 4) уникати (*чого-н.*) 5) не піддаватися, не підлягати (*визначенню й под.*)

evaluat‖e [ɪˈvæljʊeɪt] *v* 1) оцінювати; установлювати вартість 2) визначати кількість (якість *і под.*) 3) *мат.* виражати в числах, обчислювати; **~ion** *n* 1) оцінка; оцінювання; визначення кількості (якості *й под.*) 2) аналіз (*даних*)

evanescen‖ce [ˌɪvəˈnes(ə)ns] *n* 1) зникнення, щезання 2) недовговічність, швидкоплинність; **~t** *a* 1) недовговічний, швидкоплинний

2) *мат.* що наближається до нуля 3) крихітний, найдрібніший

evangelist [ɪˈvændʒɪlɪst] *n* 1) євангеліст 2) місіонер

evaporate [ɪˈvæpəreɪt] *v* 1) випаровувати(ся), перетворювати(ся) на пару 2) згущувати 3) зникати, щезати

evas∥ion [ɪˈveɪʒ(ə)n] *n* 1) ухиляння; уникнення 2) обминання (*закону й под.*) 3) викрутас; вигаданий привід; ухильна відповідь; **~ive** *a* [ɪˈveɪsɪv] 1) ухильний 2) уникливий 3) невловимий

eve [iːv] *n* переддень; on the ~ напередодні; **Christmas E.** Багат-вечір

even [ˈiːv(ə)n] 1. *a* 1) рівний, гладкий 2) однаковий; той самий; подібний 3) рівний, на одному рівні (with — з *чим-н.*) 4) рівномірний, розмірений; монотонний 5) урівноважений 6) справедливий, безсторонній, чесний 7) парний (*про число*) 8) цілий (*про число*) <> **to get** (*або* to be) **e. with smb.** поквитатися з ким-н. 2. *v* 1) вирівнювати (*поверхню*); згладжувати 2) рівняти, ставити на одну дошку; уважати рівними 3) порівнювати; зіставляти 4) підбивати підсумок 3. *adv* 1) навіть; **e. as** як раз; **e. so** попри все, незважаючи на, однак, хоча, усе ж 2) саме, якраз; точно; **e.-handed** *a* безсторонній, справедливий; **e.-minded** *a* спокійний; урівноважений

evening [ˈiːvnɪŋ] *n* 1) вечір 2) вечірка 3) *перен.* схил (*віку*)

event [ɪˈvent] *n* 1) подія, важливе явище 2) випадок, пригода 3) наслідок, результат 4) захід (*прийом, похід і под.*) 5) епізод 6) *спорт.* змагання; **~less** *a* бідний на події; нудний, одноманітний; **~ual** [ɪˈventʃʊəl] *a* 1) кінцевий, остаточний 2) можливий; що може трапитися, евентуальний; **~uality** *n* 1) можливий випадок; можливість 2) випадковість, непередбачена обставина; **~uate** *v книжн.* 1) кінчатися, завершуватися (in — *чим-н.*) 2) бути результатом; виникати, траплятися 3) приводити до певного результату

ever [ˈevə] *adv* 1) завжди; **e. after** відтоді; **for e.** назавжди; **e. yours** завжди Ваш (*підпис у листі*) 2) коли-небудь, будь-коли 3) *розм.* ужив для посилення: **what e. do you mean?** що ж ви маєте на увазі?; **~green 1.** *n* вічнозелена рослина **2.** *a* 1) вічнозелений 2) *перен.* нев'янучий; невмирущий; **e.-growing** *a* що постійно (неухильно) росте (розширюється); **~lasting** *a* 1) вічний; постійний 2) докучливий, надокучливий 3) витривалий; міцний **~more** *adv* навіки; довіку

evert [ɪˈvɜːt] *v* вивертати навиворіт

every [ˈevrɪ] *a* 1) кожний; усякий; будь-який; **e. time** a) завжди; б) коли б не, щоразу 3) усі-

лякий, усяк 3) абсолютний; <> **e. so often** час від часу; **~body** *pron indef.* кожний, усяка людина; усі; **~day** *a* 1) щоденний; повсякденний 2) звичайний 3) буденний; **~man** *n* звичайна, пересічна людина; обиватель; **~where** *adv* усюди, скрізь

evict [ɪˈvɪkt] *v* 1) виселяти 2) *юр.* позбавляти володіння (*через суд*) 3) відсудити (*майно*); **~ion** *n* 1) виселення 2) *юр.* позбавлення майна (*через суд*) 3) відсуджування (*майна*)

eviden∥ce [ˈevɪd(ə)ns] **1.** *n* 1) підстава; дані, факт(и), ознаки; свідчення 2) очевидність, явність 3) *юр.* доказ; свідчення свідка (обвинуваченого) 4) свідок **2.** *v* 1) свідчити 2) бути доказом, доводити; **~t** *a* очевидний, явний, ясний; наочний; **~tial** *a* 1) очевидний; явний 2) доказовий

evil [ˈiːv(ə)l] **1.** *n* 1) зло; шкода 2) порок 3) біда, горе, лихо; нещастя; невдача 4) *бібл.* гріх **2.** *a* 1) лютий; лиховісний; несприятливий 2) шкідливий, згубний 3) порочний, поганий, огидний 4) шкідливий (*для здоров'я*); **e.-doer** *n* 1) злочинець, злодій, лиходій 2) грішник; **e.-minded** *a* 1) недоброзичливий 2) злий, злісний, зловмисний; лихий

evinc∥e [ɪˈvɪns] *v* виявляти, виказувати; **~ible** *a* доказовий, довідний; **~ive** *a* що доводить; доказовий

evocative [ɪˈvɒkətɪv] *a* що відновлює в пам'яті

evoke [ɪˈvəʊk] *v* 1) викликати (*спогади й под.*); пробуджувати (*почуття*) 2) викликати (*духів*)

evolution [ˌiːvəˈluːʃ(ə)n, ˌevə-] *n* 1) еволюція, поступовий розвиток 2) розгортання (*сюжету й под.*) 3) *pl* закрути 4) *мат.* добування кореня; **~al** *a* еволюційний

evolve [ɪˈvɒlv] *v* 1) розвивати(ся); розгортати 2) еволюціонувати 3) розкривати, виявляти 4) розплутувати (*клубок і под.*)

evulsion [ɪˈvʌlʃ(ə)n] *n* насильницьке вилучення, виривання з коренем

ewe [juː] *n зоол.* вівця

ewer [ˈjuːə] *n* глечик, глек

ex- [eks-] *pref* 1) указує на вилучення, витяг і *под.* з (із), екс-, поза-; **~tract** виривати; **~territorial** екстериторіальний 2) колишній, попередній, екс-; **ex-president** колишній президент

exacerbat∥e [ɪgˈzæsəbeɪt] *v* 1) поглиблювати (*кризу*); посилювати (*невдоволення*) 2) *мед.* загострювати (*хворобу*) 3) роздратовувати(ся), злити(ся); **~ion** *n* 1) поглиблення, загострення (*кризи*); посилення (*невдоволення*) 2) роздратування, озлоблення 3) злоба, злість 4) *мед.* пароксизм; загострення (*хвороби*)

exact [ɪgˈzækt] **1.** *a* 1) точний 2) суворий (*порядок і под.*); неухильний 3) пунктуальний, акуратний **2.** *v* 1) *юр.* стягувати (*гроші; from, of*) 2) настійно вимагати; домагатися, добиватися 3) заслуговувати (*якого-н.*) ставлення 4) одержувати (*хабар*) 5) *юр.* викликати до суду; **~ing** *a* 1) вимогливий; суворий 2) настійний (*про вимогу*) 3) важкий, обтяжливий, напружений; виснажливий; **~ion** *n* 1) настійна вимога; домагання 2) здирство 3) надмірний податок; **~itude** *n* точність; акуратність; **~or** *n* здирник, вимагач, хабарник

exaggerat‖e [ɪgˈzædʒəreɪt] *v* 1) перебільшувати 2) збільшувати, розширювати 3) (надмірно) підкреслювати; **~ed** *a* перебільшений; **~ion** *n* перебільшення

exalt [ɪgˈzɔːlt] *v* 1) підносити; звеличувати; вихваляти 2) прославляти 3) піднімати настрій; викликати захоплення; екзальтувати 4) посилювати (*ефект*) 5) збуджувати (*уяву*); **~ation** *n* 1) піднесення; звеличення; вихваляння 2) захоплення, екзальтація 3) збудження; **~ed** *a* 1) піднесений (*стиль і под.*); шляхетний 2) високий (*про чин*) 3) екзальтований, захоплений

examin‖e [ɪgˈzæmɪn] *v* 1) розглядати; оглядати 2) перевіряти, обстежувати; вивчати, досліджувати (*тж* ~ into) 3) іспитувати 4) *мед.* вислуховувати, оглядати 5) *юр.* допитувати (*свідка й под.*) 6) *бібл.* спокушати; **~ation** *n* 1) огляд, обстеження 2) перевірка; випробування; дослідження; експертиза 3) іспит 4) *юр.* слідство 5) *юр.* допит свідка (*підсудного*); **~ational** *a* 1) іспитовий 2) опитний 3) дослідницький

example [ɪgˈzɑːmpl] *n* 1) характерний приклад, зразок, взірець 2) повчальне покарання, урок; застереження 3) примірник (*книги й под.*) 4) аналогічний випадок, прецедент

exasperat‖e [ɪgˈzɑːspəreɪt] *v* 1) сердити; роздратовувати, дратувати, доводити до нестями 2) викликати злість (озлоблення); обурювати 3) посилювати; **~ing** *a* дратівливий; обурливий; нестерпний; **~ion** *n* 1) роздратування 2) озлоблення, гнів, злість 3) посилення, загострення (*хвороби й под.*)

excavat‖e [ˈekskəveɪt] *v* 1) копати, рити 2) виконувати земляні роботи 3) викопувати, відкопувати; розкопувати 4) *археол.* розкопувати, робити розкопки; **~ion** *n* 1) риття 2) викопування; розкопування 3) екскавація; грабарство 4) видобування; **~or** *n* 1) екскаватор 2) копач, землекоп

exceed [ɪkˈsiːd] *v* 1) перевищувати 2) перевершувати 3) виходити за межі; порушувати 4) прострочувати (*термін*); **~ing** *a* надмірний, надзвичайний, величезний; **~ingly** *adv* надзвичайно, дуже, украй, конче

excellen‖t [ˈeks(ə)lənt] *a* 1) чудовий; відмінний, прекрасний 2) неперевершений; **~ce** *n* 1) перевага 2) досконалість; видатна майстерність; висока якість; **~cy** *n* ясновельможність; світлість

except [ɪkˈsept] **1.** *v* 1) виключати 2) протестувати (*проти чого-н.*), заперечувати (*що-н.*) 3) *юр.* відводити (*свідка*) **2.** *prep* окрім, за винятком; **~ion** *n* 1) виняток 2) заперечення 3) несхвалення (*чого-н.*); дорікання (*за що-н.*) 4) *юр.* застереження; **~ionable** *a* небездоганний; що викликає заперечення; **~ional** *a* винятковий; незвичний; незвичайний; **~ive** *a* книжн. 1) винятковий, надзвичайний 2) причепливий, уїдливий

excerpt 1. *n* [ˈeksɜːpt] 1) уривок, витяг; цитата 2) (окремий) відтиск **2.** *v* [ekˈsɜːpt] добирати цитати (уривки), виписувати

excess [ɪkˈses] *n* 1) надлишок, зайвина, надмір 2) перевищення 3) надмірність, крайність 4) (*зазв. pl*) ексцес; безладдя; хвилювання 5) нестриманість, непомірність 6) *мат.* остача; **~ive** *a* надмірний; зайвий

exchange [ɪksˈtʃeɪndʒ] **1.** *n* 1) обмін 2) *фін.* розмін грошей 3) (центральна) телефонна станція; комутатор 4) заміна, зміна 5) курс (*іноземної валюти*) 6) біржа 7) *фізіол.* обмін, обіг **2.** *v* 1) міняти(ся), обмінювати(ся) 2) проміняти 3) розмінювати (*гроші*) 4) обмінювати (*валюту*); **~able** *a* 1) придатний для обміну 2) що підлягає обміну

exchequer [ɪksˈtʃekə] *n* державна скарбниця

excis‖e I [ɪkˈsaɪz] *v* 1) вирізувати; відрізувати 2) *мед.* вирізувати; ампутувати; **~ion** *n* 1) вирізування, відрізування 2) *мед.* відрізання, видалення 3) вирізання, вилучення, зняття (*частини тексту й под.*)

excise II [ˈeksaɪz] **1.** *n* 1) акциз, акцизний збір (*тж* ~ duty) 2) ліцензія 3) (the E.) *іст.* акцизне управління **2.** *v* стягувати акцизний збір

excit‖e [ɪkˈsaɪt] *v* 1) збуджувати, хвилювати, викликати (*заздрість і под.*) 2) спонукати; стимулювати; **~ability** *n* 1) збуджуваність 2) *фізіол.* чутливість (*органа й под.*); **~ant** [ˈeksɪtənt] **1.** *n* збудливий засіб **2.** *a* збудливий; **~ation** [ˌeksɪˈteɪʃn] *n* 1) збудження 2) збуджений стан; хвилювання; **~ative** *a* збуджуючий, збуджувальний; **~ement** *n* збудження, хвилювання; **~ing** *a* збудливий, хвилюючий 2) захоплюючий, зворушливий

excla‖im [ɪksˈkleɪm] *v* 1) вигукувати 2) кричати, лементувати 3) *бібл.* волати 4) протестувати; звинувачувати; **~mation** *n* 1) вигук 2) протест **~mation mark** знак оклику (!) 3) протест, ремствування; **~matory** [ɪksˈklæmətərɪ] *a*

1) окличний; **~matory sentence** окличне речення 2) галасливий, гучний

exclu‖de [ɪkˈsklu:d] v 1) не припускати; виключати (*можливості й под.*) 2) знищувати, усувати 3) знімати (*з обговорення*); вилучати 4) виганяти; **~sion** [ɪkˈsklu:ʒn] n 1) виключення, недопущення 2) вигнання 3) заборона в'їзду до країни 4) виняток; **~sive** [ɪkˈsklu:sɪv] a 1) винятковий, особливий 2) з обмеженим доступом (*про клуб і под.*) 3) несумісний 4) фешенебельний, першокласний (*про готель і под.*) 5) модельний, зроблений на замовлення (*про одяг і под.*) 6) єдиний (у своєму роді) 7) вимогливий, вибагливий 8) ексклюзивний, винятковий

excommunicate [ˌekskəˈmju:nɪkeɪt] **1.** *a* відлучений (*від церкви*) **2.** *v* церк. відлучати (*від церкви*)

excoriat‖e [eksˈkɔ:rɪeɪt] v 1) здирати шкіру, забивати 2) *перен*. піддавати суворій критиці; паплюжити; **~ion** n 1) здирання шкіри 2) садно 3) *перен*. сувора критика; нагінка

excorticate [ɪksˈkɔ:tɪkeɪt] v здирати кору (шкіру, оболонку, лушпиння)

excrement [ˈekskrɪmənt] n (*часто pl*) *фізіол*. екскременти, випорожнення

excrescence [ɪkˈskres(ə)ns] n 1) *бот*. наріст, кап 2) *вет*. пухлина 3) розростання 4) потворність

excrescent [ɪkˈskres(ə)nt] a 1) що утворює наріст 2) що росте ненормально 3) зайвий

excreta [ɪkˈskri:tə] n *фізіол. pl* виділення, випорожнення

excrete [ɪkˈskri:t] v *фізіол*. виділяти; вивергати

excretion [ɪkˈskri:ʃ(ə)n] n *фізіол*. виділення, екскреція

excruciat‖e [ɪkˈskru:ʃɪeɪt] v мучити, терзати; **~ing** a нестерпний (*про біль і под.*); **~ion** n 1) мучення, терзання 2) мука, гризота 3) катування, тортури

exculpat‖e [ˈekskʌlpeɪt] v *юр*. виправдовувати, знімати обвинувачення; реабілітувати; **~ion** n *юр*. 1) виправдання, реабілітація 2) підстава для реабілітації; виправдна обставина; **~ory** [ˌekˈskʌlpətərɪ] *a юр*. виправдувальний, виправдний

excur‖sion [ɪkˈskɜ:ʃ(ə)n] n 1) екскурсія; (туристична) поїздка 2) екскурс 3) відхилення (*від теми*); **~sionist** n екскурсант, турист; **~sive** a 1) що відхиляється (*від шляху, курсу*) 2) безсистемний, безладний; **~sus** n (*pl* -es [-ɪz]) відхилення (*від теми, суті*); екскурс

excus‖e 1. n [ɪkˈskju:s] 1) пробачення, вибачення 2) виправдання 3) відмовка, привід 4) звільнення **2.** v [ɪkˈskju:z] 1) знаходити виправдання, вибачати, прощати; **e. me!** вибачте!, даруйте! 2) бути виправданням 3) звільняти; **~able** [ɪkˈskju:zəbl] *a* пробачний, прощений, простимий

execr‖ate [ˈeksɪkreɪt] v 1) ненавидіти; відчувати відразу 2) проклинати; **~able** *a* огидний, жахливий, відразливий; **~ation** n 1) огида, відраза, ненависть 2) прокляття, проклинання, проклін 3) огидна людина; огидне явище

execut‖e [ˈeksɪkju:t] v 1) страчувати 2) убивати з політичних мотивів 3) виконувати, здійснювати; доводити до кінця 4) створювати (*картину й под.*) 5) виконувати (*функції*) 6) *юр*. оформляти (*документ і под.*) 7) *юр*. виконувати; **~ion** n 1) страта 2) виконання, здійснення 3) дієвість, ефективність 4) зруйнування, спустошення 5) *юр*. виконавчий лист; **~ant** [ɪgˈzekjʊtənt] n виконавець (*пер. музикант*); **~ioner** n кат; **~ive** [ɪgˈzekjʊtɪv] **1.** n 1) посадова особа 2) (the ~) виконавча влада, виконавчий орган **2.** *a* 1) виконавчий 2) урядовий, президентський 3) адміністраторський; **~or** n 1) виконувач духівниці 2) судовий виконавець

exempl‖ar [ɪgˈzemplə, -plɑ:] n 1) зразок, взірець 2) тип, образ 3) примірник (*книги й под.*); **~ary** *a* 1) зразковий, взірцевий; гідний наслідування 2) повчальний 3) типовий 4) ілюстративний; **~ification** n 1) пояснення прикладом; ілюстрація 2) *юр*. засвідчена копія документа; **~ify** v 1) наводити приклад, пояснювати на прикладі 2) бути прикладом, ілюструвати 3) *юр*. копіювати й засвідчувати копію

exempt [ɪgˈzempt] **1.** *a* 1) звільнений 2) вільний (*від недоліків і под.*) 3) привілейований **2.** v 1) звільняти (*від оподаткування й под.*; from) 2) вилучати; **~ion** n 1) звільнення (*від податку й под.*) 2) пільга, привілей

exercise [ˈeksəsaɪz] **1.** n 1) вправа; тренування 2) (*часто pl*) вправа (*граматична*); задача; приклад (*арифметичний*) 3) моціон, прогулянка 4) вживання, застосування 5) *pl* ритуал, обряди **2.** v 1) користуватися (*правами*) 2) виконувати (*обов'язок*) 3) тренувати(ся), розвивати 4) *військ*. проводити навчання 5) *pass*. тривожити, непокоїти

exergue [ekˈsɜ:g] n місце для напису й напис (*на зворотному боці монети, медалі*)

exert [ɪgˈzɜ:t] v 1) натискати; впливати 2) напружувати (*сили*); докладати (*зусиль*) 3) виявляти (*розум і под.*) 4) показувати, розкривати 5) робити, виконувати; **~ion** n 1) використання (*авторитету й под.*) 2) напруження (*сил і под.*) 3) зусилля, намагання 4) застосування, використання; прояв (*сили волі, терпіння*)

exhal‖e [eksˈheɪl] v 1) видихати; робити видих 2) виділяти (*пару й под.*); випаровуватися, зникати як дим 3) давати вихід (*гніву й под.*); **~ation** *n* 1) видих; видихання 2) пара, туман

exhaust||**er** [ɪgˊzɔːstə] *n* пилосмок, пилотяг; **~ible** *a* 1) виснажуваний; що може виснажитися (вичерпатися) 2) обмежений, небезмежний; **~ion** [ɪgˊzɔːstʃən] *n* 1) знемога, виснаження; знесилення, утома 2) витягування, висмоктування; **~ive** *a* 1) вичерпний 2) виснажливий

exhibit [ɪgˊzɪbɪt] **1.** *n* 1) експонат 2) *юр.* речовий доказ 3) показ, експозиція; виставка **2.** *v* 1) виставляти(ся); експонувати(ся) на виставці 2) показувати, виявляти, проявляти 3) *юр.* пред'являти речовий доказ 4) *мед.* давати (застосовувати) ліки; **~ion** *n* 1) виставка; показ 2) експонат(и) 3) вияв, прояв 4) *спорт.* показовий виступ 5) підвищена (іменна стипендія) 6) *мед.* призначення (застосування) ліків; **~ioner** *n* стипендіат; **~ionism** *n* 1) *мед.* ексгібіціонізм 2) схильність до самореклами; **~ionist** *n* *мед.* ексгібіціоніст; **~or** *n* експонент

exhilarat||**e** [ɪgˊzɪləreɪt] *v* 1) звеселяти, радувати 2) пожвавлювати; підбадьорювати; **~ed** *a* 1) веселий 2) жвавий, бадьорий 3) напідпитку; **~ion** *n* 1) веселощі 2) сп'яніння 3) пожвавлення

exhort [ɪgˊzɔːt] *v* 1) умовляти; переконувати 2) спонукати 3) застерігати 4) підтримувати, захищати; **~ation** *n книжн.* 1) спонука, заклик 2) умовляння, повчання 3) *церк.* проповідь 4) пересторога, застереження 5) підтримка

exhum||**e** [eksˊhjuːm, ɪgˊzjuːm] *v* ексгумувати; **~ation** *n* ексгумація

exigen||**t** [ˊeksɪdʒ(ə)nt] *a книжн.* 1) вимогливий, наполегливий 2) нагальний; терміновий; **~cy** *n книжн.* 1) *pl* потреби, запити 2) скрутне (критичне) становище

exil||**e** [ˊeksaɪl, ˊegzaɪl] **1.** *n* 1) вигнання; заслання 2) вигнанець; засланий **2.** *v* 1) виганяти, проганяти 2) засилати, висилати

exility [egˊzɪlɪtɪ] *n* тонкість; витонченість

exist [ɪgˊzɪst] *v* 1) існувати, бути 2) зустрічатися, траплятися, міститися 3) жити, існувати; **~ence** *n* 1) наявність 2) життя, буття; існування 3) істота 4) усе існуюче; **~ent** *a* 1) існуючий, реальний 2) наявний, сучасний

exit [ˊegzɪt, ˊeksɪt] *n* 1) вихід 2) *перен.* кончина, смерть 3) *attr.* **e. visa** (*або* permit) виїзна віза

exodus [ˊeksədəs] *n* масовий від'їзд; утеча

exonerate [ɪgˊzɒnəreɪt] *v* 1) звільняти (*від обов'язків*); зняти тягар (*провини, боргу*) 2) виправдати

exorbitan||**t** [ɪgˊzɔːbɪtənt] *a* непомірний, надмірний (*про вимоги й под.*); **~ce, -cy** *n* непомірність, надмірність (*вимог і под.*)

exorcism [ˊeksɔːsɪzm] *n* 1) вигнання нечистої сили 2) заклинання, магічна формула

expan||**d** [ɪkˊspænd] *v* 1) розширювати(ся); збільшувати(ся) в об'ємі; розтягувати(ся) 2) розвивати(ся) (into) 3) викладати докладно; поширюватися 4) ставати відвертішим 5) розгортати (*вітрила*) 6) розпростувати (*крила*) 7) *бот.* розпукуватися 8) *мат.* розкривати (*формулу*); **~se** *n* 1) простір; відстань 2) збільшення, розширення; **~sible** *a* 1) розширюваний, здатний розширюватися 2) розтяжний; **~sion** *n* 1) зростання, розвиток; поширення 2) розширення, розтягування; збільшення (*в обсязі*) 3) *ком.* підйом 4) експансія 5) простір, відстань 6) *мат.* розкриття (*формули*); **~sive** *a* 1) здатний розширюватися 2) широкий, просторий, великий 3) розкішний (*про спосіб життя*) 4) експансивний, нестриманий 5) відвертий; відкритий (*характер*)

expatiate [ɪkˊspeɪʃɪeɪt] *v* 1) розводитися, просторікувати (upon — про що-н.) 2) блукати, тинятися 3) розширюватися

expatriat||**e 1.** *n* [ekˊspætrɪət, -eɪt] експатріант; вигнанець; емігрант **2.** *v* [ekˊspætrɪeɪt] 1) позбавляти громадянства 2) *refl.* емігрувати; **~ion** *n* 1) експатріація 2) вигнання з батьківщини; висилання за кордон 3) еміграція 4) відмова від громадянства

expect [ɪkˊspekt] *v* 1) чекати, очікувати 2) розраховувати, сподіватися 3) вимагати; **~ance, -cy** *n* 1) очікування 2) надія, сподівання 3) можливість, імовірність; **~ant 1.** *n* гаданий кандидат (претендент) **2.** *a* 1) очікувальний, вичікувальний; що очікує (of) 2) який розраховує (сподівається); **~ation** *n* 1) чекання, очікування 2) надія, сподівання 3) імовірність, можливість

expedien||**t** [ɪkˊspiːdɪənt] **1.** *n* 1) засіб для досягнення мети 2) прийом, виверт, хитрощі **2.** *a* 1) доцільний 2) підхожий, доречний 3) слушний (*крок і под.*); **~ce, -cy** *n* 1) доцільність 2) вигідність; слушність; раціональність; доречність 3) практичні міркування; вимога часу

expedit||**e** [ˊekspɪdaɪt] **1.** *a* 1) вільний, безперешкодний 2) легкий, необтяжений 3) швидкий, терміновий 4) зручний **2.** *v* 1) прискорювати 2) швидко виконувати; **~er** *n* диспетчер; **~ion** [ˌekspəˊdɪʃn] *n* 1) експедиція 2) похід 3) швидкість; терміновість виконання; **~ionary** *a* експедиційний; **~ious** *a* 1) швидкий 2) меткий, моторний, прудкий

expel [ɪkˊspel] *v* 1) виганяти, виключати; видаляти 2) викидати, виштовхувати 3) виганяти, висилати (*із країни*); **~lee** [ˌɪkspeˊliː] *n* вигнанець; вислана (депортована) особа

expen||d [ɪkˈspend] v 1) витрачати (*on*) 2) витратити, використати (*до кінця*); **~dable** *a* 1) споживаний; що витрачається 2) безповоротний, невідновний; **~diture** *n* 1) використання, витрачання 2) *pl* видатки; **~sive** *a* дорогий, коштовний

experienc||e [ɪkˈspɪə)rɪəns] **1.** *n* 1) (життєвий) досвід 2) досвідченість 3) кваліфікація, майстерність 4) пригода, випадок 5) враження, переживання 6) стаж, досвід роботи 7) *pl* (пі)знання 8) випробування, експеримент **2.** *v* 1) відчути; знати з досвіду 2) зазнавати, переживати; відчувати; **~ed** *a* 1) досвідчений 2) кваліфікований

experiment 1. *n* [ɪkˈsperɪmənt] 1) дослід, експеримент 2) експериментування; проведення дослідів **2.** *v* [ɪkˈsperɪment] робити досліди, експериментувати (on, with — *на чому-н.*); **~al** [ɪkˌsperɪˈmentl] *a* 1) експериментальний, дослідний 2) спробний 3) піддослідний 4) *філос.* емпіричний; **~alize** *v* робити досліди, експериментувати; **~ation** *n* експериментування; **~er** *n* експериментатор, дослідник

expert [ˈekspɜːt] **1.** *n* знавець, експерт; фахівець **2.** *a* 1) досвідчений, обізнаний 2) визначений фахівцем (експертом); **~ise** [ˌekspɜːˈtiːz] *n* 1) знання та досвід; компетенція 2) експертиза, висновок фахівців 3) умілість, майстерність

expiat||e [ˈekspɪeɪt] *v* спокутувати (*гріх і под.*); **~ion** *n* спокута

expir||e [ɪkˈspaɪə] *v* 1) минати (*про термін*); утрачати чинність 2) умирати; згасати 3) видихати; робити видих; **~ation** *n* 1) видихання, видих 2) закінчення, завершення (*терміну*); **~atory** [ɪkˈspaɪərətərɪ] *a* видихальний

explain [ɪkˈspleɪn] *v* 1) пояснювати, тлумачити 2) виправдовуватися, пояснювати; **~able** *v* який можна пояснити, поясненний

explanat||ion [ˌeksplə'neɪʃ(ə)n] *n* 1) пояснення, роз'яснення 2) тлумачення 3) виправдання 4) з'ясування стосунків; **~ory** [ɪkˈsplænətrɪ] *a* тлумачний (*про словник*)

explicat||e [ˈeksplɪkeɪt] *v* пояснювати, розвивати, розгортати (*ідею*); викладати (*план*); **~ion** *n* пояснення, тлумачення

explicit [ɪkˈsplɪsɪt] *a* 1) зрозумілий, точний, визначений 2) щирий, відвертий; докладний, детальний

explo||de [ɪkˈspləʊd] *v* 1) висаджувати в повітря, підривати 2) вибухати (*гнівом і под.*) 3) спростовувати, відкидати; розбивати, руйнувати (*теорію та под.*) 4) розпукуватися (*про квіти*); **~sion** *n* 1) вибух; розрив 2) спалах (*гніву й под.*); вибух (*сміху*) 3) бурхливе зростання (*населення*); **~sive** [ɪkˈspləʊsɪv] *a* 1) вибуховий 2) запальний

exploit I [ˈeksplɔɪt] *n* подвиг
exploit II [ɪkˈsplɔɪt] *v* 1) експлуатувати 2) *гірн.* розробляти (*родовище й под.*) 3) використовувати (*у своїх інтересах*); **~ation** *n* 1) експлуатація 2) використовування (*у своїх інтересах*); **~er** *n* експлуататор

explor||e [ɪkˈsplɔː] *v* 1) досліджувати 2) визначати, розвідувати 3) *мед.* зондувати (*рану*); **~ation** *n* дослідження; **~atory** [ɪkˈsplɒrətrɪ] *a* 1) дослідницький 2) розвідувальний 3) (с)пробний; **~er** *n* дослідник; мандрівник

exponent [ɪkˈspəʊnənt] **1.** *n* 1) представник (*теорії та под.*); виразник (*ідей та под.*) 2) інтерпретатор 3) виконавець (*музичних творів*) 4) знак 5) тип, зразок 6) експонент 7) *мат.* експонент; показник степеня **2.** *a* пояснювальний; **~ial** *a мат.* експоненційний, показовий

export 1. *n* [ˈekspɔːt] 1) експорт, експортування, вивезення 2) предмет вивезення 3) (*зазв. pl*) загальна кількість, загальна сума вивезення **2.** *v* [ɪkˈspɔːt] експортувати, вивозити; **~ation** *n* вивезення, експортування; **~er** *n* експортер

expos||e [ɪkˈspəʊz] *v* 1) піддавати дії (*сонця й под.*) 2) залишати беззахисним 3) піддавати (*ризику й под.*); кидати напризволяще 4) розкривати (*таємницю*) 5) викривати 6) виставляти (*на продаж*); **~ition** *n* 1) тлумачення, пояснення, роз'яснення 2) опис, виклад 3) виставка, експозиція 4) вибір; **~itive** [ɪkˈspɒzɪtɪv] *a* 1) описовий 2) пояснювальний; тлумачний; **~itor** *n* тлумач; коментатор

expostulat||e [ɪkˈspɒstjʊleɪt] *v* 1) протестувати; заперечувати 2) умовляти, переконувати 3) скаржитися, нарікати, ремствувати; **~ion** *n* 1) умовляння, спроба переконати 2) доріканне 3) протест

exposure [ɪkˈspəʊʒə] *n* 1) піддавання (*впливу й под.*) 2) незахищеність (*від небезпеки*) 3) виставляння (*під дощ*) 4) викриття; розголошення 5) оголення 6) місце розташування, місцеположення 7) залишення напризволяще (*дитини*) 8) експонування

expound [ɪkˈspaʊnd] *v* 1) (детально) викладати 2) роз'яснювати, розвивати (*теорію та под.*) 3) тлумачити, коментувати (*закони*)

express [ɪkˈspres] **1.** *n* 1) *зал.* експрес 2) посланець, кур'єр 3) термінове (*поштове*) відправлення **2.** *a* 1) термінований; кур'єрський; екстрений 2) певний, точно (чітко) виражений 3) спеціальний, навмисний **3.** *v* 1) виражати (*прямо*) 2) відображати 3) символізувати 4) відсилати терміновою поштою; **~ion** *n* 1) вираження, виявлення (*чого-н.*) 2) вислів, мовний зворот, фраза 3) вираз (*очей та под.*) 4) виразність, промовистість, експресія

5) зображення; **~ive** *a* 1) виразний; багатозначний 2) експресивний, емоційний 3) що виражає (of); **~ly** *adv* 1) навмисно 2) певно, точно, ясно

expropriat‖e [ɪkˈsprəʊprɪeɪt] *v* 1) експропріювати 2) конфіскувати; відчужувати 3) *юр.* позбавляти (*кого-н.*) права власності на майно; **~ion** *n* 1) експропріація 2) конфіскація; відчуженість 3) *юр.* позбавлення права власності

expulsion [ɪkˈspʌlʃ(ə)n] *n* 1) вигнання; виключення (*зі школи*) 2) *юр.* заслання

expunge [ɪkˈspʌndʒ] *v* виключати (*зі списку й под.*)

expurgation [ˌekspəˈɡeɪʃ(ə)n] *n* 1) викреслювання; вилучення небажаних місць (*у тексті*) 2) підвищення морального рівня 3) пом'якшений варіант

exquisite [ˈekskwɪzɪt] *a* 1) вишуканий 2) чарівний 3) гострий

exsanguin‖e [ekˈsæŋɡwɪn] *a* безкровний, знекровлений; **~ate** *v* знекровлювати

exscind [ekˈsɪnd] *v* вирізати, відрізати, відтинати

ex-serviceman [ˌeksˈsɜːvɪsmən] *n* 1) демобілізований 2) ветеран війни, колишній фронтовик

exsiccation [ˌeksɪˈkeɪʃ(ə)n] *n* 1) висушування, збезводнювання 2) висихання

extant [ekˈstænt] *a* 1) існуючий; живий; наявний 2) збережений (*про документи й под.*)

extempor‖ise [ɪkˈstempəraɪz] *v* 1) імпровізувати 2) робити поспіхом; **~aneous** *a* 1) непідготовлений 2) незапланований; спонтанний 3) неумисний 4) випадковий 5) *мед.* приготовлений для негайного приймання (*про ліки*); **~ization** *n* імпровізація; експромт

exten‖d [ɪkˈstend] *v* 1) простягати(ся), тягти(ся), протягувати(ся), витягувати(ся) 2) натягати (*дріт*) 3) висловлювати (*співчуття*), виявляти (*увагу — to*) 4) виходити за межі 5) подовжувати (*дорогу й под.*); розширювати (*дім*) 6) подовжувати (*вплив*) 7) надавати (*кредит*); **~ded** *a* 1) протягнутий; витягнутий 2) натягнений 3) тривалий 4) розширений, широкий 5) розширювальний; поширювальний (*про тлумачення закону й под.*) 6) продовжений, збільшений 7) *грам.* поширений; **~sible** *a* 1) розтяжний 2) *обч.* відкритий; **~sion** *n* 1) витягування; протягування 2) натягування 3) продовження 4) віддаль; довжина 5) розширення; подовження; збільшення, розвиток 6) поширення, розповсюдження 7) відстрочення 8) доповнення, додаток 9) надання (*кредиту й под.*) 10) телефонний відвід; відвідна слухавка 11) *зал.* рукав 12) філія, відділення, відділок; **~sive** *a* 1) просторий, широкий, великий 2) далекосяжний;

~t *n* 1) відстань; довжина 2) обсяг 3) ступінь, міра 4) величина

extenuat‖e [ɪkˈstenjʊeɪt] *v* 1) ослабляти, зменшувати, пом'якшувати (*провину*) 2) бути виправданням (вибаченням) 3) намагатися знайти виправдання 4) применшувати, недооцінювати; **~ion** *n* 1) пробачення, часткове виправдання 2) виснаження, безсилля; ослаблення 3) пом'якшення; полегшення; зменшення; **~ory** *a* що пом'якшує (*провину*), що ослабляє (*біль*)

exterior [ɪkˈstɪ(ə)rɪə] **1.** *n* 1) зовнішність; зовнішній вигляд 2) екстер'єр (*тварини*) 3) *pl* зовнішнє, удаване 4) *pl* зовнішні обставини **2.** *a* 1) зовнішній 2) чужоземний, зарубіжний 3) сторонній

exterminat‖e [ɪkˈstɜːmɪneɪt] *v* 1) викорінювати 2) знищувати, винищувати; **~ion** *n* 1) знищення, винищування 2) викорінювання; **~or** *n* 1) винищувач, знищувач 2) викорінювач; **~ory** *a* 1) руйнівний, нищівний; згубний 2) винищувальний

external [ɪkˈstɜːn(ə)l] **1.** *n pl* 1) зовнішність 2) зовнішнє, показне, несуттєве 3) зовнішні обставини **2.** *a* 1) зовнішній 2) що знаходиться (перебуває) поза (за межами) (*чого-н.*) 3) (чисто) зовнішній, несуттєвий 4) чужоземний, зовнішній (*про торгівлю й под.*) 5) сторонній; що не стосується даного питання 6) поверховий, показний 7) який складає іспити екстерном; **~ity** *n* 1) зовнішність; зовнішній бік 2) зовнішнє, показне, несуттєве 3) *філос.* феномен; **~ise** *v* 1) утілювати, надавати конкретної форми 2) *філос.* визнавати об'єктивне існування (*чого-н.*)

exterritorial [ˌeksterɪˈtɔːrɪəl] *a* екстериторіальний; **~ity** [ˌeksterɪˈælɪtɪ] *n* екстериторіальність

extin‖ct [ɪkˈstɪŋkt] *a* 1) що не має спадкоємця 2) вимерлий 3) погаслий 4) згаслий (*про почуття*); **~ction** *n* 1) відмирання, зникнення; вимирання (*роду*) 2) згасання; затухання 3) гасіння (*вогню*) 4) припинення (*ворожнечі*) 5) *юр.* погашення, сплата (*боргу*); **~guish** [-ɡwɪʃ] *v* 1) гасити 2) знищувати, винищувати 3) убивати (*надію та под.*) 4) *юр.* анулювати (*право й под.*) 5) сплачувати, погашати (*борг*) 6) затьмарювати (*радість*) 7) заглушати (*пристрасті*); **~guisher** *n* вогнегасник

extirpat‖e [ˈekstɜːpeɪt] *v* 1) викорінювати 2) виривати з коренем (*бур'ян*) 3) знищувати, винищувати, ліквідувати 4) *мед.* видаляти; **~ion** *n* 1) виривання з коренем 2) викорінювання (*забобонів*); зживання (*поганих звичок*) 3) знищення, ліквідація 4) *мед.* видалення; екстирпація; **~or** *n* викорінювач; борець

extol [ɪkˈstəʊl] *v* звеличувати, вихваляти

extort [ɪkˈstɔːt] v 1) виривати (*силою, погрозами*); видирати; вимагати 2) здирати (*гроші*) 3) випитувати (*таємницю*); **~ion** n 1) вимагання 2) випитування; примушування, силування; **~ionate** [ɪkˈstɔːʃənət] a 1) вимагацький 2) насильницький 3) грабіжницький (*про ціни*); **~ioner** n 1) вимагач 2) здирник; грабіжник 3) лихвар

extra [ˈekstrə] 1. n 1) що-н. додаткове 2) понаднормовий; понадстроковий 3) кращий ґатунок 4) *театр.*, *кіно* статист 5) екстрений випуск (*часопису*) 2. a 1) додатковий; екстрений; позачерговий, понаднормовий 2) особливий, спеціальний 3) вищої якості

extra- [ˈekstrə-] *pref* понад-, над-, поза-, екстра-

extract 1. n [ˈekstrækt] 1) *хім.* екстракт; витяжка 2) витяг (*з документа*) 3) цитата, витяг, уривок (*із книги*) **2.** v [ɪkˈstrækt] 1) витягувати, вилучати 2) видаляти (*зуб*) 3) витягати (*кулю*) 4) вичавлювати (*сік*) 5) домогтися (*згоди*) 6) діставати (*задоволення*) 7) добирати (*цитати*) 8) здобувати, одержувати (*користь*); **~ion** n 1) витягання; (з)добування, витягування 2) *мед.* екстракція, видалення зуба 3) вичавлювання 4) походження

extradit||**ion** [ˌekstrəˈdɪʃ(ə)n] n екстрадиція; **~able** [ˈekstrəˈdaɪtəbl] a 1) який підлягає видачі (*про злочинця*) 2) що зумовлює видачу (*злочинця*); **~e** v 1) *юр.* видавати особу, яка порушила закони 2) домогтися екстрадиції

extrajudicial [ˌekstrədʒuːˈdɪʃ(ə)l] a *юр.* 1) позасудовий 2) що не стосується справи, яка розглядається 3) непідсудний

extramundane [ˌekstrəmʌnˈdeɪn] a 1) потойбічний 2) що перебуває за межами всесвіту 3) позаземний

extramural [ˌekstrəˈmjʊ(ə)rəl] a 1) що знаходить (відбувається) за стінами (за межами) 2) заочний позааудиторний 3) міжшкільний 4) амбулаторний

extraneous [ɪkˈstreɪnɪəs] a 1) зовнішній; далекий 2) чужий; сторонній; побічний 3) зайвий

extraofficial [ˌekstrəəˈfɪʃ(ə)l] a 1) що не входить до кола звичайних обов'язків 2) що не передбачається за посадою

extraordinary [ɪkˈstrɔːd(ə)n(ə)rɪ] a 1) незвичайний; екстраординарний 2) надзвичайний (*про посла*) 3) незвичний, дивний; дивовижний 4) позаштатний (*про працівника*)

extravagan||**t** [ɪkˈstrævəgənt] a 1) марнотратний 2) навіжений, безглуздий; екстраваґантний (*учинок*) 3) крайній (*про переконання*); **~ce, ~cy** n 1) марнотратство, гайнування 2) навіженство; шаленство 3) крайнощі; **~za** [ɪkˌstrævəˈgænzə] n 1) *театр.* фантастична п'єса 2) *літ.* фантасмагорія 3) безглузда витівка

extravasation [ɪkˌstrævəˈseɪʃ(ə)n] n *мед.* 1) крововилив; вилив лімфи 2) садно, синець

extrem||**e** [ɪkˈstriːm] 1. n 1) крайність; надмірність, крайній ступінь 2) pl крайня протилежність; крайнощі 3) pl *мат.* крайні члени (*пропорції*) **2.** a 1) крайній, граничний; найдальший 2) надзвичайний; найвищий 3) граничний, екстремальний 4) крайній, екстремістський; **~eness** n крайність (*поглядів*); найвищий ступінь; **~ism** n екстремізм; **~ist** n екстреміст; **~ity** [ɪkˈstremɪtɪ] n 1) кінець, край, кінцева частина 2) pl *анат.* кінцівки 3) крайня потреба; найвищий ступінь 4) безвихідь; скрута

extrinsic(al) [ekˈstrɪnsɪk(əl)] a 1) невластивий, непритаманний; сторонній 2) зовнішній

extru||**de** [ɪkˈstruːd] v 1) виштовхувати, витісняти 2) *перен.* виганяти 3) видаватися, виступати; **~sion** [ɪkˈstruːʒən] n 1) виштовхування, витіснення 2) *перен.* вигнання; **~sive** a 1) що виштовхує (витісняє) 2) що виганяє 3) що виступає (стирчить) 4) що витискає (видавлює)

exubera||**te** [ɪgˈzjuːb(ə)reɪt] v 1) бути багатим (*на що-н.*); буяти, ряснити 2) бурхливо виявляти захоплення; **~nt** a 1) розкішний, багатий (*на що-н.*) 2) буйний, рясний, пишний 3) що вирує через край; бурхливий 4) плідний (*митець*) 5) багатослівний, квітчастий 6) життєрадісний; сповнений сил (натхнення) 7) зайвий, надмірний 8) барвистий, багатослівний (*про стиль і под.*); **~nce, ~cy** n 1) достаток, багатство 2) надлишок, надмір

exude [ɪgˈzjuːd] v 1) виділяти(ся) (*про піт і под.*); проступати крізь пори 2) поширювати навколо себе (*невдоволення й под.*)

exult [ɪgˈzʌlt] v 1) радіти, тріумфувати 2) зловтішатися; **~ation** n тріумфування, радість

eyas [ˈaɪəs] n *орн.* 1) соколя, соколеня 2) пташеня

eye [aɪ] **1.** n 1) око 2) pl погляд 3) *перен.* погляди, думка; судження **2.** v 1) дивитися, пильно розглядати 2) тримати під наглядом; стежити (*за ким-н.*) 3) мати на увазі; **~ball** n *анат.* очне яблуко; **e.-beam** n швидкий погляд; **~brow** n *анат.* брова; **~glass** n 1) лінза, окуляр 2) монокль 3) pl пенсне; лорнет; окуляри; **~lash** n 1) вія 2) (*тж pl*) вії; **~let** n 1) вушко, петелька 2) вічко, щілинка 3) невеликий отвір, дірочка; **~lid** n повіка; **e.-patch** n пов'язка на ушкоджене око; **~piece** n окуляр (*приладу*); **~shot** n поле зору; **~sight** n 1) зір 2) кругозір; поле зору; **~sore** n 1) що-небудь гидке (образливе) (*для ока*); потворність 2) більмо на оці; **~witness** n 1) очевидець 2) *юр.* свідок-очевидець

F

Fabian [ˈfeɪbɪən] *a* обережний, повільний; вичікувальний

fab||le [ˈfeɪb(ə)l] **1.** *n* 1) байка 2) леґенда; міф 3) вигадка; брехня 4) улюблена тема **2.** *v* 1) вигадувати байки; брехати 2) верзти дурниці; **~led** *a* 1) казковий, леґендарний 2) вигаданий; **~ulosity** [feɪbˈlɒsɪtɪ] *n* 1) казковість, леґендарність 2) неправдоподібне твердження; байка; **~ulous** [ˈfæbjələs] *a* 1) приголомшливий, разючий, неправдоподібний; перебільшений 2) вигаданий, міфічний, леґендарний 3) що вигадує небилиці

fabric [ˈfæbrɪk] *n* 1) тканина, крам 2) виріб, фабрикат 3) обробка 4) структура, будова, устрій; лад 5) споруда, будівля; кістяк; **~ate** *v* 1) підробляти 2) виробляти; складати зі стандартних частин 3) вигадувати; фабрикувати; **~ation** *n* 1) виробництво, виготовлення 2) вигадка, брехня 3) підробка; фальшивка

fac||e [feɪs] **1.** *n* 1) обличчя, лице 2) вираз обличчя 3) нахабність 4) зовнішній вигляд 5) зовнішній бік (*медалі й под.*) 6) циферблат 7) *геом.* грань **2.** *v* 1) стояти обличчям (*до кого-н., чого-н.*) 2) дивитися в обличчя 3) стикатися (*з необхідністю*); натрапляти (*на труднощі*); **~eless** *a* 1) безликий 2) анонімний; **f.-off** *n спорт.* укидання (*м'яча, шайби*); **f.-saving** *n* урятування престижу; **f. value** *n* 1) номінальна вартість (*акції та под.*) 2) видима (гадана) цінність; **~ing** *n* 1) оздоба (*сукні*) 2) обличкування, оздоблення 3) зовнішній шар

facet [ˈfæsɪt] *n* 1) аспект 2) грань

faceti||ae [fəˈsiːʃiː] *n лат. pl* 1) жарти, дотепи 2) фацеції; книжки жартівливого змісту; **~ous** *a* жартівливий, пустотливий

facial [ˈfeɪʃ(ə)l] *n* 1) догляд за обличчям; масаж обличчя 2) косметична маска **2.** *a* 1) лицевий, лицьовий (*тж анат.*) 2) поверхневий 3) косметичний

facil||e [ˈfæsaɪl] *a* 1) несхв. легкий; що не потребує зусиль 2) легкий, вільний, гладкий (*про стиль*); плавний (*про мову й под.*) 3) гнучкий, сприйнятливий (*про розум*) 4) поспішний, квапливий 5) несперечливий, поступливий; поблажливий (*про людину*); **~itate** [fəˈsɪlɪteɪt] *v* полегшувати, допомагати, сприяти; просувати; **~itation** *n* полегшення, допомога; **~ity** [-] *n* 1) легкість, нескладність; гладкість (*стилю*)

плавність (*мови*) 3) жвавість, гнучкість (*розуму*) 4) м'якість, податливість, поступливість 5) уміння, вправність 6) *pl* зручності; засоби обслуговування 7) (*зазв. pl*) можливості, сприятливі умови; пільги 8) *pl* устаткування, обладнання; пристрої; апаратура

facsimile [fækˈsɪmɪlɪ] **1.** *n* факсиміле **2.** *v* відтворювати у вигляді факсиміле

fact [fækt] *n* 1) обставина; факт; подія; явище 2) сутність, факт 3) *pl* дані; аргументи 4) учинок, діяння 5) істина, реальність, дійсність 6) *юр.* докази; звинувачення 7) *юр.* правопорушення; злочин; **f.-finding** *n* розслідування обставин; з'ясування фактів (деталей)

facti||on [ˈfækʃ(ə)n] *n* 1) фракція; угруповання 2) кліка 3) фракційність; **~ous** *a* 1) фракційний 2) розкольницький

factitious [fækˈtɪʃəs] *a* 1) штучний 2) умовний; фальшивий

factor [ˈfæktə] *n* 1) чинник, складовий елемент 2) момент, особливість 3) *мат.* множник 4) аґент, представник 5) комісіонер, посередник 6) довірена особа 7) *біол.* ген 8) вітамін; гормон; **~ial** *n мат.* факторіал

factory [ˈfæktrɪ] *n* завод, фабрика

factotum [fækˈtəʊtəm] *n* довірений слуга

factual [ˈfæktʃʊəl] *a* 1) фактичний 2) дійсний, справжній, реальний

facult||y [ˈfæk(ə)ltɪ] *n* 1) здатність, дар 2) факультет, відділення 3) галузь науки (мистецтва) 4) збір. особи з вищою освітою однієї професії 5) влада; право; **~ative** [ˈfækltətɪv] *a* 1) факультативний, необов'язковий 2) можливий, випадковий; несистематичний

fad [fæd] *n* примха; фантазія; скоромнуче захоплення

fade [feɪd] *v* 1) в'янути, марніти 2) вигоряти, блякнути 3) зливатися (*про відтінки*); розпливатися (*про обриси*) 4) завмирати (*про звук*) 5) зникати, стиратися (*з пам'яті*); **~less** *a* нев'янучий

fag [fæg] **1.** *v* 1) трудитися 2) утомлюватися **2.** *n* 1) тяжка праця 2) виснаження 3) *розм.* цигарка; **~-end** *n* недокурок

Fahrenheit [ˈfærənhaɪt] *n* термометр Фаренгейта

faience [faɪˈɑːns] *n* фаянс

fail [feɪl] **1.** *n* провал, невдача на іспиті **2.** *v* 1) зазнати невдачі; не мати успіху 2) провалювати(ся) на іспитах 3) змінити; покинути

4) не збуватися, не досягати, не вдаватися 5) не виконати, не зробити 6) слабнути, утрачати силу 7) перестати діяти; вийти з ладу 8) бракувати, не вистачати; мати недолік (у *чому-н.*); **~ing 1.** *n* помилка; слабкість; недолік, вада **2.** *а* 1) відсутній 2) що слабшає; **~ure** [feɪljə(r)] *n* 1) неуспіх, невдача, провал 2) невдаха 3) невиконання, нездійснення 4) брак, відсутність (*чого-н.*) 5) нездатність, невміння 6) недогляд, помилка

faint [feɪnt] **1.** *n* непритомність **2.** *а* 1) тьмяний; блідий 2) непритомний 3) боязкий 4) недостатній, незначний 5) ослаблий 6) нудотний **3.** *v* 1) слабнути (*від утоми*) 2) непритомніти; **f.-heart** *n* боягуз; легкодуха людина

fair [feə] **1.** *n* 1) ярмарок 2) благодійний базар 3) виставка 4) красуня **2.** *а* 1) чесний, справедливий, законний 2) білявий, світлий 3) посередній 4) чималий, значний 5) пристойний 6) сприятливий, чудовий 7) чистий, незаплямований 8) чіткий, розбірливий 9) красивий, гарний 10) непоганий; задовільний 11) широкий, просторий 12) багатий (*на що-н.*); **f.-dealing 1.** *n* чесність, прямота **2.** *а* чесний, прямий; **~ground** *n* ярмарковий майдан; **f.-spoken** *а* увічливий, привітний, м'який; **~way** *n* мор. фарватер (*тж перен.*); правильний курс

fairy [ˈfe(ə)rɪ] **1.** *n* фея; чарівниця; ельф **2.** *а* 1) чарівний, казковий; схожий на фею 2) уявний; ілюзорний 3) тонкий, прозорий; **~tale** *n* 1) (чарівна) казка 2) *pl* вигадки

faith [feɪθ] *n* 1) віра, довіра 2) релігія, віросповідання 3) кредо; переконання; погляди 4) чесність; вірність, відданість; лояльність 5) обіцянка, слово; **~ful 1.** *n* (the F.) *pl* зазв. збір. віруючі, правовірні **2.** *а* 1) вірний, відданий (to — *кому-н., чому-н.*) 2) сумлінний, добросовісний 3) правдивий; що заслуговує на довіру; **~less** *а* 1) віроломний 2) ненадійний

fake [feɪk] **1.** *n* шахрайство, крутійство **2.** *v* 1) підробляти, фабрикувати; фальсифікувати (*зазв.* ~ up) 2) шахраювати, дурити 3) удавати, прикидатися; **~d** *а* фальшивий, підроблений, фальсифікований, сфабрикований

falcon [ˈfɔːlkən] *n орн.* сокіл
falconet [ˌfɔːlkəˈnet] *n орн.* сорокопуд
falderal [ˈfældəˌræl] *n* дрібничка, прикраса
fall [fɔːl] **1.** *n* 1) падіння; зниження 2) спад; падіння цін, знецінювання 3) випадання опадів 4) ухил, урвище, схил (*пагорба*) 5) схил 6) спад, утрата могутності 7) моральне падіння 8) випадіння (*волосся*) 9) покривало, вуаль 10) *амер.* осінь 11) (*зазв. pl*) водоспад 12) *спорт.* коло, раунд; сутичка, боротьба 13) пастка **2.** *v* (fell; fallen) 1) падати, спадати

2) опускатися, падати 3) звисати (*про волосся*) 4) осідати, руйнуватися, обвалюватися 5) опадати (*про листя*) 6) розпадатися (*на частини*) 7) псуватися (*про настрій*) 8) спускатися, сходити 9) зазнати краху; розоритися 10) утратити владу 11) припадати, випадати 12) полягти, загинути (*у бою*) 13) слабшати, затихати (*про вітер*) 14) потрапляти (*у пастку*); **~ing 1.** *n* 1) падіння 2) пониження, зниження; осідання **2.** *а* 1) що падає; спадний 2) що знижується; знизний; **~out** [ˈfɔːlaʊt] *n* метео опади

fallac||y [ˈfæləsɪ] *n* 1) помилка, омана; неправильний висновок 2) хибність, облудність 3) софізм, хибний аргумент; **~ious** [fəˈleɪʃəs] *а* 1) неправильний; хибний 2) облудний, оманливий, ілюзорний

fallen [ˈfɔːlən] *p. p. від* **fall 2**
fallow deer [ˈfæləʊdɪə] *n зоол.* лань
fals||e [fɔːls] *а* 1) помилковий, хибний, неправильний 2) віроломний; оманний 3) фальшивий (*про гроші*); штучний (*про волосся*); **f.-hearted** *а* віроломний, зрадницький; **~ehood** *n* 1)' брехливість; віроломство 2) брехня, неправда; **~eness** *n* 1) фальшивість, неправдивість; нещирість, віроломність 2) хибність; **f. start** *n спорт.* фальстарт 2) невдалий початок; **~etto** [fɔːlˈsetəʊ] *n* (*pl* -os [-əʊz]) *муз.* фальцет; **~ification** *n* 1) підробка, фальсифікація; перекручування 2) *юр.* фальшивка, підроблення (*документа*); **~ify** *v* 1) фальсифікувати; перекручувати 2) підробляти (*документи*) 3) обманювати, обдурювати; не справдити (*надії*) 4) довести неправдоподібність (*необґрунтованість*); спростовувати; **~ity** *n* 1) хибність, помилковість 2) нещирість, віроломство 3) брехня, брехливе твердження

falter [ˈfɔːltə] *v* 1) спотикатися; іти невпевнено (похитуючись) 2) діяти нерішуче, вагатися 3) похитнутися, здригнутися 4) затинатися; говорити нерішуче, затинаючись 5) слабшати; **~ing** *а* 1) нерішучий, невпевнений, хиткий 2) що затинається 3) ненадійний 4) тремтячий

fame [feɪm] **1.** *n* 1) слава, популярність, славнозвісність 2) репутація **2.** *v* прославляти, робити відомим; **~d** *а* відомий, знаменитий, прославлений, славетний

familiar [fəˈmɪlɪə] *n* 1) близький друг 2) знавець (*чого-н.*) 3) постійний відвідувач **2.** *а* 1) звичний; звичайний 2) добре обізнаний 3) близький, інтимний 4) фамільярний; безцеремонний 5) приручений (*про тварин*); **~ity** *n* 1) добра обізнаність 2) близькість, близьке знайомство 3) інтимні стосунки 4) фамільярність, безцеремонність 5) *зазв.*

pl фаміл'ярний учинок (жест, вислів); **~ization** *n* освоєння (чого-н.); ознайомлення (з чим-н.); **~ise** *v* 1) познайомити, ознайомити 2) зробити добре відомим (що-н.)
family [ˈfæm(ə)lɪ] *n* 1) родина, сім'я, сімейство; рід 2) *бот., зоол.* родина 3) *фіз., хім.* ряд 4) колектив, об'єднання, співдружність
fam‖ine [ˈfæmɪn] *n* 1) голод (стихійне лихо); голодування 2) гостра нестача (чого-н.); **~ish** *v* 1) голодувати, помирати голодною смертю 2) бути позбавленим
famous [ˈfeɪməs] *a* знаменитий, відомий; славетний, уславлений, славнозвісний
fan [fæn] 1. *n* 1) віяло, опахало 2) вентилятор 2. *v* 1) обмахувати 2) роздмухувати
fanat‖ic [fəˈnætɪk] 1. *n* фанатик, бузувір 2. *a* фанатичний, бузувірський; **~icism** *n* фанатизм, бузувірство
fanc‖y [ˈfænsɪ] *n* 1) схильність; пристрасть, смак (до чого-н.) 2) примха, каприз 3) фантазія; уява 4) ілюзія, мрія 5) розуміння, (художній) смак 6) (the ~) *збір.* любителі, ентузіасти; уболівальники 2. *a* 1) орнаментальний, оздоблений; фасонний 2) фігурний, непростий; незвичайний 3) химерний, вигадливий 4) фантастичний, уявний 5) *амер.* модний; вишуканий, вищої якості 6) екстравагантний; надзвичайний 3. *v* 1) уважати, гадати, припускати 2) уявляти (собі) 3) марно сподіватися; **~ier** *n* 1) фантазер, мрійник 2) знавець, любитель; **~iful** *a* 1) примхливий, вередливий 2) вигадливий, химерний 3) фантастичний; **f.-dress** *a* костюмований; **~ywork** *n* 1) вишиванка 2) вишивання
fanfare [ˈfænfeə] *n муз.* фанфара
fanfaronade [ˌfænfæˈnɑːd] *n* фанфаронство, хвастощі, вихваляння
fang [fæŋ] *n* 1) ікло 2) отруйний зуб (у змії) 3) корінь зуба
fantas‖y [ˈfæntəsɪ] *n* 1) уява, фантазія 2) ілюзія 3) каприз, примха 4) фантазія; марення; **~ia** [ˌfænˈteɪʒɪə] *n муз.* фантазія; **~tic** *a* 1) надзвичайний 2) примхливий, капризний 3) фантастичний; дивний; вигадливий, ґротескний, ексцентричний 4) уявний, нереальний; **~ticality** *n* фантастичність, вигадливість
far [fɑː] 1. *n* 1) значна кількість 2) велика відстань 2. *a* (farther, further; farthest, furthest) дальній, далекий, віддалений (тж ~ off) 3. *v* віддалятися; **~away** *a* 1) далекий, дальній, віддалений 2) відсутній, неуважний (про погляд); **f.-famed** *a* відомий, знаменитий, прославлений; **f.-fetched** *a* неприродний, штучний; **f.-flung** *a* просторий, широкий; **f.-gone** *a* 1) що далеко зайшов 2) тяжкохворий 3) дуже п'яний 4) по вуха закоханий 5) по саму шию в боргах 6) божевільний; **f.-off** *a* далекий, віддалений; **f.-out** *a* віддалений, далекий; **f.-seeing** *a* далекоглядний, прозорливий, завбачливий; **f.-sighted** *a* 1) далекозорий 2) далекоглядний, прозорливий, завбачливий; **f.-reaching** *a* широкий; далекосяжний

farc‖e I [fɑːs] *n* 1) *театр.* фарс 2) фарс, груба витівка; **~ical** [ˈfɑːsɪkəl] *a* 1) сміховинний, безглуздий, блазенський 2) фарсовий, жартівливий
farce II [fɑːs] 1. *n* фарш, начинка 2. *v* 1) фарширувати; шпигувати 2) *перен.* прикрашати
fare [feə] *n* 1) вартість проїзду, плата за проїзд 2) пасажир 3) їжа, провізія, харчові припаси
farewell [ˌfeəˈwel] 1. *n* прощання 2. *a* прощальний 3. *v* прощатися 4. *int* до побачення!, прощавай(те)!, щасливої дороги!
farina [fəˈraɪnə] *n* 1) борошно 2) манні крупи 3) порошок 4) крохмаль, картопляне борошно; **~ceous** [ˌfærɪˈneɪʃəs] *a* 1) борошнистий, борошняний 2) крохмалистий
farm [fɑːm] 1. *n* 1) ферма, (селянське) господарство; хутір 2) розплідник 2. *v* 1) займатися сільським господарством 2) обробляти (землю) 3) брати (здавати) в оренду (маєток); **~er** *n* 1) фермер 2) орендар (землі); **~ing** *n* 1) заняття сільським господарством; хліборобство (рільництво) й тваринництво 2) здавання в оренду; **~stead** *n* ферма зі службовими будівлями
farouche [fəˈruːʃ] *a* відлюдний, дикий, похмурий
farrag‖o [fəˈrɑːɡəʊ] *n (pl тж -os [-əʊz])* суміш, усяка всячина; **~inous** [fəˈrɑːdʒɪnəs] *a* змішаний, збірний
farrier [ˈfærɪə] *n* 1) коваль 2) коновал, ветеринар; **~y** *n* 1) ковальське ремесло 2) ветеринарна хірургія
farth‖er [ˈfɑːðə] *a (порівн. ст. від* far 2) 1) більш віддалений; дальший 2) подальший; пізніший 3) додатковий; **~ermost** *a* найвіддаленіший, найдальший; **~est** *a (найвищ. ст. від* far 2) 1) найвіддаленіший, найдальший 2) найтриваліший, найпізніший
fascia [ˈfeɪʃə, ˈfæʃə] *n (pl тж* -iae) 1) смужка, смуга; пояс 2) вивіска
fascicle [ˈfæsɪk(ə)l] *n* 1) окремий випуск (видання) 2) *бот.* ґроно
fascinat‖e [ˈfæsɪneɪt] *v* 1) зачаровувати, приводити в захоплення 2) захоплювати, викликати інтерес 3) зачаровувати; справляти гіпнотичний вплив; **~ing** *a* чарівний, чарівливий, чарівничий; **~ion** *n* 1) чарівність; принадність 2) чари, чаклування
fashion [ˈfæʃ(ə)n] 1. *n* 1) стиль; мода 2) фасон, покрій; форма 3) спосіб; манера, вигляд 2. *v*

1) надавати вигляду (форми) (into, to) 2) пристосовуватися; **~able 1.** *n* світська людина **2.** *a* 1) модний, світський; фешенебельний 2) що стежить за модою, модний; **~er** *n* кравець, костюмер; **f.-monger** *n* модник, модниця
fast I [fɑːst] **1.** *n* 1) піст 2) голодування (*лікувальне*) **2.** *v* 1) поститися 2) голодувати, не їсти
fast II [fɑːst] **1.** *n* 1) засув, засувка 2) *мор.* швартов **2.** *a* 1) швидкий, прудкий 2) міцний, твердий; стійкий 3) фривольний; легковажний; **~ness** *n* 1) міцність 2) стійкість 3) твердість, витривалість 4) твердиня, фортеця 5) *біол.* імунітет
fasten [ˈfɑːs(ə)n] *v* 1) прикріпляти, скріпляти; прив'язувати (to, upon, on — до *чого-н.*); зв'язувати (together, up, in) 2) зміцнювати, затискати; загвинчувати; стискувати, зціплювати (*руки*) 3) замикати(ся), зачиняти (*двері*); застібати(ся) 4) твердіти, застигати; тужавіти 5) спрямовувати, зосереджувати (*погляд і под.*; on, upon) 6) приписувати, нав'язувати; звалювати (*провину*); **~er** *n* 1) запір, засувка 2) застібка, застібка-блискавка 3) скріпка для паперів; **~ing** *n* 1) зв'язування, скріплення 2) зав'язування, прив'язування 3) замикання
fasti [ˈfæstiː] *n лат. pl* літопис
fastidious [fæˈstɪdɪəs] *a* 1) витончений, загострений 2) розбірливий, вередливий; вибагливий
fat [fæt] **1.** *n* 1) жир, сало; рослинна олія (*тж* vegetable ~) 2) мастило, мазь; тавот 3) повнота, гладкість; огрядність 4) краща частина (*чого-н.*) **2.** *a* 1) угодований, відгодований 2) товстий, гладкий 3) пухкий, дебелий 4) жирний (*про їжу*); масний 5) жировий 6) родючий (*про ґрунт*) 7) урожайний 8) рясний, багатий 9) тупий, дурний; **f.-witted** *a* тупий, дурний
fatal [ˈfeɪtl] *a* 1) смертельний, згубний 2) фатальний, неминучий; **~ism** *n* фаталізм; **~ity** [fəˈtælətɪ] *n* 1) нещастя; смерть 2) доля; фатальність 3) приреченість
fata morgana [ˌfɑːtəmɔːˈɡɑːnə] *n im.* фата-морґана, марево
fate [feɪt] *n* 1) доля, фатум 2) доля; жереб, талан 3) загибель, смерть 4) (the Fates) *pl міф.* парки **2.** *v* (*зазв. pass.*) прирікати, визначати; **~d** *a* 1) визначений наперед 2) приречений; **~ful** *a* 1) рішучий, важливий (*за наслідками*) 2) фатальний 3) приречений 4) пророчий; зловісний
father [ˈfɑːðə] **1.** *n* 1) батько 2) названий батько, усиновитель (*тж* adoptive ~) 3) предок; родоначальник 4) творець; натхненник 5) заступник, захисник 6) (F.) Бог 7) духівник; священик; єпископ 8) найстарший член; *pl* старійшини **2.** *v* 1) бути батьком (автором) 2) породжувати, спричиняти, ви-

кликати 3) установлювати (приписувати) батьківство (авторство); покладати відповідальність 4) усиновляти; по-батьківському піклуватися; **~hood** *n* батьківство; **f.-in-law** 1) свекор 2) тесть; **~land** *n* батьківщина, вітчизна; **~less** *a* 1) який не має батька 2) що не має автора (*про твір і под.*); **~ly** *a* 1) батьківський; властивий батькові 2) заступницький 3) ніжний
fathom [ˈfæð(ə)m] **1.** *n* 1) морський сажень (= 6 *футам, або* 183 *см*) 2) розуміння **2.** *v* 1) вникати, розуміти; збагнути 2) вимірювати глибину (*води*); **~less** *a* 1) невимірний; бездонний 2) незбагненний, незрозумілий
fatigue [fəˈtiːɡ] **1.** *n* утома, стомлення; стомленість, змореність **2.** *v* стомлювати(ся), зморювати
fatu‖ity [fəˈtjuːətɪ] *n* 1) самовдоволена дурість; безглуздість 2) недоумство, слабоумство; **~ous** [ˈfætjʊəs] *a* 1) дурний, безглуздий 2) даремний, марний 3) недоумкуватий, слабоумний
fauces [ˈfɔːsiːz] *n pl анат.* 1) зів, горло 2) роторглотка, паща, горло
faucet [ˈfɔːsɪt] *n* 1) водопровідний кран 2) вентиль
fault [fɔːlt] **1.** *n* 1) недолік, дефект, вада 2) промах, помилка, хиба 3) провина, вина 4) провинність; порушення (*закону й под.*) **2.** *v* 1) уважати винуватим, звинувачувати; чіплятися 2) припускатися помилки, помилятися; **f.-finder** *n* причеплива людина, причепа; **f.-finding 1.** *n* чіпляння, причепливість **2.** *a* причепливий, уїдливий; **~less** *a* 1) бездоганний 2) безпомилковий 3) невинуватий, невинний; **~y** *a* 1) що має недоліки (хиби, вади); недосконалий 2) неправильний, помилковий, хибний 3) зіпсований, пошкоджений, дефектний; непридатний
faun [fɔːn] *n рим. міф.* фавн
fauna [ˈfɔːnə] *n* (*pl* -ae, -as [-əz]) фауна
favour [ˈfeɪvə] **1.** *n* 1) послуга, ласка, люб'язність 2) прихильність, доброзичливість 3) заступництво 4) підтримка; допомога 5) сприяння 5) дозвіл 6) повідомлення **2.** *v* 1) бути прихильним, виявляти увагу 2) сприяти; допомагати, підтримувати 3) ставитися доброзичливо; віддавати перевагу; **~able** *a* 1) сприятливий; підхожий; зручний 2) прихильний, налаштований доброзичливо 3) схвальний, позитивний; **~ed** *a* 1) привілейований; що має переваги 2) благодатний (*про клімат і под.*) 3) (-favoured) *як компонент скл. сл.*: **well-favoured** гарний, привабливий; **~ite** [ˈfeɪvərɪt] **1.** *n* 1) улюбленець; фаворит 2) улюблена річ **2.** *a* улюблений
fawn [fɔːn] *v* 1) крутити хвостом, ластитися

(*про собаку*) 2) лестити (*кому-н.*), улещувати; плазувати; **~ing** *a* 1) ласкавий (*про собаку*) 2) догідливий, улесливий, підлесливий

fear [fɪə] **1.** *n* 1) страх, острах 2) побоювання, можливість (*чого-н. небажаного*) 3) побожний страх, трепет **2.** *v* 1) боятися, лякатися 2) побоюватися; очікувати (*чого-н. небажаного*) 3) поважати; ставитися з шанобливим острахом; **~ful** *a* 1) зляканий, наляканий, переляканий 2) жахливий, страшний 3) сповнений страху 4) боязкий, полохливий 5) сповнений шанобливості (поваги); **~less** *a* безстрашний; мужній; **f.-monger** *n* панікер

feasib||le [ˈfiːzəb(ə)l] *a* 1) здійсненний 2) підхожий, придатний 3) можливий, імовірний; правдоподібний; **~ility** *n* 1) здійсненність 2) придатність 3) можливість, імовірність

feast [fiːst] **1.** *n* 1) бенкет; учта; святкування, свято 2) задоволення, насолода 3) релігійне свято **2.** *v* 1) бенкетувати, святкувати 2) приймати (*гостей*); пригощати(ся) 3) насолоджуватися 4) святкувати

feat [fiːt] *n* 1) подвиг 2) майстерність, спритність, мистецтво

feather [ˈfeðə] **1.** *n* 1) перо (*пташине*); *тж pl збір.* оперення, пір'я 2) плюмаж 3) *мисл.* дичина 4) щось дуже легке; дрібничка; дещиця **2.** *v* 1) оперяти(ся), прикрашати пір'ям 2) надавати форми пір'їни; **f. bed** *n* 1) перина 2) тепленьке, зручне місце; синекура 3) розкіш 4) *орн.* кропив'янка, славка; **~bed** *v* пестити; **~ed** *a* 1) укритий (прикрашений) пір'ям 2) крилатий, швидкий 3) заподіяний стрілою (*про рану*); **f.-grass** *n бот.* ковила; **~ing** *n* оперення, пір'я

feature [ˈfiːtʃə] *n* 1) особливість, характерна риса; ознака, властивість, деталь 2) (*зазв. pl*) риси обличчя 3) стаття, нарис (*у часописі*) 4) сенсаційний матеріал 5) постійний розділ (*у газеті й под.*) 6) окраса програми **2.** *v* 1) зображувати, малювати; накреслювати 2) бути характерною рисою (*чого-н.*) 3) відрізнятися, характеризуватися (*чим-н.*) 4) показувати (*на екрані*) 5) виводити в головній ролі 5) фігурувати; **f.-length** *a* 1) кіно повнометражний 2) великий (*про статтю*); **~less** *a* 1) позбавлений характерних рис 2) абсолютно рівний (*про місцевість*) 3) невиразний, безбарвний

febrifuge [ˈfebrɪfjuːdʒ] *n мед.* жарознижувальний засіб

febrile [ˈfiːbraɪl] *a* пропасний

February [ˈfebrʊ(ə)rɪ] *n* лютий (*місяць*)

fecit [ˈfiːsɪt] *v лат.* виконав, зробив (*підпис художника*)

feckless [ˈfeklɪs] *a* 1) безпорадний 2) некорисний; марний 3) бездумний, безвідповідальний

feculen||t [ˈfekjʊlənt] *a* мутний, каламутний; брудний, забруднений; **~ce** *n* 1) муть, каламуть 2) мутний осад; бруд

fecund [ˈfekənd, ˈfiːkənd] *a* 1) плодючий, плідний (*тж перен.*) 2) родючий 3) рясний; **~ate** *v* 1) робити родючим 2) *перен.* пробуджувати творчу активність 3) *біол.* запліднювати; **~ity** *n* 1) родючість 2) плідність, плодовитість (*тж перен.*) 3) животворна сила

fed [fed] *past i p. p. від* **feed 2**

federa||l [ˈfed(ə)rəl] **1.** *n* федераліст **2.** *a* федеральний, союзний; **~te** [ˈfedərɪt] **1.** *a* федеративний **2.** [ˈfedəreɪt] *v* об'єднувати(ся) на федеративних засадах; **~tion** [ˌfedəˈreɪʃn] *n* 1) федерація, союз (держав) 2) об'єднання організацій; **~tive** *a* федеративний

fee [fiː] **1.** *n* 1) гонорар, винагорода 2) вступний (членський) внесок 3) *pl* плата за навчання 4) чайові 5) *юр.* право успадкування без обмежень **2.** *v* (feed) 1) платити гонорар 2) давати на чай 3) наймати 4) давати хабар

feeble [ˈfiːb(ə)l] *a* 1) слабкий 2) слабий, немічний 3) незначний, мізерний 4) неміцний, хисткий 5) невиразний, блідий 6) нещасний, жалюгідний; **f.-minded** *a* 1) недоумкуватий, дурний, придуркуватий 2) нерішучий

feed [fiːd] **1.** *n* 1) харчування, годування 2) корм, фураж 3) порція, норма (*корму*) 4) пасовище, вигін **2.** *v* (fed) 1) годувати 2) живити 3) пасти (*худобу*) 4) утримувати; забезпечувати 5) годуватися (*про тварин*) 6) товстіти, жиріти 7) нагнітати, накачувати 8) уводити дані (*у комп'ютер*); **~er** *n* 1) їдець, їдок 2) притока (*річки*); канал

feel [fiːl] **1.** *n* 1) дотик 2) відчуття, відчування 3) чуття, почуття 4) обстановка, атмосфера **2.** *v* (felt) 1) мацати; торкати, відчувати на дотик 2) почувати, відчувати 3) відчувати вплив (*чого-н.*) 4) гостро (тонко) сприймати, бути чутливим (*до чого-н.*) 5) переживати, зазнавати 6) нишпорити, шукати навпомацки 7) *дієслово-зв'язка в складеному іменному присудку*; а) почувати себе; **to f. angry** сердитися; b) давати відчуття 8) гадати, уважати 9) передчувати; **~er** *n* 1) *зоол.* щупальце; вусик; хоботок 2) зондування ґрунту 3) *військ.* розвідник; **~ing 1.** *n* 1) чутливість 2) почуття, відчуття, усвідомлення 3) емоція, почуття 4) емоційна атмосфера; настрій; (*часто pl*) погляд 5) думка, враження; відчуття 6) хвилювання, збудження 7) співчуття; доброта 8) тонке сприйняття; розуміння (*краси*) 9) інтуїція, передчуття **2.** *a* 1) чутливий, чуйний, добрий 2) зворушливий, схвильований 3) сповнений співчуття, співчутливий 4) глибокий (*про почуття*)

feign [feɪn] *v* 1) удавати, прикидатися 2) вигадувати 3) підробляти (*документи*) 4) надавати вигляду; **~ed** *a* 1) удаваний; несправжній 2) вигаданий, уявний 3) підроблений, фальшивий

feint [feɪnt] *n* 1) удаваний випад, фінт; маневр для відволікання уваги супротивника 2) удавання, прикидання; видимість 3) *військ.* фальшива атака

felicitat‖e [fɪˈlɪsɪteɪt] *v* 1) поздоровляти; зичити щастя 2) робити щасливим, ощасливлювати; **~ion** *n* (*зазв. pl*) поздоровлення, вітання

felicit‖ous [fɪˈlɪsɪtəs] *a* 1) вдалий, доречний, підхожий 2) щасливий, що приносить удачу; **~y** *n* 1) щастя; блаженство 2) здібність, щасливий дар (*писати й под.*) 3) влучність (*вислову*) 4) достаток

feline [ˈfiːlaɪn] **1.** *n зоол.* тварина з родини котячих **2.** *a* 1) зоол. котячий 2) схожий на кота 3) хитрий, злісний, підступний

fell [fel] **1.** *n* 1) шкура (*тварини*) 2) волосся; вовна, шерсть, руно **2.** *v past від* **fall 2**

felloe [ˈfeləʊ] *n* обід (*колеса*)

fellow [ˈfeləʊ] *n* 1) знев. тип 2) товариш, побратим 3) парна річ; пара 4) перевесник, одноліток; **f. feeling** *n* 1) співчуття, симпатія 2) спільність поглядів (інтересів), взаєморозуміння; **~ship** *n* 1) товариство, почуття товариства; братерство 2) співучасть, участь 3) корпорація 4) стипендія;

felo-de-se [ˌfiːləʊdəˈsiː] *n* (*pl* felones-de-se, felos-de-se) самовбивця, самогубець

felon [ˈfelən] *n юр.* карний злочинець; **~ious** *a юр.* злочинний; **~ry** *n збір.* злочинні елементи; злочинний світ; **~y** *n юр.* кримінальний злочин

felt *past і р. р. від* **feel 2**

felucca [feˈlʌkə] *n мор.* фелюга

female [ˈfiːmeɪl] **1.** *n* 1) *зоол.* самиця; матка 2) *бот.* жіноча особина **2.** *a* жіночої статі

feme [fiːm] *n юр.* жінка, дружина

femin‖ine [ˈfemɪnɪn] *a* 1) жіночий, властивий жінкам 2) жінкоподібний 3) *грам.* жіночий; **~inity** *n* 1) жіночість 2) *збір.* жінки; **~ism** *n* фемінізм; **~ist** *n* феміністка

femoral [ˈfemərəl] *a анат.* стегновий

fen [fen] *n* болото, драговина, трясовина; **~ny** *a* 1) болотистий, грузький 2) болотний

fenc‖e [fens] **1.** *n* 1) паркан, огорожа, тин 2) фехтування **2.** *v* 1) обгороджувати; захищати 2) фехтувати 3) ухилятися від прямої відповіді; **~eless** *a* 1) необгороджений; відкритий 2) незахищений, беззахисний; **~er** *n* 1) фехтувальник 2) тренер із фехтування 3) майстерний сперечальник; **~ing** 1) обгороджування; загородження 2) матеріал для огорожі 3) фехтування

fend [fend] *v* 1) відбивати; парирувати (*зазв.*

~ off) 2) не підпускати, відганяти; відвертати (*тж* ~ away, ~ from) 3) старатися; докладати зусиль

fennel [ˈfenəl] *n* кріп

fer‖al [ˈfɪ(ə)rəl] *a* 1) дикий; неприручений 2) здичавілий, польовий (*про рослини*) 3) грубий; жорстокий; нецивілізований 4) похоронний, поховальний; похмурий; **~ity** *n* дикий (нецивілізований) стан; дикість, варварство

feretory [ˈferɪt(ə)rɪ] *n* 1) *церк.* рака 2) гробниця, склеп

ferial [ˈfɪ(ə)rɪəl] *a* 1) святковий 2) *церк.* буденний, не святковий

ferment 1. *n* [ˈfɜːment] 1) збудження, хвилювання 2) *хім.* бродіння 3) закваска; дріжджі 4) фермент, ензим **2.** *v* [fəˈment] 1) викликати бродіння 2) *хім.* бродити 3) хвилювати(ся), збуджувати(ся); **~ation** *n* 1) бродіння, ферментація 2) хвилювання, збудження

fern [fɜːn] *n бот.* папороть; **~y** *a* 1) папоротевий 2) порослий папороттю 3) папоротеподібний

feroci‖ous [fəˈrəʊʃəs] *a* 1) дикий 2) жорстокий, лютий; **~ty** [fəˈrɒsɪtɪ] *n* 1) дикість 2) лютість, жорстокість

ferret [ˈferɪt] **1.** *n зоол.* тхір **2.** *v* 1) полювати з тхором 2) рознюхувати; ритися, вишукувати

ferriage [ˈferɪdʒ] *n* 1) перевезення, переправа 2) плата за перевезення (переправу)

ferriferous [feˈrɪf(ə)rəs] *a* що містить залізо, залізистий

ferruginous [feˈrʌdʒɪnəs, fe-] *a* 1) залізистий 2) іржавий

ferrule [ˈferuːl, ˈferəl] *n* металевий обід (наконечник)

ferry [ˈferɪ] **1.** *n* 1) порон 2) перевіз, переправа **2.** *v* 1) перевозити (*човном, поромом*) 2) переїжджати, переправлятися; **~boat** *n* пором; **~man** *n* перевізник, поромник

fertil‖e [ˈfɜːtaɪl] *a* 1) родючий 2) рясний, багатий 3) схожий (*про насіння*); плодоносний 4) плідний, насичений 5) що сприяє родючості; **~ity** [fəˈtɪlɪtɪ] *n* 1) родючість 2) достаток; багатство (*фантазії та под.*) 3) *біол.* плодючість; **~ization** *n* 1) удобрення (*ґрунту*), унесення добрива 2) *біол.* запліднення; запилення

ferv‖ency [ˈfɜːv(ə)nsɪ] *n* гарячність, запопадливість, завзяття; **~ent** *a* 1) палкий, полум'яний 2) гарячий; палаючий; **~id** *a* палкий, пристрасний; **~our** *n* [ˈfɜːvə(r)] 1) запал; гарячність; завзяття; пристрасть; запопадливість, ретельність 2) спека, спекота

fescue [ˈfeskjuː] *n* 1) *бот.* вівсяниця, костриця 2) указка

festal [ˈfestl] *a* святковий, радісний, веселий

fester [ˈfestə] **1.** *n мед.* 1) гнійна рана 2) нагноєння **2.** *v* 1) гноїтися (*про рану*) 2) гнити, розкладатися 3) гризти, мучити (*про заздрість і под.*); ятрити

festiv‖al [ˈfestɪv(ə)l] *n* 1) свято, святкування 2) фестиваль 3) показ, виставка; демонстрування; **~e** *a* святковий, радісний, веселий; **~ity** *n* 1) веселість, веселощі 2) *pl* свята, святкування, урочистості

festoon [feˈstuːn] **1.** *n* гірлянда **2.** *v* прикрашати гірляндами

fetch [fetʃ] **1.** *n* 1) хитрощі, виверт 2) зусилля 3) привид; двійник **2.** *v* 1) сходити і принести (*що-н.*) (привести *кого-н.*) 2) одержувати; виручати, уторговувати 3) заїжджати, заходити (*за ким-н.*) 4) викликати (*сльози й под.*) 5) завдавати (*удару*) 6) витягувати, видобувати; залучати 7) досягати (*якого-н. пункту*)

fete, fête [feɪt] **1.** *n* 1) свято, святкування 2) іменини **2.** *v* ушановувати (*кого-н.*); святкувати; **f. champêtre** *n фр.* пікнік

fetish [ˈfetɪʃ] *n* 1) фетиш; амулет 2) ідол, кумир; **~ist** *n* фетишист

fetor [ˈfiːtə, -tɔː] *n* сморід

fetter [ˈfetə] **1.** *n зазв. pl* 1) пута 2) кайдани, узи **2.** *v* 1) заковувати в кайдани 2) спутувати (*коня*) 3) *перен.* зв'язувати по руках і ногах; **~less** *a* вільний

fettle [ˈfetl] *n* стан, становище

feud [fjuːd] *n* 1) спадкова (родова) ворожнеча, міжусобиця 2) ворожнеча, антагонізм

feudalism [ˈfjuːdəlɪzəm] *n* феодалізм, феодальний лад; **~atory 1.** *n* 1) васал, ленник 2) лен, феодальне володіння **2.** *a* васальний; підлеглий

feuilleton [ˌfɜːjˈtɒn] *n фр.* фейлетон

fever [ˈfiːvə] **1.** *n* 1) жар, лихоманка, пропасниця 2) нервове збудження **2.** *v* викликати (спричиняти) жар; морозити; **~ed** *a* 1) пропасний, гарячковий 2) збуджений; **~ish** *a* збуджений, неспокійний; схвильований

few [fjuː] **1.** *n* незначна кількість **2.** *a* 1) небагато; мало хто 2) нечисленний; **~ness** *n* нечисленність

fiacre [fɪˈɑːkr(ə)] *n фр.* фіакр

fiancé [fɪˈɑːnseɪ] *n фр.* наречений

fiancée [fɪˈɑːnseɪ] *n фр.* наречена

fiasco [fɪˈæskəʊ] *n* (*pl тж* -os [-əʊz]) провал, невдача, фіаско

fiat [ˈfaɪæt, ˈfiːət] *n лат.* 1) декрет, наказ; розпорядження судді (суду) 2) вказівка, спонука 3) згода, схвалення, санкція

fibber [ˈfɪbə] *n* вигадник, брехун

fibre [ˈfaɪbə] *n* 1) фібра; нитка 2) лико, мачула 3) характер, вдача; **~d** *a* волокнистий, що має волокнисту структуру

fickle [ˈfɪk(ə)l] *a* непостійний, мінливий; несталий; **~ness** *n* непостійність, мінливість, несталість

fictile [ˈfɪktɪl] *a* 1) глиняний, череп'яний 2) гончарний

fiction [ˈfɪkʃ(ə)n] *n* 1) вигадка, фікція 2) белетристика; художня література 3) художній твір (*роман і под.*) 4) *юр.* фікція; **~al** *a* 1) вигаданий 2) белетристичний

fictitious [fɪkˈtɪʃəs] *a* 1) вигаданий, уявний 2) фіктивний; неправдивий, удаваний

fictive [ˈfɪktɪv] *a* помилковий; хибний

fiddl‖e [fɪdl] *n* скрипка; **f.-de-dee** *n* нісенітниця, дрібниця, дурниця; **f.-faddle 1.** *n* 1) (*зазв. pl*) дурниці, дурощі 2) базікання, балаканина 3) ледащо, базіка **2.** *a* незначний, дріб'язковий **3.** *v* 1) ледарювати, байдикувати 2) займатися дрібницями 3) верзти дурниці; **~er** *n* скрипаль (*особ. вуличний*)

fidelity [fɪˈdelɪtɪ] *n* 1) вірність, відданість, лояльність 2) точність, правильність

fidget [ˈfɪdʒɪt] **1.** *n* 1) нервова (метушлива) людина; непосидько 2) неспокійний стан; нервові, метушливі рухи **2.** *v* 1) вертітися, соватися 2) хвилюватися, бути нездатним зосередитися 3) хвилювати, нервувати; **~y** *a* невгамовний, метушливий, неспокійний

fiduciary [fɪˈdjuːʃɪərɪ] **1.** *n* 1) піклувальник, опікун 2) *юр.* довірена особа **2.** *a* 1) довірений, доручений 2) конфіденційний; що заслуговує на довіру

field [fiːld] *n* 1) поле, лука; луг 2) великий простір 3) *геол.* родовище 4) *спорт.* майданчик 5) *збір. спорт.* гравці 6) поле бою 7) галузь 8) тло, ґрунт (*картини й под.*); **f.-events** *n pl спорт.* легкоатлетичні види спорту; **~fare** *n орн.* дрізд-ялівник

fiend [fiːnd] *n* 1) диявол; демон 2) лиходій, нелюд; **~ish** *a* диявольський; жорстокий, запеклий

fierce [fɪəs] *a* 1) лютий, жорстокий, злий 2) сильний (*про бурю, спеку*); несамовитий; шалений

fiery [ˈfaɪ(ə)rɪ] *a* 1) вогненний, полум'яний 2) палаючий; гарячий, запальний 3) палкий, жагучий

fife [faɪf] **1.** *n* 1) дудка; маленька флейта 2) дудар, флейтист **2.** *v* грати на дудці

fif‖teen [fɪfˈtiːn] **1.** *n* п'ятнадцять **2.** *num. card.* п'ятнадцять; **~teenth 1.** *n* п'ятнадцята частина **2.** *num ord.* п'ятнадцятий; **~th 1.** *n* 1) п'ята частина 2) *муз.* квінта **2.** *num. ord.* п'ятий; **~tieth 1.** *n* п'ятдесята частина **2.** *num. ord.* п'ятдесятий; **~ty 1.** *n* п'ятдесят **2.** *num. card.* п'ятдесят; **fifty-fifty 1.** *a* рівний, з рівними шансами (частинами) **2.** *adv* нарівно; навпіл

fig I [fɪg] *n* 1) *бот.* винна ягода, інжир 2) *бот.* фігове дерево; смоківниця

fig II [fig] **1.** *n* 1) убрання 2) настрій; гумор **2.** *v* наряджати, убирати, прикрашати

fight [fait] **1.** *n* 1) бій 2) бійка, сутичка 3) суперечка; боротьба 4) забіякуватість, задеркуватість **2.** *v* (fought) 1) битися, боротися, воювати 2) відстоювати, захищати; **~er** *n* 1) боєць; вояк 2) борець; боксер; **~ing 1.** *n* 1) бій 2) сутичка, бійка 3) боротьба **2.** *a* бойовий, войовничий

figment [ˈfigmənt] *n* вигадка, фікція

figurant [ˈfigjʊrənt] *n фр.* 1) артист кордебалету 2) статист

figur||e [ˈfigə] **1.** *n* 1) фігура; зовнішній вигляд; вигляд, образ 2) особистість, постать 3) зображення, картина, портрет, статуя 4) ілюстрація, малюнок (*у книзі*); діаграма, креслення 5) *геом.* фігура, тіло 6) цифра; число; *pl* цифрові дані 7) *pl* арифметика 8) гороскоп **2.** *v* 1) фігурувати; відігравати значну роль 2) зображувати (*графічно*) 3) уявляти собі 4) прикрашати (*фігурами*) 5) позначати цифрами 6) підраховувати, обчислювати 7) розв'язувати арифметичні задачі 8) символізувати 9) надавати форми; **~ed** *a* 1) фігурний; візерунковий 2) метафоричний, образний; **~ation** *n* 1) надання певної форми, оформлення 2) вигляд, форма, конфігурація, контур 3) алегоричне зображення 4) орнаментація; **~ative** *a* 1) фігуральний, переносний 2) метафоричний, образний 3) образотворчий, пластичний; **f.-skating** *n* фігурне катання

figurine [ˌfigjʊˈriːn] *n* статуетка

filbert [ˈfilbət] *n бот.* ліщина, фундук; горішник; американський лісовий горіх

file I [fail] **1.** *n* 1) картотека 2) підшиті документи 3) досьє 4) *обч.* файл 5) підшивка (*газет*) **2.** *v* 1) реєструвати; зберігати (*документи*) 2) підшивати до справи (*тж* ~ away) 3) здавати в архів 4) приймати до виконання (*замовлення*)

file II [fail] **1.** *n* 1) черга, хвіст 2) ряд, шеренга; колона (*людей*) **2.** *v* іти один за одним; рухатися колоною

filial [ˈfiliəl] *a* 1) синівський, доччин, дочірній 2): ~ **branch** (*або* agency) філія

filiation [ˌfiliˈeiʃ(ə)n] *n* 1) спорідненість, родинність 2) походження (from — від) 3) *юр.* визнання батьківства 4) відгалуження, галузь 5) філія

filibuster [ˈfilibʌstə] *n* 1) флібустьєр, пірат 2) обструкція (*у законодавчому органі*) **2.** *v* займатися морським розбоєм

fill [fil] **1.** *n* достатня кількість (*чого-н.*) **2.** *v* 1) наповняти(ся), заповнювати(ся), переповнювати 2) затикати, закладати 3) пломбувати (*зуби*) 4) призначити (*на посаду*) 5) обіймати (*посаду*); виконувати (*обов'язки*) 6) виконувати (*замовлення*) 7) займати (*вільний час*) 8) нагодувати; наситити 9) задовольняти 10) готувати ліки 11) наливати; навантажувати; заправляти (*пальним*) 12) підмішувати (*сурогати*); погіршувати (*домішками*) 13) *обч.* заповнювати, розписувати; **~er** *n* 1) наповнювач; **f.-in** *n* 1) тимчасова заміна; тимчасовий заступник 2) відомості, що вписуються в анкету 3) коротка інформація; **~ing** *n* наповнення, заповнення

fillet [ˈfilit] **1.** *n* 1) стрічка, пов'язка 2) *pl* філе 3) *архіт.* валик, ободок **2.** *v* 1) обв'язувати стрічкою 2) різати скибками

fillip [ˈfilip] **1.** *n* 1) щиголь; клацання 2) поштовх, спонука, стимул 3) дрібниця 4) мить **2.** *v* 1) давати щигля; клацати 2) стимулювати, підтовхувати

filly [ˈfili] *n* молода кобилиця

film [film] **1.** *n* 1) (кіно)фільм 2) кіно, кіномистецтво 3) плівка; легкий шар (*чого-н.*) 4) фотоплівка, кіноплівка 5) легкий туман; серпанок 6) оболонка, перетинка **2.** *v* 1) фільмувати 2) екранізувати 3) зніматися в кіно 4) застилатися туманом; **f. star** *n* кінозірка; **~y** *a* туманний

filter [ˈfiltə] **1.** *n* 1) фільтр, цідило 2) світлофільтр 3) фільтрувальний матеріал **2.** *v* 1) фільтрувати, проціджувати; очищати 2) просочуватися, проникати

filth [filθ] *n* 1) бруд; мерзота; покидьки 2) непристойність; розбещеність, розпуста 3) лихослів'я; **~y** *a* 1) брудний 2) огидний, мерзенний 3) розбещений; непристойний

final [ˈfain(ə)l] **1.** *n* (*часто pl*) *спорт.* фінал; вирішальна гра **2.** *a* 1) останній, кінцевий, заключний 2) остаточний, вирішальний 3) цільовий; **~e** [fiˈnɑːli] *n* муз., літ. фінал, закінчення; **~ity** *n* 1) закінченість, завершеність 2) заключна дія; завершення 3) остаточність

financ||e 1. *n* [ˈfainæns] 1) фінансові відносини 2) *pl* фінанси, прибутки; гроші 3) фінансування **2.** *v* [faiˈnæns] 1) фінансувати 2) продавати в кредит; **~ial** *a* 1) фінансовий 2) що платить внески; **~ier 1.** *n* фінансист **2.** *v* проводити фінансові операції

finch [fintʃ] *n орн.* в'юрок, юрок

find [faind] **1.** *n* знахідка **2.** *v* (found) 1) знаходити, відшукувати 2) знайти (*випадково*), натрапити; визнавати 3) виявляти 4) заставати 5) *мисл.* підняти (*звіра*) 6) одержати, домогтися 7) переконуватися, доходити висновку; уважати, гадати 8) постачати; забезпечувати 9) *юр.* вирішувати; ухвалювати рішення 10) влучити (*у ціль*) 11) *мат.* обчислювати; **~ing** *n* 1) рішення (*присяжних*); вирок (*суду*) 2) *pl* висновки (*комісії*) 3) орієнтація, орієнтування

fine I [faɪn] 1. *n* пеня, штраф 2. *v* штрафувати
fine II [faɪn] *n*: **in ~** а) загалом, одним словом, коротко; б) нарешті; на закінчення; у підсумку
fine III [faɪn] 2. *а* а) 1) високої якості; очищений, рафінований 2) гарний; прекрасний, чудовий (*часто ірон.*). 3) тонкий, витончений, вишуканий 4) високий, піднесений (*про почуття*) 5) великий, значний (*про розміри*) 6) ясний, гарний (*про погоду*) 7) гострий 8) дрібний 9) ошатний 10) претензійний, манірний 11) точний 2. *v* 1) робити (ставати) прозорим, очищати(ся) (*тж* ~ down) 2) робити (ставати) тоншим (дрібнішим) 3) загострюватися, робити гострішим; **~ness** *n* 1) тонкість, вишуканість 2) гострота, сила (*почуттів*) 3) проба (*благородних металів*) 4) досконалість, висока якість; **~ry** *n* пишне убрання, оздоблення; **f.-spun** *а* 1) витончений, вишуканий 2) хитросплетений; заплутаний 3) тонкий (*про тканину*)
finesse [fɪˊnes] 1. *n* 1) тонкість; тактовність 2) умілість; майстерність 3) хитрування, хитрощі 4) хитрість 2. *v* 1) уміло (тонко, дипломатично) діяти 2) хитрощами втягувати (*у що-н.*)
finger [ˊfɪŋɡə] 1. *n* 1) палець (*руки, рукавички*) 2) стрілка (*годинника*) 3) покажчик (*на шкалі*) 4) шматочок, крихта 5) муз. туше 2. *v* 1) торкати; доторкатися пальцями; вертіти в руках 2) грати на музичному інструменті; **f.-alphabet** *n* абетка глухонімих; **~board** *n муз.* 1) гриф 2) клавіатура; **f. hole** *n* бічний отвір, клапан (*у духовому інструменті*); **~ing** *n* дотик пальців; **~mark** 1. *n* слід від пальця 2. *v* заялозити брудними пальцями; **~nail** *n* ніготь пальця (*руки*); **~post** *n* дороговказ; **~print** 1. *n* 1) (дактилоскопічний) відбиток пальця 2) характерна ознака (*чого-н.*) 2. *v* 1) знімати відбитки пальців 2) розпізнавати за характерними ознаками
finical [ˊfɪnɪk(ə)l] *а* 1) перебірливий; вибагливий 2) манірний 3) переобтяжений дріб'язковими деталями
finis [ˊfɪnɪs] *n лат.* кінець
finish [ˊfɪnɪʃ] 1. *n* 1) закінчення; кінець 2) *спорт.* фініш 3) закінченість; завершеність; досконалість 4) чистота поверхні 2. *v* 1) кінчати(ся); закінчувати(ся); завершувати(ся) 2) закінчувати що-н. почате, доводити (використовувати) до кінця (*тж* ~ up) 3) *спорт.* фінішувати 4) обробляти (*тж* ~ off); згладжувати, вирівнювати; **~ed** *а* 1) закінчений, завершений 2) оброблений; опоряджений; **~ing** 1. *n* завершення; опорядження 2. *а* завершальний; заключний
finite [ˊfaɪnaɪt] *а* 1) обмежений 2) *мат.* кінцевий 3) *грам.* особовий (*про дієслово*)

Finn [fɪn] *n* фін; фінка; **~ish** 1. *n* фінська мова 2. *а* фінський
fir [fɜː] *n бот.* ялина, смерека
fire [ˊfaɪə] 1. *n* 1) вогонь, полум'я 2) пожежа 3) паливня, піч, камін 4) запал, наснага; натхнення, збудження 5) світіння 2. *v* 1) засипати (*образами й под.*) 2) запалювати(ся), підпалювати, розпалювати(ся) 3) шпурляти, кидати; **f. alarm** *n* пожежна тривога; **f. arm** *n* (*зазв. pl*) вогнепальна зброя; **f.-extinguisher** *n* вогнегасник; **~fly** *n ент.* світляк; **~place** *n* камін, вогнище; **f.-raising** *n* підпал; **~side** *n* 1) місце біля каміна 2) домашнє вогнище, родинне життя; **~wood** *n* дрова, **~work(s)** *n* феєрверк
firing [ˊfaɪ(ə)rɪŋ] *n* 1) стрілянина 2) паливо 3) розпалювання 4) запуск (*ракети*)
firm [fɜːm] 1. *n* 1) фірма, торговий дім 2) група людей, які працюють разом 2. *а* 1) міцний, твердий 2) стійкий; сталий; тривкий, непохитний 3) незмінний 3. *v* зміцнювати(ся), ущільнювати(ся)
firman [fɜːˊmɑːn] *n* дозвіл; ліцензія
firry [ˊfɜːrɪ] *а* 1) ялиновий, смерековий 2) зарослий ялинами
first [fɜːst] 1. *n* 1) початок 2) (the ~) перше число 3) найвища оцінка (*на іспиті*) 4) *pl* товари вищого ґатунку 2. *а* 1) перший; ранній 2) основний 3) видатний; найвизначніший, знаменитий 4) провідний 5) перший-ліпший 6) попередній; підготовчий 7) першорядний, найкращий 3. *num. ord.* перший; **f. aid** *n* перша допомога; швидка допомога; **f. class** *n* перший клас; вищий ґатунок; **f. cousin** *n* двоюрідний брат, кузен; двоюрідна сестра, кузина; **f. hand** *n* 1) першоджерело (*інформації*) 2) особистий досвід; **f.-hand** *а* 1) отриманий із перших рук 2) безпосередній, прямий; **~ling** *n* (*зазв. pl*) перші плоди; **~ly** *adv* по-перше; перш за все; передусім; **f. name** *n* ім'я; **f. night** *n* прем'єра; **f.-rate** *а* 1) першокласний; першорядний 2) найважливіший; найвидатніший
fiscal [ˊfɪsk(ə)l] 1. *n* 1) збирач податків 2) судовий виконавець 2. *а* фіскальний; фінансовий
fish I [fɪʃ] 1. *n* 1) *зоол.* (*pl часто без змін*) риба 2) (the F. *або* Fishes) Риби (*сузір'я і знак зодіаку*) 2. *v* ловити рибу; **~erman** *n* 1) рибалка 2) рибальське судно; **f.-fork** *n* ості; **~hook** *n* рибальський гачок; **~ing-line** *n* ліска, волосінь вудки; **~ing-rod** *n* вудлище, вудочка; **~monger** *n* торговець рибою; **f.-pot** *n* верша (*для крабів, вугрів*); **f.-tackle** *n* рибальські снасті; **~wife** *n* 1) торговка рибою 2) груба, скандальна жінка; **~y** *а* 1) рибний; риб'ячий 2) тьмяний; невиразний (*про очі, погляд*)

fish II [fɪʃ] *n* фішка
fissure [ˈfɪʃə] *n* 1) тріщина, щілина; розрив 2) *анат.* борозна; звивина (*мозку*) 3) *мед.* тріщина; надлом (*кістки*)
fist [fɪst] *n* кулак; **~ful** *n* (повна) жменя (*чого-н.*); пригорща; **~icuff** *n* 1) *pl* кулачний бій 2) удар кулаком
fit I [fɪt] *n* 1) *pl* судоми, корчі, конвульсії; істерія 2) припадок, пароксизм 3) напад (*кашлю й под.*) 4) порив, поривання, спалах 5) настрій
fit II [fɪt] **1.** *n* 1) припасування, прилаштування 2) *тех.* посадка **2.** *a* 1) придатний, підхожий; відповідний 2) пристосований 3) гідний; належний 4) готовий, спроможний 5) у хорошому стані, у хорошій формі (*про спортсмена*); сильний, здоровий **3.** *v* 1) відповідати, годитися, бути впору 2) збігатися, точно відповідати (*чому-н.*) 3) прилагоджувати; пристосовувати 4) установлювати, складати; монтувати 5) забезпечувати; постачати (with); **~ting 1.** *n* 1) припасування, приладжування; приміряння 2) *зазв. pl* пристосування, приладдя, деталі **2.** *a* підхожий, придатний, належний; **~ment** *n* 1) арматура; обладнання 2) предмет обстановки; **~ness** *n* 1) придатність, відповідність 2) пристосованість; здатність; підготовленість 3) доречність 4) витривалість, натренованість; **~ting-room** *n* примірювальна; **~ting-shop** *n* 1) складальня (слюсарна) майстерня 2) монтажний цех
fitch [fɪtʃ] *n* 1) *зоол.* тхір 2) тхоряче хутро 3) щіточка з волосся тхора
fitful [ˈfɪtf(ə)l] *a* поривчастий, уривчастий
five [faɪv] **1.** *n* 1) (число) п'ять 2) п'ятірка 3) *pl* п'ятий номер (*розмір чого-н.*) **2.** *num.* card. п'ять; **f.-day** *a* п'ятиденний; **~fold 1.** *a* п'ятиразовий **2.** *adv* уп'ятеро (*більший*); у п'ять разів більше
fix [fɪks] *v* 1) зміцнювати, закріплювати, прикріплювати 2) вирішувати, визначати, установлювати, призначати (*термін і под.*) 3) лагодити, ремонтувати 4) упорядковувати; уводити 5) привертати (*увагу*); зосереджувати (*погляд, увагу*); on, upon — на) 6) улаштовувати, робити 7) домовлятися, улагоджувати 8) точно визначати місце розташування; **~ate** *v* фіксувати, закріплювати; **~ation** *n* 1) фіксація, фіксування 2) нав'язливий потяг, пристрасть (*до чого-н.*) 3) *психол.* невідчепна (невідступна) ідея, комплекс, манія; **~ative** [ˈfɪksətɪv] *a* фіксувальний, закріплювальний; **~ed** *a* 1) непорушний; нерухомий; закріплений 2) незмінний, сталий 3) призначений, визначений (*про термін і под.*) 4) невідступний, невідчепний; **~edly** *adv* 1) нерухомо, непорушно; стійко 2) пильно (*дивитися*) 3) рішуче, твердо, міцно; **~edness** *n* 1) нерухомість, непорушність; стійкість 2) закріпленість, зафіксованість 3) рішучість, твердість, міцність 4) пильність; **~ity** *n* 1) нерухомість, непорушність; пильність 2) стійкість, стабільність, усталеність

fizz [fɪz] **1.** *n* шипіння (*напою*) **2.** *v* 1) шипіти, сичати 2) іскритися, вигравати, пінитися (*про вино*); **~y** *a* газований, шипучий, пінливий, пінистий

flabby [ˈflæbɪ] *a* 1) обвислий, в'ялий 2) слабохарактерний, безхребетний 3) розпливчастий (*про стиль*)

flag I [flæg] *n* 1) прапор, стяг, знамено 2) прапорець **2.** *v* 1) прикрашати прапорами; вивішувати прапори 2) робити знаки, сигналізувати; **~staff** *n* флагшток

flag II [flæg] *n бот.* ірис

flag III [flæg] **1.** *n* 1) кам'яна плита; плитняк 2) *pl* вибрукований плитняком хідник (тротуар) **2.** *v* брукувати плитняком; **~ging** *n* 1) брукування плитняком 2) бруківка (хідник) із плитняку

flag IV [flæg] *v* 1) повиснути, поникнути 2) слабшати, зменшуватися 3) ослабляти, розслабляти; **~ging 1.** *n* 1) в'янення, обвисання 2) ослаблення, зменшення **2.** *a* 1) в'янучий, звисаючий 2) слабкий, ослаблий 3) що зменшується; згасаючий

flagellat||e [ˈflædʒɪleɪt] *v* 1) бичувати, сікти, шмагати 2) *перен.* таврувати, плямувати; **~ion** *n* бичування; шмагання

flagitious [fləˈdʒɪʃəs] *a* 1) мерзенний, огидний 2) злочинний; жахливий, страшний

flagon [ˈflægən] *n* 1) карафа (графин); глечик 2) фляга

flagrant [ˈfleɪgrənt] *a* 1) величезний, жахливий 2) кричущий, обурливий

flail [fleɪl] **1.** *n* ціп **2.** *v* 1) молотити 2) бити, лупцювати 3) крутитися, вертітися 4) *перен.* блукати

flair [fleə] *n* 1) нюх, чуття 2) схильність, здатність, смак (*до чого-н.*) 3) особлива ознака, своєрідність

flake [fleɪk] **1.** *n* 1) пушинка; жмутик, клаптик 2) *pl* пластівці 3) шар, ряд **2.** *v* 1) падати (сипатися) пластівцями 2) покривати пластівцями

flam [flæm] **1.** *n* 1) фальшивка; неправда, брехня 2) дурниця, нісенітниця 3) барабанний дріб **2.** *v* обдурити

flambeau [ˈflæmbəʊ] *n* (*pl* -eaus [-əʊz], -eaux [-əʊz]) смолоскип

flamboyance, -cy [flæmˈbɔɪəns, -sɪ] *n* яскравість, барвистість, надмірна пишність

flamboyant [flæmˈbɔɪənt] **1.** *n* вогненно-червона квітка **2.** *a* 1) барвистий, яскравий

2) квітчастий; пишнобарвний; надмірно пишний

flam||e [fleim] **1.** *n* 1) полум'я 2) яскраве світло, сяйво 3) запал, пристрасть **2.** *v* 1) горіти полум'ям, палати 2) сяяти, полум'яніти 3) спалахувати, палахкотіти 4) спалахнути, загорітися, почервоніти; **~mable** *a* вогненебезпечний; легкозаймистий; **~y** *a* 1) полум'яний 2) вогненеподібний

flamingo [flə´miŋgəʊ] *n* (*pl* -os, -oes [-əʊz]) 1) *орн.* фламінґо 2) жовтувато-червоний колір

flank [flæŋk] **1.** *n* 1) бік, сторона 2) схил (*гори*) 3) *військ.* фланг **2.** *v* 1) бути розташованим збоку 2) межувати (on — з *чим-н.*); прилягати

flap [flæp] **1.** *n* 1) що-н. прикріплене за один кінець 2) помах крил, колихання прапора й *под.* 3) криси (*капелюха*) 4) відкидна дошка (*столу*) 5) удар, ляпанець **2.** *v* 1) змахувати (*крилами*) 2) майоріти; розвіватися 3) ляскати; ударяти; бити (*ременем*) 4) звисати, опускатися; **f.-eared** [´flæpɪəd] *a* капловухий; **~per** *n* хлопавка (*для мух*)

flar||e [fleə] **1.** *n* 1) яскраве нерівне світло, сяйво; блискотіння 2) спалах (*язик*) полум'я 3) світловий сигнал **2.** *v* 1) розширювати(ся); розсувати 2) виступати, видаватися назовні 3) яскраво спалахувати (*тж* ~ up); палахкотіти 4) горіти яскравим нерівним полум'ям; виблискувати 5) коптити (*про лампу*) 6) розсердитися, розлютуватися (*тж* ~ up); **~ing** *a* 1) сліпучий; яскраво палаючий 2) що впадає в очі; позбавлений смаку 3) опуклий 4) конусоподібний; що розширюється внизу

flash [flæʃ] **1.** *n* 1) спалах, блискотіння; яскраве світло 2) дуже короткий відтинок часу, мить 3) спалах, вибух (*почуття*); несподіваний прояв (*дотепності й под.*) **2.** *v* 1) блискати; спалахувати 2) сяйнути, спасти на думку 3) швидко промайнути, промчати; **~er** *n* маяк-блималка; **f. flood** *n* раптова повінь (*після дощу й под.*); **~ing** *n* спалахування; блискання; **~light** *n* 1) сигнальний вогонь 2) кишеньковий ліхтарик; **f. point** *n* 1) температура спалаху, точка займання 2) *перен.* межа (*терпіння й под.*) **2.** *v* 1) показний, крикливий; що впадає в очі; дешевий 2) блискучий; сліпучий 3) короткочасний; миттєвий 4) *розм.* нестриманий; рвучкий

flask [flɑːsk] *n* фляжка; фляга; сулія; колба; флакон; склянка

flat I [flæt] **1.** *n* 1) площина, плоска поверхня 2) рівнина, низина 3) мілина, обмілина 4) баржа; шаланда 5) *pl* черевики без підборів **2.** *a* 1) плоский, рівний 2) нерельєфний, плоский 3) категоричний, прямий 4) нудний, нецікавий, монотонний 5) мілкий, неглибокий 6) пригнічений 7) несмачний 8) недотепний; тупий 9) *ком.* нежвавий, в'ялий (*про ринок*) 10) прямий, ясний, категоричний; **~boat** *n* плоскодонний човен; **~land** *n* рівнина; **~let** *n* невелике помешкання; **~ly** *adv* 1) плоско, рівно 2) нудно, мляво 3) рішуче, категорично; **~ness** *n* 1) плоскість, рівність 2) заяложеність, банальність 3) нудьга, млявість 4) рішучість, категоричність; **~ten** *v* 1) робити (ставати) плоским (рівним, гладким); розгладжувати; вирівнювати 2) стихати, ущухати (*про вітер, бурю*) 3) повалити; збити з ніг 4) *спорт.* нокаутувати 5) роздавити, роздушити 6) пригнічувати, засмучувати

flat II [flæt] *n* квартира

flatter [´flætə] *v* 1) лестити; надмірно хвалити 2) бути задоволеним 3) підлещуватися 4) прикрашати; **~er** *n* підлесник, облесник; **~ing** *a* 1) підлесливий, лестивий 2) утішний, приємний 3) пестливий, ласкавий; **~y** *n* лестощі

flatware [´flætweə] *n* столовий набір (*ніж, виделка, ложка*)

flaunt [flɔːnt] *v* 1) гордо майоріти (*про прапори*) 2) виставляти (себе) напоказ; хизуватися 3) франтити, шикувати 4) нехтувати, зневажати

flautist [´flɔːtɪst] *n муз.* флейтист

flavour [´fleɪvə] **1.** *n* 1) смак (*зазв. приємний*); букет (*вина*); аромат, запах 2) відтінок; особливість 3) присмак 4) пікантність, живчик **2.** *v* 1) присмачувати; надавати смаку (запаху) 2) *перен.* надавати інтересу (пікантності); **~ous** *a* смачний, духмяний, ароматний; **~less** *a* 1) несмачний, без смаку 2) без запаху

flaw I [flɔː] **1.** *n* 1) дефект, недолік, хиба, вада, ґандж 2) тріщина (*у порцеляні й под.*) 3) брак (*товару*) 4) *юр.* недогляд, помилка (*у документі й под.*) **2.** *v* 1) тріскатися; псувати(ся); розколювати 2) *юр.* робити недійсним; **~less** *a* бездоганний; досконалий; **~y** *a* 1) що має вади (дефекти й под.) 2) шквалистий

flaw II [flɔː] *n* сильний порив вітру; шквал

flax [flæks] *n* 1) *бот.* льон 2) кужіль; **~en** *a* 1) лляний 2) солом'яний (*про колір волосся*); світло-жовтий; **~y** *a* 1) лляний 2) схожий на льон

flay [fleɪ] *v* 1) здирати шкуру; білувати 2) чистити, знімати шкірку, обдирати кору й *под.* 3) вимагати силоміць, грабувати 4) лаяти, шпетити, нещадно критикувати

flea [fliː] *n ент.* блоха; **~bite** *n* 1) блошиний укус 2) незначний біль, маленька неприємність, деяка незручність

fleam [fliːm] *n* ланцет

fleck [flek] **1.** *n* 1) пляма, цятка 2) частинка 3) ластовинка, веснянка **2.** *v* укривати пля-

мами, цятками; **~er** *v* 1) покривати плямами, цяткувати 2) розсіювати, розпорошувати
fled [fled] *past i p. p. від* **flee**
fledge [fledʒ] *v* 1) оперятися 2) *перен.* ставати дорослим 3) вигодовувати пташенят; **~d** *a* 1) оперений; спроможний літати (*про птаха*) 2) *перен.* що піднявся на ноги; самостійний
flee [fliː] *v* (fled) 1) бігти, рятуватися втечею 2) уникати, триматися осторонь; цуратися
fleec‖e [fliːs] **1.** *n* 1) руно; овеча вовна 2) густа кучма волосся **2.** *v* 1) стригти овець 2) обдирати, вимагати (*гроші*); **~y** *a* вовнистий
fleer [fliə] **1.** *n* 1) презирливий погляд; глузлива посмішка 2) насмішка, глузування **2.** *v* 1) презирливо посміхатися 2) глузувати, насміхатися; глумитися
fleet [fliːt] *n* 1) флот 2) флотилія, караван (*суден*) 3) парк (*автомобілів і под.*); **f.-foot(ed)** *a* прудконогий; **~ing** *a* швидкий, швидкоплинний
Flem‖ing [ˊflemɪŋ] *n* фламандець; **~ish** **1.** *n* фламандська мова **2.** *a* фламандський
flesh [fleʃ] **1.** *n* 1) тіло; плоть 2) м'ясо 3) рід людський 4) м'якуш, м'якоть (*плоду*) **2.** *v* 1) відгодовувати 2) розпалювати кровожерливість; озлобляти; **f.-coloured** *a* тілесного кольору; **~ly** *a* 1) плотський, хтивий 2) тілесний 3) людський; матеріальний 4) гладкий, товстий, огрядний; **~y** *a* 1) товстий, огрядний 2) м'ясистий 3) плотський, хтивий
flew [fluː] *past від* **fly II 2**
flex‖ible [ˊfleksəb(ə)l] *a* 1) гнучкий 2) еластичний, пружний 3) піддатливий, поступливий 4) універсальний (*про прилад, метод і под.*); **~ure** [ˊflekʃə] *n* 1) згинання; вигинання 2) згин; вигин; прогин; кривизна, скривлення
flick [flɪk] *n* 1) легкий удар; щиголь 2) різкий рух, ривок, поштовх
flicker I [ˊflɪkə] **1.** *n* 1) мерехтіння, блимання 2) тремтіння, дрижання 3) короткий спалах 4) мигтіння (*зображення*) **2.** *v* 1) блимати, мигтіти 2) тремтіти, дрижати 3) бити, лопотіти, махати (*крилами*) 4) налітати (*про вітер*)
flicker II [ˊflɪkə] *n орн.* дятел
flight I [flaɪt] **1.** *n* 1) політ (*тж перен.*) 2) переліт 3) зграя (*птахів, комах*) 4) сходовий марш; прогін сходів 5) піднесення, збудження 6) відстань польоту 7) злива (*куль і под.*) 8) швидкий плин (*часу*) **2.** *v* 1) погнати; налякати 2) стріляти в рухому ціль 3) летіти; здійснювати переліт зграєю
flight II [flaɪt] *n* утеча; тікання
flighty [ˊflaɪtɪ] *a* 1) непостійний, мінливий; примхливий 2) легковажний 3) швидкий, швидкоплинний
flimsy [ˊflɪmzɪ] **1.** *n* 1) копія замовлення (рахунка); дублікат касового чека *й под.* 2) паперовий банкнот **2.** *a* 1) неміцний, крихкий 2) безпідставний, непереконливий 3) вульгарний, банальний 4) легкий, тонкий (*про тканину*)
flinch [flɪntʃ] *v* 1) здригатися (*від болю*); сіпатися 2) ухилятися, відступати (*від виконання обов'язків*)
flinders [ˊflɪndəz] *n pl* шматки; уламки, тріски
fling [flɪŋ] **1.** *n* 1) кидання, шпурляння 2) кидок 3) спроба 4) різкий (швидкий) рух **2.** *v* (flung) 1) кидати(ся), жбурляти(ся) 2) відправити, послати (*куди-н.*) 3) зробити швидкий, стрімкий рух (*руками й под.*) 4) повалити, збити з ніг 5) брикатися (*про тварину*) 6) розкидати
flint [flɪnt] *n* 1) кремінь 2) камінь 3) скнара; **f.-hearted** *a* жорстокосердий, немилосердний
flip [flɪp] **1.** *n* 1) щиголь 2) рід спиртного напою **2.** *a* нахабний **3.** *v* клацнути, ляснути
flippan‖cy [ˊflɪpənsɪ] *n* 1) легковажність, несерйозність, нестатечність 2) нешанобливість, зухвалість; **~t** *a* 1) легковажний, несерйозний, нестатечний 2) нешанобливий, зухвалий
flipper [ˊflɪpə] *n зоол.* плавець, плавальна перетинка; ласт
flirt [flɜːt] **1.** *n* 1) кокетка 2) любитель пофліртувати (позалицятися) 3) раптовий штовхан помах (*крилами*) 4) глузування, жарт **2.** *v* 1) фліртувати, кокетувати (with); залицятися 2) *перен.* заграватися 3) грати (*небезпечну гру*); важити життям 4) швидко змахувати; трясти; **~ation** *n* флірт, залицяння; **~atious** *a* кокетливий; що любить пофліртувати
flit [flɪt] *v* 1) легко й безшумно рухатися (about) 2) перелітати, перепурхувати 3) проноситися, пролітати 4) минати (*про час*); **~ter** *v* пурхати, літати; махати крилами
float [fləʊt] **1.** *n* 1) порон; пліт 2) поплавець; буй 3) піхур (*у риби*) 4) плавальний пояс **2.** *v* 1) плавати; спливати; триматися на поверхні води 2) плисти по небу (*про хмари*) 3) проноситися 4) підтримувати на поверхні води 5) пускати в хід (*проект*); підтримувати (*грошима*) 6) випускати (*цінні папери*); розміщати (*акції*); **~able** *a* 1) плавучий 2) сплавний; **~ation** *n* 1) плавання 2) плавучість 3) ком. заснування підприємства; **~ing** *a* 1) плаваючий, плавучий 2) мінливий, несталий 3) *мед.* блукаючий; **~ing bridge** *n* понтонний міст; **~y** *a* 1) легкий 2) плавучий
flock I [flɒk] *n* пушинка; жмутик (*вовни*); пучок (*волосся*)
flock II [flɒk] **1.** *n* 1) отара (*овець*); зграя (*птахів*) 2) юрба, юрма; натовп (*людей*) 3) *церк.* паства **2.** *v* 1) скупчуватися, сходитися 2) триматися разом 3) юрмитися; рухатися юрмою

floe [fləʊ] *n* 1) плавуча крижина 2) крижане поле

flog [flɒg] *v* 1) шмагати, бити, сікти 2) підганяти 3) різко критикувати, ганьбити; **~ging** *n* шмагання, тілесне покарання

flood [flʌd] **1.** *n* 1) повінь, повідь; розлиття 2) приплив; підняття води 3) потік 4) *v* 1) затопляти 2) наводняти 3) зрошувати 4) піднематися (*про рівень ріки*); **~light** (*зазв. pl*) **1.** *n* прожектор **2.** *v* освітлювати прожектором; **~water** *n pl* повінь, повідь

floor [flɔː] **1.** *n* 1) підлога; настил 2) дно (*моря, печери*) 3) поверх 4) *мор.* флот 5) мінімальний рівень (*особ. цін*) 6) право виступу 7) аудиторія, публіка **2.** *v* 1) настилати підлогу 2) повалити на підлогу; **f. lamp** *n* торшер

floppy disk [ˌflɒpɪˈdɪsk] *n обч.* дискета

flor||al [ˈflɔːrəl] *a* 1) що стосується флори; рослинний 2) квітковий; **~escence** [flɔːˈres(ə)ns] *n* 1) цвітіння; час цвітіння 2) *перен.* розквіт; процвітання; **~et** *n бот.* квіточка, маленька квітка

florid [ˈflɒrɪd] *a* 1) червоний, з нездоровим рум'янцем; багряний (*про обличчя*) 2) барвистий, пишномовний; пихатий 3) крикливий, вульгарний

flossy [ˈflɒsɪ] *a* 1) шовковистий 2) пушистий, пухна(с)тий, легкий

flourish [ˈflʌrɪʃ] **1.** *n* 1) розмахування, помахування 2) розчерк, закруток 3) кучерявий (пишномовний) вислів 4) бундючний (претензійний) жест 5) пишність; ефектна демонстрація (*чого-н.*) 6) *муз.* туш, фанфари **2.** *v* 1) пишно рости, буяти 2) процвітати; бути в розквіті; досягати успіхів 3) жити, діяти (*у певну епоху*) 4) розмахувати (*чим-н.*) 5) виставляти напоказ, хвастати 6) робити розчерк (*пером*) 7) кучеряво (пишномовно) висловлюватися 8) прикрашати (*квітами й под.*); **~ing** *a* 1) здоровий, квітучий 2) процвітаючий; що досягає великих успіхів

flout [flaʊt] *v* 1) глузувати, кепкувати; насміхатися 2) знущатися 3) ставитися із зневагою, висловлювати презирство

flow [fləʊ] **1.** *n* 1) течія, виливання; витікання 2) потік, струмінь 3) плавність ліній (*сукні, фігури*) 4) хід; плин 5) достаток 6) *фізіол.* менструація 7) приплив (*морський*) 8) болото, мочар **2.** *v* 1) текти, литися 2) струменіти, дзюрчати 3) безперервно рухатися 4) ринути; вибухнути потоком 5) прибувати, підніматися (*про воду*) 6) заливати, затопляти 7) спадати (*про зборки сукні й под.*) 8) точитися, тривати (*про бесіду й под.*) 9) виникати, відбуватися 10) походити, випливати 11) *фізіол.* менструювати; **~chart** *n* 1) діаграма, схема 2) схема потоку інформації 3) *обч.* блок-схема; **~ing**

a 1) гладкий, плавний (*про стиль*) 2) м'який (*про контур*) 3) що спадає 4) що піднімається (*припливає*) 5) текучий, проточний

flown [fləʊn] *p. p. від* **fly II 2**

flower [ˈflaʊə] **1.** *n* 1) квітка; квітуча рослина 2) розквіт; цвітіння 3) цвіт, краща (добірна) частина, окраса (*чого-н.*) 4) *pl* прикраса, орнамент **2.** *v* 1) цвісти, квітнути 2) бути (перебувати) в розквіті 3) вирощувати, доводити до цвітіння; **~bed** *n* клумба; **~ed** *a* прикрашений квітковим візерунком; **~et** *a* квітучий, укритий квітами; **f.-garden** *n* квітник; **f. girl** *n* квіткарка, продавщиця квітів; **~ing 1.** *n* 1) розквіт; цвітіння 2) *pl* зображення квітів **2.** *a* квітучий

flu [fluː] *n розм.* грип

fluctuat||e [ˈflʌktjʊeɪt] *v* 1) бути нестійким (нерішучим); вагатися 2) колихатися, хвилюватися 3) гойдатися (погойдуватися) на хвилях 4) колихати, коливати; **~ion** *n* 1) коливання; нестійкість, несталість 2) нерішучість, невпевненість, непевність 3) хитання, похитування, коливання

flue I [fluː] *n* 1) димар 2) комин

flue II [fluː] *n* пушок

flue III [fluː] *n* рибальська сітка

fluen||t [ˈfluːənt] **1.** *a* плавний, швидкий (*про мову*) **2.** *n* 1) струмінь 2) *мат.* інтеграл, змінна величина; **~cy** *n* плавність, вільність, невимушеність (*мови*)

fluid [ˈfluːɪd] **1.** *n* 1) рідина; рідинне (газоподібне) середовище 2) флюїд **2.** *a* 1) рідкий, газоподібний 2) текучий, плинний, мінливий; нестійкий, нетривкий 3) плавний, гладкий (*про стиль*); **~ity** [ˈfluːɪdɪtɪ] *n* 1) рідкий стан 2) ступінь густоти 3) текучість, плинність 4) вільність, гладкість, плавність (*мови*) 5) рухливість, мінливість

fluke I [fluːk] *n* щасливий випадок; несподівана удача

fluke II [fluːk] *n* 1) трематода (*глист*) 2) *іхт.* камбала; палтус; пласка риба

flump [flʌmp] **1.** *n* глухий шум, стук **2.** *v* 1) падати із глухим стуком 2) ставити (кидати) (*що-н.*) на підлогу із глухим грюканням

flung [flʌŋ] *past і p. p. від* **fling 2**

fluorescen||ce [flʊ(ə)ˈres(ə)ns] *n* світіння, флуоресценція; **~t** *a* флуоресцентний

flurry [ˈflʌrɪ] **1.** *n* 1) сильний порив вітру, шквал 2) раптова злива; снігопад 3) вибух активності 4) збудження, занепокоєння, хвилювання; метушня; поспіх **2.** *v* (*зазв. р. р.*) хвилювати, збуджувати; тривожити, турбувати, бентежити

flush I [flʌʃ] **1.** *n* 1) приплив крові; раптове почервоніння (*обличчя*), рум'янець 2) змивання (промивання) сильним струменем води

3) потік (*води*) 4) приплив (*почуття*); захват (*успіхом і под.*) 5) розквіт (*сил і под.*) 6) швидкий приплив, раптовий достаток (*чого-н.*) 7) напад (*лихоманки*) 8) буйний ріст (*зелені*) **2.** *a* 1) повний (*по вінця*) 2) сповнений життя, життєрадісний, повнокровний 3) *predic.* багатий (*на що-н.*) 4) щедрий; марнотратний 5) прямий, рішучий, певний **3.** *v* 1) зашарітися, спалахнути 2) збуджувати, запалювати 3) раптово политися (ринути); литися 4) промивати сильним струменем 5) бити струменем; рясно текти 6) затопляти, наповнювати вщерть 7) змивати

flush II [flʌʃ] **1.** *n* сполохана зграя птахів **2.** *v* 1) полохати, лякати (*дичину*) 2) злітати, спурхувати

fluster [ˈflʌstə] **1.** *n* хвилювання **2.** *v* 1) хвилювати(ся); збуджувати(ся) 2) злегка сп'янити

flute [flu:t] **1.** *n* 1) флейта 2) флейтист **2.** *v* 1) грати на флейті 2) свистіти (*про птахів*)

flutter [ˈflʌtə] **1.** *n* 1) тріпотіння, дрижання 2) розмахування, змахування, махання 3) збудження, хвилювання 4) швидкі, метушливі рухи 5) *мед.* тріпотіння, мерехтіння **2.** *v* 1) змахувати (бити) крилами; перепурхувати 2) тріпотіти; битися нерівно (*про серце*) 3) тремтіти, дрижати; майоріти 4) дрижати від хвилювання; хвилювати(ся), турбувати(ся) 5) швидко й метушливо рухатися

fluvial [ˈflu:vɪəl] *a* річковий

flux [flʌks] **1.** *n* 1) течія; потік 2) приплив 3) постійна зміна (*стану*); постійний рух 4) *мед.* витікання, сильне виділення (*крові*) 5) *мед.* пронос **2.** *v* 1) витікати, стікати 2) давати проносне

fly I [flaɪ] *n ент.* муха; **~catcher** *n* 1) *орн.* мухоловка 2) *ент.* павук; **f.-trap** *n* 1) *орн.* мухоловка 2) *бот.* кендир; **~weight** *n* найлегша вага

fly II [flaɪ] **1.** *n* політ; відстань польоту **2.** *v* (flew, flown) 1) летіти, літати, пролітати 2) летіти літаком 3) пілотувати (*літак*) 4) переправляти пасажирів (*вантажі*) повітрям 5) майоріти 6) відлітати, щезати (*тж перен.*) 7) тікати 8) звітрюватися; зникати, розсіюватися 9) злітати, зриватися (*про слова*) 10) мчати, поспішати; **f. agaric** *n бот.* мухомор; **f.-away** *a* 1) що перевозиться повітрям 2) широкий, вільний (*про одяг*) 3) легковажний, непостійний (*про людину*); **f.-by-night** *a* 1) ненадійний; безвідповідальний 2) непостійний; тимчасовий; **~ing 1.** *n* 1) політ, польоти 2) пілотування 3) льотна справа **2.** *a* 1) що майорить (тріпотить) 2) швидкий, навальний 3) *ав.* льотний; **f. field** летовище 4) літаючий; летючий; літальний; **~ing fish** *n іхт.* летюча риба; **~ing saucer** *n* літаюча тарілка, НЛО; **~over** *n* естакада; **f.-sheet** *n* 1) листівка 2) зміст

foal [fəʊl] **1.** *n зоол.* лоша; осля **2.** *v* жеребитися

foam [fəʊm] **1.** *n* піна **2.** *v* пінитися; покриватися піною

focus [ˈfəʊkəs] **1.** *n* (*pl* -ci, -ses [-ɪz]) 1) *фіз.* фокус 2) осередок; центр, скупчення **2.** *v* 1) збирати у фокус; фокусувати 2) розташовувати у фокусі 3) зосереджувати (*увагу й под.*; on — на чому-н.*)

foe [fəʊ] *n* ворог

foetus [ˈfi:təs] *n* утробний плід; зародок; ембріон

fog [fɒg] **1.** *n* 1) густий туман 2) дим (пил, курява), що стоїть у повітрі; імла 3) неясність; збентеженість **2.** *v* 1) огортати (укривати) туманом 2) затуманювати(ся) 3) напускати туману, спантеличувати, бентежити; **~gy** *a* 1) туманний 2) темний, імлистий 3) неясний, невиразний; плутаний

fogey = fogy [ˈfəʊgɪ] *n* старомодна (відстала, консервативна, дивакувата) людина (*зазв.* old ~)

foible [ˈfɔɪbl] *n* 1) уразливе місце, недолік, вада 2) химера

foil I [fɔɪl] *n* 1) фольга, станіоль 2) контраст; тло

foil II [fɔɪl] **1.** *n мисл.* слід звіра **2.** *v* 1) зривати, розладнувати плани 2) збивати (*собаку*) зі сліду

foil III [fɔɪl] *n* фехтувальна рапіра

fold I [fəʊld] **1.** *n* 1) складка, згин 2) западина, падь; звивини ущелини (каньйону) **2.** *v* 1) складати (*тканину й под.*); згинати, перегинати 2) загортати (in); **~er** *n* тека, швидкозшивач; **~ing-bed** *n* складане ліжко, розкладачка

fold II [fəʊld] **1.** *n* 1) загорода (*для овець*); кошара 2) отара (*овець*) 3) *церк.* паства **2.** *v* заганяти (*овець*)

foliage [ˈfəʊlɪɪdʒ] *n* листя

foliate 1. *a* [ˈfəʊlɪɪt] 1) листоподібний 2) листяний **2.** *v* [ˈfəʊlɪeɪt] покриватися листям

folio [ˈfəʊlɪəʊ] *n* (*pl* -os [-əʊz]) 1) ін-фоліо (*формат на піваркуша*) 2) фоліант

folk [fəʊk] *n* 1) (ужив. з дієсл. у мн.) люди 2) *pl* народ, населення; **~lore** [ˈfəʊklɔ:(r)] *n* фольклор; **f. song** *n* народна пісня

follicle [ˈfɒlɪk(ə)l] *n ент.* кокон 2) *бот.* стручок

follow [ˈfɒləʊ] *v* 1) іти слідом, іти за ким-н. 2) бути спадкоємцем, успадковувати 3) супроводжувати (*кого-н.*) 4) поділяти погляди, підтримувати; бути послідовником 5) займатися; обирати своєю професією 6) переслідувати, гнатися 7) стежити, проводжати (поглядом) 8) слухати, стежити (за словами); слідкувати поглядом 9) логічно виходити, випливати; відповідати; **~er** n 1) послідовник; прихильник, учень, наступник 2) залицяльник, пошановувач; **~ing** 1. n 1) збір. послідовники, прихильники 2) постійні читачі 3) почет 4) прямування 5) покликання, професія 6) (the ~) таке 2. a 1) такий, наступний 2) нижченаведений, нижчезгаданий 3) попутний (вітер, течія) 3. prep після; слідом за; **f.-up** n 1) перевірка виконання 2) послідовне виконання 3) нова інформація 4) система стеження

folly [ˈfɒlɪ] n 1) дурниця; божевілля; безглуздя 2) безглуздий (нерозсудливий) учинок 3) примха, химера, забаганка, каприз

foment [fəʊˈment] v підбурювати, роздувати, розпалювати; **~ation** n 1) підбурювання, розпалювання (ворожнечі й под.) 2) припарка

fond [fɒnd] a 1) ніжний, люблячий 2): **to be ~ of smb., smth.** любити кого-н., що-н. 3) надто довірливий (оптимістичний) 4) нерозсудливий; марний; емоційний; **~le** v пестити, голубити; ніжно гладити; **~ling** n 1) пестощі; ласка 2) улюбленець, пестун; **~ness** n 1) ніжність, кохання 2) пристрасть (до чого-н.) 3) нерозсудливість, дурість

font [fɒnt] n церк. купіль

food [fuːd] n 1) харчі, харчування; їжа 2) продукти харчування, їстівні припаси, провізія, продовольство; **~stuffs** n продовольство, продукти харчування

fool||ery [ˈfuːlərɪ] n 1) дурощі 2) дурна поведінка, пустощі, безглузді витівки 3) збір. дурні; **~hardy** a 1) відчайдушно хоробрий, відчайдушний 2) що любить ризик; **~ish** a 1) дурний; нерозсудливий 2) безглуздий, нісенітний 3) придуркуватий, недоумкуватий; **~ishness** n 1) дурість, нерозсудливість 2) безглуздість; **f.-proof** a 1) нескладний; зрозумілий, простий 2) вірний, надійний; **~'s paradise** n безжурне існування; самоомана

foot [fʊt] 1. n (pl feet) 1) ступня; нога (нижче щиколотки) 2) лапа (тварини) 3) носок (панчохи) 4) основа, опора, підніжжя 5) крок, хода, поступ 6) (pl часто без змін) фут (= 30,48 см) 2. v 1) (зазв. ~ it) іти пішки, крокувати 2) оплачувати, сплачувати, заплатити 3) підсумовувати; підраховувати; **~ball** n 1) футбол 2) футбольний м'яч; **~baller** n футболіст; **f. brake** n ножне гальмо; **~bridge** n пішохідний місток; **~fall** n 1) звук кроків 2) поступ, хода; **f.-gear** n збір. 1) взуття 2) панчохи і шкарпетки; **~hill** n передгір'я; **~hold** n опора (точка опори) для ніг

~ing n 1) міцне становище (у суспільстві й под.) 2) підмурівок, фундамент 3) стосунки 4) підсумок; **~less** a 1) безногий 2) безпідставний; **~loose** a вільний, незалежний, необмежений; **~man** n 1) (лівірейний) лакей 2) піхотинець 3) підставка, тринога; **~mark** n слід, відбиток (ступні); **~pace** n крок; **f.-passenger** n пішохід; **f. soldier** n піхотинець; **~stalk** n бот. стебло; черешок; квітконіжка; **~step** n 1) крок, поступ, хода 2) звук кроків 3) слід, відбиток (ноги); **~way** n пішохідна доріжка; хідник; **~wear** n взуття; **~worn** a 1) стомлений (мандрівник) 2) затоптаний; потертий (ногами); виходжений (про стежину)

for [fɔː (повна ф.); fə (редук. ф.)] prep 1) для, заради; передається тж Д. в.; **f. my sake** заради мене; **f. sale** для продажу 2) за 3) заради, за (про мету); **just f. fun** жартуючи 4) проти, від; **medicine f. a cough** ліки від кашлю 5) у напрямі; до 6) через, за, унаслідок 7) протягом, упродовж 8) на відстані 9) замість, в обмін; за (що-н.) 10) на (певний момент) 11) цього; на; **f. (this) once** цього разу 12) від; передається тж Р. в.; **member f. Oxford** член парламенту від Оксфорда 13) ужив. зі скл. додатком та ін. скл. членами реч.: **this is f. you to decide** ви повинні вирішити це самі

forage-cap [ˈfɒrɪdʒkæp] n 1) кашкет, картуз 2) війс. пілотка

forasmuch...as [fərəzˈmʌtʃ...əz] adv беручи до уваги, через те, що; оскільки

foray [ˈfɒreɪ] 1. n набіг, напад; мародерство 2. v 1) чинити грабіжницький напад 2) спустошувати, грабувати

forbade [fəˈbeɪd] past від **forbid**

forbear [fɔːˈbeə] v (forbore; forborne) книжн. 1) утримуватися (from) 2) бути терплячим 3) уникати, ухилятися; **~ance** n 1) витримка 2) помірність 3) терплячість, поблажливість, стриманість, толерантність 4) юр. відмова від застосування примусових (судових) заходів

forbid [fəˈbɪd] v (forbad, forbade; forbidden) 1) забороняти, не давати дозволу 2) не давати можливості, перешкоджати 3) заперечувати, відмовлятися; **~den** a заборонений; **~ding** a 1) непривабливий, огидний, відразливий 2) загрозливий; грізний; жахливий 3) неприступний

forbidden [fəˈbɪd(ə)n] p. p. від **forbid**

forc||e [fɔːs]. 1. n 1) сила, міць 2) авторитет, престиж 3) насильство, примус 4) озброєний загін, частина; з'єднання 5) збройні сили, війська 6) сила, дієвість, чинність (закону, постанови) 7) вплив 8) переконливість; рація резон 9) зміст, значення **2.** *v* 1) змушувати, примушувати; нав'язувати, накидати 2) застосовувати силу, брати силоміць 3) робити (*що-н.*) через силу 4) прискорювати (*ходу й под.*) 5) надмірно напружувати, перенапружувати; **~ed** *a* 1) примусовий, вимушений 2) натягнутий; афектований, удаваний; неприродний, присилуваний; **~edly** *adv* 1) вимушено, насильно 2) натягнуто, силувано; удавано; **~eful** *a* 1) сильний, потужний 2) владний, вольовий 3) дієвий, переконливий; **f.-land** *v av.* робити вимушену посадку; **~eless** *a* безсилий; **~ible** *a* 1) насильницький, насильний, примусовий 2) вагомий, переконливий (*доказ і под.*); вражаючий; **~ing** *n* 1) насильство, примус, силування 2) стимуляція (*росту*)

forcemeat [ˈfɔːsmiːt] *n* фарш

ford [fɔːd] **1.** *n* брід **2.** *v* переходити вбрід

fore [fɔː] **1.** *n* мор. ніс **2.** *a* 1) передній 2) мор. носовий

fore- [fɔː-] *pref* перед-; **forearm** передпліччя; **to foresee** передбачати

forebod||e [fɔːˈbəʊd] *v* 1) провіщати, віщувати 2) передчувати, мати (погані) передчуття; **~ing** *n* 1) (погане) передчуття 2) погана прикмета; провісник лиха

forecast [ˈfɔːkɑːst] **1.** *n* 1) пророкування, провіщення; прогноз 2) передбачення, завбачення **2.** *v* (-ed [-ɪd]) 1) передбачати, завбачати; прогнозувати 2) бути передвістком (ознакою), передвіщати

foreclose [fɔːˈkləʊz] *v* 1) виключати 2) *юр.* позбавляти права користування 3) *юр.* позбавляти права викупу закладеного майна 4) вирішувати наперед (*питання й под.*)

foredoom [fɔːˈduːm] *v* (*зазв. pass.*) 1) визначати (вирішувати) наперед (*долю*) 2) прирікати (to) 3) передбачати, провіщати (*долю*)

forefather [ˈfɔːfɑːðə] *n* (*зазв. pl*) предок, прабатько

forefinger [ˈfɔːfɪŋɡə] *n* вказівний палець

forefront [ˈfɔːfrʌnt] *n* найважливіше місце, центр діяльності

forego [fɔːˈɡəʊ] *v* (forewent; foregone) передувати; **~ing** *a* попередній, згаданий вище, вищезгаданий, вищезазначений; **~ne** 1) відомий (прийнятий) заздалегідь (наперед), неминучий 2) колишній, минулий

foreground [ˈfɔːɡraʊnd] *n* 1) передній план (*картини*) 2) видне місце 3) *театр.* авансцена

forehanded [ˈfɔːhændɪd] *a* своєчасний, завчасний

forehead [ˈfɒrɪd] *n* 1) лоб, чоло 2) передня частина (*чого-н.*)

foreign [ˈfɒrɪn] *a* 1) чужоземний, іноземний 2) закордонний 2) чужий, незнайомий 3) зовнішній, іноземний 4) сторонній; **~er** *n* 1) іноземець, чужоземець 2) чужинець, стороння людина

forejudge [fɔːˈdʒʌdʒ] *v* приймати упереджене рішення; визначати наперед

foreknow [fɔːˈnəʊ] *v* (-new; -nown) знати наперед (заздалегідь), передбачати; **~ledge** *n* передбачення

foreland [ˈfɔːlənd] *n* 1) мис, виступ, коса 2) прибережна (приморська) смуга 3) *геол.* передгір'я

forelock [ˈfɔːlɒk] *n* пасмо волосся на чолі; оселедець; чуб; вихор

foreman [ˈfɔːmən] *n* майстер; старший робітник; десятник; виконроб, технік; начальник цеху

foremost [ˈfɔːməʊst] **1.** *a* 1) передній, передовий, перший 2) основний, головний 3) видатний **2.** *adv* на першому місці, перш за все; насамперед, по-перше

forename [ˈfɔːneɪm] *n* ім'я (*на відміну від прізвища*); **~d** *a* вищезгаданий

forenoon [ˈfɔːnuːn] *n* час до полудня; ранок

forensic [fəˈrensɪk, -zɪk] *a* судовий

foreordain [ˌfɔːrɔːˈdeɪn] *v* визначати наперед (заздалегідь), зумовлювати

forepart [ˈfɔːpɑːt] *n* 1) передня (перша) частина (*чого-н.*) 2) перший, більш ранній період часу; початок

forerun [fɔːˈrʌn] *v* (foreran; forerun) 1) передувати 2) передвіщати, провіщати; **~ner** *n* 1) попередник; предтеча 2) провісник, передвісник

foresee [fɔːˈsiː] *v* (-saw; -seen) передбачати, знати наперед (заздалегідь); **~able** *a* передбачений

foreshore [ˈfɔːʃɔː] *n* берегова смуга, затоплювана приливом

foreshorten [fɔːˈʃɔːtn] *v* малювати (креслити) в перспективі (в ракурсі)

foreshow [fɔːˈʃəʊ] *v* (-wed [-d]; -wn) пророкувати, передвіщати

foresight [ˈfɔːsaɪt] *n* 1) передбачливість 2) *війс.* мушка

foreskin [ˈfɔːskɪn] *n анат.* крайня плоть

forest [ˈfɒrɪst] **1.** *n* 1) ліс 2) мисливський заповідник; заказник **2.** *v* засаджувати лісом, садовити ліс; **~er** *n* 1) лісник, лісничий 2) мешканець лісу 3) лісова тварина; лісовий птах; **~ry** *n* 1) лісівництво; лісове господарство 2) лісництво 3) ліси, лісові масиви

forestall [fɔːˈstɔːl] *v* 1) попереджати, застерігати; запобігати 2) передбачати, випереджати 3) скуповувати товари, перешкоджати надходженню товарів на ринок з метою підвищення цін

foretaste 1. *n* ['fɔːteɪst] смакування (наперед); передчуття **2.** *v* [fɔː'teɪst] тішитися (смакувати) наперед; передчувати
foretell [fɔː'tel] *v* (-told) пророкувати, провіщати; передбачати
forethought ['fɔːθɔːt] *n* 1) продуманість, обдуманість 2) навмисність, умисність 3) завбачливість, передбачливість 4) піклування, опікування
forethoughtful [fɔː'θɔːtf(ə)l] *a* 1) завбачливий, передбачливий 2) дбайливий, турботливий
foretime ['fɔːtaɪm] *n* минулі часи; минуле
forever [fə'revə] *int* хай живе!, віват!
forewarn [fɔː'wɔːn] *v* застерігати, попереджати
foreword ['fɔːwɜːd] *n* передмова, вступ
forfeit ['fɔːfɪt] **1.** *n* 1) штраф 2) розплата (*за злочин і под.*) 3) фант 4) *pl* гра у фанти 5) конфіскована річ 6) конфіскація; накладення штрафу; позбавлення права (*на що-н.*) 7) утрата права (*на що-н.*) **2.** *a* конфіскований **3.** *v* 1) утрачати (*що-н.*), позбутися (*чого-н.*) 2) поплатитися (*чим-н.*) 3) утрачати право (*на що-н.*); **~ure** *n* 1) утрата (*прав і под.*) 2) позбавлення (*прав, майна й под.*) 3) конфіскація
forgather [fɔː'gæðə] *v* 1) збиратися 2) зустрічатися (*випадково*) 3) об'єднуватися, триматися вкупі
forgave [fə'geɪv] *past від* **forgive**
forge [fɔːdʒ] *v* 1) фальсифікувати 2) повільно (із труднощами) просуватися уперед 3) поступово виходити на перше місце; очолювати, лідирувати (*тж* ~ ahead)
forget [fə'get] *v* (-got; -gotten) 1) забувати, не пам'ятати 2) випустити з уваги 3) зневажити, не оцінити належно; **~ful** *a* 1) забудькуватий, неуважний 2) неуважний, недбалий; безжурний, безтурботний; **f.-me-not** *n* 1) *бот.* незабудка, люби-мене
forgiv||e [fə'gɪv] *v* (-gave; -given) 1) прощати 2) не вимагати, не стягувати (*борг і под.*); відмовлятися; **~able** *a* простимий, прощений, пробачний; **~eness** *n* 1) прощення 2) поблажливість, вибачливість; **~ing** *a* поблажливий, вибачливий
forgiven [fə'gɪv(ə)n] *p. p. від* **forgive**
forgo [fɔː'gəʊ] *v* (forwent; forgone) відмовлятися, утримуватися (*від чого-н.*)
forgot [fə'gɒt] *past від* **forget**
forgotten [fə'gɒt(ə)n] *p. p. від* **forget**
fork [fɔːk] **1.** *n* 1) виделка 2) рогуля; вила; соха 3) камертон 4) розгалуження; роздоріжжя 5) відгалуження 6) рукав (*річки*) **2.** *v* 1) працювати (кидати, піднімати) вилами 2) розгалужуватися 3) роздвоювати; розщеплювати навпіл; **~ed** *a* 1) роздвоєний; розгалужений 2) двозначний 3) рогатий (*про чоловіка*)

forlorn [fə'lɔːn] *a* 1) жалюгідний, нещасливий 2) занедбаний, самітний, покинутий 3) зневірений; що втратив надію
form [fɔːm] **1.** *n* 1) форма; зовнішній вигляд; обрис 2) постать, фігура (*особ. людини*) 3) тип, різновид 4) зразок, бланк; анкета 5) клас (*у школі*) 6) порядок; узвичаєна (усталена) форма; формула 7) формальність, проформа 8) стиль, манера 9) етикет, церемонія 10) стан, готовність 11) настрій, душевний стан **2.** *v* 1) надавати форми (вигляду) 2) набирати форми (вигляду) 3) формувати(ся), утворювати(ся); будуватися 4) виховувати (*характер і под.*); дисциплінувати, тренувати; розвивати 5) виникати, оформлятися 6) являти собою; бути 7) складати, виробляти; формулювати; **~al 1.** *n амер.* 1) вечірня сукня 2) офіційний прийом **2.** *a* 1) офіційний 2) правильний 3) формальний 4) зовнішній, неглибокий; гаданий, уявний; **~alism** *n* формалізм; педантичність; **~alist** *n* формаліст; педант; **~ality** *n* 1) дотримання встановлених норм і правил; педантичність 2) формальність; заведена форма, процедура; **~alise** *v* 1) оформляти; робити офіційним, легалізувати 2) надавати офіційного статусу 3) діяти офіційно 4) підходити формально 5) надавати певної форми 6) формалізувати (*теорію*); **~at** *n* 1) формат книги 2) розмір, форма 3) характер, форма, вигляд 4) *обч.* формат; форма запису (надання інформації); **~ation** *n* 1) утворення, створення; формування; заснування 2) побудова, структура; конструкція; **~ative** *a* 1) утворювальний; творчий, що сприяє розвиткові (утворенню) формувальний 2) здатний рости (розвиватися) 3) що стосується формування (розвитку) 4) лінгв. словотворчий; **~less** *a* безформний, аморфний; невиразної форми; **f.-master** *n* класний керівник
former I ['fɔːmə] *n* укладач; творець
former II ['fɔːmə] *a* 1) минулий, колишній, давній, попередній 2) (the ~) перший (*із двох*)
formidable ['fɔːmɪdəb(ə)l, fə'mɪd-] *a* 1) страшний, грізний 2) дуже важкий; неперебориий 3) величезний, грандіозний; вражаючий; значний
formul||a ['fɔːmjʊlə] *n* (*pl* -as [-əz], -ae) 1) формула 2) лозунг, доктрина 3) рецепт 4) шаблон, стереотип; **~ate** *v* 1) виражати формулою 2) формулювати; **~ation** *n* 1) формулювання 2) узгоджене рішення 3) вироблення, розроблення (*плану й под.*) 4) *спец.* склад, рецептура (*ліків, страв і под.*); **~ism** *n* сліпе дотримування формули
forsake [fə'seɪk] *v* (-sook, -saken) 1) залишати, лишати, кидати 2) відмовлятися (*від звички*)

й под.); позбавлятися (*чого-н.*); **~n** *a* кинутий, покинутий; занедбаний
forswear [fɔːˈsweə] *v* (-wore, -worn) 1) відмовлятися, зрікатися 2) відкидати, заперечувати 3) неправдиво свідчити
forte I [fɔːt, ˈfɔːteɪ] *n* сильна риса (*людини*)
forte II [ˈfɔːt(e)ɪ] *adv, n муз.* форте
forth [fɔːθ] *adv* 1) уперед, далі 2) надалі 3) назовні; **~coming 1.** *n* поява, наближення **2.** *a* 1) *predic.* очікуваний 2) майбутній, прийдешній; **~right 1.** *a* 1) відвертий; прямолінійний, чесний 2) рішучий **2.** *adv* 1) прямо, просто 2) рішуче; **~with** *adv* зараз же, негайно
fortieth [ˈfɔːtɪəθ] **1.** *n* сорокова частина **2.** *num. ord.* сороковий
fortif‖**y** [ˈfɔːtɪfaɪ] *v* 1) зміцнювати, посилювати, укріпляти 2) захищати (*проти чого-н.*); загартовувати (*тіло*) 3) підтримувати (*морально, фізично*) 4) підтверджувати, підкріпляти (*фактами*); **~ied** *а* 1) *військ.* укріплений 2) кріплений (*про вино*) 3) збагачений; вітамінізований
fortissimo [fɔːˈtɪsɪməʊ] *adv, n муз.* фортисимо
fortitude [ˈfɔːtɪtjuːd] *n* сила духу, стійкість
fortnight [ˈfɔːtnaɪt] *n* два тижні; **~ly 1.** *a* двотижневий **2.** *adv* раз на два тижні
fortress [ˈfɔːtrɪs] *n* фортеця
fortuit‖**ous** [fɔːˈtjuːɪtəs] *a* 1) випадковий 2) щасливий, вдалий; **~y** *n* випадковість; випадок
fortun‖**e** [ˈfɔːtʃ(ə)n] *n* 1) удача; щастя 2) доля, фортуна; жереб 3) багатство, достаток; **~ate** *а* 1) щасливий, вдалий 2) сприятливий; **~ately** *adv* 1) щасливо 2) на щастя, завдяки щасливому випадкові; **~eless** *a* 1) невдатний; нещасний, безталанний 2) бідний, незаможний; **f.-teller** *n* ворожка, ворожбитка; провісник майбутнього
forty [ˈfɔːtɪ] *num. card.* сорок
forum [ˈfɔːrəm] *n* 1) форум 2) зал для лекцій, зборів 3) суд
forward [ˈfɔːwəd] **1.** *n спорт.* нападник **2.** *a* 1) передній, передовий 2) зухвалий, розв'язний; нахабний 3) передчасний, завчасний (*контракт*) 4) передовий, прогресивний 5) ранній, скоростиглий; передчасний 6) найкращий, видатний 7) готовий (*допомогти*) 8) радикальний, дієвий, рішучий **3.** *v* 1) відправляти, пересилати; надсилати 2) прискорювати; допомагати, сприяти **4.** *adv* 1) уперед, далі 2) наперед, надалі; **f.-looking** *a* 1) прогресивний, новаторський 2) завбачливий, передбачливий, далекоглядний; **~ness** *n* 1) ранній розвиток 2) готовність, запопадливість 3) самовпевненість; зухвалість, нахабність
fossil [ˈfɒsl] *a* **1.** 1) викопний 2) старомодний **2.** *n* копалина; **~ise** *v* перетворюватися на скам'янілість

foster [ˈfɒstə] *v* 1) заохочувати; сприяти розвиткові 2) живити (*почуття*); плекати (*думку*) 3) виховувати, виходжувати, доглядати; **~age** *n* 1) виховання (*чужої*) дитини 2) віддання (*дитини*) на виховання 3) заохочування; **f. brother** *n* молочний брат; **f.-child** *n* годованець; вихованець; **f.-father** *n* названий батько; **~ling** *n* вихованець; підопічний; прийомна дитина; **f.-mother** *n* 1) годувальниця 2) названа мати; **f. sister** *n* молочна сестра
fought [fɔːt] *past і р. р. від* **fight 2**
foul [faʊl] **1.** *n* 1) *спорт.* порушення правил гри 2) зіткнення (*човнів, вершників і под.*) 3) що-н. погане (*брудне й под.*) **2.** *a* 1) брудний, огидний 2) смердючий, гидкий 3) засмічений, забитий 4) забруднений; гнійний (*про рану*) 5) заразний (*про хворобу*) 6) безчесний, морально зіпсований; негідницький; зрадницький 7) непристойний, вульгарний 8) буремний, бурхливий; вітряний (*про погоду*) 9) чорновий; з безліччю виправлень 10) зустрічний (*про вітер*) **3.** *v* 1) бруднити(ся) 2) засмічувати(ся) *спорт.* нечесно грати 4) заплямовувати, знеславлювати; дискредитувати, кидати тінь (*на кого-н.*) 5) заважати (*рухові*); утворювати затор 6) стикатися **4.** *adv* нечесно; **~ly** *adv* 1) брудно, гидко, огидно 2) по-зрадницькому; жорстоко; **~ness** *n* 1) бруд 2) сморід 3) зіпсованість; **f. play** *n спорт.* нечесна гра; навмисне порушення правил
foumart [ˈfuːmɑːt] *n зоол.* чорний тхір
found I [faʊnd] *v* 1) засновувати (*місто*), започатковувати 2) закладати (*фундамент*) 3) організовувати, створювати 4) обґрунтовувати, підводити основу 5) спиратися, ґрунтуватися; **~ation** *n* 1) (*часто pl*) фундамент; підвалини, основа 2) заснування (*міста й под.*); закладання (*фундаменту й под.*) 3) обґрунтування, обґрунтованість, підстава 4) *pl* основи; принципи; **~ation stone** *n* наріжний камінь; основа; основний принцип
found II [faʊnd] *v* 1) топити 2) лити, виливати (*метал*) 3) варити (*скло*)
found III [faʊnd] **1.** *past і р. р. від* **find 2 2.** *a* забезпечений усім необхідним
found‖**er** [ˈfaʊndə] *n* засновник, фундатор; **~ress** *n* фундаторка, засновниця
foundling [ˈfaʊndlɪŋ] *n* підкидьок, знайда (*про дитину*); **f.-hospital** *n* притулок; виховний дитячий будинок
fountain [ˈfaʊntɪn] *n* 1) водограй, фонтан 2) джерело; верхів'я ріки 3) *перен.* основа, джерело; **~head** *n* 1) джерело 2) першоджерело; **f. pen** *n* авторучка
four [fɔː] **1.** *n* 1) (число) чотири 2) четвірка

(*цифра*) 3) *pl* четвертий номер (*розмір*) **2.** *num. card.* чотири; **f.-cornered** *a* 1) чотирикутний 2) за участі чотирьох сторін; **~fold 1.** *a* 1) що складається з чотирьох частин 2) що об'єднує в собі чотири предмети (елементи) 3) чотириразовий; збільшений у чотири рази **2.** *adv* у чотири рази більше; у чотириразовому розмірі; **~square 1.** *n* квадрат **2.** *a* квадратний **3.** *adv* квадратної форми; **~teen** *num. card.* чотирнадцять; **~teenth 1.** *n* чотирнадцята частина **2.** *num. ord.* чотирнадцятий; **~th** [fɔːθ] **1.** *n* чверть **2.** *num. ord.* четвертий; **~th dimension** *n* 1) *фіз.* четвертий вимір 2) що-н. потаємне; **~thly** *adv* по-четверте

fowl [faʊl] **1.** *n* 1) свійська птиця 2) птиця (*тж збір.*); дичина **2.** *v* 1) полювати на дичину 2) ловити птахів; **~er** *n* птахолов; **~ing bag** *n* мисл. ягдташ; **~ing piece** *n* мисливська рушниця

fox [fɒks] *n* 1) *зоол.* лисиця, лис 2) лисяче хутро 3) хитрун, лис 4) червонувато-жовтий (рудуватий) колір; **~bane** *n бот.* аконіт, борець; **~y** *a* 1) лисячий 2) *розм.* хитрий 3) рудий, червоно-бурий

foxtrot [ˈfɒkstrɒt] **1.** *n* фокстрот **2.** *v* танцювати фокстрот

foyer [ˈfɔɪeɪ] *n фр.* 1) фойє 2) вестибюль; хол (*у готелі й под.*)

fraction [ˈfrækʃ(ə)n] *n* 1) *мат.* дріб 2) частка, частинка, дрібка; уламок, скалка 3) відтинок (*часу*); **~al, ~ary** *a* 1) дрібний 2) частковий, неповний

fractious [ˈfrækʃəs] *a* 1) примхливий, вередливий 2) дратівливий, дражливий 3) непокірливий

fracture [ˈfræktʃə] **1.** *n мед.* перелом; розрив; тріщина **2.** *v* 1) ламати(ся); розбивати 2) бути ламким

fragil‖e [ˈfrædʒaɪl] *a* 1) крихкий, ламкий 2) тендітний, слабкий; ніжний 3) скороминучий, недовговічний; **~ity** *n* 1) крихкість, ламкість 2) тендітність, слабість; ніжність 3) неміцність, недовговічність; скороминущість

fragment [ˈfrægmənt] *n* 1) уламок; осколок, скалка; шматок 2) фрагмент; уривок; **~ary** *a* фрагментарний, уривчастий; **~ation** *n* 1) розпад, розпадання 2) дроблення, подрібнення; **~ed** *a* розбитий на шматки

fragran‖ce [ˈfreɪɡrəns] *n* 1) пахощі, аромат; **~t** *a* 1) духмяний, ароматний, запашний 2) чарівний

frail [freɪl] **1.** *n бот.* очерет **2.** *a* 1) крихкий, неміцний; нестійкий 2) слабкий, кволий, хворобливий 3) морально нестійкий; вабкий до спокуси 4) минущий, тлінний; **~ty** *n* 1) крихкість, неміцність 2) слабкість, кволість, хворобливість 3) моральна нестійкість, вада 4) минущість, тлінність

frame [freɪm] **1.** *n* 1) рамка, рама 2) парникова рама 3) остов, кістяк 4) *pl* оправа (*окулярів*) 5) статура 6) будова, побудова, структура; система 7) конструкція; споруда, будова 8) характер, склад 9) *кіно* кадр **2.** *v* 1) уставляти в рамку; обрамовувати 2) будувати, споруджувати, конструювати 3) створювати, виробляти; складати; пристосовувати 5) виcловлювати; формулювати 6) вимовляти

franc [fræŋk] *n* франк (*грошова од.*)

franchise [ˈfræntʃaɪz] *v* 1) право голосу 2) виборчий ценз 3) привілей

Franciscan [frænˈsɪskən] **1.** *n* францисканець (*чернець*) **2.** *a* францисканський

frangible [ˈfrændʒəb(ə)l] *a* ламкий, крихкий

frank [fræŋk] *a* 1) щирий, відвертий, відкритий 2) *мед.* явний, очевидний

frankincense [ˈfræŋkɪnˌsens] *n* пахощі, ладан

frantic [ˈfræntɪk] *a* 1) несамовитий, божевільний 2) страшний, жахливий 3) шалений, нестямний

fratern‖al [frəˈtɜːn(ə)l] *a* братерський, братній; **~ity** *n* 1) братерство 2) братство, громада, співдружність 3) спільність поглядів 4) група людей, пов'язаних спільними інтересами (*професією та под.*); **~ise** *v* 1) ставитися по-братерському 2) брататися

fratricid‖al [ˌfrætrɪˈsaɪdl] *a* братовбивчий; **~e** *n* 1) братовбивця 2) братовбивство

fraud [frɔːd] *n* 1) *юр.* обман; шахрайство 2) ошуканець, шахрай; **~ulent** *a* облудний; шахрайський

fraught [frɔːt] *a* повний; сповнений (*чого-н.*); багатий (*на що-н.*)

fray I [freɪ] *n* 1) сутичка, бійка 2) гучна сварка, скандал

fray II [freɪ] *n* дірка; протерте місце

freakish [ˈfriːkɪʃ] *a* 1) примхливий, вибагливий; капризний 2) дивний, химерний, дивацький

freckle [ˈfrek(ə)l] **1.** *n* веснянка, ластовинка **2.** *v* укривати(ся) веснянками (ластовинням); **~d** *a* веснянкуватий, ластатий

free [friː] **1.** *a* 1) вільний 2) незалежний (*політично*) 3) позбавлений (of, from — *чого-н.*); вільний (of, from — *від чого-н.*) 4) добровільний 5) безпосередній, природний 6) безоплатний, безкоштовний 7) незайнятий, вільний 8) відкритий, приступний 9) відвертий, відвертий **2.** *adv* 1) вільно 2) безплатно, безкоштовно **3.** *v* 1) звільняти; випускати на свободу 2) визволяти; **~booter** *n* грабіжник; пірат, флібустьєр, корсар; **~dom** *n* 1) свобода, воля, незалежність 2) звільнення

3) право; почесні права і привілеї 4) прямота, відвертість 5) легкість, невимушеність; **f. enterprise** *n ек.* вільне підприємництво; **f. hand** *n* 1) свобода дій 2) малюнок від руки 3) щедра рука; **f.-hearted** *a* 1) щирий, відвертий, щиросердий 2) щедрий; **f.-list** *n* 1) список товарів, що не оподатковуються 2) список осіб пільгової категорії; **f.-liver** *n* жуїр, бонвіван; **~ly** *adv* 1) вільно 2) щедро, рясно; широко 3) відверто, відкрито; **~man** *n* 1) почесний громадянин міста 2) вільний (незалежний, повноправний) громадянин 3) повноправний член (*якого-н.*) товариства; **f.-spoken** *a* відвертий, прямий (*у висловлюваннях*); **~style** *n спорт.* 1) плавання вільним стилем 2) фристайл, фігурне катання на лижах; **~thinker** *n* 1) вільнодумець 2) атеїст; **f. trade** *n* 1) безмитна торгівля 2) вільна торгівля; **~way** *n амер.* 1) швидкісна автострада із транспортними розв'язками 2) автострада безкоштовного користування

freez‖e [friːz] *v* (froze; frozen) 1) замерзати, перетворюватися на лід; покриватися кригою (*часто ~ over*) 2) мерзнути, замерзати, клякнути, заклякнути 3) морозити, заморожувати 4) (*у безособових зворотах*): **it ~es** морозить 5) *перен.* холонути, застигати 6) заморожувати (*фонд і под.*); **~ing** **1.** *n* 1) замерзання 2) застигання, твердіння 3) заморожування 4) відмороження 5) *ек.* заморожування, блокування **2.** *a* 1) охолоджувальний 2) *перен.* крижаний; льодяний; холодний, відразливий

freight [freɪt] **1.** *n* 1) перевезення вантажів 2) фрахт, вартість перевезення 3) фрахт, вантаж 4) *tягар* **2.** *v* 1) вантажити 2) фрахтувати; **~age** *n* 1) перевезення вантажів 2) фрахтування 3) вартість перевезення 4) вантаж 5) вантажомісткість; **~er** *n* 1) фрахтівник; вантажовідправник 2) фрахтовий агент 3) вантажне судно

French [frentʃ] **1.** *n* 1) (the ~) *pl збір.* французи; французький народ 2) французька мова **2.** *a* французький

fren‖zy [ˈfrenzɪ] *n* 1) безумство, сказ; шаленство 2) безумна думка 3) шалена пристрасть; **~etic** *a* 1) шалений, божевільний 2) фанатичний; **~zied** *a* шалений, божевільний

frequent 1. *a* [ˈfriːkwənt] 1) частий 2) звичайний; що часто трапляється 3) часто повторюваний 4) постійний, звичний 5) пришвидшений (*пульс*) **2.** *v* [frɪˈkwent] 1) часто відвідувати 2) постійно (часто) бувати (*з ким-н.*); **~er** *n* постійний відвідувач, завсідник

fresco [ˈfreskəʊ] **1.** *n* (*pl* -os, -oes [-əʊz]) 1) фреска 2) фресковий живопис **2.** *v* прикрашати фресками

fresh [freʃ] **1.** *n* 1) прохолода; прохолодний час 2) шквал, порив **2.** *a* 1) свіжий; щойно одержаний 2) новий; інший 3) натуральний; свіжий; неконсервований 4) чистий, свіжий (*про повітря*) 5) свіжий, здоровий, квітучий 6) новий, додатковий, ще один 7) оригінальний, несподіваний; незнайомий 8) бадьорий; сповнений сил 9) прісний (*про воду*) 10) недосвідчений, ненависний; **~en** *v* 1) свіжіти, свіжішати 2) опріснити (*воду*) 3) освіжати (*у пам'яті*); **~et** *n* повідь, повінь; **~ly** *adv* 1) свіжо 2) бадьоро 3) недавно, щойно, нещодавно; **~man** *n* першокурсник; **~water** *a* прісноводний

fret I [fret] **1.** *n* роздратування, хвилювання; мука **2.** *v* 1) роздратовувати(ся); хвилювати(ся), турбувати(ся); мучити(ся) 2) роз'їдати, підточувати, розмивати; **~ful** *a* 1) дратівливий, примхливий, капризний, вередливий 2) поривчастий, рвучкий (*про вітер*)

fret II [fret] *n муз.* лад (*у гітарі й под.*)

friab‖ility [ˌfraɪəˈbɪlɪtɪ] *n* пухкість; ламкість, крихкість; **~le** *a* пухкий; ламкий, крихкий

friary [ˈfraɪ(ə)rɪ] *n* чоловічий монастир

fribble [ˈfrɪbl] **1.** *n* 1) ледар, ледащо, нероба 2) дрібниця 3) фривольність **2.** *v* 1) ледарювати 2) фривольничати, поводитися фривольно 3) марно витрачати

fricative [ˈfrɪkətɪv] *фон.* **1.** *n* фрикативний звук **2.** *a* фрикативний

friction [ˈfrɪkʃ(ə)n] *n* 1) тертя 2) зчеплення 3) розтирання, обтирання 4) незгоди, чвари, розбіжності

Friday [ˈfraɪdɪ] *n* п'ятниця

friend [frend] *n* 1) друг, приятель 2) прихильник, доброзичливець 3) товариш, колега 4) знайомий; **~less** *a* самітний, самотній; **~ly** *a* 1) приятельський, приязний; товариський; дружелюбний 2) дружній 3) співчутливий; схвальний (to) 4) сприятливий; **~ship** *n* 1) дружба, приятелювання 2) дружелюбність, приязність

frigate [ˈfrɪgɪt] *n* 1) *мор.* фрегат 2) *орн.* фрегат

fright [fraɪt] *n* 1) переляк, страх 2) *розм.* опудало, страхіття; **~en** *v* лякати, страхати; **~ened** *a* переляканий, наляканий, зляканий; **~ful** *a* страшний, жахливий

frigid [ˈfrɪdʒɪd] *a* 1) холодний 2) байдужий, безпристрасний 3) фригідний (*зазв. про жінку*); **~ity** [frɪˈdʒɪdɪtɪ] *n* 1) морозяність, холод 2) байдужість 3) фригідність

frill [frɪl] *n* 1) мережка; жабо; оборка 2) *pl* кривляння, гримаси

frisk [frɪsk] **1.** *n* 1) стрибок 2) жарт, веселощі **2.** *v* 1) гратися, стрибати (*про дітей, молодих тварин*) 2) махати (*віялом*) 3) крутити, вертіти, виляти (*хвостом*); **~y** *a* жвавий, моторний; грайливий

fritter [´frɪtə] *v* ділити(ся) (розпадатися) на дрібні частини
frivol‖ity [frɪ´vɒlɪtɪ] *n* 1) легкодумство; легковажний учинок 2) фривольність; **~ous** [´frɪvələs] *a* 1) дріб'язковий, незначний 2) пустий, легковажний (*про людину*) 3) фривольний 4) поверховий
frizz [frɪz] **1.** *n* 1) кучері 2) кучеряве волосся **2.** *v* завивати(ся), вити(ся); **~ed** *a* завитий (*про волосся*); **~y** *a* кучерявий; завитий
frizzle I [´frɪzl] **1.** *n* 1) завивка (*зачіска*) 2) кучері **2.** *v* завивати(ся) (*up*)
frizzle II [´frɪz(ə)l] *v* 1) смажити(ся) із шипінням 2) обпікати(ся) 3) знемагати від спеки
frock [frɒk] *n* 1) жіноча (дитяча) сукня 2) ряса 3) халат, робоча блуза; **f.-coat** *n* сюртук
frog I [frɒg] *n* зоол. жаба; **~gy** *a* жаб'ячий
frog II [frɒg] *n* 1) оздоблення (застібка) на одязі 2) аксельбант
frolic [´frɒlɪk] **1.** *n* 1) пустощі; моторність; веселощі 2) весела гра **2.** *a* пустотливий, веселий **3.** *v* гратися, пустувати; веселитися, розважатися
from [frɒm (*повна ф.*); frəm (*редук. ф.*)] *prep* 1) у просторовому знач. від, (із) з (*передається тж префіксами*); **where is he coming f.?** звідки він? 2) указує на відправну точку, вихідний пункт, межу (із) з, від; **f. the beginning of the book** з початку книги 3) *указує на часові відношення* (із) з, від; **f. a child** з дитинства 4) *указує на відібрання, вилучення, поділ і под.* (у) в, (із) з, від; **to exclude f. the number** виключити зі складу 5) *указує на звільнення від обов'язків, порятунок від небезпеки й под.* від; **to hide f. smb.** сховатися від кого-н. 6) *указує на джерело, походження* від, (із) з, по; **I know it f. the papers** я знаю це з газет 7) *указує на причину, підставу для дії* від, (із) з, по; **to suffer f. cold** страждати від холоду 8) *указує на розходження* від, (із) з; **to do things differently f. other people** учиняти не так, як усі
frond [frɒnd] *n* 1) гілка з листям 2) бот. листок папороті (пальми)
front [frʌnt] **1.** *n* 1) перед; передня сторона 2) передній план 3) фасад; чільний бік (*чого-н.*) 4) обличчя **2.** *a* 1) передній 2) фон. передньоязиковий **3.** *v* виходити на; бути оберненим на 2) знаходитися, бути розташованим перед (*чим-н.*), попереду (*чого-н.*) 3) прикрашати фасад 4) протистояти; **~age** *n* 1) фасад 2) присадок 3) межа земельної ділянки; **f.-bencher** *n* парл. 1) міністр 2) колишній міністр 3) керівник опозиції; **~ier** *n* 1) кордон 2) прикордонна смуга 3) межа, межі 4) амер. нові можливості; **~iersman** *n* мешканець прикордонної смуги; **f. line** *n* лінія фронту;

передній край; **f. page** *n* 1) титульний аркуш, титул 2) перша сторінка (*у часописі*); **f.-page** *a* 1) уміщений на першій сторінці 2) дуже важливий; **f.-rank** *a* 1) передовий 2) кращий 3) найважливіший; **f.-runner** *n* 1) лідер (*на перегонах*) 2) кандидат на пост; **~ward 1.** *a* фасадний **2.** *adv* (лицем) уперед
frost [frɒst] **1.** *n* 1) мороз 2) іній (*тж* hoar ~) 3) холодність, суворість **2.** *v* 1) побити морозом (*рослини*) 2) підморожувати; **~bitten** *a* 1) обморожений 2) приморожений; **f.-bound** *a* скутий морозом; заморожений; промерзлий; **~ed** *a* 1) приморожений 2) укритий інеєм 3) матовий (*про скло*) 4) стриманий, холодний; **~y** *a* 1) морозний 2) укритий інеєм 3) холодний, крижаний
froth [frɒθ] **1.** *n* 1) піна 2) дурниця; марнослів'я, балачки **2.** *v* 1) пінитися; кипіти; укриватися піною 2) шумувати 3) базікати
frown [fraʊn] **1.** *n* 1) насуплені брови 2) похмурий (невдоволений) вигляд; вияв невдоволення **2.** *v* 1) насуплювати брови; насуплюватися 2) дивитися несхвально (at, on, upon — на); ставитися недоброзичливо 3) наказати поглядом 4) висловлювати несхвалення
frowsy, frowzy [´fraʊzɪ] *a* 1) затхлий, задушливий; важкий; смердючий 2) неохайний, брудний, забруднений 3) нечесаний 4) багровий (*про колір обличчя*)
froze [frəʊz] *past від* **freeze**
frozen [´frəʊz(ə)n] **1.** *p. p. від* **freeze 2.** *a* 1) замерзлий 2) скутий кригою 3) зимний 4) холодний, стриманий 5) ек. заморожений, блокований; неліквідний
frugal [´fru:g(ə)l] *a* 1) ощадливий, економний 2) помірний; скромний; бідний; **~ity** *n* 1) ощадливість, економність 2) помірність; скромність; убогість
fruit [fru:t] **1.** *n* 1) плід 2) *збір.* фрукти 3) *pl* плоди, результати **2.** *v* плодоносити, родити; **~er** *n* 1) плодове дерево 2) садівник; **~ful** *a* 1) родючий, плодоносний 2) плодючий 3) плідний 4) вигідний, корисний; **f.-grower** *n* садівник, плодівник; **~growing** *n* садівництво, плодівництво; **~ion** [fru´ɪʃən] *n* 1) насолода, розкошування 2) здійснення (*надій та под.*); досягнення бажаної мети; **~less** *a* 1) безплідний, неродючий 2) некорисний; безуспішний, невдатний, безталанний; **f.-tree** *n* плодове дерево; **~y** *a* 1) фруктовий 2) соковитий, смаковитий
frumpish [´frʌmpɪʃ] *a* старомодний; неохайний, нечепурний
frustrat‖e [frʌ´streɪt] *v* 1) розладнувати, зривати (*плани*) 2) зводити нанівець 3) *психол.* розчаровувати 4) завдавати поразки; роз-

бивати (кого-н.); **~ion** n 1) розлад (планів); крах (надій) 2) психол. розчарування; невіра у свої сили

fry I [fraɪ] n іхт. дрібна рибка; мальки; мільга

fry II [fraɪ] **1.** n смажене м'ясо; смаження **2.** v смажити(ся); **~ing pan** n сковорода

fudge [fʌdʒ] **1.** n вигадка, брехня **2.** v 1) робити абияк (несумлінно) 2) розповідати небилиці, вигадувати **3.** int нісенітниця!, дурня!, казна-що!

fuel [fjʊəl] **1.** n 1) паливо, пальне 2) розпалювання пристрастей **2.** v 1) заправляти(ся) (запасатися) пальним 2) збуджувати, розпалювати (емоції та под.)

fugitive [ˈfjuːdʒɪtɪv] **1.** n 1) утікач 2) біженець; вигнанець 3) бурлака, бродяга; мандрівник 4) дезертир **2.** a 1) збіглий 2) короткочасний; скороминущий 3) неміцний, нестійкий 4) летючий 5) бродячий, мандрівний

fugue [fjuːg] n муз. фуга

fulfil [fʊlˈfɪl] v 1) виконувати; здійснювати 2) задовольняти (що-н.) 3) завершувати; **~ment** n 1) виконання; здійснення 2) завершення 3) психол. реалізація потенційних можливостей

fuliginous [fjuːˈlɪdʒɪnəs] a закопчений, закіптюжений, закоптілий

full [fʊl] **1.** a 1) повний, налитий (наповнений) по вінця 2) повний, нескорочений 3) дорідний, огрядний 4) рясний, багатий (на що-н.) 5) повністю укомплектований 6) повний, вичерпний 7) цілий, нерозчленований 8) широкий, вільний (про сукню) 9) охоплений; захоплений (чим-н.) 10) глибокий, повнозвучний 11) повноправний, дійсний (про членство) **2.** adv 1) дуже 2) прямо; точно, саме; якраз **3.** v 1) бути широким (повним) 2) шити у складку; **f.-back** n спорт. захисник; **f.-blooded** a 1) повнокровний 2) сильний; здоровий, сповнений життя 3) чистокровний; **f.-bodied** a 1) повний, огрядний 2) міцний (про вино); **f.-faced** a 1) повернутий анфас 2) повновидий; **f.-fed** a 1) угодований, жирний 2) нагодований; **~ness** n 1) повнота 2) достаток, рясність 3) огрядність, опасистість; гладкість 4) припухлість, потовщення 5) ситість, насиченість; **f.-scale** a 1) у натуральну величину 2) у повному обсязі 3) повний, усеосяжний; **~y** adv 1) цілком, повністю, зовсім, абсолютно 2) принаймні; **~y-fledged** a 1) розвинений, дозрілий 2) що завершив підготовку

fulmina‖nt [ˈfʊlmɪnənt, ˈfʌl-] a 1) блискавичний 2) швидкоплинний; **~te** v 1) виступати з осудом (чиїх-н. дій); нападати (на кого-н.), громити 2) вибухати 3) підривати 4) гриміти 5) блискати 6) мед. бурхливо проходити (про хворобу); **~tory** a 1) гримучий 2) розгромний (про критику)

fulsome [ˈfʊls(ə)m] a 1) надмірний, перебільшений 2) нещирий; лестивий; підлабузницький

fumble [ˈfʌmb(ə)l] v 1) намацувати, шарити (for, after) 2) невміло поводитися (з чим-н.) 3) вертіти (м'яти) в руках 4) мимрити 5) спорт. промахнутися

fume [fjuːm] **1.** n 1) дим; кіптява 2) випар; пара 3) сильний (різкий) запах 4) збудження; хвилювання **2.** v 1) обкурювати; димити, коптити 2) випаровуватися 3) хвилюватися; роздратовуватися; кипіти від злості

fumigation [ˌfjuːmɪˈgeɪʃ(ə)n] n обкурювання; дезінфекція обкурюванням

fumy [ˈfjuːmɪ] a димний; повний випарів

fun [fʌn] n 1) жарт; веселощі; забава; розвага 2) інтерес, що-н. цікаве 3) цікава людина

function [ˈfʌŋkʃ(ə)n] **1.** n 1) функція, призначення 2) функція, діяльність; відправлення (організму) 3) (зазв. pl) службові обов'язки, коло обов'язків 4) урочиста церемонія; урочисті збори; урочистість; свято 5) вечір, прийом (часто public або social ~) 6) мат. функція **2.** v 1) функціонувати, діяти; працювати 2) виконувати функції (обов'язки); **~al** a 1) функціональний (тж фізіол. і мат.) 2) офіційний, діловий 3) професійний; **~ary 1.** n 1) посадова особа; чиновник 2) функціонер **2.** a офіційний

fund [fʌnd] **1.** n 1) запас, резерв, фонд 2) фонд; капітал 2) pl фонди, кошти 4) (the ~s) pl державні цінні папери 5) невичерпний запас; джерело 6) громадська (добродійна) організація, фонд **2.** v 1) ек. консолідувати 2) вкладати капітал у цінні папери 3) фінансувати; субсидувати; **~ed** a 1) фундирований 2) фінансований 3) зібраний, запасений

fundamental [ˌfʌndəˈmentl] **1.** n (зазв. pl) основне правило; принцип; підвалини **2.** a 1) основний, корінний, докорінний; істотний 2) непохитний; необхідний 3) фундаментальний, теоретичний (про науки) 4) спец. основний, фундаментальний 5) даний від природи; уроджений

funer‖al [ˈfjuːn(ə)rəl] **1.** n 1) похорон; похоронна процесія 2) кінець, смерть **2.** a похоронний; жалобний; **~eal** [fjuːˈnɪərɪəl] a 1) похоронний; похмурий 2) жалобний

fung‖al [ˈfʌŋg(ə)l] a 1) бот. грибний 2) мед. грибковий; **~us** n (pl -gi, -guses [-gəsɪz]) 1) бот. гриб, грибок; пліснява; цвіль; деревна губка 2) мед. грибоподібний наріст

funicular [fjuːˈnɪkjʊlə] **1.** n функікулер **2.** a линвовий

funnel [ˈfʌn(ə)l] n 1) димар, труба (пароплава) 2) лійка; розтруб

funny [ˈfʌnɪ] a 1) забавний, кумедний; сміховинний 2) дивний, незрозумілий; **f.-man** n 1) клоун; комік; гуморист 2) дотепник; жартівник; потішник; штукар

fur [fɜː] **1.** n 1) хутро 2) вовна, шерсть 3) (зазв. pl) хутряні вироби 4) мед. наліт, смага (на язиці хворого) **2.** v підбивати (оздоблювати) хутром; **~red** a 1) підбитий (оздоблений) хутром 2) хутровий (про звіра) 3) одягнений у хутряне пальто 4) мед. обкладений (про язик); **~rier** [ˈfʌrɪə] n 1) хутровик; торговець хутром 2) кушнір; **~riery** n 1) торгівля хутром 2) кушнірська справа; **~ry** [ˈfɜːrɪ] a 1) хутряний; підбитий хутром 2) пухнастий 3) схожий на хутро 4) спец. покритий нальотом, накипом

furbelow [ˈfɜːbɪləʊ] n 1) оборка 2) pl знев. грубе оздоблення

furbish [ˈfɜːbɪʃ] v 1) полірувати, чистити; зчищати іржу 2) (up) підновляти, ремонтувати

furcat‖e [ˈfɜːkeɪt] **1.** a 1) роздвоєний, розгалужений 2) вилоподібний, вилкастий **2.** v роздвоюватися, розгалужуватися; **~ion** n роздвоєння, розгалуження

furious [ˈfjʊ(ə)rɪəs] a 1) розлючений, розлютований, оскаженілий 2) навіжений, шалений

furl [fɜːl] **1.** n 1) згортання, складання 2) згорток, сувій; верчик **2.** v 1) згортати, загортати 2) прибирати (вітрила) 3) складати (віяло й под.) 4) згортатися, складатися

furnace [ˈfɜːnɪs] n горно; горнило; тяжке випробування

furnish [ˈfɜːnɪʃ] v 1) постачати (with); надавати, доставляти 2) меблювати; **~ed** a умебльований; **~ing** n pl 1) умеблювання 2) хатні речі 3) прикраси 4) предмети одягу 5) обладнання

furniture [ˈfɜːnɪtʃə] n 1) меблі, обстановка 2) вміст 3) інвентар

furore [ˈfjʊˈrɔːrɪ] n іт. 1) фурор 2) гнів; лють 3) транс, екстаз 4) несамовитість, божевілля 5) манія

furrow [ˈfʌrəʊ] **1.** n 1) борозна 2) колія (на дорозі) 3) глибока зморшка 4) жолоб, риштак **2.** v 1) борознити; орати 2) укривати зморшками

further [ˈfɜːðə] **1.** a 1) дальній, більш віддалений 2) подальший 3) додатковий **2.** v просувати; сприяти **3.** adv 1) далі; надалі 2) потім; крім того; більш того; **~ance** n просування; підтримка, допомога; **~more** adv до того ж, окрім того; більше того

furtive [ˈfɜːtɪv] a 1) прихований, таємний; потайний, непомітний скрадливий 3) хитрий 4) злодійкуватий; **~ly** adv нишком, крадькома, покрадьки, потай, потайки

furuncle [ˈfjʊ(ə)rʌŋk(ə)l] n мед. фурункул, чиряк

fury [ˈfjʊ(ə)rɪ] n 1) шаленство, несамовитість; сказ; лють, лютість 2) (F.) міф. Фурія

fuscous [ˈfʌskəs] a темнуватий, з темним відтінком

fuse I [fjuːz] **1.** n топлення **2.** v 1) топити(ся) 2) стоплювати(ся) 3) розм. погаснути (про світло)

fuse II [fjuːz] n 1) запал, вогневидний шнур; ґніт 2) снарядна трубка; детонатор

fusillade [ˌfjuːzɪˈleɪd] **1.** n 1) стрілянина 2) розстріл 3) перен. нескінченний потік критики **2.** v 1) обстрілювати 2) розстрілювати

fusion [ˈfjuːʒn] n 1) плавка 2) розплавлена маса 3) сплав 4) злиття, об'єднання

fuss [fʌs] **1.** n 1) нервовий, збуджений стан 2) метушня; хвилювання через дрібниці 3) метушлива людина **2.** v 1) метушитися, хвилюватися через дрібниці (часто ~ about) 2) надмірно піклуватися (про кого-н.), носитися (з ким-н.) 3) чіплятися, приставати; надокучати; **~y** a 1) метушливий; нервовий 2) переобтяжений деталями, недоладний

fustian [ˈfʌstɪən] **1.** n 1) фланель; вельвет 2) пишномовний стиль **2.** a 1) фланелевий; вельветовий 2) надутий, бундючний, пихатий

fusty [ˈfʌstɪ] a 1) затхлий, важкий, задушливий (про повітря) 2) застарілий, старомодний

futil‖e [ˈfjuːtaɪl] a 1) марний, даремний 2) несерйозний, пустий, поверховий; **~ity** [fjuːˈtɪlɪtɪ] n 1) марність, даремність 2) несерйозність, пустота, поверховість 3) несерйозна (пуста, поверхова) людина

futur‖e [ˈfjuːtʃə] n 1) майбутнє; **for the f., in f.** у майбутньому, надалі 2) майбутність, майбуття, прийдешність 3) pl ком. термінові контракти 4) грам. майбутній час; **~ism** n літ., мист. футуризм; **~ist** n футурист; **~ity** [fjuːˈtjʊərɪtɪ] n 1) майбутнє, майбутність, майбуття, прийдешнє, прийдешність 2) pl майбутні події 3) рел. потойбічне життя

fuzz [fʌz] **1.** n 1) пух, пушинка 2) волоски, борідка (насіння) 3) пишне (пушисте) волосся 4) паперовий пил **2.** v 1) укриватися шаром пушинок 2) розлітатися (про пух); **~y** a 1) пухнатий; ворсистий 2) запушений; укритий пушком 3) неясний, невиразний 4) кучерявий (про волосся)

fylfot [ˈfɪlfɒt] n свастика

G

gabble [ˈgæb(ə)l] **1.** *n* 1) *розм.* бурмотіння, мимрення 2) *розм.* базікання, патякання 3) ґелґотання (*гусей*); кудкудакання (*курей*) **2.** *v* 1) *розм.* говорити швидко; торохкотіти, тріскотіти 2) *розм.* бурмотіти, мимрити, бубоніти 3) *розм.* базікати, патякати 4) ґелґотати; кудкудакати; **~r** *n* базіка

gabled [ˈgeɪbld] *a* гостроверхий, шпичастий (*про дах*)

gad [gæd] *n* вістря, гострий шип; **~fly** *n* 1) *ент.* ґедзь 2) докучлива, причеплива людина

Gael [geɪl] *n* шотландський (ірландський) кельт, ґел; **~ic 1.** *n* гельська мова **2.** *a* гельський

gaff [gæf] **1.** *n* 1) ості; багор 2) *розм.* нісенітниця, дурниця **2.** *v* багрити (*рибу*)

gaffe [gæf] *n* необачність, помилка; недоречне зауваження, хибний крок

gag [gæg] **1.** *n* затичка, кляп **2.** *v* 1) уставляти кляп, затикати рота 2) *розм.* примусити замовкнути; не давати говорити 3) затинатися

gage [geɪdʒ] *n* застава, заклад

gai‖**ety** [ˈgeɪətɪ] *n* 1) веселість, веселощі 2) (*зазв. pl*) розваги; веселощі 3) веселий (ошатний) вигляд 4) ошатність, нарядність; яскравість (*фарб і под.*); **~ly** *adv* 1) весело; радісно 2) яскраво

gain [geɪn] **1.** *n* 1) нажива, користь 2) прибуток, вигода 3) *pl* прибутки (from — від *чого-н.*); заробіток; виграш (*у карти й под.*) 4) збільшення, приріст, зростання 5) *pl* перемога (*на виборах*) 6) *війс.* успіх **2.** *v* 1) домагатися, одержувати; отримувати; здобувати; діставати 2) заробляти, добувати 3) збільшувати, набирати (*швидкість і под.*) 4) вигравати, домагатися 5) одержувати користь; вигадувати 6) завойовувати, відвойовувати 7) забігати вперед (*годинник*) 8) досягати, діставатися; **~ful** *a* 1) оплачуваний 2) дохідний, прибутковий, корисний, вигідний 3) корисливий; що шукає вигоди; **~ings** *n pl* 1) заробіток; дохід, прибуток 2) виграш

gainsay [ˌgeɪnˈseɪ] *v* (gainsaid) 1) заперечувати 2) *книжн.* суперечити

gait [geɪt] *n* 1) хода 2) *амер.* швидкість

gaiter [ˈgeɪtə] *n* (*зазв. pl*) ґамаші; ґетри; краги

gala [ˈgɑːlə] **1.** *n* свято, святкування **2.** *a* урочистий, парадний

galaxy [ˈgæləksɪ] *n* 1) галактика 2) (the G.) *астр.* Чумацький (Молочний) Шлях 3) плеяда (*тж перен.*); сузір'я

gale [geɪl] *n* 1) шторм; буря 2) вибух, спалах

gallant [ˈgælənt] **1.** *n* 1) світська людина; франт 2) (*тж* [gəˈlænt]) ґалантний кавалер, залицяльник; коханець **2.** *a* (*тж* [gəˈlænt]) 1) ґалантний; поштивий, шанобливий, люб'язний (*до жінки*) 2) любовний **3.** *v* (*тж* [gəˈlænt]) 1) залицятися; бути ґалантним кавалером 2) супроводжувати (*даму*) 3) франтити, красуватися; **~ry** *n* 1) хоробрість, відвага, мужність 2) ґалантність, люб'язність поштивість, увічливість, ґречність, чемність 3) любовна інтриґа 4) залицяння

gallery [ˈgælərɪ] *n* ґалерея

Gallic [ˈgælɪk] *a* ґалльський

gallon [ˈgælən] *n* ґалон (*міра рідких і сипких тіл*)

gallop [ˈgæləp] **1.** *n* ґалоп (*вид алюру*) **2.** *v* 1) ґалопувати 2) швидко проґресувати 3) робити (*що-н.*) швидко

gallows [ˈgæləʊz] *n pl* (*зазв. ужив. як sing*) 1) шибениця 2) повішення

galop [ˈgæləp] **1.** *n* ґалоп (*танець*) **2.** *v* танцювати ґалоп

galore [gəˈlɔː] *adv* багато, удостать

galosh [gəˈlɒʃ] *n* (*зазв. pl*) калоша

galvanic [gælˈvænɪk] *a* 1) спазматичний; несподіваний, неприродний (*про посмішку, рух і под.*) 2) *перен.* збудливий

gambler [ˈgæmblə] *n* 1) азартний гравець, картяр 2) професіональний гравець 3) шахрай, аферист

gambol [ˈgæmb(ə)l] **1.** *n зазв. pl* 1) стрибок 2) веселощі **2.** *v* (весело) стрибати, скакати, пустувати, гратися

game I [geɪm] **1.** *n* 1) гра 2) *спорт.* гра; партія 3) *pl* змагання, ігри 4) рахунок (*гри*) 5) жарт, розвага, забава 6) задум, план, проект, справа 7) *pl* хитрощі **2.** *a* 1) сміливий; завзятий 2) готовий (*зробити що-н.*); сповнений ентузіазму (*бажання*) **3.** *v* грати в азартні ігри; **~some** *a* веселий, грайливий, пустовливий, жартівливий; **~ster** *n* гравець, картяр

game II [geɪm] *n* 1) *збір.* дичина, здобич 2) м'ясо диких качок (куріпок *і под.*); **g.-bag** *n мисл.* яґдташ; **g.-bird** *n* перната дичина; **g.-cock** *n* бойовий півень; **g.-fish** *n збір.* промислова риба; **~keeper** *n* єґер; **g.-preserve** *n* мисливський заповідник; мисливське угіддя

game III [geɪm] *a* скалічений, паралізований (*про руку, ногу*)

gaming-table [ˈgeɪmɪŋˌteɪb(ə)l] *n* 1) гральний стіл 2) *перен.* азартна гра на гроші

gamma [ˈgæmə] *n* 1) *фіз.* гама; **g. flash** гамавипромінювання 2) гама (*3-тя літера грец. абетки*)

gammon [ˈgæmən] 1. *n* окіст 2. *v* коптити (засолювати) окіст, готувати бекон

gamut [ˈgæmət] *n* 1) повнота, глибина (*чого-н.*) 2) *муз.* гама 3) діапазон

gamy [ˈgeɪmɪ] *a* 1) багатий на дичину 2) що тхне (*про дичину*) 3) розбещений, розпусний 4) сміливий; завзятий

gang [gæŋ] 1. *n* 1) бригада (*робітників і под.*); артіль; зміна 2) шайка, банда 3) набір, комплект 2. *v* 1) організувати бригаду (шайку); вступити до шайки 2) скупчитися, з'юрбитися; **~er** *n* десятник; наглядач; бригадир

gangren||e [ˈgæŋgriːn] *мед.* 1. *n* гангрена; змертвіння 2. *v* спричиняти змертвіння; **~ous** *а мед.* гангренозний, змертвілий

gangster [ˈgæŋstə] *n* бандит

gannet [ˈgænɪt] *n зоол.* баклан

gaol [dʒeɪl] 1. *n* 1) в'язниця, тюрма 2) ув'язнення 2. *v* ув'язнювати; **g.-bird** *n* арештант; карний злочинець; **~er** *n* тюремник; тюремний наглядач

gap [gæp] 1. *n* 1) пробіл, лакуна, пропуск (*у тексті*) 2) пролом, провал, щілина 3) глибока розбіжність (*у поглядах і под.*); розрив 4) проміжок, інтервал 2. *v* 1) зробити пролом 2) робити (ставати) нерівним (шорстким, шерехатим)

gape [geɪp] 1. *n* 1) здивований погляд 2) позіх; позіхання 3) отвір 4) зяяння 2. *v* 1) широко роззявляти рота, ґавити 2) витріщатися, видивлятися 3) дивуватися (з подивом (on, upon — на *що-н.*) 4) позіхати 5) палко бажати; жадати (*чого-н.*; after, for) 6) зяяти; **~r** *n* роззява, розтелепа

garage [ˈgærɑːʒ] 1. *n* 1) гараж 2) *ав.* ангар для літаків 2. *v* тримати в ґаражі

garb [gɑːb] 1. *n* 1) наряд; одяг, костюм 2) вигляд, машкара 3) стиль одягу 2. *v* (*зазв. pass.*) удягати(ся), убирати(ся)

garbage [ˈgɑːbɪdʒ] 1. *n* 1) (кухонні) відходи, покидьки; гниюче сміття 2) макулатура, чтиво 3) барахло, мотлох (*про товар*) 4) дурниця, брехня; окозамилювання 5) нутрощі, тельбухи, потрух 6) неправильна (непотрібна) інформація 2. *v* 1) харчуватися покидьками 2) патрати, потрошити

garble [ˈgɑːb(ə)l] 1. *n* 1) перекручування, фальсифікація; підтасування (*фактів і под.*) 2) відбір, сортування 3) висівки, крихти, сміття 2. *v* 1) перекручувати, фальсифікувати, підтасовувати (*факти й под.*) 2) сіяти, просівати 3) сплутати, переплутати 4) відбирати, вибирати (*найкраще*)

garden [ˈgɑːdn] 1. *n* 1) сад 2) квітучий куточок 3) город (*тж* kitchen ~) 4) *pl* парк 2. *v* обробляти сад (город); **~er** *n* 1) садівник 2) городник; **g.-house** *n* 1) альтанка 2) садовий будиночок; **~ing** *n* садівництво; **g.-stuff** *n* овочі, плоди, зелень; квіти

gargantuan [gɑːˈgæntjʊən] *a книжн.* колосальний, гігантський, величезний

gargle [ˈgɑːgl] 1. *n* полоскання (*для горла*) 2. *v* 1) полоскати (*горло*) 2) булькати

garish [ˈge(ə)rɪʃ] *a* 1) яскравий, сліпучий, блискучий (*про світло й под.*) 2) надто яскравий, крикливий, позбавлений смаку; показний

garland [ˈgɑːlənd] 1. *n* 1) ґірлянда, вінок 2) діадема, тіара 3) приз; пальма першості; вінок переможця 4) антологія 2. *v* 1) прикрашати ґірляндою (вінком) 2) плести вінок

garlic [ˈgɑːlɪk] *n бот.* часник

garment [ˈgɑːmənt] *n* 1) предмет одягу 2) *pl* одяг, убрання

garner [ˈgɑːnə] 1. *n* 1) комора 2) сховище 2. *v* запасати

garnet [ˈgɑːnɪt] *n* 1) *мін.* ґранат 2) темно-червоний колір

garnish [ˈgɑːnɪʃ] 1. *n* 1) ґарнір 2) прикраса, оздоба, оздоблення 2. *v* 1) ґарнірувати (*страву*) 2) прикрашати, оздоблювати

garret [ˈgærɪt] *n* горище; мансарда

garrison [ˈgærɪs(ə)n] *війс.* 1. *n* залога, ґарнізон 2. *v* 1) ставити залогу (ґарнізон) 2) уводити війська; займати військами

garrul||ity [gəˈruːlɪtɪ] *n* балакучість, говіркість; **~ous** [ˈgærələs] *а* балакучий, говіркий

garter [ˈgɑːtə] *n* підв'язка

gas [gæs] 1. *n* газ 2. *v* 1) отруювати(ся) газом 2) виділяти газ; **~eous** [ˈgæsjəs] *а* газовий; **g.-fire** *n* газова плита; **~iform** *a* газоподібний; **g.-light** *n* 1) газове освітлення 2) газова лампа; **g.-mask** *n* протигаз; **~sed** *а воєн.* отруєний газами; **~sy** *а* 1) газоподібний 2) заповнений газом; повний газу; **g. warfare** *n воєн.* хімічна війна

gash [gæʃ] *n* 1) глибока рана 2) розріз

gasp [gɑːsp] 1. *n* утруднене дихання; ядуха 2. *v* 1) важко дихати, задихатися 2) відкривати рота (*від подиву*) 3) прагнути; палко бажати (for)

gasping [ˈgɑːspɪŋ] *а* судомний, конвульсивний, спазматичний

gastric [ˈgæstrɪk] *а анат.* шлунковий

gastro||nome [ˈgæstrənəʊm] *n* гастроном, ґурман; **~nomic** *а* гастрономічний; **~nomy** *n* кулінарія, гастрономія

gate [geɪt] *n* 1) ворота; хвіртка 2) застава, шлагбаум 3) вхід, вихід 4) гірський прохід

5) кількість глядачів; **~way** *n* 1) ворота; брама 2) вхід; вихід 3) *перен.* доступ; шлях 4) підворіття

gather [ˈgæðə] **1.** *n* 1) збір; урожай 2) *pl* складки, зборки **2.** *v* 1) збирати 2) збиратися, скупчуватися 3) нагромаджувати; накопичувати, скупчувати 4) рвати (*квіти*); збирати (*урожай*) 5) пригортати до себе 6) морщити (*лоб*) 7) *мед.* наривати 8) висновковувати; **~ing** *n* 1) збирання; складання 2) *спец.* комплектування 3) збори; збіговисько; зустріч 4) скупчення 5) *с.-г.* жнива 6) *мед.* нагноєння; нарив

gauche [gəʊʃ] *a фр.* 1) незграбний, неповороткий, вайлуватий 2) грубуватий, неотесаний 3) нетактовний, безтактний 4) *мат.* похилий; **~rie** [gəʊʃəri] *n фр.* 1) незграбність, неповороткість 2) грубуватість, неотесаність 3) нетактовність, безтактність

gaudy [ˈgɔːdɪ] **1.** *n* велике свято; великий бенкет **2.** *a* 1) надто яскравий, крикливий, позбавлений смаку 2) барвистий, пишний, витіюватий (*про стиль*)

gauge [geɪdʒ] **1.** *n* 1) міра, масштаб, розмір 2) номер, товщина (*дроту й под.*) 3) *спец.* вимірювальний прилад 4) індикатор 5) манометр 6) датчик 7) калібр, шаблон, лекало; еталон 8) критерій **2.** *v* 1) вимірювати, перевіряти, вивіряти (*розмір*) 2) оцінювати (*людину, характер і под.*)

gaunt [gɔːnt] *a* 1) худорлявий; схудлий, виснажений 2) довгий, довгастий 3) похмурий, суворий

gauntlet [ˈgɔːntlɪt] *n* рукавиця; рукавиця з крагами

gauze [gɔːz] *n* 1) газ (*тканина*) 2) марля 3) *тех.* металева сітка 4) імла, серпанок (*у повітрі*)

gauzy [ˈgɔːzɪ] *a* тонкий, серпанковий, що просвічується (*про тканину*)

gave [geɪv] *past від* **give 2**

gawky [ˈgɔːkɪ] *a* 1) дурний, недоумкуватий 2) незграбний, недоладний, неотесаний 3) сором'язливий

gay [geɪ] **1.** *n розм.* ґей **2.** *a* 1) веселий; радісний, безтурботний 2) яскравий, барвистий; строкатий; ошатний, нарядний, блискучий 3) безпутний, непутящий

gaze [geɪz] **1.** *n* 1) пильний погляд 2) предмет пильної уваги **2.** *v* пильно дивитися (at, on, upon — на); вдивлятися; витріщатися

gazelle [gəˈzel] *n зоол.* ґазель

gazette [gəˈzet] **1.** *n* 1) офіційний орган преси; урядовий бюлетень (вісник) 2) газета, відомості **2.** *v* (*зазв. pass.*) публікувати в офіційному бюлетені

geared-up [ˌgɪədˈʌp] *a* підготовлений

geese [giːs] *pl від* **goose**

Gehenna [gɪˈhenə] *n* 1) геєна, пекло 2) місце катувань, в'язниця

gel [dʒel] **1.** *n хім.* ґель **2.** *v* утворювати ґель

gelatin‖(e) [ˈdʒelətɪn, -ˈtiːn] *n* 1) желатин 2) холодець, желе; **~ize** *v* перетворювати(ся) на желе; **~ous** *a* 1) желатиновий 2) драглистий

gelid [ˈdʒelɪd] *a* 1) крижаний, студений 2) *перен.* холодний (*про тон, манеру*)

gem [dʒem] **1.** *n* 1) коштовний камінь, самоцвіт; гема 2) коштовність; перлина **2.** *v* прикрашати коштовними каменями

geminat‖e [ˈdʒemɪnɪt] **1.** *n фон.* подвійний приголосний **2.** *a* здвоєний, подвійний; розташований парами **3.** *v* [ˈdʒemɪneɪt] подвоювати, здвоювати; **~ion** *n* 1) подвоєння, здвоєння 2) *лінгв.* подвоєння приголосного звука; подвоєння літери

Gemini [ˈdʒemɪn(a)ɪ] *n pl астр.* Чепіга, Близнята (*сузір'я і знак зодіаку*)

gemma [ˈdʒemə] *n (pl -*ae) 1) *бот.* брунька 2) *зоол.* гема

gendarme [ˈʒɒndɑːm] *n* жандарм

gender [ˈdʒendə] *n* 1) *грам.* рід 2) *жарт.* стать 3) сорт, вид

gene‖ [dʒiːn] *n біол.* ген; **~alogy** [ˌdʒiːnɪˈæləʤɪ] *n* генеалогія; родовід

general [ˈdʒen(ə)rəl] **1.** *n* 1) ґенерал; полководець 2) (the ~) народ 3) загальні положення; загальна частина (*публікації*) 4) *церк.* глава ордену 5) більшість **2.** *a* 1) загальний 2) повсюдний, широкий 3) звичайний, загальноприйнятий, поширений 4) загального характеру; неспеціальний 5) загальний, приблизний, неточний 6) головний; ґенеральний; **G.-in-Chief** *n* (*pl* -s-in-Chief) головнокомандувач; **~ist** *n* ерудит, людина великих знань; **~ity** *n* 1) твердження загального характеру 2) *pl* загальні місця 3) загальність; придатність до всього 4) невизначеність, непевність 5) (the ~) більшість; більша частина; **~ization** *n* 1) узагальнення 2) загальне правило; **~ise** *v* 1) узагальнювати; робити загальні висновки 2) зводити до загальних законів 3) надавати невизначеності; говорити непевно (у загальних рисах) 4) поширювати; упроваджувати в загальний ужиток; **~ised** *a* узагальнений; **~ly** *adv* 1) звичайно, зазвичай, як правило; у цілому 2) у загальному значенні, узагалі 3) широко (*розповсюджений*); здебільшого; **~ship** *n* 1) військова майстерність 2) майстерне керівництво 3) ґенеральський чин

gener‖ate [ˈdʒenəreɪt] *v* 1) породжувати, викликати, спричиняти 2) породжувати, народжувати 3) *мат.* утворювати (*лінію*); **~ation** *n* 1) покоління, ґенерація 2) *тех.* покоління, нова ступінь розвитку 3) покоління 4) рід,

потомство 5) *біол.* розмноження, відтворення; **~ative** *a* 1) що виробляє; продуктивний 2) генеративний; що породжує; **~atrix** *n* (*pl* -trices) *мат.* твірна (*лінія*); **~osity** *n* 1) великодушність; шляхетність, благородство 2) щедрість 3) великодушні вчинки; вияв щедрості; **~ous** *a* 1) великодушний, шляхетний, благородний 2) щедрий 3) багатий (*на що-н.*); рясний; великий 4) інтенсивний; густий; насичений (*про колір*) 5) міцний (*про вино*)
genesis [´dʒenɪsɪs] *n* (*pl* -ses) походження, виникнення; генезис
genetic||(al) [dʒɪ´netɪk(əl)] *а біол.* генетичний; **~ist** *n* генетик; **~s** *n pl* (*ужив. як sing*) генетика
Genevan [dʒɪ´ni:v(ə)n] **1.** *n* 1) женевець 2) кальвініст; кальвіністка **2.** *а* 1) женевський 2) кальвіністський
genial I [´dʒi:nɪəl] *а* 1) добрий, сердечний, привітний; товариський; веселий 2) м'який, теплий (*про клімат і под.*); **~ity** *n* 1) доброта, сердечність, привітність, товариськість; веселість 2) м'якість
genial II [dʒɪ´naɪəl] *а анат.* підборідний
genie [´dʒi:nɪ] *n* (*pl* -ies, -ii) джин (*з арабських казок*)
genital [´dʒenɪtl] **1.** *n pl* ґеніталії **2.** *а анат.* дітородний, статевий
genitive [´dʒenɪtɪv] *грам.* **1.** *n* родовий відмінок, генітив **2.** *а* родовий
genius [´dʒi:nɪəs] *n* 1) (*тк sing*) обдарованість; геніальність 2) (*pl* -ses) геній, геніальна людина 3) (*tk sing*) талант, схильність, здібність (*до чого-н.*) 4) (*pl* -ii) геній, дух 5) (*pl* -ses) дух (*часу, нації*) 6) (*pl* -ses) почуття, настрої, пов'язані з певним місцем
genocide [´dʒenəsaɪd] *n* геноцид
Genoese [,dʒenəʊ´i:z] **1.** *n* ґенуезець; ґенуезка **2.** *а* ґенуезький
genom(e) [´dʒi:nəʊm] *n біол.* геном, сукупність генів
genre [´ʒɒnrə] *n* 1) манера, стиль 2) літературний жанр 3) жанровий живопис
genteel [dʒen´ti:l] *а* 1) *ірон.* модний, удаваний вишуканий, елегантний; манірний 2) благородний, шляхетний; ґречний, вихований
gentile [´dʒentaɪl] *n бібл.* неєврей
gentle [´dʒentl] **1.** *а* 1) м'який, добрий; спокійний; лагідний (*про характер*) 2) ніжний, ласкавий (*про голос*) 3) легкий, слабкий (*про вітер і под.*) 4) слухняний; приручений 5) родовитий, знатний; вельможний 6) пологий 7) шляхетний; ґречний, чемний **2.** *v* 1) ушляхетнювати 2) пом'якшувати; заспокоювати 3) об'їжджати (*коня*); **~folk(s)** *n pl* книжн. дворянство, знать; панство; **~man** *n* 1) добре вихована людина; джентльмен; пан 2) *pl* чоловіча вбиральня; **~manly** *a* 1) що притаманно джентльменові 2) вихований; увічливий; чемний, ґречний; **~ness** *n* м'якість, лагідність; доброта; **~woman** *n* 1) дама, леді 2) дворянка 3) *іст.* фрейліна
gently [´dʒentlɪ] *adv* 1) м'яко, ніжно, лагідно; тихо, спокійно 2) легко; обережно; помірковано; **g.!** тихіше!, легше! 3) полого
genual [´dʒi:njʊəl] *а анат.* колінний
genufle||ct [´dʒenjʊflekt] *v* ставати на коліна (навколішки); **~ction, ~xion** *n* колінопреклоніння
genuine [´dʒenjʊɪn] *a* 1) щирий, непідробний 2) справжній, істинний, непідроблений; невдаваний; дійсний; **~ly** *adv* щиро; невдавано
genus [´dʒi:nəs] *n* (*pl* -nera) 1) *біол.* рід 2) сорт; вид
geo||desy [dʒɪ´ɒdəsɪ] *n* геодезія; **~grapher** *n* географ; **~graphic(al)** *а* географічний; **~graphy** *n* географія; **~logic(al)** *а* геологічний; **~logist** *n* геолог; **~logise** *v* 1) вивчати геологію 2) займатися геологічними дослідженнями; **~logy** *n* геологія; **~meter** *n* 1) геометр 2) *ент.* метелик-п'ядак; **~metric(al)** *а* геометричний; **~metry** *n* геометрія; **~politics** *n pl* (*ужив. як sing*) геополітика; **~sciences** *n* науки про Землю (*геологія, географія та под.*)
Georgian [´dʒɔ:dʒ(ɪ)ən] **1.** *n* 1) грузин; грузинка; **the ~s** *pl* збір. грузини 2) грузинська мова **2.** *а* 1) грузинський 2) що стосується штату Джорджія
gerfalcon [dʒɜ:´fɔ:lkən] *n орн.* кречет
geriarchy [´dʒerɪɑ:kɪ] *n* геріархія
germ [dʒɜ:m] *n* 1) мікроб; бактерія 2) *біол.* зародок, ембріон 3) *бот.* зав'язь, плодова брунька 4) *перен.* зачаток; зародок 5) зародження, походження **2.** *v* давати паростки, розвиватися; **~en** *n біол.* зачаток, зародок, пагосток; **~free** *a* стерильний; вільний від мікроорганізмів; **~icidal** *a* бактерицидний; **~icide** *n* бактерицидний засіб, герміцид; **~inal** *a* 1) зародковий, гермінативний; зачатковий 2) що генерує ідеї; **~inate** *v* 1) проростати (*про насіння*) 2) породжувати; **~ination** *n* 1) проростання 2) проростування 3) зародження, ріст, розвиток; **~inative** *a* 1) що проростає 2) що розвивається; життєздатний 3) зародковий; **g. war(fare)** *n* бактеріологічна війна
German [´dʒɜ:mən] **1.** *n* 1) німець; німкеня; **the ~s** *pl* збір. німці 2) німецька мова **2.** *а* німецький, германський; **G. badger-dog** *n зоол.* такса (*порода собак*); **G. shepherd (dog)** *n зоол.* німецька вівчарка (*порода собак*)
germane [dʒɜ:´meɪn] *а* доречний, придатний

geronto‖cracy [ˌdʒerɒnˈtɒkrəsɪ] *n* геронтократія, уряд (правління) старців; **~logy** *n* геронтологія, учення про старість

gerrymander [ˈdʒerɪmændə] **1.** *n* передвиборчі махінації; махінації **2.** *v* 1) удаватися до передвиборчих махінацій 2) перекручувати факти, фальсифікувати

gerund [ˈdʒerənd] *n* грам. ґерундій; **~ive** [dʒɪˈrʌndɪv] *грам.* **1.** *n* ґерундив **2.** *a* ґерундійний

gestat‖e [dʒeˈsteɪt] *v* 1) бути вагітною 2) виношувати (*плани й под.*); **~ion** *n* 1) вагітність; період вагітності 2) дозрівання (*плану*)

gesticulat‖e [dʒeˈstɪkjʊleɪt] *v* жестикулювати; **~ion** *n* (*зазв. pl*) жестикуляція

gesture [ˈdʒestʃə] **1.** *n* 1) жест; рух тіла 2) *перен.* учинок; дія 3) міміка **2.** *v* жестикулювати

get [get] **1.** *n* 1) приплід, потомство (*у тварин*) 2) прибуток **2.** *v* (got) 1) одержувати; діставати, добувати 2) заробляти 3) купити, придбати 4) одержувати; брати 5) сісти, потрапити (*на потяг і под.*; on) 6) досягати, добиватися, домагатися (from, out of — *чого-н.*) 7) обчислювати; визначати (*суму*) 8) схопити (*грип і под.*); заразитися 9) зв'язуватися, установлювати контакт (зв'язок) 10) прибути, діставатися, досягати (*якого-н. місця*; to); потрапити (*куди-н.*) 11) зазнавати (*покарання*), діставати (*по заслугах*) 12) бути змушеним (*що-н. зробити*) 13) (з наступним складним доповненням — *n* або pron + inf.) змусити, переконати (*кого-н. зробити що-н.*) 14) (з наступним скл. доповненням — *n* або pron + р. р. або *a*) позначає: а) що дія виконана або має бути виконана ким-н. за бажанням суб'єкта: **I got my hair cut** я підстригся, мене підстригли; б) що якийсь об'єкт приведений до певного стану: **you'll g. your feet wet** ви промочите ноги 15) (з наступним інфінітивом або ґерундієм) означає початок або одноразовість дії: **to g. to know** довідатися 16) (дієслово-зв'язка в складеному іменному присудку або поодиноке дієсл. в pass.) ставати, робитися; **to g. old** старіти; **to g. married** одружитися 17) (з наступним ім. виражає дію, що відповідає значенню ім.: **to g. some sleep** трохи подрімати; **g.-together** *n* 1) *амер.* неофіційна нарада 2) зустріч, збір 3) вечірка; збіговисько; **~away** *n* втеча; **g.-tough policy** *n* рішуча політика

gewgaw [ˈgjuːgɔː] **1.** *n* дрібниця; мішура (*тж перен.*) **2.** *a* нікчемний; мішурний, облудний

geyser [ˈgiːzə, ˈgaɪzə] *n* ґейзер

ghastly [ˈgɑːstlɪ] **1.** *a* 1) страшний, жахливий 2) мертвотний, мертвотно-блідий 3) похмурий, хмурний 4) примарний; облудний **2.** *adv* страшно, страшенно, жахливо, надзвичайно

gherkin [ˈgɜːkɪn] *n бот.* колючий огірок, корнішон

ghetto [ˈgetəʊ] *n* (*pl* -os, -oes [-əʊz]) 1) нетрі, район нетрів 2) ґето

ghost [gəʊst] **1.** *n* 1) привид, примара; дух 2) душа 3) тінь, легкий слід (*чого-н.*) 4) фактичний автор, який працює на іншу особу **2.** *v* 1) бути фактичним автором, писати за іншого 2) з'являтися, переслідувати, блукати як примара; **~like** *a* схожий на примару; примарний; **g.-word** *n* неіснуюче слово

ghoul [guːl] *n* 1) вовкулака, упир, вампір 2) цвинтарний злодій; **~ish** *a* огидний; мерзенний, мерзотний

giant [ˈdʒaɪənt] **1.** *n* 1) велетень, велет, гігант 2) титан **2.** *a* гігантський, велетенський; колосальний; **~ess** *n* велетка, жінка-велетень; **~ism** *n мед.* гігантизм; **~like** *a* гігантський, велетенський; колосальний

gib [gɪb] *n зоол.* кіт; кішка

gibber [ˈdʒɪbə] **1.** *n* невиразна, нерозбірлива (швидка) мова **2.** *v* говорити швидко (невиразно, незрозуміло); торохтіти; **~ish** *n* 1) невиразна, незрозуміла мова 2) неписьменна мова

gibbet [ˈdʒɪbɪt] **1.** *n* 1) шибениця 2) (the ~) повішення **2.** *v* 1) вішати 2) виставляти на ганьбу (на посміх)

gibble-gabble [ˌgɪb(ə)lˈgæb(ə)l] *n* безглузде базікання

gibbon [ˈgɪbən] *n зоол.* ґібон

gibbous [ˈgɪbəs] *a* 1) опуклий 2) горбатий 3) *астр.* між другою чвертю і повнею (*про Місяць*)

gib‖e [dʒaɪb] **1.** *n* глузування, ущипливість, насмішка **2.** *v* насміхатися (at — з *кого-н.*); **~er** *n* насмішник, глузій; **~ingly** *adv* насмішкувато, глузливо

gidd‖y [ˈgɪdɪ] *a* 1) *predic.* що відчуває запаморочення (*голови*) 2) легковажний, непостійний 3) запаморочливий; **~iness** *n* 1) запаморочення (*голови*) 2) легкодумство, легковажність; непостійність

gift [gɪft] **1.** *n* 1) подарунок, дарунок, дар 2) дарування 3) обдарування, обдарованість; хист, талант (of) 4) право розподіляти (*парафії, посади й под.*) **2.** *v* 1) дарувати 2) обдаровувати, наділяти; **~ed** *a* обдарований, здібний; талановитий

gig I [gɪg] *n* 1) кабріолет; двоколка 2) *мор.* гічка (*човен*) 3) дзиґа (*іграшка*)

gig II [gɪg] **1.** *n* остень **2.** *v* бити рибу остенем

gigant‖ic [dʒaɪˈgæntɪk] *a* гігантський, величезний, велетенський, колосальний; **~omania** *n* гігантоманія

gigg||le [ˈɡɪɡ(ə)l] **1.** n хихикання **2.** v хихикати; улесливо сміятися; **~ly** a який любить сміятися, сміхотливий

gigolo [ˈ(d)ʒɪɡələʊ] n (pl -os [-əʊz]) 1) альфонс 2) найманий партнер (у танцях) 3) сутенер

gild [ɡɪld] n (gilden, gilt) 1) золотити 2) прикрашати

gillyflower [ˈdʒɪlɪˌflaʊə] n бот. левкой; гвоздика

gilt [ɡɪlt] past i p. p. від **gild**

gilt-edged [ˌɡɪltˈedʒd] a першокласний, найкращого ґатунку

gimcrack [ˈdʒɪmkræk] **1.** n мішура; дрібничка **2.** a 1) мішурний; нікчемний 2) погано зроблений

gimlet-eyed [ˌɡɪmlɪtˈaɪd] a 1) косоокий 2) з гострим поглядом

gin [dʒɪn] **1.** n пастка, сільце **2.** v 1) ловити сільцем 2) ловити в пастку

ginger [ˈdʒɪndʒə] **1.** n 1) бот. імбир 2) пікантність, живчик **2.** v 1) присмачувати імбиром 2) підхльостувати, підганяти (тж ~ up); **~bread** n 1) імбирний пряник; медяник 2) що-н. показне; мішурність; **~ly 1.** a обережний, обачний; боязкий **2.** adv обережно, обачно; боязко

gingiva [dʒɪnˈdʒaɪvə] n (pl -ae) анат. ясна

ginseng [ˈdʒɪnseŋ] n бот. женьшень

gipsy [ˈdʒɪpsɪ] **1.** n 1) циган; циганка 2) циганська мова **2.** a (g.) вести **3.** v (g.) вести бродячий, кочовий спосіб життя; **~dom** n 1) збір. цигани 2) циганське життя; **g.-hat** n крислатий капелюх

giraffe [dʒɪˈrɑːf] n зоол. жираф(а)

girasol [ˈdʒɪrəsɒl] n бот. земляна груша, топінамбур

gird I [ɡɜːd] **1.** n 1) насмішка; уїдливе зауваження; глузування 2) окрайка **2.** v глузувати, насміхатися (at — з кого-н.)

gird II [ɡɜːd] v (-ed [-ɪd], girt) книжн. 1) оперізувати; підперізувати(ся) 2) оточувати 3) наділяти (владою; with); **~le** n 1) пасок 2) пояс-корсет 3) анат. попереку; талія; пояс **2.** v 1) підперізувати 2) оточувати 3) обіймати

girl [ɡɜːl] n 1) дівчинка 2) дівчина 3) служниця, прислуга 4) продавщиця; **~hood** n дівоцтво; **~ish** a 1) дівоцький 2) знижений, схожий на дівчинку (про хлопчика); **~ishness** n 1) дівочі манери, дівоча поведінка 2) зніженість

girth [ɡɜːθ] n 1) обхват; розмір (малії; дерева в обхваті й под.) 2) попруга **2.** v 1) підтягувати попругу (тж ~ up) 2) вимірювати в обхваті 3) оточувати, підперізувати

gist [dʒɪst] n 1) суть, сутність; головне питання 2) юр. головний пункт, суть (обвинувачення й под.)

giv||e [ɡɪv] **1.** n 1) еластичність, пружність

2) пом'якшення 3) піддатливість, поступливість **2.** v (gave; given) 1) давати; віддавати 2) дарувати; офірувати, жертвувати 3) заповідати, відказувати 4) платити; оплачувати 5) вручати, передавати 6) повідомляти, передавати (інформацію) 7) віддавати, присвячувати (життя) 8) з різними, головним чином віддієслівними ім. утворює фразове дієсл., що зазвичай виражає одноразовість дії та передається українським дієсл., що відповідає за знач. ім. у фразовому дієсл.: **to g. permission** дозволити 9) бути джерелом, робити 10) подаватися, осідати (про фундамент); бути еластичним; згинатися, гнутися (про дерево, метал) 11) висловлювати; показувати 12) зображувати; виконувати 13) заражати, інфікувати 14) заподіювати 15) поціновувати, надавати значення (for) 16) поступатися; погоджуватися 17) накладати (покарання); виносити (вирок) 18) улаштовувати (обід, вечірку) 19) виходити (про вікно, коридор; into, (up)on, on to — на, у); вести (про дорогу) 20) вимовляти, виголошувати (тост); **g.-and-take** n 1) обмін думками, люб'язностями (жартами й под.) 2) взаємні поступки, компроміс; **~en** [ˈɡɪv(ə)n] a 1) даний, подарований 2) predic. схильний (до чого-н.); що віддається (чому-н.); що захоплюється (чим-н.) 3) юр. датований 4) зумовлений 5) мат., лог. даний, визначений; **~er** n той, хто дає (дарує, жертвує); дарувальник; **~ing** n 1) пожертвування; дарування, нагородження 2) присвоєння, присудження (звання) 3) дар, подарунок 4) піддатливість; поступливість 5) потепління (погоди); **~ing age** n вік трудової діяльності

glacé [ˈɡlæseɪ] a 1) гладкий, сатинований (про тканину) 2) ґлазурований; зацукрований 3) заморожений (про фрукти) 4) перен. холодний

glaci||al [ˈɡleɪʃ(ə)l] a 1) льодовий, крижаний; студений 2) льодовиковий; гляціальний 3) перен. холодний, байдужий, нечулий; **~alist** n гляціолог; **~arium** n (pl -ria) ковзанка зі штучного льоду; **~ated** a укритий льодом; **~er** [ˈɡlæsjə(r)] n льодовик, глетчер; **~ered** a укритий глетчерами (льодовиками, кригою); **~ology** n геол. гляціологія

glad [ɡlæd] a 1) predic. задоволений 2) радісний, веселий 3) приємний, утішний 4) яскравий, сонячний; **~den** v радувати; звеселяти; **~ly** adv радісно; охоче, залюбки, із задоволенням; **~ness** n радість; веселість; бадьорість

glade [ɡleɪd] n просіка; галявина

gladiate [ˈɡlædɪɪt] a бот. мечоподібний

gladiator [ˈɡlædɪeɪtə] n 1) іст. гладіатор 2) завзятий боєць

gladiolus [ˌglædɪˈəʊləs] *n* (*pl* -es [-ɪz], -li) 1) *бот.* ґладіолус, косарики 2) *анат.* тіло грудини

glam‖our [ˈglæmə] *n* 1) привабливість, ефектність 2) романтичний ореол; чарівність, зачарування 3) чари, чарівництво; **~orise** *v* вихваляти, рекламувати; давати високу оцінку; **~orous** *a* 1) ефектний 2) чарівний, чарівливий

glance [glɑːns] **1.** *n* 1) швидкий погляд 2) блискотіння, блиск, виблискування; спалах 3) нагадування; алюзія **2.** *v* 1) мигцем глянути (at — на); кинути погляд, зиркнути 2) швидко переглянути 3) посилатися 4) перескакувати (*з однієї теми на іншу*) 5) блиснути, блискотіти; виблискувати 6) відбиватися (*про промені й под.*) 7) наводити глянець; полірувати

gland [glænd] *n анат.* 1) залоза 2) *pl* шийні залозки 3) *pl* ґланди 4) *мед.* сечівник

glar‖e [gleə] **1.** *n* 1) сліпучий блиск, яскраве (сліпуче) світло 2) пильний (лютий, ворожий) погляд 3) блискуча мішура 4) *перен.* блиск, пишнота **2.** *v* 1) сліпуче блищати (виблискувати); яскраво світити; блискотіти 2) пильно (люто, з ненавистю) дивитися (at) 3) бути надто яскравим (крикливим); **~ing** *a* 1) яскравий, сліпучий (*про світло*) 2) надто яскравий (крикливий) 3) лютий (*про погляд*) 4) що впадає в очі; різкий, грубий; **~y** *a* сліпучий, яскравий, засліплюючий

glass [glɑːs] **1.** *n* 1) скло 2) скляний посуд 3) склянка; чарка 4) дзеркало, люстро 5) пісковий годинник 6) *мор.* півгодинна склянка 7) парникова рама; парник 8) скельця, брязкітки 9) барометр 10) *pl* окуляри 11) телескоп 12) бінокль 13) мікроскоп 14) лінза **2.** *v* 1) склити 2) поміщати в парник 3) робити гладким (дзеркальним) 4) дивитися у дзеркало; **g.-beads** *n pl* стеклярус; **g.-case** *n* вітрина; **g. cutter** *n* 1) скляр 2) алмаз; склоріз; **~ed-in** *a* заскленний; **g.-eye** *n* 1) штучне око 2) лінза 3) *pl* окуляри; **~ful** *n* склянка (*як міра ємності*); **g.-house** *n* 1) теплиця, оранжерея 2) гута; **g.-lined** *a* емальований; **g.-man** *n* 1) скляр 2) жебрак, бурлака; **~ware** *n* скляний посуд; вироби зі скла; **~y** *a* 1) дзеркальний, гладкий (*про водну поверхню*) 2) ґлянсуватий; ґлазурований 3) ламкий, крихкий (*як скло*) 4) скляний, склоподібний; прозорий (*як скло*) 5) безжиттєвий, тьмяний, застиглий (*про погляд*)

glaucoma [glɔːˈkəʊmə] *n мед.* глаукома

glaucous [ˈglɔːkəs] *a* 1) сірувато-зелений 2) тьмяний

glaz‖e [gleɪz] **1.** *n* 1) полива, ґлазур; лак 2) *перен.* пелена, поволока 3) лиск, полиск 4) поливʼяний посуд 5) ожеледь **2.** *v* 1) склити, вставляти шибки 2) ґлазурувати, ґлянсувати, поливати 3) *перен.* приховувати, маскувати 4) тьмяніти, скляніти (*про очі*); **~ed** *a* 1) заскленний 2) ґлазурований; политий 3) лощений, шліфований 4) тьмяний (*про погляд*); затягнений пеленою (*про очі*) 5) замерзлий; **~ier** *n* скляр; **~ing** *n* 1) скління; уставляння шибок 2) ґлазурування, поливання; ґлянсування; каландрування 3) лакування

gleam [gliːm] **1.** *n* 1) слабке світло, проблиск, промінь 2) відблиск 3) проблиск (*гумору й под.*), спалах (*надії та под.*) 4) прозорість **2.** *v* 1) світитися; мерехтіти 2) відбивати світло 3) відбиватися

gleanings [ˈgliːnɪŋz] *n pl* 1) зібрані факти 2) уривки відомостей, крихти знань

glee [gliː] *n* веселощі; радість; **~ful** *a* веселий; тріумфальний; **~fully** *adv* радісно, весело, тріумфально

glen [glen] *n* вузька лісиста долина; полонина

glia [ˈglaɪə, glɪə] *n анат.* ґлія, нейроґлія, нервова тканина

glib [glɪb] *a* 1) жвавий (*про мову*) 2) говіркий, балакучий 3) слушний, правдоподібний 4) гладкий (*про поверхню*); **~ly** *adv* 1) жваво 2) правдоподібно

glid‖e [glaɪd] **1.** *n* 1) ковзання; плавний рух 2) спокійний плин; плесо 3) хід, перебіг (*часу*) 4) *муз.* ліґа, знак леґато 5) *фон.* сковзання, проміжний звук **2.** *v* 1) ковзати; рухатися плавно 2) текти, струменіти 3) проходити (минати) непомітно (*про час*) 4) непомітно (поступово) переходити (*в інший стан*; into) 5) рухатися безшумно (крадькома, покрадьки) 6) *фон.* плавно переходити в інший звук; **~er-borne** *a* планерний; **~er-pilot** *n* планерист; **~ing** *n* 1) ковзання 2) *ав.* планерування 3) планеризм; **~ing boat** *n* ґлісер

glimmer [ˈglɪmə] **1.** *n* 1) блимання, миготіння, мерехтіння; тьмяне світло 2) *перен.* слабкий проблиск (*надії*) 3) *амер. розм.* вогонь **2.** *v* блимати, миготіти, мерехтіти; тьмяно світити; **~ing** *n* 1) блимання, миготіння, мерехтіння; тьмяне світіння 2) невиразне уявлення; натяк

glimpse [glɪmps] **1.** *n* 1) скоромінуще (побіжне) враження 2) блимання, миготіння, мерехтіння; тьмяне світіння 3) швидкий погляд 4) побіжне уявлення; натяк **2.** *v* 1) глянути (побачити) мигцем 2) блиснути, промайнути

glint [glɪnt] **1.** *n* 1) спалах, блискотіння; яскраве світло 2) мерехтливе світло **2.** *v* 1) спалахувати, блискати, блискотіти; яскраво блищати 2) відбивати світло

glissade [gliːˈsɑːd] **1.** *n* ковзання, зісковзування **2.** *v* ковзати, зісковзувати

glisten [ˈglɪs(ə)n] **1.** *n* блискотіння, блискання,

блиск; відблискування **2.** *v* 1) блищати, блискати, виблискувати 2) іскритися; сяяти

glitter [ˈglɪtə] **1.** *n* 1) яскравий блиск, блискотіння, блискання, виблискування 2) помпа, пишність 3) дрібні блискучі прикраси, дрібнички **2.** *v* 1) блискотіти, блискати, блищати, виблискувати 2) сяяти, вражати пишнотою; **~y** *a* блискучий; блискотливий

gloam [gləʊm] *поет.* **1.** *n* вечір **2.** *v* сутеніти, смеркати(ся); **~ing** *n поет.* сутінки, присмерки

gloat [gləʊt] **1.** *n* 1) милування, захоплення 2) радість (з *чужої біди*); зловтіха **2.** *v* 1) таємно зловтішатися, тріумфувати; радіти (*чужій біді*) 2) пожирати очима (over, upon); дивитися із захопленням; **~ing** *a* зловтішний

glob||al [ˈgləʊb(ə)l] *a* 1) усесвітній, глобальний 2) загальний; **~alism** *n* принцип взаємозалежності всіх країн і народів світу; **~e 1.** *n* 1) земна куля 2) небесне тіло 3) куля 4) глобус 5) держава (*емблема влади монарха*) 6) круглий скляний абажур 7) круглий акваріум 8) група, кліка, натовп **2.** *v* робити круглим (ставати) круглим; **~ed** *a* кулястий; **~e-flower** *n бот.* купальниця; **~e-lightning** *n* куляста блискавка; **~e-trotter** *n* людина, яка багато подорожує по світу; **~oid 1.** *n* сферичне (кулясте) тіло **2.** *a* сферичний, кулястий; **~osity** *n* 1) кулястість 2) заокруглена частина; **~ular** *a* 1) кулястий; сферичний 2) що складається з кулястих часточок; **~ule** *n* 1) кулька; глобула 2) крапля 3) *фізіол.* червонокрівець 4) пігулка

gloom [glu:m] **1.** *n* 1) морок; темрява; пітьма 2) темне (неосвітлене) місце 3) похмурість, сум, смуток; зневіра; пригнічений настрій 4) меланхолік **2.** *v* 1) мати похмурий (сумний) вигляд 2) хмаритися; заволікатися хмарами (*про небо*) 3) бути в похмурому настрої; засмучуватися 4) затьмарювати; викликати зневіру (смуток) 5) темнішати; **g.-and-doom** *a* фаталістичний, песимістичний; **~y** *a* 1) похмурий; темний 2) похмурий; сумний; хмурий 3) смутний, гнітючий

glor||y [ˈglɔ:rɪ] **1.** *n* 1) слава 2) тріумф 3) (*часто pl*) пишнота, краса 4) предмет гордості 5) рай, небеса 6) німб, ореол, сяйво, яса **2.** *v* 1) пишатися; тріумфувати; тішитися 2) величати, звеличувати; **~ification** *n* 1) прославляння; вихваляння, звеличування 2) слава, загальна популярність 3) *жарт.* святкування; розвага; **~ify** *v* 1) прославляти 2) хвалити, вихваляти 3) захвалювати, розхвалювати; **~iole** *n* німб, ореол, сяйво, яса; **~ious** *a* 1) славний, славетний, знаменитий 2) чудовий, прекрасний, пишний, чарівний

gloss I [glɒs] *n* 1) зовнішній блиск 2) оманна зовнішність; видимість **2.** *v* 1) наводити ґлянець (лиск); надавати блиску 2) лисніти 3) прикрашати; показувати у кращому вигляді; **g. finish** *n фото* ґлянсування; **~iness** *n* лиск, полиск, ґлянець, ґлянсуватість; **~y** *a* 1) блискучий, ґлянсуватий, лискучий, гладкий 2) прихований; удавано пристойний

gloss II [glɒs] **1.** *n* 1) глоса; нотатки на берегах 2) тлумачення у глосарії (у словнику) 3) тлумачення, інтерпретація 4) ґлосарій 5) підрядковий переклад **2.** *v* 1) робити нотатки (*на берегах, між рядками*) 2) давати коментарі 3) укладати глосарій 4) неправильно (упереджено) тлумачити (upon) 5) перекладати; пояснювати; **~arian, ~arist** *n* 1) тлумач, коментатор 2) укладач глосарія; **~ary** *n* 1) глосарій 2) словник (*наприкінці книги*); **~ist** *n* коментатор; **~ology** *n* 1) глосарій 2) термінологія

glott||id [ˈglɒtɪd] *n фон.* голосний звук, утворений голосовою щілиною; **~is** *n анат.* голосова щілина

glove [glʌv] **1.** *n* рукавичка **2.** *v* надівати рукавичку

glow [gləʊ] **1.** *n* 1) сильний жар, розжарення, розпечення 2) тепло, відчуття тепла 3) світло, відблиск, заграва 4) яскравість фарб 5) рум'янець 6) запал; жвавість; ревність, запальність 7) *ел.* світіння, розжарення **2.** *v* 1) розжарюватися до червоного (білого) 2) світитися; блискати, виблискувати, сліпуче сяяти 3) горіти, сяяти (*про очі*) 4) шаріти, пашіти, яріти, палати (*про щоки*) 5) відчувати приємне тепло (*у тілі*) 6) жевріти, тліти; **g.-fly** *n ент.* жук-світляк; **~ing** *a* 1) розжарений до червоного (білого) 2) що яскраво світиться 3) гарячий, палкий 4) яскравий (*про фарби*) 5) палаючий (*про щоки*); **g.-lamp** *n ел.* лампа розжарювання; **g.-worm** *n ент.* жук-світляк

glower [ˈglaʊə] **1.** *n* сердитий погляд **2.** *v* дивитися сердито (пильно); **~ing** *a* 1) ворожий, сердитий (*про погляд*) 2) злий, ворожо налаштований

glucose [ˈglu:kəʊs] *n хім.* глюкоза

glue [glu:] **1.** *n* 1) клей 2) *мед.* глія **2.** *v* 1) клеїти, склеювати, приклеювати (*тж перен.*) 2) приклеюватися, прилипати 3) з'єднувати, зв'язувати; **~y** *a* 1) клейкий, липкий; грузький 2) покритий клеєм

glum [glʌm] *a* похмурий, хмурий

glut [glʌt] **1.** *n* 1) надлишок; надвиробництво 2) насичення, пересичення 3) достаток, величезна кількість; безліч 4) надмірність (*у їжі й под.*). **2.** *v* 1) насичувати; задовольняти (*бажання й под.*) 2) наповнювати вщерть; переповнювати; затоварювати 3) надмірно захоплюватися

glutin||osity [ˌgluːtiˈnɒsiti] *n* клейкість, в'язкість, глейкість; **~ous** *a* клейкий, липкий, в'язкий

glutton [ˈglʌtn] *n* 1) ненажера 2) ненажерлива тварина 3) *зоол.* росомаха; **~y** *n* ненажерливість

gnarled, gnarly [nɑːld, ˈnɑːli] *a* 1) вузлуватий, гулястий (*з наростами*); сучкуватий, викривлений (*про дерево*) 2) незграбний, вайлуватий; грубий (*про зовнішність*) 3) незговірливий, упертий; причепливий

gnash [næʃ] **1.** *n* скрегіт, клацання (*зубів*) **2.** *v* 1) скреготати (*зубами*) 2) перегризати

gnat [næt] *n* 1) *ент.* комар; москіт; мошка 2) прикрий дріб'язок, дурниця; **g.-sting** *n* комариний укус; **g.-worm** *n* личинка комара

gnaw [nɔː] *v* (-wed [nɔːd]; -wn) 1) гризти 2) роз'їдати (*про кислоту й под.*) 3) підточувати; мучити, шарпати; **~er** *n* *зоол.* гризун

gnom||e I [ˈnəʊm(i)] *n* гнома, афоризм; приказка; **~ic(al)** *a* гномічний, афористичний; **~ology** *n* зібрання афоризмів, сентенцій, напучень

gnom||e II [nəʊm] *n* гном, карлик; **~ish** *a* схожий на гнома

gnomics [ˈnəʊmiks, ˈnɒm-] *n pl* (the ~) давньогрецькі поети

gnomon [ˈnəʊmɒn] *n* гномон; покажчик висоти сонця

gnos||is [ˈnəʊsis] *n філос.* гнозис, гностицизм; таємне пізнання божественної істини, приступне тільки втаємниченим; **~tic(al)** *a* 1) пізнавальний 2) *філос.* гностичний 3) *жарт.* всезнаючий; **~ticism** *n філос.* гностицизм

gnu [nuː] *n зоол.* гну

go [gəʊ] **1.** *n* [gəʊ] (*pl* -es [-ʊz]) *розм.* 1) рух; хід, ходьба; **to be on the g.** а) бути в русі (*у роботі*); б) збиратися йти; в) бути п'яним; г) бути на схилі віку 2) енергія; натхнення; завзяття; **full of g.** сповнений енергії **2.** *v* (went; gone) 1) іти, ходити 2) їхати, подорожувати, пересуватися 3) простягатися, вестися (*куди-н.*), тягтися 4) відправлятися (*часто з наступним віддієслівним ім.*) 5) бути в обігу 6) проходити; зникати; розсіюватися, розходитися 7) говоритися, їтися 8) личити, пасувати (*про одяг*) 9) класти, ставити на певне місце 10) пройти, бути прийнятим, отримати визнання (*про план, проект і под.*) 11) продаватися (*за певною ціною*; for) 12) витрачатися 13) переходити у власність, діставатися 14) зазнати краху, збанкрутувати 15) скасовуватися, знищуватися; **g. after** а) шукати; б) домагатися (*чого-н.*); **g. away** іти геть; **g. back** повертатися назад; відступати; **g. forward** іти уперед, просуватися; **~ on** іти далі, продовжувати; **g. round** кружляти; обходити; **g. together** поєднуватися; гармоніювати; **g. up** підійматися, сходити (*на гору*); зростати, підвищуватися (*про ціни*); **g. with** супроводити; личити, пасувати; **g.-aheadism** *n* заповзятливість, енергійність; **g.-as-you-please** *a* 1) вільний від правил (*про перегони й под.*) 2) необмежений; незв'язаний 3) позбавлений плану 4) що має невизначену швидкість; **g.-between** *n* 1) посередник 2) сват; сваха 3) звідник; звідниця 4) сполучна ланка; **g.-by** *n* обгін; **g.-cart** *n* 1) ходунок 2) ручний візок 3) дитяча коляска 4) ноші; паланкін; **g.-getting** *a* заповзятливий, енергійний; **~ing 1.** *n* 1) хода 2) швидкість пересування 3) від'їзд 4) стан дороги 5) *зазв. pl* справи, обставини **2.** *a* 1) працюючий, діючий (*про підприємство й под.*) 2) дійсний, існуючий 3) процвітаючий; **~ings-on** *n pl* 1) поведінка, учинки (*зазв. несхв.*) 2) звички; спосіб життя

goa [ˈgəʊə] *n зоол.* газель

goal [gəʊl] *n* 1) мета; завдання 2) мета, ціль, місце призначення 3) *спорт.* ворота 4) *спорт.* гол 5) *спорт.* фініш; **g.-keeper** *n спорт.* голкіпер, воротар; **g.-seeking** *a* цілеспрямований

goat [gəʊt] *n* 1) *зоол.* цап, козел; коза 2) цапина шкура 3) хтива людина 4) (G.) Козеріг (*сузір'я і знак зодіаку*) 5) *розм.* цап-відбувайло, офірний цап; **g.-chafer** *n ент.* скрипун, вусач; **~sucker** *n орн.* дрімлюга; **~y** *a* цапиний

gobbet [ˈgɒbit] *n* шматок (*сирого м'яса й под.*)

gobble [gɒbl] *v* жадібно проковтувати

goblet [ˈgɒblit] *n* 1) келих 2) кубок

goblin [ˈgɒblin] *n* домовик

goby [ˈgəʊbi] *n іхт.* бичок

god [gɒd] *n* 1) бог, божество 2) (G.) Усевишній, Бог; **G. forbid!**, боронь Боже! 3) ідол, кумир; **g.-child** *n* хрещеник; хрещениця; **~dam(n)** *n* 1) прокляття **2.** *v* проклинати, посилати до біса; **~damn(ed) 1.** *a* проклятий **2.** *adv* скажено; **g.-daughter** *n* хрещениця; **~dess** *n* 1) богиня 2) королева краси 3) обожнювана жінка; **~father** *n* хрещений (батько); **~fearing** *a* богобоязливий, релігійний; **~forsaken** *a* покинутий; занедбаний, занехаяний; пересуватися; сумовитий, сумний; **~head** *n* 1) божественність 2) божество; **~less** *a* 1) нечестивий 2) безбожний, невіруючий; **~lessness** *n* безбожність, безвір'я; **~like** *a* 1) богоподібний; божественний 2) величний; **~liness** *n* побожність, благочестя; **~ly** *a* благочестивий; релігійний; **~mother** *n* хрещена (мати); **~parent** *n* хрещений (батько); хрещена (мати); **~send** *n* 1) несподівана щаслива подія; удача 2) знахідка; **~son** *n* хрещеник; **g.-speed 1.** *n* побажання успіху (удачі); успіх, удача **2.** *int* Боже поможи!

goggle [ˊgɒg(ə)l] **1.** *n* 1) *pl* захисні (темні) окуляри 2) здивований (зляканий) погляд **2.** *a* вирячений, витрішкуватий (*про очі*) **3.** *v* 1) витріщатися; дивитися широко розкритими очима 2) поводити очима

goitre [ˊgɔɪtə] *n мед.* зоб

gold [gəʊld] **1.** *n* 1) золото 2) золотистий колір 3) золото, золоті монети (гроші) 4) багатство, скарби; коштовність 5) високі моральні (фізичні) якості 6) центр мішені **2.** *a* 1) золотий 2) золотистого кольору; **g.-beetle** *n ент.* жук-листоїд; **g.-cloth** *n* парча; **g. digger** *n* золотошукач; **g.-diggings** *n pl* золоті копальні; **g.-dust** *n* золотовмісний пісок; **~en eagle** *n орн.* беркут; **~en-eye** *n ент.* золотоочка; **~en knop** *n ент.* сонечко; **g.-fever** *n* золота лихоманка; **~finch** *n орн.* щиголь; **g. hunter** *n* золотошукач; **g.-mine** *n* 1) *перен.* золоте дно 2) *перен.* невичерпне джерело; **g.-mouthed** *a* солодкомовний, облесливий; **~smith** *n* ювелір; **~smithery** *n* 1) ремесло ювеліра 2) майстерня ювеліра 3) ювелірні вироби

golf [gɒlf] **1.** *n* ґольф (гра) **2.** *v* грати в ґольф; **~er** *n* гравець у ґольф; **~ing** *n* гра в ґольф; **g.-links** *n* майданчик для гри в ґольф

Golgotha [ˊgɒlgəθə] *n* 1) *бібл.* Голгофа 2) (g.) місце страждань і катувань 3) (g.) кладовище; цвинтар; місце лоховання

Goliath [gəˊlaɪəθ] *n* 1) *бібл.* Голіаф 2) *перен.* велетень, гігант

goluptious [gəˊlʌpʃəs] *а жарт.* 1) чудовий, чарівний 2) соковитий, смачний

gombeen-man [gəmˊbiːnmən] *n* лихвар

gondol||a [ˊgɒndələ] *n* ґондола; **~ier** *n* ґондольєр

gone [gɒn] *v. р. р. від* **go 2**; *а* 1) загублений; утрачений 2) розорений 3) минулий; що пройшов (минув) 4) який пішов (помер), померлий 5) використаний, витрачений

gonfalon [ˊgɒnfələn] *n* стяг; корогв(а), хоругва, хоругов; **~ier** *n* прапороносець; корогвоносець, хоругвоносець

gong [gɒŋ] *n* ґонґ

gonorrh(o)ea [ˌgɒnəˊriːə] *n мед.* гонорея

goober [ˊguːbə] *n амер.* земляний горіх, арахіс

good [gʊd] **1.** *n* 1) користь 2) добро; **to do smb. g.** допомагати кому-н.; виправляти кого-н. **2.** *a* (better; best) 1) гарний, хороший, добрий 2) приємний 3) умілий, вправний, майстерний 4) милий, люб'язний 5) добрий, доброчесний 6) вихований, слухняний (*про дитину*) 7) значний 8) придатний; корисний 9) належний, доцільний 10) надійний, кредитоспроможний 11) свіжий, доброякісний 12) справедливий, законний; виправданий; обґрунтований 13) родючий; **g.-fellow** *n* приємний співрозмовник; веселун; **g.-fellowship** *n* 1) дружба, товаришування 2) товариськість; **g.-for-nothing 1.** *n* ледар, нероба; нікчемна людина **2.** *a* нікчемний; ні до чого не придатний; **g.-hearted** *а* добрий, добросердий; **g.-humoured** *а* добродушний; життєрадісний; **~humouredly** *adv* добродушно; **~liness** *n* 1) краса, миловидність 2) високі якості, цінність; **g.-looking** *а* гарний, вродливий; із приємною зовнішністю; **~ly** *а* 1) гарний, вродливий; пригожий, гожий 2) значний, великий; великого розміру 3) приємний; підхожий, чудовий; **g.-minded** *а* доброзичливий, добромисний; **g.-natured** *а* добродушний; доброзичливий, доброї вдачі; **g.-neighbour** *а політ.* добросусідський; **g.-neighbourliness** *n* добросусідські (дружні) відносини; **~ness** *n* 1) доброта; великодушність; люб'язність 2) чесность 3) висока якість, доброякісність 4) цінні властивості; поживні властивості; **g. sense** *n* здоровий глузд; **g.-sized** *а* великий; значних розмірів; **g.-tempered** *а* 1) з доброю (веселою) вдачею, добродушний 2) урівноважений; **~will** *n* 1) прихильність 2) доброзичливість; приязнь 3) добра воля 4) старанність, готовність зробити що-н. 5) *юр.* престиж фірми; **~y** *n* 1) позитивний герой (твору); гарна людина 2) цукерка, солодощі

good-bye 1. *n* [gʊdˊbaɪ] прощання **2.** *int* до побачення!; прощавайте!

goodnight [gʊdˊnaɪt] *n* побажання доброї ночі

goods [gʊdz] *n pl* 1) товар; товари 2) речі, майно; вантаж; багаж; **g. circulation** *n* товарний обіг; **g. lift** [ˊgʊdzlɪft] *n* вантажний ліфт; **g. shed** *n* пакгауз; **g. train** *n* товарний потяг

goose [guːs] *n. орн.* (*pl* geese) гуска; гусак; **~berry** *n бот.* аґрус; **~flesh** *n* гусяча шкіра (*від холоду, страху*); **g. grass** *n бот.* подорожник (великий)

gore [gɔː] **1.** *n* 1) клин, ластка (*в одязі*) 2) клин (*землі*) **2.** *v* 1) надавати форми клину; уставляти, ушивати клин (ластку)

gorge [gɔːdʒ] **1.** *n* 1) вузька ущелина, вузький прохід 2) обжерливість 3) проковтнуте, з'їдене 4) затор, завал, завалювання **2.** *v* 1) жадібно їсти, об'їдатися 2) жадібно ковтати, поглинати 3) наповнювати, переповнювати

gorgeous [ˊgɔːdʒəs] *а* яскравий; яскраво забарвлений; **~ness** *n* пишність, блискучість, розкішність

gorilla [gəˊrɪlə] *n зоол.* ґорила

gormandise [ˈgɔːməndaɪz] **1.** *n* 1) обжерливість 2) ґурманство **2.** *v* об'їдатися, обжиратися

gory [ˈɡɔːrɪ] *a* 1) кровопролитний, кривавий 2) закривавлений

gosling [ˈɡɒzlɪŋ] *n* гусеня

gospel [ˈɡɒsp(ə)l] *n* 1) (G.) Євангеліє 2) проповідь; **~ler** *n* 1) євангеліст 2) проповідник; **g.-truth** *n* свята правда; незаперечна істина

gossamer [ˈɡɒsəmə] *n* 1) осіннє павутиння (*у повітрі*) 2) тонка тканина, газ, серпанок; **~y** *a* легкий; тонкий як павутиння

gossip [ˈɡɒsɪp] **1.** *n* 1) плітки; чутки 2) балачки 3) лепетуха, плетуха; базіка, плетун **2.** *v* брехати, передавати (розпускати) чутки (плітки); **~y** *a* 1) балакучий, наклепницький; який любить слебезувати 2) пустий, легковажний

got [ɡɒt] *past і р. р. від* **get 2**

Goth [ɡɒθ] *n* 1) *іст.* ґот 2) варвар, вандал; **~ic** *a* 1) ґотський 2) ґотичний (*стиль*) 3) варварський, грубий, жорстокий

gothicism [ˈɡɒθɪsɪz(ə)m] *n* 1) варварство; грубість; жорстокість 2) характерні риси ґотичного стилю (*в архітектурі*); ґотика 3) *лінґв.* ґотицизм

goulash [ˈɡuːlæʃ] *n кул.* гуляш

gourd [ɡʊəd] *n бот.* гарбуз

gourmand [ˈɡʊəmənd] **1.** *n* ненажера **2.** *a* обжерливий

gourmet [ˈɡʊəmeɪ] *n фр.* ґурман, гастроном; знавець вин

gout I [ɡaʊt] *n* 1) *мед.* подагра 2) крапля, бризки (*дощу*) 3) пляма (*фарби*); **~y** *a* подагричний, хворий на подагру

gout II [ɡaʊt] *n* водовідвідний канал; шлюз

govern [ˈɡʌvən] *v* 1) керувати, управляти, правити 2) регулювати; спрямовувати 3) впливати (*на кого-н.*) 4) визначати, обумовлювати (*хід подій*) 5) володіти (*собою, пристрастями*); стримувати (*себе*) 6) *юр.* визначати сенс; бути визначальним (чинником) 7) *грам.* керувати 8) *тех.* регулювати; **~able** *a* 1) слухняний; що підкоряється 2) що регулюється; керований; **~ance** *n книжн.* 1) управління; влада; керівництво 2) підпорядкованість; **~ess** *n* ґувернантка, вихователька; **~ing** *a* 1) керівний, контролюючий 2) правлячий 3) головний, основний; **~ment** *n* 1) правління, керування 2) форма правління 3) уряд 4) провінція (*керована ґубернатором*), штат 5) *грам.* керування; **~mental** *a* урядовий, державний; **~or** *n* 1) правитель 2) ґубернатор 3) комендант (*фортеці*); начальник (*в'язниці*) 4) завідувач (*школи, лікарні*); **~orship** *n*) 1) посада ґубернатора 2) влада (юрисдикція) ґубернатора 3) територія, підвладна ґубернатору

gown [ɡaʊn] **1.** *n* 1) сукня (*жіноча*) 2) вільний домашній одяг 3) нічна сорочка 4) мантія (*судді, викладача університету й под.*) 5) збір. студенти й викладачі університету 6) римська тоґа **2.** *v* убирати, одягати (*кого-н.*)

grab [ɡræb] **1.** *n* 1) спроба схопити (*що-н.*); швидкий хапальний рух 2) захоплення; привласнення; хижацтво 3) награбоване, захоплене **2.** *v* 1) схоплювати, раптом хапати; намагатися схопити (at) 2) захоплювати; привласнювати; **~ber** *n* рвач, горлохват, хапуга; хабарник

grabble [ˈɡræb(ə)l] *v* 1) шукати навпомацки; намацувати 2) плазувати на чотирьох; повзати рачки 3) хапати

grace [ɡreɪs] **1.** *n* 1) ґрація; витонченість 2) пристойність; такт; люб'язність 3) прихильність, благовоління 4) *часто pl* привабливість, принадні риси; доброчесність 5) ласка; милість, милосердя; прощення 6) перепочинок 7) *юр.* помилування, амністія 8) молитва (*до й після їди*) 9) милість, світлість (*форма звертання*); **Your G.** Ваша Світлосте **2.** *v* 1) прикрашати (with) 2) удостоювати, нагороджувати; **~ful** *a* 1) ґраційний, витончений; елеґантний 2) приємний 3) увічливий, люб'язний, ґречний; **~fully** *adv* 1) ґраційно, витончено 2) приємно, елеґантно 3) увічливо, пристойно; **~fulness** *n* 1) ґраційність, витонченість; стрункість 2) елеґантність; **~less** *a* 1) некрасивий, непривабливий; позбавлений ґраційності 2) морально зіпсований; безсоромний; розбещений 3) незграбний, важкий (*про стиль*)

gracile [ˈɡræsaɪl] *a* 1) тонкий, худий 2) стрункий, ґраційний, витончений

gracious [ˈɡreɪʃəs] *a* 1) добрий, милосердний 2) увічливий, люб'язний, чемний; ґречний; поблажливий; **~ly** *adv* 1) ласкаво, доброзичливо 2) увічливо, люб'язно, чемно, ґречно; поблажливо

grad [ɡræd] *n* сота частина прямого кута

gradation [ɡrəˈdeɪʃ(ə)n] *n* (*зазв. pl*) 1) перехідні щаблі, відтінки 2) ґрадація, послідовність розташування; сортування 3) ступінь розвитку; фаза, щабель 4) ступінь інтенсивності 5) *лінґв.* чергування голосних, аблаут

grade [ɡreɪd] **1.** *n* 1) ступінь; клас 2) ранґ, звання 3) ґатунок, сорт 4) якість, рівень 5) *амер.* оцінка 6) *амер.* клас (*у школі*) 7) узвіз; схил **2.** *v* 1) розташовувати за ранґами (ступенями, групами *й под.*) 2) належати до групи (класу) 3) сортувати 4) поступово змінюватися, зазнавати змін 5) *амер.* ставити оцінку

gradual [ˈɡrædʒʊəl] *a* поступовий; послідовний; **~ity** [ɡrædʒʊəˈælɪtɪ] *n* поступовість, послідовність

graduate 1. *n* [ˈgrædʒʊət] 1) який має вчений ступінь 2) (*частіше амер.*) випускник (аспірант) навчального закладу 3) мензурка **2.** *v* [ˈgrædʒʊeɪt] 1) закінчити вищий навчальний заклад й одержати ступінь бакалавра 2) розташовувати в послідовному порядку (за певним принципом); **g. school** *n* аспірантура; **g. student** *n* аспірант

graft I [grɑːft] **1.** *n* 1) прививі, щеплення (*рослини*) 2) *мед.* пересадка тканини 3) *мед.* трансплантат **2.** *v* 1) прищеплювати, живцювати (*рослину*) 2) *мед.* пересаджувати живу тканину

graft II [grɑːft] **1.** *n* 1) хабар, незаконні доходи; підкуп 2) хабарництво **2.** *v* брати хабарі; **~er** *n* 1) хабарник 2) шахрай, ошуканець

grain [greɪn] **1.** *n* 1) зерно; *збір.* зерно, хлібні злаки 3) *збір.* крупи 4) зернина; крупинка 5) крихта; найдрібніша частинка 6) ґран (*міра ваги* = 0,0648 *г*) 7) зернистість, грануляція 8) будова, структура (*деревини*) 9) волокно, жила, фібра 10) характер, вдача, схильність **2.** *v* 1) подрібнювати 2) очищати (*шкіру*) від шерсті 3) розмальовувати під деревину; **g. grower** *n* хлібороб, рільник; **~y** *a* 1) зернистий, ґранульований 2) негладкий, шорсткий, шерехатий

gram [græm] *n* грам (*тж* gramme)

graminivorous [ˌgræmɪˈnɪv(ə)rəs] *a зоол.* травоїдний

grammǀǀar [ˈgræmə] *n* 1) граматика (*наука*) 2) граматичні навички; правильна мова 3) підручник граматики 4) граматична система (*мови*) 5) основи науки; **~arian** *n* філолог; **~arless** *a* 1) що не має граматики (*про мову*) 2) неправильний (*про усну мову*); **g. school** *n* класична середня школа; **~atical** *a* 1) граматичний 2) граматично правильний; **~aticise** *v* приводити у відповідність із правилами граматики

gramme [græm] *n* грам (*тж.* gram)

gramophone [ˈgræməfəʊn] *n* 1) грамофон 2) патефон

grampus [ˈgræmpəs] *n зоол.* північний дельфін; косатка

granary [ˈgræn(ə)rɪ] *n* 1) комора, зерносховище 2) житниця

grand [grænd] *a* 1) грандіозний, великий, величний 2) чудовий, пишний; розкішний; імпозантний 3) піднесений; шляхетний 4) основний; головний, дуже важливий; серйозний 5) світський 6) загальний 7) великий (*тж у титулах*) 8) підсумковий; **~child** *n* онук; онука; **~eur** [ˈgrændʒə(r)] *n* 1) грандіозність, пишнота, розкішність 2) знатність, високе становище 3) (*моральна*) велич, шляхетність; **~father** *n* дідусь; **~iloquence** *n* пишномовність, високомовність; **~iloquent** [grænˈdɪləkwənt] *a* пишномовний, високомовний; **~iloquently** *adv* пишномовно, високомовно; **~iose** *a* 1) ґрандіозний 2) пихатий, претензійний; **~iosity** *n* 1) ґрандіозність 2) пихатість, претензійність; **G. Master** *n шах.* ґросмайстер; **~mother** *n* бабуся; **~motherly** *a* 1) турботливий, ласкавий, добрий, м'який 2) надмірно дріб'язковий; **~parents** *n pl* бабуся й дідусь; **g. piano** *n* рояль; **g. prix** [ˌgrɑːn ˈpriː] *n фр.* великий приз, ґран-прі; **g. stand** *n* трибуна, місця для глядачів

granitǀǀe [ˈgrænɪt] *n* 1) *мін.* ґраніт 2) *перен.* твердість (*характеру*) 3) виріб із ґраніту; **~ic(al)** *a* 1) ґранітний 2) *перен.* твердий, непохитний

grannie, granny [ˈgrænɪ] *n ласк.* бабуся, бабця

grant [grɑːnt] **1.** *n* 1) дарування 2) дар, дарунок, подарунок 3) дотація, субсидія; безоплатна позичка 4) *pl* стипендія 5) офіційне подання 6) *юр.* дарча; дарчий акт 7) поступка, дозвіл, згода **2.** *v* 1) погоджуватися; дозволяти 2) дарувати; надавати 3) давати дотацію (субсидію) 4) припускати, визнавати; підтверджувати правильність (*чого-н.*); **g.-in-aid** *n* дотація, субсидія, фінансова допомога; **~ing** *cj* за умови, за наявності; беручи до уваги, зважаючи на; **~or** *n юр.* цедент; дарувальник

granulated sugar [ˌgrænjʊleɪtɪdˈʃʊgə] *n* цукор-пісок

granule [ˈgrænjuːl] *n* 1) зернятко, зерно 2) *спец.* ґранула

grape [greɪp] *n бот.* виноград (*плоди зазв. pl*); ґроно винограду; **g.-fruit** *n* (*pl без змін*) ґрейпфрут; **g.-sugar** *n* виноградний цукор, глюкоза; **g.-vine** *n бот.* виноградна лоза

graph [græf, grɑːf] *n* 1) графік, діаграма, номограма; крива 2) *мат.* граф; **~ic** *a* 1) графічний 2) переданий графічно 3) наочний; мальовничий; яскравий, барвистий (*про розповідь*) 4) письмовий; **~ically** *adv* 1) графічно 2) наочно; мальовничо; жваво, яскраво, барвисто; **~ics** *n* графіка; ілюстративний матеріал у вигляді графіків

graphitǀǀe [ˈgræfaɪt] *n* графіт; **~ic** [græˈfɪtɪk] *a* спец. графітовий

grapholoǀǀgist [græˈfɒlədʒɪst] *n* графолог; **~y** *n* 1) графологія 2) вивчення почерку

graphomania [ˌgræfə(ʊ)ˈmeɪnɪə] *n* графоманія; **~c** *n* графоман

-graphy [-grəfɪ] *у скл. сл. має знач.* 1) реєстрація, запис, отримання зображення; **calligraphy** каліграфія; **cardiography** кардіографія 2) наука; **paleography** палеографія; **demography** демографія

grapple [ˈgræp(ə)l] **1.** *n* сутичка, боротьба **2.** *v*

1) зчепитися 2) боротися; намагатися перебороти (*труднощі*) 3) розв'язати (*задачу*)

grasp [grɑːsp] **1.** *n* 1) захоплення; міцне стиснення, хватка, стиск 2) *перен.* влада, панування; володіння 3) схоплювання, швидке сприймання; розуміння 4) руків'я; держално **2.** *v* 1) хапати, схоплювати; затискати (*у руці*); захоплювати 2) хапатися, ухопитися (*за що-н.*) 3) міцно триматися (*за що-н.*) 4) збагнути, зрозуміти; усвідомити; засвоїти; **~er** *n* рвач, горлохват; **~ing** *a* 1) чіпкий, беручкий; кмітливий 2) скупий, жадібний, зажерливий; **~less** *a* 1) розслаблений; неміцний 2) незрозумілий, незбагненний

grass [grɑːs] **1.** *n* 1) трава 2) *бот.* злак 3) пасовище, вигін 4) галявина, ґазон; луг 5) *гірн.* земна поверхня **2.** *v* 1) засівати травою; покривати дерном 2) заростати травою 3) пастися 4) виганяти на пасовисько (*худобу*) 5) підстрелити (*птаха*) 6) витягти на берег (*рибу*); **g.-blade** *n* травинка; **g.-drake** *n зоол.* деркач; **g.-mower** *n* ґазонокосарка; **g. roots** *n pl* 1) прості люди, широкі маси 2) основа, джерело; **g. snake** *n зоол.* вуж (звичайний)

grat||e [greɪt] **1.** *n* 1) камін 2) камінна решітка 3) ґрати **2.** *v* 1) терти (*на тертці*), розтирати 2) скрипіти, рипіти, скреготати 3) дратувати, роздратовувати; **~ing 1.** *n* ґрати, решітка **2.** *a* 1) скрипучий, різкий 2) дратівний

grat||eful [ˈgreɪtf(ə)l] *a* 1) вдячний, подячний 2) приємний 3) благодатний (*про землю*); **~efulness** *n* вдячність, подяка; **~ification** [ˌgrætɪfɪˈkeɪʃn] *n* 1) задоволення; утіха; насолода 2) винагорода 3) подачка; хабар; **~ify** *v* 1) задовольняти 2) давати насолоду; радувати (*зір*) 3) потурати, попускати; **~ifying** *a* утішний, приємний; **~is 1.** *a* безплатний, безкоштовний, дармовий **2.** *adv* безплатно, безкоштовно, даром; **~itude** *n* подяка, вдячність; **~uitous** *a* 1) безплатний, дармовий, безоплатний 2) добровільний 3) безпричинний; необґрунтований 4) *юр.* вигідний тільки для однієї сторони

gravamen [grəˈveɪmen] *n* (*pl тж* -mina) *юр.* 1) основні пункти 2) суть обвинувачення 3) скарга

grave I [greɪv] **1.** *n* 1) могила 2) *перен.* смерть, загибель 3) надгробний камінь **2.** *a* [greɪv] 1) серйозний, вагомий; важливий 2) статечний; стриманий 3) скромний (*про наряди*) 4) тяжкий, загрозливий 5) впливовий, авторитетний 6) похмурий, сумний 7) темний (*про фарбу*) **3.** *v* (-ved, -ven) 1) ґравіювати; витісувати; вирізати, вирізьблювати 2) зберігати, закарбовувати (*у пам'яті*); **g.-clothes** *n pl* похоронне вбрання, саван; **g.-digger** *n* 1) могильник, гробар 2) *ент.* жук-могиляк, жук-гробарик; **g.-mound** *n* могильний пагорб, курган; **~r** *n* 1) різьбар, ґравер 2) різець; **~n image** *n* ідол, кумир; **~stone** *n* могильна плита, надгробок; **~yard** *n* цвинтар, кладовище; гробки

grave II [grɑːv] *n фон.* глухий наголос

gravel [ˈgræv(ə)l] **1.** *n* 1) ґравій 2) золотовмісний пісок (*тж* auriferous ~) 3) *мед.* сечовий пісок **2.** *v* 1) посипати піском (ґравієм) 2) переривати, зупиняти (*промовця*) 3) *розм.* бентежити, збивати з пантелику

grave||ly [ˈgreɪvlɪ] *adv* 1) серйозно, вагомо; важливо 2) поважно; статечно; стримано 3) скромно 4) тяжко, загрозливо 5) впливово, авторитетно 6) похмуро, сумно 7) низько (*про тон*); **~ness** *n* 1) серйозність, вагомість, важливість 2) поважність, статечність; стриманість 3) скромність 4) загроза 5) впливовість, авторитетність 6) журба, печаль, сум, смуток 7) низькість (*тону*)

gravid [ˈgrævɪd] *a книжн.* вагітна; **~ity** *n* вагітність

gravit||y [ˈgrævətɪ] *n* 1) *фіз.* вага; тяжіння 2) серйозність; важливість 3) тяжкість, небезпечність (*становища й под.*) 4) урочистість 5) статечність, урівноваженість; **~ate** *v* 1) тяжіти, прагнути (to, towards — до *чого-н.*) 2) прямувати, простувати 3) *фіз.* притягуватися (to, towards — до *чого-н.*) 4) занурюватися (*у рідину*); осідати (*на дно*); **~ation** *n* 1) *фіз.* ґравітація; тяжіння 2) прагнення, потяг (*зазв. до поганого*); **~ational** *a* ґравітаційний

gravy [ˈgreɪvɪ] *n кул.* підливка, соус; **g.-boat** *n* соусник

gray див. **grey**

graze I [greɪz] **1.** *n* 1) легка рана, подряпина 2) зачіпання, торкання, дотикання **2.** *v* 1) здерти, подряпати, натерти (*шкіру*) 2) ледь торкатися, зачіпати

graz||e II [greɪz] *v* пасти(ся); **~ier** *n* скотар; тваринник

greas||e [griːs] **1.** *n* 1) мастильна речовина 2) топлене сало; жир **2.** *v* 1) змазувати, мастити 2) замаслювати, засалювати; **g.-paint** *n театр.* грим; **~iness** *n* 1) сальність, масність, жирність; заложеність 2) єлейність, солодкуватість; **~y** *a* 1) сальний, масний, жирний; засмальцьований 2) жирний 3) брудний; слизький (*про дорогу*) 4) слизький, непристойний 5) єлейний; нудотний, солодкавий

great [greɪt] **1.** *n* (the ~) *збір.* (*ужив. як pl*) 1) сильні світу цього; вельможні багаті 2) великі письменники, класики **2.** *a* 1) великий, величезний, колосальний 2) тривалий, довгий 3) великий, значний, численний 4) піднесений; шляхетний (*про мету й под.*) 5) чудовий; прекрасний; видатний 6) сильний, інтенсивний 7) *predic.* досвідчений, обізнаний; майстерний (at) 8) *predic.* що розуміє (розбирається) (on) 9) дійсний; існуючий; **~er** *a* 1) *порівн. ст. від* **great 2** 2) (G.) великий (*у геогр. назвах*); **g.-granddaughter** *n* правнучка; **g.-grandfather** *n* прадід; **g.-grandparent** *n* прабатько; **g.-hearted** *a* великодушний; **~heartedness** *n* великодушність; **~ly** *adv* 1) дуже; значно, доволі 2) піднесено, велично; шляхетно; **g. morel** *n бот.* беладона; **~ness** *n* 1) велич, сила 2) шляхетність 3) величина

Grecian [ˈgriːʃ(ə)n] **1.** *n* 1) елліністт 2) грек **2.** *a* грецький

greed‖y [ˈgriːdɪ] *a* 1) ненажерливий, ненаситний 2) жадібний, зажерливий (of, for) 3) що жадає (прагне) (*чого-н.*); **~ily** *adv* 1) жадібно, із жадібністю 2) ревно, запопадливо; **~iness** *n* 1) жадібність, пожадливість 2) ненажерливість, ненаситність 3) запопадливість

Greek [griːk] **1.** *n* 1) грек; грекиня 2) грецька мова **2.** *a* грецький; **~ist** *n* елліністт, класик

green [griːn] **1.** *n* 1) зелений колір 2) лука; майданчик для гри в ґольф 3) *pl* зелень, овочі 4) молодість, сила 5) рослинність **2.** *a* 1) зелений, зеленого кольору 2) укритий зеленню 3) незрілий, нестиглий 4) свіжий, необроблений 5) молодий; недосвідчений 6) довірливий, простодушний 7) блідий, хворобливий 8) сповнений сил, квітучий, свіжий 9) рослинний (*про їжу*) **3.** *v* 1) ставати зеленим, зеленіти 2) фарбувати в зелений колір; **g. algae** *n бот.* зелені водорості; **~belt** *n* зелена зона (*навколо міста*); **~ery** *n* 1) зелень; рослинність; листя 2) оранжерея, теплиця; **~-eyed** *a* 1) зеленоокий 2) ревнивий; заздрісний; <> **g.-eyed monster** ревнощі; заздрість; **~gage** *n бот.* ренклод (*слива*); **~grocery** *n* 1) овочева (фруктова крамниця) 2) зелень; городина, садовина; **~horn** *n* новак; недосвідчена людина; **~house** *n* теплиця, оранжерея; **~ish** *a* зеленуватий; **~less** *a* позбавлений зелені (рослинності); **~ness** *n* 1) зелень 2) незрілість; недосвідченість 3) бадьорість, свіжість; **~stuff** *n* свіжі овочі; городня зелень; **~sward** *n* дерен; ґазон; моріжок; **~wood** *n* ліс у зеленому вбранні; **~y** *a* зеленуватий, зеленавий

greet [griːt] *v* 1) вітати; вітатися; кланятися 2) зустрічати (*вигуками й под.*) 3) досягати, доноситися, долинати (*про звук і под.*) 4) відкриватися (*погляду*); **~ing** *n* 1) вітання 2) привіт; уклін 3) (*часто pl*) зустріч (*оплесками й под.*); прийом; **~ing-card** *n* вітальна листівка

gregarious [grɪˈgeə(ə)rɪəs] *a* 1) товариський,

компанійський 2) стадний 3) що живе зграями (чередами, стадами)

grenade [grɪˈneɪd] *n* 1) ґраната 2) вогнегасник

grew [gruː] *past від* **grow**

grey [greɪ] **1.** *n* 1) сірий колір 2) сірий костюм 3) кінь сірої масті 4) сивина 5) сутінок, присмерк **2.** *a* 1) сірий 2) похмурий, хмарний, тьмяний 3) невеселий; безрадісний, понурий 4) сивий 5) блідий, невиразний, сірий **3.** *v* 1) робити сірим 2) ставати сірим; сивіти 3) сивіти; **g.-eyed** *a* сіроокий; **g. friar** *n* францисканець (*чернець*); **g.-haired** *a* сивий; **g.-headed** *a* сивий, старий; **~hen** [ˈgreɪhen] *n орн.* тетерка; **~hound** *n* хорт, грейхаунд (*порода собак*); **~lag** *n орн.* дика гуска (*тж* ~ goose); **~ling** *n іхт.* харіус; **~ly** *adv* 1) сіро 2) похмуро 3) хмуро, безрадісно; **g. mullet** *n іхт.* кефаль; **~ness** *n* 1) сірість 2) сивина 3) похмурість, хмарність 4) понурість; **g. whale** *n зоол.* сірий кит

grid [grɪd] *n* 1) ґрати; решітка 2) рашпер

griddle [ˈgrɪdl] *n* сковорідка для млинців (оладків); **g. cake** *n кул.* перепічка, оладка

gride [graɪd] **1.** *n* скрип; неприємний скреготливий звук **2.** *v* 1) урізатися з різким, скрипучим звуком (*зазв.* ~ along, ~ through) 2) устромлятися, завдаючи гострого болю 3) простромлювати

gridelin [ˈgrɪdəlɪn] **1.** *n* бузково-сірий колір **2.** *a* бузково-сірий

grief [griːf] *n* 1) горе, сум, смуток; журба 2) прикрість, гіркота; **~less** *a* безжурний, безпечальний, безсумний; **g.-stricken** *a* убитий горем

griev‖e [griːv] *v* 1) засмучувати, завдавати прикрості 2) горювати, сумувати, побиватися (at, for, about, over); **~ance** *n* 1) скарга; невдоволення 2) привід для скарги (невдоволення) 3) образа; **~ing** *a* 1) що завдає прикрості (горя, болю) 2) засмучений; прикро вражений; невдоволений; **~ingly** *adv* сумно, гірко, тужно, печально; **~ous** *a* 1) болісний, гнітючий 2) сумний, тужний; журливий, гіркий 3) жахливий, страшенний

grig [grɪg] *n* 1) *іхт.* вугор 2) *ент.* коник; цвіркун

grike [graɪk] *n геол.* тріщина

grill [grɪl] **1.** *n* 1) рашпер, ґриль 2) смажені на рашпері м'ясо *або* риба 3) ґратка 4) штемпель для погашення поштових марок **2.** *v* 1) смажити(ся) на рашпері 2) палити, пекти (*про сонце*) 3) пектися на сонці 4) *амер.* допитувати з тортурами 5) гасити поштові марки 6) зазнавати жорстокого допиту

grilse [grɪls] *n іхт.* молодий лосось

grim [grɪm] *a* 1) жорстокий, безжалісний,

нещадний 2) суворий, невблаганний 3) рішучий, незламний, непохитний 4) неприємний; огидний, відразливий 5) жахливий, зловісний; похмурий; **~ly** *adv* 1) жорстоко, нещадно, безжалісно 2) суворо, невблаганно 3) рішуче 4) неприємно; огидно, відразливо 5) зловісно, жахливо; **~ness** *n* 1) жорстокість, нещадність 2) суворість, невблаганність 3) рішучість, непохитність 4) неприємність; огидність 5) жах, похмурість

grimace [grɪˈmeɪs, ˈgrɪməs] **1.** *n* 1) ґримаса 2) ґримасування, кривляння **2.** *v* ґримасувати, кривлятися

grimy [ˈgraɪmɪ] *a* 1) брудний; закоптілий 2) ниций, підлий

grin [grɪn] **1.** *n* вищир (оскал) зубів; усмішка, посмішка **2.** *v* 1) шкірити зуби; посміхатися 2) виражати посмішкою 3) вищирятися, скалитися

grind [graɪnd] **1.** *n* розмелювання **2.** *v* (ground) 1) молоти(ся), перемелювати(ся) 2) розтирати; товкти 3) точити, гострити, відточувати, виготовлювати 4) полірувати; шліфувати; гранити (*алмази*) 5) наводити матовість, робити матовим (*скло*) 6) працювати ретельно (старанно) (*над чим-н.*) 7) вертіти ручку (*чого-н.*) 8) грати на катеринці (шарманці) 9) мучити, пригнічувати (*надмірною вимогливістю*) 10) натаскувати; утовкмачувати; **~er** *n* 1) точильник, гострильник; шліфувальник 2) шліфувальний верстат 3) точило, точильний (гострильний) камінь 4) корінний зуб 5) жорно 6) кавовий млинок 7) дробарка 8) репетитор; **~ing** *n* 1) помел; подрібнення; розтирання, товчіння (*у ступці*) 2) шліфування (личкування) 3) притирання 4) скреготання, скрипіння **2.** *a* 1) тяжкий, нестерпний, болісний 2) скреготливий (*про звук*); **~ingly** *adv* жорстоко

grip [grɪp] **1.** *n* 1) схоплювання; стиснення, стиск, потиск, затиснення, затискання 2) хватка 3) уміння опанувати становище (полонити чию-н. увагу) 4) здатність зрозуміти (схопити) (*суть справи*) 5) *амер.* раптовий різкий біль 6) влада, контроль; лабети 7) руків'я, ручка, держак, ефес 8) *амер.* саквояж 9) *зазв. pl спорт.* гантелі 10) *мед.* грип **2.** *v* 1) схопити (on, onto); стиснути 2) міцно тримати 3) розуміти, охоплювати (*розумом*); збагнути 4) охоплювати (*про почуття*) 5) заволодівати (*увагою*) 6) затирати, затискувати (*кригою*)

gripeful [ˈgraɪpfʊl] *n* жменя, пригорща

griper [ˈgraɪpə] *n* 1) пригноблювач 2) скнара, скупердяй 3) хабарник, здирник, лихвар

griping [ˈgraɪpɪŋ] **1.** *n* біль у животі **2.** *a* 1) скупий; жадібний; корисливий 2) гострий, переймистий (*про біль*); **~ly** *adv* з жадібністю

grippe [grɪp] *n мед.* грип

grisly [ˈgrɪzlɪ] *a* 1) страшний, жахливий; що викликає забобонний страх 2) *розм.* неприємний, бридкий

grist [grɪst] **1.** *n* 1) зерно для помелу; помел 2) солод 3) *амер.* запас, велика кількість **2.** *v* молоти (*зерно*)

grist||le [ˈgrɪs(ə)l] *n анат.* хрящ; **~ly** *a* хрящовий; хрящуватий

grit [grɪt] *n* 1) пісок; ґравій, жорства 2) великозернистий пісковик 3) (G.) радикал, ліберал (у Канаді) **2.** *v* 1) скрипіти; шарудіти 2) посипати піском (жорствою, ґравієм)

grizzl||e I [ˈgrɪz(ə)l] **1.** *n* 1) сірий колір 2) сивина 3) сива перука 4) сірий кінь **2.** *a* 1) сірий 2) сивий **3.** *v* 1) робити сірим 2) сіріти 3) сивіти; **~y 1.** *n зоол.* ґризлі, північноамериканський ведмідь (*тж* ~ bear) **2.** *a* 1) сірий, сіруватий 2) сивий, із сивиною

grizzle II [ˈgrɪz(ə)l] **1.** *n* 1) хвилювання; скарження 2) капризи, скиглення, скімлення, плаксивість **2.** *v* 1) хвилюватися; роздратовуватися 2) буркотіти, скаржитися, бідкатися 3) капризувати, вередувати, пхикати, скімлити (*про дітей*)

groan [grəʊn] **1.** *n* 1) стогін, стогнання 2) скрип, глухий тріск 3) гул невдоволення (*у залі й под.*) 4) буркотіння, бурчання **2.** *v* 1) стогнати; тяжко зітхати; бідкатися 2) висловлювати невдоволення, бурчати 3) знемагати під гнітом 4) згинатися під вагою (*чого-н.*) 5) тріскотіти, тріщати, скрипіти 6) жадати, прагнути (*чого-н.*)

groat [grəʊt] *n* 1) *іст.* срібна монета в чотири пенси 2) мізерна сума 3) *pl* крупи (*вівсяні*)

grobian [ˈgrəʊbɪən] *n* 1) грубіян 2) нечупара, нечепура

grocer [ˈgrəʊsə] *n* бакалійник; **~y** *n* 1) бакалійна лавка (*тж* ~y shop) 2) бакалійна торгівля 3) *pl* бакалія

grog [grɒg] **1.** *n* 1) спиртний напій 2) ґроґ, пунш **2.** *v* 1) пити ґроґ (пунш) 2) готувати ґроґ; **~giness** *n* 1) стан сп'яніння 2) нетвердість (*у ногах*) 3) хиткість, нестійкість

groin [grɔɪn] *n анат.* пах

groom [grʊm] **1.** *n* 1) ґрум; конюх 2) наречений 3) двірський **2.** *v* 1) чистити коня, ходити за конем (*зазв. р. р.*) доглядати, пестити, плекати; **~sman** *n* боярин, дружко (*нареченого*)

groove [gru:v] **1.** *n* 1) жолобок, паз; проріз, канавка 2) рутина; звичка **2.** *v* жолобити, робити пази (канавки, жолобки)

grope [grəʊp] *v* 1) шукати навпомацки (for, after); *перен.* намацувати 2) обмацувати, іти навпомацки

gross [grəʊs] **1.** *n* 1) маса 2) (*pl без змін*) ґрос

(12 дюжин) **2.** *a* 1) товстий, гладкий 2) грубий, вульгарний; брудний; непристойний 3) тупий, нетямущий 4) грубий, явний, очевидний 5) валовий; брутто 6) пишний, буйний (*про рослинність*) 7) простий, грубий, жирний (*про їжу*) 8) щільний, згущений; дуже суттєвий 9) нечутливий; притуплений 10) великий, значний; місткий, об'ємистий 11) макроскопічний **3.** *v* одержувати (приносити) чистий прибуток (*без вирахувань*); **~ly** *adv* 1) грубо; вульгарно 2) надзвичайно 3) *ек.* гуртом; **~ness** *n* 1) грубість, вульгарність, непристойність 2) явність; очевидність 3) пишність, буйність (*про рослинність*) 4) дебелість, огрядність 5) простота 6) щільність, цупкість 7) нечутливість; притупленість 8) тупість, нетямущість 9) місткість, об'ємність

grotesque [grəʊˈtesk] **1.** *n* 1) ґротеск; ґротесковий твір 2) фантастичний орнамент 3) шарж **2.** *a* 1) ґротескний, ґротесковий 2) абсурдний, безглуздий 3) фантастичний; химерний; **~ly** *adv* 1) ґротесково, у ґротескній манері 2) безглуздо, абсурдно; **~ness** *n* 1) ґротескність 2) безглуздість, абсурдність

grotto [ˈgrɒtəʊ] *n* (*pl* -oes, -os [-əʊz]) печера, ґрот

grouch [ˈgraʊtʃ] *n* невдоволення, дурна поведінка

ground I [graʊnd] *past і р. р. від* **grind 2**

ground II [graʊnd] **1.** *n* 1) земля, поверхня землі; ґрунт 2) місцевість; область; район 3) підстава, мотив, причина 4) ділянка землі; спортивний майданчик 5) плац; летовище; полігон 6) *pl* сад, парк 7) *жив.* ґрунт, тло 8) *муз.* тема 9) дно моря 10) підлога **2.** *v* 1) навчати основ (*предмета;* in) 2) базувати; обґрунтовувати (чим-н.); ґрунтувати (*на чому-н.*) 3) класти, опускати(ся) на землю; **g. environment** *n* інфраструктура; **g. floor** *n* нижній, цокольний поверх; **~ing** *n* 1) навчання основ (*предмета*) 2) підстава, обґрунтування; **~less** *a* безпричинний, необґрунтований, безпідставний; **~lessness** *n* безпричинність, необґрунтованість, безпідставність; **g.-level** *n* рівень землі; **~ling** *n* 1) повзуча (низькоросла) рослина 2) *іхт.* донна риба 3) невимогливий глядач (читач); **g.-nut** *n* бот. земляний горіх, арахіс; **g.-plan** *n* 1) план першого поверху будинку 2) основний (початковий) план (*роботи*); **g.-rice** *n* рис-січка, дроблений рис; **g. rule** *n* основний принцип; головне правило; **~sel** *n бот.* жовтозілля; **g. squirrel** *n зоол.* 1) бурундук 2) ховрашок; **~work** *n* 1) підготовча робота 2) фундамент, основа (*тж перен.*)

group [gru:p] **1.** *n* 1) група 2) угруповання, фракція; корпорація 3) *pl* верстви, кола (*суспільства*) 4) ансамбль популярної музики; група, колектив 5) група, клас **2.** *v* 1) групувати(ся) 2) гармонійно поєднувати фарби (кольори) 3) класифікувати; **~ed** *a* згрупований; **~ing** *n* 1) групування; класифікування 2) класифікація 3) купчастість; **~s** *n pl спорт.* попередні змагання; **~think** *n* знев. шаблонне мислення; відсутність особистої думки

grouse [graʊs] *n орн.* (*pl без змін*) шотландська курілка (*тж* red ~); тетерук

grovǀǀe [grəʊv] *n* 1) гай, лісок 2) дерева обабіч алеї; **~y** *a* 1) лісистий 2) розташований у лісі

grovel [ˈgrɒv(ə)l] **1.** *n* низькопоклонництво, плазування, підлабузництво **2.** *v* 1) лежати ниць; повзти 2) плазувати, принижуватися, підлабузнюватися; **~(l)er** *n* підлабузник, підлесник, низькопоклонник

grow [grəʊ] *v* (grew; grown) 1) виростати; рости, збільшуватися; посилюватися (*про біль і под.*) 2) рости, зростати 3) *як дієслово-зв'язка у складеному іменному присудку* ставати; **to g. angry** розгніватися; **to g. young** молодіти 4) вирощувати, розводити, культивувати 5) відрощувати, відпускати (*бороду й под.*); **~er** *n* 1) садівник; овочівник; плодівник 2) рільник, фермер; **~ing 1.** *n* 1) вирощування 2) ріст, зростання **2.** *a* 1) що росте (зростає, посилюється) 2) що сприяє росту; **~n-up 1.** *n* доросла (людина) **2.** *a* дорослий

growl [graʊl] **1.** *n* 1) гарчання 2) бурчання 3) гуркіт, перекіт (*грому*) **2.** *v* 1) гарчати 2) нарікати, скаржитися (*тж* ~ out) 3) гриміти (*про грім*); **~er** *n* 1) буркун, буркотун 2) ґроулер, низька плавуча крижана гора; **~ing** *n* 1) гарчання 2) бурчання, буркотіння 3) гуркіт, перекоти (*грому*)

grown [grəʊn] *р. р. від* **grow**

growth [grəʊθ] *n* 1) ріст; зростання; розвиток 2) приріст, збільшення; посилення 3) плід; продукт; предмет вирощування 4) рослинність, поріст, порість 5) *мед.* новоутворення, пухлина 6) *біол.* культура (*бактерій*) 7) вирощування, культивування; **g. ring** *n* річне кільце (*у деревині*); річний шар

groyne [grɔɪn] **1.** *n* хвилеріз; хвилелом **2.** *v* 1) споруджувати хвилерізи (хвилеломи) 2) захищати хвилерізами (*берег*)

grub [grʌb] **1.** *n* 1) *ент.* личинка (*жука*); черв'як; хробак 2) літературний поденник; компілятор 3) нечепура; неохайно вдягнена людина **2.** *v* 1) скопувати 2) викопувати, викорчовувати; витягувати (*зазв.* ~ up) 3) копирсатися, ритися, відкопувати (*в архівах, книгах*) 4) багато працювати, надриватися; **~by** *a* 1) неохайний, нечепурний; брудний 2) уражений личинками, червивий; **~biness** *n* неохайність; нечепурність

grudg||e [grʌdʒ] **1.** *n* невдоволення; недоброзичливість; заздрість 2) причина невдоволення (недоброзичливості); образа **2.** *v* 1) виявляти невдоволення, відчувати недобрі почуття (*до кого-н.*); заздрити 2) неохоче давати (дозволяти); шкодувати; **~ing 1.** *n* заздрість, ревнощі **2.** *a* скупий, скнарий; **~ingly** *adv* неохоче, знехотя; скупо

gruel [ˊgruːəl] **1.** *n* кул. рідка (вівсяна) каша, кашка **2.** *v* 1) суворо карати; сікти, шмагати 2) стомлювати, виснажувати; **~ling 1.** *n* тяжке покарання; суворе поводження **2.** *a* виснажливий, суворий

gruesome [ˊgruːs(ə)m] *a* жахливий, страшний, огидний

gruff [grʌf] *a* 1) грубий, хрипкий (*про голос*) 2) грубуватий; сердитий, різкий; неприветливий 3) похмурий, хмурний; **~ish** *a* 1) грубуватий; різкуватий 2) хрипкуватий; **~ly** *adv* 1) грубо, різко 2) похмуро 3) хрипко

grumbl||e [ˊgrʌmbl] **1.** *n* 1) бурчання, нарікання, ремствування 2) *pl* поганий настрій 3) грюкіт, гуркіт (*грому*) **2.** *v* 1) бурчати, нарікати, скаржитися, ремствувати (at, about, over — на *що-н.*) 2) гриміти, гуркотіти; **~er** *n* буркотун; завжди невдоволена людина; **~ing 1.** *n* бурчання, нарікання, ремствування; скарги **2.** *a* буркотливий

grum||e [gruːm] *n* мед. згусток (зсідок) крові; **~ous** *a* 1) густий; в'язкий; загуслий 2) скипілий, грудкуватий (*про кров і под.*) 3) *бот.* крупкуватий; бугристий; гроноподібний (*про корені*)

grump||s [grʌmps] *n* поганий настрій, хандра; **~y** *a* сердитий, сварливий, дратівливий

grunt [grʌnt] **1.** *n* 1) рохкання 2) бурчання, буркотіння **2.** *v* 1) рохкати 2) бурчати, буркотіти

guarant||ee [ˌgærənˊtiː] **1.** *n* 1) гарантія, запорука 2) застава; поручництво 3) гарант, поручитель 4) той, кому вноситься застава **2.** *v* 1) гарантувати; давати гарантію 2) гарантувати, забезпечувати; ручатися 3) забезпечувати, страхувати (against); **~eed** *a* гарантований; **~or** [ˌgærənˊtɔː(r)] *n юр.* поручитель, гарант

guard [gɑːd] **1.** *n* 1) пильність; обережність; обачність 2) чатовий; вартовий; сторож; конвоїр 3) охорона, сторожа, конвой, варта 4) *pl* гвардія 5) *спорт.* захисник **2.** *v* 1) захищати (against, from); стояти на сторожі (*інтересів і под.*) 2) охороняти; вартувати, чатувати 3) берегти, зберігати, оберігати; захищати 4) берегтися, остерігатися 5) стримувати, контролювати (*почуття й под.*); **~ed** *a* 1) стриманий, обережний, обачний 2) охоронний; **~edness** *n* стриманість; обережність, обачність; **~house** *n* 1) караульне приміщення 2) гауптвахта; **~ian** *n* 1) *юр.* опікун; піклувальник 2) охоронець, захисник; **~ianship** *n юр.* опіка; опікування, піклування; **~less** *a* 1) незахищений; беззахисний 2) необережний; захоплений зненацька; **g.-rail** *n* поручня, бильця; **~ship** *n* опікунство; **~sman** *n військ.* 1) гвардієць 2) вартовий, чатовий

gubernatorial [ˌguːbənəˊtɔːrɪəl] *a* губернаторський

gudgeon [ˊgʌdʒ(ə)n] **1.** *n* 1) *іхт.* пічкур, коблик 2) принада **2.** *v* 1) обдурювати 2) заманювати, приманювати; принаджувати

guelder rose [ˊgeldərəʊz] *n бот.* калина (звичайна)

guepard [ˊgepɑːd] *n зоол.* гепард

guerilla [gəˊrɪlə] *n* 1) партизанська війна (*зазв.* ~ war) 2) партизан (*тж* ~ warrior)

guess [ges] **1.** *n* 1) здогад; припущення 2) приблизний підрахунок **2.** *v* 1) припускати (by, from); здогадуватися 2) приблизно визначати 3) угадувати, відгадувати

guest [gest] *n* 1) гість 2) постоялець (*у готелі*) 3) *біол.* паразит (*тварина або рослина*); **g.-night** *n* прийом, званий вечір (*у клубі, коледжі*); **g.-room** *n* кімната для гостей

guid||e [gaɪd] **1.** *n* 1) проводир, гід; екскурсовод 2) керівник; порадник 3) визначальний принцип 4) путівник; посібник; підручник 5) орієнтир, покажчик 6) *військ.* розвідник **2.** *v* 1) вести, бути провідником 2) керувати, спрямовувати; бути керівником, управляти 3) визначати, формувати 4) стимулювати, надихати 5) бути орієнтиром (покажчиком); **~ance** *n* 1) порада, рекомендація 2) керівництво; провід; **g.-book** *n* путівник; **g. dog** *n* собака-проводир; **~eless** *a* некерований; залишений напризволяще; **~eline** *n* 1) загальний курс, генеральна лінія 2) директива, керівна вказівка 3) настанова, принцип; **g. mark** *n* позначка, мітка; **~epost** *n* дороговказ (*на роздоріжжі*); **~ing** *a* керівний; провідний

guild [gɪld] *n* 1) гільдія 2) організація, спілка 3) профспілка

guile [ɡaɪl] **1.** *n* обман; віроломність, підступність; хитрощі **2.** *v* обдурювати; **~ful** *a* віроломний, підступний; хитрий; **~less** *a* простодушний; нелукавий

guillotin||ade [ˌgɪlətɪˊneɪd] *n* гільйотинування; **~e** [ˌgɪləˊtiːn] **1.** *n* гільйотина **2.** *v* гільйотинувати

guilt [ɡɪlt] *n* 1) вина, провина; провинність 2) гріх 3) *юр.* карність; **~iness** *n* 1) винність, провинність 2) *юр.* карність; **~less** *a* невинний; **~lessness** *n* невинність; **~y** *a* 1) винний, винуватий 2) злочинний

guinea-fowl [´gɪnɪfaʊl] *n орн.* цесарка
guise [gaɪz] **1.** *n* 1) вигляд, личина, машкара 2) зовнішність; (зовнішній) вигляд, подоба 3) убрання, наряд 4) манера, звичка, звичай **2.** *v* 1) одягатися в маскарадний костюм 2) наряджати в дивне вбрання
guitar [gɪ´tɑ:] **1.** *n* гітара **2.** *v* грати на гітарі; **~ist** *n* гітарист
gulf [gʌlf] **1.** *n* 1) морська затока; бухта 2) прірва, безодня (*тж перен.*) 3) вовчий апетит **2.** *v* 1) поглинати 2) утягувати у вир, крутити; **G.-stream** [´gʌlf‚stri:m] *n* Гольфстрім
gull [gʌl] **1.** *n* 1) *орн.* чайка 2) простак; дурень **2.** *v* обдурювати, морочити; **~ibility** *n* легковірність, довірливість; **~ible** *a* легковірний, довірливий; **~ish** *a* простакуватий; дурнуватий, придуркуватий
gullet [´gʌlɪt] *n анат.* стравохід
gulosity [gjʊ´lɒsɪtɪ] *n* ненажерливість, обжерливість; жадібність
gulp [gʌlp] **1.** *n* 1) (великий) ковток; **at one ~** одним духом; відразу 2) ковтання **2.** *v* 1) проковтнути, ковтати жадібно (квапливо) 2) стримувати (*хвилювання й под.*) 3) задихатися, давитися
gulpy [´gʌlpɪ] *a* судомний; який задихається
gum [gʌm] **1.** *n* 1) (*зазв. pl*) *анат.* ясна 2) камедь 3) смола, г'лей 4) клей 5) *pl* калоші 6) льодяник **2.** *v* 1) склеювати, приклеювати 2) виділяти камедь (глей, смолу); **~boil** *n мед.* флюс; **~ma** *n* (*pl тж* -ata) *мед.* гума; **~mous** *a* липкий, клейкий; глейкий; смолистий; **~my** *a* опухлий, набряклий; **g.-tree** *n бот.* евкаліпт
gumption [´gʌmpʃ(ə)n] *n* тямовитість
gun [gʌn] **1.** *n* 1) вогнепальна зброя; 2) гармата 3) гарматний постріл; салют **2.** *v* 1) обстрілювати (артилерійським) вогнем 2) воювати; **~powder** *n* порох; **~smith** *n* зброяр
gurge [´gə:dʒ] **1.** *n* 1) вир, коловорот 2) *перен.* вир; безодня **2.** *v* кружляти (крутити) у вирі
gurgle [´gɜ:g(ə)l] **1.** *n* 1) булькання; дзюрчання (*води*) 2) звук булькання; дзюркіт **2.** *v* 1) булькати; дзюрчати 2) полоскати горло
gush [gʌʃ] **1.** *n* 1) злива; сильний (стрімкий, раптовий) потік 2) потік слів 3) порив; **a g. of anger** спалах гніву 4) зайва сентиментальність **2.** *v* 1) ринути, хлинути; литися потоком 2) *розм.* виливати почуття; просторікувати; **~ing** *a* 1) що швидко тече (ллється) 2) фонтануючий 3) надмірно сентиментальний; плаксивий

gust [gʌst] **1.** *n* 1) порив (*вітру*); шквал; злива 2) вибух; спалах (*почуттів*), захоплення **2.** *v* пробувати, куштувати; скуштувати; **~able** *a* 1) їстівний; смачний 2) апетитний 2) смаковий; **~ful** *a* 1) смачний 2) *перен.* приємний 3) вітряний; **~ily** *adv* бурхливо; поривчасто
gusto [´gʌstəʊ] *n* (*pl* -os [-əʊz]) 1) задоволення, смак; запал (*у роботі й под.*) 2) інтерес, любов; нахил (*до чого-н.*) 3) висока оцінка; розуміння
gusty [´gʌstɪ] *a* 1) вітряний 2) бурхливий, поривчастий, рвучкий 3) апетитний, смачний
gut [gʌt] **1.** *n* 1) *анат.* кишка; травний канал 2) *pl* нутрощі, кишки 3) пузо, черево 4) вузький прохід; вузька протока; канал 5) ущелина **2.** *v* 1) патрати, потрошити (*рибу, дичину і под.*) 5) спустошувати; грабувати; **~ting** *n* патрання, потрошіння (*дичини, риби й под.*)
gutt‖a [´gʌtə] *n* (*pl* -ае) *фарм.* крапля; **~ate** *a* 1) схожий на краплі; що нагадує краплі 2) крапчастий, плямистий; **~ated** *a* 1) розбризканий краплями 2) укритий краплями; **~iform** *a* що має форму краплі; **~ular** *a* плямистий, поцяткований
gutter [´gʌtə] *n* 1) водостік, канавка для стоку; **g.-bird** *n* людина із сумнівною репутацією; **g. press** *n* бульварна преса; **~snipe** *n* безпритульна дитина; вуличний хлопчисько
gutty [´gʌtɪ] *a* пузатий, череватий
guy [gaɪ] **1.** *n* 1) опудало, опудалою 2) кумедно вдягнена людина **2.** *v* 1) виставляти на посміховище 2) знущатися; глузувати, висміювати
gymnast [´dʒɪmnæst] *n* гімнаст; **~ic 1.** *n* 1) гімнастика) вправа; розумове тренування **2.** *а* 1) гімнастичний 2) розумовий, логічний; що стосується розумових вправ; **~ics** *n pl* (*ужив. як sing*) гімнастика
gynae‖cian [dʒaɪ´ni:ʃ(ə)n] *a* жіночий; що стосується жінок; **~cocracy** *n* гінекократія, правління жінок; **~cological** [‚gaɪnəkə´lɒdʒɪkl] *a* гінекологічний; **~cologist** *n* гінеколог; **~cology** *n* гінекологія
gypseous [´dʒɪpsɪəs] *a* гіпсовий
gypsy [´dʒɪpsɪ] **1.** *n* 1) циган; циганка 2) циганська мова **2.** *а* циганський
gyr‖ation [dʒaɪ´reɪ(ə)n] *n* 1) круговий (обертальний) рух 2) циркуляція; **~atory** *a* [´dʒaɪərətərɪ] обертальний; **~opilot** *n* автопілот; **~oplane** *n ав.* 1) гелікоптер 2) автожир

H

ha [hɑː] *int* ра!; ага!; ба! (*вигук, що виражає подив, радість і под.*)
haberdashery [ˈhæbədæʃ(ə)rɪ] *n* 1) ґалантерея 2) ґалантерейний магазин
habile [ˈhæbɪl] *a* спритний, вправний, меткий
habiliment [həˈbɪlɪmənt] *n* 1) *зазв. pl* одяг, убрання, шати 2) *жарт.* костюм, сукня 3) предмет одягу
habit [ˈhæbɪt] **1.** *n* 1) звичка; звичай 2) характер; схильність; склад (*розуму*) 3) будова тіла, конституція 4) особливість; властивість, характерна риса 5) одяг 6) амазонка, жіночий костюм для верхової їзди **2.** *v* 1) одягати, наряджати 2) населяти; жити (*де-н.*); **~able** *a* 1) придатний для житла 2) житловий; заселений; **~ancy** *n* 1) постійне проживання 2) населення; кількість мешканців (*міста*); **~ant 1.** *n* мешканець, житель **2.** *a* який мешкає (проживає); **~at** *n* 1) *біол.* батьківщина, місце поширення (*тварин, рослин*) 2) природне середовище 3) місце народження 4) житло; **~ation** *n* 1) житло, оселя; місце проживання 2) селище; поселення 3) проживання; **~ed** *a* одягнений; **~ual** *a* 1) звичний, звичайний 2) закоренілий; страшенний; затятий 3) успадкований, природжений; **~ualise** *v* зробити звичкою; призвичаїтися; **~ualness** *n* звичність, звичайність; звичка; **~uate** [həˈbɪtjʊəɪt] *v* 1) привчати (to — до *чого-н.*), знайомити (to — з *чим-н.*) 2) звикати (привчатися) до чого-н.; **~uation** *n* 1) ознайомлення; уведення в курс справи 2) набуття звички; **~ude** *n* 1) звичка; властивість, схильність 2) звичай; сталий порядок
hack [hæk] **1.** *n* 1) мотика; сікач 2) удар (*сокири й под.*) 3) поріз; надріз 4) садно 5) зупинка, запинка (*під час мовлення*) 6) кахикання 7) кінь 8) шкапа **2.** *a* 1) найманий 2) банальний, трафаретний, заяложений 3) неприємний, нудний, одноманітний (*про роботу*) **3.** *v* 1) рубати, розрубувати; розбивати на шматки 2) робити зарубку, надрубувати 3) заподіяти різану рану 4) кашляти, кахикати 5) затинатися, зупинятися (*під час мовлення*) 6) опошляти, робити банальним 7) їхати верхи, не поспішаючи; **~man** *n амер.* 1) кучер найманого екіпажа 2) таксист, водій таксі; **~ney-carriage** *n* 1) найманий екіпаж 2) таксі; **~neyed** [ˈhæknɪd] *a* банальний, заяложе-

ний; тривіальний; **~work** *n* 1) нудна, тяжка праця 2) літературна поденщина, халтура
had [hæd, həd] *past і p. p. від* **have II**
Hades [ˈheɪdiːz] *n міф.* 1) Гадес, бог підземного царства 2) гадес; царство тіней 3) пекло
haem||**atherm** [ˈhiːməθɜːm] *n зоол.* теплокровна тварина; **~atic** *a* 1) кров'яний 2) що містить у собі кров 3) що має колір крові 4) *мед.* що діє на кров; **~atology** *n* гематологія; учення про кров; **~atothermal** *a зоол.* теплокровний; **~oglobin** [ˌhiːməˈgləʊbɪn] *n фізіол.* гемоглобін; **~ophilia** [ˌhiːməˈfɪlɪə] *n мед.* гемофілія; **~orrhage** [ˈhemərɪdʒ] *n мед.* кровотеча; **~orrhoid** [ˈhemərɔɪd] *n зазв. pl мед.* геморой; **~ostatic 1.** *n мед.* кровоспинний засіб **2.** *a* кровоспинний
haft [hɑːft] **1.** *n* 1) держак, ручка, рук'я; колодочка 2) постійне місце проживання 3) пасовисько **2.** *v* 1) припасовувати рук'я (ручку, держак) 2) оселятися, осідати 3) привчити худобу до постійного пасовиська
hag [hæg] *n* 1) відьма, чаклунка 2) зла, потворна стара жінка; карга, фурія 3) зарубка 4) *шотл.* болото; **~gish** *a* схожий на відьму, страшний, потворний
haggler [ˈhæglə] *n* 1) той, хто торгується (сперечається) про ціни 2) гендляр
hail [heɪl] **1.** *n* 1) град 2) *перен.* град, злива, безліч 3) оклик; привітання **2.** *v* 1) вітати 2) окликати; гукати 3) проголошувати 4) осипати градом (зливою) (*запитань і под.*) **3.** *int* привіт!, вітаю!; **h.-fellow** *n* близький друг, приятель; **~storm** *n* гроза з градом; сильний град
hair [heə] **1.** *n* 1) *збір.* волосся 2) волосина 3) щетина, голки (*дикобраза й под.*) 4) шерсть, вовна (*тварини*) 5) ворс 6) дуже мала відстань, йота **2.** *a* 1) тонкий як волосина 2) для волосся 3) волосатий **3.** *v* 1) видаляти волосся 2) тягтися тонкою ниткою; **~band** *n* стрічка для волосся; **~brush** *n* щітка для волосся; **h.-curler** *n* бігуді; **~cut** *n* стрижка; **~cutter** *n* перукар; **~cutting** *n* стрижка, підстригання; **h.-do** *n* зачіска; **h.-dye** *n* фарба для волосся; **h.-dyeing** *n* фарбування волосся; **~less** *a* безволосий, лисий; **~piece** *n* шиньйон; перука; **h.-seal** *n зоол.* тюлень; **h.-splitting 1.** *n* 1) суперечка через дрібниці 2) дріб'язковість, скнарість 3) дріб'язковий педантизм **2.** *a* дрібний, дріб'язковий; незначний; **~y** *a* 1) волосатий; волохатий 2) воло-

сяний, зроблений із волосся 3) ворсистий (*про тканину*)
hale [heɪl] **1.** *a* здоровий, сильний, міцний; бадьорий **2.** *v* 1) тягти 2) примушувати йти
half [hɑːf] **1.** *n* (*pl* halves) 1) половина 2) частина (*чого-н.*) 3) семестр, півріччя 4) *юр.* сторона (*у договорі*) **2.** *a* 1) половинний; що дорівнює половині 2) неповний, частковий, половинчастий **3.** *adv* 1) наполовину, частково; пів-, напів-; **h. as much again** у півтора раза більше 2) значною мірою; майже 3) дуже, страшенно, жахливо 4) аж ніяк, зовсім ні; **h.-and-~** *розм.* ні се ні те; ні пава ні ґава; **h.-ape** *n зоол.* лемур; **h.-back** *n спорт.* півзахисник, хавбек; **h.-baked** *a* 1) недопечений, напівсирий 2) незрілий; недосвідчений 3) нерозроблений, неопрацьований; непродуманий; **h.-bent** *a* напівзігнутий; **h.-breed** *n* 1) який походить від батьків різних рас 2) метис 3) гібрид; **h.-brother** *n* єдиноутробний (однокровний) брат; **h.-cast(e)** *n* людина мішаної раси; **h.-circle** *n* півколо, півкруг; **h.-conscious** *a* 1) напівсвідомий, напівпритомний 2) який не повністю усвідомлює (*що-н.*); **h.-cousin** *n* троюрідний брат, троюрідна сестра; **h.-dead** *a* напівмертвий; **h.-done** *a* 1) зроблений наполовину; недороблений 2) недоварений; недосмажений; **h.-dozen** *n* півдюжини; **h.-headed** *a* придуркуватий, пришелепкуватий; **h.-hearted** *a* 1) нерішучий, несміливий 2) байдужий, незацікавлений 3) сповнений суперечливих почуттів; **h.-heartedly** *adv* 1) нерішуче, несміливо 2) байдуже; без ентузіазму; незацікавлено; **h.-heartedness** *n* 1) нерішучість, несміливість 2) байдужість; незацікавленість; **h.-holiday** *n* скорочений робочий день; **h.-hour** *n* півгодини; **h.-island, h.-isle** *n* півострів; **h.-light** [ˈhɑːflaɪt] **1.** *n* 1) напівтемрява; сутінки 2) *мист.* півтон **2.** *a* неяскравий, неясний; напівтемний; **h.-mile** *n* півмилі; **h.-moon** *n* півмісяць; друга чверть місяця; **~ness** *n* половинчастість; **h.-round 1.** *n* півкруг **2.** *a* півкруглий; **h.-ruined** *a* 1) напівзруйнований 2) напіврозорений; **h.-sighted** *a мед.* короткозорий; **h.-slip** *n* нижня спідниця; **h.-storey** *n* мансарда; **h.-tone** *n* півтон (*у музиці й живопису*); **h.-truth** *n* напівправда; **h.-weekly** *adv* двічі на тиждень; **h.-wit** [ˈhɑːfwɪt] *n* 1) недоумкуватий, пришелепкуватий 2) дурник; **h.-witted** *a* 1) недоумкуватий, слабоумний 2) придуркуватий, пришелепкуватий; **h.-word** *n* натяк; недомовка; **h.-year** *n* 1) півроку 2) семестр
halibut [ˈhælɪbət] *n ixm.* палтус
halidom [ˈhælɪdəm] *n* 1) священне місце; святиня 2) реліквія 3) святість

hall [hɔːl] *n* 1) зала; хол; велике приміщення 2) університетський гуртожиток 3) університетський коледж 4) адміністративний будинок; **h.-door** *n* вхідні двері; **~way** *n амер.* 1) коридор 2) передпокій, вестибюль
hallo [həˈləʊ, he-, hæ-] **1.** *n* вітальний вигук; оклик; вигук здивування **2.** *int* алло!; привіт!
Halloween [ˌhæləʊˈiːn] *n шотл., амер.* переддень дня всіх святих (*31 жовтня*)
hallucinat||e [həˈluːsɪneɪt] *v* 1) викликати галюцинації 2) галюцинувати, хворіти на галюцинації; **~ion** *n* галюцинація; ілюзія, обман почуттів
halo [ˈheɪləʊ] **1.** *n* 1) *астр.* гало, кільце навколо планети 2) *перен.* ореол, сяйво **2.** *v* оточувати ореолом (сяйвом)
halt [hɔːlt] **1.** *n* 1) зупинка; відпочинок 2) полустанок; зупинка; платформа 3) затинання 4) кульгавість **2.** *a* кульгавий **3.** *v* 1) зупиняти; **~!** стій! 2) зупинятися; робити зупинку 3) вагатися 4) затинатися 5) бути непереконливим (*про аргумент*) 6) кульгати; іти нетвердим кроком; **~less** *a* безупинний, безперервний
halve [hɑːv] *v* 1) ділити навпіл 2) скорочувати на половину
ham [hæm] *n* 1) окіст; шинка 2) стегно 3) погана гра
hamadryad [ˌhæməˈdraɪəd] *n* 1) *міф.* лісова німфа, гамадріада; мавка 2) *зоол.* королівська кобра 3) *зоол.* гамадрил
hamble [ˈhæmb(ə)l] *v* 1) калічити 2) кульгати, шкутильгати
hamburger [ˈhæmbɜːgə] *n* 1) шніцель 2) булочка з біфштексом, гамбургер
hamiform [ˈheɪmɪfɔːm] *a* зігнутий; що має форму гачка
hamlet [ˈhæmlɪt] *n* селище, хутір
hammer [ˈhæmə] **1.** *n* 1) молоток, молот 2) *війс.* курок, ударник **2.** *v* 1) бити молотом; забивати молотком; прибивати 2) кувати; карбувати 3) працювати над складанням (*плану*) 4) бити, стукати, калатати 5) утовкмачувати 6) уперто працювати 7) оголосити банкрутом 8) збивати ціни; **h.-shark** *n ixm.* молот-риба; **~smith** *n* коваль
hammock [ˈhæmək] *n* гамак, підвісна койка (*на судні*)
hampered [ˈhæmpəd] *a* утруднений
hamster [ˈhæmstə] *n* 1) *зоол.* хом'як 2) хутро хом'яка
hand [hænd] **1.** *n* 1) рука (*кисть*) 2) лапа, передня нога (*тварини*) 3) бік, сторона; позиція 4) контроль; влада 5) згода; обіцянка 6) допомога 7) участь; частка; роль 8) робітник 9) *pl мор.* команда, екіпаж (*судна*) 10) виконавець,

автор 11) *pl* група, компанія 12) майстер своєї справи; митець 13) уміння, майстерність, вправність 14) почерк 15) підпис 16) джерело (*інформації*) 17) стрілка (*годинника й под.*) 18) окіст 19) повід, вуздечка; <> **out of h.** експромтом; **from h. to h.** із рук у руки; **under h.** потай, таємно; **on the one h..., on the other h.** з одного боку..., із другого боку **2.** *a* 1) ручний 2) зроблений ручним способом 3) переносний 4) наручний (*годинник*) **3.** *v* 1) передавати, вручати 2) доторкатися, торкати 3) провести за руку (into, out of, to); допомогти (*зайти, пройти*); ☐ **h. down** а) подавати згори; б) передавати (*нащадкам*); **h. in** а) вручати, подавати; б) допомогти (*пройти, сісти й под.*); **h. on** передавати; **h. up** подавати нагору; **h.-arms** *n війс.* особиста зброя; **~bag** *n* 1) жіноча сумочка 2) легка (ручна) валіза; саквояж; **~ball** *n спорт.* ручний м'яч, гандбол; **h.-barrow** [ˈhændˌbærəʊ] *n* 1) ноші 2) ручний візок, тачка; **~bell** *n* дзвіночок; **~bill** *n* 1) рекламний листок; афіша 2) театральна програма 3) *юр.* письмове зобов'язання; **~book** *n* 1) довідник; посібник 2) довідник туриста, путівник; **h.-brake** *n* ручне гальмо; **~cuff 1.** *n зазв. pl* наручники, кайдани **2.** *v* надівати наручники; **~er** *n* посланець; **~grip** *n* 1) рукостискання, потиск руки 2) *pl* рукопашна, бійка врукопашну 3) руків'я, держак, держално; **~icap 1.** *n* 1) *спорт.* гандикап 2) фізична (розумова) вада; ґандж; дефект; каліцтво 3) завада, перешкода **2.** *v* 1) *спорт.* зрівнювати умови; давати фору 2) бути перешкодою, перешкоджати, заважати; **~icraftsman** *n* ремісник, кустар; **~ily** *adv* 1) спритно, вправно, уміло 2) зручно; напохваті; **~iness** *n* умілість, вправність, спритність, меткість; **~kerchief** [ˈhæŋkətʃɪf] *n* 1) носовик 2) косинка, шийна хустка; **h.-labour** *n* ручна праця; **h.-language** *n* азбука (мова) глухонімих; **~le 1.** *n* 1) ручка, руків'я, держак, держално 2) нагода, привід **2.** *v* 1) припасовувати ручку (руків'я) (*до чого-н.*) 2) поводитися 3) брати руками; тримати в руках 4) трактувати; розглядати, обговорювати 5) керувати, управляти, реґулювати; маніпулювати 6) здійснювати контроль; розпоряджатися; командувати 7) домовитися, порозумітися 8) вантажити, вивантажувати; транспортувати 9) сортувати; **~lebar** *n* кермо; **~ling** *n* 1) поводження (з *ким-н.*) 2) користування (*чим-н.*); спосіб експлуатації; обслуговування 3) *спорт.* володіння м'ячем 4) гра руками 5) трактування; обговорення 6) підхід (*до розв'язання питання*) 7) догляд 8) управління, регулювання 9) маневрування, переміщення; **h.-list** *n* коротка бібліографія; список (*книг і под.*); **~list** *v* укладати коротку бібліографію, список (*книг і под.*); **~maid(en)** *n* наймичка, служниця; **h. out** *v* 1) роздавати 2) *розм.* витрачати 3) допомогти вийти; **~out** *n* 1) прес-реліз 2) рекламна листівка; **~saw** *n* ручна пилка, ножівка; **~shake** *n* рукостискання, потиск руки; **h.-to-h. 1.** *a* рукопашний **2.** *adv* урукопаш; **~work** *n* ручна праця; **~writing** *n* 1) почерк 2) рукопис; **~y** *a* 1) вправний, умілий; спритний 2) зручний, портативний 3) легко керований 4) що є під рукою (напохваті)

handsel [ˈhænds(ə)l] **1.** *n* 1) подарунок, обнова (*до Нового року*) 2) почин, початок (*торгівлі*) 3) добре передвістя, добра ознака 4) талісман 5) застава, завдаток 6) перший платіж **2.** *v* 1) дарувати 2) обновити 3) урочисто відзначити відкриття 4) спробувати вперше; почати 5) бути добрим передвістям (доброю ознакою); приносити щастя

handsome [ˈhæns(ə)m] *a* 1) гарний, красивий, вродливий; ставний (*зазв. про чоловіка*) 2) значний, великий, чималий 3) ґрандіозний, величезний 4) щедрий, великодушний шляхетний; **~ness** *n* 1) краса, врода 2) щедрість, шляхетність, великодушність

hang I [hæŋ] **1.** *n* 1) вигляд (*чого-н., що висить*); спосіб підвішування 2) схил, спад, нахил 3) схильність 4) пауза, перерва; зупинка, уповільнення 5) те, що висить (звисає) **2.** *v* 1) вішати, страчувати 2) повіситися

hang II [hæŋ] *v* (*past i p. p.* hung, hanged [-d]) 1) вішати; розвішувати 2) висіти, звисати 3) нависати; висіти над 4) загрожувати 5) ширяти, висіти в повітрі 6) виставляти картини (*на виставці й под.*) 7) прикріпляти; навішувати; ставити (*на пружини*) 8) прив'язувати, підвішувати; ☐ **h. back** а) не мати бажання; б) не наважуватися; в) відставати, задкувати; **h. down** звисати; спускатися; **h. out** а) висовувати(ся); б) вивішувати; в) мешкати; г) постійно бувати десь; **h. together** триматися гурту, підтримувати один одного; **h. with** прикрашати (*чим-н.*); **~bird** *n орн.* іволга; **h.-dog** *n* 1) підла (мерзенна) людина 2) шибеник **2.** *a* 1) підлий, мерзенний 2) винуватий (*про вигляд*); **~er-on** *n* 1) дармоїд, нахлібник, прихвостень 2) поплічник, посіпака 3) набридлива (причеплива) людина, якої хочуть позбутися; **~ing 1.** *n* 1) вішання, підвішування 2) *юр.* страта через повішення 3) *pl* драпірювка, портьєри 4) *pl* шпалери **2.** *a* 1) висячий, підвісний 2) навислий 3) огидний, жахливий, потворний; **~man** *n* кат

hangar [ˈhæŋə] *n* 1) ангар 2) сарай; навіс

hangover [ˈhæŋəʊvə] *n* 1) *амер.* пережиток 2) *розм.* похмілля

hanker [ˈhæŋkə] **1.** *n* сильне бажання (прагнення) **2.** *v* 1) палко бажати (прагнути), жадати (for, after — *чого-н.*) 2) тинятися без діла (*чекаючи чого-н.*; about)

haphazard [ˌhæpˈhæzəd] **1.** *n* випадковість, випадок **2.** *a* випадковий; зроблений навмання; **~ly** *adv* випадково; навмання

hap‖pen [ˈhæpən] *v* 1) відбуватися; ставатися, траплятися 2) пощастити; **~pening** *n* 1) випадок; подія 2) *театр.* хепенінг; **~pily** *adv* 1) щасливо, весело 2) на щастя 3) успішно, благополучно; доречно, вчасно; **~piness** *n* 1) щастя 2) удача, щасливий випадок 3) доречність, своєчасність; **~py** *a* 1) щасливий 2) задоволений, веселий 3) удалий; підхожий

harangue [həˈræŋ] **1.** *n* 1) публічна промова; палке звернення 2) просторікування, патякання **2.** *v* 1) виголошувати промову 2) просторікувати, патякати; **~r** *n* 1) промовець 2) базікало

harass [ˈhærəs] **1.** *n* 1) занепокоєння, тривога; турбота 2) роздратування **2.** *v* 1) турбувати, непокоїти; тривожити 2) виснажувати, знесилювати, стомлювати; **~ed** *a* 1) стривожений, занепокоєний 2) виснажений, знесилений, стомлений; **~ing** *a* виснажливий; **~ment** *n* 1) занепокоєння, тривога; турбота 2) роздратування

harbinger [ˈhɑːbɪndʒə] **1.** *n* провісник, передвісник **2.** *v* 1) провіщати, бути провісником 2) оголошувати про наближення

harbour [ˈhɑːbə] **1.** *n* 1) гавань, порт 2) притулок, пристановище; кубло **2.** *v* 1) стати на якір 2) дати притулок 3) водитися (*про звірів*) 4) відчувати, мати (*злість*); затаїти (*злобу й под.*) 5) вистежити (*звіра*); **~age** *n* 1) місце для стоянки суден у порту 2) притулок, пристановище

hard [hɑːd] **1.** *a* 1) твердий; жорсткий; шорсткий на дотик 2) сильний (*удар*) 3) важкий, тяжкий (*про працю*) 4) дужий, міцний 5) суворий; жорстокий 6) тяжкий, сповнений труднощів і нестатків 7) холодний, суворий, лютий 8) різкий, грубий (*про звук і под.*) 9) старанний, ретельний 10) наполегливий, самовідданий 11) стійкий 12) жадібний; скупий; зажерливий 13) частий (*про пульс*) 14) певний, підтверджений; **h. fact** незаперечний факт 15) контрастний (*про зображення*) 16) густий, тягучий (*про рідину*) 17) *фіз.* проникний (*про радіацію*) 18) *фон.* твердий (*про приголосний звук*) **2.** *adv* 1) сильно, дуже; інтенсивно 2) наполегливо, уперто; старанно, ретельно; енергійно 3) важко, насилу 4) надмірно 5) міцно, твердо 6) суворо, жорстоко 7) близько, на невеликій відстані; біля; **h.-bitten** *a* 1) стійкий; упертий, настирливий; непохитний, незламний 2) практичний, діловитий; без сентиментів; **h.-boiled** *a* 1) круто зварений (*про яйце*) 2) *розм.* жорсткий; суворий 3) нечулий, байдужий; **h.-faced** *a* суворий, похмурий; **h.-favoured** *a* з неприємною, відразливою зовнішністю; **h.-fisted** *a* скупий, скнарий; **h.-fought** *a* *війс.* запеклий; затятий; упертий; **h.-grained** *a* 1) незговірливий; непіддатливий; упертий; суворий, бездушний; з важким характером 2) твердий, міцний (*про дерево*); **~head** *n* 1) хитра, практична людина 2) лобур, дурень; **h.-headed** *a* 1) хитрий, обачний, практичний; тверезий 2) бувалий, досвідчений 3) упертий; **h.-hearted** *a* бездушний, безсердечний; черствий; жорстокий; **~heartedly** *adv* бездушно, безсердечно; жорстоко; **~ly** *adv* ледве, ледь 2) навряд, навряд чи, навряд щоб 3) насилу 4) різко, суворо; жорстоко; несправедливо 5) твердо, упевнено; **h.-mouthed** *a* 1) непіддатливий; упертий; свавільний 2) гострий, різкий (*у словах*); **~ness** *n* 1) твердість; міцність; цупкість 2) щільність 3) суворість (*про клімат*) 3) жорсткість 4) *фото* різкість; **h.-set** *a* 1) у скрутному (тяжкому) становищі; у біді 2) упертий 3) голодний; **h.-shell** *a* 1) із твердим панцером; із твердою черепашкою 2) непохитний, переконаний 3) стійкий; упертий, який не піддається умовлянням; **~ship** *n* 1) *pl* труднощі; неприємності; прикрощі 2) нестатки, злидні; **~tack** *n* сухар; галета; **~ware** *n* залізні (металеві) вироби; **~wood** *n* тверда деревина

harden [hɑːdn] *v* 1) робити твердим, надавати твердості 2) робити витривалим, загартовувати, зміцнювати 3) ставати витривалим; гартуватися 4) робити бездушним (нечулим), озлобляти 5) озлоблятися; ставати нечулим 6) підвищуватися, зростати (*про ціни*) 7) стабілізуватися (*про ринок*); **~ed** *a* 1) твердий, затверділий 2) незмінний, непохитний, сталий 3) бездушний; озлоблений

hardi‖hood [ˈhɑːdɪhʊd] *n* 1) сміливість, відвага, мужність 2) зухвалість, нахабство 3) міцна будова тіла, кремезність; **~ly** *adv* сміливо, відважно, мужньо; **~ness** *n* 1) міць, витривалість 2) відвага, сміливість, мужність, безстрашність 3) зухвалість, нахабство

hardy [ˈhɑːdɪ] **1.** *n* ніж, різак **2.** *a* 1) витривалий, стійкий; загартований 2) морозостійкий; зимостійкий 3) сміливий, відважний; зухвалий 4) нерозсудливий, безрозсудний; необачний

hare [heə] *n* 1) *зоол.* заєць 2) *амер.* кріль 3) хутро кроля 4) кролятина; заячина; **~bell** *n* *бот.* дзвоники, дзвіночки; **~lip** *n* *мед.* «заяча губа»

haricot [ˈhærɪkəʊ] *n* квасоля

hark [hɑːk] **1.** *v* 1) слухати; прислухатися; **to ~ back to smth.** повертатися до чого-н. (*до теми, розмови*) 2) переслідувати (*кого-н.; after*) **2.** *int* слухай!; тс!

harlequin [ˈhɑːlɪkwɪn] *n* 1) (Н.) арлекін 2) блазень; клоун; **~ade** [-ˈneɪd] *n* 1) арлекінада 2) блазенство, блазнювання

harlot [ˈhɑːlət] **1.** *n* повія; шльондра **2.** *a* розпусний, непристойний; хтивий; **~ry** *n* розпуста; проституція

harm [hɑːm] **1.** *n* 1) шкода; збиток 2) зло, лихо; неприємність; небезпека 3) горе, скорбота; сум, журба **2.** *v* 1) шкодити; завдавати шкоди; робити зле; ображати 2) зазнати шкоди (збитків); **~ful** *a* шкідливий, згубний; небезпечний; **~fulness** *n* 1) шкода, згубність 2) небезпека; **~less** *a* 1) нешкідливий; нездатний образити, сумирний; безпечний 2) невинний, невинуватий 3) неушкоджений, цілий

harmon‖**ic** [hɑːˈmɒnɪk] **1.** *n* 1) муз. гармонійний призвук, обертон 2) *фіз.* гармонія **2.** *a* 1) гармонійний; злагоджений 2) мелодійний; **~ica** *n* гармоніка; акордеон; **~ically** *adv* гармонійно; **~ious** *a* 1) гармонійний; співзвучний; злагоджений 2) дружний; мирний 3) мелодійний; **~ist** [ˈhɑːmənɪst] *n* 1) музикант; композитор; гармоніст (*знавець гармонії*) 2) поет; **~ium** *n* муз. фісгармонія; **~ise** *v* 1) гармонізувати; узгоджувати 2) гармоніювати; поєднуватися, узгоджуватися 3) настроювати, налагоджувати 4) муз. аранжувати 5) *війс.* пристрілювати; **~y** *n* 1) муз. гармонія, співзвучність 2) милозвучність; злагодженість звучання 3) узгодженість 4) злагода, згода; мир; дружба

harness [ˈhɑːnɪs] **1.** *n* 1) збруя; упряж 2) віжки, повід (*для дитини*) 3) інвентар; опорядження; приладдя **2.** *v* 1) запрягати, впрягати 2) приборкувати; підкоряти

harp [hɑːp] **1.** *n* 1) арфа 2) (Н.) *астр.* Ліра (*сузір'я*) 3) *жарт.* решето; сито **2.** *v* 1) грати на арфі 2) торочити (бубоніти) одне й те ж саме (on, upon) 3) висловлювати припущення; **~er** *n* 1) арфіст 2) менестрель

harpoon [hɑːˈpuːn] **1.** *n* 1) гарпун; ості, рибальський багор **2.** *v* бити гарпуном; **~er** *n* гарпунер, гарпунник; багрильник

harpy [ˈhɑːpɪ] *n* 1) (Н.) *міф.* гарпія 2) *перен.* хижак; жорстока (жадібна) людина

harridan [ˈhærɪd(ə)n] *n* стара карга, відьма

harrow [ˈhærəʊ] **1.** *n* розташування по діагоналі **2.** *v* 1) терзати, мучити 2) грабувати; руйнувати, спустошувати; **~ing** *a* болісний, нестерпний; жахливий; страшенний

harry [ˈhærɪ] *v* 1) чинити напади; руйнувати, спустошувати; плюндрувати 2) турбувати, тривожити; надокучати; мучити

harsh [hɑːʃ] *a* 1) грубий; жорсткий; шорсткий 2) різкий; неприємний (*на смак і под.*) 3) грубий, різкий, брутальний (*про вислови й под.*) 4) поривчастий 5) суворий; жорстокий; бездушний; **~ly** *adv* 1) грубо, різко, суворо 2) жорстоко 3) неприємно; брутально; **~ness** *n* 1) грубість, різкість, суворість 2) жорсткість, шорсткість 3) жорстокість 4) неприємність 5) брутальність; грубість

hart [hɑːt] *n* зоол. олень-самець; **~shorn** *n* 1) оленячий ріг 2) салм'ячний (нашатирний) спирт

harum-scarum [ˌheə(ə)rəmˈskeə(ə)rəm] **1.** *n* легковажна (безладна) людина **2.** *a* легковажний, безтурботний **3.** *adv* абияк, на відчай душі; стрімголов

harvest [ˈhɑːvɪst] **1.** *n* 1) жнива; збирання врожаю 2) урожай 3) плоди, результати **2.** *v* 1) збирати врожай 2) жати, жнивувати 3) пожинати плоди; **~er** *n* жнець; **~ing** *n* збирання урожаю, жнива

hash [hæʃ] **1.** *n* 1) м'ясне рагу 2) мішанина, плутанина **2.** *v* 1) сікти, рубати (*м'ясо*) 2) наплутати; зіпсувати (*що-н.*)

hasp [hɑːsp] **1.** *n* 1) засув; гак; защіпка 2) застібка 3) моток **2.** *v* 1) замикати на засув; брати на гачок 2) застібати 3) тримати під замком

hast‖**e** [heɪst] **1.** *n* 1) поспішність, квапливість; поспіх 2) необачність, нерозважливість **2.** *v* поспішати, квапитися; **~eful** *a* 1) поспішний, квапливий 2) необачний, необдуманий; **~eless** *a* неквапливий, спокійний; **~en** [ˈheɪs(ə)n] *v* 1) поспішати, квапитися 2) квапити, підганяти 3) прискорювати; **~ily** *adv* 1) спішно, квапливо, похапцем, нашвидку 2) необачно, нерозважливо, необдумано, нерозсудливо 3) запально, із запалом; спересердя; **~iness** *n* 1) поспішність, квапливість 2) необачність, необдуманість 3) запальність, запал; **~ive** *a* скоростиглий, скороспілий (*про фрукти й под.*); **~y** *a* 1) поспішний, квапливий 2) швидкий 3) необачний, необдуманий, необміркований, нерозсудливий 4) запальний; різкий 5) стрімкий, швидкий, моторний

hat [hæt] **1.** *n* 1) шапка; капелюх 2) *геол.* верхній шар; <> **~ in hand** підлесливо, догідливо **2.** *v* 1) надівати капелюх 2) висвячувати в кардинали

hatch [hætʃ] **1.** *n* 1) люк 2) кришка люка, ляда 3) заслінка 4) загата; шлюзова камера 5) штрих 6) сокирка; томагавк 7) виводок 8) виведення (*курчат*) **2.** *v* 1) штрихувати, ґравіювати 2) висиджувати (*пташенят*) 3) вилуплюватися 4) виношувати (*план*); задумувати, затівати; **~er** 1) квочка 2) інкубатор 3) змовник, інтриґан; **~way** *n* люк

hatchet [ˈhætʃit] *n* 1) сокира, сокирка 2) томагавк 3) великий ніж, різак; сікач

hat‖e [heɪt] **1.** *n* 1) ненависть; огида, відраза 2) об'єкт ненависті **2.** *v* 1) ненавидіти; відчувати огиду 2) дуже жалкувати; дуже не хотіти; **~eable** *a* ненависний, що викликає ненависть; огидний, відразливий; **~red** *n* ненависть; огида, відраза

haught‖iness [ˈhɔːtɪnɪs] *n* гордовитість, пихатість, бундючність, зарозумілість; **~y** *a* 1) гордовитий, пихатий, бундючний, зарозумілий 2) *поет.* величний

haul [hɔːl] **1.** *n* 1) витягування; голування 2) вибирання (*сітей*) 3) улов 4) трофеї; здобич 5) перевезення; транспортування; підвезення, доставляння, доправляння 6) рейс; пробіг 7) вантаж **2.** *v* 1) тягти, волочити 2) голувати 3) перевозити, транспортувати; підвозити, доставляти, доправляти 4) витягувати (*сіті*) 5) *мор.* змінювати курс 6) змінювати напрям (*про вітер*) 7) діяти інакше; змінити думку (ставлення); **~age** *n* перевезення

haunt [hɔːnt] **1.** *n* 1) часто відвідуване, улюблене місце 2) часте відвідування якого-н. місця 3) сховище, пристанище; притулок, захисток 4) кубло 5) місце годування (лігвище) тварин (птахів *і под.*) **2.** *v* 1) часто відвідувати; часто бувати 2) з'являтися; мешкати (*про привиди*) 3) ходити назирці; переслідувати 4) тривожити; не давати спокою; **~er** *n* 1) постійний відвідувач, завсідник 2) привид 3) невідчепна ідея; нав'язлива думка; **~ing** *a* невідчепний, нав'язливий

hausen [ˈhɔːz(ə)n, ˈhaʊz(ə)n] *n зоол.* білуха

hautboy [ˈ(h)əʊbɔɪ] *n муз.* гобой

hauteur [əʊˈtɜː] *n фр.* пихатість, гордовитість, зарозумілість

have I [hæv] *n pl*: **the ~s and ~-nots** багаті й бідні (*люди, верстви, країни*)

have II [hæv (повна ф.); həv, əv, v (редук., скор. ф.)] *v* (*past і p. p.* had *3-тя ос. sing pres.* has) 1) мати; **he has a family** у нього є родина 2) володіти; містити 3) складатися з (*чого-н.*) 4) одержувати, діставати 5) придбати, купити 6) домагатися 7) знаходитися; перебувати 8) відбуватися, траплятися 9) знати; уміти 10) засвоювати; розуміти 11) обманути, перехитрити 12) проводити час 13) приймати їжу; їсти, пити 14) переживати (*події та под.*) 15) виявляти; **to h. pity for smb.** співчувати кому-н. 16) бути наділеним (*владою та под.*) 17) приводити (*до чого-н.*); впливати (*на що-н.*) 18) народжувати 19) одружуватися; виходити заміж 20) приймати (*кого-н. як гостя і под.*) 21) не дозволяти кому-н. робити що-н. 22) з'ясовувати питання *і под.* 23) *виражає короткочасну або одноразову дію*; **to h. a walk** погуляти 24) знайти рішення, зрозуміти; **~less** *a* 1) безпомічний; неметкий 2) неохайний, нечепурний; **~er** *n* власник; володар; **~ing** 1. *n* 1) володіння 2) *pl* майно, власність; пожитки

haven [ˈheɪv(ə)n] **1.** *n* 1) гавань 2) сховище; притулок, пристановище **2.** *v* поставити судно в гавань

havoc [ˈhævək] **1.** *n* спустошення; руйнування; плюндрування **2.** *v* спустошувати; плюндрувати

haw [hɔː] *n* 1) *бот.* глід; ягода глоду 2) огорожа 3) обгороджене місце, подвір'я

hawbuck [ˈhɔːbʌk] *n* селюк

hawk [hɔːk] **1.** *n* 1) яструб 2) *орн.* сокіл 3) хижак (*тж перен.*) 4) *перен.* обманщик; шахрай 5) відкашлювання **2.** *v* 1) полювати з яструбом (із соколом) 2) хапати здобич на льоту; ловити комах (*про птахів*) 3) налітати шулікою; стрімко нападати (налітати) (*на кого-н.*) 4) відкашлювати(ся); відхаркувати(ся) 5) *перен.* поширювати, розносити (*чутки й под.*); **~ed** *a* зігнутий; гачкуватий, карлючкуватий; **~weed** *n бот.* нечуйвітер

hawthorn [ˈhɔːθɔːn] *n бот.* глід

hay [heɪ] **1.** *n* 1) сіно 2) обгороджене місце; парк 3) огорожа 4) сильце **2.** *v* заготовляти сіно; **h.-fever** *n мед.* сінна гарячка; **~field** *n* сінокіс; скошена лука, сіножать; **~rick** *n* стіг сіна

hazard [ˈhæzəd] **1.** *n* 1) ризик, небезпека 2) шанс; нагода; випадок 3) удар (*у більярді*) 4) луза **2.** *v* 1) ризикувати, ставити на карту 2) насмілюватися, наважуватися; **~able** *a* 1) ризикований, небезпечний 2) сміливий; **~ous** *a* ризикований, небезпечний

haz‖e [heɪz] **1.** *n* 1) легкий туман, серпанок 2) туман у голові; відсутність ясності думки **2.** *v* 1) застилати (*про туман*) 2) затуманюватися; хмаритися; **~iness** *n* 1) відсутність ясної видимості 2) туманність, неясність, нечіткість, невиразність; **~y** *a* 1) туманний, неясний; імлистий 2) невиразний; неясний 3) напідпитку

hazel [ˈheɪz(ə)l] **1.** *n* 1) *бот.* ліщина; горішина 2) горіховий (червонувато-брунатний) колір **2.** *a* 1) горіховий, червонувато-брунатний; карий 2) з горіхової деревини, горіховий; **h. hen** *n орн.* рябчик; **~ly** *a* 1) горіхового кольору, світло-брунатний 2) багатий на горіхи (*про ліс*); **h.-wood** *n* 1) ліщина, горішина 2) деревина горіхового дерева

H-bomb [ˈeɪtʃbɔm] *n* воднева бомба

he [hiː (повна ф.); iː, hi, i (редук. ф.)] *pron* 1) він (*про людину*) (*непрям. в.*: his його; him йому, його) 2) у корелятивних займенникових сполученнях той (хто)

he- [hiː-] *перед назвою тварини, птаха означає самця*: **he-goat** цап; **he-duck** качур

head [hed] **1.** *n* 1) голова 2) розум; глузд; здібності 3) людина 4) голова, керівник; начальник; головний; старший 5) вождь; вожак; ватажок 6) верхівка, керівництво 7) керівне становище 8) верх, верхів'я 9) обух (*сокири*) 10) наконечник (*стріли*) 11) критична точка 12) заголовок; рубрика; параграф 13) *pl* лицьовий бік (*монети*) 14) піна; вершки (*на молоці*) 15) головка (*капусти*) 16) капітель 17) днище (*бочки*) 18) стадо; згра́я; <> **h. stone** наріжний камінь; **h. tide** зустрічна течія **2.** *v* 1) очолювати 2) спрямовувати; вести 3) прямувати, тримати курс 4) давати (*кому-н.*) дорогу 5) заважати, перешкоджати 6) давати назву 7) брати початок, витікати (*про річку*) 8) наривати (*про нарив*) 9) *перен.* досягати найвищої точки 10) *спорт.* грати головою 11) відтинати голову; ▫ **h. back** заступати дорогу; **h. off** відвертати (*що-н.*), заважати; **~ache** *n* головний біль; **~band** *n* 1) головна пов'язка; стрічка на голову 2) пасок для штанів 3) вуздечка; **~cloth** *n* хустка; **h. cold** *n* нежить; застуда; **~dress** *n* 1) головний убір 2) зачіска; **~ed** *a* 1) з головкою (*про цвях*) 2) стиглий (*про овочі*) 3) що має заголовок; **h.-foremost** *adv* 1) головою вперед 2) *перен.* необачно, нерозсудливо, на відчай душі; **~ily** *adv* 1) стрімко, бурхливо 2) необачно; **~ing** *n* 1) заголовок; рубрика; напис 2) удар головою по м'ячу 3) *мор., ав.* напрям, курс (*літака й под.*); **~less** *a* 1) знеголовлений; без голови 2) без головки (верхівки) 3) позбавлений керівництва; без керівника 4) безголовий; дурний, безглуздий; **~light** *n* 1) фара (*автомобіля*) 2) головний прожектор (*локомотива*); головний вогонь (*літака*); носовий ліхтар (*корабля*); **h.-line 1.** *n* 1) газетний заголовок 2) *pl* радіо короткий зміст останніх вістей **2.** *v* дати заголовок; **~long 1.** *a* 1) необачний, нерозважливий, безрозсудний 2) нестримний, бурхливий 3) крутий, стрімкий **2.** *adv* 1) головою вперед 2) шалено; стрімко, стрімголов 3) необачно, наосліп; **~man** *n* 1) голова, начальник 2) вождь, ватажок (*племені*) 3) старший робітник, десятник 4) кат; **~most** *a* передній, передовий; **~note** *n* 1) короткий вступ; вступні зауваги (*до статті*) 2) *юр.* короткий виклад основних питань вирішеної справи; **h.-on 1.** *a* лобовий, фронтальний **2.** *adv* 1) головою, носом, передньою частиною 2) прямо, недвозначно; **~phone** *n pl* навушники; головний телефон; **~piece** *n* 1) шолом; каска 2) недоуздок 3) голова; розум; кмітливість 4) розумник; **~quarters** *n pl* (ужив. як *sing* і як *pl*) 1) війс. штаб 2) головне управління; центр; **h. sea** *n мор.* зустрічна хвиля; **~ship** *n* 1) керівництво 2) верховенство; пріоритет; **~sman** *n* кат; **~stone** *n* могильний камінь; **~strong** *a* 1) свавільний, упертий, наполегливий 2) жорсткий, прямолінійний; **~way** *n* 1) успіх 2) просування; **~work** *n* 1) розумова праця 2) головна споруда; **~y** *a* 1) необачний, гарячий, нерозсудливий; свавільний 2) стрімкий, навальний; бурхливий 3) міцний, п'янкий

heal [hi:l] *v* (*тж* heal up, heal over) 1) виліковувати, загоювати (*рани*) 2) загоюватися 3) зціляти, лікувати 4) примиряти; **~able** *a* виліковний, зцілимий; **h.-all** *n* універсальний засіб, панацея (*тж перен.*); **~er** *n* 1) зцілитель 2) недипломований лікар, знахар 3) цілющий засіб, цілющі ліки; **~ing 1.** *n* 1) лікування; зцілення, виліковування 2) загоювання **2.** *a* лікувальний; цілющий

health [helθ] *n* 1) здоров'я 2) цілюща сила; **~ful** *a* 1) здоровий 2) цілющий; **~less** *a* 1) нездоровий, кволий, слабий 2) некорисний; **h. officer** *n* санітарний лікар; **~y** *a* 1) здоровий 2) життєздатний, процвітаючий, квітучий 3) розумний, розсудливий 4) корисний (*для здоров'я*) 5) безпечний

heap [hi:p] **1.** *n* 1) купа 2) *гірн.* відвал, терикон **2.** *v* 1) складати, звалювати в купу (*тж ~* up, *~* together) 2) накопичувати; нагромаджувати (*тж ~* up) 3) навантажувати, наповнювати (with — чим-н.) 4) осипати (*нагородами й под.*)

hear [hɪə] *v* (*past і p. p.* heard [hɜ:d]) 1) чути, почути 2) чути, мати слух 3) слухати, вислуховувати 4) заслухати офіційно (публічно); вислухати 5) *юр.* розглядати (слухати) справу 6) довідатися, дізнатися, почути 7) одержати звістку (повідомлення) 8) погодитися, прислухатися; **~able** *a* чутний; **~er** *n* 1) слухач 2) парафіянин; **~ing** *n* 1) слух 2) межа чутності; **in smb.'s ~ing** у присутності кого-н. 3) слухання, вислуховування 4) *юр.* слухання справи; допит (*у суді*) 5) звістка, чутка, поговір; **~ing aid** *n* слуховий апарат; **~say** *n* чутка, поговір

heard [hə:d] *past і p. p. від* **hear**

hearken [ˈhɑ:kən] *v поет.* (to) 1) слухати (*кого-н.*) 2) вислуховувати (*кого-н.*) 3) звертати увагу (*на що-н.*), брати до відома (*що-н.*)

hearse [hɜ:s] *n* 1) катафалк; мари 2) труна 3) могила 4) надгробок

heart [hɑ:t] *n* 1) серце 2) душа, серце; **big h.** а) великодушна (шляхетна) людина; б) шляхетність 3) почуття, любов, кохання 4) мужність, сміливість, відвага 5) центр, серцевина, ядро, середина 6) суть 7) розум, інтелект 8) *карт. pl* чирва; <> **by h.** напам'ять; **to break smb.'s h.** а) розбити чиєсь серце; б) дуже засмутити кого-н.; **to have one's h. in one's**

mouth злякатися; **~ache** n 1) біль у серці 2) душевний біль, горе, страждання; **~beat** n 1) пульсація серця 2) хвилювання; **h.-break** n 1) велике горе; глибока журба 2) тяжке розчарування; **h.-breaking** a несамовитий, нестямний, розпачливий; що викликає глибоку журбу (розчарування); **~broken** a убитий горем; з розбитим серцем; **~burn** n 1) печія 2) ревнощі; заздрість; **h.-disease** n хвороба серця; **~en** (up) v 1) підбадьорювати 2) удобрювати (землю); **~felt** a щирий, щиросердий; **~ful** a сердечний, щиросердий; **~ily** adv 1) щиро, сердечно; охоче 2) старанно, ретельно; із запалом 3) сильно, дуже; **~iness** n 1) сердечність, щирість, задушевність 2) старанність; запал 3) міцність; здоров'я; **~less** a 1) безсердечний; жорстокий 2) боязкий; легкодухий 3) неродючий (про ґрунт) 4) непоживний (про їжу й под.); **h. murmur** n мед. серцевий шум; **h.-piercing** a зворушливий, жалісливий, жалісний; **~quake** [ˈhɑːtkweɪk] n 1) серцебиття 2) трепет; **~rending** a несамовитий, нестямний, тяжкий; **h.-service** n щира відданість; **~sick** a пригнічений, занепалий духом; нещасний; **~sore 1.** n прикрість, смуток; печаль, журба **2.** a засмучений, зажурений; пригнічений; **h.-struck** a зворушений (приголомшений) до глибини душі; **h.-to-h.** a інтимний; сердечний, щирий, відвертий; **~warming** a радісний, приємний, хвилюючий, зворушливий; **h.-whole** a поет. 1) щирий, щиросердий 2) вільний від уподобань; **~y** a 1) сердечний, щирий 2) дружній, теплий, привітний, гостинний 3) здоровий, міцний, дужий; енергійний 4) багатий, ситний (про обід) 5) родючий (про ґрунт)

hearth [hɑːθ] n 1) домашнє вогнище 2) перен. центр, осередок (культури й под.)

heat [hiːt] **1.** n 1) спека 2) жар, підвищена температура 3) запал, запальність, гарячність 4) що-н. зроблене за один раз 5) розпал **2.** v 1) нагрівати(ся), зігрівати(ся), підігрівати 2) розжарювати(ся) 3) опалювати 4) збуджувати; розпалювати; дратувати 5) гарячитися; роздратовуватися; **h.-drops** n pl 1) кілька крапель дощу; дощик у спекотний день 2) перен. сльози 3) краплі поту; **~ed** a 1) нагрітий, підігрітий 2) збуджений; роздратований 3) гарячий; запальний, палкий; **~er** n 1) піч; нагрівальний прилад; обігрівач 2) радіатор, грілка; калорифер; кип'ятильник; **~ing 1.** n 1) нагрівання; підігрівання; тривалість нагріву 2) опалення **2.** a 1) опалювальний; нагрівальний 2) зігрівальний; **h.-lightning** n зірниця, блискавиця, спалахи; **h.-spot** n веснянка, ластовинка 2) прищик

heath [hiːθ] n 1) степ; верес; **h.-hen** n орн. тетерка, самка тетерука; **~y** a 1) вересовий 2) зарослий вересом

heath cock [ˈhiːθkɒk] n орн. тетерук.

heathen [ˈhiːð(ə)n] **1.** n поганин, язичник; **the h.** збір. погáнці, язичники **2.** a 1) поганський, язичницький 2) який не вірить у Бога; **~dom** n поганство, язичництво; **~ish** a поганський, язичницький; **~ism** n 1) поганство, язичництво; поганські (язичницькі) звичаї 2) варварство

heav||e [hiːv] **1.** n 1) підйом 2) підіймання 3) хвилювання (моря) 4) кидання **2.** v (past i p. p. hove, heaved) 1) піднімати(ся), підіймати(ся) 2) мор. вибирати, витягувати 3) переміщати; навантажувати (вугілля й под.); **h.-offering** n рел. офіра, жертва, пожертва

heaven [ˈhev(ə)n] n 1) поет. зазв. pl небо, небеса 2) кліматична зона 3) бібл. царство небесне; рай 4) (H.) провидіння; Бог, боги; **h.-born** a піди. 1) народжений небом; божественний 2) зумовлений, заздалегідь визначений; **h.-high** a дуже високий; що сягає неба; **~like** a божественний, небесний; **~ly** a 1) священний 2) неземний, чистий 3) чудовий, дивовижний, дуже гарний, прекрасний 4) астр. небесний; **~ly-minded** a піди. побожний, благочестивий, святий

heav||y [ˈhevɪ] a 1) важкий; великої ваги, ваговитий 2) великий, масивний; товстий 3) потужний, могутній 4) обтяжливий, високий 5) сильний, інтенсивний 6) багатий, рясний (про врожай) 7) густий, розкішний, пишний 8) обтяжений 9) вагітна 10) тяжкий, важкий 11) прикрий, сумний 12) суворий 13) незграбний, неповороткий, громіздкий 14) нудний 15) невиразний, глевкий (про хліб) 16) глеюватий, глинястий (про ґрунт) 17) вибоїстий (про дорогу) 18) похмурий, хмарний 19) міцний; <> **h. father** жорстокий (суворий) батько; **h. repair** капітальний ремонт; **~ily** adv 1) тяжко, важко 2) обтяжливо; прикро 3) незграбно 4) повільно, насилу 5) інтенсивно; дуже; **~iness** n 1) тягар; важкість, скрутність 2) неповороткість, незграбність 3) повільність, інертність; в'ялість; млявість 4) депресія, пригніченість; **~ing** n 1) піднімання, перенесення (важких речей); вантаження 2) кидання; **~isome** a сумний, зажурений, засмучений, розстроєний; **h.-duty** a 1) надміцний 2) що обкладається високим митом 3) надпотужний; **h.-headed** a 1) тупоголовий, тупий 2) сонний, в'ялий, млявий 3) великоголовий; **h.-hearted** a сумний; похмурий; з тяжким серцем; **h.-laden** a 1) дуже навантажений 2) пригнічений, зажурений; **~weight** n 1) спорт. важкоатлет; боксер (борець) важкої ваги 2) вантажівка

hebdomadal [heb´dɒmədl] *a* щотижневий
hebenon [´hebənɒn] *n* отрута; трунок; зілля
hebetude [´hebɪtjuːd] *n* тупоумство, тупість
Hebra‖ic [hɪ´breɪɪk] *a* гебрайський (давньоєврейський); **~ism** *n* юдейство; **~ist** *n* знавець давньоєврейської мови й літератури
Hebrew [´hiːbruː] **1.** *n* 1) юдей; єврей 2) гебрайська (давньоєврейська) мова 3) іврит, мова держави Ізраїль **2.** *a* 1) гебрайський (давньоєврейський), юдейський 2) гебрайський (єврейський); **~ess** *n* юдейка; єврейка
hecatomb [´hekətuːm, -təʊm] *n* 1) масове вбивство 2) велика (незліченна) кількість
hectare [´hektɑː, -teə] *n* гектар
hectic [´hektɪk] **1.** *n* 1) сухотний рум'янець 2) хворий на сухоти **2.** *a* сухотний, туберкульозний
hector [´hektə] **1.** *n* 1) забіяка, задирака; хуліган 2) хвалько **2.** *v* погрожувати; залякувати
hedge [hedʒ] **1.** *n* 1) живопліт 2) огорожа; тин 3) перешкода, перепона 4) межі; обмеження 5) верша 6) ухиляння; <> **h. rose** шипшина; **to sit on the h.** очікувати **2.** *v* 1) садовити живопліт 2) підрізати живопліт 3) ставити огорожу 4) відгороджувати 5) ухилятися (*від чого-н.*), уникати (*чого-н.*) 6) виявляти нерішучість; гаятися 7) створювати перешкоди; **h.-chanter** *n орн.* тинівка; **~hog** *n* 1) *зоол.* їжак 2) *бот.* колюча насінна коробочка; **~r** *n* 1) садівник 2) перестрахувальник; **~row** *n* шпалера, живопліт
hedon‖ism [´hiːdənɪz(ə)m] *n* 1) *філос.* гедонізм 2) життєлюбство; жадоба втіх; **~istic** *a* 1) *філос.* гедоністичний 2) життєлюбний; який жадає втіх (насолод)
heed [hiːd] **1.** *n* 1) увага, піклування 2) обережність; **take h.!** обережно!, бережися! 3) предмет уваги (піклування) 4) те, чого остерігаються **2.** *v* 1) брати до уваги, ураховувати; остерігатися; уважно стежити; зважати на (*що-н.*) 2) помічати 3) піклуватися; **~ful** *a* 1) уважний, дбайливий; турботливий 2) обережний; **~less** *a* безтурботний, недбалий; необережний; **~lessly** *adv* 1) неуважно, недбало 2) необережно
heehaw [´hiː.hɔː] **1.** *n* 1) гучний регіт 2) крик віслюка **2.** *v* 1) голосно реготати, іржати 2) кричати (*про віслюка*)
heel [hiːl] **1.** *n* 1) п'ята, п'ятка 2) підбор 3) шпора (*у птаха*) 4) (*тж pl*) задня нога (*тварини*) 5) нижня частина опори 6) верхня (нижня) скоринка (*паляниці*); окраєць 7) кінець, остання частина (*книги, періоду часу й под.*) 8) грань, ребро **2.** *v* 1) прибивати підбори (набійки) 2) пристукувати підборами, притупувати (*в танці*) 3) ходити навзирці; наступати на п'яти; **h. bone** *n анат.* п'яткова кістка;

~ed *a* 1) на підборах 2) підкований 3) грошовитий; **~less** *a* без підборів; **~piece** *n* 1) набійка на підборі 2) підбор 3) основа
heft [heft] **1.** *n* 1) *амер.* вага 2) *амер.* важливість; вплив; ваговитість **2.** *v амер.* 1) піднімати 2) визначати вагу 3) важити
hegemon [´hiːgəmɒn, ´hedʒɪmɒn] *n* гегемон; **~ic** *a* керівний, провідний; головний; **~y** [hɪ´dʒemənɪ, -´ge-, ´hedʒɪmənɪ] *n* гегемонія
Hegira [´hedʒɪrə, hɪ´dʒaɪ(ə)rə] *n* 1) геджра 2) початок мусульманського літочислення 3) (h.) *перен.* утеча, від'їзд
he-goat [´hiː.gəʊt] *n зоол.* цап, козел
hegumen [hɪ´gjuːmen] *n церк.* ігумен; **~e, ~ess** *n церк.* ігуменя
heh [heɪ] *int* 1) ех!, ах! (*виражає сум*) 2) ну!, ото! (*виражає подив*) 3) гей! (*оклик*)
height [haɪt] *n* 1) висота; височина 2) зріст 3) вершина, верхів'я, верх, верхівка 4) найвищий ступінь 5) *бібл.* небеса, небо; **~en** *v* 1) підвищувати(ся); посилювати(ся) 2) робити (ставати) вищим 3) перебільшувати; роздувати 4) посилювати інтенсивність барв; робити колір яскравішим; **h. indicator** *n* висотомір, альтиметр
heinous [´heɪnəs] *a* огидний, жахливий; мерзенний
heir [eə] **1.** *n* спадкоємець; наступник **2.** *v* успадкувати; бути спадкоємцем; **h.-at-law** *n юр.* спадкоємець за законом; **~dom** *n юр.* успадкування; спадщина, спадок; **~ess** *n* спадкоємиця; **~loom** *n* 1) фамільна річ (коштовність) 2) успадкована (родова) риса; **~ship** *n* 1) права спадкоємця 2) право успадкування
held [held] *past i p. p. від* **hold 2**
helic‖al [´helɪk(ə)l] *a* спіральний, ґвинтовий, гелікоїдальний; **~iform** *a* спіралеподібний, кручений; **~oid 1.** *n мат.* гелікоїд; ґвинтова поверхня **2.** *a* ґвинтовий, гелікоїдальний
helicopter [´helɪkɒptə(r)] **1.** *n ав.* гелікоптер, вертоліт **2.** *v* летіти (перевозити) гелікоптером (вертольотом)
helio‖centric(al) [ˌhiːlɪə(ʊ)´sentrɪk(əl)] *a* геліоцентричний; **~graphy** *n* геліографія; **~philous** *a бот.* геліофільний, сонцелюбний, світлолюбний; **~phobic** *a бот.* геліофобний, світлобоязкий, тіньолюбний; **~phyte** *n бот.* геліофіт, сонцелюбна рослина; **~sis** *n* (*pl* -ses) сонячний удар; **~therapy** *n мед.* геліотерапія, сонцелікування
helium [´hiːlɪəm] *n хім.* гелій
helix [´hiːlɪks] *n* (*pl* -lices) 1) *тех.* спіраль, ґвинтоподібна лінія 2) ґвинтова поверхня 3) *зоол.* равлик, слимак
hell [hel] **1.** *n* 1) пекло 2) дешевий ресторан (бар); <> **like h.** сильно; навально; **to rai-**

se h. зчинити скандал 2. v гуляти, пиячити; ~broth n пекельне зілля; ~cat n відьма, мегера; h.-hound [ˈhelˈhaʊnd] n 1) міф. цербер 2) диявол, лиходій, недолюдок, виродок; ~ish a 1) пекельний 2) диявольський; жорстокий; злостивий 3) жахливий, страшенний 4) огидний, гидкий, бридкий; ~kite n жорстока людина, лиходій

hellebore [ˈhelɪbɔː] n бот. 1) чемериця 2) чемерник

Hellen||e [ˈheliːn] n еллін, грек; ~ian a еллінський, грецький

helm [helm] 1. n 1) мор. стерно, кермо, штурвал 2) кермо влади 2. v керувати, управляти, правити, спрямовувати; вести; ~sman [ˈhelmzmən] n мор. стерновий; керманич

helmet [ˈhelmɪt] n 1) шолом; каска 2) равлик, слимак 3) черепашка (молюска); h.-shell n зоол. равлик, слимак

helot [ˈhelət] n 1) д.-грец. ілот 2) раб

help [help] 1. n 1) допомога 2) помічник 3) амер. робітник, працівник (на фермі); слуга, прислуга; наймит 4) збір. працівники, службовці 5) засіб, порятунок 2. v 1) допомагати, надавати допомогу 2) сприяти 3) обслуговувати (за столом), подавати (страви) 4) частувати, пригощати 5) пригощатися 6) з дієсл. can: I can't h. thinking about it я не можу не думати про це; h. into допомогти надіти, подати; h. off допомогти зняти (одяг); h. over допомогти у скрутному становищі, виручити; ~er n помічник; ~ful a корисний; ~ing n 1) допомога; надання допомоги 2) порція (для однієї людини); ~less a 1) безпорадний, безпомічний 2) який не одержує допомоги; нужденний 3) невправний, невмілий; ~mate n 1) помічник 2) чоловік, дружина

helter-skelter [ˌheltəˈskeltə] 1. n 1) метушня, сум'яття; безладдя 2) безладна втеча 3) спіральна гірка для катання (атракціон) 2. a 1) безладний, безпорадний 2) випадковий, несподіваний 3) безсистемний 3. adv безладно, абияк, будь-як

helve [helv] n держак, ручка, руків'я; топорище

Helvetian [helˈviːʃɪ(ə)n] 1. n швейцарець; швейцарка 2. a швейцарський

hematothermal, hematothermous [ˌhiːmətəʊˈθɜːm(ə)l, -ˈθɜːməs] a біол. теплокровний

hemisphere [ˈhemɪsfɪə] n 1) півкуля; Eastern h. східна півкуля 2) мед. півкуля головного мозку 3) сфера, галузь (знань)

hemlock [ˈhemlɒk] n 1) бот. болиголов 2) отруйне зілля з болиголову

hemorrhage [ˈhem(ə)rɪdʒ] n 1) кровотеча 2) крововилив

hemp [hemp] n 1) бот. коноплі 2) прядиво 3) гашиш; марихуана

hen [hen] n курка; самиця (птаха); h.-hearted a боягузливий, полохливий; легкодухий; ~ny a 1) курячий 2) схожий на курку; ~bane n бот. блекота

hence [hens] 1. adv 1) із цього (того) часу; відтоді; віднині; a week h. за тиждень 2) отже; у результаті 3) звідси; <> to go h. помирати 2. int геть!; ~forth adv відтепер, віднині, надалі

henchman [ˈhentʃmən] n 1) прихильник, прибічник 2) поплічник, посіпака

hendecagon [henˈdekəgən] n мат. одинадцятикутник

henna [ˈhenə] 1. n бот. хна 2. a червонувато-брунатний 3. v фарбувати хною (волосся)

henotic [heˈnɒtɪk] a об'єднавчий, об'єднуючий, примирливий

henry [ˈhenrɪ] n ел. генрі (од. індуктивності)

hep [hep] n ягода шипшини

hepatic [hɪˈpætɪk] a анат., мед. печінковий

hepatitis [ˌhepəˈtaɪtɪs] n мед. гепатит, запалення печінки

hepta||gon [ˈheptəgən] n мат. семикутник; ~gonal a семикутний; ~hedron n семигранник; ~valent a хім. семивалентний

her [hɜː] 1. pron pers. непрям. в. від she 2 2. [hɜː (повна ф.); з·, hə, ə (редук. ф.)] pron pass. її; свій, що належить їй; h. things її речі

herald [ˈher(ə)ld] 1. n 1) іст. герольд 2) вісник, провісник 2. v 1) повідомляти, оповіщати 2) оголошувати про прибуття 3) провіщати

herb [hɜːb] n трава; рослина (особ. лікарська); ~aceous [hɜːˈbeɪʃəs] a трав'яний; трав'янистий; ~al 1. n травник (книга з описом рослин) 2. a трав'яний; ~alist n 1) збирач лікарських трав 2) торговець лікарськими травами 3) ботанік; ~alise v збирати лікарські трави; ~arium [hɜːˈbeərɪəm] n (pl -ria) гербарій; ~ary n 1) гербарій 2) город; ~ivorous [hɜːˈbɪvərəs] a зоол. травоїдний; ~less a позбавлений трав'яного покриву; ~let n травинка, билинка; ~y a 1) трав'яний, трав'янистий 2) зарослий травою

herd [hɜːd] 1. n 1) стадо, гурт, череда 2) знев. натовп, юрба 3) пастух, чередник 2. v 1) ходити стадом (чередою); збиратися в стадо (череду) 2) бути (ходити) разом (with — з ким-н.); потоваришувати (with — з ким-н.) 3) приєднатися (with — до кого-н.) 4) збирати разом; h.-boy n 1) підпасок 2) амер. ковбой

here [hɪə] 1. adv 1) тут 2) у цей момент 3) сюди 4) ось 2. int гей!, послухай!; ~about(s) adv поблизу, десь поруч, десь тут; ~after 1. n 1) майбутнє, прийдешнє 2) потойбічний світ; загробне життя 2. adv 1) у майбутньому, надалі 2) слідом за цим; потім 3) нижче, далі; ~**at** *adv* 1) тому, із цієї причини 2) до того, при цьому; **h.-hence** *adv* звідси; ~**inafter** *adv канц.* нижче, далі, надалі; ~**of** *adv канц.* цього; щодо цього; про це; ~**on** *adv* 1) про це 2) на цій підставі 3) слідом за цим, після цього; ~**out** *adv канц.* звідси; ~**tofore 1.** *a книжн.* колишній, попередній **2.** *adv* колись, раніше; до цього, досі; ~**under** *adv* 1) *канц.* під цим 2) *юр.* на підставі цього (цієї) закону (угоди); ~**upon** *adv* 1) після цього, слідом за цим 2) унаслідок цього; щодо цього; із приводу цього; ~**with** *adv канц.* 1) цим (*повідомляємо*) 2) при цьому (*додаємо*) 3) через це, за допомогою цього 4) шляхом

heredit‖ably [hɪˈredɪtəblɪ] *adv юр.* у спадщину, у спадок; ~**ament** [hɪrəˈdɪtəmənt] *n юр.* майно, яке може бути предметом успадкування; ~**ary** *a* 1) спадковий 2) спадкоємний 3) традиційний, узвичаєний (*в одній родині*); ~**y** *n* 1) *біол.* спадковість 2) успадковані риси (особливості)

here‖sy [ˈherɪsɪ] *n* єресь; ~**tic** [ˈherətɪk] *n* 1) єретик 2) людина, яка не дотримується загальноприйнятої точки зору; ~**tical** *a* єретичний

herit‖ability [ˌherɪtəˈbɪlɪtɪ] *n юр.* право спадкування; ~**age** *n* 1) спадщина, спадок 2) спадкоємне майно 2) наслідок, результат 3) традиція 4) частка спадщини 5) *бібл.* церква; ~**ance** *n* успадкування; ~**or** *n* спадкоємець; ~**ress** *n* спадкоємиця

hermaphrodite [hɜːˈmæfrədaɪt] **1.** *n біол.* гермафродит **2.** *a* двостатевий

hermetic [hɜːˈmetɪk] **1.** *n* алхімік **2.** *a* 1) (Н.) що стосується Гермеса 2) магічний 3) герметичний; щільно закритий; ~**ally** *adv* герметично; щільно; ~**s** *n pl* (ужив. як sing) алхімія

hermit [ˈhɜːmɪt] *n* 1) пустельник, відлюдник, самітник 2) прочанин; богомолець 3) печиво з горіхами та родзинками; ~**age** *n* 1) пристановище пустельника 2) відлюдна оселя; ~**ary** *n* пристановище пустельника; **h. crab** *n зоол.* рак-самітник; ~**ic(al)** *a* пустельницький; самітницький

hernia [ˈhɜːnɪə] *n* (*pl* -niae, -nias [-nɪəz]) *мед.* кила, грижа

hero [ˈhɪ(ə)rəʊ] *n* (*pl* -oes [-əʊz]) 1) герой 2) головна дійова особа, герой (*фільму й под.*); ~**ic** *a* 1) героїчний, геройський 2) епічний героїчний; ~**ine** [ˈherəʊɪn] *n* героїня; ~**ism** *n* героїзм; ~**ise** *v* 1) робити героєм 2) удавати героя

heroin [ˈherəʊɪn] *n* героїн

heron [ˈherən] *n орн.* чапля

herpe‖s [ˈhɜːpiːz] *n мед.* герпес, лишай; ~**tic** *a мед.* герпетичний

herring [ˈherɪŋ] *n іхт.* оселедець; **h. gull** *n орн.* срібляста чайка; **h. hog** *n зоол.* морська свинка

hers [hɜːz] *pron pass.* (*абсолютна ф., не вжив. атрибутивно*) її, свій; що належить їй; **it is no business of h.** це не її діло

herself [(h)əˈself] *pron refl.* 1) себе, собі, собою; **she came to h.** вона отямилася 2) себе, сама; **she did it h.** вона зробила це сама 3): **by h.** сама, одна

hesit‖ancy [ˈhezɪt(ə)nsɪ] *n* вагання, сумнів; нерішучість; ~**ant** *a* 1) який вагається (сумнівається); нерішучий 2) який заїкається (затинається); ~**ate** *v* 1) вагатися; сумніватися 2) не зважуватися 3) соромитися, почувати себе ніяково 4) заїкатися, затинатися; ~**ation** *n* 1) вагання, сумнів 2) нерішучість, невпевненість 3) заїкання, затинання

Hesperus [ˈhesp(ə)rəs] *n астр.* вечірня зірка (*особ.* Венера)

hetaera [hɪˈtɪ(ə)rə] *n* (*pl* -rae) *д.-грец.* 1) гетера 2) коханка; наложниця 3) куртизанка

heteroclite [ˈhet(ə)rəklaɪt] **1.** *n* 1) *грам.* іменник, що відмінюється неправильно 2) аномалія **2.** *a* 1) *грам.* неправильно відмінюваний 2) неправильний, незвичайний; химерний; ексцентричний

heteronomic [ˌhet(ə)rəˈnɒmɪk] *a* що відзначається специфічною будовою

hew [hjuː] *v* (*past* hewed; *p. p.* hewed, hewn) 1) рубати 2) розрубувати 3) прорубувати 4) висікати, витісувати; □ **h. away** відрубувати, відколювати; **h. down** зрубати

hewn *p. p. від* hew

hexapod [ˈheksəpɒd] *ент.* **1.** *n* комаха **2.** *a* шестиногий

heyday [ˈheɪdeɪ] **1.** *n* розквіт; найкраща пора; зеніт **2.** *int* овва!, отакої!, ну!

hibern‖acle [ˈhaɪbənæk(ə)l] *n* 1) місце зимування, зимовище 2) лігво, барліг, кубло (*для зимівлі тварин*); ~**al** *a* зимовий; ~**ate** *v* 1) перебувати в зимовій сплячці (*про тварин*) 2) не діяти, бути бездіяльним 3) зимувати; проводити зиму в теплих краях; ~**ation** *n* 1) зимова сплячка 2) зимівля 3) *перен.* бездіяльність

hiccough, hiccup [ˈhɪkʌp] **1.** *n* гикавка **2.** *v* гикати

hide I [haɪd] **1.** *n* 1) шкіра; шкура 2) (мисливська) засідка 3) схованка; <> **to save one's h.** рятувати свою шкуру **2.** *v* 1) здирати шкіру (шкуру); білувати 2) відшмагати

hid‖e II [haɪd] *v* (*past* hid; *p. p.* hid, hidden) 1) ховати 2) ховатися 3) приховувати; не виявляти, не показувати (*почуттів і под.*) 4) закривати, заступати; ~**den** *a* схований, прихований; таємний; ~**er** *n* приховувач; переховувач

hideous [ˈhɪdɪəs] *a* 1) огидний, жахливий;

бридкий, потворний 2) страшенний; **~ness** n бридкість, потворність, огидність

hiding [ˈhaɪdɪŋ] n 1) лупцювання, прочуханка 2) ховання, приховування 3) утаювання 4) таємник, схованка; потаємне місце

hidro‖sis [hɪˈdrəʊsɪs] n 1) потіння, потовиділення 2) надмірне потіння; **~tic 1.** n потогінний засіб **2.** a 1) потогінний 2) що стосується поту

hierarch [ˈhaɪ(ə)rɑːk] n ієрарх; **~ic(al)** a ієрархічний; **~y** n 1) (церковна) ієрархія 2) церковна влада, теократія

hieratica [ˌhaɪ(ə)ˈrætɪkə] n лат. папірус

hieroglyph [ˈhaɪ(ə)rəɡlɪf] n 1) ієрогліф 2) таємний (незрозумілий) знак; **~ic(al)** a 1) ієрогліфічний 2) написаний ієрогліфами 3) що має таємний зміст 4) жарт. незрозумілий, нерозбірливий

hi-fi [ˈhaɪfaɪ, ˌhaɪˈfaɪ] n 1) (скор. від high fidelity) висока точність відтворення 2) програвач, магнетофон і под. з високою точністю відтворення звуку

higgle [hɪɡl] v торгуватися

higgledy-piggledy [ˌhɪɡ(ə)ldɪˈpɪɡ(ə)ldɪ] **1.** n цілковите безладдя, хаос **2.** a безладний, хаотичний

high [haɪ] **1.** n 1) найвища точка; максимум 2) метео антициклон, зона підвищеного тиску **2.** a 1) високий 2) великий 3) дорогий 4) великий, сильний, інтенсивний 5) головний, найвищий 6) найкращий 7) шляхетний 8) різкий, високий (про звук) 9) веселий, радісний 10) гарячий, баский (про коня) 11) багатий, розкішний, чудовий 12) верхній, крайній; <> **h. fidelity** висока точність відтворення; **h. life** вищий світ; **in the ~est degree** найвищою мірою, надзвичайно **3.** adv 1) високо 2) сильно; інтенсивно; значною мірою 3) дорого 4) багато, розкішно; **h.-blooded** a шляхетний, знатного походження; **h.-board** n спорт. вежа для стрибків у воду; **~brow 1.** n 1) чванькувата людина, сноб 2) інтелігент **2.** a 1) зарозумілий, пихатий, бундючний, чванькуватий 2) доступний лише обраним; високоінтелектуальний; **h.-class** a високого класу; першокласний; **h.-coloured** a 1) яскравий 2) рум'яний; розшарілий 3) перебільшений, прикрашений; **h. day** n свято, святковий день; **~er 1.** a (compr від high) 1) вищий; **~er education** вища освіта 2) біол. високоорганізований, вищий (про тварин і под.) **2.** v підніматися; **~est 1.** a найвищий **2.** adv найвище; **h.-flier** n 1) честолюбна людина, честолюбець 2) що літає на великій висоті (про птаха) 3) видатна (талановита) людина; **h.-flown** a 1) високий, піднесений; високомовний, пишномовний 2) зарозумі-

лий, пихатий, бундючний; **h.-frequency** a короткохвильовий; високочастотний; **h. grade** n 1) висока якість 2) дор. крутий узвіз; **h.-grade** a високоякісний, першокласний; **h.-handed** a владний; свавільний; **h.-handedness** n владність, свавільність; свавілля; **h.-hearted** a 1) мужній, хоробрий 2) пихатий, бундючний; **h. jumper** n стрибун у висоту; **~land 1.** n 1) верховина; високогірна місцевість 2) pl гірська країна (місцевість); узгір'я **2.** a гірський; **h.-life** a амер. життєрадісний; **~light 1.** n 1) тж pl світловий ефект, світловий відблиск; світлова пляма (у живопису) 2) основний момент (факт); **2.** v 1) яскраво освітлювати 2) висувати на передній план; надавати великого значення; **~ly** adv 1) дуже, вельми, сильно; надзвичайно 2) високо 3) сприятливо, доброзичливо, прихильно; **h.-mettled** a мужній, хоробрий; **h.-minded** a 1) шляхетний, великодушний 2) піднесений, величний 3) гордовитий, пихатий, бундючний; **~ness** n 1) висота, височінь 2) піднесеність 3) високий ступінь (чого-н.); величина 4) (Н.) високість (титул); **h.-pitched** a 1) високий, різкий, пронизливий (про звук) 2) високий (про дах); **h.-powered** a 1) тех. потужний, великої потужності 2) впливовий; наділений владою; **h.-pressure** a 1) що має (використовує) високий тиск; розрахований на високий тиск 2) метео що має високий барометричний тиск 3) що тисне; що використовує сильні заходи впливу 4) напружений; **h.-priced** a дорогий, коштовний; **h.-priority** a першочерговий, найважливіший; **h.-quality** a високоякісний; **~road** n битий шлях; шосе; автомагістраль, автострада; **h.-scaler** n верхолаз; **h.-seasoned** a гострий; дуже смачений пряношами; **h.-set** a 1) підвищений; що знаходиться на узвишші 2) високий, пронизливий 3) піднесений; **h.-souled** a величний; благородний; **h.-speed** a спец. 1) швидкохідний, швидкісний 2) швидкодіючий; **h.-spirited** a 1) відважний, мужній 2) палкий, гарячий; жвавий, моторний 3) у гарному настрої, веселий; натхненний; **h.-stomached** a поет. 1) мужній, хоробрий 2) пихатий, бундючний; **h.-strung** a чутливий; нервовий; легко збудливий; **h. tide** n 1) повна вода; приплив 2) кульмінаційний момент, найвища точка; **h.-toned** a 1) високий (про звук) 2) шляхетний; високоморальний; принциповий 3) аристократичний; світський 4) чутливий, нервовий 5) відмінний, першокласний; **h. water** n висока вода; повінь; **~way** n 1) шосе; автомагістраль, автострада 2) головний шлях; торговельний шлях

hiking [ˈhaɪkɪŋ] *n* 1) пішохідна екскурсія 2) туризм

hilari||ous [hɪˈle(ə)nəs] *a* веселий, галасливий, шумний; **~ty** *n* веселість; галасливі (бурхливі) веселощі

hilding [ˈhɪldɪŋ] **1.** *n* підла людина **2.** *a* підлий, ниций

hill [hɪl] *n* 1) пагорб, узгір'я, горб; узвишшя, височина; пагорок 2) *військ.* висота 3) купа; **h.-fox** *n зоол.* гімалайська лисиця; **~iness** *n* горбкуватість; **~man** *n* 1) мешканець гірського району, горянин 2) гном, ельф, троль; **~ocky** *a* горбкуватий, горбистий; **~side** *n* схил гори; **~top** *n* вершина гори (пагорба)

hilt [hɪlt] *n* руків'я, ефес

him [hɪm (*повна ф.*); ɪm (*редук. ф.*)] **1.** *n* у *грам. знач. ім.* чоловік **2.** *pron pers.* (*неприм. в. від* **he**) 1) його, йому 2) (*замість* he) *розм.* він; **that's ~** ось він; це він 3) *у грам. знач. зворотного займенника* -сь, -ся; себе, собі, собою (*про 3-тю ос. одн. чол. роду*); **he closed the door behind h.** він зачинив за собою двері **3.** *у грам. знач. вказівного займенника* той (хто)

himself [(h)ɪmˈself] *pron* 1) себе, собі, самого себе, -сь, -ся (*про 3-тю ос. одн. чол. роду*); **he came to ~** він отямився (опритомнів) 2) себе, собі, собою (*про 3-тю ос. одн. чол. роду*); **he examined h. in the mirror** він роздивлявся себе у дзеркалі 3) *emph.* сам (*про 3-тю ос. одн.*); **he says so ~** він сам так каже 4); **by h.** сам, один; **he was all by h.** він був зовсім один

hind [haɪnd] *a* задній; **~er 1.** [ˈhaɪndə] *a* задній **2.** [ˈhɪndə] *v* 1) заважати, перешкоджати; бути перешкодою; **don't h. me** не заважай мені 2) утримувати; не дати; **~erer** *n* перешкода; **h.-foremost 1.** *a* перекинутий, перевернутий **2.** *adv* задом наперед; **~most** *a* 1) останній, крайній, кінцевий, задній 2) найвіддаленіший; **~rance** *n* перешкода, перепона; завада

Hindu [ˈhɪnduː, hɪnˈduː] **1.** *n* індус **2.** *a* індуський; **~stani** [hɪndʊˈstɑːnɪ] **1.** *n* 1) індієць (*мова*) гіндустані **2.** *a* індійський

hinge [hɪndʒ] **1.** *n* 1) петля (*на дверях*) 2) суть (*розмови, питання*) **2.** *v* 1) прикріплювати 2) обертатися (*навколо основної думки, питання*)

hint [hɪnt] **1.** *n* 1) натяк 2) порада **2.** *v* натякати; давати зрозуміти

hip [hɪp] **1.** *n* 1) стегно; бік 2) *архіт.* ребро даху; гребінь 3) ягода шипшини **2.** *v* 1) вивихнути стегно 2) кульгати; ходити підстрибуючи 3) перекинути через стегно (*боротьба*) **3.** *int* (г)ей!; <> **h., h., hurrah!** ура!; **h.-joint** *n анат.* тазостегновий суглоб

Hippocrates [hɪˈpɒkrətiːz] *n* 1) Гіппократ 2) лікар

hippodrome [ˈhɪpədrəʊm] *n* 1) іподром 2) арена цирку; цирк

hippopotamus [ˌhɪpəˈpɒtəməs] (*pl* -es [-ɪz]) *n зоол.* гіпопотам

hir||e [ˈhaɪə] **1.** *n* 1) наймання, найняття 2) прокат; здавання внайми (напрокат) 3) плата за прокат (за наймання) **2.** *v* 1) наймати 2) брати напрокат (внайми); **to h. a room** наймати кімнату 3) давати напрокат; здавати внайми 4): **to h. oneself** найматися; **~able** *a* 1) що може бути взятий внайми (напрокат) 2) що здається внайми; що видається напрокат; найманий; **~ed** *a* 1) найманий 2) узятий напрокат; **~eling 1.** *n* 1) *зневаж.* найманець, наймит 2) найманий екіпаж (кінь *і под.*) **2.** *a* найманий; продажний; корисливий

hirsute [ˈhɜːsjuːt] *a* 1) волосатий, волохатий; кудлатий 2) покритий волосинками

his [hɪz (*повна ф.*); ɪz (*редук. ф.*)] *pron pass.* його; свій; що належить йому; **this bag is h.** це його сумка

hiss [hɪs] **1.** *n* 1) сичання, шипіння; свист 2) *фон.* шиплячий звук **2.** *v* 1) сичати, шипіти; свистіти 2) освистувати 3) висловлювати несхвалення (осудження), осуджувати; **~ing 1.** *n* сичання, шипіння; свист **2.** *a* шиплячий; свистячий

histor||y [ˈhɪst(ə)rɪ] *n* 1) історія; історична наука; **to become h.** увійти в історію 2) курс історії 3) минуле, історія; **~ian** *n* історик; **~ic 1.** *n амер.* історичний твір; картина на історичну тему **2.** *a* 1) історичний, що має історичне значення 2) *лінгв.* оповідний, розповідний; **~ic present** *грам.* теперішній час, ужитий замість минулого; **~ical** *a* 1) історично достовірний 2) що стосується історії; **~iographer** *n* історіограф; **~iographic(al)** *a* історіографічний; **~iography** *n* історіографія

histrion||ic [ˌhɪstrɪˈɒnɪk] *n* 1) актор 2) *pl* театральна вистава; театральне мистецтво; **~ical** *a* 1) театральний, неприродний; удаваний 2) сценічний, акторський; **~ics** *n pl* 1) театральна вистава; спектакль; театральне мистецтво 2) театральність; удаваність; **~ism** *n* 1) акторська гра 2) *зневаж.* фіглярство

hit [hɪt] **1.** *n* 1) удар; поштовх 2) сутичка, зіткнення 3) улучання 4) успіх, удача; вдала спроба 5) спектакль (фільм, концерт), що має великий успіх; п'єса (книга), що наробила шуму; популярна пісенька 6) популярний виконавець, улюбленець публіки 7) уїдливе (саркастичне, єхидне) зауваження; вихватка 8) виграш **2.** *v* (*past i p. p.* hit) 1) бити, ударяти 2) забитися, ударитися (against, on, upon — об що-н.) 3) улучати в ціль 4) зачепити, допекти до живого 5) *зазв. pass.* завдавати шкоди (неприємностей, страждань) 6) знайти (що-н.), натрапити (на що-н.) (*тж* ~ on;

~ upon) 7) підійти; сподобатися 8) досягати; ◻ **h. back** дати здачі; **h. off** а) точно зобразити кількома штрихами; б) імпровізувати; в) імітувати; **h.-and-miss** *а* неточний; **h.-or-miss** 1. *а* 1) випадковий, зроблений навмання 2) зроблений абияк 2. *adv* навмання; абияк, як-небудь, будь-як; **~ter** *n* нападник

hitch [hɪtʃ] 1. *n* 1) поштовх; ривок 2) перешкода; завада; перепона 3) шкутильгання 4) раптова зупинка (*механізму*) 5) *авто* причіп 6) *мор.* вузол 2. *v* 1) підштовхувати; підтягувати (*тж* ~ up) 2) (on, to) причіпляти(ся); зачіпляти(ся) (*за що-н.*); зчіпляти(ся), скріплювати(ся) 3) прив'язувати 4) шкандибати, кульгати 5) стрибати; **~hike** *v* безкоштовно їхати на побіжному автомобілі

hither [ˈhɪðə] 1. *а* 1) ближчий, розташований ближче 2) ближчий за часом 2. *adv* сюди; **~most** *а книжн.* найближчий; **~to** 1. *а* минулий, колишній 2. *adv* 1) досі, до цього часу 2) до цього місця; **~ward(s)** *adv* 1) сюди 2) на цьому боці 3) *перен.* із цього боку

hive [haɪv] 1. *n* 1) вулик 2) рій бджіл 3) *перен.* збіговисько 2. *v* 1) саджати у вулик (*бджіл*) 2) *перен.* давати притулок 3) роїтися 4) запасати мед 5) нагромаджувати 6) жити громадою (разом, гуртом); **h.-bee** *n* медоносна бджола; **~r** *n* пасічник; **~s** [haɪvz] *n pl мед.* кропив'янка

ho [həʊ] 1. *n* 1) зупинка 2) межа 2. *int* 1) (г)ей! 2) ого! (*виражає здивування, захоплення, радість*) 3) уперед! 4) тпру!, стій!; стоп! 5) ану, давай!

hoar [hɔː] 1. *n* 1) іній, паморозь 2) густий туман 3) сивина; старість 2. *а* 1) сивий; похилого віку 2) сірий, сіруватий; сивий (*про колір*) 3) черствий; пліснявий, цвілий; **~frost** *n* іній, паморозь

hoard [hɔːd] 1. *n* 1) запас; таємний склад; приховані запаси 2) тимчасова огорожа навколо будівельного майданчика 2. *v* (*тж* ~ up) 1) запасати; збирати; накопичувати, нагромаджувати 2) таємно зберігати; приховувати; **~ing** *n* 1) таємне накопичування запасів; запасання 2) накопичене; скарб 3) *ек.* надмірне нагромадження товарних запасів

hoarse [hɔːs] *а* 1) хрипкий; охриплий; сиплий 2) грубий, різкий, неприємний; **~n** *v* 1) охрипнути; осипнути 2) робити хрипким

hoax [həʊks] 1. *n* 1) містифікація; трюк; розіграш 2) обман, обдурювання 3) фальшива тривога (чутка) 2. *v* 1) містифікувати, розігрувати; кепкувати 2) обдурювати; ошукувати; **~er** *n* 1) містифікатор; жартівник 2) обманщик; поширювач фальшивих чуток

hob-a-nob, hob-and-nob [ˌhɒbəˈnɒb, ˌhɒbən(d)ˈnɒb] *а* близький; фамільярний, панібратський

hobble [ˈhɒb(ə)l] 1. *n* 1) кульгання, шкандибання 2) затинання (*у мовленні*); заїкання 3) пута 4) вузька спідниця 2. *v* 1) кульгати, шкандибати 2) затинатися (*на слові*) 3) триножити (*коня*) 4) утруднювати; плутати; **~dehoy** *n* незграбний підліток

hobby [ˈhɒbɪ] *n* 1) гобі, улюблене заняття; пристрасть 2) коник, поні

hobgoblin [ˌhɒbˈɡɒblɪn] *n* 1) *фольк.* домовик; бісеня, ельф 2) страховище; опудало

hobnailed [ˌhɒbˈneɪld] *а* підбитий цвяхами

hobnob [ˈhɒbnɒb] 1. *v* 1) пити разом; бенкетувати; цокатися, пити за здоров'я одне одного 2) приятелювати, бути у приятельських стосунках 2. *adv* 1) наздогад, навмання; відчайдушно 2) фамільярно, по-приятельському; запанібрата

hockey [ˈhɒkɪ] *n спорт.* гокей

hocus [ˈhəʊkəs] 1. *n* 1) спиртний напій з домішкою наркотиків 2) обман, підтасування 2. *v* 1) обдурювати, піддурювати 2) одурманювати; обпоювати (*наркотиками*) 3) підмішувати наркотики (*у вино*); **h.-pocus** 1. *n* 1) фокус 2) обдурювання, окозамилювання 2. *v* 1) показувати фокуси 2) обдурювати; шахраювати; напускати туману, морочити

hodgepodge [ˈhɒdʒpɒdʒ] 1. *n* 1) усяка всячина; мішанина; суміш 2) раґу з м'яса і овочів 2. *v* робити мішанину; змішувати, сплутувати

hog [hɒɡ] *n* 1) *зоол.* свиня; кнур, кабан 2) *амер.* свинина 3) однолітня свійська тварина (*бичок і под.*); <> **to go the whole h.** робити ґрунтовно, доводити до кінця (*справу*); **to play the h.** думати тільки про себе 2. *v* 1) вигинати спину 2) згинати (*що-н.*) 3) вигинатися дугою; згинатися; викривлятися; гнутися; жолобитися 4) пасти свиней; **h.-backed** *а* опуклий, вигнутий; горбатий; **h. bean** *n бот.* блекота; **~gish** *а* 1) свиноподібний, схожий на свиню (кабана) 2) свинський, брудний 3) жадібний; егоїстичний; **~herd** *n* свинопас; **~weed** *n* 1) *бот.* амброзія 2) бур'ян

hoise [hɔɪz] *v* (-sed [-zd], -st) піднімати

hoity-toity [ˌhɔɪtɪˈtɔɪtɪ] 1. *n* 1) шум, безладдя 2) легковажність 3) пустотлива дівчина 2. *а* 1) гордовитий, пихатий, зарозумілий 2) легковажний, грайливий 3) дратівливий

hold [həʊld] 1. *n* 1) *мор.* трюм 2) утримування, захоплення 3) влада; вплив (on, over, upon — на кого-н., що-н.) 4) сховище, вмістище 5) в'язниця; місце ув'язнення 6) володіння; зберігання 7) охорона, захист 8) арешт; ув'язнення 9) фортеця 10) фіксація 11) здатність схопити (зрозуміти) 12) *спорт.* захват (*боротьба*) 13) *спорт.* тримання м'яча 14) *муз.* пауза 2. *v* (*past і p. p.* held) 1) тримати, держати 2) утримувати; стримувати;

зупиняти, спиняти 3) володіти, мати; бути власником 4) зберігати контроль (*над чим-н.*) 5) уміщувати, мати в собі 6) гадати, уважати 7) утримувати під вартою 8) (of, from) бути зобов'язаним (*кому-н.*); залежати (*від кого-н.*) 9) зазнавати, зносити (*що-н.*) 10) зобов'язувати, змушувати 11) тривати, триматися, стояти; **the fair weather is ~ing** стоїть ясна погода 12) обіймати (*посаду*) 13) вести (*розмову*) 14) заволодівати (*увагою*) 15) зберігати, утримувати (*у пам'яті*) 16) дотримуватися (*переконань*) 17) резервувати 18) улаштовувати, організовувати, проводити 19) святкувати, відзначати 20) бути непроникним 21) закладатися 22) зачати, понести (*про самку*); <> **they h. out for self-rule** вони прагнуть незалежності; □ **h. forth** показувати; пропонувати, подавати; **h. off** не підходити; триматися осторонь; **h. on** а) триматися, учепитися (*у що-н.*); б) продовжувати робити що-н.; **h. over** відкладати (*справу*), баритися; **h. under** тримати в покорі; придушувати, пригнічувати, **h.-er** *n* 1) орендар 2) юр. власник, тримач (*цінних паперів*); пред'явник 3) володар призу (*почесного звання*) 4) руків'я, держак 5) анат. ікло; **~ing 1.** *n* 1) юр. (орендоване нерухоме) майно 2) *pl* вклади 3) фонд (*бібліотеки й под.*) 4) склад; сховище 5) утримування, тримання; затримування **2.** *a* 1) що тримає (утримує) 2) що утримує у своїх руках 3) чіпкий, з міцною хваткою 4) запасний 5) призначений для зберігання запасів

hole [həʋl] **1.** *n* 1) діра, дірка; отвір 2) лаз; проріз 3) *мор*. пробоїна 4) яма, ямка 5) нора 6) вибоїна; западина 7) проталина 8) барліг, лігво 9) халупина, халупка 10) недолік, вада; слабке місце 11) в'язниця; карцер 12) *зал*. тунель **2.** *v* 1) продірявлювати; просвердлювати; робити отвори 2) довбати, видовбувати 3) проривати 4) забиратися в нору (яму *й под.*) 5) загнати в нору (*звіра*) 6) ув'язнити, посадити в яму; **~y** *a* дірявий

holiday [ˈhɒlɪdɪ] **1.** *n* 1) свято; день відпочинку; неробочий день 2) *тж pl* відпустка; вакації, канікули 3) відпочинок, розвага **2.** *a* святковий; відпускний; вакаційний, канікулярний **3.** *v* проводити відпустку (вакації, канікули), відпочивати; **h.-maker** *n* 1) відпочивальник 2) екскурсант; турист 3) відпускник; курортник

holiness [ˈhəʋlɪnɪs] *n* 1) святість 2) благочестя, побожність 3) (H.) *церк*. Святість (*титулування Папи*)

Hollander [ˈhɒləndə] *n* голландець; голландка

hollo [ˈhɒləʋ] **1.** *n* оклик; окрик; крик **2.** *v* 1) окликати, гукати; кликати; кричати 2) *мисл.* кликати собак; улюлюкати **3.** *int* ей!; ого!

hollow [ˈhɒləʋ] **1.** *n* 1) порожнява, порожнина 2) заглиблення, западина; яма 3) низина; лощина; балка 4) дупло 5) печера 6) середина зими **2.** *a* 1) порожній, пустий; порожнистий 2) запалий 3) увігнутий, удавлений 4) голодний; худий 5) глухий (*про звук*) 6) загробний (*про голос*) 7) несерйозний, пустий 8) нещирий; облудний **3.** *v* 1) видовбувати; викопувати; робити порожнину (заглиблення, яму) (*тж* ~ out) 2) вигинати, згинати 3) ставати порожнім (порожнистим) 4) гукати, кликати; **h.-hearted** *a* нещирий, лукавий; бездушний; **~ness** *n* 1) пустота 2) глухий тон (*голосу*) 3) нещирість, брехливість (*обіцянок і под.*) 4) тлінність; **h.-ware** *n* посуд (*глибокий*); каструлі, миски, глечики *й под.*

hollyhock [ˈhɒlɪhɒk] *n бот*. мальва, рожа

holocaust [ˈhɒləkɔːst] *n* масове знищення

holocryptic [ˌhɒləˈkrɪptɪk] *a* 1) нерозшифровуваний; надійний (*про шифр*) 2) таємний; надійно законспірований

holograph [ˈhɒləgrɑːf] **1.** *n* власноручно написаний документ **2.** *a* власноручний; **~y** *n книжн*. рукопис

holster [ˈhəʋlstə] *n військ*. кобура

holy [ˈhəʋlɪ] **1.** *n* святиня **2.** *a* 1) (*тж* H.) святий 2) священний; *церк*. найсвятіший 2) священний 3) праведний, безгрішний; непорочний; благочестивий, побожний 4) жахливий, надзвичайний

holystone [ˈhəʋlɪstəʋn] *v мор*. чистити, драїти (*пісковиком*)

homage [ˈhɒmɪdʒ] **1.** *n* 1) повага, пошана, шаноба; шанобливість; схиляння 2) *збір. іст.* васали 3) орендарі **2.** *v* віддавати належне

home [həʋm] **1.** *n* 1) дім, житло, помешкання, господа 2) місце проживання, місцеперебування; притулок 3) рідний (отчий) дім 4) батьківщина 5) родина; родинне життя; домашнє вогнище 6) місце поширення (*рослини й под.*); ареал 7) *спорт*. фініш 8) *спорт*. гол **2.** *a* 1) домашній, хатній 2) родинний 3) рідний, свій 4) місцевий 5) житловий 6) вітчизняний; внутрішній 7) колючий, ущипливий, дошкульний; **h. truth** гірка правда **3.** *v* 1) повертатися додому 2) посилати (направляти) додому 3) перебувати, жити (*де-н.*) 4) надавати притулок **4.** *adv* 1) удома 2) додому 3) на батьківщину 4) у ціль, у точку 5) до кінця; туго, міцно; **h.-born** *a* місцевий; місцевого виробництва; **h.-brewed** *a* 1) домашній *знев*. доморослий; **~comer** *n* 1) той, хто повернувся додому (*після відсутності*) 2) емігрант, який повернувся на батьківщину; **h.-grown** *a* 1) вітчизняного виробництва 2) домашній; доморослий; **~land** *n* батьківщина, вітчизна; рідна країна;

~less *a* 1) бездомний; безпритульний 2) бездоглядний; **~lessness** *n* 1) бездомність, безпритульність 2) бездоглядність (*дітей*); **~liness** *n* 1) домашній затишок 2) простота; природність; **~ly** *a* 1) домашній, затишний 2) простий, невибагливий, невимогливий; природний 3) грубий, неотесаний 4) прихильний (*до кого-н.*); пов'язаний дружбою, близький; **~maker** *n* господиня дому; мати родини; **~sickness** *n* туга за батьківщиною, ностальгія; **h. straight** *n* спорт. фінішна пряма; **~work** *n* 1) домашнє завдання; уроки; домашня робота (*школяра*) 2) попередня робота; підготовка

Homeric [həʊˈmerɪk] *a* 1) гомерівський 2) гомеричний (*про сміх*)

homicide [ˈhɒmɪsaɪd] **1.** *n* юр. 1) убивство 2) убивця **2.** *v* убивати

homil||ist [ˈhɒmɪlɪst] *n* 1) проповідник 2) укладач проповідей; **~ise** *v* проповідувати; напучувати; **~y** *n* 1) церк. проповідь 2) настанова, нотація; моралізування

homin||al [ˈhɒmɪn(ə)l] *a біол.* людський; **~ify** *v книжн.* олюднювати; перетворювати на людину; **~ivorous** *a* людожерський, канібальський

homishness [ˈhəʊmɪʃnɪs] *n* домашня (невимушена) обстановка

homocategoric [ˌhəʊməʊˌkætɪˈɡɒrɪk] *a спец.* що належить до однієї категорії

homoeopath [ˈhɒmɪəpæθ] *n* гомеопат; **~ic** *a* гомеопатичний; **~y** *n* гомеопатія

homogen||e [ˈhɒməʤiːn] *n* що-н. однорідне, схоже (*з чим-н.*); **~eate** *v* робити однорідним, надавати однорідності; **~ity** *n спец.* однорідність; **~ous** [ˌhɒməˈʤiːnɪəs] *a* однорідний; **~y** *n біол.* 1) спільне походження; спільність генотипу; однорідність 2) гомогенність

homograph [ˈhɒməɡrɑːf] *n лінгв.* омограф; **~y** *n* 1) лінгв. фонетичне письмо 2) *мат.* гомографія

homologate [hɒˈmɒləɡeɪt] *v книжн.* 1) погоджуватися; висловлювати згоду; допускати 2) *юр.* підтверджувати, ратифікувати 3) свідчити, засвідчувати; визнавати 4) ототожнювати

homomorphous [ˌhɒməˈmɔːfəs] *a* (г)оморфний, однаковий (схожий) за формою

homonym [ˈhɒmənɪm] *n* 1) лінгв. омонім 2) тезко; з одним прізвищем; **~ous** *a* 1) лінгв. омонімічний 2) однойменний 3) однаковий; один і той самий (*про ім'я, прізвище*) 4) двозначний; **~y** *n* 1) лінгв. омонімія, омоніміка 2) однакові імена (прізвища)

homosexual [ˌhəʊməˈseksjʊəl, ˌhɒmə-] **1.** *n* гомосексуаліст **2.** *a* гомосексуальний, одностатевий; **~ism** *n* гомосексуалізм; **~ist** *n* гомосексуаліст

honest [ˈɒnɪst] *a* 1) чесний 2) правдивий; відвертий, прямий 3) сумлінний 4) справжній, нефальсифікований 5) цнотливий, моральний; доброчесний 6) добрий, шановний (*часто у звертаннях*); **~ly** *adv* 1) чесно, правдиво, щиро 2) справді, правда; **~y** *n* 1) чесність 2) правдивість; щирість; прямота 3) чеснота, цнота; порядність, доброчесність

honey [ˈhʌnɪ] **1.** *n* 1) мед 2) сироп, штучний мед **2.** *v амер.* 1) говорити ласкаво; лестити, улещувати 2) прислужуватися; **~bee** *n ент.* медоносна бджола; **h. buzzard** *n орн.* осоїд; **~comb 1.** *n* медовий стільник **2.** *a* 1) стільниковий; ніздрюватий; пористий 2) покритий стільникоподібним малюнком **3.** *v* 1) продірявити; зрешетити 2) *перен.* підточити, ослабити; **h.-drop** *n* 1) крапля меду 2) що-н. приємне, миле; **~ed** *a* 1) підсолоджений медом 2) медоносний; що містить мед 3) солодкий, медовий 4) улесливий; **h.-kite** *n орн.* осоїд; **~moon 1.** *n* медовий місяць **2.** *a* весільний

honk [hɒŋk] **1.** *n* 1) рохкання 2) *амер.* крик диких гусей 3) автомобільний гудок **2.** *v* 1) кричати (*про диких гусей*) 2) *розм.* сигналити (*про автомобіль*)

honor||arium [ˌɒnəˈre(ə)rɪəm] *n* 1) (*pl* тж -ria) *книжн.* гонорар 2) (разова) грошова винагорода; **~ary** [ˈɒnərərɪ] *a* 1) почесний 2) що є справою честі 3) неоплачуваний (*про працю*) 4) громадський; **~ific** *a* 1) почесний 2) шанобливий

honour [ˈɒnə] **1.** *n* 1) честь, чесність 2) шляхетність 3) добре ім'я, добра репутація 4) цнота; чистота; доброта 5) шаноба, пошана; повага; шанування 6) слава, честь 7) (H.) честь (*титул*) 8) *pl* почесті; урядові нагороди, ордени 9) уклін, реверанс **2.** *v* 1) шанувати, поважати, ушановувати 2) відзначати нагородою, удостоювати (with — *чого-н.*) 3) *фін.* оплатити 4) додержувати (*умов*); виконувати (*зобов'язання*); **~able** *a* 1) чесний; шляхетний 2) знатний, шляхетний (*про походження*) 3) почесний 4) шанований, поважаний 5) вельмишановний, високоповажаний; **~ably** *adv* 1) чесно, шляхетно 2) із честю, зі славою, з пошаною; **~less** *a* 1) безчесний, низький, нешляхетний 2) безславний

hood [hʊd] **1.** *n* 1) каптур, капюшон 2) капор 3) очіпок 4) клобук (*ченця*) 5) шолом (*рицаря*) **2.** *v* 1) накривати капюшоном (каптуром, ковпаком *і под.*) 2) закривати, приховувати; прикривати; замазувати; **~ie** *n орн.* сіра ворона

hoof||beat [ˈhuːfbiːt] *n* цокіт копит; **~ed** *a* копитний (*про тварину*)

hook [hʊk] **1.** *n* 1) гак, гачок 2) гаплик 2) багор, ості 3) *перен.* пастка, принада 4) серп 5) *бот.*

зоол. колючка, шип; голка 6) *спорт.* хук, короткий боковий удар (*бокс*) 7) крутий згин; закрут (*ріки*), оболонь 8) *pl* лапки; дужки **2.** *v* 1) згинати(ся) гачком; перегинатися 2) застібати(ся) на гаплик 3) зачіпляти; причіпляти 4) ловити, спіймати (*рибу*) 5) *перен.* спіймати на гачок 6) завдати удару збоку (*бокс*); **~up** *n* з'єднання, зчеплення; **~y** *a* гачкоподібний

hooligan [ˈhu:lɪɡən] *n* хуліган; **~ism** *n* хуліганство

hooping-cough [ˈhu:pɪŋkɒf] *n мед.* коклюш

hoop-net [ˈhu:p.net] *n* сачок

hoopoe [ˈhu:pu:, -pəʊ] *n орн.* одуд

hoot [hu:t] **1.** *n* 1) крик сови 2) *pl* крики; гикання; вигуки 3) тюкання, улюлюкання 4) гудок, сигнал (*автомобіля*); виття (*сирени*) **2.** *v* 1) кричати, ухати (*про сову*) 2) накричати (*на кого-н.*); гикати, улюлюкати; освистувати 3) гудіти, сигналити, вити, завивати (*про гудок, сирену*) **3.** *int* (*тж pl*) тьху!; **~er** *n* гудок, сирена

hop [hɒp] **1.** *n* 1) стрибок; підскік 2) підстрибування; підскакування 3) *ав.* переліт; нетривалий політ 4) *бот.* хміль **2.** *v* 1) стрибати, скакати 2) підскакувати, підстрибувати 3) перестрибувати (over — через *що-н.*) 4) ускакувати (*на потяг і под.*) 5) кульгати, шкутильгати, шкандибати 6) танцювати 7) збирати хміль; **~ped** *a* 1) хмельовий 2) хмільний; **~ping** *n* 1) стрибання, скакання 2) танці, танок; сільське свято 3) збирання хмелю 4) додавання хмелю (*у пиво й под.*) **2.** *a* 1) стрибаючий 2) дуже зайнятий; метушливий 3) розлючений, розлютований; **~pingly** *adv* вистрибом

hope [həʊp] **1.** *n* 1) надія; сподівання 2) той, на кого покладають надії 3) невелика вузька затока; фіорд 4) ущелина, виярок **2.** *v* 1) покладати надії; сподіватися 2) очікувати, передчувати; **~d-for** *a* бажаний, жаданий; **~ful** *a* 1) який сподівається 2) багатообіцяльний; **~fulness** *n* 1) надії, сподівання 2) оптимізм; **~less** *a* 1) безнадійний; безнадійний 2) (of, about, for) зневірений (*у чому-н.*); який утратив надію (*на що-н.*) 3) невиправний (*про людину*)

hopple [ˈhɒp(ə)l] **1.** *n* 1) пута (*для коня*) 2) *перен.* кайдани; пута **2.** *v* 1) стриножити (*коня*) 2) зв'язати руки й ноги; перешкодити; заплутати, обплутати

hora∥lly [ˈhɔ:rəlɪ] *adv книжн.* щогодини; **~ry** *a книжн.* 1) годинний 2) що позначає години 3) щогодинний; що триває годину 4) короткочасний, хвилинний

horde [hɔ:d] **1.** *n* 1) орда 2) **Golden H.** *іст.* Золота Орда 2) *перен. pl* зграя, ватага, банда 2) компанія, галасливий натовп, гурт людей **2.** *v* 1) жити гуртом (громадою) 2) збиратися докупи (натовпом)

horizon [həˈraɪz(ə)n] *n* 1) горизонт; обрій; виднокрай, видноколо; крайнебо 2) круговзір 3) *pl* перспективи, горизонти; **~less** *a* 1) безмежний, безкраїй, неозорий 2) безнадійний, безперспективний

horizontal [ˌhɒrɪˈzɒntl] **1.** *n* горизонталь **2.** *a* горизонтальний; **~ise** *v* розташовувати (класти) горизонтально; **~ly** *adv* горизонтально

hormon∥e [ˈhɔ:məʊn] *n фізіол.* гормон; **~ic** *a фізіол.* гормональний, гормонний

horn [hɔ:n] **1.** *n* 1) ріг 2) ріжок; сурма 3) гудок, сирена 4) рупор (*гучномовця*); труба (*грамофона*) 5) порохівниця 6) гострий кінець; відросток, відгалуження 7) рогата тварина 8) *мн;* бивень 9) *зоол.* щупик, вусик **2.** *a* роговий **3.** *v* 1) колоти рогами 2) спилювати роги 3) *юр.* оголошувати поза законом; **~beam** *n бот.* граб; **~ed** *a* 1) рогатий 2) з рогами, з ріжками; **~er** *n* 1) різьбяр по рогу 2) сурмач, сигнальник; **~ify** *v* наставляти роги, зраджувати; **~ing** *n* 1) зменшення (*місяця*) 2) *юр.* оголошення поза законом; **~less** *a* безрогий, комолий, гулий; **~like** *a* рогоподібний, **h.-nose** *n зоол.* носоріг

hornet [ˈhɔ:nɪt] *n* 1) *ент.* шершень 2) *перен.* набридлива муха

horolog∥er [hɒˈrɒlədʒə] *n* годинникар; **~ium** *n* 1) годинникова вежа 2) *церк.* Часослов (*книга*)

horoscop∥e [ˈhɒrəskəʊp] **1.** *n* гороскоп **2.** *v* складати гороскоп; провіщати долю по зірках; **~al** *a* гороскопічний; астрологічний; **~er** *n* астролог, складач гороскопів

horr∥or [ˈhɒrə] *n* 1) жах, страх; **h. film** фільм жахів 2) огида 3) *pl* жахливі трагічні події 4) *pl* пригнічений настрій; напад страху; **h.-stricken, h.-struck** *a* охоплений жахом; **~endous** [hɒˈrendəs] *a* страхітливий, страхаючий, жахаючий; що вселяє жах; **~ible 1.** *n* 1) роман жахів 2) жах; жахлива людина; жахлива річ **2.** *a* 1) страшний, жахливий; що викликає жах 2) огидний, бридкий; дуже поганий (*про погоду*) **3.** *adv* жахливо

horse [hɔ:s] **1.** *n* 1) кінь 2) жеребець 3) кавалерія, кіннота 4) вершник; кавалерист 5) стійло; підставка; <> **h. and foot** щосили, щодуху **2.** *a* 1) кінський 2) кінний 3) грубий **3.** *v* 1) постачати коней 2) запрягати (*коней, екіпаж*) 3) сідати на коня; їхати верхи; **~back** *n* спина коня; **h.-breeding 1.** *n* конярство **2.** *a* конярський; **h.-course** *n* 1) перегони, верхогони 2) іподром; **~d** *a військ.* кінний; запряжений кіньми; **~fly** *n ент.* ґедзь; **h.-jockey** *n* жокей, вершник; **~less** *a* безкінський; **h.-mackerel** *n іхт.* 1) ставрида 2) хек, мерлуза; **~manship** *n* майстерність верхової їзди; **h.-mill**

horsy — марудна (нудна) робота; одноманітність, монотонність; **h.-nail** n зоол. ухналь; **~play** n груба розвага; галаслива гра; груби жарти; **~racing** n кінний спорт; перегони; **~radish** n бот. хрін; **~shoe 1.** n 1) підкова 2) дуга, півколо; що-н. у формі підкови **2.** a підковоподібний **3.** v підковувати коней; **h.-soldier** n кавалерист; кіннотник; **~whip 1.** n хлист **2.** v відхльостати, відшмагати хлистом

horsy [ˊhɔːsɪ] a 1) кінський; конячий 2) який любить коней (верхову їзду, полювання на конях) 3) який захоплюється перегонами

horticulture [ˊhɔːtɪˌkʌltʃə] n садівництво

hos‖e [həʊz] **1.** n (pl тж без змін) 1) шланг; брандспойт 2) футляр, піхви 3) збір. панчішні вироби 4) рейтузи; лосини **2.** v поливати зі шланга; **~iery** [ˊhəʊzɪərɪ] n крамниця трикотажних товарів

hospi‖ce [ˊhɒspɪs] n 1) готель (при монастирі) 2) шпиталь, богадільня 3) гуртожиток 4) іст. будинок для прочан 5) лікарня для безнадійно хворих пацієнтів; **~table** a 1) гостинний, привітний 2) перен. відкритий; який охоче сприймає (відгукується); **~tableness** n гостинність; **~tably** adv гостинно, привітно; **~tal** n лікарня; шпиталь; **~tal-boy** n вихованець притулку; **~tality** [ˌhɒspɪˈtælɪtɪ] n 1) гостинність; привітність 2) pl знаки гостинності 3) притулок; **~talisation** n госпіталізація; **~talise** v госпіталізувати

host [həʊst] n 1) господар, хазяїн 2) власник готелю; трактирник 3) радіо, тел. ведучий; конферансьє 4) безліч, сила-силенна; натовп, юрба 5) поет. військо

hostage [ˊhɒstɪdʒ] n 1) заручник 2) застава

hostel [ˊhɒstl] n 1) гуртожиток 2) туристичний табір 3) готель

hostil‖e [ˊhɒstaɪl] **1.** n ворог, супротивник **2.** a 1) ворожий 2) неприязний; недружелюбний; **~ity** [hɒˈstɪlɪtɪ] n 1) вороже ставлення; антагонізм 2) pl воєнні дії

hot [hɒt] a 1) гарячий, запальний 2) гострий 3) свіжий (про новини) 4) сердитий, збуджений; першокласний (про виконавця); небезпечний (про супротивника); **h.-blooded** a 1) палкий, пристрасний 2) гарячий, запальний; **h.-brain** n гаряча голова; запальна людина; **~foot 1.** v мчати щодуху **2.** adv поспішно, квапливо; стрімголов; **~head** n гаряча голова, запальна людина; **~house** n 1) оранжерея, теплиця 2) перен. теплична обстановка 3) перен. розсадник, осередок; **~ly** adv 1) гаряче, палко 2) схвильовано, пристрасно; із запалом; **~plate** n невелика газова (електрична) плита; **~pot** n тушковане м'ясо з картоплею; **h.-spirited** a 1) палкий, гарячий, запальний; **~spur 1.** n 1) гаряча (запальна, невгамовна, нестримана) людина 2) шибайголова, урвиголова **2.** a гарячий, запальний, невгамовний, нестримний; **h.-tempered** a запальний, гарячий; **h.-well** n гаряче джерело

hotchpotch [ˊhɒtʃpɒtʃ] **1.** n 1) рагу з м'яса та овочів 2) суміш, мішанина, усяка всячина **2.** a змішаний; збірний; неоднорідний

hotel [həʊˈtel] n готель; **~keeper** n господар готелю

hound [haʊnd] **1.** n 1) мисливський собака; гончак 2) собака, пес 3) розм. охочий (до чого-н.) 4) репортер **2.** v 1) цькувати собаками 2) перен. переслідувати; піддавати утискам 3) нацьковувати; **~ing** n 1) цькування (собаками) 2) перен. переслідування, утиски

hour [ˊaʊə] n 1) година; **by the h.** погодинний (про оплату, працю) 2) певний час, період 3) термін, строк 4) pl робочий день; робочий час 5) урок, заняття, навчальний час 6) передача (по радіо та под.); **in a good h.** у добрий час; **at a good h.** вчасно, до речі; **h. circle** n астр. небесний меридіан; **h.-glass** n 1) пісковий годинник 2) мор. склянка; **h. hand** n годинникова стрілка; **~ly 1.** a 1) щогодинний 2) постійний, частий 3) погодинний (про оплату) **2.** adv 1) щогодини 2) з години на годину; у будь-який момент, постійно, весь час; **~plate** n циферблат

house [haʊs] **1.** n 1) будинок, дім; хата; будівля 2) житло; квартира; господа 3) нора; барліг; гніздо 4) приміщення для тварин; клітка, вольєр(а) 5) домівка; сім'я, родина; господарство 6) сімейство, рід 7) (тж Н.) палата (парламенту) 8) фірма; торговий дім 9) установа, заклад 10) цех; фабрика; завод 11) театр; кінотеатр 12) публіка, глядачі 13) сеанс; вистава 14) готель 15) пивниця, таверна; бар; шинок 16) пансіон, інтернат; студентський гуртожиток 17) коледж університету 18) колегія, рада **2.** v 1) надавати житло; забезпечувати житлом 2) дати притулок; поселити; прихистити 3) жити, квартирувати 4) прибирати, ховати (майно й под.) 5) уміщати, містити в собі 6) уставляти; **h. agent** n житловий агент; **h.-book** n книга обліку господарських видатків; **~breaking** n 1) крадіжка зі зломом 2) знесення будинків; **~builder** n будівельний робітник, будівельник; **~cleaning** n прибирання будинку (квартири); **~coat** n жіночий халат; **h. cricket** n ент. цвіркун домовий; **~dress** n домашня сукня; **~father** n 1) батько родини; глава роду 2) старший вихователь (у пансіоні); **~fly** n ент. кімнатна муха; **~hold 1.** n 1) родина 2) хатнє (домашнє) господарство 3) рел. братство; братія 4) (the H.) двір (монарха); двірська челядь

2. *a* 1) хатній, домашній; родинний 2) побутовий; господарський 3) двірський; **~holder** *n* 1) домовласник 2) голова родини 3) квартиронаймач; наймач (*будинку*); **~keeper** *n* 1) економка; домоправителька; ключниця 2) домогосподарка 3) хатня робітниця 4) домовласник; **~keeping** *n* 1) домашнє господарство; домоведення 2) *військ.* адміністративно-господарська робота 3) гостинність; **~less** *a* бездомний; безпритульний; який не має даху над головою; **~mate** *n* 1) сусіда по будинку (по квартирі) 2) *pl* мешканці одного будинку; **~room** *n* квартира; помешкання, оселя, житло; **~wares** *n pl амер.* посуд; домашнє начиння; господарські речі; **h.-warm** *v* справляти входини (новосілля); **~wife 1.** *n* 1) домашня господарка 2) господиня 3) господиня дому; мати родини **2.** *v* 1) вести господарство; господарювати; порядкувати 2) берегти, заощаджувати, економити; **~wifely** *a* 1) домовитий, хазяйновитий 2) ощадливий; бережливий; **~wifery** *n* домашнє господарство; господарювання

housing [ˈhaʊzɪŋ] *n* 1) забезпеченість житлом; житлове питання (*тж* the ~ problem) 2) збір. будинки; житло 3) житлове будівництво 4) сховище; захисток, укриття 5) сховок; навіс; повітка 6) ніша

hovel [ˈhɒv(ə)l] *n* 1) халупа, халабуда; курінь 2) навіс; захисток, укриття 3) ніша

hover [ˈhɒvə] **1.** *n* 1) ширяння; вільний політ 2) очікування; становище непевності 3) звислий берег **2.** *v* 1) ширяти (*про птаха*) 2) нависати (*про хмари*) 3) крутитися, вештатися; ходити навколо кого-н. 4) постійно бути під загрозою 5) вагатися, не зважуватися; гаятися

how [haʊ] **1.** *n* 1) спосіб, метод **2.** *adv* 1) як?, яким чином? 2) скільки? 3) за скільки?; почому?, почім? **3.** *conj.* 1) як 2) *emph.* як; **h. old are you?** скільки вам років? 3) за скільки?; почому?, почім? **3.** *conj.* 1) як 2) *emph.* як; **h. funny!** як смішно!; **h. far away!** як далеко! 3) що; <> **h. are you?** як вам ведеться? **h.'s h.!** за ваше здоров'я!; **~beit** [-ˈbiːt] *adv* однак, проте, утім; як би то не було; **~ever 1.** *adv* як би не; який би не **2.** *conj* проте, однак; незважаючи на це; **~soever** *adv* хоч би як; як би не

howitzer [ˈhaʊɪtsə] *n військ.* гаубиця

howl [haʊl] **1.** *n* 1) виття, завивання) стогін; крик; лемент 2) вибух, грім **2.** *v* 1) вити, завивати 2) стогнати; волати 3) викрикувати, вигукувати 4) качатися від сміху; **~er** *n* 1) плакальник, плакальниця (*на похороні*) 2) *розм.* найгрубіша (найдурніша, кричуща) помилка; **~ing 1.** *n* виття, скиглення; ревіння **2.** *a* 1) виючий 2) кричущий, волаючий 3) страшенний, колосальний, жахливий

hubbub [ˈhʌbʌb] *n звуконасл.* 1) шум, галас, ґвалт, гамір 2) гул, гомін 3) плутанина; метушня

hubris [ˈhjuːbrɪs] *n грец.* гордість, гордовитість, пиха; **~tic** *а книжн.* бундючний, зарозумілий; презирливий; нахабний, зухвалий

huckleberry [ˈhʌk(ə)lb(ə)rɪ] *n бот.* чорниця

huckster [ˈhʌkstə] **1.** *n* 1) дрібний торговець; крамар 2) баришник; гендляр 3) *знев.* перекупник 4) рекламіст **2.** *v* 1) торгуватися 2) перепродавати) уміло рекламувати (*товар*)

huckstery [ˈhʌkst(ə)rɪ] *n* 1) дрібна (роздрібна) торгівля 2) *pl* дрібні товари

huddle [ˈhʌdl] **1.** *n* 1) купа 2) натовп 3) стадо 4) безладдя, розгардіяш, гармидер; сум'яття 5) поспіх, метушня **2.** *v* 1) звалювати в купу; складати сяк-так 2) заганяти; заштовхувати 3) випроваджувати 4) збирати докупи, зганяти 5) скупчуватися; товпитися 6) робити (*що-н.*) поспіхом 7) приховувати, замовчувати

hue [hjuː] **1.** *n* 1) колір; відтінок; тон 2) різновид **2.** *v* 1) забарвлювати; надавати відтінку 2) кричати; зчиняти галас 3) улаштовувати облаву; **~less** *а* безбарвний; блідий

huff [hʌf] **1.** *n* напад гніву (роздратування); спалах гніву; образа **2.** *v* 1) роздратовувати(ся); ображати(ся) 2) зачіпати, нападати 3) примушувати кого-н. залякуваннями і погрозами робити що-н. 4) роздуватися; **h.-cap** 1. *n* міцне пиво, п'янкий напій **2.** *а* 1) міцний (*про напій*) 2) хвалькуватий; **~ish** *а* 1) дражливий, дратівливий; примхливий; образливий, уразливий 2) гордовитий, пихатий, бундючний; **~le** *v* 1) надувати, роздувати 2) поривчасто (сильно) дути (*про вітер*); **~y** *а* 1) роздратований; скривджений 2) уразливий, образливий

hug [hʌɡ] **1.** *n* 1) міцні обійми 2) *спорт.* захват; хватка (*боротьба*) **2.** *v* 1) міцно обіймати, стискати в обіймах 2) міцно обніматися 3) дотримуватися (*думки*); плекати (*думку*) 4) задобрювати; підлещуватися

huge [hjuːdʒ] *а* величезний, гігантський, велетенський; колосальний; **~ly** *adv* дуже, страшенно, надзвичайно; **~ness** *n* величезність; колосальність

hugger-mugger [ˈhʌɡəˌmʌɡə] **1.** *n* таємниця; секрет **2.** *а* таємний, секретний **3.** *v* 1) тримати в таємниці, приховувати 2) зам'яти (*справу*) **4.** *adv* 1) безладно, сяк-так, без ладу 2) таємно, секретно

Huguenot [ˈhjuːɡənəʊt] *n фр. іст.* гугенот

hulking [ˈhʌlkɪŋ] *а* 1) незграбний, неповороткий 2) величезний, масивний

hull [hʌl] **1.** *n* 1) шкірка; лушпайка; шкаралупа 2) корпус (*корабля*) 3) кузов; каркас; кістяк 4) фюзеляж (*літака*) 5) *pl* одяг **2.** *v* 1) лущити, облущувати 2) очищати від лушпиння (шкаралупи); знімати шкірку; обрушувати (зерно); **~ed** a полущений; очищений від шкаралупи; обрушений

hullabaloo [ˌhʌləbəˈluː] n крик, галас, ґвалт, гамір, гомін

hullo, hulloa [hʌˈləʊ] int алло!

hum [hʌm] **1.** n 1) дзижчання 2) гудіння; рокотання 3) безладний шум; гомін 4) муркотіння, мугикання 5) пихкання 6) radio перешкоди 7) сморід, бридкий запах 8) обман, обдурювання, ошукування **2.** v 1) дзижчати 2) рокотати; гудіти 3) мимрити; затинатися 4) вагатися; не зважуватися 5) мугикати, наспівувати із закритим ротом 6) розгортати бурхливу діяльність; бути діяльним 7) смердіти **3.** int гм!

human [ˈhjuːmən] **1.** n 1) людина 2) (the ~) людство **2.** a 1) людський; **H. Rights** права людини 2) властивий людині 3) соціальний, суспільний 4) світський; **~e** a 1) людяний, гуманний 2) гуманітарний; **~ely** adv людяно, гуманно; **~eness** n людяність, гуманність; доброта; **~iform** a біол. людиноподібний; **~ify** v олюднювати; **~ise** v 1) олюднювати(ся) 2) пом'якшувати(ся); робити (ставати) гуманним; **~ist** n 1) гуманіст; гуманна людина 2) гуманітарій 3) (тж H.) атеїст; **~istic** a гуманістичний; **~itarian 1.** n 1) гуманіст; проповідник гуманності 2) філантроп 3) рел. єретик **2.** a 1) гуманітарний 2) гуманістичний 3) гуманний; **~ity** [hjuːˈmænɪtɪ] n 1) рід людський 2) гуманність, людяність 3) людська природа; людські риси

humbl||e [ˈhʌmb(ə)l] **1.** a 1) скромний; соромливий; боязкий; шанобливий 2) покірливий; смирний 3) раболіпний, позбавлений почуття власної гідності 4) простий, бідний; непомітний **2.** v 1) упокорювати; принижувати; приборкувати; угамовувати 2): **to h. oneself** підлещуватися 3) осоромлювати, ганьбити; **~ebee** [ˈhʌmblbiː] n ент. джміль; **~y** adv 1) скромно; соромливо; боязко 2) покірно; смиренно; шанобливо 3) бідно, скромно, непомітно

humbug [ˈhʌmbʌg] **1.** n 1) обдурювання, обман; брехня; шахрайство; удавання 2) безглуздя, дурниця, нісенітниця 3) безглуздий учинок 4) обманщик, ошуканець, дурисвіт; облудник 5) пустомеля, пуста людина **2.** v 1) обдурювати, обманювати, ошукувати 2) шахраювати 3) (into, from, out of) змушувати обманом зробити що-н.

humdrum [ˈhʌmdrʌm] **1.** n 1) банальність 2) нудна (нецікава) людина **2.** a банальний, нудний; одноманітний

humdudgeon [hʌmˈdʌdʒ(ə)n] n вигадана хвороба

humect [hjʊˈmekt] v зволожувати(ся)

humeral [ˈhjuːm(ə)rəl] a анат. плечовий

humid||ifier [hjuːˈmɪdɪfaɪə] n зволожувач повітря (прилад); **~ity** n 1) вогкість, вологість 2) ступінь вологості (повітря й под.)

humili||ate [hjuːˈmɪlɪeɪt] v принижувати; ображати; ганьбити; **~iating** a принизливий образливий; **~iation** n 1) приниження; образа 2) принизливе становище; **~ity** n 1) покірність, покора; смиренність; сором'язливість 2) скромний учинок 3) бідність, скромність, непомітність

humming [ˈhʌmɪŋ] **1.** n дзижчання **2.** a який дзижчить (гуде); **~bird** n орн. колібрі; **h.-top** n дзиґа (іграшка)

hummock [ˈhʌmək] n 1) горбок, підгірок, пагорб, узвишшя 2) дюна 3) торос; маса стиснутої криги; **~y** a 1) горбкуватий, горбистий 2) горбоподібний

humor||esque [ˌhjuːməˈresk] n муз. гумореска; **~ist** n 1) гуморист 2) жартівник; дотепник; **~istic** a гумористичний; **~ous** a 1) веселий, смішний 2) примхливий

humour [ˈhjuːmə] **1.** n 1) гумор 2) почуття гумору 3) комізм, комічність 4) настрій, схильність 5) примха, химера; дивацтво 6) темперамент, вдача 7) мед. волога, рідина (як компонент живого тіла) **2.** v 1) потурати; догоджати 2) пристосовуватися; **~less** a позбавлений почуття гумору; сухий, нудний; **~some** a примхливий, вередливий; химерний

hump [hʌmp] **1.** n 1) горб 2) пагорок, пагорб, підгірок 3) гірське пасмо 4) важке завдання; критичний момент (період) **2.** v 1) горбити, сутулити (спину) 2) горбитися, сутулитися 3) псувати настрій (кому-н.); наганяти нудьгу (на кого-н.) 4) амер. зібрати всі сили, докласти зусиль; **~back** n 1) горб 2) горбань 3) зоол. горбач, горбатий кит (тж whale); **~backed** a горбатий; **~ed** a горбатий; згорблений

humph [hʌmf] int гм!

humstrum [ˈhʌmstrʌm] n 1) грубо зроблений (погано настроєний) музичний інструмент 2) бриньчання, тринькання

humus [ˈhjuːməs] n с.-г. гумус, перегній, чорнозем

hunch [hʌntʃ] **1.** n 1) горб 2) великий (товстий) шматок **2.** v 1) горбити, сутулити (спину) 2) горбитися; згинатися, сутулитися; **~backed** a горбатий

hundred [ˈhʌndrəd] **1.** n 1) (число) сто; сотня 2) номер сто, номер сотий 3) pl сотні, багато 4) сто доларів (фунтів стерлінгів) 5) сто років (про вік) 6) нуль-нуль, рівно **2.** num. card. 1) (число) сто 2) (номер) сто, (номер) сотий; **~fold 1.** a сторазовий **2.** adv у сто разів більше; **~th 1.** n 1) сота частина; одна сота

2) останній із ста (предметів) **2.** *a* 1) сотий числом 2) що становить одну соту **3.** *adv* сотим; **he arrived ~th** він прибув сотим **4.** *num. ord.* сотий; **~weight** *n* центнер (англ.: 112 фунтів = 50,8 кг; амер.: 100 фунтів = 45,4 кг)

Hungarian [hʌŋˈgeə(ə)rɪən] **1.** *n* 1) угорець; угорка 2) угорська мова **2.** *a* угорський

hung [hʌŋ] *past і p. p. від* **hang II**

hung‖er [ˈhʌŋgə] **1.** *n* 1) голод; тривале недоїдання; голодування 2) **to die of h.** померти від голоду 2) потреба (*у чому-н.*) 3) прагнення, сильне бажання **2.** *v* 1) голодувати; бути голодним; відчувати голод 2) морити голодом 3) (into, out of) примушувати голодом зробити що-н. 4) жадати, дуже бажати; **~er-bit** *a* який страждає від голоду; виснажений; **~ered** *a* голодний, виснажений, охлялий; **~er-strike 1.** *n* (в'язничне) голодування **2.** *v* оголошувати голодування; **~rily** *adv* жадібно, із жадобою; **~ry 1.** *n* (the ~) *pl* збір. голодні **2.** *a* 1) голодний, зголоднілий, голодуючий 2) безплідний, неродючий 3) жадаючий, прагнучий 4) бідний, убогий (*про їжу*) 5) апетитний

hunks [hʌŋks] *n* скнара

hunt [hʌnt] **1.** *n* 1) полювання; лови 2) пошуки 3) переслідування; цькування **2.** *v* 1) полювати; ловити 2) гнати, проганяти (*тж* ~ away) 3) переслідувати, цькувати 4) шукати, нишпорити; ганятися (*за чим-н.*) 5) розшукувати 6) прочісувати; улаштовувати облаву; □ **~ away** проганяти; **~ down** вистежити, спіймати; **~ for** а) шукати; б) домагатися; **~er** *n* 1) мисливець 2) шукач; **~ing-cat** *n зоол.* гепард; **~ing dog** *n* мисливський собака; **~ing ground** *n* мисливське угіддя; **~ing season** *n* мисливський сезон; **~ing spider** *n ент.* павук-стрибун

hurdl‖e [hɜːdl] **1.** *n* 1) переносна загорода; переносний тин 2) гатка 3) решітка з лози 4) *спорт.* бар'єр; перешкода **2.** *v* 1) обгороджувати тином 2) *спорт.* перестрибувати через бар'єр; долати перешкоди; **~ing** *n спорт.* бар'єрний біг

hurl [hɜːl] **1.** *n* 1) сильний кидок 2) гілка; битка; ключка **2.** *v* 1) кидати щосили, шпурляти 2) *спорт.* метати 3) валити, перекидати 4) скидати 5) кидатися, мчати, пориватися 6) вибухати (*лайкою*), виригати (*прокльони*); **~ing** *n* 1) кидання, шпурляння 2) ірландський трав'яний гокей

hurly-burly [ˈhɜːlɪˌbɜːlɪ] **1.** *n* метушня, переполох, замішання **2.** *a* переплутаний, безладний

hurrah! hurray! [huˈrɑː] *int* ура!

hurricane [ˈhʌrɪkən] **1.** *n* 1) ураган 2) вибух, спалах **2.** *v* дути з ураганною силою; **h.-bird** *n орн.* фрегат

hurr‖y [ˈhʌrɪ] **1.** *n* 1) поспіх; квапливість, поспішність 2) нетерпіння; прагнення зробити що-н. швидше **2.** *a амер.* спішний, нагальний **3.** *v* 1) поспішати, квапитися 2) підганяти, квапити; прискорювати 3) робити що-н. квапливо 4) тривожити, збуджувати; □ **h. through** робити що-н. нашвидку; **h. up** квапитися; **h. up!** поспішайте!, швидше!; **~ied** *a* 1) поспішний, швидкий, квапливий 2) прискорений; **~iedly** *adv* поспішно, квапливо, похапцем, швидко, абияк, нашвидкуруч, сяк-так

hurst [hɜːst] *n* 1) горбок, пагорбок 2) мілина, банка (*піщана*) 3) гайок, діброва

hurt [hɜːt] **1.** *n* 1) шкода; збиток 2) пошкодження, ушкодження 3) рана, поранення; поріз; забите місце 4) біль 5) образа; кривда 6) удар **2.** *a* 1) зранений, травмований, потерпілий 2) ображений, скривджений 3) пошкоджений, зіпсований **3.** *v* (*past і p. p.* hurt) 1) пошкодити; завдати шкоди (збитків) 2) зранити; порізати; забити, ударити 3) завдати болю 4) ображати, кривдити, зачіпати (*почуття*) 5) *розм.* потерпати; **~ful** *a* 1) шкідливий; згубний 2) болючий, болісний 3) образливий, кривдний; **~le 1.** *n поет.* 1) зіткнення 2) брязкання, брязкіт **2.** *v книжн.* 1) мчати; летіти зі свистом (*про снаряд і под.*) 2) кидати щосили, шпурляти 3) зіштовхуватися; наштовхуватися 4) *перен.* нападати (*у суперечці*); **~less** *a* 1) нешкідливий 2) непошкоджений, непошкоджений

husband [ˈhʌzbənd] **1.** *n* 1) чоловік (*дружини*) 2) управитель; економ **2.** *v* 1) заощаджувати; берегти 2) завідувати, керувати 3) вийти заміж; **~less** *a* 1) незаміжня 2) овдовіла; **~ly** *a* 1) подружній; чоловіків; шлюбний 2) ощадливий; **~man** *n* фермер; хлібороб, рільник; **~ry** *n* 1) хліборобство; землеробство; рільництво 2) ощадливість; економність

hush [hʌʃ] **1.** *n* 1) тиша; мовчання 2) *фон.* шиплячий приголосний звук **2.** *v* 1) утихомирювати, заспокоювати; примушувати замовкнути 2) заспокоюватися, затихати; угамовуватися 3) заколисувати 4) замовчувати, приховувати **3.** *int* **h.!** тихіше!, тихо!, замовкни!; перестань(те)!, годі!

husk [hʌsk] **1.** *n* 1) лушпайка, лушпиння, лузга; шкаралупа 2) плівка; шкірка 3) стручок **2.** *v* очищати від лушпиння, лущити, знімати шкірку; **~ily** *adv* грубо, хрипло; **~y 1.** *n* лайка (*ескімоський собака*) **2.** *a* 1) укритий лушпинням (лузгою); повний лушпиння 2) сухий, шершавий 3) хрипкий, сиплий

hustle [ˈhʌs(ə)l] **1.** *n* штовханина; товкотнеча, тиснява **2.** *v* 1) штовхати(ся); тіснити(ся) 2) протискатися, протовплюватися (into, through, out of) 3) наштовхуватися (against) 4) примушувати, підганяти, квапити (to, into)

hut [hʌt] **1.** *n* 1) хатина, халупа, халабуда 2) барак **2.** *v* 1) надавати житло 2) жити в бараках *і под.*
hyaena [haɪˈiːnə] *n зоол.* гієна (*тж* hyena)
hyaline [ˈhaɪəlɪn] **1.** *n* 1) *поет.* дзеркальна гладінь (*моря*) 2) ясність та прозорість (*неба*) **2.** *a* прозорий, кришталево чистий; дзеркальний
hybrid [ˈhaɪbrɪd] **1.** *n* 1) гібрид (*про рослини, тварин*) 2) *лінгв.* схрещення 3) що-н. складене з різнорідних елементів **2.** *a* 1) гібридний 2) змішаний, складений із різнорідних елементів; **~isation** *n біол.* гібридизація, схрещування
hydra [ˈhaɪdrə] *n* (*pl* -rae) 1) (Н.) *міф.* гідра 2) зло, з яким важко боротися 3) *зоол.* гідра 4) (Н.) *астр.* сузір'я Гідри
hydrangea [haɪˈdreɪndʒə] *n бот.* гортензія
hydrant I [ˈhaɪdrənt] *n* гідрант, водорозбірний кран
hydrant II [ˈhaɪdrənt] *n зоол.* поліп, гідрант
hydraulic [haɪˈdrɒlɪk] *a спец.* 1) гідравлічний; гідротехнічний 2) що тверде у воді; **~s** *n pl ужив. як sing* гідравліка
hydriad [ˈhaɪdrɪəd] *n грец. міф.* водяна німфа
hydric [ˈhaɪdrɪk] *n хім.* що містить у собі водень; **~de** [ˈhaɪdraɪd] *n хім.* воднева сполука елемента; гідрид
hydro‖acoustics [ˌhaɪdrəʊəˈkuːstɪks] *n* гідроакустика; **~carbon** *n хім.* вуглеводень; **~dynamic(al)** *a* гідродинамічний; **~gen** *n хім.* водень; **~gen nitrate** азотна кислота; **~gen bomb** воднева бомба; **~genise** *v хім.* сполучати з воднем; **~genous** [ˌhaɪˈdrɒdʒɪnəs] *a* гідрогенний, водневий; **~phobe** *n мед.* хворий на сказ; **~phobia** *n мед.* сказ; **~ps(y)** *n мед.* водянка, водопухленина
hyena [haɪˈiːnə] *n зоол.* гієна
hygiean [haɪˈdʒiːən] *a* здоровий, гігієнічний
hygien‖e [ˈhaɪdʒiːn] *n* гігієна; **~ic(al)** *a* гігієнічний; здоровий
hygroscopic [ˌhaɪɡrəˈskɒpɪk] *a* гігроскопічний
hymeneal [ˌhaɪmɪˈniːəl] *поет.* **1.** *n* весільна пісня **2.** *a* весільний
hymn [hɪm] **1.** *n* 1) церковний гімн; псалом 2) хвалебна пісня; прославляння; гімн **2.** *v* 1) співати хвалу; славословити 2) співати гімни (псалми); **~book** *n* збірник церковних гімнів, Псалтир; **~ist** *n* псаломщик; **~ody** *n* виконання церковних гімнів
hyper‖bola [haɪˈpɜːbələ] *n мат.* гіпербола; перебільшення; **~bolism** *n* гіперболізм; **~critical** *a книжн.* надто суворий; причепливий, уїдливий; **~golic** *a* самозаймистий (*про пальне*); **~oxide** *n хім.* перекис; **~physical** *a* надприродний; **~sensitive** *a* надмірно чутливий, надчутливий, з підвищеною чутливістю; **~sonic** *a фіз.* надзвуковий, ультразвуковий; **~sthenia** *n мед.* підвищений тонус; **~tension** *n мед.* 1) гіпертонія 2) підвищений кров'яний тиск, гіпертензія; **~trophy** *n мед.* гіпертрофія
hyphen [ˈhaɪf(ə)n] **1.** *n* 1) дефіс, сполучна риска 2) знак переносу з одного рядка на інший **2.** *v* писати через дефіс, з'єднувати рискою; **~ated** [ˈhaɪfəneɪtɪd] *a* написаний через дефіс, з'єднаний рискою
hypno‖sis [hɪpˈnəʊsɪs] *n* (*pl* -ses) гіпноз; **~tic 1.** *n* 1) загіпнотизована людина 2) людина, яку легко загіпнотизувати 3) снодійний засіб **2.** *a* 1) гіпнотичний 2) який піддається гіпнозові 3) снодійний; наркотичний; **~tism** *n* 1) гіпнотизм 2) гіпноз 3) наука про гіпноз; **~tist** *n* гіпнотизер; **~tisation** *n* 1) гіпнотизація, гіпнотизування 2) стан гіпнозу
hypo [ˈhaɪpəʊ] *n фото* фіксаж
hypochondria [ˌhaɪpəˈkɒndrɪə] *n* іпохондрія, пригніченість (настрій); **~c 1.** *n* іпохондрик **2.** *a* іпохондричний; хворий на іпохондрію; **~sis** *n мед.* іпохондрія
hypocorism [haɪˈpɒkərɪz(ə)m] *n* пестливе (зменшене) ім'я
hypocri‖sy [hɪˈpɒkrɪsɪ] *n* лицемірство; удавання; **~te 1.** *n* лицемір; святенник **2.** *a* лицемірний; удаваний; **~tical** *a* лицемірний, удаваний, святенницький
hypoderm‖atic [ˌhaɪpədɜːˈmætɪk] **1.** *n* підшкірне впорскування **2.** *a* підшкірний; **~ic 1.** *n* ліки для підшкірного впорскування **2.** *a* 1) *мед.* підшкірний 2) що стосується гіподерми
hypogean [ˌhaɪpəˈdʒiːən] *a спец.* підземний
hypotactic [ˌhaɪpə(ʊ)ˈtæktɪk] *a грам.* залежний, підрядний, підпорядкований
hypotaxis [ˌhaɪpə(ʊ)ˈtæksɪs] *n грам.* 1) підпорядкування, підрядність 2) підрядна конструкція
hypothecat‖e [haɪˈpɒθɪkeɪt] *v юр.* заставляти, закладати; **~ion** *n юр.* передання в заставу, застава
hypothermia [ˌhaɪpəʊˈθɜːmɪə] *n мед.* переохолодження (*організму*); гіпотермія
hypothe‖sis [haɪˈpɒθɪsɪs] *n* (*pl* -ses) гіпотеза, припущення; **~sise** *v* висувати гіпотезу, робити припущення; **~tic(al)** *a* гіпотетичний, гаданий, передбачуваний
hyster‖ia [hɪˈstɪ(ə)rɪə] *n* істерія; **~ical** *a* істеричний; **~ics** *n pl ужив. як sing* істерика, напад істерії; **~ogenic** *a мед.* що спричиняє напад істерії

I

I [aɪ] *pron pers.* я 1) *непрям. в.* **me** мене, мені, мною; **tell me please** скажіть мені, будь ласка 2) *у розмовній мові іноді вжив. як Н. в.*: **it's me** це я; **listen to me, please** будь ласка, послухайте мене

iamb||**ic** [aɪˈæmbɪk] **1.** *n* ямбічний вірш **2.** *a* ямбічний; **~us** *n* (*pl тж* -bi) *вірш.* ямб

ianthine [aɪˈænθɪn] *a книжн.* фіолетовий, фіалковий (*про колір*)

iatric(al) [aɪˈætrɪk(əl)] *a* лікувальний; лікарський

Iberian [aɪˈbɪ(ə)rɪən] **1.** *n* 1) ібер 2) мова стародавніх іберів **2.** *a* іберійський; іспано-португальський

ibidem [ˈɪbɪdem, ɪˈbaɪdem] *adv лат.* там же, у тому ж місці

ice [aɪs] **1.** *n* 1) крига, лід 2) *зазв. pl* морозиво 3) *кул.* цукрова глазур; <> **as chaste as i.** непорочний, невинний **2.** *v* 1) покривати льодом; сковувати кригою 2) *перен.* морозити, холонути 3) заморожувати 4) замерзати, перетворюватися на кригу 5) охолоджувати 6) *кул.* покривати цукровою глазур'ю, глазурувати; **i. age** *n* льодовиковий період, льодовикова епоха; **i.-axe** *n* кригоруб, льодова сокира (*альпініста*); **~berg** *n* айсберг; **~boat** *n* 1) криголам 2) рятувальна шлюпка на полозках 3) буєр; **~bound** *a* 1) затертий (*оточений*) кригою 2) скутий кригою (*про річку, озеро*); **~box** *n* льодовник; хатній холодильник; **~breaker** *n* криголам; **i. chest** *n* холодильник, рефрижератор; **i.-cold** *a* дуже холодний, крижаний; холодний як лід; **i. cream** *n* морозиво; **~d** *a* 1) покритий кригою 2) глазурований; **~floe** *n* плавуча крижина; **i. fox** *n зоол.* песець; **i.-free** *a* 1) вільний від криги 2) незамерзаючий; **i.-hill** *n* 1) гірка (*для катання на санках*) 2) глетчер; **~hockey** *n спорт.* гокей (на льоду); **~house** *n* 1) льодовник, льодосховище 2) іглу (*крижана хатина ескімосів*); **~land** *n* країна вічної мерзлоти (*криги*); **~lander** *n* ісландець; **~landic:** **the ~s** *зб.* ісландці; **~man** *n* 1) арктичний мандрівник 2) альпініст; **i. ship** *n* судно криголамного типу

ichor [ˈaɪkɔː] *n* 1) *грец. міф.* іхор (*кровозамінник у богів*) 2) кров 3) *мед.* сукровиця; злоякісний гній; **~ous** *a мед.* гнильний

ichthyo||**id** [ˈɪkθɪɔɪd] *a* рибоподібний; **~logist** *n* іхтіолог; **~logy** *n* іхтіологія

ici||**cle** [ˈaɪsɪkl] *n* 1) льодяна бурулька 2) *перен.* людина з холодним темпераментом; **~ly** *adv* 1) дуже холодно 2) із презирливою холодністю; нищівно; **~ness** *n* 1) холод; холоднеча 2) холодність; **~ng** *n* 1) (цукрова) глазур 2) глазурування 3) заморожування 4) *ав.* обледеніння, обмерзання 5) айсинг; прокидання шайби зі своєї половини поля за лінію воріт суперника (*гокей*)

icon [ˈaɪkɒn] *n* 1) ікона 2) естамп, ґравюра; ілюстрація 3) зображення; портрет; статуя 4) знак, символ 5) предмет (об'єкт) поклоніння, ідол, кумир; **~oclast** [aɪˈkɒnəklæst] *n* 1) іконоборець 2) бунтар; людина, що бореться з традиційними віруваннями, заборонами; **~ograph** *n* книжкова ілюстрація; **~ographic** *a* іконографічний; **~ography** *n* 1) іконографія 2) мистецтво ілюстрації; **~olatry** *n* поклоніння образам, іконам; **~ology** *n* 1) іконологія 2) *збір.* ікони 3) символічне зображення; **~ostasis** *n* (*pl* -ses) *церк.* іконостас

icosahedr||**al** [ˌaɪkəsəˈhiːdrəl] *a мат.* двадцятигранний; **~on** *n* (*pl тж* -dra) *мат.* двадцятигранник, ікосаедр

icter||**ic** [ɪkˈterɪk] **1.** *n мед.* 1) хворий на жовтяницю 2) засіб проти жовтяниці **2.** *a мед.* 1) іктеричний; жовтяничний 2) протижовтяничний; **~itious** *a* жовтяничний (*про колір*); жовтий; **~us** *n мед.* жовтяниця

ictic [ˈɪktɪk] *a* 1) схожий на удар, раптовий, несподіваний 2) *поет.* іктичний

ictus [ˈɪktəs] *n* 1) ритмічний (метричний) наголос; ікт 2) *мед.* удар пульсу 3) спалах (напад) хвороби

icy [ˈaɪsɪ] *a* 1) льодяний, крижаний, холодний 2) льодяний, холодний 3) льодовиковий 4) покритий кригою

ide [aɪd] *n іхт.* в'язь

idea [aɪˈdɪə] *n* 1) ідея, думка 2) поняття; уявлення 3) план, намір, задум, думка, гадка; **~l 1.** *n* 1) ідеал 2) образ; сама досконалість **2.** *a* 1) ідеальний, досконалий 2) мислений, уявний, абстрактний 3) *філос.* ідеалістичний; **~less** *a* позбавлений ідей; **~lism** *n* 1) *філос.* ідеалізм 2) ідеалізація, ідеалістичний підхід; **~list** *n* 1) *філос.* ідеаліст 2) мрійник; **~listic** *a* ідеалістичний; **~lity** [aɪˈdælɪtɪ] *n* 1) ідеальність 2) схильність створювати собі ідеали *зазв. pl* уявне, нереальне; **~lization** *n* ідеалізація

~lize v 1) ідеалізувати 2) дотримуватися ідеалістичних поглядів; **~lizer** n ідеаліст; **~lly** adv 1) думкою, подумки; теоретично 2) ідеально, чудово 3) відповідно до ідеалів; **~te** [aɪ'di:eɪt] v книжн. 1) уявляти собі; мислити, думати 2) формувати ідею (поняття)

idem ['(a)ɪdəm] n лат. той самий; та сама; те саме

identi‖cal [aɪ'dentɪk(ə)l] a 1) той самий 2) однаковий, схожий; ідентичний, тотожний; **~fiable** a розпізнаваний; ототожнюваний; **~fication** n 1) ідентифікація, розпізнавання; з'ясування істинності; ототожнення 2) пізнавання, упізнання 3) визначення, з'ясовування; **~fy** v 1) ототожнювати, з'ясовувати тотожність; ідентифікувати 2) визначати, з'ясовувати 3) розпізнавати, пізнавати; **to ~fy oneself** назвати себе 4) солідаризуватися (with — з); приєднуватися 5) збігатися; **~ty** n 1) тотожність, ідентичність 2) справжність, істинність 3) індивідуальність, особа; **~ty card** посвідка про особу, службова перепустка

ideograph ['ɪdɪəgrɑ:f] n 1) ідеограма, ієрогліф 2) знак, символ; **~ic(al)** a ідеографічний; **~y** n ідеографія, ідеографічне письмо

ideolog‖ic(al) [,aɪdɪə'lɒdʒɪk(əl)] a ідеологічний; **~ist** n 1) ідеолог 2) відірваний від життя теоретик; мрійник; **~y** n ідеологія, світогляд

id est [,ɪd'est] conj лат. тобто (скор. i. e.)

idiocy ['ɪdɪəsɪ] n 1) ідіотизм 2) ідіотська (дурна) витівка

idiograph ['ɪdɪəgrɑ:f] n 1) фабрична (заводська) торговельна марка 2) ідеограма, ієрогліф 3) характерний значок; знак, символ; підпис

idiom ['ɪdɪəm] n 1) ідіома, ідіоматичний зворот; характерний для певної мови вислів 2) говірка, говір; діалект; мова; **~atic(al)** a 1) ідіоматичний, характерний для певної мови (зворот) 2) багатий на ідіоми 3) розмовний

idiopathy [,ɪdɪ'ɒpəθɪ] n 1) індивідуальна особливість 2) мед. хвороба без очевидної причини

idiosyncra‖sy [,ɪdɪə'sɪŋkrəsɪ] n 1) характерна риса характеру; темперамент; склад розуму 2) особливість стилю, манери; **~tic(al)** a 1) мед. алергічний 2) книжн. своєрідний, унікальний

idiot ['ɪdɪət] n ідіот, недоумок; **~ic(al)** a ідіотський, ідіотичний; безглуздий; **~ically** adv по-ідіотському, по-дурному

idl‖e [aɪdl] **1.** a 1) ледачий, лінивий; бездіяльний 2) незайнятий; вільний; непрацюючий 3) марний, даремний, некорисний 4) безґрунтовний; безпідставний 5) тех. неробочий; що працює на малих обертах **2.** v 1) ледарювати, байдикувати 2) марнувати час; **i.-headed** a дурний, нерозумний; пустоголовий; **~eness** n 1) ледарство, лінощі, неробство 2) відсутність занять, вільний час 3) некорисність, безплідність; **~ing** n 1) байдикування, ледарювання, неробство 2) тех. неробочий хід; **~y** adv 1) бездіяльно, ліниво 2) марно, даремно

idol [aɪdl] n 1) ідол 2) перен. кумир, предмет поклоніння; **~ater** [aɪ'dɒlətə] n 1) ідолопоклонник 2) шанувальник, палкий прихильник; **~atrous** [aɪ'dɒlətrəs] a 1) ідолопоклонницький 2) який поклоняється; який схиляється (перед чим-н.); **~atry** n 1) ідолопоклонство 2) поклоніння, обожнювання, палка прихильність; **~ism** n 1) ідолопоклонство 2) поклоніння ідолам (кумирам); **~ise** v 1) боготворити, робити кумиром, поклонятися 2) поклонятися ідолам, бути ідолопоклонником

idoneous [aɪ'dəʊnɪəs] a придатний, підхожий

idyll ['(a)ɪdl] n 1) лат. ідилія; **~ic(al)** a ідилічний

if [ɪf] conj 1) якщо (з дієсл. у дійсному способі); **we shall do it i. he comes** ми зробимо це, якщо він прийде 2) якби, коли б, якщо б; **i. only you knew** якби ви тільки знали 3) якщо, коли, у разі 4) чи (у непрям. запитанні); **I don't know i. he is here** я не знаю, чи він тут 5) **even i.** навіть

igne‖ous ['ɪgnɪəs] a книжн. вогненний, вогневий; полум'яний, полум'яніючий; **~scent** a спец. палаючий, іскристий; займистий

igni‖colist [ɪg'nɪkəlɪst] n вогнепоклонник; **~form** a вогненний, вогняний; **~fy** v запалювати, розпалювати; **~s fatuus** n лат. (pl -tui) 1) блукаючий вогник 2) перен. облудна надія, примарна мрія; **~tability** n спец. займистість, ступінь займистості; **~table** a горючий, займистий; **~te** [ɪg'naɪt] v 1) запалювати(ся), займатися 2) розжарювати до світіння; **~tion** n 1) запалювання; займання, спалах; самозаймання 2) запал

ignob‖ility ['ɪgnəʊ'bɪlɪtɪ] n підлість, ницість, приниження; **~le** [ɪg'nəʊbl] a 1) підлий; ницій; ганебний 2) низького походження

ignomin‖ious [,ɪgnə'mɪnɪəs] a недостойний; ганебний; принизливий; **~y** ['ɪgnəmɪnɪ] n 1) безчестя, ганьба, приниження 2) ганебна поведінка; підлий учинок

ignor‖amus [,ɪgnə'reɪməs] n лат. (pl -es [-ɪz]) 1) неук, невіглас 2) юр. «справу припинити через відсутність складу злочину» (формула рішення суду); **~ance** ['ɪgnərəns] n 1) неуцтво, неосвіченість 2) незнання, необізнаність; **~ant** *a* 1) неуцький, неосвічений 2) необізнаний; нетямущий; що не знає; **~ation** *n* нехтування, ігнорування; **~e** [ɪɡˈnɔː(r)] *v* 1) ігнорувати; не звертати уваги; зневажати 2) *юр.* відхиляти

iguana [ɪˈɡwɑːnə] *n зоол.* ігуана

ilk [ɪlk] *n часто знев.* рід, тип, сорт

ill [ɪl] **1.** *n* 1) зло 2) шкода 3) *pl* злигодні; нещастя, лихо **2.** *a* 1) *predic.* хворий, слабий, нездоровий 2) поганий, кепський 3) злий, ворожий 4) шкідливий **3.** *adv* 1) погано, зле, недобре; несприятливо 2) навряд (чи), насилу, ледве; **i.-advised** *a* нерозважливий, нерозумний, необачний; що суперечить здоровому глузду; **i.-affected** *a* недоброзичливий; неприхильний; несхильний; **i.-being** *n* 1) негаразди 2) поганий стан, нездоров'я; **i.-blood** *n* неприязнь, ворожість; неприхильність; **i.-boding** *a* 1) зловісний; що провіщає погане 2) недоброзичливий; **i.-bred** *a* погано вихований, невихований; грубий; **i.-breeding** *n* невихованість, погане виховання; нечемність; **i.-conditioned** *a* 1) поганої вдачі, сварливий 2) злий, поганий 3) у поганому настрої; у поганому (*фізичному*) стані 4) худий, невгодований 5) поганої якості; **i.-considered** *a* необдуманий, необережний, необачний, невиважений; **i.-defined** *a* недостатньо визначений; неточно вказаний; **i.-disposed** *a* 1) схильний до поганого (недоброго); злий 2) недружелюбний, недоброзичливий; ворожий; неприязний 3) безладний, невдало розташований 4) у поганому настрої, не в гуморі; **i.-fated** *a* нещасливий, безталанний, бідолашний; **i.-favo(u)red** *a* 1) негарний, некрасивий; потворний 2) огидний, гидкий, бридкий; **i.-found** *a* погано забезпечений; що терпить нестатки (*у чому-н.*); **i.-founded** *a* необґрунтований, безпідставний; **i. humour** *n* 1) поганий настрій 2) сварливість; лиха вдача; **i.-humoured** *a* 1) у поганому настрої; не в гуморі 2) поганої вдачі; **i.-judged** *a* 1) нерозумний, нерозсудливий, необачний 2) несвоєчасний; поспішний, квапливий; **i. luck** *n* 1) невдача; невезіння 2) нещастя; **i.-mannered** *a* невихований, неввічливий, нечемний; **i. nature** *n* 1) злість; недоброзичливість 2) сварливість, буркотливість; **i-natured** *a* 1) злий; злісний; недоброзичливий 2) завжди невдоволений, сварливий, буркотливий; недоброї вдачі; **~ness** *n* 1) хвороба, недуга; слабість, нездоров'я 2) захворювання; **i.-omened** *a* 1) приречений на невдачу (на провал) 2) лиховісний, зловісний; **i.-placed** *a* 1) невдало розташований; не туди покладений, не на своєму місці 2) недоречний; **i.-tempered** *a* поганої вдачі, сварливий, буркотливий; **~th** *n* бідність, злидні, нестаток; **i.-timed** *a* невчасний, несвоєчасний, недоречний; неслушний, недоречний; **i.-treat** *v* погано (жорстоко) поводитися; **i.-treatment** *n* погане поводження; жорстокість; **i. usage** *n* погане (жорстоке, несправедливе) поводження; **i. use 1.** *n* 1) невміле (неправильне) користування (використання) 2) погане (жорстоке, несправедливе) поводження **2.** *v* 1) погано (жорстоко, несправедливо) поводитися 2) неправильно (невміло) користуватися; псувати; **i. will** *n* недоброзичливість; злобливість; ворожість; неприязнь; **i.-willer** *n* недоброзичливець; **i.-wish** *v* бажати зла (*кому-н.*); **i.-wisher** *n* недоброзичливець

illapse [ɪˈlæps] **1.** *n* 1) сковзання 2) поступовий перехід **2.** *v* сковзати; поступово (непомітно) проникати

illat‖ion [ɪˈleɪʃ(ə)n] *n лог.* висновок; **~ive** *a* 1) остаточний; **~ive result** логічний висновок 2) що вказує на логічний наслідок

illegal [ɪˈliːɡ(ə)l] *a* 1) незаконний, нелеґальний, заборонений 2) протизаконний, неправомірний; **~ity** *n* 1) незаконність, нелеґальність 2) протизаконність, неправомірність

illegib‖ility [ɪˌledʒəˈbɪlɪtɪ] *n* нечіткість, нерозбірливість (*почерку*); **~le** *a* нечіткий, нерозбірливий, важкий для читання (*почерку*)

illegitima‖cy [ˌɪlɪˈdʒɪtɪməsɪ] *n* 1) незаконність, неузаконеність 2) незаконнонародженість 3) непослідовність, нелогічність; **~te** [ˌɪləˈdʒɪtəmət] **1.** *n* незаконнонароджений **2.** *a* 1) незаконний, неузаконений 2) незаконнонароджений; позашлюбний 3) нелогічний, логічно неправильний 4) неправильний, неправильно вжитий (*про слово й под.*); неправомірний, невиправданий (*логічно*) **3.** *v* 1) оголошувати незаконним 2) *юр.* визнати народженим поза шлюбом (*про дитину*)

illiberal [ɪˈlɪb(ə)rəl] *a* 1) неосвічений; погано вихований 2) обмежений; недалекий; позбавлений кругозору 3) нетерпимий 4) скупий, жадібний, скнарий; **~ity** *n* 1) обмеженість, недалекість 2) скупість, жадібність, скнарість

illicit [ɪˈlɪsɪt] *a* 1) незаконний, недозволений, заборонений 2) *юр.* протиправний

illimit‖able [ɪˈlɪmɪtəb(ə)l] *a* необмежений, безмежний; **~ed** *a* необмежений, безмежний, нелімітований

illiquid [ɪˈlɪkwɪd] *a* 1) *ек.* неліквідний 2) *юр.* невизначений; юридично не обґрунтований

illision [ɪˈlɪʒ(ə)n] *n* удар, стусан

illitera‖cy [ɪˈlɪt(ə)rəsɪ] *n* 1) неписьменність, безграмотність 2) помилка; **~te** [ɪˈlɪtərət] **1.** *n* 1) неосвічена людина 2) неук **2.** *a* 1) неписьменний, неграмотний 2) неосвічений 3) безграмотний, рясний на помилки

illogical [ɪˈlɒdʒɪk(ə)l] *a* нелогічний; **~ity** *n* нелогічність

illucidate = **elucidate** [ɪˈljuːsɪdeɪt] *v* проливати світло (*на що-н.*); роз'яснювати, тлумачити

illumin||ant [ɪˈl(j)uːmɪnənt] **1.** *n* 1) освітлювальний прилад 2) джерело світла 3) освітлювач, світильник **2.** *a* 1) освітлювальний; що освітлює 2) просвітній, освітній; **~ate** *v* 1) освітлювати 2) ілюмінувати; прикрашати вогнями 3) роз'яснювати, тлумачити; проливати світло, висвітлювати 4) освічувати; **~ating** *a* освітлювальний; **~ation** *n* 1) освітлення 2) *ел.* освітленість 3) *зазв. pl* ілюмінація 4) роз'яснювання, тлумачення 5) освічення 6) яскравість

illus||ion [ɪˈluːʒ(ə)n] *n* 1) ілюзія 2) міраж; примара, мара, мана 3) нездійсненна мрія; омана 4) тонка (прозора) тканина, тюль; **~ionist** *n* 1) мрійник, фантаст 2) ілюзіоніст, фокусник; **~ive** *a* ілюзорний, облудний, обманливий, нереальний, примарний; **~iveness** *n* ілюзорність, облудність; примарність; **~ory** [ɪˈluːsərɪ] *a* примарний, ілюзорний, нереальний

illustrat||ed [ˈɪləstreɪtɪd] *a* ілюстрований; **~ion** *n* 1) ілюстрація, малюнок, картинка 2) ілюстрування; пояснення 3) приклад; **~ive** *a* ілюстративний, пояснювальний; показовий

illustrious [ɪˈlʌstrɪəs] *a* 1) славетний; визначний, видатний, прославлений; відомий 2) яскравий, сяючий

image [ˈɪmɪdʒ] **1.** *n* 1) зображення 2) скульптура; статуя 3) образ, подоба, імідж 4) ікона 5) відображення, відбиття 6) копія, подібність, схожість 7) уявний образ 8) *літ.* образ; метафора 9) утілення, символ; взірець, зразок 10) яскраве зображення, відтворення **2.** *v* 1) зображувати, змальовувати 2) відбивати, віддзеркалювати 3) уявляти собі 4) бути типовим; символізувати (*що-н.*) 5) скидатися, бути схожим; **~able** *a психол.* уявлений; гаданий, уявний, мислимий; **i.-breaker** *n* іконоборець; **~ry** *n* 1) *збір.* скульптура; скульптурні зображення; картини; різьблення 2) образність 3) зображення, уявні образи

imagin||e [ɪˈmædʒɪn] *v* 1) уявляти собі 2) гадати; припускати 3) здогадуватися, розуміти 4) вигадувати 5) задумувати; **~ary** *a* 1) уявлюваний, уявний, мислимий, гаданий; нереальний 2) *мат.* комплексний, уявний; **~ation** *n* 1) уява, фантазія 2) творча уява 3) уявний образ; **~ative** *a* 1) наділений багатою уявою; обдарований творчою уявою 2) образний; художній

imago [ɪˈmeɪɡəʊ] *n* (*pl тж* -gos [-ɡəʊz], -gines) 1) образ 2) *ент.* доросла комаха; доросла стадія, імаґо

imam [ɪˈmɑːm, ˈɪmæm] *n араб.* імам

imbalance [ɪmˈbæləns] *n* 1) відсутність рівноваги; нестійкість, несталість 2) невідповідність 3) *мед.* порушення рівноваги

imban [ɪmˈbæn] *v* 1) накладати заборону 2) позбавляти прав

imband [ɪmˈbænd] *v* збирати, об'єднувати (*людей*)

imbecil||e [ˈɪmbəsiːl] **1.** *n мед.* недоумкуватий, слабоумний **2.** *a* 1) *мед.* недоумкуватий, імбецильний 2) фізично слабкий; **~ity** *n* 1) *мед.* недоумкуватість 2) тупоумство 3) нездатність

imbib||e [ɪmˈbaɪb] *v* 1) убирати, усмоктувати 2) поглинати 2) вдихати 3) сприймати; засвоювати; асимілювати 4) пити (*спиртні напої*); **~ery** *n жарт.* шинок; **~ition** [ɪmbɪˈbɪʃn] *n* 1) убирання, усмоктування; поглинення 2) засвоєння; асиміляція 3) *спец.* просочення, насичення вологою

imbrace [ɪmˈbreɪs] *v* 1) обнімати(ся) 2) охоплювати 3) використовувати 4) сприймати 5) обирати

imbreathe [ɪmˈbriːð] *v* 1) *книжн.* вдихнути (*тж перен.*) 2) надихати (with)

imbroglio [ɪmˈbrəʊlɪəʊ] *n* (*pl* -os [-əʊz]) *іт.* 1) заплутана ситуація 2) плутанина; непорозуміння 3) сварка; суперечка 4) безладна купа (*паперів і под.*)

imbue [ɪmˈbjuː] *v* 1) насичувати 2) фарбувати 3) надихати

imita||te [ˈɪmɪteɪt] *v* 1) наслідувати; копіювати, імітувати 2) копіювати, передражнювати 3) підробляти; **~ble** *a* що піддається відтворенню; **~tion** *n* 1) наслідування, імітування 2) копіювання, передражнювання 3) імітація; підробка 4) копія 5) *муз.* імітація 6) *біол.* наслідувальне забарвлення; **~tive** [ˈɪmɪtətɪv] *a* 1) наслідувальний; **~tive colour** *біол.* мімікрія 2) що наслідує (*про людей, тварин*) 3) неоригінальний, наслідуваний 4) підроблений, несправжній; **~tor** *n* наслідувач, імітатор

immacula||cy [ɪˈmækjʊləsɪ] *n* 1) чистота, незаплямованість 2) бездоганність; **~te** *a* 1) чистий, незаплямований; в ідеальному порядку 2) бездоганний 3) без кольорових плям (*про тварин*)

immanacle [ɪˈmænək(ə)l] *v* 1) надягати кайдани 2) *перен.* сковувати

immanen||ce [ˈɪmənəns] *n* 1) внутрішня властивість, притаманність; постійність 2) *філос.* іманентність; **~t** *a* 1) постійний; властивий, притаманний 2) *філос.* іманентний

immaterial [ˌɪməˈtɪərɪəl] *a* 1) нематеріальний; безтілесний, духовний 2) неістотний; що не має значення; **~ise** *v* позбавляти матеріальної суті, робити нематеріальним

immature [ɪməˈtjuə] *a* незрілий
immeasur‖able [ɪˈmeʒ(ə)rəb(ə)l] *a* незмірний, безмірний, величезний; **~ed** *a* 1) невимірний 2) незмірний, величезний
immedia‖cy [ɪˈmiːdɪəsɪ] *n* 1) безпосередність 2) негайність, невідкладність; **~te** *a* 1) безпосередній, прямий 2) найближчий 3) одержаний із перших рук 4) негайний, невідкладний, екстрений; **~tely 1.** *adv* 1) негайно, невідкладно, зараз же 2) безпосередньо, прямо **2.** *conj.* як тільки; **~teness** *n* 1) безпосередність 2) негайність, невідкладність
immedicable [ɪˈmedɪkəb(ə)l] *a* невиліковний
immelodious [ˌɪmɪˈləʊdɪəs] *a* немелодійний
immemorial [ɪmɪˈmɔːrɪəl] *a* незапам'ятний
immense [ɪˈmens] *a* 1) величезний, здоровенний 2) безмірний, неосяжний 3) чудовий, прекрасний; **~ly** *adv* дуже, надзвичайно, надмірно, безмірно
immensity [ɪˈmensɪtɪ] *n* 1) безмірність, неосяжність 2) величезність
immers‖ed [ɪˈmɜːst] *a бот.* підводний; що росте під водою; **~ible** *a* здатний занурюватися; **~ion** *n* 1) занурення 2) *церк.* хрещення 3) *астр.* вступання в тінь
immigra‖nt [ˈɪmɪgrənt] **1.** *n* іммігрант; переселенець **2.** *a* 1) іммігрантський 2) що іммігрує (переселяється); **~te** *v* 1) іммігрувати 2) переселятися в яку-н. країну; **~tion** *n* імміграція
imminen‖ce [ˈɪmɪnəns] *n* 1) нависла загроза, небезпека 2) неминучість, близькість, наближення (*небезпеки*); **~t** *a* нависний; неминучий, близький; що насувається (*про небезпеку*)
immingle [ɪˈmɪŋg(ə)l] *v книжн.* змішувати(ся), перемішувати(ся)
immitigable [ɪˈmɪtɪgəbl] *a книжн.* 1) невгамовний, невтихаючий (*про біль і под.*) 2) невблаганний, невмолимий
immixture [ɪˈmɪkstʃə] *n* 1) змішування 2) участь; причетність
immobil‖e [ɪˈməʊbaɪl] *a* нерухомий; непорушний; нерухливий; **~ity** [-ˈbɪlɪtɪ] *n* нерухомість; непорушність; нерухливість
immodera‖cy [ɪˈmɒd(ə)rəsɪ] *n* надмірність, непомірність; **~te** [ɪˈmɒdərət] *a* 1) надмірний, зайвий 2) нестриманий
immodest [ɪˈmɒdɪst] *a* 1) нескромний; непристойний 2) зухвалий; безсоромний; **~y** *n* 1) нескромність; непристойність 2) зухвалість; безсоромність
immolate 1. *a* [ˈɪməlɪt] жертовний, принесений у жертву **2.** *v* пожертвувати
immoral [ɪˈmɒrəl] **1.** *n* 1) аморальність; безпутність 2) аморальна людина **2.** *a* аморальний, розпусний; **~ity** [ɪmɒˈrælɪtɪ] *n* 1) аморальність; розпущеність 2) аморальна поведінка, аморальний учинок; **~ise** *v* розбещувати; псувати
immort‖al [ɪˈmɔːt(ə)l] **1.** *n pl міф.* безсмертні (*про богів*) **2.** *a* безсмертний, невмирущий; вічний, нев'янучий; **~ality** *n* 1) безсмертність, вічність 2) безсмертя, невмирущість; **~alise** *v* увічнювати; обезсмертити, зробити безсмертним; **~elle** [ɪmɔːˈtel] *n бот.* безсмертник, сухоцвіт
immotile [ɪˈməʊtɪl] *a книжн.* нерухомий, нездатний рухатися
immova‖bility [ɪˌmuːvəˈbɪlɪtɪ] *n* 1) нерухомість; нерухливість 2) непохитність, непорушність, незмінність 3) спокій, безпристрасність, байдужість, незворушність; **~ble 1.** *n* (*ужив. з дієсл. у pl*) нерухоме майно, нерухомість **2.** *a* 1) нерухомий; нерухливий 2) *тех.* стаціонарний; наглухо закріплений 3) непохитний, непорушний; стійкий 4) спокійний, незворушний 5) *юр.* нерухомий
immun‖e [ɪˈmjuːn] *a* 1) *мед., біол.* імунний, несприйнятливий 2) *перен.* захищений 3) вільний, звільнений 4) недоторканний; **~ity** *n* 1) *мед.* імунітет, несприйнятливість (from, against) 2) *юр.* недоторканність, імунітет 3) звільнення 4) пільга, привілей; **~ology** *n* імунологія
immure [ɪˈmjʊə] *v* замуровувати
immuta‖bility [ɪˌmjuːtəˈbɪlɪtɪ] *n* незмінність, непорушність; **~ble** *a* незмінний, непорушний
imp [ɪmp] **1.** *n* 1) чортеня; бісеня 2) пустун 3) пагін; паросток 4) нащадок **2.** *v* 1) посилювати, зміцнювати; допомагати 2) подовжувати, додавати; лагодити
impact [ˈɪmpækt] **1.** *n* 1) удар, поштовх; імпульс 2) колізія; зіткнення, сутичка 3) вплив, дія 4) *війс.* попадання, улучення **2.** [ɪmˈpækt] *v* 1) міцно (щільно) стискувати, ущільнювати 2) туго заганяти; міцно закріпляти 3) *спорт.* ударяти(ся); **~ed** *a* 1) міцно стиснений, ущільнений 2) міцно закріплений, туго загнаний
impair [ɪmˈpeə] *v* 1) ослабляти, послабляти, зменшувати 2) погіршувати, псувати, пошкоджувати; завдавати шкоди 3) слабшати, погіршуватися, псуватися
impalatable [ɪmˈpælətəb(ə)l] *a* несмачний, неприємний
impalpab‖ility [ɪmˌpælpəˈbɪlɪtɪ] *n* невідчутність; **~le** *a* 1) невідчутний; найдрібніший 2) невловимий, ледь помітний 3) важкий для розуміння
impanel [ɪmˈpænl] *v юр.* включати до списку присяжних
impartial [ɪmˈpɑːʃ(ə)l] *a* безсторонній, неупе-

реджений; справедливий; **~ity** [ɪmpɑʃɪˈælɪtɪ] n безсторонність, неупередженість; справедливість; **~ly** adv безсторонньо, неупереджено; справедливо

imparti‖bility [ɪm‚pɑːtəˈbɪlɪtɪ] n юр. неподільність; **~ble 1.** n те, що не підлягає поділу **2.** a юр. неподільний, нероздільний

impas‖sable [ɪmˈpɑːsəbl] a непрохідний; **~se** n тупик

impassib‖ility [ɪm‚pæsəˈbɪlɪtɪ] n нечутливість; безпристрасність; **~le** a 1) нечутливий (до болю й под.) 2) байдужий; безпристрасний

impassion [ɪmˈpæʃ(ə)n] v 1) вселяти пристрасть; збуджувати 2) глибоко хвилювати, зворушувати; **~ed** a охоплений пристрастю; пристрасний

impassiv‖e [ɪmˈpæsɪv] a 1) спокійний, апатичний, байдужий, безтурботний 2) нестерпний, незносний 3) нечутливий; безпристрасний; **~ity** n 1) спокій, безтурботність, байдужість 2) безпристрасність

impatien‖ce [ɪmˈpeɪʃ(ə)ns] n 1) нетерпіння, нетерплячка 2) дратівливість 3) нетерпимість; **~t** a 1) нетерплячий 2) дратівливий, роздратований 3) нетерпимий, нестерпний 4) неспокійний

impayable [ɪmˈpeɪəbl] a неоцінимий, неоціненний; неоплатний

impeach [ɪmˈpiːtʃ] v 1) брати під сумнів; сумніватися 2) осуджувати, засуджувати 3) звинувачувати у скоєнні злочину; пред'являти обвинувачення (у державному злочині) 4) заважати, перешкоджати; **~able** a 1) юр. що підлягає судовому розгляду (імпічменту) 2) сумнівний; **~ment** n 1) імпічмент; обвинувачення і притягнення до суду 2) осуд, осудження, докір; обвинувачення 3) сумнів, недовіра

impecc‖ability [ɪmˌpekəˈbɪlɪtɪ] n 1) безгрішність, непогрішність 2) бездоганність; **~ant** a безгрішний; непогрішний

impecuniosity [ˌɪmpɪˌkjuːnɪˈɒsɪtɪ] n безгрошів'я; відсутність грошей

imped‖e [ɪmˈpiːd] v перешкоджати, заважати; затримувати; **~ient 1.** n перешкода, завада **2.** a що перешкоджає (заважає); **~iment** n 1) затримка; перешкода, завада 2) заїкання, дефект мови 3) pl військовий обоз 4) юр. перешкода для шлюбу; **~imental** a що перешкоджає (затримує, заважає)

impedimenta [ɪmˌpedɪˈmentə] n pl 1) війс. військове майно 2) багаж

impel [ɪmˈpel] v 1) спонукати; примушувати; змушувати; схиляти (to) 2) просувати 3) приводити в рух; **~lent 1.** n спонукальна (рушійна) сила **2.** a спонукальний; рушійний; **~ling** a спонукальний

impend [ɪmˈpend] v 1) насуватися; наближатися, бути близьким 2) загрожувати, нависати; висіти; звисати; **~ence** n неминучість, близькість; загроза (чого-н.); **~ent** a 1) навислий 2) що насувається (наближається); наступний; неминучий

impenetrab‖ility [ɪmpenɪtrəˈbɪlɪtɪ] n непроникність; **~le** a непроникний

impeniten‖ce [ɪmˈpenɪt(ə)ns] n запеклість; **~t** a невиправний; запеклий

imperativ‖e [ɪmˈperətɪv] **1.** n 1) грам. наказовий спосіб 2) філос. імператив **2.** a 1) владний 2) настійний; нагальний; імперативний, категоричний; **~al** [ɪmpərəˈtaɪvəl] a грам. наказовий; що стосується наказового способу

imperator [ˌɪmpəˈrɑːtɔː, -ˈreɪtɔː] n д.-рим. імператор

imperc‖eption [ˌɪmpəˈsepʃ(ə)n] n відсутність розуміння; **~ipient** a несприйнятливий; нетямущий

imperfect [ɪmˈpɜːfɪkt] **1.** n грам.: **the i. tense** імперфект, минулий недоконаний час **2.** a 1) недосконалий; дефектний; з вадою 2) неповний, незавершений, незакінчений; недостатній; **~ion** [ˌɪmpəˈfekʃn] n 1) недосконалість, неповнота 2) недолік, дефект, вада; **~ive** a грам. недоконаний

imperial [ɪmˈpɪ(ə)rɪəl] **1.** n 1) імперіал, другий поверх із сидіннями для пасажирів (в омнібусі й под.) 2) предмет найвищого ґатунку (великого розміру) (у торгівлі) **2.** a 1) імперський; що стосується (Британської) імперії 2) імператорський 3) суверенний; верховний 4) величний, царствений; прекрасний 5) найвищого ґатунку; величезного розміру 6) визначений, стандартний (про англійські міри); **~ism** n імперіалізм; **~ist** n імперіаліст

imperil [ɪmˈperɪl] v наражати на небезпеку; ризикувати (чим-н.)

imperious [ɪmˈpɪ(ə)rɪəs] a 1) владний; деспотичний; гордовитий, зарозумілий, пихатий 2) настійний, нагальний

imperish‖ability [ɪmˌperɪʃəˈbɪlɪtɪ] n нетлінність; вічність; **~able** a 1) нев'янучий; вічний, невмирущий 2) нетлінний; що не псується

impermanen‖ce [ɪmˈpɜːmənəns] n несталість, непостійність; нетривалість; тимчасовість; **~t** a непостійний, несталий; нетривалий, тимчасовий

imperme‖ability [ɪmˌpɜːmɪəˈbɪlɪtɪ] n непроникність; герметичність; **~able** a непроникний; герметичний; непромокальний

impersonal [ɪmˈpɜːs(ə)n(ə)l] a 1) неупереджений, безсторонній, об'єктивний 2) безликий 3) грам. безособовий; **~ity** n 1) безсторонність, неупередженість; об'єктивність 2) безликість

imperson||ate 1. *a* [ɪmˈpɜːs(ə)nɪt] уособлений; утілений **2.** *v* [ɪmˈpɜːsəneɪt] 1) *театр.* виконувати роль, грати 2) уособлювати 3) видавати себе (*за кого-н.*); **~ation** *n* 1) зображення (*кого-н.*) 2) *театр.* виконання ролі 3) утілення; уособлення 4) прагнення видати себе; **~ify** *v* 1) зображати (*кого-н.*); наслідувати (*кого-н.*) 2) утілювати; уособлювати

imperspicuity [ɪmˌpɜːspɪˈkjuːɪtɪ] *n* неясність, непевність

impersuadable [ˌɪmpəˈsweɪdəb(ə)l] *a* що не піддається умовлянням

impertinen||ce [ɪmˈpɜːtɪnəns] *n* 1) зухвалість, нахабство; зарозумілість 2) грубе висловлювання 3) недоречність 4) безглуздість, дурниця, нісенітність; **~t** *a* 1) зухвалий, нахабний, брутальний 2) недоречний 3) безглуздий, дурний

imperturb||ability [ˌɪmpətɜːbəˈbɪlɪtɪ] *n книжн.* незворушність; спокійність, байдужість; холоднокровність; **~able** *a книжн.* незворушний; спокійний, байдужий; холоднокровний; **~ation** *n книжн.* спокій; витримка, незворушність; **~ed** *a книжн.* спокійний, стриманий

impervious [ɪmˈpɜːvɪəs] *a* 1) непроникний, непрохідний, недоступний 2) несприйнятливий; глухий (*до благань*); **~ness** *n* 1) непроникність; непрохідність; недоступність 2) несприйнятливість; глухота (*до благань*)

impetu||s [ˈɪmpɪtəs] *n* 1) поштовх, імпульс 2) спонука, рушійна сила; стимул; **~osity** *n* 1) навальність, стрімкість; бурхливість; поривчастість; запальність; імпульсивність 2) стрімка (рвучка) дія; порив; **~ous** *a* 1) стрімкий, навальний; поривчастий; бурхливий 2) гарячий, палкий; імпульсивний

impicture [ɪmˈpɪktʃə] *v книжн.* зображати

impiety [ɪmˈpaɪətɪ] *n* 1) безбожність; невіра в Бога 2) непоштивість, нешанобливість, неповага

impinge [ɪmˈpɪndʒ] *v* 1) стикатися, зіткнутися, наштовхуватися; ударитися (*об що-н.*) 2) *фіз.* зіштовхуватися (*про частки*) 3) робити замах, посягати; заміряти; **~ment** *n* 1) сутичка, зіткнення; удар 2) замах, посягання

impious [ˈɪmpɪəs] *a* 1) *рел.* нечестивий 2) нешанобливий, непоштивий

impiteous [ɪmˈpɪtɪəs] *a* безжалісний, немилосердний

implacab||ility [ɪmˌplækəˈbɪlɪtɪ] *n* 1) невблаганність; безжалісність, немилосердя 2) непримиренність; **~le** *a* 1) невблаганний; немилосердний 2) непримиренний

implantation [ˌɪmplɑːnˈteɪʃ(ə)n] *n* 1) насаджування; упровадження (*ідей та под.*) 2) *мед.* імплантація; пересадження; приживлення

implausible [ɪmˈplɔːzəb(ə)l] *a* неймовірний, неправдоподібний

implead [ɪmˈpliːd] *v юр.* віддавати до суду; переслідувати судом

implement [ˈɪmplɪmənt] **1.** *n* 1) знаряддя; прилад; інструмент 2) *pl* речі, приладдя, начиння; посуд; хатнє майно **2.** *v* 1) виконувати, здійснювати; забезпечувати виконання, утілення в життя 2) забезпечувати інструментами 3) надолужувати; відшкодовувати

impliable [ɪmˈplaɪəb(ə)l] *a* 1) можливий, гаданий 2) негнучкий, непіддатливий

implicat||e 1. *n* [ˈɪmplɪkɪt] те, що мається на увазі; те, що на думці. **2.** *a* заплутаний **3.** *v* [ˈɪmplɪkeɪt] 1) залучати; уплутувати; заплутувати, затягувати 2) містити в собі 3) сплутувати, переплутувати; **~ion** *n* 1) залучення; уплутування 2) причетність; співучасть 3) приховане значення 4) підтекст

implicit [ɪmˈplɪsɪt] *a* 1) що мається на увазі, не висловлений прямо 2) безумовний; повний, цілковитий; беззастережний; **~ness** *n* 1) неясність 2) беззастережність, повнота (*віри й под.*)

implore [ɪmˈplɔː] *v* благати, просити

imply [ɪmˈplaɪ] *v* 1) мати на увазі (на думці); припускати 2) означати, мати значення 3) натякати, виражати непрямо 4) загортати 5) заплутувати; утягувати

impoison [ɪmˈpɔɪzn] *v* отруювати; класти отруту (*у що-н.*)

impoli||cy [ɪmˈpɒlɪsɪ] *n* 1) нерозумна політика 2) нетактовність; **~te** [ˌɪmpəˈlaɪt] *a* неввічливий, нечемний, нетактовний; **~tic** *a* 1) неполітичний 2) нерозумний 3) недоречний, нетактовний

imponderable [ɪmˈpɒnd(ə)rəˈb(ə)l] **1.** *n зазв. pl* що-н. невагоме; що-н. невловиме. **2.** *a* 1) *фіз.* невагомий, дуже легкий 2) незначний, неістотний; невідчутний

imponent [ɪmˈpəʊnənt] *a* наділений певними повноваженнями; наділений владою

import [ˈɪmpɔːt] **1.** *n ек.* 1) імпорт, увезення 2) *pl* імпортні товари 3) значення, суть, сенс 4) важливість **2.** [ɪmˈpɔːt] *v* 1) імпортувати, увозити 2) виражати, означати, мати на увазі 3) мати значення, бути важливим; **~ance** *n* 1) важливість; значення, значність; вага 2) величання, важність; **~ant** *a* 1) важливий, значний 2) поважний; пихатий, бундючний; **~antly** *adv* важливо, значуще; **~ation** *n ек.* 1) імпорт, увезення 2) предмет увезення, імпортний товар

importun||ate [ɪmˈpɔːtʃʊnɪt] *a* 1) настирливий, докучливий, наполегливий 2) нагальний, невідкладний, спішний; **~e 1.** *a* 1) наполегливий, настирливий, докучливий 2) тяжкий, неприємний 2. v 1) настирливо домагатися; докучати; набридати 2) вимагати 3) турбувати; роздратовувати; **~ity** n настирливість; постійне приставання (чіпляння), набридливість, надокучливість

impos||e [ɪmˈpəʊz] v 1) обкладати (*податком і под.*) 2) зобов'язувати, накладати, пропонувати 3) нав'язувати 4) обманювати, піддурювати 5) справляти велике враження 6) класти, поміщати 7) *церк.* висвячувати; **~ing** a показний, імпозантний; вражаючий; переконливий; **~ition** n 1) покладення, накладення 2) нав'язування 3) оподаткування, обкладання (*податком*); податок 4) обман, шахрайство 5) *церк.* висвячення

impossi||ble [ɪmˈpɒsəbl] **1.** n неможливе; нездійсниме **2.** a 1) неможливий, нездійснимий, нездійсненний 2) неймовірний, неправдоподібний 3) нестерпний; обурливий; **~bility** n 1) неможливість; нездійсненність; нездійснимість 2) неймовірність 3) нестерпність, обурливість

impost [ˈɪmpəʊst] n 1) податок, данина 2) мито

impost||or [ɪmˈpɒstə] n 1) самозванець 2) обманщик, ошуканець, шахрай; **~rous** a брехливий; фальшивий; обманливий; **~ume** n 1) *мед.* нарив 2) аморальний учинок, аморальна поведінка; **~ure** [ɪmˈpɒstʃə] n обман; шахрайство; ошуканство; **~urous** a брехливий; фальшивий; шахрайський; крутійський

impotable [ɪmˈpɒtəbl] a непридатний для пиття

impoten||ce [ˈɪmpət(ə)ns] n 1) безсилля; слабкість; безпорадність 2) *мед.* імпотенція 3) нестриманість, пристрасність; **~t 1.** n 1) слабохарактерна людина 2) *мед.* імпотент **2.** a 1) безсилий, слабкий; безпомічний 2) *мед.* імпотентний; безплідний, стерильний

impound [ɪmˈpaʊnd] v 1) заганяти (*худобу*) 2) кидати (*у в'язницю*) 3) *юр.* конфіскувати, вилучати рішенням суду 4) загачувати; перегороджувати греблею (*воду*) 5) запирати, замикати

impoverish [ɪmˈpɒv(ə)rɪʃ] v 1) доводити до злиднів (бідності); розоряти 2) обідняти, позбавляти виразності 3) підривати (*здоров'я*); ослабляти 4) позбавляти певних властивостей 5) виснажувати (ґрунт); **~ed** a 1) збіднілий; зубожілий 2) жалюгідний; слабкий, виснажений

impower = empower [ɪmˈpaʊə] v уповноважувати, довіряти; давати право (можливість)

impracticable [ɪmˈpræktɪkəb(ə)l] a 1) нездійсненний 2) непіддатливий, упертий; незго-

вірливий 3) непрохідний, непроїзний 4) непотрібний

impractical [ɪmˈpræktɪk(ə)l] a *амер.* непрактичний

imprecat||e [ˈɪmprɪkeɪt] v проклинати, клясти; **~ion** n прокляття, проклін

imprecise [ˌɪmprɪˈsaɪs] a неточний, невизначений

impregn||able [ɪmˈpregnəb(ə)l] a 1) неприступний; невразливий 2) непохитний; стійкий 3) запліднюваний; **~ability** n 1) неприступність 2) непохитність, стійкість

impregnat||e 1. a [ˈɪmpregnɪt] 1) запліднений 2) вагітна 3) насичений, наповнений; просочений (with) **2.** [ˈɪmpregneɪt] v 1) запліднювати 2) робити вагітною 3) робити родючим 4) насичувати; просочувати 5) наповнювати, сповнювати; **~ed** a наповнений, насичений

impresario [ˌɪmprɪˈsɑːrɪəʊ] n (pl -rios [-rɪəʊz], -ri) 1) імпресаріо; антрепренер 2) директор, адміністратор, менеджер

imprescriptible [ˌɪmprɪˈskrɪptəb(ə)l] a невід'ємний

impress 1. n [ˈɪmpres] 1) відбиток, відтиск 2) штемпель; печатка; тавро, клеймо 3) слід, враження 4) насильне вербування 5) реквізиція (*майна*) **2.** v [ɪmˈpres] 1) справляти враження, вражати, дивувати 2) вселяти, навіяти 3) робити відбиток; штампувати; штемпелювати; клеймити 4) карбувати 5) друкувати, видрукувати 6) *війс.* насильно вербувати 7) реквізувати (*майно й под.*); **~ible** a вразливий, сприйнятливий; **~ion** n 1) враження 2) уявлення, поняття, думка 3) вплив; сприяняття 4) відбиток, слід 5) наклад (*видання*) 6) *жив.* ґрунт, тло (*у картині*); **~ionability** n вразливість, сприйнятливість; чутливість; **~ionable** a вразливий, сприйнятливий; чутливий; **~ionism** n *мист.* імпресіонізм; **~ionist** n 1) *мист.* імпресіоніст 2) *театр.* пародист; **~ive** a 1) що справляє глибоке враження, вражаючий 2) виразний, хвилюючий, зворушливий; **~ment** n 1) натискання (*на кого-н.*) 2) старанність, ретельність 3) *війс.* мобілізація 4) реквізиція (*майна й под.*); **~ure** [ɪmˈpreʃə] n 1) тиск, тиснення 2) враження, сприяняття

imprest [ˈɪmprest] n аванс, підзвітна сума

imprimatur [ˌɪmprɪˈmeɪtə] n *лат.* 1) дозвіл цензури 2) санкція, схвалення

imprimis [ɪmˈpraɪmɪs] adv *лат.* по-перше

imprint 1. n [ˈɪmprɪnt] 1) відбиток 2) слід, знак 3) *поліґр.* вихідні дані (відомості) 4) штамп, печатка на оправі **2.** v [ɪmˈprɪnt] 1) ставити печатку; штемпелювати 2) відбивати 3) залишати слід 4) фіксувати, закріпляти

imprison [ɪmˈprɪz(ə)n] v 1) ув'язнювати; брати під варту 2) позбавляти волі; **~ment** n 1) ув'язнення, утримання під вартою 2) перен. позбавлення волі

improba||bility [ɪmˌprɒbəˈbɪlɪtɪ] n неймовірність, неправдоподібність; **~ble** a неймовірний, неправдоподібний

improbity [ɪmˈprəʊbɪtɪ] n чесність, безчесність; порочність

impromptu [ɪmˈprɒmptjuː] **1.** n експромт; імпровізація **2.** a імпровізований **3.** adv без підготовки, експромтом

improper [ɪmˈprɒpə] a 1) непідхожий; недоречний; непридатний; невідповідний; неслушний 2) неправильний; помилковий 3) непристойний, негожий, непорядний; **~ly** adv 1) неправильно; помилково 2) не так, як треба; недоречно 3) непристойно, негоже, непорядно

impropriate [ɪmˈprəʊprɪeɪt] v 1) передавати церковні володіння світським особам 2) привласнювати

improv||e [ɪmˈpruːv] v удосконалювати(ся), поліпшувати(ся); **~ed** a удосконалений, поліпшений; **~ement** n 1) поліпшення, удосконалення 2) pl амер. вигоди (у квартирі) 3) перебудова, перестановка 4) використання (у своїх інтересах) 5) меліорація; реґулювання (ріки); **~er** n 1) практикант, стажер 2) той, хто поліпшує (удосконалює); **~ing** n 1) поліпшення, удосконалення 2) використання 3) поліпшення землі; проведення меліорації

improviden||ce [ɪmˈprɒvɪd(ə)ns] n 1) непередбачливість, недалекоглядність 2) марнотратність; **~t** a 1) непередбачливий, недалекоглядний 2) марнотратний

improvis||e [ˈɪmprəvaɪz] v 1) імпровізувати 2) нашвидку, без підготовки зробити (влаштувати) що-н.; **~ation** n імпровізація; **~ator** n імпровізатор; **~atorial** a імпровізаторський; **~ed** a імпровізований; тимчасовий

impruden||ce [ɪmˈpruːd(ə)ns] n 1) нерозсудливість; необачність; необережність 2) необачний (нерозсудливий, необережний) учинок; **~t** a нерозсудливий; необачний; необережний

impuber||al [ɪmˈpjuːb(ə)rəl] a незрілий; що не досяг зрілості; **~ty** n незрілість

impud||ence [ˈɪmpjʊd(ə)ns] n 1) безсоромність; зухвалість; нахабність 2) безсоромний учинок; зухвала дія; **~ent** a безсоромний; нахабний; зухвалий; **~icity** n безсоромність, відсутність скромності

impugn [ɪmˈpjuːn] v юр. заперечувати; спростовувати; піддавати сумніву; **~able** a спірний, спростовний; заперечний; **~ment** n спростування; заперечення

impuissan||ce [ɪmˈpjuːɪs(ə)ns] n безсилля; слабкість; **~t** a безсилий; слабкий

impuls||e [ˈɪmpʌls] **1.** n 1) поштовх, удар 2) спонука; порив, спонукання; потяг 3) фіз., фізіол. імпульс **2.** v 1) давати поштовх; спонукати; змушувати 2) фіз. посилати імпульси; **~ion** n 1) поштовх, удар 2) спонука, спонукання, імпульс; **~ive** a 1) імпульсивний; що легко піддається впливові 2) спонукальний; рушійний

impunity [ɪmˈpjuːnɪtɪ] n 1) безкарність 2) юр. звільнення від покарання

impur||e [ɪmˈpjʊə] a 1) нечистий; брудний 2) непристойний; кепський; мерзенний, огидний 3) церк. осквернений, опоганений 4) змішаний, з домішкою, неоднорідний 5) неправильний, нечистий; **~ity** n 1) засміченість, забрудненість 2) перен. непристойність; неохайність 3) (зазв. pl) домішка

imput||e [ɪmˈpjuːt] v ставити за провину, обвинувачувати; приписувати (що-н. погане); **~able** a 1) приписуваний 2) що заслуговує осуду; гідний осудження; **~ation** n 1) обвинувачення (у чому-н.) 2) пляма, тінь (на репутації) 3) інсинуація

in [ɪn] **1.** n 1) (зазв. pl) той, хто перебуває при владі, впливова особа 2) вплив, влада **2.** a 1) внутрішній, розташований усередині 2) спрямований усередину 3) розм. що перебуває при владі **3.** adv 1) усередині; **is anybody in?** чи є там хто-небудь?, чи є хто вдома? 2) удома; у себе (на роботі й под.) 3) усередину, туди; **come in!** зайдіть! 4) із внутрішнього боку; <> **to be in** прибувати (про пошту й под.); наставати (про весну й под.); бути у в'язниці; бути при владі; **in with it!** неси сюди!; **to be in with smb.** бути в добрих стосунках з ким-н. **4.** prep 1) у просторовому знач. у, в, на; **in the house** у будинку; **in the sunshine** на сонці 2) у часовому знач. у, в, за, через, протягом; **in summer** улітку; **in time** вчасно; **in good time** завчасно, заздалегідь 3) період, проміжок часу через, за, протягом 4) обставини, умови, оточення у, в, при, з, за, на; **in liquor** напідпитку; **in the dark** у темряві; **in order** у порядку 5) рід, спосіб діяльності, місце праці у, в; **to work in an office** працювати в установі 6) зовнішній вигляд, одяг і под.; **in white** у білому; **in mourning** у жалобі 7) ознака, властивість, сфера прояву у, на; **weak in English** слабкий в англійській мові 8) сфера спеціалізації, тема книги, лекції та под. з; **he is a specialist in history** він фахівець з історії 9) матеріал, із якого або за допомогою якого що-н. зроблено з; **to build in wood** будувати з дерева 10) мова, якою розмовляють, пишуть; **to write in English** писати англійською 11) *причина, мета* від, у, на; **in reply (answer)** у відповідь; **in honour** на честь; <> **in case** якщо; у разі; **in spite of** незважаючи на; **in that** оскільки; тому що; **in accordance with** згідно з; відповідно до

inability [ˌɪnəˈbɪlɪtɪ] *n* 1) нездатність, нездібність, невміння; неможливість; неспроможність 2) недієздатність

inaccessib‖ility [ˌɪnəksəsəˈbɪlɪtɪ] *n* недоступність, недосяжність; неприступність; **~le** *a* 1) недоступний, недосяжний; неприступний 2) замкнутий, стриманий

inaccordant [ˌɪnəˈkɔːd(ə)nt] *a* невідповідний, неспівзвучний

inaccura‖cy [ɪˈnækjʊrəsɪ] *n* 1) неакуратність, неточність 2) помилка, похибка, неправильність; огріх 3) *війс.* низька влучність; неточність стрільби; **~te** *a* неточний; неправильний; помилковий; неакуратний

inacti‖on [ɪnˈækʃ(ə)n] *n* бездіяльність, інертність, пасивність; **~vate** *v* 1) *мед.* робити неактивним, позбавляти активності; інактивувати 2) *війс.* (тимчасово) розформувати; переводити в резерв (*про корабель*); **~vation** *n* 1) позбавлення активності 2) *мед.* інактивація 3) *війс.* (тимчасове) розформування 4) переведення в резерв (*корабля*); **~ve** *a* бездіяльний, інертний, пасивний; недіючий; **~vity** *n* бездіяльність, інертність, пасивність

inadapt‖ability [ˌɪnədæptəˈbɪlɪtɪ] *n* 1) непристосованість, невміння пристосуватися 2) незастосовність; **~able** *a* незастосовний; непридатний

inadequa‖cy [ɪnˈædɪkwɪsɪ] *n* 1) невідповідність вимогам; недостатність; неповноцінність 2) неспроможність; **~te** *a* 1) невідповідний, неадекватний; що не відповідає вимогам; недостатній 2) нерозмірний 3) неповноцінний 4) непідхожий; недосконалий

inadmissible [ˌɪnədˈmɪsəb(ə)l] *a* недопустимий, неприйнятний

inadverten‖ce, -cy [ˌɪnədˈvɜːt(ə)ns, -sɪ] *n книжн.* 1) неуважність; недбалість; необережність 2) недогляд; помилка; прорахунок 3) ненавмисність 4) безтурботність; **~t** *a книжн.* 1) неуважний, недбалий, необережний 2) ненавмисний; випадковий, несподіваний

inadvisable [ˌɪnədˈvaɪzəb(ə)l] *a* недоцільний, нерозумний; нерекомендований

inaesthetic [ˌɪnɪsˈθetɪk, ˌɪnes-] *a* неестетичний; позбавлений смаку

inalienable [ɪnˈeɪlɪənəb(ə)l] *a* невідчужуваний, невід'ємний

inaltera‖bility [ɪnˌɔːltə(rə)ˈbɪlɪtɪ] *n* незмінність; **~ble** *a* незмінний, що не піддається змінам

inamora‖ta [ɪˌnæməˈrɑːtə] *n* (*pl* -tas [-təs]) *n*

im. 1) кохана 2) коханка; **~to** *n im.* 1) коханий 2) коханець

inane [ɪˈneɪn] 1. *n* (the ~) порожнеча, порожнина 2. *a* 1) дурний, пустий; беззмістовний; безглуздий 2) порожній, незайнятий

inanimat‖e [ɪnˈænɪmɪt] 1. *n* (the ~) мертве, неживе 2. *a* 1) неживий; бездушний 2) мертвий; в'ялий 3) нудний; **~ion** *n* 1) бездушність 2) відсутність життя; інертність, пасивність, млявість

inanit‖ion [ˌɪnəˈnɪʃ(ə)n] *n* 1) виснаженість, змореність 2) порожність 3) духовне спустошення, апатія; **~y** *n* 1) пустота; беззмістовність, порожнеча; легковажність 2) *зазв. pl* дурість, безглуздість 3) безглузде зауваження; марна справа

inappealable [ˌɪnəˈpiːləb(ə)l] *a юр.* що не підлягає оскарженню

inappeasable [ˌɪnəˈpiːzəb(ə)l] *a* 1) незгідливий, незговірливий 2) невтолений, невситимий; неприборканий, невтримний, нестримний

inapplicab‖ility [ɪnˌæplɪkəˈbɪlɪtɪ] *n* незастосовність, непридатність; невідповідність; **~le** [ɪnˈæplɪkəbl] *a* незастосовний; непридатний; непідхожий; невідповідний

inapposite [ɪnˈæpəzɪt] *a* непідхожий; недоречний; що не стосується справи

inappreci‖able [ˌɪnəˈpriːʃəb(ə)l] *a* 1) непомітний; незначний; невідчутний; невловимий; дуже малий 2) безцінний; неоцінимий; **~ation** [ɪnəpriːsɪˈeɪʃ(ə)n] *n* недооцінка

inapprehensi‖ble [ˌɪnæprɪˈhensəb(ə)l] *a* незбагненний, незрозумілий; **~on** *n* нерозуміння; **~ve** *a* 1) нетямущий; некмітливий 2) що не підозрює небезпеки

inapproach‖ability [ˌɪnəprəʊtʃəˈbɪlɪtɪ] *n* недоступність, неприступність; недосяжність; **~able** *a* недоступний, недосяжний

inappropriate [ˌɪnəˈprəʊprɪɪt] *a* невідповідний, недоречний

inapt [ɪnˈæpt] *a* 1) непідхожий, недоречний, невідповідний 2) нездібний, нездатний; невмілий

inaptitude [ɪnˈæptɪtjuːd] *n* 1) недоречність, невідповідність, непридатність 2) невміння, нездібність

inarticulate [ˌɪnɑːˈtɪkjʊlɪt] *a* 1) нечленороздільний, невиразний, нерозбірливий 2) мовчазний; небагатослівний; безмовний, безсловесний; німий 3) неясний, нечіткий

inartificial [ˌɪnɑːtɪˈfɪʃ(ə)l] *книжн. a* 1) непідробний, непідроблений; нештучний, природний 2) простий, невигадливий, нехитрий 3) грубий; незграбний

inartistic [ˌɪnɑːˈtɪstɪk] *a* 1) нехудожній; неартистичний 2) позбавлений художнього смаку

inasmuch [ɪnəzˈmʌtʃ] *prep* **i. as** оскільки, беручи до уваги те, що

inatten||tion [ˌɪnəˈtenʃ(ə)n] *n* 1) неуважність; неуважливість 2) нехтування; відсутність піклування; **~tive** *a* неуважний, неуважливий

inaudi||bility [ɪˌnɔːdəˈbɪlɪtɪ] *n* погана чутність; невиразність; **~ble** *a* нечутний; невиразний

inaugura||te [ɪˈnɔːgjʊreɪt] *v* 1) урочисто вводити на посаду 2) починати; ознаменувати 3) урочисто відкривати; **~tion** *n* 1) інавґурація; вступ на посаду 2) урочисте відкриття, ознаменування початку

inauspicious [ˌɪnɔːˈspɪʃəs] *a* зловісний; несприятливий

inauthoritative [ˌɪnɔːˈθɒrətətɪv] *a* неавторитетний; неофіційний

inbeing [ˈɪnbiːɪŋ] *n* суть, сутність

inbent [ˌɪnˈbent] *a* увігнутий

in-between [ˌɪnbɪˈtwiːn] **1.** *n* 1) посередник 2) проміжок **2.** *a* проміжний; перехідний

inborn [ˌɪnˈbɔːn] *a* 1) природжений; природний 2) спадковий

inbreak [ˈɪnbreɪk] *n* 1) вторгнення; навала 2) злом

inbreathe [ɪnˈbriːð] *v* 1) вдихати 2) надихати

inburst [ˈɪnbɜːst] *n* вторгнення

incalcul||able [ɪnˈkælkjʊləb(ə)l] *a* 1) незліченний, незчисленний 2) непередбачений 3) ненадійний; **~ably** *adv* 1) незліченно, незчисленно 2) непередбачено 3) ненадійно

incandesce [ˌɪnkænˈdes] *v* 1) розжарювати, розпікати до білого (жару) 2) розжарюватися, розпікатися до білого (жару)

incantation [ˌɪnkænˈteɪʃ(ə)n] *n* 1) заклинання, заклаття; магічна формула 2) чаклунство, чари

incapab||le [ɪnˈkeɪpəb(ə)l] **1.** *n* неповноцінна людина; абсолютно нездібна людина **2.** *a* 1) нездатний, нездібний; некомпетентний 2) *юр.* неправоздатний; недієздатний; **~ility** *n* 1) неправоздатність, нездібність 2) *юр.* неправоздатність; недієздатність

incapacit||y [ˌɪnkəˈpæsɪtɪ] *n* 1) нездатність, неспроможність; некомпетентність 2) *юр.* обмеження правоздатності (дієздатності); **~ate** [ˌɪnkəˈpæsɪteɪt] *v* 1) робити нездатним (непридатним) 2) *війс.* виводити з ладу 3) *юр.* обмежувати у праві; **~ation** *n юр.* 1) позбавлення громадянських прав 2) недієздатність

incarcerat||e [ɪnˈkɑːsəreɪt] *v книжн.* ув'язнювати; позбавляти волі; **~ion** *n книжн.* ув'язнення; позбавлення волі 2) *мед.* ущемлення, інкарцерація

incarnadine [ɪnˈkɑːnədaɪn] **1.** *a* 1) світло-червоний, рожевий 2) червоний, багряний; криваво-червоний **2.** *v* фарбувати у багряний (червоний) колір

incarnat||e 1. *a* [ɪnˈkɑːnɪt] *книжн.* утілений, уособлений **2.** *v* [ˈɪnkɑːneɪt] *книжн.* 1) утілювати 2) здійснювати (*ідею*) 3) уособлювати (*що-н.*), бути втіленням (*чого-н.*) 4) гоїтися, заговуватися (*про рану*); **~ion** *n книжн.* 1) утілення 2) уособлення 3) *мед.* заговування, розростання ґрануляцій 4) *мед.* ґрануляція

incauti||on [ɪnˈkɔːʃ(ə)n] *n* необережність; необачність; **~ous** *a* необережний; необачний; безпечний; **~ousness** *n* необережність; необачність; безпечність

incavate [ˈɪnkəveɪt] *a* порожнистий; запалий; увігнутий

incend [ɪnˈsend] *v* підпалювати; **~iarism** *n книжн.* 1) підпал 2) підбурювання; **~iary 1.** *n* 1) палій 2) підбурювач; заколотник 3) запалювальна речовина; запалювальна бомба **2.** *a* 1) палійський; запалювальний 2) підбурювальний; що сіє чвари (ворожнечу)

incens||e I [ˈɪnsens] **1.** *n* 1) фіміам; ладан 2) пахощі від фіміаму (ладану) 3) кадіння фіміамом; вихваляння, лестощі **2.** *v* 1) кадити (*фіміамом*) 2) вихваляти, лестити, улещувати; **~ory** *n* кадило, кадильниця

incense II [ɪnˈsens] *v* викликати гнів; розлючувати; розпалювати (*лють*)

incentive [ɪnˈsentɪv] **1.** *n* спонука, стимул **2.** *a* 1) спонукальний; надихаючий 2) *ек.* заохочувальний, стимулюючий

incept [ɪnˈsept] *v* 1) (роз)починати (*що-н.*); братися (*до чого-н., за що-н.*) 2) *біол.* поглинати; **~ion** *n* 1) *книжн.* початок, починання 2) *біол.* поглинання

incertitude [ɪnˈsɜːtɪtjuːd] *n* 1) *книжн.* невпевненість; сумнів 2) непевність; невизначеність 3) нестійкість становища; незабезпеченість; відсутність безпеки

incessancy [ɪnˈses(ə)nsɪ] *n* безперервність, невпинність

incest [ˈɪnsest] *n* кровозмішення; **~uous** [ɪnˈsestjʊəs] *a* 1) кровозмісний 2) винний у кровозмішенні

inch [ɪntʃ] **1.** *n* 1) дюйм 2) *pl* висота, зріст 3) невелика відстань (кількість); невеличкий відрізок часу **2.** *v* повільно рухатися, пересуватися

inchoate [ˈɪnkəʊɪt] **1.** *a книжн.* 1) початковий; зародковий; ранній 2) нерозвинений; зачатковий, рудиментарний **2.** *v* почати, покласти початок

incidence [ˈɪnsɪd(ə)ns] *n* сфера поширення (дії); охоплення

incident [ˈɪnsɪd(ə)nt] **1.** *n* 1) випадок; пригода; інцидент 2) побічна обставина; випадкове явище 3) *літ.* епізод **2.** *а* 1) властивий (to); характерний 2) випадковий, неістотний, побічний 3) випадковий факт **2.** *а* 1) властивий, притаманний (to) 2) неістотний, другорядний; побічний 3) випадковий; несподіваний; **~ally** [ˌɪnsɪˈdentlɪ] *adv* 1) випадково 2) між іншим; у зв'язку з цим; до речі; у цьому разі

incinerat‖e [ɪnˈsɪnəreɪt] *v книжн.* 1) спалювати вщент; спопеляти 2) згоряти 3) *амер.* піддавати кремації; **~ion** *n* 1) спалення; спопеління; згоряння 2) *амер.* кремація; **~or** *n* 1) піч для спалювання відходів 2) *амер.* крематорій

incipien‖ce [ɪnˈsɪpɪəns] *n* початок, поява; перша (початкова) стадія; виникнення; **~t** *a* початковий

incis‖ed [ɪnˈsaɪzd] *a* 1) надрізаний, з розрізом 2) вирізаний, вирізьблений; виграйований; **~ive** *a* 1) різальний 2) гострий, різкий; колючий; уїдливий, дошкульний; **~or** *n* 1) *анат.* різець, передній зуб 2) ніж

incit‖e [ɪnˈsaɪt] *v* 1) збуджувати, спонукати, стимулювати, заохочувати 2) підбурювати, підбивати; **~ant** *книжн.* **1.** *n* збудник **2.** *а* збудливий, стимулюючий; **~ation** *n книжн.* 1) збудження, стимулювання 2) стимул; **~ement** *n* 1) стимулювання, спонукання 2) підбурювання 3) стимул; поштовх; **~er** *n* 1) стимулятор, спонукач 2) підбурювач

incivility [ˌɪnsɪˈvɪlɪtɪ] *n* 1) неввічливість, нечемність, невихованість 2) нечемний (негречний) учинок

inclemen‖t [ɪnˈklemənt] *a* 1) суворий (*про клімат*) 2) непривітний (*про погоду*) 3) жорсткий, жорстокий; суворий (*про характер*); **~cy** *n* 1) суворість (*клімату*) 2) непривітність, жорсткість, суворість (*характеру*)

inclin‖ed [ɪnˈklaɪnd] *a* 1) похилий; що відхиляється 2) схильний, прихильний (*до чого-н.*); **~able** *a* 1) схильний, прихильний 2) що має тенденцію; **~ation** *n* 1) нахил; нахилення 2) нахил; спад, схил 3) схильність, потяг, прихильність 4) загальний характер, хід

includ‖e [ɪnˈkluːd] *v* 1) містити в собі 2) включати до складу; зважати; **~ing** *prep* включаючи, у тому числі, разом з

incog‖nito [ˌɪnkɒɡˈniːtəʊ] **1.** *n* інкоґніто **2.** *а* інкоґніто, що переховується під чужим ім'ям; **~nizant** [ɪnˈkɒɡnɪzənt] *a книжн.* 1) необізнаний; що не знає 2) що не усвідомлює; **~noscible** *a* недоступний для пізнання; непізнаваний

incoherent [ˌɪnkəʊˈhɪ(ə)rənt] *a* 1) незв'язний; недоладний; безглуздий; непослідовний 2) невідповідний, непідхожий

incom‖e [ˈɪŋkʌm, ˈɪn-] *n* 1) прибуток, дохід;

надходження 2) заробіток; **i.-tax** *n* прибутковий податок; **~ing** [ˈɪnˌkʌmɪŋ] **1.** *n* 1) прихід, прибуття 2) (*зазв. pl*) доходи, прибутки, надходження **2.** *а* 1) що входить (прибуває) 2) що вступає (*на посаду й под.*) 3) що надходить (*про дохід і под.*) 4) наступний; що настає (приходить); дальший

incomer [ˈɪnkʌmə] *n* 1) прибулий; той, що прийшов (прибув, зайшов) 2) іммігрант 3) захожий; прибулець 4) спадкоємець; наступник

incommod‖e [ˌɪnkəˈməʊd] *v* турбувати, непокоїти; заважати; **~ious** *a* 1) неспокійний, обтяжливий 2) незручний; тісний, вузький; **~ity** *n* неспокій; клопіт; незручність

incommunic‖able [ˌɪnkəˈmjuːnɪkəb(ə)l] *a* 1) непередаваний, несполучний 2) що не має зв'язку (сполучення); відрізаний, відмежований; **~ative** *a* нетовариський, відлюдний, відлюдкуватий; неговіркий, небалакучий; стриманий

incompact [ˌɪnkəmˈpækt] *a* некомпактний; нещільний

incomparable [ɪnˈkɒmp(ə)rəbl] *a* 1) незрівнянний 2) непорівнянний; чудовий

incompatib‖le [ˌɪnkəmˈpætəb(ə)l] *a* несумісний; несполучний; **~ility** [ˌɪnkəmˌpætəˈbɪlətɪ] *n* несумісність; невідповідність

incompetence [ɪnˈkɒmpɪt(ə)ns] *n* 1) некомпетентність; нездатність 2) *мед.* недостатність 3) *юр.* відсутність права; неправоздатність

incomplete [ˌɪnkəmˈpliːt] *a* 1) неповний 2) недосконалий, дефектний 3) незавершений, незакінчений

incompliant [ˌɪnkəmˈplaɪənt] *a* 1) непоступливий, неподблажливий 2) непіддатливий

incomprehen‖sion [ɪnˌkɒmprɪˈhenʃ(ə)n] *n* нерозуміння; **~sible** *a* незрозумілий; незбагнений; неясний; **~sive** *a* 1) нетямущий 2) обмежений, неширокий, неповний

incomputable [ˌɪnkəmˈpjuːtəb(ə)l] *a* незчисленний, незліченний

inconceivable [ˌɪnkənˈsiːvəb(ə)l] *a* незрозумілий, незбагнений

inconcinnity [ˌɪnkənˈsɪnɪtɪ] *n* непропорційність; невідповідність

inconclusive [ˌɪnkənˈkluːsɪv] *a* непереконливий, невирішальний

inconcrete [ˌɪnˈkɒnkriːt] *a* неконкретний, абстрактний

incondite [ɪnˈkɒndɪt] *a* 1) погано (невдало) побудований (*про твір*) 2) неопрацьований, незавершений, недосконалий; грубий

inconformity [ˌɪnkənˈfɔːmɪtɪ] *n* неузгодженість (*з чим-н.*); невідповідність (to, with — *чому-н.*).

incongru‖ity [ˌɪnkənˈɡruːɪtɪ] *n* 1) невідповідність, незгідність; несумісність, несполучність 2) абсурдність 3) недоречність; **~ous** [ɪnˈkɒŋɡrʊəs] *a* 1) невідповідний, незгідний; непідхожий; несумісний, несумісний 2) недоречний; непристойний

inconnected [ˌɪnkəˈnektɪd] *a* незв'язаний, роз'єднаний

inconsecutive [ˌɪnkənˈsekjʊtɪv] *a* непослідовний; нелогічний

inconsequen‖ce [ɪnˈkɒnsɪkwəns] *n* непослідовність; нелогічність; **~t** *a* 1) непослідовний, нелогічний 2) недоречний

inconsidera‖te [ˌɪnkənˈsɪd(ə)rɪt] *a* 1) неуважний (до інших); що не зважає на інших 2) нерозсудливий, необдуманий, необачний, неповажливий 3) неделікатний, нечемний; **~ble** *a* незначний, неістотний, маленький; неважливий; **~tion** *n* 1) неуважність (до інших) 2) необдуманість, необачність, нерозважливість

inconsisten‖t [ˌɪnkənˈsɪst(ə)nt] *a* 1) несумісний, невідповідний, незгідний 2) несталий, мінливий 3) суперечливий; **~cy** *n* 1) несумісність; невідповідність, незгідність 2) несталість, мінливість 3) непослідовність, суперечливість

inconsolate [ɪnˈkɒns(ə)lɪt] *a* безутішний, нерозважний

inconsonant [ɪnˈkɒnsənənt] *a* неспівзвучний, негармонійний, невідповідний (with, to)

inconspicuous [ˌɪnkənˈspɪkjʊəs] *a* непримітний, непоказний; що не привертає уваги

inconstan‖t [ɪnˈkɒnstənt] *a* 1) несталий, мінливий, нестійкий 2) примхливий, вередливий 3) нерівний; **~cy** *n* несталість, непостійність, мінливість; **~tly** *adv* 1) нестало, мінливо 2) примхливо, вередливо 3) нерівно

inconsumable [ˌɪnkənˈsju:məb(ə)l] *a* непридатний для вживання

incontest‖ability [ˌɪnkəntestəˈbɪlɪtɪ] *n* незаперечність; безперечність; **~able** *a* незаперечний; неспростовний; безперечний

incontinuous [ˌɪnkənˈtɪnjʊəs] *a* недовгочасний, нетривалий

incontrollable [ˌɪnkənˈtrəʊləb(ə)l] *a* неконтрольований; що не піддається контролю

inconvenien‖t [ˌɪnkənˈvi:nɪənt] *a* 1) незручний; турботний, тяжкий, скрутний 2) непідхожий, неподібний; **~ce 1.** *n* 1) незручність 2) турбота; **2.** *v* турбувати; завдавати клопоту (турбот)

inconversant [ˌɪnkənˈvɜ:s(ə)nt] *a* 1) незнайомий 2) необізнаний, нетямущий

inconvertib‖le [ˌɪnkənˈvɜ:təb(ə)l] *a* 1) фін. що не підлягає вільному обміну; нерозмінний; неконвертований (про валюту) 2) що не підлягає обміну (заміні); **~ility** *n* фін. необоротність, неконвертованість

inconvincible [ˌɪnkənˈvɪnsəb(ə)l] *a* якого не можна переконати, непереконливий

incoordinat‖e [ˌɪnkəʊˈɔ:dɪnɪt] *a* некоординований, неузгоджений; **~ion** *n* відсутність координації, неузгодженість

incorporat‖e 1. *a* [ɪnˈkɔ:p(ə)rɪt] 1) об'єднаний; з'єднаний; неподільний 2) зареєстрований як юридична особа (про товариство й под.) **2.** *v* [ɪnˈkɔ:pəreɪt] 1) об'єднувати(ся); з'єднувати(ся); приєднувати, сполучати(ся) 2) приймати до членів 3) зареєструвати як юридичну особу; легалізувати 4) змішувати, перемішувати; **~or** *n* засновник корпорації

incorporeity [ɪnˌkɔ:pəˈreɪətɪ] *n* безтілесність; нематеріальність

incorrect [ˌɪnkəˈrekt] *a* 1) неправильний 2) неточний, з помилками 3) некоректний; негідний; непристойний 4) *юр.* що суперечить законові; **~ly** *adv* 1) неправильно; помилково 2) неточно 3) некоректно, нетактовно, непристойно

incorrigible [ɪnˈkɒrɪdʒəb(ə)l] **1.** *n* невиправна людина **2.** *a* непоправний; невиправний; безнадійний

incorrupt [ˌɪnkəˈrʌpt] *a* 1) незіпсований; незмінний; **i. air** чисте повітря 2) чесний, непідкупний 3) правильний, неспотворений; **~ible 1.** *n* непідкупна, чесна людина **2.** *a* 1) непідкупний, некорумпований 2) що не псується (не розкладається)

increas‖e 1. *n* [ˈɪŋkri:s] 1) зростання, ріст; збільшення 2) приріст; додача, додавання **2.** *v* [ɪnˈkri:s] 1) збільшувати, викликати зростання (ріст); посилювати 2) збільшуватися; зростати; рости; посилюватися 3) розмножуватися; **~ing** *a* зростаючий; що підсилюється

incredib‖le [ɪnˈkredəb(ə)l] *a* неправдоподібний; **~ility** *n* неправдоподібність; неймовірність

incredul‖ity [ˌɪnkrɪˈdju:lɪtɪ] *n* недовір'я; невіра, скептицизм; **~ous** [ɪnˈkredjələs] *a* недовірливий, скептичний

increment [ˈɪnkrɪmənt] *n* 1) збільшення, зростання 2) *ек.* приріст 3) прибуток 4) *мат.* інкремент; нескінченно малий приріст; диференціал

increscent [ɪnˈkres(ə)nt] *a* наростаючий

incret‖ion [ɪnˈkri:ʃn] *n* 1) внутрішня секреція 2) гормон; **~ory** *a* фізіол. внутрішньосекреторний

incriminat‖e [ɪnˈkrɪmɪneɪt] *v* 1) обвинувачувати (у злочині), ставити за провину; інкримінувати 2) викривати; **~ory** *a* обвинувальний

incrustation [ˌɪnkrʌˈsteɪʃ(ə)n] *n* 1) утворення кори (кірки, накипу) 2) покрив, кора, кірка, накип, наліт 3) інкрустація

incubat‖ion [ˌɪnkjʊˈbeɪʃ(ə)n] *n* 1) інкубація,

виведення курчат 2) висиджування (*пташенят*) 3) *мед.* інкубаційний період 4) *мед.* догляд за недоношеною дитиною; **~or** *n* інкубатор; **~ory** [ˈɪnkjʊbeɪtərɪ] *a* 1) інкубаційний 2) інкубаторний

incubus [ˈɪnkjʊbəs] *n* (*pl* -bi) 1) демон, злий дух 2) страхіття, кошмар; страшне сновидіння

inculcat‖e [ˈɪnkʌlkeɪt] *v* 1) усеяти, навівати (*думку*); насаджувати, упроваджувати, прищеплювати (*погляди*); проповідувати (*ідеї*) 2) утілювати; **~ion** *n* усеяння, навівання; насаджування; прищеплювання; проповідування (*ідей, поглядів*), запровадження

inculpa‖te [ˈɪnkʌlpeɪt] *v* 1) обвинувачувати; засуджувати, осуджувати 2) викривати; **~ble** *a* безневинний; бездоганний; **~tion** *n юр.* обвинувачення; викривання; **~tory** [ɪnˈkʌlpətərɪ] *a* обвинувальний

incult [ɪnˈkʌlt] *a* 1) необроблений (*про землю*) 2) грубий, неотесаний

incumber [ɪnˈkʌmbə] *v* 1) перешкоджати, заважати; утруднювати 2) обтяжувати

incunabula [ˌɪnkjʊˈnæbjʊlə] *n pl лат.* 1) період зародження, рання стадія; перші дні 2) інкунабули (*першодруки*)

incur [ɪnˈkɜː] *v* накликати на себе; зазнавати (*чого-н.*)

incurab‖le [ɪnˈkjʊ(ə)rəb(ə)l] 1. *n* часто *pl* невиліковно хворий, приречений 2. *a* 1) невиліковний, незцілимий 2) невикорінний; **~ility** *n* невиліковність, незціленість 2) невикорінність

incurious [ɪnˈkjʊ(ə)rɪəs] *a* 1) нецікавий; недопитливий 2) позбавлений інтересу (*новизни*) 3) неуважний, байдужий, недбалий

incurv‖e [ˌɪnˈkɜːv] *v* угинати(ся); загинати(ся) (*усередину*); **~ate** 1. *a* увігнутий; загнутий 2. *v* угинати; згинати, вигинати, гнути; **~ation** *n книжн.* 1) угинання; згинання; вигинання 2) відхилення, ухиляння 3) вигин, згин; кривизна; **~ed** *a* увігнутий; загнутий

indebt [ɪnˈdet] *v* 1) зобов'язувати 2) утягувати в борги; **~edness** [ɪnˈdetɪdnəs] *n* 1) заборгованість; борги 2) почуття вдячності

indecen‖t [ɪnˈdiː(s)ənt] *a* непристойний, неподобний; **~cy** *n* 1) непристойність, непристойна поведінка 2) неподобний (вульгарний) вислів 3) *юр.* непорядність

indeciduous [ˌɪndɪˈsɪdʒʊəs] *a бот.* вічнозелений, нелистопадний

indecision [ˌɪndɪˈsɪʒ(ə)n] *n* нерішучість, невпевненість; вагання

indeclinable [ˌɪndɪˈklaɪnəb(ə)l] *грам.* 1. *n* невідмінюване слово 2. *a* невідмінюваний

indecomposable [ˌɪndɪkəmˈpəʊzəb(ə)l] *a* 1) нерозкладний (*на частини*) 2) нерозчинний

indecor‖ous [ɪnˈdek(ə)rəs] *a* недобропристойний; некоректний; **~um** [ˌɪndɪˈkɔːrəm] *n* порушення пристойності; неблагопристойність, некоректність

indeed [ɪnˈdiːd] 1. *adv* 1) справді, дійсно, фактично 2) насправді; правда 3) навіть 4) безперечно, звичайно 2. *int* та ну!, та що ви!, це правда?

indefeasible [ˌɪndɪˈfiːzəbl] *a* 1) невід'ємний 2) непорушний

indefensible [ˌɪndɪˈfensəbl] *a* 1) беззахисний 2) неспроможний

indefinable [ˌɪndɪˈfaɪnəb(ə)l] *a* невизначений

indefinit‖e [ɪnˈdef(ə)nɪt] *a* 1) непевний, неясний 2) *грам.* неозначений 3) необмежений 4) безмежний, безкраїй, нескінченний; **~eness** *n* 1) непевність, невизначеність, неясність 2) необмеженість

indelible [ɪnˈdeləbl] *a* 1) незмивний 2) незгладимий, незабутній

indelica‖te [ɪnˈdelɪkɪt] *a* неделікатний, нетактовний, нескромний; **~cy** *n* неделікатність, нетактовність, нескромність

indemnity [ɪnˈdemnɪtɪ] *n* 1) відшкодування (*видатків*); компенсація 2) ґарантія від збитків (утрат) 3) звільнення від покарання (від матеріальної відповідальності) 4) контрибуція, репарація

indemonstrable [ˌɪndɪˈmɒnstrəb(ə)l, ɪnˈdemənstrəbl] *a* недовідний, недоказовий; що не потребує доказів

indent‖ed [ɪnˈdentɪd] *a* 1) порізаний; зубчастий; зазублений 2) увігнутий; удавлений; **~ation** *n* 1) видовбування, нарізання; зазублювання, насікання 2) зубець, виїм, зарубка 3) відбиток 4) западина; удавлювання 5) звивина берега

independen‖t [ˌɪndɪˈpendənt] 1. *n* 1) людина з незалежними поглядами 2) безпартійний 3) *церк.* конґреґаціоналіст 2. *a* 1) незалежний, суверенний, автономний (of) 2) самостійний 3) що має самостійний дохід; забезпечений 4) значний, великий (*дохід*) 5) неупереджений; **i. proof** об'єктивний доказ 6) *мат.* незалежний; <> **i. clause** *грам.* головне речення; **i. of** незалежно від; окрім; **~ce** *n* 1) незалежність, самостійність (of, from) 2) незалежне становище; достатки; кошти; **~cy** *n* 1) незалежна держава 2) незалежне становище 3) незалежність, самостійність

indestructib‖le [ˌɪndɪˈstrʌktəb(ə)l] *a* незруйновний; **~ility** *n* незруйновність

indeterminable [ˌɪndɪˈtɜːmɪnəb(ə)l] *a* нерозв'язний (*про суперечку й под.*)

indetermin‖acy [ˌɪndɪˈtɜːmɪnəsɪ] *n мат.* неозначеність; **~ation** *n* 1) невизначеність

2) нерішучість, вагання; **~ism** *n* 1) філос. індетермінізм 2) непередбачуваність
index [ˈɪndeks] **1.** *n* (*pl* тж -dices) 1) ек. індекс; показник 2) знак, ознака 3) алфавітний покажчик; каталог; список 4) *мат.* показник степеня; коефіцієнт 5) зміст 6) стрілка (*приладу й под.*) **2.** *v* 1) складати покажчик; заносити до покажчика 2) показувати, бути покажчиком; **i.-finger** *n* вказівний палець; **i.-hand** *n* покажчик; дороговказ
indexterity [ˌɪndekˈsterɪtɪ] *n* незграбність; недотепність; невмілість
Indian [ˈɪndɪən] **1.** *n* 1) індієць; індіанка 2) індіанець; індіанка **2.** *a* 1) індійський; що стосується Індії 2) індіанський; що стосується американських індіанців; **i. summer** золота осінь, індіанське (бабине) літо
indicat∥e [ˈɪndɪkeɪt] *v* 1) указувати, показувати, позначати 2) означати, бути ознакою; свідчити (*про що-н.*) 3) свідчити про необхідність, потребувати 4) висловлювати коротко; **~ion** *n* 1) ознака, симптом; знак; свідчення 2) показник 3) показання, відлік (*приладу*); **~ive** [ɪnˈdɪkətɪv] **1.** *n* грам. дійсний спосіб **2.** *a* 1) що вказує (показує, свідчить) 2) грам. дійсний (*про спосіб*); **~or** *n* 1) індикатор, покажчик, стрілка (*циферблата*) 2) показник, ознака 3) лічильник
indict I [ɪnˈdaɪt] *v* юр. обвинувачувати на основі обвинувального акта; пред'являти обвинувачення; віддавати під суд (for — за); **~ee** [ɪndaɪˈtiː] *n* юр. обвинувачуваний; підсудний; **~ment** *n* юр. 1) обвинувальний акт 2) пред'явлення обвинувачення
indict II [ɪnˈdaɪt] *v* проголошувати, оголошувати
indifferen∥t [ɪnˈdɪf(ə)rənt] *a* 1) байдужий; індиферентний 2) нейтральний, безсторонній; неупереджений 3) посередній 4) маловажний; незначний; **~ce** *n* 1) байдужість; індиферентність 2) нейтральність; нейтральна (неупереджена) позиція 3) посередність, маловажність 4) посередність; **~tly** *adv* 1) байдуже 2) посередньо 3) безсторонньо; неупереджено
indigence [ˈɪndɪdʒ(ə)ns] *n* нужда, злидні, бідність
indigene [ˈɪndɪdʒiːn] *n* 1) тубілець 2) місцева тварина (рослина)
indigest∥ed [ˌɪndɪˈdʒestɪd] *a* 1) неперетравлений 2) непродуманий, незасвоєний 3) безладний, хаотичний, безформний; **~ion** *n* мед. нетравлення шлунка; розлад травлення; диспепсія; **~ive** *a* 1) хворий на розлад травлення 2) що спричиняє розлад травлення
indigna∥nt [ɪnˈdɪgnənt] *a* обурений; **to be i.** обурюватися; **~nce** *n* обурення; **~tion** *n* обурення, гнів

indignity [ɪnˈdɪgnɪtɪ] *n* 1) зневага, приниження 2) образа, образливе зауваження 3) негідний учинок
indigo [ˈɪndɪɡəʊ] *n* (*pl* -os, -oes [-əʊz]) індиго (*рослина й фарба*)
indimensional [ˌɪnd(a)ɪˈmenʃ(ə)nəl] *a* безрозмірний
indirect [ˌɪndɪˈrekt] *a* 1) непрямий, посередній 2) побічний 3) ухильний, нечесний 4) грам. непрямий; **i. speech** непряма мова
indiscerptible [ˌɪndɪˈsɜːptəb(ə)l] *a* неподільний, нероздільний
indiscipline [ɪnˈdɪsɪplɪn] *n* недисциплінованість
indiscre∥et [ˌɪndɪˈskriːt] *a* 1) нескромний, нестриманий 2) нерозсудливий; необережний; **~tion** [ˌɪndɪˈskreʃn] *n* 1) нескромність 2) нечемність, неввічливість, нетактовність; невихованість 3) нерозсудливість 4) необережність, необачність
indiscrete [ˌɪndɪˈskriːt] *a* неподільний на частини; компактний, однорідний
indiscriminat∥e [ˌɪndɪˈskrɪmɪnɪt] *a* 1) неперебірливий; невибагливий; огульний 2) змішаний, безладний; **~eness** *n* книжн. 1) нерозбірливість, невимогливість 2) безладність; **~ion** *n* 1) невміння розбиратися (розрізняти); нездатність розпізнати 2) неперебірливість, нерозбірливість
indispensable [ˌɪndɪˈspensəb(ə)l] *a* 1) необхідний, обов'язковий (to, for); дуже потрібний 2) незамінний (*про людину*) 3) обов'язковий; що не припускає винятків (*про закон і под.*)
indispos∥e [ˌɪndɪˈspəʊz] *v* 1) викликати неприхильність (огиду) 2) налаштовувати, підбурювати (towards, from — проти *кого-н., чого-н.*) 3) робити непридатним (нездатним) 4) спричиняти нездужання; **~ed** *a* 1) нездоровий 2) несхильний, неприхильний; **~ition** *n* 1) нездужання, недуга 2) небажання, нехіть, знеохота 3) нездатність 4) неприхильність
indisputab∥le [ˌɪndɪˈspjuːtəb(ə)l] *a* незаперечний, безперечний; недискусійний; **~ility** *n* незаперечність, безперечність
indissoluble [ˌɪndɪˈsɒljʊb(ə)l] *a* 1) незруйнований 2) нерозривний, непорушний, міцний 3) хім. нерозчинний, нерозкладний
indistinct [ˌɪndɪˈstɪŋkt] *a* неясний, невиразний; розпливчастий, туманний; **~ion** *n* 1) неясність, невиразність, нечіткість; туманність 2) відсутність відмінності (*між частинами*); **~ive** *a* що не можна відрізнити, нетиповий; нехарактерний
indistinguishable [ˌɪndɪˈstɪŋgwɪʃəb(ə)l] *a* нерозрізненний, непомітний, невиразний
indisturb∥able [ˌɪndɪˈstɜːbəb(ə)l] *a* незворуш-

ний, спокійний; байдужий; **~ance** *n* незворушність; спокійність; байдужість
indite [ɪnˈdaɪt] *v* 1) писати, складати; викладати письмово 2) диктувати
indium [ˈɪndɪəm] *n хім.* індій
indivertible [ˌɪnd(a)ɪˈvɜːtəb(ə)l] *a* невідворотний; неминучий
individua||**l** [ˌɪndɪˈvɪdʒʊəl] **1.** *n* 1) особа, людина, особистість 2) *біол.* індивідуум, особина, тип **2.** *a* 1) особистий, індивідуальний 2) окремий, приватний 3) характерний, особливий; **~lism** *n* індивідуалізм; **~list** *n* індивідуаліст; **~listic** *a* індивідуалістичний; **~lity** *n* 1) індивідуальність 2) *зазв. pl* особливість, індивідуальна риса 3) особистість 4) неподільність, невіддільність; **~lisation** *n* індивідуалізація; відособлення; виділення; **~lise** *v* 1) індивідуалізувати, надавати індивідуального характеру 2) детально визначати; **~te** *v книжн.* індивідуалізувати; надавати індивідуального характеру; **~tion** *n книжн.* 1) індивідуалізація 2) індивідуальність
indivisib||**le** [ˌɪndɪˈvɪzəb(ə)l] **1.** *n* що-н. неподільне (нерозкладне, мале) **2.** *a* неподільний, безкінечно малий; **~ility** [ˌɪndɪˌvɪzəˈbɪlɪtɪ] *n* неподільність, нероздільність
indocile [ɪnˈdəʊsaɪl] *a* 1) нетямущий 2) неслухняний, непокірний 3) важковиховуваний
Indo-European [ˌɪndəʊˌjʊ(ə)rəˈpɪən] **1.** *n* індоєвропеєць **2.** *a* індоєвропейський
indolen||**t** [ˈɪndələnt] *a* 1) бездіяльний, гультяйський; ледачий 2) млявий 3) *мед.* безболісний, нечутливий; **~ce** *n* 1) неробство, ледарство, лінощі; млявість 2) *мед.* нечутливість до болю
indomitable [ɪnˈdɒmɪtəb(ə)l] *a* невгамовний; упертий
Indonesian [ˌɪndəʊˈniːʃn] **1.** *a* індонезійський **2.** *n* корінний мешканець Індонезії
indorse [ɪnˈdɔːs] *v* 1) робити передавальний напис 2) підписуватися (*під документом*); розписуватися; вписувати (*у документі*) 3) підтверджувати (*правильність*); схвалювати; **~ment** *n* 1) *амер.* передавальний напис; індосамент 2) підпис на звороті (*документа*) 3) підтвердження; схвалення; підтримка
indubitable [ɪnˈdjuːbɪtəb(ə)l] *a* безсумнівний, правильний, безперечний, очевидний
induce [ɪnˈdjuːs] *v* 1) спонукати, схиляти; впливати; примушувати 2) викликати, спричиняти; стимулювати 3) *лог.* виводити шляхом індукції; **~d** *a* 1) вимушений, змушений 2) викликаний; **~ment** *n* 1) стимул, спонука, спонукальний мотив 2) принада 3) *юр.* вступна частина (*документа*)
induct [ɪnˈdʌkt] *v* 1) офіційно вводити на посаду 2) призначати на посаду, затверджувати

на посаді 3) садовити, посадити (поставити) на місце 4) ознайомлювати 5) *амер. військ.* призивати на військову службу; **~ance** *n* 1) *ел.* індуктивність 2) *фіз.* самоіндукція; **~ee** [ˌɪndʌkˈtiː] *n амер. військ.* призовник, новобранець
inductile [ɪnˈdʌktaɪl] *a* 1) *спец.* нетягучий, непластичний; нековкий 2) нелагідний, незгідливий, незговірливий
induct||**ion** [ɪnˈdʌkʃ(ə)n] *n* 1) *лог.* індукція 2) індуктивний метод 3) офіційне введення на посаду 4) вступ 5) *амер.* призов на військову службу 6) *ел.* індукція; **~ive** *a* 1) *лог.* індуктивний 2) спонукальний; що веде (притягує) 3) вступний 4) *ел.* індукційний
indue [ɪnˈdjuː] *v* 1) наділяти; обдаровувати 2) надівати; одягатися (*у що-н.*) (*тж* endue)
indulgen||**ce** [ɪnˈdʌldʒ(ə)ns] *n* 1) поблажливість, милостивість; терпимість 2) потурання, попускання; потурання своїм бажанням (уподобанням) 3) привілей; милість; ласка 4) *ком.* відстрочення платежу 5) *церк.* індульгенція, відпущення гріхів; **~cy** *n* 1) поблажливість, терпимість, толерантність 2) потурання 3) привілей
indurat||**e 1.** *a* [ˈɪndjʊ(ə)rɪt] 1) затверділий 2) черствий; нечутливий, бездушний, нечулий 3) упертий **2.** *v* [ˈɪndjʊ(ə)reɪt] 1) робити твердим; викликати затвердіння 2) твердіти, тверднути, тужавіти 3) ставати міцним (непорушним) (*про звичай*) 4) ставати черствим (бездушним, нечулим); **~ion** *n* 1) затвердіння, ущільнення 2) черствість; жорстокість 3) упертість
industr||**ial** [ɪnˈdʌstrɪəl] **1.** *n* 1) промисловець 2) промисловий робітник 3) *pl* акції промислових підприємств **2.** *a* 1) промисловий, індустріальний 2) промисловий; що йде на промислові потреби 3) виробничий; **~ialisation** [ɪnˌdʌstrɪəlaɪˈzeɪʃn] *n* індустріалізація; **~ious** *a* 1) працьовитий, старанний, ретельний 2) навмисний, умисний 3) умілий, вправний; **~y** [ˈɪndəstrɪ] *n* 1) промисловість, індустрія 2) галузь промисловості 3) працьовитість, працелюбність; старанність 4) уміння, майстерність, вправність
indweller [ɪnˈdwelə] *n* житель, мешканець
inebrious [ɪˈniːbrɪəs] *a* 1) питущий 2) п'яний
inedible [ɪnˈedəb(ə)l] *a* неїстівний
ineffable [ɪnˈefəbl] *a* невимовний
ineffect||**ive** [ˌɪnɪˈfektɪv] *a* 1) безрезультатний, марний, даремний; неефективний 2) невиразний 3) невмілий, нездатний; **~ual** *a* 1) безрезультатний, марний 2) безплідний, невдалий
inefficiency [ˌɪnɪˈfɪʃ(ə)nsɪ] *n* 1) нездатність, невміння 2) недієвість, неефективність
inelaborate [ˌɪnɪˈlæb(ə)rət] *a* нехитрий, невигадливий, простий

inelegan||ce [ɪnˈelɪɡəns] *n* 1) неелеґантність; невитонченість; необробленість 2) грубуватість; відсутність смаку; несмак; неопрацьованість (*про стиль*); **~t** *a* 1) неелеґантний; невитончений; необроблений 2) грубуватий, позбавлений смаку; неопрацьований

ineligible [ɪnˈelɪdʒəbl] *a* невідповідний, негідний

ineloquent [ɪnˈeləkwənt] *a* некрасномовний

inept [ɪˈnept] *a* 1) непідхожий, недоречний 2) невмілий, нездатний 3) дурний, безглуздий, абсурдний 4) *юр.* недійсний; що втратив чинність

inequality [ˌɪnɪˈkwɒlɪtɪ] *n* 1) нерівність; різниця; невідповідність 2) несхожість, відмінність, неоднаковість 3) нерівність (*поверхні*) 4) мінливість (*клімату*) 5) нерівномірність (*пульсу*) 6) неспроможність, нездатність (*зробити що-н.*)

inequation [ˌɪnɪˈkweɪʒ(ə)n] *n мат.* нерівність

inequit||able [ɪnˈekwɪtəb(ə)l] *a* несправедливий, упереджений; нерівноправний; **~y** *n* несправедливість, упередженість; небезсторонність

inerasable, inerasible [ˌɪnɪˈreɪzəbl] *a* незгладимий, незабутній

inerrable [ɪnˈerəb(ə)l] *a* 1) безпомилковий 2) непогрішимий

inert [ɪˈnɜːt] *a* 1) інертний; нейтральний 2) млявий, неактивний; бездіяльний 3) неповороткий, важкий (*про розум*) 4) незграбний; **~ia** [ɪˈnɜːʃə] *n* 1) *фіз.* інерція, сила інерції 2) інертність, млявість, бездіяльність; **~ness** *n* інертність, млявість; бездіяльність

inescapable [ˌɪnɪˈskeɪpəb(ə)l] *a* неминучий; невідворотний

inessential [ˌɪnɪˈsenʃ(ə)l] *a* 1) незначний, неважливий, неістотний 2) нематеріальний

inestimable [ɪnˈestɪməb(ə)l] *a* 1) що не піддається оцінці; що неможливо оцінити 2) неоцінимий, неоцінений, безцінний

inevitab||le [ɪˈnevɪtəb(ə)l] *a* неминучий; невідворотний; **~ility** *n* неминучість; невідворотність

inexact [ˌɪnɪɡˈzækt] *a* 1) неточний, недбалий 2) неакуратний, несправний; **~ness** *n* неточність

inexcusable [ˌɪnɪkˈskjuːzəb(ə)l] *a* непрощенний, непростимий, непробачний; недозволений

inexecutable [ˌɪnɪɡˈzekjʊtəb(ə)l] *a* нездійсненний, нездійсненний

inexecution [ɪnˌeksɪˈkjuːʃ(ə)n] *n* невиконання

inexhaustible [ˌɪnɪɡˈzɔːstəb(ə)l] *a* 1) невичерпний, невиснажний 2) невтомний; що не знає втоми

inexistence [ˌɪnɪɡˈzɪst(ə)ns] *n* 1) невід'ємність, притаманність 2) небуття

inexorable [ɪnˈeks(ə)rəb(ə)l] *a* безжалісний, невблаганний, непохитний

inexpedien||t [ˌɪnɪkˈspiːdɪənt] *a* недоцільний, недоречний; нерозсудливий; **~cy** *n* недоцільність, недоречність; нерозсудливість

inexpensive [ˌɪnɪkˈspensɪv] *a* 1) недорогий, дешевий 2) немарнотратний, ощадливий

inexperienced [ˌɪnɪkˈspɪərɪənst] *a* недосвідчений

inexpert [ɪnˈekspɜːt] *a* 1) недосвідчений, необізнаний 2) невмілий, неправний

inexplicable [ˌɪnɪkˈsplɪkəbl] *a* непоясненний, непоясненний; незрозумілий, нез'ясовний

inexpressible [ˌɪnɪkˈspresəbl] *a* невимовний, несказанний

inexpressive [ˌɪnɪkˈspresɪv] *a* невиразний

inexpugnable [ˌɪnɪkˈspʌɡnəb(ə)l] *a книжн.* непереборний, нездоланний

inexterminable [ˌɪnɪkˈstɜːmɪnəb(ə)l] *a* невигубний, незгубний

inextinguishable [ˌɪnɪkˈstɪŋɡwɪʃəb(ə)l] *a* невтомний; безперервний

inextricable [ɪnˈekstrɪkəb(ə)l, ɪnɪkˈstrɪkəb(ə)l] *a* 1) заплутаний, складний 2) нерозв'язний, безвихідний

infallib||le [ɪnˈfæləbl] *a* 1) безпомилковий, непогрішимий 2) безвідмовний, надійний 3) неминучий; **~ility** *n* 1) безпомилковість; непогрішимість 2) безвідмовність, вірність 3) неминучість

infam||e [ɪnˈfeɪm] *v* знеславити; позбавити доброго імені; **~ous** *a* 1) що має недобру славу (погану репутацію); безславний 2) ганебний; негідний; безчесний 3) *юр.* позбавлений громадянських прав; **~y** *n* 1) ганьба, безчестя; недобра слава 2) підлість, негідність 3) ганебна поведінка; підлий учинок 4) *юр.* позбавлення громадянських прав

infan||t [ˈɪnfənt] **1.** *n* 1) дитина, немовля 2) *юр.* неповнолітній **2.** *a* 1) дитячий 2) початковий, зародковий; **~cy** *n* 1) дитячі роки, раннє дитинство 2) рання стадія розвитку; початок 3) *юр.* неповноліття; **~ticide** *n* 1) дітовбивство; убивство новонародженого 2) дітовбивця; **~tilism** *n* 1) *мед.* інфантилізм 2) незрілість; **~tine** *a* дитячий; **i.-school** *n* дошкільний дитячий заклад

infarct [ɪnˈfɑːkt] *n мед.* інфаркт; **~ion** *n мед.* 1) осередок омертвіння у тканинах та органах; утворення інфаркту 2) інфаркт

infatuat||e [ɪnˈfætʃʊeɪt] *v* запаморочити голову; звести з розуму; **~ed** *a* збожеволілий, знавіснілий; засліплений (*пристрастю*); **~ion** *n* 1) пристрасне захоплення 2) палка закоханість; запаморочлива пристрасть; засліплення

infaust [ɪnˈfɔːst] *a* нещасливий, безталанний

infect [ɪnˈfekt] *v* заражати; **~ed** *а мед.* інфікований, заражений; **~ion** *n* 1) *мед.* інфекція, зараження 2) *мед.* зараза; мікроб, що спричиняє захворювання 3) заразливість; **~ive** *а мед.* інфекційний

infelicity [ˌɪnfɪˈlɪsɪtɪ] *n* нещастя

infer [ɪnˈfɜː] *v* 1) робити висновок 2) означати, мати на увазі, гадати

inferior [ɪnˈfɪərɪə] **1.** *n* 1) особа, нижча станом (званням, рангом *і под.*) 2) підлеглий **2.** *a* 1) низький, нижчий (рангом *і под.*) 2) гірший (якістю); менший (кількістю) 3) поганий, кепський

infern||al [ɪnˈfɜːn(ə)l] *a* 1) пекельний; інфернальний 2) страшенний, жахливий, нелюдський 3) *перен.* нестерпний, неймовірний, страшенний; **~o** *n* (*pl* -os [-əʊz]) *n іт.* пекло (*тж перен.*)

infertile [ɪnˈfɜːtaɪl] *a* неродючий; безплідний

infest [ɪnˈfest] *v* 1) облягати; обсідати, нападати; кишіти; бути у великій кількості 2) паразитувати; **~ation** *n мед.* інвазія; зараження паразитами

infidel [ˈɪnfɪdl] **1.** *n* 1) поганин; невірний 2) невіруючий, безбожник **2.** *a* 1) поганський; невірний 2) невіруючий, безбожний 3) атеїстичний; **~ity** *n* 1) невіра; атеїзм; безбожність 2) поганство 3) віроломність; зрада, невірність (*подружня*) 4) невір'я, недовіра 5) невірогідність; ненадійність

infiltrate [ˈɪnfɪltreɪt] **1.** *n мед.* інфільтрат **2.** *v* 1) фільтрувати 2) інфільтрувати, просочувати 3) просмоктуватися; просочуватися; просякати

infinite [ˈɪnfɪnɪt] **1.** *n* 1) (the ~) нескінченність; безмежність 2) *мат.* нескінченна величина **2.** *a* 1) нескінченний, безмежний, безкраїй 2) *мат.* нескінченний, нескінченно великий 3) незліченний, незчисленний, незлічимий 4) *грам.* неозначений, безособовий

infinitiv||e [ɪnˈfɪnɪtɪv] *грам.* **1.** *n* інфінітив, неозначена форма дієслова **2.** *а* інфінітивний, неозначений; **~al** [ɪnˌfɪnɪˈtaɪvəl] *a грам.* інфінітивний; що стосується неозначеної форми дієслова

infinity [ɪnˈfɪnɪtɪ] *n* 1) *мат.* нескінченність 2) безмежність; безкрайність 3) безмежно велике число; безмежно велика кількість

infirm [ɪnˈfɜːm] **1.** *a* 1) немічний, старезний, слабий (*фізично*) 2) нестійкий, нетвердий 3) слабовільний, нерішучий **2.** *v* ослабляти, підривати (*закон, авторитет*); **~ary** *n* 1) лікарня; шпиталь 2) лазарет; ізолятор; **~ity** *n* 1) неміч, старезність; слабість, кволість 2) невагомість, необґрунтованість (*доказів і под.*) 3) недолік, вада, порок 4) слабохарактерність; моральна нестійкість

inflam||e [ɪnˈfleɪm] *v* 1) запалюватися, спалахувати, загорятися, займатися 2) запалювати 3) хвилювати, збуджувати 4) *мед.* запалюватися 5) спричиняти запалення; **~ed** *а мед.* запалений; **~mability** *n* 1) займистість; горючість 2) збудливість, запальність; **~mable 1.** *n* горюча речовина **2.** *а* 1) легкозаймистий; горючий 2) запальний, легко збудливий; **~mation** *n* 1) запалення, зайняття, займання 2) роздратування; обурення; спалах 3) *мед.* запалення; **~matory 1.** *n* подразник; збудник **2.** *а* 1) збудливий; підбурювальний 2) *мед.* запальний; запалений

inflat||ed [ɪnˈfleɪtɪd] *a* 1) наповнений повітрям (*газом*) 2) здутий, роздутий 3) зарозумілий, гордовитий 4) роздутий (*про ціни*); **~ionary** *а ек.* інфляційний

inflect [ɪnˈflekt] *v* 1) *грам.* змінювати (додавати) закінчення 2) *опт.* відхиляти (*промені*); **~ed** *а грам.* змінюваний (*граматично*)

inflexib||le [ɪnˈfleksəb(ə)l] *a* 1) негнучкий; жорсткий; нестисливий 2) непохитний, незламний; невблаганний; **~ility** *n* 1) негнучкість, жорсткість, нестисливість 2) непохитність, незламність

inflexion [ɪnˈflekʃ(ə)n] *n* 1) згинання, згин 2) *грам.* флексія; зміна форми слова (*зазв.* закінчення) 3) модуляція, зміна інтонації 4) *опт.* відхилення (*променів*); **~al** *а лінгв.* флективний

inflict [ɪnˈflɪkt] *v* 1) завдавати (*удару, болю*) 2) заподіювати (*зло*) 3) накладати (*кару*) 4) нав'язувати (*погляди*); **~ion** *n* 1) заподіяння (*страждань*) 2) накладення (*кари, штрафу*) 3) страждання; прикрість, гіркота 4) покарання

influen||ce [ˈɪnflʊəns] **1.** *n* 1) вплив (on, upon, over — на *кого-н., що-н.*) 2) впливова особа 3) чинник, фактор **2.** *v* справляти вплив; впливати; **~tial** *a* 1) впливовий 2) важливий; що має значення

influent [ˈɪnflʊənt] *n* притока

influenza [ˌɪnflʊˈenzə] *n мед.* інфлюенца, грип

influx [ˈɪnflʌks] *n* 1) упадання, уливання 2) приплив, наплив (*повітря й под.*) 3) гирло (*річки*)

infold [ɪnˈfəʊld] *v* 1) загортати, закутувати 2) *перен.* охоплювати, оповивати 3) обіймати 4) утворювати складки

inform [ɪnˈfɔːm] *v* 1) повідомляти, сповіщати, інформувати 2) доносити, подавати скаргу 3) сповнювати (*почуттями*) 4) розвивати, формувати (*характер*) 5) обвинувачувати, подавати до суду; **~ant** *n* 1) інформатор; доносник 2) носій мови, який консультує перекладача 3) *юр.* обвинувач; скаржник, позивач

4) коментатор; **~ation** n 1) інформація; відомості, дані 2) обізнаність, поінформованість; знання; пізнання 3) юр. скарга; донос 4) розвідувальні дані 5) виклад обставин справи; **~ative** a 1) інформативний 2) повчальний 3) що містить у собі інформацію; змістовний; **~ed** a 1) обізнаний, поінформований 2) освічений, культурний; **~er** n 1) інформатор 2) доносчик

informal [ɪnˈfɔːm(ə)l] a 1) неформальний; неофіційний 2) невимушений; простий, звичайний

infra [ˈɪnfrə] adv лат. унизу, нижче; **vide i., see i.** дивись далі (нижче) (посилання у книжці); **i.-acoustic** a фіз. ультразвуковий; **i.-sound** n фіз. інфразвук

infractor [ɪnˈfræktə] n порушник

infrequent [ɪnˈfriːkwənt] a рідкісний

infringe [ɪnˈfrɪndʒ] v 1) порушувати (закон) 2) робити замах, заміряться, важити, посягати; **~ment** n 1) порушення, недодержання 2) замах, замір

infuriate [ɪnˈfjʊ(ə)reɪt] v розлючувати, доводити до нестями

infu‖**se** [ɪnˈfjuːz] v 1) уливати (into) 2) уселяти; зароджувати, викликати, заронити (почуття) 3) заварювати, настоювати (чай, трави) 4) настоюватися (про трави); **~sive** a надихаючий, запалюючий; підбадьорливий; **~sorial** a зоол. інфузорний; **~sorium** n (pl -ria) зоол. інфузорія

ingather [ˈɪnˌgæðə] v 1) збирати 2) збиратися, сходитися

ingenerate 1. a [ɪnˈdʒen(ə)rɪt] природжений; властивий **2.** v [ɪnˈdʒenəreɪt] породжувати

ingen‖**ious** [ɪnˈdʒiːnɪəs] a 1) винахідливий, умілий, майстерний 2) дотепний, оригінальний; **~uity** [ˌɪndʒəˈnjuːətɪ] n 1) винахідливість; умілість, майстерність 2) дотепність, оригінальність 3) відвертість, щирість; щиросердість

ingestion [ɪnˈdʒestʃ(ə)n] n фізіол. приймання їжі

inglorious [ɪnˈglɔːrɪəs] a 1) безславний, ганебний 2) невідомий

ingoing [ˈɪnˌgəʊɪŋ] **1.** n 1) вхід, вступ, входження 2) плата наперед **2.** a новоприбулий; що входить (прибуває)

ingrafting = engrafting [ɪnˈgrɑːftɪŋ] n 1) мед. пересадження, імплантація 2) бот. щеплення

ingrain [ˈɪngreɪn] **1.** n притаманна властивість (риса характеру) **2.** a природжений; укорінений

ingrate [ɪnˈgreɪt] **1.** n невдячна людина **2.** a невдячний

ingratiat‖**e** [ɪnˈgreɪʃɪeɪt] v здобути чию-н. прихильність (ласку); **~ing** a 1) чарівний, чарівливий, привабливий, принадний 2) украдливий, скрадливий; улесливий, підлесливий

ingratitude [ɪnˈgrætɪtjuː(ː)d] n невдячність

ingredient [ɪnˈgriːdɪənt] n складова частина, компонент, елемент, інґредієнт

ingress [ˈɪngres] n книжн. 1) проникнення, доступ; входження 2) вхід 3) юр. право входу; дозвіл на вхід

ingu‖**en** [ˈɪŋgwen] n анат. пах; **~inal** a анат. паховий

ingulf = engulf [ɪnˈgʌlf] v 1) поглинати, засмоктувати (про вир і под.) 2) завалювати, засипати

inhabit [ɪnˈhæbɪt] v жити, мешкати; населяти; **~able** a придатний для житла (тж habitable); **~ance** n 1) місце проживання (мешкання) 2) постійне перебування (мешкання); **~ed** a населений, заселений; **~er** n мешканець

inhal‖**ant** [ɪnˈheɪlənt] мед. **1.** n 1) інгалятор 2) засіб для інгаляції **2.** a інгаляційний; **~ation** n 1) вдихання 2) мед. інгаляція; засіб для інгаляції; **~er** n 1) мед. інгалятор 2) респіратор; протигаз

inherent [ɪnˈhɪ(ə)rənt] a 1) властивий, притаманний 2) невід'ємний 3) природжений, уроджений; природний; **~ly** adv 1) за своєю суттю 2) від природи

inherit [ɪnˈherɪt] v 1) успадковувати; одержувати (діставати) у спадщину 2) бути спадкоємцем 3) переймати, запозичувати (властивість, якість); **~able** a 1) спадковий, спадкоємний 2) що має право на спадщину; **~ance** n 1) успадкування 2) спадщина, спадкоєме майно 3) спадок; наслідок 4) біол. спадковість; **~ed** a успадкований; **~or** n спадкоємець; **~ress** n спадкоємиця

inhibit [ɪnˈhɪbɪt] v книжн. 1) забороняти; накладати заборону (from) 2) перешкоджати, заважати 3) стримувати; приглушувати; придушувати 4) затримувати, гальмувати 5) обч. забороняти, блокувати; **~ed** a замкнений; загальмований (про психіку)

inhospit‖**able** [ˌɪnhɒˈspɪtəb(ə)l] a 1) негостинний, непривітний 2) похмурий, сумний; суворий; **~ality** n 1) негостинність, непривітність 2) похмурість, сумовитість, суворість

inhuman‖**e** [ˌɪnhjuːˈmeɪn] a негуманний, нелюдяний; жорстокий; **~ity** [ˌɪnhjuːˈmænɪtɪ] n 1) нелюдяність, жорстокість 2) байдуж(н)ість

inimical [ɪˈnɪmɪk(ə)l] a 1) ворожий; неприязний, недружелюбний, недружній (to) 2) шкідливий; несприятливий

inimitable [ɪˈnɪmɪtəb(ə)l] a 1) неповторний, незрівнянний; неперевершений 2) не гідний наслідування

iniquit||y [ɪˈnɪkwɪtɪ] *n книжн.* 1) несправедливість; протизаконність, беззаконня 2) несправедливий учинок; **~ous** *a книжн.* 1) жахливий, страхітливий, потворний 2) несправедливий; незаконний

inirritable [ɪnˈɪrɪtəb(ə)l] *a* недратівливий, недражливий; спокійний

initial [ɪˈnɪʃ(ə)l] **1.** *n* 1) початкова (велика, заголовна) літера 2) *pl* ініціали **2.** *a* 1) початковий, первісний; вихідний, попередній; **i. cost** початкова вартість; **i. symptoms of a disease** *мед.* перші симптоми захворювання 2) *лінгв.* ініціальний (*про абревіатуру*) **3.** *v* 1) ставити ініціали, візувати 2) парафувати; **~ly** *adv* із самого початку; спочатку; на ранній стадії

initiat||e 1. *a* [ɪˈnɪʃɪɪt] 1) прийнятий (*до товариства й под.*) 2) утаємничений 3) розпочатий; що почався; що перебуває на ранній стадії **2.** *v* [ɪˈnɪʃɪeɪt] 1) починати, розпочинати; покласти початок 2) проявляти ініціативу 3) ознайомити з основами 4) утаємничувати 5) приймати (*до товариства*); уводити (into); **~ion** *n* 1) заснування; установлення 2) уведення (*до товариства й под.*); прийняття (*до клубу*) 3) утаємничення; **~ive** [ɪˈnɪʃətɪv] **1.** *n* 1) ініціатива, почин, починання 2) винахідливість; заповзятливість, підприємливість 3) *юр.* законодавча ініціатива **2.** *a* 1) початковий 2) вступний; попередній; **~ory** *a* 1) початковий; ранній; вступний 2) пов'язаний із посвяченням

inject [ɪnˈdʒekt] *v* 1) *мед.* упорскувати, уводити (into) 2) *тех.* вдувати, упорскувати 3) *ек.* вкладати (*кошти й под.*); **~ion** *n* 1) *мед.* упорскування; ін'єкція; уливання 2) ліки для ін'єкції 3) *тех.* вдування; упорскування

injoin [ɪnˈdʒɔɪn] *v* 1) приписувати; зобов'язувати 2) наказувати; веліти 3) *юр.* забороняти

injudicial [ˌɪndʒʊˈdɪʃ(ə)l] *a* несправедливий; протизаконний; неправильний

injudicious [ˌɪndʒʊˈdɪʃəs] *a* нерозсудливий; нерозумний; недоречний; необдуманий

injunction [ɪnˈdʒʌŋkʃ(ə)n] *n* 1) *книжн.* наказ, розпорядження; веління 2) *юр.* судова заборона; заборонна норма

injur||e [ˈɪndʒə] *v* 1) пошкодити; поранити; забити 2) завдавати болю; ображати; уражати 3) зіпсувати; завдати шкоди; ушкодити; **to i. smb.'s health** зашкодити чиєму-н. здоров'ю; **~ed** *a* 1) пошкоджений, поранений; забитий 2) *мед.* травмований 3) ображений, скривджений, уражений; **~er** *n* 1) образник; кривдник 2) шкідник; **~ious** [ɪnˈdʒʊərɪəs] *a* 1) шкідливий, згубний 2) образливий, кривдний; наклепницький; **~y** *n* 1) тілесне пошкодження; поранення, рана; забите місце 2) шкода, утрата 3) образа; наклеп

injustice [ɪnˈdʒʌstɪs] *n* несправедливість

ink [ɪŋk] **1.** *n* 1) чорнило; **i.-pencil** хімічний олівець 2) *полігр.* друкарська фарба (*тж* printer's ~) 3) чорна рідина каракатиці **2.** *v* 1) позначати чорнилом 2) *полігр.* покривати фарбою; **i.-bottle** *n* чорнильниця, каламарчик для чорнила; **i.-fish** *n* каракатиця; **i.-pad** *n* штемпельна подушечка; **i.-pot** *n* чорнильниця; **i.-spot** *n* 1) чорнильна пляма 2) родимка

inkling [ˈɪŋklɪŋ] *n* 1) обережний натяк 2) слабка підозра

inlace [ɪnˈleɪs] *v* 1) оповивати, обплітати 2) охоплювати, оточувати 3) заплутувати (*нитки*)

inlaid [ˌɪnˈleɪd] *a* інкрустований, з інкрустацією; мозаїчний; *past i p. p. від* **inlay 2**

inland [ˈɪnlənd] **1.** *n* територія, віддалена від моря (кордонів країни); середина країни **2.** *a* 1) розташований усередині країни; віддалений від моря (кордону) 2) внутрішній (*про торгівлю*) **3.** *adv* [ɪnˈlænd] 1) у глиб (усередину) країни 2) усередині країни; **~er** *n* мешканець внутрішніх районів країни

inlay **1.** *n* [ˈɪnleɪ] 1) інкрустація; мозаїка 2) *буд.* мозаїчна робота; настилання паркету 3) *мед.* пломба **2.** *v* [ɪnˈleɪ] (*past i p. p.* inlaid) 1) покривати мозаїкою 2) інкрустувати 3) настилати, укладати, уставляти

in-line [ˈɪnlaɪn] *a* 1) діючий, здатний до експлуатації 2) на одній лінії 3) *обч.* підключений

inly [ˈɪnlɪ] *adv poet.* 1) внутрішньо, у думці, у серці 2) щиро, сердечно; близько

inlying [ˈɪnˌlaɪɪŋ] *a* внутрішній, розташований усередині

inmate [ˈɪnmeɪt] *n* мешканець; пожилець (*монастиря, притулку*)

inmost = innermost [ˈɪnməʊst] **1.** *n* найглибша (найвіддаленіша) частина (*чого-н.*) **2.** *a* 1) найглибший; що перебуває глибоко всередині; найвіддаленіший (*від кордону й под.*) 2) найпотаємніший, найзаповітніший **3.** *adv* глибоко всередину

inn [ɪn] *n* готель

innate [ɪˈneɪt] *a* 1) природжений, уроджений; природний, властивий 2) притаманний

inner [ˈɪnə] **1.** *n* внутрішня частина (*чого-н.*) **2.** *a* 1) внутрішній 2) таємний; заповітний; **i. thoughts** потаємні думки; **i.-directed** *a* який діє за внутрішнім переконанням

innerv||e [ɪˈnɜːv] *v* 1) роздратовувати 2) пожвавлювати, надихати; збуджувати, стимулювати; **~ation** *n фізіол.* іннервація, збудження

innkeeper [ˈɪnˌkiːpə] *n* господар готелю; хазяїн заїжджого двору; трактирник

innoc||ent [ˈɪnəs(ə)nt] **1.** *n* 1) безневинне немовля 2) невинна (безневинна) людина

3) простак, роззява; ідіот **2.** *a* 1) невинний, чистий; цнотливий; **i. snow** незайманий сніг; **i. life** непорочне життя 2) невинуватий 3) наївний, нелукавий, простодушний 4) дурний, придуркуватий 5) сумирний, нешкідливий 6) *розм.* позбавлений (*чого-н.*) 7) *мед.* незлоякісний, доброякісний (*про пухлину*); **~ence** *n* 1) невинність, чистота; цнотливість, незайманість 2) невинуватість 3) наївність, простодушність 4) дурість, придуркуватість 5) нешкідливість; **~uity** *n книжн.* нешкідливість, безневинність; **~uous** [ɪˈnɒkjʊəs] *a* безневинний

innovat||**ion** [ˌɪnəˈveɪʃ(ə)n] *n* 1) нововведення, новина 2) запровадження новини, новаторство 3) *бот.* пагін, паросток; **~or** [ˈɪnəveɪtə(r)] *n* новатор; раціоналізатор; **~ory** *a* новаторський; раціоналізаторський

innoxious = innocuous [ɪˈnɒkʃəs] *a* нешкідливий

innuendo [ˌɪnjʊˈendəʊ] **1.** *n* (*pl* -does [-əʊz]) 1) непрямий натяк 2) інсинуація; випад **2.** *v* робити приховані натяки

innumerable [ɪˈnjuːm(ə)rəb(ə)l] *a* незліченний, незчисленний

innutri||**ent** [ɪˈnjuːtrɪənt] *a спец.* непоживний; **~tion** *n спец.* недостатність харчування

inobnoxious [ˌɪnəbˈnɒkʃəs] *a* нешкідливий, безневинний

inobservable [ˌɪnəbˈzɜːvəbl] *a* непомітний, нерозрізнимий

inobservan||**t** [ˌɪnəbˈzɜːv(ə)nt] *a* 1) неуважний; неспостережливий 2) що не виконує (*розпорядження*); що не додержує (*правил*); **~ce** *n* 1) неуважність, неувага; неспостережливість 2) невиконання; недодержання (*правил і под.*)

inoccupation [ˌɪnɒkjʊˈpeɪʃ(ə)n] *n книжн.* незайнятість, ледарство

inoculat||**e** [ɪˈnɒkjʊleɪt] *v* 1) *мед.* робити щеплення 2) *перен.* навіювати, уселяти, викликати, насаджувати (*ідеї, думки*) 3) *війс. розм.* проводити підготовку військ; **~ive** *a мед.* прищепний, прищеплювальний

inodorous [ɪnˈəʊd(ə)rəs] *a* незапашний

inoffensive [ˌɪnəˈfensɪv] *a* 1) необразливий, некривдний 2) нешкідливий

inofficious [ˌɪnəˈfɪʃəs] *a* 1) недійсний; недієвий 2) *юр.* що суперечить моральному обов'язкові 3) несправедливий (*про духівницю*)

inoperable [ɪnˈɒp(ə)rəb(ə)l] *a* 1) незастосовний, нездійснимий 2) *мед.* що не підлягає оперуванню

inoperative [ɪnˈɒp(ə)rətɪv] *a* 1) невпливовий, неефективний, недієвий 2) *юр.* що не має законної сили 3) недіяльний, бездіяльний

inopportun||**e** [ɪnˈɒpətjuːn] *a книжн.* несвоєчасний; недоречний; **~ity** *n* несвоєчасність; недоречність

inordina||**te** [ɪˈnɔːd(ə)nɪt] *a* 1) безладний 2) нестриманий, непомірний; надмірний; **i. cost** надто висока ціна; **i. drinking** зловживання спиртними напоями; **~cy** *n* 1) безладність 2) нездержливість, непомірність; надмірність

inorganic [ˌɪnɔːˈɡænɪk] *a* 1) неорганічний, неживий 2) що не є органічною частиною; чужий, невластивий

inorganis||**ation** [ɪnˌɔːɡənaɪˈzeɪʃ(ə)n] *n* неорганізованість; **~ed** *a* неорганізований

inornate [ˌɪnɔːˈneɪt] *a* невигадливий, простий; неприкрашений

inosculat||**e** [ɪˈnɒskjʊleɪt] *v* з'єднувати; зрощувати; зв'язувати 2) зростатися; переплітатися; **~ion** *n* 1) з'єднання, сполучення, зв'язок 2) *анат.* анастомоз

in-patient [ˈɪnˌpeɪʃ(ə)nt] *n* 1) стаціонарний хворий 2) лежачий хворий

input [ˈɪnpʊt] *n* 1) *обч.* інформація на вході; вхідні дані; вхідна інформація; вхідний сигнал 2) *обч.* введення (*інформації*) 3) грошовий вклад

inquest [ˈɪnkwest] *n* 1) слідство, розслідування, дізнання; **an i. of lunacy** експертиза для з'ясування психічного стану 2) журі; склад присяжних

inquietude [ɪnˈkwaɪətjuːd] *n* неспокій, тривожний стан; тривога; душевне хвилювання

inquir||**e** [ɪnˈkwaɪə] *v* 1) питати, запитувати, розпитувати 2) довідуватися; дізнаватися 3) розслідувати, з'ясовувати; **~endo** *n* (*pl* -dos [-əʊz]) *юр.* 1) доручення посадовцеві провести слідство 2) слідство; **~er** *n* 1) той, що проводить опитування 2) слідчий; **~ing** *a* 1) хто запитує (*розпитує*); запитливий, запитальний 2) допитливий; **~y** *n* 1) розпитування; інформування 2) питання; запитання; запит; довідка 3) *юр.* розслідування (*справи*) 4) дослідження 5) *ком.* попит

inquisit||**ion** [ˌɪnkwɪˈzɪʃ(ə)n] *n* 1) дослідження 2) *юр.* слідство 3) (the ~) *іст.* інквізиція 4) *перен.* катування; гризота; **~ional** *a* 1) дослідницький 2) *юр.* слідчий 3) *іст.* інквізиторський; **~iveness** *n* допитливість, цікавість; **~or** *n* 1) дослідник 2) *юр.* судовий слідчий 3) *іст.* інквізитор; **~orial** *a* 1) дослідницький 2) *юр.* слідчий 3) надто цікавий

inracinate [ɪnˈræsɪneɪt] *v* садовити, саджати (*рослини*)

inroad [ˈɪnrəʊd] *n* 1) напад; вторгнення 2) *часто pl* зазіхання

inruption [ɪnˈrʌpʃ(ə)n] *n* вторгнення

insalubri||**ous** [ˌɪnsəˈluːbrɪəs] *a* шкідливий для здоров'я; **~ty** *n* шкідливість для здоров'я

insanable [ɪnˈseɪnəb(ə)l] *a* невиліковний
insane [ɪnˈseɪn] **1.** *n* психічнохворий **2.** *a* 1) божевільний, ненормальний 2) безглуздий, нерозсудливий 3) для божевільних
insanitary [ɪnˈsænɪt(ə)rɪ] *a* антисанітарний
insanity [ɪnˈsænɪtɪ] *n* божевілля; безумство
insatiab‖le [ɪnˈseɪʃəb(ə)l] *a* жадібний, зажерливий (of, for); **~ility** *n* жадібність; зажерливість
inscri‖be [ɪnˈskraɪb] *v* 1) надписувати, робити запис (напис) 2) записувати; включати до списку; реєструвати 3) зберегти, закарбувати (у пам'яті) 4) геом. уписувати (фігуру); **~bed** *a фін.* зареєстрований; **~ption** *n* 1) напис 2) посвята, присвята
inscrutable [ɪnˈskruːtəb(ə)l] *a* незбагненний; загадковий, таємничий; непроникливий
insculp [ɪnˈskʌlp] *v* ґравіювати, вирізьблювати (фігури й под.)
insect [ˈɪnsekt] *n* 1) зоол. комаха 2) перен. нікчемність; нікчема; **i.-eating** *a* комахоїдний; **~icide** *n* 1) спец. інсектицид; засіб для винищення комах 2) знищення комах
insecur‖e [ˌɪnsɪˈkjʊə] *a* 1) небезпечний 2) ненадійний, неміцний 3) неґарантований, ризикований 4) невпевнений; **~ity** *n* 1) небезпечність 2) ненадійність, неміцність 3) ризикованість 4) невпевненість
inseminate [ɪnˈsemɪneɪt] *v спец.* 1) сіяти, насаджувати 2) запліднювати; штучно запліднювати
insensib‖le [ɪnˈsensəb(ə)l] *a* 1) нечутливий 2) нечулий 3) байдужий 4) нетямущий; 5) непритомний 6) невідчутний, непомітний, невиразний 7) безглуздий 8) невитончений, грубий; **~ility** *n* 1) нечутливість 2) непритомність 3) апатія 4) непомітність
inseparab‖le [ɪnˈsep(ə)rəb(ə)l] *a* невіддільний, нероздільний, нерозривний; нерозлучний; **~ility** *n* невіддільність, нероздільність; нерозривність; нерозлучність; **~les** *n pl* нерозлучні (друзі)
insert 1. *n* [ˈɪnsɜːt] вставка **2.** *v* [ɪnˈsɜːt] 1) уставляти; укладати 2) уводити (ліки) 3) уміщувати (статтю) 4) ел. умикати 5) мат. уводити (дані); **~ion** *n* 1) уставляння; укладання; уведення 2) виведення на орбіту 3) уміщення (статті) 4) вставка (у книзі) 5) прошивка, вставка (у сукні) 6) оголошення (у газеті)
inset 1. *n* [ˈɪnset] 1) вкладка, вклейка 2) приплив **2.** *v* [ɪnˈset] (past і p. p. inset) уставляти; укладати
inseverable [ɪnˈsev(ə)rəb(ə)l] *a* 1) невіддільний 2) нерозлучний
in-shore [ˌɪnˈʃɔː] *a* 1) прибережний 2) спрямований до берега

inside [ɪnˈsaɪd] **1.** *n* 1) внутрішня частина; внутрішній простір; середина 2) внутрішній бік, внутрішня поверхня (чого-н.) 3) виворіт, спід 4) тж *pl* нутрощі **2.** *a* 1) внутрішній 2) що робиться (виконується) у приміщенні **3.** *prep* 1) усередині, у, в 2) усередину, у, в
insidious [ɪnˈsɪdɪəs] *a* 1) підступний, зрадницький; хитрий 2) що непомітно наближається (підстерігає)
insight [ˈɪnsaɪt] *n* 1) прозорливість; проникливість 2) розуміння, усвідомлення; інтуїція 3) психол. осяяння, раптова здогадка
insignia [ɪnˈsɪɡnɪə] *n pl лат.* 1) відзнака, ордени; нагороди 2) значки 3) війс. знаки розрізнення (звань і под.)
insignifican‖t [ˌɪnsɪɡˈnɪfɪkənt] *a* 1) незначний, неістотний 2) мізерний, маленький 3) беззмістовний, пустий; **~ce** *n* 1) незначність, неважливість, неістотність 2) беззмістовність; **~cy** *n* 1) нікчемна людина 2) неістотна (маловажна) річ 3) неістотність, незначність, неважливість 4) беззмістовність
insincer‖e [ˌɪnsɪnˈsɪə] *a* нещирий, лицемірний; **~ity** [ˌɪnsɪnˈserɪtɪ] *n* нещирість, лицемірство
insinuation [ɪnˌsɪnjʊˈeɪʃ(ə)n] *n* 1) вигадки, інсинуації, нашіптування, натяки 2) вкрадливість; уміння підлеститися (сподобатися)
insipid [ɪnˈsɪpɪd] *a* 1) несмачний, прісний 2) нудний, нецікавий, млявий; **~ity** *n* 1) несмак; прісність 2) нудьга, нудота, млявість, безбарвність
insipient [ɪnˈsɪpɪənt] *a* нерозумний, дурний
insist [ɪnˈsɪst] *v* 1) наполегливо твердити, наполягати на своєму 2) настійно вимагати, домагатися; **~ence** *n* 1) наполегливість; напосідливість 2) настійна вимога, наполягання; **~ent** *a* 1) наполегливий, настійливий 2) нагальний, пекучий 3) незвичайний
insobriety [ˌɪnsəˈbraɪətɪ] *n* 1) нетверезість 2) нездержливість, непоміркованість; пияцтво
insociable [ɪnˈsəʊʃəbl] *a* нетовариський, некомпанійський
insolen‖t [ˈɪnsələnt] *a* 1) пихатий, бундючний, зарозумілий; зневажливий 2) зухвалий, нахабний; брутальний; **~ce** *n* 1) пихатість, бундючність, зарозумілість; зневажання 2) нахабство, зухвалість
insolub‖le [ɪnˈsɒljʊbl] *a* 1) нерозчинний 2) нерозв'язний 3) непорушний, міцний; **~ility** *n* 1) нерозчинність 2) нерозв'язність
insolvable [ɪnˈsɒlvəb(ə)l] *a* нерозв'язний
insolven‖t [ɪnˈsɒlvənt] **1.** *n* банкрут **2.** *a* неплатоспроможний; неспроможний; **~cy** *n* юр. неплатоспроможність, банкрутство
insomnia [ɪnˈsɒmnɪə] *n мед.* безсоння, нічниці

insorb [ɪnˊsɔːb] v 1) усмоктувати, убирати, поглинати, абсорбувати 2) захоплювати

inspect [ɪnˊspekt] v 1) старанно оглядати; уважно вивчати; переглядати 2) інспектувати, проводити огляд; наглядати; **~ion** n 1) огляд; уважне вивчення; перегляд 2) *юр.* офіційне розслідування; експертиза 3) інспекція, нагляд 4) проникнення в суть, усвідомлення; **~ive** a 1) спостережливий, уважний 2) інспекційний; **~or** n 1) інспектор; ревізор; контролер 2) спостерігач 3) наглядач; **~orial** a інспекційний

inspir∥e [ɪnˊspaɪə] v 1) надихати, запалювати; стимулювати 2) навіювати, уселяти; збуджувати; заронити (*надію та под.*) 3) інспірувати 4) *рел.* посилати небесний дар, обдаровувати 5) дихати, вдихати; **~ation** [ˌɪnspəˊreɪʃn] n 1) натхнення; духовне піднесення 2) стимулювання, спонукання; надихання 3) *рел.* небесний дар 4) інспірування; вдихання; **~ational** a 1) натхненний 2) надихаючий, запалюючий; **~iting** [ɪnˊspɪrɪtɪŋ] a надихаючий, запалюючий

instab∥le [ɪnˊsteɪb(ə)l] a 1) нестійкий, несталий, нестабільний, хиткий, мінливий 2) непостійний, неврівноважений; **~ility** n 1) нестійкість, несталість, хиткість, мінливість, нестабільність 2) непостійність; неврівноваженість

install [ɪnˊstɔːl] v 1) офіційно призначати на посаду 2) улаштовувати, розташовувати, поміщати; **~ation** n 1) офіційне призначення на посаду 2) установлення, розміщення; монтаж, складання 3) *pl* споруди; **~ment** n 1) черговий внесок 2) окремий випуск; **by i.-s** *adv* на виплат

instance [ˊɪnstəns] 1. n 1) приклад, зразок; окремий випадок 2) причина, мотив 3) обставина 4) настійне прохання 5) *юр.* судова інстанція 6) судовий процес 7) прецедент 2. v 1) наводити як приклад; посилатися на 2) бути прикладом 3) наполягати; переконувати

instancy [ˊɪnstənsɪ] n 1) настійність, нагальність, негайність, невідкладність 2) неминучість 3) миттєвість

instant [ˊɪnstənt] 1. n мить, момент; хвилина 2. a 1) негайний, миттєвий; моментальний 2) безпосередній, прямий 3) настійний, невідкладний 4) поточний; **~aneous** [ˌɪnstənˊteɪnɪəs] a 1) миттєвий, моментальний 2) негайний, невідкладний; **~er** *adv лат.* умить, миттю, моментально; зараз же, зразу, невідкладно

instate [ɪnˊsteɪt] v 1) призначати на посаду; присвоювати звання 2) забезпечувати

instaurat∥ion [ˌɪnstɔːˊreɪʃ(ə)n] n 1) реставрація, оновлення 2) заснування, закладення; **~or** n 1) реставратор 2) засновник

instead [ɪnˊsted] *adv* замість, натомість (of)

instep [ˊɪnstep] n підйом (*ноги*)

instigat∥e [ˊɪnstɪgeɪt] v 1) підбурювати 2) провокувати, розпалювати; **~ion** n підбурювання, намовляння; **~or** n підбурювач, заводій

instinct 1. n [ˊɪnstɪŋkt] 1) інстинкт; природне почуття 2) природжений нахил; потяг; здібність **2.** a [ɪnˊstɪŋkt] *predic.* сповнений (*життя*); **~ive** a інстинктивний, підсвідомий

institut∥e [ˊɪnstɪtjuːt] **1.** n 1) інститут; науково-дослідний заклад 2) асоціація, товариство 3) (професійна) вечірня школа 4) *pl юр.* основи права, інституції **2.** v 1) засновувати; запроваджувати 2) починати (*слідство*) 3) *церк.* призначати (*на посаду*) 4) навчати, наставляти; **~ion** n 1) заснування; запровадження 2) товариство, організація, установа 3) дитячий навчальний (лікувальний) заклад 4) *церк.* наділення (*духовною владою*); **~ional** a 1) установлений, заснований 2) початковий, зачатковий; елементарний 3) що стосується лікувальних (благодійних) закладів; **~ive** a 1) засновницький, установчий 2) заснований, установлений; узаконений; **~or** n засновник; організатор

instruct [ɪnˊstrʌkt] v 1) учити, навчати 2) інструктувати; наказувати 3) інформувати, сповіщати 4) *юр.* доводити, підтверджувати; **~ion** n 1) навчання, освіта 2) інструктаж, інструктування 3) освіченість, освіта; знання 4) *pl* інструкції, вказівки, директиви; накази, розпорядження; **~ional** a 1) освітній, виховний 2) навчальний; **~ive** a повчальний; **~or** n 1) учитель, викладач 2) інструктор; керівник 3) довідник; інструкція; посібник

instrument [ˊɪnstrʊmənt] **1.** n 1) знаряддя; інструмент; прилад; апарат; пристрій 2) засіб, знаряддя (*для досягнення мети*) 3) музичний інструмент 4) *юр.* документ 5) орган людського тіла **2.** v 1) *муз.* оркеструвати 2) обладнувати приладами 3) *юр.* укладати договір (акт) 4) подавати прохання; **~al** a 1) визначний, важливий, корисний; який є знаряддям (засобом) 2) виконуваний за допомогою інструментів (приладів) 3) *муз.* інструментальний 4) *грам.* орудний; **~al case** орудний відмінок; **~ality** n засіб, спосіб; ініціатива; допомога; **~ation** n 1) *муз.* інструментування 2) манера виконання 3) застосування інструментів, використання приладів 4) оснащення інструментами 5) контрольно-вимірювальні прилади 6) допомога, засіб; **~ist** n інструменталіст (*музикант*)

insubmiss∥ion [ˌɪnsəbˊmɪʃ(ə)n] n непокір-

ність, непокора; неслухняність; **~ive** *a* непокірний; неслухняний
insubordination [ˌɪnsəˈbɔːd(ə)nɪt] **1.** *n* непокірна людина **2.** *a* непокірний; неслухняний
insubstantial [ˌɪnsəbˈstænʃ(ə)l] *a* 1) неміцний; тонкий 2) легкий, несолідний 3) нереальний; ілюзорний; уявний, позірний
insufferable [ɪnˈsʌf(ə)rəbl] *a* нестерпний
insufficien‖t [ˌɪnsəˈfɪʃ(ə)nt] *a* 1) недостатній; неповний; невідповідний; незадовільний 2) непридатний, нездатний; **~cy** *n* 1) недостатність; нестача 2) *мед.* недостатність 3) непридатність; нездатність (*до чого-н.*)
insula‖r [ˈɪnsjʊlə] **1.** *n* мешканець острова; острів'янин **2.** *a* 1) острівний 2) обмежений; забобонний 3) стриманий; відлюдний 4) ізольований; **~rity** *n* 1) острівне розташування 2) ізольованість 3) стриманість; відлюдкуватість 4) обмеженість; **~te 1.** *a* [ˈɪnsjʊlɪt] ізольований, відокремлений, роз'єднаний **2.** *v* [ˈɪnsjʊleɪt] ізолювати, відокремлювати; **~tion** *n* 1) відособлення 2) відособленість 3) *ел.* ізоляція; **~tor** *n* 1) *тех.* ізолятор 2) *ел.* діелектрик
insulse [ɪnˈsʌls] *a* 1) дурний, безглуздий; тупий 2) несмачний
insult 1. *n* [ˈɪnsʌlt] 1) образа; прикрість 2) напад **2.** *v* [ɪnˈsʌlt] 1) ображати, кривдити 2) нападати, накидатися 3) поводитися зухвало; **~er** *n* кривдник; **~ing** *a* образливий, кривдний
insuperable [ɪnˈsjuːp(ə)rəbl] *a* непереборний, нездоланний
insupportable [ˌɪnsəˈpɔːtəb(ə)l] *a* 1) нестерпний 2) безпідставний 3) невиправданий; необґрунтований
insuppressible [ˌɪnsəˈpresəb(ə)l] *a* 1) невгамовний, неприборкний 2) явний, очевидний
insur‖e [ɪnˈʃʊə] *v* 1) страхувати, застрахувати 2) страхуватися, застраховуватися 3) забезпечувати, ґарантувати 4) уберегти, застерегти; **~ance** *n* 1) страхування 2) сума страхування 3) страховий поліс 4) ґарантія; **~ant** *n* застрахований; **~er** *n* 1) страхувальник 2) страхове товариство, страхова компанія
insurgen‖t [ɪnˈsɜːdʒ(ə)nt] **1.** *n* 1) повстанець 2) заколотник; бунтівник **2.** *a* 1) повсталий 2) бунтівний, заколотний; **~cy** *n* 1) заколот, повстання 2) заворушення
insurmountable [ˌɪnsəˈmaʊntəb(ə)l] *a* нездоланний, непереборний
insurrection [ˌɪnsəˈrekʃ(ə)n] *n* 1) повстання 2) заколот, бунт; **~al** *a* 1) повстанський 2) заколотний, заколотницький; бунтарський
insusceptib‖le [ˌɪnsəˈseptəb(ə)l] *a* несприйнятливий; нечутливий; **~ility** *n* несприйнятливість; нечутливість

intact [ɪnˈtækt] *a* непошкоджений, неушкоджений, цілий; незайманий
intake [ˈɪnteɪk] *n* 1) утягування, усмоктування 2) поглинання; споживання; використання 3) набір (*службовців*)
intangib‖le [ɪnˈtændʒəbl] **1.** *n* 1) що-н. невідчутне на дотик 2) що-н. невиразне, неясне, невловиме **2.** *a* 1) що не відчувається (не сприймається) на дотик 2) невловимий, невиразний, неясний, незбагненний 3) нематеріальний; **~ility** *n* 1) невідчутність на дотик; нематеріальність 2) невловимість, неясність, невиразність
integ‖er [ˈɪntɪdʒə] *n* 1) *мат.* ціле число 2) що-н. ціле 3) одиниця вимірювання; **~ral 1.** *n* 1) *мат.* інтеґрал 2) що-н. ціле, неподільне **2.** *a* 1) невід'ємний, істотний 2) повний, цілий, суцільний 3) *мат.* інтеґральний; **~rality** *n* цілісність; цільність; повнота; **~rate 1.** *a* [ˈɪntɪgrɪt] цілий, суцільний, повний **2.** *v* [ˈɪntɪgreɪt] 1) об'єднувати в єдине ціле 2) завершувати 3) *мат.* інтеґрувати; **~ration** *n* 1) інтеґрація, об'єднання 2) *мат.* інтеґрування; **~rity** [ɪnˈtegrɪtɪ] *n* 1) чесність, прямота 2) цілісність, чистота
intellect [ˈɪntɪlekt] *n* 1) інтелект, розум; здоровий глузд 2) світлий розум, дуже розумна людина; **~ion** *n* 1) мислення 2) пізнання; **~ive** *a* 1) розумовий 2) мислячий, думаючий; **~ual** [ˌɪntɪˈlektʃʊəl] **1.** *n* 1) інтеліґент 2) *pl* (the ~s) інтеліґенція 3) мисляча людина **2.** *a* 1) розумовий, інтелектуальний 2) мислячий, думаючий, розумний 3) інтеліґентний, інтелектуальний
intellig‖ence [ɪnˈtelɪdʒ(ə)ns] *n* 1) розум, інтелект; розумові здібності 2) кмітливість, тямучість 3) вісті, відомості; інформація, повідомлення 4) *війс.* розвідка; **i. police** контррозвідка 5) стосунки, зв'язки; **~encer** *n* 1) донощик, інформатор 2) таємний аґент; розвідник; шпигун; **~ency** *n* 1) розум, інтелект; розумові здібності 2) стосунки, зв'язки; **~ent** 1. *n* 1) розумна людина 2) донощик, інформатор 3) шпигун **2.** *a* 1) розумний 2) кмітливий, тямущий 3) знаючий; досвідчений, поінформований; обізнаний 4) інформаційний; **~ential** *a книжн.* 1) розумний 2) тямущий, кмітливий 3) інформаційний; **~ibility** *n* зрозумілість, ясність; **~ible** *a* зрозумілий, ясний; розбірливий
intemerate [ɪnˈtemərɪt] *a* чистий, непорочний
intempera‖te [ɪnˈtemp(ə)rɪt] *a* 1) який зловживає (*чим-н.*) 2) нестриманий, різкий, запальний 3) надмірний; суворий (*про клімат*); **~ment** *n* поганий стан (*організму*); **~nce** *n* 1) непоміркованість; зловживання 2) нестриманість, гарячність, запальність

intempestive [ˌɪntemˈpestɪv] *a* несвоєчасний; недоречний

intend [ɪnˈtend] *v* 1) мати намір, збиратися, думати (*що-н. зробити*) 2) призначати, визначати 3) мати на увазі 4) спрямовувати, керувати 5) вирушати, прямувати 6) поширювати, розширювати, розтягувати 7) піклуватися, стежити 8) тлумачити, пояснювати; **~ance** *n* нагляд; спостереження; контроль, управління; **~ant** *n* 1) управитель 2) керівник, завідувач; **~ment** *n* 1) намір, бажання; план 2) *юр.* правильне розуміння закону

intenerate [ɪnˈtenəreɪt] *v* умовити; пом'якшити, розжалобити

intensat‖e [ɪnˈtenseɪt] *v* посилювати; **~ive** *a* підсилювальний

intens‖e [ɪnˈtens] *a* 1) напружений, інтенсивний 2) сильний, значний; надмірний 3) вразливий; ексцентричний; **~eness** *n* 1) сила, насиченість 2) напруженість, напруження; **~ify** *v* інтенсифікувати, підсилювати; загострювати; **~ion** *n* 1) напруження; зусилля 2) напруженість; сила, інтенсивність; насиченість 3) *лог.* суть поняття, зміст терміна; **~ity** *n* 1) інтенсивність, сила; глибина 2) напруженість; енергія; **~ive** *a* 1) інтенсивний, напружений; посилений 2) глибокий, ґрунтовний 3) *грам.* підсилювальний

intent [ɪnˈtent] **1.** *n* 1) намір, мета 2) значення, зміст; сенс **2.** *a* 1) зосереджений, пильний 2) (on) заглиблений, поринулий; захоплений, зайнятий 3) сповнений рішучості; **~ion** *n* 1) мета; намір; прагнення 2) значення, зміст; сенс 3) *філос.* поняття, ідея; **~ional 1.** *n* що-н. уявне (позірне) **2.** *a* 1) навмисний 2) *філос.* уявний; **~ness** *n* 1) старанність, дбайливість 2) напружена увага

inter 1. *v* [ɪnˈtɜː] ховати (*небіжчика*); закопувати (зазирати) в землю **2.** *prep* [ˈɪntə] між, серед

inter- [ˈɪntə-] *pref* (по)між-, інтер-, серед-, внутрішньо-, пере-, взаємо-; **interaction** взаємодія

interact 1. *n* [ˈɪntərækt] *театр.* 1) інтерлюдія 2) антракт **2.** *v* [ˌɪntəˈrækt] взаємодіяти; впливати один на одного

interaction [ˌɪntəˈrækʃ(ə)n] *n* взаємодія; вплив один на одного

interactive [ˌɪntəˈræktɪv] *a* 1) взаємодіючий; узгоджений; що впливають один на одного; взаємний, обопільний 2) *обч.* інтерактивний, діалоговий

interadditive [ˌɪntəˈrædɪtɪv] *n* включення; доповнення

interagency [ˌɪntəˈreɪdʒ(ə)nsɪ] *n* посередництво

interblend [ˌɪntəˈblend] *v* змішувати(ся), перемішувати

intercalat‖e [ɪnˈtɜːkəleɪt] *v* 1) додавати день (дні, місяць) у календарі 2) уставляти, інтерполювати; **~ion** *n* додаток, вставка

intercede [ˌɪntəˈsiːd] *v* 1) благати, просити 2) заступатися; клопотатися 3) сприяти примиренню, бути посередником 4) утручатися (*з метою примирення*); **~r** *n* 1) прохач; заступник 2) посередник

intercellular [ˌɪntəˈseljʊlə] *a біол.* міжклітинний

intercept [ˌɪntəˈsept] *v* 1) перехоплювати 2) переривати, припиняти, вимикати; відрізати; порушувати зв'язок 3) перетинати; заважати; перешкоджати 4) *мат.* виділяти, відділяти, витинати (*дугу*); **~ion** *n* 1) перехоплювання; радіоперехоплення 2) перегороджування, перекриття; перешкода, перепона, завада 3) підслуховування

intercess‖ion [ˌɪntəˈseʃ(ə)n] *n* клопотання, заступництво; посередництво; **~orial** [ˌɪntəsəˈsɔːrɪəl] *a* 1) що просить, клопочеться 2) благальний 3) посередницький; **~ory** *a* 1) заступницький 2) посередницький

interchange 1. *n* [ˈɪntətʃeɪndʒ] 1) перестановка; заміна (*одного іншим*) 2) (взаємний) обмін 3) (послідовне) чергування; зміна **2.** *v* [ˌɪntəˈtʃeɪndʒ] 1) заміняти (*одне іншим*); переставляти 2) обмінювати(ся); поміняти(ся) 3) чергувати(ся), змінювати(ся); **~ability** *n* 1) взаємозамінюваність 2) чергування, зміна, змінюваність; **~able** *a* 1) взаємозамінюваний; рівноцінний, рівнозначний 2) обопільний, взаємний 3) змінний; що чергується 4) мінливий, непостійний

intercommun‖e [ˌɪntəkəˈmjuːn] *v* підтримувати стосунки; спілкуватися; **~icable** *a* придатний для підтримання (здійснення) зв'язку (стосунків); **~icate** *v* 1) спілкуватися, розмовляти (*один з одним*) 2) обмінюватися (*думками*) 3) з'єднуватися (*між собою*) 4) мати стосунки; **~ication** *n* 1) зв'язок один з одним; тісне спілкування 2) обмін думками 3) сполучення, зв'язок 4) двосторонній (багатосторонній) зв'язок; **~ion** *n* 1) тісне спілкування; тісний зв'язок; близькі стосунки 2) взаємодія; **~ity** *n* 1) спільність 2) спільне володіння

interconnect [ˌɪntəkəˈnekt] *v* (взаємно) пов'язувати; зв'язуватися; **~ion** *n* взаємозв'язок; поєднання

intercontinental [ˌɪntəkɒntɪˈnent(ə)l] *a* міжконтинентальний

intercourse [ˈɪntəkɔːs] *n* 1) спілкування; діловий (дружній) зв'язок 2) відносини (*між країнами*) 3) статеві стосунки 4) обмін (*думками*) 5) взаємозв'язок, співвідношення 6) перешкода, утручання; перерва 7) чергування, зміна 8) вхід, проходження

intercross [ˌɪntəˈkrɒs] v 1) (взаємно) перетинатися 2) схрещуватися (про різні породи)

intercurren‖t [ˌɪntəˈkʌrənt] 1) випадковий, скороминущий 2) мед. проміжний, випадковий; інтеркурентний 3) що перешкоджає; **~ce** n утручання; перешкода, завада

interdental [ˌɪntəˈdentl] a лінгв. міжзубний, інтердентальний

interdependent [ˌɪntədɪˈpendənt] a взаємозалежний

interdict 1. n [ˈɪntədɪkt] 1) заборона 2) церк. відлучення, інтердикт 2. v [ˌɪntəˈdɪkt] 1) забороняти 2) позбавляти права користуватися (майном і под.) 3) утримувати (кого-н. від чого-н.) 4) церк. відлучати від церкви; **~ion** n 1) заборона 2) церк. відлучення від церкви 3) юр. заборона судом певних дій; **~ory** a заборонний; який забороняє

interest [ˈɪntrɪst] 1. n 1) інтерес, зацікавленість 2) захоплення, схильність; прагнення 3) важливість, значення 4) зазв. pl практична зацікавленість; вигода, користь, інтереси 5) частка; відсоток, проценти (на капітал) 6) майнове право 7) вплив; сила авторитету 8) зазв. pl група осіб, об'єднаних спільністю інтересів; зацікавлені особи (кола, організації) 2. v 1) цікавити, викликати інтерес (цікавість) 2) зацікавити (чим-н.); залучити до участі (у чому-н.) 3) зачіпати, торкатися; **~ed** a 1) зацікавлений; уважний 2) особисто зацікавлений, корисливий 3) упереджений, небезсторонній; **~ing** a 1) цікавий, інтересний 2) важливий, значний 3) зворушливий, хвилюючий; **to show ~** проявити зацікавленість; **to take (an) ~** цікавитися

interfer‖e [ˌɪntəˈfɪə] v 1) утручатися 2) заважати, перешкоджати 3) шкодити 4) набридати, надокучати 5) амер. юр. заперечувати (чиї-н.) права на патент 6) перетинатися, перехрещуватися; **~ence** n 1) утручання 2) перешкода, завада; **~ing** a надокучливий

interfl‖ow 1. n [ˈɪntəfləʊ] злиття, зливання, змішування 2. v [ˌɪntəˈfləʊ] 1) зливатися, змішуватися 2) текти між (чим-н.); **~uence** n злиття

interfold [ˌɪntəˈfəʊld] v 1) складати (що-н.) 2) укладати (одне в одне)

interfus‖e [ˌɪntəˈfjuːz] v 1) змішувати(ся), перемішувати(ся) 2) проникати (у що-н.); просочувати; **~ion** n 1) змішування 2) суміш, перемішування; суміш

intergalactic [ˌɪntəɡəˈlæktɪk] a міжгалактичний, міжзоряний

intergovernmental [ˌɪntəˌɡʌv(ə)nˈmentl] a міжурядовий

intergrade 1. n [ˈɪntəɡreɪd] бот., зоол. проміжна (перехідна) форма 2. v [ˌɪntəˈɡreɪd] бот., зоол. еволюціонувати, набувати ознак іншого виду

interim [ˈɪntərɪm] 1. n 1) проміжок (період) часу 2) тимчасова постанова 2. a тимчасовий; попередній; проміжний

interior [ɪnˈtɪ(ə)rɪə] 1. n 1) внутрішність; внутрішня частина (чого-н.); середина 2) інтер'єр 3) глибокий тил 4) внутрішні справи, внутрішнє життя (країни) 2. a 1) внутрішній 2) віддалений від моря 3) приватний

interject [ˌɪntəˈdʒekt] v 1) укинути слівце; побіжно зауважити 2) утручатися 3) перетинатися 4) перебувати між (чим-н.); **~ion** n 1) грам. вигук 2) утручання; **~ional** a 1) уставлений (про слово) 2) виразний, промовистий

interknit [ˌɪntəˈnɪt] v 1) ув'язувати (одне в інше) 2) переплітати, сплітати 3) переплітатися, сплітатися

interlapse [ˈɪntəlæps] n проміжок часу між двома подіями

interlard [ˌɪntəˈlɑːd] v 1) шпигувати (м'ясо) 2) уставляти в мовлення іншомовні слова

interlay [ˌɪntəˈleɪ] v (past i p. p. interlaid) класти між (чим-н.)

interlineary [ˌɪntəˈlɪnɪərɪ] 1. n підрядковий переклад 2. a 1) міжрядковий 2) підрядковий

interlingua [ˌɪntəˈlɪŋɡwə] n лінгв. мова-посередник, інтерлінгва

interlink 1. n [ˈɪntəlɪŋk] сполучна ланка 2. v [ˌɪntəˈlɪŋk] 1) зв'язувати; пов'язувати 2) взаємопов'язувати

interlock [ˌɪntəˈlɒk] v з'єднувати(ся), змикати(ся), зчіплювати(ся)

interlocut‖ion [ˌɪntələˈkjuːʃ(ə)n] 1) розмова; співбесіда; діалог 2) юр. заключні дебати; **~or** [ˌɪntəˈlɒkjətə(r)] n співрозмовник; **~ory** 1. n юр. судова постанова, ухвалена в ході процесу 2. a 1) розмовний, діалогічний 2) уставлений побіжно (про зауваження й под.) 3) юр. попередній, неостаточний

interlope [ˌɪntəˈləʊp] v 1) утручатися в чужі справи 2) займатися контрабандою

interlude [ˈɪntəluːd] 1. n 1) муз. інтерлюдія 2) антракт 3) театр. фарс, комедія 2. v показувати виставу

intermarr‖y [ˌɪntəˈmærɪ] v породичатися через шлюб; змішатися (про раси, племена); **~iage** n шлюб між людьми різних рас (національностей і под.)

intermeddle [ˌɪntəˈmedl] v 1) утручатися; настирливо заважати (кому-н.) 2) умішувати, перемішувати, підмішувати

intermediacy [ˌɪntəˈmiːdɪəsɪ] n 1) посередництво 2) утручання

intermedi||ate [ˌɪntəˈmiːdɪət] **1.** *n* біол. проміжний вид; проміжна форма **2.** *a* 1) проміжний, перехідний 2) допоміжний **3.** *v* [ˌɪntəˈmiːdɪeɪt] 1) бути посередником 2) утручатися; настирливо заважати; **~ary 1.** *n* 1) посередництво 2) проміжна (перехідна) стадія (форма) **2.** *a* 1) посередницький 2) проміжний; перехідний; **~ation** *n* 1) посередництво 2) утручання; **~ator** *n* посередник; **~um** *n* (*pl тж* -dia, -diums [-jəmz]) 1) засіб повідомлення (передачі) (*чого-н.*) 2) передавальна (перехідна) ланка; посередництво 3) проміжок (*часу*); перерва

interment [ɪnˈtɜːmənt] *n* поховання

intermezzo [ˌɪntəˈmetsəʊ] *n* (*pl* -zzi, -zzos [-əʊz]) 1) інтермедія 2) *муз.* інтермецо

interminate [ɪnˈtɜːmɪnɪt] *a* нескінченний, безмежний, безкраїй

intermingle [ˌɪntəˈmɪŋɡ(ə)l] *v* 1) змішувати(ся), перемішувати(ся), переплітати(ся) 2) спілкуватися (with — з ким-н.)

intermi||t [ˌɪntəˈmɪt] *v* 1) переривати(ся); припиняти(ся); зупиняти(ся) (*на деякий час*) 2) утручатися (*у що-н.*); **~ssion** *n* 1) перерва; пауза; зупинка; тимчасове припинення 2) *амер.* антракт 3) вакації, канікули 4) *мед.* проміжок між нападами хвороби; **~ssive** *a* переривчастий, уривчастий, перемежний; **~ttence** [ɪnˈtɜːmɪtəns] *n* 1) перерва, затримка; припинення, зупинка (*на деякий час*) 2) *мед.* наявність проміжків між нападами хвороби 3) перемежність; переривчастість; **~ttent 1.** *n мед.* перемежна пропасниця **2.** *a* 1) переривчастий, уривчастий 2) періодичний, стрибкоподібний

intermix||ed [ˌɪntəˈmɪkst] *a* змішаний, перемішаний; тісно переплетений; **~ture** *n* 1) суміш, сполука, сполучення 2) домішка

intermutual [ˌɪntəˈmjuːtʃʊəl] *a* обопільний, взаємний; двосторонній

internal [ɪnˈtɜːnl] **1.** *n* 1) *pl* анат. внутрішні органи 2) *pl* властивості, якості, риси 3) *зазв. pl* внутрішнє (*про ліки*) **2.** *a* 1) внутрішній 2) душевний, потаємний

international [ˌɪntəˈnæʃ(ə)nəl] **1.** *n* 1) міжнародні змагання 2) учасник міжнародних спортивних змагань **2.** *a* міжнародний, інтернаціональний; **~ism** *n* інтернаціоналізм

internecive [ˌɪntəˈniːsɪv] *a* міжусобний

internist [ɪnˈtɜːnɪst] *n* терапевт

internment [ɪnˈtɜːnmənt] *n* інтернування; період інтернування

interosculate [ˌɪntərˈɒskjʊleɪt] *v спец.* 1) взаємопроникати; змішуватися 2) утворювати сполучну ланку 3) мати спільні ознаки

interpenetrate [ˌɪntəˈpenɪtreɪt] *v* 1) глибоко проникати, проходити крізь (*що-н.*) 2) взаємопроникати

interplanetary [ˌɪntəˈplænɪt(ə)rɪ] *a* міжпланетний

interplay [ˈɪntəpleɪ] *n* взаємодія

Interpol [ˈɪntəpɒl] *n* Інтерпол, міжнародна агенція з координації дій поліції країн-учасниць

interpolat||e [ɪnˈtɜːpəleɪt] *v* 1) *мат., лінґв.* інтерполювати 2) вставляти слова (зауваження) 3) переривати (*що-н.*); **~ion** *n* 1) інтерполяція, вставка 2) *мат., лінґв.* інтерполювання

interpos||e [ˌɪntəˈpəʊz] *v книжн.* 1) ставити (класти) між (*чим-н.*); уставляти 2) виставляти 3) утручатися, устрявати 4) переривати (*розповідача*); укидати (*зауваження*) 5) удаватися (*до чого-н.*); пропонувати (*послуги*) 6) заважати, перешкоджати (*чому-н.*); **~ition** *n* 1) розташування (*чого-н.*) між (*чим-н.*) 2) перебування між (*чим-н.*) 3) утручання 4) участь; посередництво 5) *грам.* вставне речення (слово)

interpret [ɪnˈtɜːprɪt] *v* 1) інтерпретувати, тлумачити, пояснювати 2) розкривати задум (зміст) (*п'єси й под.*) 3) розцінювати, розуміти 4) перекладати усно; бути усним перекладачем; **~ation** *n* 1) тлумачення, пояснення, інтерпретація 2) розкриття задуму (*п'єси й под.*) 3) переклад (*усний*) 4) значення; **~ative** *a* тлумачний; пояснювальний; **~er** *n* 1) усний перекладач 2) тлумач, інтерпретатор 3) *обч.* інтерпретувальна програма, (програма-) інтерпретатор 4) *муз.* виконавець

interpunctuate [ˌɪntəˈpʌŋktʃʊeɪt] *v спец.* розставити розділові знаки

interrelat||ed [ˌɪntərɪˈleɪtɪd] *a* взаємодіючий; співвіднесений; **~ion** *n* взаємозв'язок; співвідношення; **~ionship** *n* 1) взаємозв'язок, співвідношення 2) спорідненість

interrogat||e [ɪnˈterəɡeɪt] *v* 1) запитувати, розпитувати 2) допитувати; **~ee** *a* допитуваний; **~ion** *n* 1) запитання 2) *грам.* знак питання (*тж* ~ point, mark, note) 3) усний іспит 4) риторичне запитання; **~ive** [ˌɪntəˈrɒɡətɪv] **1.** *n* 1) *грам.* питальне слово 2) запитання 3) допит, дізнання **2.** *a* 1) питальний, запитальний, запитливий 2) *грам.* питальний; **~ory 1.** *n юр.* письмове опитування свідків (сторін) **2.** *a* питальний, запитливий

interrupt [ˌɪntəˈrʌpt] **1.** *n* 1) тимчасова зупинка, перерва 2) розрив 3) *обч.* сигнал переривання (*роботи ЕОМ*) **2.** *v* 1) переривати; припиняти 2) порушувати, заважати (*чому-н.*) 3) заслоняти, заступати, затуляти, закривати 4) утручатися (*у розмову й под.*) 5) перепиняти; загороджувати; заступати, ставати поперек шляху (дороги); **~ed** *a* перерваний; переривчастий; порушений; **~ion** *n* 1) перерва; тимчасове припинення (*роботи й под.*);

зупинка; затримка 2) утручання, вторгнення 3) порушення (чого-н.), перешкода, завада 4) розрив, роз'єднання; **~ive** *a* переривчастий, уривчастий

intersect [ˌɪntə'sekt] *v* 1) перетинати 2) перетинатися, перехрещуватися; схрещуватися 3) розсікати, розтинати; перерізати, розділяти надвоє (на частини); **~ion** *n* 1) перетин 2) *мат.* точка (лінія) перетину 3) роздоріжжя

interspace ['ɪntəspeɪs] 1. *n* проміжок (часу, простору); інтервал 2. *v* 1) робити (залишати) проміжки 2) заповнювати проміжки

intersperse [ˌɪntə'spɜːs] *v* 1) розсипати, розкидати 2) пересипати, засівати, усівати; посипати 3) різноманітити; прикрашати (що-н.) 4) укладати (уставляти) (що-н.) у проміжки

interstice [ɪn'tɜːstɪs] *n* 1) проміжок; вузький прохід, щілина, шпара; розколина 2) перерва, інтервал

intertangle [ˌɪntə'tæŋgl] *v* сплутувати, переплутувати; переплітати; перемішувати

intertexture [ˌɪntə'tekstʃə] *n* 1) уплітання 2) те, що вплетено

intertissued [ˌɪntə'tɪʃuːd, -'tɪsjuːd] *a* переплетений; уплетений

intertropical [ˌɪntə'trɒpɪk(ə)l] *a* 1) міжтропічний 2) тропічний

intertwine [ˌɪntə'twaɪn] *v* 1) сплітати 2) сплітатися; переплітатися 3) заплутатися, закручуватися

intertwist [ˌɪntə'twɪst] *v* закручувати, перекручувати; заплутувати

interurban [ˌɪntər'ɜːbən] *a* міжміський

interval ['ɪntəv(ə)l] *n* 1) проміжок, відстань між (чим-н.); інтервал 2) пауза; проміжок (часу); перерва 3) антракт, перерва

interven||**e** [ˌɪntə'viːn] *v* 1) відбуватися, мати місце, траплятися (протягом певного періоду часу) 2) утручатися, заступатися, бути посередником 3) перешкодити, стати на перешкоді 4) знаходитися (перебувати, лежати) між; потрапляти між; **~tion** *n* 1) утручання 2) посередництво 3) інтервенція 4) проміжне положення (предмета); проміжний період; **~tionist** *n* інтервент

interview ['ɪntəvjuː] 1. *n* 1) інтерв'ю 2) ділове побачення, зустріч; розмова 3) огляд 4) погляд 2. *v* 1) інтерв'ювати 2) особисто зустрітися 3) побачити 4) опитувати; **~ee** [ˌɪntəvjuː'iː] *n* той, хто дає інтерв'ю; **~er** *n* інтерв'юер

intervital [ˌɪntə'vaɪtl] *a* що перебуває на краю загибелі

interwork [ˌɪntə'wɜːk] *v* (-wrought, -worked [-t]) взаємодіяти, взаємно впливати

interwreathe [ˌɪntə'riːð] *v* переплітати, сплітати; уплітати

intesta||**te** [ɪn'test(e)ɪt] **1.** *n юр.* особа, яка померла без заповіту (духівниці) **2.** *a юр.* померлий без заповіту (духівниці); **~cy** *n юр.* відсутність заповіту (духівниці)

intestin||**e** [ɪn'testɪn] *n зазв. pl анат.* кишківник; кишка; **~al** *a* 1) *анат.* кишковий 2) внутрішній

intima||**te** ['ɪntɪmɪt] **1.** *n* близький (щирий, нерозлучний) друг **2.** *a* 1) глибокий, заповітний, потаємний 2) внутрішній 3) інтимний, особистий 4) любовний, інтимний 5) близький, тісний, задушевний; нерозлучний, щирий, дружній 6) добре обізнаний 7) ґрунтовний, глибокий (про знання) **3.** *v* ['ɪntɪmeɪt] 1) натякати, говорити натяками, давати зрозуміти 2) побіжно згадувати 3) *амер.* офіційно заявляти; повідомляти; **~cy** *n* 1) близьке знайомство; тісний зв'язок 2) близькість, інтимність; **~tion** *n* 1) натяк; ознака (чого-н.) 2) оголошення

intimidat||**e** [ɪn'tɪmɪdeɪt] *v* лякати, залякувати, страхати; погрожувати; шантажувати; **~ion** *n* 1) залякування, лякання, страхання; погрози, шантаж 2) страх, острах, боязнь; заляканість; боязкість

intimity [ɪn'tɪmɪtɪ] *n* інтимність

intinction [ɪn'tɪŋkʃ(ə)n] *n церк.* обряд причащання; причастя

intitule [ɪn'tɪtjuːl] *v* називати, давати назву (заголовок)

into ['ɪntuː, 'ɪntə] *prep* указує на: 1) рух, напрям усередину у, в, на; **to walk i. a square** вийти на майдан 2) тривалість дії до якого-н. моменту до; **to work far i. the night** працювати до пізньої ночі 3) зіткнення з ким-н., чим-н. з, на 4) рух у часі у, в; **to look i. the future** зазирнути в майбутнє 5) включення, занесення куди-н. у, в, до; **to include i. a list** занести до списку 6) перехід у новий стан, набуття нової якості і под. у, в, до, на; **to turn water i. ice** перетворювати воду на лід 7) поділ, розламування на частини, згинання й под. на; **to divide i. some parts** ділити на кілька частин 8) переклад з однієї мови на іншу на; **to translate from English i. Ukrainian** перекладати з англійської мови на українську; <> **to come i. being** виникнути, з'явитися; **to take i. account (consideration)** брати до уваги

intolerable [ɪn'tɒl(ə)rəbl] *a* нестерпний; **~ness** *n* нестерпність

intoleran||**t** [ɪn'tɒl(ə)rənt] **1.** *n* нетерпимий; той, хто не терпить (чого-н., кого-н.) **2.** *a* 1) нетерпимий, нетолерантний 2) нетерплячий; який не витерплює, не зносить (чого-н.); **~ce** *n* 1) нетерпимість 2) нетерплячість; невміння терпіти (витерплювати) (що-н.)

intonate [ɪnˈtəʊneɪt] v 1) інтонувати; модулювати 2) вимовляти співуче 3) *фон.* вимовляти за участю голосу

intort [ɪnˈtɔːt] v 1) крутити, вертіти 2) загинати, закручувати; **~ed** *a* загнутий, закручений

intoxic||ant [ɪnˈtɒksɪkənt] 1. *n* 1) п'янкий (міцний) напій 2) *мед.* токсична речовина 2. *a* 1) п'янкий 2) *мед.* отруйний; **~ate** 1. *n* п'яний 2. *a* 1) п'яний, сп'янілий 2) збуджений; захоплений 3. *v* [ɪnˈtɒksɪkeɪt] 1) напоїти доп'яну 2) оп'яняти; збуджувати 3) *мед.* отруювати; **~ation** *n* 1) сп'яніння 2) збудження, захоплення, захват 3) *мед.* інтоксикація, отруєння

intracranial [ˌɪntrəˈkreɪnɪəl] *a анат.* внутрішньочерепний

intractab||le [ɪnˈtræktəb(ə)l] 1. *n* незговірлива (незгідлива) людина 2. *a* 1) незговірливий, незгідливий; упертий; непоступливий 2) важковиховуваний; неслухняний, недисциплінований 3) що погано піддається обробці; непластичний 4) важковиліковний; **~ility** *n* 1) упертість, незговірливість 2) непіддатливість

intramolecular [ˌɪntrəməˈlekjʊlə] *a* внутрішньомолекулярний

intransigen||t [ɪnˈtrænsɪdʒ(ə)nt] 1. *n* безкомпромісний політичний діяч 2. *a* непримиренний, непохитний, безкомпромісний; **~ce** *n* непримиренність, непохитність

intransitive [ɪnˈtrænsɪtɪv] *n грам.* неперехідне дієслово

intranslatable [ˌɪntrænzˈleɪtəbl, ˌɪntræns-] *a* неперекладний; що не піддається перекладу

intransmissible [ˌɪntrænzˈmɪsəb(ə)l] *a* який не передається (*на відстань*)

intrant [ˈɪntrənt] *n* 1) вступник (*до навчального закладу*) 2) той, хто вступає (*на посаду й под.*) 3) той, хто заходить

intrauterine [ˌɪntrəˈjuːtəraɪn] *a мед.* внутрішньоматковий

intravenous [ˌɪntrəˈviːnəs] *a мед.* внутрішньовенний

intrica||te 1. *a* [ˈɪntrɪkɪt] заплутаний, складний 2. *v* [ˈɪntrɪkeɪt] ускладнювати, заплутувати; **~cy** [ˈɪntrɪkəsɪ] *n* 1) заплутаність, складність; скрутність 2) лабіринт

intrig(u)an||t [ˈɪntrɪgənt] *n фр.* інтриґан; **~te** [ˌɪntrɪˈgɑːnt] *n фр.* інтриґанка

intrigue [ɪnˈtriːg] 1. *n* 1) інтриґа; підступи, заміри 2) таємний любовний зв'язок 3) сюжет; сюжетна лінія, інтриґа 4) плутанина, складність 2. *v* 1) інтриґувати; організовувати таємні змови 2) заінтриґовувати, зацікавлювати, захоплювати 3) спантеличувати, уводити в оману 4) мати любовний зв'язок; **~r** *n* інтриґан; пройда

intrinsic(al) [ɪnˈtrɪnsɪk(əl)] *a* 1) справжній, дійсний 2) притаманний 3) *анат.* внутрішній

introduc||e [ˌɪntrəˈdjuːs] *v* 1) уводити, уставляти, поміщати (*усередину*) 2) заводити, приводити, впускати (*куди-н.*) 3) приймати до складу 4) запроваджувати; давати хід (*чому-н.*) 5) уносити на розгляд (*законопроект і под.*); виносити на обговорення 6) увозити 7) знайомити 8) ознайомлювати (*з чим-н.*) 9) братися (*до чого-н.*); розпочинати (*що-н.*) 10) упроваджувати; **~tion** [ˌɪntrəˈdʌkʃn] *n* 1) офіційне рекомендування; знайомство 2) вступ, передмова, вступне слово 3) вступний курс, вступ (*до наукової дисципліни*) 4) *муз.* інтродукція 5) уведення, унесення (*чого-н. усередину*) 6) запровадження, установлення 7) новина, нововведення; **~tive** *a* вступний; попередній; **~tory** 1. *n* підготовчий захід 2. *a* вступний; попередній

intromit [ˌɪntrəˈmɪt] *v* 1) впускати, допускати; пропускати; поглинати 2) уставляти, уводити

introspect||ion [ˌɪntrəˈspekʃ(ə)n] *n* інтроспекція, самоспостереження, самоаналіз; **~ive** *a* 1) інтроспективний 2) який займається самоаналізом

introver||t *психол.* 1. *n* [ˈɪntrəvɜːst] інтроверт 2. *v* [ˌɪntrəˈvɜːt] зосереджуватися на самому собі; **~sible** *a книжн.* зосереджений на собі; **~sion** *n* 1) *психол.* зосередженість на своїх внутрішніх переживаннях; самозаглиблення 2) *мед.* заворот

intru||de [ɪnˈtruːd] *v* 1) удиратися; безцеремонно втручатися 2) нав'язувати, обтяжувати 3) бути надокучливим; нав'язуватися 4) захоплювати, нападати 5) упроваджувати; **~der** *n* 1) нав'язлива (причеплива, надокучлива) людина 2) *юр.* самозванець 3) *ав.* літак вторгнення 4) *обч.* «зловмисник»; **~sion** *n* 1) вторгнення; прихід без запрошення 2) утручання 3) нав'язування 4) зазіхання

intrust [ɪnˈtrʌst] *v* доручати; довіряти

intuition [ˌɪntjʊˈɪʃ(ə)n] *n* інтуїція, чуття; **~al** *a* інтуїтивний

inunction [ɪnˈʌŋkʃ(ə)n] *n* 1) *мед.* утирання 2) мазь 3) *церк.* помазання

inundat||e [ˈɪnʌndeɪt] *v книжн.* 1) затоплювати, наводнювати; заливати 2) *перен.* заповнювати, наповнювати, засипати, завалювати; **~ion** *n книжн.* 1) повідь, повінь, потоп 2) наплив, скупчення

inurbanity [ˌɪnɜːˈbænɪtɪ] *n книжн.* неввічливість, нечемність; грубість

inure [ɪˈnjʊə] *v* 1) привчати; прищеплювати навички 2) *амер. юр.* набирати чинності; діяти, впливати

inusitate [ɪˈnjuːzɪteɪt] *a* невживаний; незвичайний

inutile [ɪnˈjuːtaɪl] *a книжн.* некорисний, непридатний; нікчемний

invade [ɪnˈveɪd] *v* 1) захоплювати, займати, окупувати; насильно оволодівати 2) удиратися 3) наводнити, заполонити 4) охоплювати, оволодівати 5) зазіхати (*на що-н.*); **~r** *n* 1) загарбник 2) зазіхач

invalid I [ˈɪnvəli(ː)d] 1. *n* інвалід; хворий 2. *a* 1) непрацездатний; неповноцінний 2) хворий, хворобливий, хирлявий 3. *v* [ˌɪnvəˈliːd, ˈɪnvəlɪd] 1) робити хворим, непрацездатним 2) стати непрацездатним; захворіти; **~ism** *n* інвалідність; нездоров'я

invalid II [ɪnˈvælɪd] *a* 1) неспроможний; непридатний, непереконливий 2) *юр.* нечинний; що не має законної сили 3) необґрунтований; **~ation** *n юр.* анулювання; позбавлення законної сили; **~ity** *n* 1) *юр.* нечинність; неспроможність; непереконливість 2) інвалідність; хворобливість

invalorous [ɪnˈvælərəs] *a* легкодухий, боязкий, боягузливий

invaluable [ɪnˈvæljuəbl] *a* неоцінений

invariab‖le [ɪnˈve(ə)nəbl] 1. *n мат.* постійна величина 2. *a* 1) незмінний, сталий 2) *мат.* постійний 3) стійкий (*про погоду*); **~ility** *n* незмінність, незмінюваність; постійність, сталість

invasi‖on [ɪnˈveɪʒ(ə)n] *n* 1) *воєн.* навала, напад, вторгнення; окупація; агресія 2) зазіхання 3) *мед.* інвазія 4) *мед.* початок захворювання; напад хвороби; **~ve** *a* загарбницький; експансіоністський, агресивний; насильницький

invective [ɪnˈvektɪv] 1. *n* 1) образлива (викривальна) промова; випад, вихватка; інвектива, паплюження 2) лайка 2. *a* лайливий; образливий, кривдний

inveigh [ɪnˈveɪ] *v книжн.* 1) нападати; ганьбити, паплюжити, обмовляти (against) 2) сварити, лаяти; кривдити

inveigle [ɪnˈveɪgl, ɪnˈviː-] *v* спокушати, звабдювати; заманювати; **~ment** *n* спокушення, звабдювання, заманювання; **~r** *n* обманщик, ошуканець; спокусник, звабник

invent [ɪnˈvent] *v* 1) винаходити; створювати 2) вигадувати, придумувати 3) випадково натрапляти (наштовхуватися) 4) упроваджувати, засновувати (*що-н.*); **~ful** *a* винахідливий, вигадливий; **~ion** *n* 1) винахід, відкриття 2) вигадка 3) винахідливість 4) *муз.* інвенція; **~ive** *a* винахідливий, вигадливий; меткий; **~iveness** *n* винахідливість; меткість; **~or** *n* 1) винахідник 2) вигадник, фантазер

inventory [ˈɪnv(ə)ntrɪ] 1. *n* 1) відомість; перепис (*майна*); реєстр 2) список, каталог 3) інвентар 4) *амер.* інвентаризація 2. *v* 1) інвентаризувати 2) підсумовувати

inveracious [ˌɪnvəˈreɪʃəs] *a книжн.* неправдивий, брехливий

inverisimilitude [ɪnˌverɪsɪˈmɪlɪtjuːd] *n книжн.* неправдоподібність, неймовірність

inverminate [ɪnˈvɜːmɪneɪt] *v* кишіти

inver‖t [ˈɪnvɜːt] 1. *n психол.* людина зі статевими відхиленнями 2. *a* інвертний 3. *v* [ɪnˈvɜːt] 1) перевертати, перекидати 2) вивертати навиворіт 3) переставляти; змінювати порядок (*чого-н.*) 4) розбещувати; **~ted** *a* 1) перекинутий, перевернутий 2) зворотний; інвертований 3) вивернутий навиворіт; **~se** 1. *n* 1) зворотний порядок 2) протилежність; що-н. протилежне 3) *мат.* обернена величина 2. *a* 1) зворотний; протилежний 2) перевернутий; обернений 3. *v* 1) ставити догори дном, перевертати 2) порушувати порядок, змінювати напрям (*чого-н.*); **~sion** *n* 1) перестановка, переставляння; зміна порядку (послідовності); заміна одного іншим 2) *грам.* інверсія, зворотний порядок слів 3) зіпсованість; порушення, перекручення

invertebrate [ɪnˈvɜːtɪbrɪt] 1. *n* 1) безхребетна тварина 2) *перен.* безвольна людина 2. *a* 1) безхребетний 2) *перен.* безвольний

invest [ɪnˈvest] *v* 1) вкладати (інвестувати) гроші (капітал) 2) одягати, облачати 3) надавати, наділяти (*повноваженнями*); **~iture** *n* 1) формальне введення (призначення) на посаду 2) ратифікація 3) присвоєння звання 4) одяг, убрання, шати 5) передача у володіння, інвеститура 6) нагородження, відзначення; **~ment** *n* 1) інвестування 2) інвестиція 3) *ек.* капітальні витрати 4) цінні папери, у які вкладено капітал 5) одяг, убрання 6) наділення (*владою*); надання (*повноважень*) 7) *військ.* облога, блокада

investigat‖e [ɪnˈvestɪgeɪt] *v* 1) досліджувати; вивчати 2) розслідувати; одержувати інформацію (*про кого-н., що-н.*) 3) простежувати; вистежувати; **~ion** *n* 1) (наукове) дослідження; вивчення 2) розслідування; слідство 3) стеження, вистежування; **~ive** *a* 1) допитливий, цікавий 2) дослідницький 3) слідчий; **~or** *n* 1) слідчий 2) дослідник, випробувач

invetera‖te [ɪnˈvet(ə)rɪt] *a* 1) закоренілий, запеклий, невиправний 2) застарілий, укорінений 3) давній, стародавній 4) злісний, сповнений ненависті; **~cy** *n книжн.* 1) закоренілість; застарілість 2) ворожість; озлоблення, ненависть; упередження

invidious [ɪnˈvɪdɪəs] *a* 1) ненависний, обурливий; що викликає огиду; образливий; мерзенний 2) що викликає заздрість

invigorat‖e [ɪnˈvɪgəreɪt] *v* 1) надавати сили, уселяти енергію (бадьорість), зміцнювати

2) надихати, підбадьорювати 3) бути сповненим енергії; **~ion** n 1) надання сили (енергії); зміцнення; підкріплення; стимулювання 2) натхнення; надання впевненості; **~ive** a зміцнювальний, підкріплювальний; стимулюючий

invincib‖le [ɪnˈvɪnsəbl] **1.** n непереможна людина **2.** a нездоланний, незламний; **~ility** n непереможність, нездоланність, незламність

inviola‖te [ɪnˈvaɪəlɪt] a 1) непорушений, незмінений 2) незайманий; непошкоджений; **~ble** a непохитний, непорушний; недоторканний; **~bility** n непохитність, непорушність; недоторканність

invisible [ɪnˈvɪzəbl] **1.** n 1) невидима людина, невидимка; невидима річ 2) (the I.) Бог **2.** a 1) невидимий, непомітний 2) таємний, потайний

invit‖ation [ˌɪnvɪˈteɪʃ(ə)n] n 1) запрошення 2) заманювання, звабления; **~ee** n запрошений; **~ement** n заманювання, звабления; **~ing** a 1) принадний, привабливий; звабний 2) запрошувальний

invocation [ˌɪnvəˈkeɪʃ(ə)n] n 1) рел. звернення (до Бога) 2) рел. викликання духів 3) чари, чаклунство 4) юр. виклик (до суду)

invoice [ˈɪnvɔɪs] **1.** n ком. рахунок-фактура; накладна **2.** v ком. виписати рахунок-фактуру

invoke [ɪnˈvəʊk] v 1) закликати, благати, молити 2) звертатися (до якого-н. джерела); цитувати (кого-н.) 3) викликати духів 4) юр. викликати (до суду)

involuntar‖y [ɪnˈvɒl(ə)nt(ə)rɪ] a 1) ненавмисний, неумисний 2) мимовільний, незалежний від волі 3) неохочий; опірний; **~iness** n 1) ненависність 2) мимовільність 3) небажання

involut‖e [ˈɪnvəluːt] **1.** n 1) що-н. складне (заплутане), плутанина 2) мат. евольвента; розгортка **2.** a 1) складний, заплутаний 2) скручений, закручений, згорнутий усередину; **~ed** [ˌɪnvəˈluːtɪd] a складний, заплутаний; **~ion** n 1) складність; вигадливість (малюнка) 2) загортання, згортання 3) бот. закручування (листя) 4) мед., біол. дегенерація 5) зменшення, скорочення 6) мат. піднесення до степеня

involve [ɪnˈvɒlv] v 1) утягувати, уплутувати, умішувати 2) містити в собі; мати на увазі, припускати (наявність чого-н.) 3) спричинювати, викликати, призводити, мати наслідком 4) заплутувати, ускладнювати 5) заглиблюватися (у що-н.); бути захопленим (чим-н.) 6) обкутувати, загортати; покривати 7) закручувати спіраллю, оповивати 8) мат. підносити до степеня; **~d** a складний, заплутаний; **~ment** n 1) скрутне становище 2) фінансові труднощі 3) мед. ураження

invulnerab‖le [ɪnˈvʌln(ə)rəbl] a 1) невразливий 2) неприступний 3) неспростовний; **~ility** n невразливість

inward [ˈɪnwəd] **1.** n 1) внутрішня частина; внутрішній бік 2) внутрішній світ 3) близький друг 4) pl товари, що ввозяться 5) pl мито на товари, що ввозяться **2.** a 1) віддалений від кордонів 2) спрямований усередину; **~ly** adv внутрішній; духовний; **~ness** n 1) справжня природа, суть, сутність 2) духовні засади (властивості)

inwork [ˌɪnˈwɜːk] v 1) уставляти, уплітати 2) утирати

inworn [ˌɪnˈwɔːn] a закоренілий; укорінений

inwrap [ɪnˈræp] v 1) загортати, закутувати 2) поринути, захопитися, заглибитися 3) залучати, утягувати (у біду)

inwrought [ˌɪnˈrɔːt] a 1) прикрашений; оздоблений; інкрустований 2) тісно зв'язаний, сплетений, переплетений

inyoke [ɪnˈjəʊk] v 1) упрягати в ярмо 2) приєднувати

iodine [ˈaɪədiːn] n хім. йод

ionospher‖e [aɪˈɒnəsfɪə] n йоносфера; **~ic** a [aɪˌɒnəˈsferɪk] йоносферний

iota [aɪˈəʊtə] n 1) йота (9-та літера грец. абетки) 2) йота; найдрібніша частка

iotacism [aɪˈəʊtəsɪzm] n лінгв. йотація, йотування

IOU [ˌaɪəʊˈjuː] n ком., юр. боргова розписка (за співзвучністю з I owe you я винен вам)

Iranian [ɪˈreɪnɪən, ɪˈrɑː-] **1.** n 1) мешканець Ірану; іранець 2) перська мова 3) іранська група мов **2.** a іранський; перський

Iraqi [ɪˈrɑːkɪ] **1.** n мешканець Іраку **2.** a іракський

irascibility [ɪˌræsəˈbɪlɪtɪ] n книжн. дратівливість; запальність, гарячість

irate [aɪˈreɪt] a гнівний

irenic [aɪˈriːnɪk] a книжн. мирний; миротворчий; примирливий; заспокійливий

iridal [ˈaɪrɪd(ə)l] a райдужний

iridescence [ˌɪrɪˈdes(ə)ns] n 1) райдужність 2) переливчастість; гра барв; мінливість 3) гра уяви

iris [ˈaɪ(ə)rɪs] n 1) анат. райдужна оболонка (ока) 2) бот. ірис, півники 3) райдуга

Irish [ˈaɪ(ə)rɪʃ] **1.** n 1) (the ~) збір. ірландці 2) ірландська мова **2.** a ірландський; **~man** n ірландець; **~ry** n 1) збір. ірландці 2) характерна риса ірландців; **~woman** n ірландка

irk [ɜːk] v 1) стомлювати 2) роздратовувати, набридати, надокучати; **~some** a 1) стомлюючий 2) нудний; набридливий, надокучливий 3) утомлений; роздратований; **~somely** adv стомлено, нудно, набридливо; **~someness** n стомлівість; нудьга

iron [´aɪən] **1.** *n* 1) *хім.* залізо 2) чорний метал 3) сила, твердість 4) суворість, жорстокість 5) *pl* кайдани; ланцюги, наручники; пута 6) меч 7) битва, бойовище **2.** *a* 1) залізний 2) дужий, міцний, сильний; незламний, непохитний 3) суворий, жорстокий 4) злий, недобрий, скрутний **3.** *v* 1) прасувати 2) оббивати залізом 3) заковувати в кайдани; **i.-bound** *a* 1) окутий залізом 2) суворий, твердий, непохитний 3) скелястий; **~clad 1.** *n* панцерник **2.** *a* панцерований, покритий панцером; **i.-handed** *a* жорстокий, деспотичний; суворий; непохитний; **i.-hearted** *a* безсердечний, бездушний, жорстокий; немилосердний; **~ing** *n* 1) прасування 2) заковування в кайдани; **i. mine** *n* залізорудна копальня; **~mongery** *n* 1) залізні вироби 2) ковальська справа; **~side** *n* 1) відважна (рішуча) людина 2) *pl* панцерник; **i.-sided** *a* 1) панцерований 2) грубий; неслухняний; **~work** *n* 1) залізний виріб 2) металева конструкція

iron‖**y** [´aɪ(ə)rənɪ] *n* іронія; **~ic(al)** [aɪ´rɒnɪk(əl)] *a* іронічний; **~ist** *n* насмішник, пересмішник; кепкун; скалозуб

Iroquois [´ɪrəkwɔɪ(z)] *n* 1) (*pl без змін*) ірокези 2) ірокез; ірокезка

irradia‖**te** [ɪ´reɪdɪeɪt] *v* 1) освітлювати, осявати; кидати світло 2) випромінювати 3) роз'яснювати, проливати світло (*на що-н.*); **~nce** *n* сяяння, випромінювання, свічення; **~nt** *a* що світиться (сяє, випромінює); сяючий; **~tion** *n* 1) освітлення, осяяння 2) блиск, сяяння, променистість, осяйність 3) опромінювання, випромінювання; **~tive** *a* сяючий; блискучий; осяйний; **~tor** *n фіз.* випромінювач

irrational [ɪ´ræʃ(ə)nəl] **1.** *n* 1) нерозумна істота, людина, позбавлена здорового глузду; недоумкуватий 2) *мат.* ірраціональне число **2.** *a* 1) нерозумний, нераціональний 2) нелогічний 3) *мат.* ірраціональний; **~ism** *n філос.* ірраціоналізм; **~ity** *n* 1) нерозумність, нераціональність; нелогічність, нерозсудливість; абсурдність 2) *мат.* ірраціональність

irrealizable [ɪ´rɪəlaɪzəb(ə)l] *a* нездійснимий, нездійсненний

irrebuttable [ˌɪrɪ´bʌtəb(ə)l] *a* неспростовний, незаперечний

irreceivability [ˌɪrɪˌsiːvə´bɪlɪtɪ] *n* неприйнятність (*рішень і под.*)

irreceptive [ˌɪrɪ´septɪv] *a* несприйнятливий

irreciprocal [ˌɪrɪ´sɪprək(ə)l] *a* однобічний, односторонній

irreclaimable [ˌɪrɪ´kleɪməbl] *a книжн.* 1) непридатний для обробітку (*про землю*) 2) непоправний, невиправний; невгамовний; неприборкний 3) безповоротний

irrecognizable [ɪ´rekəgnaɪzəbl] *a* невпізнанний

irreconcilab‖**le** [ˌɪˌrekən´saɪləbl] **1.** *n* 1) непримиренний противник, опозиціонер 2) *pl* суперечливі ідеї, несумісні погляди *й под.* **2.** *a* 1) непримиренний 2) суперечливий; несумісний; **~ility** *n* 1) непримиренність 2) несумісність

irrecoverable [ˌɪrɪ´kʌv(ə)rəbl] *a* непоправний, безповоротний

irredeemable [ˌɪrɪ´diːməbl] *a* 1) *ек.* невикупний, непогашуваний 2) *ек.* нерозмінний 3) непоправний; безнадійний, безвихідний

irreformable [ˌɪrɪ´fɔːməbl] *a* 1) непоправний, невиправний 2) що не піддається зміні

irrefrangible [ˌɪrɪ´frændʒəbl] *a* непорушний, непохитний, незламний

irrefutable [ˌɪrɪ´fjuːtəbl] *a* неспростовний

irregular [ɪ´regjʊlə] **1.** *n* 1) *зазв. pl* нерегулярні війська 2) тимчасовий працівник **2.** *a* 1) неправильний; який не відповідає нормам (правилам) 2) незаконний 3) що має неправильну форму, нестандартний; несиметричний 4) нерівний 5) нерегулярний, нерівномірний 6) безладний, розбещений; аморальний 7) *грам.* неправильний; **~ity** [ˌɪˌregjə´lærɪtɪ] *n* 1) неправильність; відхилення від норми 2) несиметричність; нестандартність 3) нерівномірність; нерівність 4) безладність, розбещеність 5) нерегулярність

irrelative [ɪ´relətɪv] *a* 1) безвідносний 2) недоречний; невідповідний

irrelevance [ɪ´relɪv(ə)ns] *n* 1) недоречність; невідповідність; непропорційність 2) недоречне запитання (зауваження)

irreligi‖**on** [ˌɪrɪ´lɪdʒ(ə)n] *n* невіра, безбожність; атеїзм; **~ous** *a* атеїстичний, невіруючий; нерелігійний

irremediable [ˌɪrɪ´miːdɪəbl] *a* 1) непоправний, невиправний; безнадійний 2) невиліковний, незагойний

irremissible [ˌɪrɪ´mɪsəbl] *a* 1) непробачний, непростимий; неприпустимий 2) обов'язковий, неодмінний

irremissive [ˌɪrɪ´mɪsɪv] *a* неослабний; безупинний; наполегливий, завзятий

irremunerable [ˌɪrɪ´mjuːnərəbl] *a* неоплатний; невідшкодовуваний

irreparable [ɪ´rep(ə)rəbl] *a* 1) непоправний 2) безповоротний

irrepressible [ˌɪrɪ´presəbl] *a* 1) неприборкний, невгамовний, неугавний 2) нестримний; нестямний; бурхливий

irreproachable [ˌɪrɪ´prəʊtʃəbl] *a* бездоганний

irreprovable [ˌɪrɪ´pruːvəbl] *a див.* **irreproachable**

irresist‖ance [ɪrɪˈzɪst(ə)ns] *n* відсутність опору; покора, покірність, слухняність; **~ibility** *n* 1) нездоланність, непереборність 2) невідпорність 3) неспростовність; **~ible** *a* 1) нездоланний, непереборний, непереможний 2) невідпорний; надзвичайно сильний 3) неспростовний

irresoluble [ɪˈrezəljuːbl] *a* 1) нерозчинний; нерозкладний 2) непрохідний 3) нерозв'язний

irresolut‖e [ɪˈrezəluːt] *a* нерішучий; який вагається (сумнівається); **~ion** *n* нерішучість; вагання; сумнів

irresolvable [ˌɪrɪˈzɒlvəbl] *a* нерозв'язний

irrespective [ˌɪrɪˈspektɪv] **1.** *a* безвідносний; не залежний **2.** *adv* безвідносно; незалежно

irresponsib‖le [ˌɪrɪˈspɒnsəbl] *a* 1) безвідповідальний, несерйозний 2) несамовитий; **~ility** [ˌɪrɪˌspɒnsəˈbɪlɪtɪ] *n* 1) безвідповідальність 2) несамовитість

irresponsive [ˌɪrɪˈspɒnsɪv] *a* 1) несприйнятливий; нечуйний 2) безвідповідальний, несерйозний 3) несамовитий; **~ness** *n* нечуйність; нечутливість, несприйнятливість

irrestrainable [ˌɪrɪˈstreɪnəbl] *a* який не піддається контролю; нестриманий

irretention [ˌɪrɪˈten∫(ə)n] *n* нездатність утримати (*що-н.*) у пам'яті

irretraceable [ˌɪrɪˈtreɪsəbl] *a* 1) непростежуваний 2) невідновлюваний 3) незворотний

irretrievab‖le [ˌɪrɪˈtriːvəbl] *a* 1) безповоротний; непоправний; безнадійний 2) невідновний; невідплатний; **~ility** *n* непоправність; безнадійність

irreveren‖t [ɪˈrev(ə)rənt] *a* нешанобливий, зневажливий, непоштивий; **~ce** *n* непоштивість, нешанобливість; неповага

irreversible [ˌɪrɪˈvɜːsəbl] *a* 1) що не підлягає відміні (скасуванню, ліквідації, знищенню); необоротний 2) поступальний

irrevocab‖le [ɪˈrevəkəbl] *a* безповоротний, остаточний; незмінний, непорушний; нескасовний; **~ility** *n* безповоротність; незмінність, непорушність

irrig‖ate [ˈɪrɪɡeɪt] *v* 1) зрошувати 2) *мед.* промивати; спринцювати (*рану й под.*) 3) змочувати; **~able** *a* зрошуваний; що зрошується; **~ation** *n* 1) іригація; поливання 2) *мед.* промивання; спринцювання; **~ative** *a* зрошувальний, іригаційний; **~ator** *n* 1) зрошувач 2) іригатор; **~uous** *a* 1) добре зрошений; вологий 2) зрошувальний, іригаційний

irritability [ˌɪrɪtəˈbɪlɪtɪ] *n* 1) дратівливість 2) *фізіол.* подразливість, чутливість; збудливість (*органа*)

irrita‖te [ˈɪrɪteɪt] *v* 1) дратувати, роздратовувати 2) *мед.* викликати збудження (запалення) 3) *юр.* робити недійсним, анулювати; **~ble** *a* 1) дратівливий, дражливий 2) легкозбудливий; хворобливо вразливий (чутливий) 3) запалений 4) *фізіол.* подразливий (*про орган*); **~ncy** *n* 1) роздратування 2) дражливість, дратівливість; гнів 2) хворобливá чутливість (вразливість) 3) *мед.* збудження, подразнення; **~tive** *a* подразнюючий, дратівний

irrubrical [ɪˈruːbrɪk(ə)l] *a* що не має рубрик (заголовків, абзаців)

is [ɪz (повна ф.); z, s (скор. ф.)] 3-тя ос. одн. *pres.* від *дієсл.* **to be**

Isabella [ˌɪzəˈbelə] *n* 1) ізабелла (*сорт винограду*) 2) сірувато-жовтий колір

isagog‖ue [ˌaɪsəˈɡəʊdʒɪ] *n* вступ, вступна частина; **~ic** *a* вступний; що передує

isatis [ˈaɪsətɪs] *n* зоол. песець

Iscariot [ɪˈskærɪət] *n* 1) *бібл.* Юда Іскаріот 2) зрадник

ish [ɪ∫] *n* 1) вихід; **~ and entry** вихід і вхід 2) закінчення терміну, передбаченого законом

Islam [ˈɪslɑːm, ˈɪzlɑːm] *n* іслам; **~ic** *a* мусульманський; ісламістський; **~ism** *n* ісламізм, мусульманство, магометанство; **~ite 1.** *n* мусульманин **2.** *a* мусульманський, ісламістський; **~ise** *v* 1) навертати до мусульманської віри 2) приймати мусульманство

island [ˈaɪlənd] **1.** *n* 1) острів; що-н. ізольоване; острівець 2) *анат.* відособлена група клітин **2.** *v* 1) утворювати острів; оточувати водою 2) відокремлювати, ізолювати; **~er** *n* остров'янин, мешканець острова

isle [aɪl] *n поет.* острів, острівець (*тж у назвах*); **~sman** *n* мешканець (уродженець) острова

isochroous [aɪˈsɒkrəʊəs] *a* однобарвний

isolat‖e [ˈaɪsəleɪt] *v* ізолювати, відокремлювати, відособляти; **~ed** *a* ізольований; відокремлений, відірваний (*від чого-н.*), окремий; **~ion** *n* 1) ізоляція, відокремлення; ізолювання 2) ізольованість, самотність

isonomy [aɪˈsɒnəmɪ] *n книжн.* рівність громадянських прав; рівність перед законом

isosceles [aɪˈsɒsɪliːz] *a мат.* рівнобедрений

Israel [ˈɪzreɪəl] *n* єврейський народ, євреї; **~i** [ɪzˈreɪəlɪ] **1.** *n* ізраїльтянин; ізраїльтянка **2.** *a* ізраїльський; **~ite** *іст.* **1.** *n* ізраїльтянин; єврей **2.** *a* ізраїльський, єврейський

Issei, issei [ˈiːseɪ] *n* ісей, іммігрант із Японії в США

issu‖e [ˈɪ∫uː, ˈɪsjuː] **1.** *n* 1) видання, видавання, випуск 2) видання, випуск; номер, число (*газети, журналу*); примірник 3) витікання, вихід 4) вихід, вихідний отвір 5) результат, кінець, підсумок 6) *мед.* виділення 7) (*зазв. pl*) *юр.* доходи, прибутки 8) спірне питання; предмет обговорення (суперечки); проблема 9) *юр.* нащадок; потомство; діти 10) *фін.* емісія **2.** *v* 1) видавати, випускати (*газету*) 2) пускати в обіг (*гроші*) 3) виходити, видаватися 4) давати (*вказівку*); видавати (*наказ*) 5) випливати, походити 6) закінчуватися, завершуватися 7) відбуватися внаслідок, бути наслідком (*чого-н.*) 8) постачати; забезпечувати 9) *юр.* народитися, походити (*від кого-н.*); **~able** *a* 1) випусковий; який видає (випускає) 2) що видається (випускається); видаваний 3) спірний 4) прибутковий, дохідний; **~ant** *a* 1) що випливає (*з чого-н.*) 2) що виходить (*звідки-н.*); **~eless** *a* 1) безрезультатний, безплідний 2) *юр.* бездітний; **~er** *n* 1) видавець; той, хто видає (випускає) 2) роздавач; той, хто роздає (відпускає)

-ist [-ɪst] *n утворює ім.* (*від іменних основ*) *зі знач.*: 1) людина, зайнята певною (*зазв.* інтелектуальною) діяльністю; **physic~** фізик 2) послідовник якого-н. учення; **rac~** расист

isthmian [ˈɪsθmɪən] **1.** *n* мешканець перешийка **2.** *a* розташований на перешийку

isthmus [ˈɪsməs] *n* 1) *геогр.* перешийок 2) *анат.* звужене місце, перешийок

it [ɪt] **1.** *n розм.* 1) квінтесенція (*чого-н.*) 2) фізична привабливість; ідеал; **it's the it of its** це перший сорт (люкс) 3) важна персона 4) *знев.* нікчема (*про людину*) 5) той, хто водить (*у грі*) **2.** *pron* 1) *pers.* (*непрям. в.*) він, вона, воно 2) це; **who is it?** хто це? 3) *як підмет у безособовому реченні*: **it rains** іде дощ 4) *у пасивних зворотах*: **it is known** відомо 5) *як додаток утворює з дієсл. ідіоми*: **to cab it** їхати в таксі; **to foot it** іти пішки 6) *як формальний член речення замість підмета, додатка й под.*: **it is necessary that this question should be settled at once** необхідно, щоб це питання було вирішено негайно

Italian [ɪˈtæljən] **1.** *n* 1) італієць; італійка; **the ~s** *збір.* італійці 2) італійська мова **2.** *a* італійський; **~ism** *n* 1) італійське слово; італійський вислів 2) прихильність до всього італійського

italic [ɪˈtælɪk] *a поліг.* курсивний; **i. type** курсив; **~ize** *v* 1) виділяти курсивом 2) підкреслювати, виділяти (*у листі*) 3) наголошувати (*на чому-н.*)

itch [ɪtʃ] **1.** *n* 1) свербіж, сверблячка 2) нездоланне бажання, жадоба, прагнення 3) (the ~) короста **2.** *v* 1) свербіти 2) мати нездоланне бажання; **i. mite** *n ент.* коростяний кліщ

item [ˈaɪtəm] **1.** *n* 1) пункт, параграф, стаття 2) питання (*на порядку денному*) 3) номер (*програми*) 4) окремий предмет (*у списку*) 5) повідомлення, інформація, новина, замітка (*у газеті*) 6) *обч.* одиниця інформації 7) *амер.* приказка; вислів; аформізм 8) попередження **2.** *v* записувати (фіксувати) по пунктах; **~ize** *v* 1) *амер.* перераховувати по пунктах; складати перелік 2) уточнювати, деталізувати

iterat‖**e** [ˈɪtəreɪt] *v* повторювати; відновлювати, поновлювати; **~ion** *n* 1) повторення 2) повтор 3) *мат.* ітерація

itinera‖**te** [(ə)ɪˈtɪn(ə)reɪt] *v* 1) мандрувати; бурлакувати 2) перетинати (*яку-н.*) територію 3) об'їжджати свою округу; **~ry 1.** *n* 1) маршрут, шлях 2) журнал для подорожніх нотаток 3) путівник 4) план маршруту **2.** *a* 1) (по)дорожній, шляховий 2) мандрівний; **~rium** *n* 1) подорожні нотатки 2) путівник

its [ɪts] *pron pass.* від **it** (*про речі та тварин*) його, її, свій; що належить йому (їй)

it's [ɪts] *розм. скор. від* **it is**

itself [ɪtˈself] *pron* (*pl* -selves) себе, собі, -ся, -сь; само, сам, сама (*про речі та тварин*); **<> by ~** самостійно, без сторонньої допомоги; **of ~** само собою

I've [aɪv] *розм. скор. від* **I have**

ivied [ˈaɪvɪd] *a* 1) зарослий плющем 2) *амер.* університетський

ivory [ˈaɪv(ə)rɪ] *n* 1) слонова кістка 2) бивні, ікла 3) *pl* більярдні кулі 4) *pl* клавіші

ivy [ˈaɪvɪ] *n бот.* плющ; **i. bush** *n* 1) гілка плюща 2) схованка 3) таверна

J

jaal-goat [ˈdʒeɪəlˌɡəʊt] *n зоол.* дикий гірський цап
jab [dʒæb] **1.** *n* 1) штовхан, стусан 2) *війс.* укол, удар багнетом 3) короткий прямий удар по корпусу (*бокс*) **2.** *v* 1) бити кулаком; штурхати 2) колоти (*багнетом*); штрикати 3) завдати удару по корпусу (*бокс*)
jabber [ˈdʒæbə] **1.** *n* 1) базікання 2) бурмотіння, мимрення 3) тарабарщина **2.** *v* 1) говорити швидко й невиразно 2) мимрити, бубоніти 3) базікати; **~er** [ˈdʒæbərə] *n* базіка, торохтій, балакун; буркотун; **~ing** *n* базікання
jabot [ˈʒæbəʊ] *n* жабо
jacare [ˈdʒækəɡeɪ] *n зоол.* південноамериканський алігатор
jack [dʒæk] **1.** *n* 1) (*тж* J.) людина з народу; хлопець 2) поденник 3) *карт.* валет 4) *орн.* галка 5) важіль; <> **J. Sprat** карлик; **J. out of office** безробітний **2.** *v* 1) піднімати домкратом (*тж ~ up*) 2) занапастити; **j.-a-lantern** *n* блукаючий вогник; **~anapes** [ˈdʒækəneɪps] *n* 1) нахаба, вискочень 2) зухвалий (меткий) хлопець 3) франт, джиґун 4) мавпа; **~ass** *n* осел (*зазв. самець*); дурень, телепень; **~boot** *n* 1) чобіт вище коліна 2) *іст.* ботфорт 3) людина, яка використовує грубу силу; **~knife 1.** *n* (*pl* -knives [-naɪvz]) великий складаний ніж **2.** *v* 1) різати складаним ножем 2) зігнутися із складаним ножем; **~o** *n зоол.* мавпа; **J. of all trades** *n* майстер на всі руки; **~pot** *n* 1) *карт.* банк; великий виграш (*у лотереї*) 2) *перен.* найкращий результат; **j. rabbit** *n зоол.* американський заєць; **~s** *n pl* гра в крем'яхи; **j.-sauce** *n* нахаба; **~stone** *n* круглий камінець, галька; **j.-straw** *n* 1) опудало; одоробало 2) нікчема; **j. towel** *n* рушник загального користування
jackal [ˈdʒækɔːl, ˈdʒæk(ə)l] **1.** *n* 1) *зоол.* шакал 2) догідлива людина **2.** *v* виконувати чорнову роботу
jackdaw [ˈdʒækdɔː] *n* галка
jacket [ˈdʒækɪt] **1.** *n* 1) жакет; куртка; френч, кітель 2) шкура (*тварини*) 3) лушпина (*картоплі*) 4) тека; обкладинка (*книги*) 5) *тех.* чохол, кожух; капот (*двигуна*) **2.** *v* надягати куртку
jacobin [ˈdʒækəbɪn] *n орн.* чубатий голуб
jactation [dʒækˈteɪʃ(ə)n] *n* 1) хвастощі, хвалькуватість; чванство 2) *мед.* конвульсійне сіпання 3) метання, сіпання
jactitation [ˌdʒæktɪˈteɪʃ(ə)n] *n* 1) хвастощі 2) *юр.* брехлива заява 3) *мед.* конвульсійне сіпання 4) метання, кидання (*уві сні*)
jaculation [ˌdʒækjʊˈleɪʃ(ə)n] *n* кидання, метання; шпурляння
jad||e [dʒeɪd] **1.** *n* 1) шкапа 2) шльондра, повія **2.** *a* 1) зроблений з нефриту (гагату) 2) зеленого кольору **3.** *v* 1) заїздити, загнати (*коня*) 2) стомити(ся); змучити(ся) 3) зажуритися, поникнути 4) ослабнути (*про увагу*); **~ed** *a* 1) заїжджений, загнаний (*про коня*) 2) виснажений; змучений 3) пересичений; **~ish** *a* 1) зіпсований (*про коня*) 2) порочний, розпусний (*про жінку*) 3) стомлений
jaeger [ˈjeɪɡə] *n* 1) вправний стрілець, снайпер 2) єгер
jag [dʒæɡ] **1.** *n* 1) гострий виступ; зубець; гостра вершина (*скелі*) 2) зазублина 3) обривок; уривок; фрагмент 4) *pl* лахміття 5) укол 6) відчуття збудження (сп'яніння) 7) напад (*чого-н.*); захоплення (*чим-н.*) 8) пиятика **2.** *v* 1) робити зазублини 2) шматувати, краяти 3) колоти, уколоти
jaguar [ˈdʒæɡjʊə] *n зоол.* ягуар
jail [dʒeɪl] **1.** *n* 1) в'язниця 2) ув'язнення **2.** *v* ув'язнювати, кидати за ґрати; **~breaker** *n* в'язень-утікач; **~er** *n* в'язничний наглядач; **j. fever** *n мед.* висипний тиф
jalousie [ˈʒæləzi:] *n фр.* жалюзі; штори; віконниці
jam [dʒæm] **1.** *n* 1) стискання, стиснення; здавлювання 2) затиснення 3) тиснява, тиск 4) захаращення 5) варення, джем **2.** *v* 1) стискати; затискати 2) защемляти, прищипувати 3) захаращувати; загачувати; забивати, напихати 4) переповнюватися 5) упихати, утискувати 6) варити варення
Jamaican [dʒəˈmeɪkən] **1.** *n* мешканець (мешканка) Ямайки **2.** *a* ямайський
jamming [ˈdʒæmɪŋ] *n* запір, затримка вуличного руху
jangle [ˈdʒæŋɡl] **1.** *n* 1) різкий звук 2) гомін; передзвін 3) сварка, суперечка **2.** *v* 1) незлагоджено звучати; бряжчати, дзенькати 2) сперечатися, говорити різко
janitor [ˈdʒænɪtə] *n* швейцар; воротар
janizary [ˈdʒænɪz(ə)rɪ] *n іст.* яничар
January [ˈdʒænjʊ(ə)rɪ] *n* січень
Japanese [ˌdʒæpəˈni:z] **1.** *n* 1) японець; японка; **the ~** *збір.* японці 2) японська мова **2.** *a*

японський; **~ry** *n* що-н. властиве японцям (*риси характеру й под.*)
jape [dʒeɪp] **1.** *n* 1) жарт 2) розіграш **2.** *v* 1) жартувати 2) висміювати; **~r** *n* жартівник; витівник, веселун, кумедник
Japonic [dʒə'pɒnɪk] *a* японський
jar [dʒɑː] **1.** *n* 1) різкий (неприємний) звук; деренчання; **j.-bird** *орн.* повзик, дятел 2) трясіння, дрижання 3) струс; потрясіння; шок 4) дисгармонія, незгода 5) сварка, розлад 6) банка; глек, глечик; кухоль 7) вміст банки **2.** *v* 1) деренчати, дирчати; видавати неприємний (різкий) звук 2) трясти 3) тремтіти, здригатися 4) приголомшувати, ошелешувати 5) роздратовувати, дратувати, обурювати справляти неприємне враження 6) дисгармоніювати, не відповідати (*чому-н.*); мати розбіжності в думках 7) сперечатися, сваритися; **~ring 1.** *n* 1) дисонанс 2) вібрація, тремтіння, дрижання, коливання 3) розбіжність (*думок*); зіткнення (*інтересів*) 4) сварка, розлад **2.** *a* 1) різкий, незлагоджений 2) дратівний
jargon [ˈdʒɑːgən] **1.** *n* 1) жаргон; професійна мова 2) говір, говірка 3) незрозуміла мова **2.** *v* 1) говорити швидко, нерозбірливо 2) говорити жаргоном; **~ise** *v* 1) використовувати діалектизми 2) широко вживати жарґонні слова й незрозумілі терміни
jarvey [ˈdʒɑːvɪ] *n* 1) кучер екіпажа 2) найманий екіпаж
jasmine [ˈdʒæzmɪn] *n бот.* жасмин
jasper [ˈdʒæspə] *n мін.* яшма
jaundic||e [ˈdʒɔːndɪs] **1.** *n* 1) *мед.* жовтяниця 2) жовчність; упередженість; заздрощі; ревнощі **2.** *v* 1) *мед.* спричиняти розлиття жовчі 2) викликати злість (заздрощі); **~ed** *a* 1) хворий на жовтяницю 2) жовтого кольору 3) упереджений; ревнивий; заздрісний
jaunt [dʒɔːnt] **1.** *n* весела прогулянка (поїздка) **2.** *v* 1) прогулюватися 2) кататися; гарцювати; **~iness** *n* 1) жвавість, веселість 2) безтурботність 3) самовдоволеність; недбалість 4) елеґантність; **~y** *a* 1) жвавий, веселий 2) недбалий, безтурботний 3) самовдоволений; розв'язний 4) елеґантний, вишуканий, стильний
jaw [dʒɔː] **1.** *n* 1) (нижня) щелепа 2) підборіддя 3) *pl* рот; паща 4) *pl* вузький вхід (вихід) (*затоки, долини*) 5) непристойна балаканина; груба розмова 6) нудне повчання; нотація **2.** *v* 1) говорити довго й нудно 2) повчати, читати нотації, шпетити 3) лихословити; **~bone** *n* 1) *анат.* щелепна кістка 2) *політ.* тиск; палиця 3) *розм.* кредит; **j.-fallen** *a* пригнічений, зажурений, засмучений; **j.-tooth** *n анат.* кутній зуб; **j.-bird** *n орн.* ронжа, сойка
jazz [dʒæz] **1.** *n* 1) джаз 2) популярна танцювальна музика 3) строкатість **2.** *a* 1) джазовий; характерний для джазу 2) строкатий; крикливий, грубий **3.** *v* 1) виконувати джазову музику 2) танцювати під джаз 3) підбадьорювати; діяти збудливо; **~bow** *n* краватка-метелик; **~y** *a* 1) джазовий, властивий джазовій музиці 2) строкатий, яскравий
jealous [ˈdʒeləs] *a* 1) ревнивий 2) заздрісний, завидющий 3) дбайливий; ревний; старанний; пильний; **~ness** *n* 1) ревнивість 2) заздрісність 3) ревність, старанність; пильність; **~y** *n* 1) ревнощі 2) заздрість 3) дбайливість, турбота
jean [dʒiːn] *n* 1) джинсова тканина 2) *pl* джинси
jee [dʒiː] **1.** *v* рухати(ся), пересувати(ся) **2.** *int* гей!, но! вйо! (*вигук, яким підганяють волів, коней*)
jeep [dʒiːp] *n амер.* (*за звучанням початкових літер слів* general purpose загальне призначення) джип; автомобіль-всюдихід
jeer [dʒɪə] **1.** *n* 1) глузування; зневажлива насмішка; ущипливе слово 2) глум, знущання, осміяння **2.** *v* 1) глузувати, насміхатися 2) глумитися; кепкувати
jejun||e [dʒɪˈdʒuːn] *a книжн.* 1) худий, виснажений, охлялий, убогий 2) неродючий, безплідний (*про ґрунт*) 3) сухий, нецікавий, беззмістовний 4) обмежений; **~ity** *n* 1) убогість, бідність, недостатність 2) неродючість (*ґрунту*) 3) нудність, беззмістовність, нецікавість
jell||y [ˈdʒelɪ] **1.** *n* 1) желе 2) драглі, холодець 3) конфітюр 4) джем **2.** *v* 1) перетворювати(ся) на желе 2) застигати (*про желе*); **~ied** *a* 1) застиглий; що перетворився на холодець 2) покритий желе; заливний; **~ify** *v* 1) перетворювати на холодець (драглі, желе) 2) холонути, застигати (*про желе*); **~yfish** *n зоол.* медуза; **j.-plant** *n бот.* австралійська морська їстівна водорість; **j.-powder** *n* сухе желе, порошок желе; **j.-roll** *n* рулет із варенням
jemmy [ˈdʒemɪ] *n* бараняча голова (*страва*)
jennet [ˈdʒenɪt] *n* 1) низькоросла іспанська порода коней 2) ослиця
jeopard||y [ˈdʒepədɪ] **1.** *n* 1) небезпека, ризик 2) *юр.* підсудність **2.** *v* наражати на небезпеку; ризикувати; **~ise** *v* наражати на небезпеку; ризикувати
jerboa [dʒɜːˈbəʊə] *n зоол.* (африканський) тушканчик, табарган
jeremiad [ˌdʒerɪˈmaɪəd] *n* єреміада; гірка скарга; ремствування, нарікання
jerk I [dʒɜːk] **1.** *n* 1) різкий рух, ривок, поштовх 2) судорожне сіпання; здригання 3) *фізіол.* рефлекс 4) *спорт.* штовхання **2.** *v* 1) різко смикатися, сіпатися 2) смикати; штовхати; шпурляти 3) говорити уривчасто

jerk II [dʒɜːk] **1.** *n* в'ялене м'ясо **2.** *v* в'ялити м'ясо

jerry-built [´dʒerɪbɪlt] *a* збудований нашвидку (абияк, сяк-так)

jersey [´dʒɜːzɪ] *n* 1) джерсі, куфайка; в'язана кофта 2) джерсова тканина, трикотажна тканина, джерсі 3) шерстяна трикотажна білизна

jest [dʒest] **1.** *n* 1) жарт; дотеп 2) посміховище, сміховисько **2.** *v* 1) жартувати; сміятися; говорити дотепно (дотепи) 2) глузувати, насміхатися, знущатися (at); **j.-book** *n* збірник жартів (анекдотів); **~er** *n* 1) жартівник, штукар 2) блазень; **~ful** *a* 1) веселий, дотепний 2) насмішкуватий, глузливий; **~ing** **1.** *n* 1) жартівливість, жарти 2) осміювання **2.** *a* 1) жартівливий 2) охочий пожартувати

Jesuit [´dʒezjʊɪt] **1.** *n* 1) єзуїт 2) лицемір **2.** *a* 1) єзуїтський 2) лицемірний; **~ic(al)** *a* 1) єзуїтський 2) підступний, хитрий; лицемірний; **~ism** *n* 1) єзуїтизм; єзуїтство 2) лицемірство 3) казуїстика; **~ry** *n* єзуїтство

Jesus [´dʒiːzəs] *n* бібл. Ісус

jet I [dʒet] **1.** *n* мін. гагат, чорний бурштин (янтар) **2.** *a* мін. гагатовий

jet II [dʒet] **1.** *n* 1) струмінь (*води, пари й под.*) 2) потік **2.** *a* 1) струминний 2) реактивний **3.** *v* бризкати, бити струменем; **j.-fighter** *n* ав. реактивний винищувач; **j.-motor** *n* реактивний двигун

jettison [´dʒetɪsn] **1.** *n* викидання вантажу за борт **2.** *v* викидати вантаж за борт

jetton [´dʒetən] *n* 1) значок 2) жетон, фішка

jetty [´dʒetɪ] **1.** *n* 1) дамба; мол 2) пірс, пристань **2.** *a* 1) гагатовий 2) чорний як вугілля

Jew [dʒuː] *n* 1) єврей; єврейка 2) юдей; **J.-baiting** *n* переслідування (утиски) євреїв; антисемітські виступи; **~ish** *a* єврейський

jewel [´dʒuːəl] **1.** *n* 1) коштовний камінь 2) коштовність; ювелірна річ **2.** *v* прикрашати, розцвічувати; **j.-box** *n* скринька для ювелірних виробів; **~led** *a* 1) прикрашений коштовностями 2) на каменях (*про годинник*); **~ler** *n* ювелір; **~lery** [´dʒuːəlrɪ] *n* коштовності; ювелірні вироби

jibber [´dʒɪbə] *n* 1) норовистий кінь 2) швидка й нерозбірлива мова **2.** *v* говорити швидко

jib-door [,dʒɪb´dɔː] *n* потайні двері

jibe [dʒaɪb] **1.** *n* насмішка; уїдливість; глузування **2.** *v* 1) збігатися; узгоджуватися; відповідати 2) насміхатися, глузувати; кепкувати 3) перекидати (*вітрило*)

jig [dʒɪɡ] *n* **1.** *n* 1) джиґа (*танець*) 2) розм. жарт; витівка 3) *жарт.* непосидько 4) *тех.* затискний пристрій 5) шаблон; калібр 6) *полігр.* матриця 7) рибальський гачок **2.** *v* 1) танцювати джиґу 2) рухатися поштовхами 3) надавати форми (*глиняній посудині*) 4) *гірн.* сортувати; **~ger** *n* 1) виконавець джиги 2) *гірн.* сортувальник 3) велосипед, мотовелосипед 4) *розм.* хлопець; дивак **2.** *v* 1) сіпатися (*про рибу на гачку*) 2) танцювати, ставши в коло

jiggle [´dʒɪɡl] **1.** *n* похитування **2.** *v* 1) похитуватися; перевалюватися 2) погойдувати; трясти, трусити

jihad [dʒɪ´hɑːd, -´hæd] *n* араб. джихад, ґазават, священна війна (*проти немусульман*)

jilt [dʒɪlt] **1.** *n* 1) ошуканка; кокетка; зрадниця 2) повія **2.** *v* звабити й ошукати

jimson-weed [´dʒɪms(ə)n,wiːd] *n* бот. дурман

jingl∥e [´dʒɪŋɡl] **1.** *n* 1) дзвін, дзеленчання; брязкіт; брязкання 2) дзвіночок, балабончик 3) співзвучність; алітерація **2.** *v* 1) дзвеніти, дзеленчати; брязкати 2) мати багато співзвучностей (алітерацій); **~y** *a* 1) що бряжчить (дзвенить) 2) дзвінкий; переливчастий

jingo [´dʒɪŋɡəʊ] *n* (pl -oes [-əʊz]) шовініст; джингоїст; ура-патріот; **~ism** *n* шовінізм; джингоїзм; ура-патріотизм

jink [dʒɪŋk] **1.** *n* 1) *pl* вихватки, жарти; **high ~s** гучні веселощі 2) уникання, ухиляння; виверт **2.** *v* 1) пересуватися швидкими, різкими рухами 2) уникати; викручуватися

jinn [dʒɪn] *n* 1) джин 2) *збір.* джини (*казкові духи, демони*)

job [dʒɒb] **1.** *n* 1) праця, робота 2) місце служби, служба, заняття 3) завдання, урок 4) нечесна угода; використання службового становища в особистих інтересах 5) раптовий удар; <> **bad j.** безнадійна справа **2.** *v* 1) працювати нереґулярно; брати випадкову роботу 2) працювати відрядно 3) наймати на відрядну роботу 4) брати (давати) внайми (напрокат) коней (екіпажі) 5) спекулювати 6) продавати залежалі товари (книги) за зниженими цінами 7) укладати нечесну угоду; зловживати службовим становищем 8) ударити; штовхнути 9) колоти, устромляти; **~ber** *n* 1) людина, яка займається випадковою роботою 2) відрядний працівник 3) біржовий маклер; комісіонер 4) гуртовий торговець 5) несумлінний ділок; **~bery** *n* 1) використання службового становища з користолюбною метою (в особистих інтересах) 2) сумнівного характеру справа (операція) 3) хабарництво; **~bing** *n* 1) випадкова (нереґулярна) робота 2) відрядна праця 3) дрібна робота; дрібний ремонт 4) маклерство; біржова гра; торгівля акціями; **~bish** *a* сумнівний; недобросовісний; пов'язаний із махінаціями; **~less** *a* безробітний; **j.-price** *n* 1) відрядна (поштучна) оплата 2) ціна гуртової партії товарів

Job [dʒəʊb] *n* 1) *бібл.* Іов 2) багатостраждальна людина; **~ation** *n* догана, осуд

jockey [ˈdʒɒkɪ] **1.** *n* 1) жокей; вершник 2) любитель коней 3) шахрай, крутій **2.** *v* 1) обдурювати, дурити 2) домагатися всіма засобами 3) бути вершником (жокеєм); **~ing** *n* 1) торгівля кіньми 2) верхова їзда 3) шахрайство, обдурювання; **~ship** *n* верхова їзда; майстерність верхової їзди

jocko [ˈdʒɒkəʊ] *n зоол.* (*pl* -os [-əʊz]) шимпанзе

joc||ose [dʒəˈkəʊs] *a* грайливий; жартівливий, утішний, потішний; комічний; **~oseness** *n* жартівливість; грайливість; **~oserious** *a* напівсерйозний, напівжартівливий; **~osity** *n* 1) грайливість; жартівливість 2) жарт; **~ular** *a* 1) жартівливий; потішний; гумористичний; комічний 2) дотепний; схильний до жартів; **~ularity** *n* 1) жартівливість; комічність 2) жартівливе зауваження; жарт

jocund [ˈdʒɒkənd] *a* 1) веселий, життєрадісний; жвавий 2) приємний; **~ity** *n* 1) веселість, життєрадісність; жвавість 2) приємність; **~ness** *n* 1) веселість, жвавість 2) приємність

joe [dʒəʊ] *n* коханий, любий; коханець; кохана, люба; коханка

joey [ˈdʒəʊɪ] *n* 1) маля кенгуру 2) маля будь-якої тварини 3) дитина

jog [dʒɒg] **1.** *n* 1) поштовх, штовхан 2) повільна труська їзда; повільний рух угору й униз 3) легка перешкода; завада **2.** *v* 1) штовхати, трясти; трусити 2) розворушити 3) їхати повільно, підстрибуючи; бігти підтюпцем; їхати не поспішаючи; □ **j. along (on)** просуватися уперед; **j. down** урізувати

John [dʒɒn] *n* Джон, типовий англієць; <> **J. Chinaman** типовий китаєць; **~ny-on-the-spot** *n* людина, на яку можна покластися; **~'s-wood** *n бот.* звіробій

johnboat [ˈdʒɒnbəʊt] *n* джонка

johnnycake [ˈdʒɒnɪkeɪk] *n* коржик, перепічка

Johnsonese [ˌdʒɒnsəˈniːz] *n* книжковий, пишномовний стиль, багатий на латинізми

join [dʒɔɪn] **1.** *n* 1) зв'язок; з'єднання, сполучення 2) точка (лінія, площина) з'єднання; паз **2.** *v* 1) з'єднуватися; об'єднуватися 2) пов'язувати; поєднувати 3) зливатися, сполучатися 4) межувати 5) приєднуватися 6) повернутися, знову зайняти своє місце; <> **to j. the banner** стати на чий-н. бік; **~ant** *a* 1) суміжний, прилеглий; сусідній 2) з'єднаний, поєднаний, об'єднаний; **~der** *n* 1) з'єднання, поєднання, союз 2) *грам.* сполучник; **~er 1.** *n* 1) столяр; тесляр, тесля **2.** *v* столярувати, теслярувати; **~ing** *n* з'єднання, приєднання

joint [dʒɔɪnt] **1.** *n* 1) місце з'єднання; сполучення; стик *анат.* суглоб, зчленування 3) будинок; приміщення **2.** *a* з'єднаний, об'єднаний; спільний; єдиний; <> **j. action** спільна дія; **j. owner** *юр.* співвласник **3.** *v* 1) з'єднувати, сполучати; зчленовувати; зв'язувати; згуртовувати 2) розчленовувати, розтинати; **~ed** *a* складний; **~less** *a* 1) безшовний; що не має з'єднань; суцільний 2) нерухомий; негнучкий; закостенілий; **~ly** *adv* спільно; **j. stock** акціонерний капітал; **j.-stock** *a* акціонерний; **j.-tenancy** *n юр.* співоренда; **j.-tenant** *n* співорендар, співвласник; **~ure** [ˈdʒɔɪntʃə] **1.** *n юр.* вдовина частка спадщини **2.** *v юр.* визначати вдовину частку спадщини

jok||e [dʒəʊk] **1.** *n* 1) жарт, дотеп; смішний випадок 2) об'єкт жартів, посміховище **2.** *v* 1) жартувати 2) кепкувати (з *кого-н.*); дражнити (*кого-н.*); **~er** *n* жартівник; баляскник, насмішник; **~y** *a* жартівливий; жартівний

joll||y [ˈdʒɒlɪ] *a* 1) веселий; радісний; жвавий; товариський 2) святковий; гучний 3) напідпитку 4) приємний, утішний, чудовий, чарівний, прекрасний; **~iness** *n* веселощі; радість; **~ity** *n* 1) веселість, звеселяння; радість 2) *pl* святкування, веселощі

jolloped [ˈdʒɒləpt] *a* плетений, переплетений

jolt [dʒəʊlt] **1.** *n* 1) тряска, трясіння 2) штовхан, поштовх 3) удар; струс, потрясіння 4) прямий короткий удар по корпусу (*бокс*) **2.** *v* 1) трясти(ся); струшувати; підкидати 2) рухатися підтюпцем, підстрибувати на ходу; **~er(-)head** *n* дурень, йолоп, телепень, бовдур

jongleur [ʒɒŋˈglɜː] *n фр.* менестрель

jorum [ˈdʒɔːrəm] *n* 1) велика чаша 2) вміст чаші

joskin [ˈdʒɒskɪn] *n* селюк, неотесана людина

joss [dʒɒs] *n* 1) китайський ідол 2) талісман, амулет 3) щастя; **j. house** *n* китайський храм; кумирня; **j. stick** *n* китайська свічка, пахуча паличка (*для кадіння*)

jostle [ˈdʒɒsl] **1.** *n* 1) сутичка; штовхан 2) штовханина, тиснява **2.** *v* 1) штовхати(ся); тиснути(ся) 2) зіштовхуватися, стикатися; боротися; **~ment** *n* тиснява, штовханина

jot [dʒɒt] **1.** *n* 1) йота; мізерна кількість **2.** *v* коротко записати; зробити короткий (побіжний) запис; **~ting** *n* коротка записка; нотатка

jouk [dʒuːk] *v* 1) ухилятися (*від удару*) 2) присідати; робити реверанс 3) раболіпствувати; прислуговувати; лицемірити

jounce [dʒaʊns] **1.** *n* 1) поштовх, кидок; струс 2) рух підтюпцем **2.** *v* 1) ударяти(ся); трясти(ся) 2) підкидати

journal [ˈdʒɜːn(ə)l] **1.** *n* 1) журнал, часопис 2) щоденник **2.** *a* денний; **j.-book** *n* книга щоденних записів; **~ism** *n* 1) робота журналіста 2) журналістика 3) преса; **~ist** *n* журналіст; газетяр; кореспондент; **~ise** *v* 1) уносити до журналу 2) займатися журналістикою

journey [ˈdʒɜːnɪ] **1.** *n* 1) подорож; мандрівка; поїздка 2) рейс **2.** *v* подорожувати, мандрувати; **j.-cake** *n* коржик, перепічка; **~man** *n* 1) людина, яка працює за наймом; підмайстер 2) наймит 3) електричний годинник

joust [dʒaʊst] **1.** *n іст.* 1) рицарський двобій, герць 2) *pl* турнір **2.** *v* битися на турнірі

Jov‖e [dʒəʊv] *n* 1) *міф.* Юпітер 2) *астр.* Юпітер (*планета*); **~ial** *a* веселий, жвавий; товариський, компанійський; **~ian** *a* що стосується планети Юпітер; **~iality** *n* веселість, жвавість; товариськість; **~ialise** *v* розвеселити, звеселити

jovial [ˈdʒəʊvɪəl] *a* веселий, товариський; **~ity** *n* веселість, товариськість

jowl [dʒaʊl] *n* 1) щелепа; щелепна кістка 2) щока 3) підшийок (*у худоби*) 4) воло, сережка (*у птахів*) 5) борідка (*у півня*) 6) пуста розмова; базікання; **~y** *a* мордатий

joy [dʒɔɪ] *n* 1) радість, веселість, утіха; задоволення 2) причина радості; те, що викликає захоплення; **~ful** *a* радісний; щасливий; задоволений, веселий; **~less** *a* безрадісний, невеселий, сумний

jubila‖te [ˈdʒuːbɪleɪt] *v* радіти; тріумфувати; **~nce, -ncy** *n* радіння, радощі, радість, тріумфування; **~nt** *a* радісний; тріумфальний; **~tion** *n* (*тж pl*) радощі, радість; свято, святкування

jubil‖ee [ˈdʒuːbɪliː] *n* ювілей (*пер.* п'ятдесятирічний); **~ise** *v* 1) справляти ювілей 2) радіти; святкувати

Juda‖ic(al) [dʒuːˈdeɪɪk(əl)] *a* юдейський, єврейський; **~ism** *n* 1) юдаїзм, єврейська релігія 2) додержання єврейських звичаїв; **~ist** *n* послідовник юдаїзму

Judas [ˈdʒuːdəs] *n* 1) *бібл.* Юда 2) *перен.* зрадник; **J.-coloured** *a* рудий

judge [dʒʌdʒ] *n* 1) суддя 2) арбітр, експерт; третейський суддя 3) *pl спорт.* суддівська колегія на змаганнях 4) знавець, поціновувач **2.** *v* 1) судити; ухвалювати вирок (рішення) 2) бути арбітром (експертом) 3) оцінювати; складати думку; уважати 4) доходити висновку 5) осуджувати, гудити; **j.-made** *a юр.* судочинний

judgement [ˈdʒʌdʒmənt] *n* 1) *юр.* вирок, рішення суду 2) *юр.* розгляд (слухання) справи в суді 3) покарання; (Божа) кара 4) критика, осудження 5) судження, думка, погляд, оцінка; **in my j.** на мою думку 6) розсудливість; здоровий глузд; **j.-hall** *n* зала судових засідань, будинок суду; суд; **j.-seat** *n* 1) місце судді 2) суд, трибунал

judica‖ble [ˈdʒuːdɪkəb(ə)l] *a* підсудний; що підлягає юрисдикції; **~tion** *n* розгляд справи суддею; **~tory** **1.** *n* 1) суд, трибунал 2) пе- рен. судовище 3) здійснення правосуддя **2.** *a* 1) судовий 2) критичний; **~ture** [ˈdʒuːdɪkətʃə] *n* 1) судочинство; здійснення правосуддя 2) судоустрій, система судових органів 3) звання судді; корпорація суддів 4) суд 5) підсудність

judici‖al [dʒuːˈdɪʃ(ə)l] *a* 1) судовий, законний 2) суддівський 3) розсудливий, розважливий; безсторонній, неупереджений; **~ally** *adv* судовим порядком; **~ary** *a* судовий; **~ous** *a* розсудливий, поміркований, розважливий

judo [ˈdʒuːdəʊ] *n спорт.* дзюдо

jug [dʒʌɡ] **1.** *n* 1) глек, глечик 2) кухоль (*чого-н.*) 3) тьохкання, щебетання (*солов'я та под.*) **2.** *v* 1) тушкувати в горщичку (*кролика й под.*) 2) тьохкати, щебетати (*про солов'я та под.*) 3) збиратися у зграю (*про диких птахів*); **~ate** [ˈdʒʌɡɪt] *a* 1) *бот., зоол.* парний 2) *бот.* ребристий; **~ged** *a кул.* тушкований

juggl‖e [ˈdʒʌɡl] **1.** *n* 1) жонглювання; фокус, трюк; спритність рук 2) обман; шахрайство 3) перекручення слів (фактів) 4) колода **2.** *v* 1) показувати фокуси; жонглювати 2) обдурювати, піддурювати, морочити; **~er** *n* 1) жонглер, фокусник; штукар 2) фігляр 3) шахрай; ошуканець; шарлатан; **~ery** *n* 1) показування фокусів, жонглювання, спритність рук 2) обман, шахрайство 3) перекручування слів (фактів)

jugul‖ar [ˈdʒʌɡjʊlə] **1.** *n* 1) *анат.* яремна вена 2) уразливе місце **2.** *a* 1) *анат.* шийний; яремний 2) убивчий; нищівний; **~ate** *v* 1) задушити 2) перерізати горло 3) *мед.* зупинити сильнодіючими засобами (*хворобу*)

juic‖e [dʒuːs] *n* 1) сік 2) сутність, дух (*чого-н.*) 3) електричний струм; **~ed** *a* соковитий; **~eless** *a* позбавлений соку, сухий; **~er** *n* сокочавиль, прилад для вичавлювання соку; **~iness** *n* соковитість; **~y** *a* 1) соковитий 2) *розм.* вогкий, дощовий (*про погоду*) 3) змістовний (*про лекцію та под.*)

ju-jitsu [ˌdʒuːˈdʒɪtsuː] *n яп.* джіу-джитсу

July [dʒʊˈlaɪ] *n* липень

jumbal [ˈdʒʌmb(ə)l] *n* солодка здобна булочка

jumble [ˈdʒʌmbl] **1.** *n* 1) безладна суміш; купа 2) плутанина, безлад 3) штовханина, трясіння; тиснява **2.** 1) змішувати(ся); перемішувати(ся) 2) збовтувати 3) штовхатися; товпитися 4) трястися (*в екіпажі*); **j.-shop** *n* крамниця, де продаються ношені речі

jump [dʒʌmp] **1.** *n* 1) стрибок 2) різке підвищення 3) здригання; стан дрижання 4) *мед.* хорея, віттова хвороба 5) різкий перехід, розрив **2.** *a* 1) що збігається; збіжний 2) рівний 3) точний 4) швидкий (*про музику*) **3.** *v* 1) стрибати, скакати; плигати 2) скочити, зірватися (*на ноги*) 3) здригатися 4) перестрибувати, перескакувати, пропускати (*тж ~over*) 5) трясти 6) підніматися (*про ціну, температуру*) 7) підвищувати (*ціни*) 8) збігатися, узгоджуватися 9) захоплювати, заволодівати (*чим-н.*) 10) тікати; рятуватися втечею; **~er** *n* 1) стрибун, плигун; скакун 2) комаха-стрибунець 3) джемпер 4) сарафан; **~iness** *n* нервовий стан, нервовість; **~ing** *n* стрибання, скакання, плигання; **j.-off** *n* військ. атака, наступ; **j.-seat** *n* відкидне сидіння (*в автомобілі й под.*); **~y** *a* 1) нервовий, неспокійний; боязкий; що часто здригається 2) що діє на нерви

junction [ˈdʒʌŋkʃ(ə)n] *n* 1) з'єднання, поєднання; союз, коаліція 2) перехрестя (*шляхів*); роздоріжжя

June [dʒuːn] *n* червень

jungl||e [ˈdʒʌŋgl] *n* 1) джунглі; густі зарості; нетрі 2) густий ліс, хаща, хащі; **~y** *a* 1) покритий джунглями 2) густий, заростлий; схожий на джунглі

junior [ˈdʒuːnɪə] **1.** *n* 1) молодший (*віком*) 2) підлеглий **2.** *a* 1) молодший (*віком*) 2) підлеглий 3) юнацький

juniper [ˈdʒuːnɪpə] *n* бот. ялівець

junk [dʒʌŋk] **1.** *n* 1) мед. шина для фіксації перелому 2) шматок 3) брухт; покидьки; макулатура; мотлох, ганчір'я 4) джонка **2.** *v* відрізати шматком; розрізати на куски; **j.-shop** *n* крамниця старих речей

junket [ˈdʒʌŋkɪt] **1.** *n* 1) солодкий сир із вершками 2) гулянка; святкування **2.** *v* 1) бенкетувати 2) пригощати (*кого-н.*); **~er** *n* 1) бенкетник; гуляка 2) організатор гулянки

junky [ˈdʒʌŋkɪ] *n* 1) наркоман 2) торговець наркотиками

Juno [ˈdʒuːnəʊ] *n* 1) міф. Юнона 2) велична красуня 3) астр. Юнона (*третій астероїд*)

jun||ta [ˈdʒʌntə, ˈhʊntə] *n* політ. хунта; **~to** *n* (*pl* -os [-əʊz]) *n* 1) кліка, політична фракція 2) таємний союз, змова

Jupiter [ˈdʒuːpɪtə] *n* 1) міф. Юпітер 2) астр. Юпітер (*планета*)

jupon [ˈ(d)ʒuːpɒn] *n* фр. коротка спідниця, міні-спідниця

jur||y [ˈdʒʊ(ə)rɪ] *n* **1.** 1) юр. присяжні (засідателі); суд присяжних 2) журі для присудження нагород (*призів і под.*) 3) спорт. суддівська колегія **2.** *v* судити, бути членом журі; **j.-box** *n* лава присяжних (засідателів) у залі суду; **~yman** *n* 1) юр. присяжний (засідатель) 2) член журі; **~al** *a* 1) правовий, юридичний, правничий 2) що стосується прав і обов'язків; **~atory** [ˈdʒuːrətərɪ] *a* клятвений; **~idical** *a* 1) юридичний, правничий; законний; правовий 2) судовий; **~isconsult** *n* юрисконсульт;

юрист; цивіліст; **~isdiction** *n* 1) судочинство; здійснення правосуддя 2) юрисдикція; підсудність 3) сфера повноважень; підвідомча галузь; компетенція; **~isdictional** *a* 1) підвідомчий 2) підсудний; **~isprudence** *n* 1) юриспруденція; правознавство 2) судова практика; **~isprudent** [ˌdʒʊənsˈpruːdənt] **1.** *n* юрист, правник, правознавець. **2.** *a* обізнаний у законах; **~isprudential** *a* що стосується юриспруденції; **~ist** *n* 1) юрист, правник 2) амер. адвокат 3) знавець законів 4) автор юридичних праць 5) студент-юрист; **~istic(al)** *a* 1) юридичний, правничий 2) законний; **~or** *n* 1) юр. присяжний засідатель 2) член журі 3) той, хто складає присягу (клятву)

jus [jʊs, dʒʌs] *n лат.* (*pl* jura) 1) право (*на що-н.*) 2) юр. право (*як система законів*); система права 3) юр. (правовий) принцип

just [dʒʌst] **1.** *a* 1) справедливий; **j. dealing** сумлінність 2) заслужений 3) обґрунтований; що має підстави 4) законний 5) правильний; точний 6) муз. чистий, точний; <> **j. about** приблизно; майже **2.** *adv* 1) точно, саме, якраз; **that is j. it** саме так, про це і йдеться 2) ледь 3) щойно 4) розм. просто, цілком, зовсім 5) тільки; **j. fancy!** ти дивись!

justic||e [ˈdʒʌstɪs] *n* 1) справедливість 2) юстиція, правосуддя 3) законність, обґрунтованість 4) суддя; **~iary** [ˈdʒʌsˈtɪʃɪərɪ] **1.** *n* судовий чиновник **2.** *a* 1) судовий 2) законний; **~ing** *n* здійснення правосуддя

justif||y [ˈdʒʌstɪfaɪ] *v* 1) виправдувати, знаходити виправдання; вибачати 2) підтверджувати; **~iability** *n* законність; **~iable** *a* що може бути виправданий (дозволений); законний; вибачний; **~ication** *n* 1) виправдання 2) пом'якшувальні обставини 3) правомірність, підтвердження; **~icative** *a* виправдний; що підтверджує (доводить) невинність; **~ier** *n* той, що виправдовує

justness [ˈdʒʌstnɪs] *n* 1) справедливість 2) точність, правильність

jut [dʒʌt] **1.** *n* 1) виступ; проекція **2.** *v* виступати, випинатися (*тж ~ out, ~ forth*)

juven||ile [ˈdʒuːvənaɪl] **1.** *n* юнак; підліток; дівчинка-підліток **2.** *a* 1) юний; юнацький; молодий 2) призначений для юнацтва 3) неповнолітній; **~escence** [ˌdʒuːvəˈnesns] *n* 1) юність 2) помолодіння; **~ilia** *n pl* ранні твори (*особ. знаменитих письменників*); **~ility** [dʒuːvəˈnɪlɪtɪ] *n* 1) юність, молодість 2) юнацтво, юнь

juxtapos||e [ˌdʒʌkstəˈpəʊz] *v* 1) розташовувати поруч; накладати одне на одне 2) зіставляти; **~ition** *n* 1) безпосереднє сусідство; стикання; накладання; нашарування 2) зіставлення

K

kabuki [kəˈbuːkɪ] *n* кабукі (*вид японського театру*)
kalan [ˈkælɑːn] *n зоол.* калан
kale [keɪl] *n бот.* кормова капуста
kaleidoscop||e [kəˈlaɪdəskəʊp] *n* 1) калейдоскоп 2) *перен.* швидко змінюване видовище; **~ic(al)** *a* калейдоскопічний; швидко змінюваний
kami [ˈkɑːmɪ] *n яп.* 1) бог, божество 2) пан, володар (*титул правителів*)
kana [ˈkɑːnə] *n* кана, японська складова азбука із 73 знаків
kangaroo [ˌkæŋɡəˈruː] *n зоол.* кенґуру; **k.-bear** *n зоол.* коала, сумчастий ведмідь
karate [kəˈrɑːtɪ] *n спорт.* карате
karma [ˈkɑːmə] *n санскр.* доля; карма
katabatic [ˌkætəˈbætɪk] *a* низхідний, спадний (*про потік повітря*)
katheter [ˈkæθətə] *n мед.* катетер
kathode [ˈkæθəʊd] *n фіз.* катод
kava [ˈkɑːvə] *n* 1) *бот.* кава 2) напій із кави
kayak [ˈkaɪæk] *n* 1) каяк (*легкий ескімоський човен*) 2) човен, байдарка 3) байдарковий спорт
Kazakh [kəˈzɑːh] **1.** *n* 1) казах; казашка; **the ~s** казахи 2) казахська мова **2.** *a* казахський
keck [kek] *v* блювати, ригати; **k.-handed** *a* незграбний; шульга; **~le 1.** *n* хихикання, хихотіння **2.** *v* 1) кудкудакати; ґелґотати 2) хихикати 3) блювати
keel [kiːl] **1.** *n* 1) *ав., мор.* кіль 2) *поет.* корабель, судно 3) *бот.* човник **2.** *v* 1) кілювати 2) плавати
keen [kiːn] **1.** *a* 1) гострий; з гострим лезом 2) гострий (*на смак*); пікантний; пряний 3) різкий, пронизливий, сильний (*про вітер*) 4) тонкий, гострий (*про слух*) 5) глибокий 6) інтенсивний, напружений 7) їдкий, ущипливий, уїдливий; дошкульний, колючий 8) пристрасний, допитливий; проникливий, кмітливий 9) палкий, енергійний, заповзятливий **2.** *v* 1) тужити (побиватися) за небіжчиком; оплакувати небіжчика; голосити; лементувати 2) ставати гострим 3) загострювати; **k.-witted** *a* кмітливий, тямущий
keep [kiːp] *v* (**kept**) 1) зберігати; схороняти 2) доглядати; опікувати 3) охороняти, захищати; **~er** *n* охоронець; хоронитель 2) доглядач; сторож 3) лісничий 4) власник; **~ing** *n* 1) зберігання; схоронність 2) догляд, нагляд; опіка 3) охорона, захист 4) розведення, утримування 5) гармонія, згода, відповідність 6) додержання, дотримання 7) *pl* привласнені речі; **~sake** *n* подарунок на згадку
kef [kef] *n араб.* 1) кейф; насолода неробством 2) стан сп'яніння від гашишу 3) гашиш, індійські коноплі
keg [keɡ] *n* барило
Kelt [kelt] *n* кельт (*тж* Celt)
kelt [kelt] *n* 1) *іхт.* лосось 2) домоткана шерсть
kelvin [ˈkelvɪn] *n* кельвін (*од. температури в системі CI*)
kemp [kemp] *n* зазв. *pl* грубе волосся; груба шерсть; щетина; **~y** *a* укритий грубим волоссям (грубою шерстю)
ken [ken] **1.** *n* 1) коло (межа) пізнання 2) знання, кругозір; межа досяжності зору **2.** *v* (*past i p. p.* kenned, kent) 1) знати, мати знання 2) бути знайомим (*з ким-н.*) 3) пізнавати, упізнавати (*кого-н.*)
kennel [ˈkenl] **1.** *n* 1) будка (*для собаки*), конура 2) халупка, хижка; убоге житло 3) псарня 4) зграя мисливських собак 5) лисяча нора 6) притулок, сховище 7) ринва **2.** *v* 1) заганяти в будку 2) тримати в будці 3) животіти, скніти
kent [kent] *past i p. p. від* **ken 2**
kepi [ˈkeɪpiː] *n* кепі
kept [kept] *past i p. p. від* **keep**
keram||ic [kɪˈræmɪk] *a* 1) керамічний 2) гончарний (*тж* ceramic); **~ist** *n* кераміст (*тж* ceramist)
keratin [ˈkerətɪn] *n біол.* кератин, рогова речовина; **~oid** *a біол.* кератоїдний, роговий, рогоподібний; **~osis** *n біол.* кератоз, ороговіння
kerb [kɜːb] **1.** *n* 1) край хідника (тротуару); узбіччя 2) бордюр **2.** *v* укладати бордюрний камінь
kerchief [ˈkɜːtʃɪf] *n* 1) хустка; косинка; шарф 2) носовик, хусточка для носа
kern [kɜːn] **1.** *n* 1) *іст.* легкоозброєний ірландський піхотинець 2) *іст.* бідний ірландський селянин 3) селюк, мужик; волоцюга **2.** *v* 1) утворювати зерно; зав'язуватися (*про плоди*) 2) подрібнювати 3) солити (м'ясо); **~el 1.** *n* 1) зерно; зернятко 2) ядро (*горіха*) 3) серцевина, кісточка (*плода*) 4) суть, сут-

ність 5) *тех.* шишка 6) *фіз.* ядро (*атома*) 7) *філос.* раціональне зерно

kerosene [ˈkerəsiːn] *n* гас

kerseymere [ˈkɜːzɪmɪə] *n розм.* 1) кашемір (*тканина*) 2) *зазв. pl* штани (бриджі) з кашеміру

kestrel [ˈkestrəl] *n* 1) *орн.* боривітер, постільга 2) пустомеля, пуста людина

ketchup [ˈketʃəp] *n* кетчуп (*гострий томатний соус*)

kettle [ketl] *n* 1) казанок 2) великий металевий чайник

key [kiː] **1.** *n* 1) ключ (*від замка й под.*) 2) *ел.* важільний перемикач, кнопка 3) підрядковий переклад; ключ (*до вправ*); відповідь (*до задачі, вправи й под.*) 4) роз'яснення; розгадка 5) ключова позиція 6) правильний шлях до чого-н. 7) *муз.* ключ; тональність 8) клавіша; клапан; **the ~s of a pianoforte** клавіші (клавіатура) фортепіано 9) тон (*мовлення*) 10) стиль; **romantic k.** романтичний стиль 11) *жив.* тон, відтінок (*у барвах*); <> **k. move** дебют; перший хід (*у розв'язанні шахової задачі*); **k. word** ключове слово; колонтитул **2.** *v* 1) замикати на ключ 2) використовувати умовні позначки 3) *муз.* настроювати музичні інструменти; **~board 1.** *n* 1) клавіатура; **~board input** *обч.* а) ввід із клавіатури; б) дані, уведені з клавіатури 2) *ел.* розподільна дошка; комутатор **2.** *v* 1) набирати з клавіатури 2) *обч.* уводити інформацію з клавішного пульта; **k.-cold** *a* 1) холодний 2) безжиттєвий; **~er** *n тех.* маніпулятор, модулятор; ключова схема; **~note** *n* 1) *муз.* основний тон, тоніка 2) основна думка; провідна ідея; основний принцип; лейтмотив; **~stone** *n* 1) *архіт.* замковий камінь (*склепіння, арки*) 2) *перен.* наріжний камінь; основний принцип

khaki [ˈkɑːkɪ] **1.** *n* 1) захисний колір, хакі 2) тканина кольору хакі (захисного кольору) 3) військова форма **2.** *a* кольору хакі, захисного кольору

khan [kɑːn] *n* 1) хан 2) караван-сарай; **~ate** [ˈkɑːneɪt] *n* 1) ханство 2) влада хана

kibe [kaɪb] *n* 1) обмороження; обморожування 2) тріщина на шкірі (*від обмороження*)

kick [kɪk] **1.** *n* 1) удар, поштовх (*ногою, копитом*) 2) удар м'ячем (*футбол*) 3) *pl* бриджі **2.** *v* 1) ударяти (бити, штовхати) ногою 2) *спорт.* бити, пробити (*про м'яч*) 3) вигнати, виставити

kid [kɪd] **1.** *n* 1) козеня; цапеня 2) козлятина 3) галунка (*шкіра*) 4) *pl амер.* галункові рукавички 5) в'язка хмизу; пучок лози **2.** *v* 1) ягнитися, котитися 2) покепкувати (*з кого-н.*); дурити, ошукувати (*кого-н.*) 3) зв'язувати хмиз; **~der** *n* 1) перекупник 2) торговець дрібними товарами; **k.-glove** *a* 1) делікатний; вишуканий, м'який 2) який цурається чорної праці; **~nap** *v* викрадати дітей (людей); **~napper** *n* викрадач дітей (людей); **~napping** *n* кіднепінг, викрадання дітей (людей)

kidney [ˈkɪdnɪ] *n* 1) *анат.* нирка 2) *pl кул.* нирки 3) вдача, характер; риса; темперамент; **k. bean** *n бот.* квасоля звичайна

kilderkin [ˈkɪldəkɪn] *n* 1) барило 2) міра ємності (*близько 60 л*)

kill [kɪl] **1.** *n* 1) здобич (*на полюванні*) 2) відстріл звіра (дичини) 3) *амер.* канал; протока, притока річки **2.** *v* 1) убивати; позбавляти життя 2) побити морозом 3) губити, знищувати, ліквідовувати; руйнувати 4) розгромити; провалити; перешкодити успіхові 5) послаблювати ефект, нейтралізувати. **k.-devil** *n* 1) сміливець 2) *риб.* наживка; блешня; штучна принада; **~ed** *a* 1) убитий; позбавлений життя, мертвий 2) бездіяльний; **~er** *n* 1) убивця 2) *амер.* бандит, гангстер 3) *риб.* принада, наживка; **~ing 1.** *n* 1) убивство; убивання 2) забій (*худоби*) 3) *ел.* зняття напруги **2.** *a* 1) смертельний, смертоносний 2) виснажливий, убивчий, нищівний 3) кумедний, сміховинний 4) запаморочливий, приголомшливий, надзвичайний; прекрасний; **~joy** *n* людина, яка псує іншим настрій (задоволення); буркотун

kilo [ˈkiːləʊ] *n* 1) кілограм 2) кілометр

kilo- [ˈkɪlə-] *у скл. сл., що позначають од. вимірювання, має знач.* 1000 (*скор.* К); кіло-; **~bit** *n обч.* кілобіт (1024 *біта*); **~byte** *n обч.* кілобайт, тисяча байт; **~watt** *n фіз.* кіловат

kilt [kɪlt] **1.** *n* 1) кілт; **the k.** національний шотландський костюм 2) картата спідниця у складку **2.** *v* 1) збирати у складки 2) підперізувати (*спідницю, сукню*) 3) легко (спритно) рухатися

kin [kɪn] *n* 1) збір. рідня, родичі, сім'я, родина 2) кровна (кревна) спорідненість 3) свояцтво 4) спорідненість, близькість 5) рід, походження; **~ship** *n* 1) (кровна, кревна) спорідненість 2) близькість; схожість; подібність

kind [kaɪnd] **1.** *n* 1) сорт; вид, різновидність; клас; розряд 2) рід; плем'я 3) природа, характер; характерна особливість 4) *юр.* кровна (кревна) спорідненість **2.** *a* 1) добрий, доброзичливий; ласкавий 2) люб'язний, уважний 3) слухняний, піддатливий 4) м'який 5) люблячий, ніжний 6) природний, природжений; **k.-hearted** *a* добрий; м'якосердий; чуйний; **k.-heartedness** *n* доброта; м'якосердя; чуйність; **~less** *a* недобрий, безжалісний; суворий; **~liness** *n* 1) доброта; м'якосердя 2) добра справа; добрий учинок 3) м'якість клімату; **~ling** [ˈkɪndlɪŋ] *n* 1) запалювання, підпалювання 2) спалахування 3) *перен.* збудження 4) тріски, скалки (*для розпалювання*); **~ly** *a* 1) добрий; приязний; добродушний; чуйний 2) м'який, приємний; сприятливий; доброчинний 3) природний, природжений 4) одвічний 5) спадковий, успадкований 6) законний (*про дитину*); **~ness** *n* 1) доброта, сердечність; добрози́чливість; люб'язність 2) послуга, добрий учинок, ласка 3) любов, прихильність, ніжне почуття

kindergart(e)ner [ˊkɪndəˌɡɑːtnə] *n* 1) вихователь (*у дитячому садку*) 2) дитина, яка відвідує дитячий садок

kindle [ˊkɪndl] *v* 1) запалювати; підпалювати 2) займатися 3) збуджувати, запалювати 4) розгоряатися

kindred [ˊkɪndrɪd] **1.** *n* 1) *збір.* (*ужив. як pl*) рідні, родичі 2) кровне (кревне) споріднення; родинні стосунки 3) духовна спорідненість (близькість) 4) рід, сім'я, родина 5) плем'я, клан **2.** *a* 1) родинний 2) близький, однорідний, учення про рух 3) близький за духом, конґеніальний, споріднений 4) що належить до рідні (родичів)

kine- [ˊk(a)ɪnɪ-] (*тж* kinesio-, kineto-) *у скл. сл.* (*із грец. коренями*) *має знач.* рух; рушійний; **~siology** кінесіологія (*наука про рух людини*); **~matics** *n pl* (*ужив. як sing*) *фіз.* кінематика, учення про рух; **~sics** *n pl* (*ужив. як sing*) *лінгв.* кінесика

-kinesia [-kɪˊniːzɪə, -kɪˊʒə] *мед. у сл.* (*із грец. коренями*) *має знач.* рух; **hyper~** гіперкінезія

-kinesis [-kɪˊniːsɪs] *у скл. сл.* (*із грец. коренями*) *має знач.* активізація; **tele~** телекінез

king [kɪŋ] **1.** *n* 1) король; монарх 2) цар; володар; владар 3) магнат, король 4) дамка (*у шашках*) **2.** *v* 1) правити, управляти 2) поводитися по-королівському 3) зробити королем; увести на престол; **k.-cobra** *n зоол.* кобра королівська; **k.-crab** *n зоол.* 1) краб камчатський 2) мечохвіст; **~dom** *n* 1) королівство, царство; держава 2) світ, царство 3) галузь, сфера 4) королівська влада; королівське звання; **~fisher** *n орн.* рибалочка, водомороз; **~hood** *n* королівський сан; **~like** *a* 1) королівський, царський 2) величний, царствений; **~liness** *n* царственість; величність; **~ly** *a* 1) королівський, царський; властивий королеві (цареві); що личить королеві (цареві) 2) царствений; величний, чудовий; пишний; **k.-penguin** *n орн.* королівський пінгвін; **k.-salmon** *n іхт.* чавича; **~ship** *n* 1) королівський (царський) сан 2) царювання (*короля, царя*) 3) величність (*титул монарха*); **k. size** *n* найбільший розмір; **k.-size** *a* 1) великий, величезний 2) незвичайний, видатний

kink [kɪŋk] **1.** *n* 1) кучерявість (*волосся*); завиток 2) судома 3) напад кашлю (сміху) **2.** *v* 1) утворювати петлю 2) загинати(ся); скручувати(ся) 3) задихатися (*від кашлю й под.*); **~le** *n* 1) завиток, кучер (*волосся*) 2) невеликий згин, вигин 3) легкий натяк; **~y** *a* кучерявий

kintal [ˊkɪntl] *n* квінтал, центнер (*міра ваги*; *брит.* = 50,8 кг; *амер.* = 45, 36 кг)

kiosk [ˊkiːɒsk] *n* 1) кіоск; будка 2) телефонна будка 3) альтанка

kipper [ˊkɪpə] **1.** *n* 1) лосось-самець (*під час нересту*) 2) копчена розпластана риба **2.** *v* солити й коптити рибу

kirk [kɜːk] **1.** *n шотл.* церква, християнський храм **2.** *v* 1) приводити (приносити) в церкву (*для хрещення*) 2) здійснювати церковний обряд; **~man** *n* священик

kirtle [kɜːtl] *n* 1) жіноча верхня спідниця 2) довга жіноча сукня

kismet [ˊkɪzmet, ˊkɪs-] *n тур.* доля, фатум

kiss [kɪs] **1.** *n* 1) поцілунок, цілунок; чоломкання 2) легкий дотик (*вітерцю, хвилі*) 3) безе (*тістечко*) 4) плівка (*на молоці*); бульбашки (*на чаї*) 5) цукерка **2.** *v* 1) цілувати(ся), чоломкати(ся) 2) легко й ласкаво доторкнутися; пестити (*кого-н.*); **k.-curl** *n* завиток, кучер (*на скроні*)

kitchen [ˊkɪtʃɪn] **1.** *n* 1) кухня 2) стиль приготування їжі 3) кухонний посуд 4) присмака **2.** *v* приймати (пригощати) (*кого-н.*) на кухні; **k.-garden** *n* город; **k.-range** *n* кухонна плита; **k.-stuff** *n* 1) продукти (*зазв.* овочі), необхідні для приготування їжі 2) кухонні відходи; **k.-unit** *n* кухня; комплект кухонного обладнання й кухонних меблів; **~ware** *n* кухонний посуд

kite [kaɪt] *n* 1) паперовий змій 2) *орн.* шуліка, сокіл, осоїд

kith [kɪθ] *n збір.* 1) знайомі, друзі 2) співвітчизники 3) сусіди

kitsch [kɪtʃ] *n знев.* 1) кітч, сентиментальщина (*про роман, фільм і под.* 2) чтиво; несмак; халтура

kitten [kɪtn] **1.** *n* кошеня **2.** *v* 1) котитися (*про кішку*) 2) кокетувати; **~ish** *a* грайливий, пустотливий; жвавий

kitty I [ˊkɪtɪ] *n* 1) кошеня, киця

kitty II [ˊkɪtɪ] *n* 1) *карт.* пулька; банк 2) ціль (*у грі в кеглі*)

kleenebok [ˊkliːnbɒk] *n зоол.* антилопа карликова

klendusity [ˌklenˊd(j)uːsɪtɪ] *n* здатність організму уникнути захворювання

kleptomani||a [ˌkleptə(ʊ)ˊmeɪnɪə] *n* клептоманія; **~ac** *n* клептоман

kloof [kluːf] *n* ущелина, видолинок; яр; глибока долина

knack [næk] *n* 1) уміння; спритність, вправність; майстерність; навичка 2) особливий спосіб, особлива манера 3) тріск, стук 4) скрегіт; **~y** *a* умілий, спритний, вправний; винахідливий; тямущий

knaggy [´nægɪ] *a* сучкуватий, вузлуватий; нерівний, шерехатий

knapsack [´næpsæk] *n* рюкзак, заплічний мішок

knapweed [´næpwi:d] *n бот.* волошка (чорна)

knar [nɑ:] *n* наріст (*на дереві*); **~red** *a* сучкуватий, вузлуватий; покритий наростами

knav||e [neɪv] *n* 1) шахрай, плутяга; падлюка; безпринципна людина 2) *карт.* валет; **~ery** *n* шахрайство, шахраювання; обдурювання; обман; **~ish** *a* 1) шахрайський; шахраюватий; підлий, мерзенний, ганебний 2) пустотливий

knead [ni:d] *v* 1) місити, замішувати (*тісто, глину*) 2) змішувати в загальну масу, з'єднувати, перемішувати 3) розтирати, масажувати 4) формувати; **~er** *n* 1) тістозмішувач 2) масажист; **~ing-trough** *n* 1) діжа 2) опара

knee [ni:] **1.** *n* 1) коліно 2) підкіс **2.** *v* ставати навколішки; **k.-breeches** *n pl* бриджі, штани до колін; **k.-cap** *n* 1) *анат.* колінна чашечка 2) наколінник; **k.-crooking** *a* улесливий, догідливий; підлабузницький; **k.-jerk 1.** *n мед.* колінний рефлекс **2.** *a* 1) *фізіол.* що стосується колінного рефлексу 2) мимовільний 3) передбачуваний 4) незмінний, звичайний; **k.-joint** *n анат.* колінний суглоб; **~l** *v* (*past і p. p.* knelt, kneeled) ставати (стояти) навколішки

knell [nel] **1.** *n* 1) похоронний дзвін 2) *перен.* погана прикмета; передвістя смерті (загибелі) 3) скорботний (тужний) плач; похоронна пісня **2.** *v* 1) дзвонити за небіжчиком; дзвонити під час похорону 2) *перен.* звучати зловісно; провіщати недобре; сповіщати (*про смерть*) 3) дзвонити

knelt [nelt] *past і p. p. від* **kneel**

Knesset, Knesseth [´kneset] *n* кнесет (*ізраїльський парламент*)

knew [nju:] *past від* **know 2**

Knickerbocker [´nɪkə͵bɒkə] *n* мешканець Нью-Йорка

knickers [´nɪkəz] *n pl* 1) панталони 2) спортивні штани

knick-knack [´nɪknæk] *n* 1) дрібничка, вишукана прикраса 2) антикварна дрібничка; **~ery** *n збір.* дрібнички, прикраси; іграшки; сухолітка, мішура; **~ish** *a* незначний, негрунтовний; несправжній; **~y** *a* 1) що любить дрібнички 2) нещирий; удаваний, облудний

knife [naɪf] **1.** *n* (*pl* knives) 1) ніж, ножик 2) *мед.* скальпель 3) хірургічна операція 4) кинджал; кортик **2.** *v* 1) різати ножем 2) завдати удару ножем; **k.-edge** *n* 1) лезо (вістря) ножа 2) призма (*терезів*); **k.-edged** *a* загострений; гострий; **k.-file** *n* ножівка, ножовий терпуг (напилок); **k.-grinder** *n* 1) точильник 2) точило, точильний камінь; **k.-pleated** *a* плісирований

knight [naɪt] **1.** *n* 1) рицар, лицар; витязь 2) шляхетна людина 3) кавалер ордена 4) вершник (*у Стародавньому Римі*) 5) *шах.* кінь; <> **k. of fortune** авантюрист; **k. of the green cloth** картяр **2.** *v* 1) висвячувати в рицарі 2) приймати в члени ордену (товариства); **k.-errantry** *n* 1) мандрівні рицарі 2) донкіхотство; **~ly 1.** *a* 1) *іст.* рицарський, що відповідає званню рицаря 2) що складається з рицарів 3) шляхетний **2.** *adv* по-лицарському, шляхетно

knit [nɪt] **1.** *n* 1) в'язання, плетіння 2) трикотаж 3) в'язка **2.** *a* в'язаний, плетений **3.** *v* (*past і p. p.* knitted, knit) 1) в'язати; плести 2) зв'язувати, з'єднувати, скріпляти 3) з'єднуватися, скріплятися 4) нахмурювати, насуплювати (*брови*); хмуритися 5) стягувати(ся); стискати(ся) 6) збирати; напружувати (*усі сили*) 7) зав'язуватися (*про плоди*) 8) установлювати, зміцнювати (*відносини*); укладати (*угоду*) 9) сплітати, переплітати; **~ted** *a* 1) в'язаний, трикотажний 2) спаяний, з'єднаний, скріплений; **~ting** *n* 1) в'язання 2) в'язаний виріб; **~ting-cotton** *n* бавовняна пряжа; **~wear** *n* трикотаж, трикотажні вироби

knob [nɒb] *n* 1) опуклість; виступ, ґуля 2) куляста ручка (*дверей*); **~bed** *a* 1) ґулястий 2) опуклий 3) горбкуватий, горбастий

knock [nɒk] **1.** *n* 1) стук 2) удар, поштовх 3) пагорб 4) *pl* причіпки, нападки, зауваження **2.** *v* 1) стукати; постукати 2) ударяти; бити; **k.-down 1.** *n* 1) нищівний удар 2) кулачний бій; бійка **2.** *a* 1) нищівний (*про удар*); нечуваний, надзвичайний 2) розбірний (*про меблі, механізм*); **k.-out** *n спорт.* 1) нокаут, поразка 2) нокаутуючий удар

knoll [nəʊl] *n* пагорб, горбок, пригірок

knot [nɒt] **1.** *n* 1) вузол 2) ярмо; залежність 3) бант; ґалун; шнурок; аксельбант 4) точка перетину (*ліній та под.*); пучок 5) моток (*ниток*) 6) найважливіший момент; головне питання 7) головна сюжетна лінія 8) група, купка (*людей*) **2.** *v* 1) зав'язувати вузол; зв'язувати (закріпляти) вузлом 2) зав'язуватися, зв'язуватися 3) заплутувати(ся), сплутувати(ся) 4) насуплювати (брови); **k.-grass** *n бот.* спориш; **~ted** *a* 1) зав'язаний (стягнутий) вузлом 2) заплутаний, складний 3) вигадливий, хитромудрий; складний; **~ty** *a* 1) вузлу-

ватий; сучкуватий 2) складний, заплутаний; **~ty-pated** *а* тупий, дурний
know [nəʊ] **1.** *n* знання **2.** *v* (*past* knew; *p. p.* known) 1) знати; мати уявлення; бути обізнаним 2) мати знання, розбиратися 3) уміти, мати уміння 4) усвідомлювати, розуміти 5) зазнати, пережити 6) бути знайомим (*з ким-н.*), знати (*кого-н.*); познайомитися (*з ким-н.*) 7) *зазв. pass.* бути відомим, мати популярність 8) пізнавати, упізнавати, розпізнавати 9) відрізняти, розрізняти; **~able** *а* 1) пізнаваний 2) розпізнаваний; **k.-how** *n розм.* 1) уміння, знання справи 2) знання, ерудиція 3) «ноу-хау», наукова (технічна) інформація 4) секрет виготовлення (виробництва); **~ing 1.** *n* 1) знання, пізнання; обізнаність (*з чим-н.*) 2) розуміння 3) усвідомлення **2.** *a* 1) знаючий, тямущий 2) пізнавальний; що стосується розумових здібностей; **~ledge base** *n обч.* база знань; **~ledge-based** *a* інтелектуальний; **~n** *а* відомий; загальновизнаний; **k.-nothing** *n* 1) неук, невіглас 2) *філос.* агностик
known [nəʊn] *p. p. від* **know 2**
knuckle [ˈnʌk(ə)l] **1.** *n* 1) *анат.* суглоб пальця; міжфаланговий суглоб; кісточка 2) *кул.* гомілка; ніжка (*свиняча й под.*) 3) кастет; <> **near the k.** на межі непристойності **2.** *v* 1) ударити, стукнути; постукати кісточками пальців 2) стиснути руку в кулак; **k. down** *v* 1) поступатися, підкорятися 2) рішуче взятися; **k.-down** *n* підкорення; покора, покірність; **k.-duster** *n* кастет; **k.-joint** *n* суглоб пальця
koala [kəʊˈɑːlə] *n зоол.* коала; сумчастий ведмідь (*тж ~ bear*)
kobold [ˈkɒbəʊld] *n нім. фольк.* 1) домовик 2) ґном; злий дух, що живе в шахтах
Korean [kоˈпən] **1.** *а* корейський **2.** *n* 1) кореєць 2) корейська мова
kosher [ˈkəʊʃə] **1.** *n* 1) кошер 2) крамниця, де продається кошер **2.** *а* кошерний
kotow [ˌkəʊˈtaʊ] *кит.* **1.** *n* 1) низький уклін 2) *перен.* вияв догідливості **2.** *v* 1) низько вклонятися 2) плазувати; підлабузнюватися
koumiss [ˈkuːmɪs] *n* кумис
kow [kaʊ] *n* опудало; **~tow 1.** *n* 1) низький уклін 2) раболіпство **2.** *v* раболіпствувати
kraken [ˈkrɑːkən] *n сканд. міф.* морське чудовисько
Kremlin [ˈkremlɪn] *n рос.* кремль
krone [ˈkrəʊnə] *n іст.* (*pl* -nen) крона (*грошова од.*)
kurtosis [kɜːˈtəʊsɪs] *n стат.* ексцес, коефіцієнт ексцесу

L

la [lɑː] *n муз.* ля

labefaction [ˌlæbɪˈfækʃ(ə)n] *n книжн.* 1) дрож; слабкість; послаблення 2) падіння

label [ˈleɪb(ə)l] **1.** *n* 1) етикетка; наклейка 2) ярлик; тавро; прізвисько 3) позначка, ремарка (*граматична*) **2.** *v* наліплювати етикетку (ярлик); **~led** *a* маркований; з етикеткою

labial [ˈleɪbɪəl] **1.** *n фон.* губний звук (*тж ~ sound*) **2.** *а фон.* губний, лабіальний; **~isation** [ˌleɪbɪəlaɪˈzeɪʃ(ə)n] *n фон.* лабіалізація

labile [ˈleɪbɪl] *а* нестійкий, несталий; мінливий

labium [ˈleɪbɪəm] *n* (*pl* -bia) *лат. анат.* губа

labor||atory [ləˈbɒrətrɪ] *n* лабораторія; **~atorial** *а* лабораторний; **~ious** [ləˈbɔːrɪəs] *а* 1) важкий, тяжкий, стомливий; напружений, трудомісткий 2) працьовитий; старанний, ретельний 3) вимучений, важкий (*про стиль*) 4) трудящий; **labor union** *n амер.* профспілка

labour [ˈleɪbə] **1.** *n* 1) праця 2) робота, завдання, зусилля 3) *pl* життєві турботи; знегоди 4) робітники 5) пологові муки; пологи; **a woman in l.** породілля **2.** *v* 1) працювати 2) докладати зусиль; домагатися; прагнути 3) старанно опрацьовувати; докладно розглядати 4) бути у скрутному становищі; **~ed** *a* 1) вимучений, важкий, неприродний; незграбний (*про стиль і под.*) 2) утруднений, тяжкий; **~er** *n* некваліфікований робітник, чорнороб; **~ing** *a* 1) робочий, трудящий 2) утруднений, що сильно б'ється (*про серце*); **~ism** *n* лейборизм; **~ist** *n* лейборист, член лейбористської партії; **~less** *a* що не потребує зусиль; **l.-market** *n* ринок праці; попит і пропозиція праці

laburnum [ləˈbɜːnəm] *n бот.* зіновать, рокитник

labyrinth [ˈlæbərɪnθ] *n* 1) лабіринт 2) плутанина; заплутаність

lace [leɪs] **1.** *n* 1) мереживо 2) шнурок, тасьма **2.** *v* 1) прикрашати мереживом 2) шнурувати 3) бити, хльостати, стьобати, шмагати

lacerat||e [ˈlæsəreɪt] *v* 1) рвати, розривати, роздирати 2) терзати, мучити; ранити почуття 3) калічити; **~ed** *a* 1) рваний 2) *бот.* зазублений; подертий; **~ion** *n* 1) розривання 2) *мед.* розрив (*тканини*) 3) мука, муки; скрута, гризота

lacertian [ləˈsɜːʃ(ə)n] **1.** *n зоол.* ящірка **2.** *а* що стосується ящірок

laches [ˈlætʃɪz] *n* (*pl без змін*) 1) *юр.* простречення 2) недбалість, недбайливість

lachrym||al [ˈlækrɪm(ə)l] **1.** *n* 1) слізниця (*тж* l. vase) 2) *pl* ридання, голосіння **2.** *а* 1) *анат.* слізний 2) плаксивий; **~ator** *n* сльозогінна отруйна речовина, лакриматор; **~atory** **1.** *n* слізниця (*посудина*) **2.** *а* сльозогінний; **~ose** *a* 1) слізливий, плаксивий 2) повний сліз 3) сумний; що викликає сльози

lack [læk] **1.** *n* нестача, брак, відсутність **2.** *v* 1) відчувати нестачу (*чого-н.*); потребувати; не мати 2) не вистачати, бракувати; **l.-all** *n* знедолена (нещасна) людина; бідолаха, сіромаха; **~land** *a* безземельний; **~lustre** [ˈlæklʌstə(r)] *a* тьмяний; без блиску (*про очі*)

lackadaisical [ˌlækəˈdeɪzɪk(ə)l] *a* 1) манірний 2) апатичний, млявий, байдужий 3) мрійливий, сентиментальний

lackey [ˈlækɪ] **1.** *n* лакей **2.** *v* 1) прислуговувати 2) *перен.* лакействувати

lacon||ic [ləˈkɒnɪk] *a* 1) лаконічний, короткий, стислий (*про мову*) 2) небалакучий, небагатослівний; **~ism** [ˈlækənɪzm] *n* 1) лаконізм, стислість 2) короткий вислів

lacquer [ˈlækə] **1.** *n* 1) лак; політура; ґлазур, полива 2) *збір.* лаковані вироби **2.** *v* покривати лаком (політурою, поливою); лакувати

lactary [ˈlæktərɪ] *a* молочний

lacuna [ləˈkjuːnə] *n* (*pl* -nae, -as [-əz]) 1) прогалина, лакуна; *полігр.* пропуск 2) *анат., біол.* западина, заглиблення; порожнина

lacustrine [ləˈkʌstraɪn] *a* озерний

lacy [ˈleɪsɪ] *a* мереживний; зроблений з мережива

lad [læd] *n* 1) хлопець, хлопчик; юнак 2) відважний хлопець 3) хвацький хлопець

ladder [ˈlædə] **1.** *n* 1) драбина 2) *мор.* трап **2.** *v* обладнувати драбиною

lad||e [leɪd] **1.** *n спец.* 1) канал; протока 2) гирло ріки **2.** *v* (*past* -ded [-ɪd]; *p. p.* -ded, -den) 1) вантажити, навантажувати 2) відвантажувати; надсилати (*вантаж*) 3) (*p. p.* -ded) черпати, вичерпувати 4) обтяжувати; **~en** *a* 1) навантажений, завантажений 2) завалений, захаращений 3) що згинається під вагою (*плодів*) 4) обтяжений, пригнічений; **~er** *n* вантажник, докер; **~le 1.** *n* велика ложка; черпак; ківш **2.** *v* черпати, розливати; **~leful** *n* повна (велика) ложка (*чого-н.*)

ladies [´leɪdɪz] *n ужив. як sing* жіноча вбиральня

lady [´leɪdɪ] *n* (*pl* -dies) 1) леді; пані 2) (L.) леді (*титул вельможної дами*) 3) кохана, коханка 4) дружина 5) господиня 6) володарка; <> **l. friend** подруга; **l. help** служниця; **l.'s maid** покоївка, камеристка; **l.'s man** дамський догідник, ловелас; **~bird** *n* божа корівка; **l.-clock** *n ент.* сонечко; **l.-cook** *n* куховарка

lag [læɡ] **1.** *n* 1) відставання; запізнювання 2) той, хто посів останнє місце (*у змаганнях*) 3) каторжник **2.** *v* 1) відставати (*тж* ~ **behind**) 2) запізнюватися 3) плентатися, волочитися; баритися, гаятися 4) висилати на каторгу 5) заарештовувати, затримувати; **~gard 1.** *n* незграбна людина **2.** *a* неповороткий, повільний, млявий

lagoon [lə´ɡu:n] *n* лагуна; **l.-island** *n* атол, кораловий острів

laid [leɪd] *past і p. p. від* **lay 3**

lain [leɪn] *p. p. від* **lie II**

lair [leə] **1.** *n* 1) барліг, лігво; нора 2) загін для худоби 3) ложе 4) *перен.* пристановище; відлюдний притулок **2.** *v* 1) лежати в барлозі (*у норі*) 2) бути в загоні (*про худобу*)

laity [´leɪɪtɪ] *n збір.* 1) (the ~) миряни, світські люди 2) непрофесіонали; профани

lak||e [leɪk] *n* озеро; **l. lawyer** *n іхт. амер.* минь; **~y** *a* озерний

lam [læm] **1.** *n* 1) утеча **2.** *v* 1) утекти з в'язниці 2) ховатися від поліції 3) *розм.* бити, лупцювати

lama [´lɑ:mə] *n* 1) лама (*буддійський чернець*) 2) *зоол.* ґуанако; лама

lamb [læm] **1.** *n* 1) ягня, баранчик; ягничка; **like a l.** а) покірно; б) простодушно **2.** *v* ягнитися, котитися; **~ing** *n* окіт, ягніння; **~like** *a* лагідний; покірний, покірливий; **~skin** *n* 1) овеча шкура 2) смушок

lambaste [´læmbeɪst] *v* 1) бити, лупцювати 2) лаяти, шпетити

lamben||t [´læmbənt] *a* 1) що виграє (мерехтить) (*про світло, полум'я*) 2) променистий; виблискуючий, блискаючий; мерехтливий 3) блискучий (*розум, стиль*) **~cy** *n* 1) блискання, виблискування, блиск 2) ковзання

lame [leɪm] **1.** *n* 1) (the ~) *збір.* кульгаві 2) тонка металева пластинка **2.** *a* 1) кульгавий 2) покалічений (*про ногу*) 3) невдалий, незадовільний; непереконливий; недостатній (*про докази*) 4) неправильний **3.** *v* нівечити, калічити; **~ness** *n* кульгавість

lament [lə´ment] **1.** *n* 1) плач, ридання, стогін, стогнання, лемент 2) елегія; тужлива пісня **2.** *v* 1) плакати, оплакувати; ридати 2) журитися, нарікати; ремствувати; **~able** *a* 1) сум-

ний, прикрий; гідний жалю 2) жалюгідний, нікчемний; **~ation** *n* скарги, ремствування; **~ed** *a* оплакуваний; **~ing** *a* 1) сумний; тужний, журний 2) жалібний

lamia [´leɪmɪə] *n* (*pl* -ае, -as [-əz]) 1) *міф. грец.* ламія, потвора в образі жінки, що п'є кров дітей; вампір 2) чаклунка, відьма

lamp [læmp] **1.** *n* 1) лампа; ліхтар 2) світильник 3) світло (*надії*) **2.** *v* освітлювати; сяяти; **~light** *n* світло лампи, штучне освітлення; **~post** *n* ліхтарний стовп; **~shade** *n* абажур

lampoon [læm´pu:n] **1.** *n* 1) зла (дошкульна) сатира; памфлет 2) пасквіль **2.** *v* 1) писати памфлети 2) складати пасквілі; **~er** *n* 1) памфлетист 2) пасквілянт

lamprey [´læmprɪ] *n зоол.* мінога

lanc||e [lɑ:ns] **1.** *n* 1) спис, піка 2) *іст.* вояк зі списом 3) ості 4) ланцет **2.** *v* 1) проколювати списом (пікою) 2) розрізувати ланцетом; **l. knight** *n іст.* 1) ландскнехт 2) списоносець; **~elet** *n зоол.* ланцетник; **~er** *n військ. іст.* улан 2) *pl* ланьсе (*танець*); **~inating** *a* гострий, пронизливий (*про біль*)

land [lænd] **1.** *n* 1) земля, суходіл; **l.-forces** *pl військ.* сухопутні війська (сили) 2) країна, держава, територія 3) ґрунт, земля 4) земельна власність; <> **l. power** могутня держава; **debatable l.** предмет суперечки **2.** *v* 1) висаджувати(ся) (*на берег*) 2) приставати до берега 3) *ав., спорт.* приземлятися 4) прибувати; сходити (*з пароплава*) 5) приводити; ставити у (*яке-н.*) становище 6) витягувати на берег (*рибу*) 7) спіймати (*злочинця*) 8) виграти 9) завдати удару; улучити 10) опинитися (*де-н.*); **l. breeze** *n* береговий вітер, бриз; **l. crab** *n зоол.* сухопутний краб; **l.-flood** *n* повінь; **~holder** *n* орендар; власник земельної ділянки; **~ing party** *n* десант, десантний загін; **~lady** *n* власниця будинку, яка здає квартири внайми; **l.-law** *n зазв. pl* земельне законодавство; закони про земельну власність; **~less** *a* 1) безземельний 2) безбережний, безкраїй (*про море*); **~locked** *a* оточений сушею, закритий (*про затоку*); **~mark** *n* 1) межовий знак 2) віха, поворотний пункт 3) наземний орієнтир 4) *мор.* береговий орієнтир; **~owner** *n* землевласник; **~owning 1.** *n* землеволодіння **2.** *а* землевласницький; **~rail** *n орн.* деркач; **~scape** *n* 1) ландшафт 2) *жив.* пейзаж; **~scapist** *n* пейзажист; **~slip** *n* зсув; обвал (*у горах*); **l. wind** *n* береговий вітер, бриз

lane [leɪn] *n* 1) доріжка, стежка 2) вузька вуличка, провулок 3) прохід 4) розводдя між крижинами 5) морський шлях 6) *ав.* траса польоту

language [´læŋɡwɪdʒ] **1.** *n* 1) мова, мовлення

2) стиль 3) формулювання **2.** *v* висловлювати, виражати словами; **~d** *a* який володіє мовою (мовами)

langu‖id [ˈlæŋgwɪd] *a* 1) кволий, слабий; стомлений 2) млявий, апатичний 3) повільний 4) нудний; **~ish 1.** *n* 1) млосний вигляд; томливий погляд 2) в'ялість, слабкість, млявість; млосність **2.** *v* 1) слабнути, чахнути, марніти, хиріти 2) знемагати, томитися, нудитися; нудьгувати; **~or** [ˈlæŋgə(r)] *n* 1) слабість, млявість, апатичність; утома 2) млосність 3) відсутність руху (життя); тиша 4) мрійливий настрій 5) застій, млявість (*у торгівлі й под.*); **~orous** *a* 1) млявий, апатичний; стомлений 2) млосний 3) важкий, задушливий (*про атмосферу*)

laniary [ˈlænɪərɪ] *n* ікло

lank [læŋk] *a* 1) високий і тонкий; худорлявий 2) гладкий, некучерявий, прямий (*про волосся*) 3) довгий і м'який (*про траву*); **~y** *a* 1) довготелесий; худий 2) довгий (*про ноги*)

lansquenet [ˈlɑːnskɪnet] *n іст.* ландскнехт, найманець

lantern [ˈlæntən] **1.** *n* 1) ліхтар 2) світоч, світило **2.** *v* освітлювати ліхтарем

lanug‖o [ləˈnjuːgəʊ] *n анат.* пушок; **~inous** *a* 1) *анат.* покритий пушком 2) пушистий, пухнастий

lap [læp] **1.** *n* 1) пола, фалда 2) коліна 3) пах 4) лоно 5) мочка вуха 6) лощина, видолинок, ущелина 7) партія гри; раунд (*у змаганнях*) 8) коло бігової доріжки; дистанція 9) заїзд 10) плескіт (*хвиль*) **2.** *v* 1) загортати, обкутувати 2) закладати; загинати 3) охоплювати, оточувати 4) хлебтати 5) жадібно пити (ковтати, поглинати) 6) поглинати, убирати, усотувати 7) *перен.* упиватися, упоюватися (*лестощами*) 8) плескатися (*про хвилі*); **l.-dog** *n* декоративний песик; **~el** *n* вилога, лацкан; **~pet** *n* 1) фалда, складка 2) лацкан 3) мочка вуха 4) частка легені

lapid‖ary [ˈlæpɪd(ə)rɪ] *a* лапідарний, короткий, стислий; **~ate** *v* закидати камінням; побивати камінням; **~ification** *n* закам'яніння; **~ose** *a* кам'янистий

laps‖e [læps] **1.** *n* 1) недолік; недогляд; хиба, похибка; (випадкова) помилка 2) відхилення від правильного шляху; гріх; падіння 3) плин, перебіг (*часу*) 4) проміжок (*часу*); період 5) *юр.* припинення (недійсність) права 6) *метео* падіння температури; зниження тиску **2.** *v* 1) занепасти (*морально*); відхилятися (*від правильного шляху*) 2) (into) переходити (*у який-н. стан*); перетворюватися (*на що-н.*) 3) *юр.* утрачати чинність, закінчуватися, ставати недійсним 4) *юр.* переходити в інші руки 5) спливати, проходити, минати

(*про час*) 6) зникати (*поступово*), падати (*про інтерес*); **~ed** *a* 1) колишній; минулий 2) *юр.* недійсний; що втратив чинність

lapwing [ˈlæpˌwɪŋ] *n орн.* чайка

larcen‖er [ˈlɑːs(ə)nə] *n юр.* злодій; **~ous** [ˈlɑːsɪnəs] *a юр.* 1) злодійський 2) винуватий у крадіжці; **~y** *n юр.* крадіжка; злодійство

larch [lɑːtʃ] *n* 1) *бот.* модрина 2) деревина модрини

lard [lɑːd] **1.** *n* 1) смалець; лярд 2) жир; мазь **2.** *v* 1) *кул.* шпигувати; мазати смальцем 2) змащувати жиром; **~aceous** *a мед.* сальний, жировий; **~er** *n* 1) комора (*продуктів*) 2) кухонна шафа

large [lɑːdʒ] *a* 1) великий 2) численний; значний; багатий 3) розкішний 4) великого масштабу 5) широкий, великого діапазону; **l.-calibre** *a* великокаліберний; **l.-handed** *a* 1) щедрий; багатий 2) *перен.* жадібний; **l.-hearted** *a* 1) великодушний 2) поблажливий; терпимий; доброзичливий; **l.-minded** *a* 1) з широкими поглядами; з широким кругозором, глибокодумний 2) терпимий, толерантний; **~ness** *n* 1) великий розмір; величина 2) широта поглядів 3) велич духу 4) щедрість; великодушність; **l.-scale** *a* 1) великомасштабний 2) великий

largo [ˈlɑːgəʊ] *a іт. муз.* дуже повільний

lariat [ˈlærɪət] **1.** *n* 1) мотузка (*для прив'язування коня*) 2) аркан, ласо **2.** *v* ловити арканом

lark [lɑːk] **1.** *n орн.* жайворонок **2.** *v* ловити жайворонків

larkspur [ˈlɑːkspɜː] *n бот.* сокирки, дельфіній

larv‖a [ˈlɑːvə] *n* (*pl* -vae) *біол.* 1) личинка 2) гусениця; **~al** *a* 1) личинковий 2) прихований; у прихованому стані (*про хворобу*) 3) замаскований; **~ivorous** *a* що живиться личинками

laryn‖x [ˈlærɪŋks] *n* (*pl* -nges) гортань, глотка; **~geal** *a* 1) *анат.* гортанний 2) *фон.* ларингальний; **~gitis** [ˌlærɪŋˈdʒaɪtɪs] *n мед.* ларингіт, запалення гортані; **~gology** *n* ларингологія; **~goscopy** *n* ларингоскопія

lascivious [ləˈsɪvɪəs] *a* хтивий, похітливий

laser [ˈleɪzə] *n фіз.* лазер, оптичний квантовий генератор

lash [læʃ] **1.** *n* 1) батіг, канчук, бич; ремінь (*батога*) 2) удар батогом (канчуком, бичем) 3) (the ~) пороття, шмагання, биття 4) різкий докір; сувора критика 5) (*скор. від* eyelash) вія **2.** *v* 1) хльостати, стьобати, шмагати, бити (батогом) 2) висміювати; суворо критикувати 3) збуджувати; підхльостувати 4) швидко рухатися туди й назад (*у стані збудження, гніву*) 5) махати, бити (*хвостом*) 6) кинутися, помчати, майнути 7) зв'язувати, прив'язувати; закріпляти

lash∥er [ˈlæʃə] *n* 1) загата; гребля; збірник 2) мотузка; **~ing** *n* 1) шмагання, биття 2) докори, дорікання; лайка 3) мотузка

laspring [ˈlæsprɪŋ] *n* молодий лосось

lass [læs] *n* дівчина

lassitude [ˈlæsɪtjuːd] *n* утома, кволість, апатія

lasso [ləˈsuː, ˈlæsəʊ] **1.** *n* (*pl* -os, -oes [əʊz]) ласо, аркан **2.** *v* ловити ласо, арканом

last [lɑːst] **1.** *n* 1) останній, останнє 2) *pl* рештки 3) кінець 4) смерть, сконання 5) розв'язка, кінцівка 6) витримка, витривалість; <> **at l.** нарешті; **at (the) long l.** кінець кінцем, зрештою **2.** *a* 1) останній 2) єдиний, останній 3) минулий 4) найновіший, найсвіжіший; сучасний 5) найбільш небажаний, несподіваний 6) остаточний 7) надзвичайний **3.** *v* 1) тривати 2) витримувати; залишатися в живих 3) зберігатися; носитися (*про взуття*) 4) вистачати, бути достатнім (*тж* ~ out); **~ing 1.** *n* 1) тривалість 2) міцність 3) витривалість, стійкість **2.** *a* 1) тривалий, довгочасний; сталий; тривкий 2) міцний, стійкий 3) витривалий

latch [lætʃ] **1.** *n* 1) клямка, засув, засувка; шпінгалет 2) американський замок **2.** *v* зачиняти(ся) на засув; **~key** *n* 1) ключ до американського замка 2) відмикачка

late [leɪt] *a* (later, latter; latest, last) 1) пізній, запізнілий, спізнився, що спізнився 2) колишній 3) недавній, останній 4) померлий, покійний; **~n** *v* 1) затримувати; примушувати запізнюватися 2) спізнюватися; **~ness** *n* спізнення, запізнювання, запізнілість; **~r** *a* пізніший

laten∥t [ˈleɪt(ə)nt] *a* прихований, у прихованому стані; латентний; **~cy** *n* прихований стан, латентність

lateral [ˈlæt(ə)rəl] **1.** *n* 1) бокова частина; відгалуження 2) бічний пагонець **2.** *a* 1) боковий, бічний 2) побічний, другорядний

latest [ˈleɪtɪst] *a* найновіший, найсвіжіший (*про новини й под.*)

lather [ˈlɑːðə] **1.** *n* мильна піна **2.** *v* намилювати; **~y** *a* 1) намилений, у піні 2) вигаданий, несправжній

lathy [ˈlɑːθɪ] *a* 1) худий, худорлявий 2) довготелесий

Latin [ˈlætɪn] **1.** *n* латинська мова, латина **2.** *a* 1) латинський 2) романський

latitant [ˈlætɪtənt] *a* 1) прихований; що причаївся 2) що перебуває у зимовій сплячці (*про тварину*)

latitud∥e [ˈlætɪtjuːd] *n* 1) *геогр.* широта 2) *pl* райони, місцевості (*певної широти*) 3) широкість; просторість; **~inarian 1.** *n* 1) людина широких поглядів 2) віротерпима людина 2. *a* 1) вільнодумний 2) віротерпимий

latrine [ləˈtriːn] *n* 1) нужник, відхоже місце 2) громадська вбиральня 3) *мор.* гальюн

latter [ˈlætə] *a* 1) недавній; останній 2) останній (*із двох названих*); **l.-day** *a* сучасний, найновіший; **~ly** *adv* 1) недавно, у наші дні 2) наприкінці (*певного періоду*); **~most** *a* останній, задній

lattice [ˈlætɪs] **1.** *n* 1) сітка (*координат*) 2) ґрати, решітка 3) *мат.* структура **2.** *v* обгороджувати ґратами; **~d** *a* ґратчастий

Latvian [ˈlætwɪən] **1.** *a* латвійський **2.** *n* 1) латиш 2) латвійська мова

laud [lɔːd] **1.** *n* хвала, прославляння; хвалебний гімн **2.** *v* хвалити, вихваляти, прославляти; **~able** *a* 1) похвальний; гідний похвали 2) *мед.* доброякісний; **~ation** *n рит.* похвала; вихваляння, прославляння; панегірик; **~ator** *n рит.* панегірист; **~atory** [ˈlɔːdətərɪ] *a рит.* хвалебний; панегіричний

laudanum [ˈlɔːd(ə)nəm] *n* настоянка опію

laugh [lɑːf] **1.** *n* сміх, регіт **2.** *v* 1) сміятися, розсміятися 2) говорити зі сміхом; сказати сміючись; ⬜ **l. at** smb., smth. сміятися з кого-н., чого-н.; **~able** *a* смішний, кумедний, сміховинний; **~er** *n* 1) насмішник; глузій 2) сміхотлива людина 3) *орн.* голуб-турків; **~ing 1.** *n* сміх **2.** *a* 1) смішний, потішний 2) який сміється (посміхається); усміхнений, веселий; **~ing face** усміхнене обличчя; **it is no ~ing matter** це не жарт; тут немає нічого смішного; **~ing-stock** *n* посміховище, посміховисько; **~some** *a* 1) смішний 2) сміяшливий, сміхотливий; **~ter** *n* сміх, регіт

launch [lɔːn(t)ʃ] **1.** *n* 1) спуск на воду (*судна*) 2) стапель 3) баркас, катер 4) моторний човен **2.** *v* 1) запускати (*супутник, ракету*) 2) викидати (*за допомогою катапульти*) 3) спускати на воду (*судно*) 4) починати, пускати в хід 5) починати діяти 6) кидати із силою; метати; **to l. a blow** завдати удару (*тж у боксі*) 7) пускатися, удаватися (*у що-н.*); **to l. into an argument** удаватися до суперечки, розводитися 8) випускати (*снаряд*); **~er** *n війс.* 1) пускова установка 2) катапульта, метальна установка 3) ракетний пристрій 4) ґранатомет; **~ing 1.** *n* 1) запуск, зліт (*ракети*) 2) спуск (*на воду*) 3) початок (*чого-н.*) 4) катапультування **2.** *a* пусковий; стартовий

laund∥er [ˈlɔːndə] *v* 1) прати (*білизну*) 2) пратися (*добре чи погано — про тканину*); **~erette** *n* пральня самообслуговування (*автоматична*); **~ress** *n* праля; **~ry** *n* 1) пральня 2) білизна 3) прання

laureate [ˈlɔːrɪɪt] **1.** *n* 1) лауреат (*зазв.* L.) придворний поет (*тж* Poet L.) **2.** *a* 1) увінчаний лавровим вінком 2) видатний (*про поета*) 3) лавровий; **l. wreath** лавровий вінок

laurel [ˈlɒrəl] **1.** *n* 1) *бот.* лаврове дерево 2) *зазв. pl* лаври, почесті; визнання **2.** *v* увінчувати лавровим вінком; **~led** *a* 1) увінчаний лавровим вінком 2) знаменитий 3) лавровий 4) зарослий лавровими деревами

lava [ˈlɑːvə] *n геол.* лава; **l. ash** вулканічний попіл

lav||e [leɪv] **1.** *n* залишок **2.** *v поет.* 1) мити 2) митися, купатися 3) омивати (*про струмок і под.*) 4) *мед.* промивати; **~age** *n мед.* промивання; зрошування; **~ation** *n* 1) умивання, обмивання, миття 2) вода для вмивання; **~atory** [ˈlævətrɪ] *n* 1) убиральня; туалетна кімната, туалет 2) унітаз 3) збіжник; **~ement** *n* 1) умивання, миття 2) *мед.* промивання, клізма

lavender [ˈlævɪndə] **1.** *n* 1) *бот.* лаванда 2) блідо-ліловий колір **2.** *a* лавандовий; кольору лаванди **3.** *v* перекладати лавандою (*білизну*); напахувати лавандою

laver [ˈleɪvə] *n* 1) *бот.* їстівна морська червона водорість 2) *бібл.* посудина для обмивання (хрещення)

laverock [ˈlæv(ə)rək] *n шотл. поет.* жайворонок

lavish [ˈlævɪʃ] **1.** *a* 1) марнотратний; щедрий (of, on — на що-н.) 2) рясний, багатий; надмірний **2.** *v* 1) бути щедрим; щедро роздавати 2) розтринькувати; **~ly** *adv* 1) щедро, щедрою рукою 2) надмірно, рясно; **~ness** *n* 1) щедрість; марнотратність 2) рясність, багатство; надмірність

law [lɔː] **1.** *n* 1) закон; **to go beyond the l.** обходити закон; **to keep within the l.** дотримуватися закону 2) право; правознавство; юриспруденція; **l. of nations** міжнародне право; **civil l.** цивільне право; **criminal l.** карне право; **international l.** міжнародне право 3) професія юриста; **the faculty of l.** юридичний факультет 4) суд, судовий процес; **to go to l.** звертатися до суду 5) закон (*природи, науковий*); **l. of probability** *мат.* теорія імовірностей 6) правила (*гри*) 7) *спорт.* перевага, що надається супернико-ві у змаганні 8) потурання **2.** *v* 1) звертатися до суду 2) нав'язувати свою волю **3.** *int* невже?; **l.-abiding** *a* законослухняний; який підкоряється законам; **~book** *n* 1) кодекс (зведення) законів 2) *pl* книга із правових питань; **~breaker** *n* правопорушник; порушник закону; **l. court** *n* суд; **l.-enforcement** *a* правоохоронний; **~ful** *a* законний; **~fully** *adv* законно, на законних підставах; **~fulness** *n* законність; **~giver** *n* законодавець; **~less** *a* 1) незаконний; неправомірний 2) непокірний; який не підкоряється законам; **l. list** *n* щорічний судовий довідник (зі списком суддів, адвокатів); **~maker** *n* законодавець; **~making** **1.** *n* законодавство, законотворчість **2.** *a* законодавчий; **l. merchant** торговельне право; **~suit** *n* судовий процес; судочинство; **l.-term** *n* 1) юридичний термін 2) період судової сесії; **l.-writer** *n* 1) автор, який пише на правові теми 2) переписувач судових документів

lawn [lɔːn] **1.** *n* 1) ґазон, лужок 2) майданчик для гри 3) галявина 4) батист **2.** *v* робити ґазони; перетворювати на галявину; **l.-mower** [ˈlɔːnˌməʊə] *n* газонокосарка

lawyer [ˈlɔːjə] *n* 1) юрист; адвокат; **company (corporation) l.** юрисконсульт 2) законознавець

lax [læks] *a* 1) слабкий, млявий, кволий 2) нещільний, пухкий 3) недбалий; неохайний 4) несуворий, нетвердий; розхитаний, безладний 5) неточний, непевний 6) *мед.* схильний до проносу (*про кишківник*) 7) *фон.* ненапружений; **~ative 1.** *n* проносне; проносний засіб **2.** *a* проносний; **~ity** *n* 1) слабкість, млявість, кволість 2) недбалість; неохайність 3) безладність; розбещеність 4) нещільність, пухкість 5) непевність, неточність; **~ness** *n* слабкість, кволість

lay [leɪ] **1.** *n* 1) положення, розташування (*чого-н.*) 2) напрям 3) обриси (*берега*); рельєф 4) *розм.* рід занять; фах 5) коротка пісенька (балада) 6) спів пташки **2.** *a* 1) людський; не-духовний, нецерковний 2) непрофесійний 3) *карт.* некозирний **3.** *v* (*past i p. p.* laid) 1) класти, покласти 2) прокладати, закладати (*кабель*) 3) лягати 4) повалити; прибити, прим'яти (*посіви*) 5) закладатися; пропонувати парі 6) відбуватися 7) укривати, накривати 8) накрити на стіл 9) ставити (*пастку*); улаштовувати (*засідку*) 10) нестися, класти яйця 11) накладати (*штраф*) 12) покладати (*надії*) 13) надавати (*значення*) 14) викладати, подавати (*факти*) 15) заспокоювати; розвіювати (*сумніви*) 16) сукати, вити (*кодолу*) 17) *мор.* прокладати (*курс*) 18) приписувати (*вину*); обвинувачувати 19) доводити до певного стану; □ **l. back** відводити назад; **l. down** а) класти, укладати; б) запасати, зберігати; в) відмовлятися (*від посади*); г) залишати (*надію*); д) складати (*план*); е) установлювати, затверджувати; **l. off** а) скидати (*одяг*); б) відкладати (*убік*); в) припиняти роботу; г) *амер.* відпочивати; **l. on** а) завдавати (*уда-рів*); нападати, накидатися; б) накладати (*шар фарби*); **l. out** а) виймати, розкладати; б) збити з ніг, повалити; в) планувати, розмічати **2.** *past pi* **lie II**; **~about** *n розм.* нероба, ледащо; **l.-by** *n* 1) смуга дороги для тривалої стоянки вантажного автотранспорту 2) майданчик для стоянки автомобілів на узбіччі дороги 3) накопичення 4) *зал.* рукав; **~ered** *a* шаруватий; **~ing** *n* 1) розпланування, розмічування (*саду*) 2) трасування, прокладання (*трубоводів, ліній зв'язку*) 3) монтування аерофотознімків 4) наведення (*гармати*) 5) яйцекладка 6) *буд.* перший шар тиньку; **~ing-off** *n* 1) зупинка (*заводу*); припинення роботи 2) відкладання (*розміру*); **~man** *n* 1) мирянин 2) непрофесіонал; нефахівець, аматор 3) профан 4) манекен 5) нереальний образ; **l.-off** *n* 1) припинення (зупинка) виробництва 2) звільнення через відсутність роботи; період тимчасового звільнення (*з роботи*); **~out** *n* 1) показ, виставка 2) планування устаткування; компонування 3) план, проект, креслення 4) розмічування, розбивання 5) *амер.* набір, комплект 6) група, партія 7) макет (*книги й под.*) 8) *розм.* пригощання, частування; **~over** *n* 1) серветка на скатертині 2) затримка, зупинка (*у дорозі*) 3) тривала стоянка; **~stall** *n* звалище, смітник; **l.-up** *n* виведення з ладу; простій, перестій (*машини й под.*)

Lazar [ˈlæzər] *n* 1) *бібл.* Лазар 2) жебрак 3) прокажений; **~et** *n* 1) лепрозорій 2) карантинне приміщення; **l.-house** *n* лепрозорій

laz||e [leɪz] **1.** *n розм.* ледарювання, неробство **2.** *v* ледарювати, байдикувати; **~ily** *adv* ліниво, повільно; **~iness** *n* ледарство, лінощі; **~y** *a* 1) лінивий, ледачий 2) що схиляє до лінощів; **~ybones** *n розм.* ледар, ледащо

lea [liː] *n* 1) *поет.* лука, поле 2) нива, лан 3) пасовище 4) переліг

leach [liːtʃ] **1.** *n* 1) ропа, розсіл; насичений розчин солі 2) вилуговувач 3) *хім.* луг **2.** *v* 1) вилуговувати 2) визолювати; **~ing** *n хім.* вилуговування; визолювання

lead I [led] **1.** *n* 1) *хім.* оливо (свинець) 2) графіт; олівцевий ґрифель 3) *мор.* лот; **to cast (to heave) the l.** вимірювати глибину лотом 4) *розм.* кулі; **to get the l.** бути застреленим 5) *поліг.* шпони 6) пломба **2.** *v* 1) *тех.* оливувати (освинцьовувати) 2) *поліг.* розділяти шпонами

lead II [liːd] *n* 1) керівництво; ініціатива 2) приклад 3) вказівка, директива 4) ключ (*до рішення*); натяк 5) *амер.* розгорнутий підзаголовок, анотація (*перед статтею*) 6) *амер.* вступна частина 7) першість, перше місце; **in the l.** на чолі 8) *театр.* головна роль 9) виконавець (виконавиця) головної ролі 10) перший хід 11) повід; налигач, припона 12) *війс.* випередження

lead III [liːd] *v* (*past і p. p.* led) 1) вести; показувати шлях 2) керувати, управляти, командувати; очолювати; **to l. an orchestra** керувати оркестром 3) переконати, схилити (*до чого-н.*); примусити, вплинути 4) бути попереду; йти першим; випереджати (*у змаганні*); перевершувати; лідирувати 5) вести (*який-н. спосіб життя*) 6) вести, приводити (*куди-н.*) 7) призводити (*до чого-н.*); спричинювати (*що-н.*) 8) *карт.* ходити 9) *тех.* випереджати 10) *юр.* свідчити; наводити (*докази*) 11) *спорт.* спрямовувати удар (*у боксі*). **l. off** а) відкривати (*дебати й под.*); б) відвертати; <> **to l. the way** а) іти на чолі; б) виявити ініціативу; **~er** *n* 1) лідер; керівник; голова; командир 2) провідний адвокат (*на суді*) 3) концертмейстер; диригент (*хору*) 4) передова (*стаття*) 5) провідний актор 6) ватажок (*зграї*); **~ership** *n* керівництво, управління; **~ing 1.** *n* 1) директива, інструкція, вказівка; пропозиція 2) *спорт.* лідирування. **2.** *а* 1) провідний, керівний 2) головний, основний 3) передній, передовий, головний; **l.-off 1.** *n* 1) початок 2) той, хто починає (*гру*) **2.** *а* початковий

leaf [liːf] **1.** *n* (*pl* leaves) 1) листок 2) листя 3) аркуш, сторінка (*книги*). **2.** *v* 1) укриватися листям 2) перегортати, гортати (*сторінки*); **~age** [ˈliːfɪdʒ] *n* листя, крона; **~ed** *а* листяний; укритий листям; **~less** *а* безлистий; **~let** *n* 1) листок, листочок 2) листівка

league [liːg] **1.** *n* 1) ліга; спілка; союз 2) ліґа, льє (*міра довжини*) **2.** *v* об'єднувати(ся) в спілку (союз)

leak [liːk] **1.** *n* 1) теча 2) витік (*газу*) **2.** *v* 1) протікати 2) витікати; проникати (*про газ*); **~age** [ˈliːkɪdʒ] *n* 1) витік, теча; просочування; фільтрація 2) убуток; виявлення (*таємниці*); **l.-proof** *а* 1) герметичний 2) засекречений; **~y** *a* що пропускає (*рідину*)

lean [liːn] **1.** *n* 1) пісне м'ясо 2) низькооплачувана робота 3) схил, нахил **2.** *а* 1) пісний (*про м'ясо*) 2) худий; виснажений 3) бідний, убогий; поганий **3.** *v* (*past і p. p.* leaned, leant) 1) нахилятися, нагинатися; згинатися 2) нахилятися 3) спиратися 4) прихилятися, притулятися 5) покладатися 6) схилятися; **l.-to** *буд.* **1.** *n* навіс **2.** *а* односхилий

leant [lent] *past і p. p. від* **lean** 3

leap [liːp] **1.** *n* 1) стрибок 2) *перен.* різка зміна 3) перешкода **2.** *v* (*past і p. p.* leapt, leaped) 1) стрибати 2) перестрибувати (*через що-н.*) 3) *перен.* різко переходити від одного до іншого 4) забитися, закалатати (*про серце*); **l.-day** *n* день 29 лютого; **~er** *n* стрибун; стрибунка; **l.-frog 1.** *n* 1) довга лоза (*гра*) чехарда **2.** *v* стрибати, перестрибувати; **~ing 1.** *n* 1) стрибання 2) стрибок **2.** *а* 1) стрибаючий 2) скаковий; **~year** *n* високосний рік

leapt [lept] *past і p. p. від* **leap** 2

lear [lɪə] *n* масть (*худоби*)
learn [lɜːn] *v* (*past i p. p.* learned, learnt) 1) вивчати, учити 2) засвоювати; учитися, навчатися 3) дізнаватися, довідуватися 4) інформувати (*кого-н.*) 5) провчити (*кого-н.*); **~able** *a* що піддається вивченню; **~ed** [lɜːnɪd] *a* 1) учений, ерудований 2) науковий; **~er** *n* учень; **~ing** *n* 1) вивчання, уміння 2) ученість, знання, ерудиція
learnt [lənt] *past i p. p. від* **learn**
leas‖**e** [liːs] **1.** *n* 1) оренда; здавання внайми 2) договір про оренду (наймання) 3) строк оренди (наймання) 4) пасовище, вигін **2.** *v* 1) здавати в оренду (внайми) 2) брати в оренду (внайми); **~able** *a* 1) що здається внайми 2) орендований; **~ehold** *n* 1) лізгольд; користування на правах оренди; орендування; наймання 2) орендована власність; **~er** *n* орендар; наймач
leash [liːʃ] **1.** *n* 1) мисл. швора (*для хортів*); смик (*для гончаків*) 2) сільце; пастка **2.** *v* 1) з'єднувати, зв'язувати 2) тримати на шворці 3) хльостати, стьобати
least [liːst] **1.** *n* 1) мінімальна кількість 2) мінімум; <> **at (the) l.** принаймні; **not in the l.** анітрохи, ніскільки. **2.** *a* 1) найменший 2) найнижчий становищем; найслабкіший; найгірший
leather [ˈleðə] **1.** *n* 1) шкіра (*вичинена*) 2) шкіряний виріб 3) ремінь; повід 4) футбольний м'яч; м'яч у крикеті 5) *pl* краги 3. *v* 1) оправляти шкірою 2) *розм.* бити ременем; **~back** *n зоол.* шкіряста черепаха; **~board** *n* штучна шкіра, шкіряна текстура; **~n** *a* 1) шкіряний 2) шкіроподібний; шкірястий; **l.-wing** *n зоол.* кажан; **~y** *a* 1) схожий на шкіру; шкірястий 2) жорсткий
leave I [liːv] **1.** *n* 1) дозвіл; **to get (to obtain) l. to do smth.** одержати дозвіл зробити що-н. 2) відпустка 3) прощання; розставання 4) вихідна позиція **2.** *v* покриватися листям
leav‖**e II** [liːv] *v* (*past i p. p.* left) 1) піти, поїхати; від'їжджати; переїжджати 2) вирушати, їхати 3) залишати(ся), кидати 4) забувати 5) відкладати; переносити 6) заповідати 7) залишатися 8) надати, доручити 9) передавати, залишати 10) припиняти; ▢ **l. behind** а) забувати, залишати (*де-н.*); б) випереджати, переважати; **l. over** відкладати; **~er** *n* той, хто від'їжджає; **l.-taking** *n* 1) прощання 2) прощальна промова; **~ing** *n* 1) відхід, від'їзд 2) залишення 3) дозвіл 4) закінчення 5) диплом
leavenous [ˈlev(ə)nəs] *a* дріжджовий; ферментний
lecher [ˈletʃə] *n* розпусник; **~ous** *a* розпусний; **~y** *n* розпуста
lect‖**ern** [ˈlektən] *n* 1) пюпітр; кафедра 2) *церк.*
аналой; **~ion** [ˈlekʃ(ə)n] *n* читання; **~or** *n* 1) дяк; паламар 2) читець 3) лектор
lecture [ˈlektʃ] **1.** *n* 1) лекція 2) лекторство 3) нотація; повчання **2.** *v* 1) читати лекції 2) вичитувати; **~r** *n* 1) лектор 2) викладач 3) дяк; **~ship** *n* лекторство
led [led] *past i p. p. від* **lead III**
ledger [ˈledʒə] **1.** *n* 1) *бух.* ґросбух 2) Біблія 3) надмогильна плита 4) уповноважений **2.** *v* наживляти; насаджувати живця (наживку); **l.-tackle** *n мор.* снасть
ledgy [ˈledʒɪ] *a* скелястий
lee [liː] **1.** *n* 1) захист, укриття 2) підвітряний бік **2.** *a* підвітряний
leech [liːtʃ] **1.** *n* 1) *зоол.* п'явка 2) кровопивця; вимагач **2.** *v* 1) ставити п'явки 2) лікувати, зціляти
leek [liːk] *n* лук-порей
leer [lɪə] **1.** *n* 1) обличчя; вираз обличчя; погляд; вигляд 2) косий (хитрий, злісний, хтивий) погляд **2.** *a* який дивиться скоса (хитро, злісно, хтиво) **3.** *v* 1) дивитися скоса (хитро, злісно, хтиво) (at, on — на *кого-н.*) 2) іти крадькома, крастися, підкрадатися
lees [liːz] *n pl* 1) осад на дні; **to drink (to drain) (to) the l.** випити до останньої краплини (до дна) 2) гуща; рештки, покидьки
left [left] **1.** *n* ліва сторона, лівий бік **2.** *a* лівий **3.** *past i p. p. від* **leave II**; **l.-off** *1. n* що-н. покинуте (залишене, відкладене) **2.** *a* покинений, залишений, відкладений; **~-handed 1.** *n* лівша **2.** *a* незграбний, неспритний; **~over 1.** *n* 1) залишок, остача 2) пережиток **2.** *a* 1) незавершений 2) залишений; що залишився; **l.-wing** *a політ.* лівий; що належить до лівого крила
leg [leg] **1.** *n* 1) нога (*від стегна до ступні*) 2) нога, лапа (*тварини*); лапка (*комахи*) 3) гомілка 4) задня голінка (*частина туші*) 5) ножний протез 6) ніжка, стійка 7) халява 8) частина шляху 9) *спорт.* тур; коло **2.** *v* 1) штовхати ногою 2) ударити по нозі 3) захопити ногою (*м'яч*); **~less** *a* безногий
legacy [ˈlegəsɪ] *n* 1) спадщина 2) спадок 3) *юр.* леґат, заповідальна відмова
legal [ˈliːg(ə)l] *a* 1) юридичний, правовий 2) судовий 3) законний; дозволений законом; леґальний; **~ist** *n* законник; **~isation** *n* 1) узаконення, леґалізація 2) надання законної сили; **~ise** *v* 1) узаконювати, леґалізувати 2) засвідчувати
legatary [ˈlegət(ə)rɪ] **1.** *n юр.* спадкоємець **2.** *a* спадкоємний
legate I [ˈlegɪt] *n* 1) леґат, папський посол 2) посол; делеґат
legat‖**e II** [lɪˈgeɪt] *v* заповідати; **~or** *n юр.* заповідач; спадкодавець

legend [ˈledʒ(ə)nd] *n* легенда; **~ary 1.** *n* 1) збірник легенд 2) збирач легенд **2.** *a* легендарний

legerdemain [ˌledʒədəˈmeɪn] *n* 1) фокуси; жонглерство 2) обдурювання

leggings [ˈleɡɪŋz] *n pl* ґамаші; ґетри; краги; дитячі рейтузи

leggy [ˈleɡɪ] *a* довгоногий

legib∥le [ˈledʒəbl] *a* 1) розбірливий, чіткий, легкий для читання (*про почерк, шрифт*) 2) зрозумілий; дохідливий 3) виразний; **~ility** *n* розбірливість, чіткість, легкість для читання

legific [ləˈdʒɪfɪk] *a* законодавчий

legion [ˈliːdʒ(ə)n] *n* легіон; **~ary 1.** *n* легіонер **2.** *a* легіонерський

legislat∥e [ˈledʒɪsleɪt] *v* видавати закони; здійснювати законодавчу владу; **~ion** *n* 1) законодавство 2) закони; **~ional** *a* законодавчий; **~ive** [ˈledʒɪslətɪv] *n* 1) законодавча влада 2) законодавчий орган; **~or** *n* 1) законодавець 2) правознавець

legitim∥ate [lɪˈdʒɪtɪmɪt] **1.** *n* 1) законнонароджена дитина 2) законний правитель **2.** *a* 1) законний, правильний 2) виправданий, обґрунтований; поважний, допустимий; розумний 3) здійснюваний за законом; законний (*про правителя*) 4) законнонароджений **3.** *v* 1) юр. узаконювати 2) визнавати законним; **~acy** *n* 1) законність 2) законномірність 3) законнонародженість; **~ation** *n* юр. узаконення, легітимація; **~e** [-it] *n* юр. спадкоємна власність **2.** *a* легітимний, законний

leguleian [ˌleɡjʊˈliːən] **1.** *n* крутій, кляузник; сутяжник **2.** *a* крутійський, сутяжницький

legum∥e [ˈleɡjuːm] *n* бот. біб, плід бобових 2) бот. рослина з родини бобових 3) столові овочі; **~inous** [leˈɡjʊmɪnəs] *a* бот. бобовий, стручковий

leisur∥e [ˈleʒə] *n* 1) дозвілля 2) вільний час; **~able** *a* 1) дозвільний; неквапливий, спокійний; **~ed** *a* 1) дозвільний, бездіяльний 2) вільний (*про час*) 3) неквапливий; **~ely** *a* 1) дозвільний, вільний 2) повільний, неквапливий

lemma [ˈlemə] *n* (*pl тж* -ata) 1) короткий вступ (зміст); анотація; тема; заголовок 2) глоса, нотатка на берегах 3) *мат.* лема

lemming [ˈlemɪŋ] *n зоол.* лемінґ

lemon [ˈlemən] **1.** *n* 1) *бот.* лимонне дерево 2) лимон (*плід*) 3) лимонний колір 4) невродлива дівчина 5) непотрібна річ **2.** *v* додавати лимон (цедру); **~ade** [ˌleməˈneɪd] *n* лимонад; **l. sole** *n іхт.* камбала; **l. squash** *n* лимонний сік із содовою водою; **~y** *a* лимонний; що нагадує лимон

lemur [ˈliːmə] *n зоол.* лемур

lemures [ˈlemjʊrɪz] *n pl міф.* лемури (*душі померлих*)

lend [lend] *v* (*past і p. p.* lent) 1) позичати (*кому-н.*) 2) надавати, подавати 3) удаватися 4) віддаватися (*мріям*) 5) годитися, бути придатним (*про речі*); **~er** *n* позикодавець, кредитор; лихвар; **~ing** *n* 1) позичання; кредитування 2) видача 3) позика, позичка; кредити; **l.-lease** *n амер.* ленд-ліз, передача в оренду

length [leŋθ] *n* 1) довжина 2) відстань 3) тривалість 4) шматок, відрізок 5) відріз 6) *фон.* довгота (*звука*); **~en** *v* подовжувати(ся), збільшувати(ся); продовжувати(ся); **~iness** *n* розтягнутість; довгота; багатослівність; **~y** *a* надто довгий, розтягнутий; тривалий

lenience [ˈliːnɪəns] *n* 1) м'якість, поблажливість 2) терпимість, лагідність, покірність

leni∥ty [ˈlenɪtɪ] *n* 1) покірливість, м'якість 2) милосердя; **~tive 1.** *n* 1) пом'якшувальний засіб; заспокійливий засіб 2) легке проносне **2.** *a* 1) пом'якшувальний; заспокійливий; болезаспокійливий 2) злегка проносний; **~fy** *v* заспокоювати (*біль*); полегшувати (*горе*)

lens [lenz] *n* 1) лінза; лупа; об'єктив 2) *анат.* кришталик ока (*тж* crystalline ~); **~ed** *a* лінзовий

Lent [lent] *n* 1) *церк.* Великий піст 2) весна; **l. lily** *n бот.* жовтий нарцис; **l.-term** *n* весняний триместр

lent [lent] **1.** *past і p. p. від* **lend 2.** *a* повільний; загайний; **~or** *n* 1) липкість, липучість; клейкість; в'язкість; тягучість (*крові й под.*) 2) повільність, інертність; **~ous** *a* липкий, липучий, клейкий

lentig∥o [lenˈtaɪɡəʊ] *n* (*pl* -gines) 1) ластовинка; плямка, цяточка 2) ластовиння на шкірі; **~inous** *a* 1) веснянкуватий, ластатий 2) *бот.* покритий дрібними цяточками

lentil [ˈlentɪl] *n бот.* сочевиця

Leo [ˈliːəʊ] *n* Лев (*сузір'я і знак зодіаку*); **~nine** *a* левовий

leopard [ˈlepəd] *n* 1) *зоол.* леопард, барс 2) хутро (шкура) леопарда; **~ess** *n* самка леопарда

lepal [ˈlepəl] *n бот.* нектарник

lep∥er [ˈlepə] **1.** *n* прокажений **2.** *a* прокажений, хворий на лепру **3.** *v* 1) заражати лепрою (проказою) 2) *перен.* псувати; **~ra** *n мед.* 1) лепра, проказа 2) псоріаз; **~rosarium** [ˌleprəʊˈsɑːrɪəm] *n* (*pl* -ria) лепрозорій; **~rous** *a* 1) *мед.* лепрозний, прокажений 2) лускатий

lepid [ˈlepɪd] *a* 1) приємний; веселий, жартівливий 2) витончений; чарівний

lepton [ˈleptɒn] *n* (*pl* -ta) лепта (*дрібна грецька монета*)

lepus [´li:pəs] *n зоол.* 1) заєць-русак 2) заєць-біляк

lere [lɪə] *v* 1) навчати 2) учитися

lesion [´li:ʒ(ə)n] *n* 1) пошкодження, ушкодження; ураження 2) *юр.* шкода, збиток

less [les] **1.** *n* менша кількість (сума) **2.** *a* менший; менш; другорядний; молодший; <> **in l. time** миттю **3.** *prep* без; **~en** *v* 1) зменшувати(ся), скорочувати(ся) 2) недооцінювати, применшувати 3) принижувати, зневажати; **~er** *a* менший; малий; невеликий; дрібний

lessee [le´si:] *n* орендар, наймач; **~ship** *n* орендування

lessive [´lesɪv] *n хім.* луг

lesson [´les(ə)n] **1.** *n* 1) урок; **to take (to give) ~s** брати (давати) уроки 2) *pl* заняття 3) нотація; повчання; нагінка 4) публічне читання, лекція **2.** *v* 1) учити, навчати 2) читати нотацію, вичитувати (*кому-н.*)

lessor [´lesɔ:, le´sɔ:(r)] *n* той, хто здає в оренду (внайми)

lest [lest] *conj.* щоб... не; коли б не; як би не, що

let [let] **1.** *n* здавання внайми **2.** *v* (*past i p. p.* let) 1) пускати; **to l. blood** пускати кров 2) дозволяти; надавати можливість 3) впускати 4) випускати 5) здавати внайми (в оренду) 6) здаватися внайми (в оренду) 7) залишати, не чіпати 8) *як допоміжне дієсл. виражає наказ, запрошення, припущення й под.*: **l. us go** ходімо; <> **to l. pass** а) не звернути уваги; б) пробачити; **to l. things slide** не звертати уваги; ▫ **l. down** а) залишати в біді; б) принижувати; в) бентежити; розчаровувати; **l. alone** *prep* не кажучи вже про...; не враховуючи; **l.-alone** *n* невтручання; **l.-pass** *n* перепустка; дозвіл на вхід; **~table** *a* що здається внайми

lethal [´li:θ(ə)l] *a* 1) *мед.* летальний 2) смертоносний 3) фатальний; **~ity** *n* смертність, летальність

lethargy [´leθədʒɪ] *n* 1) *мед.* летаргія, тривалий сон 2) млявість; апатичність; бездіяльність

Lethe [´li:θɪ] *n* 1) *міф.* Лета (*річка забуття*) 2) смерть

letter [´letə] **1.** *n* 1) літера, буква; **capital (small) l.** велика (мала) літера 2) лист; послання; депеша 3) грамота; документ 4) *pl* основи читання, ази 5) *pl* літопис, записи 6) *pl* освіченість; ерудиція, ученість **2.** *v* 1) позначати літерами 2) витискати літери (заголовок) (*на книзі*); **l.-bound** *a* педантичний; **l. box** *n* поштова скринька; **l.-case** *n* гаманець; **l.-clip** *n* затискач (*для паперів*), скріпка; **~ed** *a* 1) грамотний, письменний 2) начитаний 3) літерний 4) з тисненими (виґравіюваними) літерами; **~head** *n* друкований фірмовий бланк; **~ing** *n* 1) тиснення (*літерами*) 2) напис (*тисненням, фарбою*) 3) писання листів; **~less** *a* 1) неписьменний, неграмотний; неосвічений 2) без тиснення, без напису; **l.-paper** *n* поштовий папір; **l.-stamp** *n* поштовий штемпель; **l.-weight** *n* 1) поштові терези 2) прес-пап'є; **l.-writer** *n* автор листів

lettuce [´letɪs] *n бот.* салат-латук

leu [´leu:] *n* (*pl* lei) лей, лея (*грошова од. Румунії*)

leuchaem‖ia = leukaemia [l(j)u:´ki:mɪə] *n мед.* лейкемія, білокрів'я; **~ic** *a мед.* лейкемічний; хворий на білокрів'я

leuco‖cyte [´l(j)u:kəsaɪt] *n фізіол.* лейкоцит; **~sis** *n мед.* лейкоз

levee I [´levɪ] *n* 1) прийом гостей 2) ранковий підйом

levee II [´levɪ] **1.** *n* 1) дамба, насип, гатка, гребля 2) пристань 3) набережна **2.** *v* споруджувати дамби, будувати набережні

level [´lev(ə)l] **1.** *n* 1) рівень; однаковий рівень; ступінь 2) пласка, рівна горизонтальна поверхня 3) (the ~) поверхня землі 4) ватерпас; нівелір; <> **on the l.** чесно; прямо, відверто, правдиво **2.** *a* 1) рівний, плоский, плаский; поземний 2) розташований на одному рівні 3) рівномірний, однаковий 4) урівноважений, спокійний **3.** *v* 1) вирівнювати; робити рівним (гладким), згладжувати 2) приводити в горизонтальне положення 3) нівелювати, вирівнювати 4) звалити на землю 5) говорити правду; висловлюватися відверто 6) націлювати (*збр.*); спрямовувати (*удар проти кого-н.*); ▫ **l. down** опустити, знизити (до певного рівня); **l.-headed** *a* урівноважений, спокійний, розсудливий; **~ling** **1.** *n* 1) вирівнювання 2) *військ.* прицілювання 3) нівелювання, згладжування відмінностей **2.** *a* нівелювальний

lever [´li:və] **1.** *n* 1) важіль; руків'я; держак; ручка 2) засіб впливу **2.** *v* користуватися важелем; піднімати за допомогою важеля

leveret [´lev(ə)rɪt] *n* зайченя

levi‖able [´levɪəb(ə)l] *a* 1) оподатковуваний 2) що може бути стягнений (*про податок*); **~er** *n* збирач (стягувач) (*податків*)

leviathan [lɪ´vaɪəθ(ə)n] *n* (*тж* L.) 1) *бібл.* левіафан 2) *перен.* громадище (*про корабель*) 3) гігант, богатир 4) велетень; здоровило 5) морське чудовисько

levigate [´levɪgeɪt] *v* перетворювати на порох (порошок)

levitat‖e [´levɪteɪt] *v* піднімати(ся) (*у повітря*); **~ion** *n* 1) піднімання, підняття 2) піднесення, зліт, здіймання, левітація

Leviticus [lɪ´vɪtɪkəs] *n бібл.* Левіт (*книга Старого Заповіту*)

levity [ˊlevɪtɪ] *n* 1) легковажність; недоречні веселощі; пустотливість; непостійність 2) легкість

levy [ˊlevɪ] **1.** *n* 1) збирання, стягування (*податків і под.*) 2) оподаткування 3) сума податку 4) набір рекрутів 5) кількість набраних рекрутів; новобранці 6) *юр.* примусове стягнення боргу **2.** *v* 1) збирати, стягувати (*податки*) 2) оподатковувати; штрафувати 3) набирати рекрутів 4) *юр.* примусово стягувати борг

lewd [luːd] *a* 1) хтивий, похітливий; розпусний 2) непристойний, безсоромний 3) неосвічений 4) світський, недуховний; **~ness** *n* 1) хтивість, похітливість; розпуста; розбещеність 2) непристойність, безсоромність; **~ster** *n* розпусник

lex [leks] *n* (*pl* leges) *лат.* закон

lexic||al [ˊleksɪkl] *a* 1) лексичний 2) словниковий, лексикографічний; **~ographer** *n* лексикограф, укладач словників; **~ography** *n* лексикографія; **~ology** *n* лексикологія; **~on** *n* 1) лексикон; словник 2) лексика, словник (*письменника*) 3) *лінгв.* морфемний лексикон

lexigraph||ic [ˌleksɪˊgræfɪk] *a лінгв.* ідеографічний (*про систему письма*); **~y** *n* ідеографія

liab||le [ˊlaɪəbl] *a* 1) відповідальний (for — за); зобов'язаний; пов'язаний зобов'язанням 2) що підлягає (*чому-н.*) 3) схильний 4) що може зазнати (*чого-н.*) 5) імовірний, можливий; **~ility** *n* 1) відповідальність; повинність; необхідність (*робити що-н.*) 2) зобов'язання 3) *pl* борги, заборгованість; грошові зобов'язання 4) схильність, нахил (*до чого-н.*) 5) перешкода, завада

liaison [lɪˊeɪz(ə)n] *n* 1) (любовний) зв'язок 2) *фон.* зв'язування кінцевого приголосного з початковим голосним наступного слова (*у французькій мові*)

liana [lɪˊɑːnə, lɪˊænə] *n бот.* ліана

liar [ˊlaɪə] *n* брехун

libel [ˊlaɪb(ə)l] **1.** *n* 1) *юр.* (письмовий) наклеп (*у пресі*), дифамація 2) наклепницька заява 3) те, що дискредитує 4) *юр.* скарга, позов **2.** *v* 1) *юр.* зводити наклеп (*у пресі й под.*) 2) дискредитувати, ганьбити (*кого-н.*) 3) *юр.* подавати скаргу (позов); **~lant** *n* позивач; **~lee** *n юр.* відповідач, обвинувачуваний; **~ler** *n* наклепник; пасквілянт; **~lous** *a* наклепницький

liberal [ˊlɪb(ə)rəl] **1.** *n* (L.) член партії лібералів, ліберал **2.** *a* 1) вільнодумний; з широкими поглядами 2) ліберальний, прогресивний, широкий (*про погляди й под.*) 3) щедрий, великодушний 4) рясний, багатий 5) гуманітарний 6) вільний (*про переклад*); **~ism** *n* лібералізм; **~ist** *n* прихильник лібералізму; **~istic** *a* ліберально налаштований; **~ity** [ˌlɪbəˊrælɪtɪ] *n* 1) щедрість, великодушність 2) широта поглядів; **~ise** *v* 1) робити (ставати) ліберальним 2) розширювати кругозір; позбавляти забобонів

liberat||e [ˊlɪbəreɪt] *v* визволяти, звільняти; відпускати (*на волю*); **~ion** *n* визволення, звільнення; **~or** *n* визволитель; рятівник

libertin||e [ˊlɪbətiːn] **1.** *n* 1) розпусник 2) вільнодумець 3) *іст.* вільновідпущеник **2.** *a* 1) аморальний, розпусний 2) вільнодумний; **~ism** *n* 1) розпуста 2) вільнодумство

liberty [ˊlɪbətɪ] *n* 1) свобода, воля 2) право, свобода (*вибору*) 3) *pl* привілеї, вільності

libid||o [lɪˊbiːdəʊ] *n* 1) лібідо; статевий інстинкт 2) життєва сила; інстинкт самозбереження; **~inous** *a* 1) сластолюбний, хтивий, почуттєвий 2) що збуджує хтивість

Libra [ˊliːbrə] *n* Терези (*сузір'я і знак зодіаку*)

librar||y [ˊlaɪbr(ə)rɪ] *n* 1) бібліотека 2) колекція книг 3) серія книг; **~ian** [laɪˊbreərɪən] *n* 1) бібліотекар 2) *обч.* програма-бібліотекар; **~ianship** *n* бібліотечна справа

librat||e [laɪˊbreɪt] *v спец.* 1) хитатися, коливатися (*тж перен.*) 2) балансувати, утримуватися в рівновазі; **~ion** *n* 1) *спец.* хитання, коливання 2) *спец.* балансування; **~ory** *a* коливальний

libret||to [lɪˊbretəʊ] *n* (*pl* -tos, -ti) лібрето; **~ist** [lɪˊbretɪst] *n* лібретист

Libyan [ˊlɪbɪən] **1.** *n* 1) лівієць; лівійка; **the ~s** лівійці 2) *іст.* лівійська мова **2.** *a* лівійський

licen||ce [ˊlaɪs(ə)ns] **1.** *n* 1) ліцензія; свідоцтво; патент; офіційний дозвіл 2) надмірна вільність; зловживання свободою; розбещеність 3) відхилення від норми (від правил) (*у мистецтві, літературі*) **2.** *v* 1) дозволяти, давати дозвіл (*на що-н.*) 2) давати право 3) видавати патент (ліцензію); **~see** [ˌlaɪsənˊsiː] *n* ліцензіат; особа, яка має дозвіл (патент); **~ser** *n* особа, що видає патент (ліцензію)

licentious [laɪˊsenʃəs] *a* 1) розбещений, аморальний 2) вільний; що не зважає на правила

lichen [ˊlaɪkən, ˊlɪtʃ(ə)n] **1.** *n* 1) *мед.* лишай 2) *бот.* лишайник **2.** *v* покривати лишайником

licit [ˊlɪsɪt] *a* законний; дозволений законом

lick [lɪk] **1.** *n* 1) облизування, лизання 2) незначна кількість, краплинка (*чого-н.*) **2.** *v* 1) лизати, облизувати; вилизувати 2) бити, лупцювати 3) побити, перевершити, узяти гору (*над ким-н.*); **~erish** *a* 1) хтивий, розпусний 2) що любить поласувати 3) жадібний, охочий (*до чого-н.*); **~ing** *n* 1) лизання, облизування 2) надання форми 3) поразка, розгром; **l.-spittle** *n* підлабузник, підлесник

lid [lɪd] *n* 1) кришка; ковпак 2) повіка; **~less** *a*

1) без кришки (покришки) 2) без повік (*про очі*)

lido [ˈlaɪdəʊ, ˈliː-] *n* 1) плавальний басейн просто неба 2) пляж

lie I [laɪ] **1.** *n* 1) брехня 2) обман 3) положення, розташування; напрям 4) лігво, барліг; нора **2.** *v* (*past i p. p.* lied; *pres. p.* lying) 1) брехати 2) бути обманливим

lie II [laɪ] *v* (*past* lay; *p. p.* lain; *pres. p.* lying) 1) лежати 2) перебувати, знаходитися; розташовуватися, бути розташованим 3) простягатися 4) бути, залишатися, зберігатися (*у певному стані*) 5) пробути деякий час (*недовго*) 6) покоїтися, спочивати; бути похованим (*про небіжчика*) 7) полягати (*у чому-н.*), залежати (*від чого-н.*) 8) визнаватися законним, допустимим; ◻ **l. down** а) лягти (*відпочити*); б) виявляти покірність; **l. over** відкладатися, переноситися (*на майбутнє*); **l.-abed** [ˈlaɪəbed] *n* лежень; сонько

liege [liːdʒ] *іст.* **1.** *n* 1) сеньйор 2) васал, ленник **2.** *a* 1) сеньйоральний 2) васальний, ленний; **~man** *n* 1) *іст.* васал 2) *перен.* відданий прихильник

lieutenant [lefˈtenənt] *n* лейтенант; **l.-colonel** *n* підполковник; **l.-general** *n* генерал-лейтенант

life [laɪf] **1.** *n* (*pl* lives) 1) життя; існування 2) живі істоти 3) тривалість життя 4) термін перебування (*де-н.*) 5) громадське життя; стосунки (*людей*) 6) біографія, життєпис 7) енергія; жвавість; натхнення; пожвавлення 8) товариство 9) найважливіше, найнеобхідніше; основа; душа 10) натура, натуральна величина (*тж* ~ size). **2.** *a* довічний; **l. assurance** *n* страхування життя; **l.-boat** *n* рятувальний човен; **l.-breath** *n* 1) життєва сила 2) джерело натхнення; **~ful** *a* сповнений життя (сил), жвавий, моторний; **l.-giving** *a* живлющий, життєдайний; **l. history** *n* 1) *біол.* цикл розвитку, життєвий цикл 2) біографія; **l.-hold** *n* довічна оренда; **l.-holder** *n* довічний орендар; **l.-leaving** *n* смерть; **~less** *a* 1) неживий 2) мертвий, бездиханний 3) безжиттєвий, нудний; **~like** *a* як живий, дуже схожий (*про портрет*); **~long** *a* довічний; **~manship** *n* жарт. уміння жити; **l. office** *n* контора, що займається страхуванням життя; **~rent** *n* юр. довічна рента; довічне користування; **l.-saver** *n* 1) рятівник 2) рятівний засіб; **l.-spring** *n* джерело життя; **l.-station** *n* рятувальна станція; **~time** *n* 1) тривалість життя; ціле життя 2) *фіз.* час життя (*частки й под.*) 3) *тех.* термін експлуатації

lift [lɪft] **1.** *n* 1) підняття 2) підйом 2) *перен.* піднесення, натхнення 3) підвищення; просування (*по службі*) 4) висота, високе місце

2. *v* 1) піднімати, підносити; **to l. (up) one's eyes** підвести очі, глянути вгору 2) надихати, піднімати настрій 3) підвищувати (*на посаді*) 4) підніматися на хвилях (*про корабель*) 5) розсіюватися (*про туман*) 6) сплачувати борги; **~ing 1.** *n* піднімання; піднесення; підйом **2.** *a* підйомний, піднімальний; звідний

ligament [ˈlɪgəmənt] *n* 1) зв'язок 2) *анат.* зв'язка; **~al** *a анат.* зв'язковий

ligature [ˈlɪgətʃə] **1.** *n* 1) з'єднання 2) зв'язування, перев'язування 3) *мед.* перев'язування кровоносної судини 4) нитка для перев'язування кровоносної судини 5) *муз.* лігатура, ліга **2.** *v мед.* перев'язувати кровоносну судину

light [laɪt] **1.** *n* 1) світло; освітлення 2) освітленість; видимість 3) (the ~) денне світло; день 4) джерело світла; лампа *й под.* 5) *pl театр.* рампа, вогні рампи 6) *pl* дані; нові відомості, інформація 7) аспект; вигляд; інтерпретація; постановка питання 8) знаменитість, світило, світоч 9) *pl* (розумові) здібності, можливості 10) просвіт; вікно; шибка **2.** *a* 1) світлий 2) світлого кольору; блідий 3) освітлювальний 4) легкий, нетяжкий 5) граційний, витончений, легкий 6) веселий, безтурботний 7) чуткий, сторожкий (*про сон*) 8) *фон.* ненаголошений (*про звук, склад*); <> **l. fingers** злодійкуватий; **l. hand** спритність; делікатність; тактовність **3.** *v* (*past i p. p.* lit, lighted) 1) освітлювати(ся) (*часто* ~ up) 2) загоратися 3) випадково натрапити; **~age** *n* штучне освітлення; **~en** *v* 1) освітлювати, давати світло 2) світитися; світлішати; яснішати 3) спалахувати, сяяти 4) полегшувати 5) відчувати полегшення 6) підносити настрій, пожвавлювати; **~er 1.** *n* 1) запальничка 2) *мор.* ліхтер **2.** *v* перевозити ліхтерами; **l.-fingered** *a* 1) спритний 2) злодійкуватий, нечистий на руку; **l.-footed** *a* 1) прудконогий, проворний, меткий 2) з легкою ходою; **l.-handed** *a* 1) моторний, спритний, швидкий; умілий 2) тактовний 3) з порожніми руками; **~head** *n* легковажна людина; **l.-headed** *a* 1) бездумний; легковажний 2) у стані маріння; **l.-hearted** *a* безтурботний, веселий, легковажний; **l.-heeled** *a* швидконогий, прудкий, меткий, проворний; **~house** *n* маяк; **~ish** *a* 1) досить світлий; блідуватий (*про колір*) 2) досить легкий, неважкий, легенький; **~less** *a* темний, неосвітлений; **~ly** *adv* 1) злегка; ледь 2) швидко, проворно, легко 3) безпечно; несерйозно 4) безтурботно 5) незначно; **l.-man** *n* 1) доглядач маяка 2) смолоскипник; **l.-minded** *a* легковажний; **~ness** *n* 1) легкість, незначна вага 2) швидкість, моторність, меткість; спритність 3) делікатність, легкість (*дотику* *й пoд.*) 4) м'якість, ніжність 5) легковажність; безжурність; веселий настрій 6) легкотравність (*їжі*); **l.-o'love** *n* 1) легковажна жінка 2) повія 3) непостійність у коханні; легковажність; **l.-signal** *n* 1) світловий сигнал 2) світлофор; **l.-tight** *a* світлонепроникний; **l.-year** *n астр.* світловий рік

lightning [´laɪtnɪŋ] *n* блискавка; **l.-bug** *n ент.* світляк; **l.-conductor** *n* громозвід, блискавичник; **l.-like** *a* блискавичний; **l.-stroke** *n* удар блискавки

lightsome [´laɪts(ə)m] *a* 1) світлий, яскравий; пронизаний світлом 2) світний; що світиться 3) легкий; граційний 4) веселий; безжурний, безтурботний 5) легковажний 6) жвавий; рухливий, швидкий

lightwood [´laɪtwʊd] *n* легка деревина

ligneous [´lɪgnɪəs] *a бот.* деревний, дерев'янистий

lik||e [laɪk] **1.** *n* 1) що-н. подібне (схоже, рівне, однакове) 2) *pl* нахили, потяг **2.** *a* 1) схожий, подібний 2) однаковий, рівний **3.** *v* 1) подобатися, любити 2) віддавати перевагу; вибирати 3) підходити; узгоджуватися 4) *у зап. реч. виражає небажання*; **I don't l. to disturb you** я не хочу турбувати вас 5) *у сполученні з* **should** *і* **would** *виражає побажання*; **I should l. to go there** я хотів би поїхати (піти) туди **4.** *prep* як **5.** *conj.* ніби, немов, як; <> **something l.** трохи схожий; **nothing l.** нічого подібного; **~eable** *a* приємний, привабливий; милий; **~ing** *n* 1) симпатія, прихильність 2) любов, смак

like||ly [´laɪklɪ] *a* 1) імовірний, можливий 2) правдоподібний; що заслуговує на довіру 3) підходящий, задовільний 4) зручний, придатний 5) що подає надії; **~lihood** *n* 1) імовірність 2) передумови успіху

like||n [´laɪkən] *v* знаходити схожість, уподібнювати; порівнювати; прирівнювати; рівняти; **~ness** *n* 1) схожість; подібність 2) портрет; фотографія; світлина; поличчя 3) подоба, личина, образ, вигляд

lilac [´laɪlək] *n* 1) *бот.* бузок 2) бузковий колір; **~eous** [ˌlɪlɪ'eɪʃəs] *a* 1) *бот.* лілейний 2) що нагадує лілію

lilt [lɪlt] **1.** *n* 1) такт, ритм (*музики, вірша*) 2) ритмічні рухи (*у танці й под.*) **2.** *v* 1) співати весело й ритмічно 2) рухатися жваво й ритмічно

lily [´lɪlɪ] *n бот.* лілія

lily-white [ˌlɪlɪ'waɪt] *a* 1) лілейно-білий; лілейний 2) незаплямований, чистий; бездоганний 3) *амер.* сегрегований

limb [lɪm] **1.** *n* 1) кінцівка, частина (*тіла*); рука, нога 2) крило (*птаха*) 3) ріг будинку 4) відріг гори 5) *грам.* член речення 6) деталь **2.** *v* розчленовувати; відокремлювати частини; **~ering-up** [´lɪmbərɪŋ ´ʌp] *n спорт.* розминка; **~less** *a* позбавлений кінцівок

limbo [´lɪmbəʊ] *n* (*pl* -os [-əʊz]) 1) в'язниця, ув'язнення 2) занедбаність; відсутність уваги 3) невизначеність; перехідний стан

limen [´laɪmən, -men] *n* (*pl тж* limina) *психол., фізіол.* поріг фізіологічного відчуття

lime-tree [´laɪmtriː] *n бот.* липа

lime-wash [´laɪmwɒʃ] **1.** *n* вапнування **2.** *v* вапнувати

limit [´lɪmɪt] **1.** *n* 1) межа 2) *pl* межі, простір 3) *юр.* термін давності **2.** *v* 1) обмежувати; ставити обмеження 2) бути межею; **~ed** *a* 1) обмежений; **~ed number** обмежена кількість 2) обмежений, вузький 3) з обмеженою кількістю (*місць і под.*) 4) з обмеженими, обмежений 5) *ком.* з обмеженою відповідальністю; **~ing** *a* обмежувальний, що обмежує; **~less** *a* необмежений

limous [´laɪməs] *a* мулуватий

limousine [ˌlɪməziːn, ˌlɪmə´ziːn] *n* лімузин

limp [lɪmp] **1.** *n* кульгавість; шкутильгання **2.** *a* 1) м'який; нежорсткий 2) слабкий, в'ялий; нетвердий; безвільний **3.** *v* 1) кульгати; шкутильгати; шкандибати 2) рухатися повільно; **~ing** *a* кульгавий, кривий, кривоногий; **~ness** *n* 1) слабість, в'ялість 2) безвілля, розхлябаність

limpid [´lɪmpɪd] *a* ясний, прозорий (*тж про стиль, мову*); **~ity** [lɪm´pɪdɪtɪ] *n* ясність, прозорість

line [laɪn] **1.** *n* 1) лінія 2) риска, штрих 3) особливість, риса 4) кордон; прикордонна смуга; межа 5) борозна; зморшка, складка 6) *pl* обриси, контур 7) ряд, лінія, лава 8) лінія (*зв'язку, трамвайна*) 9) конвеєр, потокова лінія; трубовід 10) *зал.* колія 11) напрям; курс; шлях 12) поведінка; спосіб дії 13) рід діяльності, заняття; спеціальність, фах; сфера інтересів 14) походження, родовід, генеалогія 15) шнур; мотузка 16) рядок 17) *pl театр.* роль 18) *pl* вірші 19) *ком.* партія (*товарів*) 20) *pl доля*; <> **in l.** у відповідності **2.** *v* 1) проводити лінії; лініювати 2) вишиковувати в лінію 3) стояти вздовж 4) зав'язувати, обв'язувати (*шнуром, дротом*) 5) наповнювати, набивати; □ **l. through** закреслювати, викреслювати; **l. up** приєднуватися; об'єднуватися; об'єднати зусилля; **~aments** [´lɪnɪəmənts] *n зазв. pl* 1) риси (обличчя) 2) обриси, контури 3) відмінна риса; **~ar** [´lɪnɪə(ə)] *a* 1) лінійний 2) схожий на лінію; **~ation** *n* 1) проведення ліній 2) система ліній; **~d** *a* 1) лінійований (*про папір*) 2) зморшкуватий 3) на підкладці; **l.-drawing** *n* малюнок пером (олівцем); **l. printer** *n* принтер, швидкий рядкодрукувальний пристрій; **~r** *n* лайнер; пасажирський пароплав (літак), що здійснює реґулярні рейси

linen [ˈlɪnən] **1.** *n* 1) лляне полотно 2) *збір.* лляна білизна **2.** *a* лляний, льняний; полотняний

ling I [lɪŋ] *n бот.* 1) верес (звичайний) 2) очерет 3) осока

ling II [lɪŋ] *n іхт.* 1) морська щука 2) морський минь

linger [ˈlɪŋɡə] *v* 1) затримуватися; засиджуватися 2) баритися, гаятися; спізнюватися 3) спинятися (*на питанні*) 4) гаяти, марнувати (*час*) 5) робити дуже повільно 6) ледве животіти; повільно умирати 7) тягтися (*про час*) 8) затягуватися (*про хворобу*); **~ing** *a* 1) затяжний (*про хворобу*) 2) тривалий, довгий; затягнутий 3) повільний, загайний 4) виснажливий 5) нудотний, нестерпний, нудний

lingu‖al [ˈlɪŋɡwəl] *a* 1) *анат.* язиковий 2) *лінгв.* мовний; **~ist** [ˈlɪŋɡwɪst] *n* лінгвіст, мовознавець; **~istic** *a* лінгвістичний, мовознавчий; **~istics** *n pl* (*ужив. як sing*) лінгвістика, мовознавство

liniment [ˈlɪnɪmənt] *n фарм.* рідка мазь

lining [ˈlaɪnɪŋ] *n* 1) підкладка 2) вміст (*гаманця й под.*) 3) випрямлення, вирівнювання

link [lɪŋk] **1.** *n* 1) ланка (*ланцюга*) 2) *перен.* сполучна ланка; зв'язок; з'єднання 3) *pl* кайдани; пута; *перен.* узи 4) кучер 5) смолоскип **2.** *v* 1) стикувати; з'єднувати(ся), сполучати, зв'язувати; зчіплювати (by, to, together) 2) бути зв'язаним 3) брати (іти) під руку; **~ed** *a* з'єднаний; зв'язаний; сполучений; зчленований; **~ing** *n* з'єднання; зчіплювання; сполучення; **~man** 1) ведучий програми 2) посередник

linn [lɪn] *n* 1) водоспад 2) водойма, у яку впадає водоспад 3) глибокий яр, межигір'я

linnet [ˈlɪnɪt] *n орн.* коноплянка

linoleum [lɪˈnəʊlɪəm] *n* лінолеум

lion [ˈlaɪən] *n* 1) *зоол.* лев 2) хоробра й сильна людина 3) *pl* визначні місця 4) знаменитість, видатна людина 5) (L.) Лев (*сузір'я і знак зодіаку*); <> **the ~'s share** левова частка; **~cel** *n* левеня; **~ess** *n* левиця; **l.-heart** *n* 1) відважна, безстрашна людина 2) (L.) Річард Левове Серце; **l.-hearted** *a* хоробрий, безстрашний

lip [lɪp] **1.** *n* 1) губа 2) край (*рани, кратера*); виступ 3) *pl* вінця (*посудини*) **2.** *a* 1) губний; що стосується губ 2) нещирий; тільки на словах **3.** *v* 1) торкатися губами 2) мимрити; **l.-deep** *a* поверховий; зовнішній, нещирий; **~salve** [ˈlɪpsɑːv] *n* 1) гігієнічна губна помада 2) лестощі; **l.-service** *n* нещирий вияв почуття; **l.-speaking** *n* артикуляція; **~stick** *n* губна помада

lipoma [lɪ(a)ˈpəʊmə] *n* (*pl* -ata) *мед.* ліпома, жирова пухлина

lipper [ˈlɪpə] *n* брижі (*на воді*)

liquef‖y [ˈlɪkwɪfaɪ] *v* перетворювати(ся) на рідину; **~action** [ˌlɪkwɪˈfækʃ(ə)n] *n* 1) зрідження 2) розрідження; **~iable** *a* зріджуваний

liqueur [lɪˈkjʊə] *n* лікер

liquid [ˈlɪkwɪd] **1.** *n* 1) рідина 2) *pl* рідка їжа 3) *фон.* плавний звук **2.** *a* 1) рідкий; біжучий 2) прозорий; чистий, світлий 3) плавний, мелодійний (*про звуки*); звучний; співучий 4) непостійний, несталий, нестійкий 5) *фін.* ліквідний (*про цінні папери й под.*)

liquidate [ˈlɪkwɪdeɪt] *v* 1) сплатити, погасити (*борг*) 2) покласти край, покінчити; знищити, викорінити; позбутися остаточно 3) з'ясувати, уреґулювати; **~ation** *n* 1) сплата (*боргу*) 2) ліквідація (*підприємства*) 3) викорінення, остаточне знищення

liquor [ˈlɪkə] **1.** *n* (спиртний) напій **2.** *v* замочувати

liquorice [ˈlɪk(ə)rɪs, -rɪʃ] *n бот.* локриця, солодкий корінь

lira [ˈlɪ(ə)rə] *n* (*pl* -re) ліра (*грошова од. Італії*)

lisp [lɪsp] **1.** *n* 1) шепелявість 2) шепіт (*хвиль*) 3) шерех, шелест, шарудіння **2.** *v* 1) шепелявити 2) лепетати (*про дітей*)

lissom(e) [ˈlɪs(ə)m] *a* 1) гнучкий 2) моторний, швидкий, легкий

list [lɪst] **1.** *n* 1) список, перелік; реєстр 2) край; бордюр; пруг; облямівка 3) смужка (*шкіри*) 4) пасмо (*волосся*) 5) поручень 6) *pl* арена (*змагання*) 7) *мор.* крен, нахил **2.** *v* 1) заносити до списку; укладати список 2) слухати з увагою

listen [ˈlɪs(ə)n] *v* 1) слухати; прислухатися 2) прислухатися (*до поради*); піддаватися 3) поступатися; погоджуватися (*із пропозицією*); **~er** *n* 1) (уважний) слухач 2) радіослухач; **~er-in** *n* 1) прилад для підслуховування; **~ing 1.** *n* прослуховування **2.** *a* 1) занепокоєний 2) призначений для слухання

listless [ˈlɪstlɪs] *a* байдужий

lit [lɪt] *past і р. р. від* **light 3**

litany [ˈlɪt(ə)nɪ] *n церк.* молебень; літанія

liter [ˈliːtə] *n амер.* літр

liter‖al [ˈlɪt(ə)rəl] **1.** *n* друкарська помилка **2.** *a* 1) літерний, буквений 2) буквальний, дослівний 3) точний 4) сухий, педантичний; прозаїчний; позбавлений уяви 5) скрупульозний 6) справжній, сущий; **~acy** *n* письменність, грамотність; **~ality** [ˌlɪtəˈrælɪtɪ] *n* буквальність, дослівність; буквалізм; **~ary** *a* 1) літературний 2) епістолярний; **~ate** [ˈlɪtərɪt] **1.** *n* 1) письменна людина 2) широко освічена людина **2.** *a* 1) письменний, грамотний 2) освічений; **~ator** *n* літератор; критик; **~ature** [ˈlɪtrətʃə] *n* 1) література 2) художня література

lithe [laɪð] *a* 1) гнучкий 2) зговірливий, згідливий; піддатливий

lithic [ˈlɪθɪk] *a* кам'яний
Lithuanian [ˌlɪθjuːˈeɪnɪən] **1.** *a* литовський **2.** *n* 1) литовець 2) литовська мова
litiga∥te [ˈlɪtɪɡeɪt] *v* юр. 1) судитися (з ким-н.); бути позивачем 2) вести процес 3) оспорювати (*на суді*); **~nt 1.** *n* юр. позивач **2.** *a* юр. який позивається; **~tion** *n* судовий процес, судова справа; позов; суперечка; **~tor** *n* юр. позивач; **~tory** *a* юр. позовний
litre [ˈliːtə] *n* літр
litter [ˈlɪtə] **1.** *n* 1) ноші 2) паланкін 3) безладдя 4) розкидані речі; покидьки, сміття **2.** *v* смітити; розкидати
littery [ˈlɪt(ə)rɪ] *a* засмічений; захаращений; безладний, розкиданий
little [ˈlɪtl] **1.** *n* невелика кількість; дещо; дрібниця; <> **for a l.** на короткий час **2.** *a* (less, lesser; least) 1) маленький, невеликий 2) короткий, нетривалий (*про час*) 3) невисокий 4) незначний, неістотний, неважливий 5) дрібний, невеликий 6) малий, неголовний 7) дріб'язковий, обмежений; **L. Bear** *n* астр. Малий Віз (*сузір'я*); **l.-known** *a* маловідомий; **~ness** *n* 1) невелика кількість, розмір, мала величина 2) незначність 3) дріб'язковість; обмеженість
littoral [ˈlɪt(ə)rəl] **1.** *n* 1) узбережжя; приморський район 2) літораль, зона прибою **2.** *a* прибережний; приморський
liv∥e [laɪv] **1.** *a* 1) живий 2) жвавий; діяльний, енергійний 3) життєвий, актуальний, важливий 4) реальний, справжній 5) що горить; незгаслий 6) діючий; не використаний; що не вибухнув, заряджений, бойовий 7) яскравий, нетьмяний (*про колір*) 8) чистий (*про повітря*) **2.** *v* [lɪv] 1) жити, існувати 2) мешкати, проживати 3) витримувати, не гинути; не псуватися 4) залишатися у віках 5) харчуватися, годуватися, живитися 6) жити певним коштом; вести певний спосіб життя; **~able** = **~eable** [ˈlɪvəbl] *a* 1) придатний для житла 2) лагідний; товариський; **~elihood** [ˈlaɪvlɪhʊd] *n* прожиток, засоби для існування; харчі; **~eliness** *n* жвавість, пожвавлення, веселість, бадьорість; піднесений настрій; **~ely** *a* 1) живий, сповнений життя 2) веселий, пожвавлений 3) жвавий, гострий, швидкий (*про розум*) 4) сильний, яскравий (*про враження*) 5) рухливий 6) свіжий (*про вітер*); **~ing 1.** *n* 1) засоби для існування 2) (спосіб) життя 3) харчі, харчування 4) церк. бенефіція; парафія 5) (the ~) наші сучасники **2.** *a* 1) живий; що живе (існує) 2) жвавий, активний 3) дуже схожий, подібний; точний; **~ing room** *n* вітальня; їдальня; **~ing-wage** *n* прожитковий мінімум
liver [ˈlɪvə] *n* 1) анат. печінка 2) кул. печінка; лівер 3) (жива) людина 4) амер. мешканець; <> **close l.** скнара; **lily (white) l.** боягузтво, легкодухість; **~wurst** [ˈlɪvəwɜːst] *n* ліверна ковбаса
livery [ˈlɪv(ə)rɪ] **1.** *n* 1) лівре́я 2) юр. документ, що підтверджує право володіння **2.** *a* 1) із хворою печінкою 2) жовчний
lixivium [lɪkˈsɪvɪəm] *n* (*pl* -via) хім. луг
lizard [ˈlɪzəd] *n* зоол. ящірка
llama [ˈlɑːmə] *n* 1) зоол. лама (ґуанако) 2) хутро (вовна) лами
loach [ləʊtʃ] *n* іхт. слиж, голець
load [ləʊd] **1.** *n* 1) вантаж 2) тягар, ноша, вага, тяжкість 3) навантаження 4) війс. заряд; набій **2.** *v* 1) вантажити, навантажувати 2) завантажуватися (*про вагон і под.*) 3) обтяжувати (*турботами*) 4) обсипати, обдаровувати 5) заряджати (*зброю*) 6) наливати оливом (свинцем), робити важким 7) насичувати 8) уживати наркотики; **~ed** *a* 1) перевантажений 2) обтяжений; тяжкий; важкий 3) налитий оливом (свинцем) 4) нечесно здобутий 5) кріплений (*про вино*); з домішкою (*про напій*); **~er** *n* 1) вантажник 2) навантажувач 3) транспортер; **~star** *n* путівна (провідна) зірка (*тж* lodestar)
loaf [ləʊf] **1.** *n* (*pl* -aves) 1) паляниця, хлібина; булка 2) (the ~) хліб 3) головка цукру (*тж* sugar-~) 4) головка (*капусти*) **2.** *v* ледарювати; гаяти час; займатися дрібницями; **~er** *n* 1) нероба; ледар 2) волоцюга
loamy [ˈləʊmɪ] *a* глинястий
loan [ləʊn] **1.** *n* 1) позика; позичка 2) що-н. дане в позичку 3) запозичення (*про звичай*) **2.** *v* амер. позичати (кому-н.) (*тж* ~ out); **~able** *a* одержуваний (надаваний) у позичку; **l.-certificate** *n* боргова розписка; **l.-holder** *n* 1) позикотримач 2) кредитор за заставною; **l. office** *n* 1) позичкова каса 2) ломбард; **l.-society** *n* каса взаємодопомоги, кредитівка; **l.-translation** *n* лінгв. калька
loath [ləʊθ] *a predic.* несхильний; неохочий; **~e** [ləʊð] *v* 1) відчувати відразу 2) ненавидіти, не зносити; **~ful** *a* огидний; бридкий; **~ing** *n* 1) огида 2) ненависть
lobby [ˈlɒbɪ] *n* 1) приймальна, вестибюль; хол; фойє 2) парл. кулуари 3) збір. лобі
lobotomy [ləʊˈbɒtəmɪ] *n* мед. лоботомія
lobster [ˈlɒbstə] *n* зоол. омар; лангуст; великий річковий рак
lobul∥e [ˈlɒbjuːl] *n* часточка; **~ar** *a* спец. часточковий, частковий
local [ˈləʊk(ə)l] **1.** *n* 1) приміський потяг (автобус) 2) *зазв. pl* місцевий мешканець 3) місцеві новини **2.** *a* 1) місцевий 2) частковий, окремий, місцевий 3) вузький, обмежений 4) грам. місцевий; **l. case** місцевий відмінок; **~e** [ləʊˈkɑːl] *n* місце дії; **~ism** *n* 1) місцеві

intересi; місцевий патріотизм 2) вузькість інтересів, провінціалізм 3) місцевий звичай 4) місцевий вислів, місцеве слово; **~ity** [ˌləʊˈkælɪtɪ] *n* 1) місцеперебування, місце розташування; місцеположення 2) місцевість, район; дільниця 3) населений пункт 4) (*часто pl*) околиці 5) *pl* характерні ознаки місцевості; **~ize** *v* 1) локалізувати 2) надавати місцевого характеру 3) відносити до певного місця 4) визначати місцеперебування

locanda [ləˈkɑːndə] *n іт.* мебльовані кімнати; готель

locate [ləʊˈkeɪt] *v* 1) визначати (виявляти, знаходити, з'ясовувати) точне місцеперебування (місце розташування) 2) оселяти (*де-н.*)

lock [lɒk] **1.** *n* 1) замок; защіпка; клямка 2) затвор (*у зброї*) 3) шлюз; гребля; гатка 4) затор 5) (L.) венерологічна лікарня (*тж* **~**-hospital) 6) кучер 7) пасмо (*волосся*); жмут (*вовни*) **2.** *v* 1) замикати(ся) на замок 2) стискати (*в обіймах*); зціплювати (*зуби*) 3) зберігати (*у пам'яті*) 4) з'єднувати, сплітати, зчіпляти 5) гальмувати; **~ed** *a* замкнений; **~er** *n* 1) шафка із замком 2) *мор.* рундук 3) локер; холодильна камера; **~less** *a* без замка; **~smith** *n* слюсар; **~up** *n* 1) час закриття; час припинення роботи 2) *розм.* в'язниця

locky [ˈlɒkɪ] *a* пишний, виткий, кучерявий

locomot||e [ˈləʊkəməʊt] *v пер. біол.* пересуватися; **~ion** *n* 1) пересування 2) подорож; **~ive 1.** *n* локомотив; паротяг, паровоз; тепловоз; електровоз **2.** *a* 1) рушійний 2) руховий; **~ivity** *n* 1) здатність рухатися 2) мобільність

locus [ˈləʊkəs] *n* (*pl* -ci) *лат.* 1) місце розташування, місцеположення 2) центр; осередок; фокус

locust [ˈləʊkəst] *n ент.* сарана

locution [ləʊˈkjuːʃ(ə)n] *n* мовний зворот (вислів), ідіома

lodestar [ˈləʊdstɑː] *n* 1) Полярна зірка 2) путівна (провідна) зірка

lodge [lɒdʒ] **1.** *n* 1) тимчасове житло 2) ложа (*у театрі*) **2.** *v* 1) дати притулок 2) давати на зберігання 3) залишати 4) наділяти (*правами*) 5) *юр.* подавати (*скаргу*); **~ment** *n* 1) приміщення; житло; притулок 2) скупчення (*чого-н.*); відкладення (*чого-н.*) 3) *юр.* внесення грошей у депозит 4) подавання (*скарги*); **~r** *n* пожилець; мешканець готелю

loft [lɒft] *n* 1) горище 2) галерея 3) *амер.* верхній поверх

loft||y [ˈlɒftɪ] *a* 1) височенний 2) піднесений 3) величний 4) зарозумілий, пихатий, бундючний; **~iness** *n* 1) піднесеність (*ідеалів*) 2) величність (*цілей*) 3) зарозумілість 4) велика висота, височина

logarithm [ˈlɒgərɪð(ə)m] *n мат.* логарифм; **~ic(al)** *a мат.* логарифмічний

loge [ləʊʒ] *n фр.* 1) ложа (*у театрі*); перший ряд бельєтажу 2) будка, кіоск, ятка, рундук

logic [ˈlɒdʒɪk] *n* 1) логіка (*наука*) 2) логічність (*аргументації та под.*); закономірність; розумність 3) логічна частина обчислювальної машини; **~al** *a* логічний, послідовний; **~ian** [ləˈdʒɪʃn] *n* логік

logo||graph [ˈlɒgəgrɑːf] *n* 1) логограма 2) логотип 2) логограф; **~pathy** *n мед.* розлад мови, логопатія; **~pedics** *n* (*ужив. як sing*) логопедія; **~s** [ˈlɒgɒs] *n* (*pl* -goi) *філос.* логос; світовий розум; **~type** *n* 1) *полігр.* логотип 2) фірмовий (товарний) знак 3) емблема

loin [lɔɪn] *n зазв. pl* поперек; стегна

loir [lɔɪə] *n зоол.* соня, вовчок

loiter [ˈlɔɪtə] *v* 1) тинятися без діла 2) гаятися; спізнюватися

lollipop [ˈlɒlɪpɒp] *n* 1) льодяник на паличці, цукерка 2) *pl* солодощі, цукерки

lone||liness [ˈləʊnlɪnɪs] *n* самітність, самотність; **~some** *a* 1) самітний, самотній, одинокий 2) відлюдний, усамітнений

long [lɒŋ] **1.** *n* 1) довгий строк (тривалий термін) 2) *фон.* довгий голосний **2.** *a* 1) довгий 2) довготелесий 3) давно існуючий 4) віддалений 5) повільний, млявий 6) численний 7) надмірний; <> **as l. as** скільки завгодно; **so l. as** за умови, що; **so l.!** до побачення; **l. live!** хай живе...! **3.** *v* 1) пристрасно бажати; прагнути (for, after) 2) скучати; **l.-ago 1.** *n* давноминуле **2.** *a* давноминулий; **~animity** [ˌlɒŋəˈnɪmɪtɪ] *n* довготерпіння; **~boat** *n мор.* баркас; **l.-dated** *a фін.* довготерміновий; **l.-delay** *a* сповільненої дії; **l.-distance 1.** *n* міжміська станція (*телефонна*) **2.** *a* 1) далекий, віддалений 2) магістральний 3) дистанційний; **~evity** [lɒnˈdʒevɪtɪ] *n* довголіття; довговічність; **~evous** [lɒnˈdʒiːvəs] *a* довговічний; **l.-forgotten** *a* давно забутий; **~ish** *a* довгуватий; **~itude** [ˈlɒŋdʒɪtjuːd] *n* 1) *геогр.* довгота 2) *жарт.* довжина; **l.-legged** *a* довгоногий; **l.-sighted** *a* 1) далекозорий 2) прозорливий; **l.-sightedness** *n* 1) далекозорість 2) далекоглядність; передбачливість; **~spun** *a* розтягнутий; нудний; **~standing** *a* давній; **l.-suffering 1.** *n* довготерпіння **2.** *a* довготерпеливий; покірний; **l.-tongued** *a* балакучий, язикатий; **l.-winded** *a* 1) велемовний 2) нудний, тягучий

longing [ˈlɒŋɪŋ] **1.** *n* пристрасне прагнення (*до чого-н.*); жадоба (*чого-н.*) **2.** *a* прагнучий, бажаючий

look [lʊk] **1.** *n* 1) погляд 2) вигляд; стан 3) вираз (*очей, обличчя*) 4) *pl* зовнішній вигляд **2.** *v* 1) дивитися; оглядати; *перен.* бути уважним, стежити 2) глянути, подивитися 3) мати вигляд 4) перевірити 5) виражати (*поглядом*); <> **l. here!** послухайте!; **l. back** оглядатися; **l. for** шукати; **l. forward** очікувати; **l. in** заходити (*до кого-н*.); **l. on** спостерігати; **l. out!** обережно!, стережися!; **~er** *n* 1) спостерігач 2) сторож, охоронець; **~ing-for** *n* 1) пошуки 2) очікування; надії, сподівання; **~ing-glass** *n* дзеркало, люстро; **l.-out** *n* 1) пильність; настороженість 2) спостереження 3) спостережний пункт 4) краєвид 5) види, перспективи

looming [ˈluːmɪŋ] **1.** *n* міраж **2.** *a* неясний, невиразний

loon [luːn] *n* орн. ґаґара

loop [luːp] **1.** *n* петля **2.** *v* робити петлю

loose [luːs] **1.** *n* вільний вихід **2.** *a* 1) вільний 2) неупакований 3) нетугий 4) просторий 5) ненатягнений, незакріплений 6) непевний, неточний; розпливчастий 7) розбещений 8) непорядний, безвідповідальний; безпринципний 9) нещільний (*про тканину*); пухкий (*про ґрунт*) 10) недоладний **3.** *v* 1) звільняти, давати волю 2) прощати (*борг і под.*) 3) розв'язувати; **~n** *v* 1) ослабляти 2) відпускати 3) розв'язувати(ся) 4) розпушувати 5) *мед.* викликати дію кишківника; **~ner** *n* проносне; **~ness** *n* 1) невизначеність, непевність 2) недбалість, неохайність 3) безпринципність 4) нещільність 5) *мед.* пронос

loot [luːt] **1.** *n* 1) здобич 2) пограбування, грабіж 3) незаконні доходи **2.** *v* 1) грабувати 2) мародерствувати; **~er** *n* 1) грабіжник 2) мародер

lop-eared [ˌlɒpˈɪəd] *a* капловухий

loppy [ˈlɒpɪ] *a* обвислий

lord [lɔːd] **1.** *n* 1) пан; повелитель; добродій 2) (the L.) *рел.* Господь Бог 3) лорд, пер Англії 4) господар; власник 5) магнат **2.** *v* надавати титул лорда; **~less** *a* 1) безгосподарний 2) яка не має чоловіка; **~liness** *n* 1) пишнота; велич 2) шляхетність 3) зарозумілість; бундючність; **~ly** *a* 1) панський 2) пишний 3) великодушний; шляхетний 4) зарозумілий, бундючний; **~ship** *n* 1) влада, володіння (*феодального лорда*) 2) маєток лорда, менор 3) (L.) світлість, милість, превелебність

lore [lɔː] *n* 1) ученість, ерудиція 2) учення, доктрина (*релігійна*)

lorgnette [lɔːˈnjet] *n фр.* 1) лорнет 2) театральний бінокль

lorica [lɒˈraɪkə] *n* (*pl* -cae) 1) шкіряний панцер 2) *зоол.* панцер; **~te** [ˈlɒrɪkeɪt] *a зоол.* панцерний

lorimer [ˈlɒrɪmə] *n іст.* лимар

lorry [ˈlɒrɪ] **1.** *n* 1) вантажівка (*тж* motor ~) 2) *зал.* платформа 3) віз, підвода, вагонетка **2.** *v* перевозити вантажівками

lory [ˈlɔːrɪ] *n орн.* лорі (*папуга*)

los||e [luːz] *v* (*past і p. p.* lost) 1) губити; утрачати 2) не зберегти 3) позбутися, звільнитися 4) пропустити; недочути 5) упустити 6) спізнитися, пропустити 7) програвати 8) зазнавати втрат 9) *pass.* загинути, зникнути; пропасти, померти 10) забути 11) заглибитися, поринути; **~ing 1.** *n* 1) утрата; програш 2) *pl* програші (*у грі*) **2.** *a* програшний; **~t** [lɒst] **1.** *a* 1) утрачений, загублений 2) загиблий 3) заблудлий 4) невикористаний 5) програний **2.** *past і p.p. від* **lose**

loss [lɒs] *n* 1) утрата 2) шкода, збиток 3) загибель

lost [lɒst] *past і p. p. від* **lose**

lot [lɒt] **1.** *n* 1) доля 2) жереб 3) ділянка (*землі*) 4) партія, серія (*товарів*) 5) речі, продані на аукціоні гуртом 6) податок; мито **2.** *v* 1) ділити 2) призначати 3) кидати жереб 4) сортувати

lotion [ˈləʊʃ(ə)n] *n* 1) примочка 2) лосьйон 3) умивання

lottery [ˈlɒt(ə)rɪ] *n* 1) лотерея 2) випадковість

lotto [ˈlɒtəʊ] *n* (*pl* -os [-əʊz]) лото

lotus [ˈləʊtəs] *n бот.* лотос; **l.-eater** *n* 1) пустий мрійник 2) сибарит; **l.-eating** *n* пусті мрії; **l.-land** *n* казкова країна достатку

loud [laʊd] *a* 1) гучний 2) галасливий 3) кричущий (*про фарби*) 4) сильний (*про запах*); **~en** *v* 1) робити гучнішим 2) голоснішати; **l.-hailer** *n* рупор; **~ness** *n* 1) гучність 2) крикливість 3) *фіз.* рівень шуму

lounge [laʊndʒ] **1.** *n* 1) марнування часу 2) лінива хода (поза) 3) затишна кімната 4) крісло; шезлонг; диван **2.** *v* 1) розсістися 2) байдикувати (*тж* ~ about) 3) марнувати (*час і под.*); **~r** *n* нероба; гультяй

loupe [luːp] *n опт.* лупа, збільшувальне скло

lour [ˈlaʊə] **1.** *n* 1) похмурий вигляд 2) грозове небо **2.** *v* 1) хмуритися, насуплювати брови; дивитися сердито 2) хмаритися 3) нависати (*про хмари*); **~ing** *a* 1) хмурий, похмурий, насуплений 2) хмарний; потьмарений

lous||e [laʊs] **1.** *n ент.* (*pl* lice) воша **2.** *v* вичісувати (шукати) вошей; **~iness** *n* вошивість; **~y** *a* 1) вошивий 2) брудний; огидний; мерзенний; низький; паршивий

lout [laʊt] **1.** *n* незграбна людина; вайло; тюхтій; селюк **2.** *v* 1) поводитися зневажливо 2) ображати (*кого-н.*); **~ish** *a* грубий, неотесаний

lovable [ˈlʌvəbl] *a* 1) милий, любий; улюблений; коханий 2) привабливий 3) приязний, люб'язний

lovage [ˈlʌvɪdʒ] *n бот.* любисток

love [lʌv] **1.** *n* 1) кохання, любов; приязнь, прихильність (of, for, to, towards — до) 2) закоханість, пристрасть, любов 3) предмет кохання 4) купідон; <> **the l. of gain** корисливість; **to have a l. of learning** мати потяг до знань **2.** *v* 1) кохати, любити 2) діставати задоволення; хотіти, бажати, любити; **l. affair** *n* роман, любовна інтриґа (пригода); **l.-favour** *n* подарунок (сувенір) на знак любові; **~less** *a* 1) нелюблячий 2) що не кохає (не люблять) 3) нелюбий, нелюба; **~lorn** *a* 1) який страждає від безнадійного кохання 2) покинутий (*коханою людиною*); **l.-making** *n* 1) залицяння; освідчення 2) флірт 3) фізична близькість, сексуальна любов; **l.-philtre** [´lʌv,fıltə] *n* любовний напій, розмай-зілля; **~r** *n* 1) коханий; кохана; коханець; коханка 2) *pl* закохані 3) любитель, аматор 4) прихильник 5) друг, приятель; **~rly** *a* любовний; характерний для коханця; **l.-song** *n* пісня кохання; **l. story** *n* любовна історія; **l.-token** *n* символ кохання; **~worthy** *a* гідний кохання

loving [´lʌvıŋ] **1.** *n* любов; пестощі **2.** *a* 1) люблячий, ніжний 2) відданий, вірний; **l.-kindness** *n* 1) ніжна дбайливість 2) милосердя (*особ.* Боже)

low [ləʊ] **1.** *n* 1) низький (найнижчий) рівень 2) *зазв. pl* низина, оболонь 3) зона низького атмосферного тиску **2.** *a* 1) низький; невеликий 2) нижчий від норми 3) неголосний 4) низького соціального стану 5) невисокорозвинений 6) невихований; непристойний 7) слабкий, знижений, невеликий 8) пригнічений 9) принижений 10) несприятливий, поганий 11) убогий; виснажений 12) недавній (*про дату*) **3.** *v* мукати, ревти; **~ing** *n* мукання, ревіння; **~land** *n* зазв. *pl* низька місцевість, низина, оболонь, низькоділ, долина; **~liness** *n* 1) низьке (скромне) становище 2) скромність 3) покірність, сумирність; **l.-lived** *a* 1) бідний, зубожілий 2) грубий; банальний; **~ly** *a* 1) скромний; невибагливий 2) невисокий; **l.-minded** *a* 1) з вузьким кругозором 2) вульґарний, непристойний; **l.-paid** *a* низькооплачуваний; **l.-pitched** *a* 1) низького тону, низький (*про звук*) 2) *перен.* невисокого польоту 3) пологий 4) з низькою стелею; **l.-powered** *a тех.* малопотужний; **l.-spirited** *a* пригнічений, зажурений; **l.-water** *n* відплив; *перен.* межа (*чого-н.*)

lower I [´ləʊə] **1.** *a* 1) нижчий; нижній 2) недавній **2.** *v* 1) спускати (*шлюпку, прапор*), опускати (*очі*) 2) опускатися, падати (*про дим*) 3) знижувати(ся); 4) робити нижчим 5) ослабляти 6) принижувати; **~most** *a* найнижчий

lower II [´laʊə] *v* дивитися похмуро 2) затягатися хмарами; **~ing** *a* темний, похмурий

loyal [´lɔıəl] *a* 1) вірний, відданий 2) лояльний, **~ist** *n* вірнопідданий; прихильник режиму; **~ty** *n* 1) лояльність 2) вірність, відданість

lozenge [´lɒzındʒ] *n* 1) ромб; ромбоподібна фіґура 2) таблетка

lubber [´lʌbə] **1.** *n* 1) вайло; тюхтій 2) недосвідчений, неправний моряк **2.** *a* незграбний; **l.-head** *n* дурень, телепень, йолоп, тупак, бовдур

lubric||ant [´lu:brıkənt] *n* мастило; **~ating** *a* мастильний; **~ous** *a* 1) гладкий; слизький 2) *перен.* ухильний, верткий 3) хтивий

luce [l(j)u:s] *n* 1) *іхт.* щука; прісноводна риба 2) *геральд.* лілія

lucent [´lu:s(ə)nt] *a* 1) сяючий; яскравий, світлий, блискучий 2) прозорий; що просвічує

lucerne [lu:´sɜ:n] *n бот.* люцерна

luci||d [´lu:sıd] *a* 1) ясний, зрозумілий 2) з ясним розумом 3) світлий, прозорий; **~fugous** *a* що уникає світла (*про кажана й под.*)

Lucifer [´lu:sıfə] *n* 1) *міф.* Люципер; сатана 2) *поет.* уранішня зоря, планета Венера

luck [lʌk] *n* 1) щастя; доля; нагода 2) талан; удача; <> **for l.!** на щастя!; **~less** *a* нещасливий; безталанний; бідолашний; **~y** *a* 1) щасливий, удачливий; вдалий 2) випадковий

lucr||e [´lu:kə] *n* матеріальна вигода, бариш, прибуток, нажива (*у неґативному знач.*); **~ative** [´lu:krətıv] *a* вигідний; дохідний, прибутковий

lucubration [,lu:kjʊ´breıʃ(ə)n] *n* 1) праця (заняття) ночами 2) старанна (напружена) праця

ludicrous [´lu:dıkrəs] *a* смішний; сміховинний; безглуздий

lues [´lu:i:z] *n мед.* 1) сифіліс, люес 2) епідемія 3) чума

lug [lʌg] *v* 1) тягти, волокти 2) смикати

luggage [´lʌgıdʒ] *n* баґаж

lugubrious [lu:´gu:brıəs] *a* 1) сумний, похмурий 2) жалобний, скорботний

lukewarm [,lu:k´wɔ:m] *a* 1) теплуватий 2) без ентузіазму; без завзяття; холодний, байдужий

lull [lʌl] **1.** *n* 1) тимчасове затишшя; перерва 2) щось заспокійливе (заколисливе) 3) колискова пісня **2.** *v* 1) заспокоювати, пом'якшувати (*біль*) 2) заколисувати 3) ущухати (*про шум*) 4) приспати (*підозру*) 5) уселяти впевненість

lumbago [lʌm´beıgəʊ] *n* (*pl* -os [-əʊz]) *мед.* люмбаго, простріл

lumbar [´lʌmbə] *a анат.* поперековий

lumbersome [´lʌmbəs(ə)m] *a* важкий, громіздкий; незграбний

lumin||ary [´lu:mın(ə)rı] *n* 1) світило 2) джерело світла 3) знаменитість, світило; **~escence** *n спец.* свічення, люмінесценція; **~osity** *n*

1) освітленість, яскравість світла 2) *ел.* світність

lump [lʌmp] **1.** *n* 1) брила, грудка, великий шматок 2) велика кількість; купа грошей 3) опух, ґуля; виступ **2.** *v* 1) утворювати грудки, збиватися в грудки 2) змішувати в купу (в загальну масу); з'єднувати (*різні речі*) 3) брати (віддавати) гуртом 4) важко ступати (іти, сідати) 5) бути невдоволеним; <> **to l. large** триматися зарозуміло; **~ish** *a* 1) товстий; безформний 2) незграбний, опецькуватий 3) тупий, дурний 4) пригнічений, зажурений

Luna [ˈluːnə] *n* 1) *міф.* Місяць 2) срібло (*в алхімії*)

lun||ar [ˈluːnə] *a* 1) місячний 2) блідий (як смерть) 3) серпастий; **~acy** *n* 1) *мед.* психоз; божевілля; несамовитість 2) *юр.* неосудність 3) *мед.* сомнамбулізм; **~ate** *a* що має форму півмісяця; **~atic 1.** *n* божевільний; сновида **2.** *a* божевільний; шалений; **~ation** *n* 1) місяць (*період обертання Місяця навколо Землі*) 2) менструація; **~iform** *a* місяцеподібний

lunch [lʌntʃ] *n* ленч, другий сніданок; **~eon** [ˈlʌntʃən] **1.** *n* 1) офіційний сніданок 2) легкий сніданок **2.** *v* снідати; **~room** *n амер.* закусочна; шкільний буфет

lung [lʌŋ] *n* 1) *анат.* легеня 2) *мед.* респіратор 3) акваланг; **l.-tester** *n мед.* спірометр

lunge [lʌndʒ] **1.** *n* 1) кидок; стрибок уперед; стрімкий рух 2) швидке занурення **2.** *v* кинутися, ринути уперед

lup||us [ˈluːpəs] *n мед.* вовчак, вовчий лишай; туберкульоз шкіри; **~ine** *a* 1) вовчий 2) що стосується вовків; характерний для вовків 3) звірячий, вовчий

lurch [lɜːtʃ] **1.** *n* 1) крен 2) хитка хода; похитування 3) *амер.* нахил, тенденція 4) одержання переваги (*перед ким-н.*) **2.** *v* 1) кренитися 2) похитуватися 3) випередити (*кого-н.*) 4) обдурити; **~er** *n* 1) шахрай; крутій 2) шпигун 3) мисливський собака; собака-шукач

lure [l(j)ʊə] **1.** *n* 1) спокуса, спокусливість; принадність 2) *мисл.* вабик; принада 3) наживка **2.** *v* 1) заманювати 2) спокушати 3) *мисл.* принаджувати

lurid [ˈl(j)ʊ(ə)rɪd] *a* 1) вогненний; палаючий 2) грозовий; буремний; похмурий 3) страшний 4) трагічний, приголомшливий 5) бурий

lurk [lɜːk] **1.** *n* 1) слідкування **2.** *v* 1) ховатися 2) причаюватися 3) приховуватися; критися 3) крастися; **~ing** *n* 1) таємний; прихований 2) потаємний

lurry [ˈlʌrɪ] *n* вантажівка

luscious [ˈlʌʃəs] *a* 1) соковитий і солодкий; ароматний 2) пестливий (*для слуху*) 3) нудотний 4) пишномовний (*про стиль*)

lust [lʌst] **1.** *n* 1) хтивість, хіть 2) пристрасть; жадоба (*чого-н.*) **2.** *v* 1) відчувати жагу (фізичний потяг) 2) пристрасно бажати; **~ful** *a* похітливий, хтивий

lustral [ˈlʌstrəl] *a* 1) очисний 2) п'ятирічний (*про період*)

lustration [lʌˈstreɪ(ə)n] *n* 1) очищення 2) *жарт.* обмивання

lustr||e [ˈlʌstə] **1.** *n* 1) блиск; сяяння; глянець; лиск 2) слава; розкіш 3) люстра 4) *pl* скляні підвіски (*люстри*). **2.** *v* 1) надавати блиску 2) ставати блискучим; **~eless** [ˈlʌstəlɪs] *a* позбавлений блиску; матовий; тьмяний; **~ous** *a* блискучий; глянсуватий

lustrum [ˈlʌstrəm] *n* (*pl* тж -tra, -trums [-trəmz]) п'ятирічний

lust||y [ˈlʌstɪ] *a* здоровий, дужий; міцний; сильний; кремезний; **~iness** *n* здоров'я, міць, сила, бадьорість

lut||e [luːt] **1.** *n* лютня **2.** *v* грати на лютні; **~anist** *n* лютняр

Lutheran [ˈluːθərən] **1.** *n* лютеранин **2.** *а* лютеранський; **~ism** *n* лютеранство

luting [ˈluːtɪŋ] *n* 1) замазування замазкою 2) замазка; мастика

lutose [ˈluːtəʊs] *a* брудний

luxat||e [ˈlʌkseɪt] *v мед.* вивихнути; **~ion** *v мед.* вивих

lux||e [luːks] **1.** *n* розкіш **2.** *а* люкс, розкішний

luxur||y [ˈlʌkʃ(ə)rɪ] *n* 1) розкіш 2) предмет розкоші 3) насолода; **~iant** [lʌɡˈzʊərɪənt] *а* 1) багатий; пишний 2) родючий; плідний; **~iate** *v* 1) насолоджуватися (*чим-н.*) 2) розкошувати 3) розростатися; **~ious** *a* 1) розкішний 2) марнотратний

lyceum [laɪˈsiːəm] *n* 1) ліцей 2) лекторій; читальня

lye [laɪ] *n* 1) *хім.* луг 2) *тех.* зоління; бучення

lying [ˈlaɪɪŋ] **1.** *n* 1) брехня; неправда; брехливість; неправдивість 2) лежання 3) місце для відпочинку **2.** *а* 1) помилковий, хибний 2) неправдивий 3) обманний, облудний 4) лежачий; **l.-dog** *n зоол.* сетер; **l.-in** *n* пологи; післяпологовий стан; **l.-up** *a* очікувальний

lymph [lɪmf] *n фізіол.* лімфа; **animal l.** вакцина

lymphatic [lɪmˈfætɪk] **1.** *n* 1) лімфатична судина **2.** *а* 1) *анат.* лімфатичний 2) флегматичний; в'ялий; слабий; хирлявий

lynching [ˈlɪntʃɪŋ] *n* лінчування

lynx [lɪŋks] *n* 1) *зоол.* рись 2) хутро рисі; **l.-eyed** *а* з гострим зором, гострозорий

lyr||e [ˈlaɪə] *n* ліра; **~ate(d)** *а* ліроподібний; **l.-bird** *n орн.* ліроxвіст; **~ic 1.** *n* 1) ліричний вірш 2) *pl* лірика; слова пісні **2.** *а* ліричний; **~icism** [ˈlɪrɪsɪzm] *n* ліризм; **~iform** *a* ліроподібний; **~ist** *n* 1) лірник; 2) ліричний поет, лірик

M

macabre [məˈkɑːbr(ə)] похмурий; жахливий
macaco [məˈkeɪkəʊ] n (pl -os [-əʊz]) зоол. 1) макака 2) лемур
macaron‖i [ˌmækəˈrəʊnɪ] n (pl -is, -nies [-ɪz]) іт. 1) макарони 2) амер. кінострічка; **~ic** a жартівний, макаронічний (про стиль)
macaw [məˈkɔː] n 1) орн. макао, ара 2) бот. пальма макао
Machiavellian [ˌmækɪəˈvelɪən] a 1) макіавеллівський 2) хитромудрий; безсовісний, безчесний; безпринципний
machinat‖or [ˈmækɪneɪtə] n підбурювач, підмовник; **~ion** n 1) інтрига; підступи 2) зазв. pl махінації;
machin‖e [məˈʃiːn] **1.** n 1) машина, механізм 2) верстат 3) транспортний засіб; автомобіль; літак; велосипед **2.** v 1) піддавати механічній обробці; обробляти на верстаті 2) шити (на машинці) 3) розм. друкувати (тж ~ off); **~al** a машинний; механічний; **~ate** v 1) інтригувати; задумувати лихе (зле) 2) робити махінації; **~ist** [məˈʃiːnɪst] n 1) машинобудівник; інженер 2) механік 3) кваліфікований робітник 4) машиніст 5) мор. моторист 6) швачка; швейник 7) театр. машиніст сцени
mackerel [ˈmæk(ə)rəl] n іхт. макрель; скумбрія
mackintosh [ˈmækɪntɒʃ] n 1) макінтош, плащ; непромокальне пальто 2) непромокальна тканина
macrobio‖sis [ˌmækrə(ʊ)baɪˈəʊsɪs] n біол. довголіття; **~tic** a 1) довговічний 2) макробіотичний; що сприяє довголіттю (про дієту); вегетаріанський
macrocosm [ˈmækrə(ʊ)kɒzm] n макрокосм, усесвіт
macrology [məˈkrɒlədʒɪ] n книжн. багатослівність, просторікування
macula [ˈmækjʊlə] n (pl -lae) спец. пляма (особ. на Сонці)
macule [ˈmækjuːl] n поліг. пляма, дефект друку
mad [mæd] **1.** a 1) божевільний; схиблений; **m.-doctor** розм. психіатр 2) скажений (про тварину) 3) шалений, несамовитий, лютий, розлючений (at, about — чим-н.) 4) безрозсудний, необачний 5) розм. пристрасно закоханий 6) розм. розгніваний **2.** v 1) зводити з розуму 2) з'їхати з глузду; **~cap** n шибеник, шибайголова, урвиголова; паливода;
~den v 1) зводити з розуму; доводити до сказу 2) дратувати, роздратовувати 3) з'їхати з глузду; **~dening** a 1) прикрий, сумний 2) що зводить із розуму 3) що виводить із себе; дратівний; **~house** n 1) розм. дім для божевільних; божевільня 2) перен. бедлам; **~ly** adv 1) безумно, шалено; до нестями; несамовито 2) нерозсудливо; легковажно; **~man** n божевільний, безумець, маніяк, психопат; **~ness** n 1) божевілля 2) шаленість; несамовитість 3) сказ (у тварин); **~woman** божевільна, причинна
made I [meɪd] past і р. р. від **make 2**
made II [meɪd] a 1) зроблений, виготовлений 2) складений 3) штучний; **m. word** вигадане слово
madge [mædʒ] n орн. сипуха
madid [ˈmædɪd] a мокрий, вологий; сирий
Madonna [məˈdɒnə] n мадонна
madrigal [ˈmædrɪɡ(ə)l] n мадриґал
Maecenas [m(a)ɪˈsiːnəs] n меценат, заступник (кого-н.)
maelstrom [ˈmeɪlstrəum] n вир, вихор
maenad [ˈmiːnæd] n 1) грец. міф. менада 2) розлютована жінка
maffick [ˈmæfɪk] v бурхливо радіти, веселитися
magazine [ˌmæɡəˈziːn] **1.** n 1) журнал, періодичне видання, часопис 2) війс. магазин **2.** v зберігати на складі
maggot [ˈmæɡət] n 1) ент. личинка 2) примха, диваптво 3) примхлива людина; дивак; **~y** 1) червивий 2) примхливий; химерний
Magian [ˈmeɪdʒɪən] **1.** n маг, чарівник; волхв **2.** a чарівний
magic [ˈmædʒɪk] **1.** n 1) магія, чари; чаклунство 2) чарівність **2.** a магічний; чарівний; **~ian** [məˈdʒɪʃn] n 1) чародій; чаклун 2) фокусник
magister [ˈmædʒɪstə] n маґістр; **~ial** a 1) владний; авторитетний 2) судовий, суддівський 3) диктаторський, наказовий
magistral [ˈmædʒɪstrəl] a 1) авторитетний 2) мед. спеціально прописаний 3) війс. головний, магістральний 4) викладацький, учительський
magnanim‖ity [ˌmæɡnəˈnɪmɪtɪ] n великодушність, щедрість; велич душі; **~ous** [mæɡˈnænɪməs] a великодушний
magnate [ˈmæɡn(e)ɪt] n 1) магнат 2) вельможа

magnesium [mæg´ni:zɪəm] *n хім.* магній
magnet [´mægnɪt] *n* магніт; **~ic** [mæg´nɛtɪk] *a* 1) магнітний; магнетичний 2) що притягує (приваблює); **~ist** *n* месмерист, гіпнотизер; **~iser** *n* гіпнотизер
magneto- [mæg´ni:tə(ʊ)-] *компонент скл. співтермінів* магнето-; **~-electric** магнетоелектричний; електромагнетний
magni‖fic(al) [mæg´nɪfɪk(əl)] *a* 1) чудовий, прекрасний 2) вражаючий, переконливий 3) величний, помпезний 4) хвалебний; **~fication** *n* 1) звеличування; панегірик 2) *опт.* збільшення 3) *елн* посилення 4) *радіо* підсилення; **~ficence** *n* пишнота; розкіш; **~ficent** *a* чудовий, пишний; величний, розкішний; **~fier** *n* 1) *опт.* збільшувальне скло; лупа 2) *радіо* підсилювач; **~fy** *v* 1) збільшувати 2) перебільшувати 3) вихваляти; **~loquence** *n* пишномовність; пихатість, бундючність; **~loquent** *a* пишномовний; бундючний; **~tude** [´mægnɪtju:d] *n* 1) величина; розміри 2) важливість, значущість 3) велич
magnolia [mæg´nəʊlɪə] *n бот.* магнолія
Magyar [´mægiɑː] 1. *a* угорський 2. *n* 1) угорець, мадяр 2) угорська мова
mahogany [mə´hɒgənɪ] *n бот.* червоне дерево
mahseer [´mɑːsɪə] *n іхт.* марена, вусач
maid [meɪd] *n* служниця, покоївка; хатня робітниця
maiden [meɪdn] *n* дівчина, дівка; **~hood** *n* дівоцтво; **~like** *a* 1) дівочий, дівоцький 2) скромний; соромливий, сором'язливий
maieutic [meɪ´ju:tɪk] *a лог.* допоміжний
mail [meɪl] 1. *n* 1) пошта; поштова кореспонденція 2) мішок з поштою 3) поштовий потяг 4) *зоол.* панцер (*черепахи*); шкаралупа (*рака*) 5) податок; орендна плата; рента 2. *v* 1) надсилати поштою 2) покривати панцером; **m.-armour** *n* кольчуга; **m.-boat** *n* поштове судно; **~box** *n амер.* поштова скринька (*на вулиці*); **~ed** *a* 1) панцерований 2) плямистий; **~ing** *n* 1) поштове відправлення 2) відправлення поштою
maillot [maɪ´jəʊ] *n фр.* 1) трико 2) жіночий купальний костюм
maim [meɪm] 1. *n* 1) каліцтво 2) *юр.* тяжке тілесне пошкодження 2. *v юр.* заподіяти пошкодження
mainland [´meɪnlənd] *n* 1) материк 2) найбільший острів (*архіпелагу*)
mainpernor [´meɪnpənə] *n юр.* порука, поручительство
mainsail [´meɪns(ə)l, -seɪl] *n мор.* ґрот
maint‖ain [meɪn´teɪn, mən-] *v* 1) підтримувати, зберігати 2) утримувати 3) захищати; обстоювати (*думку*) 4) не поступатися; **~enance** *n* 1) підтримка; збереження; продовження 2) засоби для існування 3) захист
maize [meɪz] *n бот.* маїс, кукурудза
majestic [mə´dʒɛstɪk] *a* величний, величавий
majesty [´mædʒɪstɪ] *n* 1) величність; велич, величавість 2) (М.) величність (*титул*)
majolica [mə´dʒɒlɪkə] *n* майоліка
major [´meɪdʒə] 1. *n* 1) майор (*звання*) 2) *юр.* повнолітній 3) *муз.* мажор 2. *a* 1) більший 2) важливіший 3) головний; важливий; великий 4) старший 5) *юр.* повнолітній 6) *муз.* мажорний 3. *v амер.* спеціалізуватися (*про студента*); **m.-general** *n* ґенерал-майор; **~ise** *v юр.* досягти повноліття
majuscule [´mædʒəskju:l] *n* велика літера
make [meɪk] 1. *n* 1) виробництво; виготовлення 2) виріб, робота 3) форма, конструкція; модель, фасон; стиль 4) марка; тип; сорт; вид 5) розвиток 6) видобута (виготовлена) кількість продукції; виробіток 7) склад (*характеру*) 2. *v* (*past i p. p.* made) 1) робити; виготовляти, виробляти; готувати 2) складати; підготовляти 3) створювати, творити 4) здійснювати, робити 5) утворювати; формувати 6) уважати, гадати 7) заробляти, наживати (*майно*) 8) укладати (*угоду*); домовлятися (*про час*) 9) призначати (*на посаду*) 10) наводити порядок 11) виголошувати (*промову*) 12) зчиняти (*галас*) 13) проходити (*відстань*) 14) досягати (*якого-н. місця*); заходити (*у гавань*) 15) *спорт.* забити (*м'яч*) 16) примушувати, спонукати 17) складати, дорівнювати; ◻ **m. off** іти геть, утікати, зникати; **m. up** виготовляти (*ліки*); **m.-up** *n* ґрим; косметика; аксесуари 2) склад, будова 3) характер, вдача, натура 4) *тех.* поповнення 5) вигадка 6) *поліґр.* верстка, плант 7) *поліґр.* макет, план, специфікація (*верстки, планту*); ◇ **to m. the air blue** лихословити, лаятися; **m.-believe** 1. *n* 1) удавання, симуляція 2) вигадка, фантазія 3) удавальник, вигадник 2. *a* 1) удаваний; хибний 2) вигаданий 3. *v* 1) удавати, прикидатися 2) вигадувати; **m.-peace** *n* миротворець; **~r** *n* 1) творець 2) працівник 3) фабрикант, заводчик 4) майстер 5) виробник; постачальник; **~r-up** *n поліґр.* верстальник, плантувальник; **~shift** *n* 1) заміна; паліатив 2) тимчасова заміна 3) тимчасовий засіб;
making [´meɪkɪŋ] *n* 1) творення 2) виробництво, переробка 3) форма, побудова, будова 4) *pl* нахили, здібності; дані; **m.-up** *n* 1) завершення 2) примирення 3) підмальовування (*обличчя*); ґримування
maladaptation [ˌmælædəp´teɪʃ(ə)n] *n* погана пристосовність

maladjustment [ˌmæləˈdʒʌstmənt] *n* 1) неузгодженість 2) невідповідність

malady [ˈmælədɪ] *n* 1) хвороба; недуга; розлад 2) *перен.* зло

Malagasy [ˌmæləˈɡæsɪ] **1.** *n* 1) мальгаш (*мешканець Мадаґаскару*) 2) мальґаська мова **2.** *a* малаґасійський; мадаґаскарський

malaise [məˈleɪz] *n* мед. нездужання, нездоров'я

malamute [ˈmɑːləmjuːt] *n* зоол. ескімоський собака, лайка

malapert [ˈmæləpɜːt] **1.** *n* нахаба **2.** *a* нахабний, зухвалий

malapropos [ˌmæləprəˈpəʊ] *фр.* **1.** *n* недоречний учинок **2.** *a* недоречно зроблений (сказаний)

malar [ˈmeɪlə] *a анат.* виличний

malaria [məˈle(ə)rɪə] *n* малярія; **~l** *a* малярійний

malaxat‖**e** [ˈmæləkseɪt] *v* місити, перемішувати; розминати, розм'якшувати; **~ion** *n* розмішування; розминання, розм'якшування

Malay [məˈleɪ] **1.** *a* малайський **2.** *n* 1) малаєць 2) малайська мова

malconformation [ˌmælkɒnfɔːˈmeɪʃ(ə)n] *n* непропорційна будова; потворність форми

malcontent [ˈmælkəntent] **1.** *n* невдоволена людина; опозиціонер; бунтівник **2.** *a* невдоволений; опозиційний; бунтівний

male [meɪl] **1.** *n* 1) чоловік 2) самець **2.** *a* чоловічий, чоловічої статі

maledict [ˈmælɪdɪkt] *a* проклятий; **~ion** *n книжн.* 1) прокляття 2) наклеп; лихослів'я

malefact‖**ion** [ˌmælɪˈfækʃ(ə)n] *n книжн.* 1) злочин; правопорушення 2) злодіяння; **~or** *n книжн.* 1) злочинець; правопорушник 2) лиходій

malefic‖**e** [ˈmælɪfɪs] *n фр.* 1) пристріт; чаклунство 2) лиходійство; **~ate** *v книжн.* зіпсувати, наврочити; **~ent** [məˈlefɪsnt] *a книжн.* 1) згубний 2) злочинний

malevolent [məˈlev(ə)lənt] *a* злий, злорадний, злобний; недоброзичливий; **~ly** *adv* зло, злорадно, злобно; недоброзичливо

malfeasan‖**t** [mælˈfiːz(ə)nt] **1.** *n юр.* особа, яка зловживає службовим становищем **2.** *a юр.* злочинний; беззаконний; **~ce** *n* 1) лиходійство; злочинство 2) *юр.* службовий злочин 3) *юр.* учинення неправомірної дії

malform‖**ed** [ˌmælˈfɔːmd] *a* потворний; **~ation** *n* неправильна будова; вада розвитку; потворність

malic‖**e** [ˈmælɪs] *n* 1) злість, злоба 2) *юр.* злочинний намір; злий замір; **~ious** *a* 1) злісний, злий 2) *юр.* навмисний, умисний

malign [məˈlaɪn] *a* 1) згубний, шкідливий 2) злісний, злий 3) *мед.* злоякісний **2.** *v* 1) зводити наклеп 2) лихословити; **~ant** [məˈlɪɡnənt] *a* 1) згубний, шкідливий 2) злісний, злий; злорадний, зловредний 3) *мед.* злоякісний; **~er** [məˈlɪɡnə] *n* наклепник; обмовник

malinger [məˈlɪŋɡə] *v* удавати із себе хворого, прикидатися хворим; симулювати хворобу

mallard [ˈmæləd] *n орн.* дика качка, крижень

malleable [ˈmælɪəbl] *a* 1) ковкий, тягучий 2) *перен.* піддатливий

mallemock, mallemocke [ˈmælɪmɒk, -məʊk] *n орн.* альбатрос, буревісник

malleus [ˈmælɪəs] *n* (*pl* -llei) *анат.* молоточок (*вушна кісточка*)

mallow [ˈmæləʊ] *n бот.* мальва, калачики, рожа

malnutrition [ˌmælnjuːˈtrɪʃ(ə)n] *n* недоїдання

malodo‖**ur** [mælˈəʊdə] *n книжн.* сморід; **~rous** *a книжн.* смердючий

malposition [ˌmælpəˈzɪʃ(ə)n] *n мед.* неправильне положення тіла (плоду), дистопія

malpractice [ˌmælˈpræktɪs] *n юр.* 1) протизаконна карна дія 2) зловживання довір'ям 3) злочинна недбалість лікаря

malt [mɔːlt] **1.** *n* солод **2.** *v* 1) робити солод 2) солодити 3) солодіти

Maltese [ˌmɔːlˈtiːz] **1.** *n* (*pl без змін*) мальтієць **2.** *a* мальтійський

maltha [ˈmælθə] *n* мальта (*нафта*)

maltreat [mælˈtriːt] *v* погано поводитися (*з ким-н.*), зневажати; **~ment** *n* погане поводження

malt-worm [ˈmɔːltwɜːm] *n* п'яниця

malversation [ˌmælvɜːˈseɪʃ(ə)n] *n* 1) зловживання (*службовим становищем*) 2) привласнення громадських грошей

mambo [ˈmæmbəʊ] **1.** *n* (*pl* -os [-əʊs]) мамбо (*танець*) **2.** *v* танцювати мамбо

mamma I [məˈmɑː] *n* мама, ненька (*тж* mama)

mamma II [ˈmæmə] *n* (*pl* -mae) *анат.* грудна залоза, перса; **~l** *n* (*pl* -lia) *зоол.* ссавець; **~ry** *a* грудний, молочний

mammon [ˈmæmən] *n* (*тж* M.) *підн.* мамона, багатство

mammoth [ˈmæməθ] **1.** *n палеонт.* мамонт **2.** *a* величезний; <> **m. tree** *бот.* секвоя

man [mæn] **1.** *n* (*pl* men) 1) чоловік; людина 2) (*без артикля*) людство, людський рід 3) слуга 4) робітник 5) студент 6) приятель, друг 7) солдат; матрос 8) пішак, шашка (*у грі*) 9) гравець (*у спортивній команді*) **2.** *v* 1) *війск., мор.* укомплектувати особовим складом; **m.-ape** *n зоол.* людиноподібна мавпа; **m.-carrying** *a* керований людиною; **m.-child** *n* хлопчик; **m.-eater** *n* людожер; **~ful** *a* мужній, сміливий; рішучий; **m.-handle** *v* пересувати вручну; тягти руками; **~hood** *n* 1) змужнілість; зрілість 2) мужність, хоробрість; **~kind** *n* 1) людство, рід людський; 2) збір. чоловіки; **~like** *a* чоловічий, гідний чоловіка; мужній; **~liness** *n* мужність; **m.-made** *a* штучний; **~ned** *a* 1) керований людиною 2) населений; **m.-of-war** *n* військовий корабель; **m.-power** *n* 1) жива сила 2) особовий склад; **m.-servant** слуга; **m.-to-m.** *a* чесний, відвертий

manacle [ˈmænəkl] **1.** *n* (*зазв. pl*) 1) наручники; ручні кайдани 2) *перен.* пута; перешкода **2.** *v* 1) надягати наручники 2) *перен.* зв'язувати, обплутувати

manag‖e [ˈmænɪdʒ] **1.** *n* 1) майстерність верхової їзди 2) майстерне володіння зброєю **2.** *v* 1) керувати, управляти, очолювати 2) приборкувати, угамовувати; **~eable** *a* 1) легко керований 2) зговірливий; слухняний 3) смирний, сумирний; **~ement** *n* 1) керування, управління; менеджмент 2) збір. адміністрація, дирекція 3) уміння володіти (*інструментом*) 4) хитрощі, викрут; **~er** *n* 1) менеджер; директор; адміністратор 2) господар 3) імпресаріо; **~erial** *a* 1) адміністративний; директорський 2) організаційний; **~ing** *a* 1) керівний; провідний 2) енергійний; владний 3) економний, ощадливий

manatee [ˌmænəˈtiː] *n* зоол. морська корова, ламантин

mancipat‖e [ˈmænsɪpeɪt] *v* 1) юр. передавати право власності 2) закріпачувати; **~ion** *n* 1) юр. манципація 2) поневолення; закріпачення 3) рабство; неволя

mandarin [ˈmænd(ə)rɪn] *n* 1) бот. мандарин 2) іст. мандарин (*китайський чиновник*) 3) жовтогарячий колір

mandat‖e [ˈmændeɪt] **1.** *n* 1) мандат 2) наказ (*виборців*) 3) юр. доручення **2.** *v* передавати під мандат іншої держави (*країну*); **~or** *n* юр. довіритель; **~ory** [ˈmændətərɪ] **1.** *n* 1) юр. повірений 2) довірений, уповноважений **2.** *a* 1) мандатний 2) обов'язковий, примусовий; імперативний

mandibular [mænˈdɪbjʊlə] *a* анат. щелепний

mandilion [mænˈdɪlɪən] *n* іст. плащ

mandolin [ˌmændəˈlɪn] *n* муз. мандоліна

mandrake [ˈmændreɪk] *n* бот. мандрагора

mane [meɪn] *n* грива

manganes‖e [ˌmæŋɡəˈniːz] *n* хім. манґан, марґанець; **~ian** *a* манґановий, марґанцевий

mangcorn [ˈmæŋkɔːn] *n* с.-г. суржик (*суміш пшениці з житом*)

mango [ˈmæŋɡəʊ] *n* (*pl* -goes, -gos [-əʊz]) бот. манґо, манґове дерево

manhunt [ˈmænhʌnt] *n* облава, переслідування

mania [ˈmeɪnɪə] *n* 1) мед. манія, маніакальний синдром 2) захоплення (*чим-н.*); **~c 1.** *n* маніяк **2.** *a* маніакальний; схиблений

manicure [ˈmænɪkjʊə] **1.** *n* манікюр **2.** *v* робити манікюр

manifest [ˈmænɪfest] **1.** *n* 1) маніфестація 2) маніфест **2.** *a* 1) очевидний, явний; ясний 2) винуватий (*у чому-н.*) **3.** *v* 1) робити очевидним; виявляти 2) доводити, бути доказом 3) оприлюднити; **~ation** *n* 1) маніфестація 2) обнародування; опублікування 3) вияв, виявлення, прояв

manifoldness [ˈmænɪfəʊldnɪs] *n* 1) різноманітність, різнобічність 2) множинність

manikin [ˈmænɪkɪn] *n* 1) карлик 2) манекен

manipulat‖e [məˈnɪpjʊleɪt] *v* 1) маніпулювати; уміло орудувати; управляти 2) обробляти, впливати (*на кого-н., що-н.*) 3) підтасовувати, підробляти; **~ion** *n* 1) маніпуляція; поводження 2) мед. ручний прийом; процедура 3) обч. оброблення; операції 4) махінація, підроблення; **~or** [məˈnɪpjʊleɪtə(r)] *n* оператор, машиніст, моторист

manna [ˈmænə] *n* 1) бібл. манна небесна 2) манна (*проносне*) 3) бот. лепешняк; **m.-croup** *n* манні крупи

mannequin [ˈmænɪkɪn] *n* 1) манекен 2) манекенниця

manner [ˈmænə] *n* 1) метод; спосіб; спосіб дії 2) манера, поведінка 3) *pl* звичаї 4) *pl* гарні манери 5) стиль; манера виконання 6) манірність; **~ed** *a* 1) манірний 2) (-mannered) *як компонент скл. сл.* з певними манерами; **well-** (**ill-**) **~ed** добре (погано) вихований; **~ism** *n* 1) манера, особливість (*властива кому-н.*) 2) манірність; **~liness** [ˈmænəlɪnəs] *n* увічливість, вихованість, чемність; **~ly 1.** *a* увічливий, вихований, чемний **2.** *adv* увічливо, виховано, чемно

manoeuvr‖e [məˈnuːvə] **1.** *n* 1) маневр; рух 2) *pl* військ. маневри 3) інтрига **2.** *v* 1) військ. маневрувати; перекидати війська 2) інтриґувати; **~ability** *n* маневреність, рухливість; **~able** *a* маневрений; легко керований; рухливий, рухомий; **~er** *n* спритник, дойда; інтриґан; **~ing 1.** *n* 1) маневрування 2) ав. виконання фігур пілотажу **2.** *a* маневрений; рухливий

mansard [ˈmænsɑːd] *n* архіт. мансарда

mansion [ˈmænʃ(ə)n] *n* 1) особняк; палац 2) *pl* багатоквартирний будинок; **m.-house** *n* 1) поміщицький будинок; палац 2) офіційна резиденція

manslaughter [ˈmænˌslɔːtə] *n* юр. ненавмисне вбивство

manteau [ˈmæntəʊ] *n* манто

mantel [ˈmæntl] *n* камін

mantic [ˈmæntɪk] *a* ворожбитський
manticore [ˈmæntɪkɔː] *n* мантикора
mantilla [mænˈtɪlə] *n* ісп. мантилья
mantis [ˈmæntɪs] *n* (*pl* тж -tes) *ент.* богомол
mantle [mæntl] **1.** *n* 1) мантія; накидка; плащ 2) покрив **2.** *v* 1) покривати; обгортати 2) пінитися (*про вино*) 3) червоніти, зашарітися
manto [ˈmæntəʊ] *n* (*pl* -os [-əʊz]) *ісп., іт.* плащ
manual [ˈmænjʊəl] **1.** *n* 1) підручник; настанова; покажчик 2) статут **2.** *a* ручний
manufact∥or [ˌmænjʊˈfæktə] *n* фабрикант; підприємець; **~ory 1.** *n* 1) фабрика, завод 2) майстерня, цех **2.** *a* фабричний; **~ure 1.** 1) процес виготовлення 2) *часто pl* виріб, продукт 3) фабрикація **2.** *v* 1) виготовляти; переробляти 2) робити за шаблоном; штампувати 3) фабрикувати, вигадувати; **~ured** *a* 1) промисловий 2) штучний; **~uring 1.** *n* 1) виробництво 2) виробка, обробка **2.** *a* 1) промисловий 2) виробничий
manumotive [ˌmænjʊˈməʊtɪv] *a* з ручним управлінням
manu propria [ˌmænjuːˈprəʊprɪə] *adv лат.* власноручно, власноруч
manurement [məˈnjʊəmənt] *n* обробіток землі
manuscript [ˈmænjʊskrɪpt] **1.** *n* рукопис **2.** *a* рукописний
many [ˈmenɪ] **1.** *n* багато, велика кількість; **m.-sided** *a* багатобічний, багатосторонній; **~sidedness** *n* багатобічність, багатосторонність; **2.** *a* (more, most) багато
map [mæp] **1.** *n* 1) мапа, карта 2) план; <> **off the m.** забутий; неістотний; **on the m.** існуючий; важливий **2.** *v* 1) наносити на мапу (карту) 2) *мат.* відображати
maple [ˈmeɪpl] *n* 1) *бот.* клен 2) деревина клену
mar [mɑː] **1.** *n* 1) синець; ушкодження 2) дефект (*мови*) **2.** *v* спотворювати; перекручувати
marabou [ˈmærəbuː] *n* *орн.* марабу
marasm∥ic [məˈræzmɪk] *a* маразматичний; **~us** *n* 1) маразм 2) занепад сил
marathon [ˈmærəθən] *n* 1) марафон; марафонський біг (заплив) (*тж* ~ race) 2) тривала діяльність
maraud [məˈrɔːd] *v* мародерствувати; **~er** *n* мародер; **~ing 1.** *n* мародерство **2.** *a* мародерський
marbl∥e [ˈmɑːbl] **1.** *n* 1) мармур 2) крем'ях **2.** *a* 1) мармуровий 2) *перен.* холодний, як мармур **3.** *v* розфарбовувати під мармур; **m.-hearted** *a* холодний; жорстокий; **~ing** *n* фарбування під мармур; **~y** *a* схожий на мармур
March [mɑːtʃ] *n* березень

march [mɑːtʃ] **1.** *n* 1) *військ.* марш; похід; перехід 2) хід, розвиток (*подій*); прогрес, успіхи (*науки й под.*) 3) маршування 4) *шах.* хід (*фігурою*) **2.** *v* 1) маршувати; здійснювати перехід 2) виводити, відводити 3) межувати; **~ing 1.** *n* 1) маршування; лавова підготовка 2) *військ.* похідний рух; пересування **2.** *a* похідний
marconi [mɑːˈkəʊnɪ] **1.** *n* радіограма **2.** *v* посилати радіограму
mare I [meə] *n* *зоол.* кобила
mare II [ˈmɑːreɪ] *n лат.* море
margin [ˈmɑːdʒɪn] **1.** *n* 1) край, грань; кайма, облямівка 2) узлісся 3) берег (*сторінки*) 4) запас (*часу*) 5) *ек.* прибуток 6) *бірж.* різниця; решта; ґарантійний завдаток **2.** *v* 1) робити нотатки на берегах 2) залишати береги 3) залишати запас; **~al** *a* 1) написаний на берегах (*книги*) 2) що знаходиться на краю (*чого-н.*) 3) крайній, граничний 4) мінімальний; припустимий 5) незначний 6) *спец.* маргінальний 7) перехідний; **~alia** [mɑːdʒɪˈneɪlɪə] *n pl* 1) *лат.* нотатки, примітки, виноски на берегах (*книги*) 2) *полігр.* маргіналії; **~alise** *v* робити нотатки на берегах (*книги*); **~ate 1.** *a* 1) що має берег (край) 2) *біол.* облямований, оторочений **2.** *v* 1) залишати береги 2) робити позначки на берегах (*книги*)
marguerite [ˌmɑːɡəˈriːt] *n бот.* 1) маргаритка, стокротка
marigold [ˈmærɪɡəʊld] *n бот.* 1) нагідки, календула 2) чорнобривці
marin∥e [məˈriːn] **1.** *n* 1) морський флот 2) *pl* (the ~s) морська піхота 3) *жив.* марина 4) прибережна смуга **2.** *a* 1) морський 2) військово-морський 3) судновий; **~er** *n* моряк, матрос
marionette [ˌmærɪəˈnet] *n* маріонетка
marital [ˈmærɪtl] *a* 1) подружній, шлюбний 2) чоловіків
maritime [ˈmærɪtaɪm] *a* 1) морський 2) приморський
marjoram [ˈmɑːdʒ(ə)rəm] *n бот.* материнка, майоран
mark [mɑːk] **1.** *n* 1) знак, мітка 2) штамп, штемпель 3) торговельний знак 4) орієнтир; зарубка 5) слід, відбиток 6) шрам, рубець 7) родимка 8) позначка 9) *спорт.* старт; лінія фінішу 10) рубіж, межа 11) норма, стандарт; рівень 12) оцінка, бал 13) ціль, мішень 14) ознака, показник 15) відомість, популярність 16) марка (*грошова од.*) **2.** *v* 1) ставити знак, мітити 2) клеймувати, маркувати 3) розмічати; розставляти знаки 4) залишати слід 5) ставити оцінку 6) характеризувати 7) ознаменовувати 8) висловлювати, виявляти 9) запам'ятовувати, примічати 10) опікувати 11) вистежувати; **~ed** *a* 1) що має по-

значки 2) помітний; явний; **~er** *n* 1) маркер (*у грі*) 2) позначка, мітка 3) *лінгв.* показник; **~worthy** *a* 1) вартий уваги 2) примітний, славний

market [ˈmɑːkɪt] **1.** *n* 1) ринок, базар 2) продаж 3) торгівля 4) ринкова ціна **2.** *v* 1) збувати 2) торгувати на ринку; **~ability** *n* конкурентоспроможність; **~able** *a фін.* ліквідний; **m.-custom** *n* податок на товари; **m.-garden** *n* город; **~ing** *n* 1) торгівля 2) предмет(и) торгівлі 3) маркетинг; **m. price** *n* ринкова ціна; **m.-rate** *n* біржовий курс; **m.-value** *n* ринкова вартість

marmalade [ˈmɑːməleɪd] *n* 1) мармелад 2) конфітюр, джем; повидло; варення

marmoraceous [ˌmɑːməˈreɪʃəs] *a* мармуровий; мармуроподібний

marmoset [ˈmɑːməzet] *n зоол.* мавпа

marmot [ˈmɑːmət] *n зоол.* бабак

maroon I [məˈruːn] **1.** *n* каштановий колір **2.** *a* каштановий

maroon II [məˈruːn] *v* висаджувати на ненаселеному острові

marquee [mɑːˈkiː] *n* великий намет, шатро

marquis [ˈmɑːkwɪs] *n* маркіз; **~e** *n* маркіза

marriage [ˈmærɪdʒ] *n* 1) шлюб; одруження; заміжжя 2) весілля, шлюбна церемонія 3) тісне єднання 4) стикування 5) *карт.* мар'яж; **~ability** *n* шлюбний вік; **m.-bed** *n* 1) подружнє ліжко 2) *перен.* подружня вірність

marrow [ˈmærəʊ] *n* 1) кістковий мозок 2) суть, основа 3) *книжн.* енергія, життєва сила 4) *розм.* товариш; чоловік; дружина 5) *бот.* кабачок (*тж* ~ squash)

marrowless [ˈmærəʊlɪs] *a* 1) безмозкий 2) беззмістовний 3) безсилий; легкодухий

marr||y [ˈmærɪ] **1.** *v* 1) одружуватися; виходити заміж; брати шлюб 2) вінчати 3) поєднувати, єднатися, з'єднуватися **2.** *int* подумати тільки!, от так так!, от тобі й маєш!; **~ied** *a* 1) одружений; заміжня 2) шлюбний; подружній; **~ier** *n* людина, яка бере шлюб

Mars [mɑːz] *n* 1) *астр.* Марс (*планета*) 2) *міф.* Марс, бог війни

marsh [mɑːʃ] *n* болото, драговина, мочарі; **~land** *n* болотиста місцина; **m.-light** *n* блукаючий вогник; **m.-mallow** *n* 1) *бот.* алтея лікарська 2) *кул.* зефір; **~wort** *n бот.* журавлина; **~y** *a* болотяний, болотний; болотистий, багнистий

marshal [ˈmɑːʃ(ə)l] **1.** *n* 1) *військ.* маршал 2) чиновник суду **2.** *v* 1) упорядковувати 2) документувати; **~cy** *n* посада і звання маршала; **~ler** *n* розпорядник; організатор

marsupi||al [mɑːˈsjuːpɪəl] **1.** *n зоол.* 1) сумчаста тварина 2) *pl* сумчасті **2.** *a зоол.* сумчастий; **~um** *n зоол.* сумка

mart [mɑːt] *n* 1) торговельний центр 2) аукціонна зала

marten [ˈmɑːtɪn] *n зоол.* 1) куниця 2) хутро куниці

martial [ˈmɑːʃ(ə)l] *a* 1) військовий; воєнний 2) войовничий; **~ism** *n* войовничість; **~ist** *n* військовослужбовець; **~ly** *adv* 1) по-військовому 2) войовничо

Martian [ˈmɑːʃ(ə)n] **1.** *n* марсіанин **2.** *a* марсіанський

martin [ˈmɑːtɪn] *n орн.* міська ластівка

martlet [ˈmɑːtlɪt] *n* 1) *орн.* стриж, щур 2) *поет.* ластівка

martyr [ˈmɑːtə] **1.** *n* мученик, страдник **2.** *v* 1) замучити 2) страждати; **~dom** *n* 1) мучеництво; мучення 2) мука; **~ise** *v* мучити; катувати; **~ology** *n церк.* мартиролог, життєпис мучеників

marvel [ˈmɑːv(ə)l] **1.** *n* 1) чудо, диво; щось незвичайне 2) здивування **2.** *v* дивуватися; захоплюватися; **~(l)ous** *a* дивовижний, чудовий, дивний

marzipan [ˈmɑːzɪpæn] *n* марципан (*тж* marchpane)

mascara [mæsˈkɑːrə] *n* предмети макіяжу; фарба для вій і брів

mascot [ˈmæskət] *n* 1) талісман 2) людина (річ), що приносить щастя 3) маскот; фігурка, яку підвішують на вітрове скло

masculin||e [ˈmæskjʊlɪn] **1.** *n* 1) *грам.* чоловічий рід 2) чоловік; хлопчик; особа чоловічої статі **2.** *a* 1) чоловічий 2) *грам.* чоловічого роду 3) мужній, сильний; енергійний; **~ity** *n* 1) мужність; енергійність 2) чоловікоподібність

mash [mæʃ] **1.** *n* мішанина, суміш, каша **2.** *v* перемішувати; **~ed** *a* потовчений, розчавлений

mashie [ˈmæʃɪ] *n* ключка (*для ґольфу*)

mask [mɑːsk] **1.** *n* 1) маска; машкара 2) учасник (учасниця) маскараду 3) покрив (*сніговий*) **2.** *v* 1) маскувати, приховувати 2) ізолювати 3) надягати маску; прикидатися; **~ed** *a* 1) замаскований; прихований 2) переодягнений 3) *мед.* прихований

mason [ˈmeɪs(ə)n] **1.** *n* 1) каменяр, муляр 2) (M.) масон **2.** *v* мурувати; **~ic** *a* масонський; **~ry** *n* 1) кам'яна кладка 2) (M.) масонство

masquerade [ˌmæskəˈreɪd] **1.** *n* 1) бал-маскарад 2) удавання **2.** *v* 1) видавати себе (*за кого-н.*) 2) брати участь у маскараді

mass [mæs] **1.** *n* 1) меса; обідня; літургія (*у католиків*) 2) маса; безліч; велика кількість; сила; купа 3) скупчення 4) більшість, більша частина 5) *pl* (the ~es) народні маси **2.** *v* збирати(ся) докупи; скупчуватися; накопичувати; **~ed** *a* 1) численний (*про зборище*)

2) *військ.* масований; **~if** *n* гірський масив; **~ive** *a* 1) щільний 2) великий, широкомасштабний, масований 3) масовий 4) ґрандіозний 5) *перен.* важливий, надзвичайно серйозний; **~y** *a* масивний; солідний

massacre ['mæsəkə] **1.** *n* різня, різанина; масове вбивство; нищення **2.** *v* 1) улаштовувати різанину 2) по-звірячому вбивати; винищувати 3) *спорт.* розгромити

massag||e ['mæsɑ:ʒ] *фр.* **1.** *n* масаж **2.** *v* масажувати, робити масаж; **~ist** *n фр.* масажист

master ['mɑ:stə] **1.** *n* 1) господар; власник; пан, добродій 2) учитель 3) магістр 4) майстер, фахівець 5) (the M.) Христос 6) капітан; шкіпер 7) модель; оригінал, взірець **2.** *v* 1) справлятися, переборювати 2) оволодівати, опановувати; вивчати; **~copy** *n* точна копія, оригінал; **~ful** *a* 1) владний; деспотичний 2) упевнений 3) майстерний; **~hood** *n* майстерність; **~ly 1.** *a* майстерний, досконалий **2.** *adv* майстерно, досконало; **~piece** *n* шедевр; **m.-spirit** *n* людина видатного розуму; **~y** *n* 1) панування, влада 2) майстерність; досконале володіння

masticate ['mæstɪkeɪt] *v* 1) жувати 2) місити

mastitis [mæs'taɪtɪs] *n мед.* грудниця, мастит

masturbat||e ['mæstəbeɪt] *v* мастурбувати; **~ion** *n* мастурбація

mat [mæt] **1.** *n* 1) мата, рогожа; килимок, постілка 2) підстилка, підставка; серветка 3) щось заплутане (переплетене) 4) матова поверхня **2.** *a* матовий, тьмяний **3.** *v* 1) застилати матами (рогожею) 2) робити матовим (тьмяним)

matador ['mætədɔ:] *n* матадор

match [mætʃ] **1.** *n* 1) сірник 2) гра, змагання 3) рівня, пара 4) шлюб 5) домовленість; заклад **2.** *v* 1) бути до пари 2) одружуватися 3) змагатися; **~able** *a* підхожий; відповідний; **m.-box** *n* сірникова коробка; **~less** *a* 1) незрівнянний; неперевершений 2) неоднаковий, нерівний; **~maker** *n* 1) сват; сваха 2) *спорт.* антрепренер; **~making** *n* 1) сватання 2) *спорт.* улаштування матчів

matchet(te) ['mætʃɪt] *n ісп.* мачете, ніж

mate [meɪt] **1.** *n* 1) товариш; напарник; напарниця 2) чоловік; жінка, дружина 3) самець; самиця 4) помічник 5) парна річ **2.** *v* 1) побратися, узяти шлюб 2) *зоол.* спаровуватися 3) спілкуватися 4) порівнювати, зіставляти

material [mə'tɪ(ə)rɪəl] **1.** *n* 1) матеріал; речовина 2) дані, факти 3) *pl* приладдя **2.** *a* 1) матеріальний; речовинний 2) тілесний, плотський, фізичний 3) майновий; грошовий 4) істотний, важливий, значний; **~istic(al)** *a* матеріалістичний; **~ity** [mə,tɪə'rælɪtɪ] *n* 1) матеріальність 2) *юр.* істотність, важливість 3) речовина, субстанція, матерія; **~isation** *n* 1) матеріалізація

2) здійснення, реалізація, утілення в життя; **~ise** *v* 1) матеріалізувати(ся) 2) здійснювати(ся), утілювати(ся) в життя

matern||al [mə'tɜ:n(ə)l] *a* 1) материнський 2) що належить матері, материн; **~ity** *n* материнство

mat-grass ['mætgrɑ:s] *n бот.* ковила

mathematic||s [,mæθɪ'mætɪks] *n pl* (ужив. як sing) математика; **~al** *a* 1) математичний 2) точний; **~ian** [,mæθəmə'tɪʃn] *n* математик

matinée ['mætɪneɪ] *n фр.* денний спектакль (концерт)

matman ['mætmən] *n спорт.* борець

matriarch||y ['meɪtrɪɑ:kɪ] *n* матріархат; **~al** *a* матріархальний

matricide ['mætrɪsaɪd] *n* 1) матеревбивця 2) матеревбивство

matriculation [mə,trɪkjʊ'leɪʃ(ə)n] *n* 1) зарахування до вищого навчального закладу 2) вступний іспит до вищого навчального закладу (тж ~ examination)

matrimon||y ['mætrɪmənɪ] *n* подружнє життя, шлюб; **~ial** *a* подружній, шлюбний

matron ['meɪtrən] *n* 1) заміжня жінка; мати родини, матрона 2) удова 3) старша сестра (у лікарні) 4) економка; **~ise** *v* ставати шановною жінкою

matted ['mætɪd] *a* сплутаний, скуйовджений

matter ['mætə] **1.** *n* 1) речовина, матеріал 2) *філос.* матерія 3) *мед.* гній 4) матеріал, зміст (книги) 5) суть, предмет (обговорення) 6) питання, справа 7) привід, причина 8) *юр.* спірне питання **2.** *v* 1) мати значення 2) гноїтися; **~less** *a* 1) беззмістовний; безглуздий 2) неістотний, незначний; **m.-of-course** *a* природний; само собою зрозумілий; неминучий; **m.-of-fact** *a* 1) фактичний, буквальний 2) нудний; сухий; прозаїчний; **~y** *a* 1) гнійний 2) змістовний, значний

matur||e [mə'tʃʊə] **1.** *a* 1) стиглий; зрілий 2) витриманий (про вино) 3) доношений (про дитину) 4) ретельно обміркований 5) дозрілий, визрілий; готовий 6) *ком.* що підлягає оплаті **2.** *v* 1) достигти; дозріти, доспіти; цілком розвинутися 2) ретельно обмірковувати, розробляти 3) *ком.* наставати; **~ate** *v* 1) дозрівати, достигати, доспівати 2) розвиватися, дозрівати (про плани) 3) *мед.* визріти, нагноїтися; **~ity** *n* 1) стиглість, зрілість 2) повний розвиток 3) завершеність

matutinal [,mætjʊ'taɪn(ə)l] *a* 1) ранковий 2) ранній

matzoth ['mætsə(θ)] *n рел.* маца

maudlin ['mɔ:dlɪn] **1.** *n* сентиментальність **2.** *a* 1) сентиментальний 2) плаксивий

maugre ['mɔ:gə] *prep* незважаючи на, усупереч

maul [mɔ:l] **1.** *n* 1) кувалда 2) глинистий ґрунт **2.** *v* 1) бити; калічити; шматувати 2) грубо поводитися 3) жорстоко критикувати 4) бити кувалдою 5) *війс.* виснажувати

maunder [´mɔ:ndə] **1.** *n* 1) безладна балаканина 2) жебрак **2.** *v* 1) говорити безладно; бубоніти 2) діяти без мети; **~er** *n* базіка, базікало, пустомеля; **~ing** *n* 1) пусті балачки 2) бурчання

mausoleum [ˌmɔ:sə´lɪəm] *n* (*pl тж* -lea) мавзолей

maverick [´mæv(ə)ɪk] **1.** *n* 1) бродяга; бездомна людина 2) сектант; дисидент 3) безпартійний **2.** *v* придбати нечесним шляхом

mawkish [´mɔ:kɪʃ] *a* огидний, бридкий, нудотний, неприємний

mawworm [´mɔ:wɜ:m] *n* глист

maxim [´mæksɪm] *n* 1) сентенція, афоризм, трюїзм 2) правило поведінки; принцип; **~al** *a* максимальний; **~alist** *n* максиміст

May [meɪ] *n* 1) травень 2) (*тж* m.) розквіт, весна, молодість 3) (m.) квітка глоду; **m.-bug** *n* ент. хрущ; **~bush** *n* бот. глід; **m. lily** [´meɪˌlɪlɪ] *n* бот. конвалія; **~weed** *n* бот. 1) ромен польовий 2) ромашка незапашна

may [meɪ] *v* (*past* might); *модальне недостатнє дієсл., що виражає:* 1) *припущення, імовірність:* **it m. rain** можливо, буде дощ 2) *сумнів, невпевненість:* **who m. you be?** хто ви такий? 3) *прохання:* **m. I trouble you to pass the salt?** будь ласка, передайте мені сіль 4) *дозвіл:* **you m. stay here** можете залишитися тут 5) *побажання:* **m. you be happy!** хай вам щаститъ! 6) *побоювання, надію:* **they hope he m. soon recover** вони сподіваються, що він незабаром видужає 7) *мету (після сполучників* that, so that): **he wrote the address down (so) that he might not forget it** він записав адресу, щоб не забути її

maybe [´meɪbi:] *adv* можливо

mayonnaise [ˌmeɪə´neɪz] *n фр.* майонез

mayor [meə] *n* мер; **~alty** [´meərəltɪ] *n* посада мера

mazarine [ˌmæzə´ri:n] **1.** *n* темно-синій колір **2.** *a* темно-синій

maz‖e [meɪz] **1.** *n* 1) лабіринт 2) плутанина **2.** *v* 1) збивати з пантелику 2) блукати в лабіринті; **~ed** *a* розгублений; спантеличений; **~ement** *n* розгубленість; транс; **~y** *a* заплутаний, складний

me [mi: (*повна ф.*); mɪ (*редук. ф.*)] *pron pers., непрям. в. від* **I**: мені, мене і под.; **it's me** це я

mead [mi:d] *n* мед (*напій*)

meadow [´medəʊ] **1.** *n* лука, луг **2.** *v* залишати землю під луки; **~y** [´medəʊɪ] *a* 1) лучний, луговий 2) багатий на луки

meagre [´mi:gə] *a* 1) худий, виснажений 2) недостатній, убогий, бідний 3) пісний

meal [mi:l] **1.** *n* 1) прийняття їжі; їжа, харчування 2) борошно грубого помелу **2.** *v* 1) приймати їжу; їсти; харчуватися 2) годувати; **~ing** *n* перемелювання; **~y** *a* 1) борошняний, борошнистий 2) розсипчастий (*про картоплю*) 3) блідий 4) солодкомовний; нещирий

mean [mi:n] **1.** *n* 1) середина 2) *мат.* середня величина **2.** *a* 1) середній 2) посередній, слабкий 3) скупий, скнарий 4) бідний; жалюгідний; злиденний; убогий 5) ницій, підлий, нечесний 6) *розм.* дріб'язковий; непривітний; злісний; причепливий 7) нездоровий, слабий **3.** *v* (*past i p. p.* meant) 1) мати намір, збиратися, хотіти 2) призначати 3) мати значення, означати; **m.-born** *a* плебейського походження; **~ness** *n* 1) підлість, ницість 2) скупість, скнарість 3) дріб'язковість 4) бідність, убогість; **m.-spirited** *a* підлий, ницій; **m. time 1.** *n* проміжок часу **2.** *adv* тим часом

meander [mɪ´ændə] **1.** *n pl* закрут, звивина, вигин (*дороги*), коліно (*річки*) **2.** *v* 1) звиватися, витися, закручуватися (*про дорогу, річку*) 2) блукати навмання 3) базікати; **~ing** *a* 1) звивистий 2) безладний

meaning [´mi:nɪŋ] **1.** *n* 1) значення; зміст 2) намір, мета, задум **2.** *a* що має намір; **~ful** *a* багатозначний; виразний; **~less** *a* безглуздий; безцільний

means [mi:nz] *n* (*ужив. з дієсл. в sing і pl*) 1) засіб, спосіб 2) багатство, статок

meant [ment] *past i p. p. від* **mean 3**

measles [´mi:z(ə)lz] *n pl* (*ужив. як sing*) *мед.* кір

measur‖e [´meʒə] **1.** *n* 1) міра; система мір 2) одиниця виміру 3) масштаб, мірило, критерій 4) мірка; розмір 5) ступінь; межа 6) захід 7) муз. такт **2.** *v* 1) міряти, вимірювати 2) відміряти, розподіляти 3) знімати мірку 4) оцінювати, визначати 5) мати певні розміри 6) помірятися (*силами*); **~ed** *a* 1) виміряний 2) виважений, обміркований; обережний, обачний 3) стриманий, неквапливий 4) розмірений, ритмічний; **~ability** *n* вимірність; **~able** *a* 1) вимірний 2) помірний, не дуже великий; **~eless** *a* безмірний; безмежний; невимірний; **~ing-glass** *n* мензурка

meat [mi:t] **1.** *n* 1) м'ясо 2) *перен.* пожива для роздумів; зміст, суть 3) м'якоть 4) довірлива людина **2.** *v* 1) забезпечувати харчами; годувати 2) поїсти; **m.-broth** *n* м'ясний бульйон; **m.-chopper** *n* 1) сікач 2) м'ясорубка; **m.-eater** *n* 1) любитель м'яса 2) м'ясоїдна тварина; **~man** *n* м'ясник; **m.-offering** *n бібл.* офірування (жертвування) їжі; **~y** *a* 1) м'ясний 2) м'ясистий 3) *перен.* змістовний; що дає поживу розумові

mechan||ic [mə'kænɪk] *n* 1) механік; машиніст; оператор 2) ремісник; майстровий; **~ical** *a* 1) машинний; механічний 2) автоматичний 3) технічний 4) машинальний; **~ics** *n pl* (ужив. як sing) механіка; **~ism** ['mekənɪzm] *n* 1) механізм; апарат; конструкція; пристрій 2) техніка (виконання)

medal [medl] **1.** *n* медаль; орден **2.** *v* нагороджувати медаллю (орденом); **~lic** [me'dælɪk] *a* 1) що стосується медалі, орденський 2) зображений на медалі (на ордені); **~lion** *n* медальйон; **~list** ['medəlɪst] *n* 1) удостоєний медалі, медаліст 2) знавець медалей

meddle [medl] *v* 1) утручатися 2) чіпати те, що не можна; **~r** *n* неспокійна (надокучлива) людина; **~some** *a* який утручається не у свої справи

media I ['mediə] *n* (*pl*-ае) 1) *фон.* дзвінкий приголосний 2) *анат.* середня оболонка стінки кровоносної судини

media II ['mi:diə] 1) *pl від* **medium 1** 2): **the m.** засоби масової інформації

mediaeval [,medi'i:v(ə)l] *a* середньовічний; **~ist** *n* медієвіст, фахівець з історії середніх віків

medial ['mi:dɪəl] *a* 1) середній 2) серединний, медіальний

median ['mi:dɪən] **1.** *n мат.* медіана **2.** *a* 1) серединний 2) середній

mediat||e ['mi:dɪɪt] **1.** *a* 1) опосередкований; не безпосередній 2) проміжний, посередній **2.** *v* ['mi:dɪeɪt] 1) бути посередником 2) бути сполучною ланкою 3) займати проміжне становище; **~ion** *n* посередництво; клопотання; утручання з метою примирення; **~or** *n* 1) посередник, примиритель 2) *мед.* медіатор; **~orial, ~ory** *a* посередницький

medic ['medɪk] *n* 1) лікар, медик 2) *бот.* люцерна; **~able** *a* виліковний; що піддається лікуванню; **~aid** *n амер.* (*скор. від* medical aid) меддопомога; безплатна медична допомога; **~ament** [me'dɪkəmənt] **1.** *n* ліки, медикаменти **2.** *v* застосовувати ліки; **~amentary** *a* 1) лікувальний, цілющий 2) лікарський; **~ated** *a* 1) медикаментозний; оброблений (насичений, просочений) ліками 2) хірургічний (*про вату*); **~ation** *n* 1) лікування 2) лікувальний засіб 3) оброблення (насичення, просочування) ліками; **~ative** лікувальний, цілющий; **~inal** [mə'dɪsɪnl] *a* лікарський, цілющий; **~ine 1.** *n* 1) медицина, *особ.* терапія 2) ліки, медикамент 3) чаклунство, чари; магія 4) талісман, амулет **2.** *v* 1) лікувати 2) давати ліки

medievalism [,medi'i:vəlɪzm] *n* середньовіччя

mediocr||e [,mi:dɪ'əʊkə] *a* посередній; середній; звичайний; бездарний; **~ity** *n* 1) посередність 2) звичайна (пересічна) людина

meditat||e ['medɪteɪt] *v* 1) задумувати, затівати 2) мати намір 3) думати, міркувати 4) обмірковувати, вивчати; **~ion** *n* роздуми, міркування; **~ive** *a* споглядальний; замислений; **~or** *n* споглядач; мрійник

mediterranean [,medɪtə'reɪnɪən] *a* 1) віддалений від берегів моря 2) внутрішній (*про море*) 3) (M.) середземноморський

medium ['mi:dɪəm] **1.** *n* (*pl*-diums, -dia) 1) засіб; спосіб, шлях 2) матеріал 3) *фіз.* середовище 4) агент, посередник 5) посередництво 6) медіум (*у спіритів*) **2.** *a* 1) середній, проміжний 2) помірний

medley ['medlɪ] **1.** *n* 1) суміш; місиво 2) змішування 3) *муз.* попурі **2.** *a* змішаний; строкатий **3.** *v* змішувати, перемішувати

medulla [mɪ'dʌlə] *n бот.* стрижень, серцевина, середина

medusa [mɪ'dju:zə] *n* (*pl тж* -sae) *зоол.* медуза

meek [mi:k] *a* лагідний, м'який, покірливий; **~en** *v* 1) пом'якшувати; робити покірним 2) підкорятися, ставати покірним; **~ness** *n* лагідність, покірність, м'якість

meet [mi:t] **1.** *n* збір **2.** *a* підхожий; належний **3.** *v* (*past i p. p.* met) 1) зустрічати(ся) 2) бачитися 3) збиратися, сходитися 4) стикатися, перетинатися 5) впадати (*про річку*) 6) знайомитися 7) пережити (*що-н.*); зазнати (*чого-н.*) 8) побачити (*що-н.*), натрапити (*на що-н.*) 9) задовольняти (*що-н.*), відповідати (*чому-н.*) 10) виконувати (*бажання*), задовольняти (*прохання*) 11) оплачувати 12) спростовувати 13) боротися (*проти чого-н.*) 14) погоджуватися; **~ing** *n* 1) мітинг; збори 2) зустріч 3) *спорт.* змагання 4) *зал.* роз'їзд 5) перетин (*шляхів*) 6) злиття (*річок*) 7) *тех.* стик

megalomania [,meg(ə)ləʊ'meɪnɪə] *n* манія величності

megrim ['mi:grɪm] *n* 1) *мед.* мігрень 2) *pl* сум; поганий настрій 3) примха

melanchol||ia [,melən'kəʊlɪə] *n* (*pl* -liae) *лат.* меланхолія; **~iac** *n* меланхолік; **~ic** *a* меланхолійний; **~y** ['melənkəlɪ] **1.** *n* меланхолія, сум, пригніченість, журба; туга **2.** *a* сумний, пригнічений, меланхолійний

melanochroic [,melənə'krə(ʊ)ɪk] *a* темноволосий

melilot ['melɪlɒt] *n бот.* буркун

melioration [,mi:lɪə'reɪʃ(ə)n] *n* 1) поліпшення 2) меліорація

meliority [,mi:lɪ'ɔ:rɪtɪ] *n* вищість, перевага, зверхність

melisma [mɪ'lɪzmə] *n* (*pl* -ata) *муз.* пісня, мелодія, наспів

mellow [ˈmeləʊ] **1.** *a* 1) спілий (стиглий) і м'який; солодкий і соковитий (*про фрукти*) 2) витриманий (*про вино*) **2.** *v* 1) достигати 2) ставати соковитим 3) ставати витриманим (*про вино*)

melod||y [ˈmelədɪ] *n* 1) мелодія, наспів 2) тема 3) мелодійність; **~ic** *a* мелодійний; **~ious** [məˈləʊdɪəs] *a* 1) мелодійний 2) м'який, співучий; **~ist** *n* 1) мелодист, композитор 2) співак; **~ise** *v* створювати мелодії

melodrama [ˈmeləˌdrɑːmə] *n* 1) мелодрама 2) театральність; **~tic** *a* 1) мелодраматичний 2) театральний (*про поведінку*)

melomania [ˌmeləˈmeɪnɪə] *n* меломанія

melon [ˈmelən] *n бот.* диня

melt [melt] **1.** *n* 1) розтоплена речовина 2) топлення **2.** *v* 1) танути 2) топити(ся) 3) розмінювати (*гроші*); **~able** *a* топкий

Mem, mem [mem] *n* (*скор. від* madam) мадам, пані

member [ˈmembə] *n* 1) член; **m. of a sentence** *грам.* член речення 2) кінцівка, член; **~ship** *n* 1) членство 2) кількість членів; склад

memento [mɪˈmentəʊ] *n* (*pl тж* -oes [-əʊz]) 1) нагадування 2) сувенір, пам'ятний подарунок

memoir [ˈmemwɑː] *n фр.* 1) коротка (авто)біографія 2) *pl* мемуари, спогади 3) наукова стаття 4) некролог (*у газеті*); **~ist** *n* мемуарист, автор спогадів

memor||y [ˈmem(ə)rɪ] *n* 1) пам'ять 2) спогад, спомин 3) посмертна слава, репутація 4) *обч.* машинна пам'ять (*комп'ютера*); **~able** *a* пам'ятний, незабутній, віковпомний; **~andum** [ˌmeməˈrændəm] *n* 1) меморандум, пам'ятна записка 2) дипломатична нота 3) *ком.* письмова довідка; **~ative** *a* що стосується пам'яті; **~ial** [məˈmɔːrɪəl] **1.** *n* 1) пам'ятник; монумент, меморіал 2) *юр.* меморандум; пам'ятна записка 3) *pl* хроніка, літопис 4) *юр.* витяг із документа 5) *церк.* поминання **2.** *a* пам'ятний, меморіальний **3.** *v* укладати петицію; **~ialise** *v* 1) увічнювати пам'ять 2) подавати петицію; **~iter** *adv лат.* напам'ять; **~isation** *n обч.* запам'ятовування; **~ise** *v* 1) запам'ятовувати, заучувати напам'ять 2) увічнювати пам'ять, записувати в анали

menac||e [ˈmenɪs] **1.** *n* загроза; небезпека **2.** *v* загрожувати, погрожувати; **~ing** *a* загрозливий

menage [me(ɪ)ˈnɑːʒ] *n фр.* господарювання

mend [mend] **1.** *n* 1) заштопана дірка; замазана тріщина 2) поліпшення (*здоров'я*) **2.** *v* 1) лагодити; ремонтувати 2) поліпшувати(ся) 3) видужувати; **~able** *a* 1) поправний, виправний 2) що може бути поліпшений; **~er** *n* ремонтний майстер, ремонтник; **~ing** 1) лагодження; ремонт 2) поліпшення, виправлення

mendaci||ty [menˈdæsɪtɪ] *n* брехливість; брехня; **~ous** *a* брехливий, неправдивий

mendican||t [ˈmendɪkənt] **1.** *n* жебрак, старець **2.** *a* злиденний; **~cy** *n* жебрацтво, старцювання

menial [ˈmiːnɪəl] **1.** *n* 1) слуга 2) лакей **2.** *a знев.* лакейський

meningitis [ˌmenɪnˈdʒaɪtɪs] *n мед.* менінгіт

menology [mɪˈnɒlədʒɪ] *n* 1) календар 2) життєпис святих

mensal [ˈmensəl] *a* 1) *мед.* місячний 2) застільний; обідній

menstru||al [ˈmenstrʊəl] *a* 1) *фізіол.* менструальний 2) *астр.* щомісячний; **~ation** *n фізіол.* менструація

mensur||able [ˈmensərəbl] *a* вимірний; **~ation** [ˌmensjʊəˈreɪʃn] *n мат.* вимірювання, вимір

mental [ˈmentl] **1.** *n* 1) ненормальний, псих 2) *pl* розумові здібності **2.** *a* 1) розумовий 2) психічний, душевний; **~ity** [menˈtælɪtɪ] *n* 1) інтелект 2) менталітет 3) умонастрій

mentation [menˈteɪʃ(ə)n] *n* процес мислення

mentiferous [menˈtɪf(ə)rəs] *a* телепатичний

mention [ˈmenʃ(ə)n] **1.** *n* 1) згадування 2) посилання **2.** *v* 1) згадувати 2) посилатися

mentor [ˈmentə] *n* наставник, керівник, вихователь, ментор

menu [ˈmenjuː] *n фр.* 1) меню 2) *обч.* набір, система команд, меню

mephitis [mɪˈfaɪtɪs] *n* 1) сморід, міазми 2) шкідливі випари

mercantil||e [ˈmɜːk(ə)ntaɪl] *a* 1) комерційний 2) меркантильний; **~ism** *n* меркантилізм

mercenary [ˈmɜːs(ə)n(ə)rɪ] **1.** *n* найманець **2.** *a* 1) корисливий; гендлярський 2) найманий

merchandise [ˈmɜːtʃ(ə)ndaɪz] **1.** *n* 1) товари 2) торгівля **2.** *v* торгувати

merchant [ˈmɜːtʃ(ə)nt] **1.** *n* купець; (гуртовий) торговець **2.** *a* торговельний; комерційний; **~able** *a* попитний (*про товар*)

merc||y [ˈmɜːsɪ] *n* 1) милосердя; співчуття, жалість 2) прощення, помилування; <> **what a m.!** яке щастя!; **~iful** *a* 1) співчутливий 2) сприятливий 3) не жорсткий (*про покарання*); **~ifulness** *n* 1) співчуття; милосердя 2) доброзичливість 3) м'якість; **~iless** *a* 1) безжалісний; нещадний; немилосердний 2) жорстокий

mercur||y [ˈmɜːkjʊrɪ] *n* 1) ртуть 2) *міф.* Меркурій 3) *астр.* Меркурій (*планета*) 4) ртутний препарат 5) *бот.* пролісок; **~iality** *n* жвавість, рухливість

mere [mɪə] *a* 1) простий; явний; не більш як

2) єдиний, усього-на-всього, усього лише 3) дійсний, справжній; щирий

meretrix [ˈmerɪtrɪks] *n* (*pl* -trices) розпусниця, блудниця

merganser [mɜːˈɡænsə] *n орн.* крохаль

merge [mɜːdʒ] *v* 1) поглинати 2) занурюватися; зливатися; зникати, щезати; **~nce** *n* 1) поглинення 2) злиття, з'єднання

merid‖ian [məˈrɪdɪən] 1. *n* 1) *геогр.* меридіан 2) *астр.* зеніт 3) полудень 4) *перен.* апогей, зеніт, найвища точка; розквіт (*життя*) 2. *a* 1) найвищий, кульмінаційний 2) полуденний; **~ional** [məˈrɪdɪənl] 1. *n* мешканець півдня 2. *a* 1) меридіональний 2) південний

merit [ˈmerɪt] 1. *n* 1) заслуга 2) чеснота 3) *pl* властивості, якості 2. *v* заслуговувати (*на що-н.*), бути гідним (*чого-н.*); **~ed** *a* заслужений; **~orious** [merɪˈtɔːrɪəs] *a* 1) гідний нагороди 2) похвальний

merlin [ˈmɜːlɪn] *n орн.* кречет

mermaid [ˈmɜːmeɪd] *n міф.* русалка; сирена; наяда

merman [ˈmɜːmæn] *n* 1) *міф.* водяник 2) тритон

merr‖y [ˈmerɪ] 1. *n бот.* черешня; вишня 2. *a* 1) веселий, радісний; пожвавлений 2) святковий; **m.-andrew** *n* блазень, фігляр, паяц; **m.-go-round** *n* карусель; **m.-make** (*past i p. p.* merry-made) веселитися; бенкетувати; **m.-maker** *n* весельчак, гуляка; **m.-making** *n* веселощі; потіха; святкування; **~iment** *n* веселощі, розваги; пожвавлення; **~iness** *n* веселість

mésalliance [meˈzælɪəns] *n фр.* нерівний шлюб, мезальянс

mesh [meʃ] 1. *n* 1) отвір, вічко (*сітки й под.*); петля; чарунка 2) *pl* сітки, тенета (*тж перен.*) 3) зачіпка 2. *v* 1) ловити в сітки 2) заплутуватися в сітці 3) *тех.* зачіпляти(ся), зчіпляти(ся); **~ed** *a* 1) зчеплений 2) ґратчастий

mesial [ˈmiːzɪəl] *a* середній, серединний, медіальний

mesmer‖ic(al) [mezˈmerɪk(əl)] *a* гіпнотичний; **~ism** *n* 1) гіпнотизм 2) гіпноз; **~ist** [ˈmezmərɪst] *n* гіпнотизер; **~ize** *v* гіпнотизувати

mess [mes] 1. *n* 1) безладдя; плутанина 2) неприємність 3) їдальня 4) рідка їжа 2. *v* 1) чинити безладдя 2) псувати 3) обідати спільно

mess‖age [ˈmesɪdʒ] 1. *n* 1) повідомлення; послання 2) офіційне урядове послання 3) доручення; місія 4) *церк.* проповідь; одкровення 5) ідея (*твору*) 2. *v* 1) надсилати повідомлення 2) сигналізувати 3) телеграфувати; **~enger** *n* 1) зв'язківець; посланець 2) кур'єр, вісник, гонець 3) провісник

Messiah [mɪˈsaɪə] *n рел.* месія

messing [ˈmesɪŋ] *n* харчування

messmate [ˈmesmeɪt] *n* однокашник

messuage [ˈmeswɪdʒ] *n юр.* садиба

messy [ˈmesɪ] *a* 1) брудний 2) безладний

mestiz‖a [meˈstiːzə] *n* метиска; **~o** метис

met [met] *past i p. p. від* meet 3

meta-anthracite [ˌmetəˈænθrəsaɪt] *n* графіт

metabolism [məˈtæbəlɪz(ə)m] *n* метаболізм, обмін речовин

metachromatism [ˌmetəˈkrəʊmətɪz(ə)m] *n* зміна кольору

metagraphy [meˈtæɡrəfɪ] *n лінгв.* транслітерація

metal [metl] 1. *n* 1) метал 2) скалля (*щебінь*) 3) *зал.* баласт 4) хоробрість, мужність; завзятість 5) *pl* рейки 2. *a* металевий 3. *v* 1) металізувати 2) мостити скаллям (щебенем); **m.-ceramics** *n pl* металокераміка; **m.-clad** *a* панцерований; **~lic** [meˈtælɪk] *a* металевий

metallurg‖y [mɪˈtælədʒɪ] *n* металургія; **~ic(al)** *a* металургійний; **~ist** *n* металург;

metamorphos‖e [ˌmetəˈmɔːfəʊz] *v* трансформуватися; **~is** *n* (*pl* -ses) метаморфоз(а), перетворення

metaphor [ˈmetəfə] *n літ.* метафора; **~ic(al)** [ˌmetəˈfɒrɪk(əl)] *a* метафоричний

metaphra‖se [ˈmetəfreɪz] 1. *n* 1) дослівний переклад 2) дотепна відповідь 2. *v* перекладати дослівно; **~st** *n* перекладач; **~stic** *a* буквальний, дослівний

metatarsus [ˌmetəˈtɑːsəs] (*pl* -rsi) *анат.* плесно

mete [miːt] 1. *n* 1) кордон 2) прикордонний знак 2. *v* визначати, відміряти; розподіляти

meteor [ˈmiːtɪə] *n* 1) метеор 2) *спец.* атмосферне явище; **~ite** *n* метеорит; **~ologic(al)** *a* метеорологічний; атмосферичний; **~ologist** *n* метеоролог; **~ology** *n* метеорологія

meter [ˈmiːtə] 1. *n* 1) вимірювальний прилад 2) метр (*амер.* metre) 2. *v* 1) вимірювати 2) дозувати; **~ing** *n* вимірювання

metewand [ˈmiːtwɒnd] *n* мірило, критерій

methane [ˈmiːθeɪn] *n хім.* метан, болотний газ

method [ˈmeθəd] *n* 1) метод, спосіб 2) система, порядок 3) *pl* методика 4) класифікація 5) логічність, послідовність; **~ic(al)** *a* 1) систематичний 2) методичний; **~ise** *v* систематизувати, упорядковувати; **~less** *a* безсистемний; безладний; розкиданий; **~ology** *n* 1) методологія 2) методика

methomania [ˌmeθə(ʊ)ˈmeɪnɪə] *n* алкоголізм

meticulous [mɪˈtɪkjʊləs] *a* 1) педантичний; дріб'язковий 2) ретельний

métier [ˈme(ɪ)tɪeɪ] *n фр.* заняття; професія, фах; ремесло

metis [miːˈtiːs] *n* метис

metopic [mɪˈtɒpɪk] *a анат.* лобний, лобовий
metoposcopist [ˌmetə(ʊ)ˈpɒskəpɪst] *n* фізіономіст
metre [ˈmiːtə] *n* 1) метр (*міра*) 2) *вірш., муз.* розмір, ритм
metric [ˈmetrɪk] *a* метричний; **~al** *a* 1) вимірювальний 2) метричний 3) ритмізований; **~s** *n вірш. pl* метрика
metro [ˈmetrəʊ] *n* 1) метрополітен 2) столичний муніципалітет
metronymic [ˌmetrəˈnɪmɪk] *a* утворений від імені матері; материнський
metropol||e [ˈmetrəpəʊl] *n* метрополія; **~is** *n* 1) столиця 2) метрополія; **~itan** [ˌmetrəˈpɒlɪtən] **1.** *n* 1) мешканець столиці 2) *церк.* митрополит, архієпископ **2.** *a* 1) столичний; що стосується столиці 2) *церк.* митрополичий; що стосується митрополита; **~ite** *n церк.* митрополит; архієпископ
-metry [-mɪtrɪ] *компонент скл. сл.;* -метрія; **electro~** електрометрія
mettle [ˈmetl] *n* 1) характер, темперамент 2) запал, завзяття 3) мужність, хоробрість; **~d** *a* 1) гарячий, завзятий, запальний 2) сміливий
mews [mjuːz] *n* стійло, стайня
Mexican [ˈmeksɪkən] **1.** *n* мексиканець **2.** *a* мексиканський
mezzo-soprano [ˌmetsəʊsəˈprɑːnəʊ] *n муз.* мецо-сопрано
mi [miː] *n муз.* мі (*у сольмізації*)
miaow [mɪˈaʊ, mjaʊ] **1.** *n* нявкання **2.** *v* нявкати **3.** *int* няв!
mica [ˈmaɪkə] *n мін.* слюда; **~ceous** [maɪˈkeɪʃəs] *a* слюдяний
miche [mɪtʃ] *v* 1) переховуватися 2) прогулювати
mickle [ˈmɪk(ə)l] *n* велика кількість
microb||e [ˈmaɪkrəʊb] *n* мікроб; **~ial** *a* мікробний; **~icide 1.** *n* бактерицид **2.** *a* бактерицидний; **~iologist** *n* мікробіолог; **~iology** *n* мікробіологія
micro||climate [ˈmaɪkrəʊˌklaɪmɪt] *n* мікроклімат; **~cosm** *n* мікрокосм; мікросвіт; **~district** *n* мікрорайон; **~inch** *n* одна мільйонна дюйма; **~nics** *n* надточна механіка; **~organism** *n* мікроорганізм; **~phone** *n* мікрофон; **~scope** *n* мікроскоп; **~scopic** *a* мікроскопічний; **~zoon** *n біол.* тваринний мікроорганізм
microwave [ˈmaɪkrəweɪv] **1.** *n радіо pl* мікрохвилі; сантиметрові хвилі; дециметрові хвилі **2.** *a радіо* мікрохвильовий **3.** *v* розігрівати у мікрохвильовій електропечі
mid [mɪd] **1.** *a* 1) середній, серединний 2) (mid-) *як компонент скл. сл:* серед, посеред; **m.-air** повітряний простір **2.** *prep* серед; **~day** *n* полудень, південь (*середина дня*); **~land 1.** *n* внутрішня частина країни **2.** *a* 1) внутрішній (*про море*) 2) віддалений від моря; **~most** *a* розташований посередині; **~night** *n* 1) північ (*про час*) 2) непроглядна темрява; **~summer** *n* середина літа; **~way 1.** *n* півдороги **2.** *adv* на півдорозі; **~winter** *n* середина зими
middenstead [ˈmɪdnsted] *n* звалище; смітник
middl||e [ˈmɪdl] **1.** *n* 1) середина 2) талія **2.** *a* середній **3.** *v* розташовувати посередині; **m. class** *n* середні верстви суспільства; **m.-class** [ˌmɪdlˈklɑːs] *a* заможний; буржуазний; **~emost** *a* найближчий до центру, центральний; **m.-of-the-road** *a пер. політ.* 1) помірний, неекстремістський 2) центристський 3) середній, половинчастий; **m.-sized** *a* середнього розміру; **~ing** *a* 1) середній 2) посередній, стерпний (*про здоров'я*) 3) другосортний
midge [mɪdʒ] *n* 1) *ент.* мошка; комар 2) щось маленьке, мініатюрне 3) мальки (*риби*); **~t** *n* 1) карлик; ліліпут 2) щось дуже мале (мініатюрне); **~ty** *a* дуже маленький
midi [ˈmɪdɪ] *n* 1) міді; спідниця *й под.* середньої довжини 2) мода на міді
midriff [ˈmɪdrɪf] *n* 1) *анат.* діафрагма 2) купальник
midwife [ˈmɪdwaɪf] *n* (*pl* -wives) акушерка, повитуха; **~ry** *n* акушерство
mien [miːn] *n* 1) зовнішній вигляд, зовнішність 2) міна, вираз обличчя
might [maɪt] *n* 1) могутність, міць 2) енергія, сила; **m.-have-been 1.** *n* 1) невикористана можливість 2) невдаха **2.** *a* нездійснений; невдалий; **~iness** *n* 1) могутність 2) велич 3) (M.) величність (*титул*); **~y** *a* 1) могутній, потужний 2) величезний
mignon [ˈmɪnjɒn] *a* слабкий, ніжний, тендітний
mignonette [ˌmɪnjəˈnet] *n фр. бот.* резеда
migraine [ˈmiːɡreɪn] *n мед.* мігрень
migrant [ˈmaɪɡrənt] **1.** *n* 1) мігрант, переселенець 2) перелітний птах **2.** *a* 1) кочовий; мандрівний 2) перелітний (*про птахів*)
migrat||e [maɪˈɡreɪt] *v* 1) мігрувати, переселятися 2) робити переліт (*про птахів*) 3) переміщатися, пересуватися; **~ion** *n спец.* міграція; переселення; переліт (*птахів*); **~ory** [ˈmaɪɡrətrɪ] *a* 1) кочовий, мандрівний 2) перелітний 3) *мед.* блукаючий
mikado [mɪˈkɑːdəʊ] *n яп.* мікадо
mike [maɪk] **1.** *n* 1) автопілот 2) байдикування **2.** *v* ухилятися від роботи, байдикувати
mil [mɪl] *n* 1) тисяча 2) міл (*міра довжини = 0,991 дюйма*)

milady [mɪˈleɪdɪ] *n фр.* міледі
milch [mɪltʃ] *a* молочний
mild [maɪld] *a* 1) м'який; помірний 2) теплий, лагідний 3) поблажливий, несуворий 4) тихий, слухняний 5) милосердий 6) негострий 7) слабкий, неміцний 8) спокійний, нерізкий; **~en** *v* 1) пом'якшувати 2) зм'якшуватися, пом'якшуватися; **~ness** *n* 1) м'якість, лагідність, помірність 2) поблажливість 3) милосердя 4) спокій, спокійність; **m.-tempered** *a* лагідний, покірний

mile [maɪl] *n* миля; **statute (land) m.** сухопутна миля (= 1605 м); **nautical m.** морська миля (= 1852 м); **~age** *n* 1) відстань у милях 2) гроші на проїзд

milfoil [ˈmɪlfɔɪl] *n бот.* деревій
miliaria [ˌmɪlɪˈe(ə)rɪə] *n мед.* пітниця
milieu [ˈmɪljɜː, ˈmɪljuː] *n фр.* оточення, довкілля, обставини

milit‖ary [ˈmɪlɪt(ə)rɪ] 1. *n* 1) війська; військова сила 2) (the ~) військовослужбовці, військові, вояччина 2. *a* 1) воєнний; військовий 2) військового зразка; **~ancy** *n* войовничість; **~ant** 1. *n* 1) боєць 2) воююча сторона 3) активіст; борець 2. *a* 1) войовничий 2) активний, бойовий; **~arism** *n* мілітаризм; **~arist** *n* 1) мілітарист; *pl* вояччина; **~arisation** *n* мілітаризація, воєнізація; **~arise** *v* мілітаризувати; **~ate** *v* 1) перешкоджати 2) свідчити проти; **~iaman** *n* міліціонер

milk [mɪlk] 1. *n* 1) молоко 2) *бот.* молочний сік, латекс 2. *v* 1) доїти 2) давати молоко (*про худобу*) 3) мати вигоду (*з чого-н.*); **m.-and-water** 1. *n* 1) розведене молоко 2) беззмістовна розмова (*книга і под.*) 2. *a* 1) несмачний; водянистий 2) безхарактерний 3) невиразний, безбарвний 4) слабкий; пустий; **~ing** *n* доїння; **~ing-cow** *n* дійна корова; **m.-livered** *a* боязкий, полохливий; **~maid** *n* 1) молочниця 2) доярка; **m. tooth** *n* молочний зуб; **m.-white** *a* молочно-білий; **~wort** *n бот.* молочай; **~y** *a* 1) молочний 2) молочно-білий; <> **~y Way** *астр.* Чумацький Шлях

mill [mɪl] 1. *n* 1) млин 2) фабрика 3) прокатний стан 2. *v* молоти, дробити

millennium [mɪˈlenɪəm] *n* (*pl тж* -nia) тисячоріччя

mill‖er [ˈmɪlə] *n* 1) мірошник 2) фрезерувальник; **~wright** *n* 1) слюсар-монтер 2) монтажник 3) технік-машинобудівник

millesimal [mɪˈlesɪm(ə)l] 1. *n* тисячна частка 2. *a* тисячний

millet [ˈmɪlɪt] *n бот.* просо
mill-hand [ˈmɪlhænd] *n* фабричний (заводський) робітник

milliard [ˈmɪlɪɑːd] *n, пит.* мільярд; *амер.* більйон

milli‖ampere [ˌmɪlɪˈæmpeə] *n ел.* міліампер; **~gram(me)** *n* міліграм; **~metre** *n* міліметр

million [ˈmɪljən] 1. *n* 1) число мільйон 2) *pl* мільйони, величезна кількість 3) мільйон фунтів стерлінгів (доларів *і под.*) 2. *пит.* мільйон; **~aire** [ˌmɪljəˈneə(r)] *n* мільйонер

milord [mɪˈlɔːd] *n фр.* мілорд

mim‖e [maɪm] 1. *n* 1. *театр.* мім, міміст 2. *v* виконувати роль у пантомімі; **~esis** *n біол.* мімікрія; **~etic** [mɪˈmetɪk] *a* 1) наслідувальний 2) що вміє наслідувати (копіювати) 3) *біол.* здатний до мімікрії 4) несправжній; **~ic** [ˈmɪmɪk] 1. *n* 1) імітатор 2) мімічний актор 3) наслідувач 2. *a* 1) наслідувальний 2) несправжній 3) *біол.* що стосується мімікрії 3. *v* 1) передражнювати; пародіювати 2) імітувати, наслідувати 3) підробляти 4) *біол.* набирати захисного забарвлення; **~icry** *n* 1) імітування, наслідування 2) *біол.* мімікрія

mimosa [mɪˈməʊzə, -sə] *n бот.* мімоза
minacious [mɪˈneɪʃəs] *a* погрожуючий, загрозливий
minaret [ˌmɪnəˈret] *n араб.* мінарет
minauderie [mɪˌnəʊdəˈriː] *n фр.* манірність, кокетство

minc‖e [mɪns] 1. *n* фарш 2. *v* 1) кришити, рубати 2) пропускати крізь м'ясорубку 3) пом'якшувати, применшувати 4) триматися манірно 5) тупцювати; **m. pie** *n* солодкий пиріжок; **~ing** *a* манірний; **~ing-machine** *n* м'ясорубка

mind [maɪnd] 1. *n* 1) розум 2) розумові здібності; інтелект 3) думка, погляд 4) пам'ять, спогад 5) настрій 6) намір, бажання 7) дух, душа 2. *v* 1) заперечувати 2) хвилюватися, тривожитися 3) звертати увагу, рахуватися 4) прислухатися (*до порад*); слухатися 5) не забути зробити 6) піклуватися, доглядати; займатися 7) остерігатися; **~ed** *a* готовий, схильний (*що-н. зробити*); **~ful** *a* 1) пам'ятливий 2) уважний, дбайливий

mine I [maɪn] *pron poss.* (*абсолютна ф.; не вжив. атрибутивно; пор. my*) мій, моя, моє, мої; що належить мені

mine II [maɪn] 1. *n* 1) шахта; копальня 2) кар'єр 3) поклад; пласт 4) джерело (*знань і под.*) 5) *військ.* міна 6) змова 2. *v* 1) видобувати (*руду й под.*); виконувати гірничі роботи 2) *військ.* мінувати; **~d** *a* замінований

mineral [ˈmɪn(ə)rəl] 1. *n* 1) мінерал; руда 2) *pl* корисні копалини 2. *a* мінеральний

mingle [ˈmɪŋɡl] 1. *n* суміш; мішанина 2. *v* 1) змішувати(ся) 2) спілкуватися; бувати (*де-н.*)

mini [ˈmɪnɪ] *a* міні, мінімальний; **~fy** *v* применшувати; **~-skirt** *n* міні-спідниця

miniatur‖e [ˈmɪnɪ(ə)tʃə] **1.** *n* мініатюра **2.** *a* мініатюрний **3.** *v* зображувати в мініатюрі; **~ist** *n* мініатюрист

minicomputer [ˈmɪnɪkəmˌpjuːtə] *n обч.* міні-комп'ютер, міні-ЕОМ

minikin [ˈmɪnɪkɪn] *n* маленька річ

minim [ˈmɪnɪm] *n* 1) найдрібніша частка 2) крапля 3) дрібниця; **~ize** *v* применшувати; **~um** мінімум; **~us** *n анат.* мізинець

minion [ˈmɪnjən] *n* 1) фаворит, улюбленець 2) *знев.* дармоїд, похлібець; підлабузник, посіпака

minist‖er [ˈmɪnɪstə] *n* 1) міністр 2) священик 3) *дип.* посланник; радник посольства 4) виконавець, слуга; **~erial** [ˌmɪnɪˈstɪərɪəl] *a* 1) міністерський; урядовий 2) службовий; підпорядкований; **~ration** *n* 1) надання допомоги 2) (*зазв. pl*) допомога; догляд; обслуговування 3) відправа; **~ry** *n* 1) міністерство 2) кабінет міністрів

mink [mɪŋk] *n зоол.* норка

minnow [ˈmɪnəʊ] *n* 1) *іхт.* пічкур 2) дрібна рибка 3) блешня

minor [ˈmaɪnə] **1.** *n* 1) неповнолітній; підліток 2) *муз.* мінор (*лад*) **2.** *a* 1) незначний 2) *амер.* другорядний предмет (*у навчальному закладі*) 3) *муз.* мінорний, малий (*про інтервал*); **~ity** [maɪˈnɒrɪtɪ] *n* 1) меншість 2) *pl* національна меншість 3) неповноліття

minster [ˈmɪnstə] *n* кафедральний собор

minstrel [ˈmɪnstrəl] *n* 1) менестрель 2) *поет.* поет; співак

mint I [mɪnt] *n бот.* м'ята

mint II [mɪnt] **1.** *n* 1) монетний двір 2) велика сума (*кількості*) 3) джерело; розплідник **2.** *v* 1) карбувати (*монети*) 2) створювати (*нове слово*) 3) вигадувати, фабрикувати; **~age** *n* 1) карбування (*монет*) 2) відбиток (*на монеті*) 3) створення, винахід

minuend [ˈmɪnjʊend] *n мат.* зменшуване

minuet [ˌmɪnjʊˈet] *n* менует

minus [ˈmaɪnəs] **1.** *n* 1) *мат.* мінус (*тж перен.*) 2) *мат.* від'ємна величина 3) недолік; прогалина **2.** *a* 1) неґативний; від'ємний 2) *розм.* неіснуючий **3.** *prep* 1) мінус 2) без, позбавлений (*чого-н.*)

minute I [ˈmɪnɪt] **1.** *n* 1) хвилина 2) мінута (*тж астр., мат. частка градуса*) 3) мить; момент, мент 4) нотатка, короткий запис; начерк 5) *pl* протокол (*зборів*) **2.** *v* 1) хронометрувати 2) занотовувати 3) протоколювати; **m.-book** *n* журнал засідань; книга протоколів; **m.-glass** *n* хвилинний піщаний годинник; **m. hand** *n* хвилинна стрілка; **~ly 1.** *a* щохвилинний **2.** *adv* щохвилини

minut‖e II [maɪˈnjuːt] *a* 1) дрібний, найдрібніший 2) незначний, неістотний; дріб'язковий 3) докладний, детальний; **~iae** [maɪˈnjuːʃiː] *pl лат.* дріб'язок; деталі

minx [mɪŋks] *n* 1) зухвале дівчисько 2) пустунка 3) кокетка

mirac‖le [ˈmɪrəkl] *n* 1) чудо 2) дивна річ, видатна подія; **~ulous** [mɪˈrækjələs] *a* 1) чудотворний; надприродний 2) дивний

mirage [ˈmɪrɑːʒ] *n* міраж

mire [ˈmaɪə] **1.** *n* 1) трясовина 2) багно **2.** *v* 1) зав'язнути у трясовині 2) забруднити 3) *перен.* очорнити

mirror [ˈmɪrə] **1.** *n* 1) дзеркало 2) дзеркальна поверхня 3) відображення **2.** *v* відбивати, відображати, віддзеркалювати

mirth [mɜːθ] *n* веселощі, радість; **~ful** *a* веселий, радісний; **~less** *a* невеселий, безрадісний, смутний

miry [ˈmaɪ(ə)rɪ] *a* 1) болотистий, баґнистий, грузький 2) брудний

misanthrope [ˈmɪs(ə)nθrəʊp] *n* людиноненависник, мізантроп

misappl‖y [ˌmɪsəˈplaɪ] *v* 1) неправильно використовувати 2) зловживати; **~ication** *n* зловживання

misapprehension [ˌmɪsæprɪˈhenʃ(ə)n] *n* непорозуміння

misappropriat‖e [ˈmɪsəˈprəʊprɪeɪt] *v* 1) незаконно привласнювати 2) розтрачувати; **~ion** *n* 1) незаконне привласнення 2) розтрата

misbegotten [ˌmɪsbɪˈgɒtn] *a* позашлюбний

misbehav‖e [ˌmɪsbɪˈheɪv] *v* погано (зле) поводитися; **~iour** *n* негідна поведінка; провина

misbelie‖f [ˌmɪsbɪˈliːf] *n* 1) єресь 2) хибна думка; омана; **~ve** *v* 1) удаватися в єресь 2) помилятися; **~ver** *n* єретик

miscalculation [mɪsˌkælkjʊˈleɪʃ(ə)n] *n* помилка в розрахунку; прорахунок

miscall [ˌmɪsˈkɔːl] *v* неправильно називати

miscarr‖y [mɪsˈkærɪ] *v* 1) зазнавати невдачі 2) *мед.* викинути, абортувати; **~iage** *n* 1) невдача; помилка 2) *мед.* викидень, аборт

miscegenation [ˌmɪsɪdʒəˈneɪʃ(ə)n] *n* змішані шлюби

miscellan‖y [mɪˈselənɪ] *n* 1) суміш 2) збірник, альманах; **~eous** *a* 1) неоднорідний; різноманітний 2) різнобічний (*про людину*)

mischance [ˌmɪsˈtʃɑːns] *n* невдача; нещасливий випадок

mischie‖f [ˈmɪstʃɪf] *n* 1) пустощі; витівка, вихватка 2) зло, лихо 3) збиток; ушкодження; **~vous** *a* 1) шкідливий 2) неслухняний

misconceive [ˌmɪskənˈsiːv] *v* мати неправильне уявлення

misconception [ˌmɪskənˈsepʃ(ə)n] *n* непорозуміння

misconduct 1. *n* [ˌmɪsˈkɒndʌkt] 1) погана по-

веділка 2) зрада **2.** *v* [ˌmɪskənˈdʌkt] 1) погано поводитися 2) зраджувати
misconstru‖e [ˌmɪskənˈstruː] *v* неправильно тлумачити; **~ction** *n* хибне тлумачення
miscount [ˌmɪsˈkaʊnt] **1.** *n* прорахунок **2.** *v* прораховуватися
miscreant [ˈmɪskrɪənt] *n* негідник, лиходій
miscreate [ˈmɪskrɪeɪt] *v* спотворювати; викривляти
misdate [ˌmɪsˈdeɪt] *v* неправильно датувати
misdeed [ˌmɪsˈdiːd] *n* 1) злочин 2) помилка, похибка
misdemean‖ant [ˌmɪsdɪˈmiːnənt] *n* юр. 1) особа, засуджена за незначний злочин 2) особа, яка вчинила карний злочин; **~our** *n* 1) провина 2) юр. дрібний злочин
misemploy [ˌmɪsɪmˈplɔɪ] *v* використовувати неправильно
miser [ˈmaɪzə] *n* скупий, скнара; **~able** [ˈmɪzrəbl] *a* 1) нещасний 2) жалюгідний, убогий 3) сумний, кепський (*про новини, події*) 4) поганий; **~liness** *n* скнарість, скупість; **~ly** *a* скупий, скнарський; **~y** *n* 1) страждання, мука 2) (*зазв pl*) злигодні, нещастя 3) злидні
misfeasance [ˌmɪsˈfiːz(ə)ns] *n* юр. зловживання владою
misfire [ˌmɪsˈfaɪə] **1.** *n* осічка **2.** *v* давати осічку
misfit [ˈmɪs.fɪt] *n* 1) невдаха, безталанний 2) що-н. невдале
misfortune [mɪsˈfɔːtʃ(ə)n] *n* лихо, невдача, нещастя; халепа
misgiv‖e [ˌmɪsˈɡɪv] *v* (misgave [mɪsˈɡeɪv]; misgiven [mɪsˈɡɪvn]) 1) навіювати (уселяти) погані передчуття 2) передчувати зле; **~ing** *n* (*часто pl*) побоювання, передчуття поганого
misguide [mɪsˈɡaɪd] *v* 1) неправильно спрямовувати 2) вводити в оману 3) погано поводитися (з чим-н.); псувати (що-н.)
mishap [ˈmɪʃæp] *n* невдача
mishear [ˌmɪsˈhɪə] *v* (misheard [mɪsˈhɜːd]) недочути; почути не те
mishit 1. *n* [ˈmɪshɪt] промах **2.** *v* [ˌmɪsˈhɪt] (mishit) промахнутися
mishmash [ˈmɪʃmæʃ] *n* суміш, плутанина, мішанина
misinform [ˌmɪsɪnˈfɔːm] *v* 1) неправильно інформувати 2) дезорієнтувати, уводити в оману; **~ation** *n* дезінформація
misinterpret [ˌmɪsɪnˈtɜːprɪt] *v* неправильно тлумачити; **~ation** *n* неправильне тлумачення
misjudge [ˌmɪsˈdʒʌdʒ] *v* 1) скласти хибну думку 2) недооцінювати; неправильно оцінювати; **~ment** *n* 1) хибна думка 2) недооцінка
mislay [mɪsˈleɪ] *v* (mislaid [mɪsˈleɪd]) покласти не на місце, загубити
mislead [mɪsˈliːd] *v* (misled) 1) уводити в оману 2) збивати з пуття; розбещувати; **~ing** *a* що вводить в оману, обманливий; облудний
misled [mɪsˈled] *past i p. p. від* **mislead**
mismanage [ˌmɪsˈmænɪdʒ] *v* 1) погано керувати (*чим-н.*) 2) псувати
mismatch [ˌmɪsˈmætʃ] *v* не підходити один одному
misnomer [mɪsˈnəʊmə] *n* 1) неправильне ім'я; неправильна назва 2) неправильне вживання імені
misplace [ˌmɪsˈpleɪs] *v* 1) покласти (поставити) не на місце 2) говорити (робити) не до речі
misprint 1. *n* [ˈmɪsprɪnt] друкарська помилка **2.** *v* [ˌmɪsˈprɪnt] надрукувати неправильно
mispronounc‖e [ˌmɪsprəˈnaʊns] *v* неправильно вимовляти; **~iation** [ˌmɪsprənʌnsɪˈeɪʃn] *n* неправильна вимова
misrepresent [ˌmɪsreprɪˈzent] *v* перекручувати, спотворювати; **~ation** *n* перекручування; уведення в оману
miss I [mɪs] **1.** *n* 1) промах, осічка 2) невдача 3) відсутність, брак (*чого-н.*) 4) помилка **2.** *v* 1) схибити (*тж перен.*) 2) зазнати невдачі 3) не помітити й не з'явитися (*на заняття й под.*) 5) відчувати відсутність (*кого-н., чого-н.*); нудьгувати (*за ким-н.*) 6) виявити відсутність (*чого-н.*) 7) уникнути; **~ing 1.** *n* 1) той, хто пропав безвісти 2) (the ~) *pl* збір. зниклі безвісти **2.** *a* відсутній
miss II [mɪs] *n* 1) панна, панянка 2) (M.) міс (*звертання до незаміжньої жінки; при звертанні до старшої дочки ставиться перед прізвищем* **M. Simon**; *при звертанні до інших дочок ужив. тільки з ім'ям* **M. Myra**; *ужив. тж із дівочим прізвищем заміжньої жінки, якщо вона зберегла його у фаховій діяльності*)
misshapen [ˌmɪsˈʃeɪpən] *a* потворний; деформований
missile [ˈmɪsaɪl] *війс.* **1.** *n* ракета **2.** *a* реактивний
mission [ˈmɪʃ(ə)n] **1.** *n* 1) доручення, місія 2) покликання, призначення, мета (*життя*) 3) відрядження 4) місія, делегація **2.** *v* 1) посилати з дорученням 2) займатися місіонерською діяльністю; **~ary 1.** *n* 1) місіонер; проповідник 2) посланець, посол **2.** *a* місіонерський
misspell [ˌmɪsˈspel] *v* (misspelt [mɪsˈspelt]) робити орфографічні помилки
misspen‖d [ˌmɪsˈspend] *v* (misspent) нерозумно (марно) витрачати; розтринькувати; **~t** *a* марно розтрачений; розтринькуваний
mis-state [ˈmɪsˈsteɪt] *v* робити неправильну, помилкову заяву
misstep [ˌmɪsˈstep] *n* 1) хибний крок; помилка 2) необачність
mist [mɪst] **1.** *n* (легкий) туман; серпанок; імла; хмарність **2.** *v* затуманювати(ся)

mistake [mɪˈsteɪk] **1.** *n* помилка; непорозуміння; хибна думка **2.** *v* (mistook; mistaken) помилятися, неправильно розуміти; **~n** *a* 1) помилковий 2) недоречний

mistaken [mɪˈsteɪkən] *p. p. від* **mistake 2**

mister [ˈmɪstə] *n* 1) містер, пан 2) (*зазв.* M.) містер (*ставиться перед прізвищем або назвою посади чоловіка; у письмовому звертанні завжди* Mr.)

mistime [ˌmɪsˈtaɪm] *v* 1) зробити недоречно 2) не збігатися в часі

mistletoe [ˈmɪs(ə)ltəʊ] *n бот.* омела

mistook [mɪˈstʊk] *past від* **mistake 2**

mistral [ˈmɪstrəl] *n метео* містраль

mistranslat‖e [ˌmɪstrænsˈleɪt] *v* неправильно перекласти; **~ion** *n* неправильний переклад

mistress [ˈmɪstrɪs] *n* 1) господиня 2) повелителька 3) (*скор.* Mrs.) місіс, пані (*ставиться перед прізвищем заміжньої жінки*) 4) майстриня 5) учителька 6) коханка

mistrust [mɪsˈtrʌst] **1.** *n* недовіра; підозра **2.** *v* 1) не довіряти 2) сумніватися, підозрювати; **~ful** *a* недовірливий; підозріливий

misty [ˈmɪstɪ] *a* 1) мрячний 2) неясний, невиразний, нечіткий 3) затуманений (*сльозами*)

misunderstand [ˌmɪsʌndəˈstænd] *v* (misunderstood) неправильно зрозуміти; **~ing** *n* 1) неправильне розуміння 2) непорозуміння

misuse 1. *n* [ˌmɪsˈjuːs] 1) неправильне вживання 2) погане ставлення 3) зловживання **2.** *v* [ˌmɪsˈjuːz] 1) неправильно вживати 2) погано ставитися 3) зловживати

mite [maɪt] *n ент.* кліщ

mitigat‖e [ˈmɪtɪgeɪt] *v* 1) послабляти (*жар*) 2) заспокоювати (*біль*) 3) утихомирювати; **~ion** *n* 1) пом'якшення 2) послаблення, угамування (*болю*); **~ory** *a* 1) пом'якшувальний 2) *мед.* зм'якшувальний, заспокійливий

mitten [mɪtn] *n* рукавиця

mittimus [ˈmɪtɪməs] *n юр.* наказ про ув'язнення; ордер на арешт

mix [mɪks] **1.** *n* 1) змішування 2) суміш; склад **2.** *v* 1) з'єднувати(ся), змішувати(ся) 2) спілкуватися; сходитися; **~ed** *a* 1) змішаний, перемішаний 2) різнорідний 3) змішаний, для осіб обох статей; **~er** *n* 1) змішувач, міксер 2) товариська людина; **~ture** *n* 1) змішування 2) суміш 3) *мед.* мікстура; **m.-up** *n* 1) плутанина 2) бійка

mizzle [ˈmɪzl] *n* паморозь; мряка, мжичка

moan [məʊn] **1.** *n* стогін **2.** *v* 1) стогнати 2) *поет.* оплакувати (*що-н.*), скаржитися (*на що-н.*)

mob [mɒb] **1.** *n* 1) натовп, юрба, юрма 2) (the ~) *знев.* чернь, голота **2.** *v* 1) юрбитися, юрмитися; купчитися, тиснутися; скупчуватися; громадитися 2) нападати юрбою; оточувати

mobil‖e [ˈməʊbaɪl] *a* 1) рухомий, рухливий, мобільний 2) моторний, жвавий 3) мінливий; **~ity** [məʊˈbɪlɪtɪ] *n* 1) рухливість; мобільність 2) мінливість, несталість 3) збудливість; **~isation** *n* мобілізація; **~ise** *v* 1) мобілізувати(ся) 2) надати рухливості

moccasin [ˈmɒkəsɪn] *n* мокасин

mocha [ˈmɒkə, ˈməʊkə] *n* кава мокко (*тж* ~ coffee)

mock [mɒk] **1.** *n* 1) осміяння 2) посміховище 3) насмішка; глузування 4) наслідування; пародія **2.** *a* 1) підроблений; фальшивий 2) удаваний; хибний; облудний 3) пародійний **3.** *v* 1) насміхатися (at); висміювати, глузувати 2) мавпувати; пародіювати 3) зводити нанівець (*зусилля*); робити марним, непотрібним; **~er** *n* насмішник; глузій; **~ery** *n* 1) знущання, осміяння; глузування 2) пародія 3) посміховисько 4) марна спроба; **~ingbird** *n орн.* пересмішник

mode [məʊd] *n* 1) метод, спосіб 2) мода; звичай 3) форма, вид

model [ˈmɒdl] **1.** *n* 1) модель, макет; шаблон 2) модель, марка (*авто й под.*) 3) зразок, еталон 4) модель (*одягу*), фасон 5) натурник; натурниця 6) манекен **2.** *v* 1) моделювати; ліпити 2) *тех.* формувати 3) створювати за зразком 4) бути натурником; **~(l)er** *n* 1) ліпник 2) модельєр; **~(l)ing** *n* моделювання

modem [ˈməʊdem] *n зв.* модем, модулятор-демодулятор

moderat‖e [ˈmɒd(ə)rɪt] **1.** *n* людина поміркованих поглядів **2.** *a* 1) поміркований; стриманий (*про людину*) 2) середній, посередній (*про якість*); невеликий (*про кількість, силу*); невисокий (*про ціну*) 3) помірний **3.** *v* [ˈmɒdəreɪt] 1) угамовувати; пом'якшувати 2) стримувати, приборкувати 3) ставати поміркованим; пом'якшуватися 4) ущухати 5) головувати; **~ion** *n* 1) стримування; регулювання 2) поміркованість; стриманість 3) спокій, урівноваженість; **~or** *n* 1) арбітр; посередник 2) голова зборів; ведучий телепрограми 3) екзаменатор

modern [ˈmɒdn] *a* сучасний; новий; **~ism** *n* 1) модернізм 2) *лінгв.* неологізм; **~ist** *n* модерніст; **~istic** *a мист.* модерністський; **~ity** [məˈdɜːnɪtɪ] *n* сучасність, сучасний характер

modest [ˈmɒdɪst] *a* 1) скромний; помірний 2) ніяковий 3) соромливий, добропристойний 4) помірний; невеликий, обмежений; **~y** *n* 1) скромність; помірність; стриманість 2) ніяковість 3) сором'язливість, добропристойність 4) помірність; обмеженість

modicum [ˈmɒdɪkəm] *n* крихта

modif‖y [ˈmɒdɪfaɪ] *v* 1) зменшувати 2) видозмінювати 3) *грам.* визначати; **~ication** *n*

1) зміна; модифікація 2) *pl* виправлення; **~ier** *n грам.* означення
modish [ˈməʊdɪʃ] *a* модний
modiste [məʊˈdiːst] *n* 1) модистка 2) кравчиня, швачка
module [ˈmɒdjuːl] *n* 1) *спец.* модуль 2) одиниця виміру
modus [ˈməʊdəs] *n* (*pl* -di, -duses) спосіб
Mohammedan [məʊˈhæmɪdən] **1.** *n* магометанин, мусульманин; магометанка, мусульманка **2.** *a* магометанський, мусульманський
moist [mɔɪst] *a* 1) сирий; вологий 2) дощовий; **~en** *v* 1) зволожувати; змочувати 2) ставати мокрим, сирим, вологим; **~ure** *n* вологість, вогкість; волога
molar [ˈməʊlə] **1.** *n* кутній зуб **2.** *a* кутній
Moldavian [mɒlˈdeɪvjən] **1.** *a* молдавський **2.** *n* 1) молдаванин 2) молдавська мова
mole I [məʊl] *n* родимка, бородавка
mole II [məʊl] **1.** *n зоол.* кріт **2.** *v* копати, рити (*під землею*)
mole III [məʊl] *n* мол; дамба
molecul||e [ˈmɒlɪkjuːl] *n* молекула; **~ar** *a* молекулярний
molest [məˈlest] *v* чіплятися; надокучати, набридати; **~ation** *n* чіпляння, набридання
mollif||y [ˈmɒlɪfaɪ] *v* пом'якшувати, заспокоювати; **~ication** *n* пом'якшення, заспокоєння
mollusc||a [mɒˈlʌskə] *n pl зоол.* молюски; **~ous** *a* 1) *зоол.* молюсковий 2) безхарактерний
molly-coddle [ˈmɒlɪkɒdl] *n* пестуха
Moloch [ˈməʊlɒk] *n* 1) *міф.* Молох (*тж перен.*) 2) (m.) *зоол.* австралійська ящірка 3) *зоол.* бразильська мавпа
molten [ˈməʊltən] *a* 1) розтоплений, рідкий 2) литий
moment [ˈməʊmənt] *n* 1) момент, мить, хвилина 2) важливість, значення; **~ary** *a* 1) моментальний, миттєвий 2) скороминущий, короткочасний; **~ous** *a* важливий; що має важливе значення; **~um** *n* (*pl* -ta) поштовх, імпульс; *перен.* рушійна сила
monac(h)al [ˈmɒnək(ə)l] *a* 1) чернечий 2) монастирський
monarch [ˈmɒnək] *n* 1) монарх 2) цар, магнат 3) *ент.* метелик-данаїда, «монарх»; **~ic(al)** [məˈnɑːkɪk(əl)] *a* монархічний; **~ist** *n* монархіст; **~y** *n* монархія
monast||ery [ˈmɒnəstrɪ] *n* монастир (*чоловічий*); **~ic** [məˈnæsɪk] **1.** *n* чернець **2.** *a* монастирський; чернечий
Monday [ˈmʌndɪ] *n* понеділок
monetary [ˈmʌnɪt(ə)rɪ] *a* монетний; грошовий 2) валютний
money [ˈmʌnɪ] *n* 1) (*тк sing*) гроші 2) (*pl* -neys

[ˈmʌnɪz]) *юр.* грошові суми; **m.-box** *n* скарбничка; **m.-changer** *n* 1) міняйло 2) автомат для розміну грошей; **~ed** *a* 1) багатий, грошовитий 2) грошовий; **~lender** *n* лихвар; **~less** *a* що не має грошей; **m.-maker** *n* 1) користолюбець 2) *амер.* прибуткова (вигідна) справа; **m.-market** *n* валютний ринок; **m. order** *n* грошовий поштовий переказ
Mongol [ˈmɒŋg(ə)l] **1.** *n* 1) монгол 2) монгольська мова **2.** *a* монгольський; **~oid** *a* монголоїдний
mongoose [ˈmɒŋguːs] *n зоол.* мангуста
mongrel [ˈmʌŋgr(ə)l] **1.** *n* 1) дворняжка 2) виродок; гібрид; напівкровка **2.** *a* нечистокровний
monitor [ˈmɒnɪtə] **1.** *n* 1) наставник, радник 2) староста класу 3) *тех.* монітор (*тж* ~ screen); контрольний апарат 4) *зоол.* варан **2.** *v* 1) напучувати, радити 2) *тех.* контролювати, перевіряти; **~ial** *a* напутливий, повчальний
monk [mʌŋk] *n* чернець; **~ish** *a* чернечий
monkey [ˈmʌŋkɪ] **1.** *n* 1) *зоол.* мавпа 2) *жарт.* пустун **2.** *v* 1) мавпувати 2) псувати 3) утручатися 4) жартувати; **m.-bread** *n бот.* баобаб; **~ish** *a* 1) мавпячий 2) пустотливий; **m. jacket** *n мор.* бушлат; **m. nut** *n бот.* земляний горіх, арахіс
mono- [ˈmɒnə(ʊ)-] *у скл. сл.* моно-, одно-, єдино-; **~semantic** однозначний
monocle [ˈmɒnəkl] *n* монокль
monocracy [mɒˈnɒkrəsɪ] *n* єдиновладдя
monoecious [məˈniːʃəs, mɒˈniːʃəs] *a* 1) *бот.* однодомний 2) *біол.* двостатевий
monogam||y [məˈnɒgəmɪ] *n* моногамія, однолюбність; **~ic** [ˌmɒnəˈgæmɪk] *a* моногамний
monograph [ˈmɒnəgrɑːf] **1.** *n* монографія **2.** *v* писати монографію; **~er** [məˈnɒgrəfə] *n* автор монографії
monolith [ˈmɒnəlɪθ] *n* моноліт; **~ic** *a* монолітний
monologue [ˈmɒnəlɒg] *n* монолог
monomaniac [ˌmɒnəʊˈmeɪnɪæk] *n* маніяк
monomial [mɒˈnəʊmɪəl] *мат.* **1.** *n* одночлен **2.** *a* одночленний
monopol||y [məˈnɒp(ə)lɪ] *n* монополія; **~ist** *n* монополіст; **~ise** *v* 1) монополізувати 2) заволодіти
monorail [ˈmɒnə(ʊ)reɪl] *n* однорейкова (підвісна) залізниця
monosyllabic [ˌmɒnəsɪˈlæbɪk] *a* односкладовий
monotony [məˈnɒt(ə)nɪ] *n* 1) монотонність 2) одноманітність
monsieur [məˈsjɜː] *n* (*pl* messieurs) месьє, пан, добродій

Monsignor [mɒnˈsiːnjə] *n* (*pl* -ri) монсеньйор
monsoon [mɒnˈsuːn] *n* 1) мусон 2) сезон дощів
monst||er [ˈmɒnstə] **1.** *n* 1) потвора; страхіття 2) чудовисько; *перен. тж* недолюдок 3) виродок **2.** *a* велетенський, величезний; **~rous** *a* 1) жахливий 2) страхітливий, потворний, бридкий, звірячий
montage [ˈmɒntɑːʒ] *n* 1) кіно монтаж 2) фотомонтаж
montane [ˈmɒnteɪn] *a* 1) гористий 2) гірський
Montenegrin [ˌmɒntɪˈniːgrɪn] **1.** *n* чорногорець **2.** *a* чорногорський
month [mʌnθ] *n* місяць (*про час*); **~ly 1.** *n* щомісячник **2.** *a* (що)місячний **3.** *adv* щомісяця
monument [ˈmɒnjʊmənt] *n* пам'ятник; монумент; **~al** *a* 1) колосальний, величезний 2) монументальний; **~alise** *v* увічнювати
moo [muː] **1.** *n* (*pl* -s [-z]) мукання **2.** *v* мукати
mood I [muːd] *n* 1) настрій 2) примхи, вередування
mood II [muːd] *n* 1) грам. спосіб 2) муз. лад, тональність
moon [muːn] **1.** *n* 1) місяць (*світило*) 2) астр. супутник (*планети*) 3) місячне сяйво **2.** *v* 1) блукати; рухатися як уві сні 2) мріяти; **~faced** *a* кругловидий, круглолиций; **~shine** *n* фантазія; дурниця; **~struck** *a* божевільний; **~y** *a* 1) неуважний, замріяний 2) апатичний
Moor [mʊə] *n* 1) марокканець 2) *іст.* мавр 3) мусульманин; **~ish** *a* мавританський
moor [mʊə] **1.** *n* 1) заболочена місцевість 2) мисливське угіддя **2.** *v* мор. причалити; пришвартувати(ся); стати на якір; **m. game** *n* орн. курiпка шотландська
moose [muːs] *n* (*pl* без змін) зоол. американський лось
moped [ˈməʊped] *n* мопед
moppet [ˈmɒpɪt] *n* ласк. дитина; крихітка
moral [ˈmɒrəl] **1.** *n* 1) повчання, мораль 2) *pl* звичаї; моральність 3) *pl* етика **2.** *a* 1) моральний; етичний 2) добрий 3) духовний 4) повчальний; **~e** [məˈrɑːl] *n* моральний стан; бойовий дух; **~ist** *n* 1) мораліст 2) доброчесна людина; **~ity** [məˈrælətɪ] *n* 1) мораль 2) моральна поведінка 3) *pl* основи моралі; етика; **~ise** *v* 1) моралізувати 2) повчати; виправляти звички 3) засвоювати мораль (урок)
morass [məˈræs] *n* болото, трясовина
moratorium [ˌmɒrəˈtɔːrɪəm] *n* (*pl* -s [-z], -ria) мораторій; відстрочення платежу
morbi||d [ˈmɔːbɪd] *a* 1) хворобливий; нездоровий (*вигляд*) 2) хворобливо підозріливий 3) патологічний 4) жахливий, огидний; **~dity** *n* 1) хворобливість 2) захворюваність; **~fic** *a* хвороботворний

mordan||t [ˈmɔːdnt] *a* уїдливий, дошкульний, саркастичний; **~cy** *n* уїдливість, ущипливість, дошкульність
more [mɔː] **1.** *n* більша кількість; додаткова кількість **2.** *a* 1) *порівн. ст.* від **much** 2 *і* **many** 2 2) більший, численний 3) додатковий, ще (*ужив. з числ. або невизначеним займенником*)
morel [mɒˈrel] *n* бот. зморшок (*гриб; тж* petty~)
moreover [mɔːˈrəʊvə] *adv* крім того
mores [ˈmɔːreɪz] *n* лат *pl* побут; звичаї
morgue [mɔːg] *n* морг, трупарня
moribund [ˈmɒrɪbʌnd] *a* конаючий
Mormon [ˈmɔːmən] *n* рел. мормон
morning [ˈmɔːnɪŋ] *n* 1) ранок 2) ранній період, початок (*чого-н.*); **m. star** *n* ранкова зоря, Венера
morocco [məˈrɒkəʊ] **1.** *n* (*pl* -os [əʊz]) сап'ян **2.** *a* сап'яновий
moron [ˈmɔːrɒn] *n* недоумкуватий, ідіот
morose [məˈrəʊs] *a* похмурий, понурий; відлюдний
morphine [ˈmɔːfiːn] *n* морфій
morphinism [ˈmɔːfiːnɪzm] *n* морфінізм, наркоманія
morphology [mɔːˈfɒlədʒɪ] *n* морфологія
morse [mɔːs] *n* зоол. морж
Morse [mɔːs] *n* система Морзе; **~ code** азбука Морзе
morsel [ˈmɔːs(ə)l] *n* 1) шматочок 2) смачне блюдо
mortal [ˈmɔːtl] **1.** *n* людина, смертний **2.** *a* 1) смертний 2) смертельний 3) жорстокий, нещадний; **~ity** [mɔːˈtælətɪ] *n* 1) смертельність 2) смертність
mortar [ˈmɔːtə] **1.** *n* 1) ступа 2) військ. мортира, міномет **2.** *v* 1) товкти у ступ(ц)і 2) воєн. обстрілювати з міномета; **~board** *n* 1) головний убір із квадратним верхом (*у студентів і професорів*) 2) буд. сокіл
mortgage [ˈmɔːgɪdʒ] **1.** *n* 1) юр. застава; іпотека 2) заставна **2.** *v* 1) юр. заставляти 2) ручатися
mortif||y [ˈmɔːtɪfaɪ] *v* 1) приборкувати, придушувати 2) кривдити, принижувати; ображати 3) угамовувати (*почуття*); умертвляти (*плоть*) 4) мед. змертвіти; **~ication** *n* 1) приборкання, придушення 2) приниження; почуття сорому (*образи, розчарування*) 3) мед. змертвіння; гангрена
mosaic [məˈ(ʊ)zeɪɪk] **1.** *n* 1) мозаїка 2) що-н., складене з різних частин (*напр.*, попурі) **2.** *a* мозаїчний **3.** *v* викладати мозаїкою
Moslem [ˈmɒzlem] **1.** *n* мусульманин **2.** *a* мусульманський
mosque [mɒsk] *n* мечеть

mosquito [məˈskiːtəʊ] *n* (*pl* -oes [-əʊz]) *ент.* москіт; комар

moss [mɒs] **1.** *n* 1) *бот.* мох 2) плаун; лишайник **2.** *v* заростати (покривати) мохом; **m.-grown** *a* 1) порослий мохом 2) застарілий, старомодний; **m. rose** *n бот.* троянда столиста (мускусова); **~y** *a* 1) моховитий, укритий мохом 2) пухнастий 3) болотистий; багнистий

most [məʊst] **1.** *n* найбільша кількість **2.** *a* 1) найвищ. ст. від **much 2** *i* **many 2** 2) найбільший; **~ly** *adv* переважно, головним чином; звичайно, зазвичай

mot [məʊ] *n фр.* (*pl* -s [-z]) дотеп; дошкульне слово

motel [məʊˈtel] *n* мотель; готель для автотуристів

motet [məʊˈtet] *n муз.* мотет, спів

moth [mɒθ] *n ент.* 1) міль 2) метелик (*нічний*)

mother [ˈmʌðə] **1.** *n* 1) мати; матінка 2) початок, джерело 3) інкубатор **2.** *v* 1) бути матір'ю, народити 2) ставитися по-материнському; плекати 3) усиновляти 4) породжувати, викликати до життя; **m. country** *n* 1) батьківщина, вітчизна 2) метрополія; **~craft** *n* уміння виховувати дітей; **~hood** *n* материнство; **~ing** *n* материнська ласка, турбота; **m.-in-law** 1) теща 2) свекруха; **~less** *a* позбавлений матері; **~ly 1.** *a* материнський **2.** *adv* по-материнському; **m. missile** *n* ракета-носій, стартовий ступінь; **m. of pearl** *n* перламутр, **m.-of-pearl** *a* перламутровий; **~'s mark** *n* родима пляма

motif [məʊˈtiːf] *n* 1) основна тема, лейтмотив 2) оздоблення з мережива (*на сукні*)

motile [ˈməʊtɪl] *a біол.* здатний пересуватися, рухливий

motion [ˈməʊʃ(ə)n] **1.** *n* 1) рух 2) рух тіла; жест; хід 3) спонука 4) пропозиція (*на зборах*) 5) випорожнення 6) *юр.* клопотання **2.** *v* показувати жестом (знаком); **~al** *a* руховий; що стосується руху; **~less** *a* нерухомий; у стані спокою; **m. picture** *n* кінокартина, кінофільм

motiv‖e [ˈməʊtɪv] **1.** *n* 1) привід, мотив, спонука 2) лейтмотив **2.** *a* 1) рушійний 2) спонукальний; **~ate** *v* 1) бути мотивом (причиною) 2) спонукати; стимулювати 3) (*пер. pass.*) мотивувати; **~ation** *n* 1) спонукання; рушійна сила 2) мотивування; мотивація; **~eless** *a* безпідставний, необґрунтований; **~ity** *n фіз.* рушійна сила

motley [ˈmɒtlɪ] **1.** *n* 1) попурі 2) блазень; дурень **2.** *a* 1) різнобарвний; строкатий; картатий (*тж перен.*) 2) різноманітний

motor [ˈməʊtə] **1.** *n* 1) двигун; рушій, мотор 2) автомобіль 3) моторний човен **2.** *a* 1) рушійний, руховий 2) автомобільний, моторний **3.** *v* їхати (везти) автомобілем; **m. bus** *n* автобус; **~cade** *n* 1) автоколона 2) кортеж автомобілів; **m. car** *n* легковий автомобіль; **~cycle 1.** *n* мотоцикл **2.** *v* водити мотоцикл; **~cyclist** *n* мотоцикліст; **~drome** *n* автодром, мотодром; **~ing** *n* 1) автомобільна справа 2) автомобільний спорт; **~ist** *n* автомобіліст; **m. rally** *n* автоперегони, авторалі; **m. ship** *n* теплохід; **m. vehicle** *n* автомобіль; **~way** *n* автострада, автомагістраль; **~y** *a* рушійний; що викликає рух

mottle [mɒtl] **1.** *n* 1) плямочка, цятка 2) плямисте забарвлення **2.** *v* цяткувати; мережити; **~d** *a* крапчастий, поцяткований; рябий

motto [ˈmɒtəʊ] *n* (*pl* -oes [-əʊz]) 1) девіз, гасло, мотто 2) епіграф 3) *муз.* головна тема

moufflon [ˈmuːflɒn] *n зоол.* муфлон

mould I [məʊld] **1.** *n* 1) форма, шаблон 2) *полігр.* матриця 3) *перен.* характер **2.** *v* 1) робити за шаблоном 2) формувати (*характер і под.*); створювати

mould II [məʊld] **1.** *n* 1) цвіль; пліснява 2) розпушена земля 3) перегній, гумус **2.** *v* 1) пліснявіти, покриватися цвіллю 2) *перен.* залишатися без ужитку; **~er** *v* 1) розсипатися, руйнуватися (*часто* ~ away) 2) *перен.* розкладатися, загнивати 3) байдикувати; **~y** *a* 1) зацвілий, запліснявілий 2) *перен.* застарілий; старомодний

mound [maʊnd] **1.** *n* 1) насип, вал 2) пагорб 3) курган; могила; могильний пагорб **2.** *v* робити насип; насипати пагорб

mount [maʊnt] **1.** *n* 1) кінь (верблюд *і под.*) під сідлом 2) паспарту 3) оправа (*каменя*) 4) пагорб; височина **2.** *v* 1) підніматися, сходити 2) сідати (*на коня*) 3) посадити на коня 4) рости, збільшуватися 5) зростати (*про ціну*) 6) установлювати на узвишші 7) обійняти вищу посаду; **~ed** *a* 1) кінний 2) змонтований

mountain [ˈmaʊntɪn] *n* 1) гора 2) маса, купа, безліч, сила; **~eer** [ˌmaʊntɪˈnɪə] **1.** *n* 1) альпініст 2) горянин **2.** *v* займатися альпінізмом; **~eering** *n* альпінізм; **~ous** [ˈmaʊntənəs] *a* 1) гористий 2) величезний

mountebank [ˈmaʊntɪbæŋk] *n* 1) лікар-шарлатан, ошуканець 2) шахрай 3) фігляр; блазень

mourn [mɔːn] *v* 1) сумувати, оплакувати 2) носити жалобу 3) засмучуватися, уболівати; **~er** *n* 1) присутній на похороні 2) плакальник; **~ful** *a* сумний, скорботний, похмурий; **~ing** *n* 1) скорбота, сум 2) плач, ридання 3) жалоба

mous‖e 1. *n* [maʊs] (*pl* mice) *зоол.* миша **2.** *v* [maʊz] 1) ловити мишей 2) вистежувати (*тж* ~ around, ~ about, ~ along); ◻ **m. out** *амер.*

розпізнавати, дізнатися; **~etrap** *n* мишоловка; **~y** *a* 1) схожий на мишу 2) боязкий, тихий
mousse [muːs] *n* кул. мус
moustache [məˈstɑːʃ] *n* вуса, вус
mouth [maʊθ] **1.** *n* (*pl* **~s** [maʊðz]) 1) рот; вуста; **by m., by word of m.** усно 2) шийка (пляшки) 3) дуло, жерло 4) вхід (*до печери*) 5) гирло (*річки*) **2.** *v* [maʊð] 1) виголошувати 2) вимовляти чітко й голосно 3) кривлятися 4) хапати (*їжу*) губами (ротом) 5) впадати, вливатися (*про річку*); **~er** *n* 1) пишномовний оратор 2) хвалько; **m.-filling** *a* пихатий, бундючний; **~ful** *n* 1) повний рот (*чого-н.*); шматок; ковток 2) невелика кількість 3) *розм.* важко вимовлюване слово; **m. organ** *n* губна гармошка; **~piece** *n* 1) мундштук 2) мікрофон 3) промовець (*від групи*); виразник (*думок*); **~y** *a* 1) балакучий, багатослівний 2) пихатий
mov||e [muːv] **1.** *n* 1) рух, зміна місця 2) переїзд (*на іншу квартиру*) 3) учинок, крок 4) акція, дія 5) хід (*у грі*) **2.** *v* 1) рухати(ся); пересувати(ся) 2) надавати руху, уживати заходів; спонукувати (*до чого-н.*) 3) розвиватися (*про події*) 4) іти, посуватися (*про справи*) 4) переїжджати 5) зачіпати, зворушити 6) хвилювати; викликати (*які-н. емоції; to*) 7) вносити (*пропозицію*); звертатися (*до суду*); клопотати (for) 8) переходити в інші руки; продаватися 9) керувати, маніпулювати; **~able 1.** *n pl* рухомість, рухоме майно **2.** *a* 1) рухливий, переносний, розбірний, пересувний; портативний 2) рухомий (*про майно*) 3) перехідний (*за часом*); **~ement** *n* 1) рух, пересування 2) хід (*механізму*) 3) жест, рух тіла 4) переїзд, переселення 5) рух (*суспільний*) 6) муз. темп; ритм 7) розвиток дії, динаміка 8) ком. зміна; пожвавлення; **~er** *n* 1) двигун, рушій 2) ініціатор, автор (*ідеї*); **~iegoer** *n* кіноглядач, любитель кіно; **~iemaker** *n* кінематографіст; кіномаґнат; **~ing** *a* 1) що рухає(ться); переносний 2) зворушливий; **m. staircase** *n* ескалатор
Mr. (*скор. від* **Mister**) [ˈmɪstə] *n* містер, пан (*пишеться перед прізвищем і повністю у цьому випадку ніколи не пишеться*)
Mrs. (*скор. від* **Mistress**) [ˈmɪsɪz] *n* місіс, пані (*пишеться перед прізвищем замужньої жінки і повністю у цьому випадку ніколи не пишеться*)
much [mʌtʃ] **1.** *n* багато чого **2.** *a* (more; most) багато **3.** *adv* 1) дуже 2) значно 3) майже, приблизно
mud [ˈmʌd] *n* 1) бруд 2) муть; **~dle 1.** *n* 1) плутанина 2) змішане товариство **2.** *v* 1) сплутувати 2) бентежити 3) псувати; **~dle-headed** *a* безглуздий, тупий, нетямущий; **~dy 1.** *a*

1) брудний 2) непрозорий, мутний 3) плутаний, неясний 4) помутнілий (*про розум*) 5) тьмяний (*про світло*) 6) хрипкий (*про голос*) **2.** *v* 1) забризкати гряззю 2) каламутити; **~lark** *n* вуличний хлопчисько, безпритульний
muff [mʌf] **1.** *n* 1) муфта 2) *тех.* гільза 3) помилка, промах; невдача 4) нетямуща (придуркувата) людина. **2.** *v* 1) робити абияк; псувати; плутати *спорт.* схибити, промахнутися
muffin [ˈmʌfɪn] *n* 1) (гаряча) булочка, здоба 2) *амер.* оладка
muffler [ˈmʌflə] *n* 1) шарф 2) рукавиця 3) *тех.* глушник 4) *муз.* сурдинка
mufti I [ˈmʌftɪ] *n рел. араб.* муфтій
mufti II [ˈmʌftɪ] *n* 1) цивільна людина 2) цивільний одяг
mug [mʌɡ] **1.** *n* 1) кухоль, кубок (*як приз*) 2) прохолодний напій 3) *розм.* йолоп **2.** *v амер. розм.* грабувати на вулиці; **~ger** 1) *n зоол.* індійський крокодил 2) *амер. розм.* вуличний грабіжник
muggy [ˈmʌɡɪ] *a* вологий і теплий (*про погоду й под.*); задушливий, важкий (*про повітря*)
mulatto [mjuːˈlætəʊ] *n* мулат
mulberry [ˈmʌlb(ə)rɪ] *n бот.* шовковиця, шовковичне дерево
mulct [mʌlkt] **1.** *n* штраф, покарання **2.** *v* штрафувати
mul||e I [mjuːl] *n зоол.* мул; **~ish** *a* упертий (як осел)
mule II [mjuːl] *n* пантофля
mull [mʌl] **1.** *n* плутанина; безладдя **2.** *v* 1) переплутати; зіпсувати 2) *амер. розм.* міркувати, обмірковувати (over — *що-н.*)
mullah [ˈmʌlə, ˈmʊ-] *n* мулла
mullet [ˈmʌlɪt] *n іхт.* кефаль
multangular [mʌlˈtæŋɡjʊlə] **1.** *n мат.* багатокутник **2.** *a* багатокутний
multeity [mʌlˈtiːɪtɪ] *n* різноманіття; розмаїтість
multi- [ˈmʌltɪ-] *у скл. сл.* багато-; мульти-; **~form** *a* різноманітний
multichannel [ˌmʌltɪˈtʃænl] *a спец.* багатоканальний
multicolour [ˈmʌltɪˌkʌlə] *a* багатобарвний, багатоколірний
multifold [ˈmʌltɪfəʊld] *a* багаторазовий
multiformity [ˌmʌltɪˈfɔːmɪtɪ] *n спец.* поліморфізм
multimedia [ˌmʌltɪˈmiːdɪə] *a* з використанням різних засобів інформації, аудіо- та відеотехніки й под.
multimillionaire [ˌmʌltɪˌmɪljəˈneə] *n* мультимільйонер
multinational [ˌmʌltɪˈnæʃ(ə)nəl] *a* багатонаціональний

multiped [ˈmʌltɪped] *n зоол.* стонога; мокриця

multipl‖**e** [ˈmʌltɪpl] **1.** *n мат.* кратне число **2.** *a* 1) багаторазовий; численний 2) *мат.* кратний; **~icand** *n мат.* множене; **~ication** *n* 1) *мат.* множення 2) збільшення; **~icity** [ˌmʌltɪˈplɪsɪtɪ] *n* 1) складність 2) різноманітність, розмаїтість 3) численність; **~ier** *n* 1) *мат.* множник 2) коефіцієнт; **~y** *v* 1) *мат.* множити 2) збільшувати(ся) 3) розмножувати(ся) 4) виводити, розводити

multipurpose [ˌmʌltɪˈpɜːpəs] *a* універсальний; багатоцільовий

multistage [ˈmʌltɪsteɪdʒ] *a* 1) багатоступінчастий 2) багатокамерний 3) багатоповерховий

multitude [ˈmʌltɪtjuːd] *n* 1) безліч, сила, силасиленна 2) натовп

multitudinous [ˌmʌltɪˈtjuːdɪnəs] *a* 1) численний 2) різноманітний 3) широкий, просторий

multi-user [ˌmʌltɪˈjuːzə] *n обч.* комп'ютер з багатьма користувачами

multivocal [mʌlˈtɪvək(ə)l] *a* багатозначний

mumble [mʌmb(ə)l] *v* бурмотати, мимрити

mummy [ˈmʌmɪ] *n* 1) мумія 2) м'яка безформна маса

mumps [mʌmps] *n pl* (ужив. як sing) 1) *мед.* свинка 2) напад поганого настрою

munch [mʌntʃ] *v* жувати; плямкати

mundane [mʌnˈdeɪn] *a* 1) людський; земний 2) космічний; що стосується всесвіту

municipal [mjuːˈnɪsɪpl] *a* 1) муніципальний, міський; громадський 2) самоврядний; що стосується самоврядування 3) внутрішній; що стосується внутрішніх справ держави; **~ity** [mjuːˌnɪsɪpælɪtɪ] *n* муніципалітет

munific‖**ence** [mjuːˈnɪfɪsns] *n* щедрість; **~ent** *a* щедрий

mural [ˈmjʊə(ə)rəl] **1.** *n* фреска **2.** *a* 1) стінний 2) прямовисний, стрімкий

murder [ˈmɜːdə] **1.** *n* убивство **2.** *v* 1) убивати 2) спотворювати (*мову*) 3) погано виконувати; псувати (*муз. твір*) 4) марнувати (*час*); **~er** *n* убивця; **~ess** *n* убивця (*про жінку*); **~ous** *a* 1) смертоносний; убивчий 2) кривавий; кровожерливий; жорстокий

murk [mɜːk] **1.** *n* темрява, морок **2.** *a* темний, похмурий; **~y** *a* 1) темний, похмурий 2) понурий, хмурий 3) хмарний, туманний

murmur [ˈmɜːmə] **1.** *n* 1) дзюркіт; шерех (*листя*); дзижчання 2) шепіт 3) *мед.* шум (*у серці*) 4) ремствування **2.** *v* 1) дзюрчати; шелестіти; дзижчати 2) шепотіти 3) ремствувати, бурчати

muscat [ˈmʌskət, -kæt] *n* мускат (*виноград і вино*)

muscle [ˈmʌsl] **1.** *n* 1) м'яз, мускул 2) *перен.* сила **2.** *v* удиратися силою (in — куди-н.)

muscology [mʌsˈkɒlədʒɪ] *n* бріологія (*наука про мохи*)

muscul‖**ar** [ˈmʌskjʊlə] *a* мускулистий; дужий, сильний; **~arity** [mʌskjʊˈlærɪtɪ] *n* 1) мускулатура 2) мускулистість; **~ature** *n* мускулатура

muse [mjuːz] *n* 1) (M.) *грец. міф.* Муза 2) (the ~) натхнення; **~um** [mjuːˈziːəm] *n* музей; **m. piece** *n* музейна рідкість (*тж перен.*)

mush [mʌʃ] *n* 1) що-н. м'яке 2) дурниця, нісенітниця 3) перешкода, шум (*у радіоприймачі*) 4) *розм.* парасолька; **~room 1.** *n бот.* гриб **2.** *v* збирати гриби; **~y** *a* 1) м'який 2) пористий

music [ˈmjuːzɪk] *n* 1) музика 2) музичний твір 3) ноти 4) спів птахів; дзюрчання струмка; **~al 1.** *n* мюзикл; музичний фільм **2.** *a* 1) музичний 2) мелодійний; **m. case** *n* тека для нот; **m. hall** *n* 1) мюзик-хол 2) концертна зала; **~ian** [mjuːˈzɪʃn] *n* 1) музикант; оркестрант 2) композитор; **m. paper** *n* нотний папір; **m. stand** *n* пюпітр

musk [mʌsk] *n* мускат; **m.-ox** *n зоол.* вівцебик, мускусний бик; **~rat** *n* 1) *зоол.* ондатра 2) хутро ондатри; **~shrew** *n зоол.* хохуля

musket [ˈmʌskɪt] *n* мушкет; **~eer** [ˌmʌskəˈtɪə] *n іст.* мушкетер

mussel [ˈmʌs(ə)l] *n зоол.* мідія

Mussulman [ˈmʌs(ə)lmən, ˈmʊ-] **1.** *n* (*pl* тж -s) мусульманин **2.** *a* мусульманський

must *v* [mʌst (*повна ф.*), məs, məst (*редук. ф.*)] *модальне дієсл., що виражає:* 1) *повинність, зобов'язання:* **you m. do as you are told** ви повинні чинити так, як вам говорять 2) *необхідність:* **one m. eat to live** потрібно їсти, щоб жити 3) *упевненість, очевидність:* **you m. have heard about it** ви, напевне, про це чули 4) *заборону (у зап. ф.):* **you m. not go there** вам не можна ходити туди

mustang [ˈmʌstæŋ] *n зоол.* мустанг

mustard [ˈmʌstəd] *n* 1) гірчиця (*рослина, присмака*) 2) гірчичний колір; **m. plaster** *n* гірчичник

musteline [ˈmʌstɪl(ə)ɪn] *a* куниця; **m. family** *зоол.* родина куниць

muster [ˈmʌstə] **1.** *n* 1) огляд; перевірка 2) зібрання, скупчення, колекція 3) загальна кількість 4) зразок **2.** *v* 1) збирати (*ся*) 2) налічувати 3) зараховувати (*на службу й под.*) 4) перевіряти; □ **m. in** вербувати, набирати (*військо*); **m. out** звільняти (*з роботи*); **m. up** збирати(ся)

musty [ˈmʌstɪ] *a* 1) затхлий 2) застарілий; відсталий

muta‖**te** [mjuːˈteɪt] *v* видозмінювати(ся); **~tion**

n 1) зміна 2) мінливість, несталість 3) *біол.* мутація; мутант; **~ble** *a* мінливий, змінний, непостійний; **~nt** *біол.* **1.** *n* мутант **2.** *a* мутантний

mute [mju:t] **1.** *n* німа (людина) **2.** *a* німий

mutilat‖e [ˊmju:tɪleɪt] *v* 1) калічити, спотворювати, нівечити 2) перекручувати (*зміст і под.*); **~ion** *n* 1) каліцтво 2) спотворення, перекручення

mutin‖y [ˊmju:t(ə)nɪ] **1.** *n* бунт, заколот; повстання **2.** *v* зчиняти заколот; збунтуватися, бунтувати; **~eer** *n* заколотник, бунтівник; **~ous** *a* заколотний, бунтівний

mutton [mʌtn] *n* баранина

mutual [ˊmju:tʃʊəl] *a* 1) обопільний 2) спільний 3) відповідний; **~ity** *n* 1) обопільність; взаємність 2) взаємозалежність 3) подання допомоги одне одному

muzzle [ˊmʌzl] **1.** *n* 1) морда (*у тварин*) 2) намордник **2.** *v* 1) надягати намордник 2) обнюхувати (*про тварин*); **m.-sight** *n військ.* мушка

my [maɪ] *pron pass.* (*ужив. атрибутивно; пор.* mine) мій, моя, моє, мої; що належить мені; свій

myopi‖a [maɪˊəʊpɪə] *n мед.* короткозорість, міопія; **~c** *a мед.* короткозорий

myself [maɪˊself] *pron* 1) *refl.* себе; собі; мене самого; -ся 2) *emph.* сам, один

mystery [ˊmɪst(ə)rɪ] *n* 1) таємниця 2) таємничість 3) *театр.* містерія 4) детективний роман, оповідання й под. (*тж* ~ story)

mystic [ˊmɪstɪk] **1.** *n* містик **2.** *a* 1) містичний; що стосується містики 2) таємний, таємничий; **~ism** *n* містицизм

mystif‖y [ˊmɪstɪfaɪ] *v* містифікувати; **~ication** *n* містифікація

mistique [mɪˊsti:k] *n* таємничість, загадковість

myth [mɪθ] *n* 1) міф 2) вимисел, вигадка 3) нереальна річ; **~ic(al)** *a* 1) міфічний 2) фантастичний, вигаданий; **~icise** *v* створювати міф; **~ologic(al)** *a* міфологічний; міфічний; легендарний; **~ology** *n* 1) міфологія 2) міфи; збірник міфів

N

nacelle [næˊsel] *n ав.* 1) ґондола дирижабля 2) кабіна літака

nacre [ˊneɪkə] *n* перламутр; **~ous** *a* перламутровий

naevus [ˊniːvəs] *n (pl* -vi) невус, родимка, родима пляма

nag [næg] 1. *n* причіпка 2. *v* 1) прискіпуватися 2) хворіти, нити; **~ger** *n* причепа, буркун; буркотуха; сварлива жінка; **~ging** *a* 1) причепливий 2) ниючий

naiad [ˊnaɪæd] *n (pl тж* -des [-diːz]) *міф.* наяда

nail [neɪl] 1. *n* 1) цвях; наґель 2) ніготь 3) кіготь 2. *v* 1) прибивати 2) привертати (*увагу*); **~ed-up** *a* зроблений абияк

naive [nɑːˊiːv, naɪ-] *a* 1) наївний; простодушний, безпосередній 2) простакуватість, недалекість; обмеженість; **~ty** *n фр.* 1) наївність; простодушність 2) простакуватість, недалекість; обмеженість

naked [ˊneɪkɪd] 1. *n жив.* тло; ґрунт 2. *a* 1) голий, оголений 2) явний; неприхований, очевидний 3) незахищений, беззахисний 4) голослівний; <> **with the n. eye** неозброєним оком

name [neɪm] 1. *n* 1) ім'я (*тж* Christian n., given n., first n.); прізвище (*тж* family n., surname); **by n.** на ім'я 2) рід 3) (*зазв. pl*) лайка 4) назва, позначення 5) особистість 6) рід, родина 7) репутація 8) *грам.* іменник 2. *v* 1) давати ім'я 2) називати; 3) призначати 4) згадувати; наводити як приклад; **n.-child** *n* людина, названа на честь кого-н.; **n. day** *n* 1) іменини 2) хрестини; **~less** *a* 1) безіменний, невідомий; анонімний 2) невимовний 3) огидний, мерзотний; **~ly** *adv* а саме, тобто; **~plate** *n* табличка із прізвищем (*на дверях*); **~sake** *n* тезко

nanny goat [ˊnænɪgəʊt] *n зоол.* коза

nap [næp] 1. *n* дрімота 2. *v* дрімати; задрімати

nape [neɪp] *n* 1) потилиця 2) загривок, зашийок

napkin [ˊnæpkɪn] *n* 1) серветка 2) підгузок, пелюшка

narcissus [nɑːˊsɪsəs] *n (pl* -cissi, -cissuses [-ˊsɪsəsɪz]) *бот.* нарцис

narcot||ic [nɑːˊkɒtɪk] 1. *n* 1) наркотик; снодійне 2) наркоман 2. *a* наркотичний; снодійний; **~ism** [ˊnɑːkətɪzm] *n* 1) наркоз 2) наркоманія; **~ize** *v* 1) *мед.* усипляти 2) притупляти (*біль*)

narrat||e [nəˊreɪt] *v* розповідати; **~ion** *n* 1) повість, оповідання 2) виклад (*подій*); **~or** *n* 1) оповідач 2) диктор

narrow [ˊnærəʊ] 1. *a* 1) вузький 2) обмежений 3) докладний 2. *v* зменшувати(ся); **n.-gauge** [-ˊgeɪdʒ] *n зал.* вузькоколійка; **n.-minded** *a* обмежений, недалекий; **~ness** *n* вузькість (*поглядів*); обмеженість

narwhal [ˊnɑːwəl] *n зоол.* нарвал

nasal [ˊneɪz(ə)l] 1. *n фон.* носовий звук 2. *a* 1) носовий 2) гугнявий

nasty [ˊnɑːstɪ] *a* 1) огидний, бридкий; мерзенний 2) небезпечний, загрозливий 3) злісний; норовливий 4) кепський, поганий; паскудний 5) непристойний

natal [neɪtl] *a* що стосується народження

nates [ˊneɪtiːz] *n pl анат.* сідниці

nation [ˊneɪʃ(ə)n] *n* 1) народ, нація; народність 2) держава, країна; **~al** [ˊnæʃənl] 1. *n (часто pl)* 1) підданий якої-н. держави 2) співвітчизник, співгромадянин 2. *a* 1) національний, народний 2) державний; **~alism** *n* 1) патріотизм 2) націоналізм; **~alist** 1. *n* 1) борець за незалежність своєї батьківщини 2) націоналіст 2. *a* 1) національно-визвольний 2) націоналістичний; **~ality** [ˌnæʃəˊnælɪtɪ] *n* 1) національність 2) нація, народ 3) громадянство, підданство; **~alise** *v* націоналізувати; **~wide** *a* 1) загальнонаціональний 2) загальнонародний, усенародний

nativ||e [ˊneɪtɪv] 1. *n* 1) уродженець (of) 2) корінний мешканець, тубілець 3) місцева рослина *або* тварина 2. *a* 1) рідний 2) тубільний; місцевий 3) природжений, природний 4) *біол.* аборигенний 5) простий, природний; **~ity** [nəˊtɪvɪtɪ] *n* 1) (the N.) *рел.* Різдво 2) місце народження 3) гороскоп

natural [ˊnætʃ(ə)rəl] 1. *n* 1) *муз.* бекар 2) самородок; обдарована людина 3) *муз.* ключ C; <> **it's a n.!** чудово!, це саме те, що потрібно! 2. *a* 1) природний 2) дійсний, натуральний 3) звичайний 4) невимушений 5) притаманний 6) земний, фізичний 7) незаконнонароджений; **~ism** *n мист., філос.* натуралізм; **~ist** *n* натураліст; **~istic** *a* натуралістичний; **~isation** *n* 1) *юр.* натуралізація (*іноземця*) 2) акліматизація (*рослин, тварин*); **~ise** *v* 1) *юр.* натуралізувати(ся) (*про іноземця*) 2) акліматизувати(ся)

natur||e [ˊneɪtʃə] *n* 1) світ; усесвіт 2) суть, характер 3) природа 4) рід, сорт; клас; тип 5) характер, вдача 6) єство; організм; **against n.** протиприродний 7) *мист.* натура; **n. study** *п шкіл.* природознавство

naught‖y [ˈnɔːtɪ] *a* неслухняний, примхливий; бешкетний; **~iness** *n* 1) неслухняність 2) розбещеність

nause‖a [ˈnɔːzɪə, -sɪə] *n* 1) огида 2) морська хвороба 3) відраза; **~ate** *v* відчувати нудоту; **~ous** [ˈnɔːzjəs, -sjəs] *a* нудотний, огидний; смердючий

nautical [ˈnɔːtɪk(ə)l] *a* морський

nautilus [ˈnɔːtɪləs] *n* (*pl* -li, -luses [-ləsɪz]) *зоол.* кораблик

naval [ˈneɪv(ə)l] *a* флотський

navel [ˈneɪv(ə)l] *n* 1) пупок, пуп 2) центр, середина (*чого-н.*); **n.-string** *n анат.* пуповина

nav‖igate [ˈnævɪɡeɪt] *v* плавати, літати; **~igable** *a* 1) судноплавний 2) мореплавний; **~igation** *n* 1) мореплавство, судноплавство; навігація 2) кораблеводіння; літаководіння; аеронавігація; **~igator** *n* 1) мореплавець 2) *мор., ав.* штурман; **~y** *n* (*часто* the N.) військово-морські сили; **~y blue** *n* темно-синій колір

nay-say [ˈneɪseɪ] *n* відмова, заперечення

naze [neɪz] *n геогр.* ніс, (скелястий) мис

Neanderthal [nɪˈændətɑːl, -θ(ə)l] *палеонт.* 1. *n* неандерталець 2. *a* неандертальський

near [nɪə] 1. *a* 1) прилеглий, ближній; сусідній 2) найближчий (*про час*) 3) близький 4) схожий; подібний 5) лівий 6) важкий; кропіткий 7) прямий (*про шлях*) 8) скупий 2. *v* наближатися (*до чого-н.*); підходити 3. *prep* 1) біля, коло, поблизу (*про місце*) 2) до, біля, майже (*про час, вік*); **n.-beer** *n* безалкогольне пиво; **~by** 1. *a* близький, сусідній 2. *adv* неподалік; **~ness** *n* близькість; **~sighted** *a* короткозорий

neat [niːt] *a* 1) чистий, охайний 2) витончений 3) чіткий; розбірливий 4) точний; лаконічний 5) добре зроблений 6) умілий, спритний 7) нерозбавлений; **n.-handed** *a* спритний, вправний; **~ness** *n* 1) акуратність, охайність 2) чіткість 3) майстерність, спритність

nebul‖a [ˈnebjʊlə] *n* (*pl тж* -lae) *астр.* туманність; **~izer** *n* розпилювач; **~osity** *n* 1) хмарність; туманність 2) неясність, нечіткість; розпливчастість; **~ous** *a* 1) неясний, нечіткий 2) хмарний; мрячний

necess‖ary [ˈnesɪs(ə)rɪ] 1. *n* (*зазв. pl*) необхідне 2. *a* 1) необхідний, потрібний 2) неминучий 3) змушений, недобровільний; **~itate** *v* 1) робити необхідним, вимагати 2) викликати, спричиняти; **~ity** [nəˈsesətɪ] *n* 1) необхідність 2) нестаток, убогість 3) неминучість 4) *pl* предмети першої необхідності

neck [nek] *n* 1) шия 2) комір 3) шийка (*пляшки й под.*); горловина 4) *геогр.* перешийок; вузька протока; <> **up to the n.** по горло, по вуха; **~band** *n* 1) комір 2) стрічка (*на шиї*); **~let** *n* намисто; **~line** *n* викот; **~tie** *n* краватка

necro‖logy [nɪˈkrɒlədʒɪ] *n* 1) список померлих 2) некролог; **~mancer** [ˈnekrəʊmænsə] *n* чаклун, чарівник; **~mancy** *n* чорна магія; чаклунство; **~mantic** *a* чаклунський; **~polis** *n* (*pl* -ses) некрополь, цвинтар

need [niːd] 1. *n* 1) потреба 2) *pl* нестатки, запити 3) недолік 4) злидні 5) лихо, нещастя 2. *v* 1) мати потребу, потребувати 2) бідувати 3) *ірон.* заслуговувати 4) (*як модальне дієсл. в пит. і зап. реч.*) бути зобов'язаним; **~ful** 1. *n* необхідне 2. *a* потрібний, необхідний; насущний (to, for); **~ments** *n pl* потреби; **~y** *a* 1) бідний; нужденний 2) злиденний, убогий; **~less** *a* непотрібний, зайвий; марний

needle [niːdl] *n* 1) голка 2) спиця, гачок (*для в'язання*) 3) стрілка (*компаса*) 4) обеліск 5) стрімчак, бескид; **~fish** *n іхт.* риба-голка, морська голка; **~work** *n* 1) шиття; вишивання 2) рукоділля

ne'er-do-well [ˈneədʊˌwel] 1. *n* ледар; нікчемна людина 2. *a* ні до чого не здатний, нікчемний

nefarious [nɪˈfe(ə)rɪəs] *a* 1) мерзенний, підлий 2) нечестивий

negat‖e [nɪˈɡeɪt] *v* 1) спростовувати 2) відкидати 3) заперечувати існування (правдивість); **~ion** *n* 1) заперечення 2) ніщо, фікція

negativ‖e [ˈneɡətɪv] 1. *n* 1) заперечення; негативна відповідь, факт 2) відмова, незгода 3) *мат.* від'ємна величина 2. *a* 1) негативний; заперечний 2) безрезультатний 3) недоброзичливий 3. *v* 1) відкидати, відхиляти; спростовувати; заперечувати 2) нейтралізувати (*дію чого-н.*); **~ism** *n* нігілізм; крайній скептицизм; **~ity** *n* заперечність; негативність

negl‖ect [nɪˈɡlekt] 1. *n* 1) зневага; нехтування 2) *юр.* халатність 3) забуття 2. *v* 1) не дбати 2) забувати; **~ectful** *a* 1) неуважний 2) безтурботний; **~igence** [ˈneɡlɪdʒəns] *n* 1) недбалість 2) неохайність; **~igible** *a* незначний, дрібний

negotiat‖e [nɪˈɡəʊʃɪeɪt] *v* 1) домовлятися 2) переборювати (*перешкоду*); **~ed bidding** *n ком.* закриті торги; **~ion** *n* 1) *часто pl* переговори 2) подолання (*перешкод і под.*); **~or** *n* посередник

Negrillo [nɪˈɡrɪləʊ] *n* (*pl* -os, -oes [-əʊz]) пігмей; бушмен

Negroid [ˈniːɡrɔɪd] 1. *n* негроїд 2. *a* негроїдний

neigh [neɪ] 1. *n* іржання 2. *v* іржати

neighbour [ˈneɪbə] 1. *n* 1) сусідка, сусід; сусіда 2) предмет, що знаходиться поруч 3) *бібл.*

ближній 2. v 1) межувати; сусідити 2) дружити; **~hood** n 1) округа, район, околиця 2) сусідство, близькість 3) сусіди 4) добросусідські стосунки; **~ing** a сусідній, суміжний
neither [´naɪðə] 1. a ні той, ні інший; ніякий 2. pron жоден (із двох); ніхто
neither... nor [´neɪðə ´nɔ:] cj ні... ні...
nenuphar [´nenjʊfɑ:] n бот. латаття
neo- [ni:əʊ-] a нео-, ново-; **~classic** a неокласичний; **~colonialism** n неоколоніалізм; **~logism** n лінгв. неологізм; **~phyte** n 1) рел. неофіт, новонавернений 2) новачок; **~plasty** n мед. пластична операція
neonate [´ni:əneɪt] n мед. немовля
nephew [´nefju:, ´nev-] n небіж
nephrit||is [nɪ´fraɪtɪs] n мед. нефрит; **~ic** a мед. нирковий, нефритний
ne plus ultra [ˌneɪplʌs´ʌltrə, ˌni:-] n лат. сама довершеність
nepotism [´nepətɪzm] n кумівство, сімейність
Neptunian [nep´tju:nɪən] a геол. океанічний, морський
nerv||e [nɜ:v] 1. n 1) анат. нерв 2) мужність 3) сила, енергія; бадьорість 4) (зазв. pl) нерви, нервовість 2. v надавати сили, хоробрості; **~eless** a слабкий, кволий; млявий; **~e-racking** a дражливий; що впливає на нерви; **~ine** [´nɜ:vɪn] мед. 1. n заспокійливий засіб 2. a заспокійливий; **~ous** a 1) анат. нервовий 2) схвильований 3) мед. нервозний 4) що нервує 5) боязкий, боязливий; неспокійний
nest [nest] 1. n 1) гніздо 2) домівка 3) кубло 4) виводок 5) зграя; рій 2. v вити гніздо; гніздитися; **~egg** n 1) перен. принада 2) гроші, відкладені на чорний день; **~le** [´nesl] v 1) зручно улаштуватися, угніздитися 2) пригортатися 3) тулитися; ховатися 4) давати притулок; **~ling** n пташеня; маля
net I [net] 1. n 1) сітка; тенета 2) мережа 3) пастка 4) павутина 5) суть 2. v 1) розставляти сітки 2) потрапити в сітку 3) визначати вагу нетто; **~ting** n 1) плетіння сіток 2) ловля сітками 3) сіть, сітка 4) плетінка 5) в'язання; **~work** 1. n 1) сітка 2) мережа (каналів) 3) співтовариство 4) розрахункова схема 5) телевізійна й под. мережа 6) ел. ланцюг, схема 2. v 1) передавати по радіо- (телевізійній) мережі 2) створювати мережу (каналів)
net II [net] 1. n ек. 1) чистий прибуток 2) сальдо; нетто 2. a 1) чистий (про вагу) 2) остаточний 3) без домішок 3. v ек. давати чистий прибуток
Netherland||er [´neð(ə)ləndə] n нідерландець; голландець; **~ish** a нідерландський; голландський
nettle [´netl] 1. n кропива 2. v 1) дратувати, роздратовувати, сердити 2) жалити(ся) кропивою; **n. fish** n зоол. медуза; **n. rash** n мед. кропив'янка, кропив'яна лихоманка
neur||al [´njʊ(ə)rəl] a анат. нервовий; **~opathist** n невропатолог; **~osis** n мед. (pl -ses) невроз; **~osurgery** n нейрохірургія; **~otic** 1. n неврастенік 2. a невропатичний
neuter [´nju:tə] 1. n 1) грам. середній рід; іменник (прикметник, займенник) середнього роду 2) грам. неперехідне дієслово 3) ент. безстатева комаха 4) вет. кастрована тварина 2. a 1) грам. середній, середнього роду 2) грам. неперехідний (про дієслово) 3) бот. безстатевий 4) біол. недорозвинений 5) вет. кастрований 6) проміжний 7) нейтральний
neutral [´nju:trəl] 1. n 1) нейтральна держава 2) людина, яка займає нейтральну позицію 2. a 1) нейтральний 2) безсторонній 3) нейтралістський; позаблоковий 4) байдужий 5) неясний, нечіткий, невизначений 6) спокійний, неяскравий, нейтральний 7) біол. безстатевий; **~ism** n нейтралітет; **~ist** n нейтраліст; прихильник нейтралітету; **~isation** n нейтралізація; **~ise** v 1) нейтралізувати 2) урівноважувати, збалансувати 3) оголошувати нейтральною зоною 4) знешкоджувати; знищувати
neutrino [nju:´tri:nəʊ] n фіз. нейтрино
neutron [´nju:trɒn] n фіз. нейтрон
never [´nevə] adv 1) ніколи 2) жодного разу 3) аніскільки; **n.-ceasing** a безперервний; нескінченний; **n.-dying** a невмирущий, безсмертний; **n.-fading** a нев'янучий; **n.-n.** n 1) утопія 2) покупка на виплат; **~theless** 1. adv все-таки 2. cj проте; незважаючи на; однак; зате; **n.-to-be-forgotten** a незабутній
new [nju:] a 1) новий 2) інший; оновлений 3) недавній; недавно придбаний 4) свіжий; **n. wine** молоде вино 5) щойно знайдений, новий 6) додатковий 7) незнайомий; незвичний 8) недосвідчений 9) сучасний, новітній 10) знев. новоявлений; **~blown** a щойно розквітлий; що розпускається; **~born** a 1) новонароджений 2) відроджений; **~built** a 1) знову вибудуваний 2) перебудований; **~comer** n 1) новоприбулий 2) приїжджий 3) незнайомий; **n. growth** n пухлина, новоутворення; **n.-made** a 1) недавно зроблений 2) перероблений; **n.-minted** a 1) блискучий 2) новісінький; **n. moon** n молодик (про місяць); **~ness** n новизна; **~s** n pl (ужив. як sing) 1) вісті, повідомлення (преси й под.) 2) новина, новини, звістка; **~s agency** n телеграфна агенція; **~scast** n останні новини (по радіо); **~s conference** n прес-конференція; **~sman** n 1) кореспондент, журналіст 2) га-

зетяр; **~spaper** *n* 1) газета 2) *attr.* газетний; **~sreader** *n* радіо- або телекоментатор
Newfoundland [ˌnjuːf(ə)ndlænd, njuːˈfaʊndlənd] *n* ньюфаундленд, собака-водолаз; **~er** *n* мешканець Ньюфаундленду
newt [njuːt] *n* зоол. тритон
New Year [ˌnjuːˈjɪə] *n* Новий рік; **Happy N.!** з Новим роком!; **~'s** *a* новорічний; **~'s Eve** переддень Нового року
next [nekst] **1.** *n* наступний (найближчий) (*про людину або предмет*) **2.** *a* 1) сусідній 2) майбутній
nexus [ˈneksəs] *n* (*pl тж без змін*, -ses [-ɪz]) 1) ланцюг; низка (*подій та под.*) 2) зв'язок; ланка 3) *грам.* нексус
nib [nɪb] *n* 1) вістря пера 2) дзьоб (*птаха*) 3) виступ, клин; **~ble 1.** *n* 1) відкушування 2) невелика кількість їжі 3) клювання (*риби*) 4) *обч.* півбайта **2.** *v* 1) обгризати; відкушувати 2) пробувати (at) 3) їсти маленькими шматочками 4) клювати (*про риб*) 5) вагатися (at) 6) чіплятися (at)
nice [naɪs] *a* 1) гарний, милий 2) люб'язний; тактовний 3) витончений; елегантний 4) вишуканий (*про манери, стиль*) 5) апетитний, смачний 6) гострий 7) тонкий; що потребує делікатності 8) точний, чуттєвий (*про механізм*) 9) акуратний; скрупульозний 10) вибагливий; причепливий; педантичний; **n.-looking** *a* 1) привабливий 2) гарний, вродливий; **~ty** *n* 1) тонкість 2) пунктуальність; акуратність 3) старанність, ретельність; скрупульозність 4) складність, хитромудрість 5) *pl* тонкощі 6) добірність; витонченість 7) педантичність
niche [nɪtʃ, niːʃ] **1.** *n* 1) ніша 2) *перен.* притулок, сховання 3) придатне місце **2.** *v* 1) помістити в нішу 2) *refl.* знайти собі притулок
Nick [nɪk] *n* диявол, сатана (*зазв.* Old ~)
nick [nɪk] **1.** *n* 1) карб, зазубина; нарізка 2) тріщина; щілина; щербина 3) точний (критичний) момент **2.** *v* 1) робити мітку (зарубку) 2) розрізати; підрізати 3) устигнути вчасно 4) угадати; **~name 1.** *n* 1) прізвисько 2) зменшене ім'я **2.** *v* давати прізвисько
nicotin‖e [ˈnɪkətiːn] *n хім.* нікотин; **~ism** *n мед.* отруєння нікотином
nictitat‖e [ˈnɪktɪteɪt] *v* мигати, кліпати; моргати; **~ion** *n* мигання, кліпання; моргання
niddle-noddle [ˈnɪdlˌnɒdl] **1.** *a* 1) що киває 2) що трясеться (хитається); хитний **2.** *v* 1) ківати 2) трястися; хитатися
nid‖us [ˈnaɪdəs] *n лат.* (*pl* -di, -es [-ɪz]) 1) *зоол.* гніздо (*деяких комах*) 2) розсадник хвороб; **~ify** [ˈnɪdɪfaɪ] *v* вити гніздо
niece [niːs] *n* небога, племінниця
niggard [ˈnɪɡəd] *n* скупій, скнара; **~ly** *a* 1) скупий 2) жалюгідний

niggl‖e [ˈnɪɡl] *v* 1) займатися дрібницями; скнарити 2) прискіпуватися 3) дратувати, набридати; **~ing** *a* 1) дріб'язковий 2) копіткий 3) нерозбірливий (*про почерк*) 4) докучливий, дратівний
night [naɪt] *n* 1) ніч; вечір; **at n.** а) уночі; б) увечері 2) пітьма, темрява, морок 3) *attr.* нічний, вечірній; <> **n. and day** завжди, безперестану; **n.-bird** *n* 1) нічний птах 2) нічний гуляка, опівнічник 3) нічна пташка (*повія*) 4) нічний птах (*про злодія*); **~club 1.** *n* нічний клуб **2.** *v* відвідувати нічні клуби; **~fall** *n* 1) присмерк, сутінки, вечір 2) настання ночі (вечора); **n.-hag** *n* 1) відьма на мітлі 2) страхіття, кошмар; **~hawk** *n орн.* дрімлюга; **~ingale** *n орн.* соловей; **~life** *n* 1) нічне життя (*міста*) 2) нічні розваги; **n.-light** *n* каганець; **~long 1.** *a* що триває всю ніч **2.** *adv* усю ніч; **~ly 1.** *a* 1) нічний 2) щонічний **2.** *adv* уночі; щоночі; **~mare** *n* кошмар; **~marish** *a* кошмарний; **~school** *n* вечірня школа; **~shade** *n бот.* паслін; **n. shift** *n* нічна зміна; **~suit** *n* піжама; **n.-walker** *n* 1) сновида 2) повія 3) нічний бродяга; **n. watchman** *n* нічний сторож; **~work** *n* нічна (вечірня) робота
nigr‖escent [n(a)ɪˈɡres(ə)nt] *a* 1) чорнуватий 2) що темніє; **~itude** *n* чорнота; темрява, темінь
nihility [naɪˈɪlɪtɪ] *n книжн.* 1) небуття 2) ніщо; щось неіснуюче
nil [nɪl] *n* нічого, нуль
nilgai [ˈnɪlɡaɪ] *n зоол.* антилопа нільгау
Nilotic [naɪˈlɒtɪk] *a* нільський
nimble [ˈnɪmbl] *a* 1) моторний, спритний, меткий; легкий (*у рухах*) 2) жвавий, рухливий, гнучкий (*про розум*) 3) кмітливий 4) швидкий (*про відповідь*)
nimbus [ˈnɪmbəs] *n* (*pl* -bi, -es [-ɪz]) 1) німб, сяйво, ореол 2) *метео* дощова хмара
niminy-piminy [ˌnɪmɪnɪˈpɪmɪnɪ] *a* манірний, пихатий, бундючний
nin‖e [naɪn] **1.** *n* 1) (число) дев'ять 2) дев'ятка **2.** *num. card.* дев'ять; **~efold** *a* дев'ятиразовий; **~epins** *n pl* кеглі; **~eteen** *num. card.* дев'ятнадцять; **~eteenth 1.** *n* 1) дев'ятнадцята частина 2) (the ~) дев'ятнадцяте число **2.** *num. ord.* дев'ятнадцятий; **~eties** *n pl* 1) дев'яності роки 2) дев'яносто років; вік між дев'яноста і ста роками; **~etieth 1.** *n* дев'яноста частина 2. *num. ord.* дев'яностий; **~ety 1.** *n* дев'яносто (*одиниць, штук*) **2.** *num. card.* дев'яносто; **~th 1.** *n* 1) дев'ята частина 2) дев'яте число **2.** *num. ord.* дев'ятий
nip [nɪp] **1.** *n* 1) щипок; укус 2) відкушений шматок 3) (невеликий) ковток 4) ущипливе зауваження; причіпка 5) похолодання **2.** *v* (nipped [-t], nipt) 1) ущипнути; щипати 2) укусити (*про*

собаку) 3) затискати 4) пошкодити (морозом) 5) хильнути чарочки 6) позбуватися (*почуття*); покласти край 7) докоряти; чіплятися; **~ping** *a* 1) різкий (*вітер*); що щипає (*про мороз*) 2) ущипливий (*про зауваження*)

nipple [ˈnɪpl] *n* 1) *анат.* сосок (*груді*) 2) соска 3) бугор

Nipponese [ˌnɪpəˈniːz] **1.** *n* (*pl без змін*) японець; японка; **the ~** *pl збір.* японці **2.** *a* японський

nirvana [nɪəˈvɑːnə, nɜː-] *n* нірвана

nit [nɪt] *n* гнида; **~ty** *a* вошивий, гнидявий

nitr||ate [ˈnaɪtr(e)ɪt] *хім.* **1.** *n* нітрат **2.** *v* нітрувати; **~e** [ˈnaɪtə] *n хім.* селітра; **~ic** *a хім.* азотний; **~ogen** *n хім.* азот; **~ogenous** *a хім.* азотний; **~oglycerin(e)** *n хім.* нітрогліцерин

nival [ˈnaɪv(ə)l] *a* 1) сніговий 2) підсніговий, підсніжний

nixie [ˈnɪksɪ] *n міф.* русалка

no [nəʊ] **1.** *n* (*pl* noes [nəʊz]) 1) заперечення, ні 2) відмова 3) *pl* голоси проти **2.** *adv* 1) не; ніскільки не; анітрохи не 2) не (*при порівн. ст.* = not any, not at all); **I can wait no longer** не можу довше чекати **3.** *pron* 1) ніякий (= not eny; *перед ім. передається зазв. сл.* немає) 2) не (= not a); **no doubt** безсумнівно; **no wonder** не дивно 3) *означає заборону, відсутність*: **no smoking!** курити заборонено! 4) *з відділеслівним або ім. ґерундій означає неможливість*: **there's no knowing what may happen** не можна знати, що може трапитися; <> **no end of** безліч

nobili||ty [nə(ʊ)ˈbɪlɪtɪ] *n* 1) шляхетність; велич (*розуму*) 2) дворянство; вельможне панство; **~ary** *a* дворянський

noble [ˈnəʊbl] *a* 1) титулований, вельможний, знатний 2) прекрасний, чудовий; блискучий 3) шляхетний 4) величний; ставний 5) благородний (*про метал*) 6) *хім.* інертний (*про газ*); **~man** *n* 1) аристократ, вельможа 2) дворянин; титулована особа; пер: **n.-mindedness** *n* великодушність, шляхетність; **~ness** *n* шляхетність та ін. (*див.* noble); **~sse** [nəʊˈbles] *n фр.* 1) дворянство, аристократія 2) аристократичність; **~woman** *n* 1) аристократка 2) дворянка 3) дружина пера, леді

nobody [ˈnəʊbədɪ] **1.** *n* 1) нікому не відома людина 2) нікчема **2.** *pron* ніхто

nocent [ˈnəʊsnt] **1.** *n юр.* винуватець **2.** *a* 1) винуватий, винний 2) караний

noct- [nɒkt] *n у з'єдн.* вночі; **~ambulist** *n* сомнамбула, сновида; **~ambulism** *n* сомнамбулізм, лунатизм; **~ilucous** [nɒkˈtɪljʊkəs] *a* фосфоресцентний; що світиться вночі; **~ovision** *n* здатність бачити в темряві; **~urnal** *a* нічний; **~urne** [ˈnɒktɜːn] *n* 1) *муз.* ноктюрн 2) *жив.* нічна сцена

nod [nɒd] **1.** *n* 1) кивок; **to give smth. the n.** схвалити що-н. 2) клювання носом; дрімота **2.** *v* 1) кивати головою (*на знак згоди, вітання*) 2) куняти 3) нахилятися, хитатися (*про дерева*) 4) проґавити (*що-н.*) 5) покоситися, загрожувати обвалом (*про будинки*)

nodal [ˈnəʊdl] *a* центральний; вузловий

noddy [ˈnɒdɪ] *n* 1) простак, дурень 2) *орн.* фульмар

node [nəʊd] *n* 1) *бот.* вузол 2) *фіз., філос.* головний пункт 3) *мед.* наріст, потовщення

nodulose, nodulous [ˈnɒdjʊləʊs] *a* вузлуватий

nodus [ˈnəʊdəs] *n* (*pl* -di) 1) вузол (*інтриги і под.*) 2) ускладнення; заплутаність

Noel [nəʊˈel] *n* Різдво (*у піснях і гімнах*)

noe||sis [nəʊˈiːsɪs] *n філос.* 1) суто розумове сприйняття 2) пізнання; **~tic** [nəʊˈetɪk] *a філос.* 1) що стосується розуму; що сприймається тільки розумом 2) інтелектуальний, розумовий 3) абстрактний

nois||e [nɔɪz] **1.** *n* 1) шум, галас, гамір; ґвалт 2) поголос, чутка 3) звук (*неприємний*), гуркіт 4) перешкоди **2.** *v* 1) шуміти, галасувати, кричати 2) поширювати, розголошувати, оприлюднювати; **n.-killer** *n* шумоглушник; **~eless** *a* 1) беззвучний, безмовний 2) тихий; **~y** *a* 1) шумний 2) галасливий 3) крикливий, яскравий

noisettes [nwɑːˈzets] *n кул.* (*зазв. pl*) тюфтельки; фрикадельки

noisome [ˈnɔɪsəm] *a* 1) шкідливий 2) противний (*про запах*)

no-load [ˌnəʊˈləʊd] *n тех.* неробочий хід

nomad [ˈnəʊməd] *n* 1) кочівник 2) мандрівник; бурлака; **~ic(al)** *a* 1) кочовий 2) мандрівний, бродячий; **~ism** *n* 1) кочовий спосіб життя, номадизм 2) схильність до бродяжництва; **~ize** *v* кочувати, вести кочовий спосіб життя

nomenclature [nəʊˈmenklətʃə, ˈnəʊmənkleɪtʃə] *n* 1) номенклатура; список 2) термінологія 3) назва, номінація

nominal [ˈnɒmɪnl] *a* 1) номінальний 2) мізерний, умовний; символічний; дрібний 3) іменний; поіменний 4) *ек.* номінальний; загальний 5) *грам.* іменний

nomin||ate [ˈnɒmɪneɪt] *v* 1) висувати (пропонувати) кандидата (*на посаду*) 2) призначати (*на посаду*) 3) визначати (*дату*) 4) іменувати; **~ation** *n* 1) висування кандидата (*на посаду*) 2) призначення (*на посаду*) 3) називання, найменування, назва

nominative [ˈnɒm(ɪ)nətɪv] **1.** *n грам.* називний відмінок **2.** *a* 1) *грам.* називний 2) призначений (*на посаду*) 3) іменний

nominee [ˌnɒmɪˈniː] *n* кандидат (*на посаду*)

non- [nɒn-] *pref* надає протилежного знач.: **~essential** несуттєвий (essential істотний); **~acceptance** *n* 1) неприйняття 2) *юр.* неакцептування; **~aggression** *n* ненапад; **~aggressive** *a* неагресивний; **~aligned** *a полiт.* позаблоковий; нейтральний; **~alignment** *n полiт.* політика неприєднання; **~appearance** *n юр.* нез'явлення (*до суду*); **~attendance** *n* невідвідування (*занять*); **~believer** *n* 1) невіруючий 2) скептик; **~capital** *a юр.* що не карається стратою (*про злочин*); **~classified** *a* відкритий, незасекречений; без грифа (*про документ*); **~combatant** 1. *n* 1) нелавовий солдат (сержант, офіцер) 2) *pl* цивільне населення (*під час війни*) 2. *a* нелавовий, тиловий; **~committal** [,nɒnkə´mɪtl] 1. *n* ухильність; небажання пов'язувати себе зобов'язаннями 2. *a* ухильний; що ні до чого не зобов'язує; **~communicable** *a мед.* незаразний (*про хворобу*); **~compliance** *n* 1) непокора, непокірність 2) незгода; невідповідність; неузгодженість 3) недодержання, недотримання; **~content** [nɒnkən´tent] *n* незадоволений; незгодний; **~cooperation** *n* 1) політика бойкоту 2) відмова від співробітництва; **~dimensional** *a* безрозмірний; **~essential** 1. *n* дрібниця 2. *a* неістотний; **~existent** *a* неіснуючий; **~effective** *n війс.* солдат (матрос), непридатний для військової служби; **~feasance** [,nɒn´fi:zəns] *n юр.* 1) невиконання зобов'язання 2) бездіяльність (*влади*); **~ferrous** *a* кольоровий (*про метал*); **~fiction** *n* біографічний (публіцистичний *і под.*) твір; документальна література; **~flammable** *a* негорючий, незаймистий; **~fulfil(l)ment** *n* невиконання; **~governmental** *a* неурядовий; **~interference** *n* невтручання; **~moral** *a* аморальний; **~observance** *n* недотримання (*правил*); **~party** *a* безпартійний; **~payment** *n* несплата; неплатіж; **~persistent** *a* нестійкий; **~professional** *a* непрофесійний; **~proliferation** *n* нерозповсюдження ядерної зброї; **~resistance** *n* непротивлення, покірність; **~resistant** 1. *n* непротивенець 2. *a* 1) що не чинить опору 2) невитривалий; **~rigid** *a* еластичний; **~skid** *a* нековзний; неслизький; **~smoker** *n* 1) некурець 2) вагон (купе) для некурців; **~standard** *a* нестандартний; **~violence** *n* відмова від застосування насильницьких методів

nonage [´nəʊnɪdʒ] *n* 1) *юр.* неповноліття 2) юність 3) *перен.* незрілість

nonary [´nəʊn(ə)rɪ] 1. *n* група з дев'яти, дев'ятеро 2. *a* дев'ятерний (*про систему числення*)

nonce [nɒns] *n* даний випадок; даний час

nonchalan‖t [´nɒnʃələnt] *a* 1) невразливий; байдужий 2) безжурний; нечулий; недбалий; **~ce** *n* 1) невразливість; байдуж(н)ість 2) безжурність; недбалість

nonconform‖ist [,nɒnkən´fɔ:mɪst] *n* 1) (N.) *церк.* сектант, дисидент, розкольник; нонконформіст 2) інакодумець, дисидент; бунтар; **~ity** *n* 1) розкол 2) непокора 3) недодержання 4) невідповідність 5) збір. дисиденти

nondescript [´nɒndɪ,skrɪpt] 1. *n* щось непевне 2. *a* невизначеного виду; що не піддається описові

none [nʌn] 1. *pron* 1) ніхто, ніщо; жоден 2) ніякий; <> **n. but** ніхто крім; тільки; **n. of that!** перестань! 2. *adv* аж ніяк, зовсім не; ніскільки, нітрохи

nonentity [nɒ´nentɪtɪ] *n* 1) нікчема, нікчемність 2) ніщо, небуття

nonet [´nəʊnet] *n муз.* нонет

nonpareil [´nɒnɪp(ə)rəl, -pərəɪl] 1. *n* сама довершеність (*про людину, предмет*) 2. *a* незрівнянний, довершений

nonplus [,nɒn´plʌs] 1. *n* 1) замішання, збентеження 2) безвихідь 2. *v* 1) ставити у скрутне становище 2) заганяти у безвихідь

nonsens‖e [´nɒns(ə)ns] 1. *n* 1) нісенітниця, дурня 2) абсурдність 3) навіженство 2. *int* дурниця!, абсурд!, дурість!, нісенітниця!; **~ical** *a* безглуздий, нісенітний, дурний

non-stop [,nɒn´stɒp] 1. *n* 1) потяг (автобус *і под.*), що йде без зупинок 2) невпинний пробіг 2. *a* 1) безупинний; що йде без зупинок 2) *ав.* безпосадковий

nonsuch [´nʌnsʌtʃ] *n* сама довершеність; зразок

nonsuit [,nɒn´s(j)u:t] 1. *n* припинення позову 2. *v* відмовляти в позові; припиняти справу

noodle [´nu:dl] *n кул.* (*зазв. pl*) локшина

nook [nʊk] *n* 1) затишний куточок 2) притулок, пристановище 3) глушина 4) бухточка

noon [nu:n] *n* 1) полудень, південь 2) *перен.* зеніт, апогей; розквіт; **~tide** *n* 1) південь, полудень; середина дня 2) *перен.* найвища точка; розквіт; **~time** *n* час опівдні, середина дня

no one [´nəʊwʌn] *pron* ніхто

noose [nu:s] 1. *n* 1) петля; аркан; ласо 2) пастка, сільце 3) мертва петля 2. *v* 1) спіймати арканом (силоміць) 2) *перен.* заарканити, заманити в пастку 3) зав'язати петлею 4) повісити (*людину*)

nopal [´nəʊpl] *бот.* мексиканський кактус

nope [nəʊp] *adv розм.* ні

nor [nɔ:] *cj* 1) ужив. *для вираження заперечення в наступних зап. реч., якщо в першому міститься* **not, never** *або* **no** і... не, також... не 2) ужив. *для посилення твердження в зап.*

реч., що випливає за стверджувальним також, теж... не; **we are young, n. are they old** ми молоді, і вони також не старі 3): **neither... n.** ні... ні; **neither hot n. cold** ні холодно ні жарко 4) (замість neither у конструкції neither nor) ні; **n. he n. I was there** ні його, ні мене там не було

nor'- [nɔː] у скл. сл. означає північний; **nor'west** північний захід

Nordic [ˈnɔːdɪk] a етн. північний, нордичний, скандинавський

norland [ˈnɔːlənd] n північний район, північ

norm [nɔːm] n 1) критерій; правило 2) норма (виробітку); **~ative** a нормативний

normal [ˈnɔːm(ə)l] 1. n 1) нормальний стан 2) нормальний тип (розмір і под.) 3) геом. нормаль, перпендикуляр 2. a 1) нормальний, звичайний; звичний 2) психічно нормальний 3) середній, стандартний 4) геом. доземний (перпендикулярний); **~ity** [nɔːˈmælɪtɪ] n 1) нормальність, звичайний стан 2) відповідність нормі (стандарту); **~ization** n 1) нормалізація 2) стандартизація; **~ize** v 1) нормалізувати 2) нормувати

Norman [ˈnɔːmən] 1. n нормандець 2. a нормандський

Norse [nɔːs] 1. n 1) давньоісландська мова (тж Old N.) 2) (the N.) збір. скандинави; норвежці 2. a скандинавський, норвезький

Norseman [ˈnɔːsmən] n норвежець

north [nɔːθ] n 1) північ n 2) мор. норд 3) (зазв. the N.) полярні країни; Арктика 4) норд, північний вітер 2. a 1) північний 2) мор. нордовий 3. adv на північ, у північному напрямі; **~east** 1. n 1) північний схід 2) мор. норд-ост 2. a північно-східний; **~ern** [ˈnɔːðən] **lights** n pl північне сяйво; **n.-polar** a північний, полярний, арктичний; **~ward(s)** adv до півночі, на північ; **~west** 1. n 1) північний захід 2) мор. норд-вест 2. a північно-західний; **~wester** n 1) сильний північно-західний вітер 2) мор. норд-вест

Norwegian [nɔːˈwiːdʒən] 1. a норвезький 2. n норвежець; 2) норвезька мова

nose [nəʊz] 1. n 1) ніс 2) нюх, чуття 3) запах, аромат (чаю та под.); букет (вина) 4) шпигун; провокатор 5) носик (чайника); шийка (пляшки) 6) носова частина (човна) 2. v 1) нюхати, обнюхувати 2) вивідувати (тж ~ out) 3) вистежувати (after, for) 4) тертися (тикатися) носом 5) пхати свого носа; **~bleed** n кровотеча з носа; **~dive** 1. n 1) ав. піке 2) різкий спад (цін) 2. v ав. пікірувати; **~less** a безносий; **~r** n 1) сильний зустрічний вітер 2) донощик, провокатор

nosegay [ˈnəʊzɡeɪ] n букет квітів

no-show [ˌnəʊˈʃəʊ] n 1) пасажир (літака), який не з'явився; гість, який не прибув (у готель і под.) 2) позначка «не з'явився»

nostalg||ia [nɒˈstældʒə] n 1) туга за минулим 2) туга за батьківщиною, ностальгія; **~ic** a 1) що викликає тугу за минулим 2) який страждає від ностальгії

nostril [ˈnɒstrɪl] n ніздря

nostrum [ˈnɒstrəm] n 1) універсальний патентований засіб; ліки від усіх хвороб; панацея 2) засіб від усіх лих

not [nɒt] 1. n безрога вівця 2. a безрогий, комолий 3. adv 1) не, ні, ані (у поєднанні з допоміжними й модальними дієсл. набирає в розм. мові ф. n't [nt]: isn't, don't, didn't, can't і под.) 2) для посилення: **I won't go there, n. I** я ж не піду туди

nota bene [ˌnəʊtəˈbeneɪ] лат. 1. n нотабене, нотабена 2. v itp. знак NB; зверни особливу увагу, запам'ятай добре

notab||le [ˈnəʊtəbl] 1. n 1) визначний діяч 2) визначна подія 2. a 1) визначний, видатний 2) помітний; значний; **~ility** n 1) значність; важливе значення 2) видатність 3) знаменитість

notar||y [ˈnəʊtərɪ] n нотаріус; **~ial** [nəʊˈteərɪəl] a нотаріальний

note [nəʊt] 1. n 1) (зазв. pl) нотатки; запис 2) записка 3) короткий лист 4) примітка; виноска; посилання 5) накладна; вексель; банкнот 6) розписка 7) увага 8) дип. нота 9) муз. клавіша 10) звук, спів; крик 11) муз. нота, нотка, тон 12) сиґнал, знак 13) символ 14) репутація; популярність 15) ознака 2. v 1) зауважувати, звертати увагу 2) записувати, занотовувати (тж ~ down) 3) складати коментарі; анотувати 4) відзначати, зазначати 5) указувати, означати, значити 6) таврувати (ганьбою); **~book** n записна книжка; зошит; **~case** n гаманець; **~d** a відомий; видатний; **~less** a 1) непомітний; невідомий 2) немузичний; **~worthy** a вартий уваги; визначний

nothing [ˈnʌθɪŋ] 1. n 1) дрібниці, дріб'язок 2) небуття, нереальність 3) нуль; пусте місце 4) відсутність; пустота 2. pron ніщо, нічого; **~arian** [ˌnʌθɪŋˈeərɪən] n 1) людина, яка ні в що не вірить; нігіліст 2) атеїст, безбожник; **~ness** n 1) ніщо, небуття 2) неістотність; дрібниці 3) незначність

notice [ˈnəʊtɪs] 1. n 1) n 1) увага 2) інформування, сповіщення, повідомлення; попередження 3) огляд, рецензія 4) оголошення; афіша 2. v 1) помічати; звертати увагу 2) зазначати, згадувати 3) попереджати, повідомляти; відмовляти 4) оглядати, рецензувати; **~able** a 1) помітний, примітний 2) гідний уваги

notif||y [ˈnəʊtɪfaɪ] v 1) сповіщати, повідомляти (of, that) 2) оголошувати; розголошувати

3) давати відомості 4) реєструвати; записувати; **~ication** *n* 1) повідомлення; попередження 2) оголошення 3) реєстрація

notion [´nəʊʃ(ə)n] *n* 1) поняття, уявлення 2) *філос.* поняття, принцип, ідея 3) погляд, думка, переконання; точка зору 4) намір 5) винахід; дотепний пристрій (прилад); **~al** *a* 1) уявний 2) *філос.* умоглядний; абстрактний; теоретичний 3) примхливий, химерний 4) *амер.* причепливий; педантичний; **~alist** *n* 1) мислитель 2) теоретик 3) фантазер

notori‖ety [ˏnəʊtəˊraɪətɪ] *n* 1) недобра слава 2) загальновідомість; **~ous** [nəʊˊtɔːrɪəs] *a* 1) сумнозвісний; горезвісний 2) знаменитий, відомий

notwithstanding [ˏnɒtwɪθˊstændɪŋ] **1.** *prep* незважаючи на, попри, усупереч **2.** *adv* проте, однак **3.** *cj* хоча

nougat [´nuːgɑː] *n* нуга

nought [nɔːt] *n* 1) нуль, нікчема (*про людину*) 2) ніщо; for ~ даремно; задарма 3) *мат.* нуль

noun [naʊn] *n грам.* 1) іменник 2) ім'я

nourish [´nʌrɪʃ] *v* 1) живити, годувати 2) підживлювати, удобрювати (*ґрунт*) 3) плекати (*надію*) 3) **~ing** *a* 1) поживний 2) ситний; **~ment** *n* 1) харчування, їжа, харч 2) пожива (*для розуму*) 3) годування, живлення

novation [nəʊˊveɪʃ(ə)n] *n* 1) *юр.* новація, заміна існуючого зобов'язання новим 2) нововведення, новина

novel [´nɒv(ə)l] **1.** *n* 1) роман 2) новела 3) *pl* збірник новел 4) *юр.* додаток до закону **2.** *a* 1) новий, нововведений; оригінальний 2) *юр.* додатковий; **~ette** *n* повість; розповідь; новела; **~ettish** [ˏnɒvəˊletɪʃ] *a* сентиментальний; **~ist** *n* письменник-романіст; **~ise** *v* 1) оновлювати 2) запроваджувати нововведення; **~ty** *n* 1) новизна 2) новина; нововведення

November [nə(ʊ)ˊvembə] *n* листопад (*місяць*), *поет.* падолист

novic‖e [´nɒvɪs] *n* 1) *рел.* новонавернений, неофіт 2) початківець, новак; учень; **~iate** [nəʊˊvɪʃɪət] *n* 1) *церк.* послушництво 2) учнівство

now [naʊ] **1.** *n* даний момент, теперішній час **2.** *adv* 1) тепер, зараз, нині 2) негайно 3): **just n.** а) у даний момент; б) щойно 4) тоді, у той час (*в оповіданні*) **3.** *cj* 1) коли; раз; якщо 2) так ось; **~aday** *a* теперішній, нинішній, сучасний; **~adays** *n* сучасність, теперішній час; сьогодення

nowhere [´noʊwɛə] *adv* ніде, нікуди

no-win [ˏnəʊˊwɪn] *a* безнадійний

nowise [´nəʊwaɪz] *adv* у жодному випадку; зовсім ні; аж ніяк

noxious [´nɒkʃəs] *a* 1) шкідливий, згубний 2) отруйний

nth [enθ] *a мат.* енний; **n. degree** енний ступінь

nuance [´njuːɑːns] *n фр.* нюанс, відтінок

Nubian [´njuːbɪən] **1.** *n* 1) нубієць; нубійка; **the N.** *збір.* нубійці 2) нуба (*мова*) **2.** *a* нубійський

nubil‖e [´njuːbaɪl] *a* 1) який досяг шлюбного віку (*особ. про дівчину*) 2) шлюбний (*про вік*); **~ity** [njuːˊbɪlɪtɪ] *n* шлюбний вік

nucle‖ar [´njuːklɪə] *a фіз.* ядровий; **~us** *n* (*pl* -lei) ядро; центр; комірка; осередок

nud‖e [njuːd] **1.** *n* 1) оголена постать (*у живопису й под.*) 2) (the ~) голизна, оголеність **2.** *a* 1) оголений; голий 2) неприхований, ясний, голий (*факт*) 3) тілесного кольору 4) *юр.* недійсний (*про угоду*); **~ist** *n* нудист

nugget [´nʌgɪt] *n* 1) самородок (*золота*) 2) шматок, грудка

nuisance [´njuːs(ə)ns] *n* 1) прикрість; неприємність 2) набридлива (докучлива) людина 3) перешкода, незручність 4) *юр.* порушення громадського порядку

null [nʌl] **1.** *n мат.* нуль **2.** *a* 1) недійсний, нечинний 2) відсутній, нульовий 3) нехарактерний, невиразний 4) безрезультатний; **~ification** *n* 1) анулювання, скасування; визнання недійсним 2) знищення; зведення нанівець; **~ify** *v* 1) анулювати; знищувати; зводити нанівець 2) *юр.* відміняти, скасовувати; **~ity** *n* 1) *юр.* недійсність (*угоди й под.*) 2) нікчемність

numb [nʌm] **1.** *a* 1) онімілий, отерплий, заціпенілий 2) затерплий, зомлілий 3) задубілий (*від холоду*) **2.** *v* 1) спричиняти оніміння (задубіння) 2) *перен.* ошелешити, приголомшити; **n.-fish** *n іхт.* електричний скат; **~ness** *n мед.* 1) нечутливість 2) заклякання; заціпеніння

num‖ber [´nʌmbə] **1.** *n* 1) *мат.* сума, число, цифра 2) кількість 3) *pl* безліч 4) порядковий номер 5) випуск, число, примірник (*часопису й под.*) 6) група, компанія 7) *грам.* число 8) *pl* арифметика 9) показник; коефіцієнт **2.** *v* 1) зараховувати; числитися, бути серед (among, in) 3) нумерувати 4) налічувати 5) рахувати 6) призначати; **~berless** *a* 1) незліченний 2) без номера; **~berplate** *n авто* номерний знак; **~erable** [´njuːmərəbl] *a* обчислювальний; **~eral** 1) *грам.* 1) цифра; **the Arabic (Roman) ~erals** арабські (римські) цифри 2) *грам.* числівник **2.** *a* числовий; цифровий; **~eration** *n* 1) обчислення, лічба 2) нумерація; **~erator** *n* 1) *мат.* чисельник дробу 2) обчислювач 3) *тех.* нумератор, лічильник 4) обліковець; **~erous** *a* 1) численний 2) ритмічний

numerical [njuːˈmerɪk(ə)l] *a* числовий; цифровий; чисельний; **~ly** *adv* 1) за допомогою цифр, у цифрах 2) чисельно, кількісно

numismat∥ic [ˌnjuːmɪzˈmætɪk] *a* нумізматичний; **~ics** *n pl* (*ужив. як sing*) нумізматика; **~ist** [njuːˈmɪzmətɪst] *n* нумізмат

nummary, nummulary [ˈnʌmərɪ, ˈnʌmjʊlərɪ] *a* грошовий, монетний

nun [nʌn] *n* черниця; **~nery** *n* жіночий монастир; **~'s veiling** *n* вовняна вуаль (*тканина*)

nuncupative [nʌŋˈkjʊpətɪv] *a* юр. словесний, усний (*про заповіт*)

nundinal [ˈnʌndɪnəl] *a* ринковий, торговельний

nuptial [ˈnʌpʃ(ə)l] **1.** *n* (*зазв. pl*) весілля **2.** *a* шлюбний, весільний

nurs∥e [nɜːs] **1.** *n* 1) доглядальниця; медична сестра 2) годувальниця 3) нянька 4) *перен.* колиска 5) няньчення 6) *зоол.* робоча бджола (мурашка) **2.** *v* 1) няньчити 2) бути доглядальницею 3) лікувати (*нежить*) 4) бути годувальницею 5) ссати (*про дитину*) 6) пити повільно 7) *pass.* виховувати (*у певних умовах*) 8) пестити, плекати (*думку, надію*); мати, таїти (*злість*) 9) ощадливо господарювати 10) заохочувати, розвивати 11) приділяти значну увагу 12) їхати слідом; **n.-child** [ˈnɜːstʃaɪld] *n* вихованець, годованець; **~ery** *n* 1) дитяча кімната 2) дит'ясла 3) розсадник; розплідник; шкілка 4) інкубатор; **~ery governess** *n* бонна; вихователька; **~ery school** *n* дитячий садок (дитсадок); **~ing home** *n* приватна лікарня; **~ling** *n* 1) немовля 2) вихованець 3) улюбленець

nurture [ˈnɜːtʃə] **1.** *n* 1) виховання; навчання 2) харчування; їжа, корм **2.** *v* виховувати; навчати

nut [nʌt] **1.** *n* горіх **2.** *v* збирати горіхи; **~cracker** *n* щіпці для горіхів; **n.-pine** *бот.* 1) пінія 2) кедрове дерево, кедр; **~ting** *n* збирання горіхів; **n.-tree** *бот.* горіх (дерево), ліщина; **~let** *бот.* горішок

nutation [njuːˈteɪʃ(ə)n] *n* нахиляння; кивок (*головою*)

nuthatch [ˈnʌthætʃ] *n* орн. повзик

nutmeg [ˈnʌtmeg] *n* мускатний горіх

nutria [ˈnjuːtrɪə] *n* зоол. нутрія

nutrit∥ion [njuːˈtrɪʃ(ə)n] *n* 1) харчування, живлення 2) їжа; **~ive** [ˈnjuːtrɪtɪv] **1.** *n* харчовий продукт; їжа **2.** *a* поживний, харчовий

nuzzle [ˈnʌzl] *v* 1) нюхати 2) рити(ся) рилом 3) сопіти 4) притулитися; зручно влаштуватися 5) плекати, оберігати

nylon [ˈnaɪlɒn] **1.** *n* нейлон **2.** *a* нейлоновий

nymph [nɪmf] *n* 1) міф. німфа 2) ент. личинка 3) струмок, річка

O

O' [ɒ, əʊ] *pref* перед ірл. іменами, напр.: O'Neill О'Ніл

o' [ə-] *prep* (скор. від of) **two o'clock** друга година

oak [əʊk] *n бот.* дуб; **o. wood** *n* діброва; **~y** *a* дубовий, міцний

oakum [ˈəʊkəm] *n* клоччя

oar [ɔː] 1. *n* весло 2. *v* веслувати; **~ed** *a* весловий

oasis [əʊˈeɪsɪs] *n (pl* -ses) оаза

oat [əʊt] *n* 1) *бот.* овес 2) *pl* вівсяні крупи 3) пастораль; **o. flakes** *n pl* геркулес, вівсяні пластівці; **~meal** *n* 1) толокно 2) вівсяна каша

oath [əʊθ] *n* 1) клятва 2) божіння 3) богохульство; проклін; **o.-breaker** *n* клятвопорушник; **o.-breaking** *n* порушення клятви

obdura‖**te** [ˈɒbdʒʊnt] *a* 1) затятий 2) черствий; запеклий; **~cy** *n* 1) затятість 2) черствість; жорстокість

obedien‖**t** [əˈbiːdɪənt] *a* 1) слухняний 2) покірний; **~ce** *n* покора, підпорядкування; <> **in ~ce to** згідно з, відповідно до; **~tiary** [əbɪdɪˈenʃərɪ] *n* чернець

obeisance [əʊˈbeɪs(ə)ns] *n* 1) реверанс 2) повага; пошана, шана

obese [əʊˈbiːs] *a* гладкий; товстий

obey [əˈ(ʊ)beɪ] *v* 1) коритися; слухатися 2) керуватися (чим-н.)

obiter [ˈɒbɪtə] *adv лат.* між іншим, мимохідь

obituary [əˈbɪtʃʊ(ə)rɪ] 1. *n* некролог 2. *a* похоронний

object [ˈɒbdʒekt, -ɪkt] 1. *n* 1) предмет; річ 2) об'єкт 3) мета 2. *v* [əbˈdʒekt] 1) заперечувати, протестувати 2) не любити; не схвалювати; **o.-glass** *n опт.* об'єктив; **~ify** *v* утілювати; **~ion** *n* 1) протест 2) несхвалення 3) дефект 4) перешкода; заборона; **~able** *a* 1) небажаний; спірний; що викликає заперечення 2) вартий осуду, поганий 3) неприємний; незручний; **~ive 1.** *n* 1) мета; прагнення; завдання 2) *військ.* об'єкт 3) *опт.* об'єктив **2.** *a* 1) *філос.* дійсний 2) неупереджений, безсторонній; об'єктивний 3) предметний, речовий; **o. language** *n* обч. вихідна мова; **~less** [ˈɒbdʒɪktləs] *a* безпредметний, безцільний

oblation [əˈbleɪʃ(ə)n] *n* жертва, офіра; жертвування; **~al** *a* жертовний, офірний

oblig‖**e** [əˈblaɪdʒ] *v* 1) зобов'язувати; примушувати, силувати 2) догоджати 3) допомагати 4) бути вдячним; **~ate** [ˈɒblɪgeɪt] *v* 1) зобов'язувати (*зазв. pass.*) 2) робити обов'язковим; **~ation** *n* 1) повинність 2) зобов'язання 3) почуття вдячності 4) облігація; **~atory** [əˈblɪgət(ə)rɪ] *a* 1) обов'язковий 2) що зобов'язує; **~ee** [ˌɒblɪˈdʒiː] *n юр.* кредитор; **~ing** *a* обов'язковий; **~or** [ˈɒblɪgɔː] *n юр.* дебітор

obliterat‖**e** [əˈblɪtəreɪt] *v* 1) стирати; знищувати; викреслювати 2) згладжувати(ся) (*з пам'яті*); **~ion** *n* 1) стирання; знищення 2) забуття, згладжування

oblivi‖**on** [əˈblɪvɪən] *n* 1) безпам'ятність; забуття 2) амністія; **~ous** *a* 1) забудькуватий 2) неуважний 3) що надає забуття

obloquy [ˈɒbləkwɪ] *n* 1) ганьба 2) лихослів'я, паплюження

obnoxious [əbˈnɒkʃəs] *a* неприємний, противний, нестерпний

obo‖**e** [ˈəʊbəʊ] *n муз.* гобой; **~ist** *n* гобоїст

obscene [əbˈsiːn] *a* 1) непристойний 2) огидний, образливий

obscur‖**e** [əbˈskjʊə] **1.** *a* 1) незрозумілий 2) невиразний 3) тьмяний 4) відлюдний 5) безвісний **2.** *v* 1) затемнювати 2) загороджувати, заважати; **~ity** *n* 1) незрозумілість 2) морок 3) невідомість 4) що-н. незрозуміле

obsecration [ˌɒbsɪˈkreɪʃ(ə)n] *n* 1) благання 2) умилостивлення

obsequi‖**al** [əbˈsiːkwɪəl] *a* похоронний; **~es** [ˈɒbsəkwɪz] *n pl* похорон; поховання; **~ous** *a* 1) догідливий; улесливий 2) слухняний; запобігливий

observ‖**e** [əbˈzɜːv] *v* 1) спостерігати, стежити 2) зауважувати 3) висловлюватися 4) помічати 5) вивчати; **~ance** *n* обряд, звичай, ритуал; **~ant** *a* 1) спостережливий 2) ретельний; **~ation** *n* 1) спостереження 2) зауваження; **~er** *n* 1) спостерігач 2) оглядач

obsess [əbˈses] *v* 1) гнітити; не давати спокою 2) охоплювати (*про страх*)

obsolescence [ˌɒbsəˈles(ə)ns] *n* старіння

obstacle [ˈɒbstəkl] *n* перешкода, перепона, завада

obstetric‖**(al)** [əbˈstetrɪk(əl)] *a* акушерський; **~ian** *n* акушер; акушерка; **~s** *n pl* (*ужив. як sing*) акушерство

obstina‖**te** [ˈɒbstɪnɪt] *a* 1) упертий; наполегливий, завзятий 2) важковиліковний, тривкий (*про хворобу*); **~cy** *n* упертість; наполегливість, завзятість

obstreperous [əbˈstrep(ə)rəs] *a* 1) галасливий, шумний 2) неспокійний

obstruct [əbˈstrʌkt] *v* 1) перепиняти; захаращувати (*прохід*) 2) заважати; заступати; стати на перешкоді; **~ion** *n* 1) загородження, 2) перепона

obtain [əbˈteɪn] *v* 1) одержувати, діставати 2) домагатися, досягати 3) застосовуватися; існувати; **~able** *a* приступний, доступний, досяжний

obtru‖de [əbˈtruːd] *v* 1) нав'язувати(ся) 2) висовувати; викидати; **~sion** *n* нав'язування

obviate [ˈɒbvɪeɪt] *v* 1) уникати 2) усувати; позбуватися

obvious [ˈɒbvɪəs] *a* 1) явний, очевидний 2) ясний, зрозумілий 3) банальний 4) удаваний

occasion [əˈkeɪʒ(ə)n] **1.** *n* 1) подія 2) привід, причина, підстава 3) випадок, нагода 4) можливість 5) *pl* справи **2.** *v* спричиняти; заподіювати; **~al** *a* 1) випадковий; рідкісний 2) нерегулярний; несподіваний 3) підсобний; допоміжний

occidental [ˌɒksɪˈdent(ə)l] **1.** *n* (О.) уродженець (мешканець) Заходу **2.** *a* західний

occult [ˈɒkʌlt, əˈkʌlt] *a* 1) таємний, потаємний 2) таємничий; темний, окультний; **~ism** [ˈɒkəltɪzm] *n* окультизм

occup‖y [ˈɒkjʊpaɪ] *v* 1) орендувати 2) займати (*час*) 3) обіймати (*посаду*) 4) орендувати 5) окупувати; **~ancy** *n* 1) заволодіння 2) оренда; **~ant** *n* 1) мешканець 2) орендар 3) посадовець 4) *юр.* наймач 5) окупант; **~ation** *n* 1) заняття; фах; професія; праця 2) зайнятість 3) захоплення 4) загарбання, окупація 5) термін проживання; **~ational** *a* професійний

occur [əˈkɜː] *v* 1) траплятися; відбуватися 2) траплятися, попадатися 3) спадати на думку; **~rence** *n* 1) випадок, подія 2) явище 3) місцеперебування; поширення

ocean [ˈəʊʃ(ə)n] *n* океан; **~ian** [əʊˈʃeɪnɪən] **1.** *n* мешканець Океанії; полінезієць **2.** *a* що стосується Океанії; **~ic** *a* океанський, океанічний

ocelot [ˈɒsɪlɒt] *n зоол.* оцелот

o'clock [əˈklɒk] *adv* по годиннику, на годиннику; **what o. is it?** котра година?

oct- [ɒkt-] *n* окт-, (в)осьми-; **~agon** *n* восьмикутник; **~ave** *n муз.* октава; **~ennial** *a* восьмирічний; **~ogenarian** *a* вісімдесятирічний; **~opus** *n зоол.* спрут

October [ɒkˈtəʊbə] *n* жовтень

ocular [ˈɒkjʊlə] **1.** *n опт.* окуляр **2.** *a* 1) окулярний 2) наочний (*про доказ*)

oculist [ˈɒkjʊlɪst] *n* офтальмолог

odalisque [ˈəʊdəlɪsk] *n* одаліска

odd [ɒd] *a* 1) ексцентричний 2) нерегулярний 3) додатковий 4) непарний (*про річ*) 5) різнений; **~ity** *n* 1) дивина 2) дивак 3) дивна річ; **~s** *n pl* 1) шанси 2) перевага 3) розбіжність 4) незгоди

odi‖um [ˈəʊdɪəm] *n* 1) ненависть; відраза 2) ганьба 3) одіозність; **~ous** *a* 1) мерзенний, огидний 2) одіозний

odoriferous [ˌəʊdəˈrɪf(ə)rəs] *a* 1) духмяний 2) одіозний

odour [ˈəʊdə] *n* 1) аромат 2) присмак 3) слава, репутація

Odyssey [ˈɒdɪsɪ] *n* 1) Одіссея (*епопея*) 2) *перен.* одіссея, мандрування

oedema [ɪˈdiːmə] *n* (*pl* -ata) *мед.* набряк

oesophagus [iːˈsɒfəgəs] *n* (*pl* -gi) *анат.* стравохід

oestrum, oestrus [ˈiːstrəm, ˈiːstrəs] *n* 1) *ент.* ґедзь 2) імпульс, спонука 3) стимул, мотив

of [ɒv (*повна ф.*); əv (*редук. ф.*)] *prep* 1) указує на приналежність; передається Р. в.: **articles of clothing** предмети одягу 2) указує на авторство; передається Р. в.: **the works of Byron** твори Байрона 3) указує на об'єкт дії; передається Р. в.: **a lover of poetry** шанувальник поезії 4) указує на діяча; передається Р. в.: **the deeds of our heroes** подвиги наших героїв 5) указує на відношення частини й цілого; передається Р. в.: **some of us** деякі з нас 6) указує на вміст посудини; передається Р. в., **a pail of water** цебро води 7) указує на матеріал, із якого що-н. зроблено із; **a wreath of flowers** вінок із квітів 8) указує на якість, властивість, вік, передається Р. в.: **a man of talent** талановита людина 9) указує на причину від; через; із причини: **he did it of necessity** він зробив це з потреби 10) указує на джерело від, у; **he asked it of me** він запитав це в мене 11) указує на відстань від; **within 20 miles of Dublin** за 20 миль від Дубліна 12) указує на об'єкт рятування від; **to get rid of a cold** позбутися застуди 13) указує на об'єкт позбавлення, передається Р. в.: **the loss of power** утрата влади 14) указує на кількість од. виміру у(в); **a fortune of 5000 pounds** кошти у 5000 фунтів 15) указує на тему розмови; розмірковування й под. про, щодо, стосовно; **I have heard of it** я чув про це 16) указує на час: **of late** нещодавно 17) указує на предмет побоювань, підозр і под. у(в); **to accuse of a lie** обвинувачувати в неправді 18) указує на смак, запах і под.; передається Ор. в.: **to smell of flowers** пахнути квітами 19) **it is nice of you** це люб'язно з вашого боку 20) *уводить додаток*: **by the name of Ocky** на ім'я Окі 21) *ужив. в нерозкладних словосполученнях із попереднім визначальним ім.*: **a beauty of a girl** красуня

off [ɒf] **1.** *prep* указує на: 1) відстань від 2) видалення з поверхні 3) відхилення від норми; **o. one's food** без апетиту **2.** *a* 1) далекий, віддалений 2) правий; розташований із правого боку 3) маломовірний 4) вільний (*про час*) 5) другорядний, незначний 6) знятий 7) мертвий (*про сезон*) **3.** *int* геть!; **~icious** *a* 1) настирливий, надокучливий 2) неофіційний 3) послужливий, догідливий; **o.-key** *a* 1) неприродний 2) недоладний; **~set 1.** *n* 1) пагін 2) компенсація 3) контраст 4) відгалуження 5) нащадок **2.** *v* [ˌɒfˈset] 1) компенсувати 2) зводити баланс; **~spring** *n* 1) нащадок 2) продукт, результат, плід; **o.-the-shelf** *a* 1) готовий 2) наявний у продажу; **o.-time** *n* вільний час

offcast [ˈɒfkɑːst] **1.** *n* вигнанець; знедолений **2.** *a* знехтуваний

offen∥d [əˈfend] *v* 1) ображати, кривдити 2) схибити 3) *юр.* порушувати (*закон*; against) 4) *юр.* учиняти злочин 5) *бібл.* спокушати; збивати з пуття; **~ce** *n* 1) провина; порушення 2) образа, кривда 3) *юр.* правопорушення, злочин 4) *бібл.* камінь спотикання 5) сумнів, невіра, зневіра; **~der** *n* 1) *юр.* правопорушник, злочинець 2) кривдник; **~sive 1.** *n* наступ, атака **2.** *a* 1) образливий, кривдний 2) неприємний, огидний, бридкий 3) наступальний, агресивний

offer [ˈɒfə] **1.** *n* 1) пропозиція 2) спроба **2.** *v* 1) пропонувати 2) приносити (*у жертву*) 3) намагатися 4) траплятися; **~ing** *n* 1) офірування 2) офіра 3) пропозиція

offhand [ˈɒfˈhænd] **1.** *adv* 1) експромтом, без підготовки 2) безцеремонно **2.** *a* 1) імпровізований 2) безцеремонний

offic∥e [ˈɒfɪs] *n* 1) контора, офіс 2) служба, місце, посада 3) повноваження 4) (O.) міністерство 5) обов'язок 6) (*зазв. pl*) послуга 7) знак, відомості; **o.-bearer** *n* чиновник, посадовець; **o. boy** *n* розсильний, посильний; **o. copy** *n* засвідчена копія документа; **~er 1.** *n* 1) офіцер; командир 2) *pl* офіцери 3) полісмен 4) урядовець **2.** *v* (*зазв. pass.*) командувати; **o. seeker** *n* претендент на посаду; **~ial 1.** *n* службовець **2.** *a* 1) службовий; посадовий 2) формальний 3) офіційний

often [ˈɔːftn] *adv* часто, неодноразово

ogle [ˈəʊgl] **1.** *n* закоханий погляд **2.** *v* ніжно поглядати

ogre [ˈəʊgə] *n* велетень-людожер

oil [ɔɪl] *n* 1) олія; **~car** *n* *зал.* цистерна; **~cloth** *n* церата (клейонка); лінолеум; **~coat** *n* дощовик; **~ed** *a* змащений; **~field** *n* 1) родовище нафти 2) нафтовий промисел; **~fuel** *n* рідке пальне; **o. tanker** *n* танкер; **o. well** *n* нафтова свердловина; **~y** *a* 1) олійний 2) жирний 3) улесливий, догідливий

ointment [ˈɔɪntmənt] *n* мазь, притирання; помада

old [əʊld] **1.** *n* 1) (the ~) *pl* зб. старі 2) давнина **2.** *a* (older, elder; oldest, eldest) 1) старий 2) досвідчений 3) колишній; **o.-age** *a* старечий; **o.-established** *a* давній; **O. Glory** *n* державний прапор США; **o.-timer** *n* 1) ветеран 2) старомодна річ; **O. World** *n* Старий Світ, східна півкуля

oligarch [ˈɒlɪɡɑːk] *n* олігарх; **~y** *n* олігархія

olive [ˈɒlɪv] *n* олива, маслина; **o. branch** *n* оливкова гілка (*як символ миру*); **o. crown** *n* оливковий вінок (*переможця*)

omega [ˈəʊmɪɡə] *n* 1) омега (*остання літера грец. абетки*) 2) кінець, завершення

omelet(te) [ˈɒmlɪt] *n* омлет, яєчня

omen [ˈəʊmən] **1.** *n* 1) ознака, знак, прикмета 2) передчуття (*чого-н. поганого*); призвістка **2.** *v* передвіщати; провіщати

omerta [əʊˈmɜːtə, ˌɒməˈtɑː] *n іт.* омерта, закон мовчання

ominous [ˈɒmɪnəs] *a* лиховісний, загрозливий

omi∥t [ə(ʊ)ˈmɪt] *v* 1) пропускати; зневажати (*що-н.*) 2) не включати; нехтувати; **~ssible** *a* неважливий, несуттєвий; **~ssion** *n* недогляд, упущення

omnibus [ˈɒmnɪbəs] *n* 1) омнібус 2) однотомник (*тж* ~ volume)

omnicompetent [ˌɒmnɪˈkɒmpɪt(ə)nt] *a* наділений усіма повноваженнями

omnifarious [ˌɒmnɪˈfɛ(ə)rɪəs] *a* усякий; різноманітний

omul [ˈɒmjuːl] *n іхт.* омуль

on [ɒn] *prep* 1) *у просторовому знач. вказує на*: а) *перебування на поверхні якого-н. предмета* на; **the cup is on the table** чашка на столі; б) *перебування біля якого-н. водяного простору* на, біля; в) *напрямок* на; **on the West** на заході; г) *спосіб пересування* (у) в, на; **on a train** у потязі (потягом) 2) *у тимчасовому знач. вказує на*: а) *певний день, термін* у; **on time** вчасно; б) *послідовність, черговість настання дій* після; в) *одночасність дій* під час, протягом; **on my way home** дорогою додому 3) *указує на мету* у, за на; **he went on business** він вирушив у справі; 4) *указує на стан, процес, характер дії* (у) в, на; **on sale** у продажу 5) *указує на підставу, причину, джерело* із, на, (у) в, по; **on that ground** на цій підставі 6) у (*складі, серед*); **on the list** у списку 7) про, відносно, стосовно, з, на 8) *указує на напрямок дії, передається Д. в.*: **she smiled on me** вона мені посміхнулася 9) за (*що-н.*), на (*що-н.*)

once [wʌns] *n* один раз; **for (this) o.** цього разу, як виняток
oncology [ɒŋˈkɒlədʒɪ] *n мед.* онкологія
oncoming [ˈɒn,kʌmɪŋ] **1.** *n* наближення, настання **2.** *a* наступний, майбутній
ondatra [ɒnˈdætrə] *n зоол.* ондатра
one [wʌn] **1.** *n* 1) одиниця, число один 2) *ужив. як слово-замінник у знач.* «людина» **2.** *a* 1) цілий, єдиний, нерозлучний 2) той самий 3) однаковий, незмінний **3.** *num. card.* 1) один 2) номер один, перший; <> **o. or two** декілька **4.** *pron indef.* дехто, деякий, хто-небудь, хтось, якийсь; **o.-aloner** *n* самотня людина, одинак; **~fold** *a* 1) простий, нескладний 2) простодушний; **o.-horse** *a* малопотужний; **o.-ideaed** [-aɪˈdɪəd] *a* 1) вузький (*світогляд*) 2) обмежений (*про людину*); **o.-man** *a* 1) одиночний 2) одномісний; **~ness** *n* 1) самітність 2) винятковість 3) згода 4) єдність, спільність 5) ідентичність, тотожність; **~rous** *a* обтяжний, скрутний; **~self** *pron* 1) *refl.* себе; -ся; собі 2) *emph.* сам, (самому) собі; (самого) себе; **~sided** *a* кривобокий, однобокий; *перен.* односторонній, упереджений; **~time** *a* колишній
onflow [ˈɒnfləʊ] *n* плин; приплив; течія
onion [ˈʌnjən] **1.** *n бот.* цибуля **2.** *v* присмачувати цибулею
onlooker [ˈɒn,lʊkə] *n* глядач, спостерігач; свідок
onset [ˈɒnset] *n* натиск, напад
onto [ˈɒntʊ, -tə] *prep* на, в, у
onus [ˈəʊnəs] *n* тягар; відповідальність; обов'язок
onward [ˈɒnwəd] **1.** *a* спрямований уперед; прогресивний **2.** *adv* уперед, попереду
open [ˈəʊpən] **1.** *n* 1) отвір 2) відкрите місце, відкритий простір 3) (the ~) перспектива **2.** *a* 1) відкритий; відчинений 2) розгорнутий (*про книжку*) 3) неупереджений 4) незайнятий 5) незавершений; невикористаний **3.** *v* 1) відкривати(ся), відчиняти(ся) 2) розкривати(ся), розгортати(ся) 3) засновувати 4) починати(ся) 5) працювати, функціонувати; **o.-air** *a* що відбувається просто неба; **o.-and-shut** *a* елементарний; очевидний; **~armed** *a* з розпростертими обіймами; **~eyed** *a* з широко відкритими очима; *перен.* пильний; **~handed** *a* щедрий; **~ing 1.** *n* 1) отвір 2) розколина; прохід (*у горах*) 3) слушний випадок 4) початок, вступ 5) відкриття 6) вакансія 7) канал; протока **2.** *a* 1) початковий, перший 2) вступний 3) вихідний; **~ness** *n* 1) відвертість; прямота 2) очевидність 3) неупередженість; **~work** *n* 1) ажурна робота 2) мережка
opera [ˈɒp(ə)rə] *n* опера; **~tic** *a* оперний

opera||te [ˈɒpəreɪt] *v* 1) працювати; діяти 2) завідувати 3) впливати, діяти (on, upon) 4) *мед.* оперувати (on) 5) керувати(ся) 6) розробляти 7) визначати, спрямовувати; **~ble** *a* 1) діючий 2) *мед.* операбельний; **~nd** *n* 1) *мат.* об'єкт (дії) 2) *обч.* операнд; **~ted** *a* керований; **~ting** *a* 1) операційний 2) поточний 3) робочий; **~ting room** *n* операційна; **~tion** *n* 1) дія; функціонування 2) процес 3) *військ.* торговельна операція (угода) 5) *мед.* хірургічна операція 6) розробка, експлуатація; **~tive** [ˈɒpərətɪv] **1.** *n* робітник **2.** *a* 1) робочий 2) чинний 3) оперативний 4) *мед.* операційний 5) рушійний; **~tor** *n* 1) оператор 2) механік 3) радист; зв'язківець 4) диспетчер 5) біржовий маклер
operetta, operette [ˌɒpəˈretə, -ˈret] *n* оперета
ophidian [ɒˈfɪdɪən] **1.** *n зоол.* змія **2.** *a* змієподібний, зміїстий
ophthalmolog||y [ˌɒfθælˈmɒlədʒɪ] *n* офтальмологія; **~ist** *n* офтальмолог
opiate [ˈəʊpɪ(e)ɪt] **1.** *n* 1) опіат 2) заспокійливий засіб **2.** *a* 1) що містить у собі опій 2) наркотичний; снодійний **3.** *v* 1) змішувати з опієм 2) присипляти, усипляти
opin||e [əʊˈpaɪn] *v* 1) висловлювати думку 2) уважати, гадати; **~ion** [əˈpɪnɪən] *n* 1) думка, погляд; переконання 2) думка, висновок фахівця; оцінка 3) *юр.* судове рішення; **~ionated** *a* самовпевнений; упертий; свавільний
opium [ˈəʊpɪəm] *n* опій, опіум
opossum [əˈpɒsəm] *n зоол.* опосум
opponent [əˈpəʊnənt] **1.** *n* 1) опонент, конкурент 2) ворог 3) *спорт.* суперник **2.** *a* 1) протилежний 2) ворожий
opportun||e [ˈɒpətjuːn] *a* 1) своєчасний, вчасний; доречний 2) сприятливий; придатний; належний, слушний; **~ity** *n* 1) добра нагода 2) можливість, перспектива
oppos||e [əˈpəʊz] *v* 1) протиставляти (with, against) 2) чинити опір; пручатися; заважати 3) виступати проти; **~ed** *a* 1) протилежний 2) супротивний; налаштований проти; **~ite** [ˈɒpəzɪt] **1.** *n* протилежність **2.** *a* 1) розташований навпроти; протилежний 2) зворотний, протилежний **3.** *adv, prep* проти, навпроти; **~ition** *n* 1) опір; протидія; ворожнеча 2) опозиція 3) контраст, протилежність 4) *астр.* протистояння; **~itionist** *n* опозиціонер; супротивник
oppress [əˈpres] *v* 1) пригноблювати, гнобити 2) пригнічувати, гнітити; засмучувати 3) підкоряти, підпорядковувати; **~ion** *n* 1) утиск, гноблення, гніт; тиранія 2) пригніченість; **~ive** *a* 1) деспотичний 2) гнітючий, пригноблюючий; обтяжливий; **~iveness** *n* гнітюча

атмосфера; **~or** *n* гнобитель, пригноблювач; деспот, тиран
opprobrious [əˈprəʊbrɪəs] *a* 1) образливий 2) ганебний
opt [ɒpt] *v* вибирати, робити вибір; **~ation** *n* бажання; побажання
optic [ˈɒptɪk] *a* очний, зоровий; **the o. nerve** зоровий нерв; **~al** *a* зоровий, оптичний; **~s** *n pl* (*ужив. як sing*) оптика
optim‖ism [ˈɒptɪmɪzm] *n* оптимізм; **~ist** *n* оптиміст; **~istic(al)** *a* оптимістичний; **~um** *n* (*pl тж* -ma) найсприятливіші умови
option [ˈɒpʃ(ə)n] *n* 1) вибір, право вибору 2) предмет вибору 3) *юр.* оптація 4) *ком.* опціон; **~al** *a* необов'язковий; факультативний
opulen‖t [ˈɒpjʊlənt] *a* 1) заможний 2) рясний, пишний; **~ce** *n* 1) заможність 2) численність, рясота
or [ɔː, ə] *cj* або, чи
orach(e) [ˈɒrɪtʃ] *n бот.* лобода
orac‖le [ˈɒrəkl] *n* 1) пророцтво 2) оракул 3) незаперечна істина 4) путівник, порадник 5) *pl* Біблія; **~ular** *a* 1) пророчий 2) двозначний, неясний 3) догматичний 4) зловісний
oral [ˈɔːrəl] *a* 1) усний 2) *мед.* соматичний 3) *мед.* оральний
orange [ˈɒrɪndʒ] **1.** *n* 1) помаранч, апельсин 2) жовтогарячий колір **2.** *a* 1) помаранчевий, апельсиновий 2) жовтогарячий; **~ade** [ˌɒrɪndʒˈeɪd] *n* оранжад (*напій*)
orangutan, orangoutang [ɔːˌræŋuːˈtæn, -ˈtæn] *n зоол.* орангутан(г)
orat‖ion [əˈreɪʃ(ə)n, ɔː-] *n* 1) промова 2) *грам.*: **direct (indirect) o.** пряма (непряма) мова; **~or** *n* промовець, оратор; **~orical** *a* 1) ораторський, красномовний 2) риторичний; **~ory** [ˈɒrətrɪ] *n* 1) красномовство; риторика 2) просторікування 3) каплиця
orb [ɔːb] **1.** *n* 1) держава (*королівська реґалія*) 2) куля; сфера 3) безліч, сила-силенна 4) коло, диск, кільце 5) становище в суспільстві 6) орбіта; коло, оберт **2.** *v* 1) поміщати в коло 2) ставати круглим, закругляти(ся); **~ed** *a* округлий; сферичний; **~it 1.** *n* 1) орбіта 2) сфера діяльності **2.** *v* 1) виходити на орбіту 2) рухатися по орбіті; **~ital** *a* 1) орбітальний 2) *анат., зоол.* очний
orchard [ˈɔːtʃəd] *n* фруктовий сад
orchestic [ɔːˈkestɪk] *a* танцювальний
orchestra [ˈɔːkɪstrə] *n* оркестр
orchid [ˈɔːkɪd] *n бот.* орхідея
ordeal [ɔːˈdiːl] *n* 1) тяжке випробування 2) *іст.* ордалії
order [ˈɔːdə] **1.** *n* 1) порядок; послідовність; розташування 2) наказ 3) порядок, спокій 4) верства суспільства 5) рід, сорт; рівень; властивість 6) реґламент; порядок ведення (*зборів*) 7) замовлення 8) державний устрій 9) відзнака 10) вексель, чек 11) товариство 12) *військ.* ранґ, чин, звання **2.** *v* 1) наказувати; розпоряджатися 2) направляти; відсилати 3) замовляти 4) упорядковувати, доводити до ладу 5) розташовувати, розкладати 6) прописувати (*ліки й под.*) 7) визначати; **~ly 1.** *n* 1) санітар 2) *військ.* ординарець 3) прихильник закону й порядку **2.** *a* 1) організований 2) правильний, реґулярний 3) спокійний, дисциплінований 4) акуратний, охайний 5) *військ.* черговий **o. paper** *n* порядок денний
ordinal [ˈɔːdɪn(ə)l] *грам.* **1.** *n* порядковий числівник **2.** *a* порядковий
ordinance [ˈɔːdɪnəns] *n* 1) указ, декрет; статут, закон 2) *церк.* обряд
ordinary [ˈɔːd(ə)nrɪ] *a* 1) звичний, звичайний 2) простий, нескладний 3) пересічний
ordination [ˌɔːdɪˈneɪʃ(ə)n] *n* розташування
ore [ɔː] *n* руда
organ [ˈɔːgən] *n* 1) *муз.* орґан 2) орґан, частина тіла 3) голос 4) газета 5) орган, установа; **o.-grinder** *n* катеринщик, шарманщик; **~ic** [ɔːˈgænɪk] *a* 1) органічний 2) систематизований; погоджений 3) натуральний; **~ization** *n* 1) формування 2) систематизація 3) об'єднання 4) структура; **~ize** *v* роздобути, налагоджувати; **~ized** *a* організований; **~izer** *n* організатор
orgy [ˈɔːdʒɪ] *n* оргія
orient 1. *n* [ˈɔːrɪənt, ˈɒrɪ-] 1) (O.) східна півкуля, Європа 2) світанок **2.** *v* 1) визначати місцеперебування 2) повертати на схід; **~al** [ˌɔːrɪˈentl] **1.** *n* уродженець (мешканець) Сходу **2.** *a* 1) блискучий; коштовний (*про каміння*) 2) східний, азійський; **~ation** *n* орієнтування, орієнтація
origin [ˈɒrɪdʒɪn] *n* 1) джерело; початок; вихідна точка 2) походження 3) *мат.* початок координат; **~al 1.** *n* 1) оригінал; оригінальний твір 2) першоджерело 3) дивак 4) прототип 5) автор, творець 6) походження, початок **2.** *a* 1) первісний, початковий 2) творчий; самобутній 3) оригінальний, незапозичений 4) спадковий 5) справжній 6) своєрідний; **~ality** *n* 1) оригінальність; справжність 2) самобутність 3) новизна, свіжість 4) дійсність; **~ate** *v* виникати; **~ation** *n* 1) початок, походження 2) породження; створення; **~ator** *n* 1) автор; винахідник 2) ініціатор 3) адресант, відправник
oriole [ˈɔːrɪəʊl] *n орн.* іволга
ornithorhyncus [ˌɔːnɪθə(ʊ)ˈrɪŋkəs] *n зоол.* качкодзьоб
orphan [ˈɔːf(ə)n] **1.** *n* сирота **2.** *a* сирітський

3. v осиротити, зробити сиротою; **~age** n 1) притулок для сиріт 2) сирітство

Orphic [ˈɔːfɪk] a 1) містичний, таємничий 2) орфічний

orrery [ˈɒrərɪ] n планетарій

orthodox [ˈɔːθədɒks] a 1) ортодоксальний; загальноприйнятий 2) (O.) рел. православний; **~y** n 1) ортодоксальність 2) (O.) рел. православ'я

ortho‖epy [ˈɔːθəʊepɪ] n лінгв. 1) орфоепія 2) зразкова літературна вимова; **~graphic(al)** a орфографічний, правописний; **~graphy** n орфографія, правопис

oscillat‖e [ˈɒsɪleɪt] v 1) гойдати(ся) 2) вагатися 3) хитатися, коливатися (тж перен.); **~ion** n 1) гойдання 2) вагання 3) перен. коливання 4) вібрування, вібрація

osculant [ˈɒskjʊlənt] a 1) мат. дотичний 2) біол. проміжний, сполучний

osier [ˈəʊzɪə] n бот. верба; **o. bed** n верболіз

ossicle [ˈɒsɪkl] n анат. кісточка

ossuary [ˈɒsjʊ(ə)rɪ] n склеп; печера

osten‖sible [ɒˈstensəbl] a 1) позірний; удаваний 2) очевидний, явний; **~tatious** a 1) показний 2) навмисний, умисний

ostler [ˈɒslə] n конюх

ostrich [ˈɒstrɪtʃ] n орн. страус

other [ˈʌðə] **1.** a 1) інший 2) додатковий 3) (з ім. у мн.) інші **2.** pron indef. інший; **~ness** n несхожість; **~wise** adv 1) інакше 2) у противному випадку; **~worldly** a 1) потойбічний 2) трансцендентний

otic [ˈəʊtɪk] a анат. вушний

otios‖e [ˈəʊʃɪəʊs, ˈəʊtɪ-] n 1) пустий, марний 2) непотрібний, зайвий 3) дозвільний, бездіяльний 4) безплідний; **~ity** n 1) марність 2) бездіяльність

otter [ˈɒtə] n зоол. видра

ought [ɔːt] v повинний би, повинна би, повинні би, варто було б

ounce I [aʊns] n 1) унція (= 28,3 г) 2) крихта, трішечки

ounce II [aʊns] n зоол. ірбіс

our [ˈaʊə] pron poss. (ужив. атрибутивно; пор. ours) наш, наша, наше, наші; що належить нам; свій; **~self** pron emph. ми (у наукових статтях і под.); **~selves** pron 1) refl. себе, -ся; собі 2) emph. самі

oust [aʊst] v 1) виганяти, виключати 2) займати (чиє-н.) місце 3) позбавляти 4) юр. виселяти

out [aʊt] **1.** a 1) віддалений 2) зовнішній 3) більше звичайного; великий **2.** adv 1) поза, зовні; геть 2) додає дії характеру завершеності; **to pour o.** вилити 3) означає припинення дії чого-н.: **the money is o.** гроші скінчилися **3.** prep: **o. of** указує на: а) положення поза іншим предметом, місцем поза, за, з; **he lives o. of town** він живе за містом; б) рух за які-н. межі з; **they moved o. of town** вони виїхали з міста; в) співвідношення частини та цілого з; **a scene o. of a play** сцена з п'єси; г) причину, підставу дії через, унаслідок; **o.-and-o.** a 1) запеклий, лютий 2) зроблений, повний, цілковитий 3) переконаний; **o.-argue** v перемогти в суперечці

outbalance [ˌaʊtˈbæləns] v 1) перевершувати 2) переважувати

outbreak [ˈaʊtbreɪk] n 1) вибух, спалах (гніву й под.) 2) заколот

outcast [ˈaʊtkɑːst] **1.** n 1) вигнанець, парія 2) бездомна людина (тварина) **2.** a 1) вигнаний, знедолений 2) безпритульний 3) покинутий 4) непридатний

outcome [ˈaʊtkʌm] n результат, наслідок, підсумок

outcry [ˈaʊtkraɪ] **1.** n 1) викрик, галас, лемент 2) гнівний протест **2.** v 1) вигукувати, викрикувати, лементувати 2) протестувати

outdo [ˌaʊtˈduː] v (outdid; outdone) 1) перевершити, перевищити 2) подолати, побороти 3) амер. заганяти в безвихідь

outdoors [ˌaʊtˈdɔːz] n подвір'я, вулиця

outdrive [aʊtˈdraɪv] v (outdrove [aʊtˈdrəʊv]; outdriven [aʊtˈdrɪv(ə)n]) обігнати, випередити

outer [ˈaʊtə] a 1) зовнішній 2) віддалений від центру 3) фізичний (на противагу психічному) 4) філос. об'єктивний

outfit [ˈaʊt.fɪt] **1.** n 1) одяг 2) спорядження; екіпірування 3) агрегат; устаткування, обладнання; приладдя 4) підприємство 5) група, фракція (у парламенті) **2.** v 1) споряджати, екіпірувати 2) обмундировувати 3) постачати обладнання 4) військ. озброювати

outgo [ˈaʊtɡəʊ] n (pl -oes [-əʊz]) 1) витрати 2) вихід 3) від'їзд, вирушання 4) перен. вияв (почуттів); **~ing 1.** n pl 1) витрати, видатки 2) відхід, вихід; від'їзд 3) закінчення **2.** a 1) дружелюбний; товариський 2) що вирушає (від'їжджає) 3) вихідний (про папери й под.) 4) тех. відпрацьований

outgrow [aʊtˈɡrəʊ] v (outgrew; outgrown) 1) виростати (з одягу) 2) переростати (кого-н.); **~th** n 1) наріст 2) відросток 3) нащадок 4) продукт, наслідок, результат

outing [ˈaʊtɪŋ] n 1) екскурсія, пікнік 2) вихід, виверження

outland‖er [ˈaʊt.lændə] n 1) незнайомець 2) чужинець; **~ish** a 1) чужинський 2) дивовижний

outlast [aʊtˈlɑːst] v 1) тривати довше, ніж (що-н.) 2) пережити (кого-н., що-н.)

outlaw [ˈaʊtlɔː] **1.** n 1) вигнанець; знедолений 2) грабіжник, розбійник **2.** a незаконний **3.** v виганяти за межі країни

outlay 1. *n* [ˈaʊtleɪ] витрати 2. *v* [ˌaʊtˈleɪ] (outlaid) витрачати

outlet [ˈaʊtlet] *n* 1) прохід 2) русло 3) гирло 4) *ком.* ринок збуту 5) торговельна точка

outline [ˈaʊtlaɪn] 1. *n* 1) (*часто pl*) обрис, контур; абрис 2) нарис, начерк 3) схема, план, конспект 4) *pl* основи, основні принципи 2. *v* 1) намалювати контур 2) окреслювати 3) зробити начерк

outlive [aʊtˈlɪv] *v* 1) пережити (*кого-н., що-н.*) 2) вижити

outlook [ˈaʊtlʊk] *n* 1) плани на майбутнє 2) точка зору 3) кругозір 4) спостерігач 5) краєвид; перспектива

outlying [ˈaʊtˌlaɪɪŋ] *a* 1) далекий; віддалений 2) невластивий; чужий 3) зовнішній

outmoded [aʊtˈməʊdɪd] *a* старомодний; застарілий

outness [ˈaʊtnɪs] *n* 1) зовнішній світ 2) об'єктивна дійсність

out-of-work [ˌaʊtəvˈwəːk] 1. *n* безробітний 2. *a* безробітний

out-patient [ˈaʊtˌpeɪʃ(ə)nt] *n* амбулаторний хворий

outpour 1. *n* [ˈaʊtpɔː] звірення (*почуттів*) 2. *v* [aʊtˈpɔː] виливати (*душу, почуття*)

outpouring [ˈaʊtˌpɔːrɪŋ] *pres. p. від* **outpour** 2

output [ˈaʊtpʊt] *n* 1) продукція; виготовлення 2) *тех.* продуктивність; потужність 3) пропускна здатність 4) *мат.* результат

outrage [ˈaʊtreɪdʒ] 1. *n* 1) беззаконня; порушення (*закону*) 2) насильство 3) образа; наруга; глум 2. *v* 1) порушувати (*закон і под.*) 2) чинити насильство 3) ображати; глумитися; **~ous** *a* 1) шалений, несамовитий, жорстокий 2) надмірний 3) обурливий; образливий 4) волаючий, скандальний

outright *a* [ˈaʊtraɪt] 1) цілковитий 2) відвертий 3) цілеспрямований

outrival [aʊtˈraɪv(ə)l] *v* перевершити

outrun [aʊtˈrʌn] *v* (outran; outrun) 1) випередити, обігнати 2) утекти 3) вийти за межі; зайти надто далеко; **~ner** *n* 1) вістовий; гонець 2) провісник, предтеча

outset [ˈaʊtset] *n* 1) початок, початковий етап 2) прикраса, орнамент

outside [ˈaʊtsaɪd] 1. *n* 1) зовнішність, вигляд 2) зовнішній світ; об'єктивна реальність 2. *a* 1) зовнішній 2) сторонній 3) граничний 3. *prep* 1) зовні, поза, за межами 2) крім, за винятком; **~r** *n* 1) сторонній; стороння людина 2) нефахівець; аматор 3) *спорт.* аутсайдер

outsize [ˈaʊtsaɪz] *a* нестандартний

outskirts [ˈaʊtskəːts] *n pl* 1) околиця, передмістя (*міста*) 2) опушка (*лісу*)

outsp‖eak [aʊtˈspiːk] *v* (outspoke; outspoken) висловити(ся); **~oken** *a* 1) виражений 2) щирий, відвертий, прямий

outstanding [aʊtˈstændɪŋ] *a* 1) видатний 2) невиконаний

outstrip [aʊtˈstrɪp] *v* 1) обганяти, випереджувати 2) перевершувати у чому-н.

out-top [aʊtˈtɒp] *v* перевершувати

outward [ˈaʊtwəd] 1. *n* 1) зовнішність, зовнішній вигляд 2) зовнішній світ 2. *a* 1) зовнішній, навколишній 2) сторонній

outworn [ˈaʊtwɔːn] *a* 1) зношений 2) виснажений, змучений 3) застарілий (*про поняття*)

oval [ˈəʊv(ə)l] 1. *n* овал 2. *a* овальний

ovation [əʊˈveɪʃ(ə)n] *n* овація

oven [ʌvn] *n* піч

over [ˈəʊvə] 1. *a* 1) верхній 2) зайвий 3) надмірний 2. *prep* указує на: 1) *взаємне положення предметів*: а) над, вище; б) через; в) по той бік, за; г) біля, при 2) *характер руху*: а) через, об; б) поверх, на; в) по 3) *проміжок часу, протягом якого відбувалася дія* за, протягом 4) *лишок* понад, над, більше 5) *старшинство й под.* над 6) *засіб і под.* через, шляхом, по 7) відносно, стосовно 8) закінчення дії

over- [ˈəʊvə-] *pref* понад-, над-, надмірно, пере-; **~abundance** *n* надмір; надлишок; зайвина; **~act** *v* 1) переграти (*роль*) 2) перебільшувати; **~all** [ˌəʊvəˈrɔːl] 1. *n* спецодяг 2. *a* 1) загальний, граничний 2) абсолютний

overbear [ˌəʊvəˈbeə] *v* (overbore; overborne) 1) придушувати 2) пересилювати, перемагати 3) переважати; **~ing** *a* 1) владний 2) зухвалий, зарозумілий

overblow [ˌəʊvəˈbləʊ] *v* (overblew, overblown) 1) розтягувати 2) обсипати (*чим-н.*) 3) минути, промайнути (*про бурю*); **~n** *a* 1) що минув (*про бурю й под.*) 2) пишний 3) повний, огрядний

overboard [ˈəʊvəbɔːd] *adv* за борт; за бортом

overbrim [ˌəʊvəˈbrɪm] *v* переповнювати(ся)

over‖buy [ˌəʊvəˈbaɪ] *v* переплачувати; **~ colour** *v* згущати барви; перебільшувати; **~come** *v* (overcame; overcome) 1) подолати, перемогти 2) охопити, оволодіти (*про почуття*) 3) виснажувати; **~cast** *a* покритий хмарами; **~crowd** *v* переповнювати

over‖done [ˌəʊvəˈdʌn] *a* 1) перебільшений 2) перевтомлений; **~dose** *n* передозування (*ліків*); **~due** *a* 1) запізнілий 2) прострочений; **~estimate** 1. *v* переоцінювати 2. *n* дуже висока оцінка; **~flow** 1. *n* [ˈəʊvəfləʊ] повінь 2. *v* [ˌəʊvəˈfləʊ] затопляти

overfulfil [ˌəʊvəfʊlˈfɪl] *v* перевиконувати; **~ment** *n* перевиконання

over‖ground [ˈəʊvəgraʊnd] *a* 1) легальний 2) надземний; **~head** (зазв. *pl.*) 1. *n* накладні видатки 2) стеля **2.** *a* 1) верхній 2) *ком.* накладний (*про видатки*); **~indulgence** *n* надмірне захоплення

over‖land [ˌəʊvəˈlænd] *a* суходільний; **~live** *v* 1) пережити 2) вижити; **~look** *v* 1) пропускати 2) зневажати; недооцінювати 3) оглядати 4) стежити, наглядати (*за чим-н.*); **~looker** *n* 1) наглядач 2) доглядач 3) шпигун

over‖lord [ˈəʊvəlɔːd] **1.** *n* 1) володар; пан 2) сюзерен **2.** *v* панувати, домінувати; **~past** *a predic.* минулий, колишній; **~pay** *v* (overpaid) переплачувати; **o.-persuade** *v* переконувати

over‖reach 1. *n* [ˈəʊvəriːtʃ] обман; хитрість **2.** *v* перехитрити; **~riding** *a* основний; **~rule** *v* анулювати; **~sea(s)** *a* закордонний; **~see** *v* (oversaw; overseen) 1) спостерігати 2) випадково побачити; підгледіти 3) виправляти; **~set** *v* (overset) 1) розладнувати 2) перекидати(ся), перевертати(ся) 3) бентежити; **~sexed** *a* еротичний; **~shadow** *v* 1) охороняти, захищати (*від нападу*) 2) затьмарювати; **~sight** *n* 1) недогляд; необачність помилка 2) нагляд, догляд; **~spend** *v* (overspent) розладнувати своє здоров'я (*тж* ~ oneself); **~state** *v* перебільшувати; **~statement** *n* перебільшення; **~stay** *v* загостювватися, засидітися

overt [ˈəʊvɜːt, əʊˈvɜːt] *a* 1) відкритий; публічний 2) очевидний

over‖take [ˌəʊvəˈteɪk] **1.** *n* обгін **2.** *v* [ˌəʊvəˈteɪk] (overtook; overtaken) наздогнати, надолужити; **~throw 1.** *n* [ˈəʊvəθrəʊ] 1) повалення, скинення 2) поразка 3) загибель **2.** *v* [ˌəʊvəˈθrəʊ] (overthrew; overthrown) 1) повалити, скинути 2) знищувати

overture [ˈəʊvətjʊə, -tʃ(ʊ)ə] *n* 1) (*зазв. pl*) спроба; ініціатива 2) *перен.* прелюдія 3) *муз.* увертюра

overwinter [ˌəʊvəˈwɪntə] *v* перезимувати

ovum [ˈəʊvəm] *n* (*pl* ova) *біол.* яйце

ow‖e [əʊ] *v* заборгувати (*кому-н.*); **~ing** *a* 1) належний; заборгований 2) зобов'язаний (*кому-н.*)

owl [aʊl] *n орн.* сова, сич, пугач; **o.-light** [ˈaʊllaɪt] *n* сутінки

own [əʊn] **1.** *a* 1) свій, власний; належний (*кому-н.*) 2) оригінальний 3) рідний 4) любий, дорогий **2.** *v* володіти; мати; **~er** *n* 1) володар 2) власник, хазяїн; господар; **~erless** *a* 1) безгосподарний 2) безпритульний; **~ership** *n* 1) власність; володіння 2) право власності

ox [ɒks] *n* (*pl* oxen) *зоол.* бик; **~herd** *n* пастух, чередник

oxford [ˈɒksfəd] *n* черевик

oyster [ˈɔɪstə] *n зоол.* устриця

P

pabul||ary [ˈpæbjʊl(ə)rɪ] *a книжн.* їстівний; **~um** *n книжн.* їжа; пожива

pace I [peɪs] **1.** *n* 1) крок 2) темп 3) поступ **2.** *v* 1) крокувати 2) вимірювати кроками (*тж* ~ out)

pace II [ˈpeɪsɪ] *adv лат.* з дозволу (*кого-н.*)

pacif||y [ˈpæsɪfaɪ] *v* заспокоювати; **~ic** *a* 1) мирний 2) тихий 3) (P.) тихоокеанський; **~ication** *n* 1) заспокоєння 2) утихомирення; **~icator** *n* миротворець; **~icatory** *a* 1) примирливий 2) заспокійливий; **~ism** *n* пацифізм; **~ist** *n* пацифіст

pack [pæk] **1.** *n* 1) пакет; стос; купа 2) в'язка, пака 3) банда 4) (*зазв. знев.*) безліч 5) стадо, гурт, зграя **2.** *v* 1) запаковувати(ся) 2) заповнювати, переповнювати 3) перевозити багаж; **~age holiday** *n* туристична поїздка; **~ed** *a* 1) спакований 2) скупчений; **~ing** *n* упакування, укладання; **p. train** *n* караван

pact [pækt] *n* пакт, договір, угода

pad [pæd] **1.** *n* 1) *розм.* дорога 2) подушка 3) лігво, барліг 4) хатина **2.** *v* 1) грабувати 2) ходити, бродити 3) перевантажувати (*подробицями*); перебільшувати 4) підкладати що-н. м'яке; **~ded** *а* підбитий, оббитий

paediatr||ics [ˌpiːdɪˈætrɪks] *n pl* (*ужив. як sing*) педіатрія; **~ician** *n* педіатр

pagan [ˈpeɪɡən] **1.** *n* 1) поганин 2) *перен.* атеїст **2.** *а* поганський; **~dom** *n* поганство

pag||e [peɪdʒ] **1.** *n* 1) сторінка 2) епізод (*у житті*) **2.** *v* нумерувати сторінки; **~ination** [ˌpædʒɪˈneɪʃn] *n* нумерація сторінок

pageantry [ˈpædʒ(ə)ntrɪ] *n* 1) пишнота 2) фікція, блеф

pagoda [pəˈɡəʊdə] *n* пагода

pagurian [pəˈɡjʊ(ə)rɪən] **1.** *n зоол.* рак-самітник **2.** *а* ракоподібний

paid [peɪd] *v. past і р. р. від* **pay 2**; *а* 1) платний 2) сплачений

pail [ˈpeɪl] *n* 1) відро 2) діжка; **~ful** *n* відро (*як міра*)

pain [peɪn] **1.** *n* 1) біль 2) страждання, горе 3) *pl* зусилля **2.** *v* 1) мучити, завдавати болю 2) засмучувати 3) боліти; **~ed** *а* 1) засмучений 2) страдницький 3) ображений; **~ful** *а* 1) болючий 2) нестерпний 3) неприємний; **~killer** *n* болетамівний засіб; **~less** *а* безболісний; **~staking 1.** *n* ретельність, старанність **2.** *а* 1) ретельний, старанний, сумлінний 2) копіткий

paint [peɪnt] **1.** *n* 1) фарба; фарбування 2) рум'яна, грим 3) фальш **2.** *v* 1) фарбувати; розмальовувати 2) рум'янитися, ґримуватися 3) *мед.* змащувати; **~brush** *n* пензель; **~ed** *а* 1) намальований фарбами 2) нарум'янений 3) барвистий, яскравий; **~er** *n* 1) живописець, художник 2) маляр; **~ing** *n* 1) живопис 2) зображення; розпис; картина

pair [peə] **1.** *n* 1) пара 2) подружжя 3) зміна, бригада **2.** *v* 1) добирати пари 2) одружуватися 3) спаровувати(ся)

palace [ˈpælɪs] *n* палац

palat||e [ˈpælɪt] *n* смак; **~able** *а* 1) смачний, апетитний 2) приємний

palaver [pəˈlɑːvə] **1.** *n* 1) нарада; переговори, перемови 2) теревені, базікання 3) лестощі **2.** *v* 1) балакати, базікати 2) підлещуватися, лестити

pale [peɪl] **1.** *n* 1) огорожа 2) паля 3) межа, кордон **2.** *v* 1) огороджувати 2) *перен.* обмежувати **3.** *а* блідий

paleface [ˈpeɪlfeɪs] *n* блідолиций

palette [ˈpælɪt] *n* палітра

pall [pɔːl] *n* мантія

palladium [pəˈleɪdɪəm] 1) (р.) *хім.* паладій 2) *n* (*pl* -dia) захист, щит; запорука безпеки

palliative [ˈpælɪətɪv] **1.** *n* паліатив **2.** *а* паліативний

pall||id [ˈpælɪd] *а* блідий; **~or** *n* блідість

palm I [pɑːm] **1.** *n* долоня **2.** *v* 1) гладити 2) підкуповувати; **~er** *n* прочанин; **~ist** *n* хіромант; **~istry** *n* 1) хіромантія 2) спритність рук

palm II [pɑːm] *n* 1) пальма 2) *перен.* перемога

palpable [ˈpælpəbl] *а* 1) відчутний 2) очевидний, явний

palpat||e [ˈpælpeɪt] *v мед.* пальпувати; обмацувати; **~ion** *n* 1) *мед.* пальпація 2) прощупування

palpitat||e [ˈpælpɪteɪt] *v* 1) битися, пульсувати 2) тріпотіти; **~ing** *а* 1) животрепетний 2) тріпотливий; **~ion** *n* 1) трепет 2) пульсація

palsy [ˈpɔːlzɪ] **1.** *n* параліч **2.** *v* паралізувати

pampas [ˈpæmpəs] *n pl* пампаси

pamphlet [ˈpæmflɪt] *n* 1) брошура 2) памфлет

pan [pæn] *n* 1) каструля 2) таз 3) сковорода 4) шальки (*терезів*) 5) унітаз 6) бідон; каністра

pan- [pæn] *у скл. сл. має знач.* загальний

panacea [ˌpænəˈsɪə] *n* панацея

panache [pəˈnæʃ, pæ-] *n* 1) хизування 2) плюмаж, султан
pancake [ˈpænkeɪk] *n* млинець, оладка
pancreas [ˈpæŋkrɪəs] *n анат.* підшлункова залоза
panda [ˈpændə] *n зоол.* панда
pandect [ˈpændekt] *n (зазв. pl)* кодекс законів
pandemic [pænˈdemɪk] *мед.* **1.** *n* пандемія **2.** *a* пандемічний
pandemonium [ˌpændɪˈməʊnɪəm] *n* 1) (P.) оселя демонів; пекло 2) *перен.* стовпотворіння; сум'яття, гармидер, скандал, буча
pane [peɪn] *n* шибка
panegyri‖c [ˌpænɪˈdʒɪrɪk] **1.** *n* панегірик, вихваляння **2.** *a* панегіричний, хвалебний; **~ze** *v* 1) вихваляти 2) виголошувати панегірик
pang [pæŋ] **1.** *n* 1) напад гострого болю 2) *pl* докори сумління **2.** *v* завдавати гострого болю
pangolin [pænˈgəʊlɪn] *n зоол.* ящір
panic [ˈpænɪk] **1.** *n* паніка **2.** *a* панічний; **~monger** *n* панікер
panopl‖y [ˈpænəplɪ] *n* 1) обладунок, зброя 2) *перен.* захист; прикриття; **~ied** *a* 1) озброєний 2) добре обладнаний
panopticon [pænˈɒptɪkən] *n* паноптикум
panpipe [ˈpænpaɪp] *n* сопілка
pansy [ˈpænzɪ] *n бот.* братки
pant [pænt] **1.** *v* тяжко дихати, задихатися **2.** *n* 1) тяжке дихання 2) удар, биття *(серця)*
pantheon [ˈpænθɪən, pænˈθiːən] *n* пантеон
panther [ˈpænθə] *n зоол.* пантера; леопард; барс
pantomime [ˈpæntəmaɪm] *n* пантоміма
pantry [ˈpæntrɪ] *n* комора, прикомірок
pants [pænts] *n pl амер. розм.* 1) штани 2) кальсони
paper [ˈpeɪpə] **1.** *n* 1) папір 2) часопис 3) документ 4) шпалера **2.** *a* 1) паперовий 2) фіктивний 3) газетний **3.** *v* 1) обклеювати шпалерами 2) загортати в папір; **~boy** *n* продавець газет
papyrus [pəˈpaɪ(ə)rəs] *n (pl -ri)* папірус
par [pɑː] *n* 1) нормальний стан 2) рівність 3) номінал
parable [ˈpærəbl] *n* алегорія
parabol‖a [pəˈræbələ] *n мат.* парабола; **~ical** *a* 1) алегоричний 2) *мат.* параболічний
parachut‖e [ˈpærəʃuːt] **1.** *n* парашут **2.** *v* парашутувати; **~ist** *n* парашутист
parade [pəˈreɪd] **1.** *n* 1) парад 2) *війс.* плац **2.** *v* 1) *війс.* марширувати 2) виставляти напоказ
paradigm [ˈpærədaɪm] *n* 1) приклад 2) *лінгв.* парадигма
paradis‖e [ˈpærədaɪs] *n* рай; **~iac(al)** [ˌpærəˈdɪzɪæk, -dɪˈsaɪəkl] *a* райський

paradox [ˈpærədɒks] *n* парадокс; **~ical** *a* парадоксальний
paraffin oil [ˈpærəfɪn ˈɔɪl] *n* гас
paragraph [ˈpærəgrɑːf] **1.** *n* 1) абзац 2) параграф; розділ **2.** *v* розділяти на абзаци
parakeet [ˈpærəkiːt] *n* 1) *орн.* довгохвостий папуга 2) базіка
parallel [ˈpærəlel] **1.** *n* 1) аналогія 2) *геогр.* паралель **2.** *a* 1) паралельний (to) 2) аналогічний **3.** *v* 1) відповідати 2) проводити паралель (між чим-н.)
paraly‖se [ˈpærəlaɪz] *v* паралізувати *(тж перен.)*; **~sis** [pəˈrælɪsɪs] *n (pl -ses)* параліч; **~tic** **1.** *n* паралітик **2.** *a* паралічний
parameter [pəˈræmɪtə] *n мат., тех.* 1) параметр 2) критерій
paramount [ˈpærəmaʊnt] *a* 1) першорядний 2) найвищий
paranoia [ˌpærəˈnɔɪə] *n мед.* параноя, параноїдна шизофренія
paraph [ˈpæræf] *дип.* **1.** *n* параф **2.** *v* 1) підписувати 2) візувати
paraphernalia [ˌpærəfəˈneɪlɪə] *n pl* 1) речі 2) особисте майно
paraphrase [ˈpærəfreɪz] **1.** *n* 1) переповідання, виклад 2) *муз., лінгв.* парафраза **2.** *v* переповідати, перефразовувати
parapsychology [ˌpærəsaɪˈkɒlədʒɪ] *n* парапсихологія
parasit‖e [ˈpærəsaɪt] *n* 1) *біол.* паразит 2) паразит, трутень 3) повзуча (сланка) рослина; **~ic(al)** [ˌpærəˈsɪtɪkl] *a* паразитичний; паразитарний; **~icide** *n* засіб для знищення паразитів; **~ise** [ˈpærəsɪtaɪz] *v біол.* паразитувати
parasol [ˈpærəˈsɒl] *n* парасолька *(від сонця)*
par avion [ˌpɑːræˈvjɒŋ] *adv фр.* авіапоштою; авіа
parcel(l)ing [ˈpɑːrs(ə)lɪŋ] *n* поділ
parchment [ˈpɑːtʃmənt] *n* пергамент
pardon [ˈpɑːdn] **1.** *n* 1) прощення, пробачення 2) *юр.* амністія, помилування **2.** *v* 1) прощати, вибачати 2) *юр.* помилувати
paregoric [ˌpærɪˈgɒrɪk] *мед.* **1.** *n* болезаспокійливий засіб **2.** *a* болезаспокійливий
parent [ˈpe(ə)rənt] *n* 1) *pl* батьки 2) джерело, причина *(зла)*; **~age** *n* 1) походження, родовід 2) батьківство; материнство; **~al** *a* 1) батьківський; материнський 2) що є джерелом походження
parenthesis [pəˈrenθɪsɪs] *n (pl -ses)* 1) *грам.* уставне слово (речення) 2) інтермедія
pariah [pəˈraɪə] *n* парія
Paris doll [ˈpærɪsdɒl] *n* манекен
parish [ˈpærɪʃ] *n* 1) церковна парафія 2) *збір.* парафіяни; **~ioner** *n* парафіянин; парафіянка
parity [ˈpærɪtɪ] *n* 1) рівність 2) аналогія 3) *ек.* паритет

park [pɑ:k] *n* 1) парк 2) ділянка землі; поле; **~ing** *n* стоянка (*автомобілів*)

parlance [ˈpɑ:ləns] *n* мова; манера розмовляти (висловлюватися)

parley [ˈpɑ:lı] **1.** *n* конференція **2.** *v* домовлятися

parliament [ˈpɑ:ləmənt] *n* парламент

parlour [ˈpɑ:lə] *n* 1) вітальня 2) *амер.* зала, ательє, кабінет

Parnassus [pɑ:ˈnæsəs] *n* 1) *грец. міф.* Парнас 2) *перен.* поезія; поети

parody [ˈpærədı] **1.** *n* пародія **2.** *v* пародіювати

parol [ˈpærəl] *юр.* **1.** *n* усне свідчення; судова промова **2.** *a* усний

parole [pəˈrəʊl] *n* 1) обіцянка 2) *війс.* пароль 3) *лінгв.* мова

paroxysm [ˈpærəksızm] *n мед.* 1) пароксизм; напад (*хвороби*) 2) судоми; **~al** *a мед.* судомний

parquetry [ˈpɑ:kıtrı] *n* паркет

parricide [ˈpærısaıd] *n* 1) батьковбивство; матеревбивство 2) зрадник батьківщини

parrot [ˈpærət] *n* папуга

parry [ˈpærı] **1.** *n* парирування удару **2.** *v* парирувати (*удар*)

parse [pɑ:z] *v грам.* робити граматичний розбір

parsimon‖y [ˈpɑ:sımənı] *n* 1) ощадливість 2) скнарість, скупість; **~ious** [ˌpɑ:sıˈməʊnıəs] *a* 1) ощадливий 2) скупий, скнарий 3) убогий; злиденний

parsley [ˈpɑ:slı] *n бот.* петрушка

parsnip [ˈpɑ:snıp] *n бот.* пастернак

parson [ˈpɑ:s(ə)n] *n* пастор; **~ic** *a* пасторський

part [pɑ:t] **1.** *n* 1) частина 2) том, серія, випуск 3) участь (*у роботі*); обов'язок, справа 4) значення 5) сторона (*у суперечці*) 6) *pl* край, місцевість 7) *pl* здібності 8) група, фракція 9) *муз.* партія, голос 10) *грам.* форма, частина **2.** *v* 1) розділяти(ся); відокремлювати(ся) 2) розлучатися, розставатися 3) платити 4) умирати 5) виділяти; **~ing 1.** *n* 1) розлука; прощання 2) розгалуження **2.** *a* 1) прощальний 2) що розділяє; **p.-owner** *n* співвласник

partak‖e [pɑ:ˈteık] *v* (partook; partaken) 1) брати участь 2) покуштувати 3) скористатися; **~er** *n* учасник; **~ing** *n* участь

parterre [pɑ:ˈteə] *n* квітник

partiality [ˌpɑ:ʃıˈælıtı] *n* 1) пристрасть 2) упередженість 3) схильність (for — до *чого-н.*)

partisipa‖nt [ˈpɑ:ˈtısıpənt] *n* учасник; **~te** *v* брати участь, розділяти (*радість* in); **~tion** *n* участь; **~tor** *n* учасник

particip‖le [ˈpɑ:tısıp(ə)l] *n грам.* дієприкметник; **~ial** *а грам.* 1) дієприкметниковий 2) дієприслівниковий

parti-coloured [ˌpɑ:tıˈkʌləd] *a* строкатий, різнобарвний

particular [pəˈtıkjʊlə] **1.** *n* частковість; подробиця, деталь **2.** *a* 1) особливий 2) приватний 3) вибагливий

partisan [ˌpɑ:tıˈzæn] **1.** *n* 1) прихильник, прибічник 2) партизан **2.** *a* 1) партизанський 2) вузькопартійний 3) фанатичний

partitive [ˈpɑ:tıtıv] *a* 1) *грам.* розділовий 2) окремий

partner [ˈpɑ:tnə] **1.** *n* 1) партнер 2) співучасник; товариш (*у справі*; with) 3) контрагент 4) напарник 5) дружина, чоловік 6) сусіда **2.** *v* бути (робити) партнером; **~ship** *n* 1) участь 2) товариство

partridge [ˈpɑ:trıdʒ] *n орн.* (сіра) куріпка

parturient [pɑ:ˈtjʊ(ə)rıənt] *a* 1) що народжує 2) вагітна 3) пологовий

party [ˈpɑ:tı] **1.** *n* 1) загін 2) вечірка 3) компанія 4) учасник 5) *юр.* сторона **2.** *a* партійний

parvenu [ˈpɑ:vənju:] **1.** *n фр.* парвеню **2.** *a* вульгарний

pas [pɑ:] *n фр.* 1) па (*у танцях*) 2) першість, перевага

pasque-flower [ˈpæskˌflaʊə, ˈpɑ:skˌflaʊə] *n бот.* сон-трава

pasquinade [ˌpæskwıˈneıd] *n* пасквіль, сатира

pass [pɑ:s] **1.** *n* 1) шлях (*тж перен.*) 2) посередня оцінка 3) критичне становище 4) паспорт; перепустка 5) контрамарка 6) ущелина; перевал 7) дотепна вихватка 8) фарватер, протока 9) смерть **2.** *v* 1) рухатися вперед; минати 2) перевозити 3) задовольняти (*вимогам*) 4) приймати (*закон*) 5) проґавити 6) відбуватися 7) бути в обігу (*про гроші*) 8) умирати 9) вимовляти 10) обмінятися; <> **to p. by the name of**... бути відомим під іменем..., називатися...; **~ing 1.** *n* 1) минання 2) перебіг 3) плин, політ 4) *зал.* рух потягів 5) брід **2.** *a* 1) минущий, миттєвий 2) побіжний, випадковий; **~ing bell** *n* 1) похоронний дзвін 2) недобра прикмета; **~age boat** *n* пором; **~book** *n* банківська розрахункова книжка; **~er-by** *n* подорожній; **~word** *n* 1) *війс.* перепустка 2) *обч.* пароль

passe [ˈpɑ:seı, ˈpæ-] *a фр.* застарілий, немодний

passenger [ˈpæsındʒə, -s(ə)ndʒə] *n* пасажир

passerine [ˈpæsəraın] *орн.* **1.** *n* птах із родини горобиних **2.** *а* горобиний

passible [ˈpæsəbl] *a* чутливий

passim [ˈpæsım] *adv лат.* усюди, скрізь; у різних місцях

passional [´pæʃ(ə)nəl] *n* мартиролог
passionate [´pæʃ(ə)nɪt] *a* 1) запальний 2) палкий 3) закоханий
passionless [´pæʃ(ə)nlɪs] *a* безпристрасний, незворушний
passiv||e [´pæsɪv] *a* 1) пасивний 2) покірний 3) *грам.* пасивний 4) *фін.* безвідсотковий; **~ity** [pæ´sɪvɪtɪ] *n* 1) пасивність 2) покірність 3) безвілля
passport [´pɑːspɔːt] *n* паспорт
past [pɑːst] **1.** *n* 1) минуле; минувшина 2) (*зазв.* the ~) *грам.* минулий час **2.** *a* колишній **3.** *adv* 1) мимо 2) убік **4.** *prep* 1) повз 2) після, за 3) більше, понад, над; **p. master** *n* фахівець
paste [peɪst] **1.** *n* 1) клей 2) паста 3) маса **2.** *v* наклеювати, приклеювати, обклеювати; **~board 1.** *n* 1) тектура, картон 2) *перен.* фікція **2.** *a* 1) тектурний, картонний 2) *перен.* фальшивий
pasticcio, pastiche [pæ´stɪtʃəʊ, pæ´stiːʃ] *n* 1) попурі 2) стилізація 3) імітація 4) компіляція
pastil(le) [pæ´stiːl, ´pæstl] *n* таблетка, пігулка
pastime [´pɑːstaɪm] *n* хобі; гра
pastiness [´peɪstɪnɪs] *n* клейкість, липкість
pastor [´pɑːstə] *n* 1) пастор 2) *орн.* рожевий шпак; **~al 1.** *n* пастораль **2.** *a* 1) сільський 2) пасторальний 3) пастирський
pastry-cook [´peɪstrɪkʊk] *n* кондитер
pasty [´peɪstɪ] *n кул.* пиріг
pat I [pæt] **1.** *n* 1) поплескування; шльопання 2) оплеск, ляпанець (*звук*) **2.** *v* поплескувати, шльопати (*кого-н.*)
pat II [pæt] **1.** *a* доречний; вдалий; своєчасний **2.** *adv* доречно; вдало; своєчасно
patch [pætʃ] **1.** *n* 1) латка 2) пов'язка (*на оці*) 3) *мед.* пляма, бляшка 4) невелика ділянка землі 5) уривок, клаптик, шматок 6) опудало, недоумок **2.** *v* 1) ставити латки 2) укриватися плямами; **~work** *n* плутанина, мішанина; **~y** *a* 1) неоднорідний 2) плямистий 3) уривчастий
patent [´peɪt(ə)nt] **1.** *n* 1) право (*на що-н.*), що отримано завдяки патенту 2) патент; диплом 3) *перен.* знак, ознака 4) винахід **2.** *a* 1) явний 2) (за)патентований 3) оригінальний 4) доступний **3.** *v* 1) патентувати 2) бути оригінальним 3) дарувати; **~ee** *n* власник патенту; **~ing** *n* патентування; **p.-leather** *n* лакована шкіра; лак; **~ly** *adv* явно, очевидно; відкрито
pater||nal [pə´tɜːnl] *a* 1) отчий 2) батьківський; **~nity** *n* 1) батьківство 2) походження по батькові 3) авторство; джерело; **~noster** *n* 1) «Отче наш» (*молитва*) 2) чотки 3) заклинання

path [pɑːθ] *n* 1) стежина 2) шлях 3) лінія поведінки 4) хід думки 5) курс 6) траєкторія; **~finder** *n* 1) дослідник; слідопит 2) *мед.* зонд; **~less** *a* 1) непрохідний 2) непротоптований 3) недосліджений; **~way** *n* стежка; стежина, доріжка; дорога, шлях
pathetic [pə´θetɪk] *a* 1) зворушливий; жалісний 2) безнадійний; **~s** *n pl* (*удив. як sing*) патетика
patholog||y [pə´θɒlədʒɪ] *n мед.* патологія; **~ic(al)** *a* патологічний
pathos [´peɪθɒs] *n* 1) пафос 2) ентузіазм 3) страждання
patien||t [´peɪʃ(ə)nt] **1.** *n* 1) пацієнт, хворий 2) поранений **2.** *a* 1) терплячий 2) упертий; **~ce** *n* 1) терпіння 2) наполегливість, упертість
patois [´pætwɑː] *n фр. лінгв.* місцева говірка
patriarch [´peɪtrɪɑːk] *n* 1) голова роду 2) патріарх 3) засновник; **~al** *a* 1) патріархальний 2) поважний
patrician [pə´trɪʃ(ə)n] *іст.* патрицій 2) аристократ
patricide [´pætrɪsaɪd] *n* 1) батьковбивство 2) батьковбивця
patrimon||y [´pætrɪmənɪ] *n* 1) спадкоємне майно 2) спадок; **~ial** *a* родовий, спадкоємний
patriot [´pætrɪət, ´pætrɪɔt] *n* патріот; **~ic** *a* патріотичний; **~ism** *n* патріотизм
patrol [pə´trəʊl] *n* 1) патрулювання 2) *війс.* чати; патруль **2.** *v* 1) патрулювати 2) чатувати; **~man** *n амер.* поліцай, поліцейський
patron [´peɪtrən] *n* 1) патрон, шеф; захисник 2) прихильник (*певних поглядів*) 3) кіноглядач; **~age** [´pætrənɪdʒ] *n* 1) заступництво, опікування; шефство 2) постійна клієнтура; **~ess** *n* покровителька, патронеса; заступниця; **~ise** *v* 1) ставитися зверхньо 2) патронувати; **~ymic** *n* 1) родове ім'я, патронім 2) по батькові
pattern [´pætn] **1.** *n* 1) малюнок, візерунок 2) структура 3) шаблон 4) схема, діаграма 5) стиль (*твору*) 6) спосіб (*життя*); манера (*поведінки*) 7) храмове свято **2.** *v* 1) копіювати (after, on, upon) 2) прикрашати візерунком
patty [´pætɪ] *n* пиріжечок
paucity [´pɔːsɪtɪ] *n* 1) нечисленність 2) брак (*чого-н.*)
pauper [´pɔːpə] *n* бідняк, жебрак, злидар
pause [pɔːz] **1.** *n* 1) нерішучість 2) пауза 3) заморожування (*зарплати*) **2.** *v* 1) робити паузу 2) вагатися 3) затримуватися
pave [peɪv] *v* 1) брукувати (*вулицю*) 2) устеляти, усипати; **~ment** *n* хідник, тротуар
pavilion [pə´vɪljən] **1.** *n* 1) намет 2) павільйон 3) флігель **2.** *v* 1) ховати(ся) 2) ставити намети

paw [pɔ:] **1.** *n* лапа **2.** *v* 1) шкребти лапою 2) бити копитом

pawn [pɔ:n] **1.** *n* 1) заклад, застава 2) заручник 3) зобов'язання **2.** *v* 1) закладати 2) ручатися; **~broker** *n* лихвар

pax [pæks] *n лат.* мир; символ миру

pay [peɪ] **1.** *n* 1) плата 2) платня, заробітна плата 3) розплата **2.** *v* (paid) 1) платити 2) звертати увагу 3) робити (*комплімент*) 4) карати, шмагати; **~able** *a* 1) оплачуваний 2) вигідний 3) промисловий; **p.-box** *n* каса; **~ee** [peɪˈi:] *n* одержувач (*грошей*), ремітент, пред'явник чека; **~er** *n* платник; **~master** *n* касир; **~ment** *n* 1) платіж 2) винагорода 3) відплата; **p.-out** *n* виплата; **p. phone** *n* телефон-автомат

paysage [peɪˈzɑ:ʒ] *n фр.* пейзаж

pea [pi:] *n бот.* горох, горошина

peace [pi:s] *n* 1) спокій 2) мир; **~able** *a* мирний; **~maker** *n* примиритель, миротворець; **p.-officer** *n* охоронець порядку; **p. pipe** *n* люлька згоди (миру); **~time** *n* мирний час

peach [pi:tʃ] *n бот.* 1) персик 2) персикове дерево

peacock [ˈpi:kɒk] **1.** *n орн.* павич **2.** *v* 1) величатися 2) позувати

peak [pi:k] **1.** *n* 1) пік; вістря 2) гребінь (*хвилі*) 3) *перен.* найвища точка; максимум; <> **p. hour** година пік **2.** *v* 1) стирчати, випинатися 2) загострювати, акцентувати 3) марніти, слабшати; **~ed** *a* 1) гострокінцевий 2) змарнілий, виснажений

peal [pi:l] **1.** *n* 1) дзвін 2) гуркіт (*грому*) **2.** *v* лунати, дзвонити

peanut [ˈpi:nʌt] *n* земляний горіх

pear [peə] *n бот.* груша

pearl [pɜ:l] *n* 1) перли 2) крапля роси; сльоза 3) зернятко

peasant [ˈpez(ə)nt] *n* селянин

pebble [ˈpebl] **1.** *n* галька **2.** *v* закидати камінням

peccancy [ˈpekənsɪ] *n* 1) гріховність 2) гріх, проґріх, провина

peccary [ˈpekərɪ] *n зоол.* пекарі (*дика свиня*)

peck [pek] *n* 1) міра ємності сипких тіл (= $^{1}/_{4}$ бушеля, або 9,08 л) 2) безліч, маса, купа

pectoral [ˈpekt(ə)rəl] *a* 1) грудний 2) суб'єктивний, внутрішній

peculator [ˈpekjʊleɪtə] *n* розтратник, розкрадач

peculiar [pɪˈkju:lɪə] **1.** *n* 1) особиста власність 2) особливий привілей **2.** *a* 1) дивний 2) властивий 3) особистий 4) специфічний; **~ity** [pɪˌkju:lɪˈærɪtɪ] *n* 1) дивацтво 2) характерна риса 3) специфічність

pecuniary [pɪˈkju:nɪərɪ] *a* фінансовий

pedagog||y [ˈpedəɡɒdʒɪ] *n* педагогіка; **~ic(al)** *a* педагогічний

pedal [ˈpedl] **1.** *n* педаль **2.** *a* педальний **3.** *v* їхати на велосипеді

pedant [ˈpednt] *n* педант; **~ic(al)** *a* педантичний; **~ry** *n* педантичність, педантизм

peddl||e [ˈpedl] *v* продавати нелегально (*наркотики*); **~er** *n* нелегальний торговець наркотиками; **~ing** *n* дрібна торгівля

pedestal [ˈpedɪstl] **1.** *n* п'єдестал **2.** *v* зводити на п'єдестал

pedestrian [pɪˈdestrɪən] **1.** *n* пішохід **2.** *a* 1) пішохідний 2) нудний

pedigre||e [ˈpedɪɡri:] *n* 1) родовід, генеалогія 2) походження; **~ed** *a* породистий

peel [pi:l] **1.** *n* 1) кірка, шкірка; лушпайка **2.** *v* знімати шкірку; чистити

peep [pi:p] **1.** *n* 1) швидкий погляд 2) смужка світла 3) отвір, шпара **2.** *v* 1) заглядати 2) підглядати 3) щулитися, мружитися 4) з'являтися; **~er** *n* 1) спостерігач 2) *pl* окуляри

peer [pɪə] **1.** *n* 1) пер, лорд 2) рівня, рівний 3) колега **2.** *v* 1) придивлятися 2) з'являтися

peevish [ˈpi:vɪʃ] *a* 1) сварливий; буркотливий 2) незлагідний; примхливий

peg [peɡ] **1.** *n* 1) кілок, кілочок 2) вішалка 3) фішка 4) ступінь, межа **2.** *v* 1) прикріпляти кілочками 2) установлювати ціни (вартість)

peg-top [ˈpeɡtɒp] *n* дзиґа

pelage [ˈpelɪdʒ] *n* хутро, шкіра, вовна (*тварин*)

pelican [ˈpelɪkən] *n орн.* пелікан

pellet [ˈpelɪt] *n* 1) кулька 2) гранула, пігулка

pell-mell [ˈpelˈmel] *adv* у безладі, абияк

pellucid [pɪˈlu:sɪd] *a* 1) прозорий 2) ясний, зрозумілий

pelt I [pelt] *n* шкіра; шкура; **~ry** *n зб.* хутра

pelt II [pelt] **1.** *n* 1) кидання 2) сильний удар **2.** *v* 1) кидати 2) лити (*про дощ*) 3) бити; **~ing** *a* 1) несамовитий, лютий 2) заливний; **~ing rain** злива

pen I [pen] **1.** *n* 1) перо (*для писання*) 2) ручка з пером 3) письменник 4) дамба; загата **2.** *v* 1) писати пером 2) творити 3) робити загату (дамбу); **p.-and-ink** *a* написаний; письмовий; **p.-friend** *n* друг по листуванню; кореспондент; **~man** *n* літератор; **~manship** *n* 1) краснопис 2) почерк; **p. name** *n* псевдонім

pen II [pen] **1.** *n* в'язниця **2.** *v* (penned [-d], pent) замикати, поміщати (*часто* ~ up, ~ in); **~t** *a* ув'язнений; замкнений

pen III [pen] *n орн.* самиця лебедя

pena||l [ˈpi:nl] *a* 1) карний, кримінальний 2) грабіжницький; **~lize** *v* карати; штрафувати; **~lty** [ˈpenəltɪ] *n* 1) покарання 2) штраф 3) розплата; **~nce** *n* спокута

penchant [ˈpentʃənt, ˈpɒnʃɒŋ] *n фр.* нахил, схильність
pencil [ˈpens(ə)l] **1.** *n* 1) олівець 2) пензель 3) манера, стиль (*маляра*) 4) склоріз **2.** *v* 1) малювати, розмальовувати 2) писати, записувати (*олівцем*); **p. case** *n* пенал; **~led** *a* 1) тонко окреслений (намальований) 2) променистий
pendant [ˈpendənt] *n* брелок
pendency [ˈpendənsɪ] *n* непевність
pendulum [ˈpendjʊləm] *n* маятник
penetrat‖e [ˈpenɪtreɪt] *v* 1) пронизувати 2) охоплювати 3) розуміти; збагнути (*що-н.*); **~ing** *a* 1) прозорливий 2) дошкульний
penguin [ˈpeŋgwɪn] *n орн.* пінгвін
peninsul‖a [pɪˈnɪnsjʊlə] *n* півострів; **~ar 1.** *n* мешканець півострова **2.** *a* півострівний
penit‖ence [ˈpenɪtəns] *n* каяття, покаяння; **~ent** *a* розкаюваний
penitentiary [ˌpenɪˈtenʃ(ə)rɪ] *a* 1) виправний 2) *юр.* пенітенціарний
pen-name [penneɪm] *n* псевдонім
pennon [ˈpenən] *n* 1) прапорець 2) прапор; вимпел
penny [ˈpenɪ] *n* (*pl* pence — *про грошову суму, пишеться разом із числ. від* twopence *до* elevenpence; pennies — *про окремі монети*) пенні, пенс; **p.-in-the-slot 1.** *n* автомат для продажу штучних товарів **2.** *a* автоматичний
pension I 1. *n* 1) [ˈpenʃ(ə)n] пенсія 2) поміч, субсидія **2.** *v* 1) призначати пенсію 2) субсидіювати; **~able** *a* 1) що має право на пенсію 2) що дає право на пенсію; **~ary 1.** *n* 1) пенсіонер 2) найманець **2.** *a* 1) пенсійний 2) продажний
pension II [ˈpɒnsjɒn] *n фр.* 1) пансіон 2) пансіонат
penta- [ˈpentə-] *pref* компонент скл. сл.; *в укр. мові відповідає компонентам* пента- *й* п'яти-; **~d** *n* 1) число п'ять 2) група з п'яти предметів; **~gon** *n* 1) п'ятикутник 2) (the P.) Пентагон; **~gonal** [penˈtægənl] *a* п'ятикутний
penthouse [ˈpenthaʊs] *n* 1) пентхаус 2) тент
pent-up [ˌpentˈʌp] *a* стриманий; прихований; затаєний
people [ˈpiːpl] **1.** *n* 1) народ, нація 2) (*ужив. як pl*) люди; населення; мешканці 3) (*ужив. як pl*) почет; підлеглі 4) (*ужив. як pl*) родичі 5) (*ужив. як pl*) парафіяни **2.** *v* 1) населяти 2) зростати (*про населення*)
pepper [ˈpepə] **1.** *n* 1) *бот.* перець 2) дошкульність **2.** *v* 1) перчити 2) стріляти 3) лаяти; **~pot** *n* перечниця; **~y** *a* 1) наперчений; їдкий 2) запальний
peptic [ˈpeptɪk] *a фізіол.* травний
per [рз:, рə] *prep* 1) по, через, за допомогою 2) згідно з; відповідно до (*зазв.* as ~) 3) за, на, у, з
perambulation [pəˌræmbjʊˈleɪʃ(ə)n] *n* 1) ходьба, прогулянка 2) обхід
perceive [pəˈsiːv] *v* 1) сприймати 2) відчувати; розрізняти
per cent [pəˈsent] *n* відсоток
percept‖ion [pəˈsepʃ(ə)n] *n* 1) сприймання, відчуття 2) уявлення (*про що-н.*) 3) усвідомлення, розуміння 4) *юр.* заволодіння, одержання; **~ibility** *n* відчутність, сприйманість; **~ible** *a* відчутний, помітний; сприйманий
perch I [pɜːtʃ] **1.** *n* 1) сідало; жердина 2) *розм.* висока посада 3) міра довжини (= 5,03 м); **square p.** міра площі (= 25,3 м²) **2.** *v* 1) сідати на сідало (*про птаха*) 2) улаштовуватися
perch II [pɜːtʃ] *n іхт.* окунь
percipient [pəˈsɪpɪənt] **1.** *n* перцепієнт **2.** *a* здатний сприймати (усвідомлювати); який сприймає
percolat‖e [ˈpɜːkəleɪt] *v* 1) фільтрувати, проціджувати 2) просочуватися; **~ion** *n* 1) фільтрування 2) проціджування; **~or** *n* 1) фільтр, цідилка 2) ситечко 3) кофейник з ситечком
percussion [pəˈkʌʃ(ə)n] *n* сутичка; удар; струс
percutaneous [ˌpɜːkjuːˈteɪnɪəs] *a мед.* підшкірний
perdition [pəˈdɪʃ(ə)n] *n* 1) загибель; погибель 2) прокляття
peregrin(e) [ˈperɪgrɪn] *n* 1) чужинець 2) пілігрим 3) *орн.* сокіл, сапсан (*тж* = falcon)
peremptory [pəˈrempt(ə)rɪ] *a* 1) безапеляційний 2) владний 3) догматичний 4) *юр.* імперативний; абсолютний; остаточний
perfect [ˈpɜːfɪkt] **1.** *n грам.* перфект **2.** *a* 1) ідеальний 2) точний 3) цілковитий 4) абсолютний 5) дійсний **3.** *v* [pəˈfekt] 1) удосконалювати 2) завершувати, закінчувати; **~ion** *n* 1) досконалість 2) найвищий ступінь 3) закінченість, завершеність 4) удосконалювання
perfid‖y [ˈpɜːfɪdɪ] *n* віроломство, зрада; **~ious** *a* віроломний, зрадливий; зрадницький
perform [pəˈfɔːm] *v* 1) виконувати (*обіцянку*) 2) грати (*роль*); ставити (*п'єсу*) 3) показувати фокуси; **~ance** *n* 1) виконання 2) дія; учинок 3) *театр.* вистава 4) фокуси, трюки; **~er** *n* виконавець
perfum‖e 1. *n* [ˈpɜːfjuːm] 1) пахощі 2) парфуми **2.** *v* [pəˈfjuːm] напахувати парфумами; **~ed** *a* 1) напахчений 2) запашний; ароматний; **~ery** *n* парфумерія
perfunctory [pəˈfʌŋkt(ə)rɪ] *a* 1) неуважний 2) неглибокий
perhaps [pəˈhæps] *adv* може бути, можливо
periapt [ˈperɪæpt] *n* амулет
perigee [ˈperɪdʒiː] *n астр.* перигей

peril [ˈperɪl] **1.** *n* небезпека; ризик **2.** *v* наражати на небезпеку; **~ous** [ˈperələs] *a* небезпечний, ризикований

period [ˈpɪ(ə)rɪəd] *n* 1) період; термін 2) епоха, доба 3) урок (*у школі*) 4) *грам.* фраза 5) стадія; **~ic** *a* 1) періодичний 2) циклічний 3) піднесений (*про стиль*)

peripatetic [ˌperɪpəˈtetɪk] **1.** *n* 1) (P.) *філос.* перипатетик, послідовник Арістотеля 2) *жарт.* мандрівник 3) *pl* мандри **2.** *a* 1) (*зазв.* P.) *філос.* арістотелівський, перипатетичний 2) мандрівний

peripeteia, peripetia [pəˌrɪpɪˈtaɪə, -ˈtiːə] *n* перипетія

peripher‖y [pəˈrɪf(ə)rɪ] *n* 1) периферія, окружність 2) контур; **~al** *a* 1) окремий 2) периферійний

periphrasis [pəˈrɪfrəsɪs] *n* (*pl* -ses) перифраз(а)

perish [ˈperɪʃ] *v* 1) гинути, умирати 2) псувати(ся)

perjur‖e [ˈpɜːdʒə] *v refl.* 1) *юр.* кривосвідчити 2) порушувати клятву; **~er** *n* 1) *юр.* кривосвідок 2) клятвопорушник; **~y** *n* 1) *юр.* кривосвідчення 2) клятвопорушення

perk [pɜːk] *v* **p. up** задирати ніс; **~y** *a* нахабний

permanence [ˈpɜːmənəns] *n* незмінність; міцність, сталість

permi‖t 1. *n* [ˈpɜːmɪt] 1) перепустка 2) дозвіл 3) ліцензія **2.** *v* [pəˈmɪt] 1) дозволяти 2) давати можливість 3) допускати; **~ssibility** *n* припустимість, допустимість; **~ssible** *a* дозволений, припустимий; **~ssion** *n* дозвіл

pernicious [pəˈnɪʃəs] *a* згубний, шкідливий

peroration [ˌperəˈreɪʃ(ə)n] *n* 1) заключна частина; висновок, резюме (*промови*) 2) просторікування

perpendicular [ˌpɜːpənˈdɪkjʊlə] **1.** *n* *мат.* 1) перпендикуляр 2) вертикаль 3) *перен.* тверда позиція **2.** *a* 1) перпендикулярний, вертикальний 2) прямовисний, крутий 3) прямий, негнучкий

perpetrat‖e [ˈpɜːpɪtreɪt] *v* здійснювати, чинити (*злочин*); **~ion** *n* 1) скоєння (*злочину*) 2) злочин; **~or** *n* порушник; злочинець

perpetu‖al [pəˈpetʃʊəl] *a* 1) вічний; безмежний 2) постійний; **~ate** *v* увічнювати; зберігати назавжди; **~ity** [ˌpɜːpəˈtjuətɪ] *n* 1) вічність 2) довічна рента

perplex [pəˈpleks] *v* 1) ставити в безвихідь; приголомшувати 2) заплутувати, ускладнювати 3) плутати; **~ity** *n* 1) подив; ніяковість 2) дилема

perquisite [ˈpɜːkwɪzɪt] *n* 1) приробіток 2) привілей 3) чайові

per se [pəˈseɪ] *adv лат.* саме по собі; по суті; безпосередньо

persecutor [ˈpɜːsɪkjuːtə] *n* 1) переслідувач 2) гнобитель

persever‖ance [ˌpɜːsɪˈvɪ(ə)r(ə)ns] *n* наполегливість, стійкість; **~ing** *a* наполегливий, завзятий, упертий

persiennes [ˌpɜːsɪˈenz] *n pl* жалюзі

persimmon [pəˈsɪmən, pɜː-] *n бот.* хурма

persisten‖t [pəˈsɪstənt] *a* 1) упертий, наполегливий 2) сталий, постійний; **~ce** *n* 1) наполегливість 2) витривалість

person [ˈpɜːs(ə)n] *n* 1) людина; особа, особистість; персона 2) зовнішність 3) персонаж 4) *грам.* особа 5) *зоол.* особина; **~a** [pəˈsəʊnə] *n лат.* (*pl* -nae) персона; імідж; **~able** *a* 1) уродливий, гарний 2) ставний; статечний; **~age** *n* 1) видатна особа; (важна) персона 2) персонаж; **~al** *a* 1) персональний 2) *грам.* особовий; **~alia** *n pl* особисті речі; **~ality** *n* особистість, індивідуальність; **~alise** *v* уособлювати; утілювати; **~alty** *n юр.* рухоме майно, рухомість; **~ate** *v юр.* видавати себе за кого-н.; **~ification** *n* 1) персоніфікація 2) утілення (of); **~ify** [pəˈsɒnɪfaɪ] *v* 1) персоніфікувати 2) утілювати; **~nel** [ˌpɜːsəˈnel] *n* персонал, штат; кадри

perspective [pəˈspektɪv] **1.** *n* 1) перспектива 2) плани на майбутнє **2.** *a* 1) перспективний 2) оптичний; зоровий

perspicaci‖ous [ˌpɜːspɪˈkeɪʃəs] *a* проникливий; **~ty** *n* проникливість

persua‖de [pəˈsweɪd] *v* 1) переконувати 2) умовляти 3) відмовляти; **~sion** *n* 1) переконання 2) переконливість 3) думка 4) віросповідання; **~sive 1.** *n* мотив; стимул **2.** *a* переконливий

pertain [pəˈteɪn] *v* 1) стосуватися, мати відношення (to — до *чого-н.*) 2) бути притаманним 3) личити, пасувати

pertinaci‖ous [ˌpɜːtɪˈneɪʃəs] *a* наполегливий, завзятий; **~ty** *n* наполегливість, завзятість

pertussis [pəˈtʌsɪs] *n мед.* коклюш

perva‖de [pəˈveɪd] *v* 1) поширюватися 2) просочуватися, наповнювати, просякати 3) охоплювати; **~sion** *n* поширення; проникнення

perver‖t 1. *n* [ˈpɜːvɜːt] 1) ренегат 2) розбещена людина; збоченець **2.** *v* [pəˈvɜːt] 1) спокушати 2) псувати 3) перекручувати, неправильно тлумачити; **~sion** *n* 1) перекручування; хибне тлумачення; викривлення 2) відхилення від норми; збочення; **~sity** *n* 1) розбещеність, порочність 2) упертість; примхливість, незговірливість; **~ted** *a* 1) розбещений, збочений 2) зіпсований, викривлений

pessim‖ism [ˈpesɪmɪzm] *n* песимізм; **~ist** *n* песиміст; **~istic(al)** *a* песимістичний

pest [pest] *n* 1) *с.-г.* паразит, шкідник 2) що-н. докучливе; **~hole** *n* осередок (вогнище) зарази (епідемії); **~iferous** *a* 1) що поширює заразу 2) шкідливий; **~ilence** [ˈpestɪləns] *n* 1) (бубонна) чума 2) епідемія, пошесть; **~ilent** *a* 1) отруйний 2) згубний; небезпечний

pet [pet] **1.** *n* 1) улюблена річ 2) улюбленець (*про тварину*) 3) роздратування, образа **2.** *v* пестити

petal [ˈpetl] *n бот.* пелюстка

petition [pɪˈtɪʃ(ə)n] **1.** *n* 1) благання 2) петиція 3) *юр.* клопотання **2.** *v* клопотати; **~er** *n юр.* позивач

petrel [ˈpetrəl] *n орн.* буревісник

petrify [ˈpetrɪfaɪ] *v* закам'янити

petrol [ˈpetrəl] *n* бензин; **~eum** [pəˈtrəʊlɪəm] *n* нафта; **~ic** *a* бензиновий

pettifogg||**er** [ˈpetɪˌfɒɡə] *n* 1) крутій, кляузник 2) шарлатан; **~ing** *a* 1) кляузний 2) дрібний 3) шахрайський

pettish [ˈpetɪʃ] *a* дратівливий

phalanx [ˈfælæŋks] *n* (*pl* -xes) 1) фаланга 2) громада

phallus [ˈfæləs] *n* (*pl тж* -lli) фалос

phantasm [ˈfæntæzm] *n* 1) ілюзія 2) фантом, примара; **~al** *a* примарний; ілюзорний

phantom [ˈfæntəm] *n* 1) фантом, примара 2) ілюзія

Pharaoh [ˈfe(ə)rəʊ] *n іст.* фараон

Pharisaic(al) [ˌfærɪˈseɪɪk(əl)] *a* фарисейський, святенницький

pharmaceut||**ist** [ˌfɑːməˈsjuːtɪst] *n* фармацевт; **~ic(al)** *a* фармацевтичний

pharos [ˈfe(ə)rɒs] *n* маяк

phas||**e** [feɪz] **1.** *n* 1) стадія; етап 2) фаза 3) аспект, бік **2.** *v* фазувати; **~ic** *a* фазний, стадійний

pheasant [ˈfez(ə)nt] *n орн.* фазан

phenomen||**al** [fɪˈnɒmɪn(ə)l] *a* феноменальний, незвичайний; **~on** *n* (*pl* -ena) явище, феномен

phi [faɪ] *n* фіта (*21-ша літера грец. абетки*)

philander [fɪˈlændə] *v* 1) фліртувати 2) розпусничати; **~er** *n* 1) зальотник, донжуан 2) бабій

philatel||**y** [fɪˈlæt(ə)lɪ] *n* філателія; **~ic(al)** *a* філателістичний; **~ist** *n* філателіст

philharmonic [ˌfɪləˈmɒnɪk, ˌfɪlhɑː] *n* 1) філармонія 2) меломан

philolog||**y** [fɪˈlɒlədʒɪ] *n* філологія; **~ist** *n* філолог

philosoph||**y** [fɪˈlɒsəfɪ] *n* філософія; **~er** *n* 1) філософ 2) алхімік; **~ical** *a* 1) філософський 2) мудрий; **~ise** *v* 1) філософствувати 2) моралізувати

phlegmatic [flegˈmætɪk] *a* флегматичний, в'ялий

phlogistic [flɒˈdʒɪstɪk] *a мед.* запальний

phobia [ˈfəʊbɪə] *n мед.* фобія

phoenix [ˈfiːnɪks] *n міф.* фенікс

phon||**al** [ˈfəʊnl] *a* голосовий; **~etic** *a* фонетичний; **~etics** *n pl* (*уживн. як sing*) фонетика; **~ic** *a* 1) акустичний, звуковий 2) голосовий; **~ics** *n pl* (*уживн. як sing*) акустика; **~ogram** *n* фонограма; звукозапис; **~opathy** *n мед.* розлад органів мови

photo||**genic** [ˌfəʊtəˈdʒenɪk] *a* фотогенічний; **~graph 1.** *n* фотографія, світлина **2.** *v* фотографувати, знімати; **~grapher** *n* фотограф; **~play** *n* 1) фільм-спектакль 2) сценарій

phrase [freɪz] **1.** *n* 1) фраза 2) мова, стиль **2.** *v* 1) висловлювати; формулювати 2) називати; **p. book** *n* 1) розмовник 2) (двомовний) фразеологічний словник; **~ology** *n лінгв.* 1) фразеологія 2) мова

phrenetic [frɪˈnetɪk] **1.** *n* маніяк **2.** *a* шалений; маніакальний

phthis||**is** [ˈθaɪsɪs] *n мед.* туберкульоз; сухоти; **~ic** *a мед.* туберкульозний; сухотний

phut [fʌt] *n* свист, тріск

physic [ˈfɪzɪk] *n* 1) медицина 2) *перен.* ліки; **~ian** *n* 1) лікар 2) *перен.* зцілитель, цілитель; **~ist** *n* фізик; **~s** *n pl* (*уживн. як sing*) фізика

physiognomy [ˌfɪzɪˈɒnəmɪ] *n* фізіономія, лице, вигляд; обличчя

physiolog||**y** [ˌfɪzɪˈɒlədʒɪ] *n* фізіологія; **~ical** *a* фізіологічний

physique [fɪˈziːk] *n* будова тіла, статура, зовнішність; конституція

pi [paɪ] *n* 1) пі (*16-та літера грец. абетки*) 2) *мат.* число π (= 3,1415926)

pian||**o** [pɪˈænəʊ] *n* (*pl* -os [-əʊz]) фортепіано; рояль; **~ino** *n* (*pl* -os [-əʊz]) піаніно; **~ist** [ˈpɪənɪst] *n* піаніст; піаністка

picaroon [ˌpɪkəˈruːn] **1.** *n* 1) авантюрист 2) пірат **2.** *v* жити крутійством (шахрайством)

pick [pɪk] **1.** *n* 1) відбір, вибір 2) удар 3) кайло; мотика 4) зубочистка **2.** *v* 1) вибирати, добирати 2) відщипувати 3) сортувати 4) довбати; проколювати 5) шукати 6) красти 7) колоти 8) кидати, шпуряти, жбурляти; **~lock** *n* 1) зломщик 2) відмикачка; **p.-me-up** *n* 1) збудливий засіб (напій); тонік 2) *перен.* підтримка; **~pocket** *n* кишеньковий злодій; **~up** *n* 1) *авто* пікап 2) звукознімач; адаптер 3) *тел.* передавальна трубка 4) мікрофон 5) *радіо* чутливість 6) перехоплення 7) сприйняття 8) *фіз.* прискорення

picket [ˈpɪkɪt] **1.** *n* 1) пікет 2) пікетник 3) сторожовий загін 4) кілок **2.** *v* 1) пікетувати 2) *війс.* виставляти пікет 3) прив'язувати

pickl||**e** [ˈpɪkl] **1.** *n* (*зазв. pl*) соління; маринади **2.** *v* солити; маринувати; **~ed** *a* солоний, маринований

picnic [ˈpɪknɪk] *n* пікнік; **~ker** *n* учасник пікніка

pictorial [pɪkˈtɔːrɪəl] 1. *n* ілюстрований журнал 2. *a* картинний, мальовничий

picture [ˈpɪktʃə] 1. *n* 1) картина; малюнок 2) портрет 3) уявлення, уявний образ 4) світлина 2. *v* 1) малювати 2) фотографувати 3) уявляти собі; **~sque** [pɪktʃəˈresk] *a* 1) мальовничий 2) колоритний

pie [paɪ] *n* пиріг; пиріжок

piece [piːs] 1. *n* 1) шматок; частина 2) річ; окремий предмет 3) монета (*тж* a ~ of money) 4) зразок, взірець 5) ділянка (*землі*) 2. *v* 1) з'єднувати в єдине ціле 2) лагодити, латати; **p.-goods** *n pl* штучний товар; **~work** *n* відрядна (поштучна) робота, відрядність

pier [pɪə] *n* 1) *мор.* пірс 2) мол; **p. glass** *n* трюмо

pierc||e [pɪəs] *v* 1) простромлювати, проколювати 2) проходити, проникати; **~ing** *a* 1) пронизуючий 2) пронизливий 3) гострий (*біль*)

pig [pɪg] 1. *n* 1) свиня 2) сищик, провокатор 3) *розм.* нечепура, замазура 2. *v* 1) пороситися 2) жити по-свинському; **~gish** *a* 1) свинячий 2) свинський; **~swill** *n* помиї

pigeon [ˈpɪdʒɪn] *n орн.* голуб; **p.-hearted** *a* полохливий, боязкий

pike I [paɪk] *n іхт.* щука

pike II [paɪk] 1. *n* 1) спис 2) шип 3) вила 2. *v* колоти списом

pilau, pilaw [ˈpɪˈlaʊ] *n кул.* пилав

pilchard [ˈpɪltʃəd] *n іхт.* сардина

pile I [paɪl] 1. *n* 1) паля; стояк 2) купа; стіс; пачка 3) травинка 4) величезна споруда 5) *pl* гроші 2. *v* 1) забивати палі 2) складати в купу 3) навантажувати; нагромаджувати 4) товпитися

pile II [paɪl] *n* 1) *текст.* ворс(а) 2) вовна; волосся

pilfer [ˈpɪlfə] *v* украсти, поцупити

pilgrim [ˈpɪlgrɪm] *n* пілігрим; прочанин; паломник; **~age** 1. *n* паломництво; ходіння на прощу 2. *v* ходити на прощу; паломничати

pill [pɪl] 1. *n* 1) пігулка 2) кірка, шкірка 2. *v* 1) давати пігулку 2) знімати шкірку

pillage [ˈpɪlɪdʒ] 1. *n* 1) пограбування 2) награбоване (*майно*) 2. *v* грабувати, мародерствувати; **~r** *n* 1) грабіжник 2) мародер

pillow [ˈpɪləʊ] 1. *n* подушка 2. *v* класти голову (*на що-н.*)

pilot [ˈpaɪlət] 1. *n* 1) *ав.* пілот 2) лоцман 3) ватажок 2. *v* 1) пілотувати 2) бути провідником; **~age** *n* 1) *ав.* пілотаж 2) *мор.* лоцманська справа; **p. fish** *n іхт.* риба-лоцман

pimpl||e [ˈpɪmpl] *n мед.* прищ; **~ed** *a* прищавий

pin [pɪn] 1. *n* 1) шпилька 2) значок 2. *v* 1) пришпилювати 2) придавити, притиснути 3) загнати, заперти

pinafore [ˈpɪnəfɔː] *n* фартух

pincers [ˈpɪnsəz] *n pl* 1) (*тж* a pair of ~) щипці 2) обценьки, кліщі 3) пінцет 4) клешні

pinch [pɪntʃ] 1. *n* 1) щипок 2) пучка, дрібка (*солі й под.*) 3) крайня потреба 2. *v* 1) щипати 2) скупитися; обмежувати (*кого-н.*) 3) мучити; завдавати страждань

pineapple [ˈpaɪnæpl] *n бот.* ананас

ping [pɪŋ] 1. *n* 1) свист (*кулі*) 2) звук удару 2. *v* 1) свистіти 2) ударятися зі стуком

ping-pong [ˈpɪŋpɒŋ] *n* пінґ-понґ

pinioned [ˈpɪnɪənd] *a* крилатий

pink [pɪŋk] 1. *n* 1) *бот.* гвоздика 2) (the ~) найвищий ступінь; вершина; взірець 2. *v* 1) рожевіти 2) бачити в рожевому світлі 3) проникати, проколювати 4) моргати

Pinkster [ˈpɪŋkstə] *n амер. церк.* Трійця; Зелені Свята

pinnacle [ˈpɪnəkl] 1. *n* кульмінаційний пункт 2. *v* підносити (*на вершину слави й под.*)

pinniped [ˈpɪnɪped] *зоол.* 1. *n* ластонога тварина 2. *a* ластоногий

pint [paɪnt] *n* пінта (*міра ємності; в Англії = 0,57 л; у США = 0,47 л для рідин і 0,55 л для сипких речовин*)

pintado [pɪnˈtɑːdəʊ] *n* (*pl* -os [-əʊz]) *орн.* 1) цесарка

pioneer [ˌpaɪəˈnɪə] 1. *n* 1) новатор 2) піонер 2. *v* 1) прокладати шлях 2) спрямовувати

pious [ˈpaɪəs] *a* релігійний

pip I [pɪp] *n бот.* коренеплід

pip II [pɪp] *n* 1) очко (*у картах, доміно*) 2) зірочка (*на погонах*)

pip||e [paɪp] 1. *n* 1) труба 2) трубовід 3) люлька (*для паління*) 4) сопілка 5) *pl* волинка 6) *pl* дихальні шляхи 7) спів, свист (*птахів*) 2. *v* 1) грати на сопілці 2) пускати по трубах 3) плакати, квилити 4) співати (*про птаха*). **p. dream** *n* нездійсненна мрія; **~er** *n* 1) сопілкар, дудар 2) загнаний кінь; **~ing** *n* 1) гра (*на дудці*) 2) писк 3) спів (*птахів*) 4) труби 3. *a* писклявий

pipette [pɪˈpet] 1. *n* піпетка 2. *v* капати з піпетки

piquan||t [ˈpiːkənt] *a* 1) пікантний, гострий 2) спокусливий; **~cy** *n* пікантність, гострота

pique [piːk] 1. *n* 1) прикрість, роздратування, образа 2) незлагода, суперечка 2. *v* 1) уразити (*самолюбство*) 2) розпалювати (*цікавість*) 3) *ав.* пікірувати

piquet [pɪˈket] *n карт.* пікет

piracy [ˈpaɪ(ə)rəsɪ] *n* 1) піратство 2) порушення авторського права

piragua [pɪˈrægwə] *n* пірога (*човен*)

pirat||e [ˈpaɪ(ə)rət] 1. *n* 1) пірат, морський розбійник 2) викрадач 3) піратське судно 4) порушник авторського права 2. *v* 1) само-

pirouette [ˌpɪrʊˈet] **1.** *n* піруєт **2.** *v* робити піруєти

pisc||atorial, piscatory [ˌpɪskəˈtɔːrɪəl, ˈpɪskət(ə)rɪ] *a* 1) риболовецький 2) рибальський, риболовний; **~iculture** [ˈpɪsɪkʌltʃə] *n* рибництво; **~ine** [ˈpɪsiːn] **1.** *n* 1) плавальний басейн 2) рибна сажалка **2.** *a* рибний

piscivorous [pɪˈsɪv(ə)rəs] *a* зоол. рибоїдний

Pisces [ˈpaɪsiːz] *n pl* Риби (*сузір'я і знак зодіаку*)

pistol [ˈpɪstl] **1.** *n* пістолет **2.** *v* стріляти з пістолета; **p.-shot** *n* пістолетний постріл

pit I [pɪt] **1.** *n* 1) яма; ямка; заглиблення; западина 2) шахта, копальня; кар'єр; розріз 3) котлован; шурф 4) парник 5) вовча яма; пастка 6) *перен.* несподівана (непередбачена) небезпека 7) віспина, ряботина (*на шкірі*) 8) в'язниця 9) *анат.* ямка, западина 10) місце для оркестру (*у театрі*) 11) (the ~) пекло **2.** *v* 1) протистояти 2) (*особ. p. p.*) покривати(ся) ямками 3) робити ямки 4) складати в яму 5) нацьковувати (*один на одного*); **~fall** *n* 1) вовча яма 2) *перен.* пастка 3) вибоїна 4) *перен.* помилка; **~man** *n* шахтар, вуглекоп

pit II [pɪt] *амер.* **1.** *n* фруктова кісточка **2.** *v* виймати кісточки

pitch I [pɪtʃ] **1.** *n* 1) смола; дьоготь; пек 2) бітум **2.** *v* смолити; **~y** *a* 1) смолистий 2) смоляний 3) *перен.* липкий 4) чорний як смола 5) підлий; поганий

pitch II [pɪtʃ] **1.** *n* 1) ступінь, рівень, напруга; інтенсивність 2) похилість, схил, нахил, спадистість, кут нахилу 3) висота (*звуку*) 4) падіння; кільова хитавиця (*судна*) 5) кидок 6) оберемок, повна лопата (*чого-н.*) 7) майданчик 8) похвала, вихваляння 9) *спорт.* подача **2.** *v* 1) ставити (*намети*), таборитися 2) розташовуватися; бути розташованим 3) кидати, шпурляти 4) *спорт.* подавати 5) виставляти на продаж 6) надавати певного забарвлення 7) падати (on, into); ударятися 8) мати нахил, знижуватися 9) протиставляти; нацьковувати (*кого-н.*) 10) відчувати кільову хитавицю; **~fork 1.** *n* 1) вила (*для сіна*) 2) *муз.* камертон **2.** *v* 1) подавати вилами 2) несподівано призначити на високу посаду

pitcher I [ˈpɪtʃə] *n* глечик

pitcher II [ˈpɪtʃə] *n* 1) *спорт.* що подає м'яч 2) вуличний торговець

pith [pɪθ] *n* 1) *бот.* серцевина 2) суть, сутність 3) сила, енергія 4) спинний мозок; **~y** *a* 1) *бот.* із серцевиною 2) сильний, енергійний 3) виразний, змістовний; багатозначний 4) стислий

pithecanthrope [ˌpɪθɪˈkænθrəʊp] *n* пітекантроп

pit||y [ˈpɪtɪ] **1.** *n* 1) жалість, співчуття, жаль 2) сумний факт **2.** *v* жалкувати, жаліти; співчувати, мати співчуття (*до кого-н.*); **~iful** *a* 1) жалісний; жалібний 2) жалісливий 3) жалюгідний, знехтуваний; **~iless** *a* безжалісний

pittance [ˈpɪt(ə)ns] *n* 1) мізерна допомога (платня) 2) невелика кількість 3) пожертва

pivot [ˈpɪvət] **1.** *n* 1) точка обертання, точка опори 2) стрижень 3) основний пункт, центр **2.** *v* 1) обертатися (*тж перен.*; upon) 2) надівати на стрижень; **~al** *a* 1) центральний; осьовий 2) кардинальний

pixie [ˈpɪksɪ] *n* ельф, фея

pixilated [ˈpɪksɪleɪtɪd] *a* одержимий, дивакуватий

pizz||a [ˈpiːtsə] *a кул.* піца; **~eria** *n im.* піцерія

placab||le [ˈplækəbl] *a* 1) лагідний, незлобивий, незлопам'ятний; добросердий 2) мирний, спокійний; **~ility** *n* лагідність, незлобивість; добросердість

placard [ˈplækɑːd] **1.** *n* 1) афіша, плакат 2) офіційний документ із печаткою **2.** *v* розклеювати (*афіші, плакати й под.*)

placate [pləˈkeɪt] *v* примиряти, замиряти; заспокоювати

place [pleɪs] **1.** *n* 1) місце 2) місто, населений пункт 3) приміщення; садиба; резиденція 4) майдан; невелика вулиця 5) житло; домівка 6) положення, місце 7) членство, участь 8) сидіння, місце 9) сторінка, уривок 10) місце, точка на поверхні, ділянка 11) простір 12) посада, службове місце 13) розряд 14) (*тк sing*) обов'язок **2.** *v* 1) поміщати, розміщати, ставити, класти 2) визначати місце; співвідносити 3) призначати на посаду 4) покладати (*надії та под.*) 5) збувати (*товар*) 6) робити замовлення 7) уміщувати, віддавати гроші (*капітал*); **~man** *n* 1) посадовець 2) креатура 3) кар'єрист; **~ment** *n* 1) розміщення, розташування 2) призначення на посаду (роботу); **p.-name** *n* географічна назва

placet [ˈpleɪset] *лат.* **1.** *n* голос «за» **2.** *int* за!; **non ~!** проти!

placid [ˈplæsɪd] *a* 1) спокійний, мирний 2) безтурботний; **~ity** *n* 1) спокій 2) безтурботність

plafond [plæˈfɒn] *n фр. архіт.* 1) стеля 2) плафон

plage [plɑːʒ] *n фр.* 1) піщаний пляж 2) морський курорт

plagiar||ism [ˈpleɪdʒərɪzm] *n* плагіат; **~ist** *n* плагіатор; **~ize** *v* займатися плагіатом

plague [pleɪɡ] **1.** *n* 1) чума, моровиця 2) лихо; кара, покарання **2.** *v* 1) насилати лихо 2) зачумлювати

plaice [pleɪs] *n ixт.* камбала
plaid [plæd] *n* 1) текст. шотландка 2) плед
plain [pleɪn] **1.** *n* 1) рівнина 2) *зазв. pl амер.* безлісі рівнини, прерії **2.** *a* 1) ясний, явний, очевидний 2) простий; зрозумілий 3) незашифрований 4) невигадливий, нехитрий 5) простий, скромний 6) негарний 7) відвертий 8) незначний, простий 9) однобарвний 10) незашифрований
plaint [pleɪnt] *n юр.* позов; скарга; **~iff** *n юр.* позивач, позивачка; **~ive** [ˈpleɪntɪv] *a* жалібний, тужливий; журливий; сумний
plait [plæt] **1.** *n* 1) коса (*волосся*) 2) складка (*на одязі*) **2.** *v* заплітати, плести (*косу*)
plan [plæn] **1.** *n* 1) план 2) проект 3) задум, намір; припущення 4) спосіб дії 5) схема, діаграма, креслення 6) система **2.** *v* 1) планувати 2) проектувати 3) креслити плани (ескізи) 4) сподіватися 5) затівати, збиратися
plan∥e I [pleɪn] **1.** *n* 1) проекція 2) площина (*тж перен.*) 3) рівень (*знань і под.*) 4) грань (*кристала*) 5) *розм.* літак **2.** *a* плоский; площинний **3.** *v* 1) подорожувати літаком 2) *ав.* ширяти 3) стругати; скребти 4) вирівнювати; **~ned** *a* плановий; планований; планомірний
plane II [pleɪn] *n бот.* платан
planet [ˈplænɪt] *n* планета; **~arium** *n* (*pl* -ria) планетарій; **~ary** *a* 1) планетний, планетарний 2) земний, людський 3) блукаючий; **~oid** *n астр.* 1) мала планета, астероїд 2) штучний супутник; **p.-struck** *a* охоплений панікою, зляканий
plangent [ˈplændʒənt] *a* протяжний; тужливий
plank [plæŋk] **1.** *n* 1) планка; брус 2) *перен.* підтримка 3) пункт програми **2.** *v* 1) обшивати дошками 2) спати на нарах; **p.-bed** *n* нари
plankton [ˈplæŋktən] *n біол.* планктон
plant I [plɑ:nt] **1.** *n* 1) рослина; саджанець 2) збір. урожай, збіжжя 3) *перен.* новачок; юнак; нащадок 4) поза, позиція 5) ріст 6) *амер.* похорон 7) *перен.* капітал; багаж 8) крадене; склад краденого 9) шахрайство; ошукування **2.** *v* 1) саджати; сіяти (*рослини*), засаджувати (with) 2) міцно ставити, установлювати (in, on) 3) запускати (*рибу*) для розведення 4) уселяти (*думку*) 5) завдавати (*удару*) 6) засновувати (*колонію та под.*) 7) покинути, залишити 8) ховати (*крадене*) 9) обманювати 10) запроваджувати, насаджувати (in) 11) утикати; **~ain** [ˈplæntɪn] *n бот.* подорожник; **~ation** *n* 1) плантація 2) лісонасадження; посадка 3) запровадження; насадження 4) *іст.* колонізація; **~ed** *a* 1) посаджений, насаджений 2) засаджений; обсаджений; **p. louse** *n ент.* попелиця
plant II [plɑ:nt] *n* 1) завод, фабрика 2) устаткування, установка; комплект машин 3) агрегат
plaque [plæk, plɑ:k] *n* 1) таріль (*як стінна прикраса*) 2) пластинка з прізвищем (назвою установи) 3) *мед.* пляма висипу; бляшка 4) почесний знак
plash I [plæʃ] **1.** *n* 1) плескіт; сплеск 2) калюжа; багно 3) пляма світла **2.** *v* 1) плескати(ся); хлюпати(ся) 2) розплескувати
plash II [plæʃ] *v* сплітати; плести
plasma [ˈplæzmə] *n* 1) *фізіол.* плазма 2) *біол.* протоплазма
plaster [ˈplɑ:stə] **1.** *n* 1) тиньк; шпатлівка, кит 2) пластир **2.** *v* 1) тинькувати 2) покривати шаром (*чого-н.*) 3) забруднити 4) наклеювати 5) накладати пластир 6) грубо лестити 7) заспокоювати, тамувати (*біль*) 8) компенсувати 9) твердіти; **~er** *n* тинькар
plastic [ˈplæstɪk] *n* (*зазв. pl*) пластик, пластмаса; **~ine** [ˈplæstɪˌsɪn] *n* пластилін
plat I [plæt] *амер.* *n* 1) (невелика) ділянка землі 2) план (знімання) в поземній проекції **2.** *v* 1) *амер.* планувати; накреслювати 2) складати мапу 3) плести, заплітати
plat II [plæt] *n фр.* 1) страва, їжа 2) таріль із їжею
plate [pleɪt] **1.** *n* 1) тарілка; миска 2) столове срібло 3) пластинка 4) дощечка з прізвищем (*на дверях*) 5) вставна ілюстрація на окремому листі (*у книзі*) 6) *війс.* панцер; обшивка 7) гравюра, естамп 8) перегони на приз **2.** *v* 1) обшивати металевим листом 2) накладати срібло; лудити 3) плющити (*метал*); **p.-rack** *n* сушарка для посуду
plateau [ˈplætəʊ] *n* (*pl* -s [-z], -x) 1) плато, плоскогір'я 2) *перен.* високе становище
platform [ˈplætfɔ:m] *n* 1) платформа; поміст 2) трибуна; сцена 3) перон 4) майданчик
platinum [ˈplætɪnəm] *n* платина
platitud∥e [ˈplætɪtju:d] *n* 1) банальність, тривіальність, вульгарність 2) безбарвність, сірість; **~inous** *a* 1) заяложений, вульгарний, банальний 2) безбарвний, сірий
Platonic [pləˈtɒnɪk] **1.** *n* учень Платона **2.** *a* 1) теоретичний
platoon [pləˈtu:n] *n* 1) *війс.* взвод 2) загін, група
plaudit [ˈplɔ:dɪt] *n* (*зазв. pl*) 1) оплески 2) палкий (гучний) вияв схвалення
plausib∥le [ˈplɔ:zəbl] *a* 1) правдоподібний; імовірний 2) пригожий; **~ility** *n* 1) правдоподібність; імовірність 2) пристойність 3) уміння викликати довіру
play [pleɪ] **1.** *n* 1) гра, розвага 2) манера гри 3) п'єса; вистава 4) дія, діяльність 5) рух 6) воля, простір **2.** *v* 1) грати(ся), забавлятися, розважатися 2) пускати в хід 3) грати (*у кіно*)

4) давати виставу 5) жартувати; розігрувати 6) пурхати, гасати; танцювати 7) бити (*про водограй*) 8) удавати 9) спрямовувати (*світло*) 10) вільно володіти; **~-act** *v* 1) знев. бути актором 2) удавати, грати (*зазв. про дітей*) 3) стати в позу; **~boy** *n* 1) амер. розм. плейбой, гульвіса 2) ненадійна (безвідповідальна) людина; **~bill** *n* програма, афіша; **~er** *n* 1) гравець; картяр; учасник гри 2) спортсмен 3) музикант 4) актор 5) плеєр; **~ful** *a* грайливий, веселий, пустотливий; **~game** *n* дитячі іграшки, дрібниці, нісенітниця; **~ground** *n* майданчик для ігор; **~house** *n* театр; **p.-off** *n спорт*. 1) вирішальна гра 2) повторна гра після нічиєї; **~thing** *n* іграшка; **~wright** *n* драматург

plea [pli:] *n* 1) благання; прохання 2) заперечення 3) юр. судовий процес 4) доказ; аргумент; виправдання; посилання 5) звернення, заклик

plead [pli:d] (pleaded, pled) *v* 1) закликати, просити, благати 2) виступати в суді 3) захищати (*у суді*) 4) юр. посилатися (*на що-н*.) 5) юр. відповідати на обвинувачення 6) клопотатися; **~er** *n* 1) адвокат 2) прохач; оборонець 3) перен. захисник

pleasant [ˈplez(ə)nt] *a* 1) приємний 2) милий, славний 3) веселий; жартівливий; **~ry** *n* 1) жарт 2) жартівливість

pleas||e [pli:z] *v* 1) подобатися 2) догоджати; давати задоволення; радувати 3) хотіти, бажати; **~ing** *a* 1) що дає задоволення 2) привабливий 3) послужливий, догідливий

pleasure [ˈpleʒə] 1. *n* 1) задоволення; розвага, утіха 2) насолода 3) воля, бажання 2. *v* 1) робити приємність; задовольняти 2) знаходити утіху (in) 3) розважатися, шукати розваг; **p.-boat** *n* човен; яхта; катер для прогулянок; **p.-ground** *n* 1) майданчик для ігор та розваг 2) *амер*. іподром 3) сад, парк

pleat [pli:t] 1. *n* складка (*на одязі*) 2. *v* робити складки

plebeian [plıˈbi:ən] 1. *n* плебей 2. *a* плебейський

pledge [pledʒ] 1. *n* 1) порука 2) обіцянка 3) застава; заклад 4) поручитель 5) поручительство 6) подарунок 7) тост 2. *v* 1) заставляти 2) пов'язувати обіцянкою; запевняти 3) пити за здоров'я 4) бути поручителем

pledget [ˈpledʒıt] *n* 1) тампон 2) компрес

Pleiad [ˈplaıəd] *n* (*pl* -ds [-dz], -des) 1) *pl астр*. Волосожар, Плеяди 2) (*тж* p.) плеяда

plenary [ˈpli:nərı] *a* 1) повний, беззастережний 2) пленарний (*про засідання й под.*)

plenipotentiary [ˌplenıpəˈtenʃ(ə)rı] 1. *n* уповноважений 2. *a* 1) повноважний 2) необмежений, абсолютний

plent||y [ˈplentı] *n* 1) достаток; статок; надмір 2) безліч; надлишок; **~iful** *a* 1) рясний 2) багатий

plenum [ˈpli:nəm] *n* (*pl* -s [-z], -na) пленум

plethor||a [ˈpleθərə] *n* мед. повнокров'я; **~ic(al)** *a* мед. повнокровний

pleurisy [ˈplʊ(ə)rısı] *n* мед. плеврит

plexus [ˈpleksəs] *n* 1) *анат*. сплетення (*нервів і под.*) 2) переплетення; заплутаність

pli||ability [ˌplaıəˈbılıtı] *n* піддатливість, поступливість; **~able** *a* 1) гнучкий 2) поступливий

plian||t [ˈplaıənt] *a* 1) гнучкий 2) піддатливий, поступливий, м'який; **~cy** *n* 1) гнучкість 2) піддатливість, поступливість

pliers [ˈplaıəz] *n pl* щипці; кліщі

plight [plaıt] *n* поганий (важкий) стан, погане (важке) становище

plinth [plınθ] *n* плінтус

plod [plɒd] 1. *n* 1) важка хода 2) важкий шлях 3) тяжка праця 2. *v* 1) важко пересуватися; тягтися; чвалати 2) виконувати важку роботу; уперто працювати, длубатися; **~der** *n* трудівник; **~ding** *a* 1) повільний, важкий (*про ходу*) 2) працьовитий

plonk [plɒŋk] 1. *n* звук ляпанця (удару) 2. *v* кидати поспішно

plop [plɒp] *v* шльопнутися, шубовснутися

plot [plɒt] 1. *n* 1) ділянка (землі) 2) сюжет, фабула 3) змова; інтрига 4) *амер*. план; схема; ескіз; графік 2. *v* 1) укладати план 2) креслити 3) організовувати змову; інтригувати 4) задумувати; **~ter** *n* 1) змовник; інтриган 2) власник ділянки 3) *обч*. плотер

plough [plaʊ] 1. *n* 1) плуг 2) сніговочисник 3) рілля 4) (the P.) *астр*. Великий Віз 2. *v* 1) орати 2) борозднити 3) осилювати; **~man** *n* 1) орач; хлібороб, рільник 2) селянин

pluck [plʌk] 1. *n* 1) сміливість; мужність 2) смикання, сіпання 2. *v* 1) зривати, збирати (*квіти*) 2) висмикувати (*перо*) 3) скубти (*птаха*) 4) щипати (*струни*) 5) обирати; ошукувати; **~y** *a* сміливий, відважний; рішучий

plug [plʌg] 1. *n* 1) затичка; корок; чіп; стопор 2) (пожежний) кран 3) пломба 4) *мед*. тампон 5) поганий працівник 6) рекомендація 2. *v* 1) затикати 2) ударяти 3) *мед*. тампонувати 4) пломбувати

plum [plʌm] *n* 1) слива 2) *бот*. сливове дерево 3) темно-фіолетовий колір 4) родзинка 5) ласий шматочок; **p. cake** *n* кекс із родзинками

plumb [plʌm] 1. *n* 1) висок 2) лот, важок 2. *a* 1) прямовисний (вертикальний), стрімкий 2) абсолютний, очевидний 3. *v* 1) установлювати вертикально 2) вимірювати глибину 3) проникати (*у таємницю*) 4) працювати водовідником; ~**er** *n* 1) водовідник 2) лютар; ~**ery** *n* 1) водовідна справа 2) лютіння; ~**ing** *n* 1) водовід 2) водовідна справа 3) вимірювання глибини (*океану*); ~**ago** *n* (*pl* -os [-əʊz]) *мін.* графіт; ~**eous** *а* олив'яний (свинцевий); ~**um** *n хім.* оливо (свинець)

plum∥e [plu:m] **1.** *n* 1) перо 2) плюмаж, султан 3) кучер, завиток 4) оперення **2.** *v* 1) прикрашати плюмажем 2) чистити дзьобом (*пір'я*); чепуритися; ~**age** *n* оперення; ~**ose** *а* 1) оперений 2) пір'ястий, перистий;

plump I [plʌmp] **1.** *а* 1) огрядний 2) пухкий; круглуватий 3) натоптаний; пухлий 4) наливний (*про зерно*) 5) повновагий 6) чималий **2.** *v* 1) вигодовувати, відгодовувати (*тж* ~ up) 2) робити товстим 3) товстіти, повніти

plump II [plʌmp] **1.** *n* важке падіння **2.** *а* прямовисний, вертикальний **3.** *v* гепати(ся)

plunder [´plʌndə] **1.** *n* 1) грабіж, крадіжка 2) здобич **2.** *v* грабувати; красти; розкрадати

plung∥e [plʌndʒ] **1.** *n* 1) пірнання 2) *мор.* занурення 3) стрімке просування 4) сильна злива **2.** *v* 1) пірнати 2) занурювати(ся) 3) кидатися, вриватися (into) 4) увергати, доводити (in, into) (*до відчаю*) 5) кидатися вперед (*про коня*) 6) спускатися 7) розпочинати; ~**er** *n* водолаз

plunk [plʌŋk] **1.** *n* дзвін; перебір (*струн*) **2.** *v* 1) перебирати струни 2) дзвеніти

pluperfect [plu:´pɜ:fɪkt] *грам.* **1.** *n* давноминулий час **2.** *а* 1) давноминулий 2) чудовий

plural [´plʊ(ə)rəl] **1.** *n грам.* множина **2.** *а* 1) численний 2) *грам.* множинний 3) неоднорідний; ~**ism** *n* 1) сумісництво 2) плюралізм; ~**ity** [plʊə´rælɪtɪ] *n* 1) множинність 2) безліч

plus [plʌs] **1.** *n* 1) знак плюс 2) додаткова кількість 3) перевага 4) позитивна величина **2.** *а* 1) додатковий 2) *мат., ел.* позитивний **3.** *prep* плюс; **p. fours** *n pl* 1) штани ґольф 2) ґольфи

plush [plʌʃ] **1.** *n* плюш; плис **2.** *а* плюшевий; плисовий

pluvial [´plu:vɪəl] *а* дощовий

ply I [plaɪ] *n* 1) згин, складка; шар 2) петля 3) нахил; схильність, потяг; здатність, жилка

ply II [plaɪ] *v* 1) старанно працювати 2) займатися (*роботою*) 3) частувати 4) курсувати 5) умовляти; схиляти (*до чого-н.*); наполягати 6) *мор.* лавірувати

pneum∥atic [nju:´mætɪk] **1.** *n* пневматична шина **2.** *а* 1) пневматичний 2) дихальний; ~**onia** *n мед.* запалення легенів, пневмонія

poach [pəʊtʃ] *v* 1) займатися браконьєрством 2) *перен.* утручатися 3) привласнювати (*чужі ідеї*) 4) *спорт.* шахраювати (*пер. у змаганні*) 5) важко ступати 6) штовхати, пхати 7) *перен.*

підбурювати; ~**er** *n* браконьєр; ~**y** *а* вологий, грузький (*про ґрунт*)

pock [pɒk] *n* 1) віспина 2) вибій, щербина; ~**marked** *а* рябий

pocket [´pɒkɪt] **1.** *n* 1) кишеня 2) гроші; кошти 3) *перен.* багатство 4) *амер.* район (*лиха*); зона 5) бункер, скриня 6) вибій (*на дорозі*) **2.** *v* 1) класти до кишені 2) привласнювати 3) заробляти 4) терпляче зносити (*гнів і под.*); притамовувати (*гнів і под.*); **p.-book** *n* записничок; ~**ful** *n* повна кишеня (*чого-н.*); **p.-money** *n* кишенькові гроші; дрібні гроші; **p.-size** *а* мініатюрний; ~**y** *а* душний, задушливий, затхлий

pod [pɒd] **1.** *n бот.* стручок 2) лушпиння, лузга, шкірка, шкурка **2.** *v* 1) покриватися стручками 2) лущити (*горох*); ~**ded** *а* бобовий, стручковий

podagr∥a [pə´dægrə] *n мед.* подагра; ~**ic** *а* подагричний; хворий на подагру

poe∥m [´pəʊɪm] *n* 1) поема; вірш 2) що-н. чудове, поетичне; ~**t** *n* 1) поет 2) майстер слова (*пензля*); ~**tess** *n* поетеса; ~**tical** [pəʊ´etɪkl] *а* 1) поетичний 2) віршовий, віршований 3) піднесений; ~**tize** *v* 1) поетизувати 2) писати вірші; ~**try** *n* 1) поезія; вірші 2) поетичність

poignan∥t [´pɔɪnjənt] *а* 1) пікантний, гострий 2) різкий, жагучий (*про біль*) 3) гіркий, болісний 4) жвавий (*про інтерес*) 5) проникливий 6) гострий, їдкий, колючий, ущипливий; ~**cy** *n* 1) пікантність, гострота 2) різкість (*болю*) 3) мучеництво 4) проникливість 5) болісність 6) колючість (*висловлювань і под.*)

point [pɔɪnt] **1.** *n* 1) вістря; кінчик; вершина гори 2) крапка; знак 3) особливість 4) момент (*часу*) 5) *мат.* точка 6) *фіз.* стадія 7) місце, пункт 8) *амер.* станція 8) *мор.* румб 10) питання, справа 11) одиниця виміру 12) *спорт.* укол 13) перевага 14) суть; зміст (*жарту*) 15) позначка, поділка шкали 16) стать (*тварини*) 17) мета, намір. **2.** *v* 1) указувати 2) цілитися 3) бути спрямованим 4) зазначати; свідчити 5) загострити 6) прагнути 7) пожвавлювати 8) ставити розділові знаки; ~**ed** *а* 1) гострий 2) шпилястий 3) застругани (*про олівець*) 4) ущипливий; критичний (*про зауваження*) 5) підкреслений; цілком очевидний 6) пунктуальний 7) спрямований проти 8) націлений (*про зброю*); ~**er** *n* 1) покажчик (*приладу*) 2) стрілка (*годинника*) 3) указка 4) дороговказ 5) пойнтер (*порода собак*) 6) *війс.* навідник; ~**ful** *а* доречний; підхожий, вдалий; ~**ing** *n* 1) зазначення (*місця*) 2) натяк 3) пунктуація 4) *мед.* дозрівання абсцесу (нариву) 5) загострення; ~**less** *а* 1) тупий, незагострений 2) безглуздий; безцільний 3) *спорт.* з невідкритим рахунком 4) недотепний, банальний, заяложений

poise [pɔɪz] 1. *n* 1) урівноваженість; стабільність; витримка 2) рівновага, сталість 3) манера триматися; постава 4) вагання 2. *v* 1) урівноважувати 2) балансувати 3) тримати (*голову*) 4) висіти в повітрі, ширяти 5) *перен.* обмірковувати

poison [′pɔɪzn] 1. *n* 1) отрута 2) *перен.* згубний вплив 2. *a* отруйний 3. *v* 1) отруювати 2) заражати 3) *перен.* псувати; розбещувати 4) занапащати; **~er** *n* отруйник; **p. gas** *n* отруйний газ; отруйна речовина; **~ing** *n* 1) отруєння 2) *перен.* псування, розбещення; **~ous** *a* 1) отруйний 2) шкідливий, згубний

pok∥e [pəʊk] 1. *n* поштовх, стусан 2. *v* 1) совати, штовхати 2) протикати 3) мішати (*коцюбою*) 4) висовувати(ся) 5) іти навпомацки 6) горбитися; **~er** *n* 1) коцюба 2) покер (*картярська гра*); **p. face** *n* байдужий вираз обличчя

poky [′pəʊkɪ] *a* 1) тісний, убогий 2) мізерний, незначний, дрібний 3) неохайний, нечепурний; пошарпаний (*про одяг*)

polar [′pəʊlə] *a* 1) полярний 2) полюсний 3) діаметрально протилежний; **p. circle** полярне коло; **p. bear** *n зоол.* білий (полярний) ведмідь; **p. fox** *n зоол.* песець

pole I [pəʊl] 1. *n* 1) стовп, кілок; паля 2) багор 3) лижна палиця 4) *мор.* щогла 5) цілковита протилежність 6) міра довжини (=5,029 м) 2. *v* 1) установлювати стовпи; забивати палі 2) підпирати жердинами 3) відштовхувати(ся) жердиною (веслами)

pole II [pəʊl] *n* полюс; **p. star** *n* 1) Полярна зоря 2) *перен.* провідна зоря

polecat [′pəʊlkæt] *n зоол.* тхір чорний (лісовий)

polemic [pə′lemɪk] 1. *n* 1) полеміка, суперечка, дискусія 2) полеміст, суперечник 3) *pl* полемізування; мистецтво полеміки 2. *a* полемічний, спірний, дискусійний

police [pə′liːs] 1. *n* 1) поліція 2) (*ужив. з дієсл. у мн.*) полісмени, поліцаї 3) підтримання спокою; наведення порядку 4) *війс.* наряд 2. *v* 1) охороняти 2) підтримувати порядок (*за допомогою поліції*) 3) управляти, контролювати; **p. station** *n* поліційний відділок

policlinic [ˌpɒlɪ′klɪnɪk] *n* поліклініка (*при лікарні*)

policy I [′pɒlɪsɪ] *n* 1) політика; **foreign p.** зовнішня політика 2) лінія поведінки, курс 3) розсудливість, політичність 4) хитрість, спритність

policy II [′pɒlɪsɪ] *n* страховий поліс; **~holder** *n* власник страхового поліса

poliomyelitis [ˌpəʊlɪəʊmaɪə′laɪtɪs] *n мед.* поліомієліт

Polish [′pəʊlɪʃ] 1. *a* польський 2. *n* польська мова

polish [′pɒlɪʃ] 1. *n* 1) глянець 2) полірування 3) вишуканість манер 4) довершеність 2. *v* 1) полірувати 2) чистити (*взуття*) 3) робити вишуканим; **~ed** *a* 1) (від)полірований 2) вишуканий 3) бездоганний

polite [pə′laɪt] *a* 1) увічливий, люб'язний, ґречний 2) витончений, вишуканий 3) художній; **~ness** *n* увічливість, люб'язність, ґречність

politic [′pɒlɪtɪk] *a* 1) розважливий; доцільний; обміркований 2) розсудливий 3) спритний, хитрий, обережний 4) вигідний; **~al** 1. *n* політв'язень 2. *a* 1) політичний 2) державний 3) вузькопартійний; **~ian** [ˌpɒlə′tɪʃn] *n* політик; **~ise** *v* 1) політизувати 2) займатися політикою; **~s** *n pl* (*тж ужив. як sing*) 1) політика 2) політична діяльність

polity [′pɒlɪtɪ] *n* 1) урядування; форма правління; державний устрій (лад) 2) держава

poll [pəʊl] 1. *n* 1) голосування; балотування 2) результат голосування 3) список виборців 4) реєстрація виборців 5) (*зазв. pl*) виборчий пункт 6) опитування 7) голова; потилиця 8) людина 2. *v* 1) проводити голосування; підраховувати голоси 2) голосувати 3) стригти волосся

pollut∥e [pə′luːt] *v* 1) забруднювати 2) паскудити 3) розбещувати; **~ion** *n* 1) забруднення 2) опоганення 3) розбещення 4) *фізіол.* полюція

polo [′pəʊləʊ] *n спорт.* поло

polony [pə′ləʊnɪ] *n* варено-копчена свиняча ковбаса

poltergeist [′pɒltəɡaɪst] *n* полтерґейст; привид; домовик

poltroon [pɒl′truːn] *n* страшенний боягуз; **~ery** *n* боягузтво; легкодухість

poly- [′pɒlɪ-] *у скл. сл. означає* багато-, полі-; **~semantic** полісемантичний, багатозначний

polyclinic [ˌpɒlɪˌklɪnɪk] *n* 1) клініка 2) лікарня загального типу

polygamy [pə′lɪɡəmɪ] *n* полігамія

polyglot [′pɒlɪɡlɒt] *n* поліглот

polygon [′pɒlɪɡən, -ɡɒn] *n мат.* багатокутник; **~al** *a* багатокутний

polygraph [′pɒlɪɡrɑːf] *n* 1) детектор неправди 2) *мед.* поліграф

polyhedr∥al [ˌpɒlɪ′hiːdrəl] *a мат.* багатогранний; **~on** *n геом., мат.* багатогранник, поліедр

polymath [′pɒlɪmæθ] *n* 1) ерудит 2) великий учений

polynia [pə(ʊ)′lɪnjə] *n* ополонка

polynomial [ˌpɒlɪ′nəʊmɪəl] *мат.* 1. *n* поліном, 2. *a* багаточленний

polyp [′pɒlɪp] *n зоол., мед.* поліп

polysemy [ˌpə′lɪsɪmɪ] *n лінг.* полісемія

polysyllab∥le [ˌpɒlɪˈsɪləbl] *n грам.* багатоскладове слово; **~ic** *a грам.* багатоскладовий

polytechnic [ˌpɒlɪˈteknɪk] **1.** *n* політехнікум **2.** *a* політехнічний

pomegranate [ˈpɒmɪgrænɪt] *n* 1) ґранат (*плід*) 2) *бот.* ґранатове дерево

pomelo [ˈpɒmɪləʊ] *n* (*pl* -os [-əʊz]) *бот. амер.* грейпфрут

pomp [pɒmp] *n* 1) помпа 2) пишнота, пишність, блиск

pompier [ˈpɒmpɪə] *a фр.* пожежний

ponceau [ˈpɒnsəʊ] *n* червона фарба

poncho [ˈpɒntʃəʊ] *n* (*pl* -os [-əʊz]) 1) пончо, плащ 2) непромокальна накидка

pond [pɒnd] **1.** *n* ставок; водойма, басейн; загата **2.** *v* 1) загачувати 2) утворювати ставок; **~age** *n* ємність ставка (резервуара)

ponder [ˈpɒndə] *v* обмірковувати, зважувати; **~osity** *n* 1) вага 2) масивність 3) нудність 4) складність (*завдання*); **~ous** *a* 1) важкий 2) громіздкий 3) нудний 4) складний (*про завдання*)

pongo [ˈpɒŋgəʊ] *n зоол.* орангутан(г)

poniard [ˈpɒnjəd] **1.** *n* кинджал **2.** *v* заколювати кинджалом

pontif∥f [ˈpɒntɪf] *n* 1) Папа Римський 2) єпископ, архієрей; **~ical 1.** *n* 1) *pl* архієрейське (папське) убрання 2) архієрейська обрядова книга **2.** *a* 1) папський 2) догматичний 3) єпископальний; єпископський; архієрейський

pontoon [pɒnˈtuːn] *n* 1) понтон; понтонний міст, наплавний міст (*тж* ~ bridge) 2) кесон

pony [ˈpəʊnɪ] **1.** *n* 1) *зоол.* поні 2) *розм.* стопка **2.** *a* маленький

poodle [ˈpuːdl] *n* 1) *зоол.* пудель (*порода собак*) 2) лакей, підлабузник

pool I [puːl] *n* 1) яма; ковбаня; заводь 2) калюжа; ставочок 3) *спорт.* (плавальний) басейн

pool II [puːl] **1.** *n* 1) спільний фонд 2) бюро, об'єднання 3) сукупність ставок (*у картах і под.*) 4) *ек.* пул **2.** *v* 1) об'єднувати(ся) в пул 2) *перен.* зводити докупи; підсумовувати

poop [puːp] **1.** *n мор.* пів'ют; корма **2.** *v* 1) заливати корму 2) стріляти

poor [pʊə] **1.** *n* (the ~) *pl збір.* бідні, незаможні **2.** *a* 1) бідний, незаможний 2) бідний 3) недостатній; поганий (*про врожай*) 4) бідолашний 5) непоказний, жалюгідний 6) непоживний (*про їжу*) 7) померлий 8) ниций; лихий; **p.-spirited** *a* боязкий, полохливий, легкодухий

pop [pɒp] **1.** *n* 1) уривчастий звук 2) постріл **2.** *v* вистрілювати (*про корок*) **3.** *adv* із шумом **4.** *int* хлоп

pop-art [ˌpɒpˈɑːt] *n* поп-арт

popcorn [ˈpɒpkɔːn] *n амер.* кукурудзяні баранці; попкорн

pope I [pəʊp] *n* 1) Папа Римський 2) священик; піп

pope II [pəʊp] **1.** *n* пах **2.** *v* ударити в пах

poplar [ˈpɒplə] *n бот.* тополя

poppied [ˈpɒpɪd] *a* снодійний

popple [pɒpl] **1.** *n* 1) хлюпання, брижі; плескіт 2) *військ.* черга **2.** *v* 1) плескатися, хвилюватися 2) клекотати, вирувати

poppy [ˈpɒpɪ] *n бот.* мак

populace [ˈpɒpjʊləs] *n* простий народ, простолюддя

popular [ˈpɒpjʊlə] *a* 1) народний 2) популярний, зрозумілий, дохідливий 3) широко відомий; **~ity** *n* популярність; **~ization** *n* популяризація; **~ize** *v* 1) популяризувати 2) поширювати

populat∥e [ˈpɒpjʊleɪt] *v* 1) населяти 2) розмножуватися; **~ion** *n* 1) населення, мешканці 2) заселення 3) *біол.* популяція 4) *мат.* сукупність

populous [ˈpɒpjʊləs] *a* 1) густонаселений 2) популярний

porcel∥ain [ˈpɔːslɪn] *n* 1) порцеляна 2) порцеляновий виріб 3) *перен.* тендітний; витончений; **~aneous** [pɔːsˈleɪnɪəs] *a* порцеляновий (фарфоровий)

porch [pɔːtʃ] *n* 1) під'їзд, ґанок 2) портик 3) паперть (*церкви*) 4) *амер.* веранда; балкон

porcine [ˈpɔːsaɪn] *a* 1) свинячий 2) свинський; свиноподібний

porcupine [ˈpɔːkjʊpaɪn] *n зоол.* дикобраз

pore [pɔː] *v* 1) зосереджено вивчати (over) 2) міркувати; обмірковувати (upon) 3) пильно дивитися

pork [pɔːk] *n* свинина

pornograph∥y [pɔːˈnɒgrəfɪ] *n* порнографія; **~ic** [ˌpɔːnəˈgræfɪk] *a* порнографічний

porridge [ˈpɒrɪdʒ] *n* 1) вівсянка 2) нісенітниця, усяка всячина

port I [pɔːt] *n* 1) порт, гавань 2) *перен.* сховище, прихисток

port II [pɔːt] *n* 1) постава 2) спосіб життя 3) суспільне становище 4) сенс, значення, зміст

port III [pɔːt] *мор.* **1.** *n* лівий борт **2.** *v* класти (руля) ліворуч

port IV [pɔːt] *n* 1) портвейн 2) приємний мотив, жвава мелодія

portable [ˈpɔːtəbl] *a* портативний, переносний

porten∥d [pɔːˈtend] *v* 1) провіщати; віщувати 2) пророчити, проріркати 3) означати, показувати, указувати; **~t** [ˈpɔːtənt] *n* 1) ознака, передвісник; осторога 2) диво; **~tous** [pɔːˈtentəs] *a* 1) лиховісний 2) пихатий, бундючний (*про людину*) 3) дивовижний; знаменний; чудесний

porter I [ˈpɔːtə] *n* швейцар

porter II [´pɔ:tə] *n* носій
porter III [´pɔ:tə] *n* портер (*пиво*)
portion [´pɔ:ʃ(ə)n] **1.** *n* 1) частина, частка 2) порція 3) доля, талан 4) посаг **2.** *v* 1) поділяти на частини 2) давати посаг (with); **~less** *n* без посагу (*про наречену*)
portl||y [´pɔ:tlɪ] *a* 1) гладкий; огрядний 2) показний; ставний 3) величний, пишний, розкішний; **~iness** *n* 1) гладкість, огрядність 2) ставність
portra||y [´pɔ:treɪ] *v* 1) писати портрет 2) зображувати; описувати 3) грати на сцені; **~itist** *n* портретист; фотограф-портретист; **~iture** *n* 1) портретний живопис 2) опис, характеристика 3) портрет; **~yal** [pɔ:´treɪəl] *n* 1) малювання 2) зображення
Portuguese [,pɔ:tʃʊ´gi:z] **1.** *n* 1) португалець 2) португальська мова **2.** *a* португальський
pose I [pəʊz] **1.** *n* 1) поза (*тж перен.*) 2) удавання, прикидання **2.** *v* 1) позувати 2) формулювати; ставити (*питання*) 3) хизуватися, маніритися; **~r** *n* складне запитання, важке завдання; проблема; **~ur** *n* позер
pose II [pəʊz] *v* збентежити, спантеличити
posit [´pɔzɪt] *v* 1) *філос.* узяти за основу; твердити 2) ставити, установлювати
position [pə´zɪʃ(ə)n] *n* 1) положення, розташування 2) *військ.* позиція 3) становище, поза; стан 4) точка зору 5) *спорт.* стійка 6) посада, місце **2.** *v* 1) розташовувати 2) локалізувати; **~al** *a* позиційний
positive [´pɔzɪtɪv] **1.** *n* 1) реальність 2) *фото* позитив **2.** *a* 1) безсумнівний 2) визначений 3) правильний 4) упевнений у правильності 5) позитивний 6) *мат.* додатний
possess [pə´zes] *v* 1) мати 2) повідомляти 3) оволодівати (*про почуття*) 4) володіти (*мовою*); знати, уміти; **~ion** *n* 1) наявність 2) *pl* власність 3) (*часто pl*) володіння 4) самовладання 5) одержимість; **~ive** *a* 1) власницький 2) *грам.* присвійний; **~or** *n* власник
possib||le [´pɔsəbl] **1.** *n* 1) можливий кандидат 2) (the ~) можливе **2.** *a* 1) можливий, імовірний 2) здійснимий; можливий; **~ility** *n* 1) можливість, імовірність
post I [pəʊst] **1.** *n* стовп, щогла, паля **2.** *v* розклеювати (*афіші*); **~er** *n*. 1) афіша; плакат; оголошення 2) розклеювач афіш (плакатів, оголошень) **2.** *v* рекламувати
post II [pəʊst] **1.** *n* 1) пошта 2) доставка пошти 3) поштовий відділок 4) поштова скринька 5) кореспонденція 6) листоноша **2.** *v* 1) надсилати поштою 2) інформувати 3) поспішати; **~age** *n* поштова оплата, поштові витрати; **~age stamp** *n* поштова марка; **~al 1.** *n амер.* поштівка **2.** *a* поштовий; **~code** *n* поштовий індекс

post III [pəʊst] **1.** *n* 1) *військ.* пост 2) посада 3) *військ.* форт 4) вогнева точка 5) *амер. військ.* залога **2.** *v* 1) розставляти 2) *військ.* призначати на посаду
post- [pəʊst-] *pref* після-, по-, пост-
post-bellum [pəʊst´beləm] *a* повоєнний
poste restante [,pəʊst´resta:nt] *n* «до запитання» (*напис*)
posterior [pɔ´stɪ(ə)rɪə] **1.** *n* 1) нащадки 2) зад, сідниці **2.** *a* 1) наступний 2) задній
postern [´pɔstən] *n* 1) задні (бічні) двері 2) бічна дорога; бічний вхід
postgraduate [,pəʊst´grædjʊɪt] **1.** *n* аспірант **2.** *a* аспірантський
posthumous [´pɔstjʊməs] *a* 1) посмертний 2) народжений після смерті батька
postmark [´pəʊstma:k] *n* поштовий штемпель
postmeridian [,pəʊstmə´rɪdɪən] *a* післяполудневий
post meridiem [,pəʊstmə´rɪdɪəm] *adv лат.* після полудня
post-mortem [´pəʊst´mɔ:təm] **1.** *adv* після смерті **2.** *a* посмертний **3.** *n* розкриття трупа
postnuptial [,pəʊst´nʌpʃ(ə)l] *a* що відбувається після одруження
postpone [pə(ʊ)s´pəʊn] *v* відкладати; відстрочувати; **~ment** *n* відкладання; відстрочення
postscript [´pəʊst,skrɪpt] *n* 1) постскриптум (*скор.* P. S.) 2) епілог
postulant [´pɔstjʊlənt] *n* 1) послушник 2) прохач
postulate 1. *n* [´pɔstjʊlɪt] 1) попередня умова 2) постулат **2.** *v* 1) постулювати 2) (*зазв. p. p.*) обумовлювати
posture [´pɔstʃə] **1.** *n* 1) постава 2) стан (*духовний*); настрій **2.** *v* 1) позувати 2) хизуватися
postwar [,pəʊst´wɔ:] *a* повоєнний
pot [pɔt] **1.** *n* 1) горщик; кухоль 2) кавник 3) уміст горщика *й под.* 4) каска **2.** *v* 1) класти в горщик 2) консервувати 3) стріляти впритул 4) заволодівати; **~hole** *n* 1) вибій, вибоїна, вирва 2) *геол.* улоговина; **~house** *n* пивниця; **~ted** *a* 1) консервований 2) кімнатний (*про рослину*)
potable [´pəʊtəbl] **1.** *n pl* напої **2.** *a* питний
potassium [pə´tæsɪəm] *n хім.* калій
potation [pəʊ´teɪʃ(ə)n] *n книжн.* 1) ковток 2) спиртний напій
potato [pə´teɪtəʊ] *n* (*pl* -oes [-əʊz]) *бот.* картопля
potbelly [´pɔt,belɪ] *n* черево
potency [´pəʊt(ə)nsɪ] *n* 1) могутність 2) дієвість 3) потенція
potent [´pəʊt(ə)nt] *a* 1) могутній 2) переконли-

вий 3) сильнодіючий; міцний; **~ate** *n* 1) владар, монарх 2) могутня держава; **~iate** *v* 1) надавати сили 2) уможливлювати

potential [pəˈtenʃ(ə)l] **1.** *n* потенціал **2.** *a* 1) потенційний; можливий; прихований 2) потужний, могутній; **~ity** [pəˌtenʃɪˈælɪtɪ] *n* 1) потенційність 2) *pl* потенційні можливості

potion [ˈpəʊʃ(ə)n] *n* 1) мікстура 2) доза ліків 3) зілля, трунок

pot roast [ˈpɒtrəʊst] *n* тушковане м'ясо (*зазв. яловичина*)

potter [ˈpɒtə] **1.** *n* гончар **2.** *v* 1) ледарювати (*тж ~ about*) 2) марнувати час 3) працювати абияк; **~y** [-ɪ] *n* 1) гончарні вироби 2) гончарство 3) гончарна справа

pouch [paʊtʃ] **1.** *n* 1) сумка (*у тварин*) 2) торба 3) гаманець **2.** *v* 1) класти до сумки (до кишені) 2) привласнювати 3) висіти як мішок 4) ковтати

pouched [paʊtʃt] **1.** *p. p. від* **pouch 2 2.** *a* 1) із сумкою; з кишенями 2) *зоол.* сумчастий

pouchy [ˈpaʊtʃɪ] *a* мішкуватий

poult [pəʊlt] *n орн.* пташеня; **~ry** *n* **1.** домашня птиця **2.** птахівництво

pounce [paʊns] **1.** *n* 1) наскок 2) кіготь (*яструба й под.*). **2.** *v* 1) накидатися 2) ухопитися, скористатися (*промахом і под.*; upon) 3) несподівано зайти

pound I [paʊnd] *n* 1) фунт (*міра ваги англ. = 453,6 г; ісп. = 373,2 г, позначається* lb) 2) фунт стерлінгів (= 100 пенсам, позначається £)

pound II [paʊnd] **1.** *n* в'язниця **2.** *v* ув'язнювати

pound III [paʊnd] **1.** *n* важкий удар **2.** *v* 1) бити, гамселити; бомбувати (at, on) 2) важко просуватися 3) калатати (*про серце*) 4) працювати наполегливо

pour [pɔː] **1.** *n* 1) злива **2.** *v* 1) лити(ся) 2) наливати, розливати (*чай*) 3) щедро обдаровувати 4) упадати в море (*про річку*); **~ing 1.** *n* розливання **3.** *a* 1) заливний (*про дощ*) 2) розливний

pout [paʊt] **1.** *n* 1) надутий вигляд 2) *іхт.* сомик 3) *орн.* пташеня. **2.** *v* копилити губи

poverty [ˈpɒvətɪ] *n* 1) бідність; злидні 2) відсутність; **p.-stricken** *a* 1) дуже бідний 2) зубожілий

powder [ˈpaʊdə] **1.** *n* 1) порошок 2) курява, пил 3) пудра 4) порох 5) швидкий рух; натиск **2.** *v* 1) пудрити(ся) 2) перетворювати(ся) на порошок; **~ed** *a* молотий

power [ˈpaʊə] **1.** *n* 1) сила; міць 2) розумова здібність; фізична здатність 3) можливість 4) влада (*тж державна*); вплив 5) право 6) енергія; продуктивність 7) *мат.* степінь 8) божество 9) релігійний екстаз **2.** *v* 1) приводити в дію 2) бути рушієм; **~boat** *n* моторний катер; моторна шлюпка; **~ful** *a* 1) сильний, потужний 2) впливовий 3) переконливий 4) вагомий 5) яскравий (*про мову*); **~less** *a* 1) слабкий, кволий 2) неспроможний; **p. station** *n* електростанція; силова станція

powwow [ˈpaʊˌwaʊ] **1.** *n* 1) *амер.* конференція; збори; обговорення 2) чаклун **2.** *v* 1) обговорювати, радити(ся) 2) займатися знахарством

pox [pɒks] *n* 1) *мед.* хвороба з висипанням на шкірі 2) *розм.* сифіліс, пранці

practi‖ce [ˈpræktɪs] *n* 1) практика; застосування 2) звичка, звичай 3) вправа, тренування 4) діяльність (*юриста й под.*) 5) (*зазв. pl*) підступи, інтриґи; **~cability** *n* 1) здійсненність 2) доцільність 3) прохідність (*дороги*); **~cable** *a* 1) здійснимий; справжній 2) корисний 3) проїзний (*про дорогу*); **~cal** *a* 1) утилітарний 2) практичний 3) фактичний 4) доцільний 5) реальний 6) діловитий, вправний; **~cality** *n* практичність, практицизм; **~se** *v* 1) застосовувати, здійснювати 2) практикувати(ся) 3) займатися (*чим-н.*) 4) робити за звичкою 5) інтриґувати; **~sed** *a* умілий, вправний; **~tioner** *n* професіонал

prairie [ˈpreə(ə)rɪ] *n* прерія; степ; **p. wolf** *n зоол.* койот, луговий вовк

praise [preɪz] **1.** *n* 1) (по)хвала 2) вихваляння 3) прославляння 4) гідність; заслуга **2.** *v* 1) хвалити 2) прославляти; звеличувати; **~worthy** *a* гідний похвали; похвальний

pram [præm] *n* 1) дитяча коляска 2) ручний візок

prance [prɑːns] **1.** *n* 1) стрибок 2) пихатість 3) гордовита манера (*триматися*) **2.** *v* 1) гарцювати (*про коня*) 2) хизуватися; пишатися; величатися

prank [præŋk] **1.** *n* витівка, пустощі, вибрик, жарт **2.** *v* 1) прикрашати; наряджати(ся) 2) напускати туману; **~ish** *a* 1) пустотливий; бешкетний 2) капризний (*про машину*) 3) жартівливий

prat‖e [preɪt] **1.** *v* базікати **2.** *n* белькотання; **~er** *n* базіка; балакун; **~tle 1.** *n* 1) белькотання **2.** *v* 1) белькотати (*про дітей*) 2) теревенити

praxis [ˈpræksɪs] *n греч.* 1) практика (*на відміну від теорії*) 2) звичай 3) приклади, вправи (*із граматики й под.*)

pray [preɪ] *v* 1) молитися 2) просити, благати; **~er** *n* 1) молитва 2) молебень 3) прохання, благання 4) віруючий; той, що молиться 5) прохач; **p. book** *n* молитовник, требник; **~erful** *a* 1) богомільний 2) молитовний 3) благальний

preach [priːtʃ] *v* 1) проповідувати 2) повчати, напучувати 3) виступати на захист (*чого-н.*);

~er *n* проповідник; **~ing** *n* 1) проповідування 2) проповідь; **~ment** *n* 1) читання проповіді 2) знев. (нудна) проповідь; нотація

preadolescent [ˌpriːædəˈles(ə)nt] **1.** *n* дитина допідліткового віку **2.** *a* допідлітковий (про вік)

preamble [ˈpriːæmbl] **1.** *n* 1) преамбула 2) передмова, вступ **2.** *v* 1) укладати передмову 2) робити вступні зауваги

prearrange [ˌpriːəˈreɪndʒ] *v* заздалегідь підготовляти, планувати

precarious [prɪˈke(ə)rɪəs] *a* 1) випадковий; сумнівний 2) ризикований, небезпечний 3) необґрунтований 4) юр. відкличний

precative [ˈprekətɪv] *a* прохальний; благаючий

precaution [prɪˈkɔːʃ(ə)n] *n* 1) передбачливість 2) застереження; **~ary** *a* застережний; запобіжний

preced||e [prɪˈsiːd] *v* 1) передувати 2) розчищати шлях 3) переважати (важливістю), мати вище становище (за посадою); бути попереду; **~ence** [preˈsiːdəns] *n* 1) передування 2) перевага; пріоритет; **~ent** [ˈpresɪdənt] **1.** *n* прецедент **2.** *a* попередній; **~ing** *a* попередній

precentor [prɪˈsentə] *n* регент хору

precept [ˈpriːsept] *n* 1) напучення; інструкція 2) заповідь 3) юр. наказ 4) повістка в суд; **~ive** *a* повчальний; **~or** *n* 1) наставник 2) церк. настоятель; **~orial** *a* наставницький; **~ress** *n* 1) наставниця 2) гувернантка

precinct [ˈpriːsɪŋkt] *n pl* 1) околиці міста 2) межа

preciosity [ˌpreʃɪˈɒsɪtɪ] *n* манірна вишуканість, витонченість

precious [ˈpreʃəs] **1.** *n* любий; коханий **2.** *a* 1) коштовний 2) улюблений 3) витончений (про мову) 4) досконалий, абсолютний **3.** *adv розм.* дуже, чудово

precipi||ce [ˈpresɪpɪs] *n* 1) урвище; прірва 2) перен. ризиковане (небезпечне) становище; **~tance, -cy** [prəˈsɪpɪtəns] *n* 1) стрімкість; навальність 2) необачність; **~tant** *a* 1) стрімкий 2) необачний 3) раптовий; швидкий 4) квапливий; **~tate 1.** *n* хім. осад **2.** *a* 1) стрімкий 2) раптовий 3) необачний **3.** *v* [prɪˈsɪpɪteɪt] 1) скидати; увергати 2) квапити 3) хім. осаджувати(ся) 4) метео випадати (про опади); **~tation** *n* 1) повалення 2) стрімкість 3) стрімкість 4) необачність; квапливість 5) прискорення 6) хім. осаджування 7) метео випадання опадів; опади; **~tous** *a* 1) крутий; стрімкий 2) нестримний 3) поспішний; необачний

précis [ˈpreɪsiː] *фр.* **1.** *n* конспект; реферат **2.** *v* конспектувати

precis||e [prɪˈsaɪs] **1.** *a* 1) точний; певний 2) акуратний; пунктуальний 3) чіткий; виразний 4) ретельний 5) педантичний **2.** *v* уточняти, точно визначати; **~ion** *n* 1) точність; акуратність 2) влучність

preclu||de [prɪˈkluːd] *v* 1) запобігати, відвертати, усувати 2) заважати, перешкоджати; робити неможливим; **~sion** *n* 1) запобігання 2) перешкода, завада 3) усунення, відвернення

precocity [prɪˈkɒsɪtɪ] *n* ранній розвиток

preconception [ˌpriːkənˈsepʃ(ə)n] *n* 1) упередження 2) забобон

preconcert [ˌpriːkənˈsɜːt] *v* домовлятися заздалегідь; **~ed** *a* обумовлений заздалегідь

pre-condition [ˌpriːkənˈdɪʃ(ə)n] *n* передумова

precursor [prɪˈkɜːsə] *n* 1) предтеча, попередник 2) провісник; **~y** *a* 1) пророчий 2) попередній

predator [ˈpredətə] *n* хижак; **~y** *a* 1) хижий 2) грабіжницький

predawn [ˌpriːˈdɔːn] **1.** *n* передранковий час, досвітній час **2.** *a* передранковий, досвітній

predecease [ˌpriːdɪˈsiːs] **1.** *n* смерть **2.** *v* померти раніше (за кого-н.)

predecessor [ˈpriːdɪsesə] *n* 1) попередник 2) предок

predestin||e [ˌpriːˈdestɪn] *v* визначити наперед; призначати; **~ation** *n* визначення наперед; доля

predetermine [ˌpriːdɪˈtɜːmɪn] *v* 1) впливати (на кого-н.) 2) заздалегідь визначати, зумовлювати

predicament [prɪˈdɪkəmənt] *n* 1) скрутне (неприємне) становище 2) лог. категорія

predic||ate 1. *n* [ˈpredɪkɪt] 1) грам. присудок, предикат 2) лог. твердження **2.** *v* [ˈpredɪkeɪt] 1) стверджувати (тж лог.; of, about) 2) обґрунтовувати 3) проповідувати; **~ant 1.** *n* проповідник **2.** *a* проповідницький; **~ation** *n* твердження

predict [prɪˈdɪkt] *v* 1) провіщати, передрікати 2) передувати; **~able** *a* передбачуваний; **~ion** *n* 1) передбачення; прогноз 2) спец. попередження; застереження; **~ive** *a* пророчий; провісний

predilection [ˌpriːdɪˈlekʃ(ə)n] *n* 1) пристрасть, схильність 2) віддавання переваги, уподобання

predispos||e [ˌpriːdɪˈspəʊz] *v* 1) схиляти 2) налаштовувати; **~ition** *n* нахил, схильність

predomin||ate [prɪˈdɒmɪneɪt] *v* 1) превалювати 2) домінувати 3) височіти; **~ance, ~ancy** *n* домінування, перевага, панування; **~ant 1.** *n* панування; найважливіша риса **2.** *a*

1) переважаючий 2) панівний, домінуючий 3) що височить

predoom [ˌpriːˈduːm] v прирікати, осуджувати заздалегідь

pre-election [ˌpriːɪˈlekʃ(ə)n] n попередні вибори

pre-eminen||t [priˈemɪnənt] a видатний; винятковий; **~ce** n (величезна) перевага; вищість

pre-exist [ˌpriːɪɡˈzɪst] v існувати до (чого-н.)

prefabricate [priˈfæbrɪkeɪt] v виготовляти заздалегідь

preface [ˈprefɪs] 1. n 1) передмова 2) пролог 2. v 1) починати 2) робити вступ

prefatory [ˈprefət(ə)rɪ] a вступний

prefecture [ˈpriːfektʃʊə] n префектура

prefer [prɪˈfɜː] v 1) віддавати перевагу 2) висувати (вимогу) 3) підвищувати (у чині); **~able** a кращий, найкращий; **~ence** [ˈprefrəns] n 1) віддання переваги 2) вибір 3) карт. преферанс; **~ential** a 1) що має (дає) перевагу; кращий, найкращий 2) ек. пільговий; преференційний 3) привілейований (про акції); **~red** a ек. привілейований; **~ment** n 1) просування по службі 2) високе становище

prefix 1. n [ˈpriːfɪks] 1) грам. префікс, приросток 2) слово, що передує імені та вказує на звання й под. 2. v [priːˈfɪks] 1) подавати 2) ставити перед словом частку 3) грам. додавати префікс

preform [ˌpriːˈfɔːm] v 1) формувати заздалегідь 2) визначати наперед

pregnable [ˈpreɡnəbl] a 1) ненадійно захищений (укріплений), приступний (про фортецю й под.) 2) уразливий, слабкий

pregnan||t [ˈpreɡnənt] a 1) вагітна 2) жеребна; тільна; поросна 3) сповнений змісту, значення 4) багатий (про уяву); винахідливий 5) змістовний, вагомий; важливий 6) череватий; **~cy** n 1) вагітність 2) череватість 3) багатство (уяви); кмітливість, тямущість; винахідливість 4) змістовність, вагомітість

preheat [ˌpriːˈhiːt] v попередньо нагрівати, підігрівати

prehen||sile [priˈhensaɪl] a зоол. чіпкий; пристосований для хапання; хапальний; **~sion** n 1) зоол. хапання; схоплювання, захоплювання 2) кмітливість, тямучість; чіпкість (розуму)

prehistoric(al) [ˌpriːhɪˈstɒrɪk(əl)] a 1) доісторичний 2) ірон. дуже старий; старезний; старомодний

prehuman [ˌpriːˈhjuːmən] a що існувало на землі до появи людини

prejudic||e [ˈpredʒədɪs] 1. n 1) упередження; упереджена думка 2) забобон 3) несправедливість 2. v 1) псувати; завдавати шкоди; зменшувати (шанси) 2) викликати упередження; створювати упереджену думку 3) привертати кого-н. (до кого-н.), налаштовувати 4) ставити під сумнів; **~ial** a шкідливий, згубний

prelate [ˈprelɪt] n 1) прелат 2) амер. священик

prelect [prɪˈlekt] v читати лекцію; **~ion** n лекція; **~or** n лектор

preliminary [prɪˈlɪmɪn(ə)rɪ] 1. n 1) (часто pl) підготовчий захід 2) pl відбіркові змагання 2. a попередній

prelu||de [ˈpreljuːd] 1. n 1) вступ, початок 2) муз. прелюдія 2. v 1) бути вступом 2) починати (with); **~sive, ~sory** a вступний

premarital [priˈmærɪt(ə)l] a дошлюбний

prematur||e [ˈpremətʃə, ˌpreməˈtjʊə] a 1) передчасний 2) поспішний, непродуманий 3) ранній; **~ity** n 1) передчасність 2) поспішність

premeditat||e [prɪˈmedɪteɪt, ˌpriː-] v обмірковувати (продумувати) заздалегідь; **~ed** 1) обміркований (продуманий) заздалегідь 2) навмисний, умисний; **~ion** n навмисність; замір, намір

premier [ˈpremɪə] 1. n прем'єр-міністр 2. a перший, головний

première [ˈpremɪəə(r)] n театр. 1) прем'єра 2) провідна актриса

premium [ˈpriːmɪəm] 1. n 1) нагорода; премія 2) плата 3) страхова премія 4) фін. надбавка; лаж 2. a першосортний

premonition [ˌpreməˈnɪʃ(ə)n] n 1) попередження 2) передчуття

prenatal [ˌpriːˈneɪtl] a 1) передпологовий 2) внутрішньоутробний

preoccupation [prɪˌɒkjʊˈpeɪʃ(ə)n] n 1) захоплення (місця) раніше 2) неуважність 3) захопленість 4) турбота 5) упередженість

pre-ord||ain [ˌpriːɔːˈdeɪn] v визначати наперед; **~ination** 1. n приречення 2. v визначення наперед

prepacked [ˌpriːˈpækt] a розфасований

prepar||e [prɪˈpeə] v 1) підготовляти; готувати(ся), приготувати(ся) (завчасно) 2) налаштовувати (на що-н.) 3) оснащувати, екіпірувати 4) виготовляти, робити; **~ation** n 1) приготування 2) готовність 3) препарат 4) препарування 5) ліки 6) готування уроків; **~ative** [prɪˈpærətɪv] 1. n підготовка 2. a підготовчий; **~ed** a підготовлений; **~edness** n готовність, підготовленість

prepay [ˌpriːˈpeɪ] v (prepaid) оплачувати наперед (завчасно)

prepense [prɪˈpens] a навмисний, умисний

pre-plan [ˌpriːˈplæn] v завчасно планувати

preponder||ate [prɪˈpɒndəreɪt] v переважати, мати перевагу; **~ance** n перевага, переважання; **~ant** a переважаючий; домінуючий

preposition [ˌprepəˈzɪʃ(ə)n] n грам. прийменник

preposess||ing [ˌpriːpəˈzesɪŋ] a привабливий, приємний; **~ion** n 1) схильність 2) упередження

preposterous [prɪˈpɒst(ə)rəs] a безглуздий, абсурдний

prepoten||t [priːˈpəʊt(ə)nt] a 1) впливовий 2) домінуючий; **~cy** n перевага, переважання

prerequisite [priːˈrekwɪzɪt] 1. n передумова 2. a необхідний як попередня умова

prerogative [prɪˈrɒgətɪv] 1. n прерогатива; привілей 2. a прерогативний

presage 1. n [ˈpresɪdʒ] 1) передвістя; прикмета 2) передчуття 3) віщування 2. v [prɪˈseɪdʒ] провіщати; віщувати

preschool [ˌpriːˈskuːl] 1. n дитячий дошкільний заклад (дит. ясла) 2. a дошкільний

prescien||t [ˈpreʃɪənt] a передбачливий; **~ce** n 1) передбачення 2) церк. провіщання

prescind [prɪˈsɪnd] v 1) абстрагувати 2) абстрагуватися

prescript [prɪˈskrɪpt, ˈpriːskrɪpt] 1. n наказ; вказівка; припис 2. a 1) приписаний; призначений 2) прописаний (про ліки); **~ive** a 1) що наказує (приписує) 2) лінгв. нормативний

presen||t I [ˈprez(ə)nt] 1. n теперішній час 2. a 1) присутній, наявний 2) теперішній; існуючий 3) даний 4) грам. теперішній 5) швидкий, оперативний; **~ce** n 1) наявність 2) присутність, сусідство 3) постава; зовнішність 4) привид; **~ce chamber** n приймальня, приймальна зала; **~t-day** a сучасний, нинішній

present II 1. n [ˈprez(ə)nt] подарунок 2. v [prɪˈzent] 1) посилати 2) дарувати 3) показувати (спектакль); ставити (п'єсу) 4) представляти 5) являти собою 6) відрекомендувати; **~able** a пристойний; презентабельний; **~ation** n 1) презентація 2) піднесення (подарунка) 3) подарунок 4) пред'явлення 5) виклад; **~ative** a 1) філос. абстрактний; інтуїтивний 2) образний; мальовничий; **~ee** n 1) той, хто одержує подарунок 2) кандидат (на посаду); **~er** n 1) подавець, пред'явник 2) дарувальник

present III [prɪˈzent] військ. 1. n 1) узяття на караул 2) узяття на мушку 2. v 1) брати на караул 2) цілитися, лучити

presentiment [prɪˈzentɪmənt] n 1) передчуття 2) упередженість

preserv||e [prɪˈzɜːv] 1. n 1) (зазв. pl) консерви; варення 2) мисливський (рибальський) заповідник 2. v 1) зберігати, берегти 2) охороняти 3) зберігати (продукти) 4) консервувати; **~ation** n 1) запобігання (псуванню) 2) збереження, зберігання 3) схоронність, цілість 4) консервування; **~ative 1.** n 1) запобіжний засіб 2) консервант 2. a захисний, запобіжний

preside [prɪˈzaɪd] v 1) головувати 2) здійснювати контроль (керівництво); **~nt** n 1) президент 2) амер. ректор (університету) 3) голова; **~cy** n президентство; **~ntial** a президентський; **~ntship** n 1) головування 2) президентство

presidium [prɪˈsɪdɪəm, -ˈzɪdɪəm] n президія

press I [pres] 1. n 1) натискування 2) прес 3) тиснява 4) поспіх 2. v 1) тиснути 2) прасувати 3) видавлювати 4) квапити 5) наполягати 6) нав'язувати 7) тривожити; **~ing 1.** n 1) стиск, пресування 2) спорт. пресинг 2. a 1) невідкладний, терміновий 2) настійний, наполегливий

press II [pres] n 1) друкарський верстат 2) друк, друкування 3) преса 4) друкарня; **p. agency** n газетна агенція; прес-агенція, інформаційна агенція; **p. conference** n прес-конференція; **~man** n 1) журналіст, репортер 2) друкар; **p. officer** n прес-аташе, речник; **p. photographer** n фотокореспондент, фоторепортер; **p. release** n прес-реліз, комюніке; **~room** n прес-центр

pressure [ˈpreʃə] n 1) тех., мед. тиск 2) стиск 3) вплив 4) скрутні обставини 5) гніт

prestige [preˈstiːʒ] n престиж

presum||e [prɪˈzjuːm] v 1) припускати, гадати 2) наважуватися 3) зловживати; **~able** a можливий, імовірний; **~ing** a самовпевнений

presump||tion [prɪˈzʌmpʃ(ə)n] n 1) самовпевненість; бундючність 2) припущення 3) імовірність 4) юр. презумпція; **~tive** a 1) передбачуваний 2) можливий; **~tuous** a 1) самовпевнений, нахабний 2) безцеремонний; безапеляційний

presuppose [ˌpriːsəˈpəʊz] v 1) припускати 2) містити в собі

preten||d [prɪˈtend] v 1) удавати 2) претендувати 3) посилатися на що-н. 4) зважуватися; дозволяти собі; **~ce** n 1) відмовка 2) обман 3) претензія; вимога; **~ded** a удаваний; **~der** n 1) претендент 2) удавальник, симулянт; **~sion** n 1) претензія 2) претензійність; **~tious** a 1) претензійний 2) показний

preterhuman [ˌpriːtəˈhjuːmən] a нелюдський, надлюдський

preternatural [ˌpriːtəˈnætʃ(ə)rəl] a протиприродний

pretext [ˈpriːtekst] 1. n привід, відмовка 2. [ˌpriːˈtekst] v наводити як відмовку; відмовлятися

prettify [ˈprɪtɪfaɪ] v причепурювати, прикрашати

preva∥il [prɪˈveɪl] v 1) тріумфувати (over) 2) превалювати (over) 3) бути поширеним; **~iling** a 1) переважаючий 2) широко розповсюджений; **~lence** [ˈprevələns] n 1) поширення; поширеність 2) панування, переважання

prevaricat∥e [prɪˈværɪkeɪt] v 1) уникати прямої відповіді 2) амер. брехати; **~ion** n уникання прямої відповіді

prevenance [ˈprev(ə)nəns] n послужливість; люб'язність

prevent [prɪˈvent] v 1) перешкоджати; не допускати 2) запобігати, охороняти, попереджати; **~ion** n 1) відвернення, запобігання; застереження 2) профілактика; **~ive 1.** n 1) запобіжний захід 2) мед. профілактичний засіб **2.** a 1) попереджувальний 2) мед. профілактичний 3) превентивний

preview [ˈpriːvjuː] n 1) попередній розгляд (чого-н.) 2) анонс

prevision [ˌpriːˈvɪʒ(ə)n] n передбачення

prewar [ˌpriːˈwɔː] a довоєнний

prey [preɪ] **1.** n 1) здобич 2) жертва **2.** v 1) полювати 2) грабувати 3) обманювати 4) гнітити, мучити 5) жити чужим коштом

pric∥e [praɪs] **1.** n 1) ціна 2) цінність 3) заробіток 4) ставка **2.** v призначати ціну, оцінювати; **p.-cutting** n зниження цін; **~ed** a оцінений; **~eless** a неоцінений; безцінний; **p.-list** n прейскурант; **p.-tag** n ярлик із ціною; **~ing** n калькуляція цін

prick [prɪk] **1.** n 1) укол, прокол 2) цятка 3) гострий біль 4) вістря 5) бот. шип, колючка **2.** v 1) (у)колоти(ся) 2) краяти, мучити 3) проколювати, устромляти

pride [praɪd] **1.** n 1) гордість 2) предмет гордості 3) пиха 4) почуття власної гідності (тж proper) 5) вищий ступінь **2.** v refl. пишатися

priest [priːst] n 1) священик 2) жрець; **~ess** n жриця; **~hood** n 1) священство 2) духівництво

prig [prɪg] n педант, формаліст; **~gish** a педантичний; самовдоволений

prim [prɪm] a 1) манірний; офіційний 2) педантичний; акуратний

prima ballerina [ˌpriːməbæləˈriːnə] n прима-балерина

primacy [ˈpraɪməsɪ] n 1) першість 2) примас (сан архієпископа)

primal [ˈpraɪm(ə)l] a 1) примітивний, первісний 2) основний

primary [ˈpraɪmərɪ] **1.** n основний колір **2.** a 1) первинний, початковий 2) основний, головний

primate [ˈpraɪmɪt] n 1) зоол. примат 2) церк. архієпископ

prime [praɪm] **1.** n 1) розквіт 2) найкраща частина (чого-н.) **2.** a 1) основний 2) найкращий 3) первісний; вихідний **3.** v 1) нагодувати досита; напоїти 2) вишколювати 3) вистрибувати з води (про рибу)

primer [ˈpraɪmə] n буквар; підручник для початківців

primeval [praɪˈmiːv(ə)l] a первісний

primitiv∥e [ˈprɪmɪtɪv] **1.** n первісна людина **2.** a 1) первісний 2) примітивний, грубий 3) лінгв. кореневий, непохідний 4) основний; **~ism** n примітивізм

primogenitor [ˌpraɪməʊˈdʒenɪtə] n (найдавніший) предок, пращур

primp [prɪmp] v наряджатися, чепуритися

primula [ˈprɪmjʊlə] n бот. первоцвіт, примула

primus [ˈpraɪməs] a перший

prince [prɪns] n 1) принц 2) князь 3) король 4) видатний діяч; **~ly** a 1) царствений 2) чудовий, розкішний; **~ss** [ˌprɪnˈses] n 1) принцеса 2) княгиня; князівна

principal [ˈprɪnsɪp(ə)l] **1.** n 1) голова, начальник; патрон 2) ректор університету; директор коледжу 3) провідний актор 4) юр. головний винуватець 5) юр. довіритель **2.** a 1) основний 2) провідний; **~ity** n князівство

principle [ˈprɪnsɪpl] n 1) принцип; закон 2) першопричина; джерело 3) хім. елемент

print [prɪnt] **1.** n 1) відбиток; слід 2) шрифт, друк 3) друкування 4) амер. часопис 5) гравюра, естамп **2.** v 1) друкувати 2) фото друкувати(ся) 3) запам'ятовувати; **~ed** a друкований; **~er** n 1) друкар 2) друкувальний пристрій 3) принтер; **~ing** n 1) друк, друкування 2) друковане видання 3) наклад; **~ing-house** n друкарня

prior [ˈpraɪə] **1.** n настоятель **2.** a 1) колишній; попередній 2) першочерговий; **~ess** n ігуменя; **~ity** n 1) пріоритет; першість 2) порядок черговості; терміновість; **~y** n монастир

prise [praɪz] **1.** n важіль **2.** v піднімати за допомогою важеля

prism [ˈprɪzm] n призма; **~atic(al)** a призматичний

prison [ˈprɪz(ə)n] **1.** n в'язниця **2.** v 1) ув'язнювати 2) сковувати; **p.-breaker** n утікач із в'язниці; **p.-breaking** n утеча з в'язниці; **~er** n 1) в'язень 2) підсудний 3) (військово)полонений

pristine [ˈprɪstiːn] a 1) незіпсований 2) чистий, недоторканий 3) давній, первісний

priva∥te [ˈpraɪvɪt] a 1) приватний 2) таємний 3) неофіційний 4) самітний, відлюдний; **~cy** [ˈprɪvəsɪ] n 1) відлюдність 2) таємниця 3) інтимність

privat∥ion [praɪˈveɪʃ(ə)n] n 1) злидні 2) брак (of — чого-н.); **~ise** v приватизувати

privileg∥e [ˈprɪvɪlɪdʒ] **1.** n привілей; перевага

2. v 1) давати привілей 2) увільняти 3) дозволяти те, що було заборонено; **~ed** a привілейований

priv||y [ˊprɪvɪ] **1.** n 1) амер. убиральня 2) юр. зацікавлена особа **2.** a 1) утаємничений 2) приватний 3) самітний; відокремлений; **~ity** n 1) секретність, таємниця 2) обізнаність 3) співучасть, причетність

prize [praɪz] **1.** n 1) виграш; знахідка 2) нагорода, приз 3) предмет бажань **2.** v 1) високо цінувати 2) оцінювати; **p. fight** n змагання на приз (у боксі); **p.-fighter** n боксер-професіонал; **p.-fighting** n професійний бокс; **~man** n лауреат; **p. money** n призові гроші

pro and con [ˌprəʊən(d)ˊkɒn] n pl аргументи «за» і «проти»

probab||le [ˊprɒbəbl] **1.** n можливий кандидат, імовірний вибір i под. **2.** a 1) імовірний 2) передбачуваний 3) правдоподібний; **~ility** n 1) імовірність 2) правдоподібність

probation [prəˊbeɪʃ(ə)n] n 1) іспитовий термін 2) іспит; випробування; стажування; **~ary** 1) a іспитовий; випробний 2) що підлягає випробуванню

probative [ˊprəʊbətɪv] a доказовий; довідний

probe [prəʊb] **1.** n 1) мед. зонд 2) тех. зонд, щуп 3) зондування 4) хоботок (комахи) **2.** v розслідувати, досліджувати (into)

probity [ˊprəʊbɪtɪ] n чесність; непідкупність

problem [ˊprɒbləm] n 1) проблема; питання, завдання 2) складна ситуація 3) важкий випадок; **~atic(al)** a сумнівний

probosc||is [prəˊbɒsɪs] n 1) хобот 2) хоботок (комах); **~idean, ~idian** [prəbəˊsɪdɪən] зоол. **1.** n хоботна тварина **2.** a хоботний

proceed [prəˊsiːd] v 1) продовжувати шлях; рушати далі 2) відновляти (гру); перейти; братися (за що-н.) 3) діяти, чинити 4) продовжувати (говорити) 5) відбуватися; розвиватися (про події); **~ing** n 1) учинок 2) практика 3) судочинство (тж legal ~s) 4) pl записки 5) pl робота (комісії); засідання; **~s** n pl дохід, прибуток; виручена сума

process [ˊprəʊsəs] **1.** n 1) тех. технологічний процес 2) плин (часу) 3) юр. виклик (до суду) 4) судочинство **2.** v 1) юр. починати процес 2) обч. обробляти; **~ion 1.** n процесія **2.** v брати участь у процесії; **~ionist** n учасник процесії; **~or** n обч. процесор

procla||im [prəˊkleɪm] v 1) проголошувати 2) оприлюднювати, опубліковувати 3) свідчити, говорити (про що-н.); **~mation** n 1) декларація; оприлюднення 2) відозва, прокламація

proclivity [prəˊklɪvɪtɪ] n нахил, схильність, тенденція (to, towards; тж з inf.)

procrastinate [prəˊkræstɪneɪt] v 1) відкладати (із дня на день) 2) гаятися, баритися, зволікати

procreat||e [ˊprəʊkrɪeɪt] v 1) давати потомство 2) породжувати; **~ion** n 1) біол. відтворення; розмноження 2) породження

procurator [ˊprɒkjʊreɪtə] n юр. повірник; довірена особа

procur||e [prəˊkjʊə] v діставати; добувати; забезпечувати; **~ement** n 1) придбання; одержання 2) постачання; заготівля; **~er** n постачальник

prod [prɒd] **1.** n 1) укол; стусан, штурхан 2) стимул **2.** v 1) колоти; простромлювати 2) підбурювати; підганяти, спонукувати 3) роздратовувати

prodig||y [ˊprɒdɪdʒɪ] n 1) обдарована людина 2) чудо, диво; **~ious** a 1) вражаючий 2) грандіозний 3) дивовижний 4) надзвичайний

prodrome [ˊprəʊdrəʊm] n 1) вступ; вступна частина 2) мед. продромальне явище; попередня ознака

produc||e 1. n [ˊprɒdjuːs] 1) продукція, продукт, виріб 2) результат, наслідок **2.** v [prəˊdjuːs] 1) пред'являти, показувати 2) виробляти, виготовляти 3) спричиняти; **~er** n 1) виробник 2) продюсер; **~t** [ˊprɒdʌkt] n 1) продукція, продукт, виріб 2) результат, наслідок 3) мат. добуток; **~tion** n 1) продуктивність 2) виготовлення 3) виріб 4) (художній) твір

proem [ˊprəʊem] n 1) вступ перен. початок; прелюдія

profan||e [prəˊfeɪn] **1.** a 1) людський; світський 2) нечестивий 3) поганський 4) непосвячений **2.** v опоганювати; зневажати; **~ation** n профанація; опоганення

profess [prəˊfes] v 1) відкрито визнавати 2) претендувати (на вченість) 3) удавати 4) сповідати (віру) 5) навчати, викладати; **~ed** a 1) відвертий, явний 2) удаваний

profession [prəˊfeʃ(ə)n] n 1) фах 2) запевнення 3) віросповідання; **~al 1.** n фахівець, професіонал **2.** a 1) професійний 2) що має фах; висококваліфікований; **~alism** n 1) професіоналізм 2) професіоналізація; **~alise** v перетворювати (яке-н. заняття) на професію

professor [prəˊfesə] n 1) професор (університету) 2) фахівець 3) віруючий; **~ate** n професорство; **~ial** a професорський

proficien||t [prəˊfɪʃ(ə)nt] **1.** n знавець, фахівець; спеціаліст **2.** a майстерний; досвідчений; **~cy** n досвідченість; уміння, вправність; майстерність

profile [ˊprəʊfaɪl] **1.** n 1) профіль 2) обрис, контур 3) короткий біографічний нарис **2.** v 1) зображувати у профіль (у розрізі) 2) повернутися у профіль

profit [´prɒfɪt] **1.** *n* 1) користь, вигода 2) (*часто pl*) прибуток, дохід; нажива 3) відсотки, нарахування **2.** *v* 1) бути корисним 2) мати користь 3) скористатися; **~able** *a* 1) прибутковий, вигідний 2) корисний; **~eer** [,prɒfɪ´tɪə] **1.** *n* спекулянт **2.** *v* спекулювати

profliga||cy [´prɒflɪɡəsɪ] *n* розпуста; **~te 1.** *n* розпусник **2.** *a* 1) розпутний 2) безрозсудний, марнотратний

prof||ound [prə´faʊnd] *a* 1) ґрунтовний 2) складний, заплутаний 3) абсолютний 4) проникливий 5) глибокий 6) низький (*уклін і под.*); **~undity** [prə´fʌndɪtɪ] *n* 1) глибочінь 2) прірва

profus||e [prə´fjuːs] *a* 1) щедрий 2) рясний, багатий 3) надмірний; **~ion** *n* 1) достаток; надлишок; багатство 2) надмірність 3) щедрість, марнотратність

progen||y [´prɒdʒɪnɪ] *n* 1) потомство; нащадок 2) послідовники, учні 3) результат, наслідок; **~itor** *n* 1) прабатько 2) попередник 3) джерело, оригінал

prognos||is [prɒɡ´nəʊsɪs] *n* (*pl* -ses) 1) прогноз 2) прогностика 3) *мед.* провісний симптом; ознака; **~tic** [prɒɡ´nɒstɪk] **1.** *n* 1) прикмета, перевістя; провісник 2) пророцтво 3) передбачення, завбачення **2.** *a* 1) пророчий 2) симптоматичний; **~ticate** *v* пророкувати, передбачати; віщувати; завбачати

program(me) [´prəʊɡræm] **1.** *n* 1) програма 2) вистава 3) план 4) афіша **2.** *v* програмувати, планувати

progress 1. *n* [´prəʊɡres] 1) проґрес, розвиток; рух уперед 2) успіхи, досягнення 3) хід, перебіг 4) просування **2.** *v* [prə´ɡres] 1) проґресувати, розвиватися 2) робити успіхи 3) поліпшуватися, удосконалюватися; **~ion** *n* 1) послідовність 2) *мат.* проґресія; **~ive** *a* 1) поступовий 2) проґресивний

prohibit [prə´hɪbɪt] *v* 1) забороняти 2) заважати, перешкоджати (from); **~ion** *n* заборона; **~ive** *a* 1) заборонний 2) що перешкоджає (забороняє)

project 1. *n* [´prɒdʒekt] 1) проект, план 2) новобудова **2.** *v* [prə´dʒekt] 1) проектувати, планувати 2) випинатися 3) кидати (*тінь*) 4) *refl.* переноситися подумки; **~ion** *n* 1) планування 2) позначка 3) проекція 4) виступ 5) кидання; **~or** *n* 1) прожектор 2) проектувальник

prolific [prə´lɪfɪk] *a* родючий; **~acy** *n* 1) плідність 2) родючість

prologue [´prəʊlɒɡ] *n* пролог

prolong [prə´lɒŋ] *v* 1) відстрочувати, відкладати; пролонґувати 2) продовжувати; подовжувати; **~ation** *n* 1) відстрочка, пролонґація 2) подовження (*лінії*); **~ed** *a* продовжений, тривалий

promenade [,prɒmə´nɑːd] **1.** *n* прогулянка **2.** *v* прогулюватися

prominen||t [´prɒmɪnənt] *a* 1) опуклий; рельєфний 2) видатний, визначний; відомий; **~ce** *n* 1) опуклість 2) узвишшя 3) рельєфність 4) видатне становище

promis||e [´prɒmɪs] **1.** *n* 1) обіцянка 2) надія **2.** *v* 1) обіцяти 2) подавати надії; провіщати; **~ed** *a* обіцяний

promot||e [prə´məʊt] *v* 1) просувати; підвищувати в чині 2) сприяти; допомагати 3) заохочувати 4) спричиняти 5) рекламувати; **~er** *n* 1) патрон 2) засновник, фундатор 3) антрепренер 4) імпресаріо 5) підбурювач; **~ion** *n* 1) сприяння; підтримка; заохочення 2) стимулювання 3) підбурювання 4) заснування

prompt [prɒmpt] **1.** *n* підказування; нагадування **2.** *a* 1) ретельний, старанний 2) швидкий, моторний 3) невідкладний, терміновий **3.** *v* 1) спонукувати 2) нагадувати; підказувати 3) заохочувати; **~er** *n* суфлер; **~itude** *n* 1) моторність 2) своєчасність

promulgat||e [´prɒm(ə)lɡeɪt] *v* 1) поширювати, пропаґувати 2) оприлюднювати; проголошувати; **~ion** *n* 1) оприлюднення 2) поширення, пропаґанда

prone [prəʊn] *a* 1) розпростертий 2) похилий, розлогий 3) стрімкий 4) (*зазв. predic.*) схильний

prono||un [´prəʊnaʊn] *n грам.* займенник; **~minal** [prəʊ´nɒmɪnl] *a грам.* займенниковий

pronounc||e [prə´naʊns] *v* 1) висловлювати (*думку*) 2) оголошувати, проголошувати; об'являти (*офіційно*) 3) ухвалювати (*рішення*); **~ed** *a* 1) явний, певний, очевидний 2) вимовлений 3) ясний, виразний; **~ement** *n* 1) проголошення 2) декларація; **~ing** *n* 1) вимовляння, вимова 2) оголошення, заява

proof [pruːf] **1.** *n* 1) доказ 2) *юр.* доведення 3) випробування, перевірка; проба 4) *мат.* перевірка 5) пробірка **2.** *a* 1) непробивний 2) непроникний 3) недоступний

-proof [-pruːf] *у скл. сл. означає* стійкий, непроникний

prop [prɒp] **1.** *n* 1) підпора 2) підтримка **2.** *v* (*тж* ~ up) 1) підпирати 2) допомагати

propagand||a [,prɒpə´ɡændə] *n* пропаґанда; **~ize** [,prɒpə´ɡændaɪz] *v* пропаґувати, вести пропаґанду

propagat||e [´prɒpəɡeɪt] *v* розмножувати(ся); **~ion** *n* розмноження

propel [prə´pel] *v* 1) надавати руху 2) рухати, стимулювати, спонукувати; **~ler** *n* 1) рушій, двигун 2) пропелер

propensity [prə´pensɪtɪ] *n* нахил, схильність; пристрасть

proper [ˈprɒpə] *a* 1) відповідний, належний 2) доброчесний 3) притаманний, властивий (to) 4) справжній, сущий

property [ˈprɒpəti] *n* 1) майно 2) *юр.* право власності 3) властивість 4) *перен.* надбання

prophet [ˈprɒfit] *n* 1) пророк 2) ознака, прикмета 3) провісник; **~ic(al)** [prəˈfetikl] *a* пророчий

prophylactic [ˌprɒfiˈlæktik] 1. *n* профілактичний засіб (захід) 2. *a* запобіжний

propinquity [prəˈpiŋkwiti] *n* 1) близькість 2) подібність

propitia||te [prəˈpiʃieit] *v* 1) заспокоювати; примиряти 2) здобути прихильність; привернути до себе; **~ation** *n* 1) заспокоєння 2) умилостивлення; **~ator** *n* примиритель; **~atory** *a* 1) примирливий 2) спокутний; **~ous** *a* 1) прихильний 2) сприятливий

proportion [prəˈpɔːʃ(ə)n] 1. *n* 1) пропорція 2) домірність 3) *pl* розмір(и) 4) частина, частка 2. *v* розподіляти; **~al** *a* пропорційний, розмірний; **~ate** [prəˈpɔːʃənət] *v* робити пропорційним

propos||e [prəˈpəʊz] *v* 1) пропонувати 2) припускати 3) освідчуватися; **~al** *n* 1) пропозиція; план 2) освідчення; **~ition** *n* 1) проект 2) заява 3) судження

propound [prəˈpaʊnd] *v* 1) ставити на обговорення 2) висувати *(теорію)*

propriet||or [prəˈpraiətə] *n* власник; **~orship** *n* власність; **~ress** *n* власниця; господарка

propriety [prəˈpraiəti] *n* 1) доречність 2) пристойність

propulsion [prəˈpʌlʃ(ə)n] *n* 1) поступ; поштовх 2) рушійна сила

proscenium [prəʊˈsiːniəm] *n* авансцена

proscri||be [prəʊˈskraib] *v* оголошувати поза законом; **~ption** [prəˈskripʃn] *n* оголошення поза законом

prose [prəʊz] 1. *n* проза 2. *v* писати прозою

prosecutor [ˈprɒsikjuːtə] *n юр.* обвинувач

prospect 1. *n* [ˈprɒspekt] 1) (*часто pl*) перспектива; сподівання 2) вид; панорама 2. *v* [prəˈspekt] досліджувати; **~ive** *a* майбутній, передбачуваний; **~us** *n* проспект (*видання*)

prosper [ˈprɒspə] *v* 1) благоденствувати 2) сприяти успіхові; **~ity** [prɒˈsperəti] *n* 1) успіх 2) економічне процвітання; **~ous** [ˈprɒspərəs] *a* 1) процвітаючий 2) щасливий 3) сприятливий

prosthesis [ˈprɒsθəsis, prɒsˈθiːsis] *n* (*pl* -ses) протез

prostitut||e [ˈprɒstitjuːt] 1. *n* 1) повія 2) запроданець 2. *a* продажний 3. *v* 1) займатися проституцією 2) безчестити; **~ion** *n* проституція

prostrat||e 1. *a* [ˈprɒstreit] 1) повалений, зневажений 2) знесилений; у прострації 2. *v* [prɒˈstreit] 1) *refl.* принижуватися 2) виснажувати, зморювати 3) підкоряти, придушувати; **~ion** *n* знемога; прострація

protagonist [prəʊˈtæɡənist] *n* 1) головний герой (*драми*) 2) актор, що грає головну роль 3) поборник

protect [prəˈtekt] *v* 1) захищати; охороняти запобігати, відвертати 2) *фін.* акцептувати; **~ion** *n* 1) захист, охорона 2) заступництво, протегування 3) *ек.* протекціонізм 4) перепустка; паспорт; **~ive** *a* 1) захисний; що прикриває 2) *ек.* захисний, охоронний; запобіжний 3) протекційний, заступницький; **~or** *n* 1) захисник, оборонець 2) заступник 3) *тех.* запобіжник; **~ship** *n* 1) протекторат 2) заступництво

protein [ˈprəʊtiːn] *n хім.* протеїн

pro tempore [ˌprəʊˈtempəri] *adv лат.* тимчасово, поки, поки що

protest 1. *n* [ˈprəʊtest] 1) протест, заперечення 2) урочиста заява 2. *v* [prəˈtest] 1) протестувати, заперечувати 2) урочисто заявляти; запевняти; **~ant** *рел.* 1. *n* протестант; протестантка 2. *a* протестантський

protocol [ˈprəʊtəkɒl] 1. *n дип.* протокол 2. *v* протоколювати

proton [ˈprəʊtɒn] *n фіз.* протон

protoplast [ˈprəʊtəplæst] *n* 1) оригінал; зразок 2) прототип; **~ic** *a* первинний, початковий

protract [prəˈtrækt] *v* 1) зволікати 2) накреслювати (*план*); **~ed** *a* тривалий

proud [praʊd] *a* 1) гордий 2) гордовитий, пихатий, зарозумілий 3) величний

prov||e [pruːv] *v* 1) доводити 2) засвідчувати; підтверджувати документами 3) виявлятися 4) *мат.* перевіряти; **~en** *a* доведений; **~enance** [ˈprɒvənəns] *n* походження; джерело

proverb [ˈprɒvɜːb] *n* прислів'я

provid||e [prəˈvaid] *v* 1) постачати; забезпечувати 2) передбачати 3) надавати, подавати 4) уживати заходів 5) *юр.* забороняти; **~ed** *a* 1) забезпечений, постачений 2) передбачений 3) готовий; **~ence** *n* 1) передбачливість 2) ощадливість 3) (P.) *рел.* провидіння; **~ent** *a* 1) завбачливий; обережний 2) ощадливий; **~er** *n* постачальник; **~ing** *conj* за умови; у тому разі, якщо

provinc||e [ˈprɒvins] *n* 1) область 2) *pl* провінція, периферія 3) галузь; сфера діяльності; компетенція; **~ial** 1. *n* провінціал; провінціалка 2. *a* 1) провінційний; периферійний 2) місцевий 3) обмежений; **~ialism** *n* 1) провінційність 2) діалектизм 3) вузькість кругозору

provision [prəˈviʒ(ə)n] 1. *n* 1) забезпечення, постачання 2) заготівля; запас 3) *pl* провізія, харч 4) умова (*угоди й под.*) 5) запобіжний захід; застереження **2.** *v* постачати продовольство; **~al** *a* 1) тимчасовий 2) попередній, умовний

proviso [prəˈvaɪzəʊ] *n* (*pl* -os, -oes [-əʊz]) умова; застереження; **~ry** *a* 1) умовний 2) тимчасовий

provo||**ke** [prəˈvəʊk] *v* 1) викликати; збуджувати 2) провокувати 3) спонукувати; **~king** *a* 1) прикрий 2) неприємний 3) дратівний; **~cation** *n* 1) виклик 2) провокація 3) роздратування 4) *юр.* апеляція; **~cative** [prəˈvɒkətɪv] **1.** *n* 1) збудник; збуджувальний засіб 2) подразник **2.** *a* 1) зухвалий 2) спокусливий, звабливий 3) провокаційний 4) дратівний

proxim||**ate** [ˈprɒksɪmɪt] *a* 1) найближчий 2) наступний; **~ity** *n* близькість

proxy [ˈprɒksɪ] *n* 1) повноваження 2) уповноважений

pruden||**t** [ˈpruːd(ə)nt] *a* 1) розсудливий 2) обачний; **~ce** *n* 1) розсудливість 2) обачність

prune [pruːn] *n* чорнослив

pry [praɪ] **1.** *n* 1) цікавість 2) допитлива людина **2.** *a* цікавий, допитливий **3.** *v* 1) підглядати; цікавитися 2) вивідувати, допитуватися 3) утручатися

psalm [sɑːm] **1.** *n* псалом **2.** *v* співати псалми

pseudonym [ˈsjuːdənɪm] *n* псевдонім, псевдо

psych||**e** [ˈsaɪkɪ] *n* душа, дух; **~iatric(al)** *a* психіатричний; **~iatrist** *n* психіатр; **~iatry** [saɪˈkaɪətrɪ] *n* психіатрія; **~ic 1.** *n* медіум **2.** *a* 1) психічний, душевний 2) духовний; **~oanalysis** *n* психоаналіз; **~ologist** *n* психолог; **~ology** *n* психологія

pub [pʌb] *n розм.* трактир, шинок

pube||**rty** [ˈpjuːbətɪ] *n* статева зрілість, змужнілість; **~scent** [pjuːˈbesnt] *n* юнак, що досяг статевої зрілості

public [ˈpʌblɪk] **1.** *n* 1) народ 2) публіка; громадськість **2.** *a* 1) суспільний; громадський 2) публічний 3) народний; **~ation** *n* 1) публікація 2) оголошення; **~ity** *n* 1) реклама 2) популярність 3) публічність; **~ise** *v* 1) рекламувати 2) оприлюднювати; **p. relations** *n* зв'язок із громадськістю; інформаційна служба

publish [ˈpʌblɪʃ] *v* публікувати; оприлюднювати; **~er** *n* видавець

puck I [pʌk] *n* ельф

puck II [pʌk] *n спорт.* шайба

puckish [ˈpʌkɪʃ] *a* 1) шахрайський 2) лукавий 3) злий

pudding [ˈpʊdɪŋ] *n кул.* пудинг

puddle [ˈpʌdl] **1.** *n* 1) калюжа 2) *розм.* безладдя, розгардіяш **2.** *v* 1) бруднити 2) каламутити (*воду*) 3) бентежити, спантеличувати

pudency [ˈpjuːdənsɪ] *n* соромливість

puerile [ˈpjʊ(ə)raɪl] *a* 1) легковажний 2) дитячий, хлоп'ячий

puerperal [pjuːˈɜːp(ə)rəl] *a* пологовий

puff [pʌf] **1.** *n* 1) подув (*вітру*) 2) димок, клуб (*тютюнового диму*) 3) дута реклама 4) листковий пиріжок **2.** *v* 1) дути поривами 2) курити, диміти 3) хизуватися 4) пудрити(ся) 5) рекламувати; **~y** *a* 1) поривчастий (*про вітер*) 2) обрезклий, одутлий 3) захеканий; засапаний 4) пишний 5) пишномовний 6) приглушений (*про звук*) 7) пихатий, гоноровитий; **~-box** *n* пудрениця

pug [pʌg] *n зоол.* мопс

pugil||**ism** [ˈpjuːdʒɪlɪzm] *n* 1) кулачний бій 2) бокс; **~ist** *n* борець; боксер

pug-nosed [ˈpʌgnəʊzd] *a* кирпатий

pukka = **pucka** [ˈpʌkə] *a* 1) справжній 2) міцний, фундаментальний

pull [pʊl] **1.** *n* 1) тяга; натяг; сила, що тягне 2) ковток 3) зусилля 4) веслування **2.** *v* 1) тягти 2) розривати 3) веслувати 4) вихопити (*зброю*) 5) привертати (*увагу*); **~back** *n* 1) завада; перепона 2) реакціонер; **~er** *n* 1) той, хто тягне 2) весляр 3) обценьки 4) коркувач; **p.-in** *n* закусочна для автомобілістів

pullover [ˈpʊlˌəʊvə] *n* пуловер, светр

pullulate [ˈpʌljʊleɪt] *v* 1) *бот., зоол.* проростати; брунькуватися, розмножуватися 2) кишіти

puls||**e I** [pʌls] *n* 1) пульс 2) пульсація, биття 3) ритм, темп (*життя*) 4) імпульс; поштовх 5) почуття, настрій; **~ate** *v* 1) пульсувати; вібрувати 3) тремтіти; **~atory** *a* пульсуючий

pulse II [pʌls] *n бот.* 1) збір. бобові рослини 2) біб

pulveris||**e** [ˈpʌlvəraɪz] *v* 1) роздрібнювати 2) розпилювати(ся); **~er** *n* 1) пульверизатор 2) форсунка

pulverulent [pʌlˈver(j)ʊlənt] *a* порошкоподібний, пилоподібний

puma [ˈpjuːmə] *n зоол.* пума

pump [pʌmp] **1.** *n* помпа **2.** *v* 1) качати 2) нагнітати 3) пульсувати, битися, калатати

pumpkin [ˈpʌmpkɪn] *n бот.* гарбуз

pun [pʌn] **1.** *n* гра слів; каламбур **2.** *v* каламбурити

punch I [pʌntʃ] **1.** *n* удар кулаком **2.** *v* бити кулаком

punch II [pʌntʃ] **1.** *n* компостер **2.** *v* компостувати

punch III [pʌntʃ] *n* пунш

punctate(d) [ˈpʌŋkteɪt(ɪd)] *a бот., зоол.* плямистий

punctil||**io** [pʌŋkˈtɪlɪəʊ] *n* (*pl* -os [-əʊz]) 1) педантичність; пунктуальність 2) церемонність; скрупульозність; **~ious** *a* 1) педантичний 2) скрупульозний

punctual [ˈpʌŋktʃʊəl] *a* пунктуальний, точний; **~ity** [ˌpʌŋktʃuˈælɪtɪ] *n* пунктуальність, точність

punctuate [ˈpʌŋktʃʊeɪt] *v* 1) ставити розділові знаки 2) переривати 3) акцентувати

punctur∥e [ˈpʌŋktʃə] **1.** *n* 1) укол 2) прокол **2.** *v* проколювати; **~ed** *a* проколотий

pungen∥t [ˈpʌndʒ(ə)nt] *a* 1) гострий; їдкий 2) дошкульний, уїдливий; **~cy** *n* гострота, їдкість; ущипливість

puni∥sh [ˈpʌnɪʃ] *v* 1) карати 2) псувати; заподіювати шкоду; **~shable** *a* караний; що заслуговує покарання; **~shment** *n* 1) покарання 2) пошкодження; **~tive** [ˈpjuːnɪtɪv] *a* каральний

punk [pʌŋk] *n* нікчемна людина

pup [pʌp] **1.** *n* щеня **2.** *v* щенитися

pupa [ˈpjuːpə] *n* (*pl* -ae) ент. лялечка

pupil I [ˈpjuːp(ə)l] *n* 1) учень 2) юр. малолітній; підопічний; **~(l)ary** *a* учнівський

pupil II [ˈpjuːp(ə)l] *n* зіниця (*ока*)

puppet [ˈpʌpɪt] *n* маріонетка; **~ry** *n* лицемірство, святенництво

purchas∥e [ˈpɜːtʃɪs] **1.** *n* 1) купівля 2) покупка 3) вартість (*тж перен*.) 4) перевага 5) точка опори **2.** *v* 1) купувати 2) *перен*. здобути, одержати; **~able** *a* 1) що може бути купленим 2) продажний, підкупний; **~er** *n* покупець; **~ing power** *n* ек. купівельна спроможність

pure [pjʊə] *a* 1) чистий, бездомішковий 2) цнотливий 3) бездоганний 4) правдивий 5) абстрагований 6) обмежений 7) абсолютний; **p.-blood** *a* чистокровний, породистий

purgat∥ive [ˈpɜːɡətɪv] **1.** *n* проносне **2.** *a* що прочищає; **~ory** **1.** *n* 1) рел. чистилище (*тж перен*.) 2) мука; страждання **2.** *a* очисний

purlieu [ˈpɜːljuː] *n pl* 1) кордони, межі 2) околиці; передмістя

purloin [pəˈlɔɪn] *v* красти, викрадати

purple [ˈpɜːp(ə)l] **1.** *n* 1) пурпур; багрянець 2) порфіра, багряниця **2.** *a* 1) пурпуровий; багряний 2) пишний **3.** *v* багровіти

purport **1.** *n* [ˈpɜːpɔːt, -pət] 1) сенс; зміст 2) мета, намір 3) юр. текст документа **2.** *v* [pɜːˈpɔːt] 1) мати на увазі 2) претендувати

purpose [ˈpɜːpəs] **1.** *n* 1) цілеспрямованість 2) результат 3) намір, мета **2.** *v* мати на меті; **~ful** *a* 1) цілеспрямований 2) навмисний; **~less** *a* 1) безцільний 2) ненавмисний

purr [pɜː] **1.** *n* нявчання **2.** *v* нявчати

purse [pɜːs] *n* 1) гаманець 2) мішок, сумка (*тж зоол*.) 3) зібрані кошти 4) багатство

pursu∥e [pəˈsjuː] *v* 1) переслідувати 2) мати професію 3) продовжувати 4) юр. порушувати; **~ance** *n* 1) виконання 2) переслідування; **~er** *n* 1) переслідувач 2) гонитель 3) юр. позивач; **~it** *n* 1) переслідування 2) заняття 3) прагнення

pursy I [ˈpɜːsɪ] *a* 1) хворий на задишку 2) огрядний

pursy II [ˈpɜːsɪ] *a* багатий

purview [ˈpɜːvjuː] *n* 1) юр. норми закону 2) сфера 3) кругозір

push [pʊʃ] **1.** *n* 1) поштовх; штовхан 2) натиск 3) зусилля 4) протекція **2.** *v* 1) штовхати(ся) 2) наполягати 3) рекламувати 4) квапити; **p.-bicycle** *n* велосипед

pusillanim∥ity [ˌpjuːsɪləˈnɪmɪtɪ] *n* легкодухість, боягузтво; **~ous** *a* легкодухий

pussy willow [ˈpʊsɪˌwɪləʊ] *n бот*. верба

put [pʊt] *v* (put) 1) класти; (по)ставити 2) додавати, підмішувати 3) поміщати 4) приводити (*у певний стан*) 5) оцінювати 6) перекладати (*з однієї мови на іншу*) 7) пропонувати; ставити на обговорення 8) прилаштовувати, припасовувати 9) призначати (*на посаду*) 10) мор. брати курс; вирушати 11) висловлювати, формулювати 12) покладати (*надію*)

putr∥id [ˈpjuːtrɪd] *a* 1) гнилий 2) смердючий 3) зіпсований; **~efy** *v* 1) гнити, розкладатися 2) спричиняти гниття; **~idity, ~idness** *n* 1) гнилизна 2) моральний розклад; зіпсованість

putsch [pʊtʃ] *n* нім. путч

puttier [ˈpʌtɪə] *n* скляр

puzzle [ˈpʌzl] **1.** *n* 1) важке питання; проблема 2) загадка, головоломка 3) здивування **2.** *v* 1) утруднювати 2) спантеличувати; бентежити 3) заплутувати, ускладнювати

pygmy [ˈpɪɡmɪ] *n* 1) (P.) піґмей 2) карлик

pyjamas [pəˈdʒɑːməz] *n pl* піжама

python [ˈpaɪθ(ə)n] *n* 1) зоол. пітон 2) віщун; **~ess** *n* піфія; віщунка

Q

qua [kweɪ, kwɑ:] adv лат. 1) оскільки 2) як (хто-н., що-н.)

quack I [kwæk] 1. n крекіт 2. v крякати

quack II [kwæk] n знахар, шарлатан; **~ery** n шарлатанство

quadrangular [kwɒˈdræŋɡələ, -gjʊlə] a чотирикутний

quadrate 1. n [ˈkwɒdrət] 1) прямокутник 2. a квадратний, чотирикутний 3. v [kwɒˈdreɪt] 1) надавати квадратної форми 2) узгоджувати(ся)

quadrille [kwəˈdrɪl] n кадриль

quaggy [ˈkwæɡɪ] a 1) болотистий, багнистий; грузький 2) в'ялий, кволий, позбавлений енергії 3) пухкий, піддатливий

quagmire [ˈkwæɡmaɪə, ˈkwɒɡ-] n 1) болото, трясовина, драговина 2) скрутне становище

quail [kweɪl] 1. n орн. (pl без змін) 1) перепел, перепілка 2) курiпка 2. v 1) злякатися; завагатися 2) залякувати 3) скипатися, зсідатися

quaint [kweɪnt] a 1) приємний 2) чудернацький, вигадливий 3) оригінальний 4) дивний, незвичайний; чудний; химерний 5) мудрий, розумний 6) хитрий

quak‖e [kweɪk] 1. n тремтіння, дрижання, дрож 2. v 1) тремтіти, дрижати 2) хитатися, коливатися; **~ing** a тремтячий

Quaker [ˈkweɪkə] n квакер

qualif‖y [ˈkwɒlɪfaɪ] v 1) навчати(ся) (чого-н.) 2) оцінювати, кваліфікувати, визначати 3) робити правомочним 4) послабляти 5) зменшувати; обмежувати; послабляти; пом'якшувати; **~ication** n 1) визначення, характеристика (діяльності) 2) зміна; модифікація 3) кваліфікація; підготовленість; придатність 4) застереження, умова 5) досягнення 6) особлива властивість (якість); **~ied** a 1) компетентний; кваліфікований 2) підхожий, придатний 3) обмежений 4) наділений певними властивостями; **~ying** a кваліфікаційний

qualit‖y [ˈkwɒlɪtɪ] n 1) якість; ґатунок 2) характерна риса; властивість, особливість 3) тембр; **~ative** a якісний

qualm [kwɑ:m] n 1) напад розгубленості 2) занепокоєння 3) невпевненість, вагання; **~ishness** n нудота

quandary [ˈkwɒnd(ə)rɪ] n 1) скрутне становище 2) здивування

quantit‖y [ˈkwɒntɪtɪ] n 1) кількість (тж філос.) 2) pl безліч 3) мат. величина; **~fy** v визначати кількість; порахувати; **~tative** [ˈkwɒntɪtətɪv] a 1) кількісний 2) що піддається обчисленню

quarantine [ˈkwɒrəntiːn] 1. n 1) карантин; ізоляція 2) ізолятор 2. v 1) піддавати карантинові 2) піддавати ізоляції (країну й под.)

quarrel [ˈkwɒrəl] 1. n 1) лайка; розбрат 2) позов 3) судовий процес 2. v 1) лаятися; сперечатися 2) суперечити; **~some** a сварливий; забіякуватий

quarry I [ˈkwɒrɪ] n здобич (на полюванні)

quarry II [ˈkwɒrɪ] 1. n каменоломня, кар'єр 2. v добувати (з кар'єру)

quart [kwɔ:t] 1) кварта 2) посудина ємністю в 1 кварту

quarter [ˈkwɔ:tə] 1. n 1) чверть (of) 2) квартал (року) 3) чверть години 4) амер. 25 центів 5) квартал (міста) 6) сторона світу 7) місце, бік 8) pl помешкання 9) пощада 10) чверть (як міра) 11) ставлення 2. v 1) ділити на чотири (рівні) частини 2) квартирувати (at)

quash [kwɒʃ] v 1) юр. анулювати 2) придушувати

quasi- [ˈkwɑ:zɪ-] у скл. сл. квазі-; напів-

quayside [ˈkiːsaɪd] n мол, пристань

queasy [ˈkwiːzɪ] a 1) що відчуває нудоту 2) педантичний

queen [kwiːn] 1. n 1) королева 2) карт. дама 2. v 1) робити королевою 2) перен. бути королевою; царювати (тж ~ it)

queer [kwɪə] a 1) дивний, чудний 2) чудернацький 3) ексцентричний, химерний 4) сумнівний, підозрілий 5) підроблений, фальшивий

quench [kwentʃ] 1. n 1) гасіння (пожежі) 2) угамування, утамування (спраги) 3) придушення (почуттів) 4) мет. гартування, загартовування 2. v 1) гасити 2) тамувати (спрагу), задовольняти (бажання) 3) стримувати (почуття) 4) руйнувати

queue [kjuː] 1. n 1) коса (волосся) 2) черга 2. v стояти в черзі

question [ˈkwestʃ(ə)n] 1. n 1) питання, запитання 2) проблема 3) пропозиція 4) сумнів, заперечення 5) допит, слідство 2. v 1) запитувати; опитувати 2) допитувати 3) піддавати сумніву; сумніватися 4) досліджувати (явища); **~able** a 1) сумнівний, ненадій

2) підозрілий; **~less** *a* безперечний, очевидний; **q.-mark** *n* знак питання
quick [kwɪk] *a* 1) жвавий; швидкий, моторний 2) нагальний 3) кмітливий, тямущий; спритний; винахідливий 4) сильний, глибокий (*про почуття*) 5) запальний, дражливий 6) яскравий (*про фарби, квіти*) 7) гострий, влучний; уїдливий, саркастичний; **~ly** *adv* швидко; **q.-fence** *n* живопліт; **~silver 1.** *n* 1) *хім.* ртуть 2) рухливість **2.** *a* 1) блискучий 2) рухливий, жвавий
quicken I *v* 1) пожвавлювати(ся) 2) оживати 3) розпалювати, збуджувати
quicken II [ˈkwɪkən] *n бот.* горобина звичайна
quie∥t [ˈkwaɪət] **1.** *n* 1) тиша; безмовність 2) спокій 3) мир **2.** *a* 1) спокійний 2) безшумний, нечутний 3) стриманий 4) мирний; нічим не порушуваний 5) відлюдний, безлюдний 6) таємний **3.** *v* заспокоювати(ся); **~tude** *n* спокій; тиша; мир; **~scence** [kwɪˈesns] *n* спокій, нерухомість; **~scent** *a* 1) нерухомий 2) мовчазний
quill [kwɪl] *n* 1) перо (*птаха*) 2) зубочистка
quinary [ˈkwaɪn(ə)rɪ] *a* п'ятиразовий
quince [kwɪns] *n бот.* айва
quincentenary [ˌkwɪnsenˈtiːn(ə)rɪ] *n* п'ятсотрічний ювілей; п'ятсотріччя
quincunx [ˈkwɪŋkʌŋks] **1.** *n* розташування в шаховому порядку **2.** *v* розташовувати в шаховому порядку
quin∥ine [ˈkwɪniːn] *n фарм.* хінін; **~quina** [kwɪnˈkwaɪnə] *n бот.* хінне дерево
quinqu∥agenarian [ˌkwɪŋkwədʒɪˈne(ə)rɪən] *a* п'ятдесятирічний; **~ennial 1.** *n* п'ятиріччя **2.** *a* п'ятирічний

quinsy [ˈkwɪnzɪ] *n* ангіна
quintal [ˈkwɪntl] *n* центнер
quintessence [kwɪnˈtes(ə)ns] *n* квінтесенція; суть
quintuple [ˈkwɪntjʊpl] **1.** *a* 1) п'ятиразовий 2) що складається з п'яти частин **2.** *v* збільшувати(ся) у п'ять разів
quip [kwɪp] **1.** *n* 1) дотепне зауваження 2) мудрий вислів **2.** *v* насміхатися; кепкувати
quirk [kwɜːk] *n* 1) примха 2) гра слів 3) розчерк пера
quisl∥e [ˈkwɪzl] *v* бути зрадником, зраджувати батьківщину; **~ing** *n* зрадник
quit [kwɪt] *v* 1) залишати 2) залишати, звільнятися з роботи
quite [kwaɪt] *adv* 1) зовсім; цілком; цілковито 2) майже; досить; до деякої міри; більш або менш 3) дійсно, справді, рішуче
quiz I [kwɪz] **1.** *n* 1) вікторина 2) іспит **2.** *v* проводити іспити
quiz II [kwɪz] **1.** *n* 1) насмішник, глузій 2) глузування; жарт 3) дивак; оригінал **2.** *v* 1) насміхатися, глузувати 2) випитувати, розпитувати; **~zical** *a* 1) глузливий; лукавий 2) дивакуватий, комічний 3) запитливий
quondam [ˈkwɒndəm, -dæm] *a лат.* колишній
quorum [ˈkwɔːrəm] *n лат.* кворум
quotation [kwəʊˈteɪʃ(ə)n] *n* 1) цитування 2) цитата 3) *бірж.* котирування, курс 4) *ком.* ціна; **q. marks** [kwəʊˈteɪʃ(ə)nmɑːks] *n pl* лапки
quotidian [kwəʊˈtɪdɪən] **1.** *n мед.* малярія **2.** *a* 1) щоденний 2) банальний, звичайний
quotient [ˈkwəʊʃ(ə)nt] *n* 1) *мат.* частка 2) коефіцієнт

R

rabbi [ˈræbaɪ] *n* рабин
rabbit [ˈræbɪd] *1. n* 1) *зоол.* кріль 2) кроляче хутро 3) *розм.* заєць *2. v* полювати на кроликів (зайців)
rabble [ræbl] *1. n* 1) натовп 2) купа 3) (the ~) *знев.* набрід, потолоч, чернь 4) дурниці 5) коцюба *2. v* 1) розграбовувати 2) бурмотати 3) вибовкувати
rabid [ˈræbɪd] *a* 1) хворий на сказ 2) знавіснілий 3) фанатичний
rabies [ˈreɪbiːz] *n мед., вет.* сказ
race I [reɪs] *1. n* 1) змагання з бігу 2) *pl* перегони 3) *спорт.* дистанція 4) термінова робота 5) гонитва; погоня 6) життєвий шлях 7) швидкий рух *2. v* 1) змагатися у швидкості (with); брати участь у перегонах 2) грати на перегонах 3) мчати(ся), гнати 4) подряпати; розрізати 5) знищити; **~course** *n спорт.* 1) бігова доріжка 2) трек 3) іподром; **~r** *n* 1) перегоновий автомобіль 2) швидкохідний корабель 3) гонщик
rac||e II [reɪs] *1. n* 1) раса 2) рід; плем'я; народ 3) походження 4) порода 5) особлива манера; **r. hatred** *n* расова (національна) ворожнеча; **~ial** *a* 1) расовий; національний 2) расистський; **~ism** *n* расизм; **~ist** *n* расист
raceme [reɪˈsiːm] *n бот.* кетяг
rachitis [ræˈkaɪtɪs] *n мед.* рахіт
rack I [ræk] *1. n* 1) підставка, підпора 2) полиця 3) вішалка 4) годівниця; ясла 5) стояк 6) ґрати *2. v* 1) розкладати на стелажі 2) класти сіно в ясла (в годівницю)
rack II [ræk] *n* руйнування; загибель
rack III [ræk] *1. n іст.* диба, колода; *перен.* катування, тортури *2. v* 1) катувати, мордувати, мучити 2) заставляти працювати понад сили; виснажувати; **~ing** *a* болісний, нестерпний
racket I [ˈrækɪt] *n спорт.* ракетка
racket II [ˈrækɪt] *1. n* 1) шум 2) розгул; пиятика 3) випробування 4) *амер.* афера 5) шантаж; рекет *2. v* 1) шуміти 2) загуляти 3) порушувати (тишу); **~eer** *1. n* рекетир *2. v* 1) шантажувати 2) бути бандитом (ґанґстером); **~eering** *n* бандитизм; **~y** *a* 1) гучний, безладний 2) розгульний
racoon [rəˈkuːn, ræ-] *n зоол.* єнот
racy [ˈreɪsɪ] *a* 1) колоритний 2) жвавий 3) вульгарний 4) специфічний 5) свіжий (*про продукти*) 6) запашний

radiat||ion [ˌreɪdɪˈeɪʃ(ə)n] *n* 1) *фіз.* випромінювання, радіація 2) опромінювання 3) сяяння; **~ive** [ˈreɪdɪətɪv] *a* 1) що випромінює 2) радіаційний; **~or** *n* 1) *фіз.* випромінювач 2) *тех.* радіатор
radical [ˈrædɪk(ə)l] *1. n* 1) (R.) член партії радикалів 2) корінь (*числа*) 3) початок *2. a* 1) корінний 2) радикальний 3) природний 4) *бот.* кореневий; **~ism** *n політ.* радикалізм
radio [ˈreɪdɪəʊ] *1. n* радіо *2. v* передавати по радіо; **~active** *a* радіоактивний; **~activity** *n* радіоактивність; **~gram** *n* 1) радіола 2) рентґенівський знімок 3) радіограма
radish [ˈrædɪʃ] *n бот.* редиска
radius [ˈreɪdɪəs] *n* (*pl* -dii) 1) *мат.* радіус 2) площа, межі
radix [ˈreɪdɪks] *n* (*pl* -dices, -dixes [ˈreɪdɪksɪz]) 1) корінь (*рослини*) 2) корінь (*слова*) 3) джерело; корінь (*зла й под.*)
raffish [ˈræfɪʃ] *a* 1) безпутний 2) дешевий (*про ефект і под.*)
raffle [ˈræf(ə)l] *1. n* речова лотерея *2. v* розігрувати в лотереї
raft [rɑːft] *1. n* 1) пліт 2) пором 3) колода 4) натовп *2. v* переправляти(ся) плотом (пором)
rag [ræɡ] *n* 1) ганчірка 2) *pl* лахміття 3) невелика кількість 4) гострий кут, зазублина; **r. fair** *n* барахолка; **~ged** *a* 1) порваний 2) нерівний 3) недбалий
rag||e [reɪdʒ] *1. n* 1) лють; гнів 2) пристрасть 3) бойовий дух 4) повінь; приплив *2. v* 1) злитися 2) бушувати; **~ing** *a* лютий, сильний
raglan [ˈræɡlən] *n* пальто-реґлан
ragout [ræˈɡuː, ˈræɡuː] *n кул.* раґу
ragtime [ˈræɡtaɪm] *муз.* реґтайм
raid [reɪd] *1. n* 1) напад, наліт 2) облава *2. v* 1) здійснювати напад 2) грабувати, спустошувати
rail I [reɪl] *1. n* 1) поперечка 2) рейка 3) вішалка 4) огорожа *2. v* 1) прокладати рейки 2) відгороджувати 3) перевозити залізницею; **~way** *1. n* залізниця *2. v* будувати залізницю
rail II [reɪl] *v* 1) сварити(ся) 2) скаржитися
raillery [ˈreɪlərɪ] *n* жарт
rain [reɪn] *1. n* 1) дощ 2) потік *2. v* (*у безособових зворотах*): **it ~s, it is ~ing** іде дощ; **~bow** *1. n* веселка *2. v* переливатися як райдуга; **~bow trout** *n іхт.* райдужна форель; **~drop** *n* дощова крапля, крапля

дощу; **r.-glass** n барометр; **~wear** n непромокальний одяг

raise [reɪz] **1.** n 1) підйом 2) підвищення, збільшення **2.** v 1) піднімати 2) збирати (*податки*) 3) виховувати (*дітей*) 4) викликати (*дух*) 5) допомогти піднятися 6) здіймати (*очі*) 7) розлютовувати 8) вихваляти

raisin [ˈreɪz(ə)n] n родзинка

rake I [reɪk] **1.** n 1) граблі 2) коцюба 3) гребінець **2.** v 1) згрібати граблями 2) *перен.* ворушити (*минуле*) 3) оглядати 4) порпатися (in, among — у чому-н.)

rake II [reɪk] **1.** n джиґун **2.** v вести розпусний спосіб життя

rally I [ˈrælɪ] **1.** n 1) об'єднання 2) відновлення (*сил*) 3) збори; з'їзд 4) *спорт.* авторалі **2.** v 1) знову єднати(ся) 2) опановувати себе 3) одужувати 4) допомагати

rally II [ˈrælɪ] **1.** n жарт **2.** v жартувати, іронізувати

ram [ræm] **1.** n 1) баран 2) (the R.) Овен (*сузір'я і знак зодіаку*) **2.** v 1) таранити 2) ущільнювати

rambl‖e [ˈræmbl] **1.** n 1) прогулянка 2) марення 3) екскурсія **2.** v 1) блукати 2) верзти нісенітниці; **~ing** a 1) бродячий 2) безладний

ramp [ræmp] **1.** n 1) спад, схил; похила площина 2) похилий в'їзд 3) *мор.* трап 4) шаленство 5) шахрайство **2.** v 1) іти під укил 2) прибирати загрозливу позу 3) шаленіти 4) виманювати гроші; грабувати; **~age 1.** n лють **2.** v лютувати

ramshackle [ˈræmʃækl] a 1) старий, напівзруйнований 2) кволий, хирлявий 3) ненадійний, хиткий

ran [ræn] *past від* **run 2**

ranch [rɑːntʃ] **1.** n *амер.* ранчо **2.** v займатися фермерством; **~er** n 1) фермер 2) робітник на ранчо 3) ковбой

ranc‖our [ˈræŋkə] n 1) злість 2) мстивість; злопам'ятність; **~orous** a 1) злісний 2) злопам'ятний

random [ˈrændəm] a випадковий, вибраний навмання; **at r.** навмання

rang [ræŋ] *past від* **ring II 2**

rang‖e [reɪndʒ] **1.** n 1) межа 2) діапазон (*голосу*) 3) простір 4) сфера 5) пасмо (*гір і под.*) 6) серія 7) лава, шерега 8) полігон, тир 9) степ 10) шкала 11) ступінь 12) сито **2.** v 1) коливатися в певних межах 2) простиратися 3) охоплювати (*про думку*) 4) прибирати 5) просіювати (*борошно*) 6) *refl.* прилучатися 7) блукати 8) шикувати(ся) 9) класифікувати; **~y** a 1) блукаючий 2) стрункий 3) просторий

ranger [ˈreɪndʒə] n 1) лісничий 2) кінний поліцейський

rank I [ræŋk] **1.** n 1) звання, чин 2) категорія,

ранг 3) стоянка таксі 4) порядок **2.** v 1) посідати певне місце 2) класифікувати

rank II [ræŋk] a 1) зарослий 2) згірклий 3) огидний; цинічний 4) численний

rankle [ˈræŋkl] v *перен.* гризти (*про образу*)

ransack [ˈrænsæk] v 1) обшукувати 2) переглядати, вивчати (*що-н.*) 3) грабувати

ransom [ˈræns(ə)m] **1.** n 1) викуп 2) пеня 3) *церк.* спокутування **2.** v 1) викуповувати 2) вимагати викуп 3) *церк.* спокутувати

rant [rænt] **1.** n 1) марнослів'я 2) напучування **2.** v 1) марнословити 2) напучувати (*кого-н.*)

rapaci‖ty [rəˈpæsɪtɪ] n 1) жадібність 2) ненажерливість; **~ous** a 1) жадібний 2) грабіжницький

rape [reɪp] **1.** n 1) зґвалтування 2) крадіжка **2.** v 1) ґвалтувати жінку 2) грабувати, красти 3) охоплювати (*про почуття*)

rapid [ˈræpɪd] **1.** n (*зазв. pl*) 1) стромовина 2) бистрінь **2.** a 1) прудкий 2) стрімкий (*про схил*); **~ity** n прудкість

rapier [ˈreɪpɪə] n рапіра; **r.-thrust** n 1) укол рапірою 2) *перен.* спритний випад; дотепна відповідь

rapist [ˈreɪpɪst] n ґвалтівник

rapport [ræˈpɔː] n 1) зв'язок, взаємини 2) гармонія, згода

rapt‖orial [ræpˈtɔːrɪəl] a *зоол.* хижий (*про птахів, тварин*); **~ure** [ˈræptʃə] n 1) захват; екстаз 2) напад; **~urous** a 1) захоплений 2) екзальтований

rar‖e [reə] a 1) рідкісний; малопоширений 2) винятковий 3) рідкий, розріджений; **~ee** [ˈreərɪ] **show** n 1) видовище 2) вертеп; **~efaction** n 1) розрідження 2) розрідженість; **~ity** n 1) рідкість 2) раритет 3) антикварна річ

rash I [ræʃ] a 1) діяльний 2) хапливий 3) необачний 4) нагальний 5) ефективний

rash II [ræʃ] n 1) *мед.* висип; висипання 2) шарудіння, шурхіт

raspberry [ˈrɑːzb(ə)rɪ] n 1) *бот.* малина 2) зневага

rat [ræt] **1.** n 1) *зоол.* пацюк, щур 2) *знев.* боягуз; зрадник; перекинчик 3) донощик; інформатор; провокатор 4) зрада **2.** v 1) винищувати пацюків 2) зрадити 3) відмовитися, зректися

rat‖e I [reɪt] **1.** n 1) норма 2) ставка; такса 3) ціна 4) *фін.* курс 5) відсоток 6) темп; хід; швидкість 7) розряд; ґатунок 8) порція 9) манера 10) потужність 11) частота **2.** v 1) уважати(ся) 2) визначати 3) мати розряд; **~epayer** n платник податків; **~ing** n 1) рейтинг 2) ранг 3) *мор.* звання; фах 4) оподаткування 5) нормування

rat‖e II [reɪt] v виносити догану; **~ing** n догана, нагінка

rather [´rɑːðə] adv краще, переважно, охочіше

ratif||y [´rætɪfaɪ] v юр. затверджувати; ратифікувати; **~ication** n юр. затвердження; ратифікація

ratio [´reɪʃɪəʊ] n (pl -os [-əʊz]) 1) мат. коефіцієнт 2) раціон

ration [´ræʃ(ə)n] 1. n 1) пайок 2) pl провізія 2. v 1) нормувати 2) видавати пайок; **~al** [ræʃnəl] 1. n 1) розумна істота 2) раціоналіст 3) логічне обґрунтування 2. a 1) розумний, мислячий 2) доцільний, раціональний 3) нормальний 4) зручний, практичний 5) поміркований; **~ale** [ˌræʃə´nɑːl] n 1) підґрунтя (чого-н.) 2) міркування; **~alism** n філос. раціоналізм

rattle [rætl] 1. v 1) гуркотати, проноситися з гуркотом 2) бовтати без угаву 2. n 1) тріскачка, брязкальце 2) гуркіт

rattlesnake [´rætlsneɪk] n зоол. гримуча змія

raucous [´rɔːkəs] a хрипкий

ravage [´rævɪdʒ] 1. n 1) спустошення, знищення 2) pl руйнівна дія 2. v 1) спустошувати, руйнувати 2) зіпсувати 3) грабувати

ravel [´ræv(ə)l] 1. n 1) клубок 2) плутанина 2. v 1) заплутувати(ся) 2) ускладнювати (питання)

raven [´reɪv(ə)n] 1. n 1) орн. ворон, крук 2) перен. той, хто накликає біду 2. a кольору воронячого крила 3. v 1) нишпорити (after) 2) пожирати, жадібно їсти 3) грабувати, спустошувати; **~ous** a 1) зголоднілий 2) жадібний 3) грабіжницький; хижий (про тварин)

ravishing [´rævɪʃɪŋ] a чудовий, чарівний, принадний;

ravishment [´rævɪʃmənt] n 1) пограбування 2) зґвалтування 3) захват, замилування

raving [´reɪvɪŋ] 1. n 1) маячня, маячіння 2) шаленство 2. a 1) маревний, маячний 2) шалений, несамовитий, нестямний

raw [rɔː] 1. n 1) (the ~) садно 2) що-н. сире (необроблене) 2. a 1) сирий, неварений 2) недопечений, недоварений 3) неочищений 4) вогкий 5) несправедливий (про ставлення); нечесний 3. v здирати шкіру; натерти, намуляти

ray I [reɪ] 1. n 1) промінь 2) радіус 2. v 1) випромінювати(ся) 2) одягати(ся); наряджати(ся)

ray II [reɪ] n іхт. скат

rayon [´reɪɒn, -ən] n 1) промінь світла 2) район, радіус (дії)

raz||e [reɪz] v 1) руйнувати вщент 2) зішкрібати 3) перен. повалити, вигнати; **~ee** v перен. урізувати

razor [´reɪzə] 1. n бритва 2. v голити; **~bill** n орн. гагарка; **r.-edge** n 1) гострий край (чого-н.) 2) перен. критичне становище

reach [riːtʃ] 1. n 1) досяжність 2) сфера впливу 3) кругозір 4) відстань 5) задум 2. v 1) простягати 2) доходити (висновку) 3) зноситися 4) зворушувати 5) становити (суму); **~less** a недосяжний

react [rɪ´ækt] v 1) реагувати (to) 2) протидіяти; **~ion** n 1) реакція 2) протидія; **~ionary** 1. n політ. реакціонер 2. a 1) протидіючий 2) політ. реакційний

read [riːd] 1. n 1) читання 2) обч. зчитування (даних). 2. a 1) освічений 2) прочитаний 3. v (read [red]) 1) читати(ся) 2) тлумачити 3) обч. зчитувати інформацію (з носія); **~er** n 1) читач 2) хрестоматія

read||y [´redɪ] 1. n 1) військ. приготування 2) розм. готівка 2. a 1) готовий; підготовлений 2) схильний (до чого-н.) 3) готівковий, ліквідний 4) жвавий, моторний 3. v 1) готувати, підготовляти 2) підкуповувати (хабаром); **~iness** n 1) бажання, згода 2) готовність, підготовленість 3) меткість, спритність

readjust [ˌriːə´dʒʌst] v 1) переробляти; змінювати 2) перебудовувати 3) відрегулювати; **~ment** n 1) переробка 2) регулювання

reagent [riː´eɪdʒ(ə)nt] n хім. реактив; реагент

real [rɪəl] 1. n (the ~) 1) дійсність, реальність 2) предмет, річ 2. a 1) дійсний, реальний 2) натуральний 3) ек. реальний 4) істотний; **~ity** [rɪ´ælətɪ] n 1) дійсність, реальність 2) факт 3) справжня суть 4) щирість; відданість; **~ise** v 1) здійснювати 2) ком. реалізувати; **~ty** n юр., ек. нерухомість, нерухоме майно

realign [ˌriːə´laɪn] v перебудовувати, реконструювати; **~ment** n перебудова, реконструкція

realm [relm] n 1) (особ. юр.) королівство; держава 2) галузь

reanimat||e [riː´ænɪmeɪt] v 1) оживити 2) ожити; воскреснути; **~ion** n мед. реанімація

reappear [ˌriːə´pɪə] v виникати

rear I [rɪə] v 1) виховувати (дітей) 2) споруджувати

rear II [rɪə] n тил; задній бік; **~most** a задній, останній; тильний; **~ward** n тил; ар'єргард

rearm [riː´ɑːm] v переозброювати(ся); **~ament** n переозброєння

rearmouse [´rɪəmaʊs] n зоол. кажан

reason [´riːz(ə)n] 1. n 1) причина 2) доказ 3) можливість 4) інтелект 2. v 1) робити висновки 2) переконувати 3) дебатувати; **~able** a 1) розсудливий 2) прийнятний; **~ing** 1. n міркування; логічний хід думок 2. a мислячий

reassert [ˌriːə´sɜːt] v 1) підтверджувати 2) знову висувати (обвинувачення) 3) знову заявляти

reassurance [ˌriːə´ʃʊ(ə)rəns] n 1) умовляння; заспокоєння; підбадьорювання 2) утіха, розрада

rebel 1. n [´reb(ə)l] повстанець 2. v [rɪ´bel] повставати; **~lion** n 1) повстання; заколот

2) опір; протидія; **~lious** *a* 1) заколотний, бунтівний 2) *перен.* бурхливий
rebound [rɪˈbaʊnd] **1.** *n* 1) відскік; відбій; рикошет 2) реакція; розчарування 2) луна; відлуння **2.** *v* 1) відскакувати, відрикошетувати 2) *перен.* мати зворотну дію 3) озиватися 4) поліпшитися (*про настрій*) 5) викликати луну (відлуння)
rebuke [rɪˈbjuːk] **1.** *n* 1) докір 2) догана **2.** *v* 1) дорікати, обвинувачувати 2) робити догану
recalcitrate [rɪˈkælsɪtreɪt] *v* чинити опір (*чому-н.*); повставати (*проти чого-н.*)
recall [rɪˈkɔːl] **1.** *n* 1) відкликання (*депутата й под.*) 2) спогад, пам'ять 3) відміна **2.** *v* 1) відкликати (*депутата*) 2) наказувати повернутися; повертати 3) згадувати, пригадувати 4) брати назад (*що-н.*) 5) відволікати
recant [rɪˈkænt] *v* зрікатися; відмовлятися
recapitulative [riːkəˈpɪtjʊlətɪv] *a* 1) короткий, стислий 2) підсумковий
recede [rɪˈsiːd] *v* 1) відступати 2) віддалятися 3) відмовлятися 4) відрізнятися
receipt [rɪˈsiːt] **1.** *n* 1) квитанція; розписка про одержання 2) одержання 3) рецепт (*пер. кулінарний*) 4) ліки, засіб 5) спосіб досягнення **2.** *v* розписатися про одержання
receiv||e [rɪˈsiːv] *v* 1) одержувати 2) приймати 3) набувати 4) зазнавати; діставати 5) зустрічати 6) приймати 7) містити в собі; **~ed** *a* загальноприйнятий, узвичаєний, загальновизнаний; **~er** *n* 1) одержувач 2) радіоприймач 3) (телефонна) слухавка
recen||t [ˈriːs(ə)nt] *a* новий, сучасний; **~cy** *n* новизна
recept||acle [rɪˈseptək(ə)l] *n* 1) умістище 2) захисток, схованка; **~ion-room** *n* 1) вітальня 2) приймальна
recession [rɪˈseʃ(ə)n] *n* 1) ек. спад, рецесія; занепад 2) відхід, відступ; віддалення 3) відмова
recidivis||t [rɪˈsɪdɪvɪst] *n юр.* рецидивіст; **~m** *n мед.* рецидив
recipe [ˈresɪpi] *n* рецепт, засіб
recipient [rɪˈsɪpɪənt] **1.** *n обч.* одержувач інформації **2.** *а* який одержує
reciproc||al [rɪˈsɪprək(ə)l] **1.** *n* 1) протилежність 2) *мат.* обернена величина **2.** *а* 1) аналогічний; відповідний 2) обопільний, взаємний 3) *мат.* обернений 4) *грам.* зворотний (*про займенник*); **~ity** *n* 1) взаємність, обопільність 2) взаємодія 3) *тех.* зворотно-поступальний рух
recit||e [rɪˈsaɪt] *v* 1) розповідати; викладати 2) декламувати 3) перелічувати (*факти*); **~al** *n* 1) переказ, виклад 2) оповідання, розповідь 3) декламування

reckless [ˈreklɪs] *a* 1) необачний 2) сміливий, відчайдушний
reckon [ˈrekən] *v* 1) рахувати, підраховувати 2) уважати, думати, гадати 3) припускати 4) брати до уваги; **~ing** *n* 1) рахунок; обчислення; розрахунок 2) розплата
reclaim [rɪˈkleɪm] **1.** *n* виправлення **2.** *v* 1) виправляти 2) приручати 3) заперечувати
recline [rɪˈklaɪn] *v* покладатися; покладати надії
recluse [rɪˈkluːs] **1.** *n* самітник; самітниця **2.** *а* 1) самітницький 2) таємний 3) відлюдний, усамітнений
recogni||se [ˈrekəgnaɪz] *v* 1) дізнаватися 2) цінувати 3) усвідомлювати 4) вітати; **~zance** *n юр.* 1) зобов'язання (*дане судові*) 2) застава 3) визнання 4) емблема
recollect [ˌrekəˈlekt] *v* 1) згуртовувати 2) пригадувати; **~ion** *n* 1) спогад 2) роздуми 3) зібраність; самовладання
recommend [ˌrekəˈmend] *v* 1) рекомендувати, радити 2) давати рекомендацію; хвалити 3) доручати 4) передавати вітання; **~ation** *n* 1) рекомендація, порада 2) похвала; **~atory** *а* рекомендаційний; похвальний
recompense [ˈrekəmpens] **1.** *n* 1) винагорода 2) відшкодування **2.** *v* 1) винагороджувати 2) компенсувати
reconciliation [ˌrekənsɪlɪˈeɪʃ(ə)n] *n* 1) замирення 2) погодження
recondite [ˈrekəndaɪt, rɪˈkɒn-] *a* 1) темний, незрозумілий 2) маловідомий, забутий 3) прихований
record [ˈrekɔːd] **1.** *n* 1) запис 2) облік 3) літопис 4) *pl* архів 5) репутація 6) рекорд 7) портрет **2.** *а* рекордний **3.** *v* [rɪˈkɔːd] 1) записувати 2) фотографувати 3) свідчити; **~ing 1.** *n* реєстрація **2.** *а* реєструвальний, записувальний
recourse [rɪˈkɔːs] *n* 1) рятівний засіб 2) доступ 3) *фін., юр.* регрес
recovery [rɪˈkʌv(ə)rɪ] *n* 1) зцілення 2) стягнення 3) ремонт, відновлення 4) вирівнювання 5) регенерація 6) відшкодування
recreat||e [ˈrekrɪeɪt] *v* 1) освіжати(ся) 2) зацікавлювати; **~ion** *n* 1) відновлення сил 2) розвага 3) перерва (*між уроками*)
recriminat||e [rɪˈkrɪmɪneɪt] *v* обвинувачувати один одного; **~ion** *n* взаємні обвинувачення
recruit [rɪˈkruːt] **1.** *n* 1) призовник 2) новачок 3) поповнення 4) відновлення; виправлення; лагодження 5) видужання **2.** *v* 1) вербувати 2) поповнювати (*запаси*) 3) зміцнювати (*здоров'я*) 4) видужати, зміцніти
rectitude [ˈrektɪtjuːd] *n* 1) чесність, порядність 2) правота

rector [ˈrektə] *n* 1) ректор (*університету*) 2) *церк.* парафіяльний священик; пастор 3) Владика (*про Бога*); **~ial** *a* 1) ректорський 2) *церк.* що стосується парафіяльного священика

recumbent [nˈkʌmbənt] *a* лежачий

recuperative [rɪˈk(j)u:p(ə)rətɪv] *a* цілющий, живодайний

recur [nˈkɜ:] *v* 1) повторюватися 2) повертатися (*думками*)

recusancy [ˈrekjʊz(ə)nsɪ] *n* непокора

red [red] 1. *n* червоний колір 2. *a* червоний; **r. bilberry** *n бот.* брусниця; **r.-blindness** *n мед.* дальтонізм; **~breast** *n орн.* вільшанка, берестянка; **r. cell** *n* еритроцит; **~currant** *n бот.* червона смородина, порічки; **~den** *v* 1) забарвлювати(ся) в червоний колір 2) почервоніти; **~dening** *n* почервоніння; **~handed** *adv* на місці злочину; **r.-letter day** *n* 1) святковий день 2) *перен.* пам'ятний день

redact [rɪˈdækt] *v* 1) укладати 2) редагувати, готувати до друку; **~ion** *n* 1) редагування 2) формулювання; **~or** *n* редактор

rede [ri:d] 1. *n* 1) задум, план 2) розповідь; оповідання 3) вислів 4) пояснення 5) доля 2. *v* 1) розповідати 2) тлумачити 3) думати; уявляти собі; здогадуватися

rede‖em [nˈdi:m] *v* 1) спокутувати (*гріхи*) 2) рятувати 3) виконувати (*обіцянку*); **~emer** *n* 1) рятівник, визволитель 2) (the R.) Спаситель (*про Христа*); **~mption** *n* 1) викуп; погашення 2) виконання (*обіцянки*) 3) спокутування (*гріха*) 4) урятування

redintegrate [reˈdɪntəgreɪt] *v* 1) возз'єднувати 2) (in) поновлювати (*у правах*)

redolence [ˈredələns] *n* пахощі

redoubtable [rɪˈdaʊtəbl] *a* грізний, залякуючий

redound [nˈdaʊnd] *v* 1) сприяти, допомагати 2) відринути

redress [rɪˈdres] 1. *n* 1) *юр.* відшкодування 2) відновлення 2. *v* 1) відшкодовувати 2) виправляти; відновлювати

reduc‖e [rɪˈdju:s] *v* 1) скорочувати; знижувати, зменшувати 2) послаблювати, полегшувати 3) схуднути 4) упорядкувати, систематизувати 5) стримувати (*гнів*) 6) скоряти, перемагати; **~ed** *a* 1) скорочений; знижений, зменшений 2) схудлий 3) скорений; **~tion** *n* 1) скорочення; зниження, зменшення 2) *юр.* пом'якшення 3) підкорення, придушення

redundan‖t [nˈdʌndənt] *a* 1) надмірний 2) багатий 3) звільнений; **~ce**, **~cy** *n* 1) надмір 2) надлишок, зайвина 3) резервування

re-echo [ri:ˈekəʊ] 1. *n* луна 2. *v* відлунювати

reed [rɪd] *n* 1) *бот.* очерет 2) сопілка

reef [ˈri:f] *n* риф

reek [ri:k] 1. *n* 1) сморід 2) пара 2. *v* 1) смердіти (of) 2) диміти; **~y** *a* димний; курний

reel [ri:l] 1. *n* 1) хитання, коливання 2) вихор 3) коло, танок 4) рил (*танок*) 2. *v* 1) відчувати запаморочення 2) крутитися 3) похитнутися, завагатися (*у бою*)

re-elect [ri:ɪˈlekt] *v* переобирати; **~ion** *n* переобрання

refer [rɪˈfɜ:] *v* 1) пояснювати 2) адресувати, направляти (*до кого-н.*) 3) стосуватися (*кого-н., чого-н.*) 4) натякати; мати на увазі 5) відкладати, відстрочувати; **~ee** *n* 1) *спорт.* суддя, рефері 2) *юр.* арбітр; **~ence** 1. *n* 1) співвідношення, зв'язок 2) згадування (*про кого-н., що-н.*) 3) рекомендація 4) еталон, стандарт 2. *v* 1) посилатися 2) дізнаватися; **~ent** *n* референт, символ, знак

refine [nˈfaɪn] *v* очищувати; **~d** *a* 1) витончений, вишуканий 2) рафінований; **~ment** *n* витонченість, вишуканість

refit 1. *n* [ˈri:fɪt] 1) ремонт 2) переобладнання 2. *v* [ˌri:ˈfɪt] 1) ремонтувати 2) переобладнувати

refle‖ct [nˈflekt] *v* 1) відбивати (*світло*) 2) віддзеркалювати 3) розмірковувати (on, upon) 4) відкидати; **~ction** *n* 1) *фіз.* відбиття (*світла*) 2) віддзеркалення 3) міркування, роздуми 4) осуд; осудження 5) пляма; підозра; **~x** 1. *n* 1) відсвіт 2) відбиття 3) зображення, образ 4) результат, наслідок 5) *фізіол.* рефлекс 2. *a* 1) *фізіол.* рефлекторний, мимовільний 2) відбитий 3) зігнутий 4) *грам.* зворотний

reflux [ˈri:flʌks] *n* відплив

reform [nˈfɔ:m] 1. *n* реформа 2. *v* реформувати

refrain [nˈfreɪn] 1. *n* приспів, рефрен 2. *v* стримувати(ся); утримувати(ся) (from — від чого-н.)

refriger‖ant [nˈfrɪdʒ(ə)rənt] 1. *n мед.* жарознижувальний засіб 2. *a мед.* жарознижувальний; **~ator** *n* холодильник

refug‖e [ˈrefju:dʒ] *n* 1) притулок, сховище 2) утіха 3) порятунок, захисток; **~ee** *n* 1) утікач 2) емігрант; біженець

refulgen‖t [nˈfʌldʒ(ə)nt] *a* сяючий; **~ce** *n* сяйво

refund 1. *n* [ˈri:fʌnd] 1) відшкодування (*збитків*) 2) сплата 2. *v* [rɪˈfʌnd] відшкодовувати

refuse [ˈrefju:s] 1. *n* 1) рештки 2) покидьки; сміття 3) брак (*зіпсована продукція*) 2. *a* непридатний 3. *v* [rɪˈfju:z] відмовляти(ся); відкидати; заперечувати

refut‖e [rɪˈfju:t] *v* спростовувати; **~able** *a* спростовний; **~ation** *n* спростування

regal [ˈri:g(ə)l] *a* королівський

regale [nˈgeɪl] 1. *n* 1) бенкет 2) делікатес 2. *v* 1) бенкетувати 2) частувати, пригощати 3) тішити (*зір*)

regard [rɪˈgɑːd] **1.** *n* 1) уважний погляд 2) увага; піклування 3) повага; прихильність 4) відношення, причетність 5) стосунки 6) *pl* привіт, уклін **2.** *v* 1) уважно дивитися, розглядати 2) рахуватися 3) стосуватися, мати відношення 4) поважати; **~ful** *a* уважний, дбайливий; **~ing** *prep* щодо, стосовно

regatta [rɪˈgætə] *n спорт.* реґата

regime [reɪˈʒiːm] *n* режим; лад

regimen [ˈredʒɪmɪn] *n* 1) *мед.* дієта, режим (*харчування*) 2) управління; система управління; режим; **~t 1.** *n* 1) *військ.* полк 2) (*часто pl*) безліч, сила-силенна **2.** *v* організовувати, систематизувати; **~tals** *n pl* полковий однострій; **~tation** *n* 1) зведення в полк(и) 2) класифікація, систематизація

region [ˈriːdʒ(ə)n] *n* 1) район, область; зона; край 2) *перен.* сфера, галузь 3) простір 4) *анат.* порожнина 5) шар (*атмосфери*); **~al** *a* 1) місцевий 2) регіональний

regist‖er [ˈredʒɪstə] **1.** *n* 1) реєстр 2) опис 3) запис 4) реєстратор **2.** *v* 1) реєструвати(ся) 2) показувати 3) запам'ятовувати(ся); **~ered** *a* 1) зареєстрований 2) *фін.* іменний; **~ration** *n* 1) реєстрація 2) показання; **~ry** *n* реєстратура

regorge [riːˈgɔːdʒ] *v* 1) вивергати, викидати 2) текти назад

regress 1. *n* [ˈriːgres] 1) повернення 2) зворотний рух 3) регрес, занепад **2.** *v* [rɪˈgres] 1) повертатися 2) рухатися у зворотному напрямі 3) регресувати, занепадати; **~ive** *a* 1) регресивний; зворотний 2) що діє у зворотному напрямі

regret [rɪˈgret] **1.** *n* 1) жаль, горе 2) розкаяння 3) (*зазв. pl*) вибачення **2.** *v* 1) шкодувати 2) розкаюватися; **~table** *a* прикрий

regula‖r [ˈregjʊlə] **1.** *n* чернець **2.** *a* 1) регулярний 2) звичайний 3) офіційний 4) постійний; **~rity** [ˌregjʊˈlærɪtɪ] *n* 1) регулярність 2) порядок 3) кваліфікованість 4) дійсність; **~te** *v* 1) регулювати 2) пристосовувати; **~tion 1.** *n* 1) регулювання 2) наказ 3) *pl* статут **2.** *a* визначений; **~tor** *n* 1) регулювальник 2) *тех.* регулятор

rehabilitate [ˌriː(h)əˈbɪlɪteɪt] *v* 1) реабілітувати 2) ремонтувати

rehears‖e [rɪˈhɜːs] *v* 1) повторювати 2) репетирувати; **~al** *n* 1) повторення 2) репетиція; **dress ~al** генеральна репетиція

reign [reɪn] **1.** *n* царювання, панування **2.** *v* царювати, панувати

reimbursement [ˌriːɪmˈbɜːsmənt] *n* оплата; компенсація

rein [reɪn] **1.** *n* (*часто pl*) контроль **2.** *v* управляти

reincarnation [ˌriːɪnkɑːˈneɪʃ(ə)n] *n* перевтілення

reindeer [ˈreɪndɪə] *n зоол.* північний олень

reissue [ˌriːˈɪʃuː] *n* перевидання

reiterative [riːˈɪt(ə)rətɪv] **1.** *n* повтор **2.** *a* повторюваний

reiver [ˈriːvə] *n* грабіжник

reject 1. *n* [ˈriːdʒekt] брак, бракований виріб **2.** *v* [rɪˈdʒekt] 1) відкидати, відхиляти; відмовляти 2) списати, забракувати 3) не визнавати

rejoic‖e [rɪˈdʒɔɪs] *v* 1) тішити 2) святкувати (*подію*); **~ing** *n* (*часто pl*) 1) веселощі 2) святкування; свято

rejoinder [rɪˈdʒɔɪndə] *n* заперечення

rejuvenate [rɪˈdʒuːvɪneɪt] *v* омолодити

relat‖e [rɪˈleɪt] *v* 1) розповідати 2) належати, стосуватися; **~ed** *a* споріднений; **~ion** *n* 1) залежність 2) розповідь 3) *pl* взаємини 4) *pl* статеві зносини 5) родич, родичка; **~ional** *a* 1) відповідний; відносний 2) родинний; **~ionship** *n* 1) спорідненість; родинні зв'язки 2) відносини, стосунки 3) *юр.* кревність

relaxation [ˌriːlækˈseɪʃ(ə)n] *n* 1) розслаблення, ослаблення 2) зменшення (*напруженості*) 3) пом'якшення 4) релаксація

relay 1. *n* [ˈriːleɪ] 1) зміна (*робітників*) 2) *спорт.* естафета 3) етап 4) заміна **2.** *v* [riːˈleɪ] 1) змінюватися 2) передавати

release [rɪˈliːs] **1.** *n* 1) звільнення 2) новий товар 3) виправдний документ **2.** *v* 1) звільняти 2) випускати 3) прощати (*борг*)

relegate [ˈrelɪgeɪt] *v* 1) відсилати, висилати, посилати 2) класифікувати 3) розжалувати

relevan‖t [ˈrelɪv(ə)nt] *a* 1) доречний; релевантний; **~ce, ~cy** *n* 1) доречність 2) релевантність

reliab‖le [rɪˈlaɪəbl] *a* 1) надійний 2) вірогідний; **~ility** *n* 1) надійність 2) вірогідність

relian‖t [rɪˈlaɪənt] *a* 1) упевнений 2) залежний 3) самовпевнений; **~ce** *n* 1) довіра 2) опора, надія

relief [rɪˈliːf] *n* 1) полегшення; утіха 2) рельєфність 3) різноманітність; зміна; контраст 4) рельєф

relieve I [rɪˈliːv] *v* 1) допомагати 2) зменшувати; послабляти 3) заспокоювати, розраджувати 4) звільняти (*від чого-н.*)

relieve II [rɪˈliːv] *v* бути рельєфним; виділятися (*на тлі*)

religio‖n [rɪˈlɪdʒ(ə)n] *n* 1) релігія 2) чернецтво 3) культ, святиня; **~ner** *n* 1) релігійна людина 2) чернець; **~us** [rɪˈlɪdʒɪəs] *a* 1) релігійний 2) сумлінний, старанний; **~usness** *n* релігійність

relinquish [rɪˈlɪŋkwɪʃ] *v* 1) кидати (*звичку*) 2) передавати (*кому-н.*)

reliquiae [rɪˈlɪkwiːiː] *n лат. pl* 1) реліквії 2) *геол.* релікти

relish [ˈrelɪʃ] **1.** *n* 1) приємний смак (запах); присмак 2) задоволення; насолода; схильність

3) домішка; соус 4) стимул 5) дещиця; невелика кількість **2.** *v* 1) діставати задоволення 2) смакувати 3) мати присмак

reluctance [rɪˈlʌktəns] *n* нехіть

rely [rɪˈlaɪ] *v* 1) покладатися; сподіватися 2) спиратися

remain [rɪˈmeɪn] *v* 1) залишатися 2) перебувати, бути 3) жити 4) зберігатися; **~der** *n* 1) залишок, решта 2) інші 3) *мат.* остача

remark [rɪˈmɑːk] **1.** *n* 1) зауваження 2) спостереження 3) примітка **2.** *v* 1) зауважувати 2) спостерігати 3) показувати; **~able** *a* 1) видатний 2) дивовижний

remed||y [ˈremɪdɪ] **1.** *n* ліки **2.** *v* 1) виліковувати 2) відшкодовувати; **~ial** [rɪˈmiːdɪəl] *a* 1) лікувальний 2) виправний

rememb||er [rɪˈmembə] *v* 1) пам'ятати 2) згадувати, пригадувати 3) заповідати; дарувати 4) *церк.* поминати; **~rance** *n* 1) спогад, згадка 2) пам'ять 3) сувенір

remind [rɪˈmaɪnd] *v* нагадувати (of)

reminiscen||ce [remɪˈnɪsns] *n* спогад; **~t** *a* той, що нагадує

remiss [rɪˈmɪs] *a* 1) недбайливий 2) зроблений недбало 3) млявий, кволий

remit [rɪˈmɪt] *v* 1) звільняти 2) зменшувати(ся) 3) прощати; **~tance** *n* переказ грошей; **~ter** *n* відправник грошового переказу

remnant [ˈremnənt] *n* залишок

remonstra||te [ˈremənstreɪt] *v* 1) протестувати; заперечувати 2) переконувати; напучувати; **~nce** *n* 1) умовляння 2) заперечення

remorse [rɪˈmɔːs] *n* 1) розкаяння, каяття 2) жаль, жалість

remote [rɪˈməʊt] *a* 1) віддалений, далекий 2) відлюдний, глухий 3) далекий (*про родичів*) 4) несхожий; що відрізняється 5) байдужий (*про людину*)

remov||e [rɪˈmuːv] **1.** *n* 1) віддалення; відстань 2) ступінь; стадія 3) покоління; ступінь спорідненості **2.** *v* 1) пересувати 2) відсувати 3) усунути 4) знищувати; **~al** *n* 1) переміщення 2) переїзд 3) усунення, ліквідація 4) убивство 5) *мед.* випускання (*рідини*); **~ed** *a* 1) відсунутий, віддалений 2) несхожий 3) *тех.* демонтований

remunerat||e [rɪˈmjuːnəreɪt] *v* винагороджувати; **~ion** *n* винагорода; компенсація; **~ive** *a* 1) вигідний 2) що винагороджує

rename [riːˈneɪm] *v* перейменувати

rencounter [renˈkaʊntə] **1.** *n* 1) випадкова зустріч 2) двобій **2.** *v* випадково зустрічатися

render [ˈrendə] **1.** *n* оплата **2.** *v* 1) платити; відплачувати 2) подавати (*допомогу*) 3) надавати (*властивостей*) 4) відтворювати; **~ing** *n* 1) виконання (*твору*) 2) виклад; тлумачення 3) переклад 4) подання (*допомоги*)

rendezvous [ˈrɒnd(e)ɪvuː] *фр.* **1.** *n* (*pl без змін*) 1) місце зустрічей 2) рандеву; побачення **2.** *v* зустрічатися в призначеному місці

renew [rɪˈnjuː] *v* 1) відроджувати; реставрувати 2) відновлювати 3) повторювати; **~al** *n* 1) відродження, реставрація 2) відновлення 3) повторення

renouncement [rɪˈnaʊnsmənt] *n* зречення; відмова

renovation [ˌrenəˈveɪʃ(ə)n] *n* 1) відбудова 2) відновлювання

renown [rɪˈnaʊn] *n* популярність; **~ed** *a* знаменитий

rent I [rent] *n* 1) діра; проріз 2) пройма

rent II [rent] **1.** *n* рента **2.** *v* орендувати; **~er** *n* наймач, орендар

repair [rɪˈpeə(r)] **1.** *n* (*зазв pl*) ремонт **2.** *v* ремонтувати

repartee [ˌrepɑːˈtiː] *n* 1) дотепність; винахідливість 2) дотеп

repast [rɪˈpɑːst] *n* трапеза

repay [rɪˈpeɪ] *v* 1) віддавати борг 2) відплачувати 3) відшкодовувати

repeal [rɪˈpiːl] **1.** *n* анулювання **2.** *v* анулювати

repeat [rɪˈpiːt] **1.** *n* 1) повторення 2) зворотний шлях 3) знак повторення **2.** *v* 1) повторювати 2) відбивати час (*про куранти*); **~ed** *a* неодноразовий, частий; повторний

repent I [ˈriːpənt] *a* 1) *бот.* сланкий 2) *зоол.* плазуючий

repent II [rɪˈpent] *v* розкаюватися; журитися; шкодувати; **~ance** *n* покаяння; каяття, жаль

repertoire [ˈrepətwɑː] *n фр.* репертуар

repine [rɪˈpaɪn] *v* ремствувати

replace [rɪˈpleɪs] *v* 1) повертати 2) заміняти, заміщати; **~able** *a* 1) взаємозамінюваний 2) знімний; **~ment** *n* 1) заміщення 2) замінник

repletion [rɪˈpliːʃ(ə)n] *n* 1) насичення; пересичення 2) наповнення; переповнення 3) задоволення

replica [ˈreplɪkə] *n* 1) *жив.* репліка; репродукція 2) *тех.* модель; **~te** *v* 1) повторювати 2) *жив.* копіювати; **~tion** *n* 1) відповідь 2) копіювання 3) *жив.* копія, репродукція 4) луна

reply [rɪˈplaɪ] **1.** *n* відповідь **2.** *v* відповідати

report [rɪˈpɔːt] **1.** *n* 1) звіт 2) поголоска 3) репутація, слава **2.** *v* 1) повідомляти 2) звітувати 3) скаржитися 4) прибувати 5) відгукуватися; **~age** *n фр.* репортаж; **~ed** *a* повідомлений, переданий; **~er** *n* 1) репортер; кореспондент 2) доповідач 3) пістолет

repos||e [rɪˈpəʊz] **1.** *n* 1) відпочинок 2) сон 3) невимушеність; безтурботність 4) гармонія 5) мир, спокій; тиша **2.** *v* 1) відпочивати 2) давати відпочити 3) ґрунтуватися, триматися; **~eful** *a* 1) спокійний 2) заспокійливий

repository [rɪˈpɒzɪt(ə)rɪ] *n* 1) сховище; склад 2) повірник; довірена особа 3) музей

reprehen||d [ˌreprɪˈhend] *v* оголошувати догану; гудити; **~sion** *n* догана; осудження, осуд

represent [ˌreprɪˈzent] *v* 1) зображати, змальовувати (*у певному світлі*) 2) уособлювати; являти собою 3) виконувати роль 4) репрезентувати; **~ation** *n* 1) зображення; образ 2) уявлення 3) твердження 4) вистава 5) протест; **~ative** 1. *n* 1) типовий представник; приклад; зразок 2) делегат 2. *a* 1) характерний; показовий; типовий 2) представницький

repress [rɪˈpres] *v* 1) придушувати (*повстання*) 2) пригнічувати; приборкувати 3) стримувати (*сльози*) 4) репресувати; **~er** *n* 1) гнобитель, тиран 2) приборкувач; **~ion** *n* 1) придушення 2) стримування (*почуттів*) 3) репресія; **~ive** *a* репресивний

reprimand [ˈreprɪmɑːnd] 1. *n* догана 2. *v* висловлювати догану

reproach [rɪˈprəʊtʃ] 1. *n* докір 2. *v* докоряти

reprobat||e [ˈreprəbeɪt] 1. *n* 1) розпусник 2) мерзотник 2. *a* 1) аморальний 2) підлий 3. *v* гудити; дорікати; **~ion** *n* 1) догана, осуд 2) неприйняття

reproduc||e [ˌriːprəˈdjuːs] *v* 1) відтворювати 2) уявляти; **~er** *n* 1) відтворювач 2) репродуктор

reprogram [riːˈprəʊɡræm] *v* обч. перепрограмувати

reptil||e [ˈreptaɪl] 1. *n* 1) зоол. плазун 2) підлабузник 2. *a* 1) плазуючий 2) підлий, продажний; **~ian** [repˈtɪlɪən] *n* зоол. рептилія

republic [rɪˈpʌblɪk] *n* республіка; **~an** 1. *n* республіканець 2. *a* республіканський

repudiat||e [rɪˈpjuːdɪeɪt] *v* зрікатися; **~ion** *n* 1) заперечення 2) зречення

repugnance [rɪˈpʌɡnəns] *n* 1) антипатія 2) несумісність

repulse [rɪˈpʌls] 1. *n* 1) відсіч 2) відмова 2. *v* не приймати

reput||e [rɪˈpjuːt] *n* репутація; **~able** *a* поважаний, шанований; гідний поваги

request [rɪˈkwest] 1. *n* 1) прохання 2) запит 2. *v* 1) просити 2) наказувати 3) запитувати

requiem [ˈrekwɪəm, -ɪem] *n* 1) реквієм 2) відпочинок; спокій

requirement [rɪˈkwaɪəmənt] *n* 1) вимога 2) потреба

requisit||e [ˈrekwɪzɪt] 1. *a* необхідний, потрібний; **~ion** 1. *n* 1) попит 2) замовлення 2) умова 2. *v* реквізувати

requite [rɪˈkwaɪt] *v* 1) відплачувати (for — за що-н. with — чим-н.) 2) мстити, помститися

resale [ˈriːseɪl] *n* перепродаж

rescu||e [ˈreskjuː] 1. *n* рятування 2. *v* рятувати; звільняти; **~er** *n* рятівник, визволитель

researcher [rɪˈsɜːtʃə] *n* дослідник

reseda [ˈresɪdə] *n* бот. резеда

resembl||e [rɪˈzembl] *v* бути схожим; **~ance** *n* подібність

resent [rɪˈzent] *v* обурюватися; **~ful** *a* 1) обурений 2) злопам'ятний; **~ment** *n* 1) обурення 2) образа

reserv||e [rɪˈzɜːv] 1. *n* 1) резерв, запас 2) застереження, умова 3) стриманість 4) обережність, потайність 5) заповідник 6) замовчування 2. *a* резервний, запасний 3. *v* 1) зберігати; заощаджувати 2) війс. резервувати, залишати в резерві 3) призначати 4) відкладати (*на майбутнє*) 5) замовляти заздалегідь, резервувати; **~oir** [ˈrezəvwɑː(r)] *n* 1) водоймище 2) балон 3) запас

resid||e [rɪˈzaɪd] *v* 1) проживати 2) бути властивим (притаманним); **~ence** [ˈrezɪdəns] *n* 1) проживання 2) резиденція; **~ent** 1. *n* 1) постійний мешканець 2) резидент 2. *a* який постійно проживає (де-н.)

resign [rɪˈzaɪn] *v* 1) іти у відставку 2) поринати, впадати; **~ation** [ˌrezɪɡˈneɪʃn] *n* заява про відставку; **~ed** *a* 1) покірний 2) відставний

resili||ence [rɪˈzɪlɪəns] *n* пружність; **~ent** *a* пружний, еластичний

resist [rɪˈzɪst] *v* 1) перешкоджати 2) вистояти 3) протидіяти; **~ance** *n* 1) опір 2) протидія 3) війс. оборона

resolut||e [ˈrezəluːt] *a* твердий, рішучий, непохитний; **~ion** *n* 1) рішучість 2) резолюція 3) розчинення 4) демонтаж

resolv||e [rɪˈzɒlv] 1. *n* 1) рішення, намір 2) *амер*. резолюція, ухвала 2. *v* 1) вирішувати; приймати рішення 2) зважуватися (*на що-н.*) 3) розв'язувати (*проблему*) 4) розкладати(ся) (*на частини*); **~ed** *a* 1) рішучий; стійкий 2) урегульований; обговорений

resona||nce [ˈrezənəns] *n* резонанс; **~te** *v* резонувати; **~tor** *n* резонатор

resort [rɪˈzɔːt] 1. *n* 1) курорт (*тж* health) 2) притулок 3) розрада 2. *v* 1) звертатися (to) 2) бувати

resound [rɪˈzaʊnd] *v* 1) лунати 2) відлунюватися 3) прославляти

resource [rɪˈzɔːs, -ˈsɔːs] *n* 1) (*зазв. pl*) можливість 2) (*зазв. pl*) ресурси 3) дозвілля; **~ful** *a* спритний, меткий, винахідливий

respect [rɪˈspekt] 1. *n* 1) повага 2) увага 3) *pl* привіт 4) причетність 2. *v* 1) поважати 2) додержувати, не порушувати 3) мати відношення, стосуватися; **~ability** *n* 1) пристойність, респектабельність 2) чесність, порядність; **~able** *a* 1) статечний; респектабельний; пристойний, порядний 2) гідний 3) приятний; належний 4) значний, неабиякий; **~er** *n* шаноблива (увічлива, гречна) людина; **~fulness** n увічливість, ґречність; **~ing** prep щодо, стосовно; **~ive** a належний, відповідний

respir‖e [rɪˈspraɪə] v 1) дихати 2) зітхнути з полегшенням; **~ation** n 1) дихання 2) вдих і видих

respite 1. n [ˈresp(a)ɪt] перепочинок **2.** v [ˈrespaɪt] надати тимчасове полегшення

resplenden‖t [rɪˈsplendənt] a 1) сяючий 2) чудовий, прекрасний; **~ce, ~cy** n блиск, пишнота

respon‖d [rɪˈspɒnd] v 1) відповідати 2) реагувати; **~se** n 1) відповідь 2) реакція, реагування; **~sibility** n 1) відповідальність 2) обов'язок, зобов'язання 3) надійність; **~sible** a 1) відповідальний 2) надійний; гідний довіри 3) важливий, відповідальний

rest [rest] **1.** n 1) спокій; сон 2) перерва, пауза 3) нерухомість 4) підпора 5) муз. пауза 6) (the ~) залишок, решта **2.** v 1) відпочивати; спати 2) бути спокійним, не хвилюватися 3) ґрунтуватися 4) класти (на що-н.) 5) залишатися; **r.-day** n день відпочинку; **~ed** a свіжий, бадьорий; **~ful** a 1) заспокійливий 2) спокійний, тихий; **r. house** n пансіон; **~ing-place** n 1) місце відпочинку 2) сходова площадка; **~lessness** n 1) неспокій, занепокоєння 2) нетерплячість

restaurant [ˈrest(ə)rɒŋ, -rɒnt] n фр. ресторан

restorer [rɪˈstɔːrə] n 1) реставратор 2) відновлювач, відновник

restrain [rɪˈstreɪn] v 1) стримувати 2) обмежувати; **~ed** a 1) стриманий, спокійний 2) поміркований, помірний 3) обмежений; **~t** n 1) стриманість 2) обмеження

restrict [rɪˈstrɪkt] v обмежувати; тримати в певних межах; **~ed** a 1) вузький, обмежений 2) для службового користування

result [rɪˈzʌlt] **1.** n 1) результат, наслідок 2) мат. підсумок **2.** v 1) випливати 2) закінчуватися

résumé [ˈre(ɪ)zjʊmeɪ] n фр. 1) резюме; зведення 2) підсумок; висновок

resump‖tion [rɪˈzʌmpʃ(ə)n] n 1) відновлення; продовження (після перерви) 2) повернення (утраченого); **~tive** a підсумковий

resurrection [ˌrezəˈrekʃ(ə)n] n 1) воскресіння 2) відновлення

resuscitate [rɪˈsʌsɪteɪt] v 1) воскрешати 2) опритомнювати

retail 1. n [ˈriːteɪl] роздрібний продаж **2.** v [rɪˈteɪl] 1) продавати(ся) вроздріб 2) переповідати, повторювати; **~er** n 1) [ˈriːteɪlə] крамар 2) [rɪːˈteɪlə] плiткар; базіка

retain [rɪˈteɪn] v 1) утримувати; підтримувати 2) зберігати 3) пам'ятати, зберігати в пам'яті

retaliat‖e [rɪˈtælɪeɪt] v відплачувати; мститися;

~ion n відплата; помста; **~ory** [rɪˈtælɪətrɪ] a каральний

retard [rɪˈtɑːd] v 1) затримувати 2) спізнюватися, відставати; **~ation** n 1) затримка 2) спізнення; відставання 3) перешкода, завада; **~ed** a 1) сповільнений 2) запізнілий 3) відсталий

retell [ˌriːˈtel] v 1) (retold) переповідати 2) перераховувати

retent‖ion [rɪˈtenʃn] n втримання, зберігання, затримування; **~ive** a той, що утримує, той, що зберігає

rethink [ˌriːˈθɪŋk] **1.** n [ˈriːˌθɪŋk] перегляд **2.** v (rethought [ˌriːˈθɔːt]) передумати

reticen‖t [ˈretɪs(ə)nt] a 1) потайний, потайливий 2) мовчазний, стриманий; **~ce** n 1) потайність, потайливість 2) мовчазність

retinue [ˈretɪnjuː] n почет, ескорт; оточення 2) кортеж

retir‖e [rɪˈtaɪə] v 1) звільняти(ся) 2) віддалятися 3) усамітнюватися 4) лягати спати; **~ee** [rɪˌtaɪəˈriː] n пенсіонер; відставник; **~ement** n 1) відставка 2) самота 3) військ. відступ; **~ing** a скромний; сором'язливий; **~ing-room** n убиральня, туалетна кімната

retort [rɪˈtɔːt] **1.** n 1) заперечення 2) влучна відповідь **2.** v 1) парирувати 2) спростовувати; відхиляти

retract [rɪˈtrækt] v 1) скасовувати; відміняти 2) утягувати(ся) 3) зрікатися (чого-н.); відмовлятися; **~ation** n 1) утягування 2) відмова; **~ility** n здатність скорочуватися; скорочуваність; **~ion** n 1) утягування 2) стягування, скорочення 3) зречення, відмова

retraining [ˌriːˈtreɪnɪŋ] n перепідготовка

retreat [rɪˈtriːt] **1.** n 1) відступ, відхід 2) самота; відлюддя 3) сховище, притулок 4) лігво, кубло 5) відлюддя **2.** v 1) відступати 2) віддалятися

retrench [rɪˈtrentʃ] v 1) скорочувати, зменшувати; урізувати 2) заощаджувати, економити

retribut‖ion [ˌretrɪˈbjuːʃ(ə)n] n 1) відплата, кара 2) віддяка, винагорода; **~ive** [ˌreˈtrɪbjuːtɪv] a каральний

retriev‖e [rɪˈtriːv] **1.** n: **beyond** (або past) **~** безповоротно **2.** v 1) брати назад 2) згадувати 3) реабілітувати 4) рятувати; **~able** a відновний; поправний; **~al** n 1) повернення 2) виправлення

retro [ˈretrəʊ] **1.** n стиль «ретро» **2.** adv назад

retroaction [ˌretrəʊˈækʃ(ə)n] n протидія, зворотна реакція (дія)

retrogress‖ion [ˌretrəˈgreʃ(ə)n] n 1) зворотний рух 2) регрес; **~ive** a регресивний, реакційний

retrospect [ˈretrəspekt] n погляд назад (у минуле); **~ion** n ретроспекція; **~ive** a ретроспективний

return [rɪ´tɜːn] **1.** *n* 1) повернення; зворотний шлях 2) повернення (*забраного*); відшкодування 3) (*тж pl*) дохід, прибуток 4) обіг 5) заперечення 6) рапорт 7) *мед.* рецидив **2.** *v* 1) повертатися; іти назад 2) повертати, віддавати 3) заперечувати 4) доповідати
reuni‖on [riːˈjuːnɪən] *n* 1) возз'єднання 2) зустріч друзів; вечірка 3) примирення; **~te** *v* 1) (воз)з'єднувати(ся) 2) збиратися
revanche [rɪ´vɑːnʃ] *n фр.* реванш
reveal [rɪ´viːl] *v* 1) викривати 2) показувати, свідчити
revel [´rev(ə)l] **1.** *n* 1) веселощі 2) (*часто pl*) гулянка; бенкет **2.** *v* бенкетувати, пиячити
reveng‖e [rɪ´vendʒ] **1.** *n* 1) помста 2) реванш **2.** *v* мстити(ся); **~eful** *a* мстивий; **~er** *n* месник
reveren‖d [´rev(ə)rənd] **1.** *n рел.* священик **2.** *a* 1) шановний 2) *церк.* (R.) преподобний; **~ce 1.** *n* 1) шанобливість 2) побожність 3) уклін **2.** *v* шанувати
reverie [´revərɪ] *n* 1) мрія 2) мрійність
revers [rɪ´vɪə] *n* вилога, лацкан
reverse [rɪ´vɜːs] **1.** *n* 1) (the ~) протилежність 2) зрадливість) поразка **2.** *a* зворотний; протилежний **3.** *v* 1) перевертати 2) змінювати(ся)
review [rɪ´vjuː] **1.** *n* 1) огляд 2) перевірка 3) періодичне видання **2.** *v* 1) оглядати 2) перевіряти 3) рецензувати; **~er** *n* рецензент
revile [rɪ´vaɪl] *v* 1) ображати, кривдити 2) сваритися, лаятися
revision [rɪ´vɪʒ(ə)n] *n* 1) ревізія 2) перевірка, огляд
reviv‖e [rɪ´vaɪv] *v* 1) відроджуватися; пробуджуватися 2) опритомнювати 3) оживляти 4) реставрувати; **~al** *n* відродження
revo‖ke [rɪ´vəʊk] *v* 1) відкликати 2) анулювати (*закон*); **~cation** *n* скасування, анулювання
revolt [rɪ´vəʊlt] **1.** *n* 1) повстання, заколот 2) протест 3) огида **2.** *v* 1) повстати 2) чинити опір 3) викликати (відчувати) відразу (огиду); **~ed** *a* повсталий; заколотний; **~ing** *a* 1) повсталий 2) огидний; відразливий
revolut‖ion [ˌrevə´luːʃ(ə)n] *n* 1) революція 2) переворот 3) зміна 4) оберт; цикл; кругообіг 5) роздуми, міркування; **~ionary 1.** *n* революціонер **2.** *a* 1) революційний 2) обертовий
revolv‖e [rɪ´vɒlv] *v* 1) крутити(ся) 2) обмірковувати; міркувати; **~er** *n* револьвер; **~ing** *a* обертовий
revulsion [rɪ´vʌlʃ(ə)n] *n* 1) огида 2) *мед.* спазм 3) відтягування
reward [rɪ´wɔːd] **1.** *n* 1) винагорода 2) відплата **2.** *v* 1) нагороджувати 2) покарати

rheostat [´rɪəstæt] *n ел.* реостат
rhesus [´riːsəs] *n* резус; **r. factor** *біол.* резус-фактор; **r. monkey** *зоол.* резус (*мавпа*)
rhetoric [´retərɪk] *n* риторика; **~al** *a* риторичний
rheumatism [´ruːmətɪzm] *n мед.* ревматизм
rhinoceros [raɪ´nɒs(ə)rəs] *n зоол.* (*pl тж без змін*) носоріг
rhyme [raɪm] **1.** *n* рима **2.** *v* римувати
rhythmic(al) [´rɪðmɪk(əl)] *a* 1) ритмічний 2) періодичний
rib [rɪb] **1.** *n* ребро **2.** *v* обладнувати ребрами, зміцнювати
ribald [´rɪb(ə)ld] **1.** *n* 1) лихослов 2) розпусник **2.** *a* грубий; непристойний; сороміцький; **~ry** *n* 1) лихослів'я 2) розпуста
ribbed [rɪbd] **1.** *p. p.* від **rib 2 2.** *a* 1) ребристий 2) смугастий
ribbon [´rɪbən] *n* 1) стрічка; тасьма 2) відзнака 3) *pl* шматки
rice [raɪs] *n бот.* рис
rich [rɪtʃ] **1.** *n* (the ~) *pl збір.* багатії **2.** *a* 1) багатий 2) коштовний 3) яскравий; **~es** *n pl* скарби
rickety [´rɪkɪtɪ] *a* 1) хиткий 2) розхитаний 3) невпевнений
ricksha(w) [´rɪkʃə, -ʃɔː] *n* рикша
rictus [´rɪktəs] *n анат.* ротовий отвір
riddance [´rɪd(ə)ns] *n* 1) позбавлення 2) рятування 3) очищення
ridden [rɪdn] *p. p.* від **ride 2**
riddle I [´rɪdl] **1.** *n* загадка **2.** *v* говорити загадками
riddle II [´rɪdl] **1.** *n* 1) сито 2) щит **2.** *v* 1) просівати 2) критикувати
ride [raɪd] **1.** *n* 1) їзда 2) дорога 3) верховий кінь **2.** *v* (rode, ridden) 1) їхати 2) носити 3) перебувати 4) оволодівати 5) контролювати; **~r** *n* 1) вершник 2) додаток; доповнення (*до документа*) 3) лицар 4) висновок; наслідок
ridicul‖e [´rɪdɪkjuːl] **1.** *n* 1) глум; глузування 2) предмет глузування; посміховище 3) безглуздя **2.** *v* осміювати; висміювати; **~ous** [rɪ´dɪkjələs] *a* 1) безглуздий 2) обурливий; образливий
rifle [´raɪfl] **1.** *n* 1) ґвинтівка 2) *pl війс.* стрільці **2.** *v* стріляти
rift [rɪft] **1.** *n* 1) тріщина, розколина 2) незлагода **2.** *v* розколювати(ся)
right I [raɪt] **1.** *n* 1) справедливість; правильність 2) право 3) (*зазв. pl*) дійсність 4) *pl* порядок **2.** *a* 1) справедливий 2) правильний 3) справний **3.** *v* 1) випрямляти(ся) 2) захищати права 3) упорядковувати; **r.-angled** *a* прямокутний; прямолінійний; **~ful** *a* 1) законний 2) правильний, належний
right II [raɪt] **1.** *n* правий бік, права сторона **2.** *a* лицьовий (*про бік тканини*)

rigid [ˈrɪdʒɪd] *a* 1) жорсткий 2) нерухомий 3) стійкий 4) суворий; неухильний 5) відсталий; **~ity** *n* 1) жорсткість; негнучкість; непідатливість 2) міцність; стійкість 3) суворість
rig out [ˈrɪgˈaʊt] *v* споряджати
rill [rɪl] 1. *n* струмочок 2. *v* струменіти
rind [raɪnd] 1. *n* 1) шкірка 2) кора (*дерева*) 2. *v* знімати шкірку
ring I [rɪŋ] 1. *n* 1) кільце; обручка 2) оправа (*окулярів*) 3) коло 4) ринг 5) кліка 6) (the R.) *спорт.* бокс 2. *v* 1) оточувати кільцем 2) окільцьовувати; **~leader** *n* ватажок; **~let** *n* 1) каблучка 2) кучер, завиток (*волосся*)
ring II [rɪŋ] 1. *n* 1) дзвін; дзенькіт 2) звук 3) натяк (*на що-н.*) 2. *v* (rang, rung; rung) 1) дзвеніти; звучати 2) телефонувати; **~ing** 1. *n* 1) дзвін; дзвоніння 2) виклик 2. *a* звучний; гучний
rink [rɪŋk] 1. *n* ковзанка 2. *v* кататися на роликах
rinse [rɪns] 1. *n* 1) полоскання 2) умивання 3) фарба для волосся 2. *v* 1) полоскати 2) змивати, промивати
riot [ˈraɪət] 1. *n* 1) заколот; бунт; повстання 2) бешкет 3) невгамовність 2. *v* 1) бунтувати 2) бешкетувати 3) бути невгамовним 4) марнувати життя; **~er** *n* заколотник; бунтівник
rip [rɪp] 1. *n* розрив 2. *v* 1) розрізати 2) рватися 3) мчати
rip||e [raɪp] *a* 1) стиглий 2) змужнілий 3) що настав (*про час*); **~en** *v* дозрівати; **~eness** *n* 1) зрілість 2) закінченість 3) витриманість
rise [raɪz] 1. *n* 1) пагорб, узвишшя; узгір'я 2) збільшення, підвищення (*платні, цін*) 3) схід (*сонця, місяця*) 4) рух 5) вихід (підйом) на поверхню 6) клювання (*риби*) 7) виникнення, походження, початок 8) верхів'я (*річки*) 9) воскресіння з мертвих 2. *v* (rose; risen) 1) підводитися 2) сходити 3) бути вищим (*від чого-н.*); височіти 4) збільшуватися 5) набувати ваги (впливу) (*у суспільстві*) 6) виникати, з'являтися 7) починатися; походити 8) підніматися на поверхню 9) воскресати
risen [ˈrɪz(ə)n] *p. p.* від **rise 2**
risk [rɪsk] 1. *n* 1) ризик 2) страхова сума 3) застрахована особа (річ) 2. *v* 1) ризикувати 2) наважуватися, зважуватися; **~y** *a* 1) ризикований; небезпечний 2) сумнівний
rite [raɪt] *n* обряд; ритуал
rival [ˈraɪv(ə)l] 1. *n* суперник; конкурент 2. *a* конкуруючий; що суперничає 3. *v* суперничати; конкурувати; **~ry** *n* суперництво; конкуренція
river [ˈrɪvə] *n* 1) річка 2) потік; **r.-horse** *n* зоол. бегемот, гіпопотам
riviera [ˌrɪvɪˈeərə] *n* рив'єра
roach [rəʊtʃ] *n ixm.* вобла, тараня
road [rəʊd] *n* 1) дорога 2) бруківка 3) напрям 4) *амер.* залізниця; **~book** *n* дорожній довідник; **~house** *n* придорожня закусочна; **~less** *a* бездоріжній; **~side** 1. *n* узбіччя, придорожня смуга 2. *a* придорожній; **~stead** *n мор.* рейд; **R. up** *n* «проїзд заборонено»
roam [rəʊm] 1. *n* мандри 2. *v* мандрувати; блукати; тинятися
roar [rɔː] 1. *n* 1) рев 2) регіт 3) крик 2. *v* 1) ревти 2) гучно реготати
roast [rəʊst] 1. *n* 1) печеня, смаженя 2) сувора критика 2. *a* смажений 3. *v* 1) смажити(ся) 2) суворо критикувати
rob [rɒb] *v* 1) грабувати 2) красти 3) позбавляти; **~ber** *n* грабіжник, злодій; **~bery** *n* крадіжка, грабіж
robe [rəʊb] 1. *n* 1) халат 2) мантія 2. *v* 1) убирати(ся) (*в мантію*) 2) надівати
robot [ˈrəʊbɒt] *n* 1) робот 2) автомат; **~ise** *v* автоматизувати
robust [rəˈbʌst] *a* 1) міцний 2) ясний (*про розум*)
rock I [rɒk] *n* 1) скеля, бескид, стрімчак 2) опора 3) причина небезпеки (нещастя); **r.-oil** *n* нафта; **r.-salt** *n* кам'яна сіль; **~y** *a* 1) скелястий 2) міцний 3) нечутливий
rock II [rɒk] 1. *n* хитання 2. *v* 1) хитати(ся) 2) тривожити; **~ing** 1. *n мор.* хитавиця 2. *a* коливальний
rocket I [ˈrɒkɪt] 1. *n* ракета 2. *v* злітати, здійматися
rocket II [ˈrɒkɪt] *n бот.* вечорниця, нічна фіалка
rococo [rəˈkəʊkəʊ] 1. *n* стиль рококо 2. *a* у стилі рококо
rod [rɒd] *n* 1) лозина 2) жезл 3) *перен.* покарання 4) вудка 5) *бібл.* рід, коліно
rode [rəʊd] *past* від **ride 2**
rodent [ˈrəʊd(ə)nt] *n зоол.* гризун
rodomontade [ˌrɒdəmɒnˈteɪd, -ˈtɑːd] 1. *n* книжн. хвастощі 2. *a* хвалькуватий 3. *v* хвалитися
roe [rəʊ] *n* козуля
roil [rɔɪl] *v* 1) каламутити (*воду*) 2) пустувати, гратися; **~y** *a* каламутний
roister [ˈrɔɪstə] *v* бешкетувати; **~er** *n* гульвіса; **~ing** 1. *n* бешкетування 2. *a* галасливий; буйний
role [rəʊl] *n фр.* роль
roll [rəʊl] 1. *n* 1) крутіння 2) хитання 3) обертання 4) хитавиця, крен 5) сувій 6) рулон; клубок 7) трубка 8) булочка 9) складка 10) реєстр 11) протокол 2. *v* 1) вертіти(ся); обертати(ся) 2) згортати(ся) 3) *мор.* зазнавати бортової хитавиці 4) гриміти, лунати; **~call** *n* 1) переклик 2) збір (*сигнал*); **~ed** *a тех.* 1) вальцьований 2) плющений; **~er** *n* 1) бігуді 2) бинт 3) хвиля 4) *орн.* сиворакша

Romaic [rəʊˈmeɪɪk] **1.** *n* новогрецька мова **2.** *a* новогрецький

Roman [ˈrəʊmən] **1.** *n* римлянин **2.** *a* римський; латинський

Romance [rə(ʊ)ˈmæns] **1.** *n збір.* романські мови **2.** *a* романський

roman||ce [rə(ʊ)ˈmæns] **1.** *n* 1) романтика 2) роман 3) вигадка 4) *муз.* романс **2.** *v* 1) фантазувати 2) залицятися *(до кого-н.);* **~cer** *n* фантазер, вигадник; **~tic 1.** *n* романтик **2.** *a* романтичний

Romanian [rʊˈmeɪnɪən, rə(ʊ)-] **1.** *n* 1) румун; румунка 2) румунська мова **2.** *a* румунський

Romany [ˈrəʊmənɪ] **1.** *n* 1) циган; циганка 2) *the ~ збір.* цигани 3) циганська мова **2.** *a* циганський

rood [ru:d] *n* 1) хрест, розп'яття 2) клапоть землі

roof [ru:f] *n* 1) дах, покрівля 2) *перен.* притулок 3) стеля; склепіння

rook I [rʊk] *шах.* **1.** *n* тура **2.** *v* ходити турою

rook II [rʊk] **1.** *n* 1) *орн.* грак 2) аферист **2.** *v* ошукувати

room [ru(:)m] **1.** *n* 1) простір 2) кімната 3) можливість 4) присутні 5) посада **2.** *v* 1) *амер.* жити на квартирі 2) надати приміщення; розмістити; **~iness** *n* місткість; **~y** *a* вільний; місткий

-roomed [-ru:md] *у скл. сл. означає* -кімнатний; **one-roomed** однокімнатний

rooster [ˈru:stə] *n орн.* півень

root [ru:t] **1.** *n* 1) корінь 2) саджанець 3) основа 4) причина 5) предок **2.** *v* 1) укорінювати(ся) 2) приковувати 3) ритися; докопуватися; **~ed** *a* 1) укорінений 2) твердий *(про переконання)* 3) глибокий *(про почуття)* 4) прихований; **~less** *a* 1) без коріння 2) *перен.* необґрунтований

rope [rəʊp] **1.** *n* 1) кодола; линва; трос; мотузка 2) *амер.* ласо, аркан 3) страта через повішення 4) низка 5) міра довжини **2.** *v* 1) прив'язувати, зв'язувати *(мотузкою)* 2) залучати 3) *амер.* ловити ласо (арканом) 4) вішати 5) густішати

ropy [ˈrəʊpɪ] *a* клейкий

rose [rəʊz] *past від* **rise 2**

ros||e [rəʊz] **1.** *n* 1) *бот.* троянда 2) *pl* рум'янець **2.** *a* трояндовий; **~ary** *n* 1) розарій 2) вінок, гірлянда 3) антологія; **~ebud** *n* 1) бутон троянди 2) вродлива дівчина; **r.-coloured** *a* 1) рожевий 2) привабливий; **r.-leaf** *n (pl* rose-leaves [-li:vz]) пелюстка троянди; **~ewater** [ˈrəʊz,wɔ:tə] *n* 1) трояндова вода 2) люб'язності

rostrum [ˈrɒstrəm] *n (pl* -ra, -s [-rəmz]) 1) трибуна; кафедра 2) ніс корабля 3) дзьоб

rot [rɒt] **1.** *v* гнити, псуватися **2.** *n* 1) гноїння 2) *розм.* дурниця

rotate [rəʊˈteɪt] *v* 1) обертати(ся) 2) чергувати(ся)

rotor plane [ˈrəʊtəpleɪn] *n* гелікоптер, ґвинтокрил, вертоліт

rotten [ˈrɒtn] *a* 1) гнилий, зіпсований; тухлий 2) слабкий; неміцний 3) морально розбещений; нечесний 4) паскудний, огидний; **~ness** *n* 1) гнилість, зіпсованість 2) слабкість 3) підлість

rotund [rəʊˈtʌnd] *a* 1) огрядний 2) круглий 3) кулястий; **~ity** *n* 1) огрядність 2) кулястість

rouge [ru:ʒ] **1.** *n* 1) рум'яна **2.** *v* 1) рум'янити(ся) 2) соромитися

rough [rʌf] **1.** *n* 1) (the ~) важкий період 2) нерівність *(місцевості)* 3) грубіян; хуліган 4) (the ~) незакінченість 5) чорновий начерк 6) шип *(у підкові).* **2.** *a* 1) нерівний 2) кошлатий 3) цупкий 4) нечемний 5) різкий 6) суворий *(про клімат)* 7) тяжкий 8) приблизний **3.** *v* 1) кошлати, куйовдити 2) робити грубим; **~age** *n* 1) проста їжа 2) жорсткий матеріал

roulette [ru:ˈlet] *n* рулетка *(гра)*

round [raʊnd] *a* 1) круглий; круговий 2) сферичний 3) цілий; суцільний; **~about 1.** *n* 1) манівець 2) карусель **2.** *a* 1) кружний 2) алегоричний; **~el** *n* медальйон; **r.-shouldered** *a* сутулий; **r.-the-clock** *a* цілодобовий; **r. trip** *n* турне

rous||e [raʊz] **1.** *n* 1) сильне потрясіння 2) пиятика, гульня **2.** *v* 1) будити 2) пробуджуватися 3) спонукувати (to) 4) дратувати; **~ing** *a* 1) надихаючий 2) палкий 3) зухвалий, обурливий

rout [raʊt] **1.** *n* розгром **2.** *v* розгромити вщент; погнати

route [ru:t] **1.** *n* маршрут, курс **2.** *v військ.* направляти певним маршрутом

routine [ru:ˈti:n] *n* 1) певний режим 2) рутина; шаблон

rov||e [rəʊv] **1.** *n* мандри **2.** *v* 1) мандрувати 2) блукати; **~er** *n* 1) мандрівник 2) пірат 3) ровер

row I [rəʊ] *n* 1) ряд 2) *амер.* поверх *(будинку)* 3) огорожа

row II [rəʊ] **1.** *n* веслування **2.** *v* веслувати; **~er** *n* весляр

rowan [ˈrəʊən, ˈraʊən] *n бот.* горобина *(тж ~ tree)*

rowdy [ˈraʊdɪ] **1.** *n* хуліган **2.** *a* 1) галасливий 2) безпутний; **~ism** *n* хуліганство, безчинство

royal [ˈrɔɪəl] *a* 1) королівський 2) (R.) англійський, британський *(про військо)* 3) величний 4) *розм.* чудовий, розкішний 5) колосальний; величезний; **~ist** *n* рояліст; **~ty** *n* 1) королівська влада 2) велич 3) королівське володіння 4) авторський гонорар

rub [rʌb] **1.** *n* 1) тертя 2) чищення 3) натерте місце 4) перешкода, утруднення 5) несподівана неприємність 6) глузування **2.** *v* 1) терти(ся) 2) начищати (*тж* ~ up) 3) стикатися (з *чим-н.*)
rubber [´rʌbə] **1.** *n* 1) гума; каучук 2) *pl* ґумові вироби 3) масажист; масажистка **2.** *v* покривати ґумою, проґумовувати; **r. stamp** *n* 1) печатка 2) стереотипна фраза; **r.-stamp** *v* ставити печатку
rubbish [´rʌbiʃ] *n* мотлох; **~y** *a* 1) поганий 2) пустий; нісенітний
rubble [rʌbl] *n* щебінь, галька
rubella [ru:´belə] *n мед.* червона висипка (краснуха)
rubicund [´ru:bikənd] *a* рум'яний, червоний
rubric [´ru:brik] *n* 1) рубрика; заголовок 2) абзац 3) правило; **~ate** *v* 1) давати підзаголовки 2) розбивати на абзаци
ruby [´ru:bi] **1.** *n* 1) рубін 2) *pl* губи **2.** *a* рубіновий **3.** *v* забарвлювати в рубіновий колір
ruck [rʌk] *n* 1) безліч 2) скирта
ruckle [´rʌkl] **1.** *n* складка **2.** *v* 1) робити складки 2) хрипіти
rucksack [´rʌksæk] *n нім.* рюкзак
rudder [´rʌdə] *n* кермо, стерно; **~less** *a* 1) некерований 2) *перен.* без контролю
rudd||y [´rʌdi] **1.** *a* рум'яний **2.** *v* почервоніти; **~iness** *n* рум'янець
rude [ru:d] *a* 1) образливий 2) неосвічений 3) примітивний 4) дикий 5) раптовий
rudiment [´ru:dimənt] *n* 1) *pl* зачатки 2) *pl* елементарні знання
rue I [ru:] **1.** *n* 1) каяття 2) горе **2.** *v* 1) шкодувати 2) сумувати; **~ful** *a* 1) сумний 2) покаяний
rue II [ru:] *n бот.* рута (запашна)
ruff I [rʌf] *n ixm.* йорж
ruff II [rʌf] *карт.* **1.** *n* козир **2.** *v* козиряти, бити козирем
ruffle [´rʌfl] **1.** *n* 1) оборка 2) метушня 3) прикрість **2.** *v* 1) бешкетувати 2) шаленіти
rug [rʌg] *n* 1) килим 2) плед
Rugby [´rʌgbi] *n спорт.* регбі
rugged [´rʌgid] *a* 1) нерівний 2) різкий (*про звук*) 3) скрутний (*про життя*) 4) масивний 5) непогожий (*про погоду*)
ruin [´ru:in] **1.** *n* 1) крах 2) руїни 3) згубний вплив 4) збезчещення **2.** *v* 1) розоряти 2) руйнувати 3) (з)губити; **~ous** *a* 1) руйнівний 2) згубний 3) зруйнований
rul||e [ru:l] **1.** *n* 1) правило; норма; принцип 2) влада 3) масштаб 4) статут 5) критерій, стандарт 6) звичка, звичай 7) *юр.* постанова **2.** *v* 1) керувати 2) постановляти (that) 3) лініювати 4) контролювати, стримувати; **~er** *n* 1) правитель 2) лінійка; **~ing** **1.** *n* управління **2.** *a* 1) панівний 2) поточний; існуючий
rum [rʌm] *n* ром

Rumanian [ru:´meiniən] **1.** *a* румунський **2.** *n* 1) румун 2) румунська мова
rumba [´rʌmbə] **1.** *n* румба (*танець*) **2.** *v* танцювати румбу
rumble [´rʌmbl] **1.** *n* 1) гуркіт 2) ремствування **2.** *v* 1) грюкати, гуркотіти 2) бурчати
ruminat||e [´ru:mineit] *v* розмірковувати; **~ion** *n* міркування
rummage [´rʌmidʒ] **1.** *n* 1) трус, обшук 2) митний огляд 3) мотлох, дрантя **2.** *v* 1) порпатися 2) робити митний огляд 3) виловлювати
rumour [´ru:mə] **1.** *n* чутка **2.** *v* поширювати чутки
rumple [´rʌmpl] *v* 1) м'яти, бгати 2) куйовдити волосся
run [rʌn] **1.** *n* 1) біг 2) прогулянка 3) відрізок шляху 4) напрямок 5) схил; траса 6) рейс, маршрут 7) період 8) хід 9) показ 10) попит 11) наклад 12) перебіг (*подій*) 13) вольєра 14) партія (*виробів*) **2.** *v* (ran; run) 1) бігти, бігати 2) діяти (*про машину*) 3) бути чинним 4) курсувати 5) тягтися, проходити 6) брати участь 7) литися 8) публікувати 9) керувати 10) перевозити 11) підганяти, квапити 12) заборгувати 13) долати (*перешкоду*) 14) бути в обігу; **~away** **1.** *n* 1) утікач 2) дезертир 3) утеча 4) ренеґат **2.** *a* 1) збіглий 2) нестримний 3) некерований 4) легкий; **r.-down** **1.** *n* 1) короткий виклад; конспект 2) скорочення кількості (чисельності) 3) тези 4) інформація **2.** *a* 1) занедбаний 2) стомлений; **~ning** **1.** *n* 1) біг(и) 2) рейс 3) ведення (*справи*) **2.** *a* 1) біговий 2) панівний 3) поточний 4) рухливий; **~ner** *n* 1) бігун 2) рисак 3) гонець 4) поліцай
rung [rʌn] *p. p. від* **ring II 2**
runnel [´rʌnl] *n* канава, стік
rupture [´rʌptʃə] **1.** *n* 1) прорив 2) розрив **2.** *v* проривати
rural [´rʊ(ə)rəl] *a* сільський
ruse [ru:z] *n* 1) виверт 2) обман
rush [rʌʃ] **1.** *n* 1) напір 2) поспіх 3) прагнення **2.** *v* 1) кидатися 2) діяти; **r. hours** *n pl* години пік
rusk [rʌsk] **1.** *n* 1) сухар 2) ґалета **2.** *v* сушити сухарі
Russian [´rʌʃən] **1.** *a* російський **2.** *n* 1) росіянин 2) російська мова
rust [rʌst] **1.** *n* 1) іржа **2.** *v* 1) іржавіти 2) псуватися; **~proof** *a* нержавкий; **~y** *a* 1) іржавий 2) занедбаний 3) хрипкий
rustic [´rʌstik] **1.** *n* 1) селянин 2) нікчема **2.** *a* 1) сільський 2) простий 3) незграбний; **~ity** *n* 1) відсутність смаку 2) сільське життя
rustle [rʌsl] **1.** *n* шерех **2.** *v* 1) шарудіти 2) красти (*худобу*)
rut [rʌt] **1.** *n* 1) колія; вибоїна **2.** *v* залишати колії
rye [rai] *n бот.* жито; **r.-bread** *n* житній хліб

S

sabbat∥h [ˈsæbəθ] *n рел.* священний день відпочинку (*неділя — у християн, субота — у юдеїв, п'ятниця — у магометан*); **~ical** *a* 1) суботній (*у юдеїв*) 2) недільний (*у християн*); <> **~ical year** *амер.* річна відпустка для наукової роботи
sable [ˈseɪbl] *n* 1) *зоол.* соболь 2) соболине хутро
sabot [ˈsæbəʊ] *n фр.* сабо
sabot∥age [ˈsæbətɑːʒ] 1. *n* 1) саботаж 2) диверсія 2. *v* 1) саботувати 2) організовувати диверсію; **~eur** [ˌsæbəˈtɜː(r)] *n* 1) саботажник; шкідник 2) диверсант
sabre [ˈseɪbə] *n* 1) шабля 2) кавалерист 2. *v* рубати шаблею; **s.-toothed** *a зоол.* шаблезубий
sabulous [ˈsæbjʊləs] *a* піщаний
saccharine [ˈsækərɪn] *a* 1) цукровий 2) солодкуватий, нудотний
sack I [sæk] *n* 1) мішок 2) мантія 3) *pl* широкі штани 2. *v* 1) зсипати в мішок 2) перемогти
sack II [sæk] 1. *n* грабіж 2. *v* 1) грабувати 2) привласнювати
sacr∥al [ˈseɪkrəl] *a* 1) *анат.* крижовий 2) *рел.* обрядовий, ритуальний; **~ament** *n* 1) *церк.* таїнство 2) клятва; обітниця; **~ed** *a* 1) святий, священний 2) духовний; релігійний 3) непорушний
sacrific∥e [ˈsækrɪfaɪs] 1. *n* 1) офіра; жертва 2) офірування; жертвування, пожертвування 2. *v* офірувати; жертвувати; **~ial** [ˌsækrɪˈfɪʃl] *a* 1) жертовний 2) *ком.* збитковий
sacrileg∥e [ˈsækrɪlɪdʒ] *n* 1) святотатство 2) профанація; **~ious** [ˌsækrəˈlædʒəs] *a* святотатський, блюзнірський
sad [sæd] *a* 1) сумний 2) тьмяний, темний (*про колір*); **~den** *v* 1) засмучувати(ся) 2) блякнути; **~ness** *n* 1) сум, журба 2) серйозність; статечність
saddle [ˈsædl] 1. *n* сідло 2. *v* сідлати (*тж* ~ up)
sadis∥m [ˈseɪdɪzm] *n* садизм; **~t** *n* садист
safari [səˈfɑːrɪ] *n* сафарі
safe [seɪf] 1. *n* 1) сейф 2) холодильник 2. *a* 1) непошкоджений 2) безпечний 3) безсумнівний 4) благополучний 5) обачний, обережний; **s.-conduct** *n* 1) ескорт 2) перепустка; **~guard** 1. *n* 1) ґарантія; застережний захід 2) обережність 2. *v* ґарантувати; запобігати; **~ty** *n* 1) безпека, безпечність 2) неушкодженість 3) засіб ґарантування безпеки; ґарантія

saga [ˈsɑːgə] *n літ.* саґа, сказання
sagacity [səˈgæsɪtɪ] *n* 1) проникливість; далекоглядність 2) розсудливість 3) кмітливість
sage [seɪdʒ] *n бот.* шавлія
sagebrush [ˈseɪdʒbrʌʃ] *n бот.* полин
Sagittarius [ˌsædʒɪˈte(ə)rɪəs] *n астр.* Стрілець (*сузір'я і знак зодіаку*)
sago [ˈseɪgəʊ] *n кул.* (*pl* -os [-əʊz]) *n* саґо (*крупи*)
said [sed] 1. *v. past i p. р. від* **say** 2. *a*: **the s.** (вище) згаданий
sail [seɪl] 1. *n* 1) вітрило 2) плавання 3) вітрильне судно 2. *v* 1) плавати 2) відпливати 3) керувати (*судном*); **~cloth** *n* парусина; **~ing** *n* 1) плавання 2) відплиття; **~ing-master** *n* 1) шкіпер яхти 2) штурман; **~or** *n* 1) матрос 2) моряк 3) вітрильне судно; **~plane** *n* планер
saint∥ed [ˈseɪntɪd] *a* святий; **~hood** *n* святість; **~ly** *a* безгрішний
sake [seɪk] *n*: **for the s.** заради
sal [sæl] *n хім., фарм.* сіль
salaci∥ty [səˈlæsɪtɪ] *n* хіть; **~ous** *a* хтивий
salad [ˈsæləd] *n* 1) салат 2) салат, зелень
salamander [ˈsæləmændə] *n зоол.* саламандра
salary [ˈsælərɪ] *n* платня
sale [seɪl] *n* 1) збут 2) торгівля; **~able** *a* ходовий; **s. price** *n* 1) *ек.* продажна ціна 2) знижена ціна; **~sman** *n* 1) продавець 2) комісіонер; **~swoman** *n* продавщиця
salien∥t [ˈseɪlɪənt] 1. *n* рельєф 2. *a* 1) випуклий 2) помітний; **~ce** *n* опуклість
saliva [səˈlaɪvə] *n фізіол.* слина
sallow [ˈsæləʊ] *n бот.* верба
salmon [ˈsæmən] *n іхт.* (*pl зазв. без змін*) лосось; сьомга
salon [ˈsælɒn] *n фр.* 1) вітальня; приймальня 2) салон
saloon [səˈluːn] *n* 1) зала 2) *авто* седан 3) салон-вагон
salt [sɔːlt] 1. *n* 1) сіль 2) дотеп 3) морський вовк (*часто* old ~) 2. *a* 1) солоний 2) непристойний 3. *v* солити; консервувати; **~ed** *a* солоний; посолений
saltat∥ion [sælˈteɪʃ(ə)n] *n* 1) скакання, стрибання; танцювання 2) стрибок; **~ory** [ˈsæltətrɪ] *a* стрибучий
salut∥e [səˈluːt] 1. *n* 1) привітання 2) салют 2. *v* 1) салютувати 2) вітатися; **~atory** [sæˈljuːtətərɪ] *a* вітальний

salv||age [ˈsælvɪdʒ] **1.** *n* 1) урятоване майно 2) утиль 3) *війс.* трофеї **2.** *v* 1) рятувати 2) красти; **~ation** *n* 1) рятування 2) (the ~) рятівник

salve [sɑːv, sælv] **1.** *n* 1) бальзам 2) *перен.* заспокійливий засіб **2.** *v* 1) заспокоювати 2) лікувати 3) рятувати 4) лестити

salvo I [ˈsælvəʊ] *n* (*pl* -os [-əʊz]) 1) *юр.* застереження 2) привід 3) розрада, утіха

salvo II [ˈsælvəʊ] *n* (*pl* -oes, -os [-əʊz]) 1) залп 2) вибух оплесків

same [seɪm] **1.** *n* (the ~) той самий **2.** *a* одноманітний **3.** *pron indef.* 1) однаковий 2) вищезгаданий

sample [ˈsɑːmpl] **1.** *n* 1) взірець 2) проба 3) приклад 4) модель **2.** *v* 1) брати зразок 2) пробувати 3) порівнювати

sanative [ˈsænətɪv] *a* цілющий, оздоровчий

sanct||ify [ˈsæŋktɪfaɪ] *v церк.* 1) святити 2) хрестити 3) канонізувати; висвячувати; **~ified** *a* посвячений; **~imony** *n* 1) святенництво 2) лицемірство; **~ity** *n* 1) святість 2) недоторканність; **~uary** *n* 1) храм 2) заповідник 3) тайник

sanction [ˈsæŋkʃ(ə)n] **1.** *n* 1) санкція 2) згода; дозвіл **2.** *v* 1) санкціонувати 2) дозволяти

sand [sænd] **1.** *n* 1) пісок 2) пустеля 3) мілина 4) *перен.* (*зазв. pl*) час; дні життя **2.** *v* 1) заривати в пісок 2) посадити на мілину (*про судно*); **~ed** *a* покритий піском; **s.-hill** *n* дюна; **~storm** *n* самум; **~y** *a* піщаний

sandwich [ˈsænwɪdʒ] **1.** *n* сандвіч **2.** *v* поміщати посередині

sane [seɪn] *a* розсудливий

sang [sæŋ] *past від* **sing 2**

sangui||nary [ˈsæŋɡwɪn(ə)rɪ] *a* 1) кривавий 2) *жарт.* проклятий; **~vorous** [sæŋˈɡwɪvərəs] *a* кровосисний

sanit||arian [ˌsænɪˈte(ə)rɪən] **1.** *n* гігієніст **2.** *a* гігієнічний; **~ate** *v* полішувати санітарний стан; **~ation** *n* 1) санітарія 2) оздоровлення; **~ise** *v* проводити санобробку, дезінфікувати; **~y** *n* розсудливість

sank [sæŋk] *past від* **sink 2**

Sanskrit [ˈsænskrɪt] **1.** *n* санскрит **2.** *a* санскритський

sap [sæp] **1.** *n* 1) сік (*рослин*) 2) енергія; життєздатність **2.** *v* 1) сушити 2) *перен.* виснажувати, ослабляти; **~less** *a* 1) зів'ялий, сухий 2) беззмістовний, нецікавий; **~py** *a* 1) соковитий 2) повний сил

saponaceous [ˌsæpəˈneɪʃəs] *a* 1) мильний 2) *жарт.* єлейний

sarcas||m [ˈsɑːkæzm] *n* сарказм; **~tic** *a* саркастичний, уїдливий

sarcoma [sɑːˈkəʊmə] *n* (*pl* -ata) *мед.* саркома

sarcophagus [sɑːˈkɒfəɡəs] *n* (*pl* -agi) саркофаг

sardine [sɑːˈdiːn] *n іхт.* сардина

Sardinian [sɑːˈdɪnɪən] **1.** *n* сардинець **2.** *a* сардинський

sardonic [sɑːˈdɒnɪk] *a* сардонічний

sari [ˈsɑːrɪ] *n* сарі

sash I [sæʃ] **1.** *n* 1) пояс 2) шарф **2.** *v* прикрашати стрічкою

sash II [sæʃ] *n* віконна рама; **s. door** *n* засклені двері

sat [sæt] *past i p. p. від* **sit**

satan [ˈseɪtn] *n* сатана; **~ic(al)** *a* сатанинський

satchel [ˈsætʃ(ə)l] *n* сумка

sate [seɪt] *v* 1) насичувати, задовольняти 2) пересичувати

satellite [ˈsæt(ɪ)laɪt] **1.** *n* 1) *астр.* супутник 2) прихильник 3) держава-сателіт **2.** *a* допоміжний; підлеглий **3.** *v* передавати(ся) через супутник зв'язку

sati||ate [ˈseɪʃɪeɪt] *v* насичувати; **~ation** *n* 1) насичення 2) ситість; **~ety** *n* пересиченість

satin [ˈsætɪn] *n* атлас; **~y** *a* атласний

satir||e [ˈsætaɪə] *n* сатира; **~ic** [səˈtɪrɪk] *a* сатиричний; **~ical** *a* 1) сатиричний 2) глузливий, ущипливий, уїдливий; **~ist** [ˈsætɪrɪst] *n* сатирик; **~ise** *v* висміювати

satis [ˈsætɪs] *adv лат.* досить

satisf||y [ˈsætɪsfaɪ] *v* 1) задовольняти 2) угамовувати 3) радіти 4) компенсувати; **~action** *n* 1) задоволення (at, with) 2) компенсація; **~actory** *a* 1) прийнятний 2) приємний

saturation [ˌsætʃəˈreɪʃ(ə)n] *n* насичення, насиченість

Saturday [ˈsætədɪ] *n* субота

saturnine [ˈsætənaɪn] *a* 1) похмурий 2) олов'яний (свинцевий)

satyr [ˈsætə] *n міф.* сатир

sauc||e [sɔːs] **1.** *n* 1) соус, підлива **2.** *v* присмачувати соусом; **~ebox** *n* нахаба; **~epan** *n* каструля; **~er** *n* чайне блюдце; **~y** *a* зухвалий

sauna [ˈsaʊnə, ˈsɔːnə] *n* сауна

saunter [ˈsɔːntə] **1.** *n* прогулянка **2.** *v* 1) фланірувати 2) баритися 3) ледарювати

sausage [ˈsɒsɪdʒ] *n* ковбаса

savage [ˈsævɪdʒ] **1.** *n* 1) дикун 2) грубіян 3) дика тварина **2.** *a* 1) лютий, жорстокий 2) дикий **3.** *v* 1) кусати 2) шалено нападати (*на кого-н.*); жорстоко поводитися (*з ким-н.*); **~ry** *n* 1) дикість 2) лютість

savant [ˈsæv(ə)nt] *n фр.* (відомий) учений

sav||e [seɪv] *v* 1) рятувати 2) економити 3) запобігати 4) устигати; **~ing 1.** *n* 1) порятунок 2) економія, збереження 3) *pl* заощадження 4) *юр.* виняток; застереження **2.** *a* 1) рятівний 2) ощадливий, економний 3) скупий, скнарий **3.** *prep* за винятком; крім; **~ings bank** *n* ощадна каса; ощадний банк; **~iour** *n* 1) рятівник 2) (the S.) *рел.* Спаситель

savour [´seɪvə] **1.** *n* 1) присмак, запах 2) домішка 3) гострота, інтерес (*до чого-н.*) 4) *перен.* суть **2.** *v* 1) смакувати; утішатися 2) мати риси (ознаки) 3) присмачувати; **~less** *a* несмачний; **~y** *a* 1) смачний 2) запашний 3) приємний

saw I [sɔ:] *past від* **see I**

saw II [sɔ:] *n* приказка, прислів'я

saw III [sɔ:] **1.** *n* пилка **2.** *v* (sawed [-d]; sawed, sawn) пиляти(ся), розпилювати(ся); **~dust** *n* тирса

sawed [sɔ:d] *past від* **saw III 2**

sawn [sɔ:n] *p. p. від* **saw III 2**

Saxon [´sæks(ə)n] **1.** *n* 1) *іст.* сакс 2) англієць 3) саксонець **2.** *a* давньосаксонський; німецький; **S. blue** *n* темно-блакитний колір; **~y** *n* 1) тонка (саксонська) вовняна пряжа (тканина) 2) (S.) *іст.* Саксонія

say [seɪ] **1.** *n* 1) висловлювання, думка, слово 2) вплив, авторитет **2.** *v* (said) 1) говорити, сказати 2) твердити, повідомляти 3) указувати 4) наводити аргументи; свідчити 5) припускати, гадати 6) висловлювати думку; уважати 7) декламувати; **~ing** *n* 1) приказка, прислів'я 2) висловлювання

scabbard [´skæbəd] *n* піхви

scabies [´skeɪbɪz] *n мед.* короста

scad [skæd] *n іхт.* ставрида

scaffold [´skæf(ə)ld, -fəʊld] **1.** *n* 1) ешафот; плаха; шибениця 2) (the ~) страта 3) риштування 4) трибуна 5) *анат.* кістяк, скелет **2.** *v* обносити риштуванням

scald [skɔ:ld] **1.** *n* опік **2.** *v* 1) ошпарювати 2) пастеризувати; **~ed** *a* обварений; **~ing** *a* палючий

scal||e I [skeɪl] **1.** *n* 1) луска (*у риб*) 2) лушпиння, плівка 3) накип, осад **2.** *v* 1) чистити 2) утворювати окалину (накип); **~y** *a* 1) лускатий 2) скупий 3) риб'ячий

scale II [skeɪl] **1.** *n* 1) шалька терезів 2) *pl* терези, ваги **2.** *v* 1) зважувати 2) важити

scal||e III [skeɪl] **1.** *n* 1) ступінь, рівень (*розвитку*); становище; місце 2) градація 3) масштаб 4) розмах 2) сходити (*сходами*) 3) визначати масштаб 4) бути порівнянними; **~ing ladder** *n* пожежна драбина

scallop [´skɒləp] *n зоол.* гребінець

scalp [skælp] **1.** *n* 1) шкіра черепа 2) скальп **2.** *v* 1) скальпувати 2) *перен.* різко критикувати

scalpel [´skælp(ə)l] *n мед.* скальпель

scamper [´skæmpə] **1.** *n* 1) пробіжка 2) поспішна втеча 3) побіжний перегляд **2.** *v* 1) бігати 2) нашвидку переглядати

scan [skæn] *v* 1) швидко переглядати 2) пильно розглядати 3) *тел.* сканувати 4) критикувати; **~ner** *n* сканер; **~ning** *n* сканування

scandal [´skændl] *n* лихослів'я; **~ise** *v* 1) обурювати 2) злословити 3) ганьбити, плямувати, безчестити (*кого-н.*); **~monger** *n* плиткар; плиткарка; **~ous** *a* 1) ганебний 2) обурливий 3) наклепницький

scant [skænt] **1.** *a* 1) убогий, недостатній 2) обмежений, малий 3) скупий **2.** *v* 1) урізувати, обмежувати 2) скупитися (*на що-н.*) 3) поводитися зневажливо

scape [skeɪp] *n* пейзаж

scapegoat [´skeɪpgəʊt] *n* цап-відбувайло

scapula [´skæpjʊlə] *n* (*pl* -lae) *анат.* лопатка

scar I [skɑ:] **1.** *n* 1) шрам; рубець 2) *перен.* глибокий слід; рана **2.** *v* 1) залишати шрами (рубці) 2) *перен.* залишати глибокі сліди

scar II [skɑ:] *n* 1) скеля 2) риф

scarab [´skærəb] *n ент.* скарабей

scarce [skeəs] *a* 1) убогий, недостатній 2) рідкісний; що рідко трапляється 3) дефіцитний

scarcity [´skeəsɪtɪ] *n* 1) недостача (of), брак 2) рідкість; дефіцит

scare [skeə] **1.** *n* 1) паніка 2) переляк **2.** *v* 1) лякати 2) сполохувати; **~crow** *n* 1) опудало 2) страховище, страхопуд 3) обідранець, голодранець; **~d** *a* зляканий, переляканий; **~monger** *n* панікер

scarf I [skɑ:f] *n* (*pl* -s [-s], scarves) 1) шарф 2) краватка; **~skin** *n анат.* надшкір'я, епідерма

scarf II [skɑ:f] **1.** *n* 1) скіс 2) *орн.* баклан **2.** *v* різати навскіс

scarlet [´skɑ:lɪt] **1.** *n* багряний колір **2.** *a* червоний; **s. fever** *n мед.* скарлатина

scathe [skeɪð] *n* збиток, шкода

scatter [´skætə] *v* 1) розкидати (on, over) 2) розбігатися 3) розбивати, руйнувати; **~ed** *a* 1) розметаний; розкиданий 2) окремий; спорадичний

scavenger [´skævɪndʒə] *n* сміттяр

scen||e [si:n] *n* 1) місце події 2) епізод; подія 3) видовище 4) скандал 5) ява (*у п'єсі*) 6) *pl* декорація 7) краєвид 8) середовище 9) кін, сцена 10) театр; **~ario** *n* (*pl* -os [-əʊz]) (кіно)сценарій; **~arist** *n* сценарист, кінодраматург; **~ery** *n* 1) *театр.* декорації 2) пейзаж, ландшафт 3) *перен.* обстановка; оточення 4) бурхливий прояв почуттів; **~ic** *a* 1) мальовничий 2) сценічний 3) театральний 4) декоративний

scent [sent] **1.** *n* 1) запах 2) чуття 3) парфуми 4) слід **2.** *v* 1) чути 2) запідозрити 3) напахати

sceptic [´skeptɪk] *n* скептик; **~al** *a* скептичний; **~ism** *n* скептицизм

sceptre [´septə] *n* скіпетр

schedule [´ʃedju:l] **1.** *n* 1) список; опис 2) програма 3) розклад, розпис 4) *тех.* режим **2.** *v* 1) укладати (*опис і под.*) 2) планувати

schem||e [ski:m] **1.** *n* 1) проект 2) система, структура 3) інтрига, махінація 4) конспект 5) схема **2.** *v* 1) задумувати 2) плести інтриґи 3) планувати; **~atic 1.** *n* план **2.** *a* схематичний; **~atise** *v* систематизувати; **~er** *n* 1) інтриґан 2) прожектер

schilling [´ʃɪlɪŋ] *n іст.* шилінґ *(грошова од. Австрії)*

schism [´s(k)ɪzm] *n* розкол; **~atic** *рел.* **1.** *n* розкольник; єретик **2.** *a* розкольницький

schizophrenia [ˌskɪtsə´fri:nɪə] *n мед.* шизофренія

schnitzel [´ʃnɪts(ə)l] *n кул.* шніцель

schol||ar [´skɒlə] *n* 1) учений 2) філолог-класик 3) стипендіат; **~arly** *a* учений; **~arship** *n* 1) ученість; освіченість 2) стипендія; **~astic 1.** *n* схоластик; педант, формаліст **2.** *a* 1) учительський 2) схоластичний

school I [sku:l] **1.** *n* 1) школа, навчальний заклад 2) навчання, освіта 3) заняття, уроки 4) дисципліна 5) клас; аудиторія 6) *pl* іспити 7) напрям *(у науці й под.)* **2.** *v* 1) привчати *(до чого-н.);* виховувати 2) давати освіту 3) дисциплінувати; **~board** *n* шкільна рада; **~book** *n* підручник, навчальний посібник; **~boy** *n* школяр, учень; **~girl** *n* школярка, учениця; **~ing** *n* навчання, освіта 2) плата за навчання; **s.-leaver** *n* випускник, абітурієнт; **~master** *n* 1) директор школи 2) педагог 3) наставник, вихователь; **~masterly** *a* наставницький; **~mate** *n* шкільний товариш; **~teacher** *n* шкільний учитель, педагог; **s.-time** *n* 1) години занять 2) шкільні роки; **s. year** *n* навчальний рік

school II [sku:l] **1.** *n* косяк *(риб)* **2.** *v* збиратися косяком

scien||ce [´saɪəns] *n* 1) наука 2) збір. уміння, спритність; техничність; **s. fiction** *n* наукова фантастика; **~tial** *a* 1) науковий 2) значущий, учений; **~tific** *a* науковий; **~tist** *n* 1) учений 2) науковець 3) натураліст

scintill||a [sɪn´tɪlə] *n* іскра; **~ate** *v* 1) іскритися 2) випромінювати; сяяти; **~ating** *a* 1) іскристий 2) блискучий *(про мову);* **~ation** *n* 1) блискання, блиск

scion [´saɪən] *n* 1) молодий пагін 2) нащадок; спадкоємець

scissors [´sɪzəz] *n pl* ножиці

sclero||sis [sklɪ´rəʊsɪs] *n (pl -ses) мед.* склероз; **~tic** *a* склеротичний

scoff [skɒf] **1.** *n* глузування **2.** *v* глузувати, кепкувати; **~er** *n* 1) насмішник, скалозуб 2) цинік

scold [skəʊld] **1.** *n* 1) сварлива жінка 2) лайка, нагінка **2.** *v* 1) сварити(ся), лаяти(ся) 2) бурчати; **~ing** *n* нагінка; лайка

sconce I [skɒns] *n* 1) свічник 2) канделябр; бра 3) ліхтар

sconce II [skɒns] *n іст.* шолом

scoop [sku:p] **1.** *n* 1) совок 2) черпак 3) черпання 4) мірна ложка 5) сенсація 6) великий куш 7) котлован **2.** *v* 1) черпати 2) копати 3) опублікувати сенсаційне повідомлення *(раніше від інших газет)* 4) зірвати куш

scooter [´sku:tə] *n* 1) моторолер 2) *амер.* скутер

scope [skəʊp] *n* 1) кордони 2) межі *(знань)* 3) масштаб, сфера *(діяльності)* 4) свобода 5) задум

scorch [skɔ:tʃ] **1.** *n* 1) опік 2) пляма від опіку **2.** *v* 1) обпалювати(ся) 2) вигоряти; **~ed** *a* спалений, випалений

score [skɔ:] **1.** *n* 1) *спорт.* рахунок *(у грі)* 2) *(pl тж без змін)* два десятки 3) *pl* безліч 4) причина; привід 5) борг 6) межа **2.** *v* 1) вигравати 2) зараховувати *(тж – up)* 3) *спорт.* забивати м'яч у ворота 4) записувати в борг

scorn [skɔ:n] **1.** *n* 1) презирство; зневага 2) об'єкт зневаги **2.** *v* 1) зневажати 2) глузувати, висміювати; **~ful** *a* презирливий; глузливий

Scorpio [´skɔ:pɪəʊ] *n* Скорпіон *(сузір'я і знак зодіаку)*

scorpion [´skɔ:pɪən] *n* 1) *ент.* скорпіон 2) *іхт.* морський йорж

scoter [´skəʊtə] *n зоол.* турпан

scotfree [ˌskɒt´fri:] *a* неушкоджений; безкарний

scour [´skaʊə] **1.** *n* 1) чищення 2) миття, промивання 3) засіб для миття **2.** *v* 1) чистити; прочищати 2) мити; промивати 3) бичувати; суворо карати 4) мчати

scourge [skɜ:dʒ] **1.** *n* 1) батіг 2) нещастя; кара **2.** *v* 1) бити батогом 2) карати, бичувати

scout [skaʊt] **1.** *n* 1) *військ.* розвідник 2) шпигун 3) розвідка 4) (S.) бойскаут 5) слуга 6) *орн.* чистун **2.** *v* 1) розвідувати 2) глузувати; висміювати 3) зневажати

scowl [skaʊl] **1.** *n* 1) похмурий вигляд 2) сердитий погляд **2.** *v* дивитися сердито (at)

scrabble [skræbl] *v* 1) дряпати 2) писати нерозбірливо

scraggy [´skrægɪ] *a* 1) худий 2) убогий 3) сучкуватий

scrambl||e [´skræmbl] **1.** *n* 1) сутичка 2) видирання **2.** *v* 1) видиратися 2) битися; **~ed eggs** *n* яєчня, омлет

scrap [skræp] **1.** *n* 1) клаптик 2) дрібка 3) вирізка з газети 4) *pl* рештки **2.** *v* 1) віддавати на злам 2) викидати; **s.-heap** *n* звалище, смітник *(тж перен.)*

scrape [skreɪp] **1.** *n* 1) подряпина 2) скрип **2.** *v* 1) дряпати 2) скрипіти 3) скнарити

Scratch [skrætʃ] *n:* **Old S.** диявол

scratch [skrætʃ] **1.** *n* 1) дряпання 2) розчерк

2. *a* 1) випадковий 2) збірний **3.** *v* 1) скребти(ся) 2) чесати(ся) 3) відмовлятися; **~pad** *n* електронний блокнот

scrawl [skrɔːl] **1.** *n* карлючки **2.** *v* писати карлючками

scream [skriːm] **1.** *n* вереск, ґвалт **2.** *v* 1) волати 2) вигукувати; **~er** *n* горлань; **~ing** *a* кричущий

screech owl [ˈskriːtʃaʊl] *n* орн. сипуха; совка, сплюшка

screen [skriːn] **1.** *n* 1) ширма 2) щит 3) заслін 4) екран 5) (the ~) кіно **2.** *v* 1) прикривати 2) екранізувати; **s.-wiper** *n* авто «двірник», склоочисник; **~writer** *n* (кіно) сценарист, (кіно)драматург

screw [skruː] **1.** *n* ґвинт **2.** *v* загвинчувати(ся); **s.-bolt** *n* прогонич; **~driver** *n* викрутка

scribe [skraɪb] *n* клерк

scrimmage [ˈskrɪmɪdʒ] **1.** *n* сварка **2.** *v* скандалити, бешкетувати

scrimp [skrɪmp] *v* 1) скупитися (*на що-н.*) 2) урізувати; **~y** *a* 1) недостатній, убогий 2) скупий

script [skrɪpt] **1.** *n* 1) почерк 2) кіно, тел. сценарій 3) рукопис 4) юр. оригінал **2.** *v* писати сценарій; **~ural** *a* 1) біблійний 2) письмовий; **~ure** *n* 1) (S., the Scriptures) Біблія 2) манускрипт 3) писання

scroll [skrəʊl] **1.** *n* 1) згорток, манускрипт 2) сувій 3) завиток 4) лист 5) скрижалі **2.** *v* згортатися

scrub [skrʌb] *n* 1) чагарник, чагар 2) щіточка 3) низькоросла рослина 4) розм. нікчемна людина

scrup||le [ˈskruːpl] **1.** *n* 1) сумніви 2) *pl* докори сумління 3) крихта **2.** *v* 1) не зважуватися; вагатися; соромитися 2) відчувати докори сумління не довіряти; **~ulous** *a* 1) точний, педантичний 2) чесний, сумлінний 3) бездоганний 4) делікатний

scrutin||y [ˈskruːtɪnɪ] *n* дослідження; **~ise** *v* ретельно досліджувати

sculpt [skʌlpt] *v* ліпити, різьбити; **~or** *n* скульптор; **~ural** *a* скульптурний; **~ure** **1.** *n* 1) скульптура, ліплення, різьбярство 2) статуя, скульптура 3) ґравюра **2.** *v* 1) ліпити, різьбити 2) вивітрювати, розмивати; **~uresque** [ˌskʌlptʃəˈresk] *a* скульптурний, пластичний

scum [skʌm] **1.** *n* 1) піна; накип 2) відходи 3) збір. покидьки **2.** *v* 1) знімати піну (накип) 2) пінитися; **~my** *a* пінявий

scurf [skɜːf] *n* 1) лупа 2) суга, відкладання 3) накип; **~y** *a* 1) покритий лупою 2) покритий сугою

scurril||ity [skəˈrɪlɪtɪ, skʌ-] *n* 1) брутальність; непристойність 2) бридка брехня; **~ous**
[ˈskʌrələs] *a* грубий; непристойний; образливий

scurry [ˈskʌrɪ] **1.** *n* 1) стрімкий рух 2) біганина **2.** *v* 1) дріботіти 2) метушитися 3) поспішати

scurvy [ˈskɜːvɪ] **1.** *n* 1) мед. цинга, скорбут 2) мерзотник **2.** *a* 1) ниций невихований, нелюб'язний

scuttle [ˈskʌtl] **1.** *n* 1) поспішна втеча 2) боягузтво 3) квапливахода **2.** *v* 1) утікати 2) уникати, ухилятися (*від обов'язку й под.*)

Scythian [ˈsɪðɪən] **1.** *n* скіф; скіф'янка **2.** *a* скіфський

sea [siː] *n* 1) море; океан 2) морська вода 3) часто *pl* хвиля 4) сила-силенна 5) приплив; **s.-ape** *n* зоол. калан, морська видра; **s.-bear** *n* зоол. 1) морський котик 2) білий ведмідь; **~bed** *n* морське дно; **~board** *n* берег моря, узбережжя; примор'я; **s.-cow** *n* зоол. 1) ламантин 2) морська корова, дюгонь 3) гіпопотам 4) сирена; **s. dog** *n* 1) зоол. тюлень 2) іхт. дрібна (собача) акула 3) іхт. минь 4) морський вовк; **~faring 1.** *n* мореплавання **2.** *a* морехідний; **s.-fight** *n* морський бій; **s.-folk** *n* збір. (ужив. з дієсл. у *pl*) моряки; **s. food** *n* їстівні молюски, краби й под.; **~front** *n* набережна; **~going** *a* морехідний; **~gull** *n* орн. чайка; **~horse** *n* 1) іхт. морський коник 2) зоол. морж; **s.-jelly** *n* зоол. медуза; **~man** *n* моряк; **~mark** *n* маяк, бакен; **s.-piece** *n* жив. марина; **~plane** *n* гідролітак; **s.-rover** *n* 1) пірат 2) піратський корабель; **s.-salt** *n* морська сіль; **~scape** *n* морський пейзаж; **s.-serpent** *n* іхт. морська змія; морський вугор; **~shore** *n* морське узбережжя; **~sickness** *n* морська хвороба; **~side** *n* морський курорт; **s.-urchin** *n* зоол. морський їжак; **~wall** *n* хвилелом, дамба; **~way** *n* фарватер; **~weed** *n* бот. морська водорість; **~worthy** *a* мореплавний

seal I [siːl] **1.** *n* зоол. тюлень **2.** *v* полювати на тюленів (котиків)

seal II [siːl] **1.** *n* 1) печатка 2) пломба 3) знак, доказ 4) ґарантія 5) обітниця **2.** *v* 1) запечатувати 2) таврувати 3) прирікати 4) зобов'язувати 5) ізолювати

seam [siːm] **1.** *n* шов **2.** *v* зшивати; **~stress** *n* швачка

Seanad [ˈʃænɑːd, ˈʃænəd] *n* сенат, верхня палата (*в Ірландії*)

séance [ˈseɪɑːns] *n* фр. 1) нарада; збори 2) лікувальна процедура

search [sɜːtʃ] **1.** *n* 1) пошуки 2) трус, обшук 3) розслідування **2.** *v* 1) шукати (for) 2) трусити, обшукувати 3) досліджувати, вивчати 4) проникати, просякати; **~ing** *a* 1) ретельний 2) допитливий (*про погляд*); **~light** *n* прожектор

season [ˈsiːz(ə)n] **1.** *n* 1) пора року 2) сезон 3) час, період **2.** *v* 1) надавати смаку; присмачувати 2) надавати інтересу; пожвавлювати 3) уселяти думки (почуття) 4) пом'якшувати; стримувати 5) акліматизувати; **~able** *a* своєчасний, доречний; **~al** *a* сезонний; **s. ticket** *n* 1) сезонний квиток 2) абонемент

seat [siːt] **1.** *n* 1) стілець, крісло 2) місце, посада 3) маєток; садиба 4) вершник 5) точка на поверхні (чого-н.) **2.** *v* 1) садовити 2) уміщати 3) призначати на посаду; **s. belt** *n авто* ремінь безпеки

sec [sek] *a фр.* сухий (про вино)

secant [ˈsiːkənt] *мат.* **1.** *n* 1) січна 2) секанс **2.** *a* січний

secessionist [sɪˈseʃ(ə)nɪst] *n* 1) сепаратист 2) відступник

seclu∥**de** [sɪˈkluːd] *v* 1) відокремлювати 2) усамітнюватися; **~ded** *a* 1) усамітнений 2) віддалений, глухий; **~sion** *n* 1) самітність 2) місце усамітнення

second [ˈsekənd] **1.** *num. ord.* другий **2.** *n* 1) *pl* товар другого ґатунку 2) секундант **3.** *n* 1) секунда (міра часу; міра кута) 2) момент, мить **4.** *a* 1) інший 2) додатковий 3) повторний 4) другорядний **5.** *v* 1) допомагати 2) підкріплювати 3) бути секундантом 4) *війс.* відряджати; **~ary 1.** *n* 1) підлеглий 2) представник **2.** *a* 1) побічний 2) середній (про освіту); **~er** *n* помічник; **s. floor** *n* 1) третій поверх, 2) *амер.* другий поверх; **s. hand** *n* посередник; **s.-hand 1.** *n* секундна стрілка **2.** *a* 1) що був у користуванні 2) уживаний, ношений 3) запозичений, неоригінальний; **s. name** *n* прізвище; **s.-rate** *a* 1) другосортний 2) посередній; **s.-rater** *n* посередність, пересічна особа

secre∥**t** [ˈsiːkrɪt] **1.** *n* 1) секрет 2) загадка **2.** *a* 1) таємний 2) хований 3) усамітнений, затишний; **~cy** *n* таємниця; **~taire** [ˌsekrəˈteə] *n фр.* секретер, бюро; письмовий стіл; **~tarial** *a* секретарський; **~tariat** *n* 1) секретаріат 2) посада секретаря; **~tary** *n* 1) секретар; секретарка 2) діловод 3) міністр 4) повірений; **~tary bird** *n орн.* секретар; **~tive** *a* таємничий; замкнутий

sect [sekt] *n* 1) секта 2) церква, віросповідання; **~arian 1.** *n* 1) сектант 2) фанатик **2.** *a* 1) сектантський 2) обмежений 3) дисидентський; єретичний; **~arianism** *n* сектантство

section [ˈsekʃ(ə)n] **1.** *n* 1) зріз 2) сегмент 3) секція 4) група 5) параграф 6) стаття (угоди) 7) відділ **2.** *v* 1) підрозділяти 2) подавати в розрізі; **~al** *a* 1) груповий 2) секційний 3) місцевий

sector [ˈsektə] *n* сектор

secularis∥**m** [ˈsekjʊlərɪzm] *n* атеїзм; **~t** *n* атеїст

secur∥**e** [sɪˈkjʊə] **1.** *a* 1) спокійний 2) безпечний 3) певний 4) ґарантований **2.** *v* 1) ґарантувати безпеку 2) замикати 3) охороняти 4) домагатися; **~ity** *n* 1) безпека; надійність 2) охорона, захист 3) забезпечення, ґарантія 4) упевненість 5) порука 6) поручитель

sedan [sɪˈdæn] *n авто* седан

sedat∥**e** [sɪˈdeɪt] **1.** *a* статечний, урівноважений, спокійний **2.** *v* присипляти (снодійним); **~ive** [ˈsedətɪv] **1.** *n* заспокійливий засіб (ліки) **2.** *a* заспокійливий; болетамівний

sedentary [ˈsed(ə)nt(ə)rɪ] *a* 1) сидячий 2) постійний 3) нерухомий

sedg∥**e** [sedʒ] *n бот.* осока; **~y** *a* порослий осокою

sediment∥**ary** [ˌsedɪˈment(ə)rɪ] *a* осадовий; **~ation** *n* осад; відкладення осаду

sediti∥**on** [sɪˈdɪʃ(ə)n] *n* 1) підривна діяльність 2) повстання, заколот, бунт; **~ous** *a* заколотницький, бунтарський, бунтівний

seduc∥**e** [sɪˈdjuːs] *v* 1) спокушати, зваблювати 2) принадити, полонити; **~tion** *n* [sɪˈdʌkʃn] 1) спокушання, зваблювання 2) спокуса, принада; **~tive** *a* 1) спокусливий, звабливий 2) що вводить в оману

sedul∥**ity** [sɪˈdjuːlɪtɪ] *n* старанність, ретельність; **~ous** *a* ретельний, старанний

see I [siː] *v* (saw; seen) 1) бачити 2) оглядати 3) розуміти, знати 4) з'ясовувати 5) уважати 6) уявляти собі 7) відвідати 8) зустрічатися 9) радитися 10) подбати (про що-н.) 11) доглядати; **~ing 1.** *n* 1) бачення 2) *астр.* видимість **2.** *cj* з огляду на те, що; оскільки

see II [siː] *n* єпархія

seen [siːn] *р. р. від* **see I**

seed [siːd] **1.** *n* 1) зерно 2) *збір.* насіння 3) джерело **2.** *v* засівати (поле)

seek [siːk] *v* (sought) 1) шукати 2) прагнути 3) просити

seem [siːm] *v* 1) здаватися, видаватися, увижатися 2) мати певну думку; **~ing** *a* удаваний, лицемірний

seer [sɪə] *n* провидець, пророк

segment 1. *n* [ˈsegmənt] частина, відтинок **2.** *v* ділити(ся) на сегменти (частини, відрізки)

segregate [ˈsegrɪgeɪt] *v* відокремлювати(ся); ізолювати(ся)

sein∥**e** [seɪn] **1.** *n* невід **2.** *v* ловити неводом (сіткою); **~er** *n* сейнер

seisin [ˈsiːzɪn] *n юр.* володіння нерухомістю

seism [saɪzm] *n* землетрус; **~ic** *a* сейсмічний

seiz∥**e** [siːz] *v* 1) хапати, схопити 2) спіймати, заарештувати 3) конфіскувати 4) охопити (про страх; with) 5) захопити, заволодіти 6) ухопитися (за що-н.); скористатися (з чого-н.) 7) зрозуміти, збагнути; **~ure** [ˈsiːʒə(r)] *n* 1) захоплення; оводіння 2) конфіскація 3) описування (майна) 4) *мед.* напад

seldom [ˈseldəm] *adv* рідко
select [sɪˈlekt] **1.** *a* 1) обраний, добірний 2) вишуканий; аристократичний 3) вередливий, примхливий **2.** *v* вибирати, добирати; **~ed** *a* дібраний, обраний, відібраний; **~ion** *n* 1) вибір 2) набір (*яких-н. речей*); **~ive** *a* 1) вибірковий 2) селективний, вибірний
self [self] **1.** *n* (*pl* -lves) 1) *філос.* моє «я» 2) суть, склад **2.** *a* 1) цілісний 2) свій (власний)
self- [self] *pref зав.* само-; **s.-absorbed** *a* самозаглиблений; еґоцентричний; **s.-acting** *a* автоматичний; **s.-analysis** *n* самоаналіз; **s.-centred** *a* 1) еґоцентричний 2) еґоїстичний; **s.-confident** *a* самовпевнений; **s.-conscious** *a* соромливий, сором'язливий; **s.-contained** *a* 1) нетовариський 2) стриманий; **s.-defence** *n* самооборона, самозахист; **s.-dependence** *n* незалежність, самостійність; **s.-destruction** *n амер.* самознищення, самогубство; **s.-determined** *a* незалежний; що діє на свій розсуд; **s.-devotion** *n* 1) відданість 2) самопожертва; **s.-esteem** *n* самоповага; почуття власної гідності; **s.-explanatory** *a* очевидний, зрозумілий; **s.-expression** *n* самовираження; **s.-invited** *a* непроханий, незваний (*про гостя*); **s.-love** *n* себелюбство, еґоїзм; **s.-motion** *n* мимовільний рух; **s.-murder** *n юр.* самогубство; **s.-portrait** *n* автопортрет; **s.-preservation** *n* самозбереження; **s.-propelled** *a* самохідний; **~same** *a* тотожний; **s.-sufficiency** *n* незалежність, самостійність; **s.-sufficient** *a* самостійний; самодостатній; **s.-suggestion** *n* самонавіювання; **s.-teacher** *n* самовчитель
sell [sel] *v* (sold) 1) продавати(ся) 2) рекламувати; **~er** *n* 1) торговець 2) ходовий товар; бестселер; **s.-out** *n* 1) розпродаж 2) аншлаг 3) зрадництво
semester [sɪˈmestə] *n* семестр
semi- [ˈsemɪ] *pref* пів-; напів-; **~annual** *a* піврічний; **~basement** *n* напівпідвал; цокольний поверх; **~centennial** *n* п'ятдесятирічний ювілей **2.** *a* піввіковий; **~circle** *n* півколо; **~colon** *n грам.* крапка з комою; **~manufactures** *n pl* напівфабрикати; заготівки; **~skilled** *a* малодосвідчений; **~tropical** *a* субтропічний
seminar [ˈsemɪnɑː] *n* семінар
seminary [ˈsemɪn(ə)rɪ] *n* 1) семінарія 2) розсадник
semination [ˌsemɪˈneɪʃ(ə)n] *n* поширення (*учення*)
Semite [ˈsiːmaɪt] *n* семіт; семітка
semolina [ˌseməˈliːnə] *n* манна крупа
senat||**e** [ˈsenɪt] *n* сенат; **~or** *n* сенатор; **~orial** *a* сенаторський

send [send] *v* (sent) 1) посилати 2) передавати 3) доводити до певного стану 4) дарувати; **~er** *n* 1) відправник 2) експедитор 3) *радіо* передавач; **s.-off** *n* проводи
senescen||**t** [sɪˈnes(ə)nt] *a* старіючий; **~ce** *n* старіння
senil||**e** [ˈsiːnaɪl] *a* старечий; **~ity** [sɪˈnɪlɪtɪ] *n* старість
senior [ˈsiːnɪə] **1.** *n* 1) літня людина 2) старший (*віком*); вищий **2.** *a* 1) старший 2) *амер.* випускний
sensation [senˈseɪʃ(ə)n] *n* 1) відчуття 2) сприйняття; **~al** *a* 1) сенсаційний 2) *predic.* разючий; **~alism** *n* сенсаційність; **monger** *n* розповсюджувач сенсаційних чуток
sense [sens] **1.** *n* 1) чуття 2) почуття 3) розум 4) сенс 5) напрям 6) *pl* свідомість **2.** *v* 1) відчувати 2) розуміти; **~less** *a* 1) непритомний 2) безглуздий 3) байдужий
sensi||**ble** [ˈsensəbl] *a* 1) розумний 2) відчутний 3) доцільний; **~bility** *n* 1) чутливість 2) точність; **~tise** *v* робити чутливим
sensuality [ˌsensʊˈælɪtɪ] *n* хтивість
sensuous [ˈsensʊəs] *a* чуттєвий
sent [sent] *past i p. p. від* **send**
senten||**ce** [ˈsentəns] **1.** *n* 1) *грам.* речення 2) сентенція **2.** *v* засуджувати; присуджувати; **~tious** *a* повчальний; сентенційний
sentiment [ˈsentɪmənt] *n* 1) почуття 2) ставлення; **~al** *a* сентиментальний, чутливий
sentinel [ˈsentɪn(ə)l] **1.** *n* вартовий; чатовий **2.** *v* охороняти; чатувати
sentry [ˈsentrɪ] *n* вартовий
separat||**e** **1.** *a* [ˈsep(ə)nt] 1) окремий 2) самостійний, особливий 3) ізольований **2.** *v* [ˈsepəreɪt] 1) відокремлювати(ся) 2) відрізняти, розрізняти 3) сортувати 4) розлучати; **~ion** *n* 1) відокремлення; роз'єднання; поділ 2) розлука 3) сортування; **~ist** *n* 1) сепаратист 2) сектант
sepsis [ˈsepsɪs] *n мед.* сепсис
September [sepˈtembə] *n* вересень
sepulchre [ˈsep(ə)lkə] **1.** *n* могила; склеп **2.** *v* ховати, хоронити
sequel [ˈsɪkwəl] *n* 1) наслідок; наступна подія 2) продовження
sequen||**ce** [ˈsiːkwəns] *n* 1) послідовність 2) результат; **~t** *a* 1) наступний 2) що є наслідком; **~tial** *n мед.* протизаплідний засіб
sequoia [sɪˈkwɔɪə] *n бот.* секвоя
serenade [ˌsenˈneɪd] **1.** *n* серенада **2.** *v* співати серенаду
serene [sɪˈriːn] *a* 1) спокійний; безхмарний, ясний 2) безтурботний; незворушний
serf [sɜːf] *n* 1) кріпак 2) раб; **~age, ~dom, ~hood** *n* 1) кріпацтво 2) рабство
sergeant [ˈsɑːdʒ(ə)nt] *n* сержант; **s. major** *n* старшина

seri||al [ˈsɪ(ə)rɪəl] **1.** *n* періодичне видання **2.** *a* 1) серійний 2) послідовний; **~es** *n* 1) ряд, низка 2) серія; випуск; цикл; комплект

seriousness [ˈsɪ(ə)rəsnɪs] *n* серйозність; важливість

sermonise [ˈsɜːmənaɪz] *v* 1) проповідувати 2) напучувати

serpentine [ˈsɜːpəntaɪn] **1.** *a* 1) зміїний 2) змієподібний 3) підступний **2.** *v* звиватися

serum [ˈsɪ(ə)rəm] *n* (*pl* -s [-z], sera) *фізіол., мед.* сироватка

servant [ˈsɜːv(ə)nt] *n* 1) слуга 2) службовець 3) *ент.* робоча бджола; **s.-maid** *n* служниця

serve [sɜːv] **1.** *n спорт.* подача (*м'яча*) **2.** *v* 1) служити 2) сприяти 3) постачати (*що-н.*) 4) *церк.* правити службу

service [ˈsɜːvɪs] **1.** *n* 1) праця, робота 2) послуга 3) заслуга 4) сервіс; обслуговування 5) зв'язок 6) термін служби 7) рід занять; сфера діяльності 8) установа 9) сервіз 10) набір 11) сервірування **2.** *v* 1) обслуговувати 2) заправляти (*пальним*); **~able** *a* 1) практичний 2) послужливий; **s. entrance** *n* службовий вхід

serviette [ˌsɜːvɪˈet] *n фр.* серветка

servil||e [ˈsɜːvaɪl] *a* 1) улесливий 2) поневолений, залежний; **~ity** [sɜːˈvɪlɪtɪ] *n* підлесливість

session [ˈseʃ(ə)n] *n* 1) нарада 2) сесія 3) навчальний рік 4) заняття

set [set] **1.** *n* 1) комплект, набір 2) телевізор 3) сет 4) обриси 5) напрям **2.** *a* 1) обміркований 2) нерухомий 3) побудований 4) усталений **3.** *v* (set) 1) ставити; розміщувати, розташовувати 2) повертати, спрямовувати 3) ставити (*запитання; завдання; мету*) 4) приводити в певний стан 5) сідати (*про одяг*) 6) подавати (*приклад*) 7) з'єднувати 8) мати схильність; □ **s. aside** зневажати; **s. in** наставати; **s. on** нападати; **~back** *n* 1) перешкода, завада 2) регрес 3) невдача; **s.-down** *n* 1) відсіч; відмова 2) докір; догана; прочухан; **s.-off** *n* контраст; **~ting** *n* 1) оточення; навколишня обстановка 2) тло 3) захід (*сонця*); **s.-up** *n* 1) структура 2) статура 3) дріб'язкова справа

settee [seˈtiː] *n* канапа

setter [ˈsetə] *n зоол.* сетер

settl||e [ˈsetl] *v* 1) оселити(ся) 2) братися за певну справу 3) заспокоювати(ся) 4) визначати 5) *юр.* заповідати (*кому-н.*); **~ement** *n* 1) поселення 2) урегулювання, улагодження; розрахунок; **~ing** *n* осад; суга 2) стабілізація

seven [ˈsev(ə)n] **1.** *num. card.* сім **2.** *n* 1) число сім 2) сімка; **~fold** *a* 1) що складається із семи частин 2) семиразовий 3) дуже великий; **~teen** *num. card.* (число) сімнадцять; **~teenth 1.** *n* 1) сімнадцята частина 2) (the ~) сімнадцяте число **2.** *num. ord.* сімнадцятий; **~th 1.** *n* 1) сьома частина; одна сьома 2) (the ~) сьоме (число) **2.** *num. ord.* сьомий; **~tieth 1.** *n* сімдесята частина **2.** *num. ord.* сімдесятий; **~ty 1.** *n* число сімдесят **2.** *num. card* сімдесят

sever [ˈsevə] *v* 1) роз'єднувати 2) відокремлювати; відрізати 3) розривати(ся) 4) відрізняти

several [ˈsevrəl] **1.** *pron* декілька **2.** *a* 1) окремий 2) різний 3) особливий 4) деяка кількість

sever||e [sɪˈvɪə] *a* 1) суворий, жорсткий 2) різкий 3) вимогливий, суворий 4) стислий; простий (*про стиль*) 5) ретельний, скрупульозний 6) важкий, тяжкий (*про хворобу*); **~ity** [sɪˈverɪtɪ] *n* 1) суворість, жорсткість 2) ретельність, скрупульозність 3) складність, тяжкість (*випробування*) 4) суворість (*клімату, погоди*) 5) простота, невибагливість (*стилю*) 6) глибина, гострота (*почуттів*)

sew [səʊ] *v* (-ed [səʊd]; -ed, sewn) шити, пришивати; **~er** *n* кравець; швачка; **~ing** *n* 1) шиття 2) *pl* нитки; **~ing machine** *n* швейна машина

sew||age [ˈs(j)uːɪdʒ] *n* 1) стічні води; нечистоти 2) каналізація; **~er** *n* колектор; **~erage** *n* каналізація

sewn [səʊn] *p. p. від.* sew

sex [seks] **1.** *n* 1) *біол.* стать 2) секс 3) статеві зносини **2.** *v* визначати стать; **s. appeal** *n* сексапільність (*зазв. жінки*); **~iness** *n* чуттєвість; сексуальність; **~less** *a* 1) безстатевий 2) фригідний; **~ology** *n* сексологія; **~y** *a* 1) сексуальний; еротичний 2) хвилюючий

sextuple [ˈsekstjʊp(ə)l] *a* шестиразовий

Seym [seɪm] *n польськ.* сейм

shabby [ˈʃæbɪ] *a* 1) поношений, потертий (*про одяг і под.*) 2) бідний, убогий, зубожілий 3) жалюгідний, нікчемний 4) підлий, безчесний 5) скупий, дріб'язковий

shackle [ˈʃæk(ə)l] **1.** *n* 1) (*зазв. pl*) кайдани 2) *pl перен.* пута **2.** *v* 1) заковувати в кайдани 2) *перен.* сковувати 3) зчіпляти

shade [ʃeɪd] **1.** *n* 1) тінь 2) прохолода 3) нюанс 4) натяк 5) екран 6) *амер.* штора **2.** *v* 1) затіняувати 2) затьмарювати

shadow [ˈʃædəʊ] **1.** *n* 1) тінь 2) напівморок 3) шпигун 4) натяк 5) примара 6) смуток 7) невідомість 8) захисток 9) зневіра 10) ознака, прикмета **2.** *v* 1) затіняти 2) затьмарювати 3) засмучуватися 4) таємно стежити 5) захищати; давати притулок 6) провіщати; **~y** *a* 1) тінистий 2) темний 3) невиразний

shaft [ʃɑ:ft] *n* 1) промінь 2) спис 3) спалах блискавки 4) руків'я 5) стовбур 6) димар

shag [ʃæg] *n орн.* баклан чубатий

shah [ʃɑ:] *n* шах (*іранський*)

shak||e [ʃeɪk] **1.** *n* 1) струс 2) поштовх 3) шок, потрясіння 4) тремтіння, дрож 5) (the ~es) страх **2.** *v* (shook; shaken) 1) трясти(ся) 2) коливати, хитати 3) тремтіти; **~er** *n* шейкер; **~y** *a* 1) нестійкий 2) тряский; тремтячий, дрижачий; вібруючий 3) німецький, ненадійний, сумнівний 4) слабкий 5) тріснутий (*про дерево*)

shall [ʃæl] (*повна ф.*); [ʃəl, ʃl, ʃə, ʃ] (*редук. ф.*)] *v* (should) 1) *допоміжне дієсл.;* слугує для утворення майбутнього часу в 1 ос. одн. і мн.: **I s. go** я піду 2) *модальне дієсл.;* виражає рішучість і под. у 2 і 3 ос. одн. і мн.: **you s. pay for this!** ти за це заплатиш!

shallow [ˈʃæləʊ] **1.** *n* обмілина **2.** *a* 1) мілкий, неглибокий 2) поверховий, обмежений, пустий **3.** *v* міліти

sham [ʃæm] **1.** *n* 1) підробка 2) трюк 3) удавання 4) симулянт 5) шахрай **2.** *a* 1) удаваний 2) підроблений 3) фіктивний **3.** *v* прикидатися, удавати

shaman [ˈʃɑ:mən, ˈʃæmən] *n* шаман, знахар

shame [ʃeɪm] **1.** *n* 1) сором 2) ганьба 3) (a ~) *розм.* образа, прикрість **2.** *v* 1) соромити 2) ганьбити; **~faced** *a* соромливий, боязкий; **~ful** *a* ганебний; скандальний

shampoo [ʃæmˈpu:] **1.** *n* шампунь **2.** *v* (-pooed [-d], -po'd [-d]) мити (*голову*)

shamrock [ˈʃæmrɒk] *n бот.* трилисник

shank [ʃæŋk] **1.** *n* 1) нога 2) гомілка **2.** *v* 1) утекти 2) опадати

shanty [ˈʃænti] *n* хатина

shap||e [ʃeɪp] **1.** *n* 1) форма; вигляд 2) фігура 3) порядок 4) зразок, шаблон 5) привид, примара 6) стан, становище **2.** *v* 1) надавати форми; формувати 2) виготовляти; **~ed** *a* що має певну форму; **~eless** *a* безформний; **~ely** *a* 1) ставний 2) приємної форми; пропорційний; **~ing** *n* 1) надання форми 2) шейпінг 3) формування

share [ʃeə] **1.** *n* 1) частка 2) участь, роль 3) акція; пай **2.** *v* 1) ділити(ся) 2) брати участь 3) поділяти (*думку*); **s.-list** *n бірж.* 1) курсовий бюлетень 2) список акцій; **s.-out** *n* розподіл доходу

shark [ʃɑ:k] *n іхт.* акула; **~skin** *n* 1) акуляча шкіра 2) шагрень 3) *текст.* гладка блискуча тканина (*зазв. синтетична*)

sharp [ʃɑ:p] **1.** *n* 1) *муз.* дієз 2) рапіра 3) *pl* дуель 4) *розм.* шахрай **2.** *a* 1) гострий 2) крутий (*про підйом*) 3) виразний 4) різкий (*про біль*) 5) лютий (*про вітер*) 6) їдкий 7) тонкий (*про слух*) 8) колючий (*про слова*) 9) спостережливий 10) розумний 11) пильний 12) вправний 13) хитрий 14) швидкий 15) модний **3.** *v* 1) *муз.* ставити дієз 2) шахраювати 3) гострити; **~en** *v* 1) гострити 2) загострювати (*увагу*); **s. practice** *n* несумлінна дія; шахрайство; **s.-set** *a* 1) дуже голодний 2) жадібний; **~shooter** *n* влучний стрілець, снайпер; **s.-witted** *a* 1) розумний, кмітливий 2) дотепний

shatter [ˈʃætə] **1.** *n* 1) уламок 2) *pl* скалки **2.** *v* 1) розбити(ся) вщент 2) розладнувати (*здоров'я*) 3) розсипати(ся), розсіювати(ся)

shave [ʃeɪv] **1.** *n* 1) гоління 2) стругання 3) тріска; шкірка; шкаралупа 4) шахрайство **2.** *v* (shaved, shaven) 1) голити(ся) 2) стругати 3) зрізати 4) стригти; косити 5) злегка зачепити; **~r** *n* 1) бритва 2) голяр 3) той, хто голиться

shawl [ʃɔ:l] **1.** *n* хустка **2.** *v* надівати хустку, закутувати в шаль

she [ʃi:] **1.** *n* 1) жінка 2) особа жіночої статі 3) самиця (*про тварину*) **2.** *pron pers.* 1) вона (*про істоту жіночої статі*) 2) він, вона, воно (*про деякі неживі персоніфіковані предмети та явища; непрямий в.* her *її та под.*); *непрямий в. ужив. в розмовній мові як Н. в.:* **that's her** це вона

sheaf [ʃi:f] **1.** *n* (*pl* -aves) 1) сніп 2) пачка (*грошей*) 3) *pl* безліч (*чого-н.*) **2.** *v* в'язати снопи

shear [ʃɪə] **1.** *n* 1) *pl* ножиці 2) стриження (*вовни*) **2.** *v* (shore, shorn) 1) стригти 2) зрізати 3) косити 4) позбавляти

sheat-fish [ˈʃi:t,fɪʃ] *n іхт.* сом

sheath [ʃi:θ] *n* 1) піхви 2) футляр 3) презерватив 4) вузька сукня 5) *анат.* піхва; **~e** *v* 1) укладати в піхви 2) *перен.* припиняти війну 3) захищати оболонкою

shed I [ʃed] **1.** *n* 1) сарай 2) ангар 3) елінґ; ґараж; депо **2.** *v* ховати в сараї; ставити в ґараж

shed II [ʃed] *v* 1) губити, скидати (*листя*) 2) лити (*сльози*) 3) випромінювати (*світло*)

sheen [ʃi:n] *n* 1) сяйво 2) лиск **2.** *a* красивий; блискучий

sheep [ʃi:p] *n* (*pl без змін*) 1) вівця, баран 2) боязка людина 3) *церк.* (*зазв. pl*) паства; **~dog** *n* вівчарка; **~skin** *n* 1) овчина 2) пергамент

sheer [ʃɪə] *мор.* **1.** *n* відхилення від курсу **2.** *a* 1) справжній, істинний 2) абсолютний, цілковитий 3) прямовисний, стрімкий 4) легкий (*про тканину*) **3.** *v мор.* відхилятися від курсу

sheet [ʃi:t] **1.** *n* 1) простирадло 2) чохол 3) лист (*скла*), аркуш (*паперу*) 4) сторінка 5) *pl* книга 6) завіса, шар (*води*) 7) саван 8) відомість **2.** *v* 1) покривати (*снігом*) 2) загортати в саван; **~ed** *a* суцільний; **s. lightning** *n* блискавиця

shelf [ʃelf] *n* (*pl* -lves) 1) полиця 2) уступ 3) риф; мілина, шельф

shell [ʃel] **1.** *n* 1) черепашка 2) шкаралупа 3) личина 4) шкірка 5) панцер (*черепахи*) 6) каркас 7) труна 8) ліра **2.** *v* 1) лущити(ся) 2) линяти 3) покривати оболонкою; **~ed** *a* 1) що має панцер 2) у шкаралупі 3) обчищений; **~fish** *n зоол.* 1) молюск 2) ракоподібні; **s. hole** *n* пробоїна

shelter [ˈʃeltə] **1.** *n* 1) притулок, дах 2) укриття 3) захист 4) курінь; намет **2.** *v* 1) дати притулок 2) бути притулком 3) захищати 4) сховатися; **~ed** *a* ек. захищений

shelve I [ʃelv] *v* 1) відкладати на безрік 2) усувати з посади

shelve II [ʃelv] *v* полого спускатися

shepherd [ˈʃepəd] **1.** *n* 1) чабан, вівчар, пастух 2) пастир **2.** *v* 1) пасти, виганяти, заганяти (*овець*) 2) вести (*людей*) 3) проводжати

sheriff [ˈʃerɪf] *n* шериф

sherry [ˈʃerɪ] *n* шері, херес

shibboleth [ˈʃɪbəleθ] *n* 1) особливість вимови; манера вдягатися; характерні звички 2) традиційне упередження

shield [ʃiːld] **1.** *n* 1) щит 2) захист **2.** *v* 1) захищати 2) покривати

shift [ʃɪft] **1.** *n* 1) зміна, зрушення 2) переміщення; перенесення 3) переїзд 4) чергування 5) нечесний прийом 6) спритність 7) робочий день **2.** *v* 1) переміщати(ся) 2) міняти(ся) 3) забирати геть 4) ліквідувати 5) швидко їсти 6) уникати (*чого-н.*) **~less** *a* 1) безпорадний 2) бездіяльний 3) нехитрий 4) марний; **~y** *a* 1) спритний 2) нечесний 3) ненадійний 4) зрадливий

shillyshally [ˈʃɪlɪˌʃælɪ] **1.** *n* нерішучість **2.** *a* нерішучий **3.** *v* вагатися, бути нерішучим

shimmer [ˈʃɪmə] **1.** *n* мерехтіння **2.** *v* мерехтіти, блимати

shin||e [ʃaɪn] **1.** *n* 1) світло; сяйво 2) *перен.* світло (*розуму*) 3) блиск, глянець 4) вечірка 5) пишнота **2.** *v* (shone) 1) світити(ся) 2) освітлювати; **~er** *n* 1) зірка 2) світило 3) блискуча річ, монета; **~ing** *a* 1) яскравий 2) видатний

ship [ʃɪp] **1.** *n* 1) судно 2) екіпаж корабля 3) вітрильник 4) *амер.* літак 5) космічний корабель 6) дирижабль **2.** *v* 1) вантажити, робити посадку (*на судно*) 2) сідати на судно 3) перевозити; **~ping** *n* 1) вантаження, перевезення вантажу 2) (торговельний) флот; **~wreck 1.** *n* 1) корабельна аварія 2) *перен.* крах **2.** *v* 1) зазнати корабельної аварії 2) *перен.* зазнати невдачі; **~yard** *n* верф, корабельня

shirk [ʃɜːk] *v* уникати; **~er** *n* людина, яка уникає (*чого-н.*)

shirt [ʃɜːt] *n* 1) сорочка (*чоловіча*) 2) блузка; **s.-band** *n* комір сорочки; **s.-sleeve** *n* простий, нецеремонний

shiver I [ˈʃɪvə] **1.** *n* тремтіння **2.** *v* тремтіти, здригатися

shiver II [ˈʃɪvə] **1.** *n* (*зазв. pl*) уламок **2.** *v* розбивати(ся) на дрізки

shoal I [ʃəʊl] **1.** *n* 1) мілина, банка 2) (*зазв. pl*) труднощі **2.** *a* мілководний **3.** *v* спадати (*про воду*); мілішати

shoal II [ʃəʊl] **1.** *n* 1) табун, косяк (*риби*) 2) натовп; юрба **2.** *v* 1) збиратися в косяки 2) юрбитися

shock [ʃɒk] **1.** *n* 1) удар, поштовх; струс 2) натовп 3) *мед.* шок 4) сутичка, зіткнення 5) потрясіння **2.** *v* 1) вражати, приголомшувати 2) стикатися 3) обурювати, шокувати; **~ing** *a* 1) гидкий, огидний 2) приголомшливий, жахливий 3) дуже сильний

shod [ʃɒd] *past і p. p. від* **shoe 2**

shoe [ʃuː] **1.** *n* 1) черевик, туфля 2) підкова **2.** *v* (shod) 1) узувати 2) підковувати; **~less** *a* босий; **~maker** *n* швець

shone [ʃəʊn] *past і p. p. від* **shine 2**

shook [ʃʊk] *past від* **shake 2**

shoot [ʃuːt] **1.** *n* 1) стрілянина 2) паросток, брунька 3) група мисливців 4) полювання 5) стрімкий потік **2.** *v* (shot) 1) стріляти 2) кинути 3) промайнути 4) пускати пагони 5) полювати 6) фотографувати 7) скидати, зсипати; **~ing star** *n* метеор, падаюча зірка

shop [ʃɒp] **1.** *n* 1) крамниця 2) цех 3) професія **2.** *v* скуповуватися; **s.-assistant** *n* продавець; **s. hours** *n pl* час роботи крамниць; **~lifter** *n* крамничний злодій; **~man** *n* 1) продавець 2) крамар; **~per** *n* 1) покупець 2) закупник; **~ping** *n* відвідання крамниці з метою купування (*чого-н.*); **~ping centre** *n* торговельний центр; **~py** *a* з великою кількістю крамниць, торговельний; **~window** *n* вітрина

shore I [ʃɔː] *n* берег; узбережжя

shore II [ʃɔː] **1.** *n* підпірка, опора **2.** *v* підпирати

shoresman [ˈʃɔːmən] *n* човняр

shorn *p. p. від* **shear 2**

short [ʃɔːt] **1.** *n* 1) короткий зміст 2) стислість 3) мальок 4) міцний напій 5) *pl* відходи **2.** *a* 1) нетривалий 2) невисокий (*про людину*) 3) недостатній 4) стислий 5) грубий (*про мову*) 6) поганий (*про пам'ять*) 7) крихкий 8) міцний (*про напій*); **~age** *n* недостача, нестача, брак (*чого-н.*); дефіцит; **s. change** *n* дрібні (гроші), решта; **~coming** *n* недолік, вада; хиба; ґандж; дефект; **~hand** *n* стенографія; **s.-lived** *a* недовговічний; скороминущий; **s. order** *n* їжа (пиття) нашвидкуруч; **~s** *n pl* 1) шорти 2) труси 3) дефіцитні товари; **~sighted** *a* короткозорий; *перен.* недальновидний; **s.-time** *n* неповний робочий день

shot [ʃɒt] **1.** *v. past і p. p. від* **shoot 2**; *n* 1) постріл; *перен.* удар 2) *спорт.* кидок 3) випад, ущипливе зауваження 4) укол, ін'єкція 5) спроба

6) стрілець 7) гравець 8) паросток, пагін 9) рахунок (у готелі) **2.** *a* 1) що дав паросток 2) зношений, пошарпаний

should [ʃʊd (*повна ф.*); ʃəd, ʃd, ʃt (*редук. ф.*)] (*past від* **shall**) 1) *допоміжне дієсл.*; *слугує для утворення майбутнього в минулому в 1 ос. одн. і мн.*: **I said I s. be at home next week** я сказав, що буду вдома наступного тижня 2) *допоміжне дієсл.*; *слугує для утворення*: а) *умовного способу в 1 ос. одн. і мн.*: **I s. be glad to play if I could** я б зіграв, якби вмів; б) *умовного способу*: **it is necessary that he s. go home at once** необхідно, щоб він негайно йшов додому 3) *модальне дієсл., що виражає*: а) *повинність, доречність, доцільність*: **you s. not do that** цього робити не слід; б) *припущення (що випливає з обставин)*: **they s. be there by now** зараз вони, напевно, уже там

shoulder [ˈʃəʊldə] **1.** *n* 1) плече 2) вішалка 3) уступ 4) узбіччя **2.** *v* 1) відштовхувати 2) привласнювати гроші господаря

shout [ʃaʊt] **1.** *n* 1) вигук 2) *розм.* пригощання, частування **2.** *v* 1) кричати 2) вигукувати, голосно промовляти; **~ing** *n* вигуки схвалення; привітання

shove [ʃʌv] **1.** *n* поштовх **2.** *v* пхати; штовхати(ся)

shovel [ˈʃʌv(ə)l] **1.** *n* 1) лопата 2) екскаватор **2.** *v* копати, рити

show [ʃəʊ] **1.** *n* 1) показ 2) виставка 3) вистава 4) парадність **2.** *v* (-ed [-d]; -ed, -n) 1) вирізнятися 2) бувати (*на людях*) 3) мати вигляд 4) показувати 5) пред'являти (*документ*) 6) супроводжувати 7) демонструвати 8) підтверджувати; **~bill** *n* афіша; **~case 1.** *n* вітрина **2.** *v* показувати, демонструвати; **~girl** *n* статистка; **~ground** *n* театр. сцена, кін; **~ing** *n* 1) показ 2) виклад, висвітлення 3) дані; показники; **~room** *n* виставкова зала; **~y** *a* 1) показний 2) ефектний; **~window** *n* вітрина

shower [ˈʃaʊə] **1.** *n* 1) злива 2) град (*питань*) 3) душ **2.** *v* 1) обсипати 2) зрошувати 3) прийняти душ 4) лити(ся) зливою; **~y** *a* 1) дощовий 2) грозовий

shrank [ʃræŋk] *past від* **shrink**

shred [ʃred] **1.** *n* 1) клаптик 2) дещиця, йота **2.** *v* 1) різати, розрізати, батувати 2) розпадатися

shrew [ʃruː] *n* зоол. землерийка; **~ish** *a* сварливий

shrewd [ʃruːd] *a* 1) проникливий 2) хитрий 3) лютий 4) умілий 5) дотепний 6) лихий; грубий

shriek [ʃriːk] **1.** *n* волання, лемент **2.** *v* волати, репетувати

shrieval [ˈʃriːv(ə)l] *a* шерифський

shrike [ʃraɪk] *n* орн. сорокопуд

shrill [ʃrɪl] *a* 1) пронизливий 2) наполегливий, настирливий

shrimp [ʃrɪmp] **1.** *n* 1) зоол. креветка, шримс 2) карлик **2.** *v* ловити креветок (*тж* to go ~ing)

shrine [ʃraɪn] *n* 1) рака; гробниця 2) святиня

shrink [ʃrɪŋk] *v* (shrank, shrunk; shrunk) 1) скорочувати(ся), зменшувати(ся) 2) уникати; ухилятися

shroud [ʃraʊd] **1.** *n* 1) саван 2) завіса **2.** *v* загортати в саван

Shrove(-)tide [ˈʃrəʊvtaɪd] *n* рел. Масниця

shrub I [ʃrʌb] *n* кущ, чагарник; **~by** *a* чагарниковий

shrub II [ʃrʌb] *n* шраб (напій)

shudder [ˈʃʌdə] **1.** *n* тремтіння, здригання **2.** *v* тремтіти, здригатися

shuffle [ˈʃʌfl] **1.** *n* 1) човгання 2) тасування (*карт*) 3) переміщення 4) трюк **2.** *v* 1) човгати (*ногами*) 2) тасувати (*карти*) 3) перемішувати 4) хитрити

shun [ʃʌn] *v* уникати

shut [ʃʌt] **1.** *n* 1) двері 2) кришка **2.** *a* закритий, замкнений, зачинений **3.** *v* (shut) 1) зачиняти(ся) 2) складати 3) стискати 4) вимикати; **~down** *n* 1) закриття 2) вимикання, вимкнення; **s.-in 1.** *n* лежачий хворий **2.** *a* 1) лежачий (*про хворого*) 2) відлюдний, глухий; **s.-out** *n* локаут; **~ter 1.** *n* 1) віконниця 2) *pl* жалюзі 3) шухляда (*у скрині*) **2.** *v* закривати віконницями

shuttle [ˈʃʌtl] *v* рухати(ся) вперед і назад; **~cock** *n* волан; **s.-train** *n* зал. приміський потяг

shy [ʃaɪ] **1.** *a* 1) обережний 2) полохливий **2.** *v* 1) лякатися 2) вагатися 3) ухилятися; **~er** *n* полохливий кінь

Siamese [ˌsaɪəˈmiːz] **1.** *n* 1) сіамець; **the S.** *pl збір.* сіамці **2.** *a* сіамський; **S. twins** сіамські близнята

sib [sɪb] *n* 1) родинні зв'язки 2) рідня 3) родич; родичка

sibyl [ˈsɪbɪl] *n* 1) *міф.* (**S.**) Сивіла 2) провісниця; чаклунка; **~line** *a* пророчий

sick [sɪk] *a* 1) недужий 2) нудьгуючий; **~bed** *n* ліжко хворого; **~ening** *a* огидний; **s. headache** *n* мед. мігрень; **s. leave** *n* відпустка через хворобу; **~ly** *a* 1) хворий, хворобливий 2) нездоровий 3) слабкий 4) шкідливий (*про клімат*) 5) сентиментальний 6) нудотний, огидний 7) блідий (*про колір*); **~ness** *n* 1) хвороба 2) нудота

sickle [ˈsɪkl] *n* серп

side [saɪd] **1.** *n* 1) бік, сторона 2) стінка 3) аспект, риса 4) позиція, точка зору, підхід 5) край, кінець 6) схил (*гори*) 7) частина **2.** *v* об'єднуватися; **~board** n сервант; **s. dish** n ґарнір, салат; **s. effect** n побічний ефект; побічне явище; **s.-land** n межа; **~line** n 1) побічна робота; **~ling** a 1) спрямований убік 2) похилий, скісний (тж перен.) 3) ухильний; **~saddle** n жіноче сідло; **~show** n 1) інтермедія 2) несуттєва справа; **~step 1.** n 1) крок убік 2) східець; підніжка **2.** v 1) відступати убік 2) уникати; **s.-view** n профіль; **~walk** n амер. хідник, тротуар; пішохідна доріжка

siege [si:dʒ] n облога

sieve [sɪv] **1.** n 1) сито 2) базікало **2.** v просівати, проціджувати

sigh [saɪ] **1.** n зітхання, подих **2.** v 1) зітхати 2) нудьгувати

sight [saɪt] **1.** n 1) зір 2) погляд 3) вигляд 4) поле зору **2.** v 1) побачити 2) спостерігати; **~less** a незрячий; **~ly** a гарний, красивий; **~seeing** n визначна пам'ятка; **~seer** n турист

sign [saɪn] **1.** n 1) знак; символ 2) знамення, ознака 3) жест, знак 4) мед. симптом 5) пароль **2.** v 1) підписувати(ся) 2) подавати знак; **~board** n вивіска; **~post** n 1) дороговказ 2) безсумнівне свідчення

signal [ˈsɪgn(ə)l] **1.** n 1) сигнал; знак 2) сигнальний пристрій **2.** a 1) видатний 2) сигнальний **3.** v сигналізувати; **~ise** v 1) ознаменувати 2) сигналізувати

signature [ˈsɪgnətʃə] n 1) (власноручний) підпис 2) підписання

signet [ˈsɪgnɪt] n печатка

signify [ˈsɪgnɪfaɪ] v 1) значити 2) бути важливим 3) виявляти; **~icance** n 1) важливість 2) значення, зміст 3) багатозначність; виразність; **~icant** a 1) значний 2) виразний 3) знаменний; **~ication** n (точне) значення; **~icative** n покажчик

silent [ˈsaɪlənt] a 1) безмовний; німий 2) небагатослівний 3) тихий 4) що замовчує (що-н.) 5) невимовний 6) недіючий; **~ce 1.** n 1) тиша 2) мовчання 3) забуття **2.** v примусити замовкнути

silhouette [ˌsɪluˈet] фр. **1.** n силует **2.** v (зазв. p. p.) вимальовуватися

silk [sɪlk] **1.** n шовк **2.** a шовковий

sill [sɪl] n 1) поріг (дверей) 2) підвіконня

silliness [ˈsɪlɪnɪs] n дурість; **~y** a 1) дурний 2) недоумкуватий

silver [ˈsɪlvə] **1.** n 1) срібло 2) срібні вироби **2.** a 1) срібний 2) сивий (про волосся) **3.** v 1) сріблити(ся) 2) сивіти; **s. fox** n зоол. чорнобура лисиця

simian [ˈsɪmɪən] **1.** n зоол. мавпа **2.** a зоол. мавпячий

similar [ˈsɪm(ə)lə, ˈsɪmɪlə] a подібний (to); схожий; **~arity** n подібність; схожість; **~e** [ˈsɪmɪlɪ] n літ. порівняння; **~itude** [sɪˈmɪlɪtju:d] n 1) подібність; схожість 2) порівняння 3) образ, вигляд

simoom [sɪˈmu:m] n метео самум

simple [ˈsɪmpl] **1.** n 1) збірн. біднота 2) простак 3) інґредієнт **2.** a 1) простий 2) елементарний 3) немудрий 4) явний 5) наївний 6) чесний 7) незначний; **~icity** n 1) простота 2) скромність 3) наївність; **~ification** n спрощення; **~ify** v спрощувати

simulate [ˈsɪmjʊleɪt] v 1) симулювати 2) удавати 3) моделювати; **~crum** n лат. (pl -cra) 1) зображення; фіґура 2) подоба; видимість; **~ted** a 1) підроблений 2) модельований; **~tion** n 1) симуляція 2) моделювання

simultaneity [ˌsɪm(ə)ltəˈni:ɪtɪ] n одночасність; **~ous** [ˌsɪmlˈteɪnɪəs] a одночасний; синхронний

sin [sɪn] **1.** n 1) гріх 2) вада, недолік, дефект **2.** v 1) (з)грішити 2) порушувати (правила); **~less** a безгрішний; **~ner** n грішник

sinapism [ˈsɪnəpɪzm] n гірчичник

since [sɪns] **1.** prep 1) з (якого-н. часу) 2) після (якого-н. моменту) **2.** cj 1) з того часу як; після того як 2) тому що; оскільки; через те що

sincere [sɪnˈsɪə] a 1) щирий 2) чесний 3) справжній 4) чистий; **~ity** [sɪnˈserɪtɪ] n щирість; чесність

sine I [saɪn] n мат. синус

sine II [saɪn] prep лат. без; **s. qua** [kweɪ] **non** неодмінна умова

sinew [ˈsɪnju:] n 1) анат. сухожилок 2) pl мускулатура; **~y** a мускулистий

sing [sɪŋ] **1.** n свист (кулі); шум (вітру); дзвін (у вухах) **2.** v (sang; sung) 1) співати 2) гудіти (про вітер) 3) оспівувати 4) радіти 5) сповіщати; **~er** n 1) співак 2) бард 3) співочий птах; **~ing** n 1) спів 2) дзвін; свист

singe [sɪndʒ] **1.** n опік **2.** v обпалювати(ся); палити

single [ˈsɪŋgl] **1.** n 1) проїзний квиток в один напрям 2) парубок; незаміжня **2.** a ,1) один, єдиний 2) суцільний, цілий 3) одиночний 4) окремий 5) самітний 6) неодружений; незаміжня **3.** v 1) відбирати (тж ~ out) 2) відокремлювати(ся); **s.-minded** a цілеспрямований

singular [ˈsɪŋgjʊlə] **1.** n грам. 1) однина 2) окрема людина (річ) **2.** a 1) неповторний 2) мат. винятковий 3) своєрідний; **~ity** n оригінальність; своєрідність

sinister [ˈsɪnɪstə] a лиховісний

sink [sɪŋk] **1.** n 1) ринва 2) перен. клоака **2.** v (sank; sunk) 1) падати (про ціну й под.) 2) просочуватися 3) тонути 4) слабшати 5) гинути 6) западати (у душу) 7) губити 8) іґнорувати

sip [sɪp] **1.** n ковток **2.** v пити маленькими ковтками

sir [sɜ: (повна ф.); sə (редук. ф.)] **1.** *n* сер, пан, добродій (*як звертання; перед ім'ям позначає титул* knight *або* baronet, *напр.,* S. John) **2.** *v* величати сером (паном)

siren [´saɪ(ə)rən] *n* 1) сирена; гудок 2) *міф.* сирена

siskin [´sɪskɪn] *n* орн. чиж

sister [´sɪstə] *n* сестра; **s.-in-law** 1) невістка 2) братова; зовиця 3) своячка; **~ly** *a* 1) сестринський 2) ласкавий, ніжний

sit [sɪt] *v* (sat) 1) сидіти 2) саджати 3) засідати 4) розслідувати (*справу*) 5) позувати 6) причаїтися 7) залишатися 8) знаходитися 9) мати джерело (*де-н.*) 10) личити 11) стояти; **~ting** *n* 1) сидіння 2) засідання 3) сеанс; **~ting room** *n* 1) вітальня 2) місце для сидіння; **~ter** *n* 1) пасажир 2) натурник; **~ter-in** *n* нахожа няня

site [saɪt] **1.** *n* місцезнаходження **2.** *v* розташовувати

situation [ˌsɪtʃʊ´eɪʃ(ə)n] *n* 1) стан, ситуація 2) служба, посада

six [sɪks] **1.** *n* 1) число шість 2) шістка (*цифра*) 3) шість, шестеро **2.** *num. card.* шість; **~fold** *a* шестиразовий; **~teen** *num. card.* шістнадцять; **~teenth 1.** *n* 1) (номер) шістнадцятий 2) (одна) шістнадцята частина **2.** *num. ord.* шістнадцятий; **~th 1.** *n* 1) шоста частина; одна шоста 2) (the ~) шосте число **2.** *num. ord.* шостий; **~tieth 1.** *n* шістдесята частина **2.** *num. ord.* шістдесятий; **~ty 1.** *n* шістдесят (*одиниць, штук*) **2.** *num. card.* шістдесят

sizar [´saɪzə] *n* стипендіат

size [saɪz] **1.** *n* 1) розмір; величина; об'єм; обсяг 2) формат 3) рівень здібностей 4) раціон **2.** *v* 1) сортувати за величиною 2) складати думку (*про кого-н.*); **~able** *a* чималого розміру

sizzle [sɪzl] **1.** *n* шипіння **2.** *v* шипіти

skate I [skeɪt] *n* іхт.* скат

skat||e II [skeɪt] **1.** *n* ковзани **2.** *v* ковзатися; **~eboard** *n* скейтборд, роликова дошка; **~er** *n* ковзаняр; **~ing rink** *n* ковзанка

skeleton [´skelɪtn] *n* 1) кістяк 2) каркас 3) схема, начерк, план; **~ise** *v* скорочувати, зводити до мінімуму; **s. key** *n* відмикачка

sketch [sketʃ] **1.** *n* 1) ескіз 2) схема, загальний план **2.** *v* 1) малювати ескіз 2) накреслювати; **s.-book** *n* альбом; **~y** *a* 1) ескізний 2) схематичний 3) поверховий

skew [skju:] **1.** *n* 1) схил 2) відхилення від прямої лінії 3) помилковість **2.** *a* 1) скісний 2) асиметричний **3.** *v* 1) відхиляти(ся) 2) дивитися скоса; **~bald** *a* строкатий, рябий; **s.-eyed** *a* косоокий

ski [ski:] **1.** *n* (*pl* -s *або без змін*) лижва (лижа) **2.** *v* (-ed) ходити на лижвах (лижах); **~er** *n* лижвар, лижник; **s.-run** *n* лижня

skil||l [skɪl] *n* 1) майстерність; досвід 2) уміння 3) хист 4) ремесло 5) знання; обізнаність; **~led** *a* 1) кваліфікований 2) досвідчений; **~ful** *a* 1) умілий 2) добре зроблений

skimble-skamble [´skɪmbl,skæmbl] *a* безладний

skimp [skɪmp] *v* 1) погано забезпечувати 2) заощаджувати; **~y** *a* худий

skin [skɪn] **1.** *n* 1) шкіра 2) оболонка; плівка 3) пергамент 4) тонкий лід **2.** *v* 1) здерти шкіру (*на тілі*) 2) зарубцюватися (*зазв.* ~ over); **s.-deep** *a* поверхневий; **s. diver** *n* 1) аквалангіст 2) шукач перлів; **~flint** *n* скнара; **~ny** *a* худий

skip [skɪp] **1.** *n* стрибок **2.** *v* 1) скакати 2) пустувати, вибрикувати; **~(ping) rope** *n* скакалка

skirmish [´skɜ:mɪʃ] **1.** *n* 1) сутичка, бійка 2) стрілянина **2.** *v* 1) битися 2) зав'язати стрілянину

skirt [skɜ:t] **1.** *n* 1) спідниця 2) *зазв. pl* пола 3) *зазв. pl* пелена 4) (*часто pl*) край; межа 5) узлісся 6) берег (*річки*) 7) підніжжя (*гори*) 8) смуга 9) *анат.* діафрагма **2.** *v* 1) обминати 2) уникати (*чого-н.*); ухилятися (*від чого-н.*)

skittish [´skɪtɪʃ] *a* 1) жвавий, пустотливий 2) примхливий; вередливий 3) несталий, мінливий 4) підступний

skive [skaɪv] *v* розрізати

skulk [skʌlk] *v* 1) крастися 2) ховатися 3) огинатися

skull [skʌl] *n* череп; **s.-cap** *n* ярмулка

skunk [skʌŋk] *n* зоол. скунс

sky [skaɪ] *n* небо; **s. blue 1.** *n* лазур, блакить **2.** *a* лазуровий, блакитний; **~lark 1.** *n* орн. жайворонок **2.** *v* бавитися, пустувати; **~line** *n* 1) обрій; виднокрай 2) контур будинку; **~rocket** *v* 1) злітати 2) зростати (*про ціни*); **~scraper** *n* хмарочос, хмародер, хмародряп; **~way** *n* 1) авіатраса 2) естакада, дорога на естакаді

slack [slæk] **1.** *n* 1) слабина 2) застій; спад 3) болото, трясовина **2.** *a* 1) слабкий, несильний 2) в'ялий, млявий 3) повільний, ледачий **3.** *v* 1) ослабляти 2) гальмувати, затримувати; **~en** *v* 1) ущухати, зменшуватися 2) послабляти 3) відпочивати

slander [´slɑ:ndə] **1.** *n* наклеп, неслава **2.** *v* неславити, гудити; **~ous** *a* наклепницький; образливий

slang [slæŋ] **1.** *n* сленг, жаргон **2.** *a* 1) сленговий 2) нахабний **3.** *v* 1) уживати сленг 2) гудити

slant [slɑ:nt] **1.** *n* 1) схил, ухил 2) точка зору 3) несхвальне зауваження **2.** *v* 1) схиляти(ся) 2) тенденційно висвітлювати

slash [slæʃ] *n* різкий удар

slattern [ˈslætən] *n* 1) нечупара, замазура 2) повія; **~ly** *a* неохайний

slaughter [ˈslɔːtə] **1.** *n* 1) різанина 2) (the ~) убиті; жертви **2.** *v* 1) чинити масове убивство 2) різати (*худобу*)

Slav [slɑːv] **1.** *n* слов'янин; слов'янка; **the ~s** *pl* збір. слов'яни **2.** *a* слов'янський

slav‖e [sleɪv] **1.** *n* 1) раб, невільник 2) *перен.* жертва, раб 3) трудяга 4) робот (*тж перен.*) **2.** *v* 1) працювати до знемоги 2) поневолювати; **s.-holder** *n* рабовласник; **~ery** *n* рабство; **~ish** *a* рабський

slaver [ˈsleɪvə] **1.** *n* 1) слина 2) грубі лестощі **2.** *v* 1) слинити 2) підлабузнюватися

Slavon‖ian [sləˈvəʊnɪən] **1.** *n* 1) словенець 2) слов'янин; слов'янка **2.** *a* 1) словенський 2) слов'янський; **~ic 1.** *n* слов'янська мова **2.** *a* слов'янський

slay [sleɪ] *v* (slew; slain) 1) *книжн.* убивати 2) придушувати, стримувати (*почуття*); **~er** *n* убивця

sleazy [ˈsliːzɪ] *a* 1) тонкий, неміцний 2) *розм.* неохайний

sledge [sledʒ] **1.** *n* 1) сани 2) нарти **2.** *v* їхати на санях

sleek [sliːk] **1.** *a* 1) гладкий 2) єлейний 3) випещений, відгодований **2.** *v* 1) пригладжувати 2) наводити лиск

sleep [sliːp] **1.** *n* 1) сон 2) сплячка **2.** *v* (slept) 1) спати 2) ночувати 3) гаятися; **~er** *n* 1) сплячий 2) *зоол.* вовчок; **~ing draught** [drɑːft] *n* снодійний засіб; **~ing pills** *n pl* снодійні пігулки; **~less** *a* 1) безсонний 2) пильний 3) невгамовний; **s.-walker** *n* сновида, сомнамбула; **~y** *a* 1) сонний 2) млявий, ледачий 3) заколисливий

sleet [sliːt] *n* 1) дощ зі снігом; сльота 2) ожеледиця; **~y** *a* сльотавий

sleeve [sliːv] *n* 1) рукав 2) муфта

slender [ˈslendə] *a* 1) витончений; стрункий 2) слабкий, невеликий 3) мізерний; незначний; **~ize** *v* 1) худнути 2) робити(ся) струнким

slept [slept] *past i p. p. від* **sleep 2**

sleuthhound [ˈsluːθhaʊnd] *n* собака-шукач

slew [sluː] *n* поворот

slice [slaɪs] **1.** *n* 1) скибочка 2) частка **2.** *v* 1) нарізати 2) поділяти на частини

slid [slɪd] *past i p. p. від* **slide 2**

slide [slaɪd] **1.** *n* 1) ковзання 2) ковзанка 3) зсув 4) діапозитив; слайд **2.** *v* (slid) 1) ковзати 2) прослизнути; підкрастися

slight [slaɪt] **1.** *n* зневага **2.** *a* 1) незначний 2) тендітний **3.** *v* зневажати

slim [slɪm] **1.** *a* 1) витончений, тонкий, стрункий 2) *розм.* хитрий **2.** *v* худнути

slim‖e [slaɪm] *n* слиз; **~y** *a* 1) мулистий; тужавий 2) слизуватий, грузлий 3) єлейний

sling [slɪŋ] **1.** *n* 1) ремінь 2) кодола, линва 3) праща 4) шпурляння **2.** *v* (slung [slʌŋ]) 1) метати із пращі 2) підвішувати 3) *розм.* кидати, шпурляти

slip [slɪp] **1.** *n* 1) ковзання; сповзання 2) похибка, промах 3) комбінація (*білизна*) 4) бюстгальтер 5) пагін; саджанець 6) *pl театр.* лаштунки, куліси 7) *pl* плавки **2.** *v* 1) ковзати 2) прослизнути; зникнути 3) помилятися 4) плинути (*про час*) 5) звільнятися; **s.-on** *n* 1) светр 2) простора сукня; **~per** *n pl* капці; **~sole** *n* устілка

slither [ˈslɪðə] *v* 1) скочуватися 2) повзати, плазувати

sliver [ˈslɪvə] **1.** *n* 1) тріска, скалка 2) різана рана **2.** *v* розрізати(ся)

sloe [sləʊ] *n бот.* терен

slogan [ˈsləʊgən] *n* гасло; девіз

slop [slɒp] *n* 1) спецівка, комбінезон 2) *pl* дешевий готовий одяг

slope [sləʊp] **1.** *n* нахил, укіс, косогір **2.** *v* 1) нахилятися 2) нахиляти

slot [slɒt] *n* 1) щілина, проріз, паз **2.** *v* прорізати; продовбувати; **s.-machine** *n* торговельний (ігровий) автомат

sloth [sləʊθ] *n* 1) лінощі 2) повільність 3) *зоол.* лінивець; **s.-bear** *n зоол.* ведмідь-губач; **~ful** *a* інертний

slough I [slaʊ] *n* 1) болото 2) депресія, зневіра, розпач

slough II [slaʊ] **1.** *n* 1) скинута шкіра (*гадюки*) 2) забута звичка **2.** *v* линяти

sloughy [ˈslaʊɪ] *a* багнистий

Slovak [ˈsləʊvæk] **1.** *n* словак **2.** *a* словацький

Sloven‖e [ˈsləʊviːn] *n* словенець; **~ian 1.** *n* словенська мова **2.** *a* словенський

slow [sləʊ] **1.** *a* 1) поступовий 2) некваштивий; повільний 3) нудний, нецікавий 4) тривалий **2.** *v* сповільнювати(ся)

sludg‖e [slʌdʒ] *n* 1) мул; баговиння 2) осад; **~y** *a* брудний; болотистий; багнистий; мулистий

slug [slʌg] *n* 1) *зоол.* равлик, слимак 2) ковток (*спиртного*) 3) *ент.* пильщик; **~gard** *n* ледар; **~gish** *a* 1) ледачий 2) повільний, інертний 3) в'ялий, млявий, неповороткий 4) застійний

slum [slʌm] **1.** *n* (*зазв. pl*) нетрі **2.** *v* 1) відвідувати нетрі 2) жити на обмежені кошти

slumberous [ˈslʌmb(ə)rəs] *a* 1) заколисливий 2) сонливий

slump I [slʌmp] *n* велика кількість

slump II [slʌmp] **1.** *n* 1) різке падіння цін 2) (економічна) криза 3) зсув **2.** *v* 1) різко падати 2) горбитися, сутулитися

slump III [slʌmp] *n* болото

slur [slɜ:] **1.** *n* 1) наклеп; інсинуація 2) приниження (*гідності*) 3) пляма **2.** *v* 1) ковтати (*слова*) 2) писати нерозбірливо 3) применшувати (*значення й под.*)

slush [slʌʃ] *n* поталий сніг, сльота, бруд

sluttish [ˈslʌtɪʃ] *a* 1) неохайний 2) розбещений (*про жінку*)

sly [slaɪ] *a* 1) підступний 2) таємний 3) бешкетний 4) проворний

smack [smæk] **1.** *n* 1) смак; запах; домішка 2) невелика кількість **2.** *v* 1) мати смак; пахнути 2) смакувати 3) відчуватися, спостерігатися

small [smɔ:l] **1.** *n* 1) (the ~) збір. невисокі люди; діти 2) незаможні верстви **2.** *a* 1) маленький, невеликий 2) тонкий, м'який 3) дрібний 4) тихий 5) нетривалий 6) нечисленний; **s. arms** *n* військ. *pl* стрілецька зброя; **s. change** *n* 1) дрібні гроші 2) пусті (банальні) зауваження; **s.-minded** *a* 1) дрібний, дріб'язковий 2) вузький, обмежений; **~pox** *n* мед. віспа; **~sword** *n* рапіра, шпага

smart [smɑ:t] **1.** *n* 1) пекучий біль 2) горе, сум, жура **2.** *a* 1) дотепний 2) ошатний 3) модний 4) меткий 5) різкий (*про біль*) 6) суворий (*про покарання*) **3.** *v* 1) зазнавати гострого болю 2) завдавати гострого болю 3) хворіти; страждати; **s. money** *n* 1) юр. штрафні збитки 2) відступне

smash [smæʃ] **1.** *n* 1) гуркіт (*від падіння*) 2) загибель 3) катастрофа 4) крах **2.** *v* 1) розбивати(ся) вщент 2) збанкрутувати 3) побити (*рекорд*) 4) ламати(ся); **~ing** *a* нищівний, разючий

smear [smɪə] **1.** *n* 1) наклеп 2) пляма **2.** *v* 1) бруднити 2) ганьбити

smell [smel] **1.** *n* 1) нюх 2) нюхання 3) запах 4) сморід 5) натяк **2.** *v* (smelt, smelled [-d]) 1) чути 2) смердіти 3) нюхати

smelt [smelt] *past і p. p. від* **smell 2**

smile [smaɪl] **1.** *n* 1) посмішка 2) *pl* прихильність **2.** *v* 1) посміхатися 2) схвалювати 3) ставитися насмішкувато

smirch [smɜ:tʃ] **1.** *n* 1) пляма (*тж перен.*) 2) ганьба **2.** *v* 1) бруднити 2) плямувати, ганьбити

smith [smɪθ] *n* коваль; **~y** *n* кузня

smog [smɒg] **1.** *n* смог **2.** *v* огортати смогом

smoke [sməʊk] **1.** *n* 1) дим 2) кіптява 3) паління, куріння 4) пара 5) туман **2.** *v* 1) димити(ся) 2) палити, курити 3) висміювати, дражнити (*кого-н.*) 4) почути; **~ed** *a* 1) димчастий 2) закопчений; **s.-dry** *v* коптити(ся); **~er** *n* курець; **~estack** *n* димар; **~y** *a* 1) димний; курний 2) прокурений 3) задимлений 4) *амер.* туманний

smooth [smu:ð] **1.** *n* 1) пригладжування; згладжування 2) гладка поверхня **2.** *a* 1) однорідний 2) гладкий, рівний 3) стертий 4) плавний, спокійний 5) легкий, м'який **3.** *v* 1) згладжувати(ся) 2) мастити 3) заспокоювати(ся) 4) усувати (*труднощі й под.*); **s.-faced** *a* 1) улесливий, догідливий 2) гладкий, рівний

smother [ˈsmʌðə] **1.** *n* 1) хмара пилу (диму) 2) завірюха 3) густий туман **2.** *v* 1) душити 2) гасити 3) тушкувати (*м'ясо*) 4) задихатися 5) замовчувати 6) стримувати (*гнів і под.*)

smudgy [ˈsmʌdʒɪ] *a* брудний

smug [smʌg] *a* 1) самовдоволений 2) манірний 3) ошатний

smuggle [ˈsmʌgl] *v* займатися контрабандою; **~r** *n* контрабандист

smut [smʌt] **1.** *n* 1) сажа 2) брудна пляма 3) непристойність **2.** *v* бруднити(ся) сажею

snack [snæk] *n* легка закуска; **s.-bar** *n* закусочна

snag [snæg] *n* 1) несподівана перешкода 2) гуля 3) уламок зуба; **~gy** *a* гулястий

snail [sneɪl] *n* зоол. равлик

snak||e [sneɪk] *n* 1) зоол. змія 2) падлюка 3) нікчема, плазун; **~ebite** *n* укус змії; **~y** *a* 1) зміїний 2) звивистий 3) зрадницький

snap [snæp] **1.** *n* 1) тріск; клацання 2) момент, мить 3) енергія, 4) застібка (*для одягу*) 5) укус **2.** *a* поспішний; несподіваний **3.** *v* 1) клацати 2) зачиняти(ся) 3) огризатися 4) укусити 5) зламати(ся); **~shot 1.** *n* знімок, зняток, світлина **2.** *v* робити знімок (зняток, світлину), фотографувати

snare [sneə] **1.** *n* сільце, пастка **2.** *v* спіймати в пастку

snarl I [snɑ:l] **1.** *n* 1) гарчання (*тварини*) 2) буркотіння **2.** *v* 1) гарчати 2) буркотіти

snarl II [snɑ:l] **1.** *n* 1) вузол 2) плутанина, безладдя **2.** *v* 1) заплутувати 2) переплітатися

snatch [snætʃ] **1.** *n* 1 хапання 2) уривок 3) (*зазв. pl*) мить; хвилина 4) легка закуска **2.** *v* 1) хапати(ся) 2) уривати (*мить*); **~y** *a* уривчастий

sneaky [ˈsni:kɪ] *a* 1) боягузливий 2) підлий 3) догідливий

sneer [snɪə] **1.** *n* 1) усмішка 2) глузування, глум **2.** *v* 1) усміхатися 2) глузувати 3) ганити, гудити; ганьбити; **~ing** *a* насмішкуватий, глузливий

sneeze [sni:z] **1.** *n* чхання **2.** *v* чхати

snickersnee [ˌsnɪkəˈsni:] *n* довгий ніж, кинджал

sniff [snɪf] **1.** *n* 1) сопіння 2) вдих, 3) пирхання **2.** *v* 1) сопіти 2) вдихати 3) пирхати; **~er** *n* наркоман

snigger [ˈsnɪgə] **1.** *n* хихикання **2.** *v* хихикати; посміюватися

snip [snɪp] **1.** *n* 1) надріз 2) клапоть **2.** *v* різати (*ножицями*); **~pet** *n* 1) обрізок 2) *pl* фрагмент

snip||e [snaɪp] *n орн.* (*pl без змін*) бекас; **~er** *n* 1) *амер.* золотошукач 2) снайпер

snivel [´snɪv(ə)l] **1.** *n* 1) соплі 2) нежить 3) пхикання **2.** *v* 1) бідкатися; пхикати 2) сопіти, сопти

snore [snɔː] **1.** *n* храп **2.** *v* хропти

snout [snaʊt] *n* морда (*тварини*)

snow [snəʊ] **1.** *n* 1) сніг 2) заметіль 3) *pl* сніги **2.** *v* 1) (*у безос. зворотах*) 2) сріблити; убіляти сивиною; **~ball** *n* 1) сніжка 2) *бот.* калина, бульденеж **2.** *v* гратися в сніжки; **~bank** *n* кучугура; **~bound** *a* засніжений; занесений снігом; **~drift** *n* 1) сніговий завал; замет 2) хуртовина; **~drop** *n бот.* пролісок; **~fall** *n* снігопад; **~flake** *n* 1) сніжинка 2) *pl* лапатий сніг; **~man** *n* 1) снігова баба 2) снігова людина, єті; **~slip** *n* лавина; **~y** *a* 1) білосніжний 2) укритий снігом 3) цнотливий

snub [snʌb] **1.** *n* 1) догана 2) образа 3) раптова зупинка **2.** *v* 1) дати відсіч 2) принижувати

snuff [snʌf] *n* недогарок

snuffle [´snʌfl] **1.** *n* 1) сопіння 2) *pl* нежить **2.** *v* 1) сопіти 2) говорити в ніс, гугнявити

snug [snʌg] *a* 1) затишний 2) акуратний 3) достатній 4) таємний

so [səʊ] **1.** *adv* 1) так 2) справді 3) теж 4) отже 5) потім 6) гаразд **2.** *conj.* 1) так що; тому 2) за умови що; щоб 3) потім; **so-and-so** *n* такий собі; ім'ярек; **so-called** *a* так званий; називаний; **so-so 1.** *a predic.* так собі; стерпний **2.** *adv* стерпно

soak [səʊk] **1.** *n* 1) змочування 2) усотування **2.** *v* 1) мочити 2) віддавати в заставу

soap [səʊp] **1.** *n* мило **2.** *v* мити(ся); **s. powder** *n* пральний порошок; **~y** *a* мильний

sob [sɒb] **1.** *n* ридання **2.** *v* ридати

sob||er [´səʊbə] **1.** *a* 1) тверезий 2) поміркований 3) розважливий 4) спокійний **2.** *v* 1) протверезувати(ся); опритомніти 2) заспокоюватися; охолонути; **~riety** *n* 1) тверезість 2) розсудливість

sobriquet [´səʊbrɪkeɪ] *n фр.* прізвисько, кличка; прозвання

soccer [´sɒkə] *n* футбол

sociab||le [´səʊʃ(ɪ)əbl] *a* 1) товариський 2) дружній; **~ility** *n* товариськість

social [´səʊʃ(ə)l] **1.** *n* збори, зустріч **2.** *a* 1) суспільний; громадський 2) соціальний 3) світський 4) побутовий; **~ity** *n* 1) співдружність 2) товариськість

society [sə´saɪətɪ] *n* 1) товариство 2) суспільство 3) світ

sociolog||y [ˌsəʊsɪ´ɒlədʒɪ] *n* соціологія; **~ist** *n* соціолог

sock [sɒk] *n* 1) шкарпетка 2) сандаля

socker [´sɒkə] *n* футбол

socket [´sɒkɪt] *n* 1) гніздо 2) розетка

sodality [səʊ´dælɪtɪ] *n* братерство; громада; товариство

sodium [´səʊdɪəm] *n хім.* натрій

sodomy [´sɒdəmɪ] *n* гомосексуалізм; содомія

sofa [´səʊfə] *n* канапа, софа; **s. bed** *n* канапа-ліжко

soft [sɒft] *a* 1) м'який 2) теплий (*про клімат*) 3) прісний 4) тихий (*про звук*) 5) чуйний 6) терпимий; **~en** *v* 1) заспокоювати(ся); стихати 2) зворушувати; **~ening** [´sɒfnɪŋ] *n* пом'якшення

soi-disant [ˌswɑː´diːzɒŋ] *a фр.* так званий; несправжній, удаваний

soil I [sɔɪl] *n* 1) ґрунт 2) земля, країна; територія

soil II [sɔɪl] **1.** *n* 1) бруд, пляма 2) нечистоти 3) гній **2.** *v* 1) бруднити 2) безчестити 3) тьмяніти; **~less** *a* незаплямований

sojourn [´sɒdʒɜːn] *n* (тимчасове) перебування (*де-н.*)

sol [sɒl] *n муз.* соль

solace [´sɒlɪs] **1.** *n* розрада **2.** *v* утішати; заспокоювати

solar [´səʊlə] *n* 1) сонячна енергія 2) *а астр.* сонячний; **~ium** [səʊ´leərɪəm] *n* 1) солярій 2) сонячна кімната

solatium [sə´leɪʃɪəm] *n юр.* (*pl* -tia) відшкодування

sold [səʊld] *past i p. p. від* **sell**

soldier [´səʊldʒə] **1.** *n* 1) вояк, бойовик, боєць 2) військовик 3) борець 4) *зоол.* краб, рак **2.** *v* 1) служити у війську 2) симулювати хворобу; **s. crab** *n зоол.* рак-самітник; **~ly** *a* 1) військовий 2) войовничий 3) мужній; **~ship** *n* військова майстерність; **~y** *n збір.* 1) вояки 2) вояччина

sole I [səʊl] *n іхт.* камбала; палтус

sole II [səʊl] *a* 1) єдиний 2) одноосібний 3) самотній 4) *юр.* неодружений; незаміжня

solemni||ty [sə´lemnɪtɪ] *n* 1) урочистість 2) *юр.* формальність; **~se** *v* урочисто відзначати

solicit [sə´lɪsɪt] *v* 1) благати 2) клопотатися 3) домагатися 4) підбурювати; **~ation** *n* 1) клопотання 2) *юр.* підбурювання; **~ous** *a* 1) що прагне (*до чого-н.*) 2) турботливий; **~ude** *n* 1) турбота 2) *pl* турботи, хвилювання

solid [´sɒlɪd] **1.** *n* 1) *фіз.* тверде тіло 2) *мат.* тіло **2.** *a* 1) твердий (*не рідкий*) 2) суцільний; цілісний 3) чистий 4) солідний 5) *мат.* просторовий, кубічний 6) ґрунтовний 7) безупинний 8) єдиний; **~arity** *n* 1) солідарність 2) єдність; **~ify** *v* твердіти, загуснути; замерзати

soliloquy [sə´lɪləkwɪ] *n* монолог

solit||ary [´sɒlɪt(ə)rɪ] **1.** *n* 1) пустельник, самітник 2) відлюдко **2.** *a* 1) відокремлений 2) одиночний 3) єдиний, винятковий; **~ude** *n* 1) самітність; самота 2) (*зазв. pl*) пустеля

solo [ˈsəʊləʊ] **1.** *n* (*pl* -os [-ləʊz], -li) *муз.* соло **2.** *v* виконувати соло; **~ist** *n* соліст; солістка

solstice [ˈsɒlstɪs] *n* сонцестояння

soluble [ˈsɒljʊbl] *a* 1) розчинний 2) з'ясовний

solution [səˈluːʃ(ə)n] *n* 1) вирішення (*питання*) 2) розчин 3) *мед.* закінчення хвороби 4) криза (*у перебігові хвороби*) 5) *мед.* мікстура 6) *юр.* сплата (*боргу*)

solv||e [sɒlv] *v* 1) розв'язувати; вирішувати 2) виплачувати (*борг*) 3) виконувати 4) припинити; покласти край; **~ency** *n юр.* платоспроможність; **~ent** *n* 1) розчинник 2) розчин 3) *юр.* платоспроможна людина

some [sʌm] (*повна ф.*); səm, sm (*редук. ф.*)] **1.** *pron* 1) дехто, інші 2) небагато **2.** *a* 1) деякий, якийсь 2) трохи 3) чимало; **~body 1.** *n* 1) важна персона 2) ім'ярек **2.** *pron indef.* хто-небудь; **~thing** *n, pron* щось, що-небудь; **~what** *n, pron* щось, дещо, трохи

somn||ambulist [sɒmˈnæmbjʊlɪst] *n* сновида, сомнамбула; **~ifacient** *мед.* **1.** *n* снодійний засіб **2.** *a* снодійний; **~iferous**, **~ific** *a* снодійний, заколисливий

son [sʌn] *n* 1) син 2) сину; друже (*у звертанні*) 3) зять 4) нащадок 5) спадкоємець

song [sɒŋ] *n* 1) пісня; романс 2) спів 3) вірш; **~bird** *n* співочий птах; **~ful** *a* мелодійний, співучий; наспівний; **~ster** *n* 1) співак 2) поет-пісняр; **~stress** *n* співачка

soon [suːn] *adv* скоро, швидко, незабаром

sooth||e [suːð] *v* 1) утішати 2) полегшувати (*біль*); **~say** [ˈsuːθseɪ] *v* 1) провіщати 2) говорити правду; **~sayer** *n* 1) віщун; ворожбит 2) правдолюб

sop [sɒp] *n* 1) грінка 2) подарунок

sophisticat||e [səˈfɪstɪkeɪt] *v* 1) псувати 2) підробляти 3) робити досвідченим у життєвих справах; **~ed** *a* 1) витончений 2) складний (*про прилад*) 3) досвідчений; **~ion** *n* 1) витонченість 2) досвід 3) фальсифікація 4) сурогат

sophomore [ˈsɒfəmɔː] *n амер.* студент-другокурсник

soporific [ˌsɒpəˈrɪfɪk] **1.** *n мед.* снодійне, наркотик **2.** *a* 1) снодійний; наркотичний 2) сонний

sorb [sɔːb] *n бот.* горобина

sorcer||y [ˈsɔːs(ə)rɪ] *n* 1) чаклунство; магія 2) *pl* чари, чаклунські прийоми; **~er** *n* 1) чаклун; ворожбит 2) фокусник; **~ess** *n* чаклунка, чарівниця; чародійка

sordid [ˈsɔːdɪd] *a* 1) ницій 2) убогий 3) гнійний 4) відразливий 5) корисливий

sore [sɔː] **1.** *n* 1) рана, виразка 2) болюче місце **2.** *a* 1) хворий 2) болісний; **~ness** *n* 1) чутливість 2) почуття образи

sorghum [ˈsɔːgəm] *n бот.* сорго

sorrel I [ˈsɒrəl] *n бот.* щавель

sorrel II [ˈsɒrəl] **1.** *n* гнідий кінь **2.** *a* гнідий

sorrow [ˈsɒrəʊ] **1.** *n* 1) сум, смуток, горе 2) журба **2.** *v* горювати, уболівати; **~ful** *a* 1) сумний 2) прикрий, сумний

sorry [ˈsɒrɪ] *a* 1) *predic.* засмучений 2) нещасний 3) похмурий

sort [sɔːt] **1.** *n* 1) рід, сорт, вид, розряд; різновид, тип; клас 2) спосіб; манера **2.** *v* сортувати; розбирати; класифікувати; **~er** *n* сортувальник

sortition [sɔːˈtɪʃ(ə)n] *n* жеребкування; розподіл за жеребом

sot [sɒt] **1.** *n* гіркий п'яниця **2.** *v* пити, напиватися

sought [sɔːt] *past i p. p. від* **seek**

sought-after [ˈsɔːtˌɑːftə] *a* 1) модний 2) престижний 3) що має успіх; популярний 4) бажаний

soul [səʊl] *n* 1) серце 2) *рел.* душа, дух 3) сутність 4) зразок 5) людина, особа 6) енергія; **~ful** *a* щиросердий; **~less** *a* бездушний

sound I [saʊnd] **1.** *n* 1) звук 2) зміст **2.** *a* 1) міцний 2) доброякісний 3) розсудливий 4) надійний **3.** *v* 1) звучати 2) вимовляти 3) перевіряти; **~ing** *a* 1) гучний 2) пустий; гучний, пишномовний

sound II [saʊnd] **1.** *n* зонд **2.** *v* 1) зондувати 2) перевіряти; **~ing** *n* 1) *pl* мілководдя 2) зондування 3) розпитування 4) *pl* пірнання

soup [suːp] *n* суп; юшка; **s. plate** *n* глибока тарілка; **s. spoon** *n* столова ложка

sour [ˈsaʊə] **1.** *a* 1) кислий 2) дражливий 3) поганий 4) вогкий **2.** *v* 1) скисати, закисати 2) заквашувати 3) роздратовувати, озлобляти

source [sɔːs] *n* 1) витік 2) джерело 3) першопричина 4) походження

souse [saʊs] **1.** *n* 1) розсіл 2) солонина 3) занурення 4) падіння **2.** *v* 1) солити 2) занурювати(ся)

soutane [suːˈtɑːn] *n фр.* сутана

souteneur [ˌsuːtəˈnɜː] *n фр.* сутенер

south [saʊθ] **1.** *n* південь **2.** *a* південний **3.** *v* рухатися на південь; **~east 1.** *n* південний схід **2.** *a* південно-східний; **~er** [ˈsʌðə] *n* південний вітер; **~erly** *a* південний; **~erner** *n* мешканець півдня; **s.-west 1.** *n* південний захід **2.** *a* південно-західний; **s.-wester** *n* південно-західний вітер

souvenir [ˌsuːvəˈnɪə, ˈsuːvənɪə] *n* сувенір, подарунок на пам'ять

sovereign [ˈsɒvrɪn] **1.** *n* монарх **2.** *a* 1) верховний 2) державний 3) суверенний 4) величний; **~ty** *n* 1) верховна влада 2) суверенітет

sow I [saʊ] *v* (-ed [-d]; -n, -ed) 1) сіяти, висівати 2) поширювати; насаджувати; **s. thistle** *n бот.* осот

sow II [saʊ] *n зоол.* свиня

soy [sɔɪ] *n* 1) соєвий соус 2) соя
soya (bean) [ˈsɔɪə(biːn)] *n* 1) *бот.* соя 2) насіння сої
spa [spɑː] *n* 1) джерело з мінеральною водою 2) курорт, оздоровниця з мінеральною водою
space [speɪs] **1.** *n* 1) відстань 2) простір 3) космічний простір; позаземний простір 4) інтервал; термін 5) площа 6) місце **2.** *v* залишати проміжки; **~less** *a* 1) безмежний, нескінченний 2) закритий; позбавлений простору; **~man** *n* 1) прибулець з іншої планети 2) космонавт, астронавт; **~port** *n* космодром; **~ship** *n* космічний літальний апарат; **s. shuttle** *n* шатл; **s. suit** *n* скафандр
spade I [speɪd] **1.** *n* 1) лопата **2.** *v* копати лопатою; **~work** *n* невдячна, чорна праця
spade II [speɪd] *n pl карт.* піки, винова масть
spado [ˈspeɪdəʊ] *n лат.* (*pl* -dones) 1) кастрат 2) *юр.* імпотент
span I *past від* **spin 2**
span II [spæn] **1.** *n* 1) довжина моста 2) п'ядь (=22,8 см) 3) *обч.* обсяг машинної пам'яті **2.** *v* 1) з'єднувати береги (*про міст*) 2) *перен.* міряти 3) вимірювати п'ядями 4) заповнювати (*прогалину*)
spaniel [ˈspænɪəl] *n* 1) *зоол.* спанієль 2) підлабузник
Spanish [ˈspænɪʃ] **1.** *a* іспанський **2.** *n* іспанська мова
spar [spɑː] **1.** *n* 1) матч (*бокс*) 2) бій півнів 3) суперечка **2.** *v* 1) боксувати 2) битися; **~ring** *a* тренувальний
spare [speə] **1.** *a* 1) запасний 2) зайвий 3) помірний 4) худий **2.** *v* 1) обходитися (*без чого-н.*) 2) щадити 3) економити
spark I [spɑːk] **1.** *n* 1) іскра 2) спалах **2.** *v* 1) іскритися 2) надихати, спонукувати (*тж* ~ off); **~le** *v* спалахувати, іскритися
spark II [spɑːk] **1.** *n* чепурун **2.** *v* 1) франтити 2) залицятися
sparrow [ˈspærəʊ] *n орн.* горобець
spasm [ˈspæz(ə)m] *n* 1) спазм; судома 2) напад (*болю*); **~odic** *a* 1) судомний 2) нерегулярний
spate [speɪt] *n* 1) повінь 2) вилив (*почуттів*)
spatterdock [ˈspætədɒk] *n бот.* латаття
spawn [spɔːn] **1.** *n* 1) ікра (*риби*) 2) наслідок (*явища*) 3) *бот.* міцелій **2.** *v* 1) нереститися 2) породжувати; **~ing** *n* нерест
speak [spiːk] *v* (spoke, spoken) 1) говорити 2) сказати 3) виголошувати промову 4) свідчити; **~er** *n* 1) оратор 2) спікер 3) гучномовець 4) *радіо* диктор; **~ing 1.** *n* промова; висловлювання **2.** *a* 1) виразний, красномовний 2) що говорить
spear [spɪə] **1.** *n* 1) спис 2) гарпун; остень 3) *бот.* паросток; пагін **2.** *v* 1) *бот.* піти у стрілку 2) бити остенем 3) простромлювати списом
special [ˈspeʃ(ə)l] **1.** *n* 1) екстрений потяг 2) терміновий лист **2.** *a* 1) спеціальний 2) екстрений; **~ism** *n* 1) спеціалізація 2) фахова сфера; **~ist** *n* фахівець; **~ity** *n* 1) фах 2) особливість 3) *pl* деталі; **~isation** *n* спеціалізація; **~ise** *v* 1) спеціалізувати(ся) 2) *біол.* адаптуватися 3) уточнювати
specie [ˈspiːʃɪ] *n* (*тк sing*) металеві гроші
species [ˈspiːʃiːz] *n* (*pl без змін*) 1) рід; порода 2) *біол.* вид 3) вид, різновид
specif‖ic [sprˈsɪfɪk] *a* 1) визначений 2) особливий 3) конкретний; **~ication** *n* 1) визначення 2) *pl* специфікація; **~y** *v* 1) точно визначати 2) указувати 3) специфікувати
specimen [ˈspesɪmən] *n* зразок, взірець
specious [ˈspiːʃəs] *a* 1) пристойний 2) показний 3) лицемірний 4) привабливий
speckl‖e [ˈspek(ə)l] **1.** *n* 1) цятка 2) ластовинка 3) мітка **2.** *v* цяткувати; **~ed** *a* 1) крапчастий 2) плямистий 3) строкатий
specta‖cle [ˈspektək(ə)l] *n* 1) вистава 2) видовище 3) *pl* окуляри (*тж* pair of ~cles); **~cled** *a* в окулярах; **~cular 1.** *n* ефектне видовище **2.** *a* 1) ефектний; захоплюючий 2) театральний; **~tor** *n* 1) глядач 2) очевидець, спостерігач
spectr‖e [ˈspektə] *n* 1) привид 2) погане передчуття, загроза; **~al** *a* 1) примарний 2) *фіз.* спектральний
specular [ˈspekjʊlə] *a* дзеркальний
speculat‖e [ˈspekjʊleɪt] *v* 1) міркувати 2) грати на біржі; **~ion** *n* 1) міркування 2) теорія; **~ive** *a* 1) споглядальний, умоглядний 2) теоретичний; **~or** *n* 1) біржовий ділок 2) мислитель 3) спостерігач
sped [sped] *past і p. p. від* **speed 2**
speech [spiːtʃ] **1.** *n* 1) мова; мовлення 2) спіч 3) дар слова 4) говірка, вимова 5) розмова 6) *театр.* репліка 7) звучання 8) чутка 9) згадка (*про що-н.*) **2.** *v* звертатися з промовою; **~less** *a* 1) онімілий 2) німий 3) безмовний 4) невимовний
speed [spiːd] **1.** *n* швидкість; прудкість; темп **2.** *v* (sped) 1) поспішати, квапитися 2) квапити, підганяти 3) сприяти (*чому-н.*); **~way** *n* спідвей; **~y** *a* 1) швидкий 2) негайний 3) квапливий
spelaean [spɪˈliːən] *a* печерний
speleolog‖ist [ˌspiːlɪˈɒlədʒɪst] *n* спелеолог; **~y** *n* спелеологія
spell I [spel] **1.** *n* 1) заклинання 2) чари **2.** *v* зачаровувати; **~bind** *v* (spellbound) зачаровувати; **~bound** *a* 1) зачарований 2) приголомшений

spell II [spel] (spelt, spelled) *v* 1) писати (вимовляти) (*слово*) по літерах 2) означати, призводити (*до чого-н.*); **~ing** *n* 1) вимовляння слова по літерах 2) правопис; **~ing book** *n* орфографічний довідник

spell III [spel] **1.** *n* 1) термін 2) період 3) черговість 4) напад (*хвороби й под.*) **2.** *v* 1) перемінити 2) дати перепочинок

spelt [spelt] *past і p. p. від* **spell II**

spend [spend] *v* (spent) 1) витрачати 2) проводити (*час*) 3) виснажувати; знесилювати; **~er** *n* марнотрат; **~thrift 1.** *n* марнотрат(ник) **2.** *a* марнотратний

spent [spent] *past і p. p. від* **spend**

spermatozoon [ˌspɜːmətəˈzəʊən] *n* (*pl* -zoa) біол. сперматозоїд

spher‖al [ˈsfɪ(ə)rəl] *a* 1) сферичний 2) перен. гармонійний; **~e** *n* 1) сфера; куля 2) глобус 3) земна куля 4) планета 5) царина, галузь

spic‖e [spaɪs] **1.** *n* 1) спеція 2) пікантність 3) домішка (of) **2.** *v* 1) присмачувати (*прянощами*) 2) надавати пікантності; **~y** *a* пряний

spick(-)and(-)span [ˌspɪkən(d)ˈspæn] *a* 1) новий 2) охайний 3) ошатний; модний

spider [ˈspaɪdə] *n* 1) ент. павук 2) кровопивця; **s. web** *n* павутина; **~y** *a* 1) павучий, павукоподібний 2) тонкий

spier [ˈspaɪə] *n* шпигун

spik‖e [spaɪk] **1.** *n* 1) вістря; зубець 2) шип, цвях (*на підошві*) 3) бот. колос **2.** *v* 1) закріплювати цвяхами 2) проколювати 3) колоситися; **~ed** *a* з вістрями (шипами); **~y** *a* гострий

spill [spɪl] **1.** *n* 1) потік, злива 2) падіння **2.** *v* (spilt, spilled [-d]) розливати(ся)

spillikin [ˈspɪlɪkɪn] *n pl* уламки

spilt [spɪlt] *past і p. p. від* **spill 2**

spilth [spɪlθ] *n* 1) пролиття 2) надлишок; решта 3) відходи

spin [spɪn] **1.** *n* обертання **2.** *v* (spun) крутити(ся); **~ning** *n* 1) прядіння 2) пряжа **3.** *a* прядильний; **~ner** *n* 1) пряля 2) ент. павук 3) риб. блешня 4) дзиґа, фуркало

spine [spaɪn] *n* 1) анат. хребет 2) зоол. шип 3) бот. голка; ость; остюк 4) суть 5) гребінь гори; **~less** *a* 1) зоол. безхребетний 2) безхарактерний

spinney [ˈspɪnɪ] *n* гайок, лісок

spinster, spinsteress [ˈspɪnstə, -trɪs] *n* 1) стара діва 2) юр. незаміжня жінка

spire I [ˈspaɪə] *n* 1) шпиль, голка 2) вістря 3) язик полум'я

spire II [ˈspaɪə] *n* спіраль

spirit [ˈspɪrɪt] **1.** *n* 1) рішучість; характер 2) дух; душа 3) примара 4) фея; домовик 5) дихання 6) натура; розум 7) (*часто pl*) настрій 8) тенденція 9) суть 10) (*зазв. pl*) алкоголь **2.** *v* 1) викрасти 2) надихати; **~ed** *a* жвавий, сміливий; **~less** *a* 1) боязкий 2) неживий 3) безініціативний; **~ual 1.** *n* 1) амер. спіричуал 2) *pl* церковні справи (майно й под.) **2.** *a* 1) духовний 2) святий 3) релігійний 4) побожний 5) примарний 6) піднесений, витончений 7) спиртний, алкогольний; **~uality** *n* 1) духовність 2) примарність; **~ualise** *v* одухотворяти; підносити; **~uous** *a* 1) енергійний 2) алкогольний

spite [spaɪt] **1.** *n* 1) злість 2) заздрість **2.** *v* 1) досаджати 2) робити на зло 3) амер. кривдити; **~ful** *a* злісний

spitt‖le [ˈspɪtl] *n* слина; плювок; **~oon** *n* плювальниця

spitz [spɪts] *n* зоол. шпіц

splanchnic [ˈsplæŋknɪk] *a* анат. черевний, внутрішній

splash [splæʃ] **1.** *n* 1) бризки 2) плескіт 3) пляма **2.** *v* 1) бризкати(ся) 2) хлюпати(ся)

splayfooted [ˌspleɪˈfʊtɪd] *a* 1) клишавий 2) незграбний

spleen [spliːn] *n* 1) анат. селезінка 2) злість; роздратованість; **~ful** *a* дратівливий, роздратований; злісний, жовчний

splend‖id [ˈsplendɪd] *a* 1) блискучий, відмінний 2) чудовий; **~our** *n* 1) блиск; виблискування 2) пишнота 3) велич, слава

splenetic [splɪˈnetɪk] **1.** *n* іпохондрик **2.** *a* дратівливий

splinter [ˈsplɪntə] **1.** *n* 1) тріска 2) осколок, скалка 3) планка **2.** *v* розщеплювати(ся), розколювати(ся)

split [splɪt] **1.** *n* 1) розколювання, розщеплювання 2) тріщина 3) розрив, розкол **2.** *a* 1) розколотий, розщеплений; розбитий 2) поділений, розділений **3.** *v* 1) розколювати(ся), розщеплювати(ся) розбивати(ся); руйнувати(ся) 3) розм. сваритися; **s. mind** *n* мед. шизофренія; **s. screen** *n* обч. поліекран; **~ter** *n* 1) фракціонер 2) педант 3) нестерпний головний біль 4) дроворуб; **~ting** *a* 1) гострий, різкий (*про біль*) 2) стрімкий, запаморочливий (*про швидкість*) 3) розкольницький

splutter [ˈsplʌtə] **1.** *n* 1) метушня, гамір, шум 2) патякання, безладна балаканина 3) тріск; плескіт **2.** *v* 1) говорити захлинаючись 2) бризкати слиною 3) шипіти; тріщати (*про вогонь і под.*)

spoil [spɔɪl] **1.** *n* 1) (*зазв. pl або збір.*) трофеї 2) мародерство; пограбування 3) зиск 4) псування 5) шкода **2.** *v* (-t, -ed [-d]) 1) псувати(ся) 2) пестити 3) гнити 4) убити 5) грабувати; розкрадати; мародерствувати 6) позбавляти; **~t** *a* зіпсований; розбещений

spok‖e [spəʊk] *past від* **speak**; **~en** *a* усний, розмовний; **~esman** *n* 1) делегат 2) оратор 3) виразник

spoliation [ˌspəʊlɪˈeɪʃ(ə)n] *n* 1) грабування 2) псування

spong||e [spʌndʒ, -nʒ] **1.** *n* 1) *зоол.* губка 2) *мед.* тампон 3) дармоїд; паразит **2.** *v* 1) мити губкою 2) збирати губки 3) паразитувати; **~y** *a* губчастий, пористий; ніздрюватий; дірчастий

spons||ion [ˈspɒnʃ(ə)n] *n юр.* порука; зобов'язання; ґарантія; **~or 1.** *n* 1) спонсор 2) поручитель 3) хрещений (батько); хрещена (мати) 4) опікун 5) організатор; ініціатор **2.** *v* 1) субсидувати 2) організовувати 3) ручатися (*за кого-н.*)

spontane||ity [ˌspɒntəˈniːɪtɪ] *n* 1) спонтанність 2) безпосередність; **~ous** [spɒnˈteɪnɪəs] *a* 1) спонтанний 2) безпосередній

spoon [spuːn] **1.** *n* ложка **2.** *v* черпати ложкою (*заяв.* ~ up, ~ out); **~bait** *n* блешня; **s.-feed** *v* (spoon-fed) годувати з ложки

spoor [spʊə] **1.** *n* 1) слід *збір.* сліди (*звіра*) **2.** *v* вистежувати

sport [spɔːt] **1.** *n* 1) спорт 2) полювання; рибна ловля 3) *pl* забава; жарт 4) *біол.* мутація **2.** *a* спортивний **3.** *v* 1) грати 2) хизуватися 3) займатися спортом 4) жартувати; глузувати; **~ful** *a* 1) веселий 2) жартівливий 3) розважальний; **~ing** *a* 1) спортивний; мисливський 2) заповзятливий; **~ive** *a* 1) грайливий 2) який захоплюється спортом 3) жартівливий; несерйозний; **~sman** *n* 1) спортсмен 2) мисливець; рибалка; **~smanship** *n* 1) захоплення спортом 2) чесність 3) порядність 4) мужність

spot [spɒt] **1.** *n* 1) пляма, цятка 2) прищик 3) ганьба; безчестя 4) місце, місцевість 5) крапля **2.** *v* 1) виявляти, знаходити 2) бруднити, плямувати 3) ганьбити, безчестити 4) розташовувати; **~less** *a* 1) чистий 2) неплямований, бездоганний; **~light** *n* 1) прожектор (*у театрі*) 2) центр уваги; **~ted** *a* 1) плямистий 2) зганьблений 3) забруднений; **~ter** *n* спостерігач

spouse [ˈspaʊz] *n* подружжя

spout [spaʊt] **1.** *n* 1) носик; шийка (*посудини*) 2) ринва 3) струмінь; водяний смерч 4) потік **2.** *v* 1) струменіти 2) вивергати

sprang [spræŋ] *past від* **spring 2**

sprat [spræt] *n іхт.* кілька, шпрот

sprawl [sprɔːl] *n* 1) незграбна поза 2) незграбний рух

spray I [spreɪ] *n* гілка, пагін

spray II [spreɪ] **1.** *n* 1) бризки 2) пульверизатор 3) аерозоль **2.** *v* обприскувати, розпилювати

spread [spred] **1.** *n* 1) поширення; ріст; зростання; збільшення 2) розмах (*крил*); простір 3) поширення 4) пастоподібні продукти 5) скатертина **2.** *v* (spread) 1) розгортати(ся) 2) поширювати, розповсюджувати 3) покривати; розстилати 4) розмазувати(ся) 5) продовжувати(ся) 6) накривати (*на стіл*)

sprig [sprɪɡ] *n* 1) гілочка, пагін 2) юнак, парубійко

sprightly [ˈspraɪtlɪ] *a* 1) жвавий; веселий 2) моторний, спритний

spring [sprɪŋ] **1.** *n* 1) стрибок 2) пружина 3) еластичність 4) весна 5) джерело 6) (*зазв. pl*) мотив, причина 7) жвавість 8) тріщина, теча **2.** *v* (sprang, sprung) 1) стрибати 2) кидатися 3) схоплюватися 4) пружинити 5) з'являтися, виникати 6) брати початок; походити 7) проростати 8) копати, рити; **~board** *n спорт.* трамплін; **~e 1.** *n* 1) сильце 2) *перен.* пастка **2.** *v* 1) ловити сильцем 2) спіймати в пастку; **~er** *n* 1) стрибун 2) мисливський собака 3) *зоол.* ґазель 4) *іхт.* летюча риба 5) паросток 6) мінометник; **~time** *n* 1) весна 2) юність, молодість; **~y** *a* пружний, еластичний

sprinkle [ˈsprɪŋkl] **1.** *n* 1) бризкання; оббризкування 2) крапля; невелика кількість **2.** *v* 1) бризкати; розбризкувати 2) розкидати 3) крапати, накрапати, мрячити

sprint [sprɪnt] **1.** *n* 1) ривок 2) *спорт.* спринт **2.** *v* 1) кинутися 2) *спорт.* спринтувати; **~er** *n спорт.* спринтер

sprite [spraɪt] *n* 1) ельф; фея 2) домовик, водяник, русалка 3) дух; примара; мана

sprout [spraʊt] **1.** *n* 1) паросток, пагін 2) нащадок **2.** *v* 1) давати пагони; рости 2) вирощувати

spruce [spruːs] **1.** *n бот.* 1) ялина, смерека 2) хвойне дерево **2.** *a* 1) нарядний, ошатний 2) чепурний, акуратний **3.** *v* 1) упорядковувати 2) наряджатися

sprung [sprʌŋ] *p. p. від* **spring 2**

spum||e [spjuːm] **1.** *n* піна; шумовиння **2.** *v* пінитися; шумувати; **~ous** *a* пінистий, піняний, піняний, пінявий

spun [spʌn] *p. p. від* **spin 2**

spur [spɜː] **1.** *n* 1) шпора 2) стимул 3) вершина (*гори*) **2.** *v* 1) пришпорювати 2) спонукати 3) поспішати, мчати щодуху

spurge [spɜːdʒ] *n бот.* молочай

spurious [ˈspjʊ(ə)rɪəs] *a* 1) підроблений 2) *бот.* несправжній 3) позашлюбний

spurn [spɜːn] **1.** *n* 1) зневага; презирливе ставлення 2) стусан **2.** *v* 1) гордовито відхиляти 2) зневажливо ставитися 3) штурхати

spurt [spɜːt] **1.** *n* 1) кидок, ривок 2) *спорт.* спурт 3) стрибок 4) струмінь **2.** *v* 1) робити раптове зусилля 2) бити струменем; ринути

spy [spaɪ] **1.** *n* 1) шпигун 2) нагляд **2.** *v* 1) шпигувати 2) помічати 3) досліджувати

squab [skwɒb] *n* тахта, кушетка

squabble [´skwɒbl] **1.** *n* сварка, лайка **2.** *v* сперечатися, сваритися

squad [skwɒd] **1.** *n* 1) невелика група; бригада 2) *військ.* відділення; команда **2.** *v військ.* зводити в команди (групи, відділення); **~ron 1.** *n* 1) загін 2) *ав.* ескадрилья **2.** *v ав.* зводити в ескадрильї

squalid [´skwɒlɪd] *a* 1) занедбаний 2) огидний 3) хворобливий

squall I [skwɔ:l] **1.** *n* крик; вереск, лемент **2.** *v* волати; верещати, лементувати

squall II [skwɔ:l] *n* шквал; **~y** *a* 1) шквалистий 2) нерівний

squalor [´skwɒlə] *n* бруд

squama [´skweɪmə, ´skwɑ:-] *n зоол.* (*pl* -mae) луска

squander [´skwɒndə] **1.** *n* марнотратство, гайнування **2.** *v* 1) марнувати; розтринькувати 2) мандрувати 3) розсіювати, розпорошувати

square [skweə] **1.** *n* 1) квадрат 2) майдан 3) (озеленений) сквер 4) кутник 5) правило, критерій, взірець **2.** *a* 1) квадратний 2) прямокутний 3) точний 4) чесний 5) стійкий **3.** *v* 1) робити прямокутним 2) погоджувати(ся) 3) розрахуватися 4) сваритися; **s. dance** *n* кадриль

squash I [skwɒʃ] **1.** *n* 1) товкотнеча 2) фруктовий напій 3) гра в м'яч **2.** *v* 1) протискуватися, проштовхуватися 2) юрбитися

squash II [skwɒʃ] *n бот.* кабачок; гарбуз

squat [skwɒt] **1.** *n* 1) сидіння навпочіпки 2) нора **2.** *a* приземкуватий **3.** *v* сидіти навпочіпки

squeak [skwi:k] **1.** *n* 1) писк 2) скрип, рипіння **2.** *v* 1) пищати 2) скрипіти, рипіти; **~y** *a* писклявий

squeal [skwi:l] **1.** *n* пронизливий крик; вереск, зойк **2.** *v* 1) пронизливо кричати; волати 2) *розм.* скаржитися, протестувати

squeeze [skwi:z] **1.** *n* 1) стиск 2) обійми 3) тиснява 4) шантаж **2.** *v* 1) стискати 2) вичавлювати 3) вимагати (out of)

squib [skwɪb] **1.** *n* 1) петарда 2) епіграма; памфлет; пасквіль 3) сарказм; уїдливе глузування 4) *розм.* дотепник **2.** *v* 1) писати епіграми 2) вибухати 3) кидатися, метатися

squirm [skwɜ:m] *v* 1) корчитися, звиватися, згинатися 2) ухилятися, уникати

squirrel [´skwɪrəl] *n зоол.* вивірка, білка

stab [stæb] **1.** *n* удар (*гострою зброєю*) **2.** *v* 1) ранити; сіпати (*про біль*)

stab||le [´steɪbl] *a* 1) міцний, усталений 2) сталий; стабільний 3) рішучий; **~ility** *n* 1) стійкість; стабільність 2) сталість; непохитність; твердість (*характеру*); **~ilise** *v* стабілізувати, зміцнити; **~ilised** *a* стабільний, сталий

stadium [´steɪdɪəm] *n* (*pl* -s, -dia) 1) стадіон 2) стадій, бігова доріжка 3) *мед.* стадія, етап (*захворювання*)

staff [stɑ:f] **1.** *n* (*pl тж* staves) 1) палиця, ціпок 2) жезл 3) стовп 4) особовий склад; кадри **2.** *a* штатний **3.** *v* набирати кадри

stag-beetle [´stæg,bi:tl] *n ент.* жук-рогач, жук-олень

stag||e [steɪdʒ] **1.** *n* 1) фаза, стадія, період, етап, ступінь 2) поміст 3) сцена, кін 4) (the ~) театр 5) місце дії 6) станція 7) пристань **2.** *v* 1) інсценувати 2) бути сценічним 3) організовувати; **~y** *a* 1) сценічний 2) показний; штучний

stagger [´stægə] **1.** *n* 1) хитання, похитування 2) запаморочення (*голови*) **2.** *v* 1) хитатися; гойдатися 2) приголомшувати, вражати 3) вагатися 4) розподіляти

stagnancy [´stægnənsɪ] *n* 1) застій, стагнація 2) інертність

staid [steɪd] *a* статечний

stain [steɪn] **1.** *n* 1) пляма 2) ганьба 3) фарба **2.** *v* 1) забруднювати(ся) 2) фарбувати; **~less** *a* чесний

stair [steə] *n* 1) східець 2) (*пер. pl*) сходи 3) *мор. pl* трап

stake [steɪk] **1.** *n* 1) паля, стовп 2) *pl* приз 3) *pl* перегони на приз **2.** *v* 1) зміцнювати стійкою 2) ризикувати (чим-н.)

stale [steɪl] **1.** *a* 1) несвіжий 2) *юр.* застарілий **2.** *v* 1) черствіти 2) застарівати

stalemate [´steɪlmeɪt] **1.** *n* 1) *шах.* пат 2) безвихідь **2.** *v* 1) *шах.* робити пат 2) поставити у безвихідь; загнати у глухий кут

stalking-horse [´stɔ:kɪŋhɔ:s] *n* 1) машкара 2) привід; відмовка 3) підставна особа; ширма

stall [stɔ:l] *n* 1) ятка, рундук 2) стійло 3) хлів

stallion [´stæljən] *n* жеребець

stamina [´stæmɪnə] *n* запас життєвих сил; витримка, стійкість

stammer [´stæmə] **1.** *n* заїкуватість, заїкання **2.** *v* 1) заїкатися; затинатися 2) спотикатися; **~er** *n* заїка

stamp [stæmp] **1.** *n* 1) штамп; тавро 2) поштова марка 3) відбиток, слід 4) рід, сорт, ґатунок **2.** *v* 1) штампувати 2) наклеювати марку 3) друкувати 4) свідчити (*про що-н.*) 5) запам'ятовувати(ся); **s. collector** *n* філателіст

stand [stænd] **1.** *n* 1) зупинка, пауза 2) опір 3) позиція 4) точка зору 5) п'єдестал; стійка 6) ятка; рундук 7) стенд 8) стоянка (*таксі й под.*) 9) трибуна (*на стадіоні*) **2.** *v* (stood) 1) стояти 2) знаходитися; перебувати 3) ставити, поміщати 4) зупинятися 5) вистояти 6) пригощати; **s.-by 1.** *n* 1) надійна людина; опора 2) запасний гравець; дублер **2.** *a* запасний; **~ing 1.** *n* 1) становище; ранг; репутація 2) тривалість 3) стаж 4) стояння **2.** *a*

1) стоячий 2) постійний, безперервний 3) непорушний, стаціонарний 4) непроточний (*про воду*); **~ing order** *n* статут, регламент; **~point** *n* точка зору; **~still** *n* 1) зупинка, пауза 2) бездіяльність

standard [´stændəd] **1.** *n* 1) стандарт, норма 2) знамено, корогов 3) опора 4) грошова система **2.** *a* 1) стандартний 2) зразковий; **s.-bearer** *n* 1) прапороносець 2) лідер, вождь; **~isation** *n* стандартизація; калібрування; **~ise** *v* стандартизувати; калібрувати; **s.-lamp** *n* торшер

stank [stæŋk] *past від* **stink 2**

star [sta:] **1.** *n* 1) зоря; світило 2) доля 3) зірка, провідний актор; провідна акторка **2.** *a* 1) видатний 2) зоряний **3.** *v* 1) бути зіркою 2) позначати зірочкою; **~fish** *n зоол.* морська зірка; **~ing** *a* 1) пильний (*про погляд*) 2) яскравий, що впадає у вічі; **~less** *a* беззоряний; **~lit** *a* зоряний; **~red** *a* усіяний зорями; **~ry** *a* 1) зоряний 2) зіркоподібний 3) яскравий 4) променистий (*про очі*)

starch [sta:tʃ] **1.** *n* 1) крохмаль **2.** *v* 1) крохмалити 2) поводитися манірно; **~y** *a* 1) крохмальний 2) манірний, церемонний

stare [steə] **1.** *n* здивований погляд **2.** *v* 1) видивлятися 2) стирчати

stark [sta:k] *a* 1) пустельний 2) повний, цілковитий, абсолютний 3) закляклий, захололий 4) різкий, холодний

starling I [´sta:lıŋ] *n орн.* шпак

starling II [´sta:lıŋ] *n* водоріз; хвилеріз

start [sta:t] **1.** *n* 1) вирушання 2) початок 3) *спорт.* старт 4) перевага 5) поштовх 6) порив **2.** *v* 1) братися (*за що-н.*) 2) починатися 3) *спорт.* стартувати 4) здригатися 5) злякати; **~er** *n* 1) *авто* стартер 2) учасник змагання

startl||e [´sta:tl] **1.** *n* переляк **2.** *v* 1) злякати 2) спонукати (*до дії*); **~er** *n* сенсація; **~ing** *a* приголомшливий

starv||e [sta:v] *v* 1) голодувати 2) умирати від голоду; **~ation** *n* 1) голод 2) голодна смерть

state [steıt] **1.** *n* 1) стан; становище 2) (*тж* S.) держава; штат 3) будова, форма, структура 4) суспільне становище; ранг 5) пишнота, парадність **2.** *a* 1) державний 2) *амер.* що належить до штату 3) урочистий **3.** *v* 1) заявляти 2) констатувати; **~d** *a* 1) установлений, призначений; регулярний 2) сформульований; викладений 3) офіційно затверджений; призначений (*про посадову особу*); **~ly** *a* 1) величний 2) недоступний 3) царствений; **~ment** *n* 1) виклад 2) заява 3) офіційний звіт; **~room** *n* 1) парадна зала 2) *амер.* купе; **~sman** *n* державний діяч

static [´stætık] *a* 1) статичний 2) непорушний, стаціонарний; **~al** *a* 1) статичний 2) стаціонарний; **~s** *n pl* (*ужив. як sing*) статика

station [´steıʃ(ə)n] **1.** *n* 1) вокзал, двірець (*тж* railway ~) 2) станція 3) військово-морська база 4) стоянка 5) суспільне становище; професія; звання 6) місце; місцеположення **2.** *v* 1) ставити на (певне) місце 2) розташовувати; **~ary** *a* 1) стаціонарний 2) постійний; **~ery** *n* канцелярське приладдя; **s. wagon** *n* автомобіль фургонного типу

statistic||al [stə´tıstık(ə)l] *a* статистичний; **~s** *n pl* статистика

statu||e [´stætʃu:] *n* статуя, скульптура, фігура; **~ary 1.** *n* 1) *збір.* скульптура 2) скульптор **2.** *a* скульптурний; **~esque** [ˌstætʃʊ´esk] *a* 1) застиглий 2) ставний, високий; **~ette** *n* статуетка

stature [´stætʃə] *n* 1) статура; зріст, стан, фігура 2) висота (*предмета*) 3) властивість, риса

status [´steıtəs] *n* 1) статус 2) стан 3) *юр.* громадянський стан; **s. quo** *n лат.* статус-кво, існуючий стан

statut||e [´stætʃu:t] *n юр.* статут; **~ory** *a юр.* 1) статутний 2) караний за законом

staunch [stɔ:ntʃ] *a* 1) вірний, відданий 2) твердий, рішучий 3) лояльний 4) герметичний 5) міцний

stay [steı] **1.** *n* 1) перебування 2) зупинка 3) затримка 4) *юр.* призупинення 5) підтримка **2.** *v* 1) залишатися 2) гостювати 3) тамувати (*біль і под.*) 4) зміцнювати; **s.-at-home** *n* домувальник; **~ing** *a* 1) що зупиняє(ться) 2) що залишається незмінним

stead [sted] *n* 1) земельна власність; маєток 2) ферма 3) земельна ділянка 4) ділянка для забудови 5) місце 6) користь; **~fast** *a* 1) твердий, стійкий 2) сталий, тривкий, непохитний

steady [´stedı] **1.** *n* опора **2.** *a* 1) стійкий, міцний 2) рівний, рівномірний 3) постійний; сталий 4) надійний 5) спокійний, урівноважений **3.** *v* 1) зміцнювати; надавати стійкості 2) ставати твердим 3) стабілізувати(ся)

steal [sti:l] *v* (stole; stolen) 1) красти, крастися, прокрадатися 3) одержувати хитрістю; **~ing** *n* 1) крадіжка; розкрадання 2) *pl* крадене майно; **~th** *n* 1) хитрість; виверт 2) крадіжка; **~thy** *a* таємний; прихований

steam [sti:m] **1.** *n* (водяна) пара **2.** *a* паровий **3.** *v* 1) парити 2) виділяти пару 3) пітніти; **~ship** *n* пароплав

steel [sti:l] **1.** *n* 1) сталь (криця) 2) твердість 3) сталевий (крицевий) предмет **2.** *a* 1) сталевий (крицевий) 2) сталетопний **3.** *v* загартовувати; **s.-clad** *a* панцерований, закутий у панцер; **s.-plated** *a* панцерований; **~y** *a*

1) зроблений зі сталі (із криці) 2) непохитний, незламний

steep I [sti:p] **1.** *n* урвище; прірва **2.** *a* стрімкий; **~le** *n* дзвіниця

steep II [sti:p] **1.** *n* занурення (*у рідину*); просочування **2.** *v* 1) занурювати(ся) (*у рідину*) 2) заливати

steer [stɪə] **1.** *n* стерно, кермо **2.** *v* 1) керувати 2) прямувати 3) спрямовувати (*зусилля*)

stell||**a** [ˈsti:lə] *n* (*pl* -ае) 1) *археол.* стела 2) напис на стелі 3) руків'я, держак; ратище списа; **~lar** *a* зоряний; **~late(d)** *a* зіркоподібний

stem [stem] **1.** *n* 1) *бот.* стовбур; стебло 2) рід; плем'я **2.** *v* 1) походити (from, out of) 2) зупиняти, затримувати 3) чинити опір; **~ma** *n* (*pl* -ata) родовід, генеалогія; **~ware** *n* келихи

stench [stentʃ] *n* сморід

stencil [ˈstens(ə)l] *n* шаблон

stenograph [ˈstenəgrɑːf] **1.** *n* стенограма **2.** *v* стенографувати; **~er** *n* стенографіст

step [step] **1.** *n* 1) крок 2) па (*у танцях*) 3) *pl* звук кроків 4) учинок; дія, захід 5) хід 6) поріг; підйом 7) *pl* драбина 8) поступ 9) інтервал **2.** *v* 1) крокувати 2) досягати чого-н. відразу, одним махом 3) наступити; **~child** *n* пасинок, пасерб; пасербиця, падчерка; **~father** *n* вітчим; **~mother** *n* мачуха; **~motherly** *a* недбайливий; злий

steppe [step] *n* укр. степ

stereotype [ˈsterɪətaɪp] **1.** *n* стандарт; заяложеність **2.** *a* стандартний; заяложений **3.** *v* надавати шаблонності

steril||**e** [ˈsteraɪl] *a* 1) безплідний; стерильний 2) неродючий (*про ґрунт*) 3) безрезультатний, марний 4) стерилізований; **~ity** *n* 1) безплідність; стерильність 2) неродючість, виснаженість (*ґрунту*) 3) безрезультатність, марність 4) стерильність; **~ise** *v* 1) знепліднювати; стерилізувати 2) робити марним 3) вихолощувати; робити безбарвним 4) стерилізувати, звільняти від мікроорганізмів

sterlet [ˈstɜːlɪt] *n ixm.* чечуга

stern I [stɜːn] *a* 1) суворий 2) жорстокий 3) стійкий, непохитний

stern II [stɜːn] *n мор.* корма

stertorous [ˈstɜːt(ə)rəs] *a* хрипкий, утруднений (*про дихання*)

stew [stjuː] **1.** *n* 1) тушковане м'ясо 2) лазня 3) (*зазв. pl*) будинок розпусти 4) повія **2.** *v* 1) тушкувати(ся) 2) просочувати

steward [ˈstjuːəd] *n* 1) стюард 2) керівник, управитель; **~ess** *n* 1) стюардеса 2) покоївка

stick [stɪk] **1.** *n* 1) гілка 2) ціпок; стек; жезл 3) (the ~) покарання 4) смичок 5) *муз.* диригентська паличка 6) *мор.* перископ 7) *pl* хмиз **2.** *v* (stuck) 1) устромляти 2) стирчати (*тж*

~ out) 3) приклеювати, наклеювати 4) липнути, прилипати 5) зупинятися, затримуватися 6) дотримувати 7) спантеличити 8) збирати хмиз; **~er** *n* 1) афіша, оголошення 2) колючка, шип 3) наполеглива людина 4) прихильник; **~ing plaster** *n* липкий пластир, лейкопластир; **s.-up 1.** *n* стоячий комірець **2.** *a* липкий, клейкий

stickle [ˈstɪk(ə)l] *v* 1) заперечувати 2) сумніватися; гаятися; **~r** *n* 1) прихильник 2) посередник

stiff [stɪf] *a* 1) негнучкий; твердий 2) незграбний 3) важкий 4) сильний 5) суворий (*про вирок*) 6) манірний 7) рішучий 8) заклякий 9) сильнодіючий (*про ліки*) 10) міцний (*про напій*) 11) надмірний (*про вимогу*) 12) стійкий (*про ціни*) 13) щільний; **s.-necked** *a* 1) упертий 2) зарозумілий

stifl||**e** [ˈstaɪfl] *v* 1) стримувати; приховувати 2) задихатися 3) придушувати (*повстання*) 4) заглушати 5) душити; задушити; **~ing** *a* задушливий

stigma [ˈstɪɡmə] *n* (*pl* -s [-z], -ta) ганьба, пляма, стигма; **~tise** *v* 1) паплюжити, безчестити; ганьбити 2) таврувати

stile [staɪl] *n* 1) перелаз 2) турнікет 3) одвірки 4) покажчик

stiletto [stɪˈletəʊ] *n* (*pl* -os [-əʊz]) стилет, кинджал

still [stɪl] **1.** *n* 1) *поет.* тиша; безмовність 2) діаграма **2.** *a* 1) нерухомий 2) тихий **3.** *v* заспокоювати **4.** *adv* усе ж таки; **s. life** *n* жив. натюрморт; **s. picture** *n* 1) фотознімок 2) стоп-кадр

stillage [ˈstɪlɪdʒ] *n* стелаж

stimul||**ate** [ˈstɪmjʊleɪt] *v* 1) збуджувати 2) спонукати; стимулювати; заохочувати; **~ant** *n* 1) *мед.* збудливий засіб 2) стимул **2.** *a* збудливий, стимулюючий; **~ation** *n* 1) збудження 2) стимуляція, спонукання, заохочування; **~us** *n* (*pl* -li) стимул; спонука

sting [stɪŋ] **1.** *n* 1) жало 2) укус 3) гострий біль 4) ущипливість; колючість **2.** *v* (stung [stʌŋ]) 1) жалити 2) кусати(ся) 3) завдавати гострого болю 4) уражати 5) збуджувати; **~er** *n* 1) комаха (*рослина*), що жалить 2) жало 3) ущиплива відповідь; **~ing** *a* 1) пекучий 2) що має жало 3) дошкульний

stink [stɪŋk] **1.** *n* сморід **2.** *v* (stank, stunk) смердіти

stint [stɪnt] **1.** *n* 1) обмеження 2) порція 3) зупинка, пауза **2.** *v* 1) обмежувати 2) давати норму 3) зупинятися

stipulat||**e** [ˈstɪpjʊleɪt] *v* обумовлювати; робити застереження; **~ion** *n* 1) обумовлення 2) умова, застереження

stir [stɜː] **1.** *n* 1) розмішування 2) метушня 3) рух

4) заколот **2.** *v* 1) мішати, розмішувати 2) рухати(ся) 3) збуджувати; **~about** *n* 1) вівсяна каша 2) метушня; **~ring** *a* 1) хвилюючий 2) активний

stirps [stɜːps] *n* (*pl* -pes) 1) біол. родина 2) рід; фамілія

stitch [stɪtʃ] **1.** *n* стібок, петля (*у в'язанні*) **2.** *v* шити, стібати

stock [stɒk] **1.** *n* 1) майно 2) асортимент 3) сировина 4) худоба 5) біол. порода, плем'я; рій 6) ек. фонди 7) акції 8) рейтинг 9) рід, родина 10) раса 11) опора **2.** *a* 1) наявний 2) біржовий 3) скотарський 4) готовий, патентований (*про ліки*) **3.** *v* 1) постачати 2) мати в наявності; **~fish** *n* в'ялена риба; **~holder** *n* акціонер, власник акцій; **s.-in-trade** *n* 1) запас товарів 2) інвентар; **~pile** *n* резерв **2.** *v* накопичувати; **~room** *n* склад, сховище; **~taking** *n* 1) інвентаризація 2) огляд, оцінка

stockin||g [ˈstɒkɪŋ] *n* панчоха; **~et** *n* трикотаж; **~ged** [ˈstɒkɪŋd] *a* у панчохах

stodgy [ˈstɒdʒɪ] *a* 1) важкий (*про їжу*) 2) марудний

stoic [ˈstəʊɪk] **1.** *n* стоїк **2.** *a* стоїчний

stole [stəʊl], **stolen** [ˈstəʊlən] *past і р. р. від* **steal**

stolid [ˈstɒlɪd] *a* флегматичний

stomach [ˈstʌmək] **1.** *n* 1) шлунок 2) живіт 3) апетит, смак 4) відвага, мужність 5) гнів, роздратування **2.** *v* 1) бути в змозі з'їсти (перетравити) 2) терпіти; ображатися

stomat||itis [ˌstəʊməˈtaɪtɪs] *n мед.* стоматит; **~ology** *n* стоматологія

ston||e [stəʊn] **1.** *n* 1) камінь 2) кісточка (*ягоди*); зернятко (*плоду*) **2.** *a* кам'яний **3.** *v* 1) мостити каменем 2) виймати кісточки (*із фруктів*) 3) озлобляти; **s.-dead** *a* мертвий; **~y-hearted** *a* жорстокосердий

stood [stʊd] *past і р. р. від* **stand 2**

stool [stuːl] *n* 1) табурет(ка) 2) судно, стільчак

stoop [stuːp] **1.** *n* 1) сутулість 2) поблажливість 3) приниження **2.** *v* 1) нахиляти(ся) 2) зглянутися 3) принижувати(ся) 4) поступатися, підкорятися

stop [stɒp] **1.** *n* 1) зупинка 2) кінець 3) пауза **2.** *v* 1) зупиняти(ся) 2) затикати; **~light** *n* 1) сигнал «стій!» 2) *авто* стоп-сигнал; **~per 1.** *n* чіп, корок **2.** *v* закупорювати, затикати; **~ping** *n* пломба (*у зубі*); **~ple 1.** *n* чіп, затичка **2.** *v* затикати

stor||e [stɔː] **1.** *n* 1) запас 2) *pl* запаси 3) універмаг 4) (*пер. амер.*) крамниця 5) склад 6) статок **2.** *v* 1) постачати 2) запасати; **~age** *n* 1) зберігання 2) склад, сховище 3) *обч.* пам'ять (*комп'ютера*); **~age reservoir** *n* 1) резервуар 2) водойма; **~ehouse** *n* 1) комора 2) скарбниця; *перен.* джерело

storey [ˈstɔːrɪ] *n* поверх, ярус

stork [stɔːk] *n орн.* лелека, бусол, чорногуз

storm [stɔːm] **1.** *n* 1) буря; *мор.* шторм 2) сум'яття 3) вибух, злива, град (*чого-н.*) 4) *війс.* штурм; приступ **2.** *v* 1) кричати, гарячкувати, шаленіти, лаятися (at) 2) бушувати, лютувати 3) *війс.* штурмувати; брати приступом; **~y** *a* 1) бурхливий; штормовий 2) шалений, лютий, несамовитий

story [ˈstɔːrɪ] *n* 1) повість, оповідання 2) історія; переказ; легенда; казка 3) фабула, сюжет 4) *розм.* вигадка; побрехенька; **~teller** *n* 1) оповідач 2) автор оповідань

stout [staʊt] **1.** *n* 1) огрядна людина 2) *ент.* ґедзь **2.** *a* 1) огрядний 2) товстий 3) відважний; **s.-hearted** *a* стійкий, сміливий; **~ness** *n* 1) огрядність 2) рішучість

stove [stəʊv] *n* 1) піч 2) теплиця

stow [stəʊ] *v* 1) укладати 2) наповнювати 3) вантажити; **~age** *n* укладання; **~away** *n* 1) пасажир без квитка 2) щось сховане

straggl||e [ˈstrægl] **1.** *v* 1) бути розкиданим 2) відставати; **~ing 1.** *pres. p. від* **straggle 2 2.** *a* розкиданий, безладний

straight [streɪt] **1.** *n* (the ~) *тк sing* 1) пряма лінія 2) пряма **2.** *a* 1) прямий 2) правильний 3) чесний 4) надійний; **~en** *v* 1) випрямляти(ся) 2) давати лад (*чому-н.*); упорядковувати; **~forward** *a* 1) відвертий 2) простий; **~way** *adv* миттєво

strain I [streɪn] **1.** *n* 1) натягання; розтягування 2) напруження; навантаження; перевтома **2.** *v* 1) натягати, розтягати 2) напружувати(ся); перевтомлювати(ся) 3) зловживати (чим-н.) 4) проціджувати(ся), фільтрувати(ся) 5) обіймати, стискати; **~ed** *a* 1) натягнутий, розтягнутий 2) напружений 3) неприродний, удаваний 4) спотворений, перекручений, неправильний 5) проціджений, профільтрований

strain II [streɪn] *n* 1) походження; рід 2) спадковість 3) схильність; риса характеру 4) стиль, тон (*мовлення*)

strait [streɪt] *n* 1) (*часто pl*) (вузька) протока 2) перешийок 3) (*зазв. pl*) скрутне становище; злидні

straiten [ˈstreɪtn] *v* 1) обмежувати; утрудняти, заважати 2) звужувати(ся) 3) стискати 4) завдавати клопоту; **~ed** *a* 1) обмежений, звужений 2) стиснутий

strand [strænd] *n* 1) берег, прибережна смуга 2) пасмо (*волосся*)

strange [streɪndʒ] *a* 1) незнайомий, невідомий 2) дивний, дивовижний, чудний 3) незвичний 4) чужий, невласний 5) сторонній 6) стриманий, холодний; **~r** *n* 1) чужинець

2) незнайомець 3) стороння людина; відвідувач; гість

strangle [ˈstræŋgl] *v* 1) задушити 2) задихатися 3) давити, стискати (*горло*); **~hold** *n* удушення; мертва хватка

strap [stræp] **1.** *n* 1) ремінь 2) зав'язка **2.** *v* 1) хльостати ременем 2) напружено працювати; **~ping** *n* збір. ремені

strateg||ic [strəˈtiːdʒɪk] *a* стратегічний; оперативний; **~ist** [ˈstrætədʒɪst] *n* стратег; **~y** *n* 1) стратегія 2) метод; підхід; прийом

stratocracy [strəˈtɒkrəsɪ] *n* воєнна диктатура

straw [strɔː] **1.** *n* 1) солома 2) дрібниця **2.** *a* 1) солом'яний 2) ненадійний, сумнівний

strawberry [ˈstrɔːb(ə)rɪ] *n* бот. суниці; полуниці

stray [streɪ] **1.** *n* 1) бездомна самітна людина 2) блукання **2.** *a* 1) заблукалий; бездомний 2) випадковий **3.** *v* заблукати; **~ed** *a* заблудлий

stream [striːm] **1.** *n* 1) ріка; струмінь 2) *перен.* плин **2.** *v* 1) текти; майоріти 2) мчати; **~er** *n* 1) вимпел 2) транспарант, гасло; **~let** *n* струмочок

street [striːt] *n* вулиця; **s. Arab** *n* безпритульник; **~walker** *n* повія

strength [streŋθ, streŋkθ] *n* 1) сила 2) підтримка 3) ефективність 4) неприступність 5) стабільність, сталість (*цін*); **~en** *v* підсилювати(ся)

strenuous [ˈstrenjʊəs] *a* 1) старанний 2) що потребує зусиль

stress [stres] **1.** *n* 1) тиск, натиск 2) напруження, зусилля 3) *психол.* стрес 4) наголос 5) *муз.* акцент **2.** *v* 1) ставити наголос 2) наголошувати (*на чому-н.*); **~ful** *a* 1) напружений 2) стресовий

stretch [stretʃ] **1.** *n* 1) простір; ділянка 2) витягання, подовження 3) напруження 4) перебільшення 5) прогулянка **2.** *v* 1) витягувати(ся), подовжувати(ся) 2) натягувати(ся), напружувати(ся) 3) простягатися, тягтися 4) перебільшувати 5) поспішати, прямувати

strew [struː] (strewed [struːd]; strewn [struːn], strewed) *v* 1) посипати, усипати (*квітами*) 2) розкидати

strict [strɪkt] *a* 1) точний, певний; що не припускає відхилень 2) суворий, вимогливий 3) вузький, тісний; **~ure** *n* (*зазв. pl*) сувора критика, осуд

stride [straɪd] **1.** *n pl* успіхи **2.** *v* (strode; stridden [ˈstrɪd(ə)n]) 1) широко крокувати 2) сидіти верхи; **~nt** *a* різкий, скрипливий

strife [straɪf] *n* 1) боротьба 2) зусилля 3) змагання

strik||e I [straɪk] **1.** *n* 1) удар 2) несподівана удача (*тж* lucky ~) **2.** *v* (struck) 1) ударяти(ся) 2) запалювати(ся) 3) карбувати 4) уражати 5) знайти 6) іти 7) досягати; **~ing** *a* разючий

strik||e II [straɪk] **1.** *n* страйк **2.** *v* страйкувати; **~er** *n* страйкар

string [strɪŋ] *n* 1) мотузка 2) валка, низка 3) *муз.* струна 4) волокнина 5) *pl* умова **2.** *v* (strung) 1) натягувати (*струну й под.*) 2) зав'язувати, прив'язувати 3) настроювати (*музичний інструмент*) 4) ставати волокнистим

stringen||t [ˈstrɪndʒ(ə)nt] *a* 1) обов'язковий; суворий; точний 2) переконливий, вагомий; **~cy** *n* 1) суворість 2) *ек.* брак грошей 3) переконливість, вагомість

strip I [strɪp] **1.** *n* роздягання **2.** *v* 1) оголювати 2) роздягати(ся) 3) грабувати, віднімати (*що-н.*) 4) позбавляти 5) розбирати, демонтувати; **~tease** *n* стриптиз

strip II [strɪp] *n* 1) смуга, смужка; стрічка 2) псування, руйнування; **~ling** *n* підліток, юнак

strive [straɪv] *v* (strove, striven [ˈstrɪv(ə)n]) 1) старатися, намагатися; докладати зусиль 2) боротися (for — за *що-н.*; with, against — з *ким-н.*)

strode [strəʊd] *past від* **stride 2**

stroke [strəʊk] **1.** *n* 1) удар 2) *мед.* напад 3) змах, помах; кидок 4) прийом, хід 5) биття (*серця*) 6) штрих **2.** *v* 1) пестити; гладити (*рукою*) 2) перекреслювати; штрихувати; проводити риску (смужку)

stroll [strəʊl] **1.** *n* прогулянка **2.** *v* прогулюватися; бродити, блукати; **~ing** *a* мандрівний

strong [strɒŋ] *a* (the ~) *pl* збір. 1) сильні, здорові 2) владні **2.** *a* 1) сильний, дужий 2) міцний, здоровий 3) сталий 4) рішучий 5) вагомий, переконливий 6) ревний, старанний 7) витривалий; **~box** *n* сейф; **~hold** *n* 1) фортеця 2) *військ.* опорний пункт; **s.-willed** *a* 1) рішучий 2) упертий; завзятий

strove [strəʊv] *past від* **strive**

struck [strʌk] *past і p. p. від* **strike 2**

structure [ˈstrʌktʃə] *n* 1) будинок 2) структура; будова; устрій

struggle [ˈstrʌgl] **1.** *n* 1) боротьба 2) зусилля **2.** *v* 1) битися 2) боротися 3) робити зусилля

strung [strʌŋ] *past і p. p. від* **string 2**

stubborn [ˈstʌbən] *a* 1) упертий 2) завзятий 3) запеклий; **~ness** *n* 1) упертість 2) завзятість

stuck [stʌk] *past і p. p. від* **stick 2**

student [ˈstjuːd(ə)nt] *n* 1) студент; учень 2) *військ.* курсант 3) учений 4) стипендіат; **~ship** *n* 1) студентські роки 2) стипендія

stud||y [ˈstʌdɪ] **1.** *n* 1) вивчення; дослідження 2) (*зазв. pl*) здобуття знань; заняття 3) наука, галузь науки 4) наукова праця; монографія **2.** *v* 1) вивчати; досліджувати 2) учитися, навчатися 3) піклуватися (*про що-н.*); старатися; **~ied** *a* 1) обдуманий, обміркований 2) удаваний 3) обізнаний, начитаний; **~io** 1) студія

2) радіостудія; **~ious** *a* 1) зайнятий наукою 2) старанний, ретельний 3) удаваний 4) обмікрований

stuff [stʌf] **1.** *n* 1) матеріал; речовина 2) річ, предмет 3) тканина 4) нісенітниця 5) речі, майно **2.** *v* 1) набивати, заповнювати 2) кул. фарширувати 3) засмічувати; **~y** *a* 1) душний, задушливий 2) нудний, нецікавий 3) пихатий, бундючний

stumble [´stʌmbl] **1.** *n* 1) спотикання 2) помилка; провина **2.** *v* 1) спотикатися 2) затинатися, помилятися 3) сумніватися, вагатися 4) бентежити; спантеличувати

stump [stʌmp] **1.** *n* 1) пень 2) кукса; ампутована кінцівка 3) недокурок 4) недогризок (*олівця*) **2.** *v* 1) зрубати (*дерево*) 2) кульгати; шкандибати; **s. orator** *n* агітатор

stun [stʌn] **1.** *n* приголомшення **2.** *v* приголомшувати; **~ning** *a* приголомшливий

stunk [stʌŋk] *р. р. від* **stink 2**

stunt [stʌnt] **1.** *n* штука, трюк **2.** *v* показувати фокуси; **~man** *n* каскадер

stupef||**y** [´stju:pɪfaɪ] *v* 1) притупляти розум 2) дивувати, вражати; **~action** *n* 1) заціпеніння 2) здивування

stupendous [stju:´pendəs] *a* величезний; колосальний

stupid [´stju:pɪd] *a* 1) дурний 2) нецікавий 3) заціпенілий; **~ity** *n* дурість

stupor [´stju:pə] *n* 1) заціпеніння 2) *мед.* ступор

sturdy [´stɜ:dɪ] *a* 1) сильний, здоровий 2) стійкий, відважний

sturgeon [´stɜ:dʒ(ə)n] *n іхт.* осетер

stutter [´stʌtə] **1.** *n* заїкання, заїкуватість **2.** *v* заїкатися; **~er** *n* заїка

sty I [staɪ] **1.** *n* свинарник (*тж перен.*) **2.** *v* жити у бруді

sty II [staɪ] *n мед.* ячмінь (*на оці*)

styl||**e** [staɪl] **1.** *n* 1) стиль 2) манера 3) напрям 4) мода, фасон 5) елеґантність; смак; шик 6) рід, сорт 7) титул, звання **2.** *v* 1) модернізувати 2) титулувати; **~ish** *a* 1) модний, елеґантний; шикарний 2) стильний; **~ist** *n* 1) модельєр 2) стиліст

stylet [´staɪlɪt] *n* стилет; кинджал

stymie, stymy [´staɪmɪ] **1.** *n* безвихідь **2.** *v* заганяти у безвихідь

suab||**le** [´s(j)u:əbl] *a юр.* підсудний; **~ility** *n* підсудність

suav||**e** [swɑ:v] *a* 1) увічливий; ґречний 2) улесливий; **~ity** *n* 1) увічливість; ґречність 2) улесливість

subaltern [´sʌb(ə)lt(ə)n] *a* 1) підлеглий 2) *лог.* окремий

subaqueous [sʌb´ækwɪəs] *a* підводний

subaudition [,sʌbɔ:´dɪʃ(ə)n] *n* припущення; домислювання

subconscious [sʌb´kɒnʃəs] *a* підсвідомий

subdivi||**de** [,sʌbdɪ´vaɪd] *v* підрозділяти(ся); **~sion** [,sʌbdɪ´vɪʒn] *n* 1) підрозділ 2) підвідділ; пункт

subdual [səb´dju:əl] *n* підпорядкування; приборкання

subdue [səb´dju:] *v* 1) підкоряти; підпорядковувати; придушувати 2) пом'якшувати; зменшувати, знижувати 3) долати; оволодівати; **~d** *a* 1) підкорений; підпорядкований; придушений 2) пом'якшений

subject [´sʌbdʒɪkt] **1.** *n* 1) предмет розмови; питання 2) сюжет, тема 3) привід 4) *грам.* підмет 5) підданий 6) суб'єкт, людина **2.** *a* 1) залежний, підвладний 2) підданий (to) 3) схильний 4) зумовлений **3.** *v* [səb´dʒekt] 1) піддавати 2) підкоряти, підпорядковувати; пом'якшений 2) пом'якшувати; **s.-heading** *n* предметний покажчик; індекс; **~ion** *n* 1) підкорення 2) залежність 3) зобов'язання 4) обов'язок; **~ive** *a* суб'єктивний, особистий

subjugator [´sʌbdʒʊɡeɪtə] *n* 1) завойовник 2) підкорювач

subjunctive [səb´dʒʌŋktɪv] *a грам.* умовний спосіб

sublim||**e** [sə´blaɪm] **1.** *n* вершина **2.** *a* 1) ґрандіозний 2) високий; **~ity** [sə´blɪmɪtɪ] *n* піднесеність, величність

sublunary [sʌb´lu:nərɪ] **1.** *n* земна істота **2.** *a* людський

submarine [,sʌbmə´ri:n] **1.** *n* субмарина **2.** *a* підводний

submerge [səb´mɜ:dʒ] *v* 1) затопляти 2) зникати з очей; **~d** *a* затоплений; **~nce** *n* затоплення

submi||**t** [səb´mɪt] *v* 1) підкоряти(ся) 2) доводити, твердити; **~ssion** *n* 1) покора 2) слухняність; **~ssive** *a* покірний; сумирний, слухняний

subnormal [sʌb´nɔ:m(ə)l] **1.** *n мат.* піднормаль **2.** *a* 1) недоумкуватий 2) субнормальний

suborder [´sʌb,ɔ:də] *n біол.* підряд

subordinat||**e** [sə´bɔ:dɪnɪt] **1.** *n* підлеглий **2.** *a* підлеглий (to), залежний, підпорядкований **3.** *v* [sə´bɔ:dɪneɪt] підпорядковувати; **~ion** *n* підпорядкування

suborn [sə´bɔ:n] *v юр.* підкуповувати; **~ation** *n юр.* 1) підкуп; хабар 2) підбурювання до вчинення злочину; **~er** *n* 1) *юр.* особа, яка дає хабар 2) підбурювач

sub rosa [,sʌb´rəʊzə] *adv лат.* потайки; конфіденційно

subscri||**be** [səb´skraɪb] *v* 1) субсидувати 2) погоджуватися 3) санкціонувати 4) признаватися; **~ber** *n* 1) передплатник 2) абонент 3) жертводавець; **~ption** *n* 1) пожертва 2) передплата 3) підпис 4) підтвердження

subsection [ˈsʌbˌsekʃ(ə)n] *n* 1) підсекція 2) параграф

subsequent [ˈsʌbsɪkwənt] *a* 1) наступний 2) що є результатом; **~ly** *adv* згодом, потім, пізніше, опісля

subserv||e [səbˈsɜːv] *v* сприяти; **~ience** *n* 1) підлабузництво 2) служіння; **~ient** *a* 1) підлесливий 2) сприятливий

subside [səbˈsaɪd] *v* 1) стихати 2) спадати (*про воду*); **~nce** *n* падіння

subsidiary [səbˈsɪdɪərɪ] **1.** *n* помічник **2.** *a* юр. субсидований

subsidise [ˈsʌbsɪdaɪz] *v* субсидувати, дотувати

subsist [səbˈsɪst] *v* 1) існувати 2) харчуватися 3) утримувати, годувати (*родину*); **~ence** *n* 1) існування; життя 2) прожиток; **~ence level** *n* прожитковий мінімум

substan||ce [ˈsʌbstəns] *n* 1) речовина, матеріал 2) суть; зміст 3) юр. майно 4) рел. Святий Дух; **~tial** [səbˈstænʃl] *a* 1) істотний 2) тривкий 3) заможний 4) реальний 5) поживний 6) основний, головний; **~tiality** *n* 1) міцність, тривкість 2) поживність, ситність (*їжі*) 3) важливість, істотність 4) реальність; **~tiate** *v* 1) доводити правоту (*чого-н.*), підкріпляти доказами 2) надавати конкретної форми, робити реальним; **~tiation** *n* 1) доведення 2) доказ

substantive [ˈsʌbstəntɪv] **1.** *n* грам. іменник (*тж* noun ~) **2.** *a* 1) самостійний, незалежний 2) реальний, дійсний 3) істотний 4) міцний, ґрунтовний, сталий 5) значний, чималий

substitute [ˈsʌbstɪtjuːt] **1.** *n* 1) замісник; заступник 2) заміна 3) замінний; сурогат **2.** *v* 1) заміняти; підміняти; використовувати 2) заміщати 3) делегувати

subterfuge [ˈsʌbtəfjuːdʒ] *n* 1) викрут; відмовка, ухиляння 2) притулок 3) прикриття; машкара

subterranean [ˌsʌbtəˈreɪnɪən] **1.** *n* підземелля **2.** *a* 1) підземний 2) таємний; прихований

subtext [ˈsʌbtekst] *n* підтекст

subtilise [ˈsʌtɪlaɪz] *v* 1) підносити 2) загострювати (*почуття*) 3) мудрувати (upon)

subtle [ˈsʌtl] *a* 1) ледь помітний 2) невловимий 3) витончений 4) таємничий 5) вишуканий 6) проникливий 7) вправний; **~ty** *n* 1) тонкість, ніжність 2) витонченість, вишуканість 3) гострота, проникливість 4) вправність, майстерність 5) хитрість, підступність

subtropics [sʌbˈtrɒpɪks] *n pl* субтропіки

suburb [ˈsʌbɜːb] *n* (the ~s) *pl* передмістя, околиці (*міста*); **~an 1.** *n* мешканець передмістя **2.** *a* приміський

subver||t [səbˈvɜːt] *v* 1) (*особл. політ.*) скидати 2) розбещувати; **~sion** *n* 1) повалення 2) підривна діяльність; **~sive** *a* 1) підривний 2) руйнівний, згубний

subway [ˈsʌbweɪ] *n* 1) тунель 2) *амер.* метро

succe||ed [səkˈsiːd] *v* 1) мати успіх 2) змінювати (*що-н.*) 3) успадковувати; **~ss** *n* 1) успіх 2) добробут 3) результат (*експерименту*) 4) дія (*ліків*); **~ssful** *a* 1) успішний 2) процвітаючий

success||ion [səkˈseʃ(ə)n] *n* 1) послідовність 2) наступність 3) спадок; **~ive** *a* 1) подальший 2) наступний; **~or** *n* 1) спадкоємець 2) наступник (to, of)

succinct [səkˈsɪŋkt] *a* 1) стислий 2) нетривалий

succory [ˈsʌk(ə)rɪ] *n бот.* цикорій

succour [ˈsʌkə] **1.** *n* притулок, схованка **2.** *v* дати притулок

succull||ence [ˈsʌkjʊləns] *n* соковитість; **~ent** *a* соковитий

succumb [səˈkʌm] *v* 1) не витримати 2) померти; загинути

such [sʌtʃ] *a* такий, такий як

suck [sʌk] **1.** *n* 1) ссання 2) материнське молоко **2.** *v* ссати; **~ed** *a* висмоктаний; **~ing** *a* грудний (*про дитину*)

suckling [ˈsʌklɪŋ] *n* немовля

sudden [ˈsʌdn] *a* 1) раптовий, несподіваний 2) спішний, швидкий, квапливий

suds [sʌdz] *n pl* мильна піна; **~y** *a* мильний

sue [sjuː] *v* 1) юр. переслідувати судовим порядком 2) просити

suffer [ˈsʌfə] *v* 1) страждати 2) дозволяти 3) терпіти 4) бути покараним; **~ance** *n* 1) терпіння 2) потурання 3) страждання; **~er** *n* 1) страдник 2) потерпілий; **~ing 1.** *n* страждання; мука **2.** *a* страждений; який страждає

suffic||e [səˈfaɪs] *v* 1) бути достатнім; задовольняти 2) бути здатним; **~iency** [səˈfɪʃənsɪ] *n* 1) статок 2) здатність, уміння; **~ient** *a* 1) достатній 2) компетентний; обізнаний

suffoca||nt [ˈsʌfəkənt] *a* душливий; **~te** *v* душити; **~tion** *n* 1) задушення 2) ядуха

suffrage [ˈsʌfrɪdʒ] *n* 1) голосування 2) право голосу 3) голос (*під час голосування*) 4) згода

suffusion [səˈfjuːʒ(ə)n] *n* 1) рум'янець 2) *мед.* синець

sugar [ˈʃʊɡə] **1.** *n* 1) цукор 2) лестощі **2.** *v* підсолоджувати; **s. candy** *n* 1) льодяник 2) що-н. солодке; **s. cane** *n бот.* цукрова тростина; **~y** *a* 1) цукровий, солодкий 2) солодкавий; нудотний; улесливий

suggest [səˈdʒest] *v* 1) радити, пропонувати 2) натякати; свідчити; означати; **~ion** *n* 1) порада 2) натяк; слід 3) навіювання

suicid||al [ˌs(j)uːɪˈsaɪdl] *a* 1) самогубний 2) убивчий; згубний; **~e 1.** *n* 1) самогубство; юр. тж суїцид 2) самогубець **2.** *v* учинити самогубство

suit [s(j)u:t] **1.** *n* 1) чоловічий костюм (*тж* ~ of clothes) 2) жіночий костюм, ансамбль 3) набір, комплект 4) *карт.* масть 5) *юр.* судочинство 6) сватання; залицяння 7) згода, гармонія **2.** *v* 1) годитися 2) задовольняти 3) личити 4) забезпечувати; **~able** *a* придатний, відповідний, підхожий; **~case** *n* невелика валіза; **~e** [swi:t] *n* 1) комплект 2) почет 3) номер-люкс 4) *муз.* сюїта; **~ed** *a* придатний; належний; **~or** *n* 1) залицяльник 2) прохач 3) *юр.* позивач

sulk [sʌlk] **1.** *n* (*зазв.* the ~s) поганий настрій **2.** *v* бути сердитим; **~y** *a* 1) сердитий, похмурий 2) гнітючий, похмурий (*про погоду*) 3) повільний, неповороткий

sullen [ˈsʌl(ə)n] *a* 1) похмурий; відлюдний 2) зловісний 3) тьмяний 4) приглушений 5) упертий, норовливий

sully [ˈsʌlɪ] *v* бруднити

sulphur [ˈsʌlfə] **1.** *n* 1) *хім.* сірка, сульфур 2) зеленувато-жовтий колір 3) *розм.* їдлива мова **2.** *a* зеленувато-жовтий **3.** *v* обкурювати сіркою; **~ous** [ˈsʌlfərəs] *a* 1) *хім.* сірчистий 2) пекельний 3) злісний, злостивий 4) напружений, палкий

sultr||y [ˈsʌltrɪ] *a* 1) пекучий 2) пристрасний, палкий 3) роздратований; **~iness** *n* 1) спека, спекота 2) пристрасність

sum [sʌm] **1.** *n* 1) сума; кількість 2) *мат.* доданки 3) кінцева мета **2.** *v* 1) додавати 2) становити суму 3) підсумовувати; **~mum bonum** *n лат.* найбільше добро

summa||ry [ˈsʌm(ə)rɪ] **1.** *n* резюме, конспект **2.** *a* сумарний 2) *юр.* спрощений 3) швидкий; **~tion** *n* 1) підсумовування 2) сукупність

summer I [ˈsʌmə] **1.** *n* 1) літо 2) період розквіту **2.** *v* літувати; **s. lightning** *n* блискавиця, спалахи; **~ly** *a* літній

summer II [ˈsʌmə] *n обч.* (аналоговий) суматор

summit [ˈsʌmɪt] *n* 1) вершина 2) *перен.* зеніт; межа

sump [sʌmp] *n* смітник; клоака

sumptuous [ˈsʌm(p)tʃʊəs] *a* розкішний; коштовний

sun [sʌn] **1.** *n* 1) *астр.* Сонце 2) сонячне світло (проміння, тепло) 3) світило 4) схід (захід) сонця **2.** *v* засмагати; **~beam** *n* 1) сонячний промінь 2) *орн.* колібрі; **~blind** *n* штора; **~burn** *n* засмага; **~burnt** *a* засмаглий; **~flower** *n бот.* соняшник; **~ny** *a* 1) сонячний 2) радісний 3) найкращий; **~rise** *n* схід сонця; **~set** *n* 1) захід сонця 2) кінець дня 3) занепад; **~shine** *n* 1) сонячна погода 2) веселощі

sung [sʌŋ] *р. р. від* **sing 2**

Sunday [ˈsʌndɪ] *n* неділя

sunk [sʌŋk] *р. р. від* **sink 2**

sunken [ˈsʌŋkən] *a* затонулий

sup [sʌp] **1.** *n* маленький ковток **2.** *v* 1) сьорбати 2) вечеряти 3) скуштувати, звідати

superannuat||e [ˌs(j)uːpərˈænjʊeɪt] *v* 1) переводити на пенсію 2) вилучати з ужитку 3) застаріти; **~ed** *a* 1) старий; немічний 2) перестарілий; **~ion** *n* 1) перехід на пенсію 2) пенсія

superb [s(j)uːˈpɜːb] *a* 1) чудовий 2) багатий 3) шляхетний

superfici||al [ˌs(j)uːpəˈfɪʃ(ə)l] *a* 1) поверховий 2) несерйозний 3) гаданий 4) квадратний; **~ality** *n* поверховість; небґрунтованість; **~es** *n* (*pl без змін*) 1) поверхня 2) територія 3) зовнішній вигляд 4) видимість

superfine [ˈs(j)uːpəfaɪn] *a* 1) першокласний 2) вишуканий

superfluity [ˌs(j)uːpəˈfluːɪtɪ] *n* 1) надмірність 2) зайвина

superhuman [ˌs(j)uːpəˈhjuːmən] *a* надприродний, таємничий

superintend [ˌs(j)uːp(ə)rɪnˈtend] *v* 1) керувати 2) наглядати; **~ence** *n* нагляд, контроль, управління; **~ent** *n* 1) керівник 2) контролер

superior [s(j)uːˈpɪərɪə] **1.** *n* 1) начальник 2) ігумен; ігуменя **2.** *a* 1) старший (*званням*) 2) винятковий; чудовий 3) гордий; самовдоволений, зарозумілий 4) кращий

superlative [s(j)uːˈpɜːlətɪv] **1.** *n* 1) вершина 2) *pl* гіпербола **2.** *a* 1) найбільший 2) гіперболізований

supermundane [ˌs(j)uːpəˈmʌndeɪn] *a* неземний; не з цього світу

supernal [s(j)uːˈpɜːnl] *a* вищий званням (чином)

supernatural [ˌs(j)uːpəˈnætʃ(ə)rəl] *a* надприродний

superscri||be [ˌs(j)uːpəˈskraɪb] *v* надписувати; адресувати; **~ption** [ˌs(j)uːpəˈskrɪpʃn] *n* 1) напис (*на чому-н.*) 2) адреса

supersede [ˌs(j)uːpəˈsiːd] *v* 1) заміняти 2) звільняти 3) відкидати, анулювати 4) витісняти; приходити на зміну (*чому-н.*)

supervenient [ˌs(j)uːpəˈviːnɪənt] *a* наступний (*за чим-н.*)

supervention [ˌs(j)uːpəˈvenʃ(ə)n] *n* наслідок (*чого-н.*)

supervis||e [ˈs(j)uːpəvaɪz] *v* наглядати (*за ким-н., чим-н.*); **~ion** [ˌs(j)uːpəˈvɪʒn] *n* контроль; завідування; **~or** *n* доглядач; контролер; **~ory** *a* спостережний, контролюючий

supper [ˈsʌpə] *n* вечеря

supplant [səˈplɑːnt] *v* 1) витісняти 2) займати (*чиє-н.*) місце

supple [ˈsʌpl] **1.** *a* 1) гнучкий 2) поступливий 3) догідливий 4) жвавий, моторний 5) хитрий

2. v зм'якшувати(ся); **~ment 1.** n додаток **2.** v додавати; **~mentary** a додатковий

supplicat||e [ˈsʌplɪkeɪt] v благати, просити; **~ion** n 1) благання 2) петиція 3) молитва; **~ory** a благальний, прохальний

supply [səˈplaɪ] **1.** n 1) постачання 2) зазв. pl запас 3) pl припаси 4) pl плата 5) ек. пропозиція **2.** v 1) постачати (with) 2) задовольняти 3) заступати (кого-н.)

support [səˈpɔːt] **1.** n 1) підтримка 2) годувальник (родини) 2) опора 3) засоби існування **2.** v 1) підтримувати, підпирати 2) утримувати (родину) 3) сприяти; подавати допомогу 4) захищати 5) терпіти, зносити; **~er** n 1) прихильник; прибічник 2) шлейка; підв'язка; **~ing** a опорний, підтримувальний

suppos||e [səˈpəʊz] **1.** n припущення; здогад **2.** v 1) гадати, думати; уважати; припускати 2) потребувати 3) мати певні обов'язки; **~ed** a гаданий; **~ing** cj якби; припустімо; **~itional** a гаданий, очікуваний; **~ititious** [sə‚pɒzɪˈtɪʃəs] a 1) підроблений 2) гаданий, очікуваний

suppress [səˈpres] v 1) придушувати 2) стримувати 3) конфіскувати 4) замовчувати; **~ion** n придушування

supra [ˈs(j)uːprə] adv лат. вище, раніше (у документах і под.)

suprem||e [s(j)uːˈpriːm] a 1) верховний 2) максимальний; **~acy** n 1) верховенство 2) перевага

surcharge [ˈsɜːtʃɑːdʒ] **1.** n 1) приплата 2) пеня 3) перевитрата **2.** v 1) штрафувати 2) перевантажувати

sure [ʃʊə] **1.** a 1) безпечний 2) predic. безсумнівний 3) упевнений **2.** int безпечно!; **s.-footed** a стійкий; **~ty** n 1) гарант 2) запорука

surf [sɜːf] **1.** n прибій; буруни **2.** v спорт. займатися серфінгом; **~board** n спорт. серфборд, дошка для серфінгу; **s. riding** n спорт. прибійне ковзання, серфінг

surface [ˈsɜːfɪs] **1.** n 1) поверхня 2) зовнішність **2.** v припасовувати

surfeit [ˈsɜːfɪt] **1.** n 1) надмірність 2) надлишок 3) пересичення 4) відраза **2.** v 1) переїдати 2) пересичувати(ся) 3) переговодувати

surge [sɜːdʒ] **1.** n 1) велика хвиля 2) брижі 3) сплеск; викид **2.** v 1) підніматися 2) наринути, нахлинути (про хвилі)

surg||eon [ˈsɜːdʒ(ə)n] n хірург; **~ery** n хірургія; **~ical** a хірургічний

surmise [ˈsɜːmaɪz] **1.** n припущення **2.** [səˈmaɪz] v припускати; гадати

surmount [səˈmaʊnt] v 1) долати 2) (зазв. pass.) увінчувати; **~able** a переборний

surname [ˈsɜːneɪm] n 1) прізвище 2) прізвисько

surpass [səˈpɑːs, sɜː-] v 1) перевершувати, переважати 2) випереджати, брати гору; **~ing** a чудовий, винятковий, неперевершений

surplus [ˈsɜːpləs] **1.** n решта **2.** a зайвий, надлишковий

surpris||e [səˈpraɪz] **1.** n 1) подив 2) сюрприз **2.** v 1) дивувати 2) застати зненацька; **~ing** a несподіваний

surrender [səˈrend(ə)r] **1.** n 1) капітуляція 2) відмова (від чого-н.) 3) юр. поступка **2.** v 1) здавати(ся) 2) поступатися 3) відмовлятися

surreptitious [‚sʌrəpˈtɪʃəs] a таємний; зроблений потайки

surrogate [ˈsʌrəg(e)ɪt] **1.** n замінник, сурогат **2.** v заміщати

surround [səˈraʊnd] v 1) оточувати 2) рухатися навколо; **~ing** a прилеглий; **~ings** n pl 1) околиці 2) середовище; оточення 3) почет, супровід, оточення

surve||y n [ˈsɜːveɪ] 1) оглядання; спостереження; оглядини 2) огляд **2.** v [səˈveɪ] 1) обдивлятися 2) досліджувати 3) інспектувати; перевіряти; **~illance** [sɜːˈveɪləns] n 1) нагляд, стеження 2) інспектування, обстеження

surviv||e [səˈvaɪv] v 1) вижити, уціліти 2) зберігатися 3) пережити, витримати, знести; **~al** n 1) виживання 2) довговічність (чого-н.) 3) пережиток; **~or** n той, хто лишився живим (хто уцілів)

susceptib||le [səˈseptəbl] a 1) вразливий 2) сприйнятливий 3) чутливий 4) образливий; **~ility** n 1) вразливість 2) сприйнятливість 3) чутливість 4) pl почуття

suspect [ˈsʌspekt] **1.** n підозрюваний **2.** a predic. підозрілий **3.** v [səˈspekt] 1) підозрювати 2) припускати; передчувати 3) думати; уважати 4) не довіряти

suspend [səˈspend] v 1) вішати, підвішувати 2) тимчасово припиняти; відкладати; **~ed** a 1) підвішений 2) тимчасово припинений; відкладений

suspens||e [səˈspens] n 1) непевність 2) схвильованість 3) турбота; **~ive** a 1) що припиняє (тимчасово) 2) нерішучий

suspici||on [səˈspɪʃ(ə)n] n 1) підозра 2) натяк (на що-н.) 3) (a ~) присмак, відтінок; **~ous** a 1) підозрілий 2) підозрілий

sustain [səˈsteɪn] v 1) підтримувати 2) перен. живити 3) зазнавати 4) протистояти 5) підтверджувати 6) грати, відігравати (роль); **~ed** a тривалий

sustenance [ˈsʌstənəns] n 1) харчування 2) поживність

swabber [ˈswɒbə] n 1) прибиральник 2) швабра 3) вайло

swaddle [ˈswɒdl] **1.** n 1) пелюшка 2) бинт,

пов'язка **2.** *v* 1) сповивати (*дитину*) 2) стримувати

swallow I [´swɒləʊ] **1.** *n* 1) ковтання 2) ковток 3) ненажерливість **2.** *v* 1) ковтати 2) терпіти 3) стримувати 4) поглинати

swallow II [´swɒləʊ] *n* орн. ластівка; **~tail** *n* 1) роздвоєний хвіст 2) ент. метелик-парусник

swam [swæm] *past від* **swim 2**

swamp [swɒmp] **1.** *n* болото, драговина **2.** *v* 1) заливати, затоплювати 2) тонути 3) (*зазв. р. р.*) засипати (*листами*) 4) занапащати 5) (*зазв. р. р.*) засмоктувати; **~y** *a* болотистий, багнистий

swan [swɒn] *n* 1) орн. лебідь 2) (S.) астр. Лебідь (*сузір'я*) 3) поет. бард, поет

swap [swɒp] **1.** *n* обмін, гендель **2.** *v* 1) міняти(ся) 2) домовитися

swarm I [swɔ:m] **1.** *a* 1) юрба, юрма 2) рій, згра 3) маса; сила-силенна 4) *pl* купа **2.** *v* 1) роїтися (*про бджіл*) 2) товпитися

swarm II [swɔ:m] *v* видиратися

swarthy [´swɔ:ðɪ] *a* смаглявий

swash [swɒʃ] **1.** *n* 1) плескіт 2) прибій 3) обмілина 4) помиї 5) шибеник, шибайголова 6) хвалько 7) зухвала поведінка **2.** *v* 1) плескати(ся) 2) поводитися зухвало; **~ing** *a* хвалькуватий

swathe [sweɪð] **1.** *n* 1) бинт; обмотка 2) *мед.* бандаж **2.** *v* 1) бинтувати 2) закутувати, обмотувати, сповивати

sway [sweɪ] **1.** *n* 1) влада, правління; вплив 2) гойдання, хитання; коливання 3) змах **2.** *v* 1) гойдати(ся), хитати(ся); коливати(ся) 2) впливати (*на кого-н., що-н.*)

swear [sweə] **1.** *n* 1) клятва 2) присяга 3) лайка **2.** *v* (swore; sworn) 1) присягатися, клястися 2) *юр.* свідчити 3) лаяти(ся)

sweat [swet] **1.** *n* 1) піт 2) потіння 3) важка (виснажлива) праця **2.** *v* 1) пітніти 2) спричинювати потіння 3) експлуатувати 4) страждати; розкаюватися 5) зазнавати покарання; **~ed** *a* 1) запітнілий 2) потогінний; **~er** *n* 1) потогінний засіб 2) светр 3) визискувач, експлуататор; **s. gland** *n анат.* потова залоза; **~ing system** *n* посилена експлуатація; **~y** *a* 1) пітний, спітнілий 2) що спричинює виділення поту, потогінний

Swed||e [swi:d] *n* швед; шведка; **the S.** *збір.* шведи; **~ish** *n* 1) шведська мова **2.** *a* шведський

swede [swi:d] *n бот.* бруква

sweep [swi:p] **1.** *n* 1) підмітання; чищення 2) поворот (*дороги*) 3) крива 4) кругозір 5) замазура, нечупара 6) плин (*часу*) 7) змах 8) діапазон 9) розвиток 10) цілковита перемога 11) *карт.* виграш **2.** *v* (swept) 1) мести,

чистити 2) простягатися 3) опанувати 4) оглядати 5) згинати(ся) 6) перемогти; **~ing 1.** *n* 1) *pl* сміття 2) прибирання **2.** *a* 1) широкий 2) швидкий 3) огульний

sweet [swi:t] **1.** *n* 1) цукерка 2) солодкість 3) *pl* насолода 4) *зазв. pl* пахощі 5) лікер 6) (*зазв. у звертанні*) любий, коханий; люба, кохана **2.** *a* 1) солодкий 2) запашний 3) мелодійний 4) свіжий 5) приємний 6) добрий 7) любий; **s. bay** *n бот.* 1) лавр благородний 2) магнолія; **~brier** *n* шипшина; **~en** *v* 1) підсолоджувати 2) ставати солодким 3) очищати(ся) 4) пом'якшувати(ся); **~heart** *a* коханий, -на; **~shop** *n* кондитерська; **s.-tempered** *a* приємний, ласкавий, лагідний

swell [swel] **1.** *n* 1) пагорок, пагорб; височина 2) набряк 3) опух, пухлина 4) брижі 5) хвиля 6) наростання **2.** *v* (swelled [-d]; swollen) 1) надувати(ся) 2) збільшувати(ся) 3) посилювати

swelter [´sweltə] **1.** *n* спека **2.** *v* знемагати від спеки

swept [swæpt] *past. і р. р. від* **sweep 2**

swift [swɪft] **1.** *n* орн. стриж **2.** *a* 1) швидкий 2) негайний; **s.-handed** *a* швидкий, спритний, моторний

swill [swɪl] **1.** *n* 1) полоскання 2) пійло **2.** *v* 1) полоскати 2) напиватися

swim [swɪm] **1.** *n* 1) плавання 2) (the ~) основний хід (*подій*) 3) запаморочення, непритомність **2.** *v* (swam; swum) 1) плавати; перепливати 2) відчувати запаморочення 3) плавно рухатися; линути; **~mer** *n* 1) плавець; плавчиха 2) поплавець; **~ming** *a* 1) плаваючий 2) плавальний; призначений для плавання 3) залитий 4) який відчуває запаморочення; **~(ing) suit** *n* купальник

swindl||e [´swɪndl] **1.** *n* обман **2.** *v* обманювати, ошукувати; **~er** *n* шахрай

swin||e [swaɪn] *n* (*pl без змін*) зоол. свиня; **~ish** *a* свинський, брудний; брутальний, грубий

swing [swɪŋ] **1.** *n* 1) хитання, гойдання; коливання 2) розмах, змах; хід 3) ритм 4) перебіг 5) поїздка 6) поворот 7) свінг (*у боксі*) **2.** *v* (swung) 1) хитати(ся), гойдати(ся); коливати(ся) 2) вішати, підвішувати 3) рухатися 4) керувати, спрямовувати; **~ing 1.** *n* хитання, гойдання, розмахування **2.** *a* 1) хитний, коливний 2) поворотний

swirl [swɜ:l] **1.** *n* 1) вир, вихор; кружляння 2) кучер, локон 3) сучок **2.** *v* кружляти у вирі; мчати вихором

Swiss [swɪs] **1.** *n* швейцарець; **the S.** *pl збір.* швейцарці **2.** *a* швейцарський

switch [swɪtʃ] **1.** *n* 1) *ел.* вимикач 2) вмикання, вимикання 3) *перен.* поворот 4) лозина **2.** *v* 1) *ел.* вмикати; вимикати 2) змінювати на-

прям 3) махати; **~back** *n* американські гірки (*атракціон*)
swollen [´swəʊl(ə)n] **1.** *v. р. р. від* **swell 2** **2.** *a* 1) здутий 2) пихатий, бундючний
swoop [swu:p] **1.** *n* 1) раптовий напад, наліт 2) падання **2.** *v* 1) кидатися вниз 2) налітати, накидатися
sword [sɔ:d] *n* 1) меч; шпага, рапіра; палаш; шабля 2) (the ~) війна; армія; воєнна влада 3) відплата; правосуддя; **s.-cut** *n* 1) різана рана 2) рубець; **~fish** *n іхт.* меч-риба; **s.-law** *n* 1) право сильного 2) воєнний режим; **s. lily** *n бот.* гладіолус; косарики; **~play** *n* 1) фехтування 2) змагання з дотепності; **~sman** *n* фехтувальник
swore [swɔ:] **1.** *past від* **swear 2 2.** *a* 1) який заприсягнув (поклявся); **s. friends** щирі (нерозлучні) друзі; **s. enemies** запеклі вороги 2) присяжний
sworn [swɔ:n] *p. р. від* **swear 2**
swum [swʌm] *p. р. від* **swim 2**
swung [swʌŋ] *past і p. р. від* **swing 2**
sycamine [´sɪkəmaɪn] *n бот.* шовковиця, тутове дерево
sycophan||t [´sɪkəf(ə)nt, -fænt] *n* підлесник; блюдолиз; **~cy** *n* підлещування
syllab||ic [sɪ´læbɪk] *a* складовий; **~ise** *v* поділяти на склади; **~le 1.** *n* 1) склад 2) *перен.* звук, слово **2.** *v* вимовляти по складах
syllabus [´sɪləbəs] *n* (*pl* -bi, -es [-bəsɪz]) 1) програма 2) конспект, план 3) розклад, розпис
sylvan = silvan [´sɪlv(ə)n] *a* 1) лісовий, лісистий 2) сільський, селянський
symbol [´sɪmb(ə)l] *n* символ; **~ic(al)** *a* символічний; знаменний; **~ism** *n* 1) символічність 2) символіка; **~ise** *v* символізувати

sympath||y [´sɪmpəθɪ] *n* 1) співчуття; жалість (for); симпатія 2) відповідність; гармонія; **~etic 1.** *n* співчуваючий; симпатик **2.** *a* 1) співчутливий 2) доброзичливий; схвальний; **~ise** *v* 1) співчувати 2) симпатизувати
symphon||y [´sɪmfənɪ] *n муз.* 1) симфонія 2) гармонія; **~ic** *a* симфонічний
symposium [sɪm´pəʊzɪəm] *n* (*pl* -sia) 1) симпозіум 2) *д.-грец.* бенкет
symptom [´sɪmptəm] *n* 1) симптом 2) проблиск, слід (*чого-н.*)
syncope [´sɪŋkəpɪ] *n мед.* непритомність
syndicate 1. *n* [´sɪndɪkɪt] синдикат **2.** *v* [´sɪndɪkeɪt] синдикувати
syndrome [´sɪndrəʊm] *n мед.* синдром, сукупність симптомів
syngenesis [sɪn´dʒenɪsɪs] *n біол.* статеве розмноження
synopsis [sɪ´nɒpsɪs] *n* (*pl* -ses) резюме; конспект; синопсис
syntax [´sɪntæks] *n грам.* синтаксис
synthetics [sɪn´θetɪks] *n pl* синтетика
syphilis [´sɪf(ə)lɪs] *n мед.* сифіліс
Syrian [´sɪrɪən] **1.** *n* сирієць; сирійка; **the S.** *збір.* сирійці **2.** *a* сирійський
syringa [sɪ´rɪŋgə] *n бот.* 1) бузок (звичайний) 2) жасмин
syringe [sɪ´rɪndʒ, ´sɪrɪndʒ] **1.** *n* 1) шприц 2) спринцівка 3) помпа **2.** *v* 1) упорскувати 2) спринцювати
syrup [´sɪrəp] *n* сироп
system [´sɪstɪm] *n* 1) система 2) мережа 3) організм 4) спосіб; метод 5) устрій 6) класифікація 7) всесвіт 8) *обч.* система; **~atic(al)** [ˌsɪstɪ´mætɪk(əl)] *a* систематичний; **~atise** [´sɪstɪmətaɪz] *v* систематизувати

T

tab [tæb] **1.** *n* 1) вішалка; петелька 2) нашивка 3) облік **2.** *v* 1) пришивати вішалку *й под.* 2) зводити в таблиці

tabernacle [ˈtæbənæk(ə)l] *n* 1) намет; курінь 2) житло 3) храм

table [ˈteɪbl] **1.** *n* 1) стіл 2) харчування 3) їжа 4) співтрапезники 5) таблиця; розклад 6) список **2.** *v* 1) ставити на обговорення 2) класти на стіл 3) складати таблиці 4) розважати гостей 5) їсти; **t.-cloth** *n* скатерка; **~ful** *n* застілля; **t.-knife** *n* столовий ніж; **t.-land** *n* плато; **t.-napkin** *n* серветка; **~spoon** *n* столова ложка; **t.-talk** *n* застільна розмова; **~ware** *n* столовий посуд

tablet [ˈtæblɪt] *n* таблетка

taboo [təˈbuː, tæ-] **1.** *n* табу; заборона **2.** *a* нецензурний **3.** *v* 1) накладати табу 2) забороняти

tabouret [ˈtæb(ə)rɪt] *n* стілець

tabul‖ar [ˈtæbjʊlə] *a* табличний; **~ate 1.** *a* 1) шаруватий 2) плаский, плоский **2.** *v* зводити в таблиці; **~ation** *n* 1) табулювання 2) *обч.* табуляграма; таблиця

taciturn [ˈtæsɪtɜːn] *a* мовчазний; **~ity** *n* мовчазність; неговіркість

tack [tæk] **1.** *n* 1) кнопка 2) мотузка 3) напрям; курс 4) улов риби 5) доповнення **2.** *v* 1) прибивати 2) додавати 3) лавірувати 4) пов'язувати, співвідносити

tackle [ˈtækl] **1.** *n* речі; приладдя; прилад **2.** *v* 1) енергійно братися 2) мати справу 3) зупиняти

tacky [ˈtækɪ] *a* липкий, клейкий

tact [tækt] *n* 1) тактовність 2) здоровий глузд (сенс); рація; **~ful** *a* тактовний; **~less** *a* нетактовний

tactile [ˈtæktaɪl] *a* 1) дотиковий 2) тактильний 3) відчутний

tadpole [ˈtædpəʊl] *n* зоол. пуголовок

tag [tæg] **1.** *n* 1) *амер.* ярлик (*тж перен.*); етикетка 2) стрічка, бант 3) петля 4) заключні слова промови 5) заяложена фраза 6) референ 7) приспів 8) висновок; мораль (*байки*) 9) квач (*гра*) 10) закінчення, завершення; заключна частина 11) повідомлення про штраф 12) *обч.* позначка, тег (*елемента даних*) **2.** *v* 1) прикріплювати бирку (етикетку); навішувати ярлик (*тж перен.*) 2) *розм.* переслідувати (*кого-н.*) 3) з'єднувати (*що-н.*) 4) прикрасити (*промову*); уставити дотепне слівце 5) доповнювати, додавати (*до документа*) 6) призначати ціну; **~ger** *n* що водить (*у грі*)

tail [teɪl] **1.** *n* 1) хвіст 2) коса 3) почет 4) черга 5) спідниця 6) пола 7) шлейф 8) кінцева фраза 9) *війс.* тил 10) *pl* рештки **2.** *v* 1) переслідувати 2) іти позаду 3) приставати (*до компанії*); **t.-coat** *n* фрак; **~ed** *a* 1) хвостатий 2) безхвостий; **t.-end** *n* заключна частина (*чого-н.*); **t.-piece** *n* кінцева частина, задній кінець (*чого-н.*)

tailor [ˈteɪlə] **1.** *n* кравець **2.** *v* шити; **~ing** *n* 1) кравцювання; кравецька справа 2) одяг

taint [teɪnt] **1.** *n* 1) пляма; ганьба 2) вада; зіпсованість **2.** *v* 1) заражати(ся); псувати(ся) 2) домішувати, додавати; **~ed** *a* 1) що псується 2) поганий

tak‖e [teɪk] **1.** *n* 1) захоплення 2) виторг 3) улов (*риби*) **2.** *v* (took; taken [ˈteɪkən]) 1) брати 2) оволодівати 3) орендувати 4) передплачувати 5) потребувати 6) споживати 7) їздити (*таксі й под.*) 8) впливати 9) наслідувати 10) сприймати; реагувати 11) записувати 12) переборювати, долати (*перешкоди*) 13) фотографувати 14) одружуватися 15) купувати 16) вибирати 17) подобатися 18) набувати (*вигляду*) 19) *юр.* успадковувати 20) дотримуватися (*точки зору*) 21) рухатися (*куди-н.*) 22) зазнавати (*утрат і под.*) 23) призвичаюватися; **t.-home pay** *n* чистий заробіток; **t.-in** *n* 1) обман 2) обманщик 3) фальшивка; **t.-off** *n* 1) *ав.* старт, зліт, відрив від землі 2) недолік, вада, ґандж; дефект 3) *розм.* наслідування 4) карикатура; **~ing** *n* 1) *pl* бариші 2) узяття; оволодіння; захоплення 3) арешт 4) збудження; тривога 5) поганий стан **3.** *a* 1) *розм.* принадний; чарівний 2) заразний

tale [teɪl] *n* 1) історія, розповідь 2) (*часто pl*) вигадка 3) плітка 4) фікція 5) кількість 6) категорія 7) сума, сукупність; **~bearer** *n* 1) плікар 2) ябеда, доносник; **t.-teller** *n* 1) розповідач 2) вигадник 3) плікар

talent [ˈtælənt] *n* 1) хист, обдарованість, талант 2) здібність 3) талановита людина; **~ed** *a* талановитий, обдарований; **~less** *a* бездарний, позбавлений таланту

talisman [ˈtælɪzmən] *n* талісман

talk [tɔːk] **1.** *n* 1) розмова 2) лекція 3) чутки, поголоски 4) *pl* переговори, перемовини

5) базікання **2.** v 1) говорити 2) базікати 3) брехати 4) переконувати 5) радитися 6) читати лекцію (on); **~ative** a балакучий; **~er** n 1) балакун; базіка 2) промовець, оратор; **~ing** a виразний; промовистий

tall [tɔ:l] a 1) високий 2) довгий

tallow [´tæləʊ] **1.** n жир, сало **2.** v змазувати жиром (салом)

tally [´tælɪ] **1.** n 1) число; група; серія; рахунок 2) підсумок 3) бирка; ярлик 4) позначка; квитанція 5) перен. згода 6) копія; дублікат **2.** v 1) підраховувати 2) збігатися (with) 3) приводити у відповідність 4) чіпляти ярлик 5) рахувати; **t.-shop** n крамниця, у якій товари продають на виплат; **t. system, t. trade** n торгівля на виплат

talon [´tælən] n 1) (зазв. pl) пазур 2) талон (від квитанції)

tambour [´tæmbʊə] n 1) барабан 2) барабанщик

tame [teɪm] **1.** a 1) ручний; приручений 2) домашній 3) банальний 4) прісний 5) неяскравий 6) покірний; пасивний **2.** v 1) приручати(ся) 2) упокорювати; **~less** a 1) дикий, неприручений 2) неприборкний; **~r** n приборкувач

tamper [´tæmpə] v 1) утручатися (with – у що-н.) 2) підкупляти 3) впливати

tan [tæn] **1.** n засмага **2.** v засмагати

tang I [tæŋ] n 1) гострий запах 2) особливість 3) укус комахи; **~y** a 1) гострий (запах) 2) скандальний

tang II [tæŋ] **1.** n дзвін **2.** v дзвеніти; лунати

tangent [´tændʒ(ə)nt] **1.** n мат. дотична 2) мат. тангенс **2.** a мат. дотичний

tangerine [ˌtændʒəˈri:n] n 1) бот. мандарин, танжерин 2) мандарин (плід)

tangib||**le** [´tændʒəbl] **1.** n pl матеріальні цінності **2.** a 1) матеріальний 2) реальний; **~ility** n 1) відчутність 2) реальність

tangl||**e** [´tæŋgl] **1.** n 1) сплетення 2) перен. плутанина; метушня 3) конфлікт **2.** v 1) заплутувати(ся) 2) ловити 3) заважати; **~y** a 1) сплутаний 2) складний

tango [´tæŋgəʊ] **1.** n (pl -os [-əʊz]) танго **2.** v танцювати танго

tank [tæŋk] **1.** n бак, резервуар **2.** v наливати в бак; **~er** n 1) танкер 2) цистерна 3) автоцистерна

tankard [´tæŋkəd] n кухоль

tantalise [´tæntəlaɪz] v 1) мучити; дратувати 2) мучитися

tantamount [´tæntəmaʊnt] a рівноцінний, еквівалентний (to)

tantrum [´tæntrəm] n спалах гніву, роздратування

tap [tæp] **1.** v стукотіти **2.** n стукіт; **t. dance** n чечітка, степ; **t.-dance** v вибивати чечітку, танцювати степ

tape [teɪp] **1.** n 1) тасьма 2) стрічка **2.** v зв'язувати тасьмою; **t.-measure** n рулетка; **~worm** n 1) зоол. солітер 2) перен. паразит

taper [´teɪpə] **1.** n 1) конус 2) шпиль 3) тонка свічка 4) тьмяне світло 5) ослаблення; спад **2.** v 1) звужувати(ся) 2) перен. просуватися по службі

tapir [´teɪpə] n зоол. тапір

tapis [´tæpi:] n фр. покривало; скатертина, килим

tap||**ster** [´tæpstə] n бармен; **~-room** n пивниця

tar [tɑ:] **1.** n смола; ґудрон **2.** v мазати дьогтем; смолити

tarantula [təˈræntjʊlə] n 1) ент. тарантул 2) укус тарантула

taraxacum [təˈræksəkəm] n бот. кульбаба

tarboosh [tɑ:ˈbu:ʃ] n феска

tardy [´tɑ:dɪ] a 1) повільний 2) запізнілий, спізнілий; пізній

tare I [teə] n 1) бот. вика 2) pl бібл. плевели, перен. бур'ян

tare II [teə] n вага тари, тара

target [´tɑ:gɪt] n 1) ціль, мішень 2) перен. мета 3) військ. об'єкт 4) змагання зі стрільби 5) предмет, об'єкт (глузувань) 6) завдання

tariff [´tærɪf] n 1) тариф 2) розцінка; прейскурант

tarnish [´tɑ:nɪʃ] **1.** n 1) тьмяність 2) перен. пляма 3) потьмарення **2.** v 1) робити тьмяним 2) тьмяніти 3) ганьбити, плямувати

tarpaulin [tɑ:ˈpɔ:lɪn] n 1) брезент 2) штормівка 3) моряк; матрос

tarragon [´tærəgən] n бот. полин острогін

tart [tɑ:t] **1.** n 1) домашній торт 2) фруктове тістечко **2.** a 1) кислий; терпкий 2) різкий (про відповідь)

Tartar [´tɑ:tə] **1.** n 1) татарин; **the T.** збір. татари 2) татарська мова **2.** a татарський

Tartarus [´tɑ:tərəs] n міф. грец. тартар, пекло

task [tɑ:sk] **1.** n 1) справа; урок 2) обов'язок 3) мито **2.** v 1) обтяжувати 2) давати завдання 3) випробовувати, перевіряти

tassel [tæsl] n 1) китиця (прикраса) 2) закладка (для книги)

tast||**e** [teɪst] **1.** n 1) смак 2) схильність 3) тактовність 4) манера 5) шматочок; проба 6) уявлення **2.** v 1) куштувати 2) дегустувати 3) мати смак (присмак) 4) їсти, пити 5) мати схильність (смак) (до чого-н.); **~eful** a 1) зроблений зі смаком 2) смачний; **~eless** a 1) несмачний 2) з поганим смаком 3) безтактний 4) позбавлений смаку; **~er** n дегустатор; **~y** a смачний

tatter [´tætə] **1.** n 1) (зазв. pl) лахміття 2) ганчірка **2.** v перетворювати(ся) на лахміття;

~demal(l)ion n обірванець; **~ed** a 1) розірваний 2) обірваний 3) старий

tattl||e [ˈtætl] 1. n 1) базікання 2) плітки 2. v 1) базікати 2) теревені правити; **~er** n 1) базіка 2) наручний годинник з боєм 3) орн. кулик

tattoo I [tæˈtuː, tə-] 1. n 1) барабанний дріб 2) стукіт 2. v барабанити пальцями

tattoo II [tæˈtuː, tə-] 1. n татуювання 2. v татуювати

taught [tɔːt] past і p. p. від **teach**

taunt [tɔːnt] 1. n 1) уїдливість 2) гіркий докір 2. v 1) глузувати 2) насміхатися 3) дражнити

taut [tɔːt] a 1) тугий; пружний 2) перен. напружений 3) справний 4) акуратний, охайний 5) старанний; **~en** v напружувати(ся)

tautologize [tɔːˈtɒlədʒaɪz] v повторюватися

tawdry [ˈtɔːdrɪ] 1. n дешевий шик 2. a крикливий, позбавлений смаку

tawny [ˈtɔːnɪ] a 1) рудувато-брунатний; темножовтий 2) смаглявий, темношкірий; **t. owl** орн. сіра (звичайна) сова

tax [tæks] 1. n 1) податок 2) випробування 2. v 1) оподатковувати 2) випробовувати 3) дорікати; обвинувачувати; **~able** 1. n зазв. pl платники податків 2. a оподатковуваний; **~ation** n 1) оподаткування 2) сума податку; **t. evasion** n ухиляння від сплати податків; **~ing** 1. n оподаткування 2. a податковий; **~payer** n платник податків; **t. return** n податкова декларація

taxi [ˈtæksɪ] n таксі; **~meter** n таксометр, лічильник таксі

tea [tiː] n 1) бот. камелія 2) чай 3) настій 4) вечеря з чаєм 5) чашка чаю, чай; **t.-house** n чайна; кав'ярня, закусочна; **t.-kettle** n чайник; **t.-party** n чаювання, **t.-spoon** n чайна ложка; **~-urn** n самовар

teach [tiːtʃ] v (taught) 1) учити, навчати 2) викладати (який-н. предмет) 3) учителювати 4) привчати 5) повідомляти; **~able** a 1) приступний (про предмет) 2) тямущий; старанний; **~er** n учитель; викладач; **~ing** n 1) навчання 2) часто pl уроки 3) (тж pl) учення

teak [tiːk] n бот. тик

teal [tiːl] n орн. чирка, чирок

team [tiːm] 1. n 1) команда 2) екіпаж судна 3) група 2. v 1) об'єднуватися у бригаду 2) запрягати; **t.-mate** n 1) товариш по роботі 2) соратник; союзник; **t.-work** n спільні зусилля; взаємодія

tear I [teə] 1. n 1) розрив 2) проріз; дірка 3) пристрасть 2. v (tore; torn) 1) рвати(ся) 2) пробивати 3) проймати 4) вихоплювати 5) поранити 6) перен. роздирати 7) шаленіти; **~ing** a що розриває

tear II [teə] n 1) сльоза 2) pl горе; **t.-drop** n сльоза; **~ful** a 1) сльозливий 2) сумний; **t.-gas** n сльозогінний газ; **~less** a 1) без сліз 2) байдужий

tease [tiːz] v 1) дражнити 2) набридати

teat [tiːt] n анат. сосок

techn||ical [ˈteknɪk(ə)l] 1. n pl спеціальна термінологія 2. a 1) технічний 2) формальний; **~ician** n фахівець; **~icolor** a соковитий (про фарби); **~ics** n pl (ужив. як sing) 1) техніка 2) технологія; **~ique** [tekˈniːk] n 1) уміння 2) методика; **~ology** n 1) технологія 2) техніка

techy [ˈtetʃɪ] a дратівливий, уразливий; **t. subject** лоскітлива тема

tectonic [tekˈtɒnɪk] a 1) архітектурний 2) геол. тектонічний

tedium [ˈtiːdɪəm] n нудьга; утома

tee [tiː] n мішень (в іграх)

teem [tiːm] v 1) кишіти 2) народжувати (приводити) (про тварин) 3) текти струмком; **~ing** a багатолюдний

teen||s [tiːnz] n pl вік від 13 до 19 років (включно); **~-age** a 1) підлітковий 2) юнацький; **~-ager** n підліток; юнак; дівчина

teethe [tiːð] v 1) прорізуватися (про зуби) 2) уставляти зуби

teetotaller [ˌtiːˈtəʊt(ə)lə] n непитущий, непитуща людина

telecontrol [ˈtelɪkənˌtrəʊl] n дистанційне керування

telegraph [ˈtelɪgrɑːf] 1. n 1) телеграф 2) семафор 2. v 1) телеграфувати 2) сигналізувати

telepathy [tɪˈlepəθɪ] n телепатія

telephon||e [ˈtelɪfəʊn] 1. n телефон 2. v телефонувати; **~ic** [telɪˈfɒnɪk] a телефонний

telescope [ˈtelɪskəʊp] 1. n 1) телескоп 2) оптичний приціл 2. v висувати(ся)

televiewer [ˈtelɪˌvjuːə] n телеглядач

televis||or [ˈtelɪvaɪzə] n телевізор; **~ual** [telɪˈvɪʒʊəl] a телевізійний

tell [tel] v (told) 1) говорити, розповідати 2) наговорювати 3) свідчити 4) запевняти, твердити 5) наказувати 6) визначати 7) даватися взнаки 8) рахувати; підраховувати 9) платити; **~er** n 1) касир 2) оповідач; **~ing** a ефектний; відчутний; **~tale** 1. n 1) пліткар 2) доносник 3) тех. сигнальний пристрій 2. a зрадницький

tellurian [teˈl(j)ʊ(ə)rɪən] 1. n мешканець Землі; землянин 2. a що стосується Землі; земний

temblor [temˈblɔː] n амер. землетрус

temper [ˈtempə] 1. n 1) вдача, характер 2) дражливість; нестриманість 3) настрій 4) стриманість; самовладання 5) гармонія 6) компроміс 7) температура 8) хім. суміш, розчин 9) склад 2. v 1) стримувати(ся) 2) регулювати 3) набувати потрібного стану; **~ament** n 1) темперамент 2) вдача, характер; **~amental** *a* 1) темпераментний 2) органічний 3) імпульсивний; **~ance** *n* 1) поміркованість 2) тверезість; **~ate** [´tempərət] *a* 1) стриманий, поміркований 2) помірний (*про клімат*) 3) обмежений; **~ature** *n* температура

tempest [´tempɪst] **1.** *n* 1) буря 2) гроза 3) *перен.* потрясіння 4) шумний натовп **2.** *v* 1) хвилювати 2) бушувати; **~uous** *a* бурхливий, гарячий

temple I [´templ] **1.** *n* храм **2.** *v* споруджувати храм

temple II [´templ] *n* скроня

tempo [´tempəʊ] *n* (*pl* -os, -pi [-pəʊz]) 1) *муз.* темп 2) ритм, темп (*життя*) 3) швидкість

tempor∥al [´temp(ə)rəl] *a* 1) цивільний 2) тимчасовий; **~ality** *n* тимчасовість, тлінність; **~ize** *v* 1) вичікувати 2) іти на компроміс

tempt [tempt] *v* 1) умовляти; схиляти; спокушати 2) заманювати 3) приваблювати 4) випробовувати; перевіряти; **~ation** *n* 1) спокуса 2) принада; **~er** *n* спокусник; звабник; **~ing** *a* привабливий; **~ress** *n* спокусниця; сирена

ten [ten] **1.** *n* 1) число десять 2) десять **2.** *num. card.* десять; **~fold** *a* 1) десятиразовий 2) у багато разів більший

tenable [´tenəbl] *a* 1) надійний 2) логічний, розумний

tenaci∥ty [tɪ´næsɪtɪ] *n* 1) чіпкість 2) наполегливість, завзятість 3) сталість; **~ous** *a* 1) чіпкий 2) наполегливий, завзятий 3) бездіяльний

tenan∥cy [´tenənsɪ] *n юр.* 1) володіння 2) оренда; **~t 1.** *n* 1) *юр.* орендар 2) мешканець 3) *юр.* власник **2.** *v юр.* 1) орендувати 2) мешкати

tench [tentʃ] *n іхт.* лин

tend [tend] *v* 1) бути схильним (*до чого-н.*) 2) прямувати; **~ency** *n* 1) прагнення 2) ідея 3) тенденційність

tender [´tendə] **1.** *n* 1) пропозиція 2) нянька; доглядальниця 3) сторож **2.** *a* 1) м'який 2) хворобливий 3) уразливий 4) делікатний 5) ласкавий 6) уважний 7) чуйний 8) молодий **3.** *v* 1) пропонувати 2) піклуватися, дбати; **~ling** *n* 1) дитинчатко 2) пестунчик

tenement [´tenəmənt] *n* орендоване приміщення

tenet [´tenɪt] *n* догмат; переконання

tenor [´tenə] *n* 1) сенс 2) якість; стан; уклад 3) склад розуму 4) рух, напрямок 5) копія

tens∥e [tens] **1.** *n грам.* час **2.** *a* напружений **3.** *v* напружувати(ся); **~ile** *a* розтяжний; **~ion** *n* 1) напруження 2) нещирість, неприродність; **~ive** *a* що напружує

tent I [tent] **1.** *n* 1) намет; шатро; тент 2) житло 3) увага **2.** *v* 1) ставити намет 2) жити в наметах 3) піклуватися; **t.-bed** *n* похідне ліжко; *розм.* розкладачка

tent II [tent] *мед.* **1.** *n* тампон **2.** *v* уставляти тампон

tentative [´tentətɪv] **1.** *n* спроба, проба, дослід, експеримент **2.** *a* 1) спробний 2) гіпотетичний 3) попередній 4) невпевнений

tenth [tenθ] **1.** *n* 1) десята частина 2) (the ~) десяте число **2.** *num. ord.* десятий

tenure [´tenj(ʊ)ə] *n* 1) майно 2) перебування (*на посаді*)

tercentenary [,tɜːsen´tiːn(ə)rɪ] **1.** *n* 1) триста років 2) трьохсотріччя **2.** *a* трьохсотрічний

tergiversate [´tɜːdʒɪvəseɪt] *v* 1) бути ренегатом 2) ухилятися

term [tɜːm] **1.** *n* 1) термін 2) *pl* вислів, слово 3) *pl* мова 4) *pl* (особисті) стосунки 5) *pl* умова 6) *pl* гонорар 7) семестр; чверть 8) межа 9) мета 10) початок 11) *pl* місячне **2.** *v* висловлювати; називати; **~less** *a* 1) безмежний 2) незалежний 3) невимовний; **t.-time** *n* 1) семестр; чверть 2) сесія (*суду*)

termagant [´tɜːməgənt] **1.** *n* 1) мегера 2) грубіян **2.** *a* сварливий

termin∥al [´tɜːmɪn(ə)l] **1.** *n* 1) кінець, межа 2) крайність 3) двірець, вокзал 4) *обч.* термінал 5) *грам.* закінчення **2.** *a* 1) смертельний (*про хворобу*) 2) конаючий (*про хворого*) 3) заключний 4) періодичний 5) семестровий 6) граничний; **~able** *a* терміновий; тимчасовий; **~ate** *v* 1) закінчувати(ся), завершувати(ся) 2) обмежувати 3) спрямовувати, призначати; **~ation** *n* 1) припинення 2) межа 3) результат 4) *грам.* закінчення слова, суфікс 5) *зал.* кінцева станція; **~ology** *n* термінологія

termit∥e [´tɜːmaɪt] *n ент.* терміт; **~ary** *n* термітник, гніздо термітів

tern I [tɜːn] *n орн.* крячок

tern II [tɜːn] *n* три предмети (числа) й *под.*; трійка; **~ary 1.** *n* три, трійка, тріада **2.** *a* потрійний

terra [´terə] *n лат.* земля

terrace [´terɪs] **1.** *n* 1) тераса; насип 2) веранда 3) балкон **2.** *v* розташовувати терасами

terrain [tə´reɪn, ´terəɪn] *n* місцевість; територія, район

terraneous [te´reɪnɪəs] *a* 1) земний 2) *бот.* наземний

terrapin [´terəpɪn] *n* 1) *зоол.* водяна черепаха 2) автомобіль-амфібія

terraqueous [te´reɪkwɪəs] *a* земноводний

terre∥ne [te´riːn] **1.** *n* 1) земля, територія **2.** *a* 1) земний 2) світський 3) земляний; **~strial** *a* 1) земний 2) континентальний 3) сухопутний

terri∥ble [´terɪbl] *a* страшний; що вселяє жах, грізний; **~fy** *v* 1) жахати 2) залякувати

terrier [´terɪə] *n зоол.* тер'єр

territor||ial [ˌterɪˈtɔːrɪəl] *a* 1) територіальний 2) місцевий; **~y** [ˈterətrɪ] *n* 1) територія 2) місцевість 3) поле діяльності 4) галузь, царина

terror [ˈterə] *n* 1) жах 2) терор; **~ise** *v* тероризувати; **t.-stricken, t.-struck** *a* заляканий

terse [tɜːs] *a* 1) стислий; виразний 2) небагатослівний 3) охайний 4) витончений, вишуканий

tertian [ˈtɜːʃ(ə)n] *n* мед. малярія

tessera [ˈtesərə] *n* (*pl* -rae) 1) архіт. мозаїка 2) перен. пароль

test [test] **1.** *n* 1) випробування; перевірка 2) проба 3) мірило; критерій 4) тест **2.** *v* 1) випробовувати; перевіряти 2) тестувати 3) юр. укладати заповіт; **~er** *n* 1) випробувач 2) тестер; пробник

testa||ment [ˈtestəmənt] *n* 1) юр. заповіт 2) (T.) рел. заповіт (*зазв.* Новий Заповіт, Євангеліє; *тж* New T.); **Old T.** Старий Заповіт; **~mentary** *a* юр. заповідальний; **~te** [ˈtestɪt] *a* юр. переданий за заповітом; **~tor** *n* юр. 1) заповідач, спадкоємець 2) свідок

teste [ˈtestɪ] *n* юр. свідок

testicle [ˈtestɪkl] *n* анат. яєчко

testi||fy [ˈtestɪfaɪ] *v* юр. свідчити; **~fication** *n* юр. свідчення

testimon||ial [ˌtestɪˈməʊnɪəl] **1.** *n* 1) рекомендація 2) нагорода 3) ознака 4) сертифікат; перепустка **2.** *a* 1) подячний 2) доказовий; **~y** *n* 1) юр. свідчення 2) доказ 3) твердження 4) *pl* бібл. скрижалі

tetanus [ˈtet(ə)nəs] *n* 1) мед. правець 2) фізіол. судома; спазм

tetchy [ˈtetʃɪ] *a* запальний; уразливий; дратівливий; з норовом

tête-à-tête [ˌte(ɪ)təˈte(ɪ)t] *фр.* **1.** *n* 1) розмова віч-на-віч (тет-а-тет) 2) невелика канапа на двох **2.** *a* конфіденційний

tether [ˈteðə] **1.** *n* 1) припона, пута (*для тварини*) 2) перен. кайдани; пута 3) межа; кордон **2.** *v* 1) прив'язувати (*тварину*) 2) перен. обмежувати, сковувати

tetragon [ˈtetrəgən] *n* геом. чотирикутник; **~al** *a* геом. чотирикутний

text [tekst] *n* 1) текст 2) оригінал 3) зміст 4) прислів'я; афоризм; **~book** *n* підручник; **~ual** *a* 1) текстовий 2) буквальний

than [ðæn, ðən] *cj* ніж, від, за, як; крім; щоб

thank [θæŋk] **1.** *n* (*зазв. pl*) 1) подяка 2): **~s to** (*ужив. як prep*) завдяки **2.** *v* дякувати; **~ful** *a* вдячний; **~less** *a* невдячний

that **1.** *pron* (*pl* those) [ðæt] той, та, те (*іноді цей та ін.*) **2.** *cj* [ðæt (*повна ф.*)]; ðət (*редук. ф.*)] що, щоб; так, щоб

thaw [θɔː] **1.** *n* 1) відлига 2) перен. потепління, потепління **2.** *v* 1) танути 2) зігріватися 3) перен. пом'якшуватися 4) теплішати

the [ðiː (*повна ф.*); ðɪ (*редук. ф.*), ðə (*редук. ф.*)] **1.** *грам. означений артикль* **2.** *adv* що... то; тим

theatr||e [ˈθɪətə] *n* 1) театр 2) театральне мистецтво 3) глядачі; **~ical 1.** *n* 1) *pl* вистава 2) актор **2.** *a* 1) сценічний 2) показний; **~icality** *n* театральність, неприродність

theft [θeft] *n* 1) злодійство, крадіжка 2) украдені речі, крадене

their [ðɛə] *poss. pron* їх (*що належить їм*); свій, своя, своє, свої

them [ðem (*повна ф.*); ðəm, əm (*редук. ф.*)] *pron pers.* непрям. в. від **they** їх, їм, ними й под.

theme [θiːm] *n* 1) тема, предмет (*розмови*) 2) грам. основа

themselves [ðəmˈselvz] *pron* 1) *emph.* самі 2) *refl.* себе, -ся; собі

then [ðen] **1.** *n* той час; **since t.** відтоді **2.** *a* тодішній, що існував у той час **3.** *adv* 1) тоді, у той час 2) потім, після 3) крім того 4) далі, потім 5) у такому разі, тоді

theor||y [ˈθɪ(ə)rɪ] *n* теорія; **~em** *n* теорема; **~etic(al)** *a* 1) теоретичний 2) споглядальний; **~ist** *n* теоретик; **~ize** *v* теоретизувати

therap||y [ˈθerəpɪ] *n* 1) лікування, терапія 2) лікувальна дія; **~eutics** *n pl* (*ужив. як sing*) лікування, терапія, терапевтика; **~eutist** *n* терапевт; **~ist** *n* лікар

there [ðɛə (*повна ф.*); ðə (*редук. ф.*)] **1.** *n* те місце **2.** *adv* 1) там 2) туди **3.** *int* ну, от; треба ж!; **~after** *adv* з того часу; **~by** *adv* 1) таким чином 2) у зв'язку з цим 3) поблизу

thermic [ˈθɜːmɪk] *a* тепловий

thermit, thermite [ˈθɜːmɪt, -maɪt] *n* тех. терміт

thesaurus [θɪˈsɔːrəs] *n* (*pl* -ri, -ses [-ɪz]) 1) скарбниця (*тж перен.*) 2) словник; енциклопедія

thesis [ˈθiːsɪs] *n* (*pl* -ses) 1) теза 2) дисертація

theurgy [ˈθiːɜːdʒɪ] *n* магія, чаклунство, чарування

they [ðeɪ (*повна ф.*); ðə, ðe (*редук. ф.*)] *pron pers.* вони (*про людей, тварин, предмети й под.*); непрям. в. **them** їх, їм *і под.*

thick [θɪk] **1.** *n* 1) гущавина 2) центр 3) розпал **2.** *a* 1) товстий 2) огрядний, дебелий 3) густий 4) щільний 5) туманний, похмурий (*про погоду*) 6) двозначний **3.** *v* згущати(ся); **~et** *n* хаща; зарості; **t.-set** *a* 1) кремезний 2) густо зарослий

thie||f [θiːf] *n* (*pl* thieves) злодій, крадій; **~ve** *v* красти; **~very** *n* злодійство

thigh [θaɪ] *n* стегно

thimbleful [ˈθɪmb(ə)lfʊl] *n* невелика кількість

thin [θɪn] **1.** *a* 1) тонкий 2) худий, худорлявий 3) рідкий 4) нечисленний 5) дрібний (*про дощ*) 6) беззмістовний 7) немічний 8) хиткий **2.** *v* 1) худнути 2) рідшати 3) порожніти 4) проривати, проріджувати

thine [ðaɪn] *n* 1) твої, твоя родина 2) твоє, твоя власність

thing [θɪŋ] *n* 1) річ 2) щось, дещо 3) (*зазв. pl*) справа, факт 4) якість 5) створіння, істота 6) зразок 7) *pl* майно 8) їжа; питво 9) *pl* одяг 10) *pl* побутові речі 11) особливість 12) дія, учинок 13) подія 14) твір

think [θɪŋk] *v* (thought) 1) думати 2) уважати 3) розуміти 4) припускати 5) сподіватися 6) мати на увазі 7) дбати 8) пам'ятати 9) мріяти; **~able** *a* 1) мислимий 2) можливий; **~er** *n* мислитель; філософ; **~ing** 1. *n* 1) міркування 2) думка 3) *pl* роздуми **2.** *a* 1) мислячий 2) думаючий, вдумливий

third [θɜːd] **1.** *n* 1) третина, третя частина 2) (the ~) третє число **2.** *num. ord.* третій; **t.-rate** *a* поганий, нікудишній

thirst [θɜːst] **1.** *n* 1) спрага 2) *перен.* жага 3) пустеля **2.** *v* 1) відчувати спрагу 2) *перен.* жадати; **~y** *a* 1) спраглий 2) *перен.* жадаючий

thirt||een [͵θɜː'tiːn] *num. card.* тринадцять; **~eenth** **1.** *n* 1) тринадцята частина 2) (the ~) тринадцяте число **2.** *num. ord.* тринадцятий; **~ieth** **1.** *n* 1) тридцята частина 2) (the ~) тридцяте число **2.** *num. ord.* тридцятий; **~y** **1.** *n* номер тридцять **2.** *num. card.* тридцять

this [ðɪs] (*pl* these) цей, ця, це

thistle [ˈθɪsl] *n бот.* чортополох

thole [θəʊl] *n* гачок; скоба

thorn [θɔːn] *n* 1) *бот.* шип 2) колюча рослина 3) *pl* кайдани

thorough [ˈθʌrə] *a* 1) зроблений 2) докладний 3) повний, цілковитий 4) уважний; **~bred** **1.** *n* 1) породиста тварина 2) бездоганно вихована людина **2.** *a* 1) породистий 2) добре вихований; **~fare** *n* 1) транспортна магістраль 2) проїзд; **~going** *a* безкомпромісний; радикальний; **~ness** *n* 1) ґрунтовність 2) закінченість

though [ðəʊ] *cj* 1) (*часто* even though) хоч, усе ж, незважаючи на 2) навіть, якби, хоча б

thought [θɔːt] *n* 1) міркування 2) піклування 3) думка, ідея 4) уява 5) намір 6) тривога; смуток; прикрість; **~ful** *a* 1) замислений 2) вдумливий 3) чуйний; **~less** *a* 1) еґоїстичний 2) необачний 3) дурний; **t.-out** *a* продуманий

thousand [ˈθaʊz(ə)nd] **1.** *n* 1) (число) тисяча, одна тисяча 2) *pl* безліч **2.** *num. card.* одна тисяча; **~th** **1.** *a* 1) крихітний 2) дуже великий **2.** *num. ord.* тисячний

thrall||l [θrɔːl] **1.** *n* 1) раб 2) рабство 3) полонений **2.** *v* брати в рабство, поневолювати; **~dom** *n ім.* рабство

thrash [θræʃ] *v* 1) бити 2) узяти гору 3) грюкати 4) метатися; **~ing** *n* биття; прочухан

thread [θred] **1.** *n* 1) нитка 2) зв'язок 3) павутинка **2.** *v* 1) зв'язувати ниткою 2) торувати шлях 3) пронизувати; **~bare** *a* 1) зношений 2) обшарпаний 3) заяложений 4) слабкий (*про відмову*); **~ed** *a* нитяний; **t. mark** *n* водяний знак (*на грошах*)

threat [θret] *n* загроза, погроза; **~en** *v* 1) грозити(ся) 2) провіщати; **~ening** *a* загрозливий

three [θriː] **1.** *n* 1) число три 2) трійка (*цифра*) 3) троє, трійка **2.** *num. card.* три; **t.-cornered** *a* 1) трикутний 2) *перен.* незграбний; **t.-dimensional** *a* 1) тривимірний 2) стереоскопічний 3) усебічний, глибокий; **~fold** *a* 1) потроєний 2) потрійний

threnode, threnody [ˈθrenəʊd, ˈθriː-, ˈθrenədɪ, ˈθriː-] *n* надгробна пісня; тужіння

threshold [ˈθreʃ(h)əʊld] *n* 1) поріг 2) *перен.* початок

threw [θruː] *past від* **throw 2**

thrice [θraɪs] *adv* 1) тричі, три рази поспіль 2) утричі

thrift [θrɪft] **1.** *n* 1) ощадливість 2) достаток **2.** *v* заощаджувати; **~less** *a* 1) марнотратний 2) невигідний, некорисний; **~y** *a* 1) ощадливий, економний 2) щасливий

thrill [θrɪl] **1.** *n* 1) вібрація, коливання 2) нервовий дрож; нервове збудження 3) сенсаційність **2.** *v* 1) збуджувати 2) відчувати трепет; **~ed** *a* схвильований; **~er** *n* 1) трилер 2) мелодрама; **~ing** *a* пронизливий

throat [θrəʊt] *n* 1) горло 2) вузький прохід 2. *v* 1) мимрити 2) утворювати горловину; **~y** *a* 1) горловий; хрипкий 2) волястий

throb [θrɒb] **1.** *n* 1) трепет, нервовий дрож 2) пульсація 3) дрижання **2.** *v* 1) сильно битися; пульсувати 2) хвилюватися

throe [θrəʊ] **1.** *n* (*зазв. pl*) 1) спазми 2) агонія 3) перейми **2.** *v* 1) страждати 2) агонізувати

throne [θrəʊn] **1.** *n* 1) трон; престол 2) (the ~) государ, монарх **2.** *v* 1) зводити на престол 2) царювати 3) мати владу

throng [θrɒŋ] **1.** *n* 1) натовп 2) штовханина 3) безліч **2.** *v* 1) юрмитися 2) скупчуватися

throstle [ˈθrɒsl] *n орн.* співочий дрізд

throttle [ˈθrɒtl] **1.** *v* душити **2.** *n* 1) дихальне горло

through [θruː] **1.** *a* 1) транзитний 2) безперешкодний **2.** *prep* 1) через, крізь, по 2) протягом, упродовж 3) у (в), через 4) завдяки, через, від 5) із причини, унаслідок 6) за допомогою; від; **~put** *n* 1) пропускна спроможність 2) виробництво

throw [θrəʊ] **1.** *n* 1) кидання; кидок 2) *спорт.* метання 3) ризик **2.** *v* (threw; thrown [θrəʊn]) 1) кидати, шпурляти 2) вивергати 3) звалювати (*провину*) 4) спрямовувати (*світло*) 5) надавати форми; **t.-back** *n* 1) реґрес 2) атавізм

thrush [θrʌʃ] *n орн.* дрізд
thrust [θrʌst] **1.** *n* 1) поштовх, удар, випад 3) атака **2.** *v* (thrust) 1) просувати 2) нав'язувати (*свою думку*) 3) завдавати удару 4) штовхати(ся)
thud [θʌd] **1.** *n* 1) важкий удар 2) порив вітру, шквал **2.** *v* 1) звалитися 2) видавати глухі звуки 3) налітати зі шквалом
thumb [θʌm] **1.** *n* 1) великий палець (*руки*) 2) палець (*рукавиці*) 3) виступ **2.** *v* 1) заялозити 2) переглядати (*книгу*) 3) голосувати (*зупиняти автомобіль*) 4) незграбно поводитися; **t.-nail 1.** *n* ніготь великого пальця **2.** *a* 1) маленький 2) короткий
thump [θʌmp] **1.** *n* важкий удар (*кулаком*) **2.** *v* 1) бити 2) ударятися
thunder [ˈθʌndə] **1.** *n* 1) грім 2) шум 3) *часто pl* різкий осуд **2.** *v* 1) гриміти 2) говорити голосно 3) галасувати; **~bolt** *n* удар блискавки; **t.-clap** *n* удар грому; **~ing** *a* оглушливий; **~ous** *a* 1) грозовий 2) *перен.* руйнівний; **t.-storm** *n* гроза
Thursday [ˈθɜːzdɪ] *n* четвер
thus [ðʌs] *adv* таким чином, так
thwart [θwɔːt] **1.** *n* 1) перешкода 2) катастрофа **2.** *a* 1) поперечний 2) незговірливий, упертий **3.** *v* 1) перечити 2) перепиняти
thyme [taɪm] *n бот.* чебрець
tiara [tɪˈɑːrə] *n* 1) тіара 2) діадема 3) папство, папське звання
tic [tɪk] *n мед.* тик
tick I [tɪk] *n* 1) чохол (*матраца*); наволочка 2) тик (*тканина*)
tick II [tɪk] **1.** *n* 1) цокання 2) удар (*пульсу*) 3) позначка 4) стукіт 5) гудіння **2.** *v* 1) цокати 2) відстукувати, відбивати
tick III [tɪk] *n ент.* кліщ
ticker [ˈtɪkə] *n* маятник; **t. tape** *n* конфеті
ticket [ˈtɪkɪt] *n* 1) квиток 2) посвідка 3) квитанція 4) ярлик 5) візитівка 6) оголошення 7) ордер, заявка
tickl||e [ˈtɪkl] **1.** *n* 1) лоскотання 2) приємне відчуття **2.** *v* 1) лоскотати 2) чухатися 3) розважати; **~er** *n* 1) утруднення; скрутне становище 2) різка людина 3) підлесник 4) різка, лозина 5) пір'їна
tide [taɪd] **1.** *n* 1) морський приплив і відплив 2) хід, течія 3) хвиля 4) пора року; сезон 5) шанс, можливість **2.** *v* 1) пливти за течією 2) *перен.* змивати 3) траплятися
tid||y [ˈtaɪdɪ] **1.** *n* прибирання **2.** *a* 1) охайний, акуратний 2) відмінний, гідний 3) доречний, вчасний **3.** *v* 1) прибирати, наводити порядок 2) забирати, приймати; **~iness** *n* охайність, акуратність; **~ings** *n pl* новини, вісті
tie [taɪ] **1.** *n* 1) шнур 2) краватка (*зазв. pl*) узи 4) клопіт, тягар 5) коса (*волосся*) 6) зв'язок 7) вузол, петля 8) обов'язок 9) *амер. pl* черевики **2.** *v* 1) зав'язувати(ся); шнурувати 2) зобов'язувати 3) перешкоджати 4) зіграти внічию; **t.-up** *n* 1) зв'язаність, пута 2) страйк
tier [ˈtɪə] **1.** *n* 1) ряд; ярус 2) верства 3) *амер.* група штатів **2.** *v* розташовувати ярусами (*тж* ~ **up**); класти шар на шар
tiff [tɪf] *n* 1) незгода; сварка 2) поганий настрій
tig [tɪg] **1.** *n* 1) дотик 2) гра в квача **2.** *v* грати у квача
tiger [ˈtaɪgə] *n* 1) *зоол.* тигр 2) *спорт.* сильний гравець 3) забіяка
tight [taɪt] *a* 1) тугий 2) компактний 3) вузький (*про одяг*) 4) герметичний 5) недостатній 6) чепурний 7) тяжкий 8) суворий; **t.-fisted** *a* скупий; **t.-lipped** *a* потайливий; мовчазний; **~ness** *n* 1) напруженість 2) герметичність 3) скупість 4) жвавість
tights [taɪts] *n pl* колготки
tile [taɪl] **1.** *n* 1) черепиця 2) кахля **2.** *v* 1) укривати черепицею 2) зв'язувати обітницею мовчання
till I [tɪl] **1.** *prep* 1) до; **t. then** доти 2) до, не раніш **2.** *cj* (доти) поки (не)
till II [tɪl] *n* каса
till III [tɪl] *v* обробляти землю; **~er** *n* 1) рільник 2) фермер; орач
tilt I [tɪlt] *n* 1) нахил 2) узвіз, спуск 3) сутичка, сварка, спірка; герць 4) удар **2.** *v* 1) нахиляти(ся) 2) перекидати(ся) 3) битися; сперечатися; **t.-yard** *n іст.* арена для турнірів; місце для змагання
tilt II [tɪlt] **1.** *n* тент; намет **2.** *v* покривати навісом
tilth [tɪlθ] *n с.-г.* 1) оранка 2) рілля 3) урожай 4) утворення
timber [ˈtɪmbə] **1.** *n* 1) лісоматеріал 2) *амер.* чеснота; особиста риса 3) статура; будова тіла 4) човен; корабель **2.** *v* теслювати, столярувати; **~ed** *a* 1) дерев'яний 2) який має певну статуру; **~ing** *n* 1) лісоматеріали 2) теслярство, столярство
timbre [ˈtæmbə, ˈtɪmbə] *n муз.* тембр
time [taɪm] **1.** *n* 1) час 2) термін 3) сезон, пора 4) година, точний час 5) (*часто pl*) епоха 6) дозвілля 7) нагода 8) мить 9) раз 10) життя **2.** *v* 1) розраховувати (*за часом*) 2) ставити (*годинник*); **t.-consuming** *a* трудомісткий; **t. factor** *n спец.* фактор часу; **t.-limit** *n* регламент; **~liness** *n* своєчасність, вчасність; **~ly** *a* своєчасний, вчасний; **t.(-)out** *n спорт.* тайм-аут 2) перепочинок; **~piece** *n* годинник; хронометр; **~r** *n* реле часу; **t.-worn** *a* 1) поношений 2) застарілий, давній
timid [ˈtɪmɪd] *a* 1) боязкий 2) соромливий; не-

впевнений; **~ity** *n* 1) боязкість 2) сором'язливість

tin [tɪn] **1.** *n* 1) цина (олово) 2) бляшанка; консервна банка **2.** *a* 1) циновий (олов'яний) 2) несправжній **3.** *v* консервувати(ся); **t. opener** *n* консервний ніж

tincture [ˈtɪŋktʃə] **1.** *n* 1) присмак; слід 2) розчин 3) відтінок 4) фарба **2.** *v* 1) фарбувати 2) надавати (*смаку й под.*)

tinge [tɪndʒ] **1.** *n* відтінок **2.** *v* злегка офарблювати

tingle [ˈtɪŋgl] **1.** *n* 1) дрож 2) сверзбіж **2.** *v* 1) дрижати 2) роздратовувати 3) дзвонити 4) дзвеніти

tinker [ˈtɪŋkə] **1.** *n* 1) поганий працівник 2) халтурна робота **2.** *v* намагатися полагодити що-н. абияк

tinkle [ˈtɪŋkl] **1.** *n* 1) бряжчання **2.** *v* 1) дзвеніти; бряжчати 2) бити

tinsel [ˈtɪns(ə)l] **1.** *n* 1) блискітки 2) показний блиск 3) парча **2.** *a* мішурний **3.** *v* (*зазв. p. p.*) 1) прикрашати мішурою 2) надавати дешевого блиску

tint [tɪnt] **1.** *a* 1) блідий 2) фарба, тон 3) тло; тінь 4) домішка **2.** *v* 1) відтіняти 2) забарвлюватися; **~ed** *a* пофарбований

tiny [ˈtaɪnɪ] *a* крихітний

tip I [tɪp] **1.** *n* 1) кінчик 2) верхівка **2.** *v* ходити навшпиньки; **~staff** *n* помічник шерифа

tip II [tɪp] **1.** *n* 1) дотик 2) нахил 3) сміттник **2.** *v* 1) нахиляти(ся) 2) злегка торкатися 3) звалювати, скидати; спорожняти

tip III [tɪp] **1.** *n* 1) чайові 2) натяк, порада **2.** *v* 1) давати «на чай» 2) попереджати (*зазв.* ~ off)

tippler [ˈtɪplə] *n* п'яниця

tire‖less [ˈtaɪəlɪs] *a* 1) невтомний 2) безупинний, постійний; **~some** *a* нудний

tiro [ˈtaɪ(ə)rəʊ] *n* новачок

tissue [ˈtɪʃuː, ˈtɪsjuː] *n* 1) *біол.* тканина 2) павутина; сплетіння

tit I [tɪt] *n орн.* синиця

tit II [tɪt] *n* легкий удар

titanic [taɪˈtænɪk] *a* титанічний, колосальний

titanium [t(a)ɪˈteɪnɪəm] *n хім.* титан

titbit [ˈtɪtbɪt] *n* 1) ласий шматочок 2) пікантна новина

titillate [ˈtɪtɪleɪt] *v* 1) приємно збуджувати 2) лоскотати

title [ˈtaɪtl] **1.** *n* 1) назва 2) звання 3) право (*на що-н.*) **2.** *v* 1) називати, давати заголовок 2) привласнювати титул; **~d** *a* 1) титулований 2) названий; **~holder** *n спорт.* чемпіон

tittle [ˈtɪtl] *n* 1) дрібниця 2) крапка; діакритичний знак; **t.-tattle 1.** *n* 1) плітки 2) пліткар, плітркарка **2.** *v* базікати; розпускати плітки

tittup [ˈtɪtəp] **1.** *n* пустотливість **2.** *v* 1) пустувати 2) гарцювати

titular [ˈtɪtʃʊlə] **1.** *n* титулована особа **2.** *a* 1) заголовний 2) номінальний 3) титулований

to [tuː (*повна ф.*); tʊ (*редук. ф.*); tə (*скор. ф.*)] *prep* 1) указує на напрям до, у (в), на 2) указує на межі руху, відстані, часу, кількості, коливань на, до 3) указує на мету дії на, для 4) указує на результат, до якого при(з)водить певна дія на, до 5) указує на приналежність до чого-н. до, від, для 6) указує на порівняння на; до; проти 7) указує на близькість до; **t.-be** 1. *n* майбутнє, майбуття; прийдешнє **2.** *a* майбутній; **t.-do** *n* сум'яття, шум

toad [təʊd] *n зоол.* жаба; **~eating 1.** *n* лестощі **2.** *a* підлесливий; **~stool** *n бот.* поганка (*гриб*); **~y 1.** *n* 1) підлабузник 2) нахлібник **2.** *v* лестити

toast I [təʊst] **1.** *n* 1) грінка **2.** *v* 1) засмажувати(ся) 2) сушити(ся)

toast II [təʊst] **1.** *n* тост **2.** *v* виголошувати тост; **t.-master** *n* тамада

tobacco [təˈbækəʊ] *n* (*pl* -os [əʊz]) 1) *бот.* тютюн 2) куріння (нюхання) тютюну; **t. box** *n* 1) табакерка 2) *іхт.* скат; **t. pipe** *n* люлька (*для паління*)

toboggan [təˈbɒgən] **1.** *n* сани **2.** *v* кататися на санях

tocsin [ˈtɒksɪn] *n* сполох

today [təˈdeɪ] **1.** *n* 1) сучасність 2) сьогодення **2.** *adv* сьогодні

toddle [ˈtɒdl] **1.** *n* шкандибання **2.** *v* шкандибати

toddy [ˈtɒdɪ] *n* пунш

toe [təʊ] **1.** *n* 1) палець ноги (*в істоти*) 2) нижня частина **2.** *v* криво забивати; **t. cap** *n* носок (*взуття*); **~nail** *n* ніготь на пальці ноги

together [təˈgeðə] *adv* 1) разом; спільно 2) одночасно

toil [tɔɪl] **1.** *n* 1) важка праця 2) *pl* сільце; тенета **2.** *v* 1) працювати без перепочинку 2) заганяти в пастку; **~er** *n* трудівник; **~less** *a* легкий; **~s** *n pl* 1) сітка 2) пастка; **~some** *a* стомлюючий

toilet [ˈtɔɪlɪt] *n* 1) туалет 2) костюм 3) туалетний столик; **~ware** *n* предмети туалету

token [ˈtəʊkən] *n* 1) символ 2) прикмета 3) розпізнавальний знак 4) сувенір 5) талон, жетон 6) знамення

tolera‖ble [ˈtɒl(ə)rəb(ə)l] *a* 1) стерпний 2) задовільний; **~nce** *n* 1) стерпність 2) *мед.* толерантність; **~nt** *a* 1) терпимий 2) *мед.* толерантний; **~te** *v* 1) зносити 2) дозволяти 3) витримувати; **~tion** *n* терпимість

told [təʊld] *past i p. p. від* **tell**

toll I [təʊl] **1.** *n* дзвін; благовіст **2.** *v* повільно бити у дзвони; **~er** *n* 1) дзвонар 2) дзвін

toll II [təʊl] **1.** *n* 1) мито 2) право стягати мито 3) *перен.* данина 4) *військ.* утрати **2.** *v* 1) сплачувати мито 2) юр. анулювати; **~able** a оподатковуваний; **~er** n збирач мита; **~man** n митник; **t. road** n платна (автомобільна) дорога

Tom [tɒm] n 1) звичайна людина 2) (t.) самець різних тварин і птахів; **T. turkey** індик; **~fool 1.** n 1) дурень 2) блазень **2.** v блазнювати; **~ery** n 1) дурощі 2) витребеньки; **~my** n вояк, солдат

tomahawk [ˈtɒməhɔːk] **1.** n томагавк **2.** v 1) бити (убивати) томагавком 2) жорстоко критикувати

tomato [təˈmɑːtəʊ, təˈmeɪtəʊ] n (pl -oes [-əʊz]) бот. помідор, томат

tomb [tuːm] n 1) склеп; мавзолей 2) могила 3) (the ~) смерть; **~stone** n надгробна плита

tomcat [ˈtɒmkæt] n зоол. кіт

tome [təʊm] n 1) том, велика старовинна книга 2) фоліант

tomorrow [təˈmɒrəʊ] **1.** n 1) завтрашній день 2) майбуття **2.** adv завтра

tomtit [ˈtɒmˌtɪt] n орн. синиця

ton I [tʌn] n 1) тонна; **~nage** n 1) вантажомісткість 2) вага (у тоннах)

ton II [tɔːn] n фр. 1) мода, стиль 2) перен. вищий світ

ton∥e [təʊn] **1.** n 1) тон 2) фон. (часто pl) інтонація, наголос 3) характер, стиль 4) жив. відтінок 5) настрій 6) мед. тонус **2.** v 1) змінювати (колір, тон) 2) настроювати (музичний інструмент) 3) гармоніювати; **~ality** n мист. тональність; **~eless** a 1) невиразний 2) тьмяний, неяскравий

tongue [tʌŋ] **1.** n 1) анат. язик 2) вимова 3) мова **2.** n 1) розмовляти 2) вимовляти 3) лаяти 4) лизати; **t.-in-cheek** a нещирий; глузливий; **t.-tied** a недорікуватий; **t. twister** n скоромовка

tonic [ˈtɒnɪk] **1.** n 1) мед. зміцнювальний засіб 2) тонік 3) муз. тоніка **2.** a 1) мед. зміцнювальний 2) муз. тонічний

tonight [təˈnaɪt] **1.** n сьогоднішній вечір; ніч, що настає **2.** adv сьогодні ввечері (уночі)

tonkin [ˌtɒŋˈkɪn, ˈtɒŋkɪn] n міцний бамбук

too [tuː] adv 1) також 2) крім того 3) дуже

took [tʊk] past від **take 2**

tool [tuːl] **1.** n 1) робочий інструмент 2) pl знаряддя праці 3) маріонетка 4) верстат **2.** v працювати

toom [tuːm] a порожній

toot [tuːt] **1.** n свисток **2.** v 1) свистіти 2) видавати звуки 3) стирчати 4) виглядати

tooth [tuːθ] **1.** n (pl teeth) 1) зуб 2) смак (до їжі й под.) **2.** v 1) зачіпляти(ся) 2) гризти; **~ache** [ˈtuːθeɪk] n зубний біль; **t. brush** n зубна щітка; **~ed** a що має зуби; **~less** a беззубий; **~paste** n зубна паста; **~pick** n зубочистка; **~some** a смачний

tootle [ˈtuːtl] **1.** n 1) звук сурми (флейти й под.) 2) базікання, теревені **2.** v грати на сурмі (флейті й под.)

top I [tɒp] **1.** n 1) верхівка 2) покришка (банки) 3) баня 4) перше місце 5) блузка, джемпер 6) найвищий ступінь 7) волосся 8) голова **2.** a 1) верхній 2) максимальний 3) найголовніший **3.** v 1) покривати (зверху) 2) переважати 3) височіти 4) досягати (певної величини) 5) повістити; **t.-bracket** a першокласний; **t.-heavy** a 1) нестійкий 2) завищений; **~coat** n пальто; **~knot** n 1) пучок волосся та под. 2) іхт. камбала; **~ping 1.** n 1) верхівка 2) спуск згори 3) кул. гарнір; підлива **2.** a 1) головний, найперший, чільний 2) чудовий, прекрасний 3) що височить; **~s** n 1) майстер 2) чудова річ 3) чудова людина

top II [tɒp] n дзига (іграшка)

topic [ˈtɒpɪk] n 1) предмет обговорення 2) pl тематика; **~al** a 1) животрепетний 2) тематичний 3) місцевий (тж мед.); **~ality** n 1) актуальність 2) злободенна алюзія

topsy-turvy [ˌtɒpsɪˈtɜːvɪ] **1.** n безладдя, розгардіяш **2.** a безладний, хаотичний **3.** v чинити безладдя

tor [tɔː] n вершина пагорба; шпиль

torch [tɔːtʃ] **1.** n 1) кишеньковий ліхтарик 2) смолоскип 2) v освітлювати смолоскипами

tore [tɔː] past від **tear I 2**

toreutic [təˈruːtɪk] a різьблений, карбований (про метал)

torment 1. n [ˈtɔːment] 1) мука 2) катування 3) джерело страждань **2.** v [tɔːˈment] 1) мучити 2) дратувати 3) катувати; **~or** n мучитель, кат; **~ress** n мучителька

torn [tɔːn] p. p. від **tear I 2**

tornado [tɔːˈneɪdəʊ] n (pl -oes [-əʊz]) 1) торнадо 2) вибух

torpedo [tɔːˈpiːdəʊ] **1.** n (pl -oes [-əʊz]) 1) торпеда 2) іхт. електричний скат 3) перен. руйнівник 2. v 1) торпедувати 2) знищувати, паралізувати

torpid [ˈtɔːpɪd] a 1) бездіяльний 2) онімілий, заціпенілий; **~ity** n 1) бездіяльність 2) онімілість

torpor [ˈtɔːpə] n 1) апатія 2) заціпеніння 3) тупість, дурість

torrefy [ˈtɒrɪfaɪ] v 1) сушити, підсмажувати 2) обпалювати

torrent [ˈtɒrənt] n 1) стрімкий потік 2) pl злива 3) потік; **~ial** a 1) швидкоплинний 2) заливний

torrid [ˈtɒrɪd] a 1) спекотний, тропічний 2) перен. пристрасний

torso [´tɔ:səʊ] *n* іт. 1) тулуб 2) торс (*статуї*) 3) фрагмент (*твору*)

tortoise [´tɔ:təs] *n* 1) зоол. черепаха 2) забарна людина

tortuous [´tɔ:tʃʊəs] *a* 1) покручений 2) нещирий 3) безчесний

torture [´tɔ:tʃə] 1. *n* 1) катування, тортури 2) мука, агонія 2. *v* 1) катувати 2) мучити 3) нівечити 4) випитувати; **~r** *n* мучитель

Tory [´tɔ:rɪ] *n* 1) консервативна партія (*в Англії*); торі 2) консерватор; ретроград

toss [tɒs] 1. *n* 1) кидання; метання 2) падіння (*з коня*) 3) метушня, сум'яття 4) поштовх; струс 2. *v* (-ed [-t]) 1) кидати; метати 2) майоріти 3) турбувати, хвилювати 4) скидати (*вершника*); **t.-up** *n* 1) що-н. невизначене 2) жеребкування

tot [tɒt] *n* 1) маля (*зазв. tiny ~*) 2) ковток вина 3) дещиця

total [´təʊtl] 1. *n* ціле, сума; підсумок 2. *a* 1) весь; загальний 2) повний, цілковитий 3. *v* 1) підраховувати; підсумовувати 2) складати 3) дорівнювати, становити 4) досягати (*певної суми*); **~itarian** *a* 1) тоталітарний 2) тотальний; **~ity** *n* 1) уся кількість 2) всеосяжність; **~ise** *v* підсумовувати

totter [´tɒtə] *v* 1) шкандибати 2) трястися 3) гинути; руйнуватися, занепадати; **~ing** *a* хиткий (*про ходу*)

toucan [´tu:kæn] *n* орн. тукан

touch [tʌtʃ] 1. *n* 1) дотик; торкання 2) спілкування, контакт 3) присмак 4) художня манера 5) навіювання 6) мітка 7) мед. пальпація 8) (*часто pl*) штрих; мазок 2. *v* 1) торкати(ся) 2) стосуватися (*чого-н.*) 3) сердити 4) зворушувати 5) їсти, пити 6) межувати 7) впливати фізично 8) завдавати шкоди 9) позичати 10) натякати 11) мед. обмацувати 12) мітити; **~able** *a* відчутний; **t.-and-go** 1. *n* 1) що-н. зроблене квапливо 2) ризиковане становище 2. *a* 1) ризикований 2) побіжний; **~down** *n* 1) ав. посадка літака 2) ґол (*у регбі*); **~ed** [tʌtʃt] *a* схвильований; **~ing** *a* зворушливий; **t.-me-not** *n* 1) недоторка 2) заборонена тема 3) бот. розрив-трава, бальзамін; **~stone** *n* 1) критерій; пробний камінь 2) базальт (*тж* Irish ~); **~y** *a* 1) образливий 2) надто чутливий 3) ризикований, небезпечний

tough [tʌf] 1. *n* головоріз, бандит 2. *a* 1) твердий 2) жорсткий 3) міцний 4) надійний 5) тужавий 6) міцної статури 7) шалений 8) витривалий 9) непоступливий, незговірливий 10) суворий 11) тяжкий 12) неправильний 13) грубий; **~en** *v* 1) робити жорстким 2) ставати твердим

toupee [´tu:peɪ] *n* 1) перука, шиньйон 2) чуб; чубок

tour [tʊə] 1. *n* 1) подорож, мандрівка 2) прогулянка 3) об'їзд; рейс 4) ґастролі 5) коло (*обов'язків*) 6) вахта 7) обіг; цикл 2. *v* 1) подорожувати, мандрувати (through, about, of) 2) прогулюватися 3) об'їжджати 4) театр. ґастролювати; **~ing** *n* туризм; **~ist** *n* 1) турист 2) знев. бродяга, волоцюга

tournament [´tʊənəmənt, ´tɔ:-] *n* турнір; спортивні змагання

tousle [´taʊzl] 1. *n* 1) патли 2) хащі, зарості (*кущів*) 3) бійка; боротьба 2. *v* 1) кошлати (*волосся*) 2) кидатися, метушитися

tout [taʊt] 1. *n* 1) комівояжер 2) закликальник 2. *v* 1) рекламувати 2) закликати

towards [tə´wɔ:dz] *prep* 1) до, у напрямі до 2) до, щодо, стосовно 3) для; для того щоб

towel [´taʊəl] *n* рушник; **~horse** *n* вішалка для рушників

tower [´taʊə] 1. *n* 1) вежа 2) цитадель 3) хмарочос 2. *v* 1) височіти 2) *перен.* прагнути; **~ing** *a* 1) високий 2) шалений; несамовитий

town [taʊn] *n* 1) місто 2) збір. мешканці міста 3) діловий центр (*міста*) 4) світське товариство; **t. council** *n* мерія; муніципалітет; **~gate** *n* головна вулиця міста; **t. hall** *n* ратуша; **~ship** *n* селище; **~sman** *n* 1) містянин 2) земляк

tox||ic [´tɒksɪk] 1. *n* отрута 2. *a* отрутний; **~in** *n* токсин, отрута

toy [tɔɪ] 1. *n* 1) іграшка 2) забава, розвага 3) дрібничка 4) хустка 5) жарт 6) флірт 7) гра 2. *v* 1) гратися 2) фліртувати; **~shop** *n* крамниця іграшок (дрібничок)

trac||e [treɪs] 1. *n* 1) *зазв. pl* слід 2) незначна кількість (*чого-н.*) 3) наслідок (*чого-н.*) 4) шлях 5) риса 6) вудка 2. *v* 1) знайти 2) стежити 3) копіювати 4) креслити (*мапу*) 5) розпізнати 6) фіксувати; **~er** *n* 1) дослідник 2) пантограф; **~ery** *n* 1) архіт. ажурна кам'яна кладка (*особ. в середньовічній архітектурі*) 2) узор, візерунок, малюнок 3) сплетіння, переплетіння (*гілок і листя*); **~ing** *n* 1) скальковане креслення; калька 2) копіювання, калькування 3) простежування 4) запис (*реєструвального приладу*) 5) трасування 6) відшукування пошкоджень 2. *a* трасуючий; **~ing paper** *n* восківка, калька

track [træk] 1. *n* 1) слід 2) стежка; манівці 3) низька 4) зал. колія 5) війс. траса 6) курс 7) ав. маршрут 8) життєвий шлях 9) хід, перебіг 10) фонограма 11) низка (*подій*) 2. *v* 1) стежити 2) прокладати шлях 3) іти по слідах; **~er** *n* мисливець

tract [trækt] *n* 1) памфлет 2) наукова праця; підручник; 3) ділянка (*землі*) 4) анат. тракт; **~ate** *n* трактат; **~able** *a* 1) слухняний 2) згідливий; **~or** *n* трактор; **~or-driver** *n* тракторист

trad∥e [treɪd] **1.** *n* 1) торгівля 2) заняття 3) галузь торгівлі; промисловість 4) (the ~) збір. торгівці; підприємці 5) ділова активність 6) лінія поведінки 7) спосіб 8) вхід і вихід 9) клієнтура **2.** *v* 1) торгувати 2) обмінювати; **t. gap** *n* дефіцит торговельного балансу; **~emark** *n* фабрична марка; **t. price** *n* гуртова ціна; **t. union** *n* профспілка; **t.-union** *a* профспілковий; **t. unionist** *n* член профспілки; **~ing 1.** *n* комерція **2.** *a* 1) торговельний 2) промисловий 3) продажний (*про людину*)

tradition [trəˈdɪʃ(ə)n] *n* 1) традиція 2) легенда, переказ; **~al** *a* 1) традиційний 2) застарілий; **~alism** *n* традиціоналізм

traduce [trəˈdjuːs] *v* 1) лихословити 2) збиткуватися

traffic [ˈtræfɪk] **1.** *n* 1) рух (*транспорту*); сполучення 2) торгівля (*часто незаконна*) 3) перевезення 4) відносини 5) *зв.* трафік (інформаційного) обміну 6) торговельні угоди **2.** *v* (*past i p. p.* trafficked; *pres. p.* trafficking) торгувати; **~ator** *n дор.* покажчик повороту; **~ker** *n* 1) гендляр; ділок 2) інтриґан; **t. light** *n* 1) сигнальне світло 2) світлофор; **t. sign** *n* дорожній знак

trag∥edy [ˈtrædʒɪdɪ] *n* 1) трагічна подія 2) трагедія; **~edian** [trəˈdʒiːdɪən] *n* 1) автор трагедій 2) трагік; **~edienne** [trəˌdʒiːdɪˈen] *n* трагічна акторка; **~ic(al)** *a* трагічний; трагедійний

trail [treɪl] **1.** *n* 1) слід, хвіст 2) почет 3) наслідки 4) стежка 5) (пройдений) шлях **2.** *v* 1) тягти(ся) 2) вистежувати 3) торувати шлях; **~blazer** *n* новатор; **~er** *n* 1) той, хто тягне 2) причіп; трейлер 3) житловий автопричіп

train [treɪn] **1.** *n* 1) потяг, склад, ешелон 2) хвіст (*павича й под.*) 3) кортеж 4) караван 5) *війс.* обоз, валка 6) низка (*подій*) 7) наслідок **2.** *v* 1) вишколювати 2) дресирувати (*тварину*) 3) тренувати(ся) 4) принаджувати; **t.-bearer** *n* паж; **~ed** *a* 1) вишколений 2) дресирований; **~er** *n* 1) інструктор, тренер 2) дресирувальник; **~ing** *n* 1) виховання 2) навчання, вишкіл 3) тренування 4) дресирування; **~ing-college** *n* 1) педагогічний коледж 2) спеціальне училище; технікум; **~man** *n* кондуктор; залізничник

trait [treɪ(t)] *n* 1) властивість 2) *зазв. pl* риси обличчя 3) штрих

trait∥or [ˈtreɪtə] *n* зрадник; **~orous** *a* зрадницький, віроломний; **~ress** *n* зрадниця

tram [træm] **1.** *n* 1) трамвай 2) трамвайна лінія **2.** *v* їхати трамваєм; **t.-driver** *n* водій трамвая

trammel [ˈtræm(ə)l] **1.** *n* 1) (*зазв. pl*) перешкода, перепона 2) невід, трал **2.** *v* 1) заважати; стримувати 2) ловити неводом

tramontane [trəˈmɒnteɪn] **1.** *n* 1) чужинець 2) варвар **2.** *a* 1) чужинський 2) варварський

tramp [træmp] **1.** *n* 1) бурлака 2) гупання, тупіт 3) довга і стомлива подорож пішки **2.** *v* 1) гупати, тупати 2) подорожувати пішки

trance [trɑːns] **1.** *n* 1) *мед.* транс 2) стан екстазу **2.** *v* 1) *мед.* упадати в транс 2) непритомніти

tranquil [ˈtræŋkwɪl] *a* 1) нерухомий 2) безвітряний 3) сумирний; ідилічний; **~lity** *n* 1) нерухомість 2) урівноваженість 3) незворушність; **~lise** *v* заспокоювати(ся); **~liser** *n фарм.* заспокійливий засіб

transact [trænˈzækt] *v* 1) вести (*справи*) 2) укладати (*угоду*) 3) виконувати 4) іти на поступки; робити поступки; **~ion** *n* 1) справа; угода 2) ведення (*справ*) 3) *pl* праці, протоколи (*наукового товариства*) 4) *обч.* коротке повідомлення

transcend [trænˈsend] *v* 1) переступати межі 2) перевершувати; **~ent** *a* 1) незвичайний 2) досконалий 3) трансцендентальний

transcribe [trænˈskraɪb] *v* 1) передавати по радіо грамзапис 2) відтворювати 3) перефразовувати; резюмувати

transcript [ˈtrænskrɪpt] *n* 1) копія 2) розшифрування (*стенограми*) 3) відтворення; **~ion** *n* 1) переписування 2) копія 3) *радіо* запис 4) перезапис 5) транскрипція

transfer 1. *n* [ˈtrænsfɜː] 1) перенесення 2) переведення (*по службі*) 3) *юр.* поступка; цесія 4) перевезення вантажів (*грошей*) 6) порон **2.** *v* [trænsˈfɜː] 1) переміщати 2) передавати (*право*) 3) переходити (*на іншу роботу*) 4) робити пересадку 5) переказувати (*гроші*)

transfigur∥e [trænsˈfɪgə] *v* видозмінювати, перетворювати; **~ation** *n* видозміна, перетворення

transfix [trænsˈfɪks] *v* 1) простромлювати 2) приголомшити

transform [trænsˈfɔːm] *v* 1) перетворювати(ся) 2) змінювати

transfus∥e [trænsˈfjuːz] *v* 1) просочувати 2) передавати (*почуття*) 3) переливати; **~ion** *n* 1) *мед.* переливання 2) передавання (*почуттів*) 3) взаємопроникнення

transgress [trænzˈgres] *v* 1) порушувати, переступати (*закон*) 2) *рел.* грішити 3) переходити межі (*терпіння*); **~ion** *n* 1) провина 2) порушення (*закону*) 3) *рел.* гріх; **~or** *n* 1) правопорушник 2) *рел.* грішник

transien∥t [ˈtrænzɪənt] **1.** *n* 1) що-н. тимчасове

2) стрибок **2.** *a* 1) швидкоплинний 2) нестали́й 3) випадковий 4) тимчасовий; **~ce, -cy** *n* швидкоплинність, скороминущість

transit [´trænsɪt, -zɪt] **1.** *n* 1) проходження 2) перевезення 3) зміна; перехід (*в інший стан*) **2.** *v* 1) переходити 2) умирати; **~ion** *n* 1) переміщення 2) розвиток 3) переміна 4) *муз.* модуляція

translat‖e [trænz´leɪt, træns-] *v* 1) перекладати (*на іншу мову*) 2) пояснювати, тлумачити 3) здійснювати 4) оновляти; **~ion** *n* 1) переклад *та ін.* 2) зсув; **~or** *n* 1) перекладач 2) *обч.* (програма) транслятор (*тж* ~ routine) 3) *обч.* ЕОМ-перекладач

transmarine [͵trænzmə´riːn] *a* 1) заморський 2) що перетинає море

transmigrat‖e [͵trænzmaɪ´greɪt] *v* переселяти(ся); мігрувати; **~ion** *n* переселення

transmiss‖ion [trænz´mɪʃ(ə)n] *n* 1) передача 2) сполучення 3) пересилання 4) переказ; **~ible** *a* 1) що передається 2) заразний

transmit [trænz´mɪt] *v* 1) повідомляти 2) передавати 3) відправляти, надсилати 4) переповідати 5) пропускати; **~ter** *n* відправник, передавач

transmut‖e [trænz´mjuːt] *v* перетворювати; **~ation** *n* 1) перетворення 2) трансмутація 3) *юр.* зміна власника

transnational [trænz´næʃ(ə)nəl] *a* міждержавний

transoceanic [͵trænzəʊʃɪ´ænɪk] *a* заокеанський

transparent [træn´spɛərənt] *a* 1) прозорий 2) очевидний 3) ясний, зрозумілий 4) відвертий

transpiration [͵trænspɪ´reɪʃ(ə)n] *n* 1) піт; потіння 2) випаровуватися

transport 1. *n* [´trænspɔːt] 1) перевезення 2) транспорт 3) (*часто pl*) порив 4) машина 5) поширення **2.** *v* [træn´spɔːt] 1) перевозити 2) переносити (*в уяві й под.*) 3) (*заст. р. р.*) приводити в стан жаху й под.; **~able** *a* рухливий; транспортабельний; **~ation** *n* транспортування; **~er** *n* 1) перевізник 2) *тех.* конвеєр

transsexual [trænz´sekʃʊəl, -sjʊəl] **1.** *n* транссексуал **2.** *a* транссексуальний

transubstantial [͵trænsəb´stænʃ(ə)l] *a* 1) перевтілений 2) нематеріальний

transvestite [trænz´vestaɪt] *n* *мед., психол.* трансвестит

trap [træp] **1.** *n* 1) капкан 2) пастка 3) люк **2.** *v* 1) ставити капкани 2) обманювати

trappings [´træpɪŋz] *n pl* прикраси

trash [træʃ] *n* 1) халтура 2) перешкода, завада 2) псувати 3) стримувати 3) ледве йти; **~y** *a* поганий, кепський

trauma [´trɔːmə] *n* (*pl* -ata, -s [-z]) 1) *мед.* травма 2) шок; **~tic** [´trɔː´mætɪk] *a* 1) *мед.* травматичний 2) травмуючий; **~tise** *v мед.* травмувати

travel [´træv(ə)l] **1.** *n* 1) подорож 2) *pl* опис мандрівок 3) рух **2.** *v* 1) мандрувати 2) рухатися 3) перебирати (*у пам'яті*); **~led** *a* проїжджий, жвавий (*про шлях*); **~ler** *n* мандрівник, подорожній

traverse [´trævəːs] **1.** *v* перетинати **2.** *n* 1) поперечка 2) перешкода

travesty [´trævɪstɪ] **1.** *n* 1) бурлеск 2) пародія 3) *театр.* травесті **2.** *v* пародіювати

tray [treɪ] *n* 1) таця 2) уміст таці

treacher‖y [´tretʃ(ə)rɪ] *n* 1) зрада 2) підступність 3) ненадійність; **~ous** *a* 1) зрадницький 2) підступний

tread [tred] **1.** *n* 1) хода 2) слід 3) колія **2.** *v* (trod; trodden) 1) іти 2) наступити (*на що-н.*); 3) топтати 4) *перен.* прямувати 5) *перен.* пригноблювати

treasure [´treʒə] **1.** *n* 1) скарб (*тж перен.*) 2) коштовність 3) гроші **2.** *v* 1) зберігати 2) високо цінувати (*що-н.*); **t.-house** *n* 1) скарбниця (*особ. музей*) 2) державна скарбниця; **~r** *n* 1) скарбник 2) хоронитель (*колекції та под.*)

treat [triːt] **1.** *n* 1) насолода, задоволення 2) частування, пригощання 3) пікнік **2.** *v* 1) поводитися, ставитися 2) обробляти 3) лікувати 4) пригощати 5) трактувати 6) мати справу; **~ise** [´triːtɪz] *n* трактат; **~ment** *n* 1) ставлення, поводження 2) лікування; догляд 3) трактування 4) обробка (*чого-н.*)

treaty [´triːtɪ] *n* 1) договір, угода; **to enter into a t.** укласти договір 2) контракт 3) переговори

treble [´trebl] **1.** *n* потрійна кількість **2.** *a* потрійний **3.** *v* потроювати(ся)

tree [triː] **1.** *n* 1) дерево 2) родовід **2.** *v* залізти на дерево; **~less** *a* безлісий; **t.-top** *n* верхівка дерева

trefoil [´trefɔɪl, ´triː-] *n* *бот.* трилисник, конюшина

trek [trek] **1.** *n* 1) переселення 2) перехід **2.** *v* переселятися

tremble [´trembl] **1.** *n* дрож, дрижання, тремтіння **2.** *v* 1) дрижати, тремтіти 2) боятися, страхатися 3) уселяти страх 4) майоріти (*про прапор*)

trembling [´tremblɪŋ] **1.** *pres. p. від* **tremble 2** **2.** *n* 1) дрож, дрижання, тремтіння 2) страх, побоювання

tremor [´tremə] *n* тремтіння, трепет

tremendous [trɪ´mendəs] *a* страшний; жахливий

trench [trentʃ] **1.** *n* 1) рів; котлован 2) *воєн.* шанець, траншея 3) шрам; поріз 4) *анат.* порожнина 2. v 1) рити, копати (рови, траншеї та под.) 2) скопувати; **~ant** a 1) різкий; уїдливий 2) ясний, чіткий; **~er-man** n 1) їдець 2) дармоїд, нахлібник

trend [trend] 1. n 1) напрям 2) тенденція 2. v 1) відхилятися 2) мати тенденцію

trepan [trɪˈpæn] 1. n 1) мед. трепан 2) пастка 3) шахрай, ошуканець 2. v 1) мед. трепанувати 2) заманювати в пастку 3) ошукувати

trepidation [ˌtrepɪˈdeɪʃ(ə)n] n 1) дрож; дрижання; тремтіння; трепет 2) тривога, занепокоєння

trespass [ˈtrespəs, -pæs] 1. n 1) зловживання 2) юр. правопорушення, провина 3) рел. гріх, прогріх 2. v 1) учинити правопорушення, провинитися 2) зловживати 3) рел. грішити; **~er** n юр. правопорушник

tress [tres] 1. n 1) коса (волосся) 2) pl розпущене жіноче волосся 3) гілочка 2. v 1) заплітати косу 2) завивати кучері

triable [ˈtraɪəbl] a 1) юр. підсудний 2) випробуваний

trial [ˈtraɪəl] n 1) юр. суд 2) спроба 3) спокуса; халепа

triang‖le [ˈtraɪæŋgl] n 1) трикутник 2) косинець; **~ular** a 1) трикутний 2) тристоронній

trib‖e [traɪb] n 1) плем'я, рід 2) коліно, покоління; **~al** a племінний; **~esman** n 1) звич. pl член роду 2) родич

tribulation [ˌtrɪbjʊˈleɪʃ(ə)n] n 1) горе 2) нещастя, лихо, біда

tribunal [traɪˈbjuːn(ə)l] n 1) суд; трибунал 2) місце судді

tribune [ˈtrɪbjuːn] n трибуна

tribut‖e [ˈtrɪbjuːt] n 1) данина 2) нагорода; **~ary** 1. n притока 2. a що є притокою

trice [traɪs] n мить

trichotomy [trɪˈkɒtəmɪ, traɪˈkɒtəmɪ] n поділ на три частини

trichromatic [ˌtraɪkrəʊˈmætɪk] a триколоровий

trick [trɪk] 1. n 1) хитрість 2) омана 3) уміння 4) трюк 5) жарт; вихватка 6) манера 7) мор. вахта 2. v 1) ошукувати 2) підводити; порушувати 3) оздоблювати

trickle [ˈtrɪkl] 1. n струмочок, цівка 2. v 1) сочитися; текти тонкою цівкою 2) крапати

trick‖ster [ˈtrɪkstə] n 1) ошуканець, шахрай 2) хитрун, спритник; **~sy** a 1) виряджений 2) оманний 3) примхливий; **~y** a 1) складний 2) ненадійний 3) хитрий 4) винахідливий, вправний

tricolour [ˈtraɪˌkʌlə, ˈtrɪkələ] 1. n триколор 2. a трикольоровий

trident [ˈtraɪd(ə)nt] n тризуб(ець)

tried [traɪd] 1. past i p. p. від **try** 2 2. a 1) випробуваний 2) вірний

trifl‖e [ˈtraɪfl] 1. n 1) дрібничка 2) чайові 2. v 1) займатися дрібницями 2) жартувати 3) витрачати (час; зазв. ~ away); **~ing** 1. n жартування 2. a 1) незначний 2) нікчемний

trigger [ˈtrɪgə] 1. n 1) тех. защіпка 2) імпульс, спонукання 2. v військ. пускати в хід, спричиняти; **t.-happy** a войовничий, агресивний

trigonous [ˈtrɪgənəs] a трикутний

trilateral [traɪˈlæt(ə)rəl] a тристоронній

trilogy [ˈtrɪlədʒɪ] n трилогія

trim [trɪm] 1. n 1) порядок; готовність; стан готовності 2) убрання 3) репутація 4) оздоблення 2. a 1) охайний 2) вишуканий 3) чудовий 4) у доброму стані 3. v 1) упорядковувати 2) пристосовуватися 3) виграти заклад 4) розгромити; **~mer** n 1) упорядник 2) пристосованець; **~ming** n 1) (зазв. pl) оздоблення 2) прикрашання

trine [traɪn] 1. n 1) тріада 2) pl трійня 2. a 1) потрійний 2) сприятливий

trinket [ˈtrɪŋkɪt] n дрібничка, брелок

trio [ˈtriːəʊ] n (pl -os [-əʊz]) 1) муз. тріо 2) троє; три (предмети)

trip [trɪp] 1. n 1) подорож, рейс 2) спотикання; падіння 3) хибний крок; помилка; ляпсус 4) легка хода 2. v 1) бігти вистрибом 2) перекидати(ся) 3) обмовитися 4) спантеличити 5) вирушати в подорож; **~per** n екскурсант; **~ping** a 1) прудконогий 2) який помиляється; грішний

tripod [ˈtraɪpɒd] n триніжок

triquetrous [traɪˈkwetrəs] a трикутний

trite [traɪt] a тривіальний

Triton [ˈtraɪt(ə)n] n зоол. тритон

triturate [ˈtrɪtʃʊreɪt] v розтирати на порошок

triumph [ˈtraɪəmf] 1. n тріумф; перемога 2. v 1) перемагати 2) радіти 3) іст. тріумфувати; **~al** [traɪˈʌmfl] a тріумфальний; **~ant** a 1) переможний 2) тріумфальний 3) чудовий

trivial [ˈtrɪvɪəl] a 1) незначний 2) обмежений 3) повсякденний; **~ity** n 1) незначність 2) тривіальність

trod [trɒd] past від **tread** 2

trodden [ˈtrɒd(ə)n] p. p. від **tread** 2

troglodyte [ˈtrɒglədaɪt] n 1) троглодит 2) самітник

troll [trəʊl] n міф. сканд. троль

trolleybus [ˈtrɒlɪbʌs] n тролейбус

troop [truːp] 1. n 1) загін 2) череда, отара 3) pl війська 2. v 1) рухатися натовпом 2) сканд. шикувати(ся); **t. duty** n військ. служба у війську

trophy [ˈtrəʊfɪ] n 1) приз 2) трофей 3) свідоцтво; нагадування

tropic [ˈtrɒpɪk] 1. n астр., геогр. тропік; (the ~s) pl тропіки, тропічна зона 2. a тропічний; **~al** a фігуральний, метафоричний

trot [trɒt] **1.** *n* рись (*алюр*) **2.** *v* 1) квапитися 2) бігти риссю; **~ter** *n* 1) рисак 2) непосидько 3) посильний

trouble [´trʌbl] **1.** *n* 1) неспокій; тривога 2) складність 3) неприємність; лихо 4) турбота 5) перешкода 6) хвороба **2.** *v* 1) тривожити(ся) 2) мучити 3) набридати 4) просити 5) намагатися 6) баламутити; **~d** *a* 1) неспокійний, стривожений 2) штормовий; **t.-free** *a* спец. надійний; безперебійний; **~some** *a* 1) що завдає клопоту 2) важкий 3) болісний 4) нестерпний 5) надокучливий

trough [trɒf] *n* 1) ночви 2) діжа 3) западина, улоговина 4) ек. найглибша точка падіння (*цін і под.*)

trounce [traʊns] *v* бити, пороти, карати

troupe [truːp] *n* фр. трупа; **~r** *n* актор

trousers [´traʊzəz] *n pl* 1) штани 2) шаровари

trousseau [´truːsəʊ] *n* (*pl* -s [-səʊz], -x [-səʊ]) посаг

trout [traʊt] *n* іхт. (*pl без змін*) форель

truan‖t [´truːənt] **1.** *n* 1) прогульник 2) ледар **2.** *a* ледачий, дозвільний **3.** *v* прогулювати; **~cy** *n* прогул

truce [truːs] *n* 1) перемир'я 2) припинення 3) перепочинок

truck I [trʌk] **1.** *n* 1) обмін 2) дрібний товар **2.** *v* 1) вести бартерну торгівлю 2) проміняти 3) мати добрі стосунки

truck II [trʌk] **1.** *n* 1) вантажівка 2) вагонетка **2.** *v* 1) перевозити автотранспортом 2) амер. водити вантажівку

truckle [´trʌkl] **1.** *n* 1) *n тех.* коліща; валець 2) розкладачка (*тж* ~ bed) **2.** *v* 1) плазувати 2) непрошуватися; **~r** *n* підлабузник

truculent [´trʌkjʊlənt] *a* 1) грубий; дошкульний 2) лютий, жорстокий 3) ниций, продажний

true [truː] **1.** *n* (the ~) істина **2.** *a* 1) правильний 2) справжній 3) вірний 4) точний (*про копію та под.*) 5) законний 6) правдивий 7) стабільний 8) чесний; **t. blue** *n* 1) ревний прибічник 2) вірність, відданість; **t.-blue** *a* 1) ревний 2) вірний, надійний; справжній; **t.-born** *a* 1) чистокровний 2) справжній; **~love** *n* коханий; любий

trump [trʌmp] **1.** *n* козир **2.** *v* 1) козиряти 2) роздзвонювати

trumpery [´trʌmp(ə)n] **1.** *n* 1) дешевизна 2) дурниці **2.** *a* 1) показний 2) неспроможний

trumpet [´trʌmpɪt] **1.** *n* 1) *муз.* сурма 2) сурмач 3) тлф слухавка 4) рупор **2.** *v* 1) сурмити 2) сповіщати (*по радіо та под.*); **~er** *n* 1) сурмач 2) *орн.* голуб-сурмач

trunk [trʌŋk] *n* 1) стовбур (*дерева*) 2) тулуб 3) магістраль 4) валіза 5) хобот (*слона*)

truss [trʌs] **1.** *n* 1) в'язка; жмут 2) суцвіття; ґроно, кетяг **2.** *v* ув'язувати в пуки (*тж* ~ up)

trust [trʌst] **1.** *n* 1) довіра 2) надія 3) обов'язок 4) *ком.* позика 5) *ек.* трест **2.** *a* доручений **3.** *v* 1) довіряти(ся) 2) доручати 3) сподіватися 4) давати у кредит; **~ee** **1.** *n юр.* опікун **2.** *v* передавати під опікування; **~eeship** [trʌ´stiːʃɪp] *n* опіка, опікунство, опікування; **~ful** *a* довірливий; **~less** *a* ненадійний; віроломний; **~worthy** *a* надійний

truth [truːθ] *n* (*pl* -s [truːðz]) 1) правда 2) щирість 3) факт 4) принцип 5) точність; **~ful** *a* 1) правдивий (*про людину*) 2) точний; **~less** *a* 1) ненадійний (*про людину*) 2) помилковий, неправильний

try [traɪ] **1.** *n* випробування; проба **2.** *v* 1) намагатися, старатися 2) випробовувати 3) братися (*до чого-н.*) 4) мучити 5) стомлювати; пригнічувати 6) судити 7) домагатися 8) відбирати; **~ing** *a* 1) стомливий 2) дратівний; **t.-on** *n* 1) примірка 2) *розм.* спроба обдурити 3) об'єкт обману

T-shirt [´tiːʃɜːt] *n* теніска; майка

tsunami [tsʊ´nɑːmi] *n* яп. цунамі

tub [tʌb] *n* 1) діжка; кадіб; цебер; барило 2) балія 3) миття у ванні 4) навчальна шлюпка

tube [tjuːb] **1.** *n* 1) труба 2) тюбик 3) тунель **2.** *v* 1) уміщувати у трубу 2) надавати трубчастої форми

tubercul‖osis [tjuːˌbɜːkjʊ´ləʊsɪs] *n мед.* сухоти, туберкульоз; **~ous** *a* сухотний, туберкульозний

tubular [´tjuːbjʊlə] *a* трубчастий

tubule [´tjuːbjuːl] *n* 1) маленька трубка, трубочка 2) судина

tuck [tʌk] **1.** *n* 1) складка; зборка (*на одязі*) 2) барабанний бій 3) рапіра **2.** *v* 1) ховати, підгортати 2) збирати у складки

Tuesday [´tjuːzdɪ] *n* вівторок

tuft [tʌft] **1.** *n* 1) пучок, жмуток 2) *зоол.* чубок 3) борідка клином, еспаньйолка 4) група дерев (кущів) **2.** *v* 1) прикрашати чубком 2) рости пучками; **~ed** *a* 1) чубатий 2) *бот.* кущовий; **~y** *a* кущистий; врунистий (*про траву*)

tug [tʌg] **1.** *n* 1) сіпання, смикання 2) зусилля 3) голівник 4) змагання **2.** *v* 1) тягти із зусиллям 2) смикати щосили 3) голювати; **t.-boat** *n* голівник

tuition [tjuː´ɪʃ(ə)n] *n* 1) навчання 2) плата за навчання 3) опікування

tulip [´tjuːlɪp] *n* 1) *бот.* тюльпан 2) предмет (об'єкт) захоплення

tumbl‖e [´tʌmbl] **1.** *n* 1) падіння (*тж перен.*) 2) перекидання 3) безладдя, сум'яття 4) купа речей **2.** *v* 1) падати 2) рухатися безладно 3) перекидатися 4) жбурляти, шпурляти 5) чинити безладдя; **t.-down** *a* напівзруйнований, розвалений; **~er** *n* 1) келих (*без ніжки) 2) акробат 3) *орн.* голуб-вертун 4) хорт; **~ing** *n* акробатика

tum||efy [ˊtjuːmɪfaɪ] *v* 1) опухати, розпухати 2) спричиняти опух; **~efaction** *n мед.* 1) опухання 2) пухлина, опух; **~id** *a* 1) розпухлий 2) уражений пухлиною 3) пихатий, бундючний 4) вагітна

tumult [ˊtjuːmʌlt] *n* 1) шум, галас, гамір 2) заколот; бунт 3) збентеження; **~uary** *a* 1) безладний 2) шумний 3) недисциплінований

tumulus [ˊtjuːmjʊləs] *n лат. (pl* -li*)* могильний пагорб, курган

tun [tʌn] **1.** *n* велика (пивна) бочка **2.** *v* зберігати в бочці

tuna [ˊtjuːnə] *n іхт. (pl тж без змін)* тунець, скумбрія

tun||e [tjuːn] **1.** *n* 1) мелодія 2) мелодійність 3) тон, звук *(голосу)* 4) лад, стрій 5) гармонія, злагода. **2.** *v* 1) *муз.* настроювати 2) *тех.* регулювати *(тж* ~ up*)* 3) пристосовувати *(до чого-н.)* 4) грати 5) гармоніювати; **~able** *a* 1) мелодійний; гармонійний 2) настроєний; **~eful** *a* 1) музикальний *(про слух)* 2) мелодійний; гармонійний; **~eless** *a* 1) немузикальний 2) беззвучний; **~er** *n* 1) настроювач 2) музикант; співак; **~y** *a* 1) що легко запам'ятовується 2) мелодійний

tungsten [ˊtʌŋstən] *n хім.* вольфрам

tunic [ˊtjuːnɪk] *n* 1) *військ.* кітель; мундир; гімнастерка 2) туніка 3) блузка; жакет

tunnel [ˊtʌnl] **1.** *n* 1) тунель; підземний хід 2) димар, комин **2.** *v* прокладати тунель

turbid [ˊtɜːbɪd] *a* 1) мутний 2) щільний 3) туманний; заплутаний; **~ity** *n* каламутність *та ін.* [*див.* turbid]

tureen [tjʊˊriːn] *n* супник, супниця

turf [tɜːf] **1.** *n* 1) дерен 2) торф 3) (the ~) бігова доріжка 4) перегони **2.** *v* дернувати; **~y** *a* 1) дернистий 2) що стосується перегонів

turgid [ˊtɜːdʒɪd] *a* 1) опухлий, розпухлий; набряклий 2) пишномовний *(про стиль)*

Turk [tɜːk] *n* 1) турок; **the ~s** *збір.* турки 2) мусульманин; **~ic 1.** *n* тюркські мови **2.** *a* тюркський; **~ish** *a* турецький

turkey [ˊtɜːkɪ] *n* 1) *орн.* індик; індичка 2) провал, невдача

turmoil [ˊtɜːmɔɪl] *n* шум, метушня; безладдя, розгардіяш

turn [tɜːn] **1.** *n.* 1) оберт *(колеса)* 2) поворот 3) обертання 4) зміна напряму 5) здібність 6) стиль, манера 7) черга 8) поїздка 9) інтермедія 10) послуга 11) шок 12) будова, форма 13) *pl* менструації **2.** *v* 1) обертати(ся) 2) робити 3) прямувати 4) (on, upon) націлювати 5) зосереджувати *(тж увагу)* 6) перетворювати(ся) 7) мінятися 8) перекладати *(на іншу мову;* into*)* 9) обгинати 10) повертати назад 11) перегортати *(сторінки)* 12) паморочитися 13) обміркувати *(проблеми)* 14) бути в обігу 15) псувати(ся) 16) отримувати *(прибуток)* 17) заробляти *(гроші)* 18) повставати 19) залежати 20) зосереджуватися 21) накидатися 22) проганяти 23) залучати 24) звертатися; **~about** *n* 1) поворот 2) зміна поглядів; перехід до протилежного табору; **~back** *n* 1) боягуз 2) відігнута частина *(чого-н.)*; **~coat** *n* 1) зневажл. ренегат 2) *військ.* перекинчик; **~er** *n* 1) токар 2) гончар 3) *орн.* голуб-вертун; **~ing 1.** *n* 1) поворот *(дороги)*; перехрестя 2) відхилення **2.** *a* що чергується; **~ing-point** *n* 1) вирішальний момент 2) кульмінація 3) перелом; криза; **t.-out** *n* 1) збори; публіка 2) страйк 3) страйкар 4) манера вдягатися 5) прибирання 6) екіпірування 7) екіпаж 8) підйом 9) прогулянка; **~penny** *n* здирник; **~pike** *n* 1) застава 2) шлагбаум 3) шосе; **t.-up** *n* 1) удача; несподіванка 2) шум, галас, бійка

turnip [ˊtɜːnɪp] *n бот.* ріпа

turpentine [ˊtɜːpəntaɪn] **1.** *n* терпентин (скипидар) **2.** *v* натирати терпентином (скипидаром)

turpitude [ˊtɜːpɪtjuːd] *n* 1) ницість 2) порочність; розбещеність

turquoise [ˊtɜːkwɔɪz, -kwɑːz] *n* 1) *мін.* бірюза 2) бірюзовий колір

turtle [ˊtɜːtl] *n* 1) *зоол.* черепаха; **~dove** *n* 1) *орн.* дикий голуб; горлиця 2) коханий; любий

tusk [tʌsk] **1.** *n* ікло; бивень *(слона)* **2.** *v* поранити іклом; **~er** *n* 1) *зоол.* слон; кабан-сікач

tussive [ˊtʌsɪv] *a мед.* кашельний

tussle [ˊtʌsl] **1.** *n* 1) боротьба, бійка 2) суперечка, сутичка **2.** *v* боротися, битися

tussock [ˊtʌsək] *n* 1) трава, що росте пучком 2) купина; дернина 3) *бот.* щучник

tut [tʌt] *int* ах ти!, тьху!

tutel||age [ˊtjuːtɪlɪdʒ] *n* 1) опікунство; опіка 2) перебування під опікою 3) неповноліття 4) навчання; **~ary** *a* 1) опікунський 2) який охороняє (опікує)

tutor [ˊtjuːtə] *n* 1) репетитор; вихователь 2) керівник групи студентів 3) *юр.* опікун **2.** *v* 1) навчати 2) повчати; наставляти 3) потурати *(кому-н.)*; **~age** *n* 1) робота вчителя 2) посада наставника 3) плата за навчання 4) опіка; **~ial 1.** *n* консультація **2.** *a* 1) опікунський 2) наставницький

tutsan [ˊtʌtsən] *n бот.* звіробій

twang [twæŋ] **1.** *n* 1) різкий біль 2) дзвінкий удар 3) стійкий запах (присмак) 4) відтінок 5) гугнява вимова **2.** *v* 1) звучати *(про струну)* 2) грати *(на струнному інструменті)* 3) випускати стрілу *(з лука)* 4) гугнявити

tweak [twiːk] **1.** *n* щипок **2.** *v* ущипнути, щипати, смикати

tweet [twiːt] 1. *n* пташиний щебет 2. *v* щебетати, цвірінчати

tweezers [ˈtwiːzəz] *n pl* пінцет

twel||ve [twelv] 1. *n* дванадцять (*одиниць*) 2. *num. card.* дванадцять; **~fth** 1. *n* (the ~) дванадцяте число 2. *num. ord.* дванадцятий; **~fth-day** *n* церк. Водохреще, Йордань; **~fth-night** *n* церк. переддень Водохреща; **~vefold** *a* що складається з дванадцяти частин

twent||y [ˈtwentɪ] 1. *n* 1) число двадцять (*одиниць*) 2) номер двадцять 2. *num. card.* двадцять; **~ieth** 1. *n* 1) двадцята частина 2) (the ~) двадцяте число 2. *num. ord.* двадцятий

twice [twaɪs] *adv* 1) двічі, два рази 2) удвічі; у два рази

twiddle [ˈtwɪdl] 1. *n* 1) вертіння, крутіння 2) прикраса 3) тремтіння голосу; трель 2. *v* 1) вертіти, крутити 2) ледарювати, байдикувати 3) тремтіти (*про голос*); **~r** *n* нероба, ледар

twig [twɪg] *n* 1) галузка; лозинка 2) *pl* різки

twilight [ˈtwaɪlaɪt] *n* 1) сутінки, присмерк 2) неясність (*чого-н.*) 3) період занепаду

twin [twɪn] 1. *n* 1) близнюк 2) *pl* близнюки 3) двійник 4) парна річ 2. *a* 1) який є близнюком 2) подвійний, здвоєний 3) однаковий, схожий 3. *v* 1) з'єднувати 2) народити двійнят 3) розлучатися

twine [twaɪn] 1. *n* 1) мотузка; шнур 2) вузол 3) сплетення 2. *v* 1) вити, звивати 2) сукати; сплітати, скручувати 3) оперізувати, оточувати

twinge [twɪndʒ] 1. *n* 1) напад різкого болю 2) муки (*сумління*) 2. *v* 1) відчувати напад болю 2) спричиняти біль

twinkl||e [ˈtwɪŋkl] 1. *n* 1) мерехтіння, миготіння 2) кліпання 3) мить 2. *v* 1) мерехтіти, миготіти 2) кліпати 3) швидко рухатися; промайнути; **~ing** *n* 1) мерехтіння (*зірок*) 2) мить

twirl [twɜːl] 1. *n* 1) вертіння, крутіння 2) вихор 3) розчерк 2. *v* вертіти, крутити(ся)

twist [twɪst] 1. *v* 1) скручувати 2) витися 3) спотворювати 2. *n* 1) скривлення 2) поворот

twit [twɪt] 1. *n* 1) докір, дорікання 2) глузування, уїдливе зауваження 2. *v* 1) дорікати 2) глузувати, дражнити

twitch [twɪtʃ] 1. *n* 1) сіпання, смикання 2) судома; конвульсія 3) ривок 2. *v* 1) сіпати(ся), смикати(ся) 2) щипати, ущипнути 3) зав'язувати

two [tuː] 1. *n* 1) число два 2) двійка; цифра два 3) номер два (другий) 4) двоє; пара 2. *num. card.* два, двоє; **t.-edged** *a* 1) гострий з обох боків 2) двозначний; **~fold** *a* 1) подвійний, що складається з двох частин 2) подвоєний 3) нещирий, лицемірний 4) нерішучий; **~penny-halfpenny** [ˈtrʌpnɪˈheɪpnɪ] *a* копійчаний, поганий; мізерний; **t.-sided** *a* двобічний, двосторонній

type [taɪp] 1. *n* 1) тип; типовий представник (*чого-н.*) 2) рід; клас; група 3) різновид 4) модель, зразок, взірець 5) символ 6) *полігр.* літера 7) шрифт 8) відбиток 2. *v* 1) друкувати на машинці 2) *мед.* визначати групу крові; **~script** *n* машинописний текст

typhoon [taɪˈfuːn] *n* тайфун

typ||ical [ˈtɪpɪk(ə)l] *a* 1) типовий (of) 2) символічний; **~ify** *v* 1) бути типовим зразком 2) символізувати 3) утілювати; уособлювати

typographical [ˌtaɪpəˈɡræfɪkl] *a* друкарський

tyran||t [ˈtaɪ(ə)rənt] *n* тиран; **~nical** [tɪˈrænɪkl] *a* тиранічний; деспотичний; владний; **~nise** *v* тиранствувати; бути тираном; **~ny** *n* 1) тиранія, деспотизм 2) тиранство

U

udder [ˈʌdə] *n* вим'я
ufology [juːˈfɒlədʒɪ] *n* уфологія
ugh [ʊkh, ɜː, ʌg] *int* тьху!; ох!, ой!
ugl||y [ˈʌglɪ] *a* 1) огидний, потворний 2) бридкий, мерзенний 3) загрозливий, небезпечний; **~ify** *v* спотворювати, нівечити; **~iness** *n* 1) потворність 2) огидність; мерзенність
Ukrainian [juːˈkreɪnɪən] **1.** *n* 1) українець; українка; **the ~s** *pl* збір. українці 2) українська мова **2.** *a* український
ulcer [ˈʌlsə] *n* 1) *мед.* виразка 2) джерело зла
uliginous [jʊˈlɪdʒɪnəs] *a* 1) мулистий, мулкий 2) болотистий
ulterior [ʌlˈtɪ(ə)rɪə] *a* 1) прихований 2) потойбічний 3) подальший, наступний; майбутній
ultima [ˈʌltɪmə] **1.** *n* лат. лінгв. кінець слова **2.** *a* остаточний
ultimat||e [ˈʌltɪmɪt] *a* 1) останній 2) крайній 3) основний 4) найвіддаленіший 5) критичний 6) максимальний; граничний; **~um** *n* 1) ультиматум 2) заключне слово
ultra [ˈʌltrə] **1.** *a n* людина крайніх поглядів; ультра **2.** *a* крайній
ultramarine [ˌʌltrəməˈriːn] **1.** *n* ультрамарин **2.** *a* 1) ультрамариновий 2) заморський
ultramundane [ˌʌltrəˈmʌndeɪn] *a* 1) потойбічний 2) позаземний
umber [ˈʌmbə] **1.** *n* умбра *(фарба)* **2.** *a* темнокоричневий
umbilicus [ʌmˈbɪlɪkəs] *n анат.* 1) пуп, пупок 2) рубчик
umbra [ˈʌmbrə] *n* 1) тінь (дух) померлого 2) непроханий гість
umbrage [ˈʌmbrɪdʒ] **1.** *n* 1) образа, кривда 2) *поет.* тінь **2.** *v* 1) затьмарити (кого-н.) 2) покривати тінню 3) ображати, кривдити; **~ous** *a* 1) образливий 2) підозрілівий 3) тінявий, затінений; тінистий
umbrella [ʌmˈbrelə] *n* 1) парасоль 2) *перен.* ширма
umpire [ˈʌmpaɪə] **1.** *n* 1) посередник; третейський суддя 2) *спорт.* суддя, рефері **2.** *v* 1) бути суддею 2) *спорт.* судити *(матч)*
unabashed [ˌʌnəˈbæʃt] *a* 1) безсоромний 2) незляканий
unabiding [ˌʌnəˈbaɪdɪŋ] *a* минущий, непостійний
unable [ʌnˈeɪbl] *a* нездатний, неспроможний
unacceptable [ˌʌnəkˈseptəbl] *a* 1) неприйнятний 2) небажаний

unaccommodating [ˌʌnəˈkɒmədeɪtɪŋ] *a* непоступливий; незгідливий
unaccomplished [ˌʌnəˈkɒmplɪʃt] *a* 1) незакінчений 2) невмілий
unaccountable [ˌʌnəˈkaʊntəbl] *a* 1) незбагненний 2) дивний
unaccredited [ˌʌnəˈkredɪtɪd] *a* неофіційний
unaccustomed [ˌʌnəˈkʌstəmd] *a* незвиклий (to — до чого-н.)
unachievable [ˌʌnəˈtʃiːvəbl] *a* недосяжний, нездійсненний
unacknowledged [ˌʌnəkˈnɒlɪdʒd] *a* невизнаний
unacquainted [ˌʌnəkˈweɪntɪd] *a* 1) незнайомий 2) необізнаний
unacted [ʌnˈæktɪd] *a* невиконаний
unadulterated [ˌʌnəˈdʌltəreɪtɪd] *a* 1) справжній 2) чистий
unadvised [ˌʌnədˈvaɪzd] *a* 1) нерозважливий 2) нерозсудливий
unaffable [ʌnˈæfəbl] *a* непривітний, нелюб'язний; стриманий
unaffected [ˌʌnəˈfektɪd] *a* 1) щирий 2) природний 3) байдужий
unalive [ʌnəˈlaɪv] *a* 1) неживий 2) нечутливий, нечуйний
unallowed [ʌnəˈlaʊd] *a* недозволений; заборонений
unalterable [ʌnˈɔːlt(ə)rəbl] *a* непорушний; сталий
unanim||ity [ˌjuːnəˈnɪmɪtɪ] *n* одностайність; **~ous** [juːˈnænɪməs] *a* одностайний
unanswerable [ʌnˈɑːns(ə)rəbl] *a* 1) на який неможливо відповісти 2) неспростовний
unappealable [ˌʌnəˈpiːləb(ə)l] *a юр.* 1) незаперечний 2) остаточний
unappeasable [ˌʌnəˈpiːzəbl] *a* непримиренний
unappetising [ʌnˈæpɪtaɪzɪŋ] *a* 1) несмачний 2) нецікавий, нудний
unapprehensive [ʌnˌæprɪˈhensɪv] *a* 1) нетямущий 2) безстрашний
unapproachable [ˌʌnəˈprəʊtʃəb(ə)l] *a* 1) недосяжний 2) незбагненний
unapt [ʌnˈæpt] *a* невідповідний
unarm [ˌʌnˈɑːm] *v* роззброювати(ся); **~ed** *a* неозброєний, беззбройний
unassured [ˌʌnəˈʃʊəd] *a* 1) невпевнений 2) незабезпечений
unattached [ˌʌnəˈtætʃt] *a* 1) не прив'язаний (до чого-н.) 2) неодружений; незаміжня

unattentive [ˌʌnəˈtentɪv] *a* неуважний
unattractive [ˌʌnəˈtræktɪv] *a* непривабливий, непринадний
unauthorised [ʌnˈɔːθəraɪzd] *a* 1) недозволений 2) неправомірний
unavailable [ˌʌnəˈveɪləbl] *a* 1) відсутній 2) недійсний
unavailing [ˌʌnəˈveɪlɪŋ] *a* некорисний; безплідний
unawares [ˌʌnəˈweəz] *adv* зненацька
unbar [ʌnˈbɑː] *v* 1) відчиняти 2) знімати заборону
unbare [ʌnˈbeə] *v* оголити
unbearable [ʌnˈbɛərəbl] *a* нестерпний
unbeaten [ʌnˈbiːt(ə)n] *a* 1) непереможений 2) неперевершений
unbecoming [ˌʌnbɪˈkʌmɪŋ] *a* 1) невідповідний 2) непристойний
unbegun [ˌʌnbɪˈɡʌn] *a* одвічний
unbelie||**f** [ˌʌnbɪˈliːf] *n* невіра; **~vable** *a* неймовірний; **~ver** *n* 1) невіруючий 2) скептик
unbend [ʌnˈbend] *v* (unbent [ʌnˈbent]) випрямляти(ся); **~ing** *a* непохитний
unbidden [ʌnˈbɪdn] *a* 1) непроханий 2) добровільний
unblam(e)able [ʌnˈbleɪməbl] *a* бездоганний
unblessed [ʌnˈblest] *a* 1) проклятий 2) нещасливий, нещасний
unbodied [ʌnˈbɒdɪd] *a* 1) безтілесний 2) безформний
unbolt [ʌnˈbəʊlt] *v* відмикати
unbooked [ʌnˈbʊkt] *a* 1) незареєстрований 2) неписьменний
unborn [ʌnˈbɔːn] *a* 1) (ще) не народжений 2) прийдешній
unbosom [ʌnˈbʊz(ə)m] *v* відкривати (*душу*); звіряти (*таємницю*)
unbounded [ʌnˈbaʊndɪd] *a* необмежений; безмежний, безкраїй
unbowed [ʌnˈbaʊd] *a* 1) незігнутий 2) непідкорений
unbrace [ʌnˈbreɪs] *v* 1) відпускати; розслабляти 2) ослабляти
unbred [ʌnˈbred] *a* невихований
unbroken [ʌnˈbrəʊkən] *a* 1) нерозбитий 2) нескорений
unbuild [ʌnˈbɪld] *v* (unbuilt) руйнувати, зносити
unbusinesslike [ʌnˈbɪznɪslaɪk] *a* неділовий, непрактичний
uncalled-for [ʌnˈkɔːldfɔː] *a* 1) безпричинний 2) недоречний
uncanny [ʌnˈkænɪ] *a* 1) моторошний 2) надприродний
uncap [ʌnˈkæp] *v* відкривати; відкорковувати
uncared-for [ʌnˈkeədfɔː] *a* занедбаний, занехаяний

uncaused [ʌnˈkɔːzd] *a* 1) безпричинний 2) одвічний
unceasing [ʌnˈsiːsɪŋ] *a* 1) безупинний 2) невгамовний
unceremonious [ˌʌnserɪˈməʊnɪəs] *a* 1) неофіційний 2) фамільярний
uncertain [ʌnˈsɜːtn] *a* 1) сумнівний 2) примхливий 3) хиткий; **~ty** *n* 1) непевність; сумнів 2) невідомість 3) мінливість
unchain [ʌnˈtʃeɪn] *v* 1) спускати з ланцюга 2) звільняти
unchallengeable [ʌnˈtʃælɪndʒəbl] *a* незаперечний
uncharitable [ʌnˈtʃærɪtəbl] *a* жорстокий; злісний
unchecked [ʌnˈtʃekt] *a* 1) безперешкодний 2) неприборкний
unchristian [ʌnˈkrɪstɪən] *a* 1) нехристиянський 2) *амер.* дикий
unchurch [ʌnˈtʃɜːtʃ] *v* відлучати від церкви
uncivilised [ʌnˈsɪvɪlaɪzd] *a* 1) нецивілізований 2) варварський
unclad [ʌnˈklæd] *a* неодягнений
uncleared [ʌnˈklɪəd] *a* 1) неочищений 2) невиправданий 3) нез'ясований 4) неліквідований
unclothe [ʌnˈkləʊð] *v* 1) роздягати(ся) 2) відкривати (*таємницю*)
unclouded [ʌnˈklaʊdɪd] *a* 1) незатьмарений 2) прозорий
uncoil [ʌnˈkɔɪl] *v* розмотувати(ся); розкручувати(ся)
uncomely [ʌnˈkʌmlɪ] *a* 1) непристойний 2) непривабливий
uncomfortable [ʌnˈkʌmf(ə)təbl] *a* 1) незатишний 2) тривожний
uncommercial [ˌʌnkəˈmɜːʃ(ə)l] *a* некомерційний, неторговельний
uncommon [ʌnˈkɒmən] *a* 1) надзвичайний 2) незвичний
uncommunicative [ˌʌnkəˈmjuːnɪkətɪv] *a* відлюдкуватий; мовчазний
uncomplaining [ˌʌnkəmˈpleɪnɪŋ] *a* покірний; терплячий
uncompliant [ˌʌnkəmˈplaɪənt] *a* непоступливий, непіддатливий, незговірливий, незгідливий
uncomplying [ˌʌnkəmˈplaɪɪŋ] *a* непіддатливий (*на що-н.*)
uncompromising [ʌnˈkɒmprəmaɪzɪŋ] *a* 1) безкомпромісний 2) непохитний
unconcealed [ˌʌnkənˈsiːld] *a* явний; відкритий; відвертий
unconcern [ˌʌnkənˈsɜːn] *n* 1) недбалість 2) байдужість; **~ed** *a* 1) недбалий 2) байдужий
unconditional [ˌʌnkənˈdɪʃ(ə)nəl] *a* беззастережний, безумовний

uncongenial [ˌʌnkənˈdʒiːnɪəl] *a* 1) суперечний 2) непідхожий
unconnected [ˌʌnkəˈnektɪd] *a* 1) незв'язаний 2) недоладний
unconquerable [ʌnˈkɒŋk(ə)rəbl] *a* непереможний, незламний
unconscionable [ʌnˈkɒnʃ(ə)nəbl] *a* 1) безсовісний 2) надмірний
unconscious [ʌnˈkɒnʃəs] **1.** *n* (the ~) підсвідоме **2.** *a* 1) непритомний 2) мимовільний
unconstrained [ˌʌnkənˈstreɪnd] *a* 1) невимушений 2) добровільний 3) необмежений
uncontemplated [ʌnˈkɒntəmpleɪtɪd] *a* несподіваний; непередбачений
uncontented [ˌʌnkənˈtentɪd] *a* незадоволений, невдоволений
uncontrollable [ˌʌnkənˈtrəʊləbl] *a* 1) нестримний 2) неспростовний
unconventional [ˌʌnkənˈvenʃən(ə)l] *a* нетрадиційний
unconverted [ˌʌnkənˈvɜːtɪd] *a* 1) незмінений 2) *рел.* навернений
uncord [ʌnˈkɔːd] *v* розв'язувати
uncostly [ˌʌnˈkɒstlɪ] *a* дешевий
uncountable [ʌnˈkaʊntəbl] *a* 1) безмірний 2) незліченний
uncouth [ʌnˈkuːθ] *a* 1) незграбний 2) занедбаний 3) незвичайний
uncover [ʌnˈkʌvə] *v* 1) відкривати 2) виявляти 3) скидати; **~ed** *a* відкритий
uncrippled [ʌnˈkrɪpld] *a* 1) непокалічений 2) непошкоджений
unct||ion [ˈʌŋkʃ(ə)n] *n* 1) єлейність 2) мазь 3) єлей 4) смак 5) запал 6) благодать, утіха; **~uous** *a* 1) улесливий 2) масний; жирний
uncultured [ʌnˈkʌltʃəd] *a* некультурний; невихований
uncustomary [ʌnˈkʌstəm(ə)rɪ] *a* незвичний, незвичайний
undeceive [ˌʌndɪˈsiːv] *v* виявити істину
undecided [ˌʌndɪˈsaɪdɪd] *a* 1) невирішений 2) нерішучий
undecipherable [ˌʌndɪˈsaɪf(ə)rəbl] *a* нерозбірливий, нечіткий
undeclined [ˌʌndɪˈklaɪnd] *a граm.* невідмінюваний
undefended [ˌʌndɪˈfendɪd] *a* 1) незахищений 2) необґрунтований
undelivered [ˌʌndɪˈlɪvəd] *a* 1) недоставлений 2) невиголошений
undemonstrative [ˌʌndɪˈmɒnstrətɪv] *a* стриманий
undeniable [ˌʌndɪˈnaɪəbl] *a* 1) безперечний 2) чудовий
under [ˈʌndə] **1.** *n* те, що не відповідає стандартові **2.** *prep* 1) *указує на розміщення біля, коло; під, нижче* 2) *указує на перебування під* 3) *указує на час, умови, обставини* за, при, в епоху, за часів, під, на 4) *указує на вік і под.* нижче, менше 5) під (*ім'ям*) **3.** *a* 1) нижній; що перебуває внизу; покритий (*чим-н.*) 2) підлеглий 3) тихий 4) менший **4.** *adv* 1) униз 2) унизу, нижче; нижче рівня води 3) далі 4) під 5) за обрій
under-age [ˌʌndərˈeɪdʒ] *a* неповнолітній
underclass [ˈʌndəklɑːs] *n* нижчі верстви суспільства, біднота
underclothes [ˈʌndəkləʊ(ð)z] *n pl* нижня білизна
undercover [ˌʌndəˈkʌvə] *a* таємний, секретний, прихований
underdeveloped [ˌʌndədɪˈveləpt] *a* недорозвинений
underdog [ˈʌndədɒɡ] *n перен.* знедолена людина; сірома; жертва несправедливості
underdose [ˌʌndəˈdəʊz] **1.** *n* недостатня доза **2.** *v* давати недостатню дозу
underestimate **1.** *n* [ˌʌndərˈestɪmɪt] недооцінка **2.** *v* [ˌʌndərˈestɪmeɪt] недооцінювати
underfeed [ˌʌndəˈfiːd] *v* (underfed) недоїдати
undergo [ˌʌndəˈɡəʊ] *v* (underwent; undergone) зазнавати; зносити
undergraduate [ˈʌndəˌɡrædʒʊɪt] *n* 1) студент останнього курсу 2) новачок; початківець
underground **1.** *n* [ˈʌndəɡraʊnd] (the ~) 1) метрополітен 2) підґрунтя, підпілля **2.** *a* 1) підземний 2) таємний
underhand [ˌʌndəˈhænd] *a* 1) таємний 2) нещирий 3) хитрий
undermine [ˌʌndəˈmaɪn] *v* 1) таємно шкодити 2) підточувати
undermost [ˈʌndəməʊst] *a* нижчий
underneath [ˌʌndəˈniːθ] **1.** *a* 1) нижній 2) прихований **2.** *adv* унизу **3.** *prep* під (*владою*)
underscore [ˌʌndəˈskɔː] *v* 1) підкреслювати 2) наголошувати
undersea [ˌʌndəsiː] **1.** *a* підводний **2.** *adv* [ˌʌndəˈsiː] під водою
undershirt [ˈʌndəʃɜːt] *n* майка
undersign [ˌʌndəˈsaɪn] *v* підписувати(ся); **~ed** *a* нижчепідписаний
undersong [ˈʌndəsɒŋ] *n* приспів
understand [ˌʌndəˈstænd] *v* (understood) 1) розуміти 2) припускати 3) дізнатися 4) уміти 5) гадати; **~ing 1.** *n* 1) розуміння 2) розум 3) угода **2.** *a* розумний
understood [ˌʌndəˈstʊd] *past i p. p. від* **understand**
undertak||e [ˌʌndəˈteɪk] *v* (undertook [ˌʌndəˈtʊk]; undertaken [ˌʌndəˈteɪkən]) 1) починати, братися 2) ручатися, ґарантувати 3) відважитися, насмілитися; **~er** *n* підприємець; **~ing** *n* 1) підприємництво; справа; захід 2) зобов'язання; ґарантія, угода

undertone [´ʌndətəʊn] *n* 1) півтон 2) підтекст, прихований сенс
underwear [´ʌndəweə] *n* спідня білизна
underwriter [´ʌndəˏraɪtə] *n* 1) страхова компанія 2) страховик
undeserved [ˏʌndɪ´zɜ:vd] *a* незаслужений
undesigned [ˏʌndɪ´zaɪnd] *a* ненавмисний, неумисний
undesirable [ˏʌndɪ´zaɪ(ə)rəbl] **1.** *n* небажана особа **2.** *a* 1) небажаний 2) незручний
undiplomatic [´ʌnˏdɪplə´mætɪk] *a* нетактовний
undipped [ʌn´dɪpt] *a* нехрещений
undischarged [ˏʌndɪs´tʃɑ:dʒd] *a* 1) ком. несплачений 2) невиконаний 3) нерозряджений
undisciplined [ʌn´dɪsɪplɪnd] *a* 1) неслухняний 2) ненавчений
undisposed [ˏʌndɪ´spəʊzd] *a* 1) неохочий 2) невлаштований
undisputed [ˏʌndɪ´spju:tɪd] *a* незаперечний; безперечний
undistinguished [ˏʌndɪ´stɪŋgwɪʃt] *a* 1) невиразний 2) посередній
undivided [ˏʌndɪ´vaɪdɪd] *a* 1) цілий 2) зосереджений
undo [ʌn´du:] **1.** *n* відміна (*команди*); повернення **2.** *v* (undid; undone) 1) розв'язувати 2) відкривати 3) анулювати 4) нівечити; **~ing** *n* занепад; **~ne** *a* 1) незакінчений 2) розв'язаний 3) занапащений; знищений; понівечений
undress [ʌn´dres] **1.** *n* 1) домашнє вбрання 2) голизна **2.** *v* 1) роздягати(ся) 2) розбинтовувати, знімати пов'язку; **~ed** *a* 1) неодягнений 2) непричесаний 3) необроблений 4) непримачений 5) без ґарніру 6) незабинтований
undue [ˏʌn´dju:] *a* 1) незаконний 2) несвоєчасний; непідхожий
undying [ʌn´daɪɪŋ] *a* 1) безсмертний 2) нескінченний, постійний
unearth [ʌn´ɜ:θ] *v* 1) викопувати 2) виявляти, викривати
unearthly [ʌn´ɜ:θlɪ] *a* 1) неземний 2) таємничий
uneas||**y** [ʌn´i:zɪ] *a* 1) незручний 2) занепокоєний; **~iness** *n* 1) незручність 2) занепокоєння
uneatable [ʌn´i:təbl] *a* неїстівний
uneducated [ʌn´edʒʊkeɪtɪd] *a* неосвічений, невчений
unemploy||**ed** [ˏʌnɪm´plɔɪd] **1.** *n* (the ~) *pl* збір. безробітні **2.** *a* безробітний; **~ment** *n* безробіття
unendurable [ˏʌnɪn´djʊ(ə)rəbl] *a* нестерпний
unequal [ʌn´i:kwəl] *a* 1) нерівноцінний 2) нерівноправний; **~led** *a* 1) незрівнянний 2) безпрецедентний
unequipped [ˏʌnɪ´kwɪpt] *a* 1) непідготовлений 2) неоснащений
unequivocal [ˏʌnɪ´kwɪvək(ə)l] *a* 1) недвозначний 2) остаточний
unerring [ʌn´ɜ:rɪŋ] *a* 1) правильний; непогрішний 2) точний
unessential [ˏʌnɪ´senʃ(ə)l] *a* неістотний, незначний
unexceptionable [ˏʌnɪk´sepʃ(ə)nəbl] *a* досконалий; бездоганний
unexpected [ˏʌnɪk´spektɪd] *a* несподіваний, непередбачений
unexplored [ˏʌnɪk´splɔ:d] *a* недосліджений, невивчений
unfabled [ʌn´feɪbld] *a* дійсний
unfailing [ʌn´feɪlɪŋ] *a* 1) вірний 2) надійний 3) невичерпний
unfair [ʌn´feə] *a* 1) несумлінний 2) упереджений 3) нечесний
unfaithful [ʌn´feɪθf(ə)l] *a* 1) невірний 2) неточний 3) невіруючий
unfaltering [ʌn´fɔ:lt(ə)rɪŋ] *a* непохитний, твердий, рішучий
unfamiliar [ˏʌnfə´mɪlɪə] *a* 1) незнайомий 2) далекий
unfasten [ʌn´fɑ:s(ə)n] *v* 1) розстібати 2) послабляти
unfavourable [ʌn´feɪv(ə)rəbl] *a* 1) неприхильний 2) неприємний
unfed [ʌn´fed] *a* 1) голодний 2) безпідставний
unfeeling [ʌn´fi:lɪŋ] *a* нечутливий, нечулий; жорстокий
unfit [ʌn´fɪt] **1.** *a* 1) непридатний 2) недужий **2.** *v* 1) робити непридатним (for — *для чого-н.*) 2) дискваліфікувати
unforgettable [ˏʌnfə´getəbl] *a* незабутній
unforgivable [´ʌnfə´gɪvəbl] *a* непрощенний
unformed [ʌn´fɔ:md] *a* безформний
unfortunate [ʌn´fɔ:tʃʊnɪt] **1.** *n* невдаха, бідолаха **2.** *a* 1) нещасний, нещасливий 2) невдалий
unfounded [ʌn´faʊndɪd] *a* безпідставний, необґрунтований
unfriendly [ʌn´frendlɪ] *a* 1) недружній 2) несприятливий
unfulfilled [ˏʌnfʊl´fɪld] *a* невиконаний; нездійснений
unfunny [ʌn´fʌnɪ] *a* несмішний
ungainly [ʌn´geɪnlɪ] *a* незграбний
ungodly [ʌn´gɒdlɪ] *a* безбожний; нечестивий
ungovernable [ʌn´gʌv(ə)nəbl] *a* 1) неслухняний, непокірний, непокірливий 2) невгамовний
ungrateful [ʌn´greɪtf(ə)l] *a* 1) невдячний 2) неприємний

unguarded [ʌnˈgɑːdɪd] *a* 1) необережний, необачний 2) незахищений

unguent [ˈʌŋgwənt] *n* мазь

unhandsome [ʌnˈhæns(ə)m] *a* 1) некрасивий 2) нелюб'язний

unharmed [ʌnˈhɑːmd] *a* непошкоджений, неушкоджений, цілий

unhesitating [ʌnˈhezɪteɪtɪŋ] *a* рішучий; який не вагається

unhinge [ʌnˈhɪndʒ] *v* 1) розладнувати 2) завдавати жалю

unholy [ʌnˈhəʊlɪ] *a* 1) нечестивий 2) бісівський 3) злісний

unhoused [ʌnˈhaʊzd] *a* бездомний

unhurried [ʌnˈhʌrɪd] *a* повільний, некваплививий, забарний

unhygienic [ˌʌnhaɪˈdʒiːnɪk] *a* антисанітарний; нездоровий

unicorn-fish [ˈjuːnɪkɔːnˈfɪʃ] *n* зоол. нарвал

unification [ˌjuːnɪfɪˈkeɪʃ(ə)n] *n* 1) об'єднання 2) уніфікація

uniform [ˈjuːnɪfɔːm] **1.** *n* 1) уніформа, форма 2) військ. однострій **2.** *a* 1) одноманітний, однаковий 2) постійний 3) розмірений (*про рух*) **3.** *v* 1) робити одноманітним 2) одягати в однострій; **~ed** *a* одягнений в однострій; **~ity** *n* одноманітність; однаковість

unify [ˈjuːnɪfaɪ] *v* 1) об'єднувати 2) уніфікувати

unimagin‖able [ˌʌnɪˈmædʒɪnəbl] *a* неймовірний; неуявленний; **~ative** *a* позбавлений уяви, прозаїчний

unimportant [ˌʌnɪmˈpɔːt(ə)nt] *a* неістотний; незначний

uninfluenced [ʌnˈɪnflʊənst] *a* неупереджений

uninhabit‖able [ˌʌnɪnˈhæbɪtəb(ə)l] *a* нежитловий; **~ed** *a* незаселений, безлюдний

uninsured [ˌʌnɪnˈʃʊəd] *a* незастрахований

unintelligible [ˌʌnɪnˈtelɪdʒəbl] *a* нерозбірливий, незрозумілий

uninvit‖ed [ˌʌnɪnˈvaɪtɪd] *a* незапрошений; незваний, непроханий; **~ing** *a* 1) непривабливий 2) неапетитний

union [ˈjuːnɪən] *n* 1) об'єднання, унія 2) спілка 3) гармонія, згода

unique [juːˈniːk] **1.** *n* унікум **2.** *a* 1) унікальний 2) особливий

unison [ˈjuːnɪs(ə)n, -z(ə)n] *n* 1) муз. унісон 2) злагода

unit [ˈjuːnɪt] *n* 1) одиниця; ціле 2) одиниця виміру 3) корабель 4) орган (*управління й под.*); **~e** [juːˈnaɪt] *v* 1) з'єднувати(ся) 2) єднати(ся); об'єднувати(ся); **~ed** *a* 1) з'єднаний 2) спільний; **~y** [ˈjuːnɪtɪ] *n* 1) єдність 2) спільність 3) дружба

univers‖al [ˌjuːnɪˈvɜːs(ə)l] *a* 1) загальний 2) універсальний; **~e** [ˈjuːnɪvɜːs] *n* 1) світ; космос 2) людство; увесь світ; **~ity** *n* університет

unjust [ʌnˈdʒʌst] *a* 1) несправедливий 2) неправильний

unkind [ˌʌnˈkaɪnd] *a* 1) злий 2) суворий (*про клімат*)

unknown [ʌnˈnəʊn] **1.** *n* (the ~) незнайомець **2.** *a* невідомий

unlawful [ʌnˈlɔːf(ə)l] *a* 1) протизаконний 2) позашлюбний

unless [ʌnˈles, ən-] **1.** *cj* якщо не; поки не **2.** *prep* крім

unlike [ʌnˈlaɪk] **1.** *a* несхожий на **2.** *prep* на відміну від

unlit [ʌnˈlɪt] *a* 1) незасвічений 2) темний, неосвітлений

unlive [ʌnˈlɪv] *v* змінити спосіб життя, жити інакше

unlock [ʌnˈlɒk] *v* відкривати, відмикати

unmake [ˌʌnˈmeɪk] *v* (unmade) 1) руйнувати; анулювати 2) переробляти, змінювати

unmarried [ˌʌnˈmærɪd] *a* 1) неодружений 2) незаміжня

unmeaning [ʌnˈmiːnɪŋ] *a* 1) безглуздий 2) невиразний

unmeant [ˌʌnˈment] *a* 1) непризначений 2) мимовільний

unmerited [ʌnˈmerɪtɪd] *a* незаслужений

unmindful [ʌnˈmaɪndf(ə)l] *a* забудькуватий; неуважний

unmistak(e)able [ˌʌnmɪˈsteɪkəbl] *a* 1) безпомилковий 2) ясний, очевидний

unmoral [ˌʌnˈmɒrəl] *a* аморальний

unmoved [ʌnˈmuːvd] *a* 1) нерухомий 2) байдужий

unmurmuring [ʌnˈmɜːm(ə)rɪŋ] *a* покірний, безвідмовний

unnamed [ˌʌnˈneɪmd] *a* 1) безіменний 2) незгаданий, неназваний

unnecessary [ʌnˈnesəs(ə)rɪ] *a* непотрібний, зайвий

unnerve [ʌnˈnɜːv] *v* 1) нервувати 2) бентежити 3) знесилювати

unobjectionable [ˈʌnəbˈdʒekʃ(ə)nəbl] *a* 1) незаперечний; прийнятний 2) приємний

unobservant [ˌʌnəbˈzɜːv(ə)nt] *a* неуважний, неспостережливий

unofficial [ˌʌnəˈfɪʃ(ə)l] *a* неофіційний

unowned [ˌʌnˈəʊnd] *a* 1) безгосподарний 2) невизнаний

unpaid [ʌnˈpeɪd] *a* 1) несплачений 2) безкоштовний 3) даремний

unpalatable [ʌnˈpælətəbl] *a* 1) відразливий 2) неприємний

unpeople [ʌnˈpiːp(ə)l] *v* безлюдити; виселити мешканців

unpersuadable [ˌʌnpəˈsweɪdəbl] *a* непохитний; невблаганний

unperturbed [ˌʌnpəˈtɜːbd] *a* незворушний, спокійний

unpick [ʌnˈpɪk] v розпорювати; **~ed** a розпоротий
unpin [ʌnˈpɪn] v розстібати
unpolitical [ˌʌnpəˈlɪtɪk(ə)l] a аполітичний
unpopular [ʌnˈpɒpjʊlə] a 1) непопулярний 2) неходовий
unpractical [ʌnˈpræktɪk(ə)l] a 1) непрактичний 2) недоцільний
unpredictable [ˌʌnprɪˈdɪktəbl] a непередбачуваний
unprejudiced [ʌnˈpredʒədɪst] a неупереджений, безсторонній
unpremeditated [ˌʌnpriːˈmedɪteɪtɪd] a 1) неумисний 2) юр. випадковий
unpriced [ʌnˈpraɪst] a 1) неоцінений 2) безцінний, неоцінений
unpromising [ʌnˈprɒmɪsɪŋ] a безнадійний; невтішний
unprotected [ˌʌnprəˈtektɪd] a 1) незахищений 2) беззахисний
unpunished [ʌnˈpʌnɪʃt] a 1) непокараний 2) безкарний
unqualified [ʌnˈkwɒlɪfaɪd] a непідготовлений, некваліфікований
unquiet [ʌnˈkwaɪət] 1. n неспокій 2. a неспокійний
unreal [ʌnˈrɪəl] a 1) несправжній 2) нереальний, уявний, гаданий; **~ity** n 1) нереальність 2) що-н. нереальне
unrealisable [ˌʌnrɪəˈlaɪzəbl] a нездійсненний
unreason [ʌnˈriːz(ə)n] n 1) нерозумність 2) безрозсудність; **~able** a 1) надмірний 2) нерозумний; **~ed** a 1) непродуманий 2) ірраціональний
unreclaimed [ˌʌnrɪˈkleɪmd] a неосвоєний
unrecognized [ʌnˈrekəgnaɪzd] a 1) невпізнаний 2) невизнаний
unrecorded [ˌʌnrɪˈkɔːdɪd] a незаписаний; незафіксований
unredeemed [ˌʌnrɪˈdiːmd] a 1) невиконаний 2) непогашений
unregulated [ˌʌnˈregjʊleɪtɪd] a 1) неконтрольований 2) безладний
unrelated [ˌʌnrɪˈleɪtɪd] a не пов'язаний (з чим-н.)
unreliable [ˌʌnrɪˈlaɪəbl] a ненадійний; недостовірний
unrelieved [ˌʌnrɪˈliːvd] a 1) одноманітний 2) незмінний
unremitting [ˌʌnrɪˈmɪtɪŋ] a 1) неослабний 2) наполегливий
unreserve [ˌʌnrɪˈzɜːv] n 1) нестриманість 2) відвертість; **~d** a 1) незарезервований 2) відвертий 3) нестриманий
unresolved [ˌʌnrɪˈzɒlvd] a 1) нерішучий 2) невирішений

unresponsive [ˌʌnrɪˈspɒnsɪv] a 1) який не реагує 2) нечуйний
unrest [ʌnˈrest] n 1) неспокій, хвилювання 2) заворушення
unriddle [ʌnˈrɪdl] v 1) розгадувати 2) пояснювати (таємницю)
unrip [ʌnˈrɪp] v 1) розрізати 2) розкривати, відкривати
unripe [ʌnˈraɪp] a нестиглий
unruly [ʌnˈruːlɪ] a 1) непокірний, неслухняний 2) шалений, бурхливий, несамовитий
unsafe [ʌnˈseɪf] a 1) ненадійний 2) небезпечний, ризикований 3) який наражається на небезпеку
unscalable [ʌnˈskeɪləbl] a неприступний
unscathed [ʌnˈskeɪðd] a неушкоджений, непошкоджений, цілий
unschooled [ˌʌnˈskuːld] a 1) невчений 2) недосвідчений
unseasonable [ʌnˈsiːz(ə)nəbl] a 1) несезонний 2) несвоєчасний
unseat [ʌnˈsiːt] v 1) скидати вершника 2) позбавляти місця
unseen [ˌʌnˈsiːn] 1. n (the ~) духовний (внутрішній) світ 2. a 1) невидимий 2) непомічений
unsettle [ʌnˈsetl] v 1) засмучувати(ся) 2) змінювати положення; **~d** a 1) неусталений 2) невирішений 3) неоплачений
unshielded [ˌʌnˈʃiːldɪd] a незахищений; незакритий
unsigned [ˌʌnˈsaɪnd] a непідписаний
unskilled [ˌʌnˈskɪld] a 1) ненавчений 2) невмілий, недосвідчений
unsleeping [ʌnˈsliːpɪŋ] a пильний
unsnarl [ʌnˈsnɑːl] v розплутувати
unsought [ʌnˈsɔːt] a 1) непроханий 2) недосліджений
unsound [ˌʌnˈsaʊnd] a 1) недужий 2) зіпсований 3) хибний 4) непевний 5) неглибокий (про сон)
unsparing [ʌnˈspe(ə)rɪŋ] a 1) марнотратний 2) нещадний
unspoiled, unspoilt [ˌʌnˈspɔɪld, -ɪlt] a незіпсований
unstable [ʌnˈsteɪbl] a 1) нестійкий 2) несталий 3) сипкий
unstamped [ʌnˈstæm(p)t] a нештемпельований
unstick [ʌnˈstɪk] v відклеювати
unstirred [ˌʌnˈstɜːd] a 1) незворушний 2) нерозмішаний
unstop [ʌnˈstɒp] v 1) усувати перешкоди 2) відкорковувати
unsubstantial [ˌʌnsəbˈstænʃ(ə)l] a 1) невагомий 2) нереальний 3) неміцний 4) несуттєвий

unsuccessful [ˌʌnsəkˈsesf(ə)l] *a* 1) безуспішний 2) безталанний
unsure [ʌnˈʃʋə] *a* 1) ненадійний 2) неточний 3) невпевнений
unsurmontable [ˌʌnsəˈmaʋntəbl] *a* неперборний, нездоланний
unsuspecting [ˌʌnsəˈspektɪŋ] *a* довірливий
untenantable [ʌnˈtenəntəbl] *a* нежитловий
unthinkable [ʌnˈθɪŋkəbl] *a* немислимий
untie [ʌnˈtaɪ] *v* 1) розв'язувати(ся) 2) позбавлятися; **~d** *a* незв'язаний
untight [ʌnˈtaɪt] *a* нещільний
untimely [ʌnˈtaɪmlɪ] *a* 1) несвоєчасний 2) передчасний
untoward [ˌʌntəˈwɔːd] *a* 1) несприятливий 2) непідхожий 3) непокірливий 4) невлучний
untrodden [ʌnˈtrɒdn] *a* 1) непроторований 2) пустельний
untruth [ʌnˈtruːθ] *n* 1) неправда, брехня 2) невірність
unused [ʌnˈjuːzd] *a* 1) невикористаний 2) невживаний
unutterable [ʌnˈʌt(ə)rəbl] *a* 1) невимовний
unwanted [ʌnˈwɒntɪd] *a* небажаний; непотрібний, зайвий
unwarned [ˈʌnˈwɔːnd] *a* непопереджений; незастережений
unwarran||ed [ʌnˈwɒrəntɪd] *a* 1) довільний, самовільний; свавільний 2) незаконний, недозволений 3) невиправданий, необґрунтований; **~able** *a* 1) непробачний 2) протизаконний, недозволений
unwary [ʌnˈweə)rɪ] *a* необережний, необачний, нерозважливий
unwashed [ʌnˈwɒʃt] *a* 1) немитий, невмитий, невмиваний 2) невипраний
unwavering [ʌnˈweɪv(ə)rɪŋ] *a* непохитний; стійкий; непорушний
unwear||ied [ʌnˈwɪə)rɪd] *a* 1) нестомлений, незморений 2) невтомний; **~ying** *a* 1) невтомний 2) нестомливий; що не стомлює
unwed [ʌnˈwed] *a* 1) невінчаний 2) неодружений; незаміжня
unweighted [ʌnˈweɪtɪd] *a* 1) необдуманий, необмаркований 2) незважений (*про товари*)
unwelcome [ʌnˈwelkəm] *a* 1) небажаний; непрошений, непроханий 2) неприємний
unwell [ʌnˈwel] *a* нездоровий, хворий
unwept [ʌnˈwept] *a poet.* 1) неоплаканий 2) невиплаканий
unwholesome [ʌnˈhəʋls(ə)m] *a* 1) нездоровий, некорисний, шкідливий 2) огидний, гидотний
unwieldy [ʌnˈwiːldɪ] *a* 1) громіздкий, важкий 2) незграбний
unwill||ed [ʌnˈwɪld] *a* 1) мимовільний, ненавмисний, неумисний; **~ing** [ʌnˈwɪlɪŋ] *a* 1) несхильний (*до чого-н.*); який не бажає (*чого-н.*) 2) зроблений неохоче
unwisdom [ˌʌnˈwɪzdəm] *n* нерозсудливість; дурість
unwitnessed [ʌnˈwɪtnɪst] *a* 1) непомічений 2) непомітний
unworthy [ʌnˈwəːðɪ] *a* негідний
unwrap [ˈʌnˈræp] *a* 1) розгортати 2) розгортатися
up [ʌp] **1.** *n* 1) підйом 2) успіх 3) високопоставлена особа **2.** *a* 1) що йде вгору 2) зростаючий 3) жвавий **3.** *adv* 1) *указує на перебування нагорі*: нагорі; угорі; вище, над 2) *указує на завершення терміну*: **the house burned ~** будинок згорів ущент 3) *указує на наближення*, в, у, до, углиб 4) *указує на збільшення й под.* вище **4.** *prep* 1) нагору, у напрямку до (*центру й под.*) 2) уздовж по; усередину 3) проти (*течії та под.*) 4) на північ
upas [ˈjuːpəs] *n бот.* анчар
upbraid [ʌpˈbreɪd] *v* 1) прискіпуватися 2) гудити; дорікати
upbringing [ˈʌpbrɪŋɪŋ] *n* виховання
upbuild [ʌpˈbɪld] *v* збудувати
update 1. *n* [ˈʌpdeɪt] 1) модернізація 2) *обч.* нова версія **2.** *v* [ʌpˈdeɪt] модернізувати; приводити у відповідність до вимог сучасності
upgrade 1. *n* [ˈʌpɡreɪd] підйом; піднесення **2.** *v* [ʌpˈɡreɪd] підвищувати якість (*продукції*)
upgrowth [ˈʌpɡrəʋθ] *n* розвиток
upheaval [ʌpˈhiːv(ə)l] *n* 1) зрушення 2) переворот
upheave [ʌpˈhiːv] *v* (upheaved [-d], uphove) піднімати(ся)
uphill [ˈʌphɪl] *n* підйом
uphold [ʌpˈhəʋld] *v* (upheld) 1) підбадьорювати 2) підтверджувати 3) здіймати; **~er** *n* 1) прибічник 2) підпірка, підставка
upland [ˈʌplənd] **1.** *n* (*зазв. pl*) нагір'я **2.** *a* нагірний
uppermost [ˈʌpəməʋst] *a* 1) найвищий 2) переважний
upright [ˈʌpraɪt] **1.** *n* колона **2.** *a* 1) вертикальний 2) прямовисний 3) чесний, справедливий
upris||e [ˈʌpraɪz] **1.** *n* 1) схід (*сонця, місяця*) 2) поява, виникнення 3) підвищення **2.** *v* [ʌpˈraɪz] 1) сходити (*про місяць*) 2) вставати, підніматися 3) повставати 4) з'являтися, виникати; **~ing** *n* 1) схід (*сонця*) 2) піднесення 3) поява, виникнення
uproar [ˈʌprɔː] *n* 1) шум, гамір 2) хвилювання; заворушення 3) вибух (*сміху й под.*); **~ious** *a* 1) шумний 2) дуже смішний
upset 1. *n* [ʌpˈset] 1) падіння 2) нездужання

3) прикрість **2.** *a* [ˈʌpset] 1) перекинутий 2) стривожений, засмучений **3.** *v* (upset) 1) перекидати(ся) 2) розладнувати

upshot [ˈʌpʃɒt] *n* 1) результат 2) святкування, бенкет

upside [ˈʌpsaɪd] *n* верхня сторона (частина); поверхня (чого-н.)

upstairs [ˌʌpˈsteəz] *n* верхній поверх

upstanding [ˌʌpˈstændɪŋ] *a* 1) стоячий 2) фінансовий 3) відвертий 4) гарної статури

upswing [ˈʌpˌswɪŋ] **1.** *n* раптовий стрибок **2.** *v* підніматися

up-to-date [ˌʌptəˈdeɪt] *a* сучасний; новітній

upturn [ʌpˈtɜːn] **1.** *n* 1) піднесення 2) зростання **2.** *v* 1) перевертати 2) піднімати угору (очі) 3) бентежити

urban [ˈɜːbən] **1.** *n* містянин, міщанин **2.** *a* міський; **~e** [ɜːˈbeɪn] *a* увічливий; з вишуканими манерами; **~ity** *n* 1) увічливість 2) *pl* милі речі

urg‖e [ɜːdʒ] **1.** *n* 1) спонука 2) сильне бажання **2.** *v* 1) спонукати 2) переконувати 3) повідомляти; **~ent** [ˈɜːdʒ(ə)nt] *a* 1) терміновий, нагальний 2) украй необхідний 3) наполегливий; **~ency** *n* 1) терміновість 2) квапливість 3) наполегливість 4) гостра потреба 5) *pl* настійні прохання

urin‖al [ˈjʊ(ə)rɪn(ə)l, jʊˈraɪ-] *n* 1) пісуар 2) чоловіча вбиральня; **~ate** *v* мочитися; **~e** *n* сеча

urn [ɜːn] *n* 1) урна 2) *перен.* могила 3) верхів'я (витік) річки

ursine [ˈɜːs(a)ɪn] *a* ведмежий

us [ʌs, əs] *pers. непр. відм від* **we** нас, нам

us‖able [ˈjuːzəbl] *a* 1) придатний до вживання 2) практичний; **~age** *n* 1) ставлення 2) звичай 3) уживання

use 1. *n* [juːs] 1) уживання 2) користь; рація, сенс 3) звичай 4) мета **2.** *v* 1) уживати 2) поводитися 3) мати звичку 4) удаватися (*до чого-н.*) 5) споживати 6) гаяти (*час*) 7) привчати; **~d** *a* 1) використаний 2) *a* звиклий; **~ful** *a* корисний, придатний; **~less** *a* 1) даремний, марний 2) непридатний 3) *розм.* нездоровий; **~r** *n* 1) споживач 2) алкоголік 3) користування

usher [ˈʌʃə] **1.** *n* 1) швейцар 2) капельдинер, білетер **2.** *v* вводити (*до залу, кімнати*)

usual [ˈjuːʒʊəl, ˈjuːʒ(ə)l] *a* звичайний, звичний

usur‖er [ˈjuːʒ(ə)rə] *n* лихвар; **~ious** *a* лихварський; **~y** *n* лихварство

usurp [juːˈzɜːp] *v* 1) узурпувати; незаконно захоплювати (*владу*) 2) зазіхати (*на що-н.*); **~ation** *n* узурпація, незаконне захоплення; **~er** *n* узурпатор

utensil [juːˈtens(ə)l] *n зазв. pl* 1) посуд 2) інструмент; інвентар

utili‖ty [juːˈtɪlɪtɪ] **1.** *n* 1) корисність 2) корисна річ 3) *pl* комунальні споруди (послуги) **2.** *a* 1) допоміжний 2) рентабельний 3) дешевий 4) утилітарний 5) універсальний 6) комунальний; **~tarian 1.** *n* 1) утилітарист 2) прагматик, практик **2.** *a* утилітарний; **~zation** [ˌjuːtəlaɪˈzeɪʃn] *n* використання, утилізація; **~ze** *v* використовувати, утилізувати

utmost [ˈʌtməʊst] **1.** *n* найбільше, найможливіше **2.** *a* 1) найвіддаленіший 2) граничний 3) останній 4) найбільший

utter [ˈʌtə] **1.** *a* 1) цілковитий 2) категоричний 3) очевидний **2.** *v* висловлювати; **~ance** *n* 1) висловлювання 2) дар мови 3) дикція

uxorious [ʌkˈsɔːrɪəs] *a* дуже люблячий (кохаючий) дружину

V

vaca‖nt *a* [ˈveɪkənt] 1) порожній 2) незайнятий 3) вакантний 4) байдужий 5) що не має (*чого-н.*) 6) бездіяльний; **~ncy** *n* 1) порожнеча 2) вакансія 3) байдужість 4) бездіяльність 5) прогалина; **~te** *v* 1) звільняти 2) скасовувати, відміняти; **~tion** *n* 1) вакації, канікули 2) звільнення 3) відпочинок

vacillat‖e [ˈvæsɪleɪt] *v* 1) вагатися 2) хитатися; дрижати; **~ing** *a* 1) нерішучий 2) тремтячий, мигтючий; **~ion** *n* 1) коливання; вагання 2) дрижання (*стін*); похитування

vacu‖ity [vəˈkju:ɪtɪ, væ-] *n* 1) порожнеча 2) беззмістовність 3) марнослів'я; **~ous** *a* 1) порожній 2) бездіяльний 3) незаповнений; **~um** 1) *фіз.* вакуум 2) прогалина; **~um cleaner** *n* пилосмок

vaga‖bond [ˈvæɡəbɒnd] **1.** *n* 1) бурлака 2) пройдисвіт **2.** *a* 1) мандрівний 2) *перен.* блукаючий 3) безцільний **3.** *v* кочувати; **~bondage** *n* 1) бурлакування 2) збір. бурлаки, кочівники; **~ry** *n* 1) забаганка 2) *pl* мінливості; **~rious** *a* непередбачуваний; примхливий

vagina [vəˈdʒaɪnə] *n* (*pl* -nae, -s [-əz]) *анат.*, *бот.* піхва

vagrant [ˈveɪɡrənt] **1.** *n* 1) волоцюга 2) мандрівник **2.** *a* 1) мандрівний 2) мінливий; нестійкий

vague [veɪɡ] *a* 1) невиразний 2) неуважний 3) нерішучий

vain [veɪn] *a* 1) показний 2) пихатий 3) марний 4) дурний

vale [ˈveɪlɪ] *n лат.* прощання; **~diction** *n* 1) прощання 2) прощальне слово

valency [ˈveɪlənsɪ] *n хім.* валентність

valerian [vəˈlɪ(ə)rɪən] *n бот.* валеріана

valet [ˈvælɪt, -leɪ] *n* слуга, служник

valetudinarian [ˌvælɪtjuːdɪˈne(ə)rɪən] **1.** *n* 1) квола людина 2) непрацездатний інвалід 3) іпохондрик **2.** *a* 1) хворобливий 2) помисливий; **~ism** *n* 1) кволість 2) інвалідність 3) помисливість, іпохондрія

valian‖t [ˈvælɪənt] **1.** *n* 1) герой; хоробра людина **2.** *a* 1) хоробрий, доблесний 2) геройський; **~ce, ~cy** *n* хоробрість, мужність

valid [ˈvælɪd] *a* 1) вагомий 2) дійовий 3) *юр.* чинний 4) здоровий, міцний; працездатний; **~ate** *v* 1) стверджувати 2) надавати законної сили 3) оголошувати обраним; **~ation** *n юр.* 1) затвердження 2) леґалізація; **~ity** *n* 1) *юр.* чинність 2) вагомість 3) надійність 4) придатність

valise [vəˈliːz] *n* саквояж, шкіряна валіза

valley [ˈvælɪ] *n* долина, низина

valour [ˈvælə] *n* героїзм; мужність

valu‖e [ˈvælju:] **1.** *n* 1) цінність 2) вартість 3) *ек.* еквівалент 4) *pl* чесноти 5) висока оцінка; симпатія 6) валюта 7) значення (*слова*) **2.** *v* 1) оцінювати 2) цінувати; **~able 1.** *a* (*зазв. pl*) цінні речі; цінності; коштовності **2.** *a* 1) коштовний 2) важливий 3) необхідний; **~ation** *n* оцінювання; **~ed** *a* цінний; **~eless** *a* нічого не вартий; некорисний; **~er** *n* експерт

vampire [ˈvæmpaɪə] *n* 1) вампір, упир 2) здирник, глитай

van [væn] **1.** *n* фурґон; багажний ваґон **2.** *v* перевозити у фурґоні

vandal [ˈvændəl] **1.** *n* вандал, варвар **2.** *a* варварський; **~ism** *n* вандалізм, варварство; **~ise** *v* 1) бешкетувати 2) нівечити

vane [veɪn] *n* флюґер

vanguard [ˈvænɡɑːd] *n* 1) аванґард 2) виразники ідеї

vanilla [vəˈnɪlə] *n* 1) *бот.* ваніль 2) плітки; безглузді

vanish [ˈvænɪʃ] **1.** *n фон.* ковзання **2.** *v* 1) зникати, щезати 2) усувати, видаляти; **~ing point** *n* гранична межа

vanity [ˈvænɪtɪ] *n* 1) пиха 2) марнота, марність 3) жіноча сумочка

vanquisher [ˈvæŋkwɪʃə] *n* 1) переможець 2) завойовник

vantage [ˈvɑːntɪdʒ] *n* вигода; **v. point** *n* точка зору

vapid [ˈvæpɪd] *a* 1) несмачний 2) нудний, беззмістовний 3) заяложений, банальний 4) вульґарний, непристойний; **~ity** *n* 1) несмак 2) нудота, беззмістовність 3) банальність, заяложеність 4) вульґарність, непристойність

vapo‖ur [ˈveɪpə] **1.** *n* 1) пара; випар 2) туман 3) химера, фантазія; що-н. нереальне 4) хвастощі 5) *pl* сплін; меланхолія **2.** *v* 1) випаровувати(ся) 2) патякати 3) хвастати(ся) 4) наганяти нудьгу (меланхолію); **~rous** *a* 1) пароподібний 2) туманний 3) пустий, марний 4) невиразний, неясний 5) прозорий (*про тканину*); **~urish** *a* 1) туманний 2) хвалькуватий 3) помисливий 4) пригнічений

varan [ˈværən] *n зоол.* варан

varia∥ble [´ve(ə)nəbl] **1.** *n мат.* змінна величина **2.** *a* 1) мінливий; непостійний; несталий 2) змінний, перемінний; **~bility** *n* мінливість, несталість; **~nce** *n* 1) розбіжність; розходження; невідповідність 2) зміна; коливання 3) суперечка; сварка; **~nt I.** *n* 1) варіант 2) різночитання 3) *біол.* мутант **2.** *a* 1) відмінний від інших 2) різний 3) мінливий, непостійний 4) різноманітний; **~tion** *n* 1) зміна; відхилення; коливання 2) різновид; варіант 3) *біол.* генетична мінливість, мутація

varicoloured [´ve(ə)rɪ,kʌləd] *a* багатобарвний

variegat∥e [´ve(ə)rɪəgeɪt] *v* 1) робити строкатим 2) різноманітити; **~ed** *a* 1) різнобарвний; строкатий; смугастий 2) різноманітний, неоднорідний 3) оздоблений

variet∥y [və´raɪətɪ] *n* 1) відмінність, розходження, розбіжність 2) різноманітність, розмаїтість 3) (of) ряд, безліч, низка 4) *біол.* вид, різновид 5) *театр.* вар'єте; **~ist** *n* людина, не схожа на інших

var∥y [´ve(ə)rɪ] *v* 1) змінювати(ся) 2) відрізнятися; розходитися, відхилятися 3) різноманітити; **~ied** *a* 1) різний 2) мінливий 3) нерівний; горбкуватий

vase [vɑ:z] *n* 1) ваза 2) амфора

vaseline [´væsɪli:n] *n* вазелін

vast [vɑ:st] *a* 1) величезний; безмежний; широкий, безкраїй; просторий 2) численний

vat [væt] *n* 1) чан, цистерна 2) діжка, цебер, діжа 3) ванна, ночви

veal [vi:l] *n* телятина

vector [´vektə] **1.** *n* 1) *мат.* вектор 2) *військ.* курс, напрям **2.** *v* спрямовувати; направляти

veer [vɪə] **1.** *n* 1) зміна напряму 2) поворот **2.** *v* змінювати напрям; **~ing** *n* 1) поворот 2) коливання; мінливість

vegeta∥ble [´vedʒɪtəbl] **1.** *n* 1) овоч *зазв. pl* городина 3) рослина 4) *pl* рослинність 5) бездуховна людина **2.** *a* 1) рослинний 2) овочевий; **~rian** [,vedʒə´teərɪən] **1.** *n* вегетаріанець **2.** *a* 1) вегетаріанський 2) овочевий, рослинний; **~rianism** *n* вегетаріанство; **~te** *v* 1) животіти 2) рости 3) розростатися

vehemen∥t [´vɪəmənt] *a* 1) сильний; пристрасний; жагучий 2) шалений; лютий; несамовитий 3) різкий (*про запах*); **~ce** *n* 1) сила; пристрасність; запальність; жагучість 2) шаленство, божевілля 3) інтенсивність (*запаху й под.*)

vehic∥le [´vi:ɪk(ə)l] *n* 1) засіб пересування 2) засіб, знаряддя; провідник (*ідей та под.*); **~ular** *a* автомобільний

veil [veɪl] **1.** *n* 1) покривало 2) вуаль; серпанок 3) завіса; пелена **2.** *v* 1) закривати покривалом (вуаллю) 2) ховати, приховувати

vein [veɪn] *n анат.* 1) вена 2) жила 3) схильність 4) дух, рід; тон; стиль 5) настрій

velocity [vɪ´lɒsɪtɪ] *n* швидкість

vena [´vi:nə] *n* (*pl* -nae) *анат.* вена

venal [´vi:nl] *a* 1) продажний, підкупний 2) товарний 3) венозний; **~ity** *n* 1) продажність, корупція 2) товарність (*продукції*)

vend [vend] *v* 1) торгувати 2) поширювати (*погляди*); **~ee** [vend´i:] *n юр.* покупець; **~ible 1.** *n pl* товари для продажу **2.** *a* 1) придатний для продажу; товарний 2) продажний, підкуплений; **~ing machine** *n* торговельний автомат

vendetta [ven´detə] *n im.* 1) вендета 2) тривала ворожнеча

venera∥ble [´ven(ə)rəbl] *a* 1) стародавній 2) *церк.* його превелебність (*про архієпископа*) 3) шановний; **~te** *v* 1) шанувати, поважати 2) поклонятися; **~tion** *n* шанування; шанобливість; схиляння; **~tor** *n* шанувальник

vener∥eal [vɪ´nɪ(ə)rɪəl] *a* 1) статевий, хтивий 2) *мед.* венеричний; **~eologist** *n* венеролог

Venetian [vɪ´ni:ʃ(ə)n] **1.** *n* венеціанець **2.** *a* венеціанський

Venezuelan [,vene´zweɪlən, -´zwi:lən] **1.** *n* венесуелець; **the ~s** *збір.* венесуельці **2.** *a* венесуельський

venge∥ance [´vendʒ(ə)ns] *n* помста; **~ful** *a* мстивий

venial [´vi:nɪəl] *a* незначний

venison [´venɪs(ə)n] *n* дичина

venom [´venəm] *n* 1) отрута (*особ. зміїна*) 2) *перен.* злість; **~ous** *a* 1) отруйний 2) *перен.* злісний

vent I [vent] **1.** *n* 1) душник, продуховина 2) вихід, вияв (*почуттів*) **2.** *v* 1) зробити отвір 2) випускати (*дим*) 3) давати вихід (*почуттям*) 4) висловлювати; **~ilate** *v* 1) провітрювати, вентилювати 2) обговорювати 3) висловлювати 4) оприлюднювати; **~ilation** *n* 1) провітрювання, вентиляція 2) дискусія; **~ilator** *n* вентилятор

vent II [vent] *n* розріз (*на одязі*)

venter [´ventə] *n анат., зоол.* живіт, черевце

venture [´ventʃə] **1.** *n* 1) ризикована справа; авантюра 2) спекуляція 3) ставка **2.** *v* 1) ризикувати 2) зважуватися, насмілюватися; посміти 3) спекулювати; **~r** *n* 1) спекулянт 2) авантюрист, пройдисвіт; **~some** *a* 1) азартний 2) сміливий 3) ризикований; небезпечний

veracity [və´ræsɪtɪ] *n* 1) правдивість 2) достовірність 3) правда

veranda(h) [və´rændə] *n* веранда

verb [vɜ:b] *n грам.* дієслово; **~al 1.** *n* безособова форма дієслова **2.** *a* 1) словесний 2) усний 3) дієслівний; віддієслівний 4) дослівний

5) показний 6) мовний 7) багатослівний; **~alism** *n* 1) педантизм 2) пусті слова 3) багатослівність, велемовність; **~alist** *n* педант; **~alise** *v* виражати словами

verb∥iage [ˈvɜːbɪɪdʒ] *n* багатослівність; марнослів'я; **~ose** *a* багатослівний; **~osity** [vɜːˈbɒsɪtɪ] *n* 1) багатослівність 2) *pl* пусті фрази

verdan∥t [ˈvɜːd(ə)nt] *a* 1) зелений; що зеленіє 2) недосвідчений (*про людину*); **~cy** *n* 1) зелень; зелений колір 2) *перен.* недосвідченість

verdict [ˈvɜːdɪkt] *n* 1) *юр.* вердикт 2) думка; висновок

verge [vɜːdʒ] **1.** *n* 1) край 2) *перен.* межа 3) межі, коло 4) горизонт 5) узбіччя. **2.** *v* 1) схилятися 2) *перен.* наближатися 3) переходити (into, on — у що-н.)

verif∥y [ˈverɪfaɪ] *v* 1) перевіряти, контролювати 2) виконувати (*обіцянку*) 3) *юр.* свідчити 4) скріпляти (*присягою*); **~iable** *a* неголослівний; **~ication** *n* 1) перевірка 2) підтвердження (*сумніву*) 3) *юр.* засвідчення

verisimil∥ar [ˌverɪˈsɪmɪlə] *a* 1) правдоподібний 2) імовірний; **~itude** *n* 1) правдоподібність 2) вірогідність, життєвість

verit∥y [ˈverɪtɪ] *n* 1) істина; правдивість 2) щирість; **~able** *a* 1) дійсний 2) *рел.* істинний 3) правдивий

vermeil [ˈvɜːm(e)ɪl] *n* позолота

vermin [ˈvɜːmɪn] *n* 1) *збір.* паразити (*воші й под.*) 2) *зоол.* хижаки 3) злочинець 4) *збір.* набрід 5) хуліган; паразит; **~ous** *a* 1) вошивий 2) огидний; відразливий

verm(o)uth [ˈvɜːməθ] *n* вермут

vernacular [vəˈnækjʊlə] **1.** *n* 1) рідна мова 2) просторіччя 3) народна назва (*рослини й под.*) **2.** *a* 1) національний, рідний (*про мову*) 2) тубільний, місцевий 3) народний (*про назву*); **~ism** *n* діалектизм

vernal [ˈvɜːnl] *a* 1) весняний 2) *перен.* молодий, юний, свіжий

versatil∥e [ˈvɜːsətaɪl] *a* 1) різнобічний 2) гнучкий 3) несталий 4) універсальний, багатоцільовий; **~ity** *n* різнобічність

vers∥e [vɜːs] **1.** *n* 1) вірш 2) поезія, вірші **2.** *v* 1) висловлюватися віршами 2) писати вірші; **~ed** *a* досвідчений; **~ification** *n* віршування; **~ifier** *n* 1) версифікатор 2) поет; **~ify** *v* писати вірші; **~ion** *n* 1) версія 2) варіант 3) переказ 3) текст

vertebra [ˈvɜːtɪbrə] *n анат.* 1) хребець 2) *pl* хребет; **~l** *a* хребетний; **~ta** [ˌvɜːtəˈbrɑːtə] *n зоол.* (the ~) хребетні

vert∥ex [ˈvɜːteks] *n* (*pl* -tices) 1) *мат.* вершина 2) верх, верхівка; пік 3) *астр.* зеніт; **~ical 1.** *n* 1) вертикаль 2) (the ~) перпендикуляр **2.** *a* 1) прямовисний 2) вертикальний

vertig∥o [ˈvɜːtɪɡəʊ] *n лат.* (*pl* -oes [-ɡəʊz]) запаморочення; **~inous** [vɜːˈtɪdʒɪnəs] *a* 1) запаморочливий 2) що вирує

vervain [ˈvɜːveɪn] *n бот.* вербена

verve [vɜːv] *n* 1) ентузіазм; сила (*уяви*) 2) здібність, талант

very [ˈverɪ] **1.** *a* 1) *як підсилення підкреслює тотожність, збіг* саме той, той самий, той же; **this v. day** цього ж дня 2) справжній; повний; абсолютний 3) самий, граничний; 4) *підкреслює важливість, значущість* самий, сам по собі; навіть 5) навіть, хоча б; аж до 6) істинний, законний **2.** *adv* 1) дуже, значно; **v. well** відмінно 2) *слугує для посилення; часто в сполученні з найвищим ст. прикм.* най-, щонай-, якнай-; **it is the v. best thing you can do** це найкраще, що ви можете зробити 3) *підкреслює тотожність або протилежність* точно, прямо; якраз, саме; **v. much the other way** саме навпаки 4) *підкреслює близькість, приналежність*: **my (his, etc.) v. own** моє (його й под.) найближче, найдорожче 5) *після заперечень* дещо, доволі, досить

vesicate [ˈvesɪkeɪt] *v мед.* наривати

vesper bell [ˈvespəbel] *n* вечірній дзвін

vespiary [ˈvespɪərɪ] *n* осине гніздо

vessel [ˈves(ə)l] *n* 1) посудина 2) *pl* посуд 3) судно 4) повітряне судно 5) *анат., бот.* судина 6) бак 7) *бібл.* людина

vest [vest] **1.** *n* 1) натільна фуфайка, жилет **2.** *v* наділяти (*владою*); **~ment** *n* одяг

vesta [ˈvestə] *n* (короткий) сірник

vestal [ˈvestl] **1.** *n* 1) дівчина; незаймана 2) черниця **2.** *a* незайманий; дівочий

vestibule [ˈvestɪbjuːl] *n* 1) передпокій; сіни 2) зовнішнє подвір'я

vestig∥e [ˈvestɪdʒ] *n* 1) слід, залишок 2) ознака, частка; **~ial** *a* 1) залишковий 2) *біол.* рудиментарний

vest-pocket [ˌvestˈpɒkɪt] *a* кишеньковий; маленький

vesture [ˈvestʃə] **1.** *n* 1) покрив 2) трава **2.** *v* одягати, облачати

veteran [ˈvet(ə)rən] *n* 1) ветеран 2) досвідчений працівник

veto [ˈviːtəʊ] **1.** *n* (*pl* -oes [-əʊz]) заборона **2.** *v* забороняти

vex [veks] *v* 1) надокучати 2) дражнити (*тварину*) 3) засмучувати, тривожити; **~ation** *n* 1) прикрість 2) неприємність 3) *pl* утиски, причіпки; **~atious** *a* 1) неспокійний 2) дражливий 3) обтяжливий 4) *юр.* крутійський; **~ed** *a* розсерджений

via I [ˈvaɪə] *n лат.* шлях; **~tic** *a* дорожній

via II [ˈvaɪə] *prep* 1) через 2) шляхом, за сприяння, за допомогою

viable [ˈvaɪəbl] *a* життєздатний
viaduct [ˈvaɪədʌkt] *n* шляховід
vial [ˈvaɪəl] *n* 1) пробірка 2) баночка; пляшечка
vibrat||**e** [vaɪˈbreɪt] *v* 1) вібрувати; дрижати, тремтіти 2) хитати(ся) 3) розмахувати руками *перен.* вагатися; **~ion** *n* вібрація
viburnum [vaɪˈbəːnəm] *n бот.* калина
vicar [ˈvɪkə] *n* 1) вікарій, заступник 2) намісник; **~ious** [vɪˈkɛərɪəs] *a* 1) непрямий, чужий; не свій 2) що діє за уповноваженням
vice I [vaɪs] *n* 1) порок, зло 2) хиба, вада, ґандж 3) блазень, клоун 4) заступник; замісник; намісник
vice II [vaɪs] *prep* замість, натомість
vicennial [vɪˈsenɪəl] *a* двадцятирічний (*термін, період*)
vice versa [ˈvaɪsɪˈvəːsə] *adv* навпаки
vicin||**al** [ˈvɪsɪn(ə)l] *a* 1) сусідній 2) місцевий; **~ity** *n* 1) околиці 2) сусідство, близькість
vicious [ˈvɪʃəs] *a* 1) злий; зловмисний 2) розпутний 3) шкідливий 4) дефектний 5) кепський 6) зіпсований 7) брудний
vicissitude [vɪˈsɪsɪtjuːd] *n* 1) мінливість, зрадливість 2) зміна
victim [ˈvɪktɪm] *n* 1) жертва 2) *рел.* офіра; **~isation** [ˌvɪktɪmaɪˈzeɪʃn] *n* 1) переслідування (*репресія*) 2) обман 3) глум, знущання 4) принесення в жертву; **~ise** *n* 1) мучити 2) обманювати
vict||**or** [ˈvɪktə] *n* переможець; **~orious** *a* переможний; **~ory** *n* перемога; **~ress** *n* переможниця
victual [ˈvɪtl] **1.** *n* (*зазв. pl*) провізія **2.** *v* 1) запасатися провізією; харчуватися; живиться
vicuna [vɪˈkjuːnə] *n зоол.* лама-віґонь, вікунья
vide [ˈvaɪdɪ] *v лат. imp.* (*наказовий спосіб*) дивись, поглянь
vie [vaɪ] *v* 1) суперничати 2) закладатися (*на що-н.*)
view [vjuː] *n* 1) поле зору, кругозір; видимість 2) вигляд; пейзаж 3) картина 4) перегляд 5) погляд; судження 6) намір; задум 7) сторона, бік 8) огляд, висновок **2.** *v* 1) оглядати 2) розглядати; мати судження 3) дивитися (*телевізор*); **~er** *n* 1) глядач 2) оглядач; доглядач; **~ing** *n кіно* 1) перегляд 2) контроль зображення; **~less** *a* незрячий, сліпий
vigil [ˈvɪdʒɪl] *n* 1) пильнування 2) *церк.* переддень свята 3) *pl церк.* нічна відправа 4) заупокійна молитва 5) пікетування; **~ance** *n* 1) пильність 2) *мед.* безсоння, нічниці; **~ant** *a* 1) пильний 2) невсипний, невсипущий
vignette [vɪˈnjet] **1.** *n* віньєтка **2.** *v* виготовляти віньєтки
vigo||**ur** [ˈvɪɡə] *n* 1) міць; бадьорість 2) енергія 3) рішучість 4) *юр.* законність, чинність; **~rous** *a* 1) бадьорий 2) рішучий

vilayet [vɪˈlɑːjet] *n тур.* вілаєт
vil||**e** [vaɪl] *a* 1) підлий; низький 2) відворотний; гидкий; **~ification** *n* 1) паплюження 2) дифамація; **~ify** *v* 1) паплюжити; чорнити 2) принижувати
villa [ˈvɪlə] *n* 1) вілла 2) маєток; **~ge** *n* 1) село; селище 2) *збір.* мешканці села 3) колонія (*тварин*); **~ger** *n* селянин
villain [ˈvɪlən] *n* негідник; **~ous** *a* 1) лиходійський 2) підлий; низький; **~y** *n* 1) мерзенність 2) лиходійство 3) грубість 4) низьке походження 5) рабство
vindicat||**e** [ˈvɪndɪkeɪt] *v* 1) виправдувати 2) підтвердити 3) обстоювати 4) помститися 5) покарати 6) увільнити; **~ion** *n* 1) виправдання 2) доказ; підтвердження 3) захист 4) помста 5) відплата, кара; **~or** *n* 1) оборонець 2) поборник 3) месник; **~ory** *a* 1) захисний, виправдний 2) каральний
vin||**e** [vaɪn] *n* 1) *бот.* виноградна лоза 2) *pl* модний одяг; **~edresser** *n* виноградар; **~eyard** *n* виноградник; **vinous** [ˈvaɪnəs] *a* 1) винний 2) питущий 3) п'яний 4) бордо
vinegar [ˈvɪnɪɡə] *n* 1) оцет 2) погана вдача; **~y** *a* 1) оцтовий 2) кислий 3) неприємний
vintage [ˈvɪntɪdʒ] *n* 1) збирання винограду 2) марочне вино
viola I [vɪˈəʊlə] *n муз.* альт
viola II [ˈvaɪələ] *n бот.* фіалка
violat||**e** [ˈvaɪəleɪt] *v* 1) порушувати, ламати (*клятву*) 2) поганити 3) вдиратися 4) силувати 5) ґвалтувати 6) кривдити; **~ion** *n* 1) порушення *та ін.*; **~or** *n* порушник
violen||**t** [ˈvaɪələnt] *a* 1) шалений; лютий 2) інтенсивний 3) насильницький 4) палкий 5) довільний; **~ce** *n* 1) сила; лють 2) насильство; примус 3) биття 4) згвалтування 5) ображання, скривдження
violet [ˈvaɪəlɪt] **1.** *n бот.* фіалка **2.** *a* 1) фіалковий 2) фіолетовий
violin [ˌvaɪəˈlɪn] *n* 1) скрипка 2) скрипаль
viper [ˈvaɪpə] *n зоол.* гадюка 2) *перен.* змія, віроломна людина; **~ous** *a* 1) зміїний 2) *перен.* злісний
viral [ˈvaɪ(ə)rəl] *a* вірусний
virgin [ˈvɜːdʒɪn] **1.** *n* 1) дівчина; незаймана 2) (the V.) *бібл.* Богородиця 3) *перен.* цілина **2.** *a* 1) дівочий 2) цнотливий 3) натуральний 4) перший 5) недоторканий 6) незмішаний; **~al** *a* 1) незайманий 2) дівочий 3) чистий; **~ity** *n* 1) незайманість 2) дівочість
Virgo [ˈvɜːɡəʊ] *n астр.* Діва (*сузір'я і знак зодіаку*)
viril||**e** [ˈvɪraɪl] *a* 1) чоловічий 2) змужнілий 3) сильний; **~ity** *n* 1) мужність; енергія 2) статева потенція
virology [ˌvaɪ(ə)ˈrɒlədʒɪ] *n* вірусологія

virtu [vɜːˈtuː] *n im.* 1) художній смак 2) старожитності; **~al** *a* 1) фактичний; дійсний 2) віртуальний; гаданий; **~e** [ˈvɜːtʃuː] *n* 1) чеснота 2) цнотливість 3) перевага 4) ефективність 5) властивість 6) мужність 7) досягнення; заслуга; **~osity** *n* 1) віртуозність 2) *збір.* поціновувачі мистецтва; **~oso** *n* 1) віртуоз 2) учений; **~ous** *a* 1) доброчесний 2) цнотливий (*про жінку*) 3) дійовий 4) магічний

virulen∥t [ˈvɪrʊlənt] *a* 1) отруйний 2) *мед.* заразний 3) небезпечний 4) злісний; ворожий; **~ce** *n* 1) отруйність 2) злість, злостивість

virus [ˈvaɪ(ə)rəs] *n* 1) вірус 2) трута; згубність 3) отрута

visa [ˈviːzə] **1.** *n* 1) *дип.* віза 2) резолюція про затвердження; віза **2.** *v* 1) видавати візу 2) візувати 3) дозволяти (*захід*)

vis-a-vis [ˌviːzɑːˈviː] *фр.* **1.** *n* 1) візаві 2) козетка **2.** *adv* віч-на-віч **3.** *prep* 1) навпроти; стосовно 2) порівняно з 3) щодо

viscous [ˈvɪskəs] *a* липучий; густий; клейкий; тягучий, густий

vise [ˈviːzeɪ] **1.** *n* віза **2.** *v* візувати

visib∥le [ˈvɪzəbl] *a* 1) зримий 2) явний 3) наявний, реальний; **~ility** *n* видимість

vision [ˈvɪʒ(ə)n] *n* 1) зір 2) мрія 3) далекоглядність 4) вид, видовище 5) уява 6) марево 7) мара, мана 8) уявлення 9) огляд; **~al** *a* 1) зоровий 2) уявлюваний 3) примарний; **~ary 1.** *n* 1) мрійник 2) містик 3) віщун **2.** *a* 1) нереальний 2) мрійливий 3) химерний; нездійсниний

visit [ˈvɪzɪt] **1.** *n* 1) відвідання, візит 2) огляд 3) поїздка 4) *юр.* обшук, трус **2.** *v* 1) відвідувати (*кого-н.*) 2) оглядати 3) бувати 4) гостювати 5) спіткати, уражати (*про хворобу*) 6) обшукувати 7) *бібл.* насилати (*що-н.*) 8) розраджувати; **~ant 1.** *n* 1) небесний прибулець 2) перелітний птах **2.** *a* 1) перелітний 2) заїжджий; який гостює; **~ation** *n* 1) офіційний візит 2) обхід 3) *рел.* «божа кара» 4) *юр.* обшук, трус; **~atorial** *a* інспекційний; **~ing card** *n* візитівка; **~ing round** *n* обхід (*пацієнтів*); **~or** *n* 1) відвідувач, гість 2) (*тж* V.) інспектор 3) приїжджий

vista [ˈvɪstə] *n* 1) перспектива 2) алея 3) *перен.* низка (*спогадів і под.*) 4) можливості

visual [ˈvɪʒʊəl] *a* 1) зоровий 2) видимий 3) наочний 4) оптичний; **~ization** *n* 1) уявлення 2) образність; **~ize** *v* 1) робити видимим 2) малювати в думці

vital [ˈvaɪtl] *a* 1) життєвий 2) насущний 3) необхідний 4) енергійний 5) фатальний; **~ity** *n* 1) енергія 2) життєздатність 3) живучість; **~ise** *v* оживляти; **~s** *n* життєво важливі органи

vitiate [ˈvɪʃɪeɪt] *v* 1) псувати 2) розбещувати 3) фальсифікувати

vitreous [ˈvɪtrɪəs] *a* скляний

vituperat∥e [vɪˈtjuːpəreɪt] *v* 1) сварити 2) злоститися; **~ion** *n* 1) лайка 2) паплюження; **~ive** *a* 1) лайливий 2) зломовний

vivaci∥ous [vɪˈveɪʃəs] *a* 1) жвавий 2) живучий; **~ty** *n* 1) жвавість 2) веселощі 3) довголіття

viva voce [ˌvaɪvəˈvəʊsɪ] **1.** *n* усний іспит **2.** *a* усний **3.** *adv* 1) усно 2) уголос

vivi∥d [ˈvɪvɪd] *a* 1) яскравий 2) жвавий 3) чіткий, ясний; **~fy** *v* 1) оживляти; оновлювати 2) воскрешати 3) пожвавитися

vocabulary [vəˈkæbjʊlərɪ] *n* 1) словник 2) лексикон 3) лексика 4) термінологія; номенклатура

vocal [ˈvəʊk(ə)l] **1.** *n* *фон.* 1) голосний звук 2) дзвінкий звук **2.** *a* 1) голосовий, мовний 2) усний 3) виразний 4) *фон.* дзвінкий 5) *фон.* голосний 6) гучний 7) прилюдний; **~ist** *n* вокаліст; **~ise** *v* 1) вимовляти 2) висловлювати

vocation [vəʊˈkeɪʃ(ə)n] *n* 1) покликання 2) професія; **~al** *a* професійний

vocative [ˈvɒkətɪv] *грам.* **1.** *n* кличний відмінок **2.** *a* кличний

vocifer∥ate [və(ʊ)ˈsɪfəreɪt] *v* кричати, горланити, репетувати; **~ation** *n* лемент, галас, гамір, крик; **~ous** *a* 1) голосистий 2) багатоголосий; крикливий 3) гучний

vogue [vəʊg] *n* 1) мода 2) популярність 3) звичай

voice [vɔɪs] **1.** *n* 1) голос 2) думка 3) *грам.* стан 4) звук 5) чутка 6) репутація 7) співак; співачка **2.** *v* 1) висловлювати 2) бути виразником 3) *муз.* настроювати; **~less** *a* 1) що не має права голосу 2) мовчазний

void [vɔɪd] **1.** *n* 1) порожнеча 2) прогалина **2.** *a* 1) порожній 2) вакантний 3) марний 4) *юр.* нечинний **3.** *v* 1) залишати (*місце*) 2) *фізіол.* спорожняти

volant [ˈvəʊlənt] *a зоол.* летючий; крилатий

volatil∥e [ˈvɒlətaɪl] *a* 1) *хім.* летний 2) непостійний 3) легковажний 4) літаючий, крилатий; **~ity** [ˌvɒləˈtɪlɪtɪ] *n* 1) *хім.* леткість 2) мінливість, несталість 3) невловимість; **~isation** *n* 1) зникнення 2) звітрювання; **~ise** *v* звітрювати(ся)

volcan∥o [vɒlˈkeɪnəʊ] *n* вулкан; **~ic** *a* 1) вулканічний 2) бурхливий

vole [vəʊl] *n зоол.* полівка, нориця

volition [vəˈlɪʃ(ə)n] *n* 1) воля, бажання 2) воля, сила волі

volley [ˈvɒlɪ] **1.** *n* 1) залп 2) потік (*докорів*) **2.** *v* 1) давати чергу (залп) 2) сипатися градом (*про докори*); **~ball** *n спорт.* волейбол

volplane [ˈvɒlpleɪn] *ав.* **1.** *n* планерування **2.** *v* планерувати

volte-face [ˌvɒltˈfɑːs] *n* крутий поворот

volub||le [ˈvɒljʊbl] *a* 1) велемовний 2) невимушений 3) мінливий 4) рухливий, обертовий; **~ility** *n* 1) балакучість 2) невимушеність

volum||e [ˈvɒljuːm] *n* 1) том 2) об'єм, маса 3) (*зазв. pl*) значна кількість 4) ємність, місткість 5) сила (*звуку*) 6) *pl* звивини; **~inous** *a* 1) масивний; неосяжний 2) багатотомний 3) тривалий 4) плідний (*про митця*) 5) виткий

volunt||ary [ˈvɒlənt(ə)rɪ] **1.** *n* 1) добровільний акт 2) експромт **2.** *a* 1) добровільний 2) свідомий, умисний 3) благодійний 4) спонтанний 5) дикорослий; **~eer 1.** *n* доброволець **2.** *a* 1) добровільний 2) громадський **3.** *v* зробити зі своєї ініціативи

voluptu||ary [vəˈlʌptʃʊərɪ] *n* ласолюб, ласолюбець; **~ous** *a* 1) хтивий 2) що збуджує чуттєве бажання (*про фігуру*)

vomit [ˈvɒmɪt] **1.** *n* 1) блювання 2) *перен.* виверження **2.** *v* 1) блювати 2) вивергати; **~ory 1.** *n* блювотний засіб **2.** *a* блювотний

voraci||ty [vəˈræsɪtɪ, vɒ-] *n* ненажерливість; жадібність; **~ous** *a* ненажерливий; ненаситний

vortex [ˈvɔːteks] *n* (*pl* -tices, -texes [-teksɪz]) вир; вихор

votar||y [ˈvəʊt(ə)rɪ] *n* 1) чернець; черниця 2) прибічник 3) жрець; **~ess** *n* 1) черниця 2) шанувальниця

vot||e [vəʊt] **1.** *n* 1) голосування 2) виборче право 3) вотум 4) асигнування 5) *збір.* голоси **2.** *v* 1) голосувати 2) асигнувати; **~er** *n* виборець; **~ing** *n* участь у виборах

vouch [vaʊtʃ] *v* 1) поручитися 2) твердити; підтверджувати 3) *юр.* свідчити; **~er** *n* 1) порука 2) розписка 3) ваучер 4) авторитет; доказ 5) *юр.* свідок

vow [vaʊ] **1.** *n* 1) обітниця; клятва 2) мрія 3) жертвування 4) молитва **2.** *v* 1) присягтися 2) присвячувати 3) проголошувати

vowel [ˈvaʊəl] *n лінгв.* голосний (*звук*)

vox [vɒks] *n лат.* (*pl* voces) голос

voyage [ˈvɔɪɪdʒ] **1.** *n* 1) подорож; рейс 2) політ **2.** *v* 1) подорожувати 2) *перен.* блукати

Vulcan [ˈvʌlkən] *n* 1) *рим. міф.* Вулкан 2) коваль 3) (v.) вулкан

vulgar [ˈvʌlgə] *a* 1) простонародний 2) брутальний 3) народний 4) поширений, загальний; **~ian** *n* 1) парвеню 2) хам, вульгарний тип; **~ity** *n* грубість; **~isation** *n* 1) опошлення 2) спрощення; **~ise** *v* 1) опошляти 2) спрощувати

vulner||able [ˈvʌln(ə)rəbl] *a* уразливий; ранимий; **~ary** *a* цілющий

vulpine [ˈvʌlpaɪn] *a* 1) лисячий 2) *перен.* хитрий, підступний

vultur||e [ˈvʌltʃə] *n* 1) *орн.* гриф 2) хижак (*про людину*); **~ous** *a* хижий

W

wad [wɒd] **1.** *n* 1) жмуток (*вати й под.*); тампон 2) шматок 3) клейтух 4) ватин 5) графіт **2.** *v* 1) жужмити 2) підбивати ватою; **~ding** *n* 1) ватин; вовна 2) підбивання 3) підкладка

waddle [ˈwɒdl] **1.** *n* хода перевальцем **2.** *v* шкутильгати

wade [weɪd] **1.** *n* брід **2.** *v* 1) переходити вбрід 2) важко пробиратися 3) вступати (*у сварку*); **~r** *n* 1) болотяний птах 2) *орн.* чапля

wafer [ˈweɪfə] *n* 1) вафля 2) облатка 3) сургучева печатка

waft [wɑːft, wɒft] **1.** *n* 1) порив (*вітру*) 2) помах (*крила*) 3) відгук **2.** *v* 1) нести(ся) 2) доносити

wag I [wæg] **1.** *n* змах; кивок **2.** *v* 1) махати, гойдати(ся) 2) кивати; **~tail** *n* 1) *орн.* плиска, трясогузка 2) *знев.* повія

wag II [wæg] **1.** *n* 1) дотепник 2) штукар **2.** *v* прогулювати

wage [weɪdʒ] **1.** *n* (*зазв. pl*) заробітна плата **2.** *v* 1) наймати 2) платити платню 3) вести (*війну*); боротися (*за що-н.*) 4) закладатися 5) складати (*присягу*); **w. earner** *n* робітник 2) годувальник; **~r 1.** *n* 1) заклад; ставка 2) заріг; присяга **2.** *v* 1) ставити (*на що-н.*) 2) ризикувати; **w.-work** *n* наймана праця

wagg‖ery [ˈwægərɪ] *n* 1) жарти 2) *pl* розіграш; пустощі; **~ish** *a* 1) пустотливий; дотепний 2) жартівливий

waggon [ˈwægən] **1.** *n* 1) віз; тачка 2) фургон; пікап 3) столик на колесах **2.** *v* перевозити у фургоні; **~er** *n* 1) возій 2) візник; кучер

waif [weɪf] *n* 1) бездомна людина 2) приблудна свійська (домашня) тварина 3) нічия річ 4) випадкова знахідка

wail [weɪl] **1.** *n* 1) зойк; крик 2) завивання (*вітру*) 3) стогін **2.** *v* 1) волати; стогнати 2) завивати (*про вітер*) 3) нарікати; **~ing Wall** *n* Стіна плачу (*у Єрусалимі*)

waist [weɪst] *n* талія; стан; **~band** *n* пояс (*спідниці, штанів*); **w.-belt** *n* пасок; **w.-deep 1.** *a* що доходить до пояса **2.** *adv* по пояс

wait [weɪt] **1.** *n* 1) чекання 2) засідка 3) *театр.* антракт 4) *pl* колядники **2.** *v* 1) очікувати (for) 2) чатувати 3) прислуговувати 4) брати участь; **w.-and-see** *a* очікувальний, вичікувальний; **~er** *n* 1) кельнер, офіціант 2) відвідувач, який чекає прийому 3) таця; **~ing 1.** *n* 1) чекання 2) обслуговування 3) двірська служба **2.** *a* 1) що чекає 2) вичікувальний 3) що чекає

3) який прислуговує; **~ing room** *n* 1) приймальня 2) *зал.* зала очікування; **~ress** *n* офіціантка; служниця

waiver [ˈweɪvə] *n* 1) *юр.* відмова від права 2) виняток

wake I [weɪk] **1.** *n* (*зазв. pl*) храмове свято, храм **2.** *v* (woke, waked [-t]; waked, woken, woke) 1) прокидатися 2) будити 3) збуджувати 4) оговтатися 5) усвідомити; **~ful** *a* 1) невсипущий 2) безсонний 3) *перен.* недремний 4) що пробуджує

wake II [weɪk] *n* 1) *мор.* кільватер; супутній струмінь 2) слід

wale [weɪl] **1.** *n* 1) рубець (*від удару*) 2) вибір 3) що-н. відбірне **2.** *v* 1) шмагати; залишати рубці 2) вибирати (*тж* ~ out)

walk [wɔːk] **1.** *n* 1) хода 2) відстань 3) крок 4) стежина 5) хідник 6) ґалерея; прохід (*між рядами й под.*) 7) життєвий шлях; сфера діяльності; фах 8) процесія **2.** *v* 1) ходити 2) гуляти 3) патрулювати вулиці 4) марширувати 5) блукати 6) рухатися 7) з'являтися (*про примар*); **~er** *n* 1) той, що гуляє; гулящий 2) ходак 3) *спорт.* скороход; **~ing 1.** *n* 1) ходіння 2) хода 3) поведінка **2.** *a* 1) що гуляє 2) ходячий (*про хворого*) 3) *тех.* ходовий; крокуючий 4) *кіно, театр.* німий; **~ing stick** *n* палиця, ціпок; **w.-on** *n театр.* 1) статист 2) статистка 2) німа роль; **~way** *n* широка пішохідна доріжка, алея

wall [wɔːl] **1.** *n* 1) стіна 2) бар'єр 3) стінка (*судини*) 4) *pl військ.* вал 5) захист **2.** *v* 1) будувати перегороди 2) зміцнювати; **w. painting** *n* настінний живопис; фреска; **~paper** *n* шпалери; **w.-eye** *n* 1) *мед.* більмо 2) *мед.* косоокість 3) витрішкуватість; **w.-eyed** *a* 1) з більмом на оці 2) витрішкуватий

wallet [ˈwɒlɪt] *n* 1) гаман, гаманець, портмоне 2) футляр, сумка

wallop [ˈwɒləp] **1.** *n* 1) гуркіт, шум 2) фізична сила 3) шок 4) (приємне) збудження **2.** *v* 1) відлупцювати 2) розбити вщент 3) важко ступати

walnut [ˈwɔːlnʌt] *n бот.* волоський горіх; горіхове дерево

walrus [ˈwɔːlrəs] *n зоол.* морж

waltz [wɔːl(t)s] **1.** *n* вальс **2.** *v* 1) вальсувати 2) кружляти

wan [wɒn] **1.** *a* 1) блідий; хворобливий 2) сірий 3) сумний **2.** *v* 1) бліднути 2) робити тьмяним

wand [wɒnd] *n* 1) чарівна паличка 2) тонка гілка; пагін

wander [ˈwɒndə] 1. *n* мандрівка 2. *v* 1) мандрувати 2) блукати (*про думки й под.*) 3) заблудити(ся) 4) помилятися 5) відхилятися (*від теми*) 6) марити; **~er** *n* мандрівник; подорожній; **~ing** 1. *n* 1) *pl* мандри 2) (*зазв. pl*) марення 2. *a* 1) мандрівний 2) звивистий (*про шлях*) 3) кочовий

wane [weɪn] *n* убування, занепад

want [wɒnt] 1. *n* 1) недостача; відсутність, брак 2) нужда, бідність 3) (*часто pl*) потреби, бажання 4) потреба 2. *v* 1) хотіти, бажати 2) не вистачати; бракувати 3) потребувати (*чого-н.*) 4) бідувати; **~age** *n* 1) нестача, брак 2) *ком.* утруска, убуток; **~ing** 1. *a* 1) якому не вистачає 2) відсутній; якого не вистачає 3) недостатній 2. *prep* без

wanton [ˈwɒntən] *a* 1) розпусний 2) безглуздий 3) шикарний 4) *перен.* надмірний 5) жвавий

wapiti [ˈwɒpɪtɪ] *n зоол.* канадський олень

war [wɔː] 1. *n* 1) війна 2) ворожнеча; ворожість 2. *v* 1) конкурувати 2) воювати; **w. cry** *n* 1) бойовий клич 2) *перен.* гасло; **~fare** *n* 1) *воєн.* бойові дії 2) сутичка, боротьба; **~like** *a* войовничий; **~ring** *a* 1) суперечливий 2) воюючий; **~time** *n* воєнний час

warble [ˈwɔːb(ə)l] 1. *n* 1) трель (*птаха*) 2) спів 3) пісня, мелодія 2. *v* 1) виводити трелі 2) щебетати, співати (*про птахів*); **~r** *n* співочий птах

ward [wɔːd] 1. *n* 1) палата (*лікарняна*) 2) камера (*в'язниці*) 3) в'язниця 4) охорона 5) ув'язнення 6) варта, чати 7) опіка 2. *v* 1): **w. off** відвертати (*удар*) 2) класти в лікарняну палату 3) охороняти, захищати; вартувати; чатувати; **~en** *n* 1) наглядач; хоронитель (*музею та под.*) 2) директор (*школи*) 3) вартовий, чатовий; воротар; **~er** *n* 1) тюремник 2) сторож 3) палиця; патериця; **~ress** *n* тюремна наглядачка; тюремниця; **~ship** *n юр.* опіка

wardrobe [ˈwɔːdrəʊb] *n* 1) ґардероб (*шафа*) 2) одяг 3) ґардеробна

war||e [weə] 1. *n* 1) вироби 2) *pl* продукти виробництва 2. *v* 1) остерігатися 2) витрачати (*гроші*) 3) розкладати (*товар*); **~iness** *n* обачність; обережність

warm [wɔːm] 1. *a* 1) теплий 2) сердечний (*про прийом і под.*) 3) жагучий 4) збуджений 5) дратівливий 6) хтивий (*про*); **~er** *n* 1) грілка 2) підігрівник; **w. house** *n* теплиця, оранжерея; **~ing** *n* зігрівання; **~ing-up** *n спорт.* розминка; **~th** *n* 1) тепло 2) сердечність 3) запал 4) гарячність

warn [wɔːn] *v* 1) попереджати 2) застерігати 3) заздалегідь повідомляти; упереджати; **~ing** 1. *n* попередження, застереження 2. *a* попереджувальний, застережний

warp [ˈwɔːp] 1. *n* 1) деформація; викривлення (*деревини*) 2) *перен.* зіпсованість (*характеру*); відхилення (*від норми*); упередження 2. *v* 1) деформуватися, перекошуватися (*про деревину*) 2) перекручувати (*слова*); спотворювати; викривляти; **~ed** *a* 1) пожолоблений, деформований 2) перекручений, спотворений

warrant [ˈwɒrənt] 1. *n* 1) *юр.* ордер; судове розпорядження 2) підстава 3) *юр.* повноваження 4) доказ 5) захисник 6) патент 2. *v* 1) виправдовувати 2) ручатися 3) *юр.* уповноважувати 4) провіщати; **~able** *a* 1) законний 2) прийнятний; **~ee** [wɒˈrəntiː] *n юр.* довірена особа; **~or** *n* ґарант; **~y** *n* 1) підстава 2) дозвіл 3) ґарантія 4) *юр.* умова

wart [wɔːt] *n* 1) бородавка 2) кап, гал, наростень (*на дереві*)

wary [ˈweə(ə)rɪ] *a* 1) обачний 2) недовірливий 3) ощадливий

was [wɒz (*повна ф.*), wəz, wz (*редук. ф.*)] 1 та 3 ос. одн. минулого часу дієсл. **to be**

wash [wɒʃ] 1. *n* 1) (a ~) миття 2) (the ~) прання 3) прибій 4) кільватер; хвиля 5) помиї 6) лосьйон 7) болото 8) струмок 9) акварель (*картини*) 2. *v* 1) мити(ся); прати(ся) 2) змивати (*водою*) 3) литися, струменіти; **~bowl** *n* таз; **~day** *n* день прання; **~ed-out** *a* 1) злинялий 2) розжалуваний; **~er** *n* 1) мийник 2) мийка 3) пральна машина; **~erwoman** *n* праля; **~house** *n* 1) пральня 2) душова; лазня; **~ing** *n* 1) білизна (*для прання*) 2) миття; прання; **~room** *n* умивальня; **~stand** *n* умивальник; **~leather** *n* замша

washy [ˈwɒʃɪ] *a* 1) рідкий 2) в'ялий (*про мову й под.*) 3) блідий 4) млявий 5) немічний

wasp [wɒsp] *n ент.* оса; **~ish** *a* 1) дошкульний 2) осиний (*про талію*)

wassail [ˈwɒseɪl] 1. *n* пиятика 2. *v* бенкетувати; **~ing** *n* 1) колядування 2) пияцтво

wast||e [weɪst] 1. *n* 1) марнотратство 2) збиток 3) пустеля 4) відходи 5) металобрухт 6) утиль 7) сміття 8) занепад (*сил і под.*) 9) *юр.* розорення 2. *a* 1) зайвий 2) пустельний 3) спустошений 4) непридатний 3. *v* 1) марнотратити 2) проґавити 3) розморювати 4) закінчуватися 5) чахнути; умирати 6) минати 7) псувати; **~eful** *a* 1) марнотратний 2) руйнівний; **~ing** *a* спустошливий; **w.-pipe** *n* стічна труба; **~rel** *n* 1) марнотратник 2) нікчема 3) бездомна людина

watch I [wɒtʃ] *n* годинник (*кишеньковий, наручний*); **~maker** *n* годинникар

watch II [wɒtʃ] 1. *n* 1) увага; пильність 2) *мор.* вахта 3) догляд 4) стеження 5) вартування 6) сторож 7) пильнування 2. *v* 1) стежити 2) дивитися 3) не спати 4) стерегти 5) підстерігати 6) бути обачним 7) стояти на чатах 8) пильнувати; **w.-box** *n* вартівня; **~dog** *n* 1) сторожовий пес 2) *амер.* контролер; **~er** *n* 1) сторож; чатовий 2) спостерігач 3) знавець; **w. fire** *n* бівачне (сигнальне) вогнище; **~ful** *a* 1) пильний 2) уважний 3) недовірливий; **~man** *n* 1) вартівник *війс.* чатовий, вартовий 3) *мор.* вахтовий; **~tower** *n* 1) сторожова вежа 2) пожежна вежа 3) маяк; **~word** *n* 1) пароль 2) сигнал

water [ˊwɔːtə] **1.** *n* 1) вода 2) рідкі виділення (*організму*) 3) (*часто pl*) води; океан 4) *pl* повінь 5) водойма 6) приплив і відплив **2.** *v* 1) мочити 2) поливати 3) напувати 4) пити 5) виділяти вологу; **~age** *n* перевезення вантажів водою; **w.-anchor** *n* мор. плавучий якір; **w. bailiff** *n* інспектор рибнагляду; **w.-bearing** *а геол.* водоносний; **~bird** *n* водоплавний птах; **w.-blister** *n* водяний пухир, водяна булька; **w. bottle** *n* 1) карафа (графин) для води 2) фляга 3) *мед.* грілка; **w.-bus** *n* річковий трамвай; катер; **w.-butt** *n* 1) діжка для дощової води 2) *ірон.* нептиущий; **w. can** *n* 1) бідон для води 2) *розм.* водяна лілія, латаття; **w. carriage** *n* 1) водний транспорт 2) каналізація; **w.-carrier** *n* 1) (W.) Водолій (*сузір'я і знак зодіаку*) 2) водонос; водовоз 3) водоналивне судно; **w.-cart** *n* 1) цистерна для поливання вулиць 2) діжка водовоза; **w.-closet** *n* ватерклозет, убиральня, туалет; **colour** *n* 1) (*зазв. pl*) акварель, акварельні фарби 2) акварель (*малюнок*); **w.-cooled** *а тех.* з водяним охолодженням; охолоджуваний водою; **~course** *n* 1) ріка; струмок 2) канал; річище, русло; **~craft** *n* (*pl без змін*) мор. судно; збір. судна; **w. cure** *n мед.* водолікування; **w. dog** *n зоол.* водолаз; **w.-drinker** *n* нептиущий; **~drop** *n* 1) крапля води 2) сльоза, сльозина; **~ed** *а* 1) розведений 2) вологий; **w.-engine** *n* 1) водотяг 2) пожежна машина; **~fall** *n* водоспад; **~fowl** *n* (*pl тж без змін*) водоплавні птахи; **~front** *n* 1) порт 2) розташований на березі 3) берег; **w. gas** *n* 1) *хім.* водяний газ 2) пара; **~glass** *n* хім. розчинне скло 2) склянка для води 3) клепсидра; **~ing** *n* 1) поливання 2) водопій 3) сльозотеча; **~ing-can** *n* поливальниця, лійка; **~ing-place** *n* 1) водопій 2) морський курорт; **~less** *а* безводний; **w.-level** *n* 1) рівень води 2) ватерпас; **~lily** *n* бот. водяна лілія; **w. line** *n* 1) мор. ватерлінія 2) берегова лінія; **~logged** *а* 1) мокрий 2) затоплений; **w. main** *n* водовідна магістраль; **~man** *n* 1) човняр 2) яхтсмен; весляр 3) водник 4) пожежник; **w. mark 1.** *n* водяний знак (*на папері*) **2.** *v* робити водяні знаки; **w.-meadow** *n* оболонь, заливна лука; **~melon** *n бот.* кавун; **w.-nymph** *n міф.* русалка; наяда; **w.-parting** *n* вододіл; **w. pipe** *n* 1) водогінна труба 2) кальян; **w. plant** *n бот.* водорість; **w. power** *n* гідроенергія; **~proof 1.** *n* дощовик **2.** *а* водонепроникний; **w. rat** *n зоол.* водяний пацюк; **w.-rate** *n* плата за воду; **~scape** *n жив.* марина, морський краєвид; **w. seal** *n тех.* гідравлічний затвор; **~shed** *n геол.* 1) вододіл 2) басейн (*ріки*); **~side 1.** *n* (the ~) берег, узбережжя **2.** *а* 1) береговий; прибережний 2) портовий (*про робітника й под.*); **w. snake** *n зоол.* водяна змія (гадюка); **~spout** *n* 1) *метео* злива 2) ринва; **w.-wave** *n* велика (морська) хвиля; вал; **~way** *n* судноплавне русло, фарватер; **~y** *а* 1) водяний; водявий 2) рідкий (*про їжу*) 3) мокрий (*про очі*) 4) блідий (*про мову й под.*) 5) дощовий

watt [wɒt] *n ел.* ват

wattle I [ˊwɒtl] *n* сережка (*у птахів*); вус (*у риби*)

wattle II [ˊwɒtl] **1.** *n* 1) тин 2) прут 3) *бот.* австралійська акація **2.** *v* плести (*тин*); **~d** *a* плетений

wav||e [weɪv] **1.** *n* 1) хвиля; вал 2) махання 3) підйом 4) коливання 5) *радіо* сигнал **2.** *v* 1) подавати знак 2) майоріти, гойдатися 3) завивати (*волосся*); **~ed** *а* хвилястий (*про лінію*); **~er** *v* 1) дрижати 2) вагатися; виявляти нерішучість; **~ering** *n* вагання; **~y** *а* 1) хвилястий 2) буремний

wax I [wæks] **1.** *n* 1) віск 2) парафін 3) мазь 4) сургуч **2.** *v* вощити; **w. cloth** *n* 1) церата (клейонка) 2) лінолеум; **~en** *а* 1) восковий 2) пластичний 3) безбарвний 4) піддатливий; **~work** *n* 1) ліплення з воску 2) воскова фігура

wax II [wæks] *v* 1) збільшуватися 2) іти, плинути (*про час*)

way [weɪ] *n* 1) шлях 2) метод 3) хід 4) звичай, звичка 5) (*тж pl*) відстань 6) стан, становище 7) аспект 8) бік; напрям; **~bill** *n* 1) список пасажирів 2) маршрут; **~lay** [weɪˊleɪ] *v* 1) підстерігати 2) блокувати; забарикадувати; **~side 1.** *n* узбіччя **2.** *а* придорожній

wayward [ˊweɪwəd] *а* 1) норовливий 2) мінливий 3) злочинний

we [wi: (*повна ф.*) wɪ (*редук. ф.*)] *pron pers.* (*непрям. в.* us) ми

weak [wiːk] *а* 1) кволий; тендітний 2) нерішучий 3) недостатній 4) непереконливий 5) в'ялий 6) *грам.* скорочений, редукований (*про звук*); **~en** *v* 1) ослабляти 2) слабшати; **~ness** *n* 1) слабкість; тендітність 2) недолік 3) схильність 4) недостатність 5) нерішучість 6) непереконливість; **w.-spirited** *а* легкодухий

wealth [welθ] *n* 1) багатство 2) процвітання; достаток; щастя 3) безліч; велика кількість; **~y** *а* 1) багатий, заможний 2) великий, рясний, багатий

weapon [´wepən] *n* 1) зброя 2) *перен.* знаряддя, засіб; **~less** *a* 1) беззбройний 2) беззахисний; що не має засобів захисту

wear [weə] **1.** *n* 1) носіння (*одягу*) 2) одяг 3) міцність **2.** *v* (wore; worn) 1) носити (*одяг*) 2) мати вигляд 3) зношувати(ся); протирати(ся) 4) стомлювати; виснажувати 5) наближатися, іти (*про час*) 6) привчати (*до чого-н.*)

wear‖y [´wɪ(ə)rɪ] **1.** *a* 1) стомлений; знуджений 3) набридливий 4) нерадісний **2.** *v* 1) набридати 2) стомлювати(ся); **~iful** *a* 1) нудний; стомливий 2) нудьгуючий, знуджений 3) стомлений; **~iness** *n* 1) утома; стомленість 2) стомливість, нудьга; **~isome** *a* 1) стомливий; виснажливий 2) нудний; одноманітний; надокучливий

weasel [´wi:z(ə)l] *n* 1) *зоол.* горностай та ін. тварини родини куницевих 2) пролаза, пройда

weather [´weðə] **1.** *n* 1) погода 2) буря; негода **2.** *a* 1) що стосується погоди 2) синоптичний **3.** *v* 1) витримувати, зносити 2) зазнавати атмосферного впливу; **w.-beaten** *a* 1) пошкоджений негодою 2) засмаглий 3) бувалий, пошарпаний; **~cock** *n* 1) флюгер 2) *перен.* непостійна, безпринципна людина; **w. forecast** *n метео* прогноз погоди; **w.-sign** *n* прикмета погоди

weave [wi:v] **1.** *n* узор, візерунок **2.** *v* (wove, woven) 1) ткати 2) плести 3) гойдатися; **~r** *n* ткач; ткаля

web [web] **1.** *n* 1) тканина 2) *перен.* сплетіння, тенета (*інтриг*) 3) шнур 4) павутина; павутиння 5) рулон (*паперу*) 6) телемережа **2.** *v* 1) плести павутину 2) *перен.* заманювати в тенета; **~bed** *a зоол.* перетинчастий; **~bing** *n* 1) тасьма 2) *текст.* тканина

wedge [wedʒ] **1.** *n* клин **2.** *v* закріплювати клином; **w. writing** *n* клинопис

Wednesday [´wenzdɪ] *n* середа (*день тижня*)

weed [wi:d] **1.** *n* 1) бур'ян 2) водорість 3) дикоросла рослина 4) *pl* жалоба 5) жалобна пов'язка **2.** *v* 1) полоти; знищувати бур'ян 2) позбавляти 3) вибраковувати

week [wi:k] *n* 1) тиждень 2) *pl* ціла вічність; **~day** *n* будень; **~end 1.** *n* час відпочинку з п'ятниці (суботи) до понеділка, вік-енд **2.** *v* відпочивати (*де-н.*) з п'ятниці (суботи) до понеділка; **~long** *a* що триває тиждень; **~ly 1.** *n* щотижневик **2.** *a* тижневий **3.** *adv* щотижня

weep [wi:p] *v* (wept) 1) плакати 2) виділяти вологу; **~er** *n* 1) плаксій 2) жалобна пов'язка 3) ринва; **~ing 1.** *n* 1) плач; сльози 2) запотівання **2.** *a* 1) що плаче 2) *бот.* плакучий 3) запітнілий

weevil(s) [´wi:v(ə)lz] *n pl ент.* довгоносик

weigh [weɪ] *v* 1) зважувати 2) обмірковувати 3) порівнювати; зіставляти 4) важити 5) впливати 6) високо цінувати; поважати; **~er** *n* 1) вагар 2) ваги, безмін

weight [weɪt] **1.** *n* 1) вага; маса 2) міра ваги 3) гиря, *pl* важок 4) вантаж; навантаження, тиск 5) *перен.* тягар 6) сила 7) вплив 8) *юр.* тяжкість (*злочину*) **2.** *v* 1) робити тяжчим 2) обтяжувати 3) надавати певного напряму 4) зважувати; **~less** *a* невагомий; **~lessness** *n* невагомість; стан невагомості; **w.-lifting** *n спорт.* важка атлетика; **~y** *a* 1) важкий 2) тяжкий 3) важливий, вагомий

weir [wɪə] **1.** *n* гребля, загата **2.** *v* будувати греблю; загачувати

weird [wɪəd] **1.** *n* 1) доля 2) страшна помста 3) передвістка 4) фатальний випадок 5) замовляння 6) чаклун 7) (W.) відьма; богиня долі, парка **2.** *a* 1) згубний, фатальний 2) надприродний

welcome [´welkəm] **1.** *n* 1) привітання 2) гостинність **2.** *a* бажаний **3.** *v* 1) вітати (*гостя*) 2) схвалювати **4.** *int* ласкаво просимо!; просимо завітати!

welfare [´welfeə] *n* 1) добробут, достаток 2) доброчинність

well I [wel] **1.** *n* 1) криниця 2) водойма 3) джерело (*тж перен.*) 4) сходова клітка, сходи **2.** *v* 1) підніматися (*про воду*) 2) закипати 3) хлинути джерелом

well II [wel] **1.** *n* добро **2.** *a* (better; best) *predic.* 1) добрий, гарний 2) здоровий **3.** *adv* (better; best) 1) добре 2) ґрунтовно 3) цілком 4) дуже **4.** *int* ну!; **w., what news?** ну, що нового?; **w.-advised** *a* розважливий; розумний; **w.-balanced** *a* 1) урівноважений, сталий 2) спокійний; стриманий 3) пропорційний; гармонійний; **w.-becoming** *a* підхожий, правильний; **w.-behaved** *a* 1) ґречний, добре вихований 2) породистий (*про тварину*); **w.-being** *n* 1) здоров'я 2) добробут; процвітання; **w.-built** *a* ставний, гарної статури; **w.-conducted** *a* добре організований; **w.-defined** *a* чіткий, виразний; цілком певний; **w.-directed** *a* 1) влучний 2) *перен.* цілеспрямований; **w.-disposed** *a* 1) доброзичливий, прихильний 2) раціональний; **w.-doer** *n* 1) доброчесна людина 2) доброчинець; **w.-doing** *n* 1) порядність 2) доброчинність 3) процвітання 4) добре здоров'я; **w.-educated** *a* високоосвічений; **w.-favoured** *a* красивий; гарний; привабливий; **w.-fed** *a* угодований; **w.-founded** *a* обґрунтований; **w.-judged** *a* ґречний; своєчасний; **w.-knit** *a* 1) надійний, компактний 2) згуртований; **w.-known** *a* 1) славетний 2) загальновідомий; **w.-made** *a* 1) гарної статури; пропорційний 2) добре складений (*про сюжет і под.*); **w.-mannered** *a* ґречний, вихований; **w.-marked** *a* чіткий; помітний; виразний; **w.-meaning** *a* що має добрі наміри; добромисний; **w.-off** *a* 1) заможний 2) забезпечений 3) щасливий; **w.-paid** *a* добре оплачуваний; **w.-proportioned** *a* пропорційної (гарної) статури; **w.-read** *a* 1) начитаний 2) знаючий; **w.-thought-of** *a* поважний, шанований; **w.-timed** *a* вчасний; **w.-trodden** *a* 1) уторований 2) *перен.* заяложений; **w.-wisher** *n* доброзичливець; **w.-wishing** *a* доброзичливий

wellingtons [ˈwelɪŋtənz] *n pl* високі чоботи

Welshman [ˈwelʃmən] *n* мешканець Уельсу; валлієць, уельсець

welter [ˈweltə] **1.** *n* 1) стовпотворіння; хаос 2) вантаж, тягар **2.** *v* 1) борсатися 2) *перен.* хвилюватися

were [wə:] *past від* **be**

went [went] *past від* **go 2**

wept [wept] *past i p. p. від* **weep**

west [west] **1.** *n* 1) захід 2) *мор.* вест **2.** *a* 1) західний 2) *мор.* вестовий; **~ering** *a* 1) спрямований на захід 2) що заходить (*про сонце*); **~ern 1.** *n амер. розм.* вестерн **2.** *a* 1) західний 2) *мор.* вестовий 3) *амер.* ковбойський (*про фільм*) 4) задній

wet [wet] **1.** *n* 1) вологість 2) дощова погода **2.** *a* 1) вологий 2) дощовий 3) плаксивий **3.** *v* мочити, зволожувати; **w. nurse** *n* нянька

whack [wæk] **1.** *n* сильний удар **2.** *v* ударяти

whal‖e [weɪl] **1.** *n зоол.* кит **2.** *v* (*зазв. pres. p.*) бити китів; **~ing** *n* полювання на китів

wharf [wɔ:f] *n* (*pl* -ves, -fs) 1) верф 2) причал 3) набережна

what I [wɒt] *pron* **1.** *inter.* 1) який?, якого типу? 2) що?, скільки? **2.** *adv* навіщо; чому

what II [wɒt] *conj.* 1) який 2) те, що 3) хто 4) той, який

what III [wɒt] *emph.* як!; що!

whatever [wɒˈtevə] **1.** *a* який би не; будь-який **2.** *pron* 1) *conj.* усе що; що б не 2) *emph.* (*після no*) ніякий; (*після any*) який-небудь, будь-який

wheat [wi:t] *n бот.* пшениця

wheedl‖e [ˈwi:dl] *v* 1) підлещуватися 2) догоджати; улещувати; **~ing** *a* підлесливий, улесливий; скрадливий

wheel [wi:l] *n* 1) колесо 2) фортуна 3) штурвал 4) машина 5) карного 5) муз. приспів **2.** *v* 1) описувати кола 2) повертатися 3) котитися 4) крутити(ся); **~ed** *a* колісний; на колесах; **~er-dealer** *n* 1) ватажок 2) пройдисвіт; **~ing** *n* 1) їзда на велосипеді 2) поворот; оберт

wheez‖e [wi:z] **1.** *n* задишка **2.** *v* важко дихати;

хрипіти; **~y** *a* 1) хворий на задишку 2) хрипкий, хриплий

whelk [welk] *n* прищ

whelp [welp] **1.** *n* 1) щеня 2) дитинча (*звіра*) **2.** *v* приводити дитинчат

when [wen] **1.** *n* (який) час, дата **2.** *adv* 1) *inter.* коли 2) *rel.* котрий 3) *conj.* **3.** *cj* 1) коли; як тільки 2) хоча, незважаючи на, тоді як 3) якщо, коли, раз

whence [wens] *adv inter.* 1) відкіля 2) як; яким чином

where [weə] **1.** *n* місце події **2.** *adv inter.* де; куди **3.** *cj* туди; туди куди; туди де; де; **~abouts 1.** *n* місцеперебування **2.** *adv inter.* де; біля якого місця; куди; **~as** *cj* 1) тоді як; у той час як 2) незважаючи на те що 3) беручи до уваги; оскільки; **~at** *cj* на це; потім; після того; про що, на що; **~by** *adv rel.* 1) тим, чим; за допомогою чого 2) як; яким чином; **~in** *cj* 1) там, де 2) у чому; де

whet [wet] **1.** *n* 1) гостріння, точіння 2) стимул 3) слушна нагода **2.** *v* 1) гострити, точити 2) викликати, збуджувати (*апетит*)

whether [ˈweðə] *cj* чи

whey [weɪ] *n* сироватка; **~faced** *a* блідий

which [wɪtʃ] *pron* 1) *inter.* котрий; який; хто 2) *rel.* якийсь, котрий, що 3) *conj.* який; хто, що; **~ever** *pron* 1) *inter.* який 2) *conj.* який завгодно

whiff I [wɪf] **1.** *n* 1) подув 2) слабкий запах 3) свист (*вітру, кулі*) 4) прапорець **2.** *v* 1) злегка дути 2) нюхати 3) видавати неприємний запах 4) свистіти (*про кулю*)

whiff II [wɪf] *n* плиската риба

while [waɪl] **1.** *n* час, проміжок часу **2.** *v* 1) проводити (*час*) 2) тривати (*про час*) 3) відволікатися **3.** *cj* 1) доки, у той час як 2) хоч; не зважаючи на те, що; тоді як 3) поки, коли 4) а також; до того ж; не тільки..., а й

whilst [waɪlst] *cj* поки

whim [wɪm] *n* 1) примха; забаганка 2) непостійність; мінливість 3) фантастична істота; щось небачене (химерне); **~sical** *a* 1) химерний 2) фантастичний; **~sicality** *n* химерність; фантастичність; **~sy** *n* 1) примха; химера 2) фантазія; уява

whimper [ˈwɪmpə] **1.** *n* пхикання **2.** *v* пхикати

whinger [ˈwɪŋə] *n* кинджал

whip [wɪp] **1.** *n* 1) батіг 2) фурман 3) *мисл.* псар 4) збити вершки 5) кучері **2.** *v* 1) шмагати 2) *перен.* бичувати (*вершки*) 4) підганяти 5) збуджувати 6) збирати докупи; **w. handle** *n* 1) пужално 2) *перен.* перевага; **~pet** *n мисл.* гончак; **~ping** *n* 1) побої 2) поразка; **~ping boy** *n перен.* цап-відбувайло

whirl [wɜ:l] **1.** *n* 1) крутіння; кружляння 2) вир; коловорот 3) метушня, вир (*подій*) 4) розбрід

5) сум'яття **2.** v 1) крутити(ся); обертати(ся) 2) бентежитися 3) паморочитися; **~igig 1.** n 1) дзиґа 2) карусель 3) обертання 4) вир (подій) 5) химера **2.** a 1) вихровий 2) обертовий; **~pool** n водоверть; **~wind** n смерч

whisk [wɪsk] **1.** n 1) бот. волоть 2) карт. віст **2.** v 1) прошмигнути (тж ~ out), шурхнути 2) помахувати, змахувати; **~er** n (зазв. pl) 1) бакенбарди 2) вуса; борода; волосся на обличчі 3) перебільшення; брехня 4) віяло; **~ered** a 1) з бакенбардами 2) вусатий

whisky [ˈwɪskɪ] n віскі

whisper [ˈwɪspə] **1.** n 1) шепіт 2) шерех 3) чутка, поголос; нашіптування 4) натяк **2.** v 1) шепотіти 2) повідомляти по секрету 3) шелестіти, шарудіти; **~er** n 1) шептун 2) таємний інформатор; **~ing** n лихослів'я

whist [wɪst] n карт. віст

whistl||e [ˈwɪs(ə)l] **1.** n 1) свист 2) свисток **2.** v свистіти; **~ing** a свистячий

Whit [wɪt] a церк. що стосується свята Трійці (Зелених свят)

whit [wɪt] n крихта, йота

white [waɪt] **1.** n 1) білий колір 2) білок (яйця; тж ~ of the egg) 3) (W.) білий (про людину) 4) перен. чистота **2.** a 1) білий 2) сивий 3) прозорий 4) невинний 5) щасливий 6) улюблений; **~bait** n іхт. 1) тюлька 2) мальок; **~fish** n іхт. сиг; **w. frost** n іній; **w.-hot** a 1) розжарений до білого 2) перен. розлючений; **w.-livered** a 1) легкодухий 2) кволий; дохлий; **~n** v 1) білити 2) перен. обіляти 3) збліднути; **~wash 1.** n 1) побілка 2) перен. окозамилювання 3) реабілітація **2.** v 1) білити 2) реабілітувати; **w. whale** n зоол. білуха

whiting [ˈwaɪtɪŋ] n іхт. хек

whitlow [ˈwɪtləʊ] n мед. нігтьоїда

whiz-kid [ˈwɪzkɪd] n вундеркінд

who [huː] pron (непрям. в. whom) 1) inter. хто 2) rel. який, котрий; той, що 3) conj. а) який, хто; б) той, хто; ті, хто; **~ever** pron indef. (непрям. в. whomever) хто б не

whole [həʊl] **1.** n 1) ціле 2) загальна сума 3) підсумок 4) усі **2.** a 1) цілий, повний 2) непошкоджений 3) увесь 4) нерозведений 5) рідний; **~sale 1.** n 1) гуртова торгівля 2) у масовому масштабі; огульно **2.** a гуртовий, масовий **3.** v проводити гуртову торгівлю **4.** adv 1) гуртом 2) у масовому масштабі; **~some** a 1) корисний, здоровий 2) здоровий; благодійний 2) розсудливий 3) квітучий, міцний, здоровий; **w.-souled** a 1) шляхетний 2) щирий

whoop [huːp] **1.** n 1) вигук; зойк; галас, лемент 2) коклюшний кашель 3) хованки (гра) **2.** v 1) кричати, вигукувати; галасувати, лементувати 2) закашлятися; **~ing cough** n мед. коклюш

whoredom [ˈhɔːdəm] n 1) блуд 2) рел. єресь

whortleberry [ˈwɜːtlberɪ] n чорниця; **red w.** n брусниця

whos||e [huːz] pron poss. 1) чий, чия, чиє, чиї 2) якого, якої, яких; **~esoever** pron poss. чий би не; який би не; **~oever** [ˌhuːsəʊˈevə(r)] pron indef. хто б не; який би не

why [waɪ] **1.** adv чому **2.** int так адже, ну!

wick [wɪk] n 1) ґніт 2) мед. тампон

wicked [ˈwɪkɪd] **1.** n (the ~) pl збір. бібл. нечестивці **2.** a 1) рел. грішний 2) злий; аморальний 3) лукавий 4) небезпечний; **~ness** n 1) злість 2) злочин 3) рел. гріх

wicker [ˈwɪkə] n 1) збір. верболіз 2) плетіння, плетиво 3) тин, пліт

wide [waɪd] a 1) широкий 2) великий 3) невдалий 4) віддалений; **w.-awake** a що не спить; недремний; **w.-eyed** a наївний

widgeon [ˈwɪdʒ(ə)n] n орн. дика качка

widow [ˈwɪdəʊ] **1.** n удова **2.** v робити вдовою (удівцем); **~ed** a 1) овдовілий 2) самітній, одинокий; **~er** n удівець

width [wɪdθ] n 1) ширина; відстань 2) перен. широчінь (поглядів і под.) 3) смуга

wield [wiːld] v 1) тримати в руках (тж перен.) 2) перен. панувати 3) користуватися; **~ly** a слухняний

wife [waɪf] n (pl wives) 1) дружина, жінка 2) жінка; **~less** a 1) овдовілий, удівець 2) неодружений

wig [wɪg] n 1) перука 2) жарт. шевелюра 3) сановник

wigwam [ˈwɪgwæm] n вігвам

wild [waɪld] **1.** n (the ~s) пустеля; нетрі, хащі **2.** a 1) дикий 2) цілинний 3) пустельний 4) нецивілізований 5) розпатланий 6) гучний 7) навіжений 8) самобутній; **~cat 1.** n 1) зоол. кішка 2) запальна людина 3) амер. зоол. руда рись 4) ризикований захід **2.** a 1) ризикований 2) незаконний; **~ebeest** n зоол. гну (антилопа); **~fowl** [ˈwaɪldfaʊl] n дичина (перната); **w.-goose** n дикий гусак; **~ing** n 1) дичка (про рослину) 2) дика тварина; **~life** n жива природа

wile [waɪl] **1.** n 1) (зазв. pl) хитрування 2) брехня 3) підступність 4) метка вигадка **2.** v 1) заманювати 2) проводити (час)

wilful [ˈwɪlf(ə)l] a 1) умисний 2) упертий; свавільний

will [wɪl] **1.** n 1) воля; сила волі 2) бажання 3) енергія 4) заповіт 5) хіть **2.** v (willed [-d]) 1) жадати 2) веліти, викликати 3) заповідати; **~ing 1.** n готовність, ентузіазм **2.** a 1) охочий, згідний (зробити що-н.) 2) добровільний; невимушений 3) старанний; **~ingness** n готовність; **~power** n сила волі

willow [ˈwɪləʊ] n бот. верба

wily [ˈwaɪlɪ] *a* хитрий; підступний
wimble [ˈwɪmbl] **1.** *n* 1) свердел 2) коловорот **2.** *a* спритний, моторний **3.** *v* свердлити; бурити
win [wɪn] **1.** *n* 1) виграш; перемога (*у грі й под.*) 2) *pl* виграні гроші **2.** *v* (*past i p. p.* won) 1) вигравати; перемагати 2) досягти 3) здобути 4) придбати 5) умовити 6) забрати 7) зуміти; примудритися; **~ner** *n* переможець; лауреат; **~ning.** *n* 1) *pl* виграш 2) перемога **2.** *a* 1) що виграє 2) привабливий 3) вирішальний
wince [wɪns] **1.** *n* 1) здригання 2) хвицання **2.** *v* 1) здригатися 2) брикатися, хвицатися
wind I [wɪnd, *поет. часто* waɪnd] **1.** *n* 1) вітер 2) дихання; подих 3) пусті слова 4) запах, дух 5) чутка; натяк **2.** *v* (winded [-ɪd]) 1) викликати задишку 2) почути; **~break** *n* 1) щит (*для захисту від вітру*) 2) вітролом; **~breaker** *n* вітрівка; штормівка; **~er** [ˈwaɪndə] *n* виконавець на духовому інструменті; **~hover** *n орн.* боривітер; **~ing** [ˈwaɪndɪŋ] **sheet** *n* саван; **w. instrument** *n* духовий інструмент; **~less** *a* 1) безвітряний 2) *гірн.* непровітрюваний; **~storm** *n* буря; **~y** *a* 1) вітряний 2) несерйозний; беззмістовний
wind II [waɪnd] **1.** *n* 1) оберт 2) поворот 3) виток **2.** *v* (wound) 1) витися 2) накручувати (*годинник*) 3) крутити; **~ing 1.** *n* звивина **2.** *a* 1) звивистий 2) спіральний
window [ˈwɪndəʊ] *n* 1) вікно 2) вітрина 3) отвір; **w. dressing** *n* 1) оформлення вітрин 2) окозамилювання; **~pane** *n* шибка
wine [waɪn] *n* 1) вино 2) наливка 3) сп'яніння; **~glass** *n* келих; **w.-grower** *n* винороб; виноградар
wing [wɪŋ] **1.** *n* 1) крило 2) *архіт.* флігель 3) *pl театр.* лаштунки, куліси 4) угруповання 5) *військ., спорт.* фланг, край **2.** *v* 1) летіти 2) окрилювати; **~beat** *n* змах крил; **w.-case** *n ент.* надкрилля (*у жуків*); **~ed** *a* крилатий; літаючий; **~less** *a* безкрилий; **~span** *n* розмах крила (*птаха, літака*)
wink [wɪŋk] **1.** *n* 1) моргання 2) мить **2.** *v* моргати; **~ers** *n pl* 1) *авто* покажчик поворотів 2) шори; **~ing** *n* 1) моргання 2) дрімота
winkle [ˈwɪŋkl] *n зоол.* морський слимак, береговичок
winsome [ˈwɪns(ə)m] *a* 1) приємний 2) бадьорий, веселий
wint‖er [ˈwɪntə] **1.** *n* зима **2.** *v* 1) перезимувати 2) заморожувати; **~erer** *n* зимівник; **~ering** *n* зимівля; **~ertime** *n* зима; **~ry** *a* 1) зимовий 2) зимний 3) непривітний 4) безрадісний 5) старий, старезний
winy [ˈwaɪnɪ] *a* 1) винний 2) п'яний, напідпитку
wipe [waɪp] *v* 1) витирати, стирати (*п'ятно*) 2) *розм.* завдавати стрімкого удару

wire [waɪə] **1.** *n* 1) дріт 2) струна 3) дротяна сітка 4) спритний кишеньковий злодій **2.** *v* зв'язувати дротом; **~less 1.** *n* 1) радіо 2) радіограма 3) радіоприймач **2.** *a* бездротовий **3.** *v* передавати по радіо; послати радіограму
wisdom [ˈwɪzdəm] *n* 1) мудрість 2) філософія
wise [waɪz] *a* 1) мудрий 2) хитрий 3) чаклунський 4) поміркований; **~acre** *n* мудрець; **~woman** *n* 1) чаклунка 2) сповитуха
wish [wɪʃ] **1.** *n* 1) бажання 2) прохання 3) воля; наказ 4) бажане 5) прокляття **2.** *v* 1) бажати 2) накликати (*лихо*); **~ful** *a* 1) бажаний, жаданий 2) бажаючий
wishy-washy [ˈwɪʃɪwɒʃɪ] *a* 1) рідкий 2) безбарвний
wispy [ˈwɪspɪ] *a* тонкий
wistaria, wisteria [wɪˈstɛ(ə)rɪə, wɪˈstɪ(ə)rɪə] *n бот.* гліцинія
wistful [ˈwɪstf(ə)l] *a* 1) тоскний 2) задумливий, мрійливий
wit [wɪt] *n* 1) (*часто pl*) розум, глузд 2) дотеп 3) дотепник
witch [wɪtʃ] *n* 1) чаклун; чаклунка; відьма 2) знахар; знахарка 3) *орн.* буревісник; **~craft** *n* 1) чаклунство 2) знахарство 3) чари
with [wɪð] *prep* указує на: 1) зв'язок, відповідність із (з), за, у (в) 2) предмет дії або знаряддя: **to adorn w. flowers** прикрашати квітами 3) обставини: **w. thanks** із вдячністю
withdraw [wɪðˈdrɔː] *v* (withdrew [wɪðˈdruː]; withdrawn [wɪðˈdrɔːn]) 1) відкликати 2) відмовлятися; скасовувати, відміняти; анулювати 3) усувати; **~al** *n* 1) узяття назад; відмова (*від обіцянки*) 2) скасування; відміна 3) відхід, вихід 4) усунення; **~n** *a* 1) відлюдний 2) усамітнений
wither [ˈwɪðə] *v* 1) марніти 2) занапащати 3) меншати, спадати
withhold [wɪðˈhəʊld] *v* (withheld [wɪðˈheld]) 1) зупиняти; затримувати 2) відмовляти (*у чому-н.*) 3) замовчувати; приховувати 4) відраховувати, утримувати
within [wɪˈðɪn] **1.** *n* внутрішній бік (*чого-н.*) **2.** *prep* 1) у, в, у межах 2) у, в, у межах, усередині 3) на відстані, у межах; не далі (ніж) 4) не пізніше (як); протягом; за 5) у межах, за (*законом*)
without [wɪˈðaʊt] **1.** *n* зовнішній бік **2.** *prep* 1) без 2) поза; за; зовні, за (межами)
withstand [wɪðˈstænd] *v* (withstood [wɪðˈstʊd]) протистояти
witness [ˈwɪtnɪs] **1.** *n* 1) свідок 2) доказ; свідчення (to, of) 3) приклад **2.** *v* 1) бути свідком 2) свідчити 3) завіряти (*підпис*)
witt‖y [ˈwɪtɪ] *a* 1) дотепний 2) хитрий, підступний 3) *розм.* розумний; **~icism** *n* 1) дотеп; жарт 2) кепкування, глузування

wive [waɪv] v 1) одружуватися; брати за дружину 2) вийти заміж (*за кого-н.*)

wizard [ˈwɪzəd] 1. n 1) чарівник, чаклун; маг 2) ворожбит 3) фокусник 2. a чаклунський, чарівницький; **~ry** n чарівництво; чари

wobble [ˈwɒbl] 1. n 1) хитання, гойдання 2) *перен.* коливання, вагання 2. v 1) іти похитуючись 2) *перен.* коливатися, вагатися

woebegone [ˈwəʊbɪɡɒn] a 1) невтішний 2) засмучений; скорботний

wolf [wʊlf] 1. n (pl wolves) 1) *зоол.* вовк 2) хижак 2. v 1) пожирати з жадобою 2) здіймати фальшиву тривогу; **~ish** a 1) вовчий; звірячий 2) жадібний; хижий; **~skin** n 1) вовча шкура 2) одяг із вовчих шкур

wolfram [ˈwʊlfrəm] n 1) *хім.* вольфрам 2) *мін.* вольфраміт

wolverine [ˈwʊlvəriːn] n 1) *зоол.* росомаха 2) хутро росомахи

woman [ˈwʊmən] n (pl women) 1) жінка 2) *збір.* жінки 3) коханка 4) (the ~) типова жінка; **~ly** a жіночний

womb [wuːm] n 1) *анат.* матка 2) лоно

womenfolk [ˈwɪmɪnfəʊk] n pl жінки, жіноцтво

wonder [ˈwʌndə] 1. n 1) подив; трепет 2) дивина 2. v 1) дивуватися 2) цікавитися; **~ful** a дивний; вражаючий; **~struck** a вражений, здивований; **~work** n чудо

woo [wuː] v 1) залицятися; свататися 2) домагатися 3) благати; **~er** n наречений

wood [wʊd] 1. n 1) деревина 2) дрова 3) (*часто pl*) ліс; гай 2. a 1) дерев'яний 2) лісовий, дикий 3) дров'яний 4) лютий 3. v 1) саджати ліс 2) запасатися дровами; **~cock** n *орн.* вальдшнеп; лісовий кулик; **~cutter** n лісоруб; **~ed** a лісистий; **~grouse** n *орн.* тетерук-глухар; **~less** a безлісний; **w. louse** n *ент.* стонога, мокриця; **~man** n лісник; **~pecker** n *орн.* дятел; **~worker** n тесля; столяр; стельмах

wool [wʊl] n 1) вовна; руно 2) вата 3) волокно 4) пух; **w.-gathering** 1. n 1) неуважність 2) домисли 2. a неуважний, мрійний; **~len** 1. n pl вовняна тканина 2. a вовняний; **~ly** a 1) вовнистий 2) невиразний 3) *бот.* опушений

woke [wəʊk] past від **wake I 2**

woken [ˈwəʊkən] p. p. від **wake I 2**

won [wʌn] past i p. p. від **win 2**

word [wɜːd] 1. n 1) слово 2) (*часто pl*) мова, розмова 3) *тк sing* обіцянка 4) порада 5) pl сварка 6) *тк sing* звістка 7) *тк sing* наказ 8) пароль 9) гасло 10) вислів 11) чутка 2. v 1) висловлювати(ся) 2) умовляти; **w. book** n 1) словник 2) лібрето 3) пісенник; **~ing** n формулювання; **~less** a 1) мовчазний 2) несказаний 3) *театр.* німий; **~play** n каламбур; **w. processor** n *обч.* текстовий процесор; **~y** a багатослівний

wore [wɔː] past від **wear 2**

work [wɜːk] 1. n 1) робота; діло 2) твір; праця 3) посада; заняття 4) дія, вчинок 5) виріб 6) обробка 7) біда; лихо 2. v 1) діяти 2) працювати 3) прагнути 4) керувати 5) заподіювати 6) розв'язувати (*задачу*) 7) вплинути; **~able** a 1) реальний 2) рентабельний; **w.-a-day** a буденний; **w.-book** n 1) конспект 2) інструкція; **~er** n 1) робітник 2) співробітник 3) творець; **~ing 1.** n 1) діяльність; практика 2) експлуатація 3) обробка **2.** a 1) працюючий 2) експлуатаційний 3) діючий; **~ing capital** n *ек.* обіговий капітал; **~ing-out** n підрахунок, обчислення; **~ing people** n трудящі; робітники; **~man** n 1) працівник 2) майстер; **~manlike** a майстерний; умілий; **~manship** n 1) майстерність 2) оздоблення; **~out** n 1) важка праця 2) *перен.* розминка 3) *спорт.* тренування; **~s** pl (*ужив. як sing i як pl*) завод, фабрика; **~shop** n 1) цех 2) секція; симпозіум 3) студія; **w.-shy 1.** n ледар **2.** a ледачий

world [wɜːld] 1. n 1) світ; усесвіт, земна куля 2) планета 3) людство 4) царство 5) (the ~, this ~) життя (*людини*) 6) діяльність 7) галузь 8) період історії 9) суспільство **2.** a світовий, усесвітній; **~ly** a 1) людський; земний 2) практичний; **~ly-wise** a досвідчений, навчений; **w.-weary** a зневірений; розчарований; **~wide** a світовий, розповсюджений у всьому світі

worm [wɜːm] 1. n 1) *зоол.* черв'як, хробак 2) глист 3) гусінь, личинка 4) змія; змій; гад; плазун; дракон **2.** v 1) повзти 2) *перен.* проникати 3) дізнатися; **~hole** n червоточина; **~wood** n 1) *бот.* полин 2) *перен.* прикрість; **~y** a 1) червивий 2) підлий, низький

worn [wɔːn] p. p. від **wear 2**; **~-out** a 1) поношений 2) *перен.* застарілий

worr||y [ˈwʌrɪ] 1. n 1) занепокоєння 2) pl неприємності; клопоти 2. v 1) мучити(ся) 2) журитися 3) набридати 4) терзати, мучити 5) турбувати, хвилювати; **~ier** n мучитель

worsen [ˈwɜːs(ə)n] v 1) погіршувати(ся) 2) чорнити, гудити

worship [ˈwɜːʃɪp] 1. n 1) обожнювання 2) *рел.* культ; відправа 3) шана 2. v 1) поклонятися 2) палко кохати 3) *рел.* молитися

worst [wɜːst] 1. n найгірше 2. a (*найвищ. ст. від* bad) 1) найгірший 2) запеклий, найлютіший 3. v 1) перемогти, узяти гору; завдати поразки 2) погіршувати

worth [wɜːθ] 1. n 1) цінність; значення; важливість; гідність 2) ціна, вартість 3) багатство, майно 4) маєток **2.** a predic. 1) вартий 2) заможний, багатий **3.** v траплятися, відбуватися; **~less** *a* 1) нічого не вартий 2) нікудишній; **~y** 1. *n* 1) поважна людина 2) знаменитість 3) герой 2. *a* 1) гідний 2) відповідний

would [wʊd (*повна ф*.); wəd, əd, d (*редук. ф*.)] 1) *допоміжне дієсл*.; *слугує для утворення умовного способу*: **it w. be better** було б краще; **I w. not do it for anything** я б ні за що не вчинив цього 2) *службове дієсл., що виражає звичну або повторювану дію*: **he w. often call on us** він, бувало, часто заходив до нас 3) *модальне дієсл., що виражає*: а) *бажання*: **come when you w. like** приходьте, коли забажаєте; б) *імовірність*: **that w. be his house** це, імовірно, його будинок; в) *увічливе прохання*: **w. you help me, please?** чи не допоможете ви мені?

would-be [ˈwʊdbi(:)] *a* 1) потенційний 2) удаваний; облудний

wound I [waʊnd] *past i p. p. від* **wind II** 2

wound II [wu:nd] 1. *n* 1) рана, поранення 2) *перен*. образа; кривда; шкода 3) поріз, розріз 2. *v* 1) поранити 2) *перен*. уразити; образити; завдати болю

wove [wəʊv] *past від* **weave** 2

woven [ˈwəʊv(ə)n] *р. р. від* **weave** 2

wrack [ræk] 1. *n* 1) уламки корабля 2) викинуте на берег 3) розвалище 4) сміття 2. *v* 1) занапащати 2) руйнувати(ся), гинути

wraith [reɪθ] *n* 1) привид; марево 2) тінь 3) легкий серпанок

wrangle [ˈræŋgl] 1. *n* сутичка; сварка 2. *v* сперечатися; сваритися; **~r** *n* крикун

wrap [ræp] 1. *n* 1) *зазв. pl* шаль; накидка 2) *зазв. pl* ковдра 3) *pl* верхній одяг 4) *pl* секретність 5) обгортка 2. *v* 1) загортати 2) поглинати; **~per** *n* 1) пакувальник 2) бандероль 3) обкладинка

wrathful [ˈrɒθfl] *a* гнівний, розгніваний; сердитий; лютий, розлючений

wreak [ri:k] 1. *n* помста; відплата 2. *v* 1) виливати (*гнів*) 2) мститися, помститися

wreath [ri:θ] *n* вінок; гірлянда; **~e** [ri:ð] *v* 1) звивати, сплітати (*вінки*) 2) корчитися

wreck [rek] 1. *n* 1) катастрофа; аварія 2) *перен*. крах (*надій та под*.) 3) уламки (*судна*) 4) *перен*. руїна 2. *v* 1) спричиняти аварію 2) зруйнуватися 3) *перен*. зазнати краху 4) демонтувати; **~ed** *a* що зазнав катастрофи; **~er** *n* 1) мародер 2) *pl* фірма, що зносить будинки; **~ing** 1. *n* 1) руйнація 2) *перен*. зрив (*планів і под*.) 2. *a* аварійний; рятівний

wrench [rentʃ] 1. *n* 1) сіпання 2) вивих 3) спотворення 2. *v* 1) сіпати 2) *мед*. вивихнути 3) спотворювати

wrest [rest] *v* 1) вивертати 2) спотворювати

wrestl‖e [ˈres(ə)l] 1. *n спорт*. боротьба 2. *v часто спорт*. боротися; займатися боротьбою; **~er** *n спорт*. борець; **~ing** *n спорт*. боротьба

wretch [retʃ] *n* 1) жалюгідна людина 2) негідник; падлюка; **~ed** *a* 1) нещасний, жалюгідний 2) злиденний, убогий 3) нестерпний, жахливий 4) поганий, кепський

wriggle [ˈrɪgl] 1. *n* 1) вигин 2) закрут 3) згинання 2. *v* 1) згинатися 2) махати 3) пробиратися 4) *перен*. примазатися 5) ухилятися; вислизнути; **~r** *n* 1) личинка комара 2) підлесник, підлабузник

wring [rɪŋ] 1. *n* 1) скручування; викручування 2) потиск (*руки*) 3) гострий біль; напад 4) здирство 2. *v* (wrung) 1) тиснути 2) скручувати; викручувати 3) терзати 4) вимагати 5) корчитися 6) перекручувати; **~er** *n* здирник

wrinkl‖e [ˈrɪŋkl] 1. *n* 1) зморшка 2) недолік 2. *v* морщити(ся); **~y** *a* 1) зморщений 2) м'ятий

wrist [rɪst] *n* 1) зап'ясток 2) манжета, вилога; **~band** *n* 1) манжета 2) браслет 3) *pl* наручники

writ [rɪt] *n* 1) *юр*. повістка; постанова суду 2) *рел*. писання, письмо; **Holy (Sacred) W.** Святе Письмо

writ‖e [raɪt] *v* (wrote, written [rɪtn]) 1) писати 2) надсилати листа 3) скласти (*музику*) 4) страхувати (*життя*) 5) *обч*. вводити інформацію; **~er** *n* 1) автор 2) клерк 3) *юр*. юрист; адвокат; **~e-up** *n* 1) звіт, опис; запис 2) рекламування

writing [ˈraɪtɪŋ] 1. *pres. від* **write** 2. *n* 1) записка; лист 2) почерк 3) (*зазв. pl*) (літературний) твір 4) писання 5) писемність 6) документ 7) стиль 8) професія літератора 3. *a* для писання; письмовий; **w. pad** *n* блокнот; **w.-table** *n* письмовий стіл; бюро

writhe [raɪð] *v* 1) корчитися 2) *перен*. страждати 3) перекрутити

wrong [rɒŋ] 1. *n* 1) помилковість, омана 2) неправда; зло; образа 3) *юр*. правопорушення 2. *a* 1) помилковий 2) *юр*. несправедливий 3) грішний 4) протизаконний 3. *v* 1) шкодити; кривдити 2) ганьбити 3) спокусити 4) відбирати 4. *adv* 1) неправильно, помилково 2) несправедливо; **w.-doer** *n* 1) грішник 2) *юр*. правопорушник 3) кривдник, образник; **w.-doing** *n* 1) гріх, провина 2) *pl* прогріх 3) *юр*. злочин; **~ful** *a* 1) неправильний; образливий 2) шкідливий 3) *юр*. злочинний

wrote [rəʊt] *past від* **write**

wrought-up [ˌrɔːˈtʌp] *a* збуджений; нервовий; напружений

wrung [rʌŋ] *past i p. p. від* **wring** 2

wry [raɪ] *a* 1) кривий 2) брехливий 3) суперечливий

X

X-axis [ˈeks͵æksɪs] *n мат.* вісь абсцис
X-disease [ˈeksdɪ"ziːz] *n біол.* гіперкератоз
xenial [ˈziːnɪəl] *a книжн.* пов'язаний із гостинністю; що стосується гостинності
xeno- [ˈzenə(ʊ)-, ˈziːnə(ʊ)-] *у скл. сл. із грец. коренями має знач.* чужий
xenomania [zenoˈmeɪnɪə] *n* пристрасть до всього іноземного
xenon [ˈziːnɒn, ˈze-] *n хім.* ксенон
xenophobia [͵zenəˈfəʊbɪə] *n книжн.* ксенофобія, неприязне ставлення (ненависть) до чужинців
xero- [ˈzerə(ʊ)-] *у скл. сл. із грец. коренями має знач.* сухий
xerography [zeˈrɒgrəfɪ, zɪə-] *n* розмноження на ксероксі, ксерографування
xipho‖id [ˈz(a)ɪfɔɪd] *a біол.* мечоподібний; **~suran** *n зоол.* мечохвіст
X-irradiate [͵eksɪˈreɪdɪeɪt] *v* піддавати опроміненню рентґенівським промінням
X-line [ˈekslaɪn] *n мат.* вісь іксів, вісь абсцис
X-ray [ˈeksreɪ] **1.** *n* 1) *(зазв. pl)* рентґенівське проміння 2) рентґенівський знімок; рентґенограма **2.** *v* 1) робити рентґенівський знімок 2) опромінювати рентґенівським промінням
xylanthrax [zaɪˈlænθræks] *n* деревне вугілля
xylo- [ˈzaɪlə(ʊ)-] *у скл. сл. із грец. коренями має знач.* дерев'яний, деревина; **xylophone** ксилофон
xylograph [ˈzaɪləgrɑːf] *n* гравюра на дереві; ксилоґравюра, дереворит; **~y** *n* ксилоґрафія
Xylonite [ˈzaɪlənaɪt] *n* целулоїд
xylose [ˈzaɪləʊs] *n хім.* ксилоза

Y

yacht [jɒt] **1.** *n* яхта **2.** *v* плавати (*мор.* ходити) на яхті; **~ing** *n* вітрильний (яхтовий) спорт; **~sman** *n* 1) *спорт.* яхтсмен 2) власник яхти
yah [jɑː] *int* та ну?, ось як!
yahoo [ˈjɑːhuː, ˈjeɪ-] *n* 1) огидна істота 2) мракобіс, обскурант
yak [jæk] *n* 1) *зоол.* як 2) регіт 3) смішний анекдот; дотеп
yale [jeɪl] *n* автоматичний «американський» замок (*тж* ~ lock)
Yankee [ˈjæŋkɪ] *n розм.* 1) (*часто знев.*) янкі, американець 2) англійська мова американців
yap [jæp] **1.** *n* гавкання **2.** *v* 1) пронизливо гавкати 2) *перен.* огризатися
yard I [jɑːd] *n* 1) ярд 2) *мор.* рея; **~stick** *n* мірка; мірило; критерій; масштаб
yard II [jɑːd] **1.** *n* 1) подвір'я, двір 2) город 3) цвинтар 4) скотарня 5) склад 6) корабельня **2.** *v* 1) заганяти (*худобу у двір*) 2) трелювати (*ліс*)
yarn [jɑːn] *n* 1) пряжа; нитка 2) *спец.* шпагат
yarrow [ˈjærəʊ] *n бот.* деревій звичайний
yashmac, yashmak [ˈjæʃmæk] *n* чадра, паранджа
yatag(h)an [ˈjætəɡæn, -ɡən] *n тур.* ятаган
yawn [jɔːn] **1.** *n* позіх; позіхання **2.** *v* позіхати
Y-axis [ˈwaɪ.æksɪs] *n мат.* вісь ординат
year [jɪə, jɜː] *n* 1) рік 2) *pl* вік, роки 3) довгий період часу; **~book** *n* щорічник; **~ling** **1.** *n* 1) однолітків; однорічна тварина 2) саджанець 3) юнак, підліток **2.** *a* однорічний; **~long** *a* 1) річний 2) тривалий; що триває роки; **~ly** *a* 1) щорічний 2) річний 3) що триває рік
yearn [jɜːn] *v* 1) нудьгувати, знемагати 2) жадати, прагнути 3) співчувати; **~ing** **1.** *n* 1) туга 2) пристрасне бажання **2.** *a* 1) тоскний; нудьгуючий 2) який прагне
yeast [jiːst] *n* дріжджі; закваска; **~y** *a* 1) пінистий 2) що шумує
yell [jel] **1.** *n* крик, лемент **2.** *v* 1) кричати, лементувати 2) вити 3) скандувати
yellow [ˈjeləʊ] **1.** *n* 1) жовтий колір 2) жовток (*яйця*) 3) бульварна газета 4) мулат **2.** *a* 1) жовтий 2) бульварний (*про пресу*) 3) заздрий, ревнивий, підозрілий **3.** *v* 1) жовтіти; пожовкнути 2) жовтити; **y. cab** *n амер.* таксі; **y. fever** *n мед.* жовта лихоманка; **~ish** *a* жовтуватий; **~ness** *n* жовтизна
yelp [jelp] **1.** *n* 1) скавучання; гавкання 2) вискрик 3) *pl* скарги **2.** *v* 1) скавучати; гавкати 2) скрикнути 3) нити, скімлити
yen I [jen] *n* (*pl без змін*) єна (*грошова од. Японії*)
yen II [jen] *розм.* **1.** *n* пристрасть; жага **2.** *v* жадати, прагнути
yes [jes] *adv* так; **~man** *n* людина, яка завжди підтакує, підлабузник
yesterday [ˈjestədɪ] *adv* вчора
yet [jet] **1.** *adv* 1) ще 2) уже 3) навіть 4) досі 5) до того часу 6) коли-небудь ще; усе-таки **2.** *cj* однак, проте, але, усе-таки
yeti [ˈjetɪ] *n* «снігова людина», єті
yew [juː] *n* 1) *бот.* тис 2) гілка тиса (*знак жалоби*)
Yiddish [ˈjɪdɪʃ] *n* їдиш
yield [jiːld] **1.** *n* 1) урожай, плоди 2) виробіток; видобуток 3) улов (*риби*) 4) *ек.* дохід **2.** *v* 1) виробляти, давати (*плоди, прибуток*) 2) *перен.* віддавати (*належне*) 3) здаватися 4) згоджуватися 5) пружинити; **~ing** *a* 1) згідливий 2) пружний 3) нестійкий
yippee [ˈjɪpɪ] *int* ура!
yodel [ˈjəʊdl] **1.** *n* йодль (*манера співу*) **2.** *v* співати йодлем
yoghurt [ˈjɒɡət] *n* йогурт
yogi [ˈjəʊɡɪ] *n інд.* йог
yo-heave-ho [ˌjəʊhiːˈvhəʊ] *int* нумо, взяли!, дружно!
yoke [jəʊk] **1.** *n* 1) ярмо 2) коромисло 3) *перен.* неволя; кормига 4) пара запряжених волів **2.** *v* 1) запрягати (в ярмо) 2) *перен.* з'єднувати, сполучати 3) підходити один одному
yolk [jəʊk] *n* жовток
yonder [ˈjɒndə] *a* он той
you [juː (*повна ф.*); jʊ, jə (*редук. ф.*)] **1.** *pron pers.* (*непрям. в. без змін*) 1) ви, вас, вам, вами 2) ти, тебе, тобі, тобою **2.** *v* звертатися на ви; викати
young [jʌŋ] **1.** *n* (*тж* the ~) *pl збір.* 1) молодь 2) молодняк; малята **2.** *a* 1) молодий, юний 2) недосвідчений 3) молодший 4) маленький 5) новий; **~ish** *a* моложавий; **~ster** *n* 1) хлопець 2) *pl* молодь; молодняк
your [jɔː (*повна ф.*); jə (*редук. ф.*)] *pron pass.* (*ужив. тк атрибутивно: пор.* yours) 1) ваш; що належить вам; свій; свої 2) твій; що належить тобі 3) свій
yours [jɔːz] *pron poss.* (*абсолютна ф.*: не ужив. атрибутивно; *пор.* your) 1) ваш; що належать вам 2) твій; що належить тобі 3) свій

yourself [jəˈself] *pron* (*pl* yourselves) 1) *refl.* себе, собі, собою 2) *emph.* сам; ти сам, ви самі
youth [ju:θ] *n* 1) юність; молодість 2) *перен.* початок, світанок 3) юнак 4) юнацтво; **~ful** *a* 1) юний; молодий 2) юнацький 3) новий; ранній 4) енергійний, жвавий
yowl [jaʊl] **1.** *n* виття **2.** *v* вити
yule [ju:l] *n* (*тж.* Y.) Різдво; святки

Z

zeal [zi:l] *n* старанність; ентузіазм; **~ot** [ˈzelət] *n* фанатик; поборник; **~otry** *n* фанатизм; **~ous** *a* 1) палкий; ревний 2) жадаючий
zebra [ˈzi:brə, ˈze-] *n* 1) *зоол.* зебра 2) *війс.* сержант
zenith [ˈzenɪθ] *n* 1) *астр.* (the ~) зеніт 2) *перен.* розквіт, зеніт
zephyr [ˈzefə] *n* 1) (Z.) західний вітер 2) серпанок
zero [ˈzɪ(ə)rəʊ] **1.** *n* (*pl* -os [-əʊz]) 1) нуль 2) ніщо **2.** *a* вихідний; нульовий **3.** *v* установлювати на нуль; **z.-gravity** *n* невагомість
zest [zest] **1.** *n* 1) пікантність; живчик, «перчик» 2) інтерес; жар 3) присмака (*до м'яса*) 4) енергія, жвавість **2.** *v* 1) надавати смаку 2) *перен.* вносити життя
zigzag [ˈzɪɡzæɡ] **1.** *n* зигзаг **2.** *a* зигзагоподібний **3.** *v* робити зигзаги

zinnia [ˈzɪnɪə] *n бот.* цинія
Zionism [ˈzaɪənɪzm] *n* сіонізм
zip [zɪp] *n* 1) свист (*кулі*); різкий звук 2) *перен.* енергія, темперамент 3) застібка-блискавка; **~per** *n* (*пер. амер. розм.*) застібка-блискавка
zither [ˈzɪðə] *n* цитра
zodiac [ˈzəʊdɪæk] *n* 1) *астр.* зодіак 2) (життєвий) шлях 3) масштаб; охоплення 4) дюжина; **~al** [zəʊˈdaɪəkl] *a астр.* зодіакальний
zoic [ˈzəʊɪk] *a* тваринний
zombi(e) [ˈzɒmbɪ] *n* зомбі; привид
zonal [ˈzəʊnl] *a* зональний
zone [zəʊn] **1.** *n* 1) зона; пояс; район 2) пасок **2.** *v* 1) оточувати 2) районувати
zoo [zu:] *n* зоопарк
zoology [z(ə)ʊˈɒlədʒɪ] *n* зоологія; **~ic(al)** *a* 1) зоологічний 2) тваринний; **~ist** *n* зоолог
zoom [zu:m] **1.** *n* гудіння **2.** *v* гудіти

UKRAINIAN-ENGLISH DICTIONARY

•

УКРАЇНСЬКО-АНГЛІЙСЬКИЙ СЛОВНИК

УКРАЇНСЬКА АБЕТКА					
ДРУКОВАНИЙ ШРИФТ	РУКОПИСНИЙ ШРИФТ	ДРУКОВАНИЙ ШРИФТ	РУКОПИСНИЙ ШРИФТ	ДРУКОВАНИЙ ШРИФТ	РУКОПИСНИЙ ШРИФТ
А а	*А а*	І і	*І і*	Т т	*Т т*
Б б	*Б б*	Ї ї	*Ї ї*	У у	*У у*
В в	*В в*	Й й	*Й й*	Ф ф	*Ф ф*
Г г	*Г г*	К к	*К к*	Х х	*Х х*
Ґ ґ	*Ґ ґ*	Л л	*Л л*	Ц ц	*Ц ц*
Д д	*Д д*	М м	*М м*	Ч ч	*Ч ч*
Е е	*Е е*	Н н	*Н н*	Ш ш	*Ш ш*
Є є	*Є є*	О о	*О о*	Щ щ	*Щ щ*
Ж ж	*Ж ж*	П п	*П п*	ь	ь
З з	*З з*	Р р	*Р р*	Ю ю	*Ю ю*
и	*и*	С с	*С с*	Я я	*Я я*

А

а I 1. *спол. протиставний* but; and; **я прийду, а вона ні** I'll come, but she won't; **не хочеться вставати, а треба** I don't want to get up, but I have to; **я читав, а він малював** I was reading and he was drawing; **2.** *спол. приєднувальний* and; **спочатку говорив він, а тоді ми** first he spoke, and then we did; **3.** *част.* and; **а це хто?** and who is that?; *часто не перекладається*: **А ви придбали квитки?** Did you get the tickets?; <> **а саме** namely, that is; **а проте** however

а II *виг.* ah!, oh!
абажур lampshade
абат abbot
абатиса abbess
абатство abbey
абетка alphabet ABC; **за ~кою** in alphabetical order
абетковий alphabetical
абзац paragraph
аби if only
абиде anywhere, wherever you like
абиколи whenever you like, any time
абикуди anywhere, wherever you like
абихто anybody, anyone
абищо anything
абияк anyhow
абиякий any ... (you like)
або or; **чай ~ кава** tea or coffee; **~ ... ~** either ... or ...
абонемент subscription (to, for); *(картка)* subscription card; *(у театр та под.)* season-ticket
абонент subscriber
аборт abortion
абразив abrasive
абревіатура abbreviation
абрикос, абрикоса *(плід)* apricot; *(дерево)* apricot-tree
абсолютизм absolutism
абсолютний absolute; **~ чемпіон** over-all champion
абсолютно absolutely
абстрактний abstract
абстракція abstraction
абсурд absurdity; nonsense
абсурдний absurd; ridiculous
авангард 1. *військ.* vanguard; **в ~ді** in the vanguard (of); **2.** *мист.* avant-garde

авангардизм avant-garde
аванс advance (payment), prepayment; **одержувати ~** а) get money in advance (beforehand); б) *(заробітної плати)* to receive an advance of one's salary; **~ом** in advance
авансцена *мист.* proscenium
авантюра adventurism; *(комерційна)* venture
авантюризм adventurism
авантюрист adventurist
авантюристка adventuress
авантюрний venturesome; adventure *attr.*
аварійний 1. emergency *attr.*; **~ сигнал** alarm signal; **~ стан** critical condition; **2.** *(для усунення аварії)* breakdown *attr.*
аварія wreck; *(автомобіля)* crash; *(нещасний випадок)* accident; *(поломка машини)* breakdown; **зазнати ~ії** have an accident; *(про судно)* be wrecked
авжеж certainly, of course
авіабаза airbase
авіадесант *(висадка)* air landing; *(війська)* airborne troops
авіаконструктор aircraft designer
авіалінія flight path
авіаносець aircraft carrier
авіапошта air mail; **надіслати лист ~поштою** send a letter by air (mail)
авіаційний aviation *attr.*, aircraft *attr.*; **~ завод** aircraft factory (works); **~на промисловість** aircraft industry
авіація aviation; *збір. тж* aircraft; **цивільна ~** civil aviation
авітаміноз vitamin deficiency, avitaminosis
аврал *мор.* all hands on deck; *перен.* all hands' job, emergency job; **оголосити ~** call all hands on deck
авральний emergency *attr.*
австралієць, австралійка Australian
австралійський Australian
австрієць, австрійка Austrian
австрійський Austrian
автобаза depot
автобіографічний autobiographical
автобіографія autobiography
автобус bus; autobus *амер.*; **їхати ~сом** go by bus
автограф autograph
автозавод motor works, car; automobile plant *амер.*

автомат 1. *(машина)* automatic machine; 2. *(торговельний)* slot-machine; 3. *війс.* sub-machine gun
автоматизація automation
автоматичний automatic
автомашина *(легкова)* (motor)car; *(вантажна)* lorry, truck *амер.*
авто(мобіль) (motor-)car; automobile
автомобільний motor(-car) *attr.*; automobile *attr., амер.*
автономія autonomy, self-government
автономний autonomous; **~на республіка (область)** autonomous republic (region)
автопортрет self-portrait
автор author; *(про жінку)* authoress; *(літературного твору)* writer; *(музичного твору)* composer
авторитарний authoritarian
авторитет authority; **мати ~ (серед)** have authority (with)
авторитетний authoritative; *(у певній справі)* competent
авторство authorship
авторський author's; **~ гонорар** royalties; **~ке право** copyright
авторучка fountain pen
автотранспорт road transport
ага *виг.* aha!; ah so!; oh, well!
агонія agony; **передсмертна ~** death pangs (throes) *pl*
аграрний agrarian
агроном agronomist
агрономія agronomy
агрономічний agronomic
агротехніка agrotechnics
агент agent
агентство *і* **агенція** agency; **телеграфне ~** news agency
агентура *збір.* agents *pl*; *(розвідка)* secret service
агітатор (political) campaigner; *(на виборах)* canvasser
агітаційний (political) promotional
агітація campaigning, propaganda, agitation; **передвиборна ~** election campaign
агітпункт election campaign Centre
агітувати *(за, проти)* 1. *тк недок.* campaign (for, against), agitate (for, against); carry on propaganda (for, against); 2. *(переконувати)* urge, persuade
агрегат aggregate; unit
агресивний aggressive
агресія aggression
агресор aggressor
агрус *бот.* gooseberry
адажіо *муз.* adagio
адаптація adaptation

адаптер adaptor
адвокат lawyer; attorney *амер.*; *(судовий оборонець)* barrister, advocate
адекватний adequate
адже but, however; you see; you know; **~ це всім відомо** but everybody knows it; **~ це він!** why, it's he; **~ це неправда?** it is not true, is it?
адміністративний administrative; **~ним порядком** by authority
адміністратор administrator; *(у театрі, готелі й под.)* manager
адміністрація administration; *(готелю)* management
адмірал admiral
адреса address
адресат addressee
адресувати address; direct
ад'ютант adjutant; aide-de-camp, aide *амер.*
аеробіка aerobics
аеробус airbus
аеродинаміка aerodynamics
аеродинамічний aerodynamic
аеродром airfield, aerodrome; airdrome *амер.*
аерозоль aerosol
аероклуб amateur flying club
аерон air-sickness tablets *pl*
аероплан airplane, plane
аеропорт airport
аерофотознімання aerial photography
аж *підсил. част.* (the) very; **~ до ранку** till the very morning; **~ три роки** for three long years; **~ ніяк** not a bit, not at all, by no means; **~ ось** and here, and suddenly
азарт ardour, ardor *амер.*
азартний ardent; **~на гра** game of chance
азбука *див.* **абетка** *(буквар)* first reading book; *(перен.: початки)* rudiments, ABC of *pl*; **~ Морзе** Morse code
азбучний *див.* **абетковий**
азербайджанець, азербайджанка Azerbaijani
азербайджанський Azerbaijani
азимут azimuth
азієць, азійка Asian
азійський Asian
азот *див.* **Нітроґен**
азотний nitric; nitrogen *attr.*
айсберґ iceberg
айстра *див.* **гайстра**
академік academician, member of the Academy
академічний academic
академія academy; **Академія наук** Academy of Sciences
акація *бот.* acacia

акваланґ aqualung
аквамарин aquamarine
акварель *(картина)* watercolour; *(фарби)* збір. watercolours *pl*
акваріум aquarium, fish tank
акведук aqueduct
акліматизація acclimatization, acclimation *амер.*
акліматизувати(ся) acclimatize (oneself)
акомпанемент accompaniment
акомпаніатор accompanist
акомпанувати accompany
акорд chord; **заключний ~** finale
акордеон *муз.* accordion
акр acre
акредитив letter of credit
акредитивний credit *attr.*
акрил acrylic
акриловий acrylic *attr.*
акробат acrobat
акробатика acrobatics *pl.*
акробатичний acrobatic
акселерат early developer *(physically)*
акселератор accelerator
акселерація early physical maturity
аксесуар *(одягу)* accessory
аксіома axiom
акт 1. act *(тж театр.)*; 2. *юр.* deed; 3. *(документ)* statement; **скласти ~** draw up a statement
актив *фін.* assets *pl*
активізувати activate; stimulate
активіст activist
активний active; **~ баланс** balance of assets
активність activity
активно actively
актор actor
акторка actress
актуальний topical
актуальність topicality
акула *іхт.* shark
акумулятор accumulator
акупунктура acupuncture
акуратний *(точний)* punctual; *(охайний)* neat
акуратність *(точність)* punctuality; *(охайність)* tidiness, neatness
акуратно *(точно)* punctually; *(охайно)* neatly
акустика acoustics
акустичний acoustic(al)
акушер obstetrician
акушерка midwife
акушерський obstetric(al)
акцент accent
акцепт *ком., юр.* acceptance
акциз *ком.* excise (tax)
акцизний *ком.* excise *attr.*
акціонер shareholder
акціонерний: ~не товариство joint-stock company
акція I *ком.* share
акція II *(дія)* action; **дипломатична ~** diplomatic move
албанець, албанка Albanian
албанський Albanian
алґебра algebra
алжирець, алжирка Algerian
алжирський Algerian
але but; **я запропонував йому допомогу, ~ він відмовився** I offered to help him, but he refused
алебастр alabaster
алгоритм *мат.* algorithm
алегоричний allegorical
алегорія allegory
алерген allergen
алергічний allergic
алергія allergy
алея avenue; alley; *(паркова)* path, walk
алкоголізм alcoholism
алкоголік alcoholic
алкоголь alcohol
алкогольний alcoholic; **~ні напої** spirits, strong drinks
алло *виг.* hello! *(on answering phone)*
алмаз 1. diamond; 2. *(для різання скла)* glazier's diamond
алфавіт *див.* **абетка**
алфавітний alphabetical
альбом album; *(для малювання)* sketch-book
альманах almanac, anthology
альпінізм mountaineering
альпініст mountaineer
альт 1. *(голос)* alto; 2. *(інструмент)* viola
альтернатива alternative
альтернативний alternative *attr.*
альтруїзм altruism
альянс alliance
Алюміній *хім.* aluminium; aluminum *амер.*
алюмінієвий aluminium *attr.*, aluminum *attr.*, *амер.*
аматор amateur
аматорський amateur *attr.*
амбулаторія doctor's surgery, office *амер.*
американець, американка American
американський American
аметист amethyst
амністія amnesty
аморальний amoral, immoral
амортизатор *техн.* shock absorber
амортизація 1. *тех.* shock absorption; 2. *фін.* amortization; 3. *(машини, будівлі й под.)* wear and tear, depreciation
аморфний amorphous

ампер *ел.* amp (= *ampere*)
амплітуда *фіз.* amplitude
амплуа *(актора)* speciality
ампула ampoule, ampule *амер.*
ампутація amputation
ампутувати amputate
амфібія amphibian
амфітеатр amphitheatre; *театр. тж* circle
аналіз analysis (*pl* -ses); **~ крові** blood test
аналізувати analyse
аналітик analyst; **він добрий ~** he has a very analytical mind
аналогічний analogous (to), similar
аналогія analogy; **за ~гією (з)** by analogy (to, with); **проводити ~гію (з)** draw an analogy (a parallel) (with)
анамнез *мед.* case history
ананас pineapple
анархізм anarchism
анархіст anarchist
анархічний anarchic(al)
анархія anarchy
анатомія anatomy
анахронізм anachronism
анахронічний anachronistic
ангел *див.* **янгол**
ангельський *див.* **янгольський**
англієць Englishman; **~лійка** Englishwoman; **~лійці** *збір.* the English
англійський English; **~ка мова** English, the English language
анґіна *мед.* tonsillitis, quinsy
анекдот joke, funny story
анекдотичний fantastic, improbable, funny
анемія *мед.* anaemia, anamia *амер.*
анестезіолог anaesthetist, anesthesiologist *амер.*
анестезувати anaesthetize, anesthetize *амер.*
анестезія anaesthesia, anesthesia *амер.*
ані *підсил.* no, not; not any
анілін aniline
аніліновий aniline *attr.*
анітрохи not in the least
анкета form, questionnaire; **заповнювати ~ту** fill in a form (questionnaire)
аномалія anomaly
аномальний anomalous
анонім anonym; *(автор)* anonymous author
анонімний anonymous
анонс announcement
анотація annotation
ансамбль ensemble; *(пісні й под.)* company
антагонізм antagonism
антагоністичний antagonistic
антена aerial, antenna *амер.*
антибіотик antibiotic

антивоєнний antiwar, antimilitarist
антидемократичний antidemocratic
антиквар antiquary
антикваріат *збір.* antiques *pl*
антикварний antique; **~на крамниця** antique shop
антилопа *зоол.* antelope
антинародний antinational
антинауковий antiscientific; unscientific
антипатія antipathy (to, against); aversion (for, to)
антирелігійний antireligious
антисанітарний unhygienic, insanitary
антисеміт anti-Semite
антисемітизм anti-Semitism
антитеза antithesis
антифашист anti-fascist
антифашистський anti-fascist
антициклон anticyclone
античний classical; **~ світ** Ancient World
античність antiquity
антологія anthology
антракт interval; intermission *амер.*
антрацит anthracite, hard coal
антропологія anthropology
ану now then!; come on!
анулювати annul; *(борг, рішення)* cancel
апарат 1. apparatus; device; **телефонний ~** telephone; **2.** *(штат)* staff; personnel; **державний ~** state apparatus
апаратура *збір.* apparatus, equipment
апатичний apathetic; *(байдужий)* indifferent; *(млявий)* listless
апатія apathy; *(байдужість)* indifference
апельсин *див.* **помаранч**
апелювати (до) appeal (to)
апеляційний *юр.* appeal *attr.*; **~ суд** court of appeal
апеляція *юр.* appeal
апендицит *мед.* appendicitis
апетит appetite; **їсти з ~том** eat with relish, eat heartily
апетитний appetizing
аплікація applique
аплодисменти *див.* **оплески**
аплодувати *див.* **оплескувати**
апломб assurance
апогей *астр.* apogee; *перен.* climax, culmination; **~ слави** summit of glory
аполітичний apolitical, indifferent to politics
апологет apologist
апостроф apostrophe
аптека dispensary chemist's, pharmacy
аптекар chemist, pharmacist
аптечка *(домашня)* medicine chest; *(першої допомоги)* first-aid kit
араб, арабка Arab

арабеска arabesque
арабський Arab; **~ка мова** Arabic; **~кі цифри** Arabic numerals
аранжування arrangement
аранжувати arrange
арбітр *(у суперечках)* arbitrator; *(у футболі)* referee; *(у бейсболі, тенісі)* umpire
арбітраж arbitration; *(орган)* arbitration service
арбітражний arbitration *attr.*
арґентинець, арґентинка Argentinian
арґентинський Argentinian
арґумент argument
арґументація arguments *pl*; argumentation
арґументувати argue; give reasons (for)
арена arena; **~ діяльності** field of action; **циркова ~** circus ring
арешт *(злочинця)* arrest; **перебувати під ~том** be under arrest; *(майна)* sequestration
арештант prisoner
ар'єрґард rear-guard
аристократ aristocrat
аристократичний aristocratic
аристократія aristocracy
аритмія *мед.* arrhythmia
арифметика arithmetic
арифметичний arithmetic(al)
арія aria
арка arch
арктичний Arctic
аркуш sheet, leaf
армійський army *attr.*
армія army
аромат fragrance, perfume, aroma *(тж перен.)*
ароматний fragrant, aromatic
Арсен *хім.* arsenic
арсенал arsenal; armoury *(тж перен.)*
артеріальний: ~ тиск blood pressure
артерія artery
артилерист artilleryman, gunner
артилерійський artillery *attr.*
артилерія artillery
артист artist(e); *(кіно)* actor; **~ балету** ballet-dancer
артистичний artistic
артистка actress; artiste
артіль artel
артрит *мед.* arthritis
арфа *муз.* harp
архаїзм archaism
архаїчний archaic
археолог archaeologist
археологічний archaeological
археологія archaeology
архів *(установа, відділ)* archive; *(матеріали)* archives file

архієпископ archbishop
архімандрит archimandrite
архіпелаг archipelago
архітектор architect
архітектура architecture
архітектурний architectural
асамблея assembly; **Генеральна Асамблея (Організації Об'єднаних Націй)** General Assembly (of the United Nations)
асигнування allocation
асигнувати (на) allocate (for)
асимілювати(ся) assimilate
асиміляція assimilation
асистент assistant; *(у вищому навчальному закладі)* assistant lecturer
аскет ascetic
асортимент assortment; *(вибір)* selection, choice
асоціативний based on association
асоціація association
аспект aspect
аспірант postgraduate (student), graduate student *амер.*
аспірантура post-graduate course, graduate course *амер.*
астролог astrologist
астрологія astrology
астронавт astronaut
астронавтика astronautics
астроном astronomer
астрономічний astronomic(al)
астрономія astronomy
асфальт asphalt
асфальтувати asphalt
атака attack; *(верхівців)* charge; **іти в ~ку** rush to the attack; charge
атакувати attack, charge
атеїзм atheism
атеїст atheist
атеїстичний atheistic *attr.*
ательє 1. *(маляра; фотографа)* studio; **2.** *(одягу)* dressmake's; *(мод)* tailor's shop
атестат certificate; **~ про середню освіту** school-leaving certificate
атестація certification; *(відгук)* recommendation
а́тлас *геогр.* atlas
атла́с *текст.* satin
атлет athlete
атлетика athletics *pl*; **легка ~** track and field events; **важка ~** weightlifting
атлетичний athletic
атмосфера atmosphere
атмосферний atmospheric; **~ні опади** precipitation *sing*, rain-fall
атом atom
атомний atomic; **~ бомба** A-bomb; **~на вага**

atomic weight; **~на електростанція** atomic power station; **~на зброя** atomic weapon; **~не ядро** atomic nucleus
атрибут attribute
атрибутивний *лінгв.* attributive
атрофований atrophied
атрофуватися atrophy
атрофія atrophy
аудиторія 1. *(приміщення)* lecture hall, lecture-room; 2. *збір. (слухачі)* audience
аукціон auction
аутсайдер outsider

афґанець, афґанка Afghan
афґанський Afghan
афера shady transaction; swindle
аферист swindler
афіша bill, poster; *(театральна)* playbill
афішувати parade, advertise
афоризм aphorism
африканець, африканка African
африканський African
ацетон *хім.* acetone
аякже *розм.* certainly, of course

Б

баба *знев.* woman, old woman; *(про чоловіка)* milksop; <> **бабине літо** Indian summer
бабка *ент.* dragonfly
бабуня, бабуся grandmother; granny *розм.*
бавити amuse; entertain; **~ся** amuse oneself; have fun; play
бавовна cotton
бавовняний cotton *attr.*
бавовник cotton
бавовництво cotton-growing
багатий 1. rich; *(заможний)* wealthy; *(якого багато)* abundant; plentiful; *(про врожай)* heavy; 2. *як ім.* rich man; **~ті** *мн. збір.* the rich *pl*
багатій rich man
багатіти grow rich
багато 1. much *(з ім. в одн.)*; many *(з ім. у мн.)*; a lot (of); 2. *з дієсл. і присл.* much; a lot; a great deal
багатовіковий centuries old
багатозначний significant; **~не число** *мат.* number of many figures
багатоколірний many-coloured
багатолюдний crowded
багатомовний polyglot; *(про населення, країну)* polylingual, multilingual
багатомовність multi-lingualism
багатонаціональний multinational
багатоповерховий many-storeyed

багаторазовий repeated; frequent
багаторічний 1. listing many years; of long standing *після ім.*; 2. *бот.* perennial
багатоскладовий *грам.* polysyllabic
багатослівний loquacious, verbose
багатосторонній many-sided
багатотиражний *і* **багатонакладний** large-circulation
багатотомний in many volumes *після ім.*
багатство riches *pl*, wealth; richness; **природні ~ва** *мн.* natural resources
багач rich man
багачка rich woman
багнет bayonet
багно mud, ooze; dirt
багнистий swampy, muddy
багрянець crimson
багряний crimson; purple
баґаж luggage; baggage *амер.*
баґажний luggage; baggage *амер. attr.*
бадилля *збір.* tops *pl*; stalks *pl*
бадмінтон *спорт.* badminton
бадмінтоніст, бадмінтоністка badminton player
бадьорий cheerful, animated
бадьорість cheerfulness
бадьорити stimulate, brace up; **~ся** try to keep up one's spirits

бажаний desirable, desired, long wished for
бажання wish, desire
бажати wish, desire
база I base; basis (*pl* -es) (*тж ек., тех.*); **сировинна ~** source of raw materials
база II 1. (*склад*) storehouse, warehouse; **2.** (*туристська*) centre, center *амер.*
базальт basalt
базар market; **книжковий ~** book fair
базарний market *attr.*
базиліка basilica
базис basis, foundation
базіка chatterbox, (idle) talker
базікало chatterbox, (idle) talker
базікання chatter, jabber, twaddle, (idle) talk
базікати chatter, chat
базувати (на) base (on, upon); found (on, upon); **~ся (на)** rest (on, upon); be based (founded) (on, upon)
байдарка *спорт.* canoe
байдики: ~ бити *розм.* twiddle one's thumbs
байдикувати idle, loaf
байдуже with indifference; **мені ~** it is all the same to me; I don't care
байдуж(н)ий indifferent
байдуж(н)ість indifference
байка I *текст.* flannelette
байка II *літ.* fable
байкар fabulist, fabler
байковий flannelette *attr.*
байрак ravine, gully
байт *обч.* byte
бак cistern, tank
бакалійний grocery *attr.*; **~на крамниця** grocery; grocer's
бакалія grocery; *збір.* groceries *pl*
бакен buoy
баклажан aubergine; eggplant *амер.*
баклажанний: ~на ікра aubergine paste
бактеріолог bacteriologist
бактеріологічний bacteriological
бактеріологія bacteriology
бактерія bacterium (*pl* -ia)
бал I ball; (*невеликий*) dance, dancing-party; **~-маскарад** fancy-dress ball, masked ball
бал II 1. *метео* point; **вітер п'ять ~ів** wind force five; **2.** (*оцінка*) mark; point
балада ballad
балаканина (idle) talk, chatter
балакати talk
балакучий talkative, loquacious, garrulous
балалайка balalaika
баламут disturber, mischief-maker
баламутити disturb, trouble
баланс balance; **підвести ~** strike a balance
балансувати balance, keep one's balance
баласт ballast

балачка *розм.* talk; **~ки** *мн.* rumour *sing*, talk *sing*; **розводити ~ки** talk idle
балерина ballerina, ballet-dancer
балет ballet
балетмейстер ballet master
балетний ballet *attr.*
балістика ballistics
балістичний ballistic *attr.*; **~на ракета** ballistic missile
балка I (*яр*) gorge, ravine; (*невелика*) gully
балка II beam, joist; (*металева*) girder
балкон balcony; (*у театрі*) circle
балон (*газовий*) cylinder; (*з рідиною*) jar
балувати spoil; pamper
балотувати billot (for), vote for; **~ся (у)** stand (for); be a candidate (for)
бальзам balsam; *перен.* balm
бальзамувати embalm
бальний ball *attr.*; **~ні танці** ballroom dancing
балюстрада balustrade; (*сходів*) banisters *pl*
бамбук bamboo
бампер bumper
банальний commonplace; hackneyed, trite
банальність banality; commonplace
банан banana
банда gang
бандаж support bandage
бандероль package
бандит bandit; gangster (*тж перен.*)
бандитизм gangsterism
бандитський gangsters
бандура bandore
бандурист bandore player
банк bank; **акціонерний ~** joint-stock bank; **ощадний ~** savings bank; **Державний ~** the State Bank
банка I 1. (*скляна*) jar; (*бляшана*) tin, can *амер.*; **2.** *мед.* cupping-glass
банка II *мор.* (*мілина*) (sand-) bank, shoal
банкет *див.* **бенкет**
банківський bank *attr.*; banking
банкір banker
банкнот banknote
банкомат cash machine
банкрут bankrupt
банкрутство bankruptcy; failure
бант bow
баня *архіт.* cupola, dome
баптизм baptism
баптист Baptist
барабан drum
барабанити drum
барабанний: ~на перетинка *анат.* eardrum
барабанник drummer
барак barracks *pl*; *військ.* hut
баран *зоол.* sheep
баранина mutton

баранячий *(суп і под.)* lamb; *(кожух)* sheepskin
барбарис *збір.* barberry
барва colour; *(для тканин)* dye
барвистий flowery, florid; colourful
барвник dye-stuff
барвінок *бот.* periwinkle
бард singer-songwriter
барельєф bas-relief
бар'єр barrier; *(на перегонах)* hurdle; **брати ~** clear a hurdle
баржа barge
барикада barricade
барило barrel
барильце keg, small barret
баритися linger, be slow; **не ~рися!** be quick!
баритон *муз.* baritone
бариш profit, gain
барка bark, barque; freight-boat
барліг den, lair
барокамера pressure chamber
бароко *мист.* baroque
барометр barometer
барометричний barometric(al)
барон baron
баронеса baroness
барс *зоол.* snow leopard
бартер barter
бас *муз.* bass
басейн 1. pond; reservoir; **~ для плавання** (swimming) pool; 2. *геогр. (ріки та под.)* basin
баскетбол *спорт.* basketball
баскетболіст, баскетболістка basketball player
баскетбольний basketball *attr.*
батальйон *військ.* battalion
батальйонний battalion *attr.*
батарейка *ел.* battery
батарея 1. *у різн. знач.* buttery; **зенітна ~** anti-aircraft buttery; 2. *(центрального опалення)* radiator
батист *текст.* cambric, lawn
батіг whip
батон *(хліб)* long loaf
батрак *див.* **наймит**
батьки *мн.* parents
батьківщина motherland; fatherland; native land; homeland
ба́тьківщина legacy, inheritance
батьківський fatherly; paternal
батько father
бацила bacillus *(pl* -li)
бач 1. look!; **ти ~!** fancy that!; 2. *вставне сл.* you see
бачити see; **~ уві сні (щось)** dream (of); **~ся** see each other, meet

башта *військ.* gun turret
баштан melon-field
баштанник melon grower
баштовий tower *attr.*
баян *муз.* bayan *(kind of accordion)*
баяніст bayan player
бгати crumple; **~ся** crumple; get crumpled
бджільництво bee-keeping, apiculture
бджільницький bee-keeping *attr.*
бджола *ент.* bee
бджолиний bee *attr.*; **~ мед** pure honey
бджоляр bee-master
бегемот *зоол.* hippopotamus *(pl* -ses, -mi)
без without; **~ винятку** without exception
безаварійний accident-free
безалкогольний nonalcoholic, alcoholfree
безапеляційний peremptory
безбарвний colourless
безбілетний ticketless; **~ пасажир** stowaway
безбожник atheist
безболісний painless
безборонний 1. free, unhampered; 2. *(беззахисний)* defenceless
безвинний innocent
безвихідний hopeless, desperate
безвихідь desperate situation; dead-lock
безвідмовний reliable
безвідповідальний irresponsible
безвідповідальність irresponsibility
безвілля weak will, lack of will
безвільний weak-willed
безвість obscurity
безвладдя anarchy
безводний arid; waterless
безглуздий senseless, absurd
безглуздя nonsense
безголовий 1. headless; 2. *перен. розм. (дурний)* brainless; *(неуважний)* scatter-brained
безголосий voiceless; *(про співака)* having no voice
безгосподарний thriftless
безгосподарність mismanagement, thriftlessness
бездарний *(про письменника, музиканта й под.)* talentless; *(про твір і под.)* mediocre
бездарність lack of talent; mediocrity
бездітний childless
бездітність childlessness
бездіяльний inactive, passive
бездіяльність inactivity, inaction
бездоганний irreproachable
бездоглядний uncared-for; neglected
бездоказовий baseless, groundless; **~ве обвинувачення** unfounded accusation
бездомний *(про людину)* homeless; *(про собаку)* stray *attr.*

бездонний bottomless
бездоріжжя lack of (good) roads; impassability of roads
бездушний heartless, callous
бездушність heartlessness
безжалісний pitiless; ruthless
безжурний care-free; light-hearted
безжурність carelessness; light-heartedness
беззаконний unlawful
беззаконня lawlessness; *(учинок)* unlawful act
беззаперечний unquestioning; implicit
беззастережний unconditional
беззастережно without reserve, unreservedly
беззахисний defenceless, unprotected
беззбройний unarmed
беззвучний soundless; *(безшумний)* noiseless
безземельний landless
безземелля landlessness, lack of land
беззмінний permanent
беззмістовний empty, dull
беззмістовність emptiness
беззубий toothless; *перен.* feeble
безідейний unprincipled, lacking in principles and ideas *після ім.*
безідейність lack of principles and ideas
безіменний nameless; anonymous; unknown
безініціативний unenterprising; lacking in initiative
безініціативність lack of initiative
безкарний unpunished, unpunishable
безкарність impunity, want of discipline
безкарно with impunity
безквитковий without a ticket
безкласовий classless; **~ве суспільство** classless society
безколірний colourless, pale, wan
безконтрольний uncontrolled
безкорисливий unselfish
безкраїй boundless, limitless, unlimited
безкрилий wingless
безкровний bloodless
безлад і **безладдя** disorder; *(плутанина)* confusion
безладний disorderly; confused
безліч great number, multitude; a lot of, lots of; **у нього ~ ворогів** he has a world of enemies
безлюддя lack (deficiency) of population, want of inhabitants
безлюдний lonely, solitary; *(малонаселений)* thinly populated
безмежний boundless; limitless; infinite
безмежно immensely, infinitely
безмірний immeasurable, boundless; infinite
безмісячний moonless
безмножинний *грам.* without a plural

безмовний silent, calm, quiet
безнадійний hopeless, desperate
безнадійність hopelessness, despair, quietless
безневинний innocent, blameless
безногий 1. legless, footless; 2. *(на одній нозі)* one-legged
безоборонний defenceless, unprotected
безодня abyss, chasm
безособовий *грам.* impersonal
безпартійний partyless, belonging to no party
безпека safety; *(громадська)* security; **техніка ~ки** prevention of accidents; **Рада Безпеки** Security Council
безперервний uninterrupted, continual, incessant, permanent
безперестан(к)у incessantly, continually, ceaselessly, uninterruptedly
безперестанний never-ending, uninterrupted, perpetual, permanent
безперечний indisputable
безперечно 1. *присл.* indisputably; 2. *част. (безсумнівно)* absolutely; **він, ~, розумний** he is indisputably clever
безперешкодний free
безпечний certain, safe; *тех.* secure; *(при невмілому поводженні)* foolproof
безпідставний unfounded, groundless, inconsistent
безплатний free (of charge), not paid for, gratuitous; **~ квиток** complimentary ticket
безплатно free of charge, gratis
безплідний sterile, barren; *перен.* fruitless
безплідність sterility, barrenness; *перен.* fruitless
безповітряний airless; **~ простір** *фіз.* vacuum
безповоротний irreparable, irrevocable, irremediable
безпомилковий faultless, without error or mistake, infallible
безпомічний helpless, resourceless
безпомічність helplessness; weakness
безпорадний *див.* **безпомічний**
безпосередній 1. direct, immediate; 2. *(природний)* spontaneous; ingenuous
безпосередність spontaneity, ingenuousness
безпосередньо directly
безправний without rights
безприкладний unprecedented, unexampled
безпринципний unprincipled, unscrupulous
безпритульний 1. homeless; 2. *як ім.* waif, street-child
безпричинний groundless; causeless
безпробудний unawakable, impossible to awaken; **~ сон** profound (death-like) sleep

безпробудно without waking
безпрограшний sure; **~на лотерея** all-prize lottery
безпросвітний 1. dark, without a glimmer of light; **~на темрява** pitch darkness; **2.** *перен.* hopeless, unrelieved; **~ні злидні** unrelieved poverty
безрадісний joyless, sad, sorrowful
безрезультатний futile; *(даремний)* vain
безрезультатно without result; *(даремно)* in vain
безрибний fishless
безробітний 1. unemployed; jobless *амер.*; **бути ~ним** be out of work; **2.** *як ім.* unemployed; **~ні** *мн. збір.* the unemployed *pl*
безробіття unemployment
безрозсудний reckless
безрозсудно rashly
безрукий 1. armless; **2.** *(з однією рукою)* one-armed; **3.** *перен. розм.* awkward, clumsy
безсердечний heartless
безсердечність heartlessness
безсилий powerless, weak; *(про злість і под.)* impotent; **слова тут ~лі** words are inadequate here
безсилля feebleness, weakness
безсистемний unsystematic
безславний inglorious
безслідний traceless
безслідно without leaving a trace
безсловесний dumb, mute; tongue-tied
безсмертний immortal
безсмертя immortality
безсніжний snowless
безсовісний *(нечесний)* unscrupulous; *(безсоромний)* shameless
безсонний sleepless
безсоння sleeplessness; insomnia
безсоромний shameless, impudent, indecent, immodest
безсторонній impartial, just, equitable, objective
безсторонність impartiality, objectivity
безстрашний fearless, intrepid
безсумнівний undoubted; *(очевидний)* evident, manifest
безсумнівно undoubtedly, indubitably
безтактний tactless
безтактність tactlessness; *(безтактний учинок)* tactless blunder
безталанний unlucky, unfortunate, miserable
безтерміновий indefinite
безтурботний carefree
безтямний unconscious; senseless
безугавний unrestrained; uncontrollable
безумний mad, insane
безумство madness

безумовний *(про довіру й под.)* unconditional, absolute; *(про успіх і под.)* undisputable
безумовно undoubtedly, certainly
безупинний continuous, incessant
безуспішний unsuccessful
безформний shapeless, formless
безхарактерний weak-willed; spineless
безхмарний cloudless; *перен.* unclouded
безхребетний *зоол.* invertebrate
безцеремонний unceremonious; *(нахабний)* impudent
безцільний aimless; idle
безцінний priceless, invaluable
безцінь: продати (купити) за ~ sell (buy) for a song (dirt-cheap)
безчесний dishonest, dishonourable
безчестя dishonour, disgrace
безчестити disgrace
безшумний noiseless
бекон bacon
белетристика fiction
бельгієць, бельгійка Belgian
бельгійський Belgian
бельетаж 1. *(будинку)* first floor; **2.** *театр.* dress circle
белькотати *і* **белькотіти** babble
белькотіння babble
бемоль *муз.* flat
бензин 1. *хім.* benzine; **2.** *(пальне)* petrol; gasoline; gas *амер.*
бенкет banquet, feast
бенкетувати banquet, feast; *(галасливо)* carouse
бентежити worry, trouble; perplex; **~ся** be (get) upset; be uneasy, be worried
берег I shore; *(морський)* seashore, coast; *(річки)* bank; *(пляж)* beach; **зійти на ~** go ashore
берег II *(зазв. ~ги мн.)* *(у книжці й под.)* margin *sing*
береговий coast *attr.*; coastal; riverside; **~ва лінія** coastline; **~ва охорона** coastal guards *pl*
берегти take care (of); spare; *(охороняти)* guard; **~ся** *недок.* be careful; *(стерегтися)* beware (of); **бережись!** look out!; watch out!; take care!
бережливий thrifty; economical
береза *бот.* birch
березень March
березневий March *attr.*
березовий birch *attr.*
берест *бот.* elm
берет beret
беркут *орн.* golden eagle
беручкий tenacious; *(що чіпляється)* clinging
бесіда conversation, talk; *(неофіційна)* chat; *(популярна доповідь)* discussion

бескид *(скеля)* rock; cliff
бетон concrete
бетонний concrete *attr.*
бетонувати concrete
бешкет row, scandal
бешкетник trouble-maker
бешкетувати make (kick) up a row
би, б *(після голосного):* **я б віддав перевагу** I would just as soon; **я б хотів поговорити з тобою** I would like to speak to you; **я б не хотів про це говорити** I would rather not talk about it; **хто б не** whoever; **що б не** whatever; **як би не** however; **коли б не** whenever; **де б не** wherever
бик I *зоол.* bull; ox
бик II *тех. (мосту)* pier
билина blade (of grass)
бильце *(крісла)* arm; *(ліжка)* back; **~ця** *мн. (поруччя)* railing *sing*; banisters *pl*
бинт bandage
бинтувати bandage; dress
битва battle
бити 1. beat; *(ударяти)* hit; *(розбивати)* break, smash; **2.** *(про годинник)* strike; **3.** *(про воду)* gush out
битий beaten; *(про посуд)* broken
битися 1. fight; beat; **2.** *(об що-н.)* knock (against); **3.** *(про серце)* beat; **4.** *(розбиватися)* break, be broken; **5.** *(уперто працювати над чим-н.)* struggle (with)
бич lash, whip
бичок bull-calf, young bull
біб bean
бібліографія bibliography
бібліотека *див.* **книгозбірня**
бібліотекар librarian
бібліотечний library *attr.*
Біблія the Bible
біг run(ning); *спорт.* race; **на ~гу** while running; **~гом** running; **~гун** runner
бігати run about
бігти 1. run; **2.** *(текти)* run; *(про людей)* go by, fly; **3.** *(переливатися)* boil over
біда misfortune; trouble; **~да** it doesn't matter; **потрапити в ~ду** get into trouble; **як на ~ду** unluckily
бідкатися complain (of), moan (about)
бідний 1. poor; **2.** *як ім.* poor man; **~ні** *мн. збір.* the poor *pl*
бідність poverty
бідняк poor man; *(селянин)* poor peasant
бідніти *i* **біднішати** grow (become) poor
бідон can
бідувати live in (great) poverty, be destitute
біженець refugee
біжутерія costume jewellery
бізнес business

бізнесмен businessman (*pl* -men)
бій fight, battle
бійка fight, scuffle
бійниця loop-hole
бійня slaughter-house
бік side
білет ticket; card
білизна́ linen; *(для прання)* washing; **постільна ~** bed-clothes *pl*; **спідня ~** underwear
білизна́ whiteness
білий white; **~ ведмідь** polar bear
білити *(будівлю, стіну)* whitewash
біліти 1. *(ставати білим)* become white; **2.** *(виднітися)* show white
білка *див.* **вивірка**
білогвардієць *іст.* white guard
білок 1. *(яйця)* white (of the egg); **2.** *хім., біол.* albumen
білорус, білоруска Byelorussian
білоруський Byelorussian; **~ка мова** Byelorussian, the Byelorussian language
білоручка *розм.* shirker; **бути ~кою** be afraid of getting one's hands dirty
білосніжний snow-white
біль pain, ache; *(гострий)* pang; **зубний ~** toothache; **головний ~** headache; **завдавати болю** hurt
більмо *мед.* wall-eye
більш *див.* **більше**
більшати increase; *(про день)* become longer
більше *i* **більш** more; **~ не** no more, no longer; **якомога ~** as much as possible; **не ~ ніж** no more than; *(про час)* no longer than; **~ за все** most of all; **тим ~ що** all the more that, the more so that
більший greater, larger, bigger; **~ша частина** the greater part, most (of); <> **~шою мірою** largely, highly
більшість majority; most (of)
більш-менш more or less
більярд billiards *pl*
біля by, near; **~ мене** near me
білявий blond, fair (-haired)
бінокль binoculars *pl*
біограф biographer
біографія *див.* **життєпис**
біолог biologist
біологія biology
біохімія biochemistry
бір pine forest
біржа exchange; **~ праці** labour exchange; **валютна ~** exchange market
бірманець, бірманка Burmese
бірманський Burmese
біс *театр. (ще раз повторити)* encore; **грати (співати) на ~** play (sing) an encore

бісектриса *мат.* bisectrix
бісквіт *кул.* sponge (cake)
біснуватися rage
біт *обч.* bit
біфштекс steak
бічний side *attr.*; lateral
благальний entreating
благання entreaty
благати entreat; beseech
благенький rather bad (weak); *(про речі)* worn out
благодійний charitable, benevolent; philanthropic
благодійник benefactor; philanthropist
благодійність charity, philanthropy
благозвучний harmonious
благородний noble; generous; **~ метал** noble (precious) metal
благородство *див.* **шляхетність**
благословляти, благословити bless
благотворний beneficial, salutary
блазень fool; jester; buffoon
блазнювати play the fool (the buffoon)
блакитний azure; sky-blue; light blue
блакить azure
бланк form; **заповнювати ~** fill in a form
ближній near; neighbouring
близнюк twin, twin brother; **~ки** *мн.* twins
близький 1. nearby; **на ~кій відстані** at a short distance; **2.** *(подібний)* like; *(про переклад)* close to; **3.** *(про стосунки)* intimate, close; **~ родич** close relative
близькість 1. *(за місцем, тж перен.)* nearness, proximity; **2.** *(стосунків)* intimacy
близько 1. *присл.* near; *перен. тж* close; **2.** *безос.* it is not far; **3.** *прийм.* about; **~ двохсот** about two hundred
блимати, блимнути twinkle; glimmer
блиск lustre; brilliance; shine
блискати, блиснути flash
блискучий shining; brilliant *(тж перен.)*
блищати shine; glitter
блідий pale; *перен.* dull
блідість pallor, paleness; dullness
бліднути turn (grow) pale
бліндаж *військ.* shelter
блок I *політ.* *(об'єднання, угруповання)* bloc
блок II *тех.* *(механізм, частина споруди)* block, pulley
блокада blockade; *військ.* siege
блокнот notebook, writing-pad
блок-схема *обч.* flow-chart
блокуватися form a bloc
блондин fair-haired man, blond
блондинка blonde
блоха *ент.* flea
блощиця *ент.* bed bug
блуза, блузка blouse

блукати wander
блювати vomit
блюдце saucer; *(для варення)* jam plate
блюзнірство sacrilege
бляха *(листове залізо)* tin-plate; roofing iron
бляхар whitesmith, tinsmith
бляшаний tin-plate *attr.*
бо 1. *спол.* because, for; as; **2.** *част. (не перекладається)*: **іди-бо сюди!** (do) come here!
бобер *зоол.* beaver
бобовий bean *attr.*
бобровий beaver *attr.*
бовваніти loom
бовкати, бовкнути 1. *(про дзвін)* toll; **2.** *розм. (непродумано сказати)* blurt out
бовтати, бовтнути stir, shake up
Бог God
богатир 1. (epic) hero; **2.** *(силач)* Hercules
богатирський Herculean, giant
богиня goddess
богослів'я theology
бод *обч.* baud
бодай: ~ на хвилину even for a minute; **~ не казати** it would be better not to say it
боєздатний efficient; capable of fighting
боєздатність fighting efficiency
боєприпаси *мн. військ.* ammunition *sing*
боєць 1. *(рядовий)* private, man; **2.** fighter, warrior *(тж перен.)*
божевілля madness
божевільний 1. mad; **2.** *як ім.* madman
божеволіти go mad
божественний divine
божитися swear
бойкот boycott
бойкотувати boycott
бойня *див.* **бійня**
бойовий fighting; battle *attr.*; **~ва підготовка** combat training
бойовик 1. *(солдат)* fighter; **2.** *(фільм)* action movie
бокал glass, goblet; **піднімати ~ за кого-н.** *(що-н.)* to raise one's glass to smb. (smth.)
боковий side *attr.*
боком sideways
бокс 1. *спорт.* boxing; **2.** *мед.* cubicle
боксер boxer
боксувати box
боксит *мін.* bauxite
болгарин, болгарка Bulgarian
болгарський Bulgarian; **~ка мова** Bulgarian, the Bulgarian language
болісний painful; sad
боліти ache, hurt; **у мене ~лить голова** I have a headache; **у нього ~лить горло** he has a sore throat; **що у вас ~лить?** what do you complain of?

болонка lapdog
болото marsh, bog; *перен.* backwater
болотистий swampy, marshy
болючий painful
боляче I *безос.* it hurts; **вам буде ~** it will give you pain
боляче II *присл.* badly, hard; **ударитися ~** hurt oneself badly
бомба bomb; **атомна ~** A-bomb; **відламкова ~** personnel bomb; **скидати ~би** drop bombs
бомбосховище bomb shelter
бомбувати bomb
бондар cooper
борг debt; **взяти у ~** borrow; **дати у ~** lend; **бути у ~гу** be indebted (to), owe
борець 1. fighter (for); champion (of); **~рці за мир** the champions of peace; **2.** *спорт.* wrestler
боржник debtor
борня *поет.* struggle, fight
борода beard
бородавка wart
бородатий bearded
борозна furrow
борознити furrow, make furrows (in)
борона *с.-г.* harrow
боронити defend, guard, stand up (for); **~ся** defend oneself
боротися 1. struggle, fight; **2.** *спорт.* wrestle
боротьба 1. struggle, fight; **2.** *спорт.* wrestling
борошно meal; flour
борошняний mealy; of meal *після ім.*
борсатися struggle (to get free); toss
борсук *зоол.* badger
борт 1. *(судна)* side; board; **на ~ту** on board; **за ~том** overboard; **з ~ту пароплава** from the deck of a steamer; **2.** *(одягу)* coat-breast
борщ *кул.* borshch (*kind of vegetable soup*)
босий barefoot; *(про ноги)* bare; **на ~су ногу** with no stockings (socks on)
босоніж barefoot
босоніжки *мн. (взуття)* sandal shoes, open-toe sandals
босоногий barefooted
ботаніка botany
ботанічний botanic(al); **~ сад** botanical gardens *pl*
боцман boatswain, bosun
бочка barrel, cask
бочонок keg, small barrel
боягуз coward
боягузливий cowardly
боязкий timid, nervous; cowardly
боязкість timidity
боязко 1. *присл.* timidly; **2.** *безос.*: **мені ~** I am frightened

боятися be afraid (of), fear; **боюся сказати** I wouldn't like to say
бравий gallant; daring
браво well done!, bravo
бразилець, бразильянка Brazilian
бразильський Brazilian
брак I *(на виробництві)* spoilage; waste
брак II *(відсутність)* lack, absence; **за ~ком часу** for lack of time
браконьєр poacher
браконьєрство poaching
бракувати I *(визнавати незадовільним)* reject; condemn
бракувати II *(не вистачати)* lack; be missing; **мені ~кує** I lack; **чого вам ~кує?** what do you need?
брама gate(s) *pl*
брас *спорт.* breaststroke
браслет bracelet, bangle
брат brother; **двоюрідний ~** cousin
брататися fraternize
братерство brotherhood; fraternity
братерський brotherly, fraternal
брати take; **~ гору** get the upper hand; **~ напрокат** hire; <> **~ початок** originate (in, from); **~ зобов'язання** pledge oneself (to); **~ приклад з кого-н.** follow smb.'s example; **~ слово** take the floor; **~ участь** take part (in)
братися 1. take up, set to; **~ до роботи** set to work (on); **~ за розум** become reasonable; **2.** *(руками)* touch; **~ за руки** join hands
брезент tarpaulin
брезентовий tarpaulin *attr.*
бренькати і бренькнути 1. jingle; **2.** *недок. розм. (невміло грати)* strum (on)
брести make one's way, go; trudge
брехати 1. lie, tell lies; **2.** *(про собаку)* bark
брехливий lying, false
брехня lie, falsehood
брехун liar, fibber
бригада 1. *(на виробництві)* (work) team; **2.** *війс.* brigade; **3.** *зал.* crew
бригадир 1. *(на виробництві)* team leader; **2.** *зал.* chief guard, senior conductor *амер.*
бридкий disgusting
бризкати splash; sprinkle; spatter
бризки *мн.* splashes *pl*; spray *sing*
брикати(ся), брикнути(ся) kick
брила block; *(землі)* clod
бриль straw hat
брильянт diamond
брильянтовий diamond *attr.*
бринза brynza (*sheep's milk cheese*)
бриніти ring; hum; buzz
британець, британка Briton
британський British

бритва razor; **безпечна ~** safety razor; **електрична ~** electric razor (shaver)
брифінґ briefing
брід ford
брова eyebrow; brow
бродити (*мандрувати*) wander; (*прогулюватися*) stroll
бройлер broiler
брокер broker
брокерський broker's
Бром *хім.* bromine
бронза bronze
бронзовий bronze *attr.*; (*про колір*) bronzed
бронхи *мн.* bronchi
бронхіт *мед.* bronchitis
бронювати (*залишати за ким-н.*) reserve; book
броня (*на місце й под.*) reservation; reserved place
брость 1. bud; **2.** *збір.* (*гілки*) branches
брошка brooch
брошура (*невелика книжка*) pamphlet; (*рекламний буклет*) booklet
бруд dirt; filth (*тж перен.*)
бруднити dirty; soil; **~ся** get dirty
брук *і* **бруківка** pavement; paved road
брукований paved
брукувати pave
брунатний brown
брунька bud
брус 1. *буд.* beam; **2.** (*гострильний*) whetstone; **3.** bar; **~ мила** bar of soap
брусок whetstone
брухт scrap
брюнет dark (-haired) man
брюнетка brunette
бряжчати clank, clink; jingle; **~ зброєю** rattle the sabre
брязк, брязкіт jingle; clink
брязкати *див.* **бряжчати**
бублик ring-shaped roll
бубна *карт.* diamonds *pl*
бубновий of diamonds *після ім.*
бубнявіти swell
бубон *муз.* tambourine
бубоніти mutter
бува(є) *вставне сл.* by chance; **ви, ~, не знаєте?** do you by any chance know?
бувалий worldly-wise; (*досвідчений*) experienced
бувати 1. (*перебувати*) be; **уранці вона завжди ~ває вдома** she is always at home in the morning; **2.** (*траплятися*) happen; **з ким цього не ~вало** it's common enough; **3.** (*відбуватися*) be held, take place; **4.** (*відвідувати*) go, visit; **я тепер ніде не ~ваю** I never go anywhere
бугай *зоол.* bull
буденний everyday
будень week-day; work-day
будильник alarm clock
будинок house, building; **~ відпочинку** rest home; **дитячий ~** children's home
будити wake, call; *перен.* arouse, awaken
будівельний building *attr.*, construction *attr.*; **~на ділянка** building site; **~ні матеріали** building materials
будівельник builder
будівля (*споруда*) building, construction
будівник builder
будівництво (*будинків*) building, construction; (*нового суспільства*) building
будка box, cabin; **собача ~** kennel; **телефонна ~** telephone box (booth) *амер.*
будні *мн.* week-days; work-days; *перен.* every-day life *sing*
будова 1. building; **2.** (*місце будівництва*) construction (site)
будувати build, construct; **~ся** be built; be under construction
будяк *бот.* thistle
будь-де anywhere, any place you like
будь-коли any time
будь-куди anywhere, to any place
будь-хто anybody, anyone
будь-що anything
будь-як anyhow
будь-який any
бузина *бот.* elder
бузок *бот.* lilac
буй *мор.* buoy
буйвіл *зоол.* buffalo
буйний violent, wild; boisterous, impetuous; **~ вітер** boisterous wind; **~на рослинність** lush vegetation
бук *бот.* beech
буква *див.* **літера**
буквально literally
буквар first reading book, school primer
букет 1. (*квітів, вина й под.*) bunch of flowers, nosegay, bouquet; **2.** *перен.* (*хвороб і под.*) range
букініст second-hand bookseller
букіністичний: ~на книгарня second-hand bookshop
буклет booklet
булава *іст.* mace
булка roll; (*білий хліб*) loaf
бульба 1. (*на воді й под.*) bubble; **2.** *бот.* tuber
бульбашка bubble
бульвар boulevard
бульварний 1. boulevard *attr.*; **2.: ~ роман** trashy (cheap) novel; **~на преса** gutter press

бульдоґ bulldog
бульдозер bulldozer
бульйон broth; clear soup
булька bubble
булькати gurgle; splutter, bubble
булькотати *і* **булькотіти** *див.* **булькати**
бундючитися swagger, be puffed up
бундючний pompous; bombastic, highflown
бункер bunker
бунт riot; rebellion
бунтар rioter; rebel
бунтівник *див.* **бунтар**
бунтувати riot; rebel
бур *див.* **свердел**
бурав *тех.* gimlet
буран snow-storm
буревій *поет.* strong wind, storm;
буревісник *орн.* (stormy) petrel
буржуазія bourgeoisie
буржуазний bourgeois
буржуй bourgeois
бурити drill, bore; ~ **свердловину** sink (drill) a well
буркотати *і* **буркотіти** grumble, snarl
буркотливий grumbling
буркотун grumbler
бурлак *іст.* barge hauler
бурлака lone man, vagabond, tramp
бурлакувати live a life of a tramp (vagabond)
бурний stormy; *(про море)* rough
бурулька icicle
бурхливий 1. *(про море й под.)* stormy, heavy; **2.** *(сповнений подій)* eventful; **3.** *(палкий)* wild, enthusiastic; **4.** *(стрімкий)* rapid, vigorous; ~ **ве зростання промисловості** rapid growth of industry
бурчати grumble
burштин amber
бурштиновий amber; *(про колір)* amber-coloured
буря storm, tempest
буряк *бот.* beet, beetroot; **цукровий** ~ sugar-beet
бур'ян weed
буряний stormy, tempestuous
бурят, бурятка Buryat
бусол *орн.* stork
бутафорія 1. *театр.* properties *pl*; **2.** *(у вітрині)* dummies *pl*
бутерброд sandwich; *(хліб із маслом)* slice of bread and butter
бути 1. *(відбуватися, траплятися)* be; happen; **він був тут** he was here; **будинок був на краю міста** the house stood on the edge of the town; **учора був дощ** it rained yesterday; **що буде, коли він про все довідається?** what will happen if he learns everything? **2.** *(частина складеного присудка)* to be; **я хочу бути вчителем** I want to be a teacher; **цього не може бути** that's impossible; **у мене є** I have; **у нього було** he had; <> **не ~ вдома** be away (absent); ~ **у змозі** be able; ~ **змушеним** be obliged, have to; ~ **пильним** be on the alert; ~ **свідком** witness; **будь ласка** be so kind as; please
бутси *мн. спорт.* football boots
буття existence, being
буфер buffer
буферизація *обч.* buffering
буферний buffer *attr.*
буфет 1. *(про меблі)* sideboard; **2.** buffet; *(закусочна)* snack-bar, refreshment room
буфетник barman; bartender *амер.*
бухгалтер book-keeper, accountant; **головний** ~ accountant general; ~**-ревізор** auditor
бухгалтерія 1. book-keeping; **2.** *(приміщення)* accountant's office
бухгалтерський book-keeping *attr.*
бухикати, бухикнути cough; give a dry (hoarse) cough
бухта bay
буцати, буцнути butt
буцім(то) *розм.* as if, as though
буча: збити ~чу raise hell
бучний 1. *(пишний)* magnificent; *(про мову)* high flown; **2.** *(галасливий)* noisy
бушлат pea-jacket
бушувати storm, rage
буяти grow in abundance; abound (in, with), seethe (with)
бюджет budget
бюджетний budgetary; ~ **рік** budget (fiscal) year; ~**на комісія** budget committee
бюлетень 1. bulletin; report; **виборчий** ~ voting-paper, ballot-paper; **2.** *(лікарняний листок)* sick-list, medical certificate
бюро 1. *(назва керівного органу)* bureau; **2.** *(засідання)* meeting of the bureau; **3.** *(установа)* bureau, office; ~ **знахідок** lost-property office; ~ **обслуговування** service bureau; ~ **погоди** weather-bureau; ~ **ремонту** repairs service; **довідкове** ~ information bureau, inquiry office
бюрократ bureaucrat
бюрократизм red tape, bureaucratism
бюрократичний bureaucratic
бюрократія bureaucracy
бюст *див.* **погруддя**
бюстгальтер brassiere

В

в, *тж* **у 1.** *(позначає місце: де-н., у чому-н.)* in; *(в установі, невеликому місті)* at; **в Англії** in England; **в інституті** at the institute; **2.** *(позначає напрям: усередину чого-н.)* into; **увійти в (до) кімнату (-ти)** come into the room; **3.** *(позначає рух)* to; for *(про місце призначення)*; **4.** *(позначає час)* in *(з позначенням року, місяців)*; on *(з назвами днів тижня, чисел місяця)*; **я бачив його у травні** I saw him in May; **він прийшов у понеділок** he came on Monday; **5.** *(позначає зміну стану)* to, into; **поринути в роздуми** to be deep in thought; **6. при порівнянні не перекладається:** **у п'ять разів більше** five times as much; **у п'ять разів менше** five times less
вабити attract, lure; fascinate
ваучер voucher
вага weight; *перен. тж* influence; **питома ~** specific weight (gravity); **центр ~ги** centre of gravity
вагання hesitation; **без ~** unhesitatingly
вагатися hesitate
ваги *мн.* balance *sing*, scales
вагітна pregnant
вагітність pregnancy
ваговитий heavy, ponderous; *перен.* weighty, ponderable
вагон carriage; car *амер.*; **м'який ~** sleeping car; **спальний ~** couchete car; **товарний ~** wagon, truck; freight-car; **поштовий ~** mail van; mail car *амер.*; **~-ресторан** dining car
вагонетка trolley, truck
вагонобудівний: **~ завод** carriage (-building) works; car (-building) plant *амер.*
вагонобудування carriage building
вагоновод tram-driver
вагоноремонтний coach (car) reparation *attr.*
вада defect, shortcoming
вадити injure, harm
важити 1. weigh; **2.** *(мати значення)* be of importance (to); **~ся** weigh oneself
важіль lever
важкий 1. heavy; **2.** *(який потребує великих зусиль)* hard, difficult; **3.** *(серйозний)* serious; **~ стан** grave condition; **4.** *(сумний, безрадісний)* painful; <> **~ке повітря** close air; **~ характер** difficult disposition; **з ~ким почуттям** with a heavy heart
важко 1. heavily; **2.** *безос.* it is hard (difficult); **~ це бачити** it is painful to see it
важливий important, significant
важливо *безос.* it is important; **це не ~** it is of no importance
важок small weight
ваза *(висока)* vase; *(широка й низька)* bowl
вазелін vaseline
вазон flower-pot
вакансія vacancy
вакантний vacant
вакації *див.* **канікули**
вакаційний *див.* **канікулярний**
вакса black shoe polish
вакуум vacuum
вакханалія Bacchanalia *pl* *перен.* orgy, revelry
вакцина vaccine
вакцинація vaccine inoculation
вакцинувати vaccinate
вал I 1. *(насип)* bank; *військ.* rampart; **2.** *(хвиля)* breaker
вал II *тех.* shaft
валеріана valerian
валет *карт.* jack
валик *(диванний)* bolster
валити 1. throw down; *(перекидати)* overturn; **2.** *(зрубувати)* fell; **3.** *(безладно, на купу)* heap up, pile up; **~ся** fall down, tumble down
валіза suitcase; valise; *(велика тж)* trunk
валовий *ек.* gross *attr.*; **~ва продукція** gross output; **~ внутрішній продукт** gross domestic product; **~ національний продукт** gross national product; **~ обсяг продажу** gross sales *pl*
валок *тех.* shaft, cylinder
валторна *муз.* French horn
вальс waltz
валюта currency; **іноземна ~** foreign currency
валютний currency *attr.*; **~ контроль** exchange control; **~ фонд** currency reserves *pl*
валянки *мн.* felt boots
валятися *(про речі)* lie about; be scattered about; *(про людину)* lie; roll about
вам *див.* **ви**
вами *див.* **ви**
Ванадій *хім.* vanadium
вандалізм vandalism

ваніль vanilla
ванна bath; **сонячна ~** sun-bath; **приймати ~ну** take a bath; **~ кімната** bathroom
вантаж 1. load; *(морський)* freight, cargo; **2.** *перен.* burden, weight
вантажити load; *(товар на судно)* ship; *(людей на судно)* embark
вантажний cargo *attr.*; freight *attr.*; **~ автомобіль** *(вантажівка)* lorry; truck *амер.*; **~не судно** cargo ship, freighter
вантажник loader, freight handler; *(портовий)* stevedore
вапно lime
вапняк limestone
вар pitch
варвар barbarian
варварський barbarian; *перен.* barbarous
варварство barbarism; *(жорстокість)* barbarity
варений boiled
вареник *кул.* varenik *(meat, fruit or curd dumpling)*
варення jam
варити 1. *(відварювати)* boil; **2.** *(готувати їжу)* cook, make; **~ варення** make jam; **~ сталь** make steel; **~ся** boil, be boiling; be cooked
варіант version; *(тексту тж)* variant, reading
варіація variation
варт *див.* **варто**
варта guard; **стояти на ~ті** be on guard
вартий deserving, worthy
вартісний: **~ні показники** cost indices
вартість cost; *ек.* value; **~стю** to the value (of)
варто *безос.*: **це ~ прочитати** it is worth reading; **це нічого не ~** it is worthless; **чого ~ті твої обіцянки!** what are your promises worth?
вартовий 1. guard *attr.*, watch *attr.*; **~ пост** sentry post; **2.** *(черговий)* on duty *після ім.*; війс. orderly; **3.** *як ім.* sentry, sentinel; watchman
вартувати 1. guard, watch; **2.** *(чергувати)* be on duty
ват *ел.* watt
вата cotton wool; cotton *амер.*; *(для одягу)* wadding
ватага band, crowd; *(збройна група тж)* gang
ватажок leader; chief
ватерлінія *мор.* water-line
ватерпас *тех.* water-level
ватерполо *спорт.* water-polo
ватин sheet wadding
ватний *і* **ватяний** wadded, quilted; **~тяна ковдра** quilt
вафля *кул.* wafer
вахта *мор.* watch; **нести ~ту, стояти на ~ті** keep watch; **на ~ті** on duty
вахтер caretaker

ваш *(з ім.)* your; *(без ім.)* yours; **це ~ша книга** this is your book; **ця книга ~ша** this book is yours
вбачати *й* **убачати, вбачити** *й* **убачити 1.** *(бачити)* see; **2.** *(уважати)* consider, find, perceive
вбивати I *й* **убивати, вбити** *й* **убити** *(цвях та под.)* drive in; knock in; <> **я не можу ~ це їй у голову** *розм.* I can't seem to get it into her thick skull
вбивати II *й* **убивати, вбити** *й* **убити** *(на смерть)* kill; *(навмисне)* murder; *(з політичних міркувань)* assassinate
вбивство *й* **убивство** murder; *(з політичних міркувань)* assassination
вбивця *й* **убивця** killer; murderer; *(найманий)* assassin
вбивчий *й* **убивчий** murderous, deadly
вбиральня *й* **убиральня 1.** lavatory; toilet *амер.*; rest-room *амер.*; **2.** *театр.* dressing-room
вбирати I *й* **убирати, вбрати** *й* **убрати 1.** *(одягати)* dress (up); **2.** *(прикрашати)* decorate, adorn
вбирати II *й* **убирати, вбрати** *й* **увібрати** *(у себе)* absorb; drink in; *перен. тж* imbibe, suck in
вбігати *й* **убігати, вбігти** *й* **убігти** come running (into), run (into)
вбік *й* **убік** sideways; to the side
вбрання *й* **убрання** attire; clothes *pl*, dress; *перен.* attire
вбрід *й* **убрід**: **переходити ~** ford
вважати *й* **уважати** think, believe, consider; guess *амер.*
введення *й* **уведення** introduction; **~ в дію** putting into operation
ввечері *й* **увечері** in the evening; **сьогодні ~** tonight; **вчора ~** last night; **завтра ~** tomorrow night; **пізно ~** late in the evening
ввижатися *й* **увижатися**: *безос.* **йому ~жається, що** it seems to him that
ввіз *й* **увіз** import
ввізний *й* **увізний** imported
ввічливий *й* **увічливий** polite, civil
ввічливість *й* **увічливість** politeness, civility
ввічливо *й* **увічливо** politely
вводити *й* **уводити, ввести** *й* **увести** take in, introduce; **~ в (до) кімнату(-ти)** bring into the room; **~ в дію** *(задіювати)* put into operation (commission); **~ в курс чого-н.** acquaint with smth.; **~ в моду** to bring into fashion; **~ в оману** *(дезінформувати)* mislead, deceive
ввозити *й* **увозити, ввезти** *й* **увезти** bring in; import

вгадувати й **угадувати, вгадати** й **угадати** guess

вгамовувати й **угамовувати, вгамувати** й **угамувати** calm, quiet; soothe; (біль) assuage; (голод, спрагу) appease; **~ся** grow quiet; (про бурю, біль) abate, die down; calm down

вганяти й **уганяти, ввігнати** й **увігнати** drive in (to); (що-н. гостре) thrust

вгинати й **угинати, вгнути** й **угнути** bend (curve)

вгледіти й **угледіти** see, notice

вглиб й **углиб** (вниз) deep down; (усередину) deep into; (країни) inland

вгодовувати й **угодовувати, вгодувати** й **угодувати** fatten (up)

вголос й **уголос** aloud

вгорі й **угорі** above; (над головою) overhead

вгору й **угору** up, upwards

вгрузати й **угрузати, вгрузнути** й **угрузнути** stick (in)

вдаватися й **удаватися, вдатися** й **удатися 1.** (щастити) turn out well, be a success; **йому вдалося перекласти це** he succeeded in translating it, he managed to translate it; **2.** (бути схожим на кого-н. із родичів) take after smb.; <> **в подробиці** go into details; **~ до хитрощів** resort to cunning

вдавлювати й **удавлювати, вдавити** й **удавити** press in, force into

вдалий 1. (успішний) successful; **2.** (гарний) good; **3.** (влучний) apt; **~ вибір** happy choice

вдалині й **удалині** in the distance; **~ну** into the distance

вдало successfully; well

вдаряти й **ударяти, вдарити** й **ударити** strike; **~ в голову** (про вино) go to one's head; **~ся 1.** (об що-н.) strike (against); hit (against); **2.** (поринути у що-н.) plunge (into), fall (into), give oneself up to

вдача nature, disposition, temper, character

вдвічі й **удвічі** double, twice; **~ більше** (з ім. в одн.) twice as much; (з ім. у мн.) twice as many; **~ менше** half; **збільшити ~** double; **зменшити ~** halve

вдвох і **удвох** the two of us (you) them; **вони пішли ~** they both went together

вдень і **удень** in the day-time, by day; (після полудня) in the afternoon; **~ і вночі** day and night

вдивлятися й **удивлятися, вдивитися** й **удивитися** peer (into); look intently (narrowly) (at)

вдиратися й **удиратися, вдертися** й **удертися** burst (into), break (into)

вдихати, вдихнути 1. inhale; **2.** перен. inspire

вдівець і **удівець** widower

вдова й **удова** widow

вдовж див. **вздовж**

вдоволений і **удоволений** satisfied, content, contented

вдома й **удома** at home; **він ~?** is he in?; **його немає ~** he is out

вдосвіта й **удосвіта** at dawn, at daybreak

вдосталь і **удосталь** to one's heart's content; **усього було ~** there was plenty of everything

вдруге й **удруге** for the second time

вдувати, вдути blow (into)

вдумливий contemplative

вдумуватися, вдуматися consider, think over

вдягати й **удягати, вдягти** й **вдягнути** і **удягти** і **удягнути 1.** (кого-н.) dress; **2.** (на себе) put on; **~ся** dress (oneself); **~ся у що-н.** put smth. on

вдячний grateful, thankful

вдячність gratitude

веґетаріанець vegetarian

веґетаріанський vegetarian

веґетативний біол. vegetative; **~на нервова система** vegetative nervous system

ведмедиця she-bear

ведмежа bear-cub

ведмежий bear attr.

ведмідь зоол. bear

вежа tower

вексель promissory note; (переказний) bill of exchange

велетень giant

велетенський gigantic

Великдень рел. Easter (Sunday)

великий 1. big, large; **2.** (значний, визначний) great; prominent; **3.** (важливий) important; **надавати ~кого значення** attach great importance (to); <> **палець** (руки) thumb; (ноги) big toe; **~ка літера** capital letter

великодушний generous, magnanimous, big-hearted

великодушність generosity, magnanimity

велич grandeur

величезний huge, enormous; (про простір) vast

величина size; мат. quantity, value; **стала ~** constant

величний majestic, grand; (вражаючий) imposing

величність majesty

велосипед bicycle; cycle, bike розм.; **їздити на ~ді** cycle

велосипедист cyclist

вельмишановний highly respected; (у листі) dear

велюр velours

вена *анат.* vein
венеричний: ~на хвороба venereal disease
венерологія venereology
венесуелець, венесуелка Venezuelan
венесуельський Venezuelan
вензель monogram
венозний *анат.* venous
вентилювати ventilate
вентилятор (ventilator) fan
вентиляція ventilation
веранда verandah
верба *бот.* pussy willow
вербальний verbal
верблюд *зоол.* camel; **одногорбий ~** Arabian camel
вербування recruitment
вербувати recruit, enlist
вердикт verdict
вередливий capricious; *(перебірливий)* fastidious
вередувати be capricious; *(бути перебірливим)* be hard to please, be fastidious
верес *бот.* heather
вересень September
вересневий September *attr.*
верещати squeal, screech; shriek
верзти *недок.* talk nonsense; **~ нісенітницю** talk nonsense (rot)
вермут vermouth
вернісаж opening day
версія version
верстат *(слюсарний і под.)* machine (tool); **друкарський ~** printing-press; **ткацький ~** loom; **токарний ~** lathe
верстатобудівний machine-tool
верстатобудування machine-tool construction
верства 1. layer; **2.** *геол., тж перен.* stratum *(pl* -ta)*; **широкі ~ви населення** wide sections of the population
верстка *друк.* imposition; page-proofs *pl*
вертати, вернути 1. *(віддавати назад)* return, give back; *(гроші)* repay; **2.** *розм. див.* **вертатися 1; ~ся 1.** return; *(куди-н.)* go back; *(звідкіля-н.)* come back; **2.** *перен. (до чого-н.)* revert (to); recur (to) *(тж про хворобу)*
вертикаль 1. vertical line; **2.** *шах.* file
вертикальний vertical
вертіти turn (round), twirl; *(швидко)* spin; **~ся** turn (round), revolve; *(швидко)* spin
верткий fidgety
вертоліт *див.* **гелікоптер**
верф *див.* **корабельня**
верх top; *(верхня частина)* upper
верхи *(на коні)* on horseback; **їздити ~** ride (on horseback)
верхівка top; **правляча ~** ruling clique

верхів'я *(ріки)* upper reaches *pl*; **~ Дніпра** the Upper Dnieper
верхній top, upper; *див. тж* **горішній**; **~ одяг** street (outdoor) clothes; **~ регістр** *муз.* upper register; **~ні шари атмосфери** upper layers (strata) of the atmosphere; **~ня щелепа** upper jaw; **~ня течія** upper waters *pl*
верховина uplands, highlands *(in Carpathian mountains)*
верховіття top, crown (of a tree)
верховний supreme; **Верховний Суд** High Court, Supreme Court *амер.*; **~на влада** supreme power; **Верховна Рада України** Supreme Rada of Ukraine
верховод *розм.* leader
верховодити be the leading spirit (among)
верхолаз rock-climber
верхолазіння *див.* **скелелазіння**
вершина 1. top; *(гори тж)* summit; *(шпиль)* peak; **2.** *мат. (геометричної фігури)* apex; *(кута)* vertex
вершити carry out, fulfil
вершки *мн.* cream *sing*
вершковий creamy; cream *attr.*
вершник rider, horseman
веселий cheerful; **~ настрій** high spirits *pl*
веселити amuse, divert; *(підбадьорювати)* cheer (up); **~ся** enjoy oneself, make merry, have fun
веселка rainbow
весело 1. merrily, gaily; **~ проводити час** have a good (jolly) time; **як ~!** what fun!; **2.** *безос.*: **мені ~** I'm enjoying myself
веселощі *мн.* merriment *sing*; *(розваги)* merry-making *sing*; fun *sing*; *(шумливі)* hilarity *sing*
весілля wedding
весільний wedding *attr.*
весло oar; *(парне)* scull
весловий rowing *attr.*; **~ спорт** rowing; **~ човен** row(ing) boat
весляр rower, oarsman
веслування rowing
веслувати row, pull; *(парними веслами)* scull
весна spring
весняний spring *attr.*
веснянка I *(пісня)* vesnianka *(Ukrainian ritual spring song)*
веснянка II *зазв.* **~ки** *мн.* freckles
веснянкуватий freckled
вестерн western
вести 1. lead, conduct; **2.** *(керувати)* conduct, direct; **~ збори** preside over a meeting; **3.** *(машину й под.)* drive; <> **~ боротьбу (з)** carry on a struggle (against, with); **~ війну (з)** wage war (on, upon); **~ лінію** pursue a policy; **~ розмову** hold a conversation; **~ переговори** carry on negotiations

вестибюль (*у театрі, готелі й под.*) lobby; (*у будинку, установі*) entrance hall

весь *й* **увесь, вся** *й* **уся, все** *й* **усе, всі** *й* **усі** 1. all, the whole (of); **увесь день** all day; **на всю довжину** at full length; **по всьому місту** all over (throughout) the town; 2. *як ім.* **все** everything, all; **він все знає** he knows everything; 3. *мн., як ім.* everybody, everyone; **він усіх бачив** he has seen everybody (everyone); <> **на весь голос** at the top of one's voice; **незважаючи на все це** for all that; **все одно** (*байдуже*) it is all the same; it does not matter; (*незважаючи на що-н.*) all the same; **на все добре!** all the best!

ветеран veteran
ветеринар veterinary
ветеринарія veterinary science
ветеринарний veterinary
вето veto; <> **накласти ~ на що-н.** veto smth.
вечеря supper
вечеряти supper, take (have) supper
вечір 1. evening; 2. (*свято*) party; **літературний ~** literary soiree; **~ пам'яті Шевченка** Shevchenko memorial meeting
вечірка (evening-)party
вечірній evening *attr.*; **~ні курси** night classes; **~ня зоря** afterglow; sunset; glow; **~ня зміна** night shift
вечорами in the evening, every evening
вечоріти *безос.*: **~іє** dusk is falling, night is coming on
вештатися loaf, roam, idle about
вжалити *й* **ужалити** (*про комаху*) sting; (*про гадюку*) bite
вжахнутися *й* **ужахнутися** be horrified
вже *і* **уже** already; **вони ~ дорослі** they are grown-up now
вживаний *і* **уживаний** 1. common; in common use *після ім.*; **широко ~** widely used, wide-spread; 2. (*що вже був у вжитку*) second-hand
вживання *й* **уживання** use, usage; (*застосування*) application; 2. (*їжі, ліків та под.*) taking; **для внутрішнього ~** (*про ліки*) for internal use
вживати *й* **уживати, вжити** *й* **ужити** use; (*застосовувати*) apply; **~ заходів** take measure; (*ліки та под.*) take; (*їжу*) eat, use
вжиток *й* **ужиток** use, usage; **речі домашнього ~тку** household articles (utensils); **речі широкого ~тку** articles of general consumption
взагалі *й* **узагалі** 1. generally, in general; (*у цілому*) on the whole; 2. (*завжди*) always; **він ~ такий** he is always like that; 3. (*зовсім*) at all; **він ~ не прийде** he won't come at all; <> **~ кажучи** generally speaking

взаємний mutual, reciprocal
взаємини *мн.* mutual relation *sing*, interrelation *sing*
взаємність mutual feeling, reciprocal
взаємодія interaction, cooperation
взаємодопомога mutual assistance (aid); **договір про ~гу** mutual assistance pact (treaty)
взаємозв'язок correlation
взаємообумовленість interdependence
взаєморозуміння common (mutual) understanding
взвод *війс.* platoon
вздовж *і* **уздовж, вдовж** *і* **удовж** 1. *присл.* lengthwise, lengthways; 2. (*чого-н.*) *прийм.* along; <> **~ і впоперек** (*в усіх напрямках*) far and wide; (*ґрунтовно*) thoroughly
взимку *й* **узимку** in winter
взірець 1. (*приклад*) standard, model, example; **брати за ~** imitate, follow the example (of); 2. (*виробу й под.*) specimen, sample
взірцевий model *attr.*
взувати *й* **узувати, взути** *й* **узути** (*черевики й под.*) put on; **~ся** put on one's shoes
взуття *збір.* foot-wear; boots *pl*, shoes *pl*
взуттєвий shoe *attr.*; **~ва крамниця** boot-shop; shoe-store *амер.*
ви you; **я не розумію вас** I don't understand you; **він дав вам книгу** he gave you the book, he gave the book to you; **що з вами?** what is the matter with you?
вибагливий (*примхливий*) capricious, particular
вибагливість capricious wish
вибачати, вибачити excuse, pardon; **вибач(те) (мені)** excuse me!; (I am) sorry *розм.*; **прошу ~чити за турботи** excuse me for the trouble (I am causing you); **~ся** apologize, beg pardon
вибачення excuse, apology; **просити ~ у кого-н.** beg smb.'s pardon
вибивати, вибити 1. knock out; (*двері й под.*) break; 2. (*речі*) beat (out); **~ килим** beat a carpet; <> **~ з рівноваги** upset (smb.'s) equanimity; **~ противника** *війс.* dislodge the enemy; **~ся: вибитися в люди** make one's way up in the world
вибирати, вибрати 1. choose, single out, pick, select; 2. (*голосуванням*) elect; 3. **~ картоплю** dig potatoes
вибиратися, вибратися 1. (*з чого-н.*) get out; find one's way out (of); 2. *розм.* (*переїжджати*) move
вибігати, вибігти 1. run out; **~ на вулицю** to rush out (hurry) into the street; 2. (*виливатися при кипінні*) boil over
вибій *гірн.* face; (*вугільний*) coal-face

вибійник *гірн.* coal-cutter; face-worker
вибір choice; *(відбір)* selection
виблиск reflection, gleam
виблискувати sparkle, twinkle; **~ проти сонця** shine (glitter) in the sun
вибоїна *(на дорозі)* pothole
вибори *мн.* election(s) *sing*; **загальні ~** general election *sing*; **додаткові ~** by-election *sing*
виборець elector; voter; **~рці** *мн. збір.* the electorate *sing*
виборчий electoral; election *attr.*; **~ча дільниця** electoral district; **~ча кампанія** election campaign; **~че право** suffrage, vote
вибраний select(ed); **~ні твори** selected works
вибрик trick; prank
вибрикувати gambol, frisk (about)
вибруковувати, вибрукувати pave (out)
вибувати, вибути leave, quit; <> **~ з гри** leave the field; quit the ranks
вибух explosion, *перен.* outburst; **~ гніву** burst of anger; **~ сміху** burst of laughter
вибуховий explosive; **~ва хвиля** blast (wave)
вибухати, вибухнути 1. burst, blow up; *(про заряд)* explode; **2.** *(про війну й под.)* break out, burst out; <> **~ сміхом** burst out laughing
виважений *(обдуманий)* considered
вивантаження unloading; *(з корабля)* disembarkation
вивантажувати, вивантажити unload
виварювати, виварити boil (down); **~ білизну** boil clothes
вивергати, вивергнути throw out; *(лаву й под.)* erupt
виверження eruption
виверт 1. *(вигин)* bend, curve; **2.** *(хитрощі)* subterfuge, dodge
вивертати, вивернути 1. *(з коренем)* uproot; **2.** *(навиворіт)* turn inside out
вивертатися, вивернутися *(звільняючись від чого-н.)* twist out, wrench oneself free; *перен.* evade; **~ зі скрутного становища** wriggle (get) out of a difficulty
вивих dislocation
вивихнути dislocate, put out of joint
вивідувати, вивідати find out, worm out
вивіз export
вивірка *зоол.* squirrel
вивіряти, вивірити check, verify; *(годинник)* regulate
вивіска sign, signboard
вивітрювання *геол.* weathering, (wind) erosion
вивітрювати, вивітрити 1. *(провітрювати)* air; **2.** *геол.* weather, erode; **~ся 1.** *(про запах)* evaporate; **2.** *геол.* be weathered, be eroded

вивішувати, вивісити hang out; *(оголошення та под.)* post (up); *(прапор)* put up
виводити, вивести 1. *(звідки-н.)* take out; lead out; *(силою)* turn, out; *(військо)* pull out; **2.** *(плями)* remove; **3.** *(вирощувати)* grow, raise; **4.** *(курчат)* hatch; <> **~ з ладу** put out of action
виводитися, вивестися 1. *(зменшуватися в кількості)* decrease (in number); *(зникати)* disappear; **2.** *(про курчат)* hatch
виводок brood; *(про птахів тж)* hatch
вивозити, вивезти 1. take out, carry out; *(звідки-н.)* bring; *(сміття й под.)* remove; **2.** *(за кордон)* export
виворіт the wrong side
вивчати, вивчити study, learn; *(оволодівати)* master
вивчитися *(здобути освіту)* become (get) educated
вивчення study; *(наукове)* investigation
вигаданий invented, made-up; **~не ім'я** assumed name
вигадка invention; *(брехня)* fib *розм.*
вигадувати I, вигадати 1. *(що-н. нове)* invent; **2.** *(створювати в уяві)* make up
вигадувати II, вигадати *(діставати вигоду)* gain; *(заощаджувати)* save
виганяти, вигнати 1. drive out, turn out; **2.** *(виключати зі школи)* expel; **3.** *(з роботи)* sack; dismiss, fire (out) *амер.*
вигин bend, curve
вигинати, вигнути bend, curve; **~ спину** *(про тварин)* arch one's back
вигідний advantageous; *(який дає прибуток)* profitable; *(який добре оплачується)* paying remunerative
вигідний *(зручний)* comfortable; *(сприятливий)* favourable
вигідно *безос.* it is advantageous; it is profitable; it pays *розм.*
вигін pasture (land)
вигляд view, sight, appearance, look, aspekt; **зовнішній ~** appearance; **у нього поганий ~** he does not look well; **йому на ~ років двадцять** he looks about twenty; **під ~дом чого-н.** under the pretext (guise) of smth.
виглядати I, виглянути look out; *(крадькома)* peep out
виглядати II *(мати вигляд)* look; **він ~дає сумним** he looks sad
вигнання banishment, exile
вигнанець exile
вигнутий bent, curved; *(про брови)* arched
виговорювати *(докоряти)* reprove, rebuke
вигода *(перевага)* advantage; *(прибуток)* gain, profit

виго́да comfort; convenience, accommodation; **квартира з усіма ~дами** flat with all modern conveniences (accommodations)

вигодовувати, вигодувати *(дітей)* bring up; *(тварин)* rear, raise

виголошувати, виголосити deliver; **~ промову** deliver (make) a speech

вигоряти, вигоріти 1. *(від вогню)* burn down (away); **2.** *(вицвітати)* fade (in the sun)

вигортати, вигорнути rake (draw, take) out

вигострювати, вигострити sharpen

виготовляти, виготовити make, manufacture, produce

вигравати I, виграти win; gain *(тж час)*

вигравати II 1. *(грати на музичному інструменті)* play; **2.** *перен.* *(барвами)* sparkle

виграш 1. prize; *(виграні гроші)* winnings *pl*; **2.** *(вигода)* gain

виграшний *(про квиток, позику)* lottery *attr.*; *(вигідний)* advantageous

вигрівати, вигріти warm; **~ся** warm oneself

вигук 1. exclamation, ejaculation; **2.** *грам.* interjection

вигукувати, вигукнути exclaim, ejaculate; cry out

виґвинчувати, виґвинтити screw out, unscrew

вид I 1. *(обличчя)* face; **2.** *(краєвид)* view; <> **~ди на майбутнє** prospects of (views) for the future

вид II 1. *(різновид)* kind, sort, form; **2.** *біол.* species; **3.** *лінгв.* aspect

видавати I, видати 1. *(на руки)* give; **~ заробітну плату** pay wages (a salary); **2.** *(зраджувати)* betray give away; <> **~ заміж** marry; **~ себе за кого-н.** pretend to be smb.

видавати II, видати 1. *(друкувати)* publish, issue; **2.** *(наказ і под.)* promulgate, issue

видаватися, видатися 1. *(здаватися)* seem; look; **2.** *(траплятися)* happen; **3.** *(виступати)* protrude, jut out

видавець publisher

видавництво publishing house

видавничий publishing

видавлювати, видавити *перен.* press out, squeeze out; <> **~ усмішку** force a smile

видання 1. *(дія)* publication, issue; **2.** *(те, що видано)* edition

видатний outstanding, remarkable, eminent, prominent, distinguished

видаток 1. *бухг.* expenditure; **2.** **~тки** *мн.* expenses

видатковий expense *attr.*

виделка fork

видимий visible; *(очевидний)* obvious

видимість 1. visibility; **2.** *(зовнішня схожість)* appearance, semblance

видирати, видерти pull out, tear out; **~ся 1.** *див.* **вириватися 1**; **2.** *(вилазити нагору)* climb up

видихати, видихнути exhale, breathe out; **~ся** *(утрачати запах)* lose its fragrance (smell); **2.** *перен.* be used up

виділяти, виділити 1. *(відбирати)* pick out; select; **2.** *(вирізняти)* distinguish; **~ курсивом** *друк.* put in italics; italicize; **3.** *(частину майна)* apportion; **4.** *фізіол.* secrete; **5.** *хім.* educe; **~ся** *(вирізнятися)* stand out (for); be distinguished (by)

видний *(доступний зору)* visible

виднітися be visible, be discernible; *(з-за)* show from behind

видно *безос.* one can see; *перен.* it is clear; **~ село** the village is in sight

видобувати, видобути extract; *(про мінерали тж)* mine

видобуток 1. *(процес)* extraction; **2.** *(видобуте з надр)* output

видовбувати, видовбати hollow out

видовище 1. sight, spectacle; **2.** *(вистава)* show

видозмінювати, видозмінити modify, alter

видра *зоол.* otter

видряпувати, видряпати scratch out; **~ся** *(угору)* climb (up, upon), clamber (up, upon)

видужання *і* **видужування** recovery, convalescence

видужувати, видужати get better, recover

видурювати, видурити *(що-н. у кого-н.)* fool (swindle) smb. out of smth.; swindle smth. out of smb.

виживати, вижити 1. *(залишитися живим)* survive; *(після хвороби)* live; **він не виживе** he won't live (pull) through; **2.** *(виганяти)* drive out; get rid of

визволення liberation, release

визволитель liberator

визволяти, визволити 1. liberate, release, set free; **2.** *(виручати)* rescue, come to help; **~ кого-н. із біди** help smb. out of trouble; **~ся** make oneself free, get free

визвольний liberation *attr.*; liberating; **~ рух** liberation movement; **~на місія** liberating mission

визирати, визирнути look out

визискувач exploiter

визнавати, визнати 1. *(законним і под.)* recognize; **2.** *(погоджуватися)* admit, own, acknowledge; **треба визнати, що** ... it must be admitted that...; **3.** *(уважати)* consider

визнання recognition; acknowledgement; **здобути ~** win the recognition (of)

визначати, визначити 1. *(установлювати)* fix, determine; *(місцезнаходження)* locate; **~ наперед** predetermine; **~ день зборів** fix a date for a meeting; **2.** *(розкривати суть)* define
визначений fixed, determined
визначення 1. *(установлення)* determination; **2.** *(формулювання)* definition
визначний notable, important, prominent; *див. тж* **видатний**
визубрювати, визубрити *розм.* cram, learn by rote
виїжджати, виїхати go away; leave (for); *(від'їжджати)* depart; *(переїжджати)* move
виїзд departure; **віза на ~** exit visa
виймати, вийняти take out; *(скалку, кулю й под.)* extract
виказувати, виказати 1. *(висловлювати)* express; say; tell; **2.** *перен.* *(виявляти)* manifest, display; **3.** *(зраджувати)* betray; *(таємницю й под.)* give away
викапаний: ~ батько the very image (picture) of one's father
викидати, викинути throw away, throw out; <> **~ з голови** put out of one's mind; **~ колос** ear
виклад account; *(фактів та под.)* exposition; **стислий ~** summary
викладання *(навчання)* teaching
викладати, викласти 1. lay out; **2.** *(чим-н.)* lay (with); **~ дерном** turf; **3.** *(висловлювати)* set forth, state; **4.** *(навчати)* teach
викладач teacher; instructor
виклик 1. call; *(до суду)* summons; **2.** *(на бій, змагання)* challenge
викликáти, вúкликати 1. call, send (for); *(до суду й под.)* summon(s); **~ лікаря** send for the doctor, call the doctor; **2.** *(на бій, змагання)* challenge; **3.** *(призводити до чого-н.)* evoke, cause, rouse; **~ підозру** draw suspicion; **не викликає сумніву** it is beyond doubt
виключати, виключити 1. exclude; except; *(з навчального закладу й под.)* expel; *(зі списку)* strike off; **2.** *див.* **вимикати**; **~ мотор** shut (switch) off the engine
виключний exceptional; *(єдиний)* sole, exclusive; **~не право** patent (exclusive) right
виключно *як част.* *(лише)* solely, exclusively
виковувати, викувати forge, hammer (into shape); *перен.* mould
виколювати, виколоти prick out
виконавець 1. doer, executor; **2.** *театр.* performer
виконавчий executive; **~ комітет** executive committee
виконаний full of, filed with
виконання 1. *(обіцянки)* fulfilment, carrying-out; *(наказу)* execution; **приступити до ~ своїх обов'язків** enter upon one's duties; **2.** *театр.* performance; *амер. тж* rendition
виконком *(виконавчий комітет)* executive committee
виконувати, виконати 1. fulfil, carry out, execute; **~ обіцянку** keep (fulfil) one's promise; **~ свій обов'язок** do one's duty; **2.** *театр.* perform; **~ роль** act, play the role (of)
викопний fossil
викопувати, викопати 1. *(яму й под.)* dig; **2.** *(відкопувати)* dig up, dig out
використання taking advantage; utilizing
використовувати, використати take advantage of, profit from, use, make use (of); utilize
викорінення rooting out; extirpation; eradication
викорінювати, викоренити root out; eradicate; *(знищувати)* exterminate
викорчовувати, викорчувати root (grub) out
викот cut; **сукня з великим ~том** a low(-cut) dress
викохувати, викохати bring up; cherish
викочувати, викотити roll out; *(велосипед і под.)* wheel out
викошувати, викосити mow down
викрадати, викрасти steal
викрадений stolen (out of)
викреслювати, викреслити strike out, cancel; sketch, draw, make a draught (of drawing)
викривальний accusatory
викривати, викрити expose, reveal, unmask
викривлення 1. *(викривлене місце)* bend, twist; **~ хребта** spinal curvature; **2.** *перен.* distortion
викривляти, викривити 1. bend, twist; **2.** *перен.* distort; **~ факти** misrepresent the facts; **~ся** become twisted; become distorted
викриття discovery, revelation
викрійка pattern
викроювати, викроїти cut out
викрут trick; evasion, subterfuge
викрутка screw-driver
викручувати, викрутити 1. unscrew; **2.** *(білизну)* wring out; **3.** *(руку й под.)* twist, wrench; **~ся 1.** come unscrewed; **2.** get out of a difficulty (a scrape); wriggle out
викуп ransom, redemption, redeeming, repurchase
викупати bathe; **~ся** bathe; *(у ванні)* take a bath
викуплений ransomed, bought off; redeemed
викуповувати, викупити redeem; *(полоненого)* ransom

викурювати, викурити smoke out; *перен.* get rid (of)

вила *мн.* pitchfork *sing*

вилазити, вилізти 1. *(звідки-н.)* get out; climb out; **2.** *(нагору)* climb; **3.** *(про волосся)* come out, fall out

виливати, вилити 1. *(воду й под.)* pour out; *(відро й под.)* empty; **2.** *перен.* pour out, give vent (to); **~ гнів** give vent to one's anger; **~ душу** unburden one's heart; **3.** *(з металу)* cast, found; **~ся 1.** run out; flow out; **2.** *перен.* find expression (in)

вилицюватий high-cheekboned, with high cheek-bones

вилиця cheek-bone

виліковний curable

виліковувати, вилікувати cure; **~ся** get cured

виліт *(птахів)* flight; *(літака)* take-off; start

вилітати, вилетіти 1. *(про птахів)* fly out; **2.** *(про літак)* take off; start

вилка *тех.* *(штепсельна)* plug

вилов catch, take

виловлювати, виловити catch; *(рибу)* fish out

вилога *(на піджаку)* lapel; *(на рукаві)* cuff

вилучати, вилучити withdraw; *(відокремлювати від цілого)* separate

вимагати 1. demand; *(домагатися силоміць)* extort, wring; **2.** *(потребувати)* need, require

вимазувати, вимазати smear, soil, dirty; **~ся** get dirty; (be) smear oneself

вимальовуватися, вималюватися be visible; stand out (against)

виманювати, виманити 1. *(здобувати хитрощами)* coax (smth. out of smb.); **2.** *(викликати звідки-н.)* entice, lure out, lure away

вимерзати, вимерзнути *(гинути від морозу)* be destroyed (killed) by frost

вимивати, вимити 1. wash; **2.** *(розмивати)* hollow out; **3.** *(змивати)* wash away

вимикати, вимкнути *(воду, газ)* turn off, shut off; *(світло)* turn out; *(струм)* switch off; **~ мотор** shut (switch) off the engine

вимикач switch

вимирати, вимерти 1. die out; *(про плем'я, вид тварин і под.)* become extinct; **2.** *(про місто й под.)* become desolate

вимір 1. *(дія)* measuring; *(температури, висоти й под.)* taking; **2.** *мат.* dimension

вимірний measurable

вимірювальний measuring

вимірювати *і* **виміряти, виміряти** measure; *(землю)* survey; *(глибину)* sound; **~ кому-н. температуру** take smb.'s temperature

вимітати, вимести sweep

вимова pronunciation

вимовляти, вимовити pronounce; say; utter

вимога demand; claim; *(потреба)* requirement; *(прохання)* request; **за першою ~гою** at the first request

вимогливий exacting; *(суворий)* strict

вимогливість insistence

вимоїна excavation, gully, ravine

вимокати, вимокнути *і* **вимокти** be drenched, get wet through

виморений worn-out, exhausted

вимочувати, вимочити 1. *(дощем)* drench; soak; **2.** *(у рідині)* soak

вимощувати, вимостити pave

вимпел *мор.* pennant; *(нагорода)* award

вимушений (en)forced; **~а посадка** *ав.* forced landing, emergency landing; **~на посмішка** forced (strained) smile

вим'я udder

вина fault, guilt, blame; **з ~ни кого-н.** through smb.'s fault; **звалювати ~ну на кого-н.** shift the blame on smb.

винагорода reward, recompense; *(плата)* pay; remuneration; **за ~ду** for a consideration

винагороджувати, винагородити reward, recompense

винахід invention

винахідливий inventive; resourceful

винахідливість inventiveness; resourcefulness

винахідник inventor

винаходити, винайти invent

виникати, виникнути arise; *(починати існування)* come into being; **~кають питання** questions arise; **~ на горизонті** appear on the horizon

виникнення rise

винищувальний 1. destructive; **2.** *ав.* fighter *attr.*; **~на авіація** fighter aviation

винищувати, винищити destroy; exterminate

винищувач *ав.* fighter

винний I *і* **винен 1.** guilty; **я винен** it is my fault; **він не винен** it is not his fault; **2.:** **він мені винен п'ять доларів** he owes me five dollars

винний II wine *attr.*; winy; <> **~ камінь** tartar

вино wine

виноград 1. *(рослина)* vine; **2.** *збір. (ягоди)* grapes *pl*

виноградар vine-grower; viticulturist

виноградарство viticulture

виноградний vine *attr.*; grape *attr.*; **~на лоза** vine

виноградник vineyard

виноробство wine-making
виносити, винести carry out, take out; *(прибирати сміття й под.)* take away; <> **~ резолюцію** pass a resolution; **~ на розгляд** submit to (for) consideration
виноска *(на берегах)* marginal note; *(під текстом)* foot-note
винуватець culprit; *перен.* cause; **він є ~тцем трагедії** he is to blame for the tragedy
винятковий 1. *(який становить виняток)* exclusive; **2.** *(особливий)* exceptional
винятково exceptionally
виняток exception; **без ~тку** without exception; **за ~тком** with the exception (of); **як ~** as an exception, by way of exception
виорювати, виорати *с.-г.* plough, till
випад 1. *спорт.* thrust; **2.** *(ворожі дії)* attack
випадати, випасти 1. fall (drop) out; *(вислизати)* slip out; **2.** *(про волосся)* come (fall) out; **3.** *(про сніг і под.)* fall; <> **~ на долю** fall to one's lot; **~пала нагода** an opportunity presented itself
випадковий 1. accidental; casual; chance *attr.*; **~ва зустріч** chance meeting; **~ збіг обставин** fortuitous coincidence of circumstances; **2.** *(непередбачений)* unexpected
випадковість chance
випадково by chance, accidentally
випадок 1. *(те, що сталося)* event, incident; *(нещасний)* accident; **2.** *(можливість)* occasion, chance; *(нагода)* chance, opportunity; **3.** *(обставини)* case; <> **на ~ чого-н.** in case of smth.; **про всяк ~** to make sure, just in case; *(щоб чого не сталося)* to be on the safe side
випалювати, випалити *(знищувати)* burn out; burn down
випари *мн.* fumes; vapour *sing*
випаровування evaporation
випаровувати(ся) і випарувати(ся) evaporate, exhale
випас pasture
випереджати, випередити outstrip; *(залишати позаду)* leave behind; *(встигати раніше)* forestall
випечений well-baked
випивати, випити drink; *(чай, каву)* take; **~ до дна** drain, empty; **~пити склянку чаю** have a glass of tea
випилювати, випиляти saw out, cut out
виписка 1. *(з тексту)* extract; **2.** *(з лікарні)* discharge
виписувати, виписати 1. *(робити виписки)* extract, write out; *(переписувати)* copy out; **2.** *(замовляти)* order; **3.: ~ з лікарні** discharge from hospital
випитувати, випитати pump; elicit

випихати, випхати thrust (push, turn) out
випікати, випекти 1. *(вогнем)* burn out; **2.** *(у печі)* bake
виплата payment
виплачувати, виплатити pay; *(цілком)* pay off
виплекати cherish, foster
випливати, виплисти і випливти 1. swim out; emerge; **~ на поверхню** come to the surface; *перен. тж* come to light; **2.** *(бути наслідком)* follow; **звідси ~ває, що** ... it follows that ...
виплигувати, виплигнути jump out
виплутувати, виплутати disentangle, extricate; **~ся** extricate oneself; **~ся з біди** get out of a scrape
виповзати, виповзти creep (crawl) out
виполіскувати, виполоскати rinse (wash) out
випорожнення emptying, evacuation
виправдання 1. justification; *(пояснення, вибачення)* excuse; **2.** *юр.* acquittal
виправдовувати, виправдати 1. justify; *(вибачити)* excuse; **~ довіру кого-н.** justify smb.'s confidence; **2.** *юр.* acquit; **~ся** justify oneself
виправлення correction
виправляти, виправити 1. *(випростовувати)* straighten; **2.** *(робити правильним)* correct; *(співрозмовника)* put smb. right; **~ становище** improve the situation; **~ся 1.** *(виправляти сказане)* correct oneself; **2.** *(покращуватися)* improve, reform
виправний correctional; corrective; **~ будинок** reformatory
випрасовувати, випрасувати iron, press
випирати, випрати wash (out)
випробовувати і випробувати, випробувати try, test
випробування 1. test, trial; **витримати ~** stand the test; **2.** *(тяжке)* ordeal
випробувач experimenter, tester
випромінювання (e)radiation; emanation; **~вати** (e)radiate, emit
випростовувати, випростати straighten; **~ся** straighten up
випрошувати, випросити ask, solicit, wheedle
випручувати, випручати free; **~ся** free oneself
випрямляти, випрямити straighten; *(зігнуте)* unbend; **~ся** straighten one's back, straighten up
випуск 1. *(продукції)* output; **2.** *(грошей, часописів і под.)* issue; **3.** *(група випускників)* graduates *pl*; *(про школярів)* school leavers
випускати, випустити 1. let out; *(відпуска-*

ти) let go; *(на волю)* release, set free; **2.** *(позику й под.)* issue; **3.** *(продукцію)* produce, put out, turn out; **4.** *(вилучити з тексту)* omit; **5.** *(публікувати)* publish, issue; <> **~стити з уваги** lose sight (of)

випускний 1. *(клас)* final-year; **2.** *тех.:* **~ хлипак** exhaust valve; **~ні іспити** final examinations, finals

вир whirlpool; *(невеликий)* eddy

виражати, виразити express, convey; **~ незадоволення** show displeasure; **~ словами** *(висловити)* put into words; **~ся** be expressed; manifest itself

вираз expression; **~ обличчя** look, expression

виразка *мед.* ulcer

виразний 1. expressive; **2.** *(чіткий)* distinct, clear

виразник *(думки)* spokesman, mouthpiece

виразно expressively; *(чітко)* distinctly, clearly

вираховувати, вирахувати 1. *(обчислювати)* calculate, compute; **2.** *(утримувати)* deduct

виривати I, вирвати pull out, tear out; *(з рук)* snatch out; **~ з корінням** uproot, eradicate; *перен. тж* root out

виривати II, вирити 1. *(відкопати)* dig out (up); **2.** *(викопати)* dig

вириватися, вирватися 1. *(звільнитися)* tear oneself away; wrench oneself free; **2.** *(про стогін і под.)* escape

виринати, виринути 1. emerge, come up to the surface; **2.** *перен.* turn up

виріб *(manufactured)* article; **~роби** *мн.* wares; goods; **промислові ~роби** industrial goods; **власного ~робу** of one's own making

вирівнювати, вирівняти even; *(робити гладеньким)* smooth out; *(випрямляти)* unbend; **~ся** straighten out; become even; become smooth

виріз cut

вирізка *(з газети)* clipping, cutting

вирізувати, вирізати cut out; *(з дерева)* carve (out); *(на металі)* engrave

(в)ирій *поет.* hot countries *(where birds fly for winter)*

вирішальний decisive; **~ голос** deciding vote

вирішувати, вирішити 1. decide; **2.** *(питання й под.)* settle, solve; **це не вирішує справи** it does not settle the question

виробіток 1. *(дія)* production; **2.** *(кількість виробленого)* output

виробляти, виробити 1. *(виготовляти)* manufacture, produce; **2.** *(план і под.)* work (draw) out, elaborate; **3.** *(звичку й под.)* form, develop; **~ся** form, develop

виробництво 1. *(товарів)* production, manufacture; **засоби ~ва** means of production; **вітчизняного ~ва** of home (domestic) manufacture; **сільськогосподарське ~** agricultural yield; **2.** *(підприємство)* factory, works

виробничий production *attr.*; industrial *attr.*; **~ стаж** record of service; **~чі відносини** industrial (production) relations; **~че навчання** industrial training; **~ча практика студентів** practical training for students; **~че завдання** output programme

виродження degeneration

вироджуватися, виродитися degenerate

виродок degenerate; monster

вирок sentence; **ухвалювати ~** sentence, condemn

виростати, вирости 1. grow; *(ставати дорослим)* grow up; **~ з одягу** grow out of one's clothes; **2.** *(поставати)* arise, appear

вирощувати, виростити 1. *(дітей)* bring up; *(тварин)* rear, raise; *(рослини)* grow; **2.** *перен.* train, form

вирубувати, вирубати *(ліс)* cut down; *(валити дерева)* to fell

вирувати seethe; *перен.* be in full swing

виручати, виручити 1. help out; *(рятувати)* rescue; **2.** *(гроші)* make, gain

вирушати, вирушити start, depart; **~ в дорогу** set off (out) on a journey, start on a journey

виряджати, вирядити 1. *(убирати, причепурювати)* dress up; **2.** *(споряджати)* equip, fit out; **3.** *(проводжати)* see off

висаджувати, висадити 1. *(на берег)* put ashore; disembark, land *(тж військо)*; *(з автомобіля)* drop, set down; **2.** *(рослини)* plant out, transplant; **3.:** **~ в повітря** blow up

висадка 1. *(на берег)* disembarkation; **2.** *(десанту)* landing; **3.** *(рослин)* transplanting

висвітлювати, висвітлити light up; *перен.* throw light (upon), elucidate; **~ся** light up, brighten; be lighted

виселення eviction

виселяти, виселити evict; **~ся** move

висиджувати, висидіти 1. sit out; stay, remain; **~ всю ніч за книжкою** sit up all night over a book; **2.** *(пташенят)* hatch

висилати, вислати 1. send; **2.** *(відправляти примусово)* exile, banish; *(із країни)* deport

висипа́ти, ви́сипати 1. pour out; *(ненавмисне)* spill; *(спорожняти)* empty; **2.** *(про висип)* break (come) out; **3.** *розм.* *(вибігати)* pour out

висипа́тися, ви́сипатися pour (spill) out

висиплятися, виспатися have a good sleep, have a good night's rest

висипний *мед.*: ~ **тиф** typhus, spotted fever
висихати, висох(ну)ти 1. dry up; *(про рослини)* wither; 2. *перен. (про людину)* waste away
висівки *мн.* siftings; bran *sing*
висікати, висікти 1. carve, hew; *(скульптуру)* sculpture, cut; 2. *тк док. (бити різками)* flog, whip
висіти hang; <> ~ **на волоску** hang by a thread
вискакувати, вискочити 1. jump out; *(раптово з'являтися)* spring out; 2. *(на що-н.)* jump on (into); 3. *(про прищ)* come up
вискалювати, вискалити: ~ **зуби** show (bare) one's teeth
вискочка *розм.* upstart, parvenu
вислизати, вислизнути slip out, slip off, slip away; *(непомітно виходити)* steal away
вислів expression
висловлювати, висловити express; ~ **свою думку** *(про)* give one's view (on); ~ **припущення** make a supposition (surmise); ~**ся (про)** speak (about), express one's opinion (about); ~**ся за** support, declare for; ~**ся проти** oppose, declare against
вислухувати *і* **вислуховувати, вислухати** 1. listen (to), hear out; 2. *мед.* sound, auscultate
висмикуватися pull out, snatch out
висміювати, висміяти ridicule, make fun (of)
виснажений exhausted; worn out
виснаження exhaustion
виснажливий exhausting; gruelling
виснажувати, виснажити exhaust, wear out
висновок conclusion, inference; **(з)робити** ~ draw a conclusion; conclude, infer; **дійти** ~**вку** come to (arrive) at a conclusion
високий 1. high; *(про людину)* tall; 2. *(вишуканий)* lofty, elevated; ~**ка мета** high (lofty) aim; 3. *(про звук)* high (-pitched)
висóко high; *(у повітрі)* high up, aloft
високовольтний *ел.* high-voltage *attr.*
високосний: ~ **рік** leap-year
високошановний *див.* **вельмишановний**
високоякісний high-quality *attr.*; of high quality *після ім.*
висота 1. height; *(над рівнем моря)* altitude; 2. *(звуку й под.)* pitch; 3. *(підвищення)* eminence, hill; *(вершина)* summit; <> **бути на** ~**ті становища** rise to the occasion
висотний 1. high-altitude *attr.*; 2. *(про споруду)* tall, multi-story, many-storeyed
височина 1. height; 2. hill; summit
височінь *поет.* height

височіти (над) 1. rise (above), tower (above); 2. *перен.* surpass (above)
виспівувати sing; *(про птахів)* warble
вистава performance, show; **денна** ~ matinee
виставка 1. exhibition, show; ~ **квітів** flower-show; 2. *(у крамниці)* exposition, display, show-window
виставляти, виставити 1. *(назовні)* put out; 2. *(вперед)* put forward; 3. *(для публічного показу)* exhibit; *(про товари)* display, show; <> ~ **чию-н. кандидатуру** propose (put) forward smb.'s candidature, nominate smb.; ~ **на посміх кого-н.** to make a laughing-stock of smb.
вистачати, вистачити suffice, be sufficient (enough); **цього** ~**чить** this will suffice, this will be sufficient (enough)
вистрибувати, вистрибнути 1. *(звідки-н.)* jump (leap) out; 2. *(куди-н.)* jump (on), jump up (on)
вистромлювати, вистромити put (thrust) out
виструнчуватися, виструнчитися stand erect, stand at attention
виступ 1. projection; *(скелі тж)* ledge, jut; *(берега тж)* prominence; 2. *(промова)* speech; *(заява)* statement; 3. *(на сцені)* performance, appearance; 4. *військ.* march, departure
виступати, виступити 1. *(виходити наперед)* come forward; 2. *(видаватися наперед)* project, protrude, jut out; 3. *(прилюдно)* come out, appear; *(про актора й под.)* perform; ~ **на зборах** take the floor; make a speech; ~ **по радіо** broadcast a speech; ~ **в ролі** take the part (of)
висувати *і* **висовувати, висунути** 1. pull (move) out; ~ **шухляду** open a drawer; 2. *перен. (кандидатуру, думку)* advance, put forward; *(для обрання)* nominate; *(на вищу посаду)* promote; <> ~ **на передній план** push into the foreground
висуватися, висунутися 1. *(показуватися)* show oneself; *(переміщатися вперед)* move (forward); lean out; *(видаватися)* protrude, jut out; 2. *перен. (вирізнятися серед інших)* be distinguished; *(досягати вищого положення)* rise; <> ~ **на передній план** come to the fore, advance to the forefront
висувний sliding
висушувати, висушити 1. dry; drain; 2. *(виснажувати)* emaciate, waste
висхідний ascending, rising
висякатися *розм.* blow one's nose
витвір creation, work
вити I, завити *(про собаку й под.)* howl; *(про вітер тж)* wail, moan

вити II, звити *(нитки й под.)* twine, twist

витирати, витерти wipe (dry), dry; **~ пил** dust; **~ся** dry oneself; rub oneself dry

витися 1. *(про рослини)* climb, twine; **2.** *(про гадюку)* writhe; **3.** *(про волосся)* curl; **4.** *(про річку, дорогу)* wind

витівати 1. *(пустувати)* be up to mischief; play a prank (trick); **2.** *(вигадувати)* contrive

витівка *(учинок)* trick, prank; *(весела)* escapade; *(вигадка)* contrivance

витікати, витекти 1. flow out, run out; **2.** *(брати початок — про річку)* have its source

витісняти, витіснити 1. force out; oust; **2.** *фіз.* displace

витісувати, витесати hew out, cut out

витовкти trample down

витончений refined, subtle, exquisite

витоплювати I, витопити *(піч)* heat

витоплювати II, витопити *(сало)* melt; *(масло)* clarify

виторг gains, takings *pl*

витрата expenditure, expense, outlay

витрачати, витратити spend; **~ марно** waste

витривалий enduring, hardy; of great endurance

витриманий 1. *(послідовний)* sustained, consistent; **2.** *(стриманий)* self-controlled

витримувати, витримати bear, stand; *перен. тж* endure; **~ іспит** pass an examination; **~ кілька видань** *(про книгу)* run into several editions; **його нерви не ~мали** his nerves failed him

витрушувати, витрусити shake out

виття howl(ing); *(про плач)* wail; **~ вітру** wail(ing) of the wind

витяг extract; ixcerpt

витягати, витягти 1. *(у довжину)* stretch (out); **2.** *(нагору)* drag (up, on); *(звідки-н.)* drag (draw) out; *(із силою)* pull out; *(кулю, скалку)* extract; **3.** *перен.* *примушувати дати)* extort, force out; <> **~** *(всі)* жили з кого-н. wear smb. out; **~ кого-н. із біди** help smb. out of trouble; **~(ну)ти ноги** turn up one's toes

витягатися, витягтися 1. *(розтягатися)* stretch (oneself); **2.** *(випрямлятися)* stand erect

вихваляти praise, (be)laud, eulogize; **~ся** *(ким-н., чим-н.)* boast (of, about), brag (of, about)

вихватка *(жарт)* trick, prank, escapade; *(ворожа)* attack

вихід 1. *(дія)* going out; **2.** *(місце виходу)* exit; outlet; way out *(тж перен.)*; **3.** *театр.* entrance; **4.** *(книги й под.)* appearance, publication; <> **дати ~ почуттям** give vent to one's feelings

вихідний 1.: ~ день day off, rest-day; **2.** *(початковий)*: **~на точка** starting-point; **~на позиція** *війс.* initial position

вихлоп *(випуск)* *тех.* exhaust

вихлюпувати, вихлюпнути splash (throw) out

вихованець pupil; *(годованець)* ward

вихований well-bred; welt brought up; **погано ~** ill-bred; badly brought up

вихованість (good) breeding

виховання 1. education; *(дитини тж)* upbringing; *(підготовка)* training; **2.** *(сукупність навичок, поглядів і под.)* (good) breeding

вихователь teacher, tutor, educator

виховувати, виховати 1. bring up; rear; **2.** *(освічувати)* educate

виходити, вийти 1. go out, come out; *(з вагону й под.)* alight, get out; **2.** *(підніматися)* mount, ascend; **3.** *(ґрунтуватися на чому-н.)* proceed (from); **4.** *(публікуватися)* be out, be published; **5.** *(витрачатися)* run out; **6.** *(мати успіх)* come out, make; **нічого не вийде** it will come to nothing; **з нього вийде гарний учитель** he will make (be) a good teacher; **7.** *(про вікна й под.)* look out (at, on); **вікно виходить на парк** the window looks out onto the park; <> **~ з берегів** overflow the banks; **~ у відставку** resign, retire; **~ з моди** go out of fashion; **~ з ужитку** go out of use, fall into disuse; **~ з положення** find a way out; **~ з ладу** be out of action; **~ заміж** marry; **~ в люди** make one's way in life; **виходить, (що)** [випада, отже] it seems (appears, follows) (that)

вихоплювати, вихопити 1. *(висмикувати)* snatch out; **2.** *(рвучко виймати)* get out, take out; *(про зброю)* draw

вихор I *(вітер)* whirlwind; *перен. тж* vortex

вихор II *(пасмо волосся)* tuft; *(на лобі)* forelock

вицвітати, вицвісти fade

вичавлювати, вичавити squeeze out, press out

вичерпний exhaustive

вичерпувати, вичерпати 1. scoop out; *(воду з човна)* bail out; **2.** *перен.* exhaust; **~ся** be exhausted

вичинювати, вичинити *(шкіру)* dress, curry

вичищати, вичистити clean; *(щіткою)* brush

вичікувати wait (for); *(без додат. тж)* bide one's time

вичісувати, вичесати comb out

вишиваний embroidered

вишиванка *(про сорочку й под.)* embroidered shirt (blouse)

вишивати, вишити embroider

вишивка embroidery
вишиковувати, вишикувати *війс.* draw (line) up; form up; **~ся** *війс.* draw up; line up; form up
вишкіряти, вишкірити: ~ зуби grin; show one's teeth
вишневий cherry *attr.*; *(про колір тж)* cherry-coloured; **~ сад** cherry orchard
вишня *(ягода)* cherry; *(дерево)* cherry-tree
виштовхувати, виштовхати 1. *(виганяти)* force out; **2.** *(витискати поштовхами)* push out
вишуканий exquisite, subtle, refined
вишукувати, вишукати 1. *тк недок.* *(шукати)* look for, try to find out; **2.** *тк док.* *(знайти)* find out
вищати squeal; screech; *(про пилку й под.)* whine; *(про собаку)* yelp
вищезазначений, вищезгаданий aforesaid, aforementioned, above-mentioned
вищий *(більш високий)* higher; *(за станом, якістю)* superior; **~ ступінь** *грам.* comparative degree; **~ща освіта** higher education; **~ навчальний заклад** higher educational institution, university, institute; *(у США, Англії тж)* college
вищиряти, вищирити *див.* **вишкіряти, вишкірити**
вияв, виявлення manifestation, display, expression
виявляти, виявити 1. *(показувати)* show, display, manifest; **2.** *(знаходити)* discover, find out; **~ся 1.** *(ставати видним)* show; **2.** *(проявлятися)* manifest itself; **3.** *(бути таким, як насправді)* turn out, prove (to be); **виявилося, що** it was found that, it turned out that
виярок dell
вияснювати, вияснити elucidate, make clear, clear up; *(установлювати)* find out, ascertain; **~ся 1.** *(з'ясовуватися)* turn out; come to light; **2.** *(про погоду)* clear up; **вияснилося** sky has cleared
вібрація vibration
вібрувати vibrate
вівсяний oat *attr.*; **~ні крупи** oatmeal
вівсянка *(каша)* (oatmeal) porridge
вівтар altar
вівторок Tuesday
вівця *зоол.* sheep
вівчар shepherd
вівчарка sheep-dog
вівчарство sheep-breeding
від 1. *у різн. знач.* from; **~ Києва** from Kyiv; **~ одного до десяти** from one to ten; **лист ~ друга** a letter from the friend; **2.** *(з причини)* with, of, from; **тремтіти ~ страху** tremble with fear; **~ радості** for (in) joy; **3.** *(проти)*

for; against, from; **ліки ~ кашлю** medicine for a cough, cough medicine; **захищати ~** defend from, against; **4.** *(починаючи від)* since, from; **від початку до кінця** from beginning to end; **від ранку до вечора** from morning till evening; **чекаю тебе від ранку** I've been waiting for you since morning; <> **час ~ часу** from time to time; **~ імені** on behalf (of)
відбивати, відбити 1. *(відламувати)* break off; **2.** *(атаку, напад)* beat off (back); repulse; **~ м'яч** return a ball; **3.** *(відображати)* reflect; **4.** *(відбирати)* win over; <> **охоту (до)** discourage (from); **~ такт** beat time
відбиватися, відбитися 1. *(відламуватися)* break off; **2.** *(захищаючись)* defend oneself (against); beat off, repulse; **~ від ворога** beat off the enemy; **3.** *(залишати слід)* leave an imprint; **4.** *(відображатися)* be reflected; **5.** *(впливати)* affect, have an effect (on); **це відіб'ється на його здоров'ї** that will tell on his health; <> **~ від рук** *розм.* get (be) out of hand
відбивний *кул.*: **~на (котлета)** chop
відбирати, відібрати 1. *(віднімати)* take away; *(про час)* take; **2.** *(вибирати)* choose, pick out; <> **йому відібрало мову** he has lost the use of his tongue
відбиток 1. imprint, mark; **~ пальця** fingerprint; **2.** *(відображення предмета)* reflection
відбігати, відбігти run off
відбійний *гірн.*: **~ молоток** pickaxe, pickax *амер.*
відбілювач bleach
відбір selection
відблиск reflection, gleam
відбувати, відбути serve; **~ військову повинність** serve as a soldier, serve in the army; **~ кару** serve one's sentence
відбуватися, відбутися 1. happen; take place; occur; **2.** *тк док. (чим-н.)* escape (with), get off (with); **дешево відбутися** get off cheap; **~ жартами** turn off with a joke
відбудова reestablishment, restoration; *(промисловості й под.)* reconstruction
відбудовний *і* **відбудовчий** restoration *attr.*; **~чий період** period of reconstruction
відбудовувати, відбудувати reestablish, restore, rehabilitate
відвага courage, bravery
відважний courageous, brave, fearless
відвалювати, відвалити *(відкидати вбік)* heave off
відвантажувати, відвантажити dispatch; *(водяним транспортом)* ship
відвар *(м'ясний)* broth; *(лікувальний)* decoction; **рисовий ~** rice-water

відварювати, відварити boil
відвертати, відвернути 1. *(убік)* turn aside; *(обличчя, погляд)* avert; **~ носа (від)** turn up one's nose (at); **2.** *(зсувати набік)* heave aside; turn away; **3.:** **~ небезпеку** avert danger; **4.** *(відгвинчувати)* unscrew, turn on (off)
відвертатися, відвернутися turn away (from) *(тж перен.)*; avert one's face (eyes)
відвертий frank; outspoken; downright
відвертість frankness; direct manner
відверто frankly, candidly; **~ кажучи** frankly speaking
відвідання visit, call; *(лекцій і под.)* attendance
відвідини мн. visit *sing*; call *sing*
відвідування *див.* **відвідання**
відвідувач і **відвідувачка** visitor; *(гість)* guest
відвідувати, відвідати visit, call on; *(лекції)* attend; **часто ~вати** frequent
відводити, відвести 1. lead, take; **~ вбік** take aside; **~ війська** withdraw the troops; **2.** *(кандидатуру)* reject; <> **~ очі** look aside; **~ душу** *розм.* unburden one's heart
відвозити, відвезти drive (fake) (to a place); **~ назад** drive back, take back
відволікати, відволікти 1. drag (pull) away (aside); **2.** *(про увагу й под.)* distract; **~ кого-н. від чого-н.** attract smb. away from smth.; **3.** *(відтягати виконання й под.)* delay
відв'язувати, відв'язати untie; *(тварин тж)* untether; **~ся** come untied; get loose
відгадувати, відгадати guess
відгалуження offshoot; *(гілка)* branch
відганяти, відігнати 1. drive away (off); *(про думки тж)* fight back; **2.** *хім.* distill off
відгинати, відігнути *(назад)* turn back; unbend
відгодівля fattening
відгодовувати, відгодувати fatten
відгомін echo *(тж перен.)*
відгонити *(чим-н.)* *(мати присмак)* taste (of); *(мати запах)* smell (of); *перен.* savour (of), smack (of)
відгороджувати, відгородити *(парканом)* fence off; *(перегородкою)* partition off
відгортати, відгорнути *(відсувати)* move aside; *(граблями)* rakeaway (off)
відгризати, відгризти bite off; gnaw off
відгук 1. *див.* **відгомін**; **2.** *(відповідь на поклик і под.)* response; **3.** *(рецензія)* review; *(судження; думка)* reference; opinion; *(офіційний)* testimonial
відгукуватися, відгукнутися 1. *(на поклик)* answer, respond (to); **2.** *перен.* *(виражати ставлення до)* comment (on); **3.** *(відлунювати)* echo

віддавати, віддати 1. *(повертати)* give back, return; *(передавати)* give; **2.** *див.* **відгонити**; <> **~ до школи** put (send) to school; **~ заміж (за)** give in marriage (to); **~ належне кому-н.** render smb. his due; **~ останню шану** pay the last honours (to); **~ перевагу** give preference (to); **~ честь** *військ.* salute; **~ під суд** prosecute
віддаватися, віддатися *(кому-н.)* give oneself up (to); *(чому-н.)* devote oneself (to); *(у вухах)* ring
віддавна long since
віддалік 1. *(здалека)* from far away, from afar; **2.** *(на далекій відстані)* in the distance, far off; *(осторонь)* aloof
віддалений remote, distant
віддалення 1. *(відстань)* distance; **2.** removal; *перен.* estrangement
віддаль distance; **на ~лі п'яти метрів (від)** at five metres' distance (from)
відданий devoted; loyal, faithful; **він ~ справі** he is devoted to the cause
відданість devotion; loyalty, faithfulness
віддирати, віддерти tear off (away)
віддихатися recover one's breath
відділ 1. *(частина цілого)* part; **2.** *(установи)* department; **~ кадрів** personnel department; **3.** *(часопису, газети)* section
відділення 1. *(дія)* separation; **2.** *див.* **відділ**; **3.** *військ.* section
відділяти, відділити separate; **~ перегородкою** partition off
віддячувати, віддячити 1. repay; return smb.'s kindness; **2.** *(мститися за вчинене зло)* requite
відеогра video game
відеозапис video (recording)
відеокамера camcorder, videocamera
відеокасета video cassette
відеотелефон videotelephone, *тж* videophone
від'ємний *мат.* negative
від'ємник *мат.* subtrahend
відживати *(відмирати)* become obsolete; **~ свій вік** *(про людей)* have had one's day; *(про звичаї та под.)* go out of fashion
відзив *див.* **відгук** 3
відзнака 1. *(ознака)* sign; **2.** *(нагорода)* decoration; *військ.* insignia; **диплом з ~кою** honours-diploma; **на ~ку** to mark the occasion (of); *(про минулу подію)* in commemoration (of)
відзначати, відзначити 1. *(відмічати)* mark; **2.** *(звертати увагу)* note; **3.** *(святкувати)* celebrate; **4.** *(похвалою, нагородою)* honour (with); **5.** *(вирізняти)*, distinguish
відзначатися, відзначитися 1. *(відрізнятися від)* differ (from); **2.** *тк недок.* *(харак-*

теризуватися чим-н.) be notable (for); **3.** *(діями, учинками)* distinguish oneself
відігравати, відіграти: ~ роль play a part
від'їжджати, від'їхати 1. *(вибувати)* go away, depart; leave (for); **2.** *(на певну відстань)* go off, drive off
від'їзд departure, leaving
відкараскатися get rid (of)
відкидати, відкинути 1. throw off (away, aside); **2.** *(ворога й под.)* push back, thrust back; repulse; **3.** *перен. (відмовлятися, відхиляти)* give up, reject; **~ пропозицію** reject an offer; **~ся** lean back
відкидний folding; **~не сидіння** folding (hinged) seat; **~ верх** *(автомобіля)* folding hood, collapsible top
відкладати, відкласти 1. put (lay) aside; **2.** *(запасати)* lay by, put aside (by); **3.** *(відстрочувати)* put off, postpone; *юр.* suspend
відклик *(посла й под.)* recall
відкликання recall
відкликати, відкликати 1. *(відізвати вбік)* call (take) aside; **2.** *(посла, документи й под.)* recall
відколи 1. *присл.* since when; **2.** *спол.* (ever) since
відкопувати, відкопати 1. dig up; **2.** *розм. (відшукувати)* unearth
відкочувати, відкотити 1. roll, away; *(убік)* roll aside; **2.: ~ рукава** turn back the sleeves
відкривати, відкрити 1. open; **~ шлях** clear the way; **2.** *(робити відкриття)* discover; **3.** *(таємницю й под.)* reveal, disclose; **4.** *(установу, заклад)* inaugurate; *(пам'ятник)* unveil; <> **~ свої наміри** lay open one's designs; **~ засідання** open a sitting; **~ свої карти** show one's band (game); **~ся 1.** open; **2.** *(виявлятися)* come to light; **3.** *(признаватися кому-н.)* confide (in smb.)
відкритий 1. open; **2.** *(відвертий, щирий)* frank; *(неприхований)* undisguised; **~ вийти у ~те море** put to sea; **~та машина** open-top car; **~та сукня** low-cut dress; **~те голосування** open vote; **~те питання** open question; **~ лист** open letter;
відкриття 1. *(дія)* opening; *(пам'ятника)* inauguration, unveiling; **2.** *(наукове)* discovery
відкушувати, відкусити bite off
відламувати, відламати break off
відлига thaw
відліт 1. flying away; **2.** *ав.* departure, take-off, start
відлітати, відлетіти 1. fly away; **2.** *(про м'яч і под.)* fly back
відлюдний 1. lonely, solitary; **2.** *(про людину)* unsociable

відлюдько *розм.* unsociable
відмежовуватися, відмежуватися dissociate oneself (from)
відмерзати, відмерзнути freeze
відмивати, відмити wash (off)
відмикати, відімкнути unlock, unbolt
відмирати, відмерти die off; *перен. (зникати)* disappear, die out
відміна 1. *(несхожість)* difference; **на ~ну від** unlike, in contrast to; **2.** *(скасування)* abolition; **3.** *грам.* declension
відмінний 1. *(інший)* different (from); **2.** *(дуже гарний)* excellent, perfect; **~ної якості** of high quality
відмінник *(учень, студент)* excellent pupil (student)
відмінно 1. excellently, perfectly; **2.** *як ім., невідм. (оцінка)* excellent
відмінювання *грам. (іменників)* declension; *(дієслів)* conjugation
відмінок *грам.* case
відмінювати *грам. (іменник)* decline; *(дієслово)* conjugate
відміняти, відмінити *(скасовувати)* abolish; *(закон)* abrogate; *(наказ)* countermand
відмітний distinctive
відмічати, відмітити 1. mark; **2.** *(звертати увагу)* note
відмова refusal, rejection
відмовляти, відмовити 1. refuse, deny; **2.** *(відповідати)* answer, reply; **3.** *(відраджувати)* dissuade (from); **~ся 1.** refuse, decline, repudiate; give up; **2.** *(переставати діяти — про частини людського тіла, зір і под.)* fall, refuse to obey
віднині henceforth, henceforward
віднімати, відняти 1. take away; *(надію)* bereave (of); **2.** *мат.* subtract
відновлювати, відновити 1. restore; rebuild; **2.** *(знову починати)* renew; resume; **3.** *хім.* reduce
відносини *мн.* relations
відносити, віднести 1. take (to); **~ що-н. на місце** put smth. in its place; **2.** *(вітром, течією)* carry away; **3.** *(до розряду, групи)* refer (to), attribute (to)
відносний relative *(тж грам.)*
відносність relativity; **теорія ~ності** (theory of) relativity
відносно 1. *присл.* relatively; **2.** *прийм.* concerning; about
відношення 1. *(причетність, зв'язок)* relation; relationship; **мати ~ (до)** bear a relation (to); **це не має ~ (до)** it has nothing to do (with); **у всіх ~нях** in every respect; **2.** *мат.* ratio
відображати, відобразити represent
відображення representation

відозва appeal; proclamation
відокремлювати, відокремити separate (from)
відомий 1. *(знайомий)* known; **2.** *(знаменитий)* well-known, famous; *(з негативного боку)* notorious; <> **~ма річ** naturally; of course
відомо 1. *безос.* it is known; **йому ~, що** he knows that, he is aware that; **2.** *вставне сл.* naturally, of course; **як ~** as is generally known
відомість list; **~ на зарплату** pay-sheet; pay-roll *амер.*
відомості *мн. news sing*; information *sing*, gazette
відомство (government) department
відпадати, відпасти fall off (away); <> **у нього ~пала охота до цього** his desire to do it has passed
відписувати, відписати 1. *(відповідати на лист)* answer (a letter); *(повідомляти)* write back; **2.** *(заповідати)* leave by will, bequeath
відпихати, відіпхнути push away; *(ногою)* kick
відплата repayment, *перен.* retribution, requital; <> **час ~ти** day of reckoning
відплачувати, відплатити repay; *(мститися)* requite; <> **~ кому-н. тією самою монетою** pay smb. in his own coin
відплив ebb, ebb-tide, low-tide *тж перен.*
відпливати, відплисти sail; *(про людей, тварин)* swim off
відповзати, відповзти crawl away
відповідальний 1. responsible; **~ редактор** editor-in-chief; **2.** *(важливий)* crucial; **~ момент** crucial point
відповідальність responsibility; **притягати до ~ності** hold responsible, call to account
відповідати, відповісти 1. answer, reply; **2.** *(виконувати певні обов'язки, доручення та под.)* answer (for); be responsible (for); **3.** *(відповідати чому-н.)* correspond (to); **~ призначенню** answer the purpose; <> **~ урок** say (recite) *амер.* one's lesson
відповідний corresponding; *(який підходить)* suitable
відповідність accordance, conformity
відповідно 1. *присл.* accordingly, correspondingly; **2.** *прийм.:* **~ до** according to, in accordance with
відповідь answer, reply; **у ~ на** in answer to
відпочивати, відпочити rest, have a rest; take a holiday
відпочинок rest; holiday; *(дозвілля)* recreation; **будинок ~нку** holiday home; **день ~ку** day off, rest day
відправа *рел.* service
відправляти, відправити send, forward; **~ поштою** post, mail

відправник sender
відпрацьовувати, відпрацювати 1. *(який-н. час)* work; **2.** *(борги)* work off
відпрошуватися, відпроситися ask to be let off; **він відпросився додому** he asked to be allowed to go home
відпускати, відпустити 1. let go; *(звільняти)* release; set free; **2.** *(послаблювати)* slacken; turn loose; **3.** *(видавати)* supply; *(товар у крамниці)* sell; **4.** *(бороду, вуса)* grow
відпускник man on holiday; *війс.* serviceman on leave
відпустка leave, holiday, vacation *амер.*; **щорічна ~** annual leave; **бути у ~тці** on holiday; **брати ~ку** take leave
відраджувати, відрадити dissuade
відрадний pleasant, comforting
відраза aversion, disgust, repulsion; **почувати ~зу (до)** feel an aversion (for); loathe
відразливий repulsive, disgusting
відразу at once
відраховувати, відрахувати 1. count off; **2.** *(утримувати частину суми)* deduct, keep back
відрахування 1. *(із зарплати)* deduction; **добровільне ~** subscription; **2.** *(асигнування)* assignment
відрекомендувати introduce, present; **~ся** introduce oneself
відрив 1. *(дія)* tearing off; **2.** *перен.* alienation, isolation; **без ~ву від виробництва** without giving up one's work; **з ~вом від виробництва** work being discontinued
відривати, відірвати 1. tear away (from); *(ґудзик і под.)* tear off; **2.** *(від роботи й под.)* disturb, interrupt
відріз *(тканини)* length (of stuff); **~ на костюм** suit length
відрізняти, відрізнити distinguish; discern; **~ одне від одного** tell one from the other; **~ся 1.** *(бути іншим)* differ (from); **2.** *(характеризуватися чим-н.)* be distinguished (by); be notable (for)
відрізок 1. piece; **~ часу** period of time; **~ шляху** section (length) of road; **2.** *мат.* segment
відрізувати, відрізати 1. cut off; *(ножицями)* snip off; *(м'яса й под.)* carve; **2.** *тк док. розм. (різко відповісти)* snap out, cut short
відро pail, bucket; **повне ~** *(чого-н.)* a pailful (of)
відродження *(традиції та под.)* revival; *(нації, віри)* rebirth; *(території, демократії)* regeneration; **епоха В.** *іст.* Renaissance
відроджувати, відродити revive; regenerate
відрубувати, відрубати 1. cut off, chop off; **2.** *тк док. розм. (різко відповісти)* snap out

відряджати, відрядити send on an official journey (trip)

відрядження mission, business trip; **у ~ні** on a mission, on a business trip

відсахнутися start back, recoil (*тж перен.*)

відсвяткувати celebrate

відсилати, відіслати send off; (*повертати назад*) send back; (*поштою*) post, mail

відсипати, відсипати (*сипуче, рідину*) pour out

відсів sifting out; *перен. тж* elimination

відсіч rebuff, repulse; **давати ~** repulse

відскакувати, відскочити 1. (*стрибком*) jump aside (away); **2.** (*про м'яч*) rebound, recoil; **3.** (*відриватися*) come off; (*відпадати*) break off

відсоток per cent

відставання lag, lagging behind

відставати, відстати 1. (*віддалятися, відпадати*) come off; **2.** *розм.* (*відчепитися*) leave (let) alone; **3.** (*залишатися позаду*) fall (lag) behind; *перен.* be behind; **не ~ (від)** keep up (with); **4.** (*про годинник*) be slow

відставка (*залишення посади*) resignation; (*звільнення*) dismissal; **піти у ~ку** retire; **одержати ~ку** be dismissed; **у ~ці** retired, on the retired list

відстань *див.* **віддаль**

відстібати, відстебнути unfasten, undo; (*ґудзик*) unbutton; (*гачок*) unhook; **~ся** come unfastened (undone)

відстоювати, відстояти (*захищати*) stand up (for), defend; (*погляди й под.*) advocate; **~ свої права** assert one's rights; **~ свою думку** persist in one's opinion; **<> ~ справу миру** champion the cause of peace

відстоюватися, відстоятися (*про рідину*) settle

відступ 1. retreat; **2.** (*від правил і под.*) deviation; **3.** (*від теми*) digression

відступати, відступити 1. steps back; **2.** *військ.* retreat; fall back; **3.** (*від правил і под.*) deviate; **4.** (*від теми*) digress; **~ся** give up, renounce

відсувати, відсунути move aside (away); *перен.* (*відкладати*) put off; **~ся** move aside (away); **~ назад** draw back

відсутній 1. absent; **2.** *як ім.* absentee

відсутність 1. absence; **за його ~ності** in his absence; **2.** (*брак чого-н.*) lack (of); **через ~ часу (грошей)** for lack of time (money)

відтавати, відтанути thaw out

відтак then, afterwards

відтворювати, відтворити 1. reproduce; **2.: ~ в пам'яті** recall to mind (to) one's memory

відтепер henceforth, henceforward; from now on

відтинати, відтяти cut off, chop off

відтинок *див.* **відрізок**

відтіля, відтіль from there

відтінок 1. shade, tinge; (*про колір*) hue; tint; **із сірим ~нком** with a touch of grey; **2.** *перен.* nuance, shade

відтоді since then

відтягати, відтягти 1. drag (pull aside) away; **2.** *військ.* draw off; **3.** *перен.* distract (from); divert (from); **4.** (*відкладати*) defer, delay; **щоб ~гти час** to gain time

відучувати, відучити (від) break of the habit of, train not (+to *inf.*); **~ся** *док.* break oneself of the habit (of + -ing); grow unused (to + -ing)

відхилення deflexion; deviation; **~ вбік** *перен.* divergence; **~ від теми** digression

відхиляти, відхилити 1. (*убік*) deflect; turn aside; **2.** (*прохання й под.*) decline

відхилятися, відхилитися move aside; **~ вбік** diverge; deviate; **~ від теми** digress from the subject; **~ від курсу** swerve from one's course

відхід 1. setting off; (*потяга*) departure; (*судна*) sailing; **2.** *військ.* withdrawal; **3.** (*розрив з чим-н.*) breaking away

відходи *мн.* waste (material) *sing*

відходити, відійти 1. move away (off), go away; (*про потяг*) leave, depart; (*про судно*) sail; **2.** *військ.* withdraw, draw off; fall back; **3.** *перен.* (*від кого-н.*) break away (from); (*від теми й под.*) digress (from)

відцвітати, відцвісти (*про квіти, тж перен.*) fade; (*про дерева*) shed its blossom

відцентровий centrifugal

відцуратися renounce, repudiate

відчай despair; **впадати у ~** give way to despair

відчайдушний desperate

відчалювати, відчалити push off, move off

відчиняти, відчинити open

відчіплювати, відчепити unhook; *зал.* uncouple; **~ся 1.** get loose; come uncoupled; **2.** *розм.* leave smb. alone

відчувати, відчути feel; sense, have a sensation (of); **~ся** *тк недок.* be felt; *безос.*: **відчувається, що** there is a feeling (that), it is evident (that)

відчутний 1. perceptible, tangible, palpable; **2.** (*помітний, значний*) appreciable

відчуття feeling, sensation

відшкодовувати, відшкодувати make up (for), compensate (for); repay; **~ витрати** pay (refund) expenses; reimburse; **~ збитки** recover losses

відшкодування compensation; recompense; indemnity; **~ збитків** *юр.* damages *pl*

відштовхувати, відштовхнути 1. push away; *(ногою)* kick; **2.** *перен.* alienate; repel; **~ся** push off

відшукувати, відшукати find; *недок. тж* look for

відьма witch

віжки *мн.* reins

віз cart; *(чого-н. — як міра)* cart-load

віза visa; **надати ~зу** grant a visa; **одержати ~зу** get a visa

візерунок pattern, design

візерунчастий figured, patterned

візит visit; *(короткочасний)* call

візитівка visiting card

візник cabman; <> **їхати ~ком** drive in a cab

візуальний visual

візувати stamp; **~ паспорт** stamp (visa) a passport

війна war; **громадянська ~** civil war, **партизанська ~** guerilla warfare; **холодна ~** cold war; **зоряні ~ни** star wars; **перебувати в стані ~ни (з)** be at war (with)

військкомат *(військовий комісаріат)* ministry for war

військо forces *pl*; **~ка** *мн.* troops, forces; **сухопутні ~ка** land forces; **наймані ~ка** mercenary army *sing*; mercenaries; **реґулярні ~ка** regular troops; **інженерні ~ка** engineer troops

військовий 1. military; **~ потяг** troop train; **~ва служба** military service; **~ва форма** *див.* однострій; **~ва частина** army unit; **2.** *як ім.* military man, serviceman

військовозобов'язаний *як ім.* person liable to military service; *(що перебуває в запасі)* reservist

військово-морський: ~ флот the Navy

військовополонений *як ім.* prisoner of war

військовослужбовець *(військовик)* military man, serviceman

вік 1. *(сторіччя)* century; **2.** *(історичний період)* age; **Середні ~ки** the Middle Ages; **3.** *(людини)* age; *(тривалість життя)* lifetime; **на моєму ~ку** in my day (lifetime); **доживати ~ку** spend the rest of one's day; **на наш ~ вистачить** it will last our time; <> **на ~ки вічні** forever

вікарій vicar

вікно window

віковий 1. age *attr.*; **~ ценз** age qualification; **2.** *(давній, старий)* ancient; *(про дерево)* secular

віконний window *attr.*

віконниця (window) shutter

віл *зоол.* ox, bullock; <> **працювати як ~** work like a horse

вілла villa

вільний 1. free; **2.** *(не зайнятий: про місце, номер)* vacant; *(про час)* spare; **3.** *(про одяг)* loose-fitting; *(про приміщення)* spacious; <> **~ переклад** free translation; **~ слухач** externe; **~ стиль** *(у плаванні)* free style; **вхід ~** free admission

вільно 1. freely; **2.** *(легко, без зусиль)* easily; **~ читати (говорити)** read (speak) fluently; **3.** *війс.* *(команда)* **~!** stand easy!

вільха *бот.* alder (-tree)

він he; *(про тварин, неживі предмети, явища)* it; **я його не бачив** I have not seen him; **я дав йому книгу** I gave him the book, I gave the book to him; **це зроблено ним** it is made by him

вінеґрет *кул.* Russian salad, mixed salad; *перен.* medley

вінець 1. *(корона)* crown *(тж перен.)*; **2.** *поет.* *(вінок)* wreath; <> **кінець — ділу ~** all is well that ends well

віник broom, besom

вінок wreath

вінчати I *(увінчувати)* у різн. знач. crown; **~ся** be crowned

вінчати II, повінчати *(про шлюбний обряд)* marry; **~ся** be married

віолончель *муз.* violoncello; cello *скор.*

віра 1. faith, belief; **2.** *(довіра)* trust, faith; **приймати на ~ру** take on trust

віраж 1. *(поворот)* turn; **2.** *спорт.* bend

вірити (у) believe (in); *(довіряти)* trust

вірний 1. *(відданий)* faithful, loyal, true; **2.** *(надійний)* reliable, sure; **3.** *(неминучий)* certain; **~на смерть** certain death **4.** *рел.* *як ім.* believer, religious person

вірність *(відданість)* faithfulness, loyalty

вірно *(віддано)* faithfully, loyally

вірогідний trustworthy, reliable, authentic

віроломний treacherous, perfidious

віроломство treachery, perfidy

віртуальний virtual

віртуоз virtuoso

віртуозний masterly; **~не виконання** virtuoso performance

вірування belief, creed

вірус *бакт.* virus

вірусний virus *attr.*

вірчий: ~чі грамоти *дип.* credentials

вірш poem, verse; rhyme; **білий ~** blank verse; **~ші** *мн.* verses, poetry *sing*

віршований written in verse; poetical

віршувати write poetry

вісім eight

вісімдесят eighty

вісімдесятий eightieth; **~ті роки** the eighties

вісімка 1. *(цифра)* eight; **2.** *карт.* the eight

вісімнадцятий eighteenth
вісімнадцять eighteen
вісімсот eight hundred
віск wax
віскі whisky, whiskey *амер.*
віскоза viscose
вісник herald, messenger
віспа *мед.* smallpox; **вітряна ~** chicken-pox; **щепити ~пу** vaccinate
вістря point, edge *(тж перен.)*
вістка news, a piece of news; *(повідомлення)* information; **останні ~ті** *мн.* the latest news *sing*
вісь 1. axis *(pl* axes*); 2. тех.* axle
вітальний welcoming; **~на телеграма** telegram of congratulation
вітальня drawing-room
вітамін vitamin
вітання 1. greeting; salute *(тж військ.);* **2.** *(поздоровлення)* congratulation
вітати 1. greet; salute *(тж військ.);* **2.** *(поздоровляти)* congratulate (on); **3.** *(гостей)* welcome; **~ся** greet
вітер wind; **зустрічний ~** head wind; **попутний ~** fair wind; <> **кидати слова на ~** waste words; **у нього ~ у голові** *(розм.)* he hasn't a serious thought in his head
вітерець (light) breeze
вітрило sail
вітрильний sailing *attr.;* **~ спорт** sailing; yachting
вітрильник sailing-ship, sailing-boat
вітрина *(у крамниці)* shop-window; *(у музеї)* display case
вітряк windmill
вітряний *(про погоду)* windy, gusty
вітрянка *мед. розм.* chicken-pox
вітчизна a motherland, homeland; mother (native) country
вітчизняний native; home *attr.*
вітчим stepfather
віха stake; landmark *(тж перен.)*
віхола snow-storm, blizzard
віхоть *(соломи й под.)* wisp
віце-адмірал vice-admiral
віце-голова vice-chairman
віце-президент vice-president
вічко 1. *(у дверях)* peep-hole, spy-hole; **2.** *бот.* eye; **3.** *(сітки й под.)* cell
віч-на-віч in private, confidentially
вічний eternal, everlasting; *(безперервний)* perpetual; **~на мерзлота** permafrost
вічність eternity; **я не бачив тебе цілу ~** I haven't seen you for ages
вічно eternally
вішалка 1. *(для одягу)* peg, rack, hat-and-coat-stand; **2.** *(на одязі)* tab, hanger
вішати *у різн. знач.* hang, hang up
вія eyelash
віялка winnowing-machine
віяло fan
віяти 1. *(про вітер)* blow lightly, breathe; **2.** *(про пахощі й под.)* come; **3.** *(розвіватися)* wave, flutter; **4.** *(зерно)* winnow
в'їдатися, в'їстися 1. bite (into); **2.** *(про дим і под.)* eat (into)
в'їдливий 1. *(про людину)* captious, cirping; **2.** *(про запах і под.)* acrid, pungent
в'їжджати, в'їхати 1. enter; *(верхи)* ride in (into); *(у машині)* drive (into); **2.** *(до квартири)* move in (into)
в'їзд entrance, entry; *(дорога)* drive
вказівка 1. *(дія)* indication; **2.** *(інструкція)* instructions *pl;* **давати ~ки** give instructions
вказівний indicating, indicatory; **~ займенник** *грам.* demonstrative pronoun; **~ палець** forefinger
вказувати *й* **указувати, вказати** *й* **указати** show, indicate; *(звертати увагу)* point out; *(давати вказівки)* give instructions
вкидати *й* **укидати, вкинути** *й* **укинути** throw in
вклад 1. *(дія)* investment; **2.** *(до банку й под.)* deposit
вкладення 1. лист із ~ням letter with enclosure; **2.** *ек.* investment
вкладник depositor
вкладати, вкласти 1. put in; *(у конверт)* enclose, insert; **2.** *(гроші)* invest; deposit
вклеювати *й* **уклеювати, вклеїти** *й* **уклеїти** paste in
вклонятися *й* **уклонятися, вклонитися** *й* **уклонитися** bow (to); *(вітатися)* greet
включати, включити 1. include; *(до списку)* inscribe, insert; **2.** *(задіювати)* start; *(радіо, електрику) див.* **вмикати; ~ся** join (in), be included (in)
включно including; inclusive
вкорінювати *й* **укорінювати** *і* **вкоріняти** *й* **укоріняти, вкоренити** *й* **укоренити** *у різн. знач.* enroot, root in; *перен.* inculcate; **~ся** take root
вкорочувати *й* **укорочувати, вкоротити** *й* **укоротити** shorten
вкочувати *й* **укочувати, вкотити** *й* **укотити** roll in; *(на колесах)* wheel in; **~ся** come rolling (into)
вкрадатися *й* **украдатися, вкрастися** *й* **украстися** steal in (into), slip in (into)
вкрадливий *і* **украдливий** ingratiating, insinuating
вкрай *і* **украй** quite, altogether, utterly
вкрасти steal
вкривати *й* **укривати, вкрити** *й* **укрити**

вкручувати — вогонь

cover (up, with); <> ~ **славою** cover with glory; **~ся** cover oneself (up); become (be) covered (with)

вкручувати й **укручувати, вкрутити** й **укрутити** screw in (into)

вкупі й **укупі** together

вкусити й **укусити** bite; (*про бджолу й под.*) sting

влада 1. (*політична*) power; (*батьківська*) authority; **бути при ~ді** to be in power; **державна ~** state power; **прийти до ~ди** to come to power

владний imperious, authoritative

влазити й **улазити** і **влізати** й **улізати, влізти** й **улізти** get in (into)

власне 1. *вставне сл.* (*тж ~ кажучи*) as a matter of fact, strictly speaking; 2. *част.* (*у власному розумінні*) proper, in the full sense

власний own; **~не ім'я** *грам.* proper name; **~ною персоною** in person

власник owner, proprietor; **~ землі** landowner

власницький proprietary; owner's; of ownership *після ім.*

власність property; ownership

власноручний autographic; **~ підпис** one's own signature; autograph

власноруч(но) with one's own hand

властивий peculiar, characteristic, inherent

властивість (*предмета*) property, quality; (*людини*) characteristic feature (trait)

влаштовувати й **улаштовувати, влаштувати** й **улаштувати** 1. (*організовувати*) arrange, organize, establish; 2. (*куди-н.*) place; <> ~ **свої справи** settle one's affairs; **це мене не влаштовує** it does not suit me

влітати й **улітати, влетіти** й **улетіти** fly in (into); *перен.* (*вбігати*) dash (into)

влітку й **улітку** in summer

влучати й **улучати, влучити** й **улучити** strike, hit; **~ в ціль** hit the mark; **~ у ворота** to end up in

влучний 1. (*про постріл і под.*) well-aimed; accurate; 2. *перен.* apt

влучність 1. (*вогню*) accuracy; 2. *перен.* aptness

влягатися й **улягатися, влягтися** й **улягтися** lie down

вмикати й **умикати, ввімкнути** й **увімкнути** і **умкнути** (*пускати в хід*) start; (*радіо, електрику*) switch on, turn on

вмикач *ел.* switch

вмирати й **умирати, вмерти** й **умерти** 1. die; 2. (*про традиції*) die out

вмить і **умить** in a moment, in an instant

вмілий і **умілий** skilful

вміння й **уміння** ability, skill

вміст і **уміст** contents *pl*

вміти й **уміти** be able (+ to *inf.*); (*мати здібність*) know (how + to *inf.*); **вона вміє читати** she can read; **він уміє плавати** he can swim

вміщати й **уміщати, вмістити** й **умістити** hold, contain; (*про приміщення, транспорт*) accommodate; (*про залу й под.*) seat; **~ся** (*про людей*) find room (for); (*про речі*) go in

вмочати й **умочати, вмочити** й **умочити** dip, sop

внаслідок і **унаслідок** as a result of, because of, on account of, in consequence of; **~ того що** because; **~ чого** as a result of which

внесок 1. (*страховий*) payment; (*членський*) fee, dues *pl*; **вступний ~** entrance fee; **щомісячний ~** monthly instalment; 2. *перен.* contribution

вниз і **униз** down, downwards; **~ сходами** downstairs; **~ за течією** downstream

внизу й **унизу** below; (*на нижньому поверсі*) downstairs

внічию й **унічию: зіграти ~** to draw

вносити й **уносити, внести** й **унести** 1. carry (bring) in; 2. (*гроші*) pay; 3. (*у список*) enter; 4. (*виправлення й под.*) insert; **~ поправки** insert amendments; <> **~ ясність у справу** to shed light on the proceedings; **~ пропозицію** bring forward a motion, move a proposal; **~ добрива** apply fertilizers

вночі й **уночі** at (by) night

внук і **унук** *див.* **онук**

внутрішній 1. inside, inner; *перен.* inward; 2. (*про політику, торгівлю й под.*) home, inland, internal

внучка й **унучка** *див.* **онука**

вовк *зоол.* wolf (*pl* -lves); <> **дивитися ~ком на кого-н.** to look daggers at smb.

вовкуватий unsociable

вовна 1. wool; 2. (*пряжа*) worsted

вовнянй woolen

вовчий wolf *attr.*; <> **~ закон** the law of the jungle; **~ апетит** voracious appetite

вовчиця she-wolf

вогкий humid, moist; damp

вогкість humidity, moisture; dampness

вогневий fire *attr.*

вогнегасник fire-extinguisher

вогненний fiery, igneous

вогнетривкий fireproof; **~ка цегла** firebrick

вогнище camp-fire; bonfire; **розкладати ~** make a fire; <> **домашнє ~** home

вогонь 1. fire; **відкривати ~** *війс.* open fire; 2. (*світло*) light; <> **боятися як ~ню** fear like death; **з ~гню та в полум'я** ≅ out of the frying-pan into the fire; **пройти крізь ~ і воду** go through fire and water

вода water; **прісна ~** fresh water; **морська ~** salt water, sea-water; **проточна ~** running water; **стояча ~** stagnant water; <> **товкти ~ду у ступі** ≅ beat the air; **(схожі) як дві краплі ~ди** as like as two peas; **багато ~ди утекло (з того часу)** much water has flown under the bridge (since then); **виходити сухим з ~ди** to come off clear

водевіль musical comedy, vaudeville, comic sketch

Водень *хім.* hydrogen

водити lead; conduct; *(автомашину)* drive; *(літак)* pilot; *(корабель)* navigate, steer; <> **за носа кого-н.** lead smb. on; **~ компанію з ким-н.** keep company with smb., be friends with smb.; **~ очима** let one's eyes rove

водитися 1. *розм.* *(з ким-н.)* associate (with); *(дружити)* keep company (with); *(про дітей)* play (with); **2.: тут водиться риба** there is fish here, fish is found here

водій driver

водневий hydrogen *attr.*; **~ва бомба** hydrogen bomb

водний water *attr.*; **~не поло** *спорт.* water polo; **~ розчин** *хім.* aqueous solution; **~ спорт** aquatics; **~ шлях** waterway; **~ні процедури** hydrotherapy

водовід water supply system; **у них у будинку ~** their house has running water

водовідний *(про трубу й под.)* water *attr.*; *(про систему)* plumbing *attr.*

водовідник plumber

водограй fountain

вододіл *геогр.* watershed

водойма, водоймище reservoir, storage lake

водолаз diver

водолікарня hydrotherapy clinic

водонепроникний waterproof

водопій *(для тварин)* (water) trough

водорість algae *pl*, water-plant; *(морська)* seaweed

водоспад waterfall; falls *pl*; *(невеликий)* cascade

водостічний drain *attr.*; drainage *attr.*

водосховище (storage) reservoir

водотяг pump-house

водявий watery

водяний water *attr.*; *(що живе у воді)* aquatic; **~ знак** watermark; **~ млин** water-mill; **~на пара** steam; **~не опалення** hot-water heating

воєначальник (military) commander

воєнізувати militarize

воєнний war *attr.*; military; **~нні злочини** war crimes; **~ корабель** warship; **~ стан** martial law; **~ні дії (операції)** war operations

вождь 1. *(племені)* chief, chieftain; **2.** *(руху, партії)* leader

возз'єднання reunion, reunification

возз'єднуватися, возз'єднатися reunite

возити, везти 1. carry; *(автомашиною)* drive, take; *(возом)* cart; *(перевозити)* transport; *(привозити)* bring; **2.** *(тягти воза й под.)* draw

возитися *розм.* **1.** to potter about; *(про дітей)* to romp around (about); **2.** *(з роботою та под.)* to make heavy weather of; *(з дітьми)* to spend a lot of time with

войовничий 1. *(схильний воювати)* warlike; *(про наміри, вигляд, тон)* bellicose; **2.** *перен.* *(який веде непримиренну боротьбу)* militant

вокаліст vocalist

вокальний vocal; **вона вчиться на ~ному відділенні** she is studying singing

вокзал (railway) station

волан 1. *(на одязі)* flounce; **2.** *спорт.* shuttlecock

волейбол *спорт.* volleyball

волейболіст, волейболістка volleyball player

волелюбний freedom-loving

волелюбність love of freedom

воліти 1. *(бажати)* wish, want; **2.** *(уважати за краще)* prefer

воло *(у птахів)* crop, craw; *розм.* *(у тварин, людей)* dewlap

волога moisture

вологий 1. *(про землю, повітря)* damp; **2.** *(про очі, шкіру)* moist

вологість humidity; dampness

володар 1. lord, master, ruler, sovereign; **2.** *(власник)* owner, proprietor

володіння 1. *(дія, стан)* possession, ownership; **2.** *(майно)* property; *(земельне)* estate, domain

володіти 1. own, possess; **2.** *тк недок.*; **~ іноземною мовою** speak (know) a foreign language; <> **~ собою** control oneself

волокнистий fibrous

волокно fibre, filament

волокти drag, trail; **~ся** drag oneself

волос hair

волосатий hairy

волосина hair; <> **висіти (триматися) на ~ні** hang by a thread

волосок hair; *(в електричній лампі)* filament

волосся *збір.* hair; <> **~ стає дибки** one's hair stands on end

волоський: ~ горіх walnut

волохатий hairy; shaggy

волоцюга vagrant, tramp
волочити 1. drag, trail; **2.** *(бороною)* harrow; **~ся 1.** drag oneself, trail; **2.** *розм.* *(блукати)* roam, winder
волошка *бот.* cornflower
воля I *(бажання)* will; **сила ~лі** will-power; **робити що-н. зі своєї ~лі** to do smth. of one's own volition (free) will; **давати ~лю почуттям** to give free rein to one's feelings
воля II *(свобода)* liberty, freedom; **відпускати на ~лю** set free, liberate; **позбавлення ~лі** imprisonment; **позбавляти кого-н. ~лі** to imprison smb.
вольовий 1. *(про людину, характер)* strong-willed; **2.** *(про зусилля)* determined
вольт *фіз.* volt
вольтметр voltmeter
вона she; *(про тварин, неживі предмети, явища)* it; **я її не бачив** I have not seen her; **я дав їй книгу** I gave her the book, I gave the book to her; **це зроблено нею** it is made by her
вони they
воно it
воркотати, воркотіти coo
ворог enemy; foe *поет.*
ворогувати be on hostile terms (with)
ворожий 1. enemy *attr.*; **2.** *(про ставлення, тон)* hostile
ворожість hostility, animosity
ворожнеча enmity, hostility; *(довгочасна)* feud
ворожити tell fortunes
ворожка fortune-teller
ворон *зоол.* raven
ворона 1. *орн. див.* **ґава**; **2.** *перен. розм.* scatterbrain
ворота *мн.* **1.** gates *pl*; *(вхід)* gateway *sing*; **2.** *спорт.* goal *sing*
воротар 1. *(сторож біля воріт)* doorkeeper, gáte-keeper; **2.** *спорт.* goalkeeper
вороття return
ворс *(сукна)* nap; *(оксамиту, килима)* pile
ворсистий fleecy
ворушитися move, stir
восени in autumn, in the fall *амер.*
восковий wax *attr.*; *перен.* waxen
воскресати, воскреснути be resurrect, rise from the dead, come back to life; *перен.* be revive
воскрешати, воскресити raise from the dead, resuscitate; *перен.* revive; *(у пам'яті)* recall
востаннє for the last time
восьмигодинний 1. *(про робочий день)* eight-hour *attr.*; **2.** *(про потяг)* eight-o-clock
восьмий eighth
восьмикутний octagonal

вотум vote; **~ довіри (недовіри)** vote of confidence (no confidence)
воша *ент.* louse (*pl* lice)
воювати *(з ким-н.)* wage war (against), make war (upon), be at war (with)
вояк warrior; soldier
впадати й **упадати, впасти** й **упасти 1.** *(у певний стан, тж про річку)* flow (into); **2.** *(ввалюватися — про щоки, очі)* sink in, become hollow (sunken)
впевнений і **упевнений 1.** *(про людину)* assured, sure, certain; **~ у собі** self-confident, sure of oneself; **2.** *(про голос, рухи)* confident
впевненість і **упевненість** confidence (in); **~ у собі** self-confidence
впевнено й **упевнено** with confidence
вперед й **уперед** on, forward, onward; ahead; **~ і назад** to and from; **ідіть прямо ~** go straight on
впереміж(ку) і **упереміж(ку)** by turns, alternately
впереміш(ку) і **упереміш(ку)** higgledy-piggledy
впертий і **упертий 1.** obstinate, stubborn; **2.** *(наполегливий)* persistent
впертість і **упертість 1.** obstinacy; stubbornness; **2.** *(наполегливість)* persistence
вперше й **уперше** for the first time, first
впиватися й **упиватися, впитися** й **упитися** *(про гострі предмети)* dig (into)
впиратися й **упиратися, впертися** й **упертися** stretch (against), press (against); **~ ногами** *(у що-н.)* plant one's feet (against smth.)
вписувати й **уписувати, вписати** й **уписати 1.** *(у текст)* insert; *(до списку)* enter; *(робити запис)* put down; **2.** *мат.* inscribe
впихати й **упихати, впхати** й **увіпхати** і **увіпхнути** push in (into); shove in (into); *(із зусиллям)* stuff in (into); squeeze in (into)
впізнавати й **упізнавати, впізнати** й **упізнати** *(за якими-н. ознаками)* recognize, know (again)
вплив influence; **під ~ом** under the influence of
впливати, вплинути influence, have an influence (on, upon, over)
впливовий influential
вплітати й **уплітати, вплести** й **уплести** intertwine (with); *(у косу)* plait (into)
влутувати й **уплутувати, вплутати** й **уплутати** *(у що-н.)* *розм.* involve (in); entangle (in); **~ся** *(у що-н.)* *розм.* be (become) involved (in); get mixed up (in)
вповзати й **уповзати, вповзти** й **уповзти** crawl in, creep in
вподоба: **бути до ~би** please one, be to one's liking (taste)

впоперек і **упоперек** across; <> **уздовж і ~** far and wide

впоратися й **упоратися 1.** *(з роботою, із завданням)* manage; **2.** *(із хвилюванням, з дітьми)* cope (with)

впорскувати й **упорскувати, впорснути** й **упорснути** inject

впорядковувати й **упорядковувати, впорядкувати** й **упорядкувати 1.** put in order; regulate; **2.** *(про літературну й под. роботу)* compose, compile

впотіти й **употіти** sweat, perspire

вправа exercise

вправляти, вправити 1. *(вставляти)* fit (in), fix (in); **2.** *мед.:* **~ вивих** set a bone

вправлятися *(у чому-н.)* exercise (in); practise; **~ у співах** practice singing

вправний skilful; proficient

вправність skill; proficiency

вправно skilfully; proficiently

впритул і **упритул** close, closely

впровадження й **упровадження** introduction, inculcation; **~ сучасної техніки** introduction of modern technique

впроваджувати й **упроваджувати, впровадити** й **упровадити** inculcate; establish; *(у дію)* introduce

впрягати й **упрягати, впрягти** й **упрягти** harness

впускати I й **упускати, впустити** й **упустити** *(дозволяти увійти, в'їхати)* let in, admit

впускати II й **упускати, впустити** й **упустити** *(з рук)* let fall (drop)

вп'ястися й **уп'ястися** dig into; **~ зубами** sink one's teeth (into); **~ пазурами** dig its claws (into)

вражати й **уражати, вразити** й **уразити 1.** *(дивувати)* astonish; **2.** *(завдавати душевного болю)* hurt, sting, wound; **3.** *(ударяти)* strike; <> **уразити кого-н. у саме серце** cut smb. on a raw (to the heart)

враження impression; **справляти ~** to make an impression on

враз і **ураз** suddenly, all of a sudden, all at once

вразливий і **уразливий 1.** *(чутливий)* sensitive, susceptible; *(з реакцією на зовнішні подразнення)* touchy, quick, to take offences; **2.** *(який завдає болю)* offensive; **3.** *(слабкий, не захищений від нападу)* vulnerable

вранці й **уранці** in the morning; **сьогодні ~** this morning; **завтра ~** tomorrow morning; **учора ~** yesterday morning

враховувати й **ураховувати, врахувати** й **урахувати** take into account (consideration)

врешті й **урешті** at last, finally

вриватися, увірватися *(куди-н.)* burst (into)

врівноважений і **урівноважений 1.** balanced; **2.** *(про людину)* steady

врівноважувати й **урівноважувати, врівноважити** й **урівноважити** balance

врізувати й **урізувати, врізати** й **урізати 1.** cut in; **2.** *(укорочувати)* cut down, curtail; **3.** *тк док. (порізати)* cut

врізуватися й **урізуватися, врізатися** й **урізатися 1.** cut into; **2.** *(у пам'ять)* engrave on

врода 1. *(зовнішність)* appearance; **2.** *(краса)* beauty

вродити й **уродити** *(дати врожай)* yield; **пшениця ~ла цього року** there is a good wheat crop this year

вродливий і **уродливий** beautiful; *(про чоловіка)* handsome

врожай і **урожай 1.** *(зерна, картоплі й под.)* harvest; **2.** *перен. (велика кількість)* abundance

врожайний і **урожайний** *(про рік)* productive; **~ні сорти** high-yielding varieties

врожайність і **урожайність** yield

врозбрід і **урозбрід** separately, in all directions; in disunity; *перен.* at six and sevens

вроздріб і **уроздріб** *торг.* at retail

вросип і **уросип, врості́ч** і **уро́стіч** in all directions

вростати й **уростати, врости** й **урости** grow in; *перен.* take root

вручати, вручити hand in, deliver; *(кому-н. нагороду, премію)* present smb. with

врятовувати й **урятовувати, врятувати** й **урятувати** save; *(від небезпеки)* rescue; **~ кому-н. життя** save smb.'s life

всаджувати й **усаджувати, всадити** й **усадити** *(устромляти у що-н.)* stick (into), thrust (into)

всадовити й **усадовити** seat; *(просити сісти)* ask to sit down

все I й **усе** everything; <> **~ одно** all the same; **на ~ добре** good-bye

все II й **усе** *присл.* **1.** *(весь час)* always; **2.** *(досі)* still; **3.** *(лише)* all; **це ~ через нього** it's all his fault; **4.** *тж* **~ ж** *(проте)* nevertheless, however, still; **5.: ~ краще й краще** better and better

всебічний і **усебічний** thorough, detailed, all-round

вселяти й **уселяти, вселити** й **уселити 1.** *(у будинок і под.)* lodge (in), install (in); **2.** *перен.* instil, instill *амер.;* **~ надію** give (inspire) hope; **~ страх в кого-н.** make smb. afraid

вселятися й **уселятися 1.** *(у будинок)* move (in, into); **2.** *перен.* be instilled

всемогутній *і* **усемогутній** omnipotent, all-powerful

всенародний *і* **усенародний** national; **~перепис** general census; **~не свято** nation-wide holiday

всеозброєння: у ~ні fully equipped, well-armed

всередині *і* **усередині** 1. *присл.* in (inside); 2. *прийм.* within; inside; **~ну** *прийм.* in, into, inside

всесвіт *і* **усесвіт** universe, world

всесвітній *і* **усесвітній** universal, worldwide *attr.*; **Всесвітня Рада Миру** the World Peace Council; **~ня слава** worldwide fame

все-таки *й* **усе-таки, все ж таки** *й* **усе ж таки** for all that, still, however

всидіти *й* **усидіти** keep one's seat; remain sitting

всиляти *й* **усиляти, всилити** *й* **усилити** (*нитку в голку*) thread (a needle)

всипа́ти I *й* **усипа́ти, вси́пати** *й* **уси́пати** (*чим-н.*) strew (with)

всипа́ти II *й* **усипа́ти, вси́пати** *й* **уси́пати** 1. (*насипати*) pour (into); 2. *тк док. розм.* (*відшмагати*) give a thrashing, thrash

всі *й* **усі** all; everybody, everyone

всілякий *і* **усілякий** all kinds (sorts of); **~кі засоби** every (all) possible means

всіляко *й* **усіляко** in every way

вскакувати *й* **ускакувати, вскочити** *й* **ускочити** jump (in)

вслуха́тися *й* **услуха́тися, вслу́хатися** *й* **услу́хатися** listen carefully to

всмоктувати *й* **усмоктувати, всмоктати** *й* **усмоктати** suck in; (*убирати*) absorb; soak up, imbibe

вставати *й* **уставати, встати** *й* **устати** 1. (*з ліжка*) get up; (*на ноги*) stand up; 2. (*про сонце*) rise

вставка 1. (*у текст*) insertion; 2. (*у сукні*) inset; (*манишка*) front

вставляти *й* **уставляти, вставити** *й* **уставити** set in, put in; (*у текст*) insert; **~ слово** put in a word

вставний removable; **~ні зуби** dentures, false teeth; **~не речення** *грам.* parenthetical clause; **~не слово** *грам.* parenthesis

встановлювати *й* **установлювати, встановити** *й* **установити** 1. (*ставити*) put, place; *тех.* install, mount; 2. (*налагодити*) establish; **~ дипломатичні відносини** establish diplomatic relations; 3. (*вияснити*) ascertain; 4. (*визначати*) determine, fix; **~ ціну** fix the price; **~ рекорд** set a record; **~ся** (*про погляди й под.*) be settled; (*про погоду*) become settled; (*про характер*) be formed

встигати *й* **устигати, встигнути** *й* **встигти** *і* **устигнути** *й* **устигти** 1. (*зробити що-н.*) manage; 2. (*прийти вчасно*) make it in time

встояти *й* **устояти** 1. (*на ногах*) keep one's balance, remain on one's feet; (*не впасти*) remain standing; 2. (*у боротьбі й под.*) stand one's ground; 3. (*не піддатися*) resist

встромляти *і* **встромлювати** *і* **устромляти** *й* **устромлювати, встромити** *й* **устромити** thrust in, drive in; <> **~ свого носа у що-н.** poke one's nose into smth.

встряти *й* **устряти, встряти** *і* **устряти** *і* **встрянути** *й* **устрянути** get involved (in), get mixed up (in); (*утручатися*) meddle (in); interfere; **~ не у свої справи** meddle in other people's business

вступ 1. (*дія*) entry; 2. (*початкова частина*) introduction

вступати *й* **уступати, вступити** *й* **уступити** 1. enter; *війс.* march (in, into); 2. (*до партії, спілки й под.*) join, become a member (of); **~ до партії** join the party; 3. (*розпочинати*) enter (into), start; <> **~ у володіння** *юр.* assume possession; **~ у свої права** come into one's own

вступний (*про статтю та под.*) introductory; **~ іспит** entrance exam; **~не слово** opening address; **~ внесок** subscription fee

вступник entering person

всувати *й* **усувати, всунути** *й* **усунути** put (in, into), thrust (in, into), stick (in, into); (*непомітно*) slip in

всуміш *й* **усуміш** mixed up, in a jumble; (*уперемі́ж*) alternately

всупереч *і* **усупереч** in spite of, despite; **~ фактам** notwithstanding the facts

всюди *й* **усюди** everywhere, anywhere

всюдихід *і* **усюдихід** landrover, cross-country vehicle

всякий *і* **усякий** 1. (*будь-який*) any; **у ~кому разі** at any rate, in any case; 2. (*різний*) all kinds of; 3. **як ім.** (*кожний*) everybody, anybody, everyone, anyone

втеча *й* **утеча** flight; (*з ув'язнення*) escape

втикати *й* **утикати, вткнути** *й* **уткнути** (*голку, ніж*) thrust (in, into), stick (in, into); (*із зусиллям*) drive (in, into)

втирати *й* **утирати, втерти** *й* **утерти** 1. (*усередину*) rub (in, into); 2. (*витирати*) wipe

втискати *й* **утискати, втиснути** *й* **утиснути** squeeze (cram) (in, into); **~ся** squeeze oneself (in, into)

втихати *й* **утихати, втихнути** *й* **утихнути** (*про гамір*) cease, die away; (*про вітер*) fall; (*про бурю, біль*) abate, subside; (*про людину — заспокоюватися*) calm down

втихомирювати й **утихомирювати, втихомирити** й **утихомирити** calm, pacify, placate; *(дитину)* soothe

втікати й **утікати, втекти** й **утекти** run away; *(рятуючись)* escape

втікач і **утікач** fugitive, runaway

втілення й **утілення** incarnation, embodiment

втілювати й **утілювати, втілити** й **утілити** incarnate, embody; ~ **мрію в життя** make a dream come true; ~ **в собі** be the incarnation (embodiment) (of)

втіха й **утіха** 1. *(радість)* joy; delight; 2. *(підтримка)* comfort, consolation; <> **на ~ху кому-н.** to the delight of smb.

втішати й **утішати, втішити** й **утішити** 1. comfort, console; 2. *(радувати)* gladden; **це мене аж ніяк не ~шає** it gives me no pleasure; **~ся** *(чим-н.)* console oneself (with)

втішний і **утішний** 1. consoling, comforting; 2. *(що робить приємність)* pleasing; 3. *(кумедний)* funny, amusing

втома й **утома** tiredness, fatigue; **без ~ми** tirelessly

втомлений і **утомлений** tired, fatigued

втомливий і **утомливий** tiresome

втомлювати й **утомлювати, втомити** й **утомити** tire, fatigue; **~ся** get (be) tired

втопити й **утопити** *(потопити)* drown; <> ~ **очі (погляд) у що-н.** stare at smth.; **~ся** drown oneself

втоптувати й **утоптувати, втоптати** й **утоптати** 1. *(усередину)* stamp down; 2. *(топтати)* trample down

вторгатися, вторгнутися *(у країну)* invade; *(у чужі володіння)* trespass

вторгнення invasion

вторований і **уторований** beaten, driver-over; *(протоптаний)* well-trodden; <> **іти ~ним шляхом** keep to the beaten track

втрата й **утрата** 1. loss; *(часу)* waste; **тяжка ~** bereavement; 2. *мн.* **~ти** *військ.* casualties

втрачати й **утрачати, втратити** й **утратити** 1. lose; ~ **свідомість** lose consciousness, become unconscious; 2. *(залишатися без кого-н.)* be bereaved (of)

втретє й **утретє** for the third time

втримувати й **утримувати, втримати** й **утримати** 1. *(не випускати, зберігати)* retain, hold; ~ **в руках** hold, keep fast; 2. *(не пускати)* not let go; 3. *(не давати зробити)* hold back; **~ся** 1. *(вистояти)* hold one's ground; *(на ногах)* keep one's feet; 2. *(від чого-н.)* keep (from), retain (from)

втричі й **утричі** three times as much; **збільшувати ~** treble; ~ **менше** a third (of); **скласти ~** fold in three

втручатися й **утручатися, втрутитися** й **утрутитися** interfere; intervene; *(у чужі справи)* meddle (with)

втрьох і **утрьох** the three of them (you, us); all three

втуплювати й **утуплювати, втупити** й **утупити**: ~ **очі (погляд) у що-н.** fix one's gaze (on) smth.

втягувати й **утягувати** і **втягати** й **утягати, втягнути** і **втягти** й **утягнути** й **утягти** 1. pull (in, into), draw (in, into); 2. *(нагору)* draw up; 3. *перен.* involve, entangle; 4. *(усмоктувати)*: ~ **повітря** draw (breathe) in the air; ~ **рідину** suck up (absorb) a liquid; **~ся** *(звикати до чого-н.)* get used (accustomed) (to)

вуаль veil

вугілля *(кам'яне)* coal; *(деревне)* charcoal

вугільний coal *attr.*; ~ **басейн** coal-basin; coal field (s); **~на промисловість** coal industry

вуглеводень *хім.* hydrocarbon

вуглекислий *хім.*: ~ **газ** carbon dioxide

вуглекислота *хім.* carbonic acid

вуглекоп (coal-) miner

Вуглець *хім.* carbon

вугор I *(риба)* eel

вугор II *(на шкірі)* blackhead

вудила *мн.* bit *sing*

вудити fish

вудка, вудлище fishing-rod, rod

вуж *зоол.* grass-snake

вуздечка bridle

вузлуватий knotty

вузол 1. *(на мотузці; тж перен.)* knot; 2. *(клунок)* bundle; 3.: **залізничний ~** railway junction

вузький narrow; *(про одяг)* tight; **~ка спеціальність** particular speciality; <> **~ке місце** weak point, bottle-neck

вузькоколійний: **~на залізниця** *(вузькоколійка)* narrow-gauge line

вулик (bee-)hive

вулиця street; **на ~ці** in the street; *(надворі)* outside; out of doors

вуличний street *attr.*; ~ **рух** traffic

вулкан volcano

вулканічний volcanic

вульгарний vulgar

вульгарність vulgarity

вундеркінд child prodigy

вус moustache; *(тварини)* whisker; *(комахи)* feeler; <> **китовий ~** whalebone

вусатий with a long (bushy) moustache; moustached; *(про тварин)* whiskered

вухо ear; <> **пропускати повз ~ха** give no ear to

вушко 1. зменш., див. **вухо**; **2.** (голки) eye
вушний ear attr.; книжн. aural
вхід entrance, entry; ~ **заборонено** no entrance; no admittance; **плата за** ~ etrance fee
вхідний entrance attr.
входити і **ввіходити** і **уходити** й **увіходити**, **ввійти** й **увійти 1.** enter; go in, come in; **2.** (до організації та под.) be a member (of); **3.** (вникати у що-н.) enter (into), go (into) <> ~ **в моду** (**у вжиток**) come into fashion (into) use; ~ **в чиє-н. становище** put oneself in smb.'s place
вхопити й **ухопити** catch, grip; **~ся** seize, snatch; get hold (of)
вціляти й **уціляти**, **вцілити** й **уцілити** hit
вчадіти й **учадіти** be poisoned by fumes
вчасний timely, opportune
вчасно in (good) time
вчащати й **учащати** (до кого-н.) call at smb. often (regular)
вчений і **учений 1.** (науковий) scientific; **~на рада** academic council; ~ **ступінь** science-degree; **2.** (освічений) learned; **3.** як ім. scientist
вчення й **учення 1.** (навчання, вивчення) learning; studies pl; **2.** військ. exercise; **3.** (філософське й под.) teaching
вченість і **ученість** learning
вчепитися й **учепитися** (ухопитися за що-н.) hold on (to), cling (to)
вчетверо й **учетверо** four times (as much)
вчинок й **учинок** action, deed
вчиняти й **учиняти**, **вчинити** й **учинити** act, do; (злочин — скоїти) commit; ~ **тісто** make dough
вчитель і **учитель**, **вчителька** й **учителька** teacher
вчити й **учити 1.** (кого-н.) teach; **2.** (вивчати що-н.) learn, study; ~ **напам'ять** learn by heart; **~ся** learn, study
вчитуватися й **учитуватися**, **вчитатися** й **учитатися** read very attentively

вчора й **учора** yesterday; ~ **ввечері** last night
вчорашній і **учорашній** yesterday's; last night's
вшановувати й **ушановувати**, **вшанувати** й **ушанувати 1.** (кого-н.) honour; do homage (to); give (pay) honour (to); ~ **кого-н. у зв'язку з річницею** celebrate smb.'s anniversary; **2.:** ~ **чию-н. пам'ять** hold the memory of smb.
вшивати й **ушивати**, **вшити** й **ушити 1.** (усередину) sew in, stitch (in); **2.** (укорочувати, звужувати) take in
вштовхувати й **уштовхувати**, **вштовхнути** й **уштовхнути** push (into), shove (into)
вщент і **ущент** utterly, completely
вщерть і **ущерть: повний** ~ full to the brim, brimful
вщипнути й **ущипнути** pinch
вщухати й **ущухати**, **вщухнути** й **ущухнути** (про біль, бурю) subside; (про вітер тж) fall; die down; (припинятися) stop
в'юн 1. іхт. loach; **2.** (про людину) eel, slippery fellow
в'ючний: ~ **на тварина** beast of burden
в'яз бот. elm
в'язати 1. (зв'язувати) tie up, bind; **2.** (спицями) knit; (гачком) crochet; **~ся** (з чим-н.) tally (with)
в'язень prisoner
в'язи the nape (of one's neck); <> **скрутити собі** ~ break one's neck
в'язка (ключів) bunch; (соломи) truss
в'язкий viscous; (грузький) swampy, miry
в'язниця prison, jail
в'язничний prison attr.; ~ **наглядач** warder, jailor
в'язнути stick
в'ялий 1. (про рослину, шкіру й под.) withered; **2.** (млявий) slack, languid; lifeless
в'янути, **зав'янути** fade, wither; <> **вуха в'януть** (**від**) ≅ it makes one sick to hear

Г

га I *част., розм.* eh?
га II *скор. див.* **гектар**
гавань harbour, harbor *attr.*
гавкати, гавкнути yap
гад *зоол.* reptile
гаданий supposed; hypothetical
гадати *(думати, уважати)* think, believe; guess *амер.*
гадка thought, idea; <> **я й ~ки не мав** I did not mean that for a moment, it never crossed my mind
гадюка *зоол.* adder; viper
газ gas
газета newspaper, periodical
газетний newspaper *attr.*; **~ кіоск** news-stand
газівник gasman
газований aerated; **~на вода** aerated water, soda-water, carbonated water
газовий gas *attr.*; **~ва колонка** geyser; **~ва плита** gas-stove, gas-cooker
газовід gas pipeline
гай grove, copse, coppice
гайворон *орн.* rook
гайда *розм.* come on!
гайка *див.* **мутра**
гайстра *бот.* aster
гайморит *мед.* sinusitis
гайнувати *(час і под.)* waste; *(гроші)* squander
гак hook; <> **сорок кілометрів з ~ком** over forty kilometres
галактика galaxy
галас noise, hubbub, uproar
галасливий noisy
галасувати make a noise (hubbub)
галка *орн.* (jack)daw
галузь *у різн. знач.* branch; *(науки й под. тж)* field
галушка (small boiled) dumpling
галюцинація hallucination
галявина forest meadow, glade
галька pebbles *pl*; shingle
гальмо brake; *перен.* hindrance
гальмувати 1. brake, apply the brakes (to); **2.** *(сповільнювати рух)* slow down; *перен. тж* retard; **3.** *перен. (заважати)* hinder, hamper
гам hubbub, uproar
гама *муз.* scale; *перен.* range, gamut
гамак hammock

гаманець purse
гамівний: **~ сорочка** strait-jacket
гамір hubbub, uproar; noise
гамірливий noisy; uproarious
гамувати 1. *(стримувати)* subdue; **2.** *(заспокоювати)* quiet
гандбол *спорт.* handball
гандболіст, гандболістка handball player
ганебний disgraceful, shameful; <> **прикувати до ~ного стовпа** put (set) in the pillory
ганити 1. *(гудити)* disparage, decry; run down *розм.*; **2.** *(докоряти)* curse, abuse
гантель dumb-bell
ганчірка 1. rag; *(для підлоги)* floor-cloth; *(для пилу)* duster; **2.** *перен., знев. (про людину)* wet rag, softy
ганчір'я *збір.* rags *pl*
ганяти 1. *див.* **гнати**; **2.** *(гасати)* run (to and from); *(верхи)* gallop about (up and down); **~ся** *див.* **гнатися**
ганьба shame, disgrace, infamy
ганьбити 1. *(безчестити)* disgrace, dishonour; **2.** *(виражати осуд)* blame (for)
гаплик hook
гаптувати embroider
гаразд 1. *част.* all right, very well; **2.** *присл.* well; <> **усе ~** all is well
гарбуз pumpkin
гармата gun; cannon
гарматний gun *attr.*, cannon *attr.*; **~на стрілянина** gun-fire; <> **~не м'ясо** cannon-fodder
гармонійний 1. *(милозвучний)* harmonious, concordant; **2.** *(сповнений гармонії)* harmonic
гармоніювати *(з чим-н.)* harmonize (with), be in harmony (with); *(про колір)* go (with)
гармонія I harmony; *перен. тж* concord
гармонія II *(муз. інструмент)* accordion; **губна ~** mouth-organ
гарний 1. good; *(про погоду)* fine; **~ настрій** high spirits *pl*; **2.** *(про зовнішність)* beautiful, lovely; pretty; good-looking; handsome *(про чоловіка)*
гарно 1. well; **~ пахнути** smell nice (good); **2.** *безос.* it's nice, it's a good thing
гарт 1. *(гартування)* hardening, tempering; **2.** *(стан)* temper; **3.** *перен.* training
гартувати 1. harden, temper; **2.** *перен.* steel,

temper; **~ волю** steel one's will; **~ся** become tempered

гарчати (*про тварин*) growl, snarl; (*бурчати*) grumble

гаряче hotly, with heat; *перен. тж* fervently, eagerly, passionately; **~ братися за справу** take up a matter with zeal; **~ говорити** speak with fervour

гарячий 1. hot; **~ча обробка** heat treatment; **2.** *перен.* (*пристрасний*) ardent, fervent; (*запальний*) hot-tempered; **3.** (*про час*) busy; <> **~ча голова** hothead, fervent nature; **потрапити під ~чу руку** run into a squall; **по ~чих слідах** while the scent is hot; **заскочити кого-н. на ~чому** take (catch) smb. red-handed

гарячка 1. *мед.* fever; **2.** *перен.* rush; (*поспіх*) rush and tear, hot haste; <> **пороти ~ку** do things in a rush

гарячковий 1. febrile; **2.** (*нервовий, поспішний*) feverish (*тж перен.*)

гарячкувати get (become) excited

гас kerosene

гасати rush about

гасити 1. (*вимикати світло й под.*) put out; extinguish; (*електрику тж*) switch off, turn off; (*коливання*) damp; (*свічку*) blow out; **2.** (*марку*) cancel

гасло 1. (*заклик*) slogan, watchword; **2.** (*сигнал*) signal

гаснути 1. go out, die out; **2.** *перен.* (*утрачати сили*) weaken, fade away

гасовий kerosene *attr.*

гастроном (*магазин*) food store(s) *pl*; delicatessen (store) *амер.*

гастрономічний gastronomical; food *attr.*

гастрономія 1. gastronomy; **2.** (*продукти*) groceries and provisions *pl*; delicatessen *pl амер.*

гатити 1. (*греблю*) dam up; pond back (up); **2.** *розм.* (*ударяти по*) thump (on), bang (at); strike

гауптвахта *війс.* guard-house

гачкуватий hooked

гачок 1. hook; (*на дверях*) catch; **2.** (*у зброї*) cock, cocking-piece; **звести ~** raise the cock; **спустити ~** pull the trigger; <> **піймати кого-н. на ~** catch smb. neatly; **спійматися на ~** swallow the bait

гаяти: ~ час lose (waste) time; **~ся** (*баритися*) linger

гвіздок nail; **прибивати ~дками** nail

гвоздика I (*квітка*) pink; (*садова*) carnation

гвоздика II (*прянощі*) clove

гегемон hegemon, leader

гегемонія hegemony, leadership

гей (*оклик*) hey!, hi!

гектар hectare
Гелій *хім.* helium
гелікоптер helicopter
гембель plane
гемоглобін *фізіол.* haemoglobin
геморой *мед.* haemorrhoids *pl*, hemorrhoids *pl амер.*, piles *pl*
гемофілія *мед.* haemophilia, hemophilia *амер.*
ген I *присл.*: **~ там** there, over there; **аж ~ за північ** far (well) into the night
ген II *біол.* gene
гендерний gender *attr.*
генеалогічний genealogical; **~не дерево** genealogical chart; (*родини*) family tree
генеалогія genealogy
генеза *й* **генезис** genesis
генетик geneticist
генетика genetics
генетичний genetic
генетично: ~ модифікований genetically modified
генний genetic; **~на інженерія** genetic engineering
геноцид genocide
географ geographer
географічний geographic(al)
географія geography
геодезія geodesy
геолог geologist
геологічний geological
геологія geology
геологорозвідувальний (geological) prospecting
геометричний geometric(al)
геометрія geometry
геополітика geopolitics
гепатит *мед.* hepatitis
герб coat of arms; **державний ~** state emblem, national emblem
гербарій herbarium
гербіцид herbicide
гербовий heraldic; (*з гербом*) bearing a coat of arms; **~ збір** stamp duty; **~ папір** headed paper; **~ва марка** official stamp
геркулес 1. (*силач*) Hercules; **2.** (*вівсяні крупи*) rolled oats *pl*, porridge oats *pl*
германський Germanic, *іст.* Teutonic; **~кі мови** Germanic languages
герметизувати make airtight
герметичний hermetic, airtight, leak-tight; **~на кабіна** *ав.* pressure cabin
героїзм heroism; (*у бою тж*) valour
героїн heroin
героїня heroine
героїчний heroic; valiant
герой 1. hero; **2.** *літ.* (*твору*) character

геройство heroism
геройський heroic
гетерогенний heterogeneous
геть I *присл.* **1.** *(куди-н.)* away, off; **забирати ~** take away (off); **2.** *(далеко) див.* **ген I**
геть II *виг.:* **~ звідси!** get out! **руки ~** ! hands off!
геть III *част. підсил.:* **~ усі** absolutely all
гетьман *іст.* hetman
гидкий *(огидний)* disgusting, loathsome, offensive
гидливий fastidious
гидувати *(чим-н.)* be squeamish (fastidious) (about)
гикавка *й* **икавка** hiccough, hiccup
гикати *й* **икати** hiccough, hiccup
гинути *(від хвороби, злиднів)* die (of), perish (from); *(від посухи, морозу)* be killed (by); *(побиватися)* pine (for)
гирло mouth (of a river)
гиря weight
гичка tops *pl*
гібрид hybrid
гігант giant
гігантський gigantic
гігієна hygiene
гігієнічний hygienic; *(про заходи й под.)* sanitary
гігроскопічний hygroscopic; **~на вата** absorbent cotton wool
гід guide
гідний 1. *(вартий чого-н.)* worthy (of), deserving; **~ уваги** noteworthy; **бути ~ним чого-н.** be worthy of smth.; deserve, merit; **2.** *(належний)* proper, fitting
гідність dignity; **почуття власної ~ності** self-respect
гідравлічний hydraulic
гідроакустика hydroacoustics
гідробіологія hydrobiology
гідрографія hydrography
гідродинаміка hydrodynamics
гідродинамічний hydrodynamic(al)
гідроелектростанція hydroelectric power station
гідрокостюм diving suit
гідролізувати *хім.* hydrolyze
гідролітак seaplane, hydro-aeroplane
гідролітичний *хім.* hydrolitic
гідрологія hydrology
гідрометрія hydrometry
гідростатика hydrostatics
гідростатичний hydrostatic(al)
гідротурбіна waterturbine, hydroturbine
гієна *зоол.* hyena
гілка branch
гілля *збір.* branches

гіллястий branchy
гільза *(патрона)* cartridge-case; *(набою)* shell-case
гімн anthem; hymn; **державний ~** national anthem
гімназія gymnasium (*pl* -siums, -sia); high school
гімнаст, гімнастка gymnast
гімнастерка soldier's blouse
гімнастика exercises *pl*; **спортивна ~** gymnastics *pl*; **художня ~** modern rhythmic gymnastics *pl*; **робити ~ку** do one's exercises
гімнастичний gymnastic; **~ зал** gymnasium (*pl* -siums, -sia); gym *розм.*
гінеколог gynaecologist, gynecologist *амер.*
гінекологія gynaecology, gynecology *амер.*
гіпербола 1. *літ., тж перен.* hyperbole; **2.** *мат.* hyperbola
гіпертонія *мед.* hypertension, high blood pressure
гіпертрофований 1. *мед.* hypertrophied; **2.** *перен.* excessive
гіпноз *(стан)* hypnosis; *(сила впливу)* hypnotism
гіпнотизація hypnotization
гіпнотизер hypnotist
гіпнотизм hypnotism
гіпнотизувати hypnotize
гіпнотичний hypnotic
гіпотеза hypothesis (*pl* -ses); **висувати ~зу** put forward a hypothesis
гіпотенуза *мат.* hypotenuse
гіпотетичний hypothetical
гіпотонія *мед.* hypotension, low blood pressure
гіпс 1. *мін.* gypsum; **2.** *(у скульптурі й хірургії)* plaster of Paris; **3.** *мед.* plaster
гіпсовий 1. *мін.* gypseous; **2.** *(з гіпсу)* plaster(-of-Paris) *attr.*
гіркий *у різн. знач.* bitter; *(тяжкий тж)* sad; <> **~ п'яниця** hopeless drunkard
гірко 1. bitterly; **2.** *безос.:* **~ мені чути такі слова** it pains me to hear such words; **мені ~ на душі** I am sick at heart
гіркота bitter taste; *перен.* bitterness
гірник *(робітник)* miner; *(інженер)* mining engineer
гірничий mining; **~ча справа** mining
гірський 1. mountain *attr.*; *(гористий)* mountainous; **~ка країна** highlands *pl*; **2.** *(який видобувається з надр землі)* mineral; **~ка порода** rock; <> **~ кришталь** rock crystal
гірчити taste bitter, have a bitter taste
гірчиця mustard
гірчичник mustard plaster
гіршати be getting worse; *(про становище)* become aggravated; *(про якість)* deteriorate

гірше 1. worse; **~ ніж** not so well as; **2.** (більше) **ще ~** still worse; **3.** безос. it is worse; **йому від цього не ~** he is none the worse for it; **тим ~** so much the worse

гірший worse; **у ~шому разі** at the worst

гість guest, visitor; **незваний ~** uninvited guest; **іти у гості** go on a visit; **бути в гостях у кого-н.** be on a visit to smb.

гітара guitar

гітарист guitarist

гладенький зменш., див. **гладкий**

гладити 1. (вирівнювати) smooth out; **2.** (пестити) stroke; **~ кого-н. по голові** stroke smb.'s hair; перен. розм. pat smb. on the head; <> **~ кого-н. проти шерсті** stroke smb. the wrong way

гладкий (рівний) smooth; (про волосся) straight; (про тканину) plain, unfigured

гладкий (товстий) fat, plump, stout

гладко smoothly

гладшати grow stout; get fat

гланди анат. tonsils

глевкий underbaked

глек, глечик jug

глибина depth; перен. тж profundity, intensity

глибокий deep; перен. тж profound

глибоко 1. deeply; перен. тж profoundly; **2.** безос. it is deep; **~думний** profound, grave

глибочінь див. **глибина**

глибшати become (get) deeper, deepen; перен. be intensified

глибше deeper

глина clay; **біла ~** kaolin

глинистий clayey

глиняний clay attr., earthen; **~ посуд** earthenware, pottery

глист (intestinal) worm, helminth

глиця бот. pine-needles pl

глід hawthorn, May-bush

глобус globe

глотка анат. gullet

глузд 1. (розум) mind, intellect; **з ~ду з'їхати** go out of one's head (mind); **2.** (рація, смисл) sense; **здоровий ~** common sense, mother wit

глузливий derisive, mocking

глузувати (з кого-н., чого-н.) mock (at), taunt, make fool (of)

глум sneer, taunt; mockery

глумитися (з кого-н., чого-н.) mock (at), jeer (at)

глухий 1. deaf (тж перен.); **2.** (приглушений — про звуки) dull, muffled; **3.** (непрохідний, дикий) wild, overgrown; **4.** (віддалений) remote; (безлюдний) lonely; **5.** (зовсім закритий, без отворів, суцільний) blind; **~ха стіна** blank wall

глухнути 1. (утрачати слух) grow (become) deaf; **2.** (затихати — про звуки) die away; **3.** (про мотор) stall

глухо (нечітко, тихо) softly, indistinctly

глухонімий 1. deaf-and-dumb; **2.** як ім. deaf-mute

глухота deafness

глушина remote place; (зарослий ліс) remote woodlands pl (forest); backwoods pl

глушити 1. (оглушувати) stun; **2.** (заглушати звук) muffle, deafen; **3.** (не давати рости) choke; **4.** перен. (придушувати, стримувати) stifle; **5.: ~ мотор** throttle down the engine

глюкоза glucose

глядач 1. (спостерігач) onlooker, spectator; **2.** (у театрі, кіно) member of the audience; **~чі** мн. збір. audience sing

глядіти 1. (дивитися) look; **2.** (берегти) take (good) care (of); **3.** (доглядати) look after

глянути (на) glance (at); cast a glance (at)

гнати 1. у різн. знач. drive (on); urge (on); **~ щосили** drive at full speed; (верхи) ride at full speed; **2.** (виганяти) drive away; **~ з дому** turn out of the house; **~ся** (за ким-н.) chase, pursue

гнида nit

гнилий 1. rotten, decayed; **2.** (про погоду) damp, (про вітер) foul

гниль 1. rot; **2.** (цвіль) mould

гнити rot, decay

гниття rotting, decay

гнів anger; wrath поет.

гніватися (на кого-н.) be angry cross (with)

гнівити anger, make angry

гнівний angry; wrathful поет.

гнідий bay

гніздитися nest, make one's nest; перен. (розміщуватися) nestle

гніздо 1. nest (тж перен.); **вити ~** build a nest; **2.** тех. seat-socket

гній 1. мед. pus; matter розм.; **2.** (добриво) manure, dung

гнійний purulent; **~на рана** festering (suppurative) wound

гнійник gathering, abscess

гніт weight, press; (пригноблення) oppression

гнітити 1. (спресовувати) press; **2.** перен. (про почуття) oppress, depress

гнітючий oppressive; (про настрій, почуття) depressing

гнобитель oppressor

гнобити oppress

гноїти rot, let rot; decay; **~ся** suppurate; (про рану) fester

гнути 1. bend; (згинати) curve; (нахиляти) bow; перен. (підкоряти своїй волі) force; **2.** перен. розм. (спрямовувати до чого-н.) drive (at); <> ~ **спину** toil (labour) hard; ~ **коліна (шию) перед ким-н.** cringe to smb.; **~ся 1.** bend; (*про людину тж*) stoop; **2.** *перен.* (*підкорятися*) give way, obey

гнучкий flexible, supple; (*про тіло тж*) lithe

говір 1. sound of talking (voices); **2.** *див.* **говірка**

говірка *лінгв.* dialect, patois

говіркий talkative

говорити 1. (*розмовляти*) speak, talk; **2.** (*розповідати*) tell; (*сказати*) say

година I 1. (*60 хвилин*) hour; **п'ята** ~ it is five (o'clock); **котра** ~**?** what time is it?; **о котрій** ~**ні?** (at) what time?, when?; **2.** (*період часу, пора*) time, hour; **лиха** ~ hard times *pl*; <> ~ **пік** rush-hours

година II (*гарна погода*) fine weather

годинник (*настільний, стінний*) clock; (*кишеньковий, наручний*) watch; **сонячний** ~ sun-dial; **пісковий** ~ sand-glass

годинникар watchmaker

годинниковий clock *attr.*, watch *attr.*; ~ **механізм** clockwork; ~**ва стрілка** small hand; **за** ~**вою стрілкою** clockwise; **проти** ~**вої стрілки** counter-clockwise

годити please

годитися (*на що-н.*) be fit (for), do (for); (*про людину тж*) be fitted (suited) (for), be fit (+ *to inf.*); **це нікуди не** ~**ться** that won't do at all

годі enough; that'll do!

годівля feeding; (*власним молоком*) suckling, nursing

годованець, годованка adopted child, foster-child

годувальник (*у сім'ї*) breadwinner

годувальниця (*дитини*) wet nurse, foster-mother

годувати 1. feed; **2.** (*дитину своїм молоком*) suckle, nurse; **3.** (*утримувати*) keep

гоїти heal; ~**ся** heal; (*про рану тж*) close

гойдалка swing

гойдати sway, rock, swing; (*дитину на руках*) dandle; **~ся** sway, rock; (*на гойдалці*) swing oneself

гол *спорт.* goal; **забити** ~ score a goal

голений clean-shaven, shaved, shaven

голий 1. (*про людину*) naked, nude; **2.** (*про речі, дерева*) bare; <> ~ **ла правда** the naked truth; **~лі факти** bare facts; **~лими руками** with one's bare hands

голити shave; **~ся** shave, have a shave

голівник 1. (*судно*) tug, tug-boat; **2.** (*линва*) tow-line

гоління shaving

голка 1. needle; **2.** (*у їжака*) spine; **3.** (*програвача*) cartridge; <> **сидіти як на ~ках** be on tenterhooks

голкотримач 1. *мед.* needleholder; **2.** (*програвача*) cartridge

голковколювання *мед.* acupuncture

голландець Dutchman; **~дці** *мн. збір.* the Dutch

голландка Dutchwoman

голландський Dutch; **~ка мова** Dutch, the Dutch language

голобля shaft

голова I 1. head; **2.** *перен.* (*розум*) mind; (*розумові здібності*) brains, *pl*; **світла** ~ lucid mind; <> **у мене** ~ **йде обертом** my head is in a whirl; **викинути з ~ви** put out of one's head; **братися (хапатися) за ~ву** clutch at one's head, grasp one's head; **~ву ламати (над)** puzzle (over), rack one's brain (over); **мати ~ву на плечах** be able to think for oneself; **бути на ~ву вище когон.** be far superior to smb.; **на свою ~ву** to one's own misfortune; **~вою відповідати (за)** take full responsibility (for); **з ~вою поринати (у)** become utterly absorbed (engrossed) (in)

голова II (*керівник*) chairman; (*жінка тж*) chairwoman (*pl* -women)

головатий *розм.* **1.** with a big head *після ім.*; **2.** (*розумний*) brainy

головешка fire-brand

головка 1. (*цвяха*) head; **2.** (*цибулі*) onion; (*часнику*) bulb

головний 1. (*найважливіший*) chief, main, principal; **~на вулиця** main street; **~не речення** *грам.* principal clause; **2.** (*старший*) head *attr.*, chief; ~ **хірург** head surgeon; ~ **інженер** chief engineer; **3.** (*який рухається попереду*) leading; ~ **загін** vanguard; **4.** (*що має відношення до голови*) head *attr.*; ~ **біль** headache; ~ **мозок** brain, cerebrum (*pl* -bra); ~ **убір** head-dress; <> ~**ним чином** mainly, in the main

головнокомандувач commander-in-chief; **Верховний** ~ Supreme Commander-in-Chief

головоломка puzzle; teaser, poser

головоріз 1. (*шибеник*) daredevil; **2.** (*бандит*) cut-throat

головувати be chairman (of); (*на зборах і под.*) preside (at, over)

голод 1. hunger; (*голодування*) starvation; **відчувати** ~ be hungry; **умирати від ~ду** die of starvation (hungry); **2.** (*стихійне лихо*) famine

голодний 1. (*який відчуває голод*) hungry; **2.** (*спричинений голодом*) hunger *attr.*; famine *attr.*; **~на смерть** starvation; **3.** (*неврожайний*) famine *attr.*; ~ **край** barren region; ~ **рік** year of famine

голодовка *(відмовлення від їжі)* hunger-strike
голодування *(недоїдання)* starvation
голодувати starve; go hungry
голос 1. voice; **2.** *муз. part*; **пісня на два ~си** two-part song; **для ~су та хору** for solo voice and chorus; **3.: ~ совісті** voice (appeal) of conscience; **4.** *(при голосуванні)* vote; **віддати свої ~ си (за)** vote (for), give one's vote (for); <> **на повний ~** at the top of one's voice
голосистий loud-voiced; *(дзвінкий)* ringing
голосити wail, lament
голослівний unfounded, groundless, proofless; **~не твердження** mere allegation
голослівно without proof, blankly
голосний 1. loud; **2.** *лінгв., як ім.* vowel
голосно loud, loudly
голосовий vocal; **~ві зв'язки** *анат.* vocal chords
голосування ballot, vote; *(під час виборів)* poll; **відкрите ~** open vote; **повторне ~** revote; **поіменне ~** roll-call vote, vote by roll-call; **таємне ~** (secret) ballot; **поставити на ~** put to the vote
голосувати vote (for); **~ за (проти)** vote in favour of (against); **~ поіменно** vote by roll-call
голуб pigeon; dove *поет.*; **~ миру** the dove of peace
голубити fondle, caress
голубка female pigeon, dove *поет.*; *(як звертання)* dear
голубник dove-cot(e), pigeon-loft
голубці *мн. кул.* stuffed cabbage leaf
голуб'ятник pigeon-fancier, pigeon-flyer
голчастий 1. *(що має вигляд голки)* needle-shaped; **2.** *(укритий голками)* covered with needles
гомеопат homoeopath, homeopath *амер.*
гомеопатичний homoeopathic, homeopathic *амер.*
гомеопатія homoeopathy, homeopathy *амер.*
гомеричний: ~ сміх roar of laughter
гомілка shin, shank
гомін 1. *(звучання розмови)* hum (of voices); **2.** *(гамір)* noise
гомінливий talkative
гомогенний homogenous
гомоніти 1. *(тихо розмовляти)* speak (talk) in an undertone (in a low voice); **2.** *(шуміти)* make a noise
гомосексуалізм homosexuality
гомосексуаліст homosexual
гонець messenger
гонитва *(переслідування)* pursuit; chase; <> **у ~ві за щастям** in pursuit of happiness (luck)

гонор arrogance; **з ~ром** arrogant
гонорар fee; **авторський ~** royalty
гонорея *мед.* gonorrhoea, gonorrhea *амер.*
гончак *(собака)* hound
гончар potter
гончарний potter's; **~ні вироби** earthenware *sing*, pottery *sing*
гоп *виг.* hoop-la!
гопак hopak *(Ukrainian folk dance)*
гора 1. mountain; *(невисока)* hill; **на ~ру** uphill; **під ~ру** downhill; **2.** *(велика кількість чого-н.)* heap (of); <> **з плечей впала (звалилася)** (it's) a load off one's mind; **золоті гори обіцяти** promise the earth; **не за ~ми** not far off
горб 1. *(пагорок)* hillock; **2.** *(у людини)* hump; <> **він заробив усе своїм ~бом** *розм.* he earned everything through his own hard graft
горбань hunchback
горбастий uneven, hilly
горбатий 1. *(з горбиком)*: **~ ніс** aquiline nose; **2.** *(з горбом — про людину)* hunched, humped; **3.** *як ім.* hunchback
горбити bend; **~ спину** hunch one's back; **~ся** stoop
гордий 1. proud; **2.** *розм. (пихатий)* haughty, arrogant
гордитися 1. *(пишатися чим-н.)* be proud (of), take pride (in); **2.** *розм. (бути пихатим)* show pride, have a high opinion of oneself
гордість 1. pride; **він — ~ нашої родини** he's the pride and joy of the family; **2.** *(пихатість)* haughtiness
гордовитий proud; *(пихатий)* haughty
гордощі *мн.* pride *sing*; *(пихатість)* haughtiness *sing*
гордувати 1. *див.* **гордитися 2**; **2.** *(нехтувати)* scorn, ignore; look down (on)
горе grief, distress; *(смуток)* sorrow; *(лихо, нещастя)* trouble, misfortune; **у ~рі** sorrow-stricken, in great grief; **завдавати кому-н. ~ря** cause smb. pain; <> **~ мені з тобою** what a trouble you are; **йому і ~ря мало** what does he care!
горезвісний notorious
горельєф high relief
горець mountain dweller
горизонт horizon; **лінія ~ту** skyline
горизонталь 1. horizontal; **2.** *(на мапі)* contour; **3.** *(на шахівниці)* rank
горизонтальний horizontal
гористий mountainous
горище attic; garret
горілий burnt
горілиць on one's back; **лежати ~** lie supine
горілка vodka

горіння burning; *(спалювання)* combustion
горіти 1. burn *(тж перен.)*; *(палати)* blaze; *(про пожежу)* be on fire; **~ бажанням** burn with desire; **2.** *(про світло)* be burning, be on; **3.** *(блищати)* flash, blaze, shine; **очі ~ріли гнівом** the eyes blazed with anger; <> **робота ~рить у нього в руках** he works like lightning
горіх 1. *(дерево)* nut-tree; **2.** *(деревина)* walnut; **3.** *(плід)* nut; **волоський ~** walnut; **земляний ~** *(арахіс)* peanut; **лісовий ~** hazel-nut
горіховий 1. nut *attr*.; **2.** *(з деревини горіха)* walnut *attr*.
горішній upper; **~ня полиця** top shelf
горлиця *зоол.* turtle-dove
горло throat; **дихальне ~** windpipe; **у мене болить ~** I have a sore throat
горловина *тех.* *(звужений отвір)* neck
гормон hormone
гормональний hormonal
горно *тех.* furnace; hearth; *(у кузні)* forge
горностай 1. *(тварина)* stoat; **2.** *(хутро)* ermine
горобець sparrow
горобина 1. *(дерево)* rowan-tree, mountain ash; **2.** *(ягоди)* rowan, ashberry
город kitchen-garden, vegetable garden
городина vegetables, garden-stuff
городити *(обгороджувати)* fence in, enclose (with a fence)
городник market-gardener; truck gardener *амер.*
городництво market-gardening; truck gardening *амер.*
горох 1. *(рослина)* pea; **2.** *збір.* *(насіння)* peas *pl*
гороховий 1. pea *attr*.; **2.** *(про колір)* pea-green
горошина pea
горошок 1.: зелений ~ green peas *pl*; **2.** *(цяточки на тканині)* spots *pl*
гортанний guttural
гортань *анат.* larynx
гортати *розм.* *(сторінки)* turn (over), go through
горщик *зменш. див.* **горщок**
горщок pot
горювати *(за ким-н.)* mourn (for), grieve (over); live in poverty
горючий combustible; *(що спалахує)* inflammable
господар 1. muster; boss *розм.*; *(хто веде господарство)* manager; *(власник)* owner, proprietor; *(стосовно гостей)* host; **~ становища** master of the situation. **2.** *(голова сім'ї, господарства)* head of the house

господарка mistress; *(хто веде господарство)* manager; *(власниця)* proprietress, owner, *(стосовно гостей)* hostess; *(хто здає квартиру)* landlady; **домашня ~** housewife
господарство 1. *ек.* economy; **сільське ~** agriculture, farming; **лісове ~** forestry; **2.** *с.-г.* farm; **колективне ~** collective farm; <> **домашнє ~** household, housekeeping
господарський 1. economic; **2.** *(що використовується у господарстві)* household *attr*.; **3.** *(про людину)* economical, practical, thrifty
господарчий *див.* **господарський 2**; **~чі товари** household goods
господарювати 1. manage; **2.** *(вести домашнє господарство)* keep house; **3.** *(розпоряджатися)* do as one likes, boss the show
господиня *див.* **господарка**
гостинець present, gift
гостинний hospitable
гостинність hospitality; **виявляти ~** show hospitality (to)
гострий sharp; *(загострений)* pointed; *(про почуття тж)* acute, keen; *(про смак, пахощі)* pungent, strong; **~ зір** keen eyesight; **~ кут** *мат.* acute angle; **~ре слівце** witticism
гострити sharpen; grind
гострота sharpness; *(почуттів, зору, слуху)* keenness; **~ вражень** freshness of impressions
гостювати *(у кого-н.)* stay (with); be on a visit
гостя guest, visitor
готель hotel; **зупинятися в ~лі** put up (stay) at a hotel
готика Gothic
готичний Gothic
готівка ready money, cash; **платити ~кою** pay in cash
готовальня 1. *(архітектора)* drawing instruments *pl*; **2.** *(учня)* geometry set
готовий 1. ready (for); *(підготовлений)* prepared (for); **2.** *(закінчений)* finished; **~ одяг** ready-made clothes *pl*
готовність readiness; *(бажання зробити тж)* willingness; **з ~стю** willingly, readily; *(стан готовності)* preparedness
готово *безос.* ready!
готувати 1. prepare, make ready; **~ кадри** train workers (personnel); **2.** *(виготовляти)* make; **3.** *(їжу)* cook, make; **вона добре готує** she's a good cook; **~ся (до)** prepare (for), make ready (for); make preparations (for)
гра 1. *(дія)* play; **2.** *(вид гри, тж спорт.)* game; **Олімпійські ігри** Olympic games; **3.** *(на сцені)* acting, performance; **4.** *(на муз. інструменті)* playing; <> **~ слів** play on words, word-play
граб *бот.* hornbeam

грабіж robbery, plunder; robber
грабіжницький rapacious, predatory
граблі *мн.* rake *sing*
грабувати rob; plunder
гравець player; *(в азартній грі)* gambler
град hail; *перен. тж* volley
градус degree; **десять ~ів вище (нижче) нуля** ten degrees above (below) zero
градусник *розм.* thermometer
грайливий *(пустотливий)* playful
грак rook
гральний: ~ні карти playing cards *pl*
грам gramme, gram *амер.*
граматика grammar
граматичний 1. *(про помилку)* grammatical; **2.** *(про вправу)* grammar *attr.*
грамзапис *(грамофонне)* recording
грамота I *(письменність)* reading and writing; **учитися ~ти** learn to read and write
грамота II *(документ)* deed; **почесна ~** certificate of merit
грамотний 1. *(письменний)* literate; **2.** *(без граматичних помилок)* grammatical; **3.** *перен. (обізнаний)* competent, skilled
грамотність 1. literacy; **2.** *(обізнаність)* competence, skilfulness
грамплатівка gramophone (phonograph) record
граничний *(крайній)* maximum *attr.*; **~на точність** utmost iccuracy; **~на швидкість** maximum (top) speed
гранка *друк.* proof
грань 1. *(межа)* border, brink, verge; **на ~ні смерті** on the verge of death; **2.** *(плоска поверхня)* side, edge; *(дорогоцінного каміння)* facet
грати 1. *у різн. знач.* play; **~ на роялі** play the piano; **~ в шахи** play chess; **2.** *(на сцені)* act, play; **~ роль кого-н.** play (take) the part of smb.; **3.** *(переливатися)* sparkle; *(про рум'янець)* play; <> **~на чиїх-н. нервах** to irritate smb.'s; **~ на руку кому-н.** play into smb.'s hands; **~ся** play (with)
графа *(колонка)* column
графин *(для води) див.* карафа
графити rule *(make lines)*
графік I 1. *(схема)* chart, graph; **2.** *(план роботи)* schedule, timetable; **за ~ком** according to schedule
графік II *(художник)* graphic artist, pencil artist, black-and-white artist
графіка graphic art, drawing, black-and-white art
графіт 1. *мін.* plumbago, graphite; **2.** *(стрижень олівця)* (pencil) lead
графічний graphic
гребінець 1. (small) comb; **2.** *(у птахів)* comb
гребінка comb
гребінь 1. comb *(тж у птахів)*; **2.** *(гори)* ridge; *(хвилі)* crest
гребля dam
гребти *(граблями)* rake
гребувати 1. *(почувати огиду)* have (feel) an aversion (for, to); **2.** *перев. із запереченням* disdain; **не ~ нічим** stop at nothing; **не ~ ніякими засобами** be completely unscrupulous
грек Greek (man)
грекиня Greek (woman)
грецький Greek; **~ка мова** Greek, the Greek language
гречаний buckwheat *attr.*
гречка *(рослина і крупи)* buckwheat
гриб *(їстівний)* (edible) mushroom; *(неїстівний)* toadstool; **збирати ~би** go mushroompicking
грива mane
гривня hrivnya *(monetary unit)*
гризти 1. *(зубами)* gnaw; **2.** *перен. розм. (надокучати причіпками)* nag; *(мучити, непокоїти)* torture, torment; **~ся 1.** *(про тварин)* fight; **2.** *перен. розм. (сваритися)* squabble
гризун *зоол.* rodent
гримати, гримнути 1. *(сильно стукати)* bang; **2.** *(лаяти)* shout (at)
гриміти 1. thunder; *(посудом і под.)* rattle; **2.** *розм. (голосно говорити)* roar; **3.** *перен.* resound; **слава про нього ~мить по всьому світу** his fame resounds (reverberates) throughout the world
гримучий: ~ газ *хім.* firedamp; **~ча змія** rattlesnake
грізний menacing, threatening; **~ погляд** fearsome gaze; *(який викликає страх)* formidable, terrible
грілка hot-water bottle; **електрична ~** electric blanket
грім thunder; **~ оплесків** storm (thunder) of applause; <> **як ~ з (ясного) неба** like a bolt from the blue
грінка *кул.* crouton, toast
гріти 1. warm, heat; give warmth (heat); *(про теплий одяг і под.)* keep warm; **сонце гріє** the sun is warm; **2.** *(нагрівати)* warm up, heat up; **~ся** warm oneself; **~ся на сонці** bask in the sun
гріх sin
грішити sin; **~ проти правди** err from the truth, sin against the truth
грішний sinful; *(про думки)* guilty, culpable
грішник sinner
гробниця tomb
гроза 1. thunderstorm; **2.** *перен.* storm; terror
грозовий storm *attr.*; **~ва хмара** thundercloud, storm-cloud

громада community
громадський social, public; **~ діяч** public figure, civic leader; **~ обов'язок** public duty; **~ка думка** public opinion; **~ка робота** social work; work for the community; **~кі організації** social organizations
громадськість the public; **наукова ~** the scientific world
громадянин, громадянка citizen
громадянство citizenship; **здобути право ~ва** be admitted to citizenship; *перен.* win recognition
громадянський 1. *(властивий громадянину)* civic; **2.** *(цивільний)* civil, civilian; **~ка війна** civil war; **~ шлюб** civil marriage
громити 1. raid, break up, smash up, destroy, wreck; **2.** *(ворога)* defeat, smash; **3.** *перен. (викривати)* flay
громіздкий cumbersome, bulky, unwieldy
громозвід lightning conductor
гроші *мн.* money *sing;* **паперові ~** banknotes, paper money; <> **ні за які ~** not for (all the money in) the world
грошовий money *attr.;* **~ обіг** *ек.* money circulation; **~ знак** banknote; **~ва допомога** financial aid
груба stove
грубий 1. *у різн. знач.* rough, coarse; **2.** *(некультурний, неввічливий)* rude; rough; **~бе слово** bad word, swear-word; **3.** *(приблизний)* rough; **4.** *(який виходить за межі елементарних правил)* gross, glaring; **~ба помилка** gross mistake, blunder
грубість, грубощі 1. *(учинок)* rudeness; **2.** *(вираз)* crudeness, coarsenness
грудень December
груди *мн.* **1.** *(частина тулуба)* chest *sing; поет.* breast *sing,* bosom *sing;* **2.** *(жінки)* breasts
грудка lump
грудневий December *attr.*
грудний 1. chest *attr.;* **~на клітка** *анат.* thorax; **~ голос** deep (resonant) voice; **2.: ~на дитина** baby, infant in arms
грузин, грузинка Georgian
грузинський Georgian; **~ка мова** Georgian, the Georgian language
грузнути stick, get stuck
грузький miry; *(про ґрунт тж)* swampy
група group; cluster; **~ крові** *біол.* blood group
груповий group *attr.*
групувати group; *(класифікувати)* classify; **~ся** group; **~ся навколо кого-н.** form a group round smb.
груша 1. *(дерево)* pear (tree); **2.** *(плід)* pear
грюк knocking; bang, slam
грюкати, грюкнути *(дверима та под.)* bang, slam

грядка *(городини)* (vegetable) bed; *(квітів)* (flower-) bed
грязюка *розм. див.* **грязь 1**
грязь 1. *(розм'якла від води земля)* mud; **2.** *(бруд)* dirt; **3.: ~зі** *мн. мед.* mud *sing*
губа lip; <> **копилити губу** pout (one's lips)
губити 1. lose; **2.** *(призводити до загибелі)* ruin, destroy; **~ся 1.** be lost; **2.** *(зникати)* disappear; *(про звуки, запахи)* fade; **~ у здогадках** be lost in conjecture, be at a loss
губка *(для миття)* sponge
губний 1. lip *attr.;* **~на помада** lipstick; **2.** *лінгв.* labial
гудити disparage, decry; run down *розм.*
гудіти, *тж* **густи 1.** hum, buzz; *(про низький звук)* drone; **2.** *(видавати сигнали)* hoot; *(про автомобіль тж)* honk
гудок *(автомобіля)* horn; *(пароплава)* siren; *(паротяга)* whistle; *(фабричний)* siren, hooter
гукати, гукнути 1. *(кликати)* call; **2.** *(голосно вимовляти)* cry, shout
гульвіса, гультяй *розм.* reveller, rake
гуляти 1. *(прогулюватися)* have (take) a walk; stroll; **2.** *розм. (розважатися)* enjoy oneself, make merry; **3.** *розм. (бути вільним від роботи)* have time off, have free time
гуманізм humanism
гуманіст humanist
гуманітарний humanistic, humane; **~ні науки** the humanities
гуманний humane; **~ність** humanity
гумор humour, humor *амер.*
гумореска 1. *муз.* humoresque; **2.** *літ.* short comedy
гуморист *(автор, виконавець гумористичних творів)* humorist; *(людина з почуттям гумору)* comic
гумористика humour, humor *амер.*
гумористичний humorous
гумористка comedienne
гупати *(глухо стукати)* thump, thud; **~ ногами** stamp one's feet; *(із шумом падати)* thump down
гуркіт rumble; **~ грому** crash of thunder
гуркотати, гуркотіти rumble; **грім гуркоче** thunder roars (crashes)
гурт 1. *(людей)* group; crowd; **2.** *(тварин)* herd, drove
гуртожиток hostel; dormitory
гурток group, circle
гуртом jointly, together
гуртувати unite, rally
гусак *орн.* gander, goose
гусениця 1. *зоол.* caterpillar; **2.** *тех.* track, caterpillar track
гусеничний: ~ трактор caterpillar (crawler) tractor

гусеня gosling
гуси *мн.* geese
гусінь *див.* **гусениця 1**
гуска goose
густи *див.* **гудіти**
густий 1. thick, dense; **2.** (*про колір, голос*) deep, rich; **~ бас** deep bass
густішати get (grow) thicker
густо thickly, densely
густота thickness, density
гуцул Hutsul (*highlander of Carpathian region*); **~ка** Hutsul woman
гучний loud, sonorous
гучномовець loud speaker
гуща 1. (*осад на дні*) dregs *pl*; sediment; **2.** (*густий ліс*) *див.* **гущавина**
гущавина thicket; **у ~ні** in the heart (depths) of the forest

Ґ

ґава 1. crow; **2.** *перен. знев.* (*роззява*) booby; <> **ґав ловити** stand and gape
ґазон lawn
ґалантерейний: ~ магазин haberdasher's (shop)
ґалантерея haberdashery
ґалантний gallant
ґалантність gallantry
ґалерея gallery; **картинна ~** picture-gallery
ґалоп 1. (*біг коня*) gallop; **2.** (*танець*) gallop; **~пом** at a gallop; **мчати ~пом** gallop
ґанок the steps *pl*; (*з покрівлею*) porch rubber *attr.*
ґараж garage
ґарантійний guarantee *attr.*; **~ лист** letter of guarantee
ґарантія guarantee
ґарантований guaranteed
ґарантувати guarantee; ensure; (*охороняти від чого-н. тж*) safeguard (against)
ґардероб 1. (*шафа, тж одяг, збір.*) wardrobe; **2.** (*роздягальня*) cloak-room
ґардеробник, ґардеробниця cloak-room attendant
ґардина curtain
ґарнізон *див.* **залога**
ґарнір *кул.* garnish; (*овочевий*) vegetables *pl*
ґарнітур (*комплект*) set; **~ меблів** suite of furniture; **спальний ~** bedroom suite
ґастролер 1. guest-performer; actor on tour; **2.** *перен. знев.* bird of passage
ґастролювати tour, be on tour
ґастроль guest-performance; **~лі** *мн.* tour *sing*; **на ~лях** on tour
ґатунок 1. (*сорт за якістю*) grade, quality; **2.** (*різновид*) kind
ґвалт *розм.* **1.** hubbub, row; **зчиняти ~** raise a hullabaloo (uproar); **2.** *виг.* (*рятуйте!*) help!
ґвардієць guardsman
ґвардійський Guards *attr.*; **~ка дивізія** Guards division, division of Guards
ґвардія Guards *pl*
ґвинт screw
ґвинтівка rifle
ґвинтовий 1. spiral; *mex.* screw *attr.*; **~ві сходи** spiral staircase
ґедзь *ент.* gadfly
ґейзер geyser
ґелґіт 1. (*гусей*) cackling; **2.** *розм.* (*галас*) hum, noise
ґелґотати, *тж* **ґелґотіти** (*про гусей*) cackle
ґенерал general; **~-лейтенант** lieutenant-general; **~-майор** major-general; **~-полковник** colonel-general
ґенеральний *у різн. знач.* general; (*основний тж*) basic; **~на репетиція** *театр.* dress rehearsal
ґенератор generator
ґеніальний great, brilliant; (*про людину тж*) of genius *після ім.*; **~ твір** work of genius
ґеній *у різн. знач.* genius; (*про людину тж*) man of genius

ґестапо gestapo
ґирлиґа shepherd's crook
ґільйотина guillotine
ґірлянда garland, festoon
ґлісер hydroplane
ґлянець gloss; *(на дереві, шкірі)* polish
ґлянцевий glossy, lustrous; **~ папір** glossy paper
ґніт *(свічки та под.)* wick; *(шнур)* fuse
ґольф golf
ґравер engraver; *(офортист)* etcher
ґравій gravel
ґравіювати engrave
ґравюра engraving, print; *(офорт)* etching
ґранат I *бот.* pomegranate
ґранат II *мін.* garnet
ґраната *військ.* grenade; *(ручна)* hand-grenade
ґрандіозний grand, grandiose, imposing; *(величезний)* vast, bilge, tremendous
ґраніт granite
ґранітний granite *attr.*
ґрати *мн.* bars *pl*; <> **посадити за ~** put behind bars
ґраф count; *(англійський)* earl
ґрафиня countess
ґрафство *(в Англії)* county, shire
ґраційний graceful

ґрація *(витонченість)* gracefulness, grace
ґрим *(актора)* make-up
ґримаса grimace; **робити ~си** make (pull) faces, grimace
ґримувати make up; **~ся** make oneself up
ґрип grippe, influenza; flu(e) *розм.*
ґроно cluster; **~ винограду** bunch of grapes
ґросмайстер *шах.* grandmaster
ґрот *(печера)* grotto (pl -oes, -os)
ґрунт 1. soil; *(дно річки й под.)* bed, ground; **піщаний ~** sandy soil; **2.** *перен. (основа)* ground, foundation
ґрунтовий: ~ва дорога unmetalled road; dirt road *амер.*; **~ві води** subsoil waters
ґрунтовний *(повний)* detailed; *(глибокий)* solid, thorough; *(вичерпний)* exhaustive
ґрунтуватися *(на чому-н.)* be based (on)
ґубернатор governor
ґубернія *іст.* province
ґудзик button
ґуля bump, lump
ґулястий lumpy
ґума rubber
ґумка eraser, rubber; **жувальна ~** chewing gum
ґумовий rubber *attr.*

Д

давальний: ~ відмінок *грам.* dative (case)
давати, дати 1. *у різн. знач.* give; **2.** *(надавати можливість що-н. робити)* let; **дайте мені подумати** let me think; **3.** *наказ. сп.:* **давай(те) підемо (зробимо)** *та под.* let's go (do) etc.; **давай(те)!** *(заклик до дії «вперед!»)* go ahead! <> **~ врожай** yield a harvest; **~ знати кому-н.** let smb. know; **~ себе знати** *(бути відчутним)* make itself felt; **~ раду** manage, cope (with); **~ся 1.** *розм.:* **не ~ся в руки** dodge; **2.** *(бути легким для засвоєння і под.)* come easy (to); **це йому легко дається** it comes easy (naturally) to him

давити 1. press; lie heavy; weigh down (on); *(вичавлювати)* squeeze; **2.** *перен. (гнобити)* гнітити — *про почуття)* oppress; *(пересилювати в собі)* suppress
давитися 1. *(чим-н.)* be choked (by); **2.** *(від чого-н.)* choke with; **~ від кашлю** choke with coughing
давнина antiquity; *(минуле)* the past, old times *pl*
давній *(колишній)* past; *(старий, стародавній)* old, ancient; <> **з ~ніх-давен** since olden days; for a long time, for ages
давність remoteness; antiquity; *(довгочасне*

існування) long duration (standing); **десятилітньої ~ності** of ten years' standing

давно 1. (*у далекому минулому*) long ago, a long time ago; **2.** (*упродовж тривалого часу*) for a long time, for ages; <> **отак би й ~, ~ б так** and high time it is!

дайджест newspaper rybric

дактилоскопія fingerprinting

далекий 1. *у різн. знач.* distant; remote; (*про подорож, шлях*) long; **~ке минуле** distant (remote) past; **2.** *перен.* (*від чого-н.*) far (from), by no means inclined (to); **він не ~ від істини** he's not far wrong; **3.: ~ родич** distant relative

далеко 1. far (off); (*про віддаль тж*) a long way (off); **2.** (*набагато*) much, far; **~ краще** much (far) better; **3.** *безос.* (*про віддаль*) it's a long way; **4.** *безос.* (*не зрівнятися з ким-н., чим-н.*): **йому ~ до кого-н.** he is far from being smb.; <> **~ за північ** far (well) into the night; **йому ~ за тридцять** he is well over thirty; **~ не ...** (*зовсім не*) not a bit, not at all

далекобійний long-range

далекоглядний far-seeing, far-sighted

далекоглядність foresight

далекозорий long-sighted, far-sighted

далекозорість long sight, farsightedness

далечінь distance

далі 1. *вищ. ст. від* **далеко** farther; further; **2.** (*потім*) then; <> **~ буде** to be continued; **і так ~** and so on, et cetera (*скор.* etc.)

дама 1. lady; **2.** *розм.* (*у танці*) partner; **3.** *карт.* queen

дамба dam; dike

дамка (*у шашках*) king; **провести в ~ки** crown

данець, данка Dane

даний given; (*наявний*) present; **у ~ному разі** in the present instance

данина tribute; (*вияв пошани до кого-н. тж*) homage

дані *мн.* **1.** (*відомості*) data, facts; information *sing*; **2.** (*здібності, якості*) makings

данський Danish; **~ка мова** Danish, the Danish language

дар 1. (*подарунок*) gift; **2.** (*здібності, хист*) gift (of), power (of); **~ слова** power of speech

даремний (*марний*) vain; (*непотрібний*) unwarranted, unfounded, unnecessary

даремно 1.: ~ ви так зробили you should not have done so!; **2.** *як присудк. сл.* (*марно*) in vain; **все було ~** it was no use (no) good; **3.** (*незаслужено, невиправдано*) without reason

дарма 1. *див.* **даремно 2.** *як присудк. сл., розм.* (*усе одно, байдуже*) all the same; **та ~!** it's all same!; **3.: ~ що** although, though; **4.** *як присудк. сл.* (*гаразд, хай*) never mind

дармоїд *знев.* sponger, drone

даровий free (of charge)

дарувати 1. give, present (with); **2.** *розм.* (*вибачати*) forgive, pardon

дарунок gift, present

дарчий donative; **~ лист, ~ча грамота** deed, settlement

дата date; **без ~ти** undated; **поставити ~ту** date

датувати date

дах roof

дача (*будинок*) country house, house in the country; **жити на ~чі** live in the country

дачний country *attr.*; **~на місцевість** out-of-town

дачник, дачниця summer resident

дбайливий thorough; careful

дбати (*про, за*) show (display) concern (for); look after; take care (of)

два two; **їй ~ роки** she is two (years old); **дві з половиною години** two and a half hours; **дві з половиною хвилини** two and a half minutes

двадцятий twentieth; **йому ~ рік** he is in his twentieth year; **~ті роки** the twenties

двадцять twenty; **~ один** twenty-one; **~ перший** (the) twenty-first

дванадцятий twelfth

дванадцятипалий: ~ла кишка duodenum

дванадцять twelve

двері *мн.* door *sing*; (*отвір*) doorway; **у ~рях** in the doorway

двигун motor, engine

двійка 1. (*цифра*) two; **2.** (*оцінка*) two, poor

двійник double, twin

двійня, двійнята *мн.* twins

двір I 1. (*біля будинку*) yard, courtyard; **2.** (*садиба*) homestead; <> **монетний ~** mint

двір II (*королівський*) court; **при дворі** at court

двірець *див.* **вокзал**

двірник 1. road sweeper, yard-keeper, caretaker; janitor *амер.* **2.** *розм.* (*автомашини*) windscreen wiper

двісті two hundred

двічі twice

двобій duel

двобортний double-breasted

двовладдя diarchy

двогорбий: ~ верблюд Bactrian camel

дводенний two-day *attr.*

двоє two

двозначний I ambiguous, equivocal

двозначний II: ~не число two-digit number

двоїтися 1. (*роздвоюватися*) split apart; fork;

2. *(розпливатися)* go out of focus; become blurred; **у мене в очах ~ться** I see double
двокрапка colon
дволикий, дволичний two-faced, double-faced
двомовний bilingual
двомовність bilingualism
двоповерховий two-storey *attr.*
дворазовий two-fold; **~ чемпіон** twice champion
डворушник double-dealer
дворушництво double-dealing
дворянин nobleman, noble
дворянка noblewoman
дворянство 1. *(стан)* nobility; **2.** *збір.* nobility; nobles *pl*; *(середнє і дрібне)* gentry
дворянський nobleman's, noble
двосторонній 1. double; *(про тканину)* double-sided; **2.: ~ радіозв'язок** two-way radio communication; **~ня угода** bipartite (bilateral) agreement
двохсотий two-hundredth
двохсторіччя bicentenary
двочлен *мат.* binomial
двоюрідний: ~ брат, ~на сестра (first) cousin
де where; **~ б не було** wherever; <> **~ вже йому зрозуміти!** how can he understand!
дебаркадер landing stage
дебати *мн.* debate *sing*
дебатувати debate
дебелий *розм.* robust, sturdy
дебет *бух.* debit
дебетування: пряме ~ *бух.* direct debit
дебітор debtor
дебют 1. debut; **2.** *шах.* opening
девальвація *ек.* devaluation
девальвувати *ек.* devalue
дев'яностий ninetieth; **~ті роки** the nineties
дев'яносто ninety
дев'яносторічний 1. *(про період)* ninety-years; **2.** *(про людину)* ninety-year-old
дев'яносторіччя ninety years; *(річниця)* ninetieth anniversary
дев'ятиденний nine-day
дев'ятий ninth
дев'ятиразовий: ~ чемпіон nine-times champion
дев'ятка nine
дев'ятнадцятий nineteenth
дев'ятнадцять nineteen
дев'ятсот nine hundred
дев'ять nine
деґенеративний degenerate
деґенерація degeneration
деґрадація degradation

деґрадувати degradation
деґустатор taster
деґустація tasting
деґустувати taste, sample
де-де 1. *(то там, то тут)* here and there; **2.** *(ледь)* just a little
дедукція deduction
дезертир deserter
дезертувати desert
дезінсекція pest control
дезінфекція disinfection
дезінфікувати disinfect
дезінформація misinformation
дезінформувати misinform
дезодорант antiperspirant
дезорганізація disorganization
дезорганізувати disorganize
дезорієнтація disorientation
дезорієнтувати disorient, confuse
декабрист *іст.* Decembrist
декада *(десять днів)* ten day period; **~ літератури і мистецтва** Ten-Day Literature and Art Festival; *(десять років)* decade; **~ французького кіно** ten-day festival of French cinema
декадент decadent
декадентський decadent
декадентство decadence
декан dean
деканат faculty office
декілька several, some; *(небагато)* a few
декламувати recite
декларація declaration; **митна ~** customs declaration
декларувати declare
декласований: ~ні елементи social outcasts
декодер *кіб.* decoder
декольте decollete
декоративний decorative; *(призначений для оздоблення)* ornamental
декорація set, stage set; **~ції** *мн.* scenery *sing*
декрет decree
декретний: ~на відпустка maternity leave
делеґат, делеґатка delegate
делеґація delegation
делеґувати send as a delegate
делікатес delicacy
делікатний *у різн. знач.* delicate, ticklish; *(тактовний)* considerate, tactful
делікатність delicacy, tact
делікатно tactfully
дельта *(річки)* delta
дельтаплан hang-glider
дельфін dolphin

демагог demagogue
демагогія demagogy
демаркаційний: ~**на лінія** demarcation line
демілітаризація demilitarization
демісезонний: ~**не пальто** overcoat
демобілізація demobilization
демобілізований 1. demobilized; 2. *як ім.* ex-serviceman
демобілізувати demobilize
демографічний population *attr.*, demographic
демографія demography
демократ democrat
демократизація democratization
демократизм democracy
демократичний democratic
демократія democracy
демонстрант demonstrator
демонстративний demonstrative, ostentatious; ~ **вихід** walkout in protest; ~**на відмова** pointed refusal (rejection)
демонстрація 1. demonstration; **організувати** ~**цію** make a demonstration; 2. *(показ)* display, show; *(фільму)* showing
демонструвати 1. demonstrate; 2. *(показувати)* display; ~ **фільм** show a film
демонтувати dismantle
деморалізація demoralization
деморалізувати demoralize
демпінґ dumping
демпінґовий: ~**ві ціни** artificially lowered prices
денатурат meths
денаціоналізація denationalization
денаціоналізувати denationalize
дендрарій arboretum
де-небудь somewhere; *(у пит. реченнях)* anywhere; **ще** ~ somewhere else
де-не-де here and there
денний 1. day *attr.*; ~**на зміна** day shift; ~**на вистава** matinee; ~**на форма навчання** full-time education; ~**не світло** daylight; 2. *(який припадає на один день)* daily, day's
деномінація *ек.* denomination
день day; ~ **народження** birthday; **робочий** ~ working day; **світловий** ~ daylight; **добрий** ~! good afternoon!; **серед (білого) дня** in broad daylight; **на днях, (цими) днями** *(у найближчому майбутньому)* in a day or two, one of these days; *(про минуле)* a few days ago, the other day
департамент department
депо depot; **пожежне** ~ fire-station
депозит deposit
депозитний deposit *attr.*
депозитор depositor
депонент *див.* депозитор
депонувати deposit
депортація deportation
депортувати deport
депресія depression
депутат deputy
депутатський deputy *attr.*, deputy's
деревина wood; *(лісоматеріал тж)* timber
деревний wood *attr.*
дерево 1. tree; 2. *(матеріал)* wood
деревообробний: ~**на промисловість** timber industry
дерев'яний wooden
дерен turf
держава state; *(країна)* country, nation
державний state *attr.*; *(національний)* national; ~ **лад** government system; ~ **діяч** statesman; ~**на влада** state power; ~**на мова** official language
держално handle, holder; *(ножа)* haft
держати 1. *(тримати, не відпускати)* hold; 2. *(бути опорою)* support, hold (up); 3. *(змушувати перебувати де-н.)* keep, hold; ~ **кого-н. у полоні** hold (keep) smb. prisoner; 4. *(зберігати де-н., бути власником)* keep; <> ~ **курс** *(куди-н.)* set one's course (for), steer (for); ~**ся** 1. *(за що-н.)* hold on (to); cling (to) *(тж перен.)*; ~**ся за поруччя** hold on to the rails; 2. *(утримуватися)* stay on, keep on; *(зберігати певне положення тіла)* hold oneself; 3. *перен. (дотримуватися чого-н.)* adhere (to), hold (by, to), stick (to); <> **ледве на ногах** ~**ся** to be on one's last legs
Держбанк *(Державний банк)* the State Bank
дерзання daring, enterprise
дерзати dare
дериват *лінгв.* derivative
деркач *зоол.* corncrake
дерматин leatherette
дерматологія dermatology
десант 1. *(висадка)* landing; 2. *(військова група)* landing troops *pl*
десантник *військ.* paratrooper
десерт dessert
десертний dessert *attr.*; ~**на ложка** dessert-spoon
деспот despot
деспотизм despotism
деспотичний despotic
десятиборець *спорт.* decathlete
десятиборство *спорт.* decathlon
десятиденний ten-day
десятий tenth
десятиразовий tenfold; ~ **чемпіон** ten-times champion
десятиріччя 1. *(період)* decade; ten years *pl*; 2. *(річниця)* tenth anniversary

десятка ten
десятковий *мат.* decimal; ~ **дріб** decimal (fraction)
десяток ten; **~тки** *мн.* *(велика кількість)* dozens, scores; <> **йому вже п'ятий ~** he is past forty, he is in his forties
десять ten
деталізувати work out in detail
деталь 1. *(подробиця)* detail; **2.** *(механізму)* part
детальний detailed, elaborate
детально in detail
детектив 1. *(агент служби розшуку)* detective; **2.** *(твір)* detective story (novel, film)
детективний detective *attr.*
детектор detector
детонатор detonator
де-факто de facto
дефект defect
дефективний 1. *(розумово)* mentally defective; **2.** *(фізично)* physically handicapped
дефектний defective
дефектоскопія *тех.* detection of flaws
дефіс hyphen
дефіцит 1. *ек.* deficit; **2.** *(нестача)* shortage
дефіцитний 1. *ек.* unprofitable; running at a loss *після ім.*; **2.** *(якого не вистачає)* scarce
дефляція *ек.* deflation
деформація deformation
деформувати deform
дехто some people *pl*; somebody
децентралізація decentralization
децентралізувати decentralize
децибел decibel
дециметр decimetre, decimeter *амер.*
дешевий cheap
дешево cheap
дешевшати become cheaper, fall in price
дешифрувати decipher
дещо 1. something; **2.** *як присл.* *(трохи)* slightly, somewhat, a little
де-юре de jure
деякий some; ~ **час** for some time; **до ~кої міри** to a certain extent
джаз 1. *(вид музики)* jazz; **2.** *(оркестр)* jazz band
джем jam
джемпер jumper; *(чоловічий)* pull-over
джентльмен gentleman
джерело 1. spring; **2.** *перен.* source
джерельний: ~на вода spring water
джин gin
джинси *мн.* (blue)jeans *pl*
джміль *ент.* bumble-bee
джойстик *обч.* joystick
джокер joker
джоуль *фіз.* joule

джунглі *мн.* jungle *sing*
дзвеніти ring; *(чим-н.)* clink, jingle
дзвін I *(на дзвіниці й под.)* bell
дзвін II *(звук)* sound of bells; *(металу)* ringing; *(монет і под.)* jingling
дзвіниця belfry, bell-tower
дзвінкий ringing, clear; *лінгв.* voiced
дзвінок *у різн. знач.* bell; *(звук)* ring; **телефонний ~** telephone call
дзвонити 1. ring; *(про дзвін тж)* toll; **2.** *(по телефону)* *див.* **телефонувати**
дзеркало looking-glass, mirror
дзеркальний mirror *attr.*; *перен.* smooth, unruffled
дзиґа 1. top; **2.** *перен.* *(про людину)* fidget
дзижчання hum, buzz
дзижчати hum, buzz
дзюдо judo
дзюдоїст judoist
дзюркіт murmur, babbling
дзюрчати murmur, babble
дзьоб beak; bill
дзьобати *(про птахів)* peck
дивак eccentric, crank, strange person
диван sofa
дивацтво eccentricity; *(дії, учинки)* funny ways *pl*
диверсант saboteur; diversionist
диверсифікація diversification
диверсія 1. *(шкідництво)* sabotage; **2.** *військ.* diversion
дивертисмент divertissement
дивитися 1. *(на, у)* look (at, into); *(пильно)* gaze (at, into) *(тж перен.)*; ~ **вдалину** gaze (stare) into the distance; ~ **(прямо) в очі** look (straight) in the eye; ~ **в майбутнє** face the future, look ahead; ~ **в телескоп** look through a telescope; **2.** *перен.* *(звертати увагу, зважати на що-н.)* take notice (of); **3.** *перен.* *(ставитись певним чином)* regard, look (at); **4.** *(піклуватися)* look (after), take care (of); **5.** ~ **(на себе) у дзеркало** look (at oneself) in the glass; **6.** *(фільм і под.)* see, watch; **7.** *(оглядати — хворого й под.)* examine; **дивись!, дивіться!** а) *(застереження)* take care!; *(погроза)* look out!; б) *(подив)* well; **дивлячись де (коли)** it depends where (when)
дивіденд *ек.* dividend
дивізіон unit; *(військових кораблів)* division
дивізія division
дивний 1. strange, curious, odd; queer, funny *розм.*; **2.** *(гарний, чудовий)* fine; marvellous, wonderful; **нічого ~ного** no wonder
дивно 1. strangely; **2.** *безос.* it is trange (curious, odd)
диво wonder, marvel; <> **не ~** no wonder; **на ~** to everyone's surprise, marvellously

дивовижний odd, bizarre; *(надзвичайний)* wonderful, striking

дивувати astonish, amaze, surprise; **~ся** wonder (at); be surprised (astonished, amazed) (at)

дидактичний didactic

дизайн design

дизайнер designer

дизель *тех.* diesel engine, diesel

дизентерія *мед.* dysentery

дикий 1. wild; **2.** *(дикунський тж)* savage; **3.** *(відлюдкуватий)* shy, unsociable

дикість 1. wildness; **2.** *(дикунство)* savagery

дикобраз *зоол.* porcupine

диктант dictation

диктатор dictator

диктаторський dictatorial

диктатура dictatorship

диктор announcer, broadcaster; *(що читає новини)* newsreader

диктофон dictaphone

диктувати dictate

дикун savage; *перен.* shy person

дикція enunciation, diction

дилема dilemma

дилер dealer

дилетант amateur; *(поверховий знавець)* dilettante (*pl* -ti); dabbler *розм.*

дилетантський amateurish

дим smoke

димар chimney

димити, *тж* диміти smoke; **~ся 1.** smoke; **2.** *перен. (виділяти пару)* steam

димний smoky

димовий smoke *attr.*

динамік (loud)speaker

динаміка dynamics

динаміт dynamite

динамічний dynamic

династія dynasty

динозавр dinosaur

диня melon

диплом diploma; *(університетський тж)* degree certificate; **захищати ~** defend a thesis

дипломант award winner

дипломат diplomat; *(портфель) розм.* briefcase

дипломатичний diplomatic; **~ні відносини** diplomatic relations

дипломатія diplomacy

дипломний: ~ проект graduation (diploma) design; **~на робота** graduation (diploma) essay (work)

дипломований qualified

директива directive

директивний directive; **~ лист** letter of instructions

директор director; **~ школи** *(чоловік)* head-master, *(жінка)* headmistress; **~-розпорядник** managing director; **головний, виконавчий ~** chief executive

дирекція management; *(приміщення)* director's (manager's) office

диригент conductor; *(хору)* choirmaster

диригентський conductor *attr.*; **~ка паличка** conductor's baton

диригувати conduct

дисгармонія discord

дисертація thesis (*pl* -ses), dissertation; **кандидатська ~** candidate's /Ph.D thesis

дисидент dissident

диск 1. *обч.* disk; **2.** *спорт.* discus; **3.** *муз.* record; **гнучкий ~** floppy disk; **твердий ~** *обч.* hard disk; **~ з подвійною щільністю** *обч.* double-density floppy disk

дискваліфікувати 1. *(юриста й под.)* strike off; **2.** *(спортсмена)* disqualify

дискета diskette

диско disco

дисконт *ком.* discount

дискотека 1. *(колекція дисків)* record collection; **2.** *(танці)* discotheque

дискредитувати discredit

дискримінація discrimination

дискримінувати discriminate (against)

дискусійний debat(e)able

дискусія discussion, debate

дискутувати discuss, debate

дислокація 1. *війс.* deployment; **2.** *мед.* dislocation

дислокувати *війс.* deploy

дисонанс 1. *муз.* dissonance; **2.** *перен.* discord

диспансер dispensary, prophylactic centre

диспетчер 1. controller; **2.** *зал.* dispatcher; **авіаційний ~** air-traffic controller

диспетчерський: ~ка служба control section

дисплей *обч.* display

диспропорція disproportion

диспут debate, disputation

дистанційний remote; **~не управління** remote control

дистанція 1. distance; **2.** *війс.* range; **<> він зійшов з ~ції** *спорт.* he didn't last the distance

дистилювати distil, distill *амер.*

дистиляція distillation

дистильований distilled

дистриб'ютор distributor

дистрофія dystrophy

дисципліна 1. discipline; **2.** *(галузь науки)* branch of science

дисциплінований disciplined

дитбудинок *(дитячий будинок)* children's home

дитина child; *(немовля)* infant, baby
дитинство childhood
дитсадок *(дитячий садок)* kindergarten
дитя *див.* **дитина**
дитячий children's, child's; *(властивий дитині)* childlike; *(незрілий, наївний)* childish; ~ **майданчик** playground; ~**ча іграшка** plaything, toy; ~**ча книга** book for children, children's book; <> ~ **садок** kindergarten; ~ **будинок** children's home; ~**чі ясла** nursery, creche
диференціал *мат.* differential
диференціальний differential; ~**не числення** *мат.* differential calculus
диференціація differentiation
диференційований: ~**на зарплата** di rential
диференціювати differentiate
дифтерит *мед.* diphtheria
дифтонґ diphthong
дихальний respiratory; ~**не горло** *анат.* windpipe; ~**ні шляхи** *анат.* respiratory tract *sing*
дихання breathing, respiration; **штучне** ~ artificial respiration
дихати breathe, respire; **важко** ~ breathe hard, pant
дичина *збір.* game
дичка *бот.* wilding
диявол devil
диявольський devilish, diabolic(al)
диякон deacon
діабет: цукровий ~ diabetes
діабетик diabetic
діагноз diagnosis (*pl* -noses); **поставити** ~ give a diagnosis
діагностувати 1. *мед.* diagnose; **2.** *тех.* check
діагональ diagonal; **по** ~**лі** diagonally
діагональний diagonal
діаграма diagram, chart, graph
діакритичний: ~ **знак** diacritical mark
діалект dialect
діалектика dialectics
діалектичний dialectical
діалог dialogue
діалоговий *обч.* conversational
діамант diamond, brilliant
діаметр diameter
діапазон 1. range; **2.** *(частот)* waveband; **3.** *(голосу, звуку)* range, diapason
діапозитив slide
діатез diathesis
діафільм slide film
діафрагма diaphragm
діброва oak-grove
дівати, діти put; **де ти дів книгу?** where did you put the book?; <> **ніде правди діти** there is no concealing the fact (that); ~**ся** go, get; **де ділася книжка?** where on earth is the book?, where has the book got to?; <> **ніде дітися** there is no getting away from it
дівочий girl's; girlish; ~**че прізвище** maiden name
дівчина girl; lass, lassie *розм.*; ~**нка** (little) girl
дід 1. grandfather; **2.** *(стара людина)* old man; <> **Дід Мороз** Santa Claus
дідусь grandfather; grandad, grandpa
дієз *муз.* sharp
дієвідміна *грам.* conjugation
дієвість efficacy; effectiveness
дієприкметник *грам.* participle
дієприкметниковий participial; ~ **зворот** participial construction
дієприслівник *грам.* adverbial participle
дієслівний verbal
дієслово verb
дієта diet; **бути на** ~**ті** be on a diet
дієтичний dietetic, dietary
діжка tub
дізнаватися, дізнатися 1. *(одержувати відомості)* learn; get to know; **2.** *(довідуватися)* find out, ascertain
діймати, дійняти pester
дійний: ~**на корова** milking cow; milch cow *(тж перен.)*
дійовий effective, efficacious, active; ~**ва особа** *театр., літ.* character
дійсний 1. *(реальний)* real, actual; **2.** *(який має повноваження)* valid; ~ **член Академії наук** (full) Member of the Academy of Sciences; ~ **спосіб** *грам.* indicative mood
дійсність reality; **у** ~**ності** reality
дійсно 1. really, actually; **2.** *вставне сл.* indeed
ділення division *(тж мат.)*
ділити *у різн. знач.* divide; ~ **навпіл** divide in half, halve; *(на число)* *мат.* divide (by); ~ **що-н. з ким-н.** share smth. with smb.; ~**ся 1.** divide (into); *(на число)* *мат.* divide by; be divisible by; **2.**: ~**ся** враженнями compare notes; **3.** *(звіряатися)* confide (to)
діло *розм.* affair; *(заняття)* work, business; <> **до** ~**ла** to the point; **на** ~**лі** in practice
діловий 1. business *attr.*; business-like; ~**ва людина** business man; **2.** *(який стосується суті)* practical, realistic
ділянка 1. *(землі)* lot, plot; **2.** *(частина поверхні чого-н.)* area; **3.** *перен. (галузь, сфера)* field, department
дільник *мат.* divisor
дільниця district, division; precinct *амер.*
дім 1. *(будівля)* building; house; **2.** *(житло)* home; **вийти з дому** leave the house, go out; **3.** *(господарство)* house, household

діра, дірка hole
дірявий holey; full of holes *після ім.*
діставати, дістати 1. *(брати звідки-н.)* get (out of), take (out of), *(знімати)* get (from); **2.** *(доторкатися до чого-н.)* reach, touch; **3.** *(долаючи труднощі)* get, obtain; **4.** *(одержувати)* receive, get; **~ся 1.** *(ставати чиєю-н. власністю)* fall to smb.'s share; **2.** *(добиратися)* reach, get (to); **~ся додому** get home; **3.** *безос.* (*про покарання*): **йому дісталося** he caught it
діти *мн.* children; kids *розм.*
діючий acting; **~ вулкан** active volcano
дія 1. action; *(діяльність тж)* activity; activities *pl;* **2.** *(механізму й под.)* operation, functioning; **у дії** in operation; **3.** *(вплив)* influence; effect; **4.** *театр.* act; **п'єса на три дії** three-act play; **5.** *мат.* operation; **чотири арифметичні дії** the four rules of arithmetic; <> **бойові дії** hostilities
діяльний active
діяльність 1. *(дії людей)* activities *pl*, work; **2.** *(функціонування чого-н.)* activity, action; **~ серця** action (functioning) of the heart
діяти 1. act; operate *(тж війс.);* **2.** *(функціонувати)* work, function; *(про машину тж)* run; **3.** *(впливати)* influence; have an effect (on); **~ся** *(відбуватися)* be going on, happen
для *у різн. знач.* for; **~ неї** for her; **~ вивчення** for the purpose of studying; **~ нього це пусте** it's nothing to him; **~ того щоб** in order (+ to *inf.*), *(перед підметом або додатком)* in order that, so that; **це корисно ~ здоров'я** this is good for one's health
днище bottom; *(судна тж)* bilge
дно bottom; *(моря, річки тж)* bed; **на дні** at the bottom; <> **догори дном** upside-down; topsy-turvy
до I 1. *(напрямок дії)* to, towards; **іти ~ університету** go to the University; **ми доїхали ~ річки** we went as far as (to) the river; **2.** *(межа поширення дії)* to, up to; as far as; **~ колін** up to the knees; *(часова межа дії)* till, until, up to, to; **з ранку ~ вечора** from morning till night; **4.** *(про час)* before; **~ революції** before the revolution; **5.** *(кількісна межа)* as much as; *(менше)* under; *(не більше)* up to; *(приблизно)* about; **~ двохсот гривень** as much as two hundred hryvnya's; **~ ста людей** about the hundred people; **6.** *(призначення)* for; **готуватися ~ іспитів** prepare for the examinations; **7.** *(ступінь вияву дії або стану)* to, to the point of; <> **~ того (ж)** moreover, besides
до II *муз.* Do, C
доба 1. twenty-four hours; **2.** *(епоха)* epoch, age

добивати, добити kill, finish (off); *(розбивати)* break, finish off
добиватися, добитися 1. *тк док.* achieve, obtain; **2.** *тк недок.* *(прагнути)* strive (for + to *inf.*); try to get; **3.** *(допитуватися)* try to find out
добирати, добрати 1. *(закінчувати брати)* finish gathering; **2.** *(підбирати)* choose, select
добиратися, добратися reach, get (to)
добігати, добігти run up (to)
добір selection
добірка 1. *(у газеті)* box, section; **2.** *(збірка)* collection; *(віршів)* anthology
добірний select(ed), choice; picked
доблесний valiant
доблесть valour, valor *амер.*
добовий daily
добраніч *виг.* (= **на добраніч**) good night
добре 1. well; **от ~!, як ~!** how nice!; **дуже ~!** splendid!; **~, що ви прийшли** it's a good thing you came; **2.** *безос.* it's nice, it's a good thing; **3.** *як част.* *(гаразд)* all right, very well; **4.** *як ім.* *(оцінка)* good (mark)
добривечір good evening!
добриво fertilizer; *(гній)* manure
добридень good afternoon!
добрий good; kind; **~ знайомий** close acquaintance; <> **~ вечір!** good evening!; **~ день!** good afternoon!
добро 1. good; **бажати комусь ~ра** wish smb. well; **це до ~ра не доведе** nothing good will come of it; **2.** *(майно)* things *pl*, property
добробут well-being, prosperity
добровільний voluntary
добровільно voluntarily; of one's own free will
доброволець volunteer
добродій gentleman; *(у звертанні)* sir; **шановний ~дію!** Dear Sir!; **~ка** lady; *(у звертанні)* Madam
доброзичливий well-meaning, benevolent; *(приязний)* friendly, well-disposed
добросердечний *розм.* kind-hearted
добросусідський neighbourly; **~кі стосунки** goodneighbour relations, good-neighbourhood
доброта kindness, goodness
доброякісний 1. good-quality *attr.*; of good quality *після ім.*; **2.** *мед.* benign, non-malignant
добувати, добути 1. *(діставати)* manage to get, obtain, gain; *(заробляти)* earn; **2.** *гірн.* extract; mine; **3.:** **~ корінь** *мат.* extract the root; **4.** get (out of)
добувний: **~на промисловість** extractive (mining) industry

добуток *мат.* product
довбати 1. gouge, hollow (out); **2.** *(дзьобом)* peck; **~ся** *розм. (дошукуючись)* rummage (in)
довгастий oblong
довгий long
довго long, (for) a long time
довговічний long-lived; *(міцний)* lasting, durable
довголітній long; of many years *після ім.*, of long standing *після ім.*
довголіття longevity
довгостроковий long-term
довгота *геогр.* longitude
доведення *лог., мат.* demonstration
доверху (up) to the top
довершений perfect
довершувати, довершити complete, accomplish
довжина length
довідка 1. *(відомості)* information, reference; **2.** *(документ)* certificate
довідковий reference *attr.*; **~ва література** reference books *pl*; **~ве бюро** information bureau (office)
довідник reference book; **телефонний ~** telephone directory
довідуватися, довідатися learn; find out; *(розпитувати)* inquire (about)
довіку *(завжди)* forever; *(у зап. реч.)* never
довільний arbitrary; free; *(необґрунтований)* unfounded
довіра confidence, trust; **почувати ~ру (до)** have confidence (in)
довірений 1. confidential; **~на особа** (confidential) agent; **2. як ім.** proxy, agent
довірливий trusting, trustful, confiding; *(легковірний)* credulous
довіряти, довірити 1. *тк недок. (вірити)* trust, have confidence (faith) (in); **2.** *(доручати кому-н. що-н.)* entrust (smb. with smth.) to); *(таємниці)* confide to; **~ся** trust (in), put one's trust (in)
довічний life *attr.*, for life; *(вічний)* eternal
доводити, довести 1. *(до певного місця)* bring (to), take (to); lead (to); **~ кого-н. до рогу (вулиці)** take smb. to the corner (of the street); **2.** *(фактами, доказами)* prove, demonstrate; *тк недок.* argue, seek to prove; **~ що-н. на практиці** prove smth. in practice; **3.** *(завершувати)* bring; **~ воду до кипіння** bring water to the boil; **~ що-н. до кінця** see smth. through, go through with smth.; **4.: ~ кого-н. до розпачу** drive smb. to despair; **~ що-н. до відома кого-н.** bring smth. to smb.'s notice
доводитися I, довестися 1. *безос.:* have (+ to *inf.*); **йому доводиться все робити самому** he has to do everything by himself; **2.** *безос. (мати можливість)* happen; **чи доводилось вам** (+ *інф.*)? did you ever happen (+ to *inf.*)?
доводитися II *(бути родичем)* be related (to); **він ~ться мені дядьком** he is my uncle
довоєнний prewar
довозити, довезти 1. *(доправляти)* take there; **2.** *ек. (імпортувати)* import
довшати lengthen, become / grow longer
довше longer
догана *(осуд)* censure; *(офіційна)* reprimand; **оголошувати ~ну кому-н.** give smb. an official reprimand
доганяти, догнати overtake, catch up (with) *(тж перен.)*
догідливий obsequious
догляд 1. care; attendance; **~ за дітьми** care of the children; **залишити кого-н. без ~ду** leave smb. without attendance; **2.** *розм. (нагляд)* supervision, surveillance; **бути під ~дом кого-н.** be under smb.'s surveillance
доглядати, доглянути *(за ким-н.)* keep an eye (on); *(піклуватися про кого-н.)* look (after), take care of
доглядач supervisor
догма dogma
догматичний dogmatic
договір 1. agreement; *юр.* contract; **2.** *(між державами)* treaty, pact; **~ про ненапад** non-agression pact; **~ про взаємну допомогу** treaty of mutual assistance; **торговий ~** commercial agreement (treaty)
договорювати, договорити *(закінчувати говорити)* finish telling; *(висловлювати до кінця)* speak out; <> **не ~ чого-н.** keep smth. back; **~ся 1.** *(до чого-н.)* go as far as to say; **2.** *(домовлятися)* make arrangements (with, about); *док.* come to an agreement
догоджати, догодити please; **усім не ~диш** you can't satisfy everybody
догори up, upward (s); **~ дном** upside down; *перен.* topsy-turvy
догоряти, догоріти burn out, burn down; *(погаснути)* go out
додавання addition
додавати, додати 1. add *(тж мат.);* **2.** *(збільшувати)* increase
додатковий 1. additional; *(який доповнює)* supplementary; **~ва відпустка** extra leave, extension of leave; **2.** *грам.* **~ве підрядне речення** object clause
додатково in addition
додаток 1. addition; **2.** *(до газети, часопису)* supplement; *(до книги, доповіді й под.)* appendix (*pl* -ices); **3.** *грам.* object; <> **на ~ (до)** in addition (to)

додержувати(ся), додержати(ся) *(виконувати обіцяне й под.)* keep; observe; **~ (свого) слова** keep one's word

додивлятися, додивитися 1. *(придивлятися)* look attentively (at); watch closely; **2.** *(до кінця)* stay to the end (of), sit out; *(книгу, часопис і под.)* look through to the end; **3.** *док.* *(помітити)* notice

додолу *(на землю)* to the ground; *(униз)* down, downwards

додому home

додумуватися, додуматися *(до чого-н.)* hit upon (an idea of)

доживати, дожити live (till); **~ до старості** live to an old age

дожидати(ся), діждати(ся) wait (for)

доза dose; **~ опромінення** dose of radiation

дозвіл 1. permission; **з вашого ~волу** with your permission; **2.** *(документ)* permit

дозвілля leisure; **на ~лі** at leisure

дозволений permissible; permitted; *(законний)* legal

дозволяти, дозволити allow, permit; *(давати можливість)* make it possible (for), enable; <> **~ собі** venture, take the liberty (of)

дозрівати, дозріти ripen; mature *(тж перен.)*

дозрілий ripe; mature *(тж перен.)*

доісторичний prehistoric

доїдати, доїсти eat up

доїжджати, доїхати (до) arrive (at); reach; **не доїжджаючи десяти кілометрів до міста** within ten kilometres of the town

доїти milk

док dock

доказ proof, evidence; argument; **речові ~зи** *мн. юр.* material evidence *sing*

докер docker

доки 1. *присл.* how long; **2.** *спол.* till, until

докидати, докинути (до) throw (as far as); **не ~нути** not to throw far enough

докір reproach

докірливий reproachful

докладати, докласти add, attach; <> **~ зусиль** do all one can

докладний detailed, circumstantial

доконаний: ~ вид *грам.* perfective aspect

доконати *розм.* finish; **це його ~нало** that finished him

докопуватися, докопатися 1. *(до чого-н.)* dig down (to); **2.** *перен. розм.* try to find, to worm out; *док.* find out, worm out

докорінний fundamental, radical

докоряти (за) reproach (for)

доктор *(учений ступінь)* doctor

докторський postdoctoral

доктрина doctrine

документ document; **~ти** *мн. тж* papers

документальний documentary; **~ фільм** documentary (film)

документація documentation

документувати document

докучати bother, pester; **~ кому-н. проханнями** pester smb. with requests; *(про почуття)* trouble

докучливий tiresome, importunate; **~ва людина** bore

долар dollar

доларовий dollar *attr.*; **~ рахунок** dollar account

долати *(труднощі й под.)* overcome

доливати, долити top up, fill (up); **~ чайник** fill up a kettle

долина valley

долинати, долинути *див.* **долітати 2**

долівка *(земляна підлога)* (earthen) floor

долітати, долетіти 1. fly (to, as far as); reach; **не ~** fail to reach; *(про камінь і под.)* fall short (of); **2.** *(про звуки)* reach (one's ears), be heard

долоня palm

долото chisel

доля *(людська)* fate, lot; **випадати на ~лю кому-н.** fall to smb.'s lot

домагатися, домогтися try (strive) to get; *док.* succeed in doing smth.

домашній home *attr.*, house *attr.*; **~нє завдання** homework; **~ня адреса** home address; **~ня сукня** housecoat

доменний: ~на піч *див.* **домна**

домисел conjecture, invention

домівка home

домініон dominion

доміно *(гра)* dominoes *pl*; *(костюм)* domino

домінувати predominate, prevail

домішка admixture

домішувати, домішати mix, add

домкрат *тех.* (lifting) jack; **піднімати що-н. ~том** jack smth. up

домна blast-furnace

домоведення housekeeping; *(дисципліна у школі)* domestic science

домовина coffin

домовлятися, домовитися *(з ким-н. про що-н.)* arrange (with smb. about smth.); agree (upon); **ми ~вилися зустрітись о п'ятій** we arranged to meet at five

домогосподарка housewife

донедавна until quite recently

донесення report; *(письмове)* dispatch

донизу down, downwards

донор donor

донорський donor *attr.*
донос denunciation
доносити, донести 1. bring, carry; **~ речі до ваґона** take the luggage as far as the carriage; **2.** *(повідомляти)* report; **3.** *(робити донос)* inform (against), denounce; **~ся** *(про звуки)* reach (one's ears), be heard
донощик informer
доня *пест.*, **донька** *розм. див.* **дочка**
допивати, допити drink up
допис report, item; article
дописувати, дописати finish writing; *(писати додатково)* add
допит *юр.* interrogation, examination; **перехресний ~** cross-examination
допитливий curious, keen, searching; **~ розум** keen (searching) mind
допитливість love of knowledge
допитувати, допитати 1. *(розпитувати)* question; **2.** *(робити допит)* interrogate, question, examine; **~ся** *(дізнаватися)* find out, *недок. тж* inquire (into)
допізна till late at night
допікати, допекти 1. *(пекти до готовності)* bake to a turn; **2.** *перен.* *(дошкуляти)* pester, wear out, annoy
доплата additional payment
доплатний: ~ лист unstamped letter
доплачувати, доплатити *(решту)* pay the rest (remainder) (of); **я доплачу** I'll make up the difference
допливати, доплисти *(уплав)* swim to (as) far as; *(про предмети)* float to (as) far as; *(на пароплаві й под.)* sail to (as) far as; reach; come to the shore
доповідати, доповісти 1. *(про що-н.)* report (on); **2.** *(про відвідувача)* announce
доповідач speaker, lecturer
доповідний: ~на записка report, memorandum *(pl -da)*
доповідь 1. *(усна)* lecture; *(письмова)* paper; **звітна ~** report; **робити ~ (про)** speak (on); lecture, give a lecture (on); **2.** *(офіційне повідомлення керівникові)* report
доповнення 1. *(дія)* addition; **2.** *(те, що доповнює)* complement
доповнювати, доповнити supplement; add
допомагати, допомогти 1. help, assist, aid; **2.** *(робити певний вплив)* be effective; **ліки ~могли їй** the medicine did her good
допоміжний auxiliary; **~не дієслово** *грам.* auxiliary verb
допомога help, assistance, aid; **медична ~** medical aid; **за ~гою** with the help (aid) (of); by means (of)
доправлення delivery; *(на велику відстань)* carriage

доправляти, доправити deliver
допризовний pre-conscription *attr.*
допризовник pre-conscription trainee
допускати, допустити 1. *(давати змогу увійти й под.)* admit (to); **не ~ (до)** keep (from); **~ кого-н. до конкурсу** allow smb. to enter a competition; **2.** *(дозволяти)* allow, permit; *(терпіти)* tolerate; **3.** *(уважати за можливе)* admit
допустимий admissible, permissible
дорадчий: ~ голос deliberative voice
дореволюційний pre-revolutionary
доречний opportune; appropriate; pertinent; to the point *predic.*
доречно to the point
дорівнювати be equal (to)
дорідний *(про людину)* portly, corpulent
доріжка 1. path; walk; **2.** *спорт.* track; **3.** *(килимок)* strip of carpet
дорікання reproach, reproof
дорікати reproach
доробляти, доробити *(закінчувати роботи)* finish, put the finishing touch (to)
доробок *(усе створене)* work, creation
дорога 1. road; way; **шосейна ~** highway; **край ~ги** by the roadside; **2.** *(місце для проходу, проїзду)* way, path; **стояти на ~розі** be in the way; stand in smb.'s path; **3.** *(подорож)* journey; **утомитися з ~ги** be tired from the journey; **давати ~гу** make way (for); *перен.* give smb. a free hand
дорогий *у різн. знач.* dear; *(який дорого коштує)* expensive; costly
дорого dear; *перен. тж* dearly; **~ заплатити** pay dear (for)
дороговказ 1. hand, pointer; **2.** *перен.* guide
дорожити *(цінувати)* value, prize; treasure; **не ~ життям** place no value on one's life; **~ кожною хвилиною** treasure every minute
дорожнеча high prices *pl*
дорожній 1. road *attr.*; of the road *після ім.*; **~ знак** road-sign; **2.** *(для подорожі)* travelling *attr.*; **~ одяг** travelling clothes *pl*
дорожчати rise in price
дорослий *тж як ім.* adult; grown-up *розм.*
доручати, доручити charge (with), commission (with); entrust (with)
доручення 1. mission, commission, assignment; *(дрібне)* errand; **за ~ням кого-н.** on instructions from smb.; **2.** *(довіреність)* letter (power) of attorney
досада vexation, annoyance
досвід experience; **життєвий ~** knowledge of the world
досвідчений experienced
досить 1. rather, fairly; **він ~ сильний** he is

rather strong; **~ добре** fairly good; **~ довго** rather a long time; **2.** *(доволі)* enough *після прикм.*; sufficiently; **3.** *безос. (вистачає)* it's enough; <> **~!** enough!; that's enough!; that'll do!

досі up to now; till this moment

досконалий perfect

досконалість perfection

досконало perfectly

дослівний literal; **~но** literally

дослід experiment

дослідження research (into); investigation (of); *(географічне і под.)* exploration (of)

досліджувати, дослідити research; investigate; *(вивчати)* study; *(країну й под.)* explore

дослідний 1. research *attr.*; **2.** *(призначений для дослідів)* experimental; test *attr.*; **~на ділянка** experimental plot

дослідник researcher; investigator; *(країни)* explorer

дослідницький research *attr.*

дослухатися 1. *(напружувати слух)* listen attentively (to); **2.** *перен. (брати до уваги)* listen (to), pay attention (to)

достатній sufficient

достаток 1. prosperity; **жити в ~ку** be in easy circumstances, be comfortably off; **2.** *(велика кількість чого-н.)* sufficiency

достигати, достигнути ripen; *док. тж* be ripe

достиглий ripe

достовірний trustworthy, reliable, authentic; **з ~них джерел** from reliable sources

достроковий ahead of schedule *після ім.*

доступ access

доступний *у різн. знач.* accessible; available; *(який відповідає силам, можливостям когон.)* within the capacity (of), within reach (of); *(для розуміння)* simple, intelligible

досхочу to one's heart's content; *(удосталь)* enough, sufficiently; <> **їсти (пити) ~** eat (drink) one's fill

досягати, досягти 1. reach; *(доходити до певного рівня тж)* amount (to); **2.** *(успіхів, мети та под.)* achieve, attain

досягнення *(успіх)* achievement

досяжний attainable

дотація subsidy

дотеп witticism, quip, sally

дотепер till the present day

дотепний witty, sharp

дотепність wit

доти: ~ поки till, until

дотик touch; *(відчуття)* sense of touch

дотикатися (до) touch

дотла utterly, completely; **згоріти ~** be burned to the groundwork

доторкатися, доторкнутися touch

дотримувати, дотримати *(виконувати без відхилень)* observe; **~ слова** keep one's word; **~ся 1.** *(діяти відповідно до чого-н.)* adhere (to), follow, stick (to); **2.** *тк недок.:* **~ правого (лівого) боку** keep to the right (left)

дохід income; *(державний)* revenue

дохідливий understandable, easily understood

доходити, дійти 1. *(до)* *у різн. знач.* come (to), reach, go (get) as far as; **2.** *(зберігатися до наших часів)* come down (to); **3.** *(досягати якої-н. межі)* reach, come up (to); **~дити до колін** reach to the knee; **4.** *розм. (додумуватися до чого-н.)* reach, arrive (at); <> **у мене руки не доходять до цього** I have no time for that

доцент (university) reader; assistant professor *амер.*

доцільний expedient, reasonable

доцентровий centripetal

дочекатися wait (till)

дочитувати, дочитати finish reading; **~тати книгу** finish a book, come to the end of a book

дочка daughter

дошка 1. board; *(товста, чавунна)* plank; *(мармурова)* slab; **2.** *(шкільна)* blackboard; **3.:** **~ пошани** roll of honour; **~ оголошень** notice (bulletin *амер.*) board

дошкільний pre-school; **діти ~ного віку** children under school age

дошкільник, дошкільниця pre-school child

дошкуляти, дошкулити pester, annoy; *(спричиняти фізичний біль)* sting, prick

дошкульний caustic, biting; *(дуже відчутний — про холод, вітер)* penetrating, piercing

дощ rain; **іде ~** it's raining; **~ перестав** the rain has stopped, it has stopped raining

дощенту completely; **розбити ~** rout, utterly defeat

дощовий 1. rain *attr.*; **~ва вода** rain-water; **2.** *(багатий дощами)* rainy; **~ва погода** rainy weather

дощовик *розм. (плащ)* raincoat, waterproof; *(гриб)* puff-ball

доярка milkmaid

драбина ladder

драглистий boggy, swampy

драговина bog, quagmire

дражнити 1. tease; **2.** *(давати прізвисько)* nickname

дракон 1. dragon; **2.** *зоол.* draco (flying) lizard

драма 1. drama; **2.** *(подія)* crisis

драматизувати dramatize

драматичний 1. dramatic; **2.** *(про актора*

драматург stage *attr.*; **~ гурток** drama group; **~ театр** theatre, theater *амер.*
драматург playwright
драматургія dramatic art; *збір. (драматичні твори)* plays *pl*
драний *розм.* ragged
дратівливий irritable
дратувати irritate
дрезина trolley; *(railroad)* hand-car *амер.*
дрейф *мор.* drift; *(дія)* drifting
дрейфувати drift
дресирований trained; *(для цирку)* performing
дресирувальник animal-trainer
дресирувати train
дрижати 1. tremble, shiver; shake; quiver; **~ від холоду** shake (shiver) with cold; **~ від страху** shake (tremble) with fear; **2.** *перен. (тривожитися за кого-н.)* tremble (for); **3.** *перен. (боятися втратити):* **~ над кожною копійкою** grudge every copeck
дріб 1. *збір. мисл.* shot; **2.** *перен., збір. (частi, переривчасті звуки)* tip (ping); **барабанний ~** beat; **3.** *мат.* fraction; **простий ~** vulgar fraction
дрібний *у різн. знач.* small; **~ виноград** small grapes; **~ дощ** fine rain, drizzle; **~ні гроші** (small) change
дрібниця trifle
дріб'язковий trifling; *(про людину)* small-minded
дріб'язок *збір.* small articles *pl*, small things *pl*; *(що-н. незначне)* trifle
дріжджі *мн.* yeast *sing*
дрізд thrush; **чорний ~** blackbird
дрізки *мн. розм.:* **розбитися на ~** go (come) to bits
дрімати doze; nod; *перен.* slumber; **не ~** be on the alert
дрімота drowsiness, somnolence
дріт wire
дробити 1. *(ламати)* crush, pound; **2.** *перен. (поділяти)* divide up, split up
дрова *мн.* firewood *sing*
дроворуб woodcutter
дрож trembling, shivering
друг friend
другий 1. second; **2.** *(інший)* other, another; *(відмінний)* di **на ~ день** the next day
другорічник, другорічниця pupil remaining in the same class for another year
другорядний secondary; of minor importance *після ім.*
дружба friendship
дружина 1. *(жінка)* wife; **2.** *іст.* body-guard; fighting men *pl*

дружити be friends (with); be on friendly terms (with)
дружний 1. harmonious, friendly; **~ колектив** harmonious group; **~на сім'я** united family; **2.** *(злагоджений)* concerted; *(з участю всіх)* general
дружній friendly, amicable
дружно *присл.* **1.** in a friendly way (manner); **жити ~** live in harmony (concord); **2.** *(одночасно)* in unison, (all) together
друк print(ing); press; **готувати до ~ку** prepare for the press; **вийти ~ком** come out, be published
друкар printer
друкарка typist
друкарський printing; **~ка машинка** typewriter; **~ка помилка** misprint
друкований printed; **~ аркуш** printer's sheet; **~ні літери** block letters
друкувати 1. print; *(на машинці)* type; **2.** *(публікувати)* publish; **~ся** *(публікуватися)* have one's works published; **почати ~ся** *недок.* get into print
дрюк, дрючок cudgel
дряпатися scratch
дуб 1. *бот.* oak; **2.** *перен. розм.* blockhead
дублер 1. *(космонавта)* backup man; **2.** *театр.* understudy; **3.** *кіно* dubbing actor
дублікат duplicate, replica
дублювати 1. duplicate; **2.** *театр.* understudy; **3.** *кіно* dub
дубовий 1. oak *attr.*; of oak *після ім.*; **2.** *перен.* ponderous, wooden
дуга 1. arc; **2.** *(кінської упряжі)* shaft-bow
дудка pipe; <> **танцювати під чию-н. ~ку** dance to smb.'s tune
дуель *(двобій)* duel
дует duet
дуже very; *(з дієсл.)* very much; **мені це ~ подобається** I like it very much
дужий strong; healthy
дужка *грам.* bracket; **у ~ках** in brackets, in parenthesis; **брати слово в ~ки** put a word between brackets
дужчати grow stronger; *(про вітер)* blow harder; *(про мороз)* increase in severity
дума 1. *див.* **думка**; **2.** *літ.* elegy, ballad; **3.** *іст.* council, duma
думати *у різн. знач.* think (about, of); *(мати намір тж)* intend
думка thought; idea; *(намір)* intention; *(погляд)* view; **громадська ~** public opinion; **на мою ~ку** in my view (opinion)
дупло hollow
дурень fool, idiot
дурити deceive; cheat; *(не виконувати обіцянки)* let down

дурість 1. stupidity, foolishness; 2. *(учинок)* foolish (silly) thing
дурний stupid, silly; *(про учинок)* foolish
дурниця *розм.* 1. *(дрібниця)* trifle; **~!** never mind that!; 2. *(безглуздий учинок)* foolish (silly) thing
дути blow
дутий 1. *(про скло)* blown; 2. *перен., розм.* *(перебільшений)* exaggerated; **ті ціни** inflated prices
дух 1. *(внутрішній стан)* spirit; courage; **занепадати ~хом** lose heart, become downhearted; **підносити ~** raise morale; 2. *(надприродна істота)* spirit, ghost
духівництво *збір.* clergy
духовий *муз.* wind *attr.*; **~ оркестр** brass band; **~ві інструменти** wind-instruments
духовка oven
духовний 1. spiritual; 2. *(церковний)* ecclesiastical; **~на особа** ecclesiastic, cleric
духота sweltering heat; *(у приміщенні)* stuffiness
душ shower; **приймати ~** have (take) a shower
душа soul; <> **на ~шу населення** per head (of the population); **припадати до ~ші** suit one's taste
душити 1. *(на смерть)* strangle, throttle; 2. *(гнобити)* strangle, crush, suppress; 3. *(ускладнювати процес дихання; тж перен.)* choke, suffocate; <> **~ в обіймах** hug
душний close, stuffy
душно *безос.*: **тут ~** it's stuffy here; **мені ~** I can hardly breathe
дьоготь tar
дюжина dozen
дюйм inch
дюна dune
дюралюміній Duralumin
дядько uncle
дякувати thank; **~кую (вам)** thank you, thanks
дятел *зоол.* woodpecker

Е

ебоніт vulcanite, ebonite
евакуаційний 1. *(про пункт)* evacuation *attr.*; 2. *(про шпиталь)* evacuee *attr.*
евакуація evacuation
евакуювати evacuate; **~ся** evacuated
евкаліпт eucalyptus
евкаліптовий: ~ва олія eucalyptus oil
еволюційний evolutionary
еволюціонувати evolve
еволюція evolution
евфемізм euphemism
евфемістичний euphemistic
еге 1. *виг.* oho! 2. *част.* yes; **Ви тут живете? — Еге.** Do you live here? — Yes, I do
егіда: під ~дою under the aegis of
еґоїзм egoism, selfishness
еґоїст, еґоїстка egoist, selfish person
еґоїстичний egoistic(al), selfish
еґоцентрист egocentric
едельвейс edelweiss
ей! *виг. розм.* hey!; hi!; I say!; look here!
екватор equator
екваторіальний equatorial
еквівалент equivalent
еквівалентний equivalent
еквівалентність equivalency
еквілібристика tightrope walking
екзальтація exhilaration
екзальтований exhilarated
екзамен examination; exam *розм.*; **не витримати ~** fail at an examination; **скласти ~** pass an examination; **випускні ~ни** *мн.* finals, graduation examinations
екзаменатор examiner
екзаменаційний examination *attr.*; **~ білет** exam(ination) paper
екзаменувати examine
екзема *мед.* eczema
екземпляр specimen
екзистенціалізм existentialism
екзотика exotic objects; local colour
екзотичний exotic

екіпаж I *(для їзди)* carriage
екіпаж II *(особовий склад корабля й под.)* crew
екіпірування equipment
екіпірувати equip
екологічний ecological
екологія ecology
економити economize; save
економіка economy; *(наука)* economics; *(лад тж)* economic system
економіст economist
економічний economic
економія economy; saving
економний economical; *(про людину)* thrifty
екосистема ecosystem
екран screen
екранізація screen adaptation
екранізувати screen
екранний: ~на пам'ять *обч.* screen memory; **~не редагування** *обч.* screen editing
екскаватор *тех.* excavator, digger
екскаваторник excavator operator
екскурсант, екскурсантка tour group member, excursionist
екскурсійний excursion *attr.*
екскурсія excursion; **пішохідна ~** walking tour
екскурсовод guide
експансивний expansive, effusive
експансивність effusiveness
експансія expansion
експедитор shipping agent
експедиція 1. *(група людей)* expedition; **рятувальна ~** rescue party; **2.** *(наукова й под.)* field work; **3.** *(відділ відправлень)* dispatch office
експеримент experiment
експериментальний experimental
експериментатор experimenter
експериментувати experiment
експерт expert
експертиза 1. *(медична)* medical assessment; **2.** *(судова)* legal evaluation
експертний expert *attr.*; **~на комісія** commission of experts
експлуататор exploiter
експлуататорський exploiter *attr.*; **~кі класи** exploiting classes
експлуатація exploitation; *(родовищ, машин і под.)* operation; **здавати в ~цію** put into operation
експлуатований exploited
експлуатувати exploit; *(родовище, машину й под.)* operate, run
експозиція 1. *літ., муз.* exposition; **2.** *(показ тж)* display, lay-out; **3.** *фото* exposure
експонат exhibit
експонувати 1. exhibit; **2.** *фото* expose
експорт export
експортний export *attr.*
експортувати export
експрес *(транспорт)* express
експресивний expressive
експресія expression
експромт impromptu; **~том** impromptu, without preparation
експропріатор expropriator
експропріація expropriation
екстаз ecstasy
екстенсивний extensive
екстерн external student
екстраваґантний eccentric, extravagant
екстракт extract
екстраординарний extraordinary
екстрасенс psychic
екстремальний extreme
екстремізм extremism
екстреміст extremist
екстремістський extremist
екстрений special; *(терміновий)* urgent; **~ випуск** special edition
екстрено urgently
ексцентрик *(артист)* clown, comic (-actor)
ексцентричний eccentric
ексцес excess
еластичний elastic
еластичність elasticity
елеватор *тех.* elevator
елеґантний elegant, smart
елеґантність elegance
елегія elegy
електризувати(ся) *фіз., тж перен.* electrify
електрик electrician
електрика electricity; *(освітлення тж)* electric light
електричний electric (al); **~ ліхтарик** electric torch
електрифікація electrification
електрифікувати electrify
електровоз electric locomotive
електрогітара electric guitar
електрод electrode
електродвигун *див.* **електромотор**
електроенергія electrical energy
електрозварювання electric welding
електрозварник electric welder
електрокардіограма electric cardiogram
електроліз *хім.* electrolysis
електромагнет electromagnet
електромагнетний electromagnetic
електромережа electrical transmission network
електромонтер electrician
електромотор electric motor
електрон *фіз.* electron
електроніка electronics

електронний electron *attr.*; electronic; ~ **мікроскоп** electron microscope; **~на дошка оголошень** *обч.* bulletin board; **~на лампа** electron tube; **~на лічильна машина** (electronic) computer; **~на пошта** *обч.* electronic mail; **~на таблиця** *обч.* spreadsheet
електропересилання power transmission; electrical transmission; **лінія ~** power line
електропотяг electric train
електроприлад electrical device
електропровідний electroconductive
електропровідність (electrical) conductivity
електропроводка (electrocon) wiring
електрорушійний electromotive; **~на сила** electromotive force
електростанція (electric) power station
електротехнік electrician
електротехніка electrical engineering
електротехнічний electrical, electrotechnical
елемент element; *ел.* cell
елементарний elementary, simple
еліксир elixir
еліпс *мат.* ellipse
еліта elite
елітарний elite
ельф elf
емалевий enamel *attr.*; **~ві фарби** enamels
емаль enamel
емальований enamel(led); **~ посуд** enamelware
емансипація emancipation
емансипований emancipated
емблема emblem
ембарґо embargo
емблема emblem
ембріологія embryology
ембріон embryo
емігрант, емігрантка emigrant; *(політичний тж)* emigre
еміґрантський emigrant *attr.*; *(про літературу)* emigre *attr.*
еміґраційний emigration *attr.*
еміґрація emigration; *збір.* emigrants *pl*
еміґрувати emigrate
емоційний emotional
емоційність emotionality
емоція emotion
емульсія *хім.* emulsion
емфатичний emphatic
ендокринний *фізіол.* endocrine; **~ні залози** endocrine glands
ендокринологія endocrinology
енергетик power engineer
енергетика 1. *(розділ фізики)* energetics; 2. *(наука)* power engineering; 3. *(промисловість)* power industry

енергетичний energy *attr.*; **~на криза** energy crisis
енергійний energetic, vigorous
енергійно energetically, vigorously
енергія energy; power
енергонезалежний: ~на пам'ять *обч.* non-volatile memory
ентузіазм enthusiasm
ентузіаст, ентузіастка enthusiast
енциклопедичний encyclopaedic, encyclopedic *амер.*; **~ словник** encyclopaedia, encyclopedia *амер.*
енциклопедія encyclopaedia, encyclopedia *амер.*
епіграма epigram
епіграф epigraph
епідемія epidemic
епізод episode
епізодичний episodic(al), random
епілепсія *мед.* epilepsy
епілептик epileptic
епілог epilogue
епістолярний epistolary
епітет *літ.* epithet
епічний epic; **~на поема** epic
епіцентр epicentre, epicenter *амер.*
епопея epopee
епос *літ.* epos
епоха epoch; age; period
епохальний epochal, epoch-making
ера era; **п'яте сторіччя до нашої ери** the fifth century B. C.; **п'яте сторіччя нашої ери** the fifth century A. D.
ерекція *анат.* erection
ерзац substitute
еритроцит erythrocyte, red blood cell
ерозія *геол.* erosion
еротика erotica
еротичний erotic
ерудит erudite
ерудиція erudition
ерудований erudite
есе(й) essay
есенція essence
ескадра squadron
ескадрилья *ав.* squadron
ескадрон *війс.* squadron
ескалатор escalator, moving stairway
ескалація escalation
ескалоп escalope
ескіз sketch; draft
ескімо choc-ice, Eskimo *амер.*
ескімос Eskimo
ескімоський Eskimo *attr.*
ескорт escort
ескортувати escort
есмінець destroyer

естакада trestle; *(причал)* pier
естамп *мист.* print, plate
естафета *спорт.* relay (race); **передати ~ту** pass on the baton (to); **прийняти ~ту** take up the torch (from)
естетика aesthetics
естетичний aesthetic(al)
естонець, естонка Estonian
естонський Estonian; **~ка мова** Estonian, the Estonian language
естрада 1. *(поміст)* platform; **2.** *(вид мистецтва)* variety
естрадний variety *attr.*; **~ концерт** variety show
етажерка (stack of) shelves
еталон 1. *(ваги й под.)* standard; **2.** *перен.* model
етап 1. *(розвитку й под.)* stage; **2.** *(перегонів)* lap
етапний *(про твір і под.)* prominent; **~на подія** an event of great significance
етика ethics
етикет etiquette
етикетка label
етил ethyl

етиловий ethyl *attr.*
етимологія etymology
етичний ethic(al)
етнічний ethnic
етнографічний ethnographic(al)
етнографія ethnography
етюд 1. *літ., мист.* essay; study; **2.** *муз.* etude; **3.** *шах.* problem
ефект effect; **викликати ~** produce an effect; **економічний ~** economic result
ефективний effective, efficient; **~ні заходи** effectual measures
ефективність effectiveness
ефектний spectacular, effective; showy
ефемерний ephemeral
ефіоп, ефіопка Ethiopian
ефіопський Ethiopian
ефір *у різн. знач.* ether; **вийти в ~** to go on the air; **прямий ~** live broadcast; **в ~рі** on the air
ефірний ethereal; **~ час** airtime; **~на олія** essential oil
ешафот scaffold
ешелон 1. *військ.* echelon; **2.** *зал.* special train

Є

є 1. *див.* **бути 1**; **2.** *безос.* there is, there are; *перекладається тж особов. формами дієсл.* have; **у тебе є час?** have you time?; **у неї є брат** she has a brother; <> **так і є!** and there you are!
Євангеліє the Gospels *pl*; *(одна з книг)* gospel
євангеліст evangelist
євангелічний evangelical
євангельський: ~ текст gospel
єврей Jew
єврейка Jewess
єврейський Jewish; **~ка мова** Hebrew
євроазійський Eurasian
європеєць European
європейський European; **~ка рада** Council of Europe; **~ суд** European Court of Justice; **~ка спільнота** European Community
єгипетський Egyptian
єгиптянин, єгиптянка Egyptian
єґер huntsman
єдиний 1. only, sole; **~на дитина** the only child; **~на надія** the only hope; **2.** *(об'єднаний)* united; indivisible
єднальний 1. connecting, uniting; **2.** *грам.* *(про сполучник)* copulative
єднання unity
єднатися unite
єдність unity; **~ дій** unity of action
єзуїт *іст.* Jesuit
єзуїтський Jesuit *attr.*
ємний capacious
ємність capacity
єна yen
єнот rac(c)oon
єпископ bishop
єресь heresy; *перен. розм.* rubbish, rot
єретик heretic
єретичний heretical
єство nature
єфрейтор *військ.* lance-corporal
єхидна *зоол.* echidna, spiny anteater
єхидний malicious, sarcastic

Ж

ж *див.* **же**; **якщо ж** if, however; **або ж** or, perhaps; **це ж зовсім інша справа** (but) that's quite different
жаба *зоол.* toad, frog
жага thirst; **~ до знань** thirst for knowledge; *перен. тж* longing (for)
жагучий ardent
жаданий 1. longed-for, welcome; **~ гість** welcome guest; **2.** *(любий)* darling, dearest
жадати wish; *(пристрасно)* long (for)
жадібний greedy (for), hungry (for)
жадібність greed (for, of)
жадібно greedily; eagerly
жадоба thirst (for, of); craving, longing (for)
жайворонок (sky) lark
жакет jacket
жалити(ся) sting; *(про змію)* bite
жалібний *(сумний)* mournful, sad, sorrowful; plaintive
жалібно mournfully, sadly, sorrowfully
жалісливий pitiful, compassionate; *(співчутливий)* sympathetic
жалісливо pitiously
жалість *див.* **жаль**
жаліти 1. *(кого-н.)* pity; be sorry (for); **2.** *(берегти)* spare; **3.** *розм. (скупитися)* grudge
жалітися complain (of)
жалкувати regret; be sorry (for)
жало I *(бджоли і под.)* sting
жало II *(бритви)* edge, blade
жалоба mourning
жалобний mourning *attr.*; *(похоронний)* funeral
жалюгідний pitiful; pitiable; *(нікчемний)* miserable
жаль 1. pity, sorrow, grief; regret (of); **на ~** unfortunately; **на превеликий ~** to my high regret; **2.** *безос.* it is a pity; **який ~!** what a pity!
жандарм gendarme
жанр *літ.* genre
жар 1. *у різн. знач., тж перен.* ardour; **2.** *мед.* fever; **3.** *(у печі)* embers *pl*; <> **чужими руками ~ загрібати** ≅ make a cat's paw of other people
жарґон slang; *(професійний)* jargon
жарина ember
жаркий hot; *перен. тж* ardent
жарко 1. hotly; **2.** *безос.* it is hot; **мені ~!** I am hot

жарознижувальний febrifugal; **~ні ліки** febrifuge
жаростійкий, жаротривкий 1. *тех.* heat-resistant, heat-proof; **2.** *(про посуд)* oven-proof
жарт joke; **розсердився не на ~** he is downright angry
жартівливий 1. *(про тон і под.)* humourous, humorous *амер.*; **2.** *(про настрій)* light-hearted
жартівник joker
жартома 1. jokingly; in jest, for fun; **2.** *(дуже легко)* easily
жартувати joke; *(сміятися)* make fun (of), quip
жасмин jasmine
жах terror, horror
жахатися be horrified, be appalled
жахливий terrible, horrible; awful
жахливо terribly, horribly
жвавий animated, lively; active; brisk
жвавість animation, liveliness; activity
жваво quickly, briskly
ждати wait (for); await; expect; **час не жде** time presses
же I, ж *(після голосних)* *спол.* **1.** *(при протиставленні)* and; but; as for; **я лишаюсь, він же їде** I shall stay here and he will go; **2.** *(у знач. «адже»):* **це ж вона** why, it's she
же II, ж *(після голосних)* *част.* **1.** *(підсилювальна)* **коли ж ви будете готові?** aren't you ever going to be ready?; **2.** *(у знач. «самий, сама, саме»)* *й под.* **той же, такий же** the same; **там же** in the same place
жебрак beggar
жебракувати beg
жебрацький beggarly
жевріти 1. *(тліти)* smoulder; **2.** *(світитися)* glow
жезл rod
желатин gelatine
желе jelly
женити marry; **~ся** marry, get married (to)
жених fiance; *(на весіллі)* bridegroom
женьшень *бот.* ginseng
жердина pole
жеребець stallion
жеребкування casting (drawing) of lots
жеребчик foal, colt
жерло 1. *(гармати)* muzzle; **2.** *(вулкана)* mouth, crater; **3.** *тех.* orifice

жертва 1. *(потерпілий)* victim; **людські ~ви** casualties; 2. *рел. див.* **офіра**
жертвувати 1. *(дарувати)* endow; 2. *(приносити в жертву) див.* **офірувати**
жерти devour
жерці *мн. див.* **жрець**
жест gesture; **мова жестів** sign language
жестикулювати gesticulate
жестикуляція gesticulation
жетон tag; *(у метро)* token
живець 1. *(у риболовлі)* bait; 2. *бот.* slip, cutting; graft
живий living, alive; **він ще ~?** is he still alive?; **~ і здоровий** safe and well; <> **~ приклад** living example; **~ві квіти** fresh flowers; **ні ~ ні мертвий** more dead than alive; petrified
живильний invigorating
живити 1. nourish; 2. *тех.* feed; **~ся** feed (on)
живіт stomach, abdomen, *розм.* belly, tummy; **у нього болить ~** he has a stomach-ache
живлення 1. nourishment; 2. *тех.* feeding
живність *збір.* living creatures *pl*
живопис painting
живописець painter
живопліт hedge
живучий 1. hardy; 2. *(про звичаї та под.)* enduring; 3. *(про забобони)* deep-rooted
живцем alive
жила 1. *анат. (сухожилля)* sinew; *(судина)* vein; 2. *гірн.* vein
жилет waistcoat, vest
жилка 1. *у різн. знач.* vein; *перен.* flair; 2. *бот.* fibre
жир 1. *(тваринний)* fat; 2. *(рослинний)* oil; **риб'ячий ~** cod-liver oil
жираф і жирафа *зоол.* giraffe
жиріти grow fat
жирний 1. *(про людину)* fat; 2. *(про їжу)* fatty; 3. *(про волосся)* greasy; 4. *(про землю, вапно та под.)* rich
жировий fatty
житель resident; **міський ~** city dweller; **сільський ~** villager
жити live; *(мешкати)* dwell *див. тк* **мешкати**; **~ своїм коштом** to support oneself; **~ся** *безос.*: **як вам живеться?** how's life?
житло dwelling, habitation; home
житловий 1. *(про будинок)* residential, housing; 2. *(про кімнату, приміщення)* inhabited; **~ве будівництво** housing (schemes), house building; **~ві умови** living conditions; **~ва площа** accommodation
житниця 1. granary; 2. *перен.* breadbasket
житній rye *attr.*; **~ хліб** rye-bread
жито rye

життєвий 1. *(про питання, інтереси)* vital; 2. *(про необхідність)* basic; **~ досвід** experience; **~ рівень** standard of living; **~ шлях** journey through life
життєздатний viable, of great vitality
життєпис biography
життєрадісний cheerful, buoyant
життя life; **спосіб ~** way of life; **на все ~** for life; **рівень ~** standard of living
жінка 1. woman; 2. *(дружина)* wife
жіночий female; womanlike, womanly; feminine; woman's; **~ рід** *грам.* feminine gender
жменя handful
жмурити: ~ очі *(тж ~ся)* screw up one's eyes; *(від сонця, світла)* blink
жмурки *мн. (гра)* blind-man's-buff *sing*
жмут bundle
жнець, жниця reaper
жнива *мн.* harvest
жниварка harvester
жовкнути, пожовкнути turn yellow
жовтень October
жовтець *бот.* buttercup
жовтий yellow; <> **~та преса** the gutter press
жовтіти show yellow; *(ставати жовтим)* turn yellow
жовтуватий yellowish
жовтневий October *attr.*
жовтогарячий orange
жовток yolk
жовторотий yellow-beaked; *перен. розм.* callow
жовтяниця *мед.* jaundice
жовч bile; gall
жовчний bilious; *перен.* bitter
жоден, жодний no, not any, none
жолудь acorn
жонглер juggler
жонглювати juggle (with)
жоржина dahlia
жорно millstone
жорсткий hard; stiff; *перен.* strict, rigid; **~ке волосся** coarse hair
жрець 1. *іст.* (pagan) priest; 2. *перен.* devotee
жриця *іст.* (pagan) priestess
жувати chew; *(про жуйних тварин)* ruminate
жужіль 1. *(розтоплена маса)* slag; dross; 2. *(окалина)* clinker
жуйка cud; **жувати ~ку** ruminate; chew the cud
жуйний: ~на тварина ruminant (animal)
жук beetle; bug *амер.*
журавель 1. *зоол.* crane; 2. *(колодязний)* well-sweep
журавлина *бот.* cranberry

журавлиний crane *attr.*; **~на зграя** flock of cranes
журба grief, sadness, sorrow
журливий sad, sorrowful, mournful
журливо sadly, sorrowfully
журний sad, melancholy
журитися be sad, be grieved
журі jury, panel of judges

журнал 1. *див.* **часопис**; **2.** *(книга для записів)* diary; journal, register; **класний ~** class register; **вахтовий ~** *мор.* log-book
журналіст, журналістка journalist; pressman
журналістика journalism
журнальний magazine *attr.*
журчати ripple, babble, murmur

З

з, із, зі 1. *(звідки)* from; *(зсередини)* out of; **упасти з дерева** fall from the tree; **дізнаватися з газет** learn from the papers; **вийняти з кишені** take out of one's pocket; **приїхати із Харкова** come from Kharkiv; **лист з України** letter from Ukraine; **2.** with; **почнімо з вас** let us begin with you; **3.** *(з числа)* of, out of; *(у зап. реч.)* in; **один із моїх друзів** one of my friends; **жоден зі 100** not one in a hundred; **4.** *(про матеріал)* of; **зроблений із дерева** made of wood; **будинок із каменю** a house built of stone; **5.** *(про час)* from, since; **з дитинства** from childhood; **6.** *(із причини)* for, out of, through; **зі страху** for (out) of fear; **з ненависті** through hatred; **7.** *(про наявність чого-н. у чому-н.)* **хліб із маслом** bread and butter; **диктант із помилками** a dictation containing mistakes; **людина з гумором** a man with a sense of humour (humor *амер.*); **8.** *(приблизно)* about; *(про час)* (for) about; **з кілометр** about a kilometre (kilometer *амер.*); **з тиждень** for about a week; **з тонну** about a ton (tonne); **9.** *(з ким-н., чим-н.)* with; and; **я йду гуляти із друзями** I am going for a walk with friends; **він познайомився з дівчиною** he has met a girl; **з усмішкою** with a smile; **із задоволенням** with pleasure; **ми з ним дуже різні** he and I are very different; **що з тобою?** what is the matter with you?
за I 1. *(про місце перебування) (позаду)* behind; *(по той бік)* beyond, the other side of, across, over; *(поза)* out of; **за хатою** behind the house; **за річкою** across (over) the river, the other side of the river; **за містом** out of town; **за горами** beyond the mountains; **за бортом** overboard; **за рогом** round the corner; **2.** *(слідом за)* after; **один за одним** one after the other; **3.** *(коло, навколо)* at; **сидіти за столом** sit at the table; **4.** *(для позначення мети)* for; **5.** *(унаслідок)*: **за браком** *(чого-н.)* for want of; **за відсутністю** *(кого-н., чого-н.)* in the absence of; **6.** *(протягом)* at; **за обідом** at dinner; **7.** *(напрямок дії або руху)* behind; across, over; at; **поїхати за річку** go away across the river; **вийти за двері** go outside the door; **поставити за шафу** put behind the wardrobe; **сісти за стіл** sit down to (at) table; **8.** *(більш, понад)* over, past; **йому за 40 (років)** he is over (past) forty; **9.** *(на відстані)* at a distance of; **за 100 кілометрів від Києва** a hundred kilometres from Kyiv; **10.** *(у проміжок часу)* within, in, for; **зробити за годину** do within an hour; **за останні 10 років** for the last ten years; **11.** *(замість)* for; **я розписався за нього** I signed for him; **він працює за трьох** he does the work of three; **12.** *(при позначенні ціни)* for; **купити за 5 доларів** buy for five dollars; **13.** *(заради)* for; **боротися за волю** fight for freedom; **<> за здоров'я** to the health; **ні за що** on no account; **за рахунок кого-н.** at smb.'s expense; **я за це** I am for this
за II *присл.*: **за і проти** for and against; pro and

con; **є багато за і проти** there are many pros and cons
заарештовувати, заарештувати arrest
заарканити lasso
заасфальтовувати, заасфальтувати asphalt
забава amusement
забавка toy, plaything *(тж перен.)*
забавляти amuse; **~ся** amuse oneself
забагато too much
забажати wish; want
забалотувати reject
забарвлення dyeing; colours *pl*
забарвлювати paint, colour; *(матерію, волосся)* dye
забаритися stay too long
забезпечений 1. secured; provided; **2.** *(заможний)* well-to-do; comfortably off
забезпеченість 1. providing (with); provision (with); **2.** *(достаток)* security
забезпечення 1. *(дія)* ensuring; securing; providing (with); provision (with); **2.** *(гарантія)* guarantee, security; **3.** *(засоби до життя)* maintenance; **соціальне ~** social maintenance
забезпечувати, забезпечити 1. ensure, secure; **2.** *(постачати)* provide (with)
забивати, забити 1. drive in, hammer in; **2.** *(убивати)* kill
забинтовувати, забинтувати bandage
забирати, забрати take; **~ся** *розм. (іти геть)* clear out
забитися 1. *(ударитися)* hurt oneself; **2.** *(почати битися)* begin to beat; *(про серце)* start beating; **3.** *(забратися куди-н.)* hide (away)
забіг *спорт.* race; **попередній ~** preliminary heat
забігати, забігти *(до кого-н.)* call (on); drop in (at); **~ вперед** *перен.* forestall events
заблудити(ся) lose one's way, get lost
заблукати 1. wander; **2.** *див.* **заблудити(ся)**
забобон prejudice; superstition
забобонний superstitious
заболіти begin to hurt (ache)
заборгованість 1. debts *pl*; *(зобов'язання)* liabilities *pl*; **2.** *(у навчанні)* work outstanding; **академічна ~** failure to take examination
заборгувати run into debt; owe
заборона prohibition; ban
заборонений forbidden, prohibited, banned; **~ прийом** foul *(спорт.)*; underhand tactic *(перен.)*
забороняти, заборонити forbid; *(законом і под.)* ban
забраковувати reject
забризкувати, забризкати splash, bespatter

забруднення pollution; **~ довкілля** (environmental) pollution
забруднювати, забруднити soil, make dirty; *(середовище)* pollute
забувати, забути 1. forget; **~ образу** forgive an injury; **2.** *(залишати де-н.)* leave (behind); **я забула у вас книжку** I left my book at your place
забудова building
забудько *розм.* absent-minded person
забудькуватий forgetful, absent-minded
забуття 1. *(утрата спогадів)* forgetfulness; **2.** *(неповна притомність)* semiconsciousness; *(непритомність)* unconsciousness
завада hindrance; obstacle; **стояти на ~ді** hinder
заважати disturb, bother, hinder; be in smb.'s way; **~ кому-н.** to make it difficult for smb. to do; **не ~жай!** leave me alone
завалювати, завалити 1. *(вхід і под.)* block off (with); *(будинок, стіну й под.)* knock down; **2.** *розм. (постачати у великій кількості)* flood; **3.** *розм. перен. (дорученнями)* saddle with; **4.** *розм. перен. (іспит)* mess up
завалюватися, завалитися 1. *(падати)* fall; **2.** *(обвалюватися)* collapse, tumble down; **3.** *док. (на іспиті)* to come a cropper
завантажений loaded
завантажувати, завантажити 1. *(машину, судно й под.)* load up; **2.** *обч.* boot, load up; **~ кого-н. роботою** give smb. a full-time job
завбачати, завбачити foresee; forecast
завбачення prediction, prophecy
завбачливий foreseeing, far-seeing; *(обережний)* prudent
завбільшки as large (big) as
заввишки as high (tall) as
завглибшки as deep as
завгодно 1. *безос.*: **як вам ~** just as you like; **2.** *част.*: **хто ~** anybody; **де (куди) ~** wherever you like; **коли ~** whenever you like; **скільки ~** any amount (of)
завдавати, завдати cause; **~ шкоди** do harm (injury) (to)
завдання task; assignment; *(планове)* target; *(вправа)* exsercisy; **домашнє ~** homework
завдаток advance, deposit; **дати ~** put down a deposit
завдовжки as long as; **~ 10 метрів** ten metres long
завдяки thanks to, owing to; **~ тому, що** owing to the fact that
завдячувати, завдячити *(кому-н.)* be indebted (to)
завеликий too big (large)
завершення 1. *(роботи)* completion; **2.** *(роз-*

завершальний — загартовувати

мови, лекції) conclusion; **на ~** at the conclusion of
завершальний final, concluding; **~ удар** finishing stroke
завершувати, завершити complete, accomplish; **~ся 1.** недок. (наближатися до кінця) be near completion; **2.** (чим-н.) end (with)
завжди always; **як ~** as usual, as ever
завзятий ardent, enthusiastic; zealous; persistent
завзяття ardour, enthusiasm; persistency
завивати I, завити (волосся) wave, curl; **~ся** (витися) wave, curl; (робити завивку) wave (curl) one's hair
завивати II, завити (кричати) howl
завивка hair-waving
завидна before dark (nightfall)
завинити 1. be guilty (of); **2.** (заборгувати) be in debt; get into debt
завідувач manager, chief, head
завідувати manage, be the head (of)
завірений certified; **~на копія** certified copy
завіряти, завірити 1. (запевняти) assure; **2.** (підпис і под.) witness, certify
завірюха snow-storm, blizzard
завіса I curtain (тж театр.); **димова ~** smoke screen
завіса II (суглобок на дверях та под.) hinge
завітати visit, drop in
завішувати, завісити cover; (завісками) curtain off
завмирати, завмерти (не рухатися) stand still; **~ на місці** stop short (dead)
завод 1. works; factory, mill; plant; **машинобудівний ~** engineering works (plant); **2.** (у годиннику й под.) clockwork
заводити I, завести (куди-н.) bring; (далеко, не туди, куди потрібно) take, lead
заводити II, завести (що-н.) (придбати) acquire, get; (запроваджувати) introduce, establish
заводити III, завести (механізм) windup; (машину) start; **~ мотор** start the engine
заводитися I, завестися (з'являтися) appear
заводитися II, завестися (про механізм) be wound (up); (про мотор) be start working
завозити, завезти carry; (про товари — привозити) supply (with), deliver (to)
завойовник conqueror
завойовницький conqueror attr.; (загарбницький) predatory
завойовувати, завоювати conquer; **~ перше місце** win the first place
заволодівати, заволодіти take possession (of); seize

заворожити cast a spell (over)
заворот turn; (вигин) bend; **~ кишок** мед. acid intestinal illness, volvulus
заворушення unrest; riot, disturbances pl
завоювання 1. conquest; **2.** мн. (досягнення) achievements, gains
завтовшки as thick as; **20 сантиметрів ~** twenty centimetres thick
завтра tomorrow; **відкладати що-н. на ~** put smth. off until tomorrow
завтрашній the next day's, tomorrow's
завуч director of studies
завчасний 1. done in good time; **2.** (передчасний) premature
завчати, завчити learn; memorize; **~ що-н. напам'ять** learn smth. by heart
завширшки as wide as, across; **два метри ~** two metres wide
зав'язка (тасьма) band; (стрічка) ribbon
зав'язка 1. літ. (твору) opening; **2.** (розмови, подій) beginning; (бою) onset
зав'язувати, зав'язати 1. (мотузку, стрічку) tie (up); (вузлом) knot; **2.** (руку, пакунок) bind; **~ краватку** knot a (neck)tie; **~ очі** blindfold; **~ся** (починатися) begin, set in
зав'язь бот. ovary
зав'янути wither
загадка 1. riddle; **2.** перен. тж puzzle, enigma; mystery
загадковий 1. (про подію, явище) puzzling, mysterious; **2.** (про вираз обличчя й под.) enigmatic
загадувати, загадати 1. (загадку) set; (число, слово) think (of); **2.** (бажання) make
загальний universal, general; common; (про кількість, вартість) total; **~ страйк** general strike; **~на освіта** general education; **~на справа** common cause; **~ні збори** general meeting
загалом on the whole; in general
загальмувати brake, put on the brakes
загальновживаний commonly-used
загальновизнаний universally recognized
загальновідомий well-known
загальнолюдський universal
загальноосвітній comprehensive, of general education після ім.; **~ні предмети** general subjects
загальноприйнятий received
заганяти, загнати 1. (примусити ввійти) drive in; **2.** док. (замучити) tire out; exhaust; (коня) overdrive
загарбання seizure; capture
загарбник occupant, invader
загарбницький predatory, rapacious
загарбувати, загарбати capture; seize
загартовувати, загартувати temper; перен. тж harden; **~ся** be tempered (hardened)

загартований tempered; hardened; seasoned
загартованість hardening, tempering; *(тж ідейна)* training
загасити put out, extinguish; **~ світло** turn out, switch off the light
загата weir, dam
загачувати, загатити dam up
загибель death; ruin, destruction
загиблий lost, perished; ruined
загинати, загнути turn up; bend; **~ся** turn up; *(униз)* turn down
загинути perish, be killed, die
загін I *(група людей)* detachment
загін II *(для худоби)* enclosure; *(для овець)* pen, sheep-fold
загладжувати, загладити 1. smooth over; **2.** *перен. (провину та под.)* make amends (for); make up (for)
заглиблений deepened; *перен. (зайнятий чим-н.)* absorbed (in)
заглиблення *(западина)* depression; hollow
заглиблювати, заглибити make deeper; deepen; **~ся** *(заходити вглиб)* go deep; sink; *перен.* become absorbed (in)
заглухати, заглухнути *(про мотор)* stall; *(про звук)* die away
заглушати, заглушити *(звук)* muffle, drown; *(почуття)* suppress; *(біль)* still
заглядати, заглянути 1. *(у вікно й под.)* look in, peep in; **2.** *(у книгу, словник)* glance; **~ у словник** consult a dictionary
загнивати, загнити rot, decay
заговорювати, заговорити *(починати говорити)* begin to speak; <> **~ зуби** fool smb. with smooth talk
заголовний title *attr.*; **~на літера** capital letter
заголовок title, heading; *(газетний)* headline
загордитися become proud; get a swelled head (over) *розм.*
загорода *(для худоби)* enclosure
загородження barrier, barrage; **дротяне ~** wire entanglement
загороджувати, загородити 1. *(ставити огорожу)* enclose, fence in; **2.** *(перегороджувати)* bar, block up
загорожа fence
загортати, загорнути wrap up; **~ся** wrap oneself up (in)
загорятися, загорітися 1. catch fire; **2.** *перен.* burn (with)
загострений pointed
загострювати, загострити 1. sharpen; **2.** *перен.* stress, emphasize; **~ся 1.** become pointed; **2.** *перен.* become acute

заготівельний: ~ пункт collection point; **~на ціна** state procurement price
заготівля *(дія)* laying in, stocking up; *(державна)* state purchasing (purveyance)
заготовляти, заготовити 1. *(готувати заздалегідь)* prepare in advance; **2.** *(запасати)* lay in, store up
загоювати(ся), загоїти(ся) heal; *(про рану тж)* close
заграва (after)glow
загравати 1. *(підлещуватися)* make advances (to); **2.** *(фліртувати)* flirt (with)
заграти *(почати грати)* begin to play; *(про оркестр)* strike up
загребущий greedy
загривок withers *pl*
загризати, загризти 1. kill; **2.** *перен.* nag to death
загрібати, загребти rake up; *перен.* rake in
загрожувати threaten, menace; **~ кому-н. чим-н.** threaten smb. (with smth.); **йому ніщо не ~жує** he is in no danger; **йому ~жує банкрутство** he is threatened with bankruptcy
загроза threat; menace; **поставити під ~у** endanger
загрозливий 1. threatening; **2.** *(про вигляд)* menacing; **~ве становище** perilous situation
загс *(запис актів громадянського стану)* Registry Office
загубити lose; **~ся** get lost
заґвинчувати, заґвинтити screw up, tighten up
зад 1. *(задня частина)* back; rear; **2.** *(сідниця)* seat; backside
задавати, задати: ~ урок set a hometask
задавити crush; *(про екіпаж та под.)* run over, knock down
задарма free of charge, gratis; *(дуже дешево)* for nothing *розм.*
задача *мат.* problem; *(арифметична)* sum
задачник (book of) problems
задирака bully
задирати, задерти *розм. (піднімати догори)* hike up; **~ голову** to tip one's head back; crane one's neck; <> **~ носа** turn up one's nose, put on airs
задирливий aggressive
задиха́тися I, задиха́тися *(від бігу й под.)* pant; be out of breath
задихатися II, задихнутися *(через нестачу повітря)* choke, suffocate
задишка lack of breath, short wind
задкувати move backward(s); back
задній back; rear; **~ня нога** hind leg; **~ні місця** seats in the back; **давати ~ хід** go into reverse

задобрювати, задобрити soften up, cajole; coax

задовго long before

задовільний satisfactory

задовільно 1. satisfactorily; **2.** *як ім. (оцінка)* satisfactory (mark)

задоволення 1. *(дія)* satisfaction; contentment; **2.** *(почуття вдоволення)* pleasure; **із ~ням** with pleasure

задоволений content(ed); satisfied

задовольняти, задовольнити 1. satisfy; *(відповідати чому-н. тж)* meet, answer; **~ вимоги** meet (answer) the demands; **2.** *(викликати задоволення)* content; **~ся** be satisfied (contented) (with)

задом backwards; **~ -наперед** back to front

задрімати doze off

задувати, задути blow out

задум 1. *(намір)* plan, intention; **2.** *(художнього твору)* scheme, conception

задумливий thoughtful, pensive

задумувати, задумати plan, conceive; **~ число** think of a number; **~ся** ponder (over); become thoughtful; **про що ви ~малися?** what are you thinking about?

задуха stuffiness

задушити 1. strangle; **2.** *(повстання й под.)* suppress

задушливий stuffy, airless

заєць hare

зажадати wish; *(поставити вимогу)* demand

зажерливий greedy, voracious, insatiable

зажуритися become (grow) sad

заздалегідь in good time

заздрий, заздрісний envious

заздрість, заздрощі *мн.* envy *sing*

заздрити envy

заземлення *тех.* earthing, grounding

заземлювати, заземлити earth, ground

зазирати, зазирнути *див.* **заглядати**

зазіхання encroachment, infringement

зазіхати, зазіхнути encroach (on, upon), infringe (on, upon)

зазнавати, зазнати 1. experience, feel; learn; **2.** *(переживати)* suffer; undergo; **~ поразки** suffer a defeat

зазнаватися, зазнатися give oneself airs, have a swelled head

зазнайство conceit

зазначати, зазначити indicate; point out; *(згадувати, звертати увагу)* notice; mention

зазначений mentioned

зазначення allusion

зазубрювати, зазубрити *(урок)* learn by rote

заїжджати, заїхати 1. *(завертати куди-н. по дорозі)* stop (at); *(відвідати)* visit, drop in; **~ до друзів** stop off at friends; **2.** *(за ким-н., чим-н.)* come and fetch

заїздити *розм. (коня)* overdrive

заїка stammerer, stutterer

заїкатися stammer, stutter

зайвий superfluous; excessive; *(непотрібний)* unnecessary

займати, зайняти 1. occupy; engage; **2.** *(зачіпати)* touch; **не ~ кого-н.** leave smb. alone

займатися I, зайнятися *(робити що-н.)* do, be occupied (with); be engaged (in); **~ політикою** be engaged in politics; **~ мистецтвом** be concerned with art

займатися II, зайнятися 1. *(загорятися)* catch fire; **2.: займається на світ** day is breaking

займенник *грам.* pronoun

зайнятий 1. *(справами)* busy; *(не вільний)* engaged; **я ~** I'm busy; **2.** *(військом)* occupied

закам'янілий fossilized

закам'янілість *(викопна)* fossil

закам'яніти fossilize; *перен.* be petrified

закашлятися have a fit of coughing

заквітчувати, заквітчати decorate with flowers

закид reproach

закидати I, закидати *(чим-н.)* **1.** throw (at), bespatter (with); *перен.* shower (upon); **~ квітами** pelt with flowers; **~ кого-н. запитаннями** ply smb. with questions; **2.** *(заповнити)* fill (with)

закидати II, закинути 1. *(далеко кинути)* throw (far away); **2.** *(залишити поза увагою)* neglect

закипати, закипіти begin (start) to boil; be on the boil; simmer; **робота ~піла** the work was in full swing

закип'ятити boil

закисати, закиснути turn sour

закінчений finished, complete

закінчення 1. *(дія)* termination, finishing; *(навчального закладу)* graduation; **2.** *(кінець)* end; **3.** *грам.* ending

закінчувати, закінчити finish, end; *(завершувати)* complete; **~ся** come to its close; end, terminate

заклад establishment, institution; **навчальний ~** educational institution

закладати, закласти put; lay; **2.** *(фундамент і под.)* lay; *(місто й под.)* found

закладка *(для книги)* bookmark

заклеювати, заклеїти glue up, stick up; *(конверт)* seal (up)

заклик appeal, call; *(гасло тж)* slogan

закликáти, закликáти call; **~ до порядку** call to order

заклопотаний preoccupied; *(стурбований)* anxious, worried
заклопотаність preoccupation; *(стурбованість)* anxiety
заклопотано anxiously
заклювати 1. peck to death; **2.** *перен.* persecute, bully the life out (of)
заключний final; conclusive, concluding; **~не слово** closing speech
заклякнути freeze, be cold, be frozen
закляклий numb (with cold), stiff
заковувати, закувати chain, fetter; **~ в кайдани** put into irons
заколисувати, заколисати lull, rock (to sleep)
заколот mutiny, rebellion
заколотний rebel *attr.*; rebellious
заколотник mutiner, rebel
заколоти 1. *(убити)* stab; kill, *(тварину)* slaughter; **2.** *див.* **заколювати**
заколювати, заколоти *(волосся й под.)* pin (up)
закон law, act; **оголосити кого-н. поза ~ном** *юр.* outlaw smb.; **поза ~ном** outside the law
законний legal, legitimate; lawful; allowable; **на ~ній підставі** on legal basis; **~ шлюб** lawful wedlock; **~ чоловік** wedded husband
законність 1. *(документа, заповіту)* legality; **2.** *(у країні)* law and order
законно legally, lawfully
законодавець 1. legislator; **2.** *перен.* arbiter; **~ мод** trendsetter
законодавство legislation
законодавчий legislative
закономірний 1. *(про результат, явище)* predictable; **2.** *(зрозумілий)* legitimate
закономірність 1. conformity with a law; **2.** *(об'єктивно існуючий закон)* objective laws *pl*; regularity
закономірно naturally, regularly
законопроект *політ.* bill
законсервувати 1. preserve; *(у банках)* tin; can *амер.*; **2.** *перен. (роботу, підприємства й под.)* lay up
законспектувати make a synopsis (of)
закопувати, закопати 1. *(у землю)* bury; **2.** *(заповнювати землею)* fill in
закордон *розм.* foreign countries *pl*, abroad
закордонний foreign; **Міністерство ~них справ** Ministry of Foreign Affairs, ≡ Foreign Office, ≡ State Department *амер.*
закоханий in love (with) *після ім.*; **бути ~ним (у)** be in love (with); **~ні** *мн.* lovers
закохатися, закохатися fall in love (with); **~хатися в кого-н. з першого погляду** fall in love with smb. at first sight
закочувати, закотити roll under (away); **~ся** *(про сонце)* set
закреслювати, закреслити 1. delete, cross out, strike out; **2.** *перен. (минуле)* blot out
закривавлений blood-stained
закривати, закрити 1. close, shut; *(засідання)* abjourn; **~ збори** close (abjourn) the meeting; **2.** *(покривати)* cover; **3.** *(захищати затуляти)* shield; **~ся 1.** shut, close; **2.** *(накриватися)* cover oneself up; **3.** *(припиняти діяльність)* close down
закритий 1. shut, closed; **2.** *(про машину та под.)* enclosed **3.** *(про стадіон, басейн)* indoor; **4.** *(про засідання, збори)* closed; **~те засідання** closed meeting; **~те голосування** secret vote (ballot); **5.** *(про перелам, рану)* internal
закриття closing; *(закінчення)* close
закричати 1. cry out, shout, give a cry; **2.** *(почати кричати)* begin to shout
закрійник cutter
закріплювати і закріпляти, закріпити 1. fasten, fix, allocate; **2.** *(за ким-н., чим-н.)* attach (to), secure, reserve (for)
закруглювати, закруглити make round; **~ся** become round; *перен. (про виступ)* be shortened
закрут bend, twist
закручувати, закрутити 1. *(волосся й под.)* twist; twirl; **2.** *(кран і под.)* turn tight, screw up; **<> закрутити голову кому-н.** turn smb.'s head
закуповувати, закупити purchase; buy a stock (of)
закуска savouries *pl*, snacks *pl*; *(перед обідом)* hors d'oeuvre
закуток corner, nook
закутувати, закутати wrap up, muffle; **~ся** wrap oneself up, muffle oneself up
закушувати, закусити have a snack, have a bite
зала hall, room; **~ очікування** waiting-room
залазити, залізти 1. *(нагору)* climb (up); **2.** *(усередину)* get (into), climb (into)
залатати patch up
залаштунковий backstage *attr.*; *перен.* backstairs
залежати depend (on)
залежний dependent
залежність dependence
заливати, залити 1. *(затопляти)* flood; **2.** *(обливати)* pour; *(ненависно)* spill; **~ся: ~ся сльозами** break into tears
залицяльник boy-friend; love-maker, admirer
залицяння love-making, courting
залицятися court, make love; **~ до пані** to pay one's courtes to lady

залишати, залишити 1. leave; *(кидати тж)* abandon; **2.** *(зберігати)* keep, retain, reserve
залишений abandoned
залишення abandonment
залишок *(частіше мн. ~ки)* **1.** remains *pl*; **2.** *(сліди того, що минуло, зникло)* traces, vestiges
залізний iron *attr.*; **~на руда** iron-ore
залізниця railway *attr.*, railroad *attr. амер.*
залізничний railway *attr.*, railroad *attr. амер.*; **~ вузол** (railway) junction
залізничник railwayman; railroadman *амер.*
залізо iron
залізобетон reinforced concrete
залізобетонний reinforced concrete *attr.*
залік test; credit; **скласти (одержати) ~** pass a test; **поставити ~** credit
заліковий: ~ва книжка assessment record book; **~ва робота** assessed essay, term paper *амер.*
заліплювати, заліпити 1. close up; **2.** *(заклеювати)* glue up; paste up (over)
залітати, залетіти fly into; *(високо)* fly high
залога *військ.* garrison
залоза *анат.* gland
залп salvo (*pl* -voes), volley
залучати, залучити draw, enlist; **~ кого-н. до громадської роботи** draw smb. into social work
залюбки with pleasure
залягати *геол.* lie, bed
заляканий frightened, scared
залякувати, залякати frighten, scare
замазувати, замазати 1. *(фарбою)* paint out; **2.** *(заліплювати)* seal, fill up; **3.** *(бруднити)* daub, dirty
замало too little
заманливий tempting, alluring
заманювати, заманити entice, lure, allure; *(у пастку)* entrap, decoy
замаскований 1. disguised, camouflaged; **2.** *(про натяк, загрозу)* veiled
замасковувати, замаскувати 1. mask, disguise; **2.** *(літак і под.)* camouflage
замах attempt; encroachment; **~ на чиє-н. життя** attempt upon smb.'s life
замахуватися, замахнутися 1. make as if to strike; **2.** *(посягати)* encroach (on, upon)
замерзання freezing; **точка ~** *фіз.* freezing point
замерзати, замерзнути freeze; *(укриватися кригою)* be frozen (over); *(гинути від морозу)* freeze to death
замет snowdrift
заметіль snow-storm
замивати, замити wash out

замикання: коротке ~ *ел.* short circuit
замикати, замкнути 1. lock (up); *(на засув)* bolt; **2.** *ел.* close
замилуватися gaze with admiration (at)
замирення conciliation; reconciliation
замислений thoughtful; lost in thought
замислюватися, замислитися become thoughtful, grow pensive; *(роздумувати над чим-н.)* ponder (over)
заміж: видати кого-н. ~ за кого-н. to give smb. in marriage; **вийти ~ (за кого-н.)** marry (smb.)
заміжня married
заміна 1. *(дія)* substitution, replacement; **2.** *(те, що замінює)* substitute
замінний *(який замінюється)* replaceable
замінник substitute
заміняти, замінити *див.* **заміщати, замістити**
замір intention; design; *(посягання)* encroachment
замірятися, заміритися intend; *(посягати)* encroach
замість instead of; in place of
заміський out-of-town; country *attr.*
замітати, замести 1. *(підмітати)* sweep; **2.** *(про сніг і под.)* cover (up); **усі дороги снігом замело** all the roads are deep in snow; <> **~ сліди** cover up the traces
замітка 1. *(запис)* note; **2.** *(у газеті)* paragraph, notice
замішання confusion
замішувати, замісити mix; **~ тісто** knead dough
заміщати, замістити substitute (for), replace (with), take the place (of); act (for)
замкнений, замкнутий 1. locked up; **2.** *перен. (про людину)* reserved, unsociable
замовкати, замовкнути become silent; *(про звук і под.)* stop; cease
замовлення order; **зроблений на ~** made to order; **відділ ~лень** order department
замовник, замовниця customer
замовляти, замовити order; **~ квиток** book a ticket; **~вити слово за кого-н.** put in a word for smb.
замовчувати, замовчати *розм.* hush up; gloss over; *(ігнорувати)* ignore; keep silent (about)
заможний well-to-do; prosperous
заможність prosperity
за́мок castle
замо́к 1. lock; *(почіпний)* padlock; **на ~мку** locked; **2.** *(ґвинтівки)* bolt; *(гармати)* breech-block
замолоду in one's youth
замордувати torture to death

заморожувати, заморозити 1. freeze; 2. *перен. (будівництво)* put on hold

заморозок (*частіше мн.* ~ки) early (slight) frosts

заморський *розм.* foreign

заморювати, заморити 1. (*погано годувати*) starve, underfeed; 2. (*виснажити роботою*) overwork; <> ~**рити черв'яка** stay the pangs of hunger

замочувати, замочити wet; (*занурити*) steep, soak

замріятися be lost in dreams

замурзаний *розм.* soiled, dirty

замуровувати, замурувати brick up

замучити 1. (*утомити*) exhaust; 2. (*до смерті*) torture to death

замша suede, chamois (-leather)

замшевий suede *attr.*, chamois (-leather) *attr.*

занадто too; **це вже ~!** that's too much!

занапащати, занапастити ruin, destroy

занедбаний neglected, abandoned

занедбаність neglectment, abandonment

занедбувати, занедбати neglect, not look after

занедужувати, занедужати be taken ill, fall ill

занепад decline; decay

занепадати, занепасти fall into decay; be neglected

занепадництво decadence

занепадницький decadent

занепокоєний alarmed, disturbed

занепокоєність, занепокоєння anxiety, uneasiness; **із ~ням** anxiously; **відчувати ~ня** fell anxiety; worry

занехаювати, занехаяти neglect; give up; not look after

занехаяний (*занедбаний*) neglected, uncared-for

занижувати, занизити understate, set too low

заніміти 1. become dumb; 2. *перен.* be speechless, be struck dumb

заново all over again; (*по-новому*) afresh, anew

заносити, занести 1. (*приносити*) bring; (*по дорозі*) drop in; 2. (*записувати куди-н.*) enter (in), put down; **~ що-н. у протокол** enter smth. in the minutes; 3. *безос.:* **дорогу занесло снігом** the road is blocked with snow

занотовувати, занотувати take notes

занудьгувати be bored

занурювати, занурити dip (in, into); plunge (in, into)

заняття 1. (*справа, праця*) occupation; 2. *мн.* (*у школі, в інституті*) lesson, class; **початок шкільних ~нять** (*початок навчального року*) the beginning of the school year; (*уранці*) the beginning of the school day

заодно together, in concert (with); **ми з ним ~** we understand each other

заокеанський transoceanic; (*американський*) transatlantic

заокруглювати, заокруглити make round; *перен.* round off

заохочення encouragement

заохочувальний encouraging

заохочувати, заохотити encourage, stимulate, abet

заочний part-time; **~ інститут** correspondence school; **~ присуд** judgement by default; **~не навчання** distance learning

заочник correspondence-course student

заочно 1. without seeing; (*у відсутності*) in smb.'s absence; 2. (*про навчання*) by correspondence; **учитися ~** study part-time

заощадження 1. (*дія*) saving, economy; 2. *мн.* (*грошова сума*) economies

заощаджувати, заощадити save (up)

западати, запасти 1. (*провалюватися*) become sunken; 2. *перен.* (*про фразу й под.*) be imprinted

западина (*у землі*) hollow; depression; (*у стіні й под.*) cavity

запаковувати, запакувати pack up; (*загортати*) wrap up

запал ardour, vigour, zeal; **у ~лі** in the heat (of)

запалення *мед.* inflammation; **~ легенів** pneumonia

запалий sunken, hollow

запалювальний used for kindling; (*про бомбу й под.*) incendiary

запалювати, запалити 1. set fire (to); (*світло*) light; (*цигарку й под.*) light up; 2. *перен.* (*викликати піднесення*) inspire (with); **~ся** 1. catch fire; 2. *перен.* be inspired

запальний 1. *див.* **запалювальний**; 2. *перен.* (*палкий*) ardent, fervent; impetuous; 3. *мед.* inflammatory

запальничка (cigarette) lighter

запаморочення dizziness, giddiness, aberration

запаморочливий dizzy, giddy

запаморочувати, запаморочити: ~ голову make smb.'s head swim

запам'ятовувальний *обч.:* **~ пристрій** memory

запам'ятовувати, запам'ятати remember, keep in mind; **~ся** remain in smb.'s memory

запанібрата *розм.:* **бути ~ з ким-н.** be on equal terms with smb.; be free-and-easy with smb.

запас 1. (*продуктів і под.*) stock, supply; 2. (*ко-*

запасливий thrifty
запасати, запасти store, stock up; **~ся** store, build up reserves (of)
запасний spare; reserve; **~ вихід** emergency exit; **~ гравець** reserve; **~ні частини** spare parts, spares
запах smell; *(приємний)* odour, scent
запашний fragrant; aromatic
запевнення assertion, assurance
запевняти, запевнити assure (of); *(переконувати)* convince, persuade
запеклий 1. *(про людину)* desperate, acerbate; **2.** *(про бій і под.)* fierce, frantic; **~ ворог** mortal enemy
заперечення 1. *(заява про незгоду)* objection; **2.** *(невизнавання існування чого-н. та под.)* denial; **3.** *грам.* negation
заперечувати, заперечити 1. *(не погоджуватися)* object, raise an objection; **2.** *(не визнавати, відкидати)* deny, abnegate; **3.** *(під присягою)* abjure
запечатувати, запечатати seal
запивати, запити *(пити після чого-н.)* drink (with); wash down (with) *розм.*; **~ ліки водою** take medicine with water
запилення *бот.* pollination
запилювати, запилити *бот.* pollinate
запиратися 1. lock oneself up; **2.** *перен. (заперечувати що-н.)* deny
запис 1. entry, record; *(на платівку)* recording; **2.** *(дія)* writing; registration
записка note; *(офіційне повідомлення)* memo(randum) *(pl -da)*; **доповідна ~** report; **послати ~ку** send a word
записувати, записати write down, take down; *(занотовувати)* make notes; *(стисло)* jot down; **~ на стрічку** record; **~ кого-н. на прийом до лікаря** make a doctor's appointment for smb.; **~ся** put one's name down; **~ся в бібліотеку** join a library
запит 1. *(прохання дати відомості)* inquire; **2.** *мн. (потреби в чому-н.)* needs, requirements
запитання question; **до ~** *(на листах)* poste restante, to be called for
запитливий inquiring, questioning
запитливо inquiringly
запитувати, запитати ask; *(робити запит)* inquire (after)
запихати, запхати, *тж* **запхнути** push (under, in, into), cram (in, into)
запізнення lateness; being late; **без ~** in time; **із ~ням на 10 хвилин** ten minutes late; **прийти з великим ~ням** be very late
запізнюватися, запізнитися be late (for); **він ~нився на лекцію** he was late for the lesson; **я ~нився на потяг** I missed the train
запіканка *(страва)* bakedpudding; **картопляна ~** shepherd's pie
запікати, запекти bake; **~ся 1.** bake; **2.** *(про губи)* parch; **3.** *(про кров)* clot, coagulate
запітнілий *(про скло)* misted
запітніти mist over
заплаканий 1. tearful; **2.** *(про очі)* puffy
заплакати begin (start) crying (to cry)
запланувати plan
заплатити pay (for); *(відплатити)* repay (with)
запливати, запливти, *тж* **заплисти** *(про плавця)* swim off; *(про судна)* sail off; *(про предмети)* float off
запліднення fertilization; insemination
запліднювати, запліднити fertilize; inseminate
запліснявілий mouldy, moldy *амер.*
запліснявіти grow mouldy
заплітати, заплести plait, braid; **~ косу** plait one's hair
запломбувати 1. *(запечатати)* seal; **2.** *(зуб)* stop, fill
заплутаний 1. *про нитки, волосся й под.)* (en)tangled; **2.** *перен. (про справу й под.)* confused; **3.** *(про фразу)* muddled
заплутувати, заплутати 1. *(нитки, волосся й под.)* tangle; **2.** *перен.* muddle up, confuse; **~ справу** confuse the issue; **3.** *перен. (сплутувати кого-н.)* involve, implicate; **~ся 1.** get into tangle; *перен.* become confused; **2.** *розм. (збиватися)* get mixed up
заплющувати, заплющити *(про очі)* close, shut
заплямувати spot; stain *(тж перен.)*
запобігати, запобігти 1. avert, prevent, ward off; **~ небезпеці** avert a danger; **2.** *(підлещуватися)* make up (to)
запобігливий considerate; ingratiating
запобіжний preventive; **~ні заходи** preventive measures
запобіжник *тех.* safety fuse
заповзати, заповзти creep (into)
заповзятливий adventurous
заповідати, заповісти leave in one's will, bequeath (to)
заповідний 1. *(під охороною держави)* protected; **~ ліс** protected forest, forest reserve; **2.** *(виміряний)* cherished
заповідник preserve, reserve, reservation
заповідь commandment; *перен. тж* precept
заповіт will; testament
заповнення 1. *(бака, резервуара)* filling; **2.** *(анкети й под.)* completion
заповнювати, заповнити 1. *(наповнюва-*

ти) fill (up); **2.** *(анкету й под.)* fill in; **~ся** fill (up)

заподіювати, заподіяти cause; **~ кому-н. шкоду** cause smb. damage, do harm to smb.

запозичати і **запозичувати, запозичити 1.** borrow; **~ досвід** borrow from the experience; **2.** *лінгв.* adopt

запозичення 1. adoption, borrowing; **2.** *лінгв.* *(слово)* loanword, adoption

заполярний polar

запонка cuff-link; *(для комірця)* stud

запопадливий diligent, assiduous, zeal

запопадливість diligent, assiduous, zeal, alacrity

запорожець *іст.* Zaporozhets *(Dnieper Cossack)*

запорошувати, запорошити 1. *(пилом)* cover with dust; **2.** *(око)* get smth. in one's eye; **3.** *(снігом)* powder with snow

запорука guarantee, pledge, warrant; **~ дружби** pledge of friendship

запотівати, запотіти become damp; *(про скло)* mist over

заправка *(пальним)* refuelling, filling(-up)

заправляти, заправити 1. *(засовувати)* tuck in; **2.** *(пальним)* refuel, fill up; **3.**: **~ ліжко** make a bed; **~ся** *(пальним)* refuel

заприятелювати make friends (with), become intimate (with)

запроваджувати, запровадити *(установлювати)* introduce; institute; **~ в життя** put into practice

запропонувати 1. offer, suggest; *(на зборах)* move, propose; **2.** *(наказати)* order, tell

запрошення 1. invitation; **2.** *обч.* prompt

запрошувальний invitation *attr.*

запрошувати, запросити *(просити прийти)* invite, ask; *(лікаря)* call

запрягати, запрягти 1. *(коня, тж перен.)* harness; put (to); **2.** *розм. (примушувати тяжко працювати)* make smb. work

запряжка team

запускати І, запустити 1. *(примушувати злетіти)* send up; *(супутник і под.)* launch; **2.** *(мотор і под.)* start

запускати ІІ, запустити *(відрощувати бороду й под.)* grow, let grow

запустіти fall into a state of neglect; become deserted

зап'ясток *анат.* wrist

заради for the sake (of); *(для)* for; **~ чого?** what for?; **він це зробить ~ неї** he will do it for her

заражати, заразити 1. infect (with) *(тж перен.)*; **2.** *(воду, місцевість)* contaminate; **~ся** be infected (with) *(тж перен.)*, catch; **~зитися грипом** catch the flu

зараження infection; *(місцевості й под.)* contamination; **~ крові** blood-poisoning

зара́з 1. *(скоро)* in a moment, just; **я ~ прийду** I'm just coming; *(негайно)* at once; **2.** *(тепер)* now, at present, at the present moment

зара́з *розм. (за один раз)* at one stroke; at one sitting

зараза infection; contagion

заразливий, заразний infectious; contagious

зараховувати, зарахувати 1. *(включати до складу)* enter; **~ до штату** take on the staff; **2.** *(ураховувати)* count

зареєстрований registered; **~ торговельний знак** registered trademark

зареєструвати register; **~ся 1.** register oneself; **2.** *(про шлюб)* register one's marriage

зарекомендувати: ~ себе добре (погано) make a good (bad) showing

заржавіти rust, become rusty

заривати, зарити bury; **~ся** bury oneself (in)

зариватися, зарватися *розм. (поводитися зухвало)* go too far, overdo things

зарисовка sketch

зарисовувати, зарисувати sketch

зарівнювати, зарівняти level

зарізати kill; *(тварину)* slaughter

зарікатися, заректися promise not (+ to *inf.*); pledge oneself not (+ to *inf.*)

заробітний: **~на плата** pay, wages *pl*; *(службовців)* salary; **реальна ~на плата** real wages *pl*

заробіток earnings *pl*

заробляти, заробити earn; **~ на життя** earn one's living

зароджуватися, зародитися originate; **у нього зародилася думка** he conceived the idea

зародок embryo; germ; **у ~дку** in embryo; **придушити у самому ~дку** nip in the bud

зародковий embryonic; rudimentary

зарозумілий arrogant, haughty

зарозумілість arrogance, self-conceit

заростати, зарости 1. be overgrown (with); **~ бур'янами** be choked with weeds; **2.** *розм. (загоюватися)* heal

зарості *мн.* growth *sing*, overgrowth *sing*; *(у лісі)* thicket *sing*

зарплата wages *pl*

зарубіжний foreign

зарубка *(помітка)* notch, nick

зарубувати, зарубати 1. *(убивати)* slash (sabre) to death; *(сокирою)* kill with an axe; **2.** *(робити зарубки)* notch, nick; <> **~бити**

собі на носі bear that in mind; put that in your pipe and smoke it

заручатися, заручитися secure; ~ **підтримкою кого-н.** enlist smb.'s support

заручини *мн.* betrothal *sing*; engagement *sing*

заручений engaged, betrothed

заручник hostage

заряд 1. *війс., ел.* charge; **електричний ~** electric charge; **2.** *перен.* fund, supply, store

заряджати, зарядити 1. *(акумулятор і под.)* charge; **2.** *(зброю, фотоапарат і под.)* load

зарядка 1. *(акумулятора та под.)* charging; **2.** *спорт.* (morning) exercises *pl*

засада *(частіше мн. ~ди)* principles *pl*; grounds *pl*; **на рівних ~дах** on an equal footing

засаджувати, засадити 1. *(рослинами)* plant (with); **2.** *док.:* **засадити кого-н. за книжки** make smb. study

засвідчувати, засвідчити witness, testify; certify; **~ підпис** witness a signature

засвітла before nightfall

засвічувати, засвітити light; **~ світло** *(електричне)* turn on the light; **~ся** light up, be lit; **засвічуються вогні** the lights go on

засвоєння 1. *(оволодіння)* learning, mastering; *(звичаїв та под.)* acquiring, adoption; **2.** *фізіол.* assimilation *(тж перен.)*

засвоювати, засвоїти 1. learn, master; adopt; **~ чиї-н. методи** to adopt smb.'s methods; **2.** *фізіол.* assimilate *(тж перен.)*

засекречувати, засекретити restrict, make secret

заселений 1. *(про землі)* settled; **2.** *(про будинок, квартиру)* occupied

заселення 1. *(земель)* settling, settlement; **2.** *(будинку)* occupation

заселяти, заселити 1. *(землі)* settle; **2.** *(будинок)* take up occupancy of

засиджуватися, засидітися stay for a long time; **ми вчора ~ділися у гостях** we stayed late at friends yesterday; **~ за роботою** sit long over one's work; *(уночі)* sit up working

засилати, заслати 1. send out; **2.** *(на заслання)* exile

засилля dominance

засипати I *і* **засинати, заснути** go to sleep, fall asleep

засипа́ти II, **засу́пати 1.** *(заповнювати)* fill up (with); **2.** *(покривати, заносити)* cover, heap; **3.** *(насипати)* pour; **4.:** **~ подарунками** shower with gifts; **~ питаннями** bombard (pelt) with questions

засипати III, **заспати** *(прокинутися запізно)* oversleep

засихати, засохнути dry, get dry; *(про рослини)* wither

засіб 1. means *pl*; **~соби пересування** conveyance *sing*; means of conveyance; **усіма ~собами** by every means; **~соби існування** livelihood; **2.** *(ліки)* remedy; **перев'язувальні ~соби** dressings

засівати, засіяти sow

засідання *(збори)* conference, meeting; *(суду, парламенту й под.)* session; sitting; **~ Верховної Ради** sitting of the Supreme Rada

засідатель: присяжний ~ member of the jury

засідати I sit, be in conference (session)

засідати II, **засісти 1.** *(узятися за що-н.)* sit down (to), set about; **2.** *док. (надовго розташовуватися)*: **~ вдома** bury oneself indoors, stay at home

засідка *війс.* ambush; **сидіти в ~дці** lie in ambush; **улаштувати ~дку** lay an ambush

засклити glaze, put glass (in)

заскок *розм.* fancy, whim

засланець exile, deportee

засланий I exiled, deported

засланий II *(покритий чим-н.)* covered

заслання exile, deportation

засліплювати, засліпити blind, dazzle *(тж перен.)*

заслуга service; **особливі ~ги** special service

заслуговувати, заслужити deserve

заслухати hear; **~ся** listen (to) with delight

засмага sunburn, tan

засмаглий sunburnt, tanned, brown

засмагнути get sunburnt

засмальцьовувати, засмальцювати make greasy

засмічувати, засмітити litter, foul

засміятися start laughing

засмоктувати, засмоктати suck in; *перен.* swallow up

засмучений sad, sorrowful, melancholy

засмучувати, засмутити distress, grieve, afflict, aggravate; **~ся** be sad, be grieved, ail

засніжений snow-covered

засновник founder

засновувати, заснувати found, set up

засовувати, засунути thrust; push in

засолювати, засолити salt; *(м'ясо)* corn

засоромити shame; **~ся** be ashamed; be shy (of)

засоромлений ablush

заспаний sleepy

заспівувати, заспівати 1. begin to sing; **2.** *недок.* lead the singing (chorus)

заспокійливий soothing, calming; **~ва звістка** reassuring news; **~ві ліки** sedative, tranquillizer

заспокоєння 1. *(дія)* soothing, calming; **2.** *(стан)* peace, relief

заспокоювати, заспокоїти soothe, calm down; *(підбадьорювати)* reassure; *(пом'якшувати — біль, горе)* assuage, relieve; *(переживання)* allay; **~ся 1.** calm oneself; calm down; settle down; **2.** *розм.* *(задовольнятися чим-н.)* be satisfied; **3.** *(стихати — про біль)* go off, relax, be relieved; *(про вітер, море)* calm down, abate

застава I pledge; *(речей)* pawning; *(нерухомого майна)* mortgaging

застава II 1. *іст.* gate; **2.** *військ.* picket, detachment; **прикордонна ~** frontier post

заставати, застати find, catch; **я його не застав удома** I didn't manage to catch him at home; **я застав її за роботою** I found her at work

заставляти I, заставити 1. *(займати місце речами)* clutter; **~ кімнату меблями** clutter a room with furniture; **2.** *(перегородити)* block

заставляти II, заставити *(віддавати у заставу)* pawn; *(нерухоме майно)* mortgage

застаріти, застаріти become obsolete

застарілий obsolete

застеляти, *тж* **застилати, застелити,** *тж* **заслати 1.** *(покривати)* cover; spread; **2.** *(про туман і под.)* veil; *(про сльози)* dim; *(про хмари)* cloud; **небо заслало хмарами** the sky was overcast with clouds; **~ся** *(туманом)* be veiled; *(сльозами)* (become) dim

застереження 1. *(попередження)* warning, caution, admonition; **2.** *(умова)* reservation proviso *(pl* -os, -oes)

застережний warning, cautionary

застерігати, застерегти 1. warn, caution; admonish; **2.** *(обумовлювати)* specify, mention

застигати, застигнути 1. thicken, congeal; *кул.* jelly; **2.** *(холонути, тж залишатися нерухомим)* freeze, stiffen; **~ на місці** be rooted to the spot

застібати, застебнути fasten, do up; *(гудзики тж)* button up; *(на гачок)* hook up; **~ся 1.** *(застібати на собі одяг)* do one's coat up; do oneself up; **2.** *(про гудзики й под.)* fasten, do up

застібка fastener

застій 1. *(у роботі, у справах і под.)* stagnation; **2.** *(занепад)* depression

застійний stagnant; stagnation *attr.*

застільний: ~на пісня drinking song; **~ні розмови** table talk

застосовний applicable

застосовувати, застосувати 1. apply; *(використовувати)* use; **2.** *(ліки)* administer

застосування *(ліків)* administration

застрахати intimidate

застраховувати, застрахувати insure (against)

застрілювати, застрілити shoot; **~ся** shoot oneself

застрільник initiator, pioneer

застромлювати, застромити drive; *(шпильку та под.)* stick, thrust

застрочувати, застрочити 1. *(зашити)* stitch; **2.** *тк док.* *(про кулемет)* spray bullets; **3.** *перен.* *(почати писати)* start scribbling away

застругувати, застругати sharpen

застрявати, застряти 1. stick (fast); **2.** *перен.* *(затримуватися)* be held up

застуда cold, chill

застуджувати, застудити *(кого-н.)* let (smb.) catch cold; **~ горло** give oneself a sore throat; **~ся** catch cold, get a cold

заступати, заступити 1. *(дорогу)* bar, block up; **2.** *(заміщати кого-н.)* take the place (of); act (for)

заступатися, заступитися *(за кого-н.)* intercede (for); tat (smb.'s) part; stand up (for) *розм.*

заступник 1. *(захисник)* protector; defender; **2.** replacement; *(посада)* deputy, assistant; **~ начальника** deputy chief; **~ директора** deputy director; **~ голови** vice-chairman; **~ прем'єр-міністра** deputy prime minister

заступницький protective

засув bolt

засуджувати, засудити 1. *(визнавати винним)* convict, condemn (to); sentence (to); **2.** *(ставитися негативно)* blame; *(прікрати на що-н.)* condemn (to), doom (to)

засушливий droughty, dry

засушувати, засушити dry up; *(квіти)* press

затаврувати brand; *перен.* stigmatize

затамовувати, затамувати 1.: ~ дух hold one's breath; **2.** *(стримувати почуття)* suppress, hide

затаювати, затаїти 1. *(приховувати що-н.)* keep (smth.) for oneself; **2.** *(почуття, думку)* harbour, harbor *амер.*; **~ образу** harbour a grudge; **~ся** hide

затвердження confirmation

затверджувати, затвердити confirm; **~ проект** pass a design; **~ порядок денний** pass an agenda

затвердіти *і* **затверднути** harden; *(про рідину)* solidify

затвор 1. *(гвинтівки)* breech; *(гармати)* breech-block; **2.** *(фотоапарата)* shutter

зате but; but then (again); *(тому)* but (make up for it); **квартира маленька, ~ в гарному районі** the flat is small, but then again it's in a nice district

затемнення 1. *(дія)* darkening; adumbration; **2.** *війс. (маскування світла)* blackout; **3.** *астр.* eclipse; **~ Сонця** solar eclipse; **~ Місяця** lunar eclipse

затемнювати, *тж* **затемняти, затемнити 1.** darken; *перен.* obscure; **2.** *(маскувати світло)* black out

затикати, заткнути 1. *(закривати)* stop up; *(закорковувати)* cork; **2.** *розм. (засовувати)* thrust

затирати, затерти 1. *(стирати)* rub out, efface; **2.** *розм. (не давати ходу)* keep in the background

затискувати, затиснути 1. *(стискувати)* squeeze; grip, hold tight; **2.** *розм.* suppress, hamper; **~ ініціативу** restrict initiative

затихати, затихнути 1. grow quiet, quieten down; *(ставати нечутним)* die away; **2.** *(припинятися)* die down, abate

затичка plug

затишний quiet, comfortable, cosy; **~ куточок** secluded spot

затишок sheltered spot

затишшя calm; lull

затівати, затяти *розм.* undertake, start; **~ гру** start a game; **~ бійку** engage in a brawl

затікати, затекти *(проникати)* leak, trickle

затінок shade; **у ~нку** in the shade

затінювати, *тж* **затіняти, затінити** (over)shade

затоварювати, затоварити *торг.* stock too much (of)

затоварювання *торг.* overstock; *(дія)* overstocking

затока *(вузька)* gulf; *(відкрита)* bay

затоплення flooding

затоплювати I, *тж* **затопляти, затопити** *(піч та под.)* make the fire; light

затоплювати II, *тж* **затопляти, затопити 1.** *(заливати)* flood, inundate; **2.** *(пустити на дно)* sink, scuttle; submerge

затоптувати, затоптати 1. *(вогонь, сліди)* stamp; **2.** *(квіти, газон)* trample; **3.** *(убивати)* trample to death

затрачувати, затратити expend, spend (on)

затримка delay; *(перешкода)* setback; **без жодної ~ки** without a moment's delay

затримувати, затримати 1. *(не пускати)* detain, delay; *перен. (заважати)* hold up; **я не хочу вас ~мувати** I don't want to hold you back; **2.** *(сповільнювати)* slow down, retard; **~ дихання** hold one's breath; **3.** *(не видавати вчасно)* withhold, delay, keep back; **4.** *(заарештовувати)* arrest; **~ся 1.** be delayed, be kept; *(навмисне)* linger; **довго не ~муйтесь!** don't be long! **2.** *(відкладатися, затягува-*тися) lag, be late; **~ся з відповіддю** be late in answering

затуляти, затулити shield, screen; *(закривати)* shut, close

затуманювати, затуманити mist, veil in mist; *(сльозами)* dim; **~ся** be veiled in mist; *(про скло)* be misted over; grow dim

затупляти, затупити blunt; **~ся** get blunt

затухати, затухнути *(гаснути)* go out; *(про звуки)* subside, fade out

затушовувати, затушувати shade

затхлий musty, fusty; stale

затягати, затягти 1. *(притягти)* drag in; **2.** *(покривати)* cover (with); **3.:** **~гло рану** the wound has healed over; **4.** *(засмоктувати)* draw in; **5.** *розм. (затримувати)* drag out; **6.** *(стягувати кінці)* tighten

затягатися, затягтися 1. *(поясом і под.)* belt oneself; buckle one's belt; **2.** *(покриватися)* be covered (with); **небо ~глося хмарами** the sky is clouding over; **3.** *(затримуватися)* drag on; **4.** *(цигаркою)* inhale

затямлювати, затямити remember; fix in one's mind

затятий persistent, stubborn

затьмарений dim, misty; **~ погляд** clouded eyes

затьмарення *(свідомості)* dizziness

затьмарювати, затьмарити darken; cloud; **~ся** be darkened

зауваження 1. *(судження)* remark, observation; comment; admonition; **2.** *(докір)* reproof; **зробити ~ кому-н.** reprove smb.; tell smb. off *розм.*

зауважувати, зауважити 1. remark, observe; **2.** *(зробити докір кому-н.)* reprove (smb.)

зафарбовувати, зафарбувати paint (over), cover with paint

зафіксовувати, зафіксувати fix; *(записати)* write down, note

захаращений cluttered up

захаращувати, захарастити clutter up

захвалювати, захвалити overpraise

за́хват enthusiasm; *(захоплення чим-н.)* delight

захва́т 1. seizure, capture; **2.** *спорт.* hold; **3.** *тех.* clamp

захворюваність *(по країні)* incidence *(of illness)*

захворювання disease, illness, affection

захворювати, захворіти 1. fall ill; fall sick *амер.*; **2.** *перен. (комп'ютером, театром і под.)* get hooked on

захеканий breathless

захиріти grow sickly; droop; languish *(тж перен.)*

захисний protective; **~ колір** khaki; **~не забарвлення** *біол.* protective colouring

захисник 1. defender, protector; *(теорії та под.)* advocate; **2.** *юр.* defence counsel, defence attorney; **колегія ~ків** Board of Counsels; **3.** *спорт.* back; **лівий (правий) ~** left (right) back

захист 1. *спорт., юр.* defence, defense *амер.*; **2.** *(від пилу й под.)* protection; **3.** *(диплома, дисертації)* viva *(open to the public)*; **під ~том** under the protection (aegis) (of); **шукати ~ту у кого-н.** seek smb.'s protection (aegis)

захищати, захистити 1. *(від нападу та под.)* defend; *(відстоювати тж)* uphold, maintain; **2.** *(прикривати)* protect, shelter; **~ від холоду** keep the cold out; **3.** *юр.* plead (for); **~ підсудного** defend the accused; **~ дисертацію** defend one's thesis; **~ся 1.** *(від нападу)* defend oneself; **2.** *оберігати себе від чого-н.)* protect oneself

захід I 1. *(сторона світу)* the west; **на ~** west (wards); **на ~** *(від)* west (of); **на заході** in the west; **із заходу** from the west; **2.** *(країни Західної Європи)* the West

захід II *(пер. мн.* **заходи)** measure, step; **ужити всіх заходів** take all due measures

захід III *(сонця)* sunset; **на заході** at sunset

західний west, western; **~ вітер** west wind; **~ кордон** western frontier; **Західна Європа** Western Europe

західноєвропейський West-European

захмарний *поет.* beyond the clouds; *перен.* transcendental

захмарювати, захмарити: *безос.* **~рило** the sky is (was) clouded over; **~ся** be clouded

заховувати, заховати 1. hide, conceal; **2.** *(таїти)* keep back; **~ся** *док.* hide (oneself); keep under cover

заходити, зайти 1. call (at), drop in (at); *(до кого-н.)* call (on), look in (at); **2.** *(за ким-н.)* call (for); **зайдіть за мною** call for me; **3.** *(підходити збоку)* go round (to the other side), approach from the other side; **зайти за ріг** go round the corner; **зайти в тил ворогу** take the enemy in the rear; **4.** *(заховатися)* go (behind); **5.** *(потрапляти, опинятися)* get, find oneself; **куди це ми зайшли?** where have we got to?; **ми зайшли в незнайому частину міста** we strayed into an unfamiliar part of town; **справа зайшла надто далеко** things have gone too far; **6.** *(про сонце й под.)* set; **7.** *(про розмову й под.)* turn (on); **мова зайшла про нього** the conversation touched on him

заходитися I, заходитися *(починати робити)* begin, set about (+ gerund); tackle

заходитися II, зайтися: ~ сміхом (плачем) burst out laughing (crying)

захолонути get cold

захоплений 1. enthusiastic; fervent; *(натхненний)* inspired; admiring; **~ погляд** rapturous glance; **2.** *(про власність)* seizable

захоплення I *(почуття задоволення, інтересу й под.)* delight; inspiration; enthusiasm; **~ роботою** passion for work; **~ спортом** love for sport; **працювати із ~ням** work enthusiastically

захоплення II 1. *(захват)* admiration, delight **викликати у кого-н. ~** delight smb.; **дивитися із ~ням (на)** gaze rapturously (at); **2.** *(оволодіння)* seizure

захоплювати, захопити 1. *(брати якун. кількість)* take, seize; *(міцно стискати)* grasp, get hold (of); **2.** *(брати із собою — приходячи)* bring; *(ідучи геть)* take; **3.** *(оволодівати)* seize, capture; **~ владу** seize power; **~ ініціативу** capture the initiative; **4.** *(приваблювати)* engross; **<> захопити (заскочити) кого-н. зненацька** take smb. unawares (by) surprise

захоплюватися, захопитися 1. *(виражати задоволення)* admire; be delighted (with); **2.** *(відчувати потяг до чого-н.)* be carried away; be keen on; **~ живописом** have a passion for painting; **3.** *(ким-н.)* take a fancy (to); **4.** *(зазв. чим-н. згубним)* addict

захоплюючий absorbing, thrilling

захотіти wish, want

захриплий hoarse

захрипати, захрипнути grow (become) hoarse

зацвітати, зацвісти 1. break out into blossom; begin blooming; **2.** *(пліснявіти)* grow mouldy

зацікавлений interested; **~ні сторони** the parties concerned; **бути ~ним (у)** have an interest (in)

зацікавленість interest; **матеріальна ~** material incentive

зацікавлення *див.* **зацікавленість**

зацікавлювати, зацікавити interest (in); draw smb.'s attention; **~ся** become interested (in); take an interest (in)

заціпеніти go numb

зачарований charmed, fascinated

зачаровувати, зачарувати charm, fascinate, allure; *(заворожувати тж)* bewitch, cast a spell (upon)

зачекати wait for; **зачекайте!** wait a moment!

зачерпувати, зачерпнути scoop up

зачиняти(ся), зачинити(ся) shut, close

зачитувати, зачитати 1. *(оголошувати)* read out; **2.** *розм. (читаючи, обтріпати)* read a book to tatters

зачитуватися, зачитатися *розм.* *(читати до самозабуття)* be absorbed in one's reading; **я ~тався до ранку** I read until morning

зачіпати, зачепити 1. *(торкатися)* у різн. знач. touch; catch (on); graze; **~ся** get caught; catch (on)

зачіпка *розм.* *(привід)* pretext

зачіска hairstyle

зачісувати, зачесати comb

зашарілий ablush

зашарітися flush, redden

зашивати, зашити sew up; *(лагодити)* mend

зашифровувати, зашифрувати cipher, codify, encode, put into code

зашкарублий hardened, coarse

зашкодити harm; **не ~дить** it won't harm

зашморг noose

зашнуровувати, зашнурувати lace up

зашпилювати, зашпилити fasten with a pin; pin up

защемляти, защемити *(затискувати)* pinch, squeeze

защіпати(ся), защіпнути(ся) *(на гачок)* hook

заява 1. statement; **зробити ~ву** make a statement; **2.** *(письмове прохання)* application; **подати ~ву на роботу** to apply for a job; **подати ~ву про відпустку** to apply for a leave; **3.** *юр.* allegation

заявка *(вимога, замовлення)* application, order; **~ на винахід** patent application

заявляти, заявити state, declare; **~ протест** file a protest

заложений 1. dirty; greasy; **2.** *перен.* stale, trite, hackneyed; **~ сюжет** outworn theme

заячий hare's; hare *attr.;* **~че хутро** rabbit-skin

збагачення 1. enrichment *(тж перен.);* **2.** *(ґрунту, руди й под.)* dressing, concentration

збагачувати, збагатити 1. enrich; **2.** *(про руду й под.)* dress; concentrate; **~ся 1.** enrich oneself; be enriched; **2.** *(про руду й под.)* be concentrated

збагненний comprehensible, understandable

збагнути comprehend, understand

збайдужіння alienation

збанкрутувати go bankrupt

збезлюдніти become depopulated

збентежений 1. *(схвильований)* agitated, ablush; *(стривожений)* alarmed; **2.** *(зніяковілий)* embarrassed

збентеження 1. *(хвилювання)* agitation; *(тривога)* alarm; **2.** *(замішання)* embarrassment, confusion, abashment

збентежувати, збентежити 1. *(хвилювати)* agitate; *(тривожити)* alarm, make uneasy; **2.** *(збити з пантелику)* embarrass, disconcert, abash

зберігати, зберегти 1. preserve; keep; *(від небезпеки й под.)* save; **2.** *(заощаджувати)* save up; **~ силу** *(про закон і под.)* remain in force; **~ що-н. у пам'яті** fix smth. in one's memory; **~ся** remain; be preserved; keep

збивати, збити 1. *(ударом)* knock off; **~ з ніг** knock down; **2.** *(плутати)* confuse; put out; **~ зі сліду** put smb. off the scent; **3.** *(сметану, яйця)* whip, beat up; **4.** *(із частин)* knock together; **~ся 1.: ~ся з дороги** lose one's way; **~ся зі сліду** lose the trail; **~ся з рахунку** lose count; **2.** *(помилятися)* get confused; *(у словах)* flounder; <> **~ся з ніг** be run off one's feet

збиральний *с.-г.* harvesting; **~на кампанія** harvest drive; **~на машина** harvester

збирання gathering; collection; **~ винограду** grape-gathering; **~ податків** collection of taxes; **~ врожаю** harvesting

збирати, зібрати 1. gather, collect; **2.** *(складати в одне місце)* put together, pack; *(що розсипалося)* pick up; **3.** *(готувати, споряджати)* prepare; **~ кого-н. у дорогу** get smb. ready for a journey; **4.** *(машину, прилад і под.)* assemble; **5.** *(підбирати, зривати)* pick, gather; **~ ягоди** pick berries; **6.: ~ врожай** harvest, take in the harvest

збиратися, зібратися 1. gather, get together; assemble; **ми ~раємося щосереди** we meet every Wednesday; **2.** *(готуватися)* get ready; **3.: ~рається гроза** there's going to be a storm; **4.** *(мати намір)* intend, be going, be about; <> **~ із силами** summon (up) one's strength

збирач gatherer, collector, accumulator

збиток *(частіше мн. ~тки)* loss(es) *pl*

збіг *(у часі)* coincidence; *(поєднання)* combination; **~ обставин** combination of events

збігати, збігти 1. *(спускатися бігма)* run down; **2.** *(про рідину)* run down, flow down; **~ся 1.** come running (up); **2.** *(виявлятися однаковим, спільним)* coincide (with)

збіднілий impoverished

збіжжя *(хліб на полі)* corn; *(зерно)* grain

збільшений increased; magnified

збільшення aggrandisment, accession; *(додавання)* addition

збільшувальний magnifying; **~не скло** magnifying glass

збільшувач *фото* enlarger

збільшувати, збільшити 1. increase, augment, aggrandize, aggravate; *(розширювати)* extend; **~ випуск продукції** increase output; **2.** *(оптичним приладом)* magnify; *фото* enlarge; **~ся** accrue

збір 1. *див.* **збирання**; **2.** *(зібраний урожай)* yield; **валовий ~ зерна** gross grain yield; **3.** *(зустріч, скликання)* gathering, meeting

збірка collection; *(віршів)* anthology

збірний 1. *(що є місцем збору)* assembly *attr.*; rallying; **~ пункт** assembly point; **2.** *(що збирається із частин)* prefabricated; **~ будинок** prefabricated house; **3.: ~на команда** combined team

збірник collection

зближення *(особисте)* growing intimacy; *політ.* drawing closer

зближувати, зблизити bring together; **~ся 1.** draw closer to one another; **2.** *(ставати друзями)* become intimate (with)

зблизька from near

зблідну́ти grow pale

збовтувати, збовтати shake (up)

збожеволіти 1. go mad; **2.** *перен.* be crazy (about, over); be mad (about, on)

збоку *(звідки)* from the side; *(де)* at the side; **~ від кого-н.** at smb.'s side

збори *мн.* **1.** meeting *sing*; gathering *sing*; **провести ~** conduct a meeting; **загальні ~** general meeting; **2.** *(державний орган)* assembly; **установчі ~** Constituent Assembly

збочення deviation; perversion

збройний armed; **~ напад** armed attack; **~ні сили** armed forces

зброя weapon; *збір.* arms *pl*, weapons *pl*; <> **до зброї!** to arms!

збруя harness

збувати, збути 1. *(продавати)* sell; **2.** *розм.* *(позбутися чого-н.)* get rid (of)

збуватися, збутися 1. *(здійснюватися)* come true; **2.** *док.* *(позбутися чого-н.)* get rid (of)

збуджений excited, agitated, aglow

збудження excitement, agitation

збуджувати, збудити excite; *(почуття)* rouse, arouse, stimulate

збудований built, constructed

збудувати build, construct

збунтуватися revolt, rise in revolt

збут *ек.* sale; **ринок ~ту** market; **знаходити ~** find a market

звабливий alluring

зважати, зважити take into consideration (account); bear in mind; **~жаючи на те, що** taking into consideration that

зважувати, зважити weigh *(тж перен.)*; **~живши всі обставини** after due consideration

зважуватися I, зважитися *(визначати вагу)* weigh oneself

зважуватися II, зважитися *(на що-н.)* dare, venture; make up one's mind (+ to *inf.*)

звалювати, звалити knock down; *(скидати що-н. важке)* dump, throw down; <> **~ вину на кого-н.** shift the blame on smb.; **~ся** fall down; *(від утоми, хвороби)* collapse

званий: ~ гість welcome guest; **~ обід** dinner party; **так ~** so-called

звання rank; *(почесне)* title

зварити boil; *(зготувати)* make, cook

зварник welder

зварювальний *тех.* welding *attr.*

зварювання *тех.* welding

зварювати, зварити *тех.* weld; **~ся** *тех.* weld; be welded

звати 1. call; **~ на допомогу** cry for help; **2.** *(запрошувати)* ask, invite; **3.** *недок. (називати)*: **як вас ~?** what's your name?; **мене звуть...** my name is...

зватися be called

зведений 1. *(з кількох компонентів)* combined; **~ оркестр** combined orchestra; **2.: ~ брат** stepbrother; **~на сестра** stepsister

зведення report, survey; summary; **~ погоди** weather-report, weather-bulletin

звеличування aggrandizment

звеличувати aggrandize

звеліти tell, order

звернення 1. *(заклик)* appeal (to); **2.** *(промова, виступ)* address (to); allocution

звертання 1. *див.* **звернення**; **2.** *грам.* form of address

звертати, звернути turn; **~ з дороги** turn off the road; **~ увагу** pay attention (to); **~ся** appeal (to), address (to); **~ся до кого-н. за порадою** ask smb.'s advice

зверхній *(зарозумілий, гордовитий)* haughty, supercilious, arrogant; **~ тон** disdainful tone

зверхність haughtiness, arrogance

зверху 1. *(нагорі)* on top; **2.** *(згори)* from above

звеселяти(ся), звеселити(ся) cheer up

звечора 1. *(коли)* in the evening; overnight; **2.** *(відколи)* since evening

звивина bend

звивистий winding

звивати, звити twine, twist; **~ гніздо** build a nest

звикати, звикнути get used (to), get accustomed (to)

звиклий accustomed (to), used (to)

звинувачення 1. *(дія)* accusation (of), accuse (of), charge (of); **2.** *(позов)* action

звинувачувати, звинуватити accuse (of); charge (with)

звисати droop; *(під вагою)* sag; *(про одяг і под.)* hang down

звисока 1. *(згори)* from above; 2. *(зарозуміло)* in a haughty manner; **ставитися до кого-н. ~**, **поглядати на кого-н. ~** look down on (upon) smb.

звичай custom; *(звичка тж)* habit; *(уклад життя, частіше мн.* **~аї**) ways; the manners and customs *pl*

звичайний usual, ordinary; *(звичний)* customary; **~на річ** usual thing

звичка habit; **згубна ~** addiction; **набути ~ки** get into the habit (of + *gerund*)

звичний 1. habitual; usual, customary; 2. *див.* **звиклий**

звід: **~ законів** code of laws

звідки 1. *пит.* where... (from); **~ ви?** *(про походження)* where do you come from?; 2. *віднос.* from which; **місто, ~ він приїхав** the city he has come from; **~-небудь** from somewhere or other

звідси 1. *(із цього місця)* from here; 2. *(унаслідок цього)* hence

звідти from there

звідусіль from everywhere, from all parts

звільнення 1. liberation; *(від гніту, експлуатації тж)* emancipation; *(з ув'язнення)* release, discharge; 2. *(з посади)* discharge, dismissal; 3. *(від покарання, зобов'язань)* absolution; 4. *(від боргу)* acquittal

звільняти, звільнити 1. free, liberate, set free; *(з рабства)* emancipate; *(з ув'язнення)* discharge; release *(тж перен.)*; 2. *перен. (від податків, обов'язків)* exempt; release, acquit; 3. *(приміщення й под.)* vacate, leave; 4. *(з посади)* discharge, dismiss; **~ся** 1. free oneself, liberate oneself, be released *(тж перен.)*; 2. *(про приміщення)* be vacant; 3.: **я зараз звільнюся** I'll be free in a minute

звір 1. (wild) beast; (wild) animal; 2. *перен. (про людину)* beast, brute

звіринець menagerie

звіриний *див.* **звірячий**

звіролов trapper

звіряти, звірити collate (with)

звірячий 1. beast *attr.*; animal *attr.*; 2. *перен. (жорстокий, лютий)* ferocious, brutal; brutish; **~ча ненависть** ferocious hatred

звістка news

звіт account, report

звітний: **~ період** period under review; **~на доповідь** (summary) report

звітність accounting; *(документація)* accounts *pl*

звітно-виборний: **~ні збори** election meeting

звітувати report

звішувати, звісити let down, lower; **~ся** *(пе-*

рехилятися) lean over; *(про гілки та под.)* hang over

зводити, звести 1. *(вести вниз)* take down; 2. *(з'єднувати)* bring together; **~ в таблицю** tabulate; 3. *(доводити до чого-н.)* reduce (to); **~ до мінімуму** reduce to a minimum; 4. *(пляму й под.)* remove, take out; 5.: **у неї звело ногу** she has a cramp in the leg; <> **~ рахунки з ким-н.** settle a score with smb.; **~ кінці з кінцями** make both ends meet; **не ~ очей з кого-н.** not to take one's eyes off smb.; **~ що-н. нанівець** bring smth. to naught; **~ кого-н. з розуму** drive smb. mad

зволікання delay

зволікати linger; *(відкладати)* delay; **~ з відповіддю** delay one's answer; **не ~каючи** without delay

зволожувати, зволожити moisten

зворот 1. *(зворотний бік)* back; **дивись на ~ті** please turn over *(скор. Р. Т. О.)*; 2. *(вислів)* expression, construction; **мовний ~** turn of speech

зворотний 1. back *attr.*; opposite; reverse; **~на адреса** return address; **~ бік** back, reverse (side); **~ квиток** return ticket; **у ~ному напрямку** in the opposite direction; 2. *грам.* reflexive

зворухнути(ся) stir; move

зворушений touched, moved

зворушення emotion

зворушено touchingly; movingly

зворушливий touching, moving

зворушувати, зворушити touch, move; **~ кого-н. до сліз** move smb. to tears; **~ся** be touched (moved)

звуження 1. *(дія)* narrowing, contraction; 2. *(вузьке місце)* narrow spot

звужувати, звузити contract, narrow; **~ся** narrow, get narrow

звук 1. sound; **~ пострілу** sound of a shot, report; 2. *лінгв.*: **голосний ~** vowel; **приголосний ~** consonant

звуковий sound *attr.*; *фіз. тж* acoustic; **~ фільм** talking film; **~ва апаратура** hi-fi equipment; **~ва хвиля** *фіз.* sound wave

звукозапис sound recording; **студія ~су** recording studio

звукоізоляція soundproofing

звуконепроникний soundproof

звукооператор sound technician

звуконаслідувальний: **~не слово** onomatopoeic word

звуконаслідування onomatopoeia

звукопровідний conductive *(of sound)*

звукопровідність conductivity *(of sound)*

звукорежисер sound engineer

звучання 1. sound; 2. *перен. політ.* resonance

звучати 1. ring; sound *(тж перен.)*; **~чить переконливо** it sounds convincing; 2. *(лунати, бути чутним)* be heard

звучний deep, resounding; *(інструмент)* rich sounding

зв'язаний 1. tied, affined; 2. *перен.* bound, connected

зв'язка 1. bundle; bunch; 2. *анат.* c(h)ord, copula; 3. *грам.* copula

зв'язківець 1. communications engineer; 2. *війс.* signaller

зв'язковий 1. liaison *attr.*; 2. *як ім. війс.* messenger

зв'язок 1. connection; link; contact; 2. *(спілкування)* relation, contact; ties *pl*; 3. *мн.* **~ки** *(знайомства)* connections; 4. *(засоби сполучення)* communication; *війс.* intercommunication; signals *pl*; **відділення ~зку** post-and-telegraph office; **<> у ~зку** connection with

зв'язувати, зв'язати 1. tie (up), tie (together); bind *(тж перен.)*; **~ вузлом** knot; **~ обіцянкою** bind by promise; 2. *(установлювати зв'язок)* link up, connect; **<> ~ собі руки** tie one's hands; **~ся** *(установлювати спілкування)* get in touch (contact) (with); *(по телефону, радіо)* get through (to)

згадка 1. memory, recollection; **подарувати на ~ку** give as a keepsake; 2. *(згадування)* mention(ing)

згадування *(посилання)* allusion

згадувати, згадати 1. *(відтворювати в пам'яті)* remember, recall, allude; 2. *(побіжно зауважувати)* mention

згайнувати: **~ час** waste time

зганяти, зігнати 1. *(з місця)* drive away; 2. *(докупи)* drive together

зганьбити disgrace, dishonour

згасання going out; dying (away)

згасати, згаснути go out; *перен.* die away, fade

згин bend

згинати(ся), зігнути(ся) bend

згинути 1. be lost, perish; 2. *(зникнути)* disappear

згідний 1.: **бути ~ним** agree (to); 2. *(відповідний до чого-н.)* in keeping (with)

згідно 1. in harmony; 2.: **~ з** according to; in accordance with

зговір conspiracy; plot; **бути у ~ворі** be in collusion (with)

зговірливий compliant, pliable

зговорюватися, зговоритися *(умовлятися)* arrange (with); **~ про зустріч** arrange a meeting (with)

згода 1. consent, assent; *(спільність думок)* agreement; **діставати ~ду кого-н.** obtain smb.'s consent; **давати ~ду** give one's consent; **дійти ~ди** come to an agreement; 2. *(мир у сім'ї та под.)* accord, harmony; **жити у ~ді** live in harmony

згоден: я з вами ~ I agree with you; **~ !** agreed!

згоджуватися, згодитися *(давати згоду)* agree (to), consent (to), assent (to)

згодитися be of use; be useful (to), come in useful (handy) (to)

згодний 1. *див.* **згоден**; 2. *(зробити що-н.)* agreeable

згодом (some time) later, after(wards)

зголоднілий hungry

зголодніти become (feel) hungry

згорда proudly; haughtily

згори from above; from the top

згортати, згорнути *(скручувати)* roll up; *(складати)* fold; **~ газету** fold up a newspaper; **~ся** roll up

згорток bundle, packet; *(скручений)* roll, scroll

згоряння combustion

згоряти, згоріти burn; *перен.* wear oneself out; **~ від сорому** burn with shame

зготувати prepare, make ready; **~ обід** make dinner

зграя 1. *(пташина)* flock; 2. *(тварин)* pack; *(риб)* shoal, school; 3. *(злочинців)* gang

згрібати, згребти *(лопатою)* shovel; *(граблями)* rake; *(руками)* gather up

згрубілий *(про шкіру)* callous; *(про людину)* coarsened

згрубіти *(про руки та под.)* coarsen, become callous; *перен.* get coarse

згруповувати(ся), згрупувати(ся) group

згубити 1. *(загубити)* lose; 2. *(зруйнувати)* ruin, destroy; **~ся** get lost

згубний disastrous; **~ні наслідки** fatal consequences

згуртований close-packed, interlocking; united

згуртованість cohesion, solidarity

згуртовувати(ся), згуртувати(ся) unite, rally

згусток 1. clot; *перен.* concentration; 2. *фіз.* cluster, bunch

згущати, згустити condense; **~ся** thicken; condense

згущений: **~не молоко** condensed milk

здавати, здати 1. *(передавати)* hand over; *(про телеграму й под.)* hand in; **~ в експлуатацію** put in operation; 2. *(внайми)* let; *(в оренду)* lease; 3. *(віддавати ворогові)* surrender

здаватися I, здатися *(поступатися)* give in, give (oneself) up; *(ворогові тж)* surrender

здаватися II, здатися 1. *(справляти враження)* seem, appear; look; **2.** *безос.*: **мені здається, що** it seems to me that

здавна long since; since olden days *поет.*

здалека, здалеку 1. from a distance; **2.** *(з далекої місцевості)* (from) afar; **приїхати ~ку** come from far away

здається 1. *див.* **здаватися II; 2. як вставне сл.**: **~, холодно** it seems to be cold; **він, ~, має рацію** he seems to be right

здатний suitable (for), fit (for), able; *(на що-н. погане)* capable (of); **вона ~на на все** she is capable of anything; **ні до чого не ~** worthless, good for nothing

здатність ability; *(придатність)* suitability, fitness

здебільшого for the greater part; mainly

здивований astonished, surprised, amazed

здивування astonishment, surprise

здивувати astonish, surprise, amaze; **~ся** be astonished, be surprised, be amazed (at)

здирати, здерти 1. strip off; **~ кору з дерева** bark a tree; **2.** *(шкіру)* abrade

здирство robbery

здихати, здохнути die off, perish

здібний capable; *(обдарований тж)* clever, able

здібність 1. ability; **2.** *зазв. мн.* **~ності** *(природне обдарування)* ability *sing*; aptitude *sing*; **математичні ~ності** aptitude for mathematics; **~ності до мов** language ability, talent for languages

здіймати, здійняти lift, raise; **~ повстання** start an uprising; **~ся** rise; *(виникати)* arise

здійсненний *(про мрії, бажання)* realizable

здійснення 1. *(про мрії, бажання)* realization; **2.** *(плану, реорганізації)* implementation

здійснювати, здійснити *(мрію, бажання й под.)* realize; **2.** *(ідею)* put into practice; **3.** *(план, реорганізацію)* implement; **~ свій намір** put one's intention into effect; **~ся 1.** *(про мрії та под.)* come true; **2.** *(про ідею та под.)* materialize; **3.** *(про надії)* be fulfilled

здобич *(захоплене)* output, plunder, loot; *(хижака, тж перен.)* catch, prey

здобувати, здобути get, obtain, gain; **~ відомості** obtain (gain) information; **~ засоби для існування** earn one's living; **~ освіту** receive education

здобуток achievement; fruit(s) *pl*

здогадливий quick-witted

здогадуватися, здогадатися guess; surmise

здолати overcome; *(підкорити)* conquer, subdue

здоровий 1. healthy; sound; *перен. тж* wholesome; **~ вигляд** wholesome appearance; **2.** *(міцний, дужий)* strapping, husky; **<> здоров!** hello!; **бувай здоров!** good-bye!, take care!

здоров'я health; **як ваше ~?** how are you (keeping)?; **охорона ~** protection of health; **Міністерство охорони ~** Ministry of Health; **за ваше ~!** your health!; **на ~!** enjoy it!

здригатися, здригнутися start; *(від болю)* flinch, wince

здружитися make friends (with), become intimate (with)

здувати, здути blow off

здуріти *розм.* become stupid; go crazy

здушувати, здушити squeeze; constrict

зебра *зоол.* zebra

зебу *зоол.* zebu

зекономити economize; save

зелений green; **~ні насадження** trees and shrubs; **~на цибуля** spring onion; **<> давати ~ну вулицю** give the green light

зеленіти 1. *(укриватися зеленню)* turn green; **2.** *(ставати зеленим)* become green; **3.** *(виднітися)* show green; **на обрії ~нів ліс** the green forest could be seen on the horizon

зелень 1. *збір. (овочі, трави й под.)* greenery, green's; **2.** *збір. (рослинність)* greenery, verdure

земельний land *attr.*; of land *після ім.*; **~на ділянка** plot of land; **~на власність** landed property; **~на реформа** land reform, agrarian reform

землевласник landowner; **дрібний ~** small holder

землевласницький landowner's

землеволодіння landownership

землевпорядкування system of land tenure

землекоп navvy

землекопач *див.* **земснаряд**

землекористування land tenure

землемір land surveyor

землерийний: **~ні роботи** dredging; **~на машина** excavator, mechanical shovel, dredger

землетрус earthquake

землечерпалка dredge(r)

землистий earthy; **~ колір обличчя** sallow complexion

земля 1. *у різн. знач.* earth; **на ~лі** on earth; **2.** *(суходіл, країна, володіння)* land; **чужі землі** foreign lands; **3.** *(ґрунт)* soil; **родюча ~** fertile soil; **4.** *(поверхня землі)* ground

земляк compatriot

земляний earthen; earth *attr.*; **~ черв'як** earthworm; **~ні роботи** excavations

земний 1. earthly; **2.** *перен. тж* earthy; **~на куля** the globe

земноводний 1. amphibian; **2.** *як ім.:* **~ні** *мн.* amphibia

земсняряд *тех.* (suction) dredger

зеніт *астр., перен.* zenith; **у ~ті слави** at the height of one's fame

зенітка *військ. розм.* anti-aircraft gun

зенітний 1. *астр.* zenithal; **2.** *військ.* anti-aircraft

зенітник *військ.* anti-aircraft gunner

зернина 1. *(пшениці)* grain; **2.** *(кави)* bean; **3.** *(маку)* seed

зернистий 1. *(про масу, сніг і под.)* granular; **2.** *(про поверхню)* grainy

зерно *збір.* grain

зернозбиральний harvesting *attr.*; **~ комбайн** combine harvester

зерновий grain *attr.*; **~ві культури** cereals, grain-crops

зерносушарка grain drier

зерносховище granary

зефір marshmallow

з'єднання 1. *(дія)* joining, connection; **2.** *(місце)* junction, joint; **3.** *військ.* formation

з'єднувальний connecting

з'єднувати, з'єднати 1. join (together), couple, link; connect; adjoin; *(об'єднуватися)* unite; **2.** *(установлювати сполучення)* connect, link up; *(по телефону)* put through; **~ся 1.** join, connect; *(об'єднуватися)* unite; **2.** *(по телефону й под.)* get through, make contact

зжувати chew up

з-за from, from behind; **~ моря** from beyond the sea, from overseas; **встати ~ столу** rise from the table

ззаду behind, at the back; from behind, after

ззовні from outside

зигота *біол.* zugote

зиґзаґ zigzag

зиґзаґуватий zigzag *attr.*

зима winter; **усю зиму** the whole winter; **на зиму** for the winter

зимівля wintering

зимівник winterer

зимний frosty, cold

зимовий winter *attr.*

зимостійкий winter-hardy

зимувати spend the winter; *(про тварин)* hibernate

зичити wish

зі *див.* **з**

зібрання *(сукупність предметів)* collection; **повне ~ творів** the complete works (of)

зів'ялий faded, withered *(тж перен.)*

зів'янути *(про рослини)* wither, fade; *перен. (утрачати свіжість)* lose its bloom

зігнутий crooked, bent; *(згорблений)* stooped

зіграти 1. *муз., спорт.* play; **2.** *театр.* act, perform; **~ роль** play (take) the part (of)

зігрівати, зігріти warm, beat; **~ руки** make one's hands warm; **~ся** get warm

зізнаватися, зізнатися confess

зізнання confession

зійти go down, come down, descend; *див. тж* **сходити І**; **~ся** meet; *див. тж* **сходитися**

зілля *збір.* herbs *pl*

зім'яти crumple (up), crush, crease; **~ся** be crumpled

зіниця pupil (apple) of the eye; <> **берегти як ~цю ока** guard like the apple of one's eye

зіпсований spoilt; *(про продукти)* tainted; *(про замок і под.)* broken; *(морально)* depraved, corrupted

зіпсувати spoil, ruin; **~ся** get spoiled, spoil; get out of order; *(про їжу)* go off, go bad; *(про погоду)* break up

зір sight, eyesight; **поле зору** sight, field of vision; *перен.* scope; **точка зору** point of view, standpoint

зірвиголова *розм.* dare-devil

зірка *див.* **зоря 1**; **морська ~** *зоол.* starfish

зірниця 1. *(ранкова зоря)* morning star; **2.** *(відблиск грози)* summer lightning

зіскакувати, зіскочити 1. *(стрибати)* jump off, jump down (from); **~ з коня** jump (get) off one's horse; **2.** *(падати)* come off

зіставляння collation, comparison

зіставляти, зіставити collate, compare

зістрибувати, зістрибнути jump off, jump down (from)

зіткати weave

зіткнення collision; **~ інтересів** clash of interests

зітхання sigh

зітхати 1. breathe, sigh; **2.** *(сумувати)* sigh (for), yearn (for)

зіштовхувати, зіштовхнути push off (away); **~ся** *(з ким-н., чим-н.)* collide (with), run into each other

з'їджати, з'їсти eat; *(усе цілком)* eat up

з'їжджати, з'їхати 1. go down, come down; *(ковзаючи)* slide down; **~ з дороги** get off the road; **~ з гори** go downhill; **2.** *(сповзати)* slide, slip; **~ся 1.** *(збиратися)* come together, assemble; **2.** *розм. (їдучи, зустрічатися)* meet

з'їзд *(збори)* congress

з'їздити go, make a trip

злагода 1. agreement; **2.** *(мир у сім'ї та под.)* accord, harmony

злагоджений coordinated; concordant; *(про спів)* harmonious; **~ні дії** concerted action *sing*; **~на робота** team-work

злагодженість coordination; concordance

злагоджено in coordination, in concord

злагодити, *тж* **зладити 1.** arrange, make; **2.** *(підготувати)* prepare

злазити, злізти 1. *(спускатися)* come down, get down, climb down; **~ з коня** dismount; **2.** *(про фарбу, шкіру й под.)* come off, peel

злаки *мн.:* **хлібні ~** cereals

злам 1. breaking; break-up; **2.** *перен. (крутий поворот у розвиткові)* change; turning point

зламувати, зламати 1. break; **2.** *тк док. (закон, угоду)* infringe, break

злегка slightly, gently

зледащіти grow lazy

зледеніння icing

зледеніти become covered with ice

злив sink

злива 1. downpour; *(короткочасна)* heavy shower; **2.** *перен.* hail

зливати, злити 1. pour out, pour together; **2.** *(змішувати)* mix; **3.** *перен. (з'єднувати)* fuse; amalgamate, merge; **~ся 1.** *(про річки й под.)* flow together; **2.** *(про фарби, звуки)* blend, merge; **3.** *перен. (об'єднуватися)* amalgamate, merge

зливок 1. *(металевий)* bar; **2.** *(золота, срібла)* ingot

злигодні *мн.* calamities; misadventures

злиденний poverty-stricken, destitute; wretched; *(про житло тж)* squalid, shabby

злиденність destitution, (extreme) poverty

злидар beggar

злидарство *див.* **злиденність**

злидні *мн.* poverty *sing*; need *sing*; **жити у ~нях** live in poverty

злизувати, злизати lick off

злий 1. wicked, vicious; bad-tempered; *(як іменна частина присудка)* cross, angry; **2.** *(який виражає злість)* malicious; **3.** *(який приносить лихо)* evil; **зла доля** cruel fate; <> **злі язики** malicious talk

злинялий faded, discoloured

злиняти 1. *(про тварин)* shed hair; *(про птахів)* moult; **2.** *(утрачати колір)* fade, lose colour

злипання adhesion

злипатися, злипнутися stick together; **у нього очі ~паються (від сну)** he can hardly keep his eyes open

злити *(викликати злість)* make cross, anger, annoy; **~ся** be angry (with)

злиття 1. *(річок і под.)* confluence, junction; **2.** *перен. (об'єднання)* amalgamation, merging

зліплювати, зліпити stick together; **~ся** stick

зліпок cast

злісний malicious

злість malice, fury, spite; **мене ~ бере** it makes me furious

зліт 1. *ав.* take-off; **2.** *перен. (піднесення)* rise, upswing; *(фантазії та под.)* flight

злітати, злетіти 1. *(угору)* fly up; *(про птаха)* take wing; *(про літак)* take off; **2.** *(полетіти геть)* fly away; **3.** *(униз)* fly down; *(падати)* fall down; **~ся 1.** fly together; **2.** *перен. (збиратися)* gather

зло evil; *(шкода)* harm; **не пам'ятати зла** bear no ill-will

злоба malice, spite; *(гнів)* anger

злобливий, злобний 1. malicious, mean; **2.** *(про усмішку)* hateful, wicked; **3.** *(про голос, тон)* nasty

злободенний topical; **~не питання** burning issue, issue of the day

зловживання abuse; *(їжею та под.)* over-indulgence (in)

зловживати, зловжити 1. abuse; *(їжею та под.)* over-indulge; **2.** *(довірою)* breach; **3.** *(солодким)* indulge in

зловити catch; **~ на слові** take smb. at his word

зловісний ominous, sinister

зловмисний ill-intentioned, malicious; **~ учинок** malicious act

зловмисник malefactor, conspirator

зловтішний spiteful, malevolent

зловтішатися gloat (over)

злодій thief; **кишеньковий ~** pickpocket

злодійкуватий thievish

злодійство stealing, thieving

злодійський thieves, criminal

зломити break; crush; **~ся** break

злопам'ятний rancorous

злословити talk scandal

злочин crime; *юр.* felony; **учинити ~** commit a crime; **спіймати на місці ~ну** catch red-handed

злочинець criminal; **воєнний ~** war criminal

злочинний criminal

злочинність 1. criminality, criminal nature; **2.** *(наявність злочину)* crimes *pl*; **боротьба із ~ністю** prevention of crime; **організована ~** organized crime

злощасний ill-starred, ill-fated

злоякісний *мед.* malignant

злущувати, злущити husk, peel; **~ся** peel

злюка *розм.* spitfire

зляканий frightened, scared, afraid

злякано in fright

злякати frighten, scare; **~ся** be frightened; take fright (of)

змагання competition, contest; *спорт. тж* match; **командні ~** team event; **відбірні ~** elimination contests; **~ з плавання** swimming match

змагатися compete, emulate

змазувати, змазати *(жиром)* grease, smear;

(маслом) oil; *(машину)* lubricate; ~ **йодом** paint with iodine

змалку since one's childhood

змальовувати, змалювати *(перемальовувати)* copy; **2.** *перен. (зображувати, описувати)* portray; depict; describe

зманювати, заманити lure, entice

змарнілий haggard, hollow-cheeked

змарніти look haggard; become hollow-cheeked

змах stroke, sweep; *(руки)* movement; *(крил)* flap

змахувати, змахнути wave; strike (with); make strokes (with); *(крилами)* flap

змащувати, змастити *див.* **змазувати**

зменшувальний 1. diminishing; ~**не скло** diminishing glass; **2.** *грам.:* ~ **суфікс** diminutive suffix

зменшувати, зменшити 1. diminish, decrease **2.** *(заспокоювати)* allay; ~ **швидкість** slow down; **3.** *(провину)* alleviate; ~**ся** diminish, decrease; *(про ціну й под.)* lessen, be reduced

змерзлий cold, chilly, frozen

змерзнути get (be) frozen; **я змерз** I am frozen; I am very cold

зметати baste, tack together

змивати, змити 1. wash off; **2.** *(зносити водою)* wash away

змикати, зімкнути close; **не** ~ **очей** not sleep a wink; **зімкнути ряди** *війс., спорт.* close the ranks; ~**ся 1.** join, close up; **2.** *перен.* rally, unite

змилуватися have pity (compassion) (on)

змій 1. *фольк.* dragon; **2.** *(паперовий)* kite

зміїний snake *attr.*, snake's

зміна 1. *(дія)* changing; *(заміна)* replacement; ~ **дня і ночі** alternation of day and night; **2.** *(на виробництві й под.)* shift; **3.** *(молоде покоління)* young (rising) generation

змінний changeable, variable; ~**на величина** *мат.* variable quantity; ~ **струм** *ел.* alternating current

змінювати, змінити change; *(замінювати)* replace; ~**ся 1.** change; **2.** *(заміщувати один одного)* be changed, relieve one another

зміряти, зміряти measure

зміст 1. *(твору, книги)* contents *pl*; **2.** *(суть, сенс)* substance, content

змістовний profound, serious

змітати, змести sweep off (away) *(тж перен.)*

зміцнення *(дія)* strengthening; *(влади та под.)* consolidation

зміцнювати, зміцнити strengthen; *війс.* fortify; *(про владу й под.)* consolidate; ~**ся** becoме stronger; be strengthened; *війс.* fortify one's positions; *(про владу та под.)* consolidate

змішаний mixed

змішування admixture

змішувати, змішати 1. mix (up); *(фарби та под.)* blend; **2.** *(плутати)* mix up, confuse, muddle; ~**ся 1.** mix; blend; **2.** *(утрачати ясність, плутатися)* become confused

зміщувати, змістити 1. displace; *перен.* confuse; **2.** *(звільняти)* discharge

змія snake, serpent

змова plot, conspiracy

змовкати, змовкнути become silent; *(про шум, звук)* stop

змовлятися, змовитися 1. plot, conspire; **2.** *(умовитися)* arrange

змовник conspirator

змовчувати, змовчати give no answer, hold one's peace

змога possibility; *(сприятлива обставина)* opportunity; **давати кому-н.** ~**гу** enable smb. (+ to *inf.*); give smb. a chance (an opportunity)

змогти be able

змокати, змокнути become, wet; *(промокнути)* be wet through

змолодіти become younger

змолоду from one's youth; in one's youth

змолоти grind

змолотити *с.-г.* thresh

змонтувати 1. *тех.* assemble; *(установлювати)* install, mount; **2.** *(про фільм)* edit

зморений tired, weary; worn-out

зморшка wrinkle; *(на тканині)* crease; *(біля очей)* crow's feet

зморшкуватий wrinkled; *(про обличчя тж)* lined

зморщувати, зморщити wrinkle (up); ~**ся 1.** wrinkle (up); **2.** *(робити ґримаси)* make faces; **3.** *(про одяг та под.)* crease, crumple

зморювати, зморити tire, weary; ~**ся** tire oneself; get tired

змотувати, змотати reel, wind

змочувати, змочити moisten

змужнілий mature, grown-up

змужнілість maturity

змужніти grow up, grow into a man; **він дуже** ~**нів** he looks quite grown-up

змучений worn-out, all-in; exhausted; **у нього** ~ **вигляд** he looks worn-out

змучувати, змучити *(стомлювати)* wear out; *(мучити)* torture; ~**ся** be worn out; be tortured

змушений forced

змушувати, змусити force, compel; make smb. (+ to *inf.*); ~ **замовкнути** silence

знавець expert (in), connoisseur, adept

знада temptation
знадливий attracting; tempting
знадвору *(звідки)* from the outside
знаджувати, знадити tempt, entice; **~ся** be tempted, be enticed
знадобитися be necessary, be needed; *(пригодитися)* be of use, come in useful (handy)
знайомий 1. *(відомий)* familiar; *(який знає, якого знають)* acquainted (with); **2. як ім.** acquaintance
знайомити, познайомити *(з ким-н.)* introduce (to); *(з чим-н.)* make acquainted (with); **~ся** get to know; *(з чим-н. тж)* acquaint oneself (with)
знайомство acquaintance; **перше ~** first introduction (to)
знак 1. sign, mark; *(умовна позначка)* symbol; **~ рівняння** *мат.* equals sign; **~ оклику** *грам.* exclamation mark; **~ питання** *грам.* question mark; **~ки Зодіаку** signs of the Zodiac; **2.** *(сигнал)* sign, signal; **подавати ~** give a sign; **<> грошовий ~** currency note; **на ~ чого-н.** to signify smth.
знаменитий famous, well-known
знаменний 1. great, memorable; **2.** *(значний)* significant; **3.** *(видатний)* outstanding
знаменник *мат.* denominator
знаменувати mark, signify
знання knowledge; *(справи)* skill
знаряддя tool, instrument *(тж перен.)*; **сільськогосподарське ~** збір. agricultural implements *pl*; **~ виробництва** *мн.* instruments of production
знати know; be aware (of); be acquainted (with); **~, що до чого** know what's what; **хто його знає?** who knows?; **він не знав поразок** he had never known defeat; **він не знає втоми** he never tires; **~ся 1.** *(з ким-н.)* be acquainted (with); **2.** *(розумітися на чому-н.)* be a connoisseur (of); be familiar (with)
знатний *(видатний)* distinguished, outstanding, noted
знахабнілий insolent, impudent
знахабніти become insolent
знахар sorcerer; *(що лікує)* quack
знахарка sorceress; *(що лікує)* quack
знахідка find
знахідний: ~ відмінок *грам.* accusative (case)
знаходити, знайти 1. find; *(виявляти тж)* discover; **2.** *(відшукати)* seek out; **~ся** be found; be discovered
значення 1. *(смисл)* meaning, sense; significance; **2.** *(важливість)* importance, significance; **надавати ~** attach importance (to); **мати велике ~** be of great importance; **це не має ~** it's not important; **набувати великого ~** acquire great significance
значити mean, signify
значитися be registered (as); **~ у списку** be on the list
значний 1. *(великий)* considerable; **~ною мірою** to a significant degree; **2.** *(важливий)* important, significant
значно much, considerably, to a great extent
значок badge
знебарвлювати, знебарвити discolour, bleach
знеболювання *мед.* anaesthetization
знеболювати, знеболити *мед.* anaesthetize
знеболювальний *мед.*: **~ засіб** anaesthetic
зневага contempt, disrespect
зневажати, зневажити 1. *(ставитися із презирством)* scorn, despise; **2.** *(нехтувати)* neglect
зневажливий contemptuous, scornful, disdainful
зневіра disillusionment, disappointment
зневірений disillusioned, disappointed
зневірятися, зневіритися lose confidence, lose one's faith (in)
знедолений miserable, unfortunate
знезаражувати, знезаразити disinfect
знекровлювати, знекровити bleed white; *перен.* render lifeless
знемагати, знемогти be exhausted, break down; **~ від утоми** be faint with fatigue
знемога exhaustion, prostration
зненавиджений exhausted, tired out, worn-out
зненавидіти conceive a hatred (for)
зненацька suddenly, all of a sudden
знеособлювати, знеособити deprive of individuality, depersonalize; *(роботу)* eliminate personal responsibility (in)
знеохочувати, знеохотити discourage
знепритомніти faint, lose consciousness
знесилений exhausted, worn-out
знесилювати, знесилити weaken, enfeeble; **~ся** grow weak; be exhausted
зневиславлювати, знеславити disgrace; discredit; *(зганьбити)* dishonour, put to shame
знехтувати neglect, ignore
знецінення depreciation
знецінювати(ся), знецінити(ся) depreciate
знешкоджувати, знешкодити render harmless
знижений reduced
зниження 1. lowering, allowance; **2.** *(зменшення)* reduction; **~ цін** reduction in prices; **~ зарплати** wage-cut; **~ собівартості продукції** lowering of costs of production

знижувати, знизити 1. *(опускати)* bring down, lower; 2. *(зменшувати)* reduce; *(про ціни тж)* cut (down); ~ **тиск** reduce pressure; **~ся** 1. *(опускатися)* go (come) down, descend; 2. *(зменшуватися)* sink, fall; be reduced

знизу from below; *(рахуючи знизу)* from the bottom; *(унизу)* underneath

знизувати, знизати: ~ **плечима** shrug one's shoulders

зникати, зникнути disappear, vanish

зникнення disappearance

знищення 1. destruction; extermination; annihilation; 2. *(скасовування, усування)* abolishment

знищувальний destructive; *ав.* fighter *attr.*; **~на авіація** fighter aircraft

знищувати, знищити 1. destroy; exterminate; annihilate; 2. *(скасовувати, усувати)* abolish

знівечити disfigure; *(скалічити)* cripple, mutilate

зніжений delicate; *(про чоловіка тж)* effeminate

зніженість delicacy; *(про чоловіка тж)* effeminacy

знімальний: ~**на група** film crew; ~ **майданчик** film set

знімання 1. *(копії)* making, taking; 2. *(місцевості)* survey; 3. *(фільму)* shooting

знімати, зняти 1. take (away); *(одяг та под.)* take off, remove; 2. *(урожай)* gather, pick; ~ **яблука** pick apples; 3. *(фотографувати)* take smb.'s photograph; ~ **фільм** shoot a film; 4. *(квартиру)* take, rent; <> ~ **облогу** raise the siege; ~ **із себе відповідальність** decline all responsibility; **~ся** 1. *(відділятися; вирушати)* come off; 2. *(фотографуватися)* be photographed; **~ся у фільмі** act in film; 3. *(починатися)* arise; **~ся з обліку** take one's name off the register

знічев'я *розм.* out of sheer idleness

знічувати abash

зніяковілий embarrassed

зніяковіння abashment

зніяковіти be embarrassed, be abashed

знов, знову again, once again; *(наново)* anew, afresh

зносити, знести 1. *(зверху вниз)* bring down; 2. *(відносити)* carry; *(докупи)* pile up; 3. *(руйнувати)* demolish, pull down; 4. *(терпіти)* bear, abide; 5. *(водою)* carry away; *(вітром)* blow off

зношений worn-out, shabby; threadbare

зношувати, зносити wear out, abrade; **~ся** be worn out

знущальний jeering, mocking

знущання vicious mockery

знущатися jeer (at); mock (at)

зобов'язаний obliged; *(кому-н.)* indebted (to)

зобов'язання obligation, undertaking; commitment; **узяти на себе ~ зробити що-н.** pledge oneself to do smth.

зобов'язувати, зобов'язати oblige, bind; **~ся** undertake, bind oneself

зображати, зобразити 1. *(відтворювати в художніх образах)* portray; *(у літературі тж)* delineate, depict; *(на сцені)* act; 2. *(бути зображенням)* represent

зображення portrayal, representation, delineation; *(те, що зображене тж)* picture

зовні on the outside; *(за межами чого-н.)* outside; *(на зовнішній вигляд)* outwardly

зовнішній 1. outward, exterior, external, outside; ~ **вигляд** (outward) appearance; ~ **вплив** outside influence; 2. *(іноземний)* foreign; **~ня політика** foreign policy

зовнішньополітичний foreign policy *attr.*

зовсім quite; totally, entirely; all; ~ **не** not at all

Зодіак *астр.* Zodiac

зозуля cuckoo

зойк scream, shriek, yell

зойкнути scream, shriek

зокрема 1. *(окремо)* separately; 2. specifically, among their number; **я** ~ I, personally

золотавий golden; **~ве волосся** golden hair

золотий gold; golden *(тж перен.)*; **~те серце** heart of gold; **~та валюта** gold currency; <> **~та осінь** mellow autumn; **~та пора** happy time; **~те весілля** golden wedding (anniversary); **~те правило** golden rule; ~ **фонд** gold reserves

золотити, позолотити gild

золото gold; <> **не все те ~, що блищить** all that glitters is not gold

золотовмісний auriferous, gold-bearing

золотопромисловість gold-mining

золотошукач gold-prospector, gold-digger

зомбі zombi(e)

зомлівати, зомліти faint

зона 1. zone; 2. *(лісова)* area; ~ **відпочинку** holiday area; 3. *(для в'язнів)* prison

зональний 1. zona *attr.*, zonal; 2. *(регіональний)* regional

зонд *мед., тех.* probe

зондувати sound *(тж перен.)*; *мед.* probe

зоогеографія zoogeography

зоолог zoologist

зоологія zoology

зоологічний zoologic(al)

зоомагазин pet shop

зоопарк zoological gardens *pl*; zoo *розм.*

зоотехнік live-stock expert
зооте́хніка zooculture
зоотехнічний zoocultural
запалу in the heat of the moment
запрівати, запріти rot
зоровий visual, optic; **~ва пам'ять** visual memory
зоря 1. *(зірка)* star; **2.** *(ранкова)* dawn; *(вечірня)* sunset (glow); **вставати на ~рі** rise with the dawn; **3.** *війс. (сигнал)* retreat; **грати ~рю** sound the retreat; **від ~рі до ~рі** from dawn to dusk
зоряний 1. star *attr.*; **2.** *(укритий зорями)* starry; **~на ніч** starry (starlit) night
зосереджений concentrated; **~на увага** rapt attention
зосередженість concentration
зосереджено with concentration
зосереджувати, зосередити concentrate; *(про увагу й под. тж)* focus; **~ся 1.** *(про військо, вогонь)* be concentrated; **2.** *(на чому-н.)* concentrate (on)
зотлівати, зотліти 1. *(гнити)* rot; **2.** *(згоряти)* be reduced to ashes
зошит notebook; *(шкільний тж)* exercise-book, copy-book; **~ для малювання** drawing-book, sketchbook
з-під from under, from beneath; **~ Полтави** from somewhere near Poltava
зрада 1. *(батьківщини)* treason; *(другові)* betrayal; **державна ~** high treason; **2.** *(порушення вірності)* unfaithfulness; *(у шлюбі)* adultery
зраджувати, зрадити 1. betray; **2.** *(порушувати вірність)* be unfaithful (to); **3.: пам'ять ~жує мене** my memory is failing
зрадіти rejoice; be glad (delighted)
зрадливець adulterer
зрадливий treacherous; *(невірний)* unfaithful
зрадливиця adulteress
зрадливість treacher
зрадник betrayer, traitor
зрадниця traitress
зрадницький treacherous, traitorous
зразок 1. specimen, sample; **2.** *(приклад)* model, example; **~ мужності** model of bravery; **3.** *тех.* model, pattern
зразковий model *attr.*; *(відмінний тж)* exemplary; **~ порядок** perfect order; **~ва поведінка** model behaviour
зранку 1. *(коли)* in the morning; **завтра ~** tomorrow morning; **2.** *(відколи)* since morning
зрештою finally, after all
зрив break-down; *(невдача)* failure
зривати, зірвати 1. *(відривати, тж скидати)* tear off, break off; **2.** *(рослину й под.)* pick; **3.** *перен. (перешкодити здійсненню)*

upset, frustrate; **~ переговори** wreck the negotiations; **4.** *(вибухом)* blow up, explode; **<> зірвати голос** strain one's voice; **~ся 1.** *(падати)* fall (off); **2.** *(із прив'язі й под.)* break loose; **3.: ~ся з місця** start up; **4.** *перен. (закінчитися невдачею)* miscarry, fail
зрівноважувати, зрівноважити balance; *перен.* counterbalance; **~ся** be balanced
зрівнювати, зрівняти 1. *(робити рівним з ким-н.)* make equal; level, equalize; **~ у правах** give equal rights; **2.** *(вирівнювати що-н.)* even, smooth, level
зрідка *(інколи)* now and then; from time to time
зріднюватися, зріднитися become very close, become intimately linked (with)
зріз cut; *(для аналізу)* section
зрізувати, зрізати 1. cut; *(відрізати)* cut off (away); *(гілку тж)* lop; **2.** *розм. (на іспиті)* fail
зрізуватися, зрізатися *розм. (на іспиті)* be plucked
зрікатися, зректися renounce; *(не визнавати своїм)* repudiate; **~ престолу** abdicate
зрілий 1. *(повністю розвинений)* mature; **2.** *(про плід та под.)* ripe
зрілість 1. *(повний розвиток)* maturity; **2.** *(плоду та под.)* ripeness
зріст *(висота)* height; *(людини тж)* stature; **високий на ~** of large stature, tall
зріти *(досягати розвитку)* mature *(тж перен.)*
зробити make, do; **~ помилку** make a mistake; **~ висновок** make a conclusion; **~ послугу** render service; **~ честь** do the honour; **~ шкоду** do harm; **~ся** become; happen
зрозумілий *(ясний)* clear, comprehensible; intelligible; **<> ~ла річ** naturally
зрозуміло 1. clearly; plainly; **2.** *вставне сл.* of course, naturally
зрозуміти understand, comprehend; *(усвідомлювати)* realize
зронити drop, let fall; **~ сльозу** shed a tear
зростання growth; *(збільшення)* increase; rise; *(удосконалення)* development; **~ добробуту** increase in material well-being
зростати, зрости grow; *(збільшуватися)* increase; **~ся 1.** accrete; **2.** *(про кістку й под.)* knit
зрошення watering, irrigation
зрошувальний irrigating, irrigatory
зрошувати, зросити water, irrigate
зрощений accrete
зрощення join, joint; accretion
зрощувати, зростити 1. *(вирощувати)* grow; **2.** *(про кістку)* knit; **3.** *тех.* join, joint; *(дріт, трос)* splice

зруб *(дерев'яна споруда)* frame of logs
зрубати *(дерево)* fell, cut down
зруйнувати destroy, demolish, wreck; **~ дощенту** raze to the ground
зручний 1. comfortable; *(для користування)* handy; **2.** *(підхожий до чого-н.)* convenient; **~ момент** opportune moment; **~ випадок** opportunity
зручність convenience; comfort
зручно comfortably; **вам тут ~?** are you comfortable here?
зрушувати, зрушити *(з місця)* move, shift; **~ся** *(з місця)* move, budge
зрячий with eyes (to see) *після ім.*; sighted
зсаджувати, зсадити lift down, help down
зсередини *(звідки)* from (the) inside; *(де)* on the inside
зсипати, зсипати pour; **~ зерно в мішки** put corn into sacks
зсідатися, зсістися 1. *(про тканину)* shrink; **2.** *(про молоко)* curdle; *(про кров)* coagulate, curdle
зсовувати, зсунути 1. *(з місця)* move, shift; **2.** *(докупи)* bring (push) together
зстрибувати *див.* **зістрибувати**
зсув displacement; *геол. тж* heave, dislocation
зуб tooth; **у нього болить ~** he has a bad tooth
зубатий *розм.* sharp-toothed; *перен.* sharp-tongued
зубець 1. *(граблі)* tooth; *(триба тж)* cog; *(вил, виделки)* prong; **2.** *(стіни фортеці)* battlement
зубило *тех.* chisel, point-tool
зубний 1. tooth *attr.*; dental; **~ біль** toothache; **~ порошок** tooth-powder; **~на щітка** toothbrush; **2.** *лінгв.* dental
зубр *зоол.* European bison; aurochs
зубрити *розм.* cram, grind
зубрій *розм.* swot, grind *амер.*
зубчастий *тех.* toothed; **~те колесо** cogwheel; **~ триб** pinion, gear-wheel
зуміти be able; succeed; **не ~** be unable; fail
зумовлений conditioned; caused, brought about
зумовлювати, зумовити stipulate (for); cause, call forth; determine; **~ся** be conditioned (by)

зупинка stop; *(місце)* stopping-place; *(транспорту)* stop; station
зупиняти, зупинити stop; make stop; *(машину, коней)* pull up; **~ся 1.** stop, come to a stop; *(про машину, візок тж)* pull up; **2.** *(у готелі й под.)* put up (at), stay (at)
зусилля effort; **докладати ~силь** make efforts
зустріч 1. meeting, get-together; **2.** *(прийом)* welcome, reception; **3.** *спорт.* match; <> **~ Нового року** New-Year's (Eve) party
зустрічати, зустріти 1. meet, encounter; *(випадково)* come across, happen to meet; **2.** *(приймати)* receive; *(вітати)* greet, welcome; **~ гостей** receive (greet) one's guests; <> **~ Новий рік** see the New Year in, celebrate the New Year
зухвалий 1. insolent, impertinent; rude; aggressive; **2.** *(сміливий)* daring, bold; audacious
зухвалість 1. insolence, impertinence; **2.** *(сміливість)* daring, audacity
зціляти, зцілити cure, heal; **~ся** be cured, be healed (of), recover (from)
зчеплення 1. *(дія)* coupling; **2.** *(механізм)* clutch; **3.** *фіз.* cohesion, adhesion; **~ молекул** cohesion of molecules
зчиняти, зчинити make; **~ галас** make a noise; **~ся: зчинився галас** there was a lot of noise
зчитувач *обч.* reader
зчищати, зчистити clear away; *(щіткою, рукою)* brush off
зчіплювати, зчепити couple; **~ся** be coupled (up)
зшивати, зшити stitch, sew together
зштовхувати *див.* **зіштовхувати**
зяб *с.-г.* autumn ploughing; *(поле)* land ploughed in autumn
зяблик chaffinch
зябра *мн.* gills
з'являтися, з'явитися appear; *(за викликом тж)* come, turn up; **у мене з'явилася думка** it occured to me
з'ясовувати, з'ясувати elucidate; ascertain; *док. тж* find out; **~ся** turn out; be found out
зять *(чоловік дочки)* son-in-law; *(чоловік сестри)* brother-in-law, sister's husband

І

і *(після голосного й)* **1.** *(сполучення)* and; **я й мій друг** my friend and I; *(послідовність)* and then; **старе й мале** young and old; **... і він поїхав** ... and then he left; **2.** *(хоч не перекладається)*: **і радий би це зробити, та не можу** much as I should like to do it, I can't; **3.** *(також)* too; *(при запереченні)* either, neither; **і в цьому випадку** in this case too; **і не там** not there either; **і він пішов до театру** he went to the theatre too; **і він не прийшов** he didn't come either **4.**: **і... і...** both... and...; <> **і так далі, і таке інше** and so forth, and so on; **і от** and now
іграшка 1. toy, plaything; **ялинкові ~ки** Christmas tree decorations; **2.** *перен.* puppet
іграшковий toy *attr.*
ігнорувати ignore; *(нехтувати)* disregard
ідеал ideal; **~ демократії** democratic ideal; **він — мій ~** he's someone I look up to
ідеалізм idealism
ідеалізувати idealize
ідеаліст idealist
ідеалістичний idealistic
ідеальний ideal
ідейний 1. *(про людину, твір)* high-principled, high-minded; **~на основа роману** the main theme of the novel; **2.** *(ідеологічний)* ideological
ідентифікувати identify
ідентичний identical
ідеолог ideologist
ідеологічний ideological
ідеологія ideology
ідея idea; *(поняття)* notion, concept; **~ роману** (undferlying) idea (theme) of a novel
ідилічний idyllic
ідилія idyll
ідіома *лінгв.* idiom
ідіоматичний idiomatic
ідіот idiot
ідіотизм 1. *мед.* mental retardation; **2.** *перен. розм.* idiocy
ідіотський idiotic
ідол idol
ієрархія hierarchy
ієрогліф *(єгипетський)* hieroglyph *(pl* hieroglyphics); *(китайський, японський)* character
із *див.* з
ізольований 1. isolated; **2.** *ел., тех.* insulated
ізолювати 1. isolate; **2.** *ел., тех.* insulate
ізолятор 1. *ел., тех.* insulator; **2.** *(у лікарні)* isolation unit; **3.** *(у в'язниці)* confinement
ізоляційний: **~на стрічка** insulating tape
ізоляція 1. isolation; **жити в ~ції** live in isolation **2.** *ел., тех.* insulation
ізотоп isotope
ізраїльський Israeli
ізраїльтянин, ізраїльтянка Israeli
ікло fang; *(слона)* tusk
ікона icon, image
іконописець icon painter
іконопис icon painting
іконостас iconostasis
ікра *(риби)* roe; *(як страва)* caviar(e)
ілюзіоніст conjurer
ілюзія illusion
ілюзорний illusory
ілюмінатор 1. *мор.* porthole; **2.** *ав.* window
ілюмінація illuminations *pl*; **святкова ~** festive illuminations
ілюмінувати illuminate
ілюстративний illustrative
ілюстратор illustrator
ілюстрація illustration
ілюстрований illustrated
ілюструвати illustrate
іменини name day *sing*
іменинник, іменинниця person keeping his (her) name day; **він ~** it's his name day
іменник *грам.* noun
імідж image
іміджмейкер image-maker
імітація imitation
імітувати imitate
імла haze
іммігрант immigrant
імміграційний immigration
імміграція immigration; *збір.* immigrants *pl*
іммігрувати immigrate
імовірний і ймовірний probable, likely
імовірність і ймовірність probability; **теорія ~ності** *мат.* theory of probability
імовірно та ймовірно probably
імператив *(тж лінгв.)* imperative
імператор emperor
імператорський imperial
імператриця empress
імперіалізм imperialism
імперіаліст imperialist

імперіалістичний imperialistic; **~на війна** imperialist war
імперія empire
імперський imperial
імпічмент *політ.* impeachment
імплантат *мед.* implant
імплантація *мед.* implantation
імплантувати *мед.* implant
імпонувати appeal
імпорт *(увезення)* importation; *збір. (товари)* imports *pl*; **~ капіталу** capital investment from abroad
імпортер importer
імпортний imported; import *attr.*; **~на квота** import quota
імпортувати import
імпотент impotent male
імпотентний impotent
імпотенція *мед.* impotence
імпресаріо impresario; agent
імпресіонізм impressionism
імпресіоністський impressionist
імпровізатор improviser
імпровізація improvisation
імпровізований improvised
імпровізувати improvise
імпульс 1. *біол., фіз.* impulse; **2.** *перен.* impetus (for)
імпульсивний impulsive
імунітет *мед., перен.* immunity; **дипломатичний ~** diplomatic immunity
імунний: ~на система *мед.* immune system
імунологія immunology
ім'я 1. name; *(на відміну від прізвища)* first name; given name *амер.*; **2.** *(відома людина)* famous name; **<> від імені кого-н.** on behalf of smb.
інакодумець dissident
інакше 1. *спол. (а то)* or (else); otherwise; **2.** *присл. (по-іншому)* differently, in a di way; **так чи ~** one way or another
інакший different
інвалід disabled person *(мн.* people)
інвалідний: ~ візок wheelchair
інвалідність disablement, disability
інвалюта *(іноземна валюта)* foreign currency
інвалютний *(про надходження, рахунки)* foreign-currency
інвентар inventory; *(обладнання)* equipment; **спортивний ~** sport equipment
інвентаризація stocktaking
інвентаризувати stocktake (of)
інверсія *лінгв.* inversion
інвестиційний *ек.* investment *attr.*; **~ банк** investment bank

інвестиція *ек. (зазв. мн.)* investment; **іноземні ~ції** foreign investment; **прибуток від ~цій** investment income
інвестор investor
інвестувати *ек.* invest
інгалятор *мед.* inhaler
інгаляція *мед.* inhalation
інгредієнт ingredient
індекс index (*мн.* -xes); **поштовий ~** post code, zip code *амер.*; **фондовий ~** share index
індексація *ек.* index-linking, indexing
індексувати *ек.* index (-link)
індивід, індивідуум individual, individuum
індивідуалізація individualization, individuation
індивідуалізм individualism
індивідуалізувати individualize, individuate
індивідуаліст individualist
індивідуалістичний individualistic
індивідуальний individual
індивідуальність 1. *(сукупність рис)* individuality; **2.** *(особистість)* individual
індивідуально individually
індик *й* **индик** turkey cock; **~дичка** turkey
індіанський *і* **індійський** Indian
індіанець, індіанка *(в Америці)* й **індієць, індійка** *(в Індії)* Indian
індогерманський Indo-Germanic
індоєвропеєць Indo-European
індоєвропейський Indo-European
індонезієць, індонезійка Indonesian
індонезійський Indonesian
індосамент *ком.* indorsement
індосант *ком.* endorser
індосат *ком.* endorsee
індуїзм Hinduism
індукований *ел.* induced
індуктивний *лог.* inductive
індуктивність *ел.* inductance
індукувати *ел.* induce
індукційний *ел.* inductive
індукція *ел., лог.* induction
індульгенція *рел.* indulgency, indulgence
індус, індуска Hindu, Hindoo
індустріалізація industrialisation
індустріалізувати industrialize
індустріальний industrial
індустрія industry; **~ моди** the fashion industry; **~ кіно** the film industry; **~ туризму** the tourist industry
інертний 1. *фіз., хім.* inert; **2.** *перен.* inactive, passive
інертність inertness, inactivity, passivity
інерція inertia; **рухатися за ~цією** move by inertia
ін'єкція *мед.* injection

інженер engineer; ~ **з техніки безпеки** health and safety officer; **~-механік** mechanical engineer; **~-конструктор** design engineer; **~-будівельник** construction engineer

інженерний engineering

іній hoarfrost; rime *поет.*

ініціалізувати *обч.* initialize

ініціали *мн.* initials *pl*

ініціатива initiative; **із власної ~ви** on one's own initiative

ініціативний enterprising, of initiative *після ім.*; **він дуже ~на людина** he has a lot of initiative; **~на група** action group

ініціатор initiator

інкасатор security guard *(employed to collect and deliver money)*

інкасо *ком.* encashment

інкасувати *ком.* encash

інквізитор inquisitor

інквізиція inquisition

інкогніто incognito

інколи sometimes

інкримінувати: ~ кому-н. що-н. accuse smb. of smth.

інкрустація inlay

інкрустувати inlay

інкубатор incubator

інкубаційний: ~ період *біол., мед.* incubation period

інкубація incubation

іноді *див.* **інколи**

іноземець, іноземка *див.* **чужинець, чужинка**

іноземний foreign; **~на мова** foreign language

інсинуація insinuation

інспектор inspector

інспектувати inspect

інспекція 1. inspection; 2. *(організація)* inspectorate

інспірувати inspire

інстанція *політ.* instance

інстинкт instinct

інстинктивний instinctive

інститут institute

інститутський institute *attr.*

інституція *(установа, заклад)* institution

інструктаж instruction; instructing

інструктувати instruct; give instructions

інструктор instructor; **~ із плавання** swimming instructor

інструкція instructions *pl*; **з експлуатації** instructions (for use)

інструмент instrument; *збір.* instruments *pl*

інструментальний 1. *тех.* tool-making; **~ цех** tool workshop; 2. *муз.* instrumental; **~на музика** instrumental music; **~ ансамбль** instrumental ensemble

інструментальник tool-maker

інсулін insulin

інсценування 1. *кіно, театр.* adaptation; 2. *перен. (пограбування й под.)* stage version

інсценувати 1. *кіно, театр.* adapt; 2. *перен. (пограбування й под.)* stage

інтеґрал *мат.* integral

інтеґральний: ~не числення *мат.* integral calculus

інтеґрація integration

інтеґрувати *мат.* integrate

інтелект intellect

інтелектуал intellectual

інтелектуальний intellectual; **~на власність** intellectual property

інтеліґент member of the intelligentsia

інтеліґентний cultured and educated

інтеліґенція *збір.* the intelligentsia; **творча ~** arts community; **технічна ~** science community

інтендант *військ.* quartermaster

інтенсивний 1. intensive; 2. *(про забарвлення)* intense

інтенсивність intensity

інтенсифікація intensification

інтенсифікувати intensify

інтерактивний *кіб.* interactive

інтервал 1. interval; **з ~ом двадцять хвилин** with a twenty minute interval; 2. *друк.* spacing

інтервент interventionist

інтервенція intervention

інтерв'ю interview; **узяти ~** interview (smb.); **дати ~** give (smb.) an interview

інтерв'ювати interview

інтерес interest; **~си** *мн.* 1. *(держави, фірми й под.)* interests *pl*; **зачіпати чиї-н. ~си** touch on smb.'s interests; 2. *(духовні)* concerns *pl*

інтер'єр interior

інтерлюдія *муз.* interlude

інтермедія *театр.* interlude

інтерн *мед.* ≅ housement, ≅ intern *амер.*

інтернат 1. *(школа)* boarding-school; 2. *(гуртожиток при школі)* (school-) hostel

інтернаціонал *(об'єднання)* international

інтернаціоналізація internationalization

інтернаціоналізм internationalism

інтернаціоналіст internationalist

інтернаціональний international

Інтернет Internet

інтерпретатор interpreter

інтерпретація interpretation

інтерпретувати interpret

інтерфейс *обч.* interface

інтимний intimate

інтоксикáція intoxication
інтонáція intonation
інтри́ґа 1. *політ.* intrigue; 2. *(любовна)* affair; 3. *літ. (роману й под.)* plot
інтри́ґан intriguer
інтриґувáти 1. *(вести інтриґу)* intrigue, plot; 2. *(викликати цікавість)* rouse the curiosity (of)
інтровéрт introvert
інтуїти́вний intuitive
інтуї́ція intuition
інтури́ст foreign tourist
інфáркт: ~ **міокáрда** *мед.* heart attack
інфекцíйний *мед.* infectious; contagious; ~**на лікáрня** hospital for infectious diseases; ~**на хворóба** infectious disease
інфéкція infection, contagion
інфікóваний infected
інфінітíв *грам.* infinitive
інфляцíйний inflationary
інфляція inflation
інформати́вний informative
інформáтика information technology
інформáтор informant
інформацíйний information *attr.*; ~**на прогрáма** news programme, news program *амер.*; ~**не повідóмлення** bulletin
інформáція information
інформóваний well-informed
інформувáти inform
інфрачервóний infrared
інфраструктýра infrastructure
інцидéнт incident
і́нший different; other, another; ~**шими словáми** in other words; ~**шим рáзом** another time
іншомóвний *див.* **чужомóвний**
іподрóм racecourse, racetrack *амер.*
іпри́т mustard gas
ірáкський Iraqi
ірáнець Iranian
ірáнський Iranian
іржá *й* **иржá** rust
іржáвий rusty
іржáвіти rust, be rusty
іржáти *й* **иржáти** neigh, whinny
іриґáція *с.-г.* irrigation
і́рис *бот.* iris
іри́с *(цукерка)* toffee
ірлáндець Irishman
ірлáндка Irishwoman
ірлáндський Irish
іронізувáти speak ironically
іронíчний ironic
іронíя irony
ірраціонáльний irrational
ірреґулярний: ~**ні війська** irregular forces *pl*, irregulars *pl*
і́скра 1. *(вогню та под.)* spark; 2. *перен.* glint, glistening
іскри́стий sparkling; glistening
іскри́тися sparkle; glisten
іслáм Islam
іслáмський Islamic
ісландець, ісландка Icelander
ісландський Icelandic
існувáння existence
існувáти exist
існýючий existing, being
іспáнець, іспáнка Spaniard
іспáнський Spanish; ~**ка мóва** Spanish, the Spanish language
і́спит 1. examination; **витримати** ~ pass an examination; 2. *(випробування)* trial, test
істéрика hysterics
істери́чний histerical
істéрія *мед.* hysteria
і́стина truth
і́стинний true
і́стинність truthfulness
істóрик historian
істори́чний historic(al)
істóрія 1. *(наука)* history; 2. *(розповідь)* story
істóта *(про людину)* being; *(про тварину)* creature
істóтний essential; *(важливий)* substantial; ~**ні змíни** material changes; ~**не знáчення** vital importance
істóтно essentially; substantially
італíєць, італíйка Italian
італíйський Italian; ~**ка мóва** Italian, the Italian language
іти́ *(після голосного* **йти́**) 1. go; *(пішки)* walk; *(за ким-н.)* follow (smb.); **іди́ сюди́!** come here!; **іду́!** (I'm) coming!; 2. *(про час)* go by, pass; 3. *(про опади):* **іде́ дощ** it is raining; **іде́ сніг** it is snowing; 4. *(про дим, пару й под.)* come out; 5. *(відбуватися — про переговори, збори й под.)* go on, proceed; 6. *(про виставу, фільм)* be on; **Що сьогóдні йде́?** What is on tonight?
і́тися *(після голосного* **й́тися**) *розм.*: **іде́ться про те, що** the point is that; **не про це йде́ться** that's not what we are talking about
ішáк *розм.* donkey, ass
ішіáс *мед.* sciatica
і́ще *див.* **ще**

Ї

їда food; *(уживання їжі)* eating; meal
їдальня dining-room; *(в установі, на підприємстві й под. тж)* restaurant, canteen
їдкий 1. *хім., тж перен.* caustic; **2.** *(уїдливий)* pungent, acrid; **~ дим** acrid smoke; **~ка іронія** biting irony
їжа food; nourishment
їжак hedgehog; **морський ~** sea-urchin
їжитися bristle
їзда *(у машині)* driving; *(верхи, на велосипеді)* riding; *(залізницею)* travelling; **дві години ~ди (від)** two hours journey (from)

їздити, *тж* **їхати** go; *(у машині, колясці)* drive; *(верхи, на велосипеді)* ride; *(залізницею)* travel; **~ трамваєм** go by tram
її 1. *див.* **вона**; **2.** *займ. присвійний (з ім.)* her; *(без ім.)* hers; its
їсти, з'їсти eat; **мені хочеться ~** I am hungry
їстівний eatable; *(придатний для харчування)* edible
їх 1. *див.* **вони**; **2.** *займ. присвійний (перед ім.)* their; *(без ім.)* theirs
їхати *див.* **їздити**

Й

й *див.* **і**
ймовірний *див.* **імовірний**
йог yogi
його 1. *див.* **він**; **2.** *займ. присвійний* his; its
Йод *хім.* iodine
йодид *хім.* iodid
йодний *хім.* iodic
йодоформ *фарм.* iodoform
йон *фіз.* ion
йонізація *хім.* ionization
йонізувати *хім.* ionize
йоній *хім.* ionium

йонний *фіз.* ionic
йоносфера ionosphere
йоносферний ionospheric
йорданець, йорданка Jordanian
йорданський Jordanian
йорж 1. *(риба)* ruff; **2.** *(дротяна щітка)* wire brush
йота iota, jot; <> **справа не зрушилася ані на ~ту** things haven't budged (an inch)
йотація *лінгв.* iotacism
йти(ся) *див.* **іти(ся)**

К

кабала slavery, servitude, bondage
кабальний: ~**на залежність** slavery
кабан 1. *(дикий)* wild boar; **2.** *(свійський)* boar, hog
кабаре cabaret
кабель cable
кабельний cable *attr.*
кабіна 1. *(телефонна)* booth; **2.** *(машини)* cab; ~ **водія** driver's cab; **3.** *(літака)* cabin; **4.** *(ліфту)* cage; **5.** *(для голосування)* voting-booth
кабінет 1. *(в установі)* office; **2.** *(робоча кімната вдома)* study; **3.** *(лікаря)* surgery, office *амер.*; *(хірургічний)* surgery; **4.** *(уряд)* cabinet
каблограма cablegram
каботаж coastal shipping
каблучка ring
кава coffee; ~ **в зернах** coffee beans
кавалер I 1. *(у танці, під час прогулянки й под.)* partner; **2.** *(залицяльник)* suitor, admirer; **3.** *(парубок)* boy
кавалер II *(нагороджений орденом)* knight of; bearer of; holder of
кавалерист cavalryman
кавалерійський cavalry *attr.*
кавалерія cavalry
кавалькада cavalcade
каверза dirty (mean) trick
каверзний tricky; ~**не запитання** tricky question
каверна *мед.* cavity
кавказький Caucasian
кавник coffeepot
кавовий coffee *pl*; ~ **сервіз** coffee servise
кавун water-melon
кав'ярня cafe, coffee shop
кагор red dessert wine
каденція cadence
кадет cadet
кадетський cadet's; ~ **корпус** officer training corps
кадило *рел.* censer
кадити *рел.* burn incense
Кадмій *хім.* cadmium
кадр 1. *кіно, фото* shot, still, frame; **2.** *(окрема сцена)* sequence
кадри *мн.* personnel *sing*, staff; **кваліфіковані** ~**ри** trained specialists; **відділ** ~**рів** personnel department
кадровий *війс.* regular *attr.*; ~**ва політика** staffing policy
кажан *зоол.* bat
казан boiler; *(куховарний)* pot, saucepan; *(великий)* cauldron
казанок pot, saucepan; *війс.* mess-tin
казарма barracks *pl*
казармений barracks *pl*; ~ **порядок** barracks regime
казати say, tell; *безос.* **кажуть (що)** they say; it is said; <> **що й ~!** of course, it goes without saying; **не кажучи (вже) про** not to mention; **відверто кажучи** frankly speaking; **власне кажучи** as a matter of fact; **інакше кажучи** in other words; **загалом кажучи** generally speaking; **як кажуть** as the saying goes
казах Kazakh
казахський Kazakh; ~**ка мова** Kazakh, the Kazakh language
казенний 1. public, state *attr.*; government *attr.*; ~**не майно** government property; **2.** *(бюрократичний)* officious, formal, bureaucratic
казино casino
казка story, tale; fairy tale; **народні** ~**ки** popular (folk) tales
казкар story teller
казковий fairy-tale *attr.*; ~**ва країна** fairyland
казна-де *розм.* goodness knows where
казна-звідки *розм.* goodness knows where from
казна-коли *розм.* goodness knows when
казна-куди *розм.* goodness knows where (to)
казна-хто *розм.* goodness knows who
казна-що *розм.* goodness knows what
казна-який *розм.* goodness knows which (what)
кайдани *мн.* fetters, irons; *(ручні)* handcuffs; **закувати кого-н. у ~** fetter smb., put smb. in irons
кайло pick(axe)
какаду *орн.* cockatoo
какао cocoa
кактус cactus
каламбур pun
каламбурити pun, make puns
каламутити stir up, muddy; ~**ся** grow muddy
каламутний 1. turbid, muddy; **2.** *(тьмяний)* dim, dull

каланча watch-tower; *(пожежна тж)* fire-tower
калатати 1. beat; thump, bang; **2.** *(у дзвони)* ring, toll; **~ся** *(про серце)* beat
калач roll
калейдоскоп kaleidoscope
календар calendar
календарний calendar *attr.*
калина guelder-rose; snowball-tree
калібр 1. *(зброї)* calibre, caliber *амер.*; **2.** *тех.* gauge
калібрування calibration
каліграфічний calligraphic; **~ почерк** beautiful handwriting
каліграфія calligraphy
Калій *хім.* potassium
каліка cripple
калічити mutilate, cripple
калмик, калмичка Kalmyk
калорійний high-calorie *attr.*; **~на їжа** food rich in calories
калорійність 1. *фіз.* calorific value; **2.** *(їжі)* calorie content
калорія calory, calorie
калоші *мн.* galoshes, rubbers
калюжа puddle, pool
калька 1. *(папір)* tracing paper; **2.** *(копія)* traced copy; **3.** *лінгв.* calque
калькувати trace
калькулятор calculator
калькуляція calculation
кальмар *зоол.* squid
Кальцій *хім.* calcium
камбала *зоол.* flatfish
камбуз *мор.* galley, caboose
камелія camelia
каменяр 1. stonemason, stonecrusher; stonecutter; **2.** *(муляр)* mason, bricklayer
каменярня quarry
камера 1. *(у в'язниці)* cell; **2.** *фото* camera; **3.** *анат., тех.* chamber; **4.** *авто* inner tube; **5. ~ схову (речей)** cloak-room
камердинер *іст.* valet
камерний 1. *(про умови)* cosy; **2.** *муз.* chamber *attr.*; **~ концерт** chamber concert; **~ оркестр** chamber orchestra; **~на музика** chamber music
камертон *муз.* tuning fork
камея cameo
камзол frock coat
камін fire-place
каміння *збір.* stones *pl*, rocks *pl*
камінь stone, rock; <> **~ спотикання** stumbling block; **наріжний ~** cornerstone; **ховати ~ у пазусі** bear a grudge
кампанія campaign; *(громадська тж)* drive
кампус *(територія університету, коледжу, школи)* campus
камуфлювати camouflage
камуфляж camouflage
камфора camphor
камфорний: ~на олія camphorated oil
кам'яний 1. *(з каменю)* stone *attr.*; **2.** *перен.* stony; **~не вугілля** coal
кам'янистий stony, rocky
кам'яніти be fossilized, become stone; turn to stone *(тж перен.)*
кам'яновугільний coal *attr.*; **~ басейн** coalfield; **~на промисловість** coal-mining industry
канава ditch; **стічна ~** gutter; **дренажна ~** drain
канадець, канадка Canadian
канадський Canadian
канал 1. *анат., тех.* canal; **2.** *перен.* channel
каналізаційний: ~на труба sewer pipe; **~на мережа** the sewers
каналізація sewerage
канапа sofa
канарка canary
кандидат candidate; **~ у депутати** nominee; **~ наук** ≅ Doctor
кандидатський candidate's; **~ка дисертація** ≅ doctoral thesis
кандидатура candidature; **висувати чию-н. ~ру** nominate smb.; **зняти свою ~ру** withdraw one's candidacy
канібал cannibal
канібалізм cannibalism
канікули *мн.* holidays; vacation *sing, амер.*; **парламентські ~** parliamentary recess
канікулярний holiday *attr.*, vacation *attr. амер.*
каністра tank
каніфоль 1. *хім.* resin; **2.** *муз.* rosin
канкан cancan
каное canoe
каноїст canoeist
канон canon
каноНада cannonade
канонізація canonization
канонізувати canonize
канонік *рел.* canon
канонічний 1. *рел.* canonical; **2.** *перен. (правила й под.)* definitive; **~не право** canon law
кантата *муз.* cantata
канцеляризм official jargon
канцелярист clerk, office worker
канцелярія office
канцелярський office *attr.*; **~ке приладдя** stationery
канцлер chancellor
каньйон canyon
каолін kaolin
капела 1. *муз.* choir; **2.** *рел.* chapel

капела́н chaplain
капельме́йстер bandmaster
капелю́х hat
капелю́шок *(жіночий)* hat, bonnet
ка́перси *мн. кул.* capers *pl*
капіля́р capillary
капіта́л 1. *ком.* capital; **2.** *перен. (політичний)* power
капіталіза́ція capitalization
капіталі́зм capitalism
капіталізува́ти capitalize
капіталі́ст capitalist
капіталісти́чний capitalistic *attr.*
капіталовкла́дення *мн.* investment *sing*
капіта́льний 1. *ек., ком.* capital *attr.*; **2.** *(про споруду, працю)* main; **~на стіна** supporting wall; **~не будівництво** major construction work; **3.** *(ґрунтовний, повний)* major; **~ ремо́нт** major repairs
капіта́н captain
капіта́нський captain's; **~ місток** *(мор.)* bridge
капіте́ль *архіт.* capital
капітулюва́ти capitulate, surrender
капітуля́ція capitulation, surrender
капка́н trap
капли́ця chapel
каплову́хий lop-eared
капо́т *тех.* bonnet, hood *амер.*
капра́л corporal
капри́з caprice, whim
капри́зний capricious; *(нестійкий)* fickle, uncertain
капризува́ти be behave capriciously
капро́н synthetic thread
ка́псула *мед., тех.* capsule
ка́псуль cap; primer
капту́р hood
капу́ста cabbage; **брюссе́льська ~** Brussels sprouts *pl*; **ква́шена ~** sauerkraut; **цвітна́ ~** cauliflower
капустя́ний cabbage *attr.*
ка́ра 1. punishment; penalty; **2.** *(відплата)* retribution
карабі́н 1. *військ.* carbine; **2.** *тех.* karabiner
карава́н 1. caravan; **2.** *мор.* convoy
карава́н-сара́й caravanserai
карака́тиця 1. *зоол.* cuttlefish; **2.** *перен. розм.* clodhopper
каракуле́вий astrakhan
каракуль astrakhan
кара́льний punitive; **~ загін** death squadron
караме́ль 1. *збір. (цукерки)* caramels *pl*; **2.** *(палений цукор)* caramel
каранти́н quarantine
ка́рась *іхт.* crucian carp

кара́т carat, karat *амер.*
карате́ *спорт.* karate
кара́ти punish, chastise
кара́фа water-bottle, carafe
карбі́вка *(виріб)* enchased object
карбо́ваний 1. engraved, chased; **2.** *перен.* clear, firm; **~ крок** firm (measured) tread
карбо́ловий: ~ва кислота́ carbolic acid
карбува́ння *(дія)* minting
карбува́ти 1. *(робити позначку)* mark; make a notch; **2.** *(виготовляти монети й под.)* coin, mint; **3.** *(вирізьблювати)* engrave, chase
карбу́нкул *геол., мед.* carbuncle
карбюра́тор *тех.* carburettor, carburetor *амер.*
кардамо́н cardamon
кардина́л *рел.* cardinal
кардина́льний cardinal *attr.*, of cardinal importance
кардіогра́ма *мед.* cardiogram
кардіо́лог *мед.* cardiologist, heart specialist
кардіологі́чний *мед. (про відділення)* cardiac
кардіоло́гія *мед.* cardiology
каре́ 1. *військ.* square formation; **2.** *карт.* four of a kind
каре́та carriage; coach
каре́тка *тех.* carriage
кар'є́р I *гірн.* quarry; **піща́ний ~** sand-pit
кар'є́р II *(біг)* full gallop
кар'є́ра career; **робити ~ру** build a career for oneself
кар'єри́зм careerism
кар'єри́ст careerist, climber
кар'єри́стський careerist, climber *attr.*
ка́рий 1. *(про очі)* hazel; **2.** *(масть)* chestnut
карикату́ра caricature; *(політична)* cartoon
карикатури́ст caricaturist; cartoonist
карикату́рний grotesque, caricature *attr.*
карка́с framework, shell *(of a building)*
ка́ркати, ка́ркнути 1. caw; **2.** *перен. (провіщати лихе)* croak
карколо́мний dangerous, perilous
ка́рлик dwarf
ка́рликовий 1. *(про племена)* pigmy *attr.*; **2.** *(про рослини)* dwarf *attr.*
карнава́л carnival
карнава́льний carnival *attr.*
карни́з *архіт.* **1.** *(під дахом)* cornice; **2.** *(над дверима)* lintel
ка́рний criminal *attr.*; **~ ро́зшук** Criminal Investigation Department
кароо́кий hazel-eyed
карпа́тський Carpathian
ка́рта *(гральна)* card; <> **ста́вити на ~ту що-н.** put smth. at stake; **розкривати свої ~ти** show one's hand
карта́ти reproach

картатий *(про тканину й под.)* chequered, checked
картина 1. *(художня)* picture, painting; **2.** *театр.* scene; **3.** *(видовище)* picture, scene; **4.** *(фільм)* film, picture
картинний 1. picture *attr.*; **2.** *(красивий)* picturesque
картка card
картковий card *attr.*
картограф cartographer
картографічний cartographic
картографія cartography, map-making
картографувати map
картоплина potato *(мн.* -tatoes*)*
картопля 1. *(рослина)* potato plant; **2.** *(плід)* potatoes *pl*
картопляний potato *attr.*; **~не пюре** mashed potato
картотека card index; **складати ~ку** card-index
картридж cartridge
картуз cap
карусель merry-go-round, carousel *амер.*
карцер isolation cell
каса 1. *(в установі)* cashier's office; *(у крамниці)* cash desk; *(залізнична та под.)* ticket office; *(театральна)* box office; ticket office *амер.*; **2.** *(касовий апарат)* cash register; **3.** *(установа)*: **ощадна ~** savings bank
касаційний *юр.*: **~ суд** Court of Appeal; **~на скарга** appeal
касація *юр.* cassation, annulment, appeal; **подавати на ~цію** lodge an appeal
касета 1. *фото* cartridge; **2.** *(магнітофонна)* cassette
касир cashier; *(що продає квитки)* booking-clerk; *(у театрі)* box-office clerk
каска helmet
каскад 1. cascade; **2.** *перен.* flood
каскадер stunt man
касовий cash *attr.*; **~ва книга** cash-book
каста caste
кастелянша laundrywoman
кастет knuckle-duster
каструвати castrate
каструля saucepan, pot, casserole
кат executioner, hangman; *перен.* butcher
катаклізм cataclysm
катакомби *мн.* catacombs *pl*
каталіз *хім.* catalysis
каталізатор *хім.* catalyst
каталог catalogue, catalog *амер.*
каталогізувати catalogue, catalog *амер.*
катання: ~ на велосипеді cycling; **~ на ковзанах** skating; **~ на коні** horse riding, horseback riding *амер.*; **~ на лиж(в)ах** skiing; **~ на машині** driving

катапульта *тех.* catapult
катапультуватися eject
катар *мед.* catarrh
катаракта *мед.* cataract
катастрофа 1. *(авіаційна, залізнична)* disaster; **2.** *перен.* catastrophe
катастрофічний disastrous, catastrophic
катати drive; **~ кого-н. на машині** take smb. for a drive; **~ кого-н. у човні** take smb. out in a boat; **~ся** *(їздити)* drive; **~ся верхи** ride; **~ся на велосипеді** go for a cycle ride; **~ся на ковзанах** go skating; **~ся на човні** go boating (rowing); **~ся на машині** driving
катафалк hearse, bier
категоричний categoric; flat; explicit
категорично categorically; flatly
категорія category; class
катер *мор.* boat; **торпедний ~** torpedo-boat
катеринка barrel organ
катеринник organ-grinder
катет *мат.* cathetus
катехізис catechism
катод *фіз.* cathode
католик Catholic
католицизм Catholicism
католицький Catholic
каторга hard labour, hard labor *амер.*
каторжник convict *(in a labour camp)*
катувати torture, torment
каучук rubber, caoutchouc
каучуковий rubber, caoutchouc
кафе *див.* **кав'ярня**
кафедра 1. *(для оратора)* reading-desk, rostrum; **2.** *(об'єднання науковців)* chair, (sub)faculty, department; **завідувач ~ри** chair
кафедральний: ~ собор cathedral
кафетерій cafeteria
кахель *збір.* tiles *pl*
кахельний tiled
качалка 1. *(для тіста та под.)* rolling-pin; **2.** *(крісло)* rocking-chair
качан 1.: **~ капусти** cabbage-head; **2.** *(серцевина капусти)* stump of cabbage; **3.** *(кукурудзи)* corncob
качати 1. *розм. (гойдати)* rock, swing; **2.** *(котити)* roll; **~ся** sway, rock; swing
каченя *орн.* duckling
качиний duck's
качка *орн.* duck
качур *орн.* drake
каша *(вівсяна)* porridge; *(рідка)* gruel; *перен.* jumble, muddle; <> **заварити ~шу** make a mess
кашалот *зоол.* sperm whale
кашель cough, coughing
каш(е)мір cashmere

кашкет cap
кашлюк *мед.* whooping-cough
кашляти cough; give a cough
каштан *бот.* *(дерево)* chestnut (tree); *(плід)* chestnut
каштановий chestnut *attr.*; *(про колір)* chestnut(-coloured); **~ве волосся** auburn hair
каюта *мор.* cabin
каятися 1. repent; **він сам тепер кається** he is now repentent himself; **2.** *(признаватися)* confess
каяття repentance
квадрат square
квадратний square; **~ корінь** *мат.* square root; **~ні дужки** square brackets
квакати, квакнути croak
кваліфікаційний: ~іспит professional exam
кваліфікація 1. qualification; **підвищення ~ції** raising the level of one's skill; **2.** *(фах)* profession
кваліфікований 1. *(про працівника)* qualified; **2.** *(про працю)* skilled
кваліфікувати *(визначати)* qualify; categorize
кварц quantum
квантовий: ~ва механіка quantum mechanics; **~ва фізика** quantum physics
квапити hurry, hasten; **~ся** hurry; be in a hurry; make haste
квапливий hasty, hurried
квартал 1. *(міста)* block; **2.** *(чверть року)* quarter
квартальний quarterly
квартет *муз.* quartet
квартира flat; apartment *амер.*; *(наймана)* lodgings *pl*
квартирант lodger
квартирний: ~на плата rent *(for a flat)*
квартиронаймач leaseholder
квартирувати rent a flat, rent an apartment *амер.*
кварц quartz
кварцовий quartz; **~ва лампа** quartz lamp
квас kvass *(mildly alcoholic drink made from fermented rye bread, yeast or berries)*
квасити pickle; *(молоко)* sour
квасоля *(рослина)* bean plant; *збір.* beans *pl*
кватирка hinged pane for ventilation in a window
квач 1. brush; **2.** *(дитяча гра)* touch-lost
квашений pickled; *(про молоко)* sour; **~на капуста** sauerkraut, pickled cabbage
квити *мн. розм.*: **ми з вами ~** we are quits
квитанція receipt; check
квитковий ticket *attr.*, card *attr.*
квиток 1. *(вхідний)* ticket; **2.** *(членський)* card; paper

квінтет quintet
квінтесенція quintessence
квітень April
квітневий April *attr.*
квітка flower
квіткарка flower-girl, florist
квітник flowerbed; flower garden
квітникар floriculturist
квітнути flower, bloom, blossom; *перен. тж* flourish
квітучий blooming, in (full) blossom; *перен.* flourishing
квітчастий flowery *(тж перен.)*
квітчати decorate with flowers
квоктати cluck
кволий sickly, feeble
кволість sickliness, feebleness
кворум quorum
квота *ек.* quota; **імпортна ~** import quota
квочка brood-hen
кеґлі *мн.* skittles *pl*
кеди *мн. спорт.* sneakers
кедр *бот.* cedar (tree)
кекс (fruit)cake
келих goblet
келія cell
кельнер waiter
кельт Celt
кельтський Celtic
кемпінґ camping site, campsite
кенґуру *зоол.* kangaroo
кенійський Kenyan
кепка cap
кепкувати make fun (of); sneer
кепський bad, nasty, foul; **справа ~ка** things are looking bad
кераміка *збір.* ceramics *pl*
керамічний ceramic
керівний leading; **~ працівник** executive; person in charge
керівник leader, head, manager; **науковий ~** supervisor
керівництво 1. *(дія)* guidance, leadership, supervision; **2.** *збір. (керівники)* leaders *pl*
керманич helmsman, man at wheel
кермо *(літака й под.)* rudder, helm; *(велосипеда)* handle-bar(s); *(автомобіля)* wheel; **стояти за ~мом** be at the wheel
керування 1. management; *(державою)* government; *тех.* control; **2.** *грам.* government
керувати lead; *(країною)* govern, rule; *(виробництвом)* control; *(справами)* manage; *(машиною)* operate, run
кесарів: ~ розтин *мед.* Caesarean section, Cesarean section *амер.*
кесонний: ~на хвороба decompression sickness, the bends *pl*

кета *іхт.* Keta salmon
кефаль *іхт.* grey mullet
кефір kefir *(yoghurt drink)*
кивати, кивнути nod
кивок nod
кидати, кинути 1. throw, cast; hurl; **2.** *(залишати)* leave, abandon; **3.** *(переставати робити що-н.)* give up, leave; **~ся 1.** *(стрімко)* rush, fling; **2.** *(метатися)* rush about, dash about
кидок 1. throw; **2.** *(стрімкий рух)* rush; **3.** *спорт.* sprint, spurt
кизил cornel
кизиловий cornel *attr.*
кий *спорт.* cue
килим *(невеликий)* rug
кинджал dagger
кинутий abandoned, deserted
кипарис cypress
кипарисовий cypress *attr.*
кипіння boiling; **температура ~** boiling point
кипіти boil; *перен.* seethe (with); *(про роботу)* be in full swing
кип'ятити boil; **~ся** be boiling, *перен.* get excited
кип'яток *див.* **окріп I**
киргиз Kirghiz
киргизький Kirghiz; **~ка мова** Kirghiz, the Kirghiz language
кирилиця the Cyrillic alphabet
кирпатий snub-nosed; **~ ніс** turned-up nose
кисень *хім. див.* **Оксиґен**
кисет tobacco pouch
кисіль fruit jelly
кислий sour
кислота *хім.* acid
кислотність acidity
кисляк sour milk
кисневий oxygen *attr.*; oxygenous; **~ва подушка** oxygen oxygenbag; **~ве голодування** oxygen starvation
киснути turn sour; go off
кисть *(частина руки)* hand
кит *зоол.* whale
китаєць Chinese
китайський Chinese; **~ка мова** Chinese, the Chinese language
китиця *(прикраса)* tassel; **з ~ми** tasselled
китобійний whaling, whale *attr.*; **~не судно** whale boat
китовий whale *attr.*; **~ вус** whalebone; **~ жир** blubber
китолов whaler
кишеньковий: ~ годинник pocket watch; **~ ніж** pocketnife; **~ ліхтар(ик)** pocket torch, flashlight; **~ві гроші** pocket money
кишеня pocket; **набити ~ню** line one's pockets
кишіти swarm (with), teem (with)
кишка 1. *анат.* intestine, gut; **пряма ~** rectum; **товста ~** large intestine; **2.** *розм. (шланг)* hose
кишківник *анат.* intestines *pl*
кишковий intestinal
кишлак *village in Central Asia*
киянин, киянка Kyivite, inhabitant of Kyiv
кібернетик specialist in cybernetics
кібернетика cybernetics
кібернетичний cybernetic
ківш scoop; ladle; *(землечерпалки)* bucket; *(екскаватора)* shovel
кіготь claw; **<> показати ~гті** show one's claws
кіл stake; **<> у мене немає ні кола ні двора** I don't have a thing to my name; **йому хоч ~ на голові теши** it's like talking to a brick wall
кілобайт *обч.* kilobyte
кіловат *ел.* kilowatt
кілограм kilogram(me)
кілограмовий of one kilogram(me)
кілок picket, stake
кілометр kilometre, kilometer *амер.*
кілометровий 1. *(про відстань)* of one kilometre, of one kilometer *амер.*; **2.** *(про перегони)* one kilometre
кіль *мор.* keel
кільватер wake
кілька *числ.* several, some, a few; **~ разів** several times; **~кома словами** in a few words
кілька *зоол.* sprat
кількісний quantitative; **~ числівник** cardinal number
кількість quantity; *(число)* number; *(сума)* amount
кільце ring; *(у ланцюгу)* link; *(круг)* circle
кільцевий circular
кімната room
кімнатний room *attr.*; indoor; **~на рослина** house plant; **~на температура** room temperature
кімоно kimono
кінематограф 1. *(кіноіндустрія)* cinematograph; **2.** *(кінотеатр)* cinema
кінематографіст cinematographer
кінематографічний cinematographic
кінематографія cinematograph
кінескоп *тех.* kinescope
кінетика kinetics
кінетичний kinetic
кінець 1. end; **2.** *розм. (відстань, шлях)*: **в один ~** one way; **в обидва кінці** there and back

кінний 1. horse *attr.*; **~ завод** stud farm; 2. (*верхи*) mounted; **~на поліція** mounted police
кіннота cavalry
кіннотник cavalryman
кіно 1. (*мистецтво*) cinematography, cinema; 2. (*кінотеатр*) cinema; movies *pl амер.*; 3. *розм.* (*кінокартина*) film; **ходити в ~** go to the cinema (pictures)
кіноактор (film) actor
кіноакторка і **кіноактриса** (film) actress
кіножурнал news-reel
кінокартина film, picture; movie *амер.*
кінокомедія comedy film
кіномеханік projectionist
кінооператор cameraman
кіноплівка film
кінорежисер (motion picture) producer, (film) director
кіносеанс show
кіностудія film studio
кіносценарій film script
кінотеатр cinema
кінофестиваль film festival
кінофільм film, picture; movie *амер.*
кінохроніка news-reel
кінський horse *attr.*; **~ка сила** *фіз.* horse-power (*скор.* h. p.)
кінцевий 1. (*що в кінці*) end *attr.*; last; **~ва зупинка** the last stop; **~ва станція** terminus (*pl* -ni); 2. (*завершальний*) final, ultimate, closing; **~ва мета** ultimate aim, final goal
кінцівка 1. (*частина тіла*) limb, extremity; 2. (*твору*) ending
кінчати, кінчити 1. finish; end (with); 2. (*вищу школу*) graduate (from); (*школу, курси*) finish; 3. (*припиняти*) stop; **~ся** 1. come to an end, be over; 2. (*завершитися чим-н.*) end (in), result (in)
кінчик tip; (*вістря*) point
кінь 1. horse; steed *поет.*; 2. *шах.* knight; 3. *спорт.* vaulting-horse
кіоск kiosk, booth; **книжковий ~** bookstall; **газетний ~** newsstand
кіот icon case
кіпріот Cypriot
кіптява soot
кір *мед.* measles *pl*
кірка crust
кісник plait ribbon
кістка bone
кістлявий bony
кісточка 1. bone; 2. (*у плодах*) stone, seed; (*дрібна*) pip; 3. *анат.* ankle
кістяний bone *attr.*
кістяк 1. *анат.* skeleton; 2. (*основа*) backbone
кіт cat, tomcat; **<> купити кота в мішку** ≅ buy a pig in a poke

кішка *зоол.* cat, pussy-cat
клавесин harpsichord
клавіатура keyboard
клавіш(а) key
клавішний: ~ інструмент keyboard instrument
кладка (*місток*) foot-bridge
кладовище cemetery; (*цвинтар*) graveyard
кланятися 1. bow (to, before); (*вітати*) greet; 2. *розм.* (*принизливо просити*) humbly beg
клапан *тех.* valve
клапоть piece; (*тканини й под.*) rag, shred
кларнет *муз.* clarinet
кларнетист clarinetist
клас 1. (*соціальне угруповання*) class; 2. (*група, розряд*) class; 3. (*шкільний*) class, form; grade *амер.*; 4. (*кімната*) classroom
класик classic
класика classics *pl*
класифікаційний 1. (*про іспит*) assessment *attr.*; 2. (*про таблицю*) classification *attr.*
класифікація classification
класифікувати classify
класицизм classicism
класичний *у різн. знач.* classic (al); **~на освіта** classical education
класний class *attr.*; **~ керівник** form teacher
класти put, lay, place
клацати, клацнути click, clang; (*зубами*) chatter
клеїти glue; paste
клей glue
клейкий sticky
клейонка *див.* **церата**
клекіт seething; (*пташиний*) scream
клекотати і **клекотіти** 1. (*про рідину*) seethe, bubble; 2. (*про птахів*) scream
клема *ел.* terminal
клен *бот.* maple
кленовий maple *attr.*
клепати 1. (*косу*) whet; 2. *тех.* (*з'єднувати заклепками*) rivet
клепка stave; **<> у нього бракує ~ки в голові** he's not quite all there
клептоман kleptomaniac
клептоманія kleptomania
клерикальний clerical
клерк clerk
клешня claw, nipper, pincer
кликати, кликнути call
клин 1. wedge; 2. (*смуга тканини*) gusset
клинок (*лезо*) blade
кличка 1. (*собаки, кішки і под.*) name; 2. (*людини*) nickname
кличний: ~ відмінок *грам.* vocative (case)
клишоногий in-toed; *перен.* (*незграбний*) clumsy, awkward

клієнт client; customer
клієнтура clientele
клізма enema
кліка clique
клімакс menopause
клімактеричний menopausal; **~ період** menopause
клімат climate
кліматичний climatic
клініка clinic
клінічний clinical; **~на лікарня** training hospital; **~на смерть** *мед.* clinical death
кліпати, кліпнути blink
кліпси *мн.* clip-on earrings *pl*
клір *збір. рел.* the clergy
клірик clergyman
кліринг *ком.* clearing
клірос choir *(part of church)*
клітина *біол.* cell
клітинний *біол.* cellular
клітка 1. *(для звірів і под.)* cage; **2.** *(чотирикутник)* square; *(на матерії — карта)* check
клітковина 1. *анат.* cell tissue; **2.** *бот.* cellulose
кліше 1. *друк.* plate; **2.** *перен.* cliche
кліщ *ент.* tick
кліщі *мн.* tongs *pl*
клоака 1. *(забруднене місце)* cesspit; **2.** *(аморальне середовище)* cesspool
клобук *рел.* cowl
клонити(ся) bend, incline, lean
клоп *ент.* bedbug
клопіт trouble; cares *pl*; *(турботи)* worry
клопітливий, клопітний troublesome
клопотання petition; **подавати ~** submit a petition
клопотати trouble; bustle about; **~ся 1.** *(активно займатися чим-н.)* bustle about; **2.** *(просити)* solicit (for), petition (for); **3.** *(турбуватися про кого-н.)* be uneasy (about); worry (about)
клоун clown
клоунський clown's; *перен.* clownish
клуб *(спілка, будівля)* club
клубок 1. *(ниток і под.)* ball; **2.** *перен. (суперечностей)* tangle
клубочитися wreathe, curl
клумба flowerbed
клунок small bag, sack; bundle
клювати, клюнути 1. *(про птахів) див.* **дзьобати**; **2.** *(про рибу)* bite; <> **~ носом** *розм.* nod, be drowsy
ключ 1. key; **~ від вхідних дверей** front-door key; **2.** *муз.* key, clef; **скрипковий ~** treble clef; **басовий ~** bass clef
ключиця *анат.* collarbone, clavicle
ключка 1. *(гак)* hook; **2.** *спорт.* (hockey) stick
клямка *(дверей)* latch

клясти curse; **~ся** swear
клятва oath; **порушити ~ву** break one's oath
клятий cursed, damned
кляуза *розм.* backbiting, cavil
кляузник *розм.* backbiter, caviller, scandal-monger
кмітливий quick-witted, bright
кнелі *мн.* quenelles *pl*
книга book; **касова ~** cash-book; **~ замовлень** order book; **облікова ~** day book; **~ скарг та замовлень** suggestions book; **телефонна ~** telephone book (directory)
книгодрукування book printing
книголюб book-lover
книгарня bookshop; bookstore *амер.*
книгозбірня library
книжка book; **записна ~** notebook; **залікова ~** register; **пенсійна ~** pension card; **трудова ~** employment recordbook; **чекова ~** chequebook, checkbook *амер.*; **покласти гроші на ~ку** deposit money at a savings-bank
книжний bookish, literary
книжник *(знавець книг)* bibliophile, bookish, literary
книжковий book *attr.*; **~ва шафа** bookcase; **~ва крамниця** bookshop
кнопка 1. *(канцелярська)* drawing pin, thumbtack *амер.*; **2.** *(дзвоника й под.)* button; **3.** *(на одязі)* press stud, popper *амер.*
княгиня princess *(wife of a prince)*
княжити reign
князівна princess *(daughter of a prince)*
князівство principality
князівський prince's
князь prince
коагулювати coagulate
коагуляція coagulation
коала *зоол.* koala (bear)
коаліційний: ~ уряд coalition goverment; **~на угода** coalition pact
коаліція coalition
кобальт *хім.* cobalt
кобза *муз.* kobza *(a kind of lute with eight strings)*
кобзар kobza player
кобила *зоол.* mare
кобра *зоол.* cobra
кобура holster
ковадло anvil
коваль blacksmith
ковальський blacksmith's; **~ міх** bellows *pl*
ковбаса sausage
ковбой cowboy
ковдра blanket
ковзани *мн.* skates; *(вид спорту)* skating *sing*; **кататися на ~нах** skate

ковзанка skating-rink
ковзаняр speed skater
ковзанярський speed-skating; ~ **спорт** speed skating
ковзати slip, slide; **~ся** slide; skate
ковзкий slippery
ковила *бот.* feather-grass
ковкий malleable
ковпак 1. *(блазенський, кухарський)* hat; **2.** *тех.* cowl; *(захисний)* hood
ковтати, ковтнути swallow; *(швидко)* bolt, gulp down
ковток drink, mouthful; *(великий)* gulp; **~ води** a drink of water
когорта cohort
код code; **~ символу** *обч.* character code
кодеїн codeine
кодекс code; **кримінальний ~** criminal code; **моральний ~** moral code; **цивільний ~** civil code
кодифікація *юр.* codification
кодифікувати *юр.* codify
кодовий: **~ві знаки** code symbols *pl*; **~ва назва** codename
кодувальний: **~ пристрій** *обч.* encoder
кодувальник coder
кодування coding
кодувати encode, code
коефіцієнт coefficient; factor; **~ корисної дії** efficiency
кожен *див.* **кожний**
кожний 1. each, every; any; **2.** *як ім.* everyone, everybody; anyone, anybody
кожух 1. sheepskin coat; **2.** *тех.* case, housing
коза *зоол.* (nanny) goat
козак Cossack
козацтво *збір.* Cossacks *pl*
козацький Cossack
козел *зоол. див.* **цап**
козеня *зоол.* kid
козиний goat's; **~не молоко** goat's milk
козир trump *(тж перен.)*
козирний: **~на карта** trump
козирок peak (of a cap), visor
козиряти, козирнути *розм.* **1.** *(вітати)* salute; **2.** *карт.* trump *(тж перен.)*
козуля *зоол.* roe-(deer)
коїти do, be up to; **~ся** happen, come about
кок *(кухар)* ship's cook; *(волосся)* quiff
кокаїн cocaine
кокаїніст cocaine addict
кокарда cockade
кокетка 1. *(жінка)* coquette, flirt; **2.** *(сукні й под.)* yoke
кокетливий 1. *(про жінку)* coquettish, flirtatious; **2.** *(про сукню, капелюшок і под.)* pretty
кокетливість coquettish, flirtatiousness

кокетство coquetry; flirting
кокетувати coquet, flirt
коклюш *мед.* whooping-cough
кокон cocoon
кокос *бот.* **1.** coco; **2.** *(плід)* coco-nut
кокосовий coconut *attr.*; **~ва пальма** coco-nut palm; **~ве молоко** coco-nut milk; **~ горіх** coco-nut
кокс coke
коксувати(ся) *тех.* coke
коктейль cocktail
колабораціонізм collaborationism
колабораціоніст collaborator
колаж collage
колба *хім.* flask, retort
колготки *мн.* tights *pl*, panty hose *pl амер.*
колеґа colleague
колеґіальність: **принцип ~ності** collective responsibility
колеґіальний collective
колеґія board; **адвокатська ~** the Bar; **редакційна ~** editorial board; **суддівська ~** *спорт.* judges *pl*; board of referees
коледж college
колектив collective; **авторський ~** (team of) contributors
колективізація *іст.* collectivization *(creation of collective farms in the late 1920's and 1930's)*
колективізм collectivism
колективний collective
колектор 1. *(бібліотечний)* book depository; **2.** *(каналізаційний)* manifold; **3.** *ел.* commutator
колекційний collectable
колекціонер collector
колекціонування collecting
колекціонувати collect
колекція collection
коленкор calico
коленкоровий calico
колесо wheel; **п'яте колесо** *перен.* fifth wheel (fig)
коли when; *(у той час як)* while
коливальний *фіз.* oscillatory
коливання 1. *фіз.* oscillation; vibration; **2.** *(зміна цін, температури)* fluctuation
коливати shake; **~ся 1.** *(про маятник і под.)* oscillate; vibrate; **2.** *(змінюватися)* fluctuate
коли-небудь some time, some day
коли-не-коли from time to time, now and again
колисати lull; **~ дитину** lull a child to sleep
колиска cradle
колисковий: **~ва (пісня)** lullaby, cradle song
колись formerly, once
колихати 1. *(гойдати вітром і под.)* sway, rock; **2.** *(дитину)* lull; **~ся** sway, rock, vibrate

колишній 1. (минулий) former, late; 2. (хто втратив офіційне становище) ex-; ~ **президент** ex-president
колі зоол. (порода собак) collie
колібрі орн. humming-bird
колізія clash
коліно 1. knee; **ставати на ~на (навколішки)** kneel (down); **стояти на ~нах (навколішки)** be kneeling (down); **сидіти в кого-н. на ~нах** sit on smb.'s knee (lap); **поставити кого-н. на ~на (навколішки)** перен. bring smb. to his etc. knees; **їй море по ~на** перен. everything washes straight over her; 2. тех. (труби) joint; 3. (покоління в родоводі) generation
колінчастий тех.: ~ **вал** crankshaft
колір colour; ~ **обличчя** complexion
колія 1. (на шляху) rut; 2. зал. track; <> **вибити кого-н. з ~лії** get out of a rut
коло I ім. 1. circle; 2. (у танці й под.) ring; **стати в** ~ form a ring
коло II прийм. (біля, поруч) by near, beside; (навколо) around
коловорот I тех. ice drill
коловорот II (вир) eddy
колода I (деревина) block
колода II карт. pack; deck амер.
колодка 1. log, block; 2. (взуття) shoetree; 3. (орденська) strip, medal-holder; (планка) medal ribbon
колодязь 1. well; 2. (у копальні) shaft
колоквіум seminar; (нарада фахівців) colloquium
коломийка kolomyika (dance and song)
колона column; архіт. тж pillar; <> ~ **демонстрантів** column of demonstrators
колонада colonnade
колоніалізм colonialism
колоніальний colonial
колонізатор colonizer
колонізувати colonize
колоніст colonist
колонія colony; **виправна** ~ penal colony; ~ **для неповнолітніх злочинців** young offender's institution
колонка 1. (стовпець) column; 2. (нагрівальний прилад) geyser, water heater; 3. (для води, бензину) pump
колонний columned, pillared; **~на зала** hall of columns (pillars)
колонок зоол. polecat
колоратурний: **~не сопрано** coloratura (soprano)
колорит 1. мист. use of colour, colouring; 2. перен. (країни й под.) colour, color амер.; **місцевий** ~ local colour
колоритний picturesque, vivid, colourful, colorful амер.

ко́лос ear, spike (of corn, wheat)
коло́с colossus; ~ **на глиняних ногах** a giant with feet of clay
колосальний huge, enormous, colossal
колоситися form ears (spikes)
колосок ear, spike
колоти I prick; sting; (зброєю) stab, thrust; <> ~ **очі кому-н.** be a thorn in smb.'s side; **правда очі коле** the truth is hard to stitch; **~ся** prick; (про рослину) be prickly; (про наркомана) be on drugs
колоти II (дрова й под.) split, chop; (горіхи) crack; (цукор) break into lumps
колотнеча quarrel, scuffle, fuss
колумбійський Columbian
колчедан pyrite
колье necklace
кольки мед. colic sing
кольоровий 1. (про олівець) coloured, colored амер.; 2. (про одяг) colourful, colorful амер.; ~ **телевізор** colo(u)r television; ~ **фільм** colour film; **~ві метали** non-ferrous metals
кольрабі kohlrabi
кольт automatic (revolver)
кольчуга іст. chain-mail shirt
колючий 1. prickly; (з колючками тж) thorny; ~ **дріт** barbed wire; 2. перен. barbed, biting, caustic; ~ **погляд** savage look
колючка 1. (троянди й под.) thorn; 2. (дроту) barb
колядка ≡ Christmas carol
колядувати ≡ to carol singing (and wish one a Merry Christmas)
коляска 1. (екіпаж) carriage; 2. (дитяча) pram розм.; baby carriage амер.
кома I грам. comma
кома II мед. coma
команда 1. (наказ) command; **за ~дою** at the command (of); 2. (корабля, танка й под.) crew; **пожежна** ~ fire brigade; 3. спорт. team; <> ~ **президента** presidential team
командир commander, commanding officer
командний 1. commanding, command attr.; ~ **склад** війс. officer (command) personnel, commanders; **~ні змагання** спорт. team events; 2. (про посаду) managerial
командування command; headquarters pl
командувати 1. give orders; війс. command; 2. розм. manage; order about
командувач війс. commanding officer, commander
комар ент. gnat, mosquito; <> ~ **носа не підточить** ≡ you can't fault it
коматозний comatose
комаха 1. insect; 2. розм. (мурашка) ant
комашник ant-hill
комашня збір. insects pl; розм. ants pl

комбайн *с.-г.* combine (harvester); **кухонний ~** food processor
комбайнер combine operator, combine driver
комбікорм *(комбінований корм)* mixed fodder
комбінат plant; **молочний ~** dairy-processing plant; **харчовий ~** food-processing plant
комбінація 1. combination; *(план)* scheme; **2.** *(жіноча білизна)* slip
комбінезон overalls *pl*; *(дитячий)* dungarees *pl*
комбінований *(метод, підхід і под.)* integrated
комбінувати combine; *(одяг)* match up
комедіант comedian *(тж перен.)*
комедійний comic; *(про актора)* comedy *attr.*
комедія comedy; *перен. тж* farce; **музична ~** musical comedy; **розігрувати ~дію** play act
комендант 1. *військ.* commandant; **2.** *(будинку)* superintendent; **3.** *(гуртожитку, в'язниці)* warden
комендантський: ~ка година curfew
комендатура commandant's office, commandant's headquarters *pl*
коментар commentary; *мн. (міркування)* comments
коментатор commentator
коментувати comment (on); *(книгу, текст)* annotate
комерсант businessman
комерційний commercial; **~ банк** commercial bank; **~ директор** sales and finance director; **~на крамниця** privately-run shop
комерція commerce, trade
комета comet
комин 1. *(димохід)* flue, smoke-duct; **2.** *(димар)* chimney
комиш reed
комівояжер travel(l)ing salesman
комізм comedy, comical side (of); *(засіб, прийом зображення)* humour; **~ ситуації** the funny side of the situation
комік 1. *(актор)* comic, comedian; **2.** *розм.* humorist, wit
комір, комірець collar
комірка pantry; tiny room
комірник storekeeper
комісар commissar
комісаріат commissariat
комісійний commission *attr.*
комісіонер agent
комісіонні *мн.* commission
комісія commission; *(орган)* committee; **постійна ~** standing committee

комітет committee
комічний comic(al)
комора pantry, larder
компакт-диск compact disc
компактний compact, solid
компанійський company; **він ~ хлопець** he's good company
компанія 1. *(товариство)* company; **водити ~нію з ким-н.** consort with smb.; **він тобі не ~** he's not the right company for you; **2.** *(фірма)* company, corporation
компаньйон companion; *ком.* partner
компас compass
компенсаційний compensatory
компенсація compensation; *(за збитки) юр.* indemnity, damages *pl*
компенсувати compensate (for); indemnify (for)
компетентний 1. competent **2.** *(відповідний)* appropriate
компетентність competence
компетенція jurisdiction, competence; **це не в моїй ~ції** it is outside my competence; *розм.* it's not up my street
компілювати cobble together
компілятивний: ~на праця compilation
компілятор hack (writer)
компіляція rehash
комплекс 1. *(споруда)* complex; **спортивний ~** sports complex **2.** *(вправ, заходів і под.)* range; **<> ~ неповноцінності** inferiority complex
комплексний 1. integrated; **2.** *(про з'єднання, число й под.)* complex; combined
комплект (complete) set; full complement
комплектація assembly; complete; **відділ ~ції** *(у бібліотеці)* acquisitions (department)
комплектний complete
комплектувати complete; make up into sets; collect
комплекція build *(of person)*; (body) constitution
комплімент compliment; **сказати кому-н. ~** pay smb. a compliment
композитор composer
композиційний compositional
композиція composition
компонент component
компонування *(матеріалів)* arranging
компонувати arrange, set out, put together; make up
компост compost
компостер ticket punch
компостний: ~на яма compost pit
компостувати *зал.* punch (clip) ticket; **~ квиток** date a ticket
компот compote; stewed fruit

компрес *мед.* compress
компресор *тех.* compressor
компрометація discrediting
компрометувати compromise, discredit
компроміс compromise; **іти на ~** (make a) compromise
компромісний compromise *attr.*
комп'ютер computer
комп'ютерний computer *attr.*
кому *див.* **хто**
комуна commune; **Паризька ~** *іст.* the Paris Commune
комунальний communal, municipal; **~на квартира** communal flat, communal apartment *амер.*; **~не господарство** communal (municipal) economy; **~ні платежі** bills; **~ні послуги** (public) utilities
комунар *іст.* Communard, member of a commune
комунізм communism
комунікабельний sociable
комунікативний communicative
комунікаційний: ~на лінія line of communication
комунікація communication
комуніст communist
комуністичний communistic
комутатор 1. *(телефонний)* switchboard; **2.** *(перемикач струму)* commutator
комутаційний: ~на дошка switchboard
комутація: ~ повідомлень *обч.* message switching
комфорт comfort
комфортабельний comfortable
комюніке communique
конвалія *бот.* lily of the valley
конвеєр conveyor (belt)
конвеєрний: ~на стрічка conveyor belt
конвенція convention
конверґенція convergence
конверсія conversion
конверт 1. *(поштовий)* envelope, cover; **2.** *(для немовляти)* baby nest
конвертований convertible
конвертувати convert
конвоїр escort
конвой escort, convoy, guard
конвойний escort *attr.*; guard *attr.*
конвоювати escort; convoy; guard
конвульсивний convulsive
конвульсія convulsion
конгломерат conglomerate
конґрес congress
конґресмен Congressman
конденсатор *ел.* condenser; capacitor
конденсація condensation
конденсувати condense

кондитер confectioner
кондитерський confectionery *attr.*; **~кі вироби** confectionery *sing*, pastries
кондиціонер air conditioner
кондиційний 1. *(про умови постачання)* conditional; **2.** *(про продукти й под.)* up to standart
кондиція standart
кондуктор conductor; *зал.* guard
конечний indispensable, obligatory; **~на потреба** exstreme necessity
коник 1. little horse; **2.** *ент.* grasshopper; <> **викидати ~ки** play a trick
конічний conic(al)
конкретизувати make concrete
конкретний 1. *(реальний)* concrete, specific; **2.** *(про факт)* actual
конкретність concretness
конкурент competitor, rival
конкурентний: ~на боротьба competition
конкурентоспроможний competitive
конкуренція competition; **наш товар поза ~цією** our product is in a class of its own
конкурс competition
конкурсний competition *attr.*; **~на комісія** *(в університеті)* examining committee; *(у змаганнях)* judging panel; **~ іспит** entrance examination
конкурувати compete
коноплі *мн.* hemp *sing*
конопляний hemp *attr.*
коносамент *ком.* bill of lading
консервативний conservative
консервативність conservatism
консерватизм conservatism
консерватор conservator
консерваторія *муз.* conservatoire, conservatory *амер.*
консервація 1. *(продуктів і под.)* preservation; **2.** *(тимчасове припинення будівництва й под.)* suspension
консерви *мн.* tinned food *sing*; canned food *sing. амер.*
консервний: ~ завод canned-food factory; **~ ніж** tin-opener; **~на банка** can *амер.*
консервований canned, bottled
консервування *(у бляшаних банках)* canning; *(у скляних банках)* bottling
консервувати 1. preserve; *(у бляшаних банках)* can; *(у скляних банках)* bottle **2.** *перен. (будівництво)* suspend
консиліум consultation; conference of specialist doctors
консистенція consistency
консолідація consolidation
консолідувати consolidate

консоль cantilever
консорціум consortium
конспект summary, synopsis (*pl* -ses); *(лекції)* notes *pl*
конспективний concise, summarized
конспектувати take notes on, make a summary (of), summarize
конспіративний conspiratorial; **~на квартира** safe house
конспіратор conspirator
конспірація conspiracy
констатація: ~ фактів stating of the facts
констатувати certify; *(факти)* state
конституційний constitutional
конституція constitution
конструктивний construction *attr.*; *(про ідею та под.)* constructive
конструктивність constructiveness
конструктор 1. designer; 2. *(дитяча гра)* construction set; **інженер-~** mechanical engineer
конструкторський: ~ке бюро design studio
конструкція 1. design; 2. *(будівля)* structure, construction; 3. *грам.* construction
конструювати construct
консул consul
консульство consulate; **ґенеральне ~** consulate-general
консульський consular
консультант consultant
консультаційний consultative
консультація 1. *(порада)* consultation; **одержати ~цію** get an opinion, consult; 2. *(установа)* consultancy, consulting office; **дитяча ~** infant welfare centre; **жіноча ~** ≅ gynaecological and antenatal clinic, gynecological and prenatal clinic *амер.*
консультувати advise, give advice, give professional advice to; **~ся** consult, ask smb.'s advice
контакт contact; **установити ~ (з)** get in touch (with)
контактний 1. contact; **~ні лінзи** contact lenses; **~ телефон** contact number; 2. *(про людину)* approachable
контейнер container
контекст context
контингент contingent, group
континент continent, mainland
континентальний continental
контора office
конторський office *attr.*; **~ка книга** *бухг.* account book, ledger
контрабанда smuggling; *(товари)* contraband; **займатися ~дою** smuggle
контрабандист smuggler, contrabandist

контрабандний contraband
контрабас *муз.* double bass
контрабасист *муз.* double-bass player
контр-адмірал rear admiral
контракт contract, argeement; **укласти ~** make a contract; **форвардний ~** *ком.* forward contract
контральто *муз.* contralto
контрамарка ≅ complimentary ticket
контрапункт counterpoint
контраст contrast
контрастний contrasting
контрастувати contrast (with)
контратака counterattack
контрацептив contraceptive
контрацептивний contraceptive *attr.*
контрибуція reparations *pl*; **накласти ~цію** exact reparations
контрнаступ counteroffensive
контролер 1. *зал.* (ticket) inspector; 2. *театр.* usher; 3. *(ощадної каси)* cashier
контролювати check up, control
контроль 1. *(спостерігання)* monitoring; 2. *(перевірка)* testing, checking; *(у транспорті)* ticket inspection; *(у крамниці)* checkout; *збір. (перевіряльники)* inspectors *pl*; **паспортний ~** passport control; **~ за цінами** price control; **~ якості** quality control
контрольний control *attr.*; **~на комісія** inspection team; **~на робота (з)** class test (in); **~ні цифри** control figures
контрреволюційний counterrevolutionary
контрреволюціонер counterrevolutionary
контрреволюція counterrevolution
контррозвідка counterespionage
контррозвідник member of counterespionage
контрфорс buttress
контужений contused; *(розривом снаряда)* shell-shocked
контузити contuse, shell-shock; **його ~зило** he was contused
контузія contusion; shell-shock
контур 1. *(обриси)* outline; contour; 2. *ел.* circuit
контурний outline *attr.*; contour *attr.*; **~на мапа** outline-map
конура *(собача)* kennel; *(перен.: кімната)* shoe box
конус cone
конусуватий conical
конфедерація confederation
конферансьє compere, master of ceremonies
конференц-зала conference room
конференція conference
конфеті confetti
конфігурація configuration

конфіденційний confidential
конфіденційно in confidence, confidentially
конфіскація confiscation
конфіскувати confiscate
конфлікт *війс.* conflict; *(на роботі й под.)* tension
конфліктний conflict; **~на комісія** disputes committee
конфліктувати: ~ з ким-н. be at loggerheads with smb.
конфронтація confrontation
конфуз embarrassment, discomfiture
конфузити embarrass; **~ся** get embarrassed
концентрат concentrated product
концентраційний: ~ табір concentration camp
концентрація concentration
концентричний concentric
концентрований concentrated
концентрувати(ся) concentrate
концепція concept
концерн *ек.* concern
концерт concert; **давати ~** give a concert; **~ для фортепіано з оркестром** piano concert
концертний concert *attr.*; **~на зала** concert hall
концертувати give concerts
концертмайстер *муз.* leader, concertmaster *амер.*; *(акомпаніатор)* accompanist
концесія concession; **віддавати що-н. на ~** grant smth. as a concession
концтабір *(концентраційний табір)* concentration camp
конче *присл.* extremely, very; **~ потрібний** urgent
кон'юнктивіт *мед.* conjunctivitis
кон'юнктура conjuncture situation, state of affairs, climate; **зниження ~ри** downturm of the market; **підвищення ~ри** upturn of the market; **знижувальна ринкова ~** *ком.* falling market; **~ ринку** state of the market; **політична ~** political situation
кон'юнктурний *(про міркування)* tactical; **~ні ціни** market prices *pl*
кон'юнктурник opportunist
конюшина *бот.* clover
коньяк cognac, brandy
коняр horse-breeder
конярство horse-breeding
кооператив cooperative; **житловий ~** cooperative *(form of house or flat ownership)*
кооперативний cooperative; **~ будинок** cooperative *(form of house or flat ownership)*
кооператор cooperator *(member of a private enterprise)*
кооперація 1. *(об'єднання)* cooperative enterprise; **споживча ~** cooperative (sociery); **2.** *(співробітництво)* cooperation
кооперувати organize through a cooperative; **~ся** form a cooperative; cooperate
кооптувати coopt
координата 1. *геом. (зазв.* **~ти** *мн.)* coordinate; **2.** *розм. (місцезнаходження)* number (and address)
координація *(зусиль)* coordination
координувати *(дії, зусилля)* coordinate; **~ виробництво до вимог ринку** adjust production to meet the demands of the market
копалини *мн. (тж* **корисні ~**) minerals
копальня *див.* **шахта**
копанка water hole, primitive well *(without frame)*
копати dig (up)
копитний hoof *attr.*; hoofed
копито hoof
копиця shock, stock; **~ сіна** haycock
копійка copeck
копійчаний costing a copeck, very cheap
копіткий laborious; painstaking
копірайт copyright
копірайтний copyrighted
копіювальний copying; **~на машина** photocopying machine, photocopier; **~ папір** carbon paper
копіювально-множильний copying *attr.*
копіювати copy; *(наслідувати)* imitate
копія 1. copy; *(картини)* replica; **знімати ~пію з чого-н.** copy, duplicate; make a copy (of) smth.; **2.** *перен.* spitting image; **він — ~ свого батька** he's the spitting image of his father
коптити smoke, make smoky
коптіти smoke
копчений smoked
копчення smoking
кора 1. *(дерева)* bark; **2.** *(кірка)* crust; **земна ~** the earth's crust; **3.** *анат.* cortex; **~ головного мозку** cerebral cortex
корабель ship, vessel; **сідати на ~** go on board (the ship); embark
корабельний ship's
корабельня shipyard; *війс.* dockyard
кораблебудівний shipbuilding
кораблебудівник shipbuilder
кораблебудування shipbuilding
корал *(тж* **~ли** *мн.)* coral
кораловий coral; **~ риф** coral reef
Коран Koran
кордебалет corps de ballet
кордон frontier, border; **за ~ном** abroad; **з-за ~ну** from abroad
кореґувати *див.* **коректувати**

кореєць Korean
корейський Korean; **~ка мова** Korean, the Korean language
коректив *(зазв. ~ви мн.)* amendment
коректний correct, proper
коректор proofreader
коректувати *(помилку)* correct; *(рукопис, статтю)* proofread
коректура proofreading; *(відбиток)* proofs *pl*
корекція correction
кореляція correlation
коренеплід root vegetable
коренитися be rooted (in)
кореспондент correspondent; *(журналіст тж)* reporter; newspaper man
кореспонденція 1. correspondence; *(пошта тж)* letters *pl*, mail; 2. *(повідомлення в газеті)* report, news-item
корж scone; flat dry cake; layer *(of a cake)*
коржик dry biscuit; *(пряник)* ≅ shortbread
кориґувати *див.* **коректувати**
корида bullfight
коридор corridor
коридорний *ім.* room attendant *(in hotel)*
корисливий mercenary
корисний useful, helpful; *(для здоров'я)* healthy; **бути ~ним** be of use (to); **~на житлова площа** living space; **~не навантаження** *кіб.* payload; **~ні копалини** minerals
корисно 1. useful; 2. *безос.* it is useful (to)
користатися *див.* **користуватися**
користування use (of)
користуватися use, make use (of); *(використовувати)* take advantage (of), profit (by)
користувач *обч.* user
користь use; *(вигода тж)* profit; **на чию-н. ~** for the benefit of smb., in favour of smb.
корити reproach
коритися submit, yield; *(слухатися)* obey; **~ долі** resign oneself to fate
корито trough
корифей luminary, coryphaeus; leading figure
кориця cinnamon
коричневий *див.* **брунатний**
коріандр coriander
корівник cowshed, cowhouse
корівниця milkmaid
корінець 1. *(маленький корінь)* rootlet; 2. *(обкладинки)* spine; *(квитанції)* counterfoil
корінний 1. *(про населення, традиції)* indigenous; 2. *(істотний)* fundamental, radical, basic
коріння *збір.* roots *pl*; <> **пускати ~** strike root; **виривати з ~ням** eradicate, root out
корінь 1. *у різн. знач.* root; 2. *мат.* root, radical;

<> **~ зла** root of all evil; **дивитися в ~** get at the root (of)
коркотяг *див.* **штопор**
корм forage, feed; *(сухий)* fodder; *(диких тварин)* food
корма *мор.* stern; **за ~мою** astern; **на ~мі** aft
кормовий I fodder *attr.*; **~ва база** fodder supply
кормовий II *мор.* stern *attr.*; **~ве весло** steering oar
корнет cornet
коробка box, case; **сірникова ~** box of matches; **~ передач (швидкостей)** *тех.* gearbox
корова cow
коровай round loaf
коров'ячий cow *attr.*, cow's; **~че молоко** cow's milk
корогва і **корогов** church-banner, ensign
кородувати corrode
корозійний corrosive
корозія corrosion
корок cork
королева queen
короленко prince
королівна princess
королівство kingdom
королівський royal; king's
король king
коромисло yoke; *(терезів)* beam
корона 1. crown; 2. *астр.* corona
коронарний coronary *attr.*
коронка 1. *(зуба)* crown; **поставити ~ку** crown a tooth; 2. *(бура)* bit
коронний best, favourite; **~ номер** party piece
коронування crowning
коронувати crown
короп *іхт.* carp
короткий short, brief; *(стислий)* concise; **~ке замикання** *ел.* short circuit; **~кі хвилі** *радіо* short wave
короткозорий short-sighted
короткозорість short-sightedness
короткометражний: ~ фільм short (film)
коротконогий short-legged
короткостроковий short-term
короткохвильовий short-wave *attr.*
короткочасний short, brief; short-term
коротшати become shorter
коротше shorter; **~ кажучи** put it briefly, in short, in a word
корпоративний corporate
корпорація corporation
корпус 1. *(тулуб)* trunk; 2. *(механізму, машини й под.)* body, frame; 3. *(судна)* hull; 4. *(будинок)* block, building; 5. *війс.* corps
корсаж bodice

корсет corset
корт *спорт.* (tennis) court
кортеж *(жалобний)* cortege; *(весільний)* procession
кортик dagger, knife *(мн. knives)*
корупція corruption
корчити 1. writhe; have cramps (in); contort; **2.** *знев.* (*удавати із себе*) pose (to), play; **~ся** writhe about
корчувати grub up, root out
коса I: (*з волосся*) plait, tress, braid; **заплітати ~си кому-н.** plait smb.'s hair
коса II *с.-г.* scythe
коса III *геогр.* spit (of land)
косар mower
косарка *с.-г.* mowing-machine, mower
косий 1. slanting; **2.** (*косоокий*) squint-eyed; **3.** (*про очі*) squinting; **~ погляд** scowl
косинець set-square
косинка (three corner) kerchief
косинус *мат.* cosine
косити *с.-г.* mow; cut
косметика make-up, *збір.* cosmetics *pl*
косметичний cosmetic; **~ кабінет** beauty salon; <> **~ ремонт** decorating
косметолог beautician
косметологія cosmeticology
космічний 1. (*про політ, ракету*) space *attr.*; **2.** (*про науку*) cosmic; **~на швидкість** *перен.* terrific speed; **~ корабель** spaceship, spacecraft; **~ простір** (outer) space
космодром spaceport
космологія cosmology
космонавт cosmonaut; (*у США*) astronaut
космонавтика space technology and exploration cosmonaut
космополіт cosmopolitan
космополітизм cosmopolitanism
космос the cosmos, (outer) space
косо obliquely; **дивитися ~** look askance
косовиця mowing (-time)
косогір hillside, slope
косокутний *мат.* oblique-angled; **~ трикутник** oblique triangle
косоокий cross-eyed, squint-eyed
косоокість crosseyed, squint (eyed)
костел Roman Catholic church
кострубатий 1. twisted, rugged; **2.** (*про стиль*) clumsy
костур (*палиця*) staff; (*милиця*) crutch
костюм 1. outfit, suit; **2.** *театр.* costume; **купальний ~** bathing suit
костюмер wardrobe assistant
костюмований: ~ бал costume ball
котедж cottage
котел 1. (*посудина*) pot, cauldron; **2.** *тех.* (*паровий*) boiler

котик 1. *пестл.* (*кіт*) pussy; **2.** *зоол.* (*морський*) fur-seal; (*хутро*) sealskin; **3.** (*суцвіття*) catskin
котиковий (*про хутро*) sealskin *attr.*
котити(ся) roll
котлета rissole; (*відбивна*) chop, cutlet
котлован *тех.* excavation, (foundation) pit
коток 1. (*коліща, валик*) roller; **2. ~ ниток** reel
котрий 1. *відносн. займ.* (*про живі й неживі об'єкти*) which; (*про людей*) who; (*з обмежувальним значенням*) that; **2.** *пит. займ.* which, what, who; **~ра година?** what time is it?
котрий-небудь, котрийсь some, some kind of; (*у зап. і умовн. реч.*) any
котячий 1. (*про хвіст, лапи й под.*) cat's; catlike; **2.** *наук.* feline
котушка reel, bobbin
кофта blouse
коханий 1. beloved; **2.** *як ім.* lover, love; sweetheart
кохання love
кохати love; **~ся 1.** love each other; **2.** *перен.* (*у чому-н.*) be enthusiastic (about)
коцюба poker
кочегар stoker, fireman
кочегарка stokehold; fire-room *амер.*
кочівник nomad
кочовий nomadic
кочувати lead a nomad's life; (*про тварин*) migrate
кошара sheep-fold
кошеня kitten
кошик basket
кошлати, кошлатити ruffle, dishevel
кошмар nightmare
кошмарний nightmarish; *перен. тж* dreadful
кошти *мн.* **1.** (*гроші*) means; **відпускати великі ~** assign large sums of money; **2.** (*витрати*) costs, expense *sing*
коштовний valuable, costly; (*дорогоцінний*) precious
кошторис estimate
коштувати cost; be worth (of)
краб crab
краватка (neck) tie
кравець tailor
кравецький tailor's
кравчиня dressmaker
крадений stolen
крадіжка theft
крадькома stealthily
краєвид landscape, scenery
краєзнавець local historian, regional ethnographer
краєзнавство local studies *pl*, regional ethnography

краєзнавчий: ~ **музей** local-history museum, museum of regional ethnography
країна country, land
край I *ім.* **1.** *(місцевість)* land, region; **рідний** ~ native land (country), mother country; **2.** *(адміністративно-територіальна од.)* krai, territory; **3.** *(крайня частина чого-н.)* border, edge; *(посудини)* brim; **литися через** ~ brim over; <> **із краю в** ~ from end to end
край II *прийм.* beside, at, near, by; ~ **дороги** by the road
крайній last, extreme
крайність extreme, extremity
крам 1. goods *pl; ек.* commodities *pl;* **2.** *розм. (тканина)* material, stuff
крамар shopkeeper; storekeeper *амер.*
крамниця shop; store *амер.*
крамола subversion
крамольний subversive
кран 1. *(водовідний та под.)* tap, faucet; **2.** *(підойма, звід)* crane
кранівник crane operator
крапати drip, drop; *(про сльози)* fall
крапка 1. *(цятка)* point, dot; **2.** *грам.* full spot, period; ~ **з комою** semi-colon
крапля drop
краса beauty
красень handsome (good-looking) man
красивий beautiful, handsome; *(витончений)* fine; *(гарненький)* pretty
красномовний eloquent
красномовність eloquence
красти steal
крастися *(іти крадучись)* steal, sneak, prowl
красуватися stand out beautifully; show off
красуня beauty, beautiful woman (girl)
кратер crater
крах collapse; *перен.* destruction
крашанка coloured faster egg
кращати 1. *(ставати кращим)* improve, become better; **2.** *(гарнішати)* grow more beautiful (handsome)
кращий better
краяти 1. cut *(тж одяг);* **2.** *перен. (серце)* break
креветка shrimp
кредит credit; **купувати у** ~ buy on credit; **перевищувати** ~ overdraw; **брати** ~ **в банку** arrange an overdraft
кредитний credit *attr.;* ~**на картка** credit card; ~ **рахунок** credit account
кредитор creditor
кредиторський creditor's
кредитоспроможний solvent
кредитоспроможність solvency
кредитувати give credit, grant credit to
кредо credo

крейда chalk; *(для побілки)* whiting
крейдяний chalky
крейсер *військ.* battleship, cruiser
крейсувати 1. sail *(along a specific route)* **2.** *військ.* patrol
крекінг *(нафти)* cracking
крем cream
крематорій crematorium
кремація cremation
кремезний stocky, thickset
кремінь flint
кремній *хім. див.* **Силіцій**
кремовий cream *attr.; (про колір)* cream-coloured
крен 1. *мор.* list, heel; **2.** *ав.* bank
кренитися 1. *(про судно)* list, heel (over); **2.** *(про літак)* bank
креозот creosote
креп crêpe
крепдешин crêpe de Chine
креслення 1. *(дія)* drawing; **2.** *(накреслене)* draft; *(ескіз)* sketch
креслити draw
кресляр draughtsman, draftsman *амер.*
креслярський drawing *attr.;* ~**ка дошка** drawing-board
кретин cretin
кривавий bloody; *(закривавлений)* blood-stained
кривда falsehood, injustice; wrong
кривдити hurt, offend
кривий 1. *(покручений)* crooked, curved; **2.** *(кульгавий)* lame
кривити twist, bend, distort; <> ~ **душею** play the hypocrite; ~**ся** *(робити гримаси)* make a wry face
криволінійний curvilinear
кривоногий bow-legged
крига ice
криголам ice-breaker
крижаний ice *attr.; (холодний, тж перен.)* icy
крижина block of ice, ice-floe
крижі *мн. анат.* sacrum *(pl* -rums, -ra*)*
криза crisis *(pl* -ses*); ек. тж* depression; **урядова** ~ cabinet crisis
кризовий crisis *attr.*
крик cry, shout; *(пронизливий)* scream, yell; *(галас)* shouting, clamour
крикет *спорт.* cricket
крикливий yapping, noisy; loud *(тж перен.)*
крикнути shout
крилатий winged
крило wing
кримінал *розм.* criminal case
криміналіст specialist in crime detection, criminalist
криміналістика crime detection

кримінальний criminal *attr.*; **~ злочин** felony, criminal offence; **~ кодекс** criminal code
кримінолог criminologist
кримінологія criminology
криниця spring, well
криси *мн.* *(капелюха)* brim *sing*
крислатий 1. *(про дерево)* spreading, branchy; 2. *(про капелюх)* wide-brimmed
кристал crystal
кристалізація crystallization
кристалізуватися crystallize
кристалічний crystalline
кристальний 1. crystal *attr.*; *(прозорий)* crystal clear; 2. *(бездоганний)* pure
критерій criterion (*pl* -ria)
крити 1. cover; 2. *(дахом)* roof; 3. *(фарбою)* coat; **~ся** *недок.* *(ховатися)* hide
критик critic
критика criticism; *збір.* critics *pl*; **літературна ~** literary criticism
крикун *розм.* nit-picker
критикувати criticize
критицизм criticism
критичний 1. critical; 2. *(переломний)* decisive, crucial; **~ момент** critical (crucial) moment; **~на стаття** critique
крихітний tiny
крихкий fragile
крихта crumb
кричати, крикнути 1. cry, shout; *(пронизливо)* scream, shriek, yell; 2. *(на кого-н.)* shout (at)
кришити crumble, chop up; **~ся** crumble
кришка cover, lid
кришталевий crystal *attr.*; cut-glass *attr.*; *перен.* crystal clear
кришталь 1. *(скло)* crystal (glass), cut-glass; 2. *збір.* *(посуд)* cut-glass (ware)
крізь through
крій cut; style
кріль *зоол.* rabbit
крім 1. *(за винятком)* except; **~ нього я нікого не бачив** I haven't seen anyone except for (apart) from him; 2. *(на додаток)* besides; **~ того** besides (that), moreover
кріп *бот.* dill
кріпак, кріпачка *іст.* serf
кріпацтво *іст.* serfdom
кріпацький *іст.* serf *attr.*
кріпаччина *іст.* serfdom
кріпити 1. *(скріплювати)* fix, fasten; 2. *(зміцнювати)* strengthen; **~ся** *(триматися)* hold out; stand firm
кріплення 1. *(дія)* fastening; strengthening; 2. *гірн.* timbering; 3. *спорт.* *(лижне)* binding
кріпосний, кріпосницький serf *attr.*
крісло easy chair, armchair; *(у театрі)* seat
кріт *зоол.* mole

кров blood; **сходити ~в'ю** bleed
кровний blood *attr.*: **~на помста** blood feud
крововилив haemorrhage, hemorrhage *амер.*
кровожерливий bloodthirsty
кровожерливість bloodthirstiness
кровозмішення incest
кровоносний: ~на система circulatory system
кровообіг *мед.* circulation (of the blood)
кровопивець bloodsucker
кровопролитний bloody, murderous
кровопролиття bloodshed
кровопускання *мед.* bloodletting
кровоспинний clotting *attr.*
кровотамівний clotting *attr.*
кровотеча bleeding
кровоточити bleed
кров'яний blood *attr.*; **~на ковбаса** black pudding; **~ тиск** blood pressure
кроїти cut out
крок 1. step; *(широкий)* stride; *(хода)* pace; 2. **~ки** *мн.* *(звуки ходи)* footsteps; <> **~ за ~ком** step by step; **~ком руш!** *військ.* quick march
кроква *буд.* rafter
крокодил *зоол.* crocodile
крокодилячий: ~чі сльози crocodile tears *pl*
крокувати step; *(великими кроками)* stride; *(розмірено)* pace
кролик *зоол.* *див.* **кріль**
кролиця *зоол.* doe *(rabbit)*
кроль *спорт.* crawl; **плавати ~лем** swim the crawl
кролятник rabbit hutch
крона I *(дерева)* top, crown
крона II *(гроші)* krona
кронштейн *(балкону)* support; *(лампи, полиці)* bracket
кропива *бот.* nettle
кропити sprinkle (with)
кропіткий laborious; **~ка робота** tedious work
крос *спорт.* cross-country race
кросворд crossword (puzzle)
кросовка *(зазв. -сівки мн.)* trainer
крохмалити starch
крохмаль starch
крохмальний starched
круг circle, ring, disk
круглий 1. round; 2. *розм.* *(цілковитий):* **~ відмінник** pupil (student) with distinctions in every subject; **~ сирота** complete orphan
круговий circular; <> **~ва порука** mutual protection (dependence); *(у злочинців)* mutual cover-up

кругозір outlook, horizon; **з вузьким ~зором** narrow-minded; **з широким ~зором** broad-minded

кругом 1. *(навколо)* around; **2.** *(усюди)* everywhere; **3.** *розм.* *(повністю)* quite, entirely

кругообіг circulation

круговітній round-the-world *attr.*; **~ня мандрівка** world tour, voyage round the world

кружляти 1. go round; *(літати, описуючи кола)* circle; **2.** *(швидко обертатися)* whirl, spin

кружний roundabout; **поїхати ~ним шляхом** go a roundabout way

круїз cruise

крук raven

крупи *мн.* cereals *pl*, groats *pl*

крутий 1. *(стрімкий)* steep; **2.** *(раптовий)* sudden; *(різкий)* abrupt; **~ поворот** sharp turn; **3.** *(суворий)* stern; **4.: ~те яйце** hard-boiled egg

крутити 1. *(обертати)* turn; whirl; **2.** *(скручувати)* twist; roll up; **~ кому-н. голову** turn smb.'s head; **~ся 1.** *(обертатися)* turn, spin; **2.** *(бути поблизу)* be about

крутій cheat, swindler

крутійство trickery, swindle

круто 1. *(стрімко)* steeply; *(раптово)* suddenly; *(різко)* abruptly; **3.** *(суворо)* sternly

круча steep slope; precipice

крушити destroy, shatter

кряж *(гірський)* ridge

крякати, крякнути 1. *(про ворону)* croak; **2.** *(про качку)* quack

ксерокопія photocopy, Xerox

ксерокс *(автомат)* photocopier; *(копія)* photocopy, Xerox

ксилографія 1. *(взірець)* woodcut; **2.** *(процес)* wood engraving

ксилофон *муз.* xylophone

куб *геом.* cube

кубатура cubic capacity

кубик 1. cube; **2. ~ки** *мн.* *(іграшка)* bricks

кубізм *мист.* cubism

кубінець, кубінка Cuban

кубінський Cuban

кубіст *мист.* cubist

кубічний cubic; **~ корінь** *мат.* cube root

кубок goblet; *спорт.* cup; **змагання за ~ cup** tournament

кубометр cubic metre, cubic meter *амер.*

кубрик *мор.* mess deck; crew quarters *pl*

кувати І *(тж перен.)* forge; **2.** *(підковувати)* shoe; <> **куй залізо, поки гаряче** strike while the iron is hot

кувати ІІ *(про зозулю)* cuckoo

куди where; **скажи, ~ ти йдеш** tell me where you are going; **~ ти поклав мій олівець?** where did you put my pencil?; **~ завгодно** anywhere; **~-небудь** somewhere

кудкудакати cluck, cackle

кудлати *див.* **куйовдити**

кудлатий shaggy, hairy; *(нерозчесаний)* dishevelled

кузня smithy, forge

кузов *(машини)* back

куйовдити dishevel, rumple

кукурікати crow

кукуріку *виг.* cock-a-doodle-doo

кукурудза 1. *бот.* maize; **2.** *кул.* (sweet) corn

кулак fist

кулемет machine-gun

кулеметник machine-gunner

кулик *орн.* snipe

кулінар master chef, culinary specialist

кулінарія 1. *(готування їжі)* cookery; **2.** *(магазин)* delicatessen

кулінарний culinary

куліш thick millet soup

кулон 1. *фіз.* coulomb; **2.** *(прикраса)* pendant

кулуари *мн.* lobby *sing*

кульбаба *бот.* dandelion

кульгавий lame

кульгати limp; *перен.* be weak, be poor

кульковий *(про вальницю)* ball *attr.*; **~ва ручка** ballpoint pen

кульмінаційний climactic, culminating

кульмінація 1. *астр.* culmination; **2.** *перен.* high point, climax

культ 1. *(служіння божеству)* cult; **2.** *(сукупність православних обрядів)* religion; **3.** *перен.* *(сили, грошей і под.)* cult worship; **~ особи** personality cult

культиватор *с.-г.* cultivator

культивування cultivation

культивувати cultivate

культовий religious

культура 1. culture; **2.** *с.-г.* culture crop; **технічні ~ри** *мн.* industrial crops

культуризм body building

культурист body builder

культурний 1. cultural; **2.** *(про рослину)* cultivated; **3.** *(освічений)* cultured; **~на людина** man of culture

культурність culture, level of culture

куля І *(сферичне тіло)* ball; sphere, globe; **земна ~** the globe; **повітряна ~** balloon

куля ІІ *(рушнична й под.)* bullet

кулястий round, globe-shaped; spherical

кум godfather

кума godmother

кумач red cotton (bunting)

кумедний funny, amusing

кумир idol

кумис fermented horse's milk
куниця *зоол.* marten
куняти be drowsy
купа 1. heap, pile; **2.** *(велика кількість чого-н.)* a lot of, heaps of
купальник swimming (bathing) costume, bathing suit *амер.*
купальний bathing; **~ костюм** swimming (bathing) costume, bathing suit *амер.*; **~ сезон** swimming season
купання bathing; **морські ~** sea-bathing
купати bath; give a bath; **~ся** bathe; take a bath
купе compartment *(in railway carriage)*
купейний: ~ ваґон Pullman (car)
купець 1. *(торговець)* merchant; **2.** *(покупець)* buyer
купецький merchant *attr.*
купівельний *ек.* purchasing; **~на спроможність** purchasing power
купівля purchase; **~-продаж** buying and selling
купіль *рел.* font
куплет couplet
купон coupon
купорос *хім.* vitriol; **мідний ~** blue vitriol
купувати, купити buy, purchase
купюра 1. *ек.* denomination; **2.** *(скорочення)* cut; **статтю надруковано без ~пюр** the article is printed in full
курага *збір.* dried apricots *pl*
куранти *мн.* chiming clock *sing*
куратор supervisor
курець smoker
кур'єр messenger; *(дипломатичний)* courier
кур'єрський: ~ відділ dispatch department; **~ потяг** express train
курильний: ~ тютюн rolling tobacco; **~на кімната** smoking room
курити I *(цигарку й под.)* smoke; **~ся** *(виділяти дим)* smoke
курити II *(здіймати куряву)* raise the dust
куріння smoking
курінь hut of branches, hovel
куріпка *орн.* grouse, partridge
курйоз *розм.* curious thing, strange (queer) thing
курйозний curious, strange, queer
курка 1. hen; **2.** *(страва)* chicken
курний 1. *(з курявою)* dusty; **~ шлях** dusty road; **2.** *(димний)* smoky
курник hen-house, hen-coop
курок *див.* **гачок 2**
курорт (holiday) resort

курортний resort *attr.*; **~ сезон** holiday season
курортник resort visitor
курс 1. *(напрям)* course; *перен. тж* policy; **2.** *(рік навчання)* year; **3.** *(валюти)* exchange rate; <> **бути в ~сі справ** be up on what's going on
курсант *війс.* cadet
курси *мн.* courses
курсив *друк.* italics *pl*
курсивний: ~ шрифт italic font
курсовий course *attr.*; year *attr.*; **~ва робота** project, undergraduate thesis
курсор *обч.* cursor
курсувати ply (between)
куртка jacket
курча chicken
курява dust; **здіймати ~ву** raise the dust
курятина chicken-meat
курячий hen's
кусати(ся) bite; *(жалити)* sting
кустар craftsman
кустарний 1. handicraft *attr.*; **~ні вироби** handicraft wares; **2.** *(примітивний)* crude, amateurish, primitive
кут 1. *геом.* angle; **під прямим ~том** at right angles (to); **2.** *(куток)* corner, nook; <> **загнати кого-н. у глухий ~** nonplus smb.; **під цим ~том зору** from this point of view
кутати cover up, muffle, wrap; *(дитину)* bundle up; **~ся** muffle (wrap) oneself up (in)
кутній corner *attr.*; *(про зуби)* molar
кутовий angular; angle *attr.*, corner *attr.*
куток corner; nook
кухар cook
кухня kitchen; *(страви)* cooking
куховарити cook
куховарка cook
кухоль mug; **~ пива** glass of beer
кухонний kitchen *attr.*
куций *(безхвостий)* docked; *(короткий)* short, limited
кучер I *(фурман)* coachman, driver
кучер II *(волосся) (частіше* **~рі** *мн.)* curls, locks
кучерявий 1. curly; *(про людину)* curly-headed; **~ве волосся** curly hair; **2.** *перен.* *(про стиль)* flowery
кучугура hill; heap, pile; *(снігу й под.)* drift
кушнір furrier
куштувати taste
кущ bush, shrub
кювет gutter, (side) ditch

Л

лабети *мн.* clutches
лабіринт 1. maze; **2.** *перен.* labyrinth
лаборант *(у лабораторії)* laboratory assistant; *(на кафедрі)* secretary
лабораторія laboratory
лабораторний laboratory *attr.*
лава I bench; **~ підсудних** dock
лава II *(ряд)* rank
лава III *геол.* lava
лава IV *гірн.* drift
лаванда lavender
лаваш lavash *(Caucasian flat bread)*
лавина avalanche *(тж перен.)*
лавка *див.* **лава** I
лавр laurel, bay; *(дерево тж)* bay-tree; <> **спочивати на ~рах** rest on one's laurels; **пожинати ~ри** be crowned with laurels
лавра monastery
лавровий laurel *attr.*, bay *attr.*; **~ лист** bay leaf; <> **~ вінок** wreath of laurels
лавсан lavsan *(synthetic polyester fibre or fabric)*
лагідний gentle, mild
лагідно gently; mildly
лагодити repair, mend; fix *амер.*
лагуна lagoon
лад 1. *(спосіб)* way, manner; **на свій ~** in one's own way; **на старий ~** in the old manner; **2.** *(порядок)* order; **приводити справи до ~ду** put (set) one's affairs in order; **3.** *(державний)* system, order, regime; **4.** *(згода, одностайність)* harmony, accord; **5.** *муз.* mode; <> **вивести з ~ду** put out of action; **вийти з ~ду** break down, be put out of action
ладен *предик.* ready, disposed (to)
ладити *(з ким-н.)* get on (well) with
ладнати 1. *(готувати)* prepare, get ready; **2.** *(лагодити)* repair, mend; **3.** *(упорядковувати)* settle, patch
лазарет infirmary; *(польовий)* field hospital
лазер laser
лазерний laser *attr.*; **~ принтер** laser printer
лазити 1. climb; **~ по деревах** climb trees; **2.** *(повзати)* creep, crawl
лазня bath-house
лазур azure
лазурит lapis lazuli
лазурний azure, sky-blue
лайка abuse, swearing, bad language
лайливий abusive
лайнер liner; *(літак)* air liner
лак 1. *(для нігтів та под.)* varnish; **2.** *(для волосся)* lacquer, hair spray
лакей 1. *(слуга)* footman, man-servant; **2.** *перен. (лакуза)* lackey
лакейський 1. man-servant's; **2.** *перен.* servile
лакований *(про шкатулку й под.)* lacquered; *(про туфлі)* patent-leather
лаковий 1. *(про розчин і под.)* lacquer *attr.*; **2.** *(про вироби)* lacquered
лаконізм succinctness
лаконічний 1. *(про промову)* laconic, succinct; **2.** *(про малюнок і под.)* spare, austere
лаконічно laconically, succinctly
лактоза lactose
лакувати 1. lacquer; *(шкіру)* patent; **2.** *перен.* embellish
лама 1. *зоол.* llama; **2.** *рел.* lama
ламаний broken; **~на лінія** *мат.* broken line, zigzag
ламати 1. break; **2.** *перен. (знищувати)* sweep away; destroy; **~ традиції** destroy traditions; **3.** *(різко змінювати)* transform, alter; <> **~ собі голову над чим-н.** rack one's brains over smth.
ламатися 1. break, get broken; **2.** *(бути ламким)* be breakable
ламкий brittle, fragile
лампа lamp; *радіо* valve, tube; **електрична ~** (electric) bulb; **~ денного світла** fluorescent light
лампада icon lamp
лампас *(зазв.* **-си** *мн.)* stripe *(down trouser leg)*
ламповий lamp *attr.*; *радіо* valve *attr.*
лампочка (electric) bulb
лан field
ланґет fillet steak
ландшафт landscape, view
ланка link; section
ланолін lanolin
лантух big sack
ланцет *мед.* lancet
ланцюг chain *(тж перен.)*; **~ подій** sequence of events
ланцюговий chain *attr.*; **~ва реакція** *фіз.* chain reaction; **~ва передача** *тех.* chain-drive
ланцюжок chain
лань *зоол.* fallow-deer; *(самиця)* doe

лапа paw; *(птаха)* foot; *(лисиці, зайця тж)* pad; <> **потрапляти в ~пи до кого-н.** fall into smb.'s clutches
лапки *мн. грам.* quotation marks *pl*, inverted commas *pl*
ларингіт laryngitis
ларингологія laryngology
ласий 1. *(до чого-н.)* fond (of); avid (for, of); 2. *(дуже смачний)* dainty
ласка 1. caress; 2. *(добре ставлення)* kindness, affection; **будь ~** а) please *(при ввічливому звертанні)*; б) certainly *(згода)*; в) not at all; you're welcome *(у відповідь на подяку)*
ласкавий 1. affectionate; *(про голос, погляд)* tender; *(про вітер і под.)* caressing; 2. *(люб'язний)* courteous, amiable; <> **будьте ~ві** please; be so kind (as to)
ласкаво: ~ просимо *розм.* you're welcome
ласощі *мн. збір.* sweets, sweetmeats; candies *амер.*
ластівка swallow
ластовиння freckles *pl*
ласувати regale (on)
ласун, ласунка gourmand, lover of food
латаний patched
латати patch (up)
латаття *бот.* water-lily
латвійський Latvian
лати *мн. іст. (панцир)* armour *sing*
латинський Latin; **~ алфавіт** Roman alphabet; **~ка мова** Latin
латиський Latvian; **~ка мова** Latvian, the Latvian language
латиш, латишка Latvian
латка patch
латунь *див.* **мосяж**
лауреат laureate; winner *(of an award)*
лафет *війс.* gun-carriage
лахміття rags *pl*
лацкан lapel
лаштувати prepare, make ready
лаштунки *мн. театр.* wings; **за ~ками** behind the scenes *(тж перен.)*
лащитися caress; *(про собаку)* fawn (upon)
лаяти(ся) scold, swear
лебединий swan *attr.*; **~на пісня** swan-song
лебідка *тех.* winch
лебідь *орн.* swan
лев *зоол.* lion
левада meadow, grass-plot
левеня *зоол.* lion-cub
левиний lion's
левиця *зоол.* lioness
легеневий pulmonary
легеня *анат.* lung; **запалення ~нів** pneumonia

легенький *зменш. див.* **легкий**
легкий 1. *(вагою)* light; **спортсмен ~кої ваги** light-weight; 2. *(складністю)* easy; *(ледве помітний, незначний тж)* slight; <> **~ка музика** light music; **~ характер** sweet temper; **~ка атлетика** *спорт.* athletics *pl*, track and field *амер.*; **~ка промисловість** light industry
легкість lightness; easiness; facility
легко 1. lightly; *(без труднощів)* easily; *(безтурботно)* airily; *(злегка)* slightly; 2. *безос.* it is easy
легкоатлет athlete *(in track and field events)*
легковажний *(про людину)* frivolous; *(про ставлення)* frivolous, flippant; *(про вчинок)* thoughtless
легковажність *(учинка)* lightmindedness; thoughtlessness; *(людини)* frivolity, flippancy
легковий: ~ автомобіль car, automobile *амер.*
легковірний gullible, credulous
легковір'я credulity
легкотравний digestible
легшати 1. *(вагою)* become lighter; 2. *(складністю)* become easier
леґалізувати legalize
леґальний 1. legal; 2. *перен.* fairy story
леґальність legality
леґенда legend
леґендарний legendary
леґіон legion
леґований: ~на сталь steel alloy
ледар lazybones, slacker, idler
ледарювати lounge about, loaf, be idle
ледачий lazy, idle
ледве hardly, scarcely
леді lady
лежачий lying, recumbent; **~ хворий** bedridden patient
лежебок *знев.* lazy-bones *pl*, couch potato
лезо blade
лейборист Labour party member
лейбористський Labour
лейкоз *мед.* leukaemia, leukemia *амер.*
лейкопластир sticking plaster, adhesive tape *амер.*
лейкоцит *(зазв.* **-ти** *мн.) фізіол.* leucocyte, white blood corpuscle
лейтенант lieutenant; **молодший ~** junior lieutenant; **старший ~** senior lieutenant
лейтмотив *муз.* leitmotif; *перен.* burden, theme
лекало French curve
лексика *лінгв.* vocabulary
лексикограф lexicographer
лексикографічний lexicographical
лексикографія lexicography

лексиколог lexicologist
лексикологія lexicology
лексикон vocabulary
лексичний lexical
лектор lecturer, speaker
лекторій 1. lecturing bureau; **2.** *(цикл лекцій)* course of lectures
лекційний lecture *attr.*; **~на зала** lecture-hall, lecture-room
лекція lecture; **~ з історії** lecture on history; **прочитати ~цію** lecture, give (deliver) a lecture; **відвідувати ~ції** attend lectures
лелека *орн.* stork
лементувати shout, clamour
леміш *с.-г.* ploughshare, plowshare *амер.*
лемур *зоол.* lemur
леопард *зоол.* leopard
лестити flatter
лестощі *мн.* flattery *sing*; *(вихваляння)* adulation *sing*
летальний fatal; **~на доза** letal dose
летаргічний lethargic
летаргія lethargy
летіти fly
летючий flying
лещата *мн. тех.* vice *sing*; *перен.* grip *sing*; **затиснути в ~** maxgrip in a vice
ливарний foundry *attr.*; **~ завод** foundry
ливарник founder, foundryman
лижви *див.* **лижі**
лижі *мн.* skiing (*одн. -жа ski*); **ходити на ~жах** go cross-country skiing; **водяні ~** water-skis; **гірські ~** downhill skis
лижвар skier
лижний ski *attr.*; **~ спорт** skiing; **~ костюм** ski-suit
лижня ski track
лизати lick
лико bast
лиман mud flats *pl*, lagoon
лимон *(дерево)* lemon tree; *(плід)* lemon
лимонад lemonade
лимонний lemon *attr.*; **~на кислота** citric acid; **~не дерево** lemon tree
лин *іхт.* tench
линути fly, rush, flow
линяти 1. *(про птахів)* moult; *(про тварин)* lose its fur (coat); **2.** *(утрачати забарвлення)* fade, lose colour; *(після миття, прання)* run
липа lime (tree), linden
липень July
липкий sticky, adhesive; **~ пластир** sticking plaster
липневий July *attr.*
липнути stick (to), cling (to) *(тж перен.)*
липовий lime *attr.*; **~ цвіт** lime-blossom
лис *зоол.* (male) fox, dog fox

лисеня, лисенятко *зоол.* fox cub
лисий bald, bald-headed
лисина bald (patch) spot
лисиця *зоол.* fox; *(самиця)* vixen
лисіти go (grow) bald
лиск lustre; gloss *(тж перен.)*
лискучий glossy, shiny
лисніти(ся) shine, be glossy
лист I *бот.* leaf
лист II 1. *(поштовий)* letter; **рекомендований ~** registered letter; **2.** *(паперу)* sheet; *(металу тж)* plate
листівка postcard
листовий: ~ва сталь sheet steel
листок *див.* **лист I** *і* **лист II**
листоноша postman
листопад *(місяць)* November
листування correspondence
листуватися correspond (with)
листя *збір.* leaves *pl*, foliage *sing*
листяний leaf *attr.*; *(про дерева)* leaf-bearing, deciduous
лисячий fox *attr.*
литво castings *pl*
лити 1. pour **2.** *(текти)* flow; **3.** *тех.* cast, found; <> **~ сльози** shed tears
литий cast; **~та сталь** cast steel
литися flow, stream, pour
литка *анат.* calf
литовець, литовка Lithuanian
литовський Lithuanian; **~ка мова** Lithuanian, the Lithuanian language
лихвар usurer, money-lender
лихварство usury
лихварський usurious
лихий evil, bad, wicked; <> **~ха доля** sad (bitter) fate
лихо 1. *(біда, нещастя)* disaster, misfortune, trouble; **2.** *(зло)* evil
лиховісний ominous, sinister
лиходій villain
лихоліття hard times *pl*; dark days *pl*
лихоманка fever
лицар gentleman
лицарський chivalrous
лице 1. face; **2.** *(лицевий бік)* right side; **бути до ~ця** suit, become to
лицемір hypocrite
лицемірити play the hypocrite; dissemble
лицемірний hypocritical
лицемірство hypocrisy
лицювати *(про одяг)* turn
личина mask
личити suit, become to
лишай *мед.* herpes
лишайник *бот.* lichen
лишати, лишити 1. leave, abandon; **~ надію**

give up hope; **2.** *(зберігати)* keep, retain; **~ся** remain; stay
лише 1. *част. (тільки)* only; **2.** *спол.* as soon as
лишок surplus; *(решта)* remainder, rest
ліана *бот.* liana
ліберал liberal
лібералізація liberalization
лібералізм liberalism
ліберальний liberal
лібретист librettist
лібрето libretto *(pl -*ti)
ліванський Lebanese
лівер offal
лівий 1. *(бік, напрям)* left, left-hand *attr*.; **~ борт** *мор.* port side; **2.** *політ.* left, left-wing *attr.*; **3.** *як ім. політ.* left-winger
ліворуч *(куди)* to the left; *(де)* on the left; **~ від мене** to (on) my left
лівр́ея livery
лігво lair, den
ліґа league
ліґатура ligature
лід ice; **сухий ~** artificial ice
лідер leader
лідерство leadership
лідерувати be in the lead, lead
ліжко bed
лізти 1. *див.* **лазити; 2.** *(усередину)* get (into); **3.** *розм. (набридати, утручатися)* butt in (on); intrude (upon); **<> ~ зі шкіри** lay oneself out; **~ на очі** push oneself forward
лійка funnel; *(для поливання)* watering-pot; watering-can
лік *церк.* countenance
лікар doctor, physician
лікарня hospital
лікарняний: ~ листок medical certificate
лі́карський *(від* **лікар)** medical; doctor's
ліка́рський *(від* **ліки)** *(лікувальний)* medicinal; **~ка форма** medicine; **~кі трави** (medicinal) herbs
ліквідатор 1. *(наслідків аварії та под.)* relief worker; **2.** *ком.* liquidator
ліквідація liquidation; *(зброї)* destruction
ліквідність liquidity
ліквідувати liquidate; *(зброю)* destroy
лікер liqueur
лікеро-горілчаний: ~ завод distillery
ліки *мн.* medicine *sing;* **~ від кашлю** cough medicine; **давати ~** give medicine; **приймати ~** take (one's) medicine
лікоть elbow
лікувальний medical; *(що лікує)* medicinal; **~ заклад** medical establishment
лікування treatment
лікувати treat; **~ся** take a cure; *(від чого-н.)* receive treatment (for)

лілея *поет. див.* **лілія**
ліліпут midget
лілія *бот.* lily; **водяна ~** water-lily
ліміт 1. *(на бензин, електроенергію й под.)* quota; **2.** *(цін)* limit
лімітувати 1. *(споживання, імпорт)* limit; **2.** *(ціни)* cap
лімузин limousine
лімфа *фізіол.* lymph
лімфатичний *фізіол.* lymphatic
лінґвіст linguist
лінґвістика linguistics
лінґвістичний linguistic
лінза lens
лінивий lazy, idle
лінійка 1. *(лінія)* line; **зошит у ~ку** lined notebook; **2.** *(інструмент для креслення)* ruler
лініювати rule, line
лінія *у різн. знач.* line; **провести ~нію** draw a line; **залізнична ~** railway track, railroad track *амер.;* **морська ~** sea route; **повітряна ~** airway; **трамвайна ~** tramway; **~ фронту** *військ.* front line; **~ воріт** *спорт.* goal line; **<> вести свою ~нію** pursue one's own policy
лінкор *(лінійний корабель)* destroyer, battleship
лінолеум linoleum
лінощі *мн.* laziness *sing.;* indolence *sing*
лінуватися be lazy, idle
лінчувати lynch
ліпити 1. *(док.* вилі́пити*)* model; sculpture; **2.** *(док.* зліпи́ти*)* build; make
ліплення modelling
ліпний: ~ні прикраси stucco moulding
ліра I *муз.* lyre
ліра II *(грошова од.)* lira
ліризм lyricism
лірик lyric poet
лірика lyrics; lyric poetry; *перен.* lyricism
ліричний 1. *(про поезію)* lyric; **2.** *(про почуття й под.)* lyrical; **<> ~ відступ** lyrical digression
ліричність lyricism
ліс 1. wood(s); *(великий)* forest; **2.** *тк одн. (матеріал)* timber; lumber *амер.*
лісівник forestry expert
лісівництво forestry
лісник forest-guard; forest ranger *амер.*
лісництво forestry
лісовий forest *attr*.; woodland *attr*.; **~ва промисловість** timber industry; **~ва стежка** forest (woodland) path
лісозаготівля logging
лісозахисний: ~на зона shelter belt *(of trees)*
лісонасадження 1. *(дія)* afforestation; **2.** *(посаджені дерева)* plantation
лісопарк woodland park

лісопромисловість *(лісова промисловість)* timber industry, lumber industry *амер.*
лісоруб lumberjack
лісосіка felling area
лісосплав timber rafting
лісостеп *геогр.* forest-steppe *(area in which forest and steppe are mixed)*
літ flight
літа *мн.* **1.** *(роки)* years; **2.** *(вік)* age *sing*
літак aircraft, aeroplane; plane *розм.*
літати fly
літера letter; **велика ~** capital letter
літератор man of letters, literary man
література literature; **художня ~** fiction; **технічна ~** technical publications *pl*
літературний literary; **~ вечір** literary gathering; **~на мова** literary language
літературознавець literary critic
літературознавство literary criticism, literary studies *pl*, history and criticism of literature
літературознавчий literary
літній I *(немолодий)* elderly
літній II *(прикм. до* **літо)** summer *attr.*
літо summer; <> **бабине ~** Indian summer
літографічний lithographic
літографія *мист.* lithograph; *друк.* lithography
літопис chronicle; annals *pl*
літописець chronicler
літописний chronicle *attr.*, annalistic
літочислення (system of) chronology
літр litre, liter *амер.*
літровий (one-) litre, (one-) liter *амер.*
літургія liturgy
ліф bodice
ліфт lift; elevator *амер.*
ліфтер lift-operator; elevator-boy *амер.*
ліхтар lantern; *(сигнальний)* signalling lamp; **вуличний ~** street lamp
ліхтарик (small) lantern; *(електричний)* flashlight, electric torch
ліцензія *ек.* license
лічба counting, calculation
лічений counted
лічильний account *attr.*; **~на машина** calculating machine, calculator
лічильник *(прилад)* meter; counter; **електричний ~** electric meter
лічити 1. *(називати числа)* count; **2.** *(визначати кількість, суму)* add up, compute; **~ гроші** count money
ліщина *бот.* hazel
лляний linen; *(про волосся)* flaxen
лоб forehead; *поет.* brow
лобзик fret-saw
лобі lobby
лобіст lobbyist

лобовий frontal; **~ва атака** *війс.* frontal attack; **~ве скло** windscreen, windshield *амер.*
лобода *бот.* goose-foot
лов catching
ловець hunter; *(рибалка)* fisherman
ловити catch; try to catch; **~ рибу** fish; <> **~ кожне слово** hang on smb.'s lips; **~ на слові** take smb. at his word; **~ рибку в каламутній воді** fish in troubled waters
ловкий *розм. (спритний)* crafty, slippery
логарифм *мат.* logarithm; **таблиця ~мів** tables of logarithms *pl*
логарифмічний *мат.* logarithmic; **~на лінійка** slide rule
логіка logic
логічний logical
ложа *(у театрі)* box; *(масонська)* lodge; **~ преси** press gallery
ложе *поет.* bed
ложка spoon; *(як міра чого-н.)* spoonful
лоза *бот.* osier; willow(s) *(pl)*; **виноградна ~** vine
лозина switch
лозунг 1. *див.* **гасло 1**; **2.** *(плакат)* banner
локалізація localization
локалізувати localize; **~ся** become localized
локальний local
локатор: оптичний ~ radar; **звуковий ~** sonar
локаут *політ.* lock-out
локомотив locomotive, engine
локон *див.* **кучер II**
локшина noodles *pl*; *(страва)* noodle soup
лом *(знаряддя)* crow-bar
ломака cudgel, club, bat
ломбард pawnshop
ломбардний pawn *attr.*
ломити 1. break (up); **2.** *безос.:* **у нього ломить кістки** his bones ache
ломовий dray *attr.*; **~ кінь** carthorse, dray-horse
лоно *книжн.* lap; <> **на ~ні природи** in the open air, out in the country, in nature's lap
лопата spade; *(совкова)* shovel
лопатка 1. *зменш. від* **лопата**; **2.** *анат.* shoulder blade
лопати(ся), лопнути break, burst; **~пнути від сміху** split one's sides with laughter
лопух 1. *бот.* burdock; **2.** *перен. (тюхтій)* simpleton
лорд lord
лорнет lorgnette
лосини *мн.* leggings
лосиця *зоол.* female elk, moose *(мн. -se)*
лоскіт tickling; **боятися ~коту** be ticklish
лоскотати tickle
лососевий *див.* **сальмовий**

лососина див. **сальмина**
лосось див. **сальма**
лось зоол. elk
лосьйон lotion
лот 1. мор. lead line; 2. (на аукціоні) lot
лотерейний lottery attr.
лотерея lottery
лотік (жолоб) trough, chute, shoot
лото lotto
лоток 1. (прилавок) stall; 2. (для розкладання) trader's tray
лотос бот. lotus
лоточник stallholder
лоцман мор. pilot (on ship)
лоша foal
лощина див. **виярок**
лояльний loyal (to the state)
лояльність loyalty
луб bast
луг I meadow, grassland
луг II хім. alkali
луговий meadow attr., grassland attr.
луджений tinplated
лудити tin
лужок grass-plot
луза pocket (on a billiard table)
лузати crack; ~ **насіння** eat sunflower seeds
лук (зброя) bow
лука meadow
лукавий 1. (хитрий, підступний) arch, cunning; 2. (задерикуватий) roguish
лукавити be cunning
луна echo
луна-парк funfair, amusement park амер.
лунати be heard
лунка (заглиблення) hollow
лункий (дзвінкий) sonorous; ringing; 2. (який посилює звук) resonant
лунь орн. harrier
лупа I magnifying glass
лупа II dandruff
лупити 1. (обдирати) peel; 2. (лупцювати) thrash; ~**ся** (про шкіру та под.) peel (off)
лупцювати thrash, beat
луска scales pl
лускати 1. (давати тріщини, лопатися) crack; burst; break (up); 2. див. **лузати**
лутка jamb (of a window)
лучник archer
лушпайка shell, peel, husk; **картопляні ~ки** potato peelings
лушпина, лушпиння див. **лушпайка**
лущити husk, peel; shell
льодовий ice attr.
льодовик glacier
льодовиковий glacial; ~ **період** glacial period, ice-age

льодоріз (мосту) starling; 2. (судно) icebreaker
льодоруб спорт. ice axe
льодостав freeze-up
льодохід drifting of the ice; **почався** ~ the ice has begun to move
льодяний ice attr.; (холодний, тж перен.) icy
льодяник (цукерка) fruit-drop, candy
льон бот. flax
льотчик airman, pilot; ~-**космонавт** space pilot
льох cellar
любий 1. dear; (милий) nice, sweat; 2. як ім. darling, beloved
любитель 1. lover; ~ **музики** music-lover; ~ **спорту** sports-lover; 2. (аматор) amateur
любительський amateur attr.
любити 1. love; 2. (мати інтерес, мати до вподоби) be fond of, like; ~ **читати** be fond of reading; ~ **музику** like (love) music
любов love; ~ **до батьківщини** love for one's country
любовний amorous; (сповнений любові, турботливий) loving
люб'язний amiable, obliging; (увічливий) courteous, polite
люб'язність courtesy; (послуга) kindness; (компліменти) compliments pl; **говорити ~ності** pay compliments; **зробити** ~ do a favour
люди мн. people pl; men; <> **вийти в** ~ make one's way in life
людина man, human (being), person (мн. people)
людино-година ек. man-hour
людино-день ек. man-day
людожер cannibal
людожерство cannibalism
людство humanity, mankind
людський human attr.
людський (людяний, гуманний) humane
людяний humane
людяність humanity
люк hatch
люкс 1. (про вагон) first-class carriage; (про каюту) first-class cabin; 2. (найвищого класу) first-class
люлька pipe
люмпен member of the lumpen proletariat
люпин бот. lupin
люрекс lurex
люстра chandelier
лютеранин Lutheran
лютеранський Lutheran
лютий I (місяць) February
лютий II 1. (злий, жорстокий) fierce, ferocious; savage; ~ **ворог** ruthless enemy; 2. (дуже сильний) severe, cruel; ~ **мороз** severe frost

лютівний: ~**на лампа** blowlamp
лютівник soldering iron
лютість ferocity, rage
лютня lute
лютувати I wreak one's fury; *(про бурю та под.)* rage
лютувати II *мех.* solder
лють fury, rage
люцерна *бот.* lucerne, alfalfa
лягати, лягти lie (down); ~ **спати** go to bed; turn in *розм.*; <> **літак ліг на курс** the plane got on course
ляк fright, scare; **з ~ку** from fright
ляканий frightened; <> ~**на ворона й куща боїться** ≈ the burnt child dreads the fire; once bit twice shy
лякати frighten, scare; ~**ся** be frightened; take fright (at)
лялечка 1. dolly; **2.** *зоол.* chrysalis (*pl* -ices, -ides)
лялька doll; *(театральна)* puppet
ляльковий doll's; puppet *attr.*; ~ **театр** puppet-show
лямка strap
ляпас slap in the face
ляскати, ляснути clap; *(ударити)* slap; ~ **в долоні** clap (one's hands); ~ **батогом** crack a whip
лящ *іхт.* bream
лящати: аж у вухах лящить there is a ringing in one's ears

М

маґнезій *хім.* magnesium
мадам madame
мадемуазель mademoiselle
мадонна madonna
мажор *муз.* major key
мажоритарний: ~**на система** *політ.* system of majority rule
мажорний 1. *муз.* major; **2.** *перен. (про настрій)* cheerful
мазати 1. *(чим-н. рідким)* spread; oil; *(маслом)* butter; **2.** *(бруднити)* soil, smear; ~**ся** (be) smear oneself
мазок 1. *(пензля)* stroke; **2.** *мед.* smear
мазурка mazurka
мазут black (fuel) oil
мазь *мед.* ointment
майбутній future, coming; ~ **час** *грам.* future tense
майбуття *поет.* future
майдан square
майданчик 1. *(дитячий)* playground; *(спортивний)* ground; *(будівельний)* site; **2.** *(частина вагона)* corridor; **сходовий ~** landing; **посадковий ~** landing pad
майже almost, nearly
майка vest, sleeveless undershirt *амер.*
майно property
майор major
майнути 1. flash *(тж перен.)*; **2.** *(куди-н.)* dash
майоліка *збір.* majolica

мабуть probably, most likely; **ви, ~, його зустрічали** you must have met him; **вона, ~, запізниться** she is likely to be late
мавзолей mausoleum
мавпа *зоол.* monkey; *(людиноподібна)* ape
маг *(чарівник)* magician
магазин 1. *(крамниця)* shop; store *амер.*; **універсальний ~** department store; **2.** *спец.* magazine
магічний magic *attr.*; *перен.* magical
магія magic
магнезія magnesia
магнетизм magnetism; **земний ~** terrestrial magnetism
магніт magnet
магнітний magnetic; ~**на стрілка** magnetic needle; ~ **диск** *кіб.* magnetic disk
магнітола radio cassette player
магнітофон tape recorder; **касетний ~** tape (cassette) recorder
магнітофонний: ~ **запис** tape recording; ~**на касета** (audio)cassette; ~**на стрічка** recording tape
магнолія *бот.* magnolia
магістр *(учений ступінь)* master's degree; ~ **гуманітарних наук** Master of Arts
магістраль 1. *(шлях)* arterial road; main road; *зал.* main line; **2.** *(водовідна та под.)* main; **газова ~** gas main; **водна ~** main waterway
магнат magnate

майонез mayonnaise
майор військ. major
майоріти 1. (виднітися) loom; **2.** (розвіватися) stream, flutter
майстер skilled craftsman; (фахівець) master, expert; **2.** (на виробництві) foreman; **3.** (звання): ~ **спорту** master sportsman (title awarded to sportsmen); <> ~ **на всі руки** handyman, Jack-of-all-trades
майстерний masterly, skilful
майстерність skill, mastery
майстерня 1. (годинникова й под.) workshop; **2.** (художника, скульптора) studio
майструвати make (by hand), contrive
маїс maize, corn амер.
маїсовий maize, corn амер.
мак poppy; кул. poppy seeds pl
макака зоол. macaque
макарони мн. pasta sing
макаронний pasta attr.; **~ні вироби** pasta
македонець, македонка Macedonian
македонський Macedonian
макет 1. (модель) model; **2.** обч. breadboard
маківка 1. poppyhead; **2.** розм. (голови) crown
макінтош mackintosh
маклер broker
макраме macrame
макрель іхт. mackerel
макроекономіка macroeconomics pl
максі maxi
максималіст maximalist
максимальний maximum attr.
максимум 1. maximum; **2.** як присл. at most, maximum
макулатура 1. збір. wastepaper (for recycling); **2.** перен. през. pulp literature
макуха oilcake
малаєць, малайка Malay
малайський Malaysian
малахіт malachite
маленький див. **малий**
малий small, little; (незначний) slight; (про швидкість) low
малина (кущ) raspberry cane (bush); (ягода) raspberries pl
малинівка орн. robin (redbreast)
малинник збір. raspberry canes pl
малиновий (про варення, кущ) raspberry attr.; (про колір) crimson
мало 1. (небагато) little (з ім. в одн.); few (з ім. умн.); (недостатньо) not enough; **у мене ~ грошей** I don't have much money; **2.:** ~ **не** nearly, almost; ~ **не ввесь** almost the whole; **3.** із займ. і присл.: ~ **хто** hardly anybody, few (people)
маловідомий little known
малограмотний 1. half-educated, semiliterate; **2.** (про керівника) incompetent

малогабаритний small
малодушний faint-hearted; (про вчинок) cowardly
малозабезпечений disadvantaged
малойомовірний unlikely, improbable
малокаліберний small-bore attr., small-calibre, small-caliber амер.
малолітній 1. young, under-age; **2.** як ім. juvenile
малолітражний: ~ **автомобіль** small car (with small cylinder capacity)
малолюдний (малонаселений) thinly populated; (про вулицю) unfrequented, empty, deserted; (про збори) poorly attended
малонаселений sparsely populated
малоосвічений undereducated
мало-помалу розм. little by little
малопотужний weak
малорозвинутий underdeveloped
малорослий undersized
малорухливий (про спосіб життя) sedentary
малосімейний with a small family
малосольний pickled (in weak brine)
малуватий rather small, not the right size; undersized
мальва бот. mallow; (садова) hollyhock
мальований drawn, painted
мальовничий picturesque, colourful
мальок зоол. fry, young fish
мальтієць, мальтійка Maltese
мальтійський Maltese
малювання (олівцем) drawing; (фарбами) painting
малювати (олівцем) draw; (фарбами) paint; ~ **олівцем** draw in pencil
малюк див. **маля**
малюнок drawing; (узор) design, pattern; (у книзі) picture
маля розм. kiddy; baby, little one
маляр house-painter
малярійний malarian
малярія мед. malaria
малятко див. **маля**
мама mummy, mommy амер.
мамалига polenta, maizeporridge
мамо(у)нт зоол. mammoth
мангуста зоол. mongoose
манґо бот. mango
Манґан хім. manganese
мандарин tangerine, mandarin
мандариновий tangerine, mandarin
мандат mandate; (на з'їзд та под.) credentials
мандатний mandate attr.; **~на комісія** mandate commission
мандоліна mandoline
мандрівка journey; (по морю) voyage; (поїздка) trip

мандрівний wandering, travelling
мандрівник traveller
мандрувати travel; *(по морю)* voyage; *(блукати)* wander (about)
маневр manoeuvre, maneuver *амер.*
маневрувати manoeuvre, maneuver *амер.*
манеж 1. *(для верхової їзди)* riding-school; **2.** *(у цирку)* ring; **3.** *(дитячий)* play pen
манекен mannequin, dummy
манекенник, манекенниця (модель) model
манера manner; *(художника, поета)* style
манжета cuff
манити 1. *(кликати)* beckon; **2.** *(вабити)* attract
манишка shirt front
маніакальний maniacal
манівці *мн.* roundabout way *sing*
манікюр manicure
манікюрний manicure *attr.*
манікюрниця manicurist
маніпулювати manipulate
маніпуляція manipulation
манірний affected, pretentious
маніфест manifesto
маніфестація demonstration
манія mania; **~ величності** megalomania
маніяк maniac
манний: ~на каша cooked semolina; **~ні крупи** semolina
манометр pressure-gauge, manometer
мансарда garret
мантія robe
манто (ladies') fur coat
мануфактура *(тканини)* textiles *pl*
мануфактурний: ~ні вироби textiles
мапа *(географічна і под.)* map; **морська ~** chart
мара *(привид)* phantom, spectre, ghost
маразм *мед.* dementia; *перен. розм.* idiocy
марал *зоол.* Siberian deer
марафон marathon
марафонець marathon runner
марафонський: ~ біг *спорт.* Marathon race
маргарин margarine
маргаритка *бот.* daisy
марґанець *див.* **Манґан**
марґінальний marginal
марево mirage
маржа *ком.* margin
маринад marinade
маринований marinated, pickled
маринувати *(гриби, городину)* pickle; *(м'ясо, рибу)* marinate, marinade
марити 1. *(мріяти)* dream; **2.** *(у замороченні)* be delirious; **~ся** see in dreams
маріонетка marionette; *перен. тж* puppet
маріонетковий marionette; *перен. тж* puppet *attr.*

марка I 1. *(поштова)* stamp; **2.** *(фабрична)* trademark
марка II *(грошова од.)* mark
маркетинґ marketing
марксизм Marxism
марксист Marxist
маркувати *(продукцію)* trademark
марлевий gauze
марля gauze
мармелад fruit jellies *pl*
мармур marble
мармуровий marble
марний vain; *(непотрібний)* unnecessary; **~ні спроби** fruitless attempts
марніти pine away, fade; *(про обличчя)* loose one's (good) looks
марновірний superstitious
марновірство superstition
марнотрат squanderer, spendthrift
марнотратний extravagant, wasteful
марнотратство extravagance, wastefulness
марнувати waste
мародер looter, marauder
мародерство looting
мартен open-hearth furnace
мартенівський open-hearth
марципан marzipan
марш 1. march; **2.** *(сходів)* flight (of stairs)
маршал marshal
маршрут itinerary, route
маршрутний: ~не таксі fixed-route taxi
маршувати march
маса mass; *(тістоподібна речовина тж)* dough; **основна ~** *(чого-н.)* the bulk (of)
масаж massage; **~ серця** cardiac massage
масажист masseur
масажистка masseuse
масажувати massage
масив 1. *(гірський)* massif, mountain mass; **2.** *(велика територія)* tract; **житловий ~** housing estate, housing project *амер.*
масивний massive
маска 1. mask; **2.** *(косметична)* face pack; <> **скидати ~ку** throw off the mask; **зривати ~ку з кого-н.** unmask smb.
маскарад 1. *(бал)* masked ball, fancy-dress ball; **2.** *перен.* masquerade
маскарадний fancy-dress *attr.*
маскувальний camouflage *attr.*
маскування 1. *військ.* camouflage; **2.** *перен.* disguise
маскувати 1. *військ.* camouflage; **2.** *перен.* mask, disguise
маслина *(плід)* olive; *(дерево)* olive (tree)
масло butter
масляний butter *attr.*
маслянка, масляничка butter dish

масний *(засмальцьований)* greasy; **~на пляма** grease spot
масований *(про атаку й под.)* all-out
масовий mass *attr.*; *(загальнодоступний)* popular; **~ві засоби інформації** mass media
масовка *кіно, театр. (масова сцена)* crowd scene; *(статисти)* extras *pl*
масон Freemason, Mason
масонський Masonic
мастика mastic; *(для підлоги)* floor polish
мастило lubricant; grease
мастити smear; *(жиром)* grease; *(олією, мастилом)* oil, lubricate
масть 1. *(тварин)* colour, color *амер.*; coat; **2.** *карт.* suit
масштаб scale
масштабний 1. scale *attr.*; **~на лінійка** scale; **2.** *(про твір, будівництво та под.)* large-scale
мат *шах.* checkmate, mate; **оголосити ~** mate
мата *(підстилка)* mat
матадор matador
математик mathematician
математика mathematics
математичний mathematical; *(про факультет)* mathematics *attr.*
материк continent; *(суходіл)* mainland
материковий mainland *attr.*
материнство maternity, motherhood; *(про почуття)* motherliness
материнський 1. *(належний матері)* mothers'; **2.** *(властивий матері)* maternal, motherly
матеріал material; *(зазв. ~ли мн. — службові, слідства)* document
матеріалізм materialism
матеріаліст materialist
матеріалістичний materialist(ic)
матеріальний 1. material *attr.*; physical; **2.** *(грошовий, майновий тж)* financial, pecuniary, material *attr.*; **~на допомога** financial assistance
матерія 1. matter, substance; **2.** *(тканина)* cloth, fabric, stuff
мати I *ім.* mother
мати II *дієсл.* **1.** have; **2.** *з інф. (бути повинним, змушеним)* must, have to; **я маю закінчити цю роботу** I have to finish this work; <> **~ на увазі** mean; **~ значення** be of importance; **~ змогу** be in a position; **~ успіх** be a success
матка *(бджіл)* queen bee
матовий mat; lustreless, dull; **~ве скло** frosted glass
матрац mattress
матриця matrix *(pl* -rices*)*
матричний: ~ принтер *обч.* dot-matrix printer
матрос seaman, sailor

матроський sailor's
матч *спорт.* match
мафіозі mafioso
мафіозний mafia *attr.*
мафія mafia
махати, махнути wave; *(крилами)* flap; *(хвостом)* wag; **~хати кому-н. рукою** wave to smb.; <> **~хнути на що-н. рукою** give smth. up as a bad job
махорка shag, coarse tobacco
махровий 1. *(про квітку)* double; **2.** *текст.* terry
мацати feel, touch
мачуха stepmother
машина 1. machine; *(двигун)* engine; **2.** *розм.* *(автомобіль)* car; *(вантажівка)* lorry, truck *амер.*
машинальний mechanical
машинально mechanically
машиніст 1. operator, driver, machinist; **2.** *зал.* engine-driver; engineer *амер.*
машинка 1. machine; **2.** *(друкарська)* typewriter; **друкувати на ~нці** type; **3.** *(для стриження)* clippers *pl*; **4.** *(для шиття)* sewing-machine
машинний machine *attr.*; **~не відділення** machine-room, engine-room
машинобудівний machine-building
машинобудування mechanical engineering, machine-building
машинопис *(друкування)* typing; *(текст)* typescript
машкара *див.* **маска**
маяк lighthouse; beacon *(тж перен.)*
маяти *(майоріти)* flutter, stream, fly
маятник *(годинника)* pendulum
маячити loom
меблі *мн.* furniture; **м'які ~** threepiece suite
меблевий furniture *attr.*
умебльований furnished
умеблювати furnish
мебляр furniture-maker
мегабайт *обч.* megabyte
мегават *ел.* megawatt
мегафон megaphone
мегера *розм.* dragon
мед honey
медаліст medallist, medalist *амер.*
медаль medal; <> **зворотний бік ~лі** the other side of the coin
медальйон medallion, locket
медик medic
медикамент *(зазв. ~ти мн.)* medicine, medicament
медицина medicine
медичний medical; **~на допомога** medical aid; **~не обслуговування** health service

медовий honey *attr.*; honeyed; <> ~ **місяць** honeymoon
медпункт *(медичний пункт)* medical room, first-aid post (station)
медуза jellyfish
межа 1. boundary (-line); **2.** ~**жі** *мн. перен.* limits, bounds; **у ~жах** *(чого-н.)* within the limits (of); **за ~жами країни** beyond the borders of the country
межигір'я valley between mountains
межувати border (on, upon)
мекати bleat
мексиканець, мексиканка Mexican
мексиканський Mexican
меланхолійний melancholic *attr.*
меланхолік melancholic, melancholy person
меланхолія melancholy
меліоративний reclamation *attr.*
меліорація soil improvement, reclamation
мелодійний melodious, tuneful
мелодія melody, tune
мелодрама melodrama
меломан music-lover
мельхіор nickel silver
мембрана *тех.* diaphragm
меморандум memorandum (*pl* -da)
меморіал memorial
меморіальний memorial *attr.*; ~**на дошка** memorial plaque
мемуари *мн.* memoirs *pl*
менеджер manager; ~ **з маркетингу** marketing manager
менеджмент management
мензурка measuring glass
менінгіт *мед.* meningitis
менструація menstruation
ментол menthol
меншати diminish, decrease
менше less; **якомога** ~ as little as possible
менший less, lesser, smaller; *(молодший)* younger
меншість *збір.* minority
меню menu
мережа 1. net; **2.** *(шляхів і под.)* network
мережати embroider; *(про дерево)* carve
мереживо lace
мерехтіти twinkle, shimmer
мерзлий frozen; *(про городину)* frost-damaged
мерзлота frozen ground; **вічна** ~ permafrost
мерзнути freeze; feel cold
меридіан meridian
меркнути fade; grow dim
мертвий dead; *перен.* lifeless; ~**ва тиша** dead silence; ~**ва петля** *ав.* loop
мертвяк corpse, dead man
мерщій *як виг.* quick!; hurry up!
меса *рел.* Mass

месник avenger
мести 1. sweep; **2.** *безос.: (про хуртовину)* **на дворі мете** it's a blizzard outside
мета aim, purpose, object, goal, end; **маючи на ~ті** with the purpose (of)
метал metal
металевий 1. metal; **2.** *(про блиск, скрегіт)* metallic
металіст metal-worker
металобрухт scrap metal
металообробний metal-working
металург metallurgist
металургійний metallurgical
металургія metallurgy
метальник thrower; ~ **диска** *спорт.* discus thrower
метаморфоза metamorphosis
метати, метнути throw, cast; ~ **диск** *спорт.* throw the discus
метафізика metaphysics
метафора *літ.* metaphor
метафоричний *літ.* metaphorical
метелик butterfly; *(нічний)* moth
метеор meteor
метеорит meteorite
метеоролог meteorologist
метеорологічний meteorological
метеорологія meteorology
метеостанція *(метеорологічна станція)* weather station
метис, метиска half-breed
меткий lively, agile, brisk
метод method
методика 1. *(сукупність методів)* methods *pl*; **2.** *(викладання)* teaching methodology
методист specialist in educational methods
методичний 1. methodical; **2.** *(послідовний)* systematic
методологічний methodological
методологія methodology
метонімія *літ.* metonymy
метр metre, meter *амер.*; *(лінійка)* measure
метраж *(квартири, приміщення)* (metric) area; *(тканини)* length
метрдотель head waiter
метрика birth certificate
метричний metric; ~**на система мір** metric system; ~**на тонна** metric ton
метро the underground, metro, tube (*у Лондоні*); subway *амер.*
метрополітен *див.* **метро**
метрополія parent state, mother country
метушитися fuss (about), bustle
метушливий fussy, bustling
метушня fuss, bustle
механізатор machine operator
механізація mechanization

механізм mechanism; **годинниковий ~** clockwork
механізований mechanized
механізувати mechanize
механік mechanic
механіка mechanics
механічний mechanical; **~на обробка** machining
меч sword
мечеть mosque
мешканець *(пожилець)* lodger
мешкати live, reside
мжичити drizzle
мжичка drizzle
ми we
мигдаль *збір.* almonds *pl*; *(дерево)* almond-tree
миготіти twinkle, glimmer
милий 1. sweet, nice; *(дорогий, любий)* dear; **2.** *як ім.* darling, sweetheart
милити soap; **~ся** soap oneself
милиця crutch
милість *(добре ставлення)* kind-heartedness, kindness, goodness; favour; **зробити кому-н. ~** do smb. a favour; *(милосердя)* mercy; **з ~лості** out of charity
мило soap; **туалетне ~** toilet soap
милозвучний harmonious, euphonious
милосердний compassionate, merciful
милосердя compassion, mercy
милостивий gracious, kind
милостиня alms
ми́лувати have mercy on
милува́ти caress, fondle; **~ся** exchange caresses
миля mile; **морська ~** nautical mile
мильний soap *attr.*; **~на бульбашка** soap-bubble; **~на піна** lather
мильниця soap dish
мимо past, by
мимовільний involuntary
мимоволі involuntarily, unintentionally
мимохідь in passing by
мимрити mutter, murmur
минати, минути 1. pass; *(про час тж)* slip by; *(закінчуватися)* be over; **2.** *(залишати позаду себе)* pass through; *(помилково)* miss
минуле the past
минулий past; **~ час** *грам.* the past tense; **~лого літа** last summer
мир peace; **у ~рі** at peace; **укладати ~** make peace; **боротьба за ~** struggle for peace
мирити reconcile (with); **~ся 1.** *(взаємно)* be reconciled (with); make it up; **давай ~ся** let's make it up! **2.** *(з чим-н.)* resign oneself (to), reconcile oneself (to)
мирний 1. peace *attr.*; **~на політика** policy of peace; **~не населення** civilian population; civilians *pl*; **~ час** peacetime; **~ договір** peace treaty; **~ні переговори** peace talks (negotiations); **2.** *див.* **миролюбний**
миролюбний peace-loving, peaceful, peaceable
миротворець peacemaker
миротворчий peacemaking; **~чі війська** peacemaking forse *sing*
мис cape
миска basin, plate
мислення thought, mentality; *(дія)* thinking
мисливець hunter
мислити think
мислячий thinking
мистецтво art; *(майстерність)* skill; **твір ~ва** work of art
мистецтвознавець art historian
мистецтвознавство art history
митець 1. artist; **2.** *(майстер)* master, expert; good hand (at)
мити wash; <> **рука руку миє** ≅ you scratch my back and I'll scratch yours; **~ся** wash; *(у ванні)* have a bath
митниця custom-house
мито customs duty
миттєвий instantaneous; *(який швидко минає)* momentary, fleeting
миттю instantly, in a trice (moment)
мить instant, moment
миша mouse; **польова ~** field-mouse
мишоловка mouse-trap
миш'як *див.* **Арсен**
мігрень migraine
міграція migration
мігрувати migrate
мідія mussel
мідний 1. copper; *(з жовтої міді)* brass *attr.*; **2.** *(про колір)* coppery
мідь copper; **жовта ~** brass
між between; **~ засіданнями** between the meeting; **~ містами** between the towns; *(серед)* among; <> **~ нами (кажучи)** between you and me, between ourselves; **~ іншим** а) in passing; б) *вставне сл.* by the way; incidentally
міжвідомчий interdepartmental
міжміський intercity, interurban; **~ телефон** trunk-line
міжнародний international
міжпланетний interplanetary; **~ простір** interplanetary space
мізерний wretched, scanty, pitiful; meagre, meager *амер.*
мізинець *(на руці)* little finger; *(на нозі)* little toe
мій *(з ім.)* my; *(без ім.)* mine
мікроавтобус minibus

мікроб microbe
мікробіолог microbiologist
мікробіологія microbiology
мікроекономіка microeconomics *pl*
мікроклімат 1. microclimate; **2.** *перен.* atmosphere
мікрон micron
мікроорганізм *біол.* microorganism
мікропроцесор *обч.* microprocessor
мікрорайон micro-district
мікроскоп microscope
мікроскопічний microscopic
мікросхема (micro)chip
мікрофільм microfilm
мікрофіша microfiche
мікрофон microphone; mike *розм.*
мікрохірургія microsurgery
міксер mixer
мікстура mixture
мілина shoal, shallow; **на ~ні** aground; stranded *(тж перен.)*
міліграм milligram(m)e
міліметр milimetre, milimeter *амер.*
мілітаризація militarization
мілітаризм militarism
мілітаризувати militarize
мілітарист militarist
мілітаристський militaristic
міліти become shallow
міліціонер *див.* **поліціянт**
міліція *див.* **поліція**
мілкий shallow
мілководдя shoal-water; shallows *pl*
мілководний shallow
міль (clothes-) moth
мільйон million
мільйонер millionaire
мільйонний 1. *(про відвідувача й под.)* millionth; **2.** *(що налічує мільйони)* million-strong
мільярд milliard, billion
мільярдер multimillionaire, billionaire
мім mime (artist)
міміка expression (of smb.'s face); **багата ~** mobile features
мімоза *бот.* mimosa
міна I *війс.* mine; *(мінометна)* mortar shell
міна II *(вираз обличчя)* expression
мінарет minaret
мінер *війс.* miner; *(у флоті)* torpedo-man
мінерал mineral
мінеральний mineral
мінитися change; **~ на обличчі** change countenance
мініатюра 1. *мист.* miniature attr.; **2.** *театр.* short play
мініатюрний 1. *(про статуетку й под.)* **2.** *(про жінку)* dainty

мінімальний minimum *attr.*
мінімум minimum; **прожитковий ~** minimum living wage; **доводити до ~му** reduce to a minimum
міністерство ministry; board; department *амер.;* **~ закордонних справ** Ministry of Foreign Affairs; Foreign Office *(в Англії)*; State Department *(у США);* **~ внутрішніх справ** Ministry of Internal Affairs; Home Office *(в Англії);* Department of the Interior *(у США)*
міністерський ministerial
міністр minister, secretary; **~ внутрішніх справ** Minister for Internal Affairs; Home Secretary *(в Англії);* Secretary of the Interior *(у США);* **~ закордонних справ** Minister for Foreign Affairs; Foreign Secretary *(в Англії);* Secretary of State *(у США)*
мінливий changeable, unsteady, fickle; **~ва погода** changeable weather
мінливість changeability, unsteadiness
міновий: ~ва вартість exchange value; **~ва торгівля** barter
міномет *війс.* mortar
мінометник mortar man
міноносець *мор.* torpedo-boat; **ескадрений ~** destroyer
мінор *муз.* minor key
мінорний 1. *муз.* minor; **2.** *(сумний)* sabdued
мінувати *війс.* mine
мінус 1. *мат.* minus; **2.** *(про температуру)*: **сьогодні –10 градусів** It is ten below zero today; **3.** *розм. (недолік)* defect, drawback
мінусовий *(про температуру)* subzero
мінута *(частина градуса)* minute
міняти 1. *у різн. знач.* change; **2.** *(обмінювати)* exchange; **~ся 1.** change; **2.** *(обмінюватися)* exchange
міра 1. measure; **2.** *(межа)* limit; **знати ~ру** keep within limits; **<> у ~ру того як** as; **до певної ~ри** to a certain dergee
міраж mirage
мірило standard, criterion
мірка 1. measurements *pl*; **зняти ~ку з кого-н.** take smb.'s measure; **міряти на свою ~ку** judge (smb.) by one's own yardstick; **2.** *(критерій)* standard
міркування reflection, meditation; *(думка)* opinion, view
міркувати reflect (on, upon), meditate (on, upon); *(гадати)* think
мірошник miller
міряти 1. measure; **~ температуру** take smb.'s temperature; **2.** *(примірювати)* try on; **~ся: ~ся силою** try their strength on each other
місити *(тісто)* mix, knead; *(глину та под.)* puddle
міс *див.* **панна**

місис див. **пані**
місіонер missionary
місія mission; (дипломатичне представництво тж) legation
міст bridge
містер див. **пан 1, 2**
містика mysticism
містити(ся) be, contain
містифікація mystification, hoax
містифікувати mystify
містичний mystical
місткий (про посуд) capacious; (про приміщення) spacious, roomy
місткість capacity
місто town; (велике) city
місток 1. small bridge, foot-bridge; **2.: капітанський ~** the captain's bridge
місце 1. у різн. знач. place; (визначне) spot; (вільний простір) space; room; **2.** (сидіння) seat; **3.** (посада) post, place; **4.** (у вагоні): **верхнє ~** upper berth; **нижнє ~** lower berth; **спальне ~** berth; <> **на ~ці** on the spot; **на вашому ~ці я б ...** if I were you...
місцевий local (inhabitant); **~ наркоз** мед. local anaesthetic, local anesthetic амер.; **~ відмінок** грам. locative (case); **~ві власті** local authorities pl
місцевість 1. locality; country; **2.** (край, район) district, region
місяць 1. (частина року) month; **2.** (небесне тіло) moon; **молодий ~** new moon
місячний month's; (щомісячний) monthly
місячник month; **~ безпеки руху** road-safety month
міський town attr., city attr.; urban; municipal; **~ка рада** City (Town) Council
мітинг meeting
мітинґувати розм. hold a meeting
мітити (ставити мітку) mark
мітка mark
мітла broom
міф myth
міфічний mythical
міфологія mythology
міх 1. (ковальський) bellows pl; **2.** див. **мішок**
міхур анат. bladder
міцний у різн. знач. strong; (стійкий) firm; (надійний) reliable; (незмінний, тривалий) lasting; **~ мир** lasting peace; **~ сон** sound sleep; **~ чай** strong tea
міцність strength, firmness, durability; reliability
міцніти, тж **міцнішати** become stronger, become consolidated
міцно strongly, firmly
міць strength; (могутність) power, might
мічений marked; **~ні атоми** tagged atoms

мічман warrant officer
мішати 1. (розмішувати) stir; **2.** (об'єднувати в одне) mix
мішень target
мішок bag; (великий) sack; **речовий ~** kit-bag; <> **купувати кота в ~шку** buy a pig in a poke
міщанин 1. іст. petty bourgeois; **2.** перен. (обиватель) Philistine
міщанство 1. збір. petty bourgeoisie; **2.** перен. narrow-mindedness; Philistinism
міщанський 1. petty bourgeois; **2.** перен. narrow-minded, Philistine
мла haze, mist
млин mill
млинар miller
млинарський mill attr.
млинець (small) pancake
млинок hand-mill, quern
мліти 1. (знемагати) languish; **2.** (терпнути) go numb; **3.** (непритомніти) faint
млосний languorous, languid
млявий languid, spiritless; nerveless; (про рухи, настрій) sluggish; (про діяльність) slack
множене мат. multiplicand
множник мат. factor
множення multiplication; **таблиця ~** multiplication table
множина грам. the plural
множити 1. мат. multiply; **2.** (збільшувати) increase; **~ся** (збільшуватися) increase, grow, multiply
мобілізація mobilization
мобілізований як ім. enlisted man
мобілізувати mobilize
мобільний mobile
мов част. (наче) tike, as if, as though
мова 1. language; **~ асемблера** обч. assembly language; **рідна ~** native language; **~ програмування високого рівня** обч. high-level language; **2.** (мовлення) speech; **розмовна ~** colloquial speech; **пряма ~** грам. direct speech; **частини ~ви** грам. parts of speech; <> **про це не може бути й ~ви** that is out of the question
мовби див. **мов**
мовити say, tell; **~ся** be said
мовлення speech; **органи ~** speech organs
мовляв вставне сл. **1.:** **він, ~, не знав** he says he didn't know; **2.** so to speak, so to say
мовний 1. linguistic; language attr.; **2.** speech attr.; **~ні навички** speech habits
мовознавець linguist
мовознавство linguistics
мовчазний (небалакучий) taciturn; (безмовний) silent; (не виражений у словах) tacit
мовчанка silence

мовчати be silent; keep silence
мовчки silently
мовчун taciturn person
могила grave
могильний grave *attr.*
могильник burial ground; *(для радіоактивних відходів)* dumping ground
могти can, be able to do; **я можу грати на гітарі** I can play the guitar; **він може туди піти?** can he go there?; **він може образитися** he may well be offended; **я зроблю все, що можу** I will do all I can; **завтра можеш не приходити** you don't have to come tomorrow; **може бути** maybe; **не може бути!** *(сумнів)* it's impossible!
могутній powerful; mighty
могутність power, might
мода fashion, vogue; **бути в ~ді** be in fashion; **вийти з ~ди** go out of fashion
моделювати design, model
модель model
модельєр fashion designer
модельний *(про одяг, взуття)* high-fashion; **~не взуття** fashion shoes *pl*
модем *обч.* modem
модерн *мист.* art nouveau
модернізація modernization
модернізувати modernize
модифікація modification
модний fashionable; **~не захоплення** the latest craze
модрина *бот.* larch
може *вставне сл.* maybe, perhaps
можливий 1. possible, feasible; 2. *як ім.*: **зробити все ~ве** do one's best
можливість 1. possibility; 2. *(зручний випадок)* opportunity, chance; 3.: **~вості** *мн.* means, resources
можливо 1. *вставне сл.* maybe, perhaps; **якщо ~** if possible; 2. *див.* **можна**
можна *присудк. сл.* 1. *(можливо)* one can (+ *inf.*), it is possible; **це ~ зробити** one can do it, it can be done; **усе, що ~** everything that is possible; 2. *(дозволено)* one may (+ *inf.*); **~ увійти?** may I come in? **якщо ~ так сказати** if one may say so
мозаїка 1. *(візерунок)* mosaic; 2. *мист.* mosaic work
мозаїчний mosaic
мозковий *анат.* cerebral
мозок 1. brain; **спинний ~** spinal cord; 2. *(кістковий)* marrow
мозолистий callous, horny
мозолити: **~ очі кому-н.** *розм.* be an eyesore to smb.
мозоля corn, callus
мокнути get wet, soak
мокрий wet
мол breakwater, pier; *(невеликий)* jetty
молдовець, молдовка Moldavian
молдовський Moldavian; **~ка мова** Moldavian, the Moldavian language
молебень *див.* **відправа**
молекула molecule
молекулярний molecular
молитва prayer
молити entreat, implore; **~ся** pray (for)
молодець 1. *фольк.* brave lad, fine young man; 2. *(гідний похвали)* strong fellow; **~!** *(розм.)* well done!
молодецький *(про вигляд)* dashing; *(про вчинок)* valiant
молодий young; youthful; *(про нестоти)* new; **~да картопля** new potatoes
молодиця young married woman
молоді *мн. як ім.* newlywed
молодіжний youth *attr.*
молодість youth; **він не першої ~дості** he's getting on in years
молодіти get younger
молодший 1. *(віком)* younger; 2. *(рангом)* junior; **~ науковий співробітник** junior research worker
молодь *збір.* youth; young people *pl*
моложавий young-looking
молоко milk
молот (large) hammer
молотарка threshing machine
молоти grind, mill
молотити *с.-г.* thresh
молоток hammer
молотьба threshing
молочарня dairy
молочний 1. *(про продукти, худобу)* dairy *attr.*; 2. *(про кашу, коктейль)* milk *attr.*; milky; <> **~ні зуби** milk-teeth; **~на корова** milk-cow; **~на ферма** dairy-farm
мольберт easel
момент moment, instant; *(у фільмі)* episode; *(доповіді, дослідження)* point
моментальний instant
моментально instantly
монарх monarch
монархіст monarchist
монархічний monarchic(al)
монархія monarchy
монастир monastery; *(жіночий)* nunnery, convent
монгол, монголка Mongol, Mongolian
монгольський Mongolian; **~ка мова** Mongolian, the Mongolian language
монета coin
монетарист monetarist
монетарний monetary

монетний monetary; **~ двір** mint
монітор monitor
монограма monogram
монографія monograph
моноліт monolith
монолітний monolithic; *перен.* united
монолог monologue
монополізація monopolization
монополізувати monopolize
монополіст monopolist
монополістичний monopolistic
монополія monopoly
монотонний monotonous
монохромний *обч.* monochrome
монтаж 1. *(обладнання)* assembly; mounting; *(споруди)* erection; **2.** *(фільму)* editing; cutting
монтажний assembly *attr.*
монтажник 1. *(на фабриці)* fitter; **2.** *(на будівництві)* rigger
монтер *(електрик)* electrician
монтувати 1. *тех.* assemble; mount; **2.** *(фільм)* edit
монумент monument
монументальний monumental
мопед moped *(with movable pedals)*
мор pestilence, plague
моралізувати moralize
мораль *(етика поведінки)* morals *pl*, ethics *pl*; *(напоумлення, наука)* moralizing
моральний moral; *(кодекс, норми)* moral; ethical; <> **~не спрацювання** obsolescence
мораторій moratorium *(pl* -ria)
моргати, моргнути wink, blink
морґ *(трупарня)* morgue
морда 1. *(тварини)* muzzle; **2.** *розм.* *(обличчя)* mug
мордувати torture
море sea; **у відкритому ~рі** on the open sea; **за ~рем** overseas
мореплавець navigator
мореплавство navigation
морж 1. walrus; **2.** *перен.* wintertime open-air bather
моржевий walrus *attr.*
морити: ~ голодом starve
морква carrots *pl*; **~вина** *(одна штука)* carrot
морквяний carrot *attr.*
морожений frozen; *(померзлий)* frost-damaged
морозениця *(апарат)* ice-cream maker
мороз frost; **Дід Мороз** ≅ Father Christmas
морозиво ice cream
морозильний freezing; **~на камера** deep-freeze
морозильник freezer
морозити 1. freeze; **2.** *безос.*: **~зить** it is freezing
морозний frosty
морозостійкий frost-resistant, frost-hardy

морок gloom, darkness
морочити confuse; *(дурити)* fool; <> **~ голову кому-н.** *розм.* pull one's (smb.'s) leg
морошка *бот.* cloudberry
морс fruit-drink
морський 1. sea *attr.*; marine; **2.** *(про курорт та под.)* seaside *attr.*; **3.** *(флотський)* naval; **~ флот** а) navy *(військовий)*; б) (merchant) marine *(торговельний)*; **~ке страхування** marine insurance; **~ке право** maritime law; <> **~ка хвороба** seasickness
морфій morphine, morphia
морфологічний morphological
морфологія morphology; *(розділ граматики тж)* accidence
морщити wrinkle (up); **~ся 1.** make a wry face; **2.** *(про одяг)* crease, crumple
моряк sailor *розм.*
мостити pave; *(брукувати)* cobble
мосяж brass
мотати *(нитки й под.)* wind, reel
мотель motel
мотив 1. *(причина)* motive, reason; **2.** *муз.* motif, tune
мотивація reason, motivation
мотивувати justify, motivate, give reasons
мотика *с.-г.* hoe
мотлох lumber, junk
мотогонник motorcycle racer
моток skein
мотоперегони motorcycle race
мотор engine, motor
моторизований motorized
моторист motor mechanic, operator
моторний I *тех.* motor *attr.*; **~ човен** motorboat
моторний II *(спритний)* quick, agile, brisk
моторолер (motor) scooter
моторошний ghastly, horrible, terrible
мотоцикл motor-cycle
мотоцикліст motor-cyclist
мотузка string, cord; *(товста)* rope
мох moss
мохер mohair
мохеровий mohair
моховик *бот., мін.* variegated boletus
моціон *(прогулянка)* constitutional
мочити wet; *(вимочувати)* soak
мочка ear lobe
мошва *збір.* midges *pl*
мошка midge
мрець corpse, dead man
мрійливий dreamy; dream *attr.*
мрійник dreamer
мрія dream
мріяти dream; **~ стати лікарем** dream of becoming a doctor

мряка drizzle
мрячити drizzle; *безос.*: **~чить** it is drizzling
мстивий revengeful, vindictive
мстити(ся) revenge oneself (upon)
мугикати *(наспівувати)* hum
мудрий wise, sage; *як ім.* wise man
мудрість wisdom; **зуб ~рості** wisdom tooth
мудрувати 1. *(роздумувати)* reflect; *(філософствувати)* philosophize; **2.** *розм. (ускладнювати)* subtilize; complicate matters unnecessary
мужній 1. *(про обличчя, натуру й под.)* strong; **2.** *(про вчинок, крок і под.)* courageous
мужність courage
мужніти mature
мужньо courageously, bravely
муза muse
музей museum
музейний museum *attr.*
музика music
музикант musician
музичний musical; music *attr.*; **~ слух** an ear for music; **~на школа** music school
музичність gift for music; musicality
мука torment, torture; **~ки творчості** throes of composition
мукати *(про корів)* low, moo
мул *зоол.* mule
мулат, мулатка mulatto
мулла mullah
мультик *розм.* cartoon
мультиплікатор animator
мультиплікаційний: ~ фільм cartoon
мультиплікація cartoon
мультфільм *(мультиплікаційний фільм)* cartoon, animation film
муляр brick layer, (stone) mason
муляти *(про взуття)* pinch, hurt
мумія mummy
мундир *(однострій)* uniform
мундштук 1. cigarette holder; **2.** *муз.* mouthpiece
муніципалітет municipality, city council
муніципальний municipal
мур wall *(of stone or brick)*
мурашиний ant *attr.*
мурашка *ент.* ant
мурашник ant hill
муркотати purr
мурмотіти mutter
мурувати build
мус *кул.* mousse
мусити 1. *(бути повинним)* must, ought (+ to *inf.*), have (+ to *inf.*); **ти ~сиш закінчити цю роботу** you must finish this work; **2.** *(бути змушеним)* be forced (+ to *inf.*)
мускат 1. *(горіх)* nutmeg; **2.** *(сорт винограду)* muscat; *(сорт вина)* muscat(el)
мускул muscle
мускулатура *збір.* muscles *pl*
мускулястий muscular
мусульманин Muslim
мусульманський Muslim
мусульманство Islam
мутити stir up; muddy
мутний *(про рідину)* cloudy; *(про скло і под.)* dull; *(про очі, погляд)* glazed
мутніти 1. *(про рідину)* become cloudy; **2.** *перен. (про свідомість, очі й под.)* grow dull
мутра *тех.* (screw-)nut
муфта *тех.* sleeve, coupling, clutch
муха fly; <> **робити з ~хи слона** ≅ make mountains out of molehills
мухомор *бот.* fly agaric
мученик, мучениця martyr
мученицький martyr's
мучитель tormentor
мучити torment, torture; *(непокоїти)* worry; **~ся** suffer, torture; *(томитися)* be worried (by)
муштра drill
муштрувати drill
мчати(ся) rush, speed
м'яз muscle
м'язистий muscular
м'який *у різн. знач.* soft; *(не черствий)* fresh; *(приємний для ока та под.)* gentle, mellow; *(про характер)* mild, gentle, pliable; *(про клімат, погоду)* mild; <> **~ вагон** upholstered carriage; **~ знак** *грам.* soft sign; **~ке крісло** easy-chair
м'яко gently, softly
м'якосердий kindhearted
м'якоть flesh; *(м'ясо без кісток)* meat off the bone
м'якушка *(хліба)* crumb
м'якшати get soft
м'ясистий meaty; *(про тіло)* fleshy
м'ясний 1. meat *attr.*; **~на їжа** meaty food; **~ні консерви** tinned meat; **2.** *як ім.* **~не** *(страва)* meat
м'ясник butcher
м'ясо flesh; *(як їжа)* meat
м'ясорубка *(тж перен.)* mincer; grinder *амер.*
м'ята *бот.* mint
м'ятний *бот.* mint
м'яти 1. *(робити нерівним)* crush, crumple, rumple; **2.** *(давити)* smash; **~ся** get rumpled (crumpled)
м'ятий *(про одяг)* creased; **2.** *(про папір)* crumpled
м'яч ball; **грати в ~ча** play ball; **футбольний ~** football

Н

на 1. (позначає місце) on; in; at; **чашка на столі** the cup is on the table; **на сонці** in the sun; **на заходi** on the West; **на вулиці** in the street; **на роботі** at work; **на концерті** at a concert; **2.** (позначає напрямок) to; **на Таїті** to the Tahiti; **шлях на Київ** the road to Kyiv; **іти на північ** go northwards; **їздити на конференції** go to a conference; **3.** (позначає опору) against, on; **4.** (позначає час): **на Новий рік** on New-Year's Day; **на канікулах** during the vacation; **на другий день** (the) next day; **на третій день** on the third day; **на тому тижні** last week; **на кінець року** towards the end of the year; **на хвилинку** for a moment; **5.** (у значенні «для») for; **гроші на книги** money for books; **кімната на двох** a room for two; **на зиму** for the winter; **6.** (при множенні й діленні) by; in, into; **помножити на два** multiply by two; **поділити на три** divide by three; <> **на жаль** unfortunately; **на щастя** fortunately; **на мою думку** in my opinion; **на цей раз** this time

набавляти, набавити increase

набагато much, far

набакир tilted to one side

набережна embankment; quay; (морська тж) sea-front

набивати, набити 1. (наповнювати) stuff (with); pack (with); fill (with); **2.** (прибивати) fix (to); **3.** текст. print; <> ~ **руку на чому-н.** get one's hand at smth.; ~ **собі ціну** make oneself sought after; **~ся 1.** (скупчуватися) crowd (into); **2.:** **~ся на знайомство** force one's acquaintance (on)

набирати, набрати 1. (брати, збирати) gather; pick; collect; **2.** (наймати) take on; (вербувати) recruit; <> ~ **номер телефону** dial a number; ~ **висоту** gain height; ~ **швидкість** gather speed; ~ **сили** come into force; **~ся 1.** (скупчуватися) accumulate; **2.** розм. (переймати, навчатися чого-н.) learn, acquire; <> **~ся розуму** grow wise; ~ **сорому** disgrace oneself; **~ся сміливості** screw up one's courage

набіг raid

набій війс. cartridge

набік on one side, awry

набір 1. (студентів і под.) admission; (новобранців) recruitment; (робітників) engaging, taking on; **2.** (комплект) set (of); <> ~ **слів** mere verbiage

наближати, наблизити bring nearer (to); draw nearer (to); **~ся 1.** approach, come (draw) nearer (to); **2.** (ставати подібним до) approximate (to)

наближений мат. approximate

наболілий sore; **~ле питання** urgent problem, sore subject

набридати, набриднути 1. bother, pester, bore. **2.** безос. **мені набридло нагадувати йому** I am sick of reminding him

набридливий boring, tiresome; ~ **співбесідник** bore

набрякати, набрякнути swell

набувати, набути acquire, gain; (ставати яким-н.) become, grow (+ adjective); <> ~ **ваги** перен. acquire significance

наважуватися, наважитися dare; venture

навала 1. (вторгнення) invasion; **2.** (полчища) hordes

навалювати, навалити burden (with); (насипати) heap (up), pile (up); **~ся** (своєю вагою) lean all one's weight (upon)

навальний 1. rapid, impetuous; **2.** (невідкладний) urgent

навантаження 1. (дія) loading; **2.** (вага, тягар) load; перен. amount of work to be done

навантажувати, навантажити load up; ~ **кого-н. роботою** load smb. with work

наввипередки: бігти ~ race one another, chase each other

навдивовижу 1. (напрочуд) strikingly; **2.** (дуже добре) splendidly; **3.** розм. to one's astonishment (surprise)

наведення війс. laying; **прямим ~ням** point-blank

навесні in spring

навздогін after; **кричати кому-н.** ~ call after smb.

навиворіт inside out

нависати, нависнути hang (over); (про скелю) tower (over), overhang; (про небезпеку) threaten

навичка habit

навівати, навіяти bring, blow; перен. cast, evoke; <> ~ **сон** make someone sleepy

навігатор navigator

навігація navigation

навідний: ~не питання leading question

навідріз flatly, point-blank
навідуватися, навідатися visit, go and see, call on
навіжений 1. *(психічнохворий)* mad, insane, crazy; **2.** *(неврівноважений)* wild
навік(и), навіки-віків forever, eternally
навіс shed; *(з парусини)* awning
навіть even
навіщо what ... for, why
навколишній neighbouring
навколішки on one's knees; **ставати ~** kneel
навколо round, around; about
навкруги *див.* **навколо**
навмання at random, at haphazard
навмисне *див.* **навмисно**
навмисний intentional, deliberate
навмисно on purpose, purposely, deliberately
наводити, навести 1. *(указувати шлях)* guide (to); direct (to); **~ кого-н. на слід** put smb. on the scent; **2.** *(зброю, прилад і под.)* point (at), aim (at); **3.** *(цитати й под.)* cite, quote; **~ приклад** give an example
наводняти, наводнити flood, inundate (with)
навпаки 1. *(зовсім інакше)* the other way round; **2.** *вставне сл.* on the contrary; **якраз ~** quite the reverse
навперебій *див.* **наперебій**
навперейми: іти (бігти) ~ cut across smb.'s path
навпіл in two, in half
навпомацки: пробиратися ~ grope one's way
навпростець by the direct way; straight; *перен.* point-blank
навряд hardly; *безос.* it's unlikely
навскіс obliquely
навстіж wide open
навтікача *розм.*: **кинутися ~** use to one's heels
навушники *мн.* **1.** *(шапки)* earflap; **2.** *радіо* headphones
навхрест crosswise
навчальний educational; *війс.* training *attr.*; **~ заклад** educational institution (establishment); **~ рік** school-year; *(у вищих)* academic year; **~не приладдя** teaching aids *pl*; **~ні посібники** training appliances
навчання studies *pl*, training
навчати, навчити teach; **~ся** *(набувати знань, умінь)* learn; study; **~ся в школі** go to school; **~ся в університеті** study (be) at a university, be in (at) college
навшпиньки on tiptoe; **ходити ~** (go on) tiptoe
нав'ючувати, нав'ючити load
нав'язливий 1. *(про людину)* bothersome;
2. *(невідчепний — про думку та под.)* persistent, obsessive, haunting
нав'язувати, нав'язати 1. *(прикріплювати)* fasten (on), tie (on); **2.** *перен. (змушувати приймати)* force (upon); impose (upon); **~ся** impose (oneself)
нагадувати, нагадати 1. remind (of, about); **2.** *(бути схожим)* resemble; look like
нагай(ка) whip
нагальний pressing, urgent; **~на потреба** urgent necessity
наган revolver
наганяти, нагнати 1. *див.* **наздоганяти**; **2.** *перен.*: **~ жах на кого-н.** scare smb. stiff; **~ сон на кого-н.** make smb. sleepy
нагинати, нагнути bend; **~ся** stoop, bow
нагідки *мн. бот.* marigold
нагірний *(розташований на горі)* upland, highland
нагір'я plateau, upland, highland
наглий sudden, unexpected; **~ла смерть** sudden death
наглухо *(дуже щільно)* firmly, tightly
нагляд supervision, control; *(за підозрілим)* surveillance
наглядати *(пильнувати)* watch, look (after); *(з метою нагляду)* supervise, surveil
наглядач overseer, supervisor
наговорювати, наговорити 1. *(говорити багато)* talk a lot (of); **2.** *розм. (зводити наклеп)* slander; **~ся** *розм.* have a good talk
нагода opportunity, chance, occasion; **мати ~ду** get a chance; **при ~ді** when opportunity offers; **з ~ди** on the occasion (of)
нагодитися 1. *(прийти)* happen to come; come by chance (just) in time; *(випадково трапитися)* happen; **~дилася йому робота** he happened to find a job
наголо *(про стрижку)* bare
наголос stress
наголошувати, наголосити 1. stress; **2.** *перен.* lay stress (on), emphasize
нагорі above; *(на верхньому поверсі)* upstairs
нагорода reward; *(відзнака)* decoration; *(у школі)* prize
нагородження awards ceremony
нагороджувати, нагородити reward, confer; *(орденом та под.)* decorate
нагору up; upward; *(сходами)* upstairs
награбований robbed
награбувати amass by robbery
награвати, награти *(грати тихо)* play softly
нагрівальний *(про прилад)* heating
нагрівати, нагріти heat, warm; <> **~ руки** line one's pockets; **~ся** get warm, warm up
нагромадження 1. *(дія)* piling up; **2.** *(купа)* conglomeration

нагромаджувати, нагромадити *(енергію та under.)* pile up

нагромаджувач *обч.* store

над 1. *(понад)* over *(тж перен.)*; *(вище)* above; **пролітати ~ містом** fly over the town; **2.** *(об'єктні відношення)*: **працювати ~ проектом** work at a plan; <> **~ усе** most of all

надавати, надати 1. *(давати)* give, let smb. have; *(права і под.)* grant; **2.** *(додавати властивості)* lend; **~ кому-н. сміливості** make smb. bold; <> **~ значення** attach importance (to); **~ слово** give (smb.) the floor

надалі from now on

надбавка addition; **~ до зарплати** rise in wages

надбати get, acquire, obtain

надбудова superstructure

надвечір towards evening

надвір out, outside

надводний above-water

надвоє in two

надворі out-of-doors, outside

надзвичайний *(винятковий, особливий)* extraordinary, uncommon; *(екстрений)* emergency *attr.*; **~ на подія** crisis; **~ і повноважний посол** ambassador extraordinary and plenipotentiary; **~ стан** state of emergency

надземний overground

надивитися 1. *(досхочу дивитися)* gaze long enough (at); **2.** *(багато бачити)* see plenty (of)

надихати, надихнути inspire (to)

надівати, надіти put on

надій milk yield

надійний 1. reliable, dependable; **~ товариш** reliable friend; **2.** *(перевірений)* sure, effective; **~ засіб** effective remedy

наділяти, наділити 1. *(виділяти частину)* allot; *(дарувати)* provide (with); **2.** *перен.* *(надавати властивостей)* endow (with)

надія hope; **утратити (останню) ~дію** give up all hope; **плекати ~дію** cherish the hope; **покладати ~дію (на)** set one's hopes (on)

надіятися 1. *(сподіватися)* expect; hope (for); **2.** *(покладатися)* rely (on)

надлишок 1. *(те, що перевищує потреби)* excess; **2.** *(те, що залишається)* surplus

надломлювати, надломити partly break; *(здоров'я)* ruin

надмір 1. *(надлишок)* excess; **2.** *(дуже велика кількість)* abundance

надмірний excessive

надміру too, excessively

надовго for a long time

надокучати, надокучити bother; pester; bore

надокучливий bothersome, tiresome, importunate; **~ва людина** bore

надолужувати, надолужити make up (for); **~ прогаяне** make up for lost time

надпис *див.* **напис**

надписувати, надписати write on, superscribe; **~ конверт** address an envelope

надприбуток *ек.* superprofit

надприродний supernatural

надра *мн.* depths; **~ землі** bowels of the earth

надрив 1. tear; **2.** *перен.* *(надмірне напруження)* overstrain

надривати, надірвати 1. *(розривати трохи)* tear slightly, make a tear (in); **2.** *перен.* strain, overstrain; **~ душу (серце) кому-н.** break smb.'s heart; **~ся 1.** be torn slightly; **2.** *(кричати)* yell; **3.** *(завдавати шкоди здоров'ю)* overstrain oneself

надріз cut, incision

надрізувати, надрізати cut in, make an incision (in)

надсилати, надіслати send

надсипáти, надсúпати pour out

надто 1. *(занадто)* too; **2.** *(особливо)* particularly, in particular, especially

надувати, надути 1. *(повітрям, газом)* inflate; blow up; **2.**: **вітер надув вітрила** the sails filled (with wind); <> **~ губи** pout; **~ся** *(повітрям і под.)* become inflated; *(про вітрило)* fill

надувний inflatable; **~на подушка** air-cushion

надуманий forced; *(про образ, арґумент і под.)* far-fetched

надумувати, надумати make up one's mind; *(придумувати)* take it into one's head

надушувати, надушити *(натискувати)* press

надходити, надійти come, arrive; *(про пори року й под.)* set in; *(про відправлене й под.)* be received

надягати, надягнути put on

наждак *див.* **шмерґель**

нажива *(збагачення)* acquisition; gain, profit

наживати, нажити get, acquire; <> **~ ворогів** make enemies; **~ся** get rich, make a fortune

наживка bait

назавжди for ever, for good; <> **раз і ~** once (and) for all

назад backward(s), back; **оглядатися ~** look back

назва name; *(книги тж)* title

названий: ~ син adopted son; **~на дочка** adopted daughter; **~ батько** foster-father; **~на мати** foster-mother

наздогад at random
наздоганяти, наздогнати overtake, catch up (with) *(тж перен.)*
наземний land *attr.*; ground attr.
називати, назвати 1. *(давати ім'я)* name, call; **2.** *(визначати яким-н. словом)* call; **3.:** ~ **себе** give one's name; say who one is; **~ся 1.** *(мати назву)* be called; **2.** *див.* **називати себе**
називний: ~ **відмінок** *грам.* nominative (case)
назовні out, outside, on the outside
назрівати, назріти *(про події та под.)* become imminent; come to a head
назустріч meet, towards; **іти ~ кому-н.** go to meet smb.; *перен.* give smb. a hand
наївний naive
наїдатися, наїстися eat one's fill; **я наївся** I've had enough
наїжджати, наїхати 1. *(про гостей і под.)* come, arrive; **2.** *тк недок. розм. (бувати наїздом)* pay flying visits (to)
наїхати 1. *див.* **наїжджати 1**; **2.** *(їдучи наштовхнутися)* run (into); *(на яку-н. річ тж)* collide (with)
найбільший the greatest, the largest
найважчий the most difficult
найвищий the highest
найгірший the worst
найкращий the best
найманець hireling
найманий hired; **~на праця** wage (hired) labour
наймати, найняти *у різн. знач.* hire; *(на роботу тж)* engage, employ; *(приміщення тж)* rent; **~ся** *(на роботу)* apply for a job
наймач 1. *(робітника)* employer; **2.** *(квартири)* tenant
наймення name
найменший the least
наймит farm labourer, farm-hand
найнижчий the lowest
наказ order
наказовий: ~ **спосіб** *грам.* imperative mood
наказувати, наказати *(віддавати наказ)* order, command
накапати 1. drop, pour drops (of); **2.** *(забруднити)* spill
накидáти I, накидáти 1. *(кидати)* throw, heap (up); **2.** *(зображати в загальних рисах)* sketch, outline
накидáти II, накинути *(зверху)* throw on, fling on
накидатися, накинутися *(нападати)* attack; pounce (on) *(тж перен.: із запалом братися за що-н.)*

накидка 1. *(одяг)* cape; *(довга)* cloak; **2.** *(на подушки)* pillow cover
накип *(осад)* fur; *(піна)* scum
наклад *(книги)* printing; *(газети)* circulation; **книга вийшла ~дом тисяча примірників** one thousand copies of book were printed
накладати, накласти put (in, on, over); <> ~ **пов'язку** bind age; ~ **шви** *мед.* put in stitches; ~ **резолюцію** append one's decision
наклеп slander, calumny; *(у пресі тж)* libel; **зводити ~ на кого-н.** calumniate smb.
наклепник slanderer
наклепницький slanderous, libellous
наклеювати, наклеїти stick (on); ~ **марку** put a stamp on, stamp a letter
наклика́ти, наклі́кати *(запрошувати)* invite; ~ **лихо (біду) на себе** court disaster
наколювати, наколоти 1. *(дров)* chop (a lot of); **2.** *(уколоти)* prick; **3.** *(прикріплювати)* pin (to); **~ся** prick oneself
наконечник tip; *(олівця й под.)* top
накопичувати, накопичити *(кошти й под.)* accumulate; *перен. тж* gain
накрапати: дощ ~ає raindrops begin to fall
накреслювати, накреслити 1. draw; **2.:** ~ **план** outline a plan
накривати, накрити cover; <> ~ **(на) стіл** lay the table; **~ся** cover oneself (with)
накриття roof, shelter
налагоджувати, налагодити adjust, organize; *(виправляти зіпсоване)* put in order; **~ся** *(іти на лад)* come right
належати 1. belong (to); *(входити до складу тж)* be numbered (among); **2.** *безос.:* **вам ~жить зробити це** you are to do it
належний 1. *(який є власністю)* belonging (to); **2.** *(відповідний)* due, proper; <> **віддавати ~не** give smb. his due
наливати, налити pour (into); *(розливати)* spill; **~ся** flow (into)
наливний: ~**не яблуко** juicy apple; ~**не судно** tanker
налинути 1. *поет.* come flying; **2.** *перен. (про думки й под.)* rush upon; surge
наліво to the left; *(команда)* left turn!
наліплювати, наліпити *(клеєм і под.)* stick
наліт 1. *(напад)* raid; **повітряний** ~ air attack (raid); **2.** *(тонкий шар речовини)* film; **3.** *мед. (у горлі)* patch
налітати, налетіти 1. *(наштовхуватися)* run into; **2.** *(учиняти напад)* make a raid (on); **3.** *розм. (накидатися з докорами й под.)* jump on; **4.** *(прилітати)* fly together
налічувати, налічити 1. count; **2.** *тк недок. (мати у своєму складі)* number

налягати, налягти 1. *(навалюючись, давити)* push (smth.) hard; 2. *(завзято братися)* get down (to); ~ **на весла** ply the oars
наляканий frightened, scared
налякано in fright
налякати frighten; **~ся** be (get) frightened
нам *див.* **ми**
намагання attempt, endeavour
намагатися try, endeavour, attempt
намазувати, намазати 1. put (on); spread (on); **~зати хліб маслом** butter bread; 2. *(набруднити)* smear
намацувати, намацати grope (for); *док.* grope (for) and find
намащувати, намастити put (on), spread (on)
намерзати, намерзнути freeze
намет 1. *(парусиновий і под.)* tent; 2. *(купа снігу)* snow drift
намилювати, намилити soap
намистина bead
намисто beads *pl*
намір intention
намірятися, наміритися 1. *(мати намір)* intend; 2. *(націлюватися)* aim (at)
намічати, намітити 1. *(робити позначку)* mark; 2. *перен. (планувати)* plan, project; *(у загальних рисах)* outline
намова 1. *(підбурювання)* instigation, incitement; 2. *див.* **наклеп**
намовляти, намовити 1. *(підмовляти)* put up (to), instigate, incite; 2. *(зводити наклеп)* slander; 3. *(умовляти)* try to persuade
намокати, намокнути, *тж* **намокти** get wet, be soaked
намолочувати, намолотити thresh
намордник muzzle; **надіти ~ на собаку** muzzle a dog
намотувати, намотати wind, spool, reel
намочувати, намочити wet, make (smth.) wet; *(занурювати в рідину)* soak
намулювати, намуляти *(ноги)* rub sore, make sore
нанизувати, нанизати thread, bead
нанівець: зводити що-н. ~ set smth. at nought; bring to nothing
наносити, нанести *(позначати)* mark, trace; **~ на мапу** mark (trace) on the map
наносити *розм.* bring (a lot of); **~ діжку води** fill a barrel with water
наносний 1. *геол.* alluvial; 2. *перен. (не властивий, запозичений)* extraneous; superficial
наодинці (quite) alone; in private, privately; **поговорити ~** talk face to face
наопашки over one's shoulders
наосліп blindly
наочний 1. obvious; 2. *(у навчанні)* visual; **~не приладдя** visual aids; **~ приклад** graphic example
наочно visually
напад 1. attack, assault; 2. *спорт.* the forwards *pl,* the forward line; **центр ~ду** centre forward
нападати, напасти 1. attack, assault; 2. *(накидатися на кого-н.)* jump on; 3. *(оволодівати — про почуття)* come over
нападник *спорт.* forward
напалм napalm
напам'ять by heart
напарник fellow worker
напасть misfortune, disaster
напевно 1. for sure, for certain, for a certainty; *(з упевненістю)* on a certainty; 2. *вставне сл.* probably, very likely; **він, ~, уже там** he is probably there by now; he should (must) be there by now
на(в)перебій: говорити ~ interrupt one another alternately
наперед 1. *(уперед)* forward; 2. *(заздалегідь)* in advance, beforehand; <> **задом ~** back to front
напередодні 1. *присл.* the day before; 2. *як прийм.* on the eve (of)
наперекір 1. *присл.* contrarily; **робити ~** be contrary; 2. *як прийм. (чому-н.)* in defiance of smth.; *(кому-н.)* to spite smb.
наперері́з: іти ~ кому-н. cut across smb.'s path
наперсток thimble
напилок *тех.* file
напинати, напнути 1. tighten, tauten; *(прикріплювати)* put on (up); **~ намет** pitch a tent; 2. *розм.: (натягати наспіх)* throw on; **~ся** *(тугішати)* tighten; *(напружуватися)* exert all one's strength
напис inscription
напитися 1. *(пити досхочу)* drink one's fill, quench one's thirst; 2. *(сп'яніти)* get drunk
напіввідкритий half-open, ajar
напівголодний half-starved
напівголосно in an undertone, in a low voice
напівживий half-dead
напівзабуття semiconsciousness
напівзруйнований half-ruined, dilapidated
напівкруглий semicircular
напівлежати recline
напівод(я)гнений half-dressed
напівписьменний semiliterate
напівпровідник *фіз.* semiconductor
напівсонний half asleep (awake); drowsy
напівфабрикат semifinished product; **~ти** *мн. (продукти)* prepared food *sing*
напій drink, beverage
напір pressure, thrust

наплив (скупчення) flow; (приїжджих і под.) influx
наплутати muddle
наповал: убити ~ kill outright
наповнювати, наповнити fill; **~ся** fill; be filled
напоготові in readiness
напоказ for show; **виставляти ~** put up for show
наполегливий 1. (про людину) persistent, persevering; **2.** (стійкий): **~ва вимога** insistent request
наполегливість persistence, perseverance
наполовину 1. half; **~ дешевше** half the price; **2.** (навпіл) half-and-half
наполягати, наполягти insist (on, upon); persist (in)
напоумляти, напоумити suggest an idea
напохваті at hand
направляти, направити 1. direct (at); turn (upon); (зброю) aim, level; **2.** (посилати) send; **3.** (гострити) sharpen, set
направо to the right; (команда) right turn!
напризволяще: кидати кого-н. ~ leave smb. to the mercy of fate
наприкінці towards the end
наприклад for example, for instance (скор. f. e.)
напровесні in the early spring
напрокат on hire; **брати ~** hire
напролом розм.: **іти ~** go straight ahead, break through
на(в)проти opposite
напрочуд marvellously, strikingly; (дуже) extremely
напрошуватися, напроситися: ~ в гості (на компліменти) fish for an invitation (compliments)
напруга 1. тех. stress; **2.** ел. tension
напружений intense, tense; **~на атмосфера** tense atmosphere; (який потребує напруження) strenuous, intensive; **~на праця** hard (strenuous) work; **~на увага** strained attention
напруженість tensity; tension
напруження tensity; strain
напружувати, напружити 1. (робити пружним) tauten; **~ м'язи** tauten the muscles; **2.** (про зір та под.) strain; **~ всі сили** strain every nerve; **~ся 1.** (ставати пружним) tauten; **2.** (докладати великих зусиль) strain oneself, exert oneself
напрям 1. direction (тж перен.); **2.** (думок та под.) trend; **літературний ~** literary school
напрямок див. **напрям**
напувати, напоїти give (smb.) a drink; (худобу) water

напускати, напустити 1. (заповнювати чим-н.) fill (with); let; **~стити диму в кімнату** let a lot of smoke into the room; **2.** розм.: **~ на себе пиху** put on airs; **~ся** розм. (на кого-н.) pitch into (smb.)
напутній farewell attr.; **~нє слово** parting words
напучення parting words (wishes) pl, farewell speech pl
нарада council
наражати, наразити: ~ кого-н. на небезпеку expose smb. to danger; **~ся на небезпеку** be exposed to danger
нараз 1. (раптом) suddenly, all of a sudden; **2.** (одночасно) at the same time; **3.** (відразу) at once, instantly
нараховувати, нарахувати 1. див. **налічувати 1, 2**; number; **2.** бухг. put (set) down to one's account
наречений 1. див. **названий**; **2.** як ім. fiance; (на весіллі) bridegroom
наречена як ім. fiancee; bride
нарешті 1. at last; **2.** (при переліку) finally
нарзан Narzan (kind of mineral water)
нари мн. plank bed sing
нарив boil; abscess
наривати I, нарвати (квітів і под.) pick (a lot of)
наривати II, нарвати (про нарив) fester; gather (head) розм.; **у мене палець ~ває** my finger is beginning to fester
нарис (оповідання) (feature) article; (літературно-критичний) essay
нарисний: ~на геометрія descriptive geometry
нарівні on the same level as; on a level with; (на рівних правах) on equal terms
наріжний corner attr.; <> **~ камінь** cornerstone
нарізати, нарізати cut; (хліб) slice, cut into slices; (м'ясо) carve
нарікання complaint; reproach
нарікати (скаржитися) complain (of), lament
наркобізнес drug dealing
наркоділок drug dealer
наркоз мед. narcosis, anaesthesia, anesthesia амер.; **під ~зом** under (an) anaesthetic
наркокур'єр drug trafficker
нарколог мед. expert in narcotics
наркологічний: ~ диспансер drug-abuse clinic
наркоман drug addict (abuser)
наркоманія drug addiction (abuse)
наркотик narcotic, drug
наробити do, make; **~ галасу** make a noise
народ people pl; nation; **український ~** the Ukrainian people; **багато ~ду** many people

народність nation; *(літератури)* national character
народження birth; **день ~** birthday; **місце ~** birthplace
народжуваність birth rate
народжувати, народити give birtn (to), bear; *перен.* give rise (to); **~ся** be born; *перен.* arise, spring up
народний people's; *(що належить народові, країні тж)* national; *(про пісні, звичаї та под.)* popular; folk *attr.*; **~на пісня** folk song; **~не господарство** national economy
народність 1. nationality; **2.** *(народна самобутність)* national character, national roots *pl*
народногосподарський national economic
народонаселення population
нарозхват *розм.*: **розкуповуватися ~** sell like riot cakes
наростати, нарости increase, grow; *(про звук)* swell
нарти *мн.* sledge
наручники *мн.* handcuffs, manacles
нарцис narcissus *(pl* -ssi); **жовтий ~** daffodil
наряд 1. *(документ)* order; *(на видачу товарів)* warrant; **2.** *війс.* *(виконання обов'язків)* duty; **3.** *(група військовослужбовців)* (duty) squad, detail
наряджати I, нарядити *(одягати)* dress up
наряджати II, нарядити 1. *(давати наряд)* assign; **2.** *війс.* detail
нарядний smart, well-dressed; *(гарно прибраний)* (gaily) decorated; *(про одяг)* smart, fancy
нас *див.* **ми**
насадження *мн.* *(дерева)* plantations
насаджувати I, насадити 1. *(рослини)* plant; **2.** *перен.* *(ідеї, погляди й под.)* spread, implant
насаджувати II, насадити *(надівати на що-н.)* fix, stick
насамперед first of all, to begin with
насвистувати whistle
населений populated (with), inhabited (by); **~ пункт** locality, populated area, settlement
населення population; inhabitants *pl*
населяти, населити 1. *(заселяти)* populate, put people into; **2.** *тк недок.* *(жити де-н.)* inhabit
насиджений: **~не місце** *розм.* familiar surroundings *pl*, comfortable perch
насилу only just, hardly; **я ~ дійшов сюди** I could hardly drag myself here
насильницький forcible, violent; **~ка смерть** violent death
насильно by force
насильство *(фізичне)* violence; *(над особистістю)* suppression
насип embankment
насипати, насипати 1. *(усипати певну кількість)* pour fill; **2.** *безос.*: **насипало багато снігу** there was a heavy fall of snow
насичувати, наситити *(їжею)* fill (with), satiate (with) *(тж перен.)*; *(просочувати)* saturate
насідати, насісти 1. *(натискати на кого-н.)* fall on; press *(тж перен.)*; **2.** *(про пил)* settle (on)
насінина seed
насіннєвий seed *attr.*
насінний seed *attr.*
насіння *збір.* seeds; *(соняшникове)* sunflower seeds
наскакувати, наскочити 1. *(нападати)* pounce on; *перен., розм.* *(з погрозами та под.)* jump at, fly at; **2.** *(наштовхуватися)* run (into) *(тж перен.)*
наскільки *(якою мірою)* to what extent; **~ мені відомо** as far as I know
наскрізь through; throughout; completely; **бачити кого-н. ~** see (right) through smb.
наслідок consequence, result
наслідування imitation
наслідувати 1. *(повторяти, відтворювати)* imitate; **2.** *(одержувати у спадщину)* inherit
насмілюватися, насмілитися dare
насміхатися mock, gibe (at), taunt; make a fool (of)
насмішити *(кого-н.)* make (smb.) laugh
насмішка mockery, gibe, taunt
насмішкуватий 1. *(схильний до насмішок)* sarcastic, sardonic; **2.** *(який містить у собі насмішку)* derisive mocking
насмішник scoffer, mocker
насміятися laugh (at); *(досхочу)* have a good laugh
наснага 1. *(фізична сила)* supply of energy, strenght; **2.** *(стан піднесення)* inspiration; **давати ~ гу** inspire smb. (to)
насолода delight, pleasure, enjoyment
насолоджуватися, насолодитися enjoy
наспів tune, melody
наспівувати *(співати тихо)* hum, croon
наспід underneath; *(на дно)* the bottom
наспіх in a hurry
наспіді 1. underneath; *(на дні)* at the bottom; **2.** *як прийм.* at the bottom (of)
насправді in reality
наст frozen snow, ice-encrusted snow
наставати, настати *(про час, пору)* come; **настала зима** winter has come; *(про погоду)* set in; *(про вечір, тишу)* fall; **настала ніч** night has fallen

наставляти I, наставити 1. *(ставити)* put (a lot of); **2.** *(наводити, направляти)* turn; *(про зброю)* aim

наставляти II, наставити *(повчати)* admonish; **~ кого-н. на добру путь** set smb. in the right way

наставник mentor, teacher, instruct preceptor

настанова directive, instructions *pl*

настигати, настигнути *(наздоганяти)* overtake, catch up (with)

настилати і **настеляти, наслати** і **настелити 1.** *(розстелити)* spread; **2.** *(робити настил)* lay; **~ підлогу** lay a floor

настирливий 1. *(надокучливий)* tiresome, importunate; **2.** *(невідчепний — про думку, ідею)* obsessive, haunting; **~рна ідея** obsession, fixed idea; **3.** *(наполегливий)* persistent

настій infusion

настійний 1. *(сповнений наполегливості)* persistent; **2.** *(невідкладний)* urgent, pressing; **~на потреба** urgent necessity

настільки so

настільний desk *attr.*; **~на лампа** desk lamp; **~на книга** handbook; **~ теніс** table tennis

настінний wall *attr.*, mural

насторожений alert, watchful; **~ погляд** guarded look

насторожі: бути ~ be on the alert

насторожувати, насторожити alert, cause alertness; **~ся** become more alert, prick up one's ears

настоювати, настояти *(готувати настій)* make an infusion; **~ся** draw; *(про чай тж)* brew

настрій mood; frame of mind; spirits *pl*; **зіпсувати кому-н. ~** put smb. out of humour; **у нього поганий (гарний) ~** he is in low (high) spirits

настромлювати, настромити stick (through)

настроювати, настроїти *(музичний інструмент)* tune; *(радіоприймач)* tune in

настроювач *(музичних інструментів)* tuner

наступ *війс.* offensive, advance, attack

наступальний offensive

наступати, наступити 1. *(ногою)* tread (on); **2.** *війс., тж перен.* advance, attack; undertake an offensive

наступний *(найближчий після)* following, next; *(який має відбутися)* forthcoming; **~ного року** next year

наступник successor

насувати, насунути 1. *розм.*: **~ капелюха на очі** pull one's hat over one's eyes; **2.** *перен. (наближатися, надходити)* approach; **насувала ніч** night was approaching; **насунули хмари** clouds have gathered; **~ся** *див.* **насувати 2**

насуплений 1. *(похмурий)* gloomy, sombre; **2.** *(про брови)* frowning

насуплювати, насупити: ~ брови, *тж* **~ся** knit one's brows, frown

насухо dry; **витерти що-н. ~** dry smth. thoroughly

насущний vital, essential

натерпітися *розм.* have suffered a great deal (of)

натикатися, наткнутися run (into); come across *(тж перен.)*

натирати, натерти 1. *(розтирати)* rub; **2.** *(начищати)* polish, wax; **3.** *(ноги та под.)* rub (make) sore

натиск pressure, thrust

натискати, натиснути press; *(ногою)* tread (on); **~ кнопку** push the button

натовп crowd

натомість instead (of it)

натомлюватися, натомитися get tired

наточувати, наточити *(гострити)* sharpen

натрапляти, натрапити 1. *(наскакувати, наштовхуватися)* knock (against), run (into); strike; **2.** *(несподівано зустрічати)* come across; *(знаходити)* find

натренований trained

Натрій *хім.* sodium, natrium

натужуватися, натужитися strain oneself, exert all one's strength

натура 1. *(характер)* disposition, nature; **2.** *кіно* location; **<> малювати з ~ри** draw (paint) from life; **платити ~рою** pay in kind

натуралізація naturalization

натуралізм naturalism

натураліст naturalist

натуральний *у різн. знач.* natural; *(не штучний)* real; **~ мед** pure honey; **~ шовк** real silk; *(який відповідає дійсності)* true; **~ної величини** life-size *attr.*

натурник, натурниця (artist's) model; *див. тж* **модель,** манекен

натхненний inspired; **~на праця** enthusiastic work

натхнення inspiration

натщесерце *розм.* on an empty stomach

натюрморт still life

натягати і **натягувати, натягти** і **натягнути 1.** *(робити тугим)* tighten, tauten; **~ струну** put a string (on); **~ віжки** pull on the reins; **2.** *розм. (одягати)* pull on; *(через голову)* pull (smth.) over

натягнутий *перен.* strained; **~ті стосунки** strained relations

натяжка *(у тлумаченні)* strained interpretation

натяк hint; **зрозуміти ~** take a hint
натякати, натякнути hint (at); **на що ви ~каєте?** what are you driving at?
наука 1. science; **природничі ~ки** science; **гуманітарні ~ки** arts; **2.** *(навички, знання)* knowledge; **<> це вам ~!** let that be a lesson to you!
науковець scientific (research) worker, scientist
науковий scientific; **~ва фантастика** science fiction
науково-дослідний (scientific) research; **~ інститут** research institute
науково-популярний *(про програму)* science attr.; *(про літературу)* scientific literature
науково-технічний scientific
нафта oil, petroleum
нафталін naphthalene
нафтогін oil pipeline
нафтовидобувний oil attr.
нафтовидобуток drilling for oil
нафтовий oil attr., petroleum attr.; **~ва вежа** (oil) derrick, rig; **~ва платформа** oil rig
нафтогін oil pipeline
нафтодобувний oil
нафтодолари *мн.* petrodollars pl
нафтомісткий: ~ пласт oilfield
нафтоналивний: ~не судно (oil) tanker
нафтопереробка oil-processing plant
нафтопродукт *(зазв. ~ти мн.)* oil product
нафтосховище oil storage tank
нахаба cheeky beggar, impudent (insolent) fellow
нахабний cheeky, impudent, impertinent, insolent
нахабність, нахабство cheek, impudence, impertinence, insolence
нахвалятися 1. *(погрожувати зробити)* threaten (+ to inf.); **2.** *(хвастовито обіцяти)* promise boastingly
нахил 1. *(хист)* bent, aptitude, inclination; **~ до музики** bent for music; **~ до малювання** aptitude, turn for painting; **2.** *(положення під кутом)* slope
нахиляти, нахилити bend, incline, lean; **~ся** bend, lean
нахлібник, нахлібниця hanger-on *(pl* hangers-on), sponge
нахмарити(ся) *безос.:* **~рило(ся)** the sky is overcast
находити, найти 1. *(оволодівати, охоплювати)* overcome, come (upon, over); **що на вас найшло?** what has come upon (over) you?; **2.** *(насуватися):* **~дять хмари** heavy clouds are gathering
нацизм Nazism
нацист Nazi

нацистський Nazi
націлювати(ся), націлити(ся) aim (at)
націоналізація nationalization
націоналізм nationalism
націоналізувати nationalize
націоналіст nationalist
націоналістичний nationalistic
національний national; **~не питання** the problem of nationalities
національність nationality
нація nation; **Організація Об'єднаних Націй** United Nations Organization
начальник chief, head; *війс.* commander; **~ станції** station-master
начальство *збір.* the authorities pl
наче, начеб(то) *див.* **немов**
начерк 1. *(ескіз)* sketch; **2.** *(що-н. незакінчене)* outline, draft, rough copy; **3.** *(нарис)* essay
начинка stuffing, filling
начиння 1. *(знаряддя праці)* tackle, gear; **рибальське ~** fishing-tackle; **2.** *(посуд)* utensil
начиняти, начинити stuff, fill
начисто 1. *(без помарок)* clean, cleanly; **переписати ~** make a clean (fair) copy (of); **2.** *розм. (повністю)* absolutely, completely
начитаний well-read
начитаність erudition
начорно roughly; **написати ~** make a rough copy (of)
наш *(з ім.)* our; *(без ім.)* ours; **це ~ша кімната** that's our room; **ця кімната ~ша** that room is ours
нашатир *хім.* ammonium chloride
нашатирний: ~ спирт (liquid) ammonia
нашвидку(руч) *розм.* in haste, in a hurry
нашестя invasion
нашивати, нашити *(поверх чого-н.)* sew on
нашивка *війс.* badge; *(на рукаві)* stripe
нашийник collar
нашкірний *мед.:* **~на хвороба** skin disease
наштовхувати, наштовхнути *розм.* (спонукати) incite (to); **~ на думку** suggest an idea (to); **~ся 1.** *(натикатися)* knock (against), run (into); **2.** *перен. (натрапляти на кого-н., що-н.)* come across
нащадок 1. descendant, offspring; **2. ~дки** *мн. (люди майбутніх поколінь)* descendants, posterity *sing*
нащо *див.* **навіщо**
наявний available
не 1. *(виражає заперечення змісту)* а) not; **я не працюю** I don't work; **він не знає** he does not (doesn't) know; **хіба ви не знаєте** do you not know?; don't you know?; **він нічого не сказав** he did not say anything, he said nothing; б) no, not any; **їй не краще** she is

no better, she is not any better; в) *(з іменним присудком)*: no; **він не поет** he is no poet; **2.** *(надає стверджувального значення)* звич. не перекладається: **хто його не знає!** everyone knows him!; **не можу не погодитися** I can't help agreeing; **не без труднощів** with some difficulty; <> **не можу не зробити** I can't help doing; **хто б то не був** whoever it may be; **що б то не стало** at all costs, at any price

неабиякий 1. *(великий, значний)* considerable, great, large; **це ~ка справа** it's no laughing matter; **2.** *(серйозний)* serious; **3.** *(видатний)* outstanding; **4.** *(не такий, як усі)* not usual, unusual

неадекватний inadequate
неактуальний irrelevant
неакуратний *(про людину)* untidy; *(про роботу)* sloppy
неаполітанський Neapolitan
небагато a little, not much; few, not many *(з ім. у мн.)*
небагатослівний 1. *(короткий)* laconic; brief, terse; **2.** *(про людину)* laconic, of few words *після ім.*
небажаний undesirable
небажання unwillingness, reluctance
небалакучий taciturn
небачений never seen before; unprecedented
небезпека danger
небезпечний dangerous
небезпечно dangerously
небезпідставний not unreasonable
небеса *мн. поет.* heaven *sg*; **підносити до небес** laud (praise) to the skies
небесний celestial, heavenly
небилиця tale story, cock-and-bull story; *(оповідання)* fable, tale
небіж nephew
небіжчик dead person, the deceased, the late
небіжчиця dead woman, the deceased, the late
небо sky; **на ~бі** in the sky; <> **просто ~ба** out in the open; **бути на сьомому ~бі** be in the seventh heaven; **попасти пальцем у ~** to miss the point
небога niece
небозвід firmament, sky
небоязкий fearless
небувалий unprecedented
невагомий weightless
невагомість weightlessness
неважкий easy
неважко: це ~ it's easy, (not) difficult; **~ зрозуміти** it's easy, (not) difficult to understand
невартий 1. *(про людину)* worthless; **2.** *(про справу)* valueless

невблаганний relentless, inexorable
невважаючи: ~ на in spite of
неввічливий rude, impolite
неввічливість impoliteness, incivility
невгамовний unruly, restless; boisterous
невгасимий inextinguishable
невдалий unsuccessful; *(незадовільний тж)* poor; **~ переклад** unhappy translation
невдаха failure
невдача failure, reverse; **зазнати ~чі** suffer a reverse
невдоволений discontented, dissatisfied (with), displeased (with)
невдоволення discontent, dissatisfaction (with)
невдячний ungrateful, thankless
невдячність ingratitude
невеликий *(розміром, величиною)* small; *(про відстань, строк)* short; *(про зріст)* not very tall, short
невже really?; **~ це правда?** is it really true?; **~ вона так вважає?** does she really think that?
неживаний: це слово тепер ~не this word is not in use any more
невибагливий undemanding, not hard to please *після ім.*, unpretentious, unfastidious; *(про рослини)* hardy
невивчений *(про питання, проблему)* unexplored
невигадливий uncomplicated
невигідний unprofitable
невидимий invisible
невидимка 1. *(про людину)* invisible; **2.** *(шпилька)* hairpin
невизначений *(про час, термін)* indefinite
невизнаний unrecognized, unacknowledged
невизначеність uncertainty, indefinite, indeterminate
невиконання *(зобов'язання, плану)* failure to carry out; *(обіцянки)* failure to keep
невикористаний unused
невикорінний deep-rooted
невиліковний *(про хворобу)* incurable; *(про хворого)* terminally ill
невимірний immeasurable
невимовний unspeakable, inexpressible
невимогливий undemanding
невимушений informal, relaxed, natural, easy
невимушеність 1. *(бесіди)* informality; **2.** *(рухів)* freeness, casualness
невинний *у різн. знач.* innocent; *(який не має вини тж)* not guilty; **~ жарт** innocent joke
невинність innocence
невиправданий *(про звинувачення й под.)*

unjustified; *(про втрати й под.)* unwarranted

невипробуваний *(про літак, машину й под.)* untested

невиразний expressionless, inexpressive; *(слабо розрізнюваний)* indistinct

невисокий low; *(на зріст)* short; **~ка якість** poor quality

невитриманий *(про людину)* unrestrained, lacking self-control

невитриманість lack of self-control

невихований ill-bred

невихованість ill breeding

невичерпний inexhaustible

невід *риб.* fishing net, seine, sweep-net

невідворотний inevitable

невіддільний inseparable

невід'ємний inalienable; integral; **~на частина** integral part

невідкладний urgent, pressing; **~на медична допомога** emergency medical service, first aid

невідмінюваний *лінгв.* indeclinable

невідоме *мат.* unknown

невідомий 1. unknown; **2. як ім.** stranger; **3. як ім. ~ме** *мат.* unknown quantity

невідомість uncertainty

невідомо *безос.* it's not known; **~ де** no one knows where

невідповідність *(правилам, закону)* nonconformity (with); *(можливостям, обставинам)* discrepancy (with)

невідступний importunate, persistent; **~на думка** persistent thought

невідчепний persistent

невідчутний *(непомітний)* bareheaded

невільник, невільниця slave

невірний *(зрадливий)* unfaithful

невірогідний unreliable

невістка *(дружина сина)* daughter-in-law *(pl* daughters-), *(дружина брата)* sister-in-law *(pl* sisters-)

невлад *розм.* out of turn, at the wrong moment; quite inappropriately

невловимий 1. *(ледь відчутний)* difficult to catch; **2.** *(про людину)* elusive

невмирущий immortal

невмілий inept

невміння incapability

неволя slavery, bondage; *(полон)* captivity

невпевнений 1. *(про людину)* unsure; **~ у собі** unsure of oneself; **2.** *(про тон)* uncertain

невпевнено uncertainly

невпинний incessant, ceaseless; indefatigable

невпізнанний unrecognizable

невпізнання: до ~ beyond (all) recognition

невпорядкований disorderly

невразливий impregnable

невралгічний *мед.* neuralgic

невралгія *мед.* neuralgia

неврастенік neurotic

неврастенічний neurotic

неврастенія *мед.* nervous tension

неврівноважений unbalanced

неврівноваженість irascibility, unbalance

неврожай crop-failure, poor harvest

неврожайний of poor crops *після ім.*, of bad harvest *після ім.*; **~ рік** year with a poor harvest

невроз neurosis *(мн. -ses)*

невропатолог neurologist, nerve specialist

невсипущий 1. *(пильний, уважний)* vigilant, watchful; **2. див. невтомний**

невситимий insatiable

невтішимий inconsolable

невтішний inconsolable, upsetting; *(безрадісний)* unconsoling

невтолений unquenchable, insatiable

невтомний indefatigable, untiring, tireless

невтримний uncontrollable, unrestrained

невтручання non interference

невчасний untimely

негайний immediate

негайно immediately, at once

негарний 1. *(некрасивий)* not beautiful, unattractive, plain; **2.** *(поганий)* bad, poor

негідний 1. *(непридатний)* unfit (for); **2.** *(недостойний)* unworthy; **3.** *(підлий)* mean

негідник scoundrel, blackguard

негласний private, secret

неглибокий 1. *(мілкий)* shallow, shade; **2.** *перен. (поверховий)* superficial

негнучкий inflexible

неговіркий taciturn, uncommunicative

негода bad (awful) weather

негожий bad

негр black man

неграмотний 1. *(про людину)* illiterate; **2.** *(з помилками)* ungrammatical; **3.** *(некомпетентний)* incompetent

негреня black child *(мн. -dren)*

негритянка black woman

негритянський black

негучний quiet

неґатив *фото* negative

неґативний negative

недавній recent; **до ~нього часу** until (quite) recently

недавно recently, not long ago

недалекий 1. not distant, near, nearby; *(про відстань)* short; **у ~кому майбутньому** in the near future; **у ~кому минулому** quite recently, not so long ago; **2.** *перен. (обмежений)* limited

недалеко *(жити, знаходитися)* nearby; *(їти, їхати)* not far
недалекоглядний short-sighted
недаремне, недаремно *див.* **недарма**
недарма 1. *(не без підстав)* not for nothing, not without reason; **він говорив так ~** he had a reason for speaking as he did; **2.** *(не без користі)* not for nothing, not in vain; **3.** *(з наміром)* for some purpose
недбайливий careless, negligent
недбалий careless; negligent; slipshod *розм.*
недвозначний unequivocal; unambiguous
неделікатний tactless, indelicate
недивно it's not surprising
неділздатний 1. *(про людину)* incapacitated; **2.** *(про організацію, структуру)* impotent, ineffective
недійсний invalid, null, void
неділя Sunday
недобачати have poor (eye-) sight
недобір shortage
недобрий unkind; hostile; *(поганий)* evil, bad; **~ра звістка** bad news; **~ра слава** evil reputation
недоброзичливий hostile, ill-disposed
недоброзичливість ill-will
недовага shortfall *(in weight)*
недоважувати, недоважити: ~ кому-н. чого-н. give smb. too little of smth.
недоварювати, недоварити undercook
недовгий brief, short
недовго not for long, for a short time; **я там буду ~** I won't be there for long; **~ думаючи** without pausing to think
недовговічний short-lived
недовіра distrust, mistrust; **ставитися до кого-н. з ~рою** be mistrustful (distrustful) of smb.
недовірливий distrustful, mistrustful
недогадливий inscrutable
недогарок *(свічки)* candle-end
недогляд oversight; **через ~** through lack of attention
недоговорювати, недоговорити leave unsaid; **він щось ~рює** there is something that he's not saying
недогризок *розм. (недоїдений шматок)* gnawed bit; **~ яблука** gnawed apple
недозволенний inadmissible
недоїдати be undernourished
недоїдки *мн.* leavings, leftovers
недоконаний flawed; **~ вид** *грам.* imperfective (aspect)
недокрів'я anaemia
недокурок stub, butt
недоладний ungainly, awkward, clumsy

недолік 1. defect, deficiency, shortcoming; **2.** *(брак, відсутність)* lack
недолічуватися, недолічитися miss, be short (of)
недолюблювати dislike, have little liking (for)
недоля rough luck; misfortune
недомовка indirect, reticence; **говорити про що-н. з недомовками** refer to smth. indirectly
недоношений: ~на дитина premature baby
недооцінка underestimation
недооцінювати, недооцінити underestimate, underrate
недопустимий inadmissible
недоречний inappropriate; **жарт був зовсім ~** the joke was completely; **~ не питання** irrelevant question
недорід poor harvest, crop failure
недорікуватий tongue-tied
недорогий cheap, inexpensive
недорого cheaply, at a reasonable price
недорозвинений underdeveloped, *розм.* dumb
недосвідчений inexperienced
недосвідченість inexperience
недосипати, недоспати not get enough sleep
недосконалий imperfect
недосконалість *(суспільства, системи)* imperfect nature
недосліджений *(про питання, район)* unexplored
недостатній insufficient, inadequate
недостатність insufficient; inadequate; **серцева ~** heart failure
недостатньо insufficiently
недостача 1. *(нестача)* deficiency; lack; shortage; **2.** *(виявлена під час перевірки)* shortfall, deficit
недостойний unworthy (of), *(який не заслуговує на повагу тж.)* worthless
недоступний 1. inaccessible, unattainable (for), beyond the powers (of); **2.** *(для розуміння)* too difficult (for)
недосяжний *див.* **недоступний**
недоторканий inviolable; **~на особа** protected person
недоторканність inviolability; **дипломатична ~** diplomatic immunity
недотримання nonobservance
недоук half-taught person, badly educated
недоумство: через ~ without thinking
недоцільний inexpedient
недочувати be hard of hearing
недремний vigilant

недруг enemy; *поет.* foe
недружній unfriendly
недуга ailment, illness
недужий sick; *як ім.* sick person
недурний sensible, (quite) intelligent
неекономічний 1. *(про технологію, галузь)* inefficient; **2.** *(про двигун)* uneconomical
неекономічність inefficiency
неетичний unethical
неефективний ineffective
нежданий unexpected
неживий 1. *(мертвий)* dead, lifeless; **2.** *(млявий)* lifeless, dull; **3.** *(неорганічний)* inanimate
нежиттєздатний 1. *(про організм, рослину)* incapable of surviving; **2.** *перен. (про теорію)* impractical
нежить *мед.* cold (in the head)
незабарний immediate
незабаром soon, shortly, before long
незабезпечений poor
незабудка forget-me-not
незабутній unforgettable, beloved
незавершений unfinished
незавидний unenviable
незагрозливий safe; *(про захворювання)* harmless
незадовго shortly before, not long before
незадовільний unsatisfactory
незадоволений discontented, dissatisfied (with), displeased (with)
незадоволення dissatisfaction, discontent
незайманий untouched, virgin
незайнятий 1. *(про будинок, приміщення)* unoccupied; **2.** *(про людину, працівника)* not occupied; **3.** *(про час)* free
незакінчений unfinished, incomplete
незаконний illegal, unlawful; *(не оформлений юридично)* illegitimate
незаконність illegality
незалежний independent (of)
незалежність independence
незалежно independently; **~ від** regardless (of), irrespective (of)
незаселений uninhabited
незаміжня unmarried, single
незамінний irreplaceable
незаможний deprived, indigent, poor
незапам'ятний: з ~них часів from time immemorial
незаперечний 1. *(про перевагу, авторитет)* unquestionable; **2.** *(про істину)* immutable; **~на істина** unquestionable truth
незаразний noncontagious
незаслужений undeserved, unmerited
незатребуваний unclaimed
незацікавлений indifferent, uninterested; *(безкорисливий)* disinterested

незбагненний incomprehensible, inconceivable
незбираний: ~не молоко unskimmed milk
незважаючи: ~ на in spite of, despite, not withstanding
незвичайний exceptional
незвичний unaccustomed; *(до чого-н. тж)* unused (to)
незворушний unflappable
незвично: мені ~ I'm not used to doing
незв'язний disjointed, incoherent
незгинний staunch
незгладимий indelible
незговірливий intractable
незгода *(чвари, розлад)* disagreement; discord
незграбний 1. ungainly, awkward; clumsy; **2.** *(грубо зроблений)* clumsy, rough
нездатність inability
нездібний incapable (of); dull; **~ до математики** incapable of learning doing mathematics
нездійсненний unrealizable, unfeasible, impracticable, not feasible
нездоланний irresistible; *(непереможний)* invincible
нездоровий unhealthy; **у неї ~ вигляд** she doesn't look well
нездужання queasiness
нездужати feel unwell; be ill
незіпсований *(про людину)* innocent
незлагідний unaccommodating
незламний inviolable, indestructible; *(непохитний)* inflexible
незліченний countless, innumerable, infinite
незмивний *(про пляму)* indelible
незмінний 1. inchanging, immutable; invariable; **2.** *(відданий)* steadfast, unfailing
незнайомець, незнайомка stranger
незнайомий 1. unknown, unfamiliar; *(про людей)* strange; unacquainted (with); **я ~ із цими фактами** I am not familiar with these facts; **2. як ім.** stranger
незнаний unknown; *(якого раніше не зазнавав)* novel
незнання ignorance
незначний insignificant; *(невеликий тж)* small, slight; *(неважливий тж)* trivial, of no importance (significance) *після ім.*
незначущий meaningless
незримий invisible
незрівнянний incomparable, inimitable, matchless
незрівнянно 1. incomparably, matchlessly; **2.** *(набагато, значно)* much, far
незрілий unripe; *перен. тж* immature

незрозумілий incomprehensible
незрозуміло incomprehensibly
незручний 1. uncomfortable; *(у користуванні)* unhandy; **2.** *(про положення, становище)* awkward; *(який не підходить для чого-н.)* inconvenient
незручність *(ніяковість)* discomfort
незручно uncomfortably, awkwardly; **мені ~ сказати йому про це** I feel uncomfortable telling him that
незрячий blind, sightless
незчутися not to sense, not to notice, not to feel
нез'явлення 1. *(на роботу)* absence; **2.** *(до суду)* failure to appear
неїстівний inedible
нейлон nylon
нейлоновий nylon *attr.*
неймовірний extreme, incredible
нейрохірург neurosurgeon
нейрохірургія neurosurgery
нейтралізація neutrality
нейтралізувати neutralize
нейтралітет neutrality
нейтральний neutral
нейтрон *фіз.* neutron
некапіталістичний non-capitalist
некваліфікований unskilled, unqualified
неквапливий leisurely, deliberate; *(повільний)* slow, unhurried
некерований *(недисциплінований)* unruly
некмітливий slow, thick
некомпетентний *(про людину)* incompetent; *(про судження)* inappropriate
некоректний tactless
некрасивий *див.* **негарний 1**
некролог obituary (notice)
нектар nectar
некультурний *(про рослину)* uncultured; *(про людину)* uncivilized
нелавовий *війс.* non-combatant
нелегкий 1. *(важкий)* heavy; **2.** *(який потребує великих зусиль)* hard, not easy
нелеґальний illegal
нелеґітимний illegitimate
нелітний: ~на погода poor weather for flying
нелогічний illogical
нелюдимий *див.* **відлюдько**
нелюдський inhuman; *(жорстокий тж)* inhumane; *(про зусилля й под.)* superhuman
нелюдяний inhumane
нелюсований: *буд.* **~не вапно** quicklime
нема(є) *присудк. сл.* **1.** *(про відсутність взагалі)* there is (are) no; **тут ~ стільців** there are no chairs here; **нікого ~ вдома** there is nobody at home; **2.** *(не мати чого-н.)*

have no, have not got; **~ часу** there is no time; **у мене ~ грошей** I have no money; **у мене ~ олівця** I have no pencil, I have not got a pencil; **3.** *(про відсутність певних осіб, предметів)*: **його тут ~** he is not here; **<> ~ за що (купити)** there is nothing to buy for; **~ з ким поговорити** there is nobody to talk to
немалий great (large) enough
неметал *хім.* nonmetal
немилість disfavour disgrace
немилосердний merciless
неминуче inevitably
неминучий inescapable, unavoidable, inevitable
немислимий unthinkable, impossible
немічний feeble, weak; powerless; *(хворий)* ill, sick
немов 1. *(неначе, ніби)* as if, as though; **2.** *(виражає непевність, сумнів)* somehow; **він ~ постарів** he looks older somehow
немовби *див.* **немов**
немовля baby, infant in arms
неможливий impossible
немолодий old
ненавидіти hate, detest
ненависний hated, hateful
ненависть hatred, hate
ненавмисний *(про вчинок, про вбивство)* unpremeditated
ненадійний *(про механізм)* unsafe, unreliable; *(про людину, відомості)* untrustworthy, unreliable
ненадовго for a short while (time), not for long
ненажера *розм.* glutton; voracious eater
ненажерливий gluttonous, voracious; *(ненаситний тж)* insatiable
неналагоджений *(про побут і под.)* uncomfortable
ненапад nonaggression; **пакт про ~** nonaggression pact
ненароком *розм.* **1.** *(ненавмисне)* by chance, unintentionally; **2.** *(необережно, необачно)* by accident, by mistake
ненаситний insatiable
ненатуральний 1. *(про міх, світло)* artificial; **2.** *(про сміх)* forced; **3.** *(про поведінку)* affected
неначе, неначебто *див.* **немов**
ненормальний abnormal; *розм.* mad
ненормальність abnormality
неня, ненька mummy
необачний *(про вчинок)* imprudent
необґрунтований unfounded
необдуманий illconsidered, rash, unconsidered

необережний careless; *(необачний)* imprudent, incautious
необережність carelessness
необ'єктивний not objective, biased
необізнаний uninformed; ~ *(з чим-н.)* ignorant (of)
необмежений unlimited, unrestricted; *(про владу)* absolute; **~на монархія** absolute monarchy
необміркований ill-considered
необов'язковий 1. *(про предмет, лекцію)* optional; *(про факти)* nonessential; 2. *(про людину)* unreliable
необроблений *(про землю)* uncultivated; *(про деталь)* unfinished; *(про метал, дерево)* untreated
необхідний necessary; that one needs *після ім.*
необхідність necessity, need
необхідно *безос.* it is necessary (+ to *inf.*); **мені ~ з вами поговорити** I really need to talk to you
неоглядний vast
неодмінний necessary, compulsory, obligatory, indispensable
неодмінно by all means, without fail
неоднаковий different
неодноразовий repeated
неодноразово more than once, repeatedly; *(повторювати)* time after time
неоднорідний 1. *(про масу)* heterogeneous; 2. *(про явище)* dissimilar
неодружений unmarried, single
неозброєний unarmed
неозначений *грам.* indefinite; **~на форма дієслова** infinitive
неоліт Neolithic
неологізм neologism
Неон *хім.* neon
неонацизм Neo-nazism
неоновий *хім.* neon *attr.*
неоплатний: ~ борг debt that cannot be repaid
неоплачений unpaid
неопублікований unpublished
неорганізований disorganized; *(про маси)* unorganized
неорганічний inorganic
неосвічений uneducated
неослабний 1. *(про нагляд)* constant; 2. *(про контроль)* unrelenting
неостаточний not final
неосудний *юр.* deranget; **у ~ному стані** non compos mentis
неосудність *юр.* derangent
неосяжний boundless, vast
неотесаний unpolished, rough; *розм. (про людину)* crude, uncouth

неофіційний unofficial
неохайний slovenly, untidy
неохоче with reluctance, unwillingly
неохочий reluctant
неоцінений invaluable
непарний odd, unpaired
непевний 1. *(невпевнений)* uncertain, hesitant; 2. *(ненадійний — про людину)* untrustworthy
непереборний insuperable, insurmountable; **~не бажання** overmastering desire
неперевершений unsurpassed, matchless
непередаваний inexpressible
непередбачений unforeseen, unanticipated
непередбачливий short-sighted
непередбачуваний unpredictable
неперекладний untranslatable
непереконливий unconvincing, unsubstantiated
непереможний invincible, unconquerable
пересічний exceptional
неперехідний: ~не дієслово *грам.* intransitive verb
неписаний unwritten
неписьменний illiterate
неписьменність illiteracy
непитущий teetotal
непіддатливий resistant, unresponsive
непідкупний incorruptible
непідробний genuine, authentic; *перен. (щирий)* sincere, unfeigned
непідхожий *(про місце)* unsuitable; *(про час)* inappropriate
неплатіж nonpayment
неплатник defaulter
неплатоспроможний 1. *(про людину)* unable to pay; 2. *(про підприємство)* insolvent
неповага disrespect, lack of respect
неповний *(про чашку й под.)* not full; *(про дані й под.)* incomplete; **~ робочий тиждень** short week
неповнолітній 1. under age *після ім.*; 2. *як ім.* minor
неповноліття minority
неповноправний not possessing full rights
неповнота incompleteness
неповноцінний insufficient, defective
неповноцінність lack, defectiveness; **відчуття власної ~ності** inferiority complex
неповороткий *(забарний)* slow, sluggish; *(незграбний)* clumsy
неповоротний irretrievable
неповторний unique
непоганий not bad, quite good; **він ~ на вроду** he's not bad-looking
непогано 1. not badly, quite well; 2. *безос.* it is not bad

непогідний wet and dismal
не(по)года bad (awful) weather
непогрішний infallible
неподалік 1. *присл.* not far off; **2.** *як прийм. (від чого-н.)* not far from
неподільний indivisible; **~не число** *мат.* prime number
неподобний improper, unseemly
неподобство disgraceful thing
непоінформований ill-informed
непоказний ordinary-looking, unattractive, plain; *(про предмети)* unsightly
непокірливий unruly, refractory
непокоїти 1. *(турбувати)* trouble; **2.** *(хвилювати)* worry, upset; **3.** *(боліти)* hurt; **~ся** be uneasy (worried) about
непокора disobedience, insubordination, refusal to obey
неполадки *мн.* defects
неполюбляти dislike
непоміркований highly strung, high-strung *амер.*
непомірний 1. *(про радощі)* boundless, excessive; **2.** *(про потреби)* unlimited
непомітний not noticeable; imperceptible; *(який не впадає у вічі)* inconspicuous
непомітно imperceptibly; **він ~ підійшов** he approached; **~, що ти всю ніч не спав** you may not have slept all night, but it doesn't show
непомічений unnoticed
непоправний irreversible, irretrievable, irreparable, irremediable; **~на помилка** fatal mistake
непорозуміння misunderstanding; *(незгода)* disagreement
непорушний 1. motionless, still; **2.** *(міцний, нерушимий)* unshakable, inviolable
непорядний dishonourable, dishonorable *амер.*
непорядок disorder
непосидливий, непосидючий, непосидющий fidgety, restless
непосидько *розм.* fidget, restless person
непосильний back-breaking; **~на праця** work beyond one's strength
непослідовний inconsistent
непослідовність inconsistency
непостійний inconstant, changeable; *(про людину тж)* unstable, fickle
непостійність inconstancy, changeability
непотрібний unnecessary
непохитний unshakeable, steadfast, inflexible
непочатий untouched; <> **~ край** *(чого-н.)* abundance (of); masses (of) *pl*; **роботи ~ край** there's heaps of work to be done

непошкоджений undamaged
непояснений inexplicable
неправда untruth, lie; **це ~!** it's (this) a lie!
неправдоподібний unlikely, improbable, implausible
неправий: ти ~ you are wrong
неправильний 1. abnormal; irregular; **~ дріб** *мат.* improper fraction; **~не дієслово** *грам.* irregular verb; **2.** *(помилковий, хибний)* wrong, erroneous
неправильно incorrectly, wrongly; **це ~** it's wrong; **~ розуміти** misunderstand; **~ написати** misspell
неправомірний unjustifiable
непрацездатний disabled; unable to work
непрацездатність disability; **допомога через ~** disability living allowance
неприборканий *(про пристрасть)* unbridled; *(про людину, характер)* ungovernable
неприборкний unrestrained; irrepressible
непривабливий unattractive
непривітний 1. *(про людину)* unfriendly, ungracious; **2.** *(про місце)* bleak
непридатний unusable, unfit (for); **ставати ~ним** *(про обладнання)* become defunct; *(про одяг)* be worn out
непридатність worthlessness
приєднання *політ.* nonalignment
неприємний unpleasant, disagreeable
неприємність mishap, trouble
неприємно unpleasantly; **мені ~ говорити про це** I don't enjoy talking about it
неприйнятний unacceptable
неприйняття rejection
неприкаяний restless and drifting
неприкрашений plain, unvarnished
неприкритий open
непримиренний irreconcilable
непримхливий unpretentious
неприпустимий inadmissible
неприродний unnatural
непристойний indecent, obscene
непристойність obscenity
неприступний 1. unassailable, impregnable; **2.** *перен. (про людину)* unapproachable
непритомний unconscious
непритомність unconsciousness
непритомніти lose consciousness
неприхований *перен. (про правду)* plain; *(про брехню)* barefaced, blatant
неприязний unfriendly, hostile
неприязнь hostility
непробивний 1. impregnable; **2.** *перен.* imperturbable
непробудний: ~ сон deep sleep; **спати ~ним сном** be fast asleep
непровідник *фіз.* nonconductor, dielectric

непроглядний impenetrable, pitch-dark
непродуктивний unproductive
непродуманий ill-considered
непрозорий opaque
непроїжджий impassable
непролазний *розм.* impassable
непромокальний waterproof
непроникний impenetrable
непропорційний disproportionate
непроханий uninvited; *(небажаний)* unasked
непрохідний impassable; *(про ліс)* impenetrable
непрохідність *мед.* blockage
непрощенний unforgivable, inexcusable
непрямий *(про шлях)* indirect; *(про відповідь)* evasive; **~ відмінок** *грам.* oblique case; **~ма мова** *грам.* indirect speech
нерв nerve
нервовий nervous; **~ва система** the nervous system
нервовість nervousness
нервувати 1. be nervous, feel nervous; 2. *(кого-н.)* make smb. nervous
нервуватися fret
нереальний 1. *(про світ, події)* unreal; 2. *(нездійсненний)* impractical
нереґулярний irregular
нерентабельний unprofitable
нерентабельність unprofitability
нерест spawning
нержавкий rustproof; **~ка сталь** stainless steel
нерівний I *(неоднаковий)* unequal
нерівний II 1. *(про поверхню)* uneven, rough; **~на місцевість** rough country; 2. *(кривий)* crooked; 3. *(нерівномірний)* uneven, unsteady; **~ пульс** unsteady pulse
нерівність inequality; **знак ~ності** *мат.* inequality sign
нерівномірний uneven, irregular
нерівноправний inequal
нерівноправність inequality (of rights)
нерішуче indecisively
нерішучий indecisive, irresolute
нерішучість indecision, indecisiveness
неробочий: ~ час time off; **~ обстановка** atmosphere which is not conducive to work
неродючий infertile, barren
нерозбірливий 1. *(про почерк)* illegible; 2. *(невибагливий)* indiscriminate; *(безпринципний)* unscrupulous
нерозважний 1. *(безутішний)* inconsolable; 2. *(необачний)* careless
нерозвинений undeveloped
нерозв'язний insoluble
нерозгаданий unsolved
нерозлучний inseparable
нерозповсюдження nonproliferation; **~ ядерної зброї** nonproliferation of nuclear weapons
нерозривний indissoluble, inseparable
нерозрізненний indistinguishable, indiscernible
нерозсудливий lacking (in) common sense; irrational, unreasonable
нерозуміння incomprehension
нерозумний 1. *(про людину)* unreasonable, unwise; 2. *(про політику)* unintelligent
нерозчинний insoluble
нерпа *зоол.* seal
нерухомий motionless, still, immovable; **~ погляд** fixed stare; **~ме обличчя** stony face; **~ме майно** property, real estate; immovables *pl*
нерухомість property
нерухомо without moving
несамовитий frantic, violent, out of one's mind
несамовитість frenzy
несамостійний dependent
несамохіть 1. *(мимовільно)* unintentionally; 2. *(проти волі)* against one's will
несвідомий 1. *(який не контролюється свідомістю)* unconscious; 2. *(з неналежним рівнем свідомості)* irresponsible, thoughtless; *(політично відсталий)* politically ignorant
несвідомість irresponsibility
несерйозний 1. *(легковажний)* light-minded, shallow, frivolous; 2. *(про пропозицію)* flippant; 3. *(про хворобу)* mild; **~на рана** flesh wound
несиметричний asymmetrical
несказанний inexpressible
нескінченний interminable, endless, perpetual, unending
нескладний 1. *(незлагоджений)* discordant; 2. *(невдалий)* disconnected, disjointed; 3. *(про фігуру)* ungainly, awkward
нескладний simple
нескромний 1. *(про людину, поведінку)* immodest; 2. *(про запитання)* indelicate; 3. *(про пропозицію)* brazen
неслухняний 1. *(про дітей, підлеглих)* disobedient; 2. *(про волосся й под.)* unmanageable
неслухняність disobedience
несмачний unsavoury, tasteless
несміливий timid
несплата nonpayment
несподіваний unexpected; *(раптовий)* sudden
несподіванка surprise; **приємна ~** pleasant surprise
несподівано unexpectedly
неспокій anxiety, uneasiness

неспокійний restless, anxious; uneasy; ~ **сон** troubled sleep
неспокійно there's unease
несправедливий unjust, unfair
несправедливість injustice
несправедливо unfairly, injustice
несправжній (*про золото й под.*) artificial; (*про дружбу, любов*) contrived
несправний (*про механізм*) faulty, defective, out of order
несправність disrepair
неспрацьованість lack of harmony at work
несприйнятливий 1. (*до знань*) inreceptive (to); 2. (*до хвороб*) immune (to)
несприятливий unfavourable
неспроможний incapable (of), unable (to)
непроста not without purpose; **це ~!** there is more in it than meets the eye
неспростовний incontrovertible, irrefutable
нестандартний 1. (*про підхід*) original; 2. (*про товар*) substandard
нестаток (*часто ~ки мн.*) privation(s) (*pl*), hardship(s) (*pl*)
нестача deficiency; lack, shortage; **через ~чу** for lack (want) (of)
нестерпний 1. (*про спеку та под.*) intolerable, unbearable; 2. (*про людину, поведінку*) insufferable
нести 1. (*переміщати на собі*) carry; 2. *перен.* (*передавати, приносити іншим*) bring; 3. (*про вітер, течію*) sweep (along), drive; 4. (*виконувати*) perform; ~ **службу** *військ.* serve; 5.: ~ **яйця** lay eggs; <> **високо ~ голову** hold one's head high; **~ся** 1. (*мчатися*) rush (along), tear (along); 2. (*про птахів*) lay (eggs)
нестійкий unstable; (*непостійний*) changeable, unsettled
нестійкість instability
нестриманий 1. (*про людину, характер*) fiery, uncontrolled; 2. (*про поведінку*) passionate
нестриманість fieriness, uncontrolled
нестримний uncontrollable; (*про характер*) uncontrolled
нестрункий shapeless
нестяма (*несамовитість*) frenzy; <> **до ~ми захоплюватися** be enthusiastic (about); **до ~ми кохати** be wildly in love (with)
нестямний frenzied
нестямність frenzy
несудноплавний not navigable
несумірний (*про поняття*) disproportionate
несумісний incompatible
несумісність incompatibility; ~ **тканин** *мед.* antagonism
несумлінний unconscientious
несуттєвий inconsequential

несхвалення disapproval
несхвальний disapproving, unflattering
несхожий unlike, dissimilar, different
нетактовний tactless
нетактовність tactlessness
нетвердий 1. (*м'який*) soft; 2. (*нестійкий*) unsteady; (*про рухи й под.*) shaky; **~да хода** unsteady gait; 3. (*у переконаннях*) pliable
нетерпимий intolerable
нетерпіння impatience; **чекати з ~ням** wait impatiently (for); (*чого-н. приємного*) look forward (to)
нетерплячий impatient
нетовариський unsociable
неточний inaccurate, inexact
неточність inaccuracy, inexactitude
нетравлення: ~ **шлунка** indigestion
нетривалий short
нетрі *мн.* thickets; jungle *sing*; *перен.* labyrinth *sing*
нетрудовий 1. non-working; 2. (*створений не власною працею*) unearned
нетто net *attr.*; **вага ~** net weight
нетутешній alien, strange
нетямущий slow on the uptake, dull; (*про дитину*) innocent
неуважний inattentive; (*недбалий тж*) careless; (*байдужий*) inconsiderate
неуважність lack of attention, inattention; (*байдужість*) inconsiderateness; lack of concern, lack of consideration
неугавний unceasing, unremitting
неудаваний unfeigned
неузгоджений uncoordinated
неузгодженість lack of coordination
неук *розм.* dunce, ignoramus
неупереджений unbias(s)ed
неуспішність poor performance
неусувний insurmountable
неухильний (*постійний*) steady; (*непохитний*) steadfast, unswerving
неухильно steady
неуявленний unimaginable
неформальний 1. (*про стосунки*) relaxed; 2. (*про організацію*) nonconformist
нефрит 1. *мед.* nephritis; 2. *мін.* jade
нехай 1. *част.*, *передається сполученням дієсл.* let з *інф.* ~ **він іде** let him go; 2. *част.* (*гаразд, добре*) all right; 3. *спол.* (*навіть, хоч і*) though, even though
нехитрий guileless, artless, simple
нехіть reluctance, unwillingness
неходжений little-used
нехотя unwillingly, reluctantly; (*мимоволі*) willy-nilly
нехтувати neglect, disregard; (*ігнорувати*) ignore, scorn

нецензурний unprintable; **~не слово** swear-word
нецікавий boring
нечема boor
нечемний uncivil, impolite, discourteous
нечемність lack of civility
нечепура *розм.* sloven
нечепурний *розм.* sloven, untidy
нечесаний unkempt
нечесний dishonest
нечесність dishonesty
нечесно dishonestly; **це ~** this is dishonest
нечисленний few
нечистий 1. dirty, unclean; 2. *(з домішкою)* adulterated; <> **у нього ~та совість** he has a guilty conscience; **~та сила** evil spirit
нечистоти *мн.* sewage
нечисть *збір.* 1. *(нечиста сила)* evil spirit; 2. *перен.* scum
нечіткий indistinct, vague
нечленороздільний inarticulate
нечуваний unheard, prodigious
нечутливий insensitive
нечутливість insensitivity
нечутний inaudible
нешанобливо disrespectfully
нещадний 1. *(про критику, покарання й под.)* merciless; 2. *перен. (про спеку)* ruthless
нещадно unmercifully
нещасливий unhappy; **~ве кохання** unrequited
нещасний 1. unhappy, unfortunate, miserable; **~ випадок** accident; 2. *як ім.* wretch, unfortunate person
нещастя misfortune; <> **на ~** unfortunately
нещирий insincere
нещодавній recent
нещодавно recently, not long ago
неякісний poor-quality
неякісно: ~ зроблений badly made
неясний *(про звук, обриси)* indistinct; *(про питання й под.)* vague
неясність vagueness; *(у тексті)* ambiguity
нива cornfield; *перен.* field, sphere
нижній 1. *(про сходинку, шухляду)* bottom; **~ поверх** ground floor, first floor *амер.* 2. *(про течію річки)* lower reaches *pl* 3. *(про реґістр)* low
нижче 1. lower; 2. *як прийм.* below; **~ нуля** below zero; 3. *(ближче до гирла річки)* down, downstream; **~ по Дніпрі** down the Dnieper; 4. *(у тексті та под.)* below, further on
нижчезазначений, нижчезгаданий, нижченаведений under-mentioned
нижчий 1. lower; 2. *(початковий)* primary; 3. *(найпростіший)* the lowest; **~чі організми** the lowest organisms; 4. *(підлеглий)* junior

низ lower part; *(дно)* bottom
низка string; *перен. тж* succession
низовина lowland, low-lying land
низом along the bottom
низхідний 1. *(про лінію)* descending; 2. *(про інтонацію)* falling
низький 1. low; *(на зріст)* short; 2. *(підлий)* base, mean; 3. *(який не досяг певної норми)* poor; **~ка якість** poor quality
низько 1. low; 2. *(підло)* basely, meanly
низькоділ low-lying area
низькооплачуваний low-paid
низькопоклонник sycophant, toady, groveller
низькопоклонство *(перед ким-н.)* sycophancy, servility (towards), grovelling (before)
низькопробний 1. *(про золото, срібло)* low-grade; 2. *перен. (про книгу, газету й под.)* trashy, second-rate
низькорослий *(про людину)* small, undersized, dwarfish; 2. *(про рослину)* stunted
низькосортний low-quality
никнути droop
нині now, at present
нинішній present
нирець diver
нирка kidney
нити 1. *(боліти)* ache; **у нього серце ниє** he is sick at heart; 2. *розм. (скаржитися)* whine, whimper
нитка thread, cotton; *(для в'язання)* yarn; **усилювати ~ку в голку** thread a needle; <> **промокнути до ~ки** get soaked right through; **~ки змови** strands of a plot
нитькуватий long and thin
ниций base, basic
ницість baseness
ниць(ма): упасти ~ prostrate oneself; **лежати ~** lie prone
нишком 1. *(тихо)* quietly; 2. *(крадькома)* on the sly
нищити destroy, exterminate
нищівний crushing, shattering
ні 1. *част.* а) *(при відповіді)* no; **ви знаєте його? — Ні, не знаю.** Do you know him? — No (I do not); б) *(при спростуванні заперечного припущення)* yes; **ви ж не знаєте його? — Ні, знаю.** You don't know him, do you? — Yes, I do; 2. *част. зап.- підсил.* not a; **ні слова не було сказано** not a word was uttered; 3. *як спол.* **ні ... ні** neither ... nor; 4. *(перед прийм. із непрямим відмінком від* хто, що, який): **ні ... кого, ні ... кому** *та под.* nobody; *тж передається запереченням при дієсл.* + anybody; **він ні з ким не порадився** he consulted nobody, he did not consult anybody; **ні ... чого, ні ... чому**

под. nothing; *тж передається запереченням при дієсл.* + anything; **він ні в чому не сумнівався** he doubted nothing, he did not doubt anything; **ні ... якого, ні ... якої** *та под.* no (... whatever); *тж передається запереченням при дієсл.* + any (... whatever); **він не міг знайти цього ні в якій книзі** he could find that in no book, he could not find that in any book (whatever); <> **ні за що (у світі)!** not for the world! **ні за які гроші** not for any money

ніби(то) *(наче, немов)* as if, as though
нівелювати even out
нівечити *(псувати)* spoil, ruin; *(перекручувати тж)* distort
нігілізм nihilism
нігіліст nihilist
ніготь nail
ніде there is nowhere; **мені ~ жити** I don't have anywhere to live
ніде nowhere; *(при дієслові з запереч. тж)* anywhere; **я ~ не можу знайти їх** I can find them nowhere, I can't find them anywhere; **~ немає моєї книжки** I can't find my book anywhere, my book is nowhere to be found
нідерландський Dutch
ніж I *ім.* knife
ніж II *спол.* than
ніжити pamper, coddle; **~ся** luxuriate
ніжка 1. *зменш. від* **нога; 2.** *(стільця й под.)* leg; **3.** *(рослини, гриба)* stem
ніжний tender, gentle, delicate; **~ аромат** delicate fragrance; **~ голос** gentle voice
ніжність tenderness, delicacy; *(слова, учинки)* endearments *pl*
нізащо 1. *тж* **~ у світі** not for the world; **2.** *(без підстави)* for no reason, for nothing
нізвідки from nowhere; **~ немає допомоги** I get no help from anywhere
ніздрі *мн.* nostrils
ніздрюватий holey
нікараґуанський Nicaraguan
нікелювання nickelling, nickeling *амер.*
нікелювати nickel
Нікел(ь) *хім.* nickel
нікельований nickel *attr.*, nickel-plated
ніколи there is no time; **мені ~** I have no time; **їй ~** she is busy
ніколи never; *(із запереч. підметом)* ever; **ніхто ~ цього не бачив** no one has ever seen it; **як ~** as never before
нікуди nowhere; **йому ~ піти** he has nowhere to go
нікуди nowhere; *тж передається запереченням при дієсл.* + anywhere; **ми ~ не йдемо сьогодні** we are going nowhere today, we are not going anywhere today; **я**

~ не поїду I'm not going anywhere; <> **це ~ не годиться!** this won't do!, that just won't do!
нікчемний 1. *(ні на що не здатний)* worthless, good-for-nothing; *(жалюгідний)* good for anything, miserable; **2.** *(незначний)* trifling
німб nimbus
німець German
німецький German; **~ка мова** German, the German language
німий 1. dumb; *перен.* mute; **2.** *як ім.* dumb person; <> **~ фільм** silent film; **~ма сцена** dumb show
німіти 1. become dumb; *перен.* be speechless, be struck dumb; **2.** *(утрачати чутливість)* grow dumb
німкеня German (woman)
ніпель *тех.* nipple
ніс 1. nose; **2.** *(судна)* bow; *(літака)* nose; <> **водити кого-н. за носа** lead smb. by the nose
нісенітний *(безглуздий)* stupid
нісенітниця nonsense, rubbish; **верзти ~цю** talk nonsense
ніскільки not in the least, not a bit; **я ~ не втомився** I am not a bit tired
нітрат *хім.* nitrate
Нітроґен *хім.* nitrogen
нітрохи *див.* **ніскільки**
ніхто no one, nobody; *тж передається запереченням при дієсл.* + anybody; **~ цього не знає** no one knows it; **він нікого там не бачив** he didn't see anybody there; **ні в кого нема сумнівів** nobody has any doubts; **я ні до кого не підходив** I didn't approach anyone; **я ні про кого не знаю** I don't know anything about
ніч night; **від ранку до ночі** from dawn to dusk; **цілісіньку ~** all night long; <> **білі ночі** the midnight sun
нічий nobody's, no one's; **він не слухає ~чиїх порад** he doesn't follow anybody's advice
нічийний no man's; **~на земля** no-man's-land; **~ результат** draw
нічия *спорт.* draw, drawn game; **зіграти внічию** draw, tie *амер.*
нічний night *attr.*; **~ метелик** moth; **~на зміна** night shift
нічник *(лампа)* night-light
нічого *безос.* it's no use (good) (+ *gerund*); *(немає потреби)* there is no need (+ to *inf.*); **вам ~ турбуватися** you have nothing to worry about; <> **~ (й) казати** certainly, of course
нічого 1. *див.* **ніщо; 2.** *розм. (непоганий)* not bad; **3.** *розм. (погано) тж* **~ собі** not so-so
ніша niche, recess
ніщо nothing; *тж передається запереченням*

ніяк *при дієсл.* + anything; **він нічого не знає** he knows nothing, he doesn't know anything; **~ мене не цікавить** nothing interests me; **нічого з ним не трапиться** nothing will happen to him; **нічого подібного не бачив** I've never seen anything like it; **нічого не поробиш** there's nothing to be done

ніяк it is impossible (+ to *inf.*)

ніяк simply; **~ не можу запам'ятати це слово** I can't remember this word at all

ніякий 1. no; **немає ~кої надії** there is no hope; **~кі гроші не допомогли** no amount of money would have helped; **2.** *як прикм., розм. (поганий)* no good at all

ніяковий awkward, shy

ніяковіти feel awkward; be confused

новатор innovator

новаторство innovation

новація innovation

новачок newcomer; *(у класі)* new pupil

новела novella, short story

новеліст writer of novellas

новенький 1. new; **2.** *як ім. (у школі)* new boy, new girl

новизна novelty

новий new; *(сучасний тж)* modern; **~ва історія** modern history; **Новий Завіт** the New Testament; **що у вас ~вого?** what's your news?

новина news

новинка new product

новітній latest; *(сучасний)* recent, modern; **~ня історія** recent history

новобранець (new) recruit

новобудова *(будівництво)* construction of new buildings, building development (project); *(новий будинок)* new building

нововведення innovation

новозеландський New Zeland *attr.*

новокаїн *фарм.* Novocaine

новонароджений 1. newborn; **2.** *як ім.* new-born child

новоприбулий 1. newly-arrived; **2.** *як ім.* new-comer

новорічний New Year('s); **~на (різдвяна) ялинка** Christmas tree

новосел new settler (owner)

новосілля 1. *(нове житло)* new home; **2.** *(святкування)* house-warming

нога leg; *(ступня)* foot; <> **догори ~ми** upside-down; **збити кого-н. з ніг** knock smb. down; **з голови до ніг** from head to foot; **іти в ногу** keep in step; keep pace (with); **жити на широку ~гу** live lavishly; **на босу ~гу** with no stockings (socks) on, barefoot (ed); **підняти кого-н. на ~ги** *перен. (хворого)* get smb. back on his feet

ножик knife; **складаний ~** penknife

ножиці *мн.* scissors, pair of scissors

ножовий knife *attr.*

нокаут knockout

нокаутувати knockout

нокдаун knockdown

номенклатура 1. *(товарів, послуг)* list; **2.** *збір. (номенклатурні працівники)* nomenklatura

номенклатурний 1. *(про одиницю)* listed; **~ працівник** nomenklatura

номер 1. number; **~ телефону** telephone number; **2.** *(ярличок, знак)* check; **~ автомобіля** registration (number), car number-plate; **3.** *(газети й под.)* issue, number; **4.** *(розмір одягу й под.)* size; **5.** *(у готелі)* room; **6.** *(частина концерту)* item, piece; <> **(цей) ~ не пройде!** that won't do!

номінал *ком.* face value

нонсенс nonsense

нора 1. *(зайця)* burrow; *(лисиці)* den; *(борсука)* set; **2.** *перен.* hole

норвежець, норвежка Norwegian

норвезький Norwegian; **~ка мова** Norwegian, the Norwegian language

норка *(тварина і хутро)* mink

норковий mink *attr.*

норма 1. standard, norm; **2.** *(установлена міра, розмір)* quota, rate; **~ виробітку** output quota; <> **увійти в ~му** get back to normal

нормалізація normalization

нормалізувати normalize

нормальний normal; *(психічно здоровий тж)* of sound mind

нормально normally; **це цілком ~** this is quite normal; **у нас все ~** everything's fine with us

нормальність normality

норматив norm

нормативний normative

нормований: ~ робочий день fixed working hours *pl*

нормування *(цін)* standardization; *(продуктів)* rate setting

нормувати *(ціни)* standardize; *(продукти)* set the rate (of)

норов *розм. (вдача, характер)* disposition

норовистий *(про тварину)* restive, jibbing; *(про людину)* obstinate

носатий with a big nose

носик *(чайника)* spout

носильник porter

носити 1. *у різн. знач.* carry; **2.** *(одяг, прикраси й под.)* wear (on), have smth. on; **3.** *(вуса, бороду)* sport; **~ся 1.** *(швидко рухатися)* rush about; rush up and down; *(у повітрі, воді)* float, drift; *перен. розм.* (з ким-н., чим-н.) make a great fuss (over), make too much (of)

носій 1. bearer; *(носильник)* porter; **2.** *перен.* *(виразник ідей)* exponent; **3.** *(інфекції)* carrier; **4.** *(даних, інформації)* transmitter; ~ **мови** native speaker

носіння wearing; ~ **зброї** *юр.* carrying of offensive weapons

носовий: ~**ва хусточка** (pocket) handkerchief

носок *(передня частина ступні, взуття та под.)* toe

носоріг *зоол.* rhinoceros

ностальгійний nostalgic

ностальгія nostalgia

нота I *муз.* **1.** note; **2.** ~**ти** *мн.* music *sing;* **грати (співати) по** ~**тах** play (sing) from the music

нота II *дип.* note; ~ **протесту** note of protest

нотаріальний notarial; ~**на контора** notary's office

нотар(іус) notary (public)

нотатки *мн.* notes

нотація *(настанова)* reprimand, lecture

нотний music *attr.;* ~ **магазин** music shop; ~ **папір** musk-paper

ночівля 1. *(зупинка на ніч)* spending the night; **2.** *(місце)* place to sleep

ночувати spend the night

ноша burden, load

ноші *мн.* stretcher *sing*

ну 1. *(заохочення)* now; **ну ж бо!** now then, be quick!; **ну, починайте!** come on!, get started!; **2.** *(здивування)* well; **та ну?** not really?, you don't say so!; <> **ну добре** very well, then!; **ну то й що?** well, what of it?

нувориш nouveau riche

нуга nougat

нудист nudist

нудити *розм. безос.:* **мене (його** *й под.)* **нудить** I feel (he feels *etc.*) sick

нудитися *(відчувати нудьгу)* languish

нудний *(який викликає нудьгу)* dull, boring, tedious; *(про справу тж)* tiresome; ~**на людина** bore

нудьга boredom

нудьгувати be bored; *(за ким-н., чим-н.)* miss; ~ **за домівкою** be homesick

нужда *(нестатки, злидні)* need, want; **жити в** ~**ді** live in poverty

нужденний 1. *(бідний)* poor, miserable; **2.** *(злиденний)* beggarly

нуль 1. *мат.* zero, nought; **2.** *спорт.* nil; **рахунок нуль — нуль** there is no score

нульовий zero *attr.;* ~**ва температура** temperatura of zero; ~ **результат** no result

нумерація numbering, numeration

нумерувати number

нумізмат numismatist

нумізматика numismatics

нутрія *зоол.* **1.** *(тварина)* coypu (rat); **2.** *(хутро)* nutria

нутро 1. *розм., див.* **нутрощі; 2.** *розм. (внутрішня частина)* inside

нутрощі *мн.* internal organs, insides, guts *розм.*

нюанс nuance, shade

нюх scent; *перен.* flair; **мати** ~ have a nose (for)

нюхати smell

нявкати *розм.* mew

няня nanny; *(у шпиталі)* auxiliary nurse; *(у дитячому садку)* cleaner

няньчити mind, nurse; ~**ся** nurse; *(панькатися)* fuss over

О

о I *прийм.* at; **я зустрів його о сьомій годині** I met him at seven o'clock

о II *виг.* oh!

оаза oasis (*pl* oases)

об against, on; **спертися ~ стіл** lean against the table; **спіткнутися ~ камінь** stumble on (over) a stone

обабіч on both sides (of)

обачливий, обачний prudent, circumspect; cautious

обачливість, обачність circumspection

оббивати, оббити 1. (*відбивати краї*) beat off; **2.** (*обтрушувати, обривати ударами*) knock off (down), cause to fall; **3.** (*поверхню чим-н.*) cover (with); (*меблі тж*) upholster (with); **~ залізом** sheet with iron

оббивка (*матеріал*) upholstery

обважнілий heavy; (*про людину тж*) corpulent

обважувати, обважити give short weight

обвал 1. (*падіння*) collapse; **2.** (*каміння, земля, що звалилася з гори*) landslide; (*снігу*) avalanche, snowslide, snowslip

обвалюватися, обвалитися collapse, fall, cave in

обварювати, обварити scald; **~ся** scald oneself

обвивати, обвити twine (round), wind (round); (*про рослини*) entwine (with), wreathe (with); **~ся** twine (oneself) round

обвинувальний accusatory; **~на промова** *юр.* speech for the prosecution; **~ вирок** verdict of guilty

обвинувач accuser; *юр.* prosecutor

обвинувачений *як ім.* the accused; *юр.* the defendant

обвинувачення 1. (*дія*) accusation (of), charge (of); **2.** *юр.* (*сторона в судовому процесі*) the prosecution

обвинувачувати, обвинуватити 1. accuse (of); charge (with); **2.** *юр.* (*на суді*) represent the prosecution

обвисати, обвиснути droop; (*під вагою*) sag; (*про одяг*) hang down

обвислий drooping, sagging

обвітрений chapped; (*про обличчя тж*) weather-beaten

обвітрюватися, обвітритися get chapped, become weather-beaten

обводити, обвести 1. (*кого-н. навколо*) lead round; **2.** (*про контур*) outline

обв'язувати, обв'язати tie (round), bind (round); **~ голову хусткою** tie a kerchief round one's head; **2.** (*гачком*) edge

обганяти, обігнати outdistance; *перен.* surpass, outstrip

обговорення discussion

обговорювати, обговорити discuss, debate, talk over *розм.*

обгортати, обгорнути 1. (*загортати*) wrap up; **2.** *перен.* (*про дим і под.*) envelope, cover

обгортка wrapper, cover; (*книги*) (book-) jacket

обгортковий wrapping

обгоряти, обгоріти 1. be partly burnt down; be scorched with fire; **2.** (*на сонці*) get burnt by the sun

обґрунтований well-founded, substantiated

обґрунтовувати, обґрунтувати ground, substantiate; (*мотивувати*) motivate

обґрунтування substantiation; (*докази*) grounds *pl*

обдарований gifted, talented

обдарованість gift, talent

обдаровувати, обдарувати 1. (*дарувати*) give present (to); present (with); **2.** *перен.* (*наділяти якостями та под.*) endow (with)

обдертий ragged, in rags *після ім.*

обдивлятися, обдивитися 1. (*оглядати*) examine, look over; **2.** (*роздивлятися навколо*) look all round; take a look round (*тж перен.*)

обдирати, обдерти, *тж* **обідрати 1.** strip; (*шкіру*) skin, flay; **2.** *перен.* (*оббирати, грабувати*) rook, fleece; **3.** (*дряпати*) graze

обділяти, обділити 1. (*наділити*) present (with); **2.** (*кривдити; недодавати*) cheat (smb.) of his (her) lawful share

обдуманий considered

обдумувати, обдумати think over, consider

обдурювати, обдурити deceive, cheat

беззброювати, беззбро́їти (*прям. і перен.*) disarm

обезкровлювати, обезкровити bleed white

обеліск obelisk

обережний careful, cautious

обережність care, carefulness, caution

обережно carefully, cautiously; **~!** take care!, be careful!, look out!

оберемок armful; <> **узяти в ~** gather up in one's arms

оберігати, оберегти guard (against), protect (from)

оберт revolution, turn; **сто ~тів на хвилину** a hundred revolutions per minute

обертання revolving, rotation

обертати, обернути 1. *(повертати)* turn; **~ погляд** turn one's eyes (on); 2. *(крутити)* revolve; 3. *перен. (схиляти до чого-н.)* convert (into); 4. *(перетворювати)* turn (into); convert (into); **~ на жарт що-н.** turn smth. into a joke

обертатися, обернутися 1. *(повертатися)* turn; turn round; 2. *(крутитися)* revolve, rotate; 3. *перен. (спрямовуватися в інший бік)* turn out; 4. *(перетворюватися)* be converted (to, into); *(у казках)* turn (into); 5. *фін.* circulate

об'єднаний 1. united, amalgamated; 2. *(спільний)* joint; **~не засідання** joint conference

об'єднання 1. *(дія)* concentration, unification; 2. *(союз)* association, union, society

об'єднувати, об'єднати unite; *(підприємства й под.)* amalgamate; **~ся** unite, be consolidated; *(про підприємства й под.)* be amalgamated

об'єкт 1. object; 2. *(промисловий та под.)* site, installation, project

об'єктив objective, lens

об'єктивний objective; *(неупереджений тж)* impartial

об'єктивність objectivity

об'єм volume; *(ємність)* cubic capacity

об'ємний 1. volumetric; 2. *(у трьох вимірах)* three-dimensional, 3-D, stereo; **~не зображення** three-dimensional projection

обзивати, обізвати call; **~ся** *(відгукуватися)* respond (to); **ніхто не обізвався** there was no response

обидва, обидві both, the two

обирати, обрати 1. *(відбирати)* choose, select; 2. *(голосуванням)* elect

обіг circulation

обігравати, обіграти beat; **~ кого-н. у шахи** beat smb. at chess

обігрівати, обігріти warm, heat

обід *(колеса)* rim

обід dinner

обідати have (take) one's dinner, dine

обідній dinner *attr.*; **~ня перерва** dinner-hour

обізнаний well-informed; *(у певній галузі)* experienced (in)

обіймати, обійняти 1. embrace, put one's arm(s) (about, round); 2. *перен. (обволікати, охоплювати)* envelope; 3. *(оволодівати — про почуття)* overcome; **~ся** embrace

обійми *мн.* embrace *sing*; <> **з розкритими ~ами** with open arms

обіруч with both hands

обітниця vow; **давати ~цю** promise, vow

обіцянка promise

обіцяти promise

об'їдати, об'їсти 1. *(обгризати по краях)* gnaw round; 2. *розм. (жити за чужий рахунок)* eat (smb.) out of house and home; **~ся** overeat (oneself)

об'їдки *мн. розм.* leavings, leftovers, scraps

об'їжджати I, об'їхати 1. *(навколо)* go round, drive round; 2. *(обминати)* skirt, go round; 3. *(бувати у багатьох місцях)* tour, travel all over

об'їжджати II, об'їздити *(коня)* break, in

об'їзд 1. *(дія)* going (riding, driving) round; 2. *(місце)* detour

обкидати, обкидати *(закидати)* scatter (with), bespatter (with)

обкладати, обкласти 1. put (round); cover (with); **~ дерном** turf; 2. *(оповивати, обволікати)* cover; 3.: **~ податками** tax; **~ся** tax; put round oneself, surround oneself (with)

обкладинка cover

обклеювати, обклеїти paste all over; **~ кімнату шпалерами** paper a room

обкопувати, обкопати dig round

обкрадати, обікрасти rob

обкручувати, обкрутити twine round, wind round

обкутувати, обкутати 1. wrap up; 2. *перен. (про туман і под.)* envelop, cover

облава raid, swoop; round-up

обладнання *(спорядження)* equipment; *(механізм тж)* plant

обладнувати, обладнати equip fit out

облазити, облізти *розм.* 1. *(про шерсть та под.)* moult; 2. *(про шкіру, фарбу)* peel off

обламувати(ся), обламати(ся) break off

обласний regional; **~ центр** regional centre

область region, area, province; **Київська ~** the Kyiv Region

обледеніти ice up; become coated with ice

обливати, облити 1. pour (over); 2. *(забруднювати)* spill (over); <> **облити грязюкою кого-н.** fling mud at smb.; **~ся** pour over oneself; **~ся холодною водою** sluice oneself down with cold water; <> **~ся потом** be drenched in sweat; **~ся сльозами** be drowned in tears

облизувати, облизати lick, lick all over; **~ся** 1. lick one's lips; *перен. (із жагою дивитися)* eye (smth.) hungrily; 2. *(про тварин)* lick itself

облисіти grow bald

обличкування facing

обличковувати, обличкувати face (with); *(кахлем)* tile (with); *(деревом)* panel (with)

обличчя face; <> **знати кого-н. в ~ по**вертатися by sight; **повертатися ~чям до кого-н. (чого-н.)** turn to face smb. (smth.)

облишати, облишити 1. *(переставати займатися, кидати)* give up, leave; **2.** *(давати спокій кому-н.)* leave (smb.) alone; <> **облиш(те)!** stop that!

облігація *ком.* debenture (bond)

облік 1. *(установлення кількості)* accounting, calculation; **2.** *(реєстрація)* registration; **брати на ~** register; **ставати на ~** be registered; **знімати з ~ку** strike off the register

обліковець record-keeper

обліплювати, обліпити 1. stick all over; *(покривати усю поверхню)* cover (with); **2.** *розм.* *(оточувати)* cling (to)

облітати, облетіти 1. *(навколо)* fly round; *(побувати скрізь)* fly all over; **2.** *(літати стороною)* skirt, pass over; **3.** *(про чутки, вісті)* spread (through); **4.** *(про листя)* fall

облога siege

облудний 1. *(обманний)* false; hypocritical; **2.** *(примарний)* delusive, illusory; **3.** *(підступний)* treacherous

облямовувати, облямувати border (with), edge (with)

обмазувати, обмазати 1. *(покривати поверхню)* cover (with), coat (with); **2.** *розм.* *(забруднювати)* besmear (with), dirty (with)

обман 1. deception, trickery, fraud; *(брехня)* lies *pl*; **2.** *див.* **омана**

обманливий deceptive; *(уявний, несправжній)* illusory

обманювати, обманути 1. deceive, cheat, trick; **2.** *(не виконувати обіцянок)* let (smb.) down

обмахувати, обмахнути fan (with); **~ся** fan oneself (with)

обмацувати, обмацати feel (all over)

обмежений 1. limited; **2.** *(про людину)* narrow (-minded)

обмеженість 1. *(недостатність)* insufficiency; **2.** *(про кругозір і под.)* narrow-mindedness, narrowness

обмеження restriction, limitation; **без ~** unrestrictedly

обмежувати, обмежити limit, restrict; **~ себе в чому-н.** stint oneself of smth.; **~ся 1.** *(задовольнятися чим-н.)* confine oneself (to); **2.** *(не виходити за межі чого-н.)* amount to nothing more than

обмивати, обмити wash, bathe

обминати, обминути 1. *(обходити)* go round, skirt; **2.** *перен.* *(уникати, ухилятися)* avoid; get round, pass over; **3.** miss

обмін exchange; *(документів)* renewal; **~ досвідом** exchange (sharing) of one's experience; **~ думками** exchange of views (opinions); **~ речовин** *біол.* metabolism

обмінювати, обміняти exchange (for); **~ся** exchange *(тж перен.)*

обмірювати, обміряти 1. *(вимірювати)* measure; **2.** *розм.* *(недомірювати)* give short measure

обмітати, обмести sweep off; *(від пилу та под.)* brush off

обмова vilification; *(наклеп)* slander

обмовка slip of the tongue

обмовляти, обмовити vilify; *(зводити наклеп)* slander

обмовлятися 1. *(прохоплюватися)* let it out; **2.** *(помилково вживати слово)*: **я обмовився** it was the slip of the tongue; <> **не обмовитися ні словом (про)** not say a word (about)

обмолот 1. *(дія)* threshing; **2.** *(намолочене зерно)* threshed grain

обмолочувати, обмолотити *с.-г.* thresh

обморожений frost-bitten

обморожувати, обморозити get (smth.) frost-bitten; **~ся** get frost-bitten

обмотка *ел.* winding

обмотувати, обмотати wind (around); *(обкутувати)* wrap (round)

обмундирування *(комплект одягу)* uniform, outfit, kit

обмундировувати, обмундирувати clothe, fit out; **~ся** get an outfit

обнова *розм.* new dress, new outfit

оновляти, оновити renovate; *(замінювати новим)* renew; **~ся** be reborn; be renewed

обносити, обнести 1. *(по колу)* carry round; **2.** *(пригощати)* serve round (with); **3.** *(оточувати)* enclose (with); **~ стіною** put a wall (round)

обнюхувати, обнюхати sniff (at)

обов'язковий compulsory, obligatory; **~ве навчання** compulsory education

обов'язково definitely, without fail; **не ~** not necessarily; **приходьте ~!** be sure to come!

обов'язок duty, obligation; **виконуючий ~зки директора** acting director

обоє both (of), the two; **обома руками** with both hands

обожнювати *(захоплюватися)* worship, adore

обойма *(для набоїв)* clip, chir-ger

оболонка envelope, outer skin, shell; *біол.* capsule

обопільний mutual

оборка frill; *(широка)* flounce

оборона defence, protection
обороноздатність, обороноспроможність defence capacity (potential)
обороняти, оборонити defend; **~ся** defend oneself
оборот 1. *(повне коло) див.* **оберт**; **2.** *фін.* turnover; **3.** *(зворотний бік)* back; **4.** *(словесний вираз)* turn of phrase; *див. тж* **зворот 2.**
оборотний *ек.* working
обпалювати, обпалити scorch singe; *(обпікати)* burn; *(цеглу та под.)* fire
обпікати, обпекти burn; **~ся 1.** burn oneself; **2.** *перен. (зазнати невдачі)* burn one's fingers
обплітати, обплести entwine (around)
обплутувати, обплутати entangle; *перен. тж* ensnare
обприскувати, обприскати (be-) sprinkle, spray
ображати, образити insult, offend; **~ся** take offence, feel insulted
образ 1. *(вигляд)* form, appearance; **2.** *(в уяві)* image; *(художнього твору тж)* character, type
образа insult, offence
образливий 1. *(який завдає образи)* insulting; **2.** *(який легко ображається)* touchy
образний figurative; *(яскравий, живий)* picturesque, colourful, graphic; <> **~ вислів** figure of speech
образотворчий: ~че мистецтво the fine arts *pl*
обрамляти, обрамити frame, set in a frame
обранець chosen one; **~ народу** chosen representative of the people; **~нці** *мн.* the elect *sing*
обраховувати, обрахувати 1. *(підраховувати)* count up, reckon up; **2.** *(обманювати)* cheat (in counting)
обривати, обірвати 1. tear off; *(мотузку й под.)* break; *(плоди, квіти)* pick; **2.** *перен. (припиняти)* break off; **3.** *перен. розм. (змушувати замовкнути)* cut (smb.) short; **~ся 1.** *(про мотузку та под.)* break; **2.** *(не втримуючись, зриватися)* lose one's grip and fall; *(про предмет)* become detached and fall; **3.** *перен. (раптово припинятися)* break off
обридати, обриднути pall on, pester, be sick (of)
обридливий *(набридливий)* tiresome, boring
обрис outline, contour
обріз *(книжки)* edge
обрізок *(перев.* **~зки** *мн.)* clippings, scraps; *(тканини)* shreds
обрізувати і **обрізати, обрізати** cut, clip; *(дерева)* prune

обрій horizon; *(лінія горизонту)* skyline
обробіток *(землі)* tilling, cultivation
обробка 1. processing; *(механічна)* machining; **2.** *(землі)* tilling, cultivation
обробляти, обробити 1. process, work up, polish; *(на верстаті)* machine; **2.** *(землю)* till, cultivate
обробний: ~на промисловість manufacturing industry
обростати, обрости be (become) overgrown (with)
обрубок stump
обрубувати, обрубати chop off, lop off
обруч hoop
обручка wedding-ring
обряд rite, ritual
обсвистувати, обсвистати hiss
обсерваторія observatory
обсипа́ти, обси́пати strew (with); *перен.* shower (with)
обсипа́тися, обси́патися fall, peel off; *(про землю та под.)* crumble (away); *(про листя та под.)* fall (off)
обсихати, обсохнути dry off
обскубувати, обскубти pluck
обслідувати investigate, inquire, *(з метою перевірки)* inspect
обслуга operating staff
обслуговування service, attendance; **медичне ~** medical (health) service; **технічне ~** servicing
обслуговувати, обслужити 1. *у різн. знач.* serve; *(за столом тж)* wait (on); *(покупця тж)* attend (to); **2.** *(механізм, машину тж)* operate, tend
обставина 1. circumstance; **родинні ~ни** domestic circumstances; **2.** *грам.* adverbial modifier
обставляти, обставити *(меблювати)* furnish; surround
обстановка 1. *(меблі)* furniture; **2.** *(сукупність умов)* situation; **міжнародна ~** international situation
обстежувати, обстежити 1. investigate, inquire **2.** *(хворого)* examine
обстоювати, обстояти defend; stand up (for); **~ свої права** assert one's rights; **~ свої погляди** maintain one's opinion
обстріл fire; **артилерійський ~** artillery bombardment
обстрілювати, обстріляти fire (on); *(з гармати тж)* shell; *(з кулемета)* machine-gun
обстругувати, обстругати plane
обструкція obstruction
обступати, обступити crowd round, cluster round; surround
обсяг scope, amount

обтирання rub (-down)

обтирати, обтерти wipe; *(насухо)* wipe dry; **~ піт із чола** mop (wipe) one's brow; **~ся** rub oneself down; *(стиратися)* rub off

обтісувати, обтесати trim, rough-hew

обтічний *тех.* streamlined

обтріпувати, обтріпати *(одяг)* fray, wear out

обтрушувати, обтрусити 1. *(збивати)* shake off; **2.** *(чим-н. сипким)* powder (with), dust (with)

обтяжливий onerous, burdensome

обтяжувати, обтяжити 1. *(пригинати додолу)* make (smth.) bend; **2.** *перен. (ускладнювати)* overburden

обумовлювати, обумовити stipulate; cause, call forth; determine

обурений indignant; outraged

обурення indignation

обурливий disgraceful, outrageous

обурювати, обурити rouse smb.'s indignation; infuriate; **~ся** be indignant (outraged)

обух butt, blunt side

обхват full stretch (of the arms)

обхід 1. *(з метою огляду)* rounds *pl*; **робити ~** go (make) one's rounds; **2.** *(кружний шлях)* detour; **в ~** skirting

обхідний 1. *(кружний)* roundabout *(тж перен.)*; **2.** *військ.* turning, outflanking

обходити, обійти 1. *(іти навколо)* go (walk) round; **2.** *військ.* outflank; **обійти противника з флангу** turn the enemy's flank; **3.** *(проходити весь простір)* go all over (round); **обійти всі кімнати** go into every room; **4.** *(проходити стороною, обминати, тж перен.)* avoid; go round, skirt; *(не зачіпати)* pass over; **5.** *перен. (не брати до уваги, нехтувати)* pay no attention (to), ignore; <> **це мене не обходить** it is no concern of mine, it is not my business

обходитися, обійтися 1. do without; **~ без чиєї-н. допомоги** dispense with smb.'s assistance; **2.** *(задовольнятися тим, що є)* be content (with); **3.** *(коштувати)* cost, come to; **у скільки це обійдеться?** how much will it come to?; **4.** *(поводитися)* treat; <> **усе обійшлося** everything turned out all right; **якось обійдеться** one way or another things will settle themselves

обхоплювати, обхопити *див.* **охоплювати, охопити**

обценьки *мн.* pincers, nippers

обчислення 1. *(дія)* counting; **2.** *мн. (цифрові розрахунки)* calculations

обчислювати, обчислити calculate, compute, reckon; *(оцінювати)* estimate

обчислювач 1. *(людина)* computer specialist; **2.** *(прилад)* computer

обчищати, обчистити 1. *(знімати шкуринку й под.)* peel, skin; **~ картоплю** peel potatoes; **~ яйце** shell an egg; **2.** clear (of); *(від бруду й под.)* clear away, clean off

обшивати, обшити 1. *(по краю)* sew round, edge; *(оздоблювати)* trim (with); **2.** *(покривати, оббивати)* cover (with), case (in); **3.** *розм. (шити для кого-н.)* make clothes (for)

обшпарювати, обшпарити *розм.* scald; **~ся** scald oneself

обшук *див.* **трус**

обшукувати, обшукати search; *(приміщення, предмети тж)* go through, ransack

община community, commune

общинний common, communal

общипувати, общипати pluck

об'являтися, об'явитися *розм.* show up

овал oval

овальний oval

овація ovation; **улаштувати ~цію** give (smb.) an ovation

овдовіти *(про чоловіка)* become a widower; *(про жінку)* become a widow

овес oats *pl*

овечий sheep's

овід *див.* **ґедзь**

оволодівати, оволодіти 1. *(захоплювати, тж перен.)* seize, capture, take hold (of); **~діти увагою слухачів** take hold of the audience; **2.** *(про почуття, стан)* seize, overcome; **3.** *(засвоювати)* master

овочевий vegetable *attr.*; **~ магазин** greengrocer's, fruit and vegetable shop *амер.*

овочі *мн.* vegetables

овуляція ovulation

огида disgust, repugnance, loathing, aversion

огидний disgusting, loathsome, repulsive

огірок cucumber; *(маринований)* gherkin

оглухнути go (grow, become) deaf

оглушливий deafening

оглушувати, оглушити 1. deafen; *(ударом)* stun; **2.** *перен. (приголомшувати)* stun, stagger

огляд 1. *(дія)* viewing; **2.** *(обстеження)* inspection, examination; **3.** *(стисле повідомлення)* review, survey; **~ преси** press roundup; **4.** *(публічне ознайомлення)* review, presentation; *військ.* inspection; <> **з ~ду на те, що** considering that

оглядати, оглянути 1. view, examine, inspect, scan; *(про виставку й под.)* see; have a look (at); **~ хворого** examine a patient; **2.** *перен. (у статті, промові)* survey

оглядатися, оглянутися 1. *(роздивлятися*

оглядач reviewer; *(на радіо, телевізії)* commentator

оглядовий *(про майданчик)* viewing *attr.*; **~ва вежа** watch tower; **~ отвір** peephole; **~ кабінет** medical examination room

оголений bare

оголошення 1. *(дія)* declaration; **2.** announcement; *(рекламне)* advertisement

оголошувати, оголосити 1. *(робити відомим)* make known; **2.** *(публічно повідомляти)* announce; *(наказ)* issue; **3.** *(офіційно заявляти)* declare

оголювати і **оголяти, оголити** bare, uncover; *(залишати без листя)* bare, denude; **~ся** *(знімати одяг)* strip naked

огорожа fence

огрубіти coarsen; *перен.* get coarse

огрядний *(кремезний)* burly, beefy; *(товстий)* portly, corpulent

ода *літ.* ode

одвірок jamb, door-post

одежа *див.* **одяг**

одеколон eau de Cologne

одержувати, одержати receive, get; obtain; **~ лист** receive a letter

одержувач recipient; *(кореспонденції)* addressee

один, одна, одно і **одне 1.** one; **2.** *як ім.* one; **одні** *мн.* some people; **один із них** one of them; **ні один** no one, nobody; **кімната на одного** single room; **3.** *(одинокий, самотній)*, alone; by oneself; **4.** *(ніхто інший)* no one but, nobody but; *(нічого, крім)* nothing but; *(перед дієсл.)* alone; **навколо було одне лиш каміння** there was nothing but stones all around; **він один знає** he alone knows; **5.** *(той самий)* the same; **вони одного року народження** they are born in the same year; **6.** *(який-н., котрий-н.)* a, an; **один письменник сказав** a certain writer once said; **одного вечора** one evening; **одного разу** one day, once; <> **один і той же** one and the same; **одне й те саме** the same thing; **один за одним** one after another; **(усі) як один** like one man; **(усі) до одного** to a man

одинадцятий eleventh

одинадцять eleven

одинак 1. person by himself, person on his (her) own; *(хто діє один)* individual; **2.** *(хто не має родини)* single (unmarried) man; **3.** *розм. (єдиний син)* (the) only son

одинарний single

одиниця 1. *(цифра, число)* one; **2.** *(оцінка)* bad mark; **3.** *(виміру)* unit

одиничний *(окремий, відособлений)* isolated; individual

одинокий 1. solitary, lonely; lone *поет.*; **2.** *(який не має родини)* single, unmarried

одиночний *(про ув'язнення)* solitary

одіозний odious

однак 1. however; but *(на початку фрази)*; **2.** *(усе-таки)* nevertheless; **3.** *(усе одно)* all the same

однаковий similar, identical, equal

однаково 1. equally; **2.** *(усе одно)* all the same

одне *див.* **один**

однина *грам.* singular

одні *мн. див.* **один**

одно *див.* **один**

одноактний one-act, in one act

однобічний one-sided

однобортний single-breasted

одноденний one-day's; **~на поїздка** day trip

однодумець like-minded person, sympathizer

однозначний 1. *(тотожний значенням)* synonymous; **2.** *(який має одне значення)* monosemantic, unequivocal; **3.** *мат.* single-figure; **~не число** single-digit number

однойменний of the same name *після ім.*

однокімнатний one-room *attr.*

однокласник, однокласниця classmate, form-mate

одноклітинний single-cell

одноколійний *зал.* single-lane, single-track *attr.*

одноколірний, однокольоровий one-colour *attr.*

однокурсник, однокурсниця course-mate; person in the same year *(at university)*

однолітній *див.* **однорічний**

одноліток: *мн.* **~тки** we are just the same age

одноманітний monotonous

одноманітність monotony

одномісний *(про купе, номер у готелі)* single; *(про каюту)* single-berth

одноосібний individual

одноповерховий single-storey, single-story *амер.*, one-storey, one-story *амер.*

одноразовий disposable; **~ва перепустка** temporary pass *(valid only once)*

однорідний 1. *(схожий)* similar, uniform; of the same kind *після ім.*; **2.** *(однакового складу)* homogenous

однорічний 1. one-year *attr.*; *(про вік)* year-old; **2.** *бот.* annual

односкладовий monosyllabic

односпальний single

одностайний unanimous

одностайність unanimity, accord

одностатевий unisexual
односторонній 1. one-sided; *(про рух)* one-way; **2.** *(який здійснюється однією стороною)* unilateral
однострій *(військовий)* service uniform
однотипний of the same type (model) *після ім.*
однотомний one-volume
одночасний simultaneous
одночасно simultaneously, at the same time
одночлен monomial
одружений married
одруження marriage
одружувати, одружити marry off; *(з ким-н.)* marry (to); **~ся** marry, get married (to)
одужувати, одужати get better, grow well, recover
одумуватися, одуматися think better of it, change one's mind
одуріння *розм.* stupor
одуріти *розм.* become (grow) stupid; *(збожеволіти)* go crazy
одурманювати, одурманити intoxicate, stupefy
одяг clothes *pl*; **верхній ~** street-clothes *pl*, outerwear
одягати, одягати *і* **одягнути 1.** *(кого-н.)* dress; *(на себе)* put on; **2.** *розм.* *(забезпечувати одягом)* clothe, provide with clothing; **~ся** dress (oneself); put on
ожеледь black ice, ice-crusted ground; **сьогодні ~** it's slippery today
оживати, ожити come (back) to life; *перен. тж* revive
оживляти, оживити 1. *(повертати до життя)* resuscitate, reanimate; **2.** *перен. (у пам'яті)* bring back to mind, recall; **3.** *(робити жвавішим)* liven (up); *перен.* bring life (to); **~ся 1.** *(оживати)* become animated, come to life; *(ставати жвавішим)* liven (up), brighten up
ожина 1. *(рослина)* blackberry, bramble; **2.** *збір. (ягоди)* blackberries *pl*
ожиріння obesity
озброєний armed
озброєння 1. *(дія)* armament, arming; **2.** *(зброя)* armaments *pl*, arms *pl*
озброювати, озброїти arm; *перен. (знаннями й под.) тж* equip (with); **~ся** arm (oneself) *(тж перен.)*
озвіріти become like an animal
озвучений: ~ фільм sound film
озвучувати, озвучити: ~ фільм record the soundtrack for a film
оздоба ornament, adornment *(тж перен.)*
оздоблення 1. *(дія)* decoration, embellishment; **2.** *див.* **оздоба**

оздоблювати, оздобити adorn, decorate
оздоровлення making healthier, sanitation
оздоровлювати, оздоровити make healthier, sanitate; *перен. (поліпшувати)* improve, normalize
оздоровчий health-improvement *attr.*, sanitation *attr.*; **~чі заходи** health-improving measures; **~ комплекс** ≅ health farm
озеленяти, озеленити green, plant trees and shrubs (in)
озеро lake
озиватися, озватися *див.* **обзиватися, обізватися**
озимий 1. winter *attr.*; **~ма пшениця** winter wheat; **2. ~мі** *мн. як ім.* winter crops
озимина *(сходи або посіви)* (young) winter crop(s)
озиратися, озирнутися *див.* **оглядатися, оглянутися**
озлоблений angry
озлоблення anger
озлобляти, озлобити embitter; **~ся** become embittered
ознайомлювати, ознайомити acquaint (with); **~ся** acquaint (familiarize) oneself (with)
ознака 1. *(риса, властивість)* feature, characteristic; **2.** *(показник, свідчення)* sign, indication; *(хвороби)* symptom
ознаменування: на ~ on the occasion (of); to celebrate; in commemoration of
ознаменовувати, ознаменувати 1. *(свідчити)* mark; **2.** *(відзначати)* celebrate (with), commemorate
означати mean, signify
означення *грам.* attribute
озон ozone
озоновий ozone; **~ шар** ozone layer
ой oh!
океан ocean
океанологія oceanography
океанський ocean *attr.*; **~ пароплав** ocean-going steamer, ocean liner
окис *хім.* oxide
окисняти(ся) *і* **окиснювати(ся), окиснити(ся)** *хім.* oxidize
окіст ham
оклик hail, call; **знак ~ку** *грам.* exclamation mark
окликати, окликнути hail, call (to)
окличний exclamatory
око eye; **на ~** by eye; **в очі** in smb.'s face; **іти куди очі дивляться** wander aimlessly; **на очах у кого-н.** in smb.'s sight, under smb.'s eyes
околиця 1. outskirts *pl*; environs *pl*; **2.** *(округа)* neighbourhood

окоп *війс.* trench, entrenchment
окопуватися, окопатися dig in; entrench oneself *(тж перен.)*
окраса adornment
окремий separate; **~ випадок**, special case; **~ма квартира** flat to oneself, self-contained flat
окремо separately; **жити ~ (від)** live apart (from)
окреслювати, окреслити outline; *перен. (описувати)* describe
окрик 1. *(оклик)* hail, call; 2. *(грубий)* threatening shout, bawled order
окриляти й окрилювати, окрилити elate, inspirit
окрім *розм. див.* **крім 1**
окріп I boiling water
окріп II *бот.* dill
окріпнути 1. *(після хвороби)* recover one's strength; 2. *(стати міцнішим)* grow strong
округ district
округа neighbourhood
округлювати й округляти, округлити 1. *(надавати круглої форми)* make round; 2. *розм. (виражати наближно)* express as a whole number, round off
окружність circumference
оксамит velvet
оксамитовий velvet *attr.*; velvety
Оксиген *хім.* oxygen
оксид oxide
октава *муз.* octave
окуліст ophthalmologist
окуляр eyepiece, eye-lens, ocular
окуляри (pair of) spectacles; glasses; **сонячні ~** sunglasses; **захисні ~** safety specs
окунь *іхт.* perch
окупант occupier, invader
окупаційний occupation *attr.*
окупація occupation
окупувати occupy
оладок ≅ drop scone, ≅ (Scotch) pancake
оленина venison
оленячий deer's, deer *attr.*
олень *зоол.* deer; **північний ~** reindeer
оленя fawn
олива, оливка 1. *(дерево)* olive-tree; 2. *(плід)* olive
оливковий olive *attr.*; *(про колір)* olive-green
оливниця *тех.* oil-can
олівець pencil
олігархія oligarchy
олійний 1. *(про рослини)* oil-bearing; *attr.* oily; **~ні культури** oil-predueing crops; **2.: ~на фарба** oil-paint, oils *pl*
олімпіада 1. *(олімпійські ігри)* Olympic Games *pl*, Olympics *pl*; 2. *(конкурс)* contest, review
олімпійський Olympian; Olympic; **~кі ігри** Olympic Games
оліфа drying oil
олія oil
олово *див.* **цина (Станій)**
олов'яний *див.* **циновий**
ом *ел.* ohm
омана fallacy, delusion, illusion; *(хибне сприйняття)* misconception; **уводити в ~ну** deceive
оманливий deceptive; *(уявний)* illusory
омар lobster
омлет omelette
омолоджувати(ся), омолодити(ся) rejuvenate
омонім *лінгв.* homonym
он there; **~ він іде** that's him!, here he comes; **~ воно як!, ~ воно що!** so that's it!
ондатра muskrat; *(хутро)* musquash
онде there, over there
оніміти 1. become dumb; *перен.* be speechless, be struck dumb; 2. *перен. (заціпеніти)* grow numb
онколог oncologist
онкологічний oncological; **~на клініка** cancer clinic
онкологія oncology
оновлення renewal
оновлювати, оновити *див.* **обновляти, обновити**
онук grandson
онука granddaughter
опадати, опасти 1. *(про листя й под.)* fall off (away); 2. *(зменшуватися в об'ємі)* subside, go down
опади *мн.* precipitation *sing*
опал *мін.* opal
опала disfavour, disfavor *амер.*
опалення heating
опалювальний *(про прилад)* heating *attr.*; **~ сезон** cold season
опалювати heat
опам'ятовуватися, опам'ятатися *(опритомнювати)* come to one's senses; *(отямлюватися тж)* recover (gather) one's wits; **опам'ятайся!** think!
опановувати, опанувати 1. *(засвоювати)* master; 2. *(про думки, почуття й под.)* seize, overcome
опера opera
оперативний 1. surgical; **~не лікування** surgical treatment; **~не втручання** surgical intervention; 2. *війс.* operational; operation(s) *attr.*; **~не зведення** operations summary; 3. *(виконавчий)* operations *attr.*; **~ відділ** operations section; 4. *(дійовий)* effective; efficient
оперативність efficiency

оперативно effectively
оператор operator; *кіно* camera-man
операційна *мед. ім.* operating-theatre, operating-room *амер.*
операційний surgical; ~ **стіл** operating table
операція *у різн. знач.* operation; **робити ~цію** perform an operation
оперета musical comedy, operetta
оперний opera *attr.*; ~ **співак** opera singer; ~ **театр** opera-house
оперувати 1. *мед.* operate (on); 2. *війс.* operate, be in action; 3. *(користуватися чим-н.)* use
опечатувати, опечатати seal
опинятися, опинитися find oneself; **як він тут опинився?** how did he get here?
опиратися, опертися 1. lean (on); 2. *перен. (ґрунтуватися)* base oneself (on); *(мати підтримку)* rely (on); ~ **на факти** base oneself on facts; 3. *(чинити опір)* resist
опис 1. description; 2. *(перелік речей і под.)* inventory
описовий descriptive
описувати, описати 1. describe; *(образно тж)* depict; 2. *(складати перелік)* make an inventory (of); 3. *(майно)* arrest, distraint
опитувати, опитати question; *(анкетувати)* poll
опівдні at noon
опівночі at midnight
опік burn; *(окропом, парою)* scald
опіка guardianship; tutelage
опікати I, опекти *див.* **обпікати, обпекти**
опікати II 1. *(піклуватися, доглядати)* watch (over), take care (of); 2. *юр.* be guardian (of)
опікун guardian
опір resistance *(тж фіз.)*; opposition; **чинити ~** offer resistance; ~ **матеріалів** *тех.* strength of materials
опіум opium
оплакувати, оплакати mourn (for, over), weep (for)
оплата payment
оплачувати, оплатити pay
оплески *мн.* applause *sing*, clapping *sing*; cheers; **бурхливі ~** storm of applause *sing*; tempestuous applause *sing*
оплескувати applaud
оповивати, оповити 1. *(обвивати)* twine (round), wind (round); 2. *(про дим, туман та под.)* envelop, cover, overcome
оповідання 1. *(розповідь)* story, tale; 2. *літ.* short story
оповідати, оповісти tell, relate, narrate
оповідач narrator, (story-)teller
оповідь narration, narrative; *див. тж* **оповідання** 1

оповіщати, оповістити notify, inform
оповіщення notice, notification
оподатковувати, оподаткувати tax, impose taxes (on)
опозиційний opposition *attr.*; ~ **на партія** party of opposition; ~ **ні настрої** mood of opposition
опозиція opposition; **бути в ~ції** be in opposition
ополоник ladle
ополонка *(прорубана)* opening (hole) in the ice, ice-hole; *(незамерзла)* patch of open water in ice
опонент external examiner *(for doctoral thesis)*; *(у дискусії)* opponent
опора support; *(моста)* pier; *перен. (підтримка, допомога)* stand-by
опорний supporting, bearing
опортунізм time-serving, opportunism
опортуніст time-server, opportunist
опортуністичний time-serving, opportunist *attr.*
оправа 1. *(обкладинка)* binding, cover; 2. *(рамка)* mounting, setting; *(окулярів)* rims *pl*; *тех.* holder; **у золотій ~ві** set in gold; *(про окуляри)* gold-rimmed
оправляти, оправити 1. *(книгу й под.)* bind; 2. *(вставляти в оправу)* set, mount
опрацьовувати, опрацювати 1. *(глибоко вивчати)* study; 2. *(розробляти — план і под.)* work out, elaborate; *(надавати досконалості)* work up, polish
оприлюднювати, оприлюднити publish; *(закон)* promulgate
опритомнювати, опритомніти recover consciousness
опромінювати, опромінити 1. *(освітлювати)* illuminate, light up; *перен. тж* brighten (up); 2. *спец. (піддавати дії променів)* irradiate, expose to rays
опротестовувати, опротестувати 1. *юр.* appeal (against); 2. *фін.*: ~ **вексель** protest a bill
оптика 1. *(розділ фізики)* optics; 2. *збір. (прилади)* optical instruments *pl*
оптимальний optimum *attr.*, optimal
оптимізм optimism
оптиміст optimist
оптимістичний optimistic
оптичний optical; ~ **обман** optical illusion
опубліковувати, опублікувати publish
опудало 1. *(відганяти птахів)* scarecrow; 2. *(тварини)* stuffed animal; *(птаха)* stuffed bird
опуклий 1. protuberant; *(про лоб, очі)* bulging; 2. *спец.* convex
опускати, опустити 1. *(донизу)* lower; *(ста-*

вати нижче) put down; **~ голову** hang one's head; **~ очі** drop one's eyes; **2.** *(помістити всередину)* put (into), lower (into); **~ лист в поштову скриньку** drop (put) a letter into the box; **~ся 1.** *(донизу)* go down; *перен. тж* fall, descend; *(про голову)* sink; **~ся навколішки** kneel, go down on one's knees; **2.** *(про туман, ніч)* descend, spread over; **3.** *перен. (морально)* let oneself go (slide), go to seed

опухати, опухнути swell

оп'яняти, оп'янити intoxicate

орангутан(г) *зоол.* orangutan

оранжерея conservatory, hothouse, greenhouse

оранка ploughing, tillage

орати plough, till

оратор speaker, orator

ораторія oratorio

ораторський oratorical; **~ке мистецтво** the art of public-speaking

орач *с.-г.* ploughman

орбіта orbit; **вивести на ~ту** put into orbit

орбітальний orbital

орган 1. *(частина організму)* organ; **~ни дихання** respiratory organs; **2.** *(про установу, комісію)* body; agency *амер.*; **виконавчий ~** executive body; **місцеві ~ни влади** local authorities, local government *амер.*; **керівні ~ни** the authorities; **3.** *(періодичне видання)* organ

орган *муз.* organ

організатор organizer; *(ініціатор тж)* sponsor

організаторський organizing; organizational *attr.*

організаційний organizational; **~ні питання** problems of organization

організація organization; **Організація Об'єднаних Націй** United Nations Organization

організм organism

організований organized; **~на злочинність** organized crime

організованість good organization

організовано in an organized fashion (manner)

організовувати, організувати organize; **~ся 1.** *(виникати)* be organized; **2.** *(згуртовуватися)* get organized

органіст organist

органічний 1. *(стосовно до живої природи)* organic; **2.** *(нерозривний)* fundamental

оргія orgy

орда horde

орден 1. *(нагорода)* order; decoration; **нагородити ~ном** decorate; **2.** *(організація)* order

ордер *(на арешт, на трус)* warrant, voucher; *(на квартиру)* authorization

ординарець *війс.* orderly

ординарний ordinary

ординатор *мед.* registrar, resident *амер.*

орел eagle

оренда 1. *(наймання)* lease; **брати в ~ду** rent; *(на тривалий час)* lease, take on lease; **здавати в ~ду** rent; *(на тривалий час)* lease, grant on lease; **2.** *(плата)* rent

орендар tenant, lessee, leaseholder

орендувати rent, lease, hold on lease

оригінал 1. original; **2.** *розм. (дивак)* crank, eccentric

оригінальний 1. *(справжній)* genuine; **2.** *(своєрідний)* original

орієнтація orientation

орієнтир landmark, reference

орієнтовний *(приблизний)* tentative

орієнтувальний *(що слугує для орієнтування)* provisional; **~ пункт** landmark

орієнтувати orientate; **~ся 1.** find one's way; get one's bearings *(тж перен.)*; **2.** *(визначати напрям, мету діяльності)* be orientated (towards), aim (at)

оркестр *(симфонічний)* orchestra; *(духовий, джазовий)* band

оркестрант member of an orchestra

оркестрування orchestration

орлиний eagle's; eagle *attr.*; **<> ~ погляд** proud look

орнамент *(decorative)* pattern, ornament

орний arable

орнітолог ornithologist

ортодоксальний orthodox

ортопед orthopaedic surgeon, orthopedic surgeon *амер.*

ортопедичний orthopaedic, orthopedic *амер.*

орудний: ~ відмінок *грам.* instrumental (case)

орудувати *розм.* **1.** use; *(розпоряджатися)* boss; **2.** *(діяти)* be at work

орфографічний orthographical; spelling *attr.*

орфографія *(правила)* orthography; *(правопис)* spelling

орхідея orchid

оса wasp

осад 1. sediment, deposit; **2.** *перен.* aftertaste; **у мене залишився неприємний ~ від цієї зустрічі** the meeting left me an unpleasant aftertaste

осаджувати, осадити 1. *(коня)* rein in; **2.** *перен. (спиняти, угамовувати)* rebuff, snub; **3.** *хім.* precipitate

осадовий sedimentary

осатанілий *розм.* frenzied; *(про людину)* furious

осатаніти *розм.* go wild

освистувати, освистати hiss

освідчення *(у коханні)* declaration of love; *(прохання стати дружиною)* offer, proposal

освідчуватися, освідчитися *(у коханні)* declare one's love (to); *(просити руки)* propose (to)

освіжати, освіжити refresh, freshen; **~ся** be refreshed; *(про людину)* refresh oneself

освіта education; **вища ~** higher education; **право на ~ту** right to education; **дати ~ту** give an education, educate; **дістати ~ту** be educated

освітлення 1. *(дія)* lighting; **2.** *(світло)* light; **3.** *перен. (подій та под.)* presentation, interpretation

освітлювальний illuminating, lighting; **~ прилад** light, illuminator, lighting appliance; **~на ракета** flare

освітлювати, освітлити 1. light up, illuminate, illumine; **2.** *перен. (робити ясним)* elucidate

освітлювач *театр.* lighting technician

освітній educational

освічений educated

освіченість erudition

освоювати, освоїти 1. *(нові землі та под.)* develop, pioneer, settle; **2.** *(оволодівати, засвоювати)* master; **~ся** *(обвикати)* feel at home; *(призвичаюватися)* get used (to)

осел 1. *зоол.* donkey; **2.** *перен. розм.* ass

оселедець herring

оселя *(житло)* home, dwelling

оселятися, оселитися settle

осередок centre; **~ культури** cultural centre; *(організаційна одиниця)* cell

осетер *зоол.* sturgeon

осетин, осетинка Ossetian

осетрина *кул.* sturgeon

осика aspen

осиковий aspen *attr.*

осиний wasp's; **<> ~не гніздо** hornet's nest

осиротити orphan

осиротілий 1. *(про дитину)* orphaned; **2.** *перен. (про дім, сад)* abandoned

осиротіти be orphaned, become an orphan

осідати, осісти 1. *(про сніг, пил та под.)* fall (on), spread over; **2.** *(з рідини)* settle

осідлати 1. *(коня)* saddle; **2.** *розм. (сісти верхи)* straddle; **3.** *перен. розм. (підпорядкувати собі)* dominate, saddle

осілий settled

осінній autumn *attr.*, fall *attr. амер.*

осінь autumn, fall *амер.*

осічка misfire; **дати ~ку** miss fire

оскаженілий furious, enraged

оскаженіти *розм.* fly into a rage

оскарження *юр.* appeal (against)

оскаржувати, оскаржити *юр.* appeal (against)

оскільки since, so long as; **~ ..., остільки ...** just as ... so ...

осколковий shrapnel *attr.*

осколок 1. *(скла, чашки та под.)* piece; **2.** *(бомби, снаряду)* shrapnel *sing*; **3.** *перен. (минулого)* fragment

оскома acidic taste; soreness of the mouth; **<> набити ~му** make one's mouth sore; *перен.* set one's teeth on edge, bore smb. stupid

ослаблення 1. *(тиску, шуму)* weakening; **2.** *(уваги)* slackening; **3.** *(дисципліни)* decline

ослабнути 1. weaken, become (grow) weak; **2.** *(ставати менш натягнутим)* loosen, become looser

ослаблювати, ослабити 1. weaken; make weak(er); *(увагу)* let wander; **2.** *(дисципліну)* relax; **3.** *(робити менш натягнутим)* loosen

ославляти *й* **ославлювати, ославити** smear

ослиця *зоол.* female donkey, she-ass

ослін bench

осліплення *перен.* blindness

осліплювати *й* **осліпляти, осліпити** blind *(тж перен.)*

осліпнути go (become) blind

осля foal *(of donkey)*

ослячий 1. donkey's, ass's; **2.** *перен.* mulish, asinine; **~ча впертість** pigheadedness

осмислений *(про погляд)* intelligent; *(про вчинок, поведінку)* premeditated

осмислення comprehension

осмислювати, осмислити grasp the idea (of), comprehend

осмілюватися *і* **осмілятися, осмілитися** dare

оснащеність equipping

оснащення 1. *(дія)* equipping; **2.** *(обладнання)* equipment

оснащувати, оснастити equip, fit out; *(судно)* rig

основа 1. *(нижня частина)* base, foot, bottom; **2.** *перен. (головна частина)* basis (*pl* -ses); **3. ~ви** *мн.* principles, foundations; *(вихідні положення науки тж)* fundamentals, basics, rudiments; **4.** *текст.* warp; **5.** *хім., мат.* base; **6.** *лінгв.* stem; **<> брати за ~ву, класти в ~ву** take as a basis, base upon

основний basic, fundamental; *(головний)* main, principal; **<> ~ капітал** *ек.* basic (fixed) capital

основоположник founder

особа 1. person; **2.** (*індивідуальність, особистість*) personality, individual
особина individual
особистий personal; private; **~та власність** personal property; **~те життя** private life; **~ секретар** private secretary
особистість *див.* **особа 2**
особисто personally; **~ познайомитися** get a first-hand view (of), see for oneself
особливий 1. particular, (e)special; **нічого ~вого** *розм.* nothing special; **2.** (*своєрідний*) peculiar, unusual
особливість special feature, peculiarity
особливо particularly, in particular; (*надзвичайно*) especially
особовий personal; **~ склад** personnel; **~ва справа** *канц.* personal records (documents) dossier
осока *бот.* sedge
осокір black poplar
осоромлювати, осоромити cover with shame; **~ся** disgrace oneself
оспівувати, оспівати praise (in song), sing (of)
останній 1. last; (*минулий*) past; **2.** (*вирішальний, остаточний*) final; **3.** (*найновіший*) the latest; (*щойно згаданий*) the latter; <> **до ~нього** to the utmost; **~нім часом** lately, of late
останок: до ~нку to the end (last); **на ~ towards the end; ~нки** *мн.* remains
остаточний final; **~ присуд** definitive sentence
остача 1. remainder, rest; **2.** *мат.* remainder, residual; **ділитися без ~чі** divide exactly
остерігати, остерегти warn (against), caution (against); **~ся** be careful (of); (*побоюватися*) beware (of)
остигати, остигнути cool off, get coot (cold); *перен.* cool down
остовпіти be dumbfounded
осторонь aside, apart; aloof; <> **стояти (триматися) ~** keep away (from)
острів island; (*у географічних назвах і поет. тж*) isle
острівний island *attr.*
острів'янин, острів'янка islander
оступатися, оступитися (*спотикатися*) stumble; (*на сходах*) miss a step; *перен.* trip up
осуд blame, censure
осуджувати, осудити 1. (*виявляти негативне ставлення*) censure, condemn, blame; **2.** (*неславити*) defame; **3.** (*засуджувати*) convict, condemn (to); sentence (to)
осушування draining, drainage
осушувати, осушити 1. dry (up); (*болото й под.*) drain; **2.** *розм.* (*випивати до дна*) drain, empty

осягати, осягнути *і* **осягти 1.** (*усвідомлювати*) comprehend, understand, grasp; **2.** (*опановувати*) master, learn
ось 1. here; **~ вам!, візьміть!** here you are!; **а ~ і він!** and here he is!; **2.** *підсил.* (*із займ. і присл.*) this is, that's; **~ чий** this (that) is whose; **~ тут я й живу** this is where I live; **3.** *див.* **от 3**; <> **аж ~** а) (*несподівано*) all of a sudden; б) (*нарешті*) at last; **~ (воно) що!** so that's it!
ось-ось *розм.* on the point (of + *gerund*), just about (+ to *inf.*)
от 1. (*ось*) here; **~ вам (ваша) сумка** here is your bag! **як ~** as; for example; **2.** *підсил.* (*із займ.*) this is, that's; **~ чого він хотів** that's what he wanted; **3.** *підсил.* (*з дієсл. наказового способу*): **~ уявімо** let us imagine; **~ розкажи йому** (well), tell him; <> **~ і все** (and) that's all
отаман 1. *іст.* otaman; **2.** (*ватажок*) chief, chieftain
отара flock (of sheep)
отвір opening, aperture
отже I 1. *вставне сл.* (*таким чином*) (and) so, thus; **2.: ~, слухай(те)** listen here
отже II (*тому, через те*) therefore, that is why, consequently
отож I 1. *підсил.* (*так от*) and so; **2.: ~ не перебивай (мене)** don't interrupt (me); <> **~-то й воно!** that's just it!
отож II *розм. див.* **отже II**
отоларинголог *мед.* ear, nose and throat specialist
от-от *див.* **ось-ось**
ототожнення equating
ототожнювати, ототожнити equate
оточення 1. encirclement (*тж війс.*); **вийти з ~** break out of encirclement; **потрапити в ~** be encircled; **2.** (*обстановка, середовище*) environment
оточувати, оточити surround, encircle, gather round
отримувати, отримати *див.* **одержувати, одержати**
отруєння poisoning
отруйний poisonous; toxic; venomous; **~ газ** poison (toxic) gas; **~ гриб** poisonous fungus; toadstool; **~на гадюка** venomous snake; **~на рослина** poison(ous) plant
отрута poison (*тж перен.*); (*зміїна*) venom
отруювати, отруїти poison; **~ся 1.** (*приймати отруту*) take poison; **2.** (*випадково*) suffer from poisoning, get poisoned; (*харчовими продуктами*) get food-poisoning
отупіння stupor, dullness
отупіти grow dull
офіра *рел.* sacrifice, offer

офірувати *рел.* sacrifice
офіс *див.* **контора**
офіцер *військ.* officer
офіцерський *(про звання, однострій)* officer's; *(про кімнату, клуб і под.)* officers'
офіціант waiter
офіціантка waitress
офіційний official; formal; **~на особа** official; **~не повідомлення** official communication; **~не запрошення** formal invitation
оформлення *(зовнішній вигляд)* design; **музичне ~** musical setting; **художнє ~** artistic arrangement
оформлювач: ~ спектаклю set designer; **~ вітрини** window-dresser
оформляти *і* **оформлювати, оформити** 1. *(надавати викінченого вигляду)* design, arrange; 2. *(надавати законної сили)* register officially; legalize; **~ документи** put smb.'s papers in order; 3. *(на роботу)* put on the staff; **~ся** 1. *(набирати певної форми)* take shape; 2. *розм. (на роботу й под.)* be taken on the staff
офорт etching
офсет offset (process)
офтальмолог ophthalmologist
охайний tidy, neat, clean
охолодження cooling *(тж перен.)*
охолоджувати, охолодити cool, chill; *перен.* damp(en); **~ся** (get) cool
охолонути cool off, get cool (cold); *перен.* cool (down)
охоплювати, охопити 1. *(обіймати)* clasp, put one's arm(s) round; 2. *(обступати, оточувати)* surround; 3. *перен. (про повстання та под.)* spread all over; *(про полум'я, туман)* envelop; 4. *(містити в собі)* include; 5. *(сприймати зміст)* take in, embrace; 6. *перен. (про почуття)* seize, overcome
охорона 1. *(захист приміщення, президента)* security; 2. *(здоров'я, рослин, тварин)* protection; **~ здоров'я** health protection; **~ природи** nature conservation; **~ праці** health and safety regulations *pl*; 3. *(загін)* guard; guards *pl*; **особиста ~** bodyguard; **~ порядку** maintenance of law and order
охоронець guard
охоронний: ~на грамота safe conduct
охороняти guard; protect; *(інтереси й под.)* safeguard
охота *(бажання)* desire, fancy; **своєю ~тою** of one's own will

охоче willingly, readily, gladly
охочий 1.: **він ~ до казок** he is very fond of tales; 2. **як ім.** somebody who wants (is) keen (+ to *inf.*)
охрипнути grow (become) hoarse
оцет vinegar
оцінка 1. *(дія)* valuing, valuation; 2. *(думка, міркування)* appraisal, appreciation; **давати високу ~ку** express a high opinion (of); 3. *(у школі й под.)* mark
оцінювати, оцінити 1. *(визначати вартість)* value; 2. *перен. (визначати якості)* appreciate, appraise; 3. *(визначати цінність)* estimate
оцтовий acetic; **~ва есенція** vinegar essence; **~ва кислота** acetic acid
очевидець eye-witness
очевидний obvious, evident
очевидно 1. obviously; 2. *безос. (ясно, зрозуміло)* it is clear, it is obvious (evident); 3. *вставне сл. (мабуть)* evidently, apparently
очерет rush, reed
очисний: ~ні споруди purification plant *sing*
очищати, очистити 1. clean; *перен.* clear; 2. *хім., тех.* purify, refine; **~ся** become clean, be purified; *перен.* clear, become free
очищення 1. cleaning, clearing; 2. *хім., тех.* purification; refining
очищувальний purifying, purification *attr.*
очі *мн. див.* **око**
очікувати wait (for)
очко *(од. рахунку)* point; **набрали двадцять очок** score twenty points
очний 1. eye *attr.*; **~не яблуко** *анат.* eyeball; 2.: **~на ставка** confrontation; 3. *розм.:* **~не навчання** full-time instruction
очолювати, очолити lead; head; **~ боротьбу** lead the struggle; **~ делегацію** head a delegation
ошатний *(гарно вдягнений)* smart; well-dressed
ошийник collar
ошукувати, ошукати *розм.* deceive, cheat
ощадкаса *(ощадна каса)* savings-bank
ощадливий thrifty, economical
ощадливість thrift, economy
ощадний 1. *див.* **ощадливий**; 2.: **~на каса** *див.* **ощадкаса**; **~на книжка** savings-book
ощасливлювати, ощасливити make happy

П

пава *орн.* peahen
павич peacock
павіан *зоол.* baboon
павільйон pavilion; *(кіно)* studio
паводок spring floods *pl*
павук spider
павутина, павутиння cobweb, (spider's) web; *перен.* web
пагін shoot, sprout
пагорб hillock, knoll
пагорок *див.* **пагорб**
падалка droppings
падати 1. fall, drop, tumble; **2.** *перен. (про вплив і под.)* decline; ~ **від утоми** be ready to drop (with fatigue)
падіння 1. fall; **2.** *(дисципліни)* decline; **3.** *(моральне)* degradation; downfall
падчірка *див.* **пасербиця**
паз 1. chink; **2.** *тех.* slot; *(жолоб)* groove
пазур claw; <> **показувати ~рі** show one's claws (teeth)
пазуха: за ~хою in one's bosom
пай share
пайовий share *attr.*
пайовик shareholder
пайок ration; **сухий ~** dry ration
пак *розм.:* **ще б ~!** yes, rather!; and how!; I'll say!
пака *(пачка)* bundle; *(купа)* pile, heap; *(бавовни й под.)* bale
пакгауз warehouse
пакет *(паперовий)* package; *(целофановий)* bag; *(конверт)* official envelope *(containing important or secret documents)*; **(контрольний) ~ акцій** (controlling) shareholding; **~ програм** *обч.* software package
пакистанець, пакистанка Pakistani
пакистанський Pakistani
пакт pact; **~ про взаємодопомогу** mutual aid (assistance) pact; **~ про ненапад** non-aggression pact
пакувальний packaging; **~ матеріал** packing, wrapping
пакувальник packer
пакування encasement
пакувати pack
пакунок bundle; packet, parcel
палата 1. *(у лікарні)* ward; **2.** *(законодавчий орган, державна установа)* house, chamber; **верхня ~** *політ.* Upper Chamber; **нижня ~** Lower Chamber; **Торговельна ~** Chamber of Commerce
палати 1. flame, blaze; **2.** *(світитися)* be aglow (ablaze) (with light); **3.** *перен. (про обличчя)* glow; **~ обуренням** burn with indignation
палахкотати і палахкотіти blaze
палац palace, court
палестинський Palestinian
палець *(руки)* digit, finger; *(ноги)* toe; **безіменний (підмізинний) ~** fourth (ring) finger; **великий ~** *(руки)* thumb; *(ноги)* big toe; **середній ~** middle finger; **вказівний ~** index finger; <> **знати що-н. як свої п'ять пальців** to have smth. at one's fingertips
паливник stoker
паливо combustible, fuel
палити 1. burn (down); **2.** *(курити цигарку та под.)* smoke
палиця stick; *(для прогулянок)* walking-stick, cane
паличка small stick; **дириґентська ~** (conductor's) baton; **чарівна ~** magic wand
палій incendiary; *перен.* instigator
паління smoke
палісадник (small) front garden, yard *амер.*
палітра palette *(тж перен.)*
палітурка binding
палітурня binder
палка *див.* **палиця**
палкий fiery, live; *перен. тж* ardent; **~ привіт** heartful greeting
палуба deck
палючий burning, scorching
паляниця loaf (of bread)
пальма palm (tree)
пальмовий palm *attr.*
пальне *див.* **паливо**
пальник torch
пальто (top)coat, overcoat
паморозь hoar-frost
памфлет lampoon, pamphlet
пам'ятати remember, bear, keep in mind; **я пам'ятаю про ваше прохання** I remember your request
пам'ятка 1. memorandum *(pl -da)*; *(інструкція)* list of instructions; **2.** *(історична)* monument; **~ старовини** monument to the past
пам'ятний memorable
пам'ятник monument; memorial *(тж перен.)*; *(намогильний)* tombstone

пам'ять memory; *(згадка)* recollection, remembrance
пан 1. gentleman; *(у звертанні)* sir; **2.** *(із прізвищем або званням)* Mr. (= mister); **3.** *заст.* *(поміщик)* landowner, landlord
панамський: ~ канал Panamanian Canal
панахида funeral service; **громадянська ~** civil funeral
панацея panacea
панда *зоол.* panda
пандемія pandemia
панель 1. *(тротуар)* pavement, footway; sidewalk *амер.*; **2.** *(дерев'яна обшивка на стінах)* panelling, wainscot (ing); **3.** *буд.* panel
панельний *буд.* panel-construction *attr.*; **~ не обшиття** panelling
пані 1. lady; **2.** *(із прізвищем)* Mrs.
панібратство *розм.* familiarity
панібратський *розм.* familiar
панівний 1. *(якому належить влада)* ruling; **2.** *(який переважає)* prevailing, (pre) dominant
паніка panic, scare
панікер panic-monger, alarmist
панікувати become (be) panic-stricken
панічний panic *attr.*; *(у паніці)* panic-stricken
панна miss
панно panel
панорама 1. *(вид)* view; **2.** *(картина)* panorama
пансіон 1. *(навчальний заклад)* boarding-school; **2.** *(готель)* boarding-house; **3.** *(утримання)* board; board and lodging
пансіонат boarding-house
панський master's; landlord's
пантелик: збити з ~ку confuse
пантеон pantheon
пантера panther
пантоміма pantomime, mime; dumb show
пантофлі *мн.* slippers
панування prevalence
панувати 1. *(мати владу)* rule (over), hold away (over); **2.** *(переважати)* prevail, (pre) dominate
панцер 1. coat of mail, cuirass; **2.** *(тварин)* testa; shell; **3.** *військ.* armour, armor *амер.*
панцерний iron-clad, armour-clad
панцерник *(про машину)* armoured car; *(про потяг)* armoured train
панцеробійний, панцеропробивний armoured piercing
панцеропотяг armoured train
панцерувати armour
панчоха stocking
панькатися *розм.* fuss (over)
папа *(римський)* Pope
паперовий paper *attr.*
пап'є-маше papier-mache

папір 1. paper; **2.** *(документ)* document; **~пери** *мн. розм.* *(особисті документи)* papers
папірець 1. bit (piece) of paper; **2.** *розм.* *(документ)* paper
папірус papyrus
папороть *бот.* fern, bracken
папуга parrot
пар *с.-г.* fallow
пара I 1. *(двоє)* pair; *(коней)* two; **2.** *(подружжя й под.)* couple
пара II 1. *(водяна)* steam; **2.** *(випари)* vapour
параграф paragraph
парад parade; *війс. тж* review; **приймати ~** *війс.* review the troops
парадний 1. ceremonial; **~ стрій** full dress; **2.** *(святковий)* smart, festive; **~ одяг** best (Sunday) clothes; **3.: ~ні двері** front door
парадокс paradox
парадоксальний paradoxical
паразит parasite; *перен. тж* drone
паразитизм parasitism
паразитичний parasitic(al)
паралель parallel
паралельний parallel; **~не злучення** bridge; **~ні бруси** *спорт.* parallel bars
паралізувати paralyse
параліч *мед.* paralysis (*pl* -ses)
параметр parameter
параметричний parametric; **~ аналіз** parametric test
паранджа yashmak
параноя paranoia
парапет parapet
парапсихологія parapsychology
парасолька *(від дощу)* umbrella; *(від сонця)* sunshade
парафін paraffin (wax)
парафіновий paraffin *attr.*
парафування initialling
парафувати initial, initialize; **~ договір** initial the agreement
парашут parachute
парашутист parachutist, (parachute) jumper; *(спортсмен тж)* sky-diver
парашутний parachute *attr.*; **~ десант** parachute drop (landing)
паризький Parisian
паритет parity
паритетний parity *attr.*; **на ~них засадах** on a parity basis
парити steam; **~ся 1.** steam; **2.** *(у лазні)* take a steam bath
парк 1. park; **2.** *(транспортний)* depot; **вагонний ~** rolling stock; **3.** *(сукупність машин і под.)* stock; fleet; **автомобільний ~** fleet of cars
паркан fence

паркет parquet (floor)
паркування parking
парламент parliament
парламентарій parliamentarian
парламентарний parliamentary
парламентер *війс.* truce envoy
парний 1. *у різн. знач.* twin, pair *attr.*; **2.** *(про число)* even
парник hotbed
паровий steam *attr.*; **~ двигун** steam-engine; **~ котел** boiler; **~ве опалення** steam-heating
пародіювати parody
пародія parody; travesty; burlesque
пароль password, parole
пароплав steamer; *(річковий, невеликий)* steamboat; *(морський)* steamship
пароплавство shipping; *(установа)* port and navigation authority; *(фірма)* shipping company
паросток offspring, sprout, shoot *(тж перен.)*, slip; **пускати ~стки** sprout
паротворення evaporation
паротворний evaporative
паротяг boiler, engine, (steam)engine; locomotive
парта desk
партер *театр. (передні ряди)* the stalls *pl*; *(задні ряди)* the pit
партизан partisan, guerilla (fighter)
партизанський partisan *attr.*; guerilla *attr.*
партитура score
партійний 1. party *attr.*; **2.** *як ім.* Party member
партія 1. *(політична організація)* party; **2.** *(група осіб)* group, party; **3.** *(кількість товарів)* consignment, batch; **4.** *(у грі)* game; **шахова ~** game of chess; **5.** *муз.* part
партнер partner
партнерство partnership
парубок youth; *(неодружений чоловік)* bachelor
парувати I steam, give off vapour
парувати II *(з'єднувати до пари)* bring together, couple, pair
парусина canvas
парусиновий canvas *attr.*
парфумерія perfumery
парфуми *мн.* essence
парфумний essential
парча brocade
пас I *спорт.* pass
пас II 1. *(пояс)* belt; **2.** *тех.* driving-belt
пасаж 1. *буд.* arcade; **2.** *муз.* passage
пасажир passenger
пасажирський passenger *attr.*
пасерб stepson

пасербиця stepdaughter
пасив 1. *ком.* liabilities *pl*; **2.** *грам.* passive voice
пасивний passive
пасивність passivity
пасинок *див.* **пасерб**
пасіка apiary
пасічник beekeeper
паска *кул.* paskha *(sweet dish made with cream cheese at Easter)*
пасквіль send-up, lampoon, squib
пасмо 1. lock; **2.** *(гір)* range
пасовий *(від* **пас II 1**) belt
пасовисько feed, feedlot, grazing
пасовище grass
паспорт passport; *(автомобіля, верстата)* registration document; **закордонний ~** passport *(for foreign travel)*
паспортний: **~ стіл** passport office
паста 1. paste; **2.** *(томатна)* puree; **3.** *(у кульковій ручці)* ink; **зубна ~** toothpaste
паства congregation, floc
пастель pastel
пастельний pastel *attr.*
пастеризація pasteurization
пастеризований pasteurized
пастеризувати pasteurize
пастернак parsnip
пастила pastila
пасти(ся) graze, pasture
пастка gin, trap, pitfall; **потрапити в ~ку** fall into a trap
пастор minister, pastor
пастух herdsman; *(вівчар)* shepherd
пасувати I *(годитися, відповідати)* suit; correspond
пасувати II *спорт.* pass
пат *шах.* stalemate
патент 1. *(на винахід)* patent; **2.** *(на торгівлю)* licence, license *амер.*
патентний patent *attr.*; **~не бюро** patent office; **~не право** patent rights
патентований proprietary, patent *attr.*
патентувати patent, take out a patent (for)
патериця staff
патетичний passionate, emotional
патлатий shaggy, hairy
патологічний pathological
патологія pathology
патріарх patriarch
патріархальний patriarchal
патріархія patriarchate
патріот patriot
патріотизм patriotism
патріотичний patriotic
патрон I 1. *війс. див.* **набій**; **2.** *тех.* chuck; **3.** *ел.* lamp-socket

патрон II (*покровитель*) patron; (*начальник*) boss
патрубний union
патрубок *тех.* jet, union
патрулювати patrol
патруль patrol
пауза pause; **робити ~зу** pause
пафос zeal, fervour, fervor *амер.*
пах groin
пахва armpit; **під ~вою** under one's arm
пахнути smell
пахощі *мн.* fragrance *sing*
пахучий fragrant, odorous
пацифіст pacifist
пацієнт, пацієнтка patient
пацюк *зоол.* rat
пачка 1. (*чаю, цигарок і под.*) packet; 2. (*балерини*) tutu
паша *с.-г.* grass; forage crop
паштет paste (edible), pate
паща (*рот*) jaws *pl*
певен *див.* **певний 1**; **я ~** I am (quite) sure
певний 1. (*упевнений*) confident; sure; **будьте ~ні!** you may be sure! 2. (*вірогідний*) reliable; 3. (*точно визначений*) appointed; definite; 4. (*деякий*) certain; **за ~них умов** under certain conditions; <> **на річ** certainly; undoubtedly; **~ним чином** in some way; **~ною мірою** to some extent
певність 1. (*упевненість*) confidence, assurance; certainty, certitude; 2. (*вірогідність*) reliability
певно 1. (*упевнено*) confidently; 2. **вставне сл.** certainly, surely
педагог teacher
педагогіка education science
педагогічний teaching; **~ інститут** teacher-training college, teachers' college *амер.*; **у неї ~ талант** she has a talent for teaching; **у нього ~на освіта** he trained as a teacher
педаль pedal
педант pedant
педантичний pedantic
педикюр pedicure
педіатр paediatrician, pediatrician *амер.*
педіатрія paediatrics, pediatrics *амер.*
пейзаж 1. (*вид місцевості*) landscape, scenery; 2. (*картина*) landscape
пейзажист landscape painter
пекар baker
пекарня bakehouse, bakery
пекельний infernal; hellish
пекло hell
пекти 1. (*у печі й под.*) bake; 2. (*припікати*) scorch; **~ся** 1. bake; be baked; 2. (*на сонці*) bask in the sun
пекучий instant, burning, scorching

пелікан *орн.* pelican
пелюстка petal
пелюшка wrap; **~ки** *мн.* swaddling clothes
пельмень *кул.* (*зазв.* **~ні** *мн.*) ≡ ravioli *sing*
пемза pumice (stone)
пенал pencil box, pencil case
пенальті penalty
пензель *жив.* brush
пеніцилін penicillin
пінопласт foam plastic
пенс penny (pence *pl.*)
пенсійний pension *attr.*; **~ вік** pension age
пенсіонер, пенсіонерка pensioner
пенсія pension; **~ через інвалідність** ≡ invalidity benefit; **вийти на ~сію** retire
пенсне pince-nez
пень, пеньок stump, stub
пеньюар negligee
пеня fine
первинний primary; initial; **~ матеріал** feedstock
первісний 1. primitive; 2. (*первинний*) primary; initial; 3. (*вихідний*) original
первістка, первісток first-born
пергамент 1. (*шкіра*) parchment; 2. (*рукопис*) parchment manuscript
пергаментний: **~ папір** grease-proof paper
переадресовувати, переадресувати readdress
перебазувати relocate
перебивати, перебити 1. (*переламати*) break; 2. *перен.* (*переривати*) interrupt; (*порушувати*) spoil, kill; 3. *док.* (*убити багатьох*) kill; 4. *док.* (*розбити все*) break
перебирати, перебрати 1. (*сортувати*) sort; 2. (*передивлятися*) look (go) through; 3. (*відтворювати в думці*) go over; 4. *недок.* (*пальцями*) run one's fingers (over); **~ся** 1. (*переправлятися*) get across, pass over; 2. (*переселятися*) move
перебіг (*хід, розвиток*) course; run; **~ подій** course of events
перебігати, перебігти 1. (*через що-н.*) run across; 2. (*на ворожий бік*) desert; go over to the enemy; <> **~ кому-н. дорогу** cross smb.'s path
перебій (*у роботі і под.*) stoppage, irregularity; (*у моторі*) misfire
перебільшення exaggeration, overstatement
перебільшувати, перебільшити exaggerate
перебірливий discriminating, fastidious
переборювати, перебороти overcome (*тж перен.*); get the better (of); **~ себе** master oneself

перебування stay, sojourn; being; **місце ~ уряду** the seat of government

перебувати be

перебудова 1. *(будинку й под.)* rebuilding, reconstruction; **2.** *(реорганізація)* reorganization; *(поглядів і под.)* reformation

перебудовувати, перебудувати 1. *(про будівлю й под.)* rebuild, reconstruct; **2.** *(реорганізовувати)* reorganize; reform; **~ся** be rebuilt (reconstructed)

перевага advantage; preference; **віддавати ~гу** show a preference (for)

переважати, переважити excel, surpass; exceed; **2.** predominate (over), prevail (over); **~ кількістю** outnumber

переважний predominant, prevailing; *(головний)* primary; **~на більшість** overwhelming majority; **~не право придбання** pre-emption

переважно mainly, chiefly

переважувати, переважити 1. *(мати більшу вагу)* outweigh; **2.** *(зважувати наново)* weigh again

перевал *(гірський)* (mountain) pass

перевантажений overloaded; *перен.* overburdened

перевантаженість *(про судно й под.)* overloading; *перен.* overburdening

перевантаження overloading; *перен.* overburdening; *(роботою тж)* overwork

перевантажувати, перевантажити *(надмірно навантажувати)* overload, overburden *(тж перен.)*; *(роботою тж)* overwork

переварювати, переварити *(надмірно варити)* overdo

перевезення transport, transportation, conveyance

перевернутий inverted, reverse

перевертання tipping

перевертати, перевернути turn over; *(договори дном)* turn upside-down; *(перекидати)* overturn, overthrow; **~ся** turn; *(перекидатися)* overturn

перевершувати, перевершити excel (in, at), surpass (in), transcend (in)

перевесло wisp of straw, straw-band

перевибори *мн.* election *sing (occurring at regular intervals)*

перевидавати, перевидати republish, reissue

перевидання publication, reissue

перевиконання overfulfilment

перевиконувати, перевиконати overfulfil, exceed

перевиробництво overproduction

перевиховання rehabilitation, reeducation

перевиховувати, перевиховати reeducate

перевищувати, перевищити exceed; **~ свої повноваження** exceed one's powers

перевіз 1. *(дія)* transit, transportation, conveyance; **2.** *(місце переправи)* ferry

перевізний transport

перевізник transport; *(про людину)* ferryman

перевірка checking; control; check-up *розм.*; calibration, revision; *(знань, стану)* testing, examination; **~ бухгалтерських документів** audit

перевіряти, перевірити 1. check, verify; **2.** *(обстежувати)* examine, inspect; **3.** *(випробовувати)* test, check

переводити, перевести 1. *(через що-н.)* take (across); **2.** *(на іншу роботу та под.)* transfer, move; **3.: ~ годинник уперед** put a watch (clock) on; **~ся** *(на іншу роботу та под.)* be transferred, be moved

перевозити, перевезти carry, convey, transport; *(на іншу квартиру)* move

переворот 1. *(різка зміна, злам)* radical change; *(у науці й под.)* revolution; **2.** *(зміна ладу)* revolution, upheaval, overturn, overthrow, coup

перевтілення reincarnation; transformation

перевтілюватися, перевтілитися be reincarnated, be transformed

перевтома overstrain

перевтомлений overstrained, overtired

перевтомлюватися, перевтомитися be overtired

перев'язка bandaging; **зробити ~ку** apply a dressing

перев'язування dressing

перев'язувати, перев'язати 1. *(зв'язати)* tie up; **2.** *(бинтом)* bandage; *(рану)* dress

переганяти, перегнати *(обганяти)* outdistance; leave behind *(тж перен.)*

перегинати, перегнути bend

перегін *зал.* stage (between stations), run

перегляд 1. *(наново)* revision, review; reconsideration; **2.** *(ознайомлення)* viewing; *(рукописів та под.)* examination; **~ фільму** film review

переглядати, переглянути 1. *(наново)* revise, go through again; reconsider, review; **2.** *(ознайомлюватися)* run (go) through; examine; see; **~ся** exchange glances

переговори *мн.* negotiations *pl*, talks *pl*; *(телефоном)* call *sing*; **багатосторонні ~** multilateral negotiations (talks); **вести ~** negotiate; hold talks; carry on negotiations; talks; **замовляти ~** book a call to; **неофіційні ~** informal talks (negotiations); **поетапні ~** stage-by-stage negotiations (talks)

перегони мн. races sing; (на човнах) regatta sing, boat-race sing; (вітрильні) (sailing) regatta sing

перегороджувати, перегородити (кімнату) partition (off); (дорогу) block

перегородка partition

перегортати, перегорнути turn (over)

перегравати, переграти replay

перегризати, перегризти gnaw, bite (through)

перегрів superheating

перегрівати, перегріти 1. overheat; **2.** mex. superheat; **~ся** become overheated; **він ~грівся на сонці** he got a touch of sunstroke

перегукуватися, перегукнутися call to one another

перед 1. (про час) before; **я говорив з ним ~ зборами** I spoke to him before the meeting; **2.** (про місце тж) in front of; **~ дзеркалом** in front of the mirror; **3.** (про об'єкт дії): **устояти ~ труднощами** stand one's ground in the face of difficulties; **4.** союз before; **~ тим як** before

перед front

передавальний communicable, conveyor, transmission; **~ пристрій** conveyor

передавання delivery, transmission; **~ майна в оренду** demise; **~ в ужиток** inure

передавати, передати 1. pass, give; (вручати) hand; **2.** (повідомляти) report; tell; **3.** (відтворювати) reproduce; **4.** (по радіо) broadcast; (по телевізії) televise, telecast, show; <> **передайте вітання (привіт) вашому другові** remember me to your friend

передавач radio transmitter

передача 1. (уручення) passing, handing; (прав і под.) transfer; **2.** (по радіо) broadcast; (по телебаченню) telecast; **програма ~дач** television and radio guide; **3.** mex. transmission, gear, drive

передбачати, передбачити foresee

передбачатися be foreseen; be expected

передбачення prevision, foresight

передбачливий foreseeing; (обережний) prudent

передбачливість foresight; (обережність) prudence

передвиборчий pre-election attr.

передвісник precursor, forerunner

передвіщати foretell; (бути ознакою) betoken

переддень eve; **у ~** on the eve (of)

передзвонювати, передзвонити phone back, call back амер.

передивлятися, передивитися look over (through)

передихнути take a breath; (перепочити) take a rest

передмістя suburb

передмова preface, foreword

передній front; **~ні ноги** (тварини) forelegs; **~ край** front line

передовий leading; foremost; advanced (тж перен.); (прогресивний) progressive; <> **~ва стаття** leading article, editorial, leader

передплата subscription

передплатний: ~не видання subscribers' edition

передплатник subscriber

передпокій lobby

передчувати subscribe (to)

передпокій entrance, hall, lobby, anteroom

передражнювати, передражнити mimic

передрук (дія) (re)printing; (на машинці) (re)typing

передруковувати, передрукувати (re)print; (на машинці) (re)type

передсмертний death attr.; dying

передувати precede

передумова prerequisite, pre-condition; філос. premise

передумати 1. (змінити рішення) change one's mind; **2.** (обдумати все) think (about, over)

передусім first of all, to begin with

передчасний premature, untimely

передчасно prematurely

передчувати have a presentiment (of, about)

передчуття presentiment; (поганого) foreboding, misgiving

переживання experience; (почуття) feeling

переживати, пережити 1. (жити довше) outlive; **2.** (терпіти, зносити) endure; **3.** (зазнавати) experience, live through

пережовувати, пережувати chew, masticate

перезавантаження recharge

перезавантажувальний recharge

переїжджати, переїхати 1. (через що-н.) cross; **2.** (переселятися) move

переїзд 1. passage (водою), crossing; **2.** (до іншого помешкання) removal; **3.** зал. level crossing

переймати, перейняти 1. (перехоплювати) catch; intercept; **2.** (запозичувати) take, adopt; **~ чий-н. досвід** adopt smb.'s methods

перейменовувати, перейменувати rename

перейми мн. мед. contractions pl

переказ 1. (дія) retelling; (виклад змісту) paraphrase, rendering; **2.** (легенда) legend; **3.** (поштовий) remittance, postal order

переказувати, переказати 1. retell; para-

перекваліфікація — переміщувати

phrase; ~ **своїми словами** put smth. into one's own words; **2.** *(поштою)* remit
перекваліфікація training for a new profession
перекваліфіковувати, перекваліфікувати train for a new profession; **~ся** acquire a new profession
перекидання overthrow, tumble, upset
перекидати, перекинути 1. *(через що-н.)* throw over; **2.** *(переводити в інше місце)* transfer; **~ся 1.** spring across; rush across; **2.** *(поширюватися)* spread; **3.**: **~ся жартами** bandy jokes
перекинчик *військ.* deserter; *перен.* turncoat
перекис *хім.* peroxide
переклад translation; *(усний)* interpretation, version
перекладати I, перекласти translate; *(усно)* interpret; ~ **дослівно** construe
перекладати II, перекласти 1. *(переміщати)* shift; **2.** *перен.* *(провину й под.)* throw, shift
перекладацький translator's
перекладач translator; *(усний)* interpreter
перекладка 1. *буд.* cross-piece; *(віконної рами)* lintel; **2.** *(водонепроникна)* dam
перекликатися call to one another; *перен.* have something in common (with)
переклик roll-call, call-over; **робити ~** call the roll
переключати(ся), переключити(ся) *у різн. знач.* switch (over)
перековувати, перекувати *(коня)* re-shoe
переконаний convinced (of); *(стійкий)* staunch
переконаність conviction
переконання 1. *(дія)* persuasion; **2.** *(думка)* conviction
переконливий convincing, conclusive, persuasive
переконливість persuasiveness
переконливо convincingly, persuasively
переконувати, переконати 1. *(в чому-н.)* (try to) convince (of); **2.** *(умовляти)* (try to) persuade; **~ся** be convinced (of); *(упевнятися)* satisfy oneself, make sure (of; that)
перекошений twisted; *(про обличчя)* distorted
перекраювати, перекраяти cut out again; *перен.* remake
перекреслювати, перекреслити 1. *(закреслювати)* cross (out); **2.** *(креслити наново)* draw again
перекривати, перекрити 1. *(закривати наново)* recover; **2.** *перен.* *(перевищувати)* exceed; break, beat; **3.** *(робити перепони)* stop up, block; ~ **шляхи** block the roads

перекриття *архіт.* overlap, floor
перекричати *розм.* outvoice, shout down
перекручений corrupt
перекручення corruption, misrepresentation
перекручувати, перекрутити 1. *(скручувати)* twist; **2.** *(викривляти)* distort, pervert; ~ **факти** distort (twist) the facts
перекуповувати, перекупити buy at second-hand
перекушувати, перекусити 1. bite in two; *(кусочками)* cut; **2.** *розм.* *(закусити)* take a bite (snack)
переламувати, переламати break in two; *(руку та под.)* break, fracture
переливання pouring; ~ **крові** *мед.* blood transfusion
переливати, перелити 1. *(з одного місця в інше)* pour; ~ **кров** *мед.* transfuse blood; **2.** *(наливати понад міру)* pour too much; **~ся 1.** *(через край)* overflow, run over; **2.** *(про барви)* gleam, glisten
перелицьовувати, перелицювати turn
перелізати, перелізти climb over
перелік enumeration; *(список)* list
переліт flight; *(птахів)* migration
перелітати, перелетіти fly over
перелітний ~ **птах** bird of passage
перелічувати, перелічити 1. *(рахувати все, усіх)* count (all); **2.** *(заново)* count over again; recount
перелом 1. break; *(кістки)* fracture; **2.** *(різка зміна)* (sudden) change; *(хвороби)* crisis
переломлювати, переламувати, переломити *див.* **переламувати, переламати**
переляк fright; **з ~ку** in one's fright
переляканий frightened, scared
перелякано in fright
перелякати frighten, scare; **~ся** get a fright; be frightened
перемагати, перемогти conquer; *(перебороювати)* overcome, surmount; *(у змаганні)* win; *(завдавати поразки)* defeat
перемелювати, перемолоти grind, mill
перемикати, перемкнути *тех.* switch
перемикач key
перемир'я armistice; *(короткочасне)* truce; **укласти ~** conclude (sign) an armistice
перемінний alternate, reciprocal, rotating
переміняти, перемінити change
перемішувати, перемішати (inter) mix; **~ся** get mixed
переміщення reshuffle *(in government, of jobs)*; *(зміна посади)* transfer
переміщувальний translocation
переміщувати, перемістити move; *(по службі)* transfer

перемови *див.* **переговори**

перемога victory; **здобути ~гу** gain (the) victory

переможець victor; conqueror; *(у змаганні)* winner

переможний victory *attr.* triumphant, victorious

перенапружений 1. stressed; **2.** *тех.* overstraining

перенапруження 1. stress; **2.** *тех.* overstrain

перенапружуватися, перенапружитися overstrain oneself

перенаселений overcrowded; overpopulated

перенаселеність overcrowding; overpopulation

перенісся bridge of the nose

переносити, перенести 1. carry (over); *(переміщати)* transfer; **2.** *(відкладати)* put off, postpone

переносний metaphorical, figurative; **~не значення** figurative meaning; **у ~ному значенні** figuratively

переносний *(портативний)* portable

переночувати spend the night

переобирати, переобрати reelect

переобладнувати, переобладнати re-equip

переоблік *(товарів і под.)* stock-taking, inventory; **робити ~** take stock (of)

переобтяжений overloaded; *перен.* overburdened

переодягати, переодягти 1. *(кого-н.)* change smb.'s clothes; *(що-н.)* change; **2.** *(з метою маскування)* dress up, disguise; **~ся 1.** change (one's clothes); **2.** *(маскуючись)* dress up (as), disguise oneself (as)

переодягнений dressed up (as), disguised (as)

переозброєння rearmament

переозброювати(ся), переозброїти(ся) rearm

переоцінювання 1. *(оцінка заново)* revaluation, reappraisal; **2.** *(надто висока оцінка)* overestimation overrating

переоцінювати, переоцінити 1. *(оцінювати заново)* revalue; **2.** *(оцінювати надто високо)* overestimate, overrate

перепел *зоол.* quail

перепиняти, перепинити interrupt

перепис 1. *(масовий облік)* enumeration; listing; **2.** *(населення)* census; **проводити ~ населення** take a census

переписувати, переписати 1. *(списувати)* copy out; **2.** *(писати заново)* rewrite, write anew; **3.** *(укладати список)* make out (draw) up a list (of)

перепитувати, перепитати ask again

перепідготовка refresher course; retraining

перепідготовляти, перепідготувати train (anew)

переплачувати, переплатити overpay; pay too much

перепливати, перепливти *(через що-н.)* cross; swim (across); *(на веслах тж)* row (across)

переплигувати, переплигнути *див.* **перестрибувати, перестрибнути**

переплітати, переплести 1. *(сплітати)* weave together; *(зчіплювати)* interlock; **2.** *(книжки)* bind; **3.** *(заплітаючи, перевиваючи)* twine; **~ся** interlace, intertwine

переплутувати, переплутати 1. (en)tangle; **2.** *перен. (приймати за інше)* confuse, mix up; **~ся 1.** get (en) tangled; **2.** *перен.* get mixed up (confused)

переповзати, переповзти *(через що-н.)* creep (crawl) across (over)

переповнений filled to overflowing *після ім.*; *(людьми)* crowded

переповнювати, переповнити overfill; *(про приміщення)* overcrowd; *перен. (про почуття)* overwhelm

переполох commotion, alarm

перепона *див.* **перешкода**

перепочинок respite, breathing-space

перепочити take a rest

переправа crossing

переправляти, переправити *(через що-н.)* take across (over), convey across (over); *(поромом)* ferry; **~ся** *(через що-н.)* cross; get across (over)

перепродаж resale

перепродувати, перепродати resell

перепрошувати, перепросити excuse, pardon; ask (beg) smb.'s pardon; **~шую!** I beg your pardon!; sorry!; excuse me!

перепустка pass; permit

перераховувати, перерахувати 1. *(рахувати)* count; *(повторно)* count over again; recount; **2.** *(називати)* enumerate; **3.** *бух.* transfer

перерахунок recalculation

перерва break, interval *(тж шкіл.)*; **~ на обід** lunch break, dinner-hour

переривати, перервати 1. *(розривати)* tear (apart); **2.** *перен. (порушувати, перебивати)* interrupt; break off; **~ся 1.** *(розриватися)* come apart, tear; **2.** *перен.* be interrupted; break

переривчастий intermittent

переріз 1. cut; **2.** *(на кресленні)* section

перерізувати *і* **перерізати, перерізати** cut, sever

переробка 1. alteration, remaking; 2. *тех.* processing
перероблення adaptation, reclamation, reprocessing; ~ **тваринних відходів** rendering
переробляти, переробити 1. alter; remake; 2. *тех.* process
переробний rendering
переродження 1. regeneration; 2. *(виродження)* degeneration
перероджуватися, переродитися 1. become a new man (woman); regenerate; 2. *(вироджуватися)* degenerate
переростати, перерости 1. *(стати вище за кого-н.)* grow taller than; *перен.* outgrow; overgrow; 2. *(перетворюватися)* develop (into)
переросток over-age child
перерубувати, перерубати cut (chop) in two
пересадження transfer
пересаджувати, пересадити 1. *(на інше місце)* give (smb.) another seat; 2. *(рослину)* transplant *(тж мед.)*
пересадка 1. *(рослин)* transplanting; transplantation *(тж мед.)*; 2. *(на потяг і под.)* change
пересадний transfer
пересвідчуватися, пересвідчитися be convinced (of), make sure (that), satisfy oneself (that)
переселенець settler, migrant; immigrant
переселення migration; *(до нового помешкання)* move, removal
переселяти, переселити move; ~**ся** move; migrate
пересилання transmission
пересилати, переслати send
пересилка sending
пересильний transmission
пересилювати, пересилити overpower; overcome
пересихати, пересохнути get dry, dry up; *(про язик, горло)* be parched (dry)
пересичений satiated; surfeited
пересичуватися, пересититися be satiated (with); be surfeited (with)
пересідати, пересісти 1. *(на інше місце)* change one's seat; 2. *(на потяг і под.)* change
пересічний mean, average
перескакувати, перескочити 1. jump over; leap over; 2. *перен. (при читанні й под.)* skip
переслідування 1. *(погоня за ким-н.)* pursuit; chasing; 2. *(гоніння)* persecution
переслідувати 1. *(гнатися)* pursue; chase; 2. *(зазнавати гоніння)* persecute
пересолювати, пересолити put too much salt (in), oversalt; *перен.* go too far, overdo

пересохлий dry, parched
переспілий overripe
переспіти become overripe
переставати, перестати stop; cease
переставляти, переставити move; rearrange
перестерігати, перестерегти warn (against), caution (against); ~ **від небезпеки** warn of a danger
пересторога warning, caution
перестраждати live through, suffer
перестраховка 1. reinsurance; 2. *(надмірна обережність)* over-cautiousness
перестраховуватися, перестрахуватися 1. get reinsured; 2. *(чинити надмірно обережно)* play safe, make oneself safe
перестрибувати, перестрибнути jump (over, across)
перестрілка shooting, cross-firing, skirmish; exchange of shots
перестрілюватися exchange shots
переступати, переступити *(через що-н.)* step over, cross; ~ **поріг** cross the threshold; ~ **з ноги на ногу** shift from one foot to another
переступний *див.* **високосний**
пересування movement; **засоби** ~ means of conveyance
пересувати(ся), пересунути(ся) move, shift
пересувний travelling, mobile, portable
пересуди *мн.* (idle) gossip *sing*
перетасовувати, перетасувати shuffle, reshuffle
перетворений transformed
перетворення 1. transformation; turning, conversion; 2. *(несподівана зміна)* metamorphosis *(pl* -ses)
перетворювати, перетворити change (into); turn (into); convert (into); transform; ~**ся** change (to, into); turn (to, into), be converted (to, into); be transformed
перетерпіти suffer
перетинати, перетяти cross, run across
перетинка membrane; *зоол.* web; **барабанна** ~ *анат.* eardrum
перетирати, перетерти 1. *(розтирати)* grate; 2. *(порвати тертям)* wear out; ~**ся** *(порватися)* break, fray through
перетоплювати, перетопити remelt, recast; *(руду)* smelt (down)
перетравлювати, перетравити digest
перетягати і **перетягувати, перетягти** і **перетягнути** drag; pull; draw; *перен. розм.* *(переманювати)* entice
переформатування reformation
перехвалювати, перехвалити overpraise

перехитрити outwit
перехід 1. *у різн. знач.* passing; *(дія тж)* crossing, going across; **2.** *(через вулицю)* crossing; **підземний ~** underground crossing (passage); **3.** *(з одного стану в інший)* transition
перехідний 1. *(для переходу)* crossing *attr.*; **2.** *(проміжний)* transitional; **~ період** transition; **3.** *грам.* transitive
переховувати, переховати hide, conceal; **~ся** hide, conceal oneself
переходити, перейти 1. *(через що-н.)* cross; **2.** *(в інше місце)* move, pass
перехожий passer-by
перехоплювати, перехопити catch; intercept *(тж перен.)*
перехотітися lose (one's) desire
перехресний cross *attr.*; **~ вогонь** *військ.* cross-fire
перехрестя: ~ доріг junction
перехрещувати(ся), перехрестити(ся) cross; cross oneself
перець pepper *(зернятко)* peppercorn; **болгарський ~** capsicum; **<> усипати ~рцю кому-н.** give sb smth. hot
перечити contradict, argue back
перечитувати, перечитати re-read
перечниця pepper-box
перешивати, перешити alter; *(віддаючи в переробку)* have (smth.) altered
перешийок *геогр.* isthmus
перешіптуватися whisper to each other, whisper to one another
перешкода 1. obstacle, barrier; *перен. тж* hindrance, impediment; **2.** *спорт.* obstacle; *(бар'єр)* hurdle
перешкоджання interference
перешкоджати, перешкодити prevent; hinder; lay obstacles (to)
перешкодний trammel
периметр perimeter
перина feather bed
перитоніт *мед.* peritonitis
периферійний peripheral
периферія provinces *pl*, outlying area (district)
період period; **другий ~ гри** *спорт.* second half of the game
періодика *збір.* periodicals *pl*, periodical press
періодичний periodical; **~на система елементів** *хім.* periodic system; **~не видання** periodical; **~не повторення** rotation
періодичність periodicity
перламутр mother-of-pearl
перламутровий mother-of-pearl *attr. (про колір)* pearly
перли *мн.* pearls

перлина pearl
перловий: ~ві крупи pearl barley
перманент permanent wave
перманентний permanent
пернатий feathered; **~ті** *як ім. мн.* birds
перо 1. *(пташине)* feather; *(для прикраси)* plume; **2.** *(для писання)* pen; nib
перон *зал.* platform
перпендикуляр perpendicular, vertical
перпендикулярний perpendicular *attr.*, vertical *attr.*
перпендикулярно vertically
персик *(плід)* peach; *(дерево)* peach tree
персона person; *(важна особа)* person of distinction, (high) personage; **<> власною ~ною** in person
персонаж character
персонал *збір.* personnel, staff
персональний personal; **~на виставка** one-man exhibition; **~ комп'ютер** PC *(personal computer)*
перспектива 1. perspective; **2.** *(вид)* view; **3. ~ви** *мн.* *(на майбутнє)* prospects; outlook *sing*
перспективний 1. *(який передбачає майбутній розвиток)* promising; **2.** *(про планування)* long-term
перстень ring
перський Persian; **~ка мова** Persian, the Persian language
перука wig
перукар *(жіночий)* hairdresser; *(чоловічий)* barber
перукарня *(жіноча)* hairdresser's (shop); *(чоловіча)* barber's (shop)
перфоратор perforator
перфораційний: ~на карта, *тж* **перфокарта** punched card; **~на стрічка,** *тж* **перфострічка** punched tape
перфорований perforated
перчити pepper
перший first; *(із згаданих вище)* former; **~ ряд** the first (front) row; **~ поверх** ground floor, first floor *амер.*; **~ша допомога** first aid; **пів на ~шу** half past twelve; **~ше** *як ім. (страва)* first course
першість the first place; *спорт.* championship
першоджерело original (primary) source
першокласний first-rate
першокурсник first-year man (student); freshman
першорядний paramount, prime
першосортний first-rate, of the best quality, top-quality, top-grade
першотвір original
першочерговий immediate, urgent

пес dog
песець *(звір і хутро)* polar fox
песимізм pessimism
песиміст pessimist
песимістичний pessimistic
пестити 1. *(голубити)* caress, fondle; **2.** *(плекати)* cherish
пестицид pesticide
пестливий gentle, caressing; *(ніжний)* affectionate
петелька buttonhole
петиція petition
петлиця *(на уніформі)* tab
петля 1. loop; *(у в'язанні)* stitch; **2.** *(для ґудзика)* buttonhole
петрушка *бот.* parsley
печатка seal; stamp
печений baked
печеня *кул.* roast (meat)
печера cave, cavern, den
печерний cave *attr.*; **~на людина** cave-dweller, cave-man
печиво biscuit; cracker; cookie *амер.*
печінка liver
печінковий liver
печія heartburn
п'єдестал pedestal
п'єзометричний piezometric
п'єса 1. *театр.* play; **2.** *муз.* piece
пивний beer *attr.*
пивниця tavern, beer-house, pub
пиво beer
пил dust
пила, пилка nail file
пилав *кул.* pilaff
пилок *бот.* pollen
пиломатеріали *мн.* sawn timber *sing*
пилоосаджування dustfall
пилосмок vacuum cleaner
пилоутворення dusting
пилоутворювальний dusting
пиляти saw; *перен. розм.* nag (at)
пильний 1. attentive; vigilant, alert; **2.** *(про погляд і под.)* fixed, intent
пильність attention; vigilance, alertness
пильнувати 1. watch; *(охороняти)* guard; **2.** *(робити старанно)* try, do one's best
пиріг pie, pastry, cake; *(солодкий, відкритий)* tart; **~ з м'ясом** meat-pie; **~ з яблуками** apple-pie
пиріжок patty
пирій *бот.* couch
писаний hand-written; *(розмальований)* painted
писанка coloured Easter egg, pysanka
писар clerk, registrar
писати 1. write; **2.** *(картини)* paint; **він написав, як доїхав** he wrote to say he had arrived safely; **~ся 1.** be written; **2.** *(про правопис)* be spelt; **як пишеться це слово?** how do you spell this word?; **мені сьогодні не пишеться** I don't feel like writing today
писемний writing *attr.*; written
писемність 1. *(система письма)* written language; characters *pl*; **2.** *(сукупність пам'яток)* writings *pl*
писк squeak(ing); *(пташенят)* peep, cheep
писклявий squeaky
письменний literate
письменник writer, author
письменниця woman-writer, authoress
письменність literacy
письмо writing; *(система письма тж)* characters *pl*
письмовий 1. written; **2.** *(для писання)* writing *attr.*; **~ стіл** desk, writing-table
питальний interrogative; inquiring
питання 1. question; **2.** *(проблема)* problem, issue; *(справа)* point, matter
питати ask; inquire (after); question *(тж учня)*
пити drink; *(ліки, чай і под.)* take, have
питний: ~на вода drinking (discoloured, potable) water
питомий *фіз.* specific; **~ма вага** density, specific gravity (weight); **~ма концентрація** concentration; **~ опір** resistivity
пиття drinking
пиха arrogance, haughtiness
пихатий arrogant, haughty
пихкати pant, puff
пишатися 1. *(гордитися)* be proud (of), take pride (in); **2.** *(бути пихатим)* show pride
пишний 1. fluffy; *(про вироби з тіста)* light; **2.** *(розкішний)* splendid, magnificent; *(про рослинність тж)* luxuriant
пишномовний grandiloquent, high-flown
пищати squeak; *(про пташенят)* cheep, peep
пияцтво drunkenness
пиячити drink (heavily)
піаніно (upright) piano; **грати на ~** play the piano
піаніст, піаністка pianist
пів half; **~ на третю** (it is) half past two
півгодини half an hour
південний *(прикм. до* **південь** II*)* south, southern; **~ берег** south coast; **~ захід** south-west; **~ схід** south-east
південно-західний south-west; **~-східний** south-east
південь I *(полудень)* noon, midday
південь II *(сторона світу)* south; **на ~** south(wards), to the south; **на півдні** in the south
півень *орн.* cock; rooster *розм.*

півзахист *спорт.* midfield
півзахисник *спорт.* midfielder
півзахід half-measure
півколо semicircle
півкруг semicircle
півкруглий semicircular
півкуля hemisphere
півмісяць half-moon; *(серп місяця)* crescent
півморок semidarkness
північ I *(12-та година ночі)* midnight
північ II *(сторона світу)* north; **на ~** north(wards), to the north; **на півночі** in the north
північний I *(прикм. до* **північ I***)* midnight *attr.*
північний II *(прикм. до* **північ II***)* northern, north *attr.;* **~ вітер** north wind; **~ ліс** boreal forest
піворберт half-turn
півонія peony
півострів peninsular
піврічний six-month, semi-annual
півріччя 1. semester; **2.** *ек.* half-year, half a year
півроку *див.* **півріччя**
півтон semitone
півтора one and half; **~ року** a year and a half; **у ~ раза більше** half as much again
півтораста *(сто п'ятдесят)* one hundred and fifty
пігмей pygmy
пігмент pigment
пігментація pigmentation
пігулка pill
під 1. under; **~ землею** underground; **2.** *(біля, близько чого-н.)* near, close to; **жити ~ Києвом** live near Kyiv; **3.** *(про час)* towards; *(про вік тж)* close on; *(напередодні)* on the eve of; **~ вечір** towards evening; **<> ~ червоне дерево** in imitation of mahogany; **~ розписку** giving a receipt; **~ музику** to the music
підбадьорювання encouragement
підбадьорювати(ся), підбадьорити(ся) cheer up
підбивати, підбити 1. *(підметок і под.)* nail on; **2.** *(підшивати зсередини)* line (with); **3.** *перен. (підбурювати)* egg (on), incite (to)
підбиральний uptake
підбирання uptake
підбирати, підібрати 1. *(піднімати)* pick up, gather; **2.** *(добирати)* choose, select
підбігати, підбігти run up (to)
підбір selection; **<> як на ~ choice** *attr.*
підбор heel
підборіддя chin
підбурювання instigation, incitement
підбурювати, підбурити incite (to), instigate (to)
підбурювач instigator

підвал 1. *(підвальний поверх)* basement; **2.** *(льох)* cellar
підвалини *мн.* foundation *sing;* basis *sing*
підвищений 1. *(про nonum)* increased; **2.** *(про чутливість)* heightened; **~ тиск** high blood pressure; **у нього ~на температура** his temperature is up
підвищення 1. *(дія)* rise; increase; **2.** *(місцевості)* elevation, eminence, rise; **3.** *(споруда)* platform, dais
підвищувати, підвищити 1. raise; *(збільшувати тж)* increase; **2.** *(по службі)* promote; **3.** *(удосконалювати)* improve; **~ся** rise; increase
підвіз supply, delivery
підвіконня windowsill
підвішувати, підвісити suspend; hang
підвладний dependent (on), subject (to)
підвода cart
підводити, підвести 1. lead; bring (up); **2.** *розм.* ставити в тяжке становище) let down; **3.** *(піднімати)* raise; *(примушувати встати)* get up; **~ся** *(вставати)* rise
підводний submarine, undersea; **~ човен** *див.* **субмарина**
підводник submariner
підвозити, підвезти 1. take; *(кого-н. по дорозі)* give a lift; **2.** *(доправляти що-н.)* bring in; deliver, supply
підворіття space under the gate
підв'язка garter, suspender
підв'язувати, підв'язати tie (up)
підганяти, підігнати 1. *(приганяти)* drive; **2.** *(квапити)* urge on; drive on; **3.** *(припасовувати)* adjust, fit
підгинати, підігнути *(згинати)* tuck under; bend
підглядати, підглянути і **підгледіти** peep at; *(за ким-н.)* spy (on)
підгодовувати, підгодувати feed up
підгоряти, підгоріти *(про їжу)* get burnt
підготовка 1. preparation; *(навчання)* training; **2.** *(запас знань)* schooling; education
підготовчий preparatory; **~чі курси** preliminary course(s)
підготувати prepare; get (smb.) ready; *(навчити)* train; **~ся** prepare (for), make oneself ready (for)
підґрунтя underground
піддавання exposure
піддавати, піддати 1. *(додавати)* add; **2.** *перен.* чому-н.) subject; **~ критиці** criticize; **~ сумніву** bring in question; **~ся** *(поступатися)* give way (to), yield (to)
підданий subject
підданство citizenship
піддопитний the accused, the defendant

піддослідний: ~**на тварина** animal used in experiments; <> ~ **кролик** ≅ guinea pig
піджак coat, jacket
підживлювати, підживити 1. feed up; **2.** *с.-г.* give (extra) fertilizer
підзаряджальний recharge
підзаряджання recharge
підзаголовок subtitle, subheading
підзвітний accountable (to); ~**ні гроші** expenses
підземелля *(печера)* cave; *(в'язниця)* dungeon; *(склеп)* vault
підземний underground; subterranean; ~**ні ґрунтові води** groundwater
підзорний: ~**на труба** spyglass
підігрівальний preheating, warming
підігрівання preheat, preheating, warming
підігрівати, підігріти warm up; *перен.* stir up
підігрівач economizer
підігрувати, підіграти accompany
підіймач lift, elevator *амер.*
під'їжджати, під'їхати drive up (to); *(верхи)* ride up (to)
під'їзд 1. *(вхід до будинку)* entrance, porch, doorstep; **2.** *(шлях)* approaches *pl*
підйом 1. lifting, raising, hoisting; *(на гору)* ascent, climb; **2.** *(ноги)* instep
підйомний lifting
підказувати, підказати prompt; *(наводити на думку)* suggest; ~ **кому-н. що-н.** prompt smb. with smth.
підкидати, підкинути 1. *(кидати вгору)* throw up, toss (up); **2.** *(додавати)* add
підкладати, підкласти 1. lay under; **2.** *(додавати)* add; put out some more
підкладень seat
підкладка lining
підклеювати, підклеїти paste up, glue up
підкликáти, підклúкати call (up)
підкова (horse)shoe
підковдра duvet cover
підковувати, підкувати shoe
підкоп *у різн. знач.* undermining
підкорення 1. conquest; **2.** *перен. (приборкання)* taming; obedience, submission; *(підпорядкування)* subordination
підкоряти, підкорити conquer; subdue; subordinate (to), subjugate; *військ. тж* place (under); ~**ся** submit (to), surrender (to); obey; *(обставинам тж)* resign oneself (to)
підкрадатися, підкрастися steal up
підкреслення emphasis
підкреслювати, підкреслити underline, underscore; *перен.* emphasize, stress
підкріплення 1. *(дія)* support; **2.** *військ.* reinforcement, confirmation

підкріплювати, підкріпити 1. support *(тж перен.)*; **2.** *військ.* reinforce
підкріплюватися, підкріпитися *(поївши, попивши)* refresh oneself, have a snack
підкуп bribery, graft
підкупати, підкупити bribe
підкуплений corrupt
підкупність corruption
підлабузник sycophant, toady
підламувати, підломити break underneath; ~**ся** *(про ноги)* give way
підлеглий subordinate; subject, under
підлеглість subordination; submission, liability
підлесливий greasy
підлещуватися, підлеститися fawn, cajole, flatter
підлива sauce; *(м'ясна)* gravy
підливати, підлити pour; add (to)
підлиза *розм.* toady, wheedler
підлизуватися, підлизатися *(до кого-н.)* toady (to), make up (to)
підлий mean, base
підлість meanness, baseness
підлітковий juvenile
підліток adolescent; teenager; juvenile
підлога floor; **настилати** ~**гу** (lay a) floor; **натирати** ~**гу** polish the floor
підлягати *(бути підлеглим)* be subordinate (to); *(підпорядковуватися)* be subject (to)
підмайстер journeyman
підмальовувати, підмалювати touch up
підмандатний mandated
підманювати, підманити *(обманювати)* deceive; *(не справджувати надій та под.)* let down
підмет *грам.* subject
підметок sole
підмивати, підмити 1. give a wash; **2.** *(береги)* undermine
підмізинний: ~ **палець** fourth finger; *(на лівій руці тж)* ring-finger
підміна substitute; substitution
підмінювати / підміняти, підмінити 1. *(заміняти що-н.)* substitute (for); **2.** *розм. (тимчасово кого-н.)* replace, stand in (for)
підмітати, підмести sweep
підмішувати, підмішати mix (into)
підмовляти, підмовити instigate (to), put up (to)
підмога help, relief, assistance, aid
підмочений damp, slightly wet; ~**на репутація** damaged reputation
підмурівок substruction
піднебіння *анат.* palate
підневільний dependent; *(про працю)* forced

піднесений *(про душевний стан)* elated, excited; *(про стиль мови)* elevated; **~ настрій** elation

підніжжя 1. *(гори)* foot (of the mountain); **2.** *(п'єдестал)* pedestal

підніжка *(трамваю, візка)* step, footboard; *(автомобіля)* running-board

піднімати, підняти 1. lift, raise; **2.** *(із землі, підлоги)* pick up; **3.** *(змушувати встати)* get (smb.) up; **4.** *перен. (збільшувати, підвищувати)* raise; **~ся 1.** *(у різн. знач.; вставати)* rise; *(з ліжка тж)* get up; **2.** *(переміщатися вгору)* go up; *(на гору)* climb, ascend; **~ся сходами** go upstairs

підновлювати, підновити renovate

підносити, піднести 1. *(угору)* lift, raise; **2.** *(приносити)* carry, bring

підняття elevation, lift

підозра suspicion; **його було затримано за ~рою в убивстві** he was held on suspicion of murder

підозрілий 1. *(що викликає підозру)* suspicious; **~ла особа** suspect; **2.** *(недовірливий)* suspicious, mistrustful

підозрювати suspect; **~ кого-н. у чому-н.** suspect smb. of smth.

підойма elevator

підопічний trust

підошва *(взуття, стопи)* sole

підпадати, підпасти fall (under); **~ під чий-н. вплив** fall under smb.'s influence

підпал arson

підпалювати, підпалити set on fire, set fire (to)

підпалювач incendiary

підперізувати(ся), підперезати(ся) put on one's belt

підпиральний support, supporting

підпираний support

підпирання supporting

підпирати, підперти prop up, shore up, support

підпис signature; **за ~сом** signed (by)

підписання signing

підписний subscription *attr.*

підписувати(ся), підписати(ся) sign

підпілля 1. *(підвал)* cellar; **2.** *(конспірація)* underground activities *pl*

підпільний underground

підпільно underground

підпірка support, prop, rest

підполковник lieutenant colonel

підпора 1. *див.* **підпірка; 2.** *перен. (підтримка, допомога)* stand-by

підпорядкований subordinate

підпорядкування obedience

підпорядковувати, підпорядкувати subordinate, place (under); **~ що-н. кому-н.** place smth. under the control of smb.; **~ся** be smb.'s subordinate

підприємець contractor, entrepreneur, businessman, manufacturer

підприємницький enterprise *attr.*, business *attr.*

підприємство *(установа)* enterprise; *(агентство)* agency; *(концерн)* concern; *(завод тж)* factory, works *pl*

підпрограма *обч.* subroutine

підпускати, підпустити allow to approach

підраховувати, підрахувати count (up), calculate, compute

підрахунок calculation; *(дія)* counting

підрив blowing up, blasting; *перен.* undermining

підривати I, підірвати *(вибухом)* blow up, dynamite; *перен.* undermine

підривати II, підрити *(підкопувати)* dig (the earth from beneath)

підривний 1. blasting; **2.** *перен.* undermining, subversive

підрізувати, підрізати cut, clip, trim; *(гілки тж)* prune

підробка *і* **підроблення** adulteration, *(фальсифікація)* falsification; forgery, counterfeit

підроблений adulterate, spurious

підроблення falsification

підробляти, підробити forge, counterfeit

підрозділ 1. *(виробничий)* subdivision; **2.** *військ.* subunit, small(er) unit

підростати, підрости grow up; *(про людину тж)* get a little older

підрублювати, підрубити hem

підручний 1. handy; at hand *після ім.;* **~ матеріал** the material to hand; **~ інструмент** the instrument to hand; **2.** *як ім.* assistant, apprentice

підручник textbook; *(посібник)* handbook

підряд *(робоча угода)* contract

підрядковий: ~ переклад word-for-word translation

підрядний *грам.* subordinate; **~не речення** subordinate clause

підрядник contractor

підсвідомий subconscious

підсвідомість subconsciousness

підсаджувати, підсадити help up; *(посадити поруч)* place nearby

підсилати, підіслати send for a (secret) purpose

підсилений *(збільшений)* intensified

підсилення strengthening

підсилювач *тех.* amplifier

підсихати, підсохнути dry out a little

підсідати, підсісти take a seat (beside, by), sit down (beside, by)
підскакувати, підскочити 1. *(підстрибувати)* jump; **2.** *(швидко підбігати)* run up (to)
підскок spring
підсліпуватий weak-sighted
підсилати, підіслати send *(secretly)*
підсклянка glassholder
підслухувати, підслухати eavesdrop on, listen in (to); *(випадково тж)* overhear
підсмажувати, підсмажити *(на сковороді)* fry; *(на полум'ї)* grill; roast; *(хліб)* toast
підсобний subsidiary; **~ робітник** auxiliary
підсовувати, підсунути 1. *(під що-н.)* put (under); **2.** *розм.* slip; *(кому-н.)* palm off *(on smb.)*
підсолоджування sweetening
підсолоджувати, підсолодити sweeten
підстава evidence, ground, warrant, reason; grounds *pl*
підставка stand; jack, seat, support, prop
підставляння substitution
підставний false
підставляти, підставити 1. *(що-н.)* put (under), place (under); **2.** *мат.* substitute
підстанція substation
підстерігати, підстерегти lie in wait (for), be on the watch (for)
підстил substrate
підстилати, підстелити spread out (under)
підстилка floor covering; *(для худоби)* litter
підстильний underlying
підстраховувати, підстрахувати 1. *(гімнаста й под.)* be on hand for; **2.** *(у ризикованій справі)* insure
підстрелювати, підстрелити wound (by a shot)
підстрибувати, підстрибнути jump up; *(про м'яч та под.)* bounce
підстригати, підстригти trim; *(кого-н.)* cut (trim) one's hair; **~ся** cut one's hair; *(у перукарні)* have one's hair cut
підступ 1. approach; **~и до міста** approaches to a town; **2.** *(інтрига)* intrigue, scheming
підступати(ся), підступити(ся) approach
підступний subtle, insidious, perfidious
підступність subtlety, insidiousness; guile
підсудний 1. *юр.* *(який підлягає судові)* under (within) the jurisdiction *після ім.*; **2.** *як ім.* *(якого судять)* the accused; defendant
підсумковий 1. total; **2.** *(який завершує)* final, concluding
підсумовувати, підсумувати 1. *(підрахувати суму)* add up; total up; **2.** *(узагальнювати)* sum up

підсумок 1. *(сума)* total; sum; **загальний ~** grand total; **підвести ~** sum up; **2.** *(результат)* result
підсушувати, підсушити dry slightly
підтасовувати, підтасувати garble, juggle (with); **~ факти** give a garbled version
підтверджений confirmed, verified
підтвердження confirmation, corroboration, acknowledgement, support
підтверджувальний support(ing)
підтверджуваний support
підтверджувати, підтвердити confirm, corroborate; *(одержання)* acknowledge; **~ся** be confirmed, prove correct
підтекст implication
підточувати, підточити 1. *(робити гострішим)* sharpen; **2.** *(роз'їдати)* eat away; *(розмивати)* erode; undermine *(тж перен.)*
підтримка *(допомога, схвалення)* keep, support, backing; **взаємна ~** mutual support; **матеріальна ~** financial support
підтримувальний support(ing), sustainable
підтримуваний support
підтримування encouragement, maintenance, supporting
підтримувати, підтримати 1. *у різн. знач.* support; *(кандидатуру та под. тж)* back up; second; **~ резолюцію** back up a resolution; **2.** *(не давати припинитися; продовжувати)* keep up, maintain
підтюпцем at a jog-trot
підтягувати, підтягнути *і* **підтягти 1.** *(затягувати тугіше)* tighten; **2.** *(ближче)* pull, draw; **3.** *(військо)* bring up; **4.** *розм.* *(змусити краще працювати й под.)* ginger up, pull up; **5.** *(підспівувати)* join in; **~ся 1.** *(на руках)* pull oneself up; **2.** *розм.* *(у роботі й под.)* catch up
підучувати, підучити 1. *(кого-н.)* teach; instruct; *(виучувати)* learn; **2.** *(підмовляти)* egg on
підфарбовувати, підфарбувати touch up *(тж перен.)*
підхід 1. approach; **2.** *(уміння підійти)* method of approach; **3.** *(точка зору)* point of view
підходити, підійти 1. *(наближатися)* come up (to), approach; **2.** *(наставати — про час та под.)* draw near; **3.** *(бути придатним, личити)* suit; *(розміром)* fit; **це мені ~ходить** this suits me
підхожий congenial, eligible, suitable
підхоплювати, підхопити 1. *у різн. знач.* catch (up); seize, snatch up; **2.** *(підтримувати, продовжувати)* take up, pick up; **~ ініціативу** follow up smb.'s initiative; **~ пісню** join in; **~ся** jump up; **~ся на ноги** jump (spring) to one's feet

підчищати, підчистити clean; *(написане)* erase

підчепити attach, hook; *перен. розм.* pick up; *(хворобу та под.)* catch

підшефний affiliated, adopted; under the patronage *після ім.*; **~ сиротинець** children's home under patronage

підшивати, підшити 1. *(пришивати знизу)* sew (smth.) in (on); **2.** *(поділ спідниці)* hem; **3.** *(папери)* file

підшивка *(газет, документів)* bundle

підшкірний subcutaneous, hypodermic

підштовхувати, підштовхнути 1. push, shove; *(ліктем)* nudge; **2.** *перен.* urge on

підшукувати, підшукати try to find

підщепа stock

піжама pyjamas *pl*

піжмурки *мн. (гра)* blind man's buff *sing*

пізнавальний educational, cognitive

пізнавання perception, recognition

пізнавати, пізнати 1. *(упізнати)* recognize; **2.** *(осягати розумом)* get to know, get acquainted (with); *філос.* cognize

пізнання familiarization, knowledge; *філос.* cognition

пізній late; **~ньої осені** in late autumn

пізніше downward, later

пізніший later

пізно late

пійло swill, mash

піймати catch; **~ кого-н. на слові** take smb. at his word

пік *геогр.* peak

пікантний piquant, savoury

пікет picket

пікетувати picket

піклування attention, consideration

піклуватися look after, take care (of)

пікнік picnic

піксель *ком.* pixel

пікувати *ав.* dive

пікувальник *ав.* dive-bomber

пілігрим pilgrim

пілот pilot; *спорт.* driver

пілотаж piloting, flying

пілотувати pilot

пільга privilege

пільговий special, favourable; **на ~вих умовах** on favourable terms

пілястр *архіт.* pilaster

піна 1. foam; *(пива та под.)* froth; *(на коневі)* lather; **2.** *(мильна)* lather; (soap) suds *pl*

пінгвін *зоол.* penguin

пінг-понг *спорт.* table tennis, ping-pong

пінистий foamy; frothy

пінитися foam, froth

піноутворювання foaming

пінцет 1. *мед.* tweezers *pl*; **2.** *тех.* pincers *pl*

піпетка pipette, dropper

піраміда pyramid

пірат pirate

піратський pirate *attr.*

пір'їна feather

пір'їнка (small) feather, plumelet

пірнати, пірнути dive, plunge

пірометр pyrometer

піруєт pirouette

пір'я *збір.* feathers *pl*; plumage

пір'яний feather

пісковик sandstone

пісковиковий sandstone

піскорозкидач sander

після 1. *присл.* afterwards, later (on); **2.** *прийм.*: after; **~ того як** since, after

післявоєнний *див.* **повоєнний**

післязавтра the day after tomorrow

післямова epilogue, afterword

післяобідній *див.* after-dinner *attr.*

пісний lenten; *розм. (нежирний)* lean, meagre

пісня song

пісок grit, sand

піст fast

пістолет pistol

пістолетний pistol

піт sweat, perspiration, water

піти 1. *див.* **іти 1, 3**; **2.** *(почати йти, вирушати)* set off, go off, staft

пітний sweaty

пітніти sweat, perspire

пітон *зоол.* python

пітьма dark, darkness *(тж перен.)*

піхви *мн.* scabbard *sing*, sheath *sing*

піхота infantry

піхотинець infantryman

піхотний infantry *attr.*

піца *кул.* pizza

піцерія pizzeria

піч 1. stove; *(з духовкою)* oven; **2.** *тех.* furnace

пічний stove

пішак *шах.* pawn *(тж перен.)*

пішний foot *attr.*; on foot *після ім.*

пішки on foot; **ходити ~** walk, go on foot

пішохід pedestrian

пішохідний pedestrian; foot *attr.*

піщаний sandy; sand *attr.*

плавальний swimming *attr.*; **~ басейн** swimming pool

плавання 1. swimming; **займатися ~ням** train as a swimmer; *(на човні)* boating; **2.** *(на судні)* voyage, cruise; **~ вітрильником** sail

плавати 1. *(про людину, тварину)* swim; *(про річ, хмару)* float, drift; *(про судно)* sail; *(про па-*

роплав) steam; **2.** *(на судні й под.)* sail, cruise, navigate
плавець swimmer
плавки *мн.* swimming trunks *pl*
плавний easy, smooth; *(про мову)* fluent
плавність smoothness; *(мови)* fluency
плавучий floating
плаґіат plagiarism
плаґіатор plagiarist
плазма plasma
плазмовий plasma
плазом crawling; on all fours
плазувати creep, crawl
плазун *(частіше ~ни мн.) зоол.* reptile(s) *pl*
плакат poster; placard
плакати cry, weep; **~ся** moan (about), complain
плаксивий whining
плаксій crybaby
план plan; **~ни на майбутнє** future plans;
планер glider; *(спортивний тж)* sail-plane
планеризм gliding
планета planet
планетарій planetarium *(pl* -ria)
планетарний planetary
планетний planetary
планка plank, lath
планктон *зоол.* plankton
планований (запланований) scheduled
плановий planned; *(що планує)* planning *attr.*
планомірний planned, systematic
плантація plantation
плантування *див.* **верстка**
планувальник planner
планування planning, projection; **~ сім'ї** family planning
планувати lay out, plan
планшет mapcase
плаский flat
плоскозубці *мн.* pliers *pl*
пластик plastic
пластиковий plastic
пластика 1. *(скульптура)* plastic arts *pl*; **2.** *(гармонія)* grace; **3.** *(балетна)* eurhythmics; **4.** *мед.* plastic surgery
пластилін plasticine
пластир plaster; **липкий ~** sticking plaster
пластичний 1. *(про матеріал, речовину)* plastic *attr.*; **2.** *(про рухи, жести)* graceful
пластівці *мн.* flakes
пластмаса plastic
пластмасовий plastic
пластун scout
плата pay; *(за послуги)* fee; *(за помешкання)* rent; *(за проїзд)* fare
платан *бот.* plane (tree)
Платина *хім.* platinum

платиновий platinum
платити pay; *(відплачувати)* repay (with)
платівка *муз.* record
платіж payment
платіжний pay *attr.*; **~не доручення** payment order
платний 1. paid, due; **вхід ~** paid admission; **2.** *(про стоянку)* chargeable; **3.** *(про лікарню)* private
платник payer
платня 1. *(зарплата)* salary; wages *pl*; **2.** *(плата)* pay
плато *геогр.* plateau, tableland
платоспроможний solvent
платоспроможність solvency
платформа 1. *(перон)* platform; **2.** *(відкритий вагон)* open goods truck, platform car; **3.** *перен. (програма дій)* platform, programme
плафон decorated ceiling; *(абажур)* shade *(for ceiling light)*
плац *війс.* parade-ground
плацдарм *війс.* bridgehead
плацента placenta
плацкарта reserved seat ticket
плацкартний: ~ вагон carriage car with reserved seats; **~не місце** reserved seat
плач weeping, crying
плащ mantle, cloak; *(пальто)* raincoat
плащ-намет *війс.* waterproof cape
плебей plebeian
плебейський plebeian *attr.*
плеврит *мед.* pleurisy
плед plaid; rug
плеєр walk-man, player
плекати cherish; foster
племінник *див.* **небіж**
племінниця *див.* **небога**
плем'я stock, tribe
пленарний plenary; **~не засідання** plenary session
плентатися trudge along
пленум plenum
плескати 1. *(про хвилі, море)* lap; **2.** *(бризкати)* splash; **3.: ~ в долоні** clap one's hands; **~ся 1.** tap; **2.** splash
плескатий flat
плескіт lapping; splash
плести weave *(тж перен.)*; *(косу)* plait, braid; *(павутину)* spin
плетений knitted; *(про меблі)* wicker *attr.*
плече shoulder; **пліч-о-пліч** shoulder to shoulder
плеяда galaxy
плигати jump; *(на одній нозі)* hop
плин flow; *(часу, подій)* course
плинний flowing; running; *(непостійний)* unstable

плинність instability, fluctuation
плита 1. *(з каменю, металу)* plate, slab; *(для хідника й под.)* flagstone; **2.** *(кухарська)* (kitchen-) range, stove
плитка 1. *див.* **плита 1**; **2.** *(для облицьовування)* tile; **3.** *(шоколаду й под.)* bar
плід 1. *бот.* fruit; **2.** *біол.* foetus, fetus *амер.*
плідний fruitful
плісе pleats *pl*
пліснява mould
пліснявіти grow (get) mouldy
пліт 1. *(тин)* fence; **2.** *(водяний)* raft
плітка piece of gossip; **~ки** *мн.* gossip *sing*
пліч-о-пліч shoulder to shoulder
плодитися multiplybreed, propagate
плодівництво fruit-growing
плодовий fruit *attr.*
плодовитий 1. fertile; fecund; **2.** *перен.* prolific
плодоносити bear fruits
плодючий fertile; fruit-bearing
пломба 1. *(на дверях і под.)* seal; **2.** *(зубна)* stopping, filling
пломбувати 1. *(запечатувати)* seal (up); **2.** *(зуб)* stop, fill
плоскогір'я *див.* **плато**
плотер *обч.* plotter
плоть flesh; **~ і кров** flesh and blood
площа 1. *(територія)* area *(тж мат.)*; **2.:** **житлова ~** dwelling (living) space
площина space, area; *(рівна місцевість)* plain
плуг plough, plow *амер.*
плугатар ploughman, plowman *амер.*
плутанина mull, muddle, confusion
плутати 1. *(чинити безлад)* tangle; muddle up, mix up; **2.** *перен.* *(вносити плутанину)* confuse; **3.** *(приймати за інше)* take for; **~ся** *(про думку)* get confused
Плутоній *хім.* plutonium
плювальниця spittoon
плювати, плюнути spit
плювок spit
плюндрувати ruin, destroy; *(спустошувати)* devastate
плюралізм pluralism
плюралістичний pluralist(ic)
плюс 1. plus; **п'ять ~ два — сім** five plus two is seven; **2.** *розм.* *(перевага)* advantage
плюскіт splash; *(хвилі)* lapping
плюш plush
плюшевий plush *attr.*
плющ *бот.* ivy
пляж beach
пляжний beach *attr.*
пляма spot, stain; *(чорнильна)* blot; **виводити ~ми** remove stains
плямистий spotted, speckled

плямкати champ, munch noisily
плямування marking
плямувати stain, spot *(тж перен.)*
пляшка bottle
пневматичний pneumatic; **~не долото** pneumatic chisel
пневмонія *мед.* pneumonia
по 1. *(на поверхні)* on, over; *(у межах чого-н.)* through, about; *(уздовж)* along; **2.** *(з допомогою чого-н.)* by, over; **~ радіо** over the radio; **3.** *(у сполученні з числівниками)* in, by; **~ двоє** in twos, two by two; **4.** *(позначає мету, об'єкт дії)* for; **посилати ~ лікаря** send for the doctor; <> **~ суті** in fact; **~ праву** by right; **~ той бік** on that side (of)
побажання wish
побажати wish, desire
побачення meeting; *(домовлене)* appointment; *(закоханих)* rendezvous; date *амер.*; **призначати ~** make an appointment; <> **До ~!** good-bye; **до скорого ~** see you soon!
побачити see; **~ся** see each other, meet
побиватися mourn (for), grieve (over)
побити 1. beat; *(завдати поразки тж)* defeat; **2.** *(градом і под.)* beat down; *(морозом)* nip; kill; **3.** *(порозбивати)* break, smash; <> **~ рекорд** beat the record; **~ся 1.** fight; **2.** *(про посуд)* be broken (smashed)
побігти run, start running
побіжний *(поверховий)* cursory; superficial; **~ погляд** glance
побічний accessory, collateral, incidental; **~ продукт** byproduct
поблажливий 1. *(невимогливий)* lenient, indulgent; **2.** *(зверхній)* patronizing
поблизу close by, hereabouts; **~ від** close to
поборник champion
поборювати, побороти overpower; overcome *(тж перен.)*
по-братерськи fraternally, like brothers
побратим sworn brother, congener; **міста-~ми** twin towns (cities)
побратися get married
побрехенька story
побувати be; visit
побудова *у різн. знач.* construction, design
побудувати build, construct; **~ся** be built, be constructed
побут 1. *(уклад життя)* mode (way) of life; **2.** *(повсякденне життя)* everyday life
побути stay
побутовий everyday *attr.*; **~ві умови** living conditions
повага respect, deference, regard; **з ~ою** *(у листах)* yours truly
поважаний respectable

поважати respect, esteem
поважний demure, earnest, serious, solid, worthy; respected; respectable
повалення overthrow
повалити I 1. throw down; *(уряд і под.)* overthrow; **2.** *(дерево)* fell
повалити II *(іти натовпом)* throng
повалитися fall down
поведінка demeanor, treatment, behaviour, behavior *амер.*, conduct; **погана ~** misconduct
поведінковий behavioral
повен *див.* **повний 1**
повернення return, reclaim, reimbursment; **~ до життя** revivification
повертати, повернути 1. turn; **2.** *перен. (розмову й под.)* change; **3.** *(віддавати назад)* return, give back; **~ся 1.** turn; **2.** *(вертатися)* go (come) back, return
поверх floor, storey, story *амер.*; **перший (другий, третій) ~** ground (first, second) floor, first (second, third) floor *амер.*
поверхневий surface
поверхня surface
поверховий 1. *(прикм. до* **поверхня***)* surface *attr.*; **2.** *перен. (неглибокий)* superficial; *(про людину тж)* shallow
повести lead, take
повз *прийм.* past, by
повзання crawl, scramble
повзати creep, crawl; *перен. (перед ким-н.)* cringe (to), fawn (upon)
повзти creep, crawl
повидло jam
повинен, повинний 1. *(зобов'язаний)* must; **він ~нен іти** he must go; **2.** *(для вираження можливості, імовірності)* should (+to *inf.*), ought (+ to *inf.*); **вони ~нні скоро повернутися** they should be back soon
повинність duty, obligation; **військова ~** conscription
повід *(у коня)* bridle-rein
повідомлення advice, information, notification, writ; communication; announcement; report; *(офіційне)* communique; **згідно з ~ням** as reported
повідомляти, повідомити 1. inform (about), let know, communicate (to), report (to); *(по радіо)* announce; **2.** *(сповіщати)* notify (of, about)
повідь *див.* **повінь**
повік for ever
повіка *(зазв. ~ки мн.)* (eye)lid(s) *(pl)*
повільний deliberate, insensitive, slow; *(млявий)* sluggish; **~на хода** jog
повільно slowly
повінь flood, sheet, flow, inundation
повірити believe
повір'я popular belief, superstition
повісити hang; **~ся** hang oneself
повістка notice, notification; *(до суду)* summons *pl*
повість tale, story
повітка shed
повітрообмін ventilation
повітропереносний airborne
повітроплавання aeronautics, aerostatics
повітря air; **на ~рі** in the open (air), out of doors
повітряний air *attr.*, aerial, pneumatic; **~не сполучення** air service (communication); **~ простір** aerospace; **~ струмінь** airstream; **~ флот** aircraft
повний 1. full; *(набитий тж)* packed; **2.** complete; **~не зібрання творів** complete works *pl*
повністю fully, completely, utterly
повноваження authority; (plenary) powers *pl*; *юр.* proxy; **дипломатичні ~** diplomatic powers; **надзвичайні ~** emergency powers
повноважний: ~ представник plenipotentiary
повновладний sovereign
повнолітній major, of age *після ім.*
повноліття coming of age; majority; **досягнути ~** come of age
повноправний enjoying full rights *після ім.*
повнота fullness, completeness, complexity
повноцінний of full value *після ім.*
поводження behaviour; manners *pl*
поводитися behave; *(з ким-н. тж)* treat (smb.)
повоєнний post-war
поволі gradually, little by little
поворозка lace
поворот 1. spin, turn, turning; *(вигин)* bend; **2.** *перен. (зміна)* change, turning-point
повороткий agile, nimble
поворотний 1. rotating, turning; spin, swing *attr.*; **2.** *(переломний)* turning, crucial
повставати, повстати rise; revolt
повстанець insurgent
повстання (up) rising, revolt, rebellion, insurrection
повсякденний daily, everyday
повсякчасний regular
повсякчасність regularity
повторення repetition; *(багаторазове)* reiteration
повторний repeated, second, secondary; **~не вживання** reuse; **~не випромінювання** reradiation; **~не оброблення** refinish; **~ цикл** recycle
повторювати, повторити repeat; *(багаторазово)* reiterate
повчальний instructive

повчання (наставляння) precept, lesson, homily
повчання teach; lecture
пов'язувати, пов'язати 1. (зв'язувати) tie together; bind; 2. перен. (поєднувати) unite; connect, link
поганий bad, coarse, ill, poor; ~на погода bad (nasty) weather; ~на послуга disservice; ~ настрій low spirits pl
погано ill, badly, not well; без друзів ~ it's bad not to have friends; йому дуже ~ he is very ill; мені ~ I feel bad; ~ себе почувати feel unwell; ~ впливати bias; ~ поводитися misconduct; у мене ~ із грошима I am short of money
погіршати be (become) worse; be aggravated; deteriorate
погіршення worsening; change for the worse; aggravation; deterioration
погіршувати, погіршити make worse; worsen; (стан) aggravate; ~ся див. погіршати
поглиблювати, поглибити make deeper; deepen (тж перен.); ~ся become deeper; deepen
поглинальний adsorbent, absorbent, absorber, absorption, absorptive, sorption; ~ засіб sorbing agent; ~на речовина absorber, absorbent, sorbent
поглинання absorption, adsorption, sorption
поглинати, поглинути absorb, soak up; перен. тж engross
поглинений adsorbate
погляд 1. glance, look, 2. (точка зору) view, opinion; <> на мій ~ in my view (opinion); на перший ~ at first sight
поглядати, поглянути glance (from time to time)
погнати drive
поговір gossip
поговорити (have a) talk
погода weather; прогноз ~ди weather forecast
погодження conciliation, coordination, congruence, consent
погоджувальний conciliative, conciliatory; ~на комісія conciliaty (conciliation) commission
погоджувати, погодити (зусилля, дії) coordinate; (дійти згоди) get agreement; ~ся agree, be in conformity (with)
поголити(ся) shave (oneself)
поголів'я total number
поголос rumour, fame
погон війс. shoulder-strap
погонич driver
погоня 1. pursuit, chase; 2. (група, яка переслідує) pursuers pl

погорда contempt
поготів all the more, so much the more
пограбування robbery
пограбувати rob
погріб cellar
погрожувати threaten, menace
погроза threat, menace
погрозливий threatening, menacing
погром massacre
погруддя bust
подавальний supply
подавати, подати 1. give; (у руки) hand; ~ кому-н. пальто help smb. on with his coat; 2. (на стіл) serve
подавач proponent, submitter
подагра gout
поданий present, presenting
подання declaration, presenting, supply
подарований given
подарувати present, give a present
подарунок present, gift
подітися go, leave (for)
податок tax, due, imposition; обкладання ~тком taxation
податковий tax; ~ інспектор assessor
подбати look (after), take care (of)
подвиг exploit; feat; heroic deed
подвійний 1. binary, double, duplex, duplicate, twin, twofold; 2. (суперечливий) ambivalent
подвір'я court, yard
подвоєний double; (посилений, збільшений) redoubled
подвоєння doubling; redoubling
подвоювальний doubling
подвоювання doubling
подвоювати(ся), подвоїти(ся) double; redouble
подекуди here and there, somewhere
поденний by the day після ім.; ~на плата payment by the day
поденник day-labourer, time-worker
подерти tear; ~ся tear, be torn
подертий torn
подзвонити ring; (у дзвін тж) toll; (телефоном) див. телефонувати
подив astonishment, surprise; amazement
подивитися took (at); (уважно) gaze (at)
подих breathing, breath; ~ весни breath of spring; до останнього ~у to the last moment of one's life
подібний 1. similar (to), like; 2. (такий) such; of this (that) kind; <> нічого ~ного розм. nothing of the kind
подібність similarity (тж мат.); resemblance, likeness
поділ 1. (дія) division; 2. (на шкалі) point; 3. біол. fission

поділ 1. *(низина)* lowland; **2.** *(низ спідниці та под.)* hem (of a skirt), skirt
поділяти, поділити 1. divide; share *(тж перен.; думку й под.)*; **2.** *(роз'єднувати)* separate; **~ся 1.** *(роз'єднуватися)* break up, split up; *(розпадатися на групи)* fall into; **2.** *(розходитися в чому-н.)* be divided; **3.** *док.:* **~литися враженнями** tell one's impression
подільний divisible
подільність divisibility
подіти put; **куди ви ~діли книжку?** where (on earth) did you put the book?; **~ся** *розм.* go; get to; **куди він ~дівся?** what's become of him?
подія event
подобатися please; **мені ~бається** I like
подовження lengthening; prolongation; extension
подовжувати, подовжити lengthen; prolong; **~ся** lengthen, become longer
подолання overcoming, surmounting
подолати overcome, surmount; *(про почуття й под.)* get the better (of)
подорож journey, travel; *(морем)* voyage; *(екскурсія, поїздка)* trip; *(гастрольна)* tour
подорожник *бот.* plantain
подорожній 1. travel *attr.*; travelling; **~ні записки** travel notes, itinerary; **2. як ім.** traveller
подорожувати travel; *(морем тж)* voyage
подразнення irritation
подразник irritant
подразнювати irritate
подрібнення shredding
подробиця detail
подруга (girl)friend; *(у школі)* schoolmate
по-друге secondly, in the second place
подружжя married couple; husband and wife
подружитися make friends (with)
подружній matrimornal, conjugal
подряпати scratch
подув air, blast, puff, breath
подужати overpower; *перен.* master, overcome
подумати think
подушка pillow; *(диванна)* cushion
подяка gratitude; *(офіційна)* message of thanks
подякувати thank
поезія poetry
поема poem
поет poet
поетизувати wax poetic about
поетичний poetic(al)
поєдинок duel
поєднувати, поєднати join, connect, link; *перен. тж* bind; **~ теорію з практикою** combine theory with practice; **~ся** unite, combine
пожадливий greedy (for); *(зажерливий тж)* voracious
пожадливість greed(iness)
пожартувати joke
пожвавлення animation, activity, revival
пожвавлювати, пожвавити revive; enliven; brighten up; **~ся** become animated, liven up
пожежа fire; conflagration
пожежний fire *attr.*; **~на команда** fire brigade, fire department *амер.*; **~на машина** fire engine
пожежник fireman
пожертвувати donate; *(чим-н.)* sacrifice
пожертва *див.* **офіра**
пожива food, nourishment
поживний nutritious, nourishing
пожинати reap *(тж перен.)*
пожитки *мн. розм.* things, belongings
поза I *ім.* pose, posture; **приймати ~зу** assume a pose
поза II *прийм.* outside, out of; **~ планом** over and above the plan; **~ чергою** out of turn; **~ законом** outlaw
позавчора the day before yesterday
позаділянковий off-site
позаду behind; *(у минулому)* the past
позаземний extraterrestrial
позаминулий before last *після ім.*; **~ тиждень** the week before last
позаочі behind smb.'s back
позапрограмний facultative
позаторік the year before last
позачерговий out of turn *після ім.*; extraordinary
позашкільний out-of-school
позаштатний not on the staff
позбавлений devoid; **~ світла** aphotic
позбавлення deprival, interdiction; **~ майна** eviction
позбавляти, позбавити deprive (of); **~ свободи** imprison; **~ся** be deprived (of)
позбуватися, позбутися get rid (of)
поздоровлення congratulation; *(з днем народження)* greeting
поздоровляти, поздоровити congratulate; **~ кого-н. з днем народження** wish smb. happy birthday
поздоровчий greetings *attr.*, congratulatory
позивацький litigious
позивач *юр.* plaintiff, complainant, litigant
позика loan
позитив *фото* positive
позитивний positive, demure; affirmative; **~ відзив** favourable response
позиція position, stand

позичання lending
позичати, позичити 1. *(брати в борг)* borrow; **2.** *(давати в борг)* lend
позичений lending
позичка debt; loan
позіхати, позіхнути yawn
познайомити *(з чим-н.)* acquaint (with); *(з ким-н.)* introduce; **~ся** *(з чим-н.)* acquaint oneself (with); *(з ким-н.)* make smb.'s acquaintance; get to know
позначання marking
позначати, позначити 1. *(мітити; значити)* mark, denote, designate; **2.** *(указувати)* indicate; **~ся** *(проявлятися)* be reflected; *(на чому-н.)* affect
позначений tracer; **~на молекула** tagged molecule
позначка note, mark, marking, tracer
позов action, suit, claim; **подати на кого-н. ~** bring an action against smb.
позолота gilt, gilding
позолотити gild
позолочений gilt, gilded
позувати 1. pose; **2.** *(хизуватися)* put on airs
поіменний nominal; **~ список** list of names
поінформованість enlightenment
по-іншому differently; in a di
поїздка journey; trip, outing; *(екскурсія)* excursion
поїсти eat; have smth. (to eat)
поїти give to drink; *(худобу)* water; **~ чаєм** give tea
поїхати 1. go; **~ наступним потягом** take the next train; **2.** *(вирушити)* depart, set off
пойнтер pointer *(dog)*
покажчик 1. *(у книжці)* index *(pl* -xes, indices); **2.** *(довідник)* guide, list; **3.** *(прилад)* indicator; *(стрілка)* pointer; **4.** *(дорожній)* road-sign
показ showing, demonstration; display; **~ нового фільму** showing a new film
показання testimony, evidence
показний imposing, impressive, dignified; **~ вигляд** imposing appearance
показник 1. proof, indicator; **2.: ~ки** *мн.* index *(pl* indices); **3.** *мат.* exponent
показовий 1. *(характерний)* significant; **2.** *(для показу)* demonstration *attr.*; **3.** *(зразковий)* model *attr.*
показувати, показати 1. show; *(демонструвати)* demonstrate, perform; **2.** *(указувати)* point, indicate; **3.** *(розкривати)* display, show; **4.** *(про прилад)* show, read; **5.** *юр.* *(свідчити)* testify, give evidence (of, against); **~ся** *(ставати видним)* appear, come in sight; *(з'являтися тж)* show oneself
покалічений maimed, crippled
покалічити maim, cripple

покарання punishment
покарати punish
покаяння repentance; confession
покаятися repent; confess
покер *карт.* poker
поки 1. *(тепер)* for the present; *(на деякий час)* for the time being; **2.** *(у той час як)* while; **~ він читав, я вийшов** while he was reading, I went out; **3.** *(до того як)* till, until; **~ що** а) *(до цього часу)* so far; for the present; б) *(тим часом)* in the meanwhile
покидати, покинути leave, abandon; *(іти від кого-н.)* desert; forsake
покинутий left; forsaken; deserted; abandoned
покійний 1. *(померлий)* late; **2.** *як ім.* the deceased
покійник the deceased
покінчити finish; **~ з чим-н.** put an end to smth., do away with smth.
покірливий submissive, obedient
покірливість submissiveness; obedience
покірливо submissively, humbly
покіс mowed field (meadow)
поклад *(частіше ~ди) геол.* deposit; **~ди вугілля** coal-field; **~ди солі** saline
покладати, покласти *(доручати)* charge (with); **~ обов'язки на кого-н.** place a duty on smb.; **~ надії (на)** set one's hopes (on)
покладатися, покластися *(на кого-н.)* rely (upon), depend (upon)
поклик appeal; call
покликання vocation, calling
покликати call, appeal
поклін bow
поклонятися, поклонитися *(шанувати)* worship
поклястися swear
покоління generation, remove
покора submission
покоряти, покорити conquer; subdue
покотити(ся) roll (down)
покохати fall in love (with)
покращати improve
покращення correction
покрив shroud
покривало cloth, spread; *(постелі)* coverlet
покривання coating
покривати, покрити 1. *(накривати)* cover; **2.** *(фарбою й под.)* coat; paint; **3.** *(компенсувати)* pay off; discharge; **~ збитки** cover one's losses
покривний cover
покритий jacketed
покриття 1. *(дія)* covering; *(фарбою)* coating; **2.** *(боргів)* payment; **3.** *див.* **покрівля**
покришка lid; *(шини)* tyre-cover

покрівець sheath
покрівля roofing
покрій *(одягу)* cut
покручений twisted, curved
покупатися take (have) a bath
покупець customer; *(будинку та под.)* buyer, purchaser; *(постійний)* client; **~пці** мн. trade
покупка *(придбане)* purchase
покуштувати taste
пола flap; *(сукні)* skirt
полагодити repair, mend
поламаний broken
поле 1. *у різн. знач.* field; **спортивне ~** playing field(s) *(pl)*; **~ діяльності** sphere of activity; **2.** *(тло)* ground; <> **~ зору** field of vision; **один у ~лі не воїн** one man is no man
полегшення easement, relief
полегшувати, полегшити lighten, make lighter; *(завдання та под.)* facilitate, make easy; *(біль та под.)* relieve
полемізувати argue (with), polemize (with)
полеміка polemics *pl*, dispute, controversy
полемічний polemic(al)
полетіти 1. fly; **2.** *(про літак)* take off; *(на літаку)* fly, make a flight
полива glaze, glazing, varnish
поливання glazing
поливати, полити *(лити)* pour; *(вулиці, рослини)* water
полин *бот.* wormwood
полиця shelf; *(у вагоні)* berth
полівініл polyvinyl
полівініловий polyvinyl
полівітаміни мн. multivitamins *pl*
полігамія polygamy
полігон *військ.* *(для навчань)* shooting-range; proving ground; *(для випробування зброї)* test(ing) site
поліграфіст printer
поліграфічний: ~на промисловість printing industry
поліграфія printing (industry)
поліестер polyester
поліестеровий polyester
поліетилен polythene
поліетиленовий polythene *attr.*
поліклініка (poly)clinic
полімер polymer, resin
полімеризація polymerization
полімерний polymer, resin
поліно log
поліомієліт *мед.* (polyo)myelitis
поліпшений improved, enhanced, sophisticated
поліпшення advance, correction, enhancement, improvement, refining

поліпшувати(ся), поліпшити(ся) imrove
полірований polishing
полірувальний polishing
полірування buffing, polishing
полірувати polish
поліс: страховий ~ insurance policy
полісемія polysemy
політ flight
політехнікум technical college
політехнічний polytechnic(al)
політик politician
політика *(курс)* politics *pl*; *(наука)* policy; **~ невтручання** get-alone policy
політичний political; **~на економія** political economy; **~ діяч** politician, political figure; **~ оглядач** political observer
політолог political scientist
поліуретан polyurethane
поліуретановий polyurethane
поліциклічний polycyclic
поліційний police *attr.*
поліція police
поліціянт *(поліс мен)* policeman
полічити count, calculate
полк regiment
полковник colonel
полководець general
половина half, one-half
половинний half
пологи мн. childbirth *sing*
положення 1. situation; **2.** *(географічне)* location, position; **3.** *(поза тж)* posture; **4.** *(стан, становище)* status, state; condition; **5.** *(правила)* regulations *pl*; *(теза)* point, principle; **основні ~** мн. main principles; **~ про громадянський позов** citizen suit provision
полоз, полозок *(саней)* runner *(on sledge)*
полон captivity
полонений prisoner; war prisoner
полонина 1. mountain valley; **2.** mountain pasture-ground
полонити captivate; fascinate
полоскання rinse, swill
полоскати rinse; *(горло)* gargle; **~ся** *(хлюпатися у воді)* splash
полоти weed
полотно 1. *(тканина)* linen; **2.** *(картина)* canvas; <> **залізничне ~** permanent way
полотняний linen
полоття weeding
полохати frighten; **~ся** be frightened
полохливий timorous, shy
полудень noon, midday
полум'я flame
полум'яний flaming, fiery; *перен. тж* ardent
полуниці *збір. мн.* (garden) strawberries

полюбити grow fond (of); *(закохатися)* fall in love (with)
полювання hunting, shoot; chase; **ходити на ~** go hunting
полюс pole; **Північний ~** North Pole; **Південний ~** South Pole
полягати I, полягти 1. lie down; **2.** *недок. (піти спати)* go to bed; **3.** *док. (загинути)* fall
полягати II *(зводитися до чого-н.)* consist (in); lie (in)
поляк Pole
полярний I arctic, polar *attr.*; **Полярна зоря** the Pole Star, the North Star; **~на ніч** Arctic night; **~на станція** polar station; **~не коло** polar circle; **~ день** Arctic day
полярний II *(протилежний)* diametrically opposed
полярник polar explorer
полярність polarity
полька I *(жінка)* Polish woman, Pole
полька II *(танець)* polka
польовий field *attr.*; **~ віз** off-road motor vehicle; **~ коник** grasshopper; **~ шпат** feldspar
польський Polish; **~ка мова** Polish, the Polish language
помада pomade; **губна ~** lipstick
помалу little by little, slowly
помандрувати travel (for some time); *(вирушити)* leave (for); set off
померанч orange
помах *(руки)* wave; movement; *(весла, коси)* stroke, sweep; *(крил тж)* flap
помацки groping(ly); **іти ~** grope one's way
померлий 1. dead; **2.** *як ім.* the deceased
помешкання premises *pl*, habitat; *(будинок)* house, building; *(квартира)* apartment, flat
помиї *мн. им.* rinsing water, swill, wash, dishwater; slops *pl*
помилка mistake; error, break, slip, trip
помилковий aberrant, erratic, false, erroneous, misleading, wrong
помилково by mistake; erroneously
помилування pardon
помилувати pardon
помилятися, помилитися make mistakes; be mistaken; be wrong; *док. тж* make a mistake
поминальний funeral *attr.*
помирати, померти die; *док. тж* be dead
помирити reconcile (with); **~ся** make it up (with); be reconciled (to)
помідор tomato *(мн. -toes)*
поміж between; *(серед)* among
поміркованець moderate
поміркований moderate, prudent, abstemious

поміркованість moderation, prudency; abstemiousness
помірний moderate, modest, reasonable; **~ клімат** temperate climate
поміряти measure; *(температуру)* take; **~ся: ~ся силою з ким-н.** try one's strength on each other
поміст dais, platform
помітка note, mark
помітний 1. *(видимий)* visible, noticeable; *(відчутний)* appreciable, observable; marked; **2.** *(відомий)* notable
помітно noticeably; appreciably
поміч help, assistance, aid
помічати, помітити 1. notice; **не ~** fail to notice; **2.** *(робити помітки)* mark
помічник, помічниця aide, assistant, booster, helper, second
помішати *(збовтати)* stir; *(змішати)* mix
поміщати, помістити put, place; **~ся** get in
поміщик landowner, landlord
поміщицький landowner's, landlord's
помножити multiply (by)
по-моєму 1. *вставне сл. (на мою думку)* in my opinion, as I see it; **2.** *(відповідно до моїх бажань і под.)* (in) my way
помпа pump
помповий pump
помста revenge
помститися revenge oneself (on), take revenge (on)
пом'якшувальний softening; **~не оброблення** softening process
пом'якшування mitigation, softening
пом'якшувати, пом'якшити 1. make soft; soften, mollify *(тж перен.)*; **2.** *(послаблювати)* moderate; allay; **~ся 1.** become soft; soften, mollify *(тж перен.)*; **2.** *(послаблюватися, зменшуватися)* diminish, abate; **3.** *(про погоду, клімат)* grow milder
пом'якшувач plasticizer
пом'ятий crumpled, creased
понад over, above; **~ план** above the plan
поневолення enslavement, subjugation
поневолювати, поневолити enslave, subjugate
понеділок Monday
пониження contempt
понижувати, понизити 1. lower, reduce; **2.** *(у посаді)* degrade
поникати, поникнути droop, wilt; **~нути головою** hang one's head
поновлення recreation, renewal, renovation, rollback; **~ у правах** rehabilitation
поновлювальний recreational, rollback
поновлювати, поновити 1. renew; renova-

те; refresh; **2.** *(повертати попередній стан)* restore; reconstruct; **~ся 1.** be renewed; **2.** be restored; recover
поновний renewable; **~не впровадження** reintroduction; **~не оволодіння** regain
по-новому in a new way; **почати жити ~** begin a new life
поночі in the dark
понурий downcast, dismal
понурити: ~ голову hang one's head
поняття 1. concept; *(уявлення)* notion, idea; **2.** *філос.* conception
поодинокий isolated; **~кі факти** isolated facts
поодинці separately; singly; one at a time
попадати, попасти 1. *(улучати)* hit, strike; **2.** *(потрапляти куди-н.)* get; **~ся** *(спійматися)* get caught
попереду in front of; before
попереджати, попередити 1. *(наперед повідомляти)* notify, give advance, notice (about); *(застерігати)* warn; **2.** *(запобігати)* prevent
попередження 1. *у різн. знач.* notification; notice; *(застереження)* warning; **2.** *(запобігання)* prevention
попередник, попередниця forbear, forbearer, precursor; *(на посаді)* predecessor
попередній 1. former, preliminary, preceding, previous; **2.** *(про продаж квитків)* advance *attr.*; **~ рахунок-фактура** *ком.* pro-forma invoice; **~нє ув'язнення** *юр.* remand; **~ договір** provision
попереду 1. *присл.* in front, in advance; *(у майбутньому)* ahead; **у нього все життя ~** his whole life is ahead of him; **2.** *прийм.* in front of; before
поперек *ім.* loins *pl*; small of the back
поперек *присл., прийм.* across
поперемінно alternately
поперечка jib, rail
поперечний transverse, cross
поперечник diameter
по-перше first, in the first place
попит demand
попід under; *(поблизу)* near
попіл ash, ashes *pl*
попільничка ash-tray
поплавець float
поплічник *(співучасник)* accomplice
поповнення 1. recharge, replacement, replenishment; **2.** *військ. (людьми)* reinforcement
поповнювальний recharge
поповнювати, поповнити 1. replenish; *(про знання)* enrich; **2.** *військ. (людьми)* reinforce; **~ся 1.** be replenished; *(знаннями)* be enriched; **2.** *військ. (людьми)* be reinforced

попона horse-cloth, blanket
поправка correction; *(до резолюції та под.)* amendment
поправляти, поправити 1. *(помилки)* correct; **2.** *(надавати правильного положення)* adjust, put straight
поправний corrective, remedial
популяризувати popularize
популярний 1. *(відомий)* popular; **2.** *(про виклад)* accessible
популярність popularity, publicity
популяція population *(of plants or animals)*
попурі *муз.* medley
попускати, попустити relax, ease; *(послаблювати)* loosen
попутний 1. *(про виправлення, зауваження)* accompanying; **2.** *(про машину)* passing; **3.** *(про вітер)* favourable, favorable *амер.*
попутник travelling companion, traveling companion *амер.*
по́ра *анат.* pore
пора́ 1. time; **~ року** season; **2.** *безос.* it is time (+ to *inf.*)
порада advice, counsel, suggestion; **за чиєю-н. ~дою** on smb.'s advice
порадити advise; **~ся** consult, ask advice (of)
порадник 1. *(людина)* adviser; **2.** *(книжка)* reference book
поразка defeat; **завдати кому-н. ~ки** defeat smb., inflict a defeat; **зазнати ~ки** be defeated
поранення injury, wounding; *(рана)* wound
поранений 1. wounded; injured; **2.** *як ім.* wounded man, injured man
поранити wound; injure; *перен. тж* hurt
поратися 1. keep house; **2.** *(коло чого-н.)* be busy (over, with)
порвати tear; *перен. (зв'язки й под.)* break off; **~ся** tear, be torn; *перен.* break (snap); be broken off
пориватися try to attain, strive (for, after)
поривчастий gusty; *(різкий)* jerky, abrupt; *(про людину)* impetuous
поринати, поринути dip, plunge *(тж перен.)*
пористий porous
порівну equally, in equal parts
порівнювальний comparable
порівнювати, порівняти compare
порівняльний comparative
порівняння comparison
поріг 1. threshold *(тж перен.)*; **2.** *(річковий)* rapids *pl*
поріднений: ~ні міста twin cities, twin towns
поріз cut
порізати cut; **~ся** cut oneself

порізно separately
по-різному in different ways
порічки *мн. бот.* red (white) currants
порнографічний pornographic
порнографія pornography
порода 1. *(тварин)* breed, race; **2.** *(категорія людей)* sort, type; **3.** *геол.* rock
породжувати, породити give birth, beget; *перен.* generate; *(про почуття)* evoke, give rise (to)
породистий thoroughbred; pedigree *attr.*
порожнеча 1. emptiness, hollow *(тж перен.)*; **2.** *фіз.* vacuum
порожнина emptiness; *анат.* cavity
порожній 1. empty; **2.** *(порожнистий)* hollow, vacuum; **3.** *(незайнятий)* vacant; <> **з ~німи руками** empty-handed
порозуміння understanding
порозумітися come to a mutual understanding
порозумнішати grow wiser
поролон foam rubber
пором ferry (-boat); **переправа ~ом** ferrying (across)
порося piglet, suckling-pig
пороти *(розшивати)* unpick
порох I *(вибухова речовина)* gunpowder
порох II *(пил)* dust
пороховий gunpowder *attr.*
пороша fresh (loose) snow
порошити *(покривати пилом)* raise the dust
порошок powder; **зубний ~** tooth-powder
порт port
портал *архіт.* portal
портативний portable
портвейн port *(wine)*
портовий port *attr.*; **~ве місто** (sea)port; **~ робітник** docker
портрет portrait
портсиґар cigarette-case
портуґалець, портуґалка Portuguese
портуґальський Portuguese; **~ка мова** Portuguese, the Portuguese language
портфель 1. briefcase, bag; **2.** *(міністерський)* portfolio *(pl* -os*)*
портьє *(у готелі)* porter
портьєра curtain; *(над дверима тж)* door-curtain
поруватий pore, porous
порука bail, guarantee
поруч beside; side by side; near, close by
поручник guarantor, reference
поруччя *мн.* rail, handrail *sing*
порушення breach, violation; *(закону й под.)* infringement; *(спокою)* disturbance
порушник disturber; offender; infringer
порушувати, порушити break; *(закон і под.*

тж) infringe; **~ дисципліну** violate discipline; **~ тишу** break (disturb) the stillness
порцеляна porcelain
порцеляновий porcelain
порція batch, dose, ration, portion; *(страви тж)* helping; **три ~ції морозива** three ices
поряд *див.* **поруч**
порядковий ordinal; **~ числівник** *грам.* ordinal (number)
порядний decent, respectable
порядність decency, honesty
порядок 1. *у різн. знач.* order; **2.** *(суспільний лад тж)* regime; **3.: ~дки** *мн. (правила, звичаї)* rules, customs; <> **~ денний** agenda
порятунок rescue; salvation; *(дія)* rescuing, saving
посада post, position; **обіймати ~ду** hold a post
посадити 1. *(рослину)* plant; **2.** *(запросити сісти)* offer a seat; seat
посадка 1. *(рослин)* planting; **2.** *(на пароплав, потяг)* boarding; **3.** *ав.* landing
посвідчення 1. *(дія)* attestation; certification; **2.** *(документ)* card, certificate; **~ особи** identify card
посвідчувати, посвідчити certify
по-своєму in one's own way
поселенець settler
поселення settling
поселяти(ся), поселити(ся) settle
посеред in the middle (of)
посередині 1. *присл.* in the middle; **2.** *прийм.* in the middle (of)
посередник channel, mediator, intermediary, go-between *(тж на переговорах)*
посередництво intercession, mediation
посередній indifferent, indirect, secondary, mediocre
посередність mediocrity
посередньо so-so; *(оцінка)* fair, satisfactory
посилання parcel, reference (to)
посилати, послати send; dispatch; *(поштою)* mail, post; **~ся** refer (to); *(цитувати)* cite
посилений intensified; reinforced
посилення strengthening, intensification
посилювання increase
посилювати, посилити intensify; strengthen; **~ся** intensify; become stronger; *(про звук)* grow louder
посипати, посипати powder, strew
посібник text-book, manual
посів 1. *(дія)* sowing; **2.** *(те, що посіяне)* crops *pl*
посівний: ~на площа sowing area, area under grain
посілість estate
послаблення mitigation, weakening; *перен.* relaxation

послаблювати, послабити 1. *(який іде один за одним)* weaken; make smb. weak(er); *перен.* relax, ease; **2.** *(зробити менш тугим)* loosen
посланець messenger, envoy; *(дипломатичний)* diplomat
послідовний 1. *(який іде один за одним)* successive, consecutive; **2.** *(логічний)* consistent
послідовник follower
послідовність 1. *(певний порядок)* succession, sequence; **2.** *(логічність)* consistence
послідовно gradually
послуга office, service; **зробіть мені ~гу** do me a favour; <> **я до ваших послуг** I'm at your service
послужливий accommodating, obliging
посмертний posthumous
посміхатися, посміхнутися smile
посміховисько, посміховище laughing-stock
посмішка smile; grin
посол ambassador
посольство embassy
поспіль one after the other; in a row; **три дні ~** three days running
поспіх haste, hurry
поспіхом hastily
поспішний hasty, hurried
поспішність haste, hurry
пост post
постава port, presence, seat, carriage, bearing
поставати, постати *(про питання і под.)* spring up, arise
поставляння delivery
поставляти supply
постанова *(рішення)* decision; *(зборів)* resolution; *(указ)* decree
постановник *театр.* producer; director
постарілий senescent
по-старому as before; as of old
постать figure
постачальний supply
постачання supply, provision; **~ знаряддям** implementation
постачати, постачити supply, provide (with)
постійний constant, steady; *(звичайний)* regular; *(не тимчасовий)* permanent; invariable; **~на величина** *мат.* constant; **~ струм** direct current
постійність constancy; *(незмінність)* regularity
постійно constantly
постіль 1. *(ліжко)* bed; **2.** *(білизна)* bed-clothes
постріл shot, round; *(звук)* report; **на відстані ~лу** within gunshot
постулат postulate

поступ progress
поступальний onward, progressive
поступатися, поступитися 1. *(віддавати)* let (smb.) have; yield; **~ місцем** give up one's place (to); **2.** *(піддаватися)* give in, give way, yield
поступка 1. *(дія)* yielding; **2.** *(компроміс)* cession, concession; **іти на ~ки** make concessions
поступливий flexible, yielding, pliant, soft, compliant
поступливість flexibility, pliancy, compliance
поступовий gradual, progressive
поступово gradually; **~ знижуватися** shelve
посувати, посунути move; **~ся** move; *(рухатися вперед)* advance; *перен.* make progress
посуд *збір.* (plates and) dishes *pl*
посудина container, vessel, rabbit
посуха drought
посушливий arid, droughty; **~ рік** dry year
потаємний innermost; secret; **~на мрія** cherished dream
потай, потайки secretly, surreptitiously
потайний secret; *(прихований)* hidden, concealed
поталанити be lucky (fortunate) enough
по-твоєму 1. *вставне сл. (на твою думку)* in your opinion; **2.** *(як бажаєш)* as you like it, as you wish
потвора monster
потворний monstrous, ugly
потворність deformity, enormity, monstrous, ugly
потенціал potential
потенціальний *мат.* potential
потенційний potential; **~на місткість** carrying capacity
потенціювання potentiation
потенція potency
потепління warmer spell
потерпілий *юр. ім.* victim; **~ла сторона** injured party
потилиця back of the head
потиск *(руки)* handshake
потискати, потиснути shake, press; **вони ~нули один одному руки** they shook hands
потихеньку 1. *(повільно)* slowly; **2.** *(дуже тихо)* quietly; **3.** *(таємно)* secretly
потік flood, torrent; *(світла та под.)* flow, stream *(тж перен.)*; **~ підземної води** underflow
потім *(опісля)* afterwards; *(пізніше)* later on; *(далі)* then

потіння transpiration
потіти sweat, perspire; *(про вікна та под.)* be damp
потіха fun, amusement; *(чудна подія)* funny thing
потішати, потішити amuse, divert; **~ся** 1. amuse oneself; 2. *(сміятися з кого-н.)* make fun (of), mock (at)
потоваришувати make friends
потовщення thickening
потоп flood; deluge
потопати, потонути sink, go down; *(про живе тж)* drown
потопити *(судно)* sink
поточний 1. current; *(сучасний)* present-day *attr.;* **~ момент** the present situation; 2. *(повсякденний)* everyday; routine *attr.;* **~ні справи** routine (everyday) matters
потрапляти, потрапити *(куди-н.)* get (into); *(досягати якого-н. місця)* get (to), reach; <> **~ в полон** be taken prisoner; **~ в біду** get into trouble
потреба want, necessity, need; requirement
потребувати need, require, be in need (of)
по-третє thirdly
потрібен *див.* **потрібний**
потрібний necessary
потрібно: саме те, що ~ the very thing; **усе, що ~** everything necessary
потрійний triple, ternary
потріскатися crack; *(про шкіру)* chap
потроху 1. *(помалу)* a little; 2. *(поступово)* little by little, gradually, slowly
потужний powerful; *(про фізичну силу тж)* strong
потужність 1. power; 2. *фіз., тех.* capacity; 3. *(продуктивність)* output
потурання indulgence
потурати tolerate, indulge, pander
потяг I train; **їздити ~гом** go by train; **~ далекого сполучення** long-distance train; **швидкий ~** express train;
потяг II *(прагнення, схильність)* leaning (towards); inclination; **~ до музики** bent for music
пофарбувати paint; *(волосся, тканину)* dye
похапцем hastily, hurriedly
похвала praise
похвалити praise
похвалятися, похвалитися boast
похвальний 1. *(який містить похвалу)* approving, praising; **~на грамота** certificate of approval; 2. *(який заслуговує на похвалу)* praiseworthy, laudable, commendable
похвилинний 1. at intervals of one minute; 2. *(дуже частий)* constant; 3. *(про оплату)* by the minute

похилений downward; **~на поверхня** taper
похилий downhill, slanting, inclined, sloping; **~ла площина** slide, inclined plane; **~ле положення** tilt; **~ стік** shoot; <> **~ вік** old age
похилити(ся) bend (over); lean
похитнути give a push; rock, sway; *перен.* shake; **~ся** *(нахилитися)* lurch; *(про людей тж)* stagger; *перен.* be shaken
похід 1. march; **вирушити в ~** march out, take the field; 2. *(організована прогулянка)* excursion; (walking) tour, hike; 3. *(воєнна кампанія, тж перен.)* campaign (against)
похідний 1. march *attr.,* marching; 2. *(призначений для походу)* field *attr.;* camp *attr.*
похідни́й 1. derivative; **~не слово** derivative; 2.: **~на** *як ім. мат.* derivative
похмілля hang-over
похмурий gloomy, sombre; dismal
похнюпитися hang one's head, look dejected
поховання 1. funeral, burial; 2. *археол. (місце, де поховано)* grave; entombment
походження origin; *(належність за народженням тж)* birth
походити *(бути якого-н. походження)* come (of), descend (from); **~ із селян** come of peasant stock
похорон funeral, burial
похоронний funeral
поцікавитися take an interest in
поцілувати(ся) kiss
поцілунок kiss
поціновувач judge *(of art, character etc.)*
почасти partly
початківець beginner
початковий 1. *(який перебував на початку)* first, initial; **~ва літера** initial; 2. *(елементарний)* primary, elementary; **~ва школа** elementary (primary) school
початок beginning; outset, start
почервоніти redden, grow (turn) red; *(про обличчя)* flush; *(від сорому, збентеження)* blush
почерговий alternating
почерк hand (writing); **мати гарний ~** write a good hand
почесний 1. *(який має пошану)* honoured; **~ гість** guest of honour; honoured guest; 2. *(який обирається на знак пошани)* honorary; **~не звання** honorary title; 3. *(який робить честь кому-н.)* honourable; **~ обов'язок** honourable duty
почет suite, retinue
почин 1. initiative; 2. *розм.* start, beginning
починальник initiator

починати(ся), почати(ся) begin, start; commence

почорніти turn black

почувати 1. feel; *(відчувати)* have a sensation; **2.** *(усвідомлювати)* sense, be aware (of); **~ себе** feel; **як ви себе ~ваєте?** how do you feel?

почути hear; *(нюхом)* scent, smell; **~ся** be heard

почуття *у різн. знач.* sense, feeling; *(відчуття тж)* sensation; *(емоція)* emotion; **~ гордості** feeling of pride; **~ нового** sense of the new

пошана respect, distinction; **мати загальну ~ну** win the respect of all; **з ~ною** *(у листах)* yours truly

пошепки in a whisper

пошесть epidemic, pest

поширений current

поширення 1. widening; broadening; *перен. тж* expansion; **2.** *(розповсюдження)* spreading; **~ досвіду** spreading of methods

поширюваний permeant

поширювати, поширити 1. widen, broaden; *перен. тж* enlarge; extend; expand; **2.** *(розповсюджувати)* spread, circulate; **~ досвід** spread the know-how; **~ся 1.** widen; broaden; *перен. тж* be enlarged (expanded); extend (to); **2.** *(про закон і под.)* apply (to); **3.** *(розповсюджуватися)* spread; get about

пошкодження damage; injury; *(дія)* damaging, injuring

пошкоджувати, пошкодити 1. *(псувати)* dumage, spoil; **2.** *(поранити)* injure, hurt

пошкодований loser

пошта *у різн. знач.* post, mail; *(поштове відділення)* post-office

поштамт post-office

поштовий postal; post *attr.;* **~ва скринька** letter-box; **~ папір** note-paper, letter-paper; **~ва марка** (postage) stamp; **~ві видатки** postage *sing*

поштовх 1. push; *(під час їзди)* jolt, bump; *(під час землетрусу)* shock, tremor; **2.** *(стимул)* stimulus, incitement

пошук 1. *(науковий, творчий і под.)* quest; **2.** *обч.* search; **3.:** **~ки** *мн.* search *sing;* **у ~ках** in search (of)

поява appearance, emergence; **~ на мить** glimpse

пояс 1. belt, girdle; **рятувальний ~** lifebelt; **2.** *(стан, талія)* waist; **до ~са** up to the waist; **3.** *геогр.* zone; **арктичний ~** frigid zone

пояснення explanation, illustration

пояснювальний explanatory, declaratory

пояснювати, пояснити explain, make clear; **~ся** be explained; become clear

прабаба, прабабуся great-grandmother

правда 1. truth; **2.** *безос.:* **це ~** it is true; **3.** *вставне сл.* true

правдивий true; *(про людину)* truthful

правдиво true

правдоподібний plausible

праведність equity

правець tetanus

правий I 1. right, right-hand *attr.;* **на ~вому боці** on the right side; **2.** *політ.* right wing *attr.* **3.** *як ім. політ.* right-winger, rightist

правий II 1. *(невинний)* innocent *(no full form)* guiltless; **2.** *(який має рацію, тж справедливий)* right; **я ~** I am right

правило 1. rule; **2.** *(принцип)* principle, maxim; **узяти за ~** make it rule; **3.:** *зазв.* **~ла** *мн. (розпорядок)* regulations *pl;* **~ла дорожнього руху** rules of the road, traffic regulations; **~ла дипломатичного етикету** protocol; **~ла користування** specification

правильний 1. right, true; *(без помилок)* correct; **2.** *(який відповідає правилам)* proper; **3.** *(регулярний, ритмічний)* regular

правильність regularity

правильно 1. rightly; *(без помилок)* correctly; **2.** *безос.* it is right; it is correct

правитель ruler

правити I 1. *(керувати)* rule, govern; **2.** *(управляти кіньми, вести машину)* drive; steer *(тж вести яхту й под.)*

правити II 1. *(виправляти помилки)* correct; **~ коректуру** read the proofs; **2.** *(випрямляти)* straighten; **3.** *(гострити)* sharpen, set

правити III *(вимагати)* demand

правління *(виборний орган)* (management) board; **бути членом ~** be on the board

правник barrister

правнук great-grandson

правнучка great-granddaughter

право 1. right; **~ входу** entree; **~ голосу** the vote, say; **~ заміни** option; **~ наслідування** succession; **2.** *тк одн. (наука)* law; **3. ~ва** *мн. (свідоцтво)* licence *sing;* **~ водія** driving licence

правобережний right-bank *attr.*

правовий legal, jurisdictional; **~ва держава** law-abiding state; **~ва підлеглість** jurisdiction; **~ва підстава** legal standing

правозахисник human rights activist

правоздатний *юр.* capable

правознавець jurisprudent

правознавство jurisprudence

правомірний 1. *(про питання)* valid; **2.** *(про сумніви)* justifiable; **3.** *(про дії, учинки)* lawful

правомірність legitimateness

правонаступник cessionary

правоохоронний law enforcement

правопис spelling, orthography

правописний orthographical, spelling *attr.*
правопорушення *юр.* offence, infringement of the law
правопорушник offender, delinquent
правопорядок regularity, law and order
праворуч 1. *(де)* on the right (of); **~ від нього** on his right side; **2.** *(куди)* to the right; **повернути ~** turn to the right
православний orthodox *(member of the Orthodox Church)*
православ'я orthodoxy
правосуддя justice; **чинити ~** administer justice
прагматизм pragmatism
прагматик pragmatist
прагнення aspiration (for), tendency; **у своєму ~ні (до)** in the strivings (for)
прагнути aspire (to), strive (for)
прадід great-grandfather
практик *(про фахівця)* expert
практика *у різн. знач.* practice; **на ~тиці** in practice; *(прийоми й навички)* practical experience; *(навчальна)* practical experience (work); **проходити ~ку** do practical work
практикант trainee *(on a placement)*
практикувати(ся) practise, practice *амер.*
практичний practical
практичність practical, feasibility
пралія laundress
пральний washing *attr.*; **~ порошок** washing powder; **~на машина** washing machine
пральня laundry
прання wash, washing, laundering
прапор flag, ensign, standart; banner; colours *pl*
прапорець small flag
прапороносець standard-bearer
праска iron
прасувати iron; press
прати wash, launder
прах *книжн.* **1.** dust; **2.** remains *pl*; ashes *pl*
працедавець employer
працездатний 1. *(про людину)* able to work hard, able-bodied; **2.** *(про населення)* working *attr.*
працездатність capacity for work; *(фізична здатність до праці)* ability to work hard
працівник worker; *(службовець)* employee; **науковий ~** researcher
працювати 1. *у різн. знач.* work; **ким ви ~цюєте?** what do you do for a living?; **я ~цюю інженером** I'm an engineer; **2.** *(про механізми й под.)* operate, work; run; **3.** *(про установи й под.)* be open, operate
праця 1. work, labour; **2.** *(заняття, робота на виробництві)* work, job
працьовитий industrious, hardworking

преамбула preamble
превалювати prevail (over)
превентивний preventive; **~ удар** preventive strike
предмет 1. object, thing; *(окрема річ)* article; **2.** *(тема)* subject, topic
предок ancestor
представлений presenting
представлення presenting
представляти, представити 1. *(знайомити)* introduce, present; **2.** *(бути представником)* represent; <> **~ до нагороди** put (smb.) for a reward (decoration)
представник agent, exponent, representative, type
представництво representation
представницький representative
пред'являти, пред'явити 1. *(показувати)* present, produce; **2.** *(заявляти про що-н.)* bring, lay, raise; **~ вимогу** lay claim (to)
пред'явник bearer
презентація presentation
президент president
президія presidium
презирливий contemptuous, scornful
презирство contempt, scorn
прекрасний beautiful, fine; *(відмінний)* excellent
прелюдія prelude
прем'єра premiere, first performance (night)
прем'єр-міністр prime minister, premier
преміальний bonus *attr.*
преміальні *як ім. мн.* bonus *sing*
преміювати *(працівника)* give a bonus to; *(переможця)* award a prise to
премія *(працівникові)* bonus; *(переможцеві)* prise
препарат *мед., хім.* preparation
прерія prairie
прерогатива prerogative
прес press
преса *збір.* the press; *(журналісти тж)* pressmen
прес-конференція press-conference
престиж prestige
престол throne
пресувати press; compress
прес-центр press office
претендент 1. *(на престіл)* claimant; *(на посаду)* candidate; **2.** *спорт.* contender; *(шахи)* challenger
претендувати lay claim (to); pretend (to)
претензія 1. claim; *(незаконна та под.)* pretension; **2.** *(скарга)* complaint
прецедент precedent
претенціозний pretentious
префікс *грам.* prefix

при 1. *(біля, поблизу)* by, at, near; **~ дорозі** by the road; **2.** *(означає приєднання до чого-н.)* attached to; **3.** *(у присутності)* in smb.'s presence; **~ дітях** before children

прибережний shore *attr.*; near the shore *після ім.*; *(біля моря тж)* coastal; *(біля річки)* riverside

приберігати, приберегти save up, reserve

прибивати, прибити 1. *(цвяхами)* nail; **2.** *(про пил)* lay

прибиральник *(сміття)* scavenger

прибиральниця *(в установі)* office-cleaner

прибирання scavenging

прибирати, прибрати 1. *(що-н.)* take away; **2.** *(наводити порядок)* clean up, tidy; put in order; **~ кімнату** do (tidy) a room; **3.** *(ховати)* put away

прибігати, прибігти come running

прибій surf

прибічник supporter; *див. тж* **прихильник**

приблизний (ap)proximate, rough; **~не місце перебування** whereabouts

приблизно (ap)proximately, roughly

приборкувальний restraining

приборкування restraining

приборкувати, приборкати tame; *перен.* curb, subdue

приборкувач tamer; **~ левів** lion-tamer

прибувати, прибути 1. arrive, come; **2.** *(збільшуватися)* increase; *(про воду)* rise

прибудова easement

прибутковий profitable, gainful, incremental, intake, lucrative

прибуток profit, gain, income, increment, proceeds, profit, receipts, return, revenue, spoil; **~тки** *мн.* intake

прибуття arrival

привабливий attractive; *(про людину тж)* engaging

привабливість affinity

приваблювання attraction

приваблювати, привабити attract

приваблювач attractant

привал stop, halt

приватний private; **~на власність** private property; **~на особа** private person

привертати, привернути attract, draw; **~ чию-н. увагу** attract (draw) smb.'s attention

привид ghost, spectre, apparition, appearance

привиджуватися, привидітися appear

привід pretext, pretence; reason; **під ~водом** under (on) the pretext (of)

привіз 1. bringing (in); **2.** *(те, що привезене)* delivery

привізний imported; brought in (from some other place)

привілей privilege

привілейований privileged

привільний 1. *(про місцевість)* open, spacious; **2.** *(вільний)* free; **~не життя** carefree life

привіт 1. greetings *pl*, regards *pl*; **передати ~ кому-н.** send one's regards to smb.; **2.** *розм.* *(під час зустрічі)* hi; *(під час розставання)* bye

привітальний welcoming; **~на промова** speech of welcome

привітання 1. greeting; *(військових)* salute; **2.** *(усне або письмове звернення)* message of greeting; greetings *pl*

привітати 1. greet, welcome; hail; *(голосними вигуками)* cheer; **2.** *війс.* salute; **3.** *(схвалити)* welcome, applaud; **~ся** greet (smb.)

привітний affable, friendly, cordial

привітність affability, friendliness, cordiality

привласнення appropriation

привласнювати, привласнити 1. *(заволодіти)* appropriate, take possesion (of); **2.** *(видавати за своє)* arrogate to oneself

приводити, привести 1. *(доставляти)* bring, take; **2.** *(про дорогу)* lead, bring; **3.** *(до певного стану)* **~ в гарний настрій** put in a good mood; **4.** *(бути причиною чого-н.)* <> **~ до пам'яті** bring (smb.) round

привозити, привезти bring in

привселюдно in public; *(відкрито)* openly, publicly

привчати, привчити accustom (to), inure (to); *(тренувати)* train; **~ себе до холоду** inure oneself to cold; **~ся** get used (to + *gerund*)

прив'язаний attached

прив'язаність attachment

прив'язувати, прив'язати fasten, bind; tie *(тж перен.)*; **~ся** *(набриднути)* pester, bother

прив'язь *(для собаки)* leash, lead, slip; *(для тварини на паші)* tether; **на ~зі** on a leash (lead)

пригадувати, пригадати remember, recall; recollect

приганяти, пригнати *(худобу й под.)* drive in

пригвинчувати, пригвинтити screw on

приглушувальний muffle

пригнічений oppressed; *(психічно)* depressed, dispirited

пригнічення oppression; *(психічний стан)* depression

пригнічувати, пригнітити oppress; *(психічно)* depress; dispirit

пригноблений oppressed

пригноблення oppression

пригноблювати, пригнобити oppress

пригноблювач oppressor
пригода adventure; *(подія)* event, incident; **стати у ~ді** be of use
пригодитися be of use, prove (be) useful, come in useful (handy)
пригодницький adventure *attr.*; **~ роман** novel of adventure, adventure novel
приголомшувальний startling
приголомшувати, приголомшити stun, stupefy
приголосний *лінгв.* consonant
пригортати, пригорнути press (to); hug (smb.) to one's heart
пригорща handful
приготувальний preparation
приготування preliminary, preparation
приготувати(ся) prepare, get ready
пригощати, пригостити entertain, treat
пригрівати, пригріти warm; *перен. (дати притулок)* shelter
придатний fit, fitting, practical, suitable, useful; *(про речі тж)* usable
придатність fitness, suitability, usefulness
придбання acquirement; acquisition
придбати acquire; *(купити тж)* buy
придивлятися, придивитися look attentively (at)
приділення contingent
приділяти, приділити allot; *(час та под.)* spare; **~ увагу** give (grant) attention (to)
придумувати, придумати *(здогадуватися зробити що-н.)* have the idea (of); *(вигадувати, винаходити)* make up, invent
придушування suppression
придушувати, придушити 1. *(придавлювати)* weight down, press; **2.** *(силоміць припиняти)* suppress; **~ заколот** put down a rebellion
приєднування tacking
приєднувати, приєднати 1. join; **2.** *(додавати)* add; **3.** *ел.* connect; **~ся 1.** join up (with); **2.** *перен. (до думки й под.)* support
приємний *(про зустріч, поїздку)* pleasant, enjoyable; *(про розмову, смак)* pleasant; *(про людину, усмішку, обличчя)* nice, pleasant; **~не обличчя** nice face
приємність pleasure, amenity, kindliness
приємно 1. pleasantly, agreeably; **2.** *безос.* it is pleasant; **мені ~ це чути** I'm glad to hear that; **дуже ~** *(знайомлячись)* pleased to meet you
приз prize
призвичаюватися, призвичаїтися get used (to), get (grow) accustomed (to)
призводити, призвести drive; reduce; cause; **~ до відчаю** drive to despair
приземлення touch-down, landing

приземлятися, приземлитися touch down, land, alight
призер prize-winner
призма prism
призначання designation
призначений appointee, designate, designed, intended
призначати, призначити 1. *(заздалегідь намічати)* fix; set; **~ побачення** make a date; **2.** *(визначати, установлювати)* allocate; assign; **~ пенсію** grant a pension; **~ ціну** fix a price; **3.** *(на посаду)* appoint; **4.** *(лікування)* prescribe
призначення 1. *(допомоги й под.)* allocation; assignment; **2.** *(на посаду)* appointment; **3.** *(функція, мета)* function, purpose; **4.** *(лікаря)* prescription; **<> місце ~** destination
призов call; *(на військову службу)* call-up
призовник person called up for military service; draftee *амер.*
приїжджати, приїхати arrive, come
приїжджий *як ім.* new-comer, visitor
приїзд arrival
прийдешній future, coming; **~нє** *ім.* the future, time to come
приймальний 1. reception *attr.*; **~на комісія** enrolment committee; **2.** *тех.* receiving *attr.*
приймальня waiting-room; *(лікаря)* consulting-room
приймання intake
приймати, прийняти 1. *(брати, одержувати)* accept, take; **2.** *(командування й под.)* take over; **3.** *(до організації та под.)* admit, accept; *(на роботу)* engage, take on; **4.** *(відвідувачів й под.)* receive; **5.** *(схвалювати на зборах)* pass, carry, adopt; **6.** *(по радіо й под.)* take (down); **7.** *(ліки)* take; **~ся** *(про рослину)* take root
приймач receiver
прийменник *грам.* preposition
прийнятний acceptable, reasonable
прийнятність acceptability
прийняття adoption
прийом 1. *у різн. знач.* reception; receiving; **2.** *(до організації та под.)* admittance; **3.** *(спосіб)* way, method
приказка proverbial phrase, saying
прикидатися, прикинутися feign, simulate, pretend (to be); **~ хворим** feign illness
при́клад example, illustration; *(окремий випадок)* instance
прикла́д *(рушниці)* butt
прикладання application
прикладати, прикласти put (to); *(застосовувати)* apply (to)
прикладний applied
приклеювати(ся), приклеїти(ся) stick, paste

прикмета sign, token, characteristics; <> **мати на ~ті** have in view
прикметник adjective
приковувати, прикувати chain; *перен.* tie, rivet
прикордонний border *attr.*, frontier *attr.*
прикордонник frontier-guard
прикраса adornment, decoration, ornament
прикрашальний decorating
прикрашати, прикрасити adorn, decorate, ornament
прикривання screening
прикривати, прикрити *у різн. знач.* cover, screen; *(вікно, двері)* close softly; **~ся** cover oneself (with)
прикрий regrettable; annoying
прикритий covered, covert
прикриття cover, screen; *(захисне місце)* shelter; *(захист)* protection
прикріплювати і **прикріпляти, прикріпити** 1. fasten (to); attach (to), *(тж перен.)*; 2. *(брати на облік)* register
прикрість annoyance; vexation; **яка ~!** how annoying!
прикушувати, прикусити bite; <> **~сити язика** *перен.* keep one's mouth shut
прилавок counter
прилад appliance, gear, instrument, apparatus, device; **~ для відцентровування** centrifuge
приладдя *збір.* utensil, articles *pl*, accessories *pl*
приладжувати, приладити fit (to)
прилеглий adjacent, adjoining, contiguous
прилинути 1. arrive, come; 2. *див.* **прилітати, прилетіти**
прилипання adhesion
прилипати, прилипнути stick (to)
прилітати, прилетіти fly in; *(примчати)* rush in
прилягати 1. *(міститися поряд)* adjoin; 2. *(про одяг)* fit closely
прилягти lie down (for a while)
приманювати, приманити entice, lure
примара phantom, spectre; *(привид тж)* ghost
примарний phantasmal, ghostly; *(нереальний)* illusory
применшування underestimate
применшувати, применшити belittle, detract
примирення (re)conciliation
примирливий conciliative, conciliatory
примиряти, примирити reconcile; **~ся** make it up (with), be reconciled (with)
примірка *(на себе)* trying on; *(на іншого)* fitting
примірник copy, specimen
примірювати і **примиряти, примиряти** *(на себе)* try on
приміський suburban; *(про транспорт тж)* local train; **~ потяг** local
примітивний prime, primitive
примітка note; remark; annotation; *(виноска)* footnote
приміщення building, house; premises *pl*; **житлове ~** living space; living quarters *pl*
примовка by-word
примовляти keep saying
приморський seaside *attr.*
примус I compulsion, coercion, constraint; **з ~су** under compulsion
примус II *(нагрівальний прилад)* primus (-stove)
примусовий compulsory, forced
примушувати, примусити compel, force
примха whim, caprice, maggot
примхливий arbitrary, difficult, capricious, whimsical
примчати(ся) come in a great hurry
принада 1. bait; 2. *перен.* allurement, lure, attraction
принаджувати, принадити lure, entice; attract, draw
принадний attractive
принадність attractiveness
принаймні at least, at any rate
принижений humiliated, abject
приниження humiliation, abasement, degradation
принижування degradation
принижувати, принизити humiliate; *(применшувати)* belittle, lower; **~ся** abase oneself
принизливий humiliating
приносити, принести 1. *у різн. знач.* bring; carry; fetch; 2. *(про врожай)* bear, yield; **~ прибуток** yield a profit; **~ користь** benefit; **~ щастя** bring luck
принтер *обч.* printer
принц prince
принцеса princess
принцип principle, concept
принциповий principled; of principle *після ім.*; **~ве питання** a matter of principle
принциповість adherence to principle
приохочений habitual
припас store; *(харчі)* provisions *pl*
припасати, припасти lay up, store
припасовування adaptation
припасовувати, припасувати adjust (to), fit (on)
припинення abeyance, cessation, closure, stopping

припиняти(ся), припинити(ся) stop, cease, end

припис instructions pl; order

приписка 1. addition; *(до листа)* postscript; **2.** *(реєстрація)* registration

приписувати, приписати 1. *(до написаного)* add; **2.** *(зараховувати до складу)* register; **3.** *(що-н. кому-н.)* ascribe (to), impute (to); **4.** *(уважати наслідком чого-н.)* attribute (to); **~ся** *(до складу)* register, have oneself registered

приплив 1. *(морський)* rising tide, flood (of tide); **~ і відплив** rise and fall of the tide, ebb and flow; **2.** *перен. (ніжності й под.)* surge, upsurge; **3.: ~ крові** congestion, rush of blood

припливати, припливти і приплисти come swimming, swim up (to); *(про корабель)* sail up

припливний tidal

приплід offspring

приплющений flat, flattened

приплющувати, приплющити flatten

присмака seasoning, flavouring; relish

присмачувати, присмачити *(їжу)* season, flavour

припускати, припустити suppose, presume; *(допускати тж)* assume; *(включати в себе)* presuppose

припустимий 1. admissible; **2.** hypothetical

припущений supposed

припущення admission, hypothesis, presumption, supposition, assumption

приречений doomed (to); condemned

приреченість doom

прирівнювати, прирівняти equate (with), put on the same footing (as)

прирікати, приректи doom (to), condemn (to)

приріст growth, increment, increase; **~ населення** increase of population

приробіток extra earnings pl

приробляти, приробити 1. *(до чого-н.)* fix; **2.** *(працювати додатково)* earn extra

природа у різн. знач. nature; **жива ~** natural world; *(характер тж)* character, disposition

природжений innate, inborn, congenital, natural; **~ оратор** born orator

природний 1. у різн. знач. natural; **~ газ** natural gas; **~ні багатства** natural resources; **2.** *(природжений)* native, inborn, innate; **3.** *(невимушений)* unaffected

природничий natural; **~чі науки** (natural) sciences

природність naturalness, simplicity; *(невимушеність)* ease

природно naturally

природознавець scientist; naturalist

природознавство natural science (history)

природоохорона nature conservation

природоохоронний conservation attr.

приростати, прирости 1. adhere (to); grow fast (to); **2.** *(збільшуватися)* increase

приручати, приручити 1. *(тварину)* tame; **2.** *перен. (людину)* bring to heel

присадкуватий thickset, squat

присвійний грам. possessive

присвоєння 1. appropriation; **2.** *(звання й под.)* awarding, conferment

присвоювати, присвоїти *(надавати звання й под.)* confer (on); give; **~ кому-н. науковий ступінь** confer a scientific degree on smb.

присвята dedication

присвячений devoted; **~ розглядові минулого** retrospective

присвячення dedication

присвячувати, присвятити 1. devote; **~ себе науці** devote oneself to science; **2.** *(літературний твір і под.)* dedicate

присилати, прислати send

присипляти, приспати lull to sleep; *перен.* lull

присідання squatting *(phisical exercise)*

присідати, присісти *(навпочіпки)* squat; *(від страху)* cower

присікуватися, присікатися find fault (with), pick (on)

прискорення acceleration

прискорювати, прискорити 1. *(збільшувати швидкість)* speed up; accelerate; **~ крок** quicken one's pace; **2.** *(наближати прихід і под.)* hasten, precipitate

прислівник adverb

прислів'я proverb

прислужувати, прислужити wait (upon); **~ся** be subservient (to)

прислухатися і прислухуватися і прислуховуватися, прислухатися listen (attentively) (to); lend an ear (to); *(до поради)* take heed of

присмак і **посмак** smack; aftertaste

присмерк twilight

приснитися dream, have a dream (about)

присоромлювати, присоромити shame, put to shame

приспів refrain, chorus

приставати, пристати 1. *(прилипати)* stick (to), adhere (to); **2.** *розм. (набридати)* pester, badger, worry; **3.** *(приєднуватися)* join, take up (with); **4.** *(до берега)* come in (to), put in (to)

приставляти, приставити 1. put (against); lean (against); **2.** док. *(для догляду й под.)* leave in charge (of)

пристановище shelter, refuge
пристань landing-stage; pier; *(вантажна)* wharf
пристібати, пристебнути fasten; button up; buckle (on)
пристойний decent, proper
пристойність decency, propriety
пристосований fit (for), adjusted (for), adapted (for)
пристосовувати, пристосувати fit up (for), adjust (for), adapt (for); **~ся** adapt oneself, adjust oneself
пристосування 1. *(дія)* adaptation, adjustment; *(до клімату)* acclimatization; **2.** *(прилад)* device, appliance
пристрасний passionate, impassioned, ardent
пристрасність passion, ardour
пристрасть passion (for)
пристрій attachment, device, fitting, gear, appliance, mechanism
приступ *(штурм)* assault, storm
приступати, приступити *(починати)* set (about), begin, start; *(переходити до чого-н.)* proceed (to); **~ до діла** set (to) work
приступний 1. *(який підходить для всіх)* available; **~ні ціни** reasonable prices; **2.** *(який відповідає силам, можливостям)* within the capacity (of), within the reach (of); **3.** *(легкий)* simple; **4.** *(про людину)* approachable
приступність 1. accessibility; availability; **2.** *(простота)* simplicity; **3.** *(про людину)* approachability
присувати, присунути move (near; to)
присуд verdict, adjudgement, sentence
присуджувати, присудити 1. sentence (to), condemn (to); **2.** *(нагороджувати)* award.
присудок *грам.* predicate
присутні *мн. як ім.* those present
присутній present; **бути ~нім** be present; *(на лекції та под.)* attend
присутність presence
присяга oath
присягати(ся), присягнути(ся) swear, take (make) an oath
присяжний: ~ засідатель juror; **суд ~них** jury
притаманний characteristic, inherent (in), intrinsic (in)
притискувати, притиснути press (to); *(до грудей)* clasp; **~ся** cuddle up (to)
притока *(річки)* tributary
притомний conscious
притомність consciousness
приточний tributary
притулок refuge, shelter; **політичний ~** political asylum

притуляти(ся), притулити(ся) lean (against), rest (against)
притупляти, притупити blunt, take the edge off; **~ся** become blunted (dull) *(тж перен.)*
притча parable
притягати, притягти draw, pull; *(про магнет)* attract
прихиляти(ся), прихилити(ся) bend, incline
прихильний 1. *(доброзичливий)* well-disposed; sympathetic; **2.** *(до кого-н., чого-н.)* inclined (to); disposed (to)
прихильник supporter, adherent; *(миру)* advocate, *(поборник)* champion
прихитрятися, прихитритися contrive, manage
прихід coming, arrival
прихований hidden, latent, concealed, recessive; **~ стан** latency
приховувати, приховати 1. conceal, hide; **2.** *(затаювати)* keep back; **~ся** be concealed, be hidden
приходити, прийти 1. у *різн. знач.* come; *(прибувати)* arrive; **2.** *(виникати, з'являтися)* appear; <> **~ на допомогу** come to the rescue
приходитися, прийтися 1. fit; **2.** *безос.* *(доводитися)*: **йому прийшлося** (+ *inf.*) he had (+ to *inf.*)
приціл *(рушниці)* back-sight; *(гармати)* sight
прицілюватися, прицілитися take aim (at), aim (at)
прицільний aiming
прицінюватися, прицінитися ask the price (of)
причаюватися, причаїтися hide (oneself)
причал moorage, berth
причалювати, причалити moor (to)
причастя Communion
причепливий captious, carping, faultfinding
причепуритися *розм.* smarten oneself up
причетний (до) participating (in), involved (in), concerned (with, in)
причетність implication
причина cause; **~ хвороби** etiology; *(підстава)* reason; **поважна ~** good excuse; **з неповажних ~чин** without valid excuse
причинний causal
причиняти, причинити *(вікно, двері)* close, shut
причіп *авто* trailer
причіпка captious objection
причіплювати *і* **причіпляти, причіпити 1.** *(зчіплювати)* hook (on, to); *зал.* couple; **2.** *(приколювати)* pin on, fasten on; **~ся (до) 1.** catch (on), cling (to); *(про хворобу)* infect; **2.** *розм.* *(докучати)* pester; *(прискіпуватися)* pick on

причісувати, причесати comb; **~ся** do one's hair; (у перукарні) have one's hair done, have a hairdo
причому moreover, and what's more; тж передається формою present participle; **~ відомо, що** it being known that
пришвидшення acceleration
пришвидшуваний induced
пришвидшувач accelerator, promoter
пришивати, пришити sew (on, to)
прищ pimple
прищеплювати, прищепити 1. бот. engraft; **2.** мед. accelerate, inoculate; **3.** перен. (виховувати) inculcate (in, upon); implant (in); **~ся 1.** (про вакцину, паросток) take; **2.** (укорінюватися) take root, become established; **3.** (про моду) catch
приязний friendly, amicable; cordial; (привітний) affable
приятелювати be friends (with)
приятель, приятелька friend
приятельський friendly
прізвисько nickname, label
прізвище surname, name
прілий rotten
пріоритет priority
пріоритетний priority
прірва precipice; gulf, abyss (тж перен.)
прісний (про воду) fresh; (про хліб) unleavened; (про їжу) insipid (тж перен.)
прісноводний freshwater
пріти rot
про about, of; **говорити ~ що-н.** talk about smth.; (на тему тж) on
проба 1. (випробування) trial; test; **~ сил** test of strength; **2.** (зразок для аналізу) sample; **узяти ~ву** take a sample; **3.** (тавро) hallmark
пробачати, пробачити excuse, pardon; **Пробачте!** (I'm) sorry!, Excuse me!, I beg your pardon
пробачення forgiveness, pardon, apology; **просити ~ у кого-н.** beg smb.'s pardon; apologize (to)
пробивальний punch
пробивати, пробити 1. (робити отвір) pierce, make a hole (in); **2.** (компостером) punch; **3.** (прокладати шлях і под.) make, open up, clear
пробивач punch
пробиратися, пробратися 1. (долаючи перешкоди) make one's way; struggle (through); **2.** (прокрадатися) steal in
пробитий perforated
пробіг run; спорт. race
пробігати, пробігти run; (яку-н. відстань тж) cover
пробірка test-tube, test-glass

проблема problem, issue; **розв'язати ~му** solve a problem
проблематика збір. problems pl
проблематичний problematic(al)
проблемний problem
проблиск gleam, glimmer, glimpse, spark
пробний trial attr., test attr.; <> **~ камінь** touchstone
пробоїна hole; (у стіні тж) breach; gap
пробувати 1. (випробувати) try, test; **2.** (на смак) taste; **3.** (намагатися) try, attempt (+ inf.)
пробудження awakening
пробуджувати(ся), пробудити(ся) rouse, arouse; awake, awaken (тж перен.)
пробути stay, remain
провадити carry out, conduct
провал 1. (дія) collapse, falling in; **2.** (невдача) failure, crash
провалля 1. precipice, abyss; **2.** (яр) ravine
провалювати, провалити 1. (справу й под.) wreck, ruin; **2.** (кандидата) turn down; **~ іспит** fail in the examination; **~ся 1.** (падати) fall (down), tumble (down); **2.** (про справу й под.) fail, wreck; **3.** (на іспиті) fail
проведення 1. (шляхів і под.) construction, building; (труб, кабелю) laying; (електрики й под.) installation; **2.** (здійснення) carrying out, realization
провидіння foresight
провидіння рел. Providence
провина fault; guilt
провіант provisions pl
провід I (дріт) wire
провід II (керівництво) leadership, guidance; **під ~водом** under the leadership (guidance) (of)
провідний 1. (основний, визначальний) leading; **~на галузь** leading branch; **2.** (який вказує на шлях) guiding; **~на зірка** guiding star
провідник I фіз. conductor
провідник II 1. (провідир) guide; **2.** (у потязі) guard; conductor амер.
провідність біол., фіз. conductivity
провізія food-stuffs pl, provisions pl
провінціал, провінціалка provincial
провінційний provincial
провінція province
провісник precursor, forerunner, herald
провітрювання aeration, ventilation
провітрювати, провітрити ventilate; air
провіщати, провістити foretell, presage, portend; (бути ознакою чого-н.) betoken
проводжати, провести (супроводжувати) accompany; (того, хто від'їжджає) see off; **~ кого-н. додому** see smb. home

проводити, провести 1. *(допомагати пройти)* take, lead; 2. *(долонею та под.)* pass (over); 3. *(споруджувати)* build; *(електрику)* instill, put; *(водоід)* lay on; 4. *(думку, ідею)* develop; 5. *(добиватися затвердження)* carry through, get accepted; 6. *(здійснювати)* carry out; pursue; conduct; 7. *(час)* spend, pass; 8. *фіз. (бути провідником)* conduct

провозити, провезти carry, get through; transport

провокатор (agent) provocateur; stool pigeon *розм.*

провокаційний provocative

провокація provocation; **піддаватися на ~цію** give in to provocation

провокувати provoke; **~ кого-н. на що-н.** provoke smb. into smth.

провулок by-street; *(вузький)* lane

прогалина 1. *(пропуск)* blank, empty space; 2. *(упущення)* gap, flaw

проганяти, прогнати 1. *(змушувати піти)* drive (away); *перен.* banish, dispel; 2. *(звільняти)* sack, dismiss

прогірклий rank, rancid

прогледіти *(не помітити)* overlook; miss

проглядати, проглянути 1. glance (through), skim (through); 2. *(показуватися)* break (peep) through

прогнити rot to pieces, be rotten through

прогноз forecast, prediction; *мед.* prognosis; **~ погоди** weather forecast

проговорити 1. *(сказати)* say; 2. *(довго розмовляти)* talk; **~ся** *(сказати зайве)* let it out

проголошення proclamation, promulgation

проголошувати, проголосити proclaim

прогонич screw

програвати, програти *(зазнавати поразки)* lose; **~ся** lose all one's money

програма programme, program *амер.*; *(курсу тж)* syllabus; *політ.* manifesto

програмний programmed, programed *амер.*; programmatic; *(про навчальну програму)* syllabus *attr.*; *обч.* programming, programing *амер.*; **~не забезпечення** software; **~не управління** computer control

програмований: ~не навчання programmed learning; **~ мікропристрій** microprocessor

програний lost

програш loss; *спорт.* defeat

прогрес progress

прогресивний progressive

прогресист progressive

прогресія progression

прогресувати progress, advance, make progress; *(про хворобу)* develop

прогул truancy, absence from work

прогулювати, прогуляти *(не виходити на роботу)* shirk work, stay away from work; *(пропустити що-н.)* miss; **~ уроки** play truant

прогулюватися, прогулятися walk, stroll, take a walk

прогулянка outing; *(пішки тж)* walk, stroll; *(верхи, на велосипеді)* ride; *(в автомашині)* drive; *(на човні)* row

прогульник shirker; *(про учня)* truant, slacker

продавати, продати sell; **~ в кредит** sell (smth.) on credit; **~ за готівку** sell (smth.) for a cash

продаватися 1. be on (for) sale; **~дається будинок** a house is for sale; 2. *(зраджувати)* sell oneself (to)

продавець seller; *(у крамниці)* salesman, shopman; shop-assistant

продавщиця seller; *(у крамниці)* saleswoman, shop-girl, shop-assistant

продаж sale, disposal; **надійти в ~** come on the market; **бути у ~жу** be on sale

продажний 1. sale *attr.*, selling; *(призначений для продажу)* for sale *після ім.*; 2. *(підкупний)* mercenary, venal, corrupt

продажність corruption

продешевити make a bad bargain

продиктувати dictate

продирати(ся), продерти(ся) *(пробиратися крізь що-н.)* force one's way (through)

проділ parting; **прямий ~** middle parting; **косий ~** side parting

продірявлювати, продірявити make a hole (in)

продовжений prolonged

продовження 1. continuation; *(книжки тж)* sequel; 2. *(терміну, чинності)* prolongation, extension

продовжувальний sustainable

продовжувати, продовжити 1. continue, go on (with), carry on (with); 2. *(термін і под.)* prolong; **~ся** last, continue, go on

продовольство provisions *pl*, food-stuffs *pl*

продовольчий food *attr.*; **~ магазин** grocer's grocery *амер.*

продування blowdown, purge; **~ повітрям** airblowing

продувний purgeable

продукт 1. product; 2. **~ти** *мн. (харчові)* food products, foodstuffs

продуктивний productive, e **~ні сили** *ек.* labour force, labor force *амер.*

продуктивність productivity; **~ праці** productivity of labour

продукція production, produce, output

продуманий well thoughtout

продумувати, продумати *(дії, виступ)* think (over); *(відповідь)* consider

продюсер producer
проект 1. *у різн. знач.* project, design, scheme, plan; **розробляти ~** draw up a plan; **2.** *(документа)* draft
проектний design *attr.*; *(передбачений проектом)* projected
проектор projector
проектувальний planning
проектувальник designer
проектування projection
проектувати 1. *(складати проект)* project, design, plan; **2.** *(мати намір)* plan, contemplate
проекція projection
прожектор searchlight, floodlight
проживання residence; *(у готелі)* stay
проживати 1. *(жити де-н.)* live, reside; **2.** *(витрачати гроші й под.)* spend
прожитковий: ~ мінімум minimum living wage
прожиток subsistence
прожогом headlong
проза prose; *(буденність)* routine
прозаїк prosaist
прозаїчний prose *attr.*; *(нудний)* prosaic
прозивати, прозвати nickname, dub
прозорий *(про скло, наміри)* transparent; *(про повітря, воду)* clear; limpid, pellucid; *(про тканину, одяг)* see-through
прозорість transparence, transparency, limpidity *(тж перен.)*
прозорливий sagacious, far-sighted
прозорливість sagacity, far-sightedness
прозрівати, прозріти recover one's sight; *перен.* see things clearly
проіснувати subsist, exist
проїдати, проїсти 1. *(зробивши дірку)* eat; *(про кислоту й под.)* corrode; **2.** *(витрачати на харчування)* spend on food
проїжджати, проїхати 1. go, pass; *(на машині)* drive; *(на коні)* ride; **2.** *(долати певну відстань)* do, cover; **3.** *(пропустити зупинку)* pass, miss
проїзд 1. *(дія)* drive, journey; **плата за ~** fare; **2.** *(місце, де можна проїхати)* passage, thoroughfare; **нема ~ду** no thoroughfare
проїздом passing through
проймати, пройняти pierce, penetrate; *(про мороз і под.)* go right through, strike
проказа *мед.* leprosy
проказувати, проказати articulate; say, utter; *(за ким-н.)* repeat
прокат *(надання в тимчасове користування)* hire
прокидатися, прокинутися wake up; awake
прокисати, прокиснути torn

прокладати, прокласти *(дорогу й под.)* build; *(труби)* lay; **~ шлях** make a road
прокламація leaflet
проклинати, проклясти curse, damn
проклін *див.* **прокляття 1**
проклятий damned, (ac)cursed
прокляття 1. damnation; **2. ~!** *виг.* damn it!
проковтнути swallow
прокол puncturing, pick
проколювати, проколоти puncture, prick, pierce (through)
прокрадатися, прокрастися steal (in, into)
прокуратура *юр.* public prosecutor's office
прокурор *(району, міста)* procurator; *(на суді)* counsel for the prosecution; **Генеральний ~** general procurator, attorney general *амер.*
прокурорський: ~ нагляд *юр.* procurator's powers *pl*
пролазити, пролізти get through, squeeze through; *перен.* warm oneself (into)
проламувати, проламати break; make a hole (in)
пролежень bedsore
пролетаріат proletariat
пролетарський proletarian
проливати, пролити spill; *(кров, сльози)* shed; <> **~ світло на що-н.** *(висвітлювати)* throw light (upon); **~ся** spill
пролісок *бот.* snowdrop
пролітати, пролетіти fly (past, over, by)
пролог prologue
пролом(ина) break, gap, breach
проломлювати, проломити break; *(наскрізь)* make a hole
пролягати, пролягти lie (run) (across)
промайнути flash; *(про час)* fly by
промах miss; *(помилка)* blunder
промахнутися 1. miss (one's aim); **2.** *(помилитися)* make a blunder
променевий 1. ray *attr.*; *(що розходиться променями)* radial; **2.** *фіз.* radiation *attr.*; **~ва хвороба** radiation sickness
променистий radiant
промерзати, промерзнути freeze through
промивальний leaching
промивання lavage, leaching
промивати, промити wash; *(рану, очі)* bathe
проминати, проминути 1. pass (by); **2.** *(кінчатися)* be over, be past; **3.** *(про час)* pass, elapse; **4.** *(пропускати)* miss, omit
промисел 1. *(заняття)* trade, craft; **2.** *зазв.* **~сли** *мн.* field(s) *pl*; **нафтові ~сли** oil-fields
промисловець industrialist
промисловий industrial; **~ві стічні води** waterborne industrial waste

промисловість industry; **легка ~** light industry; **важка ~** heavy industry
проміж between; *(серед)* among
проміжний buffer, intermediate, intercurrent, interim
проміжок interval, interstice, gap, space, span
проміння *збір. див.* **промінь**
промінь ray, beam; **розходитися ~менями** radiate
промова speech; **виступити з ~вою** deliver a speech
промовець speaker, orator
промовистий eloquent, expressive
промовляти, промовити 1. *(вимовляти)* pronounce; *(чітко)* articulate; **2.** *(виголошувати промову)* say; make (deliver) a speech
промовчати 1. *(протягом якого-н. часу)* be (keep) silent; **2.** *(не відповісти)* give no answer
промокальний: ~ папір blotting paper
промокати, промокнути 1. get wet (soaked); **~нути до рубця** be drenched to the skin; **2.** *(пропускати воду)* let water (through); **3.** *док.* blot
промочувати, промочити wet, drench; **~чити ноги** get one's feet wet
промтовари *мн.* *(промислові товари)* manufactured (consumer) goods
промтоварний: ~ магазин stores *pl*; department store *амер.*
пронизливий *(про звук)* shrill, piercing; *(про погляд)* penetrating
пронизувати, пронизати pierce, penetrate
проникальний permeant
проникати, проникнути penetrate; get (into)
проникливий penetrating; acute, shrewd; **~ розум** acute brain
проникний permeable
проносити, пронести *(нести)* carry (by, past, through); **~ся 1.** rush (by), fly (by, past); **2.** *перен.* *(у думці та под.)* flash
пропаґанда propagation, propaganda; *спорт.* promotion
пропаґандист propagandist
пропаґандистський propagandist *attr.*
пропаґувати *політ.* spread propaganda about; *(знання, спорт)* promote
пропадати, пропасти 1. *(губитися, зникати)* disappear, vanish; be missing; **2.** *(проходити марно)* be wasted; **3.** *(гинути)* die, perish; come to a bad end
пропажа loss; *(те, що пропало)* missing (lost) thing
пропалювати, пропалити burn (through)
пропан propane

пропасниця malaria, fever
пропелер propeller
пропивати, пропити spend (squander) in drink
пропис *(посібник для письма)* samples of writing *pl*
прописка (residence) registration
прописувати, прописати 1. *(реєструвати)* register; **2.** *(ліки)* prescribe; **~ся** get registered
проппивати, пропливти і **проплисти** swim (by, past); *(про судно)* sail (by, past); *(про речі)* float, drift (by, past)
проповідь sermon; preaching
пропозиція proposal, suggestion; motion *(тж на зборах)*; **внести ~цію** make a motion
прополіс propolis
прополювати, прополоти weed
пропонувати offer; *(на розгляд, вибір)* propose, suggest; *(кандидатуру тж)* put up, forward
пропорційний proportional; **~не представництво** proportional representation; *(відповідний до чого-н.)* well-proportioned, proportionate
пропорційність proportion
пропорція proportion
пропуск 1. *(у тексті)* omission, gap; *(незаповнене місце)* gap; **2.** *(занять і под.)* non-attendance, absence (from)
пропускання omission
пропускати, пропустити 1. *(дозволити пройти)* let pass, make way (for); *(впустити)* let in, admit; **~ кого-н. через кордон** let smb. across the border; **~ кого-н. уперед** let smb. go ahead; **2.** *(при переписуванні, виконанні)* omit, leave out; **3.** *(заняття й под.)* miss
проректор vice-principal, vice-president *(of a University or other type of a higher school)*; vice-rector
прорив 1. *у різн. знач.* break; **2.** *війс.* breakthrough; **3.** *мед.* perforation; **4.** *(у роботі)* gap, hitch
проривання breakthrough
проривати I, прорвати 1. *(рвати)* tear; **2.** *(руйнувати)* break (through)
проривати II, прорити *(копати)* dig
прориватися, прорватися 1. *(рватися)* tear; **2.** *(лопатися)* break, burst; **3.** *(прокладати дорогу)* break through
проріджування thinning
прорізний slot
пророк prophet
пророкувати prophesy, predict
проростати, прорости germinate; sprout
просвердлений perforated

просвердлювати, просвердлити bore, drill, perforate
просвіт 1. *(між двома предметами)* (clear) gap; 2. *архіт.* bay, aperture
просвітитель enlightener *(person who enlightens others about progressive ideas)*
просвітництво *іст.* enlightenment
просвічувальний transmission
просвічування transmission
просвічувати, просвітити *(рентґеном)* X-ray; examine with X-rays
просвіщати, просвітити enlighten
просиджувати, просидіти sit; **~ години́ми** sit for hours
просиляти, просилити: ~ нитку в голку thread a needle
просипатися і **просинатися, проснутися** wake up, awake
просити 1. ask (for); beg (for); **~ допомоги** ask for help; **~ дозволу** ask permission; 2. *(заступатися)* intercede (for); 3. *(запрошувати)* invite; <> **прошу** please, be so kind; **~ся** ask (for)
просихати, просохнути get dry
просівання screening
просіювати, просіяти sift
проскакувати, проскочити 1. *(швидко пробігати й под.)* rush by; 2. *(пробиратися)* slip through
проскура *рел.* communtion bread, Host
прославляти, прославити glorify; **~ся** become famous (for, through)
прослухувати, прослухати listen to
просо millet
просовувати, просунути push (through)
просодія prosody
просолювати, просолити salt
просочитися percolate (into), seep through (into); infiltrate *(тж перен.)*
просочувальний leaching
просочування leaching, leakage, leaking, ooze, percolation, seepage
проспати 1. *(прокинутися пізніше, ніж треба)* oversleep; 2. *(спати який-н. час)* sleep (for a time)
проспект I *(вулиця)* avenue
проспект II *(план)* prospectus
простак simpleton
простежувальний tracking
простежувати, простежити 1. *(поглядом)* observe *(тж перен.)*; 2. *(досліджувати)* retrace; 3. *(вислідувати)* trace, track
простий 1. *(нескладний)* simple, pure; *(неважкий)* easy; **~те речення** *грам.* simple sentence; 2. *(звичайний)* common, ordinary, plain; <> **~те число** *мат.* prime number; <> **це видно ~тим оком** it's plain for all to see

простирадло sheet
простій outage
простінок pier *(section of wall between windows or doors)*
простір space, spaciousness
просто 1. *(легко)* simply, easily; 2. *част.* sheer, simply; **це ~ божевілля** it's sheer madness; <> **~ так** for no special (particular) reason
простоволосий bare-headed
простодушний open-hearted, simple-hearted
простодушність open-heartedness, simple-heartedness
просторий 1. roomy, spacious, extensive, wide; 2. *(про одяг)* loose
просторовий spatial
простота simplicity
прострілювати, прострелити shoot through
простромлювати, простромити pierce through
простувати go (make) for, move (in the direction of)
простягати, простягти і **простягнути** 1. stretch out; **~ руку за чим-н.** stretch (hold) out one's hand for smth.; reach out (for); **~ руку кому-н.** hold out one's hand to smb.; 2. *(подавати)* offer, hold out; **~ся** *(у просторі)* extend, reach, stretch
просування *(територією)* advance; *(по службі)* promotion
просувати, просунути move; *(працівника)* promote
проте but; however; but still
протеже protege(e)
протез artificial (prosthetic) limb; **зубний ~** denture, set of false teeth
протезний orthopaedic
протеїн protein
протеїновий protein *attr.*
протекційний protective
протекціонізм protectionism
протекція patronage
протест protest; *юр.* objection **заявити ~** make a protest
протестант Protestant
протестантський Protestant *attr.*
протестувати protest (against)
проти 1. *у різн. знач.* against; **~ течії** against the current; **~ вітру** against the wind; **~ сонця** against the sun; **хто ~?** who is against? 2. *(навпроти)* opposite; facing; **~ будинку крамниця** opposite the house (there) is a shop; 3. *(усупереч)* contrary to; 4. *(порівняно)* to, as against
протиатомний antinuclear; **~не укриття** nuclear shelter

протиборство struggle
протиборствувати fight
противага *тех.* counterpoise, counterbalance *(тж перен.)*
противитися oppose, object (to); *(чинити опір)* resist
противний 1. *див.* **протилежний 1**; **2.** *(ворожий)* adverse
противник opponent; *(суперник, ворог)* adversary; *(вороже військо)* enemy
протигаз gas mask, respirator
протидійний antagonistic
протидія counteraction, reaction, opposition
протидіяти counteract, oppose
протизаконний unlawful
протизаплідний contraceptive *attr.*
протикати, проткнути pierce (through)
протилежний 1. *(розташований навпроти)* opposite; **2.** *(несхожий тж)* opposed, contrary; *(зворотний)* reverse
протилежність contrast, opposition; *(що-н. протилежне)* opposite, antipode
протиотрута antidote
протиповітряний anti-aircraft; **~на оборона** anti-aircraft defence
протипожежний *(про заходи)* fire-prevention; *(про техніку)* fire-fighting
протипоказання contraindication
протиприродний unnatural
протирати, протерти 1. *(витирати)* rub dry, wipe clean; **2.** *(крізь ситечко)* rub (through)
протиставляти, протиставити oppose (to); *(порівнювати)* contrast (with)
протиставлення *(думок, поглядів)* contrasting; *(сили)* opposing
протитанковий anti-tank
протікати, протекти 1. *(про річку)* flow, run; **2.** *(пропускати воду)* leak
протодиякон archdeacon
прото(і)єрей high priest
протока strait; straits *pl*; channel
протокол minutes *pl*; *(допиту)* transcript; *(судового засідання)* record, protocol; *(угоди)* protocol; **Дипломатичний ~** Diplomatic Protocol
протокольний condensed; **~ запис** record of proceedings
протоколювати *(під час засідання, зборів)* minute; *(під час обшуку)* record
протон proton
протоплазма protolasm
протопласт protoplast
проторований beaten; *(протоптаний)* well-trodden
протяг draught
протягати *і* **протягувати, протягнути** *і* **протягти 1.** *див.* **простягати**; **2.** *(просувати)* push (through); **3.** *(продовжувати)* extend; *(про час)* last, linger; **~ся** *див.* **простягатися**
протягом in the coarse (of), during; within; **~ двох тижнів** over a period of two weeks; **~ усього року** all the year; **~ багатьох років** for many years
протяжний long; *(про голос)* drawling
протяжність extent; length
проучувати *і* **провчати, проучити** *і* **провчити** *розм.* *(карати)* teach a good lesson
профан ignoramus
профанація profanity; *(обман)* sham
професійний professional *attr.*; **~на освіта** vocational training; **~на спілка** trade union, labor union *амер.*
професіонал professional
професіоналізм professionalism
професія profession; *див. тж* **фах**
професор professor; **~ський** professorial
професура *збір.* professors *pl*; professorate
профілактика prophylactic (preventive) measures *pl*, prevention
профілактичний 1. *(про щеплення)* prophilactic; **~ засіб** prophilactic; **2.** *(про заходи)* preventive
профіль 1. *(обличчя)* profile, side-view; **у ~** in profile; **2.** *(тип)* type, character
профспілка *(професійна спілка)* trade union
профспілковий trade-union *attr.*
прохання request, application, petition, suit; **на чиє-н. ~** at smb.'s request; **звертатися до кого-н. із ~ням** make a request to smb.
прохати *див.* **просити 1, 2**
прохач applicant
прохід passage; *(між рядами)* aisle, gangway
прохідний: ~на кімната hall; **~ бал** pass mark
проходження transit
проходити, пройти 1. pass; go; *(пішки)* walk; *(яку-н. відстань)* cover, do; *(про транспорт тж)* travel; **2.** *(минати ідучи)* go by (past); *(не помітивши)* miss; **3.** *(про час)* pass, elapse; **4.** *(припинятися, закінчуватися)* stop; be over; pass; **5.** *(відбуватися)* go off; be held; **6.** *розм.* *(вивчати)* do, study; **~ практику** do one's practical training
прохолода cool, coolness, freshness
прохолодний cool, cooling, refreshing
прохолонути cool off, get cold; *перен.* cool (down)
прохоплюватися, прохопитися let it out; blurt it act
процвітання prosperity
процвітати prosper
процедура 1. procedure, proceed; **2.** *мед.* course of treatment

процедурний procedural; **~на сестра** nurse; **~ кабінет** treatment room
процес 1. process; **~ проб і помилок** trial and error process; **запальний ~** *мед.* inflammation; **2.** *юр.* legal proceedings *pl*; case; **цивільний ~** (law)suit; **порушувати ~** institute proceedings
процесія procession
процесовий process
процесор *обч.* word processor
процесуальний *юр.* procedural; **~ кодекс** procedural code
проціджувати, процідити filter, strain; *(крізь зуби)* mutter
прочиняти, прочинити open slightly, set ajar
прочитувати, прочитати read (through)
прочищати, прочистити clean out; *(ніс)* clear
прочищений clear
прошарок 1. layer; stratum (*pl* -ta) *(тж перен.)*; **2.** *геол.* seam
прошивати, прошити 1. *(пришивати)* sew a seam on; **2.** *перен. (кулями)* pepper
проштовхувати, проштовхати *і* **проштовхнути** push (through)
прощавати: прощавай(те) goodbye, farewell
прощальний parting *attr.*; farewell *attr.*
прощання *(розставання)* farewell; parting; leave-taking; **на ~** on parting
прощати, простити forgive; pardon
прощатися *(з ким-н.)* say good-bye (to); take one's leave (of), bid farewell
прояв manifestation, display, development
проявляти, проявити 1. show, display; manifest; **2.** *фото* develop; **~ся** show (manifest) itself
проявник *фото* developer
прояснюватися *і* **прояснятися, прояснитися** (become) clear *(тж перен.)*; *(про погоду)* clear up; *(про обличчя)* brighten
пруг lip
прудкий quick; lively
пружина *тех.* spring
пружинистий springy
пружний elastic, resilient, resilience
пружність elasticity, resilience
прут 1. *бот.* twig; switch; **2.** *(металевий)* rod
пручатися resist
прядиво spun yarn
прядивний spinner
прядильник, прядильниця spinning
прядіння spinning
прядка spinning wheel
пряжа yarn
пряжений *(про молоко)* baked

пряжка *(на ремені)* buckle; *(на спідниці)* clasp
пряма як ім. straight line
прямий 1. straight; **2.** *(пов'язаний безпосередньо)* through, direct; **~ потяг** through train; **~ провід** direct line; **3.** *(про характер)* straightforward; **4.** *(очевидний)* open, obvious; <> **~ма мова** *грам.* direct speech; **~ма трансляція** live broadcast; **~ доступ** *обч.* direct access; **~ кут** *мат.* right angle; **~ репортаж** live coverage
прямо 1. straight ahead; **2.** *(безпосередньо)* straight; **3.** *(відверто)* bluntly, frankly, directly; **4.** *(саме)* right; <> **~ протилежний** exactly opposite
прямокутний right-angled; *(про чотирикутник)* rectangular; **~ трикутник** right-angled triangle
прямокутник rectangle
прямолінійний 1. rectilineal, rectilinear; **2.** *(відкритий, щирий)* straightforward
прямування tendency
прямувати set off (for); make (for)
пряник gingerbread; *(медовий)* honeycake
прясти spin
псалом psalm
псаломник sexton
Псалтир Psalter
псевдо(нім) pseudonym; *(літературний)* pen-name
психіатр psychiatrist
психіатричний psychiatric
психіатрія psychiatry
психіка psychology, psychics
психічний mental, psychical; **~не захворювання** mental disease
психоаналіз psychoanalysis
психоз *мед.* psychosis
психолог psyshologist
психологічний psychologic(al)
психологія psychology
психопат psychopath
психопатія psychopathy
психотерапевт psychotherapist
психотерапія psychotherapy
псування corruption, defacement, deterioration, waste
псувати spoil, corrupt *(тж морально)*; **~ся** spoil, get spoiled; *(про їжу)* go bad; *(про погоду)* break up; *(морально)* degenerate, become corrupt
птах bird
птахівник poulterer, poultry farmer
птахівництво poultry breeding
птахоферма poultry farm
пташеня fledgeling, nestling, chick
пташиний bird *attr.*; **~не гніздо** bird's nest
птиця *збір.* *(свійські птахи)* poultry fowl(s) *pl*

публіка *збір.* audience; *(громадськість)* public
публікація *(дія)* publication; *(твір)* published work
публікувати publish
публіцист publicist, journalist *(writer of sociopolitical literature)*
публіцистика publicistic writing, (sociopolitical) journalism
публіцистичний sociopolitical
публічний public; **~не звинувачення** denunciation; **~не повідомлення** publication
публічно in public; openly, publicly
пуголовок larva, tadpole
пудель poodle
пудинґ *кул.* pudding
пудра powder; **цукрова ~** icing sugar
пудрениця powder-case, powder compact
пудрити powder; **~ся** powder oneself face
пузо *розм.* belly
пуловер pullover
пульверизатор atomizer
пульс pulse
пульсувати pulsate, pulse; *(часто)* throb
пульт 1. *тех. (керування)* control desk (panel); **~ оператора** console; **2.** *(для нот)* stand
пума *зоол.* puma
пункт 1. *у різн. знач.* point; **2.** *(медичний)* centre, center *амер.*; **3.** *(спостережний, командний)* post; **4.** *(розділ документа)* paragraph, item, point, clause
пунктир dotted line
пунктуальний punctual
пунктуальність punctuality
пунктуація *грам.* punctuation
пункція *мед.* lumber puncture
пунш punch
пуп *анат.* navel, belly button
пуповина *анат.* umbilical cord
пуп'янок *(брунька)* bud, shoot
пуританин puritan
пуританський puritanical
пурпур purple, wine, Burgundy
пурпуровий purple *attr.*, wine, *attr.*, Burgundy, *attr.*
пуск starting up; *(машини тж)* setting in motion; *(ракети)* launch(ing)
пускати, пустити 1. *(відпускати)* let (smb.) go; *(на волю тж)* set (smb.) free; *(дозволяти)* let; **2.** *(впускати)* let in; **3.** *(в дію)* start, put in action; *(машину тж)* set in motion; **4.** *(пару, газ і под.)* turn on; **5.: ~ завод** set up a factory
пусковий starting *attr.*; launching *attr.*
пустельний desert; *(безлюдний)* deserted; lonely
пустеля desert, barren; *(безлюдне місце)* wilderness

пустий 1. *(порожній)* empty; **2.** *(про людину)* shallow; **3.** *(беззмістовний, безпідставний)* idle, empty; **~ті обіцянки** hollow promises
пустир wasteland
пустка deserted house
пусто *безос.* empty; **у холодильнику було ~** the fridge was empty
пустота 1. emptiness; **2.** *фіз.* vacuum
пустотливий mischievous, playful
пустотливість playfulness
пустощі *мн.* prank(s) *(pl)*
пустувати I be naughty; play pranks
пустувати II *(бути пустим)* be (stand) empty
пустун mischievous person, wanton; *(про дитину тж)* naughty child
пута *мн. прям. і перен.* clog *sing*; bonds, ties
путівка pass
путівник guidebook
путо hobble
путящий sensible, worthwhile
путь way; track, path
пух down; *(на обличчі)* fuzz; *(на тканині)* fluff, nap
пухир bubble; *(водяний)* blister
пухкий loose, spongy, soft; *(про хліб)* light
пухлий plump, chubby; *(розпухлий)* swollen
пухлина *мед.* swelling; *(внутрішня)* tumour
пухнастий fluffy, downy
пухнути swell
пуховий downy
пучка 1. finger-tip; **2.** *(що-н. узяте пучками)* pinch
пучок 1. bundle; bunch; **2.** *фіз.:* **~ променів** pencil of rays
пушинка flake, bit of fluff; *(снігова)* feather of snow
пушок 1. fluff, down; **2.** *(на плодах)* bloom
пуща dense forest, jungle; wilderness
пшениця wheat
пшеничний wheaten
пшоно millet
пюпітр lectern
пюре mash; *(фруктове)* puree; **картопляне ~** mashed potatoes
п'явка leech
п'яний drunk, tipsy
п'янити make drunk; *перен.* intoxicate
п'яниця drunkard
п'яніти be (get) drunk; *перен.* be intoxicated (with)
п'янкий (in)toxicant, heady
п'янство drunkenness; hard drinking
п'ята heel
п'ятдесят fifty
п'ятдесятий fiftieth; **~ті роки** the fifties
п'ятеро five; **нас було ~** there were five of us
п'ятиборство *спорт.* pentathlon

п'ятий fifth; **приїду ~того липня** I will arrive on the fifth of July
п'ятикутний pentagonal
п'ятикутник pentagon
п'ятиразовий: ~ чемпіон five-times champion
п'ятирічний (*про вік*) five-year-old
п'ятисотий five-hundredth
п'ятірка 1. (*цифра*) five; **2.** (*оцінка*) five, excellent
п'ятка *див.* **п'ята**
п'ятнадцятий fifteenth
п'ятнадцять fifteen
п'ятниця Friday; **минулої ~ці** last Friday
п'ятсот five hundred
п'ять five

Р

раб slave
рабин rabbi
рабовласник slave owner
рабовласницький slave-owning; **~ лад** slave-owning system
рабство slavery; servitude
рабський 1. slave *attr.*; **2.** *перен.* servile, slavish
равлик *зоол.* snail
раґу *кул.* ragout
рада I 1. (*орган державної влади*): **Верховна Рада** Supreme Rada; **2.** (*адміністративний орган*) council; **міська ~** City (Town) council
рада II (*адміністративний або громадський орган*) council; **Рада Міністрів** Council of Ministers; **Рада Безпеки ООН** United Nations Security Council; **учена ~** academic council
рада III (*порада*) advice; counsel; **<> не дам собі ~ди** I am quite at a loss; **дати ~ду** arrange, manage
радий 1. glad; **~ вас бачити** I am glad to see you; **~ познайомитися з вами** pleased to meet you; **я завжди ~ допомогти** I'm always glad to be of help; **2.** (*радісний*) joyful
радикал radical
радикальний radical; (*рішучий тж*) drastic
радикуліт *мед.* lower back pain
радист radio operator
радити advise; **~ся** consult, ask advice (of); (*на нараді*) discuss
радіальний radial
радіан radian
радіатор radiator
радіаційний radiation
радіація radiation
Радій *хім.* radium
радіо radio, wireless; **передавати по ~** broadcast; **слухати ~** listen to the radio
радіоактивний radioactive; **~ вуглець** radiocarbon; **~ показник** tracer; **~ні відходи** radwaste
радіоактивність radioactivity
радіоаматор radio ham
радіовразливість radiosensitivity
радіовузол rublic-address facilities *pl*
радіографія radiography
радіоелектроніка radio electronics
радіозв'язок radiocommunication
радіозонд radiosonde
радіоізотоп radioisotope
радіокоментатор radio-commentator
радіомовлення (radio) broadcasting
радіолокатор radar (*device*)
радіолокація radar (*system*)
радіолюбитель radio amateur (fan)
радіонуклід radionuclide
радіонуклідний radionuclide
радіоотрута radiopoison
радіопередача broadcast, radio programme, program *амер.*
радіопередавач transmitter
радіоприймач radio (set), radio receiver
радіослухач (radio) listener
радіостанція radio station
радіотелефон radiotelephone
радіотехніка radio engineering
радіохімічний radiochemical
радіохімія radiochemistry
радісний joyful, glad
радість joy, gladness, delight; **<> з ~тю** with pleasure, gladly

радіти be pleased, be glad; rejoice
радіус 1. *мат.* radius (*pl* -dii); **2.** *перен.* (*дії*) range
радник 1. adviser, counsellor; **2.** (*посада*) councillor
радо 1. (*охоче*) gladly, willingly, readily; **2.** (*сердечно*) cordially
Радон *хім.* radon
радощі *мн. збір.* joy *sing*, gladness *sing*
радувати make glad, gladden
раз I 1. time; **ще ~** once again, once more; **повторіть ще ~** say it again; **одного ~зу** once; **іншим ~зом** some other time; **~ на добу** once a day; **~ на рік** yearly; **~ на три місяці** quarterly; **2.** (*при лічбі*) one; <> **~ у ~** again and again; **~ (і) назавжди** once and for all
раз II (*якось, колись*) one day; once
раз III (*якщо*) since; **~ ви так кажете** since you say so
разок (*намиста*) string (of beads)
разом 1. together; **2.** *бухг.* in all; sum-total; <> **~ із тим** at the same time
разючий striking, startling; (*вражаючий*) impressive
рай paradise
райдуга rainbow
райдужний iridescent
район 1. (*частина території, місцевість*) area, region; locality, country; **~ із вразливою екологією** ecologically fragile area; **2.** (*адміністративно-територіальна одиниця*) district
райський paradise *attr.*; heavenly; **~ка птиця** bird-of-paradise
рак I *зоол.* crayfish
рак II *мед.* cancer
ракета rocket; (*освітлювальна*) flare; **~-носій** *косм.* launch vehicle
ракетка *спорт.* racket; (*для настільного тенісу*) bat
ракетний rocket *attr.*; (*з ракетним двигуном*) jet(-propelled), rocket-propelled; **~не паливо** propellant
раковина 1. (*у кухні*) *див.* **злив;** (*для умивання*) wash-bowl; **2.: вушна ~** external ear
рама frame; **віконна ~** window frame, sash
рамка 1. frame; **у ~мці** framed; **2. ~ки** *мн.* (*межі*) limits; framework *sing*
рампа *театр.* footlights *pl*
рана wound
ранґ rank, class
ранець (*солдатський*) haversack, knapsack; (*шкільний*) satchel
ранити wound
раніш, раніше 1. earlier; **якомога ~ше** as early as possible; **2.** (*завчасно*) before, until; **3.** (*колись*) formely, before

ранішній *див.* **ранковий**
ранковий morning *attr.*; **~ва зоря** dawn
ранком in the morning
ранній early
рано early; <> **~ чи пізно** sooner or later; **~-вранці** early in the morning
ранок morning; **дитячий ~** (*музичний*) matinee; <> **доброго ~нку** good morning
рапорт report
рапортувати report
раптовий sudden; unexpected; surprise *attr.*; **~ве перенапруження** surge; **~ приплив** surge
раптовість suddenness; unexpectedness; surprise
раптом suddenly; unexpectedly; all of a sudden
раритет spoil
раса race
расизм racism, racialism
расист racist, racialist
расистський racialist *attr.*
ратифікація ratification
ратифікувати ratify
ратиця hoof
раунд *спорт.* round; **~ переговорів** *політ.* round of talks
рафінад refined sugar, lump sugar, sugar cubes *pl*
рафінований refined
рахівник book-keeper; accountant
рахівництво book-keeping
рахіт *мед.* rickets
рахувати *у різн. знач.* count; (*підраховувати*) calculate, compute; **~ся** consider; take into consideration; **не ~ся з ким-н.** ignore smb.; not consider smb.
рахунок 1. calculation; **2.** *бухг.* account; **поточний ~** account current; **3.** (*документ*) bill; **4.** *спорт.* score; **відкрити ~** open the scoring; **зрівняти ~** even the score; <> **за ~ чого-н.** at the expense of smth.
раціон ration
раціоналізатор innovator
раціоналізація rationalization
раціоналізувати rationalize
раціоналіст rationalist
раціональний (*про вчинок*) rational; (*про використання ресурсів і под.*) effective; **~не харчування** well-balanced diet
раціонально rationally
рація I (*радіостанція*) radio transmitter-receiver, walkie-talkie
рація II sense, reason; **ви маєте ~цію** you are right; **нема ~ції** there is no point (in + *gerund*)
рваний torn; (*про одяг тж*) worn

рвати 1. *(на частини)* tear, rend; *(порвати)* tear up; 2. *(зривати квіти й под.)* pick, pluck; 3. *(виривати — зуби й под.)* pull out; 4. *перен. (розривати — зв'язки й под.)* break off; **~ся** 1. *(розриватися)* tear; *(про нитку)* break; 2. *перен. (про зв'язки й под.)* be broken; 3. *(вириватися)* struggle to get free

рвучкий 1. *(різкий)* jerky, abrupt; 2. *(гарячий)* impetuous; 3. *(про вітер)* gusty

ре *муз.* re, D

реабілітація rehabilitation

реабілітувати rehabilitate

реаґент reagent

реаґувати react (to); *(виявляти своє ставлення тж)* respond (to)

реаерація reaeration

реактив *хім.* reagent

реактивний 1. *хім.* reactive; 2. *фіз.* jet *attr.*; **~ двиґун** jet engine; **~ літак** jet plane

реактивність reactivity

реактор *фіз.* reactor; **атомний ~** atomic (nuclear) reactor

реакційний reactionary

реакціонер reactionary

реакція *у різн. знач.* reaction; *(відгук тж)* response

реалізація 1. *(товарів, цінних паперів і под.)* realization; 2. *(реформ, проектів, пропозицій)* implementation

реалізм realism

реалізувати 1. *(товари, цінні папери й под.)* realize; 2. *(реформи, проекти, пропозиції)* implement

реаліст realist

реалістичний realistic(al)

реальний real; *(який можна здійснити)* practicable, realistic

реальність 1. reality; 2. *(політики, плану, завдання й под.)* practicability, feasibility

реанімація resuscitation; **відділення ~ції** intensive care unit

ребристий gill, ribbed

ребро 1. *анат.* rib; 2. *(вузький край)* edge

ребус rebus; *перен.* riddle

рев roar; *(тварин тж)* bellow

ревальвація *ек.* revaluation

реванш revenge; *спорт.* return match; **брати (взяти) ~** take revenge

реваншизм revanchism

реваншист revenge-seeker

реверсивний reversible

ревізійний inspection *attr.*; **~на комісія** audit commission

ревізія 1. *(перевірка, обстеження)* inspection; *(бухгалтерська)* audit; 2. *(перегляд теорії та под.)* revision, revising

ревізор inspector; auditor

ревізувати 1. *(перевіряти)* inspect; 2. *(переглядати теорію)* revise

ревматизм *мед.* rheumatism

ревматичний *мед.* rheumatoid

ревматолог *мед.* rheumatologist

ревнивий jealous

ревний zealous, earnest; *(старанний)* diligent, assiduous

ревнощі *мн.* jealousy *sing*

ревнувати be jealous (of); **він ~нує мене до свого брата** he is jealous of my relationship with his brother

револьвер revolver

революційний revolutionary

революціонер revolutionary

революція revolution; **науково-технічна ~** scientific-technological revolution

ревти і **ревіти** 1. roar; *(про звірів тж)* bellow; *(про бурю)* howl; 2. *розм. (плакати)* howl, weep

регіт roar(s) of laughter

реготати roar with laughter

реґалія *(зазв. -лії мн.)* regalia *sing*

реґата regatta

реґбі *спорт.* rugby (football)

реґбіст *спорт.* rugby player

реґенерація recovery

реґіон region

реґіональний regional

реґістр register

реґламент 1. *(порядок засідань)* order of business; 2. *(час для виступів)* speaking time

реґламентація regulation

реґламентувати regulate

реґлан raglan; **пальто-~** raglan coat

реґрес regress, retrogression

реґулювальник traffic-controller, traffic policeman

реґулювати regulate; *(механізм тж)* adjust; *(дорожній рух)* control

реґулярний regular; **~ні війська** regular army *sing*

реґулярність regularity

реґулярно regularly

реґулятивний regulatory

реґулятор regulator, moderator, throttle

реґуляторний throttle

редаґувати edit

редактор editor; **головний ~** editor-in-chief

редакційний editorial; **~на колеґія** editorial board; **~на стаття** editorial

редакція 1. *(редаґування)* editing; *(керівництво виданням)* editorship; **за ~цією** edited by; 2. *(формулювання)* wording; 3. *(варіант твору)* version, edition; 4. *(колектив працівників)* the editors *pl*; 5. *(приміщення)* editorial office

редиска garden radish

редька black-radish
реєстр list, log, roll, roster; register; *(словники)* word-list
реєстратор *(у поліклініці)* receptionist; *(у загсі)* registrar
реєстратура reception, registry
реєстрація registry, registration
реєстрування recordkeeping
реєструвати register
режим 1. *політ.* regime; **2.** *(розпорядок роботи й под.)* routine; regimen; **~ дня** daily time-table; **3.** *кіб.* mode
режисер producer; *(у кіно)* director; **~-постановник** (stage) director; **помічник ~ра** stage manager; assistant producer; *(у кіно)* deputy director
режисура *(фах)* directing; *(фільму, спектаклю)* direction
резерв reserve; **мати в ~і** have in reserve; **касовий ~** *ком.* cash reserves
резервний 1. reserve *attr.*; **~на валюта** reserve currency; **~ капітал** capital reserve; **~ фонд** reserve fund; **~ні війська** (army) reserves; **2.** *обч.* backup *attr.*
резервуар reservoir *(tank)*
резервування reservation
резидент resident, spy
резиденція residence
резолюція resolution; **ухвалити ~цію** pass (adopt) a resolution
резонанс 1. resonance; **2.** *перен.* effect, response
резонний reasonable
результат result, outcome; **у ~ті** as a result; **~ виборів** return
результативний effective, productive
резус: ~-фактор rhesus factor
резюме resume, summary, digest
резюмувати summarize
рейд I *мор.* roadstead, road(s) *(pl)*
рейд II *військ.* raid
рейка 1. *тех.* lath; **2.** *зал.* rail; **сходити (зійти) з ~йок** be derailed
рейнвайн hock *(wine)*
рейс *(автобуса)* trip, run; *(пароплава)* voyage, sailing; *(літака)* flight
рейсовий regular; **~ пароплав** liner
рейсфедер ruling-pen
рейсшина T-square
рейтинг popularity rating
рейтузи *мн.* tights, thermal pants
реквієм requiem
реквізит *(театр, кіно)* props *pl*; **~ти** *мн.* *(у документах)* document entry
реквізиція requisition
реквізувати requisition
рекет racketeering
рекетир racketeer
реклама *(торговельна)* advertisement, advertising; *(театральна)* publicity
рекламний advertising *attr.*; publicity *attr.*; **~не оголошення** throwaway
рекламувати advertise
рекомендаційний reference
рекомендація recommendation
рекомендований recommended; **~ лист** letter of recommendation
рекомендувати recommend
реконструкція reconstruction; *(відновлення тж)* restoration
реконструювати reconstruct; *(відновити тж)* restore
рекорд record; **поставити ~** set up a record; **побити ~** break (beat) a record
рекордний record(-breaking) *attr.*
рекордсмен recordholder
ректор rector; president *амер.*; *(англійського університету)* chancellor
ректорат university administration; *(приміщення)* rector's office
релігійний religious
релігія religion
реліквія relic; *(родинна)* heirloom
релікт relict
реліктовий relict
рельєф relief
рельєфний relief *attr.*; raised, embossed
ремарка 1. *(заувага)* note, remark; **2.** *театр.* stage direction
ремесло craft; *(професія)* trade, handicraft
ремінець small strap; *(годинника)* wristlet
ремінь strap; *(пояс)* belt
ремісник craftsman; handicraft worker
ремісничий craft *attr.*; handicraft *attr.*
ремонт repairs *pl*, alteration; **поточний ~** maintenance; **здавати що-н. у ~** put smth. in for repair
ремонтний repair *attr.*, remedial
ремонтування maintenance, remediation
ремонтувати repair, fix *амер.*; *(квартиру тж)* decorate
ремствувати complain (to, of)
ренегат renegade, turncoat
рента *ек.* rent; **земельна ~** ground rent
рентабельний *ек.* paying; profitable
рентабельність *ек.* profitableness
рентген 1. *(просвічування)* X-ray photography; **2.** *фіз.* Roentgen
рентґенівський X-ray *attr.*, roentgen; **~ апарат** X-ray machine; **~ кабінет** X-ray room; **~ знімок** X-ray (picture), radiograph; **~ке проміння** X-rays
рентґенолог radiologist
реорганізація reorganization

реорганізовувати, реорганізувати reorganize
репатріант repatriate
репатріація repatriation
репатріювати repatriate
репертуар repertoire
репетирувати 1. *(виступ)* rehearse; **2.** *(готувати учня)* coach
репетитор coach, private tutor
репетиція rehearsal; **генеральна ~** dress-rehearsal
репетувати shout; cry out
репліка 1. remark, retort; **2.** *театр.* cue; **3.** *юр.* objection
репортаж reporting; report; *(під час гри)* commentary
репортер reporter
репрезентативність representativeness
репрезентація representation
репресивний repressive
репресія repression
репродуктивний reproductive
репродуктор loudspeaker
репродукція reproduction *(of painting etc.)*
рептилія reptile
репутація reputation, fame, standing
реп'ях *бот.* agrimony, burdock
ресора spring
респектабельний respectable
респіратор respirator
респондент respondent
республіка republic
республіканець republican
республіканський republican
реставратор restorer
реставрація restoration, renewal, renovation
реставрувати restore
ресторан restaurant
ресурси *мн.* resources; **природні ~** natural resources
ретельний zealous; *(старанний)* diligent, assiduous; **~ні пошуки** research
реторта retort
ретортовий retort
ретро retro
ретроград reactionary
ретроспектива retrospective
реферат synopsis *(pl* -ses)
референдум referendum *(pl* -da)
референт *(директора, міністра)* aide
рефері referee
реферувати summarize
рефлекс reflex; **(без)умовний ~** (un)conditioned reflex
рефлектор reflector
реформа reform
реформатор reformer
реформувати reform
рефрижератор *(судно)* refrigerator ship; refrigerated lorry truck
рецензент *(книг)* reviewer; *(рукописів)* reader
рецензія review; *(на рукопис)* opinion
рецензувати review
рецепт 1. *(спосіб виготовлення)* recipe; **2.** *(лікаря)* prescription; **виписати ~** prescribe (smth.)
рецидив relapse *(тж мед.)*
рецидивіст recidivist
речення sentence; *(частина складного)* clause
речовий material, objective, substantial; **~ мішок** knapsack; **~ доказ** exhibit
речовина substance, stuff, matter
решето sieve
решітка grating, grille; lattice; *(на вікні тж)* див. **ґрати** *(огорожа тж)* railings *pl*
решітковий criss-cross
решта remainder, rest
рештки *мн.* **1.** *(від зруйнування й под.)* remains, tailings; **2.** *(сліди минулого)* vestiges, traces
риба fish
рибалити fish
рибалка fisherman
рибальський fishing *attr.*, fisherman's; **~ гачок** angle; **~ човен** fishing-boat
рибний fish *attr.*; **~на промисловість** fishing industry; **~ні консерви** tinned fish; **канед fish** *амер.*
ривок jerk, surge, tug
ридання sob; sobbing
ридати sob
ризик hazard, risk
ризикований risky; *перен.* risque
ризикувати, ризикнути risk; take risk; **ви дуже ~кує́те** you are taking a (big) risk
рикошет ricochet
рима rhyme
римський Roman; **~кі цифри** Roman numerals
римувати(ся) rhyme
ринва drain-piper, gutter-pipe
ринґ *спорт.* (boxing) ring
ринковий market *attr.*
ринок market; *(місце тж)* market-place
рипіти creak, squeak; *(пером)* scratch
рис rice
рисовий rice *attr.*
риса 1. *(лінія)* line; **2.** *(властивість, особливість)* feature, trait; **відмінна ~** distinctive feature; **<> у загальних ~сах** in outline; **~си обличчя** features
рисак trotter
риска 1. tine; **2.** *(дефіс)* hyphen
рислінґ Riesling

рисовий rice
рись I *зоол.* lynx
рись II *(біг)* trot; **бігти риссю** trot
рити dig; root (in); **~ся** dig; root; *(у речах)* rummage
ритм 1. *(серця, вірша)* rhythm; **2.** *перен. (життя, роботи)* pace
ритмічний rhythmic(al); **~на гімнастика** aerobics
риторика rhetoric
ритуал ritual
риф reef, key
рицар *іст.* knight; *перен.* gentleman
рицарство knighthood; chivalry
рицарський knightly; chivalrous
рицина castor oil
ричати growl, snarl
риштовання, риштування *буд.* scaffolding, staging
рів ditch; *(фортеці)* moat
рівень 1. level; **над ~внем моря** above sea-level; **2.** *(ступінь, величина та под.)* standard
рівний I *(однаковий)* equal the same; **не мати собі ~них** be unrivalled (in)
рівний II 1. *(гладенький)* even, level, smooth; **2.** *(прямий)* straight; **~на лінія** straight line; **3.** *(рівномірний)* regular
рівнина plain
рівнинний flat
рівність equality, evenness
рівно 1. *(однаково)* equally; **2.** *(гладенько)* smoothly; **3.** *(точно)* exactly, precisely; **~ о другій годині** at two sharp; **4.** *(рівномірно)* evenly, regularly
рівновага equilibrium, equipoise; balance *(тж перен.)*
рівноважність equiponderance
рівновартісний equivalent
рівновартісність equivalence
рівноденний equidiurnal, equinoctial
рівнодення *астр.* equinox; **весняне (осіннє) ~** vernal (autumnal) equinox
рівнодіюча *фіз., мат.* resultant (force)
рівнозначний equivalent, equipollent
рівномірний even, regular, steady; *(ритмічний)* rhythmical; *фіз., тех.* uniform; **~ рух** uniform motion
рівномірність regularity
рівноправний equal (in rights); *(про людей тж)* of equal standing *після ім.*
рівноправність equality (of rights)
рівноцінний of equal value *після ім.*; equivalent
рівноцінність equipollence, equivalent
рівночасний synchronous
рівня *розм.* equal, match; **він їй не ~** he's no match for her

рівняння *мат.* equation
рівняти 1. *(вирівнювати)* smooth; **2.** *(робити однаковим)* make equal; even, equalize; **зрівняти рахунок** *спорт.* equalize the score; **3.** *(порівнювати)* compare (with); **4.** *(розміщувати в ряд)* line up; *військ.* dress; **~ся 1.** *(випрямлятися)* straighten out; **2.** *(шикуватися в ряд)* line up; *військ.* dress
рівчак ditch, trench
ріг I horn *(тж муз.)*; *(оленячий)* antler
ріг II *(вулиці)* corner; **за рогом** round the corner
рід 1. *(родинний)* family, kin; **2.** *(походження, народження)* birth, origin, stock; **родом** by birth; **він родом із Польщі** he comes from Poland; *(покоління)* generation; **3.** *(сорт, вид)* sort, kind; **4.** *біол.* genus (*pl* -nera); **5.** *грам.* gender
рідина liquid, liquor, fluid
рідинний liquid; **~ пил** spray
рідіти 1. *(про ліс, волосся)* get thinner; **2.** *(про хмари й под.)* disperse, drift away; **3.** *(зменшуватися в кількості)* be depleted
рідкий 1. *(негустий — про волосся та ін.)* thin, sparse, scanty; **2.** *(який трапляється нечасто)* rare, infrequent; **3.** *(у стані рідини)* liquid; **4.** *(водявий)* watery; *(про кашу й под.)* thin
рідкісний rare, uncommon, exceptional; **~не явище** phenomenon
рідкість rarity, curio(sity)
рідко seldom, rarely
рідний 1. *(по крові)* one's own; **2.** *(про дім і под.)* native; **~не місто** native town; one's home town; **3.** *(милий, близький серцю)* dear, darling; **4.: ~ні** *як ім., мн.* one's relatives (relations); *(родина)* one's people; **<> ~на мова** mother tongue; native language
ріднити bring together; make related; **~ся** become related (with)
рідшати 1. become rare; **2.** *див.* **рідіти 1, 2**
ріжок 1. *зменш. від* **ріг I; 2.** *(для взуття)* shoehorn
різак cutter
різальний cutting
різаний cut
різанина slaughter, massacre
різання cutting
різати 1. cut; *(скибками тж)* slice; *(м'ясо)* carve; **2.** *(худобу)* slaughter; **<> ~ око** offend the eye; **~ся: у дитини ріжуться зуби** the baby is cutting his teeth
Різдво Christmas, Xmas
різець chisel; cutter
різка rod, birch
різкий *у різн. знач.* sharp; **~ рух** flounce; *(про вітер тж)* cutting, biting; *(про звук)* harsh;

різкість — розбирати

(раптовий) sudden; *(про характер, манери)* abrupt; blunt

різкість sharpness; abruptness, roughness; *(грубість)* bluntness; *(грубе слово)* harsh words *pl*

різний 1. *(несхожий)* differing, different; **2.** *(різноманітний)* various, diverse

різник butcher

різнитися differ (in)

різниця difference *(тж мат.)*

різнобарвний of different colours *після ім.*; many-coloured

різнобій lack of coordination

різнобічний many-sided; *перен. тж* versatile

різновид variety, species

різноманітити vary, diversify

різноманітний manifold, miscellaneous, multiple, diverse; varied; various

різноманітність variety, diversity, manifold

різнорідний heterogeneous

різносторонній *див.* **різнобічний**

різношвидкісний multispeed

рій swarm

рік year; **цього року** *(цьогоріч)* this year

ріка *див.* **річка**

рілля *с.-г.* tillage, ploughed field

ріпа turnip

ріст growth; *перен. (збільшення)* increase, rise

річ 1. *у різн. знач.* thing; object; article; **речі першої необхідності** the necessaries of life; **2.: речі** *мн. (майно)* things, belongings

річище river-bed; channel

річка river

річковий river *attr.*; **~ рак** crawfish

річний year's; annual

річниця anniversary

рішення 1. decision; *(постанова тж)* resolution; *(судове)* verdict; **приймати ~** come to a decision; **2.** *(задачі й под.)* solution (of), answer (to)

рішуче resolutely, decidedly; *(категорично)* positively

рішучий resolute, decided; *(вирішальний)* decisive

рішучість resolution; firmness

робити do; *(виготовляти)* make; **~ уроки** do one's lessons; **~ помилки** make mistakes; **~ висновки** draw conclusions; **~ся 1.** *(ставати)* become, get, grow; **2.** *(відбуватися)* be going on, happen

робітник worker; workman; working man

робітниця worker; working woman; **хатня ~** housemaid

робітничий working *attr.*; workers'; **~ клас** working class

робот robot

робота 1. *у різн. знач.* work; *(механізму)* working, functioning; **2.** *(заняття, праця на підприємстві)* work, job; **без ~ти** out of work, unemployed; **домашня ~** housework; *(завдання)* homework

робототехніка robotics

робочий work; working *attr.*; **~ день** workday; **~ча сила** labour power, manpower; **~ інструмент** tool; **~ кабінет** study; **~ одяг** overall

рогатий horned; **велика ~та худоба** cattle

роговий horn *attr.*

родзинки *мн.* raisins *pl*

родимка birthmark, mole

родина family

родинний family *attr.*

родити give birth (to); bear *(тж про землю)*; *перен. тж* give rise (to); **~ся** be born; *перен. (виникати)* arise, spring up

родич, родичка relative, relation

родичатися 1. become related (to); **2.** maintain family ties

родовий I: ~ відмінок *грам.* genitive (case)

родовий II 1. family *attr.*; **2.** *біол.* generic; **3.** *грам. (для розрізнення роду)* gender *attr.*

родовище *геол.* deposit; field

родовід family tree; *(тварини)* pedigree

родоначальник ancestor; *перен.* father

родючий fertile, fruitful, rich; **~ча земля** loam

родючість fertility, richness

рожевий pink; rosy; **<> бачити все у ~вому світлі** see everything through rose-coloured spectacles

розбавляти, розбавити dilute

розбагатіти get rich

розбещений 1. *(недисциплінований)* undisciplined, wild; **~на дитина** wanton; **2.** *(аморальний)* dissolute

розбещеність 1. *(недисциплінованість)* lack of discipline; **2.** *(аморальність)* dissoluteness

розбещувати, розбестити corrupt, spoil

розбивати, розбити 1. *(на шматки)* break, shatter *(тж перен.)*; **2.** *(пошкодити, забити)* knock, hurt; *(сильно)* fracture; **3.** *(завдати поразки)* beat, defeat; **~ся 1.** *(на шматки)* break; *(про літак)* crash; *перен.* be wrecked (shattered); **2.** *(ударитися)* hurt oneself

розбирання *тех.* disaggregation

розбирати, розібрати 1. *(забирати все)* take; *(розкупити)* buy up; **2.** *(на частини)* disassemble, take to pieces, dismantle; *(зруйнувати)* pull down; **3.** *(розглядати справу й под.)* look (into); discuss; **4.** *грам. (за частинами мови)* parse; *(за членами речення)* analyse; **5.** *(розрізняти)* make out; **6.: мене**

розбирає сміх I can't help laughing; **~ся 1.** (на частини) disassemble, come apart; **2.** (розуміти) understand; **добре розбиратися в чому-н.** have a good understanding of smth.
розбишака див. **розбійник**
розбіг running start
розбігатися, розбігтися 1. (у різні боки) scatter; **2.** (для стрибка) make (take) one's run
розбіжність divergence; **~ думок** difference in opinion
розбій robbery
розбійник highwayman; robber
розбійницький robber's; (властивий розбійнику) gangster-like
розбір 1. (на частини) disassembling; **2.** (розгляд) investigation, examination; (статті й под.) review; **3.** грам. (за частинами мови) parsing; (за членами речення) analysis; <> **без розбору** indiscriminately
розбірливий 1. (вередливий) fastidious; (у засобах) scrupulous; **2.** (чіткий — про почерк і под.) legible
розбірливість 1. (вередливість) fastidiousness; (у засобах) scrupulousness; **2.** (почерку й под.) legibility
розбірний sectional; prefabricated
розбовтувати, розбовтати shake up, stir up
розболітися (про частини тіла) ache; **у мене голова ~лілася** I have a headache
розбороняти, розборонити (учасників бійки) separate
розбрат discord, dissension; sow discord (dissension)
розбрестися disperse
розбризкувальний atomizing
розбризкувати, розбризкати splash about
розбудова development
розбудити wake (up), awake
розбухати, розбухнути swell
розвага amusement; distraction; (видовище й под.) entertainment
розважальний pleasure, recreational
розважати, розважити 1. (відволікати) distract; **2.** (забавляти) amuse; entertain; **~ся** amuse oneself, have fun
розважливий discretionary; reasonable, prudent
розважливість reasonableness, prudency
розважний deliberate
розважність discretion
розвал disintegration; break-up
розвалювати, розвалити 1. (що-н. складене) pull apart; (будівлю) pull down; **2.** (призводити до занепаду) wreck, ruin; **~ся**

1. (руйнуватися) fall to pieces; (про будівлю) collapse, fall down; **2.** (занепадати) go to pieces, be ruined; **3.** розм. (сидіти розкинувшись) sprawl, lounge
розвантаження unloading, discharging
розвантажувати, розвантажити unload, discharge
розвеселяти(ся), розвеселити(ся) cheer up
розвивати, розвинути develop; **~ швидкість** pick up speed; **~ся** develop
розвиднятися безос.: **~няється** day is breaking
розвинений 1. у різн. знач. developed; **2.** (розумово) cultivated; intelligent
розвинутий див. **розвинений**
розвиток development; progress, growth
розвиватися flutter, fly
розвідка I (наукове дослідження) research, investigation
розвідка II 1. (розвідувальна служба) intelligence (secret) service; **2.** військ. reconnaissance; intelligence; **іти в ~ку** reconnoitre; **3.** геол. exploring, prospecting
розвідний: ~ міст drawbridge
розвідник 1. (агент) secret service man (agent); **2.** військ. scout; **3.** геол. prospector
розвідувальний intelligence attr.; reconnaissance attr.
розвідування exploration
розвідувати, розвідати 1. (дізнатися про що-н.) (try to) find out; **2.** військ. reconnoitre; **3.** геол. explore, prospect
розвідувач prospector
розвінчувати, розвінчати dethrone; debunk розм.
розвішувати, розвішати і **розвісити** hang (out)
розвіювати, розвіяти disperse; перен. dispel
розводити, розвести 1. (приводити куди-н.) take; conduct; **2.** (у різні боки) part; (міст) raise, open; **3.** (розбавляти) dilute; **4.** (тварин і под.) breed, rear; (рослини) cultivate
розвозити, розвезти take; transport; (товари) deliver
розворушувати, розворушити stir up, rouse
розв'язання answer
розв'язка (завершення) outcome; issue; end; літ. denouement
розв'язний soluble
розв'язок solution
розв'язуваність solubility, solvability
розв'язувати, розв'язати 1. undo, untie; unbind; <> **~ кому-н. руки** перен. give smb. freedom; **2.** (вирішувати) solve; <> **~ війну**

unleash a war; **~ся 1.** *(про зав'язане)* come undone (untied); **2.** *(про задачу й под.)* come out, be solved
розгадка solution; answer
розгадувати, розгадати *(відгадати)* solve, guess
розгалужений ramified
розгалуження branching; ramification
розгалужуватися branch out; *(про дорогу)* fork
розганяти, розігнати 1. drive away; *(натовп і под.)* disperse; break up; **2.** *(прискорювати хід)* get up speed; **~ся** *(для стрибка)* run
розгардіяш *розм.* mess
розгарячитися get hot; *перен.* get excited
розгинати, розігнути unbend; straighten (out); **~ся** straighten oneself
розгін run, momentum; **з ~гону** full tilt
розгладжувати, розгладити smooth out; *(випрасовувати)* iron, press
розгляд examination; consideration; *(судовий)* trial; *(критичний)* analysis
розглядати, розглянути 1. *(дивитися)* look (at); *(уважно)* scrutinize; **2.** *перен.* *(вважати)* regard (as), consider (to be); **3.** *перен.* *(обговорювати)* consider, examine
розгніваний enraged; furious; infuriated
розгнівати infuriate; **~ся** fly into a rage
розговоритися *(з ким-н.)* get into talk (with)
розгодинюватися clear up; **~нюється** it's beginning to clear up
розгойдувати(ся), розгойдати(ся) rock; swing
розголошування exposure
розголошувати, розголосити divulge, make known
розгороджувати, розгородити partition
розгортати, розгорнути 1. *(згорнуте)* unroll; *(складене)* unfold; *(загорнуте)* unwrap; **2.** *перен.* *(розвивати)* develop; **~ся 1.** become unrolled (unfolded, undone); **2.** *перен.* *(набирати широкого розмаху)* develop
розгорятися, розгорітися 1. flame up, flare up *(тж перен.)*; get well alight; **2.** *(червоніти від хвилювання) див.* **розпашітися**; <> **очі в нього ~рілися** his eye shone
розгризати, розгризти crunch; crack
розгрібати, розгребти rake (away)
розгром 1. *(ворога)* crushing defeat, rout; **2.** *(спустошення)* devastation
розгромити *(завдати поразки)* rout, defeat; *(спустошити)* devastate
розгубити lose (one after the other); **~ся** *(від хвилювання)* be bewildered; *(від несподіванки)* be taken aback
розгублений bewildered, perplexed, blank
розгубленість bewilderment, perplexity

розгул *(пияцтво)* revelry, debauch; **~ реакції** orgy of reaction
розґвинчувати, розґвинтити unscrew
роздавання deal
роздавати, роздати distribute, hand out, give out
роздавити crush, smash; *(переїхавши)* run down
роздвоєний forked
роздвоєння fork, bifurcation
роздвоюватися fork; bifurcate
роздивлятися, роздивитися look (at); examine
роздирати, роздерти *(на шматки)* tear up; tear to pieces
розділ 1. *(поділ)* division; **2.** *(відділ)* section; *(у книзі)* part; *(у документі)* issue
розділений split
розділовий dividing, separating; **~ві знаки** punctuation marks; **ставити ~ві знаки** punctuate
роздільний 1. separate, severable; **2.** *(про вимову, звуки)* distinct
роздільність severability
розділяти, розділити 1. *(ділити)* divide; **2.** *(роз'єднувати)* separate; **3.** *(думку, долю та под.)* share; **~ся** divide (into); be divided
роздмухувати, роздмухати *(вогонь)* fan *(тж перен.)*
роздобувати, роздобути get, get hold (of); procure
роздоріжжя cross-roads *pl;* **на ~жі** at the cross-roads; *перен. тж* at the parting of the ways
роздратований irritated; exasperated
роздратовано in irritation
роздратовувати, роздратувати irritate; exasperate
роздратування irritation; exasperation, exacerbation
роздріб: у ~ by (at) retail
роздрібний retail *attr.*
роздрібнювальний crushing
роздрібнювання crush(ing)
роздрібнювати, роздрібнити reduce to fragments; *(товкти)* pound
роздроблений split
роздробляти, роздробити break, crush; *(кістку)* splinter
роздувати, роздути 1. *(вогонь)* fan *(тж перен.)*; **2.** *розм.* *(збільшувати)* inflate; enlarge (upon); exasperate; **~ся** swell; *(про вітрила)* billow
роздум *(зазв.* **~ми** *мн.)* meditation, thought
роздумати change one's mind
роздумувати 1. meditate, think, ponder; **2.** *(вагатися)* hesitate

роздутий *розм.* **1.** *(який роздувся)* swollen; **2.** *(надутий вітром)* billowing; **3.** *(перен. навмисно збільшений)* inflated
роздушувати, роздушити crush
роздягальний strip
роздягальня *розм.* cloak-room
роздягати(ся), роздягти(ся) undress
розетка rosette
роз'єднувати, роз'єднати 1. separate, disjoin; part; **2.** *ел.* disconnect, break; **нас ~нали** *(під час телефонної розмови)* we were cut off; **~ся 1.** separate, part; come apart; **2.** *ел.* become disconnected
розжалобити move to pity
розжарений incandescent
розжарення incandescence
розжарювати, розжарити *(вогнем)* heat; *(про сонце тж)* make scorching hot; **~ся** be scorching
розжиріти grow fat
розжовувати, розжувати 1. chew, masticate; **2.** *перен. розм.* *(розтлумачити)* spoonfeed (to), chew over
роззброєння disarmament
роззброювати(ся), роззброїти(ся) disarm
роззувати, роззути take off smb.'s shoes; **~ся** take off one's shoes
роззява *розм.* gawk, goof
роззявляти, роззявити *розм.* open wide; **<> ~ рот(а)** gape
розігрувати, розіграти 1. *(роль, п'єсу)* play; **2.** *(у лотерею)* raffle; *(кинувши жереб)* draw lots (for)
розігрівати, розігріти heat up; warm up
розізлити make angry (furious)
розірваний dissolved
роз'їдання corrosion, erosion, fret, fretting
роз'їдати, роз'їсти eat away; corrode *(тж перен.)*
роз'їжджати travel about; *(на машині)* drive about
роз'їжджатися, роз'їхатися 1. *(поїхати)* depart, go away; **2.** *(розлучатися)* separate (from), part (from); **3.** *(док. (не зустрічатися)* miss each other
роз'їзд 1. *(від'їзд)* departure; **2.** *зал.* passing-track; double-track section
розказувати, розказати relate, narrate, tell
розкаюватися, розкаятися repent (of)
розквитатися *розм.* settle up accounts (with); *перен. тж* be even (with), be quits (with)
розквіт blossoming; *перен.* prosperity; *(літератури й под.)* golden age; **у ~ті сил** in the prime of (one's) life
розквітати, розквітнути bloom, blossom; *перен.* flourish

розкиданий 1. scattered; **2.** *перен. (безладний)* disconnected; confused
розкида́ти, розки́дати throw about; *(розсипати)* scatter *(тж перен.)*
розкіш luxury
розкішний luxurious, magnificent, rich; *(чудовий)* splendid
розклад I 1. *(на складові частини)* decomposition; **2.** *(моральний)* corruption, demoралization
розклад II *(графік)* time-table, schedule; **~ чергувань** roster
розкладальний putrescent; **~ фактор** decomposer
розкладати, розкласти 1. *(розміщати)* lay out; **2.** *(розподіляти)* distribute, apportion; **3.** *(на складові частини)* decompose; **4.** *(деморалізувати)* demoralize, corrupt; **~ся 1.** *хім.* decompose; *(гнити тж)* decay; **2.** *(морально)* decay; become corrupted
розкладний folding
розкланюватися, розкланятися 1. *(вітатися)* make one's bow, greet; **2.** *(прощатися)* take leave (of)
розклеювати, розклеїти 1. *(про афіші та под.)* stick, paste; **2.** *(відклеювати)* unpaste
розкол split, disunity, rip
розколений skive, split
розколина crack, cleft; crevice
розколювати, розколоти cleave; split *(тж перен.)*; *(дрова)* chop; *(горіхи)* crack; **~ся** cleave; split *(тж перен.)*
розкопки *мн.* excavations
розкопувати, розкопати 1. dig out; **2.** *(проводити розкопки)* excavate
розкотистий *(про звук)* resounding, rumbling
розкочувати, розкотити roll
розкошувати luxuriate
розкрадати, розкрасти steal, plunder
розкривати, розкрити 1. *(відкривати)* open; **2.** *(оголяти)* bare; *(виявляти й показувати)* expose; **4.** *(викривати)* reveal; discover, lay bare; **~ся 1.** open; *(випадково)* come open; **2.** *(оголятися)* uncover oneself *(тж перен.)*; **3.** *(виявляти свою суть)* reveal oneself; **4.** *(про злочин і под.)* come out, come to light
розкритикувати criticize severely
розкричатися bawl (at), bellow (at)
розкріпачення emancipation
розкріпачувати, розкріпачити emancipate, set free
розкручувати, розкрутити 1. untwist; *(розгвинчувати)* unscrew; **2.** *(почати крутити)* start turning
розкуповувати, розкупити buy up

розкупорювати, розкупорити open; (пляшку відкорковувати тж) uncork
розкусити 1. bite (through); **2.** розм. (добре розібратися) get, to the core; see through
розкутувати, розкутати unwrap
розлад 1. discord; dissension; (непогодженість) lack of coordination; **2.** (порушення діяльності) disorder; upsetting
розладжувати(ся), розладити(ся) див. **розстроювати(ся), розстроїти(ся)**
розламувати, розламати break; **~ся** break to pieces
розливати, розлити 1. (пролити) spill; **2.** (наливати) pour out; (у пляшки) bottle; **~ся 1.** spill; **2.** (виходити з берегів) overflow (its banks)
розлітатися, розлетітися (у різні боки) fly away
розлогий spacious, ample; (про дерево та под.) spreading
розломлювати, розломити break
розлука (з ким-н.) separation (from); (розставання) parting (with)
розлучати, розлучити 1. separate, part (from); **2.** (розривати шлюб) divorce; **~ся 1.** (розставатися) part (with); **2.** (розривати шлюб) divorce, get divorced
розлучення (припинення шлюбу) divorce
розлюбити cease to love
розлютити make angry (furious); **~ся** get, angry (furious) (with)
розмазувати, розмазати smear, spread
розмаїтий diverse, varied
розмальовувати, розмалювати 1. draw all over; **2.** (розфарбовувати) paint colour
розмах 1. swing; **2.** (крил) wing-spread, wing-span; **3.** перен. (обсяг, масштаб) scope, range, extent
розмахувати, розмахнути swing; brandish; (руками) wave, gesticulate; **~ся** swing one's arm
розмежовувати, розмежувати delimit; перен. тж differentiate (between)
розмелювати, розмолоти grind; mill
розмивання fret
розмивати, розмити erode, wash away
розминатися, розминутися (не зустрітися) miss one another; (пройти повз кого-н.) pass
розминка спорт. limbering-up, work-out амер.
розмітість smear
розмін exchange
розмінювати, розміняти change; **~ся** exchange
розмір 1. (величина) size; dimensions pl; **2.** (грошової суми) amount; **3.** (взуття, одягу) size;
4. (ступінь) extent, scale; **5.** літ. (вірша) metre; **6.** муз. measure
розмірений measured; regular; steady
розмірковувати, розміркувати consider, think
розміряти, розміряти measure (off)
розмічати, розмітити mark (out)
розмішування stir
розмішувати, розмішати stir, mix
розміщати і **розміщувати, розмістити 1.** put, place; **2.** (по квартирах) accommodate, quarter; **~ся 1.** take one's place; **2.** (у приміщенні) be accommodated, be quartered
розміщення 1. placing; **2.** (по квартирах) accommodation; **3.** (система розташування) arrangement
розмноження 1. (документів і под.) duplicating; making copies (of); **2.** біол. reproduction
розмножувати, розмножити 1. (документи та под.) duplicate, make copies (of); **2.** біол. reproduce; **~ся 1.** multiply; **2.** біол. reproduce oneself
розмова talk, converse, conversation, discourse
розмовляти speak (to, with); talk (to, with)
розмовний colloquial
розмовник conversation book, phrase-book
розмокати, розмокнути be soaked through, become sodden
розморений exhausted
розмотування carding
розмотувати, розмотати unwind
розмотувач card
розмочувати, розмочити soak
розм'якати, розм'якнути grow soft; (про людину) be softened, melt
розм'якшувати, розм'якшити soften; **~ся** become soft; soffen (тж перен.)
розносити, рознести 1. (доправляти) carry; convey; deliver; **2.** розм. (поширювати чутки й под.) spread; **3.** розм. (знищувати) destroy; **~ся 1.** (поширюватися) spread; **2.** (про звук) resound
розношувати, розносити (про взуття) wear in
розорювати, розорати plough up
розпад disintegration, decay
розпадання disintegration
розпадатися, розпастися fall to pieces; disintegrate; (про атоми тж) decay; перен. break down
розпаковувати, розпакувати unpack
розпал climax; **у повному ~лі** in full swing
розпалювання kindling
розпалювати, розпалити kindle; перен. inflame; rouse
розпатланий disheveled

розпач despair; **у ~чі** in despair
розпачливий desperate
розпачливо desperately
розпашітися begin to glow
розпечатувати, розпечатати open; *(запечатане)* unseal
розпечений scorching, burning hot; red-hot
розпещувати, розпестити coddle, spoil
розпилювальний spray
розпилювати I, розпилити *(перетворювати на пил)* powder, pulverize
розпилювати II, розпиляти *(на частини, навпіл)* saw up; saw into pieces
розпилювач spray
розпис 1. *(стінний живопис)* murals *pl;* **2.** *(дія)* painting
розписка receipt
розписувати, розписати 1. *(розподіляти)* assign; **2.** *(фарбами, тж перен.)* paint; **~ся 1.** *(ставити підпис)* sign; *(одержуючи)* receipt; **2.** *розм.* *(реєструвати шлюб)* register one's marriage
розпитувати, розпитати question; make inquiries (about)
розпізнавальний diagnostic
розпізнавання identification
розпізнавати, розпізнати recognize; *(розрізняти)* discern
розплакатися burst into tears
розплата 1. payment; **2.** *перен. (кара)* retribution; **<> час ~ти** day of reckoning
розплачуватися, розплатитися 1. pay (off); settle accounts (with) *(тж перен.);* **2.** *(нести кару)* pay (for)
розпливатися, розпливтися 1. *(розтікатися)* flow, run; **2.** *(утрачати чіткі обриси)* become blurred
розпліскувати / **розплескувати, розплескати** spill, splash about; **~ся** spill (over)
розплітати, розплести *(косу)* unplait; **~ся** come unplaited
розплодити breed; **~ся** breed, multiply
розплутувати, розплутати unravel; disentangle *(тж перен.)*
розплющувати, розплющити *(очі)* open
розповідати, розповісти tell; relate, narrate; **~ далі** go on with the story
розповідач narrator, talker
розповідний narrative
розповідь narration, narrative; *(оповідання)* story, tale
розповсюджений widespread; *(про тварин, рослини)* widely distributed
розповсюдження 1. *(дія)* spreading, dissemination; **2.** *(поширеність)* prevalence
розповсюджувальний diffusion
розповсюджувати, розповсюдити
1. *(роздавати, продавати)* distribute; **2.** *(поширювати)* spread, extend; *(ідеї та под.)* disseminate; **~ся** extend; spread; get about
розподіл *у різн. знач.* distribution; *(розміщення)* allocation, assignment
розподіляти, розподілити distribute; *(розміщати)* allocate, assign; **~ обов'язки** allocate duties
розподільний distributive; distributing
розподільник dealer; distributor
розпорошення *(розпилення)* pulverization; *(рідини)* spraying, atomizing; *(сил, засобів)* frittering, scattering
розпорошувати, розпорошити *(розпилювати)* powder, pulverize; disperse; *(рідину пульверизувати)* spray, atomize
розпорошувач pulverizer
розпорювати, розпороти rip open; **~ сукню** unpick a dress; **~ся** rip, come undone
розпоряджатися, розпорядитися *(давати розпорядження)* give instructions (orders); *док. тж* see (that)
розпорядження *(наказ)* instruction, order; *(постанова)* decree; **<> мати у своєму ~ні** have at one's disposal
розпорядливий *(діяльний)* active, efficient
розпорядник manager, organizer
розпорядок routine; **правила внутрішнього ~дку** regulations
розпочинати, розпочати begin, start; commence; **~ кампанію** open (start) a campaign; **~ся** begin, start
розправа violence, reprisal; *(кривава)* massacre
розправляти, розправити *(випрямляти)* straighten; smooth out; **~ плечі** square one's shoulders;
розправлятися I *(випрямлятися)* straighten
розправлятися II, розправитися *(учиняти розправу)* deal (with), make short work (of)
розприскувати, розприскати splash (sprinkle) about
розпродавати, розпродати have a (clearance) sale; sell off
розпродаж sale; selling off
розпростертий prone
розпрощатися take leave (of); *перен.* bid farewell (to)
розпрягати, розпрягти unharness
розпрямляти, розпрямити straighten
розпукуватися, розпука́тися *(про листя й под.)* come out, blossom out, open
розпуск *(учнів)* breaking up; dismissal; *(парламенту)* dissolution; *(армії, організації)* disbandment
розпускати, розпустити 1. *(відпускати)* dismiss; *(армію, організацію)* disband; *(пар-*

ламент) dissolve; **2.** (послабляти) loosen; **3.** (розгортати, розправляти) spread, unfurl; **~ волосся** let one's hair down; **4.** розм. (послаблювати вимогливість до кого-н.) let smb. get out of hand; **5.** (поширювати чутки й под.) set afloat; (в'язання) undo; **~ся 1.** (про рослини) come out; **2.** розм. (ставати недисциплінованим) get out of hand
розпуста dissoluteness
розпусний dissolute
розпухати, розпухнути swell
розпухлий swollen
розпушувати, розпушити (ґрунт) loosen; hoe
розрада comfort; consolation; solace
розраховувати, розрахувати 1. calculate; **2.** (покладатися на кого-н., що-н.) depend (upon), rely (on, upon); count (on); **3.** недок. (припускати) expect, mean; **~ся 1.** (розплачуватися) pay the bill; settle up (with); **2.** розм. (зводити рахунки) get even (with); **3.** розм. (звільнятися) leave, give up the job
розрахунок 1. (обчислення) calculation, computation; **приблизний ~** estimation; **2.** (виплата грошей) payment, account; **3.** (намір, припущення) expectation; **помилитися в ~нках** miscalculate; **з ~нку** а) at the rate (of); б) (ураховуючи) counting, reckoning
розрив 1. прям. і перен. gap, rip; rupture; **2.** (бомби й под.) burst, explosion
розривати I, розірвати 1. tear (up); break (off) (тж перен.); (на шматки) tear to pieces; **2.** (вибухом) blow to pieces
розривати II, розрити 1. dig up; **2.** розм. (шукаючи що-н.) turn upside-down
розриватися, розірватися 1. (про одяг) be torn; **2.** (вибухати) burst
розривний explosive, disruptive, rupture
розріджений фіз. rarefied
розріджувальний diluent, dilution
розріджування dilution, fluidization, thinning
розріджувати, розрідити 1. (рослини) thin out; **2.** (повітря) rarefy
розріджувач diluent, thinner
розріз 1. (надріз) cut; (подовжній) slit; **2.** (переріз) section
розрізнений 1. (некомплектний) odd, incomplete; **2.** (роз'єднаний) isolated; separate
розрізняти і розрізнити, розрізнити 1. (розпізнавати) make out; discern; **2.** (бачити різницю) distinguish (between); **~нятися** differ (in); be distinguished (by)
розрізняння discrimination
розрізувати і розрізати, розрізати cut; (ножицями) snip; (уздовж) slit; (на частини) section

розроблення development, elaboration
розробляти, розробити 1. (проблему, теорію та под.) work out, elaborate; **2.** гірн. work, exploit
розробник developer
розростатися, розростися grow; spread; develop; перен. тж expand
розруха devastation, ruin
розряд I 1. (група, категорія) type, sort; **2.** (ступінь кваліфікації) grade
розряд II ел. discharge
розряджати, розрядити 1. (зброю) unload; (вистреливши) discharge (тж ел.); **2.** (послабити напруженість) relieve, relax; **~ся 1.** ел. run down; be used up; **2.** (послаблятися) relax, be relieved
розрядка I політ. relaxation; (міжнародної напруженості) detente
розрядка II ел. discharging
розсада seedlings pl
розсаджувати, розсадити 1. (по місцях) seat; **2.** (садити окремо) separate; **3.** (рослини) plant out
розсадник 1. с.-г. seed-bed; **2.** перен. breeding-ground; (у негативному значенні тж) hotbed
(роз)світати безос.: **світає** day is breaking; it is dawning
розселення settling (in a new place)
розселяти(ся), розселити(ся) 1. settle (in new places); **2.** (поселятися окремо) separate
розсердити make angry; **~ся** get angry
розсилати, розіслати send (out)
розсильний messenger
розсип spill
розсипати(ся), розсипати(ся) spill; scatter
розсипчастий crumbly, friable; (про тісто) short
розсихатися, розсохнутися dry up; crack from dryness
розсідатися, розсістися 1. (по місцях) take one's seats; **2.** (розкинувшись) sprawl
розсідлувати, розсідлати unsaddle
розсіл brine; pickle
розсіювальний diffusion
розсіювання diffusion, dissemination
розсіювати, розсіяти 1. disperse; (світло) diffuse; **2.** (розганяти) scatter; break up; (неприємні думки й под.) divert; **~ся 1.** disperse; (про світло) become diffused; **2.** (про натовп) scatter; (про дим, туман) clear away; (про неприємні почуття) disappear, dispelled
розслаблений weak; (ненапружений) relaxed
розслабленість weakness; relaxation
розслаблювати і розслабляти, розслабити weaken; relax

розслідування investigation; inquiry (into)
розслідувати investigate; inquire (into); look (into), examine
розсмішити make (smb.) laugh
розсміятися burst out laughing
розсортувати sort out
розставляти, розставити *(ставити)* place, arrange; **2.** *(розсовувати)* move apart; **~ ноги** set one's feet apart
розстеляти(ся) *і* **розстилати(ся), розіслати(ся)** spread (out), extend
розстібати, розстебнути undo, unfasten; *(ґудзики)* unbutton; *(застібку)* unclasp; *(гачок)* unhook; **~ся** become unbuttoned (unfastened)
розстріл *(кара)* execution; shooting
розстрілювати, розстріляти shoot
розстроювати, розстроїти 1. disorder: disturb; upset *(тж про шлунок)*; *(здоров'я й под.)* ruin; *(нерви)* shatter; *(плани)* frustrate; **2.** *(музичний інструмент)* put out of tune; **~ся 1.** break up; be upset (ruined) shattered (frustrated); **2.** *(про музичний інструмент)* get out of tune
розступатися, розступитися part, move aside; make way (for)
розсувати, розсунути *(відсунути вбік)* move apart (aside); *(гілки, занавіски)* draw, part
розсуд: діяти на власний ~ use one's own discretion
розсудити 1. *(винести рішення)* judge; **2.** *(вирішити)* consider
розсудливий sober; reasonable, demure, prudent
розсудливість reasonableness, judgement, prudency
розтанути thaw, melt
розташовувати, розташувати *(розміщувати)* dispose, put, arrange; **~ся** settle down
розташування 1. *(розміщення)* arrangement; disposition; *(місце перебування)* situation; військ. position(s)
ростин section
ростинати 1. cut; *(уздовж)* slit; **2.** *(анатомувати)* dissect
розтирати, розтерти 1. *(на порох)* grind (fine); **2.** *(терти, розмазувати)* rub, spread; **3.** *(масажувати)* rub down, massage; **~ся** *(обтиратися)* rub oneself (down)
розтікатися, розтектися spread (about); run
розтлумачувати, розтлумачити explain, interpret
розтоплювання meltdown, melting
розтоплювати, розтопити *(розплавляти)* melt
розтоптувати, розтоптати trample

розтрата embezzlement
розтратник embezzler
розтрачувати, розтратити squander *(тж перен.)*; *(довірені гроші й под.)* embezzle
розтривожити alarm; *(мурашник і под.)* stir up
розтріпаний *(про волосся)* dishevelled; *(про книжки й под.)* tattered, dog-eared
розтріпувати, розтріпати disarrange; *(волосся)* rumple; *(книжки та под.)* tatter; **~ся** be dishevelled; be tattered
розтріскування cracking
розтрощувати, розтрощити break, crush; *(ворога)* rout, defeat, smash
розтрушувати, розтрусити *(розкидати)* strew
розтуляти, розтулити open, part
розтягати *і* **розтягувати, розтягти** *і* **розтягнути 1.** *(витягувати)* stretch; *(позбавляти пружності)* wear; **2.** *(мускул і под.)* strain; **3.** *(затримувати, зволікати)* protract, prolong; *(доповідь і под.)* make too long; **4.** *недок.*: **~ слова** drawl; **~ся 1.** stretch; *(утрачати пружність)* be worn out; **2.** *(про мускул і под.)* be strained; **3.** *розм.* *(лягти витягнувшись)* stretch oneself
розтягнений elongate
розтягнення elongation, extension
розтягування stretch
розтяжність tensile strength
розум mind, understanding; brains *pl*; intellect; reason; **при своєму ~мі** in one's right mind
розуміння comprehension, sense, understanding, uptake
розуміти understand; comprehend; *(усвідомлювати)* realize; **~ся** *(на чому-н.)* be a good judge; be versed (in); **добре ~ся (на)** have a good understanding (of)
розумний clever; intelligent, understanding; *(тямущий)* sensible; *(доцільний)* reasonable, rational
розумнішати grow wiser
розумовий mental; intellectual; **~ва праця** brainwork; **~ві здібності** mental abilities
розучувати, розучити learn; study; **~ся** forget (how + to *inf.*)
розформовувати, розформувати disband
розхвалювати, розхвалити praise (to the skies)
розхвилювати upset; **~ся** get excited
розхитувати, розхитати loosen, shake loose; *(дисципліну)* slacken; *(здоров'я)* impair; **~ся** get loose; *(про здоров'я)* get impaired
розхлюпувати, розхлюпати splash about; *(пролити)* spill; **~ся** spill (over)

розходження divergence; ~ **в думках** difference of opinion

розходитися, розійтися 1. go away; *(у різні боки)* disperse; *(про натовп)* break up; **2.** *(не зустрітися)* miss; **3.** *(розлучатися)* get divorced (from); **4.** *(у поглядах)* disagree (with); differ (with, from); **5.** *(розгалужуватися)* diverge; *(про дороги тж)* fork; **6.** *(про товари — розкуповуватися)* be sold out

розхолоджувати, розхолодити damp smb.'s ardour

розцінка 1. *(дія)* valuation; **2.** *(ціна)* price; *(ставка)* rate

розцінювати, розцінити 1. *(визначати вартість)* estimate, value; *(визначати ціну)* price; **2.** *(уважати)* regard; consider

розціплювати, розціпити unclench, undo; open; ~ **руки** unclasp one's hands

розчарований disappointed, disillusioned

розчарування disappointment, disillusionment

розчаровувати, розчарувати disappoint (in); disillusion (with); ~**ся** be disappointed (in), be disillusioned (with)

розчервонітися grow red in the face; be flushed

розчерк flourish; <> **одним ~ком пера** with a stroke of the pen

розчин solution, liquor; **будівельний** ~ mortar; ~ **кухонної солі** saline

розчинений dissolved; ~**на речовина** solute

розчинення solution

розчинний soluble, spirit; ~**на кава** instant coffee

розчинник (dis)solvent, spirit, stripper, vehicle

розчинність solubility, solvability

розчинювальний solvent

розчиняти(ся) І, розчинити(ся) *(відчиняти(ся))* open

розчиняти(ся) ІІ, розчинити(ся) *(робити розчин)* dissolve

розчищати, розчистити clear (away)

розчіплювати, розчепити unhook; *(вагони)* uncouple

розчісувати, розчесати *(волосся)* comb; *(льон, вовну)* card; ~**ся** comb one's hair

розчленування dismemberment; breaking up

розчленовувати, розчленувати dismember; break up

розчулений touched, moved

розчулювати, розчулити touch, move; ~**ся** be moved (touched)

розчути hear, catch

розшаровування exfoliation

розширений broadened, enlarged

розширення widening, broadening; *(збільшення кількості, обсягу)* increase, expansion

розширювати *і* **розширяти, розширити** widen, broaden; *(отвір)* enlarge; *(збільшувати тж)* increase, expand; ~**ся** widen broaden; *(збільшуватися)* be enlarged (expanded)

розшифровувати, розшифрувати decipher, decode

розштовхувати, розштовхати 1. push apart (away); **2.** *(того, хто спить)* shake

розшук search; **карний** ~ Criminal Investigation Department

розшукувати, розшукати look (for); search (for); *док.* find; ~**ся** turn up, be found

рощедритися show one's generosity

розщеплення decomposition, decoupling, fission, splitting *(тж фіз.)*

розщеплювання cracking

розщеплювати(ся), розщепити(ся) 1. split *(тж фіз.)*; *(на тріски)* splinter; **2.** *хім.* decompose, break down

розщепний fissionable

роз'яснення explanation, clarification; *(тлумачення)* interpretation

роз'яснювальний explanatory

роз'яснювати *і* **роз'ясняти, роз'яснити** explain make clear; ~**ся** become clear

роз'ятрювання exacerbation

роз'ятрювати, роз'ятрити irritate; ~ **старі рани** re-open old wounds (sores)

роїтися swarm, hive

роковини *див.* **річниця**

роль *у різн. знач.* role; *(театр. тж)* part; *(текст тж)* lines; **грати** ~ *прям. і перен.* act; play (a part); **відігравати** ~ *перен.* be of importance

ром rum

роман 1. *(твір)* novel; *(героїчного жанру)* romance; **2.** *(любовний зв'язок)* affair

романіст 1. *(автор романів)* novelist; **2.** *(учений)* Romance language philologist

романс *муз.* song; romance

романський Romance *attr.*; ~**кі мови** Romance languages

романтизм 1. *(напрям у мистецтві)* Romanticism; **2.** *(умонастрій)* romantic mood

романтик 1. *(письменник, композитор)* romanticist; **2.** *(мрійник)* romantic

романтика romance; *(чого-н.)* the romantic side (of)

романтичний romantic

ромашка *бот.* ox-eye daisy; *(аптечна)* camomile

ромб rhombus

ромбічний rhombic

ромовий rum *attr.*

ромштекс *кул.* rump steak
ронити drop, let fall; *(листя)* shed
ропа brine, leach, petroleum
роса dew
російський Russian; **~ка мова** Russian, the Russian language
росіянин, росіянка Russian
рослина plant; **~ родини бобових** legume
рослинний plant *attr.*, vegetable, vegetation; **~ світ** the vegetable kingdom
рослинність vegetation
ростбіф *кул.* roast beef
рости 1. grow; *(ставати старшим)* grow up; **2.** *перен. (збільшуватися)* increase; *(удосконалюватися)* grow, develop
ростити raise, grow
росяний dewy; dew-sprinkled
рот mouth
ротапринт offset duplicator
ротаційний rotational
ротор impeller, rotor
роторний rotor
рохкати grunt
рояль grand piano
ртутний mercury *attr.*; mercurial; **~ стовп** mercury column
ртуть mercury, quicksilver
рубанок *див.* **гембель**
рубати 1. chop; *(подрібнювати)* mince; **~ дрова** chop; wood; **2.** *(дерево)* fell; **3.** *(зброєю)* cut (down), sabre; **4.** *гірн. (вугілля)* cut, hew
рубець 1. *(шрам)* scar; *(від удару батогом та под.)* weal; **2.** *(шов)* hem
рубильник *див.* knife switch
Рубідій *хім.* rubidium
рубін ruby
рубіновий ruby *attr.*
рубка *мор.* deck-house
рублений 1. *(рубаний)* chopped, minced; **2.** *про будівлю)* log *attr.*
рубрика *(розділ)* column; *(заголовок)* heading
руда ore
рудий red; red-haired
руїна ruin
руйнівний destructive, lethiferous
руйнування deterioration, shakedown, strip
руйнувати destroy, demolish *(тж перен.)*; **~ся** collapse, be demolished
рука *(кисть)* hand; *(від зап'ястка до плеча)* arm; **махати ~кою** wave one's hand; **із перших рук** first hand; **брати під руку** take smb.'s arm; **іти під руку** walk arm-in-arm
рукав 1. *(одягу)* sleeve; **2.** *(річки)* arm, branch; **3.** *(шланг)* hose
рукавиця mitten, *(водія)* gauntlet
рукавичка glove

руків'я *(молотка, кинджала)* handle; *(пульта керування)* crank
рукоділля needlework
рукодільниця needlewoman
рукомийник washstand
рукопис manuscript
рукописний *(про відділ бібліотеки)* manuscript *attr.*; *(про текст)* handwritten
рулет *кул. (картопляний)* croquette; *(з маком, джемом)* ≅ swiss roll; **м'ясний ~** meat loaf
рулетка 1. *(вимірна)* tape measure; **2.** *(у казино)* roulette
рулон roll
румун, румунка Romanian
румунський Romanian; **~ка мова** Romanian, the Romanian language
рум'яна *мн.* blusher *sing*
рум'янець (high) colour, glow; *(сорому, хвилювання)* flush
рум'яний rosy, pink; *(про людину)* pink-cheeked, ruddy; *(про пиріг)* browned
рум'янити put blusher on
руно fleece
рупор loudspeaker, megaphone; *перен.* mouthpiece
русалка water-nymph, mermaid
русий, русявий auburn, light brown; blond, fair
русист Russianist
русистика Russian studies
русифікація Russification
русифікувати Russify
рутина routine
рутинний stale
рух 1. motion; movement *(тж політ.)*; **2.** *(транспорту)* traffic; **великий ~** heavy traffic; **правила дорожнього ~xy** ≅ Highway Code
рухати 1. move; set in motion; **2.** *перен. (розвивати)* promote; advance; **~ся 1.** *(іти)* move; **2.** *(робити рухи, ворушитися)* stir; **3.** *перен. (розвиватися)* advance
рухливий lively, quick, mobile, moving, versatile
рухливість 1. mobility; **2.** *(про людину)* liveliness
рухомий movable; **~ме майно** personal property
ручатися, ручитися *(за що-н.)* guarantee, warrant; *(за кого-н.)* vouch (for)
ручка 1. *зменш. від* **рука**; **2.** *(знаряддя)* handle; *(кругла)* knob; **3.** *(дверей)* door-knob; **4.** *(для писання)* pen; *(автоматична)* fountain-pen; *(кулькова)* ball (point) pen; *(без пера)* penholder
ручний 1. *(для рук)* hand *attr.*; **~ годинник** (wrist)watch; **2.** *(який виконується руками)* manual; **~на праця** manual labour; **3.** *(зроб-*

лений вручну) hand-made; **4.** *(приручений)* tame
рушати, рушити start, begin to move; *(у дорогу)* set out
рушення emergency volunteer corps
рушійний moving, impellent; <> **~на сила** motive power
рушник towel; *(для посуду)* dish-cloth
рушниця gun; **протитанкова ~** anti-tank rifle
рюкзак knapsack, rucksack
рябий 1. *(із плямами)* dappled; **2.** *(від віспи)* pockmarked, pitted
ряд 1. row; line; **~ будинків** terrace; **2.** *(серія, кількість)* series, a number (of); **3. ~ди** мн. ranks
рядковий string
рядок 1. row, line; string; **2.** *(у книжці, рукопису)* line; **з нового ~дка** beginning a new paragraph
ряска *бот.* duckweed
рясний 1. thick; dense; **2.** *(багатий)* lavish; rich
рясніти abound (in), exuberate
рятівний saving; life-saving; rescue *attr.*, escape *attr.*; **~ жилет** lifejacket; **~ пасок** lifebelt; **~ човен** lifeboat
рятівник rescuer, saviour; *(на воді)* life-guard
рятувальний *див.* **рятівний**
рятувати save; rescue; <> **рятуйте!** help!; **~ся** escape; save oneself
рятунок 1. *(дія)* rescuing, saving; **2.** *(можливість рятуватися)* escape, safety; **3.** *(результат)* rescue; escape; *перен.* salvation

С

саботаж sabotage
саботажник saboteur
саботувати sabotage
саван shroud
савана savanna
сага saga
сад garden; *(фруктовий)* orchard; **ботанічний ~** botanical gardens *pl*
саджанець seedling, plant
садиба 1. *(селянина)* farmstead; **2.** *іст. (поміщика)* country-seat
садизм sadism
садити 1. *(пропонувати сісти)* seat; **2.** *(рослини)* plant; **3.** *(літак)* land
садівник (professional) gardener
садівництво *(хобі)* gardening; *(наука)* horticulture
садно excoriation
садовий garden *attr.*; *(про рослини тж)* cultivated
садовина *збір.* *(плоди саду)* fruits *pl*
сажа soot
сайт *обч.* web site
сакраментальний 1. *рел.* sacramental; **2.** *перен.* sacred
саксофон saxophone
салат 1. *(рослина)* lettuce; **2.** *(страва)* salad
салатний salad *attr.*; *(про колір)* pale green
сало fat; *(свиняче)* lard
салон 1. salon; *(у готелі)* lounge; **2.** *(автобуса, літака й под.)* passenger section; *(на пароплаві)* saloon; **3.** *(літературний)* salon; **художній ~** art gallery
сальдо *ком.* balance
сальдувати *ком.* balance
сальма salmon
сальмина salmon *(meat)*
сальмовий salmon
сальмонела salmonella
сальний greasy
сальто somersault
салют salute; **~увати** salute
салямі salami
сам, сама, само (саме), самі 1. *(я)* myself; *(ти)* yourself; *(він, вона, воно)* himself, herself, itself; *(ми)* ourselves; *(ви)* yourselves; *(вони)* themselves; **він сам запропонував це** he himself suggested it; **2.** *(один)* alone; <> **само собою** *(мимохіть)* of its own accord, by itself
самбіст sambo wrestler
самбо sambo (wrestling)

саме just, exactly; **а ~** *(у переліку)* namely
самець *зоол.* male; *(з назвами тварин тж)* he-; *(оленя, кроля, зайця)* buck; *(птаха)* cock
самий 1. *(з ім.)* the very; **на ~мому споді** at the very bottom; **до ~мого ранку** right up till the morning; **із ~мого ранку** from early morning; **2. той ~, та ~ма** *й под.* the same; **у той ~ день** the same day; **це та ~ма людина, про яку ми говорили** this is the (same) person that we were talking about
самиця female; *(з назвами тварин тж)* she-; *(оленя, кроля, зайця)* doe; *(птаха)* hen
саміт *політ.* summit
самітний lonely, solitary
самоаналіз self-analysis, introspection
самобичування self-reproach
самобутній original
самобутність originality
самовар samovar, tea-urn
самовбивство *див.* **самогубство**
самовбивець *і* **самовбивця** *див.* **самогубець**
самовдоволений self-satisfied, complacent
самовдоволення self-satisfaction, complacency
самовдосконалення self-improvement
самовизначатися, самовизначитися determine one's position; *(про націю)* make its position clear
самовизначення *політ.* self-determination
самовідвід withdrawal
самовідданий selfless, self-sacrificing; dedicated
самовідданість selflessness; dedication
самовільний 1. *(без дозволу)* unauthorized; **2.** *(норовливий) див.* **свавільний**
самовільно without permission
самовпевнений self-assured, self-confident, opinionated
самовпевненість selfassurance, over-confidence
самоврядування self-administration, self-government; **органи ~** local authorities
самовчитель teach-yourself book
самогон ≅ home-made vodka
самогубство suicide
самогубець suicide
самодержавний autocratic
самодержавство autocracy
самодисципліна self-discipline
самодіяльний *(із власної ініціативи)* self-motivated; *(не професійний)* amateur *attr.*
самодіяльність initiative, self-motivation; **художня ~** amateur art and performance
самодостатність selfsufficiency
самодур tyrant
самодурство tyranny

самозабуття selflessness, self-oblivion
самозадоволений *див.* **самовдоволений**
самозадоволення *див.* **самовдоволення**
самозакоханий vain
самозапалення autoignition
самозаспокоєння complacency
самозахист self-defence, self-defense *амер.*
самозбереження self-preservation
самозванець impostor
самозваний self-appointed, self-styled
самозречення self-denial
самокат scooter *(child's)*
самоконтроль self-control
самокритика self-criticism
самокритичний self-critical
самолюбивий self-enamoured; proud
самолюбство self-respect, self-esteem, pride
самообман self-deception
самообслуговування self-service
самооплатність *ек.* self-sufficiency
самоосвіта self-education
самооцінка self-appraisal
самоперевірка *обч.* self-test
самоплив drift
самопливом of its own accord
самоповага self-respect
самопожертва self-sacrifice
самопочуття: як ваше ~? how do you feeling?
самоправний arbitrary
самоправство arbitrariness
самоприниження self-abasement, self-degradation, self-humiliation
самореклама self-advertisement
саморобка *розм.* home-made thing
саморобний home-made
самородок 1. virgin metal; *(золота)* nugget; **2.** *перен.* native talent, natural
саморушний self-propelled
самосвідомість self-awareness
самоскид *(автомобіль)* tip-up lorry, dump truck *амер.*
самоспостереження introspection
самоствердження self-assertion
самостійний independent, separate
самостійність independence
самостійно *(незалежно)* independently; *(без допомоги)* on one's own
самосуд lynching, mob law
самота solitude; loneliness, retreat; **на ~ті** а) in solitude; б) *(без свідків)* face to face; quite alone
самотвірний autogenic
самотній lonely, solitary, remote, single, sole
самотність retreat
самоук *розм.* self-taught (self-educated) person

самофінансування self-financing
самоцвіт (semi-)precious stone, gem
самоціль end in itself
сан *(звання)* rank; **духовний ~** holy orders *pl*
санаторій sanatorium, sanitarium *амер.* (*pl* -riums, -ria); health centre
сандалії *мн.* sandals
сани *мн.* sledge *sing*; sled *sing амер.*; *(спортивні)* toboggan *sing*
санітар *мед.* orderly, hospital attendant
санітарія sanitation
санітарка auxiliary, junior nurse
санітарний sanitary; *(в армії)* medical; **~ день** cleaning day; **~ стан** sanitation; **~ інспектор** environmental health officer
санкціонування sanctioning
санкціонувати sanction
санкція 1. *(схвалення, дозвіл)* sanction, approval; **2.** *(засіб впливу)* sanctions *pl*; **економічні ~ції** economic sanctions; **політичні ~ції** political sanctions; **~ на трус** search warrant
санникар *спорт.* tobogganist
сантехнік *(санітарний технік)* plumber
сантехніка *(санітарна техніка)* collective term for plumbing equipment and bathroom accessories) sanitary technics
сантиметр centimetre, centimeter *амер.*; *(кравецький)* tape measure
сапа, сапка *с.-г.* hoe, mattock
сапер *війс.* (field) engineer, sapper
сапфір sapphire
сапфіровий sapphire *attr.*
сарай shed; *(для сіна)* barn
сарана *збір.* locusts *pl*
сарафан pinafore (dress), jumper *амер.*
сарделька (small) sausage
сардина sardine
саржа *текст.* serge
сарказм sarcasm
саркастичний sarcastic
саркома sarcoma
саркофаг sarcophagus (*мн.* -ses, -gi)
сарна *зоол.* chamois
сатана Satan
сателіт satellite
сатин *текст.* sateen
сатиновий *текст.* sateen *attr.*
сатира satire
сатирик satirist
сатиричний satirical
сауна sauna
сахарин *хім.* saccharin
сахароза *хім.* sucrose
сачок butterfly-net; *(рибний)* landing-net
сваволя wilfulness, willfulness *амер.*
свавільний *(про людину)* self-willed

сваритися *(з ким-н.)* quarrel (with)
сварка quarrel; *(дріб'язкова)* squabble
сварливий quarrelsome; *(про жінку)* shrewish
сватання suit
сватати ask in marriage
сваха match-maker *(на весіллі)*
свекор father-in-law
свекруха mother-in-law, husband's mother
свербіти itch; **руки сверблять зробити це** I am itching to do it
сверблячка itch
свердел *тех.* drill, *(для ґрунту, дерева)* auger, perforator; borer; gimlet
свердлити drill; bore
свердловина bore-hole, boring well; *геол.* pore
свердловинний well
свердлувальний drilling
свердлування drilling
светр sweater, pull-over
свинар pig-breeder
свинарка pig-tender
свинарник pigsty
свинарство pig farming, pig breeding
свинець lead *(metal)*
свинина pork
свинка I *мед.* mumps
свинка II: морська ~ *зоол.* guinea pig
свиноферма pig-breeding farm
свиня pig; swine; hog *амер.*; *(свиноматка)* sow
свист whistle; *(вітру)* whistling
свистати *і* **свистіти, свиснути** whistle
свисток whistle
свідок witness; **бути ~дком** witness (smth.)
свідомий conscious; **бути ~мим чого-н.** be aware (conscious) of smth.
свідомість consciousness, mind, sense; **утрачати ~** lose consciousness; faint
свідомо consciously, deliberately
свідоцтво *(документ)* certificate; **~ про народження** birth certificate; **~ про шлюб** marriage certificate
свідчення 1. *(доказ)* evidence; **2.** *юр.* *(показання свідків)* testimony
свідчити у *різн. знач.* witness; testify
свіжий fresh; *(про повітря, воду)* clean; *(про вітер)* brisk; *(про часопис)* recent; *(про новини)* latest
свіжість *(повітря, води)* cleanliness; *(продуктів)* freshness; *(погоди)* briskness
свіжішати become cool(er) *(тж про погоду)*; *(про людину)* look fresher
свій, своя, своє, свої 1. *(я)* my; *(ти, ви)* your; *(він, вона, воно)* his, her, its; *(ми)* our; *(вони)* their; one's *(неознач.)*; **я люблю свою роботу** I love my work; **ми зібрали свої речі**

we collected our things; **2.** *(власний)* one's own; **у мене своє авто** I have my own car
свійський domestic; **~ка птиця** poultry
світ 1. *(усесвіт)* world; universe; **у всьому ~ті** all over the world; **нізащо у ~ті** for the world; **частини ~ту** *геогр.* parts of the world; **2.** *перен.*: **~ тварин** animal world; **рослинний ~** vegetable kingdom; **вищий ~** society, high life; **вийти у ~** *(про книгу)* be published, come out
світанок day-break; dawn; **на ~нку** at dawn
світати *безос.*: **світає** it is dawning
світило *астр.* celestial (heavenly) body; luminary *(тж перен.)*
світильник lighting appliance; lamp
світити 1. *(випромінювати світло)* shine; *(кому-н.)* hold a light (for); **2.** *(запалювати)* light
світитися shine *(тж перен.)*; **у вікнах світиться** lights are burning in the windows
світлий light, bright; **~ день** bright day; **~ла голова** lucid mind, clear intellect; **~ле волосся** fair hair
світлина photograph
світліти, світлішати brighten up; *(про небо)* clear up
світліший lighter
світло light, lumen; **денне ~** daylight; **при ~лі** by the light (of)
світловий light *attr.*
світловолосий fair (-haired)
світлонепроникний light-tight, aphotic
світлостійкий photoresist
світлофор traffic light
світлочутливий *фото* light-sensitive
світляк *зоол.* glow-worm; *(який літає)* fire-fly
світовий *(прикм. до* **світ** *)* world *attr.*; **~ва війна** World War
світогляд world outlook
світоч luminary
світський 1. *(не церковний)* secular; **2.** *(властивий вищому світові)* fashionable; of the world
свічка 1. candle; **2.** *мед.* suppository
свічник candlestick
свобода freedom, liberty; **~ слова** freedom of speech
своєрідний original, peculiar, specifical
своєрідність originality, peculiarity, distinctiveness
своєчасний timely, opportune
свої, своя *див.* **свій**
святий 1. holy; *(перед ім'ям)* Saint; *(священний)* sacred; **2. як ім. рел.** saint
святість holiness; *(справи, почуттів)* sanctity
святковий festive, holiday *attr.*
святкування celebration

святкувати celebrate
свято holiday; a festive occasion, celebration; *(релігійне)* festival; **зі ~том!** best wishess!
священик priest
священний sacred; *рел.* holy; **Священне Писання** Holy Scripture
сеанс *(у кіно)* performance, show(ing)
себе *(я)* myself; *(ти)* yourself; *(він, вона, воно)* himself, herself, itself; *(ми)* ourselves; *(ви)* yourselves; *(вони)* themselves
сегмент section, segment, unit
сегментний segmental, unit
сеґреґація segregation
сезон season; **~ дощів** rainy season
сезонний seasonal; *(дійсний на сезон)* season *attr.*; **~ квиток** season ticket
сейсмічний *(про коливання, хвилі)* seismic; *(про станцію, прилад)* seismological
сейсмограф seismograph
сейсмолог seismologist
сейсмологія seismology
сейф safe, strong-box
секатор secateurs *pl*
секрет secret; **по ~ту** secretly, confidentially
секретар secretary
секретаріат secretariat
секретер bureau, secretaire
секретний secret
секретно secretly
секреція *фізіол.* secretion
секс sex
сексапільність sex appeal
сексапільний sexy
сексуальний sexual; *(еротичний)* sexy
секта sect
сектант sect member, sectarian
сектантський sectarian
сектор 1. *ек., мат.* sector; **2.** *(будівлі)* section; *(установи)* departament
секунда second
секундант second *(of boxer, duellist)*
секундний second's; **~на стрілка** second hand *(on clock)*
секундомір stopwatch
секційний divided into section
секція section
селезінка *анат.* spleen
селектор *млф* intercom
селекціонер breeder
селекція selective breeding
селен selenium
селера celery
селити(ся) *(у місцевості)* settle; *(у будинку)* house
селище settlement; *(село)* village
село village; *(сільська місцевість)* country (-side)

сель mountain torrent
селянин peasant, countryman
селянка peasant woman
селянство peasantry
селянський peasant *attr.*
семантика semantics
семантичний semantic
семафор semaphore
семеро seven (of)
семестр term, semester *амер.*
семигодинний *(про робочий день)* seven-hour; *(про потяг)* seven o'clock
семиденний seven-day
семикутник heptagon
семимісячний seven-month; *(про дитину)* seven-month-old
семиразовий: ~ чемпіон seven-times champion
семирічний seven-year *attr.*; of seven years *після ім.*; *(про вік)* seven-year-old
семисотий seven hundredth
семисотрічний *(про період)* seven-hundred-year; *(про дерево й под.)* seven-hundred-year-old
семисотріччя *(термін)* seven hundred years *attr.*; *(роковини)* seven hundred anniversary
семитижневий seven-week; *(про дитину)* seven-week-old
семінар seminar
семінарист seminarist
семінарія seminary
сенат senate
сенатор senator
сенс *у різн. знач.* sense; *(значення тж)* meaning; *(мета)* point; **~ життя** meaning of life
сенсаційний sensational
сенсація sensation
сенсибілізаційний sensitization
сенсибілізація sensitization
сентенція maxim
сентиментальний sentimental
сепаратизм separatism
сепаратний separate
сепаратор settler
сепарація separation
сепарувати separate
сепсис septicaemia, septicemia *амер.*
септичний septic
серб, сербка Serb
сербський Serbian
сервант buffet unit, sideboard
серветка *(столова)* napkin, serviette; *(маленька скатерка)* doily
сервіз service; set; **обідній ~** dinner set; **чайний ~** tea service
сервірувати: ~ стіл set (lay) the table
сервіс service *(in shop, restaurant etc.)*

сердечний *(щирий)* hearty, cordial
сердечність cordiality
сердешний unfortunate, miserable
сердити make angry, anger, sour
сердитий angry
сердитися be angry
сердолік *мін.* carnelian
серед among, amongst; amidst *(посередині)* in the middle (of)
середа Wednesday
середина *у різн. знач.* middle, center, core, inside, interior, mean, medium, midst; **<> золота ~** the golden mean
серединний middle-of-the-road
середній 1. *(за місцем, часом)* middle; **2.** *(проміжний за ознаками й под.)* average, medium; mean *(тж мат.)*; **3.** *(посередній)* ordinary, average; **<> ~ні віки** the Middle Ages; **~ня освіта** secondary education; **~ня школа** secondary school, high school *амер.*
середньовічний medieval
середньовіччя the Middle Ages *pl*
середовище 1. *(довкілля)* environment; **2.** *фіз., хім.* medium
сережка 1. *(прикраса)* earring; **2.** *бот.* catkin
серенада serenade
сержант sergeant
серійний serial; **~не виробництво** serial production; **~ номер** serial number
серія series *sing (pl без змін)*; *(фільму)* part
серйозний serious
серйозність seriousness
серйозно 1. seriously; **2.** *вставне сл. (справді)* really
серп sickle
серпанок *(пелена)* haze, mist
серпантин *(паперова стрічка)* streamer; *(гірська дорога)* sharply winding road *(in the mountains)*
серпень August
сертифікат certificate; *(товару)* guarantee (certificate)
серце heart; **брати близько до ~ця** take (smth.) to heart; **від усього ~ця** with all one's heart
серцебиття *(нормальне)* heartbeat; *(прискорене)* palpitations *pl*
серцевий cordial, heart; **~ва хвороба** cardiac disorder, heart disease; **~ напад** acute angina; **~ві ліки** cordial
серцевина *(стовбура)* pith; *(яблука й под.)* core, heart *(тж перен.)*
сесія session; *(судова)* term; **екзаменаційна ~** examinations *pl*
сестра 1. sister; **2.: медична ~** (trained) nurse
сет *спорт.* set
сеча urine

сечовий urinary; ~ **міхур** *анат.* (urinary) bladder
сечовина urea
сибірський Siberian
сибіряк Siberian
сивий *(про волосся)* grey, gray *амер.*, white; *(про людину)* grey-haired, gray-haired *амер.*, white-haired
сивина grey hair, gray hair *амер.*
сивіти go grey, go gray *амер.*
сиґара cigar
сиґарета cigarette
сиґнал signal; **дати** ~ signal
сиґналити signal
сиґналізатор signalling device
сиґналізація 1. *(дія)* signalling; **2.** *(система)* signalling system; *(у квартирі)* burglar alarm; **пожежна** ~ fire alarm; **автомобільна** ~ car alarm
сиґналізувати 1. signal; **2.** *перен.* warn
сиґнальний signal *attr.*; ~ **примірник** proof copy; **~ні вогні** *авто* indicators
сидіння 1. *(дія)* sitting; **2.** *(місце або предмет, на якому сидять)* seat
сидіти 1. sit, be seated; *(про птахів)* perch; **2.** *(займатися чим-н.)* sit (over, at); **3.** *(перебувати)* be, stay; ~ **вдома** stay at home; ~ **без грошей** have no money to do; **4.** *(про одяг)* fit, sit
сидячий *(про положення)* sitting *attr.*; *(про спосіб життя)* sedentary; ~ **страйк** sit-down strike
сиз(в)ий blue-grey, blue-gray *амер.*
сила 1. strength; *(струму, вітру, закону)* force; *(волі, слова)* power; **з усієї ~ли** with all one's strength (might), as hard as one can; ~ **волі** will-power; **2.** *тех., фіз.* power; capacity; **кінська** ~ horse-power *(скор.* HP, h. p.); **3.** *розм. (велика кількість)* lots of; **4.:** ~ли *мн.* forces *pl*; **виробничі ~ли** production force; **~ли швидкого реаґування** quick-deployment forces
силач strong man, athlete
силікоз silicosis
силікон silicone
Силіцій *хім.* silicon
силовий power *attr.*; ~**ва боротьба** wrestling
силоміць *розм.* by force
силос *с.-г.* silage, silo
силосувати *с.-г.* silage
силует *(контур)* silhouette; *(одягу)* outline
сильний strong; *(потужний)* powerful; *(про почуття)* intense; *(про мороз)* hard; *(про дощ, удар)* heavy; ~ **дощ** rainfall; ~ **удар** bounce
сильно strongly, ache; *(ударити)* hard; *(сподобатися й под.)* very much

сильнодійний *(про ліки, отруту)* powerful
сильце snare, trap
симбіоз symbiosis
симбіотичний symbiotic
символ 1. symbol; **2.** *обч.* character
символізм *(мистецтво)* symbolism
символізувати symbolize
символіка *(символічне значення)* symbolism; **2.** *збір. (військова, національна й под.)* symbols *pl*
символічний symbolic
симетричний symmetrical
симетричність symmetry
симетрія symmetry
симпатизувати: ~ **кому-н.** to like (be fond) of smb.
симпатичний likable, nice, sympathetic
симпатія *(почуття)* liking, fondness, sympathy; **відчувати ~тію (до)** have a liking (for)
симпозіум symposium (*pl* -ums, -sia)
симптом symptom
симптоматика symptomatics
симптоматичний symptomatic
симулювати simulate; sham *розм.*; ~ **хворобу** malinger
симулянт simulator; malingerer
симуляція simulation
симфонічний symphonic; ~ **оркестр** symphony orchestra
симфонія *муз.* symphony
син son
синагога synagogue
синдикат *ек.* syndicate
синдром *мед.* syndrome; ~ **набутого імунодефіциту (СНІД)** acquired immune deficiency syndrome (AIDS/Aids)
синекологія synecology
синергізм synergism
синець bruise; *(під оком)* black-eye
синити *(фарбувати)* paint blue
синиця (torn) tit, titmouse
синій blue
синіти *(ставати синішим)* become (turn) blue; *(виднітися)* show blue
синкретизм syncretism
синод synod
синонім *лінґв.* synonym
синонімічний *лінґв.* synonymous
синонімія *лінґв.* synonymity
синопсис synopsis
синоптик *метео* weather forecaster
синтаксис *лінґв.* syntax
синтаксичний *лінґв.* syntactic; ~**на помилка** syntax error
синтез synthesis (*pl* -ses)
синтезувати synthesize

синтетика *збір. (матеріали)* synthetic material; *(вироби)* synthetics *pl*
синтетичний synthetic
синус *мат.* sine
синхронний 1. *(про рух)* synchronous; **~не плавання** *спорт.* synchronized swimming; **2.** *(про переклад)* simultaneous
синхронність timing
синхронування timing
синява *(синій колір)* blue; *(моря, неба)* blueness
синявий bluish
сипати pour; strew; <> **~ словами** spout words
сипіти croak
сипкий loose
сиплий hoarse
сипнути grow hoarse
сир curds *pl*, cottage cheese; *(твердий)* cheese
сирена *(гудок)* siren
сирий 1. *(вологий)* damp; **2.** *(не варений та под.)* raw, uncooked; *(про воду, молоко)* unboiled; **3.** *(необроблений)* raw
сирівець *(напій)* (bread) kvass
сирієць, сирійка Syrian
сирійський Syrian
сирник curd fritter
сироватка 1. *(молочна)* whey; **2.** *біол., мед.* serum
сировий crude
сировина raw material(s) *(pl)*, feed(stock)
сироп syrup
сирота orphan; **дім для сиріт** orphanage
сиротіти be orphaned
система system, frame, method, scheme; *(конструкція)* make; **~ числення** scale
систематизувати systematize, order
систематичний systematic; *(регулярний)* regular
систематичність regularity
системний systemic; **~ аналіз** systems analysis; **~ диск** *обч.* system disk
ситець *текст.* printed cotton; calico *амер.*; chintz *(тж для меблів)*
ситий *(не голодний)* satisfied, sated
ситний *(про їжу)* nourishing; *(про обід)* substantial, copious
сито I *ім.* sieve, grate, screen
сито II *присл.*: **~ поїсти** have a substantial meal
ситро soft drink
ситуація situation
ситцевий cotton *attr.*
сифіліс *мед.* syphilis
сифон siphon
сицилійський Sicilian
сич *зоол.* brown owl

сичати hiss
сівалка *с.-г.* seeding machine, seeder, seed drill
сівба sowing
сідало roost
сідати, сісти 1. sit down; **~ за стіл** sit down at the table; *(з лежачого положення)* sit up; **2.** *(на транспорт)* get on board; *(в автомобіль)* get into; **~ за кермо** get behind the wheel; *(на коня)* mount; **3.** *(про птаха, комаху)* alight, perch; *(про літак)* land; **4.** *(про сонце)* set, go down
сідлати saddle
сідло saddle
сік juice; *(дерев)* sap
сікатися *(до кого-н.)* rush (at), dash (at)
сікач *(ніж)* chopper; *(для м'яса)* cleaver
сікти 1. *(рубати)* cut; **2.** *(різками)* flog
сіль salt
сільниця, сільничка saltcellar
сільський village *attr.*; country *attr.*; rural; **~ка місцевість** country (-side); **~ке господарство** agriculture, farm(ing)
сільськогосподарський agricultural; farm *attr.*
сім seven
сімдесят seventy
сімдесятий seventieth; **~ті роки** the seventies
сімдесятирічний seventy-year; *(про людину)* seventy-year-old
сімдесятиріччя *(відрізок часу)* seventy years; *(роковини)* seventieth anniversary
сімейний *див.* **родинний**; home *attr.*; **~ стан** family status
сімейність nepotism
сімка *(цифра, карта)* seven; *(група із сімох)* group of seven
сімнадцятий seventeenth
сімнадцять seventeen
сімсот seven hundred
сім'я 1. *бот.* seed; **2.** *біол.* semen
сім'я *див.* **родина**
сім'янин family man
сіни *мн.* passage *sing*
сінний: ~на гарячка hay fever
сінник hayloft
сіно hay
сінокіс 1. *(косовиця)* haymaking; **2.** *(місце косовиці)* hayfield; **3.** *(час косовиці)* haymaking time
сіонізм Zionism
сіоніст Zionist
сіпання jerk
сіпати pull, jerk
сірий 1. grey, gray *амер.*; **2.** *перен. (безбарвний, нецікавий)* dull, drab

сіріти turn grey, turn gray *амер.*
Сірка *хім.* sulphur, sulfur *амер.*; і **сірка** *(у вухах)* earwax
сірник match
сірниковий match *attr.*
сірчаний sulphuric; **~на кислота** sulphuric acid, sulfuric acid *амер.*
сітка 1. net; *(густа)* wire-gauze; *(для речей у вагоні)* rack; **2.** *(система шляхів, ліній зв'язку, установ)* network, system
сітчастий perforated; **~та оболонка** retina
січень January
сіяти 1. sow *(тж перен.)*; **2.** *(крізь сито)* sift; **3.** *(про дрібний дощ)* drizzle
сіяч sower; *перен.* disseminator
скажений 1. *(про тварин)* mad, rabid; **2.** *(шалений)* furious, violent
скаженіти rage, fly into rage
сказ 1. *(хвороба)* hydrophobia; *(про тварин тж)* rabies; **2.** *(шаленство)* rage, fury
сказання legend
сказитися go mad
скакати 1. *(про людину)* skip, jump; *(про тварину)* *(верхи)* gallop; **2.** *перен.* *(про температуру, ціни)* rise and fall
скакун *(кінь)* racehorse
скалити: ~ зуби bare one's teeth
скалка 1. *(тріска)* chip, splinter; **2.** *(уламок)* splinter, fragment
скалля *буд.* broken stone, ballast
скальпель scalpel
скам'янілий fossil
скам'яніність fossil
скандал *(політичний)* scandal; *(сварка)* quarrel
скандалити quarrel, brawl, make a row
скандалізувати scandalize
скандаліст quarreler, troublemaker
скандальний *(про випадок)* scandalous; *(про людину)* quarrelsome
скандувати chant
сканер *обч.* *(сканувальний пристрій)* scanner
скарб treasure
скарбник treasurer
скарбниця treasury
скарга complaint
скаржитися complain (of)
скарлатина *мед.* scarlet fever
скасовувати, скасувати abolish; *(закон)* abrogate, repeal; *(постанову)* cancel
скасування abolition; *(закону)* abrogation; *(постанови)* cancellation
скатерка, скатертина table-cloth
скафандр 1. *мор.* diving suit; **2.** *ав.* full-pressure suit; *(космонавта)* spacesuit
скелелаз *див.* **верхолаз**
скелелазіння rock-climbing

скелет skeleton
скеля rock; *(прямовисна)* cliff
скелястий rocky
скепсис scepticism
скептик sceptic
скептицизм scepticism
скептичний sceptical
скеровувати, скерувати direct, turn; *(зброю)* aim
скибка slice, piece
скиглити 1. *(про собаку)* whine; **2.** *знев.* *(про людину)* whimper
скидати, скинути 1. *(кидати вниз)* throw down; **2.** *(одяг, взуття)* take off, throw off; **3.** *(позбавляти влади)* overthrow; **~ ярмо** cast the yoke
скирта stack, rick
скисати, скиснути turn sour
скільки 1. *(про кількість)* (з ім. в одн.) how much; (з ім. у мн.) how many; **~ це коштує?** how much is it?; **~ тобі років?** how old are you?; **2.** *(наскільки)* as far as; **~ пам'ятаю, він завжди був агресивний** as far as I remember, he was always aggressive; **3.** *(багато)*: **~ часу він забрав у нас!** what a long time he has kept us!; **не стільки ... ~ ...** not so much ... as...
скільки-небудь *розм.* *(певна кількість)* some, any
скіф *іст.* Scythian
склад I 1. *(запас)* store, stock; **2.** *(приміщення)* warehouse, storehouse; **3.** *(сукупність елементів)* composition; **входити до ~ду** be (form) part (of); **4.** *(сукупність людей)* complement; **особовий ~** personnel; **входити до ~ду** *(делегації та под.)* be a member; **група повернулася у повному ~ді** all members of the group returned; **~ виконавців** *театр.* cast; **~ злочину** *юр.* constitution of a crime
склад II *грам.* *(частина слова)* syllable
складаний folding; *(про меблі тж)* collapsible; **~ ніж** clasp knife
складати, скласти 1. *(в одне місце)* pile up, put; *(книги)* stack; *(речі для від'їзду)* pack; **2.** *(із частин)* assemble, put together; **3.** *(вірш, пісню)* make up, write, compose; **4.** *(іспити)* take, pass; **~сти фізику** pass in physics; **5.** *(утворювати)* make; form; **~ся 1.** *(утворюватися)* form; *перен.* shape, turn out, develop; **у нього склалася думка** he formed the opinion; **2.** *(у дорогу)* pack one's things; **3.** *(мати у своєму складі)* consist (of); be made (of); **родина складається з п'яти осіб** there are five people in the family
складач *друк.* compositor
складений compound, composite

складка fold; *(запрасована)* crease

скла́дний *(про мову, виклад)* well-rounded, smooth

складни́й 1. *(з кількох частин)* compound, composite; **~не речення** *грам.* complex sentence; **2.** *(важкий)* complicated; complex; *(заплутаний)* intricate

складнопідрядний *грам.:* **~не речення** complex sentence

складноскорочений: ~не слово compound

складносурядний *грам.:* **~не речення** compound (coordinated) sentence

складовий *(який входить до складу)* constituent, component; **~ва частина, ~ елемент** component

склеп *(burial)* vault

склепіння *архіт.* vault; arch, cope

склеювати, склеїти stick (glue) together

склика́ти, склику́кати 1. *(запрошувати)* call together; *(гостей)* invite; **2.** *(з'їзд та под.)* call, convene, convoke

скло glass; *збір. (вироби)* glassware; *(для окулярів)* lenses *pl*

скловолокно fiberglass

скляний glass *attr.*

склянка 1. *(посуд)* glass, tumbler; **2.** *(осколок скла)* bit of glass

скляр glazier

скнара miser, skinflint

скоба staple, cramp, gib

сковзатися 1. slide (about); **2.** *(на ковзанах)* skate

сковзнути slip

сковорода frying-pan

сковувати, скувати 1. *(з'єднувати)* forge together; **2.** *(надівати кайдани)* shackle, fetter; **3.** *(кригою)* lock; **мороз скував річку** the river is ice-bound

скоїти *(про злочин)* commit

сколихнути stir up *(тж перен.)*

сколочувати, сколотити 1. *(робити каламутним)* stir up, muddy; **2.** *(змішувати)* mix, shake up

сколювати, сколоти 1. *(скріплювати)* pin together; **2.** *(відколювати шар чого-н.)* chip off, break off

скоморох 1. *(комедіант)* mummer; **2.** *перен. (блазень)* buffoon

скорбота grief, (deep) sorrow

скорботний mournful, sorrowful

скористатися *(з чого-н.)* avail oneself (of); take advantage (of); **~ нагодою** seize the opportunity; *(ужити з якою-н. метою)* use, make use of

скоріше *(перен.)* rather

скоро soon

скорочений *(про варіант тексту)* abridged; *(про робочий день)* shortened; *(про слово)* abbreviated

скорочення 1. *(дія)* contraction, curtailment; **2.** *(скорочена назва)* abbreviation

скорочувати, скоротити 1. shorten, cut (down); *(слово)* abbreviate; *(текст)* abridge; **2.** *(зменшувати)* reduce, curtail; **3.** *мат.* cancel out, eliminate; **~ся 1.** reduce; **2.** shorten

скорпіон *зоол.* scorpion

скоса sideways, askance

скотар herdsman

скотарка dairy maid

скотарня cattle-yard

скотарство cattle-breeding, stock-breeding, livestock farming

скотина *збір.* cattle, livestock

скошувати I, скосити *(траву)* mow (down)

скошувати II, скосити *(робити косим)* twist; *(очі)* quint

скраплення condensation

скраплювач condenser

скраю at (from) the end (of)

скребти scrape; *(кігтями)* scratch

скрегіт gritting, grinding

скреготати: ~ зубами grit one's teeth

скрекотати *і* **скрекотіти** *(про комах, птахів)* chirp, chirrup; *(про сорок, тж перен. — розмовляти)* chatter; *(про жаб)* croak

скресати, скреснути *(про річку, кригу)* break (up)

скривавлений blood-stained

скривитися become twisted; *(робити гримаси)* make a wry face

скрикувати, скрикнути scream, shriek; exclaim

скриня chest; box

скринька: поштова ~ letter-box

скрип *(дверей, підлоги)* creak; *(пера)* scratch; *(снігу, піску під ногами)* crunch

скрипаль violinist; *(вуличний)* fiddler

скрипіти, скрипнути creak, squeak; *(про перо)* scratch; *(по пісок, сніг під ногами)* crunch; **~ зубами** grit one's teeth

скрипка violin; fiddle *розм.;* <> **грати першу ~ку** *перен.* play a leading part

скрипливий *(про двері, підлогу)* creaky; *(про голос)* croaky

скріпка *канц.* paperclip

скріплювати, скріпити 1. *(з'єднувати)* fasten together; **2.** *перен. (дружбу)* consolidate, tighten; **3.** *(печаткою)* seal

скромний 1. modest; *(простий)* simple; **2.** *(про посаду та под.)* humble

скромність modesty; *(одягу та под.)* plainness

скроня temple

скрупульозний scrupulous

скрута difficulty; *(матеріальна)* financial difficulties *pl*
скрутний difficult; *(про матеріальний стан тж)* straightened, reduced; **бути в ~ному становищі** be in strained circumstances; be hard up
скручувати, скрутити 1. twist (together); **2.** *(зв'язувати)* bind tightly
скубти pull, jerk; *(птицю)* pluck
скульптор sculptor
скульптура sculpture; *(твір мистецтва тж)* piece of sculpture
скумбрія *іхт.* mackerel
скупий 1. mean, miserly, stingy; **2.: ~ на слова** reticent; **3.** *як ім.* miser
скупість miserliness, stinginess
скупчення 1. *(дія)* accumulation; **2.** *(велика кількість)* mass, jam, congestion; **~ людей** crowd
скупчувати(ся), скупчити(ся) gather, collect; *(про товари й под.)* accumulate
скучити be bored; *(за ким-н.)* miss
слабий 1. *див.* **слабкий**; **2.** *(хворий)* sick
слабість *див.* **слабкість**
слабкий 1. weak; *(про голос)* feeble; *(про здоров'я)* delicate; **2.** *(ледве помітний, незначний)* faint; **3.** *(недосконалий)* poor; **~ оратор** poor speaker; <> **~ке місце** weak point
слабкість 1. weakness; *(фізична тж)* feebleness; **2.** *(прихильність)* weakness (for); **3.** *(уразливе місце)* weak point (side)
слабовільний weak(-willed)
слабшати 1. *(про людину)* grow (get) weak; *(про здоров'я, інтерес і под.)* weaken; **2.** *(про вітер)* abate, drop; *(про мороз)* ease off
слава 1. glory; *(велика популярність)* fame; **2.** *(поговір)* rumour, rumor *амер.*; <> **на ~у** wonderfully well, splendidly
славетний glorious; *(знаменитий)* famous, celebrated
славити glorify; **~ся** be famous (for), be renowned for
славний 1. *див.* **славетний**; **2.** *(про людину, відпочинок)* pleasant
славословити extol
слайд *фото* slide
слалом *спорт.* slalom; **гігантський ~** giant slalom
сламоїст *спорт.* slalom skier
сланець shale
слати I *(відсилати)* send
слати II *див.* **стелити**
сленґ slang
слива 1. *(плід)* plum; **2.** *(дерево)* plum-tree
слиз mucus; *(від вогкості)* slime
слизовий mucous *attr.*; **~ва оболонка** mucous membrane

слизький slippery, slimy, greasy
слимак slug, snail
слина spit, saliva
слід I 1. track; *(ноги тж)* footprint; **іти по ~дах** follow in the tracks; **2.** *(рани, опіку)* mark
слід II *безос.*: **~ пам'ятати** it should be remembered; **цього ~ було чекати** it was to be expected; **вам ~** you ought (+ to *inf.*); <> **як ~** properly
слідкувати *див.* **стежити**
слідом: **ходити ~ за ким-н.** follow smb.
слідство *юр.* investigation
слідчий 1. investigatory, investigative; **~чі органи** investigating authorities; **2.** *як ім.* detective, (preliminary) investigator
слізний lacrimal; *(жалісний)* pitiful
сліпий 1. blind; **2.** *як ім.* blind man
сліпити *(осліпляти)* blind; *(про світло)* dazzle
сліпнути lose one's sight, go (become) blind
сліпота blindness
сліпучий blinding, dazzling *(тж перен.)*
словак Slovak
словацький Slovak, Slovakian; **~ка мова** Slovak, the Slovak language
словесний verbal, oral
словник dictionary; *(спеціальних слів)* glossary; *(до підручника, тексту)* vocabulary *(тж. запас слів)*; *(зошит)* vocabulary book
словниковий dictionary *attr.*, lexicographic(al); *(про фонд, склад мови)* lexical; **~ запас** vocabulary
слово 1. word; **2.** *(виступ, промова)* speech; **~ для захисту** plea; **просити ~ва** ask for the floor; **брати ~** take the floor; **надавати ~ кому-н.** allow smb. to speak; <> **одне ~** in a word, in short
слововживання word usage
словозміна inflection
словосполучення word combination
словотвір, словотворення *лінгв.* word-building, word formation
слов'янин Slav
слов'янський Slavonic, Slavic
слон 1. *зоол.* elephant; **2.** *шах.* bishop
сло(не)ня elephant calf
слониха cow(elephant)
слоновий elephant *attr.*; **~ва кістка** ivory
слуга servant
служба service; *(робота)* work; **~ зв'язку** communication service; **~ побуту** consumer services; **~ зайнятості** Employment Services
службовець employee, office worker, attendant; **державний ~** civil servant
службовий 1. *(про справи, обов'язки)* official; *office attr.*; **2.** *(про приміщення й под.)* auxiliary; **3.** *грам.* *(допоміжний)* auxiliary

служити (у банку й под.) work; (в армії) serve
служитель (у музеї, зоопарку) keeper; (науки, мистецтва) servant; ~ **церкви** clergyman
служіння 1. (дія) serving; 2. рел. service
слух hearing; (музичний) ear (for music); **грати по ~ху** play by ear
слухання юр. hearing
слухати 1. у різн. знач. listen (to); **~хаю!** (по телефону) hello!; **ви ~хаєте?** (по телефону) are you there?; 2. (лекції та под.) attend; 3. (бути слухняним) be obedient (to), obey; 4. юр. (судову справу) hear; <> **~хай!** розм. look here!, listen!; **~ся** 1. (бути слухняним) be obedient (to), obey; **не ~ся** be disobedient, disobey; 2. (про судову справу) be tried
слухач 1. (той, хто слухає) listener, hearer; **~чі** мн. збір. audience sing; 2. (учень) student
слухняний obedient
слуховий (про нерв, орган) auditory; ~ **апарат** hearing aid
слушний 1. (зручний) suitable, proper; (сприятливий) favourable; ~ **момент** opportune moment; 2. (про докази, зауваження — правильний) right, correct; (справедливий) just
слюда мін. mica
слюсар fitter, maintenance man; (водовідний) plumber
слюсарний fitter's; ~**на майстерня** metal workshop; ~ **верстат** lathe
сльоза tear; <> **сміятися до сліз** laugh till one cries
сльозитися (про очі) water
сльозогінний: ~ **газ** tear gas
сльота slush, mire; (мокрий сніг) sleet
смаглий, смаглявий 1. (шкірою) swarthy, brown, dark; dark-skinned; 2. (засмаглий від сонця) sunburnt, tanned, brown
смажений (на сковороді) fried; (на вогні) grilled; (у духовці) roast; **~на картопля** chips pl
смажити (на сковороді) fry; (на вогні) grill; (у духовці) roast
смак taste; **(це) приємно на** ~ it tastes nice; <> **мати** ~ **(до)** have a taste (for)
смалець lard, grease
смалити (обпалювати) singe; (обдавати жаром) scorch
смарагд emerald
смарагдовий emerald
смачний tasty, tasteful, good, delicious; **обід був дуже** ~ the lunch was delicious
смачно tastily; **вона** ~ **готує** she is a good cook; **тут** ~ **годують** the food here is very good; ~ **їсти** eat well
смердіти stink (of)
смердючий stinking, feculent, foul, noxious, rank

смерека бот. spruce, fir(-tree)
смеркати(ся), смеркнути(ся) безос. start to get dark; **смеркає** it is growing dusk
смерком in the twilight
смертельний death attr., deathly; (про рану, удар) mortal, fatal; (про зброю, отруту) deadly; ~ **ворог** mortal enemy
смертний 1. див. **смертельний**; 2. (який не живе вічно) mortal; 3. як ім. mortal; <> ~ **вирок** death sentence
смертник (засуджений до страти) prisoner on death row; (терорист) kamikaze
смертність mortality; death-rate
смертоносний (про зброю та под.) lethal, lethiferous; ~ **удар** mortal blow
смерть death; **до самої ~ті** till one's dying day; ~ **від голоду** starvation
смерч whirlwind; (на суходолі тж) tornado; (піщаний) sand-storm; (на морі) water-spout
сметана sour cream
смикати, смикнути to pull, jerk
смирний quiet, docile; (покірний) mild
смичковий bow attr.; **~ві інструменти** муз. bow instruments
смичок муз. bow, fiddlestick
сміливець brave person, plucky fellow
сміливий (про людину, учинок) brave; (про ідею, проект) ambitious; **~ва спроба** emprise
сміливість (хоробрість) bravery; (про вчинок, поведінку) boldness, audacity
сміти dare; **не смій!** don't you dare!; **як ви смієте!** how dare you!
смітити make a mess, litter
смітник dust-heap, rubbish-heap
сміттєвід refuse chute, rubbish chute, garbage chute амер.
сміття dust, rubbish, litter, refuse, trash, garbage амер.; **ящик для** ~ dustbin; <> **виносити** ~ **з хати** wash one's dirty linen in public
сміх laughter; **він не міг стриматися від ~ху** he couldn't help laughing; <> **піднімати кого-н. на** ~ make a laughing stock of smb.; **і** ~ **і гріх** one can see the funny side of it
сміховинний (смішний) funny; (жалюгідний) ludicrous
сміхотливий (про людину) jolly; (про настрій) giggly
смішити make laugh, amuse
смішний 1. (забавний) funny; 2. див. **сміховинний**; <> **до ~ного** ridiculously
смішно 1. funnily, in a funny manner; (безглуздо) absurdly, it's funny; **мені не** ~ I don't find it funny; 2. безос.: ~ **думати, що** it would be absurd to suppose
сміятися 1. laugh; (тихо) chuckle; 2. (з кого-н.,

чого-н.) laugh (at); make fun (of); <> **сміється той, хто сміється останній** he laughs best who laughs last
смоґ smog
смоктання suck, suction
смоктати suck
смола *(дерева)* resin; *(дьоготь)* tar; <> **чорний як ~** jet-black, jetty
смолистий resinous
смолити tar
смолоскип torch
смоляний gummy, pitch, resin
сморід feculence, stench, stink
смордіний stinking
смородина *збір.* (black) currants *pl*
смуга 1. strip; *(широка)* stripe; **2.** *(пояс, зона)* zone, belt; **лісова ~** forest belt; **3.** *(проміжок часу)* period
смугастий striped, stripy
смуглий, смуглявий *див.* **смаглий, смаглявий**
смутити *(викликати смуток)* grieve, distress
смутний *див.* **сумний**
смуток grief, damp, sadness, sorrow
снага strength, vigour
снайпер sniper, sharpshooter
снаряд 1. *військ.* projectile; *(артилерійський тж)* shell; **2.** *мех.* machine, apparatus; **3.** *спорт.* apparatus
снасть *мор. (зазв.* **~ті** *мн.)* rope *sing*, rigging *sing*; **рибальська ~** fishing-tackle
снитися dream
сніг snow; **іде ~** it is snowing; **випав ~** it's been snowing; <> **як ~ на голову** like a bolt from the blue
сніговий snow *attr.*; snowy; **~ва баба** snow-man
сніговик snowman
сніговій, сніговиця snowstorm
снігоочисник snowplough, snowplow *амер.*
снігопад snowfall
снігоприбиральний: ~на машина snowplough, snowplow *амер.*
снігур *орн.* bullfinch
снігурка *фольк.* Snow-Maiden
сніданок breakfast; *(серед дня)* lunch
снідати have breakfast; *(серед дня)* have lunch
сніжинка snowflake
сніжка snowball; **грати у ~ки** have a snowball fight
сніжний snow *attr.*; **~на зима** snowy winter
сніп sheaf; *перен.* shaft
сноб snob
снобізм snobbery
сновидіння dream
снодійний: ~ засіб sedative
снопозв'язувач binder

собака dog; *(гончак)* hound; <> **~ на сіні** dog in the manger
собакар dog-catcher
собаківник dog-lover
собачий dog *attr.*, dog's
собівартість *ек.* cost price; **за ~тістю** at cost price; **зниження ~вартості продукції** cutting (reduction) of production costs
соболь *зоол.* sable
собор 1. convocation; **кафедральний ~** cathedral; **2.** *(з'їзд)* council *(of churches)*
соборний cathedral *attr.*; **~на постанова** decree of the church council
сова *орн.* owl
совати 1. *(помішати)* shove, thrust; **2.** *(пересувати)* move; **~ свого носа** poke one's nose (into)
совеня owlet
совісний conscientious
совість conscience; <> **на ~** *(сумлінно)* conscientiously, very well
совок shovel, scoop; *(для сміття)* dustpan
сода soda; **питна ~** bicarbonate of soda
содовий soda *attr.*
сокира axe
сокіл *орн.* falcon
соковитий 1. juicy, succulent; **2.** *перен. (про колір, рослинність, мову)* rich
соковитість richness
соколиний falcon's; **~не полювання** falconry
соколя falcon chick
сокочавиль juce extractor
солдат soldier; **~ти** *мн. тж* the men
солдатський soldier's
солити salt; *(консервувати)* pickle; *(засолювати)* preserve in brine
солідарний 1. united; **2.** *юр.* solidary
солідарність solidarity
солідний 1. *(міцний)* solid, strong; **2.** *(ґрунтовний)* thorough, substantial; **3.** *(про людину — надійний, серйозний)* reliable, serious, respectable; *(статечний)* impressive; **4.** *розм. (значний)* considerable; **5.: ~ вік** respectable (fair) age
солідол grease
соління pickle
соліст, солістка soloist
соло *муз.* solo
соловей *орн.* nightingale *attr.*
солов'їний nightingale
солодити sweeten, sugar
солодке *як ім. (десерт)* afters, dessert *амер.*
солодкий 1. sweet; **2.** *(про життя)* pleasant; **3.** *перен. (облесливий тж)* honeyed; <> **~ сон** sweet sleep
солодко *(пахнути)* sweet; *(спати)* deeply; *(по-*

солодощі — спадати

солодощі мн. (кондвироби) sweets, sweetmeats, sweet things *pl*; candies *амер.*
солома straw; (для стріхи тж) thatch
соломина straw
солом'яний straw *attr.*; ~**на стріха** thatch; (про колір) straw-coloured; <> ~**на вдова** *розм.* grass widow
солоний 1. salt *attr.*, salty, saline; ~**на вода** brine; **2.** (засолений) salted, pickled
солоність salinity
солончак I (низина затоплювана морем) *геол.* saltmarsh
солончак II (про озеро, джерело) saline land
соляний: ~**на кислота** *хим.* hydrochloric acid
соляний salt *attr.*; ~**ні копальні** salt-mines
солянка sole
солярій solarium (*pl* -ria)
сольний solo *attr.*; ~ **номер** solo
сом *іхт.* catfish
сон 1. (стан) sleep; **мене знемагає** ~ I am sleepy; **2.** (сновидіння) dream; **бачити** ~ (have a) dream; **бачити уві сні** dream (about, of); <> **крізь** ~ **чути** hear in one's sleep
соната *муз.* sonata
сонет *літ.* sonnet
сонливий sleepy; drowsy
сонливість sleepiness; drowsiness
сонний 1. (заспаний) sleepy; (млявий) drowsy; **2.** (який спить) sleeping; **3.** *перен.* (пасивний) sluggish, listless
сонце sun; **на** ~**ці** (під променями сонця) in the sun; **за** ~**цем** (рухатися) with the sun
сонцезахисний: ~ **крем** suncream
сонцестояння solstice
сонячний 1. sun *attr.*; *наук.* solar; ~ **промінь** sunbeam; ~**не світло** sunlight, sunshine; **2.** (освітлений, зігрітий сонцем) sunny; <> ~**на система** *астр.* solar system; ~ **удар** sunstroke, insolation
соняшник *бот.* sunflower
сопілка reed (-pipe)
сопіти *і* **сопти** snort, snuffle, sniff
сопка (пагорб) hill; (вулкан) volcano
сопрано *муз.* soprano
соратник companion-in-arms; comrade(-in-arms)
сорбіт sorbite
сорок forty
сорока *орн.* magpie; (про балакучу людину) chatterbox
сорокарічний (період) forty-year; (про людину) forty-year-old
сорокаріччя (термін) forty years; (річниця події) fortieth anniversary
сороковий fortieth; ~**ві роки** the forties
сором shame; **без (усякого)** ~**му** shamelessly
соромити shame, put to shame; ~**ся** be ashamed (of)
сором'язливий bashful, modest
сором'язливість bashfulness, modesty
соромно *безос.*: ~ **таке говорити** you ought to be ashamed of talking like that; **мені** ~ **за вас** I am ashamed of you
сорочка (чоловіча) shirt; (жіноча) slip, chemise; **нічна** ~ nightgown; **спідня** ~ undergarment; <> **народитися в** ~**чці** ≅ be born with a silver spoon in one's mouth
сорт 1. (категорія товару) grade, quality; **першого** ~**ту** first rate; (про сорт) kind, sort; **2.** (різновид рослин) variety
сортамент *див.* асортимент
сортувальний sorting *attr.*
сортувальник sorter
сортування grading, sorting
сортувати sort, grade; classify (тж перен.)
сосиска sausage; frankfurt(er) *амер.*
соска (пипка, смочок) comforter, baby's dummy; (на пляшечці) teat, nipple
сосна *бот.* pine (tree); **сибірська** ~ cedar
сосновий pine *attr.*; (із сосни) pinewood *attr.*
сосок nipple; (у тварин) teat
сотий hundredth
сотня hundred
соус sauce; (м'ясний) gravy; (до салату) dressing
сохнути 1. (get) dry; (пересихати) dry up; (про рослини) wither; **2.** *перен. розм.* (про людей) pine, waste away
соціал-демократ social democrat
соціал-демократичний social democrat *attr.*
соціалізм socialism
соціаліст socialist
соціалістичний socialist
соціальний social; ~**на захищеність** social security
соціоекономіка socioeconomic
соціолог sociologist
соціологія sociology
сочитися ooze (out), trickle
союз alliance; (республік, професійний) union
союзний allied
союзник ally
союзницький ally's
спаґеті *мн.* spaghetti *sing*
спад (дія, стан) abatement; ~ **виробництва** falling-off of production; **економічний** ~ recession
спадати, спасти 1. (падати) fall (from); **2.** (зменшуватися — про спеку й под.) abate; <> ~ **на думку** enter one's head

спадковий hereditary, heritable
спадковість heredity
спадкоємець heir; *(продовжувач)* successor
спадкоємиця heiress
спадний incident
спадщина 1. inheritance; *(за заповітом)* legacy; **одержати у ~ну** receive by inheritance; **2.** *(явища культури, побуту)* legacy, heritage
спазм spasm
спалах 1. *(вогню)* flash; **2.** *(вияв почуття)* outburst; **3.** *(епідемії)* outbreak
спалахувати, спалахнути 1. *(загорятися)* blaze up; *(про світло)* flash; **2.** перен. *(рум'яніти)* flush; **3.** перен. *(раптово виникати)* break out
спалювати, спалити burn (down)
спальний sleeping; **~ вагон** sleeper, sleeping-car
спальня bedroom; *(меблі)* bedroom suite
спартакіада sports festival
спасибі thank you, thanks; **велике (вам) ~** thank you very much; many thanks (for)
спати sleep, be asleep; **лягати ~** go to bed; **не лягати ~** sit up
спека heat
спектакль performance, show
спектр spectrum *(pl* -ra)
спектральний spectral
спектрометр spectrometer
спектрофотометрія spectrophotometry
спекулювати speculate (in, on); profiteer *(тж перен.)*
спекулянт speculator, profiteer
спекулятивний speculative
спекуляція jobbery, speculation, profiteering *(тж перен.)*
спереду 1. присл. in front; *(з переднього боку)* from the front; **2.** прийм. in front of
сперечатися argue (with smb. about), dispute (with smb. about)
сперш(у) at first
специфікація specification
специфічний peculiar, specific, characteristic; **~ засіб** specific
спеціалізація *(виробництва)* specialization; *(наукова)* specialism
спеціалізований specialized
спеціалізувати *(навчати фаху)* give specialized training; concentrate; **~ся** specialize (in)
спеціаліст див. **фахівець**
спеціальний 1. special; **2.** *(який стосується окремої галузі)* specialized; **~на освіта** спеціалізована education
спеціальність див. **фах**
спеціально specially; *(навмисно)* on purpose
спеція spice

спиж bronze
спижовий bronze
спилювати, спиляти saw down
спина back
спинний spinal; **~ мозок** spinal cord; **~ хребет** spine, spinal column, backbone
спиняти, спинити 1. stop; *(людину тж)* make stop; *(машину, коней тж)* pull up; **2.** *(утримувати від чого-н.)* restrain; **3.: ~погляд** rest one's gaze (on)
спиратися, спертися 1. lean (on); **2.** *(знаходити підтримку)* rely (on); *(брати за основу для міркування)* base oneself (on)
спирт alcohol; *(технічний, медичний тж)* spirit
спиртний *(про запах, розчин)* of alcohol; **~ напій** alcoholic drink
спис spear, lance
список *(письмовий перелік)* list; **у ~ску** on the list
списувати, списати 1. *(переписувати)* copy (out); **2.** *(записувати як витрачене)* write off; **3.** *(звільняти в запас)* discharge
спихати, зіпхнути push aside
спиця 1. *(в'язальна)* knitting needle; **2.** *(колеса)* spoke
спів singing; **учитель ~ів** singing teacher
співавтор coauthor
співавторство coauthorship
співак singer; songster *(тж про птаха)*
співати sing; singer
співбесіда interview
співвідносити, співвіднести: ~ що-н. із чим-н. correlate smth. with smth.; **~ся** correlate
співвідносний correlative, correlating, proportional
співвідношення correlation; proportion, alignment
співвітчизник compatriot
співвласник joint owner
співволодіння joint ownership
співдружність concord; *(співробітництво)* cooperation; *(об'єднання)* community, association, commonwealth
співець singer; перен. bard
співжиття commensalism, mutualism
співзвучний consonant (with, to); in harmony (with) *після ім.*
співіснування coexistence
співіснувати coexist
співочий singing; **~ птах** singing bird, songbird
співпереживати empathize
співпрацювати cooperate (with), collaborate (with)
співпраця contribution, cooperation
співробітник 1. *(той, хто працює разом*

співробітництво — спокійний

з ким-н.; *(колеґа)* colleague, collaborator, helper; **2.** *(службовець)* employee, member of the staff; **науковий ~** research worker

співробітництво *(культурне, економічне)* cooperation, collaboration, *(у газеті)* work, contributions *pl*

співрозмовник interlocutor; **він чудовий ~** he's excellent company

співучасник collaborator, partner; *(злочину)* accomplice

співучасть consortium, partnership; complicity

співучий 1. *(який любить співати)* songful; **2.** *(мелодійний)* melodious; **3.** *див.* **співочий**

співчувати sympathize (with), feel (for); *(у біді тж)* condole (with, on)

співчутливий feeling, sympathizer

співчуття condolences *pl*, compassion; **висловити ~ кому-н.** express one's condolences to smb.

спід 1. lower part; *(дно)* bottom; **2.** *(виворіт)* wrong side

спідлоба: дивитися ~ scowl (at), lour (at)

спідниця skirt; *(нижня)* petticoat

спідній 1. *(нижній)* lower, bottom; **2.** *(під одягом)* under; **~ня білизна** underclothes *pl*, underwear

спідометр speedometer

спізнюватися, спізнитися be late; **він спізнився на потяг** he missed the train

спікер speaker

спілий ripe

спілка *(громадська організація)* union, league; **професійна ~** trade union

спілкування intercommunication, intercourse

спілкуватися associate (with), be associated (with), mix (with)

спілчанин partner

спільний 1. common; mutual; **~ друг** mutual friend; **~ні інтереси** common interests; **2.** *(колективний)* joint, combined; **~не засідання** joint session; **~ними зусиллями** by combined efforts

спільник *(союзник)* ally; *(у чому-н. поганому)* accomplice

спільність community, consortium

спільнота association; **світова (міжнародна) ~** international community

спінінґ spinning tackle, spinner

спір argument, dispute; *(з питань науки й под.)* discussion

спіраль spiral

спіральний spiral

спірний disputable; controversial; **~не питання** difference, issue

спірометр spirometer

спірометрія spirometry

спіти *(дозрівати)* ripen

спіткати 1. *(зустріти)* meet; *(випадково тж)* encounter; **2.** *(трапитися)* happen; *(випасти на долю)* overtake, befall; **його ~кало горе** he has had a misfortune

спішити hurry, hasten

спішний 1. *(терміновий)* pressing, urgent; **2.** *(квапливий)* hurried, rapid

сплав *(лісу)* floating; *(плотами)* rafting

сплавляти, сплавити *(про ліс)* float; *(плотами)* raft

сплата payment; *(заборгованості)* paying off

сплачувати, сплатити pay; *(заборгованість)* pay off

спливати, сплисти *і* **сплинути** *(пливучи віддалятися)* float (drift) away; *перен.* *(проходити, минати)* pass on

сплітати, сплести weave; **~ вінок** make a wreath; *(руки)* lock; *(пальці)* interlock; *(волосся)* plait

сплутати (en) tangle; *(переплутувати)* muddle, confuse; *(приймати за інше)* take (for), mix up; **<> ~ карти** upset smb.'s plans

сплющувати, сплющити *(робити плоским)* flatten

сплячка 1. *(у тварин)*: **зимова ~** hibernation; **2.** *розм.* *(у людей)* lethargy, sleepiness

сповзати, сповзти slip down

сповивати, сповити 1. *(дитину)* swaddle; **2.** *(охоплювати з усіх боків)* envelop, cover

сповільнювати, сповільнити slow down

сповіщати, сповістити inform (of, about); *(давати знати)* let (smb.) know (of, about)

сповна completely, in full

спогад 1. memory, recollection; **2. ~ди** *мн.* *(мемуари)* memoirs, reminiscences

споглядати contemplate

сподіваний due

сподівання prospect

сподіватися expect, hope (for); *(розраховувати)* rely (on); *(чекати)* wait (for)

споживання consumption

споживати, спожити consume, use; *(про їжу)* eat, have

споживач consumer, user, buyer

споживчий consumer *attr.*; **~ча кооперація** consumers' cooperative societies *pl*

спокій 1. *(тиша)* quiet, calm(ness), tranquillity; **2.** *(мир, порядок)* peace, public order; **3.** *книжн.* *(відпочинок, спочинок)* sabbath; **<> душевний ~** peace of mind; **дати ~ кому-н.** leave smb. in peace

спокійний *(про вулицю, життя)* quiet; *(про море)* calm; *(про людину, тон, бесіду)* serene; *(про характер)* placid; *(про колір)* gentle,

restful; **бути ~ним** feel at ease; **будьте ~ні** don't worry
спокійно *(жити, говорити)* quietly; *(спати)* peacefully
споконвіку from time immemorial
спокуса temptation, lure
спокусливий tempting; *(про жінку)* seductive
спокусник tempter; seducer
спокута redemption, atonement
спокутувати redeem; atone (for); **~ провину** atone for one's guilt
спокушати, спокусити tempt (with, into); *(зваблювати)* seduce
сполох I *(тривога)* alarm, panic; <> **бити на ~** sound the alarm
сполох II *тж* **~хи** *мн. (вогню, світла)* flash
сполохувати, сполохати frighten, scare away; *(птахів тж)* flush
сполука *хім.* combination
сполучальний contact
сполучати, сполучити 1. *(з'єднувати)* join, unite, connect; link up; **2.** *(поєднувати)* combine *(тж хім.)*
сполучений combined
сполучення 1. *(дія)* joining, junction; combination; **2.** *(зв'язок)* communications *pl*; **3.** *мат., хім.* combination
сполучний 1. *(з'єднувальний)* connecting; conjunctive; **2.** *грам.* connective; copulative
сполучник *грам.* conjunction
сполучність compatibility
спонсор sponsor
спонсорський sponsoring *attr.*
спонтанний spontaneous
спонтанність spontaneity
спонука incentive
спонукальний incentive
спонуканий impellent, induced
спонукати impel, induce, prompt
спора *бот.* spore
спорадичний sporadic
споріднений kindred; akin; related; **~ні мови** related languages
спорідненість affinity, relationship
споріднювати, споріднити 1. *(об'єднувати)* unite, draw together; **2.** *(робити подібним)* make alike
спорожняти, спорожнити empty
спорт sport; *(види спорту)* sports *pl*; **займатися ~том** go in for sport
спортивний 1. sports *attr.*, sporting; **~ні ігри** games; **~на зала** gym(nasium); **~ майданчик** sports ground; **~ костюм** sports wear, tracksuit; **~ні змагання** sporting competition, **2.** *(схожий на спортсмена)* athletic(-looking)

спортсмен sportsman, athlete
спортсменка sportswoman
споруда edifice, structure; *(будівля)* building
споруджувати, спорудити erect; build
споряджати, спорядити fit out, equip; *(готувати до від'їзду тж)* prepare; *(забезпечувати тж)* supply
спорядження 1. *(дія)* equipping; **2.** *(предмети, пристрої)* equipment, outfit
спосіб 1. *(характер дій)* way, method, mode; **~ виробництва** mode (method) of production; **2.** *(засіб)* means *sing і pl*; **усіма ~собами** by every means; **~ виконання** process; **~ дії** procedure, proceeding; **~ життя** regime; **3.** *грам.* mood
спостереження observation
спостережливий observant
спостережний observational
спостерігання observation
спостерігати 1. *(вивчати, досліджувати)* observe, study; **2.** *(стежити)* keep an eye (on); watch
спостерігач observer
спотворення defacement, deformation
спотворювати, спотворити distort, twist *(тж перен.)*; **~ істину** distort the truth
спотикання trip
спотикатися, спіткнутися *і* **спотикнутися** stumble (over)
спочатку 1. *(спершу)* at first, at the beginning; **2.** *(раніше)* formerly; before; **3.** *(знову)* all over again
спочивати, спочити *(відпочивати)* have a rest; *(спати)* sleep; **~ на лаврах** rest on one's laurels
спочинок rest, sleep; **не мати ~нку** have no peace
справа I 1. affair; business; **громадські ~ви** public affairs; **це не моя ~** that is no business of mine; **2.** *(мета, інтереси)* cause; **~ миру** the cause of peace; **3.** *(явище, подія, факт)* deed, act; **добра ~** good deed; **4.**: **~ви** *мн.* things; **5.** *юр.* case; **6.** *канц.* file; <> **у чому ~?** what's the matter?; **як ~ви?** how are you?, how are you getting on?; **це зовсім інша ~** that's quite another thing; **мати ~ву (з)** have to deal (with); **~ в тому, що** the point is that
справа II *присл. (звідки)* from the right; *(де)* on the right (of), to the right (of)
справджувати, справдити 1. *(здійснювати)* fulfil, realize; **2.** *(бути гідним)* justify; **~ довіру кого-н.** justify smb.'s confidence
справді 1. really, actually; **2. вставне сл.** indeed; **3.** *част.* **~?** really?
справедливий just; *(неупереджений тж)* fair, impartial; **~ва справа** a just cause

справедливість justice; *(неупередженість тж)* fairness, impartiality
справедливо fairly, justly
справжній real, true; *(істинний тж)* genuine
справляти, справити 1. *(улаштовувати)* arrange, hold; *(святкувати)* celebrate, keep; **2.** *(викликати почуття, враження)* produce, make; **~ вплив (на)** produce (make) an impression (on)
справлятися, справитися 1. *розм.* *(виконувати що-н.)* manage, cope (with); **2.** *(побороти кого-н.)* manage; *док.* get the better of
справний 1. *(про предмети)* in working order *після ім.*; in good repair *після ім.*; **2.** *(про людину)* conscientious; skilful
спрага thirst; **почувати ~гу** be thirsty
спраглий thirsty
спрацьований spent
спрацьовуватися, спрацюватися 1. *(зношуватися)* wear; be worn (out); **2.** *(досягати узгодженості в роботі)* work in harmony
сприймання perception, apprehension
сприймати, сприйняти perceive, apprehend; *(реагувати тж)* receive, take
сприйнятливий apprehension, recipience
сприйнятливість recipient, sensitive, susceptive
спринт *спорт.* sprint
спринтер *спорт.* sprinter
спритний *(швидкий, меткий)* agile, quick; *(умілий)* dexterous, adroit; *(кмітливий)* smart, ingenious
спритність activity, facility
спричинений induced
спричинювальний conducive
спричинювання causation
спричиняти, спричинити cause; *(бути джерелом тж)* evoke, give rise (to); *(бути причиною чого-н.)* lead (to), result (in)
сприяння promotion, assistance
сприяти *(чому-н.)* further, favour, promote, assist
сприятливий favourable, propitious
спроба attempt, essay, endeavour
спроваджувати, спровадити *(позбуватися)* *розм.* get rid (of), pack off
спроможний able
спроможність ability
спросоння not fully awake
спростовувати, спростувати refute
спротив demur
спрощений schematic
спрощення simplification
спрощувати, спростити 1. *(робити простішим)* simplify; **2.** *перен. (збіднювати)* oversimplify
спрут *зоол.* octopus

спрямований directed; **~ до моря** seaward; **~ назовні** outward
спрямовувати, спрямувати direct, turn; *(зброю)* aim
спуск 1. *(рух униз)* descent; **2.** *(схил)* slope
спускати, спустити 1. *(переміщувати вниз)* lower, let down; **2.** *(випускати)* release; *(собаку)* unleash; **3.** *(рідину, газ)* let out; **4.** *розм.* *(потурати)* show indulgence (towards)
спустошувати, спустошити 1. *(руйнувати)* devastate, ravage; **2.** *(морально)* drain smb.'s spirit
спутати hobble
сп'яніння intoxication
срібло 1. silver; **2.** *збір. (вироби)* silverware
срібний silver *attr.*; silvery *перен.*
ссавець *зоол.* mammal
ссати suck
стабілізатор *тех.* stabilizer
стабілізація stabilization
стабілізувати stabilize
стабільний stable; **~на речовина** recalcitrant
став, ~ок pond
ставати, стати 1. *(вставати)* stand; rise; **2.** *(до роботи)* get down (to); **3.** *(зупинятися)* stop; *(про машину тж)* pull up; **4.** *(робитися)* become, get, grow; **5.** *(виникати)* appear (before), spring up; **6.** *док.* (+ *інф., починати*) begin, come, take (+ to *inf.*); <> **~ на ноги** *(видужувати)* recover, get well; **~ на перешкоді** *(перешкоджати)* be in smb.'s way; **~ на чолі** *(очолювати)* become leader (of)
ставатися, статися take place, happen, occur
ставити 1. *(вертикально)* stand, make (smb.) stand up; *(розміщати)* put, place, set; **2.** *(установлювати для роботи)* install, fix; **3.** *(гірчичник, компрес)* apply; **4.** *(на письмі)* put; *(оцінки)* give; **5.** *(на сцені)* stage; **6.** *(висувати, пропонувати)* raise, propose, move; **~ вимогу** demand; **7.**: **~ досліди** make experiments; <> **~ рекорд** set up a record
ставитися *(до кого-н.)* treat, be disposed (to); regard
ставка 1. *війс.*: **~ головнокомандувача** General quarters; **2.** *(в азартних іграх)* stake; **3.** *перен.* *(розрахунок, орієнтація)* reliance (on); **робити ~ку на кого-н. (що-н.)** count on smb. (smth.); **4.** *(оклад)* rate; <> **очна ~** confrontation
ставлення attitude (to); treatment (of)
ставрида *іхт.* horse mackerel, scad
стагнація stagnation
стадіон stadium *(мн. -dia)*
стадія stage, phase
стаєр long-distance runner

стаєрський: ~**ка дистанція** long distance
стаж length (record) of service
стажист probationer
стажування probationary period
стайня stable
стакато *муз.* staccato
сталагміт *геол.* stalagmite
сталактит *геол.* stalactite
сталевальцівний steel-rolling
сталевар steel maker (founder)
сталевий steel *attr.*; *(про колір)* steel-grey; *перен.* of steel *після ім.*
сталеливарний steel-founding
сталетопний steel-selting
сталий constant, steady, stable; *(незмінний)* permanent, invariable; **~ла величина** constant
сталінізм Stalinism
сталь steel
стан I *(людини)* figure
стан II *(табір)* camp
стан III 1. *(економічний, емоційний)* state; status; 2. *(хворого)* condition; **~ здоров'я** state of health, form; **соціальний ~** social position (status); 3. *грам.* voice; 4. *хім., фіз.* state
стан IV *тех.* mill
стандарт standard
стандартизація standardization; *(відносин та под.)* stereotyping
стандартизувати standardize
стандартний standard *attr.*; *(про предмети широкого вжитку)* mass-produced, standardized; *(про питання, тему)* stock
Станій *хім.* tin
становити *(бути)* be; *(складати)* make, form
становище condition; state; status; *(обстановка)* situation; **міжнародне ~** international situation
станційний station *attr.*
станція station; *зал. тж* depot *амер.*; **заправна ~** filling station; **телефонна ~** telephone exchange
старанний painstaking; *(про учня, працівника)* dilligent
старанність painstakingness; dilligence
старанно hard
старання effort
старатися try, do one's best
старий 1. *у різн. знач.* old; 2. *як ім.* old man
старіння senescence, ageing
старість old age
старіти 1. *(про людину)* grow (get) old; 2. *(ставати застарілим)* become out of date
старовина 1. *(про час)* old times *pl*; **у ~ну** in the old days; 2. *(старовинна річ)* relic of the past
старовинний ancient; *(давній)* old

старовір *рел.* Old Believer
стародавній ancient; *(давній)* old; *(античний)* antique; **~ня історія** ancient history
старожил old resident, old-timer *амер.*
старомодний old-fashioned
старообрядець *рел.* Old Believer
старообрядництво *рел.* Old Belief
старослов'янський: ~**ка мова** Old Church Slavonic
староста 1. *іст.* *(сільський)* starosta; village elder; 2. *(у навчальному закладі)* leader; *(класу тж)* form captain (prefect)
старт 1. start; *(ракети тж)* blastoff; *(літака)* takeoff; 2. *(місце)* starting-line, start
стартер *спорт., тех.* starter
стартовий starting *attr.*
стартувати start; *(про ракету тж)* blast off; *(про літак)* take off
старший 1. *(за віком)* older; *(з усіх)* oldest; *(про брата, сина й под.)* elder; 2. *(за посадою)* senior *attr.*; 3.: ~**ші класи** senior (upper) forms
старшина 1. *військ.* sergeant major; first sergeant *амер.*; 2. *мор.* petty officer
старшинство seniority
старшокласник senior pupil
старшокурсник senior student
статевий sex *attr.*; sexual
статечний staid, sedate, grave
статист *театр.* super, extra
статистик statistician
статистика statistics; **~ захворювань** morbidity
статистичний statistical; **~ні дані** statistics
статичний static
статок *(власність)* capital
стаття 1. *(у газеті й под.)* article; 2. *(пункт у документі)* paragraph, item, clause
статуетка statuette
статус status
статут regulations *pl*; *військ. тж* manual; **~ університету** university statutes *pl*; **Статут ООН** Charter of the United Nations
статуя statue, figure
стать *біол.* sex
стафілокок *мед.* staphylococcus
стаціонар 1. *(лікувальний заклад)* hospital, in-patient department; 2. *(у навчальному закладі)* day (full-time) department
стаціонарний stationary
стверджувати, ствердити confirm
стверджий assertive
ствол 1. *(гвинтівки)* barrel; *(мінломета)* tube; 2. *гірн.* *(шахти)* shaft
створювати, створити create, make; **~ комісію** set up a committee; **~ враження** create (produce) an impression
стебло stalk; *(квітки)* stem

стегно thigh; *(бік)* hip
стеження quest
стежити 1. *(спостерігати)* watch, follow; **2.** *(цікавитися ходом тж)* keep up (with); keep an eye (on); **3.** *(пильнувати)* see (to); *(доглядати)* look (after); <> **~ за собою** look after oneself properly
стежка path; *(в саду тж)* walk; *(глуха)* trail
стелаж shelf *(мн. -lves)*
стелити 1. *(слати)* spread out; **~ постіль** make a bed; **2.** *(настилати)* lay
стеля ceiling
стенд stand
стенограма shorthand record
стенографіст, стенографістка shorthand typist, stenographer *амер.*
стенографія shorthand, stenography *амер.*
стенографувати take down in shorthand
стеноз *мед.* stenosis
стенокардія *мед.* *(грудна жаба)* angina pectoris
степ steppe, grassland
степінь *мат.* power
степовий steppe *attr.*
стерв'ятник carrion crow
стерегти 1. *(охороняти)* guard; watch (over); **2.** *(підстерігати)* watch (for); **~ся** *(остерігатися)* be careful (of); *(побоюватися)* beware (of)
стереозапис stereo recording
стереозвучання stereo *(sound)*
стереокіно 3-D cinema
стереолітографія stereolithography
стереосистема stereo
стереоскоп stereoscope
стереоскопічний stereoscopic
стереотип stereotype
стереотипний stereotype *attr.*
стереофільм 3-D film
стереофонічний stereophonic
стерилізатор sterilizer
стерилізація sterilization
стерилізування sterilization
стерилізувати sterilize
стерильний sterilized, sterile
стерлінг *ек.* sterling
стерно *(судна)* rudder, helm *тж перен.*; *(автомобіля)* (steering-) wheel
стерпний sustainable, tolerance, tolerant
стерпність tolerance
стетоскоп stethoscope
стехіометричний stoichiometric
стехіометрія stoichiometry
стиглий ripe
стиглість ripeness
стигнути I *(достигати, спіти)* ripen
стигнути II *(холонути)* be getting cold (cool)

стилізація *(наслідування)* imitation; *(про твір)* stylized work
стилізований stylized
стилізувати stylize
стилістика stylistics
стилістичний stylistic; **~на помилка** error of style
стиль style
стильний stylish
стимул stimulus *(pl* -li), incentive
стимулювання stimulation; **матеріальне ~** financial incentive
стимулювати stimulate; *(роботу, проґрес)* encourage
стимуляція stimulation
стипендіальний: ~ фонд scholarship fund; **~на комісія** grants committee
стипендіат grant-holder, scholarship holder
стипендія *(державна)* grant; *(за особливі досягнення)* scholarship
стирання detrition, graze
стирати, стерти 1. *(витирати)* wipe off; *(пил)* dust; *(написане)* rub out; erase; *перен.* obliterate; **2.** *(на порох)* grind fine
стиск compression, pinch
стискання contraction
стискач compressor
стискувати і стискати, стиснути 1. *(зменшувати в об'ємі)* compress; squeeze; **2.** *(здавлювати тж)* press; **~ руку (зуби)** clench one's hand (teeth); **3.** *(горло, груди)* constrict, seize
стисливий compressible
стисливість compressibility
стислий brief; *(про виклад та под.)* concise; **~ виклад** digest
стислість conciseness, exactitude, rigor
стиснений compacted, tight
стиха *(тихо)* softly, in a low voice; *(потай)* furtively; *(стealthily)* stealthily; *(поволі)* slowly; *(злегка)* slightly, gently
стихання subsidence
стихати, стихнути 1. *(переставати звучати)* die away (down); *(замовкати)* become quiet; **2.** *(слабшати)* subside, abate
стихійний 1. *(про силу)* elemental, natural; *(про розвиток, становлення)* uncontrolled; **~ не лихо** natural disaster; **2.** *(неорганізований)* spontaneous
стихія element(s)
стишувати, стишити 1. *(звук)* deaden, muffle; **~ голос** lower one's voice; **2.** *(уповільнювати)* slow down
стібок stitch
стіг, стіжок stack, rick
стійка 1. *(у буфеті й под.)* counter, bar; **2.** *спорт.* *(на руках)* handstand; *(на голові)* headstand

стійкий 1. stable, steady; *(непохитний)* steadfast; **2.** *(здатний довго зберігатися)* durable, persistent

стійло с.-г. stall

стік 1. *(дія)* flow; **2.** *(стічний рівчак)* gutter; *(стічна труба)* waste-pipe

стікати, стекти *(униз)* run (flow) down; <> *(спливти)* **~ кров'ю** be bleeding to death

стіл 1. table; **письмовий ~** desk, writing-table; **за столом** at table; **2.** *(їжа)* board; food; **3.** *(відділ в установі)* department, desk; **~ замовлень** order desk; **паспортний ~** passport office

стілець chair; *(без спинки)* stool

стільки *(з ім. в одн.)* so (as) much; *(з ім. у мн.)* so (as) many; **не ~ ... скільки ...** rather ... than ..., not so much ... as ...

стільник honeycomb *sing*

стіна wall; <> **притискати до ~ни** розм. drive into a corner

стінний wall *attr.*, mural

стінопис mural painting

стічний stormwater; **~ні води** sewage *sing*

сто (one) hundred; **близько ста** about a hundred; **~ перший** hundred and first; **я впевнений на ~ відсотків** I am one hundred percent sure

стограмовий one-hundred-gram

стовбур 1. бот. trunk; *(тонкий)* stem; **2.** гірн. *(копальні)* shaft

стовідсотковий one-hundred percent; *(абсолютний)* розм. absolute

стовп post, pole; pillar; *(води, ртуті й под.)* column

стовпчик бот. style

стогін moan, groan

стогнати moan, groan

стоградусний centigrade

стоїк stoic

стокротка бот. daisy

столиця capital (city), metropolis

столичний capital *attr.*; metropolitan

столітній 1. *(про період)* hundred-year; **2.** *(про вік)* hundred-year-old; centenary, centenarian; **~ ювілей** centenary

століття 1. *(термін)* century; **2.** *(річниця)* centenary

столовий: ~ва ложка tablespoon; **~ва сіль** table salt; **~ве вино** table wine

столяр joiner

столярний joiner's; **~на справа** joinery; **~ клей** joiner's glue

столярня joiner's

стоматит мед. mouth ulcer

стоматолог dental surgeon

стоматологічний dental; **~ кабінет** dental surgery; **~на поліклініка** dental hospital

стоматологія dentistry

стометровий: ~ва дистанція one hundred metres, one hundred meters *амер.*

стомлений tired, weary

стомлюватися, стомитися tire (oneself); get tired

стонога зоол. centipede

стоп *(металів)* alloy

стопа *(нога)* foot

стоплення fusion

стоплюваний fusible

стоплювати, стопити *(метал)* alloy

стоплювання fusing

сторінка 1. page; **2.** перен. *(історії, життя)* chapter; **на ~ках газет** in the papers

сторічний див. **столітній**

сторіччя див. **століття**

сторож watchman; guard

сторона 1. *(бік)* side; **2.** *(край, земля)* land; **рідна ~** native land, one's own country; **3.** *(у переговорах, суперечці)* side, party; <> **~ни світу** the cardinal points

сторонній 1. *(чужий)* strange; **~ня людина** stranger, outsider; **~ня особа** foreign; **2.** *(чий-н. інший)* outside *attr.*; of others після ім.; **без ~ньої допомоги** unaided; **3.** як ім. stranger

сторч 1. *(вертикально)* endways, upright; *(униз головою)* head-first

стосовно *(чого-н.)* with (in) reference (to); concerning

стосуватися concern, have to do with; **це вас не стосується**: а) *(не зачіпає)* it doesn't refer to you; б) *(не ваша справа)* it's not your business

стосунки мн. relations, relationship; **бути в найкращих ~ках (з)** be on the best terms (with)

стохастичний stochastic

стоянка 1. *(зупинка)* stop; *(суден)* mooring; *(автомобілів)* parking; **2.** *(місце)* stand, camp; *(суден)* moorage; *(автомобілів)* parking place; parking lot *амер.*; **~ таксі** taxistand

стояти 1. stand; *(перебувати)* be; *(бути розташованим)* be situated; **2.** *(не рухатися)* stop; *(не працювати, не діяти)* be at a standstill; **4.** *(про завдання й под.)* confront; **перед нами стоїть важке завдання** we are faced with a difficult task; **5.** *(відстоювати, захищати)* stand up (for); <> **~ на чолі** *(очолювати)* be at the head (of)

стоячий 1. standing; **~ комір** stand-up collar; **2.** *(про воду)* stagnant

страва 1. dish; *(з обіду й под.)* course; **обід із трьох страв** three-course dinner; **2.** *(їжа)* food

стравохід анат. gullet, oesophagus

страждання suffering

страждати suffer (from)
страйк strike
страйкар striker
страйкувати strike; be on strike
страта execution; capital punishment
стратег strategist
стратегічний strategic
стратегія strategy; *(наука тж)* strategics
стратостат stratospheric balloon
стратосфера stratosphere
стратосферний stratosphere
страус *зоол.* ostrich
страусовий *зоол.* ostrich *attr.*
страх fear, fright; dread, alarm, apprehension; **~ перед невідомим** fear of the unknown
страхати frighten; *(погрожувати)* threaten; *(залякувати)* intimidate
страховий insurance *attr.;* **~ брокер** insurance broker; **~ внесок** insurance premium; **~ поліс** insurance policy
страховик insurer
страховисько *розм.* fright
страхування insurance, assurance; **державне ~** national insurance; **~ життя** life insurance; **~ майна** property insurance
страхувати 1. insure (against); **2.** *перен. (уберігати від чого-н.)* insure the safety (of)
страчений forfeit
страчувати, стратити *(карати смертю)* execute
страшний terrible, awful; *(про фільм, сон та под.)* terrifying; **нічого ~ного** it doesn't matter
страшно 1. terribly, awfully; **2.** *безос.:* **мені ~** I'm afraid (frightened)
стрекотати *i* **стрекотіти** *(про комах)* chirp, chirrup; *(про сороку)* chatter *(тж перен.);* *(про мотор)* chug
стремено stirrup
стрепенутися *(здригнутися)* start; *(про серце)* begin to throb
стрептокок streptococcus
стрес stress
стресовий *(про стан)* stressed; *(про ситуацію та под.)* stressful
стрибати, стрибнути 1. jump, leap, spring; skip; *(на одній нозі)* hop; **2.** *(про м'яч)* bounce, rebound; **3.** *док. (зробити, стрибок)* take a leap (jump)
стрибок 1. jump; leap; spring; **~ у висоту** high jump; **~ у довжину** long jump; **~ з розбігу** running jump; **~ у воду** dive; **2.** *перен. (різка зміна)* sudden change
стрибун jumper
стривати: ~вай(те) *(прохання, почекати)* just a minute, wait a bit; *(загроза)* look out, take care

стривожений alarmed, disturbed
стригти *(волосся, траву)* cut; *(овець)* shear; *(газон)* mow; *(кущі)* prune; **~ кого-н.** cut smb.'s hair; **~ся** cut one's hair; *(у перукарні)* have one's hair cut
стрижений *(про траву)* cut; *(про волосся)* short; *(про людину)* short-haired
стрижень 1. *(рослини та под.)* core, heart; **2.** *перен. (головна частина чого-н.)* core
стрижка 1. (hair) cutting; shearing; mowing; pruning; **2.** *(форма стрижки)* haircut
стриманий reserved, restrained, demure, moderate, temperate; **~ тон** restrained tone
стриманість restraint, continence, reserve
стримання retention
стримувальний restraining, retention
стримування restraining
стриптиз striptease
стрихнін strychnine
стріла 1. arrow; **2.** *тех. (зводу)* arm; **3.** *перен. (потяг)* express (train)
стрілець 1. shot; **вправний ~** marksman; **2.** *війс.* rifleman; gunner
стрілецький 1. shooting; **2.** *війс.* rifle *attr.*
стрілка 1. *(годинника)* hand; *(компаса, барометра)* needle; *(приладу)* pointer, indication; **2.** *зал.* points *pl*, switch *амер.;* **3.** *(покажчик)* arrow
стрілочник *зал.* pointsman, signalman; switchman *амер.*
стрільбище shooting range, rifle range
стрілянина shoot(ing), firing, fire; exchange of shots (fire)
стріляння firing, shoot
стріляти shoot (at), fire (at)
стрімголов headlong
стрімкий 1. *(прямовисний)* steep, precipitous; **2.** *(швидкий)* rapid, fast-moving
стріха roofing; eaves *pl;* <> **під однією ~хою** under the same roof
стрічка 1. ribbon; **2.** *тех.* tape; **3.** *кіно* film; <> **кулеметна ~** machine-gun belt
строк 1. *(відрізок часу)* period; term; **2.** *(установлений момент)* time, date; deadline
строкатий 1. particoloured, variegated; motley, gay; **2.** *перен. (різнорідний)* mixed, diverse
Стронцій *хім.* strontium
строфа *поет.* stanza
строчити 1. *(шити)* stitch; **2.** *розм. (писати)* scribble; **3.** *розм. (стріляти)* blaze away
струг plane
стругальник planer
струганий planed
стругати plane
стружка shaving
структура structure; **організаційна ~** scheme of organization

структуралізм structuralism
структурний structural
струм 1. *(потік)* stream; **2.** *фіз., ел.* current
струминний stream; **~на вода** streamwater
струмінь stream; *(сильний)* jet; spurt; *(повітря тж)* current
струмок brook, stream; *(малий)* brooklet, streamlet
струна 1. *(скрипки)* string, cord; **2.** *перен. (поетична)* streak
стрункий 1. graceful; *(тонкий)* slender; **2.** *перен. (чіткий, послідовний)* well-balanced, orderly
стрункo 1. gracefully; **2.** *війс. (команда)*: **~!** attention!
струнний *(про інструмент)* stringed; *(про оркестр)* string *attr.*; **~ квартет** string quartet
струп scab, eschar
струс 1. push; shaking; *(під час землетрусу)* tremor; **2.** *перен. (нервове потрясіння)* shock; **<> ~ мозку** *мед.* concussion of the brain
стручок pod
струшувати, струсити і струснути *(трясти)* shake; jolt; *(з дерева й под.)* shake off (down); *(сипати) розм.* tug (at)
студент, студентка student
студентський student *attr.*; **~ квиток** student card
студентство student days *pl*; *збір.* students
студити cool, chill
студіювання study
студія studio; *(майстерня)* workshop
стук *(у двері)* knock; *(тихий)* tap; *(коліс)* clatter
стукати, стукнути knock (at); *(стиха)* tap; *(ударяти)* hit, strike
стукіт *(серця)* thump; *див. тж* **стук**
стулка door
стуляти, стулити close, put together
ступа mortar; **<> товкти воду в ~пі** ≅ beat the air
ступати *(крокувати)* step; *(іти)* tread, walk
ступінь 1. degree; **2.** *(учене звання)* degree; **~ доктора наук** doctor's degree; **3.** *(стадія розвитку)* stage; **4.** *грам.* degree; **звичайний (вищий, найвищий) ~** positive (comparative, superlative) degree
ступня foot
стюард steward
стюардеса air hostess, stewardess
стяг banner
стягати і стягувати, стягти і стягнути 1. *(робити тіснішим)* fasten; *(мотузком)* tie up; **2.** *(збирати в одне місце)* concentrate, assemble; **3.** *(знімати)* pull off; *(донизу)* pull down; **4.** *(вимагати сплати)* exact

стягнення *(покарання)* penalty; **накладати ~** penalize
суб'єкт 1. *(індивід)* subject *тж юр.*; **2.** *розм. (про людину)* individual, type, character
суб'єктивний subjective
суб'єктивність subjectivity
сублімація sublimation
субмарина submarine
субмікрометр submicrometer
субмікрон submicron
субмікронний submicron
субординація subordination
суборенда sub-lease, sub-let
субота Saturday
суботній *(про вечір і под.)* Saturday *attr.*; *(про події)* Saturday's
субсидія subsidy; grant; **інвестиційні ~дії** *ком.* investment grant *sing*
субсидувати subsidize
субстантивований: ~ прикметник *грам.* substantivized adjective
субстанція substance
субстрат substrate
субтитр subtitle
субтропіки *мн.* subtropics *pl*
субтропічний subtropical
сувенір souvenir
суверенітет sovereignty
суверенний sovereign
сувій roll, scroll
суворий *(про людину, погляд)* strict, stern; *(про вирок)* severe; *(про природу, зиму)* bleak; *(про дійсність)* hard; *(про клімат)* rigorous
суглинок loam
суглоб *анат.* joint; *тех.* hinge
суглобовий: ~ ревматизм rheumatism of the joints
суголосний harmonious
суголосся *муз.* sonority
суд 1. *(установа)* court; **Верховний Суд** Supreme Court; **2.** *(правосуддя)* justice; **~ присяжних** jury; **3.** *(судовий розгляд)* trial
судак *іхт.* pike-perch
суддівський bench
суддя 1. judge, magistrate; **2.** *спорт.* referee; umpire
судження 1. *(думка)* opinion; judgement; **2.** *лог.* statement
судина *анат., бот.* vessel
судинний vascular
судити 1. *(складати думку)* judge; **2.** *юр.* judge; try; **3.** *спорт.* referee; umpire; **4.** *(несхвально оцінювати)* blame; **~ся** *юр.* go to law
судно vessel; *(морське тж)* ship; *(річкове тж)* boat
суднобудівний ship-building *attr.*
суднобудування shipbuilding

судноплавний navigable, navigational; **~ні води** navigable waters; **~ канал** shipping canal
судноплавство navigation
судовий 1. *(що розглядається судовим порядком)* judicial; **2.** *(про засідання, органи)* court *attr.*; *(про практику)* legal; **3.** *(пов'язаний із веденням слідства й суду)* forensic; **~ва інстанція** court (judicial) instance; **~ва помилка** judicial error (murder), miscarriage of justice; **~ва практика** judicial practice (opinion), court rulings; **~ва психіатрія** judicial (forensic) psychiatry; **~ва справа** court case; **~ве засідання** instance; **~ве звинувачення** action; **~ве повідомлення** service; **~ве рішення** adjudication, opinion; **~ виклик** process; **~ вирок** injection, sentence; **~ запит** invocation; **~ крок** proceed; **~ процес** litigation
судово-медичний: ~на експертиза forensics
судома *(від болю)* spasm; *(від холоду, огиди)* shudder
судомний convulsive
судочинство legal proceedings *pl*
сузір'я constellation
сук bough; twig; *(у дереві)* knot
сукальний spin
сукно (smooth) woollen cloth, buff; <> **класти під ~** shelve
сукня dress, frock
сукупний joint, combined
сукупність totality, total combination
султан *(титул)* sultan; *(прикраса)* plume
сульфат sulfate
сульфатація sulfation
сульфід sulfide
сульфіт sulfite
сульфітний sulfite
сульфонат sulfonate
сульфонічний sulfonic
сульфонування sulfonation
сум grief, sadness, sorrow
сума sum; **загальна ~** total
сумарний *(про кількість, витрати)* total *attr.*; *(про оцінку, опис)* overall
сумбур confusion, muddled
сумбурний confusion, muddle
сумирний *(покірний)* humble, obedient
сумирність *(покірність)* humility
суміжний adjoining, adjacent; *(про виробництво, підприємство)* neighbouring; **~ні науки** overlapping sciences
сумісний 1. *(спільний)* joint; **2.** *(який можна поєднати)* compatible
сумісництво: я працюю за ~вом секретарем my second job is as a secretary

сумісність compatibility
суміш mixture
суміщати, сумістити combine
суміщення superimposition, combining
сумка bag; shopping-bag
сумлінний conscientious; *(старанний)* painstaking
сумління conscience; **муки (докори) ~** *мн.* remorse *sing*
сумний sad, sorrowful
сумнів doubt; **поза всяким ~вом** beyond all manner of doubt
сумніватися doubt, have doubts (about)
сумнівний 1. doubtful; questionable; *(двозначний)* doubtful; **2.** *(підозрілий)* dubious, shady
сумно 1. sadly, sorrowfully; **2.** *безос.:* **мені ~** I am sad
сумувати grieve, be sad
суниці *мн.* *(садові)* strawberries; *(лісові)* wild strawberries
суп soup
суперечити 1. *(не погоджуватися)* object (to); disagree (with); **2.** *(не відповідати чому-н.)* contradict
суперечка argument, dispute
суперечливий contradictory, conflicting
суперечність contradiction; discrepancy; **класові ~ності** class contradictions
супермаркет supermarket
супермен superman
суперник rival, concurrent; *(у спорті)* competitor
суперництво rivalry, contest
супровід 1. *муз.* accompaniment; **у ~воді** accompanied (by) *(тж муз.)*; **2.** *(для охорони)* escorted (by)
супровідний *(про документ)* accompanying *attr.*; **~ лист** covering letter
супроводжувати і **супроводити** accompany; *(для охорони)* escort
супротивний 1. *(протилежний)* opposite; *(ворожий)* adverse; **2.** *(зустрічний — про вітер, течію)* contrary, adverse
супротивник opponent; *(суперник, ворог)* adversary
супутник 1. companion; *(у дорозі тж)* fellow traveller; **2.** *(небесне тіло)* satellite; **штучний ~** sputnik, artificial satellite; **~ зв'язку** communications satellite
супутній attendant
сургуч sealing wax
сурма trumpet; *військ.* bugle
сурмач trumpeter; *військ.* bugler
сурмити blow, trumpet
сурогат substitute
сурогатний substitute *attr.*

сурядний *грам.* coordinated
сурядність *грам.* coordination
сусід(а), сусідка neighbour, neighbor *амер.*
сусідній neighbouring, neighboring *амер.*; *(суміжний)* next
сусідство neighbourhood
сусідський neighbours'
суспензійний suspension
суспензія suspension
суспільний social; ~ **лад** social system, regime; *(який належить суспільству)* public; ~**ні фонди** public funds; ~**ні науки** social sciences
суспільство society
суспільствознавство social science
сутенер pimp
сутичка collision; conflict, clash
сутінки *мн.* twilight *sing*
сутність essence
суттєвий *(про рису, якість)* essential; *(про зміни)* substantial; *(про зауваження)* major; *(про питання)* important
суттєво *(поліпшити, змінити)* substantially
сутулий round-shouldered, stooping
сутулитися stoop
суть essence, substance, gist *розм.*; ~ **справи** the (main) point, the crux of the matter; <> **по ~ті** as a matter of fact
сутяжний *див.* **позивацький**
суфікс *грам.* suffix
суфле souffle
суфлер prompter
сухар cracker, piece of dried bread; *(солодкий)* rusk
сухий *у різн. знач.* dry; *(пересохлий тж)* dried-up; *(про землю тж)* arid; *(про рослини)* withered; *(про листя)* dead; ~**хе вино** dry wine; ~**хе молоко** dried milk; ~ **закон** dry law, prohibition
сухість dryness
сухо drily; *(про суху погоду)* it is dry; **на вулиці** ~ it's dry outside
суховій hot dry wind
суходіл (dry) land
суходільний land, terrestrial
сухожилок, сухожилля *анат.* tendon, sinew
сухопутний land *attr.*; ~**ні війська** ground forces *pl*
сухорлявий lean, spare
суцвіття *бот.* floscule, raceme
суцільний 1. continuous, unbroken; 2. *(усеосяжний)* all-round, overall
сучасний 1. contemporary (with); 2. *(теперішній)* modern; present-day *attr.*; 3. *(який відповідає вимогам часу)* modern, up-to-date
сучасник contemporary

сучасність *(поглядів, ідей)* progressiveness; *(сучасна епоха)* the present day
сучасно *(одягатися)* fashionably; *(звучати)* modern
сучок *див.* **сук**
сушарка *(апарат)* dryer
сушарня *(приміщення)* drying room
сушити dry; <> ~ **собі голову (над)** *розм.* rack one's brains (over); ~**ся** dry, get dried
сушіння dehydration
сфера 1. *у різн. знач.* sphere; 2. *див.* **царина**
сферичний spherical
сфінкс sphinx
сформувати form
сформулювати formulate
сфотографувати photograph
схаменутися *(опам'ятатися)* recover one's wits; *(одуматися)* change one's mind
схвалення approval, approbation
схвалювати, схвалити approve (of)
схвальний approving; *(про відгук)* favourable
схвильований agitated, excited; *(зворушений)* moved *predic.*
схема 1. *(метро, вулиць)* plan; 2. *(ел.: телевізора й под.)* circuit board; ~ **радіоприймача** receiver circuit; 3. *(статті й под.)* outline
схематизм schematism
схематизувати schematize
схематичний 1. *тех.* diagrammatic; 2. *(про виклад)* sketchy
схил slope; **на ~лі літ** in one's declining years
схильний inclined (to), disposed (to)
схильність inclination (to), disposition (to, for); *(симпатія тж)* liking (for), taste (for); *(до хвороби)* susceptibility (to)
схиляння dipping
схиляти, схилити 1. *(нахиляти)* bend; lower; *(голову, тіло)* stoop; 2. *перен. (навертати)* persuade; incline; *(на свій бік)* win over; ~**ся** 1. *(нахилитися)* bend over; 2. *перен. (перед ким-н.)* bow (before, to); *(визнавати що-н.)* be inclined (to)
схід I *(сторона світу)* the east; **на** ~ east (wards), to the east (of); **Близький Схід** the Middle East; **Далекий Схід** the Far East
схід II 1. *(підйом угору)* ascent (of); 2. *(поява небесного світила)* rise, rising; ~ **сонця** sunrise
східець 1. step; 2.: ~**дці** *мн.* stairs, staircase *sing*
східний 1. eastern; *(про вітер)* east *attr.*; **Східна Європа** Eastern Europe; 2. *(про країни Сходу)* oriental
схлипувати, схлипнути gulp down sobs
схов *(зберігання)* custody, (safe) keeping; *(товарів)* storage; **віддати на** ~ store; *(про багаж)* leave in the cloak-room

схований hidden, concealed
схованка hiding-place, secret recess
сховище 1. *(приміщення для зберігання)* storehouse, repository; **2.** *(укриття)* refuge; shelter; *військ.* dug-out
сходи I *мн. (рослин)* shoots
сходи II *мн. (східці)* stairs, staircase *sing*; steps *(окремі сходини)*
сходити I, зійти 1. *(підніматися)* go up; mount; *(на гору)* climb, ascend; **2.** *(про небесні світила)* rise; **3.** *(про посіяне)* sprout, come up; **4.** *(спускатися вниз)* go down, descend *(тж про сутінки, ніч); (злазити)* get off; **~ на берег** go ashore; **5.** *(про сніг)* vanish, melt
сходити II 1. *(піти)* go; **2.** *(обійти)* go (travel) all over
сходитися, зійтися 1. *(зустрічатися)* meet; *(збиратися)* gather, come together; **2.** *(зближатися)* become friends (with); **3.** *(бути одностайним у чому-н.)* agree (in); **4.** *(збігатися)* tally
схожий resembling, like, similar (to), alike; <> **це на нього ~же** it's just like him
схожість similarity, likeness, resemblance
схоластика *(філософія)* scholasticism; *(абстрактні знання)* speculation
схоластичний scholastic
схоплювати, схопити 1. seize, grasp, grip; *(братися за що-н.)* catch hold (of); **2.** *(різко вставати)* jump up
схрещування *біол.* crossing; **2.** *(вулиць та под.)* intersection
схрещувати, схрестити cross *(тж біол.)*
сцена 1. *(частина театру)* stage; **2.** *(епізод у п'єсі)* scene; **3.** *розм.* *(сварка)* scene
сценарист scriptwriter

сценарій scenario *(pl -os)*; *обч.* script
сценічний scenic, stage *attr.*; **~на майстерність** acting skills; **~не мистецтво** dramatic art; **~ образ** dramatic character
сьогодні today; **~ вранці** this morning; **~ ввечері** this evening; **зустріч призначено на ~** this meeting has been set for today; *(з настанням темноти)* tonight; <> **не ~ -завтра** any day now
сьогоднішній today's; present-day *attr.*
сьогорічний this year's
сьомга *іхт.* salmon
сьомий seventh
сьорбати, сьорбнути sip; take a gulp (of)
сюди here; *(як вказівка)* this way
сюжет 1. *(фабула твору)* plot, story; **2.** *розм.* *(тема)* topic, subject
сюжетний: ~на лінія storyline
сюїта *муз.* suite
сюрприз surprise
сюрреалізм surrealism
сюрреаліст surrealist
сюрчати whistle; *(про птахів, комах)* chirp, chirrup
сягати, сягнути 1. *(досягати)* reach; *(доставати тж)* touch; **2.** *(займати простір)* extend, stretch (for); **3.** *(брати початок)* go back (to)
сяйво radiance; *(ореол)* halo; **північне (полярне) ~** northern lights *pl*
сякатися blow one's nose
сяяння *(сонця, місяця, очей)* shining; *(обличчя)* radiance; *(слави, успіху)* dazzle; **північне ~** the Northern lights *pl*
сяяти *(про сонце, зірку)* shine; *(блищати)* gleam; **~ від щастя** beam with happiness

Т

та I *спол.* 1. *(приєднувальний)* and; 2. *(протиставний)* but

та II *част. підсил.* but; *часто не перекладається:* ~ **що ви кажете!** you don't say so!

та III *займ. вказів. див.* **той**

табель 1. *шкіл.* school report, report card *амер.*; 2. *(список)* table; 3. *(дошка для контролю)* time-board

табельник time-keeper

табір camp; **розбити ~** pitch a camp; **стояти ~бором** be encamped

таблетка tablet, pill

таблиця table; list; **~ множення** multiplication table

табличка *(з назвою вулиці)* street sign; *(експоната)* plate; *(на дверях)* nameplate

табло *(на вокзалі, в аеропорту)* (information) board; *(на стадіоні)* scoreboard

табу taboo

табун *(коней)* herd (of horses); *(гусей і под.)* flock

табурет(ка) stool

тавро mark, brand

таврований branded

таврувати brand; *перен. тж* stigmatize

тавтологія tautology

таджик Tajik

таджицький Tajik; **~ка мова** Tajik, the Tajik language

таджичка Tajik woman

таємний secret; *(прихований тж)* clandestine; **~не голосування** secret ballot

таємниця secret; *(що-н. нерозгадане, загадкове)* mystery

таємничий 1. mysterious; 2. *(таємний)* secret; 3. *(загадковий)* enigmatic

таємничість mysteriousness; mystery

таємно secretly

таз I *(посуд)* basin; *(для миття)* wash-basin; *(для варення)* pan

таз II *анат.* pelvis

таїти conceal; **~ в собі** harbour, hold; *(що-н. погане)* be fraught (with); **~ся** 1. *(ховатися)* hide (conceal) oneself; 2. *(бути прихованим)* be hidden (concealed)

тайґа taiga

тайм *спорт.* half; period, time

тайм-аут time-out

тайник hiding place

тайфун typhoon

так I 1. yes *(звич. з допоміжним дієсл.);* **Ви були там? — Так.** Were you there? — Yes (I was); 2. *(стверджує заперечення)* no; **Тобі це не подобається? — Так (не подобається).** Don't you like it? — No, I don't

так II *присл.* so; thus; **робіть ~!** do it like this; **ми й ~ запізнюємося** we're late as it is; **<> і ~ далі** and so on; **~ наприклад** thus, for instance; **~ собі** so-so; **~ і є!** just as I thought; **саме ~** just so; **ось ~!** that's the way!, that's right!; **~ званий** so-called

такелаж *мор.* rigging

такелажник rigger

такий 1. such; like that; **він не ~, як ви гадаєте** he is not what you think him; **~ самий** the same; **у ~кому разі** in that case; **що ~ке?** what's the matter?; 2. *(певного роду)* that kind (of), that sort (of); **він не ~** he is not the sort (of a man); 3. *(перед переліком, поясненням)* the following; **~-то** *(про предмет)* such-and-such; *(про особу)* so-and-so

також also, as well, too *(у кінці речення);* *(при запереченні)* either; **Він хворий. Я ~.** He is ill. So am I; **Вона знає це. Я ~.** She knows it. So do I; **Він ~ не знає.** He doesn't know it either

такса I *(порода собак)* dachshund

такса II *(розцінка)* (fixed) rate

таксація rating

таксист taxi driver

таксі taxi

таксомотор taxicab

таксопарк *(таксомоторний парк)* taxi depot

таксофон payphone

такт I *муз. (ритм)* time; *(у нотах)* bar, measure *амер.;* **<> у ~ музиці** in time with the music

такт II *(про поведінку)* tact

тактик tactician

тактика tactic; *війс.* tactics *pl*

тактичний *війс.* tactical

тактовний tactful; **~на людина** man of tact

тактовність tactfulness, tact

тактовно tactfully

талан 1. *(доля)* fate, destiny; 2. *(удача)* good luck; success

таланити lucky, be in luck

талановитий talented, gifted

талант talent, gift

талісман talisman, charm
талія waist
талмуд the Talmud
талон ticket, coupon
тальк talcum powder, talc
там 1. *(про місце)* there; **2.** *(потім)* then; **~ видно буде** then we'll know (what to do); **<> де ~, куди ~** not likely!; **то тут, то ~** now here, now there
тамада *(про чоловіка)* toastmaster; *(про жінку)* toastmistress
тамбур 1. *архіт.* tambour; **2.** *(вагона)* (end of the) corridor
тамбурин tambourine
тампон tampon, plug
тамувати 1. control, curb;.*(почуття та под.)* check, suppress, keep in; **2.: ~ дихання** hold one's breath
тангенс *мат.* tangent
танго tango
танець dance; *див. тж* **танок**; **піти на ~нці** go dancing
танзанійський Tanzanian
танін tannin
танк tank
танкер tanker *(ship)*
танкіст tankman, tank-soldier, tank crew member
танковий tank *attr.*; armoured; **~ підрозділ** tank unit
танок dance
танути 1. melt; *(про сніг, лід)* thaw; **2.** *перен.* melt away; *(про силу)* dwindle
танцювальний dance *attr.*; **~на зала** dance hall; **~ вечір** dancing-party
танцювати dance
танцюрист, танцюристка dancer
тапчан bunk, sleeping bench
тара *(м'яка)* packing; *(ящик)* container
тарабанити drum, rap; *(про дощ)* patter
таран *війс.* ram
таранити ram
тарантул *ент.* tarantula
тарган *ент.* cockroach
тариф tariff
тарифікація tariffing
тарифікувати tariff *attr.*
тарифний: **~на таблиця** list of charges
тарілка 1. plate; *(повна чого-н.)* plateful (of); **2.: ~ки** *мн. муз.* cymbals
тартак sawmill, sawing-mill
тасувати *(карти)* shuffle
тасьма braid
татарин, татарка Tatar
татарський Tatar
тато dad(dy), papa, father
татуювання tattoo

тахта ottoman
тачка wheelbarrow
тванистий slimy, oozy
твань slime, ooze
тварина animal; *перен. тж* brute; *(звір)* beast
тваринний animal
тваринник *с.-г.* stock-breeder
тваринництво *с.-г.* stock-breeding
тваринницький stock-breeding *attr.*; **~ка ферма** live-stock farm
твердження affirmation, assertion; *(голослівне)* allegation
твердий *(не рідкий)* solid; *(не м'який)* hard; *(стійкий, непохитний)* steadfast; firm; steady; *(міцний)* firm, strong; *(установлений)* stable, established; **~ді ціни** stable prices
твердиня stronghold
твердити affirm, assert; *(безпідставно)* allege
твердість firmness; *(цін)* stability; *(волі, характеру)* toughness
твердіти і твердішати harden, become hard
тверднути become firm; *(про рідину)* solidify
твердо firmly; steadfastly; **~ стояти на своєму** be firm
тверезий sober *(тж перен.)*
тверезість sobriety; soberness
твід *текст.* tweed
твій your(s); **мій батько лікар — а твій?** my father is a doctor — what does yours do?; **це все твоє** this is all yours
твір work; *(літературний тж)* writing; *(шкільний, музичний)* composition, creation
твіст the twist
творець creator
твори *мн. див.* **твір**
творити *(створювати)* create; *(робити)* do, perform; **~ чудеса** work wonders
творіння creation; work
творчий creative; **~ча відпустка** sabbatical
творчість *(діяльність)* creation; creative work; *(створене)* works *pl*; **художня ~** artistic creativity; **народна ~** folk art
творчо creatively
те *див.* **той**
театр theatre, theater *амер.*; *(будинок тж)* playhouse
театрал theatregoer, theatergoer *амер.*
театралізувати dramatize
театральний theatre *attr.*; **~на афіша** playbill; **~на каса** theatre box office; ticket-office *амер.*; **~на студія** theatre studio; **~ інститут** drama school
театрознавець theatre specialist, theater specialist *амер.*
тебе *див.* **ти**

теж див. **також**
теза (ідея) thesis (мн. -ses); (у логіці) proposition; **~зи** мн. (доповіді) abstract
тезаурус thesaurus
тезко namesake
тека 1. (для паперів) folder, file; **2.** (вид портфеля) under-arm (document) case
текст text; (до музики) words pl, lyrics pl
текстиль збір. textiles pl
текстильний textile; **~на фабрика** textile mill; **~ні вироби** textiles; **~на промисловість** textile industry
текстильник textile-worker
текстологія textology
текти 1. (литися) flow, run; **2.** (пропускати воду) leak; **3.** перен. (минати) pass, pass on
телебачення television, TV розм.; **кабельне ~** closed-circuit television
телевізор television (set); TV set, telly розм.; **дивитися ~** watch television; **по ~ру** on television
телевізійний television attr.; **~на передача** telecast; **~ центр** TV station (centre)
телеглядач (tele)viewer
телеграма telegram, wire розм.; **~-блискавка** express-telegram
телеграф (вид зв'язку) telegraph; (установа) telegraph office
телеграфіст, телеграфістка telegrapher
телеграфний telegraphic; telegraph attr.; **~на агенція** news agency; **~ грошовий переказ** telegraphic transfer
телеграфувати telegraph, wire
телекамера television camera
телекс telex
телепатія telepathy
телескоп telescope
телескопічний (про антену, окуляри) telescopic; (про спостереження) long-distance
телестанція television station
телестудія television studio
телетайп teleprinter, teletypewriter амер., Teletype
телефакс telefax
телефон telephone; phone розм.; **~ном** on (over) the (tele)phone; **~-автомат** public telephone
телефоніст, телефоністка telephonist, telephone-operator
телефонний telephone attr.; **~на станція** telephone exchange; **~на книга** telephone book (directory)
телефонувати (tele)phone, ring up, call up
телецентр television centre (center амер.)
телитися calve
телиця heifer
теля calf (мн. -lves)
телятина veal
телятник calf house; calf shed
тема муз., літ. theme; (бесіди) topic, subject
тематика themes pl
тематичний theme-based
тембр timbre
темний 1. dark; (про колір тж) deep; **2.** (підозрілий) shady; **3.** (неясний) obscure; **4.** (неосвічений) ignorant, benighted
темніти 1. grow (get) dark; (про фарби, небо) darken; **узимку рано ~іє** безос. it gets dark early in winter; **2.** (виднітися) loom dark
темно безос. it is dark
темноволосий dark (-haired)
темно-синій dark-blue, deep-blue, navy
темнота 1. див. **темрява**; **2.** розм. (неосвіченість) ignorance
темп 1. speed; **2.** муз. tempo; <> **у ~пі** розм. quickly
темпера tempera
темперамент temperament, disposition; **він людина з ~том** he is a temperamental character
темпераментний temperamental, spirited
температура temperature; **у мене ~** I've got a temperature
температурити be running a temperature
темрява darkness, dark; **у ~ві** in the dark
тенге tenga (currency unit of Kazakhstan)
тенденційний tendentious, (упереджений) bias(s)ed
тенденційність tendentiousness; (упередженість) bias
тенденція (схильність) tendency (towards); **мати ~цію** tend (to)
тендітний (ніжний) frail, tender; (слабкий) delicate; (крихкий) fragile, brittle
тенета мн. net sing
теніс спорт. tennis; **настільний ~** table tennis, ping-pong розм.
тенісист, тенісистка tennis player
теніска polo shirt
тенісний tennis attr.; **~на ракетка** tennis racket; **~ м'яч** tennis-ball; **~ корт** tennis-court
тенор муз. tenor
тент awning
теологічний theological
теологія theology
теорема theorem
теоретик theoretician
теоретичний theoretical
теорія theory
тепер now; at present; (у наш час) nowadays
теперішній present; of nowadays після ім.; (сучасний) modern; **~ час** грам. the present (tense)

теплий warm; *(сердечний тж)* cordial; **~ла зима** mild winter; **~лі слова** cordial words
теплиця hothouse
тепличний *(про рослину)* hothouse *attr.*; *перен. (про умови)* sheltered
тепліти і **теплішати** get warmer; *(про відносини)* become warmer
тепло 1. warmly; *(сердечно тж)* cordially; **нас ~ зустріли** we were given a warm welcome; **2.** *безос.* **сьогодні ~** it is warm today; **мені ~** I am warm
тепло 1. warmth; *перен. тж* cordiality; affection; **2.** *фіз.* heat; **10 градусів ~ла** ten degrees (centigrade)
тепловий heat *attr.*; *тех.* thermal; **~ва енергія** heat (thermal) energy; **~ двигун** heat engine; **~ удар** *мед.* heatstroke
тепловоз locomotive
теплокровний warm-blooded
теплообмін *фіз.* heat exchange
теплопровідність *фіз.* thermal ductivity
теплота 1. *див.* **тепло**; **2.** *фіз.* eat; **одиниця ~ти** thermal unit
теплотехніка thermotechnics
теплохід motor-vessel; *(морський тж)* motor-ship
теплоцентраль generator plant *(supplying central heating systems)*
теракт *(терористичний акт)* act of terrorism
терапевт therapeutist; general practitioner
терапевтичний therapeutic
терапія 1. *(наука)* therapeutics; internal medicine; **2.** *(лікування)* therapy; **інтенсивна ~** intensive care
тераса terrace
терези *мн.* scales
терен *(ягоди)* sloes *pl*; *(кущ)* blackthorn
тер'єр terrier
терзати 1. *(рвати)* tear (to pieces); **2.** *(мучити)* torment, torture; **~ся** be in torment
територіальний territorial; **~ні води** maritime belt
територія territory
термін I *(строк)* date; term; time
термін II *(поняття)* term
терміновий 1. *(спішний)* pressing, urgent; **~ва телеграма** express telegram; **2.** *(що виконується у визначений термін)* fixed-term *attr.*
термінoво quickly, urgently
термінологія terminology
терміт I *ент.* termite, white ant
терміт II *тех.* thermit
термічний *фіз.*, *тех.* thermal
термодинаміка *фіз.* thermodynamics
термометр thermometer; **поставити кому-н. ~** take smb.'s temperature

термос thermos (flask)
тернистий, терновий thorny
терор terror
тероризм terrorism
тероризувати terrorize
терорист terrorist
терористичний terrorist
терпець: ~ урвався комусь one's patience is exhausted
терпимий 1. *(припустимий)* tolerable, bearable; **2.** *(поблажливий)* tolerant
терпимість tolerance
терпіння patience; **утратити ~** get out of patience
терпіти 1. *(терпляче зносити)* stand, bear; **2.** *(відчувати)* suffer, endure; **~ біль** suffer pain; **3.** *(миритися з чим-н.)* tolerate
терпкий astringent
терпнути *(про ноги й под.)* grow numb (stiff)
терти 1. rub; **2.** *(розтирати, подрібнювати)* grind; **~ся** rub oneself; *(об що-н.)* rub up (against)
тертя friction; rubbing
тесати cut; hew
тесля, тесляр carpenter
тест test
тесть father-in-law
тетерук *орн.* black-cock, heath-cock
технік technician
техніка 1. technics; engineering; technology; **наука і ~** science and engineering; **~ безпеки** safety engineering, industrial safety; **2.** *збір.* *(устаткування)* equipment, machinery; **3.** *(прийоми)* technique(s) *(pl)*
технікум technical college
технічний 1. technical; industrial; **~не обслуговування** maintenance, servicing; **~ні засоби навчання** educational technology; **~ні культури** industrial crops; **~ні науки** engineering sciences; **~ редактор** copy editor; **2.** *(про спортсмена, музиканта)* technically good
технократ technocrat
технолог technologist; *(виробничого процесу)* process engineer
технологічний technological; **~ інститут** institute of technology
технологія technology; **інформаційна ~** information technology
теча leak; **усунути ~чу** plug a leak
течія current, stream; **плисти за ~чією (проти ~чії)** drift with the stream (against) the stream
теща mother-in-law, wife's mother
ти you; thou *поет.*; **він знає тебе** he knows you; **він дасть тобі книгу** he will give you

the book, he will give the book to you; **Що з тобою?** What is the matter with you?
тибетський Tibetan
тигр *зоол.* tiger
тигреня *зоол.* tiger cub
тигриця *зоол.* tigress
тиждень week; **два ~жні** two weeks, fortnight; **на цьому (цього) ~жні (~жня)** this week; **минулого ~жня** last week
тижневий week's
тижневик weekly (paper)
тикати, ткнути thrust (into), poke (into), stick (into); <> **~ пальцем (у)** point a finger (in the direction of)
тил rear
тим so much the; **~ краще (гірше)** so much the better (worse); **разом із ~** at the same time
тимчасовий temporary; provisional; **~ уряд** provisional government
тимчасово temporarily; provisionally
тимчасом 1. meanwhile; **2.: ~ як** while, whereas
тин wattle-fence
тиньк plaster
тиньквальник plasterer
тинькувати plaster
тинятися *(без діла)* loaf about
тип 1. type; *(модель)* model; *(корабля)* class; **2.** *розм.* *(про людину)* fellow; character; **підозрілий ~** suspicious character
типаж character type
ти́повий type *attr.*; model *attr.*; *(стандартний)* standard
типо́вий typical; characteristic; *(у мистецтві тж)* representative
тир shooting gallery
тирада tirade
тираж I *(лотереї та под.)* drawing
тираж II *див.* **наклад**
тиран tyrant
тиранити tyrannize
тиранічний tyrannical
тиранія tyranny
тире *грам.* dash
тирса sawdust
тиск pressure; **кров'яний ~** blood pressure
тиснути 1. press, squeeze; **~ кому-н. руку** squeeze smb.'s hand; *(вітаючись, прощаючись)* shake hands (with); **2. тк недок.** *(бути тісним)* be tight; *(про взуття)* pinch
тиснява throng, crush
тисяча thousand; **чотири ~чі** four thousand
тисячний thousandth; *(про армію та под.)* many thousands
тисячолітній *(про період)* thousand-year; *(про вік)* thousand-year-old
тисячоліття millennium *(pl -nia)*; *(річниця)* thousandth anniversary
титан I *міф.* Titan; *перен.* giant
титан II *(для нагрівання води)* boiler, urn
Титан(ій) *хім.* titanium
титанічний titanic
титр *(зазв. ~ри мн.)* *кіно* caption *(of a film)*, subtitle
титул title
титульний: ~на сторінка, ~ аркуш title page
тиф *мед.* typhus; **черевний ~** typhoid fever
тихий 1. still, quiet; *(про голос)* low; *(про звук)* soft, gentle; **2.** *(спокійний)* quiet, calm; **~ха вода** still water; **~ха вулиця** quiet street; **3.** *(повільний)* slow; **~ хід** slow speed
тихо 1. *(неголосно)* quietly, softly; *(безшумно)* silently, noiselessly; **2.** *(спокійно)* quietly, calmly; **жити ~** live peacefully; **сидіти ~** sit still; **3.** *(повільно)* slowly; **4.** *безос.* it is quiet; *(про погоду)* it is (very) still; **на морі ~** the sea is calm
тихше 1. *вищ. ст. від* **тихо**; **2.: ~!** hush!; quiet (there)!; be silent!; silence!
тичинка *бот.* stamen
тиша silence, quiet, stillness; *(спокій)* calm, peace; **порушувати ~шу** break the silence
ті those; **~ самі** the same
тік *с.-г.* threshing-floor
тікати 1. run away; **2.** *(із в'язниці й под.)* escape, make a getaway
тілесний corporal, bodily
тіло body; **геометричне ~** geometrical solid; **небесні тіла** *астр.* heavenly bodies; **рідке ~** *фіз.* liquid; **тверде ~** *фіз.* solid
тілогрійка *розм.* body warmer
тільки only; **він читає ~ газети** he only reads newspapers; **~ б знати, де він!** if only I knew where he was!; **~ спробуй відмовитися!** just try to refuse!; **не ~..., а (але) й ...** not only ... but also ...; **~ що** just, just now; **як ~** as soon as
тільник sailor top
тім'я crown (of the head)
тіністий shady
тінь 1. shade; **сидіти в ~ні** sit in the shade; **2.** *(людини, предмета)* shadow; <> **кидати ~ на кого-н.** put smb. in a bad light
тіньовий 1. shady; **2.** *перен.* shadowy; **~ва економіка** shadow economy; **~ кабінет** *політ.* shadow cabinet
тіньолюбний *бот.* shade-loving
тісний 1. cramped; narrow; small; tight *(тж про одяг, взуття)*; **2.** *перен.* close, intimate
тіснити press, crown; *(змушувати відходити тж)* drive back; **~ся 1.** *(товпитися)* throng, crowd; **2.** *(працювати, жити в тісноті)* be crowded together

тісно 1. tight; 2. *перен.* closely, intimately; 3. *безос.:* **йому ~** he has not enough room

тіснота 1. lack of space; narrowness; 2. *(тиснява)* crush

тістечко (fancy) cake; pastry

тісто pastry, paste *амер.;* *(для хліба)* dough; *(для млинців)* batter

тітка aunt

тішити 1. *(розважати)* amuse, entertain; *(удовольняти)* flatter; 2. *(утішати)* console, soothe; **~ся** 1. *(розважатися)* amuse oneself; 2. *(утішатися)* console oneself (with)

ткаля weaver

тканий woven

тканина 1. *(матерія)* fabric, material; cloth; 2. *біол.* tissue

ткати weave; *(павутину)* spin

ткацтво weaving

ткацький: ~ка фабрика mill *(for fabric production);* **~ке виробництво** weaving; **~ верстат** loom

ткач weaver

тління 1. *(слабке горіння)* smouldering; 2. *(гниття)* decaying

тліти 1. *(горіти)* glow, smoulder *(тж перен.);* 2. *(гнити)* decay, rot

тло background; *(задній план тж)* back-cloth

тлумач interpreter; commentator

тлумачення interpretation; *(тексту тж)* reading

тлумачити give an interpretation (of); comment; explain; **неправильно ~** misinterpret

тлумачний: ~ словник explanatory dictionary

то I *займ.* that, it; **~ мій брат** it is my brother

то II *спол.* 1. *(тоді)* then; **якщо не підете, то я піду** if you don't go, then I shall; 2. **то .... то** ... sometimes ... sometimes ..., now ... now ...; **чи то ... чи то ...** either ... or ...

тобі *див.* **ти**

тобою *див.* **ти**

тобто that is (to say); I mean

товар 1. product, goods *pl*, wares *pl*; **~ри широкого вжитку** consumer goods; 2. *ек.* commodity

товариство 1. *(об'єднання)* association, society; 2. *ек. (компанія)* company; 3. *(стосунки)* companionship, partnership

товариський comradely, friendly; *(що легко приятелює)* sociable, communicative

товариш, товаришка *(приятель)* friend; *(по роботі, навчанню)* mate; *(по партії)* comrade; **шкільний ~** schoolfriend; **<> ~ у нещасті** fellow-sufferer

товаришувати be friends (with)

товарний 1. goods *attr.*; freight *attr.* *амер.;* **~ знак** trade mark; **~ ваґон** goods wagon (truck), freight car *амер.;* **~ потяг** goods train, freight train *амер.;* 2. *ек.:* **~на продукція** commodity output

товаровиробник (goods) manufacturer

товарознавець merchandiser

товарообіг turnover, commodity circulation

товарообмін barter

товкти pound; <> **~ воду в ступі** ≅ beat the air

товпитися throng, pack, crowd

товстий thick; *(про тканину)* heavy; *(про людину)* fat; stout

товстіти get fatter

товстошкірий thick-skinned

товстун *розм.* fat fellow, fatso

товщати *(про людину)* grow stout; *(про речі та под.)* become thicker

товщина thickness; *(людини)* corpulence, stoutness

тогочасний *див.* **тодішній**

тоді then; at that time; **~ як** while

тодішній of that time; of those days *після ім.*

той (та, те, ті) 1. that *(pl* those); **ті книги** those books; **ні той ні інший** neither one nor the other; **той самий** the same; 2. *(інший)* the other; **на тому боці** on the other side; 3. *(той самий)* the right; **це той часопис?** is that the right magazine? **це не той потяг** it is the wrong train; **саме той** that very one; <> **тим самим** thereby; **до того ж** besides, moreover; **з тим щоб** in order to

токар turner

токарний: ~ верстат lathe

толока *(поле під паром)* fallow land; *(пасовисько)* pasture land

толочити trample, tread down

том volume

томат *(помідор)* tomato; *(соус)* tomato puree

томатний: ~ сік tomato juice

томити weary, tire; *(мучити)* torture; **~ся** languish, pine

тому 1. therefore, that is why; 2.: **що** because; as; 3. *(перед тим)* ago; **два дні ~** two days ago

тон *у різн. знач.* tone; *(манера тж)* style, manner

тональність 1. *муз.* key; 2. *перен. (вірша) (картини)* tones *pl*

тонель tunnel

тонзиліт *мед.* tonsillitis

тонізувальний refreshing; **~ засіб** tonic

тонкий 1. thin; *(про постать)* slender, slim; *(про тканину)* fine; 2. *перен. (витончений)* subtle, delicate; *(про слух, зір)* keen; **~ка робота** fine work; **~ натяк** gentle hint; **~ смак** refined taste

тонко 1. thinly; 2. *(витончено)* subtly
тонкощі *мн.* thinness, slenderness, fineness, delicacy, subtlety, sharpness
тонна tonne
тоннаж *(судна)* tonnage; *(вагона)* capacity
тонус tone; **життєвий ~** vitality
тонути *(про предмети)* sink; go down; *(про живі істоти тж)* drown
тоншати grow thinner
топаз topaz
топити I melt; *(сало та под.)* melt down; **~ся** melt
топити II, потопити *(судно, предмет)* sink; *(людину)* drown; **~ся** drown oneself
топлений melted
топограф topographer
топографічний topographic(al)
топографія topography
тополя *бот.* poplar
топоніміка toponymy
топтати trample (down); **~ся** trample; **~ся на місці** *прям. і перен.* mark time, go round in circles
торба bag; *(для покупок)* shopping-bag
торг 1. bargaining, haggling; 2. market, market-place; **~ги** *мн.* auction *sing*
торгівля trade; commerce; **внутрішня ~** home trade; **зовнішня ~** foreign trade
торговельний trade *attr.*; *(про судно, флот)* merchant *attr.*; **~на мережа** retail network; **~не представництво** trade mission; **~ центр** shopping centre
торговець tradesman, merchant; shopkeeper; *(чим-н.)* dealer; *(вуличний)* trader
торгувати deal (in); trade (with); **~ся** bargain (with), haggle (with)
тореадор toreador
торжество triumph; *(святкування) див.* **урочистість**
торік last year
торішній last year's
торкати, торкнути touch; **~ся** touch
торос ice-hummock
торохтіти 1. rattle; 2. *(базікати)* rattle off, chatter
торпеда torpedo *(мн. -does)*
торпедувати torpedo
торс torso
торт cake
тортури *мн.* torture *sing*
торф peat
торшер standard lamp
тост toast
тоталізатор totalizer
тоталітаризм totalitarianism
тоталітарний totalitarian
тотальний total

тотожний identical (with)
тотожність identity
точило grindstone
точильник knife-grinder
точити I 1. *(гострити)* sharpen; *(на точилі)* grind; 2. *(на токарному верстаті)* turn; 3. *(роз'їдати)* eat away; *(метал)* corrode; 4. *перен. (мучити)* gnaw; <> **~ зуби на кого-н.** have a grudge against smb.
точити II *(цідити)* pour; **~ся** ooze, trickle; *(про кров тж)* bleed
точка point; dot; **~ кипіння** boiling-point; **~ замерзання** freezing-point
точний exact; precise; *(правильний)* accurate; *(про людину)* punctual; **~ні науки** exact sciences
точність exactness; precision; *(правильність)* accuracy; *(пунктуальність)* punctuality
точно exactly, precisely; accurately; punctually
тощо and so on, and so forth
трава grass; **зарослий ~вою** grassy
травень May
травинка blade of grass
травити 1. *(посіви й под.)* damage; 2. *тех.* etch
травлення *біол.* digestion
травма *(психічна)* trauma; *(фізична)* injury
травматичний traumatic
травматолог specialist in traumatology
травматологічний: ~ пункт first-aid room
травматологія traumatology
травмувати injury; *перен.* traumatize
травневий May *attr.*; **~ день** day in May
травний digestive
травоїдний *зоол.* herbivorous
трав'яний *(про настій)* herbal; *(про покрив)* grass
трав'янистий grass *attr.*, grassy
трагедія tragedy
трагізм tragedy
трагік tragedian
трагікомедія tragicomedy
трагікомічний tragicomic
трагічний tragic
традиційний traditional
традиційно traditionally
традиція tradition; **за ~цією** traditionally
траєкторія trajectory
тракт I *(дорога)* highway, road
тракт II: травний ~ *анат.* alimentary canal
трактат treatise
трактир inn
трактирник innkeeper
трактор tractor
тракторист tractor driver
трактування interpretation
трактувати interpret

трал *мор., риб. (сітка)* trawl; **мінний ~** *війс.* minesweeping operation
тралити trawl; **~ міни** *війс.* sweep for mines
тральник 1. *мор.* trawler; **2.** *війс.* minesweeper
трамбувати tamp, ram (down)
трамвай 1. tram; **2.** *(вагон)* tram, tram-car, streetcar *амер.*; **поїхати ~ваєм** take the tram; **сідати у ~** get on the tram; **річковий ~** river-launch
трамвайний tram *attr.*, streetcar *attr. амер.*; **~ парк** tram (streetcar *амер.*) depot
трамплін *спорт.* springboard *(тж перен.)*; *(лижний)* ski jump
транзистор *(підсилювач)* transistor; *(приймач)* transistor (radio)
транзисторний transistor *attr.*
транзит transit; *(про вантаж)* transit goods
транзитний transit *attr.*
траквілізатор tranquillizer, tranquilizer *амер.*
транс 1. *психол.* trance; **2.** *ком.* transport document
трансатлантичний transatlantic
трансгенний genetically modified
трансконтинентальний transcontinental
транскрипція transcription
транслітерація transliteration
транслювати transmit, broadcast
транслятор *тех.* translator
трансляція 1. *(дія)* broadcasting, transmission; **2.** *(передача)* broadcast; **пряма ~** live broadcast
трансмісія transmission
транспарант *(плакат)* banner, streamer, placard
трансплантація transplant
транспорт transport; *(перевезення тж)* transportation
транспортер 1. *тех.* conveyer belt; **2.** *війс.* troop carrier
транспортир protractor
транспортний transport *attr.*
транспортник transport worker
транспортування transportation
транспортувати transport
транссексуал transsexual
трансформатор *ел.* transformer
трансформація transformation
трансформувати transform
траншея trench
трап gangway; **подавати ~** put down the gangway
трапеза meal
трапеція 1. *мат.* trapezium; **2.** *спорт.* trapeze
траплятися, трапитися happen, occur
траса *(трубоводу, каналу й под.)* route; *(лижна)*

run; **автомобільна ~** motorway, expressway *амер.*; **повітряна ~** airway
траулер trawler
трафарет stencil; *перен.* cliche
трахея *анат.* trachea
треба *безос.* **1.** *(необхідно, слід)* it is necessary; **йому ~ іти** he must go, he has to go; **2.** *(потрібно)*: **мені ~ молока** I want some milk; **що вам ~?** what do you want?; **<> так йому і ~!** it serves him right!
требник breviary
трек *спорт.* track
трель trill; *(пташина)* warble
трельяж triple mirror
трембіта trembita *(long trumpet in the Carpathians)*
тремтіти tremble, shake, quiver, shiver
тремтячий trembling; *(про звук)* tremulous
тренер trainer; *(команди тж)* coach; **головний ~** manager *(of sports team)*
тренований trained
тренувальний training *attr.*; **~ костюм** tracksuit
тренування *(пам'яті й под.)* training; *(окреме заняття)* coaching
тренувати train; *(спортсменів)* coach; **~ся** train oneself (in), practise
трепанація *мед.* trepanation
трест *ек.* trust
третина (one) third; **дві ~ни** two thirds
третій third
трефа *карт.* clubs *pl*
три three; **~ з половиною години** three and a half hours
триб *тех.* gear
триборство *спорт.* triathlon
трибун tribune
трибуна 1. *(для промовця)* rostrum *(pl -ra, -rums)*, platform; tribune *(тж перен.)*; **зійти на ~ну** mount the rostrum (platform); **2.** *(на стадіоні)* stand
трибунал tribunal; **військовий ~** military court
тривалий long, long-term, lasting
тривалість length; durability, duration
тривати last; go on, continue
тривимірний 3-D, three-dimensional
тривіальний trivial; *(банальний тж)* banal, trite
тривкий strong, durable; *(стійкий)* stable; *перен.* enduring, lasting
тривога *(почуття)* alarm, anxiety; *(сигнал небезпеки тж)* alert; **бойова ~** battle alarm; **повітряна ~** air-raid warning
тривожити 1. alarm, worry, make uneasy; **2.** *(турбувати)* disturb, trouble; **~ся** be uneasy, be worried about

тривожний 1. *(сповнений тривоги)* uneasy, anxious, disturbed, troubled; **2.** *(який непокоїть)* alarming, disturbing; **~ сиґнал** alarm
тригонометричний trigonometric(al)
тригонометрія trigonometry
тригранний *мат.* trihedral
триденний three-day *attr.*
тридцятий thirtieth; **~ті роки** the thirties
тридцятиліття *(період)* thirty years; *(річниця)* thirtieth anniversary
тридцятилітній *(про період)* thirty-year; *(про вік)* thirty-year-old
тридцять thirty
тризуб trident
трико 1. *текст.* tricot; **2.** *(одяг)* tights *pl;* knickers *pl*
триколірний three-coloured
трикотаж 1. *(тканина)* knitted fabric; *(вовняний)* jersey; **2.** *збір.* *(вироби)* knitted goods *pl*, knitwear
трикотажний knitted; *(з вовни)* jersey *attr.*
трикутний triangular
трикутник triangle
трилер thriller
трилисник trefoil
трилогія trilogy
трильйон trillion
тримісячний *(про період)* three-month; *(про дитину)* three-month-old
тринадцятий thirteenth
тринадцять thirteen
тринога tripod
триповерховий three-storeyed
триптих triptych
триразовий: ~ чемпіон three-times champion
трирічний *(про період)* three-year *attr.;* of three years *після ім.;* *(про вік)* three-year-old
триріччя *(про період)* three years; *(річниця)* third anniversary
триста three hundred
тристоронній *(про союз, угоду, переговори)* trilateral
тритижневий three-week; *(про дитину)* three-week-old
тритон *зоол.* newt
тричі three times
трійка 1. *(цифра, карта)* three (of); **2.** *(оцінка)* C *(school mark);* **3.** *(коней)* troika *(three horses harnessed abreast);* **4.** *(костюм)* three-piece-suit
трійник *ел.* (three-way) adaptor
трійнята *мн.* triplets *pl*
трійця 1. *рел.* Holy Trinity; **2.** *розм.* *(про друзів)* threesome
тріо trio
тріпати shake, pull about; *(волосся)* tousle; *(про вітер)* make flutter; **~ся** flutter, quiver

тріпотіти flutter, quiver, tremble; *(про серце)* palpitate
тріск cracking, crackle
тріска chip, splinter
тріска *іхт.* cod (-fish)
тріскотіти 1. *див.* **тріщати; 2.** *(про цвіркуна)* chirp; **3.** *розм.* *(базікати)* chatter, jabber
тріскотливий crackling
тріснути 1. *(потріскатися)* crack; *(про шкіру тж)* chap; **2.** *(лопатися)* burst; *(ламатися)* break
тріумф triumph
тріумфальний triumphal; *(переможний тж)* triumphant; **~на арка** triumphal arch
тріщати crackle; crack
тріщина crack; *(у землі, скелі тж)* fissure, cleft
троє three, the three (of)
троїстий threefold; *полiт.* *(про союз, угоду)* tripartite
тролейбус trolleybus
тромб *мед.* thrombus, blood clot
тромбоз *мед.* thrombosis
тромбон *муз.* trombone
трон throne
тронний: ~на зала throne room; **~на промова** royal address
тропар hymn, church chant
тропік tropic; **~ Козерога** the tropic of Capricorn; **~ Рака** the tropic of Cancer
тропіки *мн.* tropics *pl*
тропічний tropical; **~на пропасниця** jungle fever
трос rope
тростина 1. reed; **цукрова ~** sugar-cane; **2.** *(палиця)* walking-stick
тротуар pavement, sidewalk *амер.*
трофей trophy, booty; **~фeï** *мн.* spoils of war
трохи, трошки 1. a little, few, some; **2.** *(злегка)* slightly, somewhat
трощити 1. break up, smash up; *(руйнувати)* destroy; wreck; **2.** *(ворога)* rout, defeat; *(ущент)* crush
троюрідний: ~ брат second cousin *(male);* **~на сестра** second cousin *(female)*
троянда rose
труба 1. pipe, tube; **2.** *муз. див.* **сурма**
трубка 1. tube; **2.** *(слухавка)* receiver; **піднімати ~ку** pick up the receiver; **3.** *мед.* stethoscope
трубовід pipeline
труд *див.* **праця**
трудитися work; toil, labour
трудівник toiler, worker
трудний *див.* **важкий 2**
трудність difficulty
труднощі *мн. див.* **трудність**
трудовий working; labour *attr.;* **~ва дисципліна** labour discipline, discipline in the wor-

kplace; **~ва книжка** work-record card, employment record book; **~ве законодавство** employment legislation; **~ стаж** working life
трудотерапія occupational therapy
трудящий toiler, worker; **~щі** мн. working people
труїти poison
труна coffin
труп corpse, dead body
трупа (театральна) company, band; (циркова) troupe
трус search
труси мн. shorts; (купальні) swimming trunks
труський jolty; (про дорогу) bumpy
трутень ент. drone; перен. (про людину) parasite
трухлявий mouldering; rotten
трухлявина dust; (із сіна, соломи) bits of hay (straw)
трьохсотий three hundredth
трьохсотлітній (про період) three hundred-year; (про вік) three hundred-year-old
трьохсотліття (про період) three hundred year; (річниця) tercentenary
трюк trick; (акробатичний) stunt
трюм hold (of ship)
тряска shaking; jolting
трясовина bog, quagmire
трясти shake; (тремтіти) tremble; (від холоду) shiver; (під час їзди) be jolted
туалет 1. (одяг) dress, outfit; 2. (убиральня) lavatory; w. c.; rest-room, toilet амер.
туалетний: **~ папір** toilet paper; **~не мило** toilet soap
туберкульоз (сухоти) ТВ, tuberculosis; **~ легень** consumption
туберкульозний (сухотний) ТВ, tubercolosis attr.
тубілець native
тубільний native attr.
туга anguish; yearning; **~ за батьківщиною** home-sickness, nostalgia
тугий (про вузол і под.) tight; (про струну, пружину) taut; (про гаманець) bulging
туди there; in that direction; **~ й назад** there and back; **не ~** not that way
тужити be sad, grieve (over); (оплакувати, голосити) complain, moan
тужливий melancholy; sad, sorrowful
туз карт. ace
тулити press, clasp; put; place (against); **~ся** press oneself (to)
тулуб torso, trunk, body
туман mist; (густий) fog; **сьогодні ~** it is misty (foggy) today
туманний 1. (про повітря, ранок) misty, foggy; 2. (неясний) nebulous

туманність астр. nebula
тумба (на тротуарі) post; stone, bollard
тумблер toggle switch
тумбочка bedside table
тундра tundra
тунель tunnel
тупати, тупнути stamp; **~ ногою** stamp one's foot
тупий 1. blunt; 2. (нерозумний, обмежений) dull, obtuse; 3. (про біль) dull; 4.: **~ кут** мат. obtuse angle
тупити blunt; **~ся** become blunt
тупість dullness, obtusement; stupidity
тупіт tramp
тупо dully
тупотіти stamp
тур I (у змаганні) round; (у танці) turn
тур II зоол. mountain goat
тура шах. castle
турбіна turbine
турбоґенератор turbogenerator
турбота trouble, disturbance; care (for); concern (for); (хвилювання) worry, anxiety
турбувати 1. trouble, disturb, bother; 2. (хвилювати) worry, upset; **~ся** be anxious (about), worry (about)
турецький Turkish; **~ка мова** Turkish, the Turkish language
туризм tourism; (спортивний) walking, hiking; **гірський ~** mountain walking
турист tourist; (піший) hiker
туристський tourist attr.; **~ маршрут** trail
туркеня Turk, Turkish woman
туркмен, туркменка Turkmen
туркменський Turkmen; **~ка мова** Turkmen, the Turkmen language
турне tour
турнепс turnip
турнікет turnstile
турнір tournament
турок Turk
тут here
туфлі мн. shoes; **кімнатні ~** slippers
тухлий (про їжу) rotten; (про запах) putrid, bad
туш I муз. flourish
туш II (чорнило) Indian ink
туш III (для вій) mascara
тушкувати кул. stew, braise
тушувати shade
тхір зоол. polecat
тхнути stink; smell nasty
тьма dark, darkness (тж перен.)
тьмяніти (grow) dim; dull; (про метал) tarnish
тьмяний dim, dull; (про метал) tarnished
тьохкати (про солов'я) warble, sing; (про серце) throb

тюбик tube
тюк bale; *(вузол)* bundle; package
тюлень *зоол.* seal
тюль tulle
тюльпан *бот.* tulip
тюрбан turban
тюремний *див.* **в'язничний**
тюремник warder
тюрма *див.* **в'язниця**
тютюн tobacco
тютюнник *с.-г.* tobacco grower
тютюнництво *с.-г.* tobacco-growing
тютюнниця snuffbox
тютюновий tobacco *attr.*
тюфтельки *мн.* meatballs *pl*
тяга draught; traction
тягар weight; burden; load *(тж перен.)*
тягати pull, drag; **~ за собою** drag along
тягатися 1. *(тинятися)* traipse, hang about; 2. *розм. (мірятися силами)* measure one's strength (with); 3. *(судитися)* bring a suit (against)
тягач tractor
тягнути *і* **тягти** 1. pull; draw; *(волочити)* drag; *(із зусиллям)* haul; *(на буксирі)* tow; 2. *(зволікати)* delay; drag out; <> **мене тягне додому** I feel very homesick
тягтися 1. *(розтягуватися)* stretch; 2. *(простягатися)* extend, stretch out; 3. *(рухатися)* move (slowly); 4. *(за чим-н. — руками)* reach out (for); 5. *(прагнути)* strive (after); 6. *(тривати)* drag on
тягучий 1. *(в'язкий)* clinging; *(про рідину)* viscous; *(про метал)* ductile; 2. *(про голос і под.)* slow; drawling
тяжіння *фіз.* gravity, gravitation; **земне ~** gravity
тяжіти 1. *фіз.* gravitate (towards); 2. *(про звинувачення, прокляття)* hang (over), weigh (upon)
тяжкий 1. heavy; 2. *(суворий)* severe; 3. *(важкий — про роботу й под.)* hard, difficult; 4. *(серйозний)* serious; 5. *(болісний)* painful
тяжко 1. heavily; 2. *безос.* it is hard; it is difficult
тяжчати grow heavy; *(про голову й под.)* begin to feel heavy
тямити *розм.* understand; be able to reason
тямущий clever, bright
тятива bow-string

У

у at, in; *(усередину)* into; *(у кого-н.)* with; *(від кого-н.)* from; **у мене є** I have; **він узяв у мене** he took from me; *див. тж* **в**
убавляти, убавити reduce
уберігати, уберегти preserve (from), guard (against), keep safe (from); protect (from)
убивати *див.* **вбивати I, II**
убивство *див.* **вбивство**
убивця *див.* **вбивця**
убивчий *див.* **вбивчий**
убиральня *див.* **вбиральня**
убирати *див.* **вбирати I, II**
убитий dead; *(по-злочинницькому)* murdered; <> **спати як ~** sleep like a log
убігати *див.* **вбігати**
убік *див.* **вбік**
убір attire, dress; **головний ~** head-dress, head-gear, hat
убогий 1. poor, wretched; *(про житло)* squalid; 2. *(маломістовний)* mediocre
убогість 1. poverty, wretchedness; *(про житло)* squalor; 2. *(обмеженість)* mediocrity; **~ думки** poverty of mind
уболівання grief, sorrow
уболівати worry (about); *(сумувати)* mourn (over, for)
убрання *див.* **вбрання**
увага 1. attention; 2. *(турбота)* consideration; care; <> **брати до ~ги** take into consideration; **звертати ~гу** pay attention (to); **відвертати чию-н. ~гу (від)** distract smb.'s attention (from); **мати на ~зі:** а) *(пам'ятати)* bear (have) in mind; б) *(розуміти)* mean, imply; **не звертати ~ги** disregard, take no notice
уважний 1. attentive; **~ погляд** intent gaze; 2. *(який турбується про інших)* considerate
уважність 1. attentiveness; 2. *(турбота)* consideration, kindness
уважно 1. attentively, keenly, closely; **~ спостерігати** follow (smth.) closely; 2.: **~ ставитися до кого-н.** be considerate (to)

увертюра *муз.* overture
увесь *див.* **весь**
увечері *див.* **ввечері**
увижатися *див.* **ввижатися**
увімкнути *див.* **вмикати**
увінчувати, увінчати crown; **~ся** *(закінчуватися)* be crowned (with)
увіпхнути *див.* **впихати**
увірвати(ся) *див.* **уривати(ся)**
увічнювати, увічнити immortalize, perpetuate
уводити *див.* **вводити**
увозити *див.* **ввозити**
ув'язнений *як ім.* prisoner
ув'язнення imprisonment, confinement
ув'язнювати, ув'язнити imprison, gaol
угав: без ~у incessantly
угадувати *див.* **вгадувати**
угамовувати(ся) *див.* **вгамовувати(ся)**
угіддя *мн.* land, area
угноєння *с.-г.* manuring
угноювати, угноїти manure
угода agreement
уговець *політ.* conciliator, compromiser
уговство *політ.* compromise; cap-in-hand policy
уголос *див.* **вголос**
угорець Hungarian
угорі *див.* **вгорі**
угорка Hungarian (woman)
угорський Hungarian; **~ка мова** Hungarian, the Hungarian language
угору *див.* **вгору**
угруповання group, grouping, alignment; **політичні ~** *мн.* political groups
удав *зоол.* boa constrictor
удаваний feigned, affected
удавано affectedly; **~ погодитися** pretend to agree
удавати, удати feign, simulate, sham, pretend; **~ із себе** pretend (to be), sham; *(копіювати)* imitate
удаватися *див.* **вдаватися**
удар 1. blow *(тж перен.)*; *(ножем і под.)* chop; *(гострою зброєю)* stab; *(ногою)* kick; **2.** *війс.* attack; **3.** *мед.* stroke; **<> ставити кого-н. під ~** put smb. in a vulnerable position
ударний I *муз., тех.* percussion *attr.*
ударний II 1. *(важливий, терміновий)* urgent, pressing; **2.** *(передовий)* shock *attr.*
ударник I 1. *війс.* striker, firing pin; **2.** *(музикант)* drummer, percussionist
ударник II *іст.* advanced worker
ударяти(ся) *див.* **вдаряти(ся)**
удача luck, piece of luck; *(досягнення)* success, achievement; **творча ~** artistic achievement
удвічі *див.* **вдвічі**

удвох *див.* **вдвох**
удень *див.* **вдень**
удій 1. *(кількість)* milk-yield; **2.** *(доїння)* milking
удобрювати, удобрити fertilize
удома *див.* **вдома**
удосвіта *див.* **вдосвіта**
удосконалювати, удосконалити perfect, improve; *(машину та под.)* make improvements (to); **~ся** perfect oneself
удочеряти, удочерити adopt (as one's daughter)
удруге *див.* **вдруге**
удружити 1. *(зробити послугу)* do (smb.) a good turn; **2.** *ірон.* do (smb.) a bad turn
ужалити *див.* **вжалити**
ужахнутися *див.* **вжахнутися**
уже *див.* **вже**
уживаний *див.* **вживаний**
уживання *див.* **вживання**
уживати *див.* **вживати**
ужиток *див.* **вжиток**
узагальнений generalized; *(який не вдається в деталі)* general
узагальнення generalization
узагальнювати, узагальнити generalize, draw a general conclusion (from)
узаконення legalization
узаконювати, узаконити legalize, legitimate
узбек, узбечка Uzbek
узбережжя coast, coastline, seaboard, littoral
узбецький Uzbek; **~ка мова** Uzbek, the Uzbek language
узбечка Uzbek woman
узбіччя side of the road; *(тротуару)* curb
узвар stewed fruit; compote
узгір'я 1. hill; **2.** *(схил гори)* hillside; *(берега)* slope
узгоджувати, узгодити (з) coordinate (with)
узголів'я head of the bed; **сидіти в ~в'ї** at the bedside
уздовж *див.* **вздовж**
уземлення *див.* **заземлення**
уземлювати, уземлити *див.* **заземлювати, заземлити**
узимку *див.* **взимку**
узлісся edge of the forest
узор pattern, design; **~частий** patterned
указ decree, edict; ukase
указка pointer
указувати *див.* **вказувати**
уквітчувати, уквітчати adorn (decorate) with flowers
укіс *(схил)* slope
укладати, укласти 1. *(договір, угоду)* conclude; **2.** *(словник, книгу)* compile

укладач compiler
уклін 1. bow; **2.** *(вітання)* regards *pl*
укол injection; **зробити** ~ give an injection
уколоти prick; **~ся** prick oneself
укомплектовувати, укомплектувати complete; make up
укорочувати *див.* **вкорочувати**
українець, українка Ukrainian
український Ukrainian; **~ка мова** Ukrainian, the Ukrainian language
украсти *див.* **вкрасти**
укривати, укрити 1. *див.* **вкривати; 2.** *(ховати)* conceal shelter; **~ся 1.** *див.* **вкривати(ся); 2.** *(ховатися)* take shelter; be protected
укриття cover; shelter
укріплення 1. *(дія)* strengthening, reinforcement; *(влади та под.)* consolidation; **2.** *війс.* fortification
укріплювати *і* **укріпляти, укріпити 1.** strengthen; *(владу та под.)* consolidate; **2.** *війс.* fortify; **~ся 1.** become stronger; *(про владу й под.)* consolidate; **2.** *війс.* fortify one's positions
укрупнення integration, amalgamation
укрупнювати, укрупнити integrate, amalgamate
укус bite; *(бджоли)* sting
укусити bite; *(про бджолу)* sting
улагоджувати, улагодити settle, arrange; *(сварку)* patch up
уламок fragment; **~мки** *мн.* wreckage *sing*
улаштовувати *див.* **влаштовувати**
улесливий flattering
улещувати, улестити flatter
улов catch
уловлювати, уловити catch
улоговина hollow
улюбленець favourite; **~ долі** child of fortune
улюблений 1. (dearly) loved; **2.** *(якому надається перевага)* favourite; **~не заняття** hobby
ультиматум ultimatum
ультразвук *фіз.* ultrasound
ультразвуковий ultrasonic
ультрамарин ultramarine
ультрафіолетовий ultraviolet
умивальник washstand; *(раковина)* wash-basin
умивати, умити wash; **~ся** wash (one's hands and face), have a wash
умова condition; **~ви** *мн.* *(договору й под.)* terms; **за таких умов** in (under) such circumstances; **~ви життя** living conditions
умовляти, умовити persuade; *недок. тж* try to persuade

умовлятися, умовитися arrange (with smb. + **to** *inf.*); agree (about; with smb. + **to** *inf.*)
умовний 1. *(прийнятий)* conventional; **~на лінія** conventional line; **2.** *(з умовою, тж грам.)* conditional; **~не речення** conditional sentence; **3.: ~ спосіб** *грам.* subjunctive mood
умовність conditional nature; *(звичай)* convention
умовно conditionally
унадитися get into the habit (of)
унаочнювати, унаочнити *(навчання)* apply visual methods (of teaching)
унеможливлювати, унеможливити make smth. impossible
униз, унизу *див.* **вниз, внизу**
уникати, уникнути *(ухилятися)* avoid, elude; **~ зустрічей з ким-н.** avoid meeting smb.
універмаг department store
універсал all-rounder
універсальний *(про проблему)* universal; *(про освіту)* all-round; *(про людину)* versatile, multitalented; *(про знання)* encyclopaedic, encyclopedic *амер.*; *(про машину, інструмент)* versatile, multipurpose; **~на обчислювальна машина** *обч.* mainframe; **~ засіб** cure-all; **~ магазин** deparment store; **~ символ** *обч.* wildcard; **~ні знання** encyclopaedic knowledge *sing*
універсальність *(засобів)* universality; *(знань)* breadth
універсам supermarket
університет university
університетський university *attr.*
унікальний exceptional, rare; *(єдиний)* unique
унікум: він справжній ~ he's one of a kind
унісон unison
унітаз lavatory pan, toilet
унітарний unitary; **~на держава** unitary (simple) State
уніфікація standardization, unification
уніфікувати standardize, unify
унція ounce
уособлення embodiment, incarnation
уособлювати, уособити *(бути втіленням)* personify; be the embodiment (personification) (of)
упасти *див.* **впасти**
упевнений *див.* **впевнений**
уперед *див.* **вперед**
упереджений prejudiced
упередженість prejudice
упин: без ~ну continually, incessantly
уповільнення 1. slowing down, deceleration; **2.** *фіз.* moderation
уповільнювати, уповільнити 1. slow down; **2.** *фіз.* moderate

уповноважений *ім.* representative, authorized person *(мн.* people)
уповноваження plenary powers *pl*
уповноважувати, уповноважити authorize
упорядник *(збірника й под.)* compiler
управління 1. operation, control; *(діяльність)* management; **галузеве ~** branch management; *(державою)* government, governing, ruling; **2.** *(відділ)* department; *(адміністративний орган)* board, administration; **~ банками** administration of banks; *(будівля тж)* office; **Центральне статистичне ~** Central Statistics Board
управлінський administrative, managerial; **~ апарат** ruling body; **~ персонал** executive staff; **~кі видатки** management expenses
управляти 1. *(регулювати роботу й под.)* operate; *(автомобілем)* drive; **2.** *(керувати)* direct, manage; administer; *(державою)* govern, rule
упряж harness
упряжка team
ура hurrah!, hurray!, hooray!
ураган hurricane
Уран(ій) *хім.* uranium
урановий uranium
урбанізація urbanization
урвище precipice, steep
уремія *мед.* uraemia, uremia *амер.*
уретра *анат.* urethra
уривати, урвати 1. *(припиняти мову й под.)* break off; **2.** *(знаходити — про час)* snatch; **~ся** *(про розмову)* break off
уривок 1. scrap; *(мотузки)* bit, end; **2.** *(тексту)* fragment, passage; extract
уривчастий abrupt; *(про дихання, звучання)* intermittent
урізноманітнювати, урізноманітнити vary, diversify
урна 1. *(поховальна)* urn; *(для сміття)* bin; **2.** *(виборча)* ballot box
уродженець native (of)
урожай *див.* **врожай**
урожайний *див.* **врожайний**
урожайність *див.* **врожайність**
урок lesson *(завдання)* task; **~ки** *(домашня робота)* homework *sing;* **~ літератури** literature lesson
уролог *мед.* urologist
урологічний *мед.* urological
урологія *мед.* urology
урочистий solemn; *(святковий)* festive; gala *attr.;* **~та частина** official part; the ceremonies *pl;* **~ті збори** grand meeting
урочистість solemnity
уруґвайський Uruguayan

уряд government, cabinet, administration *амер.;*
багатопартійний ~ all-in government, multiparty government; **визнаний ~** recognized government; **законний ~** legal (titular) government, lawful (legitimate) government; **невизнаний ~** unrecognized government; **тимчасовий ~** provisional (interim) government; **федеральний ~** general (federal) government
урядовий government *attr.,* governmental; **~ва комісія** government comission; **~ва криза** government (cabinet) crisis; **~ва постанова** executive order; **~ва програма** government(al) programme
усвідомлення realization; awareness
усвідомлювати, усвідомити realize, be aware (of)
усе *див.* **все I, II**
усиновляти, усиновити adopt
усипляти, усипити 1. lull (smb.) to sleep; **2.** *перен.* lull
усілякий *див.* **всілякий**
ускладнення 1. complication; **2.** *(після хвороби)* complications *pl,* after-effects (of)
ускладнювати, ускладнити complicate
усміхатися, усміхнутися smile
усмішка smile; *(глузлива)* sneer
усний oral, verbal
усно orally
успадковувати, успадкувати inherit
успіх success; *(досягнення)* achievement; **~хи** *мн. (добрі результати)* progress *sing;* **мати ~** be successful, meet with success; *(у глядачів)* be a success; <> **бажаю (вам) ~ху!** good luck (to you)!
успішний successful
успішність progress
успішно succesfully
уста *мн. поет.* lips; mouth *sing*
усталювати, усталити firmly establish; fix; **~ся** become established
установа institution, organization
установка 1. *(дія)* putting, setting; arranging; establishing; **2.** *(механізм)* installation
установчий: **~чі збори** *політ.* inaugural meeting
устатковувати, устаткувати equip, fit out
устаткування equipment
устілка *(у взутті)* insole
устриця oyster
устрій system, order
уступ ledge, projection
усувати, усунути remove; *(недоліки та под.)* eliminate, eradicate
усуспільнення socialization
усуспільнювати, усуспільнити socialize
усюди *див.* **всюди**

усякий див. **всякий**
утворювати, утворити 1. (створювати) form; **2.** (організовувати) organize; set up
утилізація recycling
утилізувати recycle
утилітарний (про погляди) utilitarian; (про знання) practical
утирати, утерти wipe; **~ся** wipe one's face
утікати див. **втікати**
утікач див. **втікач**
утіха див. **втіха**
утішати див. **втішати**
утопізм utopianism, utopism
утопіст utopian
утопічний utopian
утопія utopia
уточнення elaboration, closer definition
уточнювати, уточнити (пункт угоди, висновки) elaborate on; (відомості, факти) clarify
утрамбовувати, утрамбувати ram (down)
утримання: бути на ~ні be dependent (on)
утримувати, утримати 1. (не випускати) hold; **~ позиції** hold one's ground; **2.** (стримувати від чого-н.) keep (from); hold back; restrain; **~ся 1.** (устояти) hold out, hold one's ground; **~ся на ногах** keep one's footing; **2.** (від чого-н.) keep (from), refrain (from); abstain (from); **~ся від голосування** abstain from voting
ухвала ruling, resolution, decision, decree
ухвалювати, ухвалити decide; resolve
ухвальний: з ~ним голосом with the right to vote (at a congress, conference etc.)
ухил 1. incline, inclination; slope; **2.** політ. deviation; **3.: з технічним ~лом** with a technical bias

ухилятися, ухилитися 1. (відхилятися) dodge; sidestep; **~ від удару** dodge a blow; **2.** (уникати) evade, elude, deviate
ухильний evasive
ухитрятися, ухитритися розм. contrive (+ to inf.)
учасник (переговорів, репетиції та под.) participant; (член) member; (змагань) competitor, contestant
участь participation; **брати ~** take part (in); participate (in)
учений див. **вчений**
учень, учениця 1. pupil; student амер.; **2.** (що вивчає яку-н. професію) apprentice; **3.** (послідовник) disciple, follower
училище college; **професійно-технічне ~** technical college
учитель, учителька див. **вчитель, вчителька**
учити, учитися див. **вчити, вчитися**
учнівський school attr.; pupil's
учора див. **вчора**
учорашній див. **вчорашній**
ушкодження damage, injury
ушкоджувати, ушкодити damage; (поранити) injure, hurt
ущелина ravine, gorge; canyon
ущипливий caustic, biting
ущільнювати, ущільнити condense; pack (down); (ряди) tighten up
уява imagination
уявлення idea, notion; **не мати (жодного) ~ (про)** have not the faintest idea (of); див. тж **уява**
уявляти, уявити imagine, fancy
уявний imaginary

Ф

фабрика factory; *(ткацька, паперова)* mill
фабрикант manufacturer, factory owner
фабрикат factory product
фабрикувати *(вигадувати, підробляти)* fabricate; forge
фабричний factory *attr.*; **~на марка** trademark; **~на ціна** cost price
фабула plot
фаворит, фаворитка favourite, favorite *амер.*
фаза phase; *(роботи, будівництва)* stage
фазан *орн.* pheasant
фазовий *тех.* phase *attr.*; **~ індикатор** phase monitor
файл *обч.* file
факс fax; **посилати ~** send a fax
факсиміле facsimile
факсимільний facsimile *attr.*
факт fact; **установлений ~** established (ascertained) fact; **доведений ~** proven fact; **загальновідомий ~** fact of common knowledge, notorious fact; **спірний ~** disputed fact; **суттєвий ~** substantial (material) fact
фактичний *(пов'язаний із фактами)* factual; *(реальний)* real
фактично in fact; actually
фактор *див.* **чинник**
фактура texture; *ком.* invoice
факультатив optional (elective *амер.*) course
факультативний optional, elective *амер.*
факультет faculty, department; school *амер.*
фаланга *анат., війс.* phalanx
фальсифікатор falsifier, forger
фальсифікація falsification; forgery
фальсифікувати falsify, distort
фальстарт *спорт.* false start
фальцет *муз.* falsetto
фальцювання *тех.* folding, grooving
фальцювати *тех.* fold, groove
фальш falsity, falseness, insincerity
фальшивий false; *(про документ тж)* forged; *(про гроші)* counterfeit
фальшивомонетник counterfeiter
фальшувати be false; *(фальшиво співати, грати)* sing (play) out of tune
фальшивка forgery; fake
фамільярний unceremonious, over(ly)familiar
фамільярність familiarity; liberties *pl*
фанатизм fanatism, fanaticism

фанатик fanatic
фанатичний fanatical
фант forfeit
фантазер, фантазерка dreamer, visionary
фантазія 1. fantasy, fancy; *(уява тж)* imagination; *(мрія)* dreams *pl*; 2. *(примха)* caprice, whim
фантазувати *(мріяти)* dream, romance; *(вигадувати)* make up stories
фантаст writer of fantasy; *(науковий)* science-fiction writer
фантастика 1. *збір. (література)* fantasy; 2. *(наукова)* science fiction
фантастичний fantastic; *(примхливий)* fantastical; *(надзвичайний)* fantastic, far fetched
фантом phantom
фанфара *(інструмент)* bugle; **~ри** *мн. (сигнал)* fanfare
фара light; **передні ~ри** headlights, headlamps; **задні ~ри** rear lights, taillights *амер.*, taillamps *амер.*
фараон Pharaoh
фарба 1. *(речовина)* paint; *(для волосся, тканин)* dye; 2. *(колір)* colour
фарбувати paint; *(волосся, тканину)* dye
фарватер *мор.* fairway, channel
фарингіт *мед.* Pharyngitis
фарисей Pharisee
фарисейство pharisaism
фармаколог pharmacologist
фармакологія pharmacology
фармацевт chemist, pharmacist
фарс farce
фартух apron
фарш filling, stuffing, forcemeat; *(м'ясний)* mince, minced meat, ground meat *амер.*
фаршований *кул.* stuffed
фаршувати stuff
фас *фото* front
фасад facade, front, forefront
фасон fashion, style; *(крій)* cut; mode
фасувати prepack
фата veil
фаталізм fatalism
фатальний fatal, fateful
фауна fauna
фах speciality; profession; trade; occupation; **за ~хом** by profession
фахівець expert, specialist
фаховий professional

фашизм fascism
фашист fascist
фашистський fascist *attr.*
фаянс faience, glazed pottery
федеральний federal
федеративний federal
федерація federation
феєричний magic(al), enchanting
феєрія magic show
феєрверк fireworks *pl*
фейлетон newspaper satire, satirical article
фейлетоніст newspaper satirist
фельдмаршал Field-Marshal
фельдшер medical assistant
фемінізм feminism
феміністка feminist
феміністичний feminist
фен *(апарат)* hairdryer
фенікс *міф.* phoenix
фенол *хім.* phenol
феномен phenomenon *(pl* -mena)
феноменальний phenomenal
феодал feudal lord
феодалізм feudalism
феодальний feudal
ферзь *шах.* queen
ферма I farm; **молочна ~** dairy(-farm)
ферма II *буд.* truss, (compound) girder
фермент *хім.* ferment, enzyme
ферментація fermentation
фермер farmer
фестиваль festival; **~ний** festival *attr.*
фетиш fetish
фетр felt
фетровий felt
фехтувальний *спорт.* fencing
фехтувальник *спорт.* fencer
фехтування *спорт.* fencing
фехтувати *спорт.* fence
фешенебельний fashionable, elegant
фея fairy
фіалка *бот.* violet
фіаско fiasco; **зазнати ~** be a failure; suffer an embarrassment
фіґа *бот.* fig
фіґляр mountebank, baffoon
фіґура 1. *у різн. знач.* figure; **2.** *(у танці)* step; **3.** *шах.* piece; (chess)piece
фіґуральний figurative
фіґурист, фіґуристка *спорт.* figure skater
фіґурний shaped; *(з узором)* figured; **~не катання** figure skating
фіґурувати figure
фізик physicist
фізика physics
фізичний 1. physical; **2.** *(який стосується фізики)* physics *attr.*; **~ кабінет** physics laboratory

фізіолог physiologist
фізіологічний physiological
фізіологія physiology
фізіотерапевт physiotherapist
фізіотерапевтичний physiotherapy *attr.*
фізіотерапія physiotherapy
фізкультура physical culture
фізкультурний physical culture *attr.*; **~ парад** sports parade
фізкультурник, фізкультурниця athlete, lover of sports
фіксаж 1. *фото* fixing; **2.** *тех.* clamping
фіксація *фото* fixer, fixing
фіксувати *(події, факти)* record, chronicle; *(дату, ціни)* fix, set; *(увагу, погляд)* fix
фіктивний fictitious; **~ шлюб** *юр.* marriage of convenience
фікус ficus
фікція fiction
філантроп philanthropist
філантропічний philanthropic
філантропія philanthropy
філармонія philarmonic society
філателіст philatelist, stamp-collector
філателістичний philatelic
філателія philately
філіал branch (office)
філолог philologist *(specialist in languages and literature)*
філологічний philological; **~ факультет** faculty of philology
філологія philology *(study of language and literature)*
філософ philosopher
філософія philosophy
філософствувати philosophize
філософський philosophic(al)
фільм film; **знімати ~** film, shoot (make) a film
фільмоскоп slide projector
фільтр filter, *див. тж* **цідило**
фільтрувати filter
фіміам incense; **кадити ~** incense; *перен.* flatter
фінал 1. finale; **2.** *спорт.* final
фінальний final *attr.*
фінанси *мн.* finances; *(гроші)* cash *sing*; **Міністерство ~сів** *(скарбник)* the Treasury, the Treasury Department *амер.*
фінансист financier
фінансовий financial; finance *attr.*; **~ відділ** finance department; **~ інститут** institute of finance; **~ звіт** financial statement
фінансування financing
фінансувати finance
фінік *(плід)* date; *(дерево)* date palm
фініковий: ~ва пальма date-palm

фініш *спорт.* finish; **прийти першим до ~шу** finish first
фінішний finishing *attr.*
фінішувати finish, come in
фін, фінка Finn
фінський Finnish; **~ка мова** Finnish, the Finnish language
фіолетовий violet, purple
фіранка blind, curtain
фірма firm
фірмовий firm's, company *attr.*; *(про крамницю)* chain *attr.*; **~ знак** brand name
фісташка pistachio
флагман 1. *(командувач)* flag officer (captain) **2.** *(корабель)* flagship
флагшток flagstaff, flagpole
флакон bottle
фламандець, фламандка Fleming
фламандський Flemish; **~ка мова** Flemish, the Flemish language
фламінго *орн.* flamingo
фланг flank; *(бік, сторона тж)* side
фланговий flank *attr.*
фланель flannel
флегматик phlegmatic person
флегматичний phlegmatic
флейта *муз.* flute
флейтист *муз.* flautist
флексія *лінгв.* inflection
флективний *лінгв.* inflected
флігель *архіт.* wing; *(який стоїть окремо)* side house, annex
флірт flirtation
фліртувати flirt
флокс *бот.* phlox
фломастер felt-tip (pen)
флора flora
флорентійський Florentine
флот *мор.* fleet; **(військово-) морський ~** navy; **(військово-) повітряний ~** air force (fleet)
флотилія fleet; *(невеликих суден)* flotilla
флотський naval
флуор *хім.* fluorine
флюгер wind gauge; *(на вежі)* weather vane
флюорографія fluorography
флюс I *мед.* (dental) abscess, gumboil
флюс II *тех.* flux
фляга *(для води, спирту)* flask, water-bottle; *(для молока)* churn
фойє foyer
фокстер'єр *зоол.* fox terrier
фокстрот foxtrot
фокус I *фіз.* focus
фокус II *(трюк)* trick
фокусник *(артист)* conjurer
фоліант volume, folio
фольга (wrapping) foil
фольклор folklore
фольклорний folk *attr.*
фон *див.* **тло**
фонд *(організація)* fund, foundation; *(запас, резерв)* stock, reserve
фондовий: ~ва біржа stock exchange
фонема *лінгв.* phoneme
фонетика phonetics
фонетичний phonetic
фонограма recording
фонологія *лінгв.* phonology
фонотека record library, record and tape collection
фонтан *див.* **водограй**; *(нафти)* gusher
фонтанувати gush, spout
форвард *спорт.* forward
форель *іхт.* trout
форма 1. form; shape; **2.** *(одяг)* uniform; **3.** *тех.* *(для литва)* mould, cast
формалізм formalism
формаліст formalist
формалістика bureaucracy
формальний *(про ставлення, підхід)* bureaucratic; *(про відповідь)* nominal; *(про метод, логіку)* formal
формальність formality
формально *(ставитися)* formally; **~ він правий** factually he's right
формат format; size
форматувати *обч.* format
формація 1. *(суспільна)* structure; **2.** *геол.* formation
формування *війс.* military unit
формування formation
формувальник moulder
формувати form; *війс. тж* raise; **2.** *тех.* shape, mould; **~ся** form; be formed; *перен.* take shape
формула formula
формулювання 1. *(дія)* formulation; **2.** *(визначення)* definition
формулювати formulate
формуляр *(бібліотечний)* library ticket (card)
форнір veneer; *(багатошаровий)* plywood
форнірний plywood *attr.*
форпост 1. *війс.* outpost; **2.** *перен.* *(демократії, науки й под.)* stronghold
форсувати force *(тж війс.)*; *(прискорювати)* speed up
форт *війс.* fort
фортепіанний piano *attr.*
фортепіано piano
фортеця fortress
фортуна fortune
форум forum

фосфат *хім.* phosphate
фосфор *хім.* phosphorus
фотель armchair
фото *(світлина)* photo
фотоапарат camera
фотоательє photographic (photographer's) studio
фотогенічний photogenic
фотограф photografer
фотографічний photographic
фотографія 1. photography; **2.** *(фотокартка) див.* **світлина**; **3.** *(ательє)* photographer's (studio)
фотографувати photograph, take a photo (graph); **~ся** *розм.* have one's photo taken
фотоелемент photocell
фотопапір photographic paper
фоторобот Photofit
фотосинтез photosynthesis
фототелеграма phototelegram
фраґмент *(частина)* fragment; *(уривок)* excerpt
фраґментарний fragmentary
фраза phrase; *грам.* sentence
фразеологія *лінгв.* phraseology
фразер phrase-monger
фрак dress-coat, formal coat, tail coat, tails *pl*
фракційний fractional
фракція *політ.* fraction
фрамуга 1. *(вікна)* upper window-pane; **2.** *буд.* transom
франт dandy
француженка Frenchwoman
француз Frenchman
французький French; **~ка мова** French, the French language
фрахт freight
фрахтувати charter
фреґат *мор.* frigate
фреза *тех.* milling cutter
фрезерний: ~ верстат milling machine
фрезерувальник milling-machine operator
фрезерувати cut, mill
фреска fresco
фривольний frivolous
фривольність frivolity
фриз frieze
фрикаделька *кул.* meat-ball
фронт front; **на ~ті** at the front

фронтальний 1. *війс.* frontal; **2.** *перен. (повний)* general
фронтиспіс *архіт., друк.* frontispiece
фронтовий front *attr.*; **~ва смуга** front-line
фронтовик front line soldier; *(ветеран)* war veteran
фронтон *архіт.* pediment
фрукт fruit
фруктовий fruit *attr.*
фруктоза fructose
фуґа *муз.* fugue
фуґас *війс.* landmine
фуґасний high-explosive *attr.*; demolition *attr.*
фужер wineglass; *(для шампанського)* flute
фуксія *бот.* fuchsia
фундамент 1. *буд.* foundation, base; **2.** *перен.* foundation, basis
фундаментальний 1. *(про будову, міст і под.)* sound, solid; **2.** *перен. (про знання, працю)* profound; **~ні науки** basic science
фундатор founder
фундук *(рослина)* hazel; *(плід)* hazelnut
фунікулер funicular (railway)
функційний functional; **~на клавіша** *обч.* function key
функціонер official, functionary
функціонувати function
функція function
фунт I *(міра ваги)* pound
фунт II: ~ стерлінґів pound (sterling)
фураж forage, fodder
фурґон *авто* van
фурія *міф., перен.* fury
фурор furore
фурункул *мед.* boil, furuncle
фут *(міра довжини)* foot
футбол *спорт.* football, soccer
футболіст footballer, soccer player
футбольний football *attr.*, soccer *attr.*; **~ м'яч** football
футляр case, cover; **~ для окулярів** spectacle-case
футуризм futurism
футурист futurist
фуфайка *(в'язана)* sweater, jersey; *(стьобана)* padded jacket
фюзеляж *ав.* fuselage
ф'ючерси *мн. ком.* futures *pl*

Х

хабар bribe; **дати ~ра кому-н.** bribe smb.
хабарник bribe-taker
хабарництво bribery
хазяїн 1. host; **2.** *(володар)* owner; **3.** *(господар)* manager; **4.** *(підприємець)* employer; **5.** *перен.* *(становища, своєї долі)* master
хазяйка 1. hostess; **2.** *(володарка)* owner; **3.** *розм.* *(дружина)* missis, old lady
хазяйновитий practical, thrifty
хазяйнувати 1. *(вести господарство)* keep house, be in charge; **2.** *(робити по-своєму)* do as one likes, boss the show, be bossy
хай 1. *част.* передається формою дієслова let (+ *inf.*); **~ він іде** let him go; **2.** *спол.* *(хоч)* though, even if; **~ пізно, але я піду** though it is late, I intend to go
хакер hacker
хакі khaki
халат *(хатній)* morning gown, dressing-gown; *(купальний)* bathrobe; *(робочий)* overalls *pl*; *(лікарський)* coat
халатний negligent
халатність negligence
халва halva
халепа trouble; scrape; *(прикрість)* mishap; **<> потрапити в ~пу** get into a scrape
халтура *розм.* slapdash work; *(що-н. недбало зроблене)* trash; pot-boiler, shoddy work; *(побічний підробіток)* moonlighting, catchpenny job
халтурити *розм.* slapdash; be a pot-boiler, cut corners; *(підробляти)* moonlight
халтурний *розм.* slapdash; catchpenny
халтурник *розм.* pot-boiler, botcher
халупа hovel, shanty, shack
халява boot-top
хам *розм.* cad, boor, brute, lout, heel *амер.*
хамелеон *зоол.* chameleon; *(про людину тж)* turncoat
хамство *розм.* caddishness, boorishness, rudeness
хамський *розм.* caddish, boorish, brutish, loutish
хан *іст.* khan
хаос *(безладдя)* chaos
хаотичний chaotic
хапати seize; snatch; grab (hold of); *(зубами)* snap; **~ся 1.** *(рукою)* snatch (at), catch (at); grip; **2.** *перен.* *(братися за що-н.)* seize (upon); take up

хапун grabber, grasper; a pick pocket, snatcher
характер 1. nature; **2.** *(властивість)* personality, character; **він людина з ~ром** he has a lot of character
характеризувати characterize; *(давати характеристику)* describe, delineate; depict; **~ся** be characterized (by)
характеристика 1. *(документ)* (character) reference; **2.** *(опис)* description
характерний 1. characteristic, typical; **2.** *(своєрідний)* distinctive
харкати, харкнути *розм.* cough up, hawk, expectorate, clear the throat
хартія *(документ)* charter
харч *розм.* food, grub, chow, provisions
харчовий food *attr.*; **~ва промисловість** food industry
харчувати feed, nourish; **~ся** feed (on)
хата house, cottage; **моя ~ скраю** ≅ as it's no business of mine; it's nothing to do with me
хатина small cottage, hut, cabin
хатній home; *(кімнатний)* indoor *attr.*, domestic
хащі *мн.* thicket *sing*
хвала praise
хвалений vaunted, much praised, celebrated
хвалити praise; **~ся** boast (of), show off (about)
хвалько *розм.* boaster, braggart, show-off
хвалькуватий boastful, bragging
хвастати(ся) boast (of), brag (of)
хвастощі *мн. збір.* boasting, bragging
хвацький brave, bold; determined, clever
хвилина, хвилинка minute; **одну ~ку** just a minute
хвилинний minute *attr.*; **~на стрілка** minute-hand
хвилювання 1. agitation; *(душевне)* emotion, excitement; **2.** *(на воді)* rough water(s); *(на морі)* rough sea
хвилювати 1. agitate; excite; stir; **2.** *(поверхню води)* ruffle; **~ся 1.** be (become) excited (agitated); *(за кого-н.)* be uneasy (about); **2.** *(про море й под.)* be (get) rough; surge
хвилюючий 1. stirring, exciting; *(про голос)* thrilling; **2.** *(тривожний)* perturbing, disturbing
хвиля wave
хвилястий wavy

хвіртка wicket-gate
хвіст 1. tail; *(лисиці)* brush; **2.** *(процесії, потяга й под.)* tail end, back
хвойний coniferous; **~на ванна** pine-scented bath; **~не дерево** conifer
хворий 1. *(про людину)* ill, sick; *(про тварину)* sick; *(про частину тіла)* sore, bad; *перен.* sore; **~ра рука** bad hand; **2. як ім.** sick man (person); *(пацієнт)* patient
хворість *див.* **хвороба**
хворіти be ill (with); be sick (with) *амер.*; **~ на ґрип** have influenza; **~ на серце** have heart trouble
хвороба sickness, disease, illness
хворобливий sickly, delicate; unhealthy
хвостатий tailed
хвостовий tail *attr.*; *(кінцевий)* rear *attr.*; **~ва частина** *(літака, потяга)* tail end
хвощ *бот.* horsetail
хвоя *збір.* needles *pl*
хек *іхт.* whiting
херес sherry
херувим cherub
хиба defect; flaw; blunder; **~би** *мн. тж* shortcomings; *(помилка)* mistake; error
хибний erroneous, faulty, false; **~не уявлення** misconception
хижак *(про звіра)* beast of prey; *(про птаха)* bird of prey; *перен.* predator, shark
хижацький predatory
хижий predatory; *(про людину тж)* rapacious; **~ звір (птах)** *див.* **хижак**
хизуватися show off; *(вихвалятися)* boast (of)
хилити(ся) bend, lean; stoop
хильцем *adv* bendingly, stoopingly
химера *міф., тж перен.* chimera
химерний chimeric(al); whimsical; fanciful
хиріти grow feeble (sickly); ail
хист ability, aptitude; gift, skill
хитати sway, rock; **~ головою** shake one's head; **~ся 1.** *(з боку на бік)* sway, swing, rock; **2.** *(на ногах)* stagger; **3.** *(про меблі)* be shaky; *(про зуб)* be loose
хиткий unsteady; shaky; rickety
хитрий 1. cunning, sly, crafty; **2.** *розм. (складний)* intricate
хитрити *див.* **хитрувати**
хитрість 1. cunning, slyness; **2.** *розм. (витівка)* trick, ruse
хитромудрий cunning; *(підступний)* crafty, artful
хитрощі *мн. збір. див.* **хитрість 1**
хитрувати be cunning; try to outwit; dodge
хитрун cunning (sly) person
хіба 1. *част. (справді)* really; **~ він приїхав?** oh, has he come?; **~ це правда?** is it really true?; **2.** *част. (можливо)* perhaps; **~ почитати що-н.** I might perhaps read something; **3.** *спол. (якщо не)* unless; **~ що захворію** unless I fall ill
хід 1. *(рух)* gait, motion; *(швидкість)* speed; **прискорити ~** increase speed; **2.** *(розвиток)* course; **~ подій** course of events; **3.** *(у грі)* move; *(у картах)* lead; **4.** *(вхід)* entrance, entry; **~ з двору** entrance through yard; <> **не дати ходу кому-н.** not to give smb. a chance; **пустити в ~** set smth. going
хідник *див.* **тротуар**
хімік chemist
хімікат chemical
хіміотерапія chemotherapy
хімічний chemical *attr.*; *(про факультет, кабінет)* chemistry *attr.*
хімія chemistry; **побутова ~** household chemicals *pl*
хіна quinine
хінін quinine
хіромантія palmistry
хірург surgeon
хірургічний surgical; *(про клініку й под.)* surgery *attr.*
хірургія surgery
хлебтати sip
хлипання sobbing
хлипати sob
хлист whip
хліб 1. bread; **чорний (білий) ~** brown (white) bread; **шматок ~ба** peace of bread; **2.** *(на пні)* corn; **3.** *(зерно)* grain; <> **заробляти на ~** earn one's living
хлібина loaf (of bread)
хлібний 1. bread *attr.*; *(про зерно)* grain *attr.*; **2.** *(багатий на хліб)* rich in grain, fertile
хлібозавод bakery
хлібозаготівля grain purchases *pl*
хлібороб (grain) farmer, graingrower, harvester
хлів cowshed; *(для свиней)* pigsty *(тж перен.)*
хлопець boy; youngster; fellow, lad, chap
хлопчик (little) boy
хлоп'я *див.* **хлопчик**
хлоп'ячий boy's; *(як у хлопця)* boyish
Хлор *хім.* chlorine
хлористий *хім.* chloride
хльоскати *і* **хльостати, хльоснути** *(бити)* lash, whip
хлюпати(ся) 1. *(про хвилі)* lap; **2.** *(бризкати)* splash
хмара cloud
хмаритися cloud over; be overcast
хмарний cloudy
хмарочос skyscraper
хмеліти *розм.* grow tipsy

хмиз 1. *(хворост)* brushwood; **2.** *(сушняк)* deadfall, windfallen wood
хмизина switch, long branch
хміль 1. *бот.* hops; **2.** *розм.* *(сп'яніння)* drunkenness, intoxication
хмільний 1. *(що п'янить)* heady, intoxicating; **2.** *(п'яний)* intoxicated, tipsy, drunk
хмурий *див.* **похмурий**
хмурити: ~ **чоло** frown; ~**ся 1.** *(про людину)* knit one's brows, frown; scowl; **2.** *(про небо, погоду)* be overcast
хмурніти become gloomier
хобот trunk
хованка hiding-place; secret recess
ховати I hide, conceal; ~**ся** hide oneself
ховати II *(мертвих)* bury
ховрах *зоол.* gopher
хода walk, march
ходити 1. go; *(пішки тж)* walk; **2.** *(відвідувати)* go (to), attend; **3.** *(про потяг і под.)* run; **4.** *(про годинник)* go; **5.** *(робити хід у грі)* move; *(у картах)* play
ходячий walking
х(г)окей *спорт.* *(на льоду)* ice hockey; *(трав'яний)* hockey
х(г)окейний hockey *attr.*, ice-hockey *attr.*
х(г)океїст (ice-)hockey player
хол *(у театрі, готелі й под.)* foyer, lobby; *(у квартирі)* hall
холера *мед.* cholera
холестерин cholesterol
холод 1. cold; *перен.* coldness; **2.:** ~**ди** *мн.* cold weather *sing*
холодець aspic jelly, meat in aspic; *(з риби тж)* fish jelly
холодильний refrigerating, cooling
холодильник 1. *(промисловий)* refrigerator; *(хатній)* fridge, refrigerator; **двокамерний** ~ fridge-freezer; **2.** *(склад)* cold store
холодити make (smth.) cold, cool; freeze
холодіти grow cold
холодний 1. cold, cool *(тж перен.)*; **2.** *(про одяг)* thin; <> ~**на війна** *іст.* cold war; ~**на зброя** side arms *sing*
холодно 1. coldly; **2.** *безос.* it is cold; **йому** ~ he feels cold
холоднокровний 1. cool, composed; **2.** *зоол.* cold-blooded
холонути be getting cold, cool
хомут 1. harness collar; **2.** *перен.* bind
хом'як *зоол.* hamster
хор chorus; *(співочий колектив тж)* choir
хорват, хорватка Croat, Croatian
хорватський Croatian
хорда *мат.* chord
хорей *літ.* trochee
хореограф choreographer
хореографічний choreographic
хореографія choreography
хорист, хористка chorister, member of a chorus, choir-singer
хормейстер choirmaster, chorus leader
хоробрий brave, courageous
хоробрість courage, bravery
хоровий choral
хороший good, fine, nice
хоружа *див.* **корогва**
хотіти want; *(бажати)* wish; **дуже** ~ be longing (for); ~ **пити** be thirsty; ~ **їсти** be hungry; **я хотів би подивитися** I would like to see; **що ви хочете цим сказати?** what do you mean by that?; **якщо хочете** if you like; ~**ся** want, like; **він хоче поговорити з вами** he wants to speak to you
хоч, хоча 1. though; although; ~ **зараз!** now, if you like; **2.** *(принаймні)* just; **скажіть** ~ **слово!** do say something!; **3.** *(наприклад)* for example; **узяти** ~ **цей випадок** take this, for example; <> ~ **би** even if; ~ **би й так!** well, what of it!
хоч-не-хоч willy-nilly; whether you like it or not
храм *рел.* temple, church
хребет 1. *(спинний)* spine, backbone *(тж перен.)*; **2.** *(гірський)* range
хребець *анат.* vertebra *(pl* -rae)
хрест cross
хрестоматійний basic, reader, anthology
хрестоматія reader, study aid, anthology
хрестоносець *іст.* crusader
хрещатий cross-shaped, cruciform
хризантема *бот.* chrysanthemum
хрип wheeze; ~**пи** *мн. мед.* *(у легенях)* crepitation *sing*
хрипіти 1. wheeze; **2.** *(хрипко говорити)* be hoarse
хрипкий hoarse
хрипота hoarseness
хрипнути become hoarse
християнин Christian
християнство Christianity
християнський Christian
хрін *бот., кул.* horseradish
хробак worm
Хром(ій) I *хім.* chrome
хром II *(шкіра)* boxcalf
хромосома chromosome
хроніка 1. *(літопис)* chronicle; **2.** *(газетна)* news items *pl*; **3.** *(у кіно)* film chronicle, newsreel
хронікальний chronicle *attr.*
хронікер *(журналіст)* reporter
хронічний chronic
хронологічний chronological; **у** ~**ній послідовності** in chronological order

хронологія chronology
хронометр chronometer
хронометраж time-keeping
хропіти *і* **хропти 1.** snore; **2.** *(про коней)* snort
хрумкий *див.* **хрусткий 1**
хрумтіти *див.* **хрустіти**
хрускіт crunching (sound)
хрустіти crunch
хрусткий 1. crunching; **2.** *(ламкий)* fragile, brittle
хрущ *ент.* cockchafer
хрюкати, хрюкнути grunt
хрящ *анат.* cartilage, gristle
хтивий lustful
хтивість lust
хто (кого, кому, ким) who; *непрямий відмінок* whom; ~ **це?** who is that?; **той,** ~ he, who; ~ **б не** whoever; ~ **б то не був** whoever it may be
хтозна-де *див.* **казна-де**
хто-небудь *див.* **хтось**
хтось someone, somebody; *(у пит. і зап. реч.)* anyone, anybody
хуґа snow-storm
худий thin, lean
худнути grow thin, lose flesh

худоба *збір.* cattle, livestock; **племінна** ~ breeding stock; pedigree cattle
художник artist; *(маляр тж)* painter
художній artistic; *(про школу, виставку)* art *attr.*; ~ **образ** image, character; ~ **твір** work of art; ~ **фільм** feature film; **~ня література** belles-lettres *pl*; fiction (and poetry)
худорлявий lean, spare, thin
хуліган hooligan, rowdy, rough; hoodlum *амер.*
хуліганити act like a hooligan
хуліганство hooliganism, rowdyism
хуліганський: ~ **учинок** act of hooliganism
хунта *політ.* junta
хурма *(дерево)* persimmon tree; *(плід)* persimmon
хурделиця *див.* **хуртовина**
хуртовина snow-storm, blizzard
хустина *див.* **хустка**
хустка shawl; *(на голову)* kerchief
хусточка *(носови(чо)к)* (pocket) handkerchief
хутір farmstead; manor; *(виселок)* hamlet, small village
хуткий quick, swift
хутко quickly, swiftly
хутро fur
хутряний furry

Ц

цап *зоол.* (billy) goat; **~-відбувайло** scapegoat
цар tsar; *перен.* king; ~ **звірів** king of beasts
царат tsarism
царенко tsarevich *(son of the tsar)*
царина *(виробництва, торгівлі, науки)* area; *(дипломатична, театральна)* circles *pl*
цариця tsarina *(wife of the tsar)*, empress
царівна tsarevna *(daughter of the tsar)*
царство 1. tsardom, realm *(тж перен.)*; **2.** *(царювання)* reign
царський 1. tsar's, royal; **2.** *(який стосується монархії)* tsarist
царювання reign
царювати reign
цвинтар cemetery, graveyard
цвілий mouldy
цвіль mould; **покритися ~ллю** grow mouldy
цвірінчати *і* **цвірінькати** chirp, twitter

цвіркун *ент.* cricket
цвірчати chirr
цвісти 1. *бот.* bloom, flower, blossom, be in blossom; *перен. тж* flourish; **2.** *(укриватися цвіллю)* grow mouldy
цвіт 1. blossom; *збір.* flowers *pl*; **2.** *перен. (краща частина)* flower (of), pick
цвях nail; **прибивати ~хами** nail
це 1. *див.* **цей; 2.** this; that; it; **це моя книжка** this (that) is my book; **3.** *част. підсил.*: **це він написав той лист** it was he who wrote that letter; **це він у всьому винний** he is the one who is to blame for everything; <> **що це ви?** what's come over you?; **як це можна?** how can you?
цебто that is
цегельня brick-yard, brickworks
цегла *збір.* brick
цеглина brick

цедра (dried) peel
цей (ця, це, ці) 1. this (pl these); **~ рік особливо важкий** this year is particularly hard; **ці книжки** these books; **цього року** this year; 2. (замість ім.) this one
цейлонський Ceylonese
цейтнот шах. time-trouble
целофан cellophane
целофановий cellophane attr.
целулоїд celluloid
целюлоза cellulose
цемент cement
цементувати cement
цементний cement attr.
ценз qualification, requirement
цензор censor
цензура censorship
цензурний censorial; (пристойний) acceptable
цент cent
центнер centner (= 100 kilograms)
центр centre, center амер.
централізація centralization
централізм політ. centralism
централізувати centralize
центральний central; **~ процесор** обч. central processing; **~на преса** the national press; **~не опалення** central heating
центрифуґа centrifuge
цеп 1. chain; 2. військ. line
церата oilcloth
церемонитися stand upon ceremony
церемонія ceremony; **без ~ній** informally, without ceremony
церемонний ceremonious
церква church
церковний church attr.; ecclesiastical
цех (заводу) (work) shop; (майстерні) department
цеховий shop attr.
цибатий long-legged (-footed)
цибулина 1. бот. bulb; 2. (головка цибулі) onion
цибуля onion; **зелена ~** spring onions pl
цивілізація civilization
цивілізований civilized
цивілізувати civilize
цивільний 1. civil; **~не право** civil law; 2. (не військовий) civilian
циган Gipsy
циганка Gipsy (woman)
циганський Gipsy
цигарка cigarette
цигарковий: ~ папір tissue-paper
цигейка beaver lamb
цикл cycle; (лекцій) course (of); (концертів) series

циклічний cyclical
циклон метео cyclone
цикорій chicory
циліндр 1. мат., тех. cylinder; 2. (капелюх) top hat, silk hat
циліндричний cylindrical
цимбали мн. cymbals pl
цимбаліст cymbalist
цина (Станій) хім. tin
цинга мед. scurvy
цинізм cynicism
цинік cynic
цинічний cynical
цинічність cynicism
Цинк хім. zinc
цинковий zinc
циновий tin
цирк circus
циркач розм. circus performer
цирковий circus attr.
циркуль (pair of) compasses pl
циркулювати circulate
циркуляр circular
циркулярний circular
циркуляція circulation
цироз мед. cirrhosis
цистерна cistern, tank; (автомобіль) tanker; (вагон) tank wagon
цитадель citadel; перен. тж stronghold
цитата quotation, quote
цитрус citrus fruit
цитрусовий citrus attr.
цитрусові ім. мн. citric plants
цитувати quote
циферблат dial; (годинника) face
цифра number; (арабська, римська) numeral; **~ри мн.** (розрахунок) figure
цифровий numerical; figure attr.; **~ві дані** figures
цівка jet, spurt
цідило filter
цідити strain; (фільтрувати) filter; (пити) sip
цікавий interesting; (допитливий) curious
цікавити interest; **~ся** be interested (in), take an interest (in)
цікавість interest; curiosity
цікаво interesting(ly); безос. it is interesting
цілеспрямований single-mindedness
цілеспрямованість single-minded
цілий 1. (увесь, повний) whole; entire; **~ день** all day; the whole day; 2. (неушкоджений) safe, unharmed; (про речі тж) intact
цілина virgin land (territory)
цілинний virgin attr.
цілити(ся) aim (at), take aim (at)
цілісний intergrated
цілісність intergrity

цілість totality, wholeness; integrity
цілковитий complete, perfect; absolute
цілком entirely, completely, wholly
цілодобовий around-the-clock *attr.*, day-and-night *attr.*
цілувати kiss; **~ся** kiss (each other)
цілющий medicinal; *(про клімат, повітря та под.)* healthy
ціль 1. *(куди стріляти)* target; **улучити в ~** hit the mark *(тж перен.);* **не влучити в ~** miss the mark *(тж перен.);* **2.: ~лі** *мн. (наміри)* aim, goals
ціна price; *(вартість)* cost; *перен. тж* worth, value; **за будь-яку ~ну** at any price; at all costs
цінитель judge, connoisseur
цінити value, estimate; **~ся** be valued
цінний 1. valuable; **2.** *(дорогий)* expensive; **3.** *(про поштові відправлення)* registered
цінність value; *(цінна річ)* valuable; **культурні ~ності** cultural values
ціноутворення price formation
цінувати 1. *див.* **цінити; 2.** *перен. (визнавати цінність)* appreciate; **~ся** be appreciated
ціп *с.-г.* flail
ціпеніти grow torpid

ціпок stick; staff; *(для прогулянок)* walking-stick
цокати, цокнути click; clatter; **~ся** clink glasses (with)
цокіт *(копит)* clatter
цоколь 1. *буд.* plinth, socle; **2.** *(лампи)* base
цокольний: ~ поверх ground floor
цокотати *і* **цокотіти** rattle
цукат candied peel (fruit)
цукерка sweet; candy *амер.;* **~ки** *мн.* sweetmeats
цукор sugar
цукорниця sugar-bowl
цукровий sugary; **~ва вата** candy floss; **~ва тростина** sugar cane; **~ буряк** sugar beet; **~ діабет** diabetes; **~ завод** *(сахарний)* sugar-refinery
цунамі tidal wave
цупкий thick; stiff; *(про тканину тж)* close; **~ папір** strong paper
цуратися shun, avoid, keep away (from)
цуценя puppy
цуцик 1. *див.* **цуценя; 2.** (small) dog
цькувати hunt; *перен.* hound, persecute
цятка spot, stain
цяткований spotted, speckled
цяткувати spot

Ч

чабан shepherd
чавити squeeze, crush, smash
чавун 1. cast iron; **2.** *(посуд)* cast-iron kettle
чавунний cast-iron *attr.*
чагарник *збір.* bushes *pl*
чад fumes *pl;* *(дим)* smoke
чадити (make a) smoke, fume
чадіти I be affected (poisoned) by (the) fumes
чадіти II smoke; make a smoke
чадний: ~ газ carbon monoxide
чадра yashmak
чаївник tea-grower
чаївництво tea-growing
чай tea; **заварити ~** make tea; <> **давати кому-н. на ~** give smb. a tip
чайка (sea) gull
чайна *ім.* tearoom, teashop
чайний tea *attr.;* **~на ложка** teaspoon; **~ сервіз** tea service
чайник (tea-)kettle; *(для заварки)* teapot
чаклувати practise witchcraft

чаклун sorcerer
чаклунка sorceress
чаклунство sorcery, witchcraft
чалий *(про масть)* roan
чалма turban
чан *(дерев'яний)* vat; *(металевий)* tank
чапля *орн.* heron
чари *мн.* **1.** spell(s), magic *sing;* *(чарівність)* charms; **2.** *див.* **чаклунство**
чарівний magic(al); *(який чарує)* enchanting, bewitching
чарівник wizard, magician
чарівниця enchantress
чарівність charm
чарка cup, goblet
чартер I *ком.* charter
чартер II *ком.* charter *attr.*
чарувати charm, bewitch
час 1. *у різн. знач.* time; **проміжок ~су** interval; **з того ~су** since then; **у вільний ~** at one's leisure; **за цей ~** in this period, since

then; **2.** *(епоха)* time(s), age; **3.** *грам.* tense; **4.:** **під ~** during; **під ~ роботи** while working; **а останнім ~ом** lately, of late; **~ від ~су** from time to time

часник *бот.* garlic

часом sometimes, now and then

часопис magazine, journal; **~ мод** fashion-magazine

частий frequent; *(що швидко змінюється)* quick, rapid

частина 1. part; *(пай)* share; *(складова тж)* component; **~ни мови** *грам.* parts of speech; **~ни світу** parts of the world; **~ни тіла** parts of the body; **2.** *військ.* unit

частішати become more frequent

частка 1. part; *(пай)* share; particle; fraction; *перен. тж* grain; **2.** *грам.* particle

частковий partial

частково partly

часто often, frequently

частота frequency; **~ пульсу** pulse rate

частотний frequency *attr.*

частування *(дія)* regaling

частувати entertain (to), treat (to), regale (with)

чаша bowl, cup; *(терезів)* scale

чашка cup; *(для чаю)* teacup

чвалати go (walk) slowly

чвалом in a gallop, in full course

чванитися swagger, swank, boast

чванливий swaggering, conceited

чванство swagger, superciliousness, conceit

чвари *мн.* discord *sing*, strife *sing*

чверть 1. quarter; **2.** *(частина навчального року)* term; **3.** *муз.* crotchet, quarter note *амер.*

чвертьфінал *спорт.* quarter final

чебрець *бот.* thyme

чек *(банківський)* cheque; check *амер.*; *(талон із каси)* receipt, ticket

чекати 1. wait (for), await; **2.** *(розраховувати на що-н.)* expect; **~кай(те)!** wait a moment!

чековий cheque *attr.*; **~ва книжка** cheque-book

чемний polite, courteous, civil

чемність politeness; courtesy, civility

чемпіон champion; title-holder; **~ світу** world champion

чемпіонат championship; **~ країни з хокею** national hockey championship

чепіга *с.-г.* plough-handle

чепурити tidy up; **~ся** smarten oneself up, preen oneself

чепурний tidy, neat, clean

червень June

червивий worm-eaten; wormy

червневий June *attr.*

червоний red; *(про обличчя тж)* ruddy

червоніти crimson, stain red

червоніти 1. redden, grow (turn) red; *(про обличчя)* flush; *(з сорому й под.)* blush; **2.** *(соромитися за кого-н.)* be ashamed

червонощокий red-cheeked

червоточина worm-hole

черв'як *зоол.* worm

черга 1. *(порядок)* turn; **по ~рзі** in turn, by turns; **2.** *(люди, що чекають)* queue; line *амер.* **ставати в ~гу (за)** queue up (behind), line up (behind); **3.: кулеметна ~** burst of machine-gun fire

черговий 1. *(наступний)* regular, ordinary; *(найближчий)* next, immediate; **2.** *(який чергує)* on duty *після ім.*; **3. як ім.** man on duty

чергування duty; **нічне ~** night-duty, night-watch

чергувати be on duty; *(біля хворого й под.)* watch; **~ся** alternate, interchange; **~ся між собою** alternate with each other

черевик shoe; **кімнатні ~ки** slippers

черево belly, stomach; abdomen *книжн.*

череда herd

чередник herdsman

через 1. *(упоперек)* across; *(над чим-н.)* over; *(крізь що-н.)* through; **перейти ~ міст** go over (across) the bridge, cross the bridge; **2.** *(за допомогою чого-н.)* through; *(уживаючи що-н.)* with; **сповістити ~ газету** make smth. known through the press; **писати слово ~ дефіс** write the word with a hyphen; **3.** *(проминаючи що-н.)* every other; *(перед числом)* every; **~ день** every other day; **~ два дні** every two days; **4.** *(через який-н. час)* in; **~ рік** in a year; **він приїхав ~ рік** he arrived a year later; **5.** *(із причини)* because of, owing to; *(з вини)* through; **~ вас** (all) because of you; **~ дощ** on account of the rain

черемха *бот.* bird-cherry tree

череп skull

черепаха *зоол.* tortoise; *(морська)* turtle

черепаховий tortoise *attr.*, turtle *attr.*; *(з панцира черепахи)* tortoise shell *attr.*

черепашка shell; cockle-shell

черепиця tile; **укритий ~цею** tiled

черепичний tile *attr.*; tiled

черепний cranial; **~на коробка** *анат.* cranium *(pl -nia)*

черепок crock

чересло plowshare

черешня *(дерево)* cherry-tree; *(плід)* cherry

черкати, черкнути *(викреслювати)* cross out, cross off

чернетка rough draft (copy)

чернець monk, friar

черниця nun

черпак *(ківшик)* scoop; *(екскаватора)* bucket
черпати scoop; *(відром із колодязя й под.)* draw; *перен. тж (про сили, знання)* derive
черствий *(про хліб)* stale; *(бездушний: про людину)* callous, hard-hearted
черствіти *(про хліб)* get stale; *(про людину)* grow callous, harden
чесати 1. scratch; 2. *(волосся)* comb; 3. *(льон, бавовник)* card
чесний honest; *(справедливий)* fair
чесно honestly; fairly
чеснота virtue
честолюбний ambitious
честолюбство ambition
честь honour, honor *амер.*; **справа ~ті** matter of honour; **це робить вам ~** it does you credit; **віддавати ~** *війс.* salute
ческий Czech; **~ка мова** Czech, the Czech language
четвер Thursday
четверо four; **нас ~** there are four of us
четвертий fourth
четвертувати *іст.* quarter
четвірка 1. *(цифра)* four; 2. *(оцінка)* good
чех Czech
чеченець, чеченка Chechen
чешка Czech (woman)
чи 1. *спол.* or; **~ ... ~ ...** either ... or ...; 2. *спол.* if, whether; *(після заперечення)* whether; **подивись, ~ він прийшов** go and see if (whether) he's come; 3. *част. (не перекладається)* **~ вам це подобається?** do you like it?
чиж *орн.* siskin
чизбургер cheeseburger
чий (чия, чиє, чиї) whose; **~ це ніж?** whose knife is this? **~ би то не був** whoever belongs to; **~-небудь, ~сь** somebody's; *(у пит. і заперечн. реченнях)* anybody's
чилієць Chilean
чилійський Chilean
чималий rather big (large); considerable
чимало much, a good deal (of), quite a number
чимраз every time
чин I rank
чин II: таким ~ном so, (in such a way); **яким ~ном?** how?
чинити 1. *(робити)* do, act, make; 2. *(здійснювати)* accomplish; *(злочин) див.* **скоїти**
чинний valid
чинник factor
чинність validity
чиновник *(службовець)* official; *перен. (бюрократ)* bureaucrat
чиновницький *(про посаду)* official; *(про апарат)* bureaucratic
чипси *мн.* crisps *pl*

чирва *карт.* hearts *pl*
чиркати, чиркнути *(сірник)* strike
чиряк *розм.* boil
чисельний numeral, numerical; **мати ~ну перевагу** be superior in numbers (to), have numerical superiority
чисельник *мат.* numerator
чисельність number; quantity; *(про військо)* strength
численний numerous
численність multiplicity, large number, great size
числення *мат.* numeration; **десяткова система ~** decimal numeration
числитися *(значитися, бути в складі чого-н.)* be registered (as); **~ в списку** be on the list, be listed
числівник *грам.* numeral; **кількісний ~** cardinal (number); **порядковий ~** ordinal (number)
число 1. number; 2. *(кількість) див.* **кількість**; **у тому ~лі** including; 3. *(дата)* date; **у перших (останніх) ~лах травня** early (late) in May; **яке сьогодні ~?** what is the date today?
числовий numerical; **~ве програмне керування** *обч.* numerically programmed (programed *амер.)* control
чистий 1. clean; *(охайний)* neat, tidy; 2. *(без домішок)* pure; 3. *(морально)* pure, honest; 4. *розм. (справжній)* mere, sheer; **~та правда** simple truth; 5. *(про прибуток і под.)* net, clear; **~та вага** net weight
чистилище purgatory
чистильник cleaner; **~ взуття** bootblack, shoeblack
чистити 1. clean; *(щіткою)* brush; *(посуд, метал)* scour, scrub; *(коня)* curry; **~ черевики** shine (polish) one's shoes; **~ зуби** clean one's teeth; 2. *(садовину, городину)* peel; *(горіхи)* shell; *(рибу)* scale; **~ся** clean oneself up
чисто *(охайно, акуратно)* neatly
чистовий fair; clean; **~ примірник** fair copy
чистокровний thoroughbred, pure-bred
чистота cleanness; cleanliness; *перен.* purity; *(охайність)* neatness
читальний reading *attr.*; **~на зала** reading room
читанка reader
читання 1. *(процес)* reading; 2. *наук.* course of lectures
читати read; **~ лекцію** *(з фізики та под.)* lecture (on); **~ вірші** recite poetry
читацький reader's; **~ка конференція** readers' conference
читач, читачка reader
читець reciter

чільний prominent, leading; *(основний)* chief
чіп plug; stopper
чіпати touch; bother, trouble; **не ~ кого-н.** leave smb. alone
чіпкий strong, tenacious
чіпляти get hold (of); catch (on); *(вішати)* hang (up); **~ся** cling (to) *(тж перен.)*
чіткий clear, distinct; *(розбірливий)* legible; *(про рухи, кроки)* precise; **~ке формулювання** precise wording
чіткість clarity, clearness; *(розбірливість)* legibility; precision
член 1. *(частина тіла)* limb; **2.** *(частина цілого)* part; **3.** *(організації)* member; *(наукового товариства тж)* fellow; **~ партії** Party member; **4.** *грам.*: **~ речення** part of the sentence
членство membership
членський membership *attr.*; **~ внесок** membership fee; **~ квиток** membership card
членувати dissect; analyze; separate
чмихати, чмихнути snort
чобіт (high) boot, top-boot
човгати, човгнути: ~ ногами shuffle one's feet
човен boat
човник 1. small boat; **2.** *тех.* shuttle
чого 1. *див.* **що I; 2.** *(навіщо)* what for; *(у пит. речен.)* why
чоло *поет.* brow
чоловік 1. man; **2.** *(особа)* person; **3.** *(у подружжі)* husband
чоловічий masculine; *(чоловічої статі)* male; *(призначений для чоловіків)* men's; **~ рід** *грам.* masculine (gender)
чому 1. *див.* **що I; 2.** *(навіщо)* why
чомусь for some reason
чорний 1. black; *перен.* dark; **~ хід** back entrance; **2.** *(некваліфікований)* rough; <> **на кава** black coffee; **~ ринок** black market; **~ хліб** brown bread: rye-bread; **~ним по білому** in black and white; **~ні метали** ferrous metals
чорнило ink; **писати ~лом** write in ink
чорнильний ink *attr.*; **~на пляма** ink-stain
чорнити blacken
чорніти get black; blacken
чорнобривий black-browed
чорнобривець *бот.* French marigold
чорно-бурий black-brown; **~ра лисиця** silver fox
чорновий rough; draft *attr.*
чорноволосий black-haired
чорногорець, чорногорка Montenegrin
чорногорський Montenegrin
чорногуз stork
чорнозем black earth (soil)
чорноморський Black Sea *attr.*
чорноокий black-eyed, dark-eyed
чорнороб unskilled worker
чорнослив *мн.* prunes *pl*
чорношкірий black-skinned; black
чорнявий black-haired; dark; *(смаглявий)* dark-skinned
чорт devil
чортополох *бот.* thistle
чота *військ.* platoon
чотири four; **їй ~ роки** she is four (year old); **~ з половиною години** four and a half hours
чотиригодинний *(про робочий день)* four-hour; *(про потяг)* four o'clock
чотиригранний *мат.* tetrahedral
чотиригранник *мат.* tetrahedron
чотириденний four-day
чотирикутний *мат.* quadrangular
чотирикутник *мат.* quadrangle
чотирилітній *(про період)* four-year; *(про дитину)* four-year-old
чотириліття *(термін)* four years; *(річниця)* fourth anniversary
чотиримісячний *(про період)* four-month; *(про дитину)* four-month-old
чотириразовий: ~ чемпіон four-times champion
чотириста four hundred
чотиритижневий *(про період)* four-week; *(про дитину)* four-week-old
чотирнадцятий fourteenth
чотирнадцять fourteen
чотирьохсотий four-hundredth
чотирьохсотлітній *(про період)* four-hundred-year; *(про вік)* four-hundred-year-old
чотирьохсотліття *(термін)* four hundred years; *(річниця)* quartercentenary
чохол cover; case
чуб forelock
чубок *(у птахів)* crest; *(у людей)* topknot, tuft (of hair)
чудесний wonderful, marvellous, splendid
чудний queer, strange; *(смішний)* funny
чудо miracle; *(перен. тж)* wonder; **творити ~деса** work wonders
чудовий wonderful, marvellous; *(відмінний)* excellent, fine, splendid
чудодійний miraculous
чужий 1. *(який належить іншому)* somebody (someone) else's; **2.** *(сторонній)* another's; **~жі люди** strangers; **3.** *(не рідний)* strange, foreign; **4.** *(ворожий)* alien
чужина foreign country
чужинець, чужинка foreigner, stranger
чужоземний from foreign parts
чужомовний belonging to another language;

~не населення foreign-language-speaking population
чуйний keen, sensitive; *перен.* delicate, responsive
чуйність sensitiveness; *(слуху)* keenness; *перен.* delicacy, consideration
чукча Chukchi
чулий sensitive, delicate, responsive
чума *мед.* plague
чути 1. hear; **погано ~** be hard of hearing; **2.** *(відчувати)* feel

чутка rumour; **ходять ~ки (що)** rumours are afloat (that)
чутливий sensitive
чутливість sensitivity
чутний audible
чутно *безос. (можна чути)* one can hear
чуття sense, feeling; **органи ~** sense organs
чухати scratch
чхати, чхнути sneeze

шабаш *рел. (відьом)* sabbath
шаблон 1. *тех.* pattern, gauge; **2.** *перен. (штамп, банальність)* cliche
шаблонний 1. *(про креслення)* pattern *attr.* **2.** *(банальний)* trite
шабля sabre, saber *амер.*
шавлія *бот.* sage
шайба 1. *тех. (переліжка)* spacer; *(прогонича)* washer; **2.** *спорт.* puck
шакал *зоол.* jackal
шаланда *мор.* scow, barge
шалений frantic; furious, fierce; *(про почуття)* wild; *(про гроші)* easy; **~ темп** furious rate (tempo)
шаленість fury, rage, frenzy
шалено frantically, furiously, fiercely
шаленіти rage, storm; get into a rage, get mad
шаль shawl
шаман shaman
шамкати mumble
шампанське champagne
шампіньйон *бот.* (field) mushroom
шампунь shampoo
шампур skewer
шана respect; honour, honor *амер.*, esteem
шанобливий respectful, deferential
шановний respected; *(у звертанні)* dear
шанс chance
шансоньє singer
шантаж blackmail
шантажист, шантажистка blackmailer
шантажувати blackmail
шанування respect; honour
шанувати respect, esteem, honour
шапка hat, cap; *(хутряна)* fur-cap

шар 1. layer; *(фарби)* coat; **2.** *геол.* stratum *(pl -ta)*
шарада charade
шарж caricature
шаржувати caricature; *(про актора)* overact, overdo
шарлатан charlatan, impostor; quack
шарлатанство charlatanism, imposture, quackery
шарлотка *кул.* charlotte
шарнір *тех. див.* **суглоб**
шаровари *мн.* baggy trousers *pl*
шарпати, шарпнути pull, jerk
шарудіти rustle
шарф scarf; muffler
шасі *(автомобіля)* chassis; *pl; (літака)* landing gear, undercarriage
шатен, шатенка brown-haired person
шаткувати slice; **~ капусту** shred cabbage
шатро tent
шафа *(стінна)* cupboard; *(для посуду)* dresser; *(для одягу)* wardrobe; *(книжкова)* bookcase
шафран *бот.* saffron
шах I *(титул)* shah
шах II *шах.* check
шахи *мн. (гра)* chess *sing*; **грати в ~хи** play chess; *(фігури)* chessmen *pl*
шахівниця chessboard
шахіст chess player
шаховий 1. *(що стосується шахів)* chess *attr.*; **~ві фігури** chessmen; **2.** *(про порядок, рисунок)* staggered
шахрай swindle
шахрайство swindle, swindling
шахраювати swindle

шахта mine, pit; **вугільна ~** coal mine
шахтар miner
шахтарський miner's, miners'
шашка 1. *(гральна)* draught, checker *амер.*; **2. ~ки** *мн. (гра)* draughts, checkers *амер.*; **3.** *(вибухівка)* blasting cartridge
шашкіст draughts (checkers *амер.*) player
шашлик shashlik, kebab
шашличня kebab-house
швабра mop
швартов *мор.* mooring line; **віддати ~ви** cast off
швартувати *мор.* moor
швацький *(про машину, нитки)* sewing *attr.*; *(про фабрику)* clothing *attr.*
швачка seamstress
швед, шведка Swede
шведський Swedish; **~ка мова** Swedish, the Swedish language
швейцар doorkeeper, doorman
швейцарець, швейцарка Swiss
швейцарський Swiss
швець shoemaker
швидкий rapid, swift; *(швидкохідний тж)* fast; *(моторний, жвавий тж)* quick; **~ потяг** express (train), fast train; <> **~ка допомога** *(заклад)* ambulance service; first aid; *(автомобіль)* ambulance
швидкісний high-speed, fast
швидкість speed, rate; *техн., фіз.* velocity
швидко quickly, rapidly, swiftly
швидкохідний fast
шворка string, twine
шевський shoe *attr.* shoemaker's
шедевр masterpiece
шезлонг deckchair
шейх sheikh
шелест rustle, rustling
шелестіти rustle
шельф *геогр.* shelf
шепелявий lisping
шепелявити lisp
шепіт 1. whisper; **2.** *перен. (листя, струмка й под.)* murmuring
шепотати і шепотіти 1. whisper; **2.** *перен. (про листя, струмок і под.)* murmur
шербет sherbet
шерега rank; **у дві ~ги** in two ranks
шериф sheriff
шерстяний woolen
шерсть 1. *(собаки)* hair; *(кішки)* fur; **2.** *(пряжа)* wool; **3.** *(тканина)* woolen stuff
шершавий rough
шершень *ент.* hornet
шестеро six; **нас було ~** there were six of us
шестигодинний *(про робочий день)* six-hour; *(про потяг)* six-o'clock

шестигранник *мат.* hexahedron
шестиденний six-day
шестикутний *мат.* hexagonal
шестикутник *мат.* hexagon
шестилітній *(про термін)* six year; *(про вік)* six-year-old
шестиліття *(термін)* six years; *(річниця)* sixth anniversary
шестимісячний *(про термін)* six-month; *(про дитину)* six-month-old
шестиповерховий six-storey
шестиразовий: ~ чемпіон six-times champion
шестисотий six-hundredth
шеститижневий *(про термін)* six-week; *(про дитину)* six-week-old
шестірка six
шеф *(поліції)* chief; *(начальник)* boss; *(який шефствує, тж шефське підприємство)* patron
шефство patronage
шефствувати *(над ким-н.)* be patron (of), give voluntary assistance (to)
шефський voluntary-assistance *attr.*; *(про допомогу)* patronal
шибениця gallows
шибка window-pane; *(невставлена)* window-glass
шизофренік schizophrenic
шизофренія *мед.* schizophrenia
шик chic, stylishness
шикарний smart; *(чудовий)* splendid
шикати, шикнути *(на кого-н.)* hush down; hiss
шикувати(ся) *війс.* form up, draw up
шилінг *(грошова од.)* shilling
шимпанзе *зоол.* chimpanzee
шило awl; <> **~ла в мішку не сховаєш** ≡ murder will out
шина 1. *(на колесі)* tyre, tire *attr.*; **2.** *мед.* splint
шинель greatcoat, overcoat
шинка *кул.* ham
шинок tavern, saloon, inn
шип 1. *тех.* tenon; **2.** *(на взутті)* spike, nail
шипіти hiss; *(про напої)* fizz
шиплячий: ~ приголосний *грам.* sibilant
шипучий *(про напої)* fizzy, sparkling
шипшина *(кущ)* sweet-brier, dog-rose, wild rose; *(ягоди)* (rose)hips *pl*
ширина width, breadth
шититися extend (to), spread
шірінька *(на штанях)* fly
ширма screen
широкий 1. wide, broad; *перен. тж* extensive; **2.** *(просторий — про одяг)* loose, too wide; **3.** *(масовий)* broad, general; **товари ~кого вжитку** consumer goods; <> **~ екран** wide screen

широко widely, broadly
широкоекранний wide-screen
широкомовний broadcasting *attr*.; **~на мережа** *обч.* broadcast network
широкоплечий broad-shouldered
широкоформатний wide-format
широкофюзеляжний wide-bodied
широта 1. breadth, width; wideness; **~ поглядів** broadmindedness; **2.** *геогр.* latitude
широчінь (wide) expanse; wide open space
ширшати become wider; widen; be expanded
ширяти (*про птахів*) soar
шитво sewing, needlework
шити sew; (*одяг*) make; **~ собі костюм** а) (*в ательє*) have a suit made; б) (*самому*) make oneself a suit
шитий sewn
шифер 1. (*натуральний*) slate; **2.** (*будівельний*) corrugated asbestos board
шифон chiffon
шифоньєр wardrobe
шифр 1. (*таємний*) code, cipher; **2.** (*бібліотечний*) pressmark
шифрований ciphered, coded
шифрувальник cipher-clerk; (*розшифровувач*) code cracker
шифрування 1. encoding, enciphering; **2.** (*повідомлення*) coded message
шифрувати encode, encipher
шишка *бот.* cone
шия neck; <> **сидіти в кого-н. на шиї** live at smb.'s expense
шістдесят sixty
шістдесятий sixtieth
шістдесятилітній (*період*) sixty year; (*про вік*) sixty-year-old
шістдесятиліття (*термін*) sixty years *pl*; (*річниця*) sixtieth anniversary
шістка six
шістнадцятий sixteenth
шістнадцять sixteen
шістсот six hundred
шістсотлітній (*період*) six hundred-year; (*про вік*) six hundred-year-old
шістсотліття (*термін*) sixty years *pl*; (*річниця*) sixtieth anniversary
шість six
шкала scale; (*приладу*) dial, indicator panel
шкандибати limp, hobble
шкаралупа shell; **горіхова ~** nut-shell
шкарпетка sock
шкарубкий hardened, horny
шкатулка small box (casket); cash box; **музична ~** musical box
шквал (*вітру*) squall; (*вогню, оплесків*) burst of
шквальний (*про вітер*) squally; (*про вогонь*) heavy

шкварчати sizzle
шкереберть head over heels, topsy-turvy
шків *тех.* pulley
шкідливий harmful, injurious, bad; (*нездоровий*) unhealthy; **~ва звичка** bad habit; **~ве виробництво** unhealthy works
шкідливо injuriously; bad
шкідник 1. *с.-г.* pest; **2.** (*про людину*) saboteur, wrecker
шкідництво sabotage, wrecking
шкідницький sabotaging, wrecking
шкільний school *attr*.; **~ підручник** school book; **~ товариш** schoolmate; **~ учитель** school teacher; **~ні роки** schooldays; **~ного віку** of school age
шкіпер *мор.* skipper
шкіра 1. skin; (*великих тварин тж*) hide; **2.** (*матеріал*) leather
шкірка (*thin*) skin; (*садовини*) peel, rind
шкірний skin *attr*.
шкіряний leather *attr*.
шкода I harm, injury; damage
шкодá II (*жаль*) *безос*.: **як ~!** what a pity!; **мені вас ~** I'm sorry for you; **~, що** it's a pity (that)
шкодити harm, injure, hurt, damage; **~ справі** harm the cause; **~ здоров'ю** damage the health
шкодувати pity; be sorry (for, about); regret; **не ~ зусиль (щоб)** spare no pains (+ to *inf*.)
школа school; (*будівля тж*) school-building; **вища ~** higher school (education); **початкова ~** primary (elementary *амер.*) school; **середня ~** secondary (high *амер.*) school; **ходити до ~ли** attend school, go to school
школа-інтернат boarding school
школяр schoolboy; **~рі** *мн*. schoolchildren
школярка schoolgirl
школярський school *attr*.
шкребти(ся) і **шкрябати(ся)** scratch
шкура skin; (*великих тварин тж*) hide; (*з хутром*) pelt
шкурка skin, fell
шкутильгати limp, hobble
шлаґбаум barrier
шлак *див.* **жужіль**
шланґ hose
шлейф (*сукні*) train; (*диму*) trail
шлея harness-strap
шліфувальний grinding *attr*.
шліфувальник grinder
шліфування grinding
шліфувати grind
шлунковий gastric
шлунок stomach
шлуночок *анат.* ventricle

шлюб marriage; wedlock, matrimony *книжн.*; **розірвати ~** annul a marriage, dissolve a marriage
шлюбний marriage *attr.*
шлюз *(на каналі)* lock; *(на річці)* sluice
шлюпка *мор.* dinghy; **рятівна ~** lifeboat
шляґер *муз.* hit
шлях 1. road, way; route; track *(тж зал.)*; **водний ~** water-way; **2.** *(напрям діяльності та под.)* course; way; **їхні ~хи розійшлися** each looks his own course, their ways parted; **3.** *(спосіб)* way, means *pl*; **мирним ~хом** peacefully
шляхетний *(про походження)* noble; *(великодушний)* generous
шляхетність nobleness; generosity
шляховий road *attr.*; railway *attr.*; line *attr.*
шляховик railwayman
шляхом by means of, by
шляхта *іст.* nobility, aristocracy; gentry
шмагати lash, whip
шмаркатий *розм.* snotty; **він ще ~ хлопчисько!** he's still just a young whippersnapper!
шмарклі *мн. розм.* snot *sing*
шматок peace, bit; *(їжі)* morsel; <> **заробляти на ~ хліба** make one's bread
шматувати tear (up)
шмерґель emery
шмигати, шмигнути dart, run about
шморгати *(носом)* sniff
шніцель *кул.* schnitzel
шнур *(мотузка)* cord; *(електричний, телефонний)* flex
шнурок lace; *(черевиків)* shoelace
шнурувати lace (up)
шов 1. seam; **без шва** seamless; **2.** *мед. (хірургічний)* stitch, suture; **3.** *тех.* joint, junction
шовінізм chauvinism, jingoism
шовініст chauvinist
шовіністичний chauvinistic
шовк silk; *перен.* velvet; **штучний ~** artificial (rayon) silk
шовківництво *с.-г.* sericulture, silkworm breeding
шовковий silk *attr.*
шовковистий silky
шовковиця *бот. (дерево)* mulberry tree; *(плід)* mulberry
шовкопряд *ент.* silkworm
шовкопрядильний *текст.* silk-spinning
шовкоткацький *текст.* silk-weaving
шок *мед., перен.* shock
шоковий: ~ стан state of shock; **~ва терапія** *мед., перен.* shock therapy
шоколад chocolate; *(напій)* (hot) chocolate
шоколадний chocolate *attr.*; *(про колір)* dark-brown, chocolate-brown
шокувати shock
шолом helmet
шомпол *військ.* cleaning rod
шори *мн.* blinkers
шорсткий rough; *(про волосся, тканини)* coarse
шорти *мн.* shorts *pl*
шорхання shuffling
шорхати, шорхнути shuffle; **~ ногою** click one's heels
шосе (high-)road, highway
шосейний: ~на дорога highway
шостий sixth
шотландець Scot, Scotchman
шотландка 1. *(національність)* Scotchwoman; **2.** *(тканина)* tartan, plaid *амер.*
шотландський Scottish; Scots *розм.*
шоу show
шофер driver
шоферський driver's
шпага (small) sword
шпагат 1. twine, string; **2.** *спорт.* splits *pl*
шпажист *спорт.* fencer
шпак *орн.* starling
шпаківня starling-box
шпала *зал.* sleeper
шпалери *мн.* handpainted wallpaper *sing*; **обклеювати ~рами** paper
шпальта column
шпарґалка *розм.* crib
шпигати, шпигнути prick; *(словами)* taunt, gibe (at)
шпигувати spy
шпигун spy
шпигунство espionage
шпигунський spy *attr.*
шпиль 1. steeple, spire; **2.** *мор.* capstan
шпилька 1. *(підбор)* stiletto (heel); **2.** *(для волосся)* hairpin; **3.** *(ущипливість)* dig
шпинат *бот.* spinach
шпиталь hospital
шпичак *бот.* thorn
шпінґалет catch
шпора spur
шприц *мед.* syringe
шпроти *мн.* sprats in oil *pl*
шпулька *тех.* spool, bobbin
шпурляти fling
шрам scar
шрапнель *військ.* shrapnel (shell)
шрифт type, print
штаб headquarters *pl, скор.* H. Q.; *(особовий склад)* staff
штаба *(заліза й под.)* strip
штабель stack, pile

штаб-квартира *війс.* headquarters *pl*
штабний staff *attr.*
штамп 1. *(печатка)* stamp; **2.** *тех.* die, punch; **3.** *(шаблон)* cliche; *(літературний тж)* stock-phrase
штампувальний *тех.* punching *attr.*, pressing *attr.*
штампувати 1. *(ставити штамп)* stamp; **2.** *тех.* press, punch
штанґа 1. *тех.* bar; **2.** *спорт.* weight; *(футбольних воріт)* (goal)post
штанґенциркуль *тех.* sliding calipers *pl*, slide gauge
штанґіст *спорт.* weightlifter
штандарт *війс.* standard
штани *мн.* trousers, pants *амер.*
штапель *текст.* staple
штат I *(адміністративно-територіальна одиниця)* state
штат II *(персонал)* staff
штатив support; *(тринога)* tripod
штатний permanent; **~на посада** established post; **~ розпис** staff register
штахетник *(огорожа)* palings *pl*
штемпелювати stamp; *(листи та под.)* postmark
штемпель stamp; **поштовий ~** postmark
штепсель *ел.* (electric) plug
штиль *мор.* calm
штовханина commotion, crush
штовхати, штовхнути 1. push; shove; *(ліктями)* elbow; **2.** *(спонукати до чого-н.)* instigate, incite (to); **~ся** push (one another)
штольня *гірн.* adit
штопати darn, mend
штопор 1. corkscrew; **2.** *ав.* spin
штора blind
шторм gale, storm
штормовий *(про погоду)* stormy; *(про вітер)* gale-force; **~ве попередження** *мор.* gale warning
штраф *(грошовий)* fine; *спорт.* punishment
штрафний *спорт.* penalty *attr.*; **~ удар** penalty kick
штрафувати fine; *спорт.* penalize
штрек *гірн.* drift

штрейкбрехер strikebreaker; scab, brackleg *розм.*
штрикати, штрикнути thrust, poke, stick (into)
штрих stroke; *(на мапі)* hachures; *перен. (риса)* touch, detail, feature
штрихувати shade
штука 1.: *не перекладається*: **десять штук** ten; **2.** *розм.* (*річ, справа*) thing; **3.** *розм. (витівка)* trick
штурвал *(судна, комбайна)* wheel; *(літака)* control column
штурвальний 1. *ім.* wheelsman; **2.** *прикм.* steering *attr.*
штурм assault, storm; **узяти ~ом** take by storm (assault)
штурман navigator, navigating officer; *(на річковому теплоході)* mate
штурманський navigator's
штурмовий *війс.* assault *attr.*
штурмовик *ав.* assault-plane
штурмувати 1. storm; **2.** *перен. (наполегливо оволодівати)* conquer
штучний 1. *(неприродний)* artificial; *тех. тж* synthetic; **2.** *(удаваний)* affected, artificia
штучність artificiality, artfulness
шуба fur coat
шукати 1. look (for), search (for); **2.** *(домагатися, прагнути)* seek; **~ поради** seek advice
шукач seeker; **~ пригод** adventurer
шулер cardsharper
шуліка *орн.* hawk, kite
шум 1. noise; *(чого-н. тж)* sound (of); *(лісу)* murmur; **2.** *див.* **галас**
шуміти 1. make a noise; *(про ліс)* murmur; *(про море тж)* roar; **2.** *див.* **галасувати**
шумовиння foam; froth
шумувати foam, froth; ferment; *(вирувати)* seethe
шурин brother-in-law, wife's brother
шурувати *тех.* poke, stoke
шуруп *тех.* screw
шурф *гірн.* bore pit
шурхіт rustle
шухляда drawer
шхуна *мор.* schooner

Щ

щабель 1. *(драбини)* rung; **2.** *перен.* level, step, degree, stage; **підняти на вищий ~** raise (smth.) to a higher level
щавель *бот.* sorrel
щасливець lucky man
щасливий happy; *(якому щастить)* fortunate, lucky
щасливиця lucky woman
щасливо happily
щастити be lucky (fortunate); *(мати успіх у чому-н.)* be a success; **не ~** be a failure
щастя happiness; *(удача)* good fortune, (good) luck; <> **на ~** fortunately, luckily; **ваше ~** *(вам пощастило)* you were lucky
ще 1. *(додатково, більше)* (some) more, another; **хочу ~ кави** I want more coffee; **треба ~ попрацювати** we must do some more work; **2.** *(досі)* still; *(при запереченні)* yet; **ти не знаєш, що трапилося?** do you still not know what happened?; **~ не пізно** it's not too late; **він ~ молодий** he's still young; **3.** *(уже)* **1998 року** as far back as 1998; as long ago as 1998; **4.** *(з вищ. ступенем)* still, even; **~ більше** still more; <> **~ й ~** more and more
щебет, щебетання twitter(ing)
щебетати twitter
щедрий 1. *(про людину)* generous; **2.** *(про природу)* lush; *(про клімат)* fertile
щедрість generosity; lavishness; *див.* **щедрий**
щедро generously; lavishly; *див.* **щедрий**
щезати vanish, disappear; steal away, pop off
щелепа *анат.* jaw
щеміти ache, feel constricted
щеня *зоол. (собаки)* pup; *(лисиці, вовчиці)* cub; **3.** *перен. розм.* whippersnapper
щепа *с.-г.* graft
щепити 1. *с.-г.* graft; **2.** *мед.* inoculate; **~ віспу** vaccinate
щеплення 1. *с.-г.* grafting; **2.** *мед.* inoculation; *(віспи)* vaccination
щербатий chipped; pitted; *(беззубий)* gap-toothed
щербина pit; *(у зубі)* gap (between teeth); *(вибоїна)* notch
щетина *(у тварин)* bristle; *(у людини)* stubble
щетинистий bristly
щиголь *орн.* goldfinch
щипати pinch; *(про мороз)* bite; **~ся** pinch
щипці *мн.* pincers *pl*; tongs *pl*
щирий sincere; *(відвертий)* frank, candid
щирість sincerety; candour; *див.* **щирий**
щиро sincerely; candidly; *див.* **щирий**
щит 1. *іст.* shield; **2.** *(для захисту тж)* screen; **3.** *(рекламний, баскетбольний)* board; **4.** *тех.* panel; **~ управління** control panel; **розподільний ~** switchboard
щитоподібний: ~на залоза *анат.* thyroid gland
щілина 1. chink; crack; peephole; **2.** *анат.*: **голосова ~** glottis; **3.** *тех.* aperture; **4.** *війс.* slit trench
щільний 1. compact; dense, solid; **2.** *(близько розташований)* tight-packed, close
щільність compactness; density, solidity; *див.* **щільний**
щільно closely; tightly; *див.* **щільний**
щітка *(для волосся)* (hair-) brush
що I *займ.* **1.** *у різн. знач.* what; **~ це (таке)?** what is this?; **~ з тобою?** what's the matter (with you)? **2.** *(який, котрий)* what; that; which; **це не те, ~ ми думали** it is not what we thought; **вона не привіталася, ~ було мені неприємно** she did not say hello, which was unpleasant for me; <> **~ завгодно** anything; **ні за ~** never; not for world; **~ з того?** well, what of it?
що II *спол.* that *(часто опускається)*; **я знаю, ~ треба робити** I know what must be done; **сподіваюсь, ~ ви прийдете** I hope (that) you will come
щоб 1. *спол. (виражає мету)* so as to, in order to, so that; **він прийшов, ~ вас побачити** he came (in order) to see you; **учитель говорить повільно, ~ ми все розуміли** the teacher speaks slowly so that we understand everything; **2.** *спол.*: **пропоную, ~ доповідь зробив він** I suggest that he should make the report; **скажіть йому, ~ він ішов** tell him to go away; **3.** *част.*: **~ цього більш не було!** it must never happen again; <> **з тим ~, так ~** so that
щовечора every evening
щогла mast; *(телевізійна та под.)* tower
щогодини hourly, every hour
щогодинний hourly
щодалі in the course of time; the farther
щоденний daily; **~на газета** daily (paper); *(буденний, звичайний)* everyday; **~ні турботи** daily (everyday) cares
щоденник diary

щоденно, щодень, щодня daily, every day
щодо about, of, concerning, in regard to; **~ мене** as to me, as far as I am concerned
щодуху with all one's might
щойно just (now); **він ~ прийшов** he has just come
щока cheek
щомісяця monthly, every month
щомісячний monthly
щомісячник *(періодичне видання)* monthly
щонайбільше at most
щонайменше at least
що-небудь something; *(у пит. і зап. реч.)* anything
щоночі every night, nightly
щоправда truly, indeed
щораз(у) every time
щоранку every morning
щорічний yearly, annual
щорічник annual (publication)
щороку yearly, every year, annually

щосили *див.* **щодуху**
щось I *займ. див.* **що-небудь**
щось II *присл.* **1.** *(якось)* rather, a bit; **~ мені негаразд** I don't feel quite well somehow; **2.** *(чомусь)* somehow, for some reason; **мені ~ не віриться** somehow I can't believe; **3.** *(приблизно)* about
щотижневий weekly *attr.*, every week
щотижневик weekly
щотижня every week, weekly
щохвилини every minute; *(постійно)* constantly
щохвилинний: ~на перевірка checks at one-minute intervals; *(дуже частий)* constant
щука *іхт.* pike
щулити 1. *(очі)* narrow, screw up; **2.** *(вуха)* lay (one's ears) back
щупальце, *частіше* **~ця** *мн.* tentacle(s); *(вусики)* feeler(s)
щупати feel, touch
щур *зоол.* *(пацюк)* rat; *(птах)* pine-finch

Ю

ювелір jeweller, jeweler *амер.*
ювелірний 1. jewellery *attr.*, jewelery *attr. амер.*; **2.** *перен.* painstaking, fine, exquisite; **~ магазин** jeweller's (jeweler's) shop; **~ні вироби** jewel(l)ery
ювілей *(річниця)* anniversary; *(святкування)* jubilee; **~ний** *(про святкування)* anniversary *attr.*; *(про монету, видання й под.)* jubilee *attr.*; **~не видання** jubilee edition
ювіляр hero of the day
юнак youth, young man
юнацтво 1. *збір.* young people, youth; **2.** *(юність)* youth
юнацький youthful; *(про організацію, клуб)* youth
юнга cabin boy; *(молодший матрос)* trainee sailor
юний *(молодий)* young; *(бадьорий, запальний)* youthful; **театр юного глядача** children's (young people's) theatre (theater *амер.*)
юніор junior
юність 1. youth; **2.** *збір.* *(юнацтво)* young people *pl*, youth

Юпітер *(планета)* Jupiter
юпітер *(прилад для освітлення)* Jupiter lamp, floodlight
юрба crowd
юрбитися throng, pack; crowd (in, around)
юридичний legal; juridical; **~на консультація** ≅ legal advice office; **~на особа** body corporate; **~ факультет** law faculty
юрисдикція *юр.* jurisdiction
юрисконсульт legal adviser
юриспруденція *(правознавство)* jurisprudence; *(практика юриста)* law
юрист lawyer
юрма *див.* **юрба**
юрмитися *див.* **юрбитися**
юродивий 1. mad, feebleminded; **2.** *як ім.* God's (holy) fool
юрський *геол.* Jurassic
юрта yurt *(nomad's tent)*
юстиція justice
юхта yuft; Russian leather
юшити make bleed; cover with blood
юшка broth, soup; *(рибна)* fish-soup

Я

я I; **це я** it's me; **мене тут не було** I was not here; **щодо мене** as to me; **дайте мені книгу** give me the book; give the book to me

ябеда sneak

яблуко apple; <> **очне ~** eyeball; **~ незгоди** *(розбрату)* apple of discord; **~ку ніде впасти** there is hardly room to move

яблуневий apple *attr.; (про колір)* apple-green

яблуня *бот.* apple tree

яблучний apple *attr.;* **~ пиріг** apple-pie; apple-tart

явище 1. phenomenon *(pl* -na); fact, thing; 2. *(подія)* occurence

явір *бот.* sycamore (maple)

являти *(собою)* be; **що він собою ~ляє?** what kind of person is he?

явний *(очевидний)* obvious, evident

явно obviously

ягідний berry *attr.*

ягідник *(у лісі й под.)* patch of berries; *(у саду й под.)* berry beds

ягня *зоол.* lamb

ягода berry; *збір. тж* small fruit; <> **одного поля ~** birds of a feather

яґуар *зоол.* jaguar

ядровий nuclear

ядро 1. *у різн. знач.* kernel; core, heart; *(клітини)* nucleus; *(гарматне)* cannon-ball; 3. *спорт.* shot; **штовхати ~** put the shot

ядуха *мед.* asthma

яєчний egg *attr.;* **~на шкаралупа** eggshell

яєчня fried eggs *pl; (розбовтана)* scrambled eggs *pl, див. тж* омлет

язик 1. *анат.* tongue; 2. *(серце дзвона)* clapper

язикатий *(балакучий)* talkative; chatty; *(лихий на язик)* gossipy

язиковий tongue *attr.*

язичок 1. *анат.* uvula; 2. *(черевика)* boot-tongue

яйце egg; *біол.* ovum *(pl* ova)

як I 1. *присл.* how; 2. *част. (виражає подив, обурення)* what!; 3. *спол. (при порівнянні)* as; like; **білий ~ сніг** white as snow; 4. *спол. (коли)* when, every time; *(з того часу як)* since; **минуло два роки, як вона зникла** two years have passed since she disappeared; 5. *спол. (будучи)* as; **раджу ~ друг** I advise

you as a friend; 6. *спол. (крім, тільки)* but, except; **кому ~ не тобі** who else but you; <> **~ би там не було** at any rate

як II *зоол.* yak

якби if

який 1. *(у питаннях: що за)* what sort of; what; **яка сьогодні погода?** what's the weather like today? 2. *(який із багатьох)* what; *(з двох)* which; <> **яка людина!** what a man!; **~ жах** how awful!

який-небудь some; *(у зап. і умовн. реч.)* any

якийсь some (... or other); a sort of; **вона якась дивна сьогодні** she's acting a bit oddly today

якір 1. *мор.* anchor; **стояти на якорі** lie at anchor; 2. *ел.* armature, rotor

якірний anchor *attr.*

якісний 1. qualitative; 2. *(високої якості)* high-quality *attr.;* 3.: **~ прикметник** *грам.* qualitative adjective

якість quality

якнайбільший the biggest, the largest; the greatest

якнайкращий the best

якнайменший the smallest, the least

як-небудь 1. somehow; *(сяк-так)* anyhow; 2. *розм. (коли-н.)* some day (time)

якомога: ~ швидше as quick (fast) as possible

якось 1. *(яким-н. чином)* somehow; **він поводиться ~ дивно** there's something strange in his behaviour; 2. *(одного разу)* once; **~ увечері** one evening

як-от namely, for example

якраз just, right, exactly

якщо if, in case, as long as

ялина, ялинка 1. *бот.* spruce; 2. fir (tree); **різдвяна (новорічна) ~** Christmas tree

ялинковий: ~ві прикраси Christmas-tree decorations *pl*

яловичина beef

яма pit, hole *(тж перен.)*

ямб *літ.* iambus

янгол angel

янгольський angelic

японець, японка Japanese

японський Japanese; **~ка мова** Japanese, the Japanese language

яр ravine

ярд yard
ярий *див.* **яровий**
ярлик label
ярмарок fair; **міжнародний ~** international trade fair
ярмо yoke; *перен. тж* burden
яровий 1. spring *attr.*; **~ва пшениця** spring wheat; **2. ~ві** *як ім. мн.* spring crops
ярус *(у театрі)* circle; **другий ~** upper circle
ясен *бот.* ash (tree)
яскравий 1. bright; blazing; *(про колір тж)* vivid; **2.** *перен. тж* striking, brilliant; **~ приклад** vivid example
ясла *мн.* **1.** *(для худоби)* trough *sing*, manger *sing*; **2.** *(дитячі)* day nursery *sing*; creche *sing*
ясна *мн. анат.* gum *sing*
ясний 1. clear, bright; *(про погоду)* fine; *(безхмарний)* serene; **2.** *(чіткий)* distinct; *(про стиль)* lucid, clear
ясно 1. clearly; distinctly; **2.** *безос.*: **сьогодні ~** it is bright today; the sky is clear today; it's fine outside today; **було ~, що** it was clear that
ясновидець clairvoyant
ясновидіння clairvoyance
ясноокий light-eyed
яструб *орн.* hawk
ятір trammel-net
ятка tent, stall; fruit-stand *(городина)*
ятрити chafe; irritate
яхонт gem, jasper
яхта yacht
ячмінний barley *attr.*; **~ні крупи** barley
ячмінь 1. *бот.* barley; **2.** *(на оці)* sty
ячний *див.* **ячмінний**
яшма *мін.* jasper
ящик 1. box; *(пакувальний)* (packing-) case; **2.** *(висувна шухляда)* drawer
ящір *зоол.* pangolin
ящірка *зоол.* lizard
ящур *вет.* foot-and-mouth disease

ДОДАТКИ

Додаток 1

ГЕОГРАФІЧНІ НАЗВИ

Adelaide [ˈæd(ə)leɪd] м. Аделаїда
Adriatic Sea [ˌeɪdrɪˈætɪkˈsiː] Адріатичне море
Afghanistan [æfˈgænɪstæn] Афганістан
Africa [ˈæfrɪkə] Африка
Alabama [ˌæləˈbæmə] Алабама
Alaska [əˈlæskə] Аляска
Albania [ælˈbeɪnɪə] Албанія
Alexandria [ˌælɪgˈzɑːndrɪə] м. Александрія (Єгипет)
Algeria [ælˈdʒɪ(ə)rɪə] Алжир
Algiers [ælˈdʒɪəz] м. Алжир
Alps [ælps] гори Альпи
Alsace [ˈælsæs] Ельзас
Altai [ælˈteɪ] Алтай
Amazon [ˈæməzən] р. Амазонка
America [əˈmerɪkə] Америка
Amsterdam [ˈæmstəˈdæm] м. Амстердам
Amur [əˈmʊə] р. Амур
Andes [ˈændiːz] гори Анди
Andorra [ænˈdɔːrə] Андорра
Angola [ænˈgəʊlə] Ангола
Ankara [ˈæŋkərə] м. Анкара
Antananarivo [æntəˌnænəˈriːvəʊ] м. Антананаріву
Apennines [ˈæpənaɪnz] Апенніни
Arabia [əˈreɪbɪə] Аравія
Aral Sea [ˈærəlˈsiː] Аральське море
Ararat [ˈærəræt] г. Арарат
Arctic Ocean [ˈɑːktɪkˈəʊʃ(ə)n] Північний Льодовитий океан
Argentina [ˌɑːdʒənˈtiːnə] Аргентина
Arizona [ˌærɪˈzəʊnə] Арізона
Arkansas [ˈɑːkənsɔː] Арканзас
Armenia [ɑːˈmiːnɪə] Вірменія
Asia [ˈeɪʒə, ˈeɪʃə] Азія
Asia Minor [ˈeɪʃəˈmaɪnə] Мала Азія
Athens [ˈæθənz] м. Афіни (Атіне)
Atlantic Ocean [ətˈlæntɪkˈəʊʃ(ə)n] Атлантичний океан
Australia [ɔːˈstreɪlɪə] Австралія
Austria [ˈɔːstrɪə] Австрія
Azerbaijan [ˌæzəbaɪˈdʒɑːn] Азербайджан
Azores [əˈzɔːz] Азорські острови
Azov, Sea of [ˈɑːzɒv] Азовське море

Babylon [ˈbæbɪlən] іст. Бабилон (Вавилон)
Bag(h)dad [bægˈdæd] м. Багдад
Baikal [baɪˈkɑːl] оз. Байкал
Baku [bɑːˈkuː] м. Баку
Balkan Mts [ˈbɔːlkənˈmaʊntɪnz] Балканські гори, Балкани

Balkan Peninsula [ˈbɔːlkənprɪˈnɪnsjʊlə] Балканський півострів
Baltic Sea [ˈbɔːltɪkˈsiː] Балтійське море
Bangkok [bæŋˈkɒk] м. Бангкок
Barcelona [ˌbɑːsəˈləʊnə] м. Барселона
Barents Sea [ˈbærəntsˈsiː] Баренцове море
Bavaria [bəˈve(ə)rɪə] Баварія
Beijing [beɪˈdʒɪŋ] м.Пекін
Beirut [beɪˈruːt] м. Бейрут
Belarus [ˌbeləˈrʊs] Білорусь
Belfast [ˈbelfɑːst] м. Белфаст
Belgium [ˈbeldʒəm] Бельгія
Belgrade [belˈgrɑːd, -ˈgreɪd] м. Белґрад
Belize [bəˈliːz] Беліз
Bengal [benˈgɔːl] Бенгалія
Berlin [bɜːˈlɪn] м. Берлін
Bermuda Isles [bəˈmjuːdəˈaɪləndz] Бермудські острови
Bern [bɜːn] м. Берн
Black Sea [ˈblækˈsiː] Чорне море
Bolivia [bəˈlɪvɪə] Болівія
Bosnia [ˈbɒznɪə] Боснія
Bosporus [ˈbɒspərəs] протока Босфор
Brazil [brəˈzɪl] Бразилія
Brazilia [brəˈzɪlɪə] м. Бразилія
Brittany [ˈbrɪt(ə)nɪ] Бретань
Bronx [ˈbrɒŋks] Бронкс
Brooklyn [ˈbrʊklɪn] Бруклін
Brussels [ˈbrʌs(ə)lz] м. Брюссель
Bucharest [ˈb(j)uːkərest] м. Бухарест
Budapest [ˈbuːdəpest, ˈbjuː] м. Будапешт
Buenos Aires [ˈbweɪnəsˈe(ə)riːz] м. Буенос-Айрес
Bug [buːg] р. Буг
Bulgaria [bʌlˈge(ə)rɪə] Болгарія
Burundi [bʊˈrʊndɪ] Бурунді

Cairo [ˈkaɪ(ə)rəʊ] м. Каїр
California [ˌkælɪˈfɔːnɪə] Каліфорнія
Cambodia [kæmˈbəʊdɪə] Камбоджа
Cambridge [ˈkeɪmbrɪdʒ] м. Кембридж
Cameroon [ˌkæməˈruːn] Камерун
Canada [ˈkænədə] Канада
Canary Isles [kəˈne(ə)rɪˈaɪləndz] Канарські острови
Canaveral, Cape [kəˈnæv(ə)rəl] мис Канаверал
Canberra [ˈkænb(ə)rə] м. Канберра
Caribbean (Sea) [ˌkærɪˈbɪən(ˈsiː)] Карибське море
Carpathian Mts, Carpathians

[kɑːˈpeɪθɪənˈmaʊntɪnz, kɑːˈpeɪθɪənz] Карпатські гори, Карпати
Caspian Sea [ˈkæspɪənˈsiː] Каспійське море
Caucasus, the [ˈkɔːkəsəs] Кавказ
Central America [ˈsentrələˈmerɪkə] Центральна Америка
Chad [tʃæd] Чад
Chile [ˈtʃɪlɪ] Чилі
China [ˈtʃaɪnə] Китай
Chomolungma [ˌtʃəʊməˈlʊŋmɑː] *г.* Джомолунгма
Colombia [kəˈlʌmbɪə] Колумбія
Colorado [ˌkɒlə(ʊ)ˈrɑːdəʊ] Колорадо
Congo [ˈkɒŋgəʊ] Конґо
Copenhagen [ˌkəʊp(ə)nˈheɪg(ə)n] *м.* Копенгаґен
Corsica [ˈkɔːsɪkə] *о-в* Корсика
Costa Rica [ˈkɒstəˈriːkə] Коста-Ріка
Crete [kriːt] *о-в* Крит
Crimea, the [kraɪˈmiːə] Крим
Croatia [krəʊˈeɪʃ(ɪ)ə] Хорватія
Cuba [ˈkjuːbə] Куба
Cyprus [ˈsaɪprəs] *о-в* Кіпр
Czechia [ˈtʃekɪə] Чехія

Dakar [dɑːˈkɑː, ˈdæ-] *м.* Дакар
Damascus [dəˈmæskəs] *м.* Дамаск
Danube [ˈdænjuːb] *р.* Дунай
Dardanelles [ˌdɑːdəˈnelz] Дарданелли, Дарданелльська протока
Dar es Salaam, Daressalam [ˌdɑːressəˈlɑːm] *м.* Дар-ес-Салам
Dead Sea [ˈdedˈsiː] Мертве море
Delhi [ˈdelɪ] *м.* Делі
Denmark [ˈdenmɑːk] Данія
District of Columbia [ˈdɪstrɪktəv kəˈlʌmbɪə] округ Колумбія
Dniester [ˈ(d)niːstə] *р.* Дністер
Dover, Strait of [ˈdəʊvə] *протока* Па-де-Кале
Dublin [ˈdʌblɪn] *м.* Дублін
Dushanbe [ˌduːʃɑːnˈbe] *м.* Душанбе

East China Sea [ˈiːstˈtʃaɪnəˈsiː] Східнокитайське море
Easter Isle [ˈiːstə(r)ˈaɪlənd] *о-в* Пасхи
Ecuador [ˈekwədɔː] Еквадор
Edinburgh [ˈedɪnb(ə)rə] *м.* Единбурґ
Egypt [ˈɪdʒɪpt] Єгипет
Elbrus [elˈbruːs] *г.* Ельбрус
England [ˈɪŋglənd] Англія
English Channel [ˈɪŋglɪʃˈtʃænl] *протока* Ла-Манш
Erie, Lake [ˈɪ(ə)rɪ] *оз.* Ері
Estonia [esˈtəʊnɪə] Естонія
Ethiopia [ˌiːθɪˈəʊpɪə] Ефіопія
Europe [ˈjʊ(ə)rəp] Європа
Everest [ˈevərest] *г.* Еверест

Faeroe Isles [ˈfeərəʊˈaɪləndz] Фарерські острови
Falkland Isles [ˈfɔːklændˈaɪləndz] Фолклендські острови
Fiji [ˈfiːdʒɪ] Фіджі
Finland [ˈfɪnlənd] Фінляндія
Florida [ˈflɒrɪdə] Флорида
France [frɑːns] Франція
Franz Josef Land [ˌfræntsˈdʒəʊzɪflænd] Земля Франца-Йосифа
Fujiyama [ˈfuːdʒɪˈjɑːmə] *г.* Фудзіяма

Gambia [ˈgæmbɪə] Гамбія
Ganges [ˈgændʒiːz] *р.* Ганґ
Geneva [dʒəˈniːvə, dʒɪ-] *м.* Женева
Georgia I [ˈdʒɔːdʒɪə] Джорджія
Georgia II [ˈdʒɔːdʒɪə] Грузія
Germany [ˈdʒɜːmənɪ] Німеччина
Ghana [ˈgɑːnə] Гана
Gibraltar [dʒɪˈbrɔːltə] Ґібралтар
Glasgow [ˈglɑːsgəʊ] *м.* Ґлазґо
Good Hope, Cape of [ˈgʊdˈhəʊp] мис Доброї Надії
Great Britain [ˈgreɪtˈbrɪtn] Велика Британія
Greece [griːs] Греція
Greenwich [ˈgrɪnɪtʃ, -nɪdʒ] *м.* Ґринвіч
Guatemala [ˌgwɑːtɪˈmɑːlə] Ґватемала
Guinea [ˈgɪnɪ] Ґвінея

Hague, the [heɪg] *м.* Гааґа
Haiti [ˈheɪtɪ] Гаїті
Hampshire [ˈhæm(p)ʃɪə] Гемпшир
Hanoi [hɑːˈnɔɪ, hæ-] *м.* Ханой
Havana [həˈvænə] *м.* Гавана
Hawaii [həˈwaɪɪ] Гаваї
Helsinki [ˈhelsɪŋkɪ] *м.* Гельсінкі
Herzegovina [ˌhɜːtsɪgəʊˈviːnə] Герцеґовина
Himalaya(s), the [ˌhɪməˈleɪə(z)] Гімалаї, Гімалайські гори
Holland [ˈhɒlənd] Голландія
Honduras [hɒnˈdjʊ(ə)rəs] Гондурас
Horn, Cape [ˈhɔːn] *мис* Горн
Hungary [ˈhʌŋgərɪ] Угорщина

Iceland [ˈaɪslənd] Ісландія
Idaho [ˈaɪdəhəʊ] Айдахо
Illinois [ˌɪlɪˈnɔɪ] Іллінойс
India [ˈɪndɪə] Індія
Indian Ocean [ˈɪndɪənˈəʊʃ(ə)n] Індійський океан
Indonesia [ˌɪndə(ʊ)ˈniːʒə, -zɪə] Індонезія
Indus [ˈɪndəs] *р.* Інд
Iowa [ˈaɪəwə] Айова
Iran [ɪˈrɑːn] Іран
Iraq [ɪˈrɑːk] Ірак
Ireland [ˈaɪələnd] Ірландія
Israel [ˈɪzreɪəl] Ізраїль
Istanbul [ˌɪstænˈbuː(ː)l] *м.* Стамбул
Italy [ˈɪtəlɪ] Італія

Jakarta [dʒəˈkɑːtə] м. Джакарта
Jamaica [dʒəˈmeɪkə] о-в Ямайка
Japan [dʒəˈpæn] Японія
Java [ˈdʒɑːvə] о-в Ява
Jerusalem [dʒəˈruːsələm] м. Єрусалим
Johannesburg [dʒə(ʊ)ˈhænɪsbɜːg, dʒɒ-] м. Йоганнесбурґ
Jordan [ˈdʒɔːdn] 1) Йорданія 2) р. Йордан

Kabul [ˈkɑːbʊl, ˈkɔːbʊl] м. Кабул
Kansas [ˈkænzəs] Канзас
Kazakhstan [ˌkɑːzəkˈstɑːn] Казахстан
Kentucky [kenˈtʌkɪ] Кентуккі
Kenya [ˈkenɪə, ˈkiː-] Кенія
Kerch [kertʃ] м. Керч
Kharkiv [ˈkɑːkɪv] м. Харків
Kishinev [ˈkɪʃɪˈnef, -nev] м. Кишинів
Kuril(e) Isles [ˈkuːrɪlˈaɪləndz, kuːˈriːl-] Курильські острови
Kuwait [kʊˈwaɪt, -ˈweɪt] Кувейт
Kyiv [ˈkiːɪv, -ɪf] м. Київ
Kyrg(h)izstan [kɜːgiːzˈstɑːn] Киргизстан

Labrador [ˈlæbrədɔː] п-ів Лабрадор
Laos [ˈlɑːɒs] Лаос
Latvia [ˈlætvɪə] Латвія
Lebanon [ˈlebənən] Ліван
Liberia [laɪˈbɪ(ə)rɪə] Ліберія
Libya [ˈlɪbɪə] Лівія
Liechtenstein [ˈlɪktənstaɪn] Ліхтенштейн
Lisbon [ˈlɪzbən] м. Лісабон
Lithuania [ˌlɪθjʊˈeɪnɪə] Литва
London [ˈlʌndən] м. Лондон
Louisiana [ˌlʊɪzɪˈænə] Луїзіана
Luxemburg [ˈlʌks(ə)mbɜːg] Люксембурґ

Macedonia [ˌmæsɪˈdəʊnɪə] Македонія
Madagascar [ˌmædəˈgæskə] о-в Мадаґаскар
Madrid [məˈdrɪd] м. Мадрид
Maine [meɪn] Мен
Malawi [mɑːˈlɑːwɪ] Малаві
Mali [ˈmɑːlɪ] Малі
Malta [ˈmɔːltə] о-в Мальта
Managua [məˈnɑːgwə] м. Манаґуа
Manhattan [mænˈhætn] Мангеттен
Martinique [ˌmɑːtɪˈniːk] о-в Мартиніка
Maryland [ˈmerɪlənd] Меріленд
Mecca [ˈmekə] м. Мекка
Medina [məˈdiːnə] м. Медина
Mediterranean Sea [ˌmedɪtəˈreɪnɪənˈsiː] Середземне море
Mexico [ˈmeksɪkəʊ] Мексика
Mexico (City) [ˈmeksɪkəʊˈsɪtɪ] м. Мехіко
Michigan [ˈmɪʃɪgən] Мічиган
Minsk [mɪnsk] м. Мінськ
Mississippi [ˌmɪsɪˈsɪpɪ] Міссісіпі
Missouri [mɪˈzʊ(ə)rɪ] Міссурі

Moldova [mɒlˈdəʊvə] Молдова
Monaco [ˈmɒnəkəʊ] Монако
Mongolia [mɒŋˈgəʊlɪə] Монголія
Montana [mɒnˈtænə] Монтана
Mont Blanc [ˌmɒŋˈblɑːŋ] г. Монблан
Montenegro [ˌmɒntɪˈniːgrəʊ] Чорногорія
Morocco [məˈrɒkəʊ] Марокко
Moscow [ˈmɒskəʊ] м. Москва
Munich [ˈmjuːnɪk] м. Мюнхен

Nebraska [nɪˈbræskə] Небраска
Nepal [nɪˈpɔːl] Непал
Netherlands [ˈneðələndz] Нідерланди
Nevada [nɪˈvædə] Невада
New Jersey [ˈnjuːˈdʒɜːzɪ] Нью-Джерсі
New York [ˈnjuːˈjɔːk] Нью-Йорк
New Zealand [ˈnjuːˈziːlənd] Нова Зеландія
Niagara [naɪˈægərə] р. Ніаґара
Nicaragua [ˌnɪkəˈrɑːgwə, -ˈrægjʊə] Нікараґуа
Nicosia [ˌnɪkə(ʊ)ˈsiːə] м. Нікосія
Niger [ˈnaɪdʒə] Ніґер
Nigeria [naɪˈdʒɪ(ə)rɪə] Ніґерія
Nile [naɪl] р. Ніл
North America [ˈnɔːθəˈmerɪkə] Північна Америка
North Carolina [ˈnɔːθˌkærəˈlaɪnə] Північна Кароліна
North Pole [ˈnɔːθˈpəʊl] Північний полюс
Norway [ˈnɔːweɪ] Норвегія

Oceania [ˌəʊʃɪˈænɪə] Океанія
Odesa [əʊˈdesə] м. Одеса
Ohio [əʊˈhaɪəʊ] Огайо
Okinawa [ˌəʊkɪˈnɑːwə] о-в Окінава
Olympus [əˈlɪmpəs] г. Олімп
Ontario [ɒnˈte(ə)rɪəʊ] Онтаріо
Oregon [ˈɒrɪgən] Ореґон
Oslo [ˈɒsləʊ, ˈɒz-] м. Осло
Ottawa [ˈɒtəwə] м. Оттава

Pacific Ocean [pəˈsɪfɪkˈəʊʃ(ə)n] Тихий океан
Pakistan [ˌpɑːkɪˈstɑːn] Пакистан
Palestine [ˈpælɪstaɪn] Палестина
Panama [ˌpænəˈmɑː, ˈpænəmɑː] Панама
Paraguay [ˈpærəgwaɪ] Параґвай
Paris [ˈpærɪs] м. Париж
Persian Gulf [ˈpɜːʃ(ə)nˈgʌlf] Перська затока
Peru [pəˈruː] Перу
Philadelphia [ˌfɪləˈdelfɪə] м. Філадельфія
Poland [ˈpəʊlənd] Польща
Portugal [ˈpɔːtjʊg(ə)l, -tʃʊg(ə)l] Портуґалія
Prague [prɑːg, preɪg] м. Прага
Pretoria [prɪˈtɔːrɪə] м. Преторія
Puerto Rico [ˈpwɜːtə(ʊ)ˈriːkəʊ] Пуерто-Ріко
Pyrenees [ˌpɪrəˈniːz] Піренеї

Quebec [kwɪˈbek] Квебек

Quito [ˈkiːtəʊ] м. Кіто

Red Sea [ˈredˈsiː] Червоне море
Republic of South Africa; RSA [rɪˈpʌblɪk,əvˈsaʊθˈæfrɪkə] Південно-Африканська Республіка (Південна Африка)
Reykjavik [ˈreɪkjəviːk] м. Рейк'явік
Rhine [raɪn] р. Райн
Rhodes [rəʊdz] о-в Родос
Riga [ˈriːgə] м. Рига
Riyadh [rɪˈjɑːd] м. Ер-Ріяд
Rome [rəʊm] м. Рим
R(o)umania [r(ə)ʊˈmeɪnɪə] Румунія
Russia [ˈrʌʃə] Росія
Rwanda [rʊˈɑːndə] Руанда

Sahara [səˈhɑːrə] пустеля Сахара
Sakhalin [ˌsækəˈliːn, ˌsɑːkəˈ] о-в Сахалін
Salvador [ˈsælvədɔː] Сальвадор
San Salvador [sænˈsælvədɔː] м. Сан-Сальвадор
Santiago [ˌsæntɪˈɑːgəʊ] м. Сантьяго
Saudi Arabia [ˈsaʊdɪəˈreɪbɪə] Саудівська Аравія
Scotland [ˈskɒtlənd] Шотландія
Senegal [ˌsenɪˈgɔːl] Сенегал
Seoul [seʊl, seɪˈuːl] м. Сеул
Serbia [ˈsɜːbɪə] Сербія
Sevastopol [səˈvæstəpəʊl] м. Севастополь
Siberia [saɪˈbɪ(ə)rɪə] Сибір
Sicily [ˈsɪsɪlɪ] о-в Сицилія
Singapore [ˈsɪŋəpɔː, ˈsɪŋgə-] м. Сінгапур
Sofia [ˈsəʊfɪə] м. Софія
Somali [sə(ʊ)ˈmɑːlɪ] Сомалі
South America [ˈsaʊθəˈmerɪkə] Південна Америка
South Pole [ˈsaʊθˈpəʊl] Південний полюс
Spain [speɪn] Іспанія
Stockholm [ˈstɒkhəʊm] м. Стокгольм
Sudan, the [suːˈdæn] Судан
Suez [suːˈez, ˈsuːɪz] м. Суец
Suez Canal [ˈsuːɪzkəˈnæl] Суецький канал
Sumatra [sʊˈmɑːtrə] о-в Суматра
Sweden [ˈswiːdn] Швеція
Switzerland [ˈswɪtsələnd] Швейцарія
Sydney [ˈsɪdnɪ] м. Сідней
Syria [ˈsɪ(ə)rɪə] Сирія

Ta(d)jikistan [tɑːˌdʒɪkɪˈstɑːn] Таджикистан
Tahiti [təˈhiːtɪ] о-в Таїті
Taiwan [taɪˈwɑːn] о-в Тайвань
Tallinn [ˈtɑːlɪn] м. Таллінн
Tashkent [tɑːʃˈkent] м. Ташкент
Tbilisi [tbɪˈliːsɪ:] м. Тбілісі
Teh(e)ran [teˈrɑːn, tə-] м. Тегеран
Tel Aviv [ˈteləˈviːv] м. Тель-Авів
Tennessee [ˌtenəˈsiː] Теннессі
Texas [ˈteksəs] Техас
Thailand [ˈtaɪlænd] Таїланд

Thames [temz] р. Темза
Tibet [tɪˈbet] Тибет
Tirana [tɪˈrɑːnə] м. Тирана
Tokyo [ˈtəʊkɪəʊ] м. Токіо
Trent [trent] р. Трент
Trieste [trɪˈest] м. Трієст
Trinidad and Tobago [ˈtrɪnɪdædəndtəˈbeɪgəʊ] Тринідад і Тобаго
Tripoli [ˈtrɪpəlɪ] м. Тріполі
Tunis [ˈtjuːnɪs] м. Туніс
Tunisia [tjuːˈnɪzɪə, -ʒɪə] Туніс
Turkey [ˈtɜːkɪ] Туреччина
Turkmenistan [ˌtɜːkmenɪˈstɑːn] Туркменістан
Tyrol [tɪˈrəʊl] Тіроль

Uganda [jʊˈgændə] Уганда
Ukraine [jʊˈkreɪn] Україна
United Kingdom of Great Britain and Northern Ireland [juːˈnaɪtɪdˈkɪŋdəmәvˈgreɪtˈbrɪtnəndˈnɔːð(ə)nˈaɪələnd] Об'єднане Королівство Великої Британії та Північної Ірландії
United States of America [juːˈnaɪtɪdˈsteɪts əv əˈmerɪkə] Сполучені Штати Америки
Urals, the [ˈjʊ(ə)rəlz] Урал
Uruguay [ˈjʊ(ə)rəgwaɪ] Уругвай
Utah [ˈjuːtɑː] Юта
Uzbekistan [ˌuːzbəkɪˈstɑːn] Узбекистан

Vaduz [fɑːˈduːts] м. Вадуц
Vancouver [vænˈkuːvə] м. Ванкувер
Vatican [ˈvætɪkən] Ватикан
Venezuela [ˌveneˈzwiːlə, -ˈzweɪlə] Венесуела
Vesuvius [vɪˈsuːvɪəs] г. Везувій
Vienna [vɪˈenə] м. Відень
Vientiane [ˌvjænˈtjɑːn] м. В'єнтьян
Vietnam [ˌvjetˈnɑːm] В'єтнам
Venice [ˈvenɪs] м. Венеція
Vilnius [ˈvɪlnɪəs] м. Вільнюс
Virginia [vəˈdʒɪnɪə] Віргінія
Volga [ˈvɒlgə] р. Волга

Wales [weɪlz] Уельс (Валлія)
Warsaw [ˈwɔːsɔː] м. Варшава
Washington [ˈwɒʃɪŋt(ə)n] Вашингтон
Wisconsin [wɪsˈkɒnsɪn] Вісконсін
Wyoming [waɪˈəʊmɪŋ] Вайомінг

Yellow Sea [ˈjeləʊˈsiː] Жовте море
Yemen [ˈjemən] Ємен
Yerevan [ˌjerəˈvɑːn] м. Єреван
Yugoslavia [ˌjuːgə(ʊ)ˈslɑːvɪə] іст. Югославія

Zambia [ˈzæmbɪə] Замбія
Zion [ˈzaɪən] Сіон
Zurich [ˈzʊərɪk] м. Цюріх

НАЙУЖИВАНІШІ АНГЛІЙСЬКІ, АМЕРИКАНСЬКІ ТА ЛАТИНСЬКІ СКОРОЧЕННЯ

a acre акр *(4047 м²)*
a afternoon після полудня, пополудні; удень
A ampere ампер
A angstrum (unit) *фіз.* анґстрем
a. annual щорічний, річний
AA Automobile association Автомобільна асоціація
AB Alberta Альберта *(провінція Канади)*
AB air base авіаційна база
abt about приблизно, близько
abv. above вище; більш
a/c account рахунок
AC aircraft carrier авіаносець
AC, ac alternating current змінний струм
AC ante Christum *лат.* до нашої ери, до н. е.
AC alto-cumulus *лат.* висококупчасті хмари
a.c. anni currentis *лат.* поточного року
AC Arctic Circle Північне полярне коло
ACE Allied Command, Europe Європейське командування НАТО
acft aircraft 1) літак 2) *attr.* авіаційний
ack, ackn acknowledge(d) підтверджую одержання *(розписка)*
ACMF Australian Commonwealth Military Forces збройні сили Австралійського союзу
acpt acceptance ком. акцепт(ування)
AD Anno Domini *лат.* нашої ери (н. е.)
a.d. ante diem *лат.* до цього дня, до цього числа
a/d on alternate days за день
addl additional додатковий
adds address адреса
adm admission плата за вхід
a.d.s. autograph document signed *юр.* власноруч написаний і підписаний документ
adsd addressed адресовано, адресується
adt, advt advertisement оголошення; реклама
AE absolute error абсолютна помилка
AEC Atomic Energy Commission Комісія з атомної енергії
aesu absolute electrostatic unit абсолютна електростатична одиниця
A/F air freight вантаж, доправлений повітрям
a.f. as follows як зазначено далі
aff affirmative ствердний, позитивний
Afft affidavit *лат. юр.* письмове показання під присягою
afsd aforesaid вищезгаданий
a.g.b. any good brand будь-який комерційний сорт
Agcy agency аґенція; представництво

a.g.l. above ground level над рівнем землі
A.G.M. annual general meeting загальні щорічні збори
agmt agreement угода; договір
agst, agt against проти
Agt agent аґент; представник
Ah, ah ampere-hour ампер-година
AIDS acquired immunodeficiency syndrome синдром набутого імунодефіциту, СНІД
AK Alaska Аляска *(штат США)*
a.k.a., aka also known as відомий також як
Al Alabama Алабама *(штат США)*
AL American Legion Американський леґіон
a.l. autograph letter власноручний лист
alky alkalinity *хім.* лужність
ALS Air Letter Service повітряна пошта, авіапошта
ALS autograph letter signed оригінал документа підписаний
a.m. abovementioned вищезазначений
a.m. ante meridiem *лат.* до полудня
AM air mail авіапошта
A-m ampere-minute ампер-хвилина
A.M. Associate Member член-кореспондент
AML air mail letter лист повітряною поштою; авіакореспонденція
AMSL above mean sea level вище за середній рівень моря
amt amount кількість
amu atomic mass unit атомна одиниця маси
an; a/n abovenamed вищезазначений, вищезгаданий
anon anonymous анонімний, невідомий
ans answer відповідь
a.n.s. autograph note signed оригінал документа підписаний
a.n.wt. actual net weight реальна вага нетто
a.o. account of за рахунок *(кого-н.)*
a.o. and others та (й) інші (та (й) ін.)
a/or and/or і/або
A.P. American Patent американський патент
a.p. anno passato *лат.* торік
AP Associated Press інформаційна аґенція «Ассошіейтед Прес»
AP airplane літак
AP airport аеропорт
apro approval схвалення, затвердження
apmt appointment 1) призначення 2) місце, посада
app appendix додаток, доповнення
appl applied прикладний, практичний

Додаток 2

appro approval схвалення, затвердження
approx approximately приблизно
appt appointed призначений
Apr April квітень
aptd appointed призначений
a.q. any quantity будь-яка кількість
A.R. anno regni *лат.* у рік царювання (правління)
AR annual return річний звіт
AR acknowledgment receipt розписка про отримання
AR Arkansas Арканзас *(штат США)*
arcft aircraft 1) літак 2) *attr.* авіаційний
ARd arterial road головна дорога, основна магістраль
ARP air raid precautions заходи протиповітряної оборони
arpt airport аеропорт
arr arrival прибуття
a/s alongside *мор.* уздовж борту; борт до борту
A.S. amicable settlement *юр.* мирова угода
AS Anglo-Saxon англосаксонський
ASA American Standards Association Американська асоціація стандартів
asap as soon as possible якомога швидше; при першій нагоді
ASCAP, Ascap American Society of Composers, Authors and Publishers Американське товариство з охорони авторських прав композиторів, письменників і видавців
asf and so forth і так далі (і т. д.)
asgd assigned призначений
asgmt assignment 1) призначення 2) *юр.* цесія
Aspt aspirant кандидат *(на посаду)*
assn association спілка, асоціація
Assr. assignor *юр.* цедент
asst. assistant асистент; помічник
asstd assorted 1) сортований 2) класифікований
AST Atlantic Standard Time атлантичний (нью-йоркський) поясний час
ASV Active Service дійсна військова служба
AT, a.t. apparent time *астр.* правильний час
at.ht. atomic heat атомна теплоємність
at.no. atomic number атомне число, атомний номер
ats at the suit *юр.* за позовом
attn attention 1) увага! 2) до уваги *(кого-н.)* 3) звернути увагу!
atty attorney аторней, повірник, оборонець, адвокат
at.wt. atomic weight атомна вага
A.U. astronomical unit астрономічна одиниця
Aug. August серпень
AUS Army of the United States армія США
Austral Australian Австралійський

auth authentic справжній
auth author автор
auth authorised що користується правом
AV ad valorem *лат.* за вартістю
A.V. acid value *хім.* кислотне число
AV actual velocity дійсна швидкість
AV audiovisual аудіовізуальний
a.v. atomic volume атомний об'єм
av average середній
avdp avoirdupois "евердюпойс" *(англ. система мір ваги для всіх товарів, крім благородних металів, дорогоцінних каменів та аптекарських товарів; 1 фунт avdp = 453,59 г)*
Ave. avenue авеню, проспект, вулиця
avg average середнє число; у середньому
av.l. average length середня довжина
av.w. average width середня ширина
AW actual weight фактична вага
a.w. atomic weight атомна вага
awu atomic weight unit одиниця атомної ваги
AZ Arizona Арізона *(штат США)*

B bar бар *(од. тиску)*
b. before до, перед
BA Bachelor of Arts бакалавр гуманітарних наук
B.A. British Academy Британська академія
B.B. Blue Book Синя книга *(збірник офіційних документів і под.)*
BBC British Broadcasting Corporation Британська радіомовна корпорація, Бі-бі-сі
bbl barrel 1) барило, бочка 2) барель *(міра)*
BC before Christ до нашої ери (до н. е.)
BC birth certificate свідоцтво про народження
BC British Columbia Британська Колумбія *(провінція Канади)*
B.C.; b/c bulk cargo насипний (наливний) вантаж; безтарний вантаж
B.C.E. British Commonwealth and Empire Британська Співдружність Націй та Імперія
B.C.N. British Commonwealth of Nations Британська Співдружність Націй
B.D. Bachelor of Divinity бакалавр богослов'я
B.D. bank draft тратта, виставлена одним банком іншому банкові
BD barrels per day *(стільки-то)* барелей на день
BD bills discounted дисконтовані *або* враховані векселі
bd bond 1) облігація; бона 2) боргове зобов'язання 3) заставна
bd bound for... що прямує до... *(про судно)*
b/d brought down (ціна) знижена
bd bundle 1) в'язка, пачка, пака 2) в'язка пряжі *(54 840 м)*

bdcst broadcast радіопередача
bdg building споруда, будівля
B.E. Bank of England Англійський банк
B/E bill of entry мор. (митна) декларація щодо приходу суден
B.E. British Empire іст. Британська Імперія
BEM British Empire Medal Медаль Британської Імперії
Benelux Belgium, Netherland and Luxemburg економічний і митний союз Бенілюкс
betn between між, межи, у проміжку
Bev billion electron volts мільярд електроновольт, Бев
B.Ex., B/Ex bill of exchange перекладний вексель, тратта
BF back face зворотний бік; зворотна грань
b.f. bona fide лат. по совісті; сумлінно; щиро, щиросердо
bg background задній план, тло
bg bag мішок
BG British Government англійський уряд
BG British Guiana Британська Ґвіана
Bhn Brinell hardness number фіз. твердість за Брінелем
B.H.P. brake horsepower ефективна потужність у кінських силах
BK bacillus Kochii лат. паличка Коха, туберкульозна паличка
bk back назад, у зворотному напрямі
Bkg banking 1) проведення банківських операцій 2) банківська справа
bkt bracket дужка
B.L. Bachelor of Law бакалавр права
bl bale стіс, пака, тюк
bl barrel 1) барило, бочка 2) барель (міра)
bl bilateral двобічний, двосторонній
B/L bill of lading транспортна накладна, коносамент
B.L.A. bilateral agreement двостороння угода
bldg building споруда, будівля
blvd boulevard бульвар
BM Bachelor of Medicine бакалавр медицини (пишеться після прізвища)
bm. bi-monthly раз на два місяці
BM British Museum Британський музей
BMD ballistic missile defence протиракетна оборона
B.M.N. British Merchant Navy англійський торговельний флот
B.M.T. British Mean Time британський середній час
B.N. bank-note банкнот
bn battalion 1) батальйон 2) арт. дивізіон
bn between між, межи, у проміжку
b.o. back order зворотний порядок; у зворотному порядку

BO Branch Office місцеве відділення, філія
B.O., b.o. buyer's option на вибір (або розсуд) покупця
BOR British other ranks рядовий і сержантський склад англійської армії
B.o.T.U. Board of Trade unit кіловат-година
BP barometric pressure барометричний тиск
b.p. boiling point точка кипіння, температура кипіння
BP British Patent британський патент
B.P. British Public британський народ
B.Ph. Bachelor of Philosophy бакалавр філософії
bpl birth place місце народження
B.P.M., b.p.m. blows per minute (стільки-то) ударів за хвилину
B.R. bank rate дисконтна ставка банку
BR basic requirements основні вимоги, вимоги за стандартом
B.R. book of reference довідник, довідкове видання
B.S. bill of sale заставна
b.s. both sides по обидва боки
BS British Standard британський стандарт
BSA Boy Scouts of America Організація американських бойскаутів
BSc Bachelor of Science бакалавр (природничих) наук
BSD British Standard Dimension розмір за британським стандартом
BSM Bronze Star Medal Американська медаль «Бронзова зірка»
BSS British Standard Specification британський відомчий стандарт
BST British Summer Time англійський літній час
BT berth terms мор. лінійні умови
btto brutto вага брутто (вага товару з упакуванням)
BThU British Thermal Unit британська теплова одиниця (0,252 великої калорії), БТЕ
bu. bushel бушель ($\cong$ 36,3 л)
BUP British United Press інформаційна агенція «Бритиш Юнайтед Прес»
B/V book value вартість за торговельними книгами
BWT British Winter Time англійський зимовий час

C calorie велика калорія, кілограм-калорія
c calorie мала калорія, грам-калорія
c. carat карат (200 мг)
C. centigrade за стоградусною шкалою (про температуру)
c circa лат. приблизно, близько
c. curie кюрі (од. радіоактивності)
CA California Каліфорнія (штат США)

C.A. Central America Центральна Америка
C.A. Court of Appeal апеляційний суд
CA current account поточний рахунок
c&f cost and freight ціна, що включає вартість і фрахт
c&i cost and insurance ціна, що включає вартість і витрати страхування
Can. Canada Канада
Canad. Canadian канадський
cb centibar центибар (од. атмосферного тиску)
CB confidential book секретне видання; видання, яке не підлягає розголошенню
CBC Canadian Broadcasting Corporation Канадська радіомовна й телевізійна корпорація, Сі-бі-сі
cbcm cubic centimetre кубічний сантиметр
cbft cubic foot кубічний фут
cbm cubic metre кубічний метр
CBR chemical, biological and radiological хімічний, біологічний і радіологічний
CC. cash credit (банківський) кредит готівкою
cc credit card кредитна картка
C.C. Civil Court цивільний суд
CC Common Council муніципалітет
c/c concentric концентричний
cca circa лат. приблизно, близько
CCA Commission for Conventional Armaments of the United Nations Security Council Комісія з озброєнь звичайного типу Ради безпеки ООН
CCC Central Criminal Court центральний суд із кримінальних справ
CCC Customs Co-operation Council Європейська митна рада
cckw counter-clockwise проти (руху) годинникової стрілки
ccm. cubic centimetre кубічний сантиметр
C.D. contagious disease інфекційне захворювання
cdm cubic decimetre кубічний дециметр
CD-ROM Compact Disk Read-Only Memory ПЗП (постійний запам'ятовувальний прилад) на компакт-дисках
CDV cash debit voucher розписка в одержанні позики готівкою
CE Canada, East Східна Канада
C.E. Church of England Англіканська Церква
CE civil engineer інженер-будівельник
CEC central executive committee центральний виконавчий комітет
CEEC Committee of European Economic Co-operation Комітет європейського економічного співробітництва
CET Central European Time центральноєвропейський час
CF carriage free франко-місце призначення
c.f. centre forward спорт. центр нападу

c.f. centrifugal force відцентрова сила
cf. confer порівняй(те)
cfm cubic feet per minute (стільки-то) кубічних футів за хвилину
c.f.o. cancelling former order на скасування попереднього наказу
cfs cubic feet per second (стільки-то) кубічних футів за секунду
cft cubic foot кубічний фут
cg centigram(me) сантиграм
c.g. centre of gravity центр ваги
CG, C-G Consul-General генеральний консул
CGH Cape of Good Hope мис Доброї Надії
CGS centimetre-gram(me)-second система сантиметр-грам-секунда, система СГС
CH Clearing House розрахункова палата
CH Custom House митниця
chm, chmn chairman голова (обраний керівник або особа, яка керує зборами)
CHU centigrade heat unit фунт-калорія
C/I, c./i. certificate of insurance страхове свідоцтво, страховий поліс
C.I. Channel Islands Нормандські о-ви
CIA Central Intelligence Agency Центральне розвідувальне управління, ЦРУ (США)
c.i. cubic inch кубічний дюйм
CID Criminal Investigation Department Відділ карного розшуку
cif cost, insurance, freight вартість, витрати зі страхування та фрахт, сіф
C-in-C Commander-in-Chief головнокомандувач
C.J. Chief Justice головний суддя
ckw clockwise за годинниковою стрілкою
cl centilitre сантилітр
CL centre line середня лінія, лінія центрів; вісь
CL centre of lift точка прикладання підіймальної сили
CLUS Continental Limits United States межі континентальної частини США
cm centimetre сантиметр (см)
CM Corresponding Member член-кореспондент (членкор) (наукового товариства)
CM Common Market Спільний ринок
CM Court Martial військовий суд
c.m. metric carat міжнародний метричний карат (200 мг)
cmm cubic millimetre кубічний міліметр
cmps centimetre per second (стільки-то) сантиметрів за секунду (см/сек)
C/N contract note договірна записка; договір
CNS central nervous system центральна нервова система
c.o., c/o care of для передавання (такому-то, напис на листах)
CO cash-order фін. тратта, термінова за пред'явленням

CO Colorado Колорадо *(штат США)*
Co company компанія *(промислова, торговельна й под.)*
C.O.D. cash on delivery оплата після доставки; післяплата
C of C Chamber of Commerce торговельна палата
Corp, Corpn corporation корпорація
CP Calorific power теплотворність; тепловидатність
CP charter-party *мор.* чартер-партія
C.P. Code of Procedure процесуальний кодекс
cp. compare порівняй(те)
cp constant potential *ел.* постійний потенціал
C.P. cost price собівартість
CPI character per inch кількість знаків на дюйм
cps cycles per second *(стільки-то)* герц
Cr. creditor кредитор
C.R.M. cash on receipt of merchandise оплата готівкою для отримання товару
CrO circular order циркулярне розпорядження
CRU customer replaceable unit блок, замінюваний користувачем
C.S. capital stock основний капітал
CS Civil Service державна цивільна служба
C.S.A. Canadian Standards Association Канадська асоціація стандартів
C.S.T. Central Standard Time центральний поясний час *(від 90° до 105° західної довготи)*
CT Connecticut Коннектикут *(штат США)*
CT correct time точний час
ctl cental англійський квинтал *(міра сипких тіл = 45,36 кг)*
CTU centigrade thermal unit фунт-калорія
cu. cubic кубічний
CV coulomb-volt *ел.* кулон-вольт
C V curriculum vitae *лат.* життєпис
CW Canada, West Західна Канада
CW chemical warfare хімічна війна
C/W, c.w. commercial weight торговельна вага
CWO cash with order розрахунок готівкою під час видавання замовлення
CWS confer with script порівняй(те) із текстом
CWT Central Winter Time центральний зимовий поясний час *(від 95° до 105° західної довготи)*
cwt. hundredweight центнер *(в Англії — 50,8 кг; у США — 45,4 кг)*
Cy city місто
cy. currency валюта
CYs cubic yards кубічні ярди
CZ Canal Zone зона Панамського каналу

d. date дата
d. day 1) день 2) *attr.* денний
d. denarius *лат.* пенні, один пенс *(0,01 фунта стерлінгів)*
d. dime 10 центів *(амер. монета)*
d daughter дочка
D Democrat демократ, член демократичної партії; **democratic** демократичний
D. department департамент, управління, міністерство
d. diameter діаметр
d. died помер
D, d diopter діоптрія
d. dollar долар
d. dose *мед.* доза
DA Danish данський
DA days after acceptance *банк.* *(через стільки-то)* днів після акцепту
DA District Attorney окружний прокурор *(США)*
D/A documents attached документи додано *(з документами)*
DA disk array дискова матриця
dag. decagram(me) декаграм
D.Agr. Doctor of Agriculture доктор сільськогосподарських наук
D.A.H. disordered action of the heart розлад серцевої діяльності
dal decalitre декалітр
dam decametre декаметр
d.& s.demand and supply попит і пропозиція
das decastere десять кубометрів
DB, d.b. day-book щоденник; журнал
db decibel *фіз.* децибел
dbl. double подвійний; парний; дубльований
D.C. Diplomatic Corps дипломатичний корпус
D.C. direct current постійний струм
D.C. District of Columbia федеральний округ Колумбія *(США)*
dct document документ; **documental** документальний
DD days after date *(через стільки-то)* днів від цього числа
DD demand draft вексель (терміновий) за пред'явленням; тратта, термінова за пред'явленням
D.D. Doctor of Divinity доктор богослов'я
dd doubled подвоєний; здвоєний
D-day 1) день призову 2) *війс.* день «D», день початку операції
d.d. in d. de die in diem *лат.* день у день
DDE direct data entry пряме введення даних
D.E. degree of elasticity ступінь пружності
dec., decd deceased що помер, померлий
DE Delaware Делавер *(штат США)*
Dec. December грудень

def. defendant відповідач
deg. degree градус
Dem. Democrat демократ, член демократичної партії; **Democratic** демократичний; що стосується демократичної партії
dep. departure відправлення; відхід
dep. deposit вклад, внесок
Dept. department 1) управління; відділ; департамент 2) міністерство; відомство 3) військовий округ
detd determined визначений, установлений
d.f. design formula розрахункова формула
d.f. diversity factor коефіцієнт різночасності
D.F. double fronted двофасадний; що виходить на дві вулиці *або* дороги
dft defendant обвинувачуваний, підсудний; відповідач
dft draft 1) начерк; схема, креслення 2) проект *(документа)* 3) чек, тратта; сума, отримана за траттою 4) *військ.* набір; призов; поповнення, маршова команда 5) *мор.* осідання
dg decigram(me) дециграм
d.g. decimal gauge десятковий калібр
dg degree 1) градус 2) ступінь, ранг
D.H. Daily Herald газета «Дейлі Геральд»
DHP designed horsepower проектна потужність
diam. diameter діаметр
difce, diff. difference 1) різниця; розбіжність 2) *мат.* різниця
dk dark темний
dkg dekagram(me) декаграм
dkl dekalitre декалітр
dkm dekametre декаметр
dl. decilitre децилітр
d.l. description leaf анотація
DLa difference of latitudes *геогр.* різниця широт
D. Lit. Doctor of Literature доктор літератури
D.Lo. difference of longitudes *геогр.* різниця довгот
dm decimetre дециметр
DM Diplomatic Mission дипломатична місія
D.M. Doctor of Medicine доктор медицини
DNS Domain Name System (Service) система (служба) йменування доменів (протокол обслуговування каталогів у TCP/IP)
D/O delivery order 1) розпорядження про видачу вантажу (товару) 2) товаророзпорядчий документ 3) замовлення на постачання товару
D.o.B., DOB date of birth дата народження
DP Democratic Party Демократична партія (США)
DP difference of potential *ел.* різниця потенціалів, напруга
DP displaced person переміщена особа

d.p. double-pole *ел.* двобігуновий (двополюсний)
DPE for the duration of the present emergency на час надзвичайного стану
D.Ph. Doctor of Philosophy доктор філософії
dr debtor боржник, дебітор
Dr doctor доктор *(учений ступінь)*
dr.ap. dram apothecaries драхма аптекарської ваги *(0,0355 децилітра)*
dr.av. dram avoirdupois драхма торговельної ваги *(1,7718 г)*
D.S. document signed документ, підписаний *(таким-то)*
DSc Doctor of Science доктор (природничих) наук
Du duchy герцогство
DV discharged veteran *амер.* демобілізований учасник війни
d.w. daily wages денна заробітна плата
d.w. deadweight *тех.* 1) вага конструкції, мертва вага 2) повна вантажопідйомність *(судна)*
DWT, dwt deadweight tonnage повна вантажопідйомність *(судна)* у тоннах
dwt pennyweight пенніейт *(міра ваги = ,555 г)*
dz dozen дюжина

E East схід; **eastern** східний
e erg *фіз.* ерг *(од. роботи)*
E modulus of elasticity *фіз.* модуль пружності
E.A. East Africa Східна Африка
EAES European Atomic Energy Society Європейське співтовариство з атомної енергії, Євроатом
E.Am. Encyclopaedia Americana *лат.* Американська енциклопедія
E&OE errors and omissions excepted крім помилок і пропусків
E.A.O.N. except as otherwise noted крім тих випадків, коли зазначено інакше
E.B. Encyclopaedia Britannica *лат.* Британська енциклопедія
e.b.b., EBB extra best best найвищої якості, найвищого ґатунку
EBB electronic bulletin board електронна дошка оголошень
E.C. Executive Committee виконавчий комітет
e.c. exempli causa *лат.* наприклад
E.C.E. East Coast of England Східне узбережжя Англії
ECE Economic Commission for Europe Європейська економічна комісія ООН, ЄЕК
ECG electrocardiogram електрокардіограма, ЕКГ
E.C.I. East Coast of Ireland Східне узбережжя Ірландії

ECMA European Computer Manufacturers Association Європейська асоціація виробників обчислювальної техніки
ED existence doubtful існування сумнівне
edn edition видання
ednl educational загальноосвітній; виховний
EDP, edp electronic data processing електронна обробка даних
EDT Eastern Daylight Time східний поясний час
educ education освіта, виховання; **educational** загальноосвітній
EE Early English ранньоанглійська мова
E.E. English ell міра довжини *(114,2 см)*
EE Envoy Extraordinary надзвичайний посланець
e.e. errors excepted крім помилок
EEC European Economic Community, the Common Market Європейська економічна співдружність, ЄЕС, Спільний ринок
EET East European Time східноєвропейський поясний час
e.g. exempli gratia *лат.* наприклад
EHP effective horsepower ефективна потужність у кінських силах
e.h.p. electric horsepower електрична кінська сила
EHT extra high tension *ел.* надвисока напруга
EKG electrocardiogram електрокардіограма, ЕКГ
EL east longitude *геогр.* східна довгота
E.L. elastic limit межа пружності
elec, elect. electric електричний; **electricity** електрика
elem. elementary елементарний
ELH English Literary History історія англійської літератури
EM Eastern Mediterranean Східне Середземномор'я
EM electromagnetic електромагнітний
EMF electromotive force електрорушійна сила
EMF European Monetary Fund Європейський валютний фонд
EMS European Monetary System Європейська валютна система
EMT European Mean Time середньоєвропейський поясний час
emu electromagnetic unit електромагнітна одиниця
emu electromotive unit одиниця електрорушійної сили
E.M.V. electromagnetic volume електромагнітна ємність
e.o.d. every other day через день, раз на два дні
e.o.m. end of month (following) наприкінці (наступного) місяця
e.o.m. every other month щомісяця, раз на два місяці
e.o.o.e. errors or omissions excepted помилки та виправлення не дозволяються
E.P. express paid терміновість *(доставлення)* оплачено
EPD earliest possible date якомога раніше
e.p.m. explosions per minute *(стільки-то)* вибухів за хвилину
EPT Excess Profits Tax податок на надприбуток
ESL electronic software licensing електронне ліцензування програмного забезпечення
Esq., Esqr. Esquire есквайр
esu electrostatic unit електростатична одиниця
ET early treatment перша (медична) допомога
E.T. English translation англійський переклад
EU European Union Європейський союз
eV electron volt електрон-вольт
evy every кожний
exps expenses витрати
exx examples приклади

F Fahrenheit за шкалою Фаренгейта
F farad *ел.* фарада
f. fathom морський сажень *(183 см)*
f.a.c. fast as can якомога швидше (терміново)
FAT File Allocation Table таблиця розташування файлів (в операційній системі DOS)
F.B. full back *спорт.* захисник
F.B.A. Fellow of the British Academy член Британської академії
FBI Federal Bureau of Investigation Федеральне бюро розслідувань, ФБР *(США)*
F.C. for cash за готівку (готівкою)
fco franco франко; вільно від витрат; безкоштовно
fct forecast пророкування, прогноз; попередній розрахунок
Fd field 1) поле 2) *attr.* польовий, похідний
f.d. free dispatch безкоштовне пересилання
FDD Floppy Disk Drive нагромаджувач на гнучких магнітних дисках, НГМД
FE Far East Далекий Схід
f.e. for example наприклад
Feb. February лютий
Fed., fed. federal федеральний; **federation** федерація
fem feminine жіночий
FET Far East Time далекосхідний поясний час
F.H.R. Federal House of Representatives Федеральна палата представників *(в Австралії)*
f.i. free in навантаження оплачується фрахтувальником

f.i.a. full interest admitted *ком.* усі умови для забезпечення зацікавленості дотримано
FIDE Fédération Internationale des Echecs *фр.* Міжнародна шахова федерація, ФІДЕ
FIFA Fédération Internationale de Football Associations *фр.* Міжнародна федерація футбольних асоціацій, ФІФА
FIFO first-in, first-out першим прийшов — першого й обслужили; обслуговування після надходження
f.i.o. free in and out навантаження й вивантаження оплачуються фрахтувальником, ФІО
FL falsa lectio *лат.* різночитання
Fl Florida Флорида *(штат США)*
F.m. fair merchantable доброї торгової якості
fm. fathom морський сажень *(183 см)*
F.M. Foreign Mission іноземна місія
FM Frequency Modulated на модульованих частотах
fm from із; від; з; по
fmly k.a. formerly known as... раніше відомий як...
fn footnote виноска, примітка
fn.p. fusion point точка топлення
F.O.B. free on board франко-борт, ФОБ
FOC free of charge безкоштовно, безоплатно
FOC fiber-optics communications волоконно-оптичний зв'язок
f.o.q. free on the quay франко-набережна
f.o.r. free on rail франко-залізниця
f.o.s. free on steamer франко-пароплав
fp freezing point точка замерзання
f.p.h. feet per hour *(стільки-то)* футів за годину
f.p.m. feet per minute *(стільки-то)* футів за хвилину
f.p.s. feet per second *(стільки-то)* футів за секунду
Frt, Fr't freight 1) вантаж 2) фрахт
FSF Free Software Foundation Фонд безкоштовного програмного забезпечення
ft foot фут; **feet** фути
F.T.L. force, time, length сила, час, довжина *(система од.)*
FTS functional test suite набір функціональних тестів
f.v. folio verso *лат.* на звороті *(аркуша, сторінки)*
F.W. full weight загальна вага, повна вага
F.X. foreign exchange іноземна валюта
F.Y.I. for your information до вашого відома

G gauss ґаус (Ґс) *(од. магнітної індукції)*
G., g. gram(me) грам (г)
g specific gravity питома вага
ga. gauge 1) калібр; шаблон; масштаб; стандарт 2) *зал.* ширина колії

G.A., G/A general average *мор., страх.* загальна аварія
GA Georgia Джорджія *(штат США)*
GA (United Nations) General Assembly Генеральна Асамблея (ООН)
GACT Greenwich Apparent Civil Time правильний цивільний час за Ґринвіцьким меридіаном
GAPPN Gigabit Advanced Peer-to-Peer Networking архітектура гігабітних однорівневих мереж (компанії IBM)
GATT General Agreement on Tariffs and Trade Генеральна угода з митних тарифів і торгівлі *(країн Атлантичного союзу)*
G.B. Great Britain Велика Британія
GB&I Great Britain and Ireland Велика Британія та Ірландія
GC Geneva Convention Женевська Конвенція *(1864, 1929, 1949 рр., що регулює становище поранених, полонених і цивільних осіб, захоплених воюючими сторонами)*
G.C. Grand Cross орден «Великий хрест» *(в Англії)*
g.-cal. gram(me) calorie грам-калорія
g/cc grams per cubic centimetre *(стільки-то)* грамів на кубічний сантиметр
G.C.D. greatest common divisor загальний найбільший дільник
g/cu.m. grams per cubic metre *(стільки-то)* грамів на кубічний метр
Gd grand великий
g.f. good fair високоякісний
g.gr. great gross великий ґрос *(12 ґросів, 1728 штук)*
G.H.Q. General Headquarters ставка головного командування; штаб-квартира; загальновійськовий штаб
gi gill міра рідини *(в Англії — 0,142 л; у США — 0,118 л)*
GL Great Lakes Великі озера *(у США)*
G.L. ground level рівень землі
GM. Gold Medal золота медаль
GM guided missile керована ракета
G.M.T. Greenwich Mean Time середній час за Ґринвіцьким меридіаном
g.m.v. gram(me)-molecular volume грам-молекулярний об'єм
g.m.w. gram(me)-molecular weight грам-молекулярна вага
g.o.b. good ordinary brand звичайної доброї якості *(про товар)*
GP general purpose *attr.* загального призначення, багатофункціональний
G.P. Great Powers великі держави
g.p.h. gallons per hour *(стільки-то)* ґалонів за годину
g.p.h. grams per hour *(стільки-то)* грамів за годину

g.p.m. gallons per minute *(стільки-то)* ґалонів за хвилину
G.P.O. General Post-Office головне поштове управління
g.p.s. gallons per second *(стільки-то)* ґалонів за секунду
gps grams per second *(стільки-то)* грамів за секунду
gr gross ґрос *(12 дюжин, 144 штуки)*
GRT gross register tons мор. *(стільки-то)* реєстрових тонн (брутто-тонн)
G.S. grammar-school середня класична школа
GS Gulf States штати США, що межують із Мексиканською затокою *(Флорида, Алабама,Міссісіпі, Луїзіана й Техас)*
GSL Great Salt Lake Велике Солоне озеро *(у США)*
g.s.m. good sound marketable дуже попитний *(про товар)*
g.s.w. gross shipping weight вага брутто під час відправлення
GT gross ton довга (англійська) тонна *(1016 кг)*
g.t.m. good this month дійсний протягом цього місяця
g.t.w. good this week дійсний протягом цього тижня
GUI Graphical User Interface графічний інтерфейс користувача
g.v. gravimetric volume гравіметричний об'єм
GW gross weight вага брутто
G.W.P. Government White Paper «Біла книга» *(офіційне урядове видання в Англії)*

H., h. hardness твердість
H henry ел. генрі
h. hour година (год)
h. hundred сто
ha. hectare гектар (га)
h.a. hoc anno лат. цього року
H.B. half-back спорт. півзахисник
H.B.M. His (Her) Britannic Majesty Його (Її) Британська Величність *(титул англ. короля або королеви)*
H.C. High Court of Justice Верховний суд *(в Англії)*
h.c. honoris causa лат. за заслуги; заради пошани
H.C. House of Commons палата громад *(в Англії)*
H.D. hearing distance відстань чутності
HD Home Defence оборона метрополії
HDTV High Definition Television телевізія високої чіткості, ТВЧ
h.e. hic est лат. тобто
HE high explosive вибухова речовина
H.E.U., h.e.u. hydroelectric unit гідроелектрична одиниця
hf. half половина
HF high frequency висока частота
HF Home Fleet флот метрополії
H.G. High German верхньонімецька мова
HI Hawaii Гаваї *(о-ви і штат США)*
HIV human immunodeficiency virus вірус імунодефіциту людини, ВІЛ
Hl. hectolitre гектолітр
h.l. hoc loco лат. цього місяця
H.L. House of Lords палата лордів
HLS hue-level-saturation колір-яскравість-насиченість (метод кольоропередавання)
hm. hectometre гектометр
H.M.G. His (Her) Majesty's Government уряд Його (Її) Величності, уряд Великої Британії
HMS His (Her) Majesty's Service «на службі Його (Її) Величності» *(позначення приналежності до збройних сил Великої Британії)*
h.m.s. hours, minutes, seconds години, хвилини, секунди
H.O. Head Office головна контора; правління
hp horsepower кінська сила *(од. потужності)*
hp.-hr. horsepower-hour (кінська) сила-година
HPS highest possible score найбільше можливе число балів *(у спортивних змаганнях)*
HQ headquarters штаб
h.r. half-round напівкруглий
HR House of Representatives палата представників *(амер. конгресу)*
h.s. hoc sensu лат. у цьому сенсі
ht heat теплота
h.t. hoc tempore лат. у цей час
HTML Hyper-Text Markup Language гіпертекстова мова опису документів (файлів)
hv heavy важкий
h.v. high voltage висока напруга
Hvn haven гавань
hwt hundredweight центнер *(в Англії = 50,8 кг; у США = 45,36 кг)*

i. inch дюйм
IA Iowa Айова *(штат США)*
IAW in accordance with... відповідно до..., згідно з...
ib., ibid ibidem лат. там же
IBRD International Bank for Reconstruction and Development Міжнародний банк реконструкції та розвитку, МБРР
i. bu. imperial bushel імперський бушель *(36,36 л)*
IBU International Broadcasting Union Міжнародна радіомовна спілка
IBWM International Bureau of Weights and Measures Бюро міжнародного комітету мір і ваг

ICC International Chamber of Commerce Міжнародна торговельна палата
ICGM intercontinental ballistic missile міжконтинентальна балістична ракета, МБР
ICJ International Court of Justice Міжнародний суд *(ООН)*
I.C.T. International Critical Tables міжнародні таблиці фізичних констант
I.C.Z. Isthmian Canal Zone зона Панамського каналу
id. idem *лат.* той же
i.d. inside diameter внутрішній діаметр
i.e. id est *лат.* тобто
I.E. Indo-European індоєвропейський
i.f. in full 1) повний, закінчений 2) цілком
I.G. Indo-Germanic індогерманський
IGO Intergovernmental Organization Міжурядова організація *(ООН)*
IGY International Geophysical Year Міжнародний геофізичний рік
i.h.p. indicated horsepower індикаторна потужність
IL Illinois Іллінойс *(штат США)*
ILO International Labour Organisation Міжнародна організація праці, МОП *(ООН)*
IMF International Monetary Fund Міжнародний валютний фонд *(ООН)*, МВФ
IN Indiana Індіана *(штат США)*
Interpol International Police Міжнародна організація кримінальної поліції, Інтерпол
intro., introd. introduction вступ, передмова
IO Indian Ocean Індійський океан
i.o. in order у порядку
IOC International Olympic Committee Міжнародний олімпійський комітет, МОК
IOJ International Organisation of Journalists Міжнародна організація журналістів, МОЖ
IOU I owe you я вам винен *(форма боргової розписки)*
IPA International Phonetic Alphabet міжнародна фонетична абетка; міжнародна фонетична транскрипція
i.p.m. inches per minute *(стільки-то)* дюймів за хвилину
i.p.s. inches per second *(стільки-то)* дюймів за секунду
i.q. idem quod *лат.* так само як
IQ intelligence quotient коефіцієнт розумового розвитку
IRA Irish Republic Army Ірландська республіканська армія, IPA
IRO International Refugee Organisation Міжнародна організація ООН у справах біженців
ISP Internet Service Provider постачальник сервісу в мережі Internet (через вузол зв'язку з безпосереднім доступом до Internet за протоколом IP)

ITO International Trade Organisation Міжнародна організація торгівлі *(ООН)*
I.U. international unit міжнародна одиниця
IUS International Union of Students Міжнародна спілка студентів, МСС
IYC International Youth Congress Міжнародний конґрес молоді

J.A. Judge Advocate військовий прокурор
JB John Bull Джон Буль *(прізвисько англійців)*
JCS Joint Chiefs of Staffs Об'єднаний комітет начальників штабів *(США)*
jct., jctn junction залізничний вузол; стик шосейних доріг (залізниць)
J.D. Jurum Doctor *лат.* доктор права
J.P. Justice of the Peace мировий суддя
Jr, jr junior молодший
jr gr. junior grade молодший розряд
jt joint об'єднаний; спільний, єдиний
jt au. joint author співавтор

K., k K kilogram(me) кілограм
kc. kilocycle кілоцикл
kcal kilocalorie кілокалорія, велика калорія
Kc/s kilocycles per second *(стільки-то)* кілогерц
kev kilo-electron-volt кіло-електрон-вольт, кев
K.G. kilogram gross weight вага брутто в кілограмах
kg kilogram(me) кілограм (кг)
kg p.h. kilograms per hour *(стільки-то)* кілограмів за годину
kg p.m. kilograms per minute *(стільки-то)* кілограмів за хвилину
kg/s kilograms per second *(стільки-то)* кілограмів за секунду
kHz kilohertz кілогерц
KKK Ku Klux Klan Ку Клукс Клан (К'ю Клакс Клен)
kl. kilolitre кілолітр
km. kilometre кілометр
km/s kilometres per second *(стільки-то)* кілометрів за секунду
K.O. knock out *спорт.* нокаут
kph kilometres per hour *(стільки-то)* кілометрів за годину
KS Kansas Канзас *(штат США)*
KV; kv kilovolt кіловольт
KVA kilovolt-ampere *(стільки-то)* кіловольт-ампер
kw. kilowatt кіловат
kwh, kw-hr kilowatt-hour кіловат-година
KY Kentucky Кентуккі *(штат США)*

L lambert ламберт *(од. поверхневої яскравості або освітленості)*

L learner учень *(за кермом)*
L. length довжина
L. longitude довгота; меридіан
L.A. Legislative Assembly законодавчі збори
L.A. Los Angeles м. Лос-Анджелес
L.A. length average середня довжина
l.a. letter of advice авізо, повідомлення
L/A letter of authority письмове повноваження, доручення
L.A., L/A lighter than air легше від повітря
LA local authority місцева влада, місцеве управління
LA Louisiana Луїзіана *(штат США)*
L.A.T. local apparent time правильний місцевий час
L.B. letter-box поштова скринька
lb. libra *лат.* фунт (ваги)
l.b. long(-dated) bill довгостроковий вексель, довгострокова тратта
lb. ap. pound apothecary фунт аптекарської ваги *(373,24 г)*
lb. av. pound avoirdupois англійський торговельний фунт *(453,6 г)*
l.b.s. lectori benevolo salutem! *лат.* привіт прихильному читачеві!
L.C. Law Court суд
LC, L/C letter of credit акредитив
L.C. Library of Congress Бібліотека конгресу США
l.c. loco citato *лат.* у наведеному (цитованому) місці
L.C. Lower California Нижня Каліфорнія
l.c.m. least common multiple найменше спільне кратне
L.C's Low Countries Нідерланди
l.c.v. low calorific value низька теплотворність
LD lethal dose смертельна доза
L.D. letter of deposit заставний лист
ldg lodging житло; помешкання, квартира
Ldn London м. Лондон
LE low explosive повільно палаюча вибухова речовина
LED Light-Emitting Diode світлодіод
lf leaf лист; аркуш
LF load factor коефіцієнт навантаження
l.ft. linear foot погонний фут *(304,8 мм)*
lg. large великий
lg logarithm логарифм *(десятковий)*
L.G. Low German нижньонімецька мова
lgth, Lgth length довжина
lg tn long ton довга (англійська) тонна *(1016 кг)*
l./hr. litre/hour літр/година
l. hr. lumen-hour люмен-година
l.h.s. left hand side лівий бік
li logarithm integral інтегральний логарифм

l.l. loco laudato *лат.* у згаданому місці
LL longitude and latitude *геогр.* довгота й широта
LLR line of least resistance лінія найменшого опору
lm lumen *фіз.* люмен
LMT local mean time місцевий середній час
ln. logarithm natural натуральний логарифм
LO low ordinary звичайний низькосортний *(про товар)*
L.O.A. length overall загальний протяг, загальна довжина
LP Labour Party лейбористська партія *(в Англії)*
L.R. Lloyd's Register судновий реєстр Лойда
L-S language student людина, яка вивчає чужоземну мову
LS left side лівий бік
l.s. long sight *attr.* довгостроковий *(про рахунок або векселі)*
L.s.d. librae, solidi, denarii *лат.* фунти стерлінгів, шилінги, пенси
LSR local sunrise схід сонця за місцевим часом
L.St. livre sterling фунт стерлінгів *(грошова од.)*
Ltd, ltd limited *(компанія)* з обмеженою відповідальністю
L.U.R. London Underground Railways Лондонський метрополітен
lw. lightweight *спорт.* легка вага
LWOP leave without pay відпустка без збереження утримання
lx lux люкс *(од. виміру освітленості)*

M Mach number *фіз.* число Маха
M mass маса
M Maxwell максвел *(од. магнітного потоку)*
M. meridian *геогр.* меридіан
MA Massachusetts Массачусетс *(штат США)*
M.A. Master of Arts магістр мистецтв (гуманітарних наук)
m.a. medium altitude середня висота
M.A. Middle Ages середні віки
ma milliampere міліампер
m milliangstrum *фіз.* міліангстрем
MABP mean arterial blood pressure середній артеріальний тиск крові
M.A.S. milliampere seconds міліампер-секунди
mb megabar мегабар *(од. атмосферного тиску)*
M.B. Memorandum Book записник, довідник
mb millibar мілібар *(од. атмосферного тиску)*
MB Manitoba Манітоба *(провінція Канади)*
M.C. medical certificate медична посвідка, довідка про стан здоров'я
M.C. medium capacity 1) середня ємність (місткість) 2) середня продуктивність (потужність); середня вантажопідйомність

mc megacycle мегагерц
M.C. Member of Congress член конґресу
m.c. mensis currentis лат. поточного місяця
M.C. metric carat метричний карат
M.C. Military Code звід військових законів
MD distance in miles відстань у милях
MD Maryland Меріленд *(штат США)*
M.D. maximum demand 1) ек. найбільший попит 2) тех. максимальне навантаження
Md median медіана
md middle середній
MD, md months after date *(через стільки-то)* місяців від цієї дати
MDAP Mutual Defense Assistance Program Програма військової взаємодопомоги *(країн НАТО)*
mdse merchandise товари
M.E. Middle East Середній Схід
ME Maine Мен *(штат США)*
M.E. Middle English середньоанглійська мова
m.e. most excellent напрочуд винятковий, чудовий
m.e.h.p. mean effective horsepower середня ефективна потужність у кінських силах
memo memorandum меморандум; нагадувальний лист, нагадувальна записка
M.E.T. Mean European Time середньоєвропейський час
MeV megaelectron-volt мегаелектроновольт
MF medium frequency середня частота
mf. microfarad ел. мікрофарада
mfr. manufacturer виробник
MG machine-gun кулемет
mg. milligram(me) міліграм
m.g.d. million gallons per day *(стільки-то)* мільйонів ґалонів за (на) день
mge message повідомлення, телеграма
Mgr. manager керівник, завідувач
mh millihenry ел. мілігенрі
mhl medium heavy loaded завантажено наполовину
MHR Member of the House of Representatives член палати представників *(США)*
mhy, MHY microhenry ел. мікрогенрі
MI Michigan Мічиґан *(штат США)*
mi. mile миля
MIDI Musical Instrument Device Interface інтерфейс електромузичних інструментів
mi/hr miles per hour *(стільки-то)* миль за годину
M.I.P. Marine Insurance Police поліс морського страхування
M.I.P., m.i.p. mean indicated pressure середній індикаторний тиск
MKS metre-kilogram(me)-second метр-кілограм-секунда, система МКС

mkt market 1) ринок; 2) *attr.* ринковий
Ml mail 1) пошта; 2) *attr.* поштовий
ML mean level середній рівень
ml. millilitre мілілітр (мл)
ML my letter (посилаючись на) мій лист
mm. matrimony шлюб
mm millimetre міліметр (мм)
mm millimole міліграм-молекула
M.M. money market фінансовий (валютний) ринок
m.m. mutatis mutandis лат. з відповідними змінами
Mm myriametre десять кілометрів
M.M.F. magnetomotive force магніторушійна сила
MN Minnesota Міннесота *(штат США)*
MN magnetic north магнітна північ
M.N. Merchant Navy торговельний (цивільний) флот
mn midnight північ
mn. minimum мінімум
M.O. mail order замовлення (товарів) поштою
Mo Missouri Міссурі *(штат США)*
MO magneto-optical магнітооптичний
mo. month місяць; **monthly** щомісяця; раз на місяць
MOD magneto-optical disk магнітооптичний диск
mol. wt. molecular weight молекулярна вага
mos. months місяці
movt movement рух, переміщення
m.p. manu propria лат. власноручно, власноруч
m.p. medium pressure середній тиск
MP Member of Parliament член парламенту
M.P. Minister Plenipotentiary повноважний міністр *(посланець)*
m.p. months after payment *(через стільки-то)* місяців після платежу
MPA maximum permissible amount максимально припустима кількість
M.P.C. Member of Parliament, Canada член парламенту Канади
mpg miles per gallon *(стільки-то)* миль на ґалон *(пального)*
mph miles per hour *(стільки-то)* миль за годину
mpm miles per minute *(стільки-то)* миль за хвилину
mps metres per second *(стільки-то)* метрів за секунду
M/R memorandum receipt тимчасова квитанція; тимчасовий підтверджувальний документ
mr milliroentgen мілірентґен
Mr. Mister містер, пан
M.R. money remittance грошовий переказ

MR monthly review щомісячний огляд
Mrs Mistress місіс, пані
m/s mail steamer поштовий пароплав
MS Mississippi Міссісіпі *(штат США)*
MS manuscript рукопис
M.S. merchant shipping торговельне судноплавство
ms millisecond мілісекунда
m/s months after sight *(через стільки-то)* місяців після пред'явлення
MS motor ship теплохід
m.s.l. mean sea level середній рівень моря
mt megaton мегатонна
MT Montana Монтана *(штат США)*
M.T. metric ton метрична тонна
Mt mountain 1) гора 2) *attr.* гірський
M.T.L. mass, time, length маса, час, довжина *(система од.)*
MTS metre-ton-second метр-тонна-секунда *(система од.)*
m.v. market value ринкова вартість
mv millivolt мілівольт
M.Y. motor yacht моторна яхта

N. navy 1) військово-морські сили 2) *attr.* військово-морський
N. North північ; **northern** північний
N.A. net absolutely чисте нетто; абсолютна вага нетто
N.A. North America Північна Америка
N.A. not above не більше
N.A.; n/a not available немає
NAC North Atlantic Council Рада Північноатлантичного союзу, Рада НАТО
N.A.P. Non-Aggression Pact пакт про ненапад
NAS National Academy of Science Національна академія наук (США)
nat. national національний
NATO North Atlantic Treaty Organisation Північноатлантичний союз, НАТО
NB New Brunswick Нью-Брансвік *(провінція Канади)*
NB North Britain Північна Англія
NB nota bene звернути увагу, запам'ятати
NBA National Boxing Association (Американська) національна асоціація боксерів
NBA National Basketball Association (Американська) національна баскетбольна асоціація
n.c. no change без змін(и)
NC North Carolina Північна Кароліна *(штат США)*
NCO Non-Commissioned Officer військовослужбовець сержантського складу
ncv no commercial value комерційної цінності не має
ND, n.d. no date без (зазначення) дати

ND North Dakota Північна Дакота *(штат США)*
NE Nebraska Небраска *(штат США)*
N.E. new edition нове видання
N.E. New England Нова Англія *(штати Мен, Нью-Гемпшир, Вермонт, Массачусетс, Род-Айленд, Коннектикут)*
N/E; N.E. non-effective недійсний, непридатний
NE North-East північний схід, норд-ост
NEI not elsewhere indicated ніде не зазначено; ніде не згадано
N.E.S., n.e.s. not elsewhere specified не зазначений в іншому місці
NF Newfoundland Ньюфаундленд *(провінція Канади)*
N.G. National Guard Національна ґвардія (США)
n.g. new genus *біол.* новий рід
NGO Non-Governmental Organisation неурядова організація
NH New Hampshire Нью-Гемпшир *(штат США)*
NHL National Hockey League Національна хокейна ліґа
nhp nominal horsepower номінальна потужність *(у кінських силах)*
N.I. Northern Ireland Північна Ірландія
NJ New Jersey Нью-Джерсі *(штат США)*
N/K not known невідомий
N.L. net loss чистий збиток
NL north latitude *геогр.* північна широта
NLT no later than... не пізніше ніж...
NM National Museum Національний музей (США)
NM nautical mile морська миля
NM New Mexico Нью-Мексико *(штат США)*
NML no man's land нічия земля; смуга території між лініями фронтів воюючих сторін
NNE North-North-East північно-північно-схід
NNW North-North-West північно-північно-захід
No., no. number 1) номер 2) число
n.o.h.p. not otherwise herein provided не інакше, ніж тут передбачено
NOK next of kin найближчий родич, член родини
n.o.p. no otherwise provided for тільки для зазначених цілей; тільки як передбачено
n.o.r. no otherwise rated тільки як передбачено за тарифом
n.o.s. not otherwise stated не інакше, ніж зазначено
n.p. net price ціна нетто
N.P., n.p. non-participating що не бере участі
np. no paging без зазначення сторінок
n.p. no place (of publication mentioned) місце видання не зазначено

n.p. normal pressure нормальний тиск
N.P. not published невиданий, неопублікований
nr near близько, біля, недалеко
nr number 1) номер 2) число
n.r.t. net register tonnage мор. реєстровий тоннаж нетто
n.s. near side ближня сторона
N.S. North Sea Північне море
n.s. not signed не підписано
n.s. not sufficient неприйнятний; що не відповідає вимогам
NS Nova Scotia Нова Шотландія (провінція Канади)
n.sp. new species біол. новий вид
NT Northwest Territories Північно-Західні території (Канади)
NT net tons чиста вага в тоннах
NT non-tight нещільний, негерметичний
N.T. Northern Territory Північна територія (Австралії)
ntp normal temperature and pressure нормальна температура й тиск
nt.wt. net weight вага нетто
NU name unknown ім'я невідоме
NV Nevada Невада (штат США)
N.V. nominal value загальна вартість (ціна); номінал
N.W. North Wales Північний Уельс
N.W. North-West північний захід, норд-вест
NWS North-Western States Північно-західні штати США
nx non-expendable багаторазового використання
NY New York Нью-Йорк (штат США)
N.Y.C. New York City м. Нью-Йорк
n.y.p. not yet published ще не опубліковано
N.Z. New Zealand Нова Зеландія

O. officer 1) офіцер 2) чиновник
O.A. official account офіційний звіт
o/a our account наш рахунок
o.a.d. overall dimensions габаритні (граничні) розміри
OAP old age pensioner пенсіонер за віком
OAS Organisation of American States Організація американських держав, ОАД
OB outside broadcast зовнішнє радіомовлення, закордонне радіомовлення
o/c, o'c o'clock (о якійсь-то) годині
O.c. off coast на (якій-н.) відстані від берега
o.c. on centres (відстань) між центрами (осями)
o.c. outward cargo експортний вантаж
OCAS Organisation of Central American States Організація держав Центральної Америки
O/D on demand на вимогу
OD optical density оптична щільність
O.D., o.d. outside diameter зовнішній діаметр
O/D, OD overdraft перевищення кредиту
OE Old English давньоанглійська мова
o.e. omissions excepted крім пропусків
OED Oxford English Dictionary Оксфордський словник англійської мови
OEEC Organisation for European Economic Cooperation Організація Європейської економічної співпраці, ОЄЕС
OEM Original Equipment Manufacturer фірма-виробник комплектного (комплексного) обладнання, постачальник систем
O.F. oil fuel рідке паливо
OF Old French старофранцузька мова
OG ocean-going океанський (пароплав)
O.G. Olympic Games Олімпійські ігри
O.G., o.g. ordinary goods звичайні товари
ogn origin походження
Oh ohm ел. ом
OH Ohio Огайо (штат США)
OH Old High German давньоверхньонімецька мова
O.H.M.S. on His (Her) Majesty's Service королівський (державний або військовий) службовець
OJT on the job training підготовка без відриву від виробництва
O.K. okay 1) усе в порядку, добре 2) затверджено, погоджено 3) правильно; у справності
OK Oklahoma Оклагома (штат США)
o/l our letter наш лист
OLG Old Low German давньонижньонімецька мова
O.M., o.m. old measurement стара система мір
ON Ontario Онтаріо (провінція Канади)
On octane number хім. октанове число
ON Old Norse давньонорвезька мова
O/o by the order of... за розпорядженням...
o/o our order 1) наше замовлення 2) наш наказ
OOO out of order несправний
O.P. old pattern attr. старого зразка
O.P. old price стара ціна
op. operation операція
op. opus лат. праця, твір
o.p. out of print розпродано (про видання)
op.cit. opus citatum лат. цитований твір
OPEC Oil Producing and Exporting Countries Організація країн-експортерів нафти, ОПЕК
opp. opposite 1) протилежний 2) проти, навпроти
O/R on request за бажанням, на запит
O.R. owner's risk страх. на ризик власника
OR Oregon Ореґон (штат США)
O.R.'s other ranks рядовий і сержантський склад (англійської армії)

O.S. Old Saxon старосаксонська мова
O/S on sale продається, надійшло у продаж
O.S. on spot 1) у наявності, на місці *(про товар)* 2) відразу, негайно
O.S. ordinary seaman молодший матрос
o/s out of stock відсутній на складі (у запасі)
O. Sl. Old Slavic давньослов'янська мова
OSV Ocean Station Vessel корабель — океанська станція
O.Sw.; O. Swed. Old Swedish старошведська мова
O.T. off-time вільний *(від служби)* час
O.U. Oxford University Оксфордський університет
OV, o.v. overvoltage ел. перенапруга
OW one-way однобічний; одноколійний; однолінійний
oz ounce унція *(28,35 г)*

p. page сторінка (с.)
p. part частина
P., p. post пошта
P., p. power сила
P., p. pressure тиск
PA Panama Area район Панамського каналу
PA Pennsylvania Пенсільванія *(штат США)*
p.a. per annum лат. щорічно, на (за) рік
P.A. Press Agency прес-аґенція
PAC Pan-American Congress Панамериканський конґрес
PAD packed assembly and disassembly формування й декомпозиція (розпакування) пакетів
P.&L. profit and loss прибуток і збиток
part. particular особливий
pat. patent патент
PAU Pan-American Union Панамериканський союз
p.b. penalty bench спорт. а) лава для видалених (з поля) гравців б) лава для оштрафованих *(під час гри в гокей)*
P.B.E. pocket-book edition видання кишенькового формату
p.c. post card поштівка
PC Personal Computer персональний комп'ютер, ПК
p/c prices current існуючі ціни, ціна дня
P.C. prime cost собівартість
P.C. Privy Councillor член Таємної ради *(королеви)*
pct. per cent відсоток
PCC Panama Canal Company Компанія Панамського каналу *(США)*
pel parcel 1) пакет, пакунок, пачка 2) дрібна партія товару
pd paid сплачено
P.D. Police Department поліційне управління

P.D. passeport diplomatique фр. дипломатичний паспорт
P.D. port dues портові збори, портове мито
PDF Portable Document Format формат документа, що переноситься (у настільних видавничих системах)
p.e. par exemple фр. наприклад
P.E. permissible error припустима помилка
P.E. photoelectric фотоелектричний
PE Prince Edward Island Острів Принца Едварда *(провінція Канади)*
P.F. porto franco іт. порто-франко; порт безмитного ввезення й вивезення
P.F. power factor коефіцієнт потужності
p.f. pro forma лат. для дотримання формальності, офіційно
PFU prepared for use готове до використання, готове до вживання
pg page сторінка (с.)
PG Permanent Grade постійне звання
P.G. persona grata лат. 1) «персона ґрата» — (дипломатичний) представник, призначення якого схвалено урядом, при якому він акредитується 2) особа, якій приділяється особлива увага або яка має певний статус
P.G. postgraduate аспірант
p.h. per hour за годину
P.H. public health охорона здоров'я
P.I. Philippine Islands Філіппінські о-ви
P.J. Presiding Judge голова суду, головний суддя
P.L. patent licence патентне посвідчення
PL programming language мова програмування
p.l. penalty line спорт. штрафна лінія
Pl. pole міра довжини *(5,02 м)*
P.L. Public Law цивільне право
p./m. past month минулий місяць
p.m. per minute за хвилину
p.m. post meridiem лат. *(о такій-то годині)* після полудня
pm premium (страхова) премія
P.M. Prime Minister прем'єр-міністр
p.m. pro memoria лат. на згадку; на пам'ять
pmt payment платіж
P.N.G. persona non grata лат. 1) «персона нон ґрата» — (дипломатичний) представник, якому відмовлено в агремані 2) небажана особа
PNP plug-and-play «під'єднуй і працюй» (стандарт автоматичного налагоджування конфіґурації)
pnxt pinxit лат. (на)малював, (на)писав, автор *(такий-то)*
P.O. Pacific Ocean Тихий океан
P.O. Post Office поштова контора, поштове відділення

P.O.B. Post-Office Box поштова абонентська скринька
POC port of call *мор.* порт заходу *(за розкладом)*
P.O.D. pay on delivery сплата за фактом (отримання, доправлення) *(чого-н.)*; післяплата
P.O.O. post-office order грошовий переказ поштою
p.o.r. port of refuge *мор.* порт змушеного заходу, порт-притулок
P.O.W. prisoner of war *(військово)* полонений
pp. pages сторінки
PP, pp pyr paragraph на підставі параграфу *(такого-то)*
pp per procuration *лат.* за дорученням
pp postpaid пересилання (поштою) оплачено
ppd prepaid завчасна плата
PPL Process-to-process linking зв'язок між процесами
ppn precipitation 1) *хім.* осад 2) *метео* опади, випадання опадів
ppt prompt терміновий
pr pair пара
pr. price ціна
p.r. payment received отриманий платіж
PR Puerto Rico Пуерто-Рико
P.R. People's Republic Народна республіка
P.R. press release прес-реліз, заява для преси; спеціальний інформаційний бюлетень *(якої-н.)* організації (установи *й под.*) для працівників ЗМІ
Pr. proceedings праці, записки *(наукового товариства)*
P.R. proportional representation пропорційне представництво
PR public relations громадські зв'язки; паблік рилейшенз; діяльність *(кого-н.)* щодо зв'язків із громадськістю, спрямована на формування (певної) громадської думки (Пі-Ар)
P.R. Public Resolution рішення конгресу США
pref. preference 1) перевага 2) преференція
PREP PowerPC Reference Platform еталонна платформа PowerPC (документ, розроблений IBM та Apple; визначає сполучність із процесором PowerPC)
p.r.n. pro re nata *лат.* згідно з (новими) обставинами, що виникли
P.S. post scriptum *лат.* постскриптум, приписка (до написаного)
PS proof stress максимальна напруга
P.T. Pacific Time тихоокеанський поясний час
pt part частина, частка
pt pint пінта *(в Англії = 0,568 л; у США = 0,473 л)*
Pt port 1) порт 2) *attr.* портовий
P.T. preferential tariff преференційний митний тариф
pt. point крапка

P.t.o. please, turn over перегорніть; дивіться на звороті
P.U. power unit одиниця потужності
P.U.C. papers under consideration документи, що знаходяться на розгляді
p.w. per week на тиждень
pwt pennyweight пеннівейт *(міра ваги = 1,555 г)*

Q., q. quantity кількість
q. quart кварта *(міра об'єму для рідких і сипких тіл: в Англії = 1,136 л; у США = 0,946 л для рідких і 1,101 л для сипких тіл)*
q., Q quasi *лат.* удаваний; нібито
Q., q. quintal квінтал *(у метричній системі мір = 100 кг; в Англії = 50,8 кг; у США = 45,36 кг)*
QC Quebec Квебек *(провінція Канади)*
Qd Queensland Квінсленд *(штат Австралії)*
Q.E.D. quod erat demonstrandum *лат.* що і треба було довести
Q.E.F. quod erat faciendum *лат.* що і треба було зробити
Q.E.I. quod erat inveniendum *лат.* що і треба було знайти
Q.F., qf quick-firing *attr.* швидкострільний
Q.-F. quick-freezing швидке заморожування *(продуктів)*
qm metric quintal метричний квінтал *(100 кг)*
Q.M., Qm. Quartermaster 1) квартирмейстер 2) *attr.* квартирмейстерський
Q.P. quantum placet *лат.* скільки вважатимете за потрібне
Qr. quarterly поквартально, кожні три місяці
Qu queen королева
qu question питання
q.v. quod vide *лат.* дивись *(там-то)* (див.)

R., r. radius радіус
r. read читайте, прочитайте
R Réaumur *фр.* за шкалою Реомюра
R Rex *лат.* король
R. river ріка
r rod міра довжини *(4,86 м)*
R rood міра площі *(1012 м)*
RA Regular Army регулярне військо; регулярна армія
R.A.F. Royal Air Force військово-повітряні сили Британії
R.a.M. reports and memoranda доповіді та звіти *(науково-дослідних товариств)*
R.&D. research and development *attr.* науково-дослідний
RAUS Regular Army of the United States регулярна армія США
r.b.f. record-breaking form найкраща спортивна форма
r.c. return cargo зворотний вантаж

R.C. right centre спорт. правий центр
rep repair ремонт
rd read читайте, прочитайте
RD refer to drawer звертайтеся до того, хто видав чек *(позначка банку на неоплаченому чеку)*
rd road дорога, шлях
Rdo; rdo radio 1) радіо 2) радіозв'язок
R.E. real estate нерухоме майно
rec received отримано, прийнято
rf reference 1) посилання 2) довідка
r.f. right field спорт. права половина поля
RGB Red-Green-Blue червоний-зелений-блакитний (система кольоропередавання)
R.H. relative humidity відносна вологість
RHN Rockwell hardness number число твердості за Роквеллом
RI Rhode Island Род-Айленд *(штат США)*
R/L radiolocation радіолокація
rly railway залізниця
RM radio message радіограма
R.M. registered mail замовлена пошта
rm room кімната, приміщення
R.M.C. Royal Marine Corps англійська морська піхота
R.N. Royal Navy військово-морський флот Британії
ro recto лат. полігр. права сторінка
R.P., R/P by return of post зворотною поштою
R.P. retail price роздрібна ціна
R.P. Rules of Procedure правила (судової) процедури
RPM, r.p.m. revolutions per minute *(стільки-то)* обертів за хвилину
rpr reprint нове незмінене видання, передрук
RPS, r.p.s. revolutions per second *(стільки-то)* обертів за секунду
R.S. radio station радіостанція
R.S.A. Royal Scottish Academy Шотландська королівська академія
R.S.V.P. repondez s'il vous plaît фр. надайте відповідь, будь ласка
RT radio-telegraphy радіотелеграфія
R.T. right tackle спорт. правий нападник (в амер. футболі)
R.T.A. Reciprocal Trade Agreement торговельна угода на підставі взаємності
Rt. Hon. Right Honourable вельмишановний
RTT radioteletype радіотелетайп
R.V. receipt voucher квитанція, розписка в одержанні
Rwy, Ry railway 1) залізниця 2) attr. залізничний

s. second секунда
s. shilling шилінґ
S South південь; **southern** південний

s.-a. semi-annual піврічний
S.A. semi-automatic напівавтоматичний
s.a. sine anno лат. без зазначення року (видання)
S.A. Salvation Army Армія порятунку *(громадська організація)*
S.A. sex appeal фізична, сексуальна привабливість
S.A. South Africa Південна Африка
S.A. South America Південна Америка
s.a.e.l. sine anno et loco лат. без зазначення року й місця (видання)
S.Am. South America Південна Америка
s.a.p. soon as possible якомога раніше
S.Aust. South Australia Південна Австралія
S.B. Savings Bank ощадний банк
SB Bachelor of Science бакалавр природничих наук
S.B. short bill короткострокова тратта
S.B. South Britain Південна Англія
Sc. science наука; **scientific** науковий
sc. scilicet лат. а саме, тобто
S.C. Security Council of the United Nations Рада безпеки ООН
s.c. see copy дивись (додану) копію
SC South Carolina Південна Кароліна *(штат США)*
s.c. standard conditions нормальні умови
sc. scale шкала
sc. scruple скрупул *(1,24 г)*
S.C. Suez Canal Суецький канал
S.C. Supreme Court Верховний суд
s.d. sailing date дата відплиття
SD same date того ж (самого) числа
s.d. several dates різні терміни (дати)
Script. Scripture Біблія
s.d. sine die лат. без зазначення терміну (дати); на невизначений термін
SD South Dakota Південна Дакота *(штат США)*
SE south-east південний схід
S.E. Stock Exchange Лондонська фондова біржа
SEATO South-East Asia Treaty Organization Організація договору Південно-Східної Азії, СЕАТО
SF San Francisco м. Сан-Франциско
SF sea flood морська течія
S.G., s.g. specific gravity питома вага
SGML Standart Generalized (General) Markup Language стандартна узагальнена мова опису документів
sh. shilling шилінґ
shpt shipment 1) відправлення; навантаження 2) вантаж *(судна)*
sh tn short ton коротка тонна *(907,2 кг)*
SITC Standard International Trade Classifica-

tion Міжнародна стандартна торговельна класифікація
SK Saskatchewan Саскачеван *(провінція Канади)*
S.L., sl sea level рівень моря
s.l. sine loco *лат.* без зазначення місця (видання)
s.l. solid line суцільна лінія
S.L., S. Lat. south latitude *геогр.* південна широта
SLAN sine loco, anno, (vel) nomine *лат.* без зазначення місця, року, імені
S.M., s.m. sea mile морська миля
S.M. stage manager режисер
s.n. sine nomine *лат.* без (зазначення) імені (назви)
So South південь; **southern** південний
S.O. sub-office місцеве відділення, відділок, філія
SOA speed of advance швидкість просування (ходу)
Soc. Society суспільство
sol, soln solution розчин
sp sample зразок
s.p. selling price продажна ціна
S.P., s.p. standard pressure нормальний тиск
SPA Software Publishers Association Асоціація видавців програмної продукції
spf superfine вищого ґатунку, найкращої якості
sp.g., sp.gr. specific gravity питома вага
sp.v. specific volume питомий об'єм
spvn supervision контроль, спостереження, нагляд
sq sequence послідовність
sq. square квадратний
SQA software quality assurance забезпечення якості програмного забезпечення
Sr senior старший
Sr sir сер, пан
S.R. Southern Rhodesia Південна Родезія
s.s. sensu stricto *лат.* у буквальному значенні
S.S., S/S steamship пароплав
S.S. Sunday School недільна школа
ss. sworn statement *юр.* показання під присягою
St saint святий
S.T. sea transport морський транспорт
ST Standard Time поясний час
std standard стандарт, зразок, модель
S.T.P. standard temperature and pressure нормальна температура й тиск
STZ South Temperate Zone Південна помірна зона *(кліматична)*
SU Soviet Union *іст.* Радянський Союз
SUNFED Special United Nations Fund for Economic Development Спеціальний фонд ООН для економічного розвитку

S.V. sailing vessel вітрильник, вітрильне судно
S.W. South Wales Південний Уельс
SW south-west південний захід; **south-western** південно-західний
S.W.A., S.W. Afr. South-West Africa Південно-Західна Африка
S.W.L. safe working load *тех.* припустиме робоче навантаження
S.W.P. safe working pressure *тех.* припустимий робочий тиск
S.Yd. Scotland Yard Скотланд-Ярд
syst. system система

t. temporary тимчасовий
T tension напруга; натяг
T, t. time час, термін
T.A. telegraphic address телеграфна адреса
TA Territorial Army територіальна армія
t.a. time of arrival час прибуття
TA (United Nations) Technical Assistance Технічна допомога ООН країнам, що розвиваються
TAA Technical Assistance Administration (of the United Nations) Адміністрація технічної допомоги ООН країнам, що розвиваються
T.A.A. Trade Agreement Act закон про торговельні угоди
TAP Technical Assistance Program (of the United Nations) Програма технічної допомоги ООН країнам, що розвиваються
t.a.w. twice a week два рази на тиждень
T.B. Tourist Bureau туристичне бюро
TB, Tb, t.b. tubercte bacillus туберкульозна паличка; **tuberculosis** туберкульоз
tbs. tablespoon столова ложка
TC, t.c. temperature coefficient температурний коефіцієнт
T.C. Tennis Club тенісний клуб
Tc, tc. tierce бочка *(= 190,83 л)*
TCP/IP Transmission Control Protocol/Internet Protocol протокол управління передачею/міжмережний протокол (стандарт)
T.D. theoretically dry абсолютно сухий
TD, t.d. time and date час і (календарне) число
T.D. total depth загальна глибина
tda today 1) сьогодні 2) *attr.* сьогоднішній
TDS time-distance-speed час-відстань-швидкість
TDS turbine-driven steamer пароплав із турбінними машинами, турбопароплав
tdw tons deadweight повна вантажопідйомність у тоннах
telg telegram телеграма
t.f. till forbidden надалі до заборони (заборонено)

TFN till further notice до одержання подальших вказівок
t.h.i. time handed in час вручення
ths thousand тисяча
thr, thro, thru through крізь
T.H.S., ths total heating surface загальна поверхня нагрівання
T.I. technical information технічна інформація; технічні дані
T.I. time interval проміжок часу; проходження із проміжком у часі
T.J. turbo-jet турбореактивний
TKO technical knock-out спорт. технічний нокаут
TL time length тривалість
t.l. total loss 1) загальна сума збитків 2) страх. абсолютна загибель (судна)
TM ton-miles (стільки-то) тонн-миль
T.M. trade mark торговельний знак, фабрична марка
TM true mean (value) фактична середня (цінність)
TML Three Mile Limit тримильна прикордонна зона, зона територіальних вод
TMO telegraph money order грошовий переказ телеграфом
T.N. Technical Notes технічна примітка, технічна вказівка
tn ton тонна
TN Tennessee Теннессі (штат США)
TN true North геогр. справжня північ
TNT trinitrotoluene тринітротолуол, тротил
TO Telegraph Office телеграфне відділення, телеграфна контора
t.o. turn over перегорніть; дивіться на звороті
togr together разом; спільно
T.O.P. turn over, please перегорніть, будь ласка; дивіться на звороті
t.p. title-page титульний аркуш
TP turning point поворотна точка, поворотний пункт
T.P.H. tons per hour (стільки-то) тонн на годину
T.P.R., t.p.r. temperature, pulse, respiration температура, пульс, подих
tr tare тара; вага тари
tr there там; туди
t.s. tensile strength міцність на розрив (на розтяг)
T.S. this side цей бік; на цьому боці
t.s. till sale (надалі) до продажу
TS top secret абсолютно секретно
T.S.M. twin-screw motor ship двоґвинтовий теплохід
tsp. tea-spoon чайна ложка
T.S.S. twin-screw steamer двоґвинтовий пароплав

T.T. technical terms технічні умови
T.T. telegraphic transfer грошовий телеграфний переказ
T.U. thermal unit теплова одиниця (0,252 кг/кал)
T.U. toxic unit токсична одиниця
T.U. trade union тред-юніон; профспілка
T.V. tank vessel танкер, наливне судно
TV television 1) телевізія 2) attr. телевізійний
T.V. terminal velocity гранична (кінцева) швидкість, критична швидкість
T.W. total weight загальна вага
TX Texas Техас (штат США)

U.C. University College університетський коледж (факультет)
U.D.C. Universal Decimal Classification універсальна десяткова класифікація
UDT under-deck tonnage мор. підпалубний тоннаж
UFN until further notice надалі до одержання подальших повідомлень (вказівок)
UHF ultrahigh frequency радіо ультрависока частота, УВЧ
u.i. ut infra лат. як зазначено нижче
U.K. United Kingdom Об'єднане Королівство
u.m. undermentioned нижченаведений; нижчепойменований
um. unmarried неодружений; незаміжня
UN United Nations Об'єднані Нації
UNCh United Nations Charter Статут ООН
UNDC United Nations Disarmament Commission Комісія ООН із роззброєння
UNGA United Nations General Assembly Генеральна асамблея ООН
UNIC United Nations Information Centre Інформаційний центр ООН
UNIS United Nations Information Service Інформаційна служба ООН
Univ. University університет
unm undermentioned нижченаведений; нижчепойменований
UNO United Nations Organisation Організація Об'єднаних Націй, ООН
UNSC United Nations Security Council Рада безпеки ООН
UPU Universal Postal Union Всесвітня поштова спілка
US United States (of America) Сполучені Штати (Америки)
u.s. ut supra лат. як зазначено вище
USA United States Army сухопутні війська США
USA United States of America Сполучені Штати Америки
USAF United States Air Force військово-повітряні сили США

USC United States Congress Конґрес США
USN United States Navy військово-морські сили США
u.t. usual terms звичайні (торговельні) умови
UT Utah Юта *(штат США)*
UV ultraviolet ультрафіолетовий
U/W underwriter 1) страхувальник 2) ґарант розміщення *(позики, цінних паперів)*

V velocity швидкість
v verb дієслово
v verse вірш; віршований рядок
v. versus *лат.* проти
v. via *лат.* через
v. vide *лат.* дивись (див.)
V, v volt *ел.* вольт; **voltage** напруга *(у вольтах)*
V volume 1) обсяг 2) том 3) сила звуку; гучність
VA Virginia Вірґінія *(штат США)*
VA, va volt-ampere вольт-ампер
vbl verbal словесний, усний
VC valuable cargo цінний вантаж
V.C. Vice-Chairman заступник голови
V.C. Vice-Chancellor віце-канцлер
VC volt-coulomb вольт-кулон
VCR video cassette recorder відеомагнітофон
v.d. various dates різні (календарні) дати
V-E Day Victory in Europe Day День перемоги в Європі *(8 травня)*
v.f. very fair прекрасний, сприятливий
V.F. viscosity factor коефіцієнт в'язкості
v.g. very good дуже добре
VHF very high frequency *радіо* надвисока частота
VI Virgin Islands Вірґінські острови
V.I.P. very important person *розм.* начальство; високопоставлена особа
VLF, v. l.f. very low frequency *радіо* дуже низька частота
VM voltmeter вольтметр
V.O. very old 1) дуже старий; стародавній 2) витриманий *(про вино)*
VOA Voice of America радіостанція США «Голос Америки»
v.p. various pagination різна нумерація сторінок
V.P. Vice-President віце-президент
Vr voucher 1) розписка; виправдний документ 2) поручитель
vs versus *лат.* проти
v.s. very slow дуже повільно, тихо
v.s. vide supra *лат.* дивися вище (див. вище)
VSW very short waves ультракороткі хвилі
V.T. vacuum tube електронна лампа, радіолампа
VT Vermont Вермонт *(штат США)*
VTO vertical take-off *ав.* вертикальний зліт

vu volume unit об'ємна одиниця
vv. verses вірші; віршовані рядки
V.V. vice versa *лат.* навпаки
vw very weak дуже слабкий

W. Wales Уельс
W war 1) війна 2) *attr.* воєнний; воєнного часу
W, w watt ват
W, w week тиждень; **weekly** щотижневий
W, w weight вага
W West захід; **western** західний
W.A. West Africa Західна Африка
W.A. width average середня ширина
WA Washington Вашинґтон *(штат США)*
WAC, Wac Women's Army Corps жіноча допоміжна служба сухопутних військ армії США
w.a.f. with all faults з усіма помилками
WAN Wide-Area Network глобальна мережа
Wash. D.C. Washington, District of Columbia Вашинґтон, федеральний округ Колумбія
W.Aus., W.Aust. Western Australia Західна Австралія
W.B., W/B; wb. way-bill транспортна накладна
WB Weather Bureau бюро погоди
W.B. West Britain Західна Англія
WBI will be issued буде випущено в обіг; буде видано
WC water closet убиральня, туалет
w/c week commencing... тиждень, що починається з *(такого-то)* числа
W.C., w/c without charge без оплати; без накладних витрат
W.C.E., W.C. Engl. West Coast of England Західне узбережжя Англії
wd warranted ґарантований
w/e week ending... тиждень, що закінчується *(такого-то числа)*
w.e.f. with effect from... дійсно з *(такого-то часу)*
WEU Western European Union Західноєвропейський союз
W/F weather forecast прогноз погоди
w.g. weight guaranteed ґарантована вага
W.G.T. Western Greenwich Time західний Ґринвіцький час
WH, W.-h. watt-hour ват-година
WH White House Білий дім
w.i. when issued після виходу (видання) *(книги)*
wi. with з, разом, спільно
w.i.m.c. whom it may concern усім, кого це стосується
wk week тиждень
W/K, wk well-known (добре) відомий; вивчений
W.K. West Kent Західний Кент

Wks works твори
W.L., w.l. water-line *мор.* ватерлінія
W.L., W/L. w.l., w/l wave length *радіо* довжина хвилі
W.L., W. long, west longitude *геогр.* західна довгота
W.M. weather map метеорологічна (синоптична) мапа
WMA World Medical Association Всесвітня медична асоціація
wmk watermark оцінка рівня (обрію) води
w.o. without без
wo woman 1) жінка 2) *attr.* жіночий
wp. waterproof водонепроникний, непромокальний
W.P. without prejudice *юр.* неупереджено, без упередження
WP, wp working pressure робочий тиск
W.P.B. waste paper basket у кошик для паперу *(примітка про непридатність рукопису)*
WPC World Peace Council Всесвітня Рада Миру, ВРМ
W/R warehouse receipt складська розписка, квитанція про прийняття (товару) на склад
WR weather report прогноз погоди
W.R. West Riding Західний Райдинг
WS Wisconsin Вісконсін *(штат США)*
WS water supply водопостачання
W.S. wireless station радіостанція
W.T. watertight водонепроникний
WT water transportation водні перевезення
WTO World Trade Organization (of the United Nations) Організація ООН із міжнародної торгівлі
WV West Virginia Західна Віргінія *(штат США)*
WW; w/w warehouse warrant складське свідоцтво *(про прийняття товару на зберігання)*
WW I World War I Перша світова війна
WW II World War II Друга світова війна
WWW World-Wide Web всесвітня «павутина» *(глобальна гіпертекстова система в мережі Інтернет)*
WY Wyoming Вайомінґ *(штат США)*
WYSIWYG What You See Is What You Get «що бачиш, те й отримуєш» *(режим повної відповідності зображення на екрані й роздрукування)*

X Christian християнський
X.C., x.c., x-cp ex coupon без купона *(на одержання чергового дивіденду)*
XD, X-d, x-d, x div. ex dividend без дивіденду *(про продавану акцію)*
X.ex. cross-examination *юр.* перехресний допит
X.H., X.h., X. hvy extra heavy дуже важкий
X.I., x.i., x.in., x.int. ex interest без (нарахування) відсотків
xls crystals кристали
Xmas Christmas Різдво
XMD excused from military duty звільнений від військової служби
Xnty Christianity християнство
XOS extra outsize дуже великий розмір *(про одяг)*
x'over cross over перекреслювати (кросувати) *(про чек)*
xpr ex privileges без привілеїв
xr ex rights без (отримання) прав
X-rays рентґенівські промені
Xrds cross-roads перехрестя *(шляхів)*
X.S., X.s. extra strong дуже міцний
xw without warrants без ґарантій
XWt experimental weight експериментальна вага
X.X.H., X.X.h. double extra heavy надважкий
X.X.S., X.X.s. double extra strong надміцний

y. yard ярд *(91,44 см)*
Y. year рік; **yearly** річний
YB year-book щорічник
Y/N yes/no так/ні
Y.O. yearly output річна продуктивність; річний видобуток
y.o. year old річний; однорічний
yr year рік; **yearly** річний
Yr your ваш
YS young soldier новобранець, молодий солдат
Yt yacht яхта
YT Yukon Юкон *(провінція Канади)*

Z, z zero нуль
Z, z zone зона
Zpg zero population growth нульовий приріст населення
ZD zenith distance зенітна відстань
Z.G., zoo Zoological Garden зоопарк
Z.S.T. Zone Standard Time поясний стандартний час

Додаток 3

СЛОВА, ЩО ЗМІНЮЮТЬСЯ НЕ ЗА ЗАГАЛЬНИМИ ПРАВИЛАМИ

ІМЕННИК
творення множини

bath ванна: baths
brother брат *(член братства)*: brethren *заст.*; в ін. випадках (брат — родич, товариш і под.) — за загальними правилами
calf теля: calves
child дитя: children
corps корпус *війс.*: corps
deer олень: deer
elf ельф: elves
foot нога; фут: feet
goose гусак: geese
half половина: halves
house [-s] дім: **houses** [-ziz]
knife ніж: knives
lath дранка: laths
leaf лист: leaves
life життя: lives
loaf булка, коровай, книш: loaves
louse [-s] воша: lice
man чоловік, людина: men
mouse [-s] миша: mice
mouth рот: mouths [-z]
oath клятва: oaths [-z]
ox віл, бик: oxen
path стежка: paths [-z]
scarf шарф: scarves/scarfs
sheaf сніп: sheaves [-z]
sheath футляр: sheaths [-z]
sheep вівця: sheep
shelf полиця: shelves
staff жезл і под.: staffs; нотна лінійка: staves
swine свиня: swine
thief злодій: thieves
tooth зуб: teeth
wharf причал: wharves/wharfs
wife дружина: wives
wolf вовк: wolves
woman жінка: women
wreath вінок: wreaths [-z]
youth юнак: youths [-z]

ПРИКМЕТНИК І ПРИСЛІВНИК
творення порівняльного та найвищого ступенів

bad поганий: worse; worst
eastern східний: more eastern; easternmost
elder старший: *superl.* eldest
evil поганий, лихий; шкідливий: worse; worst
far далекий і far далеко: farther/further; farthest/furthest (у перен. знач. тк further)
good гарний: better; best
hind, hinder задній: *superl.* hindmost
ill лихий, поганий; шкідливий, згубний; хворий і ill погано: worse; worst
inner внутрішній: *superl.* inmost/innermost
little малий: less *(зазв. з абстрактним ім.)*, lesser *(зазв. із конкретним ім.)*; least
little мало *sing*: less; least
lower нижній: *superl.* lowermost
many багато *pl*: more; most
much багато *sing*: more; most
northern північний: more nothern; nothernmost
outer зовнішній: *superl.* outmost/outermost
rear задній: *superl.* rearmost
southern південний: more southern; southernmost
top верхній: *superl.* topmost
upper верхній: *superl.* uppermost/upmost
utter крайній: *superl.* utmost/uttermost
well добре: better; best
western західний: more western; westernmost

ДІЄСЛОВО
творення минулого часу (дійсного способу загального виду дійсного стану) та дієприкметника II (минулого часу)

abide abode/abided; abode/abided; твердо додержуватися *(чого-н.) і под.*; зі знач. перебувати, жити зазв. уживається ф. abode
arise arose arisen повставати *(проти кого-н.)*, виникати; *поет.* постати; походити
awake awoke awoken будити, прокидатися *(рідше awoke)*
be was *sg*/were *pl* been бути
bear bore born(e) нести; родити *остання ф. (born) уживається в* be born родитися (was born родився, were born народилися й под.) і самостійно у знач. народжен(ий), який народився, якщо з цим дієприкметником не пов'язується сполучення by + ім. або займенник: born 1979 народжен(ий), який народився 1979 р. (але: borne by her народжений нею).
beat beat beaten бити
become became become ставати, робитися
befall befell befallen траплятися
beget begot begotten породжувати
begin began begun починати(ся)

behold beheld beheld дивитися (бачити)
bend bent bent згинати(ся)
bereave bereft/bereaved bereft/bereaved губити, утрачати; позбавляти
beseech besought besought просити, благати, молити *(кого-н.)*
beset beset beset оточувати; облягати; обсідати
bespit bespat bespat запльовувати
bestride bestrode bestridden сідати (сидіти) верхи *й под.*
betake (oneself) betook betaken удаватися *(до чого-н.)*; братися
bid I bad(e)/bid bidden *поет.* наказувати; просити
bid II bid bid пропонувати (набавляти) ціну
bind bound bound в'язати, зв'язувати; прив'язувати; зав'язувати
bite bit bit(ten) кусати
bleed bled bled кровоточити
blow blew blown дути; продувати; сурмити; цвісти
break broke broken (з)ламати
breed bred bred вирощувати
bring brought brought приносити
build built built будувати
burn burnt burnt палити; горіти
burst burst burst заходитися, спалахувати, вибухати
buy bought bought купувати, купляти
can could могти
cast cast cast кидати; метати; утрачати, скидати *(листя)*; виливати *(метал)*
catch caught caught ловити
chide chid chid(den) лаяти
choose chose chosen вибирати
cleave I clove/cleft cloven/cleft розколювати(ся), розсікати(ся)
cleave II clave/cleaved cleaved залишатися вірним
cling clung clung (з)чіплюватися, з'єднуватися; горнутися
clothe clothed clothed одягати
come came come приходити
cost cost cost коштувати
creep crept crept повзти
crow crowed/crew crowed співати *(про півня)*
cut cut cut різати
dare сміти *(pr 3 sing* dares *i* dare; *num., ізап. ф.* dare I? dare he? dare not *іт. д.; а тж і за загальними правилами); у знач.* «кидати виклик» *дієсл.* dare *є правильним*
deal dealt dealt мати справу, поводитися *(стосовно кого-н.) й под.*
dig dug dug копати
do did done робити
draw drew drawn тягти, тягнути; малювати

dream dreamt [-e-] *i* dreamed; dreamt [-e-] *i* dreamed мріяти, уявляти
drink drank drunk пити
drive drove driven їхати, гнати
dwell dwelt dwelt мешкати; затримуватися *(на чому-н.)*
eat ate eaten їсти
fall fell fallen падати
feed fed fed годувати
feel felt felt відчувати
fight fought fought битися, боротися
find found found знаходити
flee fled fled тікати, бігти *(геть)*, уникати
fling flung flung кидати
fly flew flown літати
forbear forbore forborne утримуватися
forbid forbad(e) forbidden забороняти
forget forgot forgotten забувати
forgive forgave forgiven прощати
forsake forsook forsaken покидати
freeze froze frozen замерзати, заморожувати
get got got (gotten *амер.)* одержувати, отримувати, досягати; робитися *й под.*
gird girded/girt girded/girt *поет.* оперізувати
give gave given давати
go went gone іти, прямувати; відходити, іти геть, виходити
grave graved graved/graven ґравіювати
grind ground ground молоти, точити
grow grew grown рости
hang hung hung висіти, повісити; *зі знач.* вішати, страчувати hanged hanged
have *(pr 3 sing* has); had had мати
hear heard heard чути
heave heaved/hove heaved/hove піднімати(ся)
hide hid hid(den) ховати(ся)
hit hit hit бити, ударяти; попадати, потрапляти, улучати (у ціль), поцілити
hold held held тримати
hurt hurt hurt боліти; завдавати шкоди, болю
interweave interwove interwoven увіткати
keep kept kept зберігати
kneel knelt knelt ставати на коліна, стояти на колінах
knit knit(ted) knit(ted) в'язати
know knew known знати
lade laded laded/laden вантажити
lay laid laid (по)класти
lead led led вести
lean leant/leaned leant/leaned спиратися, притулятися
leap leapt/leaped leapt/leaped стрибати
learn learnt/learned learnt/learned учити *(що-н.)*
leave left left (за-, по-)лишати, піти *(геть)*, поїхати; виїжджати, від'їжджати
lend lent lent позичати *(кому-н.)*
let let let пускати, дозволяти

lie lay lain лежати
light lit lit освітлювати(ся); запалювати(ся), засвічувати; світити
lose lost lost (за)губити, утрачати; позбутися, звільнитися
make made made робити
may *pr* можу *(минулого ч. не має)*
mean meant meant значити, мати намір, мати на увазі
meet met met зустрічати(ся), бачитися; стикатися; збиратися
misgive misgave misgiven викликати побоювання
mishear misheard misheard почути не те; недочути; помилитися
mislay mislaid mislaid класти не на (потрібне, те саме) місце
mis-spell mis-spelt mis-spelt писати з орфографічними помилками
mistake mistook mistaken неправильно розуміти
mow mowed mown косити *(траву й под.)*
must *pr* повинен, змушений, мушу *(минулого ч. не має)*
need мати потребу *(що-н. зробити)*, бути зобов'язаним *(пит. і зап. ф.* need I? need he? need not *і под.):* ф. минулого ч. та дієприкметника II (needed) *невживані; замість* did not need to go *не треба було йти й под., зазв.* need not have gone *й под.; у знач.* потребувати *(чого-н.),* мати потребу *(у чому-н.) дієсл.* need є *правильним*
ought *pr* мусив (би) *(минулого ч. не має)*
partake partook partaken брати участь
pay paid paid платити
put put put класти, ставити
read read read читати
rebuild rebuilt rebuilt перебудовувати *тж як* build будувати; *подібним чином й ін. дієсл. з префіксом* re- *змінюються так само, як відповідні дієсл. без префікса*
rid rid(ded) rid(ded) позбуватися, позбавляти
ride rode ridden їхати (їздити) верхи *й под.*
ring rang rung дзвонити; телефонувати
rise rose risen вставати, підніматися
rive rived riven розщеплювати
run ran run бігти, бігати
saw sawed sawn/sawed пиляти
say *(pr 3 sing* says*);* said said говорити, сказати
see saw seen бачити
seek sought sought шукати
sell sold sold продавати
send sent sent надсилати, відправляти поштою
set set set установлювати *й под.*
sew sewed sewn/sewed шити
shake shook shaken трясти
shall should *pr* повинен, винен, мушу
shave shaved shaved голити(ся); *як прикм.* shaven
shed shed shed проливати; скидати, ронити
shine shone shone світити(ся), сяяти
shoe shod shod узувати; підковувати
shoot shot shot стріляти; давати пагони
show showed shown показувати
shrink shrank shrunk скорочувати(ся); відступати
shut shut shut закривати
sing sang sung співати
sink sank sunk спускати(ся)
sit sat sat сидіти
slay slew slain убивати
sleep slept slept спати
slide slid slid ковзати
sling slung slung шпурляти; підвішувати
slink slunk slunk іти покрадьки
slit slit slit роздирати(ся); розрізати *(уздовж)*
smell smelt smelt пахнути; відгонити *(неприємним);* нюхати
smite smote smitten ударяти
sow sowed sowed/sown сіяти
speak spoke spoken говорити
speed sped sped поспішати, прискорювати
spell spelt/spelled spelt/spelled складати слово з літер, називати по літерах, вимовляти
spend spent spent витрачати
spill spilt/spilled spilt/spilled розливати(ся), розсипати(ся)
spin spun spun крутити(ся); прясти
spit spat spat плювати
split split split розщеплювати(ся)
spoil spoilt/spoiled spoilt/spoiled псувати
spread spread spread поширювати(ся); розповсюджувати(ся)
spring sprang sprung схоплюватися; з'являтися, виникати; стрибати, скакати *й под.*
stand stood stood стояти
steal stole stolen (у)красти; крастися
stick I stuck stuck колоти, устромляти
stick II stuck stuck приклеювати(ся) *й под.*
sting stung stung жалити
stink stank/stunk stunk тхнути, смердіти
strew strewed strewn/strewed розкидати; устеляти *й под.*
stride strode strid(den) крокувати *(великими кроками),* переступати
strike struck struck ударяти(ся), бити; страйкувати
string strung strung натягати; нанизувати
strive strove striven намагатися; боротися
swear swore sworn клястися
sweep swept swept мести; мчатися
swell swelled swollen здуватися; спухати
swim swam swum плавати

swing swung swung хитати(ся); гойдати(ся); розмахувати
take took taken брати
teach taught taught учити, навчати
tear tore torn рвати
tell told told розповідати, сказати
think thought thought думати
thrive throve thriven процвітати
throw threw thrown кидати
thrust thrust thrust совати, штовхати
tread trod trodden ступати
unbend unbent unbent розгинати(ся) *й под.; так само, як* bend згинати(ся) *й под.; подібним чином й ін. дієсл. з префіксом* un- *змінюються так само, як відповідні дієсл. без префікса*
understand understood understood розуміти
undertake undertook undertaken вчиняти; вживати; (роз)починати, братися; відважитися, насмілитися
upset upset upset перекидати(ся); розладнувати(ся); засмучувати(ся)
wake woke/waked woken/waked прокидатися; будити

wear wore worn носити(ся) *(про одяг і под.)*
weave wove woven ткати
weep wept wept плакати
will *pr* хочу *(минулого ч. не має)*
win won won вигравати, домагатися, добиватися, перемагати
wind wound wound заводити; крутити(ся), обвивати(ся) *й под.*
withdraw withdrew withdrawn брати назад; відкликати; відводити; скасовувати
withhold withheld withheld не давати; відмовляти; утримувати(ся), стримувати
withstand withstood withstood опиратися *(кому-н., чому-н.);* заперечувати *(кому-н., проти чого-н.);* сперечатися *(з ким-н.);* протистояти, чинити опір
work wrought wrought *(рідко* worked worked) обробляти; *у знач.* працювати *й под.* worked worked
wring wrung wrung скручувати; тиснути, стискувати, вижимати *(розм.* жати)
write wrote written писати

Додаток 4

ПЕРЕЛІК НАЙУЖИВАНІШИХ СЛУЖБОВИХ СЛІВ

about	
1) про, стосовно	
He spoke **about** his plan.	Він говорив **про** свій план.
2) приблизно, близько	
We waited **about** ten minutes.	Ми чекали **близько** 10 хвилин.
3) навколо, по	
Birds were flying **about**.	Птахи літали **навколо**.

above	
вище; понад; над; нагорі	
The clouds sailed **above** us.	**Над** нами пливли хмари.
We had **above** 40 workers.	У нас було **понад** 40 робітників.
As stated **above**.	Як сказано **вище**.

across	
упоперек, через; на іншому (другому) боці	
a new house **across** the street	новий будинок **навпроти**
He walked **across**.	Він перейшов **на той (інший)** бік.

after	
1) після	
He came **after** dinner.	Він прийшов **після** обіду.
2) за	
We had one trouble **after** another.	У нас була одна неполадка **за** одною.
3) опісля того, як	
He came **after** the bell rang.	Він прийшов **опісля того, як** продзвенів дзвоник.
4) на честь	
The son is called **after** his father.	Син названий **на честь** батька.

against	
1) усупереч	
He did it **against** my will.	Він зробив це **всупереч** мого бажання.
2) об	
He hit his head **against** the door.	Він ударився головою **об** двері.

ДОДАТКИ

along	
1) уздовж, уподовж по	
He walked **along** the street.	Він ішов вулицею.
2) разом	
Come **along**!	Ну підемо (**разом**)!
Bring it **along**!	Захопи це (із собою)!

also	
також; теж	
They **also** work here.	Вони **теж** тут працюють.

among	
серед	
I found the letter **among** my papers.	Я знайшов листа **серед** своїх паперів.

and	
і, й, та; а	
a book and a pen	книжка **та** ручка
You are married and I am not.	Ви одружені, **а** я ні.

around	
1) навколо	
We stood **around** our teacher.	Ми стояли **навколо** вчителя.
2) близько	
Here arrived **around** five o'clock.	Він приїхав **близько** п'ятої.

as і сполучення з **as** (**as... as, as for, as to** та ін.)	
1) як	
Do **as** I tell you.	Роби, **як** я кажу.
2) оскільки	
As I was busy I could not see him.	**Оскільки** я був зайнятий, я не зміг із ним побачитися.
3) коли	
As the ship was coming in the port the sun rose.	**Коли** судно заходило до порту, зійшло сонце.
4) такий (самий)... як; так (само)... як	
He is **as** tall **as** his brother.	Він **такий же** високий, **як** його брат.
5) що стосується	
As for me, I will help them.	**Що стосується** мене, то я їм допоможу.

at	
1) (місце) у (в), на	
he is **at** home	він удома
at sea	**на** морі

at Oslo	*в* Осло
at the window	*біля* вікна
2) (час) о, об	
at six o'clock	*о* шостій годині

at last	
нарешті	
They came **at last**.	Вони прийшли **нарешті**.

at once	
відразу, зараз же	
Do it **at once**.	Зроби це **відразу**.

at least	
принаймні	
At least five people came.	**Принаймні** п'ятеро людей прийшли.

because	
1) тому що	
I am here **because** I want to see you.	Я тут **тому, що** хочу бачити вас.
2) через (of)	
We were late **because** of you.	Ми спізнилися **через** вас.

before	
1) перед	
before the house	**перед** будинком
2) до	
before the war	**до** війни (перед війною)
3) раніше	
never **before**	ніколи **раніше**
4) перш ніж; до того як	
Before we start, we must discuss the plan.	**Перш ніж** ми почнемо, слід обговорити план.

behind	
позад(у), за	
He stood **behind** the door.	Він стояв **за** дверима.

below	
нижче, унизу	
below sea level	**нижче** рівня моря
He saw the road **below**.	**Унизу** він побачив дорогу.

beside	
поряд	
He sat **besides** his wife.	Він сидів **поряд** із дружиною.

besides	
(о)крім	
There are others here **besides** you.	Тут **окрім** вас є й інші.

between	
між (межи)	
My house is **between** two larger ones.	Мій будинок **між (межи)** двома вищими будинками.

both... and	
як..., так	
He knows **both** English **and** Ukrainian.	Він знає **як** англійську, **так** і українську мову.

but	
1) але	
He was there **but** did not speak.	Він був там, **але** не виступав.
2) (о)крім	
There was no one there **but** him.	Там не було нікого, **крім** нього.

but for	
якби не	
But for your help we should all be dead.	**Якби не** ваша допомога, ми всі загинули б.

by	
1) еквівалент Ор. в.	
The article was written **by** a scientist.	Статтю було написано вченим.
2) за допомогою, шляхом	
We learn **by** exercise.	Ми вчимося **за допомогою** вправ.
3) (місце) біля, поблизу, повз, мимо	
Come and sit **by** the fire.	Підійди й сядь **біля** каміна.
Two cars passed **by**.	Два автомобілі пройшли **мимо**.
4) (час) до	
We'll be through **by** five o'clock.	Ми закінчимо роботу **до** п'ятої години.

down	
униз; униз по	
The ship sailed **down** the river.	Судно спустилося **вниз по** річці.
Come **down**!	Ідіть униз! (Спускайтесь!)

for	
1) для, заради, за	
I did it **for** you.	Я зробив це **для** вас (заради вас).
The letter is **for** you.	Цей лист **для** вас (вам).
They fought **for** their country.	Вони боролися **за** батьківщину.
2) протягом, упродовж	
We were there **for** three years.	Ми були там три роки.
3) оскільки, бо	
I cannot agree with you, **for** you are entirely wrong.	Я не можу з вами згодитися, **оскільки** ви абсолютно неправі.

from	
1) з, із	
They have gone away **from** home.	Вони пішли **з** дому.
2) від, у (в)	
the distance **from** Rome to Paris	відстань **від** Рима до Парижа
Take it **from** him.	Візьміть це **в** нього.

either... or	
або... або, чи... чи	
Either he **or** you will have to go.	**Або** йому, **або** вам доведеться піти.
She is **either** Greek **or** Turkish.	Вона **чи** грекиня, **чи** туркеня.

however	
1) (за наявності ком у тексті) однак, одначе	
However, we were forced to agree.	**Однак** ми були змушені згодитися.
2) (без ком) як би не	
However clever he may be, he does not know everything.	**Яким би** він не був розумним, усього він не знає.

in	
1) (місце) у (в)	
in the room	**у** кімнаті
in the house	**у** будинку
in Bern	**у** Берні
2) (час) через; у (в)	
in an hour	**через** годину
in May	**у** травні
in 2005	2005 року

in case	
у випадку, якщо	
I'll do it **in case** he fails.	Я зроблю це (**у тому випадку**), **якщо** це йому не вдасться (зробити).

in order to	
для того, щоб(и)	
I am here **in order to** see you.	Я тут, **щоб** бачити вас.

into	
до, у (в) (на питання куди?, до чого?)	
He walked **into** the building.	Він зайшов **до** будинку.
Put the pencils **into** the box.	Покладіть олівці **до** скриньки.

neither... nor	
ні... ні...	
I saw **neither** your camera **nor** the pictures.	Я не бачив **ні** твого фотоапарата, **ні** світлин.

of	
1) еквівалент Р. в.	
a work **of** art	твір мистецтва
the legs **of** the table	ніжки столу
2) еквівалент Р. розділового в.	
one **of** these articles	одна **з** цих статей
3) із, з, зі	
The belt is made **of** leather.	Пасок зроблено **зі** шкіри.

of course	
авжеж, звичайно, так	
Of course I know that.	**Звичайно (авжеж, так)**, я знаю це.

on	
1) (місце) на	
He stood **on** the deck.	Він стояв **на** палубі.
2) (час) у (в); після	
on Saturday	у суботу
on his return	після повернення
3) про, стосовно	
a lecture **on** music	лекція **про** музику
4) уперед, далі	
Go **on**!	Продовжуйте!
They were marching **on**.	Вони йшли **вперед**.

once	
1) один раз, одного разу	
I send my reports **once** a week.	Я надсилаю звіти **один раз** на тиждень.
2) колись	
Once I was very fond of her.	**Колись** я був до неї дуже прихильний.

3) якщо вже	
Once you decide you must go to the end.	**Якщо вже** вирішили, треба йти до кінця.

one	
1) один, який-н., якийсь	
One day we shall meet again.	**Одного** дня ми зустрінемося знову.
2) безособовий займенник	
One must correct one's mistakes.	Треба виправляти свої помилки.
3) слово-замінник (щоб не повторювати)	
Give me a dictionary, the best **one**.	Дайте мені словник, кращий (словник).
I have a black pencil and two red **ones**.	У мене є чорний олівець і два червоних.

or	
або	
tomorrow **or** the day after tomorrow	завтра **або** післязавтра

over	
1) через, над	
There is a bridge **over** the river.	**Через** річку є міст.
They climbed **over** the wall.	Вони перелізли **через** стіну.
2) (по)над	
He is **over** eighty.	Йому **понад** 80 років.
Вислів:	
to be over	закінчитися
The lesson **is over**.	Урок **закінчено**.

provided	
за умови, що	
You may go provided you come back early.	Ви можете йти за умови, що рано повернетесь.

round	
1) навколо; за	
To travel **round** the world.	Об'їхати **навколо** світу.
The shop is **round** the corner.	Крамниця **за** рогом.
2) кругом	
The wheel goes **round**.	Колесо обертається.
All the year **round**.	Цілий рік.
3) у зворотному напрямі, назад	
to turn **round**	повернути **назад**; обернуться

since	
1) з, з моменту, відтоді	
I have not been there **since** last March.	Я не був там **з** березня минулого року.

2) оскільки	
Since he is so busy, I'll not disturb him.	**Оскільки** він так зайнятий, я не буду його турбувати.

so	
1) так	
He was always called **so**.	Його завжди **так** називали.
Don't go **so** fast.	Не йдіть **так** швидко.
I don't think **so**.	Я **так** не вважаю.
2) також, теж	
You are young and **so** am I.	Ви молоді, і я **також**.

so as, so that	
щоб(и), для того щоб; так щоб	
We spoke softly **so as** not to disturb her.	Ми говорили тихо, **(так щоб) щоб** не турбувати її.
Keep quiet **so that** he may sleep.	Не шуміть, **щоб** він зміг заснути.

still	
1) усе ще	
It is **still** very cold.	**Усе ще** дуже холодно.
2) та все ж (таки)	
This is very difficult, **still**, we can try.	Це дуже важко, **та все ж (таки)** ми можемо спробувати.

than	
ніж	
He is older **than** his wife.	Він старший, **ніж** його дружина.

that	
1) той, та, те; це	
Give me **that** dictionary.	Дайте мені **того** словника.
That is true.	**Це** правильно.
2) котрий, хто	
The committee members **that** were present did not speak.	Ті члени комітету, **які** були присутні, не виступали.
3) що	
I added **that** I was busy.	Я додав, **що** я зайнятий.
4) те, що	
That he read Latin was news to me.	**Те, що** він читає латиною, було новиною для мене.
5) заступає ім., щоб не повторювати	
his room and **that** of his brother	його кімната та (кімната) його брата

the... the	
що... то	
the sooner **the** better	**що** швидше, **то** краще

though (although)	
хоча	
We finished our job **though** we were very tired.	Ми закінчили свою роботу, **хоча** й дуже стомилися.

through	
через, усередині, по, крізь, наскрізь	
Oil flows **through** a pipeline.	Нафта тече нафтоводом.
We saw him **through** the window.	Ми побачили його **крізь** вікно.
Вислів:	
to be through	**закінчити** (справу)
When we are **through** we'll send you a report.	Коли ми **закінчимо** роботу, ми вам надішлемо звіт.

throughout	
по всьому, в усьому	
peace **throughout** the world	мир **у всьому** світі

thus	
1) так; таким чином	
The work was done **thus**: ...	Роботу було виконано **так**: ...
2) так, наприклад	
We work better than we did last year. **Thus**, we improved the quality of...	Ми працюємо краще, ніж минулого року. **Так**, наприклад, ми поліпшили якість...

till = until	
до; (доти) до(по)ки не	
I shall stay here **till** autumn.	Я лишуся тут **до** осені.
I shall ring **till** they open the door.	Я буду дзвонити, **доки** вони не відчинять дверей.

to	
1) еквівалент Д. в.	
Give the letter **to** your sister.	Віддай листа сестрі.
I am saying this only **to** you.	Я це кажу тільки вам.
2) до, в(у), на (на питання куди?)	
Let's go **to** the theatre.	Давайте підемо **до** театру.
Go **to** your chief.	Підіть **до** шефа (начальника).
He went **to** a conference.	Він пішов **на** нараду.

toward(s)	
до, у напрямі	
toward the end of the day	**до** кінця дня
toward(s) the sea	**у напрямі** моря

under	
1) під	
under a tree	**під** деревом
2) за	
under these conditions	**за** цих умов
3) на підставі	
under the Peace Treaty	**на підставі** мирного договору

unless	
якщо… не	
I shall not do it **unless** you agree.	Я цього не зроблю, **якщо** ви **не** згодитеся.

until див. **till**	

up	
у(в)гору; нагору	
He went **up**.	Він пішов **нагору**.
The ship sailed **up** the river.	Судно пішло річкою **вгору**.

what	
1) що	
What is this?	**Що** це?
I want to know **what** you are doing.	Я хочу знати, **що** ви робите.
2) те, що	
What you say is quite wrong.	**Те, що** ви говорите, абсолютно неправильно.
3) який, яка, яке	
What book are you reading?	**Яку** книжку ви читаєте?

whether	
чи (у непрям. питанні)	
I asked **whether** he was busy.	Я спитав, **чи** зайнятий він.

while	
1) поки	
I'll do it **while** you wait.	Я це зроблю, **поки** ви чекаєте.
2) попри, незважаючи на те що; хоча; тоді як	
While we are busy, we are always ready to help you.	**Хоча (попри те що)** ми зайняті, ми завжди готові допомогти вам.

with	
1) еквівалент Ор. в.	
I cut the string **with** a knife.	Я розрізав мотузку ножем.
2) з, зі, із	
I agree **with** you.	Я згодний **із** вами.

within	
1) у межах	
This is not **within** my power.	Це не в моїх силах.
2) протягом, упродовж	
The building will be ready **within** a year.	Будинок буде готовий (побудовано) **протягом** року.

without	
без	
Don't go **without** me.	Не йдіть **без** мене.

yet	
1) усе ж, однак	
It is strange, **yet** true.	Це дивно, та **все ж** правильно.
2) ще, усе ще	
Is he **yet** alive?	Він **ще** живий?
This problem is more important **yet**.	Ця проблема **ще** важливіша.

not yet	
(і)ще не	
The article is **not yet** ready.	Стаття **ще не** готова.

ЗМІСТ

ВІД РЕДАКЦІЇ III
ПРО ПОБУДОВУ СЛОВНИКА III
ЛЕКСИКОГРАФІЧНІ ДЖЕРЕЛА VII
АНГЛІЙСЬКА АБЕТКА VIII
ФОНЕТИКА (КОРОТКІ ВІДОМОСТІ) VIII
ПРИГОЛОСНІ IX
    Подвійні варіанти вимови деяких приголосних X
    Читання сполучень приголосних літер X
    Варіанти читання сполучень і поєднань голосних із приголосними XI
    Pronunciation symbols (символи фонетичної транскрипції) XI
УМОВНІ СКОРОЧЕННЯ XII

АНГЛО-УКРАЇНСЬКИЙ СЛОВНИК 1
УКРАЇНСЬКО-АНГЛІЙСЬКИЙ СЛОВНИК 789

Додаток 1. Географічні назви 1379
Додаток 2. Найуживаніші англійські, американські та латинські скорочення 1387
Додаток 3. Слова, що змінюються не за загальними правилами 1429
Додаток 4. Перелік найуживаніших службових слів 1437

ДЛЯ НОТАТОК

ДЛЯ НОТАТОК

ДЛЯ НОТАТОК

ДЛЯ НОТАТОК